Fundamentos de
Administração financeira 13ª edição

F981   Fundamentos de administração financeira / Stephen A. Ross... [et al.] ; tradução : Franciso Araújo da Costa. – 13. ed. – Porto Alegre : Bookman, 2022.
xxxiv, 961 p. il. ; 28 cm.

ISBN 978-85-8260-577-6

1. Administração. 2. Administração financeira. I. Ross, Stephen A.

CDU 005.915

Catalogação na publicação: Karin Lorien Menoncin – CRB 10/2147

Stephen A. Ross

Randolph W. Westerfield
University of Southern California, Emeritus

Bradford D. Jordan
University of Kentucky

Roberto Lamb
Escola de Administração UFRGS

Fundamentos de Administração financeira 13ª edição

Tradução:
Francisco Araújo da Costa

bookman

2022

Versão brasileira da obra originalmente publicada sob o título
Fundamentals of Corporate Finance, 13th Edition
ISBN 126-077239X / 9781260772395

Original edition copyright (c) 2022 by McGraw-Hill, LLC, New York, New York, U.S.A. All rights reserved.

Gerente editorial: *Letícia Bispo de Lima*

Colaboraram nesta edição:

Editora: *Arysinha Jacques Affonso*

Capa: *Paola Manica*

Leitura final: *Nathália Glasenapp*

Estagiária: *Marina Carvalho Dummer*

Projeto gráfico e editoração: *Matriz Visual*

Reservados todos os direitos de publicação ao
GRUPO A EDUCAÇÃO S.A.
(Bookman é um selo editorial do GRUPO A EDUCAÇÃO S.A.)
Rua Ernesto Alves, 150 – Bairro Floresta
90220-190 – Porto Alegre – RS
Fone: (51) 3027-7000

SAC 0800 703 3444 – www.grupoa.com.br

É proibida a duplicação ou reprodução deste volume, no todo ou em parte, sob quaisquer formas ou por quaisquer meios (eletrônico, mecânico, gravação, fotocópia, distribuição na Web e outros), sem permissão expressa da Editora.

IMPRESSO NO BRASIL
PRINTED IN BRAZIL

Os autores

STEPHEN A. ROSS

Stephen A. Ross foi professor da cátedra Franco Modigliani de Economia e Finanças na Sloan School of Management do Massachusetts Institute of Technology. Um dos autores mais respeitados nas áreas de finanças e economia, o professor Ross era amplamente reconhecido por seu trabalho no desenvolvimento da Teoria de Precificação por Arbitragem (Arbitrage Pricing Theory – APT) e contribuiu muito para essa disciplina com sua pesquisa em sinalização, teoria de agência, precificação de opções a teoria da estrutura a termo das taxas de juros, além de outros assuntos. Ex-presidente da American Finance Association, também foi editor associado de vários periódicos acadêmicos. Foi membro do Conselho Consultivo da CalTech. Morreu repentinamente em março de 2017.

RANDOLPH W. WESTERFIELD

Marshall School of Business, University of Southern California

Randolph W. Westerfield é diretor emérito da Marshall School of Business da University of Southern California e é professor da cátedra Charles B. Thornton de Finanças. Ele entrou para a USC após passar pela Wharton School da University of Pennsylvania, onde atuou como chefe do Departamento de Finanças e foi membro do corpo docente da faculdade de finanças por 20 anos. O professor Westerfield é membro do conselho de administração da Oaktree Capital. Atua nas áreas de finanças corporativas, gestão de investimentos e comportamento do mercado acionário.

BRADFORD D. JORDAN

Gatton College of Business and Economics, University of Kentucky

Bradford D. Jordan é professor de Finanças e detentor da cátedra Richard W. e Janis H. Furst de Bancos e Serviços Financeiros na University of Kentucky. Seus interesses incluem tanto a parte aplicada quanto teórica das finanças corporativas. Possui ampla experiência em todos os níveis do ensino de finanças corporativas e política de administração financeira. O professor Jordan publicou numerosos artigos sobre assuntos como custo de capital, estrutura de capital e comportamento dos preços de títulos mobiliários. Foi presidente da Southern Finance Association e é coautor do livro Fundamentals of Investments: Valuation and Management, 8ª edição, publicado pela McGraw-Hill/Irwin.

ROBERTO LAMB

Escola de Administração, Universidade Federal do Rio Grande do Sul

Roberto Lamb atuou durante 22 anos como professor de Finanças na Escola de Administração da UFRGS, de onde aposentou-se em 2020. Antes, trabalhou por 28 anos no Banco do Brasil. Sua experiência financeira inclui longa atuação em conselhos fiscais e de administração e comitês de auditoria de grandes e médias empresas, entre as quais multinacionais brasileiras e empresas multinacionais com atuação no Brasil. Seus principais interesses são finanças corporativas, gestão de riscos e governança corporativa.

Para Stephen A. Ross e família

Nosso grande amigo, colega e coautor Steve Ross faleceu em 3 de março de 2017. A influência de Steve em nosso livro, assim como sua influência no campo da administração financeira, é seminal, profunda e duradoura. Sentimos muito a sua falta.

R.W.W.   B.D.J.

Agradecimentos

Nunca teríamos concluído este livro sem a incrível ajuda e o apoio que recebemos de centenas de colegas, alunos, editores, familiares e amigos. Gostaríamos de agradecer a todos.

Nossa maior dívida é com os muitos colegas (e seus alunos) que, como nós, queriam uma alternativa para aquilo que estavam usando e tomaram a decisão de mudar. Nem é preciso dizer que, sem esse apoio, não estaríamos publicando a 13ª edição!

Muitos de nossos colegas leram os manuscritos da nossa primeira edição e das edições seguintes. O fato de este livro ter tão pouco em comum com nossos primeiros manuscritos, juntamente com as várias mudanças e aperfeiçoamentos que fizemos ao longo dos anos, reflete o valor que demos aos comentários e sugestões recebidos. Assim, somos gratos aos seguintes revisores por suas muitas contribuições:

Ibrahim Affeneh	Uchenna Elike	Randy Jorgensen
Jan Ambrose	Steve Engel	Daniel Jubinski
Mike Anderson	Angelo V. Esposito	Jarl G. Kallberg
Sung C. Bae	James Estes	Ashok Kapoor
Robert Benecke	Cheri Etling	Terry Keasler
Gary Benesh	Thomas H. Eyssell	Howard Keen
Scott Besley	Dave Fehr	David N. Ketcher
Sanjai Bhaghat	Michael Ferguson	Jim Keys
Vigdis Boasson	Deborah Ann Ford	Kee Kim
Elizabeth Booth	Jim Forjan	Deborah King
Denis Boudreaux	Micah Frankel	Robert Kleinman
Jim Boyd	Jennifer R. Frazier	Ladd Kochman
William Brent	Deborah M. Giarusso	Sophie Kong
Ray Brooks	Devra Golbe	David Kuipers
Charles C. Brown	A. Steven Graham	Morris A. Lamberson
Lawrence Byerly	Mark Graham	Qin Lan
Steve Byers	Darryl E. J. Gurley	Dina Layish
Steve Caples	Wendy D. Habegger	Chun Lee
Asim Celik	Karen Hallows	Adam Y. C. Lei
Christina Cella	David Harraway	George Lentz
Mary Chaffin	John M. Harris, Jr.	John Lightstone
Fan Chen	R. Stevenson Hawkey	Jason Lin
Raju Chenna	Delvin D. Hawley	Scott Lowe
Barbara J. Childs	Eric Haye	Robert Lutz
Charles M. Cox	Robert C. Higgins	Qingzhong Ma
Natalya Delcoure	Karen Hogan	Pawan Madhogarhia
Michael Dorigan	Matthew Hood	Timothy Manuel
David A. Dumpe	Steve Isberg	David G. Martin
Michael Dunn	James Jackson	Dubos J. Masson
Alan Eastman	Pankaj Jain	Mario Mastrandrea
Adrian C. Edwards	James M. Johnson	Leslie Mathis

John McDougald	Russ Ray	Rhonda Tenkku
Bob McElreath	Ron Reiber	John G. Thatcher
Bahlous Mejda	Thomas Rietz	Harry Thiewes
Gordon Melms	Jay R. Ritter	A. Frank Thompson
Richard R. Mendenhall	Ricardo J. Rodriguez	Joseph Trefzger
Wayne Mikkelson	Stu Rosenstein	George Turk
Lalatendu Misra	Kenneth Roskelley	Michael R. Vetsuypens
Karlyn Mitchell	Ivan Roten	Joe Walker
Sunil Mohanty	Philip Russel	Jun Wang
Scott Moore	Gary Sanger	James Washam
Belinda Mucklow	Travis Sapp	Alan Weatherford
Barry Mulholland	Martha A. Schary	Gwendolyn Webb
Frederick H. Mull	Robert Schwebach	Marsha Weber
Michael J. Murray	Roger Severns	Jill Wetmore
Randy Nelson	Michael Sher	Mark White
Oris Odom	Dilip K. Shome	Susan White
Keith Osher	Neil W. Sicherman	Annie Wong
Bulent Parker	Timothy Smaby	Colbrin Wright
Megan Partch	Ahmad Sohrabian	David J. Wright
Samuel Penkar	Michael F. Spivey	Steve B. Wyatt
Pamela P. Peterson	Vic Stanton	Tung-Hsiao Yang
Robert Phillips	Charlene Sullivan	Morris Yarmish
Greg Pierce	Alice Sun	Michael Young
Steve Pilloff	George S. Swales, Jr.	Mei Zhang
Robert Puelz	Lee Swartz	J. Kenton Zumwalt
George A. Racette	Philip Swensen	Tom Zwirlein
Charu G. Raheja	Philip Swicegood	
Narendar V. Rao	Brian Tarrant	

Vários dos mais respeitados colegas contribuíram com ensaios originais para esta edição, aparecendo na seção "Em Suas Próprias Palavras" de alguns capítulos selecionados. A estas pessoas estendemos nossos agradecimentos especiais:

Edward I. Altman
New York University

Robert C. Higgins
University of Washington

Roger Ibbotson
Yale University, Ibbotson Associates

Erik Lie
University of Iowa

Robert C. Merton
Harvard University, Massachusetts Institute of Technology

Jay R. Ritter
University of Florida

Richard Roll
California Institute of Technology

Fischer Black

Jeremy Siegel
University of Pennsylvania

Hersh Shefrin
Santa Clara University

Bennett Stewart
Stern Stewart & Co.

Samuel C. Weaver
Lehigh University

Merton H. Miller

Tivemos a sorte de contar com professores habilidosos e experientes no desenvolvimento do material suplementar desta edição. Agradecemos profundamente ao nosso coautor on-line Joe Smolira, da Belmont University, com quem trabalhamos muito no desenvolvimento do *Solutions Manual*, do novo *Instructor's Guide* e na criação dos *templates* Excel para muitos dos problemas de fim de capítulo. Nosso muito obrigado também a Heidi Toprac pela atualização, revisão e *tageamento* dos problemas do banco de testes.

Os seguintes revisores fizeram um trabalho notável nesta edição do livro: Emily Bello e Steve Hailey. A eles coube a inevitável tarefa da revisão técnica e, em particular, a cuidadosa verificação de cada cálculo em todo o livro e no Manual do Professor.

Por último, em cada fase deste projeto, tivemos o privilégio de contar com o suporte total e incondicional de uma grande organização, a McGraw-Hill Education. Agradecemos particularmente à área de vendas. As sugestões, o profissionalismo ao auxiliar potenciais adotantes e o apoio aos leitores foram fatores primordiais para nosso sucesso.

Temos uma dívida de gratidão com o seleto grupo de profissionais que atuaram na equipe de desenvolvimento desta edição: Chuck Synovec, diretor; Allison McCabe-Carroll, desenvolvedora sênior de produto; Trina Maurer, gerente sênior de *marketing*; Matt Diamond, *designer* sênior; Susan Trentacosti, gerente líder de projeto. Outras pessoas da McGraw-Hill, em número muito grande para caber aqui, melhoraram o livro de inúmeras maneiras.

Durante todo o desenvolvimento desta edição, tomamos muito cuidado para encontrar e eliminar todo e qualquer erro. Nosso objetivo é fornecer o melhor livro possível sobre o assunto. Para garantir que as edições futuras não apresentem erros, oferecemos USD10 por erro aritmético ao primeiro indivíduo que reportá-lo, como um modesto símbolo de nosso agradecimento, reportado exclusivamente em língua inglesa e no endereço a seguir.

Além disso, gostaríamos de ouvir professores e alunos. Escreva para nós e diga como tornar este livro melhor. Encaminhe seus comentários para: Dr. Brad Jordan, aos cuidados de Editorial-Finance, McGraw-Hill 1120, S. Riverside Plaza, Chicago, IL 60606.

Stephen A. Ross
Randolph W. Westerfield
Bradford D. Jordan

Apresentação à edição brasileira

Apresentamos a segunda edição da versão brasileira do consagrado livro dos professores Ross, Westerfield e Jordan, *Fundamentals of Corporate Finance*. Em 2013 tivemos a oportunidade de fazer a primeira versão brasileira, editada no Brasil com o título de *Fundamentos de Administração Financeira*, baseada então na 9ª edição original. Agora, trazemos uma segunda edição, adaptada para o Brasil da 13ª edição do original, já com considerações de consequências da terrível pandemia Covid-19, que afetou toda a humanidade.

Nesta edição, o texto foi totalmente atualizado e revisado e foram incluídos mais seis capítulos, abordando temas importantes das finanças corporativas para os processos de gestão: finanças comportamentais, gestão de riscos, opções e finanças corporativas, avaliação de opções, fusões e aquisições e arrendamentos. Como nos capítulos anteriores, a abordagem busca ser descomplicada e intuitiva, sem adentrar demonstrações e cálculos que possam ser considerados complexos pelos leitores, sempre buscando facilitar a compreensão da essência dos temas do campo das finanças para tomada de decisão na administração. No curso de graduação em administração na EA/UFRGS, abordamos os conteúdos da edição 2013 em duas disciplinas consecutivas, e criamos uma terceira, para tratar desses seis assuntos adicionais da segunda edição como Tópicos Especiais em Finanças.

Nesta versão brasileira procuramos trazer a mensagem de criação de valor para o acionista em uma proposta alinhada às atuais preocupações com sustentabilidade nos âmbitos ambientais, sociais e de governança. Incluímos na edição brasileira o adjetivo "sustentável" para o objetivo da administração financeira e assim a mensagem do livro na versão brasileira é a "criação de valor sustentável para o acionista". O termo "sustentável", a nosso ver, abarca o que hoje referimos como ASG, de ambiente, sociedade e governança (*ESG*, na forma do acrônimo na língua inglesa) e o objetivo de sustentabilidade da organização, do negócio, no conceito de continuidade. Pois só haverá continuidade se a "licença social" para operar for mantida no longo prazo, se a forma de operar for sustentável.

Da edição 2022, destacamos outro aspecto importante para nós, brasileiros, que diz respeito às consequências para o valor das empresas decorrentes da reforma tributária de 2017 nos EUA, que reduziu as alíquotas sobre o lucro das empresas lá, de uma média de 35%, para 21%. Essa redução de alíquotas, conjugada a normas de depreciação muito favoráveis para as empresas nos EUA, aumenta substancialmente o valor de um projeto ou de um negócio, quando implantado nos EUA, se comparado à sua implantação no Brasil. Para essa comparação, consideramos apenas alíquota tributária sobre lucros e depreciação, sem levar em conta outras variáveis. É um tema a se considerar, na discussão da reforma tributária no Brasil, tema em destaque quando encerramos esta edição. Para contribuir com a reflexão, desenvolvemos exemplos trazendo resultados com o uso de dados em vigor no Brasil, em conjunto com exemplos do original, facilitando a alunos e professores a comparação e as discussões em torno do tema.

Os capítulos adicionados trouxeram o desafio do volume da obra. Tomamos a liberdade de excluir questões e problemas de fim de capítulo da versão impressa e disponibilizá-las *online*, para estudantes e professores. E, não menos importante, nos esforçamos para encontrar e eliminar erros na edição anterior, alguns dos quais detectados no nosso uso; outros, que nos foram apontados por colegas, a quem reconhecemos e agradecemos. Além desses ajustes, procuramos melhorar o texto, buscando trazer de forma mais clara algumas ideias; também incluímos atualizações do mercado brasileiro até o fechamento desta edição. Porque, em linha com os autores originais, temos como objetivo elaborar o melhor livro possível para os temas que trata e na abordagem proposta. Certamente, novos pontos de melhoria serão identificados nesta edição também; pedimos que nos façam saber.

O objetivo de elaborar o melhor livro possível não poderia ser levado adiante sem muitas colaborações e contribuições de colegas professores, alunos e profissionais de mercado que, assim como na edição anterior, foram fundamentais para esse objetivo. Esta edição incorpora todas as contribuições trazidas na edição anterior pelos colaboradores então citados. Desta feita, tivemos a colaboração e as contribuições adicionais de Alisson Savio Silva Siqueira, Thiago Isaac, Richard Blanchet, Adriano Fedalto, Ronaldo Bosco Soares, André Luiz Martinewski, Artemio Bertolini, Guilherme Macedo Ribeiro, Fernanda Perez Arraes e Pedro Bramont. A responsabilidade pela versão final das contribuições é deste autor.

Por fim, mas não menos importante, reconhecemos que a primeira e a segunda versões brasileiras só foram possíveis graças ao apoio firme e a disposição de tomar riscos da Bookman Editora, especialmente graças à sua líder editorial, a Arysinha Jacques Affonso. A edição anterior teve o firme apoio dos colegas professores da Escola de Administração da UFRGS, que o adotaram como primeiro livro de finanças das principais disciplinas de finanças da EA/UFRGS. Em seguida, foi adotado por diferentes professores das mais diversas instituições de ensino superior do Brasil. Na sequência à edição do *Fundamentos*, em 2013, em 2015, lançamos *Administração Financeira*, versão brasileira do renomado *Corporate Finance*, de Ross, Westerfield & Jaffe, então em sua 10ª edição. É importante salientar que *Fundamentos de Administração Financeira* e *Administração Financeira* são livros diferentes, destinadas a públicos diferentes.

Roberto Lamb
rlamb@ea.ufrgs.br

Prefácio

Quando decidimos escrever um livro, estávamos unidos pelo princípio de que a administração financeira deve ser desenvolvida em torno de algumas ideias poderosas interligadas. Acreditávamos que o assunto era apresentado como uma coleção de tópicos isolados, unificados apenas pelo fato de estarem juntos em um livro, e queríamos fazer algo melhor.

Tínhamos certeza era que não queríamos escrever "mais um" livro. Assim, com muita ajuda, demos início ao árduo trabalho de verificar o que realmente era importante e útil. Fazendo isso, eliminamos assuntos de relevância duvidosa e minimizamos questões puramente teóricas e também o uso de cálculos extensos e complicados para ilustrar aspectos óbvios ou de uso prático limitado.

Como resultado desse processo, três temas principais foram nosso foco central ao escrever este livro:

ÊNFASE NA INTUIÇÃO

Tentamos explicar os princípios teóricos utilizando o senso comum e apelando para o aspecto intuitivo, antes de nos aprofundarmos em algum ponto específico. As ideias fundamentais são discutidas no aspecto mais amplo e, em seguida, por meio de exemplos que ilustram de forma mais concreta como um administrador financeiro poderia agir em determinada situação.

UMA ABORDAGEM UNIFICADA DE VALOR

Abordamos o valor presente líquido (VPL) como o conceito básico da administração financeira. Muitos textos deixam a desejar na integração desse princípio tão importante. A noção mais básica e importante, de que o VPL representa o quanto o valor de mercado excede ao custo, frequentemente é perdida em uma abordagem mecânica que enfatiza os cálculos em lugar da compreensão. Tudo o que abordamos está firmemente fundamentado na valoração, e cuidamos para explicar como determinadas decisões têm efeito sobre a valoração.

FOCO NA ADMINISTRAÇÃO

Os estudantes não devem perder de vista o fato de que administração financeira é administração. Enfatizamos o papel do administrador financeiro como um tomador de decisões, e enfatizamos a necessidade de conhecimento e discernimento. Evitamos conscientemente a abordagem "caixa-preta" das finanças e, quando adequado, deixamos o mais claro possível a natureza pragmática da análise financeira; descrevemos as possíveis armadilhas e discutimos as limitações.

Olhando para a IPO da nossa primeira edição de 1991, tínhamos algumas esperanças e temores, como qualquer empreendedor. Como este livro seria recebido pelo mercado? Naquela época, não tínhamos ideia de que quase 30 anos depois estaríamos trabalhando na 13ª edição. Certamente jamais sonhamos que ao longo desse tempo trabalharíamos com amigos e colegas em todo o mundo para criar uma edição australiana, uma canadense e uma sul-africana, além de uma edição internacional e edições em chinês, francês, polonês, tailandês, russo, coreano, espanhol e português.

Com base em uma enorme quantidade de retorno que temos recebido de professores e alunos, fizemos esta edição mais flexível que as anteriores. Oferecemos flexibilidade na abordagem, continuando a oferecer variedade nas edições, e flexibilidade na pedagogia, fornecendo muitos recursos para ajudar os estudantes a aprenderem finanças corporativas. Acreditamos que você encontrará com esta edição uma combinação que atenderá às suas necessidades de cursos atuais bem como as mudanças nesses cursos.

Stephen A. Ross
Randolph W. Westerfield
Bradford D. Jordan

A Lei de cortes de impostos sobre a renda das empresas e do trabalho (Tax Cuts and Jobs Act — TCJA) nos EUA

Existem seis áreas principais de mudança e estão aqui refletidas:

1. Imposto sobre pessoa jurídica. A nova alíquota fixa de 21% é discutida e comparada ao antigo sistema progressivo nos EUA e às alíquotas vigentes no Brasil.
2. Depreciação-bônus. Por um tempo limitado, as empresas norte-americanas podem ter uma depreciação de 100% cobrada no primeiro ano para a maioria dos investimentos não imobiliários segundo qualificação do MACRS (EUA). Esta depreciação-bônus termina em alguns anos e o MACRS retorna. Ou seja, o texto sobre o MACRS permanece relevante e é mantido. O impacto da depreciação-bônus é ilustrado em vários problemas.
3. Limitação na dedução de juros. O valor dos juros que pode ser deduzido por razões tributárias por uma empresa nos EUA é limitado. Os juros que não podem ser deduzidos podem ser transportados para futuros anos fiscais (mas não transportados de volta; veja a seguir).
4. Diferimento de créditos tributários. As compensações de prejuízo operacional líquido foram eliminadas e as deduções são limitadas ao ano fiscal.
5. Limitação da isenção sobre dividendos recebidos. O limite de isenção sobre dividendos recebidos por uma empresa nos EUA foi reduzida, o que significa que a parcela sujeita a tributação aumentou.
6. Repatriação. A distinção entre lucros nos EUA e fora dos EUA foi eliminada. Todos os ativos "no exterior", tanto líquidos quanto ilíquidos, estão sujeitos a um imposto "presumido" único.

Com a 13ª ed., também foi incluída a cobertura de:

- A pandemia Covid-19 e seu impacto nas finanças, tratado em diversos capítulos.
- *Clawbacks* e compensação diferida.
- As *fintechs* e a relação entre as finanças e outras disciplinas.
- Indicadores financeiros na prática.
- Domicílio fiscal e tributação.
- Taxas de juros negativas.
- Taxas de inadimplência corporativa na prática.
- Empreendedorismo e *venture capital*.
- Apêndice *online* sobre covariância e correlação.
- Listagens diretas e ofertas iniciais com o uso de criptomoedas (ICOs).
- Regulamento "*CF*" de acesso a investimentos participativos (*crowdfunding*).
- Brexit.
- Repatriação de investimentos nos EUA.
- Mudanças na contabilização do arrendamento.

Materiais complementares para professores

Na página do livro, em loja.grupoa.com.br, o professor encontra materiais para complementar a utilização deste livro em sala de aula, todos em inglês. São eles os *Solutions Manual* (SM), com as soluções detalhadas do material de final de capítulo, incluindo revisões de conceitos e problemas; simulações em Excel, ampliadas para esta edição; *links* e vídeos com questões que tratam de finanças corporativas; apresentações em PowerPoint.

Materiais complementares de livre acesso

Na página do livro, em loja.grupoa.com.br, o estudante encontra uma série de materiais complementares. Lá estão dezenas de exercícios adicionais e questões instigantes, separados por capítulos. Também podem ser baixados os apêndices, que tratam de: tabelas matemáticas (Apêndice A); as equações mais importantes (Apêndice B); respostas de problemas selecionados (C); e, em inglês, do uso de calculadoras financeiras (D). Também se encontra no *site* um apêndice ao Capítulo 13, sobre covariância e correlação.

Destaques desta edição

Este livro foi projetado e desenvolvido para uma primeira disciplina de administração financeira ou finanças corporativas, para estudantes da área mas também de outras áreas. Em termos de pré-requisitos, o livro é quase independente, pressupondo alguma familiaridade com conceitos básicos de álgebra e contabilidade, ao mesmo tempo em que revisa princípios contábeis importantes. A organização deste texto foi desenvolvida para dar aos instrutores a flexibilidade de que precisam.

O quadro a seguir apresenta, para cada capítulo, algumas das características mais significativas, bem como alguns destaques da 13ª edição de *Fundamentos*. Obviamente, também atualizamos as vinhetas de abertura, os quadros especiais, os exemplos com empresas reais e os materiais de final de capítulo:

Capítulo	Tópico destacado	Benefício/Aprendizado
PARTE 1 Visão Geral de Finanças Corporativas		
CAPÍTULO 1 Introdução às Finanças Corporativas	Objetivo da empresa e problemas de agência.	Enfatiza a criação de valor como o aspecto fundamental da administração e descreve potenciais questões dos chamados problemas de agência.
	Ética, administração financeira e remuneração dos executivos.	Utiliza questões do mundo real sobre conflitos de interesse e controvérsias atuais sobre conduta ética e remuneração de administradores.
	Sarbanes-Oxley.	Discussão atualizada da Lei Sarbanes-Oxley, dos EUA, suas consequências e seu impacto.
	Novo: finanças e outras disciplinas.	Discute a relação entre finanças e outras disciplinas. Também aborda as *fintechs*.
CAPÍTULO 2 Demonstrações Contábeis, Tributos e Fluxo de Caixa	Fluxo de caixa versus lucros.	Define claramente o fluxo de caixa e detalha as diferenças entre fluxo de caixa e lucro.
	Novo: Covid-19 e os fluxos de caixa.	Uma discussão sobre os efeitos da pandemia Covid-19 sobre os fluxos de caixa.
	Valores de mercado *versus* valores contábeis.	Enfatiza a relevância dos valores de mercado em relação aos valores contábeis.
	Breve discussão das alíquotas tributárias médias de pessoas jurídicas nos EUA.	Destaca a variação nas alíquotas tributárias de pessoa jurídica entre os diversos setores na prática.

PARTE 2 Demonstrações Contábeis e Planejamento Financeiro de Longo Prazo

CAPÍTULO 3
Trabalhando com Demonstrações Contábeis

Novo: Covid-19 e os indicadores financeiros.	Discussão sobre a pandemia Covid-19 e seu impacto em indicadores financeiros.
Análise DuPont expandida.	Expande a equação básica da análise DuPont para melhor explorar as inter-relações entre desempenho operacional e financeiro.
Análise DuPont para empresas reais usando dados da S&P *Market Insight*.	A análise mostra aos estudantes como obter e utilizar dados do mundo real, aplicando as principais ideias do capítulo.
Análise de índices e das demonstrações contábeis usando dados de empresas menores.	Usa dados de empresas da RMA para mostrar aos estudantes como avaliar de verdade referências de demonstrações contábeis.
Entendendo demonstrações contábeis.	Cobertura completa de demonstrações contábeis comparáveis e índices mais importantes.
O índice valor da empresa (EV)/EBITDA.	Define o Valor da Empresa (EV) e discute o índice EV–*EBITDA*, amplamente utilizado.
Novo: Indicadores financeiros para várias indústrias.	Discussão prática sobre a aplicação de indicadores financeiros a várias indústrias.

CAPÍTULO 4
Planejamento Financeiro de Longo Prazo e Crescimento

Discussão expandida dos cálculos de crescimento sustentável.	Ilustra a importância do planejamento financeiro em uma pequena empresa.
Explicação de fórmulas alternativas para as taxas de crescimento interna e sustentável.	A explicação sobre as fórmulas de taxa de crescimento esclarece um engano comum sobre estas e as circunstâncias nas quais as fórmulas alternativas estão corretas.
Cobertura completa do crescimento sustentável como ferramenta de planejamento.	Oferece um meio para analisar a relação entre operações, financiamento e crescimento.
Planejamento financeiro de longo prazo.	Abrange a abordagem da porcentagem de vendas para a criação de demonstrações projetadas.

PARTE 3 Valoração de Fluxos de Caixa Futuros

CAPÍTULO 5
Introdução à Valoração: O Valor do Dinheiro no Tempo

Primeiro de dois capítulos sobre o valor do dinheiro no tempo.	O capítulo é relativamente curto e apresenta apenas as ideias básicas sobre o valor do dinheiro no tempo para que os estudantes deem seu primeiro passo nesse assunto tradicionalmente difícil.

CAPÍTULO 6
Avaliação por Fluxos de Caixa Descontados

Anuidades e perpetuidades crescentes.	Cobre temas mais avançados sobre valor do tempo com diversos exemplos, dicas de calculadora e planilhas de Excel. Contém vários exemplos do mundo real.
Segundo de dois capítulos sobre o valor do dinheiro no tempo.	

Destaques desta edição   **xvii**

CAPÍTULO 7 Taxas de Juros e Avaliação de Títulos de Dívida	Taxa de juros negativa.	Capítulo trata do fenômeno recente da taxa de juros negativa em títulos de dívida.	
	Avaliação de títulos de dívida.	Cobertura abrangente de avaliação de títulos de dívida e cláusulas de títulos.	
	Taxa de juros.	Discute as taxas reais *versus* taxas nominais e os determinantes da estrutura a termo.	
	Preços "vazios" *versus* "cheios" de títulos de dívida e juros acumulados.	Esclarece a precificação de títulos entre as datas dos pagamentos dos cupons e também as convenções de cotação do mercado de títulos de dívida.	
	Sistema TRACE, nos EUA, e transparência no mercado de títulos corporativos.	Discussão atualizada de novos avanços em renda fixa com relação a preço, volume e relatórios de transações nos EUA.	
	Cláusulas de opção *make whole*.	Discussão atualizada de um tipo relativamente novo de cláusula de resgate antecipado que se tornou bastante comum.	
	Finanças islâmicas	Oferece conceitos importantes em finanças islâmicas.	
	Novo: Covid-19 e a classificação de risco do crédito	Discute o impacto da pandemia Covid-19 sobre a classificação de risco de créditos.	
	Novo: Taxa de inadimplência das empresas	Discute as taxas de inadimplência e a classificação de crédito.	
CAPÍTULO 8 Avaliação de Ações	Avaliação de ações.	Cobertura completa de modelos de crescimento constante e não constante.	
	Operações de mercado da B3 e da NYSE.	Descrição atualizada das principais operações de mercado da bolsa.	
	Características de ações emitidas no Brasil e dos conselhos de administração e fiscal	Abordagem atualizada dos principais direitos de ações ordinárias e preferenciais brasileiras e as formas de escolha e papel do conselho de administração e do conselho fiscal na governança das empresas brasileiras.	
	Avaliação usando múltiplos.	Ilustra o uso dos índices P/L e preço/vendas para a avaliação de capital próprio.	
	Novo: Aborda indicadores de avaliação para diferentes empresas.	Aborda a variação dos indicadores de avaliação nas diferentes indústrias.	
PARTE 4 Orçamento de Capital			
CAPÍTULO 9 Valor Presente Líquido e Outros Critérios de Investimento	Primeiro de três capítulos sobre orçamento de capital.	O capítulo é relativamente curto e apresenta as ideias principais de forma intuitiva para ajudar os estudantes com esse assunto tradicionalmente difícil.	
	VPL, TIR, *payback*, *payback* descontado, TIR modificada e taxa de retorno contábil.	Análise consistente e equilibrada das vantagens e desvantagens de diversos critérios.	
CAPÍTULO 10 Tomando Decisões de Investimento de Capital	Fluxos de caixa de projetos.	Cobertura completa dos fluxos de caixa de um projeto e os números relevantes para uma análise de projeto.	
	Definições alternativas de fluxo de caixa.	Enfatiza a equivalência de diversas fórmulas, o que elimina equívocos comuns.	
	Casos especiais de análise por FCD.	Considera aplicações importantes de ferramentas do capítulo.	
	Comparação de valor de um projeto no Brasil e nos EUA.	Comparação do VPL de um projeto, considerando as taxas de depreciação e as alíquotas tributárias sobre o lucro nos EUA e no Brasil.	
CAPÍTULO 11 Análise e Avaliação de Projetos	Fontes de valor	Destaca a necessidade de entender a base econômica para a criação de valor em um projeto.	
	Análise de cenários e outras análises de hipóteses.	Ilustra como aplicar e interpretar de fato essas ferramentas na análise de um projeto.	
	Análise do ponto de equilíbrio	Aborda pontos de equilíbrio financeiro, contábil e de caixa.	

PARTE 5 — Risco e Retorno

CAPÍTULO 12 Algumas Lições da História do Mercado de Capitais	*Novo:* O mercado de ações em 2020.	Discussão sobre o tumulto no mercado acionário em 2020, uma decorrência da pandemia Covid-19.
	Discussão expandida dos retornos geométricos *versus* retornos aritméticos.	Discute o cálculo e a interpretação dos retornos geométricos. Esclarece equívocos comuns sobre o uso apropriado de retornos médios aritméticos *versus* retornos médios geométricos.
	Histórico do mercado de capitais.	Cobertura abrangente sobre retornos históricos, volatilidades e prêmios pelo risco.
	Eficiência de mercado.	A hipótese dos mercados eficientes é analisada em conjunto com alguns equívocos comuns.
	O prêmio pelo risco do capital próprio.	A seção discute o quebra-cabeças do prêmio pelo risco do capital próprio e as mais novas evidências em nível internacional.
	A experiência de 2008.	Seção sobre o caos nas bolsas de valores em 2008.
CAPÍTULO 13 Retorno, Risco e Linha do Mercado de Títulos	Diversificação, risco sistemático e não sistemático.	Ilustra os elementos básicos do risco e do retorno de forma simples e direta.
	O beta e a linha do mercado de títulos.	Desenvolve a linha do mercado de títulos com uma abordagem intuitiva que evita boa parte das estatísticas e teoria de carteiras usual.
	Novo: Covariância e correlação.	Apêndice *online* oferece uma discussão aprofundada de covariância e correlação.

PARTE 6 — Custo de Capital e Política Financeira de Longo Prazo

CAPÍTULO 14 Custo de Capital	Estimativa do custo de capital.	Contém um exemplo abrangente, baseado na web, do custo de capital para uma empresa real.
	Taxas de crescimento geométricas *versus* aritméticas.	Ambas as abordagens são usadas na prática. Esclarece questões em torno das estimativas de taxas de crescimento.
	Avaliação da empresa.	Ilustra a abordagem do fluxo de caixa livre à avaliação de empresas.
CAPÍTULO 15 Captação de Recursos	*Novo:* Empreendedorismo e *venture capital*.	Uma discussão sobre empreendedorismo e o mercado de *venture capital*.
	IPOs por leilão holandês.	Explica os leilões de preço uniforme, usando como exemplo o IPO da Google.
	Regulação CF.	Explica o novo Regulação CF (nos EUA) para *crowdfunding* e oferece alguns exemplos.
	Período de silêncio em ofertas iniciais (IPOs)	Explica as regras do período de silêncio da SEC (EUA) e CVM (Brasil) em ofertas iniciais.
	Direitos *versus* warrants.	Esclarece as características de opções dos direitos antes das suas datas de vencimento.
	Avaliação de uma IPO.	Discussão extensa e atualizada sobre IPOs, incluindo o período de 1999–2000.
	Custos de emissão de títulos mobiliários no Brasil e nos EUA.	Descrição atualizada dos custos totais de emissão de valores mobiliários por empresas no Brasil e nos EUA.
	Como abrir o capital de uma empresa no Brasil.	Descrição dos passos necessários para abrir o capital de uma empresa na B3.
CAPÍTULO 16 Alavancagem Financeira e Política de Estrutura de Capital	Elementos básicos da alavancagem financeira.	Ilustra o efeito da alavancagem sobre o risco e o retorno.
	Estrutura ótima de capital.	Descreve as escolhas básicas que levam a uma estrutura ótima de capital.
	Dificuldades financeiras e recuperação judicial.	Analisa, de forma breve, o processo de recuperação judicial.

CAPÍTULO 17 Dividendos e a Política de Distribuição	Evidências de levantamentos recentes sobre políticas de dividendos.	Os resultados de levantamentos recentes mostram os fatores mais (e menos) importantes considerados pelos administradores financeiros para definir a política de dividendos.
	Efeito de novas leis tributárias.	Discute as consequências das novas taxas alíquotas menores sobre dividendos e ganhos de capital nos EUA.
	Dividendos e política de dividendos.	Descreve os pagamentos de dividendos e os fatores que favorecem políticas de dividendos maiores e menores.
	Juros sobre capital próprio (JCP) no Brasil.	Explica o funcionamento dos juros sobre capital próprio e sua imputação a dividendos. Apresenta o passo a passo do cálculo de JCP e a sua economia tributária para a empresa, no lugar de dividendos.
	Política de distribuição ótima.	Discussão detalhada sobre as mais novas pesquisas e evidências sobre a política de dividendos, incluindo a teoria do ciclo de vida.
	Recompras de ações.	Cobertura aprofundada sobre as recompras como alternativa aos dividendos no Brasil e nos EUA.

PARTE 7 Planejamento e Administração Financeira de Curto Prazo

CAPÍTULO 18 Planejamento e Finanças de Curto Prazo	Ciclos operacional e financeiro.	Destaca a importância da alocação dos fluxos de caixa no tempo.
	Planejamento financeiro de curto prazo.	Ilustra a estruturação de orçamentos de caixa e a possível necessidade de aportes financeiros.
	Capital de Giro (CDG) e Capital Circulante Líquido (CCL)	Discussão das diferenças fundamentais entre os conceitos de CCL como conceito contábil e CDG como conceito financeiro de capital disponível para financiar o circulante.
	Necessidade de Capital de Giro (NCG) e Efeito Tesoura	Discussão da necessidade de capital de giro como variável de decisão do financiamento dos ativos circulantes e sua relação com dificuladades financeiras, descritas nessa abordagem como efeito tesoura.
	Financiamento da Necessidade de Capital de Giro, de clientes e de fornecedores no ciclo operacional	O uso do limite de crédito de uma empresa para financiamentos de curto prazo para sua necessidade de capital de giro, para as suas vendas a clientes ou as suas compras de fornecedores.
	Produtos do mercado financeiro para financiamento do ciclo operacional	Apresenta os principais produtos oferecidos pelo sistema bancário brasileiro para o financiamento do ciclo operacional das empresas.
CAPÍTULO 19 Gestão do Caixa e da Liquidez	*Novo:* Pandemia Covid-19 e o financiamento de curto prazo.	Discussão sobre os efeitos da crise da pandemia Covid-19 sobre o planejamento de curto prazo.
	Administração do *float*.	Cobertura da administração do *float* e possíveis questões éticas.
	Reservas bancárias.	Definição de reservas bancárias e sua importância. As taxas Selic e DI. As datas de transação e liquidação com reservas bancárias.
	Estrutura a termo do juro privado.	Apresenta a estrutura a termo da taxa DI e seu papel na precificação de captações e aplicações financeiras.
	Instrumentos de pagamento no Brasil.	Apresenta e descreve os principais instrumentos de pagamento no Brasil, DOC, TED, PIX, cheques e outros.
	Cobrança e administração do caixa.	Análise dos procedimentos de cobrança de contas a receber e administração do caixa.
CAPÍTULO 20 Gestão de Crédito e de Estoques	*Novo:* Pandemia Covid-19 e a gestão de estoques.	Discute escassez e excesso de estoques em razão da pandemia Covid-19.
	Gestão de crédito	Análise da política de crédito e sua implementação.
	Gestão de estoques	Breve análise de conceitos importantes de estoque.

PARTE 8 — Tópicos de finanças corporativas

CAPÍTULO	Tópico	Descrição
CAPÍTULO 21 Finanças corporativas internacionais	Mercado de câmbio	Aborda conceitos fundamentais das taxas de câmbio e sua determinação.
	Orçamento internacional de capital	Mostra como adaptar a abordagem básica do fluxo de caixa descontado para lidar com taxas de câmbio
	Taxa de câmbio e risco político.	Discute *hedging* e temas ligados ao risco soberano.
	Brexit	Usa o Brexit para ilustrar o risco político.
	Repatriação	Discussão sobre os imensos saldos de caixa mantidos no exterior por empresas e os impactos da redução de alíquotas tributárias nos EUA sobre essa prática.
CAPÍTULO 22 Finanças comportamentais: consequências para a administração financeira	Finanças comportamentais.	Cobertura única e inovadora sobre os efeitos dos vieses e da heurística nas decisões de administração financeira. Quadro "Nas suas palavras" por Hersh Shefrin.
	Discussão sobre a eficiência dos mercados.	Apresenta implicações de finanças comportamentais para a hipótese da eficiência de mercados e evidências relacionadas, favoráveis e contrárias.
CAPÍTULO 23 Gestão de riscos corporativa	Risco e volatilidade.	Demonstra a necessidade de gerenciar risco e alguns dos mais importantes tipos de risco.
	Fazer *hedge* com contratos de futuro, de opções e de *swaps*.	Mostra quais os riscos que podem ser gerenciados com derivativos financeiros.
CAPÍTULO 24 Opções e finanças corporativas	Opções sobre ações, compra de ações por funcionários e opções reais.	Discute o básico desses importantes tipos de opções.
	Opções em títulos corporativos	Descreve os diferentes tipos de opções encontradas nos títulos corporativos.
CAPÍTULO 25 Avaliação de opções	Paridade entre opções de compra e de venda e Black-Scholes.	Aborda a moderna avaliação de opções e fatores que influenciam o valor da opção.
	Opções e finanças corporativas	Aplica a avaliação de opções a uma variedade de assuntos corporativos, entre eles fusões e orçamento de capital.
	Opções de compra de ações	Demonstra complexidades que surgem na avaliação de opções de ações para funcionários.
CAPÍTULO 26 Fusões e aquisições	Alternativas a fusões e aquisições	Aborda alianças estratégicas e *joint ventures* e por que são alternativas importantes
	Táticas de defesa	Discussão ampliada sobre claúsulas contra tomadas de controle.
	Desinvestimento e reestruturações	Examina ações importantes como captação de recursos com emissão de ações de controlada, cisão e divisão.
	Fusões e aquisições	Explica questões fundamentais da análise de fusões e aquisições, incluindo os aspectos financeiros, tributários e contábeis.
CAPÍTULO 27 Arrendamento	Mudanças na contabilização do arrendamento.	Discute as recentes mudanças nas regras de contabilização do arrendamento e e a redução das possibilidades de um financiamento não constar do balanço.
	Arrendamento e avaliação de arrendamento	Examina a essência do arrendamento, boas e más razões para arrendar e o VPL do arrendamento.

Sumário

PARTE 1 — Visão Geral de Finanças Corporativas

CAPÍTULO 1
Introdução às Finanças Corporativas 1

1.1 Finanças: uma breve análise 2
  Finanças: as cinco áreas principais 2
    Finanças corporativas 2
    Investimentos 2
    Instituições financeiras 3
    Finanças internacionais 3
    Fintech 3
  Por que estudar finanças? 3
    Marketing e finanças 3
    Contabilidade e finanças 3
    Administração e finanças 4
    Tecnologia e finanças 4
    Você e as finanças 5

1.2 Finanças corporativas e o administrador financeiro 6
  O que são finanças corporativas? 6
  O administrador financeiro 6
  Decisões da administração financeira 6
    Orçamento de capital 6
    Estrutura de capital 7
    Administração do capital circulante 8
    Conclusão 9

1.3 Formas de organização de negócios 9
  Personalidade jurídica 9
  Empresa individual 9
    Microempreendedor individual (MEI) 9
    Sociedade limitada unipessoal 10
    Microempresa e empresa de pequeno porte 10
  Sociedade 10
    Sociedades em nome coletivo 11
    Sociedade em comandita simples 11
    Sociedade limitada 11
    Sociedade anônima ou companhia (a sociedade por ações) 11
  Companhia aberta 12
  Uma corporação com outro nome... 14
  Sociedade de benefício 14

1.4 O objetivo da administração financeira 15
  Objetivos possíveis 15
  O objetivo da administração financeira 16
  Um objetivo mais geral 17
  Sarbanes-Oxley 17

1.5 O problema de agência e o controle da empresa 18
  Relacionamentos de agência 18
  Objetivos da administração 18
  Os administradores buscam os interesses dos acionistas? 19
    Remuneração dos administradores 20
    Controle da empresa 20
  O Novo Mercado e os níveis diferenciados de governança corporativa da B3 22
  Principais regras do Novo Mercado relacionadas à estrutura de governança e aos direitos dos acionistas 22
  O segmento especial de listagem BOVESPA Mais 23
  Conclusão 25
  Públicos de relacionamento (*stakeholders*) 25

1.6 Mercados financeiros e a empresa 25
  Fluxos de caixa na empresa 25
  Mercados primários *versus* mercados secundários 26
    Mercados primários 26
    Mercados secundários 26
    Mercado de balcão versus mercado de bolsa 27
    Negociação de títulos de empresas 28
    Listagem em bolsa 29

1.7 Resumo e conclusões 29

CAPÍTULO 2
Demonstrações Contábeis, Tributos e Fluxo de Caixa 31

2.1 O balanço patrimonial 32
  Ativos: o lado esquerdo 32
  Passivos e patrimônio líquido: o lado direito 33
  Capital circulante líquido 33
  Liquidez 35
  Dívida *versus* capital próprio 36
  Valor de mercado *versus* valor contábil 36
    Quem se interessa por demonstrações contábeis? 37

2.2 A demonstração de resultados do exercício 38
  Normas contábeis e a demonstração de resultados 39

Itens que não afetam o caixa 41
Tempo, custos e despesas 42
2.3 **Tributos** 45
Tributação do lucro da pessoa jurídica no Brasil 45
Lucro real *versus* lucro presumido 45
Tributos sobre o lucro e a teoria financeira 46
Alíquotas tributárias da pessoa jurídica no Brasil 46
Alíquotas médias *versus* alíquotas marginais 47
Alíquotas tributárias da pessoa jurídica nos EUA 48
2.4 **Fluxo de caixa** 49
Fluxo de caixa dos ativos 49
Fluxo de caixa operacional 50
Gastos de capital 50
Variação do capital circulante líquido 51
Conclusão 51
Observação sobre fluxo de caixa "livre" 52
Fluxo de caixa para credores e acionistas 52
Fluxo de caixa para os credores 52
Fluxo de caixa para os acionistas 52
Um exemplo: fluxos de caixa da Esmola Cola 54
Fluxo de caixa operacional 54
Gastos de capital líquidos 55
Variação do CCL e do fluxo de caixa dos ativos 55
Fluxo de caixa para acionistas e credores 56
2.5 **Resumo e conclusões** 57

PARTE 2 — Demonstrações Contábeis e Planejamento Financeiro de Longo Prazo

CAPÍTULO 3
Trabalhando com Demonstrações Contábeis 61

3.1 **Fluxo de caixa e demonstrações contábeis: um exame detalhado** 62
Fontes e usos de caixa 63
A demonstração de fluxos de caixa 64
Demonstrações contábeis publicadas no Brasil 67
3.2 **Demonstrações contábeis comparáveis** 69
Demonstrações de tamanho comum 69
Balanços patrimoniais de tamanho comum 69
Demonstrações de resultados de tamanho comum 70
Demonstrações dos fluxos de caixa de tamanho comum 70
Demonstrações contábeis com ano-base comum: análise de tendências 71
Análise combinada de tamanho e ano-base comuns 71
3.3 **Análise de indicadores** 72
Indicadores de solvência de curto prazo ou de liquidez 73
Índice de liquidez corrente 73
O índice de liquidez imediata (ou liquidez seca) 74
Outros índices de liquidez 75
Indicadores de solvência de longo prazo 76
Índice de endividamento total 76
Uma breve digressão: capitalização total versus ativo total 77
Índice de cobertura de juros 77
Cobertura de caixa 77
Medidas de gestão de ativos ou de giro 78
Giro do estoque e prazo médio de estocagem 78
Giro de contas a receber e prazo médio de recebimento 79
Indicadores de giro do ativo 79
Medidas de lucratividade 80
Margem de lucro 80
Retorno sobre o ativo 81
Retorno sobre o patrimônio líquido 81
Medidas de valor de mercado 82
Índice preço/lucro 82
Índice preço/vendas 83
Índice valor de mercado/valor contábil 83
Índice valor da empresa/Lajida (Ebitda) 84
Uma observação sobre análise de indicadores 84
Conclusão 85
3.4 **A identidade DuPont** 86
Um exame mais detalhado do ROE 86
Uma análise DuPont expandida 88
3.5 **Como usar as informações das demonstrações contábeis** 90
Por que avaliar demonstrações contábeis? 90
Usos internos 90
Usos externos 90
Selecionando uma referência 91
Análise de tendência no tempo 91
Análise por grupo de pares 92
Problemas com a análise das demonstrações contábeis 96
3.6 **Resumo e conclusões** 98

CAPÍTULO 4
Planejamento Financeiro de Longo Prazo e Crescimento 104

4.1 **O que é planejamento financeiro? 106**
Crescimento como objetivo da administração financeira 106
Dimensões do planejamento financeiro 106
O que podemos esperar do planejamento? 107
Examinar as interações 107
Explorar as opções 107
Evitar surpresas 108
Assegurar a capacidade de realização e a consistência interna 108
Conclusão 108

4.2 **Modelos de planejamento financeiro: um contato inicial 109**
Um modelo de planejamento financeiro: os ingredientes 109
Previsão de vendas 109
Demonstrações projetadas 109
Necessidades de ativos 110
Necessidades de aportes financeiros 110
A variável de fechamento 110
Premissas econômicas 110
Um modelo simples de planejamento financeiro 110

4.3 **A abordagem da porcentagem de vendas 112**
A demonstração de resultados 112
O balanço patrimonial 113
Um cenário em particular 115
Um cenário alternativo 116

4.4 **Necessidade de aportes financeiros e crescimento 119**
NAF e crescimento 120
Política financeira e crescimento 122
A taxa de crescimento interna 122
A taxa de crescimento sustentável 123
Determinantes do crescimento 123
Uma observação sobre os cálculos da taxa de crescimento sustentável 126

4.5 **Alguns alertas sobre os modelos de planejamento financeiro 127**

4.6 **Resumo e conclusões 128**

PARTE 3 — Valoração de Fluxos de Caixa Futuros

CAPÍTULO 5
Introdução à Valoração: o Valor do Dinheiro no Tempo 133

5.1 **Valor futuro e capitalização composta 134**
Investindo durante um período 134
Investindo por mais de um período 134
Uma nota sobre o crescimento composto 141

5.2 **Valor presente e desconto 141**
O caso do período simples 142
Valores presentes para vários períodos 142

5.3 **Mais sobre valores presentes e futuros 145**
Valor presente *versus* valor futuro 145
Cálculo da taxa de desconto 146
Como encontrar o número de períodos 150

5.4 **Resumo e conclusões 153**

CAPÍTULO 6
Avaliação por Fluxos de Caixa Descontados 156

6.1 **Valor futuro e valor presente de múltiplos fluxos de caixa 157**
Valor futuro com múltiplos fluxos de caixa 157
Valor presente com múltiplos fluxos de caixa 160
Observação sobre a alocação dos fluxos de caixa no tempo 163

6.2 **Avaliação dos fluxos de caixa: anuidades e perpetuidades 164**
Valor presente dos fluxos de caixa de anuidades 164
Tabelas de anuidades 166
Como calcular as prestações 166
Como calcular a taxa 168
Valor futuro de anuidades 171
Uma observação sobre anuidades antecipadas 172
Perpetuidades 172
Anuidades e perpetuidades crescentes 175

6.3 **Comparação de taxas: o efeito da composição de taxas 175**
Taxas efetivas anuais e composição de taxas 176
Cálculo e comparação das taxas efetivas anuais 176
TEFas e TPas 178
Custo efetivo total (CET) 178
Levando ao extremo: uma observação sobre composição contínua 181

6.4 **Tipos de empréstimos e amortização de empréstimos 182**
Empréstimos tipo desconto 182
Empréstimos com juros constantes 183
Empréstimos com pagamento parcelado 184

6.5 **Resumo e conclusões 189**

CAPÍTULO 7
Taxas de Juros e Avaliação de Títulos de Dívida 195

7.1 Títulos de dívida e sua avaliação 196
Características e preços dos títulos de dívida 197
Valores e retornos dos títulos de dívida 198
Risco de taxa de juros 201
Debêntures no mercado brasileiro 204
Mercado secundário de debêntures 205
Como encontrar o retorno até o vencimento: mais tentativa e erro 205

7.2 Mais sobre características dos títulos de dívida 210
É dívida ou capital próprio? 211
Dívida de longo prazo: fundamentos 211
A escritura de emissão 213
Termos de um título 213
Garantia 214
Garantia de recebíveis 214
Hipotecas 214
Cláusulas de preferência 215
Amortização 215
Opção de resgate antecipado 215
Cláusulas protetoras (covenants) 216

7.3 Classificações de risco de títulos de dívida 217

7.4 Alguns tipos diferentes de títulos de dívida 219
Títulos públicos 219
Títulos de cupom zero 220
Títulos com taxa flutuante 222
Outros tipos de títulos 224
Títulos Verdes (green bonds) 225
Sukuk 226

7.5 Mercados de títulos de dívida 231
Como os títulos de dívida são comprados e vendidos 231
Relatórios de preços de títulos de dívida 231
Uma observação sobre as cotações de preços dos títulos de dívida 234

7.6 Inflação e taxas de juros 234
Taxas reais *versus* taxas nominais 234
O efeito Fisher 235
Inflação e valores presentes 236

7.7 Determinantes dos retornos de títulos de dívida 237
A estrutura a termo das taxas de juros 237
Retornos de títulos de dívida e a curva de retornos: montando o quebra-cabeça 240
Conclusão 241
Estrutura de juros privados no Brasil 241
Uma breve nota sobre o mercado de futuros de taxas de juros 243

7.8 Resumo e conclusões 244

CAPÍTULO 8
Avaliação de Ações 247

8.1 Avaliação de ações 248
Fluxos de caixa 248
Alguns casos especiais 249
Crescimento zero 249
Crescimento constante 250
Crescimento variável 252
Crescimento em dois estágios 254
Componentes do retorno exigido 255
Avaliação usando múltiplos 256

8.2 Algumas características das ações ordinárias e preferenciais 259
Características de ações ordinárias 259
Direitos do acionista 259
Eleição de conselheiros de administração de empresas no Brasil 260
Voto múltiplo 260
Minoritários e preferenciais 260
Votação em separado 261
Conselhos escalonados 261
Votação por procuração 261
Conselho fiscal 262
Classes de ações 262
Voto plural 263
Direito de voto a ações preferenciais 263
Outros direitos 263
Dividendos 264
Características de ações preferenciais 265
Valor declarado 265
Dividendos cumulativos e não cumulativos 265
As ações preferenciais nos EUA seriam, na verdade, dívida? 265
Dívida com característica de capital próprio 266
Espécies e classes de ações no Brasil, conforme a Lei nº 6.404/1976 (Lei das Sociedades por Ações) 266

8.3 Os mercados de ações 268
Formadores de mercado e corretores 268
Organização da Nyse 269
Membros 269
Operações 270
Atividades de pregão 270
Operações da Nasdaq 271
Plataformas eletrônicas de negociação (ECNs) 272
Relatórios do mercado de ações 273
B3 – Contexto Histórico 276
CETIP 276
A atual B3 277
Operações da B3 278
Panorama e evolução 278
Sistemas de negociação e processamento de operações 278

Câmara de compensação 280
Canal Eletrônico do Investidor (CEI) 280
Sinal de informações 280
B3 supervisão de mercado (BSM) 280
Mercado à vista 281
Serviços do PUMA Trading System 282
Roteamento de ordens 282
Acesso direto ao mercado (DMA) 282
Algorithmic trading 282
Outros tipos de ordens 282
O funcionamento do pregão e *after-market* 283
Leilões 284
Quantidade negociada 284
Cotações 285
Negociabilidade 286
Leilões para casos especiais 286
Quantidades menores 286
Operações de financiamento 286
Prorrogação de leilão 286
Fixing 286
Prioridades 287
Características 287
Prorrogação 288
Post trading 288
Formas de liquidação 288
Liquidação por saldo bruto 288
Liquidação por saldo líquido 288
Compensação e liquidação multilateral 288
Central depositária 289
Situações especiais 290
Circuit breaker 290
Interrupção técnica 290
Considerações finais 290
8.4 Resumo e conclusões 291

PARTE 4 Orçamento de Capital

CAPÍTULO 9
Valor Presente Líquido e Outros Critérios de Investimento 295

9.1 Valor presente líquido 296
A ideia básica 297
Estimativa do valor presente líquido 297
9.2 A regra do *payback* 300
Definição da regra 301
Análise da regra 302
As qualidades que salvam a regra 303
Resumo da regra 303
9.3 O *payback* descontado 304
9.4 O retorno contábil médio 307
9.5 A taxa interna de retorno 309
Problemas com a TIR 312
Fluxos de caixa não convencionais 312
Investimentos mutuamente excludentes 314
Investir ou financiar? 317
As qualidades que salvam a TIR 318
A taxa interna de retorno modificada (TIRM) 318
Método nº 1: A abordagem do desconto 318
Método nº 2: A abordagem do reinvestimento 319
Método nº 3: A abordagem combinada 319
TIRM ou TIR: qual é a melhor? 319
9.6 O índice de lucratividade 320
9.7 A prática do orçamento de capital 321
9.8 Resumo e conclusões 323

CAPÍTULO 10
Tomando Decisões de Investimento de Capital 329

10.1 Fluxos de caixa de um projeto: um contato inicial 330
Fluxos de caixa relevantes 330
O princípio da independência 330
10.2 Fluxos de caixa incrementais 331
Custos irrecuperáveis 331
Custos de oportunidade 331
Efeitos colaterais 332
Capital circulante líquido e necessidade de capital de giro 333
Custos de financiamento 333
Outras questões 334
10.3 Demonstrações financeiras projetadas e fluxos de caixa do projeto 334
Primeiro passo: demonstrações financeiras projetadas 334
Fluxos de caixa projetados 335
Fluxo de caixa operacional do projeto 336
Capital de giro e gastos de capital do projeto 336
Fluxos de caixa totais projetados e valor 336
10.4 Mais sobre fluxo de caixa de projetos 337
Um exame mais detalhado do capital de giro 338
Depreciação 341
Cálculo da depreciação 342
Depreciação acelerada 344

Bônus de depreciação nos EUA 344
Valor contábil versus valor de mercado 345
Um exemplo: A Majestosa — Máquina de Compostagem e Cobertura (MMCC) 348
Fluxos de caixa operacionais 348
Variação do CCL e do CDG 350
Gastos de capital 351
Fluxos de caixa totais e valor 351
Conclusão 354

10.5 **Definições alternativas de fluxo de caixa operacional** 354
A abordagem de baixo para cima 355
Abordagem de cima para baixo 356
A abordagem do benefício fiscal 356
Conclusão 357

10.6 **Alguns casos especiais da análise por fluxos de caixa descontados** 357
Avaliação de propostas de redução de custos 357
Como definir o preço em uma licitação 359
Avaliação de opções de equipamentos com vidas úteis diferentes 361

10.7 **Resumo e conclusões** 364

CAPÍTULO 11
Análise e Avaliação de Projetos 371

11.1 **Avaliação das estimativas de VPL** 372
O problema básico 372
Fluxos de caixa projetados *versus* fluxos de caixa reais 372
Risco de previsão 373
Fontes de valor 373

11.2 **Análise de cenários e outras análises de hipóteses** 374
Partindo do início 374
Análise de cenários 375

Análise de sensibilidade 378
Simulação 379

11.3 **Análise do ponto de equilíbrio** 380
Custos fixos e variáveis 380
Custos variáveis 380
Custos fixos 381
Custos totais 382
Ponto de equilíbrio contábil 383
Ponto de equilíbrio contábil: uma visão mais detalhada 384
Utilidade do ponto de equilíbrio contábil 385

11.4 **Fluxo de caixa operacional, volume de vendas e ponto de equilíbrio** 386
Ponto de equilíbrio contábil e fluxo de caixa 386
Caso-base 386
Cálculo do nível do ponto de equilíbrio 387
Payback e ponto de equilíbrio 387
Volume de vendas e fluxo de caixa operacional 387
Pontos de equilíbrio contábil, financeiro e de caixa 388
Ponto de equilíbrio contábil revisitado 388
Ponto de equilíbrio de caixa 389
Ponto de equilíbrio financeiro 389
Conclusão 389

11.5 **Alavancagem operacional** 391
A ideia básica 391
Consequências da alavancagem operacional 391
Medição da alavancagem operacional 392
Alavancagem operacional e ponto de equilíbrio 393

11.6 **Racionamento de capital** 394
Racionamento fraco 394
Racionamento forte 394

11.7 **Resumo e conclusões** 395

PARTE 5 — Risco e Retorno

CAPÍTULO 12
Algumas Lições da História do Mercado de Capitais 399

12.1 **Retornos** 400
Retornos monetários 400
Retornos percentuais 402

12.2 **O registro histórico** 404
Um primeiro exame 405
Um exame mais detalhado 406

12.3 **Retornos médios: a primeira lição** 411
Cálculo dos retornos médios 411
Retornos médios: o registro histórico 411

Prêmios pelo risco 412
A primeira lição 413

12.4 **A variabilidade dos retornos: a segunda lição** 413
Distribuições de frequência e variabilidade 413
A variância histórica e o desvio padrão 413
O registro histórico 416
Distribuição normal 417
A segunda lição 418
2008: Um ano para lembrar 418
Valendo-se da história do mercado de capitais 420
Mais sobre prêmios pelo risco no mercado de ações 420

12.5 **Mais sobre retornos médios** 422
Médias aritméticas *versus* médias geométricas 422
Cálculo dos retornos médios geométricos 422
Retorno médio aritmético ou retorno médio geométrico? 425

12.6 **Eficiência do mercado de capitais** 426
Comportamento dos preços em um mercado eficiente 426
A hipótese dos mercados eficientes 428
Algumas concepções comuns e erradas sobre a HME 428
As formas da eficiência do mercado 429

12.7 **Resumo e conclusões** 431

CAPÍTULO 13
Retorno, Risco e Linha do Mercado de Títulos 435

13.1 **Retornos esperados e variâncias** 436
Retorno esperado 436
Cálculo da variância 438

13.2 **Carteiras** 440
Pesos da carteira 440
Retornos esperados da carteira 440
Variância da carteira 442

13.3 **Anúncios, surpresas e retornos esperados** 443
Retornos esperados e inesperados 443
Anúncios e notícias 444

13.4 **Risco: sistemático e não sistemático** 445
Risco sistemático e não sistemático 445
Componentes sistemáticos e não sistemáticos do retorno 446

13.5 **Diversificação e risco da carteira** 446
O princípio da diversificação: outra lição da história do mercado 447
O princípio da diversificação 448
Diversificação e risco não sistemático 449
Diversificação e risco sistemático 449

13.6 **Risco sistemático e beta** 450
O princípio do risco sistemático 450
Medição do risco sistemático 450
Betas de carteiras 453

13.7 **A linha do mercado de títulos** 454
Beta e prêmio pelo risco 454
A razão entre recompensa e risco 455
O argumento básico 456
O resultado fundamental 458
A linha do mercado de títulos 459
Carteiras de mercado 459
O modelo de precificação de ativos financeiros 459

13.8 **A LMT e o custo de capital: uma prévia** 462
A ideia básica 462
O custo de capital 462

13.9 **Resumo e conclusões** 463

PARTE 6 Custo de Capital e Política Financeira de Longo Prazo

CAPÍTULO 14
Custo de Capital 467

14.1 **O custo de capital: introdução** 468
Retorno exigido *versus* custo de capital 468
Política financeira e custo de capital 469

14.2 **O custo do capital próprio** 469
Abordagem do modelo de crescimento de dividendos 470
Implementação da abordagem 470
Estimativa de g 470
Vantagens e desvantagens da abordagem 471
A abordagem da LMT 472
Implementação da abordagem 472
Vantagens e desvantagens da abordagem 472

14.3 **O custo da dívida e da ação preferencial** 473
O custo da dívida 473
O custo da ação preferencial 474

14.4 **O custo médio ponderado de capital** 475
Pesos da estrutura de capital 475
Tributos sobre lucros e custo médio ponderado de capital 476
Cálculo do CMPC da Eastman Chemical 478
Custo do capital próprio da Eastman 478
Custo da dívida da Eastman 480
O CMPC da Eastman 481
Solucionando o problema dos armazéns de distribuição e problemas semelhantes de orçamento de capital 483
Avaliação de desempenho: outro uso para o CMPC 486

14.5 **Custos de capital de um projeto e de uma divisão** 486
A LMT e o CMPC 486
Custo de capital de uma divisão 487
A abordagem de negócio único 488
A abordagem subjetiva 489

14.6 **Uso do CMPC para avaliação da empresa** 490

xxviii Sumário

14.7 Custos de emissão e custo médio ponderado de capital 492
A abordagem básica 493
Custos de emissão e VPL 495
Capital interno e custos de emissão 496
14.8 Resumo e conclusões 496

CAPÍTULO 15
Captação de Recursos 500

15.1 Empreendedorismo: financiamento inicial e *venture capital* 501
Empreendedorismo 501
Venture capital 502
Algumas verdades sobre *venture capital* 504
Empresas de *venture capital* 505
Investimento participativo — *crowdfunding* 505
Ofertas iniciais de moedas (*initial coin offerings* — ICOs) 507
Investimento participativo no Brasil 507
Seleção de um capitalista especializado em empreendimentos de risco 508
Conclusão 508
15.2 Venda de títulos mobiliários ao público: procedimento básico 509
Formulário de Referência 510
15.3 Métodos alternativos de emissão 512
15.4 Instituições intermediárias de subscrição 515
Seleção de uma instituição intermediária 515
Tipos de subscrição 516
Subscrição por garantia firme 516
Subscrição por melhores esforços 516
Subscrição stand-by 516
Subscrição por leilão holandês 517
O *aftermarket* 517
A cláusula de emissão suplementar (*green shoe*) 518
Prazo de bloqueio 518
O período de silêncio 518
Listagem direta 519
15.5 IPOs e subprecificação 519
Subprecificação de uma IPO: a experiência de 1999-2000 520
Evidências de subprecificação 521
O fenômeno do ajuste parcial 522
Por que existe subprecificação? 525
15.6 Vendas de novas ações e o valor da empresa 527
15.7 O custo da emissão de valores mobiliários 528
Os custos da venda de ações ao público 528
Os custos da abertura de capital nos Estados Unidos: um estudo de caso 529
Os custos de abertura de capital no Brasil 529
A organização de um processo de subscrição de uma emissão subsequente 530

15.8 Direitos de subscrição 532
Direito de preferência 533
Exclusão do direito de preferência 533
Prioridade 533
A mecânica de uma oferta de direitos 535
Número de direitos necessários para comprar uma ação 536
O valor de um direito 537
Ex-direitos 539
Processo de subscrição de uma emissão de direitos 540
Efeitos para os acionistas 540
15.9 Diluição 541
Diluição da propriedade proporcional 541
Diluição do valor: valor contábil *versus* valor de mercado 542
Um engano 543
Os argumentos corretos 543
15.10 Como abrir o capital de uma empresa no Brasil 544
Escolhendo o segmento de listagem das ações na B3 544
Ofertas para investidores estrangeiros 545
Definição das características da emissão 545
Período de silêncio 545
Anúncio da oferta 546
15.11 Emissão de dívida de longo prazo 547
Empréstimos do BNDES 548
15.12 Registro de prateleira 550
15.13 Resumo e conclusões 551

CAPÍTULO 16
Alavancagem Financeira e Política de Estrutura de Capital 554

16.1 A questão da estrutura de capital 555
Valor da empresa e valor das ações: um exemplo 555
Estrutura de capital e custo de capital 556
16.2 O efeito da alavancagem financeira 557
Fundamentos da alavancagem financeira 557
Alavancagem financeira, LPA e ROE: um exemplo 557
LPA versus Lajir 559
Tomada de empréstimos pela empresa e alavancagem caseira 560
16.3 Estrutura de capital e o custo do capital próprio 562
Proposição I de M&M: o modelo *pizza* 562
O custo do capital próprio e a alavancagem financeira: Proposição II de M&M 563
Risco do negócio e risco financeiro 566
16.4 Proposições I e II de M&M com tributos sobre o lucro da pessoa jurídica 567
O benefício fiscal dos juros 567

Tributos sobre lucros e a Proposição I de M&M 568
Tributos sobre lucros, o CMPC e a Proposição II 569
Conclusão 570

16.5 Custos de recuperação judicial e falência 573
Custos diretos de falência 573
Custos indiretos de falência 574

16.6 Estrutura ótima de capital 575
A teoria estática da estrutura de capital 575
Estrutura ótima de capital e o custo de capital 576
Estrutura ótima de capital: uma recapitulação 577
Estrutura de capital: algumas recomendações para gestão 577
Tributo sobre lucros 577
Dificuldades financeiras 579

16.7 A *pizza* outra vez 579
O modelo expandido de *pizza* 579
Direitos de mercado *versus* direitos não negociáveis no mercado 580

16.8 A teoria da ordem hierárquica de financiamento 581
Financiamento interno e a ordem hierárquica 581
Consequências da ordem hierárquica 582

16.9 Estruturas de capital observadas 583

16.10 Um breve exame dos processos de recuperação judicial e falência 585
Primeira parte: considerações gerais sobre recuperação judicial e práticas nos Estados Unidos 585
Liquidação e recuperação judicial 585
Liquidação 586
Reorganização 587
A administração financeira e o processo de recuperação judicial 588
Acordos para evitar o processo de recuperação judicial 589
Segunda parte: considerações gerais sobre recuperação judicial e falência no Brasil 589
Falência 590
Recuperação judicial 591

16.11 Resumo e conclusões 592

CAPÍTULO 17
Dividendos e a Política de Distribuição 596

17.1 Dividendos e o pagamento de dividendos 597
Dividendos em dinheiro 598
Método padrão ou norma para pagamento de dividendos 598
Pagamento do dividendo: uma cronologia 598
Mais sobre a data ex-dividendos 600
Juros sobre o capital próprio 602
Tributação de JCP 602
Base de cálculo dos juros sobre capital próprio e taxa aplicável 602

17.2 A política de dividendos é importante? 605
Uma ilustração da irrelevância da política de dividendos 605
Política atual: dividendo definido igual ao fluxo de caixa 605
Política alternativa: dividendo inicial maior do que o fluxo de caixa 606
Dividendos caseiros 606
Um teste 607

17.3 Fatores do mundo real que favorecem uma distribuição de baixos dividendos 608
Impostos 608
Custos de emissão 608
Restrições ao pagamento de dividendos 609

17.4 Fatores do mundo real que favorecem uma distribuição de altos dividendos 609
Desejo por renda corrente 610
Impostos e outros benefícios dos dividendos elevados 610
Investidores pessoa jurídica 610
Investidores isentos de impostos 610
Conclusão 611

17.5 Uma solução para os fatores do mundo real? 611
Conteúdo informacional dos dividendos 611
Considerações para uma política de dividendos 612
O efeito clientela 613

17.6 Recompra de ações: uma alternativa aos dividendos 614
Dividendos *versus* recompra 615
Considerações do mundo real em uma recompra de ações 616
Recompra de ações e LPA 617
Recompras de ações no Brasil 617
Ofertas públicas de aquisição — OPA 619

17.7 O que sabemos e o que não sabemos sobre as políticas de dividendos e de distribuição 619
Dividendos e as empresas que pagam dividendos 619
Empresas ajustam os dividendos 622
Dividendos no Brasil 622
Montando o quebra-cabeça 623
Algumas evidências da pesquisa sobre os dividendos 626

17.8 Desdobramentos de ações e bonificação em ações 627

Alguns detalhes sobre os desdobramentos de ações e as bonificações em ações nos Estados Unidos 628
Exemplo de uma bonificação pequena em ações (Estados Unidos) 628
Exemplo de um desdobramento de ações (Estados Unidos) 629
Exemplo de uma bonificação grande em ações (Estados Unidos) 629
Valor dos desdobramentos de ações e das bonificações em ações 630
O caso referência 630
Intervalo de preços de negociação 630
Grupamentos de ações 631
17.9 **Resumo e conclusões 632**

PARTE 7 — Planejamento e Administração Financeira de Curto Prazo

CAPÍTULO 18
Planejamento e Finanças de Curto Prazo 635

18.1 No caminho do caixa e do capital de giro 636
Uma visão integrada do capital de giro 639
18.2 Ciclo operacional e ciclo financeiro 641
Definição dos ciclos operacional e financeiro 642
O ciclo operacional 642
O ciclo financeiro 642
O ciclo operacional e o organograma da empresa 643
Cálculo dos ciclos operacional e financeiro 644
O ciclo operacional 644
O ciclo financeiro 645
Interpretando o ciclo financeiro 646
18.3 Alguns aspectos da política financeira de curto prazo 647
O tamanho do investimento de uma empresa em ativos circulantes 647
Políticas alternativas de financiamento para ativos circulantes 650
Um caso ideal 650
Diferentes estratégias de financiamento de ativos circulantes 651
Qual política de financiamento é melhor? 652
Ativo e passivo circulantes na prática 653
18.4 Orçamento de caixa 655
Vendas e recebimentos de caixa 655
Saídas de caixa 656
O saldo de caixa 657
18.5 Financiamentos de curto prazo 658
Empréstimos bancários para capital de giro 658
Financiamento de contas a receber 659
Empréstimos para capital de giro com garantia de recebíveis 660
Empréstimos para capital de giro sem garantia de recebíveis 662
Carteira de operações 662
Saldo médio 662
Outras fontes de capital de giro 663
Garantias para linhas de crédito 663
Outras fontes 664

Outras modalidades de crédito 664
Financiamento de atividades do agronegócio 665
Tributos sobre empréstimos 665
18.6 O capital de giro e o crescimento sustentável 665
Saldo de tesouraria com foco no capital de giro 669
Saldo de tesouraria com foco no financiamento de curto prazo 669
Saldo de tesouraria com foco na estrutura de capital 670
Crescimento sustentável *versus* efeito tesoura 670
18.7 Um plano financeiro de curto prazo 672
18.8 **Resumo e conclusões 674**

CAPÍTULO 19
Gestão do Caixa e da Liquidez 679

19.1 Motivos para manter saldos de caixa 680
Os motivos especulação e precaução 680
O motivo transação 680
Saldos médios 681
Custos de manter caixa 681
Gestão de caixa *versus* gestão da liquidez 681
Reservas bancárias 682
As taxas Selic e DI 682
Data de transação e data de liquidação financeira 684
Exemplos de datas de liquidação financeira em negócios usuais 684
Instrumentos de pagamento no Brasil 684
Transferências de crédito 684
Cheques 685
Cartões de crédito 685
Cartões de débito 685
Cartões de loja (retailer cards) 686
Cartões com valor armazenado (charge cards) 686
Débitos diretos 686
BR Code 686
Canais de atendimento 687

19.2 Como entender o float 688
Float de desembolso 689
Float de cobrança e float líquido 689
Administração do float 690
O papel do float no mercado estadunidense 691
- Medição do float no mercado estadunidense 691
- O float no mercado brasileiro 692
- Alguns detalhes 692
- Custo do float 693

Transferência eletrônica de dados: o fim do float? 696
- Internet banking 697
- DDA 697

19.3 Cobrança e disponibilidade de caixa 698
Componentes do prazo de recebimento 698
Cobrança 698

19.4 Administração dos desembolsos de caixa 699
Aumento do float de desembolso 699
Controle de desembolsos 699
- Contas de aplicação e resgate automáticos 700
- Contas de desembolsos controlados 700

19.5 Investimento do caixa ocioso 701
Excedentes temporários de caixa 701
- Atividades sazonais ou cíclicas 701
- Gastos planejados ou possíveis 701

Características dos títulos de curto prazo 702
- Vencimento 702
- Risco de inadimplência 702
- Negociabilidade 703
- Tributos 703

Alguns tipos diferentes de títulos do mercado monetário 703
- Nota do Tesouro Nacional — NTN 703
- Letra financeira do Tesouro — LFT 703
- Letra do Tesouro Nacional — LTN 703
- Operações compromissadas 704
- Certificado de depósito bancário — CDB 704
- Títulos vinculados a direitos creditórios originados em negócios imobiliários 704
- Títulos vinculados a direitos creditórios originados em negócios de agentes da cadeia do agronegócio 704
- Letras financeiras — LF 704
- Cédula de crédito bancário — CCB 704
- Notas promissórias (commercial papers) 704
- Fundos de investimento 705

19.6 Resumo e conclusões 705

CAPÍTULO 20
Gestão de Crédito e de Estoques 717

20.1 Crédito e contas a receber 718
Componentes da política de crédito 718
Os fluxos de caixa da concessão de crédito 718
O investimento em contas a receber 719

20.2 Condições de venda 720
Formas básicas de vendas a prazo 720
O prazo do crédito (prazo para pagamento) 721
- Duração do prazo de crédito 722

Descontos 723
- Um exemplo real 724
- Tributos 724
- Custo de crédito 724
- Descontos rotineiros 725
- O desconto financeiro e o PMR 725

Instrumentos de crédito 725

20.3 Análise da política de crédito 727
Efeitos da política de crédito 727
Avaliação de uma política de crédito proposta 728
- VPL da mudança de políticas 728
- Uma aplicação do ponto de equilíbrio 729

20.4 Política de crédito ótima 730
A curva do custo total do crédito 730
Organização da função de crédito 731

20.5 Análise de crédito 732
Quando o crédito deve ser concedido? 732
- Uma venda única 732
- Negócios repetidos 733

Informações de crédito 734
Avaliação e classificação de crédito 734

20.6 Política de cobrança 735
Monitoramento de contas a receber 735
Esforço de cobrança 736

20.7 Gestão de estoques 736
O administrador financeiro e a política de estoques 737
Tipos de estoque 737
Custos do estoque 737

20.8 Técnicas de gestão de estoques 738
A abordagem ABC 738
O modelo do lote econômico 738
- Esgotamento de estoque 740
- Os custos de carregamento 740
- Os custos de falta 741
- Os custos totais 741

Extensões do modelo do lote econômico 743
- Estoques de segurança 743
- Pontos de renovação de pedidos 743

Gestão dos estoques de demanda derivada 743
- Planejamento das necessidades de materiais 743
- Estoque just-in-time 745

20.9 Resumo e conclusões 745

PARTE 8 — Tópicos de Finanças Corporativas

CAPÍTULO 21
Finanças Corporativas Internacionais 755

- 21.1 Terminologia 756
- 21.2 Mercados de câmbio e taxas de câmbio 758
  - Taxas de câmbio 758
    - *Cotações da taxa de câmbio* 761
    - *Taxas cruzadas e arbitragem triangular* 761
    - *Tipos de operações com câmbio* 763
- 21.3 Paridade do poder de compra 765
  - Paridade do poder de compra absoluta 765
  - Paridade do poder de compra relativa 766
    - *A ideia básica* 766
    - *O resultado* 767
    - *Valorização e desvalorização de moeda* 768
- 21.4 Paridade de taxa de juros, taxas a termo não viesadas e o efeito Fisher internacional 768
  - Arbitragem de juros coberta 769
  - Paridade da taxa de juros 770
  - Taxas a termo e taxas à vista no futuro 771
  - Montando o quebra-cabeça 771
    - *Paridade de juros descoberta* 771
    - *O efeito Fisher internacional* 771
- 21.5 Orçamento internacional de capital 772
  - Método 1: abordagem da moeda doméstica do investidor 773
  - Método 2: abordagem da moeda estrangeira 774
  - Fluxos de caixa bloqueados 774
- 21.6 Risco da taxa de câmbio 775
  - Exposição no curto prazo 775
  - Exposição no longo prazo 776
  - Exposição à conversão 777
  - Administração do risco da taxa de câmbio 779
- 21.7 Risco político 780
  - A reforma tributária de 2017 nos EUA 780
  - Gerindo o risco político 781
- 21.8 Resumo e conclusões 781

CAPÍTULO 22
Finanças Comportamentais: Consequências para a Administração Financeira 785

- 22.1 Introdução às finanças comportamentais 786
- 22.2 Vieses 787
  - Excesso de confiança 787
  - Excesso de otimismo 787
  - Viés de confirmação 788
- 22.3 Efeitos de enquadramento 788
  - Aversão à perda 789
  - Dinheiro da banca 790
- 22.4 Heurísticas 792
  - A heurística do afeto 792
  - A heurística da representatividade 792
  - Representatividade e aleatoriedade 793
  - A falácia do jogador 794
- 22.5 Finanças comportamentais e a eficiência do mercado 795
  - Os limites à arbitragem 796
    - *A precificação incorreta da 3Com/Palm* 797
    - *A razão dos preços Royal Dutch/Shell* 798
  - Bolhas e *crashes* 798
    - *O crash de 1929* 799
    - *O crash de outubro de 1987* 799
    - *O crash da Nikkei* 801
    - *A bolha e o crash das "ponto-com"* 801
- 22.6 A eficiência do mercado e o desempenho dos gestores financeiros profissionais 803
- 22.7 Resumo e conclusões 808

CAPÍTULO 23
Gestão de Riscos Corporativos 809

- 23.1 Seguros 810
- 23.2 Administração do risco financeiro 813
  - O perfil de riscos 813
  - Reduzindo a exposição ao risco 813
  - *Hedging* da exposição de curto prazo 815
  - Uma advertência sobre o *hedging* do fluxo de caixa 815
  - *Hedging* da exposição de longo prazo 816
  - Conclusão 816
- 23.3 *Hedging* com contratos a termo 817
  - Contratos a termo: fundamentos 817
  - O perfil de resultados 817
  - *Hedging* com contratos a termo 818
    - *Uma advertência* 819
    - *Risco de crédito* 819
    - *Os contratos a termo na prática* 819
- 23.4 *Hedging* com contratos de futuros 819
  - Negociação de futuros 820
  - Bolsas de futuros 820
  - *Hedging* com contratos de futuros 820
- 23.5 *Hedging* com contratos de *swap* 823
  - *Swaps* de moeda 823
  - *Swaps* de taxas de juros 824
  - *Swaps* de *commodities* 824
  - O *dealer* de *swaps* 824
  - *Swaps* de taxas de juros: um exemplo 825
- 23.6 *Hedging* com contratos de opções 826
  - Terminologia das opções 826
  - Opções *versus* contratos a termo 827

Perfis de resultados das opções   827
Hedging com opções   828
Hedging de riscos de preços de *commodities* com opções   828
Hedging do risco de taxa de câmbio com opções   829
Hedging do risco de taxa de juros com opções   829
   Uma observação preliminar   830
   Caps de taxas de juros   830
   Outras opções sobre taxas de juros   830
Uso efetivo dos derivativos   831

23.7   Resumo e conclusões   833

CAPÍTULO 24
Opções e Finanças Corporativas   836

24.1   Opções: noções básicas   837
   Opções de compra e de venda (*puts* e *calls*)   837
   Cotações de opções sobre ações   838
   Resultados de opções   839

24.2   Fundamentos da avaliação de opções   842
   Valor de uma opção de compra no vencimento   842
   Os limites superior e inferior do valor de uma opção de compra   843
      O limite superior   843
      O limite inferior   843
   Um modelo simples: parte I   845
      A abordagem básica   845
      Um caso mais complexo   845
   Quatro fatores que determinam valores de opções   846

24.3   Avaliação de opções de compra   847
   Um modelo simples: parte II   847
   O quinto fator   848
   Um exame mais detalhado   849

24.4   Opções de compra de ações para executivos e funcionários   850
   Características das ESOs   850
   Reprecificação de ESOs   851
   Retrodatação de ESOs   853

24.5   O capital próprio como opção de compra sobre os ativos da empresa   853
   Caso I: a dívida não tem risco   854
   Caso II: a dívida tem risco   855

24.6   Opções e orçamento de capital   856
   A decisão sobre quando investir   856
   Opções gerenciais   858
      Planejamento contingencial   858
      Opções no orçamento de capital: um exemplo   859
      Opções estratégicas   860
      Conclusão   860

24.7   Opções e títulos mobiliários corporativos   861
   Bônus de subscrição   861
      A diferença entre bônus de subscrição e opções de compra   861
      Diluição do lucro   862
   Títulos de dívida conversíveis   862
      Características de títulos de dívida conversíveis   862
      Valor de um título de dívida conversível   863
   Outras opções   864
      A opção de resgate antecipado de um título de dívida   864
      Títulos de dívida com opção de venda   865
      Seguro e garantias para empréstimos   865

24.8   Resumo e conclusões   866

CAPÍTULO 25
Avaliação de Opções   871

25.1   Paridade entre opções de compra e opções de venda (*put–call parity*)   872
   Estratégia de compra protegida   872
   Uma estratégia alternativa   872
   O resultado   873
   Capitalização contínua: uma revisão   875

25.2   O modelo de precificação de opções Black-Scholes   877
   A fórmula de precificação de opções de compra   877
   Avaliação de opções de venda   880
   Um alerta   881

25.3   Mais sobre Black-Scholes   882
   Variando o preço da ação   883
   Variando o prazo até vencimento   885
   Variando o desvio-padrão   887
   Variando a taxa sem risco   887
   Desvios-padrão implícitos   888

25.4   Avaliação do capital próprio e dívida na empresa alavancada   891
   Avaliação do capital próprio de uma empresa alavancada   891
   Opções e a avaliação de títulos de dívida com risco   892

25.5   Opções e decisões corporativas: algumas aplicações   894
   Fusões e diversificação   894
   Opções e orçamento de capital   895

25.6   Resumo e conclusões   898

CAPÍTULO 26
Fusões e Aquisições   900

26.1   As formas de aquisição   901
   Fusão ou consolidação   901

Aquisição de ações 902
Aquisição de ativos 903
Classificações das aquisições 903
Uma observação sobre tomadas de controle (*takeovers*) 904
Alternativas a fusões 904
26.2 Tributos e aquisições 905
26.3 Contabilização de combinação de negócios e de negócios em conjunto no Brasil 905
Combinação de negócios 906
Negócios em conjunto 906
26.4 Ganhos de aquisições 906
Sinergia 907
Aumento de receitas 908
Ganhos de marketing 908
Benefícios estratégicos 908
Poder de mercado 908
Reduções de custos 909
Economias de escala 909
Economias de integração vertical 909
Recursos complementares 909
Tributos menores 910
Prejuízos operacionais líquidos 910
Capacidade de endividamento não utilizada 910
Caixa excedente 910
Reavaliação de ativos 911
Reduções das necessidades de capital 911
Evitar equívocos 912
Uma observação sobre gestores ineficientes 912
26.5 Alguns efeitos colaterais financeiros das aquisições 913
Crescimento do LPA 913
Diversificação 914
26.6 O custo de uma aquisição 914
Caso I: aquisição em caixa 915
Caso II: aquisição em ações 915
Caixa *versus* ações 916
26.7 Táticas defensivas 917
O contrato social 917
Acordos de *standstill* e recompra 917
Pílulas de veneno e planos de direitos acionários 917
Fechamento de capital e aquisições alavancadas 919
Outros dispositivos e o jargão das tomadas de controle 919
26.8 Algumas evidências sobre aquisições: as F&A compensam? 921
26.9 Desinvestimentos e reestruturações 921
26.10 Resumo e conclusões 923

CAPÍTULO 27
Arrendamento 927

27.1 Arrendamentos e tipos de arrendamento 928
Arrendar *versus* comprar 928
Arrendamento ou não arrendamento 929
Arrendamentos operacionais 929
Arrendamento financeiro 930
Venda com retroarrendamento 931
27.2 Contabilidade e arrendamento 931
27.3 Arrendamentos e tributos 932
27.4 Os fluxos de caixa do arrendamento 933
Os fluxos de caixa incrementais 933
Uma observação sobre tributos 934
27.5 Arrendar ou comprar? 935
Uma análise preliminar 935
Três possíveis armadilhas 936
Análise do VPL 936
Uma concepção equivocada 938
27.6 Um paradoxo do arrendamento 938
27.7 Motivos para arrendar 939
Bons motivos para arrendar 940
Vantagens tributárias 940
Uma redução na incerteza 941
Custos de transação menores 941
Menos restrições e exigências de garantias 941
Motivos duvidosos para arrendar 941
Arrendamento e lucro contábil 942
Financiamento integral 942
Baixo custo 942
Outros motivos para arrendar 942
27.8 Resumo e conclusões 943

MATERIAL NO SITE (loja.grupoa.com.br)

Apêndice A
Tabelas matemáticas

Apêndice B
Equações mais importantes

Apêndice C
Respostas de problemas selecionados

Apêndice D (em inglês)
Uso de calculadores financeiras

Apêndice Capítulo 13
Correlação e covariância

Exercícios de finais de capitulos

PARTE 1   Visão Geral de Finanças Corporativas

Introdução às Finanças Corporativas

1

EM 2009, Adam Neumann e um sócio abriram o primeiro WeWork na vizinhança de Little Italy, na cidade de Nova York. A WeWork oferecia espaço de escritório compartilhado para empresas, que poderiam alugar o espaço conforme precisassem, às vezes apenas por um dia. Dez anos depois, a WeWork operava em mais de 111 cidades e 29 países. As receitas giravam em torno de USD3 bilhões, mas a empresa ainda perdia dinheiro. No início de 2019, a SoftBank, uma gigante nos investimentos tecnologia, apostou pesado na WeWork, avaliando a empresa em USD47 bilhões.

Infelizmente, nem tudo era um mar de rosas na WeWork. Em meados de 2019, a empresa entrou com pedido de abertura de capital em uma IPO, mas então mudou de ideia. No final do ano, a SoftBank concordou com outro grande investimento, mas abandonou o negócio em 2020. O que aconteceu? Entre outras coisas, a pandemia da Covid-19, que questionou todo o modelo de negócios da empresa, de espaços de trabalho presenciais compartilhados.

Entender a história da WeWork, de *start-up* a empreendimento multibilionário e suas dificuldades subsequentes, nos remete a temas que envolvem a forma de organização e os objetivos e controles das empresas, todos os quais abordaremos neste capítulo.

Objetivos de aprendizagem

O objetivo deste capítulo é que, ao seu final, você saiba:

OA1 Definir os tipos básicos de decisões da administração financeira e o papel do administrador financeiro.

OA2 Explicar o objetivo da administração financeira.

OA3 Descrever as implicações financeiras dos diferentes tipos de organização de negócios.

OA4 Explicar os conflitos de interesses que podem surgir entre administradores e proprietários e entre acionistas controladores e não controladores.

Para ficar por dentro dos últimos acontecimentos na área de finanças, visite www.fundamentalsofcorporatefinance.blogspot.com.

Para começar nosso estudo sobre finanças corporativas e administração financeira modernas, precisamos abordar duas questões centrais. Em primeiro lugar, o que são finanças corporativas e qual é o papel do administrador financeiro na empresa? Em segundo lugar, qual é o objetivo da administração financeira? Para descrever o ambiente da administração financeira, consideramos a forma empresarial de organização e discutimos alguns conflitos que podem surgir dentro da empresa. Também examinamos de forma breve os mercados financeiros.

1.1 Finanças: uma breve análise

Antes de mergulharmos de cabeça em nosso estudo sobre finanças corporativas ou "corp fin", acreditamos que pode ser uma boa ideia oferecer um breve resumo do campo das finanças. Nosso objetivo é apresentá-lo a algumas das áreas mais importantes das finanças e falar sobre algumas das oportunidades profissionais disponíveis em cada uma. Também queremos ilustrar alguns dos modos em que as finanças se encaixam com outras áreas, como marketing, administração, contabilidade e tecnologia.

Finanças: as cinco áreas principais

Os tópicos sobre finanças normalmente são agrupados em cinco áreas principais:

1. Finanças corporativas
2. Investimentos
3. Instituições financeiras
4. Finanças internacionais
5. *Fintech*

Discutiremos cada uma delas a seguir.

Finanças corporativas A primeira das cinco áreas, finanças corporativas, é o assunto principal deste livro. Começaremos a abordar o tema em nossa próxima seção, então podemos esperar até lá para entrar nos detalhes. Um aspecto que devemos observar é que o termo *finanças corporativas* parece sugerir que o tema é relevante apenas para corporações, mas quase todos os tópicos considerados neste livro são mais amplos do que o adjetivo sugere. Talvez *finanças de negócios* seja mais um termo mais adequado, mas não suficientemente abrangente, pois metade ou mais dos assuntos analisados nas próximas páginas são ideias e princípios financeiros básicos que se aplicam às diversas áreas das finanças e ainda vão além.

Investimentos Em termos gerais, a área de investimentos trata de ativos financeiros, como ações e títulos. Algumas das questões mais importantes incluem:

1. O que determina o preço de um ativo financeiro, como uma ação?
2. Quais os riscos e as recompensas em potencial associados com o investimento em ativos financeiros?
3. Qual é a melhor combinação de ativos financeiros para você?

Os estudantes que se especializam na área de investimentos têm diversas oportunidades de carreira. Tornar-se consultor financeiro é uma delas. Os consultores muitas vezes trabalham para grandes empresas, como a Merrill Lynch, assessoram clientes na escolha de investimentos e os ajudam a tomar decisões sobre compra e venda.

A gestão de carteiras é uma segunda carreira relacionada a investimentos. Os gerentes de carteiras, como o nome sugere, administram o dinheiro dos investidores. Por exemplo, investidores individuais frequentemente compram participações em fundos mútuos. Esses fundos são uma maneira de combinar recursos, que são investidos por um gerente de carteiras. Os gerentes de carteiras também investem e administram o dinheiro de fundos de pensão, seguradoras e diversos outros tipos de instituições.

A análise de valores mobiliários é uma terceira área. O analista de valores mobiliários pesquisa investimentos individuais, como as ações de uma determinada empresa, e determina se o preço está ou não certo. Para tanto, o analista aprofunda-se nos relatórios da empresa e do setor, além de recorrer a diversas outras fontes de informações. Com frequência, os consultores financeiros e gerentes de carteiras dependem das informações e recomendações dos analistas de valores mobiliários.

Essas áreas relacionadas a investimentos, assim como muitas áreas das finanças, têm uma característica interessante em comum. O retorno financeiro é muito bom (tradução: você pode ganhar uma fortuna). A má notícia, obviamente, é que podem ser exigentes e competitivas, então não servem a todos.

Instituições financeiras As instituições financeiras são empresas que lidam principalmente com questões financeiras. Os bancos e as seguradoras provavelmente são os dois tipos mais conhecidos. Instituições como estas empregam profissionais que executam diversos trabalhos. Por exemplo, um agente de crédito comercial de um banco avalia se a posição financeira de um negócio específico é forte o suficiente para que receba um empréstimo. Em uma seguradora, o analista decide se um determinado risco é adequado para ser segurado e qual deve ser o prêmio.

Finanças internacionais As finanças internacionais são menos uma área e mais uma especialização dentro das áreas descritas anteriormente. Em outras palavras, as carreiras em finanças internacionais geralmente envolvem os aspectos internacionais das finanças corporativas, dos investimentos ou das instituições financeiras. Por exemplo, alguns gerentes de carteiras e analistas de valores mobiliários se especializam em empresas de outros países. Da mesma forma, muitas empresas nacionais têm operações de grande porte no exterior e precisam de funcionários familiarizados com tópicos internacionais, como taxas de câmbio e riscos políticos. Os bancos frequentemente recebem pedidos de empréstimo de outros países; então, especialistas internacionais também são necessários nessas instituições.

Fintech O setor financeiro sempre foi um dos primeiros a adotar tecnologias mais rápidas e mais baratas. A combinação de tecnologia e finanças é chamada de *fintech*. *Fintech* é um termo amplo para uma empresa que usa a Internet, telefonia móvel, *software* e/ou serviços de nuvem para prestar um serviço financeiro. Analisaremos a *fintech* em mais detalhes na próxima seção.

Por que estudar finanças?

Quem precisa saber alguma coisa de finanças? Em uma palavra: você. Na verdade, há muitos motivos para você precisar de um conhecimento prático sobre finanças, mesmo que não planeje seguir carreira na área. Exploramos algumas dessas razões a seguir.

Marketing e finanças Se está interessado em *marketing*, você precisa entender de finanças. Por exemplo, os profissionais de *marketing* trabalham com orçamentos o tempo todo e precisam entender como gerar o melhor resultado com seus programas e despesas de *marketing*. A análise dos custos e benefícios de todos os tipos de projetos é um dos aspectos mais importantes das finanças, então as ferramentas que você aprende nessa área são essenciais na pesquisa de *marketing*, na formulação de canais de *marketing* e de distribuição e na precificação de produtos, para ficar com apenas algumas áreas.

Os analistas financeiros dependem bastante dos analistas de *marketing*, e os dois frequentemente trabalham juntos para avaliar a lucratividade de projetos e produtos propostos. Como veremos em um capítulo posterior, as projeções de vendas são um insumo essencial em quase todas as análises de novos produtos, e tais projeções muitas vezes são produzidas em conjunto pelos setores de *marketing* e finanças.

Além disso, o setor financeiro emprega profissionais de *marketing* para ajudar a vender produtos financeiros, como contas bancárias, apólices de seguro e fundos de investimento. O *marketing* de serviços financeiros é uma das áreas que mais cresce, e profissionais de *marketing* de serviços financeiros bem-sucedidos são muito bem remunerados no mercado. Para trabalhar nessa área, obviamente é necessário entender de produtos financeiros.

Contabilidade e finanças Para os contadores, as finanças são leitura obrigatória. Especialmente nas empresas menores, os contadores muitas vezes não se restringem aos deveres tradicionais da sua profissão e precisam tomar decisões financeiras. Além disso, o mundo financeiro não para de ficar mais complexo, e os contadores precisam saber sobre finanças para entender as consequências de muitos dos novos tipos de contratos financeiros e o impacto que terão nas demonstrações contábeis. E mais, a contabilidade de custos e as finanças corporativas são duas áreas particularmente próximas, compartilhando muitos dos mesmos temas e preocupações.

Os analistas financeiros são grandes consumidores de informações contábeis; na verdade, são alguns dos seus usuários finais mais importantes. Entender de finanças ajuda os contadores a reconhecer quais tipos de informação são particularmente valiosos e, em linhas mais gerais, como as informações contábeis são usadas (e abusadas) de fato na prática.

Administração e finanças Uma das áreas mais importantes da administração é a estratégia. Pensar em estratégia de negócios sem pensar, ao mesmo tempo, em estratégia financeira é uma excelente receita para o desastre; então, os estrategistas devem ter um entendimento claríssimo sobre as consequências financeiras dos planos de negócios.

Em termos mais gerais, espera-se que gestores de todos os tipos saibam como suas funções afetam a lucratividade e como fazer para melhorá-la. É exatamente isso que estudar finanças nos ensina: quais são as características das áreas que criam valor?

Tecnologia e finanças As disciplinas de ciência, tecnologia, engenharia e matemática (conhecidas pela sigla STEM em inglês, para *Science, Technology, Engineering, and Math*) ganharam importância nos últimos anos. As finanças são consideradas uma disciplina STEM, especialmente no nível da pós-graduação. Como vimos, a *fintech* é a área das finanças que enfoca o aspecto STEM do setor. Como veremos, as empresas de *fintech* oferecem serviços mais rápidos, baratos e convenientes do que as organizações baseadas em lojas físicas.

Fintech **bancária** As empresas de *fintech* estão começando a competir com as instituições bancárias tradicionais. Os pagamentos móveis são uma forma de *fintech* de alto crescimento. Empresas como a Venmo e a PayPal permitem que usuários transfiram dinheiro diretamente de uma pessoa para outra. Essas empresas reduziram a necessidade de métodos de pagamento mais tradicionais, como os cheques. Em 2019, mais de USD1 trilhão foram transferidos por empresas de pagamentos móveis.

No Brasil, além das *fintechs* que atuam na área de bancos, temos uma inovação muito popular criada pelo Banco Central do Brasil e disponibilizada ao sistema bancário, o PIX, meio de pagamento em que os recursos são transferidos entre contas de forma praticamente instantânea, a qualquer hora ou dia; os pagamentos podem ser realizados a partir de uma conta corrente, conta poupança ou conta de pagamento pré-paga. O PIX está disponível para transferências financeiras 24 horas por dia, com liquidação em tempo real, sete dias por semana, inclusive feriados.

Serviços de *crowdfunding* (financiamento coletivo), como a Kickstarter e a GoFundMe nos EUA, permitem que os usuários levantem fundos diretamente de outros indivíduos. Existem variações entre essas empresas de *crowdfunding*: os participantes da Kickstarter geralmente estão comprando um produto antes de ele ser lançado no mercado, enquanto a GoFundMe é usada para angariar fundos para uma causa.

Fintechs como Kabbage, Lendio e Accion, também nos EUA, foram criadas para estabelecer mercados para disponibilizar capital circulante para empresas. Essas organizações têm um processo mais simples do que os bancos e estão dispostas a financiar o capital circulante de *start-ups*, que muitas vezes não conseguem obter financiamento por formas mais tradicionais.

Outras empresas de *fintech*, como a Upstart e a Prosper, tornaram-se mercados para empréstimos diretos para consumidores. Os clientes dessas empresas solicitam empréstimos, que são financiados diretamente pelos outros participantes, geralmente indivíduos. Em um empréstimo bancário tradicional, boa parte da decisão é determinada pela classificação de crédito e pelo histórico de crédito do solicitante. Esses mercados permitem que empréstimos sejam financiados com base em outros fatores.

***Blockchain* e criptomoedas** O *blockchain* está no centro de muitos novos serviços de *fintech*. O *blockchain* é uma lista de registros, chamados de blocos, usados para registrar transações. Cada bloco contém um *hash* criptográfico do bloco anterior, uma marca temporal e dados da transação. O *blockchain* foi projetado para resistir a alterações e, logo, fornece um registro exato das transações.

Uma criptomoeda é um ativo digital criado para funcionar como uma moeda, mas não é controlado por uma autoridade monetária centralizada. O bitcoin, a primeira criptomoeda, foi lançada em 2009. Desde então, mais de 4.000 variações foram criadas.

Seguradoras A tecnologia de seguros, chamada de *insurtech*, permite que os clientes pesquisem, comparem e adquiram seguros *online*, sem visitar fisicamente um agente de seguros. A *insurtech* simplificou os processos de gestão de sinistros e a avaliação e precificação de riscos, o que reduziu os custos. Nos EUA, as empresas de *insurtech* estão se expandindo para todas as áreas dos seguros, entre elas a Lemonade, que oferece seguro para proprietários de imóveis e inquilinos, a Oscar Health, especializada em seguro de saúde, e a Trōv, que permite que você compre seguro para um único item, por qualquer período, diretamente do seu celular.

Robôs consultores e negociação de ações Tradicionalmente, o corretor era o grande conselheiro sobre a alocação de ativos. Os robôs consultores, ou *robo-advisors*, oferecem conselhos sobre investimentos baseados em algoritmos ou regras matemáticas. Isso significa que a interação humana entre investidor e consultor é mínima.

Aplicativos de negociação de ações, como o Robinhood, permitem que os investidores negociem ações sem pagar comissões. Outros aplicativos, como o Acorns, aceitam o investimento de pequenas quantias, muitas vezes a partir de 1 dólar. Os aplicativos facilitam aos pequenos investidores participar do mercado de ações com menos custo.

Aplicativos de orçamento Os aplicativos de orçamento para consumidores provavelmente são o uso mais comum da *fintech*. Esses aplicativos permitem que o usuário controle renda, pagamentos mensais, despesas e muito mais, tudo no celular. Os aplicativos ajudam as as pessoas a entender melhor suas finanças e a criar planos financeiros.

Você e as finanças Talvez o motivo mais importante para entender de finanças é que você precisará tomar decisões financeiras que serão pessoalmente importantes. Hoje, por exemplo, quando vai trabalhar em uma empresa nos EUA, você precisa decidir como investirá para a aposentadoria. No Brasil, na maior parte das empresas você não precisa decidir por um plano de aposentadoria: ou a empresa já lhe oferece um (com custos compartilhados entre a empresa e você) ou nada oferece. E se você ainda não estiver poupando para um plano de aposentadoria complementar é bom começar. Veremos em um capítulo posterior que as suas escolhas hoje podem fazer uma diferença enorme para o seu bem-estar financeiro no futuro.

Ou então: você sonha em abrir o próprio negócio? Se não entende o básico sobre finanças desde o princípio, boa sorte; vai acabar aprendendo do jeito mais difícil. Quer saber de quanto serão as prestações do seu financiamento estudantil antes de pedir o próximo empréstimo? Talvez não, mas vamos ensiná-lo a calculá-las ainda assim.

Estas são apenas algumas das maneiras como as finanças afetarão a sua vida pessoal e profissional. Quer queira ou não, você precisará analisar e entender questões financeiras e terá que tomar decisões financeiras. Queremos que decida com sabedoria, então continue com a leitura.

Questões conceituais

1.1a Quais as são as principais áreas das finanças?

1.1b Além de para ser aprovado nesta disciplina, por que você precisa entender sobre finanças?

1.2 Finanças corporativas e o administrador financeiro

Nesta seção, discutimos o espaço do administrador financeiro dentro da empresa. Começamos definindo o que são *finanças corporativas* e qual é a função do administrador financeiro.

O que são finanças corporativas?

Imagine que você está para abrir seu próprio negócio. Independentemente do tipo de negócio, você terá de responder, de alguma forma, às três questões a seguir:

1. Quais investimentos de longo prazo você deve fazer? Ou seja, em que ramo de negócios você se encontra e que tipo de instalações, maquinário e equipamento são necessários?
2. Onde você conseguirá o financiamento de longo prazo para pagar os investimentos? A empresa terá outros sócios ou tomará dinheiro emprestado?
3. Como administrará suas atividades financeiras diárias, como cobrar dos clientes e pagar aos fornecedores?

Essas com certeza não são as únicas questões, mas estão entre as mais importantes. De modo geral, as finanças corporativas consistem no estudo das formas de responder a essas três questões. Veremos cada uma delas nos próximos capítulos.

O administrador financeiro

Estudaremos as características de empresas de capital aberto, por razões que explicaremos em seguida. Uma característica surpreendente das grandes empresas de capital aberto é o fato de que, em geral, os proprietários (os acionistas) não estão diretamente envolvidos na tomada de decisões dos negócios, principalmente nas decisões diárias. Em vez disso, a empresa emprega administradores que representam os interesses dos proprietários e que tomam decisões em seu nome. Em uma grande empresa, o administrador financeiro se encarrega de responder às três questões que fizemos anteriormente.

A função do administrador financeiro é comumente associada a um alto executivo da empresa, como um vice-presidente de finanças ou um diretor financeiro (em inglês, *chief financial officer* — CFO). A Figura 1.1A é um quadro organizacional simplificado que destaca a atividade financeira de uma empresa grande dos Estados Unidos. Como mostra a figura, o diretor ou o vice-presidente de finanças coordena as atividades da tesouraria e da controladoria. A controladoria trata da contabilidade financeira e de custos, dos pagamentos de impostos e da administração do sistema de informações. A tesouraria é responsável por gerenciar o caixa e o crédito da empresa, o planejamento financeiro e os gastos de capital. Essas atividades da tesouraria estão relacionadas às três questões gerais que apresentamos anteriormente, e os capítulos seguintes abordam principalmente essas questões. Assim, nosso estudo trata principalmente das atividades que, em geral, estão associadas à tesouraria. É interessante observar que, nas empresas norte-americanas, no topo do organograma, está o conselho de administração (CA), e o diretor presidente (CEO) também é presidente do conselho de administração (o CA deveria fiscalizar o CEO). Já no Brasil, em primeiro lugar, está o acionista (a Figura 1.1B mostra um quadro organizacional para empresas brasileiras). A assembleia de acionistas está acima de toda a estrutura e, ainda, nomeia um conselho fiscal.

Para saber sobre assuntos atuais enfrentados pelos gestores financeiros — os CFOs, nos Estados Unidos da América (EUA) —, acesse **ww2.cfo.com**.

Decisões da administração financeira

Como foi sugerido, o administrador financeiro deve se preocupar com três tipos básicos de perguntas, as quais serão abordadas em detalhes a seguir.

Orçamento de capital A primeira questão diz respeito aos investimentos de longo prazo da empresa. O processo de planejamento e gerenciamento desses investimentos é chamado de

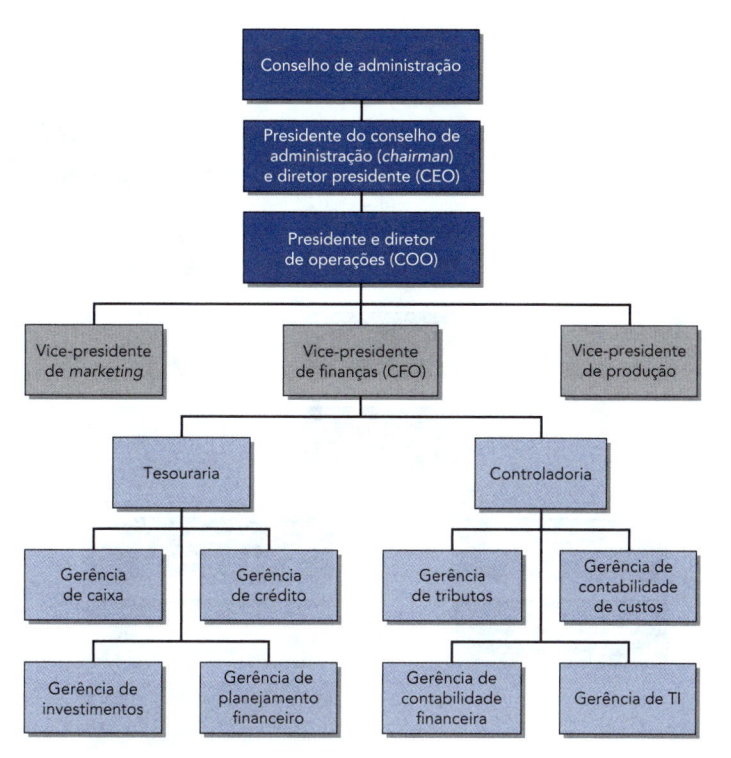

FIGURA 1.1A Quadro organizacional simplificado de uma empresa estadunidense.

orçamento de capital. No orçamento de capital, o administrador financeiro tenta identificar oportunidades de investimento que tenham bom custo-benefício. De modo geral, isso significa dizer que o valor do fluxo de caixa gerado por um ativo excede o seu custo de aquisição e manutenção.

Os tipos de oportunidades de investimentos que seriam considerados dependem, em parte, da natureza dos negócios da empresa. Por exemplo, uma decisão importante do orçamento de capital para uma grande varejista como a Walmart seria abrir ou não outra loja. Da mesma maneira, para uma empresa de *software* como a Oracle ou a Microsoft, a decisão de desenvolver e comercializar uma nova planilha eletrônica acarretaria uma grande decisão de orçamento de capital. Algumas decisões, como qual tipo de sistema de computadores deve ser comprado, podem não depender tanto de um ramo específico de negócios.

Independentemente da natureza específica de uma oportunidade, os administradores financeiros devem se preocupar não apenas com a quantidade de dinheiro que esperam receber, mas também com quando e qual a probabilidade de recebê-lo. A avaliação do *tamanho*, do *tempo* e do *risco* dos fluxos de caixa futuros é a essência do orçamento de capital. Na verdade, como veremos nos capítulos seguintes, sempre que avaliamos uma decisão de negócios, o tamanho, o tempo e o risco dos fluxos de caixa são, sem dúvida, as coisas mais importantes a serem consideradas.

orçamento de capital
Processo de planejamento e gestão de investimentos de longo prazo de uma empresa.

Estrutura de capital   A segunda questão para o administrador financeiro diz respeito a como a empresa obtém e administra o financiamento de longo prazo de que precisa para sustentar suas operações continuadas. A **estrutura de capital** (ou a estrutura financeira) de uma empresa é a combinação específica entre o exigível a longo prazo e o capital próprio (dinheiro dos sócios) que a empresa usa para financiar suas operações. O administrador financeiro tem duas preocupações nessa área. Em primeiro lugar, quanto a empresa deve tomar emprestado? Ou seja, qual combinação entre passivo de longo prazo e capital próprio é melhor? A combinação escolhida afetará o risco e o valor da empresa. Em segundo lugar, quais são as fontes de menor custo?

Se representarmos a empresa como uma *pizza*, então, sua estrutura de capital determina o modo como o seu resultado é fatiado — em outras palavras, qual porcentagem do fluxo de caixa vai para os credores e qual vai para os acionistas. As empresas têm uma flexibilidade

estrutura de capital
Combinação entre passivo de longo prazo e capital próprio de uma empresa.

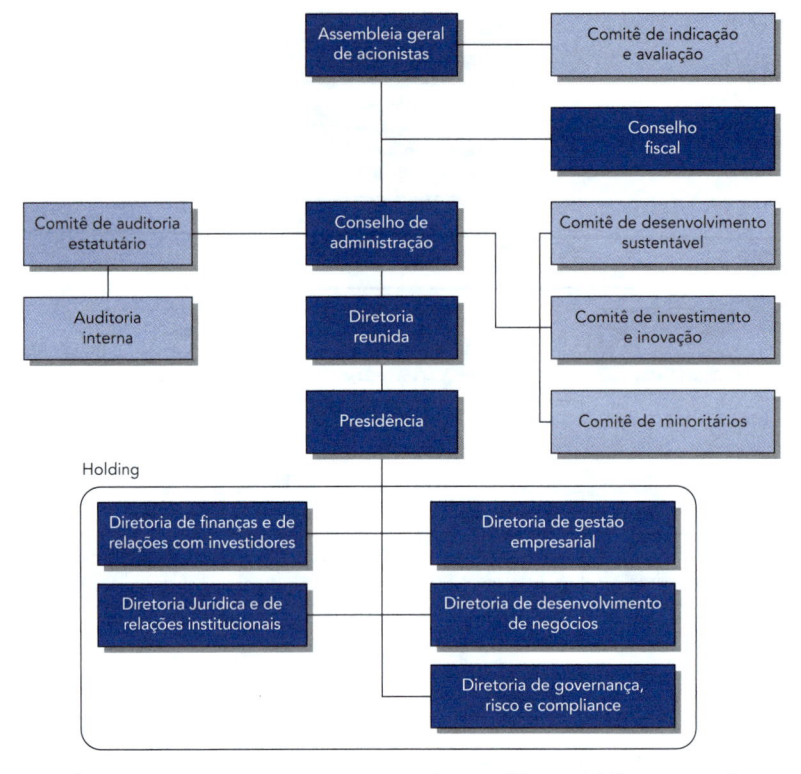

COPEL Relatório de Administração e Demonstrações Financeiras 2020_HOL DFP 31.12.2020, Pag. 12. Disponível em https://ri.copel.com/dados-financeiros/central-de-resultados/

É interessante observar que, nas empresas norte-americanas, (Figura 1.1A), no topo do organograma está o conselho de administração (CA), e o diretor presidente (CEO) também é presidente do conselho de administração (o CA deveria fiscalizar o CEO); já no Brasil (a Figura 1.1B mostra um quadro organizacional para empresas brasileiras), em primeiro lugar está o acionista. A assembleia de acionistas está acima de toda a estrutura, e, ainda, a assembleia nomeia um conselho fiscal.

FIGURA 1.1B Estrutura de governança da Companhia Paranaense de Energia – COPEL.

muito grande na escolha de uma estrutura financeira. Descobrir se uma estrutura é melhor do que qualquer outra é crucial para a questão da estrutura de capital.

Além de decidir a combinação de financiamentos, o administrador financeiro precisa decidir exatamente como conseguir o dinheiro e de que fontes. As despesas associadas aos financiamentos de longo prazo podem ser consideráveis, de modo que várias possibilidades devem ser analisadas com cuidado. Além disso, as empresas tomam dinheiro emprestado de vários financiadores e de maneiras diferentes, às vezes, exóticas. Selecionar credores e tipos de empréstimos é outra tarefa que cabe ao administrador financeiro.

capital circulante
Ativos e passivos circulantes de uma empresa.

Administração do capital circulante A terceira questão diz respeito à administração do capital circulante. O termo **capital circulante** se refere ao conjunto formado pelo ativo circulante de uma empresa, como estoques, e o seu passivo circulante, como os recursos devidos aos fornecedores. A administração do capital circulante é uma atividade diária para garantir que a empresa tenha recursos suficientes para manter suas operações e evitar interrupções caras. Isso envolve várias atividades relacionadas às entradas e saídas de caixa da empresa.

Algumas perguntas sobre o capital circulante que devem ser respondidas incluem: (1) Quanto de caixa e estoques deve ser mantido? (2) Devemos vender a crédito? Nesse caso, quais condições devemos oferecer e para quem serão concedidas? (3) Como obteremos o financiamento necessário para os ativos de curto prazo? Compraremos a crédito ou tomaremos empréstimos e pagaremos as compras à vista? Se fizermos empréstimos de curto prazo, como e onde devemos fazê-lo? Essa é apenas uma pequena amostra das questões que surgem na administração do capital circulante de uma empresa.

Conclusão As três áreas da administração financeira que descrevemos — orçamento de capital, estrutura de capital e administração de capital circulante — constituem categorias muito amplas. Cada uma delas inclui uma série de tópicos, e indicamos apenas algumas das perguntas que surgem nas diferentes áreas. Os próximos capítulos fornecem maiores detalhes.

> **Questões conceituais**
>
> **1.2a** O que é a decisão do orçamento de capital?
>
> **1.2b** Qual é o nome da combinação entre passivo e capital próprio escolhida por uma empresa?
>
> **1.2c** Em qual categoria de administração financeira se enquadra a administração de caixa?

1.3 Formas de organização de negócios

Quase todas as grandes empresas, como a Ford e a Microsoft, são organizadas como sociedades anônimas de capital aberto (corporações, nos EUA). Examinaremos as três diferentes formas legais de organização de negócios — a firma individual, as sociedades e as sociedades por ações, de capital aberto —, para sabermos o motivo dessa classificação. Cada uma delas tem vantagens e desvantagens distintas em termos de vida do negócio, de capacidade de angariar dinheiro e de tributação. É importante observar que, à medida que a empresa cresce, as vantagens da sociedade por ações, de capital aberto, podem vir a superar as desvantagens.

Personalidade jurídica

Os negócios são organizados como pessoas jurídicas. A legislação brasileira estabelece que a pessoa jurídica não se confunde com os seus sócios, associados, instituidores ou administradores. Segundo a legislação, esse é um instrumento lícito de alocação e segregação de riscos, com a finalidade de estimular empreendimentos, para a geração de empregos, tributo, renda e inovação em benefício de todos. Entretanto, em caso de abuso da personalidade jurídica, por desvio de finalidade (como, lesar credores ou utilizar a empresa para fins ilícitos) ou por confusão patrimonial (como, o sócio ou administrador usar a empresa para pagar despesas pessoais de forma continuada, ou a transferência de ativos ou de passivos sem efetivas contraprestações) pode o juiz, a requerimento de uma parte, ou do Ministério Público, desconsiderar a personalidade jurídica, e atingir os bens particulares de administradores ou de sócios da pessoa jurídica beneficiados direta ou indiretamente pelo abuso.

Empresa individual

A empresa individual é aquela que pertence a apenas uma pessoa. Esse tipo de negócio é o mais simples de iniciar e é a forma menos regulamentada de organização. Dependendo do país, é possível abrir as portas de uma empresa individual com pouco mais do que uma licença de negócios. Por isso, existem mais empresas individuais do que outros tipos de negócios, e muitos negócios que se tornam grandes corporações começam como pequenas empresas individuais.

Microempreendedor individual (MEI) No Brasil, a figura de empreendimento mais simples é a do microempreendedor individual (MEI). Essa qualificação facilita a organização de pequenos prestadores de serviços em áreas como eletricidade, encanamento, informática e serviços de manutenção, ou de pequenas produções individuais, como padarias, confeitarias

Para mais informações sobre formas de organização de negócios no Brasil consulte: Código Civil Brasileiro (http://www.planalto.gov.br/ccivil_03/Leis/2002/L10406.htm) e a Lei das Sociedades Anônimas (http://www.planalto.gov.br/ccivil_03/Leis/L6404consol.htm). Para as formas de organização de negócios nos Estados Unidos, consulte a seção "Small Business" no site www.nolo.com.

e costuras. O MEI é limitado a uma receita bruta dentro dos limites da lei (R$ 81.000,00 quando concluímos esta edição) no ano-calendário anterior, deve ser optante pelo Simples Nacional e não estar impedido de optar por essa modalidade. O MEI pode optar pelo recolhimento dos impostos e contribuições abrangidos pelo Simples Nacional de acordo com o faturamento, ou em valores fixos mensais, independentemente da receita bruta por ele auferida no mês, desde que a sua renda bruta no ano anterior tenha sido de, no máximo, R$ 36.000,00 (limite legal quando encerramos esta edição).

Sociedade limitada unipessoal A sociedade limitada unipessoal é a sociedade limitada constituída somente por uma pessoa. No caso das sociedades limitadas unipessoais com o nome de "empresa individual de responsabilidade limitada (EIRELI)" até agosto de 2021, o capital social integralizado não poderia ser inferior a 100 vezes o maior salário-mínimo vigente no país. O patrimônio dessa sociedade é apartado do patrimônio do titular de seu capital social; somente o patrimônio social da empresa responderá pelas dívidas da empresa, hipótese em que não se confundirá, em qualquer situação, com o patrimônio do titular que a constitui, ressalvados os casos de fraude. O titular somente pode figurar em uma empresa dessa modalidade, conforme artigos 980-A do Código Civil Brasileiro e 41 da Lei 14.195, de 26/08/2021.

O proprietário do negócio individual fica com todos os lucros. Essa é a boa notícia. A má notícia é que: (a) esse único proprietário deve integralizar o capital social da empresa em valor correspondente a, no mínimo, 100 vezes o maior salário-mínimo vigente, um valor que muitas vezes não está disponível para o pequeno empresário e que não é exigido na constituição de sociedades limitadas ou por ações; (b) a pessoa física pode participar em uma única empresa, restrição que inexiste para as demais pessoas jurídicas. Aplicam-se à sociedade limitada unipessoal, no que couber, as mesmas regras previstas para as sociedades limitadas previstas no Código Civil brasileiro.

A vida de uma empresa individual é limitada ao tempo de vida do proprietário, e o valor do patrimônio líquido é limitado ao valor dos bens pessoais do proprietário. Essa limitação quase sempre significa que a empresa não consegue explorar novas oportunidades por causa de capital insuficiente. Também pode ser difícil transferir uma empresa individual, pois isso exige a venda de toda a empresa para um novo proprietário.

Microempresa e empresa de pequeno porte São as formas simplificadas de empresas no Brasil. Para o enquadramento como microempresa ou empresa de pequeno porte há limitações de faturamento anual:

- Microempresa: receita bruta anual igual ou inferior a R$ 360.000,00
- Empresa de pequeno porte: receita bruta anual superior a R$ 360.000,00 e igual ou inferior a R$ 4.800.000,00.

Esses eram os limites de faturamento quando encerramos esta edição.

Microempresas e empresas de pequeno porte têm formas de constituição e funcionamento facilitadas e podem ser optantes pelo regime de tributação Simples Nacional, recolhendo tributos mensais conforme as tabelas constantes da Lei Complementar 123.

Sociedade

sociedade
Negócio formado por dois ou mais indivíduos ou entidades.

Uma **sociedade** é semelhante a uma empresa individual, pois, exceto na sociedade unipessoal, há dois ou mais proprietários (sócios). Em uma sociedade, os parceiros compartilham lucros e prejuízos, e a responsabilidade de alguns ou de todos os sócios pode ser ilimitada; a responsabilidade de cada um poderá ser por *todas* as dívidas da sociedade, e não apenas por sua parte. A forma como os lucros (e prejuízos) são divididos é descrita no *contrato da sociedade*. O contrato pode ser um contrato oral e informal, como "vamos iniciar uma empresa para cortar grama", mas, para se constituir uma sociedade, é necessário um documento formal, que pode ser complexo, estabelecendo os objetivos da sociedade e os direitos e deveres dos sócios, devendo ser registrado nas devidas instâncias oficiais.

O Código Civil Brasileiro prevê as seguintes formas de sociedade (preste atenção para as diferenças entre as responsabilidades dos sócios e a possibilidade de o administrador ser ou não sócio):

Sociedades em nome coletivo: constituídas exclusivamente por pessoas físicas; todos os sócios respondem solidária e ilimitadamente pelas obrigações sociais. A responsabilidade dos sócios é entre eles e perante terceiros; o contrato social pode limitar as responsabilidades entre os sócios, sem prejuízo da responsabilidade perante terceiros. A administração da sociedade é exclusiva de sócios.

Sociedade em comandita simples: os sócios têm duas categorias, discriminadas no contrato social: os comanditados, pessoas físicas, responsáveis solidária e ilimitadamente pelas obrigações sociais, e os comanditários, obrigados somente pelo valor de sua quota. O sócio comanditário participa das deliberações da sociedade e fiscaliza as operações, porém não pode praticar qualquer ato de gestão, nem ter o nome na firma, caso contrário assumirá as responsabilidades de sócio comanditado.

Sociedade limitada: a responsabilidade de cada sócio é restrita ao valor de suas quotas, e todos respondem solidariamente pela sua parcela no capital social. O capital social divide-se em quotas, iguais ou desiguais, cabendo uma ou diversas cotas a cada sócio. A administração é de uma ou mais pessoas designadas no contrato social ou em ato separado, e é permitida a figura do administrador não sócio. Sociedade em comandita por ações: tem o capital dividido em ações e é regida pelas normas relativas à sociedade por ações. Porém, somente os acionistas podem administrar a sociedade. O administrador responde subsidiária e ilimitadamente pelas obrigações da sociedade. Se houver mais de um diretor, serão solidariamente responsáveis, depois de esgotados os bens sociais.

Em 2019 foi instituída a possibilidade de a sociedade limitada ser constituída por apenas uma ou mais pessoas. No caso da constituição por uma única pessoa, temos a sociedade limitada unipessoal; nesse caso, aplicam-se ao documento de constituição do sócio único, no que couber, as disposições sobre o contrato social de que trata a legislação sobre sociedades. Essa alteração facilitou a vida das empresas no Brasil que abrem uma controlada para explorar um novo negócio. Até então, tinha-se a situação em que a controladora detinha 99,99% das ações da controlada e um sócio ou acionista detinha 0,01% das ações para formalizar a constituição da empresa por dois sócios, o número mínimo admitido.

Sociedade anônima ou companhia (a sociedade por ações): nesta, o capital divide-se em ações, e cada sócio ou acionista tem sua obrigação limitada ao capital integralizado ao preço das ações que subscrever ou adquirir. A forma anônima de sociedade é regida por lei separada do Código Civil; ela é regida pela Lei das Sociedades por Ações (Lei 6.404/76) e pode ser aberta ou fechada. Na sociedade por ações, de capital aberto – companhia aberta -, a separação entre propriedade e gestão assume sua forma mais definida.

Em uma *sociedade limitada*, um ou mais *sócios gerais* administram o negócio e têm responsabilidade ilimitada, mas há um ou mais *sócios limitados* que não participam ativamente da empresa. A responsabilidade de um sócio limitado pelas dívidas da empresa corresponde à sua parcela na sociedade. Essa forma de organização é comum, por exemplo, nos empreendimentos imobiliários.

As vantagens e as desvantagens de uma sociedade são basicamente as mesmas de uma empresa individual. A formação de sociedades com base em um contrato relativamente informal é simples e barata. Os sócios gerais têm responsabilidade ilimitada pelas dívidas da sociedade, e esta é encerrada quando um sócio geral deseja vender sua participação ou morre. Toda a renda é tributada como renda pessoal dos sócios, e a quantidade de patrimônio é limitada aos bens combinados dos sócios. A propriedade em uma sociedade geral não pode ser transferida com facilidade, porque uma transferência exige a formação de uma nova sociedade. É possível vender a participação de um sócio limitado sem dissolver a sociedade, mas pode ser difícil encontrar um comprador.

Uma vez que o sócio de uma sociedade pode ser responsabilizado por todas as dívidas da sociedade, é muito importante definir as responsabilidades de forma clara no contrato social que rege a sociedade. Podem surgir mal-entendidos no futuro, caso os direitos e os deveres dos sócios não sejam estabelecidos com clareza. Além disso, se for um sócio sem ingerência na gestão dos negócios — um sócio comanditário ou limitado —, ele não precisa se envolver muito nas decisões da empresa, a menos que queira assumir as obrigações de um sócio com ingerência na gestão. O motivo é que, se as coisas derem errado, ele pode ser considerado sócio responsável, mesmo que alegue ser sócio limitado.

Com base em nossa discussão, as principais desvantagens das empresas individuais e das sociedades como formas de organização de negócios são: (1) responsabilidade, em geral, ilimitada dos proprietários pelas dívidas da empresa; (2) vida limitada da empresa; e (3) dificuldade de transferência de propriedade. Essas três desvantagens conduzem a um problema central: a capacidade de crescimento do negócio pode ser seriamente limitada pela incapacidade de levantar dinheiro para investir.

Companhia aberta

companhia aberta
Negócio criado como uma entidade legal distinta dos proprietários, com o capital composto por ações.

A **companhia aberta**[1], ou sociedade por ações de capital aberto, é a forma mais importante (em termos de tamanho) de organização de negócios; é uma "pessoa" jurídica separada e distinta de seus proprietários e tem muitos dos direitos, deveres e privilégios de uma pessoa física. As companhias abertas podem tomar dinheiro emprestado e ter propriedades, processar e ser processadas, bem como celebrar contratos. Uma companhia aberta pode até mesmo ser sócia ou sócia limitada de uma sociedade e ter ações de outra companhia.

Não é de surpreender que começar uma companhia aberta seja mais complicado do que começar outras formas de negócios. A sua formação envolve a preparação dos *artigos de incorporação* (um contrato social ou estatuto). Os artigos da incorporação devem conter, entre outros dados, o nome da sociedade, o prazo de funcionamento pretendido (que pode ser para sempre), a finalidade dos negócios e o número de ações que podem ser emitidas.[2]

Os estatutos são regras que descrevem como a companhia regulamenta sua própria existência. Por exemplo, o estatuto descreve como os conselheiros são eleitos. Ele pode ser uma declaração bastante simples, com poucas regras e procedimentos, ou bastante extensa, no caso de uma companhia de grande porte. Ele pode também ser retificado ou aumentado de tempos em tempos pelos acionistas.

Em uma grande empresa, acionistas e administradores formam grupos separados. Os acionistas elegem o conselho de administração, que, então, seleciona os diretores executivos, encarregados da administração da empresa. No Brasil, conforme a Lei das SAs, a administração é constituída em conjunto pela diretoria executiva e pelo conselho de administração (ou somente pela diretoria executiva, naquelas empresas que não têm conselho de administração, o que pode ser o caso em sociedades por ações de capital fechado). A administração tem a incumbência de administrar os assuntos da empresa pelos acionistas. Em princípio, os acionistas controlam a empresa, porque elegem os conselheiros.

Como resultado da separação entre propriedade e gestão, a forma da sociedade por ações oferece várias vantagens. A propriedade (representada pelas ações) pode ser transferida facil-

---

[1] No original, "*corporation*". Traduzimos por "companhia aberta", por ser a forma como, no Brasil, são referidas as empresas de capital aberto (sociedades por ações, de capital aberto), que mais se aproximam de uma *corporation*. No Brasil, os termos "companhia" e "empresa" são usados de forma indistinta. Entretanto, do ponto de vista estrito da Lei das S/As, a empresa é a organização produtiva que é objeto da companhia, enquanto a companhia é sociedade empresária constituída pelo conjunto de sócios (art. 2º da Lei das Sociedades Anônimas; ver também o livro intitulado *A Lei das S.A.: Pressupostos, Elaboração, Aplicação*, de Lamy Filho e Pedreira, de 1992).

[2] Nos EUA, essas informações normalmente devem ser fornecidas para o estado no qual a empresa será incorporada. Lá, para a maioria das finalidades legais, a corporação "reside" naquele estado.

mente, e, portanto, a vida da sociedade não é limitada. A empresa toma dinheiro emprestado em seu próprio nome. Portanto, os acionistas de uma empresa têm apenas responsabilidade limitada pelas dívidas da empresa. O máximo que podem perder é aquilo que investiram (do ponto de vista dos credores, isso significa que os credores de uma sociedade por ações podem ficar na situação de não terem de quem cobrar suas dívidas quando esgotados os recursos da empresa).

A relativa facilidade de transferência de propriedade, a responsabilidade limitada no que se refere às dívidas da empresa e a vida ilimitada da empresa são os motivos pelos quais a forma da sociedade por ações é superior no que diz respeito ao levantamento de dinheiro. Se uma empresa precisa de capital novo, por exemplo, ela pode emitir novas ações e atrair novos investidores. A Apple é um exemplo. Ela foi pioneira no negócio de computadores pessoais. Quando a demanda por seus produtos explodiu, a Apple teve de mudar para a forma corporativa de organização, para angariar o capital necessário e financiar o crescimento e o desenvolvimento de novos produtos. O número de proprietários pode ser enorme; as grandes corporações têm milhares ou mesmo milhões de acionistas. Por exemplo, em 2014, a General Electric Corporation (mais conhecida como GE) tinha cerca de 4 milhões de acionistas e cerca de 10,1 bilhões de ações. Em tais casos, os proprietários podem mudar continuamente sem afetar a continuidade dos negócios.

A capacidade das grandes empresas de angariar caixa pode ser a sua salvação. Em 2020, o vírus da Covid-19 dizimou o setor de cruzeiros marítimos. Ainda assim, a Norwegian Cruise Line, a terceira maior empresa do setor no mundo, conseguiu levantar USD2,2 bilhões no auge da pandemia, o suficiente para que não afundasse (com o perdão do trocadilho), mesmo com mais de um ano sem promover nenhuma viagem.

Nos Estados Unidos, a forma corporativa tem uma desvantagem significativa. Como a corporação é uma pessoa jurídica, ela deve pagar impostos. Além disso, o dinheiro pago aos acionistas na forma de dividendos é tributado novamente como renda pessoal. Isso é *dupla tributação*, ou seja, os lucros corporativos são tributados duas vezes: no âmbito corporativo, quando são recebidos, e no âmbito pessoal, quando são distribuídos.[3] No Brasil, essa desvantagem inexiste, pois o resultado tributado na empresa não é tributado para o acionista (exceto quando a distribuição é feita sob a forma de juros sobre o capital próprio).

Nos Estados Unidos, atualmente, todos os estados possuem leis que permitem a criação de uma forma de organização de negócios relativamente nova: a companhia limitada (*limited liability company* — LLC). O objetivo dessa entidade é operar e ser tributada como uma sociedade, mas conservar a responsabilidade limitada dos proprietários; assim, a LLC é essencialmente um híbrido entre sociedade e corporação. Embora os estados tenham definições diferentes para as LLCs, o que importa é a Receita Federal (Internal Revenue Service — IRS). O IRS a considera como uma corporação, sujeitando-a a dupla tributação, a menos que ela atenda a determinados critérios específicos. Fundamentalmente, a LLC não pode ter muitas características de corporação, caso contrário será tratada como uma corporação pelo IRS. As LLCs tornaram-se comuns. Por exemplo, a Goldman, Sachs and Co., uma das poucas sociedades remanescentes em Wall Street, resolveu passar de sociedade privada para LLC (mais tarde ela transformou-se em uma corporação de capital aberto). A maioria das grandes empresas de contabilidade e escritórios de advocacia se converteu em LLC.

Conforme mostra nossa discussão, a necessidade de as grandes empresas contarem com aportes de investidores de mercado e de credores é tanta que a forma de sociedade por ações geralmente é a melhor para tais empresas. Nos capítulos posteriores, nosso foco recairá sobre as sociedades por ações (companhias abertas) em razão de sua importância as economias mundiais (quando nos referirmos a empresas não brasileiras, utilizaremos o termo "corporação" para companhia aberta, sociedade anônima ou sociedade por ações). Algumas questões importantes de administração financeira, como política de dividendos, são exclusivas das sociedades por ações. Entretanto, negócios de todos os tipos e tamanhos precisam da administração financeira, de modo que a maioria dos assuntos apresentados diz respeito a todas as formas de negócios.

---

[3] Uma forma alternativa nos EUA é a empresa S. Esse é um tipo especial de empresa, essencialmente tributada como uma sociedade, evitando a dupla tributação. Em 2020, o número máximo de acionistas de uma empresa S era de 100.

Uma corporação com outro nome...

A forma corporativa de organização apresenta muitas variações ao redor do mundo. Obviamente, as leis e as regulamentações exatas diferem de um país para outro, mas as características essenciais da companhia de capital aberto e da responsabilidade limitada permanecem. Essas empresas quase sempre são chamadas de *sociedades anônimas de capital aberto, companhias abertas* ou *companhias abertas de responsabilidade limitada*, dependendo da natureza específica da empresa e do país de origem.

O Quadro 1.1 mostra os nomes de algumas companhias estrangeiras conhecidas, seus países de origem e uma tradução da abreviação que acompanha o seu nome.

QUADRO 1.1 Corporações internacionais

Empresa	País de origem	Tipo de empresa	
		No idioma original	Tradução
Bayerische Motoren Werke (BMW) AG	Alemanha	Aktiengesellschaft	Sociedade por ações, companhia aberta
Lindauer Dornier GmbH	Alemanha	Gesellschaft mit Beschränkter Haftung	Companhia com características híbridas entre uma sociedade limitada e uma companhia aberta.
Rolls-Royce PLC	Reino Unido	Public limited company	Companhia aberta, os acionistas têm responsabilidade limitada ao capital.
Shell UK Ltd.	Reino Unido	Limited	Sociedade por ações, companhia aberta
Unilever NV	Holanda	Naamloze Vennootschap	Misto de sociedade anônima de capital aberto e companhia limitada, os acionistas têm responsabilidade sobre as dívidas da sociedade.
Assicurazioni Generali SpA	Itália	Società per Azioni	Misto de sociedade anônima de capital aberto e companhia limitada, os acionistas têm responsabilidade sobre as dívidas da sociedade.
Volvo AB	Suécia	Aktiebolag	Misto de sociedade anônima de capital aberto e companhia limitada, os acionistas têm responsabilidade sobre as dívidas da sociedade.
Peugeot SA	França	Société Anonyme	Misto de sociedade anônima de capital aberto e companhia limitada, os acionistas têm responsabilidade sobre as dívidas da sociedade.

Sociedade de benefício

Até o início de 2020, 36 estados americanos possuíam leis que permitiam a formação de um novo tipo de empresa, a sociedade de benefício (*benefit corporation*). Uma sociedade de benefício tem fins lucrativos, mas também possui três atributos legais adicionais: responsabilidade, transparência e propósito. A responsabilidade refere-se ao fato de que a sociedade de benefício deve avaliar como uma decisão sua afetará acionistas, funcionários, clientes, comunidade e meio ambiente. Transparência significa que, além dos relatórios corporativos padrões, essas empresas devem apresentar um relatório anual que detalha como buscou o benefício público durante o ano ou quaisquer fatores que tenham inibido a busca de tal objetivo. Por fim, propósito refere-se à ideia de que ela deve gerar um benefício público para a sociedade como um todo ou para o meio ambiente.

No Brasil, em 2021 se discutia projeto preliminar que visava instituir uma qualificação de "sociedade de benefício" por alteração no objeto social de qualquer empresa, alteração essa que incorporaria objetivos de impacto ambiental e social positivos no curso de seus negócios voltados para o lucro, aliados a um sistema de governança e de reporte adequados.

As sociedades de benefício são, às vezes, confundidas com as empresas do "Sistema B"; entretanto, uma empresa se torna de benefício por escolha própria, enquanto o Sistema B é um sistema de certificação de empresas com os objetivos associados às sociedades de benefício.

> **Questões conceituais**
>
> **1.3a** Quais são as três formas de organização de negócios discutidas nesta seção?
> **1.3b** Quais são as principais vantagens e desvantagens das empresas individuais e das sociedades?
> **1.3c** Qual é a diferença entre uma companhia aberta e uma sociedade limitada?
> **1.3d** Por que a forma da sociedade por ações, de capital aberto, é superior em termos de levantamento de dinheiro?

1.4 O objetivo da administração financeira

Se nos restringirmos aos negócios com fins lucrativos, o objetivo da administração financeira é ganhar dinheiro e agregar valor para os proprietários. Obviamente, esse objetivo é um pouco vago, e examinaremos algumas maneiras diferentes de formulá-lo para chegar a uma definição mais exata. Tal definição é importante, porque leva a uma base objetiva para tomar e avaliar decisões financeiras.

Objetivos possíveis

Se pensarmos nos objetivos financeiros possíveis, chegaremos a algumas ideias como as seguintes:

- Sobreviver.
- Evitar problemas financeiros e falência.
- Superar a concorrência.
- Maximizar as vendas ou a participação de mercado.
- Minimizar os custos.
- Maximizar os lucros.
- Manter o crescimento constante dos lucros.

Esses são apenas alguns dos objetivos que poderíamos listar; cada uma dessas possibilidades apresenta os problemas como uma meta para o administrador financeiro.

Por exemplo, é fácil aumentar a participação de mercado ou as vendas unitárias. Basta diminuirmos nossos preços ou melhorarmos nossas condições de crédito. Da mesma forma, podemos cortar os custos simplesmente eliminando pesquisa e desenvolvimento, e podemos evitar a falência se não tomarmos dinheiro emprestado nem assumirmos riscos etc. Não está claro se alguma dessas ações busca o melhor interesse dos acionistas.

A maximização dos lucros provavelmente seria o objetivo mais citado, mas esse objetivo também não é muito preciso. Seriam os lucros deste ano? Nesse caso, devemos observar que algumas atitudes, como postergar manutenções ou permitir que os estoques se esgotem e assumir outras medidas de corte de custos no curto prazo, tendem a aumentar os lucros no momento presente. Mas essas atividades não são necessariamente desejáveis.

O objetivo de maximizar os lucros pode se referir a algum tipo de lucro "médio" ou "de longo prazo", mas ainda não está muito claro o que isso significa. Primeiramente, estamos nos referindo a algo como receita líquida contábil ou lucros por ação? Como veremos com mais detalhes no próximo capítulo, esses números contábeis podem estar pouco relacionados com aquilo que é bom ou ruim para a empresa. Em segundo lugar, o que queremos dizer com longo prazo? Como já observou um famoso economista, a longo prazo estaremos todos mortos! Mais precisamente, esse objetivo não nos diz qual é o balanço adequado entre lucros correntes e lucros futuros.

Os objetivos que listamos aqui são todos diferentes, porém, tendem a se enquadrar em duas classes. A primeira delas diz respeito à lucratividade. Os objetivos que envolvem vendas, participação de mercado e controle de custos se relacionam, pelo menos potencialmente, às diferentes maneiras de obter ou de aumentar lucros. Os objetivos do segundo grupo, que envolvem evitar a falência e manter a estabilidade e a segurança, se relacionam de alguma maneira ao controle do risco. Infelizmente, esses dois tipos de objetivos são um pouco contraditórios. A busca dos lucros normalmente envolve a tomada de algum risco, de modo que não é possível maximizar tanto segurança quanto lucro. Assim, precisamos de um objetivo que inclua os dois fatores.

O objetivo da administração financeira

O administrador financeiro toma decisões pelos acionistas da empresa. Por isso, em vez de listar os possíveis objetivos do administrador financeiro, queremos realmente responder uma pergunta mais fundamental: do ponto de vista dos acionistas, o que é uma boa decisão de administração financeira?

Se presumirmos que os acionistas compram ações porque buscam ganhos financeiros, então, a resposta é óbvia: as decisões boas aumentam o valor de mercado das ações, e as decisões ruins diminuem o valor das ações.

De acordo com nossas observações, o administrador financeiro deve agir em busca do melhor interesse dos acionistas, tomando decisões que aumentem o valor de mercado das ações emitidas pela empresa. O objetivo apropriado para o administrador financeiro pode, então, ser facilmente expressado:

> **O objetivo da administração financeira é maximizar de forma sustentável o valor unitário corrente das ações existentes.**

O objetivo de maximizar de forma sustentável o valor das ações[4] emitidas pela empresa evita os problemas associados aos diferentes objetivos listados anteriormente. Não há ambiguidade de critério nem problemas de curto prazo *versus* longo prazo. Queremos dizer explicitamente que nosso objetivo é maximizar o valor atual das ações emitidas pela empresa.

Se esse objetivo parece um pouco forte ou unidimensional, lembre-se de que os acionistas de uma empresa são meros proprietários residuais. Isso quer dizer que eles só têm direito àquilo que sobra depois que funcionários, fornecedores, credores e governos (e todos que tenham um direito legítimo de receber algo) forem devidamente pagos. Se qualquer obrigação para com algum desses grupos não for atendida, os acionistas correm o risco de nada receber. E não basta atender a todas as partes interessadas, a empresa também deve investir em sua sustentabilidade e na sustentabilidade do ambiente em que opera. Isso inclui sua conduta, seus padrões éticos e suas políticas e seus procedimentos de integridade, de respeito às leis e normas e de atenção à sua inserção social.[5] Assim, se os acionistas estão ganhando é porque a sua parte residual está crescendo e porque todas as outras partes interessadas também estão ganhando.

Com o objetivo da administração financeira de maximizar de forma sustentável o valor das ações emitidas pela empresa, precisamos aprender como identificar os investimentos e as combinações de financiamentos que têm impacto favorável sobre o valor da ação. É exatamente isso que vamos estudar. De fato, poderíamos ter definido *finanças corporativas* como o estudo do relacionamento entre as decisões de negócios e o valor da ação da empresa.

---

[4] O capital dos sócios, quando tratamos de uma empresa que não emite ações.

[5] Veja, por exemplo, a declaração de propósito da Business Roundtable, intitulada "*Statement on the Purpose of a Corporation*", em https://opportunity.businessroundtable.org/wp-content/uploads/2019/09/BRT-Statement-on-the--Purpose-of-a-Corporation-with-Signatures.pdf.

Um objetivo mais geral

Dado nosso objetivo (maximizar o valor da ação de forma sustentável), surge uma questão óbvia: qual é o objetivo apropriado quando a empresa não tem ações negociadas em bolsa? Sem dúvida, as companhias abertas não são o único tipo de empresa, e, por outro lado, as ações de muitas companhias abertas não mudam de mãos, de modo que é difícil saber qual é o valor por ação em determinado momento.

Enquanto estivermos lidando com empresas com fins lucrativos, somente é necessária uma pequena modificação. O valor total do capital próprio de uma sociedade por ações é igual ao valor do patrimônio dos proprietários. Assim, um modo mais geral de declarar nosso objetivo é o seguinte: maximizar de forma sustentável o valor de mercado do patrimônio dos proprietários.

Tendo isso em mente, não importa se o negócio é uma empresa individual, uma sociedade ou uma companhia aberta. Para cada uma delas, as boas decisões financeiras aumentam o valor de mercado do patrimônio dos proprietários, e as decisões financeiras ruins o diminuem. Na verdade, apesar de focarmos as companhias abertas nos próximos capítulos, os princípios desenvolvidos se aplicam a todas as formas de negócios. Muitos deles se aplicam até mesmo ao setor de organizações sem fins lucrativos (ONGs).

Por último, deve ficar claro que nosso objetivo não admite que o administrador financeiro possa fazer uso de medidas ilegais ou antiéticas na esperança de aumentar o valor da empresa. O que defendemos é que o administrador financeiro atenderá melhor aos objetivos dos acionistas da empresa identificando bens e serviços que agreguem valor ao negócio, por serem desejados e valorizados pelo mercado.

Sarbanes-Oxley

No plano internacional, uma lei americana afetou a forma de divulgação de informações das empresas listadas em qualquer bolsa. A lei surgiu em 2002 como lei Sarbanes-Oxley, quando o Congresso dos Estados Unidos a promulgou em resposta aos escândalos corporativos em companhias como a Enron, a WorldCom, a Tyco e a Adelphia. A lei, mais conhecida como SOX, destina-se a proteger os investidores norte-americanos de abusos das empresas. Por exemplo, uma seção da SOX proíbe empréstimos pessoais de uma empresa para seus executivos, como aqueles que foram recebidos por Bernie Ebbers, CEO da WorldCom.

Uma das principais seções da SOX entrou em vigor em 15 de novembro de 2004. A Seção 404 exige, entre outras coisas, que as demonstrações financeiras de uma empresa apresentem a avaliação da sua estrutura de controles internos. Os controles internos devem ser desenhados para garantir a confiabilidade das demonstrações financeiras. Em seguida, o auditor externo tem de analisar e atestar a avaliação da administração sobre essas questões.[6]

A SOX contém outras exigências-chave. Por exemplo, os executivos da companhia devem examinar e assinar os relatórios financeiros anuais. Eles precisam declarar explicitamente que a demonstração financeira anual da administração não contém afirmações falsas ou omissões importantes, que as demonstrações financeiras representam de modo justo os resultados financeiros e que são responsáveis por todos os controles internos. Por último, o relatório anual deve listar qualquer deficiência dos controles internos. Em essência, a SOX obriga a administração da empresa a se responsabilizar pela exatidão de suas demonstrações financeiras.

Para saber mais sobre a lei Sarbanes-Oxley, visite www.soxlaw.com.

---

[6] No Brasil, o relato sobre controles internos é divulgado no **Formulário de Referência**. Os auditores externos emitem e dirigem à administração da empresa um relatório circunstanciado com comentários sobre os controles internos da empresa, em seguida à emissão de sua opinião sobre as demonstrações financeiras do exercício anual. Em sequência, a empresa divulga no seu Formulário de Referência as deficiências sobre os controles internos apontadas no relatório do auditor externo, junto com os comentários da administração sobre as deficiências apontadas e as medidas corretivas adotadas. No Formulário de Referência, a empresa deve divulgar também a sua avaliação sobre: a) as principais práticas de controles internos, o grau de eficiência de tais controles, eventuais imperfeições encontradas pela administração e as providências que adotou para corrigi-las; b) as estruturas organizacionais da empresa envolvidas com os processos de controles internos; c) se e como a eficiência dos controles internos é supervisionada pela administração e o cargo das pessoas responsáveis por esse acompanhamento.

Devido a suas extensas exigências de divulgação, atender à SOX pode custar muito caro, o que levou a resultados não desejados. Desde a sua implementação, centenas de empresas abertas, estadunidenses e estrangeiras, listadas nos Estados Unidos, decidiram "sumir dos holofotes", tirando suas ações da bolsa de valores nos EUA, pois, para as empresas não listadas, a SOX não é aplicável. A maioria dessas companhias declarou que fez isso para evitar os custos de conformidade. Ironicamente, em tais casos, a lei teve o efeito de eliminar, e não de estimular a abertura de informações dessas empresas.

> **Questões conceituais**
>
> **1.4a** Qual é o objetivo da administração financeira?
> **1.4b** Quais são algumas das desvantagens do objetivo de maximizar os lucros?
> **1.4c** Você consegue fornecer uma definição de *finanças corporativas*?

1.5 O problema de agência e o controle da empresa

Já vimos que o administrador financeiro busca o melhor interesse dos acionistas, quando adota medidas que aumentam o valor das ações da empresa. Entretanto, também vimos que, em grandes empresas de capital aberto, a propriedade pode se diluir em um número enorme de acionistas. Essa dispersão de propriedade, sem dúvida, significa que quem realmente controla a empresa é a sua administração. Em outro extremo, em empresas com controladores definidos, o controle pode eventualmente ser exercido em detrimento dos interesses dos acionistas não controladores. Nesses casos, a administração, ou o acionista controlador, agirá necessariamente para buscar o melhor interesse de todos os acionistas? Em outras palavras, os administradores ou os controladores não poderiam buscar seus próprios objetivos em detrimento dos acionistas como um todo? Nas próximas páginas, faremos uma breve consideração sobre alguns dos argumentos relacionados a essa questão.

Relacionamentos de agência

O relacionamento entre acionistas e administradores e entre acionistas controladores e acionistas não controladores é chamado de *relacionamento de agência*. Tal relacionamento existe sempre que alguém (o principal) contrata outra pessoa (o agente) para representar seus interesses. Por exemplo, você pode contratar alguém (um agente, representante seu) para vender seu carro enquanto você está em aula, na universidade. Nesse tipo de relacionamento, existe a possibilidade de conflitos de interesses entre principal e agente. Tal conflito é um **problema de agência**.

problema de agência
Possibilidade de conflitos de interesses entre os acionistas e a administração ou os controladores de uma empresa.

Suponha que a pessoa que você contratou para vender seu carro concorde em receber uma comissão fixa quando o carro for vendido. O incentivo do representante, nesse caso, é fazer a venda, e não necessariamente conseguir o melhor preço. Se você oferecer uma comissão de, por exemplo, 10% sobre o preço da venda, em vez de uma comissão fixa, provavelmente não haverá esse problema. Esse exemplo mostra que a maneira como um agente é remunerado é um fator que afeta os problemas de agência.

Objetivos da administração

Para ver como os interesses de administradores, controladores e acionistas em geral podem ser diferentes, imagine que a empresa esteja considerando um novo investimento, que deve ter impacto favorável sobre o valor das ações, mas que também é um empreendimento relativamente arriscado. Os acionistas da empresa vão querer fazer o investimento (porque o valor da ação subirá), mas os administradores podem não querer, porque existe a possibilidade de que as coisas não deem certo e eles percam seus empregos, ou o controlador perca suas rendas de controle. Se a administração ou o controlador não aceitar o investimento, os acionistas em geral podem perder uma oportunidade valiosa. Esse é um exemplo de custo de agência.

De modo mais geral, o termo custo de agência se refere aos custos do conflito de interesses entre acionistas e administradores. No contexto brasileiro, a administração da maior parte das empresas de capital aberto é exercida por acionistas controladores definidos; então o conflito de agência no Brasil, e os custos decorrentes, são derivados principalmente da possível divergência entre acionistas controladores e acionistas não controladores. Por exemplo, controladores podem se apropriar de "rendas de controle" que podem resultar de escolhas decisórias que beneficiam partes relacionadas aos controladores, ou que derivam da apropriação de benefícios privados, como empréstimos da empresa aos controladores, aeronaves de uso dos controladores com os custos pagos pela empresa aberta, etc. Os custos de agência podem ser diretos ou indiretos. Um custo de agência indireto é uma oportunidade perdida, como a que acabamos de descrever.[7]

Os custos de agência podem ser diretos ou indiretos. Um custo de agência indireto é uma oportunidade perdida, como a do investimento não realizado que descrevemos nesta seção. Os custos diretos de agência são de dois tipos. O primeiro é um gasto da empresa que beneficia a administração, mas que custa para os acionistas. A compra de um jatinho luxuoso e desnecessário pode ser vista como um gasto desse tipo. O segundo tipo é uma despesa que surge da necessidade de monitorar as ações dos administradores. O pagamento de auditores externos para avaliar a exatidão das informações das demonstrações financeiras seria um exemplo disso.

Às vezes, argumenta-se que, se deixados por conta própria, os administradores tenderiam a maximizar os recursos sobre os quais têm controle ou, de maneira geral, o poder ou a riqueza da empresa. Esse objetivo levaria a uma ênfase excessiva no tamanho ou no crescimento da empresa. Por exemplo, são comuns os casos em que uma administração é acusada de realizar gastos muito superiores ao valor de mercado na compra de outra empresa, apenas para aumentar o tamanho da empresa que controlam ou para demonstrar poder empresarial. Obviamente, se o gasto exagerado ocorrer realmente, tal compra não beneficiará os acionistas da empresa compradora.

Nossa discussão indica que, no caso de empresas dominadas pelos gestores, os membros da administração podem tender a enfatizar excessivamente a sobrevivência organizacional para garantir os seus empregos. Além disso, a administração pode não gostar de interferência externa, de modo que a independência e a autossuficiência corporativa podem ser objetivos importantes para os administradores desse tipo de empresa.

Os administradores buscam os interesses dos acionistas?

Nas empresas controladas por gestores que não são acionistas controladores, o fato de os administradores efetivamente buscarem o melhor interesse dos acionistas vai depender de dois fatores. Em primeiro lugar, os objetivos dos administradores estão mesmo alinhados aos objetivos dos acionistas? Essa pergunta se relaciona, pelo menos em parte, ao modo como os administradores são remunerados. Em segundo lugar, a administração pode ser substituída se não buscar os objetivos dos acionistas? Essa pergunta se relaciona ao controle da empresa. Como discutiremos, existem vários motivos para pensar que, mesmo nas grandes empresas, os administradores têm um incentivo significativo para buscar o melhor interesse dos acionistas.

Como afirmamos anteriormente, no caso brasileiro, de um modo geral os acionistas controladores exercem a direção e gestão dos negócios, se não na qualidade de executivos, pelo controle do conselho de administração e, de perto, pelo controle do grupo de executivos. Nessa situação, o conflito entre administração e acionista tende a ser mínimo; o conflito potencial maior é de outra natureza, é o que pode ocorrer entre acionistas controladores e acionistas não controladores, como mencionamos antes.

---

[7] Conflitos de agência podem ser exacerbados nas companhias abertas com controle estatal; as estruturas dessas empresas podem ser utilizadas para lotear cargos e para objetivos políticos em detrimento dos demais acionistas e do contribuinte. O contribuinte pode ser chamado a cobrir eventuais prejuízos por meio de aportes do Tesouro. A Lei número 13.303/16, conhecida como "leis das estatais" trouxe normas para mitigar a influência política nas empresas estatais.

restricted stock unit (RSU)
Uma *restricted stock unit* (unidade de ação restrita), ou RSU, é emitida para um funcionário, mas distribuída apenas após o período de aquisição de direito (*vesting*), que geralmente envolve atingir um marco de desempenho ou tempo de serviço.

Questões de ética nos negócios são abordadas em **www.business-ethics.com**.

Remuneração dos administradores É comum que a administração tenha incentivos econômicos significativos para aumentar o valor das ações emitidas pela empresa, por dois motivos. Primeiramente, a remuneração dos executivos, particularmente os do primeiro escalão, está ligada não só ao desempenho financeiro, mas também quase sempre ao valor das ações da companhia. Por exemplo, os administradores frequentemente recebem opções para comprar ações a preços de barganha, ou *restricted stock units* (**RSUs**). Quanto mais valer a ação, mais valiosas se tornam essas formas de remuneração. Na verdade, as opções são muito utilizadas para motivar funcionários de todos os tipos, e não apenas os administradores de primeiro escalão. Por exemplo, no final de 2019, os mais de 103.000 funcionários da Alphabet tinham RSUs o suficiente para comprar 22,6 milhões de ações da empresa. Muitas outras empresas, grandes e pequenas, têm adotado políticas semelhantes.

O segundo incentivo que os administradores têm se relaciona às perspectivas de emprego. Os administradores com melhor desempenho tendem a ser promovidos ou receber boas ofertas. De forma geral, os administradores bem-sucedidos na busca dos objetivos dos acionistas serão mais procurados pelo mercado de trabalho e, assim, poderão exigir maiores remunerações.

Na verdade, os administradores bem-sucedidos nesse quesito podem receber enormes recompensas. Por exemplo, de acordo com o jornal *USA Today*, o executivo mais bem pago de 2019 foi Sundar Pichai, CEO da Alphabet, que ganhou cerca de USD281 milhões. O segundo CEO mais bem pago foi Robert Swan, da Intel, que ganhou cerca de USD67 milhões. Para fins de comparação, Taylor Swift ganhou cerca de USD185 milhões e LeBron James ganhou cerca de USD89 milhões. Informações sobre a remuneração dos executivos, e muitas outras informações sobre quase todas as empresas abertas, podem ser encontradas facilmente na Internet. A seção *Exercícios na Internet* mostra como fazer isso.

No caso brasileiro, essa informação estará disponível no Formulário de Referência de forma agregada entre valor mínimo e máximo, separando a remuneração do conselho e da diretoria executiva válida somente para o exercício.

O nível de remuneração apropriado para os executivos pode ser debatido, mas bônus e outros pagamentos para executivos decorrentes de comportamentos ilegais ou antiéticos são um problema. Recentemente, cláusulas de restituição de pagamentos recebidos por empregados, especialmente bônus de incentivos (*clawback provision*) e a remuneração diferida foram introduzidas para combater esses pagamentos questionáveis. Com uma *clawback*, a empresa pode exigir que um bônus seja devolvido por motivos específicos, como fraude. Por exemplo, em 2019, Goldman Sachs informou que estava estudando a possibilidade de pedir que o ex-CEO Lloyd Blankfein e o ex-diretor David Solomon devolvessem, respectivamente, USD14,2 milhões e USD15,4 milhões. O *clawback* foi avaliado depois de um escândalo de suborno que derrubou o valor do banco à metade. O uso da remuneração diferida também tem aumentado. A remuneração diferida é uma quantia paga a um executivo anos depois de ele fazer jus a ela. Com um contrato de remuneração diferida, dependendo das circunstâncias, o pagamento pode ser cancelado.

Controle da empresa Em última instância, o controle da empresa está nas mãos dos acionistas. Eles elegem o conselho de administração, que, por sua vez, autoriza a contratação e a demissão dos administradores. O fato de os acionistas controlarem a empresa ficou bastante claro pela experiência de Steve Jobs na Apple. Embora ele tenha sido o fundador da empresa e responsável pelos produtos de maior sucesso, houve um momento em que os acionistas, por meio de seus conselheiros eleitos, resolveram que a Apple estaria melhor sem ele, e, assim, ele foi mandado embora. Posteriormente, ele foi recontratado e ajudou a empresa a se recuperar com novos produtos, como o iPod, o iPhone e o iPad. Obviamente, os fundadores de empresas usam outros métodos para manter o controle corporativo. Por exemplo, a Facebook, e mais especificamente Mark Zuckerberg, criou novas ações sem direitos de voto. Por que ele faria isso? A resposta é que Zuckerberg prometera doar 99% das suas ações do Facebook durante a sua vida. As novas ações de classe C que recebeu, sem direito a voto, seriam doadas à Chan Zuckerberg Initiative, entidade filantrópica criada pelo próprio Mark Zuckerberg. Assim, mesmo doando essas ações, ele manteria o controle da empresa. Da mesma forma, a Alphabet criou ações de Classe C sem

EXERCÍCIOS NA INTERNET

A Internet é um lugar interessante para aprender mais sobre empresas individuais, e há uma série de sites que podem ajudar. Tente acessar o *site* https://br.financas.yahoo.com/.

Para encontrar uma empresa, você deve saber qual o seu código de negociação na bolsa de valores (também chamado de *ticker*), um identificador exclusivo que contém de uma a cinco letras. Para tanto, digite o nome da empresa na caixa de busca e o Yahoo Finance mostrará o código. Você também pode encontrar os códigos de negociação das ações na B3, procurando "Empresas listadas" na página https://www.b3.com.br/. Escolha, por exemplo, a empresa VALE. Você vai encontrar o código de negociação VALE3. Use esse código no *site* do Yahoo! Finance. A Figura a seguir mostra o resultado obtido em novembro de 2021. Para um gráfico das cotações, clique em "Tela cheia".

Existem muitas informações e muitos links que você pode explorar, então aproveite. Esperamos que tudo isso faça sentido para você!

Questões

1. Visite finance.yahoo.com e encontre as cotações atuais das ações PETR4 da Petrobras, EMBR3 da Embraer e GGBR3 da Gerdau.
2. Encontre uma cotação da American Express (AXP) e siga o link "Statistics". Que informações estão disponíveis nesse link? O que quer dizer *mrq*, *ttm*, *yoy* e *lfy*?

---

direitos de voto para financiar aquisições e opções de compra de ações para funcionários, o que permitiu que os fundadores Sergey Brin e Larry Page retivessem o controle dos votos.

Nos Estados Unidos, um mecanismo importante que os acionistas descontentes podem usar para substituir a administração é chamado de *disputa por procurações de voto* (*proxy fight*). A procuração de voto é uma autorização para votar com ações de outro. Uma disputa por procurações de voto se desenvolve quando um grupo faz ofertas agressivas por procurações para substituir o conselho existente e, portanto, substituir os administradores existentes. Por exemplo, Jonathan Litt, fundador daLand & Buildings Investment Management, envolveu-se em diversas disputa por procurações de voto com a Taubman Properties, proprietária de shopping centers. Com a queda das visitas aos shoppings, Litt discordou com as decisões da empresa em relação a diversas propriedades importantes. Litt perdeu uma disputa por procurações em 2017, na qual buscava uma vaga no conselho de administração, mas conquistou uma vaga em 2018. No ano seguinte, Litt prometeu outra disputa por procurações de voto se a Taubman não vendesse diversas de suas propriedades.

No Brasil, disputas por procurações não são um caminho usual para afastar a direção de uma empresa, pelo simples fato de que raramente as ações com direito a voto têm suficiente dispersão no mercado para permitir isso. Mesmo no caso das empresas listadas no Novo Mercado (para as quais a totalidade das ações emitidas tem poder de voto), observa-se a existência de blocos de controle majoritários, tornando inútil a busca de votos, que se revelarão insuficientes para mudar decisões nas assembleias de acionistas.

Outra maneira de substituir a administração é por meio da aquisição da empresa. Empresas mal administradas são mais atraentes como aquisições do que as bem administradas, porque o potencial de lucro nas empresas mal administradas é maior. Assim, evitar uma aquisição por outra empresa é um incentivo para a administração agir no interesse dos acionistas. Por exemplo, em 2019, a fabricante de brinquedos Hasbro completou a aquisição do estúdio de cinema e televisão Entertainment One. A aquisição da Entertainment One deu à Hasbro acesso a uma biblioteca de USD2 bilhões, além de um canal de distribuição estabelecido para as suas próprias franquias, como Peppa Pig e Transformers.

No Brasil, uma forma de buscar o alinhamento de interesses entre acionistas e a gestão das empresas listadas foi a instituição dos segmentos especiais de listagem de ações da BM&FBOVESPA, segregados por níveis de governança corporativa.

O Novo Mercado e os níveis diferenciados de governança corporativa da B3[8]

Os segmentos especiais de listagem do mercado de ações (Novo Mercado, Nível 2, Nível 1 e BOVESPA Mais) foram criados pela BM&FBOVESPA há mais de 10 anos, no momento em que a Bolsa percebeu que, para desenvolver o mercado de capitais brasileiro, atraindo novos investidores e novas empresas, era preciso ter segmentos de listagem com regras rígidas de governança corporativa. No Capítulo 15 você vai encontrar mais informações sobre os níveis de governança relacionados ao momento da oferta pública de ações pela empresa.

Essas regras vão além das obrigações que as companhias têm perante a Lei das Sociedades por Ações (Lei das S/As.) e melhoram a avaliação das companhias que decidem aderir, voluntariamente, a um desses níveis de listagem.

Além disso, regras mais rígidas reduzem o risco dos investidores que decidem ser sócios destas empresas, graças aos direitos e garantias asseguradas aos acionistas e a divulgação de informações mais completas, que reduzem as assimetrias de informações entre acionistas controladores, gestores da companhia e os participantes do mercado.

As empresas listadas no Novo Mercado da B3 devem ter elevados padrões de governança corporativa; elas também só podem emitir ações com direito de voto, as chamadas ações ordinárias nominativas (ON).

Por se tratar de uma mudança relevante na estrutura de capital das empresas, é mais comum que a decisão de integrar o segmento especial de listagem do Novo Mercado seja tomada quando da abertura de capital.

Para saber mais sobre o Novo Mercado e os níveis diferenciados de governança corporativa, visite o site https://www.b3.com.br/pt_br/produtos-e-servicos/solucoes-para-emissores/segmentos-de-listagem/novo-mercado/

Principais regras do Novo Mercado relacionadas à estrutura de governança e aos direitos dos acionistas

- o capital deve ser composto exclusivamente por ações ordinárias com direito a voto;

---

[8] Material cedido pelo Instituto Educacional BM&FBOVESPA, atual B3 Educação (https://edu.b3.com.br/).

- no caso de venda do controle todos os acionistas têm direito a vender suas ações pelo mesmo preço (*tag along* de 100%);
- em caso de deslistagem ou cancelamento do contrato do Novo Mercado com a B3, a empresa deverá fazer oferta pública para recomprar as ações de todos os acionistas no mínimo pelo valor econômico;
- o conselho de administração deve ser composto por no mínimo cinco membros, sendo 20% dos conselheiros independentes e todos os conselheiros devem ter mandato máximo de dois anos;
- a companhia também se compromete a manter no mínimo 25% das ações em circulação no mercado (*free float*);
- divulgação de dados financeiros deve ser mais completa que a exigida em lei, incluindo relatórios trimestrais com demonstração de fluxo de caixa e relatórios consolidados revisados por um auditor independente;
- a empresa deverá disponibilizar relatórios financeiros anuais em um padrão internacionalmente aceito;
- a empresa deve divulgar mensalmente as negociações com valores mobiliários da companhia por diretores, executivos e acionistas controladores.

O Nível 2 exige que as companhias aceitem e cumpram todas as obrigações previstas no regulamento do Novo Mercado, com algumas exceções. As empresas listadas no Nível 2 têm o direito de manter ações preferenciais nominativas (PN). No caso de venda de controle da empresa, é assegurado aos detentores de ações preferenciais o direito de *tag along*, no mínimo, de 80% do preço pago pelas ações ordinárias do acionista controlador (no Novo Mercado essa exigência é de 100%).

As ações preferenciais ainda dão direito de voto aos acionistas em situações críticas, como a aprovação de fusões e incorporações da empresa e contratos entre o acionista controlador e a companhia, sempre que essas decisões estiverem sujeitas à aprovação na assembleia de acionistas.

O Nível 1 exige que as empresas adotem práticas que favoreçam a transparência e o acesso às informações pelos investidores. Para isso, devem divulgar informações adicionais às exigidas em lei, como relatórios financeiros mais completos, informações sobre negociação feita por diretores, executivos e acionistas controladores e sobre operações com partes relacionadas. Companhias listadas nesse segmento devem também manter um *free float* mínimo de 25%.

O segmento especial de listagem BOVESPA Mais

O BOVESPA Mais foi idealizado para tornar o mercado de ações acessível a um número maior de empresas, especialmente àquelas que desejam entrar no mercado aos poucos, como empresas de pequeno e médio porte, que consideram o mercado de capitais uma importante fonte de recursos e que buscam adotar estratégias diferentes de ingresso: captação de volumes menores, aumento de exposição junto ao mercado para criar valor e realização de distribuições de valores mobiliários mais concentradas, por exemplo.

As empresas listadas no BOVESPA Mais tendem a atrair investidores que percebem nelas um potencial de desenvolvimento mais acentuado, quando comparadas com empresas listadas no mercado principal.

As regras de listagem do BOVESPA Mais são semelhantes às do Novo Mercado e, da mesma forma, as empresas nele listadas assumem compromissos de elevados padrões de governança corporativa e transparência com o mercado.

O Quadro 1.2 resume as principais diferenças entre os segmentos especiais de listagem do mercado de ações na B3.

QUADRO 1.2 Segmentos de listagem da B3 e exemplos de diferenças entre os segmentos

Segmento	Capital social	Composição do conselho de administração (CA)	Vedação à acumulação de cargos	Reunião pública anual	Divulgação adicional de informações	Concessão de tag along
Bovespa Mais	Somente ações ON	Mínimo de três membros (legislação), mandato unificado, até 2 anos	Não há regra específica	Facultativa	Política de negociação de valores mobiliários	100% para ações ON
Bovespa Mais Nível 2	Ações ON e PN	Mínimo de três membros (legislação), mandato unificado, até 2 anos	Não há regra específica	Facultativa	Política de negociação de valores mobiliários	100% para ações ON e PN
Novo Mercado	Somente ações ON	Mínimo de três membros, pelo menos dois ou 20% independentes (o maior), mandato unificado de até 2 anos	Presidente do CA e diretor-presidente ou principal executivo representados pela mesma pessoa; em caso de vacância que culmine em acumulação de cargos, são obrigatórias determinadas divulgações (3)	Apresentação pública de resultados em até 5 dias úteis após a divulgação de resultados trimestrais ou anuais (presencial e por meio que permita a participação a distância)	Regimentos do CA, de seus comitês de assessoramento e do Conselho Fiscal, quando instalado; código de conduta (com conteúdo mínimo), políticas (2) e divulgações (3)	100% para ações ON
Nível 2	Ações ON e PN (com direitos adicionais)	Mínimo de cinco membros, pelo menos 20% independentes, mandato unificado de até 2 anos	Presidente do CA e diretor-presidente ou principal executivo representados pela mesma pessoa (carência de 3 anos a partir da adesão)	Obrigatória (presencial)	Política de negociação de valores mobiliários e código de conduta	100% para ações ON e PN
Nível 1	Ações ON e PN (conforme legislação)	Mínimo de três membros (legislação), mandato unificado de até 2 anos	Presidente do CA e diretor-presidente ou principal executivo representados pela mesma pessoa (carência de 3 anos a partir da adesão)	Obrigatória (presencial)	Política de negociação de valores mobiliários e código de conduta	80% para ações ON (legislação)
Básico	Ações ON e PN (conforme legislação)	Mínimo de três membros (legislação)	Não há regra específica	Facultativa	Não há regra específica	80% para ações ON (legislação)

FONTE: B3 (https://www.b3.com.br/pt_br/produtos-e-servicos/solucoes-para-emissores/segmentos-de-listagem/sobre-segmentos-de-listagem/).

Conclusão

As teorias e as evidências disponíveis são coerentes com a visão de que os acionistas controlam a empresa e de que a maximização da riqueza do acionista é o objetivo mais importante da empresa. Mesmo assim, sem dúvida há momentos em que os objetivos dos administradores tomam a dianteira em detrimento dos acionistas, ao menos temporariamente.

Públicos de relacionamento (*stakeholders*)

Nossa discussão até aqui faz parecer que a administração e os acionistas são as únicas partes que têm interesse nas decisões da empresa. Sem dúvida, essa é uma visão muito simplificada dos fatos. Funcionários, clientes, fornecedores e até mesmo o governo têm interesse financeiro na empresa.

Juntos, esses diversos grupos são chamados de públicos de relacionamento. Em geral, uma parte interessada é alguém que não é acionista ou credor e que tem um interesse potencial sobre os fluxos de caixa da empresa. Tais grupos também tentarão exercer controle sobre a empresa, talvez em detrimento dos proprietários.

público de relacionamento (*stakeholder*)
Alguém que não é acionista ou credor e que tem um interesse potencial sobre os fluxos de caixa da empresa.

Questões conceituais

1.5a O que é um relacionamento de agência?

1.5b O que são problemas de agência e como eles surgem? O que são custos de agência?

1.5c Que incentivos os administradores de corporações grandes recebem para maximizar o valor das ações?

1.6 Mercados financeiros e a empresa

Já vimos que as principais vantagens da sociedade por ações como forma de organização de empresas são a possibilidade de a propriedade ser transferida de forma mais rápida e fácil do que em outras formas de organização e a possibilidade de angariar recursos financeiros com maior facilidade. As duas vantagens são ampliadas significativamente pela existência de mercados financeiros, os quais desempenham um papel muito importante nas finanças corporativas.

Fluxos de caixa na empresa

A interação entre a sociedade por ações e os mercados financeiros é ilustrada na Figura 1.2. As setas da figura indicam a passagem do dinheiro dos mercados financeiros para a empresa e dela para os mercados financeiros.

Suponha que uma empresa inicie emitindo ações no mercado e tomando dinheiro emprestado junto a credores para levantar fundos; o dinheiro flui dos mercados financeiros para a empresa (A). A empresa investe o dinheiro em ativos circulantes e não circulantes (B). Esses ativos geram dinheiro (C), parte do qual vai para o pagamento dos tributos sobre lucros da pessoa jurídica (D). Após o pagamento dos tributos, parte desse fluxo de caixa é reinvestido na empresa (E). O restante volta para os mercados financeiros como dinheiro pago aos credores e acionistas (F).

Um mercado financeiro, assim como qualquer mercado, é apenas uma forma de reunir compradores e vendedores. Nele, títulos de dívida e ações são comprados e vendidos. Entretanto, os mercados financeiros diferem nos detalhes. As diferenças mais comuns dizem respeito aos tipos de títulos negociados, a como a negociação é conduzida e a quem são os compradores e os vendedores. Algumas dessas diferenças são discutidas a seguir.

Valor total do ativo

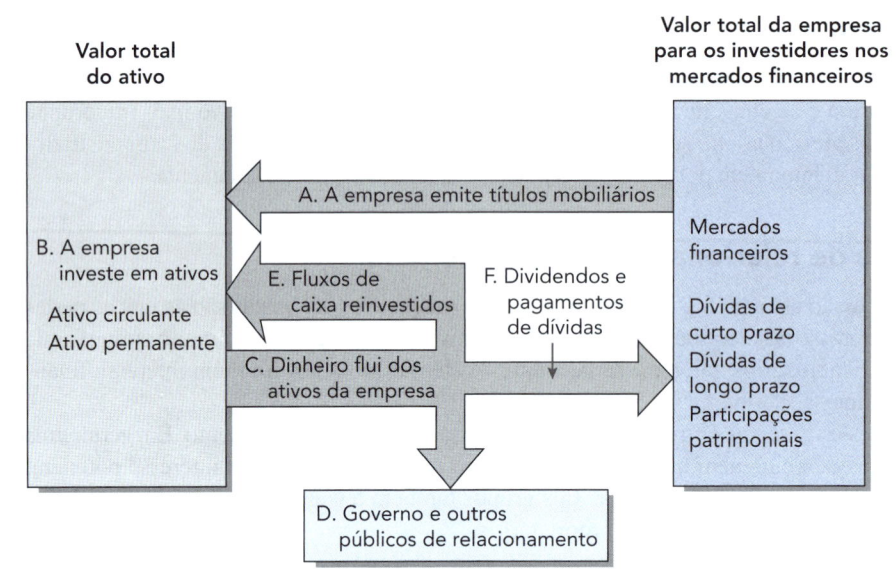

Valor total da empresa para os investidores nos mercados financeiros

A. A empresa emite títulos mobiliários

B. A empresa investe em ativos
Ativo circulante
Ativo permanente

E. Fluxos de caixa reinvestidos

F. Dividendos e pagamentos de dívidas

C. Dinheiro flui dos ativos da empresa

Mercados financeiros
Dívidas de curto prazo
Dívidas de longo prazo
Participações patrimoniais

D. Governo e outros públicos de relacionamento

A. A empresa recebe fundos com a emissão de títulos mobiliários.
B. A empresa investe em ativos.
C. As operações da empresa geram fluxos de caixa.
D. Dinheiro é pago ao governo por meio dos tributos. Outros públicos de relacionamento podem receber dinheiro.
E. Fluxos de caixa voltam para a empresa para capital de giro e investimento.
F. Dinheiro é pago a investidores por meio de juros e dividendos e amortização de dívidas.

FIGURA 1.2 Fluxos de caixa entre a empresa e os mercados financeiros.

Mercados primários *versus* mercados secundários

Os mercados financeiros funcionam como mercados primários e secundários para os títulos de dívida e para as ações. O termo *mercado primário* se refere à venda original de títulos pelos governos e pelas empresas. É quando o emissor recebe os recursos captados na emissão. Os *mercados secundários* são aqueles nos quais esses títulos são comprados e vendidos após a venda original. É quando os investidores fazem transações em que trocam títulos e fluxos de caixa entre si. As ações, obviamente, só são emitidas pelas empresas. Os títulos da dívida são emitidos pelos governos e pelas empresas. Na discussão a seguir, nossa atenção recai apenas sobre os títulos de empresas.

Mercados primários Em uma transação feita no mercado primário por uma empresa, é a empresa emissora quem vende títulos e recebe dinheiro. As empresas realizam dois tipos de transações no mercado primário: ofertas públicas e colocações privadas. Uma oferta pública, como o nome sugere, envolve a venda de títulos para o público em geral, enquanto a colocação privada é uma venda que envolve compradores específicos.

Por lei, as ofertas públicas de títulos de dívida e de ações devem ser registradas na CVM. O registro exige que a empresa divulgue uma grande quantidade de informações antes da venda de qualquer título mobiliário. Os custos contábeis, jurídicos e de venda das ofertas públicas podem ser consideráveis.

Para evitar as diversas exigências regulatórias e as despesas das ofertas públicas, títulos de dívidas podem ser vendidos em colocações privadas para investidores qualificados, como fundos de investimento de grandes instituições financeiras, companhias de seguros ou fundos mútuos. As colocações privadas têm menos exigências da CVM.

Para aprender mais sobre a CVM, a reguladora dos mercados de títulos mobiliários do Brasil, acesse **www.cvm.gov.br**.

Mercados secundários Uma transação do mercado secundário é uma transação entre um investidor proprietário de um título (o vendedor) e outro investidor (o comprador). Assim, são os mercados secundários que oferecem os meios para a transferência da propriedade de títulos de empresas e governos. Embora uma empresa ou um ente público esteja diretamente envolvido apenas em transações de mercado primário (quando vende títulos mobiliários para captação de fundos), os mercados secundários são essenciais para as organizações que buscam recursos no mercado. Isso se dá porque os investidores estarão muito mais dispostos a comprar títulos mobiliários em uma transação do mercado primário quando sabem que esses títulos poderão ser negociados posteriormente, quando desejarem. Veja, no Quadro 1.3, os países com maiores mercados de ações do mundo.

Mercado de balcão *versus* mercado de bolsa Há dois tipos de mercados secundários: mercados de *balcão* e mercados de *bolsa*. As corretoras atuam em ambos e compram e vendem para si mesmas, por seu próprio risco, ou para terceiros. É como um vendedor de carros, por exemplo, que compra e vende automóveis por conta própria, ou por conta de terceiros. Já operadores e corretores que trabalham para terceiros conectam compradores e vendedores, mas eles não possuem realmente a mercadoria que é comprada ou vendida. Um corretor imobiliário, por exemplo, normalmente não é dono das casas que compra e vende.

Os mercados de ações e de títulos de dívida que funcionam fora de bolsas são chamados de *mercados de balcão* (*over the counter* — OTC). A maioria dos negócios com títulos de dívida ocorre nesses mercados. A expressão *mercado de balcão* remete ao tempo em que os títulos mobiliários eram literalmente comprados e vendidos em balcões de escritório. Atualmente, nos EUA, uma fração significativa do mercado de ações e quase todo o mercado de dívida de longo prazo não ocorre em uma localização central; as corretoras estão conectadas por meio eletrônico.

Os mercados de bolsa diferem dos mercados de balcão de várias maneiras. Talvez a principal diferença se dê na transparência e na subsequente garantia de equidade de preços que o segmento de bolsa oferece. Enquanto isso, o mercado de balcão é determinado por negócios bilaterais entre as partes. Um mercado de bolsa funciona como pregão e tem uma localização física (como Wall Street, para a Nyse, ou a Rua XV de Novembro, para a B3), e seus negócios têm ampla divulgação. Em um mercado de balcão, as compras e vendas são realizadas diretamente entre corretoras, e há menor ou nenhuma divulgação dos preços praticados. A principal finalidade de um mercado de bolsa é reunir vendedores e compradores em um local específico. Já um mercado de balcão pode ser um sistema de interconexão eletrônica entre compradores e vendedores, com a interveniência de corretoras.[9]

QUADRO 1.3 Os 10 maiores mercados de ações do mundo, 2018 (em bilhões de dólares)

1	Estados Unidos	$30,436
2	China	6,325
3	Japão	5,297
4	Hong Kong, RAE chinesa	3,819
5	França	2,366
6	Índia	2,083
7	Canadá	1,938
8	Alemanha	1,755
9	Suíça	1,441
10	República da Coreia (Coreia do Sul)	1,414
	Capitalização total do mercado de ações mundial	$68,654

FONTE: https://data.worldbank.org/indicator/CM.MKT.LCAP.CD, 12 de setembro de 2019.

---

[9] Nos Estados Unidos, há outra diferença. Enquanto as bolsas são concebidas como mercado de pregão (*auction market*) e ponto de encontro entre compradores e vendedores, em que o papel de corretores é mais limitado, o mercado de balcão é um mercado em que os principais atuantes são corretores (mercado de corretores — *dealer market*). O mercado de balcão estadunidense mais conhecido é a Nasdaq (National Association of Securities Dealers Automated Quotations).

Negociação de títulos de empresas As ações da maioria das grandes empresas são negociadas nos mercados de pregão organizados em bolsa. No Brasil, temos a B3, que é uma bolsa de multiativos e multimercado, que atua como central depositária de ativos, câmara de compensação e de liquidação e contraparte central garantidora dos negócios. A B3 integra dois segmentos.

A B3 administra uma plataforma única de negociação multiativos — o PUMA Trading System. O sistema congrega as operações com ativos de renda variável, renda fixa, derivativos e *commodities*. Para essas operações, as informações de preço do negócio são divulgadas ao mercado por meio do *website* www.b3.com.br, garantindo transparência de preço.

No segmento Cetip UTVM, a B3 administra um mercado de balcão estruturado e operacionalizado por meio de uma plataforma eletrônica integrada por dois subsistemas, denominados Cetip | Trader e CetipNet. Esses subsistemas oferecem ambiente para negócios de títulos de renda fixa, como títulos públicos, debêntures, certificados de recebíveis do agronegócio (CRA), certificados de recebíveis imobiliários (CRI) e cotas de fundo fechado (CFF). As operações realizadas no Cetip | Trader são registradas no subsistema de registro, no subsistema de depósito centralizado ou no Sistema Especial de Liquidação e de Custódia (Selic), dependendo do ativo objeto da operação.

Nos EUA, a Nyse é o maior desses mercados. Também existem grandes mercados de balcão para a negociação de ações. Em 1971, a Associação Nacional de Corretoras de Valores (NASD), dos EUA, colocou à disposição de operadores e corretoras um sistema eletrônico de cotações chamado Nasdaq. As empresas listadas na Nasdaq tendem a ser menores e menos ativas. Obviamente, existem exceções, como a Microsoft e a Intel, ambas negociadas no mercado de balcão. No entanto, o valor total das ações da Nasdaq é muito menor do que o valor total das ações da Nyse.

Existem muitos mercados grandes e importantes, e as empresas estão buscando cada vez mais esses mercados para captar fundos. A Bolsa de Valores de Tóquio e a Bolsa de Valores de Londres (TSE e LSE, respectivamente) são dois exemplos bem conhecidos. O fato de os mercados de balcão não terem localização física significa que as fronteiras nacionais não representam uma barreira importante, e já existe um enorme mercado de OTC de dívida. Devido à globalização, os mercados financeiros atingiram um ponto em que a negociação de vários investimentos nunca para, apenas viaja ao redor do mundo.

No Brasil, temos a B3. As ações são negociadas no Mega Bolsa, sistema eletrônico de negociação. Por ele, a oferta de compra ou venda é feita através de terminais de computador. O encontro das ofertas e o fechamento de negócios são realizados automaticamente pelos computadores da B3. Os preços são formados em pregão, pela dinâmica das forças de oferta e demanda de cada papel, o que, segundo a B3, torna a cotação praticada um indicador confiável do valor que o mercado atribui às diferentes ações. Para atuar no pregão, o interessado deve contratar os serviços de uma corretora, que será a intermediária das negociações, recebendo as ordens do cliente ou permitindo que ele realize as operações diretamente pela internet. Os serviços da corretora têm taxa de corretagem (livremente pactuada entre o cliente e a corretora que ele contratar), que incide sobre o movimento financeiro total (compras mais vendas).

Para os títulos de dívida privada, referidos também como "títulos de renda fixa", a BOVESPA e a CBLC oferecem ambientes integrados para a negociação, liquidação e custódia de títulos, o BOVESPA Fix, mercado de bolsa de valores de renda fixa, e o SOMA FIX, mercado de balcão organizado de renda fixa. Os negócios e/ou registro de negócios com títulos de renda fixa no BOVESPA Fix e SOMA FIX são ambos realizados por meio de sistemas eletrônicos. Segundo a B3, o sistema proporciona total transparência, uma vez que as ofertas são disseminadas para todo o mercado e os preços de fechamento são divulgados em tempo real. Isso permite uma melhor formação de preços e possibilita a "marcação a mercado" das carteiras de títulos, permitindo a investidores e emissores acompanharem as condições de mercado de seus papéis.

Com o objetivo de proporcionar uma melhor formação de preços no mercado secundário de títulos de dívida corporativa, o BOVESPA Fix tem regras de negociação e parâmetros para cada um dos títulos negociados de acordo com suas características: forma de cotação (por preço ou por taxa), parâmetros para leilão, lote padrão, critérios para estabelecimentos de preço de fechamento e as rodas em que os títulos estão sendo negociados.

O SOMA FIX permite aos seus participantes registrarem eletronicamente os negócios fechados em mercado de balcão. O registro de negócios é particularmente importante na transferência de ativos de fundos geridos por um mesmo administrador de recursos e está sujeito a regras específicas.

Listagem em bolsa Costuma-se dizer de uma empresa que tem as suas ações negociadas em uma bolsa de valores organizada é *listada* naquela bolsa. Para serem listadas em bolsa, as empresas devem atender a determinados critérios mínimos, como tamanho do ativo e número de acionistas. Esses critérios diferem de uma bolsa para a outra.

A Nyse tem requisitos bastante rígidos. Por exemplo, para ter ações negociadas, uma empresa deve ter ações em circulação com um valor de mercado de, pelo menos, USD100 milhões. Existem outros mínimos relativos à receita, ao ativo permanente e ao número de ações em circulação.

Para aprender mais sobre a Securities Exchange Commission (SEC), o órgão regulador do mercado de títulos mobiliários dos EUA, acesse **www.sec.gov**.

Para aprender mais sobre bolsas de valores, acesse **www.b3.com.br**, **www.nyse.com** e **www.nasdaq.com**.

Questões conceituais

1.6a O que é um mercado de balcão? Em que diferem os mercados de balcão e os mercados de bolsa?

1.6b O que quer dizer OTC? Como é chamado o grande mercado de balcão para ações nos Estados Unidos?

1.6c Qual é o maior mercado de pregão dos Estados Unidos? E o do Brasil?

1.7 Resumo e conclusões

Este capítulo apresentou algumas ideias básicas sobre finanças corporativas:

1. As finanças corporativas têm três grandes áreas de interesse:
   a. Orçamento de capital: quais investimentos de longo prazo a empresa deve fazer?
   b. Estrutura de capital: onde a empresa conseguirá o financiamento de longo prazo para pagar seu investimento? Em outras palavras, qual combinação entre passivo e patrimônio líquido deve ser usada para financiar as operações?
   c. Administração de capital circulante: como a empresa deve administrar suas atividades financeiras diárias?

2. O objetivo da administração financeira de uma empresa com fins lucrativos é tomar decisões que aumentem de forma sustentável o valor das suas ações ou, de modo geral, que aumentem o valor de mercado do patrimônio dos acionistas investido na empresa.

3. A forma de organização das sociedades por ações é superior às outras formas no que diz respeito à captação de fundos e à transferência dos direitos de participação nos resultados.

4. Em uma grande empresa, existe a possibilidade de conflitos entre acionistas e administradores e entre acionistas controladores e não controladores. Chamamos esses conflitos de *problemas de agência* e discutimos como eles podem ser controlados e reduzidos.

5. As vantagens da sociedade por ações são ampliadas pela existência dos mercados financeiros. Eles funcionam como mercados primário e secundário para os títulos corporativos e de governos e podem ser organizados como mercados de balcão e de bolsa.

Dos tópicos que discutimos até agora, o mais importante é o que trata do objetivo da administração financeira: maximizar de forma sustentável o valor das ações da empresa. Ao longo deste livro, analisaremos muitas decisões financeiras diferentes, mas sempre faremos a mesma pergunta: como tal decisão afeta o valor das ações da empresa?

REVISÃO DE CONCEITOS E QUESTÕES INSTIGANTES

1. **Processo de decisão da administração financeira [OA1]** Quais são os três tipos de decisões da administração financeira? Para cada tipo de decisão, dê exemplo de uma transação de negócios pertinente.
2. **Empresas individuais e sociedades [OA2]** O que é uma Eireli? Quais são as principais desvantagens da empresa individual e de uma sociedade? Quais benefícios existem nesses tipos de organização de negócios quando comparados à forma de sociedade por ações? Descreva as diferenças entre as sociedades: em nome coletivo; em comandita simples; limitada; em comandita por ações.
3. **Companhias abertas [OA3]** Sociedades por ações [OA3] Cite pelo menos duas vantagens da sociedade por ações.
4. **Sarbanes-Oxley [OA4]** Em resposta à Lei Sarbanes-Oxley, muitas pequenas empresas optaram por "sumir dos holofotes" e tirar suas ações da bolsa. Por que uma empresa escolheria esse caminho? Quais são os custos de "sumir dos holofotes"?

Para revisão de outros conceitos e novas questões instigantes, consulte a página do livro no portal do Grupo A (loja.grupoa.com.br).

Demonstrações Contábeis, Tributos e Fluxo de Caixa

2

A CRISE DA COVID-19 no início de 2020 afetou muitos setores, talvez o do transporte aéreo mais do que qualquer outro. A Associação Internacional de Transporte Aéreo (IATA) estimou uma queda de 48% no tráfego aéreo e de 55% nas receitas no setor de companhias aéreas, o que criou prejuízos enormes para as empresas. A United, por exemplo, perdeu cerca de USD2 bilhões no primeiro trimestre de 2020, e prejuízos piores estavam no horizonte. A empresa esperava transportar menos passageiros em todo o mês de maio de 2020 do que transportara em qualquer dia de maio de 2019.

Obviamente, pandemias globais não são o único motivo para as empresas sofrerem prejuízos. Em meados de 2019, a Procter & Gamble anunciou que baixaria quase USD8 bilhões devido a uma queda no valor da sua marca Gillette. Dois meses depois, a Disney anunciou que baixaria seu investimento de USD400 milhões na Vice Media, que chegou a estar avaliada em USD5,7 bilhões.

Alterações nos resultados contábeis das empresas também ocorrem por mudanças na legislação tributária. Quando encerramos esta edição, o Congresso brasileiro discutia a alteração nas regras do imposto de renda sobre lucros da pessoa jurídica no Brasil. Já nos EUA, uma mudança fundamental ocorreu em dezembro de 2017, com a promulgação da lei denominada Tax Cuts and Jobs Act (Lei de cortes de impostos sobre a renda de empresas e do trabalho), que passou a vigorar a partir de 2018. A nova lei trouxe uma mudança radical nos impostos sobre lucros da pessoa jurídica nos EUA. Por exemplo, em vez de depreciar um ativo para fins fiscais ao longo do tempo de vida do ativo, as empresas de lá agora podem depreciar todo o preço de compra do ativo no primeiro ano da sua compra. Outra mudança foi o estabelecimento de um limite para a dedutibilidade fiscal das despesas de juros, para fins do cálculo do lucro tributável. No entanto, possivelmente, a maior mudança foi na estrutura do imposto de renda, que variava em faixas que iam de 15% a 39% e mudou para uma alíquota fixa de 21%.

Então, voltando aos impactos da Covid-19, os acionistas das grandes companhias aéreas perderam dinheiro por causa da redução do tráfego? Com certeza. E os acionistas da Procter & Gamble e da Disney perderam dinheiro quando as baixas foram anunciadas? Provavelmente não. Entender por que isso ocorre nos leva ao assunto principal deste capítulo: aquela questão de suma importância conhecida pelo nome de *fluxo de caixa*.

Objetivos de aprendizagem

O objetivo deste capítulo é que, ao seu final, você saiba:

OA1 A diferença entre valor contábil e valor de mercado.

OA2 A diferença entre lucro contábil e fluxo de caixa.

OA3 A diferença entre alíquotas tributárias médias e alíquotas marginais.

OA4 Como determinar o fluxo de caixa de uma empresa a partir de suas demonstrações contábeis.

> Para ficar por dentro dos últimos acontecimentos na área de finanças, visite www.fundamentalsofcorporatefinance.blogspot.com.

Neste capítulo, examinamos as demonstrações contábeis, os tributos sobre o lucro e o fluxo de caixa. A ênfase não está na preparação das demonstrações contábeis, mas, sim, no reconhecimento de que elas quase sempre são uma fonte importante de informações para a tomada de decisões financeiras. Portanto, nosso objetivo é examinar de forma abreviada tais demonstrações e indicar alguns de seus recursos mais importantes. Nossa atenção se volta particularmente para algumas questões práticas do fluxo de caixa.

Preste muita atenção em duas diferenças importantes: (1) a diferença entre valor contábil e valor de mercado e (2) a diferença entre lucro contábil e fluxo de caixa. Essas distinções serão importantes ao longo deste livro.

2.1 O balanço patrimonial

Excel Master!
Cobertura *on-line* do Excel Master

balanço patrimonial
Demonstração que mostra o valor contábil de uma empresa em determinado momento.

O **balanço patrimonial** é um instantâneo da empresa. Ele é um modo conveniente de organizar e resumir aquilo que ela possui (seu ativo), o que ela deve (seu passivo) e a diferença entre os dois (o patrimônio líquido da empresa) em determinado momento. A Figura 2.1 ilustra como se estrutura o balanço patrimonial. No lado esquerdo, estão relacionados os ativos da empresa e, no lado direito, os passivos (as obrigações assumidas pela empresa) e o patrimônio líquido.

Ativos: o lado esquerdo

Os ativos são classificados como *circulantes* ou *não circulantes*. Um ativo não circulante é aquele que tem uma vida relativamente longa, superior a um ano, e pode ser *tangível*, como um caminhão ou um computador, ou *intangível*, como uma marca registrada ou uma patente. Já um ativo circulante tem uma vida menor, de até um ano; isso significa que o ativo se

Alguns dos principais *sites* que apresentam informações financeiras de empresas são **br.financas.yahoo.com**, **economatica.com.br**, **finance.yahoo.com**, **finance.google.com** e **money.cnn.com**.

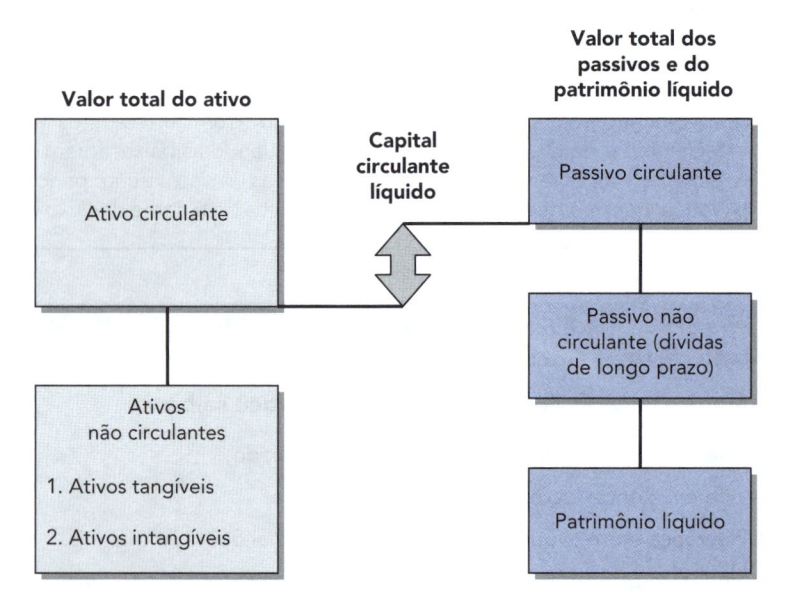

FIGURA 2.1 O balanço patrimonial. Lado esquerdo: valor total dos ativos. Lado direito: valor total dos passivos e do patrimônio líquido.

converterá em caixa em até 12 meses da data de publicação do demonstrativo contábil.[1] Por exemplo, os estoques normalmente são comprados e vendidos em prazos inferiores a um ano e, assim, são classificados como ativos circulantes. Obviamente, o caixa é um ativo circulante. As contas a receber (dinheiro devido à empresa por seus clientes) também são, em geral, um ativo circulante.

Passivos e patrimônio líquido: o lado direito

No lado direito do balanço patrimonial, as obrigações da empresa são o primeiro item listado. Elas são classificadas como passivos, *circulantes* ou *não circulantes*. Os passivos circulantes — como os ativos circulantes — têm uma vida menor do que um ano (devem ser pagos em até 12 meses) e são apresentados nas demonstrações contábeis antes dos passivos não circulantes. As contas a pagar (dinheiro que a empresa deve a seus fornecedores) são um exemplo de um passivo circulante.

Uma dívida que vence em prazo superior aos próximos 12 meses é classificada como um exigível a longo prazo no passivo não circulante. Um empréstimo que a empresa pagará em cinco anos é um exemplo de dívida de longo prazo. As empresas tomam empréstimos a longo prazo de várias fontes, essencialmente sob duas formas: empréstimos tomados em bancos e empréstimos tomados de investidores no mercado, mediante a emissão de títulos. Usaremos frequentemente os termos *título de dívida* e *detentores de títulos de dívida* de forma genérica para nos referirmos a questões relativas a títulos de dívida de longo prazo. Chamaremos de *credores de longo prazo* os investidores que compraram esses títulos[2], respectivamente.

Finalmente, por definição, a diferença entre o valor total dos ativos (circulantes e não circulantes) e o valor total dos passivos (circulantes e não circulantes) é o *patrimônio líquido*, também chamado de *capital próprio*. Essa forma de apresentação do balanço patrimonial se destina a refletir o fato de que, se a empresa vendesse todo o seu ativo e utilizasse o dinheiro para pagar suas dívidas, então, qualquer valor residual pertenceria aos seus acionistas. Assim sendo, o balanço patrimonial "se equilibra", porque o valor do lado esquerdo é sempre igual ao valor do lado direito. Ou seja, o valor dos ativos da empresa é igual à soma das obrigações da empresa com o patrimônio dos seus acionistas[3]:

Ativos = Passivos + Patrimônio líquido [2.1]

Essa é a *identidade*, ou a equação, *do balanço patrimonial*, e sempre é verdadeira, porque o patrimônio líquido é definido como a diferença entre o ativo e o passivo.

Capital circulante líquido

Como mostra a Figura 2.1, a diferença entre o ativo circulante e o passivo circulante de uma empresa é chamada de **capital circulante líquido (CCL)**. O CCL é positivo quando o ativo circulante tem valor maior que o do passivo circulante. Com base nas definições do ativo circulante e do passivo circulante, isso quer dizer que o dinheiro a ser recebido nos próximos 12 meses excederá o dinheiro a ser pago no mesmo período. Por isso, o CCL, em geral, é positivo em uma empresa saudável.

capital circulante líquido
Ativo circulante menos passivo circulante.

O Quadro 2.1 apresenta um balanço patrimonial simplificado da empresa fictícia Brasil S/A. Os ativos do balanço patrimonial estão listados pela ordem do tempo até serem convertidos em caixa no decorrer das atividades normais da empresa. Da mesma forma, os passivos estão listados na ordem como normalmente seriam pagos.

---

[1] Ou dentro do prazo do ciclo operacional do negócio, se esse ciclo for superior a 12 meses.

[2] Também chamados de obrigacionistas ou debenturistas.

[3] Os termos *patrimônio líquido, capital acionário* e *patrimônio dos acionistas* são usados com o mesmo sentido para se referirem ao patrimônio dos sócios em uma empresa. Podem existir outras variações com esse significado.

EXEMPLO 2.1 Construindo o balanço patrimonial

Uma empresa tem ativo circulante de $100, ativo não circulante de $500, passivo circulante de $70 e passivo não circulante de $200. Como ficará o balanço patrimonial? Qual é o patrimônio líquido? Qual é o CCL?

Neste caso, o ativo total é $100 + 500 = $600 e o passivo total é $70 + 200 = $270. Assim, o patrimônio líquido é a diferença: $600 - 270 = $330. Portanto, o balanço patrimonial é:

Ativos		Passivo e patrimônio líquido	
Ativo circulante	$100	Passivo circulante	$ 70
Ativo não circulante	500	Passivo não circulante	200
		Patrimônio líquido	330
Ativo total	$600	Total do passivo e do patrimônio líquido	$600

O CCL é a diferença entre o ativo circulante e o passivo circulante, ou seja, $100 – 70 = $30.

A estrutura de ativos de determinada empresa reflete o seu ramo de negócios e, também, as decisões dos gestores sobre a quantidade de caixa e os equivalentes de caixa[4] e de estoque que devem ser mantidos, sobre a política de crédito, sobre a aquisição de ativos não circulantes etc.

QUADRO 2.1 Balanços patrimoniais

BRASIL S/A
Balanços patrimoniais de 2020 e 2021 (em milhões)

Ativo	2020	2021	Passivo e patrimônio líquido	2020	2021
Ativo circulante			Passivo circulante		
Caixa e equivalentes de caixa	$ 104	$ 160	Contas a pagar	$ 232	$ 266
Contas a receber	455	688	Empréstimos de curto prazo	196	123
Estoques	553	555	Total	$ 428	$ 389
Total	$1.112	$1.403			
Ativo não circulante					
Instalações e equipamentos	$1.644	$1.709	Passivo não circulante	$ 408	$ 454
			Patrimônio líquido		
			Capital social e ágio	600	640
			Reserva de lucros	1.320	1.690
			Total	$1.920	$2.269
Ativo total	$2.756	$3.112	Total do passivo e do patrimônio líquido	$2.756	$3.112

---

[4] Equivalentes de caixa são aplicações financeiras de curto prazo, de alta liquidez, que são prontamente conversíveis em montante conhecido de caixa e que estão sujeitas a um insignificante risco de mudança de valor. (Pronunciamento do Comitê de Pronunciamentos Contábeis (CPC) 03; ver http://www.cpc.org.br/CPC/Documentos-Emitidos/Pronunciamentos)

O passivo do balanço patrimonial reflete principalmente as decisões dos gestores sobre a estrutura de capital e sobre o uso de dívidas de curto prazo. Por exemplo, em 2021, as exigibilidades totais a longo prazo da Brasil S/A foram de $454 e o patrimônio líquido foi de $640 + 1.629 = $2.269; sendo assim, o financiamento total de longo prazo foi de $454 + 2.269 = $2.723. (Todos os valores do balanço estão em milhões.) Desse montante, $454/2.723 = 16,67% representa a dívida de longo prazo. Essa porcentagem reflete as decisões sobre estrutura de capital tomadas pelos gestores da Brasil S/A no passado.

As companhias abertas registradas na CVM na categoria A — a categoria que autoriza a negociação de ações em bolsa — devem ter um *site* de relacionamento com investidores. Nesse *site*, as companhias devem manter disponíveis para o público durante 3 anos as suas demonstrações contábeis periódicas e eventuais.

Saiba mais sobre relações com investidores consultando o *site* do Instituto Brasileiro de Relações com Investidores (IBRI) e o do Comitê de Orientação para a Divulgação de Informações ao Mercado (Codim) – http://www.ibri.org.br e http://www.codim.org.br.

Existem três coisas especialmente importantes para prestarmos atenção quando examinamos um balanço patrimonial: liquidez, endividamento *versus* capital próprio e valor de mercado *versus* valor contábil.

Liquidez

A *liquidez* diz respeito à velocidade e à facilidade com que um ativo pode ser convertido em caixa. O ouro é um ativo com liquidez relativamente alta, ao contrário de uma instalação fabril especializada. Na verdade, a liquidez tem duas dimensões: facilidade de conversão *versus* perda de valor. Todo ativo pode ser convertido em caixa de maneira rápida se reduzirmos suficientemente o seu preço. Um ativo com alta liquidez, portanto, é aquele que pode ser vendido facilmente sem perda de valor. Um ativo sem liquidez é aquele que não pode ser convertido em caixa com facilidade sem uma redução substancial no seu preço.[5]

Geralmente, os ativos são listados no balanço patrimonial por ordem decrescente de liquidez, ou seja, os ativos com maior liquidez aparecem primeiro. O ativo circulante tem liquidez relativamente alta e inclui o caixa e equivalentes e os ativos que esperamos converter em caixa nos próximos 12 meses. As contas a receber listadas no circulante, por exemplo, representam os montantes a receber por vendas realizadas que ainda não foram pagos pelos clientes; esperamos que eles se convertam em caixa no futuro próximo, em até 12 meses. O estoque, no caso de muitas empresas, é o ativo circulante menos líquido.

Em sua maioria, os ativos não circulantes são relativamente ilíquidos. Eles consistem em itens tangíveis, como prédios e equipamentos (classificados no balanço patrimonial como "Imobilizado"), que não são convertidos em caixa durante as atividades normais da empresa (obviamente, eles são usados para gerar caixa). Os intangíveis, como uma marca registrada (classificada no balanço patrimonial como "intangível"), não têm existência física, mas podem ser muito valiosos. Assim como os ativos imobilizados, eles não se convertem normalmente em caixa e, em geral, são considerados ilíquidos.

A liquidez é valiosa. Quanto mais liquidez um negócio tiver, menor a probabilidade de ele passar por problemas financeiros (ou seja, de ter dificuldades em pagar suas dívidas ou adquirir os ativos de que tem necessidade). Infelizmente, a manutenção de ativos líquidos, em geral, é pouco lucrativa. Por exemplo, o caixa é o mais líquido de todos os investimentos, mas, geralmente, traz rentabilidade muito baixa se investido em equivalentes de caixa, ou não traz resultado algum — ele só fica lá, parado. Portanto, é preciso ponderar as vantagens da liquidez com a perda de resultados potenciais.

Para acessar balanços de empresas brasileiras, consulte a CVM em **http://www.cvm.gov.br/** ou procure a guia "Renda variável/Ações/Empresas listadas" no *site* da B3 em **http://www.b3.com.br/pt_br/**.

Você pode encontrar as demonstrações financeiras anuais e trimestrais (e muito mais) da maioria das empresas abertas dos EUA no banco de dados Edgar (Electronic Data Gathering, Analysis, and Retrieval), no *site* **www.sec.gov**.

---

[5] Valor e preço são conceitos diferentes. Um ativo pode ser transacionado por preço acima ou abaixo do valor intrínseco estimado pelo seu comprador ou pelo seu vendedor.

A pandemia da Covid-19 destacou a importância da liquidez. No final de 2019, grandes empresas de tecnologia, como a Apple e a Microsoft, eram criticadas por seus grandes acúmulos de caixa, mas essas empresas pareceram muito inteligentes quando os *lockdowns* impostos pelos governos a partir de março de 2020 derrubaram a economia. Empresas conhecidas, como a Hertz, gigante na locação de automóveis, e a varejista J.C. Penney foram à recuperação judicial pois ficaram sem caixa e não tinham mais como operar.

Dívida *versus* capital próprio

Na medida em que uma empresa toma dinheiro emprestado, ela, em geral, dá prioridade ao pagamento aos credores. Os proprietários têm direito apenas ao valor residual, a parte que sobra após os pagamentos aos credores. O valor dessa parte residual é seu patrimônio líquido na empresa, o capital próprio, que é exatamente o valor dos ativos menos o valor dos passivos:

Patrimônio líquido = Ativos − Passivos

Isso é válido no contexto contábil porque o patrimônio líquido é definido como essa parte residual[6]. Mas o mais importante é que isso é verdadeiro no sentido econômico. Se a empresa vender seus ativos e pagar suas dívidas, o dinheiro que restar pertence aos acionistas.

O uso de dívidas na estrutura de capital de uma empresa é chamado de *alavancagem financeira*. Quanto maior a sua dívida (como porcentagem do ativo), maior é o seu grau de alavancagem financeira. Como discutiremos em capítulos posteriores, dívidas funcionam como uma alavanca, porque podem ampliar muito tanto os lucros quanto as perdas. Assim, a alavancagem financeira não só aumenta a recompensa potencial para os acionistas, como também aumenta o potencial de problemas financeiros e de fracasso nos negócios.

Valor de mercado *versus* valor contábil

Os valores mostrados no balanço patrimonial para os ativos de uma empresa são *valores contábeis* e geralmente não representam aquilo que o ativo realmente vale.[7] As demonstrações contábeis, em geral, mostram os ativos com seu *custo histórico*. Em outras palavras, os ativos são "passados para os livros" com o valor que a empresa pagou por eles, independentemente de quando tenham sido comprados ou de quanto valem no momento. No Brasil, a partir da adoção das normas internacionais de relatório financeiro (IFRS), as demonstrações contábeis são elaboradas segundo o modelo baseado no *custo histórico recuperável* e no conceito da manutenção do capital financeiro nominal. Como as demonstrações contábeis devem refletir o valor recuperável dos ativos, se o custo histórico residual de um ativo não puder ser recuperado, o valor contábil deve ser ajustado ao seu valor recuperável[8].

No caso do ativo circulante, o valor de mercado e o valor contábil podem ser muito similares, uma vez que os ativos circulantes são comprados e convertidos em caixa em um período relativamente curto. Em outras circunstâncias, os dois valores podem diferir muito. No caso de um ativo não circulante, seria uma mera coincidência se o valor de

---

[6] Ao longo do livro, também nos referiremos ao patrimônio dos acionistas como capital próprio.

[7] O termo *valor contábil* de um ativo imobilizado tem significado preciso na contabilidade: é o valor pelo qual um ativo é reconhecido após a dedução da depreciação acumulada e das perdas acumuladas por redução ao valor recuperável. (Pronunciamento Técnico CPC 27 – Ativo Imobilizado).

[8] Situação que muitas vezes é referida pelo termo em inglês *impairment*.

mercado real (aquele pelo qual o ativo seria vendido) fosse igual ao valor contábil. Por exemplo, uma estrada de ferro poderia possuir enormes extensões de terras que foram compradas há um século. Aquilo que a estrada de ferro pagou por aquela terra poderia ser centenas ou milhares de vezes menor do que o valor atual da terra; entretanto, o balanço patrimonial mostraria o custo histórico. As **normas brasileiras de contabilidade (NBCs)** preveem que o valor contábil deva ser ajustado ao valor econômico corrente do ativo, seu valor recuperável ou *valor justo*; entretanto, os valores recuperáveis são estimados pela administração; assim, o valor divulgado como o valor justo dos ativos pode ser diferente do seu efetivo valor de mercado.

A diferença entre o valor de mercado e o valor contábil é importante para entender o impacto dos lucros e das perdas demonstrados. Por exemplo, de tempos em tempos, ocorrem alterações nas regras contábeis que levam a reduções no valor contábil de determinados tipos de ativos. Entretanto, uma mudança nas regras contábeis por si só não tem efeito sobre aquilo que os ativos em questão realmente valem. O valor de mercado de um ativo depende de coisas como o seu nível de risco e os fluxos de caixa que se esperam desse ativo, mas nenhuma dessas coisas tem a ver com a contabilidade. Mais do que isso, as expectativas de geração de caixa de um ativo podem mudar com o passar do tempo; por isso, sob as normas IFRS, sempre que houver mudança relevante nas perspectivas de geração de caixa por parte de um ativo, o seu valor contábil deverá ser ajustado para refletir essa mudança. Quando uma mudança dessa natureza ocorrer, a administração da empresa deverá realizar o chamado teste de recuperação de ativos (*impairment test*) e ajustar o valor contábil ao resultado dessa avaliação (ajuste ao valor recuperável).[9]

Quem se interessa por demonstrações contábeis? O balanço patrimonial é potencialmente útil para diferentes partes. Um fornecedor pode verificar o volume das contas a pagar, para estimar a pontualidade da empresa no pagamento de suas contas. Um credor em potencial pode examinar a liquidez e o grau de alavancagem financeira. Os gestores podem rastrear o total de caixa e de estoques que a empresa tem em mãos. Tais usos serão discutidos com mais detalhes no Capítulo 3.

Gestores e investidores, com frequência, têm interesse em saber o valor da empresa. Entretanto, essa informação não está no balanço patrimonial. O fato de os ativos do balanço patrimonial serem registrados com o valor de custo recuperável estimado pela administração não significa que há necessariamente uma conexão entre os ativos totais mostrados e o valor da empresa. Aliás, muitos dos ativos mais valiosos que ela pode ter — boa administração, boa reputação, funcionários talentosos — nem mesmo aparecem no balanço patrimonial.

Da mesma forma, os números que refletem o patrimônio líquido do balanço patrimonial e os que refletem o valor das ações da empresa não necessariamente estão relacionados. Por exemplo, no final de 2019, o valor contábil do patrimônio líquido da IBM era cerca de USD17,6 bilhões, enquanto o seu valor de mercado era de USD129 bilhões. Ao mesmo tempo, o valor contábil da Alphabet era de USD172 bilhões, e seu valor de mercado era de USD831 bilhões.

Portanto, para os gestores financeiros, o valor contábil das ações de uma empresa não é uma preocupação essencial; o que importa é o seu valor de mercado. Daqui por diante, sempre que falarmos do valor de um ativo ou do valor da empresa, estaremos nos referindo ao seu *valor de mercado*. Dessa forma, por exemplo, ao dizermos que o objetivo do administrador financeiro é aumentar o valor das ações de sua empresa, queremos dizer aumentar o *valor de mercado* das ações da empresa.

normas brasileiras de contabilidade (NBC)
O conjunto de normas e procedimentos emitidos pelo Conselho Federal de Contabilidade (CFC) que orienta as práticas pelas quais os relatórios contábeis-financeiros auditados no Brasil são preparados está disponível no site do CFC, em **https://cfc.org.br/legislacao/**.

Comitê de Pronunciamentos Contábeis (CPC)
Órgão que centraliza no Brasil o estudo, o preparo e a emissão de pronunciamentos técnicos sobre procedimentos de contabilidade e divulga informações de natureza contábil. O *site* do CPC é **http://www.cpc.org.br/CPC**.

---

[9] Para saber mais sobre ajustes contábeis para refletir o valor econômico de um ativo, consulte os pronunciamentos CPC 01 e CPC 12 em http://www.cpc.org.br/CPC/Documentos-Emitidos/Pronunciamentos.

EXEMPLO 2.2 — Valor de mercado *versus* valor contábil

A Klingon S/A tem ativo não circulante com valor contábil de $700 e um valor de mercado avaliado em cerca de $1.000. O CCL é de $400 nos livros contábeis, mas aproximadamente $600 seriam materializados se todas as contas atuais fossem liquidadas. A Klingon tem $500 de obrigações a longo prazo, tanto em valor contábil quanto em valor de mercado. Qual é o valor contábil do patrimônio líquido? Qual é o valor de mercado?

Podemos construir dois balanços patrimoniais simplificados, um em termos contábeis (valor contábil) e outro em termos econômicos (valor de mercado):

KLINGON S/A
Balanços patrimoniais
Valor de mercado *versus* valor contábil

Ativo	Contábil	Mercado	Passivo e patrimônio líquido	Contábil	Mercado
Capital circulante líquido	$ 400	$ 600	Passivo não circulante	$ 500	$ 500
Ativo não circulante	700	1.000	Patrimônio líquido	600	1.100
	$1.100	$1.600		$1.100	$1.600

Neste exemplo, o patrimônio dos acionistas é, na verdade, quase o dobro do que é mostrado nos livros. A distinção entre os valores contábil e de mercado é importante exatamente porque os valores contábeis podem ser muito diferentes do verdadeiro valor econômico. As normas IFRS procuram reduzir tais diferenças, pois estabelecem que o valor contabilizado deve ser o mais fiel possível ao verdadeiro valor econômico de um ativo; realizar esses ajustes é um grande desafio para os gestores financeiros.

Questões conceituais

2.1a O que é a identidade do balanço patrimonial?
2.1b O que é liquidez? Por que ela é importante?
2.1c O que significa *alavancagem financeira*?
2.1d Explique a diferença entre valor contábil e valor de mercado. Qual deles é mais importante para o administrador financeiro? Por quê?

2.2 A demonstração de resultados do exercício

demonstração de resultados
Demonstração contábil que resume o desempenho de uma empresa em dado período.

A **demonstração de resultados** do exercício mede o desempenho de uma entidade em um período, normalmente um trimestre ou um ano. A identidade da demonstração de resultados é:

Receitas − Despesas = Resultados [2.2]

Se você entender o balanço patrimonial como um instantâneo, então poderá imaginar a demonstração de resultados como uma filmagem do período entre uma foto anterior e outra posterior. O Quadro 2.2 apresenta a demonstração de resultados simplificada da Brasil S/A.

Os primeiros itens relatados em uma demonstração de resultados são a receita e as despesas das operações continuadas da empresa. As outras partes incluem, entre outras, as despesas gerais e administrativas e as despesas de financiamento, como os juros. Em seguida, são destacados os tributos sobre o lucro. O último item é o *lucro líquido*, a chamada última linha.

QUADRO 2.2 Demonstração de resultados do exercício

BRASIL S/A Demonstração de resultados de 2021 (em milhões)	
Vendas líquidas	$1.509
Custos e despesas	750
Depreciação	65
Lucro antes de juros e tributos	$ 694
Juros do período	70
Lucro antes dos tributos	$ 624
Tributos sobre o lucro (34%)	212
Lucro líquido	$ 412
Dividendos	$103
Acréscimo à reserva de lucros	309

Uma linha adicional pode trazer a informação do lucro líquido expresso em relação ao número de ações, o chamado *lucro por ação (LPA)*.

Como informado no Quadro 2.2, os dividendos declarados pela Brasil S/A totalizaram $103. O valor de $309, que corresponde à diferença entre o lucro líquido e os dividendos, é a parte do lucro destinada à empresa. Esse montante é adicionado à conta Reservas de Lucros no balanço patrimonial. Se olhar os dois balanços patrimoniais passados da Brasil S/A, você verá que as reservas de lucros aumentaram para: $1.320 + 309 = $1.629.

EXEMPLO 2.3 Calculando o lucro e os dividendos por ação

Suponha que a Brasil S/A tinha 200 milhões de ações em circulação no final de 2021. Com base na demonstração de resultados do Quadro 2.2, qual foi o LPA? Quais foram os dividendos por ação?

Vemos, na demonstração de resultados, que a Brasil S/A teve um lucro líquido de $412 milhões no ano. Os dividendos totais atingiram $103 milhões. Como 200 milhões de ações estavam em circulação, podemos calcular o lucro por ação e os dividendos por ação da seguinte maneira:

Lucro por ação = Lucro líquido /Total de ações em circulação
= $412/200 = $2,06 por ação
Dividendos por ação = Total de dividendos/Total de ações em circulação
= $103/200 = $0,515 por ação

Ao examinar uma demonstração de resultados, o gestor financeiro precisa ter em mente três coisas: os princípios contábeis; os itens de caixa *versus* os itens que não afetam o caixa; o tempo, os custos e as despesas.

Normas contábeis e a demonstração de resultados

Uma demonstração de resultados preparada de acordo com as práticas contábeis[10] mostra a receita conforme ela ocorre, mas não necessariamente quando o caixa entra. A regra geral

---

[10] Conforme o Pronunciamento Técnico CPC 26 (R1) — Apresentação das Demonstrações Contábeis —, as práticas contábeis brasileiras compreendem a legislação societária (a Lei das Sociedades Anônimas), os pronunciamentos, as interpretações e as orientações emitidos pelo CPC e homologados pelos órgãos reguladores brasileiros e as práticas adotadas para assuntos não regulados que atendam ao pronunciamento conceitual básico (CPC 00 — Estrutura Conceitual para Elaboração e Divulgação de Relatório Contábil-Financeiro (R1)).

(o *reconhecimento* ou a *realização*) é reconhecer a receita quando o processo de lucros está praticamente completo e o valor de uma troca de bens ou de serviços é conhecido, ou pode ser determinado de modo confiável. O princípio contábil que rege esse procedimento é o princípio da competência. Na prática, esse princípio, em geral, significa que a receita é reconhecida no momento da venda, que não precisa, necessariamente, ser o momento do recebimento no caixa (se as vendas forem realizadas para recebimento a prazo, nunca será). Entretanto, o reconhecimento contábil de uma receita segue procedimentos definidos, como indica o quadro a seguir.

Sobre receita, o que dizem as normas contábeis

Parágrafos 9 e 10 da seção intitulada "Reconhecimento", do Pronunciamento Técnico CPC 47 — Receita de Contrato com Cliente.

"Identificação do contrato

9. A entidade deve contabilizar os efeitos de um contrato com um cliente que esteja dentro do alcance deste pronunciamento somente quando todos os critérios a seguir forem atendidos:

(a) quando as partes do contrato aprovarem o contrato (por escrito, verbalmente ou de acordo com outras práticas usuais de negócios) e estiverem comprometidas em cumprir suas respectivas obrigações;

(b) quando a entidade puder identificar os direitos de cada parte em relação aos bens ou serviços a serem transferidos;

(c) quando a entidade puder identificar os termos de pagamento para os bens ou serviços a serem transferidos;

(d) quando o contrato possuir substância comercial (ou seja, espera-se que o risco, a época ou o valor dos fluxos de caixa futuros da entidade se modifiquem como resultado do contrato); e

(e) quando for provável que a entidade receberá a contraprestação à qual terá direito em troca dos bens ou serviços que serão transferidos ao cliente. Ao avaliar se a possibilidade de recebimento do valor da contraprestação é provável, a entidade deve considerar apenas a capacidade e a intenção do cliente de pagar esse valor da contraprestação quando devido. O valor da contraprestação à qual a entidade tem direito pode ser inferior ao preço declarado no contrato se a contraprestação for variável, pois a entidade pode oferecer ao cliente uma redução de preço(...).

10. Contrato é um acordo entre duas ou mais partes que cria direitos e obrigações exigíveis. A exigibilidade dos direitos e obrigações em contrato é matéria legal. Contratos podem ser escritos, verbais ou sugeridos pelas práticas usuais de negócios da entidade. As práticas e os processos para estabelecer contratos com clientes variam entre jurisdições, setores e entidade. Além disso, eles podem variar dentro da entidade (por exemplo, eles podem depender da classe do cliente ou da natureza dos bens ou serviços prometidos). A entidade deve considerar essas práticas e processos ao determinar se e quando um acordo com o cliente cria direitos e obrigações exigíveis."

Ver: http://www.cpc.org.br/CPC/Documentos-Emitidos/Pronunciamentos/Pronunciamento?Id=105.
Ver também: https://www.ifrs.org/issued-standards/list-of-standards/ifrs-15-revenue-from-contracts-with-customers/.

Os custos e as despesas apresentadas na demonstração de resultados também se baseiam no *princípio da competência*, pelo qual os custos e as despesas são confrontados com as receitas. A ideia básica é: primeiro determinar as receitas e, em seguida, compará-las com os custos e as despesas associadas à sua produção. Dessa forma, se fabricarmos um produto e o vendermos para recebimento a prazo, a receita é reconhecida no momento da venda. Os custos de produção e outras despesas associadas à venda do produto também serão reconhecidos naquele momento — aqui, também, os fluxos reais de saída de caixa desses custos e despesas podem ter ocorrido em momentos muito diferentes.

Como resultado da maneira como as receitas e as despesas ocorrem, os números mostrados na demonstração de resultados podem ser totalmente diferentes dos fluxos reais de entrada e de saída de caixa que ocorreram durante determinado período.

Itens que não afetam o caixa

Outro motivo pelo qual a receita contábil difere do fluxo de caixa é que uma demonstração de resultados contém **itens que não afetam o caixa**. O item mais importante que não afeta o caixa é a *depreciação*. A depreciação nada mais é que a atribuição, ao produto ou serviço, da parcela do investimento necessário para produzi-lo. O valor da depreciação é recebido em dinheiro, no recebimento das vendas. Sua atribuição ao custo do produto ou serviço é necessária para o preço incorporar a recuperação da parcela que lhe cabe do investimento para produzi-lo. A depreciação é deduzida do ativo e somada ao caixa; diz-se que, com a depreciação, o imobilizado migra para o caixa. Assim, a depreciação não diz respeito à perda de valor do ativo com o passar do tempo, mas à recuperação do valor do ativo com o passar do tempo.

Suponha que uma empresa compre um ativo por $5.000 e o pague à vista. Obviamente, ela tem um fluxo de saída de caixa de $5.000 no ato da compra. Entretanto, em vez de deduzir os $5.000 como uma despesa no momento da aquisição, um contador poderia depreciar o ativo ao longo de um período de cinco anos.[11]

Se a depreciação for realizada pelo método das quotas constantes (depreciação linear), e o ativo não tiver valor residual no final do período, então $5.000/5 = $1.000 serão deduzidos como quota de depreciação a cada ano como despesa.[12] O mais importante é reconhecer que essa dedução de $1.000 não ocorre em dinheiro — é um número contábil que afeta o lucro. O fluxo real de saída de caixa ocorreu quando o ativo foi comprado.

A dedução da depreciação é apenas outra aplicação do princípio de *confrontação* das receitas com as despesas da contabilidade. As receitas associadas a um ativo ocorrem geralmente ao longo do tempo. Assim, o contador busca confrontar as despesas da compra do ativo com os benefícios que o ativo produz.

Como veremos, para o gestor financeiro, o momento real dos fluxos de entrada e de saída de caixa é essencial para chegar a uma estimativa razoável do valor de mercado. Portanto, precisamos aprender como separar o que são fluxos de caixa e o que são lançamentos contábeis, que não afetam o caixa. Na verdade, a distinção entre fluxo de caixa e lucro contábil pode ser bastante drástica. Por exemplo, considere o caso da General Electric, que informou um prejuízo líquido de USD9,47 bilhões referente ao terceiro trimestre de 2019. Parece ruim, mas a GE também apresentou um fluxo de caixa positivo de USD650 milhões, uma diferença de cerca de USD10,1 bilhões! No Brasil, a Eletropaulo, então distribuidora de energia elétrica da região metropolitana de São Paulo, relatou em 2018 um prejuízo contábil de $844 milhões no exercício de 2017 e, ao mesmo tempo, relatou uma geração de caixa líquido de $110 milhões, no mesmo exercício, uma diferença de aproximadamente $950 milhões.

Obviamente, essa relação pode funcionar no outro sentido, em algumas ocasiões, especialmente no caso de uma empresa em crescimento. Por exemplo, quando a Netflix informou seu lucro anual em 2019, a empresa tinha lucro líquido positivo de USD1,2 bilhão, mas um fluxo de caixa negativo de USD2,9 bilhões. A Netflix incorria em despesas pesadas para adquirir e produzir conteúdo, o que resultava em fluxos de caixa negativos.

itens que não afetam o caixa
Despesas deduzidas das receitas que não afetam diretamente o fluxo de caixa, como a depreciação.

---

[11] A apropriação contábil da depreciação aos custos ocorre somente para empresas optantes pela tributação pelo lucro real.

[12] Por "*método das quotas constantes*", queremos dizer que as quotas de depreciação lançadas como despesa operacional têm o mesmo valor em todos os anos da vida contábil do ativo. Por "*ativo sem valor residual*", queremos dizer que pressupomos que o ativo não terá valor comercial algum ao final de cinco anos. A depreciação é discutida com mais detalhes no Capítulo 10.

Tempo, custos e despesas

Muitas vezes, é útil pensar sobre o futuro como se existissem duas partes distintas: o curto prazo e o longo prazo. Esses não são períodos exatos. A distinção afeta a classificação dos custos, se serão fixos ou variáveis. No longo prazo, todos os custos empresariais são variáveis; com o devido tempo, o ativo pode ser vendido, as dívidas podem ser pagas etc. Entretanto, se nosso horizonte de tempo for relativamente curto, alguns custos serão, de fato, fixos — eles têm de ser pagos de qualquer maneira (impostos prediais e territoriais e salários[13], por exemplo). Outros custos, como pagamentos a fornecedores, podem ser variáveis. Como resultado, mesmo no curto prazo, a empresa pode ter resultados que variam dependendo dos gastos realizados, já que estes poderão ser apropriados como fixos ou variáveis.

A distinção entre custos fixos e custos variáveis pode ser importante para o gestor financeiro, mas o modo como são registrados na demonstração de resultados não é um bom guia para identificar os custos. O motivo é que, na prática, os contadores costumam classificar os gastos como custos por produto ou despesas por período. Os termos *custo* e *despesa* se referem a gastos reportados na demonstração de resultados do exercício. São chamados custos os gastos que são diretamente atribuíveis aos produtos ou aos serviços, e são chamadas despesas os demais gastos gerais, classificados como despesas atribuíveis ao período.

---

[13] Embora os salários possam ser vistos como um custo variável, no curto prazo, os custos e os prazos para dispensa e a eventual necessidade de preparação de nova mão de obra — para ajustes conforme as oscilações de mercado — tornam menos flexível a decisão de ajustes no quadro funcional.

EXERCÍCIOS NA INTERNET

A B3 disponibiliza resumos das demonstrações contábeis das empresas nela listadas. Acesse http://www.b3.com.br/pt_br/produtos-e-servicos/negociacao/renda-variavel/empresas-listadas.htm e clique na letra que corresponde ao nome da empresa que quer verificar. Escolha, por exemplo, a letra "P" e "Petróleo Brasileiro SA Petrobras". Em seguida, escolha "Relatórios Estruturados". Verifique as informações consolidadas que lá se encontram. Você também poderá acessar diretamente o *site* da Petrobrás para buscar os dados completos da empresa. Para tanto, na página da B3 que traz as informações da Petrobrás, na guia "Principal", clique no *link* indicado em "Site".

Se você quiser pesquisar uma empresa dos EUA, a SEC exige que a maioria das empresas abertas permita acesso a seus arquivos de demonstrações regulares, incluindo demonstrações financeiras anuais e trimestrais. A SEC tem um *site* público e gratuito chamado EDGAR que coloca esses relatórios à disposição em www.sec.gov. Fomos a "Search EDGAR" e buscamos a Alphabet:

Esta é uma visão parcial do resultado obtido (em https://www.sec.gov/cgi-bin/browse-edgar?action=getcompany&CIK=0001288776&owner=exclude&count=40&hidefilings=0):

Capítulo 2 Demonstrações Contábeis, Tributos e Fluxo de Caixa

Os dois relatórios geralmente utilizados para a análise de empresas norte-americanas são o 10-K, que é o relatório anual arquivado na SEC, e o 10-Q. O 10-K inclui a lista dos administradores e sua remuneração, as demonstrações financeiras do exercício fiscal anterior e uma explicação da empresa para os resultados financeiros. O 10-Q é um relatório menor, que inclui as demonstrações financeiras do trimestre. Acesse esses relatórios nos arquivos tipo "htm".

As empresas estrangeiras listadas nos EUA arquivam o relatório 20-F. Assim, se você quiser conhecer as informações que empresas brasileiras listadas nos EUA prestam aos investidores norte-americanos, consulte o seu relatório 20-F na SEC.

Consultamos o relatório 20-F da Embraer na SEC em outubro de 2021 e o encontramos aqui: https://www.sec.gov/cgi-bin/viewer?action=view&cik=1355444&accession_number=0001193125-19-093273&xbrl_type=v.

No Brasil, é exigido o arquivamento de relatórios trimestrais e anuais junto à CVM. O trimestral é conhecido como ITR (Informações Trimestrais) e o anual como DFP (Demonstrações Financeiras Padronizadas). A partir de 2010, as empresas abertas brasileiras devem produzir e arquivar na CVM o chamado Formulário de Referência — (FR), um extenso e detalhado relatório de informações da empresa, comparável ao 20-F arquivado na SEC. O FR pode ser atualizado a qualquer momento durante o exercício, conforme a ocorrência de certos fatos que obrigam a sua atualização; assim, você poderá ver vários FR de um mesmo ano para uma mesma empresa. A maneira mais fácil de consultar esses relatórios é acessar a página de informações para investidores da empresa. Acesse o *site* da empresa e procure a aba com uma indicação do tipo "Investidores" ou "Relações com Investidores". Para um exemplo, consulte a página da WEG, uma empresa brasileira que produz sistemas industriais e máquinas e equipamentos para produção, distribuição e conversão de energia elétrica em geral, em https://ri.weg.net/informacoes-financeiras/formulario-de-referencia-e-cadastral. Acesse o formulário do ano mais recente e dê uma olhada no seu conteúdo. Você poderá também escolher qualquer outra empresa listada na B3.

Questões

1. Como você pode imaginar, o arquivamento eletrônico existe há pouco tempo, mesmo na SEC. Acesse www.sec.gov e encontre os arquivos da General Electric. Qual é a data do 10-K mais antigo da General Electric disponível no *site*? Procure os formulários 10-K da IBM e da Apple e veja se o ano do primeiro arquivamento é o mesmo para essas empresas.
2. Acesse www.sec.gov e descubra quando os seguintes formulários são utilizados: formulário DEF 14A, formulário 8-K e formulário 6-K.

Os *custos por produto* incluem matéria-prima, mão de obra direta e custos gerais de fabricação. Eles são registrados na demonstração de resultados como custos dos produtos vendidos, mas incluem tanto custos fixos quanto variáveis. De modo similar, as *despesas por período* ocorrem durante determinado período e podem ser reportadas como despesas de venda, despesas gerais e despesas administrativas. Novamente, algumas dessas despesas por período podem ser fixas e outras variáveis. Os honorários do presidente da empresa, por exemplo, são uma despesa do período e provavelmente são fixos, pelo menos no curto prazo.

Os balanços patrimoniais e a demonstração de resultados que utilizamos até agora são hipotéticos. A seção *Exercícios na Internet* mostra como encontrar os balanços patrimoniais e as demonstrações de resultados *on-line* da maioria das empresas. Além disso, com a globalização crescente dos negócios, há a necessidade clara de tornar os princípios contábeis mais comparáveis entre os países. Assim, nos últimos anos, os padrões contábeis usados nos EUA se aproximaram mais das normas internacionais (*International Financial Reporting Standards* – IFRS). Em especial, o Financial Accounting Standards Board (FASB), responsável pelos princípios contábeis geralmente aceitos dos EUA (US GAAP), e o (*International Accounting Standards Board* – IASB), responsável pelas normas internacionais IFRS, têm trabalhado na convergência das suas políticas desde 2002. Apesar do GAAP e do IFRS (estas já adotadas no Brasil) terem se tornado semelhantes em diversos aspectos importantes, até o início de 2020, uma convergência total das políticas contábeis ainda não era considerada.

Para informações sobre as normas IFRS, visite **www.ifrs.org**.

Questões conceituais

2.2a Qual é a identidade da demonstração de resultados?
2.2b Quais são os três itens importantes quando se examina uma demonstração de resultados?
2.2c Por que o lucro contábil não é igual ao fluxo de caixa? Dê duas razões para isso.

2.3 Tributos

Os tributos[14] podem ser uma das maiores saídas de caixa de uma empresa. Por exemplo, para o ano fiscal de 2019, o lucro antes dos impostos da Southwest Airlines foi de cerca de USD2,96 bilhões. Sua carga tributária, incluindo todos os impostos pagos no mundo inteiro, foram surpreendentes USD657 milhões, ou cerca de 22% de seus lucros antes dos impostos. Também no ano fiscal de 2019, a Walmart teve um lucro tributável de USD20,12 bilhões e a empresa pagou USD4,92 bilhões em impostos, uma alíquota tributária média de 24%.

O tamanho da carga tributária é determinado pelo código tributário, um conjunto de regras alteradas com frequência. Nesta seção, examinamos as alíquotas tributárias sobre lucros da pessoa jurídica e mostramos como elas são calculadas. Se as diversas regras de tributação parecem um pouco estranhas ou complicadas, lembre-se de que o código tributário é o resultado de forças políticas, e não econômicas. Assim, não há motivo para que ele tenha sentido econômico.

Excel Master!
Cobertura *on-line* do Excel Master

Tributação do lucro da pessoa jurídica no Brasil

Em linhas gerais, podemos dizer que a tributação sobre lucros no Brasil é simples: há somente uma alíquota de 15% e uma alíquota adicional de 10% para as empresas com lucro tributável superior a R$240 mil por ano (R$20 mil por mês). Este é o IRPJ, o imposto de renda da pessoa jurídica. Adicionalmente ao IRPJ, sobre o lucro incide a CSLL, a contribuição social sobre o lucro líquido, com alíquota de 9%. Assim, a alíquota marginal total para empresas tributadas pelo lucro real, com lucro tributável superior a R$20 mil por mês, é de 34%.

O que torna as coisas um pouco mais complicadas é que as empresas podem optar pela tributação pelo regime do **lucro real** ou pelo regime do **lucro presumido**. Porém, existem algumas restrições para adesão ao regime do lucro presumido, e alguns tipos de atividades somente podem declarar seus tributos pelo lucro real. Há também a tributação única (engloba todos os tributos numa única alíquota, que varia conforme o ramo de atividade) para empresas optantes pelo regime **Simples Nacional.** E há o **lucro arbitrado**, mas esse não constitui opção para as empresas, pois é de iniciativa da Receita Federal do Brasil (RFB). Não abordaremos aqui os casos do Simples e do lucro arbitrado.

Lucro real *versus* lucro presumido

A diferença entre os lucros real e presumido está no seguinte: na tributação pelo regime do **lucro real**, o lucro tributável é o que efetivamente resulta da comparação entre receitas tributáveis e custos e despesas dedutíveis para fins de apuração do lucro. A depreciação é uma dessas despesas, de forma que a depreciação atribuída ao preço de venda será uma despesa para fins de apuração do lucro tributável.

Na tributação pelo regime do **lucro presumido**, um percentual do faturamento é presumido pela Receita Federal do Brasil (RFB) como sendo o lucro auferido, tributável, e os percentuais admitidos pela RFB variam conforme o ramo de atividade em que a empresa atua. Se o lucro efetivo for maior que o lucro calculado na modalidade de lucro presumido, a empresa terá um ganho. Porém, se o lucro efetivo for menor, ou mesmo se não houver lucro algum, ainda assim a empresa pagará os tributos sobre o lucro presumido — nesse caso, um "imposto de renda sem renda". A opção pelo lucro presumido, é feita no início do exercício e somente pode ser alterada no exercício seguinte. No regime do lucro presumido não há como considerar despesas não caixa para a apuração do lucro, como é o caso da depreciação. Uma vez determinado o lucro presumido, sobre ele incidem as mesmas alíquotas e faixas do lucro real para o IR e a CSLL. Nossa recomendação é: sempre simule tributos nos diferentes regimes, pois algo que parece mais fácil pode lhe custar caro.

---

[14] Quando nos referimos a "tributos", estamos nos referindo a "impostos e contribuições sobre o lucro"; no Brasil, além do imposto sobre lucro (imposto de renda da pessoa jurídica — IRPJ), as empresas devem recolher a contribuição social sobre o lucro líquido (CSLL). Assim, preferimos o termo "tributos", por ser mais abrangente.

A tributação pelo lucro real é obrigatória para quaisquer empresas cuja receita bruta total, no ano-calendário anterior, tenha sido superior a R$ 72.000.000,00 ou a R$ 6.000.000,00 multiplicados pelo número de meses de atividade do ano-calendário anterior, quando inferior a 12 meses. Você pode estar pensando: "Simples assim! Sempre ouvi dizer que o sistema tributário brasileiro é complicado!". Observe que nos referimos somente aos impostos e às contribuições sobre o lucro, que são tributos federais — no Brasil, não há tributos estaduais ou municipais sobre lucro de empresas. Há uma enxurrada de outros tributos, que se dividem em impostos, taxas, contribuições sociais e outras contribuições, que incidem sobre o faturamento ou sobre a folha de pagamento. Eles incluem tributos federais, estaduais e municipais. E pode haver ainda outras contribuições compulsórias. Todos esses tributos são repassados para o preço, ou seja, é o consumidor quem paga. O consumidor também paga o IR das empresas, afinal, ao calcular as suas margens, as empresas já incluem no preço o cálculo de todos os impostos, taxas e contribuições, entre as quais o IR e a CSLL. Portanto, *pense duas vezes antes de propor aumento de impostos para empresas: é você quem vai pagar*!

Os impostos sobre o faturamento passam a existir pelo simples fato de uma nota fiscal ser extraída, de forma que a empresa que vende é meramente uma caixa coletora a serviço do erário público nas diferentes instâncias: federal, estadual e municipal. A empresa cobra os tributos por meio do preço do produto ou serviço e os repassa para o erário. O consumidor vê preço, e as empresas veem tributos e custos. Quando gera empregos, a empresa também paga tributos por isso. Os tributos sobre a folha de pagamento incluem as contribuições para o Instituto Nacional do Seguro Social (INSS) e o Fundo de Garantia do Tempo de Serviço (FGTS) e programas de formação de patrimônio do trabalhador. Esses tributos existem sempre que uma empresa emprega alguém. Isso também vai para o preço dos bens e serviços, portanto, mais uma vez, é você quem paga!

Tributos sobre o lucro e a teoria financeira

O IRPJ é um **fator de decisão na escolha da estrutura de capital e do custo de capital**. O imposto de renda e a contribuição social no regime do lucro real são tributos contingentes — só existem se lucro houver, e esse lucro pode ser modificado pelas despesas financeiras. A principal despesa financeira é o juro pago aos credores, uma classe de investidores. Juros economizam tributos para os acionistas. É por isso que a consideração dos tributos sobre os lucros da pessoa jurídica é importante para administrador financeiro, porque eles afetam a decisão de estrutura de capital. Entretanto, no Brasil, a decisão sobre a melhor estrutura de capital, com foco na economia de impostos, só pode ser aplicada para situações de tributação pelo lucro real. Para lucro presumido e Simples, não há como considerar as despesas financeiras, pois, em ambos os regimes, as despesas e os custos não têm influência sobre a base de cálculo dos tributos. Trataremos da estrutura de capital e do efeito das despesas de juros nos Capítulos 15 e 16.

Alíquotas tributárias da pessoa jurídica no Brasil

Como já afirmamos, a tributação sobre o lucro da pessoa jurídica é constituída pelo IRPJ e pela CSLL. O IR tem duas alíquotas: uma alíquota de 15%, para a faixa de lucro real mensal de até R$20.000,00 (240.000,00/ano), e uma alíquota adicional de 10% sobre o lucro real que exceder a R$20.000,00 mensais.

A CSLL é recolhida segundo a forma de tributação escolhida: lucro real, presumido ou arbitrado. Não é possível a empresa optar por recolher o IRPJ pelo lucro real e a CSLL pelo lucro presumido.

A CSLL tem alíquota de 9%, para a maioria dos negócios, mas algumas atividades têm outros percentuais. Para uma empresa tributada na forma do lucro real, que é o tipo de empresa de interesse para nosso estudo, a tributação pode ser vista, por simplicidade, como sendo de 34%, que é a soma das alíquotas de 25% e de 9% aqui referidas, conforme o Quadro 2.3.

QUADRO 2.3 Alíquotas tributárias da pessoa jurídica no Brasil (lucro real)

Lucro tributável	IRPJ	CSLL	Total
Até R$20.000,00/mês (R$240.000,00/ano)	15%	9%	24%
Acima de R$20.000,00/mês (R$240.000,00/ano)	25%	9%	34%

A questão tributária é complexa, e deixaremos esse assunto para os especialistas. Vamos considerar que a alíquota de IRPJ é de 34%. Afinal, utilizamos como referência grandes empresas listadas em bolsa e, para essas, 34% é a alíquota que predomina.[15]

Alíquotas médias *versus* alíquotas marginais

Quando se tomam decisões financeiras, quase sempre é importante fazer a distinção entre alíquotas tributárias médias e alíquotas marginais. A **alíquota tributária média** é a sua carga tributária dividida pelo seu lucro tributável — em outras palavras, a porcentagem do lucro destinada aos impostos. A **alíquota tributária marginal** é a alíquota de impostos extras que você pagaria se tivesse um real a mais de lucro.

O Quadro 2.4 mostra essas diferenças. Nesse quadro vemos que a alíquota tributária aplicada até o limite de $24.000,00 é de 24%, e a alíquota média acima desse valor cresce de 24% até 34%. A alíquota de 34% é atingida para lucros tributáveis próximos de 50.000.000/ano.

No Quadro 2.4, salientamos duas variações de $1,00 para o lucro tributável e a respectiva tributação total. Até o valor de $239.999 de lucro tributável, a alíquota marginal é de 24% e, a partir de $240.000, a alíquota marginal é de 34%. Observe que, para o lucro de $240.000, a tributação ainda é de 24%; para esse lucro, a alíquota marginal passa a ser de 34%, pois a alíquota marginal se aplica ao próximo real de lucro — ou seja, quando o lucro atingir $240.001,00. Observe que há um "salto" na alíquota marginal, como se constata no aumento de $0,34 na tributação sobre o valor adicional de lucro de $1,00.

alíquota tributária média
Total de impostos pagos dividido pelo total de lucro tributável.

alíquota tributária marginal
Montante de impostos que incidem sobre o próximo real de lucro obtido.

QUADRO 2.4 Alíquotas tributárias médias e marginais no Brasil (lucro real)

Lucro anual tributável	Alíquota 15%	Alíquota adicional 10%	CSLL 9%	Tributação total	Alíquota média	Alíquota marginal
100.000	15.000	0	9.000	24.000,00	24,0%	24,0%
200.000	30.000	0	18.000	48.000,00	24,0	24,0
239.999	36.000	0	21.600	57.599,76	24,0	24,0
240.000	36.000	0	21.600	**57.600,00**	24,0	**34,0**
240.001	36.000	0,10	21.600	**57.600,34**	24,0	**34,0**
260.000	39.000	2.000	23.400	64.400,00	24,8	34,0
280.000	42.000	4.000	25.200	71.200,00	25,4	34,0
300.000	45.000	6.000	27.000	78.000,00	26,0	34,0
400.000	60.000	16.000	36.000	112.000,00	28,0	34,0
500.000	75.000	26.000	45.000	146.000,00	29,2	34,0
1.000.000	150.000	76.000	90.000	316.000,00	31,6	34,0
10.000.000	1.500.000	976.000	900.000	3.376.000,00	33,8	34,0
20.000.000	3.000.000	1.976.000	1.800.000	6.776.000,00	33,9	34,0
40.000.000	6.000.000	3.976.000	3.600.000	13.576.000,00,	33,9	34,0
50.000.000	7.500.000	4.976.000	4.500.000	16.976.000,00	34,0	34,0

---

[15] A alíquota tributária efetiva para uma determinada empresa em qualquer exercício poderá variar em função de créditos tributários relativos a prejuízos em exercícios anteriores e também por diferimentos de tributação e outros efeitos sobre o lucro tributável das empresas.

Suponha agora que a área em que a empresa atua tenha recebido um incentivo fiscal para empreendimentos de expansão e que esse incentivo consiste na dispensa da alíquota adicional de 10% para o lucro que exceder a R$240.000/ano e na redução da CSLL para 5%. A empresa investiu em um projeto de expansão enquadrado nessa norma e terá um acréscimo de lucro tributável, que de R$50 milhões passa para R$ 60 milhões. O novo cálculo da tributação é mostrado no Quadro 2.5.

QUADRO 2.5 Alíquotas tributárias e incentivo fiscal

	Base/Faixa	Alíquota	Tributo	Alíquota adicional	Tributo	CSLL	Tributo	Soma dos tributos na faixa
Lucro das linhas tradicionais	240.000,00	15%	36.000,00	0%		0%		36.000,00
	49.760.000,00	15%	7.464.000,00	10%	4.976.000,00	9%	4.478.400,00	16.918.400,00
Lucro da linha incentivada	10.000.000,00	10%	1.000.000,00	0%		5%	500.000,00	1.500.000,00

Alíquotas tributárias da pessoa jurídica nos EUA

Com a aprovação da Tax Cuts and Jobs Act (Lei de Empregos e Redução de Impostos) de 2017, os Estados Unidos adotaram uma alíquota fixa de 21% para o imposto de renda de pessoa jurídica. Contudo, as alíquotas tributárias para outros tipos de organizações de negócios, como empresas individuais, sociedades e LLCs, não se tornaram fixas. Para ilustrar algumas questões importantes relativas à tributação dessas entidades, vamos analisar as alíquotas de pessoa física nos EUA, no Quadro 2.6. Uma característica peculiar da tributação instituída pela Lei da Reforma Tributária dos Estados Unidos de 1986 e expandida pela Lei da Reconciliação Orçamentária de 1993 é que os impostos da pessoa jurídica não aumentam progressivamente. Como vemos, em 2020, havia sete faixas de tributos, de 10% até um máximo de 37% (uma queda em relação aos 39,6% de 2017).

QUADRO 2.6 Imposto de renda de pessoa física nos EUA em 2020 (indivíduos solteiros)

Renda tributável	Alíquota do imposto
$ 0–9,875	10%
9,875–40,125	12
40,125–85,525	22
85,525–163,300	24
163,300–207,350	32
207,350–518,400	35
518,400+	37

Antes de 2018, a alíquota de tributos sobre o lucro de 35% para empresas grandes e lucrativas nos EUA era a mais alta do mundo entre as economias desenvolvidas. Como resultado, várias empresas nos últimos anos haviam adotado uma reorganização controversa, chamada inversão tributária (*tax inversion*). Na inversão tributária, uma empresa transfere a propriedade de suas operações para uma empresa domiciliada em um país estrangeiro, normalmente por meio de uma fusão. Essa manobra permite que a empresa evite pagar impostos no seu país sede original sobre ganhos provenientes do exterior. A redução na alíquota tributária estadunidense para 21% em 2017 colocou os EUA mais ou menos no meio em relação a outras economias desenvolvidas, e uma das principais razões para a redução foi a eliminação do incentivo a inversões fiscais e outras estratégias para evitar impostos nos EUA.

> **Questões conceituais**
>
> **2.3a** Qual é a diferença entre alíquota tributária marginal e alíquota tributária média?
>
> **2.3b** As corporações estadunidenses mais ricas recebem um incentivo fiscal com uma alíquota tributária mais baixa? Explique.

2.4 Fluxo de caixa

Neste ponto, estamos prontos para discutir uma das informações financeiras, talvez a mais importante, que podem ser garimpadas nas demonstrações financeiras: o fluxo de caixa. *Fluxo de caixa* é a diferença entre a quantidade de dinheiro que entrou e a quantidade de dinheiro que saiu da empresa. Por exemplo, se você fosse o proprietário de um negócio, poderia estar muito interessado na quantidade de caixa que realmente obteve da sua empresa em determinado ano. Como determinar essa quantidade é uma das coisas que discutiremos a seguir.

Nenhuma demonstração contábil padronizada apresenta essas informações da forma como desejaríamos. Por isso, discutiremos como calcular o fluxo de caixa da Brasil S/A e destacaremos a diferença entre esse resultado e os cálculos da demonstração contábil padronizada. Existe uma demonstração contábil chamada *demonstração de fluxos de caixa*, mas ela diz respeito a uma questão um pouco diferente, e não deve ser confundida com aquilo que é discutido nesta seção. A demonstração contábil dos fluxos de caixa será discutida no Capítulo 3.

A partir da identidade do balanço patrimonial, sabemos que o valor do ativo de uma empresa é igual ao valor de seu passivo mais o valor do patrimônio dos acionistas, o patrimônio líquido. Da mesma forma, o fluxo de caixa dos ativos da empresa deve ser igual à soma do fluxo de caixa para os credores e do fluxo de caixa para os acionistas (os proprietários):

Fluxo de caixa dos ativos = Fluxo de caixa para os credores + Fluxo de caixa para os acionistas [2.3]

Essa é a *identidade do fluxo de caixa*. Ela diz que o fluxo de caixa dos ativos da empresa é igual ao fluxo de caixa pago aos financiadores da empresa, acionistas e credores. Ela reflete o fato de que uma empresa gera caixa por meio de suas diversas atividades e que o caixa é usado para pagar os que lhe forneceram recursos, os credores e os proprietários. A seguir, discutiremos os diversos itens que formam esses fluxos de caixa.

Fluxo de caixa dos ativos

O **fluxo de caixa dos ativos** envolve três componentes: o fluxo de caixa operacional, os gastos de capital e a variação do capital de giro. O **fluxo de caixa operacional** se refere ao fluxo de caixa resultante das atividades diárias de produção e vendas. As despesas associadas ao financiamento dos ativos da empresa não estão incluídas porque, embora sob o enfoque contábil os juros sejam despesas operacionais, sob o enfoque de finanças, não, pois são considerados remuneração de investidores[16].

Como discutimos no Capítulo 1, parte do fluxo de caixa deve ser reinvestido na empresa. Os *gastos de capital* se referem aos gastos líquidos com ativos não circulantes, as compras de ativos não circulantes menos as vendas de ativos não circulantes (essencialmente aquilo que

fluxo de caixa dos ativos
Soma do fluxo de caixa operacional, dos gastos de capital e da variação do capital circulante líquido.

fluxo de caixa operacional
Caixa gerado pelas atividades operacionais normais de uma empresa.

---

[16] Pense em *despesas de funcionamento* e *despesas de financiamento*. Na contabilidade, juros são considerados uma despesa de funcionamento — despesas da operação. Sob o enfoque de finanças, as despesas de juros são uma despesa de financiamento — decorrem da decisão de estrutura de capital.

também chamamos de ativo imobilizado). Finalmente, a *variação do capital circulante líquido* é medida como a variação líquida do ativo circulante em relação ao passivo circulante no período examinado e representa a quantidade gasta em CCL. Os três componentes do fluxo de caixa serão examinados em mais detalhe a seguir.

Fluxo de caixa operacional Para calcular o fluxo de caixa operacional, devemos calcular as receitas menos os custos e as despesas, mas não deduzir a despesa de depreciação, porque ela não é uma saída de caixa, nem incluir juros, porque eles não são uma despesa da operação, são uma despesa de financiamento, pois decorrem da estrutura de capital. Incluiremos os impostos, porque eles (infelizmente) são pagos com caixa.

Se examinarmos a demonstração de resultados da Brasil S/A (Quadro 2.2), veremos que os lucros antes de juros e impostos (Lajir) são de $694. Isso é quase o que queremos, pois não inclui os juros pagos. Precisamos fazer dois ajustes. Em primeiro lugar, lembre-se de que a depreciação é uma despesa que não afeta o caixa. Para obter o fluxo de caixa, primeiro somamos novamente os $65 de depreciação, porque essa não foi uma saída de caixa. O outro ajuste é subtrair os $212 de tributos sobre o lucro, porque eles foram pagos com caixa. O resultado é o fluxo de caixa operacional:

BRASIL S/A Fluxo de caixa operacional em 2021	
Lucro antes de juros e Tributos s/lucro	$694
+ Depreciação	65
− Tributos sobre o lucro	212
= Fluxo de caixa operacional	$547

Assim, a Brasil S/A teve um fluxo de caixa operacional de $547 em 2021.

O fluxo de caixa operacional é um número importante porque nos diz, em um nível muito básico, se os fluxos de entrada de caixa das operações comerciais de uma empresa são ou não suficientes para cobrir seus fluxos diários de saídas de caixa. Por esse motivo, um fluxo de caixa operacional negativo quase sempre indica problemas.

Existe uma desagradável possibilidade de confusão quando falamos do fluxo de caixa operacional. Na prática contábil, o fluxo de caixa operacional quase sempre é definido como lucro líquido mais depreciação. Para a Brasil S/A, isso seria $412 + 65 = $477.

A definição contábil de fluxo de caixa operacional tem uma diferença importante em relação à nossa: na abordagem contábil, os juros são *deduzidos* quando o lucro líquido é calculado. Observe que a diferença entre o fluxo de caixa operacional de $547 que calculamos e esses $477 é de $70, o montante de juros do ano. Essa definição de fluxo de caixa, portanto, considera os juros do período como despesa operacional. Nossa definição trata os juros como uma despesa de financiamento — uma despesa da estrutura de capital. Se não houvesse despesas de juros, as duas definições seriam iguais.

Para encerrar nosso cálculo do fluxo de caixa dos ativos da Brasil S/A, precisamos levar em conta quanto do fluxo de caixa operacional de $547 foi reinvestido na empresa. Consideramos primeiro as despesas com ativos imobilizados.

Gastos de capital Os gastos de capital líquidos são apenas o valor gasto com ativos imobilizados menos o valor recebido da venda de ativos imobilizados. Ao final de 2020, o ativo imobilizado líquido da Brasil S/A (Quadro 2.1) foi de $1.644. Durante o ano, ela deu baixa (depreciou) de $65 em ativos imobilizados na demonstração de resultados do exercício. Dessa forma, se a empresa não comprou ativos imobilizados, o ativo imobilizado líquido teria sido de $1.644 − 65 = $1.579 ao final do ano. O balanço patrimonial de 2021 mostra $1.709 em ativo imobilizado líquido, de modo que a Brasil S/A deve ter um gasto total de $1.709 − 1.579 = $130 em ativo imobilizado durante o ano:

Ativo imobilizado líquido final	$1.709
– Ativo imobilizado líquido inicial	1.644
+ Depreciação	65
= Gastos líquidos de capital	$ 130

Esses $130 são os gastos de capital líquidos em 2021.

Os gastos de capital líquidos poderiam ser negativos? A resposta é sim. Isso aconteceria se a empresa tivesse vendido mais ativos do que comprado. O termo *líquido* aqui se refere a compras de ativo imobilizado menos vendas de ativo imobilizado. Com frequência, você verá os gastos de capital sendo chamados de Capex (abreviação de *capital expenditures*). Em geral, significa a mesma coisa.

Variação do capital circulante líquido Além de investir em ativos imobilizados, uma empresa também investirá em ativos circulantes. Voltando aos balanços patrimoniais do Quadro 2.1, vemos que, ao final de 2021, a Brasil S/A tinha um ativo circulante de $1.464. Ao final de 2020, o ativo circulante era de $1.112; portanto, durante o ano, a empresa investiu $1.403 – 1.112 = $291 em ativos circulantes.

Conforme a empresa muda seus investimentos em ativos circulantes, em geral, seu passivo circulante também mudará. Para determinar a variação do CCL, a abordagem mais simples é assumir a diferença entre o CCL inicial e o final. O CCL, ao final de 2021, foi de $1.403 – 389 = $1.014. Da mesma forma, ao final de 2020, o CCL foi de $1.112 – 428 = $684. Dados esses números, temos o seguinte:

CCL final	$1.014
– CCL inicial	684
= Variação do CCL	$ 330

Portanto, o CCL aumentou em $330. Em outras palavras, a Brasil S/A realizou um investimento líquido de $330 em ativos circulantes operacionais no ano. Essa variação do CCL com frequência é chamada de "variação do circulante" e corresponde a um aumento na sua necessidade de capital de giro, quando comparamos somente contas de natureza operacional, um conceito que veremos mais adiante, no Capítulo 18.

Conclusão Com os números que obtivemos, estamos prontos para calcular o fluxo de caixa dos ativos. O fluxo de caixa total dos ativos é o fluxo de caixa operacional menos os montantes investidos em ativos imobilizados e em CCL[17]. Assim, para a Brasil S/A, temos:

BRASIL S/A Fluxo de caixa dos ativos em 2021	
Fluxo de caixa operacional	$547
– Gastos líquidos de capital	130
– Variação do CCL	330
= Fluxo de caixa dos ativos	$ 87

---

[17] Se a variação do CCL for negativa, haverá geração de caixa operacional.

Pela identidade do fluxo de caixa vista anteriormente, sabemos que esse fluxo de caixa dos ativos de $87 é igual à soma do fluxo de caixa para os credores e do fluxo de caixa para os acionistas. Veremos isso a seguir.

Para uma empresa em crescimento, um fluxo de caixa negativo é bastante comum. Como veremos a seguir, um fluxo de caixa negativo significa que a empresa obteve mais dinheiro com empréstimos e com a emissão de novas ações do que pagou para os credores e os acionistas durante o ano.

Observação sobre fluxo de caixa "livre" Às vezes, o fluxo de caixa dos ativos recebe um nome diferente: **fluxo de caixa livre**. Obviamente, não existe dinheiro "livre", sem dono (quem dera!). Em vez disso, o nome se refere ao caixa que a empresa pode distribuir livremente aos seus credores e aos seus acionistas porque não é necessário para investir em ativos circulantes ou para investir em novos ativos imobilizados. Permaneceremos com "fluxo de caixa dos ativos" como rótulo para esse importante conceito, porque, na prática, existe certa variação na forma como o fluxo de caixa livre é calculado; usuários diferentes o calculam de maneiras diferentes. Sempre que ouvir "fluxo de caixa livre", entenda que a discussão se refere ao fluxo de caixa dos ativos ou algo muito parecido com isso.

fluxo de caixa livre
Outro nome para fluxo de caixa dos ativos.

Fluxo de caixa para credores e acionistas

Os fluxos de caixa para os credores e para os acionistas representam os pagamentos líquidos a credores e proprietários durante o ano. Seu cálculo é semelhante ao cálculo do fluxo de caixa dos ativos. O **fluxo de caixa para os credores** é composto pelos juros pagos pela empresa menos os novos empréstimos líquidos tomados pela empresa. Já o **fluxo de caixa para os acionistas** consiste nos dividendos e juros sobre o capital próprio pagos pela empresa aos seus acionistas menos os aumentos de capital realizados na empresa pelos seus atuais ou novos acionistas.

fluxo de caixa para os credores
Pagamentos de juros de uma empresa para os seus credores menos os novos empréstimos líquidos.

fluxo de caixa para os acionistas
Dividendos e juros sobre o capital próprio pagos por uma empresa menos o capital novo obtido.

Fluxo de caixa para os credores Examinando a demonstração de resultados do Quadro 2.2, vemos que a Brasil S/A pagou $70 de juros para os credores. Pelos balanços patrimoniais do Quadro 2.1, observamos que o passivo não circulante aumentou em $454 – 408 = $46. Assim, a empresa pagou $70 de juros, mas tomou mais $46 emprestados. O fluxo de caixa líquido para os credores, portanto, é:

BRASIL S/A Fluxo de caixa para os credores em 2021	
Juros pagos	$70
– Novos empréstimos (líquido)	46
= Fluxo de caixa para os credores	$24

O fluxo de caixa para os credores, às vezes, é chamado de *fluxo de caixa para detentores de títulos de dívida* ou também de *fluxo de caixa para debenturistas*. Usaremos esses termos conforme o contexto.

Fluxo de caixa para os acionistas Na demonstração de resultados, vemos que os dividendos pagos aos acionistas somaram $103. Para obter o valor do novo aporte de capital, precisamos examinar o capital social e o ágio recebido. Essa conta nos diz o quanto a empresa obteve com a emissão de novas ações. Durante o ano, essa conta aumentou em $40, portanto, o aumento de capital foi de $40. Assim, temos:

BRASIL S/A	
Fluxo de caixa para os acionistas em 2021	
Dividendos pagos	$103
– Aumento de capital	40
= Fluxo de caixa para os acionistas	$ 63

Portanto, o fluxo de caixa para os acionistas foi de $63 em 2021.

A última coisa é verificar se a identidade do fluxo de caixa se mantém, para ter certeza de que não cometemos algum erro. Conforme vimos na seção anterior, o fluxo de caixa dos ativos é $87. O fluxo de caixa para credores e acionistas é de $24 + 63 = $87 e, portanto, tudo confere. O Quadro 2.7 contém um resumo dos diversos cálculos do fluxo de caixa para referência futura.

Como indica nossa discussão, é essencial que uma empresa controle seu fluxo de caixa. Nunca esqueça que o lucro líquido é uma opinião, o caixa é um fato.

QUADRO 2.7 Resumo do fluxo de caixa

I. Identidade de fluxo de caixa
Fluxo de caixa dos ativos = Fluxo de caixa para os credores (detentores de títulos de dívida) + Fluxo de caixa para os acionistas (proprietários)
II. Fluxo de caixa dos ativos
Fluxo de caixa dos ativos = Fluxo de caixa operacional − Gastos líquidos de capital − Variação do capital circulante líquido (CCL)   onde: Fluxo de caixa operacional = Lucros antes de juros e impostos (Lajir) + Depreciação − Tributos sobre o lucro   Gastos líquidos de capital = Ativo imobilizado líquido final − Ativo imobilizado líquido inicial + Depreciação   Variação do CCL = CCL final − CCL inicial
III. Fluxo de caixa para os credores (detentores de títulos de dívida)
Fluxo de caixa para os credores = Juros pagos − Novos empréstimos líquidos
IV. Fluxo de caixa para os acionistas (proprietários)
Fluxo de caixa para os acionistas = Dividendos e juros sobre o capital próprio pagos − Aumento de capital

Como indica nossa discussão, é essencial que uma empresa controle seu fluxo de caixa. O texto a seguir é um excelente lembrete de que isso é uma boa ideia, a menos que os proprietários queiram acabar na rua da amargura.

ASSIM DISSE O BANQUEIRO: "CUIDADO COM O FLUXO DE CAIXA"

Em uma noite sombria, enquanto meditava fraco e fatigado
Sobre um curioso livro de conhecimento contábil,
Buscando algum truque (inescrupuloso) para fugir por entre os dedos fiscais,
De repente, ouvi uma batida à minha porta,
    Apenas isso, e nada mais.

Em seguida, senti um calafrio desagradável e ouvi o dinheiro tilintar
Quando um banqueiro assustador, que já havia visto antes, se insinuou a entrar.
Seu rosto tinha os tons do dinheiro e em seus olhos eu podia ver

Cifrões que brilhavam, enquanto aquela dívida ele não parava de calcular.
"Fluxo de caixa", disse o banqueiro, e nada mais.

Eu sempre achei interessante mostrar um lucro em azul brilhante.
Mas o banqueiro ecoou um sonoro "Não.
As contas a receber têm tamanho acúmulo, que só de olhar penso em seu túmulo;
Avolumam-se as baixas. O que importa é o fluxo de caixa."
Ele repetiu, "Cuidado com o fluxo de caixa".
Eu tentei contar sem choque a história de nosso belo estoque
Que até é grande, mas tem muita coisa bem-apanhada.
Mas o banqueiro viu seu crescimento e, praguejando terrulento,
Sacudiu os braços e gritou, "Pare! Não diga mais nada!
Pague os juros, e chega de conversa fiada!"

A seguir, procurei itens não caixa que pudessem ser adicionados *ad infinitum*
Para repor a saída de caixa que ocorria sem cessar,
Mas, para tirar a demonstração do vermelho, segurei a depreciação sem conselho,
E meu banqueiro disse que eu tinha feito algo sem noção.
Ele estremeceu, e o ranger dos dentes denotava indignação.

Quando pedi por financiamento, ele respondeu com um lamento
Que a taxa avarenta seria o CDI mais cinquenta,
E, para garantir minha boa valia, ele insistiu que houvesse garantia —
Todo o meu ativo mais o couro da minha mão.
Apenas isso, uma taxa padrão.

Embora eu esteja fora do vermelho, estou apanhando de relho,
Meu caixa só tem saídas e os clientes pagam devagar.
Já há muitas contas a receber e elas não param de crescer:
O resultado é certo — uma aflição de matar!
E eu ouço o banqueiro produzir um gemido feito horrendamente para desiludir,
"Cuidado com o fluxo de caixa".

Herbert S. Bailey Jr.

_{Fonte: Reimpresso da edição de 13 de janeiro de 1975, da *Publishers Weekly*, publicada pela R. R. Bowker, uma empresa do grupo Xerox. Copyright © 1975 de Xerox Corporation. Todos os direitos reservados. Usado com permissão.}

Só nos resta completar com "Amém".

Um exemplo: fluxos de caixa da Esmola Cola

O exemplo a seguir, mais detalhado, aborda os diversos cálculos do fluxo de caixa discutidos neste capítulo. Ele também ilustra algumas variações que podem surgir.

Fluxo de caixa operacional Durante o ano, a Esmola Cola S/A teve vendas de $600 e custos e despesas de $300. A depreciação foi de $150 e os juros pagos foram de $30. Os tributos sobre o lucro foram calculados a 34%. Os dividendos foram de $30. (Todos os valores são em milhões.) Qual foi o fluxo de caixa operacional da Esmola? Por que ele é diferente do lucro líquido?

O mais fácil a fazer neste caso é ir em frente e criar uma demonstração de resultados do exercício. Em seguida, podemos escolher os números necessários. A demonstração de resultados da Esmola Cola é esta:

ESMOLA COLA	
Demonstração de resultados de 2021	
Vendas líquidas	$600
Custos e despesas	300
Depreciação	150
Lucro antes de juros e impostos	$150
Juros pagos	30
Lucro tributável	$120
Tributos sobre o lucro	41
Lucro líquido	$ 79
Dividendos	$30
Acréscimo à reserva de lucros	49

Assim, o lucro líquido da Esmola totalizou $79. Agora temos todos os números de que precisamos. Tomando como referência o exemplo da Brasil S/A e o Quadro 2.7, temos:

ESMOLA COLA	
Fluxo de caixa operacional em 2021	
Lucro antes de juros e impostos	$150
Depreciação	150
Tributos sobre o lucro	41
Fluxo de caixa operacional	$259

Como esse exemplo ilustra, fluxo de caixa operacional não é o mesmo que lucro líquido porque, no cálculo do lucro líquido, são subtraídos os juros e a depreciação. Na discussão anterior, não subtraímos esses itens no cálculo do fluxo de caixa operacional porque a depreciação não é uma despesa de caixa, e consideramos os juros pagos uma despesa de financiamento, e não uma despesa operacional.

Gastos de capital líquidos Suponha que o ativo imobilizado líquido inicial tenha sido de $500 e o ativo imobilizado líquido final, de $750. Qual terá sido o gasto de capital líquido no ano?

Pela demonstração financeira da Esmola, sabemos que a depreciação do ano foi de $150. O ativo imobilizado líquido aumentou em $250, mas esse valor é após a depreciação. Portanto, a empresa gastou $250 mais $150, totalizando $400.

Variação do CCL e do fluxo de caixa dos ativos Suponha que a Esmola Cola tenha iniciado o ano com $2.130 em ativo circulante e $1.620 em passivo circulante, e que os números finais correspondentes sejam $2.260 e $1.710. Qual foi a variação do CCL durante o ano? Qual foi o fluxo de caixa dos ativos? Como isso pode ser comparado ao lucro líquido?

O capital circulante líquido começou em $2.130 − 1.620 = $510 e terminou em $2.260 − 1.710 = $550. O acréscimo ao CCL, portanto, foi de $550 − 510 = $40. Juntando todas as informações da Esmola, temos:

ESMOLA COLA	
Fluxo de caixa dos ativos em 2021	
Fluxo de caixa operacional	$259
Gastos líquidos de capital	400
Variação do CCL	40
Fluxo de caixa dos ativos	–$181

A Esmola teve um fluxo de caixa dos ativos de –$181. O lucro líquido estava positivo em $79. O fato de o fluxo de caixa dos ativos ter sido negativo é preocupante? Não necessariamente. O fluxo de caixa aqui é negativo principalmente por causa de um grande investimento em ativo imobilizado. Se foi um bom investimento, o resultado negativo não é preocupante.

Fluxo de caixa para acionistas e credores Dissemos que a Esmola Cola teve fluxo de caixa dos ativos de –$181. O fato de ser negativo significa que, no ano, a Esmola levantou mais dinheiro com novas dívidas e com novos aportes de capital do que pagou. Por exemplo, suponha que ela não emitiu novas ações no ano. Qual foi o fluxo de caixa para os acionistas? E para os credores?

Como a Esmola não levantou capital novo, seu fluxo de caixa para os acionistas é igual aos dividendos pagos:

ESMOLA COLA	
Fluxo de caixa para os acionistas em 2021	
Dividendos pagos	$30
Aumento de capital	0
Fluxo de caixa para os acionistas	$30

Agora, da identidade dos fluxos de caixa, sabemos que o total pago aos credores e aos acionistas foi de –$181. O fluxo de caixa para os acionistas foi de $30, então, o fluxo de caixa para os credores tem de ser igual a –$181 – 30 = –$211:

Fluxo de caixa para os credores + Fluxo de caixa para os acionistas = –$181
Fluxo de caixa para os credores + $30 = –$181
Fluxo de caixa para os credores = –$211

Sabendo que o fluxo de caixa para os credores é de –$211 e que os juros pagos totalizam $30, agora podemos determinar o valor líquido dos novos empréstimos. A Esmola deve ter tomado emprestado $241 durante o ano, para ajudar a financiar a expansão do ativo imobilizado:

ESMOLA COLA	
Fluxo de caixa para os credores em 2021	
Juros pagos	$ 30
Novos empréstimos (líquido)	–241
Fluxo de caixa para os credores	–$211

Questões conceituais

2.4a O que é a identidade do fluxo de caixa? Explique o que significa.
2.4b Quais são os componentes do fluxo de caixa operacional?
2.4c Por que os juros pagos não são um componente do fluxo de caixa operacional?

2.5 Resumo e conclusões

Este capítulo apresentou alguns dos fundamentos de demonstrações financeiras, de tributos sobre lucros e de fluxos de caixa. Vimos que:

1. Os valores contábeis de um balanço patrimonial podem ser muito diferentes dos valores de mercado. E o objetivo da administração financeira é maximizar, de forma sustentável, o valor de mercado das ações, não seu valor contábil.
2. O lucro líquido calculado na demonstração de resultados não é igual ao fluxo de caixa. Um dos principais motivos para isso é que a depreciação, uma despesa que não afeta o caixa, é deduzida como despesa quando do cálculo do lucro tributável.
3. As análises que incluem a depreciação só se aplicam às situações em que a empresa é tributada pelo regime do lucro real.
4. A alíquota de pessoa jurídica nos EUA é fixa em 21%, mas os impostos estaduais e municipais podem aumentá-la.
5. A alíquota tributária marginal paga pelas empresas brasileiras com as maiores receitas é de 34%.
6. Assim como há uma identidade para o balanço patrimonial, há uma identidade para o fluxo de caixa. Ela mostra que o fluxo de caixa dos ativos é igual à soma dos fluxos de caixa para credores e acionistas.

O cálculo do fluxo de caixa das demonstrações financeiras não é difícil. Mas é preciso tomar cuidado ao lidar com despesas que não afetam o caixa, como a depreciação, e não confundir despesas operacionais (despesas de funcionamento) com despesas de financiamento. Acima de tudo, é importante não confundir valores contábeis com valores de mercado, ou lucro contábil com fluxo de caixa.

REVISÃO DO CAPÍTULO E TESTE DE CONHECIMENTOS

2.1 **Fluxo de caixa da Corporação Mara** Este problema permite praticar com as demonstrações financeiras e descobrir o fluxo de caixa. Com base nas informações a seguir sobre a Corporação Mara, monte uma demonstração de resultados de 2017 e os balanços patrimoniais de 2020 e 2021. Em seguida, tomando como base os exemplos da Brasil S/A mostrados neste capítulo, calcule o fluxo de caixa dos ativos, o fluxo de caixa para os credores e o fluxo de caixa para os acionistas da Mara em 2021. Use uma alíquota de 34%. Você pode conferir suas respostas com as nossas, que se encontram na próxima seção.

	2020	2021
Vendas	$4.203	$4.507
Custos	2.422	2.633
Depreciação	785	952
Juros	180	196
Dividendos	225	250
Ativo circulante	2.205	2.429
Ativo não circulante	7.344	7.650
Passivo circulante	1.003	1.255
Dívida de longo prazo	3.106	2.085

RESPOSTA DA REVISÃO DO CAPÍTULO E DO TESTE DE CONHECIMENTOS

2.1 Ao preparar os balanços patrimoniais, lembre-se de que o patrimônio líquido é aquilo que sobra. Tendo isso em mente, os balanços patrimoniais da Mara são os seguintes:

CORPORAÇÃO MARA Balanços patrimoniais de 2020 e 2021					
	2020	2021		2020	2021
Ativo circulante	$2.205	$ 2.429	Passivo circulante	$1.003	$1.255
Ativo imobilizado líquido	7.344	7.650	Passivo não circulante	3.106	2.085
			Patrimônio líquido	5.440	6.739
Total do ativo	$9.549	$10.079	Total do passivo e do patrimônio líquido	$9.549	$10.079

A demonstração de resultados é simples:

CORPORAÇÃO MARA Demonstração de resultados de 2021	
Vendas	$4.507
Custos	2.633
Depreciação	952
Lucro antes de juros e impostos	$ 922
Juros pagos	196
Lucro tributável	$ 726
Tributos sobre o lucro (34%)	247
Lucro líquido	$ 479
Dividendos	$250
Acréscimo à reserva de lucros	$229

Observe que usamos uma alíquota tributária média de 34%. Observe também que o acréscimo à reserva de lucros é simplesmente o lucro líquido menos os dividendos.

Agora, podemos extrair os valores necessários para obter o fluxo de caixa operacional:

CORPORAÇÃO MARA Fluxo de caixa operacional em 2021	
Lucro antes de juros e impostos	$ 922
+ Depreciação	952
– Tributos sobre o lucro	247
Fluxo de caixa operacional	$1.627

Em seguida, calculamos os gastos líquidos de capital, verificando a variação do ativo imobilizado e lembrando a depreciação:

Ativo imobilizado líquido final	$7.650
– Ativo imobilizado líquido inicial	7.344
+ Depreciação	952
Gastos líquidos de capital	$1.258

Após calcular o CCL inicial e final, usamos a diferença para obter a variação do CCL:

CCL final	$1.174
CCL inicial	1.202
Variação do CCL	–$ 28

Agora, combinamos o fluxo de caixa operacional, as despesas de capital líquidas e a variação do CCL para obter o fluxo total de caixa dos ativos:

CORPORAÇÃO MARA	
Fluxo de caixa dos ativos em 2021	
Fluxo de caixa operacional	$1.627
Gastos líquidos de capital	1.258
Variação do CCL	228
Fluxo de caixa dos ativos	$ 397

Para obter o fluxo de caixa para os credores, observe que o financiamento de longo prazo diminuiu em $1.021 durante o ano e que os juros pagos foram de $196:

CORPORAÇÃO MARA	
Fluxo de caixa para os credores em 2021	
Juros pagos	$ 196
– Novos empréstimos (líquido)	–1.021
Fluxo de caixa para os credores	$ 1.217

Finalmente, foram pagos dividendos de $250. Para obter o valor da captação com emissão de novas ações, temos de fazer alguns cálculos adicionais. O patrimônio líquido total aumentou em $6.739 – $5.440 = $1.299. Desse aumento, $229 vieram de acréscimos aos lucros retidos. Desse modo, o ingresso de novo capital próprio foi de $1.070 durante o ano. O fluxo de caixa para os acionistas foi, portanto:

CORPORAÇÃO MARA	
Fluxo de caixa para os acionistas em 2021	
Dividendos pagos	$250
– Aumento de capital	1.070
Fluxo de caixa para os acionistas	–$820

Como verificação, observe que o fluxo de caixa dos ativos ($397) é igual ao fluxo de caixa para os credores mais o fluxo de caixa para os acionistas ($1.217 – $820 = $397).

REVISÃO DE CONCEITOS E QUESTÕES INSTIGANTES

1. **Liquidez [OA1]** O que é medido pela liquidez? Explique qual é o custo-benefício de níveis altos e baixos de liquidez para uma empresa.

2. **Contabilidade e fluxos de caixa [OA2]** Por que os valores de receitas e custos mostrados em uma demonstração de resultados padronizada podem não ser representativos dos fluxos reais de entrada e saída de caixa do período?

3. **Valores contábeis *versus* valores de mercado [OA1]** Ao montar um balanço patrimonial, em sua opinião, por que a prática contábil convencional se preocupa com o custo histórico e não com o valor de mercado? O que muda com a adoção das normas IFRS?

4. **Fluxos de caixa operacionais [OA2]** Ao comparar o lucro líquido contábil com o fluxo de caixa operacional, cite dois itens que normalmente são encontrados no cálculo do lucro líquido, mas que não aparecem no fluxo de caixa. Explique o que cada um representa e por que é excluído do fluxo de caixa operacional.

5. **Valores contábeis *versus* valores de mercado [OA1]** De acordo com as normas contábeis, é possível que o passivo de uma empresa exceda seu ativo. Quando isso ocorre, o patrimônio líquido é negativo. Isso pode acontecer com valores de mercado? Por quê?

QUESTÕES E PROBLEMAS

1. **Montagem de um balanço patrimonial [OA1]** A Bing S/A tem ativo circulante de $ 5.400, ativo imobilizado líquido de $ 28.100, passivo circulante de $ 4.100 e passivo não circulante de $ 10.600. Qual é o valor do patrimônio líquido? Qual é o valor do CCL?

2. **Montagem de uma demonstração de resultados [OA1]** A Exterminadores Tio Ratão S/A tem vendas de $586.000, custos de $247.000, despesas de depreciação de $43.000, despesas de juros de $32.000 e uma alíquota tributária de 34%. Qual é o lucro líquido dessa empresa?

3. **Dividendos e lucros retidos [OA1]** Suponha que a empresa do Problema 2 tenha distribuído $73.000 de dividendos. Qual é o acréscimo à reserva de lucros?

4. **Lucros por ação e dividendos [OA1]** Suponha que a empresa do Problema 3 tenha 85.000 ações em circulação. Qual é o lucro por ação (LPA)? Quais são os dividendos por ação?

5. **Cálculo de impostos [OA3]** Timmy Tappan é solteiro e teve $189.000 em renda tributável. Usando as alíquotas do Quadro 2.3, calcule o seu imposto de renda. Qual é a alíquota tributária média? Qual é a alíquota tributária marginal?

Para revisão de outros conceitos e novas questões instigantes, consulte a página do livro no portal do Grupo A (loja.grupoa.com.br).

PARTE 2 Demonstrações Contábeis e Planejamento Financeiro de Longo Prazo

Trabalhando com Demonstrações Contábeis

3

O PREÇO DE UMA AÇÃO Em 22 de maio de 2020, o preço de uma ação ordinária da prestadora de telefonia móvel T-Mobile fechou em torno de USD78. A esse preço, T-Mobile tinha índice preço-lucro (P/L) de 23. Em outras palavras, os investidores estavam dispostos a pagar USD23 para cada dólar de renda da T-Mobile. Ao mesmo tempo, os investidores se dispunham a pagar USD116, USD$28 e USD12 para cada dólar que fosse ganho pela Amazon, pela LVMH e pela Progressive, respectivamente. No outro extremo estavam a Slack e a Lyft. Ambas tiveram prejuízo no ano anterior, mas, ainda assim, a Slack estava valendo em torno de USD32 por ação, e a Lyft, cerca de USD31. Como elas tiveram prejuízo, os seus índices P/L seriam negativos, então eles não estão relatados. Na época, a ação média no Índice S&P 500 de ações de grandes empresas era negociado a um P/L de quase 21, ou seja, quase 21 vezes o lucro, como eles dizem em Wall Street

Comparações de preço/lucro são exemplos do uso de indicadores financeiros. Como veremos neste capítulo, há uma grande variedade de indicadores financeiros, todos destinados a resumir aspectos específicos da situação financeira de uma empresa. Além de vermos como analisar as demonstrações contábeis e calcular indicadores, teremos mais coisas a dizer sobre quem usa essas informações e por quê.

Objetivos de aprendizagem

O objetivo deste capítulo é que, ao seu final, você saiba:

OA1 Como tornar comparáveis demonstrações contábeis de diferentes empresas ou de diferentes períodos.

OA2 Como calcular e, mais importante, como interpretar indicadores que aparecem com frequência.

OA3 Apontar os determinantes da lucratividade de uma empresa.

OA4 Explicar alguns dos problemas e armadilhas da análise de demonstrações contábeis.

Para ficar por dentro dos últimos acontecimentos na área de finanças, visite www.fundamentalsofcorporatefinance.blogspot.com.

No Capítulo 2, discutimos alguns conceitos essenciais das demonstrações contábeis e dos fluxos de caixa. A Parte 2, que engloba este capítulo e o seguinte, continua essa discussão. Nosso objetivo aqui é expandir sua compreensão sobre os usos (e os abusos) das informações contidas em demonstrações contábeis. Informações de demonstrações contábeis aparecerão várias vezes no restante deste livro. A Parte 2 não é essencial para a compreensão do livro, mas oferece uma perspectiva geral sobre o papel das demonstrações contábeis nas finanças corporativas.

Um bom conhecimento prático das demonstrações contábeis é desejável simplesmente porque as demonstrações contábeis e os números extraídos delas são o principal meio de comunicação das informações financeiras, tanto dentro quanto fora da empresa. Resumindo, grande parte da linguagem das finanças corporativas tem como base as ideias que discutiremos neste capítulo. Além disso, como veremos, existem várias maneiras de utilizar as informações das demonstrações contábeis e vários tipos de usuários. Tal diversidade deixa claro que essas informações têm um papel importante em muitos tipos de decisões.

Em um mundo ideal, o gestor financeiro teria informações completas sobre o valor de mercado de todos os ativos da empresa. Isso raramente acontece (se é que acontece). Assim, o motivo de utilizarmos números contábeis em grande parte de nossas informações financeiras é que raramente podemos obter todas as informações de mercado necessárias (ou mesmo parte delas). O único padrão de medida significativo para a avaliação das decisões de negócios é saber se elas criam ou não valor econômico (consulte o Capítulo 1). Entretanto, em muitas situações importantes, não será possível fazer esse julgamento diretamente, porque não conseguimos ver os efeitos das decisões sobre os valores de mercado.

Reconhecemos que os números contábeis quase sempre dão apenas uma ideia pálida da realidade econômica, mas, com frequência, são as melhores informações disponíveis. Nas empresas de capital fechado, nas organizações sem fins lucrativos e nas pequenas empresas, por exemplo, existem pouquíssimas informações diretas sobre valores de mercado. A função dos relatórios de um contador é crucial nessas circunstâncias.

Sem dúvida, uma função importante do contador é fornecer informações financeiras ao usuário em uma forma útil para a tomada de decisões. Por ironia, as informações dificilmente chegam ao usuário dessa forma. Em outras palavras, as demonstrações contábeis não vêm com um guia de usuário. Este capítulo e o seguinte constituem uma primeira etapa para suprir essa lacuna.

Excel Master!
Cobertura *on-line* do Excel Master

3.1 Fluxo de caixa e demonstrações contábeis: um exame detalhado

Em essência, as empresas fazem duas coisas diferentes: elas geram caixa e elas gastam caixa. O caixa é gerado pela venda de produtos, serviços, ativos, pela tomada de empréstimos ou pela emissão de títulos mobiliários. A emissão de títulos mobiliários envolve tomar empréstimos junto aos investidores ou vender participações no patrimônio (ou seja, ações) da empresa. O caixa é gasto com o pagamento de bens, serviços e mão de obra para produzir e comprar ativos. Os pagamentos aos credores e proprietários também exigem dispêndios de caixa.

No Capítulo 2, vimos que as atividades de caixa de uma empresa podem ser resumidas por uma identidade simples:

Fluxo de caixa dos ativos = Fluxo de caixa para os credores +
Fluxo de caixa para os acionistas

Essa identidade do fluxo de caixa resume o resultado total de caixa de todas as transações de uma empresa durante o ano. Nesta seção, voltamos ao assunto do fluxo de caixa e analisamos mais detalhadamente os eventos de caixa que levaram a esses números.

Fontes e usos de caixa

As atividades que geram caixa são chamadas de **fontes (origens) de caixa**. As atividades que envolvem gastos de caixa são chamadas de **usos (aplicações) de caixa**. O que precisamos fazer é rastrear as alterações no balanço patrimonial da empresa para saber como ela gerou e como ela gastou seu caixa durante um período.

Para começar, considere o balanço patrimonial da Companhia Pedreira no Quadro 3.1. Observe que calculamos a variação de cada um dos itens dos balanços patrimoniais. Examinando os balanços patrimoniais da Pedreira, vemos que muitas coisas mudaram durante o ano. Por exemplo, a empresa aumentou seu ativo imobilizado em $149 e seu estoque em $29. (Os números estão em milhões.) De onde veio o dinheiro? Para responder essa e outras perguntas relacionadas, primeiro precisamos identificar as variações que utilizaram caixa (usos) e as que produziram caixa (fontes).

Vamos usar um pouco de bom senso. Uma empresa usa caixa ou para comprar ativos ou para fazer pagamentos. De modo geral, um aumento em uma conta do ativo significa que a empresa, em uma base líquida, comprou ativos — um uso de caixa. Se uma conta de ativo diminuiu, então, em uma base líquida, a empresa vendeu ativos. Essa seria uma fonte líquida. Da mesma forma, se uma conta de passivo diminuiu, a empresa fez um pagamento líquido — um uso de caixa.

Dado esse raciocínio, existe uma definição simples, embora mecânica, que pode ser útil. Um aumento em uma conta do lado esquerdo (ativo) ou uma diminuição em uma conta do lado direito (passivo ou patrimônio) é um *uso de caixa*. Já uma diminuição em uma conta de ativo ou um aumento em uma conta de passivo (ou de patrimônio) é uma *fonte de caixa*.

fontes de caixa
Atividades de uma empresa que geram caixa. Também chamadas de origens de caixa.

usos de caixa
Atividades de uma empresa que consomem caixa. Também chamadas de aplicações de caixa.

Informações financeiras de empresas podem ser encontradas em vários *sites* na Internet, entre eles: **www.b3.com.br** e **www.cvm.gov.br**.

Outros *sites* de interesse: **www.financials.com**, **finance.yahoo.com**, **https://br.financas.yahoo.com/**; **finance.google.com**, **money.msn.com**, **www.economatica.com.br**.

QUADRO 3.1

COMPANHIA PEDREIRA Balanços patrimoniais de 2020 e 2021 (em milhões de $)			
	2020	2021	Variação
Ativos			
Ativo circulante			
Caixa e equivalentes	$ 84	$ 98	+ $ 14
Contas a receber	165	188	+ 23
Estoque	393	422	+ 29
Total	$ 642	$ 708	+ $66
Ativo não circulante			
Ativo Imobilizado – Instalações e equipamentos	$2.731	$2.880	+ $149
Ativo total	$3.373	$3.588	+ $215
Passivo e patrimônio líquido			
Passivo circulante			
Contas a pagar	$ 312	$ 344	+ $ 32
Empréstimos	231	196	– 35
Total	$ 543	$ 540	– $ 3
Passivo não circulante	$ 531	$ 457	– $ 74
Patrimônio líquido			
Capital social e ágio recebido na emissão de ações	$ 500	$ 550	+ $ 50
Reserva de lucros	1.799	2.041	+ 242
Total	$2.299	$2.591	+ $292
Total do passivo e do patrimônio líquido	$3.373	$3.588	+ $215

Examinando novamente os dados da Pedreira, vemos que o estoque aumentou em $29. Esse é um uso líquido, porque a empresa realmente pagou $29 para aumentar o estoque. As contas a pagar aumentaram em $32. Essa é uma fonte de caixa, porque a Pedreira realmente tomou emprestados outros $32 pagáveis até o final de um ano. Os empréstimos, por outro lado, diminuíram em $35, assim, ela realmente pagou $35 em dívidas de curto prazo — um uso de caixa.

Com base em nossa discussão, podemos resumir fontes e usos de caixa no balanço patrimonial da seguinte maneira:

Fontes de caixa:	
Aumento nas contas a pagar	$ 32
Aumento no capital social	50
Aumento na reserva de lucros	242
Fontes totais	$324
Usos de caixa:	
Aumento nas contas a receber	$ 23
Aumento no estoque	29
Diminuição nos empréstimos a pagar	35
Diminuição no passivo não circulante	74
Aquisições de ativo imobilizado líquido	149
Usos totais	$310
Aumento líquido do caixa	$ 14

O aumento líquido do caixa é exatamente a diferença entre fontes e usos, e nosso resultado de $14 está de acordo com a variação de $14 mostrada no balanço patrimonial.

Essa demonstração simples nos diz muito sobre o que aconteceu durante o ano, mas não conta toda a história. Por exemplo, o aumento na reserva de lucros corresponde ao lucro líquido (uma fonte de fundos) menos os dividendos (um uso de fundos). Seria mais esclarecedor se esses números fossem informados separadamente, para que pudéssemos ver os detalhes. Além disso, só consideramos as aquisições de ativo imobilizado líquido. Seria mais interessante conhecer os gastos totais ou brutos.

Para rastrear melhor o fluxo de caixa da empresa durante o ano, precisamos de uma demonstração de resultados. Os resultados do ano produzidos pela Pedreira estão no Quadro 3.2. Observe que o acréscimo de $242 à reserva de lucros que calculamos a partir do balanço patrimonial é apenas a diferença entre o lucro líquido ($363) e os dividendos ($121).[1]

A demonstração de fluxos de caixa

Existe uma certa flexibilidade para mostrar as fontes e os usos do caixa em uma demonstração financeira. Independentemente da forma como é apresentado, o resultado é chamado de **demonstração de fluxos de caixa**.

Apresentamos uma maneira de mostrar essa demonstração no Quadro 3.3. A ideia básica é agrupar todas as variações em três categorias: atividades operacionais, atividades de investimento e atividades de financiamento. A forma de disposição difere nos detalhes conforme quem a prepara.[2]

Não se surpreenda se você encontrar formas de apresentação diferentes. Os tipos de informações apresentados serão parecidos, mas a ordem pode mudar. Nesse caso, é importante

demonstração de fluxos de caixa
Demonstração contábil da empresa que resume suas fontes e seus usos de caixa ao longo de um período.

---

[1] No original estadunidense: impostos = 21%, lucro líquido = 435, dividendos = 145, acréscimo à reserva de lucros = 290. A redução na alíquota tributária faz muita diferença!

[2] O CPC 03 — Demonstrações dos Fluxos de Caixa define: a demonstração dos fluxos de caixa deve apresentar os fluxos de caixa do período, classificados por atividades operacionais, de investimento e de financiamento.

QUADRO 3.2

COMPANHIA PEDREIRA		
Demonstração de resultados de 2021 (em milhões)		
Vendas		$2.311
Custos e despesas		1.344
Depreciação		276
Lucro antes de juros e impostos		$ 691
Despesas de juros		141
Lucro tributável		$ 550
Impostos (34%)		187
Lucro líquido		$ 363
Dividendos	$121	
Acréscimo à reserva de lucros	242	

lembrar que iniciamos com $84 em caixa e acabamos com $98, um aumento líquido de $14. Estamos apenas tentando ver quais eventos levaram a essa variação.

No Capítulo 2, observamos que existe um pequeno problema conceitual. As despesas de juros deveriam entrar em atividades de financiamento, mas, infelizmente, não é assim que a contabilização dos juros funciona na contabilidade. O motivo, como você deve lembrar,

QUADRO 3.3

COMPANHIA PEDREIRA	
Demonstração de fluxos de caixa de 2021 (em milhões)	
Caixa e equivalentes, início do ano	$ 84
Atividades operacionais	
Lucro líquido	$363
Mais:	
Depreciação	276
Aumento nas contas a pagar	32
Menos:	
Aumento nas contas a receber	– 23
Aumento no estoque	– 29
Caixa líquido da atividade operacional	$619
Atividades de investimento	
Aquisições de ativo imobilizado	–$425
Caixa líquido das atividades de investimento	–$425
Atividades de financiamento	
Diminuição nos empréstimos a pagar	–$ 35
Diminuição no passivo não circulante	– 74
Dividendos pagos	– 121
Aumento no capital social	50
Caixa líquido das atividades de financiamento	–$180
Aumento líquido do caixa	$ 14
Caixa e equivalentes, final do ano	$ 98

é que na contabilidade os juros são deduzidos como despesa operacional quando o lucro é calculado[3]. Observe também que a compra líquida de ativos imobilizados foi de $149. Como a Pedreira reduziu $276 em ativos por depreciação, ela gastou, na verdade, um total de $149 + 276 = $425 em ativos imobilizados.

Sabendo isso, pareceria apropriado expressar a variação de caixa por ação, como fizemos para o lucro líquido. Curiosamente, por exemplo, no padrão da prática contábil US GAAP, apesar do interesse em alguma medida do fluxo de caixa por ação, é proibida de forma expressa a divulgação desse tipo de informação. O motivo é que os contadores percebem que o fluxo de caixa (ou algum componente do fluxo de caixa) não é uma alternativa para a receita contábil e, portanto, somente os lucros por ação devem ser apresentados. O Pronunciamento Técnico CPC 41 — Resultado por Ação, que disciplina o assunto no Brasil, também não tem previsão de divulgação de alguma medida de caixa por ação.

Como mostra o Quadro 3.4, às vezes é útil apresentar as mesmas informações de forma um pouco diferente. Chamaremos isso de "demonstração de fontes e usos de caixa". Não existe tal demonstração na contabilidade, mas a forma que apresentamos se parece muito com uma

QUADRO 3.4

COMPANHIA PEDREIRA Fontes e usos de caixa em 2021 (em milhões)	
Caixa e equivalentes, início do ano	$ 84
Fontes de caixa	
Operações:	
Lucro líquido	$363
Depreciação	276
	$639
Capital circulante:	
Aumento nas contas a pagar	$ 32
Financiamento de longo prazo:	
Aumento no capital social	50
Total de fontes de caixa	$721
Usos de caixa	
Capital circulante:	
Aumento nas contas a receber	$ 23
Aumento no estoque	29
Diminuição nos empréstimos a pagar	$ 35
Financiamento de longo prazo:	
Diminuição no passivo não circulante	74
Aquisições de ativo imobilizado	425
Dividendos pagos	121
Total de usos de caixa	$707
Aumento líquido do caixa	$ 14
Caixa e equivalentes, final do ano	$ 98

---

[3] De acordo com o CPC 03, quando o desembolso de caixa para pagamento de empréstimo inclui tanto os juros como o principal, a parte dos juros pode ser classificada como atividade operacional, mas a parte do principal deve ser classificada como atividade de financiamento.

demonstração utilizada há muitos anos. Como discutiremos, essa disposição pode ser útil, mas enfatizamos que essas informações normalmente não são apresentadas assim.

Uma vez que temos os detalhes do caixa, podemos ter uma boa ideia do que ocorreu durante o ano. Os principais dispêndios de caixa da Pedreira ocorreram com aquisições de ativo imobilizado e com o pagamento de dividendos. Ela realizou esses dispêndios principalmente com o caixa gerado pelas operações.

A Pedreira também liquidou um pouco do passivo não circulante e aumentou o ativo circulante. O passivo circulante não variou muito, e um montante relativamente pequeno de capital novo foi obtido com a emissão de novas ações. Esse breve esboço das variações ocorridas captura os principais usos e fontes de caixa da Pedreira durante o ano.

Questões conceituais

3.1a O que é uma fonte, ou origem, de caixa? Cite três exemplos.

3.1b O que é um uso, ou aplicação, de caixa? Cite três exemplos.

Demonstrações contábeis publicadas no Brasil

Até aqui, discutimos três demonstrações contábeis: o balanço patrimonial, a demonstração de resultados do exercício e a demonstração de fluxos de caixa. Nós vamos manter o foco nessas três demonstrações, mas é importante lembrar de que há outras três que fazem parte do conjunto das demonstrações contábeis cuja divulgação é exigida pelas normas contábeis brasileiras. No entanto, não abordaremos essas outras três, porque nosso enfoque é o fluxo de caixa, e as três demonstrações objeto de nosso foco são suficientes para nossos objetivos aqui. No quadro a seguir, trazemos um resumo das demonstrações que estamos discutindo e das demais demonstrações publicadas no Brasil.

UM RESUMO DAS DEMONSTRAÇÕES CONTÁBEIS EXIGIDAS NO BRASIL

1. Balanço patrimonial	Que informações traz
	O balanço patrimonial apresenta a posição patrimonial e financeira de uma organização em uma determinada data, em três grandes blocos: ativo, passivo e patrimônio líquido. O ativo apresenta os recursos controlados pela entidade (caixa e equivalentes, direitos e propriedades); o passivo apresenta as obrigações da entidade; o patrimônio líquido representa a diferença entre o ativo e o passivo — é o valor líquido do negócio em termos contábeis. Em um conceito resumido, o patrimônio líquido mostra o valor contábil no eventual encerramento do negócio (a "preços de livros"). Nesse enfoque, os itens que compõem o ativo, se convertidos em caixa ou equivalentes, devem ser suficientes para a quitação das obrigações; o saldo remanescente (patrimônio líquido) será distribuído entre os sócios do empreendimento. Se o valor do passivo for superior ao valor do ativo, configura-se a situação de "passivo a descoberto"; nesse caso, no encerramento do negócio, os itens do ativo seriam insuficientes para cobrir as obrigações listadas no passivo, e os sócios precisariam aportar recursos para a empresa ser encerrada com cumprimento de todas as suas obrigações. A maioria das empresas elabora o balanço patrimonial anual para a data de 31 de dezembro e balanços trimestrais para os trimestres terminados em março, junho e setembro. Para empresas que atuam em segmentos com forte sazonalidade, o adequado seria elaborar o balanço patrimonial anual ao final de um ciclo operacional, como é o caso dos setores que atuam com safras.

(Continua)

	As demonstrações a seguir acompanham a divulgação do balanço patrimonial
2. Demonstração de resultados do exercício	**Que informações traz**
	A demonstração de resultados do exercício apresenta o resultado líquido do exercício que se encerra na data de elaboração do balanço. Registra as receitas do negócio que a entidade explora, líquidas dos tributos sobre vendas, e deduzidas dos custos e despesas incorridos para sua realização, bem como dos impostos que incidem sobre o lucro. O lucro ou prejuízo líquido assim apurado vai acrescer ou decrescer o patrimônio líquido constante do balanço patrimonial. A demonstração de resultados do exercício evidencia o que os sócios do empreendimento ganharam ou perderam, no exercício, em decorrência das operações correntes do empreendimento.
3. Demonstração de fluxos de caixa	**Que informações traz**
	A demonstração de fluxos de caixa apresenta os saldos iniciais e finais de caixa no período e mostra de onde veio e para onde foi o caixa que transitou na empresa no exercício. A demonstração de fluxos de caixa demonstra as variações de caixa que ocorreram na organização durante o exercício, nas suas atividades operacionais, nas suas atividades de investimentos e nas suas atividades de financiamento, permitindo a informação quanto à origem e ao uso do caixa que transitou na organização.
4. Demonstração das mutações do patrimônio líquido	**Que informações traz**
	A demonstração das mutações do patrimônio líquido apresenta as mutações de cada um dos itens que compõem o patrimônio líquido, como eventuais integralizações de capital, ajustes de exercícios anteriores, o resultado líquido do exercício (lucro ou prejuízo), os dividendos distribuídos, as transações com ações próprias (ações em tesouraria) e o resultado abrangente.
5. Demonstração do resultado abrangente	**Que informações traz**
	A demonstração do resultado abrangente tem por objetivo identificar outros ganhos ou perdas ocorridas no exercício, não incluídas na demonstração de resultados do exercício, que também afetam o patrimônio líquido e que não decorrem das atividades correntes do empreendimento ou que ainda não produziram seus efeitos finais e definitivos, efeitos esses que serão conhecidos em exercícios subsequentes. Como exemplos, temos os casos de reconhecimento das variações nas reservas de reavaliação de ativos, certos ajustes aplicáveis a instrumentos financeiros e variações decorrentes de ajustes na paridade cambial de investimentos no exterior. As normas permitem que as transações listáveis na demonstração do resultado abrangente sejam apresentadas em demonstração separada (a demonstração do resultado abrangente) ou como parte integrante da demonstração das mutações do patrimônio líquido.

(Continua)

6. Demonstração do valor adicionado	Que informações traz
	A demonstração do valor adicionado tem por objetivo principal informar o valor da riqueza criada pelo empreendimento no período e para quem foi distribuída. Enquanto a demonstração de resultados do exercício e a demonstração do resultado abrangente evidenciam os ganhos ou perdas para os acionistas, a demonstração do valor adicionado amplia essas informações, detalhando a partilha da riqueza gerada pelo negócio para todos os envolvidos com a produção (acionistas, credores, fornecedores, fucionários) e a sociedade em geral, por meio dos tributos e das taxas pagas aos governos em todos os níveis. Enquanto a demonstração de resultados do exercício registra as receitas do negócio que a entidade explora, líquidas dos tributos sobre vendas, a demonstração do valor adicionado registra as receitas brutas do negócio que a entidade explora, incluídos todos os tributos.

3.2 Demonstrações contábeis comparáveis

A próxima coisa que podemos querer fazer é comparar as demonstrações contábeis da Pedreira com as de outras empresas semelhantes. Entretanto, teríamos um problema. A comparação direta das demonstrações contábeis de duas empresas é quase impossível devido a diferenças de tamanho.

Por exemplo, a Ford e a GM são fortes rivais do mercado de automóveis, mas a GM é maior (em termos de parcela do mercado), de modo que é difícil fazer uma comparação direta entre as duas. Nesse sentido, é difícil até mesmo comparar as demonstrações contábeis de diferentes momentos de uma mesma empresa, caso seu tamanho tenha mudado. O problema do tamanho ganha um agravante se tentarmos comparar a GM com a Toyota. Se as demonstrações contábeis da Toyota estão em ienes, temos uma diferença de tamanho *e* de moeda.

Para começar a fazer comparações, algo evidente que podemos tentar fazer é uniformizar[4] as demonstrações contábeis de alguma forma. Uma maneira muito comum e útil de fazer isso é trabalhar com porcentagens, em vez de valores em moeda. Nesta seção, descrevemos duas maneiras de uniformizar as demonstrações contábeis. Os indicadores financeiros que analisamos muitas vezes são considerados indicadores-chave de desempenho KPIs – *key performance indicators*. Um KPI é um valor mensurável que mostra a eficácia com a qual uma empresa está atingindo os seus objetivos de negócios.

Demonstrações de tamanho comum

Para iniciar, um modo útil de uniformizar as demonstrações contábeis é expressar cada item do balanço patrimonial como uma *porcentagem do ativo* e cada item da demonstração de resultados como uma *porcentagem das vendas*. Nós chamamos as demonstrações resultantes de **demonstrações de tamanho comum**. Veremos isso a seguir.

Balanços patrimoniais de tamanho comum Uma forma, embora não seja a única, de construir um balanço patrimonial de tamanho comum é expressar cada item como uma porcentagem do ativo total. Essa técnica é também chamada de **análise vertical**. Os balanços patrimoniais de tamanho comum da Pedreira de 2020 e 2021 são mostrados no Quadro 3.5.

Observe que alguns dos totais não batem por causa de arredondamentos de valores. Note também que a variação entre demonstrativos de períodos diferentes precisa ser zero, porque os números de cada um devem somar 100%.

Nessa forma, as demonstrações contábeis são relativamente fáceis de ler e comparar. Por exemplo, basta olhar os dois balanços patrimoniais da Pedreira para ver que o ativo circu-

Excel Master!
Cobertura *on-line* do Excel Master

demonstração de tamanho comum
Demonstração contábil uniformizada que apresenta todos os itens em termos de porcentagem. Os itens do balanço patrimonial são mostrados como porcentagem do ativo, e os itens da demonstração de resultados são mostrados como uma porcentagem das vendas.

análise vertical
Outro nome para a técnica de elaboração de demonstrações contábeis de tamanho comum.

---
[4] Evitamos escrever "padronizar as demonstrações" porque "demonstrações financeiras padronizadas" é o nome da demonstração anual que as empresas devem arquivar na CVM, e isso poderia trazer alguma confusão ao leitor.

QUADRO 3.5

COMPANHIA PEDREIRA Balanços patrimoniais de tamanho comum de 2020 e 2021			
	2020	2021	Variação
Ativos			
Ativo circulante			
Caixa e equivalentes	2,5%	2,7%	+ 0,2%
Contas a receber	4,9	5,2	+ 0,3
Estoque	11,7	11,8	+ 0,1
Total	19,1	19,7	+ 0,6
Ativo não circulante			
Ativo Imobilizado – Instalações e equipamentos	80,9	80,3	– 0,6
Ativo total	100,0%	100,0%	0,0
Passivo e patrimônio líquido			
Passivo circulante			
Contas a pagar	9,2%	9,6%	+ 0,4%
Empréstimos	6,8	5,5	– 1,3
Total	16,0	15,1	– 0,9
Passivo não circulante	15,7	12,7	– 3,0
Patrimônio líquido			
Capital social e ágio recebido na emissão de ações	14,8	15,3	+ 0,5
Reserva de lucros	53,3	56,9	+ 3,6
Total	68,1	72,2	+ 4,1
Total do passivo e do patrimônio líquido	100,0%	100,0%	0,0

lante aumentou de 19,1% do ativo total em 2020 para 19,7% em 2021. O passivo circulante diminuiu de 16,0% para 15,1% do passivo total e patrimônio líquido no mesmo período. Da mesma maneira, o patrimônio líquido aumentou de 68,1% do passivo total e patrimônio líquido para 72,2%.

De modo geral, a liquidez da Pedreira, medida pela comparação entre o ativo e o passivo circulantes, aumentou de um ano para outro. No mesmo período, o endividamento da Pedreira diminuiu como porcentagem do ativo total. Poderíamos sentir-nos tentados a concluir que o balanço patrimonial ficou "mais forte". Falaremos mais sobre isso posteriormente.

Demonstrações de resultados de tamanho comum Um modo útil de uniformizar a demonstração de resultados é expressar cada item como porcentagem do total de vendas, como ilustra o Quadro 3.6. Essa demonstração de resultados nos mostra o que acontece com cada real em vendas. Para a Pedreira, despesas de juros consomem até R$0,061 de cada real em vendas, e os tributos consomem outros R$0,081. No final, R$0,157 de cada real chegam ao lucro líquido, e esse montante se divide em R$0,105 retidos para a empresa e R$0,052 distribuídos como dividendos.

Porcentagens são muito úteis em comparações. Por exemplo, um número bastante importante é a porcentagem do custo. Para a Pedreira, 58,2% de cada $1 em vendas são usados para pagar o custo do que é vendido. Seria interessante calcular a mesma porcentagem para os principais concorrentes da empresa, para saber como ela está em termos de controle de custos.

Demonstrações dos fluxos de caixa de tamanho comum Embora não tenhamos apresentado essa demonstração aqui, também é possível e útil preparar uma demonstração de fluxos de caixa de tamanho comum. Infelizmente, com a demonstração atual de fluxos de caixa, não há um denominador óbvio como ativo total ou vendas totais.

QUADRO 3.6

COMPANHIA PEDREIRA	
Demonstração de resultados de tamanho comum de 2021	
Vendas	100,0%
Custos	58,2
Depreciação	11,9
Lucro antes de juros e impostos	29,9
Despesas de juros	6,1
Lucro tributável	23,8
Impostos (34%)	8,1
Lucro líquido	15,7%
Dividendos	5,2%
Acréscimo à reserva de lucros	10,5

Entretanto, se as informações forem organizadas de modo semelhante àquelas do Quadro 3.4, cada item pode ser expresso como uma porcentagem das fontes totais (ou usos totais). Os resultados podem então ser interpretados como a porcentagem de fontes totais de caixa ou como a porcentagem de usos totais de caixa para determinado item.

Demonstrações contábeis com ano-base comum: análise de tendências

Imagine que temos os balanços patrimoniais dos últimos 10 anos de alguma empresa e estamos tentando investigar as tendências no seu padrão de operações. Ao longo do período, a empresa passou a usar mais ou menos capital de terceiros? A empresa ficou mais ou menos líquida? Nesse caso, uma forma útil de uniformizar as demonstrações contábeis é selecionar um ano e expressar cada item em relação ao valor-base. Chamaremos as demonstrações resultantes de **demonstrações com ano-base comum**. Essa técnica também é chamada de **análise horizontal.**

Por exemplo, de 2020 a 2021, o estoque da Pedreira aumentou de $393 para $422. Se escolhermos 2020 como nosso ano-base, podemos definir o estoque igual a 1,00 para esse ano. No ano seguinte, poderíamos calcular o estoque em relação ao ano-base, ou seja, $422/393 = 1,07. Nesse caso, poderíamos dizer que o estoque aumentou em cerca de 7% durante o ano. Se tivéssemos vários anos, poderíamos dividir o número correspondente ao estoque de cada ano por $393. A série resultante é muito simples de transpor para um gráfico, e fica fácil comparar empresas diferentes. O Quadro 3.7 resume esses cálculos para o lado do ativo do balanço patrimonial.

demonstração com ano-base comum
Demonstração financeira uniformizada que apresenta todos os itens em relação a determinado valor do ano-base.

análise horizontal
Outro nome para a técnica de elaboração de demonstrações contábeis uniformizadas por ano-base comum.

Análise combinada de tamanho e ano-base comuns

A análise de tendências que discutimos pode ser combinada com a análise de tamanho comum discutida anteriormente. O motivo para fazer isso é que, à medida que o ativo total aumenta, a maioria das outras contas também deve aumentar. Se construirmos antes as demonstrações de tamanho comum, eliminamos o efeito desse crescimento geral.

Por exemplo, ao observar o Quadro 3.7, vemos que as contas a receber da Pedreira foram de $165, ou 4,9% do ativo total em 2020. Em 2021, elas aumentaram para $188, ou 5,2% do ativo total. Se realizarmos nossa análise em termos monetários, o número em 2021 seria $188/$165 = 1,14, representando um aumento de 14% nas contas a receber. Porém, se trabalharmos com as demonstrações de tamanho comum, o número em 2021 seria 5,2%/4,9% = 1,06. Isso nos diz que as contas a receber, como porcentagem do ativo total, aumentaram em 6%. De modo geral, vemos que, do aumento total de 14%, cerca de 8% (= 14% − 6%) podem ser atribuídos simplesmente ao crescimento do ativo total.

QUADRO 3.7

COMPANHIA PEDREIRA Resumo dos balanços patrimoniais uniformes (somente o lado do ativo)						
	Ativos (em milhões)		Ativos de tamanho comum		Ativos com ano-base comum	Ativos combinados de tamanho e ano-base comuns
	2020	2021	2020	2021	2021	2021
Ativo circulante						
Caixa e equivalentes	$ 84	$ 98	2,5%	2,7%	1,74	1,08
Contas a receber	165	188	4,9	5,2	1,14	1,06
Estoque	393	422	11,7	11,8	1,07	1,01
Total do ativo circulante	$ 642	$ 708	19,1	19,7	1,10	1,03
Ativo não circulante						
Instalações e equipamentos	$2.731	$2.880	80,9	80,3	1,05	0,99
Ativo total	$3.373	$3.588	100,0%	100,0%	1,06	1,00

NOTA: Os números de tamanho comum são calculados dividindo cada item pelo ativo total daquele ano. Por exemplo, o montante de caixa de tamanho comum de 2020 foi de $84/$3.373 = 2,5%. Os números do ano-base comum são calculados dividindo cada item de 2021 pelo montante correspondente do ano-base (2020). O caixa de ano-base comum, portanto, é de $98/$84 = 1,17, representando um aumento de 17%. Os números combinados de tamanho e ano-base comuns são calculados pela divisão de cada montante de tamanho comum pelo montante de tamanho comum do ano-base (2020). O valor de caixa e equivalentes, portanto, é de 2,7%/2,5% = 1,08, representando um aumento de 8% em caixa e equivalentes como porcentagem do ativo total. As colunas podem não dar um total exato devido a arredondamentos.

Questões conceituais

3.2a Por que normalmente é preciso uniformizar as demonstrações contábeis?

3.2b Cite dois tipos de demonstrações uniformes e descreva como cada uma delas é construída.

3.3 Análise de indicadores

Excel Master!
Cobertura on-line do Excel Master

indicadores financeiros
Relações determinadas com base nas informações financeiras da empresa e usadas para fins de comparação.

Outra forma de evitar os problemas da comparação de empresas que tenham tamanhos diferentes é calcular e comparar **indicadores financeiros**. Tais indicadores permitem comparar e investigar os relacionamentos entre as diferentes partes das informações contábeis. Seu uso elimina o problema do tamanho, porque o tamanho é suprimido no processo de divisão. Como resultado, ficamos com porcentagens, múltiplos ou prazos.

Existe um problema na discussão dos indicadores financeiros. Como um indicador é apenas um número dividido por outro, e como existe uma quantidade substancial de números contábeis, há um número imenso de indicadores possíveis que poderíamos examinar. Cada analista tem os seus indicadores preferidos. Nós nos restringiremos a uma amostra representativa.

Nesta seção, queremos apenas apresentar alguns dos indicadores financeiros mais utilizados. Eles não são necessariamente os que consideramos melhores. Na verdade, você pode achar que alguns deles não têm lógica ou não são tão úteis quanto outras alternativas. Nesse caso, não se preocupe. Como analista financeiro, você sempre pode decidir como calcular seus próprios indicadores.

Você precisa ter atenção para o fato de que pessoas diferentes e fontes diferentes raramente calculam esses indicadores exatamente da mesma maneira, e isso pode gerar muita confusão. As definições específicas que usamos podem ou não ser iguais àquelas que você viu ou verá em outro lugar. Sempre que usar indicadores como ferramenta de análise, tenha o cuidado de documentar o modo como calcula cada um deles e indicar a forma como os calcula ao se comunicar com outros leitores e, se estiver comparando seus números com os de outra fonte, verifique se sabe como esses são calculados.

Deixaremos para mais adiante neste capítulo a nossa discussão acerca dos usos dos indicadores e dos problemas que você pode encontrar ao usá-los. Por enquanto, para cada um dos indicadores que discutirmos, consideraremos várias questões:

1. Como ele é calculado?
2. O que se pretende medir com ele, e por que estaríamos interessados nisso?
3. Qual é a unidade de medida?
4. O que um valor alto ou baixo estaria indicando? De que modo tais valores poderiam ser enganosos?
5. Como essa medida poderia ser aperfeiçoada?

Os indicadores financeiros tradicionalmente são agrupados nas seguintes categorias:

1. Indicadores de solvência de curto prazo ou de liquidez.
2. Indicadores de solvência de longo prazo ou de alavancagem financeira.
3. Indicadores de eficiência na gestão de ativos ou de giro.
4. Indicadores de rentabilidade.
5. Indicadores de valor de mercado.

Consideraremos cada um deles. Ao calcularmos esses números para a Pedreira, usaremos os números de final de período do balanço patrimonial (2021), a menos que digamos o contrário. Observe também que os diversos indicadores têm códigos de cor para indicar quais números vêm da demonstração de resultados do exercício e quais vêm do balanço patrimonial.

Indicadores de solvência de curto prazo ou de liquidez

Como o nome sugere, os indicadores de solvência de curto prazo constituem um grupo destinado a fornecer informações sobre a liquidez de uma empresa. Às vezes, eles são chamados de *medidas de liquidez*. A principal preocupação é a capacidade de a empresa pagar suas contas que vencem no curto prazo, sem maior estresse. Consequentemente, esses indicadores se concentram no ativo e no passivo circulantes.

Por motivos óbvios, os indicadores de liquidez são particularmente interessantes para os credores com direitos de curto prazo. A compreensão desses indicadores é fundamental, pois os gestores financeiros lidam constantemente com bancos e outros provedores de financiamentos de curto prazo.

Uma vantagem de considerar o ativo e o passivo circulantes é que seus valores contábeis e de mercado são provavelmente semelhantes. Com frequência (embora nem sempre), o ativo e o passivo simplesmente não sobrevivem tempo suficiente para que fiquem seriamente desalinhados com seus valores de mercado. Por outro lado, assim como qualquer tipo de "quase caixa", o ativo e o passivo circulantes podem variar rapidamente, de modo que os montantes de hoje podem não ser um guia confiável para o futuro.

Índice de liquidez corrente
Um dos indicadores mais conhecidos e usados é o *índice de liquidez corrente*. Como você já deve ter adivinhado, ele é definido assim:

$$\text{Índice de liquidez corrente} = \frac{\text{Ativo circulante}}{\text{Passivo circulante}} \quad [3.1]$$

Este é o índice de liquidez corrente da Pedreira em 2021:

$$\text{Índice de liquidez corrente} = \frac{\$708}{\$540} = 1{,}31 \text{ vez}$$

Acesse www.reuters.com para examinar indicadores comparativos de uma enorme quantidade de empresas.

Como o ativo e o passivo circulantes são, em princípio, convertidos em caixa ao longo dos 12 meses seguintes, o índice de liquidez corrente é uma medida da liquidez de curto prazo. A unidade de medida é em moeda ou em número de vezes. Assim, poderíamos dizer que a Pedreira tem $1,31 em ativo circulante para cada $1 em passivo circulante, ou poderíamos dizer que ela tem seu passivo circulante coberto 1,31 vez.

Para um credor — especialmente um de curto prazo, como um fornecedor —, quanto maior o índice de liquidez corrente, melhor. Para a empresa, um índice de liquidez corrente alto indica liquidez, mas também pode indicar um uso ineficiente do caixa e de outros ativos de curto prazo (ativos circulantes exigem uso de caixa). Se não houver circunstâncias extraordinárias, esperaríamos ver um índice de liquidez corrente de pelo menos 1, porque, se for menor do que 1, significa que o capital circulante líquido (ativo circulante menos passivo circulante) é negativo. Isso não seria comum em uma empresa saudável, pelo menos para a maioria dos tipos de negócios.

O índice de liquidez corrente, assim como qualquer índice, é afetado por diversos tipos de transações. Por exemplo, suponha que a empresa tome um empréstimo de longo prazo para levantar recursos financeiros. O efeito de curto prazo seria um aumento do caixa com os resultados da emissão e um aumento do passivo não circulante. O passivo circulante não seria afetado e, portanto, o índice de liquidez corrente aumentaria.

Por último, observe que um índice de liquidez corrente aparentemente baixo pode não ser um mau sinal para uma empresa com uma grande capacidade não utilizada de linhas de financiamento disponíveis.

EXEMPLO 3.1 Eventos correntes

Suponha que uma empresa pague parte do que deve a fornecedores e credores de curto prazo; o que acontece com o seu índice de liquidez corrente? Suponha que uma empresa compre estoques à vista; o que acontece? E se uma empresa vende mercadoria?

O primeiro caso é uma pergunta capciosa. O que ocorre é que o índice de liquidez corrente se distancia de 1. Se ele estiver acima de 1 (o que é comum), ele ficará maior; mas, se ele for abaixo de 1, ele ficará menor. Para ver isso, suponha que a empresa tenha $4 em ativo circulante e $2 em passivo circulante, o que dá um índice de liquidez corrente de 2. Se usarmos $1 do caixa para reduzir o passivo circulante, então, o novo índice de liquidez corrente será de ($4 − 1)/($2 − 1) = 3. Se revertermos a situação original para $2 em ativo circulante e $4 em passivo circulante, a variação fará com que o índice de liquidez corrente caia de 1/2 para 1/3.

O segundo caso não é tão capcioso. Nada acontece ao índice de liquidez corrente, porque o caixa diminui e o estoque aumenta — o ativo circulante não é afetado.

No terceiro caso, o índice de liquidez corrente, em geral, se elevará, porque o estoque normalmente é mostrado ao custo, e a venda deve ser maior do que o custo (a diferença é a margem de lucro). O aumento de caixa e equivalentes ou das contas a receber é, portanto, maior do que a diminuição do estoque. Isso aumenta o ativo circulante e, consequentemente, o índice de liquidez corrente.

O índice de liquidez imediata (ou liquidez seca) Em geral, o estoque é o ativo circulante menos líquido. Ele também é o que tem valores contábeis menos confiáveis como medidas do valor de mercado, porque a qualidade do estoque não é considerada. Parte do estoque pode ser danificada, tornar-se obsoleta ou se perder com o passar do tempo.

Para sermos mais exatos, estoques relativamente grandes quase sempre são um sinal de problemas no curto prazo. A empresa pode ter superestimado as vendas ou comprado, ou produzido, em excesso. Nesses casos, ela terá uma parte substancial de sua liquidez presa em estoques de movimentação lenta.

Para avaliar melhor a liquidez, o *índice de liquidez imediata*, ou *liquidez seca*, é calculado como o índice de liquidez corrente, mas o estoque é omitido:

$$\text{Índice de liquidez imediata} = \frac{\text{Ativo circulante} - \text{estoques}}{\text{Passivo circulante}} \quad [3.2]$$

Observe que usar caixa para comprar estoques não afeta o índice de liquidez corrente, mas reduz o índice de liquidez imediata. A ideia é que o estoque é relativamente ilíquido quando comparado ao caixa.

No caso da Pedreira, esse índice em 2021 foi:

$$\text{Índice de liquidez imediata} = \frac{\$708 - 422}{\$540} = 0{,}53 \text{ vez}$$

O índice de liquidez imediata conta uma história um pouco diferente daquela do índice de liquidez corrente, porque o estoque representa mais da metade do ativo circulante da Pedreira. Para exagerar a questão, se esse estoque fosse de usinas nucleares não vendidas, isso seria motivo de preocupação.

Para dar um exemplo de índice de liquidez imediata em relação ao índice de liquidez corrente com base em demonstrações contábeis relativamente recentes, em determinado ano, a Walmart e a Manpower Inc. tiveram índices de liquidez corrente de 0,80 e 1,44, respectivamente. Entretanto, a Manpower não tem estoque, enquanto o ativo circulante da Walmart é praticamente só o estoque. Como resultado, o índice de liquidez imediata da Walmart foi de apenas 0,23, enquanto o da Manpower foi de 1,44, igual ao seu índice de liquidez corrente.

Outros índices de liquidez Mencionaremos, de forma breve, três outras medidas de liquidez. Um credor de curtíssimo prazo poderia se interessar pelo *índice de caixa*:

$$\text{Índice de caixa} = \frac{\text{Caixa e equivalentes}}{\text{Passivo circulante}} \quad [3.3]$$

Você pode verificar que, em 2021, isso resulta em 0,18 vez no caso da Pedreira.

Como o CCL com frequência é visto como o montante da liquidez de curto prazo que uma empresa tem, podemos considerar a relação entre *o CCL e o ativo total*:

$$\text{Índice capital circulante líquido/ativo total} = \frac{\text{Capital circulante líquido}}{\text{Ativo total}} \quad [3.4]$$

Um valor relativamente baixo pode indicar níveis relativamente baixos de liquidez. Aqui, esse índice resulta em ($708 - 540$)/$3.588 = 4{,}7\%$.

Por último, imagine que a Pedreira estivesse enfrentando uma greve e que as entradas de caixa começassem a diminuir. Por quanto tempo a empresa continuaria funcionando? Uma resposta é dada pela *medida de intervalo*:

$$\text{Medida de Intervalo} = \frac{\text{Ativo circulante}}{\text{Custos operacionais diários médios}} \quad [3.5]$$

Os custos anuais totais, excluindo a depreciação e os juros, foram de $1.344. O custo diário médio foi $1.344/365 = $3,68 por dia.[5] Portanto, a medida de intervalo é $756/$3,68 = 205 dias. Com base nisso, a Pedreira poderia se manter por mais ou menos seis meses.[6]

A medida de intervalo (ou algo muito semelhante) também é útil para as empresas recém-fundadas ou iniciantes, que quase sempre têm pouca receita. Para tais empresas, a medida de

---

[5] Na prática, é comum usar um ano com 360 dias para muitos desses índices envolvendo valores médios diários. O chamado ano comercial tem exatamente quatro trimestres de 90 dias cada e era conveniente para os cálculos realizados antes do advento das calculadoras portáteis. Usaremos 365 dias.

[6] Às vezes, a depreciação e/ou os juros são incluídos no cálculo dos custos diários médios. A depreciação não é uma despesa de caixa e sua inclusão não faz muito sentido. Juros são custos de financiamento e, portanto, nós os excluímos por definição (observamos apenas os custos operacionais). Poderíamos, obviamente, definir um indicador diferente que incluísse as despesas de juros.

intervalo indica por quanto tempo a empresa pode operar até precisar de novos financiamentos. O custo operacional diário das empresas novas é chamado de *taxa de queima*, a taxa com a qual o caixa é "queimado" na corrida para atingir a lucratividade.

As taxas de queima entraram em foco para as empresas tradicionais quando a pandemia da Covid-19 causou um choque maciço nas receitas do setor de transporte aéreo. A Delta, por exemplo, queimava $100 milhões por dia no final de março de 2020, uma taxa que esperava cortar apenas pela metade ao final do segundo trimestre. A United informou prejuízos semelhantes.

Indicadores de solvência de longo prazo

Os indicadores de solvência de longo prazo abordam a capacidade da empresa para cumprir suas obrigações de longo prazo ou, de modo geral, sua alavancagem financeira. Eles também são chamados de *índices de alavancagem financeira* ou simplesmente *índices de alavancagem*. Consideraremos três medidas mais usadas e algumas variações.

Índice de endividamento total O *índice de endividamento total* leva em conta todas as dívidas, todos os vencimentos e todos os credores. Ele pode ser definido de várias maneiras, mas a mais fácil é a seguinte:

$$\text{Índice de endividamento total} = \frac{\text{Ativo total} - \text{Patrimônio líquido}}{\text{Ativo total}} \quad [3.6]$$

$$= \frac{\$3.588 - 2.591}{\$3.588} = 0{,}28 \text{ vez}$$

Nesse caso, um analista poderia dizer que a Pedreira usa 28% de capital de terceiros.[7] O fato de isso ser alto ou baixo, ou mesmo de fazer qualquer diferença, depende de a estrutura do capital ser ou não importante, um assunto que discutiremos na Parte 6.

A Pedreira tem $0,28 de capital de terceiros para cada $1 de ativo. Assim, existe $0,72 de patrimônio líquido (= $1 − $0,28) para cada $0,28 de dívida. Tendo isso em mente, podemos definir duas variações úteis do índice de endividamento total — o *índice dívida / capital próprio* e o *multiplicador do patrimônio líquido*:

$$\text{Índice dívida/capital próprio} = \textbf{Dívida total / Patrimônio líquido} \quad [3.7]$$
$$= \$0{,}28 / \$0{,}72 = 0{,}39 \text{ vez}$$

$$\text{Multiplicador do patrimônio líquido} = \textbf{Ativo total / Patrimônio líquido} \quad [3.8]$$
$$= \$1 / \$0{,}72 = 1{,}39 \text{ vez}$$

O fato de o multiplicador do patrimônio ser 1 mais o índice dívida/capital próprio não é mera coincidência:

$$\text{Multiplicador do patrimônio líquido} = \textbf{Ativo total / Total do patrimônio líquido}$$
$$= \$1 / \$0{,}72 = 1{,}39 \text{ vez}$$
$$= \textbf{(Total do patrimônio líquido + Dívida total) /}$$
$$\textbf{Patrimônio líquido total}$$
$$= 1 + \text{Índice dívida/capital próprio} = 1{,}39 \text{ vez}$$

O importante a observar aqui é que, com qualquer um desses três indicadores, você pode calcular imediatamente os outros dois, de forma que todos dizem exatamente a mesma coisa.

---

[7] Em nossa abordagem, o patrimônio líquido inclui as ações preferenciais (discutidas no Capítulo 8 e em outras partes deste livro), caso existam. Um numerador equivalente para esse índice seria passivo circulante + passivo não circulante.

Uma breve digressão: capitalização total *versus* ativo total Com frequência, os analistas financeiros estão mais preocupados com o passivo não circulante da empresa do que com sua dívida de curto prazo, porque a dívida de curto prazo muda constantemente. As contas a pagar de uma empresa também podem ser mais um reflexo da prática comercial do que da política de gestão do endividamento. Por esses motivos, um *índice de endividamento a longo prazo* é com frequência calculado assim:

$$\text{Índice de endividamento a longo prazo} = \frac{\text{Passivo não circulante}}{\text{Passivo não circulante + Patrimônio líquido}}$$
$$= \frac{\$457}{\$457 + 2.591} = \frac{\$457}{\$3.048} = 0,15 \text{ vez} \quad [3.9]$$

Os $3.048 na soma do valor do passivo não circulante e do valor do capital próprio também são chamados de *capitalização total* da empresa, e o administrador financeiro frequentemente dá atenção a esse valor, e não ao ativo total.

Para complicar as coisas, pessoas diferentes (e livros diferentes) entendem de maneira diferente o termo *índice de endividamento*. Alguns se referem a um índice de endividamento total, outros apenas a um índice de endividamento a longo prazo, e, infelizmente, muitos simplesmente não deixam claro o que querem dizer.

Isso causa confusão e, portanto, optamos por dar nomes diferentes às duas medidas. O mesmo problema surge quando se discute o índice dívida/capital próprio. Com frequência, os analistas financeiros calculam esse índice usando apenas o passivo não circulante.

Indicadores usados para analisar empresas de tecnologia podem ser encontrados em **www.chalfin.com**, seguindo o *link* "Publications".

Índice de cobertura de juros Outra medida comum da solvência de longo prazo é o *índice de cobertura de juros* (ICJ). Para esse índice, também existem várias definições possíveis (e comuns), mas ficaremos com a mais tradicional:

$$\text{Índice de cobertura de juros} = \frac{\text{Lajir}}{\text{Juros}}$$
$$= \frac{\$691}{\$141} = 4,9 \text{ vezes} \quad [3.10]$$

Como o nome sugere, esse indicador mede quão bem uma empresa poderá cumprir com suas obrigações de pagamento de juros. No caso da Pedreira, a conta de juros é coberta 4,9 vezes.

Cobertura de caixa Um problema do ICJ é que ele se baseia no Lajir, que não é realmente uma medida do caixa disponível para pagar juros. O motivo disso é que a depreciação e a amortização, despesas que não afetam o caixa, foram deixadas de fora. Como as despesas de juros são uma *saída de caixa efetiva* (para os credores), uma forma de definir o *índice de cobertura de caixa* é:

$$\text{Índice de cobertura de caixa} = \frac{\text{Lajir + Depreciação}}{\text{Juros}} \quad [3.11]$$
$$= \frac{\$691 + 276}{\$141} = \frac{\$967}{\$141} = 6,9 \text{ vezes}$$

O numerador aqui poderia ser definido como Lajir + Depreciação e poderia ser abreviado como Lajird (lucro antes dos juros, dos impostos e da depreciação). Essa é a medida básica da capacidade de uma empresa de gerar caixa, a partir de operações e é comumente usada como medida do fluxo de caixa disponível para atender às obrigações financeiras.

A variante comum do Lajird é o Lajida, lucro antes dos juros, dos impostos, da depreciação e da amortização (também muito referida pelo termo em inglês, Ebitda). A *amortização* aqui se refere a uma dedução que não afeta o caixa conceitualmente semelhante à depreciação, exceto que ela se aplica a um ativo intangível (por exemplo, uma patente), e não a um ativo tangível (por exemplo, uma máquina). Observe que a palavra *amortização* não se refere ao pagamento de dívidas, um assunto que discutiremos em outro capítulo.

Medidas de gestão de ativos ou de giro

A seguir, veremos a eficiência com que a Pedreira utiliza seus ativos. Às vezes, as medidas apresentadas nesta seção são chamadas de *índices de utilização dos ativos* e, também, de *indicadores de atividade*. Todos os indicadores específicos que discutiremos aqui podem ser interpretados como medidas de giro. Eles se destinam a descrever a eficiência ou a intensidade com que uma empresa utiliza seus ativos para gerar vendas. Em primeiro lugar, examinaremos dois ativos circulantes importantes: o estoque e as contas a receber.

Giro do estoque e prazo médio de estocagem

Durante o ano, a Pedreira teve custos de $1.344. O estoque, ao final do ano, era de $422. Com esses números, o *giro do estoque* pode ser calculado assim:

$$\text{Giro do estoque} = \frac{\text{Custo das mercadorias vendidas}}{\text{Estoque}} \quad [3.12]$$
$$= \frac{\$1.344}{\$422} = 3{,}2 \text{ vezes}$$

De certo modo, a Pedreira vendeu ou movimentou todo o estoque 3,2 vezes.[8] Desde que não fiquemos sem estoque e, portanto, não percamos vendas, quanto maior esse índice, mais eficiente é nossa gestão de estoques.

Se sabemos que giramos nosso estoque 3,2 vezes durante o ano, então, podemos calcular imediatamente o tempo médio necessário para girá-lo. O resultado é o *prazo médio de estocagem:*

$$\text{Prazo médio de estocagem (PME)} = \frac{365 \text{ dias}}{\text{Giro do estoque}} \quad [3.13]$$
$$= \frac{365 \text{ dias}}{3{,}2} = 114 \text{ dias}$$

Isso indica que, de modo aproximado, o estoque permanece 114 dias em média até ser vendido. Logo, pressupondo que usamos os números mais recentes de estoques e custos, demorará cerca de 114 dias até esgotar o estoque atual.

Para dar um exemplo, em março de 2020, com a queda nas vendas devido à pandemia da Covid-19, a indústria automobilística americana como um todo tinha um estoque de 116 dias de carros, quase o dobro do estoque de 60 dias considerado normal. Esse valor significa que, com as vendas à velocidade corrente na época, seriam necessários 116 dias para esgotar o estoque disponível. Obviamente, havia uma variação significativa entre os modelos. Por exemplo, as vendas de caminhonetes superaram as de sedãs pela primeira vez. Por consequência, havia apenas 400.000 caminhonetes em estoque; quando a GM tentou acelerar a sua produção, a empresa sofreu atrasos devido à falta de peças.

Talvez faça mais sentido usar o estoque médio para calcular o giro. Assim, o giro do estoque seria $1.344/[($393 + 422)/2] = 3,3 vezes.[9] Isso vai depender da finalidade do cálculo. Se estivermos interessados no tempo necessário para vender nosso estoque atual, talvez fosse melhor usar o número final (como fizemos inicialmente).

Os números médios também poderiam ser usados em muitos dos indicadores que discutimos neste capítulo. Novamente, isso vai depender de estarmos preocupados com o passado, caso em que o uso de médias é adequado, ou com o futuro, caso em que os números de final de período poderiam ser melhores. Além disso, o uso de números finais é bastante comum nos relatórios de médias da indústria. Assim, para fins de comparação, os números de final de período devem ser usados nesses casos. De qualquer maneira, o uso de números finais é definitivamente menos trabalhoso, de forma que prosseguiremos com eles.

---

[8] Observe que utilizamos os custos como numerador da equação. Para algumas finalidades, seria mais útil usar as vendas em vez dos custos. Por exemplo, se quiséssemos saber a quantidade de vendas gerada por real em estoque, poderíamos simplesmente substituir os custos pelas vendas.

[9] Observe que calculamos a média como sendo (valor inicial + valor final)/2.

Giro de contas a receber e prazo médio de recebimento Nossas medidas de estoque indicam a rapidez com que podemos vender mercadorias. Agora, veremos a rapidez com que recebemos por essas vendas. O *giro das contas a receber* é definido da mesma forma que o giro do estoque:

$$\text{Giro de contas a receber} = \frac{\text{Vendas}}{\text{Contas a receber}} \quad [3.14]$$

$$= \frac{\$2.311}{\$188} = 12,3 \text{ vezes}$$

De modo geral, a Pedreira recebeu suas vendas a crédito e forneceu crédito novamente 12,3 vezes no ano.[10]

Esse índice faz mais sentido se convertermos ele em dias. Eis o *prazo médio de recebimento* (PMR):

$$\text{Prazo médio de recebimento (PMR)} = \frac{365 \text{ dias}}{\text{Giro de contas a receber}}$$

$$= \frac{365}{12,3} = 30 \text{ dias} \quad [3.15]$$

Assim, a Pedreira recebe suas vendas a crédito em 30 dias. Esse indicador também é chamado de *prazo médio de cobrança, prazo médio de vendas* e *prazo médio de contas a receber*.

Observe também que, se usarmos os números mais recentes, também podemos dizer que temos 30 dias em vendas ainda não recebidas. Aprenderemos mais sobre esse assunto ao estudarmos as políticas de crédito em um capítulo posterior.

EXEMPLO 3.2 Giro de contas a pagar

Aqui temos uma variação do prazo médio de recebimento. Quanto tempo, em média, a Companhia Pedreira leva para pagar suas contas? Para responder, precisamos calcular o giro de contas a pagar usando o custo das mercadorias vendidas. Vamos supor que a empresa compre tudo a crédito.

O custo das mercadorias vendidas é de $1.344, e as contas a pagar somam $344. O giro, portanto, é de $1.344/$344 = 3,9 vezes. Assim, as contas a pagar giram mais ou menos a cada 365/3,9 = 94 dias; esse é o prazo médio de pagamento da Pedreira. Dessa forma, em média, a Pedreira leva 94 dias para pagar suas contas. Como fornecedores potenciais de crédito, poderíamos nos interessar por esse fato.

Indicadores de giro do ativo Saindo da parte de contas específicas, como estoque ou contas a receber, podemos considerar vários indicadores "abrangentes". Por exemplo, o *giro do capital circulante líquido*[11] *(CCL)* é:

$$\text{Giro do CCL} = \frac{\text{Vendas}}{\text{CCL}} \quad [3.16]$$

$$= \frac{\$2.311}{\$708 - 540} = 13,8 \text{ vezes}$$

Esse índice mede o quanto nosso capital de giro, o capital aplicado no circulante, "trabalhou" no ano. Novamente, supondo que não estamos tendo perdas nas vendas, um valor alto é preferível. (Por quê?)

Da mesma forma, o *giro do ativo imobilizado* é:

---

[10] Supomos implicitamente que todas as vendas foram feitas a crédito. Caso não fossem, então simplesmente usaríamos as vendas totais a crédito nesses cálculos, e não as vendas totais.

[11] Deveríamos escrever *giro do capital de giro*, ou, talvez melhor, *rotação do capital de giro*, mas deixaremos isso para o Capítulo 18, em que veremos que estamos mais interessados na gestão do capital de giro, não do capital circulante líquido. São conceitos diferentes, como veremos no Capítulo 18, mas que sempre terão o mesmo valor contábil.

$$\text{Giro do ativo imobilizado} = \frac{\text{Vendas}}{\text{Ativo imobilizado líquido}} \quad [3.17]$$

$$= \frac{\$2.311}{\$2.880} = 0,80 \text{ vez}$$

Com esse índice, provavelmente faz mais sentido dizer que, para cada real em ativo imobilizado, a Pedreira gerou $0,80 em vendas.

Nosso último índice de gestão de ativos, o *giro do ativo total*, se destaca bastante. Veremos isso mais tarde neste capítulo e no próximo. Como o nome sugere, o giro do ativo total é:

$$\text{Giro do ativo total} = \frac{\text{Vendas}}{\text{Ativo total}} \quad [3.18]$$

$$= \frac{\$2.311}{\$3.588} = 0,64 \text{ vez}$$

Em outras palavras, para cada real em ativos, a Pedreira gerou $0,64 em vendas.

Para dar um exemplo de giro do ativo imobilizado e giro do ativo total, com base em demonstrações contábeis, a Hilton teve um giro do ativo total de 0,66, comparado aos 0,63 da IBM. Entretanto, o investimento muito maior em ativo imobilizado de uma hoteleira se reflete no giro do ativo imobilizado da Hilton de 0,77, contra 1,05 da IBM.

EXEMPLO 3.3 | Mais giro

Suponha que você descubra que determinada empresa gera $0,40 em vendas para cada real em ativos. Com que frequência ela gira seu ativo total?

O giro do ativo total é de 0,40 vez por ano. São precisos 1/0,40 = 2,5 anos para movimentar completamente o ativo total.

Medidas de lucratividade

As três medidas que discutimos nesta seção provavelmente são os indicadores mais conhecidos e utilizados. De uma forma ou de outra, elas se destinam a medir a eficiência de uma empresa em utilizar seu ativo e administrar suas operações. O foco está na última linha, a do lucro líquido.

Margem de lucro As empresas prestam muita atenção à sua *margem de lucro*:

$$\text{Margem de lucro} = \frac{\text{Lucro líquido}}{\text{Vendas}} \quad [3.19]$$

$$= \frac{\$435}{\$2.311} = 0,1880 \text{ ou } 18,80\%$$

Isso nos mostra que a Pedreira, em termos contábeis, gera um pouco menos de 16 centavos de lucro para cada real vendido.

Obviamente, mantendo iguais os demais fatores, uma margem líquida relativamente alta é desejável. Essa situação corresponde a índices baixos de despesas em relação às vendas. Entretanto, acrescentamos que nem sempre os demais fatores se manterão iguais.

Por exemplo, a redução de nosso preço de venda, em geral, aumentará o volume de unidades vendidas, mas fará as margens de lucro diminuírem. O lucro total (ou, mais importante, o fluxo de caixa operacional) pode aumentar ou diminuir. Assim, o fato de as margens serem menores não é necessariamente ruim (se o giro das vendas for maior). Afinal de contas, não é possível que, como dizem, "nossos preços sejam tão baixos que perdemos dinheiro em tudo o que vendemos, mas compensamos no volume"?[12]

---

[12] Não, definitivamente não é!

Como mede quão bem uma empresa ganha dinheiro, a margem de lucro é um indicador muito conhecido. Contudo, como ocorre com qualquer indicador, há variação significativa entre os diferentes setores. O Quadro 3.8 mostra as margens de lucro de diversos setores em um trimestre recente. Como vemos, a margem de lucro média de uma empresa industrial americana foi de 8,65%, mas a indústria de pesquisa científica sofreu problemas significativos e teve margem de lucro negativa. No outro extremo, a radiotransmissão teve margem de lucro de cerca de 44%.

QUADRO 3.8 Margens de lucro de diversos setores nos EUA

Toda a indústria	8,65%
Serviços de pesquisa e desenvolvimento científico	−19,59
Serviços de consultoria técnica e de gestão	1,24
Produção sonora e audiovisual	3,30
Criação de sistemas de computador e serviços relacionados	6,04
Alimentos	6,59
Produtos de madeira	7,05
Vestuário e produtos de couro	9,28
Produtos químicos	11,36
Produtos farmacêuticos e medicamentos	21,67
Radiotransmissão, exceto Internet	43,57

Fonte: U.S. Census Bureau, U.S. Manufacturing, Mining, Wholesale Trade, and Selected Service Industries, segundo trimestre de 2019.

Retorno sobre o ativo O *retorno sobre o ativo* (*return on assets* — ROA) é uma medida do lucro por real em ativos. Ele pode ser definido de várias maneiras, mas a mais comum é:

$$\text{Retorno sobre o ativo} = \frac{\text{Lucro líquido}}{\text{Ativo total}} \quad [3.20]$$

$$= \frac{\$363}{\$3.588} = 0{,}1012 \text{ ou } 10{,}12\%$$

Retorno sobre o patrimônio líquido O *retorno sobre o patrimônio líquido* (*return on equity* — ROE) é uma medida de como foi o ano para os acionistas. Como nosso objetivo é beneficiar os acionistas, em termos contábeis, o ROE é a verdadeira medida do desempenho do lucro. Em geral, o ROE é medido assim:

$$\text{Retorno sobre o patrimônio líquido} = \frac{\text{Lucro líquido}}{\text{Patrimônio líquido}} \quad [3.21]$$

$$= \frac{\$363}{\$2.591} = 0{,}14 \text{ ou } 14\%$$

Portanto, para cada real de patrimônio líquido, a Pedreira gerou 14 centavos de lucro, mas isso, mais uma vez, está correto apenas em termos contábeis.

Como ROA e ROE são números muito citados, enfatizamos a importância de nos lembrarmos de que eles são índices de retorno *contábeis*. Por esse motivo, essas medidas deveriam ser chamadas mais adequadamente de *retorno sobre o ativo contábil* e de *retorno sobre o patrimônio contábil*. Seria inadequado comparar o resultado com, por exemplo, uma taxa de juros observada nos mercados financeiros. Teremos mais a dizer sobre taxas de retorno contábeis em capítulos posteriores.

O fato de o ROE exceder o ROA reflete o fato de que a Pedreira usa alavancagem financeira. Examinaremos o relacionamento entre essas duas medidas com mais detalhes a seguir.

EXEMPLO 3.4 | ROE e ROA

Como ROE e ROA, em geral, destinam-se a medir o desempenho ao longo de um período, faz certo sentido calculá-los com base no patrimônio líquido médio e no ativo médio, respectivamente. Como calcularíamos esses índices para a Pedreira?

Primeiro, precisamos calcular o ativo médio e o patrimônio líquido médio:

Ativo médio = (**$3.373 + 3.588**) / 2 = $3.481
Patrimônio líquido médio = (**$2.299 + 2.591**) / 2 = $2.445

Com essas médias, podemos recalcular o ROA e o ROE da seguinte forma:

$$ROA = \frac{\$363}{\$3.481} = 0,1043 \text{ ou } 10,43\%$$

$$ROE = \frac{\$363}{\$2.445} = 0,1485 \text{ ou } 14,85\%$$

Esses retornos são ligeiramente maiores do que nossos cálculos anteriores, porque o ativo e o patrimônio líquido aumentaram durante o ano, o que faz suas médias serem menores do que os seus valores finais.

Medidas de valor de mercado

Nosso último grupo de medidas se baseia, em parte, em uma informação que não está necessariamente contida nas demonstrações contábeis — o preço de mercado por ação. Obviamente, essas medidas só podem ser calculadas para as empresas de capital aberto.

Vamos supor que a Pedreira tem 33 milhões de ações em circulação e que cada uma de suas ações é negociada por $88 no final do ano. Se lembrarmos que o lucro líquido da Pedreira foi de $363 milhões, podemos calcular que o seu lucro por ação foi:

$$LPA = \frac{\text{Lucro líquido}}{\text{Ações em circulação}} = \frac{\$363}{33} = \$11$$

Índice preço/lucro A primeira de nossas medidas de valor de mercado, o *índice* (ou múltiplo) *preço/lucro* (P/L), é definida assim:

$$\text{Índice P/L} = \frac{\text{Preço por ação}}{\text{Lucro por ação}} \quad [3.22]$$

$$= \frac{\$88}{\$11} = 8 \text{ vezes}$$

Em linguagem de mercado, diríamos que uma ação da Pedreira é negociada por oito vezes o lucro, ou poderíamos dizer que suas ações têm ou "carregam" um múltiplo P/L de oito.

Os índices P/L variam substancialmente entre as empresas, mas, em 2020, uma empresa grande típica nos Estados Unidos tinha um P/L na faixa 15-20. Isso está acima da média de acordo com os padrões históricos, mas não muito. Um ponto baixo para os P/Ls foi de cerca de 5 em 1974, e o mais alto foi de 70 em 2009. Os P/Ls também variam de acordo com o país. Por exemplo, os P/Ls japoneses têm sido historicamente muito mais altos do que os seus equivalentes estadunidenses.

Como o índice P/L mede o quanto os investidores estão dispostos a pagar por real de lucro corrente, os P/Ls mais altos quase sempre significam que a empresa tem perspectivas significativas de crescimento. Obviamente, se uma empresa tiver nenhum ou quase nenhum lucro, seu P/L provavelmente será muito grande, de forma que é preciso ter cuidado ao interpretar esse indicador.

Às vezes, os analistas dividem o P/L pelas taxas de crescimento esperado de lucros (após multiplicarem a taxa de crescimento por 100). O resultado é o P/L por crescimento do LPA[13]

---

[13] Como indicador, poderíamos sugerir (P/L)/ΔLPA

(*price/earnings to growth* — PEG). Suponha que a taxa de crescimento esperada do LPA da Pedreira fosse de 6%. O seu índice PEG seria de 8/6 = 1,33. O fato de o índice PEG de uma empresa ser baixo ou alto vai depender da expectativa de crescimento futuro dessa empresa. Índices PEG altos sugerem que o P/L é muito alto em relação ao crescimento, e vice-versa.

Quando calculamos o índice P/L, uma questão frequente é qual lucro utilizar. Em geral, seleciona-se os quatro trimestres de lucro mais recentes (UDM, ou últimos 12 meses). O uso do lucro projetado, futuro ou *forward*, para o próximo ano também é comum. O uso de medidas diferentes pode produzir índices bastante diferentes entre si. O Quadro 3.9 mostra os índices P/L com base no lucro passado e no lucro futuro. Como vemos, a construção civil tem o menor índice P/L, enquanto a indústria de software para a Internet tem o maior. Quando levamos o crescimento em consideração, os dois setores têm índices PEG semelhantes.

Índice preço/vendas

Em alguns casos, as empresas apresentarão prejuízo por longos períodos e, assim, os seus índices P/L não terão muito sentido. Um exemplo é o de uma *start-up*. Normalmente, essas empresas têm alguma receita, de forma que os analistas vão observar o *índice preço/vendas:*

$$\text{Índicer preço/vendas} = \frac{\text{Preço por ação}}{\text{Vendas por ação}}$$

No caso da Pedreira, as vendas foram de \$2.311, assim, o seu índice preço/vendas é:

$$\text{Índice preço/vendas} = \frac{\$88}{\$2.311/33} = 1,26 \text{ vez}$$

A exemplo dos indicadores P/L, um determinado indicador preço/vendas é alto ou baixo dependendo do ramo de negócios envolvido.

Índice valor de mercado/valor contábil

Outra medida de valor de mercado muito citada é o *índice valor de mercado/valor contábil:*

$$\text{Índice valor de mercado/valor contábil} = \frac{\text{Valor de mercado por ação}}{\text{Valor contábil por ação}} \qquad [3.23]$$

$$= \frac{\$88}{(\$2.591/33)} = \frac{\$88}{\$78,5} = 1,12 \text{ vez}$$

Observe que o valor contábil por ação é o patrimônio líquido total dividido pelo número total de ações em circulação, de todas as espécies. Como o valor contábil por ação é um número contábil, ele reflete custos históricos. De um modo amplo, o índice valor de mercado/

QUADRO 3.9 Índices P/L e PEG de diversos setores nos EUA

	P/L últimos doze meses	P/L projetado	Índice PEG
Construção civil	10,45	8,04	2,41
Autopeças	18,92	11,88	1,27
Vestuário	55,05	14,04	1,72
Serviços de computador	19,29	15,48	1,40
Varejo (geral)	18,48	16,25	2,50
Produtos domésticos	40,46	17,84	2,57
Produto (mercearia e alimentos)	12,67	19,04	0,86
TV a cabo	10,69	23,55	4,04
Energia verde & renovável	16,64	28,64	2,36
Software (Internet)	70,27	121,85	2,57

Fonte: http://people.stern.nyu.edu/adamodar/New_Home_Page/dataarchived.html#variables, 18 de setembro de 2019.

valor contábil compara, portanto, o valor de mercado dos investimentos da empresa com o custo desses investimentos. Um valor menor do que 1 significa que a empresa não foi bem--sucedida em criar valor para os seus acionistas.

Os índices valor de mercado/valor contábil, nos últimos anos, parecem altos em relação aos valores do passado. Por exemplo, para as 30 empresas de primeira linha nos EUA que formam o prestigioso índice industrial Dow Jones, o padrão histórico é de aproximadamente 1,7. Entretanto, nos anos recentes, o índice valor de mercado/valor contábil desse grupo dobrou.

Outro índice, conhecido como *índice Q de Tobin*, é muito parecido com o índice valor de mercado/valor contábil. O Q de Tobin é o valor de mercado dos ativos da empresa dividido pelo seu custo de reposição:

Q de Tobin = Valor de mercado dos ativos / Custo de reposição dos ativos
= Valor de mercado do passivo e capital próprio / Custo de reposição dos ativos

Observe que utilizamos aqui dois numeradores equivalentes: o valor de mercado do ativo da empresa e o valor de mercado do passivo e do capital próprio.

Conceitualmente, o índice Q é superior ao índice valor de mercado/valor contábil porque se concentra no que a empresa vale hoje em relação ao seu custo de reposição atual. Empresas com altos índices Q tendem a ser aquelas com oportunidades de investimentos atrativas ou vantagens competitivas significativas (ou ambas). Já o índice valor de mercado/valor contábil se concentra nos custos históricos, que são menos relevantes.

Um problema prático, entretanto, é que índices Q são difíceis de calcular com precisão, porque estimar o custo de reposição dos ativos de uma empresa não é algo fácil. Além disso, valores de mercado das dívidas das empresas, com frequência, não são observáveis. Nesses casos, o valor contábil pode ser utilizado, mas com perda de precisão.

Índice valor da empresa/Lajida (Ebitda)

O valor da empresa é uma estimativa do valor de mercado dos ativos operacionais da empresa. Por ativos operacionais, queremos dizer todos os ativos da empresa, exceto o caixa e equivalentes. Obviamente, não seria prático trabalhar com os ativos individuais da empresa, pois seus valores de mercado não costumam estar disponíveis. Em vez disso, usamos o lado direito do balanço patrimonial para calcular o valor da empresa como:

Valor da empresa = Valor de mercado total do capital próprio [3.24]
+ Valor contábil de todo o passivo − Caixa

Usamos o valor contábil para o passivo porque em geral não é possível obter os valores de mercado do passivo, ou pelo menos não o de todos os passivos. Contudo, o valor contábil quase sempre é uma estimativa razoável do valor de mercado quando se trata do passivo, especialmente para o passivo circulante. Observe que a soma dos valores de mercado do capital próprio e de todos os passivos é igual ao valor dos ativos da empresa. Depois de obtermos esse número, subtraímos o caixa e equivalentes para obtermos o valor da empresa.

O valor da empresa é muito usado para calcular o múltiplo do Lajida (múltiplo do *Ebitda*):

$$\text{Múltiplo do Lajida} = \frac{\text{Valor da empresa}}{\text{Lajida}} \quad [3.25]$$

Em espírito, esse índice é semelhante ao índice P/L, mas relaciona o valor de todos os ativos operacionais (o valor do negócio) com uma medida do fluxo de caixa operacional gerado por esses ativos (Lajida, ou lucro antes dos juros, impostos, depreciação e amortização).

Uma observação sobre análise de indicadores

Quando se analisa um indicador, é importante saber qual é o período de tempo que este abrange. Algumas siglas comuns ajudam nesse sentido. Por exemplo, em inglês são utilizadas as seguintes siglas (sem similar em português, exceto UDM para *ttm*), *mrq* significa o trimestre mais recente (*most recent quarter*) e *ttm* se refere aos últimos 12 meses (*trailing twelve months*). Se encontrar *yoy* ou *y/o/y*, esta se refere à mudança em relação ao ano anterior (*year-over-year*), enquanto *lfy* significa o último ano fiscal (*last fiscal year*) e *ntm* significa os próximos 12 meses (*next twelve months*).

Conclusão

Isso termina nossas definições de alguns indicadores comuns. Poderíamos falar sobre mais alguns indicadores, mas esses são suficientes por enquanto. Continuaremos o tema com a discussão de algumas maneiras de utilizá-los, em vez de apenas como calculá-los. O Quadro 3.10 resume os índices que discutimos.

QUADRO 3.10 Indicadores financeiros comuns

I. Indicadores de solvência de curto prazo ou de liquidez	II. Indicadores de solvência de longo prazo ou de alavancagem financeira
Índice de liquidez corrente = $\dfrac{\text{Ativo circulante}}{\text{Passivo circulante}}$	Índice de endividamento total = $\dfrac{\text{Ativo total} - \text{Total do patrimônio líquido}}{\text{Ativo total}}$
Índice de liquidez imediata = $\dfrac{\text{Ativo circulante} - \text{Estoque}}{\text{Passivo circulante}}$	Índice dívida/Capital próprio = Passivo total/Patrimônio líquido
Índice de caixa = $\dfrac{\text{Caixa e equivalentes}}{\text{Passivo circulante}}$	Multiplicador do patrimônio líquido = Ativo total/Patrimônio líquido
$\dfrac{\text{Índice Capital circulante líquido}}{\text{Ativo total}} = \dfrac{\text{Capital circulante líquido}}{\text{Ativo total}}$	Índice de endividamento a longo prazo = $\dfrac{\text{Passivo não circulante}}{\text{Passivo não circulante} + \text{Patrimônio líquido}}$
Medida de intervalo = $\dfrac{\text{Ativo circulante}}{\text{Custos operacionais diários médios}}$	Índice de cobertura de juros = $\dfrac{\text{Lajir}}{\text{Juros}}$
Índice dívida/Capital Próprio = Passivo total/Patrimônio líquido	Índice de cobertura de caixa = $\dfrac{\text{Lajir} + \text{Depreciação}}{\text{Juros}}$
III. Indicadores de eficiência na gestão de ativos ou de giro	**IV. Indicadores de lucratividade**
Giro do estoque = $\dfrac{\text{Custo das mercadorias vendidas}}{\text{Estoque}}$	Margem de lucro = $\dfrac{\text{Lucro líquido}}{\text{Vendas}}$
Prazo médio de estocagem = $\dfrac{365 \text{ dias}}{\text{Giro do estoque}}$	Retorno sobre o ativo (ROA) = $\dfrac{\text{Lucro líquido}}{\text{Ativo total}}$
Giro de contas a receber = $\dfrac{\text{Vendas}}{\text{Contas a receber}}$	Retorno sobre o patrimônio líquido (ROE) = $\dfrac{\text{Lucro líquido}}{\text{Total do patrimônio líquido}}$
Prazo médio de recebimento = $\dfrac{365 \text{ dias}}{\text{Giro de contas a receber}}$	ROE = $\dfrac{\text{Lucro líquido}}{\text{Vendas}} \times \dfrac{\text{Vendas}}{\text{Ativos}} \times \dfrac{\text{Ativos}}{\text{Patrimônio líquido}}$
Giro do CCL = $\dfrac{\text{Vendas}}{\text{CCL}}$	**V. Indicadores de valor de mercado**
Giro do ativo imobilizado = $\dfrac{\text{Vendas}}{\text{Ativo imobilizado líquido}}$	Índice preço/lucro = $\dfrac{\text{Preço por ação}}{\text{Lucro por ação}}$
Giro do ativo total = $\dfrac{\text{Vendas}}{\text{Ativo total}}$	Índice PEG = $\dfrac{\text{Índice preço/lucro}}{\text{Taxa de crescimento dos lucros (\%)}}$
	Índice preço/vendas = $\dfrac{\text{Preço por ação}}{\text{Vendas por ação}}$
	Índice valor de mercado/valor contábil = $\dfrac{\text{Valor de mercado por ação}}{\text{Valor contábil por ação}}$
	Índice Q de Tobin = $\dfrac{\text{Valor de mercado dos ativos}}{\text{Custo de reposição dos ativos}}$
	Índice valor da empresa/Lajida = $\dfrac{\text{Valor da empresa}}{\text{Lajida}}$

> **Questões conceituais**
>
> **3.3a** Quais são os cinco grupos de indicadores? Cite dois ou três exemplos de cada tipo.
>
> **3.3b** Conhecido o índice de endividamento total, quais outros dois índices podem ser calculados? Explique como.
>
> **3.3c** Todos os indicadores de giro têm uma ou duas variáveis no numerador. Quais são essas duas variáveis? O que medem esses indicadores? Como você interpreta os resultados?
>
> **3.3d** Todos os indicadores de lucratividade têm a mesma variável no numerador. Qual é essa variável? O que esses indicadores medem? Como você interpreta os resultados?

3.4 A identidade DuPont

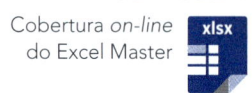

Como mencionamos na discussão sobre ROA e ROE, a diferença entre essas duas medidas de lucratividade é um reflexo do uso de dívida no financiamento dos ativos, ou da alavancagem financeira. Nesta seção, ilustraremos a relação entre essas medidas, investigando um modo famoso de decompor o ROE em suas partes componentes.

Um exame mais detalhado do ROE

Para começar, vamos lembrar a definição do ROE:

$$\text{Retorno sobre o patrimônio líquido} = \frac{\text{Lucro líquido}}{\text{Patrimônio líquido}}$$

Se quiséssemos, poderíamos multiplicar esse índice por ativo/ativo sem alterar nada:

$$\text{Retorno sobre o patrimônio líquido} = \frac{\text{Lucro líquido}}{\text{Patrimônio líquido}}$$

$$= \frac{\text{Lucro líquido}}{\text{Total do patrimônio líquido}} \times \frac{\text{Ativo}}{\text{Ativo}}$$

$$= \frac{\text{Lucro líquido}}{\text{Ativo}} \times \frac{\text{Ativo}}{\text{Patrimônio líquido}}$$

Observe que expressamos o ROE como o produto de dois outros índices — o ROA e o multiplicador do patrimônio líquido:

**ROE = ROA × Multiplicador do patrimônio líquido =
ROA × (1 + Índice dívida / capital próprio)**

Voltando à Pedreira, por exemplo, vemos que o índice dívida/capital próprio foi de 0,39 e que o ROA foi de 10,12%. Nosso trabalho implica o fato de que o ROE da empresa, como já calculamos antes, é:

ROE = 10,12% × 1,39 = 14%

A diferença entre o ROE e o ROA pode ser substancial, especialmente em determinados setores. Por exemplo, em 2019, a American Express teve um ROA de 2,61%, o que é bastante comum para instituições financeiras. Entretanto, as instituições financeiras costumam tomar um bocado de dinheiro emprestado e, portanto, têm multiplicadores de patrimônio líquido relativamente grandes. Para a American Express, o ROE foi de cerca de 22%, implicando um multiplicador do patrimônio líquido de 8,43 vezes.

Podemos decompor ainda mais o ROE, multiplicando o numerador e o denominador pelas vendas totais:

$$\text{ROE} = \frac{\text{Vendas}}{\text{Vendas}} \times \frac{\text{Lucro líquido}}{\text{Ativo}} \times \frac{\text{Ativo}}{\text{Patrimônio líquido}}$$

Se reorganizarmos um pouco os itens, veremos que o ROE fica assim:

$$\text{ROE} = \underbrace{\frac{\text{Lucro líquido}}{\text{Vendas}} \times \frac{\text{Vendas}}{\text{Ativo}}}_{\text{Retorno sobre o ativo}} \times \frac{\text{Ativo}}{\text{Patrimônio líquido}} \quad [3.26]$$

= Margem de lucro × Giro do ativo total × Multiplicador do patrimônio líquido

O que fizemos agora foi decompor o ROA em duas partes: a margem de lucro e o giro do ativo total. A última expressão da equação anterior é chamada de **identidade DuPont**, em homenagem à DuPont Corporation, que popularizou seu uso.

Podemos verificar essa relação na Pedreira observando que a margem de lucro foi de 15,71% e o giro do ativo total foi de 0,64:

ROE = Margem líquida × Giro do ativo total × Multiplicador do patrimônio líquido
     = 15,7%   × 0,64   × 1,39
     = 14%

identidade DuPont
Expressão muito conhecida que divide o ROE em três partes: eficiência operacional, eficiência no uso de ativos e alavancagem financeira.

Esse ROE de 14% é exatamente aquele que obtivemos antes.

A identidade DuPont nos diz que o ROE é afetado por três fatores:

1. Eficiência operacional (medida pela margem de lucro).
2. Eficiência no uso dos ativos (medida pelo giro do ativo total).
3. Alavancagem financeira (medida pelo multiplicador do patrimônio líquido).

Uma fragilidade na eficiência operacional ou na eficiência no uso de ativos, ou em ambas, resultará em um baixo retorno sobre o ativo, o qual se traduzirá em um ROE mais baixo.

Considerando a identidade DuPont, parece que o ROE poderia ser alavancado pelo aumento do montante de dívidas da empresa. Entretanto, observe que o aumento de dívidas também aumenta as despesas de juros, o que reduz as margens de lucro, as quais reduzem o ROE. Assim, o ROE poderia subir ou descer. Além disso, o uso de dívida acarreta vários outros efeitos e, como discutiremos melhor na Parte 6, o montante de alavancagem que uma empresa usa é determinado por sua política para a estrutura de capital.

A decomposição do ROE, que discutimos nesta seção, é um modo conveniente de abordar sistematicamente a análise de demonstrações financeiras. Se o ROE for insatisfatório em algum ponto, então, a identidade DuPont diz onde começar a procurar pelos motivos.

A General Motors oferece um bom exemplo de como a análise DuPont pode ser muito útil e também ilustra o motivo pelo qual é preciso tomar cuidado ao interpretar os valores do ROE. Em 1989, ela teve um ROE de 12,1%. Em 1993, seu ROE havia aumentado para 44,1%, uma melhoria impressionante. Ao realizarmos um exame minucioso, porém, descobrimos que, no mesmo período, a margem de lucro da GM diminuiu de 3,4% para 1,8% e que o ROA havia diminuído de 2,4% para 1,3%. A diminuição do ROA só foi ligeiramente amenizada por um aumento do giro do ativo total de 0,71 para 0,73 no período.

Dadas essas informações, como é possível que o ROE da GM tenha subido de forma tão abrupta? De acordo com nossa compreensão da identidade DuPont, o multiplicador do patrimônio líquido da empresa deve ter aumentado muito. Na verdade, o que ocorreu é que o valor contábil do patrimônio líquido da GM quase desapareceu da noite para o dia em 1992, devido a alterações no tratamento contábil do seu passivo atuarial. Se o valor do patrimônio líquido de uma empresa diminui abruptamente, seu multiplicador do patrimônio líquido aumenta.

No caso da GM, o multiplicador foi de 4,95 em 1989 para 33,62 em 1993. Em resumo, a impressionante "melhoria" do ROE da GM foi em virtude, quase exclusivamente, de um efeito contábil que afetou o seu multiplicador do patrimônio líquido e não representou qualquer melhora no seu desempenho financeiro.

A análise DuPont (e a análise de indicadores em geral) também pode ser usada para comparar duas empresas. A Amazon e a Alibaba são duas das empresas de internet mais importantes do mundo. Vamos utilizá-las para mostrar como a análise DuPont pode ser útil para nos ajudar a fazer as perguntas certas sobre o desempenho financeiro da empresa. O Quadro 3.11 resume a análise DuPont para a Amazon e para a Alibaba.

Como vemos, em 2019, a Amazon teve ROE de 18,7%, uma queda de 4% em relação ao ano anterior. A Alibaba, por outro lado, tinha ROE de 34,9% em 2019, mais do que o dobro do seu ROE de 16,6% em 2018. Em dois dos três anos, o ROE da Alibaba foi maior do que o da Amazon.

Um exame mais minucioso dos detalhes da análise DuPont mostra a divergência no modo como as duas empresas geram seus respectivos ROEs. A Alibaba teve margem de lucro consistentemente acima de 20%, enquanto a margem de lucro da Amazon ficou abaixo de 5%. Contudo, a Amazon tem um giro do ativo total muito maior, além de um multiplicador do patrimônio líquido que é quase o dobro do da Alibaba. Podemos afirmar que a Alibaba tem a vantagem de uma eficiência operacional muito maior que a da Amazon, mas que a Amazon tem vantagem na utilização dos seus ativos.

Uma análise DuPont expandida

Até agora, vimos como a equação DuPont permite dividir o ROE em seus três componentes básicos: margem de lucro, giro do ativo total e alavancagem financeira. Agora, estendemos essa análise para ver mais de perto como as principais partes das operações de uma empresa entram no ROE. Para continuar, entramos na página *finance.yahoo.com* e selecionamos demonstrações contábeis resumidas da DuPont, uma gigante em ciência e tecnologia. O que encontramos está resumido no Quadro 3.12.

Utilizando as informações do Quadro 3.12, apresentado em seguida, a Figura 3.1 mostra como podemos construir uma análise DuPont expandida para a DuPont e apresentar isso em forma de gráfico. A vantagem do gráfico estendido DuPont é que ele nos permite examinar diversos indicadores ao mesmo tempo, obtendo, assim, uma visão geral do desempenho de uma empresa, e determinar os itens que podem ser melhorados.

No lado esquerdo de nosso gráfico DuPont, na Figura 3.1, vemos itens relacionados à lucratividade. Como sempre, a margem líquida é calculada como o lucro líquido dividido pelas vendas. Porém, como enfatiza nosso gráfico, o lucro líquido depende das vendas e de uma variedade de custos, como o custo dos produtos vendidos e despesas de vendas, gerais

QUADRO 3.11

	ROE		Margem líquida		Giro do ativo total		Multiplicador do patrimônio líquido
Amazon							
2019	18,7%	=	4,1%	×	1.245	×	3,63
2018	23,1	=	4,3	×	1.432	×	3,73
2017	10,9	=	1,7	×	1.355	×	4.74
Alibaba							
2019	34,9%	=	35,2%	×	0,507	×	1,96
2018	16,6	=	21,3	×	0,390	×	2,00
2017	16,8	=	24,5	×	0,349	×	1,96

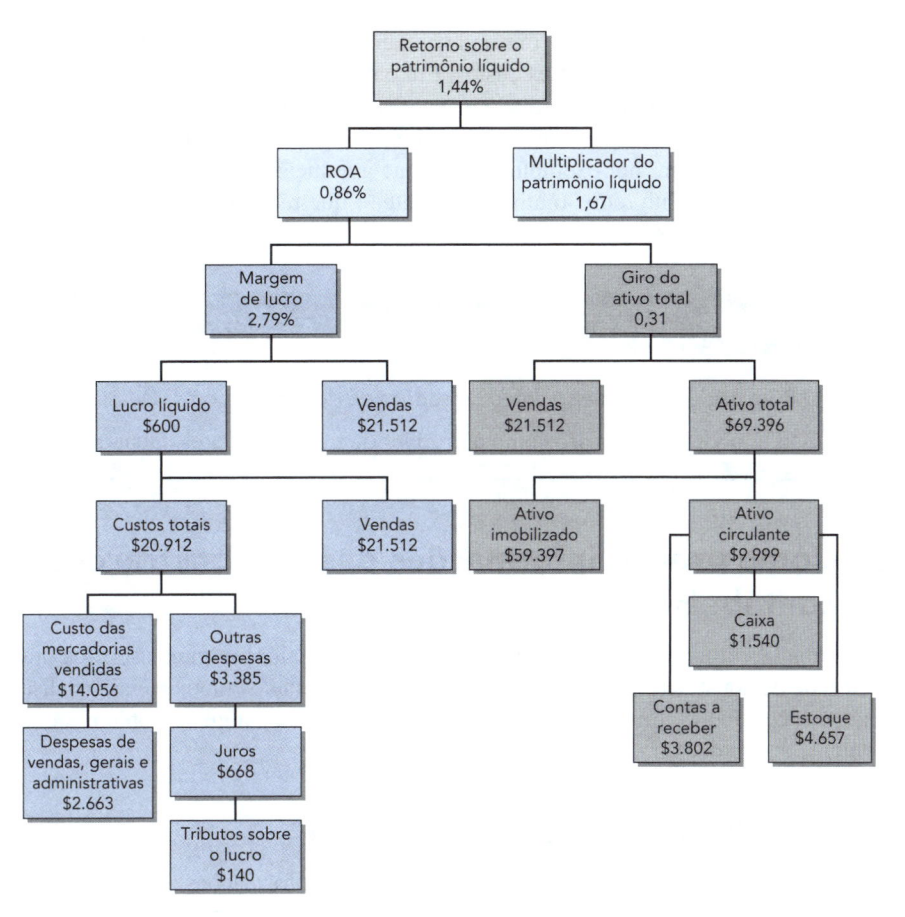

FIGURA 3.1 Gráfico estendido DuPont para a DuPont.

Diagrama DuPont:
- Retorno sobre o patrimônio líquido: 1,44%
  - ROA: 0,86%
    - Margem de lucro: 2,79%
      - Lucro líquido: $600
        - Custos totais: $20.912
          - Custo das mercadorias vendidas: $14.056
            - Despesas de vendas, gerais e administrativas: $2.663
          - Outras despesas: $3.385
            - Juros: $668
            - Tributos sobre o lucro: $140
      - Vendas: $21.512
    - Giro do ativo total: 0,31
      - Vendas: $21.512
      - Ativo total: $69.396
        - Ativo imobilizado: $59.397
        - Ativo circulante: $9.999
          - Caixa: $1.540
          - Contas a receber: $3.802
          - Estoque: $4.657
  - Multiplicador do patrimônio líquido: 1,67

QUADRO 3.12

DEMONSTRAÇÕES CONTÁBEIS DA DUPONT DE NEMOURS
12 meses encerrados em terça-feira, 31 de dezembro de 2019
(em milhões)

Demonstração de resultados do exercício		Balanço patrimonial			
Vendas	$21.512	Ativo circulante		Passivo circulante	
CMV	14.056	Caixa	$ 1.540	Contas a pagar	$ 3.830
Lucro bruto	$ 7.456	Contas a receber	3.802	Títulos a pagar	2.934
Despesas de VG&A	2.663	Estoque	4.657	Outros	1.582
Outras despesas	3.385	Total	$ 9.999	Total	$ 8.346
Lajir	$ 1.408				
Juros	668	Ativo Imobilizado	59.397	Total do passivo não circulante	$19.494
Lair	$ 740				
Impostos	140			Total do patrimônio líquido	$41.556
Lucro líquido	$ 600	Ativo total	69.396	Total do passivo e do patrimônio líquido	$69.396

e administrativas (DVG&A). A DuPont pode aumentar seu ROE aumentando as vendas e também reduzindo um ou mais desses custos. Em outras palavras, se quisermos melhorar a lucratividade, nosso gráfico nos mostra claramente em que áreas devemos nos concentrar.

No lado direito da Figura 3.1, temos uma análise dos principais fatores que compõem o giro do ativo total. Assim, por exemplo, vemos que a redução do estoque por meio de gerenciamento mais eficiente reduz o ativo circulante, o que reduz o ativo total e, com isso, melhora o giro do ativo total.

> **Questões conceituais**
>
> **3.4a** O ROA pode ser expresso como o produto de dois indicadores. Quais são eles?
> **3.4b** O ROE pode ser expresso como o produto de três indicadores. Quais são eles?

Excel Master!
Cobertura *on-line* do Excel Master

3.5 Como usar as informações das demonstrações contábeis

Nossa última tarefa neste capítulo é discutir, com mais detalhes, alguns aspectos práticos da análise de demonstrações contábeis. Veremos especialmente os motivos para analisar demonstrações contábeis, como obter informações de referência e alguns problemas que surgem durante esse processo.

Por que avaliar demonstrações contábeis?

Como já discutimos, o principal motivo para examinar as informações contábeis é que não temos, e não podemos esperar ter, informações de valores de mercado. É importante enfatizar que, sempre que tivermos informações de mercado, as usaremos em vez de dados contábeis. Além disso, se houver um conflito entre os dados contábeis e os de mercado, os dados de mercado devem prevalecer.

A análise de demonstrações contábeis é essencialmente uma aplicação da "administração por exceção". Em muitos casos, tal análise se resume à comparação dos indicadores de uma empresa com indicadores médios ou representativos. Os indicadores que parecem diferir mais das médias são candidatos a maiores investigações.

Usos internos As informações das demonstrações contábeis têm várias utilidades dentro de uma empresa. Dentre as mais importantes está a avaliação do desempenho. Por exemplo, os gestores, com frequência, são avaliados e remunerados com base em medidas contábeis de desempenho, como margem de lucro e retorno sobre o patrimônio líquido. Também é comum que empresas com várias divisões comparem o desempenho dessas divisões usando as informações das demonstrações contábeis.

Outro importante uso interno que exploraremos no próximo capítulo é o planejamento para o futuro. Como veremos, as informações históricas das demonstrações contábeis são muito úteis para gerar projeções para o futuro e verificar o realismo das hipóteses levantadas para essas projeções.

Usos externos As demonstrações contábeis são úteis para os agentes de fora da empresa, incluindo credores de curto e de longo prazo e investidores em potencial. Por exemplo, essas informações seriam bastante úteis para aprovar ou não o crédito a um novo cliente.

Também usaríamos essas informações para avaliar os fornecedores, e os fornecedores olhariam nossas demonstrações antes de nos conceder crédito. Os grandes clientes utilizam essas informações para decidir se temos chances de continuar fornecendo nossos produtos no futuro. As agências de classificação de risco usam as demonstrações contábeis para avaliar o crédito geral de uma empresa. O fato é que as demonstrações contábeis são uma fonte primária de informações sobre a saúde financeira de uma empresa.

Essas informações também seriam úteis para avaliar nossos principais concorrentes. Poderíamos estar pensando em lançar um novo produto. Uma das principais preocupações seria a possibilidade de a concorrência lançar o mesmo produto em seguida. Nesse caso, estaríamos interessados em conhecer a força financeira de nossos concorrentes, para saber se eles poderiam bancar o desenvolvimento necessário.

Por último, poderíamos pensar em adquirir outra empresa. As informações das demonstrações contábeis seriam essenciais para identificar alvos em potencial e decidir quanto oferecer.

Selecionando uma referência

Se quisermos avaliar uma divisão ou uma empresa com base em suas demonstrações contábeis, imediatamente nos deparamos com um problema básico. Como selecionarmos uma referência, ou um padrão de comparação? Nesta seção, descrevemos algumas formas de fazer isso.

Análise de tendência no tempo Um padrão que poderíamos usar é o histórico. Suponha que o índice de liquidez corrente de determinada empresa seja 2,4 com base nas informações das demonstrações contábeis mais recentes. Olhando os últimos 10 anos, poderíamos descobrir que esse índice diminuiu de forma constante durante esse período.

Com base nisso, poderíamos nos perguntar se a posição de liquidez da empresa deteriorou. Obviamente, poderia ser que a empresa tivesse feito mudanças que lhe permitiram utilizar com maior eficiência seus ativos circulantes, ou que a natureza de seus negócios tivesse mudado, ou as práticas de negócios pudessem ter sido alteradas. Se investigássemos, poderíamos descobrir qualquer uma dessas explicações por detrás do declínio. Este é um exemplo de administração por exceção — uma tendência decrescente no tempo até pode não ser ruim, mas merece investigação.

Para um exemplo de análise de tendência no tempo, a Figura 3.2 mostra o índice dívida/capital próprio da Microsoft nos últimos 15 anos. Como indica a figura, a Microsoft não tinha endividamento a longo prazo até 2009. Na época, a Microsoft começou a criar endividamento

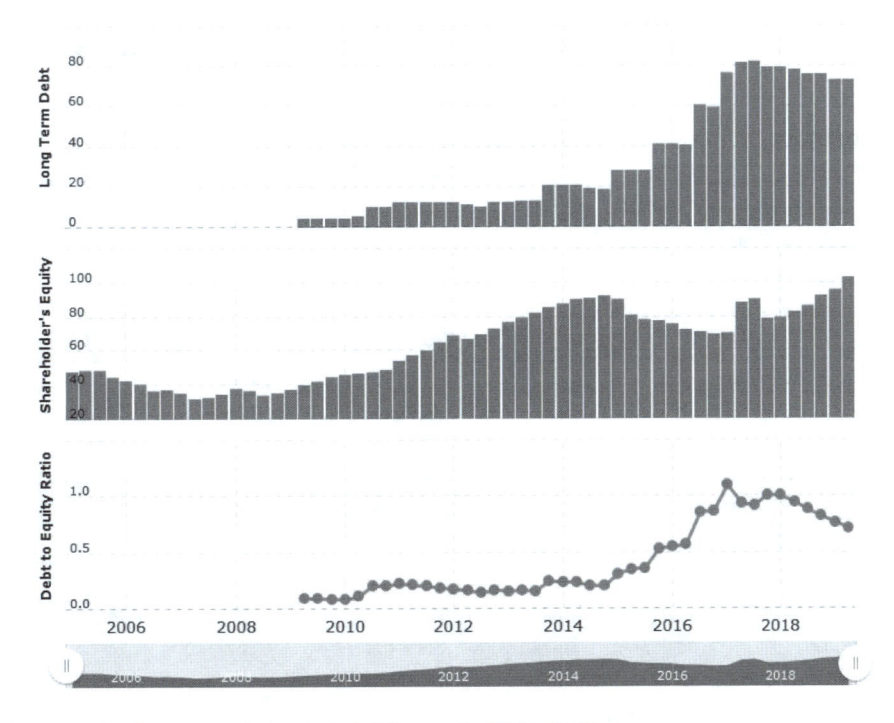

FIGURA 3.2 Estrutura de capital da Microsoft: 2004-2019
Fonte: www.macrotrends.net/stocks/charts/MSFT/microsoft/debt-equity-ratio, 25 de setembro de 2019.

a longo prazo, sendo que o índice dívida/capital próprio da empresa superou 1 em 2017. Embora a Microsoft tenha passado a depender mais do endividamento para financiar as suas operações, isso não é necessariamente um indício de problemas para a Microsoft. Por que não?

Análise por grupo de pares O segundo modo de estabelecer uma referência é identificar empresas que sejam concorrentes nos mesmos mercados, que tenham ativos semelhantes e que operem de modo parecido. Em outras palavras, precisamos identificar um *grupo de pares*. Isso apresenta problemas óbvios, pois não há duas empresas idênticas. Em última análise, a opção de quais empresas utilizar como base de comparação é subjetiva.

> **códigos da Classificação Industrial Padrão (SIC)**
> Código do governo dos EUA usado para classificar uma empresa de acordo com seu tipo de atividade econômica.

Uma maneira comum de identificar pares em potencial é utilizar os **códigos da Classificação Industrial Padrão** (SIC, do inglês Standard Industrial Classification), dos EUA. Os códigos SIC têm quatro dígitos estabelecidos pelo governo dos EUA para relatórios estatísticos. Empresas que têm o mesmo código SIC são consideradas semelhantes.

O primeiro dígito de um código SIC estabelece o tipo geral de negócios. Por exemplo, as empresas dos setores de finanças, seguros e imóveis têm códigos SIC iniciados com 6. Cada dígito adicional classifica mais precisamente a indústria na qual a empresa trabalha. Assim, a maioria das empresas com códigos SIC iniciados com 60 é composta por bancos e negócios bancários; os códigos iniciados com 602 indicam bancos comerciais; e o código SIC 6025 é atribuído a bancos nacionais que são membros do sistema Federal Reserve. O Quadro 3.13 lista alguns códigos de dois dígitos (os dois primeiros dígitos dos códigos SIC) e as indústrias que eles representam.

Os códigos SIC estão longe de serem perfeitos. Por exemplo, suponha que você esteja examinando as demonstrações contábeis da Walmart, a maior varejista dos Estados Unidos. O código SIC pertinente é 53, Lojas de Departamentos. Com uma rápida consulta ao banco de dados financeiro mais à mão, você encontraria cerca de 20 grandes empresas abertas com um código SIC semelhante, mas não ficaria muito à vontade com algumas delas. A Target parece ser um par razoável, mas a Neiman Marcus também possui o mesmo código. A Walmart e a Neiman Marcus são realmente comparáveis?

Como ilustra esse exemplo, não é apropriado usar às cegas as médias com base no código SIC. Em vez disso, os analistas identificam um conjunto base de concorrentes e, em seguida, calculam um conjunto de médias com base apenas nesse grupo. Também é possível que estejamos mais interessados em um grupo das melhores empresas de um setor, e não na empresa média.

QUADRO 3.13 Alguns códigos SIC de dois dígitos

Agricultura, produção florestal e pesca	Transporte, comunicação, eletricidade, gás e saneamento
01 Produção agrícola — colheitas	40 Transporte ferroviário
08 Produção florestal	45 Transporte aéreo
09 Caça e pesca e seus equipamentos	49 Eletricidade, gás e serviços de saneamento
Mineração	**Comércio varejista**
10 Extração de minerais metálicos	54 Lojas de alimentação
12 Extração de carvão betuminoso e lignito	55 Concessionárias de automóveis e postos de gasolina
13 Extração de petróleo e gás natural	58 Estabelecimentos com alimentação e bebidas
Construção	**Finanças, seguros e imóveis**
15 Construção de edifícios	60 Bancos
16 Outras construções	63 Seguradoras
17 Serviços especializados para construção	65 Bens imóveis
Manufatura	**Serviços**
28 Produtos químicos e afins	78 Filmes
29 Refinarias de petróleo e indústrias relacionadas	80 Serviços de saúde
37 Equipamentos de transporte	82 Serviços de educação

Tal grupo pode ser chamado de *grupo-meta*, porque nossa meta é ser como seus membros. Nesse caso, uma análise das demonstrações contábeis nos mostra o quanto teríamos a caminhar.

No início de 1997, surgiu um novo sistema de classificação da indústria nos EUA. O Sistema Norte-Americano de Classificação Industrial (Naics, do inglês North American Industry Classification System) se destina a substituir os antigos códigos SIC, e um dia isso vai acontecer. No momento, porém, os códigos SIC ainda são amplamente utilizados.

No Brasil, o Instituto Brasileiro de Geografia e Estatística (IBGE) elabora a **Classificação Nacional de Atividades Econômicas (CNAE)**; porém, o IBGE não fornece dados individualizados de cadastro de empresas, como por meio do CNPJ, em razão de sigilo estatístico. O endereço para consultas e buscas dos códigos CNAE é https://cnae.ibge.gov.br/.

Tendo em mente essas observações sobre os códigos de indústrias, podemos examinar uma indústria em particular. Suponha que estamos no setor varejista de ferragens. O Quadro 3.14 contém algumas demonstrações contábeis de tamanho comum resumidas extraídas dos dados da Associação de Administração de Risco (RMA, do inglês Risk Management Association, anteriormente conhecida como Robert Morris Associates), dos EUA, uma das maiores fontes dessas informações. O Quadro 3.15 contém índices selecionados da mesma fonte.

Há uma grande quantidade de informações nesses quadros, e a maioria delas é autoexplicativa. No lado direito do Quadro 3.14, vemos as informações correntes apresentadas para diferentes grupos com base em vendas. Dentro de cada grupo de vendas, as informações são apresentadas em tamanho comum. Por exemplo, as empresas com vendas no intervalo entre $10 milhões e $25 milhões têm caixa e equivalentes iguais a 2% do ativo total. Do total de 258 empresas, 48 estão nesse grupo. À esquerda, temos um resumo de três anos de informações históricas de todo o grupo. Por exemplo, o lucro operacional caiu levemente, de 11,7% das vendas para 11,4% no período.

O Quadro 3.15 contém alguns indicadores selecionados, novamente apresentados por grupos de vendas, à direita, e por período, à esquerda. Para sabermos como poderíamos utilizar essas informações, suponha que nossa empresa tenha um índice de liquidez corrente igual a 2. Com base nesses índices, esse valor é incomum?

Ao observarmos o índice de liquidez corrente do grupo como um todo, do ano mais recente (a terceira coluna partindo da esquerda no Quadro 3.15), vemos três números. O do meio, 2,1, é a mediana, ou seja, metade das 258 empresas teve índices de liquidez corrente menores e metade teve índices de liquidez corrente maiores. Os outros dois números são os quartis superior e inferior. Assim, 25% das empresas tiveram um índice de liquidez maior do que 4,0 e 25% tiveram um índice de liquidez menor do que 1,4. Nosso valor de 2 fica confortavelmente entre esses limites e não parece tão incomum. Essa comparação ilustra como o conhecimento do intervalo de indicadores é importante quando associado ao conhecimento da média. Observe como o índice de liquidez corrente permaneceu estável nos últimos três anos do período analisado.

Aprenda mais sobre a CNAE acessando **http://www.cnae.ibge.gov.br/**. Aprenda mais sobre o Naics em **www.naics.com**.

Classificação Nacional de Atividades Econômicas (CNAE)
Código do governo do Brasil usado para classificar uma empresa de acordo com seu tipo de atividade econômica.

EXEMPLO 3.5 Mais indicadores

Dê uma olhada nos números mais recentes de vendas/contas a receber e Lajir/juros do Quadro 3.15. Quais são as medianas gerais? O que são esses indicadores?

Se você voltar à nossa discussão, verá que eles representam o giro das contas a receber e o índice de cobertura de juros (ICJ). O valor da mediana do giro das contas a receber para todo o grupo é 0,7 vezes. Portanto, os dias em contas a receber seriam 365/0,7 = 521, que é o número apresentado em negrito. Embora esse seja um período grande em relação a outros setores, não parece um período longo se comparado a vinhos finos. A mediana para o ICJ é 3,7 vezes. O número entre parênteses indica que o cálculo é significativo para 235 das 258 empresas. Nesse caso, o motivo é que essas 235 empresas pagaram uma quantia significativa de juros.

Existem muitas fontes de informações sobre indicadores, além das que analisamos. A seção *Exercícios na Internet* mostra como obter essas informações para quase todas as em-

QUADRO 3.14 Informações de demonstrações contábeis selecionadas

Indústria EUA — Vinícolas (Naics 312130)									
DADOS HISTÓRICOS COMPARATIVOS				DADOS ATUAIS CLASSIFICADOS POR VENDAS					
			Tipo de demonstração						
38	33	29	Não classificada	1		2	4		22
40	53	41	Revisada		2	15	15		9
17	15	12	Compilada	1	2	3	3	2	1
24	25	26	Declaração de renda	11	6	4	4	1	
100	150	150	Outros	24	35	20	18	26	27
				31 (4/1–9/30/15)			227 (10/1/15–3/31/16)		
4/1/13–3/31/14 TODOS 219	4/1/1–3/31/15 TODOS 276	4/1/15–3/31/16 TODOS 258	NÚMERO DE DEMONSTRAÇÕES	0-1MM 37	1-3MM 45	3-5MM 27	5-10MM 42	10-25MM 48	25MM E MAIS 26
%	%	%	**Ativos**	%	%	%	%	%	%
5,2	5,3	5,0	Caixa e equivalentes	6,8	5,0	8,7	5,2	2,0	4,4
8,4	8,1	9,2	Contas a receber (líquido)	5,6	7,3	7,5	9,0	11,0	12,3
44,4	47,4	47,3	Estoque	52,0	50,1	49,4	42,6	47,0	44,9
2,4	1,9	1,7	Todos os demais circulantes	0,6	1,6	0,7	1,8	1,6	2,8
60,5	62,7	63,1	Total circulante	65,0	64,0	66,3	58,6	61,6	64,3
32,0	29,2	29,8	Imobilizado (líquido)	28,4	32,6	22,9	36,3	29,4	27,6
3,5	4,0	3,7	Intangíveis (líquido)	4,5	1,5	3,7	3,1	5,0	4,1
4,0	4,1	3,4	Todos os demais não circulantes	2,0	2,0	7,1	2,0	3,9	4,0
100,0	100,0	100,0	Total	100,0	100,0	100,0	100,0	100,0	100,0
			Passivos						
14,1	16,8	15,7	Títulos a pagar — curto prazo	17,7	14,3	10,0	12,3	18,8	18,1
2,1	1,8	1,3	Vencimentos correntes de ELP	0,9	1,0	0,9	2,0	1,4	1,6
8,8	8,9	8,8	Contas a pagar	5,9	9,0	7,2	7,8	12,2	9,3
0,2	0,2	0,2	Imposto de renda a pagar	0,4	0,3	0,0	0,3	0,0	0,1
6,0	6,0	6,5	Todos os demais circulantes	7,6	4,8	6,0	4,1	8,7	7,4
31,2	33,8	32,6	Total circulante passivo não circulante	32,5	29,3	24,1	26,5	41,2	36,5
19,8	17,4	18,5	Impostos diferidos	20,5	17,5	17,8	22,5	17,4	16,6
0,4	0,3	0,4	Todos os outros	0,0	0,0	0,2	0,7	0,7	0,4
6,3	6,7	6,6	Exigíveis a longo prazo	13,5	5,6	7,8	7,5	4,4	3,6
42,2	41,8	41,9	Patrimônio líquido	33,5	47,6	50,1	42,8	36,3	42,9
100,0	100,0	100,0	Total do passivo e do patrimônio líquido	100,0	100,0	100,0	100,0	100,0	100,0
			Dados de resultado						
100,0	100,0	100,0	Vendas líquidas	100,0	100,0	100,0	100,0	100,0	100,0
48,9	50,0	49,3	Lucro bruto	57,1	54,1	55,8	49,5	45,0	45,0
37,2	37,9	37,9	Despesas operacionais	51,4	44,5	39,4	38,2	32,5	32,5
11,7	12,0	11,4	Lucro operacional	5,7	9,7	16,4	11,3	12,5	12,5
2,7	2,6	2,6	Todas as demais despesas (líquido)	3,4	1,9	1,1	4,3	2,9	2,9
9,0	9,5	8,8	Lucro antes de impostos	2,3	7,8	15,3	7,1	9,6	9,6

M = Milhares de $; MM = Milhões de $

Interpretação dos números dos estudos da demonstração: A RMA alerta para o fato de que os estudos devem ser encarados apenas como orientação geral, e não como norma absoluta da indústria. Isso se deve às amostragens limitadas dentro das categorias, à categorização das empresas apenas pelo seu código SIC e às diferentes formas de operar das empresas dentro de uma mesma indústria. Por esses motivos, a RMA recomenda que os números sejam usados apenas como uma orientação geral somada a outros métodos de análise financeira. © 2017 da RMA. Todos os direitos reservados. Nenhuma parte deste quadro pode ser reproduzida ou utilizada sob qualquer forma ou meio, eletrônico ou mecânico, incluindo fotocópia, gravação ou qualquer sistema de armazenamento e recuperação de informações, sem a permissão por escrito da RMA.

Capítulo 3 Trabalhando com Demonstrações Contábeis

QUADRO 3.15 Informações de demonstrações contábeis selecionadas

Indústria — Vinícolas (NAICS 312130)													
DADOS HISTÓRICOS COMPARATIVOS					**DADOS ATUAIS CLASSIFICADOS POR VENDAS**								
					Tipo de demonstração								
38		33		29	Não classificada	1						2	4	22
40		53		41	Revisada			2				15	15	9
17		15		12	Compilada	1		2		3		3	2	1
24		25		26	Declaração de renda	11		6		4		4	1	
100		150		150	Outros	24		35		20		18	26	27
4/1/13–3/31/14 TODOS 209		**4/1/14–3/31/15 TODOS 276**		**4/1/15–3/31/16 TODOS 258**	**NÚMERO DE DEMONSTRAÇÕES**	**31 (4/1–9/30/15)**						**227 (10/1/15–3/31/16)**		
						0-1MM 37		**1-3MM 45**		**3-5MM 27**		**5-10MM 42**	**10-25MM 48**	**25MM E MAIS 59**
					Indicadores									
	4,0		4,5		4,0	Liquidez corrente		4,1		5,8		5,9	3,8	2,4	3,4
	2,1		2,0		2,1			2,7		2,3		3,3	2,3	1,5	1,9
	1,4		1,4		1,4			1,4		1,5		1,8	1,8	1,2	1,3
	0,9		0,9		0,9	Liquidez imediata		1,2		1,1		1,9	1,2	0,6	0,7
	0,3		0,3		0,3			0,3		0,3		0,5	0,4	0,3	0,4
	0,2		0,2		0,2			0,1		0,2		0,2	0,2	0,1	0,2
16	23,0	15	24,8	15	23,7	Vendas/contas a receber	0	UND	7	49,3	11	32,8	16	22,4	21	17,2	28	13,1
30	12,2	34	10,6	31	11,8		10	35,6	28	12,9	20	18,3	29	12,6	37	9,8	41	8,9
51	7,1	52	7,0	52	7,0		46	7,9	50	7,3	39	9,4	57	6,4	56	6,5	59	6,2
261	1,4	332	1,1	304	1,2	Custo das vendas/ estoque	192	1,9	304	1,2	261	1,4	304	1,2	365	1,0	261	1,4
456	0,8	521	0,7	521	0,7		608	0,6	608	0,6	608	0,6	608	0,6	521	0,7	365	1,0
730	0,5	912	0,4	730	0,5		912	0,4	912	0,4	730	0,5	730	0,5	730	0,5	608	0,6
25	14,4	26	14,0	21	17,3	Custo das vendas/ Contas a pagar	0	UND	10	36,2	21	17,2	23	16,0	36	10,1	23	16,1
55	6,6	59	6,2	51	7,2		48	7,6	53	6,9	35	10,3	47	7,8	69	5,3	51	7,2
101	3,6	122	3,0	107	3,4		166	2,2	146	2,5	70	5,2	122	3,0	122	3,0	76	4,8
	1,4		1,3		1,3	Vendas/Capital circulante		1,2		1,2		1,1	1,3	2,0	1,9
	2,7		2,4		2,6			2,0		2,8		2,3	2,1	3,7	2,9
	6,6		5,1		5,2			7,8		5,8		4,0	2,8	6,7	6,0
(200)	9,7	(252)	11,4	(235)	14,3	Lajir/Juros		4,5		7,9		31,5	12,3	13,0	19,9
	3,9		4,7		3,7		(31)	1,0	(36)	3,6	(25)	9,0	(40)	2,3	(46)	4,1	(57)	5,7
	1,4		1,7		1,3			–2,1		1,2		2,1	1,1	1,2	2,8
(42)	8,0	(55)	9,1	(45)	9,5	Lucro Líquido + Depr., Ex., Amort./ Vencimentos Correntes de ELP								6,9	17,3
	4,8		5,0		5,9								(10)	3,5	(24)	7,7
	1,9		2,6		2,6									1,8	4,3
	0,3		0,2		0,2	Imobilizado/Capital próprio		0,2		0,2		0,1	0,4	0,2	0,3
	0,8		0,7		0,7			0,6		0,7		0,4	1,0	,8	0,8
	1,6		1,4		1,5			4,5		1,5		1,1	1,5	1,9	1,3

(continua)

QUADRO 3.15 Continuação

4/1/13–3/31/14 TODOS 209		4/1/14–3/31/15 TODOS 276		4/1/15–3/31/16 TODOS 258	NÚMERO DE DEMONSTRAÇÕES	31 (4/1–9/30/15)							227 (10/1/15–3/31/16)							
						0-1MM 37		1-3MM 45		3-5MM 27		5-10MM 42		10-25MM 48		25MM E MAIS DE 59				
	0,6		0,6		0,6	Dívida/Capital próprio		0,5		0,5		0,4		0,6		1,2		0,8		
	1,5		1,4		1,4			2,6		1,0		1,2		1,4		2,1		1,1		
	4,1		3,0		3,9			24,2		2,7		4,3		2,8		4,3		3,2		
	32,8		33,9		32,7	Lucro antes de impostos/Patrimônio líquido tangível		34,2		25,0		47,0		20,0		42,2		27,9		
(194)	14,8	(253)	15,6	(230)	13,6		(29)	5,5	(41)	11,8	(25)	20,5	(38)	7,4	(43)	19,6	(54)	18,3		
	2,7		3,3		2,7			-8,9		4,6		3,3		0,4		3,7		10,2		
	12,0		12,8		12,1	% Lucro antes de impostos/Ativo total		13,6		9,1		23,9		8,7		13,4		13,1		
	5,1		5,6		4,8			1,4		5,2		7,2		2,7		4,4		7,0		
	0,7		0,9		0,6			-5,0		0,8		1,5		0,2		0,8		3,0		
	7,4		9,5		8,6	Vendas/Ativo imobilizado líquido		7,3		6,8		6,8		3,9		33,5		9,0		
	2,5		3,0		2,9			5,0		2,3		2,3		1,4		2,1		3,3		
	1,1		1,1		1,2			2,4		1,5		1,5		0,9		1,0		1,4		
	1,1		1,0		1,1	Vendas/Ativo total		1,1		1,1		1,2		1,0		1,1		1,1		
	0,7		0,7		0,7			0,7		0,7		0,8		0,6		0,7		0,7		
	0,5		0,5		0,5			0,5		0,5		0,5		0,4		0,4		0,5		
	2,4		2,4		2,1	(% Depr., Ex., Amort.)/Vendas		3,4		1,6		1,1		2,7		2,3		1,4		
(171)	5,2	(214)	5,1	(199)	5,3		(22)	5,9	(31)	5,8	(18)	3,9	(35)	7,1	(37)	6,1	(56)	4,0		
	8,3		8,1		8,4			14,3		8,7		9,6		9,1		9,3		7,1		
	3,1		2,7		2,6	Remuneração de executivos, conselheiros e proprietários/ Vendas															
(27)	4,3	(35)	4,1	(33)	4,1															
	7,7		9,5		7,3															
4892971M		8360552M		5519014M	Vendas líquidas ($)	19825M		82307M		103312M		287163M		774866M		4251541M				
6963108M		8811913M		8435750M	Ativo total ($)	49293M		161278M		147637M		602723M		1722233M		5752586M				

M = Milhares de $; MM = Milhões de $.
© 2017 da RMA. Todos os direitos reservados. Nenhuma parte deste quadro pode ser reproduzida ou utilizada sob qualquer forma ou meio, eletrônico ou mecânico, incluindo fotocópia, gravação ou qualquer sistema de armazenamento e recuperação de informações, sem a permissão por escrito da RMA.

presas, juntamente com algumas informações de referência muito úteis. Olhe a seção com atenção e depois faça uma comparação de sua empresa preferida com uma de referência.

Problemas com a análise das demonstrações contábeis

Outros *sites* oferecem diferentes informações sobre os indicadores das empresas. Por exemplo, www.marketwatch.com e www.morningstar.com.

Fechamos nosso capítulo sobre demonstrações contábeis discutindo alguns problemas adicionais que podem surgir no trabalho com essas demonstrações. De uma maneira ou de outra, o problema fundamental da análise dessas demonstrações é que não há teoria subjacente que nos ajude na identificação dos valores a serem examinados e que nos guie no estabelecimento de referências.

Como discutimos em outros capítulos, existem muitos casos em que a teoria financeira e a lógica econômica fornecem orientação para fazer julgamentos sobre valor e risco. No caso das demonstrações contábeis, não há muita ajuda desse tipo. Por isso, não podemos dizer quais são os indicadores mais importantes e o que seria um valor alto ou um valor baixo para determinado índice.

Um problema particularmente sério é que muitas empresas constituem conglomerados, atuando em ramos de negócios mais ou menos não relacionados. As demonstrações contábeis de tais empresas não se ajustam a qualquer categoria definida de indústria. Empresas conhe-

EXERCÍCIOS NA INTERNET

Como discutimos neste capítulo, os índices são ferramentas importantes para examinar o desempenho de uma empresa. No entanto, a coleta das demonstrações contábeis necessárias para calcular os índices pode ser demorada e tediosa. Felizmente, muitos *sites* oferecem essas informações de forma gratuita. Por exemplo, www.reuters.com. Fomos lá, digitamos o ticker ("HD" da Home Depot) e fomos para a página "Key Metrics" ("métricas principais)". A seguir, um resumo dos resultados:

	Empresa	indústria	setor
Índice de liquidez imediata (MRQ)	0.42	1.03	1.26
Índice de liquidez corrente (MRQ)	1.34	1.91	1.58
Passivo não circulante/capital próprio (MRQ)	397.33	84.80	34.40
Endividamento total/capital próprio (MRQ)	406.99	98.04	64.39
Cobertura de juros (TTM)	18.56	14.73	3.63

A maioria das informações é autoexplicativa. "Interest Coverage" é o índice de cobertura de juros discutido no texto. A abreviação MRQ (*Most Recent Quarter*) se refere aos resultados das demonstrações contábeis trimestrais mais recentes, e o TTM (*Trailing Twelve Months*) se refere aos resultados que abrangem o período móvel dos 12 meses anteriores. Esse *site* também oferece uma comparação com os índices da indústria, do setor de negócios e da média S&P 500. Outros índices disponíveis no *site* têm prontas as médias de cinco anos. Dê uma olhada! Veja, por exemplo, Petrobras e Vale, duas das empresas brasileiras com informações compiladas pela Reuters e disponíveis no mesmo *site*.

O *site* informa diversos indicadores para cada empresa de capital aberto. Sugerimos que você visite-o e pesquise sua empresa favorita.

Questões

1. Acesse www.reuters.com e encontre as categorias dos principais indicadores listados no *site*. Qual é a diferença entre elas e as categorias listadas neste livro?
2. Acesse www.reuters.com e observe os indicadores. Observe que os indicadores são informados em valores anuais, trimestrais, para os últimos 12 meses ou quinquenais. Por que os indicadores são calculados usando valores diferentes?

cidas, como a General Electric (GE) e a 3M, se encaixam nessa categoria. De modo geral, o tipo de análise de grupo de pares que descrevemos funcionará melhor quando as empresas estiverem exatamente no mesmo ramo de negócios, quando a indústria for competitiva e houver apenas uma forma de operação.

Outro problema que se torna cada vez mais comum é que os principais concorrentes e membros naturais dos grupos de pares de uma indústria podem estar espalhados pelo mundo. A indústria automobilística é um exemplo óbvio. O problema é que as demonstrações contábeis de empresas situadas em países diferentes podem ter que cumprir normas contábeis diferentes. As empresas sediadas nos Estados Unidos cumprem as normas US GAAP, mas, na maioria dos outros países desenvolvidos, são as normas IFRS que orientam os demonstrativos, e outros podem ter que cumprir normas nacionais diferentes. A existência de diferentes padrões e procedimentos pode dificultar bastante a comparação entre as demonstrações contábeis de países diferentes.[14]

---

[14] A convergência entre normas contábeis visa eliminar este problema. As normas US GAAP e IFRS procuram a convergência, embora de forma muito lenta. FASB e IASB têm emitido vários pareceres e interpretações em conjunto.

Até mesmo as empresas que estão claramente no mesmo ramo de negócios podem não ser comparáveis. Por exemplo, as empresas de serviços de eletricidade voltadas primariamente para a geração são classificadas todas no mesmo grupo (SIC 4911). Esse grupo quase sempre é visto como relativamente homogêneo. Entretanto, a maioria opera como monopólios regulados e, portanto, não competem muito entre si, pelo menos não historicamente. Muitas empresas têm acionistas, muitas são estatais e muitas estão organizadas como cooperativas, sem acionistas. Existem várias formas de gerar energia, variando da hidrelétrica à nuclear, de modo que as atividades operacionais dessas empresas podem ser muito diferentes. Por último, a lucratividade é muito afetada pelo ambiente regulatório, de forma que as empresas de serviços de eletricidade em geografias diferentes podem ser muito parecidas, mas exibir lucros muito díspares.

Vários outros problemas gerais surgem com frequência. Em primeiro lugar, empresas diferentes podem utilizar procedimentos contábeis diferentes — para estoque, por exemplo. Isso dificulta a comparação. Em segundo lugar, as empresas podem encerrar seus exercícios fiscais em épocas diferentes. Para empresas de negócios sazonais (como um varejista com grande movimentação no Natal), isso pode levar a dificuldades de comparação dos balanços, por causa das flutuações nas contas durante o ano. Finalmente, eventos incomuns ou passageiros, como o lucro pontual com a venda de um ativo, podem afetar o desempenho financeiro de determinada empresa. Ao comparar empresas, tais eventos podem trazer sinais enganosos.

Questões conceituais

3.5a Quais são as utilidades da análise de demonstrações contábeis?

3.5b Por que dizemos que a análise de demonstrações contábeis é administração por exceção?

3.5c O que são os códigos SIC, nos EUA, e como eles podem ser úteis?

3.5d O que são os códigos CNAE, no Brasil, e como eles podem ser úteis?

3.5e Quais são alguns dos problemas que podem surgir em uma análise de demonstrações contábeis?

3.6 Resumo e conclusões

Este capítulo discutiu alguns aspectos da análise de demonstrações contábeis:

1. *Fontes e usos do caixa.* Discutimos como identificar as maneiras de as empresas obterem e usarem o caixa e descrevemos como rastrear o fluxo de caixa das empresas ao longo do ano. Vimos, de forma abreviada, a demonstração dos fluxos de caixa.

2. *Demonstrações contábeis uniformes.* Explicamos que as diferenças de tamanho dificultam a comparação entre as demonstrações contábeis e discutimos como criar demonstrações de tamanho comum e ano-base comum para facilitar as comparações.

3. *Análise de indicadores.* A avaliação dos indicadores contábeis é outra forma de comparar as informações das demonstrações contábeis. Assim, definimos e discutimos alguns dos indicadores financeiros mais utilizados. Também tratamos da famosa identidade DuPont como uma forma de analisar o desempenho financeiro.

4. *Como usar as demonstrações contábeis.* Descrevemos como estabelecer referências para fins de comparação e discutimos alguns dos tipos de informações disponíveis. Em seguida, examinamos alguns problemas que podem surgir.

Após ter estudado este capítulo, esperamos que você consiga ter uma perspectiva dos usos e dos abusos das demonstrações contábeis. Você também vai descobrir que seu vocabulário de termos financeiros e de negócios cresceu substancialmente.

REVISÃO DO CAPÍTULO E TESTE DE CONHECIMENTOS

3.1 Fontes e usos do caixa Considere os seguintes balanços patrimoniais da Companhia Felipe. Calcule as variações nas diversas contas e, onde for aplicável, identifique a variação como fonte ou uso de caixa. Quais foram os maiores usos e fontes de caixa? A empresa se tornou mais ou menos líquida durante o ano? O que aconteceu com o caixa durante o ano?

COMPANHIA FELIPE Balanços patrimoniais de 2020 e 2021 (em milhões)		
	2020	2021
Ativo		
Ativo circulante		
Caixa	$ 210	$ 215
Contas a receber	355	310
Estoque	507	328
Total	$1.072	$ 853
Ativo imobilizado		
Ativo Imobilizado – Instalações e equipamentos	$6.085	$6.527
Ativo total	$7.157	$7.380
Passivo e patrimônio líquido		
Passivo circulante		
Contas a pagar	$ 207	$ 298
Títulos a pagar	1.715	1.427
Total	$1.922	$1.725
Passivo não circulante	$1.987	$2.308
Patrimônio líquido		
Capital social e ágio recebido na emissão de ações	$1.000	$1.000
Reserva de lucros	2.248	2.347
Total	$3.248	$3.347
Total do passivo e do patrimônio líquido	$7.157	$7.380

3.2 Demonstrações de tamanho comum Aqui está a demonstração de resultados mais recente da Felipe. Monte uma demonstração de resultados de tamanho comum com base nessas informações. Como você interpreta o lucro líquido uniformizado? Qual porcentagem de vendas vai para o custo das mercadorias vendidas?

COMPANHIA FELIPE Demonstração de resultados de 2021 (em milhões)		
Vendas		$4.053
Custos e despesas		2.780
Depreciação		550
Lucro antes de juros e impostos		$ 723
Despesa de juros		502
Lucro tributável		$ 221
Impostos (34%)		75
Lucro líquido		$ 146
Dividendos	$47	
Acréscimo à reserva de lucros	99	

3.3 Indicadores financeiros Com base nos balanços patrimoniais e na demonstração de resultados dos dois problemas anteriores, calcule os seguintes indicadores de 2018:

Índice de liquidez corrente _____
Índice de liquidez imediata _____
Índice de caixa _____
Giro do estoque _____
Giro de contas a receber _____
Prazo médio de estocagem _____
Prazo médio de recebimento _____
Índice de endividamento total _____
Índice de endividamento a longo prazo _____
Índice de cobertura de juros _____
Índice de cobertura de caixa _____

3.4 ROE e identidade DuPont Calcule o ROE de 2018 da Companhia Felipe e, em seguida, separe a resposta nas suas partes componentes usando a identidade DuPont.

RESPOSTA DA REVISÃO DO CAPÍTULO E DO TESTE DE CONHECIMENTOS

3.1 Preenchemos as respostas no quadro seguinte. Lembre-se, aumentos no ativo e diminuições no passivo indicam que gastamos caixa. Diminuições no ativo e aumentos no passivo são meios de obtenção de caixa.

A Felipe usou seu caixa principalmente para comprar ativos imobilizados e para pagar dívidas de curto prazo. As principais fontes de caixa para fazer isso foram os empréstimos de longo prazo adicionais, as reduções do ativo circulante e as adições à reserva de lucros.

COMPANHIA FELIPE
Balanços patrimoniais de 2020 e 2021 (em milhões)

	2020	2021	Variação	Fontes ou usos de caixa
Ativo				
Ativo circulante				
Caixa e equivalentes	$ 210	$ 215	+$ 5	
Contas a receber	355	310	− 45	Fonte
Estoque	507	328	− 179	Fonte
Total	$1.072	$ 853	−$219	
Ativo imobilizado				
Instalações e equipamentos	$6.085	$6.527	+$442	Uso
Ativo total	$7.157	$7.380	+$223	
Passivo e patrimônio líquido				
Passivo circulante				
Contas a pagar	$ 207	$ 298	+$ 91	Fonte
Títulos a pagar	1.715	1.427	− 288	Uso
Total	$1.922	$1.725	−$197	
Passivo não circulante	$1.987	$2.308	+$321	Fonte
Patrimônio líquido				
Capital social e ágio recebido na emissão de ações	$1.000	$1.000	+$ 0	—
Reserva de lucros	2.248	2.347	+ 99	Fonte
Total	$3.248	$3.347	+$ 99	
Total do passivo e do patrimônio líquido	$7.157	$7.380	+$223	

O índice de liquidez corrente passou de $1.072/1.922 = 0,56$ para $853/1.725 = 0,49$, de modo que a liquidez da empresa parece ter diminuído um pouco. No geral, porém, o montante do caixa disponível aumentou em $5.

3.2 A seguir, está a demonstração de resultados de tamanho comum. Lembre-se de que apenas dividimos cada item pelo total de vendas.

COMPANHIA FELIPE Demonstração de resultados de tamanho comum de 2021	
Vendas	100,0%
Custo das mercadorias vendidas	68,6
Depreciação	13,6
Lucro antes de juros e impostos	17,8
Juros pagos	12,3
Lucro antes dos impostos	5,5
Impostos (34%)	1,9
Lucro líquido	3,6
Dividendos	1,2%
Acréscimo aos lucros retidos	2,4

O lucro líquido é 3,6% das vendas. Como essa é uma porcentagem de cada dólar em vendas que chega até o lucro, o lucro líquido uniformizado é a margem de lucro da empresa. Os custos e as despesas são de 68,6% das vendas.

3.3 Calculamos os seguintes índices com base nos números de final de período. Se você não lembra de alguma definição, consulte novamente o Quadro 3.10.

Índice de liquidez corrente	$853/$1.725	= 0,49 vez
Índice de liquidez imediata	$525/$1.725	= 0,30 vez
Índice de caixa	$215/$1.725	= 0,12 vez
Giro do estoque	$2.780/$328	= 8,48 vezes
Giro das contas a receber	$4.053/$310	= 13,07 vezes
Prazo médio de estocagem	365/8,48	= 43,06 dias
Prazo médio de recebimento	365/13,07	= 27,92 dias
Índice de endividamento total	$4.033/$7.380	= 54,6%
Índice de endividamento a longo prazo	$2.308/$5.655	= 40,8%
Índice de cobertura de juros	$723/$502	= 1,44 vez
Índice de cobertura de caixa	$1.273/$502	= 2,54 vezes

3.4 O retorno sobre o patrimônio líquido é a relação entre o lucro líquido e o total do patrimônio líquido. No caso da Felipe, isso é $146/$3.347 = 4,4\%$, o que não é excepcional.

Dada a identidade DuPont, o ROE pode ser escrito assim:

ROE	**Margem de lucro**	×	**Giro do ativo total**	×	**Multiplicador do patrimônio líquido**
=	$146/$4.053	×	$4.053/$7.380	×	$7.380/$3.347
=	0,036%	×	0,549	×	2,20
=	0,044, ou 4,4%				

Observe que o retorno sobre o ativo, ou ROA, é de $0,036 \times 0,549 = 0,0198$, ou 1,98%.

REVISÃO DE CONCEITOS E QUESTÕES INSTIGANTES

1. **Índice de liquidez corrente [OA2]** Qual efeito as seguintes ações teriam sobre o índice de liquidez corrente de uma empresa? Pressuponha que o CCL é positivo.
   a. Compra de estoque.
   b. Pagamento de um fornecedor.
   c. Pagamento de um empréstimo bancário de curto prazo.
   d. Pagamento antecipado de um passivo não circulante.
   e. Liquidação das compras de um cliente a crédito.
   f. Venda de estoques a preço de custo.
   g. Venda de estoques com lucro.

2. **Índice de liquidez corrente e índice de liquidez imediata [OA2]** Nos últimos anos, a Daniela & Cia. aumentou muito seu índice de liquidez corrente. Ao mesmo tempo, o índice de liquidez imediata caiu. O que aconteceu? A liquidez da empresa melhorou?

3. **Índice de liquidez corrente [OA2]** Explique o que significa para uma empresa ter um índice de liquidez corrente igual a 0,50. A empresa estaria melhor se o índice de liquidez corrente fosse 1,50? E se fosse 15,0? Explique suas respostas.

4. **Índices financeiros [OA2]** Explique detalhadamente que tipo de informação os seguintes índices financeiros fornecem sobre uma empresa:
   a. Índice de liquidez imediata.
   b. Índice de caixa.
   c. Giro do ativo total.
   d. Multiplicador do patrimônio líquido.
   e. Índice de endividamento a longo prazo.
   f. Índice de cobertura de juros.
   g. Margem de lucro.
   h. Retorno sobre o ativo.
   i. Retorno sobre o patrimônio líquido.
   j. Índice preço/lucro.

5. **Demonstrações contábeis uniformes [OA1]** Que tipo de informação as demonstrações contábeis de tamanho comum revelam sobre a empresa? Qual é o melhor uso para essas demonstrações de tamanho comum? Qual é a finalidade das demonstrações com ano-base comum? Quando você as usaria?

6. **Análise por grupo de pares [OA2]** Explique o que é a análise por grupo de pares. Como administrador financeiro, qual é a utilidade dos resultados da análise por grupo de pares para avaliar o desempenho de sua empresa? Em que um grupo de pares é diferente de um grupo-meta?

7. **Identidade DuPont [OA3]** Por que a identidade DuPont é uma ferramenta valiosa na análise do desempenho de uma empresa? Discuta os tipos de informações que ela revela em relação ao ROE tomado individualmente.

QUESTÕES E PROBLEMAS

1. **Cálculo de índices de liquidez [OA2]** A SDJ, Inc. tem capital circulante líquido de $1.920, passivo circulante de $4.380 e estoque de $3.750. Qual é o índice de liquidez corrente? Qual é o índice de liquidez imediata?

2. **Cálculo de índices de lucratividade [OA2]** A Shelton Ltda. tem vendas de $17,5 milhões, ativo total de $13,1 milhões e dívida total de $5,7 milhões. Se a margem de lucro for de 6%, qual é o lucro líquido? Qual é o ROA? E o ROE?

3. **Cálculo do prazo médio de recebimento [OA2]** A Aguilera S/A tem contas a receber no valor de $438.720. As vendas a crédito do ano recém-encerrado foram de $5.173.820. Qual é o giro de contas a receber? Qual é o prazo médio de recebimento? Quanto tempo em média foi necessário para que os clientes a crédito pagassem suas contas durante o ano passado?

4. **Cálculo do giro do estoque [OA2]** A Companhia Verdinha tem estoque final de $417.381, e o custo das mercadorias vendidas no ano recém-encerrado foi de $4.682.715. Qual é o giro do estoque? Qual é o prazo médio de estocagem? Quanto tempo em média uma unidade do estoque ficou na prateleira até ser vendida?

5. **Cálculo de indicadores de alavancagem [OA2]** A Levinha S/A tem um índice de endividamento total de 0,53. Qual é o índice dívida/capital próprio? Qual é o seu multiplicador do patrimônio líquido?

6. **Cálculo de indicadores de valor de mercado [OA2]** A Makers S.A. teve acréscimo de $395.000 à reserva de lucros no ano recém-encerrado. A empresa distribuiu $195.000 em dividendos em dinheiro e tem patrimônio líquido total final de $5,3 milhões. Se a empresa tem atualmente 170 mil ações ordinárias em circulação, quais são os lucros por ação? E os dividendos por ação? E o valor contábil por ação? Se uma ação custa $64, qual é o índice valor de mercado/valor contábil? E o índice preço/lucro? Se a empresa teve $5,15 milhões em vendas, qual é o índice preço/vendas?

7. **Identidade DuPont [OA4]** Se a Fãs Quebrados Ltda. tem um multiplicador do patrimônio líquido de 1,15, giro do ativo total de 2,10 e uma margem de lucro de 6,1%, qual é o seu ROE?

Para revisão de outros conceitos e novas questões instigantes, consulte a página do livro no portal do Grupo A (loja.grupoa.com.br).

4 Planejamento Financeiro de Longo Prazo e Crescimento

TAXAS DE CRESCIMENTO SÃO FERRAMENTAS IMPORTANTES para avaliar uma empresa e, como veremos mais tarde, para avaliar as ações da empresa. Quando refletimos sobre (e calculamos) as taxas de crescimento, um pouco de bom senso vai bem. Por exemplo, em 2020, a Walmart, uma gigante norte-americana do varejo, tinha cerca de 105 milhões de metros quadrados de lojas, centros de distribuição etc. A empresa esperava aumentar sua área em cerca de 4% no próximo ano. Não parece nenhum exagero, mas seria possível a Walmart continuar a expandir sua área a 4% para sempre?

Entraremos nos detalhes do cálculo no próximo capítulo, mas, se pressupormos que a Walmart crescerá 4% ao ano pelos próximos 291 anos, a empresa teria uma área de lojas mais ou menos igual a toda a extensão territorial dos EUA! Em outras palavras, se a Walmart continuar a crescer 4% ao ano, esse país inteiro vai se transformar em um grande Walmart. O que seria assustador!

A Beyond Meat é outro exemplo em que o bom senso vem a calhar. A empresa teve receita total de cerca de USD17,4 milhões no segundo trimestre de 2018 e USD67,25 milhões no segundo trimestre de 2019, o que representa um aumento anual de cerca de 287%! Na sua opinião, qual é a probabilidade de essa empresa continuar com essa taxa de crescimento? Se o crescimento continuasse assim, a empresa teria receita de cerca de USD50,9 trilhões em meros 10 anos, mais do que o dobro do produto interno bruto (PIB) dos EUA. Obviamente, a taxa de crescimento da Beyond Meat se desacelerá significativamente nos próximos anos. Assim, as estimativas de taxas de crescimento de longo prazo precisam ser escolhidas com muito cuidado. Na prática, em qualquer estimativa de crescimento de muito longo prazo, você provavelmente deve pressupor que a empresa não vai crescer muito mais rápido do que a economia como um todo, que, no caso dos EUA, cresce a cerca de 1 a 3% ao ano (ajustado para a inflação).

Uma gestão adequada do crescimento é vital. Este capítulo enfatiza a importância do planejamento para o futuro e discute algumas ferramentas que as empresas usam para refletir sobre o crescimento e administrá-lo.

Objetivos de aprendizagem

O objetivo deste capítulo é que, ao seu final, você saiba:

- **OA1** Utilizar o método da porcentagem de vendas.
- **OA2** Calcular os aportes financeiros necessários para sustentar o crescimento de uma empresa.
- **OA3** Identificar os determinantes do crescimento de uma empresa.
- **OA4** Prever alguns dos problemas que surgem ao planejar o crescimento.

> Para ficar por dentro dos últimos acontecimentos na área de finanças, visite www.fundamentalsofcorporatefinance.blogspot.com.

A falta de um planejamento eficiente de longo prazo é motivo frequente de problemas financeiros e fracasso empresarial. Como discutiremos neste capítulo, o planejamento de longo prazo é um meio de pensar sistematicamente sobre o futuro e prever possíveis problemas. Obviamente, não existem bolas de cristal e, portanto, nossa maior esperança recai sobre um procedimento organizado e lógico para explorar o desconhecido. Como disse um membro do conselho de administração da GM: "O planejamento é um processo que, na melhor das hipóteses, ajuda a evitar que a empresa entre no futuro em marcha à ré".

O planejamento financeiro estabelece orientações para a mudança e para o crescimento de uma empresa. Normalmente, ele se concentra no contexto geral. Isso significa que ele se preocupa com os principais elementos das políticas de investimento e financiamento de uma empresa, sem examinar detalhadamente seus componentes individuais.

Nossos principais objetivos neste capítulo são discutir o planejamento financeiro e ilustrar o inter-relacionamento das diversas decisões de investimento e financiamento tomadas por uma empresa. Nos próximos capítulos, examinaremos com muito mais detalhes o modo como essas decisões são tomadas.

Em primeiro lugar, descrevemos o que quer dizer *planejamento financeiro*. Falaremos principalmente sobre planejamento de longo prazo. O planejamento de curto prazo será discutido em um capítulo posterior. Aqui, examinaremos o que pode ser realizado pela empresa com o desenvolvimento de um plano financeiro de longo prazo. Para isso, desenvolvemos uma técnica de planejamento de longo prazo simples, mas útil: a abordagem da porcentagem de vendas. Descreveremos como aplicar essa abordagem em alguns casos simples e discutiremos algumas de suas variações.

Para desenvolver um plano financeiro explícito, a alta administração de uma empresa deve estabelecer alguns elementos básicos da sua política financeira:

1. *O investimento necessário em novos ativos.* Isso surgirá das oportunidades de investimentos escolhidas e é resultado das decisões de orçamento de capital tomadas pela empresa.
2. *O grau de alavancagem financeira que a empresa escolhe empregar.* Isso determinará o montante de dívidas que a empresa usará para financiar seus investimentos em ativos reais. Essa é a política para sua estrutura de capital.
3. *O montante de caixa considerado necessário e apropriado para pagar aos acionistas.* Essa é a política de dividendos da empresa.
4. *O montante de liquidez e o capital de giro necessários para suas operações continuadas.* Essa é a decisão sobre o capital de giro da empresa.

Como veremos, as decisões tomadas por uma empresa nessas quatro áreas afetarão diretamente a sua lucratividade futura, a necessidade de novos financiamentos de fontes externas à empresa e as suas oportunidades de crescimento.

Uma das principais lições deste capítulo é que as políticas de investimento e financiamento de uma empresa interagem e, portanto, não podem, de fato, ser consideradas isoladamente. Os tipos e os valores dos ativos que uma empresa pretende comprar devem ser considerados juntamente com sua capacidade de levantar o capital necessário para financiar tais investimentos. Muitos alunos de administração conhecem os três Ps clássicos (ou mesmo os quatro Ps) do *marketing*. Não querendo ficar para trás, os planejadores financeiros têm nada menos do que seis Ps: Proper Prior Planning Prevents Poor Performance (planejamento adequado com antecedência evita desempenho ruim).

O planejamento financeiro força a empresa a pensar em objetivos. Um objetivo muito cobiçado pelas empresas é o crescimento, e quase todas as empresas definem uma taxa de crescimento explícita a ser buscada por todas as suas unidades como o principal componente de seu planejamento financeiro de longo prazo. Por exemplo, em setembro de 2007, a Toyota Motor anunciou que havia planejado vender aproximadamente 9,8 milhões de veículos em 2008 e 10,4 milhões em 2009, para se tornar o primeiro fabricante de automóveis a vender mais de 10 milhões de veículos em um ano. Obviamente, os planos da Toyota não se realizaram. Em 2009, a empresa vendeu apenas 7,2 milhões de veículos, número que aumentou para 8,6 milhões em 2010. Em 2013, a empresa vendeu 9,98 milhões de veículos, quase atingindo a meta projetada para quatro anos antes. A Toyota só atingiu a meta em 2014, quando vendeu 10,14 milhões; em 2019, vendeu 10,60 milhões de veículos.

Existem ligações diretas entre o crescimento que uma empresa pode atingir e a sua política financeira. Nas próximas seções, mostraremos como os modelos de planejamento financeiro podem ser usados para entender melhor como chegar ao crescimento. Também mostramos como tais modelos podem ser usados para estabelecer os limites do crescimento possível.

4.1 O que é planejamento financeiro?

O planejamento financeiro estabelece como os objetivos financeiros devem ser alcançados. Assim, um plano financeiro é uma declaração do que deve ser feito no futuro. Muitas decisões exigem um longo período entre o momento da decisão e os primeiros resultados — elas precisam de muito tempo para execução. Em um mundo de incertezas, isso exige que as decisões sejam tomadas muito antes de serem postas em execução. Se uma empresa desejava construir uma fábrica em 2024, por exemplo, ela deveria começar a alinhar os contratos de construção e os fornecedores, bem como conseguir os financiamentos em 2021 ou até mesmo antes.

Crescimento como objetivo da administração financeira

Como a questão do crescimento será discutida em vários pontos deste capítulo, precisamos começar com um aviso importante: crescimento, por si só, não é um objetivo adequado para o administrador financeiro. A varejista de roupas J. Peterman Co., cujos catálogos peculiares se tornaram famosos no seriado *Seinfeld*, aprendeu essa lição do modo mais difícil. Apesar da força da marca e dos anos de crescimento explosivo de receitas, a empresa foi forçada a solicitar recuperação judicial — vítima de um plano de expansão exageradamente ambicioso.

A Amazon.com, a grande varejista *on-line*, é outro exemplo. Em determinada época, o lema da Amazon parecia ser "crescimento a qualquer custo". Infelizmente, o que realmente cresceu rápido foram os prejuízos. A Amazon mudou o enfoque de negócios, sacrificando explicitamente o crescimento, na esperança de atingir lucratividade. O plano parece que funcionou, pois a Amazon se tornou uma gigante lucrativa no setor de varejo.

Como discutimos no Capítulo 1, para uma empresa, o objetivo apropriado é aumentar o valor de mercado do patrimônio dos acionistas. Obviamente, se uma empresa tiver êxito nisso, então, o resultado, em geral, será o crescimento. Assim, o crescimento pode ser uma consequência desejável de decisões acertadas, mas não é um fim em si mesmo. Discutiremos o crescimento simplesmente porque as taxas de crescimento são muito usadas para o planejamento. Como veremos, o crescimento é um meio conveniente de resumir diversos aspectos das políticas de financiamento e de investimento de uma empresa. Além disso, se pensarmos nele como o aumento do valor de mercado do patrimônio dos acionistas, os objetivos de crescimento e de aumento do valor de mercado das ações emitidas pela empresa serão um só.

Dimensões do planejamento financeiro

Quase sempre é útil, para fins de planejamento, dividir o futuro em curto prazo e em longo prazo. O curto prazo, na prática, em geral são os próximos 12 meses. Concentraremos nossa

Você pode encontrar taxas de crescimento nos sites **www.reuters.com** *e* **finance.yahoo.com**.

atenção no planejamento financeiro de longo prazo, que, em geral, representa os próximos dois a cinco anos. Esse período é chamado de **horizonte de planejamento** e é a primeira dimensão do processo de planejamento que deve ser estabelecida.

Ao preparar um plano financeiro, todos os projetos e investimentos individuais que a empresa empreenderá se combinam para determinar o investimento total necessário. Na verdade, as pequenas propostas de investimento de cada unidade operacional são somadas, e a sua soma é tratada como um único grande projeto. Esse processo é chamado de **agregação**. O nível de agregação é a segunda dimensão que precisa ser determinada no processo de planejamento.

Após o estabelecimento do horizonte de planejamento e do nível de agregação, um plano financeiro exige dados de entrada na forma de conjuntos alternativos de hipóteses sobre variáveis importantes. Por exemplo, suponha que uma empresa tenha duas divisões separadas: uma para produtos ao consumidor e outra para motores de turbina a gás. O processo de planejamento financeiro pode exigir que cada divisão prepare três planos de negócios alternativos para os próximos três anos:

> **horizonte de planejamento**
> Período de longo prazo abrangido pelo processo de planejamento financeiro (geralmente são os próximos dois a cinco anos).
>
> **agregação**
> Processo pelo qual as pequenas propostas de investimento de cada uma das unidades operacionais da empresa são somadas, e a sua soma é tratada como um grande projeto único.

1. *O pior caso.* Tal plano exigiria suposições relativamente pessimistas sobre os produtos da empresa e o estado da economia. Esse tipo de planejamento para uma crise enfatizaria a capacidade de uma divisão de resistir a adversidades econômicas significativas e exigiria detalhes relativos a cortes de custos e mesmo vendas de ativos e liquidação. Por exemplo, em 2019, a Bed Bath & Beyond anunciou que baixara USD194 milhões em estoque. A empresa claramente superestimara a procura pelos seus produtos.

2. *Um caso normal.* Tal plano exigiria as suposições mais prováveis sobre a empresa e a economia.

3. *O melhor caso.* Cada divisão deveria desenvolver um plano baseado em hipóteses otimistas. Ele poderia envolver novos produtos e expansão e, em seguida, detalharia os fundos necessários para financiar a expansão. Por exemplo, no final de 2019, a Intel anunciava recordes de receitas, mas, ao mesmo tempo, prometia superá-los. As receitas da divisão de PCs da empresa haviam caído porque a Intel não conseguia atender a demanda por microprocessadores. Em 2016, a Intel estimara que o crescimento das vendas nos próximos três anos seria de 20%, mas a procura cresceu muito mais rápido do que o esperado, o que levou a vendas perdidas. Para atender a demanda futura, a Intel prometeu aumentar as despesas de capital para expandir a capacidade em 25% em 2020.

Nesse tipo de discussão, as atividades são agregadas ao longo de linhas divisionais, e o horizonte de planejamento é de três anos. Esse tipo de planejamento, que leva em conta todos os eventos possíveis, é particularmente importante para os negócios cíclicos (empresas com vendas que são muito afetadas pelo estado geral da economia ou pelos ciclos de negócios).

O que podemos esperar do planejamento?

Como a empresa pode despender muito tempo examinando os diferentes cenários que se tornarão a base de seu plano financeiro, parece lógico perguntar o que se pode esperar do processo de planejamento.

Examinar as interações Conforme discutiremos com maiores detalhes nas páginas seguintes, o plano financeiro deve tornar explícitos os vínculos entre as propostas de investimento das diferentes atividades operacionais da empresa e as opções de financiamento disponíveis. Em outras palavras, se a empresa está planejando expandir e empreender novos investimentos e projetos, de onde virá o financiamento para pagar por isso?

Explorar as opções O plano financeiro oferece à empresa a oportunidade de desenvolver, analisar e comparar muitos cenários diferentes de modo coerente. É possível explorar várias opções de investimento e financiamento e avaliar seu impacto para os acionistas. Aqui entram em jogo questões sobre as futuras linhas de negócios da empresa e os financiamentos adequados. Opções como *marketing* de novos produtos ou fechamento de fábricas podem ser avaliadas.

Evitar surpresas O planejamento financeiro deve identificar o que pode acontecer à empresa para diferentes eventos que possam ocorrer. Em particular, ele deve oferecer diretrizes sobre quais medidas serão adotadas se as coisas saírem muito errado ou, de modo geral, se as hipóteses feitas hoje sobre o futuro tiverem erros graves. Como observou certa vez o físico Niels Bohr, "a previsão é muito difícil, principalmente quando diz respeito ao futuro"[1]. Assim, uma das finalidades do planejamento financeiro é evitar surpresas e desenvolver planos de contingência.

Por exemplo, em 2017, a Tesla Motors anunciou que a produção do seu caminhão Tesla Semi começaria em 2019. Quando a produção não começou em 2019, a Tesla adiou o começo da produção para o final de 2020. Na esperança de que na terceira vez daria tudo certo, em abril de 2020, a Tesla adiou a produção mais uma vez para o final de 2021. Não foi o primeiro modelo para o qual a Tesla não cumpriu o prazo de produção. Em 2012, a empresa anunciou que as vendas do Model X começariam em 2014. Após diversas revisões, o primeiro Model X chegou ao mercado em setembro de 2015. Assim, a falta de planejamento adequado pode ser um problema até para as empresas com as tecnologias mais avançadas.

Assegurar a capacidade de realização e a consistência interna Além do objetivo geral de criação de valor, uma empresa normalmente tem muitos objetivos específicos. Tais objetivos podem ser: participação de mercado, retorno sobre o capital próprio, alavancagem financeira e outros. Às vezes, os vínculos entre os diferentes objetivos e os diversos aspectos dos negócios de uma empresa são difíceis de visualizar. Um plano financeiro não apenas torna explícitos esses vínculos, mas também impõe uma estrutura unificada para a conciliação de objetivos e metas. Em outras palavras, o planejamento financeiro é um modo de verificar se os objetivos e planos criados para áreas específicas das operações de uma empresa são possíveis e internamente consistentes. Quase sempre existem objetivos conflitantes. Portanto, para gerar um plano coerente, objetivos e metas devem ser ajustados e prioridades devem ser estabelecidas.

Por exemplo, uma empresa pode ter uma meta de crescimento de 12% no número de unidades vendidas por ano e ter outra meta de reduzir o índice de dívida total de 40% para 20%. Essas duas metas são compatíveis? Elas podem ser alcançadas simultaneamente? Talvez sim, talvez não. Como discutiremos, o planejamento financeiro é uma maneira de descobrir o que é possível e o que não é.

Conclusão O resultado mais importante do processo de planejamento provavelmente seja forçar os gestores a pensar nos objetivos e a estabelecer prioridades. Na verdade, a sabedoria convencional dos negócios diz que planos financeiros não funcionam, mas que o planejamento financeiro funciona. O futuro é inerentemente desconhecido. O que podemos fazer é estabelecer a direção na qual queremos seguir e criar algumas hipóteses fundamentadas sobre o que podemos encontrar pelo caminho. Se fizermos um bom trabalho, não seremos pegos de surpresa quando o futuro se desenrolar.

> **Questões conceituais**
>
> **4.1a** Quais são as duas dimensões do processo de planejamento financeiro?
>
> **4.1b** Por que as empresas devem preparar planos financeiros?

---

[1] Fonte: Niels Bohr (1885-1962).

4.2 Modelos de planejamento financeiro: um contato inicial

Assim como as empresas diferem em tamanho e produtos, o processo de planejamento financeiro difere de uma empresa para outra. Nesta seção, discutimos alguns elementos comuns nos planos financeiros e desenvolvemos um modelo básico para ilustrá-los. A seguir, apresentamos apenas uma breve visão geral. Nas próximas seções, abordaremos os diversos tópicos com mais detalhes.

Excel Master!
Cobertura *on-line* do Excel Master

Um modelo de planejamento financeiro: os ingredientes

A maioria dos modelos de planejamento financeiro exige que o usuário especifique algumas hipóteses sobre o futuro. Com base nessas hipóteses, o modelo gera previsões de valores para um número grande de variáveis. Os modelos podem variar um pouco em complexidade, mas quase todos têm os elementos que discutimos a seguir.

Previsão de vendas Quase todos os planos financeiros exigem que lhes seja fornecida uma previsão de vendas. Nos modelos a seguir, por exemplo, a previsão de vendas será o "guia". Isso quer dizer que o usuário do modelo de planejamento fornecerá esse valor e que a maioria dos outros valores será calculada com base nele. Essa forma de organizar um planejamento é comum para muitos tipos de negócios. O planejamento se concentrará nas vendas futuras e nos ativos e financiamentos necessários para dar suporte a essas vendas.

Com frequência, a previsão de vendas será informada como taxa de crescimento das vendas, e não como um número de vendas explícito. Essas duas abordagens são essencialmente iguais porque, se sabemos qual é a taxa de crescimento, podemos calcular as vendas projetadas. Obviamente, previsões perfeitas de vendas não existem, porque elas dependem do estado futuro e incerto da economia. Para ajudar as empresas a realizarem suas projeções, há empresas que se especializam em macroeconomia e projeções para setores econômicos.

Como já discutimos antes, muitas vezes estaremos interessados em avaliar cenários alternativos, de modo que não é necessariamente crucial que a previsão de vendas tenha precisão. Nosso objetivo é examinar a inter-relação das necessidades de investimento e financiamento em possíveis diferentes níveis de vendas, em vez de destacar aquilo que esperamos que aconteça.

Demonstrações projetadas Um plano financeiro terá uma previsão de balanço patrimonial, de demonstração de resultados e de demonstração dos fluxos de caixa. Essas previsões são chamadas de *demonstrações projetadas*.[2] Em inglês, essas demonstrações são chamadas de *pro forma*, o que literalmente significa "por formalidade". Isso quer dizer que a projeção de demonstrações contábeis é a forma que usamos para resumir os diferentes eventos projetados para o futuro. No mínimo, um modelo de planejamento financeiro gerará essas demonstrações com base nas projeções de itens-chave, como as vendas.

---

[2] Embora algumas traduções do termo em inglês *pro forma statements* mantenham a designação "demonstrações pró-forma", na terminologia utilizada no mercado brasileiro é preciso distinguir entre demonstrações projetadas e demonstrações pró-forma. As demonstrações projetadas, tratadas aqui, são aquelas que apresentam simulações de resultados futuros, com base em propostas de ação, enquanto as demonstrações pró-forma simulam situações passadas com informações correntes. Com as demonstrações pró-forma é simulado o impacto passado de uma transação corrente – uma aquisição de outra empresa, por exemplo – informando ao investidor como teria sido o desempenho da adquirente, caso tal transação tivesse ocorrido em data anterior, com informações públicas da adquirente e da adquirida, em demonstração combinada. A finalidade é utilizar dados objetivos, publicados e auditados para avaliar uma decisão, em vez de projeções discricionárias da administração da proponente adquirente.

Nos modelos de planejamento que descreveremos, as demonstrações projetadas são os dados gerados pelo modelo de planejamento financeiro. O usuário fornecerá um número de vendas, e o modelo gerará a demonstração de resultados e o balanço patrimonial.

Necessidades de ativos O plano descreverá os gastos de capital projetados. No mínimo, o balanço patrimonial projetado conterá as variações do ativo imobilizado total e do capital circulante líquido (variações na necessidade de capital de giro). Essas variações são, de fato, o orçamento de capital total da empresa. Os gastos de capital propostos em diferentes áreas devem, portanto, ser conciliados com os gastos gerais de capital contidos no plano de longo prazo.

Necessidades de aportes financeiros O plano incluirá uma seção sobre os arranjos financeiros necessários. Essa parte do plano deve discutir as políticas de dividendos e de endividamento. Sociedades por ações podem obter o aporte de caixa necessário mediante a emissão de novas ações ou de títulos de dívida ou mediante a tomada de novos empréstimos. Nesse caso, o plano terá de considerar quais tipos de títulos mobiliários precisam ser emitidos e quais métodos de emissão são os mais apropriados e, no caso de empréstimos, quais são as fontes e as linhas mais apropriadas. Esses são assuntos que consideraremos na Parte 6 deste livro, na qual discutiremos o financiamento de longo prazo, a estrutura de capital e a política de dividendos.

A variável de fechamento Depois de ter uma previsão de vendas e uma estimativa dos gastos exigidos em ativos, certa quantidade de financiamento novo será necessária, porque o total projetado dos ativos excederá o total projetado dos passivos e do patrimônio líquido. Em outras palavras, o balanço patrimonial não estará mais equilibrado.

Como pode ser necessário um novo aporte financeiro para cobrir todos os gastos de capital projetados, uma variável financeira de fechamento deve ser selecionada. A variável de fechamento é a fonte ou as fontes escolhidas de aportes financeiros necessários para lidar com qualquer falta (ou excedente) de financiamentos e, portanto, fechar o balanço patrimonial.

Por exemplo, uma empresa com uma ou muitas oportunidades de investimento, mas com fluxo de caixa limitado, pode ter de levantar recursos novos. Outras empresas, com poucas oportunidades de crescimento e com grande fluxo de caixa, terão um excedente de caixa e, portanto, poderão pagar um dividendo extraordinário. No primeiro caso, os recursos novos (emissão de ações ou tomada de dívidas) são a variável de fechamento. No segundo, os dividendos constituem essa variável.

Premissas econômicas O plano deverá estabelecer explicitamente o ambiente econômico previsto durante o período de vida do plano. Entre as premissas econômicas mais importantes estão a estimativa de taxa de juros e a alíquota tributária sobre os lucros da empresa.

Um modelo simples de planejamento financeiro

Podemos iniciar nossa discussão sobre os modelos de planejamento de longo prazo com um exemplo relativamente simples. As demonstrações contábeis da Zona do Computador S/A do ano passado são as seguintes:

Zona do Computador Demonstrações contábeis						
Demonstração de resultados				**Balanço patrimonial**		
Vendas	$1.000	Ativos	$500	Dívida		$250
Custos e despesas	800			Patrimônio líquido		250
Lucro líquido	$ 200	Total	$500	Total		$500

Na ausência de afirmação em contrário, os planejadores financeiros da Zona do Computador pressupõem que todas as variáveis estão diretamente ligadas às vendas e que as relações são perfeitas. Isso significa que todos os itens aumentarão exatamente à mesma taxa das vendas. Essa visão é obviamente simplificada, de forma que a utilizaremos apenas para mostrar nosso ponto de vista.

Suponha que as vendas aumentem em 20%, subindo de $1.000 para $1.200. Os planejadores também preveem um aumento de 20% nos custos, de $800 para $800 × 1,2 = $960. A demonstração de resultados projetada seria:

Demonstração de resultados projetada	
Vendas	$1.200
Custos e despesas	960
Lucro líquido	$ 240

A hipótese de que todas as variáveis crescerão 20% nos permite construir facilmente o balanço patrimonial projetado:

Balanço patrimonial projetado			
Ativos	$600 (+100)	Dívida	$ 300 (+ 50)
		Patrimônio líquido	300 (+ 50)
Total	$600 (+100)	Total	$600 (+100)

Observe que aumentamos apenas 20% em cada item. Os números entre parênteses são as variações em reais para os diferentes itens.

Agora temos de conciliar essas duas demonstrações projetadas. Por exemplo, como pode o lucro líquido ser igual a $240 e o aumento do patrimônio líquido ser de apenas $50? A resposta é que a Zona do Computador provavelmente terá pago a diferença de $240 – $50 = $190 em dividendos. Nesse caso, os dividendos são a variável de fechamento.

Suponha que a Zona do Computador não pague os $190. Nesse caso, o acréscimo à reserva de lucros é de $240. Assim, o patrimônio líquido da Zona do Computador aumentará para $250 (o montante inicial) mais $240 (lucro líquido), ou $490, e parte da dívida deve ser resgatada para manter o financiamento total do ativo em $600.

Com $600 de ativo total e $490 de patrimônio líquido, a dívida terá de ser de $600 – $490 = $110. Como iniciamos com $250 de dívida, a Zona do Computador terá de resgatar $250 – 110 = $140 dela. O balanço patrimonial projetado resultante seria assim:

A Planware fornece um *insight* sobre a previsão de fluxo de caixa (**www.planware.org**).

Balanço patrimonial projetado			
Ativos	$600 (+100)	Dívida	$ 110 (–140)
		Patrimônio líquido	490 (+240)
Total	$600 (+100)	Total	$600 (+100)

Neste caso, a dívida é a variável de fechamento utilizada para equilibrar os totais projetados do ativo e do passivo.

Esse exemplo mostra a interação entre o crescimento das vendas e a política financeira. À medida que as vendas aumentam, o total dos ativos também aumenta. Isso ocorre porque a empresa precisa investir em capital circulante e ativo imobilizado para permitir níveis de vendas mais altos. Como o ativo está aumentando, o total do passivo e do patrimônio líquido (o lado direito do balanço patrimonial) também aumentará.

Nesse nosso exemplo simples, é preciso observar que o modo como passivo e patrimônio líquido mudam depende da política de financiamento da empresa e de sua política de dividendos. O crescimento do ativo exige que a empresa decida como financiar esse crescimento. Essa é uma decisão estritamente de alçada da alta administração. Observe que, em nosso exemplo, a empresa não precisou de aportes financeiros. Em geral, esse não é o caso, por isso exploramos uma situação mais detalhada na próxima seção.

Questões conceituais

4.2a Quais são os componentes básicos de um plano financeiro?

4.2b Por que é necessário designar uma variável de fechamento em um modelo de planejamento financeiro?

4.3 A abordagem da porcentagem de vendas

Excel Master!
Cobertura on-line do Excel Master

Na seção anterior, descrevemos um modelo simples de planejamento no qual todos os itens aumentaram à mesma taxa das vendas. Esse pode ser um pressuposto aceitável para alguns elementos. Para outros, como a dívida de longo prazo, provavelmente isso não funcione, porque o montante de dívidas de longo prazo é algo definido pela alta administração da empresa e pode não se relacionar diretamente com as vendas.

Nesta seção, descrevemos uma versão estendida de nosso modelo simples. A ideia básica é separar as contas da demonstração de resultados e do balanço patrimonial em dois grupos: contas que variam de forma direta com as vendas e contas que não variam com as vendas. Dada uma previsão de vendas, poderemos calcular o financiamento de que a empresa precisará para suportar o nível previsto de vendas.

abordagem da porcentagem de vendas
Método de planejamento financeiro em que as contas variam em função do nível de vendas previsto para a empresa.

O modelo de planejamento financeiro que descrevemos a seguir se baseia na **abordagem da porcentagem de vendas**. Nosso objetivo é desenvolver uma maneira rápida e prática de gerar demonstrações projetadas. Deixamos alguns avisos e cuidados para uma seção posterior.

A demonstração de resultados

Iniciamos com nossa mais recente demonstração de resultados da Mar de Rosas S/A, apresentada no Quadro 4.1. Observe que simplificamos ainda mais as coisas ao incluirmos custos e despesas, depreciação e juros em um único item de custos.

A Mar de Rosas projetou um aumento de 25% nas vendas para o próximo ano. Assim, estamos prevendo vendas de $1.000 × 1,25 = $1.250. Para gerar uma demonstração de resultados projetada, pressupomos que os custos e as despesas totais continuarão sendo $800/$1.000 = 80% das vendas. Com essa hipótese, a demonstração de resultados projetada da Mar de Rosas é mostrada no Quadro 4.2. Como pressupomos que os custos e as despesas são uma porcentagem constante das vendas, devemos pressupor também que a margem de lucro é constante. Para verificar isso, observe que a margem de lucro foi de $132/$1.000 = 13,2%. Em nossa demonstração projetada, a margem de lucro é de $165/$1.250 = 13,2%, portanto, continua inalterada.

A seguir, precisamos projetar o pagamento dos dividendos. Esse montante depende da alta administração da Mar de Rosas (observado o mínimo estatutário, no Brasil). Vamos pressupor que a empresa tem uma política de distribuição de um percentual fixo do lucro líquido na forma de dividendos. No ano passado, a **taxa de distribuição de dividendos** foi:

taxa de distribuição de dividendos
Valor total pago aos acionistas dividido pelo lucro líquido.

$$\text{Taxa de distribuição de dividendos} = \text{Dividendos/Lucro líquido} \\ = \$44/132 = 1/3 \quad [4.1]$$

QUADRO 4.1 Demonstração de resultados da Mar de Rosas S/A

MAR DE ROSAS S/A Demonstração de resultados	
Vendas	$1.000
Custos e despesas	800
Lucro tributável	$ 200
Tributos (34%)	68
Lucro líquido	$ 132
Dividendos $44	
Acréscimo à reserva de lucros 88	

QUADRO 4.2 Demonstração de resultados projetada da Mar de Rosas S/A

MAR DE ROSAS S/A Demonstração de resultados projetada	
Vendas (projetadas)	$1.250
Custos e despesas (80% das vendas)	1.000
Lucro tributável	$ 250
Tributos (34%)	85
Lucro líquido	$ 165

Também podemos calcular a razão entre acréscimo à reserva de lucros e lucro líquido:

Acréscimo à reserva de lucros/lucro líquido = $88/$132 = 2/3

Essa razão é chamada de **taxa de retenção** ou **taxa de reinvestimento de lucros** e é igual a 1 menos a taxa de distribuição de dividendos, porque tudo que não é distribuído é retido. Pressupondo que a taxa de distribuição de dividendos é constante, a projeção de dividendos e de acréscimo à reserva de lucros será:

Projeção de dividendos pagos aos acionistas = $165 × 1/3 = $ 55
Projeção de acréscimo à reserva de lucros = $165 × 2/3 = 110
$165

taxa de retenção de lucros
Acréscimo às reservas de lucros dividido pelo lucro líquido. Também chamada de taxa de reinvestimento de lucros.

O balanço patrimonial

Para gerar um balanço patrimonial projetado, começamos com a demonstração mais recente, como mostra o Quadro 4.3.

Em nosso balanço patrimonial, pressupomos que alguns dos itens variam diretamente com as vendas e outros não. Para os que variam, expressamos cada um como uma porcentagem de vendas do ano recém-encerrado. Quando um item não varia diretamente com as vendas, escrevemos "n/a" para "não se aplica".

Por exemplo, no lado do ativo, o estoque é igual a 60% das vendas ($600/$1.000) para o ano recém-encerrado. Pressupomos que essa porcentagem se aplica ao ano seguinte e, portanto, para cada $1 em vendas, o estoque aumenta em $0,60. A razão entre total do ativo e vendas do ano recém-encerrado é $3.000/$1.000 = 3, ou 300%.

Essa razão entre o total do ativo e as vendas às vezes é chamada de **intensidade de capital**. Ela indica o montante de ativos necessário para gerar $1 em vendas e, portanto, quanto mais alta, mais intensiva em capital é a empresa. Observe também que essa razão é apenas o inverso do índice de giro do ativo total que definimos no capítulo anterior.

intensidade de capital
Total do ativo de uma empresa dividido pelas suas vendas, ou o montante de ativo necessário para gerar $1 em vendas.

QUADRO 4.3 Balanço patrimonial da Mar de Rosas S/A

MAR DE ROSAS S/A
Balanço patrimonial

Ativos	$	Porcentagem de vendas	Passivo e patrimônio líquido	$	Porcentagem de vendas
Ativo circulante			Passivo circulante		
Caixa	$ 160	16%	Contas a pagar	$ 300	30%
Contas a receber	440	44	Empréstimos	100	n/a
Estoque	600	60	Total	$ 400	n/a
Total	$1.200	120	Passivo não circulante	$ 800	n/a
Ativo não circulante			Patrimônio líquido		
Instalações e equipamentos	$1.800	180	Capital social e ágio recebido na emissão de ações	$ 800	n/a
			Reservas de lucros	1.000	n/a
			Total	$1.800	n/a
Ativo total	$3.000	300%	Total do passivo e do patrimônio líquido	$3.000	n/a

Para a Mar de Rosas, pressupondo que a intensidade de capital seja constante, são precisos $3 em ativo total para gerar $1 em vendas (aparentemente, ela está em um negócio com muita intensidade de capital). Portanto, se as vendas precisam aumentar em $100, a empresa terá de aumentar o total do ativo em três vezes esse montante, ou seja, em $300.

No lado do passivo do balanço patrimonial, mostramos as contas a pagar que variam com as vendas. O motivo é que esperamos fazer mais pedidos aos nossos fornecedores à medida que o volume de vendas aumenta, e, portanto, as contas a pagar acompanharão "espontaneamente" as vendas. Os empréstimos a pagar, por outro lado, representam dívidas de curto prazo, como empréstimos bancários. Isso não varia, a menos que adotemos medidas específicas para mudar o montante — portanto, marcamos como "n/a".

Da mesma forma, marcamos "n/a" para o passivo não circulante, porque ele não varia automaticamente com as vendas. Vale o mesmo para o capital social e o ágio recebido na emissão de ações. O último item da direita, reservas de lucros, varia com as vendas, mas não representa uma porcentagem simples delas. Em vez disso, calcularemos explicitamente a variação das reservas de lucros com base na nossa projeção de lucro líquido e dividendos.

Agora podemos construir parcialmente um balanço patrimonial projetado para a Mar de Rosas. Fazemos isso, sempre que possível, usando as porcentagens que acabamos de calcular nos cálculos de montantes projetados. Por exemplo, o ativo imobilizado líquido é de 180% das vendas. Assim, com um novo nível de vendas de $1.250, o montante de ativo imobilizado líquido será de 1,80 × $1.250 = $2.250, representando um aumento de $2.250 × $1.800 = $450 em instalações e equipamentos. É importante notar que, para itens que não variam diretamente com as vendas, não pressupomos inicialmente qualquer variação e simplesmente escrevemos os montantes originais. O resultado é mostrado no Quadro 4.4. Observe que a variação na reserva de lucros é igual ao acréscimo de $110 na reserva de lucros que calculamos anteriormente.

Ao examinarmos nosso balanço patrimonial projetado, observamos que o ativo foi projetado para aumentar em $750. Entretanto, sem financiamento adicional, o passivo e o patrimônio líquido só aumentarão $185, restando uma falta de $750 − $185 = $565. Denominamos esse montante como *necessidade de aporte financeiro* (NAF).[3]

---
[3] No original, *external financing needed* (*EFN*).

QUADRO 4.4

MAR DE ROSAS S/A						
Balanço patrimonial projetado parcial						
Ativos			**Passivo e patrimônio líquido**		
	Projetado	Variação em relação ao ano anterior		Projetado	Variação em relação ao ano anterior
Ativo circulante			Passivo circulante		
Caixa	$ 200	$ 40	Contas a pagar	$ 375	$ 75
Contas a receber	550	110	Empréstimos	100	0
Estoque	750	150	Total	$ 475	$ 75
Total	$1.500	$300	Passivo não circulante	$ 800	$ 0
Ativo não circulante					
Instalações e equipamentos	$2.250	$450	Patrimônio líquido		
			Capital social e ágio	$ 800	$ 0
			Reserva de lucros	1.110	110
			Total	$1.910	$110
Ativo total	$3.750	$750	Total do passivo e do patrimônio líquido	$3.185	$185
			Necessidade de aporte financeiro (NAF)	$ 565	$565

Um cenário em particular

Nosso modelo de planejamento financeiro lembra uma daquelas piadas da boa e da má notícia. A boa notícia é que estamos projetando um aumento de 25% nas vendas. A má notícia é que isso não acontecerá, a menos que a Mar de Rosas consiga, de alguma maneira, levantar $565 em novos financiamentos.

Esse é um bom exemplo de como o processo de planejamento pode indicar problemas e conflitos em potencial. Se, por exemplo, a empresa tiver o objetivo de não tomar emprestados fundos adicionais e não emitir novas ações, então, um aumento de 25% nas vendas dificilmente será possível.

Se tomarmos a necessidade de $565 de novos financiamentos como certa, sabemos que existem três fontes possíveis: empréstimos de curto prazo, empréstimos de longo prazo e aporte de novo capital próprio, com emissão de novas ações (aportes dos sócios nas companhias limitadas). A escolha de uma combinação entre essas três fontes depende da alta administração. Ilustraremos apenas uma das várias possibilidades.

Suponha que a Mar de Rosas resolva tomar emprestado os fundos necessários. Nesse caso, a empresa pode optar por tomar emprestado uma parte a curto prazo e outra parte a longo prazo. Por exemplo, o ativo circulante aumentou em $300, enquanto o passivo circulante aumentou em apenas $75. Ela poderia financiar $300 − $75 = $225 com empréstimos de curto prazo e deixar o capital circulante líquido total inalterado. Com os $565 necessários, os restantes $565 − $225 = $340 teriam de vir na forma de passivo não circulante. O Quadro 4.5 mostra o balanço patrimonial projetado completo da Mar de Rosas.

Usamos uma combinação entre dívida de curto prazo e dívida de longo prazo como variável de fechamento, mas enfatizamos que essa é apenas uma estratégia possível — ela não é necessariamente a melhor. Existem muitos outros cenários que poderíamos (e deveríamos) investigar. Os diversos índices discutidos no Capítulo 3 são muito úteis nessa questão. Por exemplo, no cenário que acabamos de observar, certamente examinaríamos o índice de liquidez corrente e o índice de endividamento total, para saber se nos sentimos à vontade com os novos níveis de dívida projetados.

QUADRO 4.5

MAR DE ROSAS S/A
Balanço patrimonial projetado

Ativos	Projetado	Variação em relação ao ano anterior	Passivo e patrimônio líquido	Projetado	Variação em relação ao ano anterior
Ativo circulante			Passivo circulante		
Caixa	$ 200	$ 40	Contas a pagar	$ 375	$ 75
Contas a receber	550	110	Empréstimos	325	225
Estoque	750	150	Total	$ 700	$300
Total	$1.500	$300	Passivo não circulante	$1.140	$340
Ativo não circulante					
Instalações e equipamentos	$2.250	$450	Patrimônio líquido		
			Capital social e ágio	$ 800	$ 0
			Reserva de lucros	1.110	110
			Total	$1.910	$110
Total do ativo	$3.750	$750	Total do passivo e do patrimônio líquido	$3.750	$750

Agora que terminamos nosso balanço patrimonial, temos todas as projeções de fontes e usos do caixa. Poderíamos terminar nossas demonstrações projetadas criando a demonstração de fluxos de caixa projetada, de acordo com aquilo que foi discutido no Capítulo 3, mas deixaremos isso como exercício e, em vez disso, examinaremos um importante cenário alternativo.

Um cenário alternativo

A hipótese de que o ativo é uma porcentagem fixa das vendas é conveniente, mas pode não ser adequada em muitos casos. Em especial, observe que, de fato, pressupomos que a Mar de Rosas estava usando seu ativo imobilizado a 100% da capacidade, porque qualquer aumento nas vendas levava a um aumento do ativo imobilizado.

O pressuposto de utilização de 100% da capacidade pode ser realista em determinados setores. Esse fato tornou-se extremamente óbvio no segundo trimestre de 2020, quando consumidores em pânico reagiram à pandemia da covid-19 com a compra de grandes quantidades de papel higiênico. Nos Estados Unidos, o produto sumiu das prateleiras. Infelizmente, os fabricantes de papel higiênico haviam otimizado tanto a produção que as fábricas já operavam 24 horas por dia, sete dias por semana. Não havia capacidade excedente, então não era possível reabastecer as lojas rapidamente. Ao mesmo tempo, a demanda por papel higiênico comercial despencou, mas uma série de fatores, incluindo o tamanho diferente dos rolos, significava que converter essa capacidade de produção para produtos de uso pessoal não era tão fácil.

Outros setores têm capacidade excedente significativa. Em geral, nos EUA, de acordo com o Federal Reserve, a utilização da capacidade das indústrias dos Estados Unidos era de 77,5% em setembro de 2019, um ligeiro aumento em relação aos 77,9% do mês anterior.

A utilização da capacidade pode ser uma questão complexa. Considere os números a seguir, que mostram a utilização fabril de montadoras de automóveis. Como vemos, a GM tem quatro fábricas que operam a plena capacidade e sete que operam abaixo da sua capacidade. Assim, se as vendas aumentam para modelos fabricados nas fábricas que atualmente operam abaixo da capacidade, pode não ser necessário expandir o ativo imobilizado, mas um aumento nas vendas de produtos fabricados em unidades que atualmente operam a plena capacidade pode exigir a aquisição de novos ativos, mesmo que a empresa como um todo não esteja operando a 100% da capacidade no momento.

Voltando ao nosso exemplo da Mar de Rosas, se pressupormos que a empresa está operando a apenas 70% de sua capacidade, a necessidade de aportes financeiros será bastante diferente. Quando dizemos "70% da capacidade", queremos dizer que o nível atual de vendas é 70% da capacidade total de vendas:

Vendas atuais = $1.000 = 0,70 × capacidade total de vendas
Capacidade total de vendas = $1.000/0,70 = $1.429.

Isso nos mostra que as vendas poderiam aumentar em quase 43%, de $1.000 para $1.429, antes que fossem necessários novos ativos imobilizados.

Em nosso cenário anterior para a Mar de Rosas, pressupomos que seria preciso acrescentar $450 em ativo imobilizado líquido. No cenário atual, nenhum gasto com ativos é necessário, porque a projeção de vendas já com o aumento é de apenas $1.250, o que é substancialmente menor do que os $1.429 correspondentes à capacidade total.

Como resultado, nossa estimativa original da necessidade de aporte financeiro de $565 é muito alta. Estimamos que $450 em novos ativos imobilizados líquidos seriam necessários. Em vez disso, nenhum gasto em novos ativos imobilizados líquidos é necessário. Assim, se operamos a 70% da capacidade, precisamos de apenas $565 − $450 = $115 de aporte de novos fundos. A capacidade excedente, portanto, faz uma diferença considerável em nossas projeções.

Utilização da capacidade em fábricas de veículos leves nos EUA, 3º trimestre de 2019

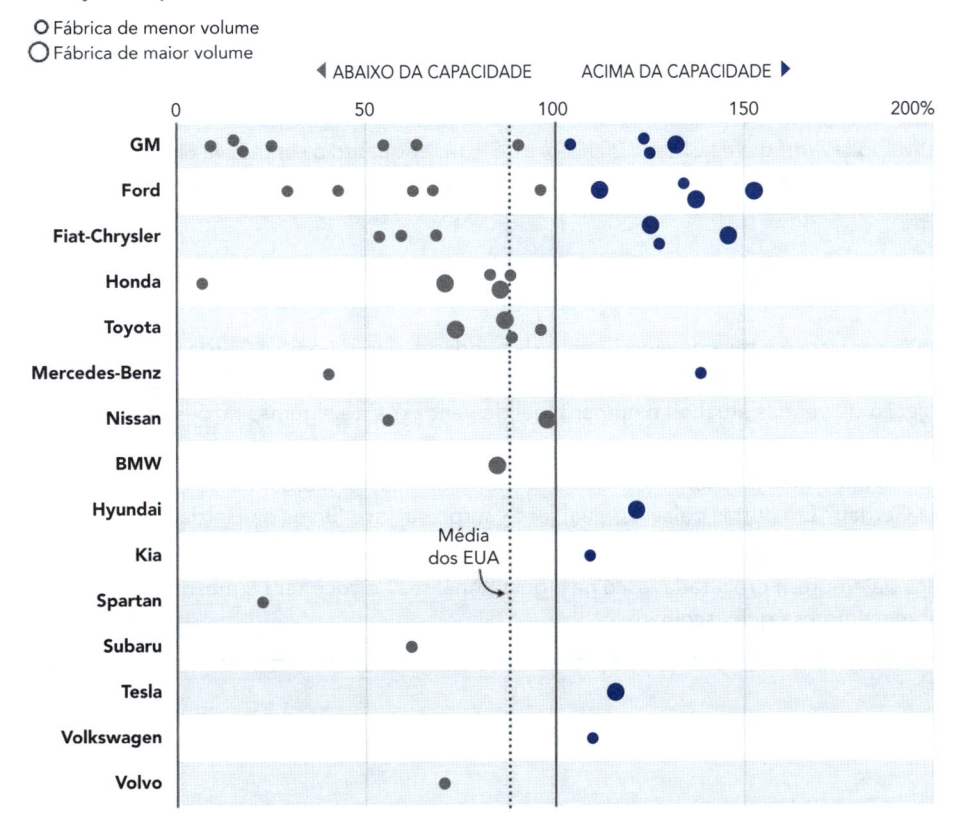

○ Fábrica de menor volume
○ Fábrica de maior volume

◀ ABAIXO DA CAPACIDADE   ACIMA DA CAPACIDADE ▶

NOTA: as fábricas de menor volume produziram menos de 75.000 unidades no 3º trimestre de 2019. As fábricas de maior volume produziram 75.000 ou mais.
Fonte: Wards Intelligence
© www.wsj.com, 1º de novembro de 2019.

EXERCÍCIOS NA INTERNET

Calcular as taxas de crescimento de empresas pode envolver uma pesquisa minuciosa, sendo que grande parte do trabalho do analista de ações é fornecer estimativas. Um lugar em que se encontram taxas de crescimento de vendas e lucros na Web é o Yahoo! Finance, no endereço finance.yahoo.com. Buscamos uma cotação da 3M Company e clicamos no link "Analysis". Este é um resumo dos resultados:

Estimativa de receitas	Trimestre corrente (dez/19)	Próximo trimestre (mar/20)	Ano corrente (2019)	Próximo ano (2020)
Nº de analistas	13	6	17	17
Estimativa média	8,1B	8,2B	32,18B	33,76B
Estimativa baixa	7,89B	7,8B	32,02B	32,12B
Estimativa alta	8,46B	8,4B	33,76B	35,09B
Vendas um ano atrás	7,95B	8,02B	32,77B	32,18B
Crescimento de vendas (ano/est)	1,90%	2,20%	–1,80%	4,90%

Como vemos, os analistas previam, em média, receitas (vendas) de $32,18 bilhões em 2019, crescendo para $33,76 bilhões em 2020, 4,9% a mais. O quadro a seguir mostra as estimativas do crescimento estimado do LPA da 3M:

Estimativa de Lucros	Trimestre corrente (dez/2019)	Próximo trimestre (Mar/20)	Ano corrente (2019)	Próximo ano (2020)
Nº de analistas	16	11	17	19
Estimativa média	2,18	2,22	9,14	9,76
Estimativa baixa	1,86	2,15	8,99	9,25
Estimativa alta	2,54	2,31	9,51	10,44
LPA um ano atrás	2,31	2,23	10,46	9,14

Como mostrado, a estimativa do LPA médio da 3M em 2019 foi de $9,14, enquanto a estimativa do LPA médio para 2020 foi de $9,76, um aumento de 6,8%. O que isso significa para as ações da 3M? Discutiremos essa questão em um capítulo posterior.

Questões

1. Uma das coisas que pode ser vista é a taxa de crescimento de vendas esperada para a Gerdau em 2017 no momento em que a imagem foi capturada do *site* finance.yahoo.com. Qual é a diferença dessa projeção para a projeção de vendas atual ou o número real de vendas? Cite algumas razões para essa diferença.

2. No mesmo *site*, você pode encontrar o histórico de lucros da Gerdau. Qual foi a precisão dos analistas ao estimar os lucros da Gerdau? Em outras palavras, qual foi a "surpresa" nos lucros da Gerdau?

3. Vá até o endereço https://br.financas.yahoo.com/ e pesquise dados de empresas brasileiras. Uma vez na página com os dados da empresa procurada, escolha a guia "Análises" e você terá o mesmo tipo de informação sobre a empresa que escolheu.

EXEMPLO 4.1 | NAF e uso de capacidade

Suponha que a Mar de Rosas opere a 90% da capacidade. Quais seriam as vendas à capacidade total? Qual seria a intensidade de capital se a empresa usasse 100% da capacidade? Qual seria a NAF nesse caso?

As vendas à capacidade total seriam de $1.000/0,90 = $1.111. Pelo Quadro 4.3, sabemos que o ativo imobilizado é de $1.800. À capacidade total, a razão entre ativo imobilizado e vendas é de:

Ativo imobilizado/Vendas à capacidade total = $1.800/$1.111 = 1,62

Dessa forma, a Mar de Rosas precisa de $1,62 em ativo imobilizado para cada $1 em vendas quando atingir a capacidade total. No nível de vendas projetadas de $1.250, ela precisa de $1.250 × 1,62 = $2.025 em ativo imobilizado. Comparados aos $2.250 que projetamos originalmente, temos $225 a menos. A NAF então é de $565 − $225 = $340.

O ativo circulante ainda seria de $1.500, de forma que o total do ativo seria de $1.500 + $2.025 = $3.525. A intensidade de capital seria de $3.525/$1.250 = 2,82, que é menor do que nosso valor original de 3, por causa da capacidade excedente.

Esses cenários alternativos ilustram que não é adequado utilizar cegamente as informações das demonstrações contábeis no processo de planejamento. Os resultados dependem muito das hipóteses feitas sobre as relações entre as vendas e as necessidades de ativos. Voltaremos a esse ponto mais tarde.

Uma coisa deve estar clara a essas alturas: as taxas de crescimento projetadas têm um papel importante no processo de planejamento. Elas também são importantes para os analistas do mercado e investidores em potencial. A seção *Exercícios na Internet* mostra como obter as estimativas das taxas de crescimento para empresas de verdade.

Questões conceituais

4.3a Qual é a ideia básica da abordagem da porcentagem de vendas?

4.3b A menos que seja estabelecido algo diferente, quais são os pressupostos da abordagem da porcentagem de vendas sobre o uso da capacidade do ativo imobilizado?

4.4 Necessidade de aportes financeiros e crescimento

Obviamente, o crescimento e a NAF — a necessidade de fundos a serem buscados fora da operação — estão relacionados. Mantendo-se todas as variáveis iguais, quanto mais alta for a taxa de crescimento das vendas ou do ativo, maior será a necessidade de aportes financeiros. Na seção anterior, tomamos uma taxa de crescimento como dada e, em seguida, determinamos a quantidade de financiamento adicional necessário para permitir aquele crescimento. Nesta seção, invertemos um pouco as coisas. Consideraremos as políticas financeiras da empresa como dadas e, em seguida, examinaremos as relações entre essas políticas e a capacidade de a empresa financiar novos investimentos e, assim, crescer.

Enfatizamos mais uma vez que estamos nos concentrando no crescimento, não porque ele seja uma meta apropriada, mas porque, para nossos propósitos, o crescimento é um meio conveniente de examinar as interações entre as decisões de investimento e de financiamento. Na verdade, pressupomos que tomar o crescimento como base do planejamento é apenas um reflexo do altíssimo nível de agregação usado no processo de planejamento.

Excel Master!
Cobertura *on-line* do Excel Master

QUADRO 4.6

HOFFMAN S/A
Demonstração de resultados e balanço patrimonial

Demonstração de resultados

Vendas	$500
Custos e despesas	400
Lucro tributável	$200
Tributos (34%)	34
Lucro líquido	$ 66
Dividendos	$22
Acréscimo à reserva de lucros	44

Balanço patrimonial

Ativos	$	Porcentagem de vendas	Passivo e patrimônio líquido	$	Porcentagem de vendas
Ativo circulante	$200	40%	Passivo total	$250	n/a
Ativo não circulante	300	60	Patrimônio líquido	250	n/a
Ativo total	$500	100%	Total do passivo e do patrimônio líquido	$500	n/a

NAF e crescimento

A primeira coisa que precisamos fazer é estabelecer a relação entre NAF e crescimento. Para tanto, no Quadro 4.6, introduzimos a demonstração de resultados e o balanço patrimonial simplificados da Hoffman S/A. Observe que o balanço patrimonial foi simplificado pela combinação do passivo circulante e do passivo não circulante em um único número de dívida total. Na prática, estamos pressupondo que nenhuma conta do passivo circulante varia espontaneamente com as vendas. Essa hipótese não é tão restritiva quanto parece. Se algum passivo circulante (como contas a pagar) variar com as vendas, podemos pressupor que tais contas foram compensadas no ativo circulante. Da mesma forma, combinamos depreciação, juros, custos e despesas em um único item na demonstração de resultados.

Suponha que a Hoffman S/A esteja prevendo um nível de vendas de $600 para o próximo ano, um aumento de $100. Observe que o aumento da porcentagem sobre as vendas é de $100/$500 = 20%. Usando a abordagem da porcentagem das vendas e os números do Quadro 4.6, podemos preparar a demonstração de resultados e o balanço patrimonial projetados como no Quadro 4.7. Como está ilustrado, a uma taxa de crescimento de 20%, a Hoffman precisa de $100 em ativos novos (pressupondo uso da capacidade total). A projeção de acréscimo à reserva de lucros é de $52,8, de modo que a necessidade de aporte financeiro (NAF) é de $100 − $52,8 = $47,2.

Observe que o índice dívida/capital próprio da Hoffman originalmente (no Quadro 4.6) era de $250/$250 = 1,0. Nosso pressuposto é que a empresa não deseja emitir novas ações. Nesse caso, é preciso tomar emprestados os $47,2 para cobrir a NAF. Qual será o novo índice dívida/capital próprio? Vemos no Quadro 4.7 que o patrimônio líquido projetado é de $302,8. O novo passivo total será os $250 originais mais $47,2 em novo empréstimo, ou $297,2 no total. O índice dívida/capital próprio, portanto, cai ligeiramente de 1,0 para $297,2/$302,8 = 0,98.

O Quadro 4.8 mostra a NAF para diversas taxas de crescimento. Também são fornecidas a projeção de acréscimo à reserva de lucros e a projeção do índice dívida/capital próprio para cada cenário (você pode calcular alguns deles para praticar). Ao determinar os índices dívida/capital próprio, pressupomos que todos os fundos necessários foram tomados como empréstimos; pressupomos também que quaisquer fundos excedentes foram usados para pagamento de dívidas. Assim, para o caso de crescimento zero, a dívida cai $44, de $250 para $206. No Quadro 4.8, observamos que o aumento necessário do ativo é simplesmente igual ao ativo

QUADRO 4.7

HOFFMAN S/A				
Demonstração de resultados projetada e balanço patrimonial				
Demonstração de resultados				
Vendas (projetadas)			$600,0	
Custos (80% das vendas)			480,0	
Lucro tributável			$120,0	
Tributos (34%)			40,8	
Lucro líquido			$ 79,2	
Dividendos		$26,4		
Acréscimo à reserva de lucros		52,8		
Balanço patrimonial				
Ativos			**Passivo e patrimônio líquido**	
	$	Porcentagem de vendas	$	Porcentagem de vendas
Ativo circulante	$240	40%	Passivo total $250	n/a
Ativo não circulante	360	60	Patrimônio líquido 250	n/a
Ativo total	$600	100%	Total do passivo e do patrimônio líquido $500	n/a
			Necessidade de aporte financeiro (NAF) $47,2	n/a

original de $500 multiplicado pela taxa de crescimento. Da mesma forma, a adição à reserva de lucros é igual aos $44 originais mais $44 multiplicados pela taxa de crescimento.

O Quadro 4.8 mostra que, para taxas de crescimento relativamente baixas, a Hoffman terá sobras de fundos, e seu índice dívida/capital próprio diminuirá. Quando a taxa de crescimento chega a cerca de 10%, a sobra se torna uma falta de fundos. Depois que a taxa de crescimento exceder aproximadamente 20%, o índice dívida/capital próprio ultrapassará seu valor original de 1,0.

A Figura 4.1 ilustra mais detalhadamente a conexão entre o crescimento das vendas e a necessidade de aporte financeiro. A figura mostra em um gráfico as necessidades de ativos e os acréscimos às reservas de lucros do Quadro 4.8 em relação às taxas de crescimento. Como

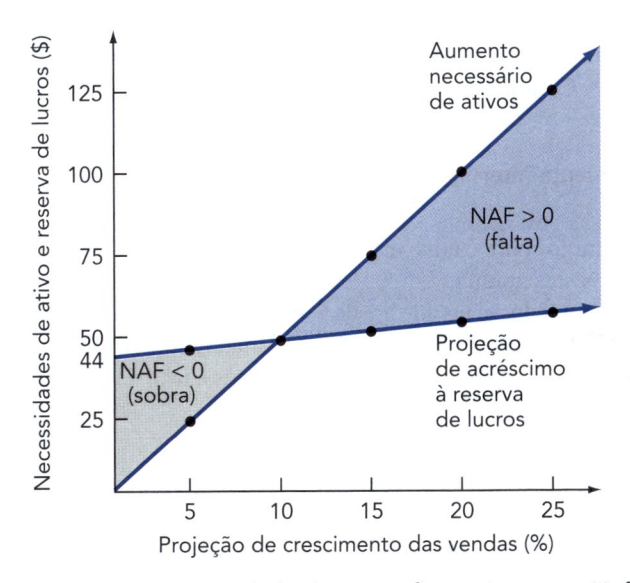

FIGURA 4.1 Crescimento e a necessidade de aporte financeiro para a Hoffman S/A.

QUADRO 4.8 Crescimento e projeção de NAF para a Hoffman S/A

Crescimento de vendas projetado	Aumento necessário de ativos	Acréscimo à reserva de lucros	Necessidade de aporte financeiro (NAF)	Razão dívida/ capital próprio projetada
0%	$ 0	$44,0	–$44,0	0,70
5	25	46,2	–21,2	0,77
10	50	48,4	1,6	0,84
15	75	50,6	24,4	0,91
20	100	52,8	47,2	0,98
25	125	55,0	70,0	1,05

mostramos, a necessidade de ativos novos aumenta a uma taxa muito mais rápida do que a do acréscimo às reservas de lucros, de forma que o financiamento interno fornecido por este desaparece rapidamente.

Como mostra esta discussão, o fato de uma empresa ter sobra ou falta de caixa dependerá do seu crescimento. A Microsoft é um bom exemplo. Seu crescimento de receita nos anos 1990 foi surpreendente, atingindo média bem acima dos 30% ao ano na década. O crescimento diminuiu muito no período entre 2000 e 2010, mas, mesmo assim, a combinação entre crescimento e margens líquidas substanciais levou a enormes excedentes de caixa. Como a Microsoft pagou relativamente poucos dividendos, o caixa se acumulou muito; em 2020, ele excedia USD137 bilhões.

Política financeira e crescimento

Com base em nossa discussão anterior, vemos que há uma ligação direta entre o crescimento e as necessidades de aportes financeiros. Nesta seção, discutimos duas taxas de crescimento que são particularmente úteis para o planejamento de longo prazo.

A taxa de crescimento interna A primeira taxa de crescimento importante é a taxa máxima de crescimento que pode ser atingida sem qualquer aporte financeiro adicional. Ela recebe o nome de **taxa de crescimento interna**, porque é a taxa de crescimento que a empresa pode manter somente com financiamento interno. Na Figura 4.1, ela é representada pelo ponto no qual as duas linhas se cruzam. Nesse ponto, o aumento necessário de ativos é exatamente igual ao acréscimo à reserva de lucros — portanto, a NAF é zero. Vimos que, para a Hoffman, isso acontece quando a taxa de crescimento é ligeiramente menor do que 10%. Com um pouco de cálculo, podemos definir essa taxa de crescimento com mais exatidão:

taxa de crescimento interna
Taxa máxima de crescimento que uma empresa pode atingir sem qualquer aporte financeiro.

$$\text{Taxa de crescimento interna} = \frac{\text{ROA} \times b}{1 - \text{ROA} \times b} \quad [4.2]$$

onde o ROA é o retorno sobre o ativo discutido no Capítulo 3, e b é a taxa de retenção discutida anteriormente neste capítulo.

Para a Hoffman S/A, o lucro líquido era de $66 e o total do ativo era de $500. Assim, o ROA é $66/$500 = 13,2%. Do lucro líquido de $66, $44 foram retidos, de modo que a taxa de retenção (b) é $44/$66 = 2/3. Com esses números, calculamos a taxa de crescimento interna assim:

$$\begin{aligned}\text{Taxa de crescimento interna} &= \frac{\text{ROA} \times b}{1 - \text{ROA} \times b} \\ &= \frac{0,132 \times (2/3)}{1 - 0,132 \times (2/3)} \\ &= 0,0964, \text{ ou } 9,64\%\end{aligned}$$

Assim, a Hoffman S/A pode expandir à taxa máxima de 9,65% ao ano sem novos aportes financeiros.

A taxa de crescimento sustentável Vimos que, se a Hoffman S/A quiser crescer mais do que a taxa de 9,65% ao ano, seria necessário providenciar um aporte financeiro. A segunda taxa de crescimento importante é a taxa máxima de crescimento que uma empresa pode atingir sem o aporte de capital adicional dos sócios (sem emitir novas ações), ao mesmo tempo que mantém um índice dívida/capital próprio constante[4]. O nome mais comum para isso é **taxa de crescimento sustentável**, porque é a taxa de crescimento máxima que uma empresa pode manter sem aumentar sua alavancagem financeira.

taxa de crescimento sustentável
Taxa máxima de crescimento que uma empresa pode atingir sem emissão de novas ações e com um índice dívida/capital próprio constante.

Existem vários motivos pelos quais uma empresa desejaria evitar o aporte de mais capital próprio. Por exemplo, como discutiremos no Capítulo 15, é caro emitir novas ações. Além disso, os acionistas atuais podem não querer trazer novos acionistas ou contribuir com capital adicional. O motivo pelo qual uma empresa poderia ver um determinado índice dívida/capital próprio como ideal é o assunto dos Capítulos 14 e 16. Por enquanto, vamos ter isso como dado.

Com base no Quadro 4.8, a taxa de crescimento sustentável para a Hoffman é de aproximadamente 20%, porque, a essa taxa de crescimento, o seu índice dívida/capital próprio está próximo de 1,0. O valor exato pode ser calculado assim:

$$\text{Taxa de crescimento sustentável} = \frac{\text{ROE} \times b}{1 - \text{ROE} \times b} \qquad [4.3]$$

Isso é idêntico ao cálculo da taxa de crescimento interna, exceto que é usado o retorno sobre o patrimônio líquido (ROE) em vez do ROA.

Para a Hoffman, o lucro líquido era de $66 e o total do patrimônio líquido era de $250. O ROE, portanto, é de $66/$250 = 26,4%. A taxa de retenção (b) ainda é de 2/3, de modo que podemos calcular a taxa de crescimento sustentável assim:

$$\begin{aligned}
\text{Taxa de crescimento sustentável} &= \frac{\text{ROE} \times b}{1 - \text{ROE} \times b} \\
&= \frac{0{,}264 \times (2/3)}{1 - 0{,}264 \times (2/3)} \\
&= 0{,}2135, \text{ ou } 21{,}35\%
\end{aligned}$$

Assim, a Hoffman S/A pode expandir a uma taxa máxima de 21,35% ao ano, sem precisar emitir novas ações.

Determinantes do crescimento No capítulo anterior, vimos que o retorno sobre o patrimônio líquido (ROE) poderia ser decomposto em seus vários componentes usando-se a identidade DuPont. Como o ROE parece ser tão importante para a determinação da taxa de crescimento sustentável, é óbvio que os fatores importantes para a determinação do ROE também são fatores importantes do crescimento.

No Capítulo 3, vimos que o ROE pode ser escrito como o produto de três fatores:

ROE = Margem de lucro × Giro do ativo total × Multiplicador do patrimônio líquido

Se examinarmos nossa expressão da taxa de crescimento sustentável, veremos que tudo o que aumenta o ROE aumenta também a taxa de crescimento sustentável, aumentando o numerador e reduzindo o denominador. O aumento da taxa de retenção tem o mesmo efeito.

Juntando tudo, a capacidade de uma empresa sustentar o crescimento depende explicitamente destes quatro fatores:

1. *Margem de lucro*. Um aumento na margem de lucro aumenta a capacidade de a empresa gerar fundos internamente e, desse modo, aumentar seu crescimento sustentável.

---

[4] Novas dívidas são tomadas na proporção da retenção de lucros.

EXEMPLO 4.2 Crescimento sustentável

Suponha que a Hoffman cresça a uma taxa de crescimento sustentável de exatamente 21,36%. Como serão as demonstrações projetadas?

A uma taxa de crescimento de 21,36%, as vendas aumentarão de $500 para $606,8. A demonstração de resultados projetada será assim:

HOFFMAN S/A Demonstração de resultados projetada	
Vendas (projetadas)	$606,8
Custos e despesas (80% das vendas)	485,4
Lucro tributável	$121,4
Tributos (34%)	41,3
Lucro líquido	$ 80,1
Dividendos	$26,7
Acréscimo à reserva de lucros	53,4

Construímos o balanço patrimonial como fizemos antes. Observe, neste caso, que o patrimônio líquido aumentará de $250 para $303,4, porque o acréscimo à reserva de lucros é de $53,4.

HOFFMAN S/A Balanço patrimonial projetado					
Ativos			**Passivo e patrimônio líquido**		
	$	Porcentagem de vendas		$	Porcentagem de vendas
Ativo circulante	$242,7	40%	Passivo total	$250,0	n/a
Ativo não circulante	364,1	60	Patrimônio líquido	303,4	n/a
Ativo total	$606,8	100%	Total do passivo e do patrimônio líquido	$553,4	n/a
			Necessidade de aporte financeiro (NAF)	$ 53,4	n/a

Como ilustramos, a NAF é de $53,4. Se a Hoffman tomar emprestado esse montante, a dívida total aumentará para $303,4, e o índice dívida/capital próprio será exatamente 1,0, o que confere com nosso cálculo anterior. A qualquer outra taxa de crescimento, algo teria de mudar.

2. *Política de dividendos.* Uma diminuição na porcentagem do lucro líquido distribuída como dividendos aumentará a taxa de retenção. Isso aumenta o capital próprio gerado internamente, aumentando o crescimento sustentável.

3. *Política financeira.* Um aumento do índice dívida/capital próprio aumenta a alavancagem financeira da empresa. Como novas dívidas trazem financiamento adicional, aumenta a taxa de crescimento sustentável.

4. *Giro do ativo total.* Um aumento no giro do ativo total aumenta as vendas geradas para cada real em ativos. Isso diminui a necessidade de ativos novos para a empresa à medida que as vendas crescem e, portanto, aumenta a sua taxa de crescimento sustentável. Observe que aumentar o giro do ativo total é o mesmo que diminuir a intensidade de capital.

A taxa de crescimento sustentável é um número muito útil para o planejamento. Ela ilustra o relacionamento explícito entre as quatro principais áreas de preocupação da empresa: a eficiência operacional, medida pela margem de lucro; a política de dividendos, medida pela taxa

EM SUAS PRÓPRIAS PALAVRAS...

Robert C. Higgins sobre crescimento sustentável

A maioria dos executivos financeiros sabe intuitivamente que é preciso gastar dinheiro para ganhar dinheiro. O crescimento rápido das vendas exige aumento do ativo na forma de contas a receber, estoque e imobilizações, o que, por sua vez, requer dinheiro para pagar por esses ativos. Eles também sabem que, se sua empresa não tiver dinheiro quando necessário, ela pode realmente "quebrar". A equação do crescimento sustentável declara explicitamente essas verdades intuitivas.

O crescimento sustentável quase sempre é usado pelos bancos e por analistas do mercado para avaliar a qualidade de crédito de uma empresa. Eles são auxiliados nesse exercício por programas sofisticados que fornecem análises detalhadas do histórico de desempenho financeiro da empresa, incluindo sua taxa de crescimento anual sustentável.

Os bancos usam essas informações de várias maneiras. Uma comparação rápida da relação entre a taxa de crescimento observada de uma empresa e sua taxa sustentável mostra ao banco quais questões estarão no topo das preocupações financeiras da administração. Se o crescimento observado exceder de forma consistente o crescimento sustentável, o problema dos seus administradores será onde obter caixa para financiar o crescimento. Nesse caso, o banco pode pensar em juros de empréstimos. Por outro lado, se o crescimento sustentável exceder de forma constante o crescimento realizado, é melhor o banco falar sobre as alternativas para investimentos de caixa, porque o problema da administração da empresa será o que fazer com todo o caixa acumulado.

Os bancos também consideram útil a equação do crescimento sustentável para explicar aos proprietários financeiramente inexperientes de pequenas empresas e aos empreendedores excessivamente otimistas que, para a viabilidade de longo prazo de suas empresas, é preciso manter o crescimento e a lucratividade adequadamente equilibrados.

Por último, a comparação entre a taxa de crescimento observada e a taxa sustentável ajuda o banco a entender por que um candidato a empréstimo precisa de dinheiro e por quanto tempo persistirá essa necessidade. Por exemplo, um candidato a empréstimo solicitou $100.000 para pagar vários fornecedores insistentes e prometeu pagar o empréstimo em alguns meses, quando recebesse algumas contas a receber com vencimento próximo. Uma análise do crescimento sustentável revelou que a empresa vinha crescendo de 4 a 6 vezes a sua taxa de crescimento sustentável e que esse padrão provavelmente continuaria no futuro próximo. Isso alertou o banqueiro para o fato de que os fornecedores impacientes eram apenas um sintoma da doença subjacente do crescimento rápido demais, e um empréstimo de $100.000 provavelmente seria apenas a primeira parcela de um compromisso muito maior e de vários anos.

Robert C. Higgins é professor emérito de finanças da Faculdade Foster de Administração da Universidade de Washington. Ele foi pioneiro no uso do crescimento sustentável como ferramenta de análise financeira.

de retenção; a política financeira, medida pelo índice dívida/capital próprio; e a eficiência do uso dos ativos, medida pelo giro do ativo total.

Se os valores para essas quatro variáveis estão dados, existe apenas uma taxa de crescimento que pode ser atingida. Isso é um ponto importante, então, vale repetir:

> Se uma empresa não deseja emitir novas ações e se a margem de lucro, a política de dividendos, a política financeira e o giro do ativo total (ou a intensidade de capital) são todos fixos, então, existe apenas uma taxa de crescimento possível.

Como já comentamos neste capítulo, um dos principais benefícios do planejamento financeiro é que ele assegura a consistência interna entre os diversos objetivos da empresa. O conceito de taxa de crescimento sustentável captura muito bem isso. Além disso, agora vemos como um modelo de planejamento financeiro pode ser usado para testar se uma taxa de crescimento planejada é plausível. Para que as vendas cresçam mais do que a taxa de crescimento sustentável, a empresa deve aumentar a margem de lucro, aumentar o giro do ativo total, aumentar a alavancagem financeira, aumentar a retenção dos lucros ou buscar mais capital dos sócios (emitir novas ações).

As duas taxas de crescimento, interna e sustentável, estão resumidas no Quadro 4.9.

Uma observação sobre os cálculos da taxa de crescimento sustentável

Usualmente, a taxa de crescimento sustentável é calculada utilizando-se apenas o numerador de nossa equação (ROE × b). Isso causa alguma confusão, que podemos esclarecer aqui. A questão se relaciona com como o ROE é calculado. Lembre-se de que ele é calculado pela divisão do lucro líquido pelo total do patrimônio líquido. Caso o total do patrimônio líquido seja tomado dos números de fim de período do balanço patrimonial (como temos feito até aqui e, em geral, é feito na prática), nossa fórmula está correta. Entretanto, se o total do patrimônio líquido corresponde ao início do período, então, a fórmula simplificada será a correta.

Em princípio, você obterá exatamente a mesma taxa de crescimento sustentável, não importando a maneira como é calculada (desde que se calcule o ROE com a fórmula certa). Na realidade, haverá algumas diferenças, em virtude de complicações relacionadas a aspectos contábeis. A propósito, se você utilizar a média entre o patrimônio líquido inicial e final (como alguns defendem), será necessária outra fórmula. Todos esses comentários também se aplicam à taxa de crescimento interna.

QUADRO 4.9 Resumo das taxas de crescimento interna e sustentável

I. Taxa de crescimento interna

$$\text{Taxa de crescimento interna} = \frac{\text{ROA} \times b}{1 - \text{ROA} \times b}$$

onde
  ROA = Retorno sobre o ativo = Lucro líquido / Total do ativo
  b = Taxa de retenção
    = Acréscimo à reserva de lucros/Lucro líquido
A taxa de crescimento interna é a taxa máxima de crescimento que pode ser atingida sem qualquer aporte financeiro.

II. Taxa de crescimento sustentável

$$\text{Taxa de crescimento sustentável} = \frac{\text{ROE} \times b}{1 - \text{ROE} \times b}$$

onde
  ROE = Retorno sobre o patrimônio líquido = Lucro líquido/Total do patrimônio líquido
  b = Taxa de retenção
    = Acréscimo à reserva de lucros/Lucro líquido
A taxa de crescimento sustentável é a taxa máxima de crescimento que uma empresa pode atingir sem precisar emitir novas ações, enquanto mantém um índice dívida/capital próprio constante.

Um exemplo simples é útil para ilustrar essas questões. Suponha que uma empresa tenha um patrimônio líquido de $20 e uma taxa de retenção de 0,60. O ativo inicial é $100. O índice dívida/capital próprio é 0,25, de modo que o patrimônio líquido inicial é $80.

Se usarmos os números de início de período, obteremos o seguinte:

ROE = $20/$80 = 0,25 = 25%
Crescimento sustentável = 0,60 × 0,25 = 0,15 = 15%

Para a mesma empresa, o patrimônio líquido de fim de período é de $80 + 0,60 × $20 = $92. Portanto, podemos calcular o seguinte:

ROE = $20/$92 = 0,2174 = 21,74%
Crescimento sustentável = 0,60 × 0,2174/(1 − 0,60 − 0,2174) = 0,15 = 15%

Essas taxas de crescimento são exatamente as mesmas (após considerar algum pequeno erro de arredondamento no segundo cálculo). Veja se você concorda que a taxa de crescimento interna será de 12%.

EXEMPLO 4.3 — Margem de lucro e crescimento sustentável

A Missionário S/A tem um índice dívida/capital próprio de 0,5, uma margem de lucro de 3%, uma taxa de distribuição de dividendos de 40% e intensidade de capital igual a 1. Qual é a sua taxa de crescimento sustentável? O que você pensaria se a Missionário quisesse ter uma taxa de crescimento sustentável de 10% e planejasse atingir esse objetivo aumentando as margens de lucro?

O ROE é de 0,03 × 1 × 1,5 = 4,5%. A taxa de retenção é de 1 − 0,40 = 0,60. O crescimento sustentável, portanto, é de 0,045(0,60)/[1 − 0,045(0,60)] = 2,77%.

Para que a empresa atinja uma taxa de crescimento de 10%, a margem de lucro terá de subir. Para ver isso, pressuponha que o crescimento sustentável é igual a 10% e depois calcule a margem de lucro (ML):

0,10 = ML(1,5)(0,6)/[1 − ML(1,5)(0,6)]
ML = 0,1/0,99 = 10,1%

Para que o plano seja bem-sucedido, o aumento necessário da margem de lucro é substancial, de 3% para cerca de 10%. Isso talvez não seja possível.

Questões conceituais

4.4a Como o crescimento sustentável de uma empresa se relaciona ao seu retorno contábil sobre o patrimônio líquido (ROE)?

4.4b Quais são os fatores determinantes do crescimento?

4.5 Alguns alertas sobre os modelos de planejamento financeiro

Nem sempre os modelos de planejamento financeiro fazem as perguntas certas. Um motivo para isso é que eles costumam depender de relações entre dados contábeis, e não de relações entre dados financeiros. Em particular, os três elementos básicos do valor da empresa geralmente ficam de fora — o volume dos fluxos de caixa, o risco que lhes é associado e a alocação desses fluxos no tempo.

Por causa disso, os modelos de planejamento financeiro às vezes não revelam muitas pistas significativas sobre quais as estratégias que levarão a aumentos de valor. Em vez disso, eles desviam a atenção do usuário para questões relativas à associação, por exemplo, do índice dívida/capital próprio com o crescimento da empresa.

O modelo financeiro que usamos para a Hoffman S/A era simples — na verdade, simples demais. Nosso modelo, assim como muitos que são usados, é, na sua essência, um gerador de demonstrações contábeis. Tais modelos são úteis para indicar inconsistências e nos lembrar das necessidades financeiras, mas eles oferecem pouca orientação sobre o que fazer a respeito desses problemas.

Ao encerrar nossa discussão, devemos acrescentar que o planejamento financeiro é um processo iterativo. Os planos são elaborados, reelaborados, examinados, reexaminados e modificados várias vezes. O plano final é resultado de negociações entre todas as diferentes partes envolvidas no processo. Na verdade, o planejamento financeiro de longo prazo, na maioria das empresas, depende daquilo que pode ser chamado de abordagem de Procusto.[5] O primeiro escalão da administração tem um objetivo em mente e, para atingi-lo, a equipe de planejamento tem de trabalhar e entregar um plano factível que atenda a esse objetivo.

O plano final, portanto, conterá implicitamente objetivos diferentes de áreas diferentes e terá de atender a muitas restrições. Por esse motivo, tal plano não precisa ser uma avaliação imparcial daquilo que pensamos que o futuro nos trará. Em vez disso, ele pode ser um meio de conciliar planos elaborados por diferentes grupos e um modo de definir objetivos comuns para o futuro.

Questões conceituais

4.5a Quais são os elementos importantes que quase sempre faltam nos modelos de planejamento financeiro?

4.5b Por que dizemos que o planejamento é um processo iterativo?

4.6 Resumo e conclusões

O planejamento financeiro força a empresa a pensar sobre o futuro. Vimos vários aspectos do processo de planejamento. Descrevemos o que o planejamento financeiro pode realizar e os componentes de um modelo financeiro. Em seguida, desenvolvemos a relação entre crescimento e necessidades de financiamento e discutimos como um modelo de planejamento financeiro é útil para explorar essa relação.

O planejamento financeiro empresarial não deve se tornar uma atividade exclusivamente mecânica. Se isso ocorrer, provavelmente o foco recairá sobre as coisas erradas. Com muita frequência, os planos são formulados em termos de uma meta de crescimento, sem vínculo explícito com a criação de valor, e mostram uma preocupação exagerada com as demonstrações contábeis. No entanto, a alternativa ao planejamento financeiro é dar de cara com o futuro. Talvez o imortal Yogi Berra (o apanhador de beisebol, e não o personagem dos quadrinhos) tenha definido isso melhor ao dizer: "É melhor tomar cuidado se não souber aonde vai. Você pode não chegar lá."[6]

REVISÃO DO CAPÍTULO E TESTE DE CONHECIMENTOS

4.1 Cálculo da NAF Com base nas informações a seguir para a Minerações Escandina S/A, qual será a NAF, se o crescimento previsto para as vendas for de 10%? Use a abor-

---

[5] Na mitologia grega, Procusto é um gigante que ataca os viajantes e os amarra a uma cama de ferro. Ele os estica ou corta suas pernas para que se ajustem à cama.

[6] Também não temos certeza do que isso significa, mas gostamos da frase.

dagem da porcentagem de vendas e pressuponha que a empresa opera com capacidade máxima. A taxa de distribuição de dividendos é constante.

MINERAÇÕES ESCANDINA S/A
Demonstrações contábeis projetadas

Demonstração de resultados		Balanço patrimonial			
		Ativos		Passivo e patrimônio líquido	
Vendas	$4.250,0	Ativo circulante	$ 900,0	Passivo circulante	$ 500,0
Custos e despesas	3.875,0	Ativo não circulante	2.200,0	Passivo não circulante	1.800,0
Lucro tributável	$ 375,0			Patrimônio líquido	800,0
Tributos (34%)	127,5			Total do passivo e do patrimônio líquido	$3.100,0
Lucro líquido	$ 247,5	Ativo total	$3.100,0		
Dividendos	$ 82,6				
Acréscimo à reserva de lucros	164,9				

4.2 NAF e uso da capacidade Com base nas informações do Problema 4.1, qual é a NAF pressupondo 60% de uso da capacidade para o ativo imobilizado líquido? E pressupondo 95% da capacidade?

4.3 Crescimento sustentável Com base nas informações do Problema 4.1, qual taxa de crescimento a Escandina mantém se não for usado aporte financeiro? Qual é a taxa de crescimento sustentável?

RESPOSTA DA REVISÃO DO CAPÍTULO E DO TESTE DE CONHECIMENTOS

4.1 Podemos calcular a NAF preparando as demonstrações contábeis projetadas e usando a abordagem da porcentagem de vendas. Observe que as vendas previstas são de $4.250 × 1,10 = $4.675.

MINERAÇÕES ESCANDINA S/A
Demonstrações contábeis projetadas

Demonstração de resultados

Vendas	$4.675,0	Previsão
Custos	4.262,7	91,18% das vendas
Lucro tributável	$ 412,3	
Tributos (34%)	140,2	
Lucro líquido	$ 272,1	
Dividendos	$ 90,8	33,37% do lucro líquido
Acréscimo à reserva de lucros	181,3	

Balanço patrimonial

Ativo			Passivo e patrimônio líquido		
Ativo circulante	$ 990,0	21,18%	Passivo circulante	$ 550,0	11,76%
Ativo imobilizado líquido	2.420,0	51,76%	Passivo não circulante	1.800,0	n/a
			Patrimônio líquido	981,3	n/a
Total do ativo	$3.410,0	72,94%	Total do passivo e do patrimônio líquido	$3.331,3	n/a
			NAF	$ 78,7	n/a

4.2 As vendas à capacidade máxima são iguais às vendas divididas pela utilização da capacidade. A 60% da capacidade:

$4.250 = 0,60 \times$ Vendas à capacidade máxima
$7.083 =$ Vendas à capacidade máxima

Com um nível de vendas de $4.675, nenhum ativo imobilizado líquido novo será necessário, de modo que nossa estimativa anterior é muito alta. Estimamos um aumento do ativo imobilizado de $2.420 \times $2.200 = $220. A nova NAF, portanto, será de $78,70 – $220 = –$141,30, o que representa um excedente de caixa. Nenhum aporte financeiro é necessário nesse caso.

A 95% da capacidade, a capacidade de vendas máxima é de $4.474. A razão do ativo imobilizado pelas vendas à capacidade total, portanto, é de $2.200/$4.474 = 49,17%. Com um nível de vendas de $4.675, precisaríamos de $4.675 × 0,4917 = $2.298,70 em ativo imobilizado líquido, um aumento de $98,70. Isso é $220 – $98,70 = $121,30 menor do que previmos originalmente, de modo que a NAF agora é de $78,70 – $121,30 = $42,60, resultando em um excedente de caixa. Nenhum financiamento adicional é necessário.

4.3 A Escandina retém $b = 1 - 0,3337 = 66,63\%$ do lucro líquido. O retorno sobre o ativo é de $247,5/$3.100 = 7,98%. A taxa de crescimento interna é, portanto:

$$\frac{\text{ROA} \times b}{1 - \text{ROA} \times b} = \frac{0,0798 \times 0,6663}{1 - 0,0798 \times 0,6663} = 5,62\%$$

O retorno sobre o patrimônio líquido da Escandina é de $247,5/$800 = 30,94%, portanto, podemos calcular a taxa de crescimento sustentável assim:

$$\frac{\text{ROE} \times b}{1 - \text{ROE} \times b} = \frac{0,3094 \times 0,6663}{1 - 0,3094 \times 0,6663} = 25,97\%$$

REVISÃO DE CONCEITOS E QUESTÕES INSTIGANTES

1. **Previsão de vendas [OA1]** Por que você acha que a maioria dos planos financeiros de longo prazo começa com previsões de vendas? Em outras palavras, por que as vendas futuras são o principal dado de entrada?

2. **Crescimento sustentável [OA3]** No capítulo, usamos a Mar de Rosas S/A para demonstrar como calcular a NAF. O ROE da empresa é de aproximadamente 7,3%, e a taxa de retenção é de cerca de 67%. Se você calcular a taxa de crescimento sustentável, descobrirá que ela é de apenas 5,14%. Em nosso cálculo da NAF, usamos uma taxa de crescimento de 25%. Isso é possível? (*Dica*: sim. Como?)

3. **Necessidade de aporte financeiro [OA2]** A Testaburger S/A não utiliza financiamentos externos às operações e mantém uma taxa de retenção positiva. Quando as vendas aumentam em 15%, a empresa tem uma projeção negativa de NAF. O que isso mostra sobre sua taxa de crescimento interna? E sobre a taxa de crescimento sustentável? Nesse mesmo nível de crescimento de vendas, o que acontecerá à NAF projetada se a taxa de retenção aumentar? E se a taxa de retenção diminuir? O que acontece à NAF projetada se a empresa distribuir todos os seus lucros na forma de dividendos?

4. **NAF e taxas de crescimento [OA2, OA3]** A Barbosa S/A mantém uma taxa de retenção positiva e um índice dívida/capital próprio constante a cada ano. Quando as vendas aumentam em 20%, a empresa tem uma NAF projetada negativa. O que isso diz sobre sua taxa de crescimento sustentável? Você sabe com certeza se a taxa de crescimento interna é maior ou menor do que 20%? Por quê? O que acontece à NAF projetada quando a taxa de retenção aumenta? E se a taxa de retenção diminuir? E se a taxa de retenção for zero?

Use as informações a seguir para responder as próximas seis questões. Uma pequena empresa chamada Calendários da Vovó S/A começou a vender calendários personalizados com fotos. Os calendários foram um sucesso, e as vendas logo excederam as previsões. A corrida para comprar o produto criou um enorme acúmulo de pedidos, de modo que a empresa alugou espaço e expandiu a capacidade, mas ainda assim não conseguiu atender à demanda. O equipamento falhava por excesso de uso, e a qualidade piorou. O capital circulante foi drenado para expandir a produção e, ao mesmo tempo, os clientes quase sempre atrasavam o pagamento até que o produto fosse enviado. Incapaz de atender aos pedidos, a empresa ficou com uma falta tão grande de caixa que faltou dinheiro para o pagamento dos salários. Finalmente, sem caixa, a empresa encerrou totalmente as operações após três anos.

5. **Vendas [OA4]** Você acha que a empresa teria o mesmo destino se o seu produto fosse menos conhecido? Por quê?

QUESTÕES E PROBLEMAS

1. **Demonstrações projetadas [OA1]** Considere as seguintes demonstrações contábeis simplificadas da Corporação Wesney (pressupondo que não há imposto de renda):

Demonstração de resultados			Balanço patrimonial			
Vendas	$39.400	Ativos	$29.200	Dívida	$ 9.400
Custos e despesas	34.700			Patrimônio líquido	19.800
Lucro líquido	$ 4.700	Total	$29.200	Total	$29.200

A empresa previu um aumento de 15% nas vendas. Também previu que cada item do balanço patrimonial crescerá 15%. Construa as demonstrações projetadas e deixe-as equilibradas. Qual é a variável de fechamento?

2. **Demonstrações projetadas e NAF [OA1, OA2]** Na questão anterior, pressuponha que a empresa distribua metade do lucro líquido como dividendos. Os custos e despesas e o ativo variam com as vendas, mas a dívida e o patrimônio líquido não. Prepare as demonstrações projetadas e determine o aporte financeiro necessário.

3. **Cálculo da NAF [OA2]** As demonstrações contábeis mais recentes da Camryn S/A são as seguintes (pressupondo que não há imposto de renda):

Demonstração de resultados			Balanço patrimonial			
Vendas	$7.900	Ativos	$22.900	Passivo	$ 9.100
Custos e despesas	5.360			Patrimônio líquido	13.800
Lucro líquido	$2.540	Total	$22.900	Total	$22.900

O ativo e os custos são proporcionais às vendas. Já a dívida e o patrimônio líquido não são. Não há pagamento de dividendos. As vendas do próximo ano são projetadas a $9.164. Qual é o aporte financeiro necessário?

4. **Cálculo do crescimento interno [OA3]** As demonstrações contábeis mais recentes da Nobira Ltda. são as seguintes:

Demonstração de resultados			Balanço patrimonial		
Vendas	$16.400	Ativos	$11.200	Passivo	$13.600
Custos e despesas	11.200		24.300	Patrimônio líquido	21.900
Lucro tributável	$ 5.200	Total	$35.500	Total	$35.500
Tributos (34%)	1.092				
Lucro líquido	$ 4.108				

O ativo e os custos são proporcionais às vendas. Já a dívida e o patrimônio líquido não são. A empresa mantém uma taxa de distribuição de dividendos constante de 30%. Qual é a taxa de crescimento interna?

5. **Cálculo do crescimento sustentável [OA3]** Para a empresa do problema anterior, qual é a taxa de crescimento sustentável?

Para revisão de outros conceitos e novas questões instigantes, consulte a página do livro no portal do Grupo A (loja.grupoa.com.br).

PARTE 3 Valoração de Fluxos de Caixa Futuros

Introdução à Valoração: o Valor do Dinheiro no Tempo

5

COMO VOCÊ PROVAVELMENTE SABE, a dívida do governo dos Estados Unidos não é pequena. Essa dívida, distribuída entre inúmeros investidores, existe em diversas variedades, incluindo títulos U.S. EE Savings Bonds. Com um título Series EE, você paga uma determinada quantia hoje (ex.: USD25) e o título acumula juros enquanto você o detiver. No início de 2020, o Tesouro dos EUA prometia pagar 0,10% ao ano sobre esses títulos. Um detalhe interessante (e importante) é que se você detiver o título por 20 anos, o Tesouro promete "elevar" (*step up*) o valor para o dobro do seu custo. Em outras palavras, se o título de USD25 que você comprou e todos os juros acumulados valerem menos de USD50, o Tesouro vai aumentar o valor do título para USD50 automaticamente.

Mas será que desembolsar USD25 hoje em troca de USD50 daqui a 20 anos é um bom negócio? Por um lado, você terá de volta USD2 para cada USD1 desembolsado. Isso provavelmente é bom; mas, por outro lado, é preciso esperar 20 anos para receber. O que você deve saber é como analisar esse negócio. Este capítulo lhe dará as ferramentas necessárias para isso.

Objetivos de aprendizagem

O objetivo deste capítulo é que, ao seu final, você saiba:

- **OA1** Como determinar o valor futuro de um investimento feito hoje.
- **OA2** Como determinar o valor presente de um fluxo de caixa a ser recebido no futuro.
- **OA3** Como determinar o retorno de um investimento.
- **OA4** Quanto demora até um investimento atingir um valor desejado.

Para ficar por dentro dos últimos acontecimentos na área de finanças, visite www.fundamentalsofcorporatefinance.blogspot.com.

Um dos problemas básicos enfrentados pelo administrador financeiro é como determinar o valor de fluxos de caixa esperados no futuro. Por exemplo, em certa ocasião, o prêmio acumulado de um sorteio da loteria PowerBall™ nos EUA era USD110 milhões. Isso significa que o bilhete premiado valia USD110 milhões? A resposta é não, porque o prêmio seria pago ao longo de um período de 20 anos em cotas de USD5,5 milhões por ano. Quanto valia o bilhete então? A resposta depende do valor do dinheiro no tempo, que vem a ser o assunto deste capítulo.

No sentido mais amplo, a expressão *valor do dinheiro no tempo* se refere ao fato de que um real na mão hoje vale mais do que um real prometido para algum momento futuro. Na prática, um motivo para isso é que você poderia ganhar juros enquanto aguarda; assim, um real hoje aumentaria seu valor no futuro para mais do que um real. O balanço entre dinheiro agora e dinheiro mais tarde, portanto, depende da taxa que você pode obter com investimentos, entre outras coisas. O objetivo deste capítulo é avaliar explicitamente a diferença entre um real hoje e um real em algum momento futuro.

Uma compreensão completa deste capítulo é essencial para entender os capítulos seguintes. Portanto, você deve estudá-lo com atenção especial. Apresentaremos vários exemplos neste capítulo. Em muitos problemas que são aqui propostos, sua resposta pode ser ligeiramente diferente da nossa. Isso pode ocorrer por causa de arredondamentos, o que não deve ser motivo de preocupação.

5.1 Valor futuro e capitalização composta

Excel Master!
Cobertura *on-line* do Excel Master

Primeiro estudaremos o valor futuro. O **valor futuro (VF)** se refere ao montante que um investimento atingirá ao longo de certo período a uma determinada taxa de juros. Em outras palavras, o valor futuro é o valor monetário de um investimento em algum momento futuro. Começamos considerando o caso mais simples: um investimento de período único.

valor futuro (VF)
Montante de um investimento após um ou mais períodos.

Investindo durante um período

Suponha que você invista $100 em uma conta de poupança que pague juros de 10% ao ano. Quanto terá em um ano? Você terá $110. Esses $110 equivalem ao seu valor original de $100 (o *principal*) mais $10 de juros que você ganha. Dizemos que $110 é o valor futuro dos $100 investidos por um ano a 10% — isso simplesmente quer dizer que $100 hoje valem $110 em um ano a uma taxa de juros de 10%.

Em geral, se você investir por um período a uma taxa de juros r, seu investimento aumentará para $(1 + r)$ por real investido. Em nosso exemplo, r é 10%, de forma que seu investimento aumentará para $1 + 0,10 = 1,10$ real por real investido. Nesse caso, você investiu $100, terminando com $100 \times 1,10 = \$110$.

Investindo por mais de um período

Voltando ao nosso investimento de $100, o que você terá após dois anos, supondo que a taxa de juros não mude? Se deixar os $110 na conta de poupança, ganhará $\$110 \times 0,10 = \$11$ em juros durante o segundo ano e terá um total de $\$110 + \$11 = \$121$. Esses $121 são o valor futuro de $100 em dois anos, a 10%. Outro modo de ver isso é que, daqui a um ano, você estará, na verdade, investindo $110 a 10% por um ano. Esse é um problema de período único e, portanto, você acabará tendo $1,10 para cada real investido, ou $\$110 \times 1,10 = \$121$ no total.

Esses $121 têm quatro partes. A primeira parte é o montante original de $100. A segunda parte são os $10 de juros que você ganhou no primeiro ano, e a terceira parte são os outros $10 que ganhou no segundo ano, totalizando $120. O $1 restante (a quarta parte) é o juro que você ganhou no segundo ano sobre os juros do primeiro ano: $\$10 \times 0,10 = \$1$.

Capítulo 5 Introdução à Valoração: o Valor do Dinheiro no Tempo

Esse processo de deixar seu dinheiro e todos os juros acumulados em um investimento por mais de um período, *reinvestindo* os juros, é chamado de **capitalização composta**, o que significa ganhar **juros sobre juros**; chamamos o resultado de **juros compostos**. Com **juros simples**, os juros não são reinvestidos, de modo que a cada período são ganhos juros apenas sobre o montante original.[1]

capitalização composta
Processo de acumular os juros de um investimento ao longo do tempo para ganhar mais juros.

juros sobre juros
Juros ganhos sobre o reinvestimento dos juros devidos de períodos anteriores.

juros compostos
Juros ganhos sobre o montante inicial e sobre os juros reinvestidos de períodos anteriores.

juros simples
Juros ganhos apenas sobre o montante original investido.

EXEMPLO 5.1 Juros sobre juros

Suponha que você encontre um investimento de dois anos que pague 14% ao ano. Se investir $325, quanto terá ao final de dois anos? Quanto desse montante equivale aos juros simples? Quanto equivale aos juros compostos?

Ao final do primeiro ano, você terá $325 × (1 + 0,14) = $370,50. Se reinvestir todo esse montante e, dessa forma, receber juros sobre juros, terá $370,50 × (1,14) = $ 422,37 ao final do segundo ano. Os juros totais que você ganha são de $422,37 − 325 = $97,37. Seu montante original de $325 ganha $325 × 0,14 = $45,50 de juros a cada ano, para um total, em dois anos, de $91 em juros simples. Os $97,37 − 91 = $6,37 restantes resultam da capitalização composta. Você pode verificar isso observando que os juros ganhos no primeiro ano são de $45,50. Os juros sobre juros ganhos no segundo ano, portanto, são de $45,50 × 0,14 = $6,37, como calculamos.

Agora vejamos de forma mais detalhada como calcular o valor futuro de $121: multiplicamos $110 por 1,1 para obter $121. Os $110, porém, resultaram de $100 também multiplicados por 1,1. Em outras palavras:

$121 = $110 × 1,1
 = ($100 × 1,1) × 1,1
 = $100 × (1,1 × 1,1)
 = $100 × $1,1^2$
 = $100 × 1,21

Correndo risco de explicar o óbvio, perguntamos: para quanto aumentariam nossos $100 em três anos? Novamente, em dois anos, investiremos $121 por um período a 10%. Teremos $1,10 para cada real que investirmos, ou $121 × 1,1 = $133,10 no total. Assim, esses $133,10 são:

$133,10 = $121 × 1,1
 = ($110 × 1,1) × 1,1
 = ($100 × 1,1) × 1,1 × 1,1
 = $100 × (1,1 × 1,1 × 1,1)
 = $100 × $1,1^3$
 = $100 × 1,331

Provavelmente você já notou um padrão nesses cálculos, de modo que agora podemos continuar e apresentar o resultado geral. Como sugere nosso exemplo, o valor futuro de $1 investido pelo período *t* a uma taxa *r* por período é:

Valor futuro = $1 × $(1 + r)^t$ (5.1)

---

[1] Aqui o exemplo trata de investimento de dinheiro. O raciocínio deveria ser o mesmo para empréstimos e financiamentos: sobre juros não pagos em um período, incidem os juros contratuais. Entretanto, no Brasil, a legislação proíbe cobrança de juros sobre juros de empréstimos e financiamentos (o chamado "anatocismo") se não houver estipulação contratual entre as partes que permita ao credor capitalizar os juros não pagos pelo devedor. O inusitado é que a proibição da incidência de juros sobre juros não se aplica aos investimentos financeiros. Para entender melhor, no caso de empréstimos e financiamentos, quando os juros são compostos, o devedor **não paga** os juros devidos a cada período, e esses juros são somados ao principal, formando novo principal a cada período. Já no caso de juros simples, o devedor **paga** os juros a cada período, e por isso os juros não acumulam. Em outras palavras, na composição de juros, cabe juros sobre juros não pagos pelo devedor, mas somente se isso estiver expresso no contrato de empréstimo ou financiamento.

QUADRO 5.1 Valor futuro de $100 a 10%

Ano	Montante inicial	Juros simples	Juros compostos	Total de juros ganhos	Montante final
1	$100,00	$10	$ 0,00	$10,00	$110,00
2	110,00	10	1,00	11,00	121,00
3	121,00	10	2,10	12,10	133,10
4	133,10	10	3,31	13,31	146,41
5	146,41	10	4,64	14,64	161,05
Total		$50	$11,05	$61,05	

A expressão $(1 + r)^t$ às vezes é chamada de *fator de juros do valor futuro*, ou apenas *fator de valor futuro* para $1 investido a *r*% durante *t* períodos, e pode ser abreviada como $FJVF_{(r,\,t)}$ ou $FVF_{(r,\,t)}$. Utilizaremos a segunda forma.

Em nosso exemplo, quanto valeriam os $100 após cinco anos? Primeiro, podemos calcular o fator de valor futuro pertinente da seguinte maneira:

$$(1 + r)^t = (1 + 0{,}10)^5 = 1{,}1^5 = 1{,}6105$$

Portanto, seus $100 aumentariam para:

$$\$100 \times 1{,}6105 = \$161{,}05$$

O aumento dos seus $100 a cada ano é ilustrado no Quadro 5.1. Conforme mostrado, os juros obtidos a cada ano são iguais ao montante inicial multiplicado pela taxa de juros de 10%.

Observe, no Quadro 5.1, que o total de juros que você ganha é de $61,05. Ao longo do período de cinco anos desse investimento, os juros simples são de $100 × 0,10 = $10 por ano e, portanto, você acumula $50 dessa maneira. Os outros $11,05 vêm de juros compostos.

A Figura 5.1 ilustra o crescimento dos juros compostos do Quadro 5.1. Observe como os juros simples são constantes a cada ano, mas o montante dos juros compostos que você ganha fica maior a cada ano. Este continua aumentando porque cada vez mais juros se acumulam, resultando em mais a ser composto.

Para uma discussão sobre conceitos de valor no tempo (e muito mais), consulte **www.financeprofessor.com**.

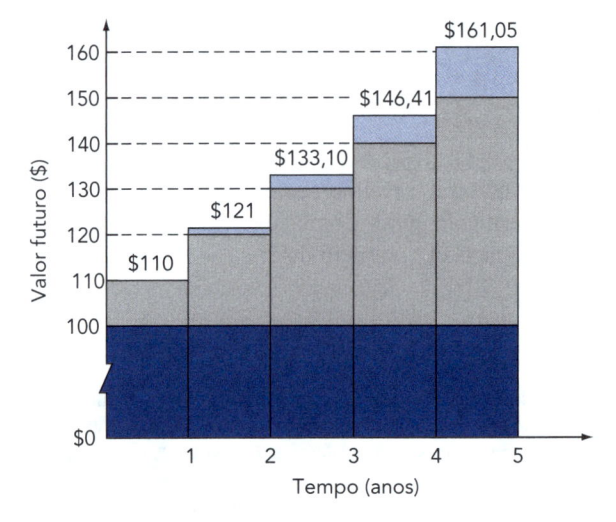

Aumento dos $100 originais a 10% ao ano. A área em tom laranja mostra os juros simples. A área em tom verde mostra a porção do total que resulta da composição de juros.

FIGURA 5.1 Valor futuro, juros simples e juros compostos.

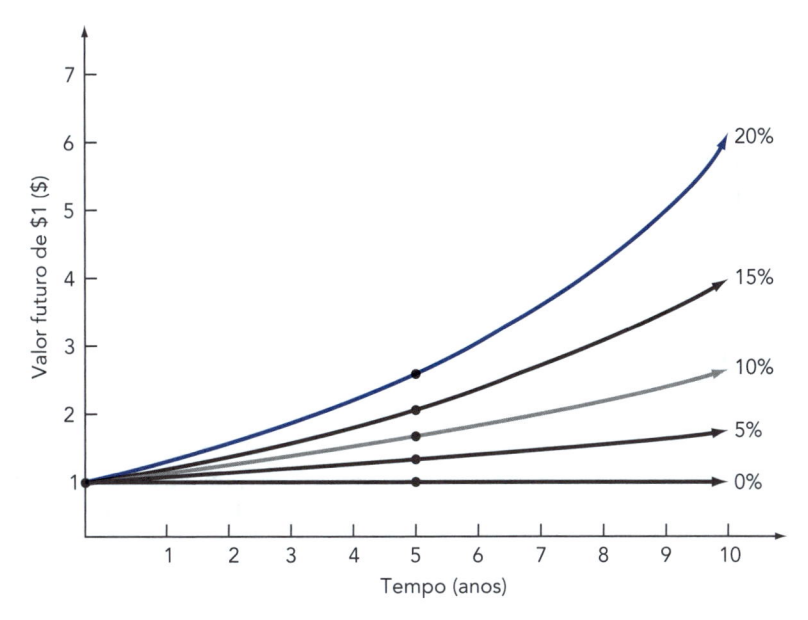

FIGURA 5.2 Valor futuro de $1 para diferentes períodos e taxas.

Os valores futuros dependem muito da taxa de juros presumida, particularmente para investimentos de longo prazo. A Figura 5.2 ilustra esse relacionamento apresentando o crescimento de $1 para taxas e prazos diferentes. Observe que o valor futuro de $1 após 10 anos é de aproximadamente $6,20 a uma taxa de 20%, mas ele é de apenas $2,60 a 10%. Nesse caso, dobrar os juros mais do que dobra o valor futuro.

Para solucionar problemas de valor futuro, precisamos chegar aos fatores de valor futuro correspondentes. Existem várias maneiras de fazer isso. Em nosso exemplo, poderíamos ter multiplicado 1,1 por ele mesmo cinco vezes. Isso funcionaria bem, mas seria muito cansativo para um investimento de 30 anos, por exemplo.

Felizmente, existem várias maneiras mais fáceis de obter os fatores de valor futuro. A maioria das calculadoras tem uma tecla "y^x". Em geral, basta digitar 1,1, pressionar a tecla de entrada de dados, digitar 5 e pressionar a tecla "=", para obter a resposta[2]. Essa é uma maneira fácil de calcular fatores de valor futuro, porque é rápida e exata.

Outra maneira seria usar uma tabela com fatores de valor futuro para algumas taxas de juros e períodos comuns. O Quadro 5.2 contém alguns desses fatores. O Quadro A.1 do apêndice apresenta um conjunto muito maior. Para usar o quadro, encontre a coluna correspondente a 10%. Em seguida, vá à linha equivalente a cinco períodos. Você encontrará o fator que calculamos (1,6105).

Uma breve introdução a conceitos-chave das finanças pode ser encontrada em www.teachmefinance.com.

QUADRO 5.2 Fatores de valor futuro

	Taxa de juros			
Número de períodos	5%	10%	15%	20%
1	1,0500	1,1000	1,1500	1,2000
2	1,1025	1,2100	1,3225	1,4400
3	1,1576	1,3310	1,5209	1,7280
4	1,2155	1,4641	1,7490	2,0736
5	1,2763	1,6105	2,0114	2,4883

---

[2] A sequência será diferente se utilizarmos uma calculadora HP, muito comum no meio financeiro. Com uma HP, a sequência será 1,1 **Enter** 5 y^x.

Quadros como o 5.2 não são tão comuns como já foram, porque eram usados antes das calculadoras terem preços mais acessíveis e só estão disponíveis para um número relativamente pequeno de taxas. As taxas de juros são frequentemente cotadas com até três ou quatro decimais, de modo que os quadros teriam de ser muito grandes para lidar com precisão com tais números. Como consequência, quadros de fatores de taxas deixaram de ser usados no mundo real. Enfatizamos o uso de uma calculadora neste capítulo.

Entretanto, esses quadros ainda têm uma utilidade. Para ter certeza de que está fazendo os cálculos certos, escolha um fator no quadro e, em seguida, calcule-o você mesmo, para ver se obtém a mesma resposta. Há vários números para escolher.

EXEMPLO 5.2 Juros compostos

Você identificou um investimento que paga 12% ao ano. Essa parece ser uma boa taxa, e você investe $400. Quanto terá em três anos? Quanto terá em sete anos? Ao final dos sete anos, quanto de juros terá ganho? Quanto desses juros provém de juros compostos?

Com base em nossa discussão, podemos calcular o fator de valor futuro a 12% em três anos assim:

$(1 + r)^t = 1,12^3 = 1,4049$

Seus $400 se transformam em:

$400 × 1,4049 = $561,97

Após sete anos, você terá:

$400 × 1,12^7 = $400 × 2,2107 = $884,27

Portanto, em sete anos seu dinheiro mais do que dobrará.

Como você investiu $400, os juros que fazem parte do valor futuro de $884,27 serão $884,27 − 400 = $484,27. A 12%, seu investimento de $400 ganha $400 × 0,12 = $48 de juros simples a cada ano. Ao longo de sete anos, os juros simples totalizam 7 × $48 = $336. A diferença $484,27 − 336 = $148,27 resulta dos juros compostos.

O efeito dos juros compostos não é grande em períodos curtos, mas realmente começa a se mostrar à medida que o horizonte aumenta. Em um caso extremo, suponha que um de seus ancestrais mais econômicos tenha investido $5 para você a uma taxa de juros de 6%, há 200 anos. Quanto você teria hoje? O fator de valor futuro é um substancial $1,06^{200}$ = 115.125,90 (você não vai encontrar isso em uma tabela), e hoje você teria $5 × 115.125,90 = $575.629,52. Observe que os juros simples são apenas $5 × 0,06 = $0,30 por ano. Após 200 anos, isso soma $60. O restante vem do reinvestimento. Esse é o poder dos juros compostos.

EXEMPLO 5.3 Quanto custa aquela ilha?

Para ilustrar o efeito dos juros compostos em horizontes longos, considere o caso de Peter Minuit e os índios norte-americanos. Em 1626, Minuit comprou toda a Ilha de Manhattan por cerca de $24 em mercadorias e bugigangas. Isso parece barato, mas os índios podem ter se saído melhor na transação. Para saber o motivo, suponha que os índios tenham vendido as mercadorias e investido os $24 a 10%. Quanto isso valeria hoje?

Aproximadamente 395 anos se passaram desde a transação. A 10%, os $24 aumentaram bastante durante o período. Quanto? O fator de valor futuro é de aproximadamente:

$(1 + r)^t = 1,1^{395} \approx 22.393.000.000.000.000$

Ou seja, 22.393 seguidos de mais 12 zeros. O valor futuro, portanto, fica na ordem de $24 × 22.393 = $537 quatrilhões.

Capítulo 5 Introdução à Valoração: o Valor do Dinheiro no Tempo   139

Bem, $537 quatrilhões é muito dinheiro. Quanto? Se você o tivesse, poderia comprar o Brasil. Todo ele. Em dinheiro. Com o que sobrasse, você compraria a América do Sul, a Europa e o restante do mundo.

Obviamente, esse exemplo é um pouco exagerado. Em 1626, não teria sido fácil encontrar um investimento que pagasse 10% por ano e que não falisse nos próximos 395 anos.

DICAS DE CALCULADORA

Como usar uma calculadora financeira

Embora existam várias maneiras de calcular os valores futuros que descrevemos até agora, muitos de vocês acharão que usar uma calculadora financeira é a melhor maneira. Se você pretende usar uma, leia esta dica detalhada; caso contrário, pule-a.

Uma calculadora financeira nada mais é do que uma calculadora comum com alguns recursos adicionais. Em particular, ela contém algumas das fórmulas financeiras mais usadas e pode calcular algumas coisas diretamente, como os valores futuros.

As calculadoras financeiras têm a vantagem de se encarregar de grande parte dos cálculos, mas isso é tudo. Em outras palavras, você ainda precisa entender o problema. A calculadora apenas realiza a parte da aritmética. Na verdade, existe uma velha piada (meio modificada) que é mais ou menos assim: qualquer um pode errar em um problema sobre o valor do dinheiro no tempo, mas, para errar mesmo, é preciso usar uma calculadora financeira. Assim, temos dois objetivos nesta seção. Em primeiro lugar, discutiremos como calcular valores futuros. Depois disso, mostraremos como evitar os erros mais comuns que as pessoas cometem quando começam a usar calculadoras financeiras.

Como calcular valores futuros com uma calculadora financeira

Examinando uma calculadora financeira comum, você encontrará cinco teclas particularmente interessantes. Em geral, elas têm esta aparência:

$$\boxed{N} \quad \boxed{I/Y} \quad \boxed{PMT} \quad \boxed{PV} \quad \boxed{FV}$$

Por ora, precisamos nos concentrar em quatro delas. As teclas $\boxed{PV}$ e $\boxed{FV}$ representam valor presente (VP) e valor futuro (VF). A tecla $\boxed{N}$ se refere ao número de períodos, que temos chamado de t. Por último, $\boxed{I/Y}$ é a taxa de juros, que chamamos de r.[1]

Se configurarmos a calculadora financeira do modo correto (consulte nossa próxima seção), o cálculo do valor futuro é muito simples. Reveja a pergunta sobre o valor futuro de $100 a 10% por cinco anos. Vimos que a resposta é $161,05. As teclas exatas dependem do tipo de calculadora que se usa, mas basicamente você deve fazer o seguinte:

1. Digitar −100. Pressionar a tecla $\boxed{PV}$. (O sinal negativo é explicado na próxima seção.)
2. Digitar 10. Pressionar a tecla $\boxed{I/Y}$. (Observe que digitamos 10, e não 0,10; veja a próxima seção.)
3. Digitar 5. Pressionar a tecla $\boxed{N}$.

Já digitamos todas as informações. Para calcular o valor futuro, precisamos perguntar à calculadora qual é o VF. Dependendo da calculadora que você utiliza, pressione o botão CPT (de "*compute*", calcular) e depois $\boxed{FV}$, ou apenas pressione $\boxed{FV}$. De qualquer modo, você deve obter 161,05. Se não der certo (e provavelmente não dará, se esta for a primeira vez que você usa uma calculadora financeira), oferecemos ajuda na seção a seguir.

---

[1] O motivo pelo qual as calculadoras financeiras usam N e I/Y é que o uso mais comum dessas calculadoras é para a determinação dos pagamentos de empréstimos. Nesse contexto, N é o número de pagamentos e I/Y é a taxa de juros do empréstimo. Mas, como veremos, existem muitos outros usos das calculadoras financeiras que não envolvem pagamentos de empréstimos e taxas de juros.

Antes de explicarmos os tipos de problemas que você pode encontrar, queremos estabelecer um formato-padrão para mostrar como usar uma calculadora financeira. No futuro, com o uso do exemplo que acabamos de ver, ilustraremos problemas como este:

Digite

5	10			−100
N	I/Y	PMT	PV	FV

Calcule 161,05

Esta é uma dica importante: o Apêndice D (que está no *site* deste livro) contém outras instruções detalhadas para os tipos mais comuns de calculadoras financeiras. Veja se a sua está incluída e, em caso positivo, siga as instruções se precisar de ajuda. Obviamente, se todo o resto falhar, você sempre pode ler o manual da calculadora.

Como obter a resposta errada usando uma calculadora financeira

Existem alguns problemas comuns (e frustrantes) que causam muitas dificuldades no uso das calculadoras financeiras. Nesta seção, fornecemos algumas dicas. Se você simplesmente não conseguir resolver um problema, consulte esta seção novamente.

Duas categorias serão examinadas: três coisas que você precisa fazer apenas uma vez e três que precisa fazer sempre que precisar resolver um problema. O que precisa fazer apenas uma vez trata das seguintes configurações da calculadora:

1. *Verifique se a sua calculadora está configurada para exibir um número grande de casas decimais.* A maioria das calculadoras financeiras exibe apenas duas casas decimais; isso causa problemas porque, com frequência, trabalhamos com números muito pequenos, como taxas de juros.

2. *Verifique se a sua calculadora está configurada para considerar apenas um pagamento por período ou por ano.* A maioria das calculadoras financeiras pressupõe pagamentos mensais (12 por ano), a menos que você a programe para fazer de outro modo.

3. *Verifique se a sua calculadora está no modo "end" (final de período).* Em geral, esse é o padrão, mas você pode mudar eventualmente para o modo "begin" (início de período).

Se não souber como fazer isso, consulte o Apêndice D no *site* do livro ou o manual da calculadora. Existem também três coisas que você precisa fazer *sempre que for resolver um problema*:

1. *Antes de iniciar, apague a memória da calculadora. Isso é muito importante.*[2] Esse é o motivo número um para respostas erradas. Você deve adquirir o hábito de apagar a memória da calculadora sempre que iniciar um problema. O modo como faz isso depende da calculadora (consulte o Apêndice D no *site* do livro), mas se deve fazer mais do que simplesmente apagar o que está no visor. Por exemplo, em uma BA II Plus da Texas Instruments, você deve pressionar (2nd) e, em seguida, (CLR TVM) para *apagar o valor do dinheiro no tempo*. Existe um comando similar em sua calculadora. Aprenda a usá-lo.

   Observe que não adianta desligar e ligar novamente a calculadora. A maioria das calculadoras financeiras mantém na memória tudo que você digita, mesmo depois de desligada. Em outras palavras, elas mantêm todos os seus erros, a menos que você os apague definitivamente. Da mesma forma, se está no meio de um problema e comete um erro, *apague a memória e inicie novamente.* É melhor prevenir do que remediar.

2. *Coloque um sinal negativo nos fluxos de saída de caixa.* A maioria das calculadoras financeiras exige que você coloque um sinal negativo nos fluxos de saída de caixa e um sinal positivo nos fluxos de entrada de caixa. Em termos práticos, isso significa apenas que você deve inserir o valor presente com um sinal negativo (porque normalmente o valor presente representa o capital que você gasta hoje em troca de fluxos de entrada de caixa futuros). Pelo mesmo raciocínio, quando você calcula um valor presente, não deve se surpreender ao ver um sinal negativo.

3. *Digite a taxa corretamente.* As calculadoras financeiras pressupõem que as taxas estão cotadas em porcentagem, de modo que, se a taxa for 0,08 (ou 8%), você deve digitar 8, e não 0,08.

---

[2] Porém, se a sua calculadora for programável, há risco de que programas possam ser excluídos nesse momento. Descubra como apagar registros em sua calculadora, sem excluir seus programas.

> Se você seguir essas orientações (particularmente aquela sobre limpar a memória da calculadora), não terá dificuldade em usar uma calculadora financeira para resolver quase todos os problemas deste e dos próximos capítulos. Forneceremos exemplos e orientações adicionais quando apropriado.

Uma nota sobre o crescimento composto

Se estiver pensando em depositar dinheiro em uma conta que renda juros, então a taxa de juros dessa conta é a taxa pela qual seu dinheiro aumenta, supondo que você não faça saques ou novos depósitos nessa conta. Se essa taxa for de 10% a.a., então, a cada ano, você tem 10% a mais do que tinha no ano anterior (se não efetuou nenhum saque durante o ano). Nesse caso, a taxa de juros é um exemplo apropriado de uma taxa de crescimento composto.

A maneira como calculamos valores futuros é, na verdade, bastante geral e permite responder alguns outros tipos de perguntas relacionadas ao crescimento. Por exemplo, sua empresa tem atualmente 10 mil empregados. Você estima que o número de empregados aumente em 3% ao ano. Quantos empregados haverá em cinco anos? Aqui, começamos com 10 mil pessoas em vez de dinheiro, e não pensamos na taxa de crescimento como uma taxa de juros, mas o cálculo é exatamente o mesmo:

$$10.000 \times 1,03^5 = 10.000 \times 1,1593 = 11.593 \text{ empregados}$$

Haverá 1.593 novas contratações ao longo dos próximos cinco anos.

Para dar outro exemplo, de acordo com a Walmart, as suas vendas em 2019 foram de cerca de $524 bilhões. Suponha que as vendas projetadas aumentassem a uma taxa de 15% ao ano. Quais seriam as vendas da Walmart em 2024 se isso estiver correto? Verifique você mesmo que a resposta é cerca de 1,054 trilhão, pouco mais de duas vezes maior.

EXEMPLO 5.4 Crescimento de dividendos

A BECO S/A, no momento, paga dividendos de $5 por ação. Você acredita que os dividendos aumentarão 4% a cada ano. Qual será o valor dos dividendos em oito anos? Novamente, o cálculo é o mesmo:

$$\text{Valor futuro} = \$5 \times 1,04^8 = \$5 \times 1,3686 = \$6,84$$

Os dividendos aumentarão em $1,84 nesse período. O crescimento de dividendos é um assunto ao qual retornaremos em um próximo capítulo.

Questões conceituais

5.1a O que quer dizer o valor futuro de um investimento?

5.1b O que quer dizer juros compostos? Em que os juros compostos diferem dos juros simples?

5.1c Em geral, qual é o valor futuro de $1 investido a *r* por período durante *t* períodos?

5.2 Valor presente e desconto

Quando discutimos valor futuro, estamos pensando em perguntas como: qual será o valor do meu investimento de $2.000 se ele render uma taxa de 6,5% por ano, nos próximos seis anos? A resposta a essa pergunta é aquilo que chamamos de valor futuro de $2.000 investidos a 6,5% por seis anos (verifique que a resposta é aproximadamente $2.918).

Excel Master!
Cobertura *on-line* do Excel Master

Existe outro tipo de pergunta que surge com frequência ainda maior na administração financeira e que está obviamente relacionada ao valor futuro. Suponha que você precise ter $10.000 em 10 anos e possa ganhar 6,5% sobre seu dinheiro. Quanto tem de investir hoje para atingir esse objetivo? Você pode verificar que a resposta é $5.327,26. Como sabemos disso? Continue lendo.

O caso do período simples

Vimos que o valor futuro de $1 investido por um ano a 10% é de $1,10. Agora fazemos uma pergunta ligeiramente diferente: quanto temos de investir hoje a 10% para obter $1 em um ano? Em outras palavras, sabemos que o valor futuro aqui é $1, mas qual é o **valor presente (VP)**? A resposta não é muito difícil de descobrir. Tudo o que investirmos hoje será 1,1 vez maior ao final do ano. Como precisamos de $1 ao final do ano:

> **valor presente (VP)**
> Valor presente de fluxos de caixa futuros descontados à taxa de desconto apropriada.

Valor presente × 1,1 = $1

Então calculamos o valor presente:

Valor presente = $1/1,1 = $0,909

Nesse caso, o valor presente é a resposta para a seguinte pergunta: qual montante, investido hoje, aumentará até $1, em um ano, se a taxa de juros for de 10%? Portanto, o valor presente é apenas o inverso do valor futuro. Em vez de compor o dinheiro para o futuro, efetuamos o **desconto** para o presente.

> **desconto**
> Cálculo do valor presente de um montante futuro.

EXEMPLO 5.5 VP de período único

Suponha que você precise de $400 para comprar livros no próximo ano. Você pode ganhar 7% investindo seu dinheiro. Quanto tem de investir hoje?
    Precisamos saber qual é o VP de $400 em um ano a 7%. Procedendo como no exemplo anterior:

Valor presente × 1,07 = $400

Agora, podemos calcular o valor presente:

Valor presente = $400 × (1/1,07) = $373,83

Assim, $373,83 é o valor presente. Isso significa que esse montante investido por um ano a 7% resultará em um valor futuro de $400.

Pelos nossos exemplos, o valor presente de $1 a ser recebido em um período geralmente é calculado assim:

$$VP = \$1 \times [1/(1+r)] = \$1/(1+r)$$

A seguir, examinaremos como obter o valor presente de um montante a ser pago em dois ou mais períodos no futuro.

Valores presentes para vários períodos

Suponha que você precise ter $1.000 em dois anos. Se puder ganhar 7%, quanto precisa investir para ter certeza de que terá $1.000 quando precisar deles? Em outras palavras, qual é o valor presente de $1.000 em dois anos, se a taxa for de 7%?
    Com base em seu conhecimento sobre valores futuros, você sabe que o montante investido deve aumentar para $1.000 em dois anos. Em outras palavras, deve ser assim:

$1.000 = VP \times 1,07 \times 1,07$
$= VP \times 1,07^2$
$= VP \times 1,1449$

Dessa forma, agora podemos calcular o valor presente:

Valor presente = $1.000/1,1449 = $873,44

Portanto, $873,44 é o montante que você deve investir para atingir seu objetivo.

EXEMPLO 5.6 Economizando

Você gostaria de comprar um carro novo. Você tem mais ou menos $50.000, mas o carro custa $68.500. Se puder ganhar 9%, quanto tem de investir hoje para comprar o carro em dois anos? Você tem dinheiro suficiente? Suponha que o preço permanecerá o mesmo.

Precisamos descobrir o valor presente de $68.500 a ser pago em dois anos, pressupondo uma taxa de 9%. Com base em nossa discussão, temos:

VP = $68.500/1,09² = $68.500/1,1881 = $57.655,08

Ainda faltam aproximadamente $7.655, mesmo que você esteja disposto a esperar dois anos.

Como você provavelmente já deve ter percebido, o cálculo de valores presentes é bastante semelhante ao cálculo de valores futuros, e o resultado geral é muito parecido. O valor presente de $1 a ser recebido em t períodos a uma taxa de desconto r é:

$$VP = \$1 \times [1/(1+r)^t] = \$1/(1+r)^t \tag{5.2}$$

A grandeza entre colchetes, $1/(1+r)^t$, tem muitos nomes. Como ela é usada para descontar um fluxo de caixa futuro, quase sempre é chamada de *fator de desconto*. Com esse nome, não é surpresa o fato de que a taxa usada no cálculo quase sempre seja chamada de **taxa de desconto**. Usaremos esse nome ao tratar de valores presentes. A grandeza entre colchetes também é chamada de *fator de juros de valor presente*, ou apenas *fator de valor presente* (usaremos a segunda forma), para $1 a r% durante t períodos e, às vezes, é abreviada como $FJVP_{(r,t)}$ ou, $FVP_{(r,t)}$. Por último, o cálculo do valor presente de um fluxo de caixa futuro para determinar seu valor hoje costuma ser chamado de **avaliação por fluxos de caixa descontados (FCD)**.

Para ilustrar isso, suponha que você precise de $1.000 em três anos. Você pode ganhar 15% investindo seu dinheiro. Quanto teria de investir hoje? Para descobrir a resposta, temos de determinar o valor presente de $1.000 em três anos a 15%. Fazemos isso descontando $1.000 a 15% em três períodos. Com esses números, o fator de desconto é:

$1/(1 + 0,15)^3 = 1/1,5209 = 0,6575$

Portanto, o montante que você precisa investir é de:

$1.000 × 0,6575 = $657,50

Dizemos que $657,50 é o valor presente (ou valor descontado) a 15% de $1.000 a ser recebido em três anos.

Há tabelas de fatores de valor presente, como as tabelas de fatores de valor futuro, que são utilizadas da mesma forma (se forem utilizadas). O Quadro 5.3 contém um pequeno conjunto. Um conjunto muito maior pode ser encontrado no Quadro A.2 no Apêndice deste livro.

No Quadro 5.3, o fator de desconto que acabamos de calcular (0,6575) pode ser encontrado na coluna "15%", na terceira linha.

---

taxa de desconto
Taxa usada para calcular o valor presente de fluxos de caixa futuros.

avaliação por fluxos de caixa descontados (FCD)
Cálculo do valor presente de um fluxo de caixa futuro para determinar seu valor hoje.

QUADRO 5.3 Fatores de juros de valor presente

Número de períodos	Taxa de juros			
	5%	10%	15%	20%
1	0,9524	0,9091	0,8696	0,8333
2	0,9070	0,8264	0,7561	0,6944
3	0,8638	0,7513	0,6575	0,5787
4	0,8227	0,6830	0,5718	0,4823
5	0,7835	0,6209	0,4972	0,4019

DICAS DE CALCULADORA

Em uma calculadora financeira, você resolve os problemas de valor presente da mesma maneira como resolve os problemas de valor futuro. No exemplo que acabamos de examinar (o valor presente de $1.000 a ser recebido em três anos a 15%), você faria o seguinte:

Digite

3	15			1.000
N	I/Y	PMT	PV	FV

Calcule −657,52

Observe que a resposta tem um sinal negativo. Como discutimos anteriormente, isso indica um fluxo de saída hoje em troca de um fluxo de entrada de $1.000 mais tarde.

EXEMPLO 5.7 Propaganda enganosa?

Às vezes, as empresas anunciam: "Venha experimentar nosso produto. Se vier, daremos $100 só por ter vindo!". Se ler as letras pequenas, descobrirá que as empresas lhe darão um certificado de poupança que pagará $100 em mais ou menos 25 anos. Se a taxa de juros desses certificados for de 10% ao ano, quanto elas realmente estão lhe dando hoje?

O que você vai ganhar é, na verdade, o valor presente de $100 a serem pagos em 25 anos. Se a taxa de desconto for de 10% ao ano, então o fator de desconto é:

$1/1,1^{25} = 1/10,8347 = 0,0923$

Isso quer dizer que 1 real daqui a 25 anos vale pouco mais do que 9 centavos hoje, pressupondo uma taxa de desconto de 10%. Dado isso, uma promoção como essa na verdade pagaria aproximadamente 0,0923 × $100 = $9,23. Talvez isso seja suficiente para trazer clientes, mas não são $100.

Os valores presentes diminuem à medida que aumenta o prazo até o seu pagamento. Como ilustra o Exemplo 5.7, os valores presentes tendem a se tornar menores à medida que o horizonte de tempo aumenta. Se você avançar o suficiente no tempo, eles sempre se aproximarão de zero. Da mesma maneira, para um determinado prazo, quanto maior a taxa de desconto, menor será o valor presente. Em outras palavras, os valores presentes e as taxas de desconto estão inversamente relacionados. O aumento na taxa de desconto diminui o VP e vice-versa.

A relação entre tempo, taxas de desconto e valores presentes é ilustrada na Figura 5.3. Observe que, quando chegamos aos 10 anos, os valores presentes são todos substancialmente menores do que os seus valores futuros.

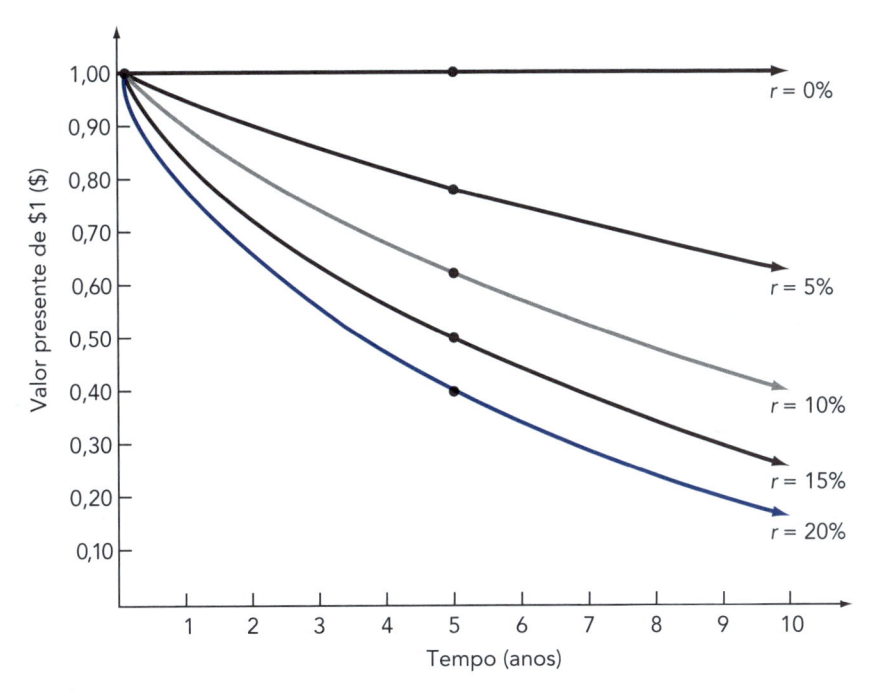

FIGURA 5.3 Valor presente de $1 para diferentes períodos e taxas.

> ### Questões conceituais
>
> **5.2a** O que quer dizer o valor presente de um investimento?
> **5.2b** O processo de descontar um valor futuro para o presente é o oposto do quê?
> **5.2c** O que quer dizer avaliação por fluxos de caixa descontados (FCD)?
> **5.2d** Em geral, qual é o valor presente de $1 a ser recebido em *t* períodos, supondo uma taxa de desconto *r* por período?

5.3 Mais sobre valores presentes e futuros

Se você observar as equações dos valores presente e futuro, verá que há uma relação muito simples entre as duas. Nesta seção, exploramos essa relação e outras questões associadas.

Excel Master!
Cobertura *on-line* do Excel Master

Valor presente *versus* valor futuro

Aquilo que chamamos de fator de valor presente é apenas a recíproca do fator de valor futuro (ou seja, 1 dividido pelo fator de valor futuro):

Fator de valor futuro = $(1 + r)^t$
Fator de valor presente = $1/(1 + r)^t$

Na verdade, a forma fácil de calcular um fator de valor presente, em muitas calculadoras, é calcular primeiro o fator de valor futuro e, em seguida, pressionar a tecla "$1/x$" para invertê-lo.

Se tomarmos VF_t como valor futuro após t períodos, a relação entre valor futuro e valor presente pode ser escrita simplesmente assim:

$$VP \times (1 + r)^t = VF_t$$
$$VP = VF_t/(1 + r)^t = VF_t \times [1/(1 + r)^t] \tag{5.3}$$

Chamaremos esse último resultado de *equação básica do valor presente*. Ela será utilizada ao longo de todo o livro. Existem diversas variações, mas essa simples equação fundamenta muitas das ideias mais importantes das finanças corporativas.

EXEMPLO 5.8 Avaliação de investimentos

Para dar uma ideia de como usaremos o valor presente e o valor futuro, considere o seguinte investimento simples. Sua empresa propõe a compra de um ativo por $335. Esse investimento é muito seguro. Você venderia o ativo em três anos por $400. Mas também sabe que poderia investir os $335 em outro empreendimento a 10%, com muito pouco risco. O que você acha do investimento proposto?

Não é um bom investimento. Por que não? Porque você pode investir os $335 em outra coisa a 10%. Se fizer isso, após três anos ele aumentará para:

$$\$335 \times (1 + r)^t = \$335 \times 1{,}1^3$$
$$= \$335 \times 1{,}331$$
$$= \$445{,}89$$

Como o investimento proposto paga $400, esse não é tão bom quanto a alternativa que temos. Outra forma de ver o mesmo fato é observar que o valor presente de $400 em três anos a 10% é:

$$\$400 \times [1/(1 + r)^t] = \$400/1{,}1^3 = \$400/1{,}331 = \$300{,}53$$

Isso nos mostra que temos que investir apenas cerca de $300 para obter $400 em três anos, e não $335. Retornaremos a esse tipo de análise mais tarde.

Cálculo da taxa de desconto

Com frequência, precisamos determinar qual taxa de desconto está implícita em um investimento. Podemos fazer isso observando a equação básica do valor presente:

$$VP = VF_t/(1 + r)^t$$

Existem apenas quatro variáveis nessa equação: o valor presente (VP), o valor futuro (VF_t), a taxa de desconto (r) e o prazo de investimento (t). Tendo três dessas variáveis, podemos encontrar a quarta.

Para fazer *download* de uma calculadora financeira para Windows, acesse **www.calculator.org**.

EXEMPLO 5.9 Encontrando *r* para um investimento de período único

Você está considerando investir por um ano. Se aplicar $1.250, terá de volta $1.350. Qual taxa o investimento está pagando?

Neste caso de período único, a resposta é bastante óbvia. Você terá $100, além dos seus $1.250. Assim, a taxa implícita nesse investimento é de $100/$1.250 = 8%.

De modo mais formal, partindo da equação básica do valor presente, o VP (o capital que você deve investir hoje) é de $1.250. O valor futuro (para quanto aumenta o valor presente) é de $1.350. O prazo envolvido tem um período; portanto, temos:

$$\$1.250 = \$1.350/(1 + r)^1$$
$$1 + r = \$1.350/\$1.250 = 1{,}08$$
$$r = 0{,}08, \text{ ou } 8\%$$

É claro que, nesse exemplo simples, não haveria necessidade de fazer todos esses cálculos. Porém, como descrevemos a seguir, as coisas ficam mais complicadas quando o prazo tem mais de um período.

Para ilustrar o que acontece com vários períodos, digamos que temos a oferta de um investimento que custa $100 e que dobrará nosso dinheiro em oito anos. Para comparar esse a outros investimentos, gostaríamos de saber qual é a taxa de desconto implícita nesses números. Essa taxa de desconto é chamada de *taxa de retorno*, ou simplesmente *retorno*, sobre o investimento. Neste caso, temos um valor presente de $100, um valor futuro de $200 (o dobro do dinheiro) e um prazo de oito anos. Para calcular o retorno, podemos usar a equação básica do valor presente assim:

$$VP = VF_t/(1 + r)^t$$
$$\$100 = \$200/(1 + r)^8$$

Isso também pode ser escrito da seguinte forma:

$$(1 + r)^8 = \$200/\$100 = 2$$

Agora precisamos calcular r. Existem três maneiras de fazer isso:

1. Usar uma calculadora financeira.
2. Resolver a equação para $1 + r$, obtendo a raiz oitava de ambos os lados. Como isso é o mesmo que elevar ambos os lados à potência de 1/8 ou 0,125, é realmente fácil fazer isso com a tecla "y^x" de uma calculadora. Basta inserir 2, pressionar "y^x", inserir 0,125 e, em seguida, pressionar a tecla "=". A raiz oitava deve ser 1,09, o que implica r igual a 9%.
3. Usar uma tabela de valores futuros. O fator de valor futuro após oito anos é igual a 2. Se você olhar do outro lado da seta correspondente a oito períodos no Quadro A.1, verá que um fator de valor futuro de 2 corresponde à coluna de 9%, mostrando que o retorno é de 9%.

Na verdade, nesse exemplo em particular, existe um cálculo aproximado útil para calcular r: a Regra dos 72. Para taxas de retorno moderadas, o tempo que leva para dobrar o seu dinheiro é dado aproximadamente por $72/r\%$. Em nosso exemplo, isso significa que $72/r\% = 8$ anos, implicando que r é 9%, como calculamos. Essa é uma regra razoavelmente exata para taxas de desconto no intervalo entre 5 e 20%.

EXEMPLO 5.10 Pares de tênis como investimento

Em janeiro de 2019, um par de tênis usados em uma partida da NBA pelo astro do basquete Stephen Curry, com *design* para comemorar a viagem à Lua, foi leiloado para beneficiar as salas de aula de ciências, tecnologia, engenharia e matemática na região de San Francisco. Os calçados foram vendidos por USD58.100. Os "especialistas" costumam argumentar que itens colecionáveis como esses vão dobrar de valor em um período de dez anos.

Assim, os tênis teriam sido um bom investimento? De acordo com a Regra dos 72, você já sabe que os especialistas estavam prevendo que o contrato dobraria em 10 anos, de modo que o retorno previsto seria de aproximadamente 72/10 = 7,2% ao ano, o que não é lá um grande retorno.

Pelo menos antigamente, uma regra de ouro do círculo fechado das coleções de belas artes foi "seu dinheiro de volta em cinco anos, seu dinheiro em dobro em dez anos". Dada essa regra, veremos como um investimento se classificou. Em 2019, o quadro *Meules*, de Claude Monet, foi vendido por USD110,7 milhões, o nono mais caro da história. O vendedor o adquirira em 1986 por USD2,5 milhões. Qual foi o retorno obtido?

A regra prática nos diz que dobramos nosso dinheiro em mais ou menos 10 anos, portanto, pela Regra dos 72, 7,2% por ano era a norma. O quadro foi revendido em cerca de 33 anos. O valor presente é de USD2,5 milhões e o valor futuro é de USD110,7 milhões. Precisamos calcular a taxa desconhecida r da seguinte maneira:

$$\$2.500.000 = \$110.700.000/(1 + r)^{33}$$
$$(1 + r)^{33} = 44,28$$

Calculando *r*, descobrimos que o vendedor ganhou aproximadamente 12,17% por ano, muito melhor do que os 7,2% esperados pela regra prática.

E quanto a outros itens colecionáveis? Para um filatelista (colecionador de selos para os mais próximos), um dos selos mais valiosos é o *Inverted Jenny C3a* de 24 centavos de dólar, criado em 1918. Esse selo é um item colecionável porque tem uma figura de um biplano de cabeça para baixo. Um desses selos foi vendido em um leilão por USD1.350.000 em 2018. A qual taxa seu valor aumentou? Verifique por si mesmo se a resposta é de aproximadamente 16,82%, pressupondo um período de 100 anos.

Alguns itens colecionáveis podem se valorizar radicalmente. Um par de *Moon Shoes* da Nike, produzido para corredores para o pré-olímpico de atletismo de 1972, foi vendido por USD437.500 em 2019. Os tênis não foram vendidos para o público, mas supondo um valor de $100 em 1972, quando foram fabricados, veja se concorda que o valor do calçado aumentou 19,53% ao ano.

Nem todos os itens colecionáveis têm um desempenho tão bom. Em 2019, uma moeda de ouro romana de 24 quilates foi leiloada por USD700.000. A moeda foi cunhada em torno de 293 d.C. Nela está estampada a cabeça de Aleto, um ministro da economia que ascendeu ao trono ao assassinar seu predecessor. Vamos supor que a moeda valia $5 quando foi cunhada. Para um leigo, parece um retorno incrível, mas se você fizer os cálculos, verá que o ganho durante o período de 1726 anos foi de apenas cerca de 0,69% ao ano.

Uma das moedas mais raras é a moeda de dez centavos S de 1894, cunhada na casa da moeda de San Francisco. Apenas 24 foram produzidas, e acredita-se que apenas nove ainda existam. Em 2019, uma delas foi leiloada por USD1,32 milhão. Veja se você concorda que esse item aumentou seu valor em aproximadamente 14,02% ao ano.

Um exemplo ligeiramente mais extremo envolve o dinheiro deixado em herança por Benjamin Franklin, que morreu em 17 de abril de 1790. Em seu testamento, ele deu mil libras esterlinas a Massachusetts e à cidade de Boston. Ele deu quantia semelhante à Pensilvânia e à cidade da Filadélfia. O dinheiro foi pago a Franklin quando ele ocupou cargos públicos, mas ele acreditava que os políticos não deveriam ser pagos por seus serviços (parece que essa visão não é compartilhada por muitos políticos atuais).

Originalmente, Franklin especificou que o dinheiro deveria ser pago 100 anos após a sua morte e usado para a educação de jovens. Mais tarde, porém, depois de algumas batalhas legais, foi aprovado que o dinheiro seria pago em 1990, 200 anos após a morte de Franklin. Nessa época, a herança da Pensilvânia havia aumentado para cerca de USD2 milhões; a herança de Massachusetts havia aumentado para USD4,5 milhões. O dinheiro foi usado para financiar os Institutos Franklin em Boston e na Filadélfia. Supondo que mil libras esterlinas equivaliam a USD1.000, qual foi a taxa de retorno que os dois estados tiveram? (Até 1792, o dólar não era a moeda oficial dos Estados Unidos.)

Para a Pensilvânia, o valor futuro é de USD2 milhões, e o valor presente é de USD1.000. Existem 200 anos de história no período, portanto, precisamos calcular *r* da seguinte forma:

$1.000 = USD2 \text{ milhões}/(1 + r)^{200}$
$(1 + r)^{200} = 2.000$

Calculando *r*, vemos que o dinheiro da Pensilvânia aumentou a uma taxa de 3,87% ao ano. O dinheiro de Massachusetts saiu-se melhor; verifique que sua taxa de retorno foi de 4,3%. Pequenas diferenças de retornos podem se acumular.

DICAS DE CALCULADORA

É possível ilustrar o cálculo de taxas desconhecidas com uma calculadora financeira usando esses números. Para a Pensilvânia, você deve fazer o seguinte:

Digite

200			−1.000	2.000.000
N	I/Y	PMT	PV	FV

Calcule 3,87

Tal como em nossos exemplos anteriores, observe o sinal de menos no valor presente, que representa a saída de caixa do legado de Franklin há muitos anos. O que você mudaria para resolver o mesmo problema para Massachusetts?

EXEMPLO 5.11   Economizando para a faculdade

Você estima que precisará de cerca de $80.000 para pagar a faculdade de seu filho daqui a oito anos. Você tem agora aproximadamente $35.000. Um ganho de 20% ao ano será suficiente? A qual taxa atingirá seu objetivo?

Se puder ganhar 20%, o valor futuro de seus $35.000 em oito anos será:

VF = $35.000 × $1,20^8$ = $35.000 × 4,2998 = $150.493,59

Assim, você atingirá seu objetivo facilmente. A taxa mínima é o r na seguinte fórmula:

VF = $35.000 × $(1 + r)^8$ = $80.000
$(1 + r)^8$ = $80.000/$35.000 = 2,2857

Portanto, o fator de valor futuro é 2,2857. Ao observar a linha do Quadro A.1 correspondente a oito períodos, vemos que nosso fator de valor futuro está aproximadamente a meio caminho dos fatores de 10% (2,1436) e 12% (2,4760), de modo que você atingirá seu objetivo se ganhar aproximadamente 11%. Para obter a resposta exata, poderíamos usar uma calculadora financeira ou calcular r:

$(1 + r)^8$ = $80.000/$35.000 = 2,2857
$1 + r = 2,2857^{1/8} = 2,2857^{0,125} = 1,1089$
$r = 0,1089$, ou 10,89%

EXEMPLO 5.12   Apenas 18.262,5 dias para a aposentadoria

Você gostaria de se aposentar daqui a 50 anos como um milionário. Se tivesse $10.000 hoje, qual taxa de retorno precisaria ter para atingir seu objetivo?

O valor futuro é de $1.000.000. O valor presente é de $10.000, e restam 50 anos até o pagamento. Precisamos calcular a taxa de desconto na seguinte fórmula:

$10.000 = $1.000.000/$(1 + r)^{50}$
$(1 + r)^{50} = 100$

Nessa forma de apresentação, o fator de valor futuro é 100. Você pode verificar que a taxa implícita é de aproximadamente 9,65%.

Quando não se leva em conta o valor do dinheiro no tempo ao calcular taxas de crescimento ou taxas de retorno, o resultado frequentemente leva a números enganosos no mundo real. Por exemplo, o time de beisebol mais amado (e odiado) nos EUA, os New York Yankees, teve a folha de pagamento mais alta durante a temporada de 1988, cerca de $19 milhões. Em 2019, quem teve a maior folha de pagamento do beisebol foi o Boston Red Sox, surpreendentes USD213 milhões, um aumento de 1.021% na maior folha! Se a história serve como parâmetro, podemos ter uma ideia aproximada do crescimento futuro das folhas de pagamento do beisebol. Veja se concorda: isso representa um aumento anual de 8,11%, uma taxa de crescimento substancial, mas muito menor do que os vistosos 1.021%.

E que tal os mapas clássicos? Há alguns anos, o primeiro mapa da América, impresso em Roma em 1507, foi avaliado em cerca de USD135.000, 69% mais do que os USD80.000 que ele valia 10 anos antes. Qual teria sido seu retorno sobre o investimento se você fosse o orgulhoso dono do mapa durante aqueles 10 anos? Verifique que ele é de aproximadamente 5,4% ao ano — muito pior do que o aumento reportado de 69%.

Seja para mapas ou para folhas de pagamento do beisebol, é fácil se enganar quando os retornos são cotados sem levar em conta o valor do dinheiro no tempo. Entretanto, os leigos não são os únicos culpados por essa forma discreta de engano. O título de um artigo de capa de uma das principais revistas de negócios previa que o Índice Dow Jones dispararia até um ganho de 70% nos cinco anos seguintes. Você acha que isso significaria um retorno de 70% ao ano sobre o seu dinheiro? Pense melhor.

Como encontrar o número de períodos

Suponha que queiramos comprar um ativo que custe $50.000. No momento, temos $25.000. Se pudermos ganhar 12% sobre esses $25.000, quanto tempo levaria até termos $50.000? A resposta envolve a solução da última variável da equação básica de valor presente: o número de períodos. Você já sabe como obter uma resposta aproximada para esse problema em particular. Observe que precisamos dobrar nosso dinheiro. Pela Regra dos 72, serão necessários $72/12 = 6$ anos a 12%.

Para chegar à resposta exata, podemos usar novamente a equação básica do valor presente. O valor presente é de $25.000, e o valor futuro é de $50.000. Com uma taxa de desconto de 12%, a equação básica assume uma das seguintes formas:

$$\$25.000 = \$50.000/1,12^t$$
$$\$50.000/\$25.000 = 1,12^t = 2$$

Assim, temos um fator de valor futuro de 2 para uma taxa de 12%. Agora precisamos calcular t. Se consultarmos o Quadro A.1 na coluna correspondente a 12%, veremos que um fator de valor futuro de 1,9738 ocorre em seis períodos. Assim, serão necessários cerca de seis anos, como calculamos. Para ter a resposta exata, temos de resolver explicitamente t (ou usar uma calculadora financeira). Se você fizer isso, verá que a resposta é 6,1163 anos, e, portanto, nosso cálculo aproximado chegou bem perto nesse caso.

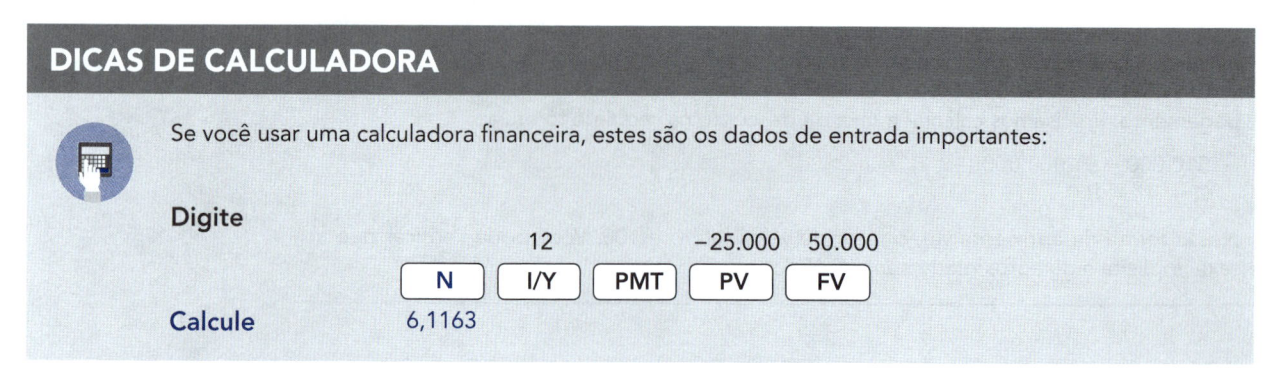

DICAS DE CALCULADORA

Se você usar uma calculadora financeira, estes são os dados de entrada importantes:

Digite:

N	I/Y	PMT	PV	FV
	12		−25.000	50.000

Calcule: N = 6,1163

EXEMPLO 5.13 — Esperando Godot

Você está economizando para comprar a Companhia Godot. O custo total será de $10 milhões. No momento, você tem aproximadamente $2,3 milhões. Se puder ganhar 5% sobre seu dinheiro, quanto tempo terá de esperar? A 16%, quanto tempo precisará esperar?

A 5%, você terá de esperar muito tempo. Partindo da equação básica do valor presente:

$$\$2{,}3 \text{ milhões} = \$10 \text{ milhões}/1{,}05^t$$
$$1{,}05^t = 4{,}35$$
$$t = 30 \text{ anos}$$

A 16%, os resultados ficam um pouco melhores. Verifique você mesmo que a espera levará cerca de 10 anos.

Considere, por exemplo, os U.S. EE Savings Bonds discutidos no início do capítulo. Você compra os títulos pela metade de seu valor de face de $50. Em outras palavras, você paga USD25 hoje e tem USD50 em algum momento futuro, quando o título "vencer". Você não recebe juros nesse intervalo, e a taxa de juros é ajustada a cada seis meses, de modo que o período até que seus USD25 aumentem para USD50 depende das taxas de juros futuras. Entretanto, na pior das hipóteses, existe a garantia de que os títulos valerão USD50 ao final de 20 anos e, portanto, esse é o prazo máximo que você terá de esperar. Se tiver de esperar os 20 anos, qual será a taxa?

Como esse investimento dobra de valor em 20 anos, a Regra dos 72 nos dá a resposta imediatamente: 72/20 = 3,6%. Lembre-se de que esse é o retorno *mínimo* garantido, portanto, você pode se sair melhor. Esse exemplo encerra nossa introdução aos conceitos básicos do valor no tempo. O Quadro 5.4 resume os cálculos de valor presente e futuro para referência futura. Como mostra a seção *Exercícios na Internet*, há várias calculadoras on-line disponíveis para a realização desses cálculos, mas, ainda, é importante saber o que se está fazendo.

Aprenda mais sobre como usar o Excel para calcular o valor no tempo e sobre outros cálculos em www.studyfinance.com.

QUADRO 5.4 Resumo dos cálculos do valor no tempo

I. Símbolos:
VP = Valor presente, o quanto fluxos de caixa futuros valem hoje.
VF_t = Valor futuro, o quanto fluxos de caixa atuais valem no futuro.
r = Taxa de juros, taxa de retorno ou taxa de desconto por período — geralmente, mas não sempre, um ano.
t = Número de períodos — geralmente, mas não sempre, o número de anos.
C = Montante de caixa.
II. Valor futuro de C investido a r% por t períodos:
$VF_t = C \times (1 + r)^t$
O termo $(1 + r)^t$ é chamado de *fator de valor futuro*.
III. Valor presente de C a ser recebido em t períodos a r% por período:
$VP = C/(1 + r)^t$
O termo $1/(1 + r)^t$ é chamado de *fator de valor presente* de uma anuidade.
IV. A equação básica do valor presente mostrando a relação entre valores presente e futuro:
$VP = VF_t/(1 + r)^t$

ESTRATÉGIAS DE PLANILHA

Uso de uma planilha eletrônica para calcular o valor do dinheiro no tempo

Cada vez mais profissionais de diversas áreas (e não apenas de finanças e de contabilidade) utilizam planilhas eletrônicas para fazer os diferentes cálculos que surgem no mundo real. Assim, nesta seção, mostraremos como usar uma planilha eletrônica para calcular os diversos problemas de valor do dinheiro no tempo que apresentamos neste capítulo. Usaremos o Microsoft Excel™, mas os comandos são semelhantes àqueles de outros *software*. Vamos pressupor que você já conheça as operações básicas de uma planilha eletrônica.

Como vimos, você pode calcular qualquer uma das seguintes quatro incógnitas em potencial: valor futuro, valor presente, taxa de desconto ou número de períodos. Em uma planilha eletrônica, há uma fórmula para cada uma delas. No Excel, estas são mostradas no quadro a seguir.

Nessas fórmulas, o *VP* e o *VF* são o valor presente e o valor futuro, o *nper* é o número de períodos, e a *taxa* é a taxa de desconto ou de juros. Falaremos sobre *pgto* no próximo capítulo.

Para encontrar	Insira esta fórmula
Valor futuro	= VF (taxa;nper;pgto;vp)
Valor presente	= VP (taxa;nper;pgto;vf)
Taxa de desconto	= TAXA (nper;pgto;vp;vf)
Número de períodos	= NPER (taxa,pgto,vp,vf)

Existem duas coisas um pouco complicadas aqui. Primeiro, ao contrário de uma calculadora financeira, a planilha exige que a taxa seja inserida como um número decimal. Segundo, assim como na maioria das calculadoras financeiras, você precisa inserir um sinal negativo no valor presente ou no valor futuro, para calcular a taxa ou o número de períodos. Pelo mesmo motivo, se calcular um valor presente, a resposta terá um sinal negativo, a menos que você insira um valor futuro negativo. O mesmo vale para o cálculo de um valor futuro.

Para ilustrar como usar essas fórmulas, voltaremos a um exemplo do capítulo. Se você investir $25.000 a 12% ao ano, em quanto tempo terá $50.000? Você pode criar uma planilha como esta:

	A	B	C	D	E	F	G	H
1								
2	Uso de uma planilha eletrônica para calcular o valor do dinheiro no tempo							
3								
4	Se investirmos $25.000 a 12% ao ano, em quanto tempo teremos $50.000? Precisamos							
5	calcular o número de períodos, então usamos a fórmula NPER(taxa;pgto;vp;vf).							
6								
7	Valor presente (VP):	$25.000						
8	Valor futuro (VF):	$50.000						
9	Taxa (taxa):	0,12						
10								
11	Períodos:	6,1162554						
12	A fórmula digitada na célula B11 é =NPER(B9;0;-B7;B8). Observe que pgto é zero e que PV é							
13	precedido por um símbolo negativo. Note também que a taxa é inserida na forma decimal,							
14	e não na forma de porcentagem.							

Fonte: Microsoft Excel

Questões conceituais

5.3a Qual é a equação básica do valor presente?

5.3b Qual é a Regra dos 72?

Capítulo 5 Introdução à Valoração: o Valor do Dinheiro no Tempo 153

EXERCÍCIOS NA INTERNET

Qual é a importância do valor do dinheiro no tempo? Uma recente pesquisa em um buscador da internet retornou mais de 2,15 bilhões de resultados. Embora você deva entender os cálculos do valor do dinheiro no tempo, o advento das calculadoras financeiras e das planilhas eletrônicas eliminou a necessidade de cálculos entediantes. Na verdade, muitos *sites* oferecem calculadoras específicas para o valor do dinheiro no tempo. A seguir, temos um exemplo do *site* www.investopedia.com.

Você tem $20.000 hoje e os investirá a 9,75% durante 40 anos. Quanto isso valerá ao final do período? Com a calculadora do *site*, basta inserir os valores e pressionar *Calculate*. Os resultados são estes:

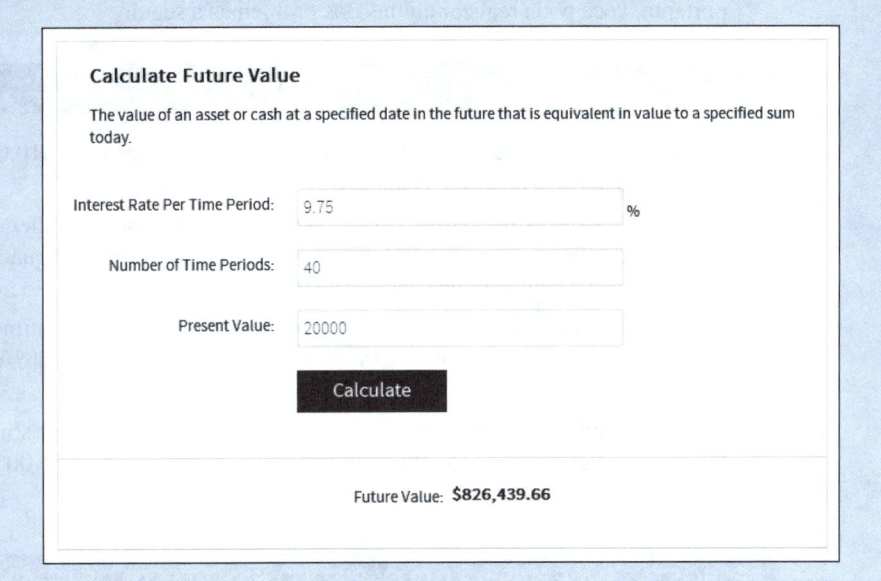

Calculate Future Value
The value of an asset or cash at a specified date in the future that is equivalent in value to a specified sum today.

Interest Rate Per Time Period: 9.75 %
Number of Time Periods: 40
Present Value: 20000

[Calculate]

Future Value: **$826,439.66**

Quem disse que é difícil calcular o valor do dinheiro no tempo?

Questões

1. Use a calculadora de valor presente do *site* para responder o seguinte: suponha que queira ter $140.000 em 25 anos. Se puder ganhar 10% de retorno, quanto terá de investir hoje?
2. Use a calculadora de valor futuro do *site* para responder a seguinte questão: suponha que tem $8.000 hoje e quer economizar para sua aposentadoria em 40 anos. Se ganhar 10,8% ao ano de retorno, quanto valerá seu montante no momento de sua aposentadoria?

5.4 Resumo e conclusões

Este capítulo apresentou os princípios básicos do valor presente e da avaliação por fluxos de caixa descontados. Explicamos vários aspectos sobre o valor do dinheiro no tempo, como os seguintes:

1. Para determinada taxa de retorno, podemos definir o valor em algum momento futuro de um investimento feito hoje por meio do cálculo do valor futuro desse investimento.
2. Podemos determinar o valor presente de um fluxo de caixa futuro ou de uma série de fluxos de caixa, a partir de uma taxa de retorno específica, por meio do cálculo do valor presente do(s) fluxo(s) de caixa envolvido(s).

3. A relação entre valor presente (VP) e valor futuro (VF) de uma taxa r e um tempo t específicos é dada pela equação básica do valor presente:

$$VP = VF_t/(1 + r)^t$$

Como mostramos, é possível encontrar qualquer uma das quatro variáveis (VP, VFt, r ou t) se as outras três forem conhecidas.

Os princípios abordados neste capítulo terão um papel importante nos capítulos seguintes. Isso ocorre porque a maioria dos investimentos envolvendo ativos reais ou financeiros pode ser analisada usando a abordagem de fluxos de caixa descontados (FCD). Como resultado, essa abordagem é muito usada na prática. Antes de continuar, portanto, você pode realizar alguns dos problemas a seguir.

REVISÃO DO CAPÍTULO E TESTE DE CONHECIMENTOS

5.1 Cálculo de valores futuros Pressuponha que você depositou $10.000 hoje em uma conta que paga 6% de juros. Quanto você terá em cinco anos?

5.2 Cálculo de valores presentes Suponha que você acabou de comemorar seu 19° aniversário. Um tio rico fez uma aplicação que lhe pagará $150.000 quando fizer 30 anos. Se a taxa de desconto em questão for de 9%, quanto vale a aplicação hoje?

5.3 Cálculo de taxas de retorno Você recebeu uma oferta de investimento que dobrará seu dinheiro em 10 anos. Qual taxa de retorno está sendo oferecida? Verifique sua resposta usando a Regra dos 72.

5.4 Cálculo do número de períodos Você recebeu uma oferta de investimento que pagará 9% ao ano. Se investir $15.000, quanto tempo levará para ter $30.000? Quanto tempo até ter $45.000?

RESPOSTAS DA REVISÃO DO CAPÍTULO E DO TESTE DE CONHECIMENTOS

5.1 Precisamos calcular o valor futuro dos $10.000 a 6% ao longo de cinco anos. O fator de valor futuro é:

$$1,06^5 = 1,3382$$

Assim, o valor futuro é de $10.000 × 1,3382 = $13.382,26.

5.2 Precisamos do valor presente de $150.000 a ser pago em 11 anos a 9%. O fator de desconto é:

$$1/1,09^{11} = 1/2,5804 = 0,3875$$

Portanto, o valor presente é de aproximadamente $58.130.

5.3 Suponha que você investiu $1.000. Você receberá $2.000 em 10 anos com esse investimento. Portanto, $1.000 é o capital que tem hoje, ou o valor presente, e $2.000 é o montante que você terá em 10 anos, ou o valor futuro. Partindo da equação básica do valor presente, temos o seguinte:

$$\$2.000 = \$1.000 \times (1 + r)^{10}$$
$$2 = (1 + r)^{10}$$

Agora precisamos calcular r, a incógnita. Como mostrou este capítulo, há várias maneiras diferentes de fazer isso. Tiraremos a raiz décima de 2 (elevando 2 à potência de 1/10):

$$2^{1/10} = 1 + r$$
$$1,0718 = 1 + r$$
$$r = 0,0718, \text{ ou } 7,18\%$$

Usando a Regra dos 72, temos $72/t = r\%$, ou $72/10 = 0,072$, ou 7,2%, e nossa resposta parece boa (lembre-se de que a Regra dos 72 é apenas uma aproximação).

5.4 A equação básica é a seguinte:

$$\$30.000 = \$15.000 \times (1 + 0,09)^t$$
$$2 = (1 + 0,09)^t$$

Se calcularmos t, obtemos $t = 8,04$ anos. Usando a Regra dos 72, temos $72/9 = 8$ anos, e, assim, novamente nossa resposta parece boa. Para obter $45.000, verifique você mesmo que terá de esperar 12,75 anos.

REVISÃO DE CONCEITOS E QUESTÕES INSTIGANTES

1. **Valor presente [OA2]**   A equação básica do valor presente tem quatro variáveis. Quais são elas?
2. **Juros compostos [OA1, OA2]**   O que são juros compostos? O que é o desconto?
3. **Juros compostos e período [OA1]**   À medida que você aumenta o tempo, o que ocorre com os valores futuros? O que acontece aos valores presentes?
4. **Juros compostos e taxas de juros [OA1, OA2]**   O que ocorre a um valor futuro se você aumentar a taxa r? O que ocorre a um valor presente?
5. **Considerações éticas [OA2]**   Reveja o Exemplo 5.7. Isso é propaganda enganosa? É ético anunciar um valor futuro como esse, sem algum tipo de aviso?

Para revisão de outros conceitos e novas questões instigantes, consulte a página do livro no portal do Grupo A (loja.grupoa.com.br).

6 Avaliação por Fluxos de Caixa Descontados

A ASSINATURA DE CONTRATOS DE ATLETAS FAMOSOS normalmente é acompanhada de grande alarde, mas os números às vezes enganam. Por exemplo, nos EUA, no final de 2019, o apanhador Yasmani Grandal assinou com os Chicago White Sox um contrato com valor anunciado de USD73 milhões. Nada mau, especialmente para alguém que ganha a vida usando as "ferramentas da ignorância" (jargão esportivo para o equipamento usado pelo apanhador no beisebol). Outro exemplo é o contrato assinado por Stephen Strasburg com o Washington Nationals, que apresentou um valor declarado de USD245 milhões.

Parece que Yasmani e Stephen se deram muito bem, mas considere a história de Gerrit Cole, contratado para jogar perante a torcida do New York Yankees. O contrato de Gerrit tinha valor declarado de USD324 milhões, mas essa quantia na verdade seria paga ao longo de vários anos. O contrato consistia em USD36 milhões no primeiro ano, mais USD288 milhões em salários futuros nos anos de 2020 a 2028. Os pagamentos de Yasmani e Stephen também seriam distribuídos ao longo do tempo.

Como esses três contratos determinavam que os pagamentos fossem feitos em datas futuras, devemos considerar o valor do dinheiro no tempo, o que significa que nenhum jogador recebeu os valores citados. Quanto eles realmente ganharam? Este capítulo oferece as "ferramentas do conhecimento" para responder essa questão.

Objetivos de aprendizagem

O objetivo deste capítulo é que, ao seu final, você saiba:

- **OA1** Determinar os valores presente e futuro de investimentos com vários fluxos de caixa.
- **OA2** Calcular os pagamentos e as taxas de juros de empréstimos.
- **OA3** Descrever como empréstimos são amortizados ou completamente pagos.
- **OA4** Demonstrar como as taxas de juros são cotadas (da maneira certa e errada).

Para ficar por dentro dos últimos acontecimentos na área de finanças, visite www.fundamentalsofcorporatefinance.blogspot.com.

Em nosso capítulo anterior, abordamos os fundamentos da avaliação por fluxos de caixa descontados. Entretanto, até agora, só lidamos com fluxos de caixa únicos. Na verdade, a maioria dos investimentos tem vários fluxos de caixa. Por exemplo, se a Lojas Renner S/A estiver pensando em abrir uma nova loja de departamentos, ela terá um grande desembolso de caixa no início e, em seguida, fluxos de entrada de caixa ao longo de muitos anos. Neste capítulo, começamos a explorar como avaliamos tais investimentos.

Quando terminar este capítulo, você terá adquirido algumas habilidades bem práticas. Por exemplo, você saberá como calcular as prestações do seu carro ou como financiar os seus estudos. Você também poderá determinar quanto tempo seria preciso para pagar um cartão de crédito se fizesse o pagamento mínimo todos os meses (uma prática que nunca recomendamos e que no ano de 2017 passou a ser vedada no Brasil). Mostraremos como comparar taxas de juros para determinar quais são as taxas mais altas e as mais baixas e como as taxas de juros podem ser cotadas de formas diferentes e, às vezes, enganosas.

6.1 Valor futuro e valor presente de múltiplos fluxos de caixa

Até agora, restringimos nossa atenção ao valor futuro de um capital inicial ou ao valor presente de um único fluxo de caixa futuro. Nesta seção, começamos a estudar as formas de avaliar múltiplos fluxos de caixa. Começamos pelo valor futuro.

Excel Master!
Cobertura *on-line* do Excel Master

Valor futuro com múltiplos fluxos de caixa

Suponha que você deposite $100 hoje em uma conta que paga 8%. Em um ano, você depositará outros $100. Quanto terá em dois anos? Este problema em particular é relativamente fácil. Ao final do primeiro ano, você terá $108 mais o segundo depósito de $100, resultando em um total de $208. Você deixa esses $208 depositados a 8% por mais um ano. Ao final do segundo ano, eles valem:

$208 × 1,08 = $224,64

A Figura 6.1 é uma *linha do tempo* que ilustra o processo de cálculo do valor futuro desses dois depósitos de $100. Figuras como essas são muito úteis para solucionar problemas complicados. Quase sempre que você tiver dificuldades para resolver um problema de valor presente ou de valor futuro, uma linha do tempo ajuda a ver o que está acontecendo.

Na primeira parte da Figura 6.1, mostramos os fluxos de caixa na linha do tempo. O mais importante é que indicamos o momento em que eles realmente acontecem. Aqui, o primeiro fluxo de caixa ocorre hoje, que foi rotulado como Tempo 0. Portanto, colocamos $100 no tempo 0 da linha do tempo. O segundo fluxo de caixa de $100 ocorre um ano depois a partir de

A. Linha do tempo:

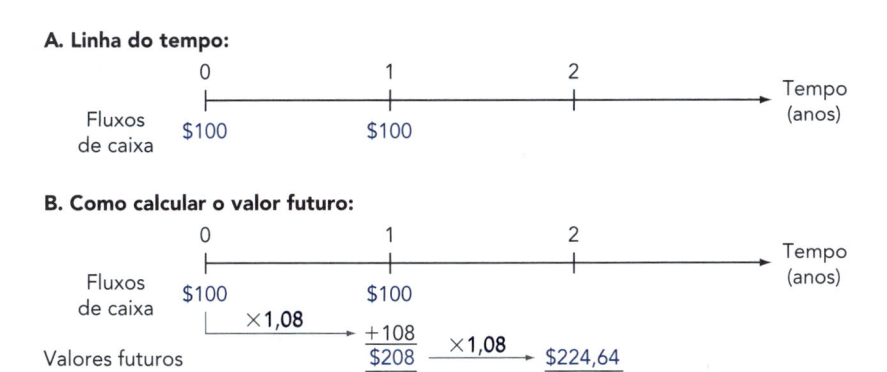

```
                0           1           2
                |           |           |──────> Tempo
   Fluxos     $100        $100                   (anos)
   de caixa
```

B. Como calcular o valor futuro:

```
                0           1           2
                |           |           |──────> Tempo
   Fluxos     $100        $100                   (anos)
   de caixa    └─ ×1,08 ─┐
                         +108
                        ─────  ×1,08
   Valores futuros      $208 ────────> $224,64
```

FIGURA 6.1 Como desenhar e usar uma linha do tempo.

hoje e, assim, o indicamos no ponto rotulado como Tempo 1. Na segunda parte da Figura 6.1, calculamos os valores futuros de um período de cada vez, para chegarmos aos $224,64 finais.

> **EXEMPLO 6.1** Economizando novamente
>
> Você acha que poderá depositar $4.000 ao final de cada um dos próximos três anos em uma conta bancária que paga juros de 8% a.a. No momento, você tem $7.000 na conta. Quanto terá em três anos? E em quatro anos?
>
> Ao final do primeiro ano, terá:
>
> $7.000 × 1,08 + 4.000 = $11.560
>
> Ao final do segundo ano, terá:
>
> $11.560 × 1,08 + 4.000 = $16.484,80
>
> Repetindo isso para o terceiro ano, terá:
>
> $16.484,80 × 1,08 + 4.000 = $21.803,58
>
> Assim, você terá $21.803,58 em três anos. Se deixar esse dinheiro depositado por mais um ano (e nada acrescentar a ele), ao final do quarto ano, terá:
>
> $21.803,58 × 1,08 = $23.547,87

Quando calculamos o valor futuro dos dois depósitos de $100, simplesmente calculamos o saldo no início de cada ano e, em seguida, passamos aquele valor para o próximo ano. Poderíamos ter feito isso de uma maneira mais rápida. Os primeiros $100 estão depositados por dois anos a 8%, e seu valor futuro é:

$$\$100 \times 1,08^2 = \$100 \times 1,1664 = \$116,64$$

Os segundos $100 estão depositados por um ano a 8%, e seu valor futuro é:

$$\$100 \times 1,08 = \$108$$

O valor futuro total, como já calculamos, é igual à soma desses dois valores futuros:

$$\$116,64 + 108 = \$224,64$$

Com base nesse exemplo, existem duas maneiras de calcular os valores futuros para múltiplos fluxos de caixa: (1) compor o saldo acumulado de um ano de cada vez ou (2) calcular primeiro os valores futuros de cada fluxo de caixa e, em seguida, somá-los. Ambas as formas dão a mesma resposta, e você pode escolher qual delas usar.

Para ilustrar os dois modos diferentes de calcular valores futuros, considere o valor futuro de $2.000 investidos ao final de cada um dos próximos cinco anos. O saldo atual é zero, e a taxa é 10%. Traçamos primeiro uma linha do tempo, como mostra a Figura 6.2.

Observe, na linha do tempo, que nada acontece até o final do primeiro ano, quando fazemos o primeiro investimento de $2.000. Esses primeiros $2.000 ganham juros pelos próximos quatro (e não cinco) anos. Observe também que os últimos $2.000 são investidos ao final do quinto ano e, portanto, não recebem nada de juros.

A Figura 6.3 ilustra os cálculos envolvidos quando compomos o investimento um período de cada vez. Como foi ilustrado, o valor futuro é de $12.210,20.

Na Figura 6.4, foram realizados os mesmos cálculos, mas usamos a segunda técnica. Obviamente, a resposta é a mesma.

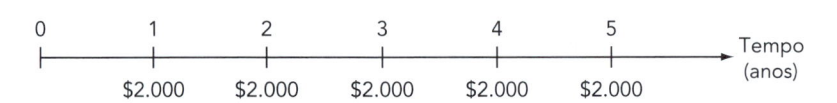

FIGURA 6.2 Linha do tempo para $2.000 por ano durante cinco anos.

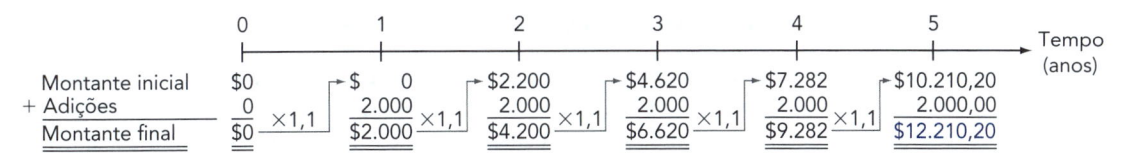

```
                    0        1         2         3         4         5
                    ├────────┼─────────┼─────────┼─────────┼─────────┤      Tempo
                                                                             (anos)
Montante inicial   $0      ┌─ $  0   ┌─ $2.200 ┌─ $4.620 ┌─ $7.282 ┌─ $10.210,20
+ Adições           0  ×1,1│  2.000×1,1│  2.000×1,1│  2.000×1,1│  2.000×1,1│  2.000,00
Montante final     $0      └─ $2.000 └─ $4.200 └─ $6.620 └─ $9.282 └─ $12.210,20
```

FIGURA 6.3 Valor futuro calculado pela capitalização de um período de cada vez.

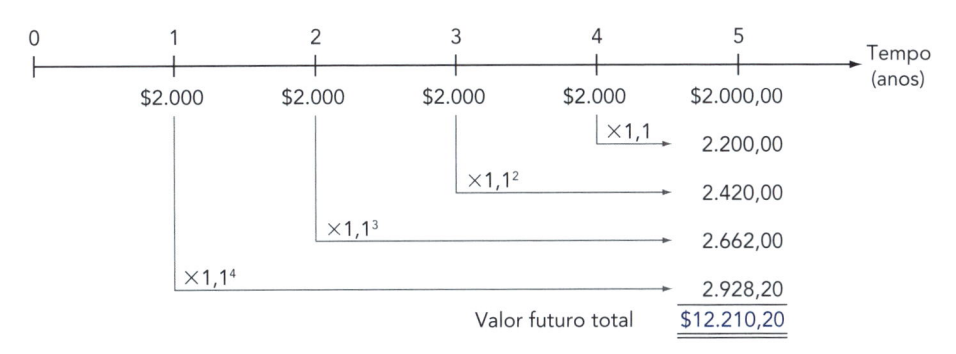

```
     0        1         2         3         4         5
     ├────────┼─────────┼─────────┼─────────┼─────────┤      Tempo
                                                             (anos)
           $2.000    $2.000    $2.000    $2.000    $2.000,00
                                              ×1,1
                                                    2.200,00
                                       ×1,1²
                                                    2.420,00
                              ×1,1³
                                                    2.662,00
                    ×1,1⁴
                                                    2.928,20
                                   Valor futuro total  $12.210,20
```

FIGURA 6.4 Valor futuro calculado pela capitalização de cada um dos fluxos de caixa.

EXEMPLO 6.2 — Economizando mais uma vez

Se você depositar $100 em um ano, $200 em dois anos e $300 em três anos, quanto terá em três anos, a uma taxa de juros de 7% a.a. para todos os valores? Quanto desse valor equivale aos juros? Quanto terá em cinco anos se não fizer depósitos adicionais?

Calcularemos o valor futuro de cada montante em três anos. Observe que os $100 têm juros por dois anos, e os $200 têm juros por um ano. Os $300 não recebem juros. Assim, os valores futuros são:

$$
\begin{aligned}
\$100 \times 1{,}07^2 &= \$114{,}49 \\
\$200 \times 1{,}07 &= 214{,}00 \\
+\$300 &= 300{,}00 \\
\text{Valor futuro total} &= \$628{,}49
\end{aligned}
$$

O valor futuro total é, portanto, $628,49. Os juros totais são:

$628,49 − (100 + 200 + 300) = $28,49

Quanto você terá em cinco anos? Sabemos que você terá $628,49 em três anos. Se você deixar esse valor por mais dois anos, ele aumentará para:

$628,49 × $1{,}07^2$ = $628,49 × 1,1449 = $719,56

Observe que poderíamos ter calculado o valor futuro de cada montante separadamente. Avisando mais uma vez, tenha cuidado com os períodos. Como já calculamos, os primeiros $100 têm juros apenas por quatro anos, o segundo depósito tem três anos de juros, e o último tem juros por dois anos:

$$
\begin{aligned}
\$100 \times 1{,}07^4 &= \$100 \times 1{,}3108 = \$131{,}08 \\
\$200 \times 1{,}07^3 &= \$200 \times 1{,}2250 = 245{,}01 \\
+\$300 \times 1{,}07^2 &= \$300 \times 1{,}1449 = 343{,}47 \\
\text{Valor futuro total} &= \$719{,}56
\end{aligned}
$$

Valor presente com múltiplos fluxos de caixa

É comum precisarmos determinar o valor presente de uma série de fluxos de caixa futuros. Assim como nos valores futuros, há duas maneiras de fazer isso. Podemos descontar um período de cada vez, ou podemos simplesmente calcular os valores presentes individualmente e depois somá-los.

Suponha que você precise de $1.000 em um ano e de outros $2.000 em dois anos. Se puder ganhar 9% sobre seu dinheiro, quanto terá de depositar hoje para cobrir exatamente esses montantes no futuro? Em outras palavras, qual é o valor presente dos dois fluxos de caixa a 9%?

O valor presente de $2.000 em dois anos a 9% é:

$2.000/1,09^2 = $1.683,36

O valor presente de $1.000 em um ano é:

$1.000/1,09 = $917,43

Assim, o valor presente total é:

$1.683,36 + 917,43 = $2.600,79

Para saber por que $2.600,79 é a resposta certa, podemos verificar se ainda resta dinheiro após os $2.000 serem pagos em dois anos. Se investirmos $2.600,79 por um ano a 9%, teremos:

$2.600,79 × 1,09 = $2.834,86

Se desse valor tirarmos $1.000 e deixarmos $1.834,86, para ganhar 9% por mais um ano, teremos:

$1.834,86 × 1,09 = $2.000

Isso foi exatamente o que planejamos. Como ilustra esse exemplo, o valor presente de uma série de fluxos de caixa futuros nada mais é que o montante que você precisaria ter hoje para obter exatamente esses fluxos de caixa futuros (considerando uma determinada taxa de desconto).

Uma forma alternativa de calcular valores presentes para vários fluxos de caixa futuros é descontar até o presente um período de cada vez. Para ilustrar, suponha que você tenha um investimento que pague $1.000 ao final de cada ano nos próximos cinco anos. Para encontrar o valor presente, poderíamos descontar cada um dos $1.000 até o presente separadamente e depois somá-los. A Figura 6.5 ilustra essa abordagem usando uma taxa de desconto de 6%. Como mostrado, a resposta é $4.212,36.

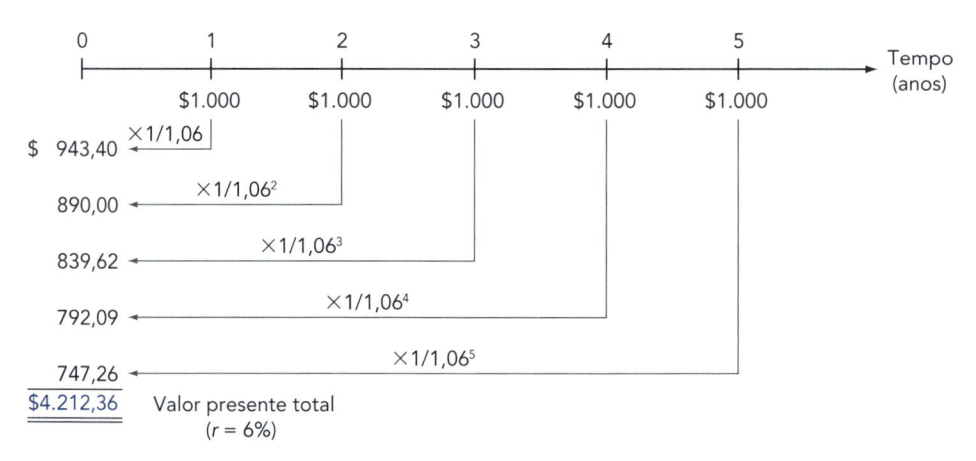

FIGURA 6.5 Valor presente calculado pelo desconto de cada um dos fluxos de caixa.

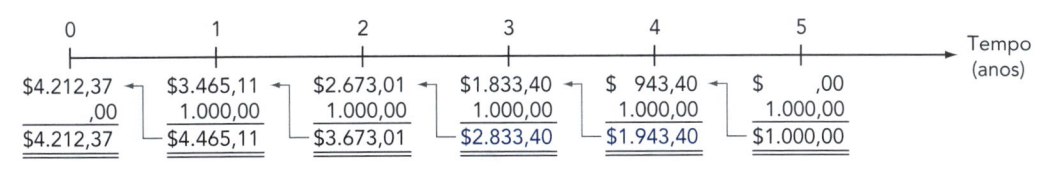

```
   0         1          2          3          4          5        Tempo
   |─────────|──────────|──────────|──────────|──────────|─────→   (anos)
$4.212,37 ← $3.465,11 ← $2.673,01 ← $1.833,40 ← $ 943,40 ← $    ,00
     ,00     1.000,00    1.000,00    1.000,00    1.000,00   1.000,00
$4.212,37   $4.465,11   $3.673,01   $2.833,40   $1.943,40  $1.000,00
```

Valor presente total = $4.212,36
(r = 6%)

FIGURA 6.6 Valor presente calculado pelo desconto de um período de cada vez.

Também seria possível descontar o último fluxo de caixa de um período e adicioná-lo ao penúltimo fluxo de caixa:

($1.000/1,06) + 1.000 = $943,40 + 1.000 = $1.943,40

Em seguida, descontaríamos esse fluxo por um período e o adicionaríamos ao fluxo de caixa do ano 3:

($1.943,40/1,06) + 1.000 = $1.833,40 + 1.000 = $2.833,40

Esse processo poderia ser repetido, se necessário. A Figura 6.6 ilustra essa abordagem e os cálculos restantes.

EXEMPLO 6.3 Quanto vale?

Você recebe a oferta de um investimento que lhe pagará $200 em um ano, $400 no ano seguinte, $600 no próximo ano e $800 ao final do quarto ano. Você pode ganhar 12% em investimentos semelhantes. Qual é o máximo que deve pagar por esse investimento?

Precisamos calcular o valor presente desses fluxos de caixa a 12%. Tomando-os um por vez, temos:

$$\begin{aligned}
\$200 \times 1/1{,}12^1 &= \$200/1{,}1200 = \$\ 178{,}57 \\
\$400 \times 1/1{,}12^2 &= \$400/1{,}2544 = \ \ \ 318{,}88 \\
\$600 \times 1/1{,}12^3 &= \$600/1{,}4049 = \ \ \ 427{,}07 \\
+\$800 \times 1/1{,}12^4 &= \$800/1{,}5735 = \ \ \ 508{,}41 \\
\text{Valor futuro total} &= \$1.432{,}93
\end{aligned}$$

Se você puder ganhar 12% sobre o seu dinheiro, então pode conseguir os mesmos fluxos de caixa desse investimento por $1.432,93 — portanto, isso é o máximo que você deve estar disposto a pagar.

EXEMPLO 6.4 Quanto vale? Parte 2

Você recebe uma oferta de investimento que lhe fará três pagamentos de $5.000. O primeiro pagamento será feito daqui a quatro anos. O segundo ocorrerá em cinco anos, e o terceiro, em seis. Se o investimento render 11% a.a., qual é o máximo que esse investimento vale hoje? Qual é o valor futuro dos fluxos de caixa?

Responderemos as questões na ordem inversa para ilustrar a questão. O valor futuro dos fluxos de caixa em seis anos é:

($5.000 × 1,11²) + (5.000 × 1,11) + 5.000 = $6.160,50 + 5.550 + 5.000 = $16.710,50

O valor presente deve ser:

$16.710,50/1,11⁶ = $8.934,12

Vamos conferir isso. Tomando-os um de cada vez, os valores presentes dos fluxos de caixa são:

$$\$5.000 \times 1/1{,}11^6 = \$5.000/1{,}8704 = \$2.673{,}20$$
$$\$5.000 \times 1/1{,}11^5 = \$5.000/1{,}6851 = 2.967{,}26$$
$$+\$5.000 \times 1/1{,}11^4 = \$5.000/1{,}5181 = \underline{3.293{,}65}$$
$$\text{Valor presente total} = \underline{\$8.934{,}12}$$

Isso confere com o que calculamos anteriormente. A questão é que podemos calcular o valor presente e o valor futuro em qualquer ordem e convertê-los de um para outro usando a forma que parecer mais conveniente. As respostas serão sempre iguais, desde que usemos a mesma taxa de desconto e tomemos o cuidado de controlar o número correto de períodos.

DICAS DE CALCULADORA

Como calcular valores presentes de vários fluxos de caixa futuros usando uma calculadora financeira

Para calcular o valor presente de múltiplos fluxos de caixa futuros com uma calculadora financeira, simplesmente descontamos os fluxos de caixa um a um usando a mesma técnica do capítulo anterior. Isso não é novidade. Porém, há um atalho. Usaremos os números do Exemplo 6.3 para ilustrar.

Para começar, é claro, lembre-se de limpar a memória da calculadora! A seguir, partindo do Exemplo 6.3, o primeiro fluxo de caixa é $200, a ser recebido em um ano, e a taxa de desconto é 12%, então, fazemos o seguinte:

Digite	1	12			200
	N	I/Y	PMT	PV	FV
Calcule				−178,57	

Agora, você pode anotar esse número em um papel, mas isso não é eficiente. Todas as calculadoras têm uma memória em que é possível armazenar números. Por que não usá-la? Fazer isso diminui erros, porque você não precisa anotar e/ou digitar os números novamente, e é muito mais rápido.

Em seguida, valoramos o segundo fluxo de caixa. Precisamos trocar N para 2 e FV para 400. Enquanto nada mudarmos além disso, não precisamos digitar novamente I/Y ou limpar a memória da calculadora. Então, temos:

Digite	2				400
	N	I/Y	PMT	PV	FV
Calcule				−318,88	

Armazene esse número na memória, como fez com o anterior, e faça o mesmo para os dois cálculos restantes.

Como veremos em um capítulo posterior, algumas calculadoras financeiras permitem que você digite todos os fluxos de caixa futuros de uma vez só, mas discutiremos esse assunto em maiores detalhes quando chegarmos a ele.

ESTRATÉGIAS DE PLANILHA

Como calcular valores presentes de vários fluxos de caixa futuros usando uma planilha

Assim como fizemos no capítulo anterior, podemos montar uma planilha básica para calcular os valores presentes de fluxos de caixa futuros individuais como segue. Observe que simplesmente calculamos os valores presentes separadamente e depois os somamos:

	A	B	C	D	E
1					
2		Usando uma planilha para valorar múltiplos fluxos de caixa futuros			
3					
4	Qual é o valor presente de $200 em um ano, $400 no ano seguinte, $600 no ano posterior				
5	e $800 no último ano se a taxa de desconto é 12%?				
6					
7	Taxa:	0,12			
8					
9	Ano	Fluxos de caixa	Valores presentes	Fórmula utilizada	
10	1	$200	$178,57	=VP($B$7,A10,0,–B10)	
11	2	$400	$318,88	=VP($B$7,A11,0,–B11)	
12	3	$600	$427,07	=VP($B$7,A12,0,–B12)	
13	4	$800	$508,41	=VP($B$7,A13,0,–B13)	
14					
15		VP total:	**$1.432,93**	=SOMA(C10:C13)	
16					
17	Observe os sinais de negativo nas fórmulas de VP. Eles fazem com que os valores presentes sejam positivos.				
18	Além disso, a taxa de desconto na célula B7 é inserida como $B$7 (uma referência "absoluta"), pois é utilizada				
19	várias vezes. Poderíamos ter simplesmente inserido "0,12", mas nossa abordagem é mais flexível.				
20					
21					
22					

Observação sobre a alocação dos fluxos de caixa no tempo

Ao trabalhar em problemas de valores presentes e futuros, a alocação dos fluxos de caixa no tempo é de fundamental importância. Em quase todos os cálculos, pressupõe-se implicitamente que os fluxos de caixa ocorrem ao *final* de cada período. Na verdade, todas as fórmulas que discutimos, todos os números de uma tabela de valor presente ou de valor futuro e, mais importante ainda, todas as configurações predefinidas (configurações-padrão) de uma calculadora financeira pressupõem que os fluxos de caixa ocorrem ao final de cada período. A menos que você seja instruído explicitamente para fazer o contrário, sempre presuma isso.

Como breve ilustração para essa questão, suponha que você tem a informação de que um investimento com prazo de três anos tem $100 de fluxo de caixa no primeiro ano, $200 no segundo ano e $300 no terceiro ano. Foi solicitado que você trace uma linha do tempo. Sem outras informações, você sempre deve pressupor que a linha do tempo é mais ou menos assim:

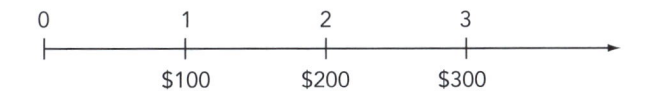

```
0        1        2        3
|--------|--------|--------|------->
        $100     $200     $300
```

Observe, em nossa linha do tempo, que o primeiro fluxo de caixa ocorre ao final do primeiro período, o segundo, ao final do segundo período, e o terceiro, ao final do terceiro período.

Fechamos esta seção respondendo à pergunta que fizemos no início do capítulo em relação ao contrato do jogador de beisebol Stephen Strasburg. Lembre-se que o contrato apresentou um valor declarado de USD245 milhões. Os pagamentos foram estruturados como USD23,6 milhões por ano durante sete anos e um pagamento de USD80 milhões em 2027. Se a taxa de desconto apropriada é de 12%, quanto dinheiro o jogador do Nationals arremessou no lixo?

Para saber a resposta, podemos calcular o valor presente do contrato, descontando o salário de cada ano, da seguinte maneira (observe que pressupomos que todos os pagamentos são feitos ao final do ano):

Ano 1 (2020): $\$23.600.000 \times 1 / 1,12^1 = \$21.071.428,57$
Ano 2 (2021): $\$23.600.000 \times 1 / 1,12^2 = \$18.813.775,51$
...
...
Ano 8 (2027): $\$80.000.000 \times 1 / 1,12^8 = \$32.310.658,24$

Se você preencher as linhas que faltam e depois somar (faça isso para praticar), verá que o contrato de Stephen teve um valor presente de aproximadamente USD140,02 milhões, ou cerca de 57% do valor declarado de USD245 milhões.

Questões conceituais

6.1a Descreva como é calculado o valor futuro de uma série de fluxos de caixa.

6.1b Descreva como é calculado o valor presente de uma série de fluxos de caixa.

6.1c A menos que nos seja dito explicitamente o contrário, o que sempre pressupomos sobre a alocação dos fluxos de caixa no tempo, nos problemas de valores presente e futuro?

6.2 Avaliação dos fluxos de caixa: anuidades e perpetuidades

Excel Master!
Cobertura *on-line* do Excel Master

Com frequência, encontraremos situações nas quais temos múltiplos fluxos de caixa com o mesmo valor. Por exemplo, um tipo muito comum de plano de pagamento de empréstimo pede que o mutuário pague o empréstimo fazendo uma sequência de pagamentos iguais ao longo de determinado prazo. Quase todos os empréstimos ao consumidor (como os financiamentos de automóveis) e financiamentos de imóveis apresentam pagamentos iguais, em geral feitos todos os meses.

De modo mais geral, uma série de fluxos de caixa discretos e constantes que ocorrem ao final de um número fixo de períodos é chamada de **anuidade ordinária** ou, de forma mais correta, dizemos que os fluxos de caixa estão na *forma de anuidade ordinária*. Anuidades são comuns em contratos financeiros, e existem alguns atalhos úteis para determinar seus valores. Veremos isso a seguir.

anuidade ordinária
Uma série (sequência) de fluxos de caixa constantes por um período fixo.

Valor presente dos fluxos de caixa de anuidades

Vamos supor que estamos examinando um ativo que prometia pagar $500 ao final de cada um dos três anos seguintes. Os fluxos de caixa desse ativo são uma anuidade de $500 de três anos. Se quiséssemos ganhar 10% sobre nosso dinheiro, quanto ofereceríamos por essa anuidade?

Com o que aprendemos na seção anterior, sabemos que podemos descontar cada um desses pagamentos de $500 até o presente a 10%, para determinar o valor presente total:

Valor presente = ($500/1,1^1) + ($500/1,1^2) + ($500/1,1^3)
= ($500/1,1) + ($500/1,21) + ($500/1,331)
= $454,55 + $413,22 + $375,66
= $1.243,43

Essa abordagem funciona bem. Entretanto, é comum encontrarmos situações nas quais o número de fluxos de caixa é bem grande. Por exemplo, um financiamento imobiliário pode consistir em pagamentos mensais ao longo de 30 anos, resultando em 360 pagamentos. Se estivéssemos tentando determinar o valor presente desses pagamentos, seria bom ter um atalho.

Como os fluxos de caixa de uma anuidade são todos iguais, podemos chegar a uma variação bastante útil da equação básica do valor presente. O valor presente de uma anuidade de C reais por período durante t períodos com taxa de retorno ou de juros r é dado por:

$$\text{Valor presente de uma anuidade} = C \times \left(\frac{1 - \text{Fator de valor presente}}{r}\right)$$
$$= C \times \left\{\frac{1 - [1/(1+r)^t]}{r}\right\} \quad [6.1]$$

O termo entre parênteses da primeira linha também é chamado de *fator de valor presente para anuidades* e é abreviado como $\text{FVPA}_{(r,t)}$.

A expressão do valor presente de uma anuidade pode parecer um pouco complicada, mas não é difícil de usar. Observe que o termo entre colchetes da segunda linha, $1/(1+r)^t$, é o fator de valor presente que já conhecemos. Em nosso exemplo no início desta seção, a taxa de juros é de 10%, e há três anos envolvidos. Portanto, o fator de valor presente é:

Fator de valor presente = $1/1,1^3$ = 1/1,331 = 0,751315

Para calcular o fator de valor presente de anuidades, podemos simplesmente incluir isto:

Fator de valor presente da anuidade = (1 − Fator de valor presente)/r
= (1 − 0,751315)/0,10
= 0,248685/0,10
= 2,48685

Assim como calculamos antes, o valor presente de nossa anuidade de $500 é:

Valor presente da anuidade = $500 × 2,48685 = $1.243,43

EXEMPLO 6.5 Quanto você pode pagar?

Após verificar cuidadosamente seu orçamento, você concluiu que pode pagar $632 por mês na compra de um carro esportivo novo. Você telefona para o banco e descobre que a taxa atual é de 1% ao mês durante 48 meses. Quanto você pode tomar emprestado?

Para determinar esse limite, precisamos calcular o valor presente de $632 por mês durante 48 meses a 1% ao mês. As prestações do empréstimo são uma anuidade ordinária, e, assim, o fator de valor presente da anuidade é:

Fator de VP de uma anuidade = (1 − Fator de valor presente)/r
= [1 − (1/1,01^{48})]/0,01
= (1 − 0,6203)/0,01 = 37,9740

Com esse fator, podemos calcular o valor presente dos 48 pagamentos de $632 cada:

Valor presente = $632 × 37,9740 = $24.000

Assim, $24.000 é aquilo que você pode tomar emprestado e pagar.

Tabelas de anuidades Assim como há tabelas para os fatores de valor presente comuns, há também tabelas para os fatores de anuidade. O Quadro 6.1 contém alguns desses fatores. O Quadro A.3 do apêndice do livro contém um conjunto maior. Para encontrar o fator de valor presente da anuidade que calculamos no Exemplo 6.5, procure a linha correspondente a três períodos e, em seguida, encontre a coluna de 10%. O número que você vê na intersecção deve ser 2,4869 (arredondado para quatro casas decimais), como calculamos. Novamente, tente calcular alguns desses fatores você mesmo e compare suas respostas com aquelas da tabela, para ter certeza de que já tem prática. Se estiver usando uma calculadora financeira, basta digitar $1 como Pagamento (PMT) e calcular o valor presente; o resultado deve ser o fator de valor presente de uma anuidade.

QUADRO 6.1 Fatores de valor presente de anuidades

Número de períodos	Taxa de juros			
	5%	10%	15%	20%
1	0,9524	0,9091	0,8696	0,8333
2	1,8594	1,7355	1,6257	1,5278
3	2,7232	2,4869	2,2832	2,1065
4	3,5460	3,1699	2,8550	2,5887
5	4,3295	3,7908	3,3522	2,9906

DICAS DE CALCULADORA

Valores presentes de uma anuidade

Para encontrar valores presentes de uma anuidade usando uma calculadora financeira, precisamos da tecla "pagamento" (PMT — talvez você já estivesse se perguntando o que ela faz). Em comparação com o cálculo do valor presente de um montante único, há duas diferenças importantes. Primeiro, digitamos o fluxo de caixa da anuidade usando a tecla PMT. Segundo, nada digitamos para valor futuro (FV). Assim, por exemplo, o problema que estivemos analisando é uma série de pagamentos de três anos de $500 por ano. Se a taxa de desconto for 10%, devemos fazer o seguinte (após limparmos a memória da calculadora!):

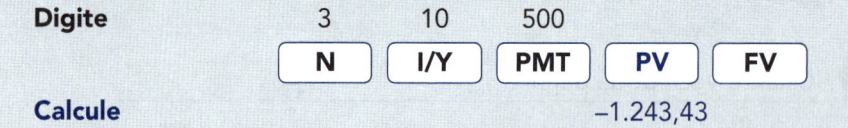

Digite	3	10	500		
	N	I/Y	PMT	PV	FV
Calcule				−1.243,43	

Como de costume, temos um número negativo para PV, o valor presente.

Como calcular as prestações Suponha que você queira iniciar um novo negócio especializado na última moda em alimentos saudáveis, o leite congelado de iaque. Para produzir e comercializar o seu produto, o Iaque Maravilha, você precisa tomar emprestados $100.000. Como parece pouco provável que essa empreitada em particular dure muito tempo, você propõe pagar o empréstimo em cinco prestações anuais iguais. Se a taxa de juros for de 18%, qual será a prestação anual?

ESTRATÉGIAS DE PLANILHA

Valores presentes de uma anuidade

O uso de uma planilha para encontrar valores presentes de anuidades é assim:

	A	B	C	D	E	F	G
1							
2	Usando uma planilha para encontrar valores presentes de anuidades						
3							
4	Qual o valor presente de $500 por ano durante três anos se a taxa de desconto for 10%?						
5	Precisamos calcular o valor presente, então, usamos a fórmula VP(taxa;nper;pgto;vf).						
6							
7	Montante do pagamento por período:	$500					
8	Número de pagamentos:	3					
9	Taxa de desconto:	0,1					
10							
11	Valor presente da anuidade:	**$1.243,43**					
12							
13	A fórmula digitada na célula B11 é =VP(B9;B8;B7;0). Observe que vf é zero e que pgto é precedido						
14	por um sinal negativo. Note também que a taxa é inserida como decimal, e não como porcentagem.						
15							
16							
17							

Neste caso, sabemos que o valor presente é de $100.000. A taxa de juros é de 18%, e o prazo, cinco anos. Os pagamentos serão todos iguais e, portanto, precisamos encontrar o fator de anuidade correspondente e calcular a incógnita do fluxo de caixa:

$$\begin{aligned}
\text{Valor presente da anuidade} = \$100.000 &= C \times [(1 - \text{Fator de valor presente})/r] \\
&= C \times \{[1 - (1/1{,}18^5)]/0{,}18\} \\
&= C \times [(1 - 0{,}4371)/0{,}18] \\
&= C \times 3{,}1272 \\
C &= \$100.000/3{,}1272 = \$31.977{,}78
\end{aligned}$$

Assim, você fará cinco pagamentos de pouco menos de $32.000 cada um.

DICAS DE CALCULADORA

Pagamentos de uma anuidade

Encontrar os pagamentos de uma anuidade é fácil com uma calculadora financeira. Em nosso exemplo, o valor presente é $100.000, a taxa de juros é 18% e o período é de cinco anos. Podemos calcular o pagamento assim:

Digite	5	18		100.000	
	N	I/Y	PMT	PV	FV
Calcule			−31.977,78		

O sinal negativo no pagamento se deve ao fato de que, para nós, o pagamento é um fluxo de saída de caixa.

ESTRATÉGIAS DE PLANILHA

Pagamentos de uma anuidade

Podemos usar uma planilha da seguinte maneira para resolver o mesmo problema:

	A	B	C	D	E	F	G
1							
2	Usando uma planilha para encontrar os pagamentos de uma anuidade						
3							
4	Qual é o valor de pagamento da anuidade se o valor presente é $100.000, a taxa de juros é 18% e estão em						
5	jogo cinco períodos? Precisamos calcular o valor dos pagamentos da anuidade, então, usamos a fórmula						
6	PGTO(taxa;nper;VP;VF).						
7							
8	Valor presente da anuidade:	$100.000					
9	Número de pagamentos:	5					
10	Taxa de desconto:	0,18					
11							
12	Valor dos pagamentos:	**$31.977,78**					
13							
14	A fórmula digitada na célula B12 é =PGTO(B10,B9,B8;0). Observe que VF é zero e que o valor dos pagamentos						
15	recebe um sinal negativo, por ser um fluxo de saída de caixa para nós.						
16							

EXEMPLO 6.6 Como encontrar o número de pagamentos

Você ficou meio sem dinheiro nas férias, por isso, gastou $1.000 no cartão de crédito. Você só consegue fazer o pagamento mínimo de $20 por mês. A taxa de juros de um empréstimo para cobrir o saldo devedor do cartão de crédito é de 1,5% ao mês. Quanto tempo será necessário para você pagar os $1.000?

Aqui temos uma série de pagamentos de $20 por mês a 1,5% por mês, e o período é a incógnita. O valor presente é $1.000 (o montante que você deve hoje). Precisamos fazer alguns cálculos (ou usar uma calculadora financeira):

$$\$1.000 = \$20 \times [(1 - \text{Fator de valor presente})/0,015]$$
$$(\$1.000/\$20) \times 0,015 = 1 - \text{Fator de valor presente}$$
$$\text{Fator de valor presente} = 0,25 = 1/(1+r)^t$$
$$1,015^t = 1/0,25 = 4$$

Neste ponto, o problema se resume ao seguinte: quanto tempo levará para que seu dinheiro se quadruplique a 1,5% ao mês? Com base no capítulo anterior, a resposta é aproximadamente 93 meses:

$$1,015^{93} = 3,99 \approx 4$$

Serão necessários aproximadamente 93/12 = 7,75 anos para pagar os $1.000 a essa taxa. Se você usar uma calculadora financeira para problemas como este, deve saber que algumas arredondam automaticamente para o próximo período inteiro.

Como calcular a taxa A última pergunta que podemos fazer diz respeito à taxa de juros implícita em uma anuidade. Por exemplo, uma companhia de previdência oferece lhe pagar $1.000 por ano, durante 10 anos, se você fizer um pagamento inicial de $6.710. Qual é taxa implícita nessa série de pagamentos de 10 anos?

Neste caso, conhecemos o valor presente ($6.710), os fluxos de caixa ($1.000 por ano) e o prazo do investimento (10 anos). O que não conhecemos é a taxa de desconto:

$$\$6.710 = \$1.000 \times [(1 - \text{Fator de valor presente})/r]$$
$$\$6.710/\$1.000 = 6,71 = \{1 - [1/(1+r)^{10}]\}/r$$

DICAS DE CALCULADORA

Como encontrar o número de pagamentos

Para resolver o Exemplo 6.6 em uma calculadora financeira, faça o seguinte:

Digite		1,5		-20	1.000
N	I/Y	PMT	PV	FV	

Calcule 93,11

Observe que colocamos um sinal negativo no pagamento e calculamos o número de meses. Algumas calculadoras financeiras apresentarão valores fracionados para N; elas arredondarão automaticamente (sem lhe avisar) para o próximo período inteiro (não para o valor mais próximo). Em uma planilha, use a função = NPER (taxa;pgto;vp;vf). Certifique-se de colocar um zero para valor futuro e digitar –20 como pagamento.

Assim, o fator de valor presente da anuidade com 10 períodos é igual a 6,71, e precisamos resolver essa equação para determinar o valor de r. Infelizmente, em termos matemáticos, é impossível fazer isso diretamente. A única forma de fazê-lo é usar uma tabela ou o método de tentativa e erro para encontrar o valor de r.

Se você observar a linha correspondente a 10 períodos do Quadro A.3, verá um fator de 6,7101 para 8% e, portanto, saberá imediatamente que a companhia de seguros está oferecendo apenas 8%. Outra possibilidade seria simplesmente começar a tentar valores diferentes até nos aproximarmos da resposta. Essa abordagem de tentativa e erro pode ser um pouco cansativa, mas felizmente as máquinas estão aí para isso.[1]

Para ilustrar como encontrar a resposta por tentativa e erro, suponha que uma parente sua queira tomar emprestados $3.000. Ela oferece pagamentos de $1.000 a cada ano durante quatro anos. Qual é a taxa de juros oferecida?

Os fluxos de caixa têm a forma de pagamentos de $1.000 por quatro anos. O valor presente é $3.000. Precisamos encontrar a taxa de desconto r. Nosso objetivo ao fazer isso é, principalmente, dar uma ideia da relação existente entre os valores dos pagamentos e as taxas de desconto.

Precisamos começar de algum lugar, e 10% provavelmente é um lugar tão bom quanto qualquer outro. A 10%, o fator de anuidade é:

Fator de valor presente da anuidade = $[1 - (1/1,10^4)]/0,10 = 3,1699$

Assim, o valor presente dos fluxos de caixa a 10% é:

Valor presente = $1.000 × 3,1699 = $3.169,90

Você pode ver que estamos no caminho certo.

Dez por cento é muito alto ou muito baixo? Lembre-se de que os valores presentes e as taxas de desconto se movimentam em direções opostas: um aumento na taxa de desconto diminui o valor presente e vice-versa. Esse valor presente aqui é muito alto e, portanto, a taxa de desconto é muita baixa. Se tentarmos 12%, estaremos quase lá:

Valor presente = $1.000 × $\{[1 - (1/1,12^4)]/0,12\}$ = $3.037,35

---

[1] As calculadoras financeiras usam o processo de tentativa e erro para encontrar a resposta. Esse é o motivo pelo qual às vezes elas parecem estar "pensando" antes de chegar a uma resposta. Na verdade, é possível calcular diretamente r para menos de cinco períodos, mas, em geral, não vale a pena.

Nossa taxa de desconto ainda é um pouco baixa (porque o valor presente é um pouco alto) e, assim, tentaremos 13%:

Valor presente = $1.000 × {[1 − (1/1,13^4)]/0,13} = $2.974,47

Isso é menos do que $3.000 e, portanto, agora sabemos que a resposta está entre 12% e 13%, e parece ser aproximadamente 12,5%. Para praticar, trabalhe nisso por mais algum tempo e veja se encontra a resposta aproximada de 12,59%.

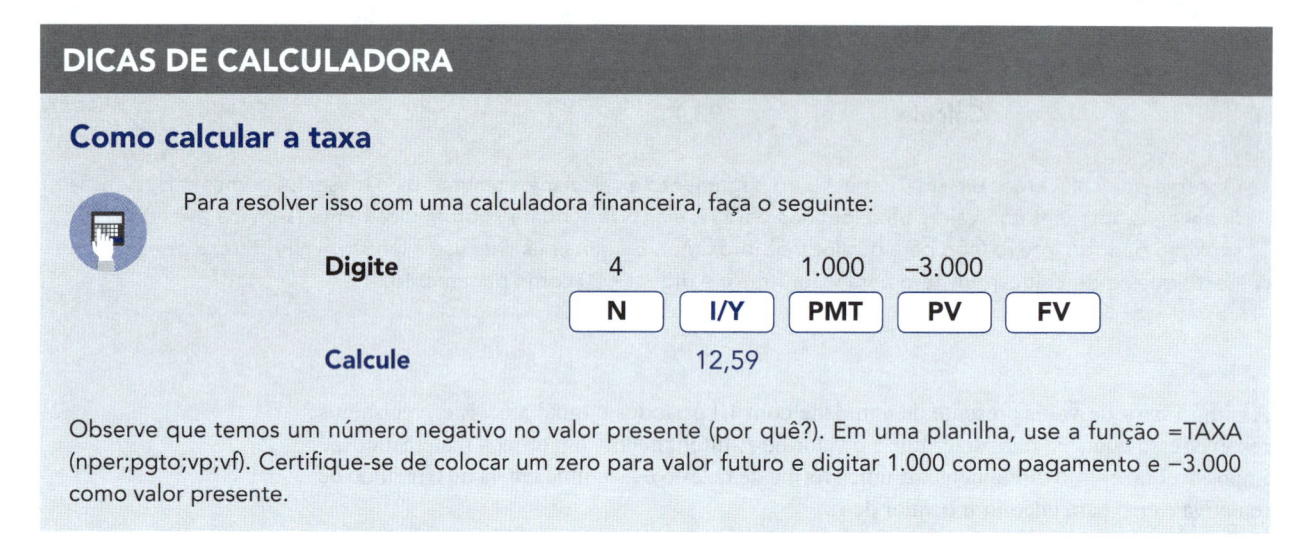

DICAS DE CALCULADORA

Como calcular a taxa

Para resolver isso com uma calculadora financeira, faça o seguinte:

Digite	4		1.000	−3.000	
	N	I/Y	PMT	PV	FV
Calcule		12,59			

Observe que temos um número negativo no valor presente (por quê?). Em uma planilha, use a função =TAXA (nper;pgto;vp;vf). Certifique-se de colocar um zero para valor futuro e digitar 1.000 como pagamento e −3.000 como valor presente.

Para ilustrar uma situação na qual pode ser muito útil encontrar a taxa, vamos considerar uma loteria estadual nos EUA em que você possa escolher como receber os prêmios (a maioria das loterias estadunidenses faz isso). Em um sorteio recente, os participantes tiveram a opção de receber um pagamento único de $250.000 ou um valor total de $500.000 ao longo de 25 anos, em parcelas anuais iguais. (Na época, o pagamento único era sempre a metade da opção parcelada). Qual seria a melhor opção?

Para responder essa pergunta, suponha que você tivesse de comparar $250.000 hoje com uma série de pagamentos de $500.000/25 = $20.000 por ano durante 25 anos. A qual taxa esses dois fluxos têm o mesmo valor? Esse é o mesmo problema que estávamos examinando; precisamos encontrar a taxa r para um valor presente de $250.000 e uma anuidade de $20.000 durante 25 anos. Se você quebrar a cabeça com os cálculos (ou tiver ajuda de uma calculadora), descobrirá que a taxa é de 6,24%. Você deve aceitar a opção da anuidade se aquela taxa for atraente em relação a outros investimentos disponíveis. Observe que ignoramos os impostos neste exemplo, e eles podem afetar de modo significativo a sua conclusão. Converse com seu consultor tributário sempre que ganhar na loteria.

Em outro exemplo nos EUA, no início de 2014, Warren Buffett e Dan Gilbert, respectivamente o grande investidor e o fundador da Quicken Loans, se juntaram para oferecer USD1 bilhão a quem previsse corretamente todos os vencedores do campeonato de basquete universitário. A probabilidade de vencer: 1 em 9,2 quintilhões! Obviamente, você não receberia USD1 bilhão, hoje, mas sim USD25 milhões por ano durante 40 anos ou um pagamento único de USD500 milhões. Veja se concorda que a taxa de retorno dessa estrutura é de 3,93%. Infelizmente, este foi um evento isolado, pois disputas jurídicas e financeiras acabaram com a aposta.

Valor futuro de anuidades

Às vezes, também é útil conhecer um atalho para calcular o valor futuro de anuidades. Como você já deve ter adivinhado, as anuidades têm fatores de valor futuro, assim como de valor presente. Em geral, o fator de valor futuro de uma anuidade é dado por:

Fator de valor futuro de uma anuidade $= $ (Fator de valor futuro $-$ 1)/r
$$= [(1 + r)^t - 1]/r \qquad [6.2]$$

Para saber como usamos os fatores de valor futuro de anuidades, suponha que você quer contribuir com $2.000 todos os anos para um plano de previdência privada que paga 8%. Quanto você terá caso se aposente em 30 anos?

O número de anos (t) é 30, e a taxa de juros (r) é 8%; portanto, podemos calcular o fator de valor futuro da anuidade assim:

Fator de valor futuro de uma anuidade $=$ (Fator de valor futuro $-$ 1)/r
$= (1{,}08^{30} - 1)/0{,}08$
$= (10{,}0627 - 1)/0{,}08$
$= 113{,}2832$

Assim, o valor futuro desses pagamentos de $2.000 por 30 anos é:

Valor futuro da anuidade $= $2.000 \times 113{,}28$
$= $226.566{,}42$

DICAS DE CALCULADORA

Valor futuro de anuidades

Obviamente, você pode resolver esse problema em uma calculadora financeira fazendo o seguinte:

Digite	30	8		−2.000	
	N	I/Y	PMT	PV	FV
Calcule					226.566,42

Observe que temos um número negativo no pagamento (por quê?). Em uma planilha, use a função =VF (taxa;nper;pgto;vp). Certifique-se de colocar um zero para valor presente e digitar − 2.000 como pagamento.

Às vezes, precisamos encontrar a taxa r no contexto de um valor futuro de uma anuidade. Por exemplo, se você tivesse investido, nos EUA, USD100 por mês em ações ao longo de um período de 25 anos, encerrado em dezembro de 1978, seu investimento teria aumentado para USD76.374. Esse período teve o pior retorno de ações nos Estados Unidos em relação a qualquer outro período de 25 anos entre 1925 e 2019. Quão ruim foi o resultado?

Temos os fluxos de caixa (USD100 por mês), o valor futuro (USD76.374) e o período (25 anos, ou 300 meses). Precisamos encontrar a taxa implícita (r):

USD 76.374 $= $100 \times [$(Fator de valor futuro $-$ 1)/r]
USD 763,74 $= [(1 + r)^{300} - 1]/r$

Como esse é o pior período, vamos tentar 1%.

Fator de valor futuro da anuidade $= (1{,}01^{300} - 1)/0{,}01 = 1.878{,}85$

Vemos que 1% é alto demais. Daqui para a frente, é tentativa e erro. Verifique se concorda que r é aproximadamente 0,55% por mês. Como você verá mais tarde neste capítulo, isso resulta em aproximadamente 6,8% ao ano.

Uma observação sobre anuidades antecipadas

Até agora discutimos apenas anuidades ordinárias. Essas são as mais importantes, mas há uma variante bastante comum. Lembre-se de que, em uma anuidade ordinária, o fluxo de caixa ocorre ao final de cada período. Quando você faz um empréstimo com pagamentos mensais, por exemplo, o primeiro pagamento do empréstimo normalmente ocorre um mês depois. Entretanto, quando você aluga um apartamento, o pagamento do primeiro aluguel, em geral, é feito na hora. O segundo pagamento vence no início do segundo mês, e assim por diante. Um aluguel desse tipo é um exemplo de uma série de pagamentos antecipados. Uma **anuidade antecipada** é uma série de pagamentos na qual os fluxos de caixa ocorrem no início de cada período. Quase qualquer tipo de acordo no qual temos de pagar antecipadamente um mesmo montante a cada período é uma anuidade antecipada.

anuidade antecipada
Uma série de pagamentos na qual os fluxos de caixa ocorrem no início do período.

Existem diversas maneiras de calcular o valor de uma anuidade antecipada. Com uma calculadora financeira, basta alternar para o modo "begin" ou "início". Lembre-se de mudar novamente ao terminar! Outra forma de calcular o valor presente de uma anuidade antecipada pode ser ilustrada com uma linha do tempo. Suponha que uma anuidade antecipada tenha cinco pagamentos de $400 cada um, e a taxa de desconto seja de 10%. A linha do tempo fica assim:

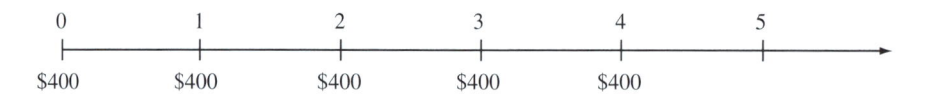

```
     0        1        2        3        4        5
     |--------|--------|--------|--------|--------|-->
   $400     $400     $400     $400     $400
```

Observe como esses fluxos de caixa são iguais àqueles de uma anuidade ordinária de *quatro* anos, exceto que há $400 adicionais no tempo 0. Para praticar, verifique se o valor de uma anuidade ordinária de quatro anos, a 10%, é $1.267,95. Se adicionarmos outros $400, temos $1.667,95, que é o valor presente dessa série com pagamentos antecipados.

Existe um modo mais fácil ainda de calcular o valor presente ou futuro de uma anuidade antecipada. Se pressupormos que os fluxos de caixa ocorrem ao final de cada período, quando eles realmente ocorrem no início, então estaremos descontando cada um por um período a mais. Poderíamos corrigir isso apenas multiplicando nossa resposta por $(1 + r)$, onde r é a taxa de desconto. Na verdade, a relação entre o valor de uma anuidade antecipada e o de uma anuidade ordinária é simplesmente esta:

Aplicações do valor do dinheiro no tempo são comuns na Internet. Acesse, por exemplo, **www.collegeboard.org** e **personal.fidelity.com**.

Valor de uma anuidade antecipada = Valor de uma anuidade ordinária × (1 + r) [6.3]

Isso funciona para o valor presente e o valor futuro, de modo que o cálculo do valor de uma anuidade antecipada envolve duas etapas: (1) calcular o valor presente ou futuro como se fosse uma anuidade ordinária e (2) multiplicar a resposta por $(1 + r)$.

Perpetuidades

Vimos que uma série de fluxos de caixa iguais pode ser avaliada tratando os fluxos de caixa como uma anuidade. Um caso especial importante de uma anuidade surge quando os fluxos de caixa se estendem indefinidamente. Tal ativo é chamado de **perpetuidade**, porque os fluxos de caixa são perpétuos. As perpetuidades também são chamadas **consols** (série de pagamentos consolidada), principalmente no Canadá e no Reino Unido. Consulte o Exemplo 6.7 para obter um exemplo importante de perpetuidade.

perpetuidade
Uma série de pagamentos na qual os fluxos de caixa ocorrem indefinidamente.

consol
Um tipo de perpetuidade.

Como uma perpetuidade tem um número infinito de fluxos de caixa, obviamente é impossível calcular seu valor descontando cada um deles. Felizmente, a avaliação de uma per-

QUADRO 6.2 Resumo dos cálculos de anuidades e perpetuidades

I. Símbolos:

VP = Valor presente, o quanto fluxos de caixa futuros valem hoje.
VF_t = Valor futuro, o quanto fluxos de caixa atuais valem no futuro.
 r = Taxa de juros, taxa de retorno ou taxa de desconto por período — geralmente, mas não sempre, um ano.
 t = Número de períodos — geralmente, mas não sempre, o número de anos.
 C = Montante de caixa.

II. Valor futuro de C por período durante t períodos, a r% por período

$VF_t = C \times \{[(1 + r)^t - 1]/r\}$

Uma série de fluxos de caixa iguais é chamada de *anuidade*, e o termo $[(1 + r)^t - 1]/r$ é chamado de *fator de valor futuro de uma anuidade*.

III. Valor presente de C por período durante t períodos, a r% por período

$VP = C \times \{1 - [1/(1 + r)^t]\}/r$

O termo $\{1 - [1/(1 + r)^t]\}/r$ é chamado de *fator de valor presente de uma anuidade*.

IV. Valor presente de uma perpetuidade de C por período:

$VP = C/r$

Uma *perpetuidade* tem o mesmo fluxo de caixa todos os anos, para sempre.

petuidade é o caso mais simples possível. O valor presente de uma perpetuidade é apenas o seguinte:

Valor presente de uma perpetuidade = *C/r* [6.4]

Por exemplo, um investimento oferece um fluxo de caixa anual perpétuo de $500. O retorno desejado para tal investimento é de 8%. Qual é o valor desse investimento? O valor dessa perpetuidade é:

VP da perpetuidade = *C/r* = $500/0,08 = $6.250

Para referência futura, o Quadro 6.2 contém um resumo dos cálculos básicos de anuidade e perpetuidade que descrevemos. A essas alturas, talvez você esteja pensando em usar apenas calculadoras *on-line* para lidar com problemas de séries de pagamentos. Antes disso, consulte a seção *Exercícios na Internet*.

EXEMPLO 6.7 Ação preferencial com dividendo fixo

Uma *ação preferencial* com dividendo fixo obrigatório é um exemplo importante de perpetuidade. Quando uma empresa emite ações preferenciais com promessa de dividendos fixos obrigatórios, o comprador tem a promessa de um dividendo fixo em dinheiro a cada período (em geral, a cada trimestre) indefinidamente. Esse dividendo deve ser pago antes de os dividendos serem pagos aos acionistas regulares — daí o nome *preferencial*.[2]

Suponha que a Companhia Fellini queira emitir ações preferenciais a $100 por ação. Uma emissão semelhante de ações preferenciais da Fellini já está em circulação a um preço de $40 por ação e oferece dividendos de $1 por trimestre. Qual dividendo a Fellini tem de oferecer para que haja demanda por sua ação preferencial?

---

[2] As ações preferenciais com dividendo fixo (na essência, uma obrigação classificada como capital próprio) são uma característica do mercado norte-americano; no Brasil, as ações preferenciais podem assumir essa característica, mas essa é apenas uma das modalidades admitidas para as ações preferenciais no Brasil; em geral, as ações preferenciais no Brasil são remuneradas por lucros. Ver ações preferenciais no Capítulo 8 e dividendos no Capítulo 17.

A emissão que já está em circulação tem um valor presente de $40 e um fluxo de caixa de $1 por trimestre para sempre. Como se trata de uma perpetuidade:

Valor presente = $40 = $1 × (1/r)
r = 2,5%

Para ser competitiva, a nova emissão da Fellini também terá de oferecer 2,5% *por trimestre*. Para que o valor presente seja de $100, os dividendos devem ser:

Valor presente = $100 = C × (1/0,025)
C = $2,50 (por trimestre)

EXERCÍCIOS NA INTERNET

Como discutimos no capítulo anterior, muitos sites da internet disponibilizam calculadoras financeiras. Um desses sites é o Calculatoredge, que se encontra no endereço www.calculatoredge.com. Suponhamos que você se aposente com $1,5 milhão e queira sacar um montante igual todo ano pelos próximos 30 anos. Você acha que poderá ganhar um retorno de 7,5%. Quanto você pode retirar a cada ano? Aqui está o que diz o Calculatoredge:

Insira seus valores:

Moeda:	Dólares americanos ▼
Principal inicial:	1500000 Dólares americanos
Taxa de juros anual:	7.5 %
Pagamento da anuidade:	30 Anos

[Calcular] [Limpar]

Resultados:
Pagamento da anuidade: 118145,91 USD/Ano

De acordo com a calculadora Calculatoredge, a resposta é $118.145,19. Qual é a importância de entender o que você está fazendo? Calcule isso você mesmo e deverá obter $127.006,85. Quem está certo? Você, é claro! O que está acontecendo é que o Calculatoredge pressupõe (mas não diz para você) que a série de pagamentos está na forma de anuidade antecipada, não de anuidade ordinária. Lembre-se de que, no caso de uma anuidade antecipada, os pagamentos ocorrem no início, e não no final do período. A moral da história é clara: tome cuidado com calculadoras.

Questões

1. Use a calculadora em *www.calculatoredge.com* e descubra quanto o *site* diz que você poderia retirar a cada ano se tivesse $2.500.000, ganhasse 8% de juros e fizesse saques ao longo de 35 anos. Quanto mais você poderia retirar se os saques estivessem na forma de uma anuidade ordinária?
2. Suponha que você tenha $500.000 e queira fazer saques mensais pelos próximos 10 anos. O primeiro saque é hoje, e a taxa de juros é de 9% a.a., a ser capitalizada mensalmente. De acordo com o *site*, de quanto serão seus saques?

Anuidades e perpetuidades crescentes

É comum que uma anuidade tenha pagamentos crescentes ao longo do tempo. Suponha, por exemplo, que estejamos examinando os pagamentos de uma loteria que pagasse o prêmio ao longo de um período de 20 anos. O primeiro pagamento, a ser realizado daqui a um ano, será de $200.000. A cada ano que passar, esse pagamento crescerá 5% e, assim, o pagamento no segundo ano será de $200.000 × 1,05 = $210.000. O pagamento no terceiro ano será $210.000 × 1,05 = $220.500, e assim sucessivamente. Qual é o valor presente se a taxa de desconto for de 11%?

Se utilizarmos o símbolo g para representar a taxa de crescimento, podemos calcular o valor de uma anuidade com pagamentos crescentes (nesse caso, uma série geométrica de razão constante g), utilizando uma versão modificada de nossa fórmula para anuidades normais:

$$\text{Valor presente da anuidade com pagamentos crescentes} = C \times \left[\frac{1 - \left(\frac{1+g}{1+r}\right)^t}{r-g}\right] \quad [6.5]$$

Utilizando os números de nosso exemplo de loteria (e usando $g = 0,05$), temos:

$$\text{Valor presente} = \$200.000 \times \left[\frac{1 - \left(\frac{1 + 0,05}{1 + 0,11}\right)^{20}}{0,11 - 0,05}\right] = \$200.000 \times 11,18169 = \$2.236.337,06$$

Há também a fórmula do valor presente de uma perpetuidade com pagamentos crescentes (ou perpetuidade crescente):

$$\text{Valor presente de uma perpetuidade com pagamentos crescentes} = C \times \left[\frac{1}{r-g}\right] = \frac{C}{r-g} \quad [6.6]$$

No nosso exemplo da loteria, suponha agora que os pagamentos continuem para sempre. Nesse caso, o valor presente é:

$$\text{Valor presente} = \$200.000 \frac{1}{0,11 - 0,05} = \$200.000 \times 16,6667 = \$3.333.333,33$$

A noção de uma perpetuidade crescente pode parecer um pouco estranha, porque os pagamentos vão ficando maiores a cada período, infinitamente; porém, como veremos em capítulos posteriores, as perpetuidades crescentes têm um papel-chave nas análises dos preços de ações.

Antes de seguirmos em frente, há uma importante observação a respeito de nossas fórmulas para anuidades e perpetuidades crescentes. Em ambos os casos, o fluxo de caixa (C) na fórmula é o fluxo de caixa que vai ocorrer exatamente daqui a um período.

Questões conceituais

6.2a Em geral, qual é o valor presente de uma anuidade de C reais por período a uma taxa de desconto de r por período? E o valor futuro?

6.2b Em geral, qual é o valor presente de uma perpetuidade?

6.3 Comparação de taxas: o efeito da composição de taxas

O próximo tema que precisamos discutir está relacionado com a maneira como são cotadas as taxas de juros. Esse assunto causa uma boa confusão, porque as taxas são cotadas de

Excel Master!
Cobertura *on-line* do Excel Master

várias maneiras. Às vezes, o modo como a taxa é cotada provém da tradição, em outras, da legislação. Infelizmente, às vezes, as taxas são cotadas de maneiras deliberadamente enganosas para enganar tomadores e investidores. Discutiremos esses tópicos nesta seção.

Taxas efetivas anuais e composição de taxas

Se uma taxa é cotada com juros de 10% capitalizados semestralmente, isso quer dizer que o investimento, na verdade, paga 5% a cada seis meses. Surge então a pergunta: 5% a cada seis meses é o mesmo que 10% ao ano? É fácil demonstrar que não. Se você investir $1 a 10% ao ano, terá $1,10 ao final do ano. Se investir a 5% a cada seis meses, então terá o valor futuro de $1 a 5% por dois períodos ou:

$$\$1 \times 1,05^2 = \$1,1025$$

Isso é $0,0025 a mais. O motivo é simples. Sua conta foi creditada com $1 × 0,05 = 5 centavos de juros após seis meses. Nos seis meses seguintes, você ganhou 5% sobre aqueles centavos, para obter 5 × 0,05 = 0,25 centavos adicionais.

Como ilustra nosso exemplo, 10% capitalizados semestralmente são, na verdade, equivalentes a 10,25% ao ano. Dito de outra forma, estaríamos indiferentes entre receber 10% ao ano, capitalizados semestralmente, e 10,25% capitalizados anualmente. Sempre que temos capitalização durante o ano, precisamos ver qual é a taxa efetiva.

taxa de juros cotada
Taxa de juros na forma declarada.

taxa efetiva anual (TEFa)
Taxa de juros na forma de capitalização anual.

taxas equivalentes
Taxas expressas para períodos de capitalização diferentes que, quando aplicadas a um mesmo capital e em um mesmo período de tempo, produzem o mesmo montante.

Em nosso exemplo, os 10% são chamados de **taxa de juros cotada** ou **nominal**. Existem também outros nomes. Os 10,25%, que na verdade são a taxa que você ganhará, são chamados de **taxa efetiva anual** (vamos abreviá-la por TEFa). Para comparar os diferentes investimentos ou taxas de juros, sempre precisamos convertê-los em taxas efetivas. Alguns procedimentos gerais para fazer isso são discutidos a seguir. Como a taxa de 5% ao semestre capitalizada por dois semestres produz o mesmo resultado que a taxa de 10,25% ao ano, dizemos que 5% ao semestre e 10,25% ao ano são **taxas equivalentes**.

Cálculo e comparação das taxas efetivas anuais

Para saber por que é importante trabalhar apenas com taxas efetivas, suponha que você tenha pesquisado e chegou às três taxas a seguir:

Banco A: 15% a.a. capitalizados diariamente

Banco B: 15,5% a.a. capitalizados trimestralmente

Banco C: 16% a.a. capitalizados anualmente

Qual dessas é a melhor se você estiver pensando em investir seu dinheiro? Qual dessas é a melhor se elas representarem taxas para empréstimos?

Para começar, o Banco C está ofertando 16% ao ano. Como não há capitalização durante o ano, essa é a taxa efetiva anual (TEFa). O Banco B, na verdade, está pagando 0,155/4 = 0,03875 ou 3,875% por trimestre. A essa taxa, um investimento de $1 por quatro trimestres aumentaria para:

$$\$1 \times 1,03875^4 = \$1,1642$$

A TEFa, portanto, é de 16,42%. Para um poupador, isso é muito melhor do que a taxa de 16% que o Banco C oferece, porém, para um mutuário, ela é pior.

O Banco A faz capitalização diária. Isso pode parecer um exagero, mas é muito comum os juros serem calculados diariamente (no mercado financeiro brasileiro, taxas diárias são padrão, mas os juros são cobrados ou pagos somente por dia útil). Neste exemplo, a taxa de juros diária é, na verdade (pressupondo a contagem exata de dias):

$$0,15/365 = 0,000411$$

Isso significa 0,0411% ao dia. A essa taxa, um investimento de $1 por 365 períodos aumentaria para:

$$\$1 \times 1,000411^{365} = \$1,1618$$

A TEFa é de 16,18%. Isso não é tão bom quanto os 16,42% do Banco B para um poupador, e não é tão bom quanto os 16% do Banco C para um mutuário.

Este exemplo ilustra duas coisas. Em primeiro lugar, a taxa cotada mais alta não é necessariamente a melhor para um investidor. Em segundo lugar, a capitalização durante o ano pode levar a uma diferença significativa entre a taxa cotada e a taxa efetiva. Lembre-se de que a taxa efetiva é aquilo que você realmente obtém ou paga.

Se você observar nossos exemplos, verá que calculamos as taxas efetivas em três etapas. Em primeiro lugar, dividimos a taxa cotada pelo número de vezes em que os juros são capitalizados. Em seguida, adicionamos 1 ao resultado e o elevamos à potência do número de vezes em que os juros são capitalizados. Finalmente, subtraímos o 1. Se tomarmos m como o número de vezes em que os juros são capitalizados durante o ano, essas etapas podem ser resumidas assim:

TEFa = [1 + (Taxa nominal/m)]^m − 1   [6.7]

Por exemplo, suponha que lhe ofereçam 12% capitalizados mensalmente. Nesse caso, os juros são capitalizados 12 vezes ao ano, e, assim, m é 12. A partir da taxa cotada, você pode calcular a taxa efetiva assim:

$$\begin{aligned}
\text{TEFa} &= [1 + (\text{Taxa nominal}/m)]^m - 1 \\
&= [1 + (0{,}12/12)]^{12} - 1 \\
&= 1{,}01^{12} - 1 \\
&= 1{,}126825 - 1 \\
&= 12{,}6825\%
\end{aligned}$$

EXEMPLO 6.8 — Qual é a TEFa?

Um banco oferece 12% capitalizados trimestralmente. Se você colocar $100 em uma conta remunerada por esse banco, quanto terá ao final do ano? Qual é a TEFa? Quanto terá ao final de dois anos?

O banco oferece na verdade 12%/4 = 3% a cada trimestre. Se você investir $100 durante quatro períodos, a 3% por período, o valor futuro é:

$$\begin{aligned}
\text{Valor futuro} &= \$100 \times 1{,}03^4 \\
&= \$100 \times 1{,}1255 \\
&= \$112{,}55
\end{aligned}$$

A TEFa é de 12,55%: $100 × (1 + 0,1255) = $112,55.

Podemos calcular o que você teria ao final de dois anos de duas maneiras diferentes. Uma maneira é reconhecer que dois anos são iguais a oito trimestres. A 3% por trimestre, após oito trimestres, você teria:

$$\$100 \times 1{,}03^8 = \$100 \times 1{,}2668 = \$126{,}68$$

Mas também poderíamos calcular o valor após dois anos usando uma TEFa de 12,55%; assim, após dois anos, você teria:

$$\$100 \times 1{,}1255^2 = \$100 \times 1{,}2688 = \$126{,}68$$

Os dois cálculos produzem a mesma resposta, o que ilustra uma questão importante. Sempre que realizamos um cálculo de valor presente ou valor futuro, a taxa a ser usada deve ser a taxa que determina fluxos de caixa, ou seja, a taxa efetiva. Nesse caso, a taxa que realmente importa é a taxa efetiva de 3% por trimestre. A taxa efetiva anual equivalente é de 12,55%. Não importa qual vamos usar, desde que utilizemos a TEFa se fizermos o cálculo com a taxa anual.

EXEMPLO 6.9 Cotação de uma taxa

Agora que você sabe como converter uma taxa nominal em uma taxa efetiva, considere o caminho inverso. Como financiador, você sabe que quer realmente ganhar 18% em determinado empréstimo. Você quer cotar uma taxa que apresenta capitalização mensal. Qual taxa nominal você cota?

Neste caso, sabemos que a TEFa é de 18% e que esse é o resultado da capitalização mensal. Tomemos q para representar a taxa cotada. Assim, temos:

$$\text{TEFa} = [1 + (\text{Taxa nominal}/m)]^m - 1$$
$$0{,}18 = [1 + (q/12)]^{12} - 1$$
$$1{,}18 = [1 + (q/12)]^{12}$$

Precisamos solucionar essa equação para encontrar a taxa nominal a ser cotada. O cálculo é igual àqueles que fizemos para encontrar a incógnita da taxa de juros no Capítulo 5:

$$1{,}18^{(1/12)} = 1 + (q/12)$$
$$1{,}18^{0{,}08333} = 1 + (q/12)$$
$$1{,}0139 = 1 + (q/12)$$
$$q = 0{,}0139 \times 12$$
$$= 16{,}68\%$$

Assim, a taxa que você cotaria é de 16,68%, capitalizada mensalmente.

TEFas e TPas

taxa percentual anual (TPa)
Taxa de juros cotada por período multiplicada pelo número de períodos por ano.

Às vezes, não está muito claro se uma taxa é ou não uma taxa efetiva anual. Um caso em questão diz respeito àquilo que é chamado de **taxa percentual anual** (TPa) sobre um empréstimo. Nos EUA, por exemplo, as leis sobre transparência de empréstimos exigem que os financiadores divulguem uma TPa para praticamente todos os empréstimos ao consumidor. Essa taxa deve ser exibida de forma inequívoca em um documento que trate de empréstimos, em local visível.[3] Isso é um pouco diferente da divulgação exigida no Brasil.

Custo efetivo total (CET)

A legislação do mercado financeiro brasileiro exige que os bancos divulguem para pessoas físicas e micro e pequenas empresas o chamado custo efetivo total (CET) de empréstimos e financiamentos. O CET é o custo que resulta da inclusão de todas as tarifas e comissões cobradas pelos bancos nas diferentes modalidades de empréstimos e financiamentos para esse público, inclusive o efeito cumulativo dos impostos e das contribuições sobre operações financeiras.

---

[3] Pela legislação dos EUA, as instituições financeiras de lá devem declarar a TPa de todos os empréstimos ao consumidor. Neste texto, calculamos a TPa como a taxa de juros por período multiplicada pelo número de períodos em um ano, mas, de acordo com a legislação estadunidense, a TPa (lá referida como *APR*, de *annual percentage rate*) é uma medida do custo do crédito ao consumidor expressa na forma de uma taxa anual que inclui os juros e determinadas tarifas e comissões. Na prática, a TPa pode ser muito mais alta do que a taxa de juros sobre o empréstimo, se a instituição financeira cobra tarifas significativas que precisam ser incluídas no cálculo exigido pela lei federal para a TPa.

> **EXEMPLO 6.10** Qual taxa você está pagando?
>
> Suponha que você cote um empréstimo junto a um banco. O valor solicitado é de $30.000,00 para pagamento único, dentro de 360 dias. O banco lhe oferece uma taxa de 14% para esse prazo. Você calcula o valor a pagar no vencimento em $34.200,00, e o banco confirma que é exatamente esse o valor que lhe será debitado no vencimento da operação, se você tomar o empréstimo. Ocorre que, sobre o empréstimo, esse banco lhe cobra uma tarifa de abertura de crédito (TAC) de $280,00. Além disso, pela legislação tributária brasileira, há a incidência de imposto sobre operações financeiras (IOF) de 0,38% sobre o montante da operação mais 0,0041% ao dia (1,50% a.a.) sobre o saldo devedor diário até o vencimento, ou até 365 dias, o que ocorrer antes. O banco recolhe os tributos no ato da concessão do empréstimo e lhe debita os tributos e a TAC no momento da concessão (alternativamente, o banco pode lhe debitar esses custos no vencimento da operação; nesse caso, TAC e IOF serão somados ao valor emprestado, e você pagará juros sobre essas despesas).
>
> Estes são os cálculos dos custos dessa operação de empréstimo:
>
> IOF, cota única de 0,38% = 0,38/100 × 30.000,00 = $114,00
> IOF diário, 0,0041% = 0,0041/100 × 30.000,00 × 360 = $442,80
> TAC = $280,00
>
> O valor que você terá disponível na concessão do empréstimo será, então, de:
>
> 30.000,00 − 114,00 − 442,80 − 280,00 = $29.163,20
>
> Assim, com a operação de empréstimo de $30.000,00, você poderá contar com $29.163,20 em valor efetivo para seus gastos. No vencimento, você pagará o montante tomado, mais juros sobre o valor da operação — $4.200,00 em juros —, totalizando $34.200,00.
>
> Qual é a taxa de juros que você terá pago pelo valor efetivamente recebido?
>
> Sabendo que VF = VP × (1+r)
> r = (VF − VP) / VP = (34.200 − 29.163,20) /29.163,20 = 0,1727, ou 17,27%
>
> Portanto, esse é o verdadeiro custo da operação, conhecido como CET.

No caso dos EUA, dado que uma TPa deve ser calculada e exibida, surge uma questão óbvia: será que lá a TPa é uma taxa efetiva anual? Em outras palavras, se um banco dos EUA cotar um empréstimo de automóvel a uma TPa de 12%, o consumidor norte-americano estará realmente pagando juros de 12%? A resposta é não. Existe uma certa confusão em relação a essa questão, a qual discutiremos a seguir.

A confusão em relação às TPas surge porque os financiadores devem, pelas leis dos EUA, calcular a TPa de uma determinada maneira. Pela legislação de lá, a TPa é simplesmente igual à taxa de juros por período multiplicada pelo número de períodos em um ano — logo, é uma taxa nominal. Por exemplo, se lá um banco cobrar 1,2% ao mês sobre financiamentos de automóveis, a TPa divulgada deverá ser de 1,2% × 12 = 14,4%.. Assim, uma TPa é uma taxa cotada (ou nominal), no sentido que discutimos até agora. Por exemplo, uma TPa de 12% sobre um empréstimo com prestações mensais é, na realidade, uma taxa efetiva de 1% ao mês. A TEFa equivalente sobre tal empréstimo é, portanto:

$$\text{TEFa} = [1 + (\text{TPa}/12)]^{12} - 1$$
$$= 1,01^{12} - 1 = 12,6825\%$$

Essa forma de definir a TPa no mercado americano coincide com o que aqui denominamos "taxa nominal". Uma taxa nominal de juros é uma taxa cotada e divulgada como referência de negócios, porém, expressa em termos de juros para um período não coincidente com o período de capitalização. Dessa forma, utilizaremos neste texto o conceito de **taxa nominal anual (TNa)**, para essa taxa.

taxa nominal anual (TNa)
Taxa de juros cotada para um ano, com capitalização em períodos diferentes de um ano.

EXEMPLO 6.11 Qual taxa você está pagando? Parte 2

Suponha que uma financeira cote uma taxa de juros com TNa de 18%; os pagamentos são mensais. Qual é a verdadeira taxa de juros que você pagaria em tal operação?

Com base em nossa discussão, uma TNa de 18% com pagamentos mensais é, na realidade, de 0,18/12 = 0,015 ou 1,5% ao mês. Assim, a TEFa é:

$$\text{TEFa} = [1 + (18/12)]^{12} - 1$$
$$= 1,015^{12} - 1$$
$$= 1,1956 - 1$$
$$= 19,56\%$$

Essa é a taxa que você realmente paga.

É meio irônico o fato de que leis que tratam de transparência nos empréstimos, às vezes, exijam que os financiadores *não* sejam leais quanto à verdadeira taxa de um empréstimo; e isso ocorre no mercado estadunidense. Lá também existem leis que tratam de transparência nas captações de poupança e que exigem que os bancos e outros financiadores cotem o retorno percentual anual, ou RPa, para coisas como as contas de poupança. Para complicar um pouco mais, uma RPa é uma taxa efetiva, uma TEFa. Como resultado, por lei, as taxas cotadas para mutuários (TNas) e para poupadores (RPas) estadunidenses não são calculadas da mesma maneira.

Pode haver uma enorme diferença entre a TNa e a TEFa quando as taxas de juros são elevadas. Por exemplo, considere os "empréstimos até seu dia de pagamento" (*payday loans*) nos Estados Unidos. São empréstimos ao consumidor com cheques pré-datados de curto prazo, em geral, com prazo de menos de duas semanas, e são ofertados por financeiras como AmeriCash Advance e National Payday. Os empréstimos funcionam da seguinte forma: você emite um cheque pré-datado e o troca na financeira por dinheiro; ela lhe empresta um valor inferior ao do cheque. Quando chega a data de vencimento do cheque, você vai até a financeira e resgata o cheque, ou a empresa o deposita (ou renova automaticamente o empréstimo).

Por exemplo, em determinada situação, a Check Into Cash lhe entrega USD100 hoje por um cheque de USD115 pré-datado para 14 dias. Assim, quais são a TNa e a TEFa desse acordo? Primeiro, precisamos achar a taxa de juros, que determinamos pela equação do valor futuro da seguinte forma:

$$\text{VF} = \text{VP} \times (1 + r)^1$$
$$\$115 = \$100 \times (1 + r)^1$$
$$1,15 = (1 + r)$$
$$r = 0,15 \text{ ou } 15\%$$

Isso não parece tão ruim até você se dar conta de que essa taxa de juros é para *14 dias!* A TNa do empréstimo é:

$$\text{TNa} = 0,15/14 \times 365^4$$
$$\text{TNa} = 3,9107 \text{ ou } 391,07\%$$

E a taxa efetiva para o empréstimo é:

$$\text{TEFa} = [1 + (\text{Taxa cotada}/m)]^m - 1$$
$$\text{TEFa} = (1 + 0,20)^{365/15} - 1$$
$$\text{TEFa} = 37,2366 \text{ ou } 3.723,66\%$$

---

[4] Nos EUA, as taxas são expressas na forma de juros simples, por isso, a taxa anual é calculada na forma proporcional.

Isso sim é taxa de juros! Só para ver o impacto de uma diferençazinha nas taxas, a Advance America Cash Advance solicitará que você emita um cheque pré-datado de USD117,64 pelos mesmos USD100. Confira você mesmo que a TNa para este acordo é de 459,90% e a TEFa é de 6.803,69%. Não parece ser um empréstimo muito vantajoso![5]

Levando ao extremo: uma observação sobre composição contínua

Se você fizer um depósito em uma conta que rende juros, com que frequência seu dinheiro será capitalizado durante o ano? Se pensar nisso, não há realmente um limite superior. Já vimos que a capitalização diária, por exemplo, não é problema. Entretanto, não há motivo para parar por aqui. Poderíamos capitalizar a cada hora, minuto ou segundo. Até onde iria a taxa efetiva anual nesse caso? O Quadro 6.3 ilustra as TEFas que resultam quando 10% são capitalizados a intervalos cada vez mais curtos. Observe que as TEFas continuam aumentando, mas as diferenças vão ficando muito pequenas.

Como parecem sugerir os números do Quadro 6.3, há um limite superior para a TEFa. Se pressupormos que q representa a taxa cotada, então, à medida que o número de vezes em que os juros são capitalizados vai ficando extremamente grande, a TEFa se aproxima de:

$$\text{TEFa} = e^q - 1 \qquad [6.8]$$

onde e é o número 2,71828 (procure uma tecla "e^x" em sua calculadora). Por exemplo, com nossa taxa de 10%, a TEFa mais alta possível é:

$$\begin{aligned}\text{TEFa} &= e^q - 1 \\ &= 2,71828^{0,10} - 1 \\ &= 1,1051709 - 1 \\ &= 10,51709\%\end{aligned}$$

Nesse caso, dizemos que o dinheiro é capitalizado contínua ou instantaneamente. O que acontece é que os juros estão sendo creditados ao principal no instante em que são exigíveis e, portanto, o montante dos juros cresce continuamente.

QUADRO 6.3 Frequência de capitalização e taxas efetivas anuais

Período de capitalização	Número de capitalizações	Taxa efetiva anual
Ano	1	10,00000%
Trimestre	4	10,38129
Mês	12	10,47131
Semana	52	10,50648
Dia	365	10,51558
Hora	8.760	10,51703
Minuto	525.600	10,51709

---

[5] Mantivemos esses exemplos do mercado norte-americano porque mostram uma realidade que nos é pouco conhecida desse mercado. No Brasil, exemplos semelhantes podem ser encontrados nos empréstimos oferecidos por algumas financeiras, aquelas que oferecem dinheiro mesmo para quem está "negativado" nos serviços de proteção ao crédito.

EXEMPLO 6.12 As leis e as práticas

Nos EUA, houve uma época em que os bancos comerciais e as associações de poupança e empréstimos (*savings and loan associations* — S&Ls) tinham restrições nas taxas de juros que podiam oferecer para as contas de poupança. De acordo com o que ficou conhecido como Regulamentação Q, as S&Ls tinham permissão para pagar, no máximo, 5,5%, e os bancos não podiam pagar mais do que 5,25% (a ideia era dar às S&Ls uma vantagem competitiva, mas isso não funcionou). A lei não dizia com que frequência essas taxas poderiam ser capitalizadas. De acordo com a Regulamentação Q, então, quais eram as maiores taxas de juros permitidas?

As taxas máximas permitidas ocorreram com capitalização contínua ou instantânea. Para os bancos comerciais, a taxa de 5,25% capitalizada continuamente seria:

$$\text{TEFa} = e^{0,0525} - 1$$
$$= 2,71828^{0,0525} - 1$$
$$= 1,0539026 - 1$$
$$= 5,39026\%$$

Isso é o que os bancos poderiam realmente pagar. Verifique por si mesmo que as S&Ls poderiam pagar efetivamente 5,65406%.

Questões conceituais

6.3a Como chamamos uma taxa de juros que é dada como 12% a.a. capitalizados diariamente?

6.3b O que é uma TNa? O que é uma TEFa? Elas são a mesma coisa?

6.3c Em geral, qual é a relação existente entre uma taxa de juros cotada na forma nominal e uma taxa de juros efetiva? Qual é mais importante para as decisões financeiras?

6.3d O que quer dizer capitalização contínua?

6.4 Tipos de empréstimos e amortização de empréstimos

Excel Master!
Cobertura *on-line* do Excel Master

Sempre que um financiador concede um empréstimo, existe alguma cláusula sobre a forma de pagamento do principal (o montante original do empréstimo). Um empréstimo pode, por exemplo, ser pago em parcelas iguais ou com um pagamento único. A forma como o principal e os juros são pagos depende das partes envolvidas — na verdade, o número de possibilidades é ilimitado.

Nesta seção, descrevemos algumas formas de pagamento bastante frequentes, a partir das quais outras formas mais complicadas podem ser criadas. Os três tipos básicos de empréstimo são empréstimos tipo desconto, empréstimos com pagamento de juros intermediários e empréstimos com pagamento parcelado. Esses empréstimos representam uma simples aplicação dos princípios do valor presente que já descrevemos.

Empréstimos tipo desconto

O *empréstimo tipo desconto* é a forma mais simples de empréstimo. O mutuário recebe o dinheiro hoje e o paga em uma única parcela no futuro. Um empréstimo tipo desconto a 10% por um ano, por exemplo, exigiria que o mutuário pagasse $1,10 em um ano para cada real que fosse tomado emprestado hoje.

Como esse tipo de empréstimo é tão simples, já sabemos como avaliá-lo. Suponha que um mutuário pudesse pagar $25.000 em cinco anos. Se nós, como financiadores, quiséssemos uma taxa de juros de 12% sobre o empréstimo, quanto estaríamos dispostos a emprestar? Em outras palavras, qual valor atribuiríamos hoje àqueles $25.000 a serem pagos em cinco anos? Com base no Capítulo 5, sabemos que a resposta é apenas o valor presente de $25.000 a 12% por cinco anos:

Valor presente = $25.000/1,12^5
= $25.000/1,7623
= $14.185,67

Os empréstimos tipo desconto são muito comuns quando o prazo do empréstimo é curto — um ano ou menos. Nos últimos anos, nos Estados Unidos, eles se tornaram cada vez mais comuns para períodos muito mais longos. No Brasil, os empréstimos tipo desconto são oferecidos para empresas em modalidades como desconto de duplicatas, desconto de cheques pré-datados e desconto de recebíveis de cartão de crédito. Para pessoas físicas, essa não é uma modalidade geralmente praticada pelos bancos. O que não impede que você possa obter um empréstimo limitado ao valor que pode pagar no vencimento; nesse caso, o banco calcularia o valor presente do montante que você pode pagar no vencimento e desse valor deduziria taxas, comissões e impostos. Essa forma de calcular o valor do crédito para o tomador de um empréstimo constituiria um empréstimo tipo desconto. Porém, o mercado brasileiro utiliza uma forma diferente de cotar esse tipo de operação, como mostramos a seguir.

No exemplo, você recebe hoje $14.186 e, daqui a cinco períodos, paga $25.000, ou seja, para cada $100,00 que pagará, recebe hoje $14.186/250 = $56,75 (dividimos por 250 porque esse é o número que faz com que 25.000 se tornem 100). Logo, do valor de $100,00, foram "descontados" $43,25. Nessa situação, diz-se que a taxa de desconto para cinco anos é de 43,25%. Nós trataremos disso mais detalhadamente no Capítulo 18.

EXEMPLO 6.13 Letras do Tesouro Nacional

Quando o governo brasileiro toma dinheiro emprestado a curto prazo (um ano ou menos) ou a longo prazo, ele o faz emitindo *títulos de dívida pública*, os títulos públicos federais; entre esses, estão as chamadas LTNs, Letras do Tesouro Nacional. Uma LTN é uma promessa feita pelo governo de pagar um montante fixo em algum momento futuro — por exemplo, 3 ou 12 meses.

Elas são empréstimos tipo desconto. Se uma LTN promete pagar R$1.000 em 12 meses, e a taxa de juros do mercado é de 7%, por quanto esse título será negociado no mercado?

Como a taxa corrente é de 7%, a LTN será negociada pelo valor presente de R$1.000 a ser pago em um ano a 7%:

Valor presente = R$1.000/1,07 = R$934,57

Empréstimos com juros constantes

Um segundo tipo de plano de pagamento de empréstimo é aquele em que o mutuário paga somente juros a cada período e paga todo o principal (o montante original do empréstimo) em algum momento futuro. Os empréstimos com tal plano de pagamento são chamados de *empréstimos de juros constantes*. Observe que, se houver apenas um período, um empréstimo tipo desconto e um empréstimo com pagamento de juros intermediários são a mesma coisa (mas as taxas de juros cotadas serão diferentes). No Brasil, esse tipo de amortização de empréstimos é conhecido como Sistema Americano, ou Sistema de Juros Constantes. Nesse sistema, o saldo devedor do principal se mantém constante até o seu pagamento.

Por exemplo, com um empréstimo por três anos do tipo juros constantes, com juros de 10%, o mutuário pagaria $1.000 × 0,10 = $100 de juros ao final do primeiro e do segundo ano. Ao final do terceiro ano, o mutuário devolveria $1.000 somados aos $100 de juros daquele ano. Da mesma maneira, um empréstimo com juros por 50 anos pediria que o mutuário pagasse juros a cada ano pelos próximos 50 anos e então pagasse o principal. No caso extremo, o mutuário pagaria os juros a cada período para sempre e nunca pagaria o principal. Como discutimos anteriormente neste capítulo, o resultado seria uma perpetuidade.

A maioria dos títulos de dívida corporativos tem a forma geral de um empréstimo com juros constantes. Visto que consideraremos títulos de dívida em maiores detalhes no próximo capítulo, não vamos discuti-los por enquanto.

Empréstimos com pagamento parcelado

Com um empréstimo tipo desconto puro ou com pagamento de juros constantes, o principal todo é pago de uma vez. Uma alternativa seria um *empréstimo com pagamento parcelado*, por meio do qual o financiador poderia exigir do mutuário que pagasse os juros e as partes do montante do empréstimo ao longo do período do empréstimo. O processo que prevê o pagamento de um empréstimo por meio de reduções no principal a prazos regulares é chamado de *amortização* do empréstimo.

Uma maneira simples de amortizar um empréstimo é fazer com que o mutuário pague os juros a cada período mais uma determinada quantia fixa. Essa abordagem é comum nos empréstimos comerciais de médio prazo. Por exemplo, suponha que uma empresa faça um empréstimo de $5.000 por cinco anos a 9%. O contrato do empréstimo pede que o mutuário pague os juros sobre o saldo devedor do empréstimo todos os anos e reduza o saldo do empréstimo todos os anos em $1.000. Como o montante do empréstimo diminui em $1.000 a cada ano, ele é totalmente pago em cinco anos. No Brasil, esse tipo de amortização de empréstimos é conhecido pelo nome de Sistema SAC — Sistema de Amortizações Constantes. No sistema SAC, as amortizações do principal são fixas, o saldo devedor diminui linearmente e os pagamentos totais por período são declinantes, pois os juros incidem sobre um saldo devedor cada vez menor.

No caso que estamos examinando, observe como o pagamento total diminuirá a cada ano. O motivo é que o saldo devedor cai, o que resulta em uma cobrança de juros menores a cada ano, enquanto a redução do principal em $1.000 é constante. Por exemplo, os juros do primeiro ano serão de $5.000 × 0,09 = $450. O pagamento total será de $1.000 + $450 = $1.450. No segundo ano, o saldo do empréstimo é de $4.000, então, os juros são de $4.000 × 0,09 = $360, e o pagamento total é de $1.360. Podemos calcular o pagamento total de cada um dos anos restantes preparando uma *programação de amortização* simples, da seguinte maneira:

Ano	Saldo inicial	Pagamento total	Juros pagos	Principal pago	Saldo devedor
1	$5.000	$1.450	$ 450	$1.000	$4.000
2	4.000	1.360	360	1.000	3.000
3	3.000	1.270	270	1.000	2.000
4	2.000	1.180	180	1.000	1.000
5	1.000	1.090	90	1.000	0
Totais		$6.350	$1.350	$5.000	

Observe que, a cada ano, os juros pagos são dados pelo saldo inicial multiplicado pela taxa de juros. Observe também que o saldo inicial é dado pelo saldo devedor do ano anterior.

Provavelmente, a forma mais comum de amortizar um empréstimo é aquela em que o mutuário faz pagamentos de valor fixo a cada período. Quase todos os empréstimos ao consumidor (como os empréstimos para a compra de automóveis) e empréstimos habitacionais funcionam assim. Por exemplo, suponha que nosso empréstimo de $5.000 a 9% por cinco anos tenha sido amortizado dessa maneira. Como ficaria o cronograma de amortização?

Primeiro, precisamos determinar o pagamento. Pela nossa análise neste capítulo, sabemos que os fluxos de caixa desse empréstimo estão na forma de anuidade ordinária. Neste caso, podemos calcular o pagamento da seguinte maneira:

$5.000 = C × \{[1 - (1/1,09^5)]/0,09\}$
$= C × [(1 - 0,6499)/0,09]$

Isso resulta em:

$C = \$5.000/3,8897$
$= \$1.285,46$

O mutuário, portanto, fará cinco pagamentos iguais de $1.285,46. Isso pagará o empréstimo? Façamos a verificação a partir de um cronograma de amortização.

Em nosso exemplo anterior, sabíamos qual era a redução do principal a cada ano. Então, calculamos os juros devidos para obter o pagamento total. Neste exemplo, sabemos o pagamento total. Dessa forma, calculamos os juros e, em seguida, os subtraímos do pagamento total, para calcular a parte do principal em cada pagamento.

No primeiro ano, os juros são de $450, como calculamos antes. Como o pagamento total é de $1.285,46, o principal pago no primeiro ano deve ser:

Principal pago = $1.285,46 - $450 = $835,46

O saldo devedor do empréstimo no final do primeiro ano é:

Saldo devedor = $5.000 - $835,46 = $4.164,54

Os juros do segundo ano são $4.164,54 × 0,09 = $374,81, e o saldo do empréstimo diminui em $1.285,46 - 374,81 = $910,65. Podemos resumir todos os outros cálculos pertinentes no seguinte cronograma:

Ano	Saldo inicial	Pagamento total	Juros pagos	Principal pago	Saldo devedor
1	$5.000,00	$1.285,46	$ 450,00	$ 835,46	$4.164,54
2	4.164,54	1.285,46	374,81	910,65	3.253,88
3	3.253,88	1.285,46	292,85	992,61	2.261,27
4	2.261,27	1.285,46	203,51	1.081,95	1.179,32
5	1.179,32	1.285,46	106,14	1.179,32	0,00
Totais		$6.427,30	$1.427,31	$5.000,00	

Como o saldo devedor diminui até zero, os cinco pagamentos iguais pagam os juros e o empréstimo. Observe que os juros pagos diminuem a cada período. Isso não é surpresa, porque o saldo do empréstimo está diminuindo. Dado o fato de que a soma dos pagamentos do principal e dos juros é fixa, o principal pago deve estar aumentando a cada período. No Brasil, esse tipo de amortização de empréstimos é conhecido como Sistema Price. No Sistema Price, portanto, as prestações são fixas, e as amortizações do principal são crescentes; o saldo devedor do principal é maior nos períodos iniciais em comparação com o Sistema SAC. Já no sistema SAC, as prestações iniciais é que são maiores em relação ao sistema Price.

Se você comparar as duas amortizações de empréstimos desta seção, verá que os juros totais são maiores no caso em que se paga sempre a mesma quantia: $1.427,31 *versus* $1.350. O motivo disso é que o empréstimo é pago mais lentamente no início, e, portanto, os juros são mais elevados no início. Isso não quer dizer que um empréstimo seja melhor do que o outro, apenas que um é pago mais rapidamente do que o outro. Por exemplo, a redução do principal no primeiro ano é de $835,46 no caso das parcelas iguais, em comparação aos $1.000 do caso com amortizações constantes. Muitos *sites* oferecem cronogramas de amortização de empréstimos. Consulte a seção *Exercícios na Internet* para obter um exemplo.

EXERCÍCIOS NA INTERNET

A preparação de uma tabela de amortização é uma das aplicações mais tediosas do valor do dinheiro no tempo. O uso de uma planilha eletrônica torna essa tarefa relativamente fácil, mas há também *sites* disponíveis que preparam uma amortização com rapidez e simplicidade. Um desses *sites* é o www.bankrate.com. Esse *site* tem uma calculadora para empréstimos imobiliários, mas os mesmos cálculos se aplicam à maioria dos outros tipos de empréstimos, como aqueles para a compra de automóveis ou para o pagamento de estudos. Suponha que você se formou com um empréstimo educacional de $25.000 e pagará o empréstimo nos próximos 10 anos a 5,3%. Quais são seus pagamentos mensais? Usando a calculadora, temos:

Preço do imóvel

$25.000

Entrada (?)

$0 — 0,00%

Período do financiamento

10,000 anos — 120 meses

Taxa de juros anual (?)

5,30% — TAXAS ATUAIS

CALCULAR

Seu pagamento mensal estimado (?)

$268,84

Teste este exemplo e aperte o botão "Show/Recalculate Amortization Table". Você descobrirá que seu primeiro pagamento resultará em $158,43 do principal e $110,42 de juros. Ao longo da vida do empréstimo, você pagará um total de $7.261 de juros.

Questões

1. Suponha que fez um empréstimo imobiliário com garantia de hipoteca de $250.000 por 30 anos a uma taxa de juros de 6,8%. Use o *site* para montar uma tabela de amortização do empréstimo. Quais são os montantes de juros e de principal no 110º pagamento? Quanto de juros você pagará pelo empréstimo?

2. Você fez um empréstimo imobiliário com garantia de hipoteca de $275.000 por 30 anos a uma taxa de juros de 7,3%. Quanto de juros você pagará durante esse empréstimo? Agora, suponha que está pagando $100 extras por mês. Quanto são os juros totais agora? Quanto tempo antes resgatará a hipoteca?

Fecharemos este capítulo com um exemplo que pode ser particularmente importante. Os empréstimos da Federal Stafford são uma fonte importante de financiamento para muitos universitários estadunidenses, pois ajudam a cobrir o custo das mensalidades, de livros, de automóveis novos, de condomínios e de muitas outras coisas. Às vezes, parece que os estudantes não conseguem perceber que os empréstimos da Stafford têm uma séria desvantagem: eles devem ser pagos em parcelas mensais que, em geral, iniciam seis meses após o estudante terminar o curso.

Alguns dos empréstimos da Stafford são subsidiados, o que quer dizer que os juros não são cobrados antes de o pagamento começar (isso é bom). Se você é um estudante de graduação que depende do sustento de seus pais e fez essa opção em particular, a sua dívida total pode chegar, no máximo, a USD23.000. A taxa de juros em 2019–2020 foi de 4,529%, ou 4,529/12 = 0,3774 % ao mês. Dentro do "plano-padrão de pagamento", os empréstimos são amortizados ao longo de 10 anos (sujeitos a um pagamento mínimo de USD50).

Suponha que você obtenha o valor máximo de empréstimo desse programa. Começando seis meses depois de se formar, qual será o pagamento mensal? Quanto você deverá após fazer os pagamentos durante quatro anos?

Dada a nossa discussão anterior, veja se você não concorda que a sua prestação para um empréstimo total de USD23.000 é de USD238,69 por mês. Da mesma forma, como foi explicado no Exemplo 6.13, após efetuar pagamentos por quatro anos, você ainda deve o valor presente das prestações restantes. No total, são 120 prestações. Após 48 delas (os primeiros quatro anos), restam 72. A essas alturas, deve ser fácil para você verificar que o valor presente de USD238,69 por mês durante 72 meses a 0,3774 % ao mês é cerca de USD15,023,89, e, portanto, você ainda tem um longo caminho a percorrer.

EXEMPLO 6.14 Amortização parcial ou "balão"

Nos Estados Unidos, uma modalidade comum na área dos financiamentos imobiliários são os empréstimos com prestações intermediárias correspondentes a um empréstimo de prazo muito maior; pode-se estabelecer um empréstimo de cinco anos de prazo com, por exemplo, uma amortização mensal correspondente a um empréstimo de 15 anos. Isso significa que o mutuário realiza mensalmente um pagamento de um montante fixo com base em um plano de amortização de 15 anos. Entretanto, após 60 meses, o mutuário faz um pagamento único muito maior, chamado "balão", para quitar o empréstimo. Como os pagamentos mensais não pagam totalmente o empréstimo, diz-se que este é parcialmente amortizado.

Suponha que você tem um financiamento imobiliário comercial garantido por hipoteca de $100.000, com uma TNa de 12% e uma amortização de 20 anos (240 meses). Suponha ainda que a hipoteca tenha um balão de cinco anos. Qual será o pagamento mensal? De quanto será o pagamento-balão?

O pagamento mensal pode ser calculado com base em uma anuidade ordinária, com um valor presente de $100.000. São 240 pagamentos, e a taxa de juros é de 1% ao mês. O pagamento é:

$$\$100.000 = C \times [(1 - 1/1,01^{240})/0,01]$$
$$= C \times 90,8194$$
$$= \$1.101,09$$

Veja bem, há um modo fácil e um modo difícil para determinar o balão. O modo difícil é realmente amortizar o empréstimo por 60 meses, para ver qual será o saldo na época. O modo fácil é reconhecer que, após 60 meses, temos um empréstimo de 240 − 60 = 180 meses. O pagamento ainda é de $1.101,09 por mês, e a taxa de juros ainda é de 1% ao mês. O saldo do empréstimo, portanto, é o valor presente dos pagamentos restantes:

$$\text{Saldo do empréstimo} = \$1.101,09 \times [(1 - 1/1,01^{180})/0,01]$$
$$= \$1.101,09 \times 83,3217$$
$$= \$91.744,33$$

> O pagamento-balão é de $91.744. Por que é tanto assim? Para ter uma ideia, pense no primeiro pagamento da hipoteca. Os juros do primeiro mês são de $100.000 × 0,01 = $1.000. Seu pagamento é de $1.101,09, e, assim, o saldo do empréstimo diminui em apenas $101,09. Como o saldo do empréstimo diminui lentamente, a redução do montante acumulada ao longo de cinco anos não é grande.

No Brasil, o termo "pagamento-balão" é geralmente utilizado em financiamentos de automóveis, em um formato um pouco diferente. Você pode, por exemplo, financiar em 36 meses a aquisição de um automóvel que é vendido a R$ 60.000,00 à vista, com pagamentos intermediários para reduzir o seu comprometimento mensal com a amortização. Suponha uma taxa de juros para esse financiamento a 18% a.a. (taxa efetiva); a essa taxa, em 36 meses, você efetuaria pagamentos mensais de R$ 2.129,21 (confira calculando o valor de uma anuidade de 36 meses e taxa de juros de 1,389% a.m., para o valor presente de R$ 60.000,00). Como você recebe parte de seu 13º salário em abril e a outra parte em novembro de cada ano, você considera que poderá fazer um pagamento adicional de R$ 4.000,00 nesses meses, em cada

ESTRATÉGIAS DE PLANILHA

Cálculo da amortização de empréstimos usando uma planilha eletrônica

Calcular a amortização de empréstimos em uma planilha é algo muito comum. Para ilustrar, tomemos o problema que examinamos antes: um empréstimo de $5.000 com taxa de 9% e período de cinco anos com pagamentos constantes. Nossa planilha ficará assim:

	A	B	C	D	E	F	G	H
1								
2			Usando uma planilha para calcular a amortização de um empréstimo					
3								
4			Montante do empréstimo:	$5.000				
5			Taxa de juros:	0,09				
6			Prazo do empréstimo:	5				
7		Pagamento do empréstimo:		**$1.285,46**				
8				Nota: o pagamento é calculado com a função PGTO(taxa;nper;-vp;vf).				
9			Tabela de amortização:					
10								
11			Ano	Saldo	Pagamento	Juros	Principal	Saldo
12				inicial	total	pagos	pago	devedor
13			1	$5.000,00	$1.285,46	$450,00	$835,46	$4.164,54
14			2	4.164,54	1.285,46	374,81	910,65	3.253,88
15			3	3.253,88	1.285,46	292,85	992,61	2.261,27
16			4	2.261,27	1.285,46	203,51	1.081,95	1.179,32
17			5	1.179,32	1.285,46	106,14	1.179,32	0,00
18			Totais		6.427,31	1.427,31	5.000,00	
19								
20			Fórmulas na tabela de amortização:					
21								
22			Ano	Saldo	Pagamento	Juros	Principal	Saldo
23				inicial	total	pagos	pago	devedor
24			1	=+D4	=$D$7	=+$D$5*C13	=+D13-E13	=+C13-F13
25			2	=+G13	=$D$7	=+$D$5*C14	=+D14-E14	=+C14-F14
26			3	=+G14	=$D$7	=+$D$5*C15	=+D15-E15	=+C15-F15
27			4	=+G15	=$D$7	=+$D$5*C16	=+D16-E16	=+C16-F16
28			5	=+G16	=$D$7	=+$D$5*C17	=+D17-E17	=+C17-F17
29								
30			Nota: os totais na tabela de amortização são calculados com a fórmula SOMA.					
31								

um dos três anos do financiamento. O valor presente desses pagamentos, a 1,389% ao mês, é R$ 18.786,93. Para R$ 60.000,00, faltam R$ 41.213,07. A anuidade correspondente a esse valor será de R$ 1.462,52, R$ 666,69 a menos no comprometimento mensal de sua renda. Nesse arranjo, os pagamentos de R$ 4.000,00 nos meses de abril e novembro costumam ser chamados aqui de "pagamentos-balão".

Obviamente, é possível acumular dívidas muito maiores. De acordo com a Association of American Medical Colleges, os estudantes estadunidenses de medicina que fizeram empréstimos para pagar a faculdade e se formaram em 2019 tinham, em média, um empréstimo de USD232.300. Essa doeu! Algum tempo antes, a imprensa informara que o filho de Ben Bernanke, então presidente do Federal Reserve, iria se formar com mais de USD400.000 em empréstimos estudantis (mas esse valor também incluía seu curso de graduação). Quanto tempo cada estudante de medicina nos EUA levará, em média, para liquidar seus empréstimos estudantis?

Vamos dizer que sejam feitos pagamentos mensais de USD1.500 e que o empréstimo tenha uma taxa de juros de 7% ao ano, ou 0,5833% ao mês. Veja se você concorda que levará 402 meses, ou cerca de 33 anos, para quitar o empréstimo. Talvez "Dr.", na verdade, signifique "dívida restante"!

Questões conceituais

6.4a O que é um empréstimo do tipo desconto? E um empréstimo com juros constantes?

6.4b O que quer dizer amortizar um empréstimo?

6.4c O que é um pagamento-balão? Como você determina esse valor?

6.5 Resumo e conclusões

Este capítulo teve por objetivo aprimorar sua compreensão dos conceitos fundamentais relacionados ao valor do dinheiro no tempo e à avaliação por fluxos de caixa descontados. Abordamos vários tópicos importantes:

1. Há duas maneiras de calcular o valor presente e o valor futuro quando há múltiplos fluxos de caixa. Ambas as abordagens são extensões diretas de nossa análise anterior de fluxos de caixa simples.

2. Uma série de fluxos de caixa constantes que são recebidos ou que são pagos ao final de cada período é chamada de anuidade ordinária, e descrevemos alguns atalhos úteis para determinar o valor presente e o valor futuro dos pagamentos.

3. As taxas de juros podem ser cotadas de várias maneiras. Nas decisões financeiras, é importante que todas as taxas a serem comparadas sejam primeiro convertidas em taxas efetivas. A relação entre uma taxa cotada, ou taxa nominal, como uma taxa percentual anual (TNa), e uma taxa efetiva anual (TEFa) é dada por:

    $$\text{TEFa} = [1 + (\text{Taxa cotada}/m)]^m - 1$$

    onde m é o número de capitalizações ou, de forma equivalente, o número de pagamentos feitos durante o ano.

4. Muitos empréstimos são anuidades. O processo que prevê um empréstimo ser pago gradualmente é chamado de amortização do empréstimo, e vimos como os cronogramas de amortização são preparados e interpretados.

Os princípios abordados neste capítulo terão um papel importante nos capítulos seguintes. Isso ocorre porque a maioria dos investimentos envolvendo ativos reais ou financeiros pode ser analisada usando a abordagem dos fluxos de caixa descontados (FCDs). Como resultado, essa abordagem é muito usada na prática. Por exemplo, os próximos dois capítulos mostram como avaliar títulos de dívida e ações usando uma extensão das técnicas apresentadas neste capítulo. Antes de continuar, portanto, você pode realizar alguns dos problemas a seguir.

REVISÃO DO CAPÍTULO E TESTE DE CONHECIMENTOS

6.1 Valores presentes com múltiplos fluxos de caixa Um armador assinou um contrato de três anos no valor de $25 milhões. Os detalhes oferecem um bônus em dinheiro imediato de $2 milhões. O jogador deve receber $5 milhões de salário ao final do primeiro ano, $8 milhões no ano seguinte e $10 milhões ao final do último ano. Pressupondo uma taxa de desconto de 15%, esse pacote vale $25 milhões? Caso contrário, quanto ele vale?

6.2 Valor futuro com múltiplos fluxos de caixa Você pretende fazer uma série de depósitos em um plano de previdência privada. Depositará $1.000 hoje, $2.000 em dois anos e $2.000 em cinco anos. Se você retirar $1.500 em três anos e $1.000 em sete anos, considerando nenhuma penalidade sobre o saque, quanto terá após oito anos se a taxa de juros for de 7%? Qual é o valor presente desses fluxos de caixa?

6.3 Valor presente de uma anuidade Você está analisando um investimento que pagará $12.000 por ano pelos próximos 10 anos. Se quiser ter um retorno de 15%, qual é o máximo que você pagaria por esse investimento?

6.4 TNa versus TEFa A taxa atual dos empréstimos estudantis está cotada como uma TNa de 8%. As condições dos empréstimos estabelecem pagamentos mensais. Qual é a taxa efetiva anual (TEFa) de tal empréstimo estudantil?

6.5 O principal é o que importa Suponha que você faça um empréstimo de $10.000. Você fará pagamentos anuais iguais durante cinco anos. A taxa de juros é de 14% ao ano. Prepare um cronograma de amortização para o empréstimo. Quanto de juros você pagará durante o empréstimo?

6.6 Apenas um pouquinho todo mês Você acabou seu MBA e, claro, você precisa comprar uma BMW nova imediatamente. O carro custa cerca de $21.000. O banco cota uma taxa de juros de 15% na forma de TNa para um empréstimo de 72 meses com 10% de entrada. Você pretende trocar o carro por um novo em dois anos. Qual será o pagamento mensal? Qual é a taxa de juros efetiva sobre o empréstimo? Qual será o saldo do empréstimo quando você trocar de carro?

RESPOSTA DA REVISÃO DO CAPÍTULO E DO TESTE DE CONHECIMENTOS

6.1 Obviamente, o pacote não vale $25 milhões, porque os pagamentos estão divididos ao longo de três anos. O bônus é pago hoje, portanto, ele vale $2 milhões. Os valores presentes dos três pagamentos de salário subsequentes são:

$$(\$5/1,15) + (8/1,15^2) + (10/1,15^3) = (\$5/1,15) + (8/1,32) + (10/1,52)$$
$$= \$16,9721 \text{ milhões}$$

O pacote vale um total de $18,9721 milhões.

6.2 Calcularemos os valores futuros de cada um dos fluxos de caixa separadamente e, em seguida, os somaremos. Observe que tratamos os saques como fluxos de caixa negativos:

$$\$1.000 \times 1,07^8 = \$1.000 \times 1,7812 = \$\ 1.718,19$$
$$\$2.000 \times 1,07^6 = \$2.000 \times 1,5007 = \ \ \ 3.001,46$$
$$-\$1.500 \times 1,07^5 = -\$1.500 \times 1,4026 = -2.103,83$$
$$\$2.000 \times 1,07^3 = \$2.000 \times 1,2250 = \ \ \ 2.450,09$$
$$-\$1.000 \times 1,07^1 = -\$1.000 \times 1,0700 = \underline{-1.070,00}$$
$$\text{Valor futuro total} = \underline{\$\ 3.995,91}$$

Esse valor inclui um pequeno erro de arredondamento.

Para calcular o valor presente, poderíamos descontar cada fluxo de caixa até o presente ou poderíamos descontar um único ano de cada vez. Entretanto, como já sabemos que o valor futuro em oito anos é de $3.995,91, o modo mais fácil de obter o valor presente é simplesmente descontar esse montante por oito anos:

$$\text{Valor presente} = \$3.995,91/1,07^8$$
$$= \$3.995,91/1,7182$$
$$= \$2.325,64$$

Novamente, ignoramos um pequeno erro de arredondamento. Para praticar, você pode verificar se é isso que se obtém ao descontar cada fluxo de caixa separadamente.

6.3 O máximo que você estaria disposto a pagar é o valor presente de $12.000 por ano por 10 anos a uma taxa de desconto de 15%. Os fluxos de caixa aqui estão na forma de anuidade ordinária e, assim, o fator do valor presente é:

$$\text{Fator de valor presente da anuidade} = (1 - \text{Fator de valor presente})/r$$
$$= [1 - (1/1,15^{10})]/0,15$$
$$= (1 - 0,2472)/0,15$$
$$= 5,0188$$

O valor presente dos 10 fluxos de caixa é, portanto:

$$\text{Valor presente} = \$12.000 \times 5,0188$$
$$= \$60.225$$

Esse é o máximo que você pagaria.

6.4 Uma TNa de 8% com pagamentos mensais é, na verdade, de 8%/12 = 0,67% ao mês. Assim, a TEFa é:

$$\text{TEFa} = [1 + (0,08/12)]^{12} - 1 = 8,30\%$$

6.5 Primeiro, precisamos calcular o pagamento anual. Com um valor presente de $10.000, uma taxa de juros de 14% e um prazo de cinco anos, o pagamento pode ser determinado assim:

$$\$10.000 = \text{Pagamento} \times \{[1 - (1/1,14^5)]/0,14\}$$
$$= \text{Pagamento} \times 3,4331$$

Assim, o pagamento é de $10.000/3,4331 = $2.912,84 (na verdade, $2.912,8355; isso criará alguns pequenos erros de arredondamento no cronograma a seguir). Agora, podemos preparar o cronograma de amortização da seguinte maneira:

Ano	Saldo inicial	Pagamento total	Juros pagos	Principal pago	Saldo devedor
1	$10.000,00	$ 2.912,84	$1.400,00	$1.512,84	$8.487,16
2	8.487,16	2.912,84	1.188,20	1.724,63	6.762,53
3	6.762,53	2.912,84	946,75	1.966,08	4.796,45
4	4.796,45	2.912,84	671,50	2.241,33	2.555,12
5	2.555,12	2.912,84	357,72	2.555,12	0,00
Totais		$14.564,17	$4.564,17	$10.000,00	

6.6 Os fluxos de caixa do empréstimo do carro estão na forma de anuidade, de modo que só precisamos encontrar o valor das prestações. A taxa de juros é 15%/12 = 1,25% por mês durante 72 meses. A primeira coisa de que precisamos é do fator de anuidade para 72 períodos a 1,25% por período:

$$\begin{aligned}\text{Fator de valor presente da anuidade} &= (1 - \text{Fator de valor presente})/r \\ &= [1 - (1/1,0125^{72})]/0,0125 \\ &= [1 - (1/2,4459)]/0,0125 \\ &= (1 - 0,4088)/0,0125 \\ &= 47,2925\end{aligned}$$

O valor presente é o montante que financiamos. Com uma entrada de 10%, tomaremos emprestados 90% de $21.000, ou $18.900. Assim, para encontrar o valor das prestações, precisamos calcular C:

$$\begin{aligned}\$18.900 &= C \times \text{Fator de valor presente da anuidade} \\ &= C \times 47,2925\end{aligned}$$

Reorganizando um pouco as coisas, temos:

$$\begin{aligned}C &= \$18.900 \times (1/47,2925) \\ &= \$18.900 \times 0,02115 \\ &= \$399,64\end{aligned}$$

Sua prestação é de um pouco menos de $400 por mês.

A taxa de juros efetiva mensal desse empréstimo é de 1,25%. Com base em nosso trabalho neste capítulo, podemos calcular a taxa efetiva anual assim:

$$\text{TEFa} = (1,0125)^{12} - 1 = 16,08\%$$

A taxa efetiva é aproximadamente 1% mais alta do que a taxa cotada.

Para determinar o saldo do empréstimo em dois anos, poderíamos amortizar o empréstimo. Isso seria bastante tedioso de fazer à mão. Usando as informações já determinadas neste problema, podemos simplesmente calcular o valor presente dos pagamentos restantes. Após dois anos, fizemos 24 pagamentos e, portanto, ainda restam 72 − 24 = 48 prestações. Qual é o valor presente dos 48 pagamentos mensais de $399,64 a 1,25% ao mês? O fator de anuidade pertinente é:

$$\begin{aligned}\text{Fator de valor presente da anuidade} &= (1 - \text{Fator de valor presente})/r \\ &= [1 - (1/1,0125^{48})]/0,0125 \\ &= [1 - (1/1,8154)]/0,0125 \\ &= (1 - 0,5509)/0,0125 \\ &= 35,9315\end{aligned}$$

Portanto, o valor presente é:

Valor presente = $399,64 × 35,9315 = $14.359,66

Você ainda deverá cerca de $14.360 em dois anos.

REVISÃO DE CONCEITOS E QUESTÕES INSTIGANTES

1. **Fatores de capitalização [OA1]** Um valor presente de uma anuidade tem quatro variáveis. Quais são elas?
2. **Período de capitalização [OA1]** Quando você aumenta o prazo envolvido, o que acontece ao valor presente da anuidade? O que acontece ao valor futuro?
3. **Taxas de juros [OA1]** O que acontece ao valor futuro de uma anuidade se você aumentar a taxa r? O que acontece ao valor presente?
4. **Valor presente [OA1]** O que você acha da loteria estadual discutida no capítulo, a qual anuncia um prêmio de $500.000 quando a opção de pagamento único é $250.000? Isso é propaganda enganosa?
5. **Valor presente [OA1]** Se você fosse um atleta negociando um contrato, iria querer um grande bônus de assinatura pago imediatamente e pagamentos menores no futuro ou vice-versa? E se analisar a questão do ponto de vista do time?

QUESTÕES E PROBLEMAS

1. **Valor presente e múltiplos fluxos de caixa [OA1]** A Mendez S/A identificou um projeto de investimento com os fluxos de caixa a seguir. Se a taxa de desconto é de 10%, qual é o valor presente desses fluxos de caixa? Qual é o valor presente a 18%? E a 24%?

Ano	Fluxo de caixa
1	$ 530
2	690
3	875
4	1,090

2. **Valor presente e múltiplos fluxos de caixa [OA1]** O investimento X oferece o pagamento de $4.700 por ano ao longo de oito anos, enquanto o investimento Y oferece o pagamento de $6.700 por ano ao longo de cinco anos. Qual desses fluxos de caixa tem o valor presente maior se a taxa de desconto for de 5%? E se a taxa de desconto for de 15%?

3. **Valor futuro e múltiplos fluxos de caixa [OA1]** A Christie S/A identificou um projeto de investimento com os fluxos de caixa a seguir. Se a taxa de desconto é de 8%, qual é o valor futuro desses fluxos de caixa no ano quatro? Qual é o valor futuro a uma taxa de desconto de 11%? E a 24%?

Ano	Fluxo de caixa
1	$1,075
2	1,210
3	1,340
4	1,420

4. **Cálculo de valor presente de uma anuidade [OA1]** Um investimento oferece $5.500 por ano durante 15 anos, sendo que o primeiro pagamento ocorre daqui a um ano. Se o retorno exigido for de 6%, qual é o valor do investimento? Qual teria sido o valor se os pagamentos ocorressem ao longo de 40 anos? E ao longo de 75 anos? E se fossem para sempre?

5. **Cálculo de fluxos de caixa de uma anuidade [OA1]** Se você aplicar $38.000 hoje em troca de uma anuidade a 5,8% por 15 anos, qual será o fluxo de caixa anual?

Para revisão de outros conceitos e novas questões instigantes, consulte a página do livro no portal do Grupo A (loja.grupoa.com.br).

Taxas de Juros e Avaliação de Títulos de Dívida

7

EM GERAL, QUANDO FAZ UM INVESTIMENTO, você espera recuperar no futuro mais dinheiro do que investiu hoje. Em 2019 e 2020, muitos investidores em obrigações estavam em uma situação diferente. Em maio de 2020, o Reino Unido vendeu €3,75 bilhões em títulos de dívida de três anos com rendimento de 0,003% negativo. E em agosto de 2019, o governo alemão vendeu títulos de dívida com rendimento de 0,11% negativo. Os investidores compraram €824 milhões desses títulos, mas receberão apenas €795 milhões de volta em 2050. Na verdade, mais de USD15 trilhões de títulos de dívida de governos tinham rendimento negativo na época. E os retornos negativos não se limitavam a obrigações de governos, pois mais de USD1 trilhão em títulos de dívida corporativos também tinham retornos negativos. Por exemplo, o conglomerado industrial alemão Siemens vendeu €1,5 bilhão em títulos de dívida de dois anos com rendimento de 0,315% negativo.

Como você verá neste capítulo, o retorno é um determinante importante do preço de um título de dívida. Além de mostrar como avaliar um título de dívida, trataremos de várias características dos títulos de dívida e dos fatores que afetam o seu retorno.

Objetivos de aprendizagem

O objetivo deste capítulo é que, ao seu final, você saiba:

- **OA1** Definir características importantes e tipos de títulos de dívida.
- **OA2** Explicar os valores e retornos de títulos de dívida e o motivo de sua flutuação.
- **OA3** Descrever as classificações de risco dos títulos de dívida e seu significado.
- **OA4** Delinear o impacto da inflação sobre as taxas de juros.
- **OA5** Ilustrar a estrutura a termo das taxas de juros e os determinantes do retorno de títulos de dívida.

Para ficar por dentro dos últimos acontecimentos na área de finanças, visite www.fundamentalsofcorporatefinance.blogspot.com.

Nosso objetivo neste capítulo é apresentar o que são os títulos de dívida, também chamados de obrigações. Começamos por mostrar como as técnicas que desenvolvemos nos Capítulos 5 e 6 podem ser aplicadas à avaliação de títulos de dívida. Daí em diante, discutimos características dos títulos de dívida e como eles são comprados e vendidos. Uma coisa importante que aprendemos é que os valores dos títulos de dívida dependem em grande parte das taxas de juros. Portanto, fechamos o capítulo com um exame das taxas de juros e de seu comportamento.[1]

7.1 Títulos de dívida e sua avaliação

Excel Master!
Cobertura *on-line* do Excel Master

Quando uma empresa (ou um governo) deseja tomar dinheiro emprestado do público, a longo prazo, é comum que faça isso emitindo e vendendo *títulos de dívida*[2], também chamados de obrigações, e que recebem nomes como debêntures, notas promissórias, bônus ou letras financeiras. Nesta seção, descrevemos as diversas características dos títulos representativos de dívidas emitidos por empresas e parte da terminologia associada a eles. Em seguida, discutimos os fluxos de caixa associados a títulos de dívida e como eles podem ser avaliados usando nosso procedimento de fluxos de caixa descontados.

No Brasil, a captação de recursos de dívida por empresas é realizada por meio de emissão de debêntures e notas promissórias e pode ser realizada por sociedade por ações (SA), de capital fechado ou aberto. Entretanto, somente as companhias abertas registradas na Comissão de Valores Mobiliários (CVM) podem efetuar emissões de debêntures e notas promissórias (e outros títulos mobiliários) para colocação junto ao público; as companhias fechadas somente podem realizar captações privadas. Muito utilizada também é a cédula de crédito bancário (CCB), um título de crédito emitido por pessoa física ou jurídica em favor de instituição financeira, decorrente de operação de crédito; outros exemplos são as letras imobiliárias (LI), as letras de crédito imobiliário (LCI) e as letras de crédito do agronegócio (LCA); títulos representativos de obrigações securitizadas também são comuns, como o certificado de recebíveis imobiliários (CRI) e o certificado de recebíveis do agronegócio (CRA).

As empresas brasileiras também emitem títulos de dívida em moeda estrangeira e, com isso, captam recursos no exterior (os títulos de dívida emitida no exterior por empresas brasileiras são referidos com frequência como "bônus", como tradução de *bonds*). Esse tipo de captação depende de autorização do Banco Central do Brasil.

Debêntures são títulos semelhantes às notas promissórias, porém são títulos de dívida de longo prazo. São títulos de dívida de empresas, mediante os quais as empresas captam recursos para sua estrutura de capital diretamente junto aos investidores. As empresas são remuneradas por juros prefixados ou pós-fixados, geralmente maiores do que os juros oferecidos pelas instituições financeiras para os investidores, porém mais baratos do que a empresa pagaria se captasse recursos junto às instituições financeiras. O investidor corre o risco de inadimplência da emissora e não tem a garantia do Fundo Garantidor de Créditos (FGC).

Saiba mais sobre debêntures consultando o *site* da Anbima, em **http://www.debentures.com.br/**.

Saiba mais sobre títulos emitidos pelo Governo Brasileiro consultando o *site* do Tesouro Direto, em **https://www.tesourodireto.com.br/**.

Para saber mais sobre a garantia do Fundo Garantidor de Créditos, acesse o *link*: **https://www.fgc.org.br/garantia-fgc/sobre-a-garantia-fgc**.

---

[1] Agradecemos a Fernanda Peres Arraes por sua leitura e contribuições.

[2] A qualificação "títulos de crédito" também se aplica, especialmente no direito comercial.

Para entender melhor quais características observar em uma debênture, vamos descrever brevemente quatro tipos desses papéis: debênture simples, debênture conversível, debênture permutável e debênture incentivada. A debênture simples, também chamada de não conversível, é o tipo mais comum. Ela tem retorno prefixado ou pós-fixado, conforme o título, com pagamento periódico de juros, conforme a escritura de emissão. O investimento não pode ser convertido em ações da companhia. Já a debênture conversível oferece a possibilidade de o investidor decidir transformar o crédito a receber em ações da companhia. Nesse modelo, com a conversão da aplicação em ações, a renda fixa se torna variável. Todos os detalhes, como vencimento, resgate e rendimento, devem constar na escritura de emissão. No caso da debênture permutável, o investidor pode optar por trocar o título por ações de uma companhia que não seja a própria emissora da dívida. Para isso, porém, é preciso observar regras e condições na escritura de emissão do papel. Já as debêntures incentivadas, emitidas sob a Lei nº 12.431, de 24 de junho de 2011, são aquelas com isenção fiscal, que buscam financiar projetos de infraestrutura. Normalmente, é o caso de títulos para financiamento em segmentos como construção de portos e aeroportos, transmissão de energia, melhoria de rodovias e ferrovias, logística, saneamento básico, entre outros.

Para informações sobre estatísticas de debêntures incentivadas, acesse o site **https://www.gov.br/economia/pt-br/centrais-de-conteudo/publicacoes/boletins/boletim-de-debentures-incentivadas**.

As garantias são aspectos muito importantes ao se analisar o investimento em debêntures. As garantias possíveis para esse tipo de título são a garantia real, a garantia flutuante, a garantia quirografária e a garantia subordinada. Uma debênture com garantia real oferece, como garantia do pagamento do título, certos bens da empresa emissora ou de terceiros definidos na escritura de emissão. Caso haja problemas na hora de honrar os pagamentos, os investidores podem usar os bens como garantia. Na debênture com garantia flutuante, o investidor tem a prioridade em relação a outros credores em caso de falência da empresa emissora, e os bens que servem de garantia serão quaisquer bens da emissora. Ou seja, caso algumas dívidas sejam pagas, a sua tem maior chance de ser honrada, depois das debêntures com garantia real. Já as debêntures com garantia quirografária (sem preferência) são um tipo comum de debênture no Brasil. Elas não concedem prioridade sobre ativos da empresa emissora — ou seja, o investidor concorre com todos os demais credores em caso de falência. Por fim, a debênture com garantia subordinada, em caso de liquidação da sociedade, oferece prioridade de pagamento apenas em relação aos acionistas no que se refere aos ativos da companhia.

Outra característica importante das debêntures é quanto ao prazo do investimento. O prazo de investimento pode variar bastante de uma debênture para a outra, de acordo com as características do financiamento buscado pela empresa emissora. Há títulos de alguns meses e papéis de 10 anos ou mais. Ao considerar os prazos, lembre-se de que, como estamos falando de empresas privadas, um vencimento muito distante pode oferecer maiores riscos ao investidor.

Características e preços dos títulos de dívida

Como mencionamos no capítulo anterior, um título de dívida normalmente é um empréstimo com pagamento de juros intermediários. Isso quer dizer que o mutuário pagará juros a cada período, mas o principal não será pago antes do final do empréstimo. Por exemplo, suponha que a Cruz e Souza Ltda. queira tomar emprestado $1.000 por 30 anos. A taxa de juros de uma dívida semelhante emitida por empresas comparáveis é de 12%. A Cruz e Souza, portanto, pagará $0,12 \times 1.000 = \$120$ de juros ao ano, durante 30 anos. Ao final dos 30 anos, a Cruz e Souza pagará os $1.000. Como este exemplo sugere, um título de dívida é uma forma de financiamento bastante simples. Entretanto, existe um amplo jargão associado aos títulos de dívida, e usaremos este exemplo para definir alguns dos termos mais importantes.

cupom
Juros contratuais prometidos em um título de dívida.

valor de face
Principal de um título que é pago ao final do seu prazo. Também chamado de valor nominal ou *valor ao par*.

taxa de cupom
Soma dos cupons pagos a cada ano por um título dividida pelo seu valor de face.

vencimento
Data estabelecida em que o principal de um título de dívida é pago.

retorno até o vencimento (YTM)
Taxa de juros exigida no mercado para um título de dívida.

Em nosso exemplo, os $120 referentes aos pagamentos regulares de juros que a Cruz e Souza promete fazer são chamados de **cupons**. Como o cupom é constante e é pago anualmente, o tipo de título que estamos descrevendo também é chamado de *título de cupom fixo*. O montante a ser pago ao final do empréstimo é chamado de valor nominal, **valor de face** ou valor ao par do título. Um título negociado pelo seu valor de face é chamado de *título de valor ao par*. Os títulos do governo, com frequência, têm valores de face maiores. A soma dos cupons pagos em um ano dividida pelo valor de face é chamada de **taxa de cupom**. Nesse caso, como $120/$1.000 = 12%, o título tem uma taxa de cupom de 12%.

O número de anos até que o valor de face seja pago é chamado de **prazo de vencimento** do título. No mercado norte-americano, é comum empresas emitirem títulos de dívida com prazo de vencimento de 30 anos no momento da emissão, mas isso varia. As emissões no mercado doméstico brasileiro têm prazos menores, mas também podem ocorrer emissões com grandes prazos de vencimento. Depois que o título foi emitido, o número de anos até o vencimento diminui com o tempo.

Valores e retornos dos títulos de dívida

À medida que o tempo passa, as taxas de juros de mercado variam. Os fluxos de caixa de um título de dívida, porém, permanecem os mesmos (é por isso que os títulos de dívida também são chamados de títulos de renda fixa). Como resultado, o valor do título vai flutuar. Quando as taxas de juros aumentam, o valor presente dos fluxos de caixa restantes diminui, e o título vale menos. Quando as taxas de juros caem, o título vale mais.

Para determinar o valor de um título de dívida em um dado momento, precisamos saber o número de períodos restantes até o vencimento, o valor de face, o cupom e a taxa de juros do mercado para títulos com características semelhantes. Essa taxa de juros exigida no mercado para um título é chamada de **retorno até o vencimento** (*yield to maturity* – **YTM**). Às vezes, essa taxa é chamada simplesmente de *retorno*, para encurtar. Dadas todas essas informações, podemos calcular o valor presente dos fluxos de caixa como estimativa do valor corrente de mercado do título.

Por exemplo, suponha que a Xanth S/A precisasse emitir dívidas com títulos para resgate em 10 anos. Títulos de dívida semelhantes têm retorno até o vencimento de 8%; então os títulos da Xanth têm um cupom anual de $80. Com base na discussão anterior, o título da Xanth pagará $80 por ano pelos próximos 10 anos em juros de cupom. Em 10 anos, a Xanth pagará $1.000 para o possuidor do título da Xanth. Os fluxos de caixa do título são mostrados na Figura 7.1. Por quanto esse título seria negociado?

Como ilustrado na Figura 7.1, os fluxos de caixa do título da Xanth têm um componente de anuidade (os cupons) e um componente de principal (o valor de face pago no vencimento). Assim, estimamos o valor de mercado dos títulos representativos desse título calculando o valor presente desses dois componentes separadamente e somando os resultados. Em

Fluxos de caixa

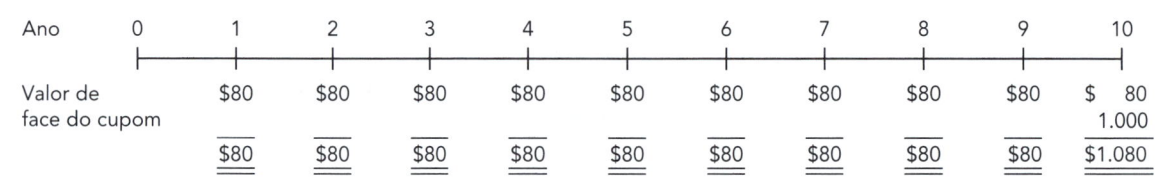

Ano	0	1	2	3	4	5	6	7	8	9	10
Valor de face do cupom		$80	$80	$80	$80	$80	$80	$80	$80	$80	$80 1.000
		$80	$80	$80	$80	$80	$80	$80	$80	$80	$1.080

Conforme mostrado, o título da Xanth tem cupom anual de $80 e um principal de $1.000 a serem pagos no vencimento daqui a 10 anos.

FIGURA 7.1 Fluxos de caixa para o título de dívida da Xanth S/A.

primeiro lugar, à taxa constante de 8%, o valor presente dos $1.000 a serem pagos em 10 anos é:

Valor presente = $1.000/1,08^{10} = $1.000/2,1589 = $463,19

Em segundo lugar, o título de dívida oferece $80 ao ano por 10 anos. O valor presente dessa série de pagamentos é:

Valor presente da série de pagamentos = $80 × (1 − 1/1,08^{10})/0,08
= $80 × (1 − 1/2,1589)/0,08
= $80 ×6,7101
= $536,81

Agora podemos somar os valores das duas partes para obter o valor do título:

Valor total do título = $463,19 + $536,81 = $1.000

Esse título é negociado exatamente pelo seu valor de face. Isso não é coincidência. A taxa de juros em vigor no mercado é de 8%. Considerado como dívida com pagamento de juros intermediários, qual é taxa de juros desse título? Com um cupom de $80, esse título pagará exatamente 8% de juros somente se for negociado por $1.000.

Para ilustrar o que acontece quando as taxas de juros variam, suponha que um ano tenha se passado. O título representativo da dívida da Xanth agora tem nove anos até o vencimento. Se a taxa de juros do mercado subiu para 10%, quanto valerá o título? Para descobrir isso, repetimos os cálculos do valor presente com nove anos, em vez de 10, e um retorno de 10%, em vez de 8%. Em primeiro lugar, o valor presente dos $1.000 pagos em nove anos a 10% é:

Valor presente = $1.000/1,10^9 = $1.000/2,3579 = $424,10

Em segundo lugar, o título agora oferece $80 ao ano por nove anos. O valor presente dessa série de pagamentos a 10% é:

Valor presente da série de pagamentos = $80 × (1 − 1/1,10^9)/0,10
= $80 × (1 − 1/2,3579)/0,10
= $80 × 5,7590
= $460,72

Agora podemos somar os valores das duas partes para obter o valor do título:

Valor total do título = $424,10 + $460,72 = $884,82

Assim, o título deve ser negociado por cerca de $885. Na linguagem de mercado, dizemos que esse título, com cupom de 8%, está cotado a $885 para render 10%.

O título da Xanth S/A agora é negociado por menos do que seu valor de face de $1.000. Por quê? A taxa de juros do mercado é de 10%. Como uma dívida de $1.000 com pagamento de juros intermediários, esse título paga apenas 8%, que é sua taxa de cupom. Como esse título paga menos do que a taxa em vigor no mercado, os investidores estarão dispostos a emprestar menos do que o pagamento prometido de $1.000. Como o título é negociado por menos do que o valor de face, diz-se que ele é um *título com deságio*.

A única maneira de obter taxa de juros de 10% é diminuir o preço para menos do que $1.000, de modo que o comprador, na verdade, tenha um ganho embutido no preço. Para o título da Xanth, o preço de $885 é $115 menor do que o valor de face, de modo que um comprador receberia $80 por ano e, também, um ganho de $115 no vencimento. Esse ganho compensa o financiador pela taxa de cupom abaixo da taxa em vigor no mercado.

Outra maneira de ver por que o título tem um deságio de $115 é observar que o cupom de $80 está $20 abaixo do cupom de um título de valor ao par recém-emitido com base nas condições de mercado atuais. O título valeria $1.000 apenas se ele tivesse um cupom de $100

Dois bons *sites* sobre títulos de renda fixa são **www.anbima.com.br** e o seu *site* especializado **www.debentures.com.br**; veja também **https://br.financas.yahoo.com/**, que também traz informações úteis. No mercado dos EUA, veja **https://finance.yahoo.com/bonds**.

Para informações da indústria estadunidense de títulos, veja **https://www.sifma.org/**, e para gráficos de evolução de emissões e negócios com diferentes títulos de dívida naquele mercado, veja **https://www.sifma.org/resources/research/fixed-income-chart/**.

Calculadoras *on-line* de obrigações no mercado dos EUA estão disponíveis em **https://www.fidelity.com/calculators-tools/overview**; informações sobre taxas de juros podem ser encontradas em **https://money.cnn.com/data/bonds/** e **https://www.bankrate.com/**.

por ano. De certo modo, o comprador desistiria de $20 por ano por nove anos. A 10%, essa série de pagamentos valeria:

Valor presente da série de pagamentos = $20 × (1 − 1/1,10^9)/0,10
= $20 × 5,7590
= $115,18

Isso é exatamente o montante do desconto.

Por quanto seria negociado o título da Xanth se as taxas de juros caíssem 2%, em vez de aumentar em 2%? Como você pode adivinhar, o título seria negociado por mais de $1.000. Diz-se que tal título é negociado com um *prêmio* e é chamado de *título com ágio*.

Esse caso é exatamente o oposto de um título com deságio. O título representativo do título da Xanth tem uma taxa de cupom de 8%, enquanto a taxa de mercado é de apenas 6%. Os investidores estão dispostos a pagar um prêmio para obter esse valor adicional do cupom. Nesse caso, a taxa de desconto pertinente é de 6%, e restam nove anos. O valor presente do valor de face de $ 1.000 é:

Valor presente = $1.000/1,06^9 = $1.000/1,6895 = $591,90

O valor presente do cupom é:

Valor presente da série de pagamentos = $80 × (1 − 1/1,06^9)/0,06
= $80 × (1 − 1/1,6895)/0,06
= $80 × 6,8017
= $544,14

Agora podemos somar os valores das duas partes para obter o valor do título:

Valor total do título = $591,90 + $544,14 = $1.136,03

O valor total do título, portanto, é de cerca de $136 além do valor de face. Novamente, podemos verificar esse montante observando que agora o cupom está $20 acima das condições de mercado atuais. O valor presente de $20 por ano por nove anos a 6% é:

Valor presente da anuidade = $20 × (1 − 1/1,06^9)/0,06
= $20 × 6,8017
= $136,03

Isso é justamente o que calculamos.

Com base em nossos exemplos, agora podemos escrever a expressão geral do valor de um título de dívida. Se um título tem (1) um valor de face (F) pago no vencimento, (2) um cupom (C) pago por período, (3) t períodos até o vencimento e (4) um retorno de r por período, seu valor é:

$$\text{Valor do título de dívida} = C \times [1 - 1/(1+r)^t]/r + F/(1+r)^t$$

$$\text{Valor do título de dívida} = \text{Valor presente dos cupons} + \text{Valor presente do valor de face} \quad [7.1]$$

Para a emitente de dívidas, o lançamento em mercado de títulos de dívida (como debêntures) envolve não só os juros, mas também o custo de estruturação da operação. A estruturação de uma emissão envolve, entre outras coisas, as despesas com: estudos técnicos para preparar o prospecto de emissão; auditoria independente; agente fiduciário e bancos que farão a colocação; preparação dos atos societários para a emissão, divulgação, registro na bolsa e na CVM; escritura de emissão e manutenção do serviço de registro e custódia. O custo efetivo para o emissor será o custo representado pelos juros pagos aos investidores mais as despesas de estruturação (referido no mercado como custo *all in*).

---

[3] Os títulos emitidos em reais são cotados em taxa efetiva anual, cotada para 252 dias úteis.

EXEMPLO 7.1 | Cupons semestrais

Os títulos de dívida (*bonds*) emitidos nos Estados Unidos normalmente fazem pagamentos de cupom duas vezes ao ano. Assim, se um *bond* comum tiver uma taxa de cupom de 14%, o seu titular terá um total de $140 por ano, mas esses $140 virão em dois pagamentos de $70 cada um. Suponha que estejamos examinando um título desse tipo e que o retorno exigido até o vencimento esteja cotado a 16%.

Os retornos desses títulos emitidos nos EUA são cotados em taxa nominal anual[3]; a taxa cotada é igual à taxa efetiva do período multiplicada pelo número de períodos. Nesse caso, para o retorno cotado a 16% e pagamentos semestrais, o verdadeiro retorno exigido é de 8% a cada seis meses. O título é resgatado em sete anos. Qual é o preço dos títulos representativos dessa dívida? Qual é o retorno anual efetivo desses títulos?

Com base em nossa discussão, sabemos que o título será negociado com desconto, porque ele tem uma taxa de cupom de 7% a cada seis meses, quando o mercado exige 8% a cada seis meses. Assim, se nossa resposta exceder a $1.000, está claro que cometemos um erro.

Para ter o preço exato, primeiro calculamos o valor presente do valor de face de $1.000 pagos em sete anos. Esse período de sete anos tem 14 períodos de seis meses. A 8% por período, o valor é:

Valor presente = $1.000/$1,08^{14}$ = $1.000/2,9372 = $340,46

Os cupons podem ser vistos como uma anuidade de 14 períodos a $70 por período. A uma taxa de desconto de 8%, o valor presente de tal anuidade é:

Valor presente da anuidade = $70 × (1 − 1/$1,08^{14}$)/0,08
= $70 × (1 − 0,3405)/0,08
= $70 × 8,2442
= $577,10

O valor presente total nos mostra o valor pelo qual o título deverá ser negociado:

Valor presente total = $340,46 + 577,10 = $917,56

Para calcular o retorno efetivo desse título, observe que 8% a cada seis meses equivalem a:

Taxa efetiva anual = $(1 + 0,08)^2$ − 1 = 16,64%

O retorno efetivo, portanto, é de 16,64%.

Como ilustramos nesta seção, os preços dos títulos de dívida e as taxas de juros sempre se movimentam em direções opostas. Quando as taxas de juros aumentam, o valor de mercado de um título de dívida, como qualquer outro valor presente, diminui. Da mesma forma, quando as taxas de juros caem, os valores de mercado dos títulos aumentam. Mesmo que estejamos considerando um título sem risco, no caso de termos certeza de que o mutuário vai fazer todos os pagamentos, ainda há risco em ser o titular de um título de dívida. Discutiremos isso a seguir.

Risco de taxa de juros

Para o investidor em títulos de renda fixa, o risco causado pela flutuação das taxas de juros é chamado de *risco de taxa de juros*. O risco da taxa de juros para um título de dívida depende do quanto o preço desse título é sensível às variações das taxas de juros. Essa sensibilidade depende diretamente de duas coisas: prazo até o vencimento e taxa de cupom. Como veremos, ao examinarmos um título de dívida, devemos ter em mente que:

1. Mantidas as demais variáveis, quanto maior o prazo até o vencimento, maior será o risco de taxa de juros.
2. Mantidas as demais variáveis, quanto menor a taxa do cupom, maior será o risco de taxa de juros.

Visite o Portal do Investidor na página da CVM em **https://www.investidor.gov.br/**.

Para uma análise sobre o mercado de títulos de dívida no Brasil e as suas perspectivas, recomendamos o estudo da CVM intitulado "O mercado de dívida corporativa no Brasil: uma análise dos desafios e propostas para seu desenvolvimento", disponível em: **https://www.gov.br/cvm/pt-br/assuntos/noticias/anexos/2019/estudo_cvm_mercado_de_divida_corporativa_no_Brasil.pdf-c7575b71e75b40b789dd441ae3b70983**.

Ilustramos o primeiro desses dois pontos na Figura 7.2. Como mostra a figura, calculamos o valor de um título com uma taxa de cupom de 10% para diferentes taxas de juros e prazos de vencimento de 1 ano e 30 anos. Observe como a curva da linha que conecta os preços é muito mais inclinada para o vencimento de 30 anos do que para o vencimento de 1 ano. Essa curva mais inclinada nos mostra que uma variação relativamente pequena nas taxas de juros levará a uma variação substancial no preço do título de 30 anos. Em comparação, o preço do título de um ano é relativamente pouco sensível às variações das taxas de juros.

Por intuição, podemos perceber que os títulos de dívida de prazo mais longo têm maior sensibilidade à taxa de juros porque uma grande parte do seu valor vem do valor de face. O valor presente desse montante não é muito afetado por uma pequena variação das taxas de juros quando o montante deve ser recebido em um ano. Entretanto, até mesmo uma pequena variação na taxa de juros, quando composta por 30 anos, pode ter um efeito significativo sobre o valor presente. Como resultado, o valor presente do valor de face será muito mais volátil em um título de prazo mais longo.

A outra coisa que você precisa saber sobre o risco de taxa de juros é que, assim como a maioria das coisas em finanças e economia, ele aumenta a uma taxa decrescente. Em outras palavras, se compararmos um título de 10 anos com um título de 1 ano, veremos que o título de 10 anos tem um risco de taxa de juros muito maior. Entretanto, se você tivesse de comparar um título de 20 anos com um título de 30 anos, veria que o título de 30 anos tem um risco de taxa de juros um pouco maior, porque ele tem um vencimento mais longo, mas o efeito da diferença de risco seria bem menor.

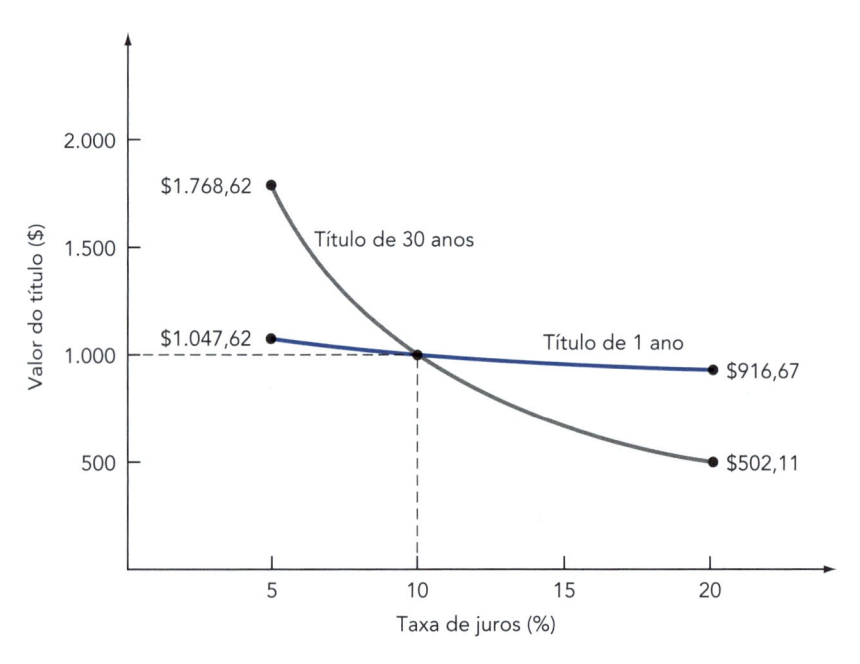

Valor de um título com taxa de cupom de 10% para diferentes taxas de juros e vencimentos

	Prazo até o vencimento	
Taxa de juros	1 ano	30 anos
5%	$1.047,62	$1.768,62
10	1.000,00	1.000,00
15	956,52	671,70
20	916,67	502,11

FIGURA 7.2 Risco da taxa de juros e prazo até o vencimento.

O motivo de os títulos com cupons menores terem maior risco de taxa de juros é essencialmente o mesmo. Como discutimos antes, o valor de mercado de um título de dívida depende do valor presente de seus cupons e do valor presente do valor de face. Quando dois títulos com taxas de cupom diferentes têm o mesmo prazo de vencimento, então o valor do título com cupom menor é proporcionalmente mais dependente do valor de face a ser recebido no vencimento. Como resultado, mantidas inalteradas as demais variáveis, seu valor flutuará mais à medida que as taxas de juros variarem. Em outras palavras, o título com cupom maior tem um fluxo de caixa maior no início de sua vida, de modo que, em comparação ao título com cupom menor, seu valor é menos sensível às variações na taxa de desconto.

Os títulos de dívida raramente são emitidos com prazos maiores do que 30 anos. Entretanto, as baixas taxas de juros dos últimos anos levaram a emissões com prazos muito mais longos. Nos anos 1990, a Walt Disney emitiu *bonds* "Bela Adormecida" com prazo de 100 anos. Da mesma forma, a BellSouth (atualmente conhecida como AT&T), a Coca-Cola e o gigante holandês do ramo bancário, ABN AMRO, emitiram *bonds* com vencimento em 100 anos. Evidentemente, essas empresas queriam travar as históricas taxas de juros baixas por *muito* tempo. O recorde atual para empresas parece pertencer ao Republic National Bank, que negociou *bonds* com prazo de vencimento de 1.000 anos. Por exemplo, nos EUA, a Universidade Rutgers emitiu USD330 milhões em títulos de 100 anos em 2019, e a Universidade de Virgínia emitiu títulos de 100 anos mais ou menos na mesma época. O retorno até o vencimento dos títulos da Universidade de Virgínia era de meros 3,23% quando emitidos originalmente, algo a se manter em mente quando analisarmos a estrutura a termos das taxas de juros (ETTJ) posteriormente neste capítulo.

Podemos ilustrar o efeito do risco de taxa de juros usando a emissão de 100 anos da BellSouth. O quadro a seguir oferece informações básicas sobre essa emissão, com seus preços em 31 de dezembro de 1995, 6 de março de 2009 e 8 de novembro de 2019:

Vencimento	Taxa de cupom	Preço em 31/12/1995	Preço em 06/03/2009	Variação percentual no preço entre 1995-2009	Preço em 08/11/2019	Variação percentual no preço entre 2009-2019
2095	7,00%	$1.000,00	$803,43	–19,66%	$1.229,50	53,03%

Várias informações são trazidas nesse quadro. Em primeiro lugar, as taxas de juros aparentemente aumentaram ligeiramente entre 31 de dezembro de 1995 e 6 de março de 2009 (por quê?). Depois, no entanto, elas caíram (por quê?). O preço dessas obrigações primeiro perdeu 19,66% e então ganhou 53,03%.

Empresas brasileiras também emitem títulos de dívida de longo prazo, inclusive na forma de títulos perpétuos (não há vencimento para o valor de face da dívida). Em 2018, o Banco Bradesco emitiu 2 bilhões de reais em letras financeiras subordinadas perpétuas no mercado brasileiro. Em 2020, o Banco Itaú captou no exterior USD700 milhões em títulos perpétuos, com taxa de retorno de 4,625% a.a. e cláusula de resgate antecipado aos cinco anos da emissão. Também em 2020, a Braskem captou USD600 milhões com a emissão de bônus perpétuos subordinados, com prazo de 60,5 anos e taxa de retorno 8,5% ao ano,

A figura a seguir, publicada pelo Valor Econômico, traz um breve resumo das emissões perpétuas efetuadas por bancos nos anos de 2017 e 2018.

Bancos retomam captação
Emissões de títulos bancários - em R$ bilhões

CDB	2017	2018*
	3.147,0	3.538,0

Letras financeira	2017	2018*
	86,1	135,2

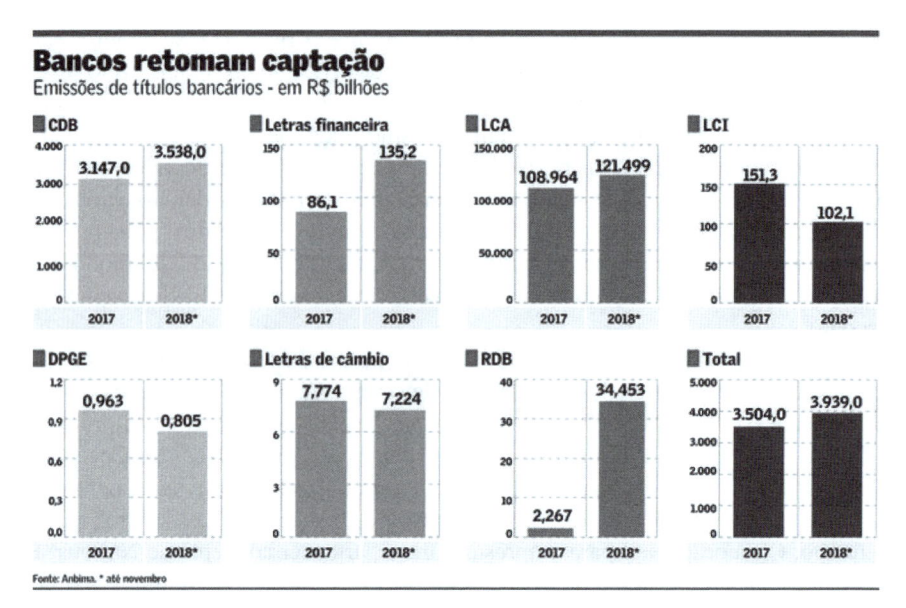

LCA	2017	2018*
	108.964	121.499

LCI	2017	2018*
	151,3	102,1

DPGE	2017	2018*
	0,963	0,805

Letras de câmbio	2017	2018*
	7,774	7,224

RDB	2017	2018*
	2,267	34,453

Total	2017	2018*
	3.504,0	3.939,0

Fonte: Anbima. * até novembro

Fonte: Valor Econômico. Disponível em https://valor.globo.com/financas/noticia/2019/01/09/bancos--emitem-papel-perpetuo-no-mercado-local.ghtml.

Dois exemplos de captações externas por empresas brasileiras em 2012 foram o da Braskem, que captou US$500 milhões, com títulos em dólar com vencimento em 10 anos, com retorno ao investidor de 5,4% ao ano e cupom de 5,375%, e o do Banco do Nordeste, que captou US$300 milhões com prazo de vencimento de sete anos, com retorno ao investidor de 4,5% ao ano e cupom de 4,375%.

Captações em real têm sido realizadas pelo Tesouro Nacional como forma de abrir caminho para captações externas de empresas brasileiras e evitar a valorização do real. Em junho de 2012, o Tesouro Nacional vendeu R$3,15 bilhões em bônus denominados em reais com vencimento em 2024 a investidores estrangeiros, com juros de 8,6% ao ano.

Debêntures no mercado brasileiro

A forma de título de dívida de longo prazo emitida pelas empresas no mercado brasileiro é a debênture. A debênture é um valor mobiliário emitido por sociedades anônimas, que representa uma fração de um empréstimo tomado pela empresa junto ao mercado de capitais. A debênture assegura direitos de crédito ao debenturista contra a emissora, conforme a escritura de emissão da debênture.

Uma **emissão pública** de debêntures tem como alvo o público investidor em geral e só pode ser realizada por SA aberta, sob registro na CVM; essas emissões são regidas pela Instrução CVM 400. Uma **emissão privada** de debêntures pode ser realizada por SA aberta ou fechada e tem como alvo um grupo restrito de investidores qualificados, sem necessidade de registro na CVM; essas emissões são regidas pela Instrução CVM 476.

Nas emissões públicas, é obrigatório o **prospecto de emissão**, um documento tipo relatório que consolida todas as informações relevantes da emissão e da emissora. Ele tem o objetivo de oferecer aos potenciais investidores a avaliação da situação econômica e financeira e perspectivas da emissora e das condições gerais da emissão. A exigência do **Formulário de Referência** (FR), a ser arquivado anualmente na CVM, facilita a elaboração do prospecto de emissão, pois o FR é montado como um "prospecto de prateleira". O FR facilitou a emissão de títulos mobiliários pelas companhias abertas no Brasil.

A Lei nº 12.431, de 24 de junho de 2011, criou incentivos para debêntures destinadas a financiar projetos de infraestrutura. A intenção foi criar instrumentos financeiros para financiamento de projetos de longo prazo. Investidores qualificados, especialmente investidores

Para informações sobre emissões incentivadas, consulte
https://www.anbima.com.br

institucionais, têm participação majoritária no mercado de debêntures no Brasil. Isso ocorre em razão da ainda reduzida liquidez das debêntures no mercado brasileiro, assim como da complexidade dos cálculos para determinar seu valor, o que dificulta a participação de investidores de varejo. Fundos de pensão têm especial interesse nas debêntures indexadas aos índices de inflação. Por outro lado, a tendência de queda das taxas de juros no mercado brasileiro tem como efeito o aumento do interesse dos investidores em geral por títulos de dívida de empresas, pois esses apresentam retornos maiores do que os proporcionados pelos títulos públicos e os títulos indexados à taxa DI.

Mercado secundário de debêntures O mercado secundário de títulos de renda fixa no Brasil é o mercado de balcão organizado, constituído por sistemas de negociação de títulos com a supervisão de entidade autorreguladora, autorizada pelo Banco Central e pela CVM. As emissões de debêntures são registradas no SND — Módulo Nacional de Debêntures. O principal mercado secundário de debêntures é o mercado de balcão.

A B3 oferece um mercado de balcão organizado de negociação eletrônica, com o nome Balcão B3, que é estruturado e operacionalizado por meio de plataforma eletrônica, integrada por dois subsistemas denominados Cetip | Trader e CetipNet. Esses subsistemas oferecem um ambiente de negociações de títulos de renda fixa, títulos públicos, debêntures, CRA, CRI e CFF no Cetip | Trader e disponibilizam ferramentas que auxiliam as operações e dão maior liquidez ao mercado de renda fixa. Ver http://www.b3.com.br/pt_br/regulacao/estrutura-normativa/regulamentos-e-manuais/negociacao.htm

Para informações de preços de debêntures e volumes negociados, consulte o *site* debentures.com, em **http://www.debentures.com.br/exploreosnd/exploreosnd.asp#21**.

Para saber mais sobre os subsistemas Cetip | Trader e CetipNet, acesse **http://www.b3.com.br/pt_br/regulacao/estrutura-normativa/regulamentos-e-manuais/negociacao.htm**.

Como encontrar o retorno até o vencimento: mais tentativa e erro

Com frequência sabemos o preço de um título de dívida, a taxa de cupom e a data de seu vencimento, mas não o seu retorno até o vencimento. Suponha que estejamos interessados em um título de seis anos com cupom de 8%. Um corretor cota um preço de $955,14. Qual é o retorno desse título?

Já vimos que o preço de um título de dívida pode ser escrito como a soma de sua série de pagamentos com seu principal. Sabendo que há um cupom de $80 durante seis anos e que o valor de face é de $1.000, podemos dizer que o preço é:

$$\$955{,}14 = \$80 \times [1 - 1/(1+r)^6]/r + 1.000/(1+r)^6$$

onde r é a incógnita da taxa de desconto, ou o rendimento até o vencimento. Temos aqui uma equação e uma incógnita, mas não podemos calcular r explicitamente. A única maneira de encontrar a resposta é usar o método de tentativa e erro.

Esse problema é essencialmente idêntico àquele que examinamos no capítulo anterior, quando tentamos encontrar a incógnita da taxa de juros de uma anuidade. Entretanto, encontrar a taxa (ou o retorno) de um título é mais complicado por causa do valor de face de $1.000.

Podemos agilizar o processo de tentativa e erro usando aquilo que conhecemos sobre preços e retornos de títulos de dívida. Nesse caso, o título tem um cupom de $80 e é negociado com deságio. Portanto, sabemos que o retorno é maior do que 8%. Se calcularmos o preço a 10%:

$$\text{Valor do título} = \$80 \times (1 - 1/1{,}10)^6/0{,}10 + 1.000/1{,}10^6$$
$$= \$80 \times 4{,}3553 + 1.000/1{,}7716$$
$$= \$912{,}89$$

A 10%, o valor que calculamos é mais baixo do que o preço real e, portanto, 10% é uma taxa muito alta. O retorno real deve estar entre 8 e 10%. Nesse ponto, é tentativa e erro até encontrar a resposta. Você provavelmente vai querer tentar 9%. Se fizer isso, verá que esse é, realmente, o retorno até o vencimento do título.

Taxas atuais de mercado estão disponíveis no *site* **www.bankrate.com**.

QUADRO 7.1 Tipos e estatísticas de títulos de dívida emitidos no Brasil

	Consolidado da Indústria (ANBIMA) — dez/21				
	Dez/20		Dez/21		Evolução (%) no ano
I - VOLUME FINANCEIRO (R$ milhões)	1.625.164,53	100,00%	1.721.945,20	100,00%	5,96
Ativos de Renda Fixa	304.018,24	18,70%	365.404,92	21,20%	20,19
Títulos Públicos	28.305,89	1,70%	33.194,86	1,90%	17,27
Pré-fixados	5.405,52	0,30%	5.604,47	0,30%	3,68
Pós-fixados	3.753,69	0,20%	4.975,60	0,30%	32,55
Inflação	19.143,97	1,20%	22.611,97	1,30%	18,12
Outros Títulos Públicos	2,72	0,00%	2,83	0,00%	4
Títulos Privados	275.712,35	17,00%	332.210,05	19,30%	20,49
CDB/RDB	64.499,67	4,00%	75.250,80	4,40%	16,67
DPGE	76,12	0,00%	99,75	0,00%	31,04
Letras Financeiras (LF)	9.966,58	0,60%	9.589,94	0,60%	−3,78
Operações Compromissadas	1.113,26	0,10%	1.216,95	0,10%	9,31
Outros Bancários	903,35	0,10%	757,4	0,00%	−16,16
Debêntures	34.795,51	2,10%	42.288,88	2,50%	21,54
Debêntures tradicionais	4.305,58	0,30%	2.891,92	0,20%	−32,83
Debêntures incentivadas	30.489,93	1,90%	39.396,96	2,30%	29,21
Certificado de Recebíveis Imobiliários (CRI)	11.953,67	0,70%	14.896,29	0,90%	24,62
Letras de Crédito Imobiliário (LCI)	29.249,89	1,80%	32.116,35	1,90%	9,8
Letras Hipotecárias (LH)	133,06	0,00%	40,13	0,00%	−69,84
Letra Imobiliária Garantida (LIG)	19.085,92	1,20%	42.615,09	2,50%	123,28
Outros Imobiliários	0	0,00%	4,1	0,00%	
Letras de Crédito Agrícola (LCA)	76.705,00	4,70%	81.768,85	4,70%	6,6
Certificado de Recebíveis Agrícolas (CRA)	26.726,71	1,60%	31.287,88	1,80%	17,07
Outros Agrícolas	0	0,00%	0	0,00%	
Letra de Arrendamento Mercantil (LAM)	195,72	0,00%	44,1	0,00%	−77,47
Letra de Câmbio (LC)	82,86	0,00%	49,8	0,00%	−39,9
Outros Títulos Privados	225,01	0,00%	183,76	0,00%	−18,33
Híbrido	4.002,86	0,20%	4.322,77	0,30%	7,99
Certificado de Operações Estruturadas (COE)	4.002,86	0,20%	4.322,77	0,30%	7,99

Fonte: ANBIMA. Disponível em https://www.anbima.com.br/pt_br/informar/estatisticas/varejo-private-e-gestores-de-patrimonio/private-consolidado-mensal.htm (consulta em 0.02.2022) Segundo a ANBIMA, as informações estão sujeitas a retificação devido a reprocessamentos.

O retorno até o vencimento de um título não deve ser confundido com seu **retorno corrente**, o qual é apenas a soma dos cupons pagos a cada ano pelo título dividida pelo preço de mercado do título. No exemplo que acabamos de dar, o cupom anual do título foi de $80 e seu preço foi de $955,14. Dados esses números, vemos que o retorno corrente é de $80/$955,14 = 8,38%, que é menos do que o retorno até o vencimento de 9%. O motivo pelo qual o retorno corrente é tão baixo é que ele considera apenas a parte de cupom do seu retorno. Ele não considera o ganho incorporado do desconto do preço. O inverso vale para um título com ágio e significa que o retorno corrente seria mais alto, porque ele ignora a perda embutida no preço.

retorno corrente
Soma dos cupons pagos a cada ano por um título de dívida, dividida pelo seu preço corrente.

Nossa discussão sobre avaliação de títulos de dívida está resumida no Quadro 7.2.

QUADRO 7.2 Resumo da avaliação de títulos de dívida

I. Encontrando o valor de um título de dívida

Valor do título = $C \times [1 - 1/(1 + r)^t]/r + F/(1 + r)^t$

onde:

C = cupom pago a cada período
r = taxa por período
t = número de períodos
F = valor de face do título

II. Encontrando o retorno de um título de dívida

Dados o valor do título, o cupom, o prazo até o vencimento e o valor de face, é possível encontrar a taxa de desconto implícita (ou retorno até o vencimento) por meio de tentativa e erro. Para tal, tente diferentes taxas de desconto até que o valor calculado para o título seja igual ao valor dado (ou use uma calculadora financeira). Lembre-se de que aumentar a taxa diminui o valor do título.

EXEMPLO 7.2 Eventos correntes

Um título tem preço cotado de $1.080,42. O valor de face é de $1.000, o cupom semestral é de $30 e o vencimento ocorre em cinco anos. Qual é o seu retorno corrente? Qual é o seu retorno até o vencimento? Qual é maior? Por quê?

Observe que esse título faz pagamentos semestrais de $30, de modo que o pagamento anual é de $60. O retorno corrente é, portanto, de $60/1.080,42 = 5,55%. Para calcular o retorno até o vencimento, consulte novamente o Exemplo 7.1. Nesse caso, o título paga $30 a cada seis meses e tem 10 períodos de seis meses até o vencimento. Assim, precisamos encontrar o r da seguinte maneira:

$1.080,42 = $30 \times [1 - 1/(1 + r)^{10}]/r + 1.000/(1 + r)^{10}$

Após um pouco de tentativa e erro, descobrimos que r é igual a cerca de 2,1%. Mas a parte complicada é que esses 2,1% são o retorno *por seis meses*. Temos de dobrá-lo para obter o retorno até o vencimento e, portanto, o retorno até o vencimento é de 4,2%, que é menos do que o retorno corrente.[4] O motivo para isso é que o retorno corrente ignora a perda embutida no preço pelo ágio, desde agora até o vencimento.

---

[4] Observe que a prática de multiplicar o retorno do período em que são pagos os cupons pelo número de pagamentos no ano resulta em uma taxa nominal anual. Logo, o retorno até o vencimento calculado no mercado dos EUA é um retorno nominal, exceto para o caso de cupons anuais. O retorno até o vencimento (*yield to maturity*) calculado dessa forma é, portanto, diferente da TIR na forma anual. Essa forma de cálculo é aplicável a títulos emitidos no exterior. Os títulos emitidos em reais seguem a forma de cálculo, com taxa efetiva anual expressa para 252 dias úteis.

EXEMPLO 7.3 — Retorno dos títulos de dívida

Você está considerando dois títulos de dívida iguais em tudo, exceto por seus cupons e, obviamente, por seus preços. Ambos têm 12 anos até o vencimento. O primeiro título tem uma taxa de cupom de 10% e é negociado por $935,08. O segundo tem uma taxa de cupom de 12%. Por quanto você acha que ele seria negociado?

Como os dois títulos são muito semelhantes, eles serão cotados para render mais ou menos a mesma taxa. Primeiro, precisamos calcular o retorno do título com cupom de 10%. Procedendo como anteriormente, sabemos que o retorno deve ser maior do que 10%, pois o título está sendo negociado com deságio. O título tem um vencimento longo, de 12 anos. Vimos que os preços de um título de longo prazo são relativamente sensíveis às variações na taxa de juros e, assim, o retorno provavelmente está próximo de 10%. Um pouco de tentativa e erro revela que o retorno é de 11%.

Valor do título = $100 × (1 − 1/1,11)^{12}/0,11 + 1.000/1,11^{12}
= $100 × 6,4924 + 1.000/3,4985
= $649,24 + 285,84
= $935,08

Com um retorno de 11%, o segundo título será negociado com ágio por conta de seu cupom de $120. Seu valor é:

Valor do título = $120 × (1 - 1/1,11)^{12}/0,11 + 1.000/1,11^{12}
= $120 × 6,4924 + 1.000/3,4985
= $779,08 + 285,84
= $1.064,92

DICAS DE CALCULADORA

Como calcular preços e retornos de títulos de dívida usando uma calculadora financeira

Muitas calculadoras financeiras têm rotinas muito sofisticadas para a avaliação de obrigações. Entretanto, elas variam muito na implementação, e nem todas as calculadoras financeiras têm essas rotinas. Como resultado, ilustraremos um modo simples de resolver problemas relativos a títulos de dívida, o qual funcionará em quase todas as calculadoras financeiras.

A forma que apresentamos é a como as calculadoras financeiras usadas no Brasil estão preparadas para realizar cálculos. Note que as rotinas estão ajustadas para cálculos de títulos emitidos no exterior. Para calcular títulos emitidos em reais é preciso efetuar os cálculos ou programar os passos nas calculadoras programáveis.

Para começar, é claro, lembre-se de limpar a memória da calculadora! A seguir, voltando para o Exemplo 7.3, temos dois títulos a considerar, ambos com 12 anos até o vencimento. O primeiro título é negociado por $935,08 e tem uma taxa de cupom de 10%. Para encontrar o seu retorno, podemos fazer o seguinte:

Digite	12		100	−935,08	1.000
	N	I/Y	PMT	PV	FV
Calcule		11			

Observe que digitamos um valor futuro de $1.000, representando o valor de face do título, e um pagamento de 10% de $1.000, ou $100, ao ano, representando o cupom anual do título. Observe também que temos um sinal negativo no preço do título, o qual foi digitado como o valor presente.

No caso do segundo título, sabemos que o retorno relevante é de 11%. Ele tem um cupom de 12% e 12 anos até o vencimento, então qual é o preço? Para responder, podemos simplesmente inserir os valores relevantes e solucionar o valor presente dos fluxos de caixa do título:

Capítulo 7 Taxas de Juros e Avaliação de Títulos de Dívida

Digite	12	11	120		1.000
	N	I/Y	PMT	PV	FV
Calcule				−1.064,92	

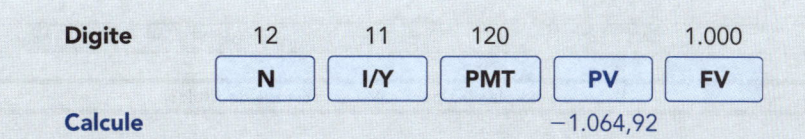

Há um detalhe importante que aparece aqui. Suponha que tenhamos um título com um preço de $902,29, com 10 anos até o vencimento e uma taxa de cupom de 6%. Pressupondo que esse título faça pagamentos semestrais, qual é o seu retorno? Para responder, precisamos digitar os números pertinentes da seguinte maneira:

Digite	20		30	−902,29	1.000
	N	I/Y	PMT	PV	FV
Calcule		3,7			

Observe que digitamos $30 como pagamento, porque o título faz pagamentos de $30 a cada seis meses. Da mesma forma, digitamos 20 para N, porque temos 20 períodos de seis meses. Quando calculamos o retorno, temos 3,7% como resposta. A parte complicada é lembrar que esse é o retorno por seis meses e, assim, temos de dobrá-lo para obter a resposta certa: 2 × 3,7 = 7,4%, que seria o retorno do título.

Note que calcular o retorno anual como sendo o dobro do retorno semestral implica calcular o retorno nominal anual do título. Esse é o procedimento utilizado no mercado estadunidense e no mercado internacional como norma geral. No mercado brasileiro, para títulos emitidos em reais, utilizam-se taxas efetivas para cálculos de retorno.

A taxa efetiva de retorno anual proporcionado por esse título é de $[(1{,}037)^2 -1] \times 100 = 7{,}5369\%$.

ESTRATÉGIAS DE PLANILHA

Como calcular preços e retornos de títulos de dívida usando uma planilha eletrônica

A maioria das planilhas eletrônicas tem rotinas bastante elaboradas disponíveis para o cálculo dos valores e retornos de títulos de dívida. Muitas dessas rotinas envolvem detalhes que não discutimos. Entretanto, a criação de uma planilha simplificada para calcular preços ou retornos é um procedimento simples, como mostram estas duas planilhas:

	A	B	C	D	E	F	G	H
1								
2	Usando uma planilha para calcular valores de títulos de dívida							
3								
4	Suponha que tenhamos um título com 22 anos até o vencimento, uma taxa de cupom de 8% e um retorno							
5	até o vencimento de 9%. Se o título faz pagamentos semestrais, qual é o seu preço hoje?							
6								
7	Data de liquidação:*	1/1/2020						
8	Data de vencimento:	1/1/2042						
9	Taxa anual do cupom:	0,08						
10	Retorno até o vencimento:**	0,09						
11	Valor de face (% do par)	100						
12	Cupons por ano:	2						
13	Preço do título (% do valor de face)	90,49						
14								
15	A fórmula digitada na célula B13 é =PREÇO(B7;B8;B9;B10;B11;B12). Observe que o valor de face e o preço do							
16	título são dados como porcentagem do valor ao par.							

* Liquidação se refere à data do débito à conta corrente do investidor na aquisição do título. Foi mantida a terminologia da planilha Microsoft Excel para a função "PREÇO". Ver a "Ajuda" da função na planilha Microsoft Excel.
** O retorno até o vencimento é calculado pela função "LUCRO" do Microsoft Excel

210 Parte 3 Valoração de Fluxos de Caixa Futuros

	A	B	C	D	E	F	G	H
1								
2	**Usando uma planilha para calcular retornos de títulos**							
3								
4	Suponha que tenhamos um título com 22 anos até o vencimento, uma taxa de cupom de 8% e um preço de							
5	$960,17. Se o título faz pagamentos semestrais, qual é o seu retorno até o vencimento?							
6								
7	Data de liquidação:	1/1/2020						
8	Data de vencimento:	1/1/2042						
9	Taxa anual do cupom:	0,08						
10	Preço do título (% do par):	96,017						
11	Valor de face (% do par):	100						
12	Cupons por ano:	2						
13	Retorno até o vencimento:	**0,084**						
14								
15	A fórmula digitada na célula B13 é =LUCRO(B7;B8;B9;B10;B11;B12). Observe que o valor de face e o preço do							
16	título são dados como porcentagem do valor de face.							

Observe que, em nossa planilha eletrônica, tivemos de inserir duas datas, uma de liquidação e uma de vencimento. A data de liquidação é aquela na qual você paga pela compra do título, e a data de vencimento é o dia em que o título vence. Na maioria de nossos problemas, não há essas datas explicitamente e, portanto, temos de criá-las. Por exemplo, como nosso título tem 22 anos até o vencimento, apenas usamos 1/1/2020 (1º de janeiro de 2020) como a data de liquidação e 1/1/2042 (1º de janeiro de 2042) como a data de vencimento. Quaisquer datas serviriam, desde que houvesse um período de exatamente 22 anos entre elas, mas essas datas que usamos são as mais fáceis de trabalhar neste exemplo. Por último, observe que tivemos de inserir a taxa de cupom e o retorno até o vencimento em termos anuais e, também, fornecemos explicitamente o número de pagamentos de cupom por ano. Note também que os os passos apresentados são para cálculos de títulos emitidos no exterior.

Questões conceituais

7.1a Quais são os fluxos de caixa associados a um título de dívida?

7.1b Qual é a expressão geral do valor de um título de dívida?

7.1c É verdade que o único risco associado aos títulos de dívida é que o emitente não faça todos os pagamentos? Explique.

7.2 Mais sobre características dos títulos de dívida

Excel Master!
Cobertura on-line do Excel Master

Nesta seção, continuamos a discussão sobre dívidas de empresas e descrevemos, com alguns detalhes, os termos e as características fundamentais que constituem um típico título de dívida de longo prazo emitido por empresa. Discutiremos outras questões relacionadas à dívida de longo prazo em seções posteriores.

Os títulos mobiliários emitidos por empresas podem ser classificados como *títulos representativos de capital próprio* e *títulos representativos de dívida*. No nível mais básico, uma dívida representa algo que deve ser pago; ela é o resultado de um empréstimo. Quando as empresas contraem empréstimos, é comum que prometam fazer pagamentos de juros regulares e do montante original (ou seja, o principal). A pessoa ou empresa que empresta o dinheiro é chamada de *credor*, *emprestador* ou *mutuante*. A empresa que toma o dinheiro emprestado é chamada de *devedor*, *tomador* ou *mutuário*.

Do ponto de vista financeiro, as principais diferenças entre dívida e capital próprio são as seguintes:

1. Dívida não representa uma participação no capital da empresa. Em geral, os credores não têm poder de voto (embora possam impor algumas restrições às decisões dos acionistas, mediante cláusulas protetoras).
2. O pagamento de juros sobre a dívida é considerado um custo da realização de negócios e é totalmente dedutível da base de cálculo dos tributos sobre a renda da pessoa jurídica (quando tributada pelo lucro real). Por sua vez, os dividendos pagos aos acionistas *não* são dedutíveis para fins de incidência de tributos sobre os lucros da pessoa jurídica.
3. A dívida a pagar é um passivo da empresa. Caso não seja paga, os credores podem legalmente requerer ativos da empresa. Essa ação pode resultar na reorganização da estrutura de ativos da empresa ou na liquidação da empresa, duas das consequências possíveis de um processo de recuperação judicial por falta de pagamentos aos credores. Assim, um dos custos da emissão de dívida é a possibilidade de a empresa ir à recuperação judicial e até à falência. Essas possibilidades não ocorrem com a emissão de títulos representativos de capital próprio.

Informações sobre títulos de dívida nos EUA podem ser encontradas em **www.investinginbonds.com**.

É dívida ou capital próprio?

Às vezes não fica claro se determinado título mobiliário é representativo de dívida ou de capital próprio. Por exemplo, suponha que uma empresa emita um título perpétuo com juros pagáveis exclusivamente com os lucros da empresa, se, e apenas se, houver lucros. É difícil dizer se essa é ou não realmente uma dívida, e essa é uma questão principalmente legal e semântica. Os tribunais e o fisco podem ter a palavra final.

Nos Estados Unidos e no mercado internacional, as empresas criam títulos mobiliários exóticos e híbridos que têm muitas características de capital próprio, mas são tratados como dívida. Obviamente, a distinção entre dívida e capital próprio é muito importante para fins fiscais, e é importante para o cálculo do nível de endividamento de uma empresa. Assim, um motivo pelo qual as empresas tentam criar um título de dívida que na realidade é capital próprio é obter os benefícios fiscais da dívida com a ausência do risco de falência que é do capital próprio. Entretanto, as normas internacionais (IFRS) para as demonstrações financeiras exigem que a essência prevaleça sobre a forma, o que pode fazer com que algumas formas de dívida devam ser classificadas como participações patrimoniais, ou outras formas apresentadas como participações patrimoniais devam ser apresentadas como obrigações nas demonstrações financeiras. Por outro lado, a legislação fiscal sempre pode impor um tratamento diferente, e, como tributos são um custo, a escolha do tipo de título a emitir será comandada pelo cálculo da menor tributação final.

Como regra geral, capital próprio representa uma participação no patrimônio da empresa, e essa é uma participação residual. Isso quer dizer que os detentores de direitos patrimoniais são pagos após os detentores de direitos sobre a dívida. Como resultado disso, os riscos e benefícios associados à propriedade de títulos representativos de dívida ou de títulos representativos de patrimônio são diferentes. Para dar apenas um exemplo, observe que a recompensa máxima pela titularidade de dívida é, em última análise, determinada pelo montante do empréstimo, enquanto não há limite máximo para a recompensa potencial da titularidade de participação no patrimônio.

Dívida de longo prazo: fundamentos

Em última análise, todos os títulos de dívida de longo prazo são promessas feitas pela empresa emitente de pagar o principal no vencimento e fazer pagamentos de juros sobre o saldo não pago. Além disso, há várias características que distinguem esses títulos mobiliários uns dos outros. Discutiremos algumas dessas características a seguir.

O prazo de vencimento de uma dívida de longo prazo é o período em que a dívida permanece com saldo a pagar. Os títulos de dívida podem ser de *curto prazo* (vencimento em um ano ou menos) ou de *longo prazo* (vencimento em mais de um ano).[5] Uma dívida de curto prazo também pode ser chamada de *dívida não financiada*.[6]

Porém, quando se tratar de uma empresa investidora, que detém títulos de dívida em sua carteira, a classificação quanto ao prazo de vencimento será diferente: no ativo circulante, títulos com vencimento até 90 dias serão classificados como "caixa e equivalentes de caixa", e títulos com vencimento superior a 90 dias e até um ano serão classificados como "títulos e valores mobiliários" ou "aplicações financeiras", ou um título semelhante. Títulos com vencimento superior a um ano serão classificados no ativo não circulante.

Um título de dívida pode ter os nomes de *nota, obrigação, bônus* ou *debênture*. A rigor, no mercado estadunidense e em geral nos demais mercados internacionais, um título do tipo *bond* (obrigação) é uma dívida com garantias. Entretanto, no uso comum, o termo *título de dívida* se refere a todos os tipos de dívidas com garantias e sem garantias. Portanto, continuaremos usando o termo genericamente ao nos referirmos a uma dívida de longo prazo. Da mesma forma, normalmente a única diferença entre uma nota e um título é o vencimento original. As emissões com um vencimento original de 10 anos ou menos quase sempre são chamadas de notas (*notes*). As emissões de prazo mais longo são chamadas de obrigações (*bonds*).

As duas formas principais de dívida de longo prazo são a emissão no mercado (também referida como emissão pública) e a colocação privada. Vamos nos concentrar nas obrigações de emissão pública. A maioria do que dissermos sobre elas vale também para a dívida de longo prazo de colocação privada. A principal diferença entre dívida de emissão pública e dívida de colocação privada é que esta é colocada diretamente com um ou alguns emprestadores e não é ofertada ao público. Como se trata de uma transação privada, os termos específicos dependem das partes envolvidas.

Existem muitas outras dimensões das dívidas de longo prazo, incluindo coisas como garantias, opções de resgate, fundos de amortização, classificações de risco e cláusulas protetoras dos credores. O quadro a seguir ilustra essas características de um título emitido pela gigante de tecnologia Apple. Não se preocupe se não conhecer alguns dos termos. Eles serão discutidos em seguida.

Informações sobre títulos de dívida nos EUA podem ser encontradas no *site* http://finra-markets.morningstar.com.

Características de um título da Apple		
Termo		**Explicação**
Montante da emissão	$1,5 bilhão	A empresa emitiu $1,5 bilhão em títulos.
Data da emissão	11/09/2019	Os títulos foram negociados em 11/09/2019.
Vencimento	11/09/2049	Os títulos vencem em 11/09/2049.
Valor de face	$2.000	O valor de face dos títulos é $2.000.
Cupom anual	2,95	A cada ano, todo detentor receberá $59 por título (2,95% do valor de face).
Preço de oferta	99,270	O preço de oferta será 99,270% do valor de face de $2.000, ou $1.985,40 por título.
Datas dos pagamentos dos cupons	11/3, 11/9	Cupons de $59/2 = $29,50 serão pagos nessas datas.
Garantia	Nenhuma	Os títulos não oferecem garantia de ativos específicos.
Fundo de amortização	Nenhum	Os títulos não possuem um fundo de amortização.

(Continua)

---

[5] Não existe uma distinção universalmente aceita entre dívida de curto prazo e de longo prazo. Além disso, com frequência, as pessoas fazem referência a *dívidas de prazo intermediário*, com vencimento de mais de um ano e menos de três a cinco ou até mesmo 10 anos. Do ponto de vista contábil, uma dívida é classificada como de curto prazo se vence em até um ano da data da publicação do demonstrativo financeiro que refere a dívida. Todas as que vencem em prazo superior são classificadas com dívida de longo prazo.

[6] O termo *financiamento* (*funding*) faz parte do jargão das finanças. Em geral, ele se refere ao longo prazo. Assim, uma empresa que pretende "alongar" suas dívidas pode querer substituir a dívida de curto prazo por uma de longo prazo.

(Continuação)

Características de um título da Apple		
Termo		**Explicação**
Opção de resgate antecipado	Qualquer momento	Os títulos não têm uma opção de resgate diferido.
Preço da opção de resgate	Taxa dos títulos do Tesouro + 0,20%	Os títulos têm uma cláusula de compensação ao investidor pelo resgate antecipado (cláusula *make whole call price*).
Classificação	Moody's Aa1 S&P AA+	Os títulos têm classificação de crédito muito alta.

A escritura de emissão

A **escritura de emissão** é o acordo por escrito entre a empresa (o mutuário) e seus credores. Às vezes, é chamada de *contrato de emissão da dívida*.[7] Em geral, um agente fiduciário (possivelmente um banco) é indicado pela empresa para representar os detentores dos títulos de dívida. O agente fiduciário deve (1) garantir que as condições do contrato sejam obedecidas, (2) gerenciar o fundo de amortização (descrito mais adiante) e (3) representar os credores em caso de inadimplência.

escritura de emissão
Contrato firmado entre a empresa e o credor, detalhando os termos da emissão de dívida.

A escritura de emissão de dívida é um documento legal. Ela pode ter centenas de páginas e, em geral, se torna uma leitura bastante tediosa. Entretanto, trata-se de um documento importante, porque normalmente inclui as seguintes disposições:

1. Os termos básicos dos títulos da dívida.
2. O montante total das obrigações emitidas.
3. Uma descrição dos ativos oferecidos como garantia.
4. As condições para o pagamento.
5. As cláusulas da opção de resgate antecipado.
6. Os detalhes das cláusulas protetoras.

Discutiremos essas características a seguir.

Termos de um título Historicamente, os títulos de dívida corporativos emitidos nos EUA tinham valor de face (ou seja, denominação) de $1.000, mas valores ao par de $2.000, como os da Apple, se tornaram relativamente comuns. Também há outros valores ao par; por exemplo, os títulos municipais estadunidenses muitas vezes têm valores ao par de $5.000, e os títulos do Tesouro dos EUA são negociados com valores ao par de $10.000 ou $100.000. Esse *valor do principal* está declarado no certificado do título. Assim, se uma empresa queria tomar $1 milhão emprestado, 1.000 títulos de dívida precisariam ser vendidos, caso cada um fosse oferecido a $1.000. O valor ao par (ou seja, o valor de emissão) de um título é quase sempre o valor de face, de modo que, na prática, ambos os termos têm o mesmo significado. No Brasil, os títulos de dívida geralmente têm valor de face de R$1.000 (ou múltiplos de 1.000).

Os títulos de dívida corporativa normalmente estão na **forma nominativa** (no Brasil, isso é obrigatório, pois aqui não é permitida a emissão de títulos ao portador). Por exemplo, a escritura de emissão pode dizer o seguinte:

forma nominativa
Forma da emissão de títulos de dívida em que a empresa ou o serviço de custódia contratado por ela registra a propriedade de cada título. O pagamento é feito diretamente ao titular do registro.

> Os juros serão pagos semestralmente em 1º de julho e 1º de janeiro de cada ano à pessoa em cujo nome o título está registrado no fechamento de negócios dos dias 15 de junho e 15 de dezembro, respectivamente.

---
[7] Os termos *contrato de empréstimo* ou *contrato de financiamento* são geralmente usados para dívidas e empréstimos de colocação privada.

Isso significa que a empresa tem ou contrata um serviço de custódia que registrará o nome do proprietário de cada título e todas as alterações de propriedade. A empresa pagará os juros e o principal diretamente ou por meio do agente de custódia ao titular do registro. Um título de dívida corporativa pode ser representado por um título físico (um papel) e ter "cupons" anexados; nesse caso, para obter um pagamento de juros, o titular deve separar um cupom do certificado do título e enviá-lo para o serviço de custódia da empresa (o agente pagador). No Brasil, os títulos de dívida emitidos por empresas podem assumir a forma de documento físico ou a forma escritural, em que a titularidade é registrada como uma conta corrente em um serviço de custódia.

forma ao portador
Forma de emissão de títulos em que não há registro do nome do titular. O pagamento é feito a quem possuir o título. Essa forma não é permitida para títulos emitidos no Brasil.

No mercado internacional, um título pode estar na **forma ao portador**. Isso significa que apenas o certificado é a evidência básica de propriedade, e a empresa "pagará ao portador". Não há qualquer tipo de registro de titularidade, e, da mesma forma que um título nominativo com cupons anexados, o detentor do certificado do título ao portador destaca os cupons e os envia à empresa para receber o pagamento.

Os títulos ao portador têm duas desvantagens. Em primeiro lugar, caso sejam perdidos ou roubados, será difícil recuperá-los. Em segundo lugar, como a empresa não sabe quem é o proprietário, ela não pode notificá-lo sobre eventos importantes. Os títulos ao portador já foram o tipo mais comum, mas agora são bem menos comuns (nos Estados Unidos) do que os títulos nominativos. Como já destacamos, no Brasil não podem ser emitidos títulos ao portador.

Garantia Os títulos de dívida são classificados de acordo com a garantia e as hipotecas usadas para proteger o credor.

Garantia é um termo genérico no contexto de dívida mobiliária que significa títulos mobiliários (por exemplo, títulos de dívida e ações) que são dados como garantia do pagamento da dívida. Por exemplo, um título com garantia pode envolver uma penhora de ações da empresa. Entretanto, de forma geral, o termo *garantia* normalmente é usado com o sentido de qualquer ativo que garanta uma dívida.

Garantia de recebíveis Alguns títulos de dívida comuns no mercado brasileiro, como Certificados de Recebíveis Imobiliários, são garantidos por recebíveis, no caso, recebíveis imobiliários. Isso significa que além da garantia do emissor, os títulos são garantidos pelos fluxos de caixa de empreendimentos imobiliários como, por exemplo, aluguéis.

Hipotecas Nos EUA são comuns os títulos hipotecários (*mortgage securities*) que são garantidos por uma hipoteca sobre os bens imóveis do mutuário. No Brasil, a garantia preferida é a alienação fiduciária. Na hipoteca a propriedade envolvida geralmente é um imóvel – por exemplo, uma casa ou edifícios, assim como terrenos. O documento legal que descreve a hipoteca é chamado de *escritura de hipoteca* (nos EUA *mortgage trust indenture* e *trust deed*). No Brasil, a Letra Imobi.iária é garantida por hipoteca ou penhor de imóveis fianciados. Às vezes, as hipotecas são feitas para uma propriedade específica, como um navio ou avião. Mas as chamadas "garantias flutuantes" são mais comuns. Uma *garantia flutuante* dá como garantia qualquer dos ativos da empresa, sem designação específica, como no caso de uma garantia real por hipoteca.[8]

Debênture
Título mobiliário representativo de dívida de médio ou longo prazo de uma empresa e que assegura a seus detentores (os debenturistas) direito de crédito contra o emissor (Brasil). Dívida sem garantia, em geral com um prazo de vencimento de 10 anos ou mais (Estados Unidos).

nota
Dívida sem garantia, em geral com um prazo de vencimento abaixo de 10 anos (Estados Unidos).

No mercado norte-americano, as obrigações geralmente não possuem garantia. Lá uma **debênture** (*debenture*) é um título sem garantia — nenhuma propriedade é oferecida como garantia. Em geral, o termo **nota** é usado para tais instrumentos quando o vencimento do título sem garantia é menor do que 10 anos a partir da data de emissão. Nesse mercado, os detentores de debêntures só têm direito a exigir os bens não onerados, ou seja, aqueles bens que permanecerem após a execução de hipotecas e garantias. Os títulos de dívida da Microsoft no quadro são um exemplo desse tipo de emissão.

---

[8] Os bens imóveis incluem terrenos e as coisas "sobre" eles. Não inclue dinheiro ou estoques.

A terminologia que usamos neste capítulo é uma tradução do padrão usado nos EUA. Fora dos EUA, esses mesmos termos podem ter significados diferentes. Por exemplo, os títulos emitidos pelo governo britânico ("gilts") são chamados de "ações" do Tesouro. Além disso, no Reino Unido, uma debênture (*debenture*) é um título *garantido*.

Atualmente, as obrigações emitidas ao público nos Estados Unidos por empresas financeiras e de manufatura, em geral, são tipicamente *debentures*[9]. Entretanto, a maioria dos títulos de dívida corporativa de concessionárias de serviços públicos e ferroviários é garantida por ativos.

No Brasil, as debêntures podem ser nominativas ou escriturais. Nominativa é a debênture cujos registros e controle de transferências de titularidade são realizados pela companhia emissora no seu Livro de Registro de Debêntures Nominativas. Escritural é a debênture cuja custódia e escrituração é realizada por instituição custodiante com registro na CVM para tal.

Cláusulas de preferência Em termos gerais, a *preferência* indica privilégio na posição em relação a outros credores, e as dívidas podem ser rotuladas como *sênior* ou *júnior*, para indicar a preferência de uma em relação à outra. Algumas dívidas são *subordinadas*, como, por exemplo, uma debênture subordinada.

No caso de inadimplência, os detentores de dívidas subordinadas devem dar preferência a outros credores específicos. Em geral, isso quer dizer que os credores subordinados só serão pagos após o pagamento de credores específicos. Entretanto, os direitos decorrentes de dívida não podem ser subordinados aos direitos do capital próprio.

Conforme o tipo de garantia, ou na ausência de garantias, as debêntures, no Brasil, são classificadas como: debêntures com garantia real, debêntures com garantia flutuante e debêntures quirografárias (ou subordinadas).

Amortização Os títulos de dívida podem ser pagos no vencimento, momento em que o credor receberá o valor de face do título, ou podem ser pagos parcial ou totalmente antes do vencimento. Algum tipo de pagamento antecipado é comum e, muitas vezes, é arranjado por meio de um fundo de amortização.

Um **fundo de amortização** é uma conta gerenciada pelo agente fiduciário, com a finalidade de quitar os títulos de dívida. A empresa faz pagamentos anuais ao agente fiduciário, o qual utiliza os fundos para quitar uma parte da dívida. Isso é feito pela compra de parte dos títulos em circulação no mercado ou pelo exercício de uma opção de resgate de uma fração das obrigações a liquidar. A segunda opção será discutida na próxima seção.

Há muitos tipos diferentes de fundos de amortização, e os detalhes estarão expressos na escritura de emissão. Nos EUA, por exemplo:

1. Alguns fundos de amortização começam cerca de 10 anos após a emissão inicial.
2. Alguns fundos de amortização estabelecem pagamentos iguais ao longo da vida do título.
3. Algumas emissões de títulos de alta qualidade estabelecem pagamentos para o fundo de amortização que não são suficientes para resgatar toda a emissão. Dessa maneira, existe a possibilidade de um grande "pagamento-balão" no vencimento.

Opção de resgate antecipado Uma **cláusula de opção de resgate antecipado (*call*)** permite que, durante um determinado período, a empresa tenha a opção de recomprar ou "resgatar" parte ou toda a emissão de obrigações pagando um preço estabelecido. Os títulos de dívida corporativa normalmente têm opção de resgate antecipado.

É comum que o preço de resgate antecipado esteja acima do valor de face do título. A diferença entre o preço de resgate antecipado e o valor de face é o **prêmio da opção de resgate** (prêmio pago pelo emissor ao detentor do título). O valor do prêmio da opção de resgate antecipado pode se tornar menor com o passar do tempo. Um esquema comum é definir o prêmio

---

[9] Tanto nos EUA quanto no Reino Unido, o termo utilizado em inglês é *debenture*. Os termos *bond*, *debenture* e *note* — e, adicionalmente, gilt, empregado no Reino Unido — são usuais.

fundo de amortização
Conta que é gerenciada pelo agente fiduciário e serve para resgatar os títulos de dívida antecipadamente.

opção de resgate antecipado
Acordo que dá à empresa emissora a opção de recompra dos títulos de dívida antes do vencimento a um preço especificado.

prêmio da opção de resgate antecipado
Montante do preço de exercício da opção de resgate antecipado que excede ao valor de face do título.

opção de resgate diferida
Cláusula da opção de resgate que proíbe a empresa de resgatar o título antes de determinada data.

título protegido contra opção de resgate antecipado
Título que não pode ser resgatado pelo emitente durante determinado período.

cláusula protetora
Parte da escritura de emissão que limita determinadas medidas que poderiam ser adotadas durante o prazo da dívida, para proteger os interesses do credor.

Deseja obter informações detalhadas sobre o montante e os termos da dívida emitida por uma determinada empresa? Consulte as demonstrações financeiras mais recentes nos arquivos da CVM, no site **www.cvm.gov.br**. Para empresas listadas nos Estados Unidos, consulte a SEC, no site **www.sec.gov**.

da opção igual ao pagamento do cupom anual e então reduzi-lo até zero à medida que a data de resgate fique mais próxima do prazo de vencimento.

As cláusulas de opção de resgate antecipado pelo emissor quase sempre permanecem inativas durante a primeira parte da vida de um título. Isso torna a cláusula de resgate antecipado uma preocupação a menos para os credores nos primeiros anos. Por exemplo, uma empresa poderia ser proibida de resgatar suas obrigações nos primeiros 10 anos. Isso se chama uma **opção de resgate diferida**. Durante esse período de proibição, diz-se que o título está **protegido contra a opção de resgate antecipado**.

Nos últimos anos, um novo tipo de cláusula de resgate antecipado, chamada *make-whole*, difundiu-se no mercado de títulos de dívida no mercado estadunidense. Diferentemente da opção de resgate antecipado comum, em que o resgate é realizado a valor inferior ao valor de mercado da dívida, com a cláusula *make-whole,* se as obrigações forem resgatadas antecipadamente, os credores recebem aproximadamente aquilo que elas valem no mercado ou mais. Como os credores não sofrem prejuízo em caso de exercício da opção de resgate antecipado, eles acabam sendo integralmente remunerados.

Para determinar o preço da opção *make-whole*, calculamos o valor presente dos pagamentos de juros e principal restantes a uma taxa especificada no contrato de emissão. Por exemplo, examinando nossa emissão da Apple, vemos que a taxa de desconto é "a taxa do Tesouro + 0,20%". Isso significa que determinamos a taxa de desconto primeiro encontrando uma emissão do Tesouro dos Estados Unidos com o mesmo vencimento. Calculamos o retorno até o vencimento da emissão do Tesouro e, em seguida, somamos outros 0,20% para obter a taxa de desconto que usamos.

Observe que, com uma cláusula *make-whole*, o preço de resgate é mais alto quando as taxas de juros são mais baixas e vice-versa (por quê?). Note também que, como é comum no caso desse tipo de opção, a emissão da Apple não tem uma cláusula de resgate diferido. Por que os investidores não estariam muito preocupados com a falta dessa cláusula?

Cláusulas protetoras (*covenants*) Uma **cláusula protetora**[10] é aquela parte da escritura de emissão de dívida que limita determinadas medidas que uma empresa poderia querer adotar durante o prazo da dívida. As cláusulas protetoras podem ser classificadas em dois tipos: cláusulas negativas (obrigações de não fazer) e cláusulas positivas ou afirmativas (obrigações de fazer).

Uma *cláusula negativa* é uma cláusula do tipo "você não pode". Ela limita ou proíbe medidas que a empresa poderia adotar. Aqui estão alguns exemplos comuns:

1. A empresa deve limitar o montante de dividendos que paga de acordo com alguma fórmula.
2. A empresa não pode oferecer qualquer ativo como garantia para outros credores.
3. A empresa não pode ser incorporada a outra empresa.
4. A empresa não pode vender ou alugar qualquer ativo principal sem aprovação do credor.
5. A empresa não pode emitir dívida adicional de longo prazo.

Uma *cláusula positiva* é uma cláusula do tipo "você deve". Ela especifica uma ação que a empresa concorda em tomar ou uma condição que a empresa deve obedecer. Aqui estão alguns exemplos:

1. A empresa deve manter seu capital de giro igual ou acima de um nível mínimo especificado.
2. A empresa deve fornecer periodicamente ao credor demonstrações financeiras auditadas.
3. A empresa deve manter todas as garantias em boas condições.

Esta é apenas uma lista parcial de cláusulas. Determinada escritura de emissão pode apresentar muitas outras cláusulas diferentes.

---

[10] Uma cláusula protetora também pode ser chamada de *cláusula restritiva*. Ela é protetora do ponto de vista do *credor* e restritiva do ponto de vista do *tomador* da dívida. Também é muito usado o termo em inglês *covenant*.

> **Questões conceituais**
>
> **7.2a** Quais são as características que diferenciam dívida de capital próprio?
> **7.2b** O que é a escritura de emissão de dívida? O que são cláusulas protetoras? Dê alguns exemplos.
> **7.2c** O que é um fundo de amortização?

7.3 Classificações de risco de títulos de dívida

As empresas, com frequência, pagam para que suas dívidas sejam classificadas. As duas principais empresas de classificação de risco de títulos de dívida são a Moody's e a Standard & Poor's (S&P). As classificações do risco de dívidas (*ratings*) são uma avaliação da qualidade de crédito da empresa emitente. As definições de crédito usadas pela Moody's e pela S&P se baseiam na probabilidade de a empresa ficar inadimplente e na proteção que os credores têm no evento de uma inadimplência.

É importante reconhecer que as classificações de risco de dívidas se preocupam *apenas* com a possibilidade de inadimplência. Anteriormente, discutimos o risco da taxa de juros, que definimos como o risco de uma variação no valor de um título resultante de uma variação nas taxas de juros. As classificações de títulos de dívida não levam isso em conta. Como resultado, o preço de um título com classificação alta ainda pode ser bastante volátil.

As classificações de risco de títulos de dívida são construídas a partir das informações fornecidas pela empresa. As classificações e outras informações são mostradas no quadro a seguir.

	Classificações de risco de títulos com qualidade de investimento				Classificações de risco de títulos especulativos e/ou com qualidade baixa (*junk bonds*)					
	Alto grau		Médio grau		Baixo grau		Baixíssimo grau			
Standard & Poor's	AAA	AA	A	BBB	BB	B	CCC	CC	C	D
Moody's	Aaa	Aa	A	Baa	Ba	B	Caa	Ca	C	

Moody's	S&P	
Aaa	AAA	Uma dívida classificada como Aaa e AAA tem a melhor nota. A capacidade de pagar juros e principal é altíssima.
Aa	AA	Uma dívida classificada como Aa e AA tem grande capacidade de pagar juros e principal. Juntamente com a nota mais alta, este grupo forma a classe dos títulos de alto grau.
A	A	Uma dívida classificada como A tem grandes chances de pagar juros e principal, mas é um pouco mais suscetível a efeitos adversos de mudanças no cenário econômico do que as classes mais elevadas.
Baa	BBB	Uma dívida classificada como Baa e BBB representa uma capacidade adequada para pagar juros e principal. Apesar de normalmente oferecer proteção adequada, em um cenário econômico adverso a capacidade de pagamento de juros e principal pode ser mais afetada do que nas classes mais elevadas. Essas obrigações são de médio grau.
Ba; B Caa Ca C	BB; B CCC CC C	Uma dívida pertencente a essas classes é considerada predominantemente especulativa no que diz respeito ao pagamento de juros e principal de acordo com os termos da obrigação. BB e Ba indicam o grau mais baixo de características especulativas, enquanto Ca, CC e C representam o mais alto. Apesar de tal tipo de dívida provavelmente ter alguma qualidade e proteção, estas são superadas pelas incertezas e riscos diante de condições adversas. Emissões classificadas como C pela Moody's geralmente estão inadimplentes.
	D	Uma dívida classificada como D está inadimplente, e o pagamento de juros e/ou principal está atrasado.

Nota: Às vezes, tanto a Moody's quanto a S&P utilizam ajustes (chamados pontos) para essas classificações. A S&P utiliza sinais de mais (+) e menos (−): A+ é a classificação A mais forte e A− é a mais fraca. A Moody's utiliza uma designação 1, 2 ou 3, sendo 1 a mais alta.

A classificação mais alta que a dívida de uma empresa pode ter é AAA ou Aaa, e tal dívida é julgada a de melhor qualidade e mais baixo grau de risco. Por exemplo, a emissão de 100 anos da BellSouth, que discutimos anteriormente, foi classificada como AAA. Essa classificação não é concedida com frequência. Em fevereiro de 2020, somente duas empresas não financeiras dos EUA, Johnson & Johnson e Microsoft, tinham classificação AAA. As classificações AA ou Aa indicam dívida de qualidade muito boa e são muito mais comuns.

Uma grande parte das dívidas corporativas assume a forma de títulos de baixo grau ou especulativos (*junk bonds*). Esses títulos de dívida são classificados abaixo do grau de investimento pelas principais agências de classificação. Obrigações com grau de investimento são aquelas com classificação mínima BBB, pela S&P, ou Baa, pela Moody's.

As agências de classificação de risco nem sempre concordam. Por exemplo, algumas obrigações são conhecidas como "*crossover*" ou obrigações "5B". O motivo é que elas são classificadas como B triplo (ou Baa) por uma agência de classificação e como B duplo (ou Ba) por outra, uma "classificação dividida". Por exemplo, em fevereiro de 2016, a Standard Industries, uma empresa de produtos têxteis e produtos químicos com base na Índia, realizou uma emissão de notas de 10 anos classificada como BBB, pela S&P, e como Ba2, pela Moody's.

A classificação de crédito de um título pode variar à medida que a força financeira do emitente melhora ou piora. Por exemplo, em fevereiro de 2020, a S&P Global Ratings rebaixou a classificação dos títulos da fabricante de ketchup Kraft Heinz de BBB– para BB+, o que os rebaixou de grau de investimento para título especulativo. As obrigações que caem para o território especulativo são chamadas de *anjos caídos* (*fallen angels*). A S&P estava preocupada com a queda da lucratividade e da geração de fluxo de caixa na Kraft Heinz.

Observe que isso ocorreu antes do *lockdown* da Covid-19 nos EUA Unidos. Em maio de 2020, havia lá 24 anjos caídos, o que afetava mais de USD300 bilhões em dívidas. E havia outras 111 empresas, com USD444 bilhões em dívidas, em risco de se tornarem anjos caídos.

As classificações do risco de crédito são importantes porque as inadimplências realmente ocorrem. Considere a Figura 7.3, que mostra a taxa de inadimplência por classificação de crédito. Por exemplo, cerca de 30% dos títulos com classificação CCC/C inadimplem em até um ano, e cerca de 50% inadimplem em até nove anos. Por outro lado, apenas 1-2% dos títulos com classificação AAA e AA inadimplem em até 20 anos. Para mostrar a importância de uma classificação de grau de investimento, a taxa de inadimplência para títulos BB é mais do que o dobro da taxa dos títulos BBB após 10 anos.

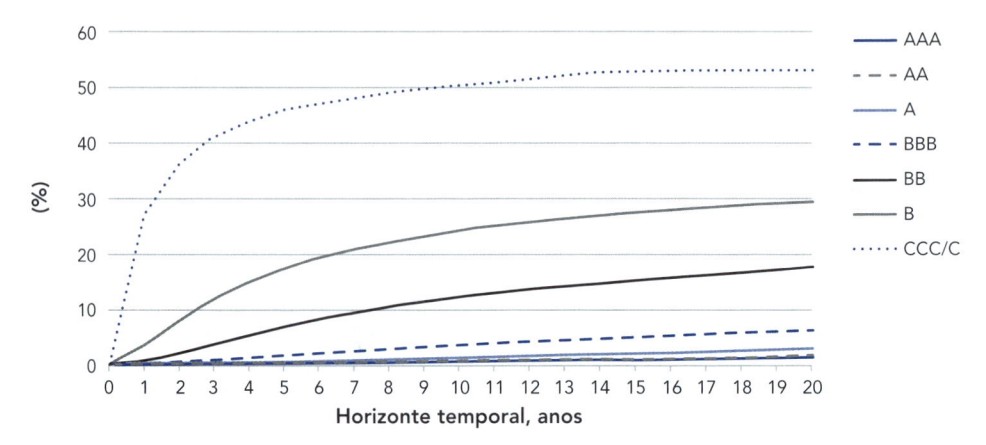

FIGURA 7.3 Taxas de inadimplência corporativa cumulativa global por classificação de crédito (1981–2019)
Fonte: 2019 Annual Global Corporate Default and Rating Transition Study, S&P Global Ratings.

Quer saber mais sobre que critérios são normalmente usados para classificar as dívidas corporativas e títulos públicos no Brasil? Consulte os *sites* https://www.standardandpoors.com/pt_LA/web/guest/home, https://www.moodys.com/Pages/default_br.aspx e https://www.fitchratings.com/pt/region/brazil.

Para acompanhar o nível de endividamento federal brasileiro acesse os relatórios do Tesouro Nacional, em: **https://www.gov.br/tesouronacional/pt-br/divida-publica-federal**. Para acompanhar o nível de endividamento e questões fiscais dos EUA, acesse o *site* **www.fiscal.treasury.gov**. Aprenda tudo sobre títulos de dívida do governo estadunidense em **www.newyorkfed.org**. Para ter uma ideia da dívida em movimento dos principais países do mundo, consulte **www.usdebtclock.org/worlddebt-clock.html**.

> **Questões conceituais**
>
> **7.3a** O que uma classificação de risco de títulos de dívida diz sobre o risco de flutuações no valor de um título resultante das variações na taxa de juros?
>
> **7.3b** O que é um título especulativo?

7.4 Alguns tipos diferentes de títulos de dívida

Até agora, consideramos apenas os títulos de dívidas corporativas mais simples (*plain vanilla*). Nesta seção, veremos brevemente os títulos de dívida emitidos pelos governos e também aqueles com cláusulas mais raras.

Títulos públicos

O maior mutuário do mundo — com ampla margem — é o membro favorito da família, o Tio Sam. No início de 2020, a dívida total do governo dos Estados Unidos era de USD23,7 *trilhões*, ou cerca de USD85 mil por cidadão estadunidense (e continua crescendo!). Quando o governo deseja tomar dinheiro emprestado por mais de um ano, ele negocia os chamados títulos e notas do Tesouro ao público (na verdade, ele faz isso todos os meses). No momento, os títulos e notas do Tesouro estadunidense em circulação têm prazos de vencimento originais que variam de dois a 30 anos.

A maioria das emissões do Tesouro dos Estados Unidos é composta apenas por obrigações comuns com cupom. Entretanto, existem duas coisas importantes a serem lembradas. Em primeiro lugar, as emissões do Tesouro, ao contrário de todas as outras obrigações, não têm risco de inadimplência porque (assim esperamos) o Tesouro sempre tem dinheiro para fazer os pagamentos. Em segundo lugar, as emissões do Tesouro estadunidense são isentas de imposto de renda estadual nos Estados Unidos (embora não estejam isentas do imposto de renda federal lá). Em outras palavras, os cupons que você recebe sobre um título ou uma nota do Tesouro americano são tributados apenas no nível federal nos Estados Unidos.

Os governos estadual e municipal estadunidenses também tomam dinheiro emprestado negociando notas e títulos. As emissões municipais são chamadas de notas e títulos *municipais*, ou simplesmente "munis". Ao contrário das emissões do Tesouro estadunidense, os munis têm graus variados de risco de inadimplência e, na verdade, são classificados de forma muito semelhante às emissões de empresas. Além disso, eles quase sempre têm opção de resgate. A coisa mais intrigante sobre os *munis* é que seus cupons são isentos do imposto de renda federal (embora não necessariamente do imposto de renda estadual) nos EUA, o que os torna muito atraentes para os investidores de alta renda (e com altos impostos) lá. No Brasil, a lei de responsabilidade fiscal restringe fortemente estados e municípios de emitir dívida no mercado de capitais.

Nos EUA, em virtude da enorme redução de impostos, os retornos nominais sobre os títulos municipais são muito mais baixos do que os retornos nominais sobre títulos tributáveis. Por exemplo, em novembro de 2019, os títulos de dívida corporativa de longo prazo com classificação Aa estavam rendendo aproximadamente 2,45%. Ao mesmo tempo, os *munis* Aa de longo prazo rendiam aproximadamente 2,05%. Suponha que um investidor esteja na faixa de tributação de 30%. Se as demais condições se mantiverem iguais, esse investidor preferiria o título de dívida corporativa Aa ou um título municipal Aa?

Para responder essa questão, precisamos comparar os retornos *após impostos* dos dois títulos de dívida. Ignorando os impostos estadual e municipal, o muni paga 2,45% tanto antes quanto depois dos impostos. A emissão corporativa paga 2,45% antes dos impostos, mas paga apenas $0{,}0245 \times (1 - 30) = 0{,}0172$, ou, 1,72% depois que calculamos a mordida de 30% dos tributos. Dado isso, o título municipal terá um retorno melhor, depois que considerarmos a tributação.

Quer saber mais sobre o nível de endividamento do Brasil? Veja estes *sites*: **https://www.tesourotransparente.gov.br/temas/divida-publica-federal** e **http://www.ipeadata.gov.br/exibeserie.aspx?serid=38388**.

Para acompanhar dívida pública e política fiscal do Brasil, veja o *site* do Observatório de Política Fiscal, do IBRI/FGV, **https://observatorio-politica-fiscal.ibre.fgv.br/**, e o *site* da Instituição Fiscal Independente, do Senado Federal, **https://www12.senado.leg.br/ifi**.

Para informações sobre títulos municipais nos EUA, incluindo preços, visite **emma.msrb.org**.

Outro *site* interessante sobre o mercado de títulos de dívida é **money.cnn.com**.

EXEMPLO 7.4 — Obrigações tributáveis versus títulos municipais nos EUA

Suponha que obrigações tributáveis nos EUA estejam rendendo 8%, enquanto, ao mesmo tempo, os munis de risco e vencimento comparáveis estejam rendendo 6%. Qual é mais atraente para um investidor na faixa de tributação de 40%? Qual é a alíquota tributária de equilíbrio? Como você interpreta essa alíquota?

Para um investidor em uma faixa de tributação de 40%, uma obrigação tributável rende 8 × (1 − 0,40) = 4,8% após os impostos, então o muni é muito mais atraente. A alíquota tributária de equilíbrio é aquela em que um investidor ficaria indiferente entre uma emissão tributável e outra não tributável. Se tomarmos t^* como a alíquota tributária de equilíbrio, então podemos calculá-la da seguinte maneira:

$$0,08 \times (1 - t^*) = 0,06$$
$$1 - t^* = 0,06/0,08 = 0,75$$
$$t^* = 0,25$$

Assim, um investidor em uma faixa de tributação de 25% teria 6% após impostos com ambos os títulos de dívida.

Títulos de cupom zero

título de cupom zero
Título que não faz pagamentos de cupom e, portanto, é cotado inicialmente com um grande desconto.

Um título que não paga cupons deve ser oferecido a um preço muito mais baixo do que seu valor declarado. Tais títulos são chamados de **títulos de cupom zero** ou, simplesmente, *zeros*.[11]

Suponha que a empresa Eight-Inch Nails (EIN) emita um título de cupom zero por cinco anos e valor de face de $1.000. O preço inicial é definido a $508,35. Apesar de não serem pagos juros sobre o título, os cálculos de títulos de cupom zero nos Estados Unidos usam períodos semestrais para serem coerentes com os demais títulos. Usando períodos semestrais, é simples verificar que, a esse preço, o título de dívida rende 14% até o vencimento. Os juros totais pagos ao longo da vida do título são de 1.000 − 508,35 = $491,65

Para fins fiscais nos EUA, o emissor de um título de cupom zero deduz os juros como despesa todos os anos, mesmo que estes não sejam pagos de fato. O titular também deve pagar impostos sobre os juros provisionados a cada ano, mesmo que, de fato, não esteja recebendo juros. A forma pela qual os juros anuais de um título de cupom zero são calculados é regida pela legislação do imposto de renda. Antes de 1982, as empresas calculavam a dedução de juros em uma base linear. Para a EIN, do nosso exemplo, a dedução anual de juros teria sido de $491,65/5 = $98,33 por ano.

De acordo com a legislação fiscal atual nos Estados Unidos, os juros implícitos são determinados pela amortização do empréstimo. Para fazer isso, primeiro calculamos o valor do título de dívida no início de cada ano. Por exemplo, após um ano, o título terá quatro anos até o vencimento e, assim, valerá $1.000/1,07^7 = $666,34; em dois anos, o valor será de $1.000/1,07^6 = $666,34; e assim por diante. Os juros implícitos a cada ano são apenas a variação no valor do título durante o ano. Os valores e as despesas de juros do título da EIN estão listados no Quadro 7.3.

Observe que, de acordo com as regras antigas dos EUA, os títulos de cupom zero eram mais atraentes, porque as deduções da despesa de juros eram maiores nos primeiros anos (compare a despesa de juros implícita com a despesa de juros de base linear).

De acordo com a legislação atual nos EUA, a EIN deduziria $73,66 de juros pagos no primeiro ano, e o proprietário do título pagaria os impostos sobre os $73,66 de receita tributável (embora, na verdade, nada tenha recebido de juros). Essa segunda característica do imposto torna os títulos de cupom zero menos atraentes para as pessoas físicas. Entretanto, eles ainda são um investimento muito atraente para investidores isentos de impostos com obrigações

---

[11] Um título emitido com uma taxa de cupom muito baixa (mas não uma taxa de cupom zero) é um *título com deságio de emissão* (*original-issue discount bond* — OID).

Capítulo 7 Taxas de Juros e Avaliação de Títulos de Dívida **221**

QUADRO 7.3 Gastos com juros dos títulos de cupom zero da EIN, nos EUA

Ano	Valor inicial	Valor final	Gasto implícito com juros	Gasto com juros em base linear
1	$508,35	$ 582,01	$ 73,66	$ 98,33
2	582,01	666,34	84,33	98,33
3	666,34	762,90	96,56	98,33
4	762,90	873,44	110,54	98,33
5	873,44	1.000,00	126,56	98,33
Total			$491,65	$491,65

financeiras de longo prazo, como fundos de pensão, porque o valor monetário futuro é conhecido com relativa certeza.

Títulos de cupom zero no Brasil

Um exemplo de título de cupom zero emitido pelo Tesouro do Brasil é a Letra do Tesouro Nacional. As LTNs são emitidas pelo valor de face de R$1.000,00 resgatável no vencimento, sem juros intermediários.

O valor de mercado, também referido como PU (preço unitário), é calculado assim:

$$PU = \frac{VN}{\left(1 + \frac{taxa}{100}\right)^{du/252}}$$

Onde:

PU: preço unitário por título.
VN: valor nominal de resgate (valor de face).
Taxa: o retorno exigido até o vencimento, expresso em taxa efetiva anual, na forma percentual, com base em 252 dias úteis.
du: dias úteis entre a data de liquidação da compra (inclusive) e a data de vencimento (*exclusive*).

O número de 252 dias úteis na expressão do cálculo do PU calcula a taxa equivalente diária correspondente à taxa cotada. No Brasil, as taxas de juros são expressas em taxas efetivas anuais para 252 dias úteis. O número 252 é então parte da expressão da taxa. Para um título com vencimento em um ano com um número efetivo de 254 dias úteis, a taxa ainda será cotada para 252 dias, mas substitui-se 254 na variável "du".

EXEMPLO 7.5 Valor de mercado de uma LTN

Por quanto serão negociadas duas LTNs com valor de face de R$1.000,00 quando faltam 72 dias úteis para o vencimento da primeira e 1.210 dias úteis para o vencimento da segunda se, no momento da negociação, as taxas de mercado para LTNs com esses prazos são de 2,81% a.a. e 8,05% a.a. respectivamente?

A LTN a vencer em 72 dias úteis será negociada a R$ 992,1134 = R$1.000,00 ÷ (1 + 2,81/100)$^{72/252}$.

A LTN a vencer em 1.210 dias úteis será negociada a R$ 689,5214 = R$1.000,00 ÷ (1+8,05/100)$^{1210/252}$.

No Tesouro Direto, as LTNs são oferecidas na modalidade Tesouro Prefixado. Também compõem a modalidade Tesouro Prefixado as NTN-Fs, que são títulos prefixados, com juros semestrais.

As figuras a seguir apresentam os fluxos de caixa para uma LTN e para uma NTN-F.[12]

Fluxo de pagamentos do Tesouro Prefixado (LTN)

Fluxo de pagamentos do Tesouro Prefixado com juros semestrais (NTN-F)

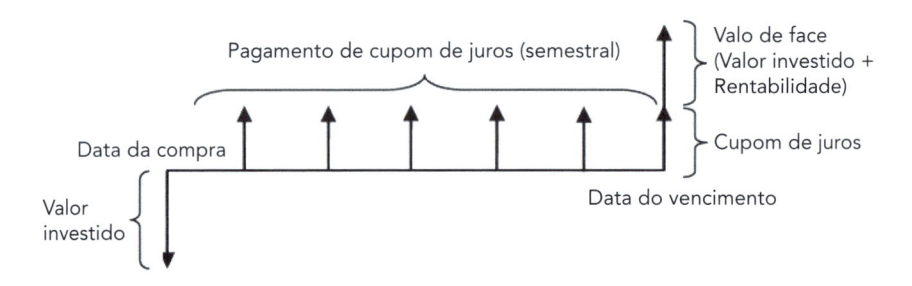

O fluxo de caixa de uma LTN tem apenas dois componentes: o valor presente calculado à taxa de rendimento até vencimento exigida e o valor de face no vencimento. A rentabilidade é a taxa de desconto utilizada para calcular o valor presente (o valor investido). Já o fluxo de caixa de uma NTN-F inclui os cupons periódicos a uma taxa fixa, sem indexador. O valor presente (valor investido) é a soma dos valores presentes de cada fluxo às taxas da curva exigidas para esse tipo de papel.

Títulos com taxa flutuante

Os títulos convencionais que discutimos neste capítulo têm pagamentos fixos porque a taxa do cupom é definida como uma porcentagem fixa do valor de face. Da mesma maneira, o principal é igual ao valor ao par. Nessas circunstâncias, os pagamentos de cupons e do principal são completamente fixos.

No caso dos *títulos com taxa flutuante* (*floating-rate bonds,* ou *floaters*), os pagamentos de cupom são ajustáveis. Nos EUA, os ajustes estão ligados a um índice de taxa de juros, como a taxa de juros das letras do Tesouro estadunidense ou a taxa dos títulos do Tesouro de 30 anos. Isso também acontece no Brasil, com o que aqui chamamos de títulos pós-fixados.

O valor de um título do Tesouro estadunidense com taxa flutuante depende de como exatamente os ajustes do pagamento dos cupons são definidos. Na maioria dos casos, o cupom é ajustado com uma defasagem em relação a uma taxa básica. Por exemplo, suponha que um ajuste da taxa de cupom seja feito em 1º de junho. O ajuste pode se basear na média simples dos resultados dos títulos do Tesouro durante os três meses anteriores. Além disso, a maioria dos títulos com taxas flutuantes tem as seguintes cláusulas:

---

[12] Os fluxos de caixa mostrados para LTN, NTN-F, NTN-B e LFT apresentados nesta seção e na próxima são do Tesouro Direto; ver https://www.tesourodireto.com.br/titulos/tipos-de-tesouro.htm.

1. O detentor tem o direito de resgatar sua nota pelo valor ao par na data do pagamento do cupom após um período especificado. Isso é chamado de *cláusula de opção de venda* (*put provision*) e é discutido na próxima seção.
2. A taxa do cupom tem um piso e um teto, o que significa que o cupom está sujeito a um mínimo e um máximo. Nesse caso, diz-se que a taxa do cupom é limitada, e as taxas máximas e mínimas são chamadas de *collar*.

Um tipo particularmente interessante de título com taxa flutuante é o *título de dívida indexado à inflação*. Tais obrigações têm cupons ajustados de acordo com a taxa de inflação (sendo que o principal também pode ser ajustado). O Tesouro dos EUA começou a emitir tais obrigações em janeiro de 1997. As emissões também são chamadas de títulos do Tesouro com proteção contra a inflação (Treasury Inflation-Protected Securities — TIPS). Outros países, incluindo Canadá, Israel e Grã-Bretanha, têm emitido títulos mobiliários semelhantes.

No Brasil, a emissão de títulos indexados a um índice de inflação tem sido a forma de emissão mais comum na história recente. Com o persistente risco de inflação, a emissão de títulos pré-fixados é mais difícil, pois, sem alguma proteção contra a inflação, é difícil convencer o investidor a adquirir o título. Títulos indexados são uma forma de títulos com taxa flutuante.

Informações oficiais dos EUA sobre títulos de dívida indexados à inflação se encontram no *site* **www.publicdebt.treas.gov**.

O Tesouro Direto, no momento que encerramos este capítulo, oferecia duas modalidades de investimento em títulos indexados: o Tesouro Selic e o Tesouro IPCA. Compõem o Tesouro IPCA as notas do tipo NTN-B Principal e NTN-B com juros semestrais. O fluxo de caixa de uma NTN-B-Principal é o mesmo de uma LTN, com a diferença que, no vencimento, o valor de face da NTN-B Principal será corrigido pelo IPCA do período.

Fluxo de pagamentos do Tesouro IPCA (NTN-B Principal)

O fluxo de caixa de uma NTN-B com juros semestrais é o mesmo de uma NTN-F, com a diferença de que os cupons periódicos a uma taxa fixa são indexados ao IPCA do período, assim como o valor de face no vencimento. O valor presente (valor investido) é a soma dos valores presentes de cada fluxo às taxas da curva exigidas para esse tipo de papel.

Fluxo de Pagamentos do Tesouro IPCA com Juros Semestrais (NTN-B)

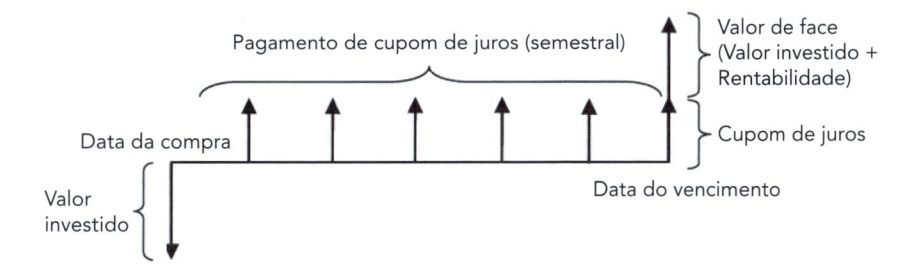

Compõem a modalidade Tesouro Selic as LFTs.

Fluxo de Pagamentos da LFT

Como vemos na figura, o fluxo de caixa de uma LFT é o mesmo daqueles da LTN e da NTN-B Principal, com a diferença que, no vencimento, o valor de face da LFT será corrigido pela variação da taxa Selic no período.

Outros tipos de títulos

Muitos títulos têm cláusulas incomuns ou exóticas. Os chamados títulos de catástrofe oferecem um exemplo interessante. Em junho de 2019, o Hamilton Insurance Group emitiu $60 milhões em bônus CAT. Esses títulos de catástrofe abrangiam furacões e terremotos nos EUA. Caso um desses eventos ocorresse, os investidores perderiam parte ou todo o seu dinheiro.

A maior emissão em títulos de catástrofe individuais até hoje foi uma série de seis obrigações emitidas pela Merna Reinsurance, uma resseguradora, em 2007 (ressegurados vendem seguros para seguradoras). As seis obrigações serviram para cobrir várias catástrofes com que a empresa se deparava devido ao seu resseguro da State Farm. As seis obrigações somavam cerca de USD1,2 bilhão em valor ao par. Durante 2019, havia um valor ao par de cerca de $93 bilhões em títulos de catástrofe em circulação.

Obviamente, o termo "catástrofe" tem uma definição ampla. Em 2020, os investidores de uma emissão de títulos no valor de USD320 milhões pelo Banco Mundial perderam USD132,5 milhões em principal quando um título ligado a uma pandemia global foi acionado pela Covid-19. Os investidores na tranche menos arriscada, que pagava 6,9%, perderam 16,7% do seu principal. Os investidores na tranche mais arriscada, que pagava 11,5%, perderam todo o seu principal. O principal dos investidores foi mandado para dezenas de países pobres, incluindo Etiópia, Gana, Bangladesh e Camboja.

Em 2019, a Conservation Capital emitiu Rhino Impact Bonds (títulos de impacto nos rinocerontes), elaborados para aumentar a população dos rinocerontes-negros no Quênia e na África do Sul, que caíra de 65,000 na década de 1970 para cerca de 5.500 na atualidade. Os credores recebem com base no modelo de "pagamentos por resultados". Nesse caso, os pagamentos se basearão na população de rinocerontes-negros em cinco anos. Um avaliador independente determinará se a meta dos RIBs foi atingida e os credores receberão um retorno relativo a ela. Dependendo do sucesso desses títulos, fique atento para o surgimento de mais títulos baseados em metas ambientais.

Durante a pandemia da Covid-19, um novo tipo de título de dívida, os títulos coronavírus, foram lançados no mercado. Os resultados dos títulos são destinados a projetos ligados à pandemia. Entre fevereiro e maio de 2020, mais de USD150 bilhões em títulos desse tipo foram emitidos. Por exemplo, a Bank of America emitiu USD1 bilhão em títulos coronavírus que seriam usados para apoiar o setor de saúde. Obviamente, ser ou não um título coronavírus não é uma sempre perfeitamente claro. A Pfizer emitiu USD1,25 bilhão em títulos de dívida que foram classificados como títulos coronavírus por uma agência independente. A Pfizer discordou dessa categorização.

Outra cláusula possível de um título é a de um bônus de subscrição (*warrant*). Um bônus de subscrição dá ao comprador de um título o direito de comprar ações da empresa a um preço fixo. Tal direito seria muito valioso se o preço da ação subisse substancialmente (um capítulo posterior discute esse assunto com maiores detalhes). Devido ao valor dessa opção, os títulos com bônus de subscrição são emitidos com uma taxa de cupom bem baixa.

Como ilustram esses exemplos, as cláusulas das obrigações são limitadas apenas pela imaginação das partes envolvidas. Infelizmente, o número de variações é muito grande e não poderia ser abordado em detalhes aqui. Assim, fechamos esta discussão mencionando apenas alguns dos tipos mais comuns.

Os *títulos vinculados a receitas* são semelhantes aos títulos convencionais, exceto que os pagamentos de cupom dependem da receita da empresa, ou seja, os cupons são pagos para os credores apenas se a receita da empresa for suficiente. Essa poderia ser uma cláusula atraente, mas os títulos vinculados a receitas não são muito comuns.

Um *título conversível* pode ser trocado pelo detentor por um número fixo de ações a qualquer momento antes do vencimento. Os títulos de dívida conversíveis em ações são relativamente comuns, mas o seu número tem diminuído nos últimos anos.

Um *título com opção de venda* permite que o *detentor* force o emitente a resgatar o título por um preço declarado. Por exemplo, a International Paper Co. tem títulos em circulação que permitem ao detentor forçar a empresa a comprar os títulos de volta a 100% do valor de face dada a ocorrência de determinados eventos "de risco". Um desses eventos é uma variação na classificação de crédito para um grau menor do que o grau de investimento da Moody's ou da S&P. A cláusula de opção de venda, portanto, é apenas o inverso da cláusula de opção de resgate antecipado.

O *conversível inverso* é um tipo relativamente novo de nota estruturada. Um tipo normalmente oferece uma taxa de cupom alta, mas o resgate no vencimento pode ser pago em caixa ao valor ao par ou em ações da empresa. Por exemplo, um título conversível inverso recente da General Motors (GM) tinha taxa de cupom de 16%, uma taxa de cupom bastante alta para o ambiente de taxas de juros da atualidade. Contudo, no vencimento, se as ações da GM tiverem perdido valor o suficiente, os detentores do título receberiam um determinado número de ações da empresa que valeria menos do que o valor ao par. Assim, a parte de renda do retorno do título seria alta, mas o possível prejuízo no valor ao par poderia facilmente acabar com esse retorno maior.

Um dos tipos mais estranhos de título, e com certeza o mais macabro, é o "título da morte" (*death bond*). Empresas como a Stone Street Financial compram apólices de seguro de vida de indivíduos que provavelmente morrerão em menos de dez anos, então negociam títulos que são pagos usando o seguro de vida recebido quando os segurados falecem. O retorno sobre os títulos para os investidores depende de quanto tempo os segurados sobrevivem. Um risco importante é que, caso os tratamentos médicos avancem rapidamente, a expectativa de vida dos segurados aumentará, o que diminuiria o retorno para o detentor do título.

Notas estruturadas são obrigações baseadas em ações, títulos, *commodities* ou moedas. Um tipo específico de nota estruturada tem seu retorno baseado em um índice da bolsa de valores. Na data de vencimento, se o índice da bolsa caiu, o título retorna o principal. Contudo, se o índice subiu, o título retorno parte do retorno sobre o índice da bolsa — por exemplo, 80%. Outro tipo de nota estruturada retorna o dobro do retorno do índice da bolsa, mas com o potencial de perda do principal.

Títulos Verdes (*green bonds*) Os chamados títulos verdes são títulos de renda fixa idênticos aos títulos usualmente emitidos por empresas, com a diferença de que os recursos captados devem ser utilizados para financiar projetos ou ativos com impacto positivo para sustentabilidade na área ambiental ou climática. São títulos de longo prazo, que podem

Para informações sobre instrumentos de financiamento de iniciativas verdes, como títulos verdes, vá até a página do Conselho Empresarial Brasileiro para o Desenvolvimento Sustentável (CEBDS) em **https://cebds.org/**. E no *site* do BNDES, **https://www.bndes.gov.br** encontre o "Framework de Emissão de Títulos Sustentáveis, do BNDES.

ser importantes para investidores de longo prazo, como fundos de previdência, fundos de pensão, seguradoras e outros investidores de longo prazo. A emissora de títulos verdes tem o benefício da visibilidade de seus esforços na área da sustentabilidade somada à chancela de mercado implícita nessa estrutura. Esses títulos geralmente têm taxas de remuneração associada ao atingimento dos objetivos dos projetos de sustentabilidade ambiental e climática estabelecidos na emissão. Uma taxa de retorno pode ser fixada na emissão e ter uma redução em caso de atingimento das metas contratadas ou pode ser contratada em níveis mais baixos, sujeita a elevação, em caso de não atingimento dos objetivos. Cada vez mais, empresas brasileiras com projetos na área ambiental emitem esses títulos no mercado brasileiro e no exterior.

Um determinado título de dívida pode ter muitas cláusulas incomuns. Dois dos títulos de dívida exóticos mais recentes são os *CoCo bonds*, que têm pagamento de cupom, e os *NoNo bonds*, que são títulos de cupom zero. Os *CoCo* e *NoNo bonds* são obrigações conversíveis contingentes, subordinadas, com opção de venda e opção de resgate antecipado. A cláusula de conversibilidade contingente é semelhante à de conversão normal, exceto pela cláusula contingente que deve ser atendida. Por exemplo, uma cláusula contingente pode exigir que a ação da empresa seja negociada a 110% do preço de conversão em 20 dos últimos 30 dias. A avaliação de um título desse tipo pode ser bastante complexa e, em geral, não faz sentido calcular o retorno até o vencimento. Os CoCo bonds são bastante populares na Europa, com €160 bilhões (USD181 bilhões) emitidos entre 2013 e 2018.

> Para informações sobre instrumentos de financiamento de iniciativas verdes, como títulos verdes, vá até a página do Conselho Empresarial Brasileiro para o Desenvolvimento Sustentável (CEBDS) em **https://cebds.org/**. E no *site* do BNDES, **https://www.bndes.gov.br** encontre o *"Framework de Emissão de Títulos Sustentáveis, do BNDES."*

Sukuk

A demanda mundial por ativos que estejam em conformidade com a *xaria*, a lei e tradição cultural do Islã, tem crescido rapidamente. Em 2018, havia cerca de USD2,1 trilhões em ativos, incluindo depósitos em instituições financeiras islâmicas, quando em 2011 eles eram de 1,3 trilhões de dólares. Uma das principais diferenças entre as práticas financeiras ocidentais e a *xaria* é que a lei islâmica proíbe a cobrança e o pagamento de *riba*, ou juros. Dada a nossa discussão atual sobre títulos, isso significa que quem segue a xaria não pode comprar nem emitir títulos convencionais.

Para acomodar a restrição ao pagamento de juros, foram criados títulos islâmicos, conhecidos por *sukuk*. O *sukuk* tem muitas estruturas possíveis, como a propriedade parcial de uma dívida (*Sukuk Murabaha*) ou de um ativo (*Sukuk Al Ijara*). No caso de um *Sukuk Al Ijara*, há a promessa vinculante de que o emissor vai recomprar um determinado ativo na data de vencimento. Até o *sukuk* vencer, paga-se o aluguel do ativo. Como foi observado, os títulos podem ser relativamente ilíquidos, mas a maior parte dos *sukuk* é comprada e mantida até o vencimento, de modo que os mercados secundários em *sukuk* são extremamente ilíquidos.

Questões conceituais

7.4a Por que um título vinculado a receitas seria atraente para uma empresa com fluxos de caixa voláteis? Você consegue imaginar um motivo para os títulos vinculados a receitas não serem mais populares?

7.4b Qual seria o efeito de uma cláusula com opção de venda sobre o cupom de um título? E o efeito de uma cláusula de conversibilidade? Por quê?

EM SUAS PRÓPRIAS PALAVRAS...

Edward I. Altman sobre títulos especulativos e empréstimos alavancados

Um dos desenvolvimentos mais importantes das finanças corporativas nos últimos 40 anos foi o ressurgimento do mercado de dívida corporativa de baixa qualidade em mãos e negociada por investidores. Originalmente ofertados ao público no início do século XX para ajudar a financiar parte das indústrias em crescimento, esses títulos de dívida de alto retorno e alto risco (às vezes chamados de *junk bonds*) praticamente desapareceram após a inundação de inadimplências durante a Depressão. A partir do final dos anos 1970, porém, o mercado de títulos especulativos passou de elemento insignificante no mercado corporativo de renda fixa para um dos tipos de mecanismos de financiamento de crescimento mais rápido e controverso. Tecnicamente, as obrigações de alto retorno são emitidas por empresas cuja classificação, segundo uma ou mais das principais classificadoras (como Fitch, Moody's ou S&P), está abaixo do grau de investimento — ou seja, abaixo de BBB– (de acordo com a S&P).

O termo *especulativo* (*junk*) vem do tipo dominante de emissões de dívida de baixa classificação em circulação antes de 1977, quando esse "mercado" era composto quase que exclusivamente por títulos de dívida que tinham grau de investimento no momento da emissão, mas que caíram de seu alto *status* para um nível de risco de inadimplência maior e especulativo. Esses assim chamados "anjos caídos" somavam cerca de USD8,5 bilhões em 1977. Ao final de 2016, os anjos caídos compreendiam cerca de 12% do mercado de USD1,6 trilhão em títulos especulativos com investidores no mercado. O restante era de títulos de "alto retorno" já na emissão original.

Na Europa, o mercado de títulos de dívida com alto retorno, embora exista há décadas, somente começou a crescer nos últimos anos e, de cerca €100 bilhões em 2009, passou para cerca de €432 bilhões em 2019.

A partir de 1977, alguns emitentes começaram a ir diretamente ao público para levantar capital por meio de dívida, com finalidades de crescimento. Os primeiros emitentes de títulos especulativos eram empresas relacionadas à energia, empresas de TV a cabo, companhias aéreas e várias outras indústrias. A lógica de empresa de crescimento emergente combinada aos retornos relativamente altos para os primeiros investidores ajudou a legitimar essa classe de ativos e atraiu o interesse de bancos de investimentos estabelecidos e gestores de ativos, na metade dos anos 1980. Os pioneiros no mercado de renda fixa de alto retorno especulativo foram o Drexel Burnham Lambert, um banco *boutique*, e seu "rei" de *junk bonds*, Michael Milken. Eu, pessoalmente, fiquei interessado nessa inovação financeira no início dos anos 1980, quando um grande banco me solicitou avaliar seu potencial de mercado.

Sem dúvida, o aspecto mais importante e controverso do financiamento com títulos especulativos foi seu papel no movimento de reestruturação corporativa entre 1985 e 1989. As transações e aquisições com grande alavancagem, como as aquisições alavancadas (*leveraged buyouts* — LBOs), que ocorrem quando uma empresa fecha seu capital, com um prémio para os acionistas venderem suas ações, tornaram-se numerosas e ameaçadoras para muitas empresas. Os fundos para essas aquisições alavancadas eram levantados com empréstimos bancários tradicionais e títulos de dívida de alto rendimento e mais ações. Essas recapitalizações alavancadas (troca de capital próprio por dívida) transformaram o mundo corporativo dos Estados Unidos, fazendo surgir um debate acalorado sobre as consequências econômicas e sociais da transformação de empresas de capital aberto sendo adquiridas por empresas de capital fechado, com índices dívida/capital próprio de pelo menos 6:1 nas empresas reestruturadas. Comentários parecidos, mas menos emotivos, acompanharam um segundo movimento de aquisições alavancadas entre 2004 e 2007, e menos ainda na mais recente alta de atividades de empresas de capital fechado no que é agora (em 2017) um impressionante mercado estabelecido. A última tendência não vem sem alguma preocupação, com os preços pagos para compras alavancadas disparando para acima de 10 vezes o EBITDA em 2015 e 2016, um múltiplo muito elevado.

Essas transações envolveram empresas cada vez maiores, e as ofertas de aquisições de vários bilhões de dólares se tornaram bastante comuns nos anos 1980. A primeira megacompra alavancada foi a LBO de mais de USD25 bilhões da RJR Nabisco em 1989. As aquisições alavancadas geralmente eram financiadas com cerca de 60% de dívida sênior junto a bancos e companhias de seguros, cerca de 25 a 30% de dívida mobiliária subordinada (títulos especulativos) e entre 10 e 15% de capital próprio. O segmento de títulos especulativos, às vezes, é chamado de financiamento "mezanino", porque fica entre a dívida sênior "da sacada" e o capital próprio "do porão". Na mais recente farra de aquisições alavancadas, porém, mais de 30% do financiamento vinha de capital próprio, mas as transações são, em média, muito maiores do que no final dos anos 1980.

Essas reestruturações resultaram em enormes comissões para os consultores e bancos subscritores e em enormes prêmios (de ao menos 30 a 40%, em muitos casos) para os antigos acionistas das empresas adquiridas. Esses resultados continuaram enquanto o mercado esteve disposto a comprar essas novas ofertas de dívidas, no que parecia ser um balanço favorável entre risco e retorno. O mercado chegou ao fundo do poço nos últimos seis meses de 1989 devido a vários fatores, incluindo um marcante crescimento na inadimplência, a regulamentação governamental contra a possibilidade de o setor de poupança e empréstimos (S&L) manter títulos especulativos nas suas carteiras e pelo menos um escândalo com a falência de uma reestruturação financeira amplamente alavancada — a Federated Department Stores. Somando-se a isso, o líder na subscrição de *junk bonds*, Drexel Burnham, entrou em recuperação judicial, e Milken foi julgado e preso. Como resultado, no início dos anos 1990, o mercado financeiro questionava a própria sobrevivência do mercado de títulos especulativos. A resposta foi um sonoro "sim" quando o montante das novas emissões bateu recordes com níveis anuais de $40 bilhões em 1992 e quase $80 bilhões em 1993 e, em 1997, atingiu impressionantes $119 bilhões. Combinados às taxas de inadimplência que despencavam (abaixo de 2,0% ao ano no período entre 1993 e 1997) e os retornos atraentes, a balança entre risco e retorno era extremamente favorável. Apesar dos problemas legais e de ordem financeira, a herança positiva do Drexel e de Milken, por terem sido os pioneiros no mercado de títulos de alto retorno, é clara e importante.

O mercado de títulos especulativos no final dos anos 1990 estava mais tranquilo comparado àquele dos anos 1980, mas, em termos de crescimento e retornos, ele estava mais saudável do que nunca. Embora as baixas taxas de inadimplência entre 1992 e 1998 tenham ajudado a alimentar novos fundos de investimento e emissões, o mercado passou por altos e baixos nos anos seguintes. De fato, as taxas de inadimplência começaram a subir em 1999 e aceleraram entre 2000 e 2002. Com a economia entrando em recessão, este último ano viu a inadimplência atingir níveis recorde, acima de 12%, e os investidores sofrendo com os excessos de empréstimos do final dos anos 1990.

Desde meados da década de 1990, desenvolveu-se um mercado "paralelo" de dívida de alto retorno no mercado de empréstimos privados alavancados (*Leveraged Loan Market,* ou *LL Market*). Esse mercado de empréstimos de baixa qualidade (sem grau de investimento) e altas taxas de juros cresceu muito nos Estados Unidos e na Europa entre 2005 e 2007 e, em 2008, era pelo menos 30% maior do que o mercado de títulos de dívida de alto retorno. Desde a grande crise de 2008, o mercado de empréstimos alavancados se tornou mais uma vez extremamente popular e é uma grande fonte de fundos no mercado privado de dívidas. Uma das principais razões para o crescimento e a popularidade recentes dos empréstimos alavancados foi que, em muitas jurisdições, o banco emitente poderia vender esses empréstimos em veículos de financiamento estruturado chamados obrigações de empréstimos com garantia (*collateralized loan obligations* — CLOs).

Os empréstimos privados alavancados têm apresentado índices menores de inadimplência do que títulos de alto retorno e maiores taxas de recuperação, devido a seu *status* de dívida sênior. Eles continuaram a ser uma importante fonte de dívida corporativa em níveis superiores a USD400 bilhões por ano nos últimos cinco anos, e com níveis de risco-retorno atrativos para os principais bancos e os novos e crescentes mercados bancários paralelos (*shadow-banking*) de credores não bancários. Eu estimo que o mercado bancário paralelo tinha talvez mais de USD200 bilhões sob gestão em 2017.

O mercado para financiamentos privados alavancados se recuperou rapidamente em 2003 e continuou a prosperar até a crise de crédito em 2007 e 2008. Com a "fuga para a qualidade" causada pelo derretimento do mercado hipotecário *subprime* na segunda metade de 2007 e 2008, os retornos para os investidores em títulos de dívida de alto retorno e empréstimos alavancados caíram consideravelmente, as emissões novas se esgotaram, e os índices de inadimplência aumentaram em relação aos anos de riscos incrivelmente baixos que coincidiram com os excessos de alavancagem. Apesar desses eventos altamente voláteis e dos problemas de liquidez, estávamos convencidos de que os títulos de dívida de alto retorno e seus pares no mercado privado, os empréstimos alavancados, continuariam no futuro a ser uma das principais fontes de financiamento da dívida corporativa e uma classe legítima de ativo para os investidores.

De fato, o mercado de títulos de dívida de alto retorno, assim como o de todos os títulos de risco e ações ordinárias, teve uma recuperação incrível após o primeiro trimestre de 2009, sendo que, durante todo o ano de 2009, os investidores em empréstimos alavancados e títulos de dívida de alto retorno tiveram seus maiores retornos nos quase 40 anos da era moderna dos mercados financeiros alavancados. Essa reviravolta extraordinária, apesar da inadimplência quase recorde em 2009, foi incrível em termos de velocidade e extensão, com retornos de cerca de 60% para os investidores em títulos de alto retorno. Os retornos positivos impressionantes e o recorde de novas emissões de projetos financeiros altamente alavancados e refinanciamento continuaram durante todos os anos seguintes e ao longo de 2016. E o mercado foi incrivelmente receptivo para empréstimos e obrigações de altos retornos no ambiente de baixas taxas de juros no período de 2012 a 2016. Agora (no final de 2017), entretanto, estamos preocupados com o surgimento de outra bolha, pois o ciclo de crédito benigno do momento, com baixas taxas de inadimplência e novas emissões de alto risco, continua há sete anos desde a última queda do mercado. Talvez os próximos anos possam ser bastante voláteis, com aumentos nas taxas de inadimplência e menores níveis de recuperação e retorno. Como sempre, no entanto, o mercado de finanças alavancadas continuará a existir e talvez até vai se expandir nos Estados Unidos e na Europa e em outras partes do mundo.

Edward I. Altman é professor de finanças, detentor da cátedra Max L. Heine e diretor da pesquisa de mercados de dívida e crédito do Salomon Center da Escola Stern de Administração da Universidade de Nova York. Ele é amplamente reconhecido como um dos principais especialistas mundiais em recuperações judiciais e análise de crédito, assim como em mercados de títulos especulativos e de alto retorno.

EXERCÍCIOS NA INTERNET

As cotações de títulos de dívida se tornaram mais acessíveis com o surgimento da Internet. Um *site* em que você pode encontrar os preços atuais de títulos de dívida é o **finra-markets.morningstar.com**. Entramos no *site* e pesquisamos as obrigações de emissão da Coca-Cola. Vamos examinar um dos títulos que encontramos:

COCA COLA CO

Coupon Rate	2.125%
Maturity Date	09/06/2029
Symbol	KO4880709
CUSIP	191216CM0
Next Call Date	—
Callable	Yes
Last Trade Price	$96.72
Last Trade Yield	2.504%
Last Trade Date	11/08/2019
US Treasury Yield	—

Classification Elements

Bond Type	US Corporate Debentures
Debt Type	Senior Unsecured Note
Industry Group	Industrial
Industry Sub Group	Manufacturing
Sub-Product Asset	CORP
Sub-Product Asset Type	Corporate Bond
State	—
Use of Proceeds	—
Security Code	—

Special Characteristics

Medium Term Note	N

Issue Elements

Offering Date	09/04/2019
Dated Date	09/06/2019
First Coupon Date	03/06/2020

O título tem uma taxa de cupom de 2,125% e vencimento em 6 de setembro de 2029. O último negócio foi feito ao preço de 103,23% do valor de face, o que resulta em um retorno até o vencimento de aproximadamente 2,504%. O *site* não apenas oferece as informações de preço e retorno mais recentes, como também oferece informações importantes sobre o título, como classificação de crédito, data do cupom, data de resgate antecipado e preço de resgate antecipado. Encarregamos você de olhar a página e as demais informações disponíveis nela.

Questões

1. Acesse o *site* e encontre o título mostrado acima. Qual é a classificação de crédito do título? Qual era o tamanho da emissão? Qual era o retorno até o vencimento e o preço na data de emissão?
2. Se procurar por títulos de dívida da Chevron (CVX), você encontrará títulos de várias empresas. Por que você acha que a Chevron tem emissões sob diferentes nomes de empresas?

7.5 Mercados de títulos de dívida

Os títulos de dívida são comprados e vendidos em quantidades enormes todos os dias. Você pode se surpreender ao saber que o volume de negócios (isto é, o montante de dinheiro que vai de uma mão para outra) de títulos de dívida em um dia normal é muitas e muitas vezes maior do que o volume de negócios com *ações*. Eis uma pegadinha sobre finanças: Qual é o maior mercado de títulos mobiliários do mundo? A maioria das pessoas pensaria na Bolsa de Valores de Nova York. Na verdade, o maior mercado do mundo, em termos de volume de negócios, é o mercado de *treasuries* dos Estados Unidos.

Excel Master!
Cobertura *on-line* do Excel Master

Como os títulos de dívida são comprados e vendidos

Como já mencionamos no Capítulo 1, a maioria dos negócios com títulos de dívida ocorre no mercado de balcão. Lembre-se de que isso significa que não há um local em particular de compra e venda. Em vez disso, os corretores de todo o país (e de todo o mundo) estão sempre prontos para comprar e vender. Os diversos corretores estão conectados eletronicamente.

Um motivo pelo qual o mercado de títulos de dívida é tão grande é que o número de emissões de dívida excede muito o número de emissões de ações. Existem dois motivos para isso. Em primeiro lugar, uma empresa normalmente tem apenas uma emissão de ações em circulação (existem exceções que serão discutidas no próximo capítulo). Entretanto, uma única empresa grande poderia facilmente ter várias emissões de obrigações em circulação. Além disso, o volume de empréstimos tomados pelos governos é simplesmente imenso. Nos EUA, por exemplo, mesmo uma cidade pequena teria uma ampla variedade de notas e obrigações em circulação, representando o dinheiro tomado emprestado para pagar coisas como estradas, esgotos e escolas. Quando você pensa em quantas cidades pequenas existem nos EUA, você começa a imaginar a situação.

Como o mercado de títulos de dívida é quase totalmente de balcão, historicamente ele tem tido pouca ou nenhuma transparência. Um mercado financeiro é *transparente* quando é possível observar facilmente seus preços e volumes de negócios. Na bolsa de valores, por exemplo, é possível ver o preço e a quantidade de cada transação. No mercado de títulos de dívida, porém, frequentemente ambos são obscuros. As transações são negociadas de modo privado entre as partes, e há pouca ou nenhuma geração de relatórios centralizados.

Embora o volume total de negócios com títulos de dívida exceda em muito ao de ações, apenas uma fração muito pequena das emissões existentes é realmente negociada em determinado dia. Esse fato, combinado à falta de transparência do mercado, significa que a obtenção de preços atualizados de títulos específicos pode ser difícil ou impossível, particularmente nas emissões de empresas menores. Em vez disso, existe uma variedade de fontes com preços estimados que são muito utilizadas.

Relatórios de preços de títulos de dívida

Em 2002, nos EUA, a transparência do mercado de títulos de dívida corporativa começou a melhorar de modo impressionante. De acordo com novas regulamentações, os corretores de títulos de dívida corporativa devem relatar as informações sobre os negócios por meio do Mecanismo de Registro e Conformidade de Transações (Transactions Report and Compliance Engine — Trace). A seção *Exercícios na Internet* mostra como encontrar preços de títulos.

As cotações de obrigações do Trace estão disponíveis no *site* www.finra-markets.morningstar.com. Como mostra a Figura 7.4, a Autoridade Financeira de Regulamentação da Indústria (Financial Industry Regulatory Authority — Finra) oferece um relatório diário dos dados do Trace que reporta as emissões mais ativas. As informações mostradas são autoexplicativas. Observe que o preço do título da HCA caiu cerca de 0,566 ponto percentual nesse dia. O que você acha que aconteceu com o seu retorno até o vencimento? A Figura 7.4 se concentra nos títulos mais ativos que têm grau de investimento, mas o *site* também disponibiliza os títulos de dívida conversíveis e de alto retorno mais ativos.

Para aprender mais sobre o Trace, acesse **www.finra.org**.

Most Active Investment Grade Bonds

Issuer Name	Symbol	Coupon	Maturity	Moody's®/S&P	High	Low	Last	Change	Yield%
PETROLEOS MEXICANOS	PEMX4606164	6.500%	03/13/2027	Baa3/	106.75000	104.15000	105.19000	0.190000	5.625124
SANTANDER UK PLC	SAN4637043	3.400%	06/01/2021	Aa3/	101.95800	101.87700	101.87700	-0.205570	2.163683
INTERNATIONAL BUSINESS MACHS CORP	IBM4832193	3.000%	05/15/2024	A2/A	103.37600	103.15900	103.25500	-0.330000	2.236927
INTERNATIONAL BUSINESS MACHS CORP	IBM4832197	4.250%	05/15/2049	A2/A	111.83300	110.72000	111.80900	-1.018000	3.597231
CVS HEALTH CORP	CVS4607885	5.050%	03/25/2048	Baa2/BBB	114.50800	113.55200	113.96200	-1.329000	4.195339
GE CAP INTL FDG CO MEDIUM TERM NTS BOOK	GE4373445	4.418%	11/15/2035	Baa1/BBB+	106.55500	105.23400	105.96091	-0.807094	3.913357
MPLX LP	MPLX4766119	5.500%	02/15/2049	Baa2/BBB	109.40600	108.07300	109.40600	-1.779000	4.887019
MITSUBISHI UFJ FINL GROUP INC	MTU4803872	3.218%	03/07/2022	A1/	102.16100	102.11100	102.16100	-0.206000	2.255559
ENERGY TRANSFER PARTNERS L P	ETP4050942	4.150%	10/01/2020	Baa3/BBB-	101.45400	100.98367	101.39600	0.000000	2.184435
HCA INC	HCA4506080	5.500%	06/15/2047	Baa3/BBB-	113.01700	111.16200	112.04900	-0.566000	4.708012

FIGURA 7.4 Amostra de cotações de títulos de dívida do Trace.

O Federal Reserve Bank de St. Louis mantém dezenas de arquivos *on-line* com dados macroeconômicos e índices das emissões do Tesouro dos Estados Unidos. Acesse o *site* **research.stlouisfed.org/fred2/**.

Se você acessar o *site* e clicar em um determinado título, receberá muitas informações sobre ele, incluindo classificação de crédito, programação de resgate antecipado, informações sobre a emissão original e sobre os negócios.

Como já mencionamos, o mercado dos *treasuries* dos EUA é o maior mercado de títulos do mundo. Assim como os mercados de títulos de dívida em geral, esse é um mercado de balcão, e, portanto, a transparência é limitada. Entretanto, ao contrário da situação da maioria dos mercados de títulos de dívida, os negócios com emissões do Tesouro, principalmente de emissões recentes, são bastante ativos. Os preços representativos das emissões em circulação do Tesouro são reportados todos os dias.

A Figura 7.5 mostra uma parte das listagens diárias de notas e obrigações do Tesouro encontradas no *site* wsj.com. Observe a entrada que começa com "2/15/2036". Lendo da esquerda para a direita, "2/15/2036" indica que aquele título vence em 15 de fevereiro de 2036. A coluna ao lado representa a taxa de cupom, que é de 4,500% para esse título. Todos os títulos do Tesouro estadunidense fazem pagamentos semestrais e têm valor de face de no mínimo USD1.000, de modo que esse título pagará USD22,50 a cada seis meses até o vencimento.

preço de oferta de compra
Preço que um corretor está disposto a pagar por um título mobiliário.

preço de oferta de venda
Preço que um corretor está disposto a aceitar por um título mobiliário.

margem (*spread*) entre compra e venda
Diferença entre os preços de oferta de compra e de venda.

As duas informações seguintes são os **preços de oferta de compra** e **oferta de venda**. Em qualquer mercado de balcão ou em corretoras, o preço de oferta de compra (*bid*) representa aquilo que um corretor está disposto a pagar por um título, e o preço de oferta de venda (*ask*) é aquilo que um corretor está disposto a aceitar por ele. A diferença entre os dois é chamada de **margem (ou *spread*) entre compra e venda** e representa o lucro do corretor.

Os preços das *treasuries* são cotados como uma porcentagem do valor de face. O preço de oferta de compra, aquilo que o corretor está disposto a pagar, sobre o título 2/15/2036 é de 132,23. Com valor de face de $1.000, essa cotação representa USD1.322,30. O preço de oferta de venda, aquele pelo qual o corretor está disposto a vender o título, é de 132,25, ou USD1.322,50.

O próximo número cotado é o preço de oferta de venda do dia anterior, medida como porcentagem do valor de face, de modo que o preço de oferta de venda da emissão caiu 0,770%, ou USD7,70, em relação ao dia anterior. O último número reportado é o retorno até o vencimento, com base no preço de oferta de venda. Observe que esse é um título com ágio, porque é negociado por mais do que seu valor de face. Assim, não é surpresa que seu retorno até o vencimento (2,108%) seja menor do que sua taxa de cupom (4,50%).

O último título comum listado, de 11/15/2046, quase sempre é chamado de título-guia (*bellwether*). O retorno desse título é aquele que normalmente é reportado no noticiário da noite. Assim, por exemplo, quando você ouvir que as taxas de juros de longo prazo subiram, na verdade, estão dizendo que o retorno sobre esse título subiu (e o seu preço baixou).

Informações atuais e históricas sobre o retorno do *treasury* dos Estados Unidos se encontram no *site* **www.publicdebt.treas.gov**.

Se você examinar os retornos das diversas emissões na Figura 7.4, verá claramente que seus vencimentos variam. Por que isso ocorre e o que isso poderia significar são duas das coisas que discutiremos na próxima seção. Os retornos de títulos de dívida governamentais (chamados de "soberanos") também variam por país de origem. A seguir, mostramos os retor-

Notas e Títulos do Tesouro					
Vencimento	Cupom	Oferta de compra	Oferta de venda	Variação	Retorno/oferta de venda
15/05/2020	2,500	103,180	103,184	−0,022	1,649
31/12/2020	2,500	100,294	100,300	−0,006	1,661
30/09/2021	1,125	98,304	98,310	0,102	1,684
30/04/2022	1,750	100,050	100,054	0,008	1,679
31/12/2022	2,125	101,096	101,102	0,002	1,690
31/01/2023	1,750	100,042	100,046	0,006	1,702
31/03/2023	2,500	102,194	102,000	0,002	1,698
31/07/2023	1,250	98,114	98,120	0,004	1,703
30/04/2024	2,000	101,036	101,042	−0,006	1,735
31/05/2024	2,000	101,066	101,072	0,004	1,719
31/01/2025	2,500	103,202	103,206	−0,004	1,765
31/10/2025	3,000	106,212	106,216	−0,002	1,814
15/11/2026	6,500	130,200	130,210	−0,030	1,821
15/08/2027	6,375	132,170	132,180	−0,022	1,850
15/02/2029	2,625	105,296	105,306	−0,008	1,919
15/02/2031	5,375	134,140	134,160	−0,036	1,947
15/02/2036	4,500	132,230	132,250	−0,770	2,108
15/02/2037	5,000	141,220	141,240	−0,094	2,131
15/05/2038	4,500	135,026	136,046	−0,074	2,182
15/02/2039	3,500	119,214	119,234	−0,076	2,233
15/05/2040	4,375	134,034	135,054	−0,078	2,280
15/08/2041	3,750	123,230	123,250	−0,786	2,348
15/08/2042	2,750	106,094	106,114	−0,080	2,386
15/11/2042	2,750	106,082	106,102	−0,082	2,391
15/02/2043	3,125	113,000	113,020	−0,760	2,390
15/05/2043	2,875	108,152	108,172	−0,094	2,398
15/08/2044	3,125	113,116	113,136	−0,078	2,402
15/11/2045	3,000	111,136	111,156	−0,080	2,403
15/02/2046	2,500	101,174	101,194	−0,080	2,417
15/05/2047	3,000	111,250	111,270	−0,760	2,409
15/08/2049	2,250	96,160	96,180	−0,074	2,413

Fonte: Quadro recriado com dados do wsj.com, de 9 de novembro de 2019.

TÍTULOS INTERNACIONAIS DE 10 ANOS SELECIONADOS	
	Retorno (%)
Estados Unidos	1,94
Reino Unido	0,79
Japão	−0,07
Canadá	1,58
Austrália	1,29
Grécia	1,28
Alemanha	−0,26
México	6,85
Suíça	−0,45

Fonte: Quadro recriado com dados de www.bloomberg.com, sábado, 9 de novembro de 2019.

FIGURA 7.5 Amostra do *Wall Street Journal* de preços de notas e obrigações do Tesouro dos EUA.

nos de títulos de dívida de 10 anos de diversos países. Os retornos variam de acordo com os riscos de inadimplência e de câmbio (que serão discutidos posteriormente).

Uma observação sobre as cotações de preços dos títulos de dívida

Se você comprar um título de dívida entre as datas de pagamento de cupom, o preço será normalmente maior do que o preço cotado. O motivo é que a convenção padrão do mercado de títulos de dívida é cotar os preços "líquidos de juros acumulados". Isso quer dizer que os juros acumulados são deduzidos para chegar ao preço cotado. Esse preço cotado é chamado de **preço limpo** ou preço "vazio". O preço que você realmente paga, porém, inclui os juros acumulados. Esse é o **preço sujo**, também conhecido como preço "cheio"[13].

preço vazio
Preço de um título sem os juros acumulados. Esse é o preço normalmente cotado.

preço cheio
Preço de um título incluindo juros acumulados, também conhecido como *preço sujo ou preço da operação*. Esse é o preço realmente pago pelo comprador.

Um exemplo é o modo mais fácil de entender essas questões. Suponha que você compre um título com um cupom anual de 12% com pagamento semestral. Você paga $1.080 por ele, de modo que $1.080 é o seu preço cheio. No dia da compra, o próximo cupom vence em quatro meses; portanto, você está entre as datas dos cupons, de $60 cada, e o vendedor tem o direito de receber 2/6 meses de juros do próximo cupom.

Nos EUA, os juros acumulados sobre um título são calculados tomando a fração do período do cupom decorrida (nesse caso, dois meses em seis) e multiplicando essa fração pelo próximo cupom ($60). Assim, os juros acumulados deste exemplo são 2/6 × USD60 = USD20. O preço cotado do título (ou seja, seu preço vazio) seria de USD1.080 – USD20 = USD1.060,00.[14]

Questões conceituais

7.5a Por que dizemos que os mercados de títulos de dívida podem ter pouca ou nenhuma transparência?

7.5b De maneira geral, o que são preços de oferta de compra e preços de oferta de venda?

7.5c Qual é a diferença entre um preço limpo e um preço sujo em títulos de dívida?

7.6 Inflação e taxas de juros

Até agora, não levamos em conta o papel da inflação em nossas diversas discussões sobre taxas de juros, rendimentos e retornos. Como essa é uma consideração importante, vamos ver o impacto da inflação a seguir.

Taxas reais *versus* taxas nominais

Ao examinar taxas de juros ou qualquer outra taxa do mercado financeiro, como as taxas de desconto, os retornos de títulos de dívida, as taxas de retorno e os retornos exigidos, quase

---

[13] Nos EUA, também referido como *invoice price*, "preço da fatura" em tradução literal.

[14] Na verdade, o cálculo dos juros acumulados depende do tipo de título que é cotado — por exemplo, título emitido por empresa ou pelo Tesouro. A diferença se relaciona exatamente com a maneira como o período fracionário do cupom é calculado. No exemplo acima, tratamos implicitamente os meses como tendo exatamente o mesmo número de dias (ou seja, 30 dias cada um, 360 dias em um ano), o que é coerente com a forma como são cotados os títulos corporativos norte-americanos. Por outro lado, os títulos do Tesouro norte-americano usam contagens de dias corridos. No Brasil, o valor da transação de títulos com cupons simplesmente inclui os juros acumulados entre a data do último cupom e a data do negócio. Os juros são calculados por dias úteis, para a taxa efetiva do cupom expressa para 252 dias úteis, acumulada no período.

sempre é preciso distinguir entre **taxas reais** e **taxas nominais**. As taxas nominais têm esse nome porque não foram ajustadas de acordo com a inflação. As taxas reais são aquelas ajustadas com base na inflação.

Para ver o efeito da inflação, suponha que os preços estejam subindo a 5% ao ano. Em outras palavras, a taxa de inflação é de 5%. Existe um investimento que valerá $115,50 em um ano. Hoje ele custa $100. Observe que, com um valor presente de $100 e um valor futuro em um ano de $115,50, esse investimento tem uma taxa de retorno de 15,5%. Entretanto, ao calcular esse retorno de 15,5%, não levamos em conta o efeito da inflação e, assim, esse é o retorno nominal.

Qual é o impacto da inflação aqui? Para responder, suponha que uma fatia de pizza custe $5 no início do ano. Com $100, podemos comprar 20 fatias de pizzas. No final do ano, como a taxa de inflação é de 5%, uma fatia de pizza custará 5% a mais, ou $5,25. Se fizermos o investimento, quantas fatias de pizzas podemos comprar no final do ano? Medida em pizzas, qual seria a taxa de retorno sobre esse investimento?

Nossos $115,50 do investimento comprarão $115,50/5,25 = 22 fatias de pizzas. Isso é mais que 20 fatias de pizzas, de modo que nossa taxa de retorno em uma fatia de pizza é de 10%. Isso ilustra que, embora o retorno nominal sobre nosso investimento seja de 15,5%, nosso poder de compra sobe apenas 10%, por causa da inflação. Em outras palavras, estamos apenas 10% mais ricos. Nesse caso, dizemos que o retorno real é de 10%.

Também podemos dizer que, com a inflação de 5%, cada $1 nominal dos $115,50 que recebemos vale, de fato, 5% menos em termos reais, e, portanto, o verdadeiro valor do nosso investimento em um ano é de:

$115,50/1,05 = $110,00

O que fizemos foi *deflacionar* os $115,50 em 5%. Como desistimos de $100 em poder atual de compra para obter o equivalente a $110, nosso retorno real é de 10%. Como excluímos o efeito da inflação futura, diz-se que esses $110 são medidos em moeda corrente.

A diferença entre as taxas nominal e real é importante e vale a pena repetir:

> **A taxa nominal de um investimento é a variação percentual na quantidade de dinheiro que você tem.**
>
> **A taxa real de um investimento é a variação percentual de quanto você pode comprar com seu dinheiro ou, em outras palavras, a variação percentual de seu poder aquisitivo.**

taxas reais
Taxas de juros ou de retorno ajustadas de acordo com a inflação.

taxas nominais
Taxas de juros ou de retorno que não foram ajustadas de acordo com a inflação.

O efeito Fisher

Nossa discussão sobre retornos reais e nominais ilustra uma relação quase sempre chamada de **efeito Fisher** (em homenagem ao grande economista Irving Fisher). Como, em última análise, os investidores estão preocupados com aquilo que podem comprar com seu dinheiro, eles exigem compensação pela inflação. Tomemos R como taxa nominal e r como taxa real. O efeito Fisher nos diz que a relação entre as taxas nominais, as taxas reais e a inflação pode ser escrita assim:

$$1 + R = (1 + r) \times (1 + h) \qquad [7.2]$$

onde h é a taxa de inflação.

efeito Fisher
Relação entre os retornos nominais, os retornos reais e a inflação.

No exemplo anterior, a taxa nominal foi de 15,50%, e a taxa de inflação foi de 5%. Qual foi a taxa real? Podemos determiná-la usando a fórmula:

$$1 + 0{,}1550 = (1 + r) \times (1 + 0{,}05)$$
$$1 + r = 1{,}1550/1{,}05 = 1{,}10$$
$$r = 0{,}10,\ \text{ou}\ 10\%$$

Essa taxa real é igual àquela que obtivemos antes. Se dermos outra olhada no efeito Fisher, podemos reorganizar um pouco as coisas da seguinte maneira:

$$1 + R = (1 + r) \times (1 + h) \quad [7.3]$$
$$R = r + h + r \times h$$

Isso mostra que a taxa nominal tem três componentes. Em primeiro lugar, está a taxa real sobre o investimento (r). A seguir, há a remuneração pela diminuição no valor do dinheiro investido originalmente por causa da inflação (h). O terceiro componente representa a remuneração pelo fato de que os ganhos do investimento também valem menos por causa da inflação.

Esse terceiro componente costuma ser pequeno e, portanto, quase sempre é ignorado. A taxa nominal é, portanto, aproximadamente igual à taxa real mais a taxa da inflação:

$$R \approx r + h \quad [7.4]$$

EXEMPLO 7.6   O efeito Fisher

Se os investidores exigem uma taxa de retorno real de 10% e a taxa de inflação é de 8%, qual deve ser a taxa nominal aproximada? E a taxa nominal exata?

A taxa nominal é aproximadamente igual à soma da taxa real e da taxa de inflação: 10% + 8% = 18%. A partir do efeito Fisher, temos:

$$1 + R = (1 + r) \times (1 + h)$$
$$= 1{,}10 \times 1{,}08$$
$$= 1{,}1880$$

Dessa forma, a taxa nominal, na verdade, estará mais próxima de 19%.

É de se esperar que os investidores sempre exijam um retorno real positivo, pois o principal objetivo de um investimento é ser capaz de gastar mais no futuro do que se poderia gastar hoje. Isso significa que a única situação em que os investidores aceitariam um rendimento negativo em um título de renda fixa seria se houvesse deflação, ou inflação negativa. Voltando à nossa discussão no início do capítulo sobre rendimentos negativos, embora as taxas de inflação estivessem baixas na época, elas não eram negativas, então os investidores estavam dispostos a aceitar um retorno real negativo. Por quê? Afinal, guardar dinheiro tem um retorno real zero, então guardar seria melhor do que ter um retorno negativo. Uma resposta é que manter uma grande quantidade de dinheiro é caro e difícil, então os investidores estavam dispostos a aceitar um retorno real ligeiramente abaixo de zero, o que equivaleria a um custo de armazenagem.

É importante observar que índices financeiros, como taxas de juros, taxas de desconto e taxas de retorno, quase sempre são cotados em termos nominais. Para lembrar você disso, usaremos o símbolo R em vez de r na maior parte de nossas discussões sobre tais taxas.

Inflação e valores presentes

Uma pergunta que quase sempre surge é sobre o efeito da inflação nos cálculos do valor presente. O princípio básico é simples: ou descontar fluxos de caixa nominais a uma taxa nominal, ou descontar fluxos de caixa reais a uma taxa real. Desde que você seja coerente, obterá a mesma resposta.

Para ilustrar, vamos supor que você queira fazer saques nos próximos três anos e que cada saque tenha $25.000 de poder de compra medido em valor atualizado. Se a taxa de inflação for de 4% ao ano, então os saques simplesmente terão de aumentar em 4% todos os anos. Os saques a cada ano serão assim:

$$C_1 = \$25.000 \times (1{,}04) = \$26.000$$
$$C_2 = \$25.000 \times (1{,}04)^2 = \$27.040$$
$$C_3 = \$25.000 \times (1{,}04)^3 = \$28.121{,}60$$

Qual é o valor presente desses fluxos de caixa se a taxa de desconto nominal apropriada for de 10%? Isso é um cálculo-padrão, e a resposta é:

VP = $26.000/1,10 + $27.040/1,10² + $28.121,60/1,10³ = $67.111,65

Observe que descontamos os fluxos de caixa nominais a uma taxa nominal.

Para calcular o valor presente usando os fluxos de caixa reais, precisamos da taxa de desconto real. Usando a equação de Fisher, a taxa de desconto real é:

$(1 + R) = (1 + r) \times (1 + h)$
$1 + 0,10 = (1 + r) \times (1 + 0,04)$
$r = 0,577$, ou 5,77%

Por definição, os fluxos de caixa reais são uma série de pagamentos de $25.000 por ano. Assim, o valor presente em termos reais é:

VP = $25.000 × [1 − (1/1,0577³)/0,0577 = $67.111,65

Dessa maneira, obtivemos exatamente a mesma resposta (após permitir um pequeno erro de arredondamento na taxa real). Obviamente, você também poderia usar a equação da série de pagamentos crescentes discutida no capítulo anterior. Os saques crescem 4% ao ano; assim, usando a fórmula da série de pagamentos crescentes, o valor presente é:

$$VP = \$26.000 \left[\frac{1 - \left(\frac{1+0,04}{1+0,10}\right)^3}{0,10 - 0,04} \right] = \$26.000 \, (2,58122) = \$67.111,65$$

Isso é exatamente o mesmo valor presente calculado anteriormente.

Questões conceituais

7.6a Qual é a diferença entre um retorno nominal e um retorno real? O que é mais importante para um investidor típico?

7.6b O que é o efeito Fisher?

7.7 Determinantes dos retornos de títulos de dívida

Agora já podemos discutir os determinantes do retorno de um título de dívida. Como veremos, o rendimento de determinado título é um reflexo de uma série de fatores, alguns comuns a todos os títulos e outros específicos de determinada emissão.

A estrutura a termo das taxas de juros

É normal que as taxas de juros de curto prazo e de longo prazo sejam diferentes. Às vezes, as taxas de curto prazo são mais altas, outras vezes, são mais baixas. A Figura 7.6 nos dá uma perspectiva de longo prazo disso, mostrando quase dois séculos de taxas de juros de curto e de longo prazo nos EUA. Com o tempo, a diferença entre as taxas de curto e de longo prazo tem variado de praticamente zero até vários pontos percentuais positivos ou negativos. Além disso, vemos que, em meados de 2020, as taxas de juros haviam caído para níveis baixíssimos, em função, em parte, da pandemia da Covid-19, que levou os bancos centrais de todo o mundo a baixar as taxas de juros na tentativa de impedir o colapso das suas economias.

A relação entre as taxas de juros de curto e de longo prazo é conhecida como a **estrutura a termo das taxas de juros**. Para sermos um pouco mais precisos, a estrutura a termo das

estrutura a termo das taxas de juros
Relação entre as taxas de juros nominais sobre títulos tipo desconto puro e sem risco e o prazo até o vencimento — ou seja, o valor puro do dinheiro no tempo.

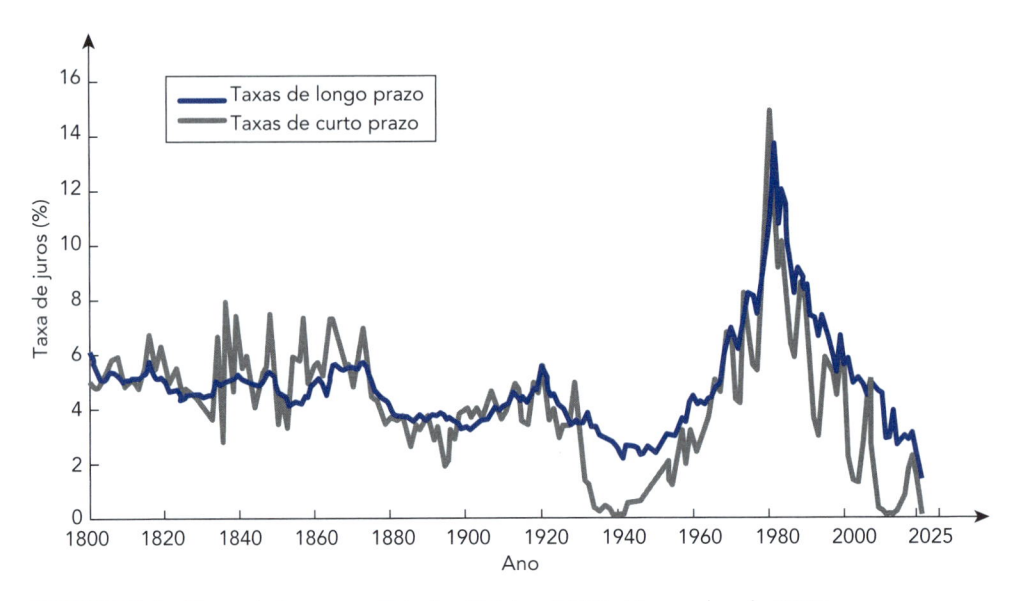

FIGURA 7.6 Taxas de juros nos Estados Unidos: 1800 até meados de 2020.
Fonte: Jeremy J. Siegel, *Stocks for the Long Run*, 4th edition, © McGraw-Hill, 2008, atualizada pelos autores.

taxas de juros nos diz quais taxas de juros *nominais* recaem sobre títulos *tipo desconto puro*[15] *e sem risco*, referentes a todos os prazos de vencimento. Em essência, essas taxas são taxas de juros "puras", porque não envolvem risco e cada uma envolve um único pagamento futuro. Em outras palavras, a estrutura a termo nos diz o valor puro do dinheiro no tempo para diferentes períodos.

Quando as taxas de longo prazo são mais altas do que as taxas de curto prazo, dizemos que a estrutura a termo tem inclinação ascendente e, quando ocorre o inverso, dizemos que ela tem inclinação descendente. A estrutura a termo também pode apresentar uma "corcunda". Quando isso ocorre, em geral, é porque as taxas aumentam a princípio, mas, em seguida, começam a diminuir à medida que observamos taxas com prazos cada vez mais longos. A forma mais comum da estrutura a termo, particularmente nos tempos modernos, é a ascendente, mas o grau de inclinação varia bastante.

O que determina a forma da estrutura a termo? Existem três componentes básicos. Os dois primeiros são aqueles discutidos na seção anterior: a taxa de juros real e a taxa de inflação. A taxa de juros real é a remuneração exigida pelos investidores para renunciarem ao uso de seu dinheiro. Você pode imaginá-la como o valor puro do dinheiro no tempo após o ajuste dos efeitos da inflação.

A taxa de juros real é o componente básico de toda taxa de juros, independentemente do prazo até o vencimento. Quando a taxa real é alta, todas as taxas de juros tenderão a ser mais altas, e vice-versa. Assim, a taxa real não determina a forma da estrutura a termo, mas influencia principalmente o nível geral das taxas de juros.

Por outro lado, a perspectiva de inflação futura influencia muito a forma da estrutura a termo. Os investidores que estão pensando em emprestar seu dinheiro, com diversos prazos, reconhecem que a inflação futura desgasta o valor do dinheiro que será recebido. Como resultado, eles exigem remuneração por essa perda na forma de taxas nominais mais altas. Essa remuneração extra é chamada de **prêmio pela inflação**.

Se os investidores acreditam que a taxa de inflação será mais alta no futuro, então as taxas de juros nominais de longo prazo tenderão a ser mais altas do que as taxas de curto prazo.

prêmio pela inflação
Parte de uma taxa de juros nominal que representa a remuneração pela inflação futura esperada.

---

[15] Um título tipo desconto puro é um título sem cupom de juros, título de cupom zero. No Brasil, o valor da transação de títulos com cupons simplesmente inclui os juros acumulados entre a data do último cupom e a data do negócio. Os juros são, calculados por dias úteis, para a taxa efetiva do cupom expressa para 252 dias úteis, acumulada no período.

Assim, uma estrutura a termo ascendente pode ser um reflexo dos aumentos inflacionários previstos. Da mesma forma, uma estrutura a termo descendente provavelmente reflita a crença de que a inflação diminuirá no futuro.

O terceiro e último componente da estrutura a termo tem a ver com o risco da taxa de juros. Como discutimos anteriormente neste capítulo, títulos de prazo mais longo têm risco de perdas de preço muito maiores como resultado das variações das taxas de juros do que títulos de prazo mais curto. Os investidores reconhecem esse risco e exigem remuneração extra na forma de taxas maiores. Essa remuneração extra é chamada de **prêmio pelo risco da taxa de juros**. Quanto mais longo for o prazo até o vencimento, maior será o risco da taxa de juros, de modo que o prêmio por esse risco aumenta com o prazo de vencimento. Entretanto, como já discutimos antes, o risco da taxa de juros aumenta a uma taxa decrescente; assim, o prêmio por esse risco também aumenta a uma taxa decrescente.[16]

prêmio pelo risco da taxa de juros
Remuneração exigida pelos investidores para aceitar o risco da taxa de juros.

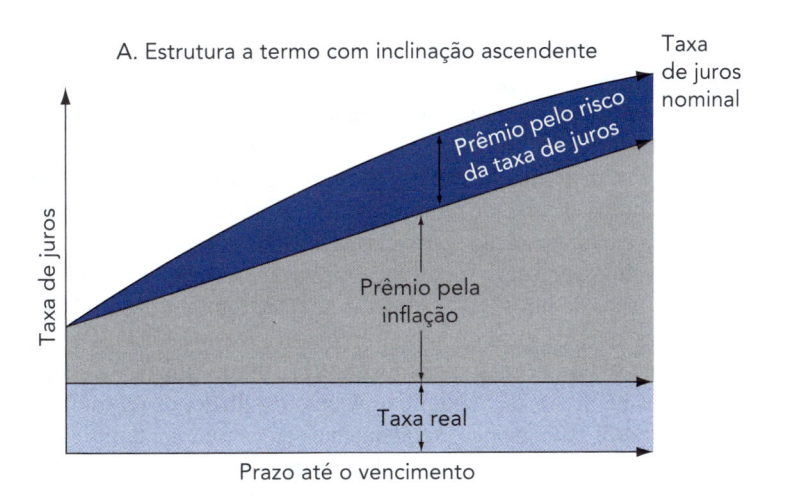

Juntando o quebra-cabeça, vemos que a estrutura a termo reflete o efeito combinado da taxa de juros real, do prêmio pela inflação e do prêmio pelo risco da taxa de juros. A Figura 7.7 mostra como eles podem interagir para produzir uma estrutura a termo ascendente (na parte superior) ou uma estrutura a termo descendente (na parte inferior).

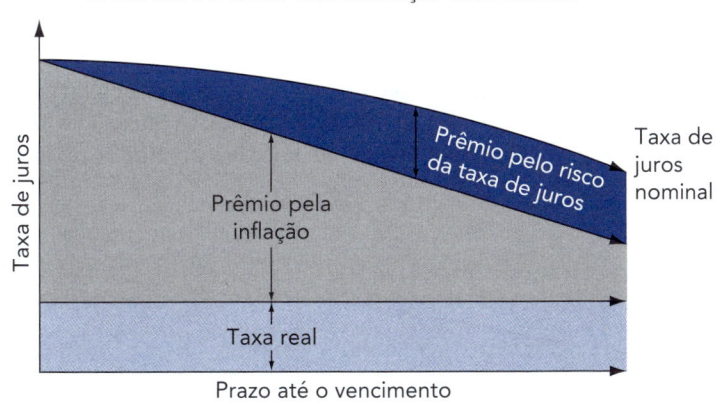

FIGURA 7.7 A estrutura a termo das taxas de juros

---

[16] Antigamente, o prêmio pelo risco da taxa de juros era chamado de prêmio pela "liquidez". Hoje, o termo *prêmio pela liquidez* tem um significado totalmente diferente, que exploraremos na próxima seção. Além disso, o prêmio pelo risco da taxa de juros também pode ser chamado de *prêmio pelo risco de vencimento*. Nossa terminologia é coerente com a visão moderna da estrutura a termo.

Informações *on-line* sobre a curva de retornos estão disponíveis no *site* **www.bloomberg.com/ markets**.

Para ver como a curva de retornos mudou com o tempo, confira a "curva viva de retornos" em **stockcharts.com/ freecharts/yieldcurve. php**.

prêmio pelo risco de inadimplência
Parte de uma taxa de juros nominal ou retorno de títulos de dívida que representa a remuneração pela possibilidade de inadimplência.

curva de retornos dos títulos do Tesouro
Gráfico dos retornos sobre notas e títulos do Tesouro em relação ao vencimento.

Na parte superior da Figura 7.7, observe como a taxa de inflação tem expectativa de aumentar gradualmente. Ao mesmo tempo, o prêmio pelo risco da taxa de juros aumenta a uma taxa decrescente, de modo que o efeito combinado é a produção de uma estrutura a termo com pronunciada inclinação ascendente. Na parte inferior da Figura 7.7, espera-se queda na taxa de inflação, e essa queda é suficiente para compensar o prêmio pelo risco da taxa de juros e para produzir uma estrutura a termo descendente. Observe que, se fosse esperado que houvesse apenas uma pequena queda na taxa da inflação, ainda poderíamos ter uma estrutura a termo ascendente, por causa do prêmio pelo risco da taxa de juros.

Ao criar o gráfico da Figura 7.7, pressupomos que a taxa real permaneça igual. Na verdade, as taxas de juros reais futuras esperadas poderiam ser maiores ou menores do que a taxa real corrente. Da mesma forma, por questões de simplificação, usamos linhas retas para mostrar as taxas de inflação futuras esperadas, mas elas não precisam necessariamente ser assim. Elas poderiam, por exemplo, aumentar e depois cair, levando a uma curva de retorno corcunda.

Retornos de títulos de dívida e a curva de retornos: montando o quebra-cabeça

Voltando à Figura 7.5, lembre-se de que vimos que os retornos das notas e dos títulos do Tesouro estadunidense com diferentes vencimentos não são iguais. Todos os dias, além dos preços e dos retornos do Tesouro mostrados na Figura 7.5, o *The Wall Street Journal* oferece um gráfico dos retornos dos títulos do Tesouro em relação ao vencimento. Esse gráfico é chamado de **curva de retorno dos títulos do Tesouro** (ou apenas curva de retornos — *yield curve*). A Figura 7.8 mostra a curva de retornos de 28 de maio de 2020. Observe que as taxas de juros haviam caído em comparação com as taxas do ano anterior.

Como você provavelmente já deve suspeitar, a forma da curva de retornos é um reflexo da estrutura a termo das taxas de juros. Na verdade, a curva de retornos dos títulos do Tesouro e a estrutura a termo das taxas de juros querem dizer quase a mesma coisa. A única diferença é que a estrutura a termo se baseia em títulos tipo desconto puro, enquanto a curva de retornos se baseia nos retornos de títulos de cupom fixo. Como resultado, os retornos dos títulos do Tesouro dependem de três componentes fundamentais da estrutura a termo — a taxa real, a inflação futura esperada e o prêmio pelo risco da taxa de juros.

As notas e os títulos do Tesouro têm três características importantes que precisam ser lembradas: eles não têm risco de inadimplência, são tributáveis e têm alta liquidez. Isso não vale para os títulos de dívida em geral e, portanto, precisamos examinar os fatores adicionais que entram em ação quando examinamos obrigações emitidas por empresas ou municípios.

A primeira coisa a ser levada em conta é o risco de crédito, ou seja, a possibilidade de inadimplência. Os investidores reconhecem que os emitentes, excetuando o Tesouro, podem ou não realizar todos os pagamentos prometidos em relação a um título e, assim, eles exigem

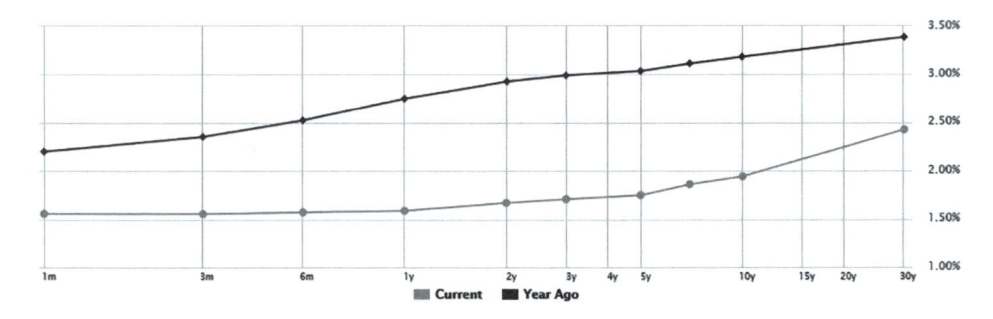

FIGURA 7.8 A curva de retornos dos títulos do Tesouro norte-americano: 28 de maio de 2020.
Fonte: www.wsj.com, 28 de maio de 2020.

um retorno mais alto como compensação por esse risco. Essa remuneração extra é chamada de **prêmio pelo risco de inadimplência**. Anteriormente, neste capítulo, vimos como os títulos de dívida são classificados com base em seu risco de crédito. Se começar a examinar títulos com classificações diferentes, você descobrirá que aqueles com classificação mais baixa têm retornos mais altos.

Uma coisa importante a ser reconhecida sobre o retorno dos títulos de dívida é que ele é calculado pressupondo que todos os pagamentos serão realizados. Como resultado, na verdade, esse é um retorno prometido e pode ou não ser aquilo que você vai ganhar. Se o emitente não pagar, seu retorno real será mais baixo — provavelmente muito mais baixo. Esse fato é particularmente importante para os títulos especulativos (*junk bonds*). Graças a um *marketing* inteligente, tais títulos agora são chamados normalmente de *títulos de alto retorno*, um nome bem mais agradável. Porém, agora você reconhece que eles são, na verdade, títulos com alto retorno *prometido*.

Lembre-se de que discutimos anteriormente que os títulos de dívida municipais (norte-americanos) são isentos da maioria dos impostos e, como resultado, têm retornos muito mais baixos do que os títulos de dívida tributáveis. Os investidores exigem o retorno extra sobre um título tributável como compensação pelo tratamento fiscal desfavorável. Essa compensação extra é o **prêmio pela tributação**.

Para finalizar, os títulos de dívida têm graus variados de liquidez. Como discutimos antes, existem muitas emissões de títulos, e a maioria delas não é negociada regularmente. Como resultado, se você quisesse vender bem rápido, provavelmente não obteria um preço tão bom quanto conseguiria de outra forma. Os investidores preferem os ativos líquidos aos ativos ilíquidos, de modo que exigem um **prêmio pela liquidez** além de todos os outros prêmios que discutimos. Como resultado, se tudo mais for igual, os títulos menos líquidos terão retornos mais altos do que os mais líquidos.

prêmio pela tributação
Parte de uma taxa de juros nominal ou retorno de títulos de dívida que representa a compensação pelo *status* fiscal desfavorável.

prêmio pela liquidez
Parte de uma taxa de juros nominal ou retorno de títulos de dívida que representa a compensação pela falta de liquidez.

Conclusão

Se combinarmos tudo o que discutimos sobre retornos de títulos de dívida (ou obrigações), descobriremos que eles resultam do efeito combinado de não menos que seis fatores. O primeiro é a taxa de juros real. E sobre ela são cobrados cinco prêmios de compensação: (1) inflação futura esperada, (2) risco da taxa de juros, (3) risco de inadimplência, (4) tributação e (5) falta de liquidez. Como resultado, a determinação do retorno apropriado sobre um título exige análise cuidadosa de cada um desses efeitos.

Estrutura de juros privados no Brasil

Apresentamos muitos aspectos do mercado internacional, particularmente do mercado estadunidense de títulos de dívida. Vamos olhar agora para o mercado brasileiro. A Figura 7.9, a seguir, apresenta a estrutura de juros privados no Brasil, conforme publicou o jornal *Valor Econômico*, em sua edição de 8 de janeiro de 2021. Os gráficos mostrados na figura representam as taxas pré-fixadas que o mercado estava exigindo no dia anterior para abrir mão da rentabilidade dos contratos de DI de um dia (taxa pós-fixada) na B3, formando a curva de referência para os juros privados no Brasil. Observe que, na data de referência, a taxa DI era negociada próximo de 2%, mostrando a seguir uma curva ascendente em todo o período até janeiro de 2024 (três anos). Isso refletia, na ocasião, a expectativa do mercado de que o Comitê de Política Monetária elevaria a taxa Selic nos próximos meses. Observe também como a curva inteira apresentou uma elevação de taxas desde a semana anterior, refletindo expectativas de inflação maior à frente, além da remuneração crescente pelos prazos maiores.

A Figura 7.10, na sequência, apresenta a estrutura de juros privados no Brasil, conforme publicou o jornal *Valor Econômico*, em sua edição de 11 de maio de 2020, para os negócios com as taxas pré-fixadas que o mercado praticou na sexta-feira, dia útil anterior. Observe que a curva inicialmente é descendente até meados de março de 2021, quando a taxa DI negociada estava próxima de 2,4%, e então passa a apresentar comportamento ascendente até o final do

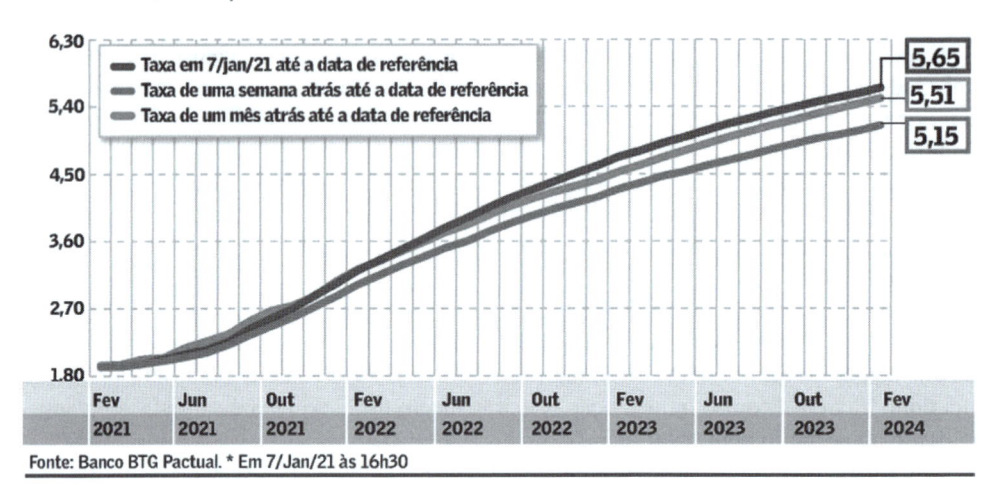

FIGURA 7.9 A estrutura a termo de juros privados no Brasil em 07 de janeiro de 2021.

período cotado (três anos). Isso refletia, na ocasião, a expectativa do mercado de que o Comitê de Política Monetária continuaria reduzindo a taxa Selic nos próximos meses. Observe também como a curva inteira vinha caindo desde o mês anterior, refletindo expectativas de queda acelerada das taxas de juros. Após março de 2020, todas as taxas da curva sobem, configurando em parte as expectativas de comportamento da inflação e a remuneração crescente para prazos maiores.

A Figura 7.11 mostra o dinamismo da curva. Em 2 de setembro de 2019, os negócios com taxa DI para outubro de 2022 encerraram a 6,55%. Nos negócios do dia 26 do mesmo mês, a taxa para esse vencimento encerrou em 5,99%.

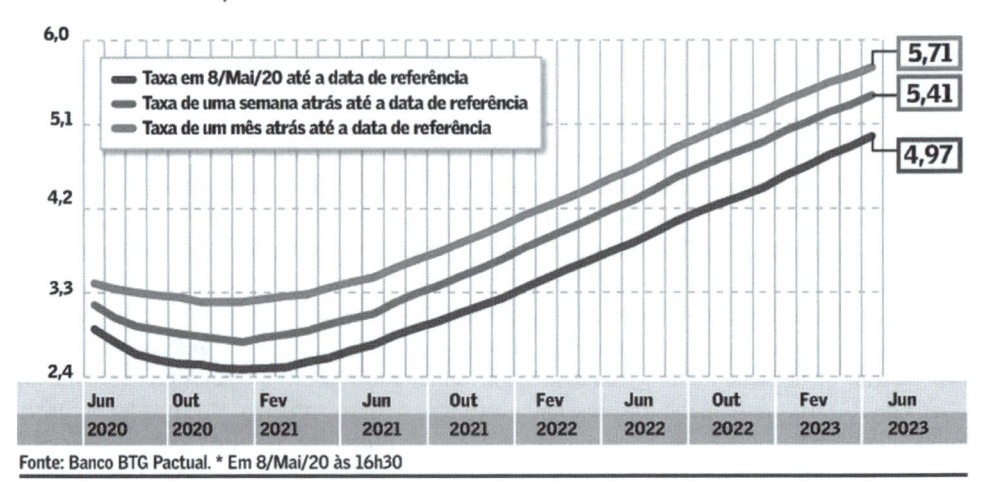

FIGURA 7.10 A estrutura a termo de juros privados no Brasil em 8 de maio de 2020.
Fonte: *Valor Econômico*, 9 de maio de 2020.

Para termos um melhor entendimento da curva, voltemos às Figuras 7.9 a 7.11. Na Figura 7.9, observamos que as taxas praticadas para o vencimento fevereiro/21 estavam em torno de 2%. Já na Figura 7.10, em 8 de maio de 2020, o vencimento fevereiro/21 foi negociado com taxas um pouco acima de 2,4%. Em 2 de setembro de 2018, os negócios com o mesmo vencimento, fevereiro/21, foram realizados a taxas em torno de 5,6%, e, no dia 26 do mesmo mês, os negócios para esse vencimento foram realizados a taxas em torno de 5%. Observe que cada dia de negócios apresenta uma taxa diferente para cada vencimento. A estrutura a termo de taxas de juros, portanto, não é um preditor de taxas futuras — ela apenas registra as taxas praticadas nos negócios daquele dia para os vencimentos mostrados na curva.

Estrutura de juro privado
DI Futuro/Swaps - em % ao ano*

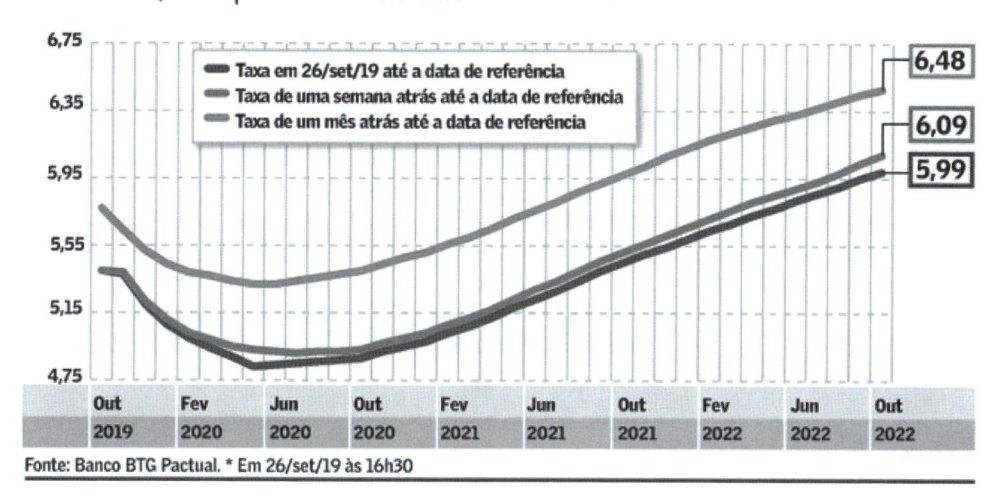

Fonte: Banco BTG Pactual. * Em 26/set/19 às 16h30

FIGURA 7.11 A estrutura a termo de juros privados no Brasil em setembro de 2019.

Uma breve nota sobre o mercado de futuros de taxas de juros

Você deve estar se perguntando: mas que tipo de negócios são esses com taxas de juros para diferentes vencimentos? Esses negócios são originados no mercado de futuros de taxa DI na B3 (conhecida como DI-1). A bolsa de valores abre contratos para diversos vencimentos futuros, vencimentos esses sempre no primeiro dia útil do mês de referência do contrato. Assim, por exemplo, o contrato fevereiro/21 teve vencimento no dia primeiro de fevereiro, uma segunda-feira, dia útil. Já o vencimento janeiro/21 teve seu vencimento no dia 4 de janeiro, o primeiro dia útil daquele mês, uma segunda-feira também.

Algumas informações são importantes:

a) A curva reflete expectativas dos agentes de mercado, naquele dia, para o comportamento das taxas de juros para os períodos com os vencimentos mostrados.

b) A curva não é um preditor de taxas futuras — ela reflete as taxas praticadas nos negócios efetuados naquele dia, para os períodos com os vencimentos mostrados.

c) A curva reflete a disputa entre agentes de mercado por melhor interpretação das consequências para o mercado financeiro da evolução da conjuntura política, social, econômica e financeira do país.

d) As mudanças das taxas na curva refletem a volatilidade das expectativas de taxas da curva que decorre das mudanças de percepção dos agentes com relação à conjuntura.

No mercado de futuros de taxa DI, o que se negocia são contratos de futuros com valor (chamado de valor nocional) de R$100.000 na data de vencimento. Os negócios são feitos pelo valor presente de R$100.000 descontado pela taxa negociada para o vencimento. Esse valor presente negociado é chamado de PU (de "preço unitário). Você pode comprar ou vender contratos para um ou vários vencimentos. As posições são atualizadas diariamente pela taxa DI, com atualização do PU pelo fator de taxa DI do dia. Os investidores que compram PU (posição comprada em PU, vendida em taxa) apostam que a taxa para aquele vencimento vai cair, enquanto os que vendem PU (posição vendida em PU, comprada em taxa) apostam que, ao contrário, as taxas para aquele vencimento vão subir. Se as taxas caírem, os comprados em PU ganham, e os vendidos em PU perdem e pagam essa diferença aos comprados. Se as taxas subirem, os vendidos em PU ganham, e os comprados perdem e pagam a diferença aos vendidos. Esse ajuste é realizado diariamente. A inadimplência não ocorre, dado que os agentes devem depositar garantias para variações de preços de um dia, o que evita o risco de contraparte. O ajuste diário traz uma oportunidade para os agentes de mercado fazerem apostas em taxas, com base em diversos indicadores de cenários, conjuntura e política. Isso faz com que o mercado de futuros tenha alta credibilidade, pois os investidores que errarem suas expectativas pagam por seu erro. Já os que fazem boas análises ganham com sua habilidade.

Qual é a vantagem de um mercado de futuros de taxas de juros para a economia e a sociedade? Ele traz informações sobre os riscos percebidos pelos agentes de mercado e permite que os agentes econômicos usem os mercados futuros para se proteger de exposições em taxas. A estrutura a termo da taxa DI serve também como referência para precificação de ativos ou passivos indexados à taxa DI, como CDBs. Assim vemos cotações de CDBs e de empréstimos em percentual abaixo ou acima da taxa DI, e, no caso de operações pré-fixadas, as taxas pré do CDB ou outras operações pré-fixadas serão definidas pela curva a termo da taxa DI.

Para maiores informações sobre o mercado de futuros de DI-1, vá à seção "Juros" e procure por "Taxa DI", em "Produtos e Serviços", na B3, **www.b3.com.br**.

Questões conceituais

7.7a O que é a estrutura a termo das taxas de juros? O que determina sua forma?
7.7b O que é a curva de retornos dos títulos do Tesouro?
7.7c Quais são os seis componentes que formam o retorno de um título de dívida?

7.8 Resumo e conclusões

Este capítulo explorou os títulos de dívida, seus retornos e as taxas de juros. Vimos que:

1. A determinação dos preços e dos retornos dos títulos de dívida é uma aplicação dos princípios básicos dos fluxos de caixa descontados.
2. Os valores dos títulos de dívida se movimentam na direção oposta aos das taxas de juros, com potencial de ganhos ou perdas para os investidores.
3. Os títulos de dívida têm uma variedade de características determinadas em suas escrituras de emissão.
4. As dívidas são classificadas com base em seu risco de inadimplência. Alguns títulos, como os títulos do Tesouro, não têm risco de inadimplência, enquanto os chamados títulos especulativos têm um risco de inadimplência significativo.
5. Existe uma ampla variedade de títulos de dívida, muitos dos quais com cláusulas exóticas ou incomuns.
6. Quase todos os negócios com títulos de dívida são realizados em mercados de balcão, com pouca ou nenhuma transparência. Como resultado, as informações de preço e volume dos títulos negociados podem ser difíceis de encontrar em alguns casos.

Capítulo 7 Taxas de Juros e Avaliação de Títulos de Dívida   **245**

7. Os retornos dos títulos de dívida e as taxas de juros refletem o efeito de seis fatores diferentes: a taxa de juros real e cinco prêmios que os investidores exigem, como compensação por: inflação, risco da taxa de juros, risco de inadimplência, tributação e falta de liquidez.

Por fim, observamos que títulos de dívida são uma fonte vital de financiamento para governos e empresas de todos os tipos. Seus preços e retornos são um assunto amplo, e nosso único capítulo sobre esse assunto trata apenas dos conceitos e das ideias mais importantes. Há muito mais que poderíamos acrescentar, mas, em vez disso, passaremos para o assunto das ações no próximo capítulo.

REVISÃO DO CAPÍTULO E TESTE DE CONHECIMENTOS

7.1 Valores dos títulos de dívida. Um título das Indústrias Miniportas tem uma taxa de cupom de 10% e um valor ao par de $1.000. Os juros são pagos semestralmente, e o título vence em 20 anos. Se os investidores exigem retorno de 12%, qual será o valor dos títulos? Qual é o seu retorno efetivo anual?

7.2 Retornos dos títulos de dívida. Um título da Megaforte S/A tem um cupom de 8% pago semestralmente. O valor de face é $1.000, e o vencimento ocorre em seis anos. Se o título é negociado atualmente por $911,37, qual será seu retorno até o vencimento? Qual é o retorno efetivo anual?

RESPOSTAS DA REVISÃO DO CAPÍTULO E DO TESTE DE CONHECIMENTOS

7.1 Como o título tem um retorno de cupom de 10% e os investidores exigem retorno de 12%, sabemos que ele deve ser negociado com desconto. Observe que, como o pagamento de juros é semestral, os cupons somam $100/2 = $50 a cada seis meses. O retorno exigido é de 12%/2 = 6% a cada seis meses. Por fim, o título vence em 20 anos, e o número total de períodos de seis meses é 40.

O valor do título é, portanto, igual ao valor presente de $50 a cada seis meses pelos próximos 40 períodos mais o valor presente do valor ao par de $1.000:

Valor do título = $50 $\times$ [(1 $-$ 1/1,06^{40})/0,06] + 1.000/1,06^{40}
  = $50 $\times$ 15,04630 + 1.000/10,2857
  = $849,54

Observe que descontamos novamente os $1.000 em 40 períodos a 6% por período, em vez de 20 anos a 12%. O motivo é que o retorno efetivo anual do título é de 1,06² $-$ 1 = 12,36%, e não de 12%. Portanto, poderíamos ter usado 12,36% por ano por 20 anos quando calculamos o valor presente dos $1.000 ao par, e a resposta teria sido igual.

7.2 O valor presente dos fluxos de caixa do título é seu preço corrente de $911,37. O cupom é de $40 a cada seis meses por 12 períodos. O valor de face é $1.000. Assim, o retorno do título é a incógnita da taxa de desconto na seguinte fórmula:

$911,37 = $40 $\times$ [1 $-$ 1/(1 + r)^{12}]/r + 1.000/(1 + r)^{12}

O título é negociado com desconto. Como a taxa de cupom é 8%, o retorno deve ser algo acima disso.

Se tivéssemos de calcular isso por tentativa e erro, poderíamos tentar 12% (ou 6% a cada semestre):

Valor do título = $40 $\times$ (1 $-$ 1/1,06^{12})/0,06 + 1.000/1,06^{12}
  = $832,32

Isso é menos do que o valor real e, portanto, nossa taxa de desconto é muito alta. Sabemos agora que o retorno está entre 8 e 12%. Com mais tentativa e erro (ou um pequeno auxílio de uma calculadora), o retorno acaba sendo de 10%, ou 5% por semestre.

Por convenção, o retorno do título até o vencimento seria cotado como 2 × 5% = 10%. O retorno efetivo é, portanto, $1,05^2 - 1 = 10,25\%$.

REVISÃO DE CONCEITOS E QUESTÕES INSTIGANTES

1. **Títulos do Tesouro [OA1]** É verdade que um título do Tesouro dos Estados Unidos não apresenta riscos? E um título do Tesouro Nacional do Brasil?
2. **Risco da taxa de juros [OA2]** Qual dos dois tem o maior risco da taxa de juros, um título do Tesouro de 30 anos ou um título corporativo de 30 anos classificado como BB?
3. **Cláusulas de resgate antecipado [OA1]** Uma empresa está pensando em emitir obrigações de longo prazo. A questão é se ela deve ou não incluir uma cláusula de resgate antecipado. Quais são os benefícios para a empresa se a cláusula for incluída? Quais são os custos? Como essas respostas mudam em relação a uma cláusula de opção de venda?
4. **Taxa de cupom [OA1]** Como um emitente de títulos de dívida define a taxa de cupom apropriada? Explique a diferença entre a taxa de cupom e o retorno exigido sobre um título de dívida.
5. **Retornos real e nominal [OA4]** Existe alguma circunstância em que um investidor poderia se preocupar mais com o retorno nominal do que com o retorno real sobre um investimento?

QUESTÕES E PROBLEMAS

1. **Interpretação dos retornos de títulos de dívida [OA1]** O retorno até o vencimento (YTM) de um título é a mesma coisa que o retorno exigido? O YTM é o mesmo que a taxa de cupom? Suponha que um título com cupom de 10% seja negociado hoje pelo valor ao par. Daqui a dois anos, o retorno exigido sobre o mesmo título será de 8%. Qual é a nova taxa de cupom? E o YTM?
2. **Interpretação dos retornos de títulos de dívida [OA2]** Suponha que você compre um título de 20 anos com cupom de 7% em sua primeira emissão. Se as taxas de juros subirem repentinamente para 15%, o que acontece com o valor desse título? Por quê?
3. **Taxas de cupom [OA2]** As Empresas Nikita têm títulos no mercado com valor ao par de $1.000 que fazem pagamentos anuais, com oito anos até o vencimento e negociados por $962. A esse preço, eles rendem 5,9%. Qual deve ser a taxa de cupom dos títulos?
4. **Preços de títulos de dívida [OA2]** A Cia. Westco emitiu títulos de 15 anos há um ano, com taxa de cupom de 5,4%. Os pagamentos são semestrais e os títulos têm valor ao par de $1.000. Se o YTM sobre esses títulos for de 4,5%, qual é o seu preço corrente?
5. **Retornos de títulos de dívida [OA2]** A Companhia ASB emitiu títulos de 25 anos há dois anos com uma taxa de cupom de 5,6%. Os pagamentos são semestrais. Se esses títulos forem negociados hoje por 97% do valor ao par, qual é o YTM?

Para revisão de outros conceitos e novas questões instigantes, consulte a página do livro no portal do Grupo A (loja.grupoa.com.br).

Avaliação de Ações

8

QUANDO O MERCADO DE AÇÕES FECHOU no dia 26 de maio de 2020 nos EUA, as ações ordinárias da Charles Schwab eram negociadas a USD34,48 por ação. No mesmo dia, as ações da icônica marca de doces Tootsie Roll fecharam em USD34,44, enquanto as ações da empresa de caronas pagas Uber fecharam em USD34,56. Visto que os preços das ações dessas três empresas eram muito semelhantes, você poderia pensar que as três ofereceriam dividendos semelhantes aos seus acionistas, mas não. Na verdade, o dividendo anual da Charles Schwab foi de USD0,72 por ação, o da Tootsie Roll de USD0,35 por ação e a Uber sequer pagava dividendos!

Como veremos neste capítulo, o dividendo atual é um fator determinante dos preços de ações. Porém, ao observar os dividendos das empresas que mencionamos agora, fica claro que não é só isso que importa. Este capítulo aborda dividendos, valores de ações e a ligação entre os dois.

Objetivos de aprendizagem

O objetivo deste capítulo é que, ao seu final, você saiba:

- **OA1** Explicar a dependência dos preços das ações em relação aos dividendos futuros e ao crescimento dos dividendos.
- **OA2** Demonstrar como avaliar ações usando múltiplos.
- **OA3** Identificar as diferentes maneiras de eleger o conselho de administração no Brasil e nos Estados Unidos.
- **OA3** Definir o papel do conselho fiscal nas empresas brasileiras.
- **OA4** Definir como funcionam os mercados de ações nos Estados Unidos e no Brasil.

Para ficar por dentro dos últimos acontecimentos na área de finanças, visite www.fundamentalsofcorporatefinance.blogspot.com.

No capítulo anterior, apresentamos os títulos de dívida e a sua avaliação. Neste capítulo, voltamos nossa atenção para a outra grande fonte de financiamento das empresas: aumentos de capital por emissão de ações ordinárias e ações preferenciais. Primeiro, descrevemos os fluxos de caixa associados a uma ação e, em seguida, apresentamos um modelo bastante famoso: o modelo de crescimento de dividendos. Desse ponto em diante, passamos a examinar as diversas características importantes das ações ordinárias e preferenciais, focalizando os direitos dos acionistas. Fechamos o capítulo com uma discussão sobre o modo como as ações são negociadas e como os preços das ações e outras importantes informações são reportados na imprensa especializada.

Os autores agradecem a Richard Blanchet por suas contribuições e revisão do texto relativo ao mercado brasileiro.

8.1 Avaliação de ações

Excel Master!
Cobertura *on-line* do Excel Master

Uma ação é mais difícil de ser avaliada na prática do que um título de dívida por pelo menos três motivos. Em primeiro lugar, no caso de ações, nem mesmo os fluxos de caixa prometidos são conhecidos com antecedência. Em segundo lugar, a vida útil do investimento é essencialmente eterna, uma vez que uma ação não tem vencimento. Por último, não há como observar facilmente a taxa de retorno que o mercado exige. Entretanto, como veremos, há casos em que podemos chegar ao valor presente dos fluxos de caixa futuros de uma ação e, portanto, determinar seu valor.

Fluxos de caixa

Imagine que você esteja pensando em comprar uma ação hoje. Você pretende vendê-la daqui a um ano. De alguma forma, você sabe que a ação valerá $70. Prevê que ela também pagará $10 de dividendos por ação ao final do ano. Se você quer ter um retorno de 25% sobre seu investimento, qual é o máximo que pagaria pela ação? Em outras palavras, qual é o valor presente dos dividendos de $10 somados com o valor final de $70 a 25%?

Se você comprar a ação hoje e vendê-la no final do ano, terá um total de $80. A 25%:

Valor presente = ($10 + 70)/1,25 = $64

Assim, $64 é o valor que você atribuiria à ação hoje.

De modo geral, suponha que P_0 seja o preço atual da ação e que P_1 será o preço daqui a um período. Se D_1 é o dividendo em dinheiro pago ao final do período, então:

$$P_0 = (D_1 + P_1)/(1 + R) \qquad [8.1]$$

onde R é o retorno exigido pelo mercado sobre esse investimento.

Observe que não dissemos muita coisa até agora. Se quiséssemos determinar o valor de uma ação hoje (P_0), primeiro teríamos de calcular o valor em um ano (P_1). Isso é ainda mais difícil de fazer e, portanto, só complicaríamos mais o problema.

Qual é o preço em um período (P_1)? Em geral, não sabemos. Em vez disso, suponha que, de alguma maneira, soubéssemos o preço daqui a dois períodos (P_2). Dado um dividendo previsto em dois períodos, D_2, o preço da ação em um período seria:

$$P_1 = (D_2 + P_2)/(1 + R)$$

Se substituíssemos a expressão de P_1 em nossa expressão de P_0, teríamos:

$$\begin{aligned}P_0 &= \frac{D_1 + P_1}{1 + R} = \frac{D_1 + \dfrac{D_2 + P_2}{1 + R}}{1 + R} \\ &= \frac{D_1}{(1 + R)^1} + \frac{D_2}{(1 + R)^2} + \frac{P_2}{(1 + R)^2}\end{aligned}$$

Agora precisamos obter o preço em dois períodos. Também não sabemos isso e podemos adiar novamente e escrever:

$$P_2 = (D_3 + P_3)/(1 + R)$$

Se substituirmos isso novamente por P_2, teremos:

$$\begin{aligned}P_0 &= \frac{D_1}{(1 + R)^1} + \frac{D_2}{(1 + R)^2} + \frac{P_2}{(1 + R)^2} \\ &= \frac{D_1}{(1 + R)^1} + \frac{D_2}{(1 + R)^2} + \frac{\dfrac{D_3 + P_3}{1 + R}}{(1 + R)^2} \\ &= \frac{D_1}{(1 + R)^1} + \frac{D_2}{(1 + R)^2} + \frac{D_3}{(1 + R)^3} + \frac{P_3}{(1 + R)^3}\end{aligned}$$

Você deve começar a observar que podemos empurrar o problema do cálculo do preço da ação indefinidamente para o futuro. Observe que, não importa qual for o preço da ação, o seu valor presente é essencialmente zero se adiarmos o suficiente a negociação da ação.[1] Por fim, nos resta o resultado de que o preço atual da ação equivale ao valor presente dos dividendos futuros começando um período à frente e estendendo-se para sempre:

$$P_0 = \frac{D_1}{(1+R)^1} + \frac{D_2}{(1+R)^2} + \frac{D_3}{(1+R)^3} + \frac{D_4}{(1+R)^4} + \frac{D_5}{(1+R)^5} + \cdots$$

Ilustramos aqui que o preço da ação hoje é igual ao valor presente de todos os dividendos futuros. Quantos dividendos futuros existem? Em princípio, pode haver um número infinito. Isso significa que ainda não podemos calcular um valor para a ação, porque teríamos de prever um número infinito de dividendos e, em seguida, descontá-los todos. Na próxima seção, consideramos alguns casos especiais para os quais podemos contornar esse problema.

EXEMPLO 8.1 Ações de crescimento

Você pode estar se perguntando sobre as ações de empresas como a Alphabet, que, no momento, não pagam dividendos. As pequenas empresas em crescimento frequentemente reinvestem tudo e, portanto, também não pagam dividendos. Tais ações nada valem? Depende. Quando dizemos que o valor da ação é igual ao valor presente dos dividendos futuros, não excluímos a possibilidade de que alguns desses dividendos sejam iguais a zero. Eles somente não podem ser *todos* iguais a zero.

Imagine uma empresa que tenha uma cláusula em seu estatuto social que proíba o pagamento de dividendos. A empresa nunca toma dinheiro emprestado, nunca paga algum valor aos acionistas, sob qualquer forma, e nunca vende quaisquer ativos. Tal empresa não poderia realmente existir, porque a Receita Federal não gostaria disso, e os acionistas sempre poderiam votar uma emenda ao estatuto social se quisessem. Se essa empresa existisse, porém, quanto valeria a sua ação?

Absolutamente nada. Tal empresa é um "buraco negro" financeiro. O dinheiro entra, mas nada de valioso sai. Como ninguém jamais teria algum retorno sobre esse investimento, ele não tem valor. Esse exemplo é um pouco absurdo, mas ilustra que, quando falamos em empresas que não pagam dividendos, queremos dizer que elas, na verdade, não estão pagando dividendos *hoje*.

Alguns casos especiais

Em certas circunstâncias especiais muito úteis, podemos chegar a um valor para a ação. O que temos a fazer são algumas suposições simplificadoras sobre o padrão dos dividendos futuros. Os três casos que veremos são: (1) os dividendos têm taxa de crescimento zero, (2) os dividendos aumentam a uma taxa constante, e (3) os dividendos aumentam a uma taxa constante após algum tempo. Consideraremos cada um deles separadamente.

Crescimento zero Já vimos o caso do crescimento zero. Uma ação ordinária de uma empresa com dividendos constantes é muito parecida com uma ação preferencial que pague dividendos fixos. No Capítulo 6 (Exemplo 6.7), vimos que os dividendos de uma ação preferencial que paga dividendos fixos têm crescimento zero e, logo, são constantes no tempo. Para uma ação ordinária de crescimento zero, a consequência disso é que:

$$D_1 = D_2 = D_3 = D = \text{constante}$$

---

[1] A única suposição que fazemos sobre o preço da ação é que ele é um número finito, independentemente de até onde o empurramos. Ele pode ser extremamente grande, mas não infinito. Como ninguém jamais observou um preço de ação infinito, essa suposição é plausível.

Assim, o valor da ação é:

$$P_0 = \frac{D}{(1+R)^1} + \frac{D}{(1+R)^2} + \frac{D}{(1+R)^3} + \frac{D}{(1+R)^4} + \frac{D}{(1+R)^5} + \cdots$$

Visto que os dividendos sempre são iguais para essa ação, ela pode ser vista como uma perpetuidade comum com um fluxo de caixa igual a D a cada período. O valor por ação, portanto, é dado por:

$$P_0 = D/R \qquad [8.2]$$

onde R é o retorno exigido.

Por exemplo, suponha que a Companhia de Protótipos do Paraíso (CPP) tenha uma política de pagamento de $10 em dividendos por ação a cada ano. Se essa política continuar indefinidamente, qual é o valor de uma ação da CPP se o retorno exigido é de 20%? Nesse caso, a ação equivale a uma perpetuidade comum, e, portanto, a ação da CPP vale $10/0,20 = $50 por ação.

Crescimento constante Suponha que os dividendos de uma empresa sempre aumentem a uma taxa constante. Vamos chamar essa taxa de crescimento de g. Se pressupormos que D_0 são os dividendos que acabam de ser pagos, então os dividendos do ano seguinte, D_1, serão:

$$D_1 = D_0 \times (1+g)$$

Os dividendos em dois períodos são:

$$\begin{aligned}D_2 &= D_1 \times (1+g) \\ &= [D_0 \times (1+g)] \times (1+g) \\ &= D_0 \times (1+g)^2\end{aligned}$$

Poderíamos repetir esse processo para chegar aos dividendos em qualquer ponto do futuro. Em geral, pela nossa discussão do crescimento composto, no Capítulo 6, sabemos que os dividendos daqui a t períodos no futuro (D_t) são representados por:

$$D_t = D_0 \times (1+g)^t$$

Um ativo com fluxos de caixa que aumenta a uma taxa constante para sempre é chamado de *perpetuidade crescente*.

A suposição de crescimento de dividendos estável poderia parecer estranha. Por que os dividendos cresceriam a uma taxa constante? O motivo é que, para muitas empresas, o crescimento constante dos dividendos é um objetivo explícito. Por exemplo, em 2016, a fabricante de produtos de cuidados pessoais e domésticos, Procter & Gamble, aumentou seus dividendos em 1% para USD2,68 por ação; esse aumento foi notável, porque foi o 60º aumento consecutivo. O assunto do crescimento dos dividendos se enquadra no título geral de *política de dividendos*, de modo que deixaremos os detalhes dessa discussão para um capítulo posterior.

EXEMPLO 8.2 Crescimento de dividendos

A Hedless Corp. acaba de pagar dividendos de $3 por ação. Seus dividendos aumentam a uma taxa estável de 8% ao ano. Com base nessas informações, qual será o valor dos dividendos em cinco anos?

Aqui temos um montante atual de $3 que aumenta a 8% ao ano por cinco anos. Assim, o valor futuro é:

$3 \times 1,08^5 = $3 \times 1,4693 = $4,41

Os dividendos, portanto, aumentarão em $1,41 nos próximos cinco anos.

Se os dividendos aumentarem a uma taxa constante, então substituímos o problema da previsão de um número infinito de dividendos futuros pelo problema de chegar a uma única taxa de crescimento — uma simplificação considerável. Nesse caso, se pressupormos D_0 como os dividendos que acabam de ser pagos e g como a taxa de crescimento constante, o valor de uma ação pode ser escrito assim:

$$P_0 = \frac{D_1}{(1+R)^1} + \frac{D_2}{(1+R)^2} + \frac{D_3}{(1+R)^3} + \cdots$$

$$= \frac{D_0(1+g)^1}{(1+R)^1} + \frac{D_0(1+g)^2}{(1+R)^2} + \frac{D_0(1+g)^3}{(1+R)^3} + \cdots$$

Desde que a taxa de crescimento g seja menor do que a taxa de desconto R, o valor presente dessa série de fluxos de caixa pode ser escrito de forma muito simples:

$$P_0 = \frac{D_0 \times (1+g)}{R-g} = \frac{D_1}{R-g} \qquad [8.3]$$

Esse resultado elegante tem muitos nomes diferentes. Nós o chamaremos de **modelo de crescimento de dividendos**. Seja qual for o nome, ele é muito fácil de usar. Por exemplo, suponha que D_0 seja $2,30, R seja 13% e g seja 5%. O preço por ação, nesse caso, é:

$P_0 = D_0 \times (1+g)/(R-g)$
$= \$2,30 \times 1,05/(0,13 - 0,05)$
$= \$2,415/0,08$
$= \$30,19$

modelo de crescimento de dividendos
Modelo que determina o preço corrente de uma ação a partir de seus dividendos no próximo período divididos pela taxa de desconto menos a taxa de crescimento dos dividendos.

Na verdade, podemos usar o modelo de crescimento de dividendos para obter o preço da ação em qualquer momento, e não apenas hoje. Em geral, o preço da ação no tempo t é:

$$P_t = \frac{D_t \times (1+g)}{R-g} = \frac{D_{t+1}}{R-g} \qquad [8.4]$$

Em nosso exemplo, suponha que estejamos interessados no preço da ação em cinco anos (P_5). Primeiro, precisamos dos dividendos no tempo 5 (D_5). Como os dividendos que acabam de ser pagos são de $2,30, e a taxa de crescimento é de 5% por ano, D_5 é igual a:

$D_5 = \$2,30 \times 1,05^5 = \$2,30 \times 1,2763 = \$2,935$

Usando o modelo de crescimento de dividendos, obtemos o preço da ação em cinco anos:

$$P_5 = \frac{D_5 \times (1+g)}{R-g} = \frac{\$2,935 \times 1,05}{0,13 - 0,05} = \frac{\$3,0822}{0,08} = \$38,53$$

EXEMPLO 8.3 Companhia de Crescimento Gordon

O próximo dividendo da Companhia de Crescimento Gordon será de $4 por ação. Os investidores exigem um retorno de 16% de empresas como a Gordon. Os dividendos da empresa aumentam em 6% a cada ano. Com base no modelo de crescimento de dividendos, qual é o valor da ação da Gordon hoje? Qual será o valor em quatro anos?

A única coisa complicada aqui é que os próximos dividendos (D_1) já são informados como $4, de modo que não precisamos multiplicá-los por $(1+g)$. Com isso em mente, o preço por ação é:

$P_0 = D_1/(R-g)$
$= \$4/(0,16 - 0,06)$
$= \$4/0,10$
$= \$40$

> Como já temos os dividendos do próximo ano, sabemos que os dividendos daqui a quatro anos serão iguais a $D_1 \times (1 + g)^3 = \$4 \times 1,06^3 = \$4,764$. Assim, o preço em quatro anos é:
>
> $P_4 = D_4 \times (1+ g)/(R - g)$
> $= \$4,764 \times 1,06/(0,16 - 0,06)$
> $= \$5,05/0,10$
> $= \$50,50$
>
> Observe, nesse exemplo, que P_4 é igual a $P_0 \times (1 + g)^4$.
>
> $P_4 = \$50,50 = \$40 \times 1,06^4 = P_0 \times (1+g)^4$
>
> Para saber por que isso acontece, observe primeiro que:
>
> $P_4 = D_5/(R - g)$
>
> Entretanto, D_5 é igual a $D_1 \times (1 + g)^4$, de modo que podemos escrever P_4 assim:
>
> $P_4 = D_1 \times (1+ g)^4/(R - g)$
> $= [D_1/(R - g)] \times (1+ g)^4$
> $= P_0 \times (1+ g)^4$
>
> Esse último exemplo ilustra que o modelo de crescimento de dividendos tem o pressuposto implícito de que o preço da ação aumentará à mesma taxa constante dos dividendos. Isso não é realmente uma surpresa. O que isso nos mostra é que, se os fluxos de caixa de um investimento aumentarem a uma taxa constante ao longo do tempo, o valor daquele investimento também aumentará a essa taxa.

Você talvez se pergunte sobre o que aconteceria com o modelo de crescimento de dividendos se a taxa de crescimento (g) fosse maior do que a taxa de desconto (R). Parece que teríamos um preço de ação negativo, porque $R - g$ seria menor do que zero. Mas não é isso que aconteceria.

Em vez disso, se a taxa de crescimento constante exceder a taxa de desconto, então o preço da ação assume valor infinito. Por quê? Se a taxa de crescimento for maior do que a taxa de desconto, então o valor presente dos dividendos continua crescendo cada vez mais. Essencialmente, o mesmo vale quando a taxa de crescimento e a taxa de desconto forem iguais. Em ambos os casos, a simplificação que permite substituir o fluxo infinito de dividendos pelo modelo de crescimento de dividendos não é possível, pois as respostas que obtemos do modelo serão absurdas, a menos que a taxa de crescimento seja menor do que a taxa de desconto.

Finalmente, a expressão à qual chegamos para o caso do crescimento constante funcionará para qualquer perpetuidade crescente, e não apenas para os dividendos de uma ação. Como vimos no Capítulo 6, se C_1 é o próximo fluxo de caixa de uma perpetuidade crescente, então o valor presente dos fluxos de caixa é dado por:

Valor presente = $C_1/(R - g) = C_0(1 + g)/(R - g)$

Observe que essa equação se parece com o resultado de uma perpetuidade normal, exceto que temos $R - g$ na parte inferior, em vez de apenas R.

Crescimento variável O último caso que consideramos é o crescimento variável. O principal motivo para considerarmos esse caso é permitir taxas de crescimento "supernormais" durante um período de tempo finito. Como já discutimos, a taxa de crescimento não pode ser indefinidamente maior do que o retorno exigido, mas ela com certeza poderia exceder esse retorno durante alguns anos. Para evitar o problema de ter de prever e descontar um número infinito de dividendos, estabelecemos a condição de que os dividendos aumentarão a uma taxa constante a partir de algum momento futuro.

Para um exemplo simples de crescimento variável, considere o caso de uma empresa que não está pagando dividendos. Você prevê que, em cinco anos, a empresa pagará dividendos pela primeira vez. Os dividendos serão de $0,50 por ação. Você espera que, a partir de então, esses dividendos aumentem a uma taxa de 10% por ano indefinidamente. O retorno exigido de empresas como essa é de 20%. Qual é o preço da ação hoje?

Para saber quanto vale a ação dessa empresa hoje, primeiro devemos encontrar seu valor após o início do pagamento dos dividendos. Em seguida, podemos calcular o valor presente daquele preço futuro para obter o preço de hoje. Os primeiros dividendos serão pagos dentro de cinco anos, e eles aumentarão constantemente desse momento em diante. Usando o modelo de crescimento de dividendos, podemos dizer que o preço em quatro anos será:

$$P_4 = D_4 \times (1 + g)/(R - g)$$
$$= D_5/(R - g)$$
$$= \$0{,}50/(0{,}20 - 0{,}10)$$
$$= \$5$$

Se a ação valerá $5 em quatro anos, então podemos obter o valor atual descontando seu preço por quatro anos a 20%:

$$P_0 = \$5/1{,}20^4 = \$5/2{,}0736 = \$2{,}41$$

A ação, portanto, valeria $2,41 hoje.

O problema do crescimento variável é um pouco mais complicado somente se os dividendos forem diferentes de zero nos primeiros anos. Por exemplo, suponha que você calculou as seguintes previsões de dividendos para os próximos três anos:

Ano	Dividendos esperados
1	$1,00
2	$2,00
3	$2,50

Após o terceiro ano, os dividendos aumentarão a uma taxa constante de 5% ao ano. O retorno exigido é de 10%. Qual é o valor da ação hoje?

Ao lidar com crescimento variável, uma linha do tempo pode ser muito útil. A Figura 8.1 ilustra uma linha do tempo para esse problema. A coisa mais importante a ser notada é o início do crescimento constante. Como já mostramos, para esse problema, o crescimento constante inicia no tempo 3. Isso significa que podemos usar nosso modelo de crescimento constante para determinar o preço da ação no tempo 3 (P_3). Sem dúvida, o erro mais comum nessa situação é identificar incorretamente o início da fase de crescimento constante e, como resultado, calcular o preço futuro da ação no momento errado.

Como sempre, o valor da ação é o valor presente de todos os dividendos futuros. Para calcular esse valor presente, primeiro temos de calcular o valor presente do preço da ação três anos adiante, assim como fizemos antes. Em seguida, temos de adicionar o valor presente dos dividendos que serão pagos entre agora e o terceiro ano. Assim, o preço em três anos é:

$$P_3 = D_3 \times (1 + g)/(R - g)$$
$$= \$2{,}50 \times 1{,}05/(0{,}10 - 0{,}05)$$
$$= \$52{,}50$$

Agora podemos calcular o valor total da ação como o valor presente dos três primeiros dividendos mais o valor presente do preço no tempo 3 (P_3):

$$P_0 = \frac{D_1}{(1+R)^1} + \frac{D_2}{(1+R)^2} + \frac{D_3}{(1+R)^3} + \frac{P_3}{(1+R)^3}$$
$$= \frac{\$1}{1{,}10} + \frac{2}{1{,}10^2} + \frac{2{,}50}{1{,}10^3} + \frac{52{,}50}{1{,}10^3}$$
$$= \$0{,}91 + 1{,}65 + 1{,}88 + 39{,}44$$
$$= \$43{,}88$$

O valor da ação hoje é, portanto, $43,88.

```
              Crescimento variável          Crescimento constante a 5%
         |←──────────────────────→|←──────────────────────────→
Tempo    0      1      2      3      4        5
         |──────|──────|──────|──────|────────|────────→
Dividendos    $1     $2    $2,50   $2,50    $2,50
                                   × 1,05   × 1,05²
```

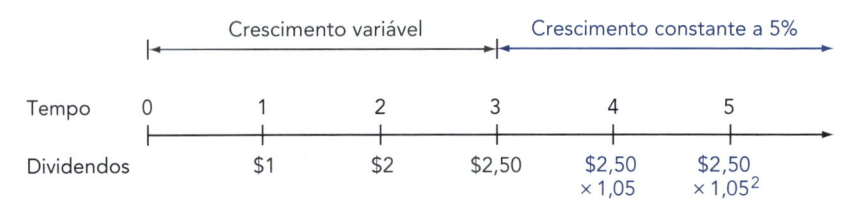

FIGURA 8.1 Crescimento variável.

EXEMPLO 8.4 Crescimento supernormal

A Reação em Cadeia S/A vem crescendo a uma taxa fenomenal de 30% ao ano por causa de sua rápida expansão e de vendas explosivas. Você acredita que essa taxa de crescimento durará por mais três anos e, em seguida, cairá a 10% ao ano. Se a taxa de crescimento permanecer a 10% indefinidamente, qual é o valor total da ação? Os dividendos recém-pagos foram de $5 milhões, e o retorno exigido é de 20%.

A situação da Reação em Cadeia é um exemplo do crescimento supernormal. É pouco provável que uma taxa de crescimento de 30% possa ser sustentada por um período longo. Para avaliar o capital próprio dessa empresa, primeiro precisamos calcular os dividendos totais em um período de crescimento supernormal:

Ano	Dividendos totais (em milhões)
1	$5,00 × 1,3 = $ 6,500
2	6,50 × 1,3 = 8,450
3	8,45 × 1,3 = 10,985

O preço no tempo 3 pode ser calculado assim:

$P_3 = D_3 \times (1+g)/(R-g)$

onde g é a taxa de crescimento a longo prazo. Assim, temos:

$P_3 = \$10{,}985 \times 1{,}10/(0{,}20 - 0{,}10) = \$120{,}835$

Para determinar o valor hoje, precisamos do valor presente desse montante mais o valor presente dos dividendos totais:

$$P_0 = \frac{D_1}{(1+R)^1} + \frac{D_2}{(1+R)^2} + \frac{D_3}{(1+R)^3} + \frac{P_3}{(1+R)^3}$$

$$= \frac{\$6{,}50}{1{,}20} + \frac{8{,}45}{1{,}20^2} + \frac{10{,}985}{1{,}20^3} + \frac{120{,}835}{1{,}20^3}$$

$$= \$5{,}42 + 5{,}87 + 6{,}36 + 69{,}93$$

$$= \$87{,}57$$

Assim, o valor total do capital próprio hoje é $87,57 milhões. Se houvesse, por exemplo, 20 milhões de ações, cada ação valeria $87,57/20 = $4,38.

Crescimento em dois estágios O último caso que consideraremos é um caso especial de crescimento variável: o crescimento em dois estágios. A ideia por trás disso é que os dividendos crescerão a uma taxa g_1 durante t anos e, daí em diante, crescerão a uma taxa g_2 para sempre. Nesse caso, o valor da ação pode ser calculado assim:

$$P_0 = \frac{D_1}{R - g_1} \times \left[1 - \left(\frac{1+g_1}{1+R}\right)^t\right] + \frac{P_t}{(1+R)^t} \quad [8.5]$$

Observe que o primeiro termo de nossa expressão é o valor presente de uma anuidade crescente, tal como discutimos no Capítulo 6. No primeiro estágio, g_1 pode ser maior que R. A segunda parte é o valor presente do preço da ação assim que o segundo estágio começar, no tempo t.

Podemos calcular P_t da seguinte maneira:

$$P_t = \frac{D_{t+1}}{R - g_2} = \frac{D_0 \times (1 + g_1)^t \times (1 + g_2)}{R - g_2} \qquad [8.6]$$

Nesse cálculo, precisamos dos dividendos no tempo $t + 1$ (D_{t+1}), para obter o preço da ação no tempo t (P_t). Observe que, para conseguir isso, aumentamos os dividendos atuais, D_0, a uma taxa g_1 por t períodos e, em seguida, aumentamos um período a uma taxa g_2. Além disso, nesse segundo estágio, g_2 deve ser menor do que R.

EXEMPLO 8.5 — Crescimento em dois estágios

Os dividendos da Companhia Campo Alto devem aumentar a 20% ao ano, pelos próximos cinco anos. Depois disso, o crescimento esperado será de 4% para sempre. Se o retorno exigido for de 10%, qual é o valor da ação? Os dividendos pagos recentemente foram de $2.

Há vários cálculos envolvidos, mas são simples de resolver com uma calculadora. Podemos começar calculando o preço da ação daqui a cinco anos (P_5):

$$P_5 = \frac{D_6}{R - g_2} = \frac{D_0 \times (1 + g_1)^5 \times (1 + g_2)}{R - g_2}$$

$$= \frac{\$2 \times (1 + 0{,}20)^5 \times (1 + 0{,}04)}{0{,}10 - 0{,}04} = \frac{\$5{,}18}{0{,}06}$$

$$= \$86{,}26$$

Em seguida, colocamos esse valor em nossa fórmula de crescimento em dois estágios para obter o preço hoje:

$$P_0 = \frac{D_1}{R - g_1} \times \left[1 - \left(\frac{1 + g_1}{1 + R}\right)^t\right] + \frac{P_t}{(1 + R)^t}$$

$$= \frac{\$2 \times (1 + 0{,}20)}{0{,}10 - 0{,}20} \times \left[1 - \left(\frac{1 + 0{,}20}{1 + 0{,}10}\right)^5\right] + \frac{\$86{,}26}{(1 + 0{,}10)^5}$$

$$= \$66{,}64$$

Observe que tínhamos $D_0 = \$2$, de modo que tivemos de aumentar esse valor em 20% por um período para obter D_1. Observe também que g_1 é maior do que R nesse exemplo, mas isso não é problema, nesse caso.

Componentes do retorno exigido

Até agora, pressupomos que o retorno exigido, ou a taxa de desconto (R), é conhecido. Teremos muito mais a dizer sobre esse assunto nos Capítulos 12 e 13. Por enquanto, queremos examinar as consequências do modelo de crescimento de dividendos para esse retorno exigido. Anteriormente, calculamos P_0 assim:

$$P_0 = D_1/(R - g)$$

Se reorganizarmos isso para calcular R, obteremos:

$$R - g = D_1/P_0$$
$$R = D_1/P_0 + g \qquad (8.7)$$

Isso nos mostra que o retorno total, R, tem dois componentes. O primeiro deles, D_1/P_0, é chamado de **retorno em dividendos**. Como seu cálculo é feito a partir dos dividendos esperados divididos pelo preço atual, ele é conceitualmente semelhante ao retorno corrente de um título de dívida.

A segunda parte do retorno total é a taxa de crescimento g. Sabemos que a taxa de crescimento dos dividendos também é a taxa de crescimento do preço de uma ação (consulte o

retorno em dividendos
Dividendos em fluxos de caixa esperados de uma ação divididos pelo seu preço atual.

retorno em ganhos de capital
Taxa de crescimento dos dividendos ou taxa de crescimento do valor de um investimento.

Exemplo 8.3). Assim, essa taxa de crescimento pode ser interpretada como o **retorno em ganhos de capital**, ou seja, a taxa de crescimento do valor do investimento.[2]

Para ilustrar os componentes do retorno exigido, suponha que observamos uma ação negociada a $20. Os próximos dividendos serão de $1 por ação. Você acha que os dividendos aumentarão em 10% por ano mais ou menos, indefinidamente. Qual retorno essa ação oferece se isso estiver correto?

O modelo de crescimento de dividendos calcula o retorno total assim:

R = Retorno em dividendos + Retorno em ganhos de capital

$R = \quad D_1/P_0 \quad + \quad g$

Nesse caso, o retorno total é:

$R = \$1/20 + 10\%$
$\quad = 5\% + 10\%$
$\quad = 15\%$

Essa ação, portanto, tem um retorno esperado de 15%.

Podemos verificar essa resposta calculando o preço em um ano, P_1, e usando 15% como o retorno exigido. Com base no modelo de crescimento de dividendos, esse preço é:

$P_1 = D_1 \times (1 + g)/(R - g)$
$\quad = \$1 \times 1{,}10/(0{,}15 - 0{,}10)$
$\quad = \$1{,}10/0{,}05$
$\quad = \$22$

Observe que $22 é $20 × 1,1, e, portanto, o preço da ação cresceu em 10%, como deveria ser. Se você pagar $20 pela ação hoje, obterá um dividendo de $1 ao final do ano e terá um ganho de $22 − 20 = $2. O seu retorno em dividendos, portanto, é de $1/20 = 5%. O retorno dos seus ganhos de capital é de $2/20 = 10%, e, assim, seu retorno total seria de 5% + 10% = 15%.

Para ter uma ideia dos números reais nesse contexto, considere que, de acordo com a *Investment Survey* de março de 2020 da *Value Line*, esperava-se que o crescimento dos dividendos da Procter & Gamble fosse de 4% nos próximos cinco anos, comparados à taxa de crescimento histórica de 4% nos cinco anos anteriores e de 6,5% nos 10 anos anteriores. Em 2020, o dividendo projetado para o ano seguinte foi de USD3,00. O preço de cada ação, na época, era de cerca de USD120. Qual é o retorno que os investidores exigem da P&G? Neste caso, o retorno em dividendos é de 2,5%, e o retorno em ganhos de capital é de 4%, dando um retorno exigido total de 6,5% para as ações da P&G.

Avaliação usando múltiplos

Um problema óbvio da nossa abordagem baseada em dividendos à avaliação de ações é que muitas empresas não pagam dividendos. O que fazer nesses casos? Uma abordagem comum é usar o índice P/L, que definimos no Capítulo 3 como a razão entre o preço da ação e o lucro por ação (LPA) no ano anterior. A ideia aqui é obter um índice P/L de referência que possa ser multiplicado pelo lucro para chegarmos a um preço:

Preço no tempo $t = P_t =$ Índice P/L de referência $\times$ LPA$_t$.   **[8.8]**

O índice P/L de referência poderia ser extraído de qualquer uma de diversas fontes possíveis. Ele poderia se basear em empresas semelhantes (possivelmente uma média ou mediana do setor) ou nos valores históricos da própria empresa. Por exemplo, imagine que estivéssemos tentando avaliar a Inactivision Ltda., uma desenvolvedora de *videogames* famosa pela

---

[2] Aqui e em várias outras passagens, usamos o termo *ganhos de capital* de forma livre. Só para constar, um ganho (ou uma perda) de capital é, em termos rigorosos, uma coisa definida pela Receita Federal. Para as finalidades deste livro, seria mais exato (mas menos comum) usar o termo *ganho de preço* em vez de *ganho de capital*.

sua série *Slack Ops*. A Inactivision não paga dividendos, mas, após estudar o setor, você decide que um índice P/L de 20 é apropriado para uma empresa como ela. A soma do lucro total nos quatro trimestres mais recentes é igual a $2 por ação, então você acredita que a ação deveria ser negociada por 20 × $2 = $40. Para você, seria atraente comprar a ação se ela for negociada por menos de $40, mas não se for negociada por mais de $40.

Os analistas profissionais passam bastante tempo criando previsões de lucros futuros, especialmente para o próximo ano. Um índice P/L baseado na estimativa dos lucros futuros é chamado nos EUA de *forward PE*, ou P/L a termo, em tradução livre. Por exemplo, suponha que, na sua opinião, o lucro da Inactivision no próximo ano seria de $2,50 por ação, reflexo do aumento de popularidade do jogo World of Slackcraft, o RPG *online* multijogadores da empresa. Nesse caso, se o preço corrente da ação é $40, o índice P/L a termo, (*forward PE*) é $40/$2,50 = 16.

Finalmente, observe que seu índice P/L de referência de 20 se aplica ao lucro obtido durante o ano anterior. Se o lucro no próximo ano for de $2,50 por ação, o preço da ação daqui a um ano deve ser de 20 × $2,50 = $50. Esse tipo de preço previsto também é chamado de preço-alvo.

Muitas vezes, estamos interessados em avaliar empresas mais novas, que não pagam dividendos e ainda não dão lucro, o que significa que seus lucros são negativos. O que fazer nesse caso? Uma resposta seria usar o índice preço/vendas, que também apresentamos no Capítulo 3. Como o nome sugere, esse índice é o preço por ação dividido pelas vendas por ação. Ele é usado da mesma forma que o índice P/L, exceto que as vendas — e não o lucro — por ação são utilizadas. Assim como os índices P/L, os índices preço/vendas variam com a idade da empresa e o setor. Os valores típicos vão de 0,8 a 2,0, mas podem ser muito maiores para empresas mais jovens e com crescimento mais acelerado.

Um terceiro índice bastante usado para avaliar empresas é o valor da empresa/Lajida, que apresentamos no Capítulo 3. O valor da empresa/Lajida mede o valor do negócio da empresa em relação a uma medida do seu caixa criado. Assim como ocorre com qualquer índice, todo os três índices de avaliação variam com a idade e da empresa e o setor. O Quadro 8.1 mostra os índices médios de diferentes setores. Como vemos, a variação entre os setores é significativa, mas a diferença nem sempre é consistente. Por exemplo, o índice P/L dos setores de bebidas não alcoólicas e de TV a cabo são semelhantes, mas os índices preço/vendas e valor da empresa/Lajida do primeiro são cerca de o dobro daqueles observados no setor de TV a cabo.

Para referência futura, nossa discussão sobre avaliação de ações está resumida no Quadro 8.2.

QUADRO 8.1 Índices P/L, P/V e VN–LAJIDA de diversos setores

	P/L	P/V	VN–LAJIDA
Aeroespacial/Defesa	21,31	1,54	10,78
Bebidas (não alcoólicas)	24,71	3,84	18,48
TV a cabo	23,55	1,79	9,12
Medicamentos (Biotecnologia)	43,88	5,87	10,00
Entretenimento	87,08	3,02	14,23
Agricultura	15,88	0,58	11,03
Alimentos (atacado)	16,73	0,37	12,29
Móveis/Decoração	13,89	0,68	7,18
Energia verde & renovável	28,64	3,73	18,64
Energia	18,21	1,99	10,93
Restaurantes/Alimentação	24,88	2,66	16,97

Fonte: Aswath Damodaran, http://pages.stern.nyu.edu/~adamodar/, acessado em 11 de novembro de 2019.

QUADRO 8.2 Resumo da avaliação de ações

I. O caso geral

Em geral, o preço atual de uma ação (P_0) é o valor presente de todos os seus dividendos futuros, D_1, D_2, D_3, ...:

$$P_0 = \frac{D_1}{(1+R)^1} + \frac{D_2}{(1+R)^2} + \frac{D_3}{(1+R)^3} + \cdots$$

onde R é o retorno exigido.

II. Caso do crescimento constante

Se os dividendos crescerem a uma taxa constante g, então o preço pode ser calculado assim:

$$P_0 = \frac{D_1}{R-g}$$

Esse resultado é chamado de *modelo de crescimento de dividendos*.

III. Crescimento variável

Se os dividendos crescerem a uma taxa constante após t períodos, então o preço pode ser calculado assim:

$$P_0 = \frac{D_1}{(1+R)^1} + \frac{D_2}{(1+R)^2} + \cdots + \frac{D_t}{(1+R)^t} + \frac{P_t}{(1+R)^t}$$

onde

$$P_t = \frac{D_t \times (1+g)}{(R-g)}$$

IV. Crescimento em dois estágios

Se os dividendos crescerem a uma taxa g_1 durante t períodos, e então começarem a crescer a uma taxa g_2, o preço pode ser calculado assim:

$$P_0 = \frac{D_1}{R-g_1} \times \left[1 - \left(\frac{1+g_1}{1+R}\right)^t\right] + \frac{P_t}{(1+R)^t}$$

onde

$$P_t = \frac{D_{t+1}}{R-g_2} = \frac{D_0 \times (1+g_1)^t \times (1+g_2)}{R-g_2}$$

V. Avaliação usando múltiplos

Ações que não pagam dividendos (ou que têm índices erráticos de crescimento dos dividendos) podem ser avaliadas usando o índice P/L e/ou o índice preço/vendas:

P_t = Índice P/L de referência × LPA_t

P_t = Índice preço/vendas de referência × (Vendas por ação)$_t$

VI. O retorno exigido

O retorno exigido R pode ser calculado como a soma de dois fatores:

$R = D_1/P_0 + g$

onde D_1/P_0 é o *retorno em dividendos* e g é o retorno em *ganhos de capital* (o que é o mesmo que a taxa de crescimento de dividendos no caso de crescimento constante).

Questões conceituais

8.1a Quais são os fluxos de caixa relevantes para a avaliação de uma ação?

8.1b O valor de uma ação depende de quanto tempo você espera mantê-la?

8.1c Qual é o valor de uma ação se os seus dividendos aumentam a uma taxa constante?

8.2 Algumas características das ações ordinárias e preferenciais

Ao discutir as características das ações ordinárias, nós nos concentramos nos direitos do acionista e nos pagamentos de dividendos. No caso da ação preferencial, explicamos o que significa *preferencial* e também discutimos se a ação preferencial pode ser vista como sendo realmente dívida ou como capital próprio.

Características de ações ordinárias

O termo "ação ordinária" tem significados diferentes para pessoas diferentes. Mas, em geral, ele se aplica à ação que tem direito a voto e não tem preferência especial no recebimento de dividendos ou em caso de liquidação da sociedade, inclusive em decorrência de falência.

ações ordinárias
Ações com direito a voto e sem prioridade sobre dividendos ou em caso de falência.

Direitos do acionista A estrutura conceitual de uma sociedade por ações prevê que os acionistas elejam conselheiros para o **conselho de administração**,[3] que, por sua vez, escolherão diretores para colocar em prática suas diretrizes. Os acionistas com ações ordinárias suficientes controlam a empresa por meio do direito de escolher os conselheiros. Apenas os acionistas têm esse direito. No Brasil, os acionistas detentores de um percentual mínimo de ações também têm o direito de instalar um conselho fiscal, que será composto por uma maioria de membros eleitos pelos acionistas majoritários (controladores ou não) e por acionistas minoritários. Esse conselho tem como principais atribuições fiscalizar os deveres legais e estatutários dos administradores, além de opinar sobre determinadas matérias, dentre as quais as demonstrações financeiras. O conselho fiscal se reporta diretamente à assembleia de acionistas.

Os conselheiros de administração são eleitos em uma assembleia anual. Embora haja exceções (que serão discutidas a seguir), a ideia geral é "um voto por ação" (e não um voto por acionista). A democracia empresarial, portanto, é muito diferente de nossa democracia política. Com a democracia empresarial, a "regra de ouro" prevalece de forma absoluta.[4]

Os conselheiros são eleitos em uma assembleia anual dos acionistas denominada assembleia geral ordinária, por meio da maioria de votos dos detentores de ações com direito a voto presentes. Entretanto, o mecanismo exato da eleição dos conselheiros pode diferir de uma empresa para outra. A diferença mais importante é, todavia, a possibilidade de acionistas minoritários elegerem conselheiros em eleição por candidato ou pelo mecanismo do voto múltiplo. O voto múltiplo (*cumulative voting* e *straight voting*, nos EUA), quando requerido, afasta a votação por candidato.

Para ilustrar os dois procedimentos de votação, imagine que uma empresa tenha dois acionistas: Manoel, com 20 ações, e Jonas, com 80 ações. Ambos querem ser conselheiros. Entretanto, Jonas não quer Manoel como conselheiro. Suponhamos que haja um total de quatro conselheiros a serem eleitos.

O efeito da **votação múltipla** é permitir aos acionistas minoritários elegerem conselheiros ao cumular seus votos em um ou poucos candidatos.[5] Se o voto múltiplo for permitido, o primeiro passo é determinar o número total de votos a que cada acionista tem direito. Em geral, isso é calculado multiplicando-se o número de ações (possuídas ou controladas) pelo número de conselheiros a serem eleitos.

voto múltiplo
Procedimento pelo qual o número de votos de um acionista é multiplicado pelo número de candidatos, e o acionista pode dar para um candidato a membro do conselho de administração todos os votos a que teria direito ou distribui-los entre dois ou mais candidatos.

Com a votação múltipla, os conselheiros são eleitos todos ao mesmo tempo. Em nosso exemplo, isso significa que os quatro mais votados serão os novos conselheiros de administração. Um acionista pode distribuir os votos como bem entender.

---

[3] A instalação de um conselho de administração não é obrigatória nas sociedades anônimas de capital fechado, salvo se tiverem capital autorizado.

[4] A regra de ouro: quem tem o ouro dita as regras.

[5] Por *participação dos acionistas minoritários*, queremos dizer a participação dos acionistas com quantidades de ações com direito a voto que não asseguram o controle da companhia..

Será que Manoel conseguirá um lugar no conselho de administração? Se ignorarmos a possibilidade de um empate quíntuplo, então a resposta é sim. Manoel somará 20 × 4 = 80 votos, e Jonas somará 80 × 4 = 320 votos. Se Manoel der todos os seus votos a si mesmo, ele certamente terá um cargo no conselho de administração. O motivo é que Jonas não pode dividir 320 votos entre quatro candidatos de forma a dar a todos eles mais de 80 votos, de modo que Manoel terminará, na pior das hipóteses, em quarto lugar.

Em geral, se houver N conselheiros de administração a serem eleitos, então $1/(N+1)\%$ das ações mais uma ação lhe garantirão um lugar. Em nosso exemplo, isso é $1/(4+1) = 20\%$. Assim, quanto mais posições existirem para eleição em determinado momento, mais fácil (e barato) será ganhar uma delas.

voto por candidato
Procedimento pelo qual um acionista pode apenas votar com o número de ações que tem na assembleia.

Com a **votação por chapa ou candidato**, os conselheiros acabariam sendo eleitos pela maioria dos votos atribuídos às ações com direito a voto. A cada vez, Manoel pode distribuir 20 votos e Jonas pode distribuir 80. Como consequência, Jonas elegerá todos os candidatos.

Eleição de conselheiros de administração de empresas no Brasil

Conforme a lei societária brasileira (Lei nº 6.404/1976), o conselho de administração de uma sociedade por ações no Brasil deve ser composto por, no mínimo, três membros, eleitos pela assembleia geral e por ela destituíveis a qualquer tempo. Respeitado o mínimo de três membros, o estatuto da empresa deve estabelecer: o número de conselheiros — ou o máximo e o mínimo permitidos —, o processo de escolha e substituição do presidente do conselho pela assembleia ou pelo próprio conselho e o modo de substituição dos conselheiros. O estatuto também poderá prever a participação, no conselho, de representantes dos empregados, escolhidos pelo voto destes em eleição direta organizada pela empresa em conjunto com as entidades sindicais que os representem. Nas sociedades de capital aberto é obrigatória a participação de conselheiros independentes, nos termos e prazos definidos pela CVM.

Voto múltiplo Estando ou não previsto no estatuto, o voto múltiplo pode ser requerido por acionistas que representem, no mínimo, 10% do capital social com direito a voto presentes na assembleia.[6] Nesse processo, como visto antes, atribui-se a cada ação tantos votos quantos sejam os membros do conselho, e é assegurado o direito de cumular os votos em um só candidato ou distribuí-los entre vários. Se, cumulativamente, a eleição do conselho de administração ocorrer pelo sistema do voto múltiplo, e os titulares de ações ordinárias ou preferenciais exercerem a prerrogativa de eleger conselheiro, o acionista ou um grupo de acionistas que esteja vinculado por acordo de votos e que detenha mais do que 50% das ações com direito de voto tem o direito de eleger conselheiros em número igual ao dos eleitos pelos demais acionistas, mais um. Isso ocorre independentemente do número de conselheiros que, segundo o estatuto, componha o órgão. No Brasil, o voto múltiplo é regulado pelo artigo 141 da Lei das Sociedades por Ações.

Minoritários e preferenciais No Brasil, nas sociedades de capital aberto e que tenham controle acionário definido, também têm o direito de eleger e destituir um conselheiro de administração, em votação em separado na assembleia geral, excluídos os votos dos acionistas controladores, os acionistas minoritários e os acionistas detentores de ações preferenciais que comprovarem a titularidade ininterrupta da participação acionária exigida durante o período de três meses, no mínimo, imediatamente anterior à realização da assembleia geral. Esse direito é assegurado:

- aos detentores de ações ordinárias que representarem pelo menos 15% do total dessas ações;
- aos detentores de ações preferenciais sem direito a voto ou com voto restrito que representarem, no mínimo, 10% do capital social, desde que não tenham exercido outro direito de eleger um representante nos termos previstos no estatuto — isso porque o estatuto pode também assegurar a uma ou mais classes de ações preferenciais o direito de eleger, em votação em separado, um ou mais membros dos órgãos de administração.

---

[6] A CVM aprovou percentuais menores, conforme o porte da companhia.

Votação em separado Nas empresas brasileiras, a eleição dos membros do conselho de administração indicados por acionistas minoritários ou preferenciais deve ser realizada em votação em separado na assembleia geral, excluindo-se o acionista controlador. Se nem os titulares de ações com direito a voto nem os titulares de ações preferenciais sem direito a voto ou com voto restrito perfizerem o *quorum* exigido, será facultado a eles agregar suas ações para elegerem em conjunto um membro para o conselho de administração, observando, nessa hipótese, o *quorum* conjunto exigido de 10%. Os acionistas que usarem seus votos na eleição em separado não poderão usá-los novamente, no caso de voto múltiplo ou voto por candidato/chapa.

EXEMPLO 8.6 Comprando a eleição

Suponha que você queira um lugar no conselho de administração da JRJ S/A, mas não é acionista da companhia. Cada ação da JRJ S/A é negociada a $20 e dá direito à votação múltipla. Existem 10 mil ações em circulação. Se a eleição permite até três conselheiros, quanto custará para você garantir a você mesmo um lugar no conselho?

A pergunta aqui é: quantas ações são necessárias para conseguir um lugar no conselho? A resposta é 2.501, de modo que os custos são de 2.501 × $20 = $50.020. Por que 2.501? Porque não há como dividir os 7.499 votos restantes entre três pessoas para dar a todas elas mais de 2.501 votos. Por exemplo, suponha que duas pessoas recebam 2.502 votos e os dois primeiros lugares. Uma terceira pessoa pode receber no máximo 10.000 − 2.502 − 2.502 − 2.501 = 2.495, de modo que o terceiro lugar é seu.

Conselhos escalonados Muitas empresas usam o escalonamento (*staggering*) para a eleição dos conselheiros de administração. Com mandatos não coincidentes, apenas uma fração (um terço, muitas vezes) do conselho de administração estará disponível para eleição a cada vez.[7] Assim, se apenas dois conselheiros podem ser eleitos de cada vez, é necessário 1/(2 + 1) = 33,33% das ações presentes na assembleia mais uma para garantir um lugar. Nos últimos anos, as grandes empresas têm sofrido pressão para eliminarem o escalonamento de seus conselhos e fazer com que os conselheiros sejam eleitos de uma vez, e muitas adotaram essa prática.

Em geral, o escalonamento tem dois efeitos básicos:

1. O escalonamento torna mais difícil para a minoria eleger um conselheiro, pois há menos conselheiros a serem eleitos de cada vez.

2. O escalonamento torna as tentativas de tomada de controle mais difíceis, porque dificulta a eleição de uma maioria de conselheiros novos.

Devemos observar, porém, que o escalonamento de mandatos pode servir a uma finalidade benéfica. Ele oferece a "memória institucional", ou seja, a continuidade no conselho de administração. Isso pode ser importante para as empresas que têm planos e projetos de longo prazo significativos.

Votação por procuração Procuração é uma concessão de autoridade por parte de um acionista que permite a outro votar com suas ações. Na verdade, por questões de conveniência, a maioria das votações nas grandes empresas de capital aberto é feita por procuração.

Como vimos, com a votação por candidato, cada ação ordinária tem um voto. O proprietário de 10 mil ações ordinárias tem 10 mil votos. As grandes empresas têm centenas de milhares ou até mesmo milhões de acionistas. Os acionistas podem ir à assembleia anual e votar pessoalmente, ou podem ser representados por procurador constituído há menos de um ano, que seja acionista, administrador da companhia ou advogado.

procuração
Concessão de autoridade por parte de um acionista que permite a outro votar com suas ações.

---

[7] Nos EUA, os conselhos com mandatos não coincidentes (*staggered boards*) também são chamados de *classified boards*, porque os conselheiros são distribuídos em "classes" diferentes, com mandatos que terminam em datas diferentes.

Nas empresas estadunidenses, com o predomínio dos gestores sobre os acionistas, obviamente, os gestores sempre tentam obter o máximo possível de outorgas de procurações para eles mesmos. Entretanto, se os acionistas não estiverem satisfeitos com a administração, um grupo "externo" de acionistas pode tentar obter votos por meio de procurações. Eles podem votar por procuração, na tentativa de substituir a administração, elegendo um número suficiente de conselheiros. A batalha resultante é chamada de luta de procurações ou disputa por procurações (*proxy fight*).

Conselho fiscal

No Brasil, um direito importante dos acionistas não controladores é o de solicitar a instalação do conselho fiscal na assembleia geral ordinária de acionistas, independentemente de o assunto constar ou não na pauta da convocação da assembleia geral ordinária.

O conselho fiscal é órgão independente subordinado somente à assembleia de acionistas, de funcionamento permanente ou instalado pela assembleia, com mandato até a primeira assembleia geral ordinária.[8] É órgão que deve estar obrigatoriamente previsto no estatuto, mas sua instalação permanente ou por assembleia é decisão dos acionistas.

Compete ao conselho fiscal — entre outras competências definidas na lei (art. 163 da Lei nº 6.404/1976) — fiscalizar, por qualquer de seus membros, os atos dos administradores e verificar o cumprimento dos seus deveres legais e estatutários bem como opinar sobre as demonstrações financeiras, o relatório anual de administração e as propostas dos órgãos da administração, a serem submetidas à assembleia geral, relativas à modificação do capital social, à emissão de debêntures ou bônus de subscrição, aos planos de investimento ou orçamentos de capital, à distribuição de dividendos e à transformação, incorporação, fusão ou cisão.

Algumas vezes, o papel do conselho fiscal é confundido com o do comitê de auditoria, um dos comitês de instalação recomendados ao conselho de administração. O comitê de auditoria é órgão assessor e subordinado ao conselho de administração, com funções relativas à supervisão — para o conselho de administração — de assuntos contábeis, controles internos, informativos financeiros e gestão de riscos.

O conselho fiscal é órgão do acionista, subordinado à assembleia geral, a quem presta contas e que tem a seu cargo a fiscalização órgãos da administração da companhia (conselho de administração e diretoria). Tem o fim de fiscalizar o cumprimento dos deveres legais e estatutários por parte desses órgãos.

Classes de ações   No Brasil, as ações ordinárias e as preferenciais podem ser de mais de uma classe. Nos EUA, algumas empresas têm mais de uma classe de ações ordinárias. Lá, com frequência, as classes são criadas com direitos de voto desiguais[9]. A Ford Motor Company, por exemplo, tem ações ordinárias Classe B, que não são negociadas publicamente (elas são mantidas pela família Ford). Essa classe tem 40% de poder de voto, embora represente menos de 10% do número total de ações em circulação.

Existem muitos outros casos de empresas nos EUA com classes diferentes de ações. Por exemplo, em determinado momento, a General Motors tinha suas ações "GM Classic" (as originais) e duas classes adicionais: Classe E ("GME") e Classe H ("GMH"). Essas classes foram criadas para ajudar a pagar duas grandes aquisições: Electronic Data Systems e Hughes Aircraft. Outro bom exemplo é a Alphabet, que se tornou uma empresa aberta em 2004. Originalmente, ainda como Google, a Alphabet tinha duas classes de ações ordinárias: A e B. As ações da Classe A estão no mercado, e cada ação tem um voto. As ações da Classe B são mantidas pelos membros internos da empresa, e cada ação da Classe B tem 10 votos. Em 2014, a empresa realizou um desdobramento de suas ações da Classe B, criando ações da Classe C, sem direitos de voto. O resultado é que os fundadores e administradores da Alpha-

---

[8] Nas empresas estatais, a legislação permite mandatos de até dois anos.

[9] Isso não ocorre no Brasil. Aqui, nas companhias abertas, cada ação ordinária tem direito a um só voto. Isso é previsão legal.

bet controlam a empresa. O Facebook se juntou a essa forma de emissão quando criou suas ações Classe C em 2016.

Historicamente, a Nyse não permitia que empresas criassem classes de ações ordinárias para serem negociadas em bolsa de valores com direitos desiguais de votação. Mas parece que foram abertas exceções (por exemplo, a Ford). Além disso, muitas empresas com ações não negociadas na Nyse têm duas classes de ações ordinárias.

Um dos principais motivos para a criação de duas ou mais classes de ações está relacionado com o controle da empresa. Se tal ação existe, a administração de uma empresa pode levantar capital próprio emitindo ações sem direito ou com direito limitado de voto ou ainda com mais votos por ação e manter o controle.

O assunto dos direitos de voto desiguais é controverso nos Estados Unidos, e a ideia de uma ação corresponder a um voto tem muitos seguidores e um longo histórico. Entretanto, as ações com direitos de voto desiguais são bastante comuns também no Reino Unido e em outras partes do mundo.

Voto plural No Brasil, a Lei nº 6.404/1976 estabelece que, como regra geral, a cada ação ordinária corresponderá um voto nas deliberações da assembleia geral, mas permite, nas companhias de capital fechado e nas abertas que ainda não tenham negociado suas ações e/ou valores mobiliários conversíveis em ações, a criação de uma ou mais classes de ações ordinárias com atribuição de **voto plural**, não superior a 10 (dez) votos por ação ordinária. A criação de ações ordinárias com voto plural, todavia, deve ser acompanhada de uma série de salvaguardas previstas no art. 110-A da lei societária, tais como: (i) necessidade de aprovação de mais da metade das ações com direito de voto e mais da metade das ações preferenciais sem direito de voto ou com voto restrito, assegurado o direto de retirada dos acionistas que divergiram da criação do voto plural, salvo se previsto no estatuto social, (ii) vigência inicial de até sete anos, prorrogáveis por qualquer prazo, caso aprovado por acionistas titulares de ações sem direito a voto plural e desde que garantido o direito de saída com reembolso aos acionistas divergentes, (iii) vedação da utilização do voto plural nas deliberações sobre remuneração dos administradores e transações com partes relacionadas que atendam aos critérios de relevância a serem estabelecidos pela CVM, (iv) vedação das operações de incorporação, incorporação de ações, fusão e cisão de companhias de capital aberto que não adotem o voto plural, em companhias que o adotem, (v) conversão automática das ações com voto plural em ações normais, caso tais ações sejam transferidas a terceiros, salvo em determinadas hipóteses, tais como quando as ações com voto plural sejam transferidas a outros acionistas igualmente titulares de ações com voto plural.

A lei também estabelece que o estatuto poderá estabelecer limitação ao número de votos de cada acionista e veda atribuir voto plural a qualquer classe de ações.

Direito de voto a ações preferenciais Conforme a lei societária brasileira, as ações preferenciais sem direito de voto adquirirão o exercício desse direito se a companhia, pelo prazo previsto no estatuto, e não superior a três exercícios consecutivos, deixar de pagar os dividendos fixos ou mínimos a que fizerem jus. Esse direito será conservado até o pagamento se tais dividendos não forem cumulativos, ou até que sejam pagos os cumulativos em atraso. Na mesma hipótese, as ações preferenciais com direito de voto restrito terão suspensas as limitações ao exercício desse direito. O estatuto poderá estipular que esse direito vigorará a partir do término da implantação do empreendimento inicial da companhia.

Outros direitos O valor de uma participação acionária em uma empresa está diretamente relacionado aos direitos gerais dos acionistas. A lei societária confere aos acionistas os seguintes direitos essenciais:

1. Participar dos lucros sociais, que devem ser distribuidos de forma proporcional entre acionistas, admitindo-se que as ações preferenciais tenham dividendos fixos ou prioritários.
2. Participar do acervo da companhia (o resultado da venda dos ativos restantes após o pagamento das obrigações), em caso de sua liquidação.

3. Preferências para subscrição de novas ações e/ou valores mobiliários conversíveis em ações. Essencialmente, o direito de subscrição significa que uma empresa que deseja emitir novas ações deve ofertá-las aos acionistas existentes antes de ofertá-las ao público em geral. A finalidade é dar aos acionistas a oportunidade de proteger sua proporção no capital da empresa.

4. Fiscalizar, na forma prevista em lei, a gestão de negócios sociais.

5. Retirar-se da sociedade nos casos previstos em lei.

Têm ainda, os acionistas titulares de ações com direito de voto, o direito de exercê-lo nas assembleias gerais, a quem compete, nos termos da lei e sem prejuízo da possibilidade do estatuto social prever outras matérias, deliberar sobre questões de grande importância para os acionistas, tais como: aprovação das demonstrações financeiras, eleição dos membros do conselho de administração4, distribuição de resultados, incorporação, incorporações de ações, fusão, cisão, transformação, dentre outras matérias.

Dividendos Uma característica distinta das sociedades por ações é que elas têm ações sobre as quais estão autorizadas por lei a pagar dividendos a seus acionistas. Os **dividendos** pagos aos acionistas representam um retorno sobre o capital direta ou indiretamente investido na empresa pelos acionistas. Nos Estados Unidos, a distribuição do resultado em dividendos fica a critério do conselho de administração. No Brasil, a lei impõe critérios mínimos para apuração e distribuição de dividendos, cabendo aos acionistas reunidos em assembleia geral ordinária, aprovar sua distribuição, conforme proposta da administração. Aqui, a lei societária busca proteger o acionista e o estatuto social deve prever como dividendo obrigatório, um percentual mínimo dos lucros sociais, sob pena de ser obrigatória a distribuição de ao menos metade do lucro líquido do exercício, diminuído ou acrescido das importâncias destinadas à reserva legal ou à reserva de contingência (ou a reversão desta). A distribuição de dividendos mínimos estatutários, como porcentagem do lucro, é obrigatória, salvo quando os administradores informarem à assembleia geral ordinária ser ela incompatível com a situação financeira da companhia.

Algumas características importantes dos dividendos são descritas a seguir.

> **dividendos**
> Distribuição de lucros na forma de dinheiro feita por uma empresa aos seus acionistas.

1. Nos EUA, a menos que os dividendos tenham a sua distribuição aprovada pelos acionistas, eles não são uma obrigação da empresa. Lá, uma empresa não pode ser declarada inadimplente por não distribuir dividendos. Por consequência, nos EUA, uma empresa não pode ter falência decretada por não pagar dividendos. O montante em dividendos e até mesmo o seu pagamento ou não são decididos com base no julgamento empresarial do conselho de administração. No Brasil, a proposta da administração e a sua aprovação pela assembleia geral ordinária devem atender aos critérios estabelecidos pela lei societária. Os dividendos aprovados pela assembleia geral são uma obrigação da empresa para com os acionistas.

2. A lei societária determina a obrigatoriedade de pagamento aos acionistas, em cada exercício, da parcela dos lucros estabelecida no estatuto ou, se este for omisso, a importância determinada de acordo com as normas que estabelece.

3. O pagamento de dividendos pela empresa não é uma despesa operacional. Os dividendos não são dedutíveis dos lucros para o cálculo do imposto de renda da pessoa jurídica. Em resumo, os dividendos são pagos dos lucros da empresa, após a incidência dos tributos sobre esses lucros.

4. Os dividendos recebidos pelos acionistas são tributáveis nos Estados Unidos e — até o momento do encerramento deste livro — não tributáveis no Brasil, exceto quando pagos na forma de juros sobre capital próprio. Em 2020, a alíquota tributária era de 15% a 20% nos Estados Unidos, mas ela pode variar. Entretanto, as empresas estadunidenses que são acionistas de outras empresas podem deduzir 50% do montante de dividendos recebidos, sendo tributadas apenas sobre os 50% restantes (o valor da exclusão era de 70% até a reforma Tax Cuts and Jobs Act, Lei de cortes de impostos sobre a renda de empresas e do trabalho, de 2017).

Características de ações preferenciais

Uma **ação preferencial** se distingue de uma ação ordinária porque tem preferência no pagamento dos dividendos e na distribuição do ativo da empresa em caso de liquidação. *Preferência* significa apenas que os detentores das ações preferenciais devem receber dividendos (no caso de uma empresa em funcionamento) antes de os detentores de ações ordinárias terem direito a alguma coisa.

A ação preferencial assume a forma de direito patrimonial sob o ponto de vista legal e fiscal. É importante observar, porém, que os detentores das ações preferenciais, às vezes, não têm privilégios de voto. No Brasil, como se verá adiante, as ações preferenciais podem prever apenas a prioridade no recebimento de dividendos ou a prioridade no reembolso do acervo, em caso de liquidação, e, na maioria das vezes, não têm direito a voto ou o tem, com restrições.

Valor declarado Nos Estados Unidos, as ações preferenciais têm um valor de liquidação declarado — em geral, $100 por ação. Os dividendos em dinheiro são referidos em termos de dólares por ação. Por exemplo, a "preferencial de $5" da GM faz referência a uma ação com um retorno em dividendos de 5% do valor declarado. No Brasil, as ações preferenciais podem ou não ter valor declarado, e isso estará definido no estatuto da emissora.

Dividendos cumulativos e não cumulativos Um dividendo preferencial *não* é como os juros sobre um título de dívida. Nos Estados Unidos, o conselho de administração pode resolver não pagar dividendos de ações preferenciais, e sua decisão pode não estar relacionada com o lucro líquido atual da empresa. Já no Brasil, essa decisão não pode ser tomada pelo conselho de administração de uma empresa brasileira, pois, se há lucro, a decisão de dividendos precisa observar a determinação legal e estatutária quanto ao direito dos acionistas ao recebimento de dividendose à própria decisão da assembleia geral ordinária.

Os dividendos pagáveis por ação preferencial, nos Estados Unidos, são *cumulativos* ou *não cumulativos*, mas a maioria é cumulativa. Se os dividendos preferenciais forem cumulativos e não forem pagos em determinado ano, eles serão transportados como *saldo a pagar*. Em geral, tanto os dividendos preferenciais acumulados (atrasados) quanto os dividendos preferenciais correntes devem ser pagos antes que os acionistas ordinários possam receber alguma coisa. No Brasil, pode ocorrer acumulação de dividendos declarados, tanto para ações ordinárias quanto para ações preferenciais.

No Brasil, os dividendos das ações preferenciais seguem o disposto na lei societária, que determina a obrigatoriedade de pagamento aos acionistas, nas condições que estabelece. Isso é diferente nos EUA, onde os dividendos preferenciais não declarados não são obrigações da empresa. Lá, os conselheiros eleitos pelos acionistas ordinários podem diferir os dividendos preferenciais indefinidamente. Entretanto, em tais casos, os acionistas ordinários também devem renunciar aos dividendos. Além disso, os detentores de ações preferenciais quase sempre recebem direitos de votação e outros direitos se os dividendos preferenciais não forem pagos por algum tempo. Por exemplo, em um determinado momento, a USAir não pagava os dividendos de uma de suas emissões de ações preferenciais havia seis trimestres. Como consequência, os detentores das ações puderam indicar duas pessoas para representar seus interesses no conselho de administração da companhia aérea. Como, nos EUA, os acionistas preferenciais não recebem juros sobre os dividendos acumulados, alguns têm argumentado que as empresas têm um incentivo para retardar o pagamento dos dividendos preferenciais. No entanto, como vimos, isso pode significar uma divisão do controle com acionistas preferenciais. No Brasil, o não pagamento de dividendos por três exercícios confere direito a voto aos acionistas sem direito a voto ou com direito de voto restrito.

As ações preferenciais nos EUA seriam, na verdade, dívida? As ações preferenciais podem ter dividendo fixo ou dividendo decorrente de lucros. No Brasil, as ações preferenciais com dividendo de lucros têm direito a um percentual mínimo de lucros na forma de dividendo, podendo ser zero, na ausência de lucros e reservas de lucros. Nos EUA, as ações preferenciais têm dividendo fixo. Pode-se dizer que, de fato, uma ação preferencial

---

ação preferencial
Ação geralmente sem direito a voto ou com direito de voto restrito, com prioridade na distribuição de dividendos ou no reembolso de capital (ou ambos), ou outras preferências, desde que previstas com precisão e minúcia no estatuto.

estadunidense é realmente uma dívida disfarçada, um tipo de obrigação com jeito de capital próprio. Os acionistas preferenciais recebem apenas os dividendos declarados e, se a empresa for liquidada, recebem um valor declarado. Nos EUA, com frequência, as ações preferenciais têm classificações de crédito como aquelas dos títulos de dívida. Além disso, uma ação preferencial, às vezes, é conversível em ação ordinária e, muitas vezes, é resgatável. A figura das ações resgatáveis também existe no Brasil, mas, em geral, as ações preferenciais emitidas por empresas brasileiras não são resgatáveis e, na maioria das vezes, não têm dividendo fixo. No Brasil, ações preferenciais em geral não têm a característica de um título que paga renda fixa, e sim de uma participação patrimonial sem direito a voto, ou com voto restrito, com retorno proporcional aos lucros. E mesmo quando a ação preferencial no Brasil prever o pagamento de dividendos fixos, eles somente serão devidos se de fato houver lucro líquido a ser distribuído. O dividendo fixo, portanto, como regra geral não se equipara à uma dívida, mas apenas indica que os titulares da ação preferencial têm prioridade no recebimento do dividendo, que será pago de acordo com o valor fixo previsto no estatuto social.

Nos EUA, muitas emissões de ações preferenciais têm fundos de amortização obrigatórios. A existência de um fundo de amortização cria de modo eficaz um prazo de vencimento, porque ele significa que toda a emissão será recomprada pelo emissor. Por esses motivos, uma ação preferencial estadunidense parece muito com uma dívida. Entretanto, para fins tributários, os dividendos das ações preferenciais são tratados como os dividendos de uma ação ordinária.

No mercado estadunidense, nos anos 1990, as empresas começaram a emitir títulos mobiliários que pareciam muito com ações preferenciais, mas que eram tratados como dívida para efeitos tributários. Os novos títulos mobiliários receberam siglas interessantes como TOPrS (*trust-originated preferred securities*, ou *toppers*), MIPS (*monthly income preferred securities*) e QUIPS (*quarterly income preferred securities*), entre outros. Devido a diversas disposições específicas, esses instrumentos podem ser contabilizados como dívida para efeitos tributários, tornando os pagamentos de juros dedutíveis da base de lucros para cálculo de tributos (até certos limites). Os pagamentos feitos aos investidores por esses instrumentos são tratados como juros para fins de imposto de renda da pessoa física. Até 2003, nos EUA, os pagamentos de juros e dividendos eram taxados à mesma alíquota tributária marginal. Quando a alíquota tributária sobre os pagamentos de dividendos foi reduzida, esses instrumentos não foram incluídos, de modo que as pessoas físicas ainda pagam alíquotas tributárias mais altas sobre os dividendos recebidos desses instrumentos.

Dívida com característica de capital próprio   Se algumas ações podem ser vistas como instrumentos de dívida, algumas vezes participações acionárias assumem inicialmente a qualidade de dívida. Isso tem acontecido no Brasil em algumas situações em que bancos de investimento aportam recursos para projetos de expansão de empresas. Muitas vezes, uma estrutura financeira é montada de forma que o tomador emite debêntures com cláusula de conversão obrigatória em ações; as debêntures pagam juros ao banco de investimento até o momento da sua conversão, em um futuro longo, à opção do banco de investimento. Essa estrutura apresenta vantagens para o financiador e para o tomador. O financiador recebe juros até que o projeto esteja maduro (isso significa que terá remuneração, ainda que o projeto não gere lucros). Já o tomador pode lançar o total da dívida como "reserva de capital" no patrimônio líquido, o que melhora o perfil da estrutura de capital do tomador, ao mesmo tempo que os juros pagos trazem ganho fiscal.

Espécies e classes de ações no Brasil, conforme a Lei nº 6.404/1976 (Lei das Sociedades por Ações)

A lei societária brasileira estabelece que as ações são classificadas conforme a natureza dos direitos ou vantagens que confiram a seus titulares, como: ordinárias, preferenciais ou de fruição.

- Classes das ações: as ações ordinárias da companhia fechada e as ações preferenciais da companhia aberta e fechada poderão ser de uma ou mais classes.

- Número de ações sem direito a voto: o número de ações preferenciais sem direito a voto, ou sujeitas a restrição no exercício desse direito, não pode ultrapassar 50% do total das ações emitidas.

Ações ordinárias

As ações ordinárias de **companhia fechada** poderão ser de classes diversas, em função de: conversibilidade em ações preferenciais, exigência de nacionalidade brasileira do acionista ou direito de voto em separado para o preenchimento de determinados cargos de órgãos administrativos. As ações ordinárias de **companhia aberta** também poderão ser de classe especial com **voto plural** de até 10 votos por ação, respeitadas as salvaguardas elencadas no art. 110-A da Lei nº 6.404/76.

A alteração do estatuto na parte em que regula a diversidade de classes, se não for expressamente prevista e regulada, requererá a concordância de todos os titulares das ações atingidas.

Ações preferenciais[10]

No Brasil, as preferências ou vantagens das ações preferenciais podem consistir:

a) em prioridade na distribuição de dividendo, fixo ou mínimo;

b) em prioridade no reembolso do capital, com prêmio ou sem ele; ou

c) na acumulação das preferências e vantagens de que tratam os incisos I e II.

As ações preferenciais sem direito de voto ou com restrição a esse direito somente serão admitidas à negociação no mercado de valores mobiliários se a elas for atribuída pelo menos uma das seguintes preferências ou vantagens:

a) direito de participar do dividendo a ser distribuído, correspondente a, pelo menos, 25% do lucro líquido do exercício, de acordo com o seguinte critério:

   i. prioridade no recebimento desses dividendos, no percentual mínimo de 3% do valor patrimonial da ação; e

   ii. direito de participar dos lucros distribuídos em igualdade de condições com as ordinárias, depois de a estas ser assegurado dividendo igual ao mínimo prioritário de 25%; ou

b) direito ao recebimento de dividendo pelo menos 10% maior do que o atribuído a cada ação ordinária; ou

c) direito de serem incluídas na oferta pública de alienação de controle, assegurado o dividendo pelo menos igual ao das ações ordinárias.

Regulação no estatuto

Para as preferenciais, o mais importante é o estatuto. O estatuto da companhia com ações preferenciais deve conter as vantagens ou preferências atribuídas a cada classe dessas ações e as restrições a que estão sujeitas. Ele poderá prever o resgate ou a amortização e a conversão de ações de uma classe em ações de outra classe e em ações ordinárias, e a conversão destas em preferenciais, fixando as respectivas condições. No estatuto também podem constar, desde que estabelecidas com precisão e minúcia, outras preferências ou vantagens que sejam atribuídas aos acionistas sem direito a voto, ou com voto restrito, além das já aqui descritas.

O dividendo prioritário das preferenciais não é cumulativo, a ação com dividendo fixo não participa dos lucros remanescentes, e a ação com dividendo mínimo participa dos lucros distribuídos em igualdade de condições com as ordinárias, depois de a estas ser assegurado dividendo igual ao mínimo estatutário. O estatuto pode estabelecer algumas dessas condições de forma diferente.

---

[10] Ver os artigos 17, 18 e 19 da Lei das Sociedades por Ações.

O estatuto não pode excluir ou restringir o direito das ações preferenciais de participar dos aumentos de capital decorrentes da capitalização de reservas ou lucros, exceto as ações preferenciais com dividendo fixo. O estatuto pode prever que, se o lucro for insuficiente, as ações preferenciais com prioridade na distribuição de dividendo cumulativo podem recebê-lo na conta das reservas de capital.

Nas companhias estatais que forem objeto de desestatização, poderá ser criada ação preferencial de classe especial, de propriedade exclusiva do ente desestatizante. A ela, o estatuto social poderá conferir os poderes que especificar, inclusive o poder de veto às deliberações da assembleia geral nas matérias que especificar.

Vantagens políticas das preferenciais

O estatuto pode assegurar a uma ou mais classes de ações preferenciais o direito de eleger, em votação em separado, um ou mais membros dos órgãos de administração e conferir aos titulares de uma ou mais classes de ações preferenciais o poder de voto, em assembleia especial, para deliberar sobre eventuais alterações estatutárias que especificar. Aos acionistas detentores de ações preferenciais sem direito a voto que representem 5% ou mais dessas ações e, ou com voto restrito, aos acionistas com direito a voto que representem 10% ou mais dessas ações, a lei societária assegura o direito de eleger um membro efetivo e um suplente para o Conselho Fiscal.

> **Questões conceituais**
>
> **8.2a** O que é uma procuração para voto em assembleia de acionistas?
> **8.2b** Quais são os direitos do acionista?
> **8.2c** Por que ações preferenciais são "preferenciais"?
> **8.2d** No Brasil, as ações ordinárias de sociedade por ações de capital aberto podem ter mais de uma classe? E as emitidas por sociedade por ações de capital fechado?

Excel Master!
Cobertura *on-line* do Excel Master.

8.3 Os mercados de ações

No Capítulo 1, mencionamos de forma breve que as ações são compradas e vendidas em diversas bolsas de valores, e as mais importantes para nós são a B3, no Brasil, e a Bolsa de Valores de Nova York (Nyse) e a Nasdaq, nos Estados Unidos. Você deve estar lembrado de nossa discussão anterior, na qual dissemos que o mercado de ações consiste em um **mercado primário** e um **mercado secundário**. No mercado primário, ou mercado de novas emissões, as ações são lançadas pela primeira vez no mercado e vendidas aos investidores. No mercado secundário, as ações existentes são negociadas entre investidores.

No mercado primário, as empresas vendem títulos mobiliários para levantar fundos. Discutiremos esse processo com detalhes em um capítulo posterior. Assim, nesta seção, vamos nos concentrar principalmente nas atividades do mercado secundário. Por fim, discutiremos como os preços das ações são cotados na imprensa financeira.

Formadores de mercado e corretores

Como a maioria das transações de títulos e valores mobiliários envolve formadores de mercado (*dealers*) e corretoras, é importante entender exatamente o que querem dizer esses termos. Um **formador de mercado** mantém um estoque de títulos e está sempre pronto para comprar e vender a qualquer momento. Uma **corretora**, por outro lado, reúne compradores e vendedores,

---

mercado primário
Mercado no qual ações novas são originalmente vendidas aos investidores.

mercado secundário
Mercado no qual ações já emitidas são negociadas entre os investidores.

formador de mercado
Agente que compra e vende títulos mobiliários a partir de seu estoque de títulos.

corretor
Agente que intermedeia transações de títulos mobiliários entre os investidores.

mas não mantém um estoque de títulos mobiliários. Para entender melhor, podemos fazer uma analogia com revendedores de carros usados e corretores de imóveis. Um revendedor de carros usados funciona como um formador de mercado, mantendo um estoque próprio e revendendo-o aos interessados. Já o corretor de imóveis, assim como um corretor de títulos mobiliários, não mantém um estoque próprio, negociando apenas imóveis de propriedade de terceiros.

Nos mercados de títulos mobiliários, um formador de mercado estará sempre pronto para comprar títulos mobiliários de investidores que estão querendo vendê-los e vender títulos mobiliários de investidores que queiram comprá-los. Nos capítulos anteriores, vimos que o preço que o formador de mercado (o *dealer*) está disposto a pagar é chamado de preço de oferta de compra (*bid price*). O preço pelo qual o formador de mercado vende é chamado de preço de oferta de venda (*ask price*). A diferença entre preços de oferta de compra e de venda é chamada de *spread* ou margem, e essa é a fonte básica dos lucros do formador de mercado.

Os formadores de mercado existem em todas as áreas da economia, não apenas nos mercados de ações. Por exemplo, a livraria da sua faculdade provavelmente funciona como um formador de mercado de livros universitários dos mercados primário e secundário. Se você comprar um livro novo, essa é uma transação do mercado primário. Se você comprar um livro usado, essa é uma transação do mercado secundário, e você paga o preço de oferta de venda da loja. Se vender o livro de volta para a loja, você recebe o preço de oferta de compra da loja, que quase sempre é metade do preço de venda. O *spread* da livraria é a diferença entre os dois preços.

Por outro lado, um corretor de títulos e valores mobiliários organiza as transações entre os investidores, fazendo a intermediação entre aqueles que desejam comprar e os que desejam vender títulos e valores mobiliários. A característica distintiva dos corretores é que eles não compram nem vendem títulos por conta própria. Seu negócio é facilitar as negociações dos outros.

A seguir, trataremos da organização das bolsas de valores. Inicialmente trataremos das bolsas estadunidenses Nyse e Nasdaq (veremos que essa não é exatamente uma bolsa de valores) e, em seguida, trataremos da B3 no Brasil.

De quanto é a margem entre compra e venda de sua ação favorita? Consulte as últimas cotações em **www.bloomberg.com**.

Organização da Nyse

A Bolsa de Valores de Nova York (Nyse), popularmente conhecida como Big Board, celebrou seu bicentenário poucos anos atrás. Ela ocupa seu endereço atual na Wall Street desde o início do século XX. Se medirmos em termos do valor total das ações listadas, esse é o maior mercado de ações do mundo.

Membros A Nyse tem 1.366 **membros**. Antes de 2006, os membros da bolsa possuíam seus próprios "assentos" na bolsa e, coletivamente, também eram os proprietários. Por essa e outras razões, os lugares eram valiosos e eram comprados e vendidos de modo relativamente regular. Os preços dos lugares atingiram o recorde de USD4 milhões em 2005.

Em 2006, tudo isso mudou quando a Nyse se tornou uma empresa de capital aberto. Naturalmente, sua ação é listada na Nyse. Agora, em vez de comprar lugares, os membros da bolsa devem comprar licenças de negociação, com seu número limitado a 1.366. Em 2017, uma licença custava módicos USD40.000 por ano. Ter uma licença lhe dá o direito de comprar e vender títulos mobiliários no pregão da bolsa. Nesse aspecto, membros diferentes têm funções diferentes.

Em 4 de abril de 2007, a Nyse se tornou ainda maior quando se fundiu com a Euronext e formou a Nyse Euronext. A Euronext era uma bolsa de valores em Amsterdã, com subsidiárias na Bélgica, na França, em Portugal e no Reino Unido. Após a fusão, a Nyse Euronext se tornou a "primeira bolsa global" do mundo. Uma nova expansão ocorreu em 2008, quando a Nyse Euronext se fundiu com a American Stock Exchange. A seguir, em novembro de 2013, a aquisição da Nyse pela InterContinental Exchange (ICE) foi completada. A ICE, fundada em maio de 2000, começou como uma bolsa de *commodities*, mas seu crescimento rápido gerou os USD8,2 bilhões de que precisou para adquirir a Nyse.

Descreveremos brevemente como a Nyse opera, mas lembre-se de que outros mercados pertencentes à Nyse Euronext e à ICE podem funcionar de maneira diferente. A Nyse é algo

Membro da NYSE
A partir de 2006, um membro é proprietário de uma licença de negociação na NYSE.

único, porque ela é um mercado híbrido. Em um mercado híbrido, a negociação ocorre tanto eletronicamente quanto pessoalmente.

Com a negociação eletrônica, as ordens de compra e de venda são enviadas à bolsa. As ordens são comparadas por computador e, sempre que há uma correspondência entre elas, elas são executadas sem intervenção humana. A maioria das negociações na Nyse ocorre dessa forma. Para ordens que não são resolvidas eletronicamente, a Nyse depende dos seus licenciados. Há três tipos de licenciados: **designated market makers (DMMs)**, **operadores de pregão** e **provedores de liquidez suplementar (SLPs)**. A seguir, examinamos a função de cada um deles.

Os DMMs, anteriormente chamados de "especialistas", atuam como *dealers* de determinadas ações. Em geral, cada ação na Nyse é designada a um único DMM. Na função de *dealer*, o DMM mantém um mercado bilateral, o que significa que ele posta e atualiza continuamente os preços de oferta de compra e de venda. No processo, o DMM garante que sempre haverá um comprador ou vendedor disponível, promovendo a liquidez do mercado.

A função do operador de pregão é executar negociações em nome dos clientes, com ênfase em obter o melhor preço possível. Em geral, os operadores de pregão são funcionários de grandes corretoras, como a Merrill Lynch, a divisão de gestão de patrimônio do Bank of America. A interação entre operadores de pregão e DMMs é fundamental para as negociações não eletrônicas na Nyse. Analisaremos essa interação em detalhes a seguir.

Os SLPs (*supplemental liquidity providers*) são basicamente bancos de investimento que concordam em ser participantes ativos nas ações designadas a eles. Sua função é criar um mercado unilateral (ou seja, se oferecer para comprar ou para vender). Eles negociam exclusivamente para suas próprias contas (usando o próprio dinheiro), então não representam clientes. Eles recebem um pequeno desconto pelas suas compras e vendas, o que os incentiva a serem mais agressivos. A meta da Nyse é gerar o máximo de liquidez possível, o que facilita a vida dos investidores comuns que querem comprar e vender rapidamente nos preços correntes. Ao contrário dos DMMs e operadores de pregão, os SLPs não operam no pregão da bolsa.

Em anos mais recentes, os operadores se tornaram menos importantes no pregão da bolsa, por causa do eficiente sistema Pillar, que permite que as ordens sejam transmitidas eletrônica diretamente ao DMM por meio eletrônico. Além disso, a Nyse tem uma plataforma eletrônica chamada Arca, que representa uma grande percentagem dos negócios na Nyse, particularmente pequenas ordens. O tempo médio para um negócio na plataforma Arca é de menos de 1 segundo.

Por último, um pequeno número de membros da NYSE é formado por negociadores de pregão, que negociam por conta própria. Os negociadores de pregão tentam prever flutuações temporárias de preço e lucram com elas comprando na baixa e vendendo na alta. Nas últimas décadas, o número de negociadores de pregão diminuiu consideravelmente, sugerindo que é cada vez mais difícil lucrar com a negociação de curto prazo no pregão da bolsa.

Operações Agora que temos uma ideia básica de como a Nyse está organizada e quem são os principais participantes, voltemos à questão de como ocorre realmente uma transação. Basicamente, o negócio da Nyse é atrair e processar o **fluxo de ordens**. O termo fluxo de ordens significa o fluxo de ordens do cliente para comprar e vender ações. Os clientes da Nyse são os milhões de investidores individuais e as dezenas de milhares de investidores institucionais que fazem suas ordens de compra e venda de ações das empresas listadas na Nyse. A Nyse tem tido bastante sucesso para atrair o fluxo de ordens. Atualmente, é comum que bem mais de 1 bilhão de ações mudem de mãos em um único dia.

Atividades de pregão É bastante provável que você já tenha visto reportagens sobre o pregão da já tenha na televisão. Nelas, geralmente é mostrada uma grande sala, mais ou menos do tamanho de um ginásio de futsal. Essa grande sala é chamada tecnicamente de "A Grande Sala" (*the Big Room*). Existem algumas outras salas menores que você normalmente não vê, uma das quais é chamada de "A Garagem" (*the Garage*), porque era isso o que ela era antes de ser usada para transações.

---

designated market maker (DMM) na Nyse
Membros da Nyse que atuam como *dealers* de determinadas ações. Anteriormente chamados de "especialistas".

operadores de pregão na Nyse
Membros da Nyse que cumprem as ordens de compra e venda.

provedores de liquidez suplementar (SLPs) na Nyse
Bancos de investimento que são participantes ativos nas ações designadas a eles. Sua função é criar um mercado unilateral (ou seja, oferecer-se para comprar ou vender). Eles negociam exclusivamente para suas próprias contas.

fluxo de ordens
O fluxo de ordens dos clientes para compra e venda de títulos mobiliários.

No pregão da bolsa, há várias estações, cada uma com a forma aproximada de um oito. Essas estações têm vários balcões com grande número de telas de terminais no alto e nos lados. As pessoas operam atrás e na frente dos balcões, em posições relativamente fixas.

Outras pessoas se movimentam pelo pregão, voltando com frequência para os vários telefones posicionados nas paredes do pregão. No geral, você pode imaginá-las como as formiguinhas operárias se movimentando em torno de um formigueiro. É natural perguntar: "O que toda aquela gente está fazendo lá embaixo (e por que tantas usam paletós engraçados)?".

Para apresentarmos uma visão geral das atividades no pregão, daremos uma breve visão do que acontece. Cada um dos balcões de uma estação em forma de oito é um **posto de DMM**. Normalmente, os DMMs operam na frente de seus postos para monitorar e gerenciar a negociação das ações atribuídas a eles. Os funcionários administrativos que trabalham para os DMMs operam atrás do balcão. Movendo-se das estações de trabalho alinhadas junto à parede até o pregão da bolsa, vemos uma multidão de operadores recebendo ordens dos clientes, caminhando até os postos dos DMMs (onde as ordens podem ser executadas) e retornando para confirmar as execuções das ordens e receber novas ordens dos clientes.

Para entender melhor a atividade do pregão da bolsa da Nyse, imagine-se como um operador de pregão. Seu assistente acaba de lhe passar uma ordem para negociar 20 mil ações da Walmart para um cliente da corretora em que você trabalha. O cliente quer vender a ação ao melhor preço e o mais rápido possível. Você imediatamente caminha (correr viola as regras da bolsa) até o posto do DMM no qual as ações da Walmart são negociadas.

Ao se aproximar do posto do DMM que negocia as ações da Walmart, você verifica as informações do preço corrente de mercado na tela do terminal. A tela revela que a última negociação executada foi de $60,10 e que o DMM está oferecendo $60 por ação. Você poderia vender imediatamente ao DMM a $60, mas isso seria fácil demais.

Em vez disso, como representante do cliente, você é obrigado a obter o melhor preço possível. Seu trabalho é "melhorar" a ordem, e ele depende do fornecimento de um serviço satisfatório de execução de ordens. Assim, você procura outro corretor que represente um cliente que queira comprar ações da Walmart. Felizmente, você encontra rapidamente outro corretor no posto do DMM com uma ordem de compra de 20 mil ações. Observando que o corretor pede $60,10 por ação, ambos concordam em executar suas ordens entre si a um preço de $60,05. Esse preço está exatamente entre os preços de oferta de compra e de venda do DMM e economiza para cada um de seus clientes $0,05 × 20.000 = $1.000 comparados à negociação dos preços anunciados.

Para uma ação negociada de forma muito ativa, pode haver muitos compradores e vendedores ao redor do posto do DMM, e a maioria das negociações será feita diretamente entre os corretores. Isso é chamado de negociação "na multidão" (*in the crowd*). Em tais casos, a responsabilidade do DMM é manter a ordem e garantir que todos os compradores e vendedores recebam um preço justo. Em outras palavras, o DMM funciona essencialmente como o juiz de um jogo.

É mais comum, porém, que não haja uma multidão no posto de DMM. Voltando ao nosso exemplo da Walmart, suponhamos que você não consiga encontrar rapidamente outro corretor com uma ordem de compra de 20 mil ações. Como você tem uma ordem para vender imediatamente, talvez não tenha opção a não ser vender para o DMM ao preço de oferta de compra de $60. Nesse caso, a necessidade de executar uma ordem rapidamente tem prioridade, e o DMM oferece a liquidez necessária para permitir a execução imediata da ordem.

Por último, observe que muitas pessoas que estão no pregão da bolsa usam paletós coloridos. A cor do paletó indica a função ou posição da pessoa. Os funcionários administrativos, mensageiros, visitantes e executivos da bolsa, por exemplo, usam determinadas cores para se identificarem. Além disso, as coisas podem ficar um pouco agitadas em um dia movimentado, tendo como resultado uma roupa boa não durar muito; paletós baratos oferecem alguma proteção.

Faça uma excursão virtual à Bolsa de Valores de Nova York no *site* **www.nyse.com**.

posto do DMM
Local fixo no pregão da bolsa no qual opera um DMM.

Operações da Nasdaq

Em termos de volume total de dólares em transações, o segundo maior mercado de ações dos Estados Unidos é a Nasdaq. O nome meio esquisito originalmente era uma sigla do sistema da National Association of Securities Dealers Automated Quotations (Sistema Automático de

Cotações da Associação Nacional de Corretores de Valores), mas agora Nasdaq foi adotado como nome por si só.

Lançado em 1971, o mercado Nasdaq é uma rede de computadores com *dealers* de títulos mobiliários e outros conectados que dissemina cotações de preços de títulos mobiliários para os computadores em todo o mundo, em tempo real. Os *dealers* da Nasdaq agem como *market makers* (formadores de mercado) para os títulos mobiliários listados. Eles postam preços de oferta de venda e de oferta de compra das ações que aceitam transacionar. Junto com cada cotação de preço, também postam o número de ações que eles se obrigam a negociar aos preços cotados.

Assim como os DMMs da Nyse, os *market makers* da Nasdaq negociam com estoques de títulos, ou seja, usam seus estoques como reserva para absorver desequilíbrios nas ordens de compra e venda. Ao contrário do sistema de DMMs da Nyse, a Nasdaq apresenta vários *market makers* para as ações negociadas ativamente. Assim, existem duas diferenças principais entre a Nyse e a Nasdaq:

1. A Nasdaq é uma rede de computadores e não tem um local físico onde ocorrem transações.
2. A Nasdaq tem um sistema com vários *market makers* e não um sistema de DMMs.

No Brasil, a Instrução CVM 384 prevê a função de **formador de mercado**, que atua de forma muito semelhante à atuação de um DMM na Nyse ou de um *market maker* na Nasdaq.

Tradicionalmente, um mercado de títulos mobiliários caracterizado amplamente por *dealers* que compram e vendem títulos mobiliários por conta própria é chamado de **mercado de balcão**. Consequentemente, costuma-se dizer que a Nasdaq é um mercado de balcão. Entretanto, em seus esforços para promover uma imagem distinta, os executivos da Nasdaq preferem que não se use o termo "mercado de balcão" para o seu mercado. No entanto, é difícil perder um hábito tão arraigado, e muitas pessoas ainda dizem que a Nasdaq é um mercado de balcão.

A rede da Nasdaq opera com três níveis de acesso à informação. O Nível 1 foi projetado para ser uma fonte rápida e precisa de cotações de preço, que ficam disponíveis gratuitamente na Internet.

O Nível 2 permite que os usuários visualizem cotações de preço de todos os *market makers* da Nasdaq. Em especial, esse nível dá acesso a **cotações intermediárias** (*internal quotes*), que são as cotações de oferta de compra mais altas e as cotações de oferta de venda mais baixas para um título mobiliário listado na Nasdaq. Hoje, o Nível 2 está disponível na Internet, às vezes por uma pequena tarifa. O Nível 3 é usado apenas pelos *market makers*. Esse nível de acesso permite que os *dealers* da Nasdaq insiram ou alterem suas informações de cotação de preço. Para um exemplo de cotações intermediárias, consulte a seção *Exercícios na Internet*.

Na verdade, a Nasdaq é formada por três mercados separados: o Nasdaq Global Select Market (Mercado Seletivo Global da Nasdaq), o Nasdaq Global Market (Mercado Global da Nasdaq) e o Nasdaq Capital Market (Mercado de Capitais da Nasdaq). O mercado para os títulos mobiliários maiores e mais ativos da Nasdaq é o Global Select Market, que listava cerca de 1.600 empresas no início de 2017, incluindo algumas das mais conhecidas do mundo, como Microsoft e Intel. Empresas do Global Market são um pouco menores, e a Nasdaq lista cerca de 810 delas. Por último, as menores empresas listadas na Nasdaq estão no Capital Market; elas eram cerca de 820. Obviamente, à medida que as empresas do Capital Market se tornam mais estabelecidas, elas podem ser promovidas para o Global Market ou para o Global Select Market.

Plataformas eletrônicas de negociação (ECNs) Em um desenvolvimento muito importante, no final dos anos 1990, o sistema Nasdaq foi aberto para as chamadas **redes eletrônicas de negociação** (ECNs, do inglês *electronic communications networks*). Basicamente, as ECNs são *sites* que permitem aos investidores negociarem diretamente entre si. As ordens de compra e venda dos investidores colocadas nas ECNs são transmitidas para a Nasdaq e exibidas com os preços de oferta de compra e de venda do *market maker*. O resultado foi que as ECNs abriram

---

mercado de balcão (Estados Unidos)
Mercado de títulos mobiliários em que a negociação é feita quase exclusivamente por meio de *dealers* que compram e vendem por conta de seus próprios estoques de títulos.

mercado de balcão (Brasil)
Mercado de títulos mobiliários em que a negociação é feita fora do ambiente de bolsa.

cotações intermediárias
As cotações de oferta de compra mais altas e as cotações de oferta de venda mais baixas para um título mobiliário.

A Nasdaq tem um ótimo *site* (www.nasdaq.com). Confira!

rede eletrônica de comunicações (ECN)
Site que permite aos investidores negociarem diretamente uns com os outros.

Capítulo 8 Avaliação de Ações 273

EXERCÍCIOS NA INTERNET

Se quiser assistir, via Internet, aos negócios ocorrendo ao vivo nos EUA, você pode visitar o *site* markets.cboe.com/us/e. A bolsa CBOE é especial porque o "livro de ordens", que é a lista de todas as ordens de compra e venda, é público e mostrado em tempo real. A seguir, capturamos uma amostra do livro de ordens para a Intel (INTC). Na parte de cima, em azul claro, estão as ordens de venda (*asks*), enquanto as ordens de compra (*bids*) estão em azul escuro, na parte de baixo. Todas as ordens são ordens de "limite", o que significa que o cliente especificou o máximo que está disposto a pagar (para as ordens de compra) ou o mínimo que aceitará (para as ordens de venda). As cotações intermediárias (*internal quotes* — a maior oferta de compra e a menor oferta de venda) no mercado estão no meio das cotações.

	TOP OF BOOK			LAST 10 TRADES	
Shares	Price	Time		Price	Shares
1.900	36.8000	13:43:22		58.50	100
2.302	36.7900	13:43:00		58.50	100
2.201	36.7800	13:43:00		58.50	100
2.723	36.7700	13:42:57		58.50	1
982	36.7600	13:42:36		58.50	37
801	36.7500	13:42:36		58.50	100
2.274	36.7400	13:42:12		58.50	4
2.282	36.7200	13:42:07		58.51	100
2.561	36.7200	13:42:06		58.51	86
2.602	36.7100	13:42:06		58.51	14

Orders Accepted: 72.912 | Total Volume: 326.399

Se visitar o *site*, você verá as negociações ocorrendo à medida que as ordens são enviadas e executadas. Observe que nesse dia específico, 326.399 ações da Intel foram negociadas na bolsa CBOE Exchange. Naquele momento, as cotações intermediárias para a Intel foram de 551 ações ofertadas para compra a USD58,50 e 100 ações ofertadas para venda a USD58,51. Este não representa todo o livro de ordens para a Intel, pois há mais ordens de compra abaixo de USD58,46 e mais ordens de venda acima de USD58,55.

Questões

1. Visite markets.cboe.com/us/equities e procure o livro de ordens para a Microsoft (MSFT). Quais são as cotações intermediárias para a Microsoft?
2. Visite markets.cboe.com/us/equities. O *site* mostra as 25 ações mais ativas. Analisando a lista, quais são as margens (*spreads*) entre as cotações de compra e de venda para essas ações?

as portas da Nasdaq, permitindo que investidores individuais colocassem suas ordens, e não apenas os *market makers*. Assim, as ECNs atuam para aumentar a liquidez e a concorrência.

É claro que a Nyse e a Nasdaq não são os únicos locais em que ações de empresas dos EUA são negociadas. Consulte a seção *Exercícios na Internet* para ver uma discussão sobre mercados um pouco mais agressivos.

Relatórios do mercado de ações

Nos últimos anos, os relatórios de preços de ações e informações relativas a preços passaram da mídia tradicional impressa, tal como o *The Wall Street Journal*, para diversos *sites*. O Yahoo! Finance (finance.yahoo.com) é um bom exemplo. Acessamos o *site* e pedimos uma

Você pode obter cotações de ações em tempo real na Internet. Acesse **br.finance.yahoo.com** para maiores detalhes.

EXERCÍCIOS NA INTERNET

Onde as empresas estadunidenses negociam seus títulos quando não podem (ou não querem) atender às exigências para listagem das grandes bolsas de valores? Em geral, elas negociam nos mercados OTCQX®, OTCQB® e OTC Pink®, operados pelo OTC Markets Group. O mercado OTCQX® inclui normas qualitativas e quantitativas, e o mercado OTCQB® também impõe algumas exigências, ainda que menos restritivas do que aquelas impostas pelas grandes bolsas. O OTC Pink® é chamado de "mercado aberto" porque nele não há requisitos financeiros ou de apresentação de documentos.

Uma pequena parcela também continua a negociar no Over-the-Counter Bulletin Board (OTCBB — Quadro de Avisos de Balcão), operado pela Autoridade Financeira de Regulamentação da Indústria (Financial Industry Regulatory Authority — FINRA). O OTCBB começou como um quadro eletrônico de avisos criado para facilitar a negociação de balcão de ações não listadas. Contudo, ele foi praticamente substituído pelo mercado OTCQB® do OTC Markets Group para empresas desse tipo. Assim como o OTCQX® e o OTCQB®, o OTCBB impõe algumas exigências, ainda que menos restritivas do que aquelas impostas pelos mercados maiores. Por exemplo, o OTCBB exige apenas que as empresas listadas registrem demonstrações financeiras junto à SEC (ou outra agência relevante).

Os negócios em todos os mercados do OTC Markets Group, assim como no OTCBB, são conduzidos sob uma estrutura conduzida por *dealers*. Assim, além dos requisitos mínimos para inclusão nesses mercados, para que um determinado título mobiliário comece a ser negociado, basta que um *dealer* (corretor) registrado esteja disposto (e aprovado) para cotar e aja como *market maker* daquele título mobiliário. Os investidores podem negociar títulos mobiliários no OTCQX®, no OTCQB® e no OTC Pink® de modo semelhante a como acontece com ações listadas em bolsas. Dada a facilidade de negociação, esses mercados (especialmente o OTCQX®) são atraentes para empresas estrangeiras que se registram junto aos reguladores em seus mercados nacionais, mas não têm interesse em fazer o mesmo com as agências equivalentes nos EUA. Esses mercados também são uma opção para empresas cujas ações foram tiradas das bolsas maiores por opção própria ou porque não conseguiram manter as exigências de listagem.

Ações negociadas nesses mercados frequentemente têm preços baixos e são referidas como ações de centavo (*penny stocks*), *microcaps* ou até *nanocaps*. Relativamente, poucos corretores fazem pesquisas e publicam relatórios dessas empresas, de modo que as informações se espalham de boca em boca ou pela Internet — fontes nem um pouco seguras. Para ter uma noção de como são as transações, fizemos uma captura de tela do *site* da OTCBB (http://finra-markets.morningstar.com/MarketData/EquityOptions/default.jsp):

OOTC Equity

Most Actives | % Gainers | % Losers   Exchange by OOTC

Symbol	Last	Chg	Chg %	Vol (mil)
PTAH	0.0007	-0.0001	-12.5000	195.8677
DSCR	0.0002	0.0000	0.0000	128.8244
RDWD	0.0001	0.0000	0.0000	117.4018
SBES	0.0021	-0.0001	-4.5455	78.1727
HQGE	0.0004	-0.0004	-50.0000	73.4183
SIML	0.0003	0.0001	52.2843	0.0000
BNGI	0.0001	0.0000	0.0000	0.0000
MMEX	0.0001	0.0000	0.0000	0.0000
ASCK	0.0002	0.0001	33.3333	0.0000
DPLS	0.0002	0.0001	100.0000	0.0000

Primeiro, olhe os retornos. A Darkpulse (DLPS) teve um retorno no mesmo dia de 100%. Não é algo que se vê toda hora. É claro que o grande retorno foi gerado com um aumento "espetacular" de USD0,0010 por ação. Uma ação listada no OTCBB frequentemente é a ação mais ativamente negociada em determinado dia. Por exemplo, ao final de um certo dia, a General Electric teve a ação mais ativa na Nyse, negociando cerca de 47,1 milhões de ações. A PTA Holdings, por outro lado, teve 258 milhões de ações negociadas. Mas a um preço médio de, digamos, $0,0007 por ação, o volume total da PTA Holdings foi de apenas $180.600. Já as negociações da General Electric somaram cerca de $538 milhões.

No final das contas, os mercados de balcão podem ser bem agressivos para os negócios. Ações com preço baixo permitem retornos percentuais enormes, com pequenas variações no preço. Porém, esteja ciente de que tentativas de manipulação e fraude são comuns. Além disso, as ações nesses mercados são pouco negociadas — ou seja, os volumes são baixos. É comum que uma ação listada em algum desses mercados não tenha negociação alguma em determinado dia. Também não é raro passarem dois ou três dias sem que certa ação seja negociada.

Questões

1. Após o fechamento dos mercados estadunidenses (após as 16h no fuso horário do leste dos EUA — o horário de Brasília dependerá da época do ano), acesse finance.yahoo.com e encontre as ações mais ativas no dia nas grandes bolsas de valores. Depois acesse http://finra-markets.morningstar.com/MarketData/EquityOptions/default.jsp e encontre as ações mais ativas no OTCBB no mesmo dia. Quantas ações no OTCBB foram mais ativas que a mais ativa na Nyse? E em relação à Nasdaq?

2. Quais foram as maiores vencedoras e perdedoras percentuais no OTCBB no dia? Quanto subiu ou caiu o preço das ações para resultar nessa variação?

cotação da ação do clube de compras coletivas Costco, que está listada na Nasdaq. A figura a seguir mostra parte do resultado obtido:

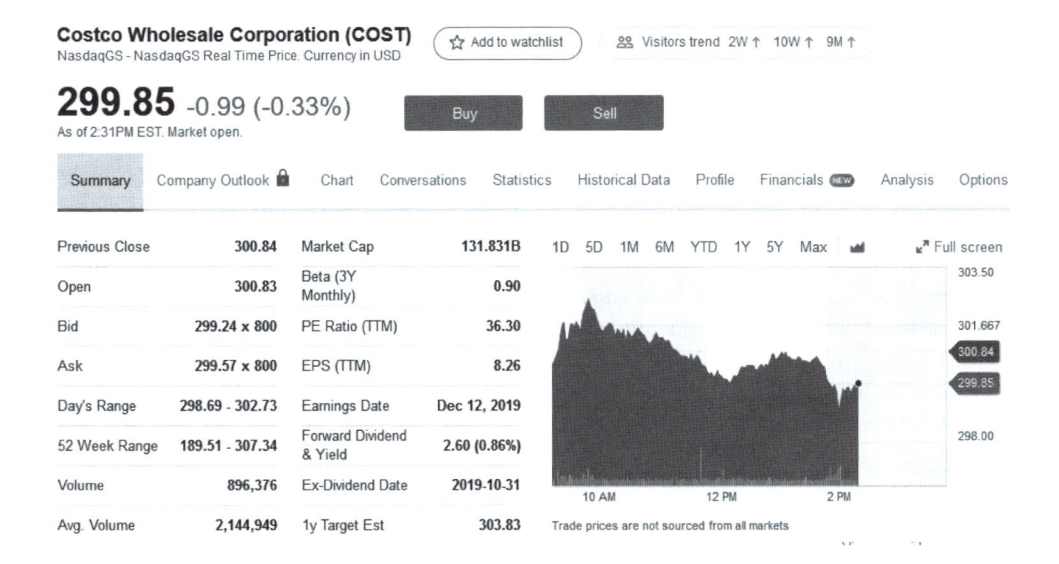

Costco Wholesale Corporation (COST)
NasdaqGS - NasdaqGS Real Time Price. Currency in USD

299.85 -0.99 (-0.33%)
As of 2:31PM EST. Market open.

Previous Close	300.84	Market Cap	131.831B
Open	300.83	Beta (3Y Monthly)	0.90
Bid	299.24 x 800	PE Ratio (TTM)	36.30
Ask	299.57 x 800	EPS (TTM)	8.26
Day's Range	298.69 - 302.73	Earnings Date	Dec 12, 2019
52 Week Range	189.51 - 307.34	Forward Dividend & Yield	2.60 (0.86%)
Volume	896,376	Ex-Dividend Date	2019-10-31
Avg. Volume	2,144,949	1y Target Est	303.83

A maioria das informações é autoexplicativa. O preço de $299,85 é o preço em tempo real do último negócio. A disponibilidade gratuita de preços em tempo real é algo relativamente novo. A variação reportada é em relação ao fechamento do dia anterior. O preço de abertura é o do primeiro negócio do dia. Vemos os preços de oferta de compra e de venda de, respectivamente, $299,24 e $299,57, juntamente com a "profundidade" do mercado, que representa o número de ações procuradas ao preço de oferta de compra e oferecidas ao preço de venda.

O valor em "1y Target Est" é o preço médio estimado da ação um ano à frente, com base nas estimativas dos analistas que acompanham a ação.

A segunda coluna mostra a variação dos preços no dia, seguida pela variação nas últimas 52 semanas. "Volume" é o número de ações negociadas no dia, seguido pelo volume médio diário nos últimos três meses. "Market cap" é o número de ações em circulação (de acordo com a demonstração financeira trimestral mais recente) multiplicado pelo preço atual de cada ação. "P/E" é o índice P/L que discutimos no Capítulo 3. Os EPS (lucros por ação — LPA) usados no cálculo são "TTM", ou seja, *trailing twelve months* (referentes aos últimos 12 meses). Por fim, temos os dividendos por ação, que representam os dividendos trimestrais mais recentes multiplicados por quatro, e o retorno em dividendos. Observe que o retorno é apenas os dividendos informados divididos pelo preço da ação: $2,60/300,84 = 0,0086 ou 86%;

B3 – Contexto Histórico[11]

Em 2008, a BM&F e a Bovespa tiveram suas atividades integradas, e foi criada a BM&FBOVESPA, uma das maiores bolsas do mundo em valor de mercado, com um modelo de negócios totalmente verticalizado e integrado.

O segmento Bovespa englobava os mercados de bolsa e de balcão organizado, que ofereciam diversos mecanismos e ferramentas para negociação e pós-negociação de títulos e valores mobiliários, de renda variável e renda fixa. Estes incluíam ações, fundos de índices (ETFs, do inglês *exchange-traded funds*), certificados de depósito de ações (BDRs, do inglês *Brazilian Depository Receipts*), derivativos sobre ações e índices, valores mobiliários de renda fixa, cotas de fundos de investimentos imobiliários e outros títulos e valores mobiliários autorizados pela CVM. Os negócios eram realizados exclusivamente por meio de sistemas eletrônicos, totalmente integrados com os sistemas de pós-negociação. O segmento BM&F abrangia a negociação e a pós-negociação de contratos derivativos financeiros e de mercadorias, títulos e câmbio pronto.

Em 2011, a BM&FBOVESPA passou a dispor de um módulo de derivativos e câmbio na plataforma eletrônica de negociação multiativos PUMA Trading System, desenvolvida em parceria com o CME Group. Em 2012, foram realizadas etapas importantes relativas à sua infraestrutura tecnológica: desenvolvimento e testes internos do módulo de ações da plataforma eletrônica de negociação PUMA Trading System; programa de integração da pós-negociação da BM&FBOVESPA (IPN), para a criação da nova câmara de compensação integrada, consolidando as atividades das quatro câmaras de compensação e liquidação; um novo sistema de cálculo de risco (CORE, do inglês *close out risk evaluation*), inédito no mercado internacional; e início da fase de construção do seu novo *data center*.

Em 2013, foi concluída a implantação do módulo de ações do PUMA Trading System. No mesmo ano, a Bolsa divulgou sua nova metodologia para o cálculo do Ibovespa, que não havia sofrido alterações desde sua implantação em 1968. O objetivo foi torná-lo mais robusto, para refletir com maior exatidão o desempenho do mercado de capitais brasileiro.

Em 2014, foi implantada a primeira fase do IPN, com a incorporação da câmara de derivativos à nova câmara integrada, e, em 2017, foi concluída a segunda fase do projeto com a incorporação da Câmara de Ações e Renda Fixa Privada. A infraestrutura de pós-negociação da B3 passou a integrar parcela relevante do mercado de capitais.

CETIP

A Central de Custódia e de Liquidação Financeira de Títulos (Cetip), mais recentemente denominada Cetip S. A. – Mercados Organizados, foi criada em 1984 como um braço operacional da Associação Nacional dos Dirigentes do Mercado Aberto (Andima). Ela iniciou suas

---

[11] Material cedido pela B3 Educação. Colaboraram Alisson Savio Silva Siqueira e Thiago Isaac.

operações em 1986, passando, desde então, a disponibilizar sistemas eletrônicos de custódia, registro de operações e liquidação financeira no mercado de títulos públicos e privados.

Em 2009, a Cetip foi desmutualizada e, em seguida, abriu seu capital, contando com a participação da Advent, um fundo de investimento estrangeiro, na sua composição acionária. Em 2010, a empresa adquiriu a GRV Solutions, empresa brasileira fundada em 1995, que hoje representa a Unidade de Financiamentos (UFIN) da companhia.

Em 2011, a Cetip deixou de ter a Advent como seu principal acionista, tendo o fundo vendido sua participação para a empresa americana Intercontinental Exchange (ICE), que passou a ser a acionista majoritária da Cetip. A Cetip funciona como ambiente de balcão que oferece aos participantes uma maior flexibilidade para o registro dos negócios de títulos e valores mobiliários de renda fixa. A Cetip também podia registrar, custodiar e liquidar títulos públicos estaduais e municipais emitidos após 1992, títulos representativos de dívidas de responsabilidade do Tesouro Nacional, além de todos os créditos securitizados da União, da Dívida Agrícola, dos Títulos da Dívida Agrária e também dos certificados financeiros do Tesouro e, principalmente, o registro de derivativos de balcão.

A atual B3

Em 30 de março de 2017, o Cade aprovou a fusão da BM&FBOVESPA e da Cetip, originando uma nova empresa: B3 S. A. — Brasil, Bolsa, Balcão. A B3 consolida não somente os mercados de bolsa e balcão organizado, mas também a infraestrutura do sistema financeiro, reunindo os mercados de renda variável, renda fixa privada, derivativos financeiros, *commodities*, títulos de dívida bancária e outros nos segmentos de bolsa e balcão. Com a fusão, a B3 se tornou uma das principais bolsas do mundo em termos de capitalização de mercado, como mostra o Quadro 8.3.

QUADRO 8.3 Capitalização dos mercados domésticos de ações (USDmilhões) — comparação entre as Américas

Domestic Market Capitalisation (USDmillions)			
Exchange	End 2019	End 2018	% change 2019/2019
Americas			
NYSE	23.327.804	20.679.477	12,8%
Nasdaq — US	13.002.048	9.756.836	33,3%
TMX Group	2.409.099	1.937.903	24,3%
B3 — Brasil Bolsa Balcão	1.187.362	916.753	29,5%
Bolsa Mexicana de Valores	413.619	385.055	7,4%
Bolsa de Comercio de Santiago	203.792	250.740	−18,7%
Bolsa de Valores de Colombia	132.040	103.848	27,1%
Bolsa de Valores de Lima	98.965	93.380	6,0%
Bolsa y Mercados Argentinos	39.394	45.986	−14,3%
Bolsa de Valores de Panama	17.274	15.648	10,4%
Jamaica Stock Exchange	15.767	12.057	30,8%
Barbados Stock Exchange	3.398	3.542	−4,1%
Bolsa Nacional de Valores	2.217	2.401	−7,7%
Bermuda Stock Exchange	2.965	2.393	23,9%
Bolsa Electronica de Chile	101	2.183	−95,4%
Cayman Island Stock Exchange	379	299	26,8%

Fonte: *World Federation of Exchanges* (2021) Ver https://statistics.world-exchanges.org/.

Operações da B3

A B3 é uma bolsa multiativos e multimercado que atua como central depositária de ativos, câmara de compensação e liquidação e contraparte central garantidora, para oferecer um leque abrangente de produtos e serviços. Como administradora de mercados organizados de bolsa e balcão, a B3 tem uma estrutura verticalmente integrada de negociação e pós-negociação para todas as principais classes de ativos mobiliários, inclusive câmbio. Também abrange plataforma de registro de balcão, serviços de listagem para emissores de valores mobiliários, para empréstimos de ativos e para difusão de informações (*market data*), entre outros.

Panorama e evolução Ao longo do tempo, a negociação de ações na B3 evoluiu do sistema de pregão em viva-voz para sistemas de negociação eletrônicos. A introdução do sistema eletrônico de negociação ocorreu de forma progressiva, do início da década de 1990 até setembro de 2005, quando foi desativado o pregão de viva-voz e substituído de forma total pelo Mega Bolsa, que foi utilizado até o desenvolvimento do PUMA Trading System em 2011. O PUMA substituiu os sistemas Global Trading System (GTS, utilizado para negociação de câmbio pronto e derivativos), Mega Bolsa (que negociava ações e derivativos de ações) e Bovespa Fix (usado para títulos privados e renda fixa). O pregão de viva-voz chegou a reunir mil operadores negociando simultaneamente papéis representativos de empresas listadas na bolsa. A interconexão com outros sistemas de negociação, como o utilizado pela Nasdaq OMX e o sistema de DMA (Acesso Direto ao Mercado), multiplica as possibilidades operacionais que caracterizam um mercado ágil e moderno.

A B3 é a maior bolsa de valores da América Latina em valor de capitalização de mercado doméstico e a quarta maior bolsa das Américas, conforme dados de 2019 mostrados no Quadro 8.3. Esses dados foram disponibilizados pela World Federation of Exchanges (WFE) e consultados em fevereiro de 2021. No cenário global, a B3 era a 19ª bolsa em capitalização entre as 88 listadas pela WFE. No Quadro 8.4, apresentamos as 30 maiores bolsas por capitalização doméstica em 2019, conforme a WFE.

Sistemas de negociação e processamento de operações

No segmento BM&FBOVESPA, a B3 administra uma única plataforma de negociação multiativos: o PUMA Trading System. O sistema congrega as operações com ativos de renda variável, renda fixa, derivativos e *commodities*. No segmento Cetip UTVM, a B3 administra o Mercado de Balcão organizado, que funciona por meio de negociação eletrônica e é estruturado e operacionalizado por meio da plataforma eletrônica, que é integrada por dois subsistemas denominados Cetip | Trader e CetipNet.

Esses subsistemas oferecem agilidade às negociações de títulos de renda fixa, com destaque para a negociação de títulos públicos, debêntures, CRA, CRI e LF no Cetip |Trader, e disponibilizam ferramentas que auxiliam as operações e o incremento de liquidez nesse mercado. Para essas operações, as informações de preço do negócio são divulgadas ao mercado por meio do *website* www.b3.com.br, garantindo transparência de preço. As operações realizadas no Cetip | Trader são registradas no Subsistema de Registro, no Subsistema de Depósito Centralizado ou no Selic, dependendo do ativo objeto da operação.

Para acessar esses mercados, a B3 conta com modelos de acesso direto, chamados de *direct market access* (DMA, ou "acesso direto ao mercado", em tradução livre). Trata-se do meio que permite que o investidor (chamado de cliente final) possa se conectar diretamente ao ambiente de negociação eletrônica do segmento BM&FBOVESPA. Ou seja, o próprio cliente, com autorização de sua corretora, pode enviar uma oferta/ordem ao mercado eletrônico, sem que esta seja administrada por sua corretora, ainda que ela continue sendo intermediária legal. Os serviços de DMA garantem redução de custos, agilidade e transparência ao mercado. Existem quatro tipos de DMA, descritos a seguir:

- DMA 1: Neste modelo, o roteamento das ofertas ocorre pela infraestrutura física da corretora. O cliente acessa o sistema disponibilizado pela corretora, como, terminais de *home*

QUADRO 8.4 Capitalização dos mercados domésticos de ações (USDmilhões) — comparação global

	Domestic Market Capitalisation (USDmillions)			
		Exchange	End 2019	End 2018
1	Americas	NYSE	23.327.803,9	20.679.476,9
2	Americas	Nasdaq – US	13.002.048,0	9.756.836,1
3	Asia – Pacific	Japan Exchange Group	6.191.073,3	5.296.811,1
4	Asia – Pacific	Shanghai Stock Exchange	5.105.840,9	3.919.648,3
5	Asia – Pacific	Hong Kong Exchanges and Clearing	4.899.234,6	3.819.361,7
6	Europe – Middle East – Africa	Euronext	4.701.705,2	3.729.117,8
7	Europe – Middle East – Africa	LSE Group	4.182.873,4	3.636.747,3
8	Asia – Pacific	Shenzhen Stock Exchange	3.409.663,4	2.405.599,4
9	Americas	TMX Group	2.409.098,5	1.937.902,7
10	Europe – Middle East – Africa	Saudi Stock Exchange (Tadawul)	2.406.819,6	496.339,9
11	Asia – Pacific	BSE India Limited	2.179.781,2	2.083.494,8
12	Asia – Pacific	National Stock Exchange of India	2.162.702,9	2.056.349,2
13	Europe – Middle East – Africa	Deutsche Boerse AG	2.098.173,9	1.754.570,3
14	Europe – Middle East – Africa	SIX Swiss Exchange	1.834.453,3	1.441.014,0
15	Europe – Middle East – Africa	Nasdaq Nordic and Baltics	1.612.577,0	1.322.363,4
16	Asia – Pacific	ASX Australian Securities Exchange	1.487.598,5	1.263.156,7
17	Asia – Pacific	Korea Exchange	1.484.840,3	1.413.716,5
18	Asia – Pacific	Taiwan Stock Exchange	1.217.273,6	959.216,6
19	Americas	B3 – Brasil Bolsa Balcão	1.187.361,7	916.753,5
20	Europe – Middle East – Africa	Johannesburg Stock Exchange	1.056.341,4	865.297,6
21	Europe – Middle East – Africa	BME Spanish Exchanges	797.285,8	723.442,6
22	Europe – Middle East – Africa	Moscow Exchange	791.519,4	576.117,2
23	Asia – Pacific	Singapore Exchange	697.271,3	687.358,0
24	Asia – Pacific	The Stock Exchange of Thailand	569.228,3	500.737,9
25	Asia – Pacific	Indonesia Stock Exchange	523.321,9	486.765,9
26	Americas	Bolsa Mexicana de Valores	413.618,8	385.055,3
27	Asia – Pacific	Bursa Malaysia	403.957,4	397.989,8
28	Europe – Middle East – Africa	Tehran Stock Exchange	320.671,2	143.548,2
29	Europe – Middle East – Africa	Oslo Bors	295.548,6	267.379,1
30	Asia – Pacific	Philippine Stock Exchange	275.302,2	258.156,6

Fonte: World Federation of Exchanges (2021) Ver https://statistics.world-exchanges.org/

broker. Nesse modelo, embora as ofertas sejam entregues diretamente no ambiente de negociação da B3, as corretoras avaliam eletronicamente o risco dessas operações em sistemas de controle de risco pré-*trading*, podendo permitir o envio da oferta ou rejeitando-a conforme algum critério.

- DMA 2: Este utiliza um provedor como meio de negociação. Os investidores podem utilizar sistemas proprietários ou de terceiros, e as ofertas são roteadas por algum provedor autorizado pela B3. A principal diferença entre o DMA 1 e o DMA 2 é que, no primeiro modelo, a ordem passa pela infraestrutura tecnológica da corretora e, no segundo, a corretora utiliza a conexão de algum provedor autorizado pela B3.
- DMA 3: Este é o modelo de negociação direta, que permite ao cliente final acessar o mercado diretamente, sem passar por uma infraestrutura tecnológica de corretora (DMA 1) ou algum provedor autorizado (DMA 2).
- DMA 4: Este modelo é conhecido como *colocation*. Ele permite a menor latência, ou seja, o menor tempo entre o envio da ordem e o recebimento dela pelo sistema de negociação da B3. Corretoras ou clientes finais podem contratar um espaço físico no *data center* da B3 e instalar suas soluções e/ou algoritmos que auxiliam na negociação de forma mais eficiente (exemplo: *algotradings*). Permite que as soluções possam se conectar diretamente ao ambiente de negociação da B3, uma vez que a solução fica instalada em seu ambiente físico.

Câmara de compensação Também conhecida como *clearing*, é o sistema elaborado para garantir o cumprimento de todos os negócios realizados na bolsa. No jargão do mercado, as câmaras de compensação "compram de quem vende, e vendem para quem compra", assegurando que as partes que negociam não se comuniquem diretamente e que os negócios registrados se concretizem, mesmo no caso de inadimplência da outra parte, reduzindo o risco de crédito das operações e aumentando a segurança do sistema como um todo.

Em resposta ao nível de exigência cada vez mais elevado dos órgãos reguladores no controle de risco das operações, a *clearing* única conta com um sistema próprio de cálculo de risco integrado. A CORE possibilita maior eficiência na alocação de capital, por realizar a avaliação conjunta de risco de portfólios heterogêneos, compostos por diferentes tipos de ativos, contratos e garantias nos mercados de bolsa (segmento BM&FBOVESPA) e balcão (segmento Cetip UTVM). O projeto, pioneiro no mundo, consolida quatro câmaras administradas pela B3 (Ações, Derivativos, Títulos de Renda Fixa Pública e Privada e Câmbio), trazendo uma série de benefícios para os participantes do mercado, que passarão a contar com uma estrutura única e consolidada de processos operacionais, regras, janela de liquidação e sistema de administração de riscos e garantias.

Além das *clearings*, a B3 cerca-se outros serviços e atividades essenciais a seu desempenho, descritos a seguir:

Canal Eletrônico do Investidor (CEI) Serviço via Internet que permite ao investidor consultar todas as informações relacionadas às transações financeiras realizadas nos mercados da bolsa. Equivale a acessar uma conta em banco para consultar investimentos. Ao acessar o CEI, o investidor fica sabendo o valor dos seus investimentos, visualiza as ações que comprou e vendeu no aviso de negociação de ativos (ANA) e acessa o saldo dos seus investimentos no mercado de opções, no mercado a termo, no mercado futuro, além de poder acessar outros serviços.

Sinal de informações Canal que distribui os dados fornecidos pela bolsa aos *vendors* e às corretoras do segmento BM&FBOVESPA sobre informações geradas nos mercados da bolsa.

B3 supervisão de mercado (BSM) Órgão autorregulador que auxilia a CVM na fiscalização do mercado de valores mobiliários, cuja integridade busca fortalecer. Seu papel é o de prover a autorregulação de todos os mercados da B3.

A B3, além de atender a uma imensa gama de ativos e mercados, possui um modelo de negócios verticalmente integrado, que abrange negociação, registro, compensação, liquidação, administração de risco e depósito centralizado — os principais elementos constituintes da infraestrutura do sistema financeiro. O investidor que atua nos mercados administrados pela B3 tem a vantagem de ter suas operações — desde a decisão de investimento até a liquidação final — processadas por uma única entidade, que também cuida do registro da titularidade dos ativos negociados em seus ambientes.

Conhecer a estrutura de participantes da B3 é condição essencial para entender seu modelo operacional. É, portanto, fundamental que os conceitos a seguir sejam assimilados, pois fazem parte do cotidiano operacional de qualquer profissional que trabalha em uma instituição que se relaciona com a B3. Ainda, são conceitos que permitem entender desde a estrutura de contas e cadastro de investidores até o modelo de gerenciamento de riscos, passando pela compensação e liquidação.

Os participantes da B3 são as instituições (corretoras, distribuidoras de valores mobiliários e bancos) que mantêm vínculos formais com a Bolsa, a Câmara de Compensação e Liquidação e a Central Depositária para o desempenho das atividades de negociação e/ou liquidação e/ou custódia, nos diversos segmentos de mercado.

Mercado à vista O mercado à vista é aquele em que se negociam os ativos — principalmente ações — listados pela bolsa. A B3 criou segmentos especiais de listagem das companhias: Bovespa Mais, Bovespa Mais Nível 2, Novo Mercado, Nível 2 e Nível 1. Todos os segmentos prezam por rígidas regras de governança corporativa. Essas regras vão além das obrigações que as companhias têm perante a Lei das Sociedades por Ações e têm como objetivo melhorar a avaliação das companhias que decidem aderir, voluntariamente, a um desses níveis de listagem.

Além disso, tais regras atraem os investidores. Ao assegurar direitos e garantias aos acionistas, bem como a divulgação de informações mais completas para controladores, gestores da companhia e participantes do mercado, o risco é reduzido.

As identificações das características dos valores mobiliários negociados na B3 são apresentadas no Quadro 8.5. A codificação dos ativos para **lotes fracionários** seguirá a codificação utilizada no mercado à vista acrescida da letra F no final do código de negociação. Por exemplo: VALE3F, VALE5F. Somente podem ser negociadas no mercado à vista da bolsa as ações que não possuam **proventos** anteriores a receber. Assim, quando a assembleia de uma empresa aprova a distribuição de um provento, as ações passam a ser negociadas na condição "**ex**".

QUADRO 8.5 Identificação das características dos títulos negociados

Tipo do ativo	Número	Exemplo
Direitos ordinários	01	VALE1
Direitos preferenciais	02	VALE2
Ações ordinárias	03	VALE3
Ações preferenciais	04	VALE4
Ações preferenciais classe a	05	VALE5
Ações preferenciais classe b	06	VALE6
Ações preferenciais classe c	07	VALE7
Ações preferenciais classe d	08	VALE8
Recibos ordinários	09	VALE9
Recibos preferenciais	10	VALE10
Outros (a serem estabelecidos pela bolsa)		

A partir da data que for indicada como de início de "ex" provento (dividendo, bonificação, subscrição, etc.), os negócios com ações no mercado à vista são realizados sem direito àquele provento e divulgados com a indicação "EX" por oito pregões consecutivos.

No caso de **direitos de subscrição**, a bolsa permite sua negociação a partir da data que for indicada como de início de subscrição até o quinto dia útil anterior ao término do prazo designado pela companhia emissora para o exercício do direito de subscrição. Novas ações de companhias listadas serão negociadas distintamente com relação a direitos sobre dividendos futuros, na condição **COM** ou **SEM** direito de dividendos. Em todos os casos, a fixação e a alteração das normas de negociação dos ativos se baseiam nas informações recebidas das sociedades emissoras, dos agentes emissores ou dos prestadores de serviços de ação escritural pela bolsa.

Serviços do PUMA Trading System

O PUMA é uma plataforma que reúne diversas funcionalidades, gerenciamento de risco e excelência operacional para garantir a segurança do mercado. Do ponto de vista do mercado à vista, destacamos algumas funcionalidades a seguir:

Roteamento de ordens Funcionalidade utilizada convencionalmente pelas corretoras para canalizar as ordens de clientes, usualmente recebidas pelo telefone ou por outros meios.

Acesso direto ao mercado (DMA) Permite ao investidor enviar, com a autorização da corretora, as próprias ofertas ao sistema de negociação, recebendo em tempo real as informações de difusão ao mercado, incluindo o livro de ofertas.

Algorithmic trading Permite que os investidores desenvolvam estratégias de negociação baseadas em programas/algoritmos de computador, também conhecidas como *automated trading systems* (ATS). A oferta de compra ou venda é feita por meio de terminais/plataformas conectados ao sistema eletrônico de negociação. O encontro das ofertas e o fechamento de negócios são realizados automaticamente por esse sistema, representando a etapa de negociação. Veja a seguir alguns detalhes operacionais.

Os negócios podem ser realizados em **lote padrão** ou seus múltiplos e, no mercado à vista, também em **lote fracionário**. Os operadores atuam nas mesas de operações das corretoras executando **ordens** recebidas dos comitentes finais. Essas ordens podem ser instruídas em diferentes modalidades, dando lugar à execução de **ofertas** igualmente diferenciadas.

Outros tipos de ordens

A seguir, são descritos alguns tipos de ordens. A **ordem administrada** é aquela que especifica somente a quantidade e as características dos ativos a serem comprados ou vendidos, cabendo ao participante de negociação pleno, a seu critério, determinar o momento e o sistema de negociação em que ela será executada.

A **ordem discricionária** é aquela dada por administrador de carteira ou por quem quer que represente mais de um comitente. Cabe ao emitente estabelecer as condições de execução e, no prazo estabelecido no regulamento respectivo da B3, indicar os nomes dos clientes finais a serem especificados, atribuindo-lhes os negócios realizados.

A **ordem de financiamento** é aquela constituída por uma ordem de compra ou de venda de um ativo ou direito em um mercado administrado pela Bolsa e outra, concomitantemente, de venda ou compra do mesmo ativo ou direito, no mesmo ou em outro mercado também administrado pela Bolsa.

Todas as ordens recebidas pelas corretoras são gravadas e registradas em sistema próprio, de forma que, a qualquer momento, possam ser reproduzidos os diálogos e conhecida a sequência de ordens recebidas.

QUADRO 8.6 Tipos de ordens e ofertas no mercado de ações e suas principais correspondências

Ordem	Oferta
Ordem a mercado — especifica somente a quantidade e as características dos ativos ou direitos a serem comprados ou vendidos, devendo ser executada a partir do momento em que for recebida.	**Oferta a mercado** — é executada ao melhor limite de preço oposto no mercado quando ela é registrada. **Oferta a qualquer preço** — deve ser totalmente executada independentemente do preço de execução (disponível para a fase contínua de negociação). **Oferta ao preço de abertura** — oferta de compra ou venda que deve ser executada ao preço de abertura do leilão ou das fases de pré-abertura e pré-fechamento.
Ordem limitada — deve ser executada somente a preço igual ou melhor do que o especificado pelo cliente.	**Oferta limitada** — oferta de compra ou venda que deve ser executada por um preço limitado, especificado pelo cliente, ou a um preço melhor. Nas ofertas de compra, sua execução não poderá ocorrer a um preço maior que o limite estabelecido. Nas ofertas de venda, não deve ser executada a um preço menor que o limitado. **Oferta de direto** — é o registro simultâneo de duas ofertas que se cruzam e que são registradas pela mesma corretora.
Ordem stop — especifica o preço do ativo ou direito a partir do qual a ordem deverá ser executada.	**Oferta stop** — **Preço de disparo** — oferta baseada em um determinado preço de disparo; neste preço e acima para uma oferta de compra e neste preço e abaixo para uma oferta de venda. A oferta a limite *stop* se torna uma oferta limitada assim que o preço de disparo é alcançado.

O funcionamento do pregão e *after-market*

Diariamente, os pregões da bolsa são abertos para negociação dos ativos por ela autorizados nos mercados O período de negociação normal ou regular se estende por pouco mais de sete horas diárias e é sucedido por um período adicional chamado *after-market*, que dura mais uma hora e meia.

QUADRO 8.7 Pregão

Horário	Períodos
9h45 às 10h	Leilão de pré-abertura
10h às 16h55	Sessão contínua de negociação
16h55 às 17h	*Call* de fechamento

QUADRO 8.8 *After-market*

Horário	Períodos
17h25 às 17h30	Cancelamento de ofertas
17h30 às 18h00	Fase de negociação

Dois momentos são de grande importância no desenvolvimento do pregão: o *call* para fixação do preço de abertura e o *call* para determinação do preço de fechamento. O *call* de abertura é o período compreendido nos minutos que antecedem a abertura das negociações na bolsa. O *call* de fechamento é o período compreendido nos minutos finais de negociação e utilizado para determinados ativos. O *call* de fechamento é adotado para os papéis pertencentes às carteiras teóricas dos índices calculados pela bolsa e para as séries de opções de maior liquidez, conforme divulgadas pela bolsa. A critério do diretor de operações, o *call* de fechamento poderá ser realizado para algum outro ativo em um determinado pregão, ou ainda ter aumentado o seu prazo de duração.

Nos mercados de opções sobre ações e índices, a bolsa também delimita horários para exercício ou para bloqueio das operações. Após o pregão normal ou regular do mercado à vista, ocorre o período de negociação conhecido como *after-market*. Nesse período, podem ser negociados papéis pertencentes às carteiras teóricas dos índices calculados pela bolsa e que tenham sido negociados, no mesmo dia, durante o horário regular de pregão.

As operações são dirigidas por ordens e fechadas automaticamente por meio do sistema eletrônico de negociação da bolsa, com parâmetros de negociação estabelecidos para o período. O sistema rejeita ofertas de compra a preço superior e ofertas de venda a preço inferior ao limite de 2% com relação ao preço do pregão regular.

As ordens do pregão regular que estiverem remanescentes no sistema (não canceladas) permanecerão ativas durante o *after-market*, sujeitando-se a seus limites de negociação. Há a possibilidade de execução parcial das ordens.

As operações fechadas no período *after-market* são divulgadas diariamente no *site* da B3 no dia seguinte à negociação ($D+1$), junto com o volume total de negociação do dia anterior, compreendendo o volume negociado no horário regular e o volume negociado no período *after-market*. Os índices não serão calculados nem difundidos no horário *after-market*. Suas variações serão calculadas com base nos índices de fechamento do pregão regular do dia anterior.

Leilões

Os negócios com ações realizados no segmento Bovespa da B3 devem respeitar parâmetros definidos pela CVM com relação à quantidade negociada, ao preço praticado e à alienação do controle acionário de uma companhia. Toda vez que esses parâmetros são ultrapassados, a bolsa deve submeter os negócios a **leilão**. Analisam-se a seguir as situações relacionadas com quantidade negociada (superior a valor médio), cotação (superior ou inferior ao último preço praticado) e negociabilidade (papéis sem liquidez).

Em cada um desses casos, a apregoação é feita durante o tempo definido em cada caso em particular, sendo o preço final estabelecido pela maior quantidade negociada ao melhor preço. As apregoações por leilão podem ser realizadas sob duas formas: por leilão comum ou por leilão especial. Essa sistemática visa a dar transparência e acesso a todos os participantes para uma determinada demanda ou oferta.

Quantidade negociada Há duas situações em que o leilão deve ser instaurado devido à quantidade negociada: a) quando essa quantidade supera em mais de cinco vezes a quantidade média negociada nos 30 pregões precedentes; b) quando a operação envolver porcentagens relevantes do capital da companhia transacionada.

Em relação à média negociada nos últimos 30 pregões, os leilões poderão ter um prazo de 5 minutos ou de 1 hora.

Critério (negócio com)	Prazo do leilão
lote entre 5 e 10 vezes a média negociada	5 minutos
lote acima de 10 vezes a média negociada	1 hora

Em relação ao capital social das empresas, o leilão ocorre sempre que houver transação superior a 0,5% do capital social da empresa negociada.

Critério (negócio com)	Prazo do leilão
lote entre 0,5 e 0,99% das ações ordinárias	5 minutos
lote entre 1 e 2,99% das ações ordinárias	1 hora
lote entre 3 e 6% das ações ordinárias	24 horas[†]
lote acima de 6% das ações ordinárias	48 horas[†]
lote entre 1 e 2,99% das ações preferenciais	15 minutos
lote entre 3 e 4,99% das ações preferenciais	1 hora
lote entre 5 e 20% das ações preferenciais	24 horas[†]
lote acima de 20% das ações preferenciais	48 horas[†]

(†) Nestes casos, o leilão será realizado 24h ou 48h após o anúncio e terá duração mínima de 15 minutos.

Nas operações com *Units*, os percentuais de enquadramento em relação ao capital social são determinados pelo valor mais restritivo entre os tipos de ações que o formam. ***Unit*** é um certificado de depósito que representa um conjunto de ações de diferentes tipos, normalmente ordinárias e preferenciais.

Uma vez anunciado um leilão originado por quantidade superior à média dos 30 pregões precedentes, a quantidade anunciada passará a ser a nova quantidade média válida para o dia. Os negócios com quantidades inferiores ou iguais ao leilão anunciado serão submetidos a um novo leilão com prazo reduzido para 5 minutos. Todavia, para que uma nova operação, no mesmo dia, seja analisada nesse procedimento, deve-se observar que:

a) os comitentes envolvidos na nova operação devem ser diferentes do leilão anterior, ou, em caso de serem os mesmos, a operação não deve ultrapassar outro parâmetro definido sobre porcentagem do capital social; e

b) não será aplicado tal procedimento em operações que atinjam parâmetros de quantidade em relação ao capital social citado a seguir e para apregoações diretas.

Cotações Quando o negócio é fechado por um preço que representa uma oscilação acentuada na cotação, este deve ser submetido a leilão. Nesse caso, a variação mínima que origina o leilão é estabelecida em módulo sobre o último preço observado no pregão, conforme se observa no quadro.

Critério (oscilação positiva ou negativa sobre o último preço)	Prazo do leilão
3 a 9,99% para os papéis que fazem parte de carteira de índices da bolsa.	5 minutos
a partir de 10% para os papéis que fazem parte de carteira de índices da bolsa.	15 minutos
de 10 a 19,99% para os papéis que não fazem parte de carteira de índices da bolsa.	5 minutos
de 20 a 49,99% para os papéis que não fazem parte de carteira de índices da bolsa.	15 minutos
de 50 a 99,99% para os papéis que não fazem parte de carteira de índices da bolsa.	30 minutos
superior a 100% para os papéis que não fazem parte de carteira de índices da bolsa.	1 hora
oscilações negativas superiores a 50% para os papéis que não fazem parte de carteira de índices da bolsa.	1 hora

A única exceção à regra é para papéis que não fazem parte da carteira de índices da bolsa e que tiverem o preço de fechamento igual ou superior a R$100,00, e para os quais o limite para oscilação de preços entre negócios, positiva ou negativa, é de 3% sobre o último preço.

Negociabilidade Caso o negócio realizado envolva ativos que não tiveram presença contínua em pregão ou que começam a ser negociados, a regra estabelece prazo de 15 minutos para início do leilão.

Critério (negociabilidade do papel)	Prazo do leilão
ação não negociada nos últimos cinco pregões	15 minutos
ação estreando no segmento Bovespa	15 minutos

Se uma operação dever ser submetida a leilão por mais de um critério (preço ou quantidade), será adotado o critério que exigir o maior prazo de divulgação. O diretor de operações poderá determinar que uma operação seja submetida a leilão quan- do, ao seu critério, o tamanho do lote a ser negociado exceder a quantidade considerada normal ou para assegurar a continuidade dos preços.

Leilões para casos especiais Situações particulares diversas podem fundamentar a decisão do diretor de pregão de chamar a leilão com prazos por ele definidos. Entre esses casos, encontram-se: a divulgação de fato relevante ou notícia sobre algum provento para um ativo negociado na bolsa; problemas técnicos, devidamente comprovados, dos participantes quando do fechamento de um negócio ou quando do encerramento de outro leilão; alta volatilidade dos preços de um ativo (quando se determinará leilão de 1 hora para a abertura e, eventualmente, a realização de novos leilões durante o pregão regular).

Os negócios fechados envolvendo mais de 10 lotes de um ativo, com intervalo inferior a 30 segundos entre os registros das ofertas de compra e de venda, serão submetidos a leilão de 5 minutos. Para isso, é necessário que haja reclamação, dentro dos 3 minutos subsequentes ao do registro do negócio, de outros participantes que tenham oferta de compra ou venda a melhor preço ou a preço de mercado.

Quantidades menores Negócios em quantidade inferior a 10 lotes-padrão em intervalo reduzido de tempo serão objeto de análise pelo diretor de operações, para eventual aplicação das penalidades previstas no regulamento de operações da B3.

Operações de financiamento Compra de ações no mercado à vista e venda a termo no prazo que deseja financiar, visando a ganhar a diferença entre os preços à vista e a termo (i.e., os juros da operação). As operações de financiamento enquadradas nos parâmetros que exigem edital serão submetidas a leilão de 1 hora, exceto nos casos em que o volume financeiro da operação referente à posição financiadora não supere R$10.000.000,00, quando a operação será submetida a leilão de 30 minutos.

Prorrogação de leilão Durante um leilão, se o preço deste atingir o limite de 100% acima do preço inicial ou 50% abaixo desse preço, a apregoação será prorrogada por 15 minutos para divulgação ao mercado do novo preço, desde que essa interrupção ocorra dentro do horário de funcionamento do pregão. Essa interrupção só ocorrerá uma vez e não será aplicada para leilões com divulgação prévia de 24 ou 48 horas (editais).

Fixing Durante o prazo do leilão, não há fechamento de negócios, registrando-se apenas as ofertas de compra e venda e seus respectivos preços. No final desse período, é necessário definir o preço ao qual os negócios serão registrados, o que é conhecido como *fixing* ou *determinação do preço teórico*. Isso acarreta a necessidade de definir critérios para determinar esse preço, bem como as quantidades de cada negócio.

Critério	Procedimento de *fixing*
1º (quantidade)	O preço atribuído ao leilão será aquele ao qual a maior quantidade de ações for negociada.
2º (equilíbrio)	Em caso de empate pelo primeiro critério, selecionam-se dois preços, o de menor desequilíbrio na venda e o de menor desequilíbrio na compra. O preço atribuído ao leilão poderá ser igual ou estar entre um desses preços, sendo escolhido o preço mais próximo do último negócio. Caso o papel não tenha sido negociado no dia, o preço escolhido para o leilão será aquele mais próximo do preço de fechamento.
3º (abertura)	Em caso de empate nos dois primeiros critérios, o preço selecionado na abertura do leilão fará parte de uma escala de preços, incluindo ou não os preços limites, conforme a quantidade em desequilíbrio.

Prioridades Para o fechamento de negócios no momento da abertura do leilão, o sistema eletrônico de negociação adota a seguinte prioridade para as ofertas:

a) **ofertas ao preço de abertura** têm a maior prioridade. Se, na abertura do leilão, esta oferta não for atendida em sua totalidade, a mesma permanecerá registrada para a quantidade não atendida ao preço limitado de abertura do leilão; e

b) **ofertas limitadas por ordem de preço** (quem paga mais compra primeiro, e quem vende por menos vende primeiro) e sequência cronológica de entrada, incluindo as ofertas *stop* eventualmente disparadas e atendidas.

As ofertas *stop* disparadas durante o leilão seguem a ordem de preço e sequência cronológica de entrada. Elas podem retornar à fila de ofertas *stop* não disparadas caso o preço teórico do leilão seja alterado para um preço inferior ao preço de disparo, para uma *stop* de compra, ou superior, para uma *stop* de venda.

Características Na determinação do preço teórico ou *fixing* de um leilão, há também outras regras implícitas ou embutidas no sistema eletrônico de negociação, quais sejam:

- não há rateio para **ofertas ao mesmo preço** (prevalece a ordem de entrada no sistema);
- utiliza-se uma escala de preços e não unicamente um preço para definir o **preço do leilão**, de tal forma que esse preço seja o mais próximo do último preço do ativo;
- ofertas com preço de compra maior ou igual ao preço teórico e **ofertas de venda com preço menor** ou igual ao preço teórico não podem ser canceladas, sendo aceito somente alteração para melhor para essas ofertas (melhorar o preço ou aumentar a quantidade);
- **ofertas de compra com preço maior** que o preço teórico e ofertas de venda com preço menor que o preço teórico serão atendidas em sua totalidade;
- ofertas de compra e venda com preços iguais ao preço teórico poderão ser atendidas totalmente, parcialmente ou não ser atendidas, de acordo com a situação do leilão;
- não será permitido registro de **ofertas com quantidade aparente** — as ofertas que já estavam registradas com quantidade aparente antes do início do leilão participam do mesmo seguindo as regras do leilão no que diz respeito à prioridade em sua quantidade divulgada, porém, caso precisem ser alteradas, a quantidade total terá que ser revelada ao mercado; e
- **ofertas registradas EOC** (Execute ou Cancele) serão canceladas no momento do encerramento do leilão para a quantidade existente.

Prorrogação O término de um leilão pode ser adiado devido à ocorrência de alguns dos eventos listados a seguir:

- alteração no preço teórico;
- alteração na quantidade teórica;
- registro de uma nova oferta que altera a quantidade atendida de uma oferta registrada anteriormente; e
- alteração no saldo não atendido.

Critério Quando há alteração em um dos quatro critérios	Tempo de prorrogação
1º prorrogação: no último minuto (inclusive)	1 minuto
2º prorrogação: nos últimos 30 segundos (inclusive)	1 minuto
3º prorrogação: nos últimos 15 segundos (inclusive)	1 minuto

Após a terceira prorrogação, o tempo para que o leilão seja prorrogado, bem como o tempo de prorrogação, não se alterará e se repetirá indefinidamente. Exclusivamente para o período de *call* de fechamento do sistema eletrônico de negociação, caso o primeiro critério seja atendido, isto é, se houver alteração em um dos quatro critérios nos últimos 2 minutos (inclusive), o tempo de prorrogação do leilão será de 5 minutos.

Independentemente dos critérios dispostos o diretor de operações poderá adotar medidas para agilizar a dinâmica das prorrogações, visando ao bom funcionamento das negociações.

Post trading Após o encerramento do pregão, etapa de negociação, inicia-se o processo de liquidação das operações registradas pelo sistema eletrônico de negociação. Esse processo é realizado pela câmara de liquidação e custódia, que também faz a guarda de ativos e se encarrega da atualização e do repasse dos proventos distribuídos pelas companhias abertas.

Todo processo de transferência da propriedade dos títulos e do pagamento/recebimento do montante financeiro envolvido é intermediado pela **câmara de liquidação e custódia** e abrange duas etapas:

1ª) Entrega dos títulos: implica a disponibilização dos títulos à câmara de liquidação e custódia pela sociedade corretora intermediária ou pela instituição responsável pela custódia dos títulos do vendedor. No caso do mercado de ações, ocorre no terceiro dia útil (*D*+3) após a realização do negócio em pregão. As ações ficam disponíveis ao comprador após o respectivo pagamento.

2ª) Pagamento da operação: compreende a quitação do valor total da operação pelo comprador, o respectivo recebimento pelo vendedor e a efetivação da transferência das ações para o comprador. No caso das ações, esse procedimento ocorre no terceiro dia útil (*D*+3) após a realização do negócio em pregão.

Formas de liquidação

Liquidação por saldo bruto A liquidação das operações ocorre para cada operação por agente.

Liquidação por saldo líquido A compensação e a liquidação das operações ocorrem por saldo líquido entre os agentes.

Compensação e liquidação multilateral A compensação e a liquidação das operações ocorrem por saldo líquido de cada agente com a *clearing*.

A Figura 8.2 ilustra as formas de compensação mencionadas. A B3 trabalha mais com a forma multilateral de compensação.

Capítulo 8 Avaliação de Ações **289**

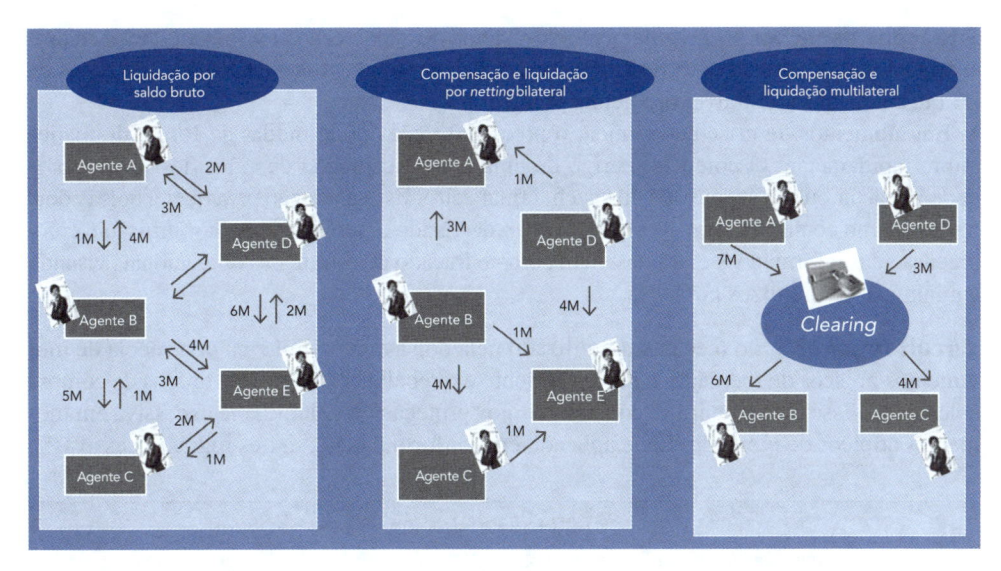

FIGURA 8.2 Formas de liquidação.

Central depositária

No mercado de ações, outro importante papel é o da central depositária, que atua com a guarda, atualização e coordenação de eventos corporativos (pagamentos de proventos, bonificação, etc.) do mercado de ações do Brasil. Além disso, presta serviços para outros mercados de títulos e valores mobiliários públicos e privados.

Os serviços prestados pela central depositária são: desmaterialização e registro eletrônico; codificação ISIN; propriedade fiduciária de ativos; conciliação diária com os emissores e com os agentes de custódia e estrutura de contas individualizadas. A Figura 8.3 ilustra isso.

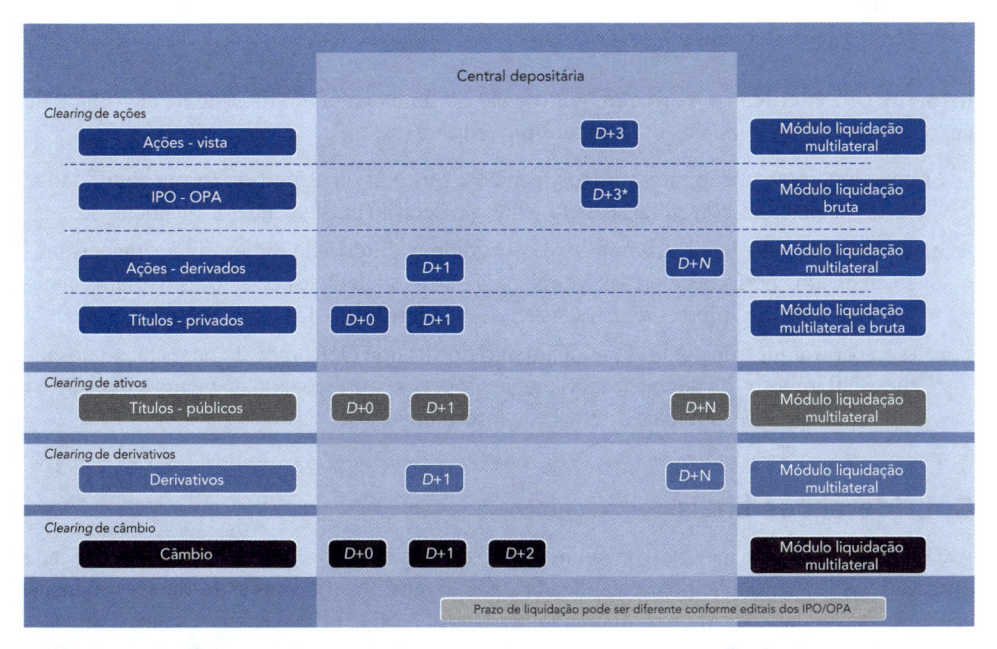

FIGURA 8.3 Atuação da central depositária.

Situações especiais O regulamento do sistema de negociação eletrônica estabelece procedimentos especiais caso se verifiquem variações muito acentuadas no índice de ações da B3 ou, ainda, quando houver problemas técnicos.

Em momentos de crise econômica, o preço das ações pode mudar de forma dramática muito rapidamente. O potencial perigo de uma perda acentuada de valor dos investidores pode impactar outros segmentos do sistema financeiro. Essa é a razão pela qual a bolsa adota o mecanismo conhecido como *circuit breaker*, destinado a permitir a melhor difusão e compreensão das informações entrantes, bem como o traçado de estratégias operacionais visando a minimizar os prejuízos possíveis.

Circuit breaker É o mecanismo utilizado pela bolsa que permite, na ocorrência de movimentos bruscos de mercado, o amortecimento e o rebalanceamento das ordens de compra e de venda. Esse instrumento se constitui como "proteção" à volatilidade excessiva em momentos atípicos de mercado. Ele é aplicado em conformidade com três regras sucessivas:

	Critério de interrupção
1	Quando o Ibovespa atingir limite de baixa de 10% em relação ao índice de fechamento do dia anterior, os negócios no segmento Bovespa, em todos os mercados, serão interrompidos por 30 minutos.
2	Reabertos os negócios, caso a variação do Ibovespa atinja uma oscilação negativa de 15% em relação ao índice de fechamento do dia anterior, os negócios no segmento Bovespa, em todos os mercados, serão interrompidos por 1 hora.
3	Reabertos os negócios, caso a variação do Ibovespa atinja uma oscilação negativa de 20% em relação ao índice de fechamento do dia anterior, a bolsa poderá determinar a suspensão dos negócios em todos os mercados por prazo definido a seu critério, sendo comunicado ao mercado tal decisão por meio da agência B3 de Notícias (ABO-OPERAÇÕES).

Regras gerais adicionais para o *circuit breaker*:

a) o *circuit breaker* não é acionado na última meia hora de funcionamento do pregão, mesmo quando se verificarem os critérios previstos para seu acionamento; e

b) ocorrendo a interrupção dos negócios na penúltima meia hora de negociação, na reabertura dos negócios, o horário será prorrogado em, no máximo, mais 30 minutos, sem qualquer outra interrupção, de tal forma que se garanta um período final de negociação de 30 minutos corridos.

Interrupção técnica Ocorrendo interrupção no funcionamento do sistema eletrônico de negociação, serão observados os seguintes procedimentos:

a) quando a interrupção, por motivos técnicos, for total ou atingir de forma significativa várias sociedades corretoras, caberá à bolsa a decisão de suspender as negociações;

b) ocorrendo o retorno do sistema, será concedido, a critério do diretor de operações, prazo chamado "período de pré-abertura" para que as sociedades corretoras possam cancelar ou alterar suas ofertas registradas antes da interrupção do sistema; e

c) caso ocorra interrupção no funcionamento do sistema eletrônico de negociação nos últimos 30 minutos da negociação, o pregão poderá ser prorrogado, cabendo a decisão ao diretor presidente, ouvida a diretoria de informática.

Considerações finais

A CVM obriga que, no mercado brasileiro, os investidores finais sejam identificados em cada operação. Isso explica a tecnologia aplicada aos sistemas e as robustas estruturas de negociação e pós-negociação da B3 e do mercado brasileiro. A SEC (U.S. Securities and Exchange Commission), que exerce o mesmo papel no mercado americano que a CVM exerce no Bra-

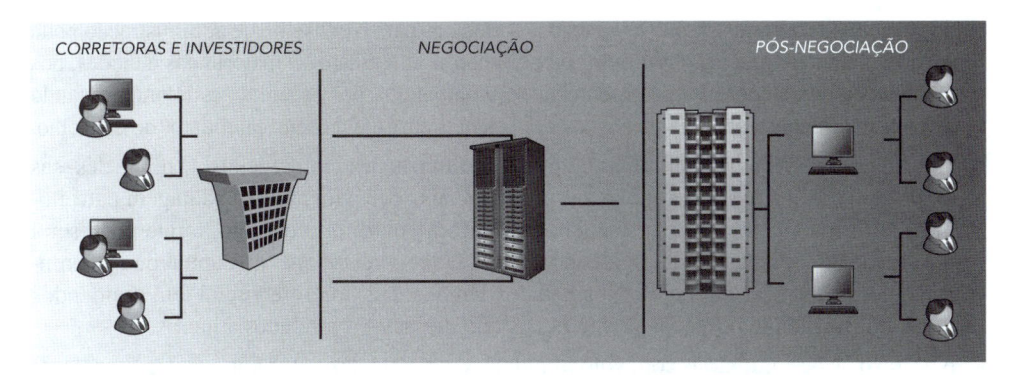

FIGURA 8.4 Atuação da B3.

sil, não exige que sejam identificados os investidores finais. Sendo assim, as atividades de compensação, liquidação e depositária ocorrem no nível das corretoras, transferindo a maior parte da responsabilidade pela gestão de risco da *clearing* para elas. No mercado americano, as corretoras exercem importantes atividades que, no mercado brasileiro, são realizadas pela B3, mais especificamente na pós-negociação. A Figura 8.4 resume a atuação da B3 desde a pré-negociação até a pós-negociação, identificando o investidor final do início ao fim.

A B3 desenvolve, implanta e provê sistemas para a negociação de ações, derivativos de ações, títulos de renda fixa, títulos públicos federais, derivativos financeiros, moedas à vista e *commodities* agropecuárias.

Questões conceituais

8.3a Qual é a diferença entre um corretor e um *dealer* de títulos mobiliários?

8.3b Qual é maior: o preço de oferta de compra ou o de venda? Por quê?

8.3c Quais são as diferenças entre a Nasdaq e a Nyse?

8.3d Qual é a diferença entre o acesso intermediário e o acesso direto patrocinado na B3?

8.3e Qual é o papel do operador na bolsa de valores?

8.3f O que é uma câmara de compensação no mercado acionário?

8.3g Qual é a diferença de tratamento quanto à identificação de investidores na B3 e na Nyse?

8.4 Resumo e conclusões

Este capítulo abordou os fundamentos das ações e da avaliação de ações.

1. Os fluxos de caixa de uma ação assumem a forma de dividendos futuros. Os juros sobre capital próprio são uma das formas que uma parcela dos dividendos pode assumir no Brasil. Vimos que, em determinados casos especiais, é possível calcular o valor presente de todos os dividendos futuros e, assim, chegar a um valor para uma ação.

2. Como acionista de uma empresa, você tem vários direitos, tais como o de participar dos lucros sociais, de receber sua parte no caso de liquidação da sociedade e o de votar nas matérias de competência das assembleias gerais ordinárias ou extraordinárias. Nas sociedades de capital aberto como controle definido, a lei ainda assegura o direito dos acionistas minoritários e preferencialistas, titulares de um percentual mínimo de ações, o direito de eleger membros

do conselho de administração. A votação nas eleições para o conselho de administração pode ser cumulativa (ou por voto múltiplo) ou por chapa / can didato. A maioria das eleições, nos Estados Unidos, acontece por procuração, e uma batalha por procurações irrompe quando lados concorrentes tentam ganhar votos sufi- cientes para eleger seus candidatos ao conselho.

3. Além de ações ordinárias, algumas empresas emitem ações preferenciais. O nome des- sas ações vem do fato de que os acionistas preferenciais devem ter alguma vantagem patrimonial, de forma a compensar a ausência ou limitação do direito de voto, o que pode ser a prioridade na distribuição de dividendos, prioridade no reembolso do capital ou a acumulação destas duas preferências. Nos Estados Unidos, a ação preferencial tem dividendos fixos; no Brasil, a maioria das preferenciais tem dividendos atrelados a lucros.

4. No Brasil, ações ordinárias com voto plural podem ter até dez votos por ação, mas somente é possível a existência de voto plural quando instituído antes da oferta pública inicial das ações no mercado de capitais.

5. Os dois maiores mercados de ações dos Estados Unidos são a Nyse e a Nasdaq. A B3 é a principal instituição brasileira de intermediação de operações do mercado de capitais do Brasil e uma das principais bolsas do mundo. Discutimos a organização e a operação desses mercados e vimos como as informações sobre o preço das ações são noticiadas.

6. No Brasil, a listagem no Novo Mercado não admite a emissão de ações preferenciais. As ações preferenciais emitidas no mercado brasileiro podem ter valor e dividendo fixos, como as emitidas nos Estados Unidos, mas no caso brasileiro, mesmo o pagamento dos dividendos fixos está vinculado à existência de lucros.

Este capítulo conclui a Parte 3 de nosso livro. A essa altura, você deve ter uma boa ideia sobre o que queremos dizer com *valor presente*. Você também já deve estar familiarizado com cálculos de valores presentes, pagamentos de empréstimos e assim por diante. Na Parte 4, abordaremos as decisões do orçamento de capital. Como será visto, as técnicas que você aprendeu nos Capítulos 5 a 8 formam a base de nossa abordagem da avaliação das decisões de investimentos empresariais.

REVISÃO DO CAPÍTULO E TESTE DE CONHECIMENTOS

8.1 Crescimento de dividendos e avaliação de ações A Brigapenski S/A acaba de pagar dividendos de $2 por ação. Os investidores exigem um retorno de 16% sobre investimentos como esse. Se os dividendos devem aumentar constantemente a 8% ao ano, qual é o valor corrente da ação? Quanto valerá a ação em cinco anos?

8.2 Mais sobre crescimento de dividendos e avaliação de ações No Problema 8.1, qual seria o preço da ação hoje se os dividendos crescessem a 20% ao ano nos próximos três anos e, em seguida, se estabilizassem a 8% ao ano indefinidamente?

RESPOSTAS DA REVISÃO DO CAPÍTULO E DO TESTE DE CONHECIMENTOS

8.1 Os últimos dividendos (D_0) foram de $2. Os dividendos devem aumentar de forma constante a 8%. O retorno exigido é de 16%. Com base no modelo de crescimento de dividendos, podemos dizer que o preço corrente é:

$$P_0 = D_1/(R - g) = D_0 \times (1 + g)/(R - g)$$
$$= \$2 \times 1,08/(0,16 - 0,08)$$
$$= \$2,16/0,08$$
$$= \$27$$

Poderíamos calcular o preço em cinco anos calculando os dividendos daqui a cinco anos e, em seguida, usando novamente o modelo de crescimento. Poderíamos também reconhecer que o preço da ação aumentará em 8% ao ano e calcular o preço futuro diretamente. Faremos ambas as coisas. Em primeiro lugar, os dividendos em cinco anos serão:

$D_5 = D_0 \times (1 + g)^5$
$= \$2 \times 1,08^5$
$= \$2,9387$

O preço em cinco anos será, portanto:

$P_5 = D_5 \times (1 + g)/(R - g)$
$= \$2,9387 \times 1,08/0,08$
$= \$3,1738/0,08$
$= \$39,67$

Após entender o modelo de dividendos, porém, é mais fácil observar que:

$P_5 = P_0 \times (1 + g)^5$
$= \$27 \times 1,08^5$
$= \$27 \times 1,4693$
$= \$39,67$

Observe que as duas abordagens resultam no mesmo preço em cinco anos.

8.2 Nesse cenário, temos um crescimento supernormal para os próximos três anos. Precisamos calcular os dividendos durante o período de rápido crescimento e o preço da ação em três anos. Os dividendos são:

$D_1 = \$2,00 \times 1,20 = \$2,400$
$D_2 = \$2,40 \times 1,20 = \$2,880$
$D_3 = \$2,88 \times 1,20 = \$3,456$

Após três anos, a taxa de crescimento cai para 8% indefinidamente. O preço naquele momento (P_3) é:

$P_3 = D_3 \times (1 + g)/(R - g)$
$= \$3,456 \times 1,08/(0,16 - 0,08)$
$= \$3,7325/0,08$
$= \$46,656$

Para concluir o cálculo do valor presente da ação, temos de determinar o valor presente dos três dividendos e o preço futuro:

$P_0 = \dfrac{D_1}{(1+R)^1} + \dfrac{D_2}{(1+R)^2} + \dfrac{D_3}{(1+R)^3} + \dfrac{P_3}{(1+R)^3}$
$= \dfrac{\$2,40}{1,16} + \dfrac{2,88}{1,16^2} + \dfrac{3,456}{1,16^3} + \dfrac{46,656}{1,16^3}$
$= \$2,07 + 2,14 + 2,21 + 29,89$
$= \$36,31$

REVISÃO DE CONCEITOS E QUESTÕES INSTIGANTES

1. **Avaliação de ações [OA1]** Por que o valor de uma ação depende dos dividendos?
2. **Avaliação de ações [OA1]** Uma porcentagem substancial das empresas listadas na Nyse e na Nasdaq não paga dividendos, mas os investidores estão dispostos a comprar suas ações. Como isso é possível, dada nossa resposta para a questão anterior?

3. **Política de dividendos [OA1]** Voltando às questões anteriores, sob quais circunstâncias uma empresa optaria por não pagar dividendos?

4. **Política de dividendos [OA1]** No Brasil, a decisão de pagar ou não dividendos e do quanto de lucros distribuir é de exclusiva competência do conselho de administração? O que diz a Lei das Sociedades por Ações sobre dividendos?

5. **Modelo de crescimento de dividendos [OA1]** Existem dois pressupostos para podermos usar o modelo de crescimento de dividendos para determinar o valor de uma ação. Quais são eles? Comente a racionalidade desses pressupostos.

QUESTÕES E PROBLEMAS

1. **Valores de ações [OA1]** A Bonatto & Oliveira Guarda-Roupas S/A acaba de pagar dividendos de $1,95 por ação. Os dividendos devem aumentar a uma taxa constante de 4% ao ano indefinidamente. Se os investidores exigirem um retorno de 10,5% sobre essas ações, qual seria o preço corrente? Qual será o preço daqui a três anos? E daqui a 15 anos?

2. **Valores de ações [OA1]** O pagamento dos próximos dividendos da Nevasca S/A será de $2,04 por ação. Os dividendos devem manter uma taxa de crescimento de 4,5% para sempre. Se a ação for negociada hoje por $37, qual é o retorno exigido?

3. **Valores de ações [OA1]** Para a empresa do problema anterior, qual é o retorno em dividendos? Qual é o retorno esperado em ganhos de capital?

4. **Valores de ações [OA1]** A Caan S/A pagará dividendos de $3,56 por ação no próximo ano. A empresa diz que aumentará seus dividendos em 3,75% ao ano indefinidamente. Se você quer ter um retorno de 11% sobre seu investimento, quanto pagará hoje pela ação da empresa?

5. **Avaliação de ações [OA1]** A PQ S/A deve manter uma taxa de crescimento constante de 3,9% sobre seus dividendos indefinidamente. Se a empresa tiver um retorno em dividendos de 5,9%, qual será o retorno exigido sobre sua ação?

Para revisão de outros conceitos e novas questões instigantes, consulte a página do livro no portal do Grupo A (loja.grupoa.com.br).

PARTE 4 Orçamento de Capital

Valor Presente Líquido e Outros Critérios de Investimento

9

POR SER UMA MONTADORA DE GRANDE PORTE, a Toyota tem fábricas em todo o mundo. Em 2019, a empresa anunciou que planejava investir USD13 bilhões nos próximos cinco anos para expandir suas fábricas nos estados americanos do Tennessee, Kentucky, Virgínia do Oeste, Missouri e Alabama. O investimento aumentaria a produção das versões híbridas dos automóveis RAV4 e Lexus ES. A notícia veio cerca de um mês após a Toyota anunciar uma joint venture com a Panasonic para produzir baterias para veículos elétricos. A joint venture enfocaria a produção de baterias de estado sólido, que são menores, mais leves e mais seguras do que as baterias de íon de lítio usadas atualmente.

A decisão da Toyota de expandir suas fábricas é um exemplo de decisão de orçamento de capital. Tal decisão, com preço de USD13 bilhões, é um grande empreendimento, e os riscos e recompensas devem ser ponderados cuidadosamente. Neste capítulo, discutimos as ferramentas básicas usadas para tomar tais decisões.

No Capítulo 1, vimos que o aumento sustentável do valor das ações de uma empresa é o objetivo da administração financeira. Assim, o que precisamos saber é se um investimento atingirá esse objetivo ou não. Este capítulo considera uma variedade de técnicas usadas na prática para esse fim. O mais importante é que ele mostra quantas dessas técnicas podem ser enganosas, além de explicar por que a abordagem do valor presente líquido é a melhor.

Objetivos de aprendizagem

O objetivo deste capítulo é que, ao seu final, você saiba:

- **OA1** Por que o critério do valor presente líquido é a melhor maneira de avaliar investimentos.
- **OA2** Discutir a regra do *payback* e algumas de suas falhas.
- **OA3** Discutir a regra do *payback* descontado e algumas de suas falhas.
- **OA4** Explicar as taxas de retorno contábeis e alguns de seus problemas.
- **OA5** Apresentar o critério da taxa interna de retorno e seus prós e contras.
- **OA6** Calcular a taxa interna de retorno modificada.
- **OA7** Ilustrar o índice de lucratividade e a sua relação com o valor presente líquido.

> Para ficar por dentro dos últimos acontecimentos na área de finanças, visite www.fundamentalsofcorporatefinance.blogspot.com.

No Capítulo 1, identificamos as três principais áreas de interesse para a administração financeira. A primeira delas envolvia a pergunta: quais ativos devemos comprar? Chamamos isso de *decisão de orçamento de capital*. Neste capítulo, começamos a lidar com os problemas que surgem ao respondermos a essa pergunta.

O processo de alocar, ou orçar capital, em geral, é mais complicado do que a simples decisão de comprar ou não um determinado ativo imobilizado. Com frequência, enfrentamos questões mais amplas, como a de lançar ou não um produto, ou entrar ou não em um novo mercado. Decisões como essas determinarão a natureza das operações de uma empresa e dos produtos nos próximos anos, principalmente porque os investimentos em ativos imobilizados, em geral, têm vida útil longa e não podem ser revertidos facilmente depois de serem feitos.

A decisão fundamental que uma empresa deve tomar diz respeito à sua linha de produtos. Quais serviços vamos oferecer ou o que vamos vender? Em quais mercados competiremos? Quais produtos vamos lançar? A resposta para essas perguntas exigirá que a empresa comprometa seu capital escasso e valioso com determinados tipos de ativos. Como resultado, todas essas questões estratégicas se classificam sob o título geral de orçamento de capital. Assim, o processo do orçamento de capital poderia receber um nome mais descritivo (sem falar que é mais pomposo): *alocação estratégica de ativos*.

Pelos motivos que já discutimos, a questão do orçamento de capital talvez seja a mais importante das finanças corporativas. O modo como uma empresa prefere financiar suas operações (a questão da estrutura de capital) e como ela administra suas atividades operacionais do dia a dia (a questão do capital de giro) certamente são questões importantes, mas o ativo imobilizado é o que define os negócios da empresa. As companhias aéreas, por exemplo, são companhias aéreas porque operam aviões, independentemente de como os financiam.

Qualquer empresa possui um número enorme de investimentos possíveis. Cada investimento possível é uma opção disponível para a empresa. Algumas opções são valiosas e outras não. O essencial para o sucesso da administração financeira bem-sucedida, obviamente, é aprender a identificar quais dessas opções são valiosas e quais não são. Tendo isso em mente, nosso objetivo, neste capítulo, é apresentar as técnicas utilizadas para analisar os empreendimentos potenciais, para decidir quais valem a pena.

Apresentamos e comparamos vários procedimentos diferentes usados na prática. Nosso objetivo principal é familiarizar você com as vantagens e as desvantagens das diversas abordagens. Como veremos, o conceito mais importante nesta área é a ideia de valor presente líquido. Vamos considerá-lo a seguir.

9.1 Valor presente líquido

Excel Master!
Cobertura *on-line* do Excel Master

No Capítulo 1, defendemos que o objetivo da administração financeira é criar valor para os acionistas de forma sustentável. A administração financeira deve, portanto, examinar um investimento em potencial à luz de seu provável efeito sobre o preço das ações da empresa. Nesta seção, descrevemos um procedimento amplamente usado para fazer isso: a abordagem do valor presente líquido.

A ideia básica

Um investimento vale a pena quando cria valor para os seus proprietários e as partes interessadas. No sentido mais geral, criamos valor identificando um investimento que vale mais no mercado do que nos custa para tê-lo. Como alguma coisa pode valer mais do que custa? Esse é um caso em que o todo vale mais do que o custo das partes.

Por exemplo, suponha que você compre uma casa velha por $25.000 e gaste outros $25.000 com pintores, encanadores e tudo o mais para reformá-la. Seu investimento total é de $50.000. Quando o trabalho está terminado, você coloca a casa à venda novamente e descobre que ela vale $60.000. O valor de mercado ($60.000) excede ao custo ($50.000) em $10.000. O que aconteceu é que você agiu como um administrador e reuniu ativo imobilizado (uma casa), mão de obra (encanadores, carpinteiros e outros) e material (carpetes, tintas e assim por diante). O resultado líquido é que você criou $10.000 de valor. Em outras palavras, esses $10.000 são o *valor agregado* pela administração.

Com o exemplo de nossa casa, *depois do investimento* se descobriu que foram criados $10.000 de valor. Portanto, tudo deu muito certo. É claro que o verdadeiro desafio seria ter identificado *previamente* se o investimento de $50.000 era uma boa ideia. Orçamento de capital é isso, tentar determinar, antes de começá-lo, se um investimento ou projeto proposto valerá mais do que seu custo depois de terminado.

Por motivos que ficarão óbvios mais adiante, a diferença entre o valor de mercado de um investimento e seu custo é chamada de **valor presente líquido (VPL)** do investimento. Em outras palavras, o valor presente líquido é uma medida do valor que é criado ou agregado, hoje, por um investimento *a ser* realizado. Dado nosso objetivo de criar valor para os acionistas e as partes interessadas, o processo de orçamento do capital pode ser visto como a busca por investimentos com valores presentes líquidos positivos.

valor presente líquido (VPL)
Diferença entre o valor de mercado de um investimento e o seu custo.

No caso de nossa casa velha, você provavelmente pode imaginar como tomaríamos nossa decisão de orçamento de capital. Em primeiro lugar, veríamos quanto valem no mercado casas parecidas e reformadas. Em seguida, obteríamos estimativas de quanto custaria comprar determinada propriedade e colocá-la no mercado. Nesse ponto, teríamos um custo total estimado e um valor de mercado estimado. Se a diferença fosse positiva, então, esse investimento valeria a pena, porque ele teria um valor presente líquido estimado positivo. Existe o risco, é claro, porque não há garantias de que nossas estimativas estejam corretas.

Como nosso exemplo ilustra, as decisões de investimento ficam muito mais simples quando há um mercado para ativos semelhantes ao investimento que estamos considerando. O orçamento de capital se torna muito mais difícil quando não podemos observar o preço de mercado para investimentos que sejam pelo menos aproximadamente comparáveis. O motivo é que, nesse caso, enfrentaríamos o problema de estimar o valor de um investimento usando apenas as informações indiretas do mercado. Infelizmente, essa é exatamente a situação enfrentada pela administração financeira. Examinaremos essa questão a seguir.

Estimativa do valor presente líquido

Imagine que estamos pensando em criar uma empresa para produzir e vender um produto novo — digamos, um fertilizante orgânico. Podemos estimar os custos iniciais com relativa exatidão, porque sabemos o que precisaremos comprar para iniciar a produção. Esse seria um bom investimento? Com base em nossa discussão, você sabe que a resposta depende de o valor do novo negócio exceder ou não o custo inicial. Em outras palavras, esse investimento tem um VPL positivo?

Esse problema é muito mais difícil do que nosso exemplo da casa velha, porque empresas inteiras de fertilizantes não são compradas e vendidas rotineiramente no mercado e, portanto, talvez seja impossível observar o valor de mercado de um investimento semelhante. Portanto, precisamos de alguma outra maneira para estimar esse valor.

avaliação por fluxos de caixa descontados (FCD)
Processo de valorar um investimento pelo desconto de seus fluxos de caixa futuros.

Com base em nosso trabalho nos Capítulos 5 e 6, você já deve ter uma ideia de como estimaremos o valor de nossa empresa de fertilizantes. Em primeiro lugar, tentaremos estimar os fluxos de caixa futuros esperados da nova empresa. Em seguida, aplicaremos nosso procedimento básico de fluxos de caixa descontados para estimar o valor presente desses fluxos de caixa. Depois disso, estimaremos o VPL como sendo a diferença entre o valor presente dos fluxos de caixa futuros e o custo do investimento. Como mencionamos no Capítulo 5, esse procedimento muitas vezes é chamado de **avaliação por fluxos de caixa descontados (FCD)**.

Para saber como poderíamos estimar o VPL, suponha que acreditemos que as receitas de caixa de nossa empresa de fertilizantes serão de $20.000 por ano, pressupondo que tudo ocorra como esperado. As despesas de caixa (incluindo os impostos) serão de $14.000 por ano. Liquidaremos a empresa em oito anos. A fábrica, o terreno e os equipamentos valerão $2.000 como valor residual nessa época. O projeto custa $30.000. Usamos uma taxa de desconto de 15% sobre projetos novos como este. Esse seria um bom investimento? Se houver 1.000 ações em circulação, qual será o efeito sobre o preço por ação, caso seja realizado esse investimento?

Sob uma perspectiva puramente mecânica, precisamos calcular o valor presente dos fluxos de caixa futuros a 15%. As entradas de caixa líquidas serão de $20.000 de receita de caixa menos $14.000 de despesas de caixa por ano, por oito anos. Esses fluxos de caixa estão ilustrados na Figura 9.1. Como sugere a Figura 9.1, temos efetivamente uma série de pagamentos de oito anos de $20.000 − $14.000 = $6.000 por ano, juntamente com uma entrada de caixa em um pagamento único de $2.000 em oito anos. Calculando o valor presente dos fluxos de caixa futuros, chegamos ao mesmo tipo de problema considerado no Capítulo 6. O valor presente total é de:

$$\text{Valor presente} = \$6.000 \times [1 - (1/1,15^8)]/0,15 + (2.000/1,15^8)$$
$$= (\$6.000 \times 4,4873) + (2.000/3,0590)$$
$$= \$26.924 + 654$$
$$= \$27.578$$

Quando comparamos isso ao custo estimado de $30.000, vemos que o VPL é de:

$$\text{VPL} = -\$30.000 + 27.578 = -\$2.422$$

Assim, esse *não* é um bom investimento. Com base em nossas estimativas, esse investimento *diminuiria* o valor total das ações em $2.422. Com 1.000 ações em circulação, nossa melhor estimativa do impacto desse projeto é uma perda de valor de $2.422/1.000 = $2,42 por ação.

O nosso exemplo da fábrica de fertilizantes ilustra como as estimativas do VPL podem ser usadas para determinar se um investimento é desejável ou não. Note que, em nosso exemplo, como o VPL é negativo, o efeito sobre o valor da ação será desfavorável. Se o VPL fosse positivo, o efeito seria favorável. Por consequência, tudo o que precisamos saber sobre determinada proposta para decidir entre aceitá-la ou não é se o VPL é positivo ou negativo.

Dado que o objetivo da administração financeira é aumentar o valor das ações, nossa discussão nesta seção nos leva à *regra do valor presente líquido*:

Tempo (anos)	0	1	2	3	4	5	6	7	8
Custo inicial	−$30								
Entradas		$20	$20	$20	$20	$20	$20	$20	$20
Saídas		−14	−14	−14	−14	−14	−14	−14	−14
Entrada líquida		$6	$6	$6	$6	$6	$6	$6	$6
Valor residual									2
Fluxo de caixa líquido	−$30	$6	$6	$6	$6	$6	$6	$6	$8

FIGURA 9.1 Fluxos de caixa do projeto (em milhares).

> **Um investimento deve ser aceito se o seu valor presente líquido for positivo e recusado se ele for negativo.**

No caso pouco provável de que o valor presente líquido fosse exatamente zero, não faria diferença assumirmos ou não o investimento.

Temos dois comentários sobre o nosso exemplo. Em primeiro lugar, o importante não é o processo mecânico de descontar os fluxos de caixa. Quando temos os fluxos de caixa e a taxa de desconto apropriada, os cálculos necessários são bastante simples. Já o trabalho de chegar aos fluxos de caixa e à taxa de desconto é muito mais desafiador. Teremos muito mais a dizer sobre isso nos próximos capítulos. No restante deste capítulo, suporemos que temos estimativas das receitas de caixa e dos custos e, onde necessário, uma taxa de desconto apropriada.

A segunda coisa a lembrar sobre o nosso exemplo é que o VPL de –$2.422 é uma estimativa. Assim como qualquer estimativa, ela pode ser alta ou baixa. A única forma de encontrar o verdadeiro VPL seria colocar o investimento à venda e ver o que conseguiríamos por ele. Em geral, não faríamos isso; assim, é importante que nossas estimativas sejam confiáveis. Também teremos mais a dizer sobre isso mais tarde. No restante deste capítulo, suporemos que as estimativas estão corretas.

EXEMPLO 9.1 Usando a regra do VPL

Suponha que nos peçam para resolver se um produto deve ou não ser lançado ao consumidor. Com base nas vendas e nos custos projetados, esperamos que os fluxos de caixa ao longo dos cinco anos de vida do projeto sejam de $2.000 nos dois primeiros anos, de $4.000 nos dois anos seguintes e de $5.000 no último ano. A produção custará cerca de $10.000 para ser iniciada. Usamos uma taxa de desconto de 10% para avaliar produtos novos. O que devemos fazer aqui?

Dados os fluxos de caixa e a taxa de desconto, podemos calcular o valor total do produto descontando os fluxos de caixa até o presente:

$$\text{Valor presente} = (\$2.000/1,1) + (2.000/1,1^2) + (4.000/1,1^3) + (4.000/1,1^4) + (5.000/1,1^5)$$
$$= \$1.818 + 1.653 + 3.005 + 2.732 + 3.105$$
$$= \$12.313$$

O valor presente dos fluxos de caixa esperados é $12.313, mas o custo de obtenção desses fluxos de caixa é de apenas $10.000 e, portanto, o VPL é $12.313 – $10.000 = $2.313. Isso é positivo, então, com base na regra do valor presente líquido, devemos realizar o projeto.

Como vimos nesta seção, a estimativa do VPL é uma forma de avaliar a lucratividade de um investimento proposto. Certamente, essa não é a única maneira pela qual a lucratividade é avaliada, e agora apresentaremos algumas alternativas. Como veremos, quando comparadas ao VPL, cada uma das alternativas de avaliação da lucratividade que examinaremos apresenta falhas importantes. Portanto, em princípio, o VPL é a abordagem preferencial, mesmo que nem sempre seja assim na prática.

ESTRATÉGIAS DE PLANILHA

Cálculo do VPL com uma planilha

Planilhas são muito usadas para calcular o VPL. Examinar o uso de planilhas neste contexto também nos permite dar um aviso importante. Vamos retrabalhar o Exemplo 9.1:

Você pode obter um freeware de calculadora de VPL em www.wheatworks.com.

	A	B	C	D	E	F	G	H
1								
2		Usando uma planilha para calcular valores presentes líquidos VPL						
3								
4	No Exemplo 9.1, o custo do projeto era $10.000. Os fluxos de caixa eram de $2.000 ao ano nos							
5	dois primeiros anos, $4.000 ao ano nos dois anos seguintes e $5.000 no último ano. A taxa de							
6	desconto é 10%. Qual é o VPL?							
7								
8		Ano	Fluxo de caixa					
9		0	-$10.000		Taxa de desconto =		10%	
10		1	2.000					
11		2	2.000		VPL =	$2.102,72	(resposta *errada*)	
12		3	4.000		VPL =	$2.312,99	(resposta *certa*)	
13		4	4.000					
14		5	5.000					
15								
16	A fórmula da célula F11 é = VPL(F9;C9:C14). Isso retorna a resposta errada, porque a função VPL							
17	da planilha calcula, na verdade, **valores presentes**, e não valores presentes *líquidos*.							
18								
19	A fórmula da célula F12 é =VPL(F9;C10:C14)+C9. Isso retorna a resposta certa, porque a função VPL nas planilhas							
20	é usada para calcular o valor presente dos fluxos de caixa e, em seguida, o custo inicial é subtraído da resposta.							
21	Observe que somamos a célula C9 porque o valor dela já está negativo.							

Em nossa planilha-exemplo, observe que fornecemos duas respostas. Comparando as respostas com aquela encontrada no Exemplo 9.1, vemos que a primeira está errada, mesmo que tenhamos usado a fórmula de VPL da planilha. O que acontece é que a função "VPL" da planilha é, na verdade, uma função VP; infelizmente, há muitos anos, um dos primeiros programas de planilha pegou a definição errada, e os subsequentes copiaram. Nossa segunda resposta mostra como usar a fórmula da maneira correta.

Este exemplo ilustra o perigo de se usar cegamente calculadoras ou computadores sem entender a lógica por trás dos cálculos. Temos medo só de pensar em quantas decisões de orçamento de capital ocorrem no mundo real que se baseiam no uso incorreto dessa função específica. Mais adiante, veremos outro exemplo de algo que pode dar errado com uma planilha.

Questões conceituais

9.1a Qual é a regra do valor presente líquido?

9.1b Se dissermos que um investimento tem um VPL de $1.000, o que queremos dizer exatamente?

9.2 A regra do *payback*

Excel Master!
Cobertura *on-line* do Excel Master

No dia a dia nas empresas, é muito comum a prática de falar do período de retorno (*payback*) de um investimento proposto. De modo geral, o *payback* é o período necessário para recuperar nosso investimento inicial. Como essa ideia é amplamente compreendida e usada, nós a examinaremos com maiores detalhes.

Definição da regra

Podemos ilustrar como calcular um *payback* com um exemplo. A Figura 9.2 mostra os fluxos de caixa de um investimento proposto. Quantos anos teremos de esperar até que os fluxos de caixa acumulados desse investimento sejam iguais ou maiores do que o custo do investimento? Como indica a Figura 9.2, o investimento inicial é de $50.000. Após o primeiro ano, a empresa recuperou $30.000, deixando $20.000. O fluxo de caixa do segundo ano é exatamente $20.000 e, portanto, o investimento "se paga" em exatamente dois anos. Em outras palavras, o **período de *payback*** é de dois anos. Se exigirmos um *payback* de, digamos, três anos ou menos, então, esse investimento é aceitável. Isso ilustra a *regra do período de payback*:

período de *payback*
Tempo necessário para que um investimento gere fluxos de caixa suficientes para recuperar seu custo inicial.

> **Com base na regra do período de *payback*, um investimento é aceitável se o seu período de *payback* calculado for menor do que um número predeterminado de anos.**

Em nosso exemplo, o *payback* é de exatamente dois anos. É claro que isso não acontece sempre. Quando os números não funcionam exatamente, é costume se trabalhar com anos fracionários. Por exemplo, suponha que o investimento inicial seja de $60.000 e os fluxos de caixa sejam de $20.000 no primeiro ano e $90.000 no segundo. Os fluxos de caixa ao longo dos dois primeiros anos são de $110.000, e o projeto, obviamente, se paga em algum ponto do segundo ano. Após o primeiro ano, o projeto teve um retorno de $20.000, restando $40.000 a serem recuperados. Para descobrir o ano fracionário, observe que esses $40.000 são $40.000/$90.000 = 4/9 do fluxo de caixa do segundo ano. Pressupondo que o fluxo de caixa de $90.000 é recebido de modo uniforme em todo o ano, o período de retorno se daria em 1 4/9 anos.

Agora que sabemos como calcular o período de *payback* de um investimento, usar a regra do período de *payback* para a tomada de decisões é um processo simples. Um determinado período de corte é selecionado — digamos, dois anos —, e todos os projetos de investimentos que têm período de *payback* de dois anos ou menos são aceitos, e todos aqueles com *payback* acima disso são recusados.

O Quadro 9.1 ilustra os fluxos de caixa de cinco projetos diferentes. Os números mostram que os fluxos de caixa do ano 0 são os custos dos investimentos. Examinamos esses fluxos para indicar algumas peculiaridades que podem, em princípio, surgir no caso dos períodos de *payback*.

O *payback* do primeiro projeto (A) é fácil de calcular. A soma dos fluxos de caixa dos dois primeiros anos é de $70, restando $100 − $70 = $30. Como o fluxo de caixa do terceiro ano é de $50, o período de retorno ocorre em algum momento daquele ano. Quando comparamos

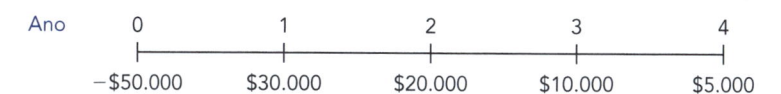

Ano	0	1	2	3	4
	−$50.000	$30.000	$20.000	$10.000	$5.000

FIGURA 9.2 Fluxos de caixa líquidos do projeto.

QUADRO 9.1 Fluxos de caixa esperados para os projetos de A a E

Ano	A	B	C	D	E
0	−$100	−$200	−$200	−$200	−$ 50
1	30	40	40	100	100
2	40	20	20	100	−50.000.000
3	50	10	10	−200	
4	60		130	200	

os $30 que precisamos com os $50 que virão, temos $30/$50 = 0,6, e, assim, o *payback* ocorrerá quando se atingir 60% do ano. O período de *payback*, portanto, é de 2,6 anos.

O *payback* do projeto B também é fácil de calcular: ele *nunca* se paga, porque os fluxos de caixa nunca atingem o investimento original. O projeto C tem um *payback* de exatamente quatro anos, porque ele fornece os $130 que faltam para B no ano 4. O projeto D é um pouco estranho. Devido ao fluxo de caixa negativo do ano 3, você pode verificar facilmente que ele tem dois períodos de *payback* diferentes, de dois e quatro anos. Qual deles é correto? Ambos estão corretos. A forma como o período de *payback* é calculado não garante uma única resposta. Finalmente, o projeto E obviamente não é realista, mas o *payback* ocorre em seis meses, ilustrando, assim, a questão de que um *payback* rápido não garante um bom investimento.

EXEMPLO 9.2 Cálculo do *payback*

Os fluxos de caixa projetados de um investimento proposto são:

Ano	Fluxo de caixa
1	$100
2	200
3	500

Este projeto custa $500. Qual é o período de *payback* desse investimento?

O custo inicial é de $500. Após os dois primeiros anos, os fluxos de caixa totalizam $300. Após o terceiro ano, o fluxo de caixa total é de $800, e, assim, o projeto se paga em algum ponto entre o final do ano 2 e o final do ano 3. Como os fluxos de caixa acumulados para os dois primeiros anos totalizam $300, precisamos recuperar $200 no terceiro ano. O fluxo de caixa do terceiro ano é de $500 e, portanto, teremos de esperar $200/$500 = 0,4 ano para isso. Portanto, o período de *payback* é de 2,4 anos, ou cerca de dois anos e cinco meses.

Análise da regra

Quando comparada à regra do VPL, a regra do período de *payback* tem algumas deficiências bastante graves. Antes de mais nada, o período de *payback* é calculado simplesmente pela soma dos fluxos de caixa futuros. Não existe desconto e, portanto, o valor do dinheiro no tempo é ignorado completamente. A regra do *payback* também não considera qualquer diferença de risco. O cálculo seria o mesmo tanto para projetos muito arriscados quanto para projetos muito seguros.

Talvez o maior problema da regra do período de *payback* seja encontrar o período certo de corte: não temos uma base concreta para escolher um número específico. Em outras palavras, não existe uma lógica econômica para analisar o *payback* e, portanto, não existe um guia para escolher o corte. Assim, acabamos usando um número selecionado arbitrariamente.

Suponha que, de alguma forma, escolhêssemos como apropriado um período de *payback* de dois anos ou menos. Como vimos, a regra do período de *payback* ignora o valor do dinheiro no tempo nos dois primeiros anos. Pior, ela ignora totalmente os fluxos de caixa após o segundo ano. Para ver isso, pense nos dois investimentos do Quadro 9.2, Longo e Curto. Ambos os projetos custam $250. Com base em nossa discussão, o período de retorno do Longo é 2 + ($50/$100) = 2,5 anos, e o período de retorno do Curto é 1 + ($150/$200) = 1,75 ano. Com um período de corte de dois anos, o Curto é aceitável, e o Longo não.

A regra do período de *payback* está nos levando para a decisão certa? Talvez não. Suponha que precisemos de um retorno de 15% sobre esse tipo de investimento. Podemos calcular o VPL desses dois investimentos assim:

$$\text{VPL(Curto)} = -\$250 + (100/1,15) + (200/1,15^2) = -\$11,81$$
$$\text{VPL(Longo)} = -\$250 + (100 \times \{[1 - (1/1,15^4)]/0,15\}) = \$35,50$$

QUADRO 9.2 Fluxos de caixa projetados para o investimento

Ano	Longo	Curto
0	–$250	–$250
1	100	100
2	100	200
3	100	0
4	100	0

Agora temos um problema. O VPL do investimento de prazo mais curto, na verdade, é negativo. Isso significa que, se fizermos esse investimento, o valor do patrimônio dos acionistas será diminuído. O oposto vale para o investimento de prazo mais longo — ele aumenta o valor das ações.

Nosso exemplo ilustra duas desvantagens básicas da regra do período de *payback*. Em primeiro lugar, ao ignorar o valor do dinheiro no tempo, podemos ser levados a fazer investimentos (como o Curto) que, na verdade, valem menos do que custam. Em segundo lugar, ao ignorar os fluxos de caixa além do período de corte, podemos ser levados a recusar os investimentos de longo prazo lucrativos (como o Longo). De modo geral, o uso da regra do período de *payback* tende a nos influenciar na direção dos investimentos de prazo mais curto.

As qualidades que salvam a regra

Apesar de suas desvantagens, a regra do período de *payback* é muito usada por empresas grandes e sofisticadas, quando tomam decisões de importância relativamente menor. Existem vários motivos para isso. O principal motivo é que muitas decisões simplesmente não merecem uma análise detalhada, pois o custo da análise excederia a possível perda resultante de um erro. Em termos práticos, pode-se dizer que um investimento que se pague rapidamente e tenha benefícios que se estendam além do período de corte provavelmente tem um VPL positivo.

Pequenas decisões de investimentos são tomadas às centenas todos os dias nas grandes organizações. Além disso, elas são tomadas em todos os níveis. Portanto, seria comum uma empresa exigir, por exemplo, um período de *payback* de dois anos sobre todos os investimentos abaixo de $50.000. Os investimentos maiores do que esse estariam sujeitos a exames mais detalhados. O requisito de um período de *payback* de dois anos não é perfeito pelos motivos que já vimos, mas ele traz algum controle sobre os gastos e, portanto, limita possíveis perdas.

Além de sua simplicidade, a regra do *payback* tem duas outras características positivas. Em primeiro lugar, como ela favorece projetos de curto prazo, sua tendência vai em direção à liquidez. Em outras palavras, uma regra do *payback* tende a favorecer os investimentos que liberam caixa para outros usos com maior rapidez. Isso seria muito importante para as pequenas empresas, mas menos importante para uma grande corporação. Em segundo lugar, os fluxos de caixa que se espera ocorrerem mais tarde na vida útil de um projeto provavelmente são mais incertos. Sem dúvida, uma regra do período de *payback* leva em conta o risco maior dos fluxos de caixa posteriores, mas de uma forma bastante drástica, ou seja, ignorando-os totalmente.

Devemos observar que parte da aparente simplicidade da regra do *payback* é uma ilusão. O motivo é que ainda precisamos definir os fluxos de caixa e, como discutimos anteriormente, isso não é nada fácil. Assim, provavelmente seria mais correto dizer que o *conceito* de um período de *payback* é tanto intuitivo quanto fácil de entender.

Resumo da regra

Para resumir, o período de *payback* é um tipo de medida de "ponto de equilíbrio". Como o valor do dinheiro no tempo é ignorado, você pode pensar no período de *payback* como o tempo necessário até atingir equilíbrio no sentido contábil, mas não no sentido econômico. A maior desvantagem da regra do período de *payback* é que ela não faz a pergunta certa. A pergunta importante é qual será o impacto de um investimento sobre o valor das ações, e não quanto tempo será necessário para recuperar o investimento inicial.

No entanto, como essa regra é muito simples, as empresas a utilizam frequentemente como um padrão para lidar com a infinidade de pequenas decisões de investimentos que precisam ser tomadas. Certamente nada há de errado com essa prática. Assim como acontece com qualquer regra prática, seu uso pode resultar em alguns erros, mas ela não teria sobrevivido todo esse tempo se não fosse útil. Agora que você compreendeu a regra, pode ficar atento àquelas circunstâncias nas quais ela pode levar a problemas. Para ajudá-lo a lembrar, o quadro a seguir lista os prós e contras da regra do período de *payback*:

Vantagens e desvantagens da regra do período de *payback*	
Vantagens	**Desvantagens**
1. Fácil de compreender. 2. Leva em conta a incerteza dos fluxos de caixa posteriores. 3. Tende para a liquidez.	1. Ignora o valor do dinheiro no tempo. 2. Requer um ponto de corte arbitrário. 3. Ignora fluxos de caixa além da data de corte. 4. Tem tendência contrária a projetos de longo prazo, como pesquisa e desenvolvimento, e novos projetos.

Questões conceituais

9.2a Como você descreveria o período de *payback*? E a regra do período de *payback*?

9.2b Por que dizemos que o período de *payback* é, de certa forma, uma medida do ponto de equilíbrio contábil?

9.3 O *payback* descontado

Excel Master!
Cobertura on-line do Excel Master

Vimos que uma das falhas da regra do período de *payback* é que ela ignora o valor do dinheiro no tempo. Existe uma variação do período de *payback* que corrige esse problema: o período de *payback* descontado. O **período de *payback* descontado** é o período até que a soma dos fluxos de caixa descontados seja igual ao investimento inicial. A *regra do payback descontado* é:

período de *payback* descontado
Tempo necessário para que os fluxos de caixa descontados de um investimento sejam iguais ao seu custo inicial.

> Com base na regra de *payback* descontado, um investimento é aceitável se o seu *payback* descontado for menor do que um número predeterminado de anos.

Para saber como podemos calcular o período de *payback* descontado, suponha que exigimos um retorno de 12,5% sobre os investimentos novos. Temos um investimento que custa $300 e tem fluxos de caixa de $100 por ano durante cinco anos. Para obter o *payback* descontado, temos de descontar cada fluxo de caixa a 12,5% e, em seguida, começar a somá-los. Fazemos isso no Quadro 9.3. Nele, temos os fluxos de caixa descontados e não descontados. Observando os fluxos de caixa acumulados, vemos que o *payback* é de exatamente três anos. Porém, os fluxos de caixa descontados totalizam $300 apenas após quatro anos, e, assim, o *payback* descontado é de quatro anos.[1]

---

[1] Nesse caso, o *payback* descontado é um número inteiro de anos. É claro que isso não acontece sempre. Entretanto, o cálculo de um ano fracionário para o *payback* descontado é mais complicado do que para o *payback* e, geralmente, não é realizado.

QUADRO 9.3 Payback e payback descontado

Ano	Fluxo de caixa		Fluxo de caixa acumulado	
	Não descontado	Descontado	Não descontado	Descontado
1	$100	$89	$100	$89
2	100	79	200	168
3	100	70	300	238
4	100	62	400	300
5	100	55	500	355

Como interpretamos o *payback* descontado? Lembre-se de que o *payback* é o tempo necessário para o equilíbrio no sentido contábil. Por incluir o valor do dinheiro no tempo, o *payback* descontado é o tempo necessário para o equilíbrio no sentido econômico ou financeiro. De modo geral, em nosso exemplo, temos nosso dinheiro de volta, juntamente com os juros que poderíamos ter ganho em outro lugar, em quatro anos.

A Figura 9.3 ilustra essa ideia, comparando o valor *futuro* a 12,5% do investimento de $300 com o valor *futuro* dos fluxos de caixa anuais de $100 a 12,5%. Observe que as duas linhas se cruzam exatamente em quatro anos. Isso nos diz que o valor dos fluxos de caixa do projeto se iguala e depois ultrapassa o valor do investimento original no prazo de quatro anos.

O Quadro 9.3 e a Figura 9.3 ilustram outra característica interessante do período de *payback* descontado. Se um projeto se pagar em uma base descontada, então, ele tem um VPL

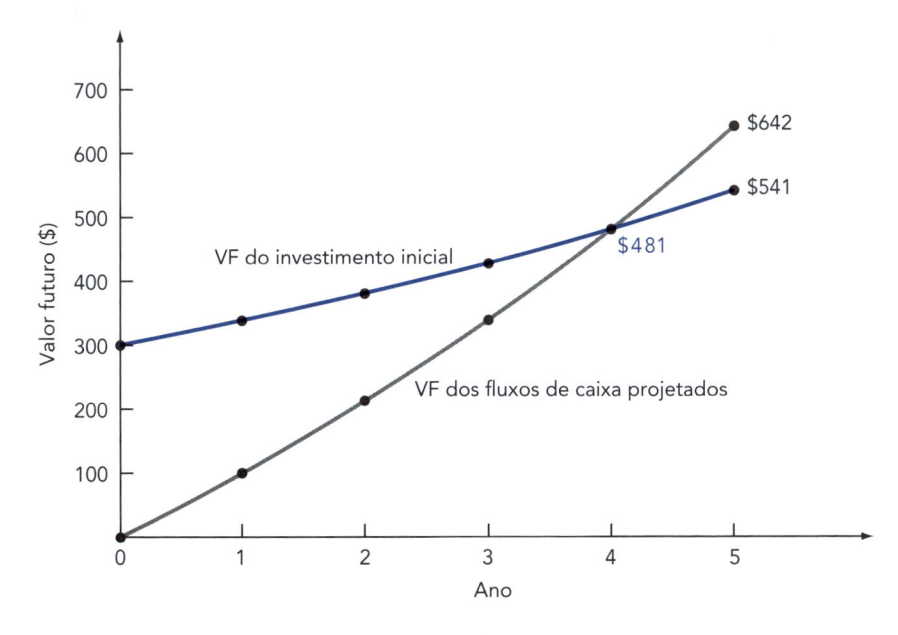

	Valor futuro a 12,5%	
Ano	Série de pagamentos de $100 (fluxo de caixa projetado)	Pagamento único de $300 (investimento projetado)
0	$ 0	$300
1	100	338
2	213	380
3	339	427
4	481	481
5	642	541

FIGURA 9.3 Valor futuro dos fluxos de caixa do projeto.

positivo.[2] Isso ocorre porque, por definição, o VPL é zero quando a soma dos fluxos de caixa descontados for igual ao investimento inicial. Por exemplo, o valor presente de todos os fluxos de caixa do Quadro 9.3 é $355. O custo do projeto foi de $300 e, portanto, o VPL obviamente é de $55. Esses $55 são o valor do fluxo de caixa que ocorre *após* o *payback* descontado (consulte a última linha do Quadro 9.3). Em geral, se usarmos uma regra do *payback* descontado, não assumiremos acidentalmente qualquer projeto com VPL estimado negativo.

Com base em nosso exemplo, o *payback* descontado parece ter muito a seu favor. Você pode se surpreender ao descobrir que ele raramente é usado na prática. Por quê? Provavelmente porque ele realmente não é mais simples do que o VPL. Para calcular um *payback* descontado, você tem de descontar os fluxos de caixa, somá-los e compará-los ao custo, assim como você fez com o VPL. Então, ao contrário do *payback*, o cálculo do *payback* descontado não é simples de realizar.

A regra do período de *payback* descontado tem algumas outras desvantagens significativas. A maior delas é que o período de corte ainda é definido de forma arbitrária, e os fluxos de caixa além daquele ponto são ignorados.[3] Como resultado, um projeto com um VPL positivo pode ser inaceitável porque o período de corte definido foi muito curto. Além disso, só porque um projeto tem um *payback* descontado mais curto do que outro não quer dizer que tenha um VPL maior.

No fim das contas, o *payback* descontado é uma solução de compromisso entre o *payback* e o VPL, mas sem a simplicidade do primeiro e sem o rigor conceitual do segundo. No entanto, se precisarmos avaliar o tempo necessário para recuperar o investimento exigido por um projeto, então, o *payback* descontado é melhor do que o *payback*, porque leva em conta o valor do dinheiro no tempo. Em outras palavras, o *payback* descontado reconhece que poderíamos ter investido o dinheiro em outro lugar e ganhar um retorno sobre ele. O simples *payback* não leva isso em conta. As vantagens e as desvantagens da regra do *payback* descontado estão resumidas no quadro a seguir:

Vantagens e desvantagens da regra do período de *payback* descontado	
Vantagens	**Desvantagens**
1. Inclui o valor do dinheiro no tempo. 2. Fácil de compreender. 3. Não aceita investimentos com VPL estimado negativo. 4. Tende para a liquidez.	1. Pode rejeitar investimentos com VPL positivo. 2. Requer um ponto de corte arbitrário. 3. Ignora fluxos de caixa além da data de corte. 4. Tem tendência contrária a projetos de longo prazo, como pesquisa e desenvolvimento, e novos projetos.

EXEMPLO 9.3 Cálculo do *payback* descontado

Considere um investimento que custe $400 e pague $100 por ano para sempre. Usamos uma taxa de desconto de 20% sobre esse tipo de investimento. Qual é o *payback*? Qual é o *payback* descontado? Qual é o VPL?

O VPL e o *payback* são fáceis de calcular nesse caso, porque o investimento é uma perpetuidade. O valor presente dos fluxos de caixa é de $100/0,2 = $500, de modo que o VPL é $500 − $400 = $100. O *payback* obviamente é de quatro anos.

Para obter o *payback* descontado, precisamos encontrar o número de anos para que uma série de pagamentos de $100 tenha um valor presente de $400 a 20%. Em outras palavras, o fator de capitalização do valor presente é de $400/$100 = 4, e a taxa de juros é de 20% por período. Assim, qual é o número de períodos? Se calcularmos o número de períodos, descobriremos que a resposta é um pouco menos de nove anos e, portanto, esse é o *payback* descontado.

---

[2] Esse argumento pressupõe que os fluxos de caixa, exceto o primeiro, são todos positivos. Caso não sejam, então, essas afirmações não estão necessariamente corretas. Além disso, pode haver mais de um *payback* descontado.

[3] Se o período de corte não existisse, então, a regra do *payback* descontado seria igual à regra do VPL. Ela também seria igual à regra do índice de lucratividade, que será considerado mais adiante.

> **Questões conceituais**
>
> **9.3a** Como você descreveria o período de *payback* descontado? Por que dizemos que, de certa forma, essa é uma medida do ponto de equilíbrio financeiro ou econômico?
>
> **9.3b** Qual(is) vantagem(ns) o *payback* descontado tem sobre o *payback*?

9.4 O retorno contábil médio

Outra abordagem atraente, mas falha, para a tomada das decisões de orçamento de capital envolve o **retorno contábil médio (RCM)**. Existem muitas definições diferentes para o RCM. Entretanto, de uma forma ou de outra, o RCM sempre é definido assim:

$$\frac{\text{Alguma medida do lucro contábil médio}}{\text{Alguma medida do valor contábil médio}}$$

A definição específica que usaremos é:

$$\frac{\text{Lucro líquido médio}}{\text{Valor contábil médio}}$$

Excel Master!
Cobertura *on-line* do Excel Master

retorno contábil médio (RCM)
O lucro líquido médio de um investimento dividido pelo seu valor contábil médio.

Para saber como podemos calcular esse número, suponha que estejamos decidindo se devemos ou não abrir uma loja em um novo *shopping*. O investimento necessário em melhorias é de $500.000. A loja teria uma vida de cinco anos, porque tudo reverte para os proprietários do *shopping* depois desse período. O investimento necessário seria 100% depreciado (linearmente) em cinco anos, de modo que a depreciação seria de $500.000/5 = $100.000 por ano. A alíquota tributária é de 25%. O Quadro 9.4 contém as receitas e despesas projetadas. O lucro líquido de cada ano, com base nesses números, também é demonstrado.

Para calcular o valor contábil médio desse investimento, observe que começamos com um valor contábil de $500.000 (o custo inicial) e acabamos com $0. O valor contábil médio durante a vida do investimento, portanto, é de ($500.000 + 0)/2 = $250.000. Desde que usemos a depreciação linear, o investimento médio sempre será metade do investimento inicial.[4]

QUADRO 9.4 Receita e despesas anuais projetados para o retorno contábil médio

	Ano 1	Ano 2	Ano 3	Ano 4	Ano 5
Receita	$433.333	$450.000	$266.667	$200.000	$133.333
Despesas	$200.000	$150.000	$100.000	$100.000	$100.000
Lucros antes da depreciação	$233.333	$300.000	$166.667	$100.000	$ 33.333
Depreciação	$100.000	$100.000	$100.000	$100.000	$100.000
Lucros antes dos tributos	$133.333	$200.000	$ 66.667	$ 0	–$ 66.667
Tributos s/lucros (25%)	33.333	50.000	16.667	0	– 16.667
Lucro líquido	$100.000	$150.000	$ 50.000	$ 0	–$ 50.000

$$\text{Lucro líquido médio} = \frac{\$100.000 + 150.000 + 50.000 + 0 - 50.000}{5} = \$50.000$$

$$\text{Valor contábil médio} = \frac{\$500.000 + 0}{2} = \$250.000$$

---

[4] Obviamente, poderíamos calcular diretamente a média dos seis valores contábeis. Em milhares, teríamos ($500 + 400 + 300 + 200 + 100 + 0)/6 = $250.

Observando o Quadro 9.4, vemos que o lucro líquido é $100.000 no primeiro ano, $150.000 no segundo ano, $50.000 no terceiro ano, $0 no ano 4 e –$50.000 no ano 5. O lucro líquido médio então é:

[$100,000 + 150,000 + 50,000 + 0 + (–50,000)]/5 = $50,000

O retorno contábil médio é:

$$\text{RCM} = \frac{\text{Lucro líquido médio}}{\text{Valor contábil médio}} = \frac{\$50.000}{\$250.000} = 20\%$$

Se a empresa tem um RCM-alvo menor do que 20%, então, esse investimento é aceitável, caso contrário, ele não é. Portanto, a *regra do retorno contábil médio* é:

> **Com base na regra do retorno contábil médio, um projeto é aceitável se o seu retorno contábil médio exceder um retorno-alvo.**

Como veremos a seguir, o uso dessa regra tem diversos problemas.

Você deve reconhecer imediatamente a principal desvantagem do RCM. Acima de tudo, o RCM não é uma taxa de retorno em sentido economicamente significativo. Em vez disso, ele é a relação de dois números contábeis e não é comparável aos retornos oferecidos nos mercados financeiros, por exemplo.[5]

Um dos motivos pelos quais o RCM não é uma taxa válida de retorno é que ele ignora o valor do dinheiro no tempo. Quando fazemos a média dos números que ocorrem em momentos diferentes, estamos tratando o futuro próximo e o futuro mais distante da mesma maneira. Não há desconto envolvido quando calculamos o lucro líquido médio, por exemplo.

O segundo problema com o RCM é semelhante ao problema com a regra do período de *payback* no que diz respeito à falta de um período de corte objetivo. Como um RCM calculado não é realmente comparável a um retorno do mercado, o RCM-alvo deve ser especificado de alguma maneira. Não existe unanimidade sobre a maneira de fazer isso. Uma possibilidade é calcular o RCM da empresa como um todo e usar isso como referência, mas existem muitas outras maneiras também.

A terceira e talvez pior falha do RCM é que ele nem mesmo leva em conta as coisas certas. Em vez do fluxo de caixa e do valor de mercado, ele utiliza o lucro líquido e o valor contábil. Ambos são substitutos ruins. Como resultado, um RCM não nos diz qual será o efeito sobre o preço das ações se fizermos um investimento e, portanto, não nos diz o que realmente queremos saber.

O RCM se salva de alguma forma? A única vantagem é que ele quase sempre pode ser calculado. O motivo é que as informações contábeis, na maioria das vezes, estarão disponíveis tanto para o projeto em consideração quanto para a empresa como um todo. Porém, nos apressamos em acrescentar que, após as informações contábeis estarem disponíveis, sempre podemos convertê-las em fluxos de caixa, de modo que nem isso é um fato particularmente importante. O RCM está resumido no quadro a seguir:

Vantagens e desvantagens do retorno contábil médio	
Vantagens	**Desvantagens**
1. Fácil de calcular. 2. As informações necessárias geralmente estão à disposição.	1. Não é uma taxa de retorno verdadeira; ignora o valor do dinheiro no tempo. 2. Usa uma taxa de corte arbitrária como referência. 3. Toma como base valores contábeis, e não fluxos de caixa e valores de mercado.

---

[5] O RCM está intimamente relacionado ao retorno sobre o ativo (ROA) discutido no Capítulo 3. Na prática, para calcular o RCM, é preciso calcular primeiro o ROA de cada ano e, em seguida, fazer a média dos resultados. Isso produz um número semelhante, mas não idêntico, ao número que calculamos.

> **Questões conceituais**
>
> **9.4a** O que é uma taxa de retorno contábil médio (RCM)?
> **9.4b** Quais são os pontos fracos da regra do RCM?

9.5 A taxa interna de retorno

Chegamos agora à alternativa mais importante em relação ao VPL, a **taxa interna de retorno**, também conhecida como **TIR**. Como veremos, a TIR está intimamente relacionada ao VPL. Com a TIR, tentamos encontrar uma única taxa de retorno que resuma os méritos de um projeto. Além disso, queremos que essa taxa seja uma taxa "interna", no sentido de que dependa apenas dos fluxos de caixa de determinado investimento, e não das taxas oferecidas em outro lugar.

Para ilustrar a ideia da TIR, considere um projeto que custe $100 hoje e pague $110 em um ano. Suponha que lhe perguntassem: "Qual é o retorno sobre esse investimento?". O que você diria? Parece natural e óbvio dizer que o retorno é de 10%, porque para cada real investido obtemos $1,10 de volta. Na verdade, como veremos em seguida, 10% é a taxa interna de retorno, ou TIR, sobre esse investimento.

Esse projeto, com seus 10% de TIR, é um bom investimento? Novamente, parece óbvio que esse seria um bom investimento apenas se nosso retorno exigido fosse menor do que 10%. Essa intuição também está correta e ilustra a *regra da TIR:*

> **Com base na regra da TIR, um investimento é aceitável se a TIR exceder ao retorno exigido. Caso contrário, deveria ser recusado.**

Excel Master!
Cobertura *on-line* do Excel Master

taxa interna de retorno (TIR)
Taxa de desconto que torna o VPL de um investimento igual a zero.

Imagine que queremos calcular o VPL de nosso investimento simples. A uma taxa de desconto R, o VPL é:

$$\text{VPL} = -\$100 + [\$110/(1+R)]$$

Agora, suponha que não sabemos qual é a taxa de desconto. Isso é um problema, mas ainda podemos perguntar quão alta a taxa de desconto teria que ser antes que esse projeto fosse considerado inaceitável. Sabemos que estaremos indiferentes entre aceitar ou não esse investimento quando seu VPL é igual a zero. Em outras palavras, quando o VPL é igual a zero, o investimento atingiu o ponto de equilíbrio *econômico*, porque não há valor criado nem destruído. Para encontrar a taxa de desconto de equilíbrio, definimos o VPL igual a zero e calculamos R:

$$\text{VPL} = \$0 = -\$100 + [\$110/(1+R)]$$
$$\$100 = \$110/(1+R)$$
$$(1+R) = \$110/100 = 1{,}1$$
$$R = 10\%$$

Esses 10% são aquilo que já havíamos chamado de retorno sobre esse investimento. Agora ilustramos que a taxa interna de retorno de um investimento (ou simplesmente "retorno") é a taxa de desconto que torna o VPL igual a zero. Essa é uma observação importante e, portanto, vale a pena repetir:

> **A TIR sobre um investimento é o retorno exigido que resulta em um VPL zero quando ela é usada como a taxa de desconto.**

```
Ano     0           1           2
        |-----------|-----------|
      -$100       +$60        +$60
```

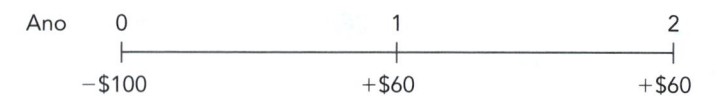

FIGURA 9.4 Fluxos de caixa do projeto.

O fato de que a TIR é apenas a taxa de desconto que torna o VPL igual a zero é importante, porque ela nos diz como calcular os retornos de investimentos mais complicados. Como já vimos, encontrar a TIR torna-se uma tarefa relativamente fácil para um investimento de um único período. Entretanto, suponha que agora você estivesse considerando um investimento com os fluxos de caixa apresentados na Figura 9.4. Como ilustramos, esse investimento custa $100 e tem um fluxo de caixa de $60 por ano para dois anos e, portanto, só é ligeiramente mais complicado do que nosso exemplo para um único período. Entretanto, o que diria você se fosse solicitado a dizer qual é o retorno sobre esse investimento? Não parece haver uma resposta óbvia (pelo menos não para nós). No entanto, com base naquilo que vimos há pouco, podemos definir o VPL igual a zero e calcular a taxa de desconto:

$$\text{VPL} = 0 = -\$100 + [\$60/(1 + \text{TIR})] + [\$60/(1 + \text{TIR})^2]$$

Infelizmente, a única forma de encontrar a TIR, em geral, é por tentativa e erro, seja à mão ou com uma calculadora. Esse é exatamente o mesmo problema que surgiu no Capítulo 5, quando encontramos a incógnita da taxa para uma série de pagamentos e, no Capítulo 7, quando encontramos o retorno até o vencimento (YTM) de um título de dívida. Na verdade, agora vemos que, nos dois casos, estávamos encontrando uma TIR.

Neste caso em particular, os fluxos de caixa formam uma série de pagamentos de $60 de dois períodos. Para encontrar a incógnita da taxa, podemos tentar algumas taxas diferentes até obtermos a resposta. Se tivéssemos de iniciar com uma taxa de 0%, o VPL seria obviamente $120 − $100 = $20. A uma taxa de desconto de 10%, teríamos:

$$\text{VPL} = -\$100 + (60/1,1) + (60/1,1^2) = \$4,13$$

Agora estamos quase lá. Podemos resumir essas e outras possibilidades como mostra o Quadro 9.5. Em nossos cálculos, o VPL parece ser igual a zero com uma taxa de desconto entre 10% e 15%, de modo que a TIR está em algum lugar daquele intervalo. Com um pouco mais de esforço, podemos descobrir que a TIR é de aproximadamente 13,1%.[6] Assim, se nosso retorno exigido fosse menor do que 13,1%, aceitaríamos esse investimento. Caso nosso retorno exigido excedesse aos 13,1%, nós o recusaríamos.

A essa altura, você provavelmente já notou que a regra da TIR e a regra do VPL parecem bastante semelhantes. Na verdade, a TIR às vezes é chamada apenas de *retorno do fluxo de caixa descontado* (FCD). A maneira mais fácil de ilustrar a relação entre o VPL e a TIR é traçar os números que calculamos no Quadro 9.5. Colocamos diferentes VPLs no eixo vertical, ou eixo *y*, e as taxas de desconto no eixo horizontal, ou eixo *x*. Se tivéssemos um

QUADRO 9.5 VPL a diferentes taxas de desconto

Taxa de desconto	VPL
0%	$20,00
5%	11,56
10%	4,13
15%	−2,46
20%	−8,33

---

[6] Com muito mais esforço (ou com um computador), podemos calcular que a TIR é de aproximadamente (até nove casas decimais) 13,066238629%. Não que alguém fosse querer tantas casas decimais assim!

Capítulo 9 Valor Presente Líquido e Outros Critérios de Investimento 311

número muito grande de pontos, o quadro resultante seria uma curva suave chamada **perfil do valor presente líquido**. A Figura 9.5 ilustra o perfil do VPL desse projeto. Começando com uma taxa de desconto de 0%, temos $20 traçados diretamente no eixo *y*. À medida que a taxa de desconto aumenta, o VPL diminui suavemente. Onde a curva cortará o eixo *x*? Isso ocorrerá quando o VPL for igual a zero e, portanto, isso acontecerá exatamente à TIR de 13,1%.

Em nosso exemplo, a regra do VPL e a regra da TIR levam a decisões idênticas de aceitação e recusa. Aceitaremos um investimento usando a regra da TIR se o retorno exigido for menor do que 13,1%. Como ilustra a Figura 9.5, porém, o VPL é positivo a qualquer taxa de desconto menor do que 13,1% e, assim, aceitaríamos o investimento usando também a regra do VPL. As duas regras têm resultados equivalentes nesse caso.

> **perfil do valor presente líquido**
> Representação gráfica da relação entre os VPLs de um investimento e diversas taxas de desconto.

EXEMPLO 9.4 Cálculo da TIR

Um projeto tem um custo total inicial de $435,44. Os fluxos de caixa são de $100 no primeiro ano, $200 no segundo ano e $300 no terceiro ano. Qual é a TIR? Se exigirmos um retorno de 18%, devemos assumir esse investimento?

Descreveremos o perfil do VPL e encontraremos a TIR calculando alguns VPLs a diferentes taxas de desconto. Você deve verificar suas respostas para praticar. Começando com 0%, temos:

Taxa de desconto	VPL
0%	$164,56
5%	100,36
10%	46,15
15%	0,00
20%	–39,61

O VPL é zero a 15% e, portanto, 15% é a TIR. Se exigirmos um retorno de 18%, não devemos assumir esse investimento. O motivo é que o VPL é negativo a 18% (calcule e verá que é –$24,47). A regra da TIR nos diz a mesma coisa neste caso. Não deveríamos aceitar esse investimento porque seu retorno de 15% está abaixo de nosso retorno exigido de 18%.

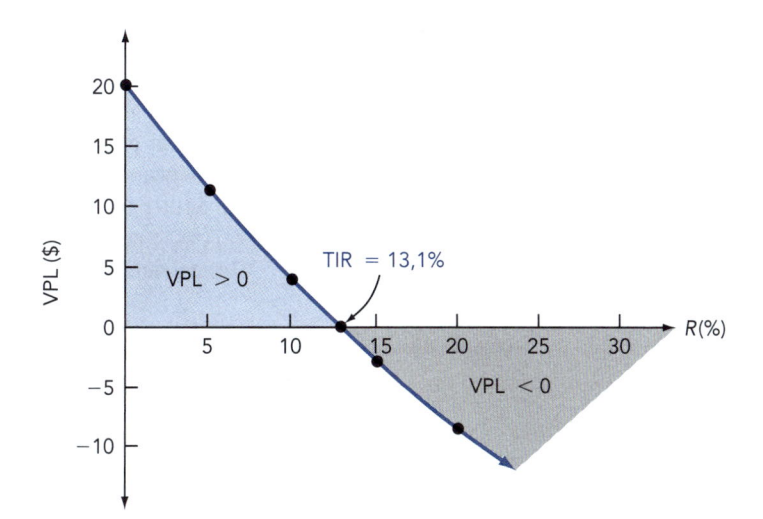

FIGURA 9.5 Um perfil do VPL.

Neste ponto, você deve estar se perguntando se as regras da TIR e do VPL sempre levam a decisões idênticas. A resposta é sim, desde que sejam atendidas duas condições muito importantes. Em primeiro lugar, os fluxos de caixa do projeto devem ser *convencionais*, ou seja, o primeiro fluxo de caixa (o investimento inicial) é negativo e todo o restante é positivo. Em segundo lugar, o projeto deve ser *independente*, isto é, a decisão de aceitá-lo ou recusá-lo não afeta a decisão de aceitar ou recusar qualquer outro. A primeira dessas condições é frequentemente atendida, mas não a segunda. Seja como for, quando uma ou ambas as condições não são atendidas, podem surgir problemas. Discutiremos algumas dessas condições a seguir.

ESTRATÉGIAS DE PLANILHA

Cálculo de TIRs com uma planilha

Como as TIRs são bastante cansativas de calcular à mão, em geral, utilizamos calculadoras e, principalmente, planilhas. Os procedimentos empregados por diferentes calculadoras financeiras são muito variados para ilustrarmos aqui, então, nos concentraremos no uso de uma planilha (as calculadoras financeiras são abordadas no Apêndice D). Como ilustra o exemplo a seguir, é fácil de usar uma planilha.

	A	B	C	D	E	F	G	H
1								
2	Usando uma planilha para calcular taxas internas de retorno							
3								
4	Suponha que tenhamos um projeto de quatro anos que custa $500. Os fluxos de caixa ao longo dos quatro anos							
5	serão de $100, $200, $300 e $400. E qual é a TIR?							
6								
7			Ano	Fluxo de caixa				
8			0	-$500				
9			1	100		TIR =	27,3%	
10			2	200				
11			3	300				
12			4	400				
13								
14								
15	A fórmula da célula F9 é =TIR(C8:C12). Observe que o fluxo de caixa do ano 0 tem um sinal negativo,							
16	representando o custo inicial do projeto.							
17								

Problemas com a TIR

Os problemas com a TIR surgem quando os fluxos de caixa não são convencionais ou quando estamos tentando comparar dois ou mais investimentos para ver qual é o melhor. No primeiro caso, a simples pergunta "Qual é o retorno?" pode ser surpreendentemente difícil de responder. No segundo caso, a TIR pode enganar.

Fluxos de caixa não convencionais Suponha que temos um projeto de mina a céu aberto que exige um investimento de $60. Nosso fluxo de caixa no primeiro ano será de $155. No segundo ano, a mina estará esgotada, mas teremos de gastar $100 para restaurar o terreno. Como ilustra a Figura 9.6, o primeiro e o terceiro fluxos de caixa são negativos.

Para descobrir a TIR desse projeto, podemos calcular o VPL a diversas taxas:

Taxa de desconto	VPL
0%	-$5,00
10%	- 1,74
20%	- 0,28
30%	0,06
40%	- 0,31

```
Ano      0              1              2
         |--------------|--------------|
       -$60          +$155          -$100
```

FIGURA 9.6 Fluxos de caixa do projeto.

O VPL parece estar se comportando de modo muito estranho aqui. Primeiro, à medida que a taxa de desconto aumenta de 0% para 30%, o VPL começa negativo e torna-se positivo. Isso parece estar ao contrário, porque o VPL está aumentando à medida que a taxa de desconto aumenta. Em seguida, ele começa a ficar menor e torna-se novamente negativo. Qual é a TIR? Para descobrir, podemos traçar o perfil VPL, como está na Figura 9.7.

Na Figura 9.7, observe que o VPL é igual a zero quando a taxa de desconto é de 25%, e, portanto, essa é a TIR. Ou será que não é? O VPL também é igual a zero a 33 1/3%. Qual deles é correto? A resposta é ambos ou nenhum, ou, mais precisamente, não existe uma resposta que, sem dúvida, seja correta. Esse é o problema das **taxas de retorno múltiplas**. Muitos *softwares* financeiros (incluindo um *best-seller* para computadores pessoais) não consideram esse problema e simplesmente reportam a primeira TIR que é encontrada. Outros apontam apenas a menor TIR positiva, embora essa resposta não seja melhor do que qualquer outra.

Em nosso exemplo, a regra da TIR cai por terra. Suponha que nosso retorno exigido seja de 10%. Devemos aceitar esse investimento? Ambas as TIRs são maiores do que 10% e, pela regra da TIR, talvez devêssemos aceitá-lo. Entretanto, como mostra a Figura 9.7, o VPL é negativo a qualquer taxa de desconto menor do que 25%, e, portanto, esse não é um bom investimento. Quando deveríamos aceitá-lo? Analisando novamente a Figura 9.7, vemos que o VPL é positivo apenas se nosso retorno exigido estiver entre 25 e 33 1/3%.

taxas de retorno múltiplas
Possibilidade de que mais de uma taxa de desconto zere o VPL de um investimento.

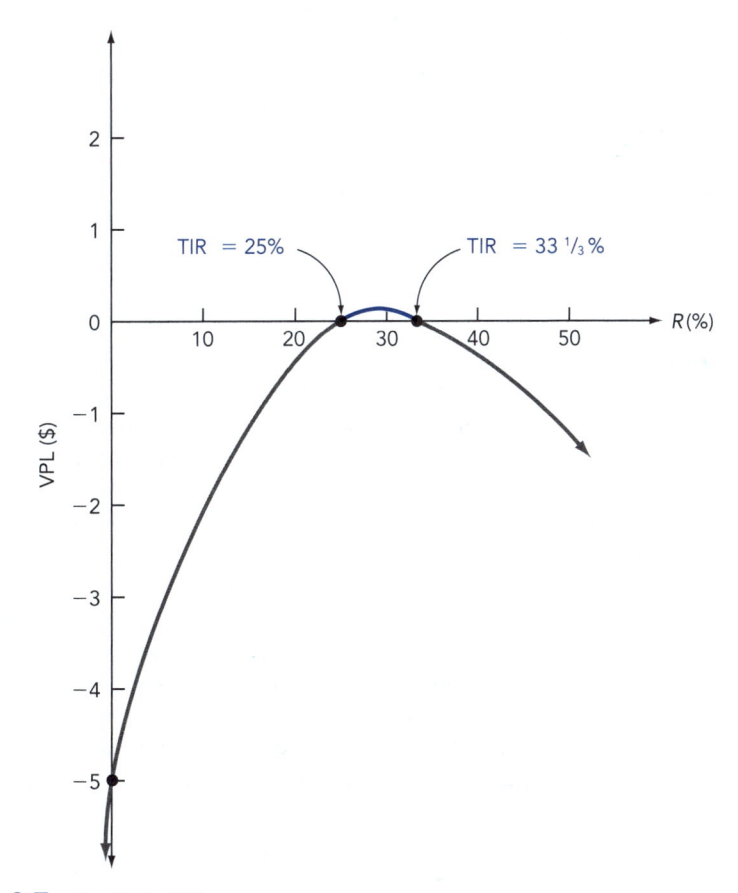

FIGURA 9.7 Perfil do VPL.

Os fluxos de caixa não convencionais podem ocorrer de várias maneiras. Por exemplo, todas as usinas nucleares precisam ser fechadas algum dia, e os custos associados ao descomissionamento de uma usina são enormes, criando grandes fluxos de caixa negativos ao final da vida do projeto. As quatro empresas da Alemanha que operam usinas nucleares aprovisionaram USD45 bilhões para o descomissionamento de usinas nucleares no país.

A moral da história é que, quando os fluxos de caixa não são convencionais, coisas estranhas podem acontecer à TIR. Isso, porém, não é algo que nos deva aborrecer, porque a regra do VPL, como sempre, funciona bem. Isso ilustra o fato de que, por mais estranho que pareça, a pergunta óbvia — Qual é a taxa de retorno? — pode nem sempre ter uma boa resposta.

EXEMPLO 9.5 | Qual é a TIR?

Você está examinando um investimento que exige $51 hoje. Você obtém $100 em um ano, mas deve pagar $50 em dois anos. Qual é a TIR desse investimento?

Agora você está atento para o problema do fluxo de caixa não convencional e provavelmente não se surpreenderia ao ver mais de uma TIR. Entretanto, se você começar a procurar uma TIR por tentativa e erro, vai perder muito tempo. O motivo para isso é que não há uma TIR. O VPL é negativo em cada taxa de desconto e, portanto, não deveríamos assumir esse investimento em circunstância alguma. Qual é o retorno desse investimento? Sua hipótese é tão boa quanto a nossa.

EXEMPLO 9.6 | "Penso, logo sei quantas TIRs pode haver"

Vimos que é possível obter mais de uma TIR. Como você faz para ter certeza de que encontrou todas as TIRs possíveis? A resposta vem do grande matemático, filósofo e analista financeiro Descartes (do famoso "penso, logo existo"). A regra dos sinais de Descartes diz que o número máximo de TIRs que pode existir é igual ao número de vezes em que os fluxos de caixa mudam de sinal positivo para negativo e/ou negativo para positivo.

Em nosso exemplo das TIRs de 25% e de 33 1/3%, poderia haver mais de uma TIR? O sinal dos fluxos de caixa muda de negativo para positivo, e de volta ao negativo, perfazendo um total de duas mudanças de sinal. Assim, de acordo com a regra de Descartes, o número máximo de TIRs é dois, e não precisamos procurar mais. Observe que o número real de TIRs pode ser menor do que o máximo (consulte o Exemplo 9.5).

decisões de investimentos mutuamente excludentes
Situação em que optar por um investimento impede a realização de outro.

Investimentos mutuamente excludentes Mesmo que haja uma única TIR, outro problema pode surgir em relação às **decisões de investimentos mutuamente excludentes**. Se dois investimentos, X e Y, forem mutuamente excludentes, então, assumir um quer dizer que não podemos assumir o outro. Diz-se que dois projetos que não são mutuamente excludentes são independentes. Por exemplo, se tivermos um terreno de esquina, então, podemos construir um posto de gasolina ou um prédio de apartamentos, mas não ambos. Essas são alternativas mutuamente excludentes.

Até agora, perguntamos se determinado investimento vale ou não ser empreendido. Existe uma pergunta relacionada que surge com frequência: dados dois ou mais investimentos mutuamente excludentes, qual é o melhor? A resposta é bastante simples: o melhor é aquele que tiver o maior VPL. Também podemos dizer que o melhor tem o mais alto retorno? Como mostramos, a resposta é não.

Para ilustrar o problema da regra da TIR e dos investimentos mutuamente excludentes, considere os seguintes fluxos de caixa de dois investimentos mutuamente excludentes:

Capítulo 9 Valor Presente Líquido e Outros Critérios de Investimento

Ano	Investimento A	Investimento B
0	–$100	–$100
1	50	20
2	40	40
3	40	50
4	30	60

A TIR de A é 24% e a TIR de B é 21%. Como esses investimentos são mutuamente excludentes, só podemos assumir um deles. A intuição simples sugere que o investimento A seja melhor por causa de seu retorno maior. Infelizmente, a intuição simples nem sempre está correta.

Para saber por que o investimento A não é necessariamente o melhor dos dois investimentos, calculemos o VPL desses investimentos para diferentes retornos exigidos:

Taxa de desconto	VPL (A)	VPL (B)
0%	$60,00	$70,00
5	43,13	47,88
10	29,06	29,79
15	17,18	14,82
20	7,06	2,31
25	–1,63	–8,22

A TIR de A (24%) é maior do que a TIR de B (21%). Entretanto, se você comparar os VPLs, verá que a determinação do investimento que tem o VPL maior vai depender de nosso retorno exigido. B tem maior fluxo de caixa total, mas ele se paga de forma mais lenta do que A. Como resultado, ele tem VPL maior a taxas de desconto menores.

Em nosso exemplo, as classificações do VPL e da TIR entram em conflito com algumas taxas de desconto. Se o nosso retorno exigido for de 10%, por exemplo, então, B tem o VPL maior e, portanto, é o melhor dos dois, embora A tenha o retorno maior. Se o nosso retorno exigido for de 15%, então, não há problemas: A é melhor.

O conflito entre a TIR e o VPL, no caso de investimentos mutuamente excludentes, pode ser ilustrado pelos perfis de VPL dos investimentos, como fizemos na Figura 9.8. Nessa figura, observe que os perfis de VPL se cruzam em torno da taxa de 11%. Observe também que, a qualquer taxa de desconto menor do que 11%, o VPL de B é maior. Nesse intervalo, assumir B tem mais benefícios do que assumir A, embora a TIR de A seja maior. A qualquer taxa mais alta do que 11%, o investimento A tem o maior VPL.

Esse exemplo ilustra que, quando temos projetos mutuamente excludentes, não devemos classificá-los com base em seus retornos. De modo geral, sempre que comparamos os investimentos para determinar qual é o melhor, olhar para as TIRs pode ser enganoso. Em vez disso, precisamos observar os VPLs relativos, para evitar a possibilidade de uma escolha incorreta. Lembre-se de que, em última análise, estamos interessados na criação de valor para os acionistas e partes interessadas e, assim, a opção com o maior VPL tem preferência, independentemente das taxas de retorno relativas.

Se isso parece ser pouco intuitivo, pense da seguinte maneira. Suponha que você tenha dois investimentos. Um tem retorno de 10% e o deixa $100 mais rico imediatamente. O outro tem retorno de 20% e o deixa $50 mais rico imediatamente. De qual você gosta mais? Preferimos ter $100 a $50, independentemente dos retornos, e, portanto, gostamos mais do primeiro.

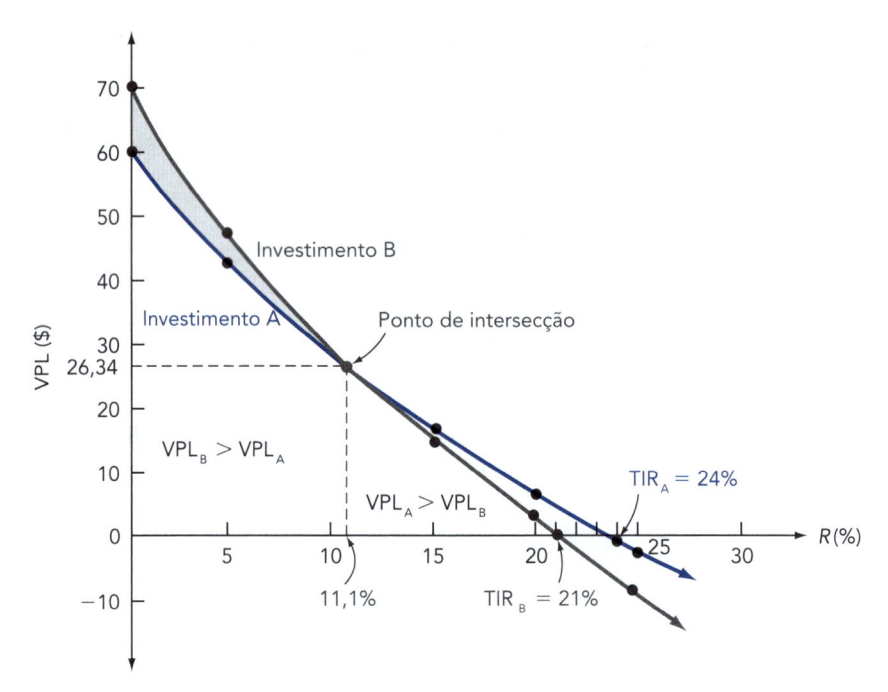

FIGURA 9.8 Perfis do VPL para investimentos mutuamente excludentes.

EXEMPLO 9.7 — Cálculo da taxa de intersecção

Na Figura 9.8, os perfis de VPL se cruzam em torno da taxa de 11%. Como podemos determinar exatamente esse ponto de intersecção? A *taxa de intersecção*, por definição, é a taxa de desconto que torna iguais os VPLs dos dois projetos. Para ilustrar isso, suponha que tenhamos os dois seguintes investimentos mutuamente excludentes:

Ano	Investimento A	Investimento B
0	–$400	–$500
1	250	320
2	280	340

Qual é a taxa de intersecção?

Para encontrar a intersecção, primeiro, considere sair do investimento A e ir para o investimento B. Se você fizer a mudança, terá de investir $100 (= $500 – $400) adicionais. Por esse investimento de $100, você terá $70 (= $320 – $250) extras no primeiro ano e $60 (= $340 – $280) extras no segundo ano. Essa seria uma boa mudança? Em outras palavras, vale a pena investir os $100 adicionais?

Com base em nossa discussão, o VPL da mudança, VPL(B – A), é:

$$\text{VPL}(B - A) = -\$100 + [70/(1 + R)] + [60/(1 + R)^2]$$

Podemos calcular o retorno sobre esse investimento definindo VPL como zero e calculando a TIR:

$$\text{VPL}(B - A) = 0 = -\$100 + [70/(1 + IRR)] + [60/(1 + IRR)^2]$$

Se você fizer esse cálculo, descobrirá que a TIR é de exatamente 20%. O que isso nos diz é que, a uma taxa de desconto de 20%, somos indiferentes entre os dois investimentos, porque o VPL da diferença em seus fluxos de caixa é zero. Como consequência, os dois investimentos têm o mesmo valor e, portanto, esses 20% são a taxa de intersecção. Confira que o VPL a 20% é de $2,78 para ambos os investimentos.

Em geral, você encontra a taxa de intersecção tomando a diferença dos fluxos de caixa e calculando a TIR usando o fluxo das diferenças. A ordem da subtração não é importante. Para ver isso, encontre a TIR de (A − B) e verá o mesmo número. Para praticar, você poderia encontrar a intersecção exata na Figura 9.8. (*Dica*: é 11,0704%.)

Investir ou financiar? Considere os seguintes investimentos independentes:

Ano	Investimento A	Investimento B
0	−$100	$100
1	130	−130

A empresa inicialmente paga no investimento A, mas recebe no investimento B. Enquanto a maioria dos projetos é mais parecida com A, também existem projetos como B. Por exemplo, considere uma empresa que conduz um seminário em que os participantes pagam adiantado. Como ocorrem despesas grandes no dia do seminário, as entradas precedem as saídas de caixa.

No caso desses dois projetos, suponha que o retorno exigido seja de 12%. De acordo com a regra de decisão da TIR, qual projeto devemos aceitar? Se você calcular as TIRs, descobrirá que elas são de 30% para ambos.

De acordo com a regra de decisão da TIR, devemos aceitar ambos. Porém, se calcularmos o VPL de B a 12%, temos:

$$\$100 - \frac{\$130}{1,12} = -\$16,07$$

Nesse caso, as regras de decisão do VPL e da TIR discordam. Para entender o que está acontecendo, a Figura 9.9 mostra o perfil de VPL de cada projeto. Como você pode ver, o perfil de VPL de B é ascendente. Assim, o projeto deveria ser aceito se o retorno exigido fosse *maior* que 30%.

Quando um projeto tem fluxos de caixa como o investimento B, a TIR representa a taxa que você está pagando, e não recebendo. Por isso, dizemos que o projeto tem fluxos de caixa

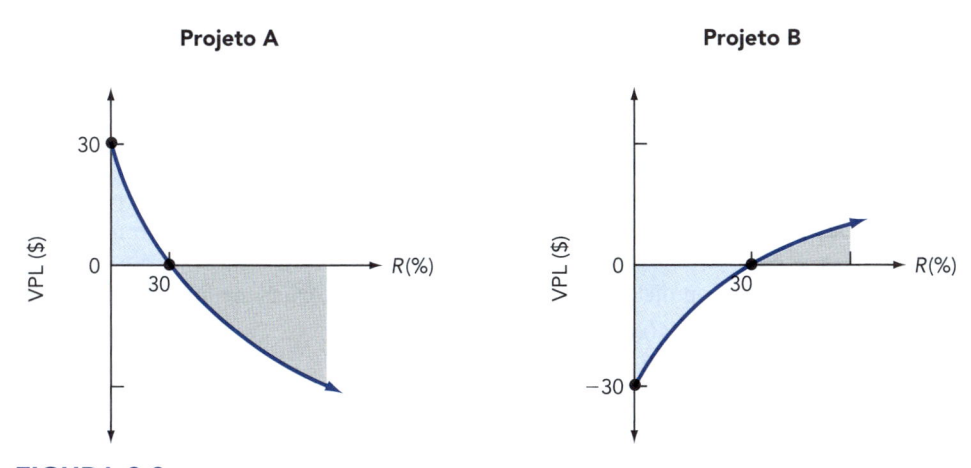

FIGURA 9.9 Perfil de VPL para investimentos e financiamentos.

do *tipo financiamento*, enquanto o investimento A tem fluxos de caixa do *tipo investimento*. Você só deve aceitar um projeto com fluxos de caixa do tipo financiamento se for uma fonte de financiamento sem custos, ou seja, se sua TIR for *menor* do que o retorno exigido.

As qualidades que salvam a TIR

Apesar de suas falhas, a TIR é muito popular na prática — mais ainda do que o VPL. Provavelmente ela sobrevive porque preenche uma necessidade que o VPL não consegue preencher. Ao analisar os investimentos, as pessoas e, particularmente, os analistas financeiros, parecem preferir falar sobre taxas de retorno a falar sobre valores em dinheiro.

Seguindo um raciocínio semelhante, a TIR também parece fornecer um modo simples de comunicar as informações sobre uma proposta. Um administrador poderia dizer para outro: "A reforma da área administrativa tem um retorno de 20%". De alguma forma, isso seria mais simples do que dizer: "A uma taxa de desconto de 10%, o valor presente líquido é de $4.000".

Finalmente, sob determinadas circunstâncias, a TIR teria uma vantagem prática em relação ao VPL. Não podemos estimar o VPL, a menos que saibamos qual é a taxa de desconto apropriada, mas podemos estimar a TIR. Suponha que não saibamos o retorno exigido sobre um investimento, mas que saibamos, por exemplo, que ele tem um retorno de 40%. Provavelmente, estaríamos inclinados a assumi-lo, porque seria muito pouco provável que nosso retorno exigido fosse tão alto. As vantagens e as desvantagens da TIR estão resumidas a seguir:

Vantagens e desvantagens da taxa interna de retorno	
Vantagens	**Desvantagens**
1. Estreitamente relacionada ao VPL, frequentemente levando a decisões idênticas. 2. Fácil de compreender e explicar.	1. Pode resultar em respostas múltiplas ou não tratar de fluxos de caixa não convencionais. 2. Pode levar a decisões incorretas ao se compararem investimentos mutuamente excludentes.

A taxa interna de retorno modificada (TIRM)

Para abordar alguns dos problemas associados à TIR-padrão, é comum o uso de uma versão modificada. Como veremos, existem vários modos diferentes de calcular uma TIR modificada (TIRM), mas a ideia básica é modificar os fluxos de caixa primeiro e, em seguida, calcular uma TIR usando os fluxos de caixa modificados.

Para ilustrar, vamos voltar aos fluxos de caixa da Figura 9.6: −$60, +$155 e −$100. Como vimos, existem duas TIRs, 25 e 33 1/3%. A seguir, ilustramos três diferentes TIRMs, e todas resultam em apenas uma resposta, eliminando o problema de várias TIRs.

Método n° 1: A abordagem do desconto Com a abordagem do desconto, a ideia é descontar, ao retorno exigido, todos os fluxos de caixa negativos até o presente e somá-los ao custo inicial. Em seguida, calcula-se a TIR. Com isso, como apenas o primeiro fluxo de caixa modificado é negativo, haverá apenas uma TIR. A taxa de desconto usada pode ser o retorno exigido ou alguma outra taxa especificada externamente. Usaremos o retorno exigido do projeto.

Se o retorno exigido do projeto é de 20%, então, os fluxos de caixa modificados são assim:

Tempo 0: $-\$60 + \dfrac{-\$100}{1,20^2} = -\$129,44$

Tempo 1: +$155

Tempo 2: +$0

Se você calcular a TIRM agora, deve obter 19,74%.

Método nº 2: A abordagem do reinvestimento Com a abordagem do reinvestimento, capitalizamos *todos* os fluxos de caixa (positivos e negativos), exceto o primeiro, até o final do projeto e, em seguida, calculamos a TIR. De certa forma, estamos "reinvestindo" os fluxos de caixa e não os tiramos do projeto até o final. A taxa que usamos poderia ser o retorno exigido sobre o projeto, ou poderia ser uma "taxa de reinvestimento" especificada separadamente. Usaremos o retorno exigido do projeto. Quando fazemos isso, temos os seguintes fluxos de caixa modificados:

Tempo 0: $-\$60$

Tempo 1: $+0$

Tempo 2: $-\$100 + (\$155 \times 1{,}2) = \$86$

A TIRM desse conjunto de fluxos de caixa é de 19,72%, ou um pouco menos do que obtivemos usando a abordagem do desconto.

Método nº 3: A abordagem combinada Como sugere o nome, a abordagem combinada mistura nossos dois primeiros métodos. Os fluxos de caixa negativos são descontados até o presente, e os fluxos de caixa positivos são capitalizados até o final do projeto. Na prática, seria possível usar taxas diferentes de desconto ou capitalização, mas ficaremos novamente com o retorno exigido do projeto.

Com a abordagem combinada, os fluxos de caixa modificados são os seguintes:

Tempo 0: $-\$60 + \dfrac{-\$100}{1{,}20^2} = -\$129{,}44$

Tempo 1: $+0$

Tempo 2: $\$155 \times 1{,}2 = \$186$

Veja se você concorda que a TIRM é de 19,87%, a mais alta das três.

TIRM ou TIR: qual é a melhor? As TIRMs são controversas. Em um extremo, estão aqueles que alegam que as TIRMs são superiores às TIRs. Por exemplo, por definição, elas não sofrem do problema das taxas de retorno múltiplas.

Por outro lado, seguindo os críticos, poderíamos dizer que a sigla TIRM significa "taxa interna de retorno menosprezável"[7]. Como deixa claro o nosso exemplo, um problema das TIRMs é que existem diferentes maneiras de calculá-las, e não há um motivo evidente para dizer que um dos três métodos é melhor do que qualquer outro. As diferenças são pequenas com nossos fluxos de caixa simples, mas elas podem ser muito maiores para um projeto mais complexo. Além disso, não está claro o modo como uma TIRM deve ser interpretada. Ela pode parecer com uma taxa de retorno; mas essa é uma taxa de retorno de um conjunto modificado de fluxos de caixa, não os fluxos de caixa reais do projeto.

Não vamos tomar partido. Entretanto, observe que o cálculo de uma TIRM exige desconto, capitalização ou ambos, o que leva a duas observações óbvias. Em primeiro lugar, se tivermos a taxa de desconto pertinente, por que não calcular o VPL e terminar logo com isso? Em segundo lugar, como uma TIRM depende de uma taxa de desconto externa (ou composta), a resposta que você recebe não é verdadeiramente uma taxa "interna" de retorno, a qual, por definição, depende apenas dos fluxos de caixa do projeto.

Tomaremos *sim* partido em uma questão que surge frequentemente nesse contexto. O valor de um projeto não depende daquilo que a empresa faz com os fluxos de caixa gerados por aquele projeto. Uma empresa poderia usar os fluxos de caixa de um projeto para financiar outros projetos, pagar dividendos ou comprar um jato executivo. Não importa: o modo como os fluxos de caixa serão gastos no futuro não afeta o seu valor hoje. Como resultado, geralmente não há necessidade de considerar o reinvestimento de fluxos de caixa intermediários.

---

[7] A tradução correta deveria ser "taxa interna de retorno sem sentido", do original *meaningless internal rate of return*, mas perderíamos o "M".

> **Questões conceituais**
>
> **9.5a** Sob quais circunstâncias as regras da TIR e do VPL levam às mesmas decisões de aceitação e recusa? Quando elas podem entrar em conflito?
>
> **9.5b** Em geral, é verdade que uma vantagem da regra da TIR em relação à regra do VPL é que não precisamos saber qual é o retorno exigido para usar a regra da TIR?

9.6 O índice de lucratividade

Excel Master!
Cobertura *on-line* do Excel Master

índice de lucratividade (IL)
Valor presente dos fluxos de caixa futuros de um investimento dividido pelo seu custo inicial. Também é chamado de índice de custo-benefício.

Outra ferramenta usada para avaliar os projetos é chamada de **índice de lucratividade (IL)** ou índice de custo-benefício. Esse índice é definido como o valor presente dos fluxos de caixa futuros dividido pelo investimento inicial. Assim, se um projeto custa $200 e o valor presente de seus fluxos de caixa futuros é de $220, o valor do índice de lucratividade seria de $220/$200 = 1,1. Observe que o VPL desse investimento é de $20 e, portanto, esse é um investimento desejável.

De modo mais geral, se um projeto tem um VPL positivo, então, o valor presente dos fluxos de caixa futuros deve ser maior do que o investimento inicial. O índice de lucratividade será maior do que um para um investimento de VPL positivo e menor do que um para um investimento de VPL negativo.

Como interpretamos o índice de lucratividade? Em nosso exemplo, o IL foi de 1,1. Isso nos diz que, por real investido, o resultado é de $1,10 em valor ou $0,10 em VPL. Assim, o índice de lucratividade mede o valor criado por real investido. Por esse motivo, quase sempre ele é proposto como uma medida do desempenho de investimentos de governos ou de outros investimentos sem fins lucrativos. Da mesma forma, quando o capital é escasso, faz sentido alocá-lo àqueles projetos com ILs mais altos. Discutiremos essa questão em um capítulo posterior.

O IL, obviamente, é muito semelhante ao VPL. Entretanto, considere um investimento que custe $5 e tenha um valor presente de $10 e um investimento que custe $100 e tenha um valor presente de $150. O primeiro desses investimentos tem um VPL de $5 e um IL de 2. O segundo tem um VPL de $50 e um IL de 1,5. Se esses investimentos forem mutuamente excludentes, então, o segundo tem preferência, embora ele tenha um IL menor. Esse problema de precedência é muito semelhante ao problema da TIR que vimos na seção anterior. Em geral, parece haver poucos motivos para usar o IL em vez do VPL. Nossa discussão do IL é resumida da seguinte maneira:

Vantagens e desvantagens do índice de lucratividade	
Vantagens	**Desvantagens**
1. Estreitamente relacionado ao VPL, frequentemente levando a decisões idênticas. 2. Fácil de compreender e explicar. 3. Pode ser útil quando os recursos disponíveis para investimento são limitados.	1. Pode levar a decisões incorretas ao se compararem investimentos mutuamente excludentes.

> **Questões conceituais**
>
> **9.6a** O que mede o índice de lucratividade?
>
> **9.6b** Como você explicaria a regra do índice de lucratividade?

9.7 A prática do orçamento de capital

Dado que o VPL parece informar diretamente aquilo que queremos saber, você pode estar se perguntando por que existem tantos outros procedimentos e por que os procedimentos alternativos são muito usados. Lembre-se de que estamos tentando tomar uma decisão de investimento e que, com frequência, operamos com um grau considerável de incerteza sobre o futuro. Nesse caso, podemos apenas *estimar* o VPL de um investimento. A estimativa resultante pode ser muito diferente do verdadeiro VPL.

Como o VPL verdadeiro é desconhecido, o administrador financeiro inteligente busca pistas que o ajudem a avaliar se o VPL estimado é ou não confiável. Por esse motivo, as empresas normalmente usariam vários critérios para avaliar uma proposta. Por exemplo, suponha que tenhamos um investimento com um VPL estimado positivo. Com base em nossa experiência com outros projetos, este parece ter um *payback* curto e um RCM muito alto. Nesse caso, os diferentes indicadores parecem concordar que é hora de "ligar os motores". Em outras palavras, o *payback* e o RCM são coerentes com a conclusão de que o VPL é positivo.

Por outro lado, suponha que tenhamos um VPL estimado positivo, um *payback* longo e um RCM baixo. Esse ainda poderia ser um bom investimento, mas parece que precisamos tomar muito mais cuidado ao tomar a decisão, porque estamos obtendo sinais conflitantes. Se o VPL estimado se basear em projeções nas quais temos pouca confiança, então, uma análise mais detalhada provavelmente seria adequada. Consideraremos a avaliação das estimativas de VPL com maiores detalhes nos próximos dois capítulos.

As grandes empresas geralmente têm orçamentos de capital enormes. Por exemplo, para 2020, a ExxonMobil anunciou que esperava ter de USD33 a USD35 bilhões em despesas de capital no ano, um aumento em relação aos USD30 bilhões em 2019. O maior orçamento de capital da empresa foi de USD42,5 bilhões, em 2013. Na mesma época, a concorrente Chevron anunciou o plano de investir de USD18 a USD20 bilhões em 2020, semelhante aos USD19,8 bilhões que gastou em 2019. Outras empresas com grandes orçamentos de capital foram a Walmart, que projetou gastos de capital de cerca de USD11 bilhões para 2017, e a Apple, que projetou gastos de capital de cerca de USD16 bilhões para 2017.

Compare esses números com os do plano de investimentos de USD236,5 bilhões para 2012/16 anunciado pela Petrobras em junho de 2012. Na ocasião, a Petrobras informou que, no plano, estavam incluídos USD43,7 bilhões para o desenvolvimento da produção de petróleo na área do pré-sal nesse período de quatro anos, 49% dos investimentos previstos na área de desenvolvimento da produção da empresa no período, que totalizava USD89,9 bilhões. No total, estavam previstos para a área do pré-sal USD131,6 bilhões até 2016, o equivalente a 60% do investimento da Petrobras. Parece que esse plano de investimento foi superestimado, e a empresa se superendividou. Em 2016, o plano de investimentos até 2021 foi de US$74 bilhões.

De acordo com informações liberadas pelo censo dos Estados Unidos em 2017, o investimento de capital para a economia estadunidense como um todo foi de USD1,401 trilhão em 2013, USD1,507 trilhão em 2014 e USD1,545 trilhão em 2015. Portanto, os totais para os três anos excederam a USD4,4 trilhões. Dadas as somas em jogo, não é surpresa que a análise cuidadosa dos gastos de capital seja algo desejado pelas empresas bem-sucedidas.

Há várias pesquisas direcionadas às empresas para saber quais tipos de critérios de investimento elas realmente usam. O Quadro 9.6 resume os resultados de várias dessas pesquisas. O painel A do quadro é uma comparação histórica que examina as técnicas de orçamento de capital utilizadas em primeiro lugar pelas grandes empresas ao longo do tempo. Em 1959, apenas 19% das empresas pesquisadas utilizavam a TIR ou o VPL, e 68% usavam os períodos de *payback* ou retornos contábeis. Está claro que, nos anos 1980, a TIR e o VPL se tornaram os critérios dominantes.

O painel B do Quadro 9.6 resume os resultados de uma pesquisa de 1999 feita entre os diretores financeiros de empresas grandes e pequenas dos Estados Unidos. Foram entrevistados 392 diretores. Essa pesquisa mostra a porcentagem daqueles que sempre ou quase sempre usaram as diversas técnicas de orçamento de capital que descrevemos neste capítulo. Não

QUADRO 9.6 Técnicas de orçamento de capital na prática

A. Comparação histórica da preferência no uso de várias técnicas de orçamento de capital nos EUA

	1959	1964	1970	1975	1977	1979	1981
Período de *payback*	34%	24%	12%	15%	9%	10%	5%
Retorno contábil médio (RCM)	34	30	26	10	25	14	11
Taxa interna de retorno (TIR)	19	38	57	37	54	60	65
Valor presente líquido (VPL)	—	—	—	26	10	14	17
TIR ou VPL	19	38	57	63	64	74	82

B. Porcentagem de dirigentes financeiros que sempre ou quase sempre usaram determinada técnica em 1999

Técnica de orçamento de capital	Porcentagem Sempre ou quase sempre	Escore médio [escala de 4 (sempre) a 0 (nunca)]		
		Geral	Grandes empresas	Pequenas empresas
Taxa interna de retorno	76%	3,09	3,41	2,87
Valor presente líquido	75	3,08	3,42	2,83
Período de *payback*	57	2,53	2,25	2,72
Período de *payback* descontado	29	1,56	1,55	1,58
Taxa de retorno contábil	20	1,34	1,25	1,41
Índice de lucratividade	12	0,83	0,75	0,88

Fontes: J.R. Graham and C.R. Harvey, "The Theory and Practice of Corporate Finance: Evidence from the Field", *Journal of Financial Economics*, Maio–Junho de 2001, p. 187–244; J.S. Moore and A.K. Reichert, "An Analysis of the Financial Management Techniques Currently Employed by Large U.S. Corporations", *Journal of Business Finance and Accounting*, Winter 1983, p. 623–45; M.T. Stanley and S.R. Block, "A Survey of Multinational Capital Budgeting", *The Financial Review*, Março de 1984, p. 36–51.

é surpresa que a TIR e o VPL são as técnicas mais usadas, particularmente nas empresas maiores. Entretanto, mais da metade dos entrevistados sempre ou quase sempre usa também o critério do *payback*. Na verdade, entre as empresas menores, o *payback* é usado tanto quanto o VPL e a TIR. Os menos usados são o *payback* descontado, as taxas de retorno contábeis e o índice de lucratividade. Para referência futura, os diversos critérios que discutimos estão resumidos no Quadro 9.7.

Questões conceituais

9.7a Quais são os procedimentos de orçamento de capital frequentemente usados?

9.7b Se o VPL é conceitualmente o melhor procedimento para o orçamento de capital, por que você acha que, na prática, são usadas várias medidas?

QUADRO 9.7 Resumo dos critérios de investimento

I. Critérios de fluxos de caixa descontados

A. *Valor presente líquido (VPL):* o VPL de um investimento é a diferença entre o seu valor de mercado e o seu custo. A regra do VPL é aceitar um projeto se o seu VPL for positivo. Para estimar o VPL, quase sempre se calcula o valor presente dos fluxos de caixa futuros (para estimar o valor de mercado) e, em seguida, se subtrai o custo. O VPL não apresenta grandes falhas, sendo o critério de decisão preferido.

B. *Taxa interna de retorno (TIR):* a TIR é a taxa de desconto que torna o VPL estimado de um investimento igual a zero; às vezes, é chamada de *retorno do fluxo de caixa descontado (FCD)*. A regra da TIR é aceitar um projeto quando sua TIR excede ao retorno exigido. A TIR está intimamente relacionada ao VPL e leva exatamente às mesmas decisões do VPL em projetos convencionais e independentes. Quando os fluxos de caixa do projeto não são convencionais, pode não haver TIR ou pode haver mais de uma. Um pouco mais grave é o fato de que a TIR não pode ser usada para classificar projetos mutuamente excludentes; o projeto com a TIR mais alta não é necessariamente o investimento preferido.

C. *Taxa interna de retorno modificada (TIRM):* a TIRM é uma TIR modificada. Os fluxos de caixa de um projeto são modificados (1) pelo desconto dos fluxos de caixa negativos até o presente; (2) pela capitalização de todos os fluxos de caixa até o final do projeto; ou (3) pela combinação de (1) e (2). Uma TIR é então calculada sobre os fluxos de caixa modificados. As TIRMs têm a garantia de evitar o problema de taxas de retorno múltiplas, mas não está claro como interpretá-las; e elas não são verdadeiramente "internas", porque dependem das taxas de desconto ou taxas de capitalização definidas externamente aos fluxos de caixa.

D. *Índice de lucratividade (IL):* o IL, também chamado de índice de custo-benefício, é a razão entre o valor presente e o custo. A regra do IL é aceitar um investimento se o índice for maior que 1. O IL mede o valor presente de um investimento por real investido. Ele é muito semelhante ao VPL, mas, assim como a TIR, não pode ser utilizado para classificar projetos mutuamente excludentes. Entretanto, às vezes, ele é usado para classificar os projetos quando uma empresa tem mais investimentos com VPL positivo do que pode financiar no momento.

II. Critérios de *payback*

A. *Período de payback:* o período de *payback* é o tempo necessário até que a soma dos fluxos de caixa de um investimento iguale seu custo. A regra do período de *payback* é aceitar um projeto se ele tiver um *payback* menor do que algum ponto de corte. O período de *payback* é um critério falho, principalmente porque ignora o risco, o valor do dinheiro no tempo e os fluxos de caixa além do ponto de corte.

B. *Período de payback descontado:* o período de *payback* descontado é o tempo necessário até que a soma dos fluxos de caixa descontados de um investimento iguale seu custo. A regra do período de *payback* descontado é aceitar um investimento se o *payback* descontado for menor do que algum ponto de corte. A regra do *payback* descontado é falha, principalmente porque ignora os fluxos de caixa após o ponto de corte.

III. Critério contábil

A. *Retorno contábil médio (RCM):* o RCM é uma medida do lucro contábil em relação ao valor contábil. Ele *não* está relacionado à TIR, mas é semelhante à medida do retorno contábil sobre o ativo (ROA) do Capítulo 3. A regra do RCM é aceitar um investimento se o RCM exceder um RCM de referência. O RCM tem falhas graves por uma série de motivos e tem poucos pontos positivos.

9.8 Resumo e conclusões

Este capítulo abordou os diferentes critérios utilizados para avaliar propostas de investimentos. Os sete critérios, na ordem em que foram discutidos, são:

1. Valor presente líquido (VPL).
2. Período de *payback*.
3. Período de *payback* descontado.
4. Retorno contábil médio (RCM).
5. Taxa interna de retorno (TIR).
6. Taxa interna de retorno modificada (TIRM).
7. Índice de lucratividade (IL).

Ilustramos como calcular cada um deles e discutimos a interpretação dos resultados. Descrevemos também as vantagens e desvantagens de cada um deles. Em última análise, um bom critério de orçamento de capital deve nos dizer duas coisas. Primeiro, um determinado projeto é um bom investimento? Segundo, se tivermos mais de um projeto bom, mas só pudermos aceitar um deles, qual devemos aceitar? O principal ponto deste capítulo é que apenas o critério do VPL pode fornecer sempre a resposta correta para ambas as perguntas.

Por esse motivo, o VPL é um dos dois ou três conceitos mais importantes das finanças, e vamos nos referir a ele muitas vezes nos próximos capítulos. Quando fizermos isso, lembre-se de duas coisas: (1) o VPL é, sempre, apenas a diferença entre o valor de mercado de um ativo ou projeto e seu custo, e (2) o administrador financeiro age no melhor interesse dos acionistas ao identificar e aceitar projetos com VPL positivo.

Finalmente, notamos que os VPLs normalmente não podem ser observados no mercado, precisando ser estimados. Como sempre existe a possibilidade de uma estimativa ruim, os administradores financeiros utilizam vários critérios para examinar os projetos. Os outros critérios oferecem informações adicionais para decidir se um projeto realmente tem um VPL positivo.

REVISÃO DO CAPÍTULO E TESTE DE CONHECIMENTOS

9.1 Critérios de investimento   Este problema permite praticar o cálculo dos VPLs e dos *paybacks*. Uma proposta de expansão para o exterior tem os seguintes fluxos de caixa:

Ano	Fluxo de caixa
0	–$200
1	50
2	60
3	70
4	200

Calcule o *payback*, o *payback* descontado e o VPL a um retorno exigido de 10%.

9.2 Investimentos mutuamente excludentes   Considere os dois investimentos mutuamente excludentes a seguir. Calcule a TIR de cada um e a taxa de intersecção. Sob quais circunstâncias os critérios da TIR e do VPL classificam os dois projetos de modo diferente?

Ano	Investimento A	Investimento B
0	–$75	–$75
1	20	60
2	40	50
3	70	15

9.3 Retorno contábil médio   Você está examinando um projeto de três anos com um lucro líquido projetado de $2.000 no ano um, $4.000 no ano dois e $6.000 no ano três. O custo é de $12.000, que será depreciado em base linear até zero ao longo da vida de três anos do projeto. Qual é o retorno contábil médio (RCM)?

Capítulo 9 Valor Presente Líquido e Outros Critérios de Investimento **325**

RESPOSTA DA REVISÃO DO CAPÍTULO E DO TESTE DE CONHECIMENTOS

9.1 No quadro a seguir, listamos o fluxo de caixa, o fluxo de caixa acumulado, o fluxo de caixa descontado (a 10%) e o fluxo de caixa descontado acumulado para o projeto proposto.

Ano	Fluxo de caixa		Fluxo de caixa acumulado	
	Não descontado	Descontado	Não descontado	Descontado
1	$ 50	$ 45,45	$ 50	$ 45,45
2	60	49,59	110	95,04
3	70	52,59	180	147,63
4	200	136,60	380	284,23

Lembre-se de que o investimento inicial foi de $200. Quando comparamos isso aos fluxos de caixa não descontados acumulados, vemos que o *payback* ocorre entre os anos 3 e 4. Os fluxos de caixa dos três primeiros anos totalizam $180, de modo que nos faltam $20 no início do quarto ano. O fluxo de caixa total do ano 4 é de $200, de maneira que o *payback* ocorre em 3 + ($20/$200) = 3,10 anos.

Examinando os fluxos de caixa descontados acumulados, vemos que o *payback* descontado ocorre entre os anos 3 e 4. A soma dos fluxos de caixa descontados é de $284,23, e, portanto, o VPL é $84,23. Observe que esse é o valor presente dos fluxos de caixa que ocorrem após o *payback* descontado.

9.2 Para calcular a TIR, podemos tentar fazer algumas suposições, como vemos no quadro a seguir:

Taxa de desconto	VPL(A)	VPL(B)
0%	$55,00	$50,00
10	28,83	32,14
20	9,95	18,40
30	–4,09	7,57
40	–14,80	–1,17

Várias coisas ficam aparentes imediatamente após nossas suposições. Em primeiro lugar, a TIR de A deve estar entre 20 e 30% (por quê?). Com um pouco de esforço, descobrimos que ela é de 26,79%. Para B, a TIR deve ser um pouco menor do que 40% (novamente, por quê?); ela acaba sendo de 38,54%. Observe também que, para taxas entre 0 e 10%, os VPLs estão muito próximos, indicando que a intersecção está nessa vizinhança.

Para encontrar a intersecção exata, podemos calcular a TIR sobre a diferença dos fluxos de caixa. Se calcularmos os fluxos de caixa de A menos os fluxos de caixa de B, os fluxos de caixa resultantes são:

Ano	A – B
0	$ 0
1	–40
2	–10
3	55

Esses fluxos de caixa parecem um pouco estranhos, mas o sinal muda apenas uma vez, de modo que podemos encontrar uma TIR. Com um pouco de tentativa e erro, você verá que o VPL é igual a zero a uma taxa de desconto de 5,42%, de maneira que essa é a taxa de intersecção.

A TIR para B é mais alta. Entretanto, como já vimos, A tem um VPL maior para qualquer taxa de desconto menor do que 5,42% e, portanto, VPL e TIR se contradizem nesse intervalo. Lembre-se de que, se houver um conflito, ficamos com o VPL mais alto. Nossa regra de decisão é muito simples: aceite A se o retorno exigido for menor do que 5,42%, aceite B se o retorno exigido estiver entre 5,42 e 38,54% (a TIR de B) e não aceite qualquer um dos dois se o retorno exigido for maior do que 38,54%.

9.3 Neste caso, precisamos calcular a razão entre o lucro líquido médio e o valor contábil médio para obter o RCM. O lucro líquido médio é:

Lucro líquido médio = ($2.000 + $4.000 + $6.000)/3 = $4.000

O valor contábil médio é:

Valor contábil médio = $12.000/2 = $6.000

Assim, o retorno contábil médio é:

RCM = $4.000/$6.000 = 66,67%

Esse é um retorno impressionante. Lembre-se, porém, de que ele não é realmente uma taxa de retorno como uma taxa de juros ou uma TIR e, portanto, o tamanho não nos diz muita coisa. Lamentamos ter que dizer isso, mas nosso dinheiro provavelmente não vai aumentar a uma taxa de 66,67% ao ano.

REVISÃO DE CONCEITOS E QUESTÕES INSTIGANTES

1. **Período de *payback* e valor presente líquido [OA1, OA2]** Se um projeto com fluxos de caixa convencionais tem um período de *payback* menor do que a vida do projeto, você pode dizer com certeza qual é o sinal algébrico do VPL? Por quê? Se você souber que o período de *payback* descontado é menor do que a vida do projeto, o que é possível dizer sobre o VPL? Explique.

2. **Valor presente líquido [OA1]** Suponha que um projeto tenha fluxos de caixa convencionais e um VPL positivo. O que você sabe sobre seu *payback*? E sobre seu *payback* descontado? E sobre seu índice de lucratividade? E sobre sua TIR? Explique.

3. **Período de *payback* [OA2]** Em relação ao *payback*:
   a. Descreva como o período de *payback* é calculado e descreva as informações que essa medida oferece sobre uma sequência de fluxos de caixa. Qual é a regra de decisão do critério de *payback*?
   b. Quais são os problemas associados ao uso do período de *payback* para avaliar os fluxos de caixa?
   c. Quais são as vantagens do uso do período de *payback* para avaliar os fluxos de caixa? Existe alguma circunstância na qual o uso do payback pode ser apropriado? Explique.

4. ***Payback* descontado [OA3]** Em relação ao *payback* descontado:
   a. Descreva como o período de *payback* descontado é calculado e descreva as informações que essa medida oferece sobre uma sequência de fluxos de caixa. Qual é a regra de decisão do critério de *payback* descontado?
   b. Quais são os problemas associados ao uso do período de *payback* descontado para avaliar os fluxos de caixa?
   c. Qual vantagem conceitual o método do *payback* descontado tem sobre o método de *payback*? O *payback* descontado pode ser maior do que o *payback*? Explique.

5. **Retorno contábil médio [OA4]** Em relação ao RCM:
   a. Descreva como o retorno contábil médio é normalmente calculado e descreva as informações que essa medida oferece sobre uma sequência de fluxos de caixa. Qual é a regra de decisão do critério de RCM?
   b. Quais são os problemas associados ao uso do RCM para avaliar os fluxos de caixa de um projeto? Qual característica fundamental do RCM é a mais problemática para você, sob uma perspectiva financeira? O RCM tem alguma qualidade positiva?
6. **Valor presente líquido [OA1]** No que diz respeito ao VPL:
   a. Descreva como o VPL é calculado e descreva as informações que essa medida oferece sobre uma sequência de fluxos de caixa. Qual é a regra de decisão do critério de VPL?
   b. Por que o VPL é considerado um método superior de avaliação dos fluxos de caixa de um projeto? Suponhamos que o VPL dos fluxos de caixa de um projeto seja $2.500. O que esse número representa para os acionistas da empresa?
7. **Taxa interna de retorno [OA5]** No que diz respeito à TIR:
   a. Descreva como a TIR é calculada e descreva as informações que essa medida oferece sobre uma sequência de fluxos de caixa. Qual é a regra de decisão do critério da TIR?
   b. Qual é a relação entre a TIR e o VPL? Existem algumas situações nas quais você pode preferir um método a outro? Explique.
   c. Apesar de suas limitações em algumas situações, por que a maioria dos administradores financeiros usa a TIR juntamente com o VPL para avaliar projetos? Você pode imaginar uma situação na qual a TIR pode ser uma medida mais apropriada do que o VPL? Explique.

QUESTÕES E PROBLEMAS

1. **Cálculo do *payback* [OA2]** Qual é o período de *payback* do seguinte conjunto de fluxos de caixa?

Ano	Fluxo de caixa
0	–$8.300
1	2.100
2	3.000
3	2.300
4	1.700

2. **Cálculo do *payback* descontado [OA3]** Um projeto de investimento tem fluxos de entrada de caixa anuais de $2.800, $3.700, $5.100 e $4.300 e uma taxa de desconto de 14%. Qual é o período de *payback* descontado para esses fluxos de caixa se o custo inicial for de $5.200? E se o custo inicial for de $5.400? E se ele for de $10.400?

3. **Cálculo do RCM [OA4]** Você está tentando determinar se deve ou não expandir seus negócios construindo uma nova fábrica. A fábrica tem um custo de instalação de $15 milhões, que será depreciado em base linear até zero ao longo de seus quatro anos de vida. Se a fábrica projetou um lucro líquido de $1.754.000, $1.820.500, $1.716.300 e $1.097.400 ao longo desses quatro anos, qual é o retorno contábil médio (RCM) do projeto?

4. **Cálculo da TIR [OA5]** Uma empresa avalia todos os seus projetos aplicando a regra da TIR. Se o retorno exigido for de 14%, a empresa deve aceitar o projeto a seguir?

Ano	Fluxo de caixa
0	–$34.000
1	15.000
2	17.000
3	13.000

5. **Cálculo de VPL [OA1]** Para os fluxos de caixa do problema anterior, suponhamos que a empresa use a regra de decisão do VPL. A um retorno exigido de 11%, a empresa deve aceitar esse projeto? E se o retorno exigido fosse de 24%?

Para revisão de outros conceitos e novas questões instigantes, consulte a página do livro no portal do Grupo A (loja.grupoa.com.br).

Tomando Decisões de Investimento de Capital

10

HÁ VERDINHAS NO ESPAÇO? Elon Musk acredita que sim. Musk é famoso por ter lançado a SpaceX, com o objetivo de comercializar viagens espaciais. Um projeto menos conhecido da SpaceX é o Starlink, que poderá chegar a 30.000 satélites interconectados para oferecer conexões de banda larga no mundo todo. Espera-se que o custo atinja USD60 bilhões, com USD12 bilhões adicionais todos os anos para substituir os satélites defasados.

Obviamente, a SpaceX não está sozinha: Sir Richard Branson, famoso dono da Virgin Atlantic Airways, também está trabalhando em viagens espaciais comerciais, e a Amazon revelou planos de lançar mais de 3.000 satélites para oferecer serviço de Internet.

Como certamente você deve ter reconhecido com base em nosso estudo do capítulo anterior, desenvolver serviços de banda larga via satélite representa uma decisão de orçamento de capital, pela Space X. Neste capítulo, investigamos ainda mais tais decisões — como elas são tomadas e como encará-las de maneira objetiva.

Este capítulo é uma continuação do capítulo anterior, detalhando mais ainda o orçamento de capital. Temos duas tarefas principais. Em primeiro lugar, lembre-se de que vimos no capítulo anterior que as estimativas dos fluxos de caixa são a variável crítica para uma análise do valor presente líquido, mas não dissemos muita coisa sobre de onde vêm esses fluxos de caixa. Assim, a seguir, examinaremos essa questão com mais detalhes. Nosso segundo objetivo é aprender a examinar de forma crítica as estimativas do valor presente líquido e, em particular, avaliar a sensibilidade das estimativas do valor presente líquido diante de suposições feitas sobre o futuro incerto.

Objetivos de aprendizagem

O objetivo deste capítulo é que, ao seu final, você saiba:

- **OA1** Determinar os fluxos de caixa relevantes de um projeto.
- **OA2** Avaliar se um projeto é aceitável.
- **OA3** Definir um preço em uma licitação.
- **OA4** Avaliar o custo anual equivalente de um projeto.

> Para ficar por dentro dos últimos acontecimentos na área de finanças, visite www.fundamentalsofcorporatefinance.blogspot.com.

Até agora, abordamos diversas partes da decisão do orçamento de capital. Nossa tarefa neste capítulo é começar a reunir essas partes. Em particular, mostraremos como "distribuir os números" de um investimento ou projeto proposto e, com base nesses números, fazer uma avaliação inicial sobre a realização ou não do projeto.

Em seguida, concentraremos nossa atenção na definição de uma análise por fluxos de caixa descontados. Conforme aprendemos no capítulo anterior, os fluxos de caixa futuros são o principal elemento de tal avaliação. Assim, enfatizaremos o trabalho com informações financeiras e contábeis para chegar a esses números.

Ao avaliar um investimento proposto, prestamos atenção especial à determinação de quais informações são relevantes para a decisão em questão e quais não são. Como veremos, é fácil negligenciar peças importantes do quebra-cabeça do orçamento de capital.

Aguardaremos até o próximo capítulo para descrever com detalhes como proceder para avaliar os resultados de nossa análise por fluxos de caixa descontados. Da mesma forma, onde for necessário, pressuporemos que sabemos qual é o retorno exigido, isto é, a taxa de desconto. Deixaremos as discussões mais detalhadas para a Parte 5.

10.1 Fluxos de caixa de um projeto: um contato inicial

Aceitar um projeto tem como efeito a alteração dos fluxos de caixa da empresa hoje e no futuro. Para avaliar um investimento proposto, devemos considerar essas alterações e, em seguida, resolver se elas agregam ou não valor à empresa. A primeira (e mais importante) etapa, portanto, é resolver quais desses fluxos de caixa são relevantes.

Fluxos de caixa relevantes

O que é um fluxo de caixa relevante para um projeto? O princípio geral é muito simples: um fluxo de caixa relevante para um projeto é uma variação no fluxo de caixa futuro geral da empresa que ocorre como consequência direta da decisão de realizar tal projeto. Como os fluxos de caixa relevantes são definidos em termos das variações ou incrementos no fluxo de caixa da empresa, eles são chamados de **fluxos de caixa incrementais** associados ao projeto.

O conceito de fluxo de caixa incremental é fundamental para nossa análise, de modo que estabeleceremos uma definição geral e voltaremos a ela quando necessário:

fluxos de caixa incrementais
Diferença entre os fluxos de caixa futuros de uma empresa com a realização de um projeto e os fluxos de caixa futuros sem a realização desse projeto.

> **Os fluxos de caixa incrementais para a avaliação de um projeto consistem *em cada uma e em todas* as mudanças nos fluxos de caixa futuros da empresa que são consequências diretas da aceitação do projeto.**

A partir dessa definição de fluxos de caixa incrementais, chega-se a uma dedução óbvia e importante: todo fluxo de caixa que existe *com ou sem* a realização de um projeto *não* é relevante.

O princípio da independência

Na prática, seria complicado calcular os fluxos de caixa totais futuros da empresa com e sem um projeto, principalmente no caso de uma empresa grande. Por sorte, não é necessário fazer isso. Uma vez que identifiquemos o efeito da realização do projeto sobre os fluxos de caixa da empresa, precisamos nos concentrar apenas nos fluxos de caixa incrementais resultantes do projeto. Isso é chamado de **princípio da independência**.

O princípio da independência diz que, após determinarmos os fluxos de caixa incrementais de um projeto, podemos encará-lo como um tipo de "miniempresa", com suas próprias receitas e despesas futuras, seu próprio ativo e, obviamente, seus próprios fluxos de caixa. A partir daí, estaremos interessados principalmente em comparar os fluxos de caixa dessa miniempresa com o custo de sua aquisição. Uma consequência importante dessa abordagem é que avaliaremos o projeto proposto simplesmente por seus próprios méritos, sem levar em conta outras atividades ou projetos.

princípio da independência
Pressuposto de que a avaliação de um projeto pode se basear nos seus fluxos de caixa incrementais.

Questões conceituais

10.1a Quais são os fluxos de caixa incrementais relevantes para a avaliação de um projeto?

10.1b O que é o princípio da independência?

10.2 Fluxos de caixa incrementais

Estamos preocupados aqui apenas com os fluxos de caixa que são incrementais e que resultam de um projeto. Olhando nossa definição geral, podemos pensar que é fácil decidir se um fluxo de caixa é ou não incremental. Mesmo assim, existem algumas situações nas quais é fácil cometer erros. Nesta seção, descrevemos algumas das armadilhas mais comuns e como evitá-las.

Custos irrecuperáveis

Um **custo irrecuperável**, por definição, é um custo que já pagamos ou cuja obrigação de pagar já foi assumida. Tal custo não pode ser alterado pela decisão de aceitar ou rejeitar um projeto hoje. Em outras palavras, a empresa terá de pagar esse custo de qualquer maneira. Com base em nossa definição geral de fluxo de caixa incremental, tal custo é claramente irrelevante para a decisão em questão. Assim, sempre tomaremos o cuidado de excluir os custos irrecuperáveis de nossa análise.

custo irrecuperável
Um custo que já foi incorrido, que não pode ser eliminado e, portanto, não deve ser considerado em uma decisão de investimento.

Dada nossa discussão, parece óbvio que um custo irrecuperável não é relevante. Entretanto, é fácil cair no conto de que um custo irrecuperável deva ser associado a um projeto. Por exemplo, suponha que a Companhia Geral de Leite contrate um consultor financeiro para ajudar a avaliar se uma linha de achocolatados deve ou não ser lançada. Quando o consultor entrega o relatório, a Companhia Geral de Leite discorda da análise porque o consultor não incluiu os altos custos de consultoria como parte do custo do projeto de achocolatados.

Quem está correto? Agora já sabemos que os custos de consultoria são um custo irrecuperável: eles devem ser pagos independentemente do lançamento da linha de achocolatados (essa é uma característica atraente do negócio de consultoria).

Custos de oportunidade

Quando pensamos em custos, normalmente pensamos nos custos tangíveis, ou seja, aqueles em que realmente precisamos tirar dinheiro do bolso. Um **custo de oportunidade** é ligeiramente diferente, pois exige que desistamos de um benefício. Uma situação comum surge quando uma empresa já possui algum dos ativos que um projeto proposto utilizará. Por exemplo, podemos estar pensando em converter em um condomínio de luxo um moinho de algodão rústico, comprado há anos por $100.000.

custo de oportunidade
Alternativa de maior valor que é abandonada se determinado investimento for aceito.

Se aceitarmos esse projeto, não haverá fluxo de saída de caixa diretamente associado à compra do velho moinho, porque já o temos. Devemos então tratar o moinho como "gratuito" para fins de avaliação do projeto do condomínio? A resposta é não. O moinho é um recurso valioso utilizado pelo projeto. Se não o usássemos aqui, poderíamos fazer alguma outra coisa com ele. Como o que, por exemplo? A resposta óbvia é que, no mínimo, poderíamos vendê-lo. O uso do moinho para o complexo de condomínios, portanto, tem um custo de oportunidade: desistimos da oportunidade valiosa de fazer outra coisa com o moinho.[1]

Existe outra questão aqui. Depois de concordarmos que o uso do moinho tem um custo de oportunidade, quanto deveremos cobrar do projeto de condomínios por esse uso? Dado que pagamos $100.000, parece que devemos cobrar esse montante do projeto de condomínios. Isso está certo? A resposta é não, e o motivo tem por base nossa discussão sobre os custos irrecuperáveis.

O fato de que pagamos $100.000 há alguns anos é irrelevante. Esse custo é irrecuperável. No mínimo, o custo de oportunidade que cobramos do projeto é o preço pelo qual o moinho seria vendido hoje (preço líquido de qualquer despesa de venda), porque esse é o montante do qual desistimos usando o moinho em vez de vendê-lo.[2]

Efeitos colaterais

Lembre-se de que os fluxos de caixa incrementais de um projeto incluem todas as alterações que ocorrem nos fluxos de caixa futuros *da empresa*. É comum um projeto ter efeitos colaterais (bons e ruins). Por exemplo, em 2019, o tempo entre o lançamento de um filme no cinema e em DVD havia diminuído para cerca de 12 semanas, em comparação com as 29 semanas de 1998, ainda que vários estúdios tenham tempos mais curtos. Esse tempo mais curto de lançamento foi o culpado por, pelo menos, parte do declínio nas receitas dos filmes nos cinemas. Obviamente, os varejistas comemoraram a mudança, porque a ela foi atribuído o aumento nas vendas de DVDs e dos serviços de *streaming*. Durante a pandemia da Covid-19, as regras do cinema mudaram totalmente. Com os cinemas fechados devido ao distanciamento social, grandes lançamentos, como *Greyhound: Na Mira do Inimigo* e *Um Crime para Dois*, foram direto para *streaming*. Um impacto negativo nos fluxos de caixa de um produto existente causado pela introdução de um produto novo é chamado de **erosão**.[3] Nesse caso, os fluxos de caixa da nova linha de produtos devem ser diminuídos, para refletir a perda de lucros em outras linhas.

> **erosão**
> Geração de fluxos de caixa de um projeto novo à custa dos projetos existentes de uma empresa.

Ao computar a erosão, é importante considerar que quaisquer vendas perdidas após o lançamento de um produto também poderão ser de qualquer forma perdidas devido à concorrência futura. A consideração da erosão só é relevante se essas vendas perdidas não seriam perdidas por outro motivo.

Existem vários tipos de efeitos colaterais. Por exemplo, uma das preocupações da Walt Disney Company ao criar a Euro Disney (atualmente chamada de Disneyland Paris) era que o novo parque tiraria os visitantes do parque da Flórida, um conhecido destino de férias para os europeus.

É claro que também existem efeitos colaterais benéficos. Por exemplo, você pode achar que a Hewlett-Packard (HP) ficou preocupada quando o preço de uma impressora que era vendida entre $500 e $600, em 1994, caiu para menos de $100 em 2020; mas a empresa não se importou. A HP percebeu que o verdadeiro lucro estava nos suprimentos que os proprietários compram para manter as impressoras funcionando, como cartuchos de tinta, *toners* e papel especial. As margens de lucro desses produtos são substanciais.

---

[1] Os economistas, às vezes, usam a sigla TANSTAAFL, que é uma abreviação de *There ain't no such thing as a free lunch* (não existe almoço grátis), para descrever o fato de que apenas raramente algo é gratuito de verdade.

[2] Se o ativo em questão é único, então o custo de oportunidade pode ser mais alto, porque pode haver outros projetos valiosos que poderíamos realizar e que o utilizariam. Entretanto, se o ativo em questão é de um tipo rotineiramente comprado e vendido (por exemplo, um carro usado), então o custo de oportunidade sempre é o preço atual do mercado, porque esse é o custo de compra de outro ativo semelhante.

[3] Alguns termos mais exóticos para erosão incluem *pirataria* e *canibalismo*.

Capital circulante líquido e necessidade de capital de giro

Normalmente, um projeto exige que a empresa invista também em ativos circulantes, e não só em ativos imobilizados. Por exemplo, um projeto, em geral, precisa de um determinado montante em dinheiro disponível para pagar todas as despesas que surgirem. Além disso, um projeto precisará de um investimento inicial em estoques e contas a receber (para cobrir as vendas a crédito). Parte do financiamento dessas vendas assumirá a forma de montantes devidos aos fornecedores (contas a pagar), mas a empresa terá de fornecer o saldo restante. Esse saldo representa o investimento em capital circulante.

Antes de continuarmos, temos algumas considerações para os temas: capital circulante, capital circulante líquido e capital de giro. As contas a receber, os estoques, a parcela a recuperar dos impostos sobre a produção, o caixa mínimo necessário às operações, são investimentos em capital circulante e constituem contas operacionais do ativo circulante. No balanço patrimonial de uma empresa, outras contas não operacionais integram o ativo circulante, como as aplicações em caixa e equivalentes de caixa que excedam ao caixa mínimo necessário para as operações e as aplicações em títulos e valores mobiliários. Por sua vez, no passivo circulante, encontramos os montantes a pagar devidos a fornecedores, salários e impostos sobre a produção. Essas são contas operacionais do passivo circulante que, no balanço de uma empresa, também apresenta contas não operacionais. Enquanto o capital circulante líquido é uso de recursos, o capital de giro é fonte de recursos para as operações circulantes. A origem do capital de giro está no passivo não circulante e no patrimônio líquido (se você tiver dúvidas, esboce um balanço patrimonial e identifique fontes e usos de recursos).

Quando avaliamos a necessidade de capital de giro para as operações continuadas de uma empresa, nós precisamos distinguir entre contas operacionais e contas não operacionais do circulante, porque, ao longo do tempo, alguns direitos e obrigações não operacionais se acrescentam. Calculamos então a necessidade de capital de giro pela diferença entre os valores das aplicações operacionais e os valores das fontes operacionais. Essa diferença geralmente é chamada de **necessidade de capital de giro**, que quase sempre terá valor diferente do capital circulante líquido. Porém, quando avaliamos um projeto, não há sentido em alocar fontes e usos não operacionais no balanço projetado para o projeto. Assim, a diferença entre usos e fontes operacionais do circulante pode ser representada pelo capital circulante líquido do balanço projetado.

Ao longo deste capítulo, as referências ao capital de giro dizem respeito à necessidade de aporte de recursos para sustentar as operações, medida pelo capital circulante líquido do balanço projetado. Em outros capítulos, quando fizermos a estimativa do capital de giro para as operações continuadas de uma empresa, utilizaremos o conceito de necessidade de capital de giro.[4]

Feitos esses esclarecimentos, tratemos então de outra característica importante do capital de giro na avaliação de projetos — característica essa que é fácil de ser ignorada. À medida que um projeto se desenvolve, os estoques são vendidos, as contas a receber são recebidas, as contas são pagas e os saldos de caixa podem ser resgatados. Ao final do projeto, essas atividades liberam o capital de giro investido originalmente. Assim, o investimento em capital de giro se parece muito com um empréstimo. A empresa fornece capital de giro no início e o recupera no final do projeto.

Custos de financiamento

Ao analisar um investimento proposto, *não* incluiremos os juros ou outros custos de financiamento, como dividendos ou parcelas do principal da dívida, porque estamos interessados no fluxo de caixa gerado pelos ativos do projeto. Como mencionamos no Capítulo 2, os juros, por exemplo, são um componente do fluxo de caixa para os credores, e não do fluxo de caixa dos ativos.

De modo geral, nosso objetivo na avaliação de projetos é comparar o fluxo de caixa de um projeto com o custo de aquisição desse projeto, para estimar o seu valor presente líquido.

---

[4] Ver Capítulo 18.

A combinação específica entre capital próprio e capital de terceiros que uma empresa resolve usar ao financiar um projeto é uma variável de gestão e determina principalmente como os fluxos de caixa do projeto se dividem entre proprietários e credores. Isso não quer dizer que as estruturas de financiamento não tenham importância. Mas elas são algo a ser analisado separadamente. Abordaremos esse assunto em capítulos futuros.

Outras questões

Existem outros elementos a serem observados. Em primeiro lugar, estamos interessados apenas em mensurar o fluxo de caixa. E estamos interessados em mensurá-lo quando realmente ocorre, não quando ele é registrado no sentido contábil. Em segundo lugar, estamos sempre interessados no fluxo de caixa *após tributos sobre lucros*, porque os tributos são, definitivamente, uma saída de caixa. Na verdade, sempre que escrevemos *fluxos de caixa incrementais*, estamos querendo dizer fluxos de caixa incrementais após tributos sobre lucros. Lembre-se que o fluxo de caixa após tributos e o lucro contábil, ou o lucro líquido, são coisas totalmente diferentes.

> **Questões conceituais**
>
> **10.2a** O que é um custo irrecuperável? E um custo de oportunidade?
>
> **10.2b** Explique o que é erosão e por que ela é relevante.
>
> **10.2c** Explique por que os juros não são um fluxo de caixa relevante para a avaliação de um projeto.

10.3 Demonstrações financeiras projetadas e fluxos de caixa do projeto

Excel Master!
Cobertura *on-line* do Excel Master

A primeira coisa necessária para começarmos a avaliar uma proposta de investimento é uma série de demonstrações financeiras projetadas. Com isso, podemos desenvolver os fluxos de caixa esperados do projeto. Após termos os fluxos de caixa, podemos estimar o valor do projeto usando as técnicas descritas no capítulo anterior.

Primeiro passo: demonstrações financeiras projetadas

demonstrações financeiras projetadas
Demonstrações financeiras que estimam as operações de anos futuros.

As **demonstrações financeiras projetadas** são um meio conveniente e simples de resumir grande parte das informações relevantes de um projeto. Para preparar essas demonstrações, precisamos de estimativas de variáveis, como vendas unitárias, preço de venda por unidade, custo variável por unidade e custos fixos totais. Também precisamos saber qual é o investimento total necessário, incluindo o investimento em capital de giro.

Para ilustrar, suponha que estimemos poder vender 50.000 latas de isca para tubarão por ano ao preço de $4 por lata. Nosso custo de produção da isca é de $2,50 por lata, e um produto novo como esse, em geral, tem uma vida útil de três anos (talvez devido ao fato de que a base de clientes diminui rapidamente). Precisamos de um retorno de 20% sobre os produtos novos.

Os custos fixos do projeto, incluindo coisas como aluguel da fábrica, chegarão a $12.000 por ano.[5] Além disso, precisamos investir um total de $90.000 em equipamentos de manufatura. Para simplificar, suponha que esses $90.000 serão 100% depreciados ao longo da vida útil de três anos do projeto. Além disso, o custo de remoção do equipamento será aproximadamente igual ao seu valor de mercado em três anos, de modo que, essencialmente, ele

---

[5] Por *custo fixo* queremos dizer literalmente um fluxo de saída de caixa que ocorrerá independentemente do nível de vendas. Isso não deve ser confundido com algum tipo de despesa contábil do período.

também não terá valor residual. Por fim, o projeto exigirá um investimento inicial de $20.000 em capital de giro, e a alíquota tributária é de 34%.

No Quadro 10.1, organizamos essas projeções iniciais, primeiro preparando a demonstração de resultados projetados. Novamente, observe que *não* deduzimos qualquer despesa de juros. Isso será sempre assim. Como descrevemos anteriormente, juros são despesas de financiamento, e não um componente do fluxo de caixa operacional.

Também podemos preparar uma série de balanços patrimoniais simplificados que mostram as exigências de capital do projeto, como mostramos no Quadro 10.2. Nele, temos um capital circulante líquido de $20.000 em cada ano. O ativo imobilizado é de $90.000 no início da vida útil do projeto (ano 0) e é depreciado em $30.000 por ano, acabando em zero. Observe que o valor do investimento total aqui indicado para os anos futuros é o valor total contábil, e não o valor de mercado.

Neste ponto, precisamos começar a converter essas informações contábeis em fluxos de caixa. Faremos isso a seguir.

Fluxos de caixa projetados

Para desenvolver os fluxos de caixa de um projeto, precisamos nos lembrar de que (como vimos no Capítulo 2) o fluxo de caixa de um ativo tem três componentes: o fluxo de caixa operacional, os gastos de capital e as variações na necessidade de capital de giro (lembramos que aqui utilizaremos a variação no capital circulante líquido como estimativa dessa necessidade para um projeto). Para avaliar um projeto, ou miniempresa, precisamos chegar às estimativas de cada um deles.

Após termos as estimativas dos componentes do fluxo de caixa, calculamos o fluxo de caixa para nossa miniempresa, assim como fizemos no Capítulo 2 para toda uma empresa:

Fluxo de caixa do projeto = Fluxo de caixa operacional do projeto
− Variação no capital circulante líquido do projeto
− Gastos de capital do projeto

Consideraremos esses elementos a seguir.

QUADRO 10.1 Demonstração de resultados projetada — projeto isca para tubarão

Vendas (50.000 unidades a $4/unidade)	$200.000
Custos variáveis ($2,50/unidade)	125.000
	$ 75.000
Custos fixos	$ 12.000
Depreciação ($90.000/3)	30.000
Lajir	$ 33.000
Tributos s/lucro (34%)	11.220
Lucro líquido	$ 21.780

QUADRO 10.2 Necessidades de capital projetadas — projeto isca para tubarão

	Ano			
	0	1	2	3
Capital circulante líquido	$ 20.000	$20.000	$20.000	$20.000
Ativo imobilizado líquido	90.000	60.000	30.000	0
Investimento total	$110.000	$80.000	$50.000	$20.000

Fluxo de caixa operacional do projeto Para determinar o fluxo de caixa operacional associado a um projeto, primeiro precisamos nos lembrar da definição de fluxo de caixa operacional:

Fluxo de caixa operacional = Lucro antes de juros e tributos
+ Depreciação
− Tributos sobre o lucro

Para ilustrar o cálculo do fluxo de caixa operacional, usaremos as informações estimadas do projeto de iscas para tubarão. Para facilitar a referência, o Quadro 10.3 repete a demonstração de resultados de forma mais simplificada.

Dada a demonstração de resultados do Quadro 10.3, o cálculo do fluxo de caixa operacional é simples. Como vemos no Quadro 10.4, o fluxo de caixa operacional estimado para o projeto de iscas para tubarão é de $51.780.

Capital de giro e gastos de capital do projeto O próximo passo é tratar das necessidades de ativo imobilizado e de capital de giro. Com base em nossos balanços patrimoniais, sabemos que a empresa precisa gastar $90.000 adiantados em ativo imobilizado e investir mais $20.000 em capital circulante. O fluxo de saída de caixa imediato é, portanto, de $110.000. No final do projeto, o ativo imobilizado nada valerá, mas a empresa recuperará o capital de giro de $20.000 investido no circulante.[6] Isso resultará em uma *entrada* de caixa de $20.000 no último ano.

Em um nível puramente mecânico, observe que todo investimento em capital circulante tem de ser recuperado; ou seja, o mesmo número tem de aparecer em algum momento futuro com sinal invertido.

Fluxos de caixa totais projetados e valor

Dadas as informações que acumulamos, podemos terminar a análise preliminar de fluxos de caixa, como ilustramos no Quadro 10.5.

QUADRO 10.3 Demonstração de resultados projetada e simplificada — projeto isca para tubarão

Vendas	$200.000
Custos variáveis	125.000
Custos fixos	12.000
Depreciação	30.000
Lajir	$ 33.000
Tributos sobre o lucro (34%)	11.220
Lucro líquido	$ 21.780

QUADRO 10.4 Fluxo de caixa operacional projetado — projeto isca para tubarão

Lajir	$33.000
Depreciação	+ 30.000
Tributos sobre o lucro (34%)	− 11.220
Fluxo de caixa operacional	$51.780

---

[6] Na verdade, a empresa provavelmente recuperaria um pouco menos de 100% dessa quantia, por causa de dívidas incobráveis, perda de estoques etc. Se quiséssemos, poderíamos supor que, por exemplo, somente 90% seriam recuperados, e continuar a partir desse valor.

Agora que temos as projeções de fluxos de caixa, estamos prontos para aplicar os diversos critérios que discutimos no capítulo anterior. Primeiro, o valor presente líquido (VPL) ao retorno exigido de 20% é:

$$VPL = -\$110.000 + 51.780/1,20 + 51.78/1,20^2 + 71.780/1,20^3$$
$$= \$10.648$$

Assim, com base nessas projeções, o projeto cria mais de $10.000 de valor e deve ser aceito. Da mesma forma, o retorno sobre esse investimento obviamente excede aos 20% (porque o valor presente líquido é positivo a 20%). Após alguma tentativa e erro, descobrimos que a taxa interna de retorno (TIR) é de aproximadamente 25,8%.

Além disso, se for necessário, podemos ir em frente e calcular o *payback* e o retorno contábil médio (RCM). Um exame dos fluxos de caixa mostra que o *payback* desse projeto é de apenas um pouco mais do que dois anos (verifique que ele é de 2,1 anos).[7]

Do último capítulo, sabemos que o RCM é o lucro líquido médio dividido pelo valor contábil médio. O lucro líquido a cada ano é de $21.780. A média (em milhares) dos quatro valores contábeis (do Quadro 10.2) para o investimento total é ($110 + 80 + 50 + 20)/4 = $65. Assim, o RCM é ($21.780/$65.000) = 0,3351, ou 33,51%.[8] Já vimos que o retorno sobre esse investimento (a TIR) é de cerca de 26%. O fato de que o RCM é maior ilustra novamente o motivo pelo qual ele não pode ser interpretado de modo significativo como o retorno sobre um projeto.

QUADRO 10.5 Fluxos de caixa totais projetados — projeto isca para tubarão

	Ano			
	0	1	2	3
Fluxo de caixa operacional		$51.780	$51.780	$51.780
Variação do capital de giro	– $20.000			+ 20.000
Gastos de capital	– 90.000			
Fluxos de caixa totais do projeto	–$110.000	$51.780	$51.780	$71.780

Questões conceituais

10.3a Qual é a definição de fluxo de caixa operacional do projeto? Como isso difere do lucro líquido?

10.3b Para o projeto de iscas para tubarão, por que somamos o investimento em capital circulante líquido no último ano?

10.4 Mais sobre fluxo de caixa de projetos

Nesta seção, veremos mais atentamente alguns aspectos dos fluxos de caixa de projetos. Em particular, discutiremos o capital de giro para o projeto com maiores detalhes. Em seguida, examinaremos a legislação tributária relativa à depreciação. Por último, trabalharemos um exemplo mais abrangente de decisão de investimento de capital.

Excel Master!
Cobertura *on-line* do Excel Master

---

[7] Somos culpados de uma pequena inconsistência aqui. Ao calcularmos o VPL e a TIR, supomos que todos os fluxos de caixa ocorreram ao final do ano. Quando calculamos o *payback*, supomos que os fluxos de caixa ocorreram de modo uniforme ao longo do ano.

[8] Observe que o valor contábil total médio não é o total inicial de $110.000 dividido por 2. O motivo disso é que os $20.000 de capital de giro não são "depreciados".

Um exame mais detalhado do capital de giro

Ao calcular o fluxo de caixa operacional, não consideramos explicitamente o fato de que parte de nossas vendas poderia ser a crédito. Além disso, podemos não ter realmente pago algumas das despesas mostradas. Em ambos os casos, os fluxos de caixa em questão ainda não teriam ocorrido. Mostramos aqui que essas possibilidades não são um problema, desde que não nos esqueçamos de incluir as variações do capital circulante em nossa análise. Essa discussão, portanto, enfatiza a importância e o efeito dessa consideração.

Suponha que, durante determinado ano de um projeto, tenhamos a seguinte demonstração de resultados simplificada:

Vendas	$500
Custos e despesas	310
Lucro líquido	$190

A depreciação e os tributos sobre o lucro são iguais a zero. Nenhum ativo imobilizado foi comprado durante o ano. Assim, para ilustrar a questão, pressupomos que os únicos componentes do capital circulante são as contas a receber e a pagar. Os montantes inicial e final dessas contas são os seguintes:

	Início do ano	Final do ano	Variação
Contas a receber	$880	$910	+$30
Contas a pagar	550	605	+ 55
Capital circulante líquido	$330	$305	−$25

Com base nessas informações, qual é o fluxo de caixa total para o ano? Primeiro podemos simplesmente aplicar de maneira mecânica o que temos discutido até aqui para chegar à resposta. O fluxo de caixa operacional, neste caso em particular, é igual ao Lajir, porque não há tributos sobre o lucro ou depreciação e, assim, é igual a $190. Da mesma forma, observe que o capital circulante líquido na verdade *diminuiu* em $25. Isso significa simplesmente que $25 foram liberados durante o ano. Não houve gastos de capital, e, portanto, o fluxo de caixa total para o ano é:

$$\begin{aligned}
\text{Fluxo de caixa total} &= \text{Fluxo de caixa operacional} - \text{Variação no CCL} - \text{Gastos de capital} \\
&= \$190 - (-\$25) - 0 \\
&= \$215
\end{aligned}$$

Agora sabemos que esses $215 do fluxo de caixa total têm de ser os "reais que entram" menos os "reais que saem" durante o ano. Portanto, poderíamos fazer uma pergunta diferente: quais foram as receitas realizadas no ano? Além disso, quais foram os custos e as despesas realizados?

Para determinar as receitas realizadas em caixa, precisamos examinar mais atentamente o capital circulante. Durante o ano, tivemos vendas de $500. Entretanto, as contas a receber aumentaram em $30 no mesmo período. O que isso significa? O aumento de $30 nos diz que as vendas excederam aos recebimentos em $30. Em outras palavras, ainda não recebemos o caixa de $30 dos $500 em vendas. Como resultado, nosso fluxo de entradas de caixa é de $500 − $30 = $470. Em geral, as entradas de caixa são as vendas menos o aumento nas contas a receber.

As saídas de caixa podem ser determinadas do mesmo modo. Mostramos custos e despesas de $310 na demonstração de resultados, mas as contas a pagar aumentaram em $55 durante o ano. Isso significa que ainda não pagamos $55 dos $310, de modo que os custos e

EM SUAS PRÓPRIAS PALAVRAS...

Samuel Weaver sobre orçamento de capital na Hershey Company

O programa de gastos de capital da Hershey Company e da maior parte das empresas da Fortune 500 ou Fortune 1.000 envolve uma abordagem em três etapas: planejamento ou orçamento, avaliação e revisões pós-implantação.

A primeira etapa envolve a identificação de projetos possíveis durante o período de planejamento estratégico. Esses projetos são selecionados para dar suporte aos objetivos estratégicos da empresa. Essa identificação, em geral, é ampla no escopo, com pouquíssima avaliação financeira. Os projetos são classificados como produto novo, redução de custos, expansão de capacidade etc. À medida que o processo de planejamento se concentra mais nos planos (ou orçamentos) de curto prazo, os principais gastos de capital são examinados com maior rigor. Os custos do projeto são mais bem ajustados, e projetos específicos podem ser reconsiderados.

Em seguida, cada projeto é revisado e autorizado individualmente. O planejamento, o desenvolvimento e o refinamento dos fluxos de caixa são a base da análise de capital na Hershey. Depois que os fluxos de caixa foram determinados, a aplicação de técnicas de avaliação de capital, como aquelas que usam valor presente líquido, taxa interna de retorno e período de *payback*, é rotineira. A apresentação dos resultados é melhorada usando análise de sensibilidade, que tem um papel importante para a administração na avaliação dos pressupostos críticos e do impacto resultante. A etapa final se relaciona às revisões pós-implantação, nas quais as previsões originais de desempenho do projeto são comparadas com os resultados reais e/ou expectativas revisadas.

A análise de gastos de capital será tão boa quanto os pressupostos subjacentes ao projeto. O velho clichê "entra lixo, sai lixo" se aplica nesse caso. Os fluxos de caixa incrementais resultam primariamente das vendas incrementais ou aperfeiçoamentos de margem (redução de custos). Na maioria das vezes, uma variedade de fluxos de caixa incrementais pode ser identificada por meio de pesquisas de mercado ou de estudos da engenharia. Entretanto, para alguns projetos, a distinção correta das consequências e dos fluxos de caixa relevantes é um desafio em termos de análise. Por exemplo, quando um produto é lançado e espera-se que gere milhões de dólares em vendas, a análise apropriada se concentra nas vendas incrementais após se contabilizar a canibalização dos produtos existentes.

Um dos problemas que enfrentamos na Hershey está relacionado à aplicação do valor presente líquido (VPL) *versus* a taxa interna de retorno (TIR). O VPL nos oferece a indicação do investimento correto ao lidar com alternativas mutuamente excludentes. Entretanto, os tomadores de decisão em todos os níveis, às vezes, acham difícil compreender o resultado. Ou seja, um VPL de, digamos, $535.000 precisa ser interpretado. Não basta saber que o VPL é positivo ou mesmo que ele é mais positivo do que qualquer outra alternativa. Os tomadores de decisão buscam determinar um nível de "conforto" quanto à rentabilidade do investimento, comparando-o com outros padrões.

Embora a TIR possa fornecer uma indicação enganosa sobre qual projeto deva ser selecionado, o resultado é fornecido de uma forma que pode ser interpretada por todos. A TIR resultante pode ser comparada mentalmente à inflação esperada, às taxas de empréstimo atuais, ao custo de capital, ao retorno de uma carteira de ações e assim por diante. Uma TIR de, digamos, 18% pode ser interpretada facilmente pela administração. Talvez essa facilidade de entendimento explique por que pesquisas indicam que muitas empresas da Fortune 500 ou Fortune 1.000 usam o método da TIR (juntamente com o do VPL) como a primeira técnica de avaliação.

> Além do problema de VPL versus TIR, existe um número limitado de projetos para os quais a análise tradicional dos gastos de capital é difícil de ser aplicada porque os fluxos de caixa não podem ser determinados. Quando um novo computador é comprado, um prédio de escritórios é reformado ou um estacionamento é repavimentado, é praticamente impossível identificar os fluxos de caixa, de modo que o uso das técnicas tradicionais de avaliação é limitado. Decisões de "gastos de capital" desse tipo são tomadas por meio de outras técnicas que se apoiam no julgamento dos administradores.
>
> *Samuel Weaver, Ph.D., é o ex-diretor de planejamento e análise financeira da Hershey. Ele tem certificação em administração contábil e em administração financeira. Seu cargo combinava teoria e prática e envolvia a análise de muitas facetas das finanças, além da análise dos gastos de capital.*

despesas realizados em caixa no período são apenas $310 − $55 = $255. Em outras palavras, nesse caso, os custos e despesas realizados em caixa são iguais aos custos e despesas menos o aumento em contas a pagar.[9]

Reunindo essas informações, calculamos que os fluxos de entrada menos os fluxos de saída de caixa são de $470 − $255 = $215, exatamente como tínhamos antes. Observe que:

$$
\begin{aligned}
\text{Fluxo de caixa} &= \text{Entrada de caixa} - \text{Saída de caixa} \\
&= (\$500 - \$30) - (\$310 - \$55) \\
&= (\$500 - \$310) - (\$30 - \$55) \\
&= \text{Fluxo de caixa operacional} - \text{Variação do CCL} \\
&= \$190 - (-\$25) \\
&= \$215
\end{aligned}
$$

De modo geral, esse exemplo ilustra que incluir as variações no capital circulante líquido em nossos cálculos ajusta a diferença entre vendas e custos e despesas contábeis e os recebimentos e pagamentos efetivos de caixa.

EXEMPLO 10.1 Recebimentos em caixa e custos

No ano que acaba de terminar, a Combates, Embates & Cia. Ltda. (CECL) reporta vendas de $998 e custos e despesas de $734. Você reuniu as seguintes informações do balanço patrimonial inicial e final:

	Inicial	Final
Contas a receber	$100	$110
Estoque	100	80
Contas a pagar	100	70
Capital circulante líquido	$100	$120

Com base nesses números, quais são os fluxos de entrada de caixa? E os fluxos de saída de caixa? O que aconteceu com cada conta? Qual é o fluxo de caixa líquido?

---

[9] Se houver outras contas, talvez sejam precisos alguns outros ajustes. Por exemplo, um aumento líquido no estoque corresponderia a um fluxo de saída de caixa.

As vendas foram de $998, mas as contas a receber aumentaram em $10. Assim, os recebimentos realizados foram de $10 a menos do que as vendas, ou $988. Os custos foram de $734, mas os estoques caíram em $20. Isso significa que não substituímos os $20 em estoque e, portanto, o fluxo de caixa dos custos, na verdade, está registrado por valor maior. Além disso, as contas a pagar caíram em $30. Isso significa que, em base líquida, realmente pagamos aos nossos fornecedores $30 a mais do que recebemos deles, resultando em um registro de fluxos de caixa menor, menos $30 nos custos. Fazendo o ajuste desses eventos, calculamos que o fluxo de caixa dos custos realizados é de $734 − $20 + $30 = $744. O fluxo de caixa líquido é de $988 − $744 = $244.

Por fim, observe que o capital circulante líquido aumentou em $20 no geral. Podemos verificar nossa resposta observando que as vendas originalmente contabilizadas menos os custos são de $264 (= $998 − $734). Além disso, a CECL utilizou $20 de seu capital de giro, de modo que o resultado líquido é um fluxo de caixa de $264 − $20 = $244, como calculamos.

Depreciação

Como já observamos, a depreciação contábil é uma dedução que não afeta o caixa. Como resultado, a depreciação tem consequências para o fluxo de caixa apenas porque influencia a conta dos tributos. A maneira como a depreciação é calculada para finalidades tributárias é o que importa para as decisões de investimento de capital. Não é surpresa que as considerações dos efeitos da depreciação sejam regidas pela legislação fiscal. Nas seções a seguir, discutiremos alguns detalhes de sistemas de depreciação, comparando os efeitos do sistema vigente nos Estados Unidos, conforme a Lei da Reforma Fiscal estadunidense de 1986, e do sistema vigente no Brasil desde 1998 e suas modificações. O sistema estadunidense em vigor é uma modificação do **sistema de recuperação acelerada do custo** (*accelerated cost recovery system* — ACRS) que lá havia sido instituído em 1981 e será referido ao longo deste texto como MACRS (*modified accelerated cost recovery system*).

No Brasil, a depreciação para fins fiscais e para avaliação de fluxos de caixa somente se aplica para aquelas empresas que declaram seus lucros com base no lucro real. Nos regimes de tributação pelo lucro presumido e pelo regime simples, os tributos são calculados com base em percentuais sobre o faturamento, e quaisquer despesas, inclusive as despesas de depreciação, não influem no valor apurado para a base de cálculo do valor tributável.

Com a adoção dos critérios da contabilidade internacional no Brasil, também é preciso distinguir entre a depreciação para fins fiscais e a depreciação para fins societários. Temos ainda, para alguns setores regulados, a depreciação regulatória, estabelecida pelo órgão que regula o setor. As taxas de **depreciação para fins fiscais** têm por objetivo o cálculo do lucro real e da base de cálculo da CSLL e são estabelecidas pela Secretaria da Receita Federal (SRF). A **depreciação para fins societários** decorre das regras contábeis instituídas pela Lei nº 11.638, de 28 de dezembro de 2007. O Comitê de Pronunciamentos Contábeis, em seu CPC 27 estabelece o tratamento contábil para ativos imobilizados e o tratamento da depreciação. Conforme o Comitê, *valor depreciável* é o custo de um ativo, ou outro valor que substitua o custo, menos o seu valor residual, e *depreciação* é a alocação sistemática do valor depreciável de um ativo ao longo da sua vida útil (ver: http://www.cpc.org.br/CPC/Documentos-Emitidos/Pronunciamentos).

Para fins de apuração do lucro real, a SRF somente admite despesas de depreciação de bens móveis ou imóveis que estejam intrinsecamente relacionadas com a produção ou comercialização de bens e serviços objeto da atividade. A SRF também define que a *taxa de depreciação* será fixada em função do prazo durante o qual se possa esperar a utilização econômica do bem, pelo contribuinte, na produção dos seus rendimentos e que os prazos de *vida útil* admissíveis para fins de depreciação são fixados por Instrução Normativa SRF.

> **sistema de recuperação acelerada do custo (ACRS)**
> Método de depreciação de acordo com a legislação fiscal estadunidense que permite a baixa acelerada de um ativo sob diversas classificações.

A **depreciação para fins regulatórios** é um caso especial que se aplica a algumas empresas reguladas. É o caso das concessionárias de serviços de distribuição de energia elétrica. A tarifa cobrada pelas distribuidoras é estabelecida pela Agência Nacional de Energia Elétrica, com base em diversos fatores, sendo um deles a chamada "base de remuneração" constituída pelos ativos da concessão. O valor desses ativos, para fins regulatórios, é depreciado conforme taxas que refletem a vida útil dos ativos calculada pelo regulador. Assim, a decisão de investimento, no caso especial das empresas distribuidoras de energia, precisa levar em conta três depreciações:

a) A depreciação regulatória, que afeta a base de remuneração, a receita bruta da concessionária e os fluxos de caixa.

b) A depreciação fiscal, que afeta o lucro tributável e a base de cálculo da CSLL e os fluxos de caixa.

c) A depreciação societária, que afeta o valor dos ativos para cálculo de juros sobre o capital próprio, e o lucro líquido, que afeta a distribuição de dividendos.

Cálculo da depreciação O cálculo da depreciação é normalmente mecânico. Embora existam várias *ressalvas*, vários "ses", "es" e "entretantos" envolvidos, a ideia básica é que cada ativo é atribuído a uma determinada classe. A classe de um ativo estabelece sua vida útil para fins fiscais. Depois que a vida útil fiscal de um ativo é determinada, a depreciação de cada ano é calculada multiplicando-se o custo do ativo por uma porcentagem fixa.[10] O valor residual esperado (aquilo que achamos que o ativo valerá quando o descartarmos) e a vida econômica esperada (por quanto tempo esperamos que o ativo esteja em serviço) não são considerados explicitamente no cálculo da depreciação fiscal.

O Quadro 10.6 apresenta alguns ativos e suas taxas de depreciação vigentes no contexto brasileiro, conforme estabelecido pela Secretaria da Receita Federal no Anexo III — Taxas Anuais de Depreciação, da Instrução Normativa SRF nº 1700, de 14 de março de 2017 e suas alterações. O quadro apresenta uma visão geral das taxas de depreciação segundo a classe de ativos; para cada caso pode haver exceções. Para maiores informações, deve ser consultada a norma, disponível no *site* da Receita Federal.

Algumas classes de depreciação vigentes nos EUA típicas são mostradas no Quadro 10.7. As porcentagens associadas são mostradas nos Quadros 10.8a[11] para os EUA e 10.8b para o Brasil.

Os percentuais de depreciação são apresentados por um ano a mais do que o número de anos da respectiva classe. Isso acontece porque um projeto inicia e termina durante o ano. Para que os percentuais depreciáveis coincidissem com o número de anos da classe, os projetos deveriam ser implantados no primeiro dia de um ano fiscal e terminar no último dia de outro ano fiscal.

No Quadro 10.8b, para o caso brasileiro, consideramos que os projetos iniciam e terminam, em média, no meio do ano, de forma que, para uma classe de ativos com cinco anos de vida contábil e 20% de taxa de depreciação anual, a taxa de depreciação no primeiro e último anos é de 10% (20%/2). O mesmo se aplica às demais classes de ativos nos exemplos com base nas normas tributárias brasileiras.

Nos Estados Unidos, um imóvel não residencial (como um prédio de escritórios) é depreciado ao longo de 31,5 anos, usando-se uma depreciação de base linear, enquanto um imóvel residencial (como um prédio de apartamentos) tem depreciação linear ao longo de 27,5 anos.

---

[10] Sob determinadas circunstâncias, o custo do ativo pode ser ajustado antes de calcular a depreciação. O resultado é chamado de *valor depreciável*, e a depreciação é calculada usando esse número em vez do custo real.

[11] Para os curiosos, as porcentagens de depreciação do sistema estadunidense originam-se de um esquema de saldo de duplo declínio com uma mudança para o método linear quando este se torna vantajoso. Além disso, existe uma convenção de meio ano, ou seja, pressupõe-se que todos os ativos estão em funcionamento na metade do ano fiscal. Essa convenção é mantida, a não ser que mais de 40% do custo de um ativo seja incorrido no último trimestre. Nesse caso, uma convenção de meio de trimestre é usada. O arredondamento estranho para as empresas nos Estados Unidos é cortesia da Receita Federal dos Estados Unidos.

QUADRO 10.6 Exemplos de taxas de depreciação de ativos conforme a legislação fiscal brasileira

Ativos	Taxa anual	Prazo (anos)
Animais vivos: galos, galinhas, patos, gansos, perus, peruas e galinhas-d'angola (pintadas), das espécies domésticas, vivos	50,00%	2
Cartões magnéticos	33.33%	3
Máquinas e aparelhos para obras públicas, construção civil ou trabalhos semelhantes	25,00%	4
Veículos automóveis para transporte de mercadorias	25,00%	4
Animais vivos da espécie bovina	20,00%	5
Painéis indicadores com dispositivos de cristais líquidos (LCD) ou de diodos emissores de luz (LED), próprios para anúncios publicitários	20,00%	5
Instalações	10,00%	10
Motores de pistão, de ignição por compressão (motores diesel ou semidiesel)	10,00%	10
Máquinas de uso agrícola, hortícula ou florestal, para preparação ou trabalho do solo ou para cultura; rolos para gramados (relvados) ou para campos de esporte	10,00%	10
Edificações	4,00%	25
Terrenos, salvo os melhoramentos ou construções; bens que normalmente aumentam de valor com o tempo, como obras de arte e antiguidades	Não depreciáveis	

QUADRO 10.7 Classes de ativos com MACRS modificado (Estados Unidos)

Classe	Exemplos
Três anos	Equipamento usado em pesquisa
Cinco anos	Carros, computadores
Sete anos	Maioria dos equipamentos industriais

QUADRO 10.8A Provisões de depreciação com MACRS modificado (Estados Unidos)

	Classe de bens		
Ano	Três anos	Cinco anos	Sete anos
1	33,33%	20,00%	14,29%
2	44,45	32,00	24,49
3	14,81	19,20	17,49
4	7,41	11,52	12,49
5		11,52	8,93
6		5,76	8,92
7			8,93
8			4,46

No Brasil, imóveis classificados como "edificações" que estejam intrinsecamente relacionados com a produção ou comercialização de bens e serviços objeto da atividade empresarial são depreciados em 25 anos. Terrenos não podem ser depreciados nos dois sistemas.[12]

---

[12] Existem, porém, provisões de exaustão para empresas que estão nas linhas de negócios do tipo extração (por exemplo, mineração). Essas provisões são semelhantes às provisões de depreciação.

QUADRO 10.8B Taxas de depreciação típicas vigentes no Brasil*

Ano	2 anos	3 anos	4 anos	5 anos	10 anos
1	25,00%	16,67%	12,50%	10,00%	5,00%
2	50,00	33,33	25,00	20,00	10,00
3	25,00	33,33	25,00	20,00	10,00
4		16,67	25,00	20,00	10,00
5			12,50	20,00	10,00
6				10,00	10,00
7					10,00
8					10,00
9					10,00
10					10,00
11					5,00

*Projetos iniciados e concluídos na metade do ano.

depreciação acelerada contábil
Depreciação reconhecida e registrada contabilmente, relativa ao desgaste pelo uso em regime de operação superior ao normal, calculada com base no número de horas diárias de operação em turnos de trabalho.

depreciação acelerada incentivada
Depreciação decorrente de incentivos especiais, considerada como benefício fiscal e reconhecida apenas pela legislação tributária, para fins da apuração do lucro real, sendo registrada no Lalur, sem qualquer lançamento contábil.

Depreciação acelerada Conforme a Receita Federal do Brasil, há duas espécies de depreciação acelerada:

a. a reconhecida e registrada contabilmente, relativa à depreciação acelerada dos bens móveis, resultante do desgaste pelo uso em regime de operação superior ao normal, calculada com base no número de horas diárias de operação (turnos de trabalho); e

b. a relativa à depreciação acelerada incentivada, considerada como benefício fiscal e reconhecida, apenas, pela legislação tributária, para fins da apuração do lucro real, sendo registrada no Lalur, sem qualquer lançamento contábil.

Para bens móveis do ativo imobilizado, a depreciação acelerada fiscal, em função do número de horas diárias de operação, são os seguintes os coeficientes de depreciação acelerada sobre as taxas normalmente utilizáveis:

a. 1,0 — para um turno de oito horas de operação;

b. 1,5 — para dois turnos de oito horas de operação; e

c. 2,0 — para três turnos de oito horas de operação.

Nessas condições, um bem cuja taxa normal de depreciação é de 10% ao ano poderá ser depreciado em 15% ao ano se operar 16 horas por dia, ou 20% ao ano, se em regime de operação de 24 horas por dia.

É permitida a aplicação dos coeficientes de aceleração da depreciação dos bens móveis do ativo imobilizado, em razão dos turnos de operação, conjuntamente com os coeficientes multiplicativos concedidos como incentivo fiscal a determinados setores da atividade econômica. Em qualquer caso, o montante acumulado das quotas de depreciação deduzidas na apuração do lucro real não pode ultrapassar o custo de aquisição do bem integrado contabilmente.

Bônus de depreciação nos EUA Nos EUA, em anos anteriores a 2018, foram promulgadas várias regras e regulamentos tributários que permitiam um "bônus" de depreciação. Com base na lei *Protecting Americans from Tax Hikes* (PATH) de 2015, o bônus em 2017 foi de 50%, o que significava que uma empresa podia assumir uma depreciação de 50% do valor do custo de um ativo no seu primeiro ano de uso e depois depreciar os 50% restantes usando os cronogramas do MACRS como acabamos de descrever. E, mais importante, no final de 2017, o Congresso estadunidense aprovou a Tax Cuts and Jobs Act (Lei de cortes de impostos sobre a renda de empresas e do trabalho), com cortes de impostos; essa lei aumentou o bônus de depreciação para 100% para o exercício de 2018 e até o final de 2022. Depois, o bônus cai 20% ao ano até chegar a zero após 2026. A consequência é que a maioria das empresas estadunidenses não usará os cronogramas do MACRS até 2023, a menos que queira (o bônus de depreciação é opcional). Obviamente, futuras legislações podem mudar as coisas nos EUA.

Para ilustrar como a depreciação é calculada, consideremos um automóvel que custe $12.000. Vamos utilizar os Quadros 10.8a e 10.8b. Normalmente, os automóveis são classificados como bens de cinco anos. Examinando o Quadro 10.8a, vemos que o número relativo ao primeiro ano de um bem de cinco anos é 20%.[13] No sistema tributário estadunidense, a depreciação do primeiro ano é, portanto, de $12.000 × 0,20 = $2.400, enquanto, no sistema tributário brasileiro, será igual a n/12 × R$2.400,00, onde "n" é o número de meses do primeiro ano em que o projeto tem faturamento. No sistema brasileiro, os mesmos 20% são aplicados até o final da vida contábil do automóvel, mas, no sistema estadunidense, a depreciação referente ao segundo ano é 32%, $12.000 × 0,32 = $3.840, como mostra o Quadro 10.8a. Esses cálculos estão resumidos a seguir:

Depreciação pelo sistema vigente no Brasil[†]		
Ano	Porcentagem	Depreciação
1	10,00%	0,1000 × $12.000 = $ 1.200,00
2	20,00	0,2000 × 12.000 = 2.400,00
3	20,00	0,2000 × 12.000 = 2.400,00
4	20,00	0,2000 × 12.000 = 2.400,00
5	20,00	0,2000 × 12.000 = 2.400,00
6	10,00	0,1000 × 12.000 = 1.200,00
	100,00%	$12.000,00

[†]Projetos iniciando e terminando no meio do ano (n = 6).

Depreciação pelo sistema vigente nos EUA		
Ano	Porcentagem do MACRS	Depreciação
1	20,00%	0,2000 × $12.000 = $ 2.400,00
2	32,00	0,3200 × 12.000 = 3.840,00
3	19,20	0,1920 × 12.000 = 2.304,00
4	11,52	0,1152 × 12.000 = 1.382,40
5	11,52	0,1152 × 12.000 = 1.382,40
6	5,76	0,0576 × 12.000 = 691,20
	100,00%	$12.000,00

Observe que as porcentagens somam 100%. Como resultado, ao final do projeto, baixamos 100% do custo do ativo, ou $12.000 neste caso.

Valor contábil *versus* valor de mercado Tradicionalmente, a vida econômica e o valor futuro de mercado do ativo não importam para calcular a depreciação de acordo com a legislação fiscal. Como resultado, o valor contábil de um ativo pode ser bem diferente de seu valor de mercado. Por exemplo, após o primeiro ano, o valor contábil de nosso automóvel é de $12.000 menos a depreciação de $2.400 do primeiro ano, ou seja, $9.600. Os valores contábeis restantes estão resumidos nos Quadros 10.9a e 10.9b. Após seis anos, o valor contábil do automóvel é zero.

Suponha que queiramos vender o automóvel após cinco anos. Com base nas médias históricas, ele valeria, digamos, 25% do preço de compra, ou 0,25 × $12.000. Se realmente o vendermos por isso, teremos de pagar tributos à alíquota geral do imposto de renda sobre a diferença entre o preço de venda e o valor contábil, R$3.000 − 1.200 = R$1.800 (de $3.000 − 691 =

---

[13] Pode parecer estranho que um ativo de cinco anos seja depreciado ao longo de seis anos. A explicação da contabilidade fiscal é a pressuposição de que temos o ativo por apenas seis meses no primeiro ano e, consequentemente, seis meses no último ano. Como resultado, existem cinco períodos de 12 meses, mas temos depreciação em cada um dos seis diferentes anos fiscais.

$2.308,80 nos Estados Unidos). Para uma empresa, na faixa de 34% (e optante pelo lucro real) no Brasil, a tributação seria 0,34 × 1.800 = R$612,00 (nos EUA, 0,21 × 2.308,80 = $484,85).[14,15]

No caso brasileiro, R$612,00 é a conta dos tributos a ser recolhida sobre a venda do automóvel. Entretanto, com a adoção das normas IFRS, o saldo contabilizado de um ativo deve refletir a sua efetiva capacidade econômica de recuperar o valor nele investido e, se o automóvel tiver uma vida útil diferente da sua vida contábil, isso deverá ser refletido nas demonstrações financeiras e impactará o lucro para fins de distribuição de dividendos. Isso também afeta o processo de tomada de decisão.[16]

O motivo pelo qual os impostos devem ser pagos, neste caso, é que a diferença entre o valor de mercado e o valor contábil resulta em uma depreciação em "excesso", a qual deve ser "devolvida" quando o ativo é vendido. Isso significa que superdepreciamos o ativo em R$3.000 – R$1.200 = R$1.800 ($3.000 – $691,20 = $2.308,80 nos EUA). Como deduzimos R$1.800 ($2.308,80) a mais em depreciação, pagamos R$612 ($484,85) a menos em impostos e precisamos compensar a diferença.

Observe que isso *não* é imposto sobre ganhos de capital (IRPJ). Como regra geral (pelo menos aproximadamente), um ganho de capital ocorre apenas quando o preço de mercado excede ao custo original. Entretanto, em última análise, são as autoridades fiscais que determinam o que é um ganho de capital, e as regras específicas podem ser bastante complexas. Na maioria dos casos, vamos ignorar os tributos sobre ganhos de capital.

QUADRO 10.9A Valores contábeis com MACRS (Estados Unidos)

Ano	Valor contábil inicial	Depreciação	Valor contábil final
1	$12.000,00	$2.400,00	$9.600,00
2	9.600,00	3.840,00	5.760,00
3	5.760,00	2.304,00	3.456,00
4	3.456,00	1.382,40	2.073,60
5	2.073,60	1.382,40	691,20
6	691,20	691,20	0,00

QUADRO 10.9B Valores contábeis conforme legislação brasileira

Taxas de depreciação pelo sistema vigente no Brasil[†]			
Ano	Valor contábil inicial	Depreciação	Valor contábil final
1	$12.000,00	$1.200,00	$10.800,00
2	10.800,00	2.400,00	8.400,00
3	8.400,00	2.400,00	6.000,00
4	6.000,00	2.400,00	3.600,00
5	3.600,00	2.400,00	1.200,00
6	1.200,00	1.200,00	—

[†]Projetos iniciando e terminando no meio do ano.

---

[14] A lei Tax Cuts and Jobs Act trouxe a alíquota de imposto de renda da pessoa jurídica, nos EUA, de uma média de 39% para uma média de 21%.

[15] No caso estadunidense, as regras são diferentes e mais complicadas no caso de um imóvel. Nesse caso, somente seria recuperada a diferença entre o valor contábil real e o valor contábil que teria existido se fosse usada uma depreciação linear. Tudo o que estivesse acima do valor contábil linear seria considerado ganho de capital.

[16] Para melhor informação sobre os procedimentos para depreciação sob a norma IFRS, consulte o CPC 27 — Ativo Imobilizado, que trata dos principais pontos a serem considerados na contabilização dos ativos imobilizados pela legislação societária: o reconhecimento dos ativos, a determinação dos seus valores contábeis e os valores de depreciação e as perdas por desvalorização a serem reconhecidas em relação aos mesmos.

Por fim, se o valor contábil exceder ao valor de mercado, a diferença é tratada como prejuízo para fins fiscais. Por exemplo, se vendermos o carro após dois anos por $4.000, então o valor contábil excede ao valor de mercado em R$4.400,00 ($1.760,00 nos EUA). Nesse caso, ocorre uma economia de tributos (um crédito tributário) de 0,34 × R$4.400,00 = R$1.496,00 (0,21 × $1.760 = $369,60 nos EUA) que poderá ser utilizada para economizar impostos sobre lucros de outras receitas da empresa.

EXEMPLO 10.2 Depreciação com MACRS (Estados Unidos) e o caso brasileiro

A Companhia Fornecedora de Grampos acaba de comprar um novo sistema de informações computadorizado com um custo de instalação de $160.000. O computador é tratado como um ativo depreciável em cinco anos. Quais são as despesas de depreciação anual? Com base na experiência histórica, cremos que o sistema valerá apenas $10.000 quando a empresa o desativar daqui a quatro anos. Quais são as consequências fiscais da venda? Qual é o fluxo de caixa total da venda após impostos?

As despesas de depreciação anual são calculadas multiplicando $160.000 pelas porcentagens de cinco anos encontradas no Quadro 10.8a e no Quadro 10.8b:

EXEMPLO 10.2A

Ano	Porcentagem do MACRS	Depreciação	Valor contábil final
1	20,00%	0,2000 × $160.000 = $ 32.000	$128.000
2	32,00	0,3200 × 160.000 = 51.200	76.800
3	19,20	0,1920 × 160.000 = 30.720	46.080
4	11,52	0,1152 × 160.000 = 18.432	27.648
5	11,52	0,1152 × 160.000 = 18.432	9.216
6	5,76	0,0576 × 160.000 = 9.216	0
	100,00%	$160.000	

EXEMPLO 10.2B

Ano	Porcentagem norma brasileira[†]	Depreciação	Valor contábil final
1	10,00%	0,1000 × $160.000 = $ 16.000	$144.000
2	20,00	0,2000 × 160.000 = 32.000	112.000
3	20,00	0,2000 × 160.000 = 32.000	80.000
4	20,00	0,2000 × 160.000 = 32.000	48.000
5	20,00	0,2000 × 160.000 = 32.000	16.000
6	10,00	0,1000 × 160.000 = 16.000	—
	100,00%	$160.000	

[†] Iniciando e terminando no meio do ano

Observe que também calculamos o valor contábil do sistema ao final de cada ano. O valor contábil ao final do ano 4 é de R$48.000 no sistema tributário brasileiro ($27.648 nos EUA). Se a empresa vender o sistema por $10.000 ao final do quarto ano, a diferença será um prejuízo de R$38.000 para fins fiscais ($17.648 nos EUA). Esse prejuízo, obviamente, é como a depreciação, porque não é despesa realizada no caixa.

O que acontece de fato? Duas coisas. Em primeiro lugar, a empresa recebe $10.000 do comprador. Em segundo lugar, ela economiza 0,34 × R$38.000 = R$12.920 em impostos (0,21 × $17.648 = $3.706 nos EUA). Assim, o fluxo de caixa total da venda, após o efeito tributário, é um fluxo de entrada de caixa de R$22.920 ($13.706 nos EUA).

Um exemplo: A Majestosa — Máquina de Compostagem e Cobertura (MMCC)

Neste ponto, queremos discutir uma análise de orçamento de capital um pouco mais exigente. Ao ler esta análise, lembre-se de que a abordagem básica é exatamente a mesma do exemplo de iscas para tubarão usado anteriormente. Apenas acrescentamos detalhes mais reais (e muito mais números).

A MMCC está investigando a viabilidade de uma nova linha de equipamentos elétricos visando ao número crescente de compostadores domésticos. Com base em conversas exploratórias com compradores de grandes lojas de jardinagem, a MMCC projeta as vendas unitárias da seguinte maneira:

Ano	Vendas unitárias
1	3.000
2	5.000
3	6.000
4	6.500
5	6.000
6	5.000
7	4.000
8	3.000

O novo compostador elétrico será vendido inicialmente a $120 por unidade. Entretanto, após três anos, quando o produto tiver concorrência, a MMCC prevê que o preço cairá para $110.

O projeto do compostador elétrico exigirá $20.000 de capital de giro no início. Posteriormente, o capital de giro total necessário, ao final de cada ano, será de cerca de 15% das vendas daquele ano. O custo variável por unidade é de $60, e os custos fixos totais são de $25.000 por ano.

O custo do equipamento necessário para iniciar a produção será de cerca de $800.000. Esse investimento será feito principalmente em máquinas e equipamentos industriais e se qualifica como equipamento depreciável em 10 anos no sistema brasileiro e de sete anos no sistema MACRS estadunidense[17]. Os equipamentos ainda terão valor de mercado de cerca de 20% de seu custo em oito anos, ou 0,20 × $800.000 = $160.000. A alíquota de imposto considerada é de 34% (21% nos EUA), e o retorno exigido é de 15%. Com base nessas informações, a MMCC deve ir adiante com o projeto?

Fluxos de caixa operacionais   Existem muitas informações que precisamos organizar. A primeira coisa que podemos fazer é calcular os valores das vendas projetadas. As vendas do primeiro ano são projetadas como 3.000 unidades a $120 a unidade, ou um total de $360.000. Os demais números são mostrados no Quadro 10.10.

A seguir, calculamos a depreciação sobre o investimento de $800.000 nos Quadros 10.11a e 10.11b. Com essas informações, podemos preparar as demonstrações de resultados projetadas, como mostram os Quadros 10.12a e 10.12b. Desse ponto em diante, o cálculo dos fluxos de caixa operacionais é simples. Os resultados são ilustrados na primeira parte dos Quadros 10.14a e 10.14b.

Observe que as quantidades vendidas, os preços e os custos nos Quadros 10.12a e 10.12b são os mesmos, porém a forma de contabilizar a depreciação e a alíquota tributária alteram o lucro líquido de forma substancial[18]. A partir da linha "Depreciação", tudo muda.

---

[17] No caso dos EUA, supomos que não há bônus de depreciação, então aplicamos o sistema MACRS a todo o custo.

[18] As moedas são diferentes, mas para o objetivo do exemplo, isso é irrelevante.

QUADRO 10.10 Receitas projetadas — projeto do compostador elétrico

Ano	Preço unitário	Vendas unitárias	Receitas
1	$120	3.000	$360.000
2	120	5.000	600.000
3	120	6.000	720.000
4	110	6.500	715.000
5	110	6.000	660.000
6	110	5.000	550.000
7	110	4.000	440.000
8	110	3.000	330.000

QUADRO 10.11A Depreciação anual — projeto do compostador elétrico (Estados Unidos)

Ano	Porcentagem do MACRS	Depreciação			Valor contábil final
1	14,29%	0,1429 × $800.000 =	$114.320		$685.680
2	24,49	0,2449 × 800.000 =	195.920		489.760
3	17,49	0,1749 × 800.000 =	139.920		349.840
4	12,49	0,1249 × 800.000 =	99.920		249.920
5	8,93	0,0893 × 800.000 =	71.440		178.480
6	8,92	0,0892 × 800.000 =	71.360		107.120
7	8,93	0,0893 × 800.000 =	71.440		35.680
8	4,46	0,0446 × 800.000 =	35.680		0
	100,00%		$800.000		

QUADRO 10.11B Depreciação anual — projeto do compostador elétrico (Brasil)

Ano	Porcentagem no sistema brasileiro[†]	Depreciação	Valor contábil final
1	10,00%	0,0500 × $800.000 = 40.000	$760.000
2	10,00	0,1000 × 800.000 = 80.000	680.000
3	10,00	0,1000 × 800.000 = 80.000	600.000
4	10,00	0,1000 × 800.000 = 80.000	520.000
5	10,00	0,1000 × 800.000 = 80.000	440.000
6	10,00	0,1000 × 800.000 = 80.000	360.000
7	10,00	0,1000 × 800.000 = 80.000	280.000
8	10,00	0,0100 × 800.000 = 80.000	200.000

† O projeto inicia na metade do ano.

QUADRO 10.12A Demonstrações de resultados projetadas — projeto do compostador elétrico (Estados Unidos)

	Ano							
	1	2	3	4	5	6	7	8
Preço unitário	$120	$120	$120	$110	$110	$110	$110	$110
Vendas unitárias	3.000	5.000	6.000	6.500	6.000	5.000	4.000	3.000
Receitas	$360.000	$600.000	$720.000	$715.000	$660.000	$550.000	$440.000	$330.000
Custos variáveis	180.000	300.000	360.000	390.000	360.000	300.000	240.000	180.000
Custos fixos	25.000	25.000	25.000	25.000	25.000	25.000	25.000	25.000
Depreciação	114.320	195.920	139.920	99.920	71.440	71.360	71.440	35.680
Lajir	$ 40.680	$ 79.080	$195.080	$200.080	$203.560	$153.640	$103.560	$ 89.320
Impostos (21%)	8.543	16.607	40.967	42.017	42.748	32.264	21.748	18.757
Lucro líquido	$ 32.137	$ 62.473	$154.113	$158.063	$160.812	$121.376	$81.812	$ 70.563

QUADRO 10.12B Demonstrações de resultados projetadas — projeto do compostador elétrico (Brasil)

	Ano							
Ano	1	2	3	4	5	6	7	8
Preço unitário	$ 120	$ 120	$ 120	$ 110	$ 110	$ 110	$ 110	$ 110
Vendas unitárias	3.000	5.000	6.000	6.500	6.000	5.000	4.000	3.000
Receita	$360.000	$600.000	$720.000	$715.000	$660.000	$550.000	$440.000	$330.000
Custos variáveis	180.000	300.000	360.000	390.000	360.000	300.000	240.000	180.000
Custos fixos	25.000	25.000	25.000	25.000	25.000	25.000	25.000	25.000
Depreciação	40.000	80.000	80.000	80.000	80.000	80.000	80.000	80.000
Lajir	$115.000	$195.000	$255.000	$220.000	$195.000	$145.000	$ 95.000	$ 45.000
Tributos sobre lucro (34%)	39.100	66.300	86.700	74.800	66.300	49.300	32.300	15.300
Lucro líquido	$ 75.900	$128.700	$168.300	$145.200	$128.700	$ 95.700	$ 62.700	$ 29.700

Variação do CCL e do CDG Agora que temos os fluxos de caixa operacionais, precisamos determinar as variações do CCL e do CDG. Tratar de dois conceitos de forma conjunta pode trazer alguma confusão se não começarmos por um alerta. Chamamos de capital circulante líquido (CCL) a diferença entre os usos e as fontes circulantes; essa diferença, na maioria das vezes é um uso de recursos e precisa ser financiada de alguma forma. Portanto, ao tempo em que estamos avaliando as variações do capital circulante líquido, o que importa são as variações de caixa do financiamento para o capital circulante líquido. Assim, alertamos que discutimos dois conceitos diferentes ao mesmo tempo: as variações do uso de caixa no capital circulante líquido, o CCL, decorrentes da variação das operações, e as variações das fontes de caixa, que

QUADRO 10.13 Variações do CCL — projeto do compostador elétrico

Ano	Receitas	Capital de giro	Fluxo de caixa
0		$ 20.000	–$20.000
1	$360.000	54.000	– 34.000
2	600.000	90.000	– 36.000
3	720.000	108.000	– 18.000
4	715.000	107.250	750
5	660.000	99.000	8.250
6	550.000	82.500	16.500
7	440.000	66.000	16.500
8	330.000	49.500	16.500

chamamos de capital de giro, CDG, o caixa utilizado para financiar essas diferenças do CCL. O que pode confundir é que os dois conceitos expressam o mesmo valor, mas o CDG refere de onde veio o caixa (o financiamento do circulante) e o CCL refere aonde o caixa foi (o investimento no circulante). Por hipótese, as demandas do capital de giro para financiar o CCL mudam à medida que as vendas mudam (tanto por variações em contas a receber, quanto em estoques, não acompanhadas por variações correspondentes nas contas operacionais a pagar). No caso da MMCC, em cada ano, ela adicionará ou recuperará parte do capital de giro investido no circulante de seu projeto. Lembrando que a necessidade de capital de giro para financiar o circulante inicia em $20.000 e, em seguida, se eleva até 15% das vendas, podemos calcular o montante das necessidades de capital de giro de cada ano como ilustra o Quadro 10.13.

Como ilustrado, durante o primeiro ano, a necessidade de financiamento do capital circulante líquido aumenta de $20.000 para $0,15 \times \$360.000 = \$54.000$. Portanto, o aumento do capital de giro (CDG) necessário para financiar o capital circulante (CCL) é de $54.000 – $20.000 = $34.000. Os números restantes são calculados da mesma forma.

Lembre-se de que um aumento na necessidade de capital de giro é um consumo de caixa e, portanto, usamos um sinal negativo nos Quadros 10.14a e 10.14b para indicar um investimento adicional que a empresa faz no capital circulante líquido. Um sinal positivo representa o capital de giro que retorna para a empresa. Assim, $16.500 de CCL voltam para o caixa da empresa no ano 6. Ao longo da vida útil do projeto, a necessidade líquida de capital de giro chega ao valor máximo de $108.000 c diminui à medida que as vendas começam a cair.

Os resultados das variações do capital de giro são mostrados na segunda parte dos Quadros 10.14a e 10.14b. Observe que, ao final da vida do projeto, há $49.500 investidos no capital circulante ainda a serem recuperados. Assim, no último ano, o projeto retorna $16.500 de CCL durante o ano e, em seguida, retorna os $49.500 restantes ao final do ano, somando $66.000.

Gastos de capital Por fim, precisamos contabilizar o capital de longo prazo investido no projeto. Neste caso, a MMCC investe $800.000 no ano 0. A hipótese é de que esse equipamento valerá $160.000 ao final do projeto. Terá um valor contábil de R$160.000 no sistema tributário brasileiro (zero no sistema tributário estadunidense). A diferença entre o valor de mercado e o valor contábil do equipamento ao final do projeto é tributável. Se a diferença for maior, deverão ser pagos tributos sobre a diferença; se menor, haverá um crédito tributário, de modo que os resultados após impostos serão de $160.000 \times (1 – 0,21) = \$126.000$ para o sistema estadunidense, enquanto no sistema brasileiro há um prejuízo de –R$40.000 (R$160.000 – R$200.000). Assim, no sistema brasileiro, a MMCC receberia os R$160.000 da venda a valor de mercado, mais um crédito tributário de R$13.600 ($0,34 \times 40.000$). Esses números são mostrados na terceira parte dos Quadros 10.14a e 10.14b.

Fluxos de caixa totais e valor Agora temos todas as partes do fluxo de caixa e as reunimos nos Quadros 10.15a e 10.15b. Observe que os fluxos de caixa do projeto em cada ano são

QUADRO 10.14A Fluxos de caixa projetados — projeto do compostador elétrico (Estados Unidos)

	Ano								
	0	1	2	3	4	5	6	7	8
I. Fluxo de caixa operacional									
Lajir		$ 40.680	$ 79.080	$195.080	$200.080	$203.560	$153.640	$103.560	$ 89.320
Depreciação		114.320	195.920	139.920	99.920	71.440	71.360	71.440	35.680
Impostos		– 8.543	– 16.607	– 40.967	– 42.017	– 42.748	– 32.264	– 21.748	– 18.757
Fluxo de caixa operacional		$146.457	$258.393	$294.033	$257.983	$232.252	$192.736	$153.252	$106.243
II. Capital de giro									
CCL inicial	–$ 20.000								
Variação do CDG		–$ 34.000	–$ 36.000	–$ 18.000	$ 750	$ 8.250	$ 16.500	$ 16.500	$ 16.500
Recuperação do CDG									49.500
Variação total do CDG	–$ 20.000	–$ 34.000	–$ 36.000	–$ 18.000	$ 750	$ 8.250	$ 16.500	$ 16.500	$ 66.000
III. Gastos de capital									
Desembolso inicial	–$800.000								
Valor residual após impostos									$126.400
Gastos de capital	–$800.000								$126.400

QUADRO 10.14B Fluxos de caixa projetados — projeto do compostador elétrico (Brasil)

	Ano								
	0	1	2	3	4	5	6	7	8
I. Fluxo de caixa operacional									
Lajir		$115.000	$195.000	$255.000	$220.000	$195.000	$145.000	$ 95.000	$ 45.000
Depreciação		40.000	80.000	80.000	80.000	80.000	80.000	80.000	80.000
Tributos s/lucros		39.100	66.300	86.700	74.800	66.300	49.300	32.300	15.300
Fluxo de caixa operacional		$115.900	$208.700	$248.300	$225.200	$208.700	$175.700	$142.700	$109.700
II. Capital de giro									
CDG inicial	–$ 20.000								
Variação do CDG		–$ 34.000	–$36.000	–$ 18.000	$ 750	$ 8.250	$ 16.500	$ 16.500	$ 16.500
Recuperação do CDG									49.500
Variação total do CDG	–$ 20.000	–$ 34.000	–$36.000	–$ 18.000	$ 750	$ 8.250	$ 16.500	$ 16.500	$ 66.000
III. Gastos de capital									
Desembolso inicial	–$800.000								
Valor residual após tributos*									160.000
Crédito tributário **									$ 13.600
Gastos de capital	–$800.000								$173.600

* No caso brasileiro, o valor contábil no ano 8 é de $200.000, e como o valor estimado para venda é de $160.000, não haverá dedução de tributos, pois há um prejuízo de –$40.000.
** O prejuízo no valor estimado de venda gera um crédito tributário de 0,34 x 40.000 = $13.600; esse valor pode ser recuperado no caixa por redução de tributos sobre lucros em outras linhas da empresa.

QUADRO 10.15A Fluxos de caixa totais projetados — projeto do compostador elétrico (Estados Unidos)

	Ano								
	0	1	2	3	4	5	6	7	8
Fluxo de caixa operacional		$146.457	$258.393	$294.033	$257.983	$232.252	$192.736	$153.252	$106.243
Variação do CCL	–$ 20.000	– 34.000	– 36.000	– 18.000	750	8.250	16.500	16.500	66.000
Gastos de capital	– 800.000								126.400
Fluxos de caixa totais do projeto	–$820.000	$112.457	$222.393	$276.033	$258.733	$240.502	$209.236	$169.752	$298.643
Fluxos de caixa acumulados	–$820.000	–$707.543	–$485.150	–$209.116	–$ 49.617	$290.119	$499.355	$669.107	$967.750
Fluxos de caixa descontados a 15%	– 820.000	97.789	168.161	181.496	147.932	119.572	90.458	63.816	97.627
Valor presente líquido (15%)	= $146.852								
Taxa interna de retorno	= 19,86%								
Payback	= 3,81 anos								

QUADRO 10.15B Fluxos de caixa totais projetados — projeto do compostador elétrico (Brasil)

	Ano								
	0	1	2	3	4	5	6	7	8
Fluxo de caixa operacional		$115.900	$208.700	$248.300	$225.200	$208.700	$175.700	$142.700	$109.700
Variação do CCL	– 20.000	– 34.000	– 36.000	– 18.000	750	8.250	16.500	16.500	66.000
Gastos de capital	– 800.000								173.600
Fluxos de caixa totais do projeto	–$820.000	$ 81.900	$172.700	$230.300	$225.950	$216.950	$192.200	$159.200	$349.308
Fluxos de caixa acumulados	–$820.000	–$738.100	–$565.400	–$335.100	–$109.150	$107.800	$300.000	$459.200	$808.508
Fluxos de caixa descontados a 15%		71.217	130.586	151.426	129.188	107.862	83.093	59.849	114.189
Valor presente líquido (15%)	= $ 27.411								
Taxa interna de retorno	= 15,88%								
Payback	= 4,50 anos								

iguais aos fluxos de caixa dos ativos que calculamos no Capítulo 3. Além dos fluxos de caixa totais do projeto, calculamos os fluxos de caixa acumulados e os fluxos de caixa descontados. Neste ponto, é só inserir os valores para calcular o valor presente líquido, a taxa interna de retorno e o *payback*.

Se somarmos os fluxos descontados e o investimento inicial, temos que os valores presentes líquidos (a 15%) são de R$27.411 pelo sistema tributário brasileiro e $146.852 no sistema tributário estadunidense. Isso é positivo, de modo que, com base nessas projeções preliminares, o projeto do compostador elétrico é aceitável nos dois sistemas tributários. A taxa interna de retorno é maior do que 15% porque o VPL é positivo. Ela é de 15,88% no sistema brasileiro e de 19,86% no sistema estadunidense, indicando novamente que o projeto é aceitável nas duas geografias (mas muito mais atrativo em uma em relação à outra).

Ao observar os fluxos de caixa acumulados, vemos que, no caso estadunidense, o projeto estará pago entre o terceiro e o quarto ano. O Quadro 10.15a mostra que, ao final do terceiro ano, faltam $209.116, e o ano fracionário faltante é de $209.116/$258.733 = 0,81. Enquanto isso, conforme mostra o Quadro 10.15b, vemos que, no caso brasileiro, no quarto ano ainda faltam ser recuperados $109.150, e o ano fracionário faltante será de $109.150/$216.950 = 0,503. Portanto, o *payback* é de 4,50 anos no sistema brasileiro e de 3,81 anos no estadunidense. Não podemos dizer se isso é bom ou ruim porque não temos uma referência para a MMCC. Esse é o problema mais comum dos períodos de *payback*.

Observe como a depreciação acelerada e a alíquota tributária muito menor criam valor para a empresa com sede nos EUA, quando comparada à empresa situada no Brasil. Compare o valor presente líquido, a taxa interna de retorno e o *payback*. Isso afeta a decisão empresarial, o emprego e a renda.

Conclusão Isso conclui nossa análise preliminar por fluxos de caixa descontados. Aonde vamos agora? Se tivermos muita confiança em nossas projeções, então não há mais análises a serem feitas. A MMCC deve entrar imediatamente nas fases de produção e *marketing*. Mas é pouco provável que isso aconteça. É importante lembrar que o resultado de nossa análise é uma estimativa do valor presente líquido, e, em geral, não teremos total confiança em nossas projeções. Isso significa que temos mais trabalho a fazer. Em particular, é quase certo que vamos querer mais tempo para avaliar a qualidade de nossas estimativas. Voltaremos a esse assunto no próximo capítulo. Por enquanto, vamos verificar algumas definições alternativas de fluxo de caixa operacional e ilustrar alguns casos diferentes que surgem no orçamento de capital.

> **Questões conceituais**
>
> **10.4a** Por que é importante considerar as variações do capital circulante no desenvolvimento dos fluxos de caixa? Qual é o efeito disso?
>
> **10.4b** Como é calculada a depreciação para o ativo imobilizado de acordo com a legislação fiscal brasileira? Quais efeitos têm o valor residual esperado e a vida útil econômica sobre a depreciação calculada?

10.5 Definições alternativas de fluxo de caixa operacional

A análise que fizemos na seção anterior é bastante geral e pode ser ajustada a qualquer problema de investimento de capital. Na próxima seção, ilustramos algumas variações particularmente úteis. Antes de fazermos isso, precisamos discutir o fato de que há diferentes definições de fluxo de caixa operacional de um projeto, que normalmente são usadas tanto na prática quanto nos livros sobre finanças.

Como veremos, as diferentes abordagens ao fluxo de caixa operacional avaliam sempre a mesma coisa. Quando usadas corretamente, todas produzem a mesma resposta, e uma abordagem não é necessariamente melhor ou mais útil do que a outra. Infelizmente, o fato de serem usadas definições alternativas, às vezes, gera confusão. Por esse motivo, examinaremos várias dessas abordagens a seguir para saber como elas se relacionam.

Na discussão a seguir, lembre-se de que, quando falamos de fluxo de caixa, queremos dizer literalmente entrada de dinheiro menos saída de dinheiro. Isso é tudo o que nos interessa. As diferentes definições de fluxo de caixa operacional simplesmente se resumem a diferentes maneiras de manipular as informações básicas sobre vendas, custos, depreciação e tributos sobre lucro para chegar ao fluxo de caixa.

Suponha que tenhamos as seguintes estimativas para determinado projeto e ano:

Vendas = $1.500
Custos = $700
Depreciação = $600

Com essas estimativas, observe que o Lajir é:

Lajir = Vendas − Custos − Depreciação
 = $1.500 − 700 − 600
 = $200

Novamente, pressupomos que nenhum juro é pago e, portanto, a conta tributária é:

Lajir × T

onde T (a alíquota tributária da pessoa jurídica) é de 34%.

Quando juntamos tudo isso, vemos que o fluxo de caixa operacional (ou FCO) do projeto é de:

FCO = Lajir + Depreciação − Impostos
 = $200 + 600 − 68 = $732

Acontece que existem outras maneiras de determinar o FCO, as quais podem ser (e são) utilizadas. Veremos isso a seguir.

A abordagem de baixo para cima

Como estamos ignorando todas as despesas de financiamento (por exemplo, os juros) em nossos cálculos do FCO do projeto, podemos escrever o lucro líquido do projeto assim:

Lucro líquido do projeto = Lajir − Tributos sobre lucro
 = $200 − 68
 = $132

Se simplesmente somarmos a depreciação em ambos os lados, chegamos a uma expressão ligeiramente diferente e muito comum para o FCO:

FCO = Lucro líquido + Depreciação
 = $132 + 600   **[10.1]**
 = $732

Essa é a abordagem *de baixo para cima*. Com ela, começamos com a última linha do contador (o lucro líquido) e somamos de volta todas as deduções que não afetam o caixa, como a depreciação. É crucial lembrarmos que essa definição de fluxo de caixa operacional como lucro líquido mais depreciação só é correta se não houver despesas de juros subtraídas no cálculo do lucro líquido.

No projeto de iscas para tubarão, o lucro líquido foi de $21.780 e a depreciação foi de $30.000, de modo que o cálculo de baixo para cima é:

FCO = $21.780 + $30.000 = $51.780

Isso é exatamente o FCO que obtivemos anteriormente.

Abordagem de cima para baixo

Talvez a forma mais óbvia de calcular o FCO seja:

FCO = Vendas − Custos − Tributos sobre o lucro [10.2]
= $1.500 − 700 − 68 = $732

Essa é a abordagem *de cima para baixo*, a segunda variação da definição básica do FCO. Começamos no alto da demonstração de resultados, com as vendas, e descemos até o fluxo de caixa líquido, subtraindo custos, tributos sobre lucro e outras despesas. Ao longo do caminho, simplesmente deixamos de lado todos os itens que não afetam o caixa, como a depreciação.

No projeto de iscas para tubarão, o fluxo de caixa operacional pode ser calculado facilmente usando a abordagem de cima para baixo. Com as vendas de $200.000, os custos totais (fixos mais variáveis) de $137.000 e uma despesa tributária de $11.220, o FCO é:

FCO = $200.000 − $137.000 − 11.200 = $51.780

Esse é exatamente o que obtivemos antes.

A abordagem do benefício fiscal

A terceira variante de nossa definição básica do FCO é a abordagem do *benefício fiscal*. Ela será muito útil para alguns problemas que veremos na próxima seção. A definição do benefício fiscal para o FCO é:

FCO = (Vendas − Custos) × (1 − T) + Depreciação × T [10.3]

onde T novamente é a alíquota tributária da pessoa jurídica. Pressupondo que $T = 34\%$, o FCO é:

FCO = ($1.500 − 700) × 0,66 + 600 × 0,34
= $528 + 204
= $732

Isso é exatamente o que obtivemos antes.

Sob essa abordagem, o FCO tem dois componentes. A primeira parte mostra o que seria o fluxo de caixa do projeto se não houvesse despesas de depreciação. Nesse caso, esse provável fluxo de caixa seria $528.

A segunda parte é a dedução da depreciação multiplicada pela alíquota tributária. Isso é chamado de **benefício fiscal da depreciação**. Sabemos que a depreciação é uma despesa que não afeta o caixa. O único efeito da dedução da depreciação sobre o fluxo de caixa é a redução de nossos tributos sobre o lucro, o que é um benefício para nós. Com a alíquota tributária da pessoa jurídica de 34%, cada real gasto em despesas de depreciação economiza 34 centavos em tributos sobre o lucro. Assim, em nosso exemplo, a dedução da depreciação de $600 economiza $600 × 0,34 = $204 em tributos sobre o lucro.

No projeto de iscas para tubarão, o benefício fiscal da depreciação teria sido de $30.000 × 0,34 = + $10.200. O valor das vendas menos os custos, após os tributos sobre o lucro, seria de ($200.000 − 137.000) × (1 − 0,34) = $41.580. Somando esses resultados, obtemos o valor do FCO:

FCO = $41.580 + 10.200 = $51.780

Esse cálculo verifica que a abordagem do benefício fiscal é equivalente à abordagem usada anteriormente.

benefício fiscal da depreciação
Economia fiscal resultante da dedução da depreciação, calculada como a depreciação multiplicada pela alíquota tributária da pessoa jurídica.

Conclusão

Agora que já vimos que todas essas abordagens são iguais, provavelmente você está se perguntando por que todos não concordam em usar apenas uma delas. Um motivo, como veremos na próxima seção, é que diferentes abordagens são úteis em diferentes circunstâncias. A melhor a ser usada é aquela que for a mais conveniente para o problema em questão.

> **Questões conceituais**
>
> **10.5a** Quais são as definições de cima para baixo e de baixo para cima do fluxo de caixa operacional?
>
> **10.5b** O que quer dizer o termo *benefício fiscal da depreciação*?

10.6 Alguns casos especiais da análise por fluxos de caixa descontados

Para encerrar nosso capítulo, veremos três casos envolvendo a análise por fluxos de caixa descontados (FCD). O primeiro caso envolve os investimentos que visam primariamente a melhorar a eficiência e, portanto, cortar gastos. O segundo caso que consideraremos surge quando uma empresa está envolvida em licitações. O terceiro e último caso surge ao se escolher entre opções de equipamentos com diferentes vidas econômicas.

Poderíamos considerar muitos outros casos especiais, mas esses três são particularmente importantes porque eles se assemelham muito a problemas muito comuns. Além disso, eles ilustram algumas aplicações bastante diversas da análise de fluxos de caixa e da avaliação por FCD.

Excel Master!
Cobertura *on-line* do Excel Master

Avaliação de propostas de redução de custos

Uma decisão que enfrentamos com frequência é se devemos ou não atualizar as instalações existentes para melhorar sua relação custo-benefício. A questão é se as economias de custo são ou não grandes o suficiente para justificar os gastos de capital necessários.

Por exemplo, suponha que estejamos considerando a automatização de parte de um processo de produção existente. A compra e a instalação do equipamento necessário custam $80.000. A automação economizará $22.000 por ano (antes de impostos) com a redução na mão de obra e nos custos de materiais. Para simplificar, vamos pressupor que o equipamento tenha cinco anos de vida útil e seja depreciado até zero em base linear nesse período, e valerá $20.000 em cinco anos. Devemos automatizar? A alíquota tributária é de 34% e a taxa de desconto é de 10%.

Como sempre, a primeira etapa para tomar tal decisão é identificar os fluxos de caixa incrementais relevantes. Primeiro, a determinação dos gastos de capital em questão é bastante simples. O custo inicial é de $80.000. O valor residual após impostos é $20.000 × (1 – 0,34) = $13.200, porque o valor contábil será igual a zero em cinco anos. Segundo, não há consequências para o capital circulante e, portanto, não precisamos nos preocupar com as variações do capital de giro.

Os fluxos de caixa operacionais são o terceiro componente a ser considerado. A compra do novo equipamento afeta nossos fluxos de caixa operacionais de duas formas. Primeiro, economizamos $22.000 antes dos tributos sobre lucro, todos os anos. Em outras palavras, a receita operacional da empresa aumenta em $22.000, de modo que essa é a receita operacional incremental do projeto.

Em segundo lugar, temos a dedução da depreciação adicional (que é fácil de esquecer). Neste caso, a depreciação é $80.000/5 = $16.000 por ano.

Como o projeto tem uma receita operacional de $22.000 (a economia de custos antes dos tributos sobre o lucro) e uma depreciação de $16.000, se implantarmos o projeto, o Lajir da empresa aumentará em $22.000 − 16.000 = $6.000, de modo que esse é o Lajir do projeto.

Por fim, como o Lajir aumenta, os tributos sobre o lucro aumentarão. Esse aumento dos tributos sobre o lucro será de $6.000 × 0,34 = $2.040. Com essas informações, podemos calcular o fluxo de caixa operacional na forma usual:

Lajir	$ 6.000
+ Depreciação	16.000
− Tributos sobre o lucro	2.040
Fluxo de caixa operacional	$19.960

Assim, nosso fluxo de caixa operacional após tributos sobre lucro é de $19.960.

Seria um pouco mais esclarecedor se calculássemos o fluxo de caixa operacional usando uma abordagem diferente. O que acontece de fato é muito simples. Em primeiro lugar, a economia de custos aumenta nossa receita antes dos tributos sobre lucro em $22.000. Precisamos pagar tributos sobre lucro sobre esse montante e, portanto, nossa carga tributária aumenta em 0,34 × $22.000 = $7.480. Em outras palavras, a economia antes dos tributos sobre lucro de $22.000 resulta em $22.000 × (1 − 0,34) = $14.520 após os tributos sobre lucro.

Em segundo lugar, os $16.000 extras em depreciação não são realmente um fluxo de saída de caixa, mas reduzem nossos tributos sobre lucro em $16.000 × 0,34 = $5.440. A soma desses dois componentes é de $14.520 + 5.440 = $19.960, exatamente o valor que obtivemos antes. Observe que os $5.440 são o benefício fiscal da depreciação que já discutimos, de modo que, de fato, acabamos de usar a abordagem do benefício fiscal.

Agora podemos encerrar nossa análise. Com base em nossa discussão, os fluxos de caixa relevantes são:

	\multicolumn{6}{c}{Ano}
	0	1	2	3	4	5
Fluxo de caixa operacional		$19.960	$19.960	$19.960	$19.960	$19.960
Gastos de capital	−$80.000					13.200
Fluxo de caixa total	−$80.000	$19.960	$19.960	$19.960	$19.960	$33.160

A 10%, a verificação de que o valor presente líquido é de $3.860 é simples, e, portanto, devemos ir em frente e automatizar.

Vejamos o resultado para o mesmo exemplo nos EUA, com a alíquota de IRPJ de 21%. O fluxo de caixa operacional será de $20.740:

Lajir	$ 6.000
+ Depreciação	16.000
− Impostos (21%)	1.260
Fluxo de caixa operacional	$20.740

O valor residual após impostos é $20.000 × (1 − 0,21) = $15.800, e os fluxos de caixa relevantes são:

	Ano					
	0	1	2	3	4	5
Fluxo de caixa operacional		$20.740	$20.740	$20.740	$20.740	$20.740
Gastos de capital	−$80.000					15.800
Fluxo de caixa total	−$80.000	$20.740	$20.740	$20.740	$20.740	$36.540

Nesse caso, a 10%, o valor presente líquido é de $8.431.

EXEMPLO 10.3 Comprar ou não comprar?

Estamos pensando em comprar um sistema computadorizado de gestão de estoques que custa $200.000. Ele terá depreciação linear até zero ao longo de sua vida útil de quatro anos. Ele valerá $30.000 ao final desse período. O sistema economizará $60.000 antes dos tributos sobre lucro em custos relacionados a estoques. A alíquota tributária é de 34%. Como a nova configuração é mais eficiente do que a existente, precisaremos manter menos estoque total e, assim, liberaremos $45.000 de capital de giro. Qual é o VPL a 16%? Qual é o retorno do FCD (a TIR) sobre esse investimento?

Podemos primeiro calcular o fluxo de caixa operacional. A economia de custo após tributos sobre lucro é de $60.000 × (1 − 0,34) = $39.600. A depreciação é de $200.000/4 = $50.000 por ano, de modo que o benefício fiscal da depreciação resulta em $50.000 × 0,34 = $17.000. O fluxo de caixa operacional é de $39.600 + 17.000 = $56.600 por ano.

Os gastos de capital envolvem $200.000 iniciais para a compra do sistema. O valor residual após tributos sobre lucro é de $30.000 × (1 − 0,34) = $19.800. Por fim, e esta é a parte meio complicada, o investimento inicial em capital circulante líquido é um *fluxo de entrada* de $45.000, porque o sistema libera capital circulante. Além disso, teremos de recuperar isso ao final da vida útil do projeto. O que isso realmente significa é simples: enquanto o sistema está funcionando, temos $45.000 para usar onde bem entendermos. Para encerrar nossa análise, podemos calcular os fluxos de caixa totais:

	Ano				
	0	1	2	3	4
Fluxo de caixa operacional		$56.600	$56.600	$56.600	$56.600
Variação do CCL	$45.000				− 45.000
Gastos de capital	− 200.000				19.800
Fluxo de caixa total	−$155.000	$56.600	$56.600	$56.600	$31.400

A 16%, o valor presente líquido é −$10.541, e o investimento não é atraente. Após um pouco de tentativa e erro, descobrimos que o valor presente líquido é igual a zero quando a taxa de desconto é de 12,296%, de modo que a taxa interna de retorno sobre esse investimento é de aproximadamente 12,3%.

Como definir o preço em uma licitação

Anteriormente, usamos a análise por fluxos de caixa descontados para avaliar a proposta de um produto novo. Um cenário meio diferente (e muito comum) surge quando devemos fazer uma proposta em um processo competitivo para ganhar um trabalho. Sob tais circunstâncias, o ganhador é aquele que apresentar o menor preço.

Existe uma velha piada sobre esse processo: a proposta mais baixa é a que tiver o maior erro. Isso é chamado de maldição do vencedor. Em outras palavras, se você ganhar, há boas chances de ter cotado abaixo do que deveria. Nesta seção, veremos como definir o preço de oferta da proposta de modo a evitar a maldição do vencedor. O procedimento descrito é útil sempre que precisamos definir um preço para um produto ou serviço.

Para ilustrar como definir um preço de oferta para uma proposta, imagine que estamos em um ramo em que compramos carretas desmontadas para modificação e revenda de acordo com especificações dos clientes. Um distribuidor local solicitou cotações de cinco caminhões por ano, especialmente modificados, durante os próximos quatro anos, totalizando 20 caminhões.

Precisamos decidir qual preço por caminhão oferecer. O objetivo de nossa análise é determinar o menor preço que podemos cobrar, com lucro. Isso maximiza nossas chances de conseguirmos o contrato e de resguardar-nos contra a maldição do vencedor.

Suponha que possamos comprar as carretas por $10.000 cada uma. As instalações físicas necessárias podem ser alugadas a $24.000 por ano. O custo da mão de obra e do material para realizar as modificações será de cerca de $4.000 por caminhão. O custo total por ano será, portanto, de $24.000 + 5 × (10.000 + 4.000) = $94.000.

Teremos de investir $60.000 em novos equipamentos. Esses equipamentos serão depreciados em base linear até zero ao longo dos quatro anos. Eles valerão cerca de $5.000 ao final desse período. Também precisamos investir $40.000 em estoques de matéria-prima e outros itens de capital circulante. A alíquota tributária é de 34%. Qual deve ser o preço por caminhão para obtermos 20% de retorno sobre nosso investimento?

Começamos observando os gastos de capital e o investimento em capital circulante líquido. Temos de gastar $60.000 hoje em novo equipamento. O valor residual após tributos sobre lucro é de $5.000 × (1 – 0,34) = $3.300. Além disso, temos de investir $40.000 hoje em capital circulante. Esse montante será recuperado em quatro anos.

Ainda não podemos determinar o fluxo de caixa operacional porque não sabemos qual será o preço de venda. Portanto, traçando uma linha do tempo, eis o que temos até agora:

	Ano				
	0	1	2	3	4
Fluxo de caixa operacional		+FCO	+FCO	+FCO	+FCO
Variação do capital de giro	– $ 40.000				$40.000
Gastos de capital	– 60.000				3.300
Fluxo de caixa total	–$100.000	+FCO	+FCO	+FCO	+FCO + $43.300

Tendo isso em mente, observe que o detalhe mais importante é o seguinte: o menor preço possível que podemos cobrar para obter lucro resultará em um valor presente líquido de zero a 20%. A esse preço, ganhamos exatamente 20% sobre nosso investimento.

Dada essa observação, primeiro precisamos determinar qual deve ser o fluxo de caixa operacional para que o valor presente líquido seja igual a zero. Para fazer isso, calculamos o valor presente do fluxo de caixa não operacional de $43.300 do último ano e o subtraímos do investimento inicial de $100.000:

$$\$100.000 - 43.300/1,20^4 = \$100.000 - 20.882 = \$79.118$$

Depois disso, nossa linha do tempo fica assim:

	Ano				
	0	1	2	3	4
Fluxo de caixa total	–$78.805	+FCO	+FCO	+FCO	+FCO

Como sugere a linha do tempo, o fluxo de caixa operacional agora é a incógnita do montante da anuidade ordinária. O fator de capitalização de quatro anos a 20% é 2,58873, e, portanto, temos:

VPL = 0 = –$79.118 + FCO × 2,58873

Isso implica que:

FCO = $79.118/2,58873 = $30.563

Assim, o fluxo de caixa operacional precisa ser de $30.563 por ano.

Mas ainda não terminamos. O último problema é descobrir qual preço de venda resulta em um fluxo de caixa operacional de $30.563. A maneira mais fácil de fazer isso é lembrar que o fluxo de caixa operacional pode ser escrito como o lucro líquido mais a depreciação (a definição de baixo para cima). A depreciação é de $60.000/4 = $15.000. Dessa forma, podemos determinar qual deve ser o lucro líquido:

Fluxo de caixa operacional = Lucro líquido + Depreciação
$30.563 = Lucro líquido + $15.000
Lucro líquido = $15.563

Desse ponto em diante, seguimos até a demonstração de resultados. Se o lucro é de $15.563, então nossa demonstração de resultados é a seguinte:

Vendas	?
Custos	$94.000
Depreciação	15.000
Tributos sobre lucro (34%)	?
Lucro líquido	$15.563

Assim, podemos calcular as vendas observando que:

Lucro líquido = (Vendas − Custos − Depreciação) × (1 − T)
$15.563 = (Vendas − $94.000 − $15.000) × (1 − 0,34)
Vendas = $15.563/0,66 + $94.000 + $15.000
= $132.580

As vendas por ano devem ser de $132.580. Como o contrato pede cinco caminhões por ano, o preço de venda precisa ser $132.580/5 = $26.516. Se arredondarmos um pouco, parece que precisamos apresentar uma proposta de cerca de $27.000 por caminhão. A esse preço, se conseguíssemos o contrato, nosso retorno estaria um pouco acima de 20%.

Avaliação de opções de equipamentos com vidas úteis diferentes

O último problema que consideraremos envolve a seleção entre diferentes sistemas, configurações de equipamento ou procedimentos. Nosso objetivo é selecionar o que tem melhor custo-benefício. A abordagem que consideramos é necessária apenas quando existem duas circunstâncias especiais. Primeiro: quando as possibilidades avaliadas têm vidas econômicas diferentes. Segundo, e tão importante quanto: quando aquilo que for comprado será necessário por um período mais ou menos indefinido. Assim, quando o equipamento ficar velho, compraremos outro.

É possível ilustrar esse problema com um exemplo simples. Imagine que fabricamos subconjuntos de metal estampado. Sempre que um mecanismo de estampagem se desgasta, temos de substituí-lo por um novo para permanecer no mercado. Estamos considerando duas opções de mecanismos de estampagem.

A máquina A custa $100 na compra e $10 por ano de funcionamento. Ela se desgasta e deve ser substituída a cada dois anos. A máquina B custa $140 na compra e $8 por ano de funcionamento. Ela dura três anos e, em seguida, deve ser substituída. Ignorando os tributos sobre o lucro, com qual devemos ficar se exigimos uma taxa de desconto de 10%?

Ao comparar as duas máquinas, observamos que a primeira é mais barata, mas custa mais para operar e se desgasta mais rapidamente. Como podemos avaliar essas alternativas? Podemos começar calculando o valor presente (VP) dos custos de cada uma delas:

Máquina A: VP = $-100 + -10/1,1 + -10/1,1^2 = -\$117,36$
Máquina B: VP = $-140 + -8/1,1 + -8/1,1^2 + -8/1,1^3 = -\$159,89$

Observe que *todos* os números são custos e, portanto, todos têm sinais negativos. Se pararmos por aqui, pode parecer que A é mais atraente, porque o valor presente dos custos é menor. Entretanto, tudo o que descobrimos até agora realmente foi que A fornece efetivamente dois anos de serviço de estampagem por $117,36, enquanto B fornece três anos por $159,89. Esses custos não podem ser comparados diretamente, por causa da diferença dos tempos de serviço.

Precisamos encontrar um custo por ano para essas duas alternativas. Para tanto, fazemos a pergunta: qual montante pago a cada ano, ao longo da vida útil da máquina, tem o mesmo valor presente dos custos? Esse montante é chamado de **custo anual equivalente (CAE)**.

custo anual equivalente (CAE)
Valor presente dos custos de um projeto calculados em uma base anual.

O cálculo do CAE envolve descobrir a incógnita do montante de pagamento por ano. Por exemplo, para a máquina A, precisamos encontrar uma anuidade ordinária de dois anos com um valor presente de –$117,36 a 10%. Voltando ao Capítulo 6, sabemos que o fator de anuidade de dois anos é:

Fator de anuidade = $(1 - 1/1,10^2)/0,10 = 1,7355$

Assim, para a máquina A, temos:

VP dos custos = $-\$117,36 = CAE \times 1,7355$
CAE = $-\$117,36/1,7355$
    = $-\$67,62$

Para a máquina B, a vida útil é de três anos, e, portanto, primeiro precisamos do fator de anuidade de três anos:

Fator de anuidade = $(1 - 1/1,10^3)/0,10 = 2,4869$

Calculamos o CAE de B como fizemos para A:

VP dos custos = $-\$159,89 = CAE \times 2,4869$
CAE = $-\$159,89/2,4869$
    = $-\$64,29$

Com base nessa análise, devemos comprar a máquina B, porque ela custa efetivamente $64,29 por ano *versus* $67,62 para A. Em outras palavras, na soma de tudo, a máquina B é mais barata. Nesse caso, a vida útil maior e o custo operacional mais baixo são mais do que suficientes para compensar o preço de compra inicial mais alto.

EXEMPLO 10.4 — Custos anuais equivalentes

Este exemplo mais completo ilustra o que acontece ao CAE quando consideramos os tributos sobre o lucro. Você está avaliando duas opções de controle de poluição. Um sistema de filtros tem custo de instalação de $1,1 milhão e custo de operação de $60.000 por ano antes dos tributos sobre o lucro. Ele terá de ser completamente substituído a cada cinco anos. Um sistema de precipitação tem um custo de instalação de $1,9 milhão, mas tem um custo de operação de apenas $10.000 por ano. O equipamento de precipitação tem uma vida útil operacional efetiva de oito anos. A depreciação linear é usada nos dois, e nenhum sistema tem valor residual. Qual opção devemos selecionar se aplicarmos uma taxa de desconto de 12%? A alíquota tributária é de 34%.

Precisamos levar em conta os CAEs dos dois sistemas, porque eles têm vidas úteis diferentes e serão substituídos quando se desgastarem. As informações relevantes podem ser resumidas da seguinte maneira:

	Sistema de filtragem	Sistema de precipitação
Custo operacional após tributos sobre o lucro	−$ 39.600	− $6.600
Benefício fiscal da depreciação	74.800	80.750
Fluxo de caixa operacional	$ 5.200	$ 74.150
Vida econômica	5 anos	8 anos
Fator de anuidade (12%)	3,6048	4,9676
Valor presente do fluxo de caixa operacional	$ 126.888	$ 368.350
Gastos de capital	−1.100.000	− 1.900.000
VP total dos custos	−$ 973.112	−$1.531.650

Observe que o fluxo de caixa operacional, na verdade, é positivo em ambos os casos por causa do grande benefício fiscal da depreciação. Isso pode ocorrer sempre que o custo operacional for pequeno em relação ao preço de compra.

Para resolver qual sistema deve ser comprado, calculamos os CAEs de ambos, aplicando os fatores de anuidade apropriados:

Sistema de filtragem: $-\$973.112 = \text{CAE} \times 3,6048$
$\text{CAE} = -\$269.951$

Sistema de precipitação: $-\$1.531.650 = \text{CAE} \times 4,9676$
$\text{CAE} = -\$308.328$

Escolheremos o sistema de filtragem porque é o mais barato. Neste caso, a vida útil maior e o custo operacional menor do sistema de precipitação não são suficientes para compensar seu custo inicial maior.

Questões conceituais

10.6a Ao cotar um preço de oferta em licitações, usamos um valor presente líquido zero como referência. Explique por que isso é apropriado.

10.6b Sob quais circunstâncias temos de nos preocupar com as vidas econômicas desiguais? Como você interpreta o CAE?

10.7 Resumo e conclusões

Este capítulo descreveu como montar uma análise por fluxos de caixa descontados. Nele, abordamos:

1. A identificação dos fluxos de caixa relevantes do projeto. Discutimos os fluxos de caixa do projeto e descrevemos como lidar com algumas questões que surgem com frequência, incluindo custos irrecuperáveis, custos de oportunidade, custos de financiamento, capital de giro e erosão.

2. A preparação e o uso de demonstrações financeiras projetadas. Mostramos como as informações dessas demonstrações financeiras são úteis para chegar aos fluxos de caixa projetados e, também, vimos algumas definições alternativas de fluxo de caixa operacional.

3. O papel do capital circulante e da depreciação na determinação dos fluxos de caixa do projeto. Vimos que a inclusão da variação do capital circulante líquido e a variação do capital de giro são importantes porque o primeiro expressa a diferença entre os ativos e os passivos circulantes, e o segundo, como essa diferença se traduz em necessidades ou sobras de investimentos de caixa. Vimos também o cálculo das despesas de depreciação de acordo com a norma fiscal.

4. Alguns casos especiais encontrados no uso da análise por fluxos de caixa descontados: aqui vimos três questões especiais. Vimos como avaliar investimentos de redução de custos, como definir um preço de oferta em licitações e como resolver o problema de vidas úteis desiguais.

A análise por fluxos de caixa descontados que vimos é uma ferramenta-padrão no mundo dos negócios. É uma ferramenta muito poderosa, portanto, use-a com cuidado. A coisa mais importante é identificar os fluxos de caixa de um modo que tenha sentido do ponto de vista econômico. Este capítulo permite um bom início de aprendizado de como fazer isso.

REVISÃO DO CAPÍTULO E TESTE DE CONHECIMENTOS

10.1 Orçamento de capital para o projeto X   Com base informações do Projeto X a seguir apresentadas, devemos aceitar o empreendimento? Para responder, primeiro prepare uma demonstração de resultados projetada para cada ano. A seguir, calcule o fluxo de caixa operacional. Termine o problema determinando o fluxo de caixa total e, em seguida, calcule o VPL, pressupondo um retorno exigido de 28%. Use a alíquota tributária de 34% e depreciação em dez anos, de forma linear, para análise da viabilidade no Brasil e alíquota tributária de 21% e sistema de depreciação MACRS, para avaliar a viabilidade nos EUA. Se precisar de ajuda, volte aos exemplos da isca para tubarão e do compostador elétrico. Compare os resultados das diferentes alíquotas tributárias e sistema de depreciação para os fluxos de caixa e o VPL no Brasil e nos EUA.

Informações do Projeto X: O Projeto X envolve um novo tipo de roda de grafite para patins. Acreditamos que poderemos vender 6.000 unidades por ano ao preço de $1.000 cada um. Os custos variáveis serão de cerca de $400 por unidade, e o produto deve ter vida útil de quatro anos.

Os custos fixos do projeto serão de $450.000 por ano. Além disso, precisamos investir um total de $1.250.000 em equipamento de fabricação. Esse equipamento é um bem depreciável em 10 anos no Brasil, e em 7 anos nos EUA para fins fiscais. Estima-se que em quatro anos, o equipamento valerá cerca de metade daquilo que pagamos por ele. Teremos de investir $1.150.000 em capital de giro no início. Após isso, as demandas do capital de giro serão de 25% das vendas.

10.2 Cálculo de fluxo de caixa operacional   A Currais Mont Blanc Ltda. projetou um volume de vendas de $1.650 para o segundo ano de um projeto de expansão proposto. Normalmente, os custos são de 60% das vendas, ou cerca de $990 neste caso. A despesa de depreciação será de $100, e a alíquota tributária é de 34%. Qual é o fluxo de caixa operacional? Calcule sua resposta usando todas as abordagens (incluindo as abordagens de cima para baixo, de baixo para cima e do benefício fiscal) descritas no capítulo.

10.3 Gastando dinheiro para economizar dinheiro? Se precisar de ajuda, consulte o exemplo do sistema computadorizado de gestão de estoque do Exemplo 10.3. Aqui, estamos prevendo um novo sistema de vigilância automático para substituir nosso atual sistema de segurança terceirizado. O novo sistema custará $450.000. O custo será depreciado linearmente até zero durante a vida útil esperada de quatro anos do sistema. O sistema deve valer $250.000 ao final de quatro anos, após a consideração dos custos.

Achamos que o novo sistema economizará $125.000 por ano, antes dos impostos, em custos de segurança terceirizada. A alíquota tributária é de 34%. Quais são o VPL e a TIR da compra do novo sistema? O retorno exigido é de 17%.

RESPOSTA DA REVISÃO DO CAPÍTULO E DO TESTE DE CONHECIMENTOS

10.1 Vamos desenvolver a solução em duas partes: iniciamos avaliando o Projeto X para implantação nos Brasil e em seguida seguimos os mesmos passos para avaliar a implantação do Projeto X nos EUA, para compararmos os efeitos das diferenças tributárias e de depreciação.

a) Implantação do Projeto X no Brasil: Para desenvolver as demonstrações de resultados projetadas, precisamos calcular a depreciação em cada um dos quatro anos.

As provisões de depreciação e os valores contábeis dos quatro primeiros anos no Brasil são:

Ano	Porcentagem de depreciação anual	Depreciação	Valor contábil final no ano
1	10,00%	0,10 × $1.250.000 = $125.000	$1.125.000
2	10,00%	0,10 × $1.250.000 = $125.000	1.000.000
3	10,00%	0,10 × $1.250.000 = $125.000	975.000
4	10,00%	0,10 × $1.250.000 = $125.000	750.000

As demonstrações de resultados projetadas são:

	Ano			
	1	2	3	4
Vendas	$6.000.000	$6.000.000	$6.000.000	$6.000.000
Custos variáveis	2.400.000	2.400.000	2.400.000	2.400.000
Custos fixos	450.000	450.000	450.000	450.000
Depreciação	125.000	125.000	125.000	125.000
Lajir	3.025.000	3.025.000	3.025.000	3.025.000
Tributos s/lucro (34%)	1.028.500	1.028.500	1.028.500	1.028.500
Lucro líquido	$1.996.500	$1.996.500	$1.996.500	$1.996.500

Com base nessas informações, os fluxos de caixa operacionais são:

	Ano			
	1	2	3	4
Lajir	3.025.000	3.025.000	3.025.000	$2.993.875
Depreciação	125.000	125.000	125.000	125.000
Tributos s/lucro	1.028.500	1.028.500	1.028.500	1.028.500
Fluxo de caixa operacional	2.121.500	2.121.500	2.121.500	2.121.500

Agora temos de dirigir nossa atenção para os fluxos de caixa não operacionais. O capital de giro a ser investido no projeto começa em $1.150.000 e, em seguida, sobe para 25% das vendas, ou $1.500.000. Essa é uma variação de $350.000 no capital de giro investido no projeto. E teremos que investir $1.250.000 em ativos fixos, para iniciar. Em quatro anos, o valor contábil desse investimento em ativos fixos no Brasil será ainda de $750.000 comparado a um valor de mercado estimado de $625.000 (metade do custo). Nessas condições, o valor residual após o efeito dos tributos sobre lucros, no Brasil, é de: $625.000 – 0,34 × (625.000 – 750.00) = $667.500.

Quando combinamos todas essas informações, os fluxos de caixa projetados do Projeto X no Brasil são:

	Ano				
	0	1	2	3	4
Fluxo de caixa operacional		$2.121.500	$2.121.500	$2.121.500	$$2.121.500
Variação do CDG	–$1.150.000	– 350.000			1.500.000
Gastos de capital	– 1.250.000				667.500
Fluxo de caixa total	–$2.400.000	$1.771.500	$2.121.500	$2.121.500	$4.289.000

Com esses fluxos de caixa, o VPL a 28% é de:

$$\text{VPL} = -\$2.400.000 + 1.771.500/1,28 + 2.121.500/1,28^2 + 2.121.500/1,28^3 + 4.289.000/1,28^4$$
$$= \$2.888.232$$

Assim, esse projeto parece ser bastante lucrativo.

b) Implantação do Projeto X nos EUA: As provisões de depreciação e os valores contábeis dos quatro primeiros anos nos EUA são:

Ano	Porcentagem do MACR	Depreciação	Valor contábil final no ano
1	14,29%	0,1429 × 1.250.000 = 178.625	$1.071.375
2	24,49	0,2449 × 1.250.000 = 306.125	765.250
3	17,49	0,1749 × 1.250.000 = 218.625	546.625
4	12,49	0,1249 × 1.250.000 = 156.125	390.500

As demonstrações de resultados projetadas são:

	Ano			
	1	2	3	4
Vendas	$6.000.000	$6.000.000	$6.000.000	$6.000.000
Custos variáveis	2.400.000	2.400.000	2.400.000	2.400.000
Custos fixos	450.000	450.000	450.000	450.000
Depreciação	178.625	306.125	218.625	156.125
Lajir	$2.971.375	$2.843.875	$2.931.375	$2.993.875
Impostos (21%)	623.989	597.214	615.589	628.714
Lucro líquido	$2.347.386	$2.246.661	$2.315.786	$2.365.161

Com base nessas informações, os fluxos de caixa operacionais projetados, nos EUA, são:

	Ano			
	1	2	3	4
Lajir	$2.971.375	$2.843.875	$2.931.375	$2.993.875
Depreciação	178.625	306.125	218.625	156.125
Impostos	623.989	597.214	615.589	628.714
Fluxo de caixa operacional	$2.526.011	$2.552.786	$2.534.411	$2.521.286

Agora os fluxos de caixa não operacionais: o capital de giro a ser investido no projeto e suas variações são dados do problema: o CDG inicial é de $1.150.000 e, em seguida, sobe para 25% das vendas, ou $1.500.000. Essa é uma variação de $350.000 no capital de giro a ser investido no projeto. O investimento em ativo fixo é o mesmo, $1.250.000. Em quatro anos, o valor contábil desse investimento, nos EUA, será ainda de $390.500, comparado a um valor de mercado estimado de $625.000. O valor residual após o efeito dos impostos, nos EUA, é de $625.000 − 0,21 × (625.000 − 390.500) = $575.755.

Quando combinamos todas essas informações, os fluxos de caixa projetados do Projeto X, se implantado nos EUA, são:

	Ano				
	0	1	2	3	4
Fluxo de caixa operacional		$2.526.011	$2.552.786	$2.534.411	$2.521.286
Variação do CDG	−$1.150.000	− 350.000			1.500.000
Gastos de capital	− 1.250.000				575.755
Fluxo de caixa total	−$2.400.000	$2.176.011	$2.552.786	$2.534.411	$4.597.041

Com esses fluxos de caixa, o VPL a 28% é de:

$$NPV = -\$2.400.000 + 2.176.011/1,28 + 2.552.786/1,28^2$$
$$+ 2.534.411/1,28^3 + 4.597.041/1,28^4$$
$$= \$3.779.139$$

Assim, esse projeto parece ser bastante lucrativo, tanto se implantado no Brasil quanto nos EUA. Entretanto, se implantado nos EUA, teria VPL de $3.779.139 e no Brasil teria VPL de $ 2.888.232. A diferença, nas condições do exemplo, é de $890.907, ou 30,85% a mais na estimativa de valor a ser trazido pelo projeto. Essa diferença que beneficia a decisão de investimento nos EUA* decorre da alíquota tributária sobre lucros muito menor e de um sistema de depreciação que privilegia o fluxo de caixa para a empresa.

10.2 Em primeiro lugar, podemos calcular o Lajir do projeto, sua carga tributária e seu lucro líquido:

$$\text{Lajir} = \text{Vendas} - \text{Custos} - \text{Depreciação}$$
$$= \$1.650 - 990 - 100 = \$560$$
$$\text{Tributos s/lucro} = \$560 \times 0{,}34 = \$190$$
$$\text{Lucro líquido} = \$560 - 190 = \$370$$

Com esses números, o fluxo de caixa operacional é:

$$\text{FCO} = \text{Lajir} + \text{Depreciação} - \text{Tributos}$$
$$= \$560 - 100 - 190$$
$$= \$470$$

Usando as outras definições de FCO, temos:

$$\text{FCO de baixo para cima} = \text{Lucro líquido} + \text{Depreciação}$$
$$= \$370 + 100$$
$$= \$470$$
$$\text{FCO de cima para baixo} = \text{Vendas} - \text{Custos} - \text{Impostos}$$
$$= \$1.650 - 990 - 190$$
$$= \$470$$
$$\text{FCO com benefício fiscal} = (\text{Vendas} - \text{Custos}) \times (1 - 0{,}34) + \text{Depreciação} \times 0{,}34$$
$$= (\$1.650 - 990) \times 0{,}79 + 100 \times 0{,}34$$
$$= \$470$$

Como era esperado, todas essas definições produzem exatamente a mesma resposta.

10.3 A economia de $125.000 antes dos tributos sobre lucros resulta em $(1 - 0{,}34) \times \$125.000 = \$82.500$ após tributação. A depreciação anual de $\$450.000/4 = \$112.500$ gera um benefício fiscal de $0{,}34 \times \$112.500 = \$38.250$ a cada ano. Juntando tudo isso, calculamos que o fluxo de caixa operacional é de $\$82.500 + 38.250 = \$120.750$. Como o valor contábil é zero em quatro anos, o valor residual após tributos é de $(1 - 0{,}34) \times \$250.000 = \$165.000$. Não existem consequências sobre o capital circulante, de modo que os fluxos de caixa são:

	Ano				
	0	1	2	3	4
Fluxo de caixa operacional		$120.750	$120.750	$120.750	$120.750
Gastos de capital	−$450.000				165.000
Fluxo de caixa total	−$450.000	$120.750	$120.750	$120.750	$285.750

Você pode conferir que o VPL a 17% é −$30.702 e que o retorno sobre o novo sistema de vigilância é de apenas 13,96%. O projeto não parece ser lucrativo.

---

* Lembramos que moedas diferentes não alteram a análise, uma vez que a conversão para outra moeda apenas altera a escala dos números e não as proporções entre eles. Também podemos pensar em equivalente em dólares no Brasil, ou em equivalentes em reais nos EUA. Evidentemente haveria ainda vários outros fatores a considerar, como tamanho do mercado, diferenças de demanda, e mesmo renda, por exemplo. O que nos interessou aqui foi apenas a consideração dos impactos dessas duas variáveis, depreciação e alíquota tributária, que por si só podem influenciar fortemente a decisão de investir.

REVISÃO DE CONCEITOS E QUESTÕES INSTIGANTES

1. **Custo de oportunidade [OA1]** No contexto do orçamento de capital, o que é um custo de oportunidade?
2. **Depreciação [OA1]** Se tiver a opção, uma empresa preferiria usar depreciação acelerada ou depreciação linear? Por quê? Dica: use uma linha do tempo para análise.
3. **Capital de giro [OA1]** Em nossos exemplos de orçamento de capital, pressupomos que uma empresa recuperaria todo o capital de giro que investisse para financiar o capital circulante líquido de um projeto. Essa hipótese faz sentido? Quando ela poderia não ser válida?
4. **Princípio da independência [OA1]** Suponha que um administrador financeiro declare: "Nossa empresa usa o princípio da independência. Uma vez que tratamos os projetos como miniempresas em nosso processo de avaliação, incluímos os custos financeiros porque eles são relevantes para a empresa." Avalie de modo crítico essa declaração.
5. **Custo anual equivalente [OA4]** Quando a análise do CAE é apropriada para comparar dois ou mais projetos? Por que esse método é usado? Existe alguma premissa implícita exigida por esse método que possa ser problemática? Explique.

QUESTÕES E PROBLEMAS

1. **Fluxos de caixa relevantes [OA1]** A Parques e Jardins S/A está querendo abrir uma nova fábrica para produzir ferramentas de jardinagem. A empresa comprou algumas terras há seis anos por $3,5 milhões, prevendo seu uso como armazém e ponto de distribuição, mas resolveu na ocasião alugar as instalações ociosas de outra empresa. Se o terreno fosse vendido hoje, a Parques e Jardins receberia $3,9 milhões líquidos. A empresa quer construir sua nova fábrica nesse terreno; a construção custará $16,7 milhões e o local exige $850.000 em obras de nivelamento para ficar adequado para a construção. Qual é o montante apropriado de fluxo de caixa a ser usado como investimento inicial em ativo imobilizado quando se avaliar esse projeto? Por quê?
2. **Cálculo do lucro líquido projetado [OA1]** Um novo investimento proposto tem vendas projetadas de $635.000. Os custos variáveis são de 44% das vendas, e os custos fixos são de $193.000; a depreciação é de $54.000. Prepare uma demonstração de resultados projetada pressupondo uma alíquota tributária de 35%. Qual é o lucro líquido projetado?
3. **Cálculo do FCO [OA1]** Considere a seguinte demonstração de resultados:

Vendas	$704.600
Custos	527.300
Depreciação	82.100
Lajir	?
Impostos (21%)	?
Lucro líquido	?

Insira os números que faltam e calcule o FCO. Qual é o benefício fiscal da depreciação?

4. **Cálculo de depreciação [OA1]** Um equipamento industrial recém-comprado custou $1.240.000 e é classificado como ferramenta depreciável em cinco anos. Calcule as provisões de depreciação anual e os valores contábeis de final de cada ano de uso desse equipamento.

5. **Cálculo de valor residual [OA1]** Considere um ativo que custa $730.000 e que tenha depreciação acelerada fiscal até zero ao longo de sua vida útil efetiva de oito anos. O ativo deve ser usado em um projeto de cinco anos; ao final do projeto, o ativo pode ser vendido por $192.000. Se a alíquota tributária é de 40%, qual é o fluxo de caixa após impostos da venda desse ativo?

Para revisão de outros conceitos e novas questões instigantes, consulte a página do livro no portal do Grupo A (loja.grupoa.com.br).

Análise e Avaliação de Projetos

11

NO VERÃO DE 2019, o filme *X-Men: Fênix Negra*, estrelando Jennifer Lawrence e James McAvoy, voou para os cinemas com o *slogan* "Uma fênix surgirá". Mas a bilheteria do filme nunca renasceu das cinzas. Os críticos foram ferinos. Um afirmou que o filme era "um mergulho mecânico e acéfalo no nonsense", outro o chamou de "um final estupendamente tedioso para a série, sem uma gota de inteligência, direção narrativa ou força emocional genuína". Essa doeu!

Analisando os números, o prejuízo de *X-Men: Fênix Negra* foi épico. Após os custos de produção, distribuição e marketing, estima-se que o estúdio Twentieth Century e seus parceiros tenham perdido até 120 milhões de dólares com o filme. Na verdade, cerca de 4 de cada 10 filmes perdem dinheiro na bilheteria, ainda que as vendas de DVDs e para serviços de *streaming* muitas vezes ajudem o resultado final. É claro que existem filmes que rendem muito dinheiro. Também em 2019, *Vingadores: Ultimato*, da Marvel Studios, arrecadou cerca de $2,8 bilhões na bilheteria mundial, a um custo de produção de $356 milhões.

Obviamente, a Twentieth Century Fox não *planejava* perder $120 milhões com *X-Men: Fênix Negra*, mas foi o que aconteceu. Como mostra esse fracasso de bilheteria, os projetos nem sempre se saem como as empresas planejam. Este capítulo explora essa possibilidade e o que as empresas podem fazer para analisar e talvez evitar essas situações.

Objetivos de aprendizagem

O objetivo deste capítulo é que, ao seu final, você saiba:

- **OA1** Desenvolver e interpretar uma análise de sensibilidade de um projeto.
- **OA2** Desenvolver e interpretar uma análise de cenários de um projeto.
- **OA3** Determinar e interpretar os pontos de equilíbrio contábil, financeiro e de caixa.
- **OA4** Explicar como o grau de alavancagem operacional pode afetar os fluxos de caixa de um projeto.
- **OA5** Discutir como o racionamento de capital afeta a capacidade de uma empresa de aceitar projetos.

> Para ficar por dentro dos últimos acontecimentos na área de finanças, visite www.fundamentalsofcorporatefinance.blogspot.com.

No capítulo anterior, discutimos como identificar e organizar os fluxos de caixa relevantes para a tomada das decisões de investimento de capital. Nosso principal interesse naquele capítulo foi chegar a uma estimativa preliminar do valor presente líquido de um projeto proposto. Este capítulo se concentra em avaliar a confiabilidade dessa estimativa e faz algumas considerações adicionais sobre a análise de projetos.

Começamos discutindo a necessidade de uma avaliação dos fluxos de caixa e das estimativas de VPL. A seguir, desenvolvemos algumas ferramentas úteis para tal avaliação. Também examinaremos algumas complicações e preocupações adicionais que podem surgir na avaliação de um projeto.

11.1 Avaliação das estimativas de VPL

Como discutimos no Capítulo 9, um investimento tem um valor presente líquido positivo se o seu valor de mercado exceder o seu custo. Tal investimento é desejável porque cria valor para seus proprietários e partes interessadas. O principal problema para identificar tal oportunidade é que, na maior parte do tempo, não podemos realmente observar o valor de mercado em questão. Em vez disso, apenas o estimamos. Assim, é natural perguntar se nossas estimativas estão ou não pelo menos próximas dos valores verdadeiros. Consideraremos essa questão a seguir.

O problema básico

Suponha que estejamos trabalhando em uma análise preliminar por fluxos de caixa descontados (FCD), de acordo com aquilo que descrevemos no capítulo anterior. Identificamos cuidadosamente os fluxos de caixa relevantes, evitando coisas como custos irrecuperáveis, e consideramos as necessidades de capital de giro. Adicionamos a depreciação, levamos em conta o risco de erosão e prestamos atenção aos custos de oportunidade. Por fim, verificamos de novo nossos cálculos e, depois de tudo isso, o resultado é que o VPL estimado é positivo.

E agora? Paramos por aqui e passamos para a próxima proposta? Provavelmente não. O fato de o VPL estimado ser positivo é definitivamente um bom sinal, mas, acima de tudo, isso indica que é preciso olhar com maior cuidado.

Se você pensar a respeito, existem duas circunstâncias nas quais uma análise por FCD poderia nos levar a concluir que um projeto tem um VPL positivo. A primeira possibilidade é que o projeto realmente tem um VPL positivo. Essa é a boa notícia. A má notícia é a segunda possibilidade: um projeto pode parecer ter um VPL positivo porque nossa estimativa não é precisa.

Observe que também poderíamos errar no sentido oposto. Se concluirmos que um projeto tem um VPL negativo, quando o VPL verdadeiro é positivo, então perdemos uma oportunidade valiosa.

Fluxos de caixa projetados *versus* fluxos de caixa reais

Existe uma questão um pouco sutil que precisamos esclarecer aqui. Quando dizemos algo como "o fluxo de caixa projetado no ano 4 é de $700", o que queremos dizer exatamente? Isso significa achar que o fluxo de caixa será realmente de $700? Na verdade, não. Isso poderia acontecer, é claro, mas nos surpreenderíamos se fosse exatamente assim. O motivo é que a projeção de $700 se baseia apenas naquilo que sabemos hoje. Quase tudo poderia acontecer até aquele momento para mudar o fluxo de caixa.

De modo geral, queremos realmente dizer que, se tomarmos todos os fluxos de caixa possíveis que poderiam ocorrer no quarto ano e tirarmos a média, o resultado seria de $700.

Assim, não esperamos realmente que um fluxo de caixa projetado esteja exatamente certo em determinado caso. Ao avaliarmos um grande número de projetos, esperamos que nossas projeções estejam corretas, na média.

Risco de previsão

Os principais dados de entrada para uma análise por FCD são os fluxos de caixa futuros projetados. Se as projeções estiverem muito erradas, então temos um clássico sistema GIGO (*garbage in, garbage out* [entra lixo, sai lixo]). Em tal caso, independentemente do cuidado com que organizamos e manipulamos os números, o resultado ainda pode ser bastante enganoso. Esse é o perigo do uso de uma técnica relativamente sofisticada como o FCD. Às vezes, é fácil ficar preso nos cálculos e esquecer-se dos detalhes básicos da realidade econômica.

A possibilidade de que tomaremos uma decisão ruim por causa de erros nos fluxos de caixa projetados é chamada de **risco de previsão** (ou *risco de estimativa*). Por causa do risco de previsão, existe o perigo de pensarmos que um projeto tem um VPL positivo quando ele, na verdade, não tem. Como isso é possível? Isso acontece se formos otimistas demais sobre o futuro e, como resultado, nossos fluxos de caixa projetados não refletirem de maneira realista os fluxos de caixa futuros possíveis.

risco de previsão
Possibilidade de que os erros dos fluxos de caixa projetados levem a decisões incorretas. Também chamado de *risco de estimativa*.

O risco de previsão pode assumir muitas formas. Por exemplo, a Microsoft gastou vários bilhões desenvolvendo e lançando o console de jogos Xbox One no mercado. Tecnologicamente mais sofisticado do que a concorrência, o Xbox One era a melhor maneira de jogar na Internet e incluía outros recursos, como o detector de movimentos Kinect. Infelizmente, a Microsoft vendeu apenas 4 milhões de Xboxes nos primeiros quatro meses de vendas, valor que estava no extremo dos cenários pessimistas da empresa e significativamente menor do que os 6,6 milhões de PS4s que a Sony vendeu. Como o Xbox provavelmente era o melhor console de jogos disponível na época, por que não teve vendas melhores? O principal motivo oferecido pelos especialistas é que o Xbox custava USD100 mais do que o PS4.

Até agora, não consideramos explicitamente o que fazer sobre a possibilidade de erros em nossas previsões. Assim, um de nossos objetivos neste capítulo é desenvolver algumas ferramentas úteis para identificar áreas em que existem erros em potencial e em que eles podem ser particularmente prejudiciais. De uma maneira ou de outra, tentaremos avaliar a razoabilidade econômica de nossas estimativas. Também nos perguntaremos quanto de dano resultará de erros nessas estimativas.

Fontes de valor

A primeira linha de defesa contra o risco de previsão é simplesmente perguntar "o que há nesse investimento que leva a um VPL positivo?". Devemos conseguir apontar algo específico como a fonte de valor. Por exemplo, se a proposta que está sendo considerada envolve um produto novo, então podemos fazer perguntas como estas: Estamos certos de que nosso novo produto é significativamente melhor do que aquele da concorrência? Podemos realmente fabricar com custo menor, ou distribuir com maior eficiência, ou identificar nichos de mercado não desenvolvidos ou obter controle de um mercado?

Essas são apenas algumas das fontes de valor em potencial. Existem muitas outras. Por exemplo, em 2004, o Google anunciou um novo serviço de *e-mail* gratuito: o Gmail. Por quê? O serviço de *e-mail* gratuito é amplamente fornecido por grandes empresas como a Microsoft e a Yahoo! e, obviamente, é gratuito! A resposta está no fato de que o serviço de *e-mail* da Google é integrado ao seu famoso buscador, dando-lhe, assim, uma vantagem. Além disso, a oferta de *e-mail* permite que o Google expanda seu lucrativo sistema de veiculação de anúncios baseado em palavras-chave. Desse modo, a fonte de valor do Google está em alavancar suas tecnologias de pesquisa na Internet e veiculação de anúncios. E a Google percebeu que alguns usuários querem mais espaço de armazenamento, pelo qual cobra uma mensalidade.

Um fator importante a ser lembrado é o grau de concorrência do mercado. Um princípio básico da economia é que investimentos com VPL positivo são raros em um ambiente altamente competitivo. Assim, propostas que parecem ter valor significativo frente à forte concorrência são particularmente problemáticas, e a possível reação da concorrência a qualquer inovação deve ser examinada atentamente.

Para dar um exemplo, em 2008, a demanda pelas televisões com tela plana de LCD era grande, os preços eram altos e as margens de lucro eram gordas para os varejistas. Mas, também em 2008, projetava-se que os fabricantes de telas, como Samsung e Sony, deviam despejar alguns bilhões em novas instalações de produção. Assim, todos que estavam pensando em entrar nesse mercado altamente lucrativo deveriam refletir sobre qual seria a situação de fornecimento (e margem de lucro) em alguns poucos anos. E os preços altos realmente não duraram. Em 2020, televisores que poucos anos antes eram vendidos por mais de USD5.000 estavam à venda por cerca de USD2.000. E, de forma similar, os modelos 4K já haviam começado a cair de preço.

Também é preciso pensar sobre a concorrência potencial. Por exemplo, suponha uma Lowe's, varejista de material de construção nos EUA identifique uma área que não seja totalmente atendida e esteja pensando em abrir uma loja. Se a loja for bem-sucedida, o que acontecerá? A resposta é que uma concorrente provavelmente também construirá uma loja, diminuindo o volume de vendas e os lucros. Assim, precisamos sempre ter em mente que o sucesso atrai imitadores e concorrentes.

A questão a ser lembrada é que os investimentos com VPL positivo provavelmente não são nada comuns e que o número de projetos com VPL positivo é quase certamente limitado para qualquer empresa. Se não pudermos explicitar alguma base econômica sólida para as estimativas de algo especial que encontramos, então a conclusão de que nosso projeto tem um VPL positivo deve ser vista com alguma reserva.

> **Questões conceituais**
>
> **11.1a** O que é o risco de previsão? Por que ele é uma preocupação para o administrador financeiro?
>
> **11.1b** Quais são algumas das fontes potenciais de valor para um projeto novo?

11.2 Análise de cenários e outras análises de hipóteses

Excel Master!
Cobertura *on-line* do Excel Master

Nossa abordagem básica para avaliar estimativas de fluxos de caixa e de VPL envolve a formulação de questões hipotéticas (questões do tipo "E se..."). Assim, discutimos algumas maneiras organizadas de realizar uma análise com o uso de hipóteses. Nosso objetivo com isso é avaliar o grau de risco de previsão e identificar os componentes mais críticos para o sucesso ou para o insucesso de um investimento.

Partindo do início

Estamos investigando um novo projeto. Obviamente, a primeira coisa que fazemos é estimar o VPL com base em nossos fluxos de caixa projetados. Esse conjunto inicial de projeções será chamado de caso-base. Em seguida, reconhecemos a possibilidade de erros nessas projeções de fluxo de caixa. Após concluir o caso-base, desejamos investigar o impacto que as diferentes hipóteses sobre o futuro terão sobre nossas estimativas.

Uma maneira de organizar essa investigação é colocar limites superiores e inferiores para os vários componentes do projeto. Por exemplo, suponha que estejamos prevendo vendas de 100 unidades por ano. Sabemos que essa estimativa pode ser alta ou baixa, mas estamos relativamente certos de que o erro não é maior do que 10 unidades. Assim, escolhemos um limite inferior de 90 e um limite superior de 110. A partir daí, atribuímos tais limites a todos os outros componentes do fluxo de caixa sobre os quais não temos certeza.

Quando escolhemos limites superiores e inferiores, não estamos excluindo a possibilidade de que os valores reais possam estar fora desses intervalos. Estamos dizendo, novamente de modo geral, que é pouco provável que a média verdadeira (ao contrário de nossa média estimada) de valores possíveis esteja fora desse intervalo.

Um exemplo ajuda a ilustrar a ideia. O projeto em consideração custa $200.000, tem uma vida útil de cinco anos e não tem valor residual. A depreciação é linear até zero. O retorno exigido é de 12%, e a alíquota tributária é de 34%. Além disso, compilamos as seguintes informações:

	Caso-base	Limite inferior	Limite superior
Vendas unitárias	6.000	5.500	6.500
Preço	$ 80	$ 75	$ 85
Custos variáveis por unidade	$ 60	$ 58	$ 62
Custos fixos anuais	$50.000	$45.000	$55.000

Com essas informações, podemos calcular o VPL do caso-base calculando primeiro o lucro líquido:

Vendas	$480.000
Custos variáveis	360.000
Custos fixos	50.000
Depreciação	40.000
Lajir	$ 30.000
Tributos sobre o lucro (34%)	10.200
Lucro líquido	$ 19.800

O fluxo de caixa operacional é de $30.000 + $40.000 − $10.200 = $59.800 por ano. A 12%, o fator de anuidade de cinco anos é 3,6048, e o VPL do caso-base fica assim:

VPL do caso-base = −$200.000 + $59.800 × 3,6048
                      = $15.567

Até agora, o projeto parece bom.

Análise de cenários

A forma básica de análise de hipóteses é chamada de **análise de cenários**. Nela, as variações de nossas estimativas do VPL são investigadas por meio de perguntas do tipo: E se, na verdade, as vendas unitárias devessem ser projetadas de forma mais realista a 5.500 unidades em vez de 6.000?

Depois de examinarmos cenários alternativos, podemos descobrir que a maioria dos cenários mais plausíveis resulta em VPLs positivos. Nesse caso, temos confiança em dar prosseguimento ao projeto. Se, ao contrário, uma porcentagem substancial dos cenários parece ruim, então o grau de risco de previsão é alto e é preciso investigar mais.

Existem vários cenários possíveis que podemos considerar. Um bom início é o cenário do pior caso. Isso nos diz qual é o VPL mínimo do projeto. Se ele for positivo, estaremos bem. Enquanto isso, continuamos e determinamos o outro extremo, que é o melhor caso. Isso coloca um limite superior para nosso VPL.

análise de cenários
Determinação do que acontece às estimativas de VPL quando formulamos hipóteses.

Para obter o pior caso, atribuímos a cada item o valor menos favorável. Isso significa valores baixos para itens como unidades vendidas e preço por unidade, e valores altos para os custos. Fazemos o inverso para o melhor caso. Em nosso projeto, esses valores seriam os seguintes:

	Pior caso	Melhor caso
Vendas unitárias	5.500	6.500
Preço	$ 75	$ 85
Custos variáveis por unidade	$ 62	$ 58
Custos fixos anuais	$55.000	$45.000

Com essas informações, podemos calcular o lucro líquido e os fluxos de caixa em cada cenário (confira você mesmo):

Cenário	Lucro líquido	Fluxo de caixa	Valor presente líquido	TIR
Caso-base	$19.800	$59.800	$ 15.567	15,1%
Pior caso[†]	−15.510	24.490	−111.719	−14,4
Melhor caso	59.730	99.730	159.504	40,9

[†]Pressupomos que um crédito fiscal é criado em nosso cenário do pior caso.

Vemos que, no pior cenário, o fluxo de caixa ainda é positivo em $24.490. Essa é a boa notícia. A má notícia é que, nesse caso, o retorno é −14,4% e o VPL é −$111.719. Como o projeto custa $200.000, perdemos um pouco mais da metade do investimento original no pior cenário possível. O melhor caso oferece um atraente retorno de 41%.

Os termos *melhor caso* e *pior caso* são comuns e também os usaremos, mas devemos observar que eles são um pouco enganosos. A melhor coisa que poderia acontecer seria algo absurdamente improvável, como lançar um refrigerante *diet* e, em seguida, descobrir que nossa fórmula (patenteada), por acaso, cura o resfriado comum. Da mesma maneira, o pior caso envolveria alguma possibilidade incrivelmente remota de desastre total.

Não estamos dizendo que essas coisas não aconteçam; de vez em quando acontecem. Alguns produtos, como os computadores pessoais, vão além das mais improváveis expectativas de sucesso, enquanto outros produtos acabam sendo catástrofes totais. Por exemplo, o remdesivir, desenvolvido em 2009 pela gigante farmacêutica Gilead, originalmente para combater a hepatite C, não teve o resultado esperado. Em 2020, contudo, descobriu-se que o remédio ajudava a acelerar a recuperação da Covid-19 em muitos pacientes, um avanço inesperado.

Em 2018, a concessionária de serviços públicos Pacific Gas & Electric (PG&E), da Califórnia, foi responsabilizada pelo incêndio Camp Fire, no qual 86 pessoas morreram e a cidade de Paradise, Califórnia, foi destruída. Em meados de 2019, a PG&E foi afetada em mais de USD17 bilhões em despesas. A empresa entrou com pedido de recuperação judicial, citando mais de USD30 bilhões em possíveis custos de responsabilidade civil. A PG&E também teve custos de oportunidade quando foi forçada a cortar a energia para mais de 800.000 clientes em outubro de 2019 para evitar mais incêndios.

Apesar dos resultados terríveis em alguns casos, nosso ponto é que, ao avaliar a sensatez de uma estimativa de VPL, precisamos nos limitar aos casos que tenham chances razoáveis de ocorrer. Em vez de *melhor* e *pior*, provavelmente seria mais exato usar as palavras *otimista* e *pessimista*. Em termos gerais, se estamos pensando em um intervalo razoável de, digamos, vendas unitárias, então aquilo que chamamos de melhor caso corresponderia a algo próximo do limite superior desse intervalo. O pior caso simplesmente corresponderia ao limite inferior.

Nem todas as empresas completam (ou publicam, ao menos) todas as três estimativas. Por exemplo, a Almaden Minerals, Ltd., publicou um *press release* com informações sobre seu projeto Elk Gold, na província da Colúmbia Britânica, no Canadá. O quadro a seguir lista os resultados possíveis oferecidos pela empresa:

Resumo do projeto	Caso-base	Caso de $1.200	Unidade
Preço estimado do ouro	1.000	1.200	USD/onça-troy
Toneladas por dia tratadas	500	1.000	tpd
Vida útil	7	9	anos
Total de toneladas tratadas	1,1	2,6	toneladas
Grau	4,14	3,89	g/t
Razão Estéril:Minério	16,4	30,1	
Recuperação das instalações	92	92	%
Onças de Au produzido	139.198	297.239	onça-troy
Despesas de capital iniciais	9,91	17,50	CADM
Capital circulante e de pré-produção	2,27	9,60	CADM
Mineração de estéril	2,42	1,90	CAD/tonelada de estéril
Extração de minério	8,38	5,87	CAD/tonelada de minério
Processamento	20,68	14,74	CAD/tonelada de minério
Administração e custos fixos	2,07	1,27	CAD/tonelada de minério
Custo operacional total	70,30	78,91	CAD/tonelada de minério
VPL antes dos tributos sobre o lucro a 8%	28,7	67,9	CADM
TIR antes dos tributos sobre o lucro	51%	39%	
Exposição máxima	13,66	33,53	CADM
Payback, anos após início da produção	1,85	3,30	anos
Razão lucro bruto:exposição máxima	5,02	6,00	
Razão VPL:exposição máxima	2,10	2,03	

Como vemos, o VPL projetado é de CAD28,7 milhões no caso-base e CAD67,9 milhões no melhor caso (ao preço de USD1.200). Infelizmente, a Almaden não publicou sua análise de pior caso, mas esperamos que a empresa também tenha examinado essa possibilidade.

Como mencionamos, existe um número ilimitado de cenários que poderíamos examinar. No mínimo, investigaríamos dois casos intermediários, entre os montantes do caso base e os montantes de cada um dos casos extremos. Isso nos daria cinco cenários ao todo, incluindo o caso-base.

Além desse ponto, é difícil saber quando parar. À medida que geramos cada vez mais possibilidades, corremos o risco de experimentar a "paralisia da análise". A dificuldade é que, seja qual for o número de cenários que examinemos, tudo o que descobrimos são possibilidades, algumas boas e outras ruins. Além disso, não temos orientação quanto ao que fazer. A análise de cenários, portanto, é útil para nos dizer o que pode acontecer e para nos ajudar a avaliar o potencial de desastres, mas não nos diz se devemos ou não realizar um projeto.

Infelizmente, na prática, até mesmo os cenários de pior caso podem ser otimistas demais. Dois exemplos recentes mostram o que queremos dizer: o Aeroporto de Berlim-Brandemburgo e o avião Boeing 737 Max.

O planejamento do Aeroporto de Berlim-Brandemburgo iniciou em 1996, com inauguração programada para 2006. O orçamento original era de €2,86 bilhões (USD3,1 bilhões). Diversos problemas ocorreram e a construção só teve início em 2006, com a abertura anunciada para o final de 2011. Inspeções pré-inauguração em 2011 revelaram luzes que não se acendiam, escadas rolantes curtas demais e salas com o número errado. O problema mais grave era que o sistema de supressão de incêndio não funcionava.

Quando a inauguração foi adiada para a primavera de 2012, passagens aéreas foram emitidas e a estação de trem abaixo do terminal estava em operação. Mas esse prazo também foi estourado e todas as passagens tiveram que ser canceladas. O atraso também criou um custo de construção adicional, pois agora o trem precisava operar ao menos uma vez por semana para manter a linha operacional.

A data de abertura foi adiada para 2014, depois para 2016. Quando 2016 chegou, uma auditoria determinou que apenas 57% do aeroporto era utilizável. E o sistema de supressão de incêndio ainda não funcionava corretamente. Os políticos pararam de estimar datas de inauguração depois disso, pois as seis primeiras datas haviam sido canceladas. O Aeroporto de Berlim-Brandemburgo finalmente foi inaugurado em 31 de outubro de 2020, mas novos problemas surgiram. Devido à redução do tráfego aéreo causada pela pandemia da Covid-19, é provável que o aeroporto tenha prejuízos até que o volume de viagens se recupere. Apesar do resultado ainda não ter sido calculado, estima-se que o Aeroporto de Berlim-Brandemburgo tenha custado €10,3 bilhões (USD11,2 bilhões), mais do que 3,5 vezes o orçamento original.

Outro exemplo é o Boeing 737 Max, que se envolveu em dois acidentes nos primeiros cinco meses após o seu lançamento. A frota de 387 aeronaves havia realizado 8.600 voos semanais para 59 companhias aéreas. Devido aos acidentes, as autoridades de aviação civil de todo o mundo proibiram o novo jato de voar. Durante o segundo trimestre de 2019, a Boeing afirmou que lançaria uma despesa de USD4,9 bilhões para compensar as companhias aéreas que haviam sido forçadas a cancelar voos. A Southwest, conhecida por ter uma frota composta exclusivamente por 737s, teria perdido USD175 milhões em renda durante o segundo trimestre por causa da proibição do 737 Max. Por causa disso, especulava-se que a Southwest pretendia adquirir outra companhia aérea para diversificar a sua frota e incluir aeronaves da Airbus, o que representa um custo de oportunidade para a Boeing. No mundo da aviação, a piada (sarcástica) era que, em 2020, o primeiro avião a pousar no Aeroporto de Berlim-Brandemburgo seria um Boeing 737 Max.

Análise de sensibilidade

análise de sensibilidade
Investigação do que acontece ao VPL quando apenas uma variável muda.

A **análise de sensibilidade** é uma variação da análise de cenários que é útil para destacar as áreas nas quais o risco de previsão é particularmente grave. A ideia básica de uma análise de sensibilidade é congelar todas as variáveis, exceto uma, e, em seguida, ver a sensibilidade de nossa estimativa do VPL às alterações dessa variável. Se nossa estimativa do VPL for muito sensível a variações relativamente pequenas no valor projetado de algum componente do fluxo de caixa do projeto, então o risco de previsão associado àquela variável é alto.

Para ilustrar o modo como a análise de sensibilidade funciona, usamos nosso caso-base para todos os itens, exceto as vendas unitárias. Em seguida, podemos calcular o fluxo de caixa e o VPL usando vendas unitárias máximas e mínimas.

Cenário	Vendas unitárias	Fluxo de caixa	Valor presente líquido	TIR
Caso-base	6.000	$63.700	$29.624	17,8%
Pior caso	5.500	55.800	1.147	12,2
Melhor caso	6.500	71.600	58.102	23,2

Por questões de comparação, congelamos tudo, exceto os custos fixos, e repetimos a análise:

Cenário	Custos fixos	Fluxo de caixa	Valor presente líquido	TIR
Caso-base	$50.000	$63.700	$29.624	17,8%
Pior caso	55.000	59.750	15.385	15,1
Melhor caso	45.000	67.650	43.863	20,5

O que vemos aqui é que, de acordo com nossos intervalos, o VPL estimado desse projeto é mais sensível a variações nas vendas unitárias projetadas do que a variações nos custos fixos projetados. De fato, no pior caso dos custos fixos, o VPL ainda é positivo.

Os resultados de nossa análise de sensibilidade para as vendas unitárias podem ser ilustrados graficamente, como na Figura 11.1. O VPL está no eixo vertical, e as vendas unitárias no eixo horizontal. Quando representamos no gráfico as combinações de vendas unitárias *versus* VPL, vemos que todas as combinações possíveis ficam em uma linha reta. Quanto mais inclinada for a linha resultante, maior será a sensibilidade do VPL estimado às variações do valor projetado da variável que está sendo investigada.

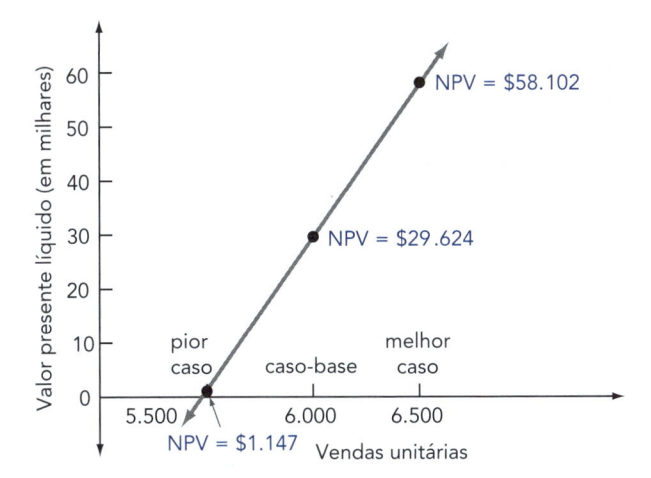

FIGURA 11.1 Análise de sensibilidade às vendas unitárias.

A análise de sensibilidade pode produzir resultados que dependem enormemente das premissas adotadas. Por exemplo, no início de 2011, a Bard Ventures anunciou suas projeções para uma mina de molibdênio na Colúmbia Britânica. A um custo de capital de 10% e um preço médio do molibdênio de $19 por tonelada, o VPL da nova mina seria de $112 milhões, com TIR de 12,4%. A uma máxima de $30 por tonelada, o VPL seria de $1,152 bilhões e o TIR seria de 32%.

Conforme ilustramos, a análise de sensibilidade é útil para destacar aquelas variáveis que merecem maior atenção. Se percebermos que nosso VPL estimado é particularmente sensível às variações de uma variável difícil de ser prevista (como vendas unitárias), então o grau de risco de previsão é alto. Podemos chegar à conclusão de que uma pesquisa de mercado mais detalhada seria uma boa ideia nesse caso.

Como a análise de sensibilidade é uma forma de análise de cenários, ela tem as mesmas desvantagens. Ela é útil para destacar onde os erros de previsão causarão os maiores danos, mas não nos diz o que fazer acerca dos possíveis erros.

Simulação

A análise de cenários e a análise de sensibilidade são amplamente usadas. Com a análise de cenários, deixamos todas as diferentes variáveis mudarem, mas só permitimos que elas assumam um número reduzido de valores. Com a análise de sensibilidade, deixamos que apenas uma variável mude, mas permitimos que ela assuma um grande número de valores. Se combinarmos as duas abordagens, o resultado é uma forma rudimentar da análise por meio de **simulação**.

Para permitir que todos os itens variem ao mesmo tempo, devemos considerar um número muito grande de cenários e, certamente, precisaremos do auxílio de um computador. No caso mais simples, começamos com as vendas unitárias e pressupomos que qualquer valor em nosso intervalo de 5.500 a 6.500 seja igualmente aceitável. Começamos escolhendo aleatoriamente um valor (ou instruindo um computador para fazer isso). Então escolhemos aleatoriamente um preço, um custo variável e assim por diante.

Quando tivermos esses valores para todos os componentes relevantes, calculamos um VPL. Repetimos essa sequência quantas vezes quisermos, provavelmente vários milhares de vezes. O resultado é um número grande de estimativas de VPL que resumimos calculando o valor médio e alguma medida da dispersão das diferentes possibilidades. Por exemplo, seria interessante saber qual porcentagem de cenários possíveis resulta em VPLs estimados negativos.

Como a simulação é uma forma ampliada da análise de cenários, ela tem os mesmos problemas. Quando tivermos os resultados, não há uma regra simples de decisão que nos diga o que fazer. Além disso, descrevemos uma forma relativamente simples de simulação. Para fazermos da forma correta, teríamos de levar em conta as inter-relações entre os diferentes

simulação
Uma combinação entre a análise de cenários e a análise de sensibilidade.

componentes do fluxo de caixa. Também pressupomos que os valores possíveis de ocorrer seriam igualmente prováveis. Provavelmente, seria mais realista supor que os valores próximos ao caso-base tenham maiores chances do que os valores extremos, mas, mesmo assim, é no mínimo difícil acertar as probabilidades.

Por esses motivos, na prática, o uso da simulação é meio limitado. Entretanto, os avanços recentes em *software* e *hardware* (e na sofisticação do usuário) nos levam a acreditar que, no futuro, a simulação possa ser mais comum, particularmente para projetos em larga escala.

> **Questões conceituais**
>
> **11.2a** O que querem dizer os termos análise de cenários, de sensibilidade e simulação?
>
> **11.2b** Quais são as desvantagens dos diversos tipos de análise de hipóteses?

11.3 Análise do ponto de equilíbrio

Com frequência, a variável mais importante para um projeto é o volume de vendas. Se estamos pensando em um novo produto ou em entrar em um mercado novo, por exemplo, a coisa mais difícil de prever com exatidão é o quanto poderemos vender. Por esse motivo, o volume de vendas, em geral, é analisado mais detalhadamente do que as outras variáveis.

A análise do ponto de equilíbrio é uma ferramenta conhecida e muito utilizada para analisar a relação entre o volume de vendas e a lucratividade. Existe uma variedade de diferentes medidas para o ponto de equilíbrio, e já vimos vários tipos. Por exemplo, no Capítulo 9, discutimos que o período de *payback* pode ser interpretado como o prazo até que um projeto atinja o ponto de equilíbrio, ignorando o valor do dinheiro no tempo.

Todas as medidas de ponto de equilíbrio têm um objetivo semelhante. De modo geral, sempre perguntaremos: "Quanto as vendas devem cair para que realmente comecemos a perder dinheiro?". Implicitamente, também perguntaremos: "É possível que as coisas fiquem tão ruins assim?". Para iniciar esse assunto, primeiro discutiremos os custos fixos e variáveis.

Custos fixos e variáveis

Ao discutir o ponto de equilíbrio, a diferença entre custos fixos e variáveis torna-se muito importante. Por isso, precisamos ser um pouco mais explícitos do que fomos até agora em relação a essa diferença.

custos variáveis
Custos que variam conforme muda a quantidade produzida.

Custos variáveis Por definição, os **custos variáveis** mudam à medida que a quantidade produzida e vendida muda, e eles são zero quando a produção é zero. Por exemplo, os custos de mão de obra direta e de matéria-prima geralmente são considerados variáveis. Isso faz sentido porque, se fecharmos as operações amanhã, não haverá custos futuros de mão de obra ou de matéria-prima.

Pressuporemos que os custos variáveis são valores constantes por unidade produzida. Isso significa simplesmente que o custo variável total é igual ao custo unitário multiplicado pelo número de unidades. Em outras palavras, a relação entre o custo variável total (CV), o custo por unidade produzida (v) e a quantidade total produzida (Q) pode ser descrito assim:

$$\text{Custo variável total} = \text{Quantidade total produzida} \times \text{Custo por unidade produzida}$$
$$CV = Q \times v$$

Por exemplo, suponha que os custos variáveis (v) sejam de \$2 por unidade. Se a produção total (Q) for de 1.000 unidades, quais serão os custos variáveis totais (CV)?

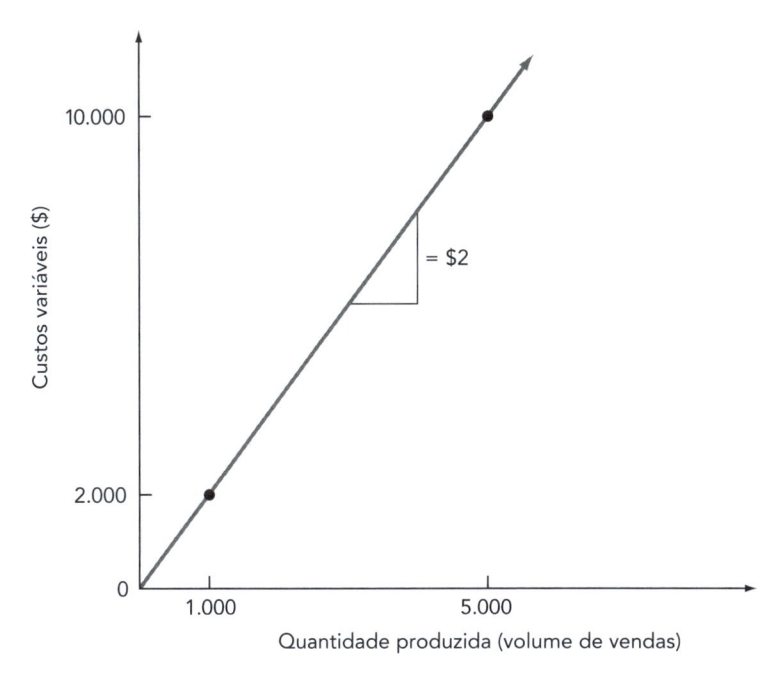

FIGURA 11.2 Nível de produção e custos variáveis.

CV = Q × v
 = 1.000 × $2
 = $2.000

Da mesma maneira, se Q for 5.000 unidades, então CV será de 5.000 × $2 = $10.000. A Figura 11.2 ilustra a relação entre o nível de produção e os custos variáveis nesse caso. Observe que aumentar a produção em uma unidade resulta no aumento dos custos variáveis em $2, de modo que "a elevação ao longo do traçado" (a inclinação da linha) é dada por $2/1 = $2.

EXEMPLO 11.1 Custos variáveis

A Companhia Florida é uma fabricante de lápis. Ela recebeu um pedido de 5.000 lápis e tem de decidir se aceita ou não o pedido. Por experiência recente, a empresa sabe que cada lápis exige $0,05 de matéria-prima e $0,50 de custos diretos de mão de obra. Esses custos variáveis devem continuar ocorrendo no futuro. Quais serão os custos variáveis totais da Florida se ela aceitar o pedido?

Neste caso, o custo por unidade é de $0,50 de mão de obra mais $0,05 de material, totalizando $0,55 por unidade. Para as 5.000 unidades produzidas, temos:

CV = Q × v
 = 5.000 × $0,55
 = $2.750

Portanto, os custos variáveis totais serão de $2.750.

Custos fixos Por definição, os **custos fixos** não mudam durante um período determinado. Assim, ao contrário dos custos variáveis, eles não dependem da quantidade de bens ou serviços produzidos durante um período (pelo menos em uma faixa de produção). Por exemplo, o pagamento do aluguel de uma instalação de produção e dos honorários do presidente da empresa são custos fixos, pelo menos durante algum período.

Naturalmente, os custos fixos não são fixos para sempre. Eles são fixos apenas durante determinado período, por exemplo, por um trimestre ou um ano. Depois desse período, os aluguéis podem ser rescindidos e os executivos podem "ser aposentados". Mais precisamen-

custos fixos
Custos que não mudam quando a quantidade produzida muda durante determinado período.

te, todo custo fixo pode ser modificado ou eliminado se o prazo for suficientemente longo. Portanto, a longo prazo, todos os custos são variáveis.

Observe que, durante o período em que um custo é fixo, ele é efetivamente um custo irrecuperável, porque teremos de pagá-lo de qualquer maneira.

Custos totais Os custos totais (CT) para determinado nível de produção são a soma dos custos variáveis (CV) e dos custos fixos (CF):

$$CT = CV + CF$$
$$= v \times Q + CF$$

Assim, por exemplo, se tivermos custos variáveis de $3 por unidade e custos fixos de $8.000 por ano, nosso custo total será de:

$$CT = \$3 \times Q + \$8.000$$

Se produzirmos 6.000 unidades, nosso custo total de produção será de $3 × 6.000 + $8.000 = $26.000.. Para outros níveis de produção, temos o seguinte:

Quantidade produzida	Custos variáveis totais	Custos fixos	Custos totais
0	$ 0	$8.000	$ 8.000
1.000	3.000	8.000	11.000
5.000	15.000	8.000	23.000
10.000	30.000	8.000	38.000

De acordo com o gráfico da Figura 11.3, vemos que a relação entre a quantidade produzida e os custos totais é dada por uma linha reta. Observe que os custos totais são iguais aos custos fixos quando as vendas são iguais a zero. Além desse ponto, cada aumento de uma unidade de produção leva a um aumento de $3 em custos totais, de modo que a inclinação da linha é 3. Em outras palavras, o **custo marginal**, ou **incremental**, para produzir uma unidade a mais é de $3.

custo marginal ou incremental
Variação dos custos que ocorre quando há uma pequena variação na produção.

EXEMPLO 11.2 Custo médio *versus* custo marginal

Suponha que a Companhia Florida tenha um custo variável por lápis de $0,55. O aluguel da fábrica é de $5.000 por mês. Se a Florida produzir 100.000 lápis por ano, quais serão os custos totais de produção? Qual é o custo médio por lápis?

Os custos fixos são de $5.000 por mês, ou $60.000 por ano. O custo variável é de $0,55 por lápis. Assim, o custo total no ano, pressupondo que a Florida produza 100.000 lápis, é:

Custos totais = $v \times Q + CF$
= $0,55 × 100.000 + $60.000
= $115.000

O custo médio por lápis é $115.000/100.000 = $1,15.

Agora, suponhamos que a Florida tenha recebido um pedido especial de 5.000 lápis de uma só vez. A empresa tem capacidade suficiente para fabricar os 5.000 lápis, além dos 100.000 que já são produzidos, e, portanto, não incorrerá em custo fixo adicional. Também não haverá efeito sobre as ordens existentes. A Florida deve aceitar esse pedido se conseguir $0,75 por lápis?

Tudo isso se resume a uma proposta muito simples. É necessário $0,55 para produzir outro lápis. Tudo o que a Florida pode obter por esse lápis, além do custo incremental de $0,55, contribui de maneira positiva para cobrir os custos fixos. A **receita marginal** ou **incremental** de $0,75 excede ao custo marginal de $0,55 e, assim, a Florida deve aceitar o pedido.

O custo fixo de $60.000 não é relevante para essa decisão, porque ele é efetivamente irrecuperável, pelo menos no período atual. Da mesma maneira, o fato de que o custo médio é de $1,15 não é relevante, porque essa média reflete o custo fixo. Desde que produzir os 5.000 lápis a mais verdadeiramente não custe nada além dos $0,55 por lápis, a Florida deve aceitar tudo que gere receita acima desses $0,55.

receita marginal ou incremental
Variação da receita que ocorre quando há uma pequena variação na produção.

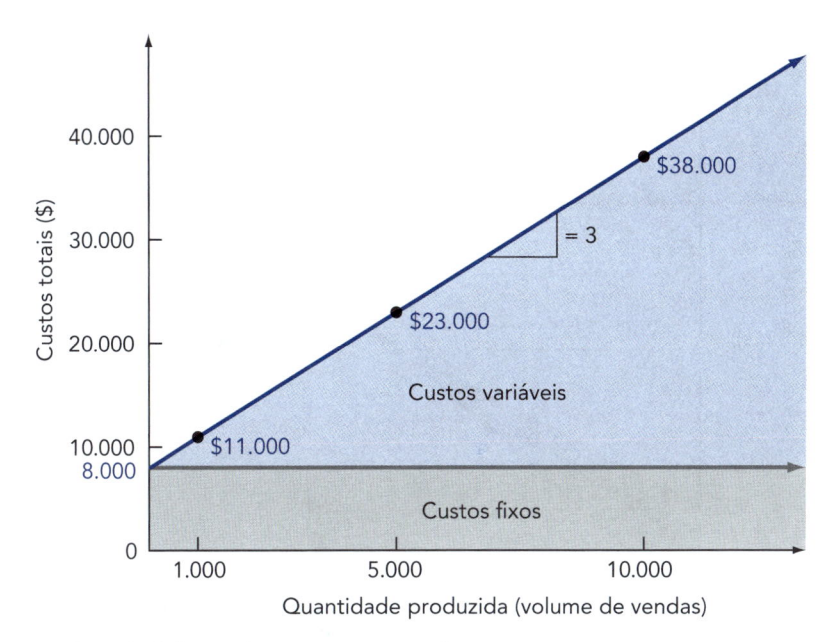

FIGURA 11.3 Nível de produção e custos totais.

Ponto de equilíbrio contábil

A medida mais usada para medir o ponto de equilíbrio é o **ponto de equilíbrio contábil**. O ponto de equilíbrio contábil nada mais é do que o nível de vendas que resulta em um projeto com zero de lucro líquido.

Para determinar o ponto de equilíbrio contábil de um projeto, partimos de algum senso comum. Suponha que sejamos varejistas de *drives* de computador com capacidade de 1 petabyte, vendidos a $5 por peça. Podemos comprar os *drives* de um fornecedor no atacado por $3 cada. Temos despesas contábeis de $600 em custos fixos e $300 em depreciação. Quantos *drives* temos de vender para atingir o ponto de equilíbrio, ou seja, para que o lucro líquido seja igual a zero?

Para cada *drive* vendido, obtemos $5 − 3 = $2 para cobrir nossas outras despesas (essa diferença de $2 entre o preço de venda e o custo variável quase sempre é chamada de *margem de contribuição unitária*). Temos de cobrir um total de $600 + 300 = $900 de despesas contábeis, de modo que, obviamente, precisamos vender $900/$2 = 450 *drives*. Podemos conferir isso observando que, a um nível de vendas de 450 unidades, nossa receita é de $5 × 450 = $2.250 e nossos custos variáveis são de $3 × 450 = $1.350. Portanto, a demonstração de resultados do exercício é:

ponto de equilíbrio contábil
Nível de vendas que resulta em zero de lucro líquido para o projeto.

Vendas	$2.250
Custos variáveis	1.350
Custos fixos	600
Depreciação	300
Lajir	$ 0
Tributos sobre o lucro (34%)	0
Lucro líquido	$ 0

Lembre-se de que, por estarmos discutindo a proposta de um novo projeto, não consideramos qualquer despesa de juros ao calcular o lucro líquido ou o fluxo de caixa do projeto. Observe também que incluímos a depreciação no cálculo das despesas, embora ela não seja um fluxo

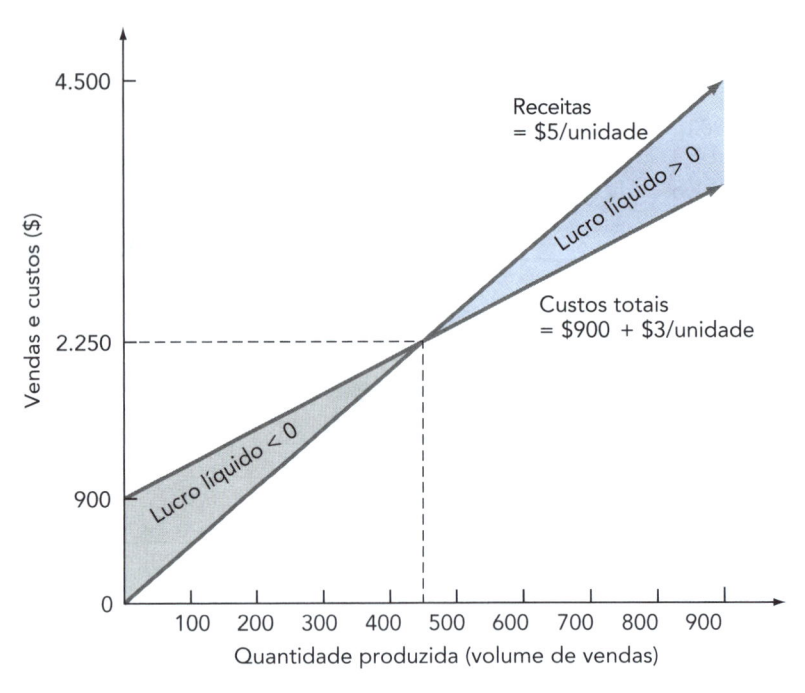

FIGURA 11.4 Ponto de equilíbrio contábil.

de saída de caixa. Por esse motivo, chamamos isso de ponto de equilíbrio contábil. Por fim, observe que, quando o lucro líquido é igual a zero, o lucro antes dos tributos também é igual a zero, assim como os tributos sobre o lucro. Em termos contábeis, nossas receitas são iguais a nossos custos, de modo que não há lucro para tributar.

A Figura 11.4 apresenta outra forma de ver o que está acontecendo. Ela se parece muito com a Figura 11.3, exceto que adicionamos uma linha para as receitas. Como foi indicado, as receitas totais são iguais a zero quando a produção é zero. Além disso, cada unidade vendida traz outros $5, de modo que a inclinação da linha de receita é 5.

Como vimos em nossa discussão anterior, sabemos que atingimos o ponto de equilíbrio quando as receitas são iguais aos custos totais. A linha das receitas e a linha dos custos totais se cruzam exatamente onde a produção está em 450 unidades. Como foi ilustrado, em qualquer nível de produção abaixo de 450, nosso lucro contábil é negativo e, em qualquer nível acima de 450, temos um lucro líquido positivo.

Ponto de equilíbrio contábil: uma visão mais detalhada

Em nosso exemplo numérico, observe que o nível do ponto de equilíbrio é igual à soma dos custos fixos e da depreciação, dividida pelo preço por unidade, menos os custos variáveis por unidade. Isso é sempre verdadeiro. Para saber o motivo, lembramos todas as seguintes variáveis:

P = Preço de venda por unidade
v = Custo variável por unidade
Q = Total de unidades vendidas
V = Vendas totais = $P \times Q$
CV = Custos variáveis totais = $v \times Q$
CF = Custos fixos
D = Depreciação
T = Alíquota tributária

O lucro líquido do projeto é calculado assim:

Lucro líquido = (Vendas – Custos variáveis – Custos fixos – Depreciação) × (1 – T_C)
= (S – CV – CF – D) × (1 – T_C)

Daqui em diante, não é difícil calcular o ponto de equilíbrio. Se igualarmos esse lucro a zero, obteremos:

Lucro líquido $\stackrel{\text{FIXE}}{=}$ 0 = (S – CV – CF – D) × (1 – T_C)

Divida ambos os lados por (1 – T_C) para obter:

S – CV – CF – D = 0

Como já vimos, isso quer dizer que, quando o lucro líquido é zero, o lucro antes dos tributos também é zero. Se nos lembrarmos de que $S = P \times Q$ e VC = $v \times Q$, então podemos reorganizar a equação para calcular o nível do ponto de equilíbrio:

$$S - CV = FC + D$$
$$P \times Q - v \times Q = CF + D$$
$$(P - v) \times Q = CF + D$$
$$Q = (CF + D)/(P - v) \quad [11.1]$$

Esse é o mesmo resultado que descrevemos anteriormente.

Utilidade do ponto de equilíbrio contábil

Por que alguém estaria interessado em saber qual é o ponto de equilíbrio contábil? Para ilustrar como ele pode ser útil, suponha que sejamos um pequeno fabricante de sorvetes especiais com uma distribuição estritamente local. Estamos pensando em expandir para novos mercados. Com base nos fluxos de caixa estimados, descobrimos que a expansão tem um VPL positivo.

Voltando à nossa discussão sobre risco de previsão, sabemos que o sucesso da nossa expansão provavelmente dependerá do volume de vendas. O motivo é que, pelo menos nesse caso, talvez tenhamos uma ideia bastante razoável do que podemos cobrar pelo sorvete. Além disso, sabemos quais são os custos de distribuição e produção com um bom grau de exatidão, porque já estamos no negócio. O que não sabemos com qualquer precisão é quanto sorvete conseguiremos vender.

Dados os custos e o preço de venda, podemos imediatamente calcular o ponto de equilíbrio. Depois de fazermos isso, podemos descobrir que precisamos de 30% do mercado só para atingir o ponto de equilíbrio. Se acharmos que isso é pouco provável porque temos, por exemplo, apenas 10% de nosso mercado atual, então sabemos que nossa previsão é questionável, e existe uma boa possibilidade de que o VPL verdadeiro seja negativo. Por outro lado, podemos descobrir que já temos uma clientela fiel para mais ou menos a quantidade do ponto de equilíbrio, de modo que é quase certo que possamos vender mais. Nesse caso, o risco de previsão seria muito mais baixo e teríamos maior confiança em nossas estimativas.

Existem várias outras razões pelas quais é útil saber qual é o ponto de equilíbrio contábil. Em primeiro lugar, como discutiremos com maiores detalhes a seguir, o ponto de equilíbrio contábil e o período de *payback* são medidas semelhantes. Assim como o período de *payback*, o ponto de equilíbrio contábil é relativamente fácil de ser calculado e explicado.

Em segundo lugar, os administradores quase sempre se preocupam com a contribuição que um projeto terá para as receitas contábeis totais da empresa. Um projeto que não atinge o ponto de equilíbrio contábil, na verdade, reduz as receitas totais.

Em terceiro lugar, um projeto que apenas atinge o ponto de equilíbrio contábil perde dinheiro no sentido de custo financeiro ou de oportunidade. Isso é fato, porque poderíamos ter ganho mais investindo em outra coisa. Tal projeto não perde dinheiro no sentido de dinheiro gasto. Como está descrito nas seções seguintes, nós recuperamos exatamente o que gastamos. E, por motivos não econômicos, as perdas de oportunidade podem ser mais fáceis de suportar do que as perdas de dinheiro.

> **Questões conceituais**
>
> **11.3a** Em que os custos fixos são semelhantes aos custos irrecuperáveis?
>
> **11.3b** Qual é o lucro líquido no ponto de equilíbrio contábil? E os tributos sobre o lucro?
>
> **11.3c** Por que um administrador financeiro estaria interessado no ponto de equilíbrio contábil?

11.4 Fluxo de caixa operacional, volume de vendas e ponto de equilíbrio

Excel Master!
Cobertura *on-line* do Excel Master

O ponto de equilíbrio contábil é uma ferramenta útil para a análise de projetos. Nosso interesse final, porém, incide mais sobre o fluxo de caixa do que sobre o lucro contábil. Assim, por exemplo, se o volume de vendas é a variável crítica, então precisamos saber mais sobre a relação entre o volume de vendas e o fluxo de caixa do que apenas sobre o ponto de equilíbrio contábil.

Nosso objetivo nesta seção é ilustrar a relação entre o fluxo de caixa operacional e o volume de vendas. Também discutiremos outras medidas de ponto de equilíbrio. Para simplificar um pouco as coisas, ignoraremos o efeito dos tributos sobre o lucro. Comecemos examinando a relação entre o ponto de equilíbrio contábil e o fluxo de caixa.

Ponto de equilíbrio contábil e fluxo de caixa

Agora que sabemos como encontrar o ponto de equilíbrio contábil, é natural nos perguntarmos o que acontece ao fluxo de caixa. Para ilustrar isso, suponha que a Companhia Trilha do Veleiro esteja pensando se deve ou não lançar seu novo barco à vela da classe Margo. O preço de venda será de $40.000 por barco. Os custos variáveis serão metade disso, ou $20.000 por barco, e os custos fixos serão de $500.000 por ano.

Caso-base O investimento necessário para empreender o projeto totaliza $3.500.000. Esse montante será depreciado linearmente até zero ao longo da vida útil de cinco anos do equipamento. O valor residual é zero, e não há consequências relativas ao capital circulante. A Trilha do Veleiro exige um retorno de 20% para os projetos novos.

Com base nas pesquisas de mercado e na experiência histórica, a empresa projeta vendas totais, para os cinco anos, de 425 barcos, ou 85 barcos por ano. Ignorando os tributos sobre o lucro, esse projeto deve ser realizado?

Para começar, ignorando os tributos, o fluxo de caixa operacional para 85 barcos por ano é o seguinte:

$$\text{Fluxo de caixa operacional} = \text{Lajir} + \text{Depreciação} - \text{Tributos sobre o lucro}$$
$$= (S - CV - CF - D) + D - 0$$
$$= 85 \times (\$40.000 - 20.000) - \$500.000$$
$$= \$1.200.000 \text{ por ano}$$

A 20%, o fator de anuidade de cinco anos é de 2,9906 e, assim, o VPL é:

$$\text{VPL} = -\$3.500.000 + \$1.200.000 \times 2,9906$$
$$= -\$3.500.000 + 3.588,735$$
$$= \$88.735$$

Na falta de informações adicionais, o projeto deve ser realizado.

Cálculo do nível do ponto de equilíbrio Para começar a ver maiores detalhes desse projeto, você pode fazer uma série de perguntas. Por exemplo, quantos barcos novos a Trilha do Veleiro precisa vender para que o projeto atinja o ponto de equilíbrio contábil? Se a empresa atingir o ponto de equilíbrio, qual será o fluxo de caixa anual do projeto? Qual será o retorno sobre o investimento nesse caso?

Antes de considerar os custos fixos e a depreciação, a Trilha do Veleiro gera $40.000 − 20.000 = $20.000 por barco (esse número é a receita menos o custo variável). A depreciação é $3.500.000/5 = $700.000 por ano. Os custos fixos e a depreciação juntos totalizam $1,2 milhão e, assim, a empresa precisa vender (CF + D)/(P − v) = $1,2 milhão/$20.000 = 60 barcos por ano para atingir o ponto de equilíbrio contábil. Isso significa 25 barcos a menos do que as vendas projetadas. Portanto, supondo que a Trilha do Veleiro tenha confiança de que sua projeção não estará errada por mais de 15 barcos, parece pouco provável que o novo investimento não conseguirá pelo menos atingir o ponto de equilíbrio contábil.

Para calcular o fluxo de caixa da empresa neste caso, observemos que, se forem vendidos 60 barcos, o lucro líquido será exatamente zero. Lembrando o que vimos no capítulo anterior, que o fluxo de caixa operacional de um projeto pode ser escrito como lucro líquido mais depreciação (a definição de baixo para cima), podemos ver que o fluxo de caixa operacional é igual à depreciação, ou $700.000 nesse caso. A taxa interna de retorno é exatamente zero (por quê?).

Payback e ponto de equilíbrio Como ilustra nosso exemplo, sempre que um projeto atinge o ponto de equilíbrio contábil, o fluxo de caixa daquele período será igual à depreciação. Esse resultado faz todo sentido em termos contábeis. Por exemplo, vamos supor que investimos $100.000 em um projeto de cinco anos. A depreciação é feita linearmente até um valor residual zero, ou $20.000 por ano. Se o projeto atingir o ponto de equilíbrio exato a cada período, então o fluxo de caixa será de $20.000 por período.

A soma dos fluxos de caixa da vida útil desse projeto é 5 × $20.000 = $100.000 — o investimento original. Isso mostra que o período de *payback* de um projeto é exatamente igual à sua vida útil se o projeto atingir o ponto de equilíbrio a cada período. Da mesma maneira, um projeto que realiza um resultado melhor do que o encontrado no ponto de equilíbrio tem um *payback* mais curto do que a vida útil do projeto e tem uma taxa de retorno positiva.

A má notícia é que um projeto que apenas atinge o ponto de equilíbrio contábil tem um VPL negativo e um retorno zero. Para nosso projeto dos veleiros, o fato de que é quase certo que a Trilha do Veleiro atinja o ponto de equilíbrio contábil é parcialmente reconfortante, pois significa que o risco de perda da empresa (seu prejuízo em potencial) é limitado. Porém, ainda não sabemos se o projeto é verdadeiramente lucrativo. Mais trabalho será necessário.

Volume de vendas e fluxo de caixa operacional

Neste ponto, podemos generalizar nosso exemplo e apresentar outras medidas do ponto de equilíbrio. Como vimos em nossa discussão na seção anterior, sabemos que, ignorando os tributos sobre o lucro, o fluxo de caixa operacional de um projeto (FCO) pode ser escrito simplesmente como Lajir mais depreciação:

$$\text{FCO} = [(P - v) \times Q - \text{CF} - D] + D$$
$$= (P - v) \times Q - \text{CF} \qquad [11.2]$$

Para o projeto da Trilha do Veleiro, a relação geral (em milhares) entre o fluxo de caixa operacional e o volume de vendas é, portanto:

$$\text{FCO} = (P - v) \times Q - \text{CF}$$
$$= (\$40 - 20) \times Q - 500$$
$$= -\$500 + \$20 \times Q$$

Isso nos diz que a relação entre o fluxo de caixa operacional e o volume de vendas é dada por uma linha reta com inclinação de $20 e um intercepto y de −$500. Se calcularmos alguns valores diferentes, obteremos:

Quantidade vendida	Fluxo de caixa operacional
0	−$ 500
15	− 200
30	100
50	500
75	1.000

Esses dados estão no gráfico da Figura 11.5, na qual indicamos três pontos de equilíbrio diferentes. Discutiremos esses pontos a seguir.

Pontos de equilíbrio contábil, financeiro e de caixa

Como vimos na discussão anterior, sabemos que a relação entre o fluxo de caixa operacional e o volume de vendas (ignorando os tributos sobre o lucro) é:

$$FCO = (P - v) \times Q - CF$$

Se reorganizarmos isso e calcularmos Q, obteremos:

$$Q = (CF + FCO) / (P - v) \qquad [11.3]$$

Isso nos diz qual volume de vendas (Q) é necessário para atingir um determinado FCO, de modo que esse resultado é mais geral do que o ponto de equilíbrio contábil. Ele foi usado para encontrar os diversos pontos de equilíbrio da Figura 11.5.

Ponto de equilíbrio contábil revisitado   Observando a Figura 11.5, suponha que o fluxo de caixa operacional seja igual à depreciação (D). Lembre-se de que essa situação corresponde a nosso ponto de equilíbrio contábil. Para encontrar o volume de vendas, substituímos o FCO pelo montante da depreciação de $700 em nossa equação geral:

$$Q = (CF + FCO) / (P - v)$$
$$= (\$500 + 700) / \$20$$
$$= 60$$

Essa é a mesma quantidade que tínhamos antes.

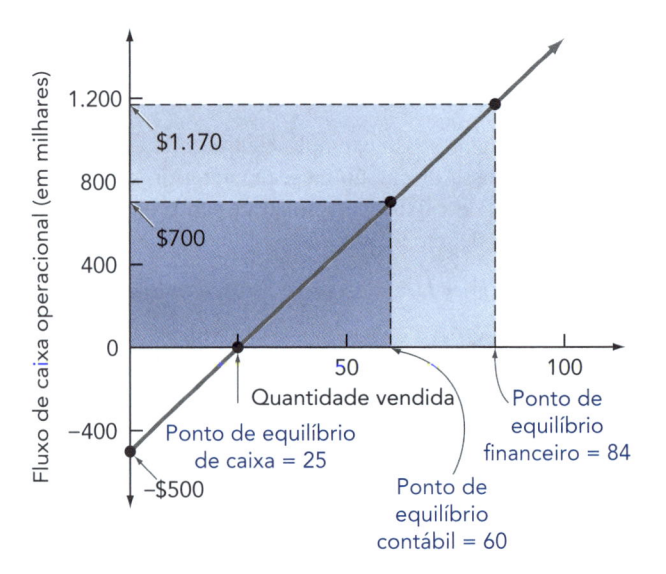

FIGURA 11.5   Fluxo de caixa operacional e volume de vendas.

Ponto de equilíbrio de caixa Já vimos que um projeto que atinge o ponto de equilíbrio contábil tem lucro líquido igual a zero, mas ainda tem um fluxo de caixa positivo. Em algum nível de vendas abaixo do ponto de equilíbrio contábil, o fluxo de caixa operacional se torna negativo. É uma ocorrência particularmente desagradável. Se isso acontecer, temos de fornecer caixa adicional para o projeto apenas para mantê-lo funcionando.

Para calcular o **ponto de equilíbrio de caixa** (o ponto no qual o fluxo de caixa operacional é igual a zero), colocamos um zero para o FCO:

$$Q = (CF + 0) / (P - v)$$
$$= \$500 / \$20$$
$$= 25$$

ponto de equilíbrio de caixa
Nível de vendas que resulta em um fluxo de caixa operacional igual a zero.

Assim, a Trilha do Veleiro precisa vender 25 barcos para cobrir os $500 de custos fixos. Como mostramos na Figura 11.5, esse ponto ocorre onde a linha do fluxo de caixa operacional cruza o eixo horizontal.

Observe que um projeto que apenas atinge o ponto de equilíbrio de caixa pode cobrir seus próprios custos operacionais fixos, mas é só isso e mais nada. Ele nunca atinge um *payback*, de modo que o investimento original é um prejuízo total (a TIR é –100%).

Ponto de equilíbrio financeiro O último caso que consideraremos é o de um **ponto de equilíbrio financeiro**, o nível de vendas que resulta em VPL zero. Para o administrador financeiro, esse é o caso mais interessante. Primeiro, determinamos qual fluxo de caixa operacional é necessário para que o VPL seja zero. Em seguida, usamos esse montante para determinar o volume de vendas.

ponto de equilíbrio financeiro
Nível de vendas que resulta em um VPL igual a zero.

Para ilustrar isso, lembre-se de que a Trilha do Veleiro exige um retorno de 20% sobre seu investimento de $3.500 (em milhares). Quantos veleiros a empresa precisa vender para atingir o ponto de equilíbrio quando consideramos o custo de oportunidade anual de 20%?

O projeto do veleiro tem uma vida útil de cinco anos. O projeto tem um VPL igual a zero quando o valor presente do fluxo de caixa operacional é igual ao investimento de $3.500. Como o fluxo de caixa é igual todos os anos, podemos calcular o montante tratando-o como uma anuidade ordinária. O fator de anuidade de cinco anos, a 20%, é 2,9906, e o FCO pode ser determinado da seguinte maneira:

$$\$3.500 = FCO \times 2,9906$$
$$FCO = \$3.500 / 2,9906$$
$$= \$1.170$$

Assim, a Trilha do Veleiro precisa de um fluxo de caixa operacional de $1.170 a cada ano para atingir o ponto de equilíbrio. Agora, podemos colocar esse FCO na equação do volume de vendas:

$$Q = (\$500 + 1.170) / \$20$$
$$= 83,5$$

A Trilha do Veleiro precisa vender cerca de 84 barcos por ano. Isso não é bom.

Como indica a Figura 11.5, o ponto de equilíbrio financeiro é substancialmente mais alto do que o ponto de equilíbrio contábil. Quase sempre é isso o que acontece. Além disso, descobrimos que o projeto do veleiro tem um grau substancial de risco de previsão. Projetamos vendas de 85 barcos por ano, mas já são necessários 84 barcos apenas para ganhar o retorno exigido.

Conclusão Em geral, parece improvável que o projeto da Trilha do Veleiro não atinja o ponto de equilíbrio contábil. Entretanto, parece haver boas chances de que o verdadeiro VPL seja negativo. Isso ilustra o perigo de se examinar apenas o ponto de equilíbrio contábil.

O que a Trilha do Veleiro deve fazer? O projeto do novo barco naufragou? A decisão neste ponto é essencialmente uma questão de gestão — uma questão de julgamento. As questões cruciais são:

1. Quanto confiamos em nossas projeções?
2. Qual é a importância do projeto para o futuro da empresa?
3. Quão ruim será para a empresa se as vendas acabarem sendo baixas? Quais opções estão disponíveis para a empresa nesse caso?

Consideraremos questões como essas em uma seção posterior. Para referência futura, nossa discussão sobre as diferentes medidas de ponto de equilíbrio é resumida no Quadro 11.1.

QUADRO 11.1 Resumo das medidas de ponto de equilíbrio

I. Equação geral do ponto de equilíbrio

Ignorando os tributos sobre o lucro, a relação entre o fluxo de caixa operacional (FCO) e a quantidade produzida ou o volume de vendas (Q) é:

$$Q = \frac{CF + FCO}{P - v}$$

onde

CF = Custos fixos totais
P = Preço por unidade
v = Custo variável por unidade

Como mostramos a seguir, essa relação pode ser utilizada para determinar os pontos de equilíbrio contábil, financeiro e de caixa.

II. O ponto de equilíbrio contábil

O ponto de equilíbrio contábil é atingido quando o lucro líquido é igual a zero. O fluxo de caixa operacional é igual à depreciação quando o lucro líquido é zero, de modo que o ponto de equilíbrio contábil é:

$$Q = \frac{CF + D}{P - v}$$

Um projeto que sempre atinge apenas o ponto de equilíbrio contábil tem um *payback* igual à sua vida útil, um VPL negativo e uma TIR igual a zero.

III. O ponto de equilíbrio de caixa

O ponto de equilíbrio de caixa é atingido quando o fluxo de caixa operacional é igual a zero. Assim, o ponto de equilíbrio de caixa é:

$$Q = \frac{CF}{P - v}$$

Um projeto que sempre atinge apenas o ponto de equilíbrio de caixa nunca atinge um *payback*, tem um VPL negativo e igual ao investimento inicial e tem uma TIR de −100%.

IV. O ponto de equilíbrio financeiro

O equilíbrio financeiro ocorre quando o VPL do projeto é igual a zero. O ponto de equilíbrio financeiro é, portanto:

$$Q = \frac{FC + FCO^*}{P - v}$$

onde FCO* é o nível de FCO que resulta em um VPL igual a zero. Um projeto que atinge o ponto de equilíbrio financeiro tem um *payback* descontado igual à sua vida útil, um VPL igual a zero e uma TIR exatamente igual ao retorno exigido.

> **Questões conceituais**
>
> **11.4a** Se um projeto atinge o ponto de equilíbrio contábil, qual é o seu fluxo de caixa operacional?
>
> **11.4b** Se um projeto atinge o ponto de equilíbrio de caixa, qual é o seu fluxo de caixa operacional?
>
> **11.4c** Se um projeto atinge o ponto de equilíbrio financeiro, o que você sabe sobre o seu *payback* descontado?

11.5 Alavancagem operacional

Discutimos como calcular e interpretar as diversas medidas do ponto de equilíbrio para um projeto proposto. O que não discutimos explicitamente foi o que determina esses pontos e como eles podem ser alterados. Agora nos dedicaremos a esse assunto.[1]

Excel Master!
Cobertura *on-line* do Excel Master

A ideia básica

A **alavancagem operacional** é o grau em que um projeto, ou uma empresa, está comprometida com os custos fixos de produção. Uma empresa com alavancagem operacional baixa terá custos fixos baixos comparada a uma empresa com alavancagem operacional alta. De maneira geral, os projetos com investimento relativamente alto em instalações e equipamentos terão um grau relativamente alto de alavancagem operacional. Tais projetos são chamados de projetos *intensivos em capital*.

alavancagem operacional
Grau em que uma empresa ou um projeto estão comprometidos com custos fixos.

Sempre que pensarmos em um novo empreendimento, normalmente há formas alternativas de produzir e fornecer o produto. Por exemplo, a Companhia Trilha do Veleiro pode comprar o equipamento necessário e produzir ela mesma todos os componentes para seus veleiros. Alternativamente, parte do trabalho poderia ser terceirizada. A primeira opção envolve um maior investimento em instalações e equipamentos, maiores custos fixos e depreciação e, como resultado, um grau mais alto de alavancagem operacional.

Consequências da alavancagem operacional

Seja qual for o método de medição, a alavancagem operacional tem consequências importantes para a avaliação dos projetos. Os custos fixos agem como uma alavanca no sentido de que uma pequena variação percentual da receita operacional pode ser ampliada para uma grande variação percentual no fluxo de caixa operacional e no VPL. Isso explica por que chamamos isso de "alavancagem" operacional.

Quanto mais alto o grau de alavancagem operacional, maior será o perigo potencial do risco de previsão. O motivo é que erros relativamente pequenos na previsão do volume de vendas podem ser ampliados ou "alavancados" para erros maiores nas projeções de fluxo de caixa.

Sob uma perspectiva de gestão, uma maneira de lidar com projetos com alto nível de incerteza é manter o grau de alavancagem operacional o mais baixo possível. Normalmente isso terá o efeito de manter o ponto de equilíbrio em seu nível mínimo (não importando o tipo de medida). Ilustraremos esse ponto em breve, mas primeiro precisamos discutir como medir a alavancagem operacional.

---

[1] Manteremos aqui o pressuposto de ausência de tributos sobre o lucro. Para ver o efeito dos tributos no ponto de equilíbrio e no grau de alavancagem operacional, ver os problemas 25 e 26 na página do livro na *web*.

Medição da alavancagem operacional

Uma forma de medir a alavancagem operacional é perguntar o seguinte: se a quantidade vendida subir em 5%, qual será a variação percentual do fluxo de caixa operacional? Em outras palavras, o **grau de alavancagem operacional** (GAO) é definido de maneira que:

Variação percentual do FCO = GAO × Variação percentual de Q

Com base na relação entre FCO e Q, o GAO pode ser escrito assim:[2]

GAO = 1 + CF/FCO   [11,4]

grau de alavancagem operacional (GAO)
Variação percentual no fluxo de caixa operacional relativa à variação percentual na quantidade vendida.

O índice CF/FCO mede apenas os custos fixos como porcentagem do fluxo de caixa operacional total. Observe que, se os custos fixos forem iguais a zero, o GAO seria 1, sugerindo que as variações percentuais da quantidade vendida seriam de um para um no fluxo de caixa operacional. Em outras palavras, não haveria efeito de ampliação, ou alavancagem.

Para ilustrar essa medida de alavancagem operacional, voltemos ao projeto da Trilha do Veleiro. Os custos fixos foram de $500 e $(P - v)$ foi de $20, de modo que o FCO foi:

FCO = −$500 + $20 × Q

Suponha que Q seja 50 barcos. Nesse nível de produção, o FCO é de −$500 + 1.000 = $500.

Se Q se elevar em uma unidade até 51, então a variação da porcentagem de Q será de (51 − 50)/50 = 0,02, ou 2%. O FCO sobe para $520, representando uma variação de $P - v$ = $20. A variação percentual do FCO é ($520 − 500)/$500 = 0,04, ou 4%. Assim, um aumento de 2% no número de barcos vendidos leva a um aumento percentual de 4% no fluxo de caixa operacional. O grau de alavancagem operacional deve ser de exatamente 2,00. Podemos conferir isso observando que:

GAO = 1 + CF/FCO
    = 1 + $500 / $500
    = 2

Isso confirma nossos cálculos anteriores.

Nossa formulação do GAO depende do nível de produção corrente (Q). Entretanto, ele pode lidar com as variações do nível corrente de qualquer tamanho, e não apenas de uma unidade. Por exemplo, suponhamos que Q se eleve de 50 para 75, representando um aumento de 50%. Com o GAO igual a 2, o fluxo de caixa operacional deve aumentar em 100%, ou exatamente o dobro. Será? A resposta é sim, porque, com $Q = 75$, o FCO é:

FCO = −$500 + $20 × 75 = $1.000

Observe que a alavancagem operacional diminui à medida que a produção (Q) aumenta. Por exemplo, a um nível de produção de 75, temos:

GAO = 1 + $500/$1.000
    = 1,50

O motivo pelo qual o GAO diminui é que os custos fixos considerados como porcentagem do fluxo de caixa operacional ficam cada vez menores, de modo que o efeito de alavancagem diminui.

---

[2] Para ver isso, observe que, se Q subir em uma unidade, o FCO subirá em $(P - v)$. Nesse caso, a variação percentual de Q é $1/Q$, e a variação percentual do FCO é $(P - v)/FCO$. Dado esse fato, temos:

Variação percentual do FCO = GAO × Variação percentual de Q
$(P - v)/FCO$ = GAO × $1/Q$
GAO = $(P - v) \times Q/FCO$

Além disso, com base em nossas definições do FCO:

FCO + CF = $(P - v) \times Q$

Portanto, o GAO pode ser escrito assim:

GAO = (FCO + CF)/FCO
    = 1 + CF/FCO

EXEMPLO 11.3 Alavancagem operacional

A Sasha Ltda. atualmente vende ração gourmet para cães por $1,20 a lata. O custo variável é de $0,80 por lata, a embalagem e as operações de *marketing* têm custos fixos de $360.000 por ano. A depreciação é de $60.000 por ano. Qual é o ponto de equilíbrio contábil? Ignorando os tributos sobre o lucro, qual será o aumento do fluxo de caixa operacional se a quantidade vendida aumentar para 10% acima do ponto de equilíbrio?

O ponto de equilíbrio contábil é de $420.000/$0,40 = 1.050.000 latas. Como sabemos, o fluxo de caixa operacional é igual à depreciação de $60.000 nesse nível de produção, de modo que o grau de alavancagem operacional é:

GAO = 1 + CF/FCO
    = 1 + $360.000/$60.000
    = 7

Assim, um aumento de 10% nas vendas de latas de ração canina aumentará o fluxo de caixa operacional em substanciais 70%.

Para verificar essa resposta, observemos que, se as vendas aumentarem em 10%, então a quantidade vendida aumentará para 1.050.000 × 1,1 = 1.155.000. Ignorando os tributos sobre o lucro, o fluxo de caixa operacional será de 1.155.000 × $0,40 − $360.000 = $102.000. Comparado ao fluxo de caixa de $60.000 que tivemos, isso é exatamente 70% a mais: $102.000/$60.000 = 1,70.

Alavancagem operacional e ponto de equilíbrio

Ilustramos o motivo pelo qual é importante considerar a alavancagem operacional ao examinarmos o projeto da Trilha do Veleiro em um cenário alternativo. Com $Q = 85$ barcos, o grau de alavancagem operacional para o projeto dos veleiros no cenário original é:

GAO = 1 + CF/FCO
    = 1 + $500/$1.200
    = 1,42

Além disso, lembre-se de que o VPL para o nível de vendas de 85 barcos foi de $88.735, e o ponto de equilíbrio contábil foi de 60 barcos.

Uma opção disponível para a Trilha do Veleiro é terceirizar a produção do casco dos barcos. Se a empresa fizer isso, o investimento necessário cairá para $3.200.000, e os custos operacionais fixos cairão para $180.000. Entretanto, os custos variáveis subirão para $25.000 por barco, porque a terceirização é mais cara do que a produção interna. Avalie essa opção sem considerar tributos sobre o lucro.

Para praticar, veja se você não concorda com o seguinte:

VPL a 20% (85 unidades) = $74.720
Ponto de equilíbrio contábil = 55 barcos
Grau de alavancagem operacional = 1,16

O que aconteceu? Essa opção resulta em um valor presente líquido estimado ligeiramente menor, e o ponto de equilíbrio contábil cai de 60 para 55 barcos.

Dado que essa alternativa tem o VPL mais baixo, existe algum motivo para considerá-la mais detalhadamente? Talvez sim. O grau de alavancagem operacional é substancialmente menor no segundo caso. Se a Trilha do Veleiro estiver preocupada com a possibilidade de uma projeção otimista demais, então ela pode preferir a terceirização.

Existe outro motivo pelo qual a empresa consideraria a segunda opção. Se as vendas forem melhores do que o esperado, a empresa sempre terá a opção de começar a produzir internamente mais tarde. Em termos práticos, é muito mais fácil aumentar a alavancagem operacional (comprando equipamento de produção) do que diminuí-la (vendendo equipamento de produção). Como discutiremos em um capítulo posterior, uma das desvantagens da análise por fluxos de caixa descontados é que é difícil incluir explicitamente opções desse tipo na análise, embora elas possam ser muito importantes.

> **Questões conceituais**
>
> **11.5a** O que é alavancagem operacional?
>
> **11.5b** Como é medida a alavancagem operacional?
>
> **11.5c** Quais são as consequências da alavancagem operacional para o administrador financeiro?

11.6 Racionamento de capital

racionamento de capital
Situação que existe quando uma empresa tem projetos com VPL positivo mas não consegue o financiamento necessário.

Dizemos que existe **racionamento de capital** se temos investimentos rentáveis (com VPL positivo) à disposição, mas não conseguimos os fundos necessários para tirá-los do papel. Por exemplo, assumindo o papel de executivos de divisão de uma grande empresa, podemos identificar $5 milhões em projetos excelentes, mas descobrimos que, por algum motivo, podemos gastar apenas $2 milhões. E agora? Infelizmente, por motivos que discutiremos depois, pode não haver uma resposta totalmente satisfatória.

Racionamento fraco

racionamento fraco
Situação que ocorre quando unidades de uma empresa recebem uma verba determinada de financiamento para seu orçamento de capital.

A situação que acabamos de descrever é chamada de **racionamento fraco**. Isso ocorre quando, por exemplo, diferentes unidades de uma empresa recebem uma verba fixa a cada ano para os seus gastos de capital. Tal alocação é primariamente um meio de controlar e acompanhar os gastos totais. O mais importante a observar sobre o racionamento fraco é que a empresa como um todo não está sem capital; é possível obter mais capital do jeito de sempre se a administração assim o desejar.

Se enfrentarmos racionamento fraco, a primeira coisa a fazer é tentar obter uma alocação de capital maior. Se isso não der certo, uma sugestão comum é gerar o maior valor presente líquido possível dentro do orçamento existente. Isso se resume a escolher aqueles projetos com o maior índice de custo-benefício (índice de lucratividade).

Em termos estritos, essa é a coisa certa a fazer apenas quando o racionamento fraco for um evento único — ou seja, ele não existirá no ano seguinte. Se o racionamento fraco for um problema crônico, então algo está errado. O motivo remonta ao Capítulo 1. O racionamento fraco crônico significa que estamos constantemente perdendo investimentos com VPL positivo. Isso contradiz nosso objetivo para com a empresa. Se não estamos tentando maximizar o valor de forma sustentável, então a pergunta sobre quais projetos devemos assumir torna-se ambígua, porque deixamos de ter um objetivo definido que anteceda aos demais.

Racionamento forte

racionamento forte
Situação que ocorre quando uma empresa não consegue obter capital para um projeto de modo algum.

Com o **racionamento forte**, uma empresa não consegue obter capital para um projeto de modo algum. Para empresas grandes e saudáveis, essa situação provavelmente não ocorre com muita frequência. Isso é bom, porque, com o racionamento forte, nossa análise por FCD não funciona, e a melhor conduta é ambígua.

O motivo pelo qual a análise por FCD não funciona está relacionado com o retorno exigido. Suponha que nosso retorno exigido seja de 20%. Implicitamente, estamos dizendo que assumiremos um projeto com um retorno que exceda a isso. Entretanto, se enfrentarmos racionamento forte, não assumiremos qualquer projeto novo, não importando o retorno sobre esse projeto, e, portanto, todo o conceito de um retorno exigido é ambíguo. Nessa situação, a única interpretação possível é que o retorno exigido é tão grande que nenhum projeto tem VPL positivo.

O racionamento forte pode ocorrer quando uma empresa passa por problemas financeiros, significando que a falência é uma possibilidade. Também pode ocorrer que uma empresa não possa conseguir levantar capital sem violar um acordo contratual preexistente. Discutiremos essas situações com maiores detalhes em um capítulo posterior.

> **Questões conceituais**
>
> **11.6a** O que é o racionamento de capital? Quais são os tipos existentes?
>
> **11.6b** Quais problemas o racionamento de capital cria para a análise por fluxos de caixa descontados?

11.7 Resumo e conclusões

Neste capítulo, vimos algumas maneiras de avaliar os resultados de uma análise por fluxos de caixa descontados. Também vimos alguns dos problemas que podem surgir na prática:

1. As estimativas do valor presente líquido dependem dos fluxos de caixa futuros projetados. Se houver erros nessas projeções, então nossos VPLs estimados podem ser enganosos. Chamamos essa possibilidade de risco de previsão.

2. As análises de cenários e de sensibilidade são ferramentas úteis para identificar quais variáveis são cruciais para o sucesso de um projeto e onde os problemas de previsão podem causar os maiores danos.

3. A análise do ponto de equilíbrio em suas diversas formas é um tipo particularmente comum de análise de cenários que é útil para identificar os níveis cruciais de vendas.

4. A alavancagem operacional é um fator-chave para determinar os níveis de ponto de equilíbrio. Ela reflete o grau de comprometimento de um projeto ou uma empresa com os custos fixos. O grau de alavancagem operacional nos informa a sensibilidade do fluxo de caixa operacional às variações no volume de vendas.

5. Em geral, os projetos têm opções gerenciais futuras associadas a eles. Essas opções podem ser muito importantes, mas a análise-padrão por fluxos de caixa descontados tende a ignorá-las.

6. O racionamento de capital ocorre quando projetos aparentemente lucrativos não podem ser financiados. A análise-padrão por fluxos de caixa descontados é complicada nesse caso, porque o VPL não é necessariamente o critério mais apropriado.

A coisa mais importante a ser aprendida com a leitura deste capítulo é que os VPLs ou os retornos estimados não devem ser aceitos sem uma reflexão crítica. Eles dependem essencialmente dos fluxos de caixa projetados. Se puder haver diferença significativa em relação aos fluxos de caixa projetados, os resultados da análise precisam ser avaliados com uma certa reserva.

Apesar dos problemas que discutimos, a análise por fluxos de caixa descontados ainda é a melhor maneira de atacar os problemas, pois nos força a fazer as perguntas certas. Neste capítulo, aprendemos que saber quais perguntas fazer não garante que obteremos todas as respostas.

REVISÃO DO CAPÍTULO E TESTE DE CONHECIMENTOS

Use as informações do caso-base a seguir para resolver o teste de conhecimentos:

Um projeto que está sendo considerado custa $750.000, tem vida útil de cinco anos e nenhum valor residual. A depreciação é linear até zero. O retorno exigido é de 17%, e a alíquota tributária é de 34%. As vendas são projetadas a 500 unidades por ano. O preço por unidade é $2.500, o custo variável por unidade é de $1.500 e os custos fixos são de $200.000 por ano.

11.1 Análise de cenários Suponha que, no seu julgamento, as projeções de vendas unitárias, preço, custo variável e custo fixo dadas aqui possam desviar em até 5%. Quais são os limites superior e inferior para essas projeções? Qual é o VPL do caso-base? Quais são os VPLs do melhor e do pior cenário?

11.2 Análise do ponto de equilíbrio Dadas as projeções do caso-base do problema anterior, quais são os níveis de vendas dos pontos de equilíbrio contábil, financeiro e de caixa para esse projeto? Ignore os tributos sobre o lucro.

RESPOSTA DA REVISÃO DO CAPÍTULO E DO TESTE DE CONHECIMENTOS

11.1 As informações relevantes podem ser resumidas da seguinte maneira:

	Caso-base	Limite inferior	Limite superior
Vendas unitárias	500	475	525
Preço	$ 2.500	$ 2.375	$ 2.625
Custos variáveis por unidade	$ 1.500	$ 1.425	$ 1.575
Custos fixos anuais	$200.000	$190.000	$210.000

A depreciação é de $150.000 por ano. Sabendo disso, podemos calcular os fluxos de caixa em cada cenário. Lembre-se de que atribuímos custos altos e preços e volume baixos para o pior caso, e o oposto para o cenário do melhor caso:

Cenário	Vendas unitárias	Preço unitário	Custos variáveis por unidade	Custos fixos	Fluxo de caixa
Caso-base	500	$2.500	$1.500	$200.000	$268.500
Melhor caso	525	2.625	1.425	190.000	379.100
Pior caso	475	2.375	1.575	210.000	165.800

A 17%, o fator de anuidade de cinco anos é de 3,19935 e, portanto, os VPLs são:

VPL do caso-base = − $750.000 + 3,19935 × $268.500
= $109.024
VPL do melhor caso = − $750.000 + 3,19935 × $379.100
= $462.872
VPL do pior caso = − $750.000 + 3,19935 × $165.800
= −$219.548

11.2 Neste caso, temos $200.000 em custos fixos de caixa para cobrir. Cada unidade contribui com $2.500 − 1.500 = $1.000 para cobrir os custos fixos. O ponto de equilíbrio de caixa é, portanto, de $200.000/$1.000 = 200 unidades. Temos outros $150.000 de depreciação e, assim, o ponto de equilíbrio contábil é ($200.000 + 150.000)/$1.000 = 350 unidades.

Para obter o ponto de equilíbrio financeiro, precisamos encontrar o FCO que faça o projeto ter um VPL igual a zero. Como já vimos, o fator de anuidade de cinco anos é 3,19935, e o projeto custa $750.000, de modo que o FCO deve ser o seguinte:

$750.000 = FCO × 3,19935

Assim, para que o projeto atinja o ponto de equilíbrio financeiramente, o fluxo de caixa do projeto deve ser de $750.000/3,19935, ou $234.423 por ano. Se somarmos isso aos $200.000 em custos fixos de caixa, obteremos um total de $434.423 que teremos de cobrir. A $1.000 por unidade, precisamos vender $434.423/$1.000 = 435 unidades.

REVISÃO DE CONCEITOS E QUESTÕES INSTIGANTES

1. **Risco de previsão [OA1]**   O que é o risco de previsão? Em geral, o grau de risco de previsão seria maior para um produto novo ou para uma proposta de redução de custos? Por quê?

2. **Análise de cenários e de sensibilidade [OA1, OA2]**   Qual é a diferença essencial entre a análise de sensibilidade e a análise de cenários?

3. **Fluxos de caixa marginais [OA3]**   Um colega afirma que toda essa coisa de marginal e incremental é um monte de bobagem e diz: "Olha, se nossa receita média não for maior do que o custo médio, então teremos um fluxo de caixa negativo e estaremos falidos!" Como você responde?

4. **Alavancagem operacional [OA4]**   Pelo menos antigamente, as empresas japonesas tinham uma política de "não demitir" (só para constar, a IBM também teve). Quais são as consequências dessa política para o grau de alavancagem operacional enfrentado por uma empresa?

5. **Alavancagem operacional [OA4]**   As companhias aéreas oferecem um exemplo de indústria na qual o grau de alavancagem operacional é bastante alto. Por quê?

6. **Ponto de equilíbrio [OA3]**   Como acionista de uma empresa que está considerando um novo projeto, você estaria mais preocupado com o ponto de equilíbrio contábil, financeiro ou de caixa? Por quê?

QUESTÕES E PROBLEMAS

1. **Cálculo dos custos e do ponto de equilíbrio [OA3]**   A Sombras da Noite Ltda. (SNL) fabrica óculos de sol com biotecnologia. Os custos variáveis dos materiais são de $12,14 por unidade e os custos variáveis de mão de obra são de $6,89 por unidade.
    a. Quais são os custos variáveis por unidade?
    b. Suponhamos que a SNL incorra em custos fixos de $845.000 durante um ano no qual a produção total seja de 210.000 unidades. Quais são os custos totais para o ano?
    c. Se o preço de venda for de $49,99 por unidade, a SNL atinge o ponto de equilíbrio de caixa? Se a depreciação for de $450.000 por ano, qual será o ponto de equilíbrio contábil?

2. **Cálculo do custo médio [OA3]**   A Confecções K2 pode fabricar botas de escalada por $45,17 cada par em custos variáveis de matéria-prima e $29,73 cada par em despesas variáveis de mão de obra. Os sapatos são vendidos a $210 cada par. No último ano, a produção foi de 155.000 pares. Os custos fixos foram de $2,15 milhões. Quais foram os custos totais de produção? Qual é o custo marginal por par? Qual é o custo médio? Se a empresa estiver pensando em um único pedido de 5.000 pares adicionais, qual será a receita total mínima aceitável para o pedido? Explique.

3. **Análise de cenários [OA2]** A Transmissões Stinnett S/A tem as seguintes estimativas para seu novo projeto de sistema de caixas de mudança: preço = $1.220 por unidade; custos variáveis = $380 por unidade; custos fixos = $3.75 milhões; quantidade = 90.000 unidades. Suponhamos que a empresa acredite que todas as suas estimativas possam desviar em até 15%. Quais valores a empresa usará para as quatro variáveis informadas se seu desempenho estiver dentro do melhor caso da análise de cenários? E quanto ao pior caso?

4. **Análise de sensibilidade [OA1]** Para a empresa do problema anterior, suponhamos que a administração esteja mais preocupada com o impacto de sua estimativa de preço sobre a lucratividade do projeto. Como você trataria essa questão? Descreva como você calcularia sua resposta. Quais valores você usaria para as outras variáveis da previsão?

5. **Análise de sensibilidade e ponto de equilíbrio [OA1, OA3]** Estamos avaliando um projeto que custa $845.000, tem vida útil de oito anos e não tem valor residual. Pressuponha que a depreciação é linear até zero ao longo da vida útil do projeto. As vendas são projetadas a 51.000 unidades por ano. O preço por unidade é $53, o custo variável por unidade é de $27 e os custos fixos são de $950.000 por ano. A alíquota tributária é de 34% e exigimos um retorno de 10% sobre esse projeto.

   a. Calcule o ponto de equilíbrio contábil. Qual é o grau de alavancagem operacional no ponto de equilíbrio contábil?

   b. Calcule o fluxo de caixa e o VPL do caso-base. Qual é a sensibilidade do VPL às variações nas vendas? Explique o que sua resposta nos diz sobre uma diminuição de 500 unidades nas vendas projetadas.

   c. Qual é a sensibilidade do FCO às variações nos custos variáveis? Explique o que sua resposta informa sobre uma diminuição de $1 nos custos variáveis estimados.

Para revisão de outros conceitos e novas questões instigantes, consulte a página do livro no portal do Grupo A (loja.grupoa.com.br).

PARTE 5 Risco e Retorno

Algumas Lições da História do Mercado de Capitais

12

EM RAZÃO DA PANDEMIA DA COVID-19, a primeira metade de 2020 foi uma montanha-russa para os investidores da bolsa. Nos EUA, os mercados fecharam em uma alta histórica em 19 de fevereiro, então despencaram cerca de 34% até 23 de março, em meio a temores causados pela disseminação do vírus. Para a surpresa de muitos, o mercado não permaneceu em baixa por muito tempo, saltando de volta para equilibrar o resultado do ano em junho, o maior ganho durante um período tão curto desde 1933.

A montanha-russa foi ainda mais radical para os investidores em empresas individuais. As ações da Zoom, que se tornou uma plataforma amplamente utilizada para aulas nas faculdades, subiu mais de 250%. E como as pessoas recorreram mais à Internet para pagamentos e compras, a PayPal subiu 54% e a Amazon, 43%. Mas os investidores em empresas de viagem não tiveram a mesma sorte com as novas proibições. As ações da American Airlines caíram 78%; as da Hertz, 88%; e as da Royal Caribbean Cruises, 56%.

Esses exemplos mostram que havia um potencial tremendo de lucro durante a pandemia da Covid-19, mas também o risco de perder dinheiro. Muito, muito dinheiro. Então o que você, como investidor no mercado de ações, deve esperar quando investe o próprio dinheiro? Neste capítulo, estudamos mais de nove décadas da história do mercado para descobrir.

Objetivos de aprendizagem

O objetivo deste capítulo é que, ao seu final, você saiba:

- **OA1** Calcular o retorno sobre um investimento.
- **OA2** Discutir os retornos históricos sobre vários tipos importantes de investimentos.
- **OA3** Discutir os riscos históricos de vários tipos importantes de investimentos.
- **OA4** Explicar as consequências da eficiência do mercado.

Para ficar por dentro dos últimos acontecimentos na área de finanças, visite www.fundamentalsofcorporatefinance.blogspot.com.

Até agora, não tínhamos muito a dizer sobre o que determina o retorno exigido de um investimento. De certa forma, a resposta é simples: o retorno exigido depende do risco do investimento. Quanto maior o risco, maior o retorno exigido.

Dito isso, ficamos com um problema um pouco mais difícil. Como podemos medir a quantidade de risco presente em um investimento? Em outras palavras, o que quer dizer a afirmação de que um investimento é mais arriscado do que outro? Obviamente, precisamos definir o que é *risco* para responder essas perguntas. Esta será nossa tarefa nos próximos dois capítulos.

Nos últimos capítulos, vimos que uma das responsabilidades do gestor financeiro é avaliar o valor de propostas de investimentos em ativos reais. Ao fazer isso, é importante primeiro verificarmos o que os investimentos financeiros têm a oferecer. No mínimo, o retorno que exigimos de uma proposta de investimento não financeiro deve ser maior do que aquele que podemos obter ao comprar ativos financeiros de risco semelhante.

Neste capítulo, nosso objetivo é fornecer uma perspectiva daquilo que o histórico do mercado de capitais estadunidense pode nos dizer sobre risco e retorno. A coisa mais importante a ser extraída deste capítulo é uma intuição sobre os números. O que é um retorno alto? O que é um retorno baixo? De modo geral, quais retornos devemos esperar de ativos financeiros, e quais são os riscos de tais investimentos? Essa é uma perspectiva essencial para entendermos como analisar e avaliar projetos de investimento arriscados.

Começamos nossa discussão sobre risco e retorno descrevendo a experiência histórica dos investidores dos mercados financeiros estadunidenses. Em 1931, por exemplo, o mercado de ações perdeu 44% de seu valor. Apenas dois anos mais tarde, o mercado de ações ganhou 54%. Mais recentemente, o mercado perdeu cerca de 25% de seu valor em um único dia, 19 de outubro de 1987. Quais lições, se é que existem, os gestores financeiros podem aprender com tais mudanças no mercado de ações? Exploraremos quase um século da história do mercado para descobrir isso.

Nem todos concordam com o valor de estudar a história. De um lado, existe o famoso comentário do filósofo George Santayana: "Aqueles que não se lembram do passado estão condenados a repeti-lo".[1] De outro, existe o também famoso comentário do industrial Henry Ford: "A história é mais ou menos bobagem".[2] No entanto, talvez todos concordem com a observação de Mark Twain: "Outubro. Este é um dos meses particularmente perigosos para se especular no mercado de ações. Os outros são julho, janeiro, setembro, abril, novembro, maio, março, junho, dezembro, agosto e fevereiro".[3]

Nosso estudo da história do mercado oferece duas lições cruciais. A primeira é que há uma recompensa pelo risco. A segunda é que, quanto maior a recompensa em potencial, maior será o risco. Para ilustrar esses fatos sobre os retornos de mercado, dedicamos grande parte deste capítulo ao relato das estatísticas e dos números que formam a história moderna do mercado de capitais dos Estados Unidos. No próximo capítulo, esses fatos servirão de base para nosso estudo sobre como os mercados financeiros colocam um preço no risco.

12.1 Retornos

Excel Master!
Cobertura *on-line* do Excel Master

Queremos discutir os retornos históricos dos diferentes tipos de ativos financeiros. Assim, a primeira coisa que precisamos fazer é explicar resumidamente como calcular o retorno sobre um investimento.

Retornos monetários

Então, como o mercado se saiu hoje? Descubra em **br.finance.yahoo.com**.

Se você comprar um ativo de qualquer tipo, seu ganho (ou perda) com esse investimento é chamado de *retorno sobre o investimento*. Em geral, esse retorno tem dois componentes. Em primeiro lugar, você pode receber algum dinheiro diretamente enquanto tem a posse do investimento. Isso é chamado de *componente de renda* do seu retorno. Em segundo lugar, o

---

[1] Fonte: George Santayana, filósofo (1863-1952).

[2] Fonte: Henry Ford, industrialista (1863-1947).

[3] Fonte: Mark Twain (1835-1910).

valor do ativo que você compra quase sempre mudará. Nesse caso, você tem ganho ou perda de capital sobre o investimento.[4]

Para ilustrar isso, suponha que a Companhia Conceito em Vídeo tenha mil ações em circulação. Você comprou algumas dessas ações no início do ano. Agora estamos no final do ano, e você quer determinar o desempenho do seu investimento.

Em primeiro lugar, ao longo do ano, uma empresa pode pagar dividendos para seus acionistas. Como acionista da Conceito em Vídeo, você é um proprietário parcial da empresa. Se a empresa for lucrativa, ela distribuirá parte de seus lucros aos acionistas (discutiremos os detalhes da política de dividendos em um capítulo posterior). Assim, como proprietário de algumas ações, você receberá algum dinheiro. Esse dinheiro é o componente de renda recebido por possuir as ações.

Além do dividendo, a outra parte do seu retorno é o ganho ou a perda de capital sobre as ações. Essa parte é determinada pelas variações no valor do investimento. Por exemplo, considere os fluxos de caixa ilustrados na Figura 12.1. No início do ano, a ação era negociada a $37. Se você comprou 100 ações, teve um desembolso total de $3.700. Suponha que, ao longo do ano, a ação tenha pago um dividendo de $1,85 por ação. Ao final do ano, então, você teria recebido uma renda de:

Dividendos = $1,85 × 100 = $185

Além disso, o valor da ação subiu para $40,33 por ação ao final do ano. Suas 100 ações agora valem $4.033, de modo que você tem um ganho de capital de:

Ganho de capital = ($40,33 − $37) × 100 = $333

Por outro lado, se o preço caísse para, digamos, $34,78, você teria uma perda de capital de:

Perda de capital = ($34,78 − $37) × 100 = −$222

Observe que uma perda de capital é igual a um ganho de capital negativo.

O retorno monetário total sobre o investimento é a soma dos dividendos e do ganho de capital:

Retorno monetário total = Receita de dividendos + Ganho (ou perda) de capital

[12.1]

FIGURA 12.1 Retornos monetários.

---

[4] Como mencionamos em um capítulo anterior, o que é ou não um ganho (ou perda) de capital é determinado pelo Fisco. Assim, usamos os termos de maneira livre.

Em nosso primeiro exemplo, o retorno monetário total é dado por:

Retorno monetário total = $185 + $333 = $518

Observe que, se você tivesse vendido as ações no final do ano, o montante total em dinheiro que você teria seria igual ao seu investimento inicial mais o retorno total. No exemplo anterior, teríamos então:

Dinheiro total se as ações forem vendidas = Investimento inicial + Retorno total
= $3.700 + 518
= $4.218

[12.2]

Como verificação, observe que isso é igual aos resultados da venda das ações mais os dividendos:

Resultados da venda das ações + Dividendos = $40,33 × 100 + $185
= $4.033 + 185
= $4.218

Suponha que você mantenha suas ações da Conceito em Vídeo e não as venda no final do ano. Você ainda deve considerar o ganho de capital como parte do seu retorno? Se você não vender as ações, isso não será, na verdade, um ganho apenas "no papel", sem fluxo real de caixa?

A resposta para a primeira pergunta é um grande sim, e a resposta para a segunda é um igualmente grande não. Cada pequena parte do ganho de capital faz parte do seu retorno tanto quanto os dividendos, e você certamente deve contá-la como parte do seu retorno. O fato de você resolver manter a ação e não vendê-la (não "realizar" o ganho) é irrelevante, porque você poderia tê-la convertido em dinheiro se quisesse. Só depende de você fazer isso ou não.

Afinal de contas, se você insistisse em converter seu ganho em caixa, você sempre poderia vender as ações ao final do ano e reinvestir em seguida, comprando-as novamente. Não há diferença entre fazer isso e simplesmente não vender (pressupondo, é claro, que não haja consequências tributárias da venda das ações). Novamente, o ponto aqui é que vender as ações e comprar refrigerantes com o dinheiro da venda (ou comprar qualquer outra coisa), ou reinvestir sem vender, não afeta o retorno obtido.

Retornos percentuais

Acesse www.marketwatch.com/marketmap para ver um aplicativo Java bem interessante, que mostra os retornos do dia atual por setor do mercado.

Em geral, é mais conveniente observar as informações sobre retornos em termos percentuais, e não em termos de dinheiro, porque dessa maneira o seu retorno não depende da quantia que você realmente investe. A pergunta que queremos responder é: quanto recebemos por real investido?

Para responder essa pergunta, digamos que P_t seja o preço da ação no início do ano e que D_{t+1} seja os dividendos pagos pela ação durante o ano. Considere os fluxos de caixa da Figura 12.2. Eles são iguais aos da Figura 12.1, exceto que agora expressamos tudo em relação a uma ação.

Em nosso exemplo, o preço no início do ano foi de $37 por ação, e os dividendos pagos por ação durante o ano foram de $1,85. Como discutimos no Capítulo 8, expressando os dividendos como porcentagem do preço inicial da ação, temos o retorno em dividendos:

Retorno em dividendos = D_{t+1}/P_t
= $1,85/37 = 0,05 = 5%

Isso quer dizer que, para cada real que investimos, obtivemos cinco centavos em dividendos.

O segundo componente de nosso retorno percentual é o retorno em ganhos de capital. Como vimos no Capítulo 8, isso é calculado como a variação no preço durante o ano (o ganho de capital) dividido pelo preço inicial:

Retorno em ganhos de capital = $(P_{t+1} - P_t)/P_t$
= ($40,33 - 37)/$37
= $3,33/$37
= 0,09 ou 9%

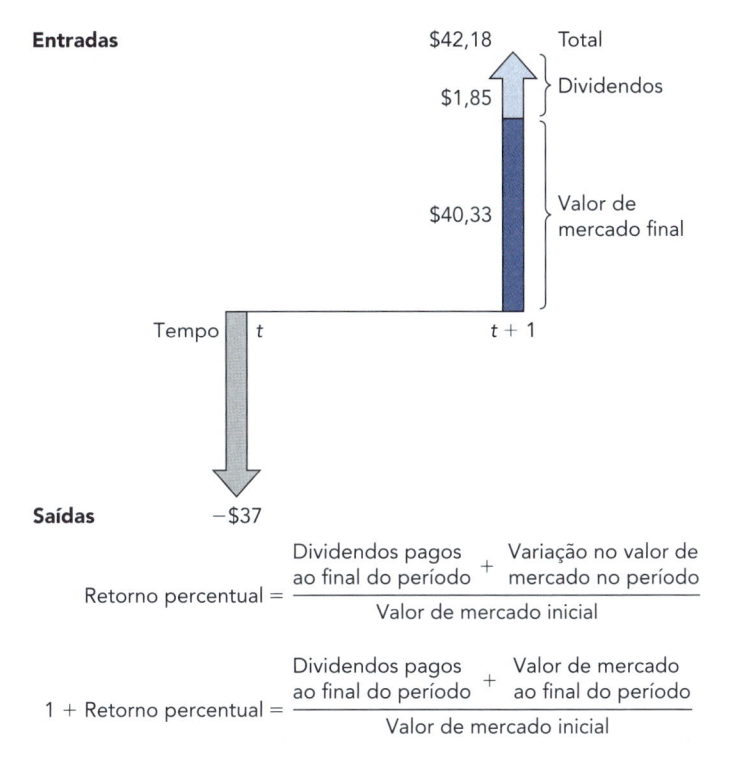

Entradas $42,18 Total
$1,85 Dividendos
$40,33 Valor de mercado final

Tempo t → $t+1$

Saídas −$37

$$\text{Retorno percentual} = \frac{\text{Dividendos pagos ao final do período} + \text{Variação no valor de mercado no período}}{\text{Valor de mercado inicial}}$$

$$1 + \text{Retorno percentual} = \frac{\text{Dividendos pagos ao final do período} + \text{Valor de mercado ao final do período}}{\text{Valor de mercado inicial}}$$

FIGURA 12.2 Retornos percentuais.

Assim, por real investido, temos nove centavos em ganhos de capital.

Juntando tudo, temos cinco centavos em dividendos e nove centavos em ganhos de capital por real investido, de modo que obtemos um total de 14 centavos. Nosso retorno percentual é de 14 centavos para cada real, ou 14%.

Para verificar isso, observe que investimos $3.700 e acabamos com $4.218. Qual foi o aumento percentual de nossos $3.700? Como vimos, ganhamos $4.218 − $3.700 = $518, um aumento de $518/$3.700 = 14%.

EXEMPLO 12.1 Cálculo dos retornos

Suponha que você tenha comprado algumas ações no início do ano a $25 cada. Ao final do ano, o preço é de $35 por ação. Durante o ano, você obteve $2 em dividendos por ação. Essa é a situação ilustrada na Figura 12.3. Qual é o retorno em dividendos? Qual é o retorno em ganhos de capital? E o retorno percentual? Se o seu investimento total fosse de $1.000, quanto você teria ao final do ano?

Seus dividendos de $2 por ação resultam em um retorno em dividendos de:

Retorno em dividendos = D_{t+1}/P_t
 = $2/25 = 0,08 = 8%

O ganho de capital por ação é de $10 e, assim, o retorno em ganhos de capital é:

Retorno em ganhos de capital = $(P_{t+1} − P_t)/P_t$
 = ($35 − 25)/$25
 = $10/$25
 = 40%

Portanto, o retorno percentual total é de 48%.

Se você tivesse investido $1.000, teria $1.480 ao final do ano, representando um aumento de 48%. Para verificar isso, observe que seus $1.000 teriam comprado $1.000/$25 = 40 ações. Suas 40 ações teriam pago um total de 40 × $2 = $80 em dividendos. Seu ganho de $10 por ação resultaria em um ganho de capital de $10 × 40 = $400. Some tudo isso e você tem o aumento de $480.

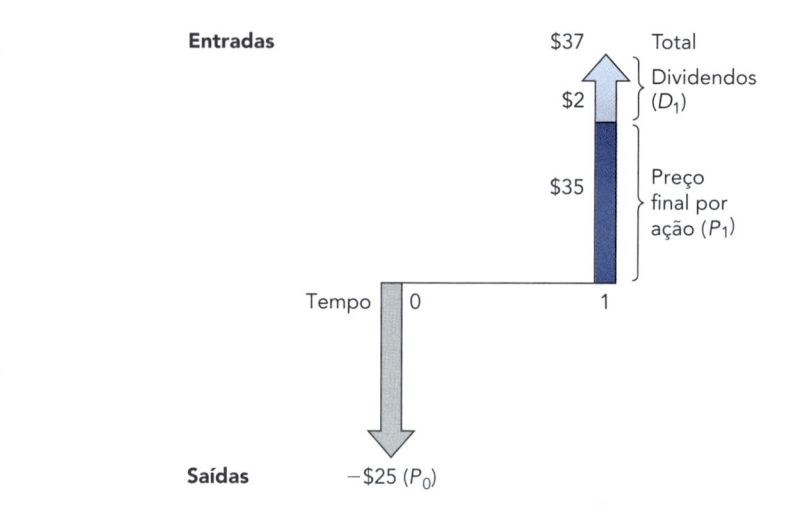

FIGURA 12.3 Fluxo de caixa — um exemplo de investimento.

Para dar outro exemplo, as ações da IBM começaram 2019 a $113,67. A IBM pagou dividendos de USD6,43 durante 2019 e o preço da ação ao final do ano estava em USD134,04. Qual foi o retorno da IBM naquele ano? Para praticar, veja se concorda que a resposta é 23,58%. Obviamente, também ocorrem retornos negativos. Por exemplo, de novo em 2019, o preço das ações da Cabot Oil & Gas eram de USD22,35 no início do ano e a empresa pagou dividendos de USD0,35. A ação terminou o ano a USD17,41. Confirme que a perda foi de 20,54% no ano.

Questões conceituais

12.1a Quais são as duas partes do retorno total?

12.1b Por que os ganhos ou perdas de capital não realizados são incluídos no cálculo dos retornos?

12.1c Qual é a diferença entre um retorno monetário e um retorno percentual? Por que os retornos percentuais são mais convenientes?

12.2 O registro histórico

Roger Ibbotson e Rex Sinquefield realizaram um famoso conjunto de estudos que tratam das taxas de retorno dos mercados financeiros dos Estados Unidos.[5] Eles apresentaram as taxas históricas de retorno ano a ano para cinco tipos importantes de investimentos financeiros nos

---
[5] R.G. Ibbotson and R.A. Sinquefield, *Stocks, Bonds, Bills, and Inflation* [SBBI] (Charlottesville, VA: Financial Analysis Research Foundation, 1982).

EUA. Os retornos podem ser interpretados como aquilo que você teria ganho se tivesse mantido carteiras com os seguintes investimentos:

1. *Ações de grandes empresas.* Carteira de ações ordinárias que se baseia no índice Standard & Poor's (S&P) 500, que contém 500 das maiores empresas (em termos do valor total de mercado das ações em circulação) dos Estados Unidos.
2. *Ações de pequenas empresas.* Carteira composta por ações correspondentes a 20% das menores empresas listadas na Bolsa de Valores de Nova York, novamente medidas pelo valor de mercado das ações em circulação.
3. *Títulos de dívida corporativa de longo prazo.* Carteira que se baseia em títulos de dívida de alta qualidade com 20 anos até o vencimento.
4. *Títulos de longo prazo do Tesouro.* Carteira que se baseia nos títulos de dívida emitidos pelo governo dos Estados Unidos com 20 anos até o vencimento.
5. *Letras do Tesouro.* Carteira que se baseia nas letras do Tesouro dos Estados Unidos com vencimento de um mês.

Esses retornos não são ajustados para inflação ou impostos. Assim, eles são retornos nominais antes dos impostos.

Além dos retornos ano a ano sobre esses instrumentos financeiros, a variação percentual ano a ano do índice de preços ao consumidor estadunidense (CPI)[6] também é levada em conta. O CPI é uma medida normalmente utilizada para medir a inflação nos EUA, de modo que podemos calcular os retornos reais usando ele como a taxa de inflação.

Um primeiro exame

Antes de olhar mais de perto para os diferentes retornos de carteiras, vamos examinar o quadro geral. A Figura 12.4 mostra o que aconteceu com cada $1 investido nessas diferentes carteiras no final de 1925. O crescimento no valor de cada uma das diferentes carteiras ao longo do período de 94 anos, encerrado em 2019, é dado separadamente (os títulos de dívida corporativa de longo prazo são omitidos). Observe que, para colocar tudo em um único gráfico, são feitas algumas modificações de escala. Como normalmente se faz nas séries financeiras, o eixo vertical é construído de maneira que distâncias iguais medem iguais variações percentuais nos valores (não variações monetárias).[7]

Observando a Figura 12.4, vemos que o investimento em ações de pequenas empresas (*small-caps*) foi o melhor no geral. Cada dólar investido aumentou até notáveis USD39.380,90 ao longo de 94 anos. A carteira de ações ordinárias das grandes empresas não foi tão bem, cada dólar investido aumentou para USD9.243,90.

Na outra ponta, a carteira composta por letras do Tesouro aumentou para apenas USD21,62. Isso é menos impressionante ainda quando consideramos a inflação ao longo do período em questão. Como foi ilustrado, o aumento no nível de preços foi tal que eram necessários USD14,34 ao final do período apenas para substituir o USD1 original.

Dado esse registro histórico, por que alguém compraria alguma coisa além das ações de pequenas empresas? Se você observar atentamente a Figura 12.4, provavelmente verá a resposta. A carteira de letras do Tesouro e a carteira de títulos de longo prazo do Tesouro aumentaram mais lentamente do que as carteiras de ações, mas de maneira muito mais constante. As ações de pequenas empresas acabaram no alto, mas, como você pode ver, elas aumentaram de modo desigual algumas vezes. Por exemplo, elas tiveram o pior desempenho durante os primeiros 10 anos e tiveram retorno menor do que os títulos de longo prazo do Tesouro por mais de 15 anos.

---

[6] *Consumer Price Index.*

[7] Em outras palavras, a escala é logarítmica.

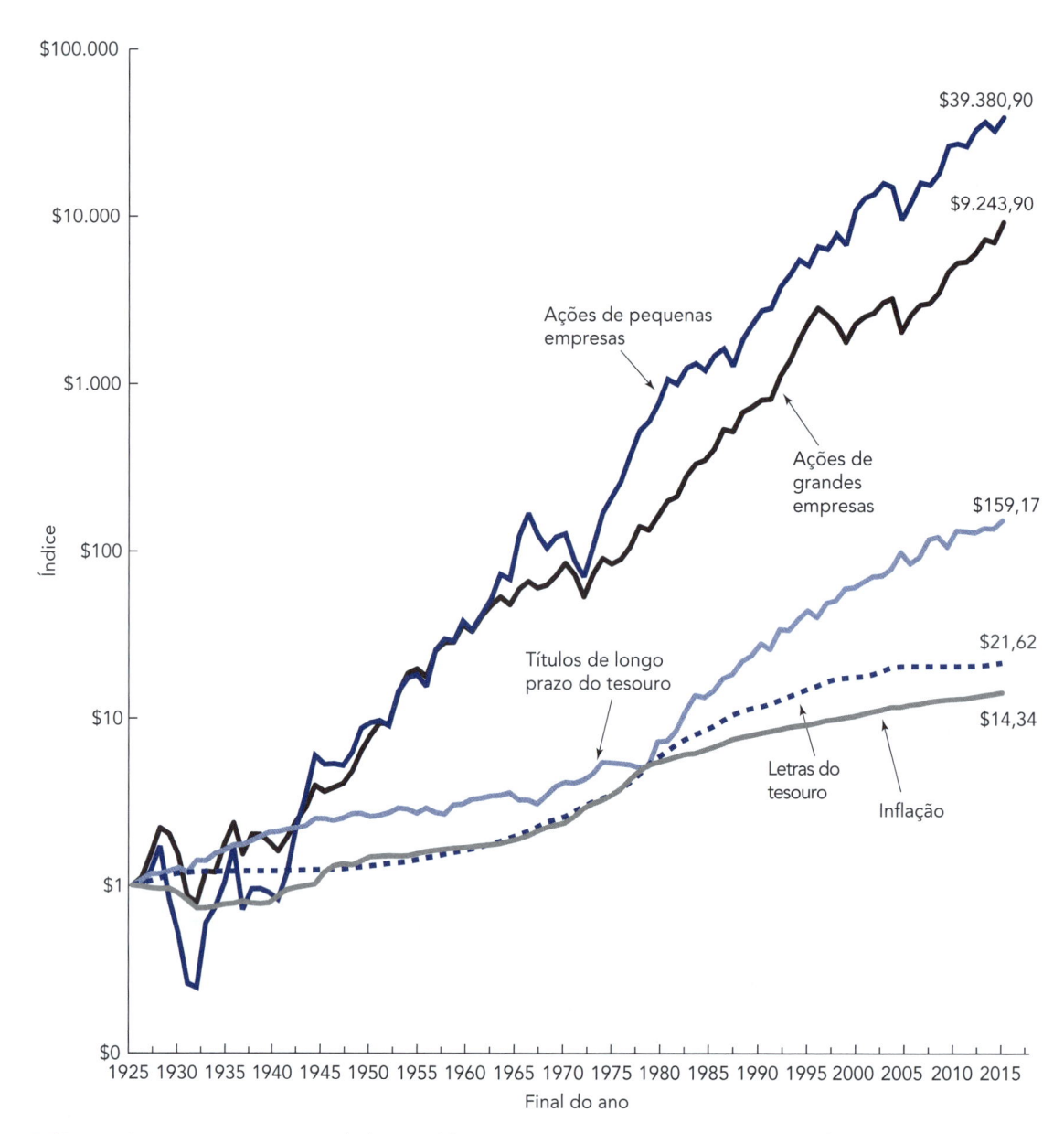

FIGURA 12.4 Um investimento de $1 em diferentes tipos de carteiras: 1925 – 2019 (final do ano 1925 = $1)
Fontes: 2020 SBBI Yearbook. Duff & Phelps.

Um exame mais detalhado

Para ilustrar a variabilidade dos diferentes investimentos, as Figuras 12.5 a 12.8 apresentam os retornos percentuais ano a ano na forma de barras verticais que partem do eixo horizontal. A altura da barra nos mostra o retorno para um determinado ano. Por exemplo, observando os títulos de longo prazo do Tesouro (Figura 12.7), vemos que o maior retorno histórico (40,36%) ocorreu em 1982. Esse foi um bom ano para investimento em títulos de longo prazo do Tesouro. Ao comparar esses gráficos, observe as diferenças nas escalas do eixo vertical.

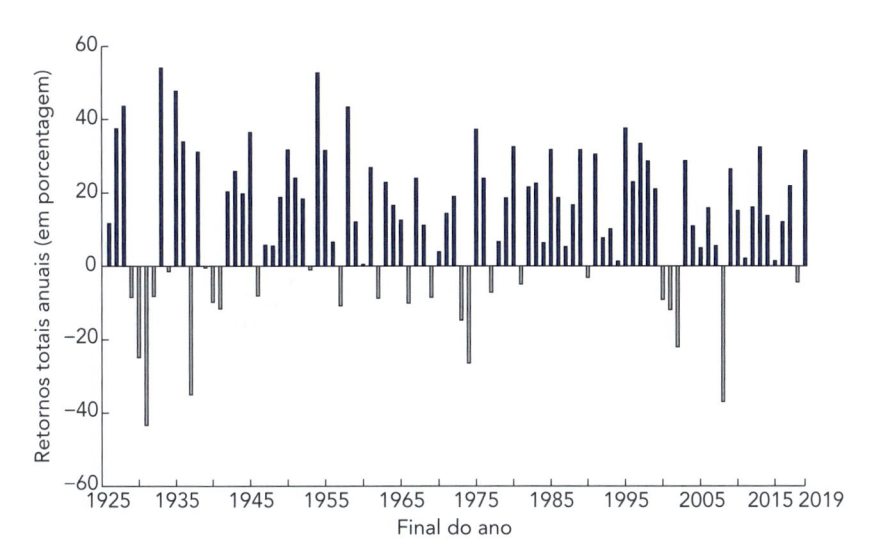

FIGURA 12.5 Retornos totais ano a ano de ações de grandes empresas
Fontes: 2020 SBBI Yearbook. Duff & Phelps.

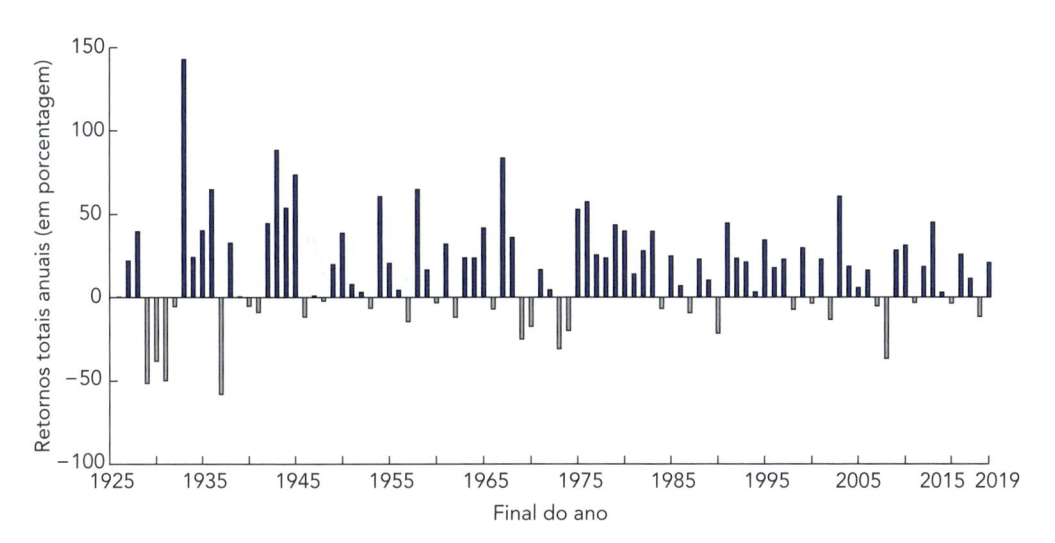

FIGURA 12.6 Retornos totais ano a ano de ações de pequenas empresas.
Fontes: 2020 SBBI Yearbook. Duff & Phelps.

Tendo em mente essas diferenças, você pode ver como o comportamento dos retornos das letras do Tesouro foi previsível (Figura 12.7) comparado ao das ações de pequenas empresas (Figura 12.6).

Os retornos mostrados nesses gráficos de barras às vezes são muito grandes. Observando os gráficos, por exemplo, vemos que o maior retorno para um único ano foi de notáveis 142,87% para as ações de pequenas empresas em 1933. No mesmo ano, as ações das grandes empresas ofereceram um retorno de "apenas" 52,95%. Por outro lado, o maior retorno para letras do Tesouro foi 14,60% em 1981. Para referência futura, os retornos reais ano a ano para o índice S&P 500, os títulos de longo prazo do Tesouro, as letras do Tesouro e o índice de preço ao consumidor (CPI) são mostrados no Quadro 12.1.

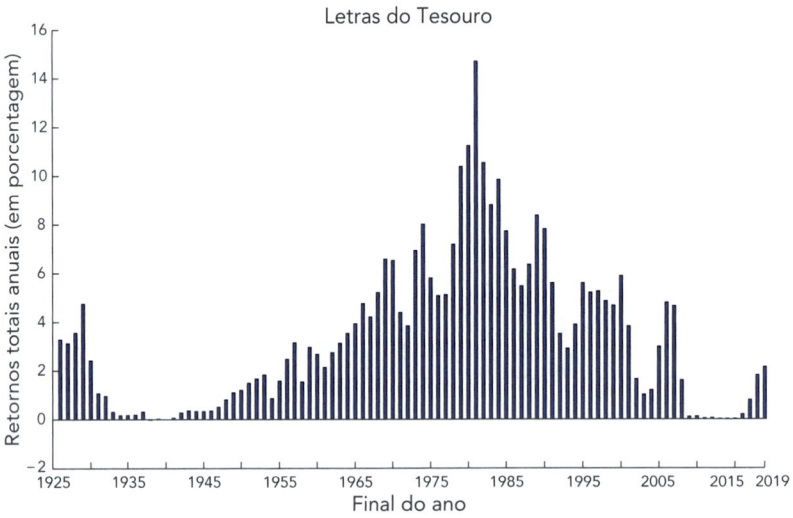

FIGURA 12.7 Retornos totais ano a ano de títulos e letras do Tesouro.
Fontes: 2020 SBBI Yearbook. Duff & Phelps.

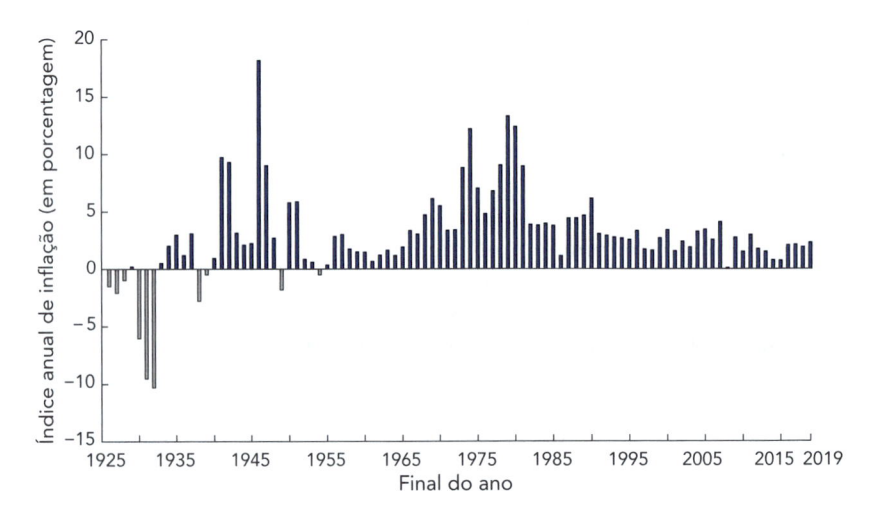

FIGURA 12.8 Inflação ano a ano.
Fontes: 2020 SBBI Yearbook. Duff & Phelps.

EM SUAS PRÓPRIAS PALAVRAS...
Roger Ibbotson sobre a história do mercado de capitais

Os mercados financeiros são o fenômeno humano mais documentado da história. Todos os dias, cerca de 2 mil ações da Nyse são negociadas e pelo menos 8 mil outras ações são negociadas em outras bolsas e plataformas eletrônicas nos EUA. Títulos de dívida, *commodities*, futuros e opções também oferecem uma enorme quantidade de dados. Esses dados estão disponíveis em uma ampla variedade de mídias eletrônicas, incluindo agências de notícias, *sites* da Internet e plataformas de dados de mercado como a Bloomberg. Há um registro para cada transação, oferecendo não apenas um banco de dados em tempo real, como também um registro histórico que se estende, em muitos casos, por mais de um século.

O mercado global adiciona outra dimensão a essa riqueza de dados. O mercado de ações japonês negocia mais de 2.500 ações diferentes, enquanto a bolsa de valores de Londres reporta negociações de mais de 2 mil títulos de emissões domésticas e estrangeiras por dia. Em um dia típico, mais de 20 bilhões de ações são negociadas globalmente.

Os dados gerados por essas transações são quantificáveis, rapidamente analisados e disseminados e são de acesso fácil. Por causa disso, as finanças cada vez mais se parecem com uma das ciências exatas. O uso dos dados do mercado varia de simples, como o uso do índice S&P 500 para comparar o desempenho de uma carteira, a incrivelmente complexo. Por exemplo, poucas décadas atrás, o mercado de títulos de dívida era a província mais calma de Wall Street. Hoje, ele atrai enxames de corretores que buscam explorar as oportunidades de arbitragem — pequenos erros temporários de precificação — usando dados em tempo real e computadores para analisá-los.

Os dados do mercado financeiro são a base do extenso conhecimento empírico que agora temos sobre os mercados financeiros. Esta é uma lista de algumas das principais conclusões de tal pesquisa:

- A negociação de ativos mobiliários está mais automatizada e seu custo mais baixo do que nunca.
- Os títulos mobiliários com risco, como as ações, têm retornos médios mais altos do que os títulos menos arriscados, como as letras do Tesouro.
- As ações de pequenas empresas têm retornos médios mais altos do que aquelas de empresas maiores.
- As ações mais líquidas são mais valorizadas, mas têm retornos menores do que ações menos líquidas.
- O custo de capital de uma empresa, projeto ou divisão pode ser estimado usando dados dos mercados.

Em virtude de os fenômenos dos mercados financeiros serem tão bem medidos, o ramo da economia quantificado com maior facilidade é o das finanças. Os pesquisadores podem fazer pesquisa empírica mais extensa do que em qualquer outro campo econômico, e a pesquisa pode ser rapidamente posta para funcionar no mercado.

Roger Ibbotson é professor de prática de administração da Faculdade de Administração de Yale. Ele também é presidente do conselho de administração da Zebra Capital, uma gestora de investimentos em ações. Ele é o fundador da Ibbotson Associates, hoje parte da Duff & Phelps, Inc., uma das principais fornecedoras de bancos de dados e análises financeiras. Acadêmico proeminente, ele é mais conhecido por suas estimativas originais das taxas históricas de retorno realizadas pelos investidores em diferentes mercados.

QUADRO 12.1 Retornos totais ano a ano nos EUA: 1926-2019

Ano	Ações de grandes empresas	Títulos de longo prazo do Tesouro	Letras do Tesouro	Índice de preços ao consumidor	Ano	Ações de grandes empresas	Títulos de longo prazo do Tesouro	Letras do Tesouro	Índice de preços ao consumidor
1926	11,62%	7,77%	3,27%	−1,49%	1973	−14,69%	3,30%	7,29%	8,71%
1927	37,49	8,93	3,12	−2,08	1974	−26,47	4,35	8,00	12,20
1928	43,61	0,10	3,56	−0,97	1975	37,23	9,20	5,80	7,01
1929	−8,42	3,42	4,75	0,20	1976	23,93	16,75	5,08	4,81
1930	−24,90	4,66	2,41	−6,03	1977	−7,16	−0,69	5,12	6,77
1931	−43,34	−5,31	1,07	−9,52	1978	6,57	−1,18	7,18	9,03
1932	−8,19	16,84	0,96	−10,30	1979	18,61	−1,23	10,38	13,31
1933	53,99	−0,07	0,30	0,51	1980	32,50	−3,95	11,24	12,40
1934	−1,44	10,03	0,16	2,03	1981	−4,92	1,86	14,71	8,94
1935	47,67	4,98	0,17	2,99	1982	21,55	40,36	10,54	3,87
1936	33,92	7,52	0,18	1,21	1983	22,56	0,65	8,80	3,80
1937	−35,03	0,23	0,31	3,10	1984	6,27	15,48	9,85	3,95
1938	31,12	5,53	−0,02	−2,78	1985	31,73	30,97	7,72	3,77
1939	−0,41	5,94	0,02	−0,48	1986	18,67	24,53	6,16	1,13
1940	−9,78	6,09	0,00	0,96	1987	5,25	−2,71	5,47	4,41
1941	−11,59	0,93	0,06	9,72	1988	16,61	9,67	6,35	4,42
1942	20,34	3,22	0,27	9,29	1989	31,69	18,11	8,37	4,65
1943	25,90	2,08	0,35	3,16	1990	−3,10	6,18	7,81	6,11
1944	19,75	2,81	0,33	2,11	1991	30,47	19,30	5,60	3,06
1945	36,44	10,73	0,33	2,25	1992	7,62	8,05	3,51	2,90
1946	−8,07	−0,10	0,35	18,16	1993	10,08	18,24	2,90	2,75
1947	5,71	−2,62	0,50	9,01	1994	1,32	−7,77	3,90	2,67
1948	5,50	3,40	0,81	2,71	1995	37,58	31,67	5,60	2,54
1949	18,79	6,45	1,10	−1,80	1996	22,96	−0,93	5,21	3,32
1950	31,71	0,06	1,20	5,79	1997	33,36	15,85	5,26	1,70
1951	24,02	−3,93	1,49	5,87	1998	28,58	13,06	4,86	1,61
1952	18,37	1,16	1,66	0,88	1999	21,04	−8,96	4,68	2,68
1953	−0,99	3,64	1,82	0,62	2000	−9,10	21,48	5,89	3,39
1954	52,62	7,19	0,86	−0,50	2001	−11,89	3,70	3,83	1,55
1955	31,56	−1,29	1,57	0,37	2002	−22,10	17,84	1,65	2,38
1956	6,56	−5,59	2,46	2,86	2003	28,68	1,45	1,02	1,88
1957	−10,78	7,46	3,14	3,02	2004	10,88	8,51	1,20	3,26
1958	43,36	−6,09	1,54	1,76	2005	4,91	7,81	2,98	3,42
1959	11,96	−2,26	2,95	1,50	2006	15,79	1,19	4,80	2,54
1960	0,47	13,78	2,66	1,48	2007	5,49	9,88	4,66	4,08
1961	26,89	0,97	2,13	0,67	2008	−37,00	25,87	1,60	0,09
1962	−8,73	6,89	2,73	1,22	2009	26,46	−14,90	0,10	2,72
1963	22,80	1,21	3,12	1,65	2010	15,06	10,14	0,12	1,50
1964	16,48	3,51	3,54	1,19	2011	2,11	27,10	0,04	2,96
1965	12,45	0,71	3,93	1,92	2012	16,00	3,43	0,06	1,74
1966	−10,06	3,65	4,76	3,35	2013	32,39	−12,78	0,02	1,51
1967	23,98	−9,18	4,21	3,04	2014	13,69	24,71	0,02	0,76
1968	11,06	−0,26	5,21	4,72	2015	1,38	−0,65	0,02	0,73
1969	−8,50	−5,07	6,58	6,11	2016	11,96	1,75	0,20	2,07
1970	3,86	12,11	6,52	5,49	2017	21,83	6,24	0,80	2,11
1971	14,30	13,23	4,39	3,36	2018	−4,38	−0,57	1,81	1,91
1972	18,99	2,39	4,23	3,41	2019	31,49	12,16	2,14	2,29

Fonte: 2020 SBBI Yearbook. Duff & Phelps.

> **Questões conceituais**
>
> **12.2a** Conhecendo os fatos históricos, qual seria, na sua opinião, o melhor investimento para o período entre 1926 e 1935?
>
> **12.2b** Por que as pessoas não investem logo apenas em ações de pequenas empresas?
>
> **12.2c** Qual foi o menor retorno observado ao longo de 94 anos para cada um desses investimentos? Aproximadamente quando isso ocorreu?
>
> **12.2d** Quantas vezes as ações de grandes empresas ofereceram retorno de mais do que 30%? Quantas vezes elas ofereceram retorno de menos do que 20%?
>
> **12.2e** Qual foi a sequência de vitórias mais longa (anos sem retorno negativo) para as ações de grandes empresas? E para os títulos de longo prazo do Tesouro?
>
> **12.2f** Com que frequência a carteira de letras do Tesouro teve retorno negativo?

12.3 Retornos médios: a primeira lição

Como você já deve ter começado a notar, a história dos retornos do mercado de capital é muito complicada para ser útil na sua forma não condensada. Precisamos começar resumindo todos esses números e, por isso, vamos discutir como condensar dados detalhados. Começaremos calculando os retornos médios.

Excel Master!
Cobertura *on-line* do Excel Master

Cálculo dos retornos médios

O modo mais óbvio de calcular os retornos médios sobre os diferentes investimentos do Quadro 12.1 é simplesmente somar os retornos anuais e dividir por 94. O resultado é a média histórica dos valores individuais.

Por exemplo, se somar os retornos das ações das grandes empresas da Figura 12.5 e dividir por 94, você terá aproximadamente 11,37. O retorno anual médio é, portanto, 11,37/94 = 0,121, ou 12,1%. Você interpreta esses 12,1% como qualquer outra média. Se você tivesse que escolher um ano aleatoriamente no histórico de 94 anos e tivesse que adivinhar qual foi o retorno nesse ano, a melhor opção seria 12,1%.

Retornos médios: o registro histórico

O Quadro 12.2 mostra os retornos médios dos investimentos que discutimos. Como foi mostrado, em um ano típico, as ações das pequenas empresas aumentaram de valor em 16,3%. Observe também o quanto os retornos das ações são maiores do que os retornos dos títulos de dívida.

Obviamente, essas médias são nominais, porque não nos preocupamos com a inflação. Observe que a taxa média de inflação foi de 2,9% ao ano nesse período de 94 anos. O retorno nominal sobre as letras do Tesouro foi de 3,5% ao ano. Portanto, o retorno real médio sobre as letras do Tesouro foi de aproximadamente 0,5% por ano, de modo que o retorno real tem sido historicamente bastante baixo.

No outro extremo, as ações de pequenas empresas tiveram um retorno real médio de cerca de 16,3% − 2,9 = 13,4%, que é relativamente grande. Se você lembra da Regra dos 72 (Capítulo 5), então sabe que um cálculo simples nos diz que 13,4% de crescimento real duplica seu poder de compra em cerca de cinco anos. Observe também que o valor real da carteira de ações de grandes empresas aumentou em mais de 9,2% em um ano típico.

QUADRO 12.2 Retornos anuais médios: 1926-2019

Investimento	Retorno médio
Ações de grandes empresas	12,1%
Ações de pequenas empresas	16,3
Títulos de dívida corporativa de longo prazo	6,4
Títulos de longo prazo do Tesouro	6,0
Letras do Tesouro	3,4
Inflação	2,9

Fonte: 2020 SBBI Yearbook. Duff & Phelps.

Prêmios pelo risco

Agora que calculamos alguns retornos médios, parece lógico verificar como eles podem ser comparados entre si. Uma dessas comparações envolve títulos mobiliários emitidos pelo governo. Eles não têm grande parte da variabilidade que vemos, por exemplo, no mercado de ações.

Os governos tomam dinheiro emprestado emitindo diferentes formas de títulos. Nós nos concentraremos nas letras do Tesouro dos EUA[8]. Dos diferentes títulos emitidos pelo governo dos EUA, as letras têm o menor prazo até o vencimento. Como o governo sempre pode aumentar os impostos para pagar suas letras, a dívida representada pelas letras do Tesouro está praticamente livre de qualquer risco de inadimplência em sua curta vida. Assim, chamaremos a taxa de retorno sobre tal dívida de *retorno sem risco*, e a usaremos como um tipo de referência.

Uma comparação particularmente interessante envolve o retorno praticamente sem risco das letras do Tesouro e o retorno bastante arriscado das ações ordinárias. A diferença entre esses dois retornos pode ser interpretada como uma medida do *retorno excedente* sobre o ativo com risco médio (pressupondo que a ação de uma grande corporação dos Estados Unidos tenha um risco em torno do risco médio em comparação a todos os ativos com risco).

Chamamos essa diferença de retorno, "excedente", porque é o retorno adicional que ganhamos quando mudamos de um investimento relativamente sem risco para um investimento arriscado. Já que isso pode ser entendido como uma recompensa por correr riscos, chamaremos esse retorno de **prêmio pelo risco**.

prêmio pelo risco
Retorno excedente exigido de um investimento em um ativo com risco em relação àquele exigido de um investimento sem risco.

Usando o Quadro 12.2, podemos calcular os prêmios de risco dos diferentes investimentos mostrados no Quadro 12.3. Reportamos apenas os prêmios de risco nominais, porque há apenas uma pequena diferença entre os prêmios nominais históricos e os prêmios de risco reais.

O prêmio pelo risco sobre as letras do Tesouro é mostrado como zero no quadro, pois pressupomos que ele não tem risco.

QUADRO 12.3 Retornos anuais médios e prêmios de risco: 1926-2019

Investimento	Retorno médio	Prêmio pelo risco
Ações de grandes empresas	12,1%	8,7%
Ações de pequenas empresas	16,3	12,9
Títulos de dívida corporativa de longo prazo	6,4	3,0
Títulos de longo prazo do Tesouro	6,0	2,6
Letras do Tesouro	3,4	0,0

Fonte: Morningstar, 2017, cálculos dos autores.

---

[8] O raciocínio aqui apresentado é o mesmo que se aplica aos títulos emitidos pelo Tesouro Nacional brasileiro.

A primeira lição

Observando o Quadro 12.3, vemos que o prêmio pelo risco médio pago por uma ação típica de uma grande empresa é de 12,1% – 3,4% = 8,7%. Essa é uma recompensa significativa. O fato de que o risco existe historicamente é uma observação importante e também é a base de nossa primeira lição: os ativos com risco, em média, pagam um prêmio pelo risco. Em outras palavras, existe uma recompensa por correr o risco.

Por que isso acontece? Por que, por exemplo, o prêmio pelo risco das ações de pequenas empresas é muito maior do que o prêmio pelo risco das ações de grandes empresas? De um modo mais geral, podemos perguntar o que determina os tamanhos relativos entre prêmios de risco para diferentes ativos? As respostas para essas perguntas estão no centro das finanças modernas, e o próximo capítulo se dedica a elas. Por enquanto, parte da resposta pode ser encontrada observando-se a variabilidade histórica dos retornos sobre esses diferentes investimentos. Assim, para começar, voltamos nossa atenção para a medição da variabilidade dos retornos.

Questões conceituais

12.3a O que significam *retorno excedente* e *prêmio pelo risco*?

12.3b Qual foi o prêmio pelo risco real (ao contrário do nominal) sobre a carteira de ações ordinárias no mercado estadunidense?

12.3c Qual foi o prêmio pelo risco nominal sobre os títulos de dívida corporativa? E o prêmio pelo risco real?

12.3d Qual é a primeira lição da história do mercado de capitais?

12.4 A variabilidade dos retornos: a segunda lição

Já vimos que os retornos ano a ano sobre as ações tendem a ser mais voláteis do que os retornos dos títulos de longo prazo do Tesouro, por exemplo. Agora discutimos a medição dessa variabilidade dos retornos de ações, para que possamos examinar a questão do risco.

Excel Master!
Cobertura *on-line* do Excel Master

Distribuições de frequência e variabilidade

Para começar, podemos desenhar uma *distribuição de frequência* para os retornos de ações ordinárias no mercado estadunidense, como mostrado na Figura 12.9. O que fizemos foi contar o número de vezes em que o retorno anual sobre a carteira de ações ordinárias ficou dentro de cada intervalo de 10%. Por exemplo, na Figura 12.9, a altura 17 no intervalo entre 10% e 20% significa que 17 dos 94 retornos anuais estavam nesse intervalo.

Agora precisamos realmente medir a dispersão dos retornos. Sabemos, por exemplo, que o retorno sobre as ações das pequenas empresas em um ano típico foi de 16,3%. Agora queremos saber o quanto o retorno corrente se desvia dessa média em um ano típico. Em outras palavras, precisamos medir quão volátil é o retorno. A **variância** e sua raiz quadrada, o **desvio padrão**, são as medidas de volatilidade mais usadas. Descrevemos como calculá-las a seguir.

variância
Diferença média ao quadrado entre o retorno real e o retorno médio.

desvio padrão
Raiz quadrada positiva da variância.

A variância histórica e o desvio padrão

A variância mede essencialmente o quadrado da diferença média entre os retornos correntes e o retorno médio. Quanto maior for esse número, mais os retornos realizados tendem a diferir do retorno médio. Além disso, quanto maior a variância ou o desvio padrão, mais dispersos serão os retornos.

414 Parte 5 Risco e Retorno

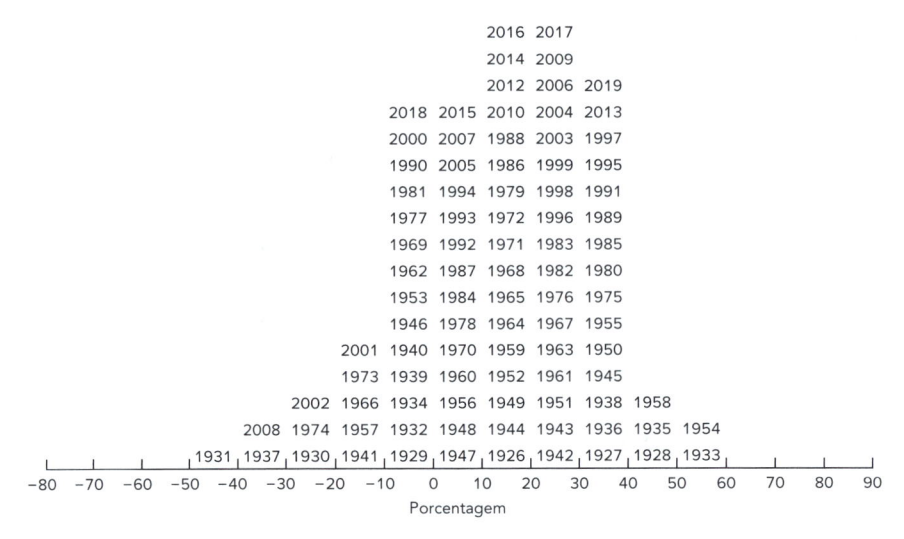

```
                                    2016 2017
                                    2014 2009
                                    2012 2006 2019
                          2018 2015 2010 2004 2013
                          2000 2007 1988 2003 1997
                          1990 2005 1986 1999 1995
                          1981 1994 1979 1998 1991
                          1977 1993 1972 1996 1989
                          1969 1992 1971 1983 1985
                          1962 1987 1968 1982 1980
                          1953 1984 1965 1976 1975
                          1946 1978 1964 1967 1955
                     2001 1940 1970 1959 1963 1950
                     1973 1939 1960 1952 1961 1945
                2002 1966 1934 1956 1949 1951 1938 1958
           2008 1974 1957 1932 1948 1944 1943 1936 1935 1954
      1931 1937 1930 1941 1929 1947 1926 1942 1927 1928 1933
├──┼──┼──┼──┼──┼──┼──┼──┼──┼──┼──┼──┼──┼──┼──┼──┤
-80 -70 -60 -50 -40 -30 -20 -10  0  10  20  30  40  50  60  70  80  90
                              Porcentagem
```

FIGURA 12.9 Distribuição de frequência dos retornos sobre as ações de grandes empresas: 1926-2019.
Fonte: 2020 SBBI Yearbook. Duff & Phelps.

A forma como calcularemos a variância e o desvio padrão dependerá da situação específica. Neste capítulo, estamos analisando os retornos históricos e, assim, o procedimento descrito aqui é o correto para calcular a variância *histórica* e o desvio padrão. Se estivéssemos examinando os retornos futuros projetados, o procedimento seria diferente. Descreveremos esse procedimento no próximo capítulo.

Para ilustrar como calculamos a variância histórica, suponha que determinado investimento tenha retornos de 10%, 12%, 3% e –9% nos últimos quatro anos. O retorno médio é (0,10 + 0,12 + 0,03 – 0,09)/4 = 4%. Observe que o retorno nunca é realmente igual a 4%. Em vez disso, o primeiro retorno se desvia da média em 0,10 – 0,04 = 0,06, o segundo retorno se desvia da média em 0,12 – 0,04 = 0,08, e assim por diante. Para calcular a variância, elevamos ao quadrado cada um desses desvios, somamos os quadrados e dividimos o resultado pelo número de retornos menos 1, ou 3, neste caso. A maioria dessas informações está resumida no quadro a seguir:

Para uma revisão básica dos fundamentos de estatística, acesse **www.robertniles.com**.

	(1) Retorno real	(2) Retorno médio	(3) Desvio (1) – (2)	(4) Desvio ao quadrado
	0,10	0,04	0,06	0,0036
	0,12	0,04	0,08	0,0064
	0,03	0,04	– 0,01	0,0001
	– 0,09	0,04	– 0,13	0,0169
Totais	0,16		0,00	0,0270

Na primeira coluna, escrevemos os quatro retornos correntes. Na terceira coluna, calculamos a diferença entre os retornos correntes e a média, subtraindo 4%. Por último, na quarta coluna, elevamos os números da terceira coluna ao quadrado para obter os desvios da média ao quadrado.

A variância agora pode ser calculada dividindo 0,0270, a soma dos desvios ao quadrado, pelo número de retornos menos 1. Considerando que Var(R) ou σ^2 (leia isso como "sigma ao quadrado") é a variância do retorno:

$$\text{Var}(R) = \sigma^2 = 0{,}027/(4-1) = 0{,}009$$

Capítulo 12 Algumas Lições da História do Mercado de Capitais

O desvio padrão é a raiz quadrada da variância. Assim, se DP(R), ou σ, representa o desvio padrão do retorno:

DP(R) = σ = $\sqrt{0{,}009}$ = 0,09487

A raiz quadrada da variância é usada porque a variância é medida em porcentagens ao quadrado e, portanto, é difícil interpretá-la. O desvio padrão é uma porcentagem comum, de modo que a resposta aqui poderia ser escrita como 9,487%.

No quadro anterior, observe que a soma dos desvios é igual a zero. Isso sempre acontece e é uma boa maneira de validar seu trabalho. Em geral, se tivermos T retornos históricos, onde T é algum número, podemos escrever a variância histórica assim:

$$\text{Var}(R) = \frac{1}{T-1}[(R_1 - \overline{R})^2 + \cdots + (R_T - \overline{R})^2] \qquad [12.3]$$

Essa fórmula nos mostra exatamente o que acabamos de fazer: pegue cada um dos T retornos individuais ($R_1, R_2,...$) e subtraia o retorno médio, $\overline{R}$; eleve os resultados ao quadrado e some-os; por último, divida esse total pelo número de retornos menos 1, $(T - 1)$. O desvio padrão sempre é a raiz quadrada de Var(R). Os desvios padrão são uma medida amplamente usada para medir a volatilidade. A seção *Exercícios na Internet* oferece um exemplo do mundo real.

EXEMPLO 12.2 Cálculo da variância e do desvio padrão

Suponha que a Companhia Supertech e a Companhia Hyperdrive tiveram os seguintes retornos nos últimos quatro anos:

Ano	Retorno da Supertech	Retorno da Hyperdrive
2017	–0,20	0,05
2018	0,50	0,09
2019	0,30	–0,12
2020	0,10	0,20

Quais são os retornos médios? As variâncias? Os desvios padrão? Qual investimento foi mais volátil?

Para calcular os retornos médios, somamos os retornos e dividimos por 4. Os resultados são:

Retorno médio da Supertech = $\overline{R}$ = 0,70/4 = 0,175

Retorno médio da Hyperdrive = $\overline{R}$ = 0,22/4 = 0,055

Para calcular a variância da Supertech, podemos resumir os cálculos pertinentes da seguinte maneira:

Ano	(1) Retorno real	(2) Retorno médio	(3) Desvio (1) – (2)	(4) Desvio ao quadrado
2017	–0,20	0,175	–0,375	0,140625
2018	0,50	0,175	0,325	0,105625
2019	0,30	0,175	0,125	0,015625
2020	0,10	0,175	–0,075	0,005625
Totais	0,70		0,000	0,267500

Como existem quatro anos de retornos, calculamos a variância dividindo 0,2675 por (4 − 1) = 3:

	Supertech	Hyperdrive
Variância (σ^2)	0,2675/3 = 0,0892	0,0529/3 = 0,0176
Desvio padrão (σ)	$\sqrt{0{,}0892}$ = 0,2987	$\sqrt{0{,}0176}$ = 0,1327

Para praticar, verifique se você obtém a mesma resposta que tivemos para a Hyperdrive. Observe que o desvio padrão da Supertech, 29,87%, é um pouco mais do que duas vezes os 13,27% da Hyperdrive. Assim, a Supertech é o investimento mais volátil.

O registro histórico

A Figura 12.10 resume grande parte de nossa discussão até agora sobre a história do mercado de capitais estadunidense. Ela exibe os retornos médios, os desvios padrão e as distribuições de frequência dos retornos anuais em uma escala comum. Na Figura 12.10, por exemplo,

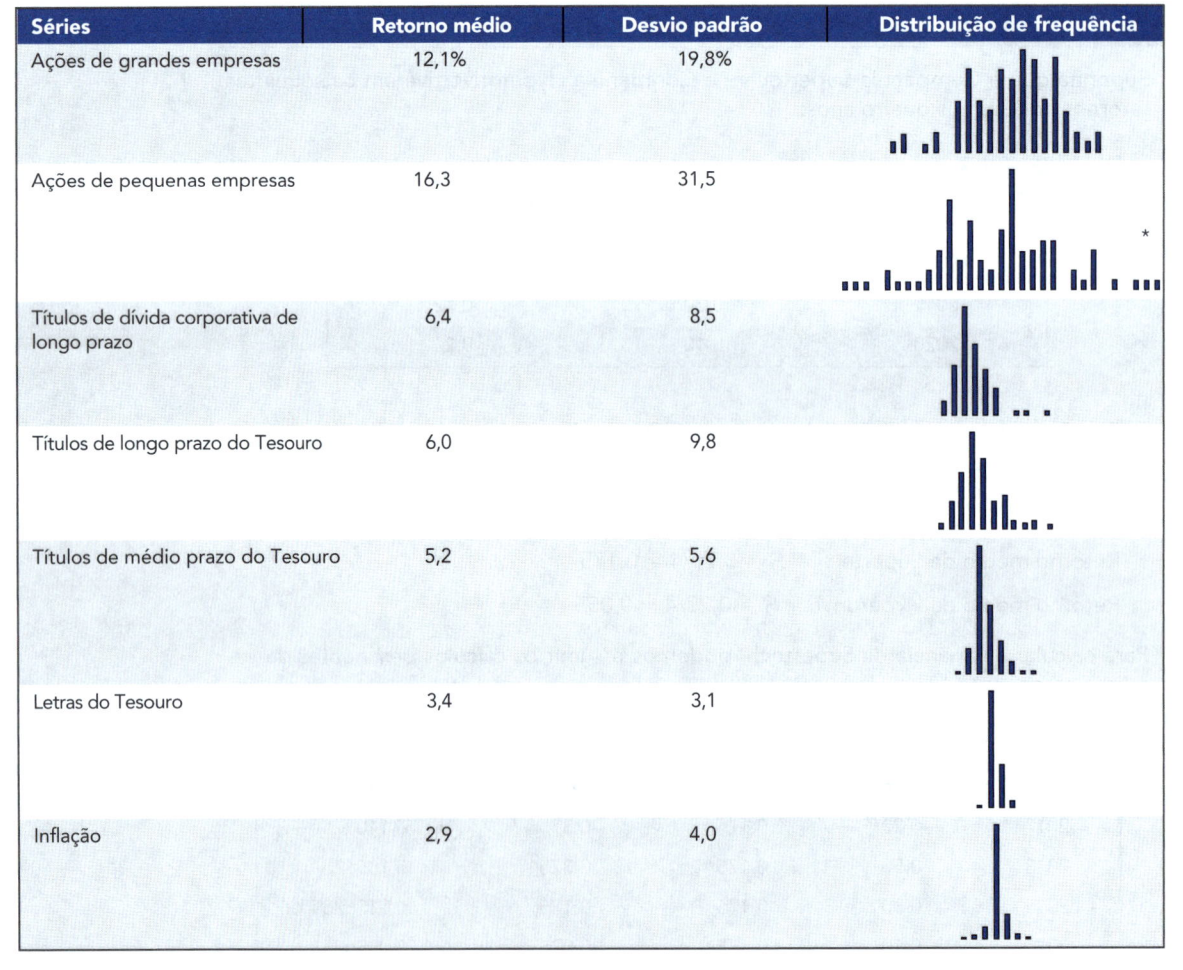

Séries	Retorno médio	Desvio padrão	Distribuição de frequência
Ações de grandes empresas	12,1%	19,8%	
Ações de pequenas empresas	16,3	31,5	*
Títulos de dívida corporativa de longo prazo	6,4	8,5	
Títulos de longo prazo do Tesouro	6,0	9,8	
Títulos de médio prazo do Tesouro	5,2	5,6	
Letras do Tesouro	3,4	3,1	
Inflação	2,9	4,0	

FIGURA 12.10 Retornos históricos, desvios padrão e distribuições de frequência: 1926-2019.
[†] O retorno total de ações de pequenas empresas em 1933 foi de 142,9%.
Fontes: 2020 SBBI Yearbook. Duff & Phelps.

EXERCÍCIOS NA INTERNET

Os desvios padrão dos retornos de fundos de investimento são amplamente divulgados. Por exemplo, o fundo Fidelity Magellan era um dos fundos mais conhecidos dos EUA no momento em que escrevíamos este livro. Qual é a sua volatilidade? Para descobrir, acessamos www.morningstar.com, digitamos o *ticker* FMAGX e clicamos no *link* "Risk". Eis o que descobrimos:

Risk & Volatility Measures

Trailing	Fund	Category	Index
Alpha	3.22	3.43	5.88
Beta	0.95	1.00	0.98
R²	92.58	89.16	94.12
Sharpe Ratio	0.49	0.49	0.66
Standard Deviation	15.01	16.10	15.40

O desvio padrão do fundo Fidelity Magellan é de 15,01%. Quando se leva em consideração que uma ação média nos EUA tem desvio padrão de cerca de 50%, isso parece bem baixo. A razão para o desvio padrão ser baixo relaciona-se com o poder de diversificação, um assunto que abordaremos no próximo capítulo. O site também mostra valores para a categoria de fundos mútuos e o S&P 500. Além disso, você encontra o índice de Sharpe. O índice Sharpe é calculado como o prêmio pelo risco de um ativo dividido pelo desvio padrão. Assim, ele funciona como uma medida do retorno em relação ao grau de risco incorrido (conforme foi medido pelo desvio padrão). O "beta" do fundo Fidelity Magellan é de 0,95. Teremos muito mais a dizer – muito mais - sobre isso no próximo capítulo.

Questões

1. Acesse o *site* do Morningstar (www.morningstar.com). O que mede o índice Sortino? O que mede o Bear Market Percentile Rank?
2. Escolha uma quota do fundo Fidelity Magellan no Morningstar. Quais são os cinco setores que têm a maior porcentagem do investimento desse fundo? Quais são as cinco ações com maior investimento percentual?

---

observe que o desvio padrão da carteira de ações de pequenas empresas (31,9% ao ano) é mais do que 10 vezes o desvio padrão da carteira das letras de Tesouro (3,1% ao ano). Voltaremos a esses números mais adiante.

Distribuição normal

Para muitos eventos aleatórios diferentes da natureza, uma distribuição de frequência em particular, a **distribuição normal** (ou *curva em forma de sino*), é útil para descrever a probabilidade de algo estar em determinado intervalo. Por exemplo, as distribuições das notas de prova frequentemente se parecem com uma curva em forma de sino.

A Figura 12.11 ilustra uma distribuição normal e sua forma de sino característica. Como você pode ver, essa distribuição tem uma aparência muito mais limpa do que as distribuições de retornos reais ilustradas na Figura 12.10. Mesmo assim, as distribuições reais se parecem com um monte, aproximadamente arredondadas e simétricas, como na distribuição normal. Quando isso é verdadeiro, a distribuição normal é quase sempre uma aproximação muito boa.

distribuição normal
Distribuição de frequência simétrica em forma de sino que é definida completamente por sua média e seu desvio padrão.

Além disso, lembre-se de que as distribuições da Figura 12.10 se baseiam em apenas 94 observações anteriores, enquanto a Figura 12.11 é, em princípio, fundamentada em um número infinito. Assim, se pudermos observar retornos por mil anos, podemos preencher muitas das irregularidades e acabar com uma figura muito mais suave na Figura 12.10. Para nossa proposta, é suficiente observar que os retornos são distribuídos pelo menos aproximadamente de maneira normal.

A utilidade da distribuição normal é que ela é descrita completamente pela média e pelo desvio padrão. Se você tiver esses dois números, então não precisa saber mais nada. Por exemplo, com uma distribuição normal, a probabilidade de que algo esteja no intervalo até um desvio padrão da média é de cerca de 2/3. A probabilidade de que algo esteja a até dois desvios padrão é de cerca de 95%. Por último, a probabilidade de algo estar a mais do que três desvios padrão além da média é menor do que 1%. Esses intervalos e as probabilidades são ilustrados na Figura 12.11.

Para entender por que isso é útil, lembre-se de que, conforme a Figura 12.10, o desvio padrão dos retornos das ações das grandes empresas é de 19,8%. O retorno médio é de 12,1%. Assim, pressupondo que a distribuição de frequência é pelo menos aproximadamente normal, a probabilidade de que o retorno em determinado ano esteja no intervalo entre −7,7% e 31,9% (12,1% mais ou menos um desvio padrão de 19,8%) é de cerca de 2/3. Esse intervalo é ilustrado na Figura 12.11. Em outras palavras, existe cerca de uma chance em três de que o retorno fique *fora* desse intervalo. Isso quer dizer literalmente que, se comprar ações de grandes empresas, deve esperar ficar fora desse intervalo em um ano a cada três. Isso reforça nossas observações anteriores sobre a volatilidade do mercado de ações. Entretanto, existe apenas uma chance de 5% (aproximadamente) de que os resultados fiquem fora do intervalo entre −27,5 e 51,7% (12,1% mais ou menos 2 × 19,8%). Esses pontos também são ilustrados na Figura 12.11.

A segunda lição

Nossas observações sobre a variabilidade dos retornos anuais são a base de nossa segunda lição retirada da história do mercado de capitais. Na média, o risco é bem recompensado; porém, em determinado ano, existem chances significativas de uma variação dramática no valor. Assim, nossa segunda lição é esta: quanto maior a recompensa em potencial, maior será o risco.

2008: Um ano para lembrar

Para reforçar nossas ideias sobre a volatilidade do mercado de ações, considere que, pouco mais de uma década atrás, 2008 bateu vários recordes e se tornou um dos piores anos para

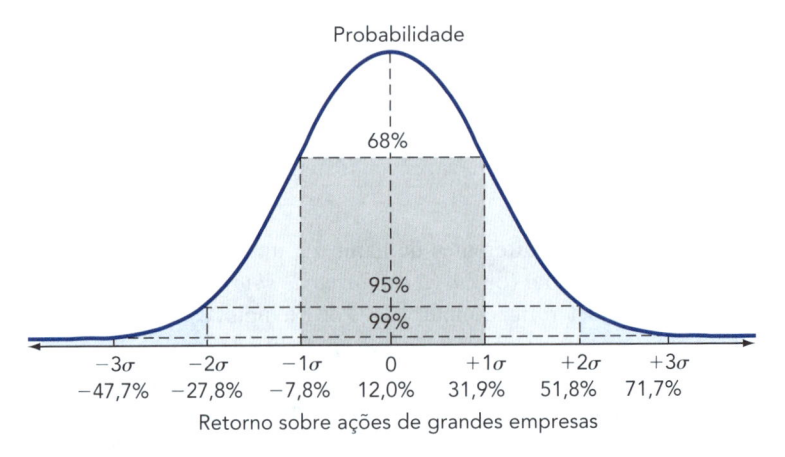

FIGURA 12.11 A distribuição normal.

Observação: os retornos ilustrados se baseiam no retorno histórico e no desvio padrão de uma carteira de ações ordinárias de grandes empresas estadunidenses.

os investidores da bolsa em toda a história dos EUA. Foi tão ruim assim? Como vemos em várias das figuras e quadros deste capítulo (p. ex.: Quadro 12.1), o famoso índice S&P 500 despencou 37%. Das 500 ações no índice, 485 perderam algum valor naquele ano.

Durante o período de 1926 a 2019, apenas 1931 teve retorno pior do que 2008 (−43% *versus* −37%). Para piorar ainda mais a situação, a baixa continuou em 2009, com uma queda de 8,43% em janeiro. No total, de novembro de 2007 (quando a baixa começou) até março de 2009 (quando terminou), o S&P 500 perdeu metade do seu valor.

A Figura 12.12 mostra o desempenho do S&P 500, mês a mês, durante 2008. Como indicado, os retornos foram negativos em 8 dos 12 meses. A maior parte do estrago ocorreu no outono do hemisfério norte, sendo que os investidores perderam quase 17% só em outubro. As ações de pequenas empresas não se saíram melhor. Elas também perderam 37% no ano (com uma queda de 21% em outubro), seu pior desempenho desde que perderam 58% em 1937.

Como sugere a Figura 12.12, os preços de ações foram altamente voláteis durante aquele ano. O curioso é que o S&P teve 126 dias de ganho e 126 dias de perda (lembre-se de que os mercados fecham nos finais de semana e feriados). Obviamente, os dias de perda foram muito piores, em média. Para entender como foi extraordinária a volatilidade de 2008, considere que houve mais de 18 dias nos quais o valor do S&P aumentou ou diminuiu em mais de 5%. Entre 1956 e 2007, isso só aconteceu em 17 dias.

A queda nos preços das ações foi um fenômeno global, e muitos dos grandes mercados mundiais perderam muito mais do que o S&P. A China, a Índia e a Rússia, por exemplo, sofreram quedas de mais de 50%. Na minúscula Islândia, os preços das ações caíram mais de 90% no ano. Os negócios na bolsa islandesa foram suspensos temporariamente em 9 de outubro. Quando os negócios foram retomados em 14 de outubro, os preços caíram 76%, batendo o recorde moderno para quedas em um só dia.

Os investidores estadunidenses tiveram algum motivo para comemorar em 2008? A resposta é sim, pois, quando as ações despencaram, os retornos dos títulos de dívida foram às alturas, especialmente os títulos do Tesouro dos Estados Unidos. Na verdade, os *Treasuries* de longo prazo ganharam 40%, enquanto os de curto prazo ganharam 13%. Os títulos de dívida corporativa de longo prazo não ganharam tanto, mas ainda conseguiram escapar do vermelho e ganharam 9%. Esses retornos são ainda mais impressionantes quando lembramos que a inflação medida pelo CPI foi basicamente zero.

Obviamente, os preços de ações podem ser voláteis em ambas as direções. De março de 2009 a fevereiro de 2011, um período de cerca de 700 dias, o S&P 500 dobrou de valor. Foi o aumento de 100% mais rápido desde 1936, quando o S&P dobrou em apenas 500 dias. Assim, quais lições os investidores devem aprender com esse pedaço tão recente, e tão turbulento, da história dos mercados de capitais? Primeiro, e mais obviamente, ações têm riscos

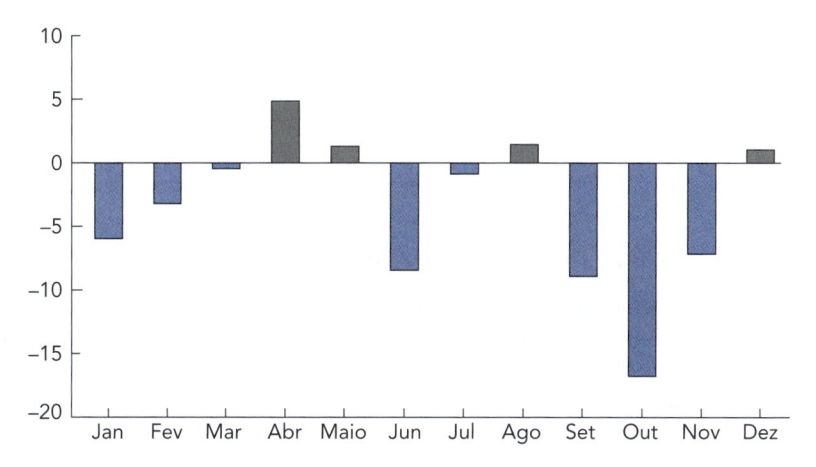

FIGURA 12.12 Retornos mensais do índice S&P 500: 2008.

significativos. Mas há uma segunda lição igualmente importante. Dependendo das combinações adotadas, uma carteira diversificada de ações e títulos de dívida poderia ter sofrido em 2008, mas essas perdas teriam sido muito menores do que aquelas sofridas por uma carteira que contivesse apenas ações. Em outras palavras, a diversificação é importante, uma questão que analisaremos em mais detalhes no nosso próximo capítulo.

Valendo-se da história do mercado de capitais

Com base em nossa discussão nesta seção, você deve ter uma ideia dos riscos e das recompensas associados a um investimento. Por exemplo, no início de 2020, as letras do Tesouro dos EUA estavam pagando cerca de 0,2%. Suponha que acreditássemos que um investimento nosso teria risco igual ao de uma carteira de ações ordinárias de grandes empresas estadunidenses. No mínimo, qual retorno esse investimento teria de oferecer para que tivéssemos interesse nele?

Segundo o Quadro 12.3, o prêmio pelo risco histórico das ações das grandes empresas tem sido de 8,7%, de modo que uma estimativa razoável de nosso retorno exigido seria esse prêmio mais a taxa da letra do Tesouro, 0,2% + 8,7% = 8,9%. Isso pode parecer alto, mas, se estivéssemos pensando em iniciar um negócio novo, então os riscos poderiam parecer com aqueles do investimento em ações de pequenas empresas. Nesse caso, o prêmio pelo risco histórico é de 12,9%, e poderíamos exigir, no mínimo, 13,1% de tal investimento.

Discutiremos a relação entre risco e retorno exigido com maiores detalhes no capítulo seguinte. Por enquanto, você deve observar que uma estimativa de taxa interna de retorno (TIR) sobre um investimento de risco no intervalo entre 10 e 20% não é algo particularmente notável. Isso depende de quanto risco existe. Isso também é uma lição importante da história do mercado de capitais.

EXEMPLO 12.3 Investimento em ações de crescimento

O termo *ação de crescimento* é usado com frequência como um eufemismo para ação de pequenas empresas. Seriam tais investimentos os adequados para "viúvas e órfãos"? Antes de responder, você deve considerar a volatilidade histórica. Por exemplo, de acordo com o registro histórico, qual é a probabilidade aproximada de que você realmente perderá mais do que 16% do seu dinheiro em um único ano se comprar uma carteira de ações de tais empresas?

Voltando à Figura 12.10, observamos que o retorno médio sobre as ações de pequenas empresas estadunidenses é de 16,9% e que o desvio padrão é de 31,5%. Pressupondo que os retornos sejam aproximadamente normais, existe cerca de 1/3 de probabilidade de que você terá um retorno fora do intervalo entre −15,2 e 47,8% (16,3% ± 31,5%).

Como a distribuição normal é simétrica, as chances de estar acima ou abaixo desse intervalo são iguais. Existe, portanto, uma chance de 1/6 (metade de 1/3) de que você perderá mais do que −15,2%. E você deve esperar que isso aconteça, em média, uma vez a cada seis anos. Portanto, tais investimentos podem ser *bastante* voláteis, e eles não são adequados para aquelas pessoas que não podem correr o risco.

Mais sobre prêmios pelo risco no mercado de ações

Como discutimos, o prêmio pelo risco do mercado de ações tem sido substancial ao longo da história. De fato, tomando por base modelos econômicos mais usados, já houve quem argumentasse que o prêmio de risco histórico é alto *demais* e representa uma superestimativa do que provavelmente acontecerá no futuro.

Naturalmente, sempre que se usa o passado para prever o futuro, existe o perigo de que o passado observado não seja representativo daquilo que o futuro nos reserva. Por exemplo, neste capítulo, estudamos o período de 1926 a 2019. Talvez os investidores tenham tido sorte nesse período e os retornos foram particularmente altos. Existem dados de períodos anteriores, mas eles não têm a mesma qualidade. Não esquecendo desse alerta, pesquisadores observaram retornos no mercado estadunidense desde 1802, e os prêmios de risco na era pré-1925 eram um pouco menores, mas nada excepcional.

Outra possibilidade é que a experiência do mercado de ações dos Estados Unidos foi boa demais. Os investidores em pelo menos alguns dos outros países mais importantes não se saíram tão bem. Isso porque seus mercados financeiros foram totalmente, ou quase totalmente, aniquilados por revoluções, guerras e/ou hiperinflação. Um estudo recente aborda essa questão ao examinar dados de 17 países entre 1900 e 2005.

A Figura 12.13 mostra o prêmio médio histórico pelo risco do mercado de ações para os 17 países ao longo do período de 106 anos. Observando os números, o prêmio pelo risco dos Estados Unidos é o 8º maior, com 7,4% (o que difere de nossa estimativa anterior devido à diferença no período observado). O prêmio pelo risco médio geral é de 7,1%. Esses números deixam claro que os investidores dos Estados Unidos se saíram bem, mas não excepcionalmente melhor que investidores de muitos outros países.

Então, o prêmio estimado pelo risco do mercado de ações nos Estados Unidos no período de 1926 a 2019 é alto demais? As evidências parecem sugerir que a resposta seja "talvez um pouco". Algo que não enfatizamos até agora é o fato de que, mesmo com 106 anos de dados, o prêmio pelo risco médio ainda não é medido com muita precisão. Do ponto de vista estatístico, o erro padrão associado ao prêmio pelo risco de 7,4% estimado nos Estados Unidos é de cerca de 2%.[9] Assim, um simples erro padrão já abrange um intervalo entre 5,4 e 9,4%.

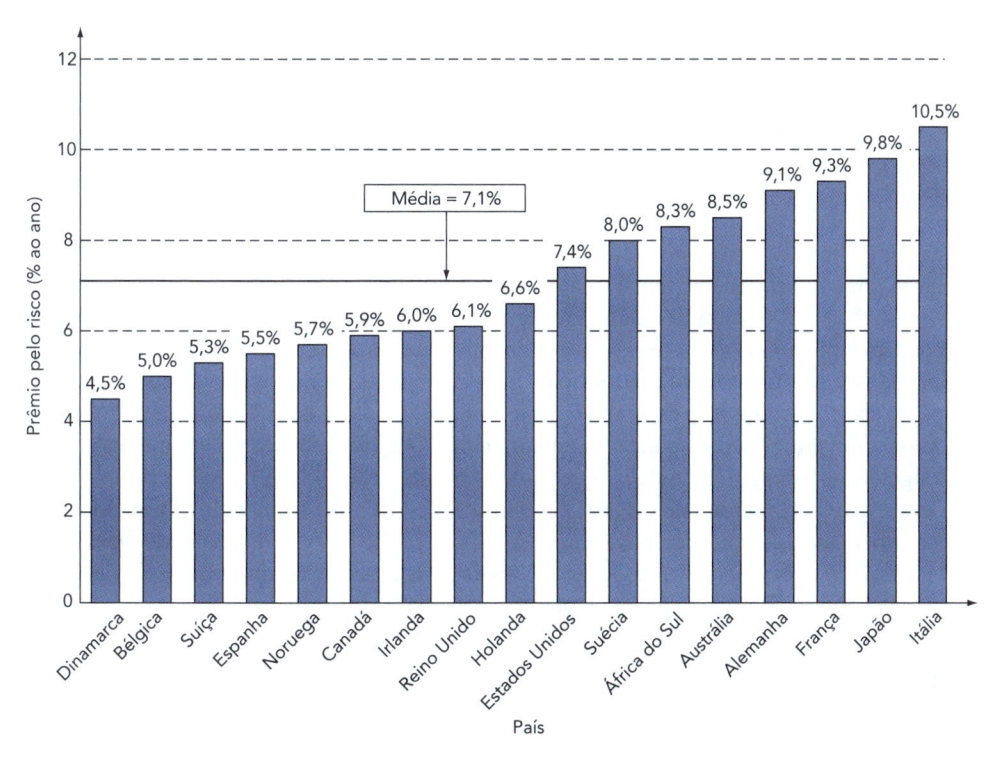

FIGURA 12.13 Prêmios pelo risco do mercado de ações de 17 países: 1900-2005.
Fonte: baseado em informações de Elroy Dimson, Paul Marsh, and Michael Staunton, "The Worldwide Equity Premium: A Smaller Puzzle", presentes no *Handbook of the Equity Risk Premium*, editado por Rajnish Mehra (Amsterdam: 2007).

---

[9] Lembre, da "sadística" básica, que o erro padrão de uma média amostral é o desvio padrão amostral dividido pela raiz quadrada do tamanho da amostra. No nosso caso, o desvio padrão durante o período de 1900 a 2005 foi de 19,6%, de modo que o erro padrão é $0{,}196/\sqrt{106} = 0{,}019$.

> **Questões conceituais**
>
> **12.4a** Descreva com suas palavras como calcular uma variância e um desvio padrão.
>
> **12.4b** Com uma distribuição normal, qual é a probabilidade de algo estar mais de um desvio padrão abaixo da média?
>
> **12.4c** Pressupondo que os títulos de dívida corporativa de longo prazo tenham uma distribuição aproximadamente normal, qual é a probabilidade aproximada de ganhar 14,7% ou mais em determinado ano? No caso das letras do Tesouro, qual é aproximadamente essa probabilidade?
>
> **12.4d** Qual é a segunda lição da história do mercado de capitais?

12.5 Mais sobre retornos médios

Excel Master!
Cobertura *on-line* do Excel Master

Até agora, neste capítulo, observamos mais detalhadamente os retornos médios simples. Mas existe outra maneira de calcular um retorno médio. O fato de que os retornos médios são calculados de duas maneiras diferentes leva a uma certa confusão e, portanto, nosso objetivo nesta seção é explicar as duas abordagens e também as circunstâncias nas quais cada uma delas é apropriada.

Médias aritméticas *versus* médias geométricas

Comecemos com um exemplo simples. Suponha que você compre determinada ação por $100. Infelizmente, no primeiro ano em que você tem a ação, ela cai para $50. No segundo ano, ela sobe novamente para $100, deixando você onde começou (nenhum dividendo foi pago).

Qual foi seu retorno médio sobre esse investimento? O bom-senso diz que seu retorno médio deve ser exatamente zero, uma vez que você começou com $100 e acabou com $100. Porém, se calcularmos os retornos ano a ano, vemos que você perdeu 50% do primeiro ano (você perdeu metade do seu dinheiro). No segundo ano, você ganhou 100% (você dobrou seu dinheiro). Seu retorno médio nos dois anos foi $(-50\% + 100\%)/2 = 25\%$.

Assim, qual está correto, 0% ou 25%? A resposta é que ambos estão corretos; eles apenas respondem a perguntas diferentes. O 0% é chamado de **retorno médio geométrico**. O 25% é chamado de **retorno médio aritmético**. O retorno médio geométrico responde a esta pergunta: "Qual foi seu retorno composto médio por ano ao longo de determinado período?" O retorno médio aritmético responde a esta pergunta: "Qual foi seu retorno em um ano médio ao longo de determinado período?"

Observe que, nas seções anteriores, os retornos médios que calculamos foram todos médias aritméticas, de modo que já sabemos como calculá-los. O que precisamos fazer agora é (1) aprender como calcular médias geométricas e (2) aprender as circunstâncias nas quais uma média é mais significativa do que outra.

retorno médio geométrico
Retorno composto médio ganho por ano em um período de vários anos.

retorno médio aritmético
Retorno ganho em um ano médio ao longo de um período de vários anos.

Cálculo dos retornos médios geométricos

Em primeiro lugar, para ilustrar como calculamos um retorno médio geométrico, suponha que determinado investimento tenha tido retornos anuais de 10%, 12%, 3% e −9% ao longo dos quatro últimos anos. O retorno médio geométrico ao longo desse período de quatro anos é calculado como $(1{,}10 \times 1{,}12 \times 1{,}03 \times 0{,}91)^{1/4} - 1 = 0{,}0366$, ou 3,66%. Por outro lado, o retorno médio aritmético que temos calculado até aqui foi $(0{,}10 + 0{,}12 + 0{,}03 - 0{,}09)/4 = 0{,}04$, ou 4,0%.

Em geral, se tivermos T anos de retornos, o retorno médio geométrico nesses T anos será calculado usando a seguinte fórmula:

$$\text{Retorno médio geométrico} = [(1 + R_1) \times (1 + R_2) \times \cdots \times (1 + R_T)]^{1/T} - 1 \qquad [12.4]$$

Essa fórmula nos diz que são necessárias quatro etapas:

1. Tome cada um dos T fatores de retornos anuais $R_1, R_2,..., R_T$ e some 1 a cada um deles (após convertê-los em decimais).
2. Multiplique todos os números da etapa 1 entre si.
3. Pegue o resultado da etapa 2 e eleve-o à potência de $1/T$.
4. Por último, subtraia 1 do resultado da etapa 3 e multiplique por 100. O resultado é o retorno médio geométrico.

EXEMPLO 12.4 — Cálculo do retorno médio geométrico

Calcule o retorno médio geométrico das ações das grandes empresas do índice S&P 500 para os cinco primeiros anos no Quadro 12.1 (1926-1930).

Em primeiro lugar, converta porcentagens em retornos decimais, adicione 1 e, em seguida, calcule seu produto:

Retornos do índice S&P 500	Produto
11,62	1,1162
37,49	×1,3749
43,61	×1,4361
–8,42	×0,9158
–24,90	×0,7510
	1,5158

Observe que, se começamos com um investimento de $1, o número 1,5158 é aquilo que o investimento vale após cinco anos. O retorno médio geométrico é calculado assim:

Retorno médio geométrico = $1,5158^{1/5} - 1 = 0,0887$, ou 8,67%

Dessa forma, o retorno médio geométrico é de 8,67% neste exemplo. Aqui vai uma dica: se você está usando uma calculadora financeira, pode colocar $1 como o valor presente, $1,5291 como o valor futuro e 5 como o número de períodos. Em seguida, calcule a incógnita da taxa. Você deve obter a mesma resposta.

Uma coisa que você deve ter notado em nossos exemplos até aqui é que os retornos médios geométricos parecem ser menores. Isso sempre será verdadeiro (desde que os retornos não sejam todos idênticos, caso em que as duas "médias" seriam iguais). Para ilustrar, o Quadro 12.4 mostra as médias aritméticas e os desvios padrão da Figura 12.10, juntamente com os retornos médios geométricos.

Como mostra o Quadro 12.4, as médias geométricas são menores, mas a magnitude da diferença varia bastante. O motivo é que a diferença é maior para os investimentos mais voláteis. De fato, existe uma aproximação útil. Se pressupormos que todos os números são expressos em decimais (e não em porcentagens), o retorno médio geométrico é aproximadamente igual ao retorno médio aritmético menos metade da variância. Por exemplo, observando as ações das grandes empresas, a média aritmética é 0,121 e o desvio padrão é 0,198, implicando uma variância de 0,039. A média geométrica aproximada é, portanto, 0,121 – 0,039/2 = 0,101, que é bastante próximo do valor real, neste caso.

EM SUAS PRÓPRIAS PALAVRAS...

Jeremy J. Siegel sobre o investimento em ações no longo prazo

A característica mais fascinante dos dados sobre os retornos reais do mercado financeiro que coletei é a estabilidade dos retornos reais das ações no longo prazo. O retorno real anual composto (geométrico) sobre as ações dos Estados Unidos ficou em uma média de 6,7% ao ano entre 1802 e 2013, e esse retorno permaneceu incrivelmente estável em períodos longos. Entre 1802 e 1871, o retorno real ficou em uma média de 6,7%; desde 1871, quando os dados da Cowles Foundation se tornaram disponíveis, até 1925, o retorno real sobre as ações teve média de 6,6% ao ano; e, a partir de 1925, período coberto pelos dados famosos de Ibbotson, a média do retorno real foi de 6,7%. Apesar de o nível de preços ter aumentado mais de 10 vezes desde o final da Segunda Guerra Mundial, os retornos reais de ações ainda ficaram na média de 6,8%.

A estabilidade de longo prazo dos retornos reais sobre as ações é um indício forte da *reversão à média do retorno sobre o capital próprio*. Reversão à média significa que o retorno sobre as ações pode ser bastante volátil no curto prazo, mas mostra uma estabilidade notável no longo prazo. Quando minha pesquisa foi publicada, havia muito ceticismo sobre as propriedades da reversão à média dos retornos no mercado de ações, mas agora esse é um conceito amplamente aceito para ações. Se a reversão à média prevalecer, as carteiras voltadas ao longo prazo devem ter uma parcela maior de ações do que as carteiras de curto prazo. Há muito tempo, essa conclusão tem sido o bom-senso nos investimentos, mas não se mantém se os retornos sobre ações seguem um caminho aleatório, conceito amplamente aceito pelos acadêmicos nas décadas de 1970 e 1980.

Quando meus primeiros dados foram publicados, houve muita discussão sobre o "viés de sobrevivência", o fato de que os retornos sobre as ações estadunidenses em geral são bons porque os Estados Unidos são o país capitalista mais bem-sucedido. Entretanto, três pesquisadores britânicos, Elroy Dimson, Paul Marsh e Michael Staunton, pesquisaram os retornos de ações de 16 países desde o início do século XX e apresentaram os resultados em um livro chamado *Triumph of the Optimists* ("Triunfo dos Otimistas"). Os autores concluíram que os retornos das ações dos Estados Unidos não dão um quadro distorcido da superioridade das ações em relação aos títulos de dívida no mundo inteiro.

Jeremy J. Siegel é professor de finanças, ocupa a cadeira Russell E. Palmer na Faculdade Wharton da Univerdade da Pensilvânia e é autor dos livros Stocks for the Long Run *e* The Future Investors. *Sua pesquisa abrange macroeconomia e política monetária, retornos do mercado financeiro e tendências econômicas de longo prazo.*

EXEMPLO 12.5 Mais médias geométricas

Voltemos à Figura 12.4. Nela, mostramos o valor de um investimento de $1 após 94 anos. Use o valor do investimento em ações de grandes empresas para verificar a média geométrica no Quadro 12.4.

Na Figura 12.4, o investimento em grandes empresas aumentou para $9.243,90 ao longo de 94 anos. O retorno médio geométrico é, portanto:

Retorno médio geométrico = $9.243,90^{1/94} - 1 = 0,102$ ou 10,2%

Esses 10,2% são o resultado mostrado no Quadro 12.4. Para praticar, use a mesma técnica para verificar alguns dos outros números do Quadro 12.4.

QUADRO 12.4 Retornos médios geométricos *versus* retornos médios aritméticos nos EUA: 1926-2016

Séries	Retorno médio		Desvio padrão
	Geométrico	Aritmético	
Ações de grandes empresas	10,2%	12,1%	19,8%
Ações de pequenas empresas	11,9	16,3	31,5
Títulos de dívida corporativa de longo prazo	6,1	6,4	8,5
Títulos de longo prazo do Tesouro	5,5	6,0	9,8
Títulos de médio prazo do Tesouro	5,1	5,2	5,6
Letras do Tesouro	3,3	3,4	3,1
Inflação	2,9	2,9	4,0

Fonte: 2020 SBBI Yearbook. Duff & Phelps

Retorno médio aritmético ou retorno médio geométrico?

Quando observamos os retornos históricos, não é muito difícil entender a diferença entre os retornos médios geométricos e aritméticos. Em outras palavras, a média geométrica diz o que você realmente ganhou por ano em média, composto anualmente. A média aritmética diz o que você ganhou em um ano típico. Você deve usar a média que responder à pergunta para a qual você quer a resposta.

Uma pergunta um pouco mais complicada diz respeito a qual retorno médio deve ser usado ao prever níveis futuros de riqueza, e há muita confusão a esse respeito entre analistas e planejadores financeiros. Em primeiro lugar, vamos esclarecer uma coisa: se você *sabe* qual é o retorno médio aritmético verdadeiro, então é ele que você deve usar em sua previsão. Assim, por exemplo, se você souber que o retorno aritmético é de 10%, então sua melhor opção para o valor de um investimento de R$1.000,00 em 10 anos é o valor futuro de R$1.000,00 a 10% por 10 anos, ou R$2.593,74.

O problema que enfrentamos, porém, é que normalmente temos apenas *estimativas* dos retornos aritméticos e geométricos, e as estimativas têm erros. Neste caso, o retorno médio aritmético provavelmente é alto demais para períodos mais longos, e a média geométrica provavelmente é muito baixa para períodos mais curtos. Assim, você deve encarar como otimistas as projeções a longo prazo calculadas usando médias aritméticas. Já as projeções de curto prazo calculadas usando médias geométricas provavelmente são pessimistas.

A boa notícia é que existe um modo simples de combinar as duas médias, o qual chamaremos de *fórmula de Blume*.[10] Suponha que calculemos as médias geométrica e aritmética dos retornos de N anos e queiramos usar essas médias para formar uma previsão do retorno médio para T anos, $R(T)$, onde T é menor do que N. Eis o que faríamos:

$$R(T) = \frac{T-1}{N-1} \times \text{Média geométrica} + \frac{N-T}{N-1} \times \text{Média aritmética} \quad [12.5]$$

Por exemplo, suponha que calculemos um retorno médio aritmético de 12% e um retorno médio geométrico de 9% a partir de dados de retornos anuais ao longo de 25 anos. Usando essas médias, queremos fazer previsões do retorno médio para 1 ano, 5 anos e 10 anos. Essas três previsões do retorno médio são calculadas da seguinte maneira:

---

[10] Esse elegante resultado é creditado a Marshal Blume ("Unbiased Estimates of Long-Run Expected Rates of Return", *Journal of the American Statistical Association*, setembro de 1974, p. 634-638).

$$R(1) = \frac{1-1}{24} \times 9\% + \frac{25-1}{24} \times 12\% = 12\%$$

$$R(5) = \frac{5-1}{24} \times 9\% + \frac{25-5}{24} \times 12\% = 11,5\%$$

$$R(10) = \frac{10-1}{24} \times 9\% + \frac{25-10}{24} \times 12\% = 10,875\%$$

Assim, vemos que as previsões para 1 ano, 5 anos e 10 anos são de 12%, 11,5% e 10,875%, respectivamente.

Em termos práticos, a fórmula de Blume diz que, se você está usando médias calculadas em um período longo (como os 94 anos que usamos) para prever até uma década no futuro, então você deve usar a média aritmética. Se você está prevendo poucas décadas no futuro (como no caso de um plano de aposentadoria), então basta decompor a diferença entre os retornos médios aritmético e geométrico. Por último, se por algum motivo você está fazendo previsões muito longas que incluem muitas décadas, é melhor usar a média geométrica.

Isso conclui nossa discussão sobre médias geométricas *versus* aritméticas. Uma última observação: no futuro, quando mencionarmos "retorno médio", queremos dizer média aritmética, a menos que seja dito explicitamente o contrário.

> ### Questões conceituais
>
> **12.5a** Se você quiser prever como o mercado de ações se sairá no próximo ano, você deve usar uma média aritmética ou geométrica?
>
> **12.5b** Se você quiser prever como o mercado de ações se sairá no próximo século, você deve usar uma média aritmética ou geométrica?

12.6 Eficiência do mercado de capitais

O histórico do mercado de capitais sugere que os valores de mercado das ações e dos títulos de dívida podem flutuar muito de um ano para outro. Por que isso ocorre? Pelo menos parte da resposta é que os preços variam porque chegam novas informações, e os investidores reavaliam os valores dos ativos com base nessas informações.

O comportamento dos preços do mercado tem sido muito estudado. Uma questão que tem recebido especial atenção é se os preços se ajustam de modo rápido e correto quando surgem novas informações. Nesse caso, diz-se que o mercado é "eficiente". Para ser mais exato, em um **mercado de capitais eficiente**, os preços correntes de mercado refletem totalmente as informações disponíveis. Com isso, queremos dizer simplesmente que, com base nas informações disponíveis, não há motivo para acreditar que um preço corrente seja muito baixo ou muito alto.

O conceito de eficiência do mercado é fértil, e muita coisa já foi escrita sobre ele. Uma discussão completa sobre o assunto vai além do escopo do nosso estudo sobre finanças corporativas. Entretanto, como o conceito tem tanta importância nos estudos da história do mercado, descreveremos brevemente os seus principais pontos.

mercado de capitais eficiente
Mercado no qual os preços dos títulos mobiliários refletem as informações disponíveis.

Comportamento dos preços em um mercado eficiente

Para ilustrar o modo como os preços se comportam em um mercado eficiente, suponhamos que a Companhia Câmera Dois (CCD) tenha, durante anos de pesquisa e desenvolvimento secretos, desenvolvido uma câmera com um sistema de foco automático cuja velocidade duplicará aquela dos sistemas de foco automático disponíveis no momento. A análise do orçamento de capital da CCD sugere que o lançamento da nova câmera será uma manobra altamente lucrativa. Em outras palavras, o VPL parece ser positivo e substancial. O pressuposto central até agora é de que a CCD nada tenha informado sobre o novo sistema e, assim, a existência desse sistema é apenas informação "privilegiada".

Agora considere uma ação da CCD. Em um mercado eficiente, seu preço reflete aquilo que é conhecido sobre as operações e a lucratividade atuais da CCD e reflete a opinião de mercado sobre o potencial de crescimento e de lucros futuros da CCD. Todavia, o valor do novo sistema de foco automático não está refletido nos preços, porque o mercado não conhece a existência do sistema.

Se o mercado concordar com a avaliação da CCD sobre o valor do novo projeto, quando a decisão de lançamento for divulgada, o preço da ação da CCD aumentará. Por exemplo, vamos pressupor que o anúncio seja feito em uma divulgação à imprensa na manhã de quarta-feira. Em um mercado eficiente, o preço das ações da CCD se ajustará rapidamente a essas novas informações. Os investidores não conseguiriam comprar a ação na tarde de quarta-feira e ter lucro na quinta, pois isso significaria que foi necessário um dia inteiro para o mercado de ações perceber as consequências da divulgação da CCD. Se o mercado for eficiente, o preço das ações da CCD na quarta-feira à tarde já refletirá as informações contidas na divulgação feita na quarta-feira de manhã.

A Figura 12.14 apresenta três ajustes possíveis no preço das ações da CCD. Nela, o dia 0 representa o dia do anúncio. Como ilustrado, antes do anúncio, cada ação da CCD é negociada por $140. O VPL por ação do novo sistema é de, digamos, $40, de modo que o novo preço será de $180 depois que o valor do novo projeto for refletido totalmente.

A linha sólida da Figura 12.14 representa o caminho tomado pelo preço da ação em um mercado eficiente. Nesse caso, o preço se ajusta imediatamente às novas informações e não há mais alterações no preço da ação. A linha tracejada descreve uma reação retardada. São necessários mais ou menos oito dias para que o mercado absorva totalmente as informações. Finalmente, a linha pontilhada ilustra uma reação exagerada e o subsequente ajuste ao preço correto.

A linha tracejada e a linha pontilhada da Figura 12.14 ilustram os caminhos que o preço de uma ação pode tomar em um mercado ineficiente. Se, por exemplo, os preços de uma ação

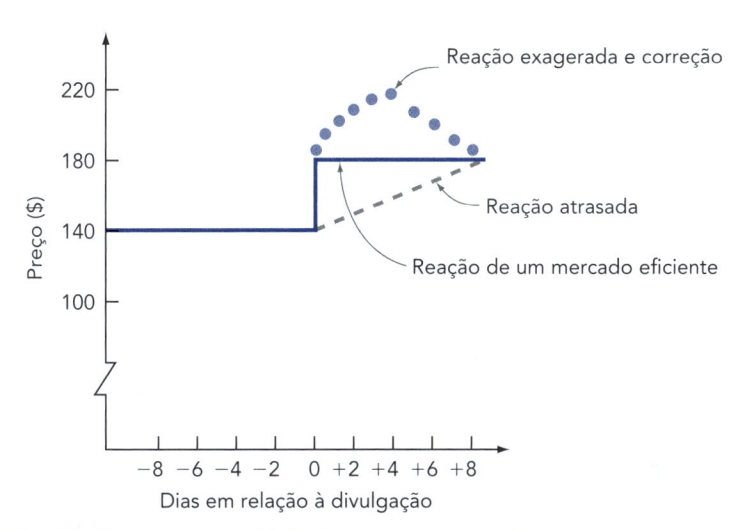

Reação de um mercado eficiente: o preço se ajusta instantaneamente e reflete a nova informação com precisão; não há tendência de altas ou baixas subsequentes.
Reação atrasada: o preço se ajusta parcialmente à nova informação; há um prazo de oito dias até que o preço reflita completamente a nova informação.
Reação exagerada: o preço reflete uma euforia imediata diante da nova informação; primeiro o preço dispara e, em seguida, é corrigido.

FIGURA 12.14 Reação do preço de uma ação às novas informações em mercados eficientes e ineficientes.

não se ajustam imediatamente às novas informações (a linha tracejada), então comprar ações imediatamente após o lançamento das novas informações e, em seguida, negociá-las seria uma atividade com VPL positivo, porque o preço fica muito baixo por diversos dias após o anúncio.

A hipótese dos mercados eficientes

hipótese dos mercados eficientes (HME)
Hipótese de que os mercados de capitais reais, como Nyse e B3, são eficientes.

A **hipótese dos mercados eficientes (HME)** afirma que mercados de capitais bem organizados, como a B3, ou a Nyse, são mercados eficientes pelo menos em termos práticos. Em outras palavras, um defensor da HME pode argumentar que, embora possam existir ineficiências, elas são relativamente pequenas e não são comuns.

Se um mercado é eficiente, então existe uma consequência muito importante para os participantes do mercado: todos os investimentos daquele mercado são investimentos com VPL *zero*. O motivo é simples. Se os preços não são muito baixos nem muito altos, então a diferença entre o valor de mercado de um investimento e seu custo é zero e, portanto, o VPL é zero. Como resultado, em um mercado eficiente, os investidores obtêm exatamente aquilo que eles pagam ao comprar títulos mobiliários, e as empresas recebem exatamente aquilo que valem suas ações e títulos de dívida quando são emitidos.

Acesse o *link* "Contents" no *site* www.investorhome.com para obter maiores informações sobre a HME.

O que torna um mercado eficiente é a concorrência entre os investidores. Muitos indivíduos passam suas vidas inteiras tentando encontrar ações com precificação incorreta. Para uma determinada ação, eles estudam o que aconteceu no passado quanto a seu preço e seus dividendos. Na medida do possível, eles descobrem quais foram os ganhos de uma empresa, quanto ela deve aos credores, quais tributos sobre lucros paga, em quais áreas atua, quais novos investimentos estão previstos, qual a sua sensibilidade às mudanças da economia e assim por diante.

Não só existe muito a conhecer sobre determinada empresa, como também existe um valioso incentivo para essa busca — o lucro. Se souber mais sobre uma empresa do que os outros investidores, você pode lucrar com esse conhecimento investindo nas ações dessa empresa, caso as informações que você tiver sejam boas, e vendendo-as, caso sejam ruins.

A consequência lógica de toda essa coleta e análise de informações é que cada vez há menos ações com precificação incorreta. Em outras palavras, por causa da concorrência entre os investidores, o mercado se tornará cada vez mais eficiente. Cria-se um tipo de equilíbrio no qual há precificação incorreta apenas para aqueles que têm mais talento para identificá-la e ganhar dinheiro com isso. Para a maioria dos outros investidores, a atividade de coleta e análise de informações não vale a pena.[11]

Algumas concepções comuns e erradas sobre a HME

Nenhuma outra ideia em finanças tem atraído tanta atenção quanto a dos mercados eficientes, e nem toda a atenção tem sido positiva. Em vez de reproduzir os argumentos, nos contentaremos em observar que alguns mercados são mais eficientes do que outros. Por exemplo, os mercados de ativos financeiros em geral provavelmente são muito mais eficientes do que os mercados de ativos reais.

Com isso em mente, porém, podemos dizer também que grande parte das críticas à HME é mal orientada, porque elas se baseiam em um mal-entendido sobre o que a hipótese diz e sobre o que ela não diz. Por exemplo, quando a noção de eficiência do mercado foi publicada e debatida pela primeira vez na imprensa financeira popular, quase sempre ela era

---

[11] A ideia por trás da HME pode ser ilustrada pela seguinte anedota. Uma estudante andava pelo corredor junto com seu professor de finanças quando ambos viram uma nota de $20 no chão. Quando a aluna se curvou para pegar a nota, o professor balançou a cabeça lentamente e, com olhar de reprovação, disse pacientemente: "Não se importe com isso. Se ela realmente estivesse aí, outra pessoa já teria pego." A moral da história reflete a lógica da hipótese dos mercados eficientes: se você acha que encontrou um padrão nos preços das ações ou um dispositivo simples para escolher ações vencedoras, você provavelmente está errado.

descrita com palavras que davam uma ideia de que "jogar dardos na página de finanças produzirá uma carteira que pode ser tão boa quanto qualquer carteira gerida por analistas profissionais".[12]

A confusão quanto a declarações desse tipo com frequência levou a falhas no entendimento das implicações da eficiência do mercado. Por exemplo, às vezes, argumenta-se, de maneira errada, que a eficiência do mercado significa que não importa o modo como você investe seu dinheiro, porque a eficiência o protegerá contra erros. Entretanto, um jogador de dardos pode acabar com todos os dardos grudados em uma ou duas ações de alto risco da área de engenharia genética. Você realmente quer ter todo o seu dinheiro nessas duas ações?

Um concurso promovido pelo *The Wall Street Journal* oferece um bom exemplo da controvérsia que cerca a eficiência do mercado. Todo mês, o jornal pedia a quatro gestores financeiros profissionais para escolherem uma ação cada. Ao mesmo tempo, quatro dardos eram jogados na página de ações para selecionar um grupo de comparação. Nos 147 concursos, cada um abrangendo um período de cinco meses e meio, de julho de 1990 até setembro de 2002, os profissionais ganharam 90 vezes.

O fato de que os profissionais estão à frente dos dardos — em um placar de 90 a 57 — sugere que os mercados não são eficientes. Ou será que são? Um problema é que os dardos naturalmente tendem a selecionar ações de risco médio. Os profissionais, porém, estão jogando para ganhar e naturalmente selecionam ações com maior risco, ou pelo menos é isso o que eles argumentam. Se isso for verdadeiro, então, na média, a nossa *expectativa* é que os profissionais ganhem. Além disso, as escolhas dos profissionais são anunciadas ao público no início. Essa publicidade pode aumentar os preços das ações envolvidas de algum modo, levando a uma profecia parcialmente autorrealizável. Infelizmente, o jornal interrompeu o concurso em 2002 e, portanto, esse teste da eficiência do mercado não está mais em andamento.

Mais do que qualquer outra coisa, a eficiência implica que o preço obtido por uma empresa quando emitir uma ação é um preço "justo", no sentido de que ele reflete o valor daquela ação de acordo com as informações disponíveis sobre a empresa. Os acionistas não precisam se preocupar se estão pagando muito por uma ação com dividendos baixos ou algum outro tipo de característica, pois o mercado já incorporou aquela característica ao preço. Às vezes, dizemos que as informações já foram "precificadas".

O conceito de mercados eficientes pode ser explicado mais detalhadamente respondendo uma objeção comum. Às vezes, diz-se que o mercado não pode ser eficiente porque os preços das ações flutuam diariamente. Se os preços estão corretos, diz o argumento, por que eles mudam tanto e com tanta frequência? Como vimos em nossa discussão sobre o mercado, podemos ver que esses movimentos de preços não são incoerentes com a eficiência. Os investidores são bombardeados com informações todos os dias. O fato de que os preços flutuam é, pelo menos em parte, reflexo desse fluxo de informações. Na verdade, a falta de movimentos de preço em um mundo que muda tão rapidamente quanto o nosso sugeriria ineficiência.

As formas da eficiência do mercado

É comum distinguir entre três formas de eficiência do mercado. Dependendo do grau de eficiência, dizemos que os mercados são eficientes nas formas *fraca, semiforte* ou *forte*. A diferença entre essas formas diz respeito ao tipo de informação refletida nos preços.

Começamos com o caso extremo. Se o mercado é eficiente na forma forte, então *todas* as informações de *qualquer* tipo se refletem nos preços das ações. Em tal mercado, não existem informações privilegiadas. Portanto, em nosso exemplo da CCD, aparentemente estávamos pressupondo que o mercado não era eficiente na forma forte.

Observações ocasionais, particularmente nos últimos anos, sugerem que as informações privilegiadas existem, e sua posse pode ser valiosa. O fato de ser ou não legal ou ético usar essas informações é outra questão. Em todo caso, concluímos que podem existir informações

---

[12] B. G. Malkiel, *A Random Walk Down Wall Street*, Ed. revisada e atualizada (New York: Norton, 2016).

EM SUAS PRÓPRIAS PALAVRAS...
Richard Roll sobre a eficiência do mercado

O conceito de um mercado eficiente é uma aplicação especial do princípio "não existe almoço grátis". Em um mercado financeiro eficiente, as estratégias de negociação sem custo não gerarão retornos "excedentes". Após o ajuste para o risco da sua estratégia de investimentos, o retorno do operador de mercado não será maior do que o retorno de uma carteira selecionada aleatoriamente, pelo menos na média.

Quase sempre se pensa que isso implica em algo sobre a quantidade de "informações" refletida nos preços dos ativos. Entretanto, isso não significa realmente que os preços refletem todas as informações, nem mesmo que eles refletem as informações publicamente disponíveis. Em vez disso, significa que a conexão entre as informações não refletidas e os preços é muito sutil e tênue para ser detectada facilmente e sem custo.

As informações relevantes são difíceis e caras de descobrir e avaliar. Assim, se estratégias de negociação sem custo forem ineficazes, deve haver alguns operadores de mercado que ganham a vida "derrotando o mercado". Eles cobrem seus custos (incluindo o custo de oportunidade de seu tempo) negociando. A existência de tais operadores é, na verdade, uma condição necessária para que os mercados se tornem eficientes. Sem tais operadores profissionais, os preços não conseguiriam refletir tudo que é barato e fácil de avaliar.

Os preços do mercado eficiente se aproximam de uma caminhada aleatória, ou seja, eles parecerão estar flutuando de modo mais ou menos aleatório. Os preços podem flutuar de maneira não aleatória desde que seja caro discernir seu desvio da aleatoriedade. Além disso, uma série de preços observada pode se desviar de aparente aleatoriedade em virtude das variações de preferências e expectativas, mas isso é realmente uma tecnicidade e não implica em um almoço grátis em relação aos sentimentos usuais dos investidores.

Richard Roll ocupa a cátedra Linde de Finanças do California Institute of Technology. Ele é um eminente pesquisador financeiro e já escreveu muito sobre quase todas as áreas das finanças modernas. Ele é particularmente conhecido por sua intuição para análises e ótima criatividade para entender fenômenos empíricos.

privilegiadas sobre determinada ação não refletidas no seu preço corrente. Por exemplo, o conhecimento prévio de uma tentativa de aquisição de controle poderia ser muito valioso.

A segunda forma de eficiência, a eficiência semiforte, é a mais controversa. Se um mercado é eficiente na forma semiforte, então todas as informações *públicas* são refletidas no preço das ações. Essa forma é controversa porque faz pressupor que um analista de títulos que tente identificar ações com precificação incorreta usando, por exemplo, demonstrações financeiras, estará perdendo tempo, pois essas informações já estão refletidas no preço atual.

A terceira forma de eficiência, a eficiência fraca sugere que, no mínimo, o preço atual de uma ação reflete os preços anteriores da própria ação. Em outras palavras, o estudo dos preços passados, em uma tentativa de identificar títulos mobiliários com precificação incorreta, é fútil se o mercado for fracamente eficiente. Embora essa forma possa parecer bastante branda, ela faz pressupor que pesquisar padrões nos preços históricos para identificar ações com precificação incorreta não funcionará (e essa é uma prática bastante comum).

O que mostra a história do mercado de capitais sobre a eficiência do mercado? Novamente, existe uma grande controvérsia. Correndo o risco de ficarmos em posição vulnerável, podemos dizer que as evidências parecem nos mostrar três coisas. Em primeiro lugar, os preços parecem responder muito rapidamente às novas informações, e a resposta não é, em geral, diferente daquela que esperaríamos em um mercado eficiente. Em segundo lugar, o futuro dos preços de mercado, particularmente no curto prazo, é de difícil previsão com base nas informações publicamente disponíveis. Em terceiro lugar, se existem ações com precificação incorreta, não há meio óbvio de identificá-las. Em outras palavras, os esquemas simples com base em informações publicamente disponíveis provavelmente não terão êxito.

Questões conceituais

12.6a O que é um mercado eficiente?

12.6b Quais são as formas de eficiência do mercado?

12.7 Resumo e conclusões

Este capítulo explorou a história do mercado de capitais nos EUA. Ela é útil porque nos diz o que esperar dos retornos de ativos com risco. Resumimos nosso estudo em duas lições importantes:

1. Os ativos com risco, em média, pagam um prêmio pelo risco. Existe uma recompensa por se incorrer em risco.
2. Quanto maior a recompensa em potencial de um investimento com risco, maior será o seu risco.

Essas lições têm consequências significativas para a gestão financeira. Consideraremos essas consequências nos próximos capítulos.

Também discutimos o conceito da eficiência do mercado. Em um mercado eficiente, os preços se ajustam de maneira rápida e correta às novas informações. Consequentemente, os preços de ativos em mercados eficientes raramente são muito altos ou muito baixos. A eficiência dos mercados de capitais (como a Nyse ou a B3) é motivo de discussão, mas, no mínimo, eles provavelmente são muito mais eficientes do que a maioria dos mercados de ativos reais.

REVISÃO DO CAPÍTULO E TESTE DE CONHECIMENTOS

12.1 História recente de retornos Use o Quadro 12.1 para calcular o retorno médio de ações de grandes empresas, títulos de longo prazo e letras do Tesouro no período de 1996 até 2000.

12.2 História mais recente de retornos Calcule o desvio padrão de cada tipo de título usando as informações do Problema 12.1. Qual dos investimentos foi o mais volátil nesse período?

RESPOSTA DA REVISÃO DO CAPÍTULO E DO TESTE DE CONHECIMENTOS

12.1 Calculamos as médias da seguinte maneira:

	Retornos reais		
Ano	Ações de grandes empresas	Títulos de longo prazo do Tesouro	Letras do Tesouro
1996	0,2296	0,0093	0,0521
1997	0,3336	0,1585	0,0526
1998	0,2858	0,1306	0,0486
1999	0,2104	−0,0896	0,0468
2000	−0,0910	0,2148	0,0589
Média	0,1937	0,0810	0,0518

12.2 Em primeiro lugar, precisamos calcular os desvios dos retornos médios. Usando as médias do Problema 12.1, obtemos os seguintes valores:

	Desvios dos retornos médios		
Ano	Ações de grandes empresas	Títulos de longo prazo do Tesouro	Letras do Tesouro
1996	0,0359	−0,0903	−0,0003
1997	0,1399	0,0775	0,0008
1998	0,0921	0,0496	−0,0032
1999	0,0167	−0,1706	−0,0050
2000	−0,2847	0,1338	0,0071
Total	0,0000	0,0000	0,0000

Obtemos a raiz quadrada desses desvios e calculamos as variâncias e os desvios padrão:

	Desvios dos retornos médios ao quadrado		
Ano	Ações de grandes empresas	Títulos de longo prazo do Tesouro	Letras do Tesouro
1996	0,0012902	0,0081541	0,0000001
1997	0,0195776	0,0060063	0,0000006
1998	0,0084861	0,0024602	0,0000102
1999	0,0002796	0,0291044	0,0000250
2000	0,0810427	0,0179024	0,0000504
Variância	0,0276691	0,0159068	0,0000216
Desvio padrão	0,1663402	0,1261223	0,0046470

Para calcular as variâncias, somamos os desvios ao quadrado e dividimos por 4 (o número de retornos menos 1). Observe que as ações tiveram muito mais volatilidade do que títulos de dívida, e também um retorno médio muito maior. Para ações de grandes empresas, esse foi um período particularmente bom: o retorno médio foi de 19,37%.

REVISÃO DE CONCEITOS E QUESTÕES INSTIGANTES

1. **Seleção de investimentos [OA4]** Dado que a ação da Zoom subiu cerca de 250% na primeira metade de 2020, por que nem todos os investidores investiram nessa ação?

2. **Seleção de investimentos [OA4]** Dado que o preço das ações da Hertz caiu 88% na primeira metade de 2020, por que alguns investidores mantiveram as suas ações da empresa? Por que eles não as negociaram antes que o preço caísse tanto?

3. **Risco e retorno [OA2, OA3]** Vimos que, em períodos longos, os investimentos em ações tenderam a ter desempenho substancialmente melhor do que os investimentos em títulos de dívida. Entretanto, é comum observar investidores de longo prazo mantendo exclusivamente títulos de dívida. Tais investidores são irracionais?

4. **Consequências da eficiência do mercado [OA4]** Explique por que uma característica do mercado eficiente é que seus investimentos têm VPL zero.

5. **Hipótese dos mercados eficientes [OA4]** Um analista do mercado de ações pode identificar ações com precificação incorreta ao comparar o preço médio dos últimos 10 dias com o preço médio dos últimos 60 dias. Se isso for verdadeiro, o que você sabe sobre o mercado?

QUESTÕES E PROBLEMAS

1. **Cálculo de retornos [OA1]** Suponha que uma ação tenha tido um preço inicial de $79, pago dividendos de $1,45 por ação durante o ano e tenha um preço final de $88. Calcule o retorno percentual total.

2. **Cálculo dos retornos [OA1]** No Problema 1, qual foi o retorno em dividendos? Qual é o retorno em ganhos de capital?

3. **Cálculo de retornos [OA1]** Suponha que você tenha comprado um título de dívida com cupom de 7% há um ano por $970. O título é negociado por $940 hoje.
   a. Pressupondo um valor de face de $1.000, qual foi o seu retorno monetário total sobre esse investimento no último ano?
   b. Qual foi a sua taxa de retorno nominal total sobre esse investimento no ano passado?
   c. Se a taxa de inflação no último ano foi de 3%, qual foi sua taxa de retorno real total sobre esse investimento?

4. **Retorno nominal *versus* retorno real [OA2]** Qual foi o retorno anual médio sobre as ações de grandes empresas entre 1926 e 2016:
   a. Em termos nominais?
   b. Em termos reais?

5. **Cálculo de retornos e variabilidade [OA1]** Usando os seguintes retornos, calcule os retornos médios aritméticos, as variâncias e os desvios padrão de X e Y.

Ano	Retornos X	Retornos Y
1	13%	27%
2	26	36
3	7	11
4	−5	−29
5	11	16

6. **Cálculo de retornos e variabilidade [OA1]** Você observou os seguintes retornos sobre a ação da Computadores Pega-e-Quebra nos últimos cinco anos: 7%, −13%, 21%, 34% e 15%.
    a. Qual foi o retorno médio aritmético da ação da Pega-e-Quebra ao longo desse período de cinco anos?
    b. Qual foi a variância dos retornos da Pega-e-Quebra nesse período? E o desvio padrão?

Para revisão de outros conceitos e novas questões instigantes, consulte a página do livro no portal do Grupo A (loja.grupoa.com.br).

Retorno, Risco e Linha do Mercado de Títulos

13

NO INÍCIO DE 2020, a Boeing, a Norwegian Cruise Lines e a Tencent fizeram anúncios significativos. A Boeing anunciou que as suas vendas tinham sido cerca de 2% inferiores às estimativas dos analistas e que o LPA ficara cerca de 6% abaixo das estimativas. A Norwegian Cruise Lines anunciou LPA de −USD0,99, em comparação com as estimativas dos analistas de −USD0,28 e LPA de USD0,83 no ano anterior. Quanto à gigante chinesa Tencent, a empresa anunciou que a receita e o lucro da empresa no primeiro trimestre superaram as estimativas dos analistas. Seria de esperar que esses três casos representam boas notícias para a Tencent e más para a Boeing e a Norwegian Cruise Lines, e normalmente você estaria certo. Contudo, as ações da Tencent caíram cerca de 5%, as da Boeing subiram cerca de 6% e as da Norwegian Cruise Lines subiram cerca de 1,6%.

As reações dos preços de ações nem sempre correspondem ao que as notícias nos levariam a esperar. Assim, quando é que as boas notícias são realmente boas? A resposta é fundamental para entender risco e retorno, e a boa notícia é que este capítulo explora esse assunto com certa profundidade.

Objetivos de aprendizagem

O objetivo deste capítulo é que, ao seu final, você saiba:

- **OA1** Como calcular retornos esperados, variância e desvio padrão.
- **OA2** Discutir o impacto da diversificação.
- **OA3** Resumir o princípio do risco sistemático.
- **OA4** Descrever a linha do mercado de títulos e a ponderação entre risco e retorno.

Para ficar por dentro dos últimos acontecimentos na área de finanças, visite www.fundamentalsofcorporatefinance.blogspot.com.

No capítulo anterior, aprendemos algumas lições importantes com a história do mercado de capitais. Vimos que normalmente há, em média, uma recompensa por correr riscos. Chamamos essa recompensa de *prêmio pelo risco*. A segunda lição é que esse prêmio pelo risco é maior para investimentos mais arriscados. Este capítulo explora as consequências econômicas e as consequências para a gestão financeira dessa ideia básica.

Até agora, nos concentramos principalmente no comportamento do retorno de algumas poucas carteiras grandes. Precisamos expandir nossa consideração para incluir ativos individuais. Mais especificamente, precisamos realizar duas tarefas. Primeiro, é necessário definir o que é risco e discutir como medi-lo. Em seguida, é necessário medir a relação entre o risco de um ativo e seu retorno exigido.

Quando examinamos os riscos associados a ativos individuais, descobrimos que existem dois tipos de risco: sistemático e não sistemático. Essa é uma distinção crucial, porque, como veremos, o risco sistemático afeta todos os ativos da economia de alguma forma, enquanto o risco não sistemático afeta, no máximo, um pequeno número de ativos. Em seguida, desenvolvemos o princípio da diversificação, mostrando que carteiras altamente diversificadas geralmente quase não têm risco não sistemático.

O princípio da diversificação tem uma consequência importante: para um investidor diversificado, apenas o risco sistemático é importante. Portanto, ao decidir se compra ou não determinado ativo individual, o investidor diversificado se preocupará apenas com o risco sistemático daquele ativo. Essa é uma observação-chave e nos permite dizer muita coisa sobre riscos e retornos de ativos individuais. Em particular, ela é a base de uma famosa relação entre risco e retorno chamada de *linha do mercado de títulos* (LMT). Para explicar a LMT, apresentamos o igualmente famoso coeficiente "beta", uma peça central nas finanças modernas. O coeficiente beta e a LMT são conceitos importantes porque fornecem pelo menos uma parte da resposta para a pergunta: "Como proceder para determinar o retorno exigido sobre um investimento?"

13.1 Retornos esperados e variâncias

Excel Master!

Cobertura *on-line* do Excel Master

No capítulo anterior, discutimos como calcular os retornos médios e as variâncias usando dados históricos. Agora veremos como analisar retornos e variâncias quando as informações que temos dizem respeito aos possíveis retornos futuros e suas probabilidades.

Retorno esperado

Começamos com um caso simples. Considere um único período, por exemplo, um ano. Temos duas ações, L e U, que têm as seguintes características: a ação L tem uma expectativa de retorno de 25% no próximo ano, a ação U tem uma expectativa de retorno de 20% no mesmo período.

Em uma situação como essa, se todos os investidores concordarem quanto aos retornos esperados, por que alguém manteria a ação U? Afinal de contas, por que investir em uma ação quando a expectativa é de que há outra que terá melhor desempenho? Sem dúvida, a resposta deve depender do risco dos dois investimentos. O retorno da ação L, embora se *espere* que seja de 25%, poderia, na verdade, ser mais alto ou mais baixo.

Por exemplo, suponha que a economia tenha uma forte expansão. Nesse caso, achamos que a ação L terá um retorno de 70%. Se a economia entrar em recessão, achamos que o retorno será de –20%. Neste caso, dizemos que há dois *estados da economia*, ou seja, essas são as duas únicas situações possíveis. Esse é um exemplo bastante simplificado, é claro, mas ilustra algumas das principais ideias sem muitos cálculos.

Suponha que acreditemos que as probabilidades de forte expansão e recessão sejam iguais, com 50% de chances para cada uma. O Quadro 13.1 ilustra as informações básicas que descrevemos e algumas informações adicionais sobre a ação U. Observe que a ação U ganha 30% se houver recessão e 10% se houver forte expansão.

Obviamente, se você comprar uma dessas ações, o que ganhará em determinado ano dependerá do desempenho da economia durante esse período. Entretanto, suponhamos que as probabilidades permaneçam iguais ao longo do tempo. Se você mantiver a ação U por vários

QUADRO 13.1 Estados da economia e retornos de ações

Estado da economia	Probabilidade do estado da economia	Taxa de retorno em relação ao estado	
		Ação L	Ação U
Recessão	0,50	–20%	30%
Forte expansão	0,50	70	10
	1,00		

anos, na metade do tempo, ganhará **30%** e, na outra metade, **10%**. Nesse caso, dizemos que nosso **retorno esperado** sobre a ação U, $E(R_U)$ é de 20%:

$$E(R_U) = 0{,}50 \times 30\% + 0{,}50 \times 10\% = 20\%$$

retorno esperado
O retorno esperado no futuro de um ativo com risco.

Em outras palavras, você deve esperar ganhar, em média, 20% com essa ação.

Para a ação L, as probabilidades são as mesmas, mas os retornos possíveis são diferentes. Aqui, perdemos 20% na metade do tempo e ganhamos 70% na outra metade. O retorno esperado sobre L, $E(R_L)$, portanto, é de 25%:

$$E(R_L) = 0{,}50 \times -20\% + 0{,}50 \times 70\% = 25\%$$

O Quadro 13.2 ilustra esses cálculos.

No capítulo anterior, definimos o prêmio pelo risco como a diferença entre o retorno de um investimento com risco e o retorno de um investimento sem risco e calculamos os prêmios pelo risco histórico para diferentes investimentos. Usando nossos retornos projetados, podemos calcular o prêmio pelo risco *projetado*, ou *esperado*, como a diferença entre o retorno esperado de um investimento com risco e o retorno certo de um investimento sem risco.

Por exemplo, suponha que os investimentos sem risco, no momento, ofereçam 8%. Diremos então que a taxa sem risco, que denominamos R_f, é 8%. Assim, qual é o prêmio pelo risco projetado da ação U? E o da ação L? Como o retorno esperado da ação U é de 20%, o prêmio pelo risco projetado é:

$$\begin{aligned}\text{Prêmio pelo risco} &= \text{Retorno esperado} - \text{Taxa sem risco} \quad [13.1]\\ &= E(R_U) - R_f \\ &= 20\% - 8\% \\ &= 12\%\end{aligned}$$

Da mesma maneira, o prêmio pelo risco da ação L é $25\% - 8\% = 17\%$.

Em geral, o retorno esperado de um título mobiliário ou de outro ativo é simplesmente igual à soma dos possíveis retornos multiplicados por suas probabilidades. Assim, se tivermos 100 retornos possíveis, multiplicaríamos cada um deles por sua probabilidade e, em seguida, somaríamos os resultados. O resultado seria o retorno esperado. O prêmio pelo risco seria então a diferença entre esse retorno esperado e a taxa sem risco.

QUADRO 13.2 Cálculo do retorno esperado

		Ação L		Ação U	
(1) Estado da economia	(2) Probabilidade do estado da economia	(3) Taxa de retorno em relação ao estado	(4) Produto de (2) × (3)	(5) Taxa de retorno em relação ao estado	(6) Produto de (2) × (5)
Recessão	0,50	–0,20	–0,10	0,30	0,15
Forte expansão	0,50	0,70	0,35	0,10	0,05
	1,00		$E(R_L) = 0{,}25$ ou 25%		$E(R_U) = 0{,}20$ ou 20%

EXEMPLO 13.1 | Probabilidades desiguais

Observe novamente os Quadros 13.1 e 13.2. Suponha que você ache que a forte expansão ocorrerá 20% do tempo, em vez de 50%. Quais são os retornos esperados sobre as ações U e L nesse caso? Se a taxa sem risco for de 10%, quais serão os prêmios pelo risco?

Primeiro, observe que deve ocorrer recessão em 80% do tempo (1 − 0,20 = 0,80), pois existem apenas duas possibilidades. Tendo isso em mente, vemos que a ação U tem um retorno de 30% durante 80% dos anos e um retorno de 10% durante 20% dos anos. Para calcular o retorno esperado, basta novamente multiplicar apenas as possibilidades pelas probabilidades e somar os resultados:

$E(R_U) = 0{,}80 \times 30\% + 0{,}20 \times 10\% = 26\%$

O Quadro 13.3 resume os cálculos para ambas as ações. Observe que o retorno esperado para L é de −2%.

QUADRO 13.3 Cálculo do retorno esperado

		Ação L		Ação U	
(1) Estado da economia	(2) Probabilidade do estado da economia	(3) Taxa de retorno em relação ao estado	(4) Produto de (2) × (3)	(5) Taxa de retorno em relação ao estado	(6) Produto de (2) × (5)
Recessão	0,80	−0,20	−0,16	0,30	0,24
Forte expansão	0,20	0,70	0,14	0,10	0,02
			$E(R_L) = -0{,}02$, ou 2%		$E(R_U) = 0{,}26$, ou 26%

O prêmio pelo risco da ação U é de 26% − 10% = 16% neste caso. Já o prêmio pelo risco da ação L é negativo: −2% − 10% = −12%. Isso é um pouco estranho, mas, por motivos que discutiremos mais tarde, não é impossível.

Cálculo da variância

Para calcular as variâncias dos retornos de nossas duas ações, primeiro determinamos o quadrado dos desvios do retorno esperado. Em seguida, multiplicamos o quadrado de cada desvio possível pela sua probabilidade. Somamos tudo e o resultado será a variância. O desvio padrão, como sempre, é a raiz quadrada da variância.

Para ilustrar, vamos retornar à ação U que discutimos originalmente, a qual tem um retorno esperado de $E(R_U) = 20\%$. Em determinado ano, ela terá retorno de 30% ou 10%. Assim, os desvios padrão são 30% − 20% = 10% e 10% − 20% = −10%. Neste caso, a variância é:

$\text{Variância} = \sigma^2 = 0{,}50 \times 0{,}10^2 + 0{,}50 \times (-0{,}10)^2 = 0{,}01$

O desvio padrão é a raiz quadrada disso:

$\text{Desvio padrão} = \sigma = \sqrt{0{,}01} = 0{,}10 = 10\%$

O Quadro 13.4 resume esses cálculos para ambas as ações. Observe que a ação L tem uma variância muito maior.

Quando juntamos as informações de retorno esperado e variabilidade para nossas duas ações, temos o seguinte:

	Ação L	Ação U
Retorno esperado, E(R)	25%	20%
Variância, σ^2	0,2025	0,0100
Desvio padrão, σ	45%	10%

Capítulo 13 Retorno, Risco e Linha do Mercado de Títulos

QUADRO 13.4 Cálculo da variância

(1) Estado da economia	(2) Probabilidade do estado da economia	(3) Desvio do retorno em relação ao retorno esperado	(4) Quadrado do desvio do retorno em relação ao retorno esperado	(5) Produto de (2) × (4)
Ação L				
Recessão	0,50	–0,20 – 0,25 = –0,45	$-0,45^2 = 0,2025$	0,10125
Forte expansão	0,50	0,70 – 0,25 = 0,45	$0,45^2 = 0,2025$	0,10125
				$\sigma_L^2 = 0,20250$
Ação U				
Recessão	0,50	0,30 – 0,20 = 0,10	$0,10^2 = 0,01$	0,005
Forte expansão	0,50	0,10 – 0,20 = –0,10	$-0,10^2 = 0,01$	0,005
				$\sigma_U^2 = 0,010$

A ação L tem um retorno esperado mais alto, mas a ação U tem menos risco. Você poderia obter um retorno de 70% sobre seu investimento em L, mas também poderia perder 20%. Observe que um investimento em U sempre pagará, pelo menos, 10%.

Qual dessas duas ações você deve comprar? Na verdade, não temos como dizer; isso depende de suas preferências pessoais. Podemos estar quase certos de que alguns investidores prefeririam L a U, e outros, U a L.

Provavelmente você já observou que o modo como calculamos os retornos esperados e variâncias aqui é um pouco diferente da maneira como os calculamos no último capítulo. O motivo é que, no Capítulo 12, examinamos os retornos históricos reais, de maneira que estimamos o retorno médio e a variância com base em alguns eventos ocorridos. Aqui estamos projetando os retornos *futuros* e suas probabilidades associadas, de modo que essas são as informações com as quais devemos trabalhar.

EXEMPLO 13.2 — Mais probabilidades desiguais

Voltando ao Exemplo 13.1, quais serão as variâncias das duas ações se tivermos probabilidades desiguais? E os desvios padrão?

Podemos resumir os cálculos necessários da seguinte maneira:

(1) Estado da economia	(2) Probabilidade do estado da economia	(3) Desvio do retorno em relação ao retorno esperado	(4) Quadrado do desvio do retorno em relação ao retorno esperado	(5) Produto de (2) × (4)
Ação L				
Recessão	0,80	–0,20 – (–0,02) = –0,18	0,0324	0,02592
Forte expansão	0,20	0,70 – (–0,02) = 0,72	0,5184	0,10368
				$\sigma_L^2 = 0,12960$
Ação U				
Recessão	0,80	0,30 – 0,26 = 0,04	0,0016	0,00128
Forte expansão	0,20	0,10 – 0,26 = –0,16	0,0256	0,00512
				$\sigma_U^2 = 0,00640$

Com base nesses cálculos, o desvio padrão de L é $\sigma_L = \sqrt{0,1296} = 0,36 = 36\%$. O desvio padrão de U é muito menor: $\sigma_U = \sqrt{0,0064} = 0,08 = 8\%$.

> **Questões conceituais**
>
> **13.1a** Como calculamos o retorno esperado de um título mobiliário?
>
> **13.1b** Explique com suas próprias palavras como calculamos a variância do retorno esperado.

13.2 Carteiras

Excel Master!
Cobertura *on-line* do Excel Master

carteira
Grupo de ativos, como ações e títulos de dívida, mantidos por um investidor.

Até agora, neste capítulo, concentramo-nos nos ativos individuais considerados separadamente. Entretanto, a maioria dos investidores, na verdade, mantém uma **carteira** de ativos. Isso significa que os investidores tendem a possuir mais do que apenas um título de dívida, uma ação ou outro ativo. Dado que isso funciona assim, o retorno da carteira e o risco da carteira são de importância óbvia. Por isso, discutiremos a seguir os retornos esperados e as variâncias de uma carteira.

Pesos da carteira

Existem muitas maneiras equivalentes de descrever uma carteira. A abordagem mais conveniente é listar a porcentagem do valor total da carteira investido em cada ativo. Chamamos essas porcentagens de **pesos da carteira**.

peso da carteira
Porcentagem do valor total de uma carteira que está em determinado ativo.

Por exemplo, se temos $50 em um ativo e $150 em outro, então nossa carteira total vale $200. A porcentagem de nossa carteira no primeiro ativo é $50/$200 = 0,25. A porcentagem de nossa carteira no segundo ativo é $150/$200 = 0,75. Os pesos de nossa carteira são, portanto, de 0,25 e 0,75. Observe que os pesos somaram 1,00, porque todo o nosso dinheiro está investido em algum dos ativos.[1]

Retornos esperados da carteira

Vamos voltar às ações L e U. Você colocou metade do seu dinheiro em cada uma delas. Os pesos da carteira são, obviamente, 0,50 e 0,50. Qual é o comportamento dos retornos dessa carteira? E o retorno esperado?

Para responder a essas perguntas, suponha que a economia entre realmente em recessão. Nesse caso, metade de seu dinheiro (a metade investida em L) perde **20%**. A outra metade (a metade investida em U) ganha **30%**. Assim, seu retorno sobre a carteira (R_C) durante uma recessão é:

$$R_C = 0{,}50 \times -20\% + 0{,}50 \times 30\% = 5\%$$

O Quadro 13.5 resume os cálculos restantes. Observe que, quando ocorre uma forte expansão, sua carteira retorna 40%:

$$R_C = 0{,}50 \times 70\% + 0{,}50 \times 10\% = 40\%$$

Como está indicado no Quadro 13.5, o retorno esperado sobre sua carteira, $E(R_C)$, é de 22,5%.

Podemos poupar trabalho calculando o retorno esperado de maneira mais direta. Dados esses pesos da carteira, poderíamos ter raciocinado que esperamos **25%** sobre metade de nosso dinheiro (a metade investida em L) e **20%** sobre a outra metade (a metade investida em U). O retorno esperado de nossa carteira, portanto, é:

$$\begin{aligned} E(R_C) &= 0{,}50 \times E(R_L) + 0{,}50 \times E(R_U) \\ &= 0{,}50 \times 25\% + 0{,}50 \times 20\% \\ &= 22{,}5\% \end{aligned}$$

Quer ler mais sobre investimentos? Acesse o *site* **www.thestreet.com**.

---

[1] Parte dele estaria, obviamente, em dinheiro, mas consideraríamos o dinheiro como um dos ativos da carteira.

QUADRO 13.5 Retorno esperado sobre uma carteira com iguais pesos das ações L e U

(1) Estado da economia	(2) Probabilidade do estado da economia	(3) Retorno da carteira em relação ao estado	(4) Produto de (2) × (3)
Recessão	0,50	0,50 × −20% + 0,50 × 30% = 5%	0,025
Forte expansão	0,50	0,50 × 70% + 0,50 × 10% = 40%	0,200
			$E(R_P) = 22,5\%$

Esse é o mesmo retorno esperado da carteira que calculamos anteriormente.

Esse método de cálculo do retorno esperado sobre uma carteira funciona independentemente do número de ativos que estiverem na carteira. Suponha que tenhamos *n* ativos em nossa carteira, onde *n* é qualquer número. Se tomarmos x_i como a porcentagem de nosso dinheiro investido no ativo *i*, então o retorno esperado seria:

$$E(R_C) = x_1 \times E(R_1) + x_2 \times E(R_2) + \cdots + x_n \times E(R_n) \qquad [13.2]$$

Isso diz que o retorno esperado sobre uma carteira é a simples combinação dos retornos esperados sobre os ativos dessa carteira. Isso parece meio óbvio, mas, como examinaremos a seguir, a abordagem óbvia nem sempre é a correta.

EXEMPLO 13.3 Retorno esperado da carteira

Suponha que tenhamos as seguintes projeções para três ações:

Estado da economia	Probabilidade do estado da economia	Retornos em relação ao estado		
		Ação A	Ação B	Ação C
Forte expansão	0,40	10%	15%	20%
Forte retração	0,60	8	4	0

Queremos calcular os retornos esperados da carteira em dois casos. Em primeiro lugar, qual seria o retorno esperado sobre uma carteira com montantes iguais investidos em cada uma das três ações? Em segundo lugar, qual seria o retorno esperado se metade da carteira fosse investida em A, com o restante igualmente dividido entre B e C?

Com base no que aprendemos anteriormente, podemos determinar que os retornos esperados sobre as ações individuais são (calcule você mesmo para praticar):

$E(R_A) = 8,8\%$

$E(R_B) = 8,4\%$

$E(R_C) = 8,0\%$

Se uma carteira tiver investimentos iguais em cada ativo, os pesos da carteira serão iguais. Diz-se que tal carteira é *igualmente ponderada*. Como existem três ações nesse caso, os pesos são todos iguais a um terço. Portanto, o retorno esperado da carteira é:

$E(R_C) = (1/3) \times 8,8\% + (1/3) \times 8,4\% + (1/3) \times 8\% = 8,4\%$

No segundo caso, confira você mesmo se o retorno esperado da carteira é de 8,5%.

Variância da carteira

De acordo com nossa discussão anterior, o retorno esperado sobre uma carteira que contém investimentos iguais nas ações U e L é de 22,5%. Qual é o desvio padrão dos retornos dessa carteira? Como metade do dinheiro tem um desvio padrão de 45% e a outra metade tem um desvio padrão de 10%, a intuição simples sugeriria que o desvio padrão da carteira poderia ser calculado assim:

$$\sigma_C = 0{,}50 \times 45\% + 0{,}50 \times 10\% = 27{,}5\%$$

Infelizmente, essa abordagem está totalmente equivocada.

Vejamos qual é realmente o desvio padrão. O Quadro 13.6 resume os cálculos relevantes. Como vemos, a variância da carteira é de cerca de 0,031 e seu desvio padrão é menor do que pensávamos — apenas 17,5%. O que demonstramos aqui é que a variância de uma carteira, em geral, não é uma simples combinação das variâncias dos ativos da carteira.

Podemos ilustrar essa questão um pouco melhor considerando um conjunto ligeiramente diferente de pesos da carteira. Suponha que coloquemos 2/11 (cerca de 18%) em L e os outros 9/11 (cerca de 82%) em U. Se ocorrer uma recessão, essa carteira terá um retorno de:

$$R_C = (2/11) \times -20\% + (9/11) \times 30\% = 20{,}91\%$$

Se ocorrer uma forte expansão, essa carteira terá um retorno de:

$$R_C = (2/11) \times 70\% + (9/11) \times 10\% = 20{,}91\%$$

Observe que o retorno é o mesmo, independentemente do que acontecer. Não são necessários outros cálculos — essa carteira tem uma variância zero. Aparentemente, a combinação de ativos em carteiras pode alterar substancialmente os riscos enfrentados pelo investidor. Essa é uma observação crucial, e começaremos a explorar suas consequências na próxima seção.

QUADRO 13.6 Variância de uma carteira com iguais pesos das ações L e U

(1) Estado da economia	(2) Probabilidade do estado da economia	(3) Retorno da carteira em relação ao estado	(4) Quadrado do desvio em relação ao retorno esperado	(4) Produto de (2) × (4)
Recessão	0,50	5%	$(0{,}05 - 0{,}225)^2 = 0{,}030625$	0,0153125
Forte expansão	0,50	40	$(0{,}40 - 0{,}225)^2 = 0{,}030625$	0,0153125
				$\sigma_P^2 = 0{,}030625$
				$\sigma_P = \sqrt{0{,}030625} = 17{,}5\%$

EXEMPLO 13.4 — Variância e desvio padrão da carteira

No Exemplo 13.3, quais são os desvios padrões das duas carteiras? Para responder, primeiro precisamos calcular os retornos da carteira nos dois estados. Trabalharemos com a segunda carteira, que tem 50% na ação A e 25% em cada uma das ações B e C. Os cálculos pertinentes podem ser resumidos da seguinte maneira:

Estado da economia	Probabilidade do estado da economia	Taxa de retorno em relação ao estado			
		Ação A	Ação B	Ação C	Carteira
Forte expansão	0,40	10%	15%	20%	13,75%
Forte retração	0,60	8	4	0	5,00

O retorno da carteira quando a economia tem forte expansão é calculado assim:

$E(R_C) = 0{,}50 \times 10\% + 0{,}25 \times 15\% + 0{,}25 \times 20\% = 13{,}75\%$

O retorno quando a economia tem forte retração é calculado da mesma maneira. O retorno esperado da carteira é de 8,5%. Assim, a variância é:

$$\sigma_P^2 = 0{,}40 \times (0{,}1375 - 0{,}085)^2 + 0{,}60 \times (0{,}05 - 0{,}085)^2$$
$$= 0{,}0018375$$

O desvio padrão é de 4,3%. Para nossa carteira igualmente ponderada, confira você mesmo que o desvio padrão é de 5,4%.

Questões conceituais

13.2a O que é o peso de uma carteira?

13.2b Como calculamos o retorno esperado de uma carteira?

13.2c Existe uma relação simples entre o desvio padrão da carteira e os desvios padrão dos ativos da carteira?

13.3 Anúncios, surpresas e retornos esperados

Uma vez que já sabemos como montar carteiras e avaliar seus retornos, começaremos descrevendo com maior cuidado os riscos e retornos associados a títulos mobiliários individuais. Até agora, medimos a volatilidade observando a diferença entre o retorno real de um ativo ou carteira, R, e o retorno esperado, $E(R)$. Agora olharemos por que esses desvios existem.

Retornos esperados e inesperados

Para começar, por questões de clareza, vamos considerar o retorno da ação de uma empresa chamada Flyers. O que determinará o retorno dessa ação no próximo ano?

O retorno de qualquer ação negociada no mercado é composto por duas partes. Primeiro, o retorno normal, ou esperado, da ação, que é a parte do retorno que os acionistas no mercado preveem ou esperam. Esse retorno depende das informações que os acionistas têm sobre a ação e se baseia na compreensão atual do mercado sobre os fatores importantes que influenciarão a ação no próximo ano.

A segunda parte do retorno da ação é a parte incerta, ou arriscada. Essa é a parte que surge com informações inesperadas reveladas durante o ano. Uma lista de todas as fontes possíveis de tais informações seria infinita, mas existem alguns exemplos:

- Notícias sobre pesquisas realizadas na Flyers
- Números do governo divulgados sobre o produto interno bruto (PIB)
- Resultados das recentes negociações sobre o controle de armas
- Notícias de que os números de vendas da Flyers são maiores do que os esperados
- Queda repentina nas taxas de juros

Com base nessa discussão, um modo de expressar o retorno da ação da Flyers no próximo ano seria:

Retorno total = Retorno esperado + Retorno inesperado
$R = E(R) + I$ [13.3]

onde R é o retorno total real do ano, $E(R)$ significa a parte esperada do retorno e I é a parte inesperada do retorno. Isso diz que o retorno real, R, é diferente do retorno esperado, $E(R)$, por causa das surpresas que ocorrem durante o ano. Em determinado ano, o retorno inesperado será positivo ou negativo, mas, com o tempo, o valor médio de I será zero. Isso significa apenas que, na média, o retorno real é igual ao retorno esperado.

Anúncios e notícias

Precisamos tomar cuidado ao falar sobre o efeito das notícias sobre o retorno. Por exemplo, suponha que os negócios da Flyers tenham uma natureza tal que a empresa prospera quando o PIB aumenta a uma taxa relativamente alta e sofre quando o PIB está relativamente estagnado. Nesse caso, ao resolver qual retorno deva ser esperado no ano sobre a ação da Flyers, os acionistas devem pensar, implícita ou explicitamente, sobre qual será o PIB desse ano.

Quando o governo anunciar os números do PIB para o ano, o que acontecerá ao valor da ação da Flyers? Obviamente, a resposta depende do número que será divulgado. Mais precisamente, o impacto depende de quanto daquele número será informação *nova*.

No início do ano, os participantes do mercado terão uma ideia ou uma previsão de qual será o PIB anual. Como os acionistas já previram o PIB, essa previsão já estará considerada na parte esperada do retorno da ação, $E(R)$. Por outro lado, se o PIB anunciado for uma surpresa, então o efeito fará parte de I, a parte não prevista do retorno. Como exemplo, suponha que os acionistas no mercado tenham previsto que o aumento do PIB neste ano seria de 0,5%. Se o anúncio real deste ano fosse exatamente 0,5%, então não há surpresa para os acionistas, e o anúncio não seria novidade. Não haveria impacto algum sobre o preço da ação. Isso é como receber a confirmação de algo que você já suspeitava há muito tempo; nada realmente novo é revelado.

Uma maneira usual de dizer que um anúncio não é novidade é dizer que o mercado já "descontou" (ou "precificou") o anúncio. O uso da palavra *desconto* aqui é diferente do uso do termo nos cálculos dos valores presentes, mas o espírito é o mesmo. Quando descontamos um real a ser recebido no futuro, dizemos que ele vale menos para nós hoje, por causa do valor do dinheiro no tempo. Quando descontamos um anúncio ou uma notícia, dizemos que ele ou ela tem pouco impacto no mercado, porque o mercado já tinha conhecimento do assunto.

Voltando à Flyers, suponha que o governo anuncie que o aumento do PIB real durante o ano seja de 1,5%. Agora os acionistas sabem algo novo, ou seja, que o aumento está um ponto percentual acima daquilo que eles previram. Essa diferença entre o resultado real e a previsão, um ponto percentual neste exemplo, é por vezes chamada de *novidade* ou *surpresa*.

Essa distinção explica por que o que parece ser boa notícia, na verdade, pode ser má notícia (e vice-versa). Voltando às empresas que discutimos no início do capítulo, mesmo que a Boeing não tenha atingido as estimativas de vendas e de lucro, os investidores ainda sentiram que os resultados não foram tão ruins quanto poderiam ter sido durante o *lockdown* da Covid-19. A Norwegian Cruise Lines também foi afetada pela pandemia da Covid-19, pois não houve cruzeiros marítimos durante o *lockdown*. A surpresa foi que a empresa anunciou forte demanda por reservas em cruzeiros no quarto trimestre de 2020 e em 2021. Ainda melhor para a empresa, os preços dessas reservas ficou dentro das faixas de preço históricas. No caso da Tencent, embora a empresa tenha superado as estimativas de lucro, o mercado como um todo caiu no dia do seu anúncio. Mantenha isso em mente enquanto lê a próxima seção.

Para resumir, um anúncio pode ser dividido em duas partes, a parte prevista ou esperada e a parte da surpresa ou novidade:

Anúncio = Parte esperada + Surpresa [13.4]

A parte esperada de qualquer anúncio é a parte da informação usada pelo mercado para formar a expectativa, E(R), do retorno sobre uma ação. A surpresa é a novidade que influencia o retorno não previsto sobre a ação, I.

Nossa discussão sobre a eficiência do mercado, nos capítulos anteriores, baseia-se nessa discussão. Estamos pressupondo que as informações relevantes, conhecidas hoje, já estão refletidas no retorno esperado. Isso é o mesmo que dizer que o preço atual reflete as informações relevantes publicamente disponíveis. Assim, estamos pressupondo, de modo implícito, que os mercados são, pelo menos até certo ponto, eficientes na forma semiforte.

Daqui em diante, quando falarmos de notícias, estaremos nos referindo à parte de novidade de um anúncio, e não à parte que o mercado esperava e, portanto, já descontou.

Questões conceituais

13.3a Quais são as duas partes básicas de um retorno?

13.3b Sob quais condições o anúncio de uma empresa não terá efeito sobre os preços de suas ações?

13.4 Risco: sistemático e não sistemático

A parte não prevista do retorno, aquela resultante das surpresas, é o verdadeiro risco de um investimento. Afinal de contas, se sempre recebermos exatamente aquilo que esperamos, então o investimento é perfeitamente previsível e, por definição, está livre de risco. Em outras palavras, o risco de ter um ativo está nas surpresas — os eventos não previstos.

Existem diferenças importantes, porém, entre as diversas fontes de risco. Voltando ao nosso exemplo da seção anterior, reconsidere a lista de notícias que poderia afetar o retorno sobre as ações da Flyers. Algumas dessas histórias dizem respeito especificamente à Flyers, e outras são mais gerais. Quais notícias são de importância específica para a Flyers?

Os anúncios sobre as taxas de juros ou o PIB são claramente importantes para quase todas as empresas, enquanto as notícias sobre o presidente da Flyers, suas pesquisas ou suas vendas são de interesse específico da Flyers. Faremos a distinção entre esses dois tipos de eventos, porque, como veremos, eles têm consequências muito diferentes.

Risco sistemático e não sistemático

O primeiro tipo de surpresa, aquele que afeta muitos ativos, será chamado de **risco sistemático**. Um risco sistemático é aquele que influencia grande número de ativos, cada um em maior ou menor grau. Como os riscos sistemáticos têm efeitos de forma ampla no mercado, às vezes eles são chamados de *riscos de mercado*.

O segundo tipo de surpresa será chamado de **risco não sistemático**. O risco não sistemático afeta um único ativo ou um pequeno grupo de ativos. Como esses riscos são exclusivos de empresas ou ativos individuais, às vezes eles são chamados de *riscos únicos* ou *riscos específicos de um ativo*. Usaremos esses termos de forma intercambiada.

Como já vimos, as incertezas sobre as condições econômicas gerais, como PIB, taxas de juros ou de inflação, são exemplos de riscos sistemáticos. Essas condições afetam quase todas as empresas de algum modo. Um aumento não previsto da taxa de inflação, por exemplo, afeta os salários e os custos dos suprimentos comprados; ele afeta o valor dos ativos que as empresas possuem e os preços de venda de seus produtos. Forças como essas, às quais todas as empresas estão sujeitas, são a essência do risco sistemático.

risco sistemático
Um risco que influencia um número grande de ativos. Também chamado de risco de mercado.

risco não sistemático
Um risco que afeta, no máximo, um número pequeno de ativos. Também chamado de risco único ou específico de um ativo.

Por outro lado, quando uma empresa de petróleo anuncia uma greve de seus petroleiros, isso afetará primariamente aquela empresa e, talvez, algumas outras (como concorrentes diretos e fornecedores). É pouco provável que esse anúncio tenha muito efeito no mercado mundial de petróleo, ou nos assuntos das empresas que não pertencem à área de petróleo e, assim, esse é um evento não sistemático.

Componentes sistemáticos e não sistemáticos do retorno

A distinção entre um risco sistemático e um risco não sistemático nunca é realmente tão exata quanto fazemos parecer. Mesmo a menor e mais particular notícia sobre uma empresa traz consequências para toda a economia. Isso é verdadeiro porque cada empresa, independentemente do tamanho, faz parte da economia. É como o conto de um reino que foi perdido porque um cavalo perdeu uma ferradura. Entretanto, isso em geral é uma questão menor. Alguns riscos são claramente muito mais gerais do que outros. Veremos algumas evidências disso em breve.

A distinção entre os tipos de risco permite dividir a parte inesperada (I) do retorno sobre a ação da Flyers em duas partes. Anteriormente, tivemos o retorno real dividido em seus componentes esperado e inesperado:

$$R = E(R) + I$$

Agora reconhecemos que o componente total da surpresa da Flyers (I) tem um componente sistemático e um componente não sistemático, de modo que:

$$R = E(R) + \text{Parte sistemática} + \text{Parte não sistemática} \qquad [13.5]$$

Como isso é tradicional, usaremos a letra grega épsilon (ε) para representar a parte não sistemática. Visto que os riscos sistemáticos quase sempre são chamados de riscos de mercado, usaremos a letra m para representar a parte sistemática da surpresa. Com esses símbolos, podemos reescrever a fórmula do retorno total:

$$\begin{aligned} R &= E(R) + I \\ &= E(R) + m + \varepsilon \end{aligned}$$

Algo importante sobre o modo como dividimos a surpresa total (I) é que a parte não sistemática (ε) é mais ou menos exclusiva da Flyers. Por esse motivo, ela não está relacionada à parte não sistemática do retorno na maioria dos outros ativos. Para saber por que isso é importante, precisamos retornar ao assunto do risco de uma carteira.

> **Questões conceituais**
>
> **13.4a** Quais são os dois tipos básicos de risco?
> **13.4b** Qual é a distinção entre os dois tipos de risco?

13.5 Diversificação e risco da carteira

Excel Master!
Cobertura on-line do Excel Master

Vimos anteriormente que os riscos de uma carteira podem, em princípio, ser muito diferentes dos riscos dos ativos que formam a carteira. Agora vamos ver, com maiores detalhes, o grau de risco de um ativo individual *versus* o risco de uma carteira com muitos ativos diferentes. Examinaremos novamente a história do mercado para termos uma ideia do que acontece com os investimentos reais nos mercados de capitais dos Estados Unidos.

O princípio da diversificação: outra lição da história do mercado

No capítulo anterior, vimos que o desvio padrão do retorno anual de uma carteira de 500 ações ordinárias de grandes empresas estadunidenses, historicamente, tem sido de cerca de 20% ao ano. Isso significa que o desvio padrão do retorno anual de uma ação típica daquele grupo de 500 é de cerca de 20%? Como você já deve ter suspeitado, a resposta é não. Essa é uma observação extremamente importante.

Para ilustrar a relação entre o tamanho da carteira e o risco da carteira, o Quadro 13.7 ilustra os desvios padrão médios anuais típicos para carteiras igualmente ponderadas que contêm números diferentes de ações negociadas na Nyse selecionadas aleatoriamente.

Na coluna 2 do Quadro 13.7, vemos que o desvio padrão para uma "carteira" com uma ação é de cerca de 49%. Isso significa que, se você selecionou aleatoriamente uma única ação da Nyse e colocou todo o seu dinheiro nela, seu desvio padrão do retorno, em geral, seriam substanciais 49% ao ano. Se você selecionasse aleatoriamente duas ações e investisse metade do seu dinheiro em cada uma delas, seu desvio padrão seria de 37% em média e assim por diante.

O mais importante a ser notado no Quadro 13.7 é que o desvio padrão diminui à medida que o número de títulos aumenta. No momento em que tivermos 100 ações escolhidas aleatoriamente, o desvio padrão da carteira terá diminuído em cerca de 60%, de 49% para 20%. Com 500 títulos, o desvio padrão é de 19,27%, semelhante aos 20% que vimos no capítulo anterior para a carteira de ações de grandes empresas. A pequena diferença existe porque os títulos e os períodos da carteira examinados não são idênticos.

Para saber mais sobre risco e diversificação, acesse www.investopedia.com/university.

QUADRO 13.7 Desvios padrão dos retornos anuais da carteira

(1) Número de ações na carteira	(2) Desvio padrão médio dos retornos anuais da carteira	(3) Razão entre o desvio padrão da carteira e o desvio padrão de uma ação
1	49,24%	1,00
2	37,36%	0,76
4	29,69%	0,60
6	26,64%	0,54
8	24,98%	0,51
10	23,93%	0,49
20	21,68%	0,44
30	20,87%	0,42
40	20,46%	0,42
50	20,20%	0,41
100	19,69%	0,40
200	19,42%	0,39
300	19,34%	0,39
400	19,29%	0,39
500	19,27%	0,39
1.000	19,21%	0,39

Esses números foram obtidos no Quadro 1 de M. Statman, "How Many Stocks Make a Diversified Portfolio?", *Journal of Financial and Quantitative Analysis* 22 (setembro de 1987), p. 353-64. Eles se originam de E. J. Elton e M. J. Gruber, "Risk Reduction and Portfolio Size: An Analytic Solution", *Journal of Business* 50 (outubro de 1977), p. 415-37.

O princípio da diversificação

A Figura 13.1 ilustra a questão que temos discutido. Colocamos no gráfico o desvio padrão do retorno *versus* o número de ações da carteira. Observe que o benefício em termos de redução do risco diminui à medida que acrescentamos mais e mais títulos mobiliários. No momento que tivermos 10 títulos, a maior parte do efeito já ocorreu, e no momento que chegarmos a 30 ou mais, haverá pouco benefício a mais.

A Figura 13.1 ilustra dois pontos principais. Em primeiro lugar, parte do risco associado a ativos individuais pode ser eliminada pela formação de carteiras. O processo de distribuir um investimento em ativos (formando assim uma carteira) é chamado de *diversificação*. O **princípio da diversificação** nos diz que distribuir um investimento em muitos ativos eliminará parte do risco. A área sombreada em verde-escuro da Figura 13.1, rotulada como "risco diversificável", é a parte que pode ser eliminada pela diversificação.

O segundo ponto é igualmente importante. Há um nível mínimo de risco que não pode ser eliminado pela diversificação. Esse mínimo é rotulado como "risco não diversificável" na Figura 13.1. Juntos, esses dois elementos formam outra lição importante obtida na história do mercado de capitais: a diversificação reduz o risco, mas somente até um determinado ponto. Em outras palavras, alguns riscos podem ser diversificados, e outros, não.

Para dar um exemplo recente do impacto da diversificação, o índice S&P 500, que é um famoso índice de mercado das 500 maiores e mais conhecidas ações dos Estados Unidos, subiu cerca de 22% em 2019. Como vimos no capítulo anterior, isso representa um ano médio para uma carteira com ações de grandes empresas. Os maiores ganhadores individuais do ano foram Advanced Micro Devices (alta de cerca de 130%), Lam Research Corporation (alta de 120%) e Target (alta de 101%). Mas nem todas as 500 ações subiram: entre os perdedores, estão a Abiomed (baixa de 49%), Macy's (baixa de 39%) e Occidental Petroleum (baixa de

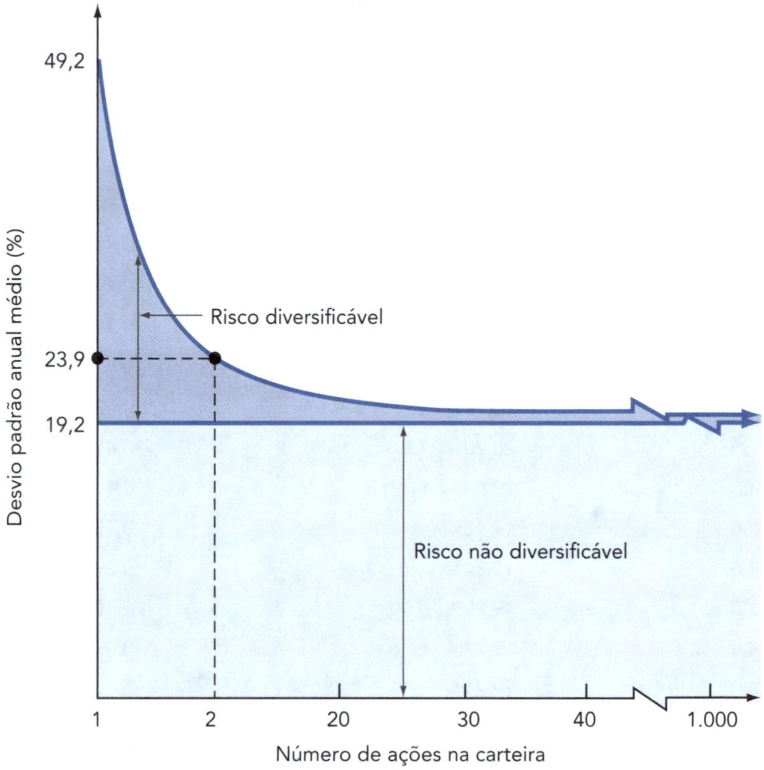

> **princípio da diversificação**
> A distribuição de um investimento em vários ativos eliminará parte, mas não todo o risco.

FIGURA 13.1 Diversificação de carteiras.

29%). Novamente, nossa lição é clara: a diversificação reduz nossa exposição a resultados extremos, tanto positivos quanto negativos.

Diversificação e risco não sistemático

Pela nossa discussão sobre o risco de carteiras, sabemos que parte do risco associado aos ativos individuais pode ser diversificada e parte não pode. Resta-nos uma pergunta óbvia: por que isso acontece? A resposta está na distinção que fizemos anteriormente entre risco sistemático e não sistemático.

Por definição, um risco não sistemático é aquele que é particular de um único ativo ou, no máximo, de um pequeno grupo. Por exemplo, se o ativo em consideração for a ação de uma única empresa, o investimento em projetos com VPL positivo, como novos produtos e economias de custo inovadoras, tenderá a aumentar o valor da ação. Ações judiciais não previstas, acidentes industriais, greves e eventos semelhantes tendem a diminuir os fluxos de caixa futuros e, portanto, a reduzir o valor da ação.

Eis a observação importante: se mantivermos uma única ação, o valor de nosso investimento flutuará por causa dos eventos específicos da empresa. Por outro lado, se mantivermos uma carteira grande, o valor de parte das ações da carteira aumentará por causa de eventos positivos específicos a algumas empresas, e o valor de outras ações diminuirá por causa de eventos negativos específicos a outras empresas. Entretanto, o efeito líquido sobre o valor total da carteira será relativamente pequeno, porque esses efeitos tendem a se anular.

Agora vemos por que parte da variabilidade associada aos ativos individuais é eliminada pela diversificação. Ao combinarmos os ativos em carteiras, os eventos únicos ou não sistemáticos — positivos e negativos — tendem a "desaparecer" quando temos mais do que apenas alguns ativos.

Este é um ponto importante a ser lembrado:

> **O risco não sistemático é essencialmente eliminado pela diversificação, de modo que uma carteira com muitos ativos quase não tem risco não sistemático.**

Os termos *risco diversificável* e *risco não sistemático* quase sempre significam a mesma coisa.

Diversificação e risco sistemático

Vimos que o risco não sistemático pode ser eliminado pela diversificação. E o risco sistemático? Ele também pode ser eliminado pela diversificação? A resposta é não, porque, por definição, um risco sistemático afeta, em algum grau, quase todos os ativos. Como resultado, independentemente de quantos ativos coloquemos em uma carteira, o risco sistemático não desaparece. Assim, é por motivos óbvios que os termos *risco sistemático* e *risco não diversificável* podem ser usados com o mesmo sentido.

Como apresentamos tantos termos diferentes, seria bom resumirmos nossa discussão antes de continuarmos. Vimos que o risco total de um investimento, medido pelo desvio padrão de seu retorno, pode ser escrito assim:

Risco total = Risco sistemático + Risco não sistemático   [13.6]

O risco sistemático também é chamado de *risco não diversificável* ou *risco de mercado*. O risco não sistemático também é chamado de *risco diversificável, risco único* ou *risco específico de um ativo*. Para uma carteira bem diversificada, o risco não sistemático não é significativo. Para tal carteira, todo o risco é essencialmente sistemático.

> **Questões conceituais**
>
> **13.5a** O que acontece ao desvio padrão do retorno para uma carteira se aumentarmos o número de títulos na carteira?
>
> **13.5b** O que é o princípio da diversificação?
>
> **13.5c** Por que parte do risco é diversificável? Por que parte do risco não é diversificável?
>
> **13.5d** Por que o risco sistemático não pode ser diversificado?

13.6 Risco sistemático e beta

Excel Master!
Cobertura *on-line* do Excel Master

A questão que abordamos agora é: o que determina o tamanho do prêmio pelo risco em um ativo com risco? Em outras palavras, por que alguns ativos têm prêmio de risco maior do que outros? A resposta para essas perguntas, como discutiremos a seguir, também tem por base a distinção entre risco sistemático e risco não sistemático.

O princípio do risco sistemático

Até agora, vimos que o risco total associado a um ativo pode ser decomposto em duas partes: risco sistemático e risco não sistemático. Também vimos que o risco não sistemático pode ser quase totalmente eliminado pela diversificação. O risco sistemático presente em um ativo, por outro lado, não pode ser eliminado pela diversificação.

Com base em nosso estudo da história do mercado de capitais, sabemos que, em média, existe um prêmio por correr riscos. Entretanto, agora precisamos ser mais precisos quanto ao significado de *risco*. O **princípio do risco sistemático** declara que a recompensa por correr riscos só depende do risco sistemático de um investimento. O raciocínio básico desse princípio é simples. Como o risco não sistemático pode ser eliminado praticamente sem qualquer custo (pela diversificação), não há recompensa alguma por ele. Em outras palavras, o mercado não premia os riscos incorridos desnecessariamente.

princípio do risco sistemático
O retorno esperado de um ativo com risco só depende do risco sistemático desse ativo.

O princípio do risco sistemático tem uma implicância notável e muito importante:

> **O retorno esperado sobre um ativo depende apenas do risco sistemático do ativo.**

Existe um corolário óbvio desse princípio: seja qual for o risco total de um ativo, apenas a parte sistemática é importante para a determinação do retorno esperado (e do prêmio pelo risco) desse ativo.

Para mais informações sobre o coeficiente beta, acesse **www.investools.com** e **money.msn.com**.

Medição do risco sistemático

Como o risco sistemático tem importância crucial para determinar o retorno esperado de um ativo, precisamos de um método para medir o nível do risco sistemático de diferentes investimentos. A medida específica que usaremos é chamada de **coeficiente beta**, para o qual usaremos o símbolo grego β. Um coeficiente beta, ou simplesmente beta, diz-nos quanto risco sistemático determinado ativo tem em relação a um ativo médio. Por definição, um ativo médio tem um beta de 1,0 em relação a ele mesmo. Um ativo com um beta 0,50, portanto, tem metade do risco sistemático de um ativo médio. Já um ativo com beta 2,0 tem o dobro de risco.

coeficiente beta
Quantidade de risco sistemático presente em determinado ativo de risco em relação àquela presente em um ativo com risco médio.

O Quadro 13.8 contém os coeficientes beta estimados para as ações de algumas empresas conhecidas. O intervalo de betas do Quadro 13.8 é típico das ações das grandes empresas dos EUA. Podem ocorrer betas fora desse intervalo, mas eles são menos comuns.

QUADRO 13.8 Coeficientes beta de empresas selecionadas

	Coeficiente beta (β_i)
Coca-Cola	0,55
McDonald's	0,66
Johnson & Johnson	0,70
Visa	0,93
Mastercard	1,08
Walt Disney	1,11
Sherwin-Williams	1,23
Shopify	1,59

Fonte: O Yahoo! Finance, 6/11/2020.

O mais importante de lembrar é que o retorno esperado — e, portanto, o prêmio pelo risco — de um ativo depende apenas de seu risco sistemático. Como os ativos com betas maiores têm riscos sistemáticos maiores, eles terão retornos esperados maiores. De acordo com o Quadro 13.8, um investidor que compra ações da Johnson & Johnson, com beta de 0,70, deve esperar ganhar, na média, menos do que um investidor que compra ações da Sherwin-Williams, com um beta de cerca de 1,23.

Um aviso: nem todos os betas são calculados da mesma maneira. Provedores diferentes utilizam métodos diferentes para estimar os betas, e às vezes ocorrem diferenças significativas. Como resultado, é bom pesquisar várias fontes. Consulte a seção *Exercícios na Internet* para saber mais sobre os betas.

EXERCÍCIOS NA INTERNET

Você pode encontrar estimativas de betas em muitos *sites*. Um dos melhores é o finance.yahoo.com. Aqui há uma amostra da tela "Statistics" da Boeing (BA):

Stock Price History	
Beta (5Y Monthly)	1.45
52-Week Change [3]	-51.03%
S&P500 52-Week Change [3]	3.99%
52 Week High [3]	391.00
52 Week Low [3]	89.00

Management Effectiveness	
Return on Assets (ttm)	-2.27%
Return on Equity (ttm)	N/A

(*continua*)

(continuação)

Balance Sheet	
Total Cash (mrq)	15.53B
Total Cash Per Share (mrq)	27.51
Total Debt (mrq)	38.93B
Total Debt/Equity (mrq)	N/A
Current Ratio (mrq)	1.17
Book Value Per Share (mrq)	-17.13

O beta reportado da Boeing é 1,45. Isso significa que a empresa tem cerca de uma vez e meia o risco sistemático de uma ação típica. Você poderia esperar que a empresa fosse muito arriscada e, ao olharmos os outros números, concordamos. O ROA da Boeing é –2,27%, o que indica que a empresa perdeu dinheiro no último ano, mas o ROE não é informado. Mas por quê? Se analisarmos o valor contábil por ação, vemos que ele é negativo. Nesse caso, quanto maior o prejuízo, maior o ROE! Isso não é bom. Por causa disso, a Boeing aparenta ser uma boa candidata para um beta alto.

Veja a seguir as mesmas informações obtidas no finance.yahoo.com para a Petrobras (PBR) em 13 de junho de 2020.

Stock Price History	
Beta (5Y Monthly)	2.07
52-Week Change [3]	-45.15%
S&P500 52-Week Change [3]	5.25%
52 Week High [3]	16.95
52 Week Low [3]	4.01

Management Effectiveness	
Return on Assets (ttm)	5.58%
Return on Equity (ttm)	-8.64%

Balance Sheet	
Total Cash (mrq)	N/A
Total Cash Per Share (mrq)	N/A
Total Debt (mrq)	N/A
Total Debt/Equity (mrq)	197.47
Current Ratio (mrq)	1.21
Book Value Per Share (mrq)	N/A

Pelo beta de 2,07 reportado para a Petrobras, vemos que ela tinha então o dobro do risco sistemático de uma ação típica no mercado dos EUA. O ROA da Petrobras era positivo em 5,58%, mas o ROE era negativo em 8,64%, o que significa que o acionista teria perdido dinheiro no período. Esse também é um motivo para a Petrobras aparentar ser uma boa candidata a um beta elevado.

> **Questões**
> 1. Como mencionamos, o valor contábil da ação da Boeing é negativo. Qual é o valor contábil corrente da ação apresentada nesse *site*?
> 2. Qual é a taxa de crescimento projetada pelos analistas para a Boeing? Essa taxa de crescimento é boa em relação à da indústria?
> 3. No *site* finance.yahoo.com, procure a tela "Key Statistics" e pesquise as estatísticas das empresas brasileiras Petrobras (PBR e PBR-A), Vale (VALE), Gerdau (GGB), Embraer (ERJ) e CPFL Energia S.A. (CPL). Qual das empresas apresenta maior risco sistemático? Qual apresenta o menor?

Betas de carteiras

Vimos anteriormente que o risco de uma carteira não tem relação simples com os riscos de seus ativos. Um beta de carteira, porém, pode ser calculado da mesma maneira que o retorno esperado da carteira. Por exemplo, observando novamente o Quadro 13.8, suponha que você coloque metade do seu dinheiro na Shopfy e metade na Coca-Cola. Qual seria o beta dessa combinação? Como a Shopfy tem um beta de 1,59 e a Coca-Cola tem um beta de 0,55, o beta dessa carteira (β_C) seria:

$$\beta_C = 0{,}50 \times \beta_{Shopfy} + 0{,}50 \times \beta_{Coca\text{-}Cola}$$
$$= 0{,}50 \times 1{,}59 + 0{,}50 \times 0{,}55$$
$$= 1{,}07$$

Em geral, se tivéssemos um número grande de ativos em uma carteira, multiplicaríamos o beta de cada ativo pelo peso de sua carteira e, em seguida, somaríamos os resultados para obter o beta da carteira.

EXEMPLO 13.5 Risco total *versus* beta

Considere as seguintes informações sobre dois títulos mobiliários. Qual tem o risco total maior? Qual tem o maior risco sistemático? E o maior risco não sistemático? Qual ativo terá um prêmio pelo risco mais alto?

	Desvio padrão	Beta
Título A	40%	0,50
Título B	20%	1,50

A partir de nossa discussão nesta seção, sabemos que o título A tem risco total maior, mas ele tem risco sistemático substancialmente menor. Como o risco total é a soma dos riscos sistemático e não sistemático, o título A deve ter um risco não sistemático muito maior. Por último, de acordo com o princípio do risco sistemático, o título B terá um prêmio de risco mais alto e um retorno esperado maior, apesar de ele ter um risco total menor.

> **EXEMPLO 13.6   Betas de carteiras**
>
> Suponha que tenhamos os seguintes investimentos:
>
> | Ação | Quantia investida | Retorno esperado | Beta |
> |---|---|---|---|
> | Ação A | $1.000 | 8% | 0,80 |
> | Ação B | 2.000 | 12 | 0,95 |
> | Ação C | 3.000 | 15 | 1,10 |
> | Ação D | 4.000 | 18 | 1,40 |
>
> Qual é o retorno esperado dessa carteira? Qual é o beta dessa carteira? Essa carteira tem maior ou menor risco sistemático do que um ativo médio?
>
> Para responder, primeiro precisamos calcular os pesos da carteira. Observe que o montante total investido é de $10.000. Desses, $1.000/$10.000 = 10% estão investidos na ação A. Da mesma maneira, 20% estão investidos na ação B, 30% na ação C e 40% na ação D. Assim, o retorno esperado $E(R_C)$ é:
>
> $E(R_C) = 0{,}10 \times E(R_A) + 0{,}20 \times E(R_B) + 0{,}30 \times E(R_C) + 0{,}40 \times E(R_D)$
> $= 0{,}10 \times 8\% + 0{,}20 \times 12\% + 0{,}30 \times 15\% + 0{,}40 \times 18\%$
> $= 14{,}9\%$
>
> Da mesma maneira, o beta da carteira (β_C) é:
>
> $\beta_C = 0{,}10 \times \beta_A + 0{,}20 \times \beta_B + 0{,}30 \times \beta_C + 0{,}40 \times \beta_D$
> $= 0{,}10 \times 0{,}80 + 0{,}20 \times 0{,}95 + 0{,}30 \times 1{,}10 + 0{,}40 \times 1{,}40$
> $= 1{,}16$
>
> Essa carteira, portanto, tem um retorno esperado de 14,9% e um beta de 1,16. Como o beta é maior do que 1, essa carteira tem maior risco sistemático do que um ativo médio.

Questões conceituais

13.6a Qual é o princípio do risco sistemático?

13.6b O que mede um coeficiente beta?

13.6c Verdadeiro ou falso: O retorno esperado de um ativo de risco depende do risco total desse ativo. Explique.

13.6d Como você calcula o beta de uma carteira?

*É fácil encontrar betas na Internet. Acesse **finance.yahoo.com** e **money.cnn.com**.*

13.7 A linha do mercado de títulos

Agora podemos ver como o risco é premiado no mercado. Para começar, suponha que o ativo A tenha um retorno esperado de $E(R_A) = 20\%$ e um beta de $\beta_A = 1{,}6$. Além disso, suponha que a taxa sem risco seja $R_f = 8\%$. Observe que um ativo sem risco, por definição, não tem risco sistemático (ou risco não sistemático), de modo que tem um beta igual a zero.

Beta e prêmio pelo risco

Considere uma carteira formada pelo ativo A e um ativo sem risco. Podemos calcular alguns retornos esperados e betas de carteiras possíveis alterando a porcentagem investida em cada ativo. Por exemplo, se 25% da carteira for investido no ativo A, então o retorno esperado é:

$$E(R_C) = 0{,}25 \times E(R_A) + (1 - 0{,}25) \times R_f$$
$$= 0{,}25 \times 20\% + 0{,}75 \times 8\%$$
$$= 11\%$$

Da mesma maneira, o beta da carteira (β_C) seria:

$$\beta_C = 0{,}25 \times \beta_A + (1 - 0{,}25) \times 0$$
$$= 0{,}25 \times 1{,}6$$
$$= 0{,}40$$

Observe que, como os pesos devem somar 1, a porcentagem investida no ativo sem risco é igual a 1 menos a porcentagem investida no ativo A.

Você deve estar perguntando se é ou não possível que a porcentagem investida no ativo A exceda a 100%. A resposta é sim. Isso pode acontecer se o investidor fizer um empréstimo à taxa sem risco. Por exemplo, suponha que um investidor tenha $100 e tome emprestado outros $50 a 8%, a taxa sem risco. O investimento total no ativo A seria de $150 ou 150% dos bens do investidor. O retorno esperado, nesse caso, seria:

$$E(R_C) = 1{,}50 \times E(R_A) + (1 - 1{,}50) \times R_f$$
$$= 1{,}50 \times 20\% - 0{,}50 \times 8\%$$
$$= 26\%$$

O beta da carteira seria:

$$\beta_C = 1{,}50 \times \beta_A + (1 - 1{,}50) \times 0$$
$$= 1{,}50 \times 1{,}6$$
$$= 2{,}4$$

Podemos calcular outras possibilidades, como segue:

Porcentagem da carteira no ativo A	Retorno esperado da carteira	Beta da carteira
0%	8%	0,0
25	11	0,4
50	14	0,8
75	17	1,2
100	20	1,6
125	23	2,0
150	26	2,4

Na Figura 13.2A, o gráfico mostra os retornos esperados dessa carteira em relação aos seus betas. Observe que todas as combinações ficam em uma linha reta.

A razão entre recompensa e risco Qual é a inclinação da linha reta na Figura 13.2A? Como sempre, a inclinação de uma linha reta é igual ao coeficiente angular da reta. Neste caso, ao nos afastarmos do ativo sem risco para o ativo A, o beta aumenta de zero até 1,6 (uma variação de 1,6). Ao mesmo tempo, o retorno esperado vai de 8% até 20%, uma variação de 12%. Assim, a inclinação da linha é de 12%/1,6 = 7,5%.

Observe que a inclinação de nossa linha é exatamente o prêmio pelo risco do ativo A, $E(R_A) - R_f$, dividido pelo beta do ativo A (β_A):

$$\text{Inclinação} = \frac{E(R_A) - R_f}{\beta_A}$$
$$= \frac{20\% - 8\%}{1{,}6} = 7{,}5\%$$

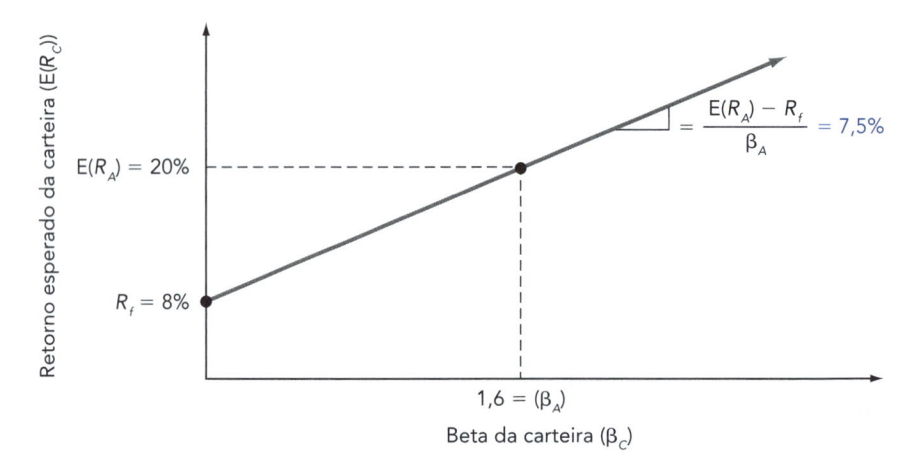

FIGURA 13.2A Retornos esperados e betas da carteira para o ativo A.

Isso nos diz que o ativo A tem uma *razão entre recompensa e risco* igual a 7,5%.[2] Em outras palavras, o ativo A tem um prêmio pelo risco de 7,50% por "unidade" de risco sistemático.

O argumento básico Agora consideremos um segundo ativo, o ativo B. Esse ativo tem um beta de 1,2 e um retorno esperado de 16%. Qual é o melhor investimento, o ativo A ou o ativo B? Você pode novamente achar que não podemos dizer com certeza — alguns investidores podem preferir A, outros investidores podem preferir B. Mas, na verdade, podemos dizer que A é melhor porque, como demonstraremos, B oferece remuneração inadequada pelo seu nível de risco sistemático, pelo menos em relação a A.

Para começar, calculamos combinações diferentes de retornos esperados e betas para as carteiras do ativo B e do ativo sem risco, assim como fizemos com o ativo A. Por exemplo, se colocarmos 25% no ativo B e os 75% restantes no ativo sem risco, o retorno esperado da carteira será:

$$E(R_C) = 0,25 \times E(R_B) + (1 - 0,25) \times R_f$$
$$= 0,25 \times 16\% + 0,75 \times 8\%$$
$$= 10\%$$

Da mesma maneira, o beta da carteira (β_C) seria:

$$\beta_C = 0,25 \times \beta_B + (1 - 0,25) \times 0$$
$$= 0,25 \times 1,2$$
$$= 0,30$$

Algumas outras possibilidades são:

Porcentagem da carteira no ativo B	Retorno esperado da carteira	Beta da carteira
0%	8%	0,0
25	10	0,3
50	12	0,6
75	14	0,9
100	16	1,2
125	18	1,5
150	20	1,8

---

[2] Esse índice também é chamado de índice de Treynor, em homenagem a um de seus criadores.

Quando colocamos essas combinações de retornos e betas esperados da carteira no gráfico da Figura 13.2B, obtemos uma linha reta como aquela do ativo A.

O principal a ser observado é que, quando comparamos os resultados dos ativos A e B, como na Figura 13.2C, a linha que descreve as combinações de retornos e betas esperados para o ativo A é mais elevada do que a do ativo B. Isso nos diz que, para determinado nível de risco sistemático (medido por β), qualquer combinação entre o ativo A e o ativo sem risco oferece um retorno maior. Por esse motivo, podemos dizer que o ativo A é um investimento melhor do que o ativo B.

Outra maneira de ver que A oferece um retorno superior para seu nível de risco é observar que a inclinação de nossa linha para o ativo B é:

$$\text{Inclinação} = \frac{E(R_B) - R_f}{\beta_B}$$

$$= \frac{16\% - 8\%}{1,2} = 6,67\%$$

Assim, o ativo B tem uma razão entre recompensa e risco igual a 6,67%, que é menor do que os 7,5% oferecidos pelo ativo A.

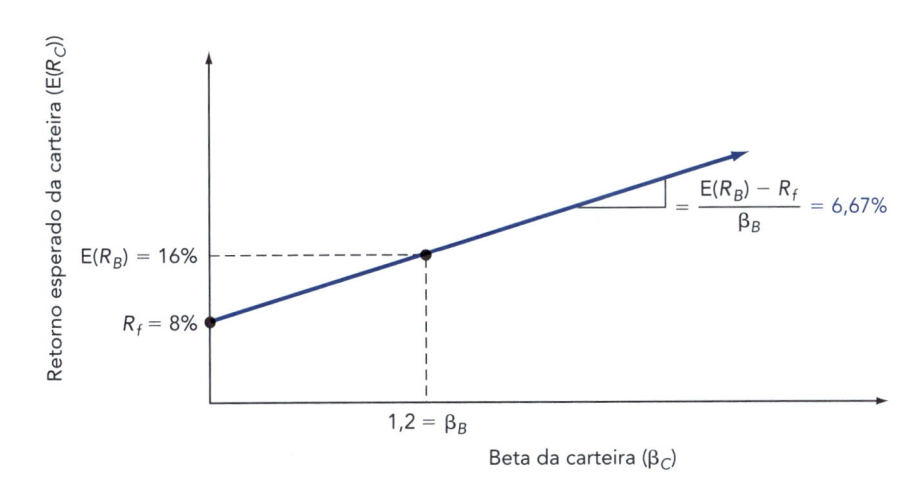

FIGURA 13.2B Retornos esperados e betas da carteira para o ativo B.

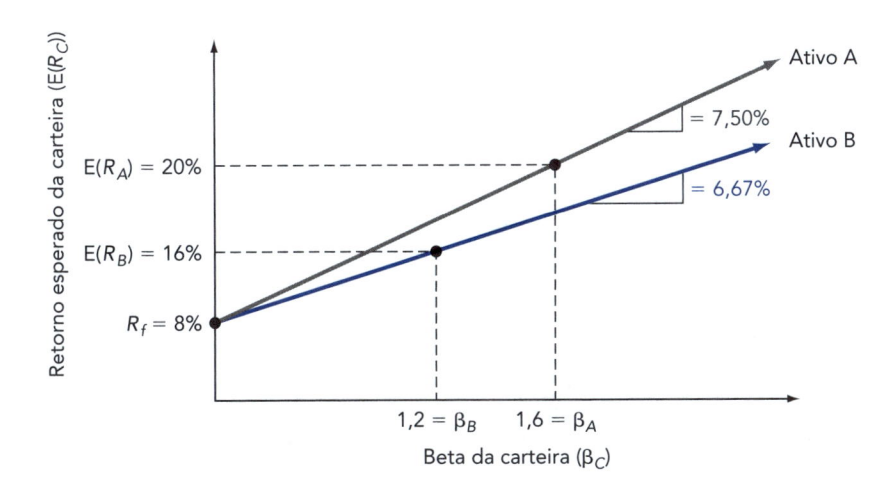

FIGURA 13.2C Retornos esperados e betas da carteira para ambos os ativos.

O resultado fundamental A situação que descrevemos para os ativos A e B não poderia persistir em um mercado bem organizado e ativo, porque os investidores seriam atraídos para o ativo A e se afastariam do ativo B. Como resultado, o preço do ativo A subiria e o preço do ativo B cairia. Como os preços e os retornos se movem em direções opostas, o retorno esperado de A diminuiria e o de B aumentaria.

Essa compra e venda continuaria até que os dois ativos tivessem gráficos exatamente iguais. Isso significa que eles ofereceriam o mesmo prêmio pelo risco. Em outras palavras, em um mercado ativo e competitivo, devemos ter a seguinte situação:

$$\frac{E(R_A) - R_f}{\beta_A} = \frac{E(R_B) - R_f}{\beta_B}$$

Essa é a relação fundamental entre risco e retorno.

Nosso argumento básico pode ser estendido para mais do que apenas dois ativos. Na verdade, seja qual for o número de ativos, sempre chegaríamos à mesma conclusão:

> **A razão entre retorno e risco deve ser a mesma para todos os ativos do mercado.**

Esse resultado não é tão surpreendente assim. Ele somente diz que, por exemplo, se um ativo tem o dobro do risco sistemático que outro ativo, seu prêmio pelo risco será duas vezes maior.

Como todos os ativos no mercado devem ter a mesma razão entre retorno e risco, todos eles devem estar sobre a mesma linha no gráfico. Esse argumento é ilustrado na Figura 13.3. Os ativos A e B estão marcados diretamente sobre a linha e, portanto, têm a mesma razão entre recompensa e risco. Se um ativo estiver acima da linha, como o ativo C da Figura 13.3, seu preço subirá e seu retorno esperado cairá até ficar exatamente sobre a linha. Da mesma maneira, se um ativo estiver abaixo da linha, como o D da Figura 13.3, seu retorno esperado subirá até que ele também esteja diretamente sobre a linha.

Os argumentos que apresentamos se aplicam a mercados ativos, competitivos e com bom funcionamento. Os mercados financeiros, como a Bolsa de Nova York (Nyse) e a B3, atendem melhor a esses critérios. Os outros mercados, como os mercados de ativos reais, podem ou não atender a esses critérios. Por esse motivo, esses conceitos são mais úteis para exami-

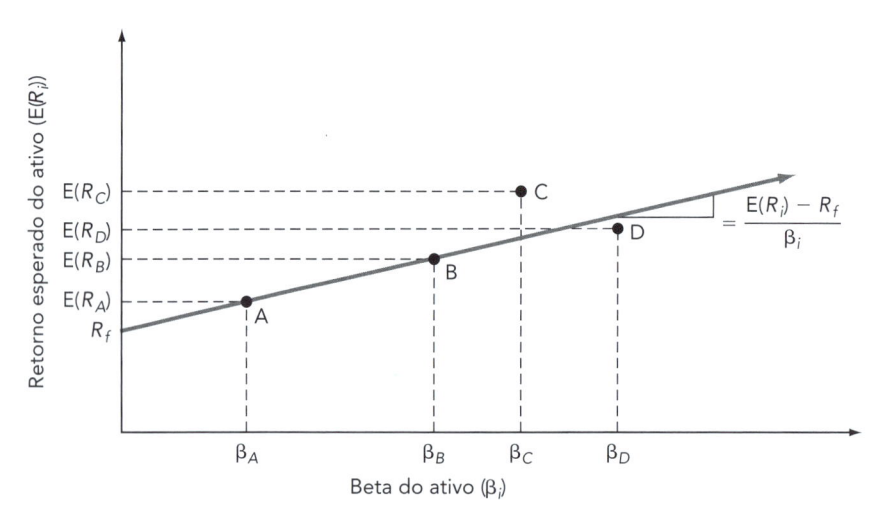

A relação fundamental entre beta e retorno esperado aponta que todos os ativos devem ter a mesma razão entre recompensa e risco ($[E(R_i) - R_f]/\beta_i$). Isso significa que eles estarão todos sobre a mesma linha reta. Os ativos A e B são exemplos desse comportamento. O retorno esperado do ativo C é alto demais; o do ativo D é baixo demais.

FIGURA 13.3 Retorno esperado e risco sistemático.

nar mercados financeiros. Dessa forma, nos concentraremos em tais mercados. Entretanto, como discutiremos em uma seção posterior, as informações sobre risco e retorno obtidas em mercados financeiros são cruciais para avaliar os investimentos que uma empresa faz em ativos reais.

EXEMPLO 13.7 — Comprar na baixa, vender na alta

Diz-se que um ativo está *superavaliado* se o seu preço for muito alto em relação ao seu retorno esperado e ao seu risco. Suponhamos que você tenha a seguinte situação:

Título mobiliário	Beta	Retorno esperado
SWMS S/A	1,3	14%
Insec S/A	0,8	10

A taxa sem risco no momento é de 6%. Um dos dois títulos está superavaliado em relação ao outro?

Para responder essa pergunta, calculamos a razão entre recompensa e risco para ambos. Para a SWMS, essa razão é de (14% − 6%)/1,3 = 6,15%. Para a Insec, essa razão é de 5%. Podemos concluir que a Insec oferece um retorno esperado insuficiente para seu nível de risco, pelo menos em relação à SWMS. Como seu retorno esperado é muito baixo, seu preço é muito alto. Em outras palavras, a Insec está superavaliada em relação à SWMS, e poderíamos esperar ver seu preço cair em relação ao da SWMS. Observe que poderíamos também dizer que a SWMS está subavaliada em relação à Insec.

A linha do mercado de títulos

A linha que resulta quando marcamos em um gráfico os retornos esperados e os coeficientes beta obviamente tem alguma importância, de modo que está na hora de lhe darmos um nome. Essa linha, que usamos para descrever a relação entre o risco sistemático e o retorno esperado nos mercados financeiros, em geral, é chamada de **linha do mercado de títulos (LMT)**. Depois do VPL, sem dúvida, a LMT é o conceito mais importante das finanças modernas.

linha do mercado de títulos (LMT)
Uma linha reta com inclinação positiva que mostra a relação entre retorno esperado e beta.

Carteiras de mercado A equação da LMT é muito útil. Existem muitas maneiras diferentes de escrevê-la, mas uma delas é particularmente comum. Suponha que estejamos considerando uma carteira formada por todos os ativos do mercado. Tal carteira é chamada de carteira de mercado e expressaremos o retorno esperado sobre ela como $E(R_M)$.

Como todos os ativos do mercado devem estar na LMT, o mesmo deve acontecer a uma carteira de mercado formada por esses ativos. Para determinar onde ela fica sobre a LMT, precisamos saber o beta da carteira de mercado (β_M). Como essa carteira é representativa de todos os ativos do mercado, ela deve ter um risco sistemático médio. Em outras palavras, ela tem um beta igual a 1. Poderíamos, portanto, expressar a inclinação da LMT assim:

$$\text{Inclinação da LMT} = \frac{E(R_M) - R_f}{\beta_M} = \frac{E(R_M) - R_f}{1} = E(R_M) - R_f$$

O termo $E(R_M) - R_f$ é geralmente chamado de **prêmio pelo risco de mercado**, porque é o prêmio pelo risco existente em uma carteira de mercado.

prêmio pelo risco de mercado
Inclinação da LMT, que é a diferença entre o retorno esperado de uma carteira de mercado e a taxa sem risco.

O modelo de precificação de ativos financeiros Para encerrar, se $E(R_i)$ e β_i forem, respectivamente, o retorno esperado e o beta de qualquer ativo do mercado, então saberemos que o ativo deve estar sobre a LMT. Como resultado, a razão entre recompensa e risco é a mesma do mercado em geral:

$$\frac{E(R_i) - R_f}{\beta_i} = E(R_M) - R_f$$

Se reorganizarmos isso, podemos escrever a equação da LMT assim:

$$\frac{E(R_i) - R_f}{\beta_i} = E(R_M) - R_f \qquad [13.7]$$

modelo de precificação de ativos financeiros (CAPM)
Equação da LMT que demonstra a relação entre retorno esperado e beta.

O resultado é o famoso **modelo de precificação de ativos financeiros** (*capital asset pricing model* — **CAPM**).

O CAPM demonstra que o retorno esperado de determinado ativo depende de três coisas:

1. *O puro valor do dinheiro no tempo:* medido pela taxa sem risco (R_f), esta é simplesmente a recompensa por esperar pelo seu dinheiro, sem assumir risco algum.

2. *O prêmio por assumir risco sistemático:* medido por meio do prêmio pelo risco de mercado, $E(R_M) - R_f$, este componente é o prêmio que o mercado oferece por assumir um risco sistemático médio além de esperar pelo dinheiro.

3. *A quantidade de risco sistemático:* medida por β_i, esta é a quantidade de risco sistemático presente em determinado ativo ou carteira em relação ao risco médio de um ativo.

A propósito, o CAPM se aplica tanto a carteiras de ativos como a ativos individuais. Em uma seção anterior, vimos como calcular o β de uma carteira. Para encontrar o retorno esperado de uma carteira, nós usamos esse β na equação do CAPM.

A Figura 13.4 resume nossa discussão sobre a LMT e o CAPM. Como nos casos anteriores, nela se encontra um gráfico do retorno esperado em relação ao beta. Agora reconhecemos que, com base no CAPM, a inclinação da LMT equivale ao prêmio pelo risco de mercado, $E(R_M) - R_f$.

Voltando à Figura 13.3, C fica acima da LMT e D fica abaixo da LMT. Nos termos da gestão de carteiras, a distância entre o retorno real da carteira e a LMT costuma ser chamada de **alfa**. Quando a linha de um ativo se sobrepõe à LMT, seu retorno é exatamente o que obteria com base no seu nível de risco, ou beta. Um alfa positivo significa que o ativo (ou carteira) gerou retorno excedente em relação ao que deveria com base no seu beta. Obviamente, um ativo pode ter um indesejável alfa negativo.

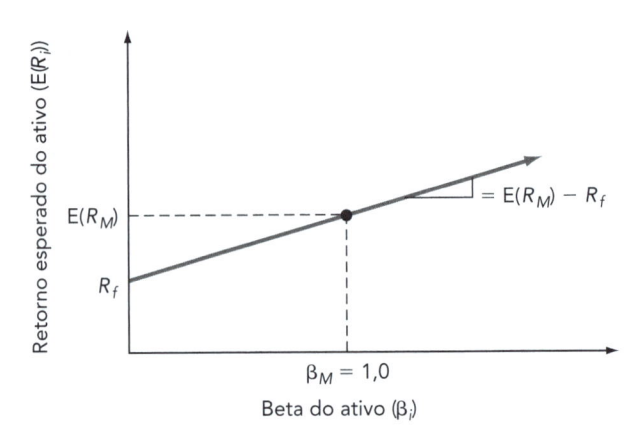

A inclinação da linha do mercado de títulos é igual ao prêmio pelo risco de mercado — ou seja, a recompensa por correr algum risco sistemático.
A equação que descreve a LMT pode ser escrita da seguinte maneira:

$$E(R_i) = R_f + [E(R_M) - R_f] \times \beta_i$$

que é o modelo de precificação de ativos financeiros (CAPM).

FIGURA 13.4 A linha do mercado de títulos (LMT).

QUADRO 13.9 Resumo de risco e retorno

I. Risco total

O *risco total* de um investimento é medido pela variância ou, mais comumente, pelo desvio padrão de seu retorno.

II. Retorno total

O *retorno total* sobre um investimento tem dois componentes: o retorno esperado e o retorno inesperado. O retorno inesperado surge devido a eventos não previstos. O risco dos investimentos se origina da possibilidade de ocorrer um evento não previsto.

III. Riscos sistemáticos e riscos não sistemáticos

Riscos sistemáticos (também chamados *riscos de mercado*) são eventos não previstos que afetam quase todos os ativos de alguma forma, pois têm impacto em toda a economia. *Riscos não sistemáticos* são eventos não previstos que afetam apenas ativos individuais ou pequenos grupos de ativos. Riscos não sistemáticos também são chamados de *risco único* ou *específico de um ativo*.

IV. O efeito da diversificação

Uma parte do risco associado a um investimento com risco, mas não todo, pode ser eliminada por meio da diversificação, e sempre restará um pouco de risco. O motivo disso é que os riscos não sistemáticos, que são exclusivos de ativos individuais, tendem a desaparecer em carteiras grandes, mas os riscos sistemáticos, que afetam todos os ativos de alguma forma, não desaparecem.

V. O princípio do risco sistemático e o coeficiente beta

Como o risco não sistemático pode ser praticamente eliminado pela diversificação, o *princípio do risco sistemático* diz que a recompensa pelo risco só depende do nível de risco sistemático. O nível de risco sistemático presente em determinado ativo com risco em relação à média é o beta desse ativo.

VI. A razão entre recompensa e risco e a linha do mercado de títulos

A *razão entre recompensa e risco* do ativo i é a razão entre seu prêmio pelo risco, $E(R_i) - R_f$, e seu beta (β_i):

$$\frac{E(R_i) - R_f}{\beta_i}$$

Em um mercado com bom funcionamento, esse índice é o mesmo para todos os ativos. Assim, quando se monta um gráfico dos retornos esperados de ativos em relação aos seus betas, todos os ativos ficam sobre uma mesma linha reta, chamada de *linha do mercado de títulos* (LMT).

VII. O modelo de precificação de ativos financeiros

De acordo com a LMT, o retorno esperado sobre o ativo i pode ser escrito assim:

$$E(R_i) = R_f + [E(R_M) - R_f] \times \beta_i$$

Esse é o *modelo de precificação de ativos financeiros* (CAPM). O retorno esperado sobre um ativo com risco tem, portanto, três componentes. O primeiro é o puro valor do dinheiro no tempo (R_f), o segundo é o prêmio pelo risco de mercado [$E(R_M) - R_f$] e o terceiro é o beta do ativo (β_i).

Isso conclui nossa apresentação dos conceitos associados à ponderação entre risco e retorno. Para referência futura, o Quadro 13.9 resume os diversos conceitos na ordem em que foram discutidos.

EXEMPLO 13.8 Risco e retorno

Suponha que a taxa sem risco seja de 4%, o prêmio pelo risco de mercado seja de 8,6% e determinada ação tenha um beta de 1,3. Com base no CAPM, qual é o retorno esperado sobre essa ação? Qual seria o retorno esperado se o beta fosse o dobro?

Com um beta de 1,3, o prêmio pelo risco da ação é de 1,3 × 8,6% = 11,18%. A taxa sem risco é de 4%, de modo que o retorno esperado é de 15,18%. Se o beta fosse dobrado para 2,6, o prêmio de risco duplicaria para 22,36%, de modo que o retorno esperado seria de 26,36%.

> **Questões conceituais**
>
> **13.7a** Qual é a relação fundamental entre risco e retorno em mercados com bom funcionamento?
>
> **13.7b** O que é a linha do mercado de títulos? Por que todos os ativos de um mercado com bom funcionamento devem estar diretamente sobre ela?
>
> **13.7c** O que é o modelo de precificação de ativos financeiros (CAPM)? O que ele nos diz sobre o retorno exigido sobre um investimento com risco?

13.8 A LMT e o custo de capital: uma prévia

Nosso objetivo, ao estudar risco e retorno, se divide em duas partes. Em primeiro lugar, o risco é uma consideração extremamente importante em quase todas as decisões de negócios. Por isso, queremos discutir o que é exatamente o risco e como ele é recompensado no mercado. Nossa segunda finalidade é aprender o que determina a taxa de desconto apropriada para fluxos de caixa futuros. Discutiremos de forma breve esse segundo assunto agora; vamos discuti-lo com maiores detalhes em um capítulo posterior.

A ideia básica

A linha do mercado de títulos nos diz qual é o prêmio por correr risco nos mercados financeiros. No mínimo, qualquer investimento novo que nossa empresa faça deve oferecer um retorno esperado que não seja pior do que aquele que os mercados financeiros oferecem pelo mesmo risco. O motivo para isso é simplesmente que nossos acionistas sempre podem investir por conta própria nos mercados financeiros.

A única maneira de beneficiarmos nossos acionistas é encontrando investimentos com retornos esperados que sejam superiores àqueles oferecidos pelos mercados financeiros pelo mesmo risco; tais investimentos terão um VPL positivo. Assim, se perguntarmos: "Qual é a taxa de desconto apropriada?", a resposta é que devemos usar o retorno esperado oferecido nos mercados financeiros para os investimentos que tenham o mesmo risco sistemático.

Em outras palavras, para determinar se um investimento tem ou não um VPL positivo, só precisamos comparar o retorno esperado sobre aquele investimento com aquele que o mercado financeiro oferece para um investimento com o mesmo beta. Esse é o motivo de a LMT ser tão importante; ela nos diz a "taxa corrente" na economia por assumir risco.

O custo de capital

custo de capital
Retorno mínimo exigido sobre um novo investimento.

A taxa de desconto apropriada sobre um novo projeto é a taxa de retorno mínima esperada que um investimento deve oferecer para ser atrativo. Esse retorno mínimo exigido é frequentemente chamado de **custo de capital** associado ao investimento. Ele recebe esse nome porque o retorno exigido é aquilo que a empresa deve ganhar sobre o seu investimento de capital em um projeto para atingir apenas o ponto de equilíbrio. Assim, ele pode ser interpretado como o custo de oportunidade associado ao investimento de capital da empresa.

Observe que, quando dizemos que um investimento é atrativo se o seu retorno esperado exceder ao que é oferecido nos mercados financeiros para os investimentos de mesmo risco, na realidade estamos usando o critério da taxa interna de retorno (TIR), que desenvolvemos e discutimos no Capítulo 9. A única diferença é que, agora, temos uma ideia muito melhor daquilo que determina o retorno exigido sobre um investimento. Essa compreensão será fundamental quando discutirmos o custo e a estrutura de capital na Parte 6 deste livro.

> **Questões conceituais**
>
> **13.8a** Se um investimento tiver um VPL positivo, ele estará acima ou abaixo da LMT? Por quê?
>
> **13.8b** O que quer dizer o termo *custo de capital*?

13.9 Resumo e conclusões

Este capítulo abordou as questões fundamentais sobre o risco. Apresentamos várias definições e conceitos, sendo que o mais importante deles é a linha do mercado de títulos (LMT). A LMT nos diz qual é a recompensa oferecida por correr risco nos mercados financeiros. Sabendo disso, temos uma referência para compararmos os retornos esperados dos investimentos em ativos reais e determinarmos se eles valem a pena.

Como abordamos um tópico amplo, é bom resumir a lógica econômica básica da LMT da seguinte maneira:

1. Com base no histórico do mercado de capitais, existe uma recompensa por correr riscos. Essa recompensa é o prêmio pelo risco de um ativo.

2. O risco total associado a um ativo tem duas partes: risco sistemático e risco não sistemático. O risco não sistemático pode ser eliminado pela diversificação (esse é o princípio da diversificação), de modo que apenas o risco sistemático é recompensado. Como resultado, o prêmio pelo risco de um ativo é determinado por seu risco sistemático. Esse é o princípio do risco sistemático.

3. O risco sistemático de um ativo em relação à média pode ser medido por seu coeficiente beta (β_i). O prêmio pelo risco de um ativo é então dado por seu coeficiente beta multiplicado pelo prêmio pelo risco de mercado: $[E(R_M) - R_f] \times \beta_i$.

4. O retorno esperado sobre um ativo, $E(R_i)$, é igual à taxa sem risco, R_f, mais o prêmio pelo risco:

    $$E(R_i) = R_f + [E(R_M) - R_f] \times \beta_i$$

    Essa é a equação da LMT, que é frequentemente chamada de modelo de precificação de ativos financeiros (CAPM).

Este capítulo conclui nossa discussão sobre risco e retorno. Agora que compreendemos melhor o que determina o custo de capital de uma empresa para um investimento, os próximos capítulos examinarão, com maiores detalhes, o modo como as empresas levantam o capital de longo prazo necessário para os investimentos.

REVISÃO DO CAPÍTULO E TESTE DE CONHECIMENTOS

13.1 Retorno esperado e desvio padrão Este problema serve para você praticar o cálculo das medidas do desempenho potencial de uma carteira. Existem dois ativos e três estados da economia:

Estado da economia	Probabilidade do estado da economia	Taxa de retorno em relação ao estado	
		Ação A	Ação B
Recessão	0,20	−0,15	0,20
Normal	0,50	0,20	0,30
Forte expansão	0,50	0,60	0,40

Quais são os retornos esperados e os desvios padrão dessas duas ações?

13.2 Risco e retorno de uma carteira Usando as informações do problema anterior, suponhamos que você tenha um total de $20.000. Se colocar $15.000 na ação A e o restante na ação B, qual será o retorno esperado e o desvio padrão da sua carteira?

13.3 Risco e retorno Suponhamos que você se depare com a seguinte situação:

Ação	Beta	Retorno esperado
Gelado S/A	1,8	22,00%
Moyado S/A	1,6	20,44%

Se a taxa sem risco for de 7%, essas ações foram precificadas corretamente? Qual teria de ser a taxa sem risco se elas estivessem corretamente precificadas?

13.4 CAPM Suponha que a taxa sem risco seja de 8%. O retorno esperado no mercado é de 16%. Se determinada ação tiver um beta de 0,7, qual será seu retorno esperado com base no CAPM? Se outra ação tiver um retorno esperado de 24%, qual deverá ser seu beta?

RESPOSTAS DA REVISÃO DO CAPÍTULO E DO TESTE DE CONHECIMENTOS

13.1 Os retornos esperados são apenas os possíveis retornos multiplicados pelas probabilidades associadas:

$$E(R_A) = (0,20 \times -0,15) + (0,50 \times 0,20) + (0,30 \times 0,60) = 25\%$$
$$E(R_B) = (0,20 \times 0,20) + (0,50 \times 0,30) + (0,30 \times 0,40) = 31\%$$

As variâncias são dadas pela soma dos desvios ao quadrado dos retornos esperados multiplicados por suas probabilidades:

$$\sigma_A^2 = 0,20 \times (-0,15 - 0,25)^2 + 0,50 \times (0,20 - 0,25)^2 + 0,30 \times (0,60 - 0,25)^2$$
$$= (0,20 \times -0,40^2) + (0,50 \times -0,05^2) + (0,30 \times 0,35^2)$$
$$= (0,20 \times 0,16) + (0,50 \times 0,0025) + (0,30 \times 0,1225)$$
$$= 0,0700$$

$$\sigma_B^2 = 0,20 \times (0,20 - 0,31)^2 + 0,50 \times (0,30 - 0,31)^2 + 0,30 \times (0,40 - 0,31)^2$$
$$= (0,20 \times -0,11^2) + (0,50 \times -0,01^2) + (0,30 \times 0,09^2)$$
$$= (0,20 \times 0,0121) + (0,50 \times 0,0001) + (0,30 \times 0,0081)$$
$$= 0,0049$$

Os desvios padrão são, portanto:

$$\sigma_A = \sqrt{0,0700} = 26,46\%$$
$$\sigma_B = \sqrt{0,0049} = 7\%$$

13.2 Os pesos da carteira são $15.000/$20.000 = 0,75 e $5.000/$20.000 = 0,25. O retorno esperado, portanto, é:

$$E(R_C) = 0,75 \times E(R_A) + 0,25 \times E(R_B)$$
$$= (0,75 \times 25\%) + (0,25 \times 31\%)$$
$$= 26,5\%$$

Também poderíamos calcular o retorno da carteira em cada um dos estados:

Estado da economia	Probabilidade do estado da economia	Retorno da carteira em relação ao estado
Recessão	0,20	(0,75 × –0,15) + (0,25 × 0,20) = –0,0625
Normal	0,50	(0,75 × 0,20) + (0,25 × 0,30) = 0,2250
Forte expansão	0,30	(0,75 × 0,60) + (0,25 × 0,40) = 0,5500

O retorno esperado da carteira é:

$$E(R_C) = (0{,}20 \times -0{,}0625) + (0{,}50 \times 0{,}2250) + (0{,}30 \times 0{,}5500) = 26{,}5\%$$

Esse resultado é o mesmo que obtivemos antes.

A variância da carteira é:

$$\sigma_C^2 = 0{,}20 \times (-0{,}0625 - 0{,}265)^2 + 0{,}50 \times (0{,}225 - 0{,}265)^2 \\ + 0{,}30 \times (0{,}55 - 0{,}265)^2 \\ = 0{,}0466$$

Assim, o desvio padrão é $\sqrt{0{,}0466} = 21{,}59\%$.

13.3 Se calcularmos as razões entre recompensa e risco, obteremos $(22\% - 7\%)/1{,}8 = 8{,}33\%$ para a ação da Gelado *versus* 8,4% para a ação da Moyado. Em relação ao da Gelado, o retorno esperado da Moyado é muito alto, de modo que seu preço é muito baixo.

Se os seus preços foram determinados corretamente, então essas ações devem oferecer a mesma razão entre recompensa e risco. A taxa sem risco teria de ser tal que:

$$(22\% - R_f)/1{,}8 = (20{,}44\% - R_f)/1{,}6$$

Com um pouco de cálculo, descobrimos que a taxa sem risco deve ser de 8%:

$$22\% - R_f = (20{,}44\% - R_f)(1{,}8/1{,}6)$$
$$22\% - 20{,}44\% \times 1{,}125 = R_f - R_f \times 1{,}125$$
$$R_f = 8\%$$

13.4 Como o retorno esperado do mercado é de 16%, o prêmio pelo risco de mercado é de $16\% - 8\% = 8\%$. A primeira ação tem beta de 0,7, de modo que seu retorno esperado é de $8\% + 0{,}7 \times 8\% = 13{,}6\%$.

Para a segunda ação, observe que o prêmio pelo risco é $24\% - 8\% = 16\%$. Como isso é duas vezes mais do que o prêmio pelo risco de mercado, o beta deve ser exatamente igual a 2. Podemos verificar isso usando o CAPM:

$$E(R_i) = R_f + [E(R_M) - R_f] \times \beta_i$$
$$24\% = 8\% + (16\% - 8\%) \times \beta_i$$
$$\beta_i = 16\%/8\%$$
$$= 2{,}0$$

REVISÃO DE CONCEITOS E QUESTÕES INSTIGANTES

1. **Riscos diversificáveis e não diversificáveis [OA3]** Em termos amplos, por que alguns riscos são diversificáveis? Por que alguns riscos são não diversificáveis? Isso significa que um investidor pode controlar o nível de risco não sistemático de uma carteira, mas não o nível de risco sistemático?

2. **Informações e retorno do mercado [OA3]** Suponha que o governo anuncie que, com base em uma pesquisa recém-concluída, a taxa de crescimento da economia possa ser de 2% no próximo ano, em comparação aos 5% do ano que passou. Os preços dos títulos aumentarão, diminuirão ou permanecerão iguais após esse anúncio? O fato de a taxa de 2% ter sido ou não prevista pelo mercado faz diferença? Explique.

3. **Risco sistemático *versus* não sistemático [OA3]** Classifique os seguintes eventos como principalmente sistemáticos ou principalmente não sistemáticos. A distinção é clara em todos os casos?

    a. As taxas de juros de curto prazo aumentam inesperadamente.

    b. A taxa de juros que uma empresa paga sobre o financiamento de sua dívida de curto prazo é aumentada pelo banco.

    c. Os preços do petróleo diminuem inesperadamente.

d. Uma ruptura em um petroleiro cria um grande vazamento de petróleo.
e. Um fabricante perde uma ação multimilionária sobre o seu produto.
f. Uma decisão da Suprema Corte amplia substancialmente a responsabilidade do produtor sobre danos sofridos por usuários.

4. **Retornos esperados de uma carteira [OA1]**   Se uma carteira tiver um investimento positivo em cada ativo, o retorno esperado sobre ela pode ser maior do que aquele de cada ativo da carteira? Ele pode ser menor do que aquele de cada ativo da carteira? Se você responder sim para uma ou ambas as perguntas, dê um exemplo que sustente sua resposta.

5. **Beta e CAPM [OA4]**   É possível que um ativo com risco tenha um beta igual a zero? Explique. Com base no CAPM, qual é o retorno esperado sobre tal ativo? É possível que um ativo com risco tenha um beta negativo? O que o CAPM prevê quanto ao retorno esperado sobre tal ativo? Você poderia explicar sua resposta?

QUESTÕES E PROBLEMAS

1. **Determinação dos pesos de uma carteira [OA1]**   Quais são os pesos de uma carteira que tem 135 ações da ação A, que são negociadas a $48 cada, e 165 ações da ação B, que são negociadas a $29 cada?

2. **Retorno esperado de uma carteira [OA1]**   Você tem uma carteira com 35% investidos na ação X, 20% na ação Y e 45% na ação Z. Os retornos esperados sobre essas três ações são 8%, 16% e 11%, respectivamente. Qual é o retorno esperado da carteira?

3. **Retorno esperado de uma carteira [OA1]**   Você tem $10.000 para investir em uma carteira de ações. Suas opções são a ação X com um retorno esperado de 11,5% e a ação Y com um retorno esperado de 9,4%. Se seu objetivo for criar uma carteira com um retorno esperado de 10,85%, quanto você investirá na ação X? E na ação Y?

4. **Cálculo do retorno esperado [OA1]**   Com base nas seguintes informações, calcule o retorno esperado:

Estado da economia	Probabilidade do estado da economia	Retorno da carteira em relação ao estado
Recessão	0,20	–0,05
Normal	0,50	0,12
Forte expansão	0,30	0,25

5. **Cálculo de retornos e desvios padrão [OA1]**   Com base nas seguintes informações, calcule o retorno esperado e o desvio padrão de duas ações:

Estado da economia	Probabilidade do estado da economia	Taxa de retorno em relação ao estado	
		Ação A	Ação B
Recessão	0,15	0,05	–0,17
Normal	0,65	0,08	0,12
Forte expansão	0,20	0,13	0,29

Para revisão de outros conceitos e novas questões instigantes, consulte a página do livro no portal do Grupo A (loja.grupoa.com.br).

PARTE 6 Custo de Capital e Política Financeira de Longo Prazo

Custo de Capital

14

COM MAIS DE 117 MIL EMPREGADOS NOS CINCO CONTINENTES, a alemã BASF é uma grande empresa internacional. A empresa opera em uma grande variedade de ramos industriais, incluindo agricultura, gás natural e petróleo, produtos químicos e plásticos. A BASF usa a gestão baseada em valor, um projeto abrangente que inclui todas as funções dentro da empresa, desafiando e encorajando todos seus empregados a terem uma atitude empreendedora. O principal componente financeiro da estratégia é que a empresa receba seu custo médio ponderado de capital (CMPC) e mais um prêmio. Então, o que é exatamente o CMPC?

O CMPC (às vezes referido pela sigla em inglês, WACC, de *weighted average cost of capital*) é o retorno mínimo que uma empresa precisa obter para satisfazer todos os seus investidores, incluindo acionistas e credores. Em 2020, por exemplo, a BASF determinou que o seu custo de capital seria de 9%, ligeiramente menor que o CMPC de 10% usado durante 2018 e 2019. Neste capítulo, aprenderemos como calcular o custo de capital de uma empresa e descobriremos o que isso significa tanto para a empresa quanto para seus investidores. Também aprenderemos quando usar o custo de capital e, talvez mais importante, quando não usá-lo.

Objetivos de aprendizagem

O objetivo deste capítulo é que, ao seu final, você saiba:

- **OA1** Como determinar o custo do capital próprio de uma empresa.
- **OA2** Como determinar o custo da dívida de uma empresa.
- **OA3** Como determinar o custo total de capital de uma empresa.
- **OA4** Como incluir corretamente os custos de novas emissões de títulos mobiliários em projetos de orçamento de capital.
- **OA5** Algumas armadilhas associadas ao custo total de capital e o que fazer em relação a elas.

Para ficar por dentro dos últimos acontecimentos na área de finanças, visite www.fundamentalsofcorporatefinance.blogspot.com.

Suponha que você tenha acabado de se tornar o diretor-presidente de uma grande empresa e a primeira decisão que enfrentará é aprovar ou não um plano para renovar o sistema de armazéns de distribuição da empresa. O plano custará $50 milhões, e espera-se que ele economize $12 milhões por ano após os tributos sobre lucros, ao longo dos próximos seis anos.

Esse é um problema comum no orçamento de capital. Para solucioná-lo, você precisaria determinar os fluxos de caixa relevantes, descontá-los e, se o valor presente líquido fosse positivo, assumir o projeto; se fosse negativo, você deveria rejeitá-lo. Até aqui, tudo bem, mas qual taxa de desconto você deve usar?

Com base na nossa discussão sobre risco e retorno, você sabe que a taxa de desconto correta depende do nível de risco do projeto em questão. Em particular, o novo projeto terá um VPL positivo somente se o seu retorno exceder àquilo que os mercados financeiros oferecem para investimentos com risco semelhante. Esse retorno mínimo exigido é chamado de *custo de capital* associado ao investimento.[1]

Assim, para tomar a decisão certa como diretor-presidente, você deve examinar aquilo que os mercados de capital têm a oferecer e usar essas informações para chegar a uma estimativa do custo de capital do projeto. Nossa finalidade primária neste capítulo é descrever como fazer isso. Existe uma variedade de abordagens para essa tarefa, e vários problemas práticos e conceituais se apresentam.

Um dos conceitos mais importantes que desenvolvemos é o conceito do *custo médio ponderado de capital* (CMPC). Esse é o custo de capital para a empresa como um todo e pode ser interpretado como o retorno exigido da empresa.[2] Ao discutir o CMPC, reconhecemos o fato de que uma empresa pode ter diferentes maneiras de levantar capital, as quais podem ter diferentes custos associados.

Também reconhecemos que os tributos sobre lucros são um fator importante para determinar o retorno exigido de um investimento: sempre estamos interessados em avaliar os fluxos de caixa de um projeto após tributos sobre lucros. Assim, discutimos como incorporar esses tributos explicitamente em nossas estimativas do custo de capital.

14.1 O custo de capital: introdução

No Capítulo 13, descrevemos a LMT (linha do mercado de títulos) e a usamos para explorar a relação entre o retorno esperado de um título mobiliário e o seu risco sistemático. Nosso foco estava em como são percebidos os retornos arriscados da compra de títulos mobiliários do ponto de vista, por exemplo, de um acionista da empresa. Isso nos ajudou a entender mais sobre as alternativas disponíveis para um investidor nos mercados de capitais.

Neste capítulo, invertemos um pouco as coisas e observamos mais detalhadamente o outro lado do problema, que é como são percebidos esses títulos e seus retornos do ponto de vista das empresas que emitem os títulos. O fato importante aqui é que o retorno que um investidor recebe sobre um título é o custo desse título para a empresa que o emitiu.

Retorno exigido *versus* custo de capital

Quando dizemos que o retorno exigido sobre um investimento é de 10%, em geral queremos dizer que o investimento terá um VPL positivo apenas se o seu retorno exceder a 10%. Outra maneira de interpretar o retorno exigido é observar que a empresa deve ganhar 10% sobre o investimento apenas para compensar seus investidores pelo uso do capital necessário para financiar o projeto. Por esse motivo, também poderíamos dizer que 10% é o custo de capital associado ao investimento.

---

[1] Os termos taxa mínima de atratividade ou custo do dinheiro também são utilizados.

[2] O uso do CMPC implica em dois pressupostos: a empresa também usa dívidas para financiar seus ativos e busca manter constante a proporção entre dívida e capital próprio.

Para ilustrar melhor esse ponto, imagine que estejamos avaliando um projeto sem risco. Nesse caso, está claro como determinar o retorno exigido: olhamos nos mercados de capitais a taxa corrente oferecida por investimentos sem risco e depois usamos essa taxa para descontar os fluxos de caixa do projeto. Assim, o custo de capital de um investimento sem risco é a taxa sem risco.

Se um projeto tiver risco associado, então, pressupondo que todas as outras informações permaneçam iguais, o retorno exigido obviamente será mais alto. Em outras palavras, o custo de capital para esse projeto, caso ele tenha risco, é maior do que a taxa sem risco. A taxa de desconto apropriada excederia a taxa sem risco.

A partir daqui, usaremos os termos *retorno exigido, taxa de desconto apropriada* e *custo de capital* como sinônimos, porque, como sugere a discussão aqui, todos esses termos significam essencialmente a mesma coisa. O fato principal é compreender que o custo de capital associado a um investimento depende do risco desse investimento. Essa é uma das lições mais importantes das finanças corporativas, de modo que vale a pena repetir:

> **O custo de capital depende principalmente do uso dos fundos, e não das fontes.**

Um erro comum é esquecer essa questão crucial e cair na armadilha de pensar que o custo de capital de um investimento depende principalmente de como e onde o capital é levantado.

Política financeira e custo de capital

Sabemos que a combinação entre dívida e capital próprio escolhida por uma empresa — sua estrutura de capital — é uma variável de gestão. Neste capítulo, partiremos do pressuposto de que a política financeira da empresa já está previamente definida. Em especial, pressuporemos que a empresa definiu um índice dívida/capital próprio fixo e o mantém. Esse índice reflete a *estrutura-meta de capital* da empresa. O modo como uma empresa poderia escolher esse índice é assunto de um capítulo posterior.

A partir da discussão anterior, sabemos que o custo total de capital de uma empresa reflete o retorno exigido sobre os ativos da empresa como um todo. Dado o fato de que uma empresa usa dívida e capital próprio, esse custo total de capital será uma combinação entre os retornos necessários para remunerar seus credores e para remunerar seus acionistas. Em outras palavras, o custo de capital de uma empresa refletirá o custo da dívida e o custo do capital próprio. Discutiremos esses custos separadamente nas próximas seções.

Questões conceituais

14.1a Qual é o fator determinante do custo de capital de um investimento?

14.1b Qual é a relação entre o retorno exigido de um investimento e o custo de capital associado a esse investimento?

14.2 O custo do capital próprio

Começamos com a questão mais complexa sobre o custo de capital: qual é o **custo total do capital próprio**? O motivo pelo qual essa é uma pergunta difícil é que não há como observar diretamente o retorno que os investidores de capital próprio exigem sobre seus investimentos. Em vez disso, precisamos estimá-lo de alguma maneira. Esta seção discute duas abordagens para determinar o custo do capital próprio: a abordagem do modelo de crescimento de dividendos e a abordagem da linha do mercado de títulos (LMT).

Excel Master!
Cobertura *on-line* do Excel Master

custo do capital próprio
Retorno que investidores de capital próprio exigem sobre seu investimento na empresa.

Abordagem do modelo de crescimento de dividendos

A maneira mais fácil de estimar o custo do capital próprio é usar o modelo de crescimento de dividendos que desenvolvemos no Capítulo 8. Lembre-se de que, segundo o pressuposto de que os dividendos da empresa aumentarão a uma taxa constante (g), o preço por ação (P_0) pode ser escrito assim:

$$P_0 = \frac{D_0 \times (1 + g)}{R_E - g} = \frac{D_1}{R_E - g}$$

onde D_0 representa os dividendos que acabaram de ser pagos, e D_1, os dividendos projetados para o próximo período. Note que usamos o símbolo R_E (o E representa o capital próprio, ou *equity*) para o retorno exigido sobre uma ação.

Como discutimos no Capítulo 8, podemos reorganizar a fórmula para calcular o R_E da seguinte maneira:

$$R_E = D_1/P_0 + g \qquad [14.1]$$

Como o R_E é o retorno que os acionistas exigem sobre uma ação, ele pode ser interpretado como o custo do capital próprio da empresa.

Implementação da abordagem Para estimar o R_E usando a abordagem do modelo de crescimento de dividendos, obviamente precisamos de três informações: P_0, D_0 e g.[3] Para uma empresa de capital aberto que paga dividendos, as duas primeiras informações podem ser observadas diretamente e, assim, podem ser obtidas com facilidade. Apenas o terceiro componente, a taxa de crescimento esperada para os dividendos, deve ser estimado.

Para ilustrar como estimamos R_E, suponha que a Distribuidora Maior, uma empresa de serviços de distribuição de energia, pagou dividendos de $4 por ação no ano passado. Cada ação da empresa está custando $60. Você estima que os dividendos aumentarão constantemente a uma taxa de 6% ao ano indefinidamente. Qual é o custo do capital próprio da Distribuidora Maior?

Por meio do modelo de crescimento de dividendos, podemos calcular que os dividendos esperados para o ano atual (D_1) são:

$$\begin{aligned} D_1 &= D_0 \times (1 + g) \\ &= \$4 \times 1{,}06 \\ &= \$4{,}24 \end{aligned}$$

Com isso, o custo do capital próprio (R_E) é:

$$\begin{aligned} R_E &= D_1/P_0 + g \\ &= \$4{,}24/60 + 0{,}06 \\ &= 0{,}1307 \text{ ou, } 13{,}07\% \end{aligned}$$

Portanto, o custo do capital próprio é 13,07%.

Estimativa de g Para usar o modelo de crescimento de dividendos, precisamos encontrar uma estimativa de g: a taxa de crescimento. Existem duas maneiras de fazer isso: (1) usar um histórico das taxas de crescimento ou (2) usar previsões de analistas para as taxas de crescimento futuras. As previsões de analistas podem ser consultadas em várias fontes. Porém, fontes diferentes apresentarão estimativas diferentes, de modo que uma abordagem seria obter várias estimativas e calcular sua média.

Outra abordagem seria observar os dividendos dos últimos cinco anos, por exemplo, e calcular as taxas de crescimento de cada ano e, em seguida, a sua média. Para ilustrar isso, suponha que observemos as seguintes informações de uma empresa:

Você pode encontrar estimativas de crescimento em **www.zacks.com**.

---

[3] Observe que, se tivermos D_0 e g, podemos calcular D_1 simplesmente multiplicando D_0 por $(1 + g)$.

Ano	Dividendo
2017	$1,10
2018	1,20
2019	1,35
2020	1,40
2021	1,55

Podemos calcular a variação percentual anual dos dividendos da seguinte maneira:

Ano	Dividendo	Variação em reais	Variação percentual
2017	$1,10	—	—
2018	1,20	$0,10	9,09%
2019	1,35	0,15	12,50
2020	1,40	0,05	3,70
2021	1,55	0,15	10,71

Observe que calculamos a variação dos dividendos anualmente e, em seguida, expressamos a variação percentual. Assim, em 2014, os dividendos subiram de **$1,10** para **$1,20**, um aumento de $0,10. Isso representa um aumento de $0,10/$1,10 = 9,09%.

Se calcularmos a média das quatro taxas de crescimento, o resultado é (0,0909 + 0,1250 + 0,0370 + 0,1071)/4 = 9%, de modo que poderíamos usá-la como estimativa para a taxa de crescimento esperada (g). Observe que essa taxa de crescimento de 9% que calculamos é uma média aritmética. Voltando ao que aprendemos no Capítulo 12, também poderíamos calcular a taxa de crescimento geométrica. Neste caso, os dividendos aumentam de $1,10 para $1,55 em quatro anos. Qual é a taxa de crescimento geométrica? Verifique se você concorda que ela é de 8,95%. É possível olhar para esse problema como uma simples questão de valor do dinheiro no tempo, na qual $1,10 é o valor presente e $1,55 é o valor futuro.

Como é normal, a média geométrica (8,95%) é mais baixa que a média aritmética (9%), mas a diferença, nesse caso, dificilmente terá algum significado prático. Em geral, se os dividendos aumentarem a uma taxa relativamente constante, como pressupomos ao usarmos essa abordagem, então a forma como calculamos a taxa de crescimento média dos dividendos não fará muita diferença.

Vantagens e desvantagens da abordagem A principal vantagem do modelo de crescimento de dividendos é a sua simplicidade. Ele é simples de entender e fácil de usar. Porém, ele tem uma série de desvantagens e problemas práticos.

Em primeiro lugar, e mais óbvio, o modelo de crescimento de dividendos se aplica apenas a empresas que pagam dividendos. Isso quer dizer que a abordagem é inútil em muitos casos. Além disso, mesmo no caso de empresas que pagam dividendos, o principal pressuposto é de que os dividendos aumentam a uma taxa constante. Como ilustra nosso exemplo anterior, o crescimento nunca ocorrerá *exatamente* dessa forma. De modo mais geral, o modelo apenas se aplica de fato aos casos em que é provável a ocorrência de um crescimento razoavelmente constante.

Um segundo problema é que o custo estimado do capital próprio é muito sensível à taxa de crescimento estimada. Para uma determinada ação, uma variação positiva de g de apenas um ponto percentual, por exemplo, aumenta o custo estimado do capital próprio em, pelo menos, um ponto percentual. Como D_1 provavelmente terá também uma variação positiva, o aumento, na verdade, será um pouco maior que isso.

Por último, essa abordagem não considera o risco de forma explícita. Ao contrário da abordagem da LMT (que veremos a seguir), não há um ajuste em relação ao risco do investimento. Por exemplo, não há uma provisão para o grau de certeza ou incerteza em torno da taxa de crescimento estimada para os dividendos. Assim, é difícil dizer se o retorno estimado é ou não proporcional ao nível de risco.[4]

A abordagem da LMT

No Capítulo 13, discutimos a linha do mercado de títulos (LMT). Nossa principal conclusão foi de que o retorno exigido, ou esperado, sobre um investimento com risco depende de três coisas:

1. A taxa sem risco (R_f).
2. O prêmio pelo risco de mercado, $E(R_M) - R_f$.
3. O risco sistemático do ativo em relação à média, que chamamos de coeficiente beta (β).

Usando a LMT, podemos escrever o retorno esperado sobre o capital próprio da empresa, $E(R_E)$, assim:

$$E(R_E) = R_f + \beta_E + [E(R_M) - R_f]$$

onde β_E é o beta estimado. Para tornar a abordagem LMT coerente com o modelo de crescimento de dividendos, vamos deixar de lado a notação E, que representa as expectativas, e, daqui por diante, escrever o retorno exigido da LMT (R_E) assim:

$$R_E = R_f + \beta_E \times (R_M - R_f) \qquad [14.2]$$

Implementação da abordagem Para usar a abordagem da LMT, precisamos de uma taxa sem risco (R_f), de uma estimativa do prêmio pelo risco de mercado ($R_M - R_f$) e de uma estimativa do beta relevante (β_E). No Capítulo 12, vimos que uma estimativa do prêmio pelo risco de mercado (com base em ações ordinárias de grandes empresas) é de 7%. Na época em que este livro foi escrito, as letras do Tesouro dos Estados Unidos pagavam cerca de 0,4%, e, portanto, usaremos essa como nossa taxa sem risco. Os coeficientes beta de empresas de capital aberto estão amplamente disponíveis.[5]

Para ilustrar isso, no Capítulo 13, vimos que a Walt Disney tinha um beta estimado de 1,11 (Quadro 13.8). Assim, poderíamos estimar o custo do capital próprio da Walt Disney:

$$\begin{aligned} R_{Walt\,Disney} &= R_f + \beta_{Walt\,Disney} \times (R_M - R_f) \\ &= 0{,}0153 + 1{,}11 \times 0{,}07 \\ &= 0{,}0930, \text{ ou } 9{,}30\% \end{aligned}$$

Betas e taxas de retorno de letras do Tesouro de vários países podem ser encontrados em **www.bloomberg.com**.

Dessa maneira, usando a abordagem da LMT, calculamos que o custo do capital próprio da Tesla é de aproximadamente 8,73%.

Vantagens e desvantagens da abordagem A abordagem da LMT tem duas vantagens principais. Em primeiro lugar, ela se ajusta explicitamente ao risco. Em segundo lugar, ela se aplica também às empresas que não têm um crescimento de dividendos constante. Assim, ela pode ser útil em um número mais variado de circunstâncias.

Obviamente, também existem desvantagens. A abordagem da LMT exige que duas coisas sejam estimadas: o prêmio pelo risco de mercado e o coeficiente beta. Se nossas estimativas forem ruins, o custo do capital próprio resultante será impreciso. Por exemplo, nossa estimativa do prêmio pelo risco de mercado (7%) tem por base cerca de 100 anos de retornos sobre

---

[4] Existe um ajuste implícito ao risco, porque é usado o preço corrente da ação. Mantendo-se as demais coisas iguais, quanto maior o risco, mais baixo será o preço da ação. Além disso, quanto mais baixo for o preço da ação, maior será o custo do capital próprio, novamente pressupondo que as outras informações permaneçam iguais.

[5] Os coeficientes beta também podem ser estimados diretamente por meio de dados históricos. Para uma discussão de como fazer isso, consulte os Capítulos 10, 11 e 13 de S. A. Ross, R. W. Westerfield, J. J. Jaffe e R. Lamb, *Administração Financeira*, 10. ed. (Porto Alegre: AMGH, 2015).

determinados mercados e carteiras de ações. O uso de diferentes períodos ou de diferentes ações e mercados resultaria em estimativas muito diferentes.

Por último, assim como acontece com o modelo de crescimento de dividendos, quando usamos a abordagem da LMT, dependemos essencialmente do passado para prever o futuro. As condições econômicas podem variar muito rapidamente, de modo que, como sempre, o passado pode não ser um bom guia para o futuro. Na melhor das hipóteses, ambas as abordagens (o modelo de crescimento de dividendos e a LMT) podem ser aplicadas e resultam em respostas semelhantes. Se isso acontecer, podemos ter uma certa confiança em nossas estimativas. Poderíamos também comparar os resultados com aqueles de outras empresas semelhantes como uma forma de verificar a realidade.

EXEMPLO 14.1 — O custo do capital próprio

Suponha que a ação da Transportadora Aérea Alfa tenha um beta de 1,2. O prêmio pelo risco de mercado é de 7%, e a taxa sem risco é de 6%. Os últimos dividendos da Alfa foram de $2 por ação e devem aumentar a 8% indefinidamente. No momento, cada ação é negociada por $30. Qual é o custo do capital próprio da Alfa?

Podemos começar usando a LMT. Fazendo isso, definimos que o retorno esperado sobre a ação ordinária da Alfa é o seguinte:

$$R_E = R_f + \beta_E \times (R_M - R_f)$$
$$= 6\% + 1{,}2 \times 7\%$$
$$= 0{,}144, \text{ ou } 14{,}4\%$$

Isso sugere que 14,4% é o custo do capital próprio da Alfa. A seguir, usamos o modelo de crescimento de dividendos. Os dividendos projetados são $D_0 \times (1 + g) = \$2 \times 1{,}08 = \$2{,}16$, de modo que o retorno esperado, usando essa abordagem, é o seguinte:

$$R_E = D_1/P_0 + g$$
$$= \$2{,}16/\$30 + 0{,}08$$
$$= 0{,}152, \text{ ou } 15{,}2\%$$

Nossas duas estimativas estão razoavelmente próximas, de maneira que poderíamos simplesmente calcular a média e descobrir que o custo do capital próprio da Alfa é de aproximadamente 14,8%.

Questões conceituais

14.2a O que significa dizer que o custo do capital próprio de uma empresa é de 16%?

14.2b Quais são as duas abordagens para estimar o custo do capital próprio?

14.3 O custo da dívida e da ação preferencial

Além de ações ordinárias, as empresas usam dívida e ações preferenciais para financiar seus investimentos. Como discutiremos a seguir, calcular os custos de capital associados a essas fontes de financiamento é muito mais fácil do que calcular o custo do capital próprio. No caso das ações preferenciais, essa maior facilidade só se aplica para as ações preferenciais com dividendo fixo, característica das ações preferenciais que são emitidas no mercado estadunidense.

O custo da dívida

O **custo da dívida** é o retorno que os credores da empresa exigem para conceder novos empréstimos. Em princípio, poderíamos determinar o beta da dívida e, em seguida, usar a LMT

custo da dívida
Retorno que os credores exigem sobre a dívida da empresa.

para estimar o retorno exigido sobre essa dívida, assim como estimamos o retorno sobre o capital próprio. Entretanto, isso não é realmente necessário.

Ao contrário do custo do capital próprio de uma empresa, o custo da dívida normalmente pode ser observado direta ou indiretamente. Ele é simplesmente a taxa de juros que a empresa precisa pagar sobre novas emissões de dívidas, e podemos observar as taxas de juros nos mercados financeiros. Por exemplo, se a empresa já tiver títulos de dívida em circulação, então o retorno até o vencimento sobre esses títulos é a taxa de mercado exigida para as dívidas da empresa.

Alternativamente, se soubermos que a classificação dos títulos da empresa é, por exemplo, AA, então podemos encontrar a taxa de juros sobre os títulos da dívida recém-emitida com classificação AA. De qualquer maneira, não há necessidade de estimar um beta para a dívida, porque podemos observar a taxa desejada diretamente.

Entretanto, é preciso tomar cuidado com uma coisa. A taxa de cupom da dívida em circulação da empresa não é relevante nesse caso. Essa taxa apenas nos diz aproximadamente qual era o custo da dívida quando a dívida foi emitida, e não qual é esse custo hoje.[6] Esse é o motivo pelo qual temos de examinar o retorno da dívida no mercado de hoje. Por questões de consistência em nossa notação, usaremos o símbolo R_D para o custo da dívida.

EXEMPLO 14.2 — O custo da dívida

Suponha que a Cia. Geral de Ferramentas tenha emitido, há oito anos, títulos de dívida de 30 anos a 7%. Hoje, os títulos são negociados por 96% de seu valor de face, ou $960. Qual é o custo da dívida da Cia. Geral de Ferramentas?

Voltando ao Capítulo 7, precisamos calcular o retorno até o vencimento desses títulos. Como eles são negociados com desconto, o retorno aparentemente é maior do que 7%, mas não muito maior, porque o desconto é bem pequeno. Você pode verificar que o retorno até o vencimento é de aproximadamente 7,37%, pressupondo cupons anuais. Portanto, o custo da dívida da Cia. Geral de Ferramentas (R_D) é de 7,37%.

O custo da ação preferencial

A determinação do *custo da ação preferencial* é bastante direta, se ela for do tipo que paga dividendos fixos, como são as ações preferenciais emitidas no mercado estadunidense. Como foi discutido nos Capítulos 6 e 8, a ação preferencial estadunidense tem dividendos fixos pagos a cada período para sempre e, assim, esse tipo de ação preferencial é essencialmente uma perpetuidade. Como apresentamos no Capítulo 8, as características das ações preferenciais que podem ser emitidas pelas empresas brasileiras podem incluir, entre as preferências, o pagamento de dividendos fixos, mas essa não é a regra; em geral, as preferenciais emitidas no Brasil têm seu retorno atrelado à existência de lucros.

Para avaliar uma ação preferencial emitida por empresas no Brasil, é necessário considerar o que constitui efetivamente os direitos e os benefícios das preferenciais, conforme estabelecido no Estatuto da emissora. Essa é uma particularidade que geralmente não é salientada nos manuais de finanças apenas traduzidos de obras estrangeiras.

A discussão a seguir sobre o custo da ação preferencial, portanto, aplica-se às ações preferenciais emitidas no mercado norte-americano e também àquelas ações preferenciais emitidas no Brasil que paguem dividendo fixo.

O custo da ação preferencial que paga dividendo fixo (R_P) é:

$$R_P = D/P_0 \qquad [14.3]$$

onde D representa os dividendos fixos e P_0 é o preço atual por ação preferencial. Observe que o custo da ação preferencial é simplesmente igual ao seu retorno em dividendos. Como

---
[6] O custo da dívida da empresa calculado com base em seu histórico de financiamento também é chamado de *custo embutido da dívida*.

as ações preferenciais com dividendos fixos do mercado estadunidense têm classificações de risco semelhantes às dos títulos de dívida, nos Estados Unidos, o custo desse tipo de ação preferencial também pode ser estimado observando-se os retornos exigidos de outras ações preferenciais com classificação semelhante.

> **EXEMPLO 14.3** Custo da ação preferencial da Energia Rio & Cia.
>
> Em 6 de dezembro de 2019, a Alabama Power Co. tinha duas emissões de ações preferenciais negociadas na Nyse com valor de face de $100. Uma emissão pagava USD4,52 anualmente por ação, que era negociada a USD102,50. A outra pagava USD4,92 por ação anualmente, e era negociada a USD104,70. Qual é o custo da ação preferencial da Alabama Power Co.?
>
> Usando a primeira emissão, calculamos que o custo da ação preferencial é o seguinte:
>
> $R_P = D/P_0$
> $= USD\ 4,52/USD\ 102,50$
> $= 0,0441,\ ou,\ 4,41\%$
>
> Usando a segunda emissão, calculamos que o custo é o seguinte:
>
> $R_P = D/P_0$
> $= USD\ 4,92/USD\ 104,70$
> $= 0,0470,\ ou,\ 4,70\%$
>
> Assim, o custo da ação preferencial da Alabama Power Co. parece ser de 4,55%.

Questões conceituais

14.3a Por que a taxa de cupom é uma estimativa ruim do custo da dívida de uma empresa?

14.3b Como o custo da dívida pode ser calculado?

14.3c Como o custo da ação preferencial que paga dividendos fixos pode ser calculado?

14.4 O custo médio ponderado de capital

Agora que temos os custos associados às principais fontes de capital empregadas pela empresa, precisamos nos preocupar com as combinações específicas. Como já mencionamos, por enquanto tomaremos essa combinação — que é a estrutura de capital de uma empresa — como dada. Da mesma maneira, nesta discussão, nos concentraremos em dívidas e ações que não pagam dividendo fixo (ordinárias ou preferenciais).

No Capítulo 3, mencionamos que os analistas financeiros, com frequência, se concentram na capitalização total de uma empresa, que é a soma do valor de mercado de suas dívidas de longo prazo e seu capital próprio. Isso é particularmente verdadeiro ao se determinar o custo de capital; as obrigações de curto prazo quase sempre são ignoradas nesse processo. Não faremos distinção explícita entre valor total e capitalização total na discussão a seguir; a abordagem geral pode ser usada com ambos.

Excel Master!
Cobertura *on-line* do Excel Master

Pesos da estrutura de capital

Usaremos o símbolo E para o valor de *mercado* do capital próprio da empresa. Calculamos isso tomando o número de ações em circulação e multiplicando esse número pelo preço corrente da ação. Do mesmo modo, usaremos o símbolo D para o valor de *mercado* da dívida da empresa. Para o valor de mercado da dívida, o cálculo é feito multiplicando-se o preço de mercado de um único título de dívida pelo número de títulos em circulação.

Se houver várias emissões de dívida (como normalmente há), repetimos esse cálculo de D para cada uma e depois somamos os resultados. Se houver dívida não negociada em bolsa (por exemplo, mantida por investidores qualificados, como uma companhia de seguros), devemos observar o retorno de dívidas semelhantes em circulação e, em seguida, estimar o valor da dívida fora do mercado, usando esse retorno como a taxa de desconto. Para as dívidas de curto prazo, os valores contábeis e os valores de mercado devem ser parecidos, de modo que podemos usar os valores contábeis como estimativas dos valores de mercado.

Por último, usaremos o símbolo V (de valor) para os valores de mercado da dívida e do capital próprio somados:

$$V = E + D \qquad [14.4]$$

Se dividirmos ambos os lados por V, podemos calcular as porcentagens do capital total representadas pela dívida e pelo capital próprio:

$$100\% = E/V + D/V \qquad [14.5]$$

Essas porcentagens podem ser interpretadas como os pesos de uma carteira e quase sempre são chamadas de *pesos da estrutura de capital*.

Por exemplo, se o valor total de mercado das ações de uma empresa fosse calculado em $200 milhões, e o valor total de mercado da dívida da empresa fosse calculado em $50 milhões, então o valor combinado seria de $250 milhões. Desse total, E/V = $200 milhões/$250 milhões = 80%, de modo que 80% do financiamento da empresa viria de capital próprio, e os 20% restantes viriam de dívidas.

Queremos enfatizar que o procedimento correto é usar os valores de *mercado* da dívida e do capital próprio. Em determinadas circunstâncias, como quando calculamos números de uma empresa não listada em bolsa, talvez não seja possível obter estimativas confiáveis desses valores. Nesse caso, poderíamos ir em frente e usar os valores contábeis das dívidas e do capital próprio. Embora provavelmente isso possa ser melhor do que nada, teríamos de desconfiar um pouco da resposta.

Tributos sobre lucros e custo médio ponderado de capital

Existe uma última questão que precisamos discutir. Lembre-se de que sempre estamos preocupados com os fluxos de caixa após a tributação sobre lucros. Se estivermos determinando a taxa de desconto apropriada para esses fluxos de caixa, então a taxa de desconto também precisa ser expressa em um valor após a tributação dos lucros.

Como discutimos em capítulos anteriores (e discutiremos mais adiante), os juros pagos por uma empresa são dedutíveis do cálculo de seu lucro para fins fiscais (isso inclui, no caso brasileiro, o pagamento de juros sobre o capital próprio para os acionistas). Isso significa efetivamente que o governo paga parte dos juros. Já os pagamentos na forma de dividendos para os acionistas não são dedutíveis. Ao determinar uma taxa de desconto após impostos, precisamos então distinguir entre o custo da dívida antes e após a tributação dos lucros.

Para ilustrar, suponha que uma empresa tome emprestado $1 milhão a juros de 9%. A alíquota tributária da pessoa jurídica é de 34%. Qual é a taxa de juros desse empréstimo, após a tributação dos lucros? Os juros totais serão de $90.000 por ano. Esse montante é dedutível do lucro tributável e, assim, os juros de $90.000 reduzem o total de tributos sobre os lucros da empresa em 0,34 × $90.000 = $30.600. Portanto, os juros após tributação dos lucros são de $90.000 − $30.600 = $59.400. A taxa de juros efetiva após a tributação dos lucros é então de $59.400/$1 milhão = 5,94%.

Observe que, em geral, a taxa de juros após tributos é simplesmente igual à taxa antes dos tributos, multiplicada por 1 menos a alíquota tributária. Se usarmos o símbolo T_C para a alíquota tributária da pessoa jurídica, então a taxa de juros após tributação dos lucros

Para conhecer CMPCs reais, acesse o *site* do Professor Aswath Damodaran em **pages.stern.nyu.edu/~adamodar/** e busque por "cost of capital by sector" (em português, "custo de capital por setor").

que vamos usar pode ser escrita como $R_D \times (1 - T_C)$. Por exemplo, usando os números do parágrafo anterior, descobrimos que a taxa de juros após a tributação dos lucros é 9% × (1 − 0,34) = 5,94%.[7]

Reunindo os diversos tópicos que discutimos neste capítulo, agora temos os pesos da estrutura de capital, além do custo do capital próprio e do custo da dívida após a tributação dos lucros. Para calcular o custo total de capital da empresa, multiplicamos os pesos da estrutura de capital pelos custos associados e os somamos. O total é o **custo médio ponderado de capital (CMPC)**:

$$\text{CMPC} = (E/V) \times R_E + (D/V) \times R_D \times (1 - T_C) \qquad [14.6]$$

custo médio ponderado de capital (CMPC)
Média ponderada entre o custo do capital próprio e o custo da dívida após a tributação dos lucros.

Esse CMPC tem uma interpretação muito direta. Ele é o retorno total que a empresa deve obter sobre o ativo que tem, para manter o valor de suas ações. Esse também é o retorno exigido sobre qualquer investimento que tenha essencialmente os mesmos riscos das operações já existentes. Assim, se estivéssemos avaliando os fluxos de caixa de uma expansão de nossas operações existentes, essa seria a taxa de desconto que usaríamos.

No caso das empresas que usam ações preferenciais em sua estrutura de capital, e essas ações têm dividendo diferenciado em relação ao dividendo pago pelas suas ações ordinárias, então a expressão do CMPC precisa de uma extensão simples. Se definirmos P/V como a porcentagem do financiamento da empresa que vem da ação preferencial, então o CMPC é simplesmente o seguinte:

$$\text{CMPC} = (E/V) \times R_E + (P/V) \times R_P + (D/V) \times R_D \times (1 - T_C) \qquad [14.7]$$

onde R_P é o custo da ação preferencial.

EXEMPLO 14.4 Cálculo do CMPC

A Enxuto S/A tem 1,4 milhão de ações em circulação. No momento, cada ação é negociada por $20. A dívida da empresa é negociada publicamente e, há pouco tempo, foi cotada a 93% do valor de face. O valor de face da dívida é $5 milhões, e atualmente seu retorno está cotado a 11%. A taxa sem risco é de 8%, e o prêmio pelo risco de mercado é de 7%. Você estimou que a Enxuto tem um beta de 0,74. Se a alíquota tributária da pessoa jurídica for de 34%, qual é o CMPC da empresa?

Em primeiro lugar, podemos determinar o custo da dívida e do capital próprio. Usando a LMT, descobrimos que o custo do capital próprio é de 8% + 0,74 × 7% = 13,18%. O valor total do capital próprio é $1,4 milhão × $20 = $28 milhões. O custo da dívida antes dos tributos sobre lucros é o retorno até o vencimento sobre a dívida em circulação, ou seja, 11%. A dívida é negociada por 93% de seu valor de face, de modo que seu valor de mercado atual é de 0,93 × $5 milhões = $4,65 milhões. O valor de mercado total do capital próprio e da dívida, juntos, é de $28 milhões + $4,65 milhões = $32,65 milhões.

A partir daqui, podemos calcular o CMPC com facilidade. A porcentagem do capital próprio usada pela Enxuto para financiar suas operações é $28 milhões/$32,65 milhões = 0,8576, ou 85,76%. Como os pesos têm de somar 1, a porcentagem da dívida é 1 − 0,8576 = 0,1424, ou 14,24%. Assim, o CMPC é:

$$\begin{aligned}\text{CMPC} &= (E/V) \times R_E + (D/V) \times R_D \times (1 - T_C) \\ &= 0{,}8576 \times 0{,}1318 + 0{,}1424 \times 0{,}11 \times (1 - 0{,}34) \\ &= 0{,}1234 \text{ ou } 12{,}34\%\end{aligned}$$

Dessa forma, a Enxuto S/A tem um custo médio ponderado de capital é 12,34%.

---

[7] No exemplo da obra original, a taxa efetiva é de 7,11%, dado que a alíquota tributária em geral vigente nos EUA é de 21% (confira). Entretanto, há várias limitações ao montante de juros que lá pode ser deduzido para fins fiscais em certas situações.

Cálculo do CMPC da Eastman Chemical

A Eastman Chemical é uma empresa internacional líder no setor químico e no de fabricação de plásticos, como aqueles usados nas garrafas PET. Ela foi criada em 1993, quando sua empresa-mãe, a Eastman Kodak, dividiu-se. Nosso objetivo é orientá-lo por várias etapas no processo de encontrar e usar as informações necessárias por meio de fontes *on-line*. Como você verá, existem muitos detalhes envolvidos, mas as informações necessárias estão, em sua maior parte, facilmente disponíveis.

Custo do capital próprio da Eastman Nossa primeira parada é na tela principal da Eastman, disponível em finance.yahoo.com (*ticker*: EMN). No início de 2019, eis o que encontramos:

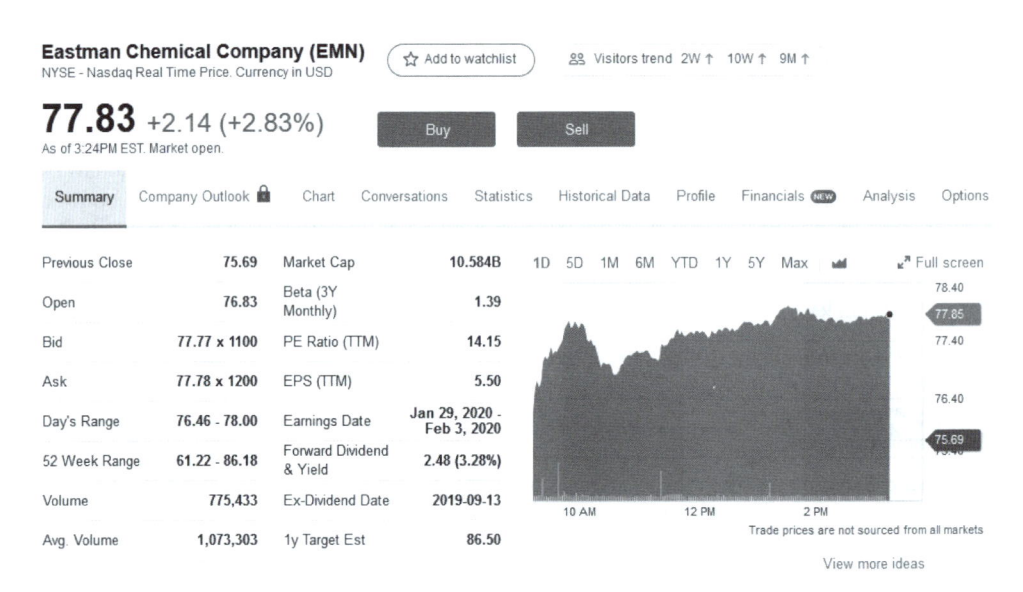

Eastman Chemical Company (EMN)
NYSE - Nasdaq Real Time Price. Currency in USD

77.83 +2.14 (+2.83%)
As of 3:24PM EST. Market open.

Previous Close	75.69	Market Cap	10.584B
Open	76.83	Beta (3Y Monthly)	1.39
Bid	77.77 x 1100	PE Ratio (TTM)	14.15
Ask	77.78 x 1200	EPS (TTM)	5.50
Day's Range	76.46 - 78.00	Earnings Date	Jan 29, 2020 - Feb 3, 2020
52 Week Range	61.22 - 86.18	Forward Dividend & Yield	2.48 (3.28%)
Volume	775,433	Ex-Dividend Date	2019-09-13
Avg. Volume	1,073,303	1y Target Est	86.50

Em seguida, acessamos a tela "*Statistics*". De acordo com essa tela, a Eastman tinha 135,98 mlhões de ações em circulação. O valor contábil por ação era de USD44,27, mas a ação era negociada por USD77,83. Assim, o capital próprio total era de aproximadamente USD6,020 bilhões em valor contábil, mas estava próximo de USD10,583 bilhões em valor de mercado.

Balance Sheet

Total Cash (mrq)	207M
Total Cash Per Share (mrq)	1.52
Total Debt (mrq)	6.41B
Total Debt/Equity (mrq)	105.07
Current Ratio (mrq)	1.65
Book Value Per Share (mrq)	44.27

Stock Price History	
Beta (3Y Monthly)	1.39
52-Week Change [3]	-0.05%
S&P500 52-Week Change [3]	15.63%
52 Week High [3]	86.18
52 Week Low [3]	61.22
50-Day Moving Average [3]	78.14
200-Day Moving Average [3]	73.32

Share Statistics	
Avg Vol (3 month) [3]	1.07M
Avg Vol (10 day) [3]	969.93k
Shares Outstanding [5]	135.98M
Float	135.27M
% Held by Insiders [1]	0.43%
% Held by Institutions [1]	85.56%
Shares Short (Nov 14, 2019) [4]	2.86M
Short Ratio (Nov 14, 2019) [4]	2.5
Short % of Float (Nov 14, 2019) [4]	2.31%
Short % of Shares Outstanding (Nov 14, 2019) [4]	2.11%
Shares Short (prior month Oct 14, 2019) [4]	1.48M

Para estimar o custo do capital próprio da Eastman, pressupomos um prêmio pelo risco de mercado de 7%, semelhante àquele que calculamos no Capítulo 12. O beta da Eastman no *site* do Yahoo! era de 1,39, o qual é maior do que o beta da ação média no mercado estadunidense. Para verificar esse número, acessamos a famosa *Value Line Investment Survey*, que usa uma abordagem que atenua o efeito dos betas muito grandes e muito pequenos. Aqui, o beta informado é de 1,25. Como a estimativa do beta da Yahoo! parece alta, usaremos o beta da Value Line. De acordo com a seção de títulos de dívida do *site* finance.yahoo.com, as letras do Tesouro dos EUA pagavam então cerca de 1,53%. Usando o CAPM para estimar o custo do capital próprio, encontramos o seguinte:

$R_E = 0{,}0153 + 1{,}25(0{,}07) = 0{,}1028$, ou 10,28%

A Eastman pagou dividendos apenas durante alguns anos, de modo que o cálculo da taxa de crescimento para o modelo de desconto de dividendos é problemático. Entretanto, de acordo com o *link* de estimativas dos analistas em finance.yahoo.com, descobrimos o seguinte:

Growth Estimates	EMN
Current Qtr.	0.70%
Next Qtr.	5.60%
Current Year	-13.40%
Next Year	11.00%
Next 5 Years (per annum)	4.26%
Past 5 Years (per annum)	1.98%

Os analistas estimavam que o crescimento dos lucros por ação da empresa seria de 4,26% pelos então próximos cinco anos. Por enquanto, vamos usar essa taxa de crescimento no modelo de dividendos descontados para estimar o custo do capital próprio; a relação entre o crescimento dos lucros e os dividendos é discutida em um capítulo posterior. Usando o modelo de dividendos descontados em dois estágios, o custo estimado do capital próprio é:

$$R_E = \frac{\$2,48\ (1 + 0,0426)}{\$77,83} + 0,0426 = 0,0758, \text{ ou } 7,58\%$$

Observe que as nossas duas estimativas do custo do capital próprio são diferentes. Isso é praticamente sempre assim. Lembre-se de que cada método de estimativa do custo do capital próprio depende de pressupostos diferentes, de modo que estimativas diferentes não devem nos surpreender. Se as estimativas são diferentes, há duas soluções simples. Primeiro, poderíamos ignorar uma delas. Olharíamos as estimativas para ver se alguma delas parece não ser razoável por ser alta ou baixa demais. Segundo, poderíamos calcular a média das duas estimativas. Para a Eastman, nossas estimativas de 10,28% e 7,58% são plausíveis, então usamos a média de 8,93% como sendo o custo do capital próprio.

Custo da dívida da Eastman A Eastman tinha emissões de títulos de dívida com prazo relativamente longo que representavam quase todo o seu passivo não circulante. Para calcular o custo da dívida, precisamos combinar essas 10 emissões. Para tal, calcularemos uma média ponderada. Acessamos o *site* finra-markets.morningstar.com/BondCenter/Default.jsp para encontrar as cotações dos títulos de dívida (*bonds*). Devemos observar que não é comum encontrar o retorno até o vencimento de todas as emissões de títulos em circulação de uma empresa em um único dia. Como dissemos em nossa discussão sobre os títulos de dívida, o mercado de títulos não é tão líquido quanto o mercado de ações e, em muitos dias, algumas das emissões de títulos podem nem ser negociadas. Para encontrar o valor contábil dos títulos de dívida, fomos até www.sec.gov e encontramos o relatório 10-Q (ou seja, a demonstração financeira trimestral mais recente, quando escrevemos esse livro), datado de 30 de setembro de 2019 e arquivado na SEC em 1 de novembro de 2019. As informações básicas eram as seguintes:

Taxa de cupom	Vencimento	Valor contábil (valor de face, em milhões)	Preço (% do valor de face)	Retorno até o vencimento
4,50%	2021	$185	102,045	2,062%
3,50	2021	298	102,611	2,144
3,60	2022	740	103,358	2,174
7,25	2024	198	118,456	2,533
7,625	2024	43	118,166	3,264
3,80	2025	696	105,222	2,680
7,60	2027	539	128,793	3,105
4,50	2028	195	111,345	3,012
4,80	2042	492	109,218	4,160
4,65	2044	493	107,884	4,133
		$3.879		

Para exemplos de cotação de títulos de dívida emitidos no Brasil, consulte http://www.debentures.com.br/exploreosnd/consultaadados/mercadosecundario/precosdenegociacao_f.asp.

Para calcular o custo médio ponderado da dívida, tomamos a porcentagem da dívida total de cada uma das emissões e multiplicamos pelo seu retorno. Em seguida, somamos os resultados para obter o custo médio ponderado total da dívida. Usamos os valores contábeis e os valores de mercado por questões de comparação. Os resultados dos cálculos são os seguintes:

Taxa de cupom	Valor contábil (valor de face, em milhões)	Porcentagem do total	Valor de mercado (em milhões)	Porcentagem do total	Retorno até o vencimento	Valores contábeis	Valores de mercado
4,50%	$185	0,05	$188,78	0,04	2,062%	0,10%	0,09%
3,50	298	0,08	305,78	0,07	2,144	0,16	0,15
3,60	740	0,19	764,85	0,18	2,174	0,41	0,39
7,25	198	0,05	234,54	0,06	2,533	0,13	0,14
7,625	43	0,01	50,81	0,01	3,264	0,04	0,04
3,80	696	0,18	732,35	0,17	2,680	0,48	0,46
7,60	539	0,14	694,19	0,16	3,105	0,43	0,51
4,50	195	0,05	217,12	0,05	3,012	0,15	0,15
4,80	492	0,13	537,35	0,13	4,160	0,53	0,53
4,65	493	0,13	531,87	0,12	4,133	0,53	0,52
	$3.879	1,00	$4.257,65	1,00		2,96%	2,98%

Como mostram esses cálculos, o custo da dívida da Eastman era de 2,96% com base no valor contábil e 2,98% com base no valor de mercado. Assim, para a Eastman, não fazia diferença usar os valores de mercado ou os valores contábeis. O motivo é simplesmente que os valores de mercado e contábil são semelhantes. Isso é bastante comum e explica por que as empresas, com frequência, usam os valores contábeis da dívida para os cálculos do CMPC. Além disso, a Eastman não tem ações preferenciais, de modo que não precisamos considerar esse custo.

O CMPC da Eastman Agora temos as diversas peças necessárias para calcular o CMPC da Eastman. Em primeiro lugar, precisamos calcular os pesos da estrutura de capital. Com base no valor contábil, o capital próprio e a dívida da Eastman valem $3,879 bilhões e $6,020 bilhões, respectivamente. O valor total é de $9,899 bilhões, de modo que o capital próprio e a dívida representam $3,879 bilhões/$9,899 bilhões = 0,39 e $6,020 bilhões/$9,899 bilhões = 0,61, respectivamente. Pressupondo uma alíquota tributária de 21%[8], o CMPC da Eastman é:

$$CMPC = 0,61 \times 0,0893 + 0,39 \times 0,0296 \times (1 - 0,21) = 0,0635, \text{ ou } 6,35\%$$

Assim, usando os pesos da estrutura de capital com base no valor contábil (e mais pontos decimais do que mostramos aqui), obtemos 6,35% para a Eastman para o CMPC da Eastman.

Porém, se usarmos os pesos com base no valor de mercado, o CMPC será mais alto. Para saber o motivo, observe que, com base no valor de mercado, o capital próprio e a dívida da Eastman valem $10,583 bilhões e $4,258 bilhões, respectivamente. Os pesos da estrutura de capital são de $10,583 bilhões/$14,841 bilhões = 0,71 e $4,258 bilhões/$14,841 bilhões = 0,29, de modo que a porcentagem de capital próprio é mais alta. Com esses pesos, o CMPC da Eastman é:

$$CMPC = 0,71 \times 0,0893 + 0,29 \times 0,0298 \times (1 - 0,21) = 0,0704, \text{ ou } 7,04\%$$

Assim, usando os pesos com base no valor de mercado, obtemos 7,04% para o CMPC da Eastman, que é significativamente maior do que os 6,35% obtidos a partir dos pesos com valores contábeis.

Como ilustra este exemplo, o uso dos valores contábeis pode criar problemas, particularmente se forem usados os valores contábeis do capital próprio. No Capítulo 3, discutimos o indicador valor de mercado/valor contábil (a razão entre o valor de mercado por ação e o valor contábil por ação). Esse indicador, em geral, é substancialmente maior do que 1. Para a Eastman, por

---
[8] Lembre-se de que a alíquota tributária sobre lucros nos EUA passou a ser de 21% a partir de janeiro de 2018.

exemplo, verifique que ele resulta em cerca de 1,76. Assim, os valores contábeis superestimam significativamente a porcentagem do financiamento da Eastman proveniente de dívida. Se precisássemos calcular o CMPC de uma empresa que não tivesse ações negociadas na bolsa, tentaríamos encontrar um indicador valor de mercado/valor contábil, observando as empresas de capital aberto, e usaríamos esse índice para ajustar o valor contábil da empresa em questão. Como já vimos, se isso não for feito, o CMPC pode ser subestimado significativamente.

A seção *Exercícios na Internet* explica mais sobre o CMPC e tópicos relacionados.

EXERCÍCIOS NA INTERNET

Então, como é possível comparar nossas estimativas do CMPC da Eastman Chemical às outras? Um lugar para encontrar estimativas de CMPC é o *site* www.valuepro.net. Lá encontramos as seguintes informações da Eastman:

Online Valuation for EMN - 12 / 6 / 2019

Campo	Valor	Campo	Valor
Intrinsic Stock Value	125.8		
Excess Return Period (yrs)	10	Depreciation Rate (% of Rev)	4.44
Revenues ($mil)	8588	Investment Rate (% of Rev)	5.8
Growth Rate (%)	11.5	Working Capital (% of Rev)	9.21
Net Oper. Profit Margin (%)	14.68	Short-Term Assets ($mil)	2737
Tax Rate (%)	32.583	Short-Term Liab. ($mil)	1335
Stock Price ($)	88.82	Equity Risk Premium (%)	3
Shares Outstanding (mil)	154.8	Company Beta	1.365
10-Yr Treasury Yield (%)	5	Value Debt Out. ($mil)	4779
Bond Spread Treasury (%)	1.5	Value Pref. Stock Out. ($mil)	0
Preferred Stock Yield (%)	7.5	Company WACC (%)	7.88

Como você pode ver, a ValuePro estimava o CMPC da Eastman como 7,88%, que é cerca de 1% maior do que a nossa estimativa de 7,04%. Porém, dados diferentes foram usados nos cálculos. Por exemplo, a ValuePro usava um prêmio de risco para o capital próprio de apenas 3%. Ela também usava a alíquota tributária histórica, a qual decidimos não alterar. O cálculo do CMPC exige que diversos dados sejam estimados, e você precisa usar seu melhor julgamento para essas estimativas.

Questões

1. Acesse o *site* www.valuepro.net e procure o CMPC corrente da Eastman Chemical. Como variou o CMPC? Quais são as razões possíveis para a variação?
2. A Celgene (CELG) é uma empresa do ramo dos biofármacos. Você acredita que o CMPC dessa empresa é maior ou menor que o da Eastman Chemical? Por quê? Acesse www.valuepro.net e descubra a estimativa de CMPC da CELG. Sua suposição estava certa?

Solucionando o problema dos armazéns de distribuição e problemas semelhantes de orçamento de capital

Agora podemos usar o CMPC para solucionar o problema do sistema de armazéns de distribuição que mostramos no início do capítulo. Entretanto, antes de corrermos para descontar os fluxos de caixa usando o CMPC para estimar o VPL, precisamos ter certeza de que estamos fazendo a coisa certa.

Voltando aos princípios básicos, precisamos encontrar uma alternativa nos mercados financeiros que se compare à reforma dos armazéns. Para ser comparável, uma alternativa deve ter o mesmo nível de risco desse projeto. Diz-se que os projetos que têm o mesmo risco estão na mesma classe de risco.

O CMPC de uma empresa reflete o risco e a estrutura-meta de capital do ativo atual da empresa como um todo. Como resultado, a rigor, o CMPC da empresa é a taxa de desconto apropriada apenas se o investimento proposto for uma réplica das atividades operacionais existentes da empresa (e se a empresa mantiver sua estrutura-meta de capital).

Em termos gerais, o fato de podermos ou não usar o CMPC da empresa para avaliar o projeto dos armazéns depende de o projeto estar ou não na mesma classe de risco da empresa. Pressuporemos que esse projeto é parte integrante dos negócios gerais da empresa. Em tais casos, é natural pensar que a economia de custos terá o mesmo nível de risco dos fluxos de caixa gerais da empresa, e o projeto estará na mesma classe de risco da empresa. Projetos como a renovação dos armazéns, que estão intimamente relacionados às operações da empresa, quase sempre são considerados como pertencentes à mesma classe de risco geral da empresa.

Agora podemos ver o que o diretor-presidente da empresa deveria fazer. Suponha que a empresa almeje um índice dívida/capital próprio de 1/3. De acordo com o Capítulo 3, sabemos que um índice dívida/capital próprio de $D/E = 1/3$ implica em um E/V de 0,75 e D/V de 0,25. O custo da dívida é de 10%, e o custo do capital próprio é de 20%. Pressupondo uma alíquota tributária de 34%, o CMPC será de:

$$\text{CMPC} = (E/V) \times R_E + (D/V) \times R_D \times (1 - T_C)$$
$$= 0{,}75 \times 20\% + 0{,}25 \times 10\% \times (1 - 0{,}34)$$
$$= 0{,}1665 \text{ ou } 16{,}65\%$$

Lembre-se de que o projeto dos armazéns tinha um custo de $50 milhões e fluxos de caixa após impostos esperados (a economia de custos) de $12 milhões por ano durante seis anos. Assim, o VPL (em milhões) é o seguinte:

$$\text{VPL} = -\$50 + \frac{12}{(1 + \text{CMPC})^1} + \cdots + \frac{12}{(1 + \text{CMPC})^6}$$

Como os fluxos de caixa assumem a forma de uma anuidade ordinária, calculamos esse VPL usando 16,65% (o CMPC) como taxa de desconto:

$$\text{VPL} = -\$50 + 12 \times \frac{1 - [1/(1 + 0{,}1665)^6]}{0{,}1665}$$
$$= -\$50 + 12 \times 3{,}6222$$
$$= -\$6{,}53$$

A empresa deve fazer a reforma dos armazéns? O projeto tem um VPL negativo usando o CMPC da empresa. Isso significa que os mercados financeiros oferecem projetos superiores na mesma classe de risco (a saber, a própria empresa). A resposta está clara: o projeto deve ser recusado. Para referência futura, nossa discussão do CMPC está resumida no Quadro 14.1.

QUADRO 14.1 Resumo dos cálculos do custo de capital

I. Custo do capital próprio (R_E)

A. Abordagem do modelo de crescimento de dividendos (extraído do Capítulo 8):

$$R_E = D_1/P_0 + g$$

onde D_1 representa os dividendos esperados daqui a um período, g é a taxa de crescimento dos dividendos e P_0 é o preço corrente da ação.

B. Abordagem da LMT (extraída do Capítulo 13):

$$R_E = R_f + \beta_E \times (R_M - R_f)$$

onde R_f é a taxa sem risco, R_M é o retorno esperado do mercado em geral, e β_E é o risco sistemático do capital próprio.

II. Custo da dívida (R_D)

A. Para uma empresa cuja dívida é negociada no mercado, o custo da dívida pode ser medido pelo retorno até o vencimento da dívida em circulação. A taxa de cupom é irrelevante. O retorno até o vencimento é abordado no Capítulo 7.

B. Se a empresa não tem dívida negociada no mercado, então o custo da dívida pode ser medido pelo retorno até o vencimento de títulos de dívida com uma classificação parecida (as classificações de títulos de dívida são discutidas no Capítulo 7).

III. O custo médio ponderado de capital (CMPC)

A. O CMPC de uma empresa é o retorno total exigido da empresa como um todo. Ele também é a taxa de desconto apropriada quando os fluxos de caixa têm risco semelhante ao daqueles da empresa em geral.

B. O CMPC é calculado assim:

$$CMPC = (E/V) \times R_E + (D/V) \times R_D \times (1 - T_C)$$

onde T_C é a alíquota tributária sobre lucros da pessoa jurídica, E é o valor de *mercado* do capital próprio da empresa, D é o valor de *mercado* da dívida da empresa, e $V = E + D$. Observe que E/V é a porcentagem do financiamento da empresa (em termos de valor de mercado) que advém do capital próprio, e D/V é a porcentagem que advém de dívidas.

EXEMPLO 14.5 Como usar o CMPC

Uma empresa está considerando um projeto que resultará em uma economia de custos após impostos de $5 milhões ao final do primeiro ano. Essa economia crescerá a uma taxa de 5% ao ano. A empresa deseja ter um índice dívida/capital próprio de 0,5, um custo do capital próprio de 29,2% e um custo da dívida após impostos de 10%. A proposta de corte de custos é muito parecida com a principal atividade da empresa e, por isso, é vista como tendo o mesmo risco que a empresa em geral. A empresa deve realizar o projeto?

Pressupondo uma alíquota tributária de 34%, a empresa deve levar o projeto adiante se ele custar menos de $30 milhões. Para entender isso, observe que o VP é:

$$VP = \frac{\$5 \text{ milhões}}{CMPC - 0,05}$$

Este é um exemplo de perpetuidade crescente, conforme discutimos no Capítulo 6. O CMPC é o seguinte:

$$\begin{aligned} CMPC &= (E/V) \times R_E + (D/V) \times R_D \times (1 - T_C) \\ &= 2/3 \times 29,2\% + 1/3 \times 10\% \times (1 - 0,34) \\ &= 21,67\% \end{aligned}$$

Assim, o VP é:

$$VP = \frac{\$5 \text{ milhões}}{0,2167 - 0,05} = \$29,994 \text{ milhões}$$

O VPL será positivo somente se o custo for menor do que 29,994 milhões.

EM SUAS PRÓPRIAS PALAVRAS...
Bennett Stewart, sobre o EVA

Além de servir como taxa de desconto nas avaliações de projetos de capital, o custo médio ponderado de capital de uma empresa tem outras aplicações importantes. Por exemplo, o CMPC é um ingrediente-chave para medir o lucro econômico real de uma empresa, aquilo que gosto de chamar de EVA — o valor econômico agregado. As regras contábeis ditam que os gastos com juros incorridos por uma empresa ao financiar sua dívida devem ser deduzidos do lucro reportado; ironicamente, porém, essas mesmas regras proíbem a dedução de uma despesa para os recursos dos acionistas que a empresa usa. Em termos econômicos, o capital próprio é, na verdade, uma fonte de financiamento muito cara, porque os acionistas correm risco por serem pagos por último, após todos os outros investidores e públicos de interesse. Ainda assim, de acordo com os contadores, o capital próprio é gratuito.

Esse equívoco intolerável tem consequências práticas extremas. Ele significa que o valor dos lucros que os contadores certificam como correto é inerentemente contrário à regra de decisão do valor presente líquido. Por exemplo, é uma questão simples para a administração de uma empresa inflar lucros reportados e lucros por ação de maneiras que, na verdade, causam prejuízo aos acionistas, investindo capital em projetos que rendem menos do que o custo total de capital, embora mais do que o custo após impostos para tomar dinheiro emprestado. Isso leva a uma taxa mínima de atratividade trivial na maioria dos casos de, no máximo, um par de pontos percentuais. Na verdade, o LPA exige que a administração salte um obstáculo de apenas 1 metro, enquanto, para satisfazer os acionistas, os administradores devem saltar uma barreira de 10 metros, que inclui o custo do capital próprio.

Um dos principais exemplos da maneira pela qual o lucro contábil leva administradores inteligentes a fazer coisas burras foi o caso da Enron, em que os ex-administradores Ken Lay e Jeff Skilling declararam audaciosamente no relatório anual da empresa de 2000 que estavam "totalmente focados nos lucros por ação", e de fato estavam. Os bônus tinham por base o lucro contábil, e os desenvolvedores de projetos eram pagos para fechar novos negócios, e não para gerar um retorno decente sobre os investimentos. Como consequência, o LPA (lucro por ação) da Enron subia, enquanto seu verdadeiro lucro econômico — o EVA medido após a dedução do custo total de capital — despencava a cada ano, levando a empresa ao fim, como resultado de erros grosseiros de alocação de capital em projetos mal assessorados voltados para energia e para a nova economia. A questão é que o EVA mede o lucro econômico, o lucro que, descontado, realmente leva ao valor presente líquido, cuja maximização é a meta financeira mais importante de qualquer empresa. Apesar de toda sua popularidade, o LPA é apenas um artifício contábil totalmente não relacionado à maximização da riqueza do acionista ou à emissão dos sinais corretos para os gestores.

Desde o início dos anos 1990, empresas de todo o mundo — como Coca-Cola, Briggs & Stratton, Herman Miller e Eli Lilly, nos Estados Unidos, Siemens, na Alemanha, Tata Consulting e Godrej Group, na Índia, Cervejaria Brahma, no Brasil, e muitas outras — começaram a adotar o EVA, transformando-o em um modo novo e melhor de medir desempenho e estabelecer objetivos, tomar decisões e determinar bônus, além de permitir a comunicação com os investidores e ensinar fundamentos de negócios e finanças a gestores e funcionários. Quando corretamente ajustado e implementado, o EVA é uma maneira natural de dar vida ao custo de capital e transformar todos na empresa em proprietários-empresários conscientes do capital.

Bennett Stewart é cofundador da Stern Stewart & Co. e também é CEO da EVA Dimensions, uma empresa que fornece dados de EVA, modelagem de avaliação e administração de fundos de alto risco. Stewart foi pioneiro no desenvolvimento prático do EVA apresentado em seu livro original, The Quest for Value, *e em seu mais novo livro,* Best-Practice EVA.

Avaliação de desempenho: outro uso para o CMPC

Acesse www.sternstewart.com para saber mais sobre o EVA.

O CMPC também pode ser usado para fins de avaliação de desempenho. Provavelmente a melhor abordagem conhecida nessa área seja o método do valor econômico agregado (EVA, do inglês *economic value added*), desenvolvido pela Stern Stewart & Co. Empresas como AT&T, Coca-Cola, Quaker Oats e Briggs & Stratton estão entre as que vêm usando o EVA como um meio de avaliar o desempenho corporativo. Na abertura do capítulo, discutimos a gestão baseada em valor da BASF, que é uma abordagem de EVA. Abordagens semelhantes incluem o valor de mercado agregado (MVA, do inglês *market value added*) e o valor agregado ao acionista (SVA, do inglês *shareholder value added*).

Embora os detalhes sejam diferentes, a ideia básica do EVA e as estratégias semelhantes são simples. Suponha que tenhamos $100 milhões de capital (em dívida e capital próprio) em nossa empresa e que nosso CMPC geral seja de 12%. Se multiplicarmos esses valores, obteremos $12 milhões. Voltando ao Capítulo 2, se o nosso fluxo de caixa dos ativos for mais baixo do que isso, no geral estaremos destruindo valor; se o fluxo de caixa dos ativos exceder aos $12 milhões, estaremos criando valor.

Na prática, estratégias de avaliação como essas têm, até certo ponto, problemas de implementação. Por exemplo, parece que muitas empresas utilizam demais valores contábeis para dívida e capital próprio no cálculo do custo de capital. Mesmo assim, ao nos concentrarmos na criação de valor, os procedimentos de avaliação com base no CMPC forçam os funcionários e os gestores a prestarem atenção ao que realmente interessa: o crescimento do preço das ações.

Questões conceituais

14.4a Como é calculado o CMPC?

14.4b Por que multiplicamos o custo da dívida por $(1 - T_C)$ ao calcularmos o CMPC?

14.4c Sob quais condições é correto usar o CMPC para determinar o VPL?

14.5 Custos de capital de um projeto e de uma divisão

Como já vimos, o uso do CMPC como taxa de desconto de fluxos de caixa futuros só é apropriado quando o investimento proposto é semelhante às atividades da empresa. Mas isso não é tão restritivo quanto parece. Se estivermos no ramo de pizzas, por exemplo, e pensarmos em abrir uma nova loja, então o CMPC será a taxa de desconto a ser usada. O mesmo vale para um varejista que esteja pensando em abrir uma loja nova, um fabricante que esteja pretendendo expandir a produção, ou uma empresa de produtos de consumo que esteja querendo ampliar seus mercados.

No entanto, apesar da utilidade do CMPC como referência, haverá situações nas quais os fluxos de caixa considerados terão riscos muito diferentes daqueles da empresa em geral. Consideraremos como lidar com esse problema a seguir.

A LMT e o CMPC

Ao avaliar investimentos com riscos substancialmente diferentes daqueles da empresa em geral, o uso do CMPC pode levar a más decisões. A Figura 14.1 ilustra o motivo.

Nela, traçamos uma LMT correspondente a uma taxa sem risco de 7% e a um prêmio pelo risco de mercado de 8%. Para simplificar, consideramos uma empresa financiada apenas por capital próprio com um beta igual a 1. Como indicamos, o CMPC e o custo do capital próprio são exatamente iguais a 15% para essa empresa, porque não há dívida.

Suponha que nossa empresa use seu CMPC para avaliar todos os investimentos. Isso significa que todo investimento com retorno maior do que 15% será aceito e todo investimento

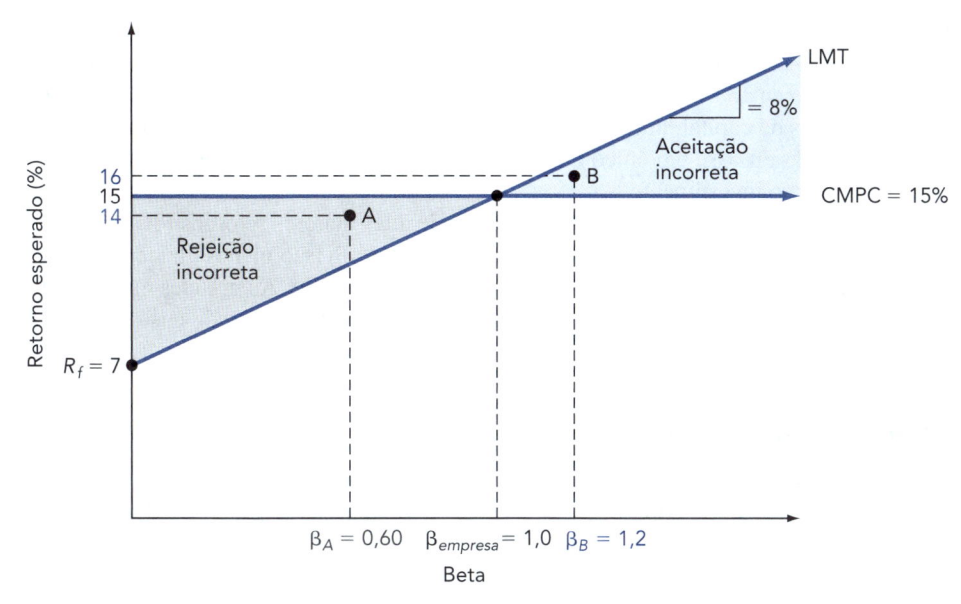

Se uma empresa utiliza seu CMPC para tomar decisões sobre todos os tipos de projetos, ela terá uma tendência a errar na aceitação de projetos mais arriscados e a errar na rejeição de projetos menos arriscados.

FIGURA 14.1 A linha do mercado de títulos (LMT) e o custo médio ponderado de capital (CMPC).

com retorno menor do que 15% será rejeitado. Porém, sabemos, a partir de nosso estudo de risco e retorno, que um investimento desejado é aquele cujo retorno esperado está acima da LMT. Como ilustra a Figura 14.1, o uso do CMPC para todos os tipos de projetos pode resultar na aceitação incorreta de projetos relativamente arriscados e na rejeição incorreta de projetos relativamente seguros.

Por exemplo, considere o ponto A. Esse projeto tem um beta de $\beta_A = 0{,}60$, comparado ao beta de 1,0 da empresa. Ele tem um retorno esperado de 14%. Esse é um investimento desejável? A resposta é sim, porque seu retorno exigido é apenas o seguinte:

$$\begin{aligned}\text{Retorno exigido} &= R_f + \beta_A \times (R_M - R_f) \\ &= 7\% + 0{,}60 \times 8\% \\ &= 0{,}118, \text{ ou } 11{,}8\%\end{aligned}$$

Entretanto, se usarmos o CMPC como taxa de corte, esse projeto será rejeitado, porque seu retorno é menor do que 15%. Esse exemplo ilustra que uma empresa que usa seu CMPC como taxa de corte tende a rejeitar projetos lucrativos com risco menor do que os projetos da empresa em geral.

No outro extremo, considere o ponto B. Esse projeto tem um beta de $\beta_B = 1{,}2$. Ele oferece retorno de 16%, excedendo ao custo de capital da empresa. Porém, esse não é um bom investimento, porque, dado seu nível de risco sistemático, seu retorno é inadequado. No entanto, se usarmos o CMPC para avaliá-lo, ele parecerá atraente. Assim, o segundo erro que surgirá do uso do CMPC como taxa de corte é que podemos fazer investimentos não lucrativos com riscos maiores do que aqueles da empresa em geral. Uma das consequências é que, com o tempo, uma empresa que usa seu CMPC para avaliar todos os projetos tende a aceitar investimentos não lucrativos e a correr cada vez mais riscos.

Custo de capital de uma divisão

O mesmo tipo de problema pode surgir com o CMPC de uma empresa com mais de um ramo de negócios. Imagine, por exemplo, uma empresa que tenha duas divisões: uma companhia distribuidora de energia e uma fábrica de produtos eletrônicos. A primeira delas (a distribuidora de energia) tem risco relativamente baixo; a segunda tem risco relativamente alto.

Nesse caso, o custo total de capital da empresa é realmente uma combinação entre dois diferentes custos de capital, um para cada divisão. Se as duas divisões concorressem por recursos e a empresa usasse um único CMPC como taxa de corte, qual divisão tende a receber mais fundos para o investimento?

A resposta é que a divisão com maior risco tende a ter maiores retornos (quando ignoramos o risco maior) e, assim, tende a ser a "ganhadora". A divisão menos glamorosa poderia ter um grande potencial de lucros que acabaria sendo ignorado. As grandes empresas têm consciência desse problema, e muitas trabalham no desenvolvimento de custos de capital separados para suas divisões.

A abordagem de negócio único

Vimos que o uso de maneira inadequada do CMPC da empresa pode levar a problemas. Como podemos chegar às taxas de desconto adequadas em tais circunstâncias? Já que não podemos observar os retornos sobre esses investimentos, em geral não há uma maneira direta de chegar, por exemplo, a um beta. Em vez disso, o que devemos fazer é examinar outros investimentos fora da empresa que estão na mesma classe de risco daquele que estamos considerando. Podemos usar os retornos exigidos pelo mercado sobre aqueles investimentos como a taxa de desconto. Em outras palavras, tentaremos determinar qual é o custo de capital para tais investimentos por meio da comparação com outros investimentos semelhantes no mercado.

Por exemplo, voltando à nossa divisão de distribuição de energia, suponha que queiramos chegar a uma taxa de desconto a ser usada para essa divisão. Poderíamos identificar várias outras companhias distribuidoras de energia com títulos negociados na bolsa. Poderíamos descobrir que uma distribuidora de energia típica tem um beta de 0,80, classificação de dívida AA e uma estrutura de capital com cerca de 50% dívida e 50% capital próprio. Usando essas informações, desenvolveríamos um CMPC para uma companhia de energia típica e usaríamos isso como taxa de desconto.

Outra opção: se estivéssemos pensando em entrar em uma nova linha de negócios, tentaríamos desenvolver o custo de capital apropriado observando os retornos exigidos no mercado para empresas que já estão nesse setor. No jargão de Wall Street, uma empresa que se concentra em uma única linha de negócios é chamada de *negócio único* (*pure play*). Por exemplo, se quisesse apostar no preço do óleo cru investindo em ações, você tentaria identificar as empresas que lidam exclusivamente com esse produto, porque elas seriam as mais afetadas pelas variações no preço desse produto. Essas empresas seriam chamadas de "abordagens de negócio único sobre o preço do petróleo".

abordagem de negócio único
Uso de um CMPC específico para determinado projeto, com base em empresas que estejam em ramos de negócio similares.

Estamos tentando encontrar as empresas que se concentram o mais exclusivamente possível no tipo de projeto em que estamos interessados. Portanto, nossa abordagem para a estimativa do retorno exigido sobre um investimento é chamada de **abordagem de negócio único**. Para ilustrar, vamos supor que o McDonald's resolva entrar no setor de celulares e *tablets* com uma linha chamada McPhones. Os riscos envolvidos são bastante diferentes daqueles do negócio de *fast-food*. Como resultado, o McDonald's precisaria observar as empresas que já estão no ramo dos eletrônicos de consumo pessoal, para calcular um custo de capital para a nova divisão. Duas escolhas possíveis são a Apple e a Samsung, mas nenhuma é ideal. A Apple entrou nos setores da música, televisão e produção de conteúdo, todos os quais têm riscos diferentes. A Samsung vende produtos como televisores e eletrodomésticos, que também têm níveis de risco diferentes. Por consequência, seria difícil encontrar uma empresa que realmente adota uma abordagem de negócio único.

No Capítulo 3, discutimos o assunto da identificação de empresas semelhantes para fins de comparação. Os mesmos problemas descritos lá surgem também aqui. É mais provável que não encontremos uma empresa adequada. Nesse caso, a determinação objetiva da taxa de desconto torna-se uma questão muito difícil. Mesmo assim, é importante ter consciência da questão para que possamos reduzir a ocorrência dos erros que podem surgir quando o CMPC é usado como taxa de corte para todos os investimentos.

A abordagem subjetiva

Por causa das dificuldades existentes no estabelecimento objetivo de taxas de desconto para projetos individuais, as empresas quase sempre adotam uma abordagem que envolve ajustes subjetivos no CMPC geral. Para ilustrar isso, suponha que uma empresa tenha um CMPC geral de 14%. Ela classifica todos os projetos propostos em quatro categorias:

Categoria	Exemplos	Fator de ajuste	Taxa de desconto
Risco elevado	Produtos novos	+6%	20%
Risco moderado	Economia de custos, expansão de linhas existentes	+0	14
Risco baixo	Substituição de equipamento existente	–4	10
Obrigatório	Equipamento de controle da poluição	n/a	n/a

n/a = Não se aplica.

O efeito dessa categorização grosseira é pressupor que todos os projetos se classificam em uma das três classes de risco ou são obrigatórios. No último caso, o custo de capital não é importante, porque a realização do projeto é obrigatória. Na abordagem subjetiva, o CMPC da empresa pode mudar com o tempo à medida que as condições econômicas mudem. Quando isso acontece, as taxas de desconto dos diferentes tipos de projeto também mudarão.

Dentro de cada classe de risco, alguns projetos presumivelmente terão risco mais alto do que outros, e o perigo de tomar decisões incorretas ainda existe. A Figura 14.2 ilustra essa questão. Comparando as Figuras 14.1 e 14.2, vemos que existem problemas similares, mas a magnitude do erro potencial é menor com a abordagem subjetiva. Por exemplo, o projeto rotulado como A seria aceito se o CMPC fosse usado (Figura 14.1), mas ele é rejeitado depois de ser classificado como investimento de alto risco (Figura 14.2). Isso ilustra que um certo ajuste para o risco, mesmo que subjetivo, é provavelmente melhor do que nada.

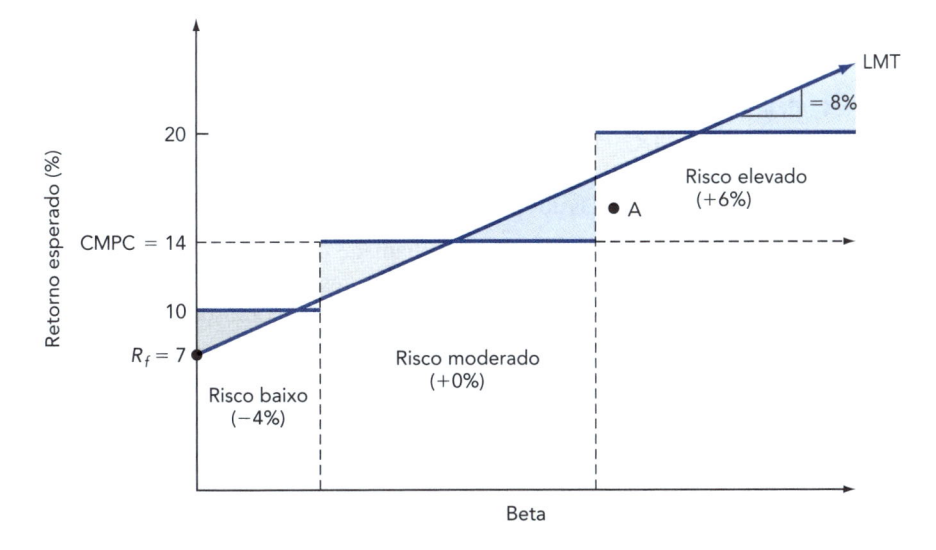

Com a abordagem subjetiva, a empresa aloca cada projeto a uma classe de risco. A taxa de desconto utilizada para avaliar um projeto acaba sendo determinada por meio de adição (para risco elevado) ou subtração (para risco baixo) de um fator de ajuste em relação ao CMPC da empresa. Isso resulta em menos decisões incorretas do que se a empresa simplesmente usasse o CMPC para tomar as decisões.

FIGURA 14.2 A linha do mercado de títulos (LMT) e a abordagem subjetiva.

Em princípio, seria melhor determinar objetivamente o retorno exigido de cada projeto separadamente. Entretanto, em termos práticos, não seria possível ir muito além de ajustes subjetivos, porque as informações necessárias não estariam disponíveis, ou o custo e o esforço exigidos simplesmente não valeriam a pena.

> **Questões conceituais**
>
> **14.5a** Quais são as prováveis consequências para uma empresa que utiliza seu CMPC para avaliar todos os investimentos propostos?
>
> **14.5b** O que é a abordagem de negócio único para determinar a taxa de desconto apropriada? Quando ela poderia ser usada?

14.6 Uso do CMPC para avaliação da empresa

Ao avaliar uma empresa, nossa abordagem é igual àquela usada para projetos de capital individuais, como a renovação dos armazéns, mas é preciso lidar com uma questão. Quando analisamos uma empresa como um todo, muitas vezes encontramos uma dedução de juros, pois a empresa tomou dinheiro emprestado. Como temos enfatizado consistentemente, os juros são um custo de financiamento, não um custo operacional. Contudo, como os juros do período são uma despesa dedutível para o cálculo dos tributos sobre o lucro, a carga tributária da empresa é menor do que teria sido se ela não tivesse usado financiamento por dívida. Teremos muito mais a dizer sobre esse assunto em um capítulo posterior.

Por ora, para calcular o fluxo de caixa dos ativos, antes precisamos calcular qual teria sido a carga tributária da empresa se não tivesse usado financiamento por dívida. Para tanto, tomamos o lucro *antes* dos juros e impostos (Lajir) e o multiplicamos pela alíquota tributária da empresa (T_C) para determinar qual seria a carga tributária da empresa sem dívidas, o que chamaremos de tributos "ajustados" e marcaremos com um asterisco — ou seja, "Tributos*":

$$\text{Tributos sobre o lucro*} = \text{Lajir} \times T_c \qquad [14.8]$$

A seguir, calculamos o fluxo de caixa dos ativos da maneira normal, porém usamos os tributos ajustados. Esse fluxo de caixa "ajustado" dos ativos, FCA*, é calculado da seguinte forma:

$$\begin{aligned}\text{FCA*} &= \text{Lajir} + \text{Depreciação} - \text{Tributos sobre lucros*} \\ &\quad - \text{Variação do CDG} - \text{Gastos de capital} \\ &= \text{Lajir} + \text{Depreciação} - \text{Lajir} \times T_c \\ &\quad - \text{Variação do CDG} - \text{Gastos de capital}\end{aligned} \qquad [14.9]$$

Nosso fluxo de caixa ajustado, FCA*, também é chamado de "fluxo de caixa livre". Como mencionado muito antes neste livro, entretanto, essa expressão tem significados diferentes para públicos diferentes, então nos ateremos a FCA* para evitar confusões.

Observe que poderíamos simplificar um pouco nosso cálculo do FCA* escrevendo-o assim:

$$\begin{aligned}\text{FCA*} &= \text{Lajir} \times (1 - T_C) + \text{Depreciação} \\ &\quad - \text{Variação do CDG} - \text{Gastos de capital}\end{aligned} \qquad [14.10]$$

O termo Lajir $\times (1 - T_C)$ mostra simplesmente qual seria o lucro líquido se a empresa não tivesse usado dívidas, e a soma dos dois primeiros termos é a nossa definição de cima para baixo do fluxo de caixa operacional (Capítulo 10).

Nesse ponto, se a empresa está crescendo constantemente, podemos avaliá-la usando nossa fórmula da perpetuidade crescente (como fizemos anteriormente neste capítulo). Por exemplo, suponha que você projete o FCA* do próximo ano como sendo FCA$_1$* = $120 milhões. Você acha que essa quantia vai crescer eternamente a uma taxa $g = 5\%$ ao ano. Você estima que o CMPC da empresa é de 9%, de modo que o valor da empresa hoje (V_0) é:

Valor da empresa hoje = $V_0 = \dfrac{\text{FCA}_1^*}{\text{CMPC} - g} = \dfrac{\$120}{0{,}09 - 0{,}05} = \$3$ bilhões

Em suma, avaliar uma empresa é semelhante a avaliar um projeto, exceto pelo fato de ser preciso ajustar os tributos para remover o efeito do financiamento por dívida, caso exista.

Também podemos considerar o impacto do crescimento não constante (como fizemos em um capítulo anterior sobre avaliação de ações, usando o modelo do crescimento dos dividendos). Nesse caso, pressupomos que o crescimento constante começa no Tempo t no futuro. Nesse caso, podemos escrever o valor da empresa hoje como sendo:

$$V_0 = \dfrac{\text{FCA}_1^*}{1 + \text{CMPC}} + \dfrac{\text{FCA}_2^*}{(1 + \text{CMPC})^2} + \dfrac{\text{FCA}_3^*}{(1 + \text{CMPC})^3} + \cdots \qquad [14.11]$$
$$+ \dfrac{\text{FCA}_t^* + V_t}{(1 + \text{CMPC})^t}$$

Aqui, V_t é o valor da empresa no Tempo t, que mais uma vez calculamos usando a fórmula da perpetuidade crescente:

$$V_t = \dfrac{\text{FCA}_{t+1}^*}{\text{CMPC} - g} \qquad [14.12]$$

Como sempre, observe que a parte complicada é que, para obter o valor no Tempo t, também usamos o fluxo de caixa que ocorre no final daquele período no Tempo $t + 1$. O valor da empresa no futuro, V_t, também é chamado de "valor residual".

EXEMPLO 14.6 Avaliação de uma empresa

Uma convidada do programa de TV *Aquário de Tubarões* está tentando levantar fundos para a sua nova empresa, a Alegria Felina, que fabrica brinquedos para gatos. O possível investidor quer avaliar a empresa, cujo capital é fechado. Assim, ele usa a abordagem de negócio único para determinar que o CMPC da empresa é 8%. A alíquota tributária relevante é de 34%.

A Alegria Felina atualmente tem $40 milhões em dívidas e 3,5 milhões de ações em circulação. Espera-se que as vendas este ano sejam de $30 milhões e que essa quantia cresça 15% ao ano nos próximos quatro anos. Depois disso, espera-se que as vendas cresçam 2% ao ano eternamente. O Lajir este ano será de $10 milhões. O Lajir, a depreciação, os gastos de capital e a variação do capital circulante líquido crescerão à mesma taxa que as vendas. Qual valor você atribuiria à Alegria Felina como um todo? Qual seria o preço por ação?

Para avaliar a empresa, começamos pela estimativa do fluxo de caixa dos ativos ajustado (FCA*) dos próximos cinco anos. Os valores do Ano 1 são as projeções, em milhões, para o próximo ano:

	Ano 1	Ano 2	Ano 3	Ano 4	Ano 5
Lajir	$10,00	$11,50	$13,23	$15,21	$17,49
Depreciação	1,50	1,73	1,98	2,28	2,62
Tributos sobre lucro, @34%*	3,40	3,91	4,50	5,17	5,95
Variação CDG	0,80	0,92	1,06	1,22	1,40
Gastos de capital	2,40	2,76	3,17	3,65	4,20
FCA*	$ 4,90	$ 5,64	$ 6,48	$ 7,45	$ 8,56

Como o fluxo de caixa dos ativos ajustado crescerá a 2% após o Ano 5, o valor residual da empresa no Ano 5 será:

$$V_5 = \dfrac{\$8{,}56\,(1 + 0{,}02)}{0{,}08 - 0{,}02} = \$145{,}58 \text{ milhões}$$

Agora podemos encontrar o valor da empresa hoje, descontando os cinco primeiros valores do FCA* e o valor residual até o presente usando o CMPC. O resultado é:

$$V_0 = \frac{4,90}{(1 + 0,08)^1} + \frac{5,64}{(1 + 0,08)^2} + \frac{6,48}{(1 + 0,08)^3} + \frac{7,45}{(1 + 0,08)^4} + \frac{8,56 + 145,58}{(1 + 0,08)^5}$$
$$= 124,90 \text{ milhões}$$

Para calcular o valor do capital próprio, subtraímos os $40 milhões em dívidas, resultando em um capital próprio total de $84,90 milhões. Para encontrar o preço da ação, dividimos essa quantia pelo número de ações (3,5 milhões), o que nos dá um preço por ação de:

Preço por ação = $84,90/3,5 = $24,26

Outro método comum para calcular o valor residual é usar índices-meta, de forma semelhante ao que fizemos para os índices P/L e preço/vendas no Capítulo 8. Por exemplo, suponha que um possível investidor acredita que o índice preço/vendas apropriado quando as vendas da empresa desaceleram é de três vezes. Projeta-se que as vendas no Ano 5 serão de $30 milhões × $1,15^4$ = $52,47 milhões (observe que capitalizamos os $30 milhões apenas quatro anos, pois $30 milhões representam as vendas no final do Ano 1, e não apenas as vendas no ano passado). Assim, o novo valor residual estimado é:

V_5 = 3 × $52,47 milhões = $157,41 milhões

Assim, com esse novo valor residual, o valor da empresa hoje será:

$$V_0 = \frac{4,90}{(1 + 0,08)^1} + \frac{5,64}{(1 + 0,08)^2} + \frac{6,48}{(1 + 0,08)^3} + \frac{7,45}{(1 + 0,08)^4} + \frac{8,56 + 157,41}{(1 + 0,08)^5}$$
$$= \$132,95 \text{ milhões}$$

Confira você mesmo que usar esse valor residual produzirá um valor por ação estimado de $26,56.

Confira também: se a alíquota tributária for de 21%, a hoje vigorante nos EUA, o valor residual seria de V_5 = $184,35 milhões, o valor da empresa, V_0, seria de $158,14 milhões, e o preço por ação seria de $33,75. Para o caso do índice P/L ser de 3 vezes, o preço por ação seria de $28,52.

Questões conceituais

14.6a Por que ajustamos os impostos de uma empresa quando a avaliamos?

14.6b Por que seria melhor usar um índice quando se calcula o valor terminal durante a avaliação de uma empresa?

14.7 Custos de emissão e custo médio ponderado de capital

Até agora, não incluímos os custos de emissão (ou custos de colocação) em nossa discussão sobre o custo médio ponderado de capital. Se uma empresa aceita um projeto novo, ela talvez tenha de emitir, ou colocar no mercado, novas dívidas e ações. Isso significa que a empresa incorrerá em alguns custos, os quais são chamados de *custos de emissão*. A natureza e a magnitude dos custos de emissão são discutidas com detalhes no Capítulo 15.

Em algumas ocasiões se sugere que o CMPC da empresa deva ser aumentado para refletir os custos de emissão. Essa não é realmente a melhor abordagem, porque, novamente, o retorno exigido sobre um investimento depende do risco do investimento, e não da origem dos fundos. Isso não quer dizer que os custos de emissão devam ser ignorados. Como esses custos surgem em decorrência da decisão de empreender um projeto, eles são fluxos de caixa relevantes. Assim, discutiremos de forma abreviada como incluí-los em uma análise de projeto.

A abordagem básica

Começamos com um caso simples. A Companhia Espaço, uma empresa financiada apenas por capital próprio, tem um custo do capital próprio de 20%. Como essa empresa é 100% capital próprio, seu CMPC e seu custo de capital próprio são iguais. A Espaço está pensando em realizar uma expansão em grande escala de $100 milhões em suas operações. A expansão seria financiada pela captação de recursos com a emissão de novas ações.

Com base em conversas com seu banco de investimentos, a Espaço crê que seus custos de emissão serão de 10% do montante emitido. Isso significa que a Espaço parte da premissa de que a entrada de caixa relativa à venda de novas ações será de apenas 90% do total vendido. Quando os custos de emissão são considerados, qual é o custo da expansão?

Como discutiremos com maiores detalhes no Capítulo 15, a Espaço precisa emitir ações em quantidade suficiente para levantar $100 milhões *após* cobrir os custos de emissão. Em outras palavras:

$100 milhões = (1 – 0,10) × Montante levantado
Montante levantado = $100 milhões/0,90 = $111,11 milhões

Os custos de emissão da Espaço são, portanto, de $11,11 milhões, e o custo verdadeiro da expansão é de $111,11 milhões após incluirmos os custos de emissão.

As coisas ficam apenas um pouco mais complicadas se a empresa usar capital próprio e também dívida. Por exemplo, suponha que a estrutura-meta de capital da Espaço seja 60% de capital próprio e 40% de dívida. Os custos de emissão associados ao capital próprio ainda são de 10%, mas os custos de emissão da dívida são menores — digamos, 5%.

Anteriormente, quando tínhamos custos de capital diferentes para dívida e capital próprio, calculamos o custo médio ponderado de capital usando os pesos da estrutura-meta de capital. Aqui, faremos mais ou menos a mesma coisa. Podemos calcular um custo médio ponderado de emissão (f_A) multiplicando o custo de emissão do capital próprio (f_E) pela porcentagem do capital próprio (E/V) e o custo de emissão da dívida (f_D) pela porcentagem da dívida (D/V) e, em seguida, somando os dois:

$$f_A = (E/V) \times f_E + (D/V) \times f_D$$
$$= 0,60 \times 0,10 + 0,40 \times 0,05 \quad [14.13]$$
$$= 0,08, \text{ ou } 8\%$$

Assim, o custo médio ponderado de emissão é de 8%. Isso nos diz que, para cada real de aporte financeiro necessário para novos projetos, a empresa deve, na verdade, levantar $1/(1 – 0,08) = $1,087. Em nosso exemplo, o custo do projeto é de $100 milhões quando ignoramos os custos de emissão. Se os incluirmos, então o custo efetivo é de $100 milhões/$(1 – f_A)$ = $100 milhões/0,92 = $108,7 milhões.

Levando em conta os custos de emissão, a empresa deve tomar cuidado para não usar os pesos errados. A empresa deve usar os pesos-alvos, mesmo que possa financiar todo o custo do projeto com dívida ou capital próprio. O fato de uma empresa poder financiar um projeto específico com capital próprio ou dívida não é diretamente relevante. Se uma empresa almejar um índice dívida/capital próprio de 1, por exemplo, mas optar por financiar determinado projeto só com dívida, ela terá de levantar capital próprio adicional mais tarde para reequilibrar o seu índice dívida/capital próprio desejado. Para levar isso em conta, a empresa sempre deve usar os pesos-alvo ao calcular o custo de emissão.

EM SUAS PRÓPRIAS PALAVRAS...

Samuel Weaver sobre custo de capital e taxas de retorno exigido na Hershey Company

Na Hershey, reavaliamos nosso custo de capital anualmente ou conforme as condições do mercado. O cálculo do custo de capital envolve essencialmente três questões diferentes, cada uma com algumas alternativas:

- Pesos de capital

    Pesos do valor contábil ou do valor de mercado
    Estrutura-meta ou estrutura corrente de capital

- Custo da dívida

    Taxas de juros (ou de cupom) históricas
    Taxas de juros com base no mercado

- Custo do capital próprio

    Modelo de crescimento de dividendos
    Modelo de precificação de ativos financeiros (CAPM)

Na Hershey, calculamos nosso custo de capital oficialmente com base na "estrutura-meta" de capital projetada ao final de nosso horizonte de planejamento intermediário de três anos. Isso permite à administração perceber o impacto imediato das decisões estratégicas relacionadas à composição planejada do fundo de capital da Hershey. O custo da dívida é calculado como a estimativa do custo médio ponderado da dívida após tributos sobre o lucro no ano final do planejamento, tomando como base as taxas de cupom ligadas a essa dívida. O custo do capital próprio é calculado por meio do modelo de crescimento de dividendos.

Realizamos uma pesquisa das 10 empresas do ramo alimentício que consideramos nossas concorrentes do setor. Os resultados dessa pesquisa indicaram que o custo de capital da maioria delas estava no intervalo entre 7 e 10%. Além disso, todas essas 10 empresas usaram o CAPM para calcular o custo do capital próprio. Nossa experiência é de que o modelo de crescimento de dividendos funciona melhor para a Hershey. Pagamos dividendos e temos tido um crescimento constante e estável de nossos dividendos. Esse crescimento também é projetado dentro de nosso plano estratégico. Consequentemente, o modelo de crescimento de dividendos, tecnicamente, aplica-se e tem aprovação da administração, uma vez que ele reflete uma melhor estimativa da taxa de crescimento futuro de longo prazo.

Além do cálculo já descrito, as outras possíveis combinações e permutações são calculadas como barômetros. Extraoficialmente, o custo de capital é calculado usando pesos do mercado, taxas de juros marginais correntes e o custo do capital próprio do CAPM. Em sua maior parte, e em razão do arredondamento do custo de capital até o ponto percentual inteiro mais próximo, esses cálculos alternativos têm resultados aproximadamente iguais.

A partir do custo de capital, taxas mínimas de atratividade são desenvolvidas para cada projeto usando um prêmio de risco determinado de modo subjetivo, com base nas características de cada projeto. Os projetos são agrupados em categorias separadas, como economia de custos, expansão da capacidade, extensão da linha de produtos e produtos novos. Por exemplo, em geral, um produto novo é mais arriscado do que um projeto de economia de custos. Como consequência, a taxa mínima de atratividade exigida de cada categoria de projeto reflete o seu nível de risco e sua correspondente taxa de retorno exigida, conforme são percebidos pela alta administração. Como resultado, as taxas mínimas de atratividade exigidas de projetos de capital variam desde um pequeno prêmio acima do custo de capital até a mais alta taxa, que é aproximadamente o dobro do custo de capital.

Samuel Weaver, Ph.D., é o ex-diretor de planejamento e análise financeira da Hershey. Ele tem certificação em administração contábil e administração financeira. Seu cargo combinava teoria e prática e envolvia a análise de muitas facetas das finanças, além da análise dos gastos de capital.

EXEMPLO 14.7 Cálculo do custo médio ponderado de emissão

A Companhia Tartar tem uma estrutura-meta de capital com 80% de capital próprio e 20% de dívida. Os custos de emissão de novas ações são de 20% do montante levantado; os custos das emissões de dívida são de 6%. Se a Tartar precisa de $65 milhões para uma nova fábrica, qual é o custo efetivo após serem considerados os custos de emissão?

Em primeiro lugar, calculamos o custo médio ponderado de emissão (f_A):

$f_A = (E/V) \times f_E + (D/V) \times f_D$
$= 0,80 \times 0,20 + 0,20 \times 0,06$
$= 0,172$, ou 17,2%

O custo médio ponderado de emissão é, portanto, de 17,2%. O custo do projeto é de $65 milhões quando ignoramos os custos de emissão. Se os incluirmos, então o custo verdadeiro é de $65 milhões/(1 − f_A) = $65 milhões/0,828 = $78,5 milhões, novamente ilustrando que os custos de emissão podem representar um gasto considerável.

Custos de emissão e VPL

Para ilustrar como incluir os custos de emissão em uma análise do VPL, suponha que a Gráfica Triplo D, no momento, almeje um índice dívida/capital próprio de 100%. Ela está considerando a construção de uma nova gráfica no Pará, que custará $500.000. Essa nova instalação deve gerar fluxos de caixa após impostos de $73.150 por ano para sempre. A alíquota tributária é de 34%. Existem duas opções de financiamento:

1. Uma nova emissão de ações ordinárias no valor de $500.000: os custos de emissão das novas ações ordinárias seriam de cerca de 10% do montante levantado. O retorno exigido sobre o novo capital próprio da empresa é de 20%.

2. Uma emissão de dívida de 30 anos no valor de $500.000: os custos da emissão da nova dívida seriam de 2% da captação. A empresa pode levantar nova dívida a juros de 10%.

Qual é o VPL da nova gráfica?

Para começar, como as impressões são o principal ramo de negócios da empresa, usaremos o custo médio ponderado de capital da própria empresa para avaliar a nova instalação:

$\text{CMPC} = (E/V) \times R_E + (D/V) \times R_D \times (1 - T_C)$
$= 0,50 \times 0,20 + 0,50 \times 0,10 \times (1 - 0,34)$
$= 0,1330$, ou 13,30%

Como os fluxos de caixa são de $73.150 por ano para sempre, o VP dos fluxos de caixa a 13,30% ao ano é o seguinte:

$$VP = \frac{\$73.150}{0,1330} = \$550.000,00$$

Se ignorarmos os custos de emissão, o VPL é

VPL = $550.000,00 − $500.000,00 = $50.000,00

Sem os custos de emissão, o projeto gera um VPL maior do que zero, de modo que ele deve ser aceito.

E quanto aos arranjos financeiros e aos custos de emissão? Como é preciso levantar novo financiamento, os custos de emissão são relevantes. Dadas as informações disponíveis, sabemos que os custos de emissão são de 2% para dívida e 10% para capital próprio. Como a Triplo D usa montantes iguais de dívida e capital próprio, o custo de emissão médio ponderado (f_A) é:

$$f_A = (E/V) \times f_E + (D/V) \times f_D$$
$$= 0{,}50 \times 0{,}10 + 0{,}50 \times 0{,}02$$
$$= 0{,}06, \text{ ou } 6\%$$

Lembre-se de que o fato de a Triplo D poder financiar o projeto usando apenas dívida ou apenas capital próprio não é relevante. Como ela precisa de $500.000 para financiar a nova gráfica, o verdadeiro custo, depois de incluídos os custos de emissão, é de $500.000,00/0,94 = 531.915. Como o VP dos fluxos de caixa é $550.000, a nova instalação tem um VPL de $550.000,00 − 531.915,00 = $18.085, de modo que ela ainda é um bom investimento. Entretanto, seu valor é menor do que imaginávamos inicialmente.

Capital interno e custos de emissão

Nossa discussão sobre custos de emissão até agora pressupôs implicitamente que as empresas sempre precisam levantar no mercado o capital necessário para os novos investimentos. Na verdade, a maior parte das empresas raramente emite novas ações. Seu fluxo de caixa gerado internamente é suficiente para cobrir a parte do capital próprio de seus gastos de capital. Apenas a parte da dívida precisa ser levantada externamente.

O uso de capital interno não muda nossa abordagem. Nesse caso, atribuímos um valor zero ao custo de emissão de capital próprio, porque tal custo não existe. Assim, em nosso exemplo da Triplo D, o custo médio ponderado de emissão seria:

$$f_A = (E/V) \times f_E + (D/V) \times f_D$$
$$= 0{,}50 \times 0{,}00 + 0{,}50 \times 0{,}02$$
$$= 0{,}01, \text{ ou } 1\%$$

Observe que o fato de o capital próprio ser gerado interna ou externamente faz uma grande diferença, porque o capital próprio captado no mercado tem um custo de emissão relativamente alto.

Questões conceituais

14.7a O que são custos de emissão?

14.7b Como os custos de emissão são incluídos em uma análise do VPL?

14.8 Resumo e conclusões

Este capítulo discutiu o custo de capital. O conceito mais importante é o custo médio ponderado de capital (CMPC, ou WACC, em inglês), que interpretamos como a taxa de retorno exigida da empresa como um todo. Ele também é a taxa de desconto apropriada para os fluxos de caixa que tenham risco semelhante ao risco geral da empresa. Descrevemos como o CMPC pode ser calculado e ilustramos como ele pode ser usado em determinados tipos de análises.

Também destacamos situações nas quais não é apropriado usar o CMPC como taxa de desconto. Para lidar com tais casos, descrevemos algumas abordagens alternativas para a determinação de taxas de desconto, como a abordagem de negócio único. Também discutimos como os custos de emissão associados ao levantamento de capital novo podem ser incluídos em uma análise do VPL.

REVISÃO DO CAPÍTULO E TESTE DE CONHECIMENTOS

14.1 Cálculo do custo do capital próprio Suponha que a ação da Tanaka S/A tenha um beta de 0,80. O prêmio pelo risco de mercado é de 6% e a taxa sem risco é de 6%. Os últimos dividendos da Tanaka foram de $1,20 por ação, e espera-se que os dividendos aumentem à taxa de 8% indefinidamente. No momento, cada ação é negociada por $45. Qual é o custo do capital próprio da Tanaka?

14.2 Cálculo do CMPC Além das informações dadas no problema anterior, suponha que a Tanaka deseje ter um índice dívida/capital próprio de 50%. O custo de sua dívida é de 9% antes dos tributos sobre lucros. Se a alíquota tributária for de 34%, qual será o CMPC?

14.3 Custos de emissão Suponha, no problema anterior, que a Tanaka esteja buscando $30 milhões para um novo projeto. Os fundos necessários terão de ser levantados no mercado. Os custos de emissão da Tanaka para vender títulos de dívida e títulos de capital próprio são de 2% e 16%, respectivamente. Se forem considerados os custos de emissão, qual é o custo verdadeiro do novo projeto?

RESPOSTA DA REVISÃO DO CAPÍTULO E DO TESTE DE CONHECIMENTOS

14.1 Começamos com a abordagem LMT. Com base nas informações fornecidas, o retorno esperado da ação da Tanaka é:

$$R_E = R_f + \beta_E \times (R_M - R_f)$$
$$= 0,06 + 0,80 \times 0,06$$
$$= 0,1080, \text{ ou } 10,80\%$$

Agora usamos o modelo de crescimento de dividendos. Os dividendos projetados são $D_0 \times (1 + g) = \$1,20 \times 1,08 = \$1,296$, de modo que o retorno esperado aplicando essa abordagem é o seguinte:

$$R_E = D_1/P_0 + g$$
$$= \$1,296/\$45 + 0,08$$
$$= 0,1088, \text{ ou } 10,88\%$$

Como essas duas estimativas (10,80% e 10,88%) estão bastante próximas, calcularemos a sua média. O custo do capital próprio da Tanaka é de aproximadamente 10,84%.

14.2 Como o índice dívida/capital próprio desejado é de 0,50, a Tanaka tem $0,50 de dívida para cada $1 de capital próprio. Em outras palavras, a estrutura-meta de capital da Tanaka é 1/3 de dívida e 2/3 de patrimônio líquido. Assim, o CMPC é:

$$\text{CMPC} = (E/V) \times R_E + (D/V) \times R_D \times (1 - T_C)$$
$$= 2/3 \times 0,1084 + 1/3 \times 0,09 \times (1 - 0,34)$$
$$= 0,0921, \text{ ou } 9,21\%$$

14.3 Como a Tanaka usa tanto dívida quanto capital próprio para financiar suas operações, em primeiro lugar precisamos do custo médio ponderado de emissão. Como no problema anterior, a porcentagem de financiamento com capital próprio é 2/3, de modo que o custo médio ponderado é:

$$f_A = (E/V) \times f_E + (D/V) \times f_D$$
$$= 2/3 \times 0,16 + 1/3 \times 0,02$$
$$= 0,1133, \text{ ou } 11,33\%$$

Se a Tanaka precisa de $30 milhões após os custos de emissão, então o custo efetivo do projeto é de $30 milhões/$(1 - f_A)$ = $30 milhões/0,8867 = *$33,83 milhões*.

REVISÃO DE CONCEITOS E QUESTÕES INSTIGANTES

1. **CMPC [OA3]** No nível mais básico, se o CMPC de uma empresa é de 12%, o que isso significa?

2. **Valores contábeis *versus* valores de mercado [OA3]** Ao calcular o CMPC, se você tivesse de usar valores contábeis, você os usaria para o capital próprio ou para a dívida? Por quê?

3. **Risco do projeto [OA5]** Se você puder tomar emprestado a 6% todo o dinheiro necessário para um projeto, não seria lógico que esses 6% fossem seu custo de capital para o projeto?

4. **CMPC e tributos sobre lucros [OA3]** Por que usamos um valor após tributos sobre o lucro para o custo da dívida, mas não para o custo do capital próprio?

5. **Estimativa do custo do capital próprio por meio de fluxos de caixa descontados (FCD) [OA1]** Quais são as vantagens do uso do modelo de fluxo de caixa descontado (FCD) para determinar o custo do capital próprio? Quais são as desvantagens? Qual é a informação específica que você precisa para encontrar o custo do capital próprio usando esse modelo? Quais são algumas das maneiras para obter essa estimativa?

6. **Estimativa do custo do capital próprio por meio da LMT [OA1]** Quais são as vantagens de usar a abordagem da LMT para determinar o custo do capital próprio? Quais são as desvantagens? Quais são as informações específicas necessárias para usar esse método? Essas variáveis podem ser observadas, ou elas precisam ser estimadas? Quais são algumas das maneiras para obter essas estimativas?

7. **Estimativa do custo da dívida [OA2]** Como você determina o custo apropriado da dívida de uma empresa? Faz alguma diferença o fato de os títulos de dívida de uma empresa serem distribuídos como oferta restrita em vez de serem negociados na bolsa? Como você estimaria o custo da dívida de uma empresa cujas únicas emissões de dívida são colocações restritas mantidas por investidores institucionais?

QUESTÕES E PROBLEMAS

1. **Cálculo do custo do capital próprio [OA1]** A Zero Absoluto S/A distribuiu recentemente dividendos de $2,90 para cada ação. A empresa deve manter uma taxa de crescimento constante de 4,5% para seus dividendos indefinidamente. Se cada ação for negociada a $56, qual é o custo do capital próprio da empresa?

2. **Cálculo do custo do capital próprio [OA1]** A ação da Mão Verde S/A tem um beta de 1,07. Se a taxa sem risco for de 3,5% e o retorno esperado no mercado for de 11%, qual é o custo do capital próprio da empresa?

3. **Cálculo do custo do capital próprio [OA1]** A ação das Indústrias Daenerys tem um beta de 1,05. O prêmio pelo risco de mercado é de 7%, e as letras do Tesouro no momento rendem 3,5%. Os dividendos mais recentes da empresa foram de $2,45 por ação, e os dividendos devem aumentar a uma taxa anual de 4,1% indefinidamente. Se cada ação for negociada por $44, qual é sua melhor estimativa do custo do capital próprio da empresa?

4. **Estimativa da taxa de crescimento do FCD [OA1]** Suponha que a Stark S/A tenha distribuído dividendos de $2,73 por ação. A empresa pagou dividendos de $2,31, $2,39, $2,48 e $2,58 por ação nos últimos quatro anos. Se cada ação for negociada no momento por $43, qual será sua melhor estimativa para o custo do capital próprio da Stark usando a taxa de crescimento média aritmética dos dividendos? E se você usar a taxa de crescimento média geométrica?

5. **Cálculo do custo da ação preferencial com dividendos fixos [OA1]** O Holdup Bank tem uma emissão de ações preferenciais com dividendos fixos negociada por $87 cada, com dividendos declarados de $3,85. Qual é o custo dessa ação preferencial para o banco?
6. **Cálculo do custo da dívida [OA2]** A Drogo S/A está tentando determinar seu custo da dívida. A empresa tem uma emissão de dívida em circulação com 23 anos até o vencimento que está cotada a 96% do valor de face. A emissão tem pagamentos semestrais e um custo embutido de 5% anuais. Qual é o custo da dívida da empresa antes dos impostos? Se a alíquota tributária for de 21%, qual será o custo da dívida após impostos?

Para revisão de outros conceitos e novas questões instigantes, consulte a página do livro no portal do Grupo A (loja.grupoa.com.br).

15 Captação de Recursos

EM 11 DE DEZEMBRO DE 2019 ocorreu a maior IPO da história, quando a Saudi Aramco abriu seu capital na Bolsa de Valores da Arábia Saudita. Com o auxílio dos bancos de investimento Morgan Stanley, Goldman Sachs, JPMorgan Chase e diversos outros, a empresa ofereceu 3 bilhões de ações, ou 1,5% do seu capital, ao preço de 32 riais (USD8,53) por ação. No processo, a empresa captou USD25,6 bilhões, superando o recorde de USD25 bilhões da Alibaba. Ao final do primeiro dia, a empresa era avaliada em USD1,88 trilhão, menos do que a avaliação de USD2 trilhões desejada pela família real saudita, mas ainda a maior empresa com ações negociadas no mercado em todo o mundo. Neste capítulo, examinaremos o processo pelo qual empresas como a Aramco emitem ações para venda ao público, os custos disso e o papel das instituições intermediárias no processo. Apresentaremos o funcionamento do mercado de emissões de ações e títulos de dívida nos Estados Unidos e no Brasil, suas semelhanças e diferenças.

Objetivos de aprendizagem

O objetivo deste capítulo é que, ao seu final, você saiba:

- **OA1** Descrever o mercado de *venture capital* e seu papel no financiamento de empreendimentos novos e de alto risco.
- **OA2** Explicar como os valores mobiliários são vendidos ao público e qual é o papel das instituições intermediárias nesse processo.
- **OA3** Explicar o que são ofertas públicas de valores mobiliários e alguns dos custos da abertura de capital.
- **OA4** Explicar como direitos de subscrição são emitidos para os acionistas existentes e como avaliar tais direitos.
- **OA5** Explicar como abrir o capital de uma empresa no Brasil.

Para ficar por dentro dos últimos acontecimentos na área de finanças, visite www.fundamentalsofcorporatefinance.blogspot.com.

Todas as empresas precisam, em algum momento, obter capital. Para tanto, uma empresa precisa tomar dinheiro emprestado (financiar-se por dívidas), vender participações na empresa (financiar-se por capital próprio), ou ambos. O modo como uma empresa capta recursos depende muito do seu tamanho, do estágio em que se encontra no seu ciclo de vida e das suas perspectivas de crescimento.

Neste capítulo, examinaremos algumas maneiras de as empresas obterem capital. Começaremos examinando os primeiros estágios de suas vidas e a importância do capital empreendedor (*venture capital*) para tais empresas. Em seguida, veremos o processo pelo qual elas se tornam abertas e o papel dos bancos de investimento, que são as instituições intermediárias que viabilizam esse processo. Nesse meio tempo, discutiremos muitas das questões associadas à emissão de títulos mobiliários para venda ao público e suas consequências para todos os tipos de empresas. Encerraremos o capítulo com uma discussão sobre as fontes de financiamento com emissão de dívida.[1]

15.1 Empreendedorismo: financiamento inicial e *venture capital*

Um dia, você e um amigo têm uma ótima ideia para um novo *software* que ajuda os usuários a se comunicarem usando uma megarrede de última geração. Imbuídos do entusiasmo empresarial, vocês batizam o produto de Megacomm e se preparam para levá-lo ao mercado.

Trabalhando noites e fins de semana, finalmente conseguem criar um protótipo do produto. Na verdade, ele não funciona, mas pelo menos é possível mostrá-lo por aí para ilustrar a ideia. Para realmente desenvolver o produto, vocês precisam contratar programadores, comprar computadores, alugar espaço de escritório, etc. Infelizmente, na condição de alunos de faculdade, seus bens combinados não são suficientes para financiar nem festa em pizzaria, muito menos uma empresa nova, uma *start-up*. Vocês precisam daquilo que poderia ser chamado de "DOP — dinheiro de outras pessoas".

Sua primeira ideia é procurar um banco para tomar um empréstimo. Entretanto, vocês provavelmente descobririam que os bancos em geral não se interessam em emprestar dinheiro para empresas iniciantes sem ativos (além de uma ideia) e administradas por empresários inexperientes e sem histórico algum. Em vez disso, sua busca por capital muito provavelmente os levaria até o mercado de **venture capital (VC)**, o capital empreendedor.

venture capital (VC)
Financiamento para empreendimentos novos e, quase sempre, de alto risco, também referido como capital empreendedor.

Empreendedorismo

Os empreendedores criam novos negócios, o que significa que correm a maior parte do risco, mas também ficam com boa parte da recompensa. Embora muitos empreendedores nunca atinjam o mesmo nível, Bill Gates na Microsoft e Steve Jobs na Apple, duas empresas fundadas em garagens, são as histórias de sucesso que servem de modelo para todos. Ao contrário das profissões tradicionais, não existe um caminho normal para o sucesso no empreendedorismo, mas saber arregaçar as mangas e ter um conjunto amplo de habilidades são importantes.

O empreendedorismo cresceu a ponto de muitas universidades oferecerem cursos na área, mas há outras fontes que podem ser úteis. A maioria das grandes cidades possui centros de empreendedorismo, e também há grupos de investidores que oferecem capital semente (*seed investment*) para empreendedores. Um dos mais famosos é a Y Combinator (YC). A YC financia um grande número de *start-ups* em uma espécie de "campo de treino", onde reúne os empreendedores. Redes de contatos e compartilhamento de informações podem ser fatores críticos para o sucesso, especialmente nesse momento da vida da empresa. As empresas famosas financiadas pela Y Combinator incluem Airbnb, Dropbox e DoorDash.

---

[1] Gostaríamos de agradecer a Jay R. Ritter, da Universidade da Flórida, pelos comentários e sugestões para este capítulo.

Venture capital

O termo *venture capital*, ou capital empreendedor[2], não tem um significado preciso, mas geralmente se refere ao financiamento para empreendimentos novos e, quase sempre, de alto risco. Por exemplo, antes de se tornar empresa de capital aberto, a Google foi financiada por *venture capital*. Os investidores individuais em *venture capital* investem seu próprio dinheiro. Os chamados "investidores anjos" normalmente são investidores individuais de *venture capital*, mas eles tendem a se especializar em negócios menores. As empresas (ou fundos) de *venture capital* são especializadas em reunir fundos de diversas fontes e investi-los. As fontes básicas de recursos desses fundos de *venture capital* incluem indivíduos, fundos de pensão, fundos soberanos, agências multilaterais, companhias seguradoras, grandes corporações e até mesmo fundos de doação para universidades. O termo amplo *private equity* (participações em empresas de capital fechado) tem sido usado para designar a crescente área do financiamento de empresas de capital fechado por meio de participações de capital próprio.[3]

Para obter uma lista de empresas de *venture capital* conhecidas, acesse **nvca.org**.

O mercado de *venture capital* funciona como uma fonte importante de recursos para novas empresas. A Figura 15.1 mostra os fluxos de caixa de uma nova empresa durante o início da sua existência. No começo, enquanto o produto está em desenvolvimento, os fluxos de caixa são negativos. Muitas vezes, as saídas de caixa durante esse estágio são enormes. Quando o produto está sendo lançado no mercado, os fluxos de caixa continuam negativos até as fases de crescimento e expansão.

Os capitalistas especializados em risco (capitalistas de risco, para sermos breves) e as empresas de capital empreendedor reconhecem que muitas ou mesmo a maioria das empresas novas não terão sucesso, mas que, às vezes, uma delas terá. Os lucros em potencial são enormes em tais casos. Para limitar seu risco, os capitalistas de risco, em geral, oferecem financiamento em estágios. A cada estágio, é investido dinheiro suficiente para atingir a próxima meta ou estágio do planejamento. Por exemplo, o *financiamento de primeiro estágio* pode ser suficiente para construir um protótipo e concluir um plano de produção. Com base no resultado, o *financiamento do segundo estágio* pode ser um grande investimento, necessário para realmente iniciar a produção, o *marketing* e a distribuição e comercialização do produto.

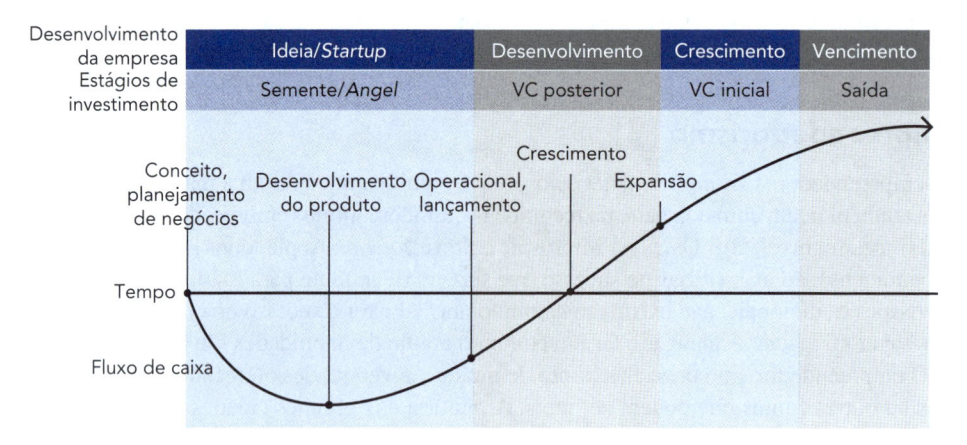

FIGURA 15.1 Fluxos de caixa para uma start-up
Fonte: *National Venture Capital Association Yearbook* 2020 (Pitchbook Data, Inc.).

---

[2] No Brasil, os investidores que atuam nesse ramo preferem manter o nome original em inglês (*venture capital*) para o que outros chamam de capital empreendedor.

[3] No mercado estadunidense, há a figura dos chamados capitalistas abutres (*vulture capitalists*), especializados em investimentos de alto risco em empresas já estabelecidas, mas em condições financeiras problemáticas. E há os capitalistas vulgares (*vulgar capitalists*), que investem em empresas que têm mau gosto (tudo bem, esqueça, nós inventamos essa última parte).

Pode haver muitos desses estágios, cada um representando uma etapa-chave do processo de crescimento da empresa.

Quase sempre as empresas de *venture capital* se especializam em diferentes estágios. Algumas se especializam no financiamento do capital inicial para o empreendimento, o capital-semente, *seed money* ou *ground floor financing*, o capital de base (o "térreo"). Por outro lado, o financiamento dos últimos estágios pode vir de capitalistas de risco de um nível mais avançado do empreendimento, já mais consolidado, com boas perspectivas de expansão, o chamado *capital de mezanino*, financiamento mezanino ou *mezzanine level financing* (um andar acima do térreo do "edifício" na estrutura de financiamento de um empreendimento).

Uma *rodada semente*, *seed* ou *angel* é o investimento inicial. Nessa fase, enquanto a empresa pode já ter um produto disponível, este geralmente está em estágio beta. As empresas usam o dinheiro da rodada semente para adaptar o produto à demanda do mercado e provar a sua viabilidade. Definir o preço do produto também é um dos objetivos fundamentais nesse período. Embora os investidores da rodada semente possam receber uma porcentagem da empresa diretamente, o financiamento normalmente ocorre na forma de títulos conversíveis (em inglês, *advisory shares*, algo como ações por assessoria). Há um período de aquisição de direito para as *advisory shares*, o que incentiva o investidor anjo a manter seu envolvimento com a empresa. Embora haja empresas de VC que ofereçam capital semente, amigos e familiares são uma fonte importante de investimento nesse estágio. Como veremos em uma seção subsequente, o capital também pode vir de *sites* como o Kickstarter.

O capital inicial normalmente é classificado como *Série A* ou *Série B*. O financiamento de Série A é a próxima fase após o capital semente. Em geral, a Série A abrange os salários dos envolvidos, pesquisa de mercado e finalização do produto. Receber investimentos na rodada semente não é garantia de mais investimentos de *venture capital*, pois menos de 10% das empresas avançam para o financiamento de Série A. Embora todas as formas de financiamento possam ser utilizadas, as ações preferenciais são a mais comum nessa rodada.

O financiamento de Série B é usado para acelerar o crescimento da empresa. A organização tem um produto no mercado, mas precisa de recursos para expandir a produção e ampliar a sua participação no mercado. Muitas vezes, o objetivo desse financiamento de Série B é gerar um lucro líquido. Também é o primeiro estágio em que ações ordinárias são a forma mais popular de financiamento.

As rodadas posteriores geralmente são classificadas como *Série C*, *Série D*, etc. Muitas empresas nunca chegam a eles, pois a Série B pode ser suficiente. Uma rodada de Série C é usada para capturar uma participação de mercado maior, financiar aquisições ou desenvolver mais produtos. O financiamento nas rodadas posteriores também pode ser usado para preparar a empresa para ser adquirida ou abrir seu capital. Para empresas interessadas em abrir seu capital no próximo ano, o *financiamento-ponte* (*bridge financing*) é comum. O financiamento-ponte é usado para cobrir as despesas de uma IPO e costuma ser oferecido por um banco de investimento.

Mais recentemente, o *growth equity* ou *capital de crescimento tornou-se uma forma mais comum de venture capital* nos estágios posteriores do crescimento de uma empresa. O capital de crescimento oferece recursos a empresas mais maduras, para as quais uma aquisição ou IPO não faria sentido naquele momento. O capital de crescimento permite que a empresa mantenha seu capital fechado por mais tempo do ocorria historicamente. Em geral, o capital de crescimento está associado aos *unicórnios*, ainda que não apenas a eles. Unicórnios são empresas de capital fechadas avaliadas em mais de $1 bilhão. O Quadro 15.1 mostra o número de negócios fechados nos últimos 10 anos por estágio de VC. Como vemos, há mais rodadas *angel* do que de capital de crescimento a cada ano.

Embora você possa imaginar que quase todo o investimento de *venture capital* ocorra durante os estágios iniciais das empresas, como mostra o Quadro 15.2, em termos monetários, a maior parte do investimento ocorre nas fases posteriores. Isso se deve à maior necessidade de capital das empresas maiores e de crescimento rápido.

O fato de o financiamento estar disponível em estágios e de depender da realização de objetivos específicos é uma força motivadora poderosa para os fundadores da empresa. Quase sempre,

---

Saiba mais sobre venture capital no Brasil no *site* da Associação Brasileira de Venture Capital e Private Equity (ABVCAP): http://www.abvcap.com.br/.

A Agência Brasileira de Desenvolvimento Industrial (ABDI) disponibiliza informações sobre inovação em seu *site* https://www.abdi.com.br/.

os fundadores recebem um montante relativamente pequeno na forma de remuneração e têm partes substanciais de seus ativos pessoais ligadas à empresa. Em cada estágio do financiamento, o valor da participação do fundador aumenta, e a probabilidade de sucesso também sobe.

Além de garantir financiamento, os capitalistas de risco quase sempre participam ativamente da administração, fornecendo o benefício da sua experiência com outras empresas iniciantes e nos negócios em geral. Isso acontece especialmente quando os fundadores têm pouca ou nenhuma experiência em "colocar a mão na massa" para administrar uma empresa.

No Brasil, a Lei Complementar 182/21 instituiu o marco legal das *startups* e do empreendedorismo inovador, trazendo definições de investidor anjo, programas de ambiente regulatório experimental (*sandbox* regulatório), *startups*, instrumentos de investimento em inovação, além de normas de licitação para demandas públicas que exijam solução inovadora com emprego de tecnologia.

Algumas verdades sobre *venture capital*

Embora exista um grande mercado de *venture capital*, a verdade é que o acesso a ele é bastante limitado. As empresas de *venture capital* recebem números imensos de propostas não solicitadas, e a grande maioria delas acaba no lixo, sem ser lida. Nos EUA, a NVCA estima que apenas uma empresa é financiada para cada 100 propostas recebidas. Os capitalistas de risco dependem muito das redes de informações de advogados, consultores, banqueiros e outros capitalistas de risco para ajudar a identificar investimentos em potencial. Como resultado, os contatos pessoais são importantes para ter acesso a esse mercado; este é, na verdade, um mercado de "apresentações" (ou, um mercado de "troca de cartões de visita").

QUADRO 15.1 Negócios de *venture capital* por rodada

	Angel e Semente	VC inicial	VC posterior	Capital de crescimento
2010	1.746	2.129	1.588	551
2011	2.618	2.453	1.751	643
2012	3.557	2.630	1.771	670
2013	4.668	2.852	1.893	695
2014	5.491	3.172	2.057	891
2015	5.783	3.250	2.040	1.001
2016	4.790	3.016	1.888	885
2017	4.956	3.384	2.052	1.021
2018	4.622	3.731	2.295	1.217
2019	4.760	3.882	4.717	1.217

Fonte: *National Venture Capital Association Yearbook* 2020 (Pitchbook Data, Inc.).

QUADRO 15.2 Investimento de venture capital por estágio de financiamento em 2019 (bilhões)

VC inicial	VC posterior
Angel e semente	$ 9,6
VC inicial	43,2
VC posterior	80,7
Capital de crescimento	66,4

Fonte: *National Venture Capital Association Yearbook* 2020 (Pitchbook Data, Inc.).

QUADRO 15.3 Fluxo de *venture capital* (por setor em 2019): primeira rodada

	Número de negócios	Capital levantado (milhões)
Serviços comerciais	317	$1.097,7
Bens de consumo e recreação	161	521,6
Energia	31	54,0
Dispositivos de saúde	105	551,1
Serviços de saúde	205	538,3
Equipamento de TI	70	205,8
Mídia	110	239,9
Outros	820	2.608,1
Farmacêutica e biotecnologia	208	2.893,3
Software	903	2.585,9

Fonte: *National Venture Capital Association Yearbook* 2020 (Pitchbook Data, Inc.).

Os capitalistas de risco tendem a ser especializados e investir em setores específicos. Na verdade, se analisar o Quadro 15.3, verá que a maior parte do investimento de *venture capital* em financiamento de primeiro estágio ocorre nos setores de software e saúde.

Outro fato simples sobre *venture capital* é que ele é incrivelmente caro. Em um acordo típico, o capitalista especializado em empreendimentos de risco exigirá (e obterá) 40% ou mais de participação no capital próprio da empresa. Os capitalistas de risco, com frequência, detêm ações preferenciais com direito de voto ou debêntures conversíveis em ações, o que lhes confere diversas prioridades no caso de a empresa ser vendida ou liquidada. O capitalista de risco também exige (e obtém) vários assentos no conselho de administração e no conselho fiscal da empresa e pode até mesmo indicar um ou mais altos executivos para a gestão do negócio.

Empresas de *venture* capital

Os fundos de *venture capital* operam como fundos de investimento, que combinam o dinheiro de investidores. As empresas de VC criam fundos e então seus gestores investem em nome dos investidores. Nos EUA, existem cerca de 1.000 empresas de VC e 2.000 fundos de VC. O Quadro 15.4 mostra os maiores fundos iniciados em 2019 nos EUA.

As grandes empresas de VC são responsáveis pela maior parte dos investimentos posteriores em *start-ups*. Por exemplo, a SoftBank, uma das maiores empresas de VC, investiu cerca de USD18,5 bilhões na WeWork, embora tenha perdido quase todo o seu investimento, pois a WeWork era avaliada em apenas USD2,9 bilhões em meados de 2020.

Embora os investimentos de VC estejam disponíveis em todo o mundo, se quiser visitar o centro do mundo VC, sugerimos que vá a Sand Hill Road, em Menlo Park, Califórnia, no famoso Vale do Silício. O Quadro 15.5 mostra os valores totais de *venture capital* administrados pelas empresas de VC em cada estado nos EUA. Como vemos, a Califórnia teve o maior montante de fundos de VC em 2019 por larga margem.

Investimento participativo — *crowdfunding*

Em 5 de abril de 2012, nos EUA, foi assinada a Lei Jumpstart Our Business Startups (JOBS). Uma das cláusulas dessa lei permitia que as empresas levantassem fundos por meio de *crowdfunding*, que é a prática de levantar capital por meio de pequenas quantidades junto a grande número de pessoas, em geral via Internet. O *crowdfunding* foi usado pela primeira vez para financiar a turnê estadunidense da banda de rock britânica Marillion. A Lei JOBS permitia que as empresas vendessem ações usando *crowdfunding*. Mais especificamente, a

QUADRO 15.4 Maiores fundos de VC lançados em 2019

Nome do investidor	Nome do fundo	Tamanho do fundo (M)	Data de fechamento	Estado do fundo
TCV	TCV X	$3.200,0	31 de janeiro de 2019	Califórnia
Andreesson Horowitz	Andreeson Horowitz LSV Fund I	2.238,9	17 de julho de 2019	Califórnia
Norwest Venture Partners	Norwest Venture Partners XV	2.000,0	14 de novembro de 2019	Califórnia
Founders Fund	The Founders Fund VII	1.496,4	20 de novembro de 2019	Califórnia
Vivo Capital	Vivo Capital Fund IX	1.430,0	30 de outubro de 2019	Califórnia
Sapphire Ventures	Sapphire Ventures Fund IV	1.400,0	18 de dezembro de 2019	Califórnia
Lightspeed Venture Partners	Lightspeed Venture Partners Select III	1.361,8	21 de junho de 2019	Califórnia
Bond Capital (San Francisco)	Bond Capital Fund	1.250,0	1 de maio de 2019	Califórnia
Sequoia Capital	Sequoia Capital US Growth Fund VIII	998,5	6 de dezembro de 2019	Califórnia
Andreesson Horowitz	Andreesson Horowitz Fund VI	840,0	17 de julho de 2019	Califórnia

Fonte: *National Venture Capital Association Yearbook* 2020 (Pitchbook Data, Inc.).

QUADRO 15.5 Estados por VC levantado em 2019

	Número de fundos	Capital levantado (milhões)
Califórnia	123	$ 31.513,4
Massachusetts	28	7.515,5
Nova York	40	4.583,5
Connecticut	2	910,0
Ohio	7	894,1
Illinois	10	721,1
Washington	10	689,1
Texas	9	546,3
Pensilvânia	4	417,0
Washington D.C.	2	365,0

Lei JOBS permitia que a empresa levantasse até USD1 milhão em títulos durante um período de 12 meses, quantia que depois foi alterada para até USD50 milhões.

Nos EUA, há uma distinção importante entre dois tipos de *crowdfunding*: *crowdfunding* de projetos e *crowdfunding* de capital. Como um exemplo de *crowdfunding* de projeto, considere o jogo de cartas Exploding Kittens, que "explodiu" no *site* de *crowdfunding* Kickstarter e arrecadou USD8,8 milhões junto a cerca de 220.000 apoiadores. Durante a campanha de *crowdfunding*, a empresa pré-vendeu baralhos de cartas. Cada apoiador recebeu um baralho de cartas para o jogo, com a distribuição começando cerca de seis meses após o término da campanha. Nesse caso, os financiadores eram compradores, não investidores. Esse tipo de financiamento coletivo também se tornou uma forma popular de arrecadar dinheiro para causas beneficentes. Em contraste, no *crowdfunding* de capital, os patrocinadores recebem participações no capital da empresa.

Em maio de 2016, entrou em vigor, nos EUA, o Regulamento CF (também conhecido como Title III of the JOBS Act), que permite que pequenos investidores tenham acesso aos novos "portais" de *crowdfunding*. Anteriormente, os investidores em *crowdfunding* tinham que ser investidores qualificados. Para uma pessoa física, esse requisito nos EUA se traduz em ter mais de USD1 milhão em patrimônio ou mais de USD200.000 em renda em dois dos últimos três anos. O Regulamento CF permite que os investidores com menos de USD107.000 em renda ou ativos invistam pelo menos USD2.200 por ano, até um máximo de USD5.350.

Para colocar títulos por meio do Regulamento CF, uma empresa deve preencher um formulário junto à SEC. Esse registro torna a empresa elegível para listar seus valores mobiliários em um portal de financiamento coletivo aprovado pela FINRA (Financial Industry Regulatory Authority), a mesma agência dos EUA que já mencionamos para relatórios de preços de títulos. Os portais de *crowdfunding* já estão se especializando. Por exemplo, existem portais que se especializam em ofertas apenas para investidores qualificados, outros que se especializam em ofertas para todos os investidores, outros em ofertas imobiliárias, para citar apenas alguns.

Ofertas iniciais de moedas (*initial coin offerings* — ICOs)

Além das vendas de títulos de dívidas e de ações tradicionais, uma empresa nos EUA pode levantar fundos vendendo *tokens*. Esses *tokens* muitas vezes concedem ao titular o direito de usar o serviço da empresa no futuro. Por exemplo, uma empresa que está construindo uma ferrovia pode emitir um *token* que pode ser usado como uma passagem de trem após a construção da ferrovia.

As vendas de *tokens* ocorrem em plataformas de moedas digitais e podem ser facilmente transferidas na plataforma ou convertidas em dólares americanos em bolsas especializadas em *tokens*. Essa liquidez tornou os *tokens* um meio popular de financiamento nos EUA desde sua introdução em 2015. Os *tokens* agora são adquiridos tanto por clientes quanto por investidores que provavelmente nunca usarão o *token* para o serviço oferecido.

A venda inicial de um *token* em uma plataforma de moeda digital costuma ser chamada de *initial coin offering* ou ICO (para soar como IPO). Muitas *startups* nos EUA estão optando por levantar fundos por meio de ICOs, em vez dos canais tradicionais de *venture capital*. A plataforma mais comum para a emissão de novos *tokens* é a Ethereum, mas existem muitos concorrentes. Em 2019, houve 109 ICOs nos EUA, com valor total de cerca de USD371 milhões, significativamente menos do que as 1.253 ICOs e USD7,8 bilhões captados em 2018.

As vendas de *tokens* são mais populares entre as empresas que estão desenvolvendo serviços com base na tecnologia *blockchain*. Essa tecnologia está no cerne do *bitcoin* e de outras criptomoedas. Um *blockchain* é um registro de transações com registro de data e hora mantido entre uma rede de usuários sem controle centralizado. É semelhante a um banco de dados tradicional, exceto que é usada criptografia para tornar inviável a alteração dos dados uma vez que sejam adicionados à cadeia. Muitas atividades econômicas, incluindo finanças, estão atualizando sua infraestrutura de manutenção de registros com a tecnologia *blockchain*.

As vendas de *tokens* também podem servir como uma ferramenta eficaz de *marketing*. Isso é especialmente verdadeiro se a empresa se beneficia dos efeitos de rede, pois o potencial de valorização do preço dos *tokens* atrai novos clientes. O aumento de clientes aumenta o valor do serviço, que, por sua vez, aumenta o valor dos *tokens*. Por exemplo, uma empresa chamada Civic está construindo uma plataforma de identidade baseada em *blockchain*, e sua moeda é usada para comprar serviços de verificação de identidade de partes confiáveis. A empresa arrecadou USD33 milhões em junho de 2017 por meio de um ICO do seu *token* CVC. O valor total dos *tokens* em janeiro de 2018 foi de cerca de USD462 milhões, mas o valor caiu para menos de USD19 milhões no início de 2020, um indício da sua volatilidade.

Descubra quais empresas abriram seu capital nesta semana nos Estados Unidos no *site* **www.marketwatch.com**. No Brasil, você pode acompanhar os diversos tipos de oferta no *site* da CVM. Na página da CVM (www.cvm.gov.br), procure a aba "Registros de Ofertas Públicas" à esquerda da página inicial.

Investimento participativo no Brasil

O investimento participativo no Brasil é regulamentado pela Instrução CVM nº 588, de 13 de julho de 2017, que dispõe sobre a oferta pública de distribuição de valores mobiliários de emissão de sociedades empresárias de pequeno porte, realizada com dispensa de registro, por meio de plataforma eletrônica de investimento participativo. A Lei Complementar 182/21 instituiu o conceito de "empresa de menor porte", com acesso simplificado ao mercado de capitais, ainda a ser regulamentado pela CVM quando concluímos este capítulo.

A CVM define como sociedade empresária de pequeno porte: "...sociedade empresária constituída no Brasil e registrada no registro público competente, com receita bruta anual de até R$ 10.000.000,00 (dez milhões de reais) apurada no exercício social encerrado no ano anterior à oferta e que não seja registrada como emissor de valores mobiliários na CVM" (Instrução CVM 588).

A regulamentação da CVM admite o investimento participativo com emissão de ações (*crowdfunding* de capital) e não admite o investimento participativo para recebimento em bens e serviços (*tokens*).

Seleção de um capitalista especializado em empreendimentos de risco

A *Internet* é uma fonte poderosa de informações sobre capital empreendedor, tanto para fornecedores quanto para quem precisa de capital. Por exemplo, o *site* **www.dealflow.org** permite que você procure o banco de dados tanto como um empreendedor (alguém que busca capital) quanto como um capitalista de risco (alguém que fornece capital). No Brasil, a ABVCAP oferece tais informações. Veja, por exemplo, o "Atlas ABVCAP", em **http://www.abvcap.com.br/?p=atlas**.

Algumas empresas em estágio inicial (*start-ups*), particularmente aquelas dirigidas por empresários experientes e que já foram bem-sucedidos, são tão procuradas que podem se dar ao luxo de não levar apenas o dinheiro em consideração ao selecionar um capitalista de risco. Existem algumas considerações importantes a serem feitas em tais casos, e algumas estão resumidas a seguir:

1. *A capacidade financeira é importante.* O capitalista de risco precisa ter os recursos e as reservas financeiras para estágios adicionais de financiamento caso eles se tornem necessários. Isso não significa, porém, que maior é necessariamente melhor, conforme explica nossa próxima consideração.

2. *O estilo é importante.* Alguns capitalistas de risco querem estar bastante envolvidos no dia a dia das operações e na tomada de decisões, enquanto outros se satisfazem com relatórios mensais. A melhor opção depende da empresa e também das competências empresariais do capitalista de risco. Além disso, uma grande empresa de *venture capital* pode ser menos flexível e mais burocrática do que uma empresa menor, uma *boutique* de investimento.

3. *As referências são importantes.* O capitalista de risco foi bem-sucedido em empresas semelhantes? Além disso, também é importante saber: como o capitalista de risco lidou com situações que não deram certo?

4. *Os contatos são importantes.* Além de ajudar no financiamento e na administração, um capitalista de risco pode ajudar a empresa de outros modos apresentando clientes potencialmente importantes, fornecedores e outros contatos do setor. As empresas de *venture capital* frequentemente se especializam em determinados setores, e tal especialização pode ser muito valiosa.

5. *A estratégia de saída é importante.* Os capitalistas de risco normalmente não são investidores de longo prazo. As circunstâncias e o modo como o capitalista de risco fará sua "retirada de caixa" da empresa (terá a liquidez do seu investimento) são algo que deve ser avaliado cuidadosamente.

Conclusão

Se uma empresa *start-up* tem êxito, o grande retorno dos investidores que se associaram a ela vem quando ela é vendida para outra, ou quando ela abre seu capital. De qualquer maneira, bancos de investimento quase sempre se envolvem no processo. Discutiremos o processo de venda de valores mobiliários para o público nas próximas seções, prestando atenção particular ao processo de abertura de capital de uma empresa.

> **Questões conceituais**
>
> **15.1a** O que é *venture capital*?
> **15.1b** Por que o *venture capital* quase sempre é fornecido em estágios?

15.2 Venda de títulos mobiliários ao público: procedimento básico

Existem muitas regras e regulamentações sobre o processo de venda de títulos mobiliários. No Brasil, a Lei nº 6.385, de 7 de dezembro de 1976, dispõe sobre o mercado de valores mobiliários; essa lei também criou a Comissão de Valores Mobiliários, a CVM. A CVM é uma entidade autárquica em regime especial, com personalidade jurídica e patrimônio próprios, com autonomia financeira e orçamentária.

A regulamentação do mercado de capitais brasileiro é de competência da CVM. Cabe à CVM fiscalizar: a emissão e distribuição de valores mobiliários no mercado; a negociação e intermediação no mercado de valores mobiliários; a negociação e intermediação no mercado de derivativos; a organização, o funcionamento e as operações das bolsas de valores; a organização, o funcionamento e as operações das bolsas de mercadorias e futuros; a administração de carteiras e a custódia de valores mobiliários; a auditoria das companhias abertas; os serviços de consultor e analista de valores mobiliários.

Para cumprir com suas funções, a CVM emite instruções, deliberações, notas explicativas e pareceres de orientação para os agentes que atuam no mercado, tanto para ofertas públicas quanto para ofertas privadas de valores mobiliários. O termo "valor mobiliário" se refere a ações, títulos de dívida, certificados, letras, notas, títulos derivativos e quaisquer outros ativos mobiliários negociáveis em mercados organizados ou não. Para maiores detalhes, veja a Lei nº 6.385/1976.

Nos Estados Unidos, a Lei de Valores Mobiliários (Securities Act) de 1933 é a origem das regulamentações federais para todas as novas emissões de títulos mobiliários interestaduais. A Lei de Valores Mobiliários (Securities Exchange Act) de 1934 é a base para a regulamentação dos títulos em circulação. A SEC (Securities and Exchange Commission) administra a aplicação dessas leis.

Há uma série de etapas envolvidas na emissão de valores mobiliários para o público. Em termos gerais, o procedimento básico é o seguinte:

1. O primeiro passo dos dirigentes para a emissão de qualquer título mobiliário para o público é obter o registro na CVM como companhia de capital aberto, o que demanda que a empresa seja uma sociedade anônima. Tornando-se companhia de capital aberto, a empresa já estará sujeita à regulação e fiscalização da CVM, mesmo que não tenha ainda listado as suas ações ou outros valores mobiliários no mercado. Uma vez obtido o registro perante a CVM, o conselho de administração ou a assembleia geral, conforme estiver regulado no estatuto social da companhia, deverá aprovar o processo de registro da oferta pública de valores mobiliários perante a CVM, conforme veremos a seguir.

2. A empresa precisa encaminhar um **pedido de registro de oferta pública** à CVM; alguns procedimentos podem ser conduzidos de forma simplificada pela Anbima[4]. Um dos documentos necessários em uma emissão é o Formulário de Referência atualizado.[5] Em virtude do convênio celebrado com a CVM que permite que a Anbima realize as análises preliminares dos pedidos de registro de ofertas públicas de debêntures, notas promissórias e, desde que já negociados no mercado, ações, bônus de subscrição e certificados de de-

registro de oferta pública
Autorização da CVM para uma empresa efetuar uma oferta pública de valores mobiliários.

---

[4] Ver www.anbima.com.br/.

[5] Ver Instrução CVM 480, em http://www.cvm.gov.br/legislacao/instrucoes/inst480.html.

pósitos de ações, foi lançado o Controle de Ofertas Públicas (COP), que consiste em um sistema responsável por disponibilizar ao público em geral uma ferramenta de consulta às ofertas públicas que estão sob análise ou que já foram analisadas pela Anbima.

Nos Estados Unidos, é preciso arquivar um prospecto na SEC. Lá esse documento é necessário para todas as emissões públicas de títulos mobiliários interestaduais, com duas exceções:

a. Emissões de dívida com prazo de vencimento em até nove meses.

b. Emissões que envolvam menos de $5 milhões.

A segunda exceção nos EUA é conhecida como *isenção para pequenas emissões*. Nesse caso, são usados procedimentos simplificados. De acordo com essa isenção, as emissões abaixo de $5 milhões são regidas pela **Regulamentação A**, para a qual é necessária apenas uma simples declaração de oferta. Em geral, porém, o prospecto da emissão contém muitas páginas (50 ou mais) com informações financeiras, incluindo um histórico financeiro, detalhes sobre os negócios existentes, financiamentos propostos e planos para o futuro.

Regulamentação A
Regulamentação da SEC estadunidense que isenta emissões públicas de menos de $5 milhões de estarem em conformidade com a maioria dos requisitos de registro.

prospecto preliminar
Versão preliminar do prospecto de uma emissão publicado no início do anúncio de uma emissão de valores mobiliários (o *red herring* nos Estados Unidos).

3. Após ser protocolado o pedido de registro, durante o período de espera de concessão do registro da emissão, a empresa pode distribuir um **prospecto preliminar**. O prospecto preliminar já contém quase todas as informações do prospecto definitivo e é entregue pela empresa aos investidores em potencial. Nos Estados Unidos, o prospecto preliminar é chamado *red herring* (literalmente, "arenque vermelho", mas a expressão também significa "pista falsa" em inglês) e recebeu esse nome em parte por causa das letras vermelhas em negrito que aparecem na capa.

Na SEC, o registro entra em vigor no 20º dia após seu arquivamento, a menos que a SEC envie uma carta-comentário sugerindo alterações. Nesse caso, o período de verificação de 20 dias recomeça depois que as alterações forem feitas. É importante observar que o regulador não considera os méritos econômicos da emissão proposta; ele apenas verifica se as diversas regras e regulamentos estão sendo seguidos. No caso dos Estados Unidos, a SEC normalmente não verifica a exatidão ou a veracidade do prospecto.

No Brasil, a CVM tem 20 dias úteis, contados do protocolo, para se manifestar sobre um pedido de registro acompanhado de todos os documentos e informações exigidos; o registro será automaticamente obtido se não houver manifestação da CVM neste prazo. Prazos adicionais se aplicam para o atendimento das eventuais exigências e manifestação da CVM.

Ao anunciar o pedido de registro na CVM, a empresa publica um prospecto preliminar, que é substituído pelo prospecto definitivo no momento em que o processo de emissão está completamente definido e aprovado pelo conselho de administração da emissora.

Formulário de Referência
Documento de arquivamento obrigatório na CVM pelas companhias abertas, com todas as informações relevantes da companhia; um "prospecto de prateleira".

prospecto de emissão
Documento legal que descreve em minúcia informações da empresa emissora e os detalhes da oferta aos investidores em potencial.

Formulário de Referência Grande parte das informações do **prospecto de emissão** deve estar no **Formulário de Referência**, cuja versão atualizada deve ser arquivada na CVM na data do pedido de registro de distribuição pública de valores mobiliários. O formulário de referência deve ser atualizado no mínimo anualmente, em até cinco meses contados da data de encerramento do exercício social ou na ocorrência de quaisquer dos eventos previstos na sua regulamentação.

A CVM classifica os emissores em duas categorias: categoria A e categoria B. Um emissor de valores mobiliários pode requerer o registro na CVM na categoria A ou na categoria B. O registro na categoria A autoriza a negociação de quaisquer valores mobiliários do emissor em mercados regulamentados de valores mobiliários. O registro na categoria B autoriza a negociação de valores mobiliários do emissor em mercados regulamentados de valores mobiliários, exceto ações e certificados de depósito de ações ou valores mobiliários que confiram o direito de adquirir ações e certificados de depósito de ações (ver ICVM 480). O emissor registrado na categoria A deve atualizar os campos correspondentes do Formulário de Referência em até sete dias úteis contados da ocorrência de diversos fatos definidos nas instruções da CVM (ICVM 480).

O pedido de registro não contém inicialmente o preço da nova emissão. Nos Estados Unidos, em geral na data ou próximo ao final do período de espera da SEC, é arquivada uma emenda com o preço, e o registro entra em vigor. No Brasil, o preço da emissão é publicado na divulgação da ata da decisão do conselho de administração que aprovou o preço de emissão e no prospecto definitivo.

4. A empresa não pode vender os valores mobiliários durante o período de espera pelo registro. Nos Estados Unidos, é possível fazer ofertas verbais no período. No Brasil, nenhuma venda pode ser realizada antes da concessão de registro da emissão na CVM, mas, no período anterior à data da subscrição da emissão, podem ser feitas reservas de lotes de ações pelos investidores.

5. Na data em que é concedido o registro da emissão, e com o preço já determinado, inicia-se um esforço concentrado de venda. O prospecto definitivo deve estar disponível para os investidores.

Os bancos contratados para a emissão costumam publicar *avisos ao mercado* (ou *anúncios*) durante e após o período de espera pelo registro da emissão. Um exemplo é reproduzido na Figura 15.2. O anúncio de emissão contém o nome do emitente (neste caso, a World Wrestling Federation, hoje chamada de World Wrestling Entertainment). Tais avisos (nos Estados

anúncio público de oferta
Anúncio de uma oferta pública de valores mobiliários.

FIGURA 15.1 Um exemplo de anúncio ao mercado.

Unidos, chamados *tombstone*) oferecem algumas informações sobre a emissão e relacionam os bancos de investimento (os subscritores) que estão envolvidos na venda da emissão. A função dos bancos de investimento — referidos no Brasil como instituições intermediárias — na venda de valores mobiliários é discutida com maiores detalhes nas próximas seções.

No aviso ao mercado, os bancos de investimento se dividem em grupos (nos Estados Unidos, chamados de *brackets*) com base em sua participação na emissão, e os nomes dos bancos são listados por ordem alfabética em cada *bracket*. Os *brackets* são vistos como um tipo de lei do mais forte. Em geral, quanto mais alto o *bracket*, maior será o prestígio do banco subscritor. Nos avisos publicados no Brasil, a hierarquia apresenta em primeiro lugar o banco coordenador-líder, ou os bancos coordenadores-líderes. Em seguida, coordenadores contratados, se houver, e em seguida as outras instituições intermediárias participantes da emissão.

Saiba mais sobre *crowdfunding* no *site* da Associação Nacional de Crowdfunding, em www.nlcfa.org.

> **Questões conceituais**
>
> **15.2a** Quais são os procedimentos básicos de uma nova oferta de valores mobiliários?
>
> **15.2b** O que é um prospecto de emissão?

15.3 Métodos alternativos de emissão

Quando uma empresa resolve emitir um novo título mobiliário, ela pode vendê-lo como uma oferta pública ou oferta privada (também chamada de colocação privada). No caso de uma oferta pública, a empresa deve registrá-la na CVM, no Brasil, ou na SEC, nos Estados Unidos. Nos Estados Unidos, se a emissão for vendida para menos de 35 investidores, a venda pode ser realizada por colocação privada. Nesse caso, não é necessário um documento de registro na SEC.[6] No caso brasileiro, há a figura da oferta pública com esforços restritos, que dispensa automaticamente o registro para oferta de alguns valores mobiliários (exceto ações e valores mobiliários conversíveis em ações), nos termos da Instrução CVM 476. No caso brasileiro, a oferta restrita pode ser realizada a, no máximo, 75 investidores profissionais, conforme definido em regulamentação específica, e os valores mobiliários ofertados deverão ser subscritos ou adquiridos por, no máximo, 50 investidores profissionais.

Qualquer oferta pública no Brasil exige o registro na CVM; algumas operações podem ter dispensa do registro da oferta pública, cumprindo certos requisitos, como o da oferta pública com esforços restritos de distribuição. A ICVM 400 e a ICVM 476 definem os procedimentos da oferta pública com esforços restritos. Se uma oferta não se caracteriza como oferta pública, é entendida como privada, sob a legislação dos contratos privados, do Código Civil, sem a proteção da regulação da CVM. A vantagem de uma oferta privada é que não precisa cumprir exigências de transparência da oferta e da emissora, como a prestação de informações financeiras periódicas e a disponibilidade da documentação no *site* da emissora e da CVM.

Para empresas com ações em circulação, existem dois tipos de ofertas públicas de valores mobiliários: a **oferta pública para investidores em geral** (*general cash offer*, nos Estados Unidos) e uma **oferta apenas para acionistas** (*rights offer,* nos Estados Unidos). No caso da

oferta pública de ações
Emissão de ações oferecida ao público em troca de dinheiro para a empresa emissora.

---

[6] Nos Estados Unidos, há uma grande variedade de arranjos para emissões de participações em empresas de capital fechado (*private equity*). Essas emissões não precisam de registro em bolsa, e isso evita os custos do cumprimento da Lei de Valores Mobiliários de 1934. Mas a regulamentação restringe significativamente a revenda de títulos não listados. Por exemplo, o comprador pode ter de manter os títulos por pelo menos um ano. Entretanto, em 1990, muitas das restrições foram facilitadas significativamente para grandes investidores institucionais. A colocação privada de títulos de dívida será discutida em uma seção mais adiante.

oferta pública, a oferta é feita de forma ampla ao público investidor em geral. Já no caso de uma oferta a acionistas, a oferta é realizada inicialmente apenas para os investidores que já são titulares de valores mobiliários emitidos pela empresa. As ofertas exclusivas para acionistas são relativamente comuns em muitos países e mais raras nos Estados Unidos, principalmente nos últimos anos. Assim, neste capítulo, nos concentramos principalmente em ofertas ao público investidor em geral.

A primeira emissão pública de ações feita por uma empresa é chamada de **oferta pública inicial** (referida também no Brasil como IPO, de *initial public offering*). Essa emissão ocorre quando uma empresa resolve abrir seu capital. Obviamente, todas as ofertas públicas iniciais são ofertas públicas, oferecidas ao mercado em geral. Afinal, se somente os acionistas atuais da empresa quisessem comprar as ações, a empresa não teria de vendê-las em oferta pública.

Uma IPO pode ser uma **oferta no mercado primário** (primeira emissão de ações) ou uma **oferta no mercado secundário**, quando uma S/A fechada abre seu capital e os acionistas atuais, ou alguns deles, vendem parte ou todas as suas ações ao público, ou quando algum ou alguns acionistas de uma empresa de capital aberto se desfazem de sua posição ou de parte dela. Os métodos de emissão de novos valores mobiliários são mostrados no Quadro 15.6 e serão discutidos nas Seções 15.4 a 15.8.

oferta pública inicial (IPO)
Primeira venda de ações de uma empresa ao público no mercado. Também chamada simplesmente de oferta inicial.

oferta secundária
Venda pública de ações de empresas por um acionista ou grupo de acionistas de uma empresa.

QUADRO 15.6 As formas de emissão de novos valores mobiliários[†]

Forma	Tipo	Definição
Ofertas públicas		Ofertas que exigem registro na CVM (no caso dos Estados Unidos, na SEC) antes da distribuição dos valores mobiliários ao público.
Ofertas públicas tradicionais	*Oferta por garantia firme*	A empresa contrata um banco de investimento — instituição intermediária — para coordenar ou montar um consórcio e coordenar a emissão, contatar investidores, fazer consultas de interesse e de preço e proceder a subscrição dos valores mobiliários pelos investidores. Uma vez definido o preço de emissão, a empresa tem garantido o quanto de dinheiro será levantado, pois as instituições intermediárias se comprometem a alocar todos os valores mobiliários da emissão. Nos Estados Unidos, a empresa negocia com um banco de investimento subscritor (*underwriter*), ou um consórcio de subscritores (sindicato). Estes compram um número específico de valores mobiliários da emissão a um preço e os vendem a um preço mais alto para os investidores, realizando um *spread*. Uma vez contratada a emissão, a empresa garante o recebimento integral da emissão ao preço de venda aos *underwriters*.
	Oferta por melhores esforços	As instituições intermediárias (bancos de investimento), contratadas para fazer a distribuição das ações, procuram vender o maior número possível de novas ações pelo preço definido. Não há garantia em relação a quanto dinheiro será levantado pela emissora.
	Oferta por leilão holandês	Emissão em que os bancos de investimento fazem um leilão para determinar o preço de oferta mais alto a ser obtido por um determinado número de valores mobiliários a serem vendidos (nos Estados Unidos).
Subscrição privilegiada[††]	*Oferta direta*[†††]	Emissão em que a empresa oferta novas ações diretamente aos acionistas existentes.
	Oferta standby[†††]	Oferta de novas ações diretamente aos acionistas existentes, em que os bancos de investimento subscrevem as sobras não subscritas pelos acionistas.
Ofertas não tradicionais	*Oferta "de prateleira"*	Programas de distribuição autorizados para empresas que preenchem certos requisitos, permitindo a emissão de ações para venda, quando necessário, em um período de dois anos. Ver Instrução CVM 400.
	Oferta competitiva	Oferta, nos Estados Unidos, em que, em vez de negociar a subscrição com um banco de investimento (como na oferta com garantia firme), a empresa emissora promove um leilão para obter a melhor oferta entre bancos de investimento.

(*continua*)

QUADRO 15.6 As formas de emissão de novos valores mobiliários† (*continuação*)

Forma	Tipo	Definição
	Oferta contínua	Programa de distribuição contínua de letras financeiras por instituições financeiras. Programa exclusivo para letras financeiras não vinculadas a operações ativas da instituição financeira emitente. Ver Instrução CVM 400.
	Oferta com esforços restritos	Dispensa registro na CVM e permite a oferta pessoal — não por escrito ou por divulgação — a, no máximo, 50 investidores qualificados e a subscrição ou aquisição de valores mobiliários por, no máximo, 20 investidores qualificados. Não é permitida para emissão de ações e de debêntures conversíveis ou permutáveis em ações. O investidor somente pode negociar no mercado secundário regulado depois de 90 dias da subscrição ou aquisição. A regra semelhante nos Estados Unidos é a *Rule 144 A* da SEC, que isenta de registro a oferta restrita de valores mobiliários, observadas as condições da regra.
Ofertas privadas	*Colocação direta*	Ofertas de valores mobiliários que não apresentam característica que obrigue oferta pública e cujos valores mobiliários não contam com a proteção da regulação da CVM. Os valores mobiliários são vendidos diretamente ao comprador, que, nos Estados Unidos — pelo menos até recentemente —, não poderia revender os títulos por pelo menos dois anos.

† Este é um resumo geral de diferentes tipos de oferta. Sobre as formas e os tipos de ofertas de valores mobiliários admitidos no mercado brasileiro, consulte as Instruções CVM (ICVM) números 400 e 476 e suas alterações e a Lei das Sociedades por Ações.
†† *Privileged subscription*, nos Estados Unidos. Não confundir com o direito de preferência dos acionistas de que trata a lei societária brasileira e a oferta prioritária de subscrição para acionistas existentes.
††† Oferta de direitos de subscrição negociáveis no mercado.

oferta subsequente
Emissão de novas ações feita por uma empresa que já possui ações em circulação no mercado.

Empresas que já tenham realizado emissões de ações podem efetuar emissões subsequentes. Uma **emissão subsequente** de ações é uma nova emissão de ações por empresas que já tenham ações em circulação. Uma emissão subsequente também é conhecida no meio brasileiro pelo nome utilizado nos EUA, *follow on*.[7] Uma oferta pública subsequente de ações pode ser feita por meio de oferta pública ou por oferta aos acionistas existentes. Geralmente as ofertas subsequentes no mercado brasileiro envolvem uma oferta prioritária aos acionistas existentes seguida de uma oferta ao público em geral.

No Brasil, as emissões subsequentes são facilitadas pelo processo simplificado de emissão e pelo convênio firmado entre a CVM e a Anbima, que facilita muito o processo de registro de ofertas subsequentes, reduzindo substancialmente o tempo de análise dos processos de emissão.

O emissor ou o ofertante de uma emissão pode outorgar à instituição intermediária uma opção de **distribuição de lote suplementar**, a ser exercida em razão da prestação de serviço de estabilização de preços dos valores mobiliários objeto da oferta, nas mesmas condições e preço inicialmente ofertados. A opção de colocação de lote suplementar deverá obrigatoriamente estar prevista no prospecto da emissão e não poderá ultrapassar 15% da quantidade inicialmente ofertada. Com a colocação de um lote suplementar, o número de ações emitidas será maior.

> ### Questões conceituais
>
> **15.3a** Qual é a diferença entre uma oferta com garantia firme e uma oferta com melhores esforços?
>
> **15.3b** Por que uma oferta pública inicial é necessariamente uma oferta aberta ao mercado?

---

[7] Nos Estados Unidos, *seasoned equity offering* (SEO); os termos *follow on* e *secundary offer* também são muito usados para essa modalidade. No Brasil, ofertas subsequentes e ofertas secundárias não se confundem, pois as ofertas secundárias aqui se referem àquelas em que ações de acionistas existentes são vendidas em oferta pública, geralmente na abertura de capital de uma S/A de capital fechado.

15.4 Instituições intermediárias de subscrição

Se a emissão de valores mobiliários for uma oferta pública, geralmente há **instituições intermediárias** (bancos de investimento e outros agentes autorizados) que organizam o processo de emissão. Nos Estados Unidos, as subscrições com garantia firme são adquiridas diretamente por bancos subscritores (*underwriters*). A subscrição é uma linha de negócios importante para grandes instituições de investimentos, como a Morgan Stanley. Os intermediários subscritores oferecem os seguintes serviços para os emissores corporativos:

1. Escolha da forma e do tipo de emissão dos valores mobiliários.
2. Consulta sobre a viabilidade da oferta, coleta de intenção de investimento e determinação do preço dos novos títulos.
3. Venda dos valores mobiliários aos investidores.

> **instituições intermediárias**
> Bancos de investimento e corretoras que atuam como intermediários entre uma empresa que vende valores mobiliários e o público investidor.

No mercado brasileiro, um processo de emissão envolve um grupo de instituições intermediárias chamado de consórcio, com um ou mais coordenadores sob um coordenador líder, e um grupo de instituições intermediárias que assessora o emissor em todos os passos da oferta. A colocação dos valores mobiliários é efetuada diretamente para os investidores acionistas ou não, conforme a emissão. Nos Estados Unidos, em geral, o subscritor compra os valores mobiliários da empresa emissora por um preço inferior ao preço de oferta e aceita o risco de não conseguir vendê-los. Como, nesse caso, a subscrição envolve risco, é formado um **consórcio** (lá chamado de "sindicato") de subscritores para compartilhar o risco e ajudar a venda da emissão.

Em um consórcio (ou sindicato), um ou mais bancos coordenadores organizam ou coadministram a oferta. O coordenador líder tem a responsabilidade de coordenar o consórcio e, junto com o emitente, solicitar o registro da emissão na CVM. No mercado brasileiro, o coordenador lidera o processo de consulta para definir o preço da emissão; nos Estados Unidos, o coordenador determina o preço de compra dos papéis pelo sindicado de *underwriters*. As outras instituições do consórcio agem como distribuidoras da emissão e, mais tarde, produzem relatórios de pesquisa.

> **consórcio**
> Grupo de instituições intermediárias (bancos de investimento) formado para compartilhar o risco e ajudar a vender uma emissão. Também chamado de *sindicato*.

Nos Estados Unidos, nos últimos anos, tornou-se bastante comum um sindicato consistir apenas em um número pequeno de bancos colíderes do processo de emissão; lá, é comum os bancos subscritores adquirirem a emissão e revenderem as ações no mercado. A diferença entre o preço de compra do banco subscritor e o preço de oferta é chamada de *spread* **bruto**, ou desconto de subscrição. Ela é a remuneração básica recebida pelo banco subscritor. Às vezes, em pequenas emissões, o *underwriter* obtém remuneração não monetária, na forma de bônus de subscrição (*warrants*)[8] e ações, além do *spread*. No Brasil, o processo é diferente, o consórcio coloca a emissão junto aos investidores interessados, e o preço de emissão será cobrado do investidor, enquanto a remuneração das instituições intermediárias é acertada com a emissora.

> ***spread* bruto**
> Remuneração da instituição intermediária determinada pela diferença entre o preço de compra e o preço da oferta.

Seleção de uma instituição intermediária

Nas emissões no mercado brasileiro, alguns grandes bancos de investimento ligados a bancos comerciais são especializados em procedimentos de emissão, utilizando a rede de relações do banco comercial tanto no país quanto no exterior. A esses podem se juntar bancos de investimento ligados a grandes corretoras internacionais. O custo da emissão dependerá dos esforços necessários para montar o processo de emissão e buscar os investidores.

Nos Estados Unidos, uma empresa pode oferecer seus papéis para o *underwriter* que apresenta o lance mais alto em uma *oferta competitiva*, ou pode negociar diretamente com um *underwriter*. Lá, exceto por algumas grandes empresas, as novas emissões de dívida e ações são geralmente realizadas com base em *oferta negociada*. A exceção, nos Estados Unidos, são as empresas concessionárias de serviços públicos, que são obrigadas a usar o processo competitivo de subscrição.

---

[8] Bônus de subscrição, ou *warrants*, são opções de compra de ações a um preço fixo durante um prazo fixo.

Existem evidências de que, nos Estados Unidos a subscrição competitiva é mais barata do que a subscrição negociada. Os motivos para o predomínio das subscrições negociadas nos Estados Unidos é um assunto de continuado debate.

Tipos de subscrição

Os tipos básicos de subscrição em uma oferta pública de valores mobiliários são: garantia firme, melhores esforços e *stand-by*; nos Estados Unidos, há ainda o leilão holandês.

subscrição por garantia firme
Tipo de subscrição no qual o consórcio de instituições intermediárias garante a colocação da emissão, ou o banco subscritor compra toda a emissão, ambos assumindo total responsabilidade financeira pelas ações não vendidas a investidores.

Subscrição por garantia firme Na **subscrição por garantia firme**, o emitente contrata instituições intermediárias que garantem a colocação total da emissão, ou o emitente vende toda a emissão para os bancos subscritores, os *underwriters*, que então tentam revendê-la. Esse é o tipo mais comum de subscrição nos Estados Unidos; lá, na verdade, é apenas um sistema de compra e revenda, e a comissão dos *underwriters* é o *spread*. No caso de uma emissão subsequente de ações, os *underwriters* podem consultar o preço de mercado para determinar por quanto a emissão deve ser vendida, e mais de 95% de todas as novas emissões são garantias firmes.

Se o *underwriter* não puder vender toda a emissão ao preço de oferta negociado, ele terá de diminuir o preço das ações não vendidas. No entanto, com a garantia firme, o emissor recebe a quantia negociada, e todo o risco associado com a venda é transferido para o *underwriter*. Entretanto, como o preço da oferta normalmente não é definido antes que tenha sido investigada a receptividade do mercado para a emissão, esse risco costuma ser mínimo. Além disso, como o preço de oferta não é definido até pouco antes de a venda começar, o emitente não sabe precisamente qual será seu resultado líquido até o momento da definição do preço da emissão.

Aprenda sobre bancos de investimento no *site* da Merrill Lynch (www.ml.com).

Para determinar o preço da oferta, a instituição intermediária se reúne com compradores em potencial, geralmente grandes compradores institucionais, como fundos de investimento. Muitas vezes, a instituição intermediária e a equipe de gestão da empresa fazem apresentações em várias cidades, promovendo a ação no chamado *road show*. Os compradores em potencial fornecem informações sobre qual preço estariam dispostos a pagar e quantas ações comprariam a um determinado preço. Esse processo de solicitar informações dos compradores e os preços e quantidades em que estão interessados é chamado de *bookbuilding*. Como veremos, apesar do processo de *bookbuilding*, as instituições intermediárias frequentemente erram o preço, ou pelo menos assim parece.

Obviamente, uma oferta com garantia firme representa risco para os subscritores. Em novembro de 2018, a Credit Suisse subscreveu uma oferta secundária de 10 milhões de ações da Canada Goose, empresa conhecida por seus casacos e jaquetas de luxo. Quando a oferta foi feita, em um incidente não relacionado, a diretora financeira da Huawei Technologies foi presa em Vancouver, o que causou um conflito diplomático entre o Canadá e a China. A prisão levou os chineses a boicotar as marcas canadenses, derrubando as ações da Canada Goose em 20%. A Credit Suisse foi forçada a vender as ações com prejuízo ao preço de oferta ou correr o risco de uma queda ainda maior no preço das ações. Estima-se que a Credit Suisse tenha perdido USD60 milhões na transação.

subscrição por melhores esforços
Tipo de subscrição na qual o consórcio procura vender o máximo de ações possível, mas pode devolver as ações não vendidas para a empresa emitente, sem assumir responsabilidade financeira sobre elas.

Subscrição por melhores esforços Na **subscrição por melhores esforços**, a instituição intermediária é obrigada a usar os "melhores esforços" para negociar os títulos ao preço de oferta. A instituição intermediária ou o consórcio de instituições intermediárias não garante qualquer montante em dinheiro para a empresa emitente, a não ser o que for vendido. Essa forma de subscrição se tornou pouco comum nos últimos anos.

Subscrição *stand-by* É uma subscrição que combina melhores esforços com garantia firme. Na forma *stand-by*, o consórcio de instituições intermediárias se obriga a desenvolver os melhores esforços para colocação de uma emissão exclusiva para acionistas existentes. As sobras dos direitos não exercidos serão subscritas pelos bancos de investimento integrantes do consórcio. Para ofertas públicas, as emissões com garantia firme têm o mesmo efeito.

Subscrição por leilão holandês Na **subscrição por leilão holandês**, prática do mercado estadunidense, o *underwriter* não define um preço fixo para as ações a serem vendidas. Em vez disso, ele realiza um leilão no qual os investidores dão lances pelas ações. O preço de oferta é determinado com base nos lances apresentados. Um leilão holandês também é conhecido por seu nome mais descritivo: *leilão de preço uniforme*. Essa abordagem para a venda de títulos ao público é relativamente nova no mercado de IPO e não tem sido muito usada, mas é muito comum nos mercados de títulos de dívida. Por exemplo, esse é o único procedimento usado pelo Tesouro dos Estados Unidos para vender quantidades enormes de letras, obrigações e notas para o público.

A melhor maneira de entender um leilão holandês é por meio de um exemplo simples. Suponha que a Rial Co. queira vender 400 ações ao público. A empresa recebe cinco lances da seguinte maneira:

Ofertante	Quantidade	Preço
A	100 ações	$16
B	100 ações	14
C	200 ações	12
D	100 ações	12
E	200 ações	10

> **subscrição por leilão holandês**
> Tipo de subscrição em que o preço de oferta é definido com base em licitação competitiva entre investidores. Também é conhecido como *leilão de preço uniforme*.

Assim, o ofertante A está disposto a comprar 100 ações a $16 cada uma, o ofertante B está disposto a comprar 100 ações a $14 e assim por diante. A Rial examina os lances para determinar o preço mais alto que resultará na venda de todas as 400 ações. Assim, por exemplo, a $14, A e B juntos comprariam apenas 200 ações, de modo que o preço é muito alto. Prosseguindo, todas as 400 ações não serão vendidas até atingirmos um preço de $12, de modo que $12 será o preço de oferta na IPO. Os ofertantes de A a D receberão ações, o ofertante E não as receberá.

Existem dois pontos adicionais importantes a serem observados em nosso exemplo. Em primeiro lugar, todos os ofertantes vencedores pagarão $12, até mesmo os ofertantes A e B, que deram um lance maior. O fato de que todos os ofertantes vencedores pagam o mesmo preço é o motivo para o nome "leilão de preço uniforme". A ideia de tal leilão é incentivar os ofertantes a darem lances de maneira agressiva e, ao mesmo tempo, proporcionar-lhes certa proteção contra lances com preços muito altos.

Em segundo lugar, observe que, ao preço de oferta de $12, existem, na verdade, lances para 500 ações, mais do que as 400 ações que a Rial deseja vender. Dessa maneira, deve haver algum tipo de alocação. O modo como isso é feito varia um pouco, mas, no mercado de IPO, a abordagem tem sido simplesmente calcular o índice entre as ações oferecidas e as ações cotadas ao preço de oferta ou maior — o que, em nosso exemplo, resulta em 400/500 = 0,8 — e alocar aos ofertantes essa porcentagem. Em outras palavras, os ofertantes de A a D recebem cada um 80% das ações cotadas a um preço de $12 por ação.

Aprenda tudo sobre o leilão holandês de IPOs no *site* **www.wrhambrecht.com**.

O *aftermarket*

O período após uma nova emissão ter sido inicialmente vendida para o público é chamado nos Estados Unidos de *aftermarket* (não confundir com o mercado *after-market* da B3, de que trataremos mais adiante). Durante esse período, os membros do sindicato de subscrição geralmente não vendem as ações por menos do que o preço da oferta.

O principal *underwriter* pode comprar ações se o preço de mercado cair abaixo do preço de oferta. A finalidade disso seria dar suporte ao mercado e estabilizar o preço em relação à pressão temporária de baixa. Se a emissão permanecer sem vendas durante certo período (por exemplo, 30 dias), os membros podem sair do grupo e negociar suas ações ao preço que o mercado permitir.[9]

A cláusula de emissão suplementar (green shoe)

emissão suplementar
Cláusula do prospecto de emissão que dá aos bancos subscritores a opção de comprar ou colocar um lote suplementar de até 15% de ações, além da quantidade autorizada, ao preço de oferta. Também é chamada de opção de distribuição a maior ou green shoe.

Muitos contratos de subscrição contêm uma **cláusula de emissão suplementar** (conhecida como *green shoe* nos EUA) que dá ao coordenador líder ou ao consórcio de subscrição a opção de comprar ações adicionais do emitente ao preço de oferta.[10] Essencialmente, todas as ofertas iniciais e as ofertas subsequentes incluem essa cláusula, mas em geral as ofertas de dívida não a incluem. O motivo declarado para a opção de emissão suplementar é cobrir o excesso de demanda e de subscrições. As opções de emissão suplementar normalmente duram 30 dias e envolvem 15% das ações recém-emitidas.

Na prática, geralmente o consórcio já vende inicialmente 115% das ações oferecidas. Se a demanda pela emissão for alta após a oferta, os subscritores exercem a opção de emissão suplementar para obter os 15% extras da empresa. Nos Estados Unidos, em uma oferta subsequente, se a demanda pela emissão for baixa, os *underwriters* compram as ações necessárias no mercado, ajudando assim a suportar o preço da ação no *aftermarket*.

Prazo de bloqueio

prazo de bloqueio
Parte do contrato de subscrição, ou da determinação legal, que especifica por quanto tempo os insiders devem aguardar, após uma oferta pública, para poder negociar suas ações.

Os acordos de bloqueio especificam por quanto tempo os envolvidos na oferta (*insiders*) devem aguardar após uma IPO para poder negociar suas ações. Embora não sejam exigidos por lei nos Estados Unidos, lá quase todos os contratos de subscrição contêm **cláusula de prazo de bloqueio** (*lockup agreement*). Nos últimos anos, os prazos de bloqueio têm sido mais ou menos padronizados em 180 dias. Assim, após uma IPO, os *insiders* não podem vender antes de seis meses, o que garante que mantenham um interesse econômico significativo na empresa que abriu o capital.

No Brasil, a Instrução CVM 400 (art. 48) estabelece que a emissora, o ofertante, as instituições intermediárias desde a contratação de uma oferta pública de distribuição, decidida ou projetada, e as pessoas que com esses estejam trabalhando ou os assessorando de qualquer forma deverão abster-se de negociar com valores mobiliários de emissão do ofertante ou da emissora até a publicação do anúncio de encerramento de distribuição. O regulamento de listagem do Novo Mercado até 2018 também tinha uma previsão de bloqueio, excluída da atualização de 2018, que deixou eventual restrição ao arranjo da emissora com os coordenadores da oferta, remetendo às partes a sinalização ao investidor.

Os prazos de bloqueio também são importantes porque é comum o número de ações bloqueadas exceder ao número de ações mantidas pelo público, às vezes em quantias substanciais. Nos Estados Unidos se verifica que, no dia em que o prazo de bloqueio expira, existe a possibilidade de grande número de ações chegar ao mercado e, com isso, diminuir o preço das ações. As evidências sugerem que, em média, especialmente as empresas financiadas por *venture capital* têm possibilidade de perder valor no dia de vencimento do bloqueio.

O período de silêncio

Uma vez que a empresa começa a cogitar seriamente uma IPO, a CVM (e a SEC nos Estados Unidos) exige que a empresa e as instituições intermediárias observem um "período de silên-

---

[9] Às vezes, o preço de um título mobiliário cai muito quando o subscritor para de estabilizar o preço. Em tais casos, os humoristas de Wall Street (aqueles que não compraram ações) chamam o período seguinte ao *aftermarket* de *aftermath* (consequência).

[10] O termo em inglês *green shoe provision* soa bastante exótico, mas a origem é relativamente comum. Ele vem do nome da empresa Green Shoe Manufacturing Company que, em 1963, foi a primeira emitente a conceder tal opção.

cio". Isso significa que todas as comunicações com o público devem ser limitadas aos anúncios ordinários e a outras questões puramente factuais. A lógica é que todas as informações relevantes devam estar contidas no prospecto de emissão. Um resultado importante dessa exigência é que os analistas das instituições intermediárias são proibidos de fazer recomendações aos investidores. Nos Estados Unidos, assim que termina esse período, os *underwriters* coordenadores publicam relatórios de pesquisa, normalmente acompanhados por uma recomendação favorável de "compre".

No Brasil, a Instrução CVM 400 regula o período de silêncio. Segundo a norma, os envolvidos devem, entre outras obrigações, abster-se de manifestações na mídia, sobre a oferta ou o ofertante, desde 60 dias antes do protocolo do pedido de registro da oferta ou desde a data em que a oferta foi decidida ou projetada, o que ocorrer por último, até a publicação do anúncio de encerramento de distribuição.

Nos Estados Unidos, o período de silêncio termina 40 dias corridos após uma IPO. Em 2004, duas empresas sofreram problemas consideráveis relacionados ao período de silêncio. Pouco antes da IPO do Google (agora Alphabet), uma entrevista com seus cofundadores, Sergey Brin e Larry Page, foi publicada pela *Playboy*. A entrevista quase causou um atraso na IPO, mas o Google conseguiu corrigir seu prospecto a tempo. Em maio de 2004, a IPO da Salesforce.com foi retardada porque uma entrevista com o CEO Marc Benioff foi publicada pelo *The New York Times*. A Salesforce.com finalmente se tornou uma companhia aberta dois meses depois.

Listagem direta

Nos EUA, embora as empresas geralmente usem *underwriters* para ajudar suas ações a serem negociadas publicamente, isso não é obrigatório. Se assim o desejar e cumprir os requisitos da bolsa de valores, uma empresa pode fazer uma **listagem direta**. Nesse caso, a empresa faz a listagem na bolsa de suas ações, sem *marketing* e sem ajuda de *underwriters*. As listagens diretas não são comuns para grandes empresas, mas a empresa de *software* Slack, avaliada em cerca de USD12 bilhões, completou uma na Nyse em junho de 2019. Entre outras coisas, uma listagem direta é muito mais barata porque não há custos de subscrição e outros custos associados. Esses custos podem ser substanciais e serão discutidos em detalhes em uma seção subsequente.

listagem direta
Em uma listagem direta, nos EUA, uma empresa faz a listagem de suas ações em bolsa, sem campanhas de *marketing* e sem ajuda de um *underwriter*.

> **Questões conceituais**
>
> **15.4a** O que há de diferente entre o modo de atuação dos *underwriters* nos Estados Unidos e das instituições intermediárias de uma oferta pública de ações no Brasil?
>
> **15.4b** O que é uma oferta subsequente?
>
> **15.4c** O que é uma emissão suplementar?

15.5 IPOs e subprecificação

A determinação correta do preço de oferta é a parte mais difícil do trabalho do *underwriter* ou do coordenador líder em uma oferta pública inicial. A empresa emitente enfrentará um custo potencial se o preço da oferta for muito alto ou muito baixo. Se a emissão for cotada a um preço muito alto, ela pode não ter êxito e precisará ser retirada do mercado. Se a emissão for cotada a um preço abaixo do valor justo, os acionistas existentes da emissora terão uma perda, um custo de oportunidade, quando a emissora vender ações por menos do que elas valem.

A subprecificação é muito comum. Obviamente, ela ajuda novos acionistas a ganharem um retorno maior sobre as ações que compram. Entretanto, não beneficia os acionistas existentes da empresa emissora. Para eles, esse é um custo indireto da emissão de novos títulos. Por exemplo, considere a IPO de 2020 da Vroom, uma plataforma de vendas de automóveis pela Internet. A Vroom vendeu 21,25 milhões de ações na IPO a um preço de USD22. A ação abriu a USD40,25 e chegou a USD48,88 no primeiro dia, antes de fechar a USD47,90. Com base nesses números, a Vroom estava com um subpreço de aproximadamente USD25,90 por ação, o que significa que a empresa deixou de colocar no caixa cerca de USD550 milhões. Em 1999, a IPO de 8,2 milhões de ações da eToys teve um subpreço de USD57 por ação ¨C quase meio bilhão de dólares no total. A eToys precisava desse dinheiro. Em dois anos, ela foi à falência.

Subprecificação de uma IPO: a experiência de 1999-2000

O Quadro 15.7, juntamente com as Figuras 15.3 e 15.4, mostra que 1999 e 2000 foram anos extraordinários no mercado de IPO estadunidense. Mais de 850 empresas abriram seu capital, e a média de retornos no primeiro dia nos dois anos foi de cerca de 65%. Durante esse período, em 194 IPOs, as cotações dobraram — ou mais do que dobraram — de valor no primeiro dia. Por outro lado, apenas 39 IPOs haviam conseguido isso nos 24 anos anteriores combinados. Uma empresa, a VA Linux, teve aumento de 698% na sua cotação.

O montante arrecadado em 1999, USD64,91 bilhões, foi um recorde, seguido de perto pelos USD64,88 bilhões arrecadados em 2000. A subprecificação nos Estados Unidos foi tão séria em 1999 que as empresas deixaram de lado outros USD37 bilhões nas emissões daquele ano, um montante substancialmente maior do que aquele dos anos entre 1990 e 1998 combinados. Em 2000, o montante foi de pelo menos USD30 bilhões. Em outras palavras, ao longo do período de dois anos, as empresas estadunidenses perderam USD67 bilhões por causa da subprecificação.

Se você está interessado em descobrir como as IPOs têm se saído recentemente, confira a seção *Exercícios na Internet*.

QUADRO 15.7 Número de ofertas, retorno médio no primeiro dia e resultado bruto das ofertas públicas iniciais: 1960-2019

Ano	Número de ofertas*	Retorno médio no primeiro dia (%)†	Resultado bruto, bilhões‡
1960-1969	2.661	21,2	7,99
1970-1979	1.536	7,1	6,66
1980-1989	2.048	7,2	53,99
1990-1998	3.614	14,8	226,38
1999-2000	856	64,6	129,47
2001-2009	918	11,6	227,30
2010-2019	1.172	17,1	526,25
1960–2019	12.805	17,3	1.178,04

Fonte: Dados de 1960–1974 extraídos de Roger Ibbotson, Jody Sindelar e Jay R. Ritter, "The Market's Problems with the Pricing of Initial Public Offerings", *Journal of Applied Corporate Finance* 7, no. 1, primavera de 1994, 66–74 (Table 1). Os dados de 1975–2019 foram compilados por Jay R. Ritter usando a Thomson Financial, a Dealogic e outras fontes. Os valores de 1975–1993 são diferentes daqueles informados no artigo no JACF porque o artigo publicado incluía IPOs que não se qualificava para listagem na Nasdaq, Amex ou Nyse (quase todas ações de centavo).

*A partir de 1975, o número de ofertas exclui IPOs com preço de oferta menor do que $5,00, ADRs, ofertas de melhores esforços, units e ofertas dentro da Regulamentação A (pequenas emissões, levantando menos do que $1,5 milhão durante os anos 1980; $5 milhões até 2012), fundos de investimentos imobiliários (real estate investment trusts – REITs), partnerships e fundos fechados. Os bancos e associações de poupança e empréstimo (S&Ls) foram incluídos. A partir de 2012, ofertas regidas pela Regulamentação A (emissões que levantam até $50 milhões são elegíveis) são incluídas.

† Os retornos no primeiro dia são calculados como o retorno percentual do preço de oferta em relação ao primeiro preço de fechamento de mercado.

†† Os resultados brutos são da Securities Data Co. e excluem as opções de distribuição suplementar, mas incluem a tranche internacional, se houver. Não foi feito ajuste para a inflação.

EXERCÍCIOS NA INTERNET

As IPOs com altos retornos lhe deixaram animado? Está pensando no desempenho de IPOs recentes? Descubra mais em www.ipomonitor.com. Visitamos o *site* e abrimos a área Best-Worst Performers, das IPOs com melhor e pior desempenho. Aqui você vê parte do que encontramos:

IPO Filings	IPO Withdrawls	IPO Pricings	#1 Performer	#2 Performer	#3 Performer
55	**13**	**54**	+147.4%	+75.4%	+73.1%
Last Year: 53 (+3.8%)	Last Year: 9 (+44.4%)	Last Year: 50 (+8.0%)	Monopar Therapeutics	Bill.com Holdings,	BRP Group,

É possível ver que em dezembro de 2019, em comparação aos 90 dias anteriores, a Monopar Therapeutics e a Bill.com Holdings tiveram os maiores retornos no primeiro dia de negociação.

Questões

1. Visite www.ipomonitor.com e descubra as empresas com os maiores ganhos no primeiro dia nos últimos 90 dias. Compare esses ganhos com os maiores ganhos apresentados acima. Quais empresas tiveram as maiores quedas de preço no primeiro dia?
2. Visite www.ipomonitor.com e descubra quais empresas já registraram uma IPO mas ainda não começaram a ser negociadas.

Evidências de subprecificação

A Figura 15.3 fornece uma ilustração mais geral do fenômeno da subprecificação. Ela mostra o histórico mês a mês de subprecificação das IPOs registradas na SEC, nos Estados Unidos.[11] O período coberto é de 1960 a 2019. A Figura 15.4 apresenta o número de ofertas de cada mês naquele período.

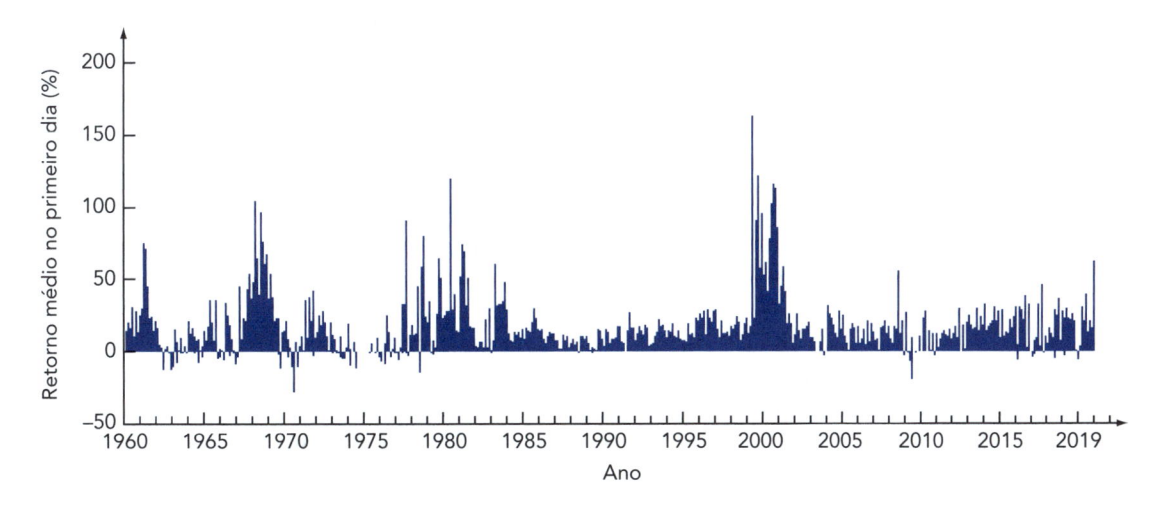

FIGURA 15.3 Retornos iniciais médios mensais das ofertas públicas iniciais registradas na SEC: 1960-2019.
Fonte: Roger Ibbotson, Jody Sindelar ed Jay R. Ritter, "The Market's Problems with the Pricing of Initial Public Offerings", *Journal of Applied Corporate Finance* 7, no. 1, primavera de 1994, atualizado pelos autores.

---

[11] A discussão desta seção toma por base o artigo de R. G. Ibbotson, J. L. Sindelar e J. R. Ritter, "The Market's Problems with the Pricing of Initial Public Offerings", *Journal of Applied Corporate Finance* 7 (primavera de 1994).

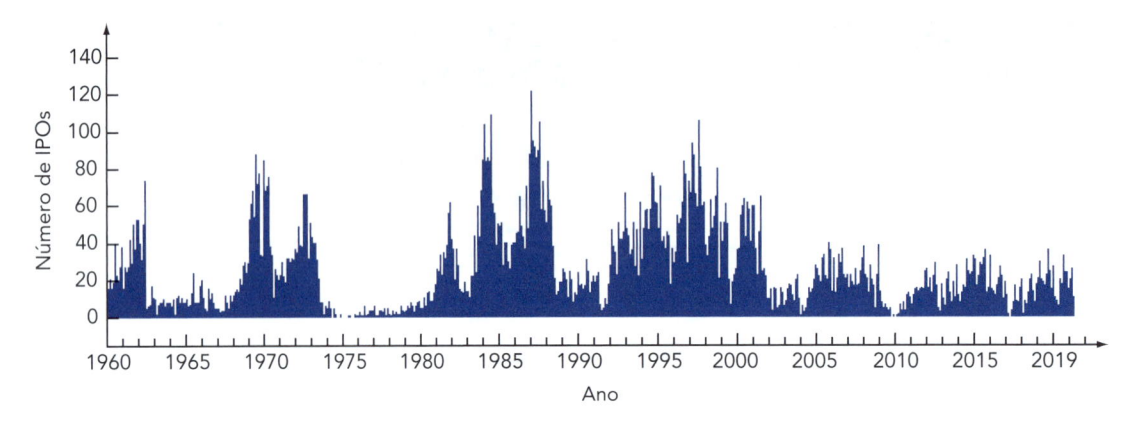

FIGURA 15.4 Número de ofertas mensais das ofertas públicas iniciais registradas na SEC: 1960-2019.
Fonte: R. G. Ibbotson, J. L. Sindelar e J. R. Ritter, "The Market's Problems with the Pricing of Initial Public Offerings", *Journal of Applied Corporate Finance* 7 (primavera de 1994), conforme foi atualizado pelos autores.

A Figura 15.3 mostra que a subprecificação pode ser bastante drástica, excedendo 100% em alguns meses. Nesses meses, uma IPO típica mais do que dobrou de valor, às vezes em questão de horas. Além disso, o grau de subprecificação varia com o tempo, e períodos de subprecificação severa (mercados *hot issue*) são seguidos por períodos de pouca subprecificação (mercados *cold issue*). Por exemplo, nos anos 1960, a IPO média teve subprecificação de 21,2%. Nos anos 1970, a subprecificação média foi muito menor (7,1%), e o montante da subprecificação foi realmente muito menor ou mesmo negativo em grande parte do período. A subprecificação dos anos 1980 ficou em aproximadamente 7,2%. Entre 2001 e 2009, as IPOs tiveram subprecificação média de 11,6%, e, entre 2010-2019, a subprecificação foi de 17,1%.

Na Figura 15.4, vemos que o número de IPOs também é altamente variável com o passar do tempo. Além disso, existem ciclos pronunciados tanto em grau de subprecificação quanto em relação ao número de IPOs. Comparando as Figuras 15.3 e 15.4, observamos que os aumentos no número de novas ofertas tendem a seguir períodos de subprecificação significativa com intervalo de aproximadamente seis meses. Isso provavelmente ocorre porque as empresas resolvem abrir seu capital quando percebem que o mercado está altamente receptivo a novas emissões.

O fenômeno do ajuste parcial

Quando uma empresa entra com o seu pedido de registro junto à SEC, em algum ponto do processo, ela indica a faixa de preços na qual espera oferecer suas ações, chamada de "faixa de preço do pedido" (*file price range*) ou algum nome parecido. Uma faixa de preços de $10 a $12 é comum, mas existem muitas outras. Por exemplo, quando a Bill.com entrou com o seu pedido de IPO em sexta-feira, 15 de novembro de 2019, a empresa indicou um preço máximo esperado de $18.

Pouco antes de as ações da empresa serem vendidas para investidores, o preço de oferta final da IPO é determinado. Como mostra a Seção A do Quadro 15.8, o preço pode ficar acima, dentro ou abaixo da faixa de preços indicada originalmente pela empresa. No período de 1980 a 2019, 49% das IPOs ficaram dentro da faixa de preços do pedido; 28%, abaixo; e 23%, acima.

A Seção B do Quadro 15.8 ilustra um padrão interessante e bastante claro. A subprecificação de IPOs é muito mais grave quando a oferta é precificada acima da faixa do pedido. Para o mesmo período de 1980 a 2019, IPOs com preço acima da faixa do pedido tiveram subprecificação média de 50%, em comparação com apenas 3% das empresas com preço abaixo dela. O período de 1999-2000 se destaca mais uma vez. As emissões que "erraram o alvo" e ficaram acima da faixa de preços do pedido tiveram subprecificação média de 122%!

Esse padrão é conhecido como fenômeno do "ajuste parcial". O nome faz referência ao fato de que, quando as empresas elevam os preços de oferta da sua IPO, a alteração é apenas

EM SUAS PRÓPRIAS PALAVRAS...
Jay Ritter sobre a subprecificação no mundo todo

Os Estados Unidos não são o único país no qual as ofertas iniciais de ações são subprecificadas. O fenômeno existe em todos os países que têm mercado de ações, embora a extensão da subprecificação varie de um país para outro.

Em geral, os países com mercados de capital desenvolvidos têm subprecificação mais moderada do que as de mercados emergentes. Durante a bolha da Internet, entre 1999 e 2000, porém, a subprecificação nos mercados de capitais desenvolvidos aumentou drasticamente. Nos Estados Unidos, por exemplo, o retorno médio no primeiro dia, durante o período entre 1999 e 2000, foi de 65%. Desde o fim da bolha da Internet, em meados de 2000, o nível de subprecificação nos Estados Unidos, na Alemanha e em outros mercados de capitais desenvolvidos voltou a níveis mais tradicionais.

A subprecificação das IPOs chinesas costumava ser extrema, mas tem se atenuado nos últimos anos. Na década de 1990, as regulamentações do governo chinês exigiam que o preço de oferta não poderia ser maior do que o lucro multiplicado por 15, mesmo quando ações comparáveis tinham índices preço/lucro de 45. Em 2011–2012, o retorno médio no primeiro dia era de 21%. Em 2013, no entanto, não houve nenhuma IPO na China, devido a uma proibição do governo, imposta devido à crença de que o aumento na oferta teria um efeito negativo nos preços das ações.

O quadro a seguir faz um resumo dos retornos médios no primeiro dia das IPOs de vários países; os números foram coletados de vários estudos de diferentes autores.

País	Tamanho da amostra	Período	Retorno inicial médio (%)
Argentina	26	1991–2013	4,2
Austrália	1.562	1976–2011	21,8
Áustria	103	1971–2013	6,4
Bélgica	114	1984–2006	13,5
Brasil	275	1979–2011	33,1
Bulgária	9	2004–2007	36,5
Canadá	720	1971–2013	6,5
Chile	81	1982–2013	7,4
China	2.637	1990–2014	113,5
Chipre	73	1997–2012	20,3
Dinamarca	164	1984–2011	7,4
Egito	62	1990–2010	10,4
Finlândia	168	1971–2013	16,9
França	697	1983–2010	10,5
Alemanha	779	1978–2014	23,0
Grécia	373	1976–2013	50,8
Hong Kong	1.486	1980–2013	15,8

(continua)

País	Tamanho da amostra	Período	Retorno inicial médio (%)
Índia	2.983	1990–2014	88,0
Indonésia	464	1990–2014	24,9
Irã	279	1991–2004	22,4
Irlanda	38	1991–2013	21,6
Israel	348	1990–2006	13,8
Itália	312	1985–2013	15,2
Japão	3.313	1970–2014	42,8
Jordânia	53	1999–2008	149,0
Coreia	1.758	1980–2014	58,8
Malásia	474	1980–2013	56,2
Ilhas Maurício	40	1989–2005	15,2
México	123	1987–2002	11,6
Marrocos	33	2004–2011	33,3
Holanda	181	1982–2006	10,2
Nova Zelândia	242	1979–2013	18,6
Nigéria	122	1989–2013	13,1
Noruega	209	1984–2013	8,1
Paquistão	80	2000–2013	22,1
Filipinas	155	1987–2013	18,1
Polônia	309	1991–2014	12,7
Portugal	32	1992–2006	11,9
Rússia	64	1999–2013	3,3
Arábia Saudita	80	2003–2011	239,8
Singapura	609	1973–2013	25,8
África do Sul	316	1980–2013	17,4
Espanha	143	1986–2013	10,3
Sri Lanka	105	1987–2008	33,5
Suécia	405	1980–2015	25,9
Suíça	164	1983–2013	27,3
Taiwan	1.620	1980–2013	38,1
Tailândia	500	1987–2012	35,1
Tunísia	38	2001–2014	21,7
Turquia	404	1990–2014	9,6
Reino Unido	4.932	1959–2012	16,0
Estados Unidos	12.819	1960–2015	16,9

Jay R. Ritter é professor de Finanças e ocupa a cátedra Cordell na Universidade da Flórida. Um acadêmico notável, ele é conhecido por suas análises perspicazes de novas emissões e de aberturas de capital.
Fonte: Site de Jay R. Ritter.

QUADRO 15.8 Subprecificação de IPOs e a faixa de preços do pedido

R: Porcentagem das IPOs em relação à faixa de preços do pedido			
	Abaixo	Dentro	Acima
1980-1989	30%	57%	13%
1990-1998	27	49	24
1999-2000	18	38	44
2001-2019	33	45	22
1980-2019	28	49	23
B: Retorno médio no primeiro dia em relação à faixa de preços do pedido			
	Abaixo	Dentro	Acima
1980-1989	0%	6%	20%
1990-1998	4	11	31
1999-2000	8	26	122
2001-2019	3	12	38
1980-2019	3	11	50

parcial, o que significa que elas não elevam o preço o suficiente. No caso da Bill.com, por exemplo, a empresa elevara o seu preço máximo para $21 no início da semana da IPO antes de se decidir por $22, um valor cerca de 22% maior do que o preço máximo original. As ações saltaram 61% no primeiro dia de negociação.

Por que o fenômeno do ajuste parcial existe? Não se sabe a resposta. A pergunta está relacionada a uma questão mais ampla, isto é, as razões da subprecificação, que vamos abordar na sequência.

Por que existe subprecificação?

Com base nas evidências que examinamos, resta uma pergunta óbvia: por que continua existindo subprecificação? Como discutimos, existem várias explicações, mas até agora não existe um consenso entre pesquisadores sobre qual seria a correta.

Apresentamos algumas peças do quebra-cabeça da subprecificação enfatizando duas advertências importantes para nossa discussão anterior. Em primeiro lugar, os números médios que examinamos tendem a obscurecer o fato de que grande parte da subprecificação aparente pode ser atribuída às emissões menores e altamente especulativas. Essa questão é ilustrada no Quadro 15.4, que mostra a extensão da subprecificação das IPOs nos EUA no período entre 1980 e 2016. Nela, as empresas foram agrupadas com base em suas vendas totais nos 12 meses anteriores à IPO.

Como ilustra o Quadro 15.9, a subprecificação tende a ser mais alta em empresas com poucas ou nenhuma venda no ano anterior. Essas empresas tendem a ser jovens e, por essa razão, podem ser investimentos muito arriscados. Sem dúvida, elas precisam ter uma subprecificação significativa, em média, apenas para atrair os investidores, e essa é uma explicação para o fenômeno da subprecificação.

A segunda advertência é que um número relativamente pequeno de compradores de IPO obtém realmente os altos retornos iniciais médios observados nas IPOs, e muitos até podem perder dinheiro. Embora seja verdade que, em média, as IPOs tenham retornos iniciais positivos, uma fração significativa delas tem quedas de preço. Além disso, quando o preço é muito baixo, a emissão quase sempre tem uma "super subscrição". Isso significa que os investidores não poderão comprar todas as ações que eles desejam, e os bancos subscritores alocarão as ações entre os investidores.

QUADRO 15.9 Retornos médios no primeiro dia das IPOs, classificados por vendas: 1980–2019*

Vendas anuais das empresas emitentes	1980-1989		1990-1998		1999–2000		2001–2016	
	Retorno	N	Retorno	N	Retorno	N	Retorno	N
0 ≤ vendas < $10m	10,3%	425	17,4%	742	68,9%	331	10,6%	429
$10m ≤ vendas < $20m	8,6	242	18,5	393	81,4	138	13,1	85
$20m ≤ vendas < $50m	7,8	501	18,8	789	75,5	154	16,8	228
$50m ≤ vendas < $100m	6,3	356	12,8	590	62,2	86	21,3	293
$100m ≤ vendas < $200m	5,1	234	11,8	454	35,8	56	19,9	259
$200m ≤ vendas	3,4	290	8,7	646	25,0	91	12,3	686
Total	7,2	2.048	14,8	3.614	64,6	856	14,8	1.980

* As vendas, medidas em milhões, contabilizam os últimos 12 meses anteriores à abertura de capital. Todas as vendas foram convertidas em dólares com o poder de compra de 2003, usando o índice de preços ao consumidor. Existem 8.498 IPOs – após serem excluídas IPOs com preço de oferta menor do que $5,00 por ação, units, REITs, ADRs, fundos fechados, bancos e S&Ls, empresas não listadas no CRSP dentro de seis meses da data da oferta e sociedades limitadas relacionadas com energia. As vendas vem da SDC, Dealogic, EDGAR e a coleção Grame Howard-Todd Huxster de prospectos de emissão pré-EDGAR. O retorno médio no primeiro dia é de 18,0%.
Fonte: Professor Jay R. Ritter, Universidade da Flórida.

O investidor médio terá dificuldades para conseguir ações de uma oferta "bem-sucedida" (uma daquelas em que o preço aumenta), porque não haverá ações suficientes para comprar. Por outro lado, um investidor que compra IPOs cegamente tende a obter mais ações de emissões cujo preço deve baixar.

Para ilustrar, pense no conto a seguir sobre dois investidores. João sabe com bastante precisão quanto vale a Companhia Bonanza quando suas ações são oferecidas. Ele está confiante de que as ações estão com subpreço. Jonas sabe apenas que os preços geralmente aumentam um mês após uma IPO. Munido dessas informações, Jonas resolve comprar 1.000 ações de cada IPO. Será que ele obtém um retorno anormal alto sobre a oferta inicial?

A resposta é não, e pelo menos uma das razões é João. Tendo conhecimento sobre a Companhia Bonanza, João investe todo o seu dinheiro naquela IPO. Quando a emissão tem supersubscrição, as instituições intermediárias têm de alocar de alguma maneira as ações entre João e Jonas. O resultado líquido é que, quando uma emissão é subprecificada, Jonas não consegue comprar tanto quanto queria.

João também sabe que a IPO da Companhia Céu Azul está superavaliada. Por isso, ele evita totalmente sua IPO, mas Jonas acaba com todas as 1.000 ações. Para resumir o conto, Jonas consegue menos ações quando investidores informados correm para comprar uma emissão subprecificada, mas consegue todas as ações que quer quando os mais espertos evitam a emissão.

Esse é um exemplo da "maldição do vencedor" e é visto como outro motivo pelo qual as IPOs têm um retorno médio tão grande. Quando o investidor médio "ganha" e obtém toda a alocação que deseja, o motivo é que aqueles que tinham mais informações evitaram a emissão. A única maneira pela qual os bancos subscritores podem reagir à maldição do vencedor e atrair o investidor médio é cotar as novas emissões com subpreço (em média), de modo que o investidor médio ainda terá um lucro.

Outro motivo para a subprecificação é que ela é um tipo de seguro para os bancos de investimento. Teoricamente, um banco de investimento poderia ser processado com êxito por clientes indignados se fizesse superavaliações constantes. A subprecificação garante que, pelo menos na média, os clientes se darão bem.

Um último motivo para haver subprecificação é que, antes do estabelecimento do preço de oferta, os bancos de investimento falam com grandes investidores institucionais para medir o nível de interesse na ação e para coletar opiniões sobre um preço adequado. A subprecificação é uma forma de o banco recompensar esses investidores por revelarem honestamente o quanto eles acham que a ação vale e o número de ações que gostariam de comprar.

Questões conceituais

15.5a Por que a subprecificação é um custo para a empresa emitente?

15.5b Suponha que um corretor de ações lhe telefone do nada e lhe ofereça a venda de "todas as ações que você quiser" de uma nova emissão. Você acha que a emissão terá subprecificação maior ou menor do que a média?

15.6 Vendas de novas ações e o valor da empresa

Agora vamos voltar às ofertas subsequentes, que, como já discutimos, são emissões feitas por empresas que já têm ações em circulação. Parece lógico acreditar que uma nova captação de longo prazo é buscada pelas empresas após elas terem arranjado um conjunto de projetos com valor presente líquido positivo. Como consequência, quando um anúncio de novo aporte de capital é feito, o valor de mercado da empresa deveria subir. Curiosamente, não é isso o que acontece. Os preços das ações tendem a cair depois do anúncio de uma nova emissão de ações, embora eles tendam a não variar muito após um anúncio de emissão de dívida. Vários pesquisadores têm estudado essa questão. Os motivos plausíveis para esse resultado estranho incluem:

1. *Informações dos dirigentes:* se os dirigentes tiverem informações melhores sobre o valor de mercado da empresa, eles podem saber quando a empresa está superavaliada. Se os dirigentes tiverem essa informação, eles tentarão emitir novas ações quando o valor de mercado exceder ao valor correto. Isso beneficiará os acionistas existentes. Entretanto, os novos acionistas em potencial não são tolos e preverão as informações melhores dos dirigentes e as descontarão, atribuindo preços de mercado mais baixos na data da nova emissão.

2. *Uso de dívidas:* o fato de uma empresa emitir novas ações pode revelar que ela tem dívida demais ou liquidez de menos. Uma versão desse argumento diz que a emissão de ações é um mau sinal para o mercado. Afinal de contas, se os novos projetos são favoráveis, por que a empresa permitiria que novos acionistas entrassem neles? Ela poderia simplesmente emitir dívida e deixar que os acionistas existentes ficassem com todos os lucros.

3. *Custos de emissão:* como discutiremos a seguir, existem custos substanciais associados à venda de ações.

A queda do valor das ações existentes após o anúncio de uma nova emissão é um exemplo de custo indireto na venda de ações. Normalmente, essa queda é estimada na ordem de 3% para uma empresa do ramo industrial (e um pouco menor para uma concessionária de serviços públicos) nos Estados Unidos, de modo que, para uma grande empresa, isso pode representar uma quantia substancial em dinheiro. Chamamos essa queda de *retorno anormal* em nossa discussão a seguir sobre os custos das novas emissões.

Para ficar com alguns exemplos recentes, em setembro de 2019, a plataforma de comércio Shopify anunciou uma oferta subsequente. Suas ações caíram cerca de 5% no dia do anúncio. No mesmo mês, a plataforma de *streaming* Roku anunciou uma oferta subsequente. Suas ações caíram 7% no mesmo dia.

Questões conceituais

15.6a Quais são as possíveis razões pelas quais o preço da ação cai quando do anúncio de uma nova emissão de ações?

15.6b Explique por que poderíamos esperar que uma empresa que tem um investimento de VPL positivo o financiaria com dívidas em vez de com a emissão de ações.

15.7 O custo da emissão de valores mobiliários

A emissão de valores mobiliários para o público não é gratuita, e os custos das diferentes formas de emissão são os fatores importantes que determinam qual forma deve ser usada. Esses custos associados ao *lançamento* de uma nova emissão são chamados genericamente de *custos de lançamento* (*flotation costs*). Nesta seção, veremos com maiores detalhes os custos de lançamento associados às vendas de ações ao público.

Os custos da venda de ações ao público

Os custos da venda de ações são apresentados na lista a seguir e se classificam em seis categorias: (1) comissões e *spread* bruto, (2) outros custos diretos, (3) custos indiretos, (4) retornos anormais (discutidos anteriormente), (5) subprecificação e (6) opção de lote suplementar.

O custo da emissão de valores mobiliários

1. *Comissões e* spread *bruto*	No Brasil, os bancos coordenadores da subscrição e os distribuidores vendem a emissão para investidores ao preço definido no processo de emissão e cobram a sua remuneração da empresa emissora, na forma de uma comissão. Nos Estados Unidos, nas subscrições por garantia firme, os bancos ou as corretoras encarregadas da colocação da emissão subscrevem a emissão e vendem as ações aos investidores ao preço de emissão e pagam um preço menor por ação ao emitente. A diferença entre o preço que o emitente recebe e o preço de oferta, chamada de *spread* bruto, é a remuneração do subscritor.
2. *Outros custos diretos*	Esses são os custos diretos incorridos pelo emitente e que não fazem parte da remuneração dos bancos subscritores. Elas incluem taxas de registro, custos com assessoria jurídica e tributos — todos reportados no prospecto.
3. *Custos indiretos*	Esses custos não são reportados no prospecto e incluem os custos do tempo que os administradores passam trabalhando na nova emissão.
4. *Retornos anormais*	Em uma emissão de ações subsequente, o preço da ação existente cai em média 3% no momento do anúncio (Estados Unidos). Essa queda é chamada de *retorno anormal*.
5. *Subprecificação*	Para ofertas públicas iniciais, as perdas surgem da venda da ação abaixo do valor justo de mercado.
6. *Opção de lote suplementar*	A opção de emissão de lote suplementar dá aos bancos subscritores o direito de comprar ou colocar ações adicionais ao preço de oferta para cobrir percentuais de distribuição maiores para os investidores.

As pesquisas indicam que os custos diretos de uma IPO podem ser muito grandes, particularmente para emissões menores (abaixo de $10 milhões). Em uma IPO menor, por exemplo, os custos diretos totais atingem 25,22% do montante levantado. Isso significa que, se uma empresa vender $10 milhões em ações, ela só obterá cerca de $7,5 milhões; os outros $2,5 milhões servirão para cobrir o *spread* do *underwriter* e outras despesas diretas. Os *spreads* do *underwriter* de uma IPO variam entre 5 e 10%, porém, para bem mais da metade das IPOs do Quadro 15.5, o *spread* é exatamente 7%, de modo que, sem dúvida, esse é o *spread* mais comum nos Estados Unidos.

Em geral, há quatro padrões claros. Em primeiro lugar, com as possíveis exceções de ofertas de dívida não conversível (as quais discutiremos posteriormente), existem economias de escala substanciais. Os *spreads* do *underwriter* são menores em emissões maiores, e a porcentagem do montante levantado destinada aos outros custos diretos cai drasticamente —

um reflexo da natureza predominantemente fixa desses custos. Em segundo lugar, os custos associados a emissões de dívida são substancialmente menores do que os de emissões de ações. Em terceiro lugar, as IPOs têm despesas mais altas do que as ofertas subsequentes, mas a diferença não é tão grande quanto poderíamos imaginar. Por último, a emissão de títulos de dívida não conversíveis é mais barata do que a de títulos de dívida conversíveis.

Como já discutimos, a subprecificação é um custo adicional para a empresa emitente. Para dar uma ideia melhor do custo total de uma abertura de capital, o Quadro 15.6 combina as informações do Quadro 15.5 sobre as IPOs nos EUA, com dados sobre a subprecificação enfrentada por essas empresas. No geral, para todos os grupos, os custos diretos totais somam 10% do montante levantado, e a subprecificação eleva o custo para 19%.

Por último, em relação às ofertas de dívida, existem dois padrões gerais nos custos diretos: Em primeiro lugar, também aqui existem economias de escala substanciais. Em segundo lugar, as emissões com grau de investimento têm custos diretos muito menores, particularmente nas emissões de dívida pura e simples. No Capítulo 7, vimos que os títulos de dívida têm classificações de crédito diferentes. Diz-se que as dívidas com classificação mais alta têm grau de investimento, enquanto aquelas com classificação mais baixa não têm grau de investimento e são chamados de "especulativos" ou *junk bonds*. O custo esperado de uma emissão de título de dívida pura de menos de $10 milhões é de cerca de 1,90% se for de grau de investimento, mas 5,27% se for classificado como especulativo. O custo esperado de uma emissão de título de dívida pura de mais de $500 milhões seria de apenas 0,08%, enquanto um título especulativo semelhante custaria cerca de 2,63%.

Os custos da abertura de capital nos Estados Unidos: um estudo de caso

Em 30 de janeiro de 2020, a Black Diamond Therapeutics, uma empresa de oncologia com sede no Massachusettsm abriu seu capital com uma IPO. A Black Diamond emitiu 10.586.316 ações ao preço de USD19 cada. Os principais agentes de subscrição da IPO foram a JPMorgan Chase, Jefferies e Cowen, auxiliados por um consórcio de outros bancos de investimento. Apesar da IPO ter levantado um valor bruto de USD201,1 milhões, a Black Diamond ficou com apenas USD184,4 milhões após as despesas. A maior despesa foi o spread do banco subscritor de 7%, que é normal para uma oferta desse porte. A Black Diamond vendeu cada uma das 10,59 milhões de ações para os bancos subscritores por USD17,67 cada, e os bancos subscritores por sua vez venderam as ações para o público por USD19 cada.

Mas espere, isso não é tudo. A Black Diamond gastou USD23.914 em taxas de registro na SEC e USD28.135 em taxas de arquivamento junto à FINRA. A empresa também gastou USD125.000 taxas de listagem, USD1,3 milhão em assessoria jurídica, USD950.000 em contabilidade para conseguir as auditorias necessárias, USD4.000 com um agente de custódia para fazer a transferência física e manter atualizada a lista de acionistas, USD150.000 com despesas de impressão e gravação, USD10.000 para honorários Blue Sky (regulamentações antifraude em nível estadual), e, finalmente, $98.981 com despesas diversas.

Como mostram os gastos da Black Diamond, uma IPO pode ser um empreendimento caro! No final, suas despesas totalizaram USD16,77 milhões, dos quais USD14,08 milhões foram para os bancos subscritores e USD2,69 milhões para outras partes. O custo total para a Black Diamond foi de 11,8% do resultado da emissão levantado pela empresa. No caso da Black Diamond, a ação mais do que dobrou no primeiro dia de negociação, fechando em USD39,48, então os custos indiretos foram muito maiores.

Os custos de abertura de capital no Brasil[12]

Em geral, somos tentados a afirmar que os custos no Brasil são muito elevados, inclusive os custos de captação das empresas. A seção anterior mostrou que o percentual médio do *spread*

---
[12] Material cedido pela B3 Educação.

cobrado pelas instituições financeiras intermediárias nos EUA está em torno de 7% e os custos totais diretos estão em torno de 10%. Em 2020, a Deloitte, em parceria com a B3, realizou estudo com base em dados públicos disponíveis nos prospectos definitivos de ofertas públicas realizadas no Brasil, de janeiro de 2004 a maio de 2020. Foram avaliadas ofertas iniciais (IPOs) e subsequentes, realizados sob a Instrução CVM 400, e também informações referentes a ofertas subsequentes com esforços restritos sob a Instrução 476, fornecidas pela B3.

Os custos de captação por meio de ofertas públicas parecem bem menores no Brasil. O Quadro 15.10 mostra os custos médios de emissão para ofertas públicas iniciais (IPOs) e ofertas subsequentes sob as normas ICVM 400 e ICVM 476 (esta para emissões com esforços restritos) apresentados no estudo da Deloitte e B3. Enquanto, na faixa até 200 milhões, o custo médio de uma IPO foi de 6,4%, esse valor cai para 4,2% na faixa entre 1 e 10 bilhões.

O Quadro 15.10 mostra também que distribuições para abertura de capital (IPOs) e pós-abertura (ofertas subsequentes) incorrem em custos diferentes. As ofertas públicas iniciais têm tido custos maiores do que as ofertas subsequentes. Isso pode ser explicado pelas preparações necessárias para uma companhia se tornar aberta. Os custos também variam com o valor da oferta: quanto maior o valor da oferta, menor o percentual do custo. O Quadro 15.11 apresenta um resumo do custo médio por setor, mas sem o detalhamento por valor da emissão.

O Quadro 15.12 traz estatísticas dos custos para abertura de capital, segregados em comissões das instituições intermediárias e demais despesas, por anos e por valor maior e menor no ano. No período, ocorreram lançamentos maiores que os valores máximos listados; foram excluídos da população inicial os valores distribuídos superiores a R$ 10 bilhões, visando à homogeneidade da amostra analisada

O Quadro 15.13 detalha a composição das comissões das instituições intermediárias e das demais despesas.

A organização de um processo de subscrição de uma emissão subsequente

O processo de emissão de uma oferta subsequente de ações envolve várias etapas. Inicialmente, os dirigentes da empresa, o grupo de controle ou o controlador avaliam a estratégia ou situação da empresa, a sua estrutura de capital e as suas perspectivas e consideram várias formas de captação de recursos. São realizados vários estudos internos e simulações. Reuniões com bancos de investimento que acompanham a empresa são realizadas. São avaliadas as perspectivas e a eventual receptividade do mercado para absorver a colocação de ações ou de títulos de dívida. O tema é discutido no conselho de administração e com os comitês do conselho de administração, especialmente o comitê financeiro, o comitê de estratégia e o comitê

QUADRO 15.10 Custo médio com ofertas públicas no Brasil, por tipo e faixa de valor da emissão — de 2004 a maio de 2020*

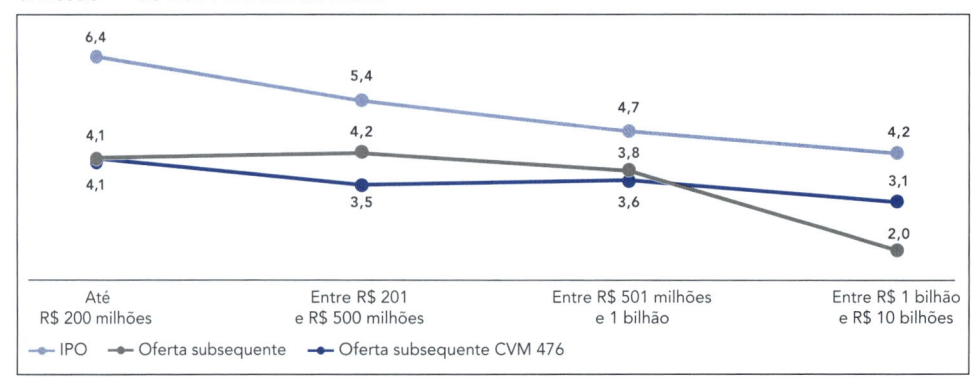

	Até R$ 200 milhões	Entre R$ 201 e R$ 500 milhões	Entre R$ 501 milhões e 1 bilhão	Entre R$ 1 bilhão e R$ 10 bilhões
IPO	6,4	5,4	4,7	4,2
Oferta subsequente	4,1	4,2	3,8	2,0
Oferta subsequente CVM 476	4,1	3,5	3,6	3,1

FONTE: Deloitte e B3
https://www2.deloitte.com/content/dam/Deloitte/br/Documents/audit/custos-abertura-capital-Brasil-2020.pdf.

QUADRO 15.11 Custo médio com ofertas públicas no Brasil, por setor da economia — de 2004 a maio de 2020*

Setor	Comissões	Despesas	Total
Açúcar e álcool	3,7	0,7	4,4
Agronegócio	4,4	1,3	5,7
Alimentos	2,8	0,8	3,6
Atividades financeiras	2,9	0,6	3,5
Comércio	3,5	1,1	4,6
Construção civil, imobiliário e shopping	3,6	0,9	4,5
Educacional	4,0	1,1	5,1
Energia elétrica, gás e saneamento	2,6	0,7	3,3
Farmacêutico, higiene e limpeza	3,4	0,6	4,0
Informática, TI, Internet e eletrônicos	4,1	1,0	5,1
Madeira, papel e celulose	1,8	0,5	2,3
Máquinas e equipamentos	3,5	0,7	4,2
Mineração, siderurgia e metalurgia	2,5	0,9	3,4
Petróleo e gás	4,4	0,2	4,6
Prestação de serviços	4,2	1,2	5,4
Previdência e seguros	2,9	0,7	3,6
Química e petroquímica	3,3	0,9	4,2
Telecomunicações	2,8	0,8	3,6
Têxtil e calçados	4,6	1,1	5,7
Transportes	2,8	0,7	3,5
Outros setores	3,4	2,0	5,4

*Percentual sobre o valor distribuído.
FONTE: Deloitte e B3
https://www2.deloitte.com/content/dam/Deloitte/br/Documents/audit/custos-abertura-capital-Brasil-2020.pdf.

de gestão de riscos, se existirem na estrutura do conselho da empresa. É avaliada a percepção de parceiros importantes, grandes acionistas e grandes credores.

Tendo sido decidida a captação, uma consulta de viabilidade da oferta é realizada, bancos de investimento são consultados, negociações são realizadas com um coordenador líder, e são definidos o número e as instituições intermediárias consideradas necessárias para formar o consórcio de subscrição.

O coordenador líder e a emissora elaboram o prospecto de emissão e o cronograma da emissão; a emissora atualiza o seu Formulário de Referência para arquivamento na CVM. Se a emissão for elegível para o processo simplificado de emissão, o processo é encaminhado para a Anbima para certificação independente, conforme convênio entre a Anbima e a CVM.

É protocolado na CVM o pedido de registro da distribuição. O prospecto preliminar é publicado, e uma coleta de intenções de investimento é realizada e comunicada para a CVM por ocasião do pedido de registro da distribuição. A coleta de intenções de investimento serve para definir o preço de emissão (esse processo é referido também no mercado brasileiro como *bookbuilding*).

Atas do conselho de administração com informações sobre as deliberações relativas à oferta são arquivadas na CVM, e avisos ao mercado e fatos relevantes são publicados pela emissora. O aumento de capital dentro do limite de capital autorizado deve ser antecedido de consulta ao conselho fiscal da companhia. Se há necessidade de aumento do capital autorizado, a assembleia geral deverá ser convocada para deliberar sobre o aumento do capital autorizado.

Tendo sido obtidas todas as autorizações e registros, é publicado o prospecto definitivo da oferta e é divulgado o preço de subscrição, juntamente com o arquivamento das atas do conselho de administração que aprovaram o prospecto definitivo e o preço da emissão, seguindo-se a subscrição e a liquidação da subscrição.

Veja o estudo da Deloitte em parceria com a B3, "**Preparação e custos para abertura de capital no Brasil — Uma análise sobre as ofertas de ações no País entre 2004 a 2020**", em https://www2.deloitte.com/content/dam/Deloitte/br/Documents/audit/custos-abertura-capital-Brasil-2020.pdf.

QUADRO 15.12 Comportamento dos custos para a abertura de capital no Brasil

IPOs	2015	2016	2017	2018	2019	2020	2015 a 2020
Quantidade	1	1	10	3	5	5	25
Distribuições							
Menor (em R$ mil)	602.800	674.198	586.517	721.951	671.488	173.913	173.913
Maior (em R$ mil)	602.800	674.198	4.457.158	2.822.146	3.255.895	1.170.258	4.457.158
Média (em R$ mil)	602.800	674.198	1.869.207	2.087.738	1.797.341	725.324	1.553.825
Mediana (em R$ mil)	602.800	674.198	1.461.423	2.719.116	1.627.397	877.283	1.170.258
Custos							
Comissões							
Menor (em R$ mil)	17.780	26.968	25.863	22.971	33.444	11.304	11.304
Maior (em R$ mil)	17.780	26.968	100.922	96.680	112.929	65.347	112.929
Média (em R$ mil)	17.780	26.968	51.724	65.859	74.592	36.764	52.654
Mediana (em R$ mil)	17.780	26.968	40.816	77.927	63.043	35.921	52.267
Média (%)	2,9	4,0	2,8	3,2	4,2	5,1	3,4
Mediana (%)	2,9	4,0	2,8	2,9	3,9	4,1	4,5
Despesas							
Menor (em R$ mil)	9.181	11.625	4.361	7.509	6.706	4.296	4.296
Maior (em R$ mil)	9.181	11.625	41.215	17.980	24.052	10.874	41.215
Média (em R$ mil)	9.181	11.625	16.870	13.942	12.501	7.899	13.333
Mediana (em R$ mil)	9.181	11.625	13.420	16.338	10.406	7.799	10.406
Média (%)	1,5	1,7	0,9	0,7	0,7	1,1	0,9
Mediana (%)	1,5	1,7	0,9	0,6	0,6	0,9	0,9

Fonte: Deloitte e B3
https://www2.deloitte.com/content/dam/Deloitte/br/Documents/audit/custos-abertura-capital-Brasil-2020.pdf.

Questões conceituais

15.7a Quais são os diferentes custos associados às ofertas de valores mobiliários?

15.7b Que lições aprendemos do estudo dos custos de emissão de valores mobiliários?

15.8 Direitos de subscrição

Quando novas ações são vendidas ao público, a propriedade proporcional dos acionistas existentes pode ser reduzida. Entretanto, se houver um direito de subscrição previsto na legislação societária ou no estatuto da empresa, a empresa primeiro deverá oferecer todas as emissões de ações aos acionistas existentes. Se o estatuto não incluir esse direito, a empresa poderá ofertar a emissão de ações ordinárias diretamente aos acionistas existentes ou ao público.

No Brasil, a proteção contra a diluição dos acionistas existentes se dá pelo caminho da lei, com o instituto do direito de preferência, ou pelo cuidado da empresa emitente com a concessão de prioridade aos acionistas para subscrição.

QUADRO 15.13 Natureza de comissões e despesas por porte de empresa — IPOs no Brasil

(Média em R$ mil)	Até 200 milhões		De 201 milhões a 500 milhões		De 501 milhões a 1 bilhão		De 1 bilhão a 10 bilhões		De 1 bilhão a 10 bilhões	
	R$	%	R$	%	R$	%	R$	%	R$	%
Comissões										
Colocação	5.217	3,0	4.865	1,6	10.061	1,4	27.779	1,3	20.291	1,3
Coordenação	1.739	1,0	1.622	0,5	3.765	0,5	9.812	0,4	7.226	0,5
Garantia de liquidação	1.739	1,0	1.622	0,5	4.822	0,7	10.147	0,5	7.766	0,5
Incentivo	2.609	1,5	3.604	1,2	7.312	1,0	18.190	0,8	13.502	0,9
Outras	—	0,0	1.251	0,4	1.466	0,2	55.83	0,3	3.869	0,2
Total	11.304	6,5	12.963	4,3	27.426	3,9	71.511	3,3	52.654	3,4
Despesas										
Advogados e consultores	1.070	0,6	3.700	1,2	3.207	0,5	5.513	0,3	4.525	0,3
Auditoria	1.663	1,0	1.957	0,7	1.356	0,2	2.209	0,1	1.904	0,1
Outras	1.563	0,9	1.416	0,5	4.196	0,6	9.070	0,4	6.904	0,4
Total	4.296	2,5	7.073	2,4	8.759	1,2	16.793	0,8	13.333	0,9
Custos totais	15.601	9,0	20.035	6,7	36.185	5,1	88.304	4,0	65.987	4,2

Fonte: Deloitte e B3
https://www2.deloitte.com/content/dam/Deloitte/br/Documents/audit/custos-abertura-capital-Brasil-2020.pdf.

Direito de preferência Segundo a legislação brasileira, os acionistas têm direito de preferência para a subscrição do aumento de capital na proporção do número de ações que possuírem. Esse direito se estende para subscrição das emissões de debêntures conversíveis em ações, bônus de subscrição e partes beneficiárias conversíveis em ações emitidas para alienação onerosa. O prazo para o acionista exercer o direito de preferência deve estar no estatuto ou ser definido pela assembleia geral, mas não poderá ser inferior a 30 dias. Os acionistas podem ceder seu direito de preferência.

Exclusão do direito de preferência O estatuto da companhia aberta que contiver autorização para o aumento do capital pode prever a emissão sem direito de preferência para os antigos acionistas, ou com redução do prazo de 30 dias para a emissão de ações e debêntures conversíveis em ações, ou bônus de subscrição, cuja colocação seja feita mediante venda em bolsa de valores ou subscrição pública. O direito de preferência também pode ser excluído em permuta por ações, em oferta pública de aquisição de controle. O estatuto da companhia aberta ou fechada, pode excluir o direito de preferência para subscrição de ações nos termos de lei especial sobre incentivos fiscais.

Prioridade Ainda que tenham seu direito de preferência excluído na emissão, os acionistas atuais podem ter **prioridade para subscrição** das novas ações estabelecida no prospecto de emissão. A diferença entre o direito de preferência e a prioridade de subscrição é que o primeiro é assegurado por lei e tem prazo de, no mínimo, 30 dias para ser exercido, enquanto a segunda é contemplada mediante **oferta prioritária** da companhia emissora aos seus acionistas, que devem manifestar sua intenção de subscrever a emissão mediante pedido de reserva. Se um acionista não exercer seus direitos de subscrição quando de uma emissão subsequente, a sua propriedade proporcional na companhia será reduzida.

Nos Estados Unidos, o direito de preferência não é exigido por lei, mas pode ser previsto no estatuto da empresa e, nesse caso, ela primeiro deve oferecer todas as emissões de ações aos acionistas existentes; se o estatuto não incluir esse direito, a empresa pode ofertar as novas ações diretamente aos acionistas existentes ou ao público.

QUADRO 15.14 Exemplo de um cronograma de oferta pública

CRONOGRAMA DA OFERTA PÚBLICA PRIMÁRIA DE AÇÕES ORDINÁRIAS DE EMISSÃO DA MARFRIG S/A EM 2012[†]		
Cronograma indicativo das etapas da oferta, informando seus principais eventos a partir do protocolo na Anbima do pedido de análise prévia do registro da oferta:		
Ordem dos eventos	**Eventos**	**Data prevista[††]**
1	Protocolo na Anbima do pedido de análise prévia da oferta por meio do procedimento simplificado previsto na Instrução CVM 471 Publicação do fato relevante comunicando o protocolo na Anbima do pedido de análise prévia da oferta, por meio do procedimento simplificado previsto na Instrução CVM 471 Primeira data de corte	24 de outubro de 2012
2	Publicação do aviso ao mercado (sem os logos das instituições consorciadas) Disponibilização do prospecto preliminar Início do *roadshow* Início do procedimento de *bookbuilding*	12 de novembro de 2012
3	Republicação do aviso ao mercado (com os logos das instituições consorciadas) Início do período de reserva da oferta prioritária para pessoas vinculadas Início do período de reserva da oferta prioritária para pessoas não vinculadas Início do período de reserva da oferta de varejo para pessoas vinculadas Início do período de reserva da oferta de varejo para pessoas não vinculadas	12 de novembro de 2012
4	Encerramento do período de reserva da oferta prioritária para pessoas vinculadas Encerramento do período de reserva da oferta de varejo para pessoas vinculadas	22 de novembro de 2012
5	Data da comunicação da alteração de informações sobre a oferta de varejo	26 de novembro de 2012
6	Início do período de desistência da oferta prioritária e da oferta de varejo	27 de novembro de 2012
7	Encerramento do período de reserva da oferta prioritária para pessoas não vinculadas Segunda data de corte	29 de novembro de 2012
8	Encerramento do período de desistência da oferta prioritária e da oferta de varejo	03 de dezembro de 2012
9	Encerramento do período de reserva da oferta de varejo para pessoas não vinculadas	03 de dezembro de 2012
10	Encerramento do *roadshow* Encerramento do procedimento de *bookbuilding* Fixação do preço por ação Reunião do conselho de administração da companhia aprovando o preço por ação Assinatura do contrato de distribuição e demais documentos relacionados à oferta	04 de dezembro de 2012
12	Publicação da ata da reunião do conselho de administração da companhia aprovando o preço por ação Publicação do anúncio de início Disponibilização do prospecto definitivo Início do prazo para o exercício da opção de lote suplementar	05 de dezembro de 2012
13	Início de negociação das ações objeto da oferta na BM&FBOVESPA	06 de dezembro de 2012
14	Data de liquidação	10 de dezembro de 2012
15	Fim do prazo para o exercício da opção de lote suplementar	04 de janeiro de 2013
16	Data máxima para a liquidação das ações do lote suplementar	11 de janeiro de 2013
17	Data máxima de publicação do anúncio de encerramento	04 de junho de 2013

[†]Conforme página 53 do prospecto definitivo de distribuição pública primária de ações ordinárias de emissão da Marfrig Alimentos S/A, de 4 de dezembro de 2012, disponível em http://siteempresas.bovespa.com.br/consbov/ArquivoComCabecalho.asp?motivo5&protocolo5359453&funcao5visualizar&Site5C.

[††]O prospecto informa que todas as datas futuras previstas nesse cronograma eram meramente indicativas e sujeitas a alterações e adiamentos a critério da companhia e dos coordenadores da oferta.

Uma forma para assegurar a subscrição proporcional pelos acionistas atuais é a emissão de direitos negociáveis. A emissão de direitos negociáveis é uma prática pouco utilizada no Brasil ou nos Estados Unidos, porém, por ser um mecanismo alternativo de proteção ao acionista, será abordado com algum detalhe nesta seção.

Uma emissão de ações ordinárias para os acionistas existentes é chamada de *oferta de direitos* (ou simplesmente *oferta*) ou de *subscrição privilegiada*. Em uma oferta de direitos, cada acionista recebe o direito de comprar um número determinado de novas ações da empresa a um preço específico dentro de um prazo. Após esse prazo, o direito *expira*. Os termos da oferta de direitos são evidenciados por certificados conhecidos nos EUA como *warrants*. Tais direitos, lá, quase sempre são negociados em bolsas de valores ou no mercado de balcão.

No Brasil, os direitos negociáveis são referidos como **bônus de subscrição** (às vezes referidos aqui também pelo seu nome em inglês, *warrants*). É pouca a ocorrência no Brasil de emissão de direitos negociáveis de subscrição.

Em muitos países europeus, as ofertas de direitos são prática comum e até obrigatória. Na França, por exemplo, as emissões subsequentes são precedidas da emissão de direitos negociáveis; o acionista pode decidir aderir à subscrição ou negociar o direito. As emissões de direitos têm algumas vantagens interessantes em relação às ofertas de subscrição de ações. Por exemplo, elas parecem ser mais baratas para a empresa emissora do que as ofertas de ações. De fato, uma empresa pode fazer uma oferta de direitos sem usar um agente de subscrição, enquanto, no caso de uma oferta pública de ações, em termos práticos, um agente de subscrição é quase uma necessidade. Apesar disso, nos EUA, as ofertas de direitos são relativamente raras; porém, em muitos outros países, elas são mais comuns do que as ofertas públicas de ações. O motivo para isso é quase um mistério e gera muito debate, mas, até o que se sabe, não existe uma resposta definitiva.

A mecânica de uma oferta de direitos

Para compreendermos como uma oferta de direitos negociáveis protegeria o acionista de uma diluição em uma oferta subsequente, apresentamos uma oferta subsequente com emissão de direitos. A discussão ilustra as diversas considerações que um gestor financeiro enfrentaria no caso de uma oferta de direitos de subscrição negociáveis, bem como as opções do acionista. Examinaremos o exemplo para a Companhia Nacional de Energia, cujas demonstrações financeiras iniciais resumidas estão no Quadro 15.15.

Como indica o Quadro 15.15, a Companhia Nacional tem um lucro líquido de $2 milhões após impostos e tem 1 milhão de ações em circulação. Os lucros por ação são, portanto, de $2, e a ação é negociada por $20, ou 10 vezes o lucro (isto é, o índice preço/lucro é 10). Para financiar uma expansão planejada, a empresa pretende levantar $5 milhões em capital próprio por meio de uma oferta de direitos.

Para realizar tal oferta, a administração financeira da Companhia Nacional terá de responder a estas questões:

1. Qual seria o preço para a nova ação?
2. Quantas ações terão de ser negociadas?
3. Quantas ações cada acionista poderá comprar?

Além disso, a administração provavelmente terá de perguntar:

4. Qual pode ser o efeito da oferta de direitos sobre o valor por ação das ações existentes?

As respostas a essas questões estão altamente inter-relacionadas. Em breve, chegaremos a elas.

Os primeiros estágios de uma oferta de direitos são iguais àqueles de uma oferta pública de ações. A diferença entre uma oferta de direitos e uma oferta pública de ações é o modo como as ações são vendidas. Em uma oferta de direitos, os acionistas existentes da Companhia Nacional são informados de que têm a propriedade de um direito para cada ação que possuem.

QUADRO 15.15 Demonstrações financeiras da Companhia Nacional de Energia antes da oferta de direitos

COMPANHIA NACIONAL DE ENERGIA
Balanço patrimonial

Ativo		Capital social	
Ativo	$15.000.000	Ações ordinárias	$ 5.000.000
		Lucros retidos	10.000.000
Total	$15.000.000	Total	$15.000.000

Demonstração de resultados

Lucros antes dos impostos	$ 3.030.303
Impostos (34%)	1.030.303
Lucro líquido	$ 2.000.000
Ações em circulação	1.000.000
Lucro por ação	$ 2
Preço de mercado por ação	$ 20
Valor total de mercado	$20.000.000

Em seguida, a empresa especifica quantos direitos um acionista precisa ter para comprar uma ação adicional a um determinado preço.

Para que os acionistas exerçam os direitos, é necessário preencher e enviar um formulário de subscrição, juntamente com o pagamento, para o agente de subscrição da empresa (o agente de subscrição, em geral, é um banco). Os acionistas da Companhia Nacional terão várias opções: (1) exercer seus direitos e subscrever parte ou todas as ações permitidas, (2) vender parte ou todos os direitos ou (3) nada fazer e deixar os direitos vencerem. Como veremos a seguir, essa terceira opção não é aconselhável.

Número de direitos necessários para comprar uma ação

A Companhia Nacional quer levantar $5 milhões em novas ações. Suponhamos que o preço da subscrição seja definido em $10 por ação. Como a empresa chega a esse preço é algo que discutiremos mais tarde, mas observe que o preço de subscrição é substancialmente mais baixo do que o preço de mercado atual de $20 por ação.

A $10 por ação, a Companhia Nacional terá de emitir 500 mil novas ações. Isso pode ser determinado dividindo-se o montante total de fundos a serem levantados pelo preço de subscrição:

$$\text{Número de novas ações} = \frac{\text{Necessidade de aporte de fundos}}{\text{Preço da subscrição}}$$
$$= \frac{\$5.000.000}{\$10} = 500.000 \text{ ações} \quad [15.1]$$

Como os acionistas sempre têm um direito para cada ação que possuem, 1 milhão de direitos serão emitidos pela Companhia Nacional. Para determinar quantos direitos serão necessários para comprar uma nova ação, podemos dividir o número de ações em circulação existentes pelo número de ações novas:

$$\text{Número de direitos necessários para comprar uma ação} = \frac{\text{Ações antigas}}{\text{Ações novas}}$$
$$= \frac{1.000.000}{500.000} = 2 \text{ direitos}$$

[15.2]

Assim, um acionista precisará de dois direitos mais $10 para receber uma nova ação. Se todos os acionistas fizerem isso, a Companhia Nacional levantará os $5 milhões de que precisa.

Deve estar claro que o preço de subscrição, o número de novas ações e os direitos necessários para comprar uma nova ação estão inter-relacionados. Por exemplo, a Companhia Nacional pode diminuir o preço de subscrição. Se fizer isso, mais ações terão de ser emitidas para levantar os $5 milhões em novo capital próprio. Várias alternativas são mostradas a seguir:

Preço da subscrição	Número de novas ações	Número de direitos necessários para comprar uma ação
$20	250.000	4
10	500.000	2
5	1.000.000	1

O valor de um direito

Sem dúvida, os direitos têm valor. No caso da Companhia Nacional, o direito de comprar uma ação no valor de $20 por $10 definitivamente vale alguma coisa. De fato, se você pensar nisso, um direito é essencialmente uma opção de compra. A diferença mais importante entre um direito de subscrição e uma opção de compra normal é que os direitos são emitidos pela empresa, de modo que eles se parecem muito com *warrants*. Em geral, a avaliação de opções, direitos e *warrants* pode ser bastante complexa. Entretanto, podemos discutir o valor de um direito imediatamente antes do vencimento para ilustrar algumas questões importantes.

Suponha que um acionista da Companhia Nacional tenha duas ações imediatamente antes de a oferta de direitos expirar. Essa situação é descrita no Quadro 15.16. Inicialmente, o preço da ação é de $20 por ação, de modo que o investimento total do acionista vale 2 × $20 = $40. A oferta de direitos da Companhia Nacional dá aos acionistas que têm dois direitos a oportunidade de comprar uma ação adicional por $10. A ação adicional não traz consigo mais um direito.

O acionista que tem duas ações recebe dois direitos. A posição do investimento do acionista que exerce esses direitos e compra a nova ação aumentará para três ações. O valor da posição do investimento total será de $40 + $10 = $50 (o valor inicial de $40 mais os $10 pagos à empresa).

QUADRO 15.16 O valor dos direitos: o acionista individual

Posição inicial	
Número de ações	2
Preço da ação	$20
Valor da posição	$40
Termos da oferta	
Preço da subscrição	$10
Número de direitos emitidos	2
Número de direitos para uma nova ação	2
Após a oferta	
Número de ações	3
Valor da posição	$50
Preço da ação	$16,67
Valor de um direito: preço antigo – preço novo	$20 – 16,67 = $3,33

O acionista agora possui três ações, todas elas idênticas, porque a nova ação não tem direitos, e os direitos das ações antigas foram exercidos. Como o custo total da compra dessas três ações é $40 + $10 = $50, o preço por ação deve acabar em $50/3 = $16,67 (arredondado até duas casas decimais).

O Quadro 15.17 resume o que acontece com o preço da ação da Companhia Nacional. Se todos os acionistas exercerem seus direitos, o número de ações aumentará para 1 milhão + 0,5 milhão = 1,5 milhão. O valor do capital próprio aumentará para $20 milhões + $5 milhões = $25 milhões. O valor de cada ação, portanto, cairá para $25 milhões/1,5 milhão = $16,67 após a oferta dos direitos.

A diferença entre o preço da ação antiga de $20 e o preço da nova ação de $16,67 reflete o fato de que as ações antigas tinham direitos de subscrição sobre a nova emissão. A diferença deve ser igual ao valor de um direito, ou seja, $20 − 16,67 = $3,33.

Um investidor que não seja acionista da Companhia Nacional e queira subscrever a nova emissão pode fazê-lo comprando alguns direitos. Suponha que um investidor fora da empresa compre dois direitos. Isso custará $3,33 × 2 = $6,67 (levando em conta o arredondamento anterior). Se o investidor exercer os direitos a um preço de subscrição de $10, o custo total será de $10 + 6,67 = $16,67. Em troca desse gasto, o investidor receberá uma nova ação, a qual, como vimos, vale $16,67.

EXEMPLO 15.1 Exercendo seus direitos: parte I

No exemplo da Companhia Nacional, suponha que o preço de subscrição seja definido em $8. Quantas ações terão de ser vendidas? Quantos direitos um acionista precisará ter para comprar uma ação nova? Quanto vale um direito? Qual será o preço por ação após a oferta de direitos?

Para levantar $5 milhões, terão de ser vendidas $5 milhões/$8 = 625.000 ações. Há 1 milhão de ações em circulação, de modo que será necessário 1 milhão/625.000 = 8/5 = 1,6 direito para comprar uma nova ação (você pode comprar cinco novas ações para cada oito que possuir). Após a oferta de direitos, haverá 1,625 milhão de ações, no valor total de $25 milhões, de modo que o valor por ação será $25/1,625 = $15,38. O valor de um direito, nesse caso, será o preço original de $20 menos o preço final de $15,38, ou $4,62.

QUADRO 15.17 Oferta de direitos da Companhia Nacional de Energia

Posição inicial	
Número de ações	1 milhão
Preço da ação	$20
Valor da empresa	$20 milhões
Termos da oferta	
Preço da subscrição	$10
Número de direitos emitidos	1 milhão
Número de direitos para uma nova ação	2
Após a oferta	
Número de ações	1,5 milhão
Preço da ação	$16,67
Valor da empresa	$25 milhões
Valor de um direito	$20 − 16,67 = $3,33

Ex-direitos

Os direitos da Companhia Nacional têm um valor substancial. Além disso, a oferta de direitos terá um grande impacto sobre o preço de mercado das ações da empresa. Esse preço cairá em $3,33 na **data ex-direitos**.

O procedimento-padrão para a emissão de direitos envolve a definição da **data de registro** (ou data de corte) pela empresa. Aqui uma diferença importante: nos Estados Unidos, conforme as regras da bolsa de valores, a ação em geral torna-se ex-direitos dois dias úteis *antes* da data de registro. No Brasil, a data ex-direitos é o dia útil *seguinte* à data de registro ou a data especificada no prospecto. Se a ação for vendida antes da data ex-direitos — isto é, "com direitos" ou "ação cheia" —, o novo proprietário das ações é quem receberá os direitos. Após a data ex-direitos, um investidor que comprar as ações não receberá os direitos declarados.

Muitas vezes, as emissões subsequentes no Brasil trazem duas datas para o exercício de direitos, chamadas de datas de corte. A primeira data corresponde à data de registro, em que somente os acionistas registrados nessa data nos livros da companhia estarão aptos a subscrever a emissão. A segunda data é a data em que são levantadas as posições de cada acionista registrado na primeira data de corte. Esse mecanismo permite a realocação de ações entre os acionistas existentes, e aqueles que não querem participar da subscrição podem vender suas ações para aqueles acionistas que querem aumentar sua posição e realizar a subscrição.

Como é mostrado na Figura 15.4, em 7 de janeiro, a Companhia Nacional anunciou a oferta de direitos, declarando que os direitos poderiam ser exercidos pelos acionistas registrados até o dia 17 de fevereiro, e que a data ex-direitos é o dia 18 de fevereiro. Portanto apenas os acionistas que tiverem ações até 17 de fevereiro poderão exercer os direitos da emissão de 7 de janeiro.

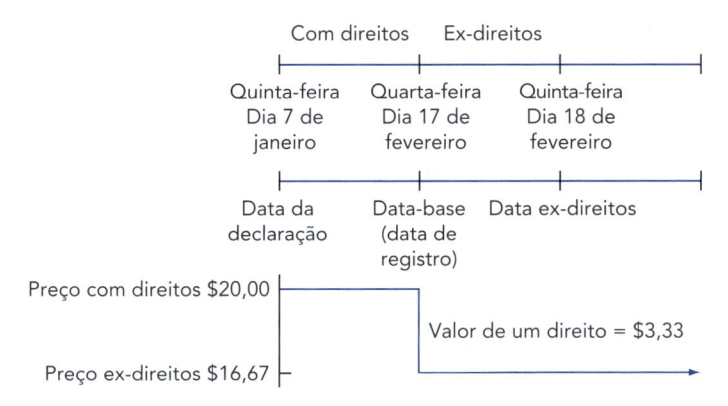

data ex-direitos
Início do período em que a ação é vendida sem um direito declarado recentemente, em geral o dia seguinte após a data de registro, ou a data declarada em um prospecto.

data de registro
Data na qual os acionistas existentes nos registros da empresa são designados como os recebedores dos direitos das ações. Também chamada de *data de corte*.

Em uma oferta de direitos, a data-base, ou data de registro, é o último dia no qual um acionista pode estabelecer a propriedade legal. Antes da data ex-direitos, a ação é negociada com direitos (***rights on***), o que significa que o comprador recebe os direitos. Nos EUA, as ações são negociadas ex-direitos dois dias úteis antes da data de registro.

FIGURA 15.4 Preços ex-direitos das ações.

EXEMPLO 15.2 Exercendo seus direitos: parte II

A Pontos de Lagrange S/A anunciou uma oferta de direitos. Cada ação é vendida, no momento, por $40. De acordo com os termos da oferta, os acionistas poderão comprar uma nova ação para cada cinco que possuírem ao preço de $25 por ação. Quanto vale o direito de subscrever a emissão? Qual é o preço ex-direitos da ação?

Você pode comprar cinco ações "cheias" até a data de corte por 5 × $40 = $200 e, em seguida, exercer os direitos por outros $25. Seu investimento total é de $225 e você acaba com seis ações ex-direitos. O preço ex-direitos por ação é de $225/6 = $37,50. O valor de exercer o direito de subscrever as novas ações, portanto, vale R$40 − $37,50 = $2,50.

EXEMPLO 15.3 | Com todo o direito

No Exemplo 15.2, suponha que a Pontos de Lagrange fizesse a emissão de direitos e que eles fossem vendidos por apenas $2, em vez dos $2,50 que calculamos. O que você poderia fazer?

Se os demais participantes do mercado fossem tolos, você poderia enriquecer rapidamente, porque teria encontrado uma máquina de fazer dinheiro. Aqui está a receita: compraria cinco direitos por $10. Exerceria os direitos e pagaria $25 para ter uma nova ação. Seu investimento total para obter uma ação ex-direitos seria de 5 × $2 + $25 = $35. Venderia a ação por $37,50 e embolsaria a diferença de R$2,50. Poderia repetir isso quantas vezes quisesse.

Processo de subscrição de uma emissão de direitos

Nas subscrições com emissão de direitos que ocorrem nos Estados Unidos, em geral, as ofertas de direitos são organizadas usando a **subscrição *standby***. Na subscrição *standby*, a empresa emitente faz uma oferta de direitos, e o *underwriter* assume um compromisso firme de "assumir" (ou seja, comprar) a parte da emissão não subscrita pelos acionistas. O *underwriter*, em geral, tem uma **comissão de *standby*** e valores adicionais com base nos títulos mobiliários que assume.

A subscrição *standby* protege a empresa contra subscrição a menor, que pode ocorrer se os investidores jogarem fora os direitos, ou se notícias ruins fizerem o preço de mercado da ação cair abaixo do preço de subscrição.

Na prática, apenas uma pequena porcentagem (menos de 10%) dos acionistas não exerce esses direitos valiosos. Isso pode ser atribuído provavelmente à ignorância ou a férias. Além disso, os acionistas, em geral, recebem um **direito de subscrição de sobras**, o qual permite que eles comprem ações não subscritas ao preço de subscrição. O direito de subscrição de sobras torna pouco provável que a empresa emissora tenha de recorrer à ajuda de seu banco *underwriter*.

subscrição *standby*
Tipo de subscrição na qual o subscritor concorda em comprar a parte não subscrita da emissão.

comissão de *standby*
Montante pago a um subscritor que participa de um contrato de subscrição *standby*.

direito de subscrição de sobras
Direito que permite que os acionistas comprem ações não subscritas em uma oferta de direitos pagando apenas o preço de subscrição.

prioridade de subscrição
Direito de prioridade ao acionista para subscrever uma emissão subsequente até a data de corte constante do prospecto de emissão.

direito de preferência
Direito legal do acionista para subscrever uma emissão subsequente em determinado prazo; pode ser excluído em uma emissão subsequente.

Efeitos para os acionistas

Se um direito emitido é transacionável no mercado, os acionistas podem exercer seus direitos ou podem vendê-los. Em ambos os casos, o acionista não ganha nem perde por causa da oferta de direitos. O detentor hipotético das duas ações da Companhia Nacional tem uma carteira que vale $40. Se o acionista exercer os direitos, ele acaba com três ações no valor total de $50. Em outras palavras, com gasto de $10, o investimento aumenta de valor em $10 — ou seja, o acionista não está nem melhor nem pior.

Por outro lado, se o acionista vender os dois direitos de subscrição por $3,33 cada, ele deve obter $3,33 × 2 = $6,67 e acabar com duas ações no valor de $16,67 e o caixa pela venda do direito de subscrição:

$$
\begin{aligned}
\text{Ações mantidas} &= 2 \times \$16,67 = \$33,33 \\
\text{Direitos vendidos} &= 2 \times \$3,33 \;\;= \underline{6,67} \\
\text{Total} &= \underline{\$40,00}
\end{aligned}
$$

O novo valor de mercado de $33,33 mais $6,67 em dinheiro é exatamente igual ao valor da posição original de $40. Assim, os acionistas não podem perder nem ganhar ao exercer ou vender os direitos de subscrição.

É óbvio que, após a oferta dos direitos de subscrição, o novo preço de mercado da ação da empresa será mais baixo do que o preço anterior à oferta de direitos de subscrição. Porém, como vimos, os acionistas não sofreram prejuízo por causa da oferta de direitos de subscrição. Assim, nesse caso, a diminuição no preço das ações é muito parecida com aquela de um desdobramento de ações, que será descrito no Capítulo 17. Quanto mais baixo for o preço de subscrição, maior será a diminuição do preço resultante de uma oferta de direitos. É importante enfatizar que, como nesse caso os acionistas recebem direitos de subscrição com valor igual à diminuição no preço, a oferta de direitos *não* prejudica os acionistas.

De um modo geral, as empresas brasileiras fazem ofertas públicas subsequentes sem a emissão de títulos representativos de direitos de subscrição, porém assegurando prioridade de subscrição aos acionistas existentes. O acionista de uma companhia aberta tem o direito de preferência de subscrição assegurado pelo artigo 171 da Lei das Sociedades por Ações,, que determina que o prazo para manifestação de interesse desse exercício não pode ser inferior a 30 dias. Já o artigo 172 da mesma Lei faculta, mediante previsão no estatuto, a emissão de ações sem direito de preferência para os antigos acionistas, ou com redução do prazo mínimo de 30 dias para exercício. Em troca, geralmente é assegurada prioridade de subscrição para os acionistas.

A diferença entre assegurar o direito legal de preferência ou excluí-lo e oferecer prioridade aos acionistas é que, se manter o direito de preferência, a empresa deverá esperar no mínimo 30 dias para que todos os acionistas se manifestem. Com a subscrição prioritária, é o acionista que deve manifestar seu interesse em participar da subscrição dentro das datas de corte estabelecidas no cronograma da emissão.

Existe uma última questão. Como definimos o preço de subscrição em uma oferta de direitos? Se você pensar sobre isso, verá que o preço de subscrição realmente não importa. Ele tem de estar abaixo do preço de mercado da ação para que os direitos tenham valor; porém, passando disso, o preço é arbitrário. Em princípio, ele pode ser tão baixo quanto quisermos, desde que não seja zero. Em outras palavras, é impossível haver subprecificação em uma oferta de direitos.

Questões conceituais

15.8a Quais são os passos de uma oferta subsequente de ações?

15.8b Quais são as perguntas que o administrador financeiro deve responder em uma oferta de direitos?

15.8c Como se determina o preço justo ex-direitos em uma oferta subsequente?

15.8d Qual é a diferença entre uma oferta de direitos e uma oferta subsequente de ações?

15.8e Uma oferta subsequente de ações faz os preços das ações diminuírem? Como os acionistas existentes são afetados por uma oferta subsequente?

15.9 Diluição

Um assunto constante nas discussões sobre a venda de ações é a **diluição** — uma perda no valor para os acionistas existentes. Existem vários tipos:

1. Diluição da propriedade proporcional
2. Diluição do valor de mercado
3. Diluição do valor contábil e dos lucros por ação

As diferenças entre esses três tipos podem ser um pouco confusas, e existem algumas ideias erradas sobre a diluição, de modo que as discutiremos nesta seção.

diluição
Perda de valor para os acionistas existentes, em termos de propriedade, valor de mercado, valor contábil ou LPA.

Diluição da propriedade proporcional

O primeiro tipo de diluição pode surgir sempre que uma empresa realiza uma emissão subsequente de ações. Por exemplo, João da Silva tem 5 mil ações ordinárias da Companhia Botas do Mérito. Atualmente, a empresa tem 50 mil ações em circulação, e cada ação vale um voto. Assim, João controla 10% (= 5.000/50.000) dos votos e recebe 10% dos dividendos.

Se a Botas do Mérito emite 50 mil novas ações ordinárias por meio de uma oferta subsequente, a participação de João pode ser diluída. Se João não participar na nova emissão, sua participação cairá para 5% (= 5.000/100.000). Observe que o valor do investimento na posição em ações de João não é afetado. Ele apenas possui uma porcentagem menor da empresa.

O exercício de direitos de subscrição, ou o exercício do direito de prioridade na subscrição, garantiria a João da Silva a oportunidade de manter sua participação proporcional de 10%. Assim, a diluição da participação dos acionistas existentes nas emissões subsequentes pode ser evitada com a manutenção do direito de subscrição, com uma oferta prioritária ou com uma oferta de direitos de subscrição.

Diluição do valor: valor contábil *versus* valor de mercado

Agora daremos atenção à diluição do valor, examinando alguns números contábeis. Fazemos isso para ilustrar uma das falácias sobre a diluição. Não queremos sugerir que a diluição do valor contábil seja mais importante do que a diluição do valor de mercado. Como ilustramos, na verdade, ocorre o inverso.

Suponha que a Central Geradora do Norte (CGN) queira construir uma nova usina geradora para atender à demanda futura prevista. Como mostra o Quadro 15.18, a CGN tem 1 milhão de ações em circulação e nenhuma dívida. Cada ação é negociada por $5, e a empresa tem um valor de mercado de $5 milhões. O valor contábil total da CGN é de $10 milhões, ou $10 por ação.

A CGN passou por uma série de dificuldades no passado, incluindo estouros de orçamentos, atrasos em virtude de mudanças regulatórias para construção de usinas e lucros abaixo do normal. Essas dificuldades se refletem no fato de que o índice valor de mercado/valor contábil da CGN é de $5/$10 = 0,50 (empresas bem-sucedidas raramente têm preço de mercado abaixo do valor contábil).

O lucro líquido da CGN é de $1 milhão. Com 1 milhão de ações, os lucros por ação são de $1, e o retorno sobre o patrimônio líquido é de $1/$10 = 10%.[13] Portanto, o preço da ação da CGN é de cinco vezes seu lucro (seu índice P/L é 5). A CGN tem 200 acionistas, cada um com 5 mil ações. A nova usina custará $2 milhões, de modo que a CGN terá de emitir 400 mil novas ações ($5 × 400.000 = $2 milhões). Assim, haverá 1,4 milhão de ações em circulação após a emissão.

QUADRO 15.18 Novas emissões e diluição: o caso da Central Geradora do Norte (CGN)

		Após assumir um novo projeto	
	Inicial	Com diluição	Sem diluição
Número de ações	1.000.000	1.400.000	1.400.000
Valor contábil	$10.000.000	$12.000.000	$12.000.000
Valor contábil por ação (VCA)	$10	$8,57	$8,57
Valores de mercado	$5.000.000	$6.000.000	$8.000.000
Preço de mercado (P)	$5	$4,29	$5,71
Lucro líquido	$1.000.000	$1.200.000	$1.600.000
Retorno sobre o patrimônio líquido (ROE)	0,10	0,10	0,13
Lucro por ação (LPA)	$1	$0,86	$1.14
LPA/P	0,20	0,20	0,20
P/LPA	5	5	5
P/VCA	0,5	0,5	0,67
Custos do projeto $2.000.000		VPL = −$1.000.000	VPL = $1.000.000

---

[13] O retorno sobre o patrimônio líquido (ROE) é igual aos lucros por ação divididos pelo valor contábil por ação, ou o lucro líquido dividido pelo patrimônio líquido. Discutimos esse e outros indicadores financeiros com detalhes no Capítulo 3.

A expectativa é que o ROE da nova usina deva ser igual ao da empresa como um todo. Em outras palavras, o lucro líquido deve aumentar em 0,10 × $2 milhões = $200.000. O lucro líquido total, portanto, será de $1,2 milhão. Este será o resultado se a usina for construída:

1. Com 1,4 milhão de ações em circulação, o LPA será de $1,2/1,4 = $0,857,, uma queda em relação ao $1 original.
2. A participação proporcional de cada acionista antigo cairá de 0,50% para 5.000/1,4 milhão = 0,36%.
3. Se a ação continuar sendo negociada por cinco vezes o lucro, o valor cairá para 5 × $0,857 = $4,29, representando uma perda de $0,71 por ação.
4. O valor contábil total será os antigos $10 milhões mais os novos $2 milhões, totalizando $12 milhões. O valor contábil por ação cairá para $12 milhões/1,4 milhão = $8,57.

Se tomarmos esse exemplo ao seu valor de face, então haverá diluição da propriedade proporcional, diluição contábil e diluição do valor de mercado. Os acionistas da CGN parecem sofrer prejuízos significativos.

Um engano Nosso exemplo parece mostrar que a emissão de novas ações, quando o índice valor de mercado/valor contábil é menor do que 1, é prejudicial para os acionistas. Alguns executivos financeiros podem alegar que a diluição resultante ocorre porque o LPA cai sempre que as ações são emitidas quando o valor de mercado é menor do que o valor contábil.

Quando o índice valor de mercado/valor contábil é menor do que 1, um aumento no número de ações faz o LPA cair. Tal diminuição no LPA é a diluição contábil, e ela sempre ocorre nessas circunstâncias.

Mas seria também verdade que a diluição do valor de mercado ocorrerá necessariamente? A resposta é não. Nada há de errado em nosso exemplo, mas não fica tão óbvio o motivo pelo qual o valor de mercado diminuiu. Discutiremos isso a seguir.

Os argumentos corretos Neste exemplo, o preço de mercado cai de $5 por ação para $4,29. Isso é diluição de verdade, mas por que ocorre? A resposta tem a ver com o novo projeto. A CGN vai gastar $2 milhões na nova usina. Entretanto, como mostra o Quadro 15.16, o valor total de mercado da empresa vai aumentar de $5 milhões para $6 milhões, um crescimento de apenas $1 milhão. Isso significa simplesmente que o VPL do novo projeto é negativo, −$1 milhão. Com 1,4 milhão de ações, a perda por ação é de $1/1,4 = $0,71, como calculamos antes.

Assim, a diluição para os acionistas da CGN ocorre porque o VPL do projeto é negativo, e não porque o índice valor de mercado/valor contábil é menor do que 1. É esse VPL negativo que faz o preço de mercado cair, e a diluição contábil nada tem a ver com isso.

Suponha que o novo projeto tenha um VPL positivo de $1 milhão. O valor total de mercado sobe em $2 milhões + $1 milhão = $3 milhões. Como mostra o Quadro 15.16 (terceira coluna), o preço por ação sobe para $5,71. Observe que a diluição contábil ainda ocorre porque o valor contábil por ação ainda cai, mas não existem consequências econômicas para esse fato. O valor de mercado da ação sobe.

Nesse caso, o aumento de $0,71 no valor da ação acontece por causa do VPL de $1 milhão, que resulta em um aumento de $0,71 no valor por ação. Além disso, como foi mostrado, se o índice preço/LPA permanecer em 5, então o LPA deve aumentar para $5,71/5 = $1,14. O lucro total (líquido) aumenta para $1,14 por ação × 1,4 milhão de ações = $1,6 milhão. Por fim, o ROE subirá para $1,6 milhão/$12 milhões = 13,33%.

> **Questões conceituais**
>
> **15.9a** Quais são os diferentes tipos de diluição?
>
> **15.9b** A diluição é importante?

15.10 Como abrir o capital de uma empresa no Brasil[14]

O primeiro procedimento para uma empresa abrir o capital é entrar com o pedido de registro de companhia aberta na CVM, que é o órgão regulador e fiscalizador do mercado de capitais brasileiro. De acordo com as regras, junto com esse pedido, as empresas solicitam à CVM a autorização para realizar venda de ações ao público, tecnicamente conhecida como *distribuição púbica de ações*. Por ser a primeira colocação pública de ações da companhia, é chamada de *oferta pública inicial*, ou IPO, sigla em inglês para *initial public offering* e que se tornou popular no mercado brasileiro.

Paralelamente à entrada do pedido na CVM, a empresa pode já solicitar sua listagem na B3. Para que uma empresa tenha suas ações negociadas na B3, é necessário que obtenha esses dois registros. A Figura 15.5 ilustra os passos do processo como um todo.

Caso a empresa que deseja abrir o capital ainda não tenha suas demonstrações financeiras auditadas de forma independente, o processo pode levar até três anos, pois a legislação exige três anos de balanços auditados. A Figura 15.6 apresenta um resumo dos prazos médios de preparação das empresas para que tenham suas ações negociadas na bolsa.

Escolhendo o segmento de listagem das ações na B3

Além da listagem no segmento tradicional, a B3 oferece outros segmentos de listagem, os chamados *segmentos especiais de listagem* (Nível 1, Nível 2, Novo Mercado, Bovespa Mais e Bovespa Mais Nível 2). Cada segmento apresenta exigências específicas para admissão de uma empresa. Essas exigências se referem à divulgação de informações (financeiras ou não), à estrutura societária, à estrutura acionária, ao percentual de ações em circulação e a aspectos de governança corporativa. O regulamento de registro de emissores e de valores mobiliários da B3 determina que empresas que fazem distribuição pública de ações pela primeira vez e

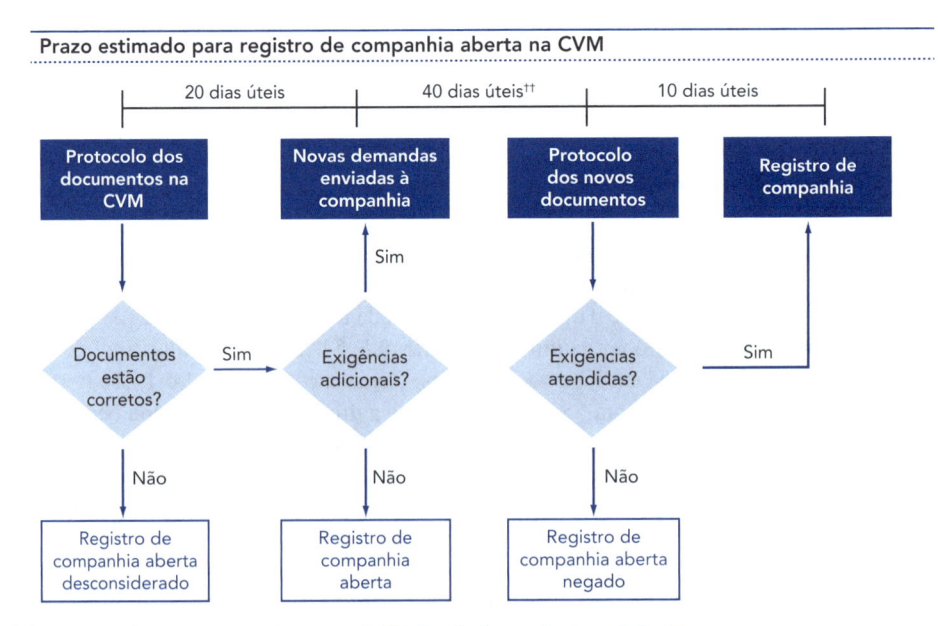

†O prazo pode ser prorrogado por mais 20 dias úteis mediante solicitação.
Observação: a CVM poderá interromper a análise do pedido de registro uma única vez, a pedido do emissor, por até 60 dias úteis.

FIGURA 15.5 Prazo estimado para registro na CVM.
Fonte: Apresentação B3 e Pricewaterhousecoopers.

---
[14] Material cedido pela B3 Educação.

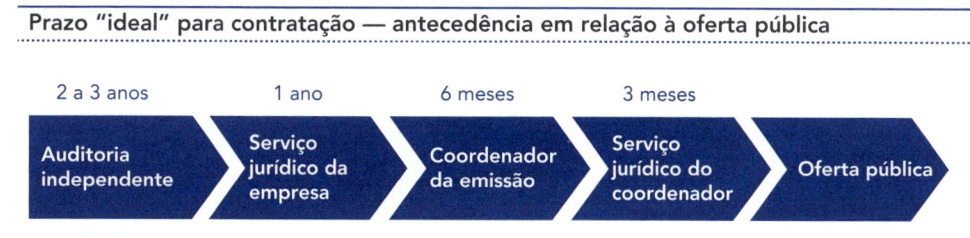

Prazo "ideal" para contratação — antecedência em relação à oferta pública

2 a 3 anos	1 ano	6 meses	3 meses	
Auditoria independente	Serviço jurídico da empresa	Coordenador da emissão	Serviço jurídico do coordenador	Oferta pública

FIGURA 15.6 Prazos médios de preparação para uma IPO no Brasil.

se listem em bolsa devem aderir pelo menos ao Nível 1 de governança corporativa. No Quadro1.2 do Capítulo 1, trouxemos um comparativo das principais exigências de cada nível.

As empresas listadas em um nível poderão migrar para segmentos com níveis mais elevados de governança. Lembre aqui do que discutimos no Capítulo 1 sobre cada um dos níveis de governança corporativa da B3 sob a ótica das finanças corporativas e o papel dos administradores.

Ofertas para investidores estrangeiros Uma consideração importante quanto ao processo de oferta é o fato de que, a despeito de o registro de listagem ocorrer no mercado brasileiro, a grande maioria dos IPOs inclui a oferta de títulos em mercados internacionais, normalmente Estados Unidos e Europa, sem o correspondente registro de listagem junto aos reguladores e às bolsas de valores desses mercados. Isso ocorre porque esses mercados dispensam o registro de ofertas de valores mobiliários realizadas com esforços restritos de distribuição.

Nos Estados Unidos, o principal mercado, ofertas não registradas são realizadas com base na Rule 144a (ver http://www.sec.gov/investor/pubs/rule144.htm) e na Regulation S, que trata de emissões fora dos Estados Unidos. Diferentemente da oferta no mercado brasileiro, os títulos podem ser ofertados apenas para investidores institucionais qualificados (QIBs, do inglês *qualified institutional buyers*).

Definição das características da emissão O intermediário financeiro coordenador da subscrição (*underwriter*) define, juntamente com a companhia, as características da emissão, como o volume dos recursos a serem captados, a composição entre ofertas primária e secundária, a definição da faixa de preço de oferta da ação, o *marketing* da oferta, com apresentações para os investidores (*roadshow*), e a precificação e alocação das ações da oferta (*bookbuilding*).

Período de silêncio Quando a empresa tiver chegado a um entendimento preliminar com o coordenador da subscrição, e se as condições de mercado se mostram favoráveis, o processo da oferta inicial começa a pleno vapor, e o período de *marketing* da oferta inicia. Esse é o período durante o qual a empresa está sujeita às diretrizes da CVM quanto à divulgação de informações que não constam do prospecto de distribuição pública. O chamado período de silêncio (*quiet period*) é exigido pela Instrução CVM nº 482 e tem início nos 60 dias que antecedem o pedido de registro da oferta ou desde a data em que a oferta foi decidida ou projetada — o que ocorrer por último. Nesse período, a empresa, os seus administradores, bem como os acionistas controladores e demais participantes da oferta, ficam impedidos ou limitados de divulgar informações e projeções sobre si mesmos e sobre a oferta, excetuadas as informações necessárias e exigidas por lei. O período de silêncio tem por objetivo assegurar que as informações sobre a empresa cheguem a todos os potenciais investidores de maneira igual e que alguém ou um grupo não seja privilegiado com esclarecimentos ou informações não constantes das divulgações da empresa (fatos relevantes, comunicados ao mercado, avisos aos acionistas, Formulário de Referência, prospecto de emissão e outras divulgações eventualmente exigidas).

Durante a fase de execução do processo da oferta pública inicial, os administradores da empresa estarão envolvidos nas seguintes tarefas:

1. Preparar ou atualizar o Formulário de Referência e outros documentos exigidos nas ofertas (prospecto, demonstrações financeiras, etc.).

2. Verificar os negócios da empresa, com vistas ao procedimento de exame da oferta (*due diligence*) por parte dos advogados e intermediários financeiros.
3. Acompanhar as condições de preço de mercado.
4. Preparar materiais de *marketing* para o *roadshow*.

De forma geral, e sem considerar a fase de preparação da empresa antes do início do processo formal de abertura de capital (protocolo de pedido de oferta na CVM e na B3), o período entre o momento em que a empresa inicia o processo de abertura de capital e o momento em que recebe o produto de uma oferta realizada é de 3 a 6 meses.

Após a entrega à CVM e à B3, as declarações de registro são processadas e analisadas pela superintendência de relações com empresas da CVM e pela superintendência de relacionamento com emissores na B3. A CVM e a B3 analisam os documentos e determinam se existe uma divulgação integral e adequada de informações, especialmente verificando se os documentos incluem erros ou omissões de fatos significativos.

Os documentos preliminares — normalmente a minuta definitiva do prospecto e do formulário de referência e, no caso de esta incluir uma parte (*tranche*) no mercado internacional, o Offering Memorandum ou Offering Circular — podem ser enviados, antes da data de efetivação da oferta, às instituições ou pessoas no exterior que estejam interessadas. O Offering Memorandum ou Offering Circular é um documento que tem uma tarja vermelha na lateral da capa, e por isso, é conhecido no mercado internacional como *Red Herring*. A Figura 15.7 apresenta um fluxo do processo.

Anúncio da oferta

As empresas podem colocar anúncios da oferta em vários periódicos, incluindo a oferta e seu valor, identificando determinados membros do consórcio de bancos que intermedeiam a oferta e indicando onde e com quem podem ser obtidas cópias do prospecto da empresa. Anúncios de oferta podem ser publicados quando o pedido de registro já tiver sido protocolado na CVM.

Na eventualidade de a demanda exceder o tamanho da oferta, a empresa poderá aumentar a quantidade dos valores mobiliários a serem distribuídos em lote adicional de até 20%, sem necessidade de novo pedido de registro e sem necessidade de alteração do prospecto (no mercado, esse mecanismo é também chamado *hot issue*).

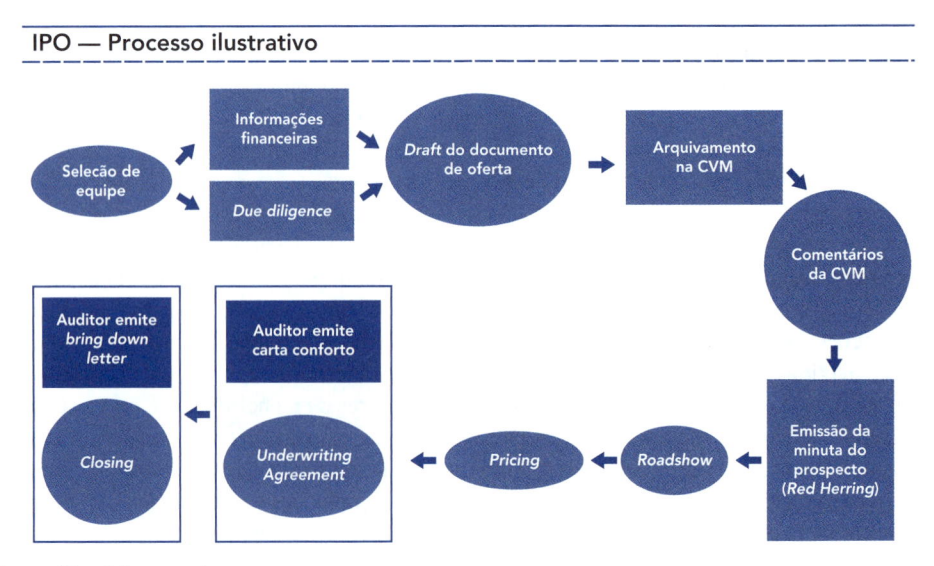

IPO — Processo ilustrativo

Seleção de equipe → Informações financeiras / Due diligence → Draft do documento de oferta → Arquivamento na CVM → Comentários da CVM → Emissão da minuta do prospecto (Red Herring) → Roadshow → Pricing → Underwriting Agreement → Auditor emite carta conforto → Auditor emite bring down letter → Closing

Fonte: B3 e Pricewaterhousecoopers.

FIGURA 15.7 Processo de emissão.

A empresa também poderá outorgar ao coordenador da emissão a opção de distribuição de lote suplementar de até 15% do montante inicialmente ofertado, caso a demanda assim justifique, e nas mesmas condições da oferta inicial. Esse procedimento já é bastante difundido nos mercados internacionais e popularmente conhecido também como *green shoe*.

A Figura 15.8 mostra o número de ofertas públicas iniciais por segmento de listagem na B3, de 2004 a maio de 2020.

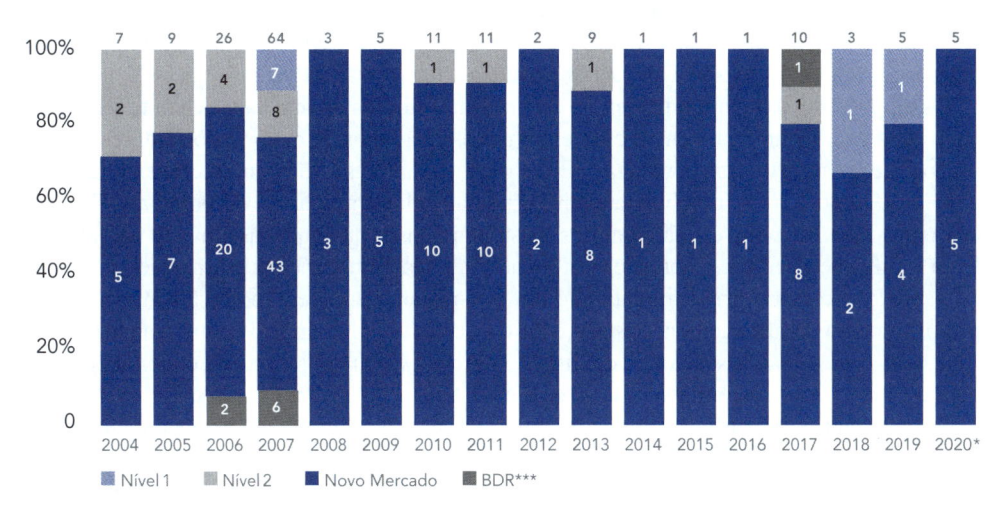

FIGURA 15.8 Número de ofertas públicas iniciais no Brasil por segmento de listagem.
Fonte: Deloitte e B3
https://www2.deloitte.com/content/dam/Deloitte/br/Documents/audit/custos-abertura-capital-Brasil-2020.pdf

* Até maio 2020.
** BDR: Brazilian Depository Receipts: certificados de depósito de valores mobiliários emitidos no Brasil, referentes a companhias abertas com sede no exterior.

Questões conceituais

15.10a Quais segmentos de listagem da B3 admitem exclusivamente ações ordinárias?

15.10b Se uma empresa quiser abrir capital hoje, ela pode solicitar listagem no mercado tradicional?

15.10c Se uma auditoria independente foi contratada para auditar suas contas a partir do exercício do ano passado, quando você poderá abrir capital de sua empresa?

15.11 Emissão de dívida de longo prazo

Os procedimentos gerais seguidos em uma emissão pública de títulos de dívida são iguais àqueles de ações. A emissão tem de ser registrada na CVM (na SEC nos Estados Unidos), deve haver um prospecto, e assim por diante. O registro de uma emissão pública de dívida, porém, é diferente daquele de ações. Para dívida, o pedido de registro deve incluir a escritura de emissão dos títulos (a escritura de debêntures, por exemplo) e o relatório da agência classificadora de riscos, se houver.

Outra diferença importante é que, nas emissões privadas, se observa o predomínio das emissões de dívida (mais de 50% nos Estados Unidos — esse predomínio de emissões de dívida também se observa no Brasil), onde tem ocorrido grande número de colocações restritas. A partir de 2009, com a edição da Instrução CVM 476, que regulamentou as ofertas públicas de valores mobiliários distribuídas com esforços restritos e a negociação desses valores mobiliários nos mercados regulamentados, emissões de colocação restrita têm ocorrido em maior número do que emissões públicas de empresas abertas.

Existem duas formas básicas de financiamento direto por dívida privada de longo prazo: empréstimos a longo prazo e colocações privadas.

empréstimos a longo prazo
Empréstimos diretos com prazo normalmente entre 1 e 5 anos.

Os **empréstimos de longo prazo** são empréstimos diretos junto a bancos e outras instituições. Eles geralmente têm vencimento entre um e cinco anos. A maioria dos empréstimos a prazo deve ser paga durante a vida útil. Entre os financiadores estão bancos comerciais, companhias seguradoras e outros financiadores especializados em finanças corporativas. Trata-se de empréstimos disponíveis para empresas estadunidenses ou empresas atuando no exterior. Uma forma que as empresas brasileiras têm utilizado para buscar empréstimos de longo prazo captados no exterior é a modalidade de "pré-pagamento" de exportação. As linhas de pré-pagamento geralmente têm custo menor do que os empréstimos de natureza puramente financeira, porque são associadas a créditos comerciais vinculados a futuras exportações, que gerarão a moeda estrangeira para saldar os empréstimos.

colocações privadas
Empréstimos de médio e longo prazo fornecidos diretamente por um número limitado de investidores.

As **colocações privadas** no mercado internacional são muito semelhantes aos empréstimos a prazo, exceto que geralmente o prazo é maior e há um número de subscritores que dividem entre si o fornecimento dos recursos da operação. No caso nacional, as colocações privadas de forma restrita disciplinadas pela Instrução CVM 476 permitem consulta a, no máximo, 50 investidores qualificados, e os valores mobiliários ofertados poderão ser subscritos ou adquiridos por, no máximo, 20 investidores qualificados.

No Brasil, os empréstimos bancários de longo prazo ainda não são muito comuns, pois ainda há poucas captações de longo prazo por parte dos bancos para que possam fazer operações ativas ajustadas ao prazo dos seus passivos.

Empréstimos do BNDES

Praticamente a única fonte de empréstimos de longo prazo no Brasil é o BNDES. Os produtos oferecidos pelo BNDES[†] são os mecanismos mais básicos de crédito a longo prazo do BNDES. Eles definem as regras gerais de condições financeiras e procedimentos operacionais do financiamento. A cada produto do BNDES, aplicam-se linhas de financiamento.

Elas seguem as condições do respectivo produto. As linhas se destinam a beneficiários, setores e empreendimentos específicos e podem trazer regras adicionais, mais adequadas aos seus objetivos.

Listamos a seguir os produtos do BNDES disponíveis para financiamentos e garantia em dezembro de 2012.

- **BNDES Finem**: financiamentos a projetos de investimento de valor superior a R$ 10 milhões.

- **BNDES Automático**: financiamento a projeto de investimento de valor até R$ 20 milhões, caso o cliente seja micro, pequena, média ou média grande empresa, ou até R$ 10 milhões, se o cliente for uma grande empresa.

- **BNDES Finame**: financiamentos para a produção e aquisição de máquinas e equipamentos novos.

- **BNDES Finame Agrícola**: financiamentos para a produção e aquisição de máquinas e equipamentos novos destinados ao setor agropecuário.

[†] N. de R. T.: Informações extraídas da página do BNDES http://www.bndes.gov.br/SiteBNDES/bndes/bndes_pt/Institucional/Apoio_Financeiro/Produtos/index.html.

- **BNDES Finame Leasing:** financiamento de aquisição isolada de máquinas e equipamentos novos, de fabricação nacional, destinados a operações de arrendamento mercantil.
- **BNDES Exim:** financiamentos destinados tanto à produção e exportação de bens e serviços quanto à comercialização destes no exterior.
- **BNDES Limite de Crédito**: crédito rotativo para o apoio a empresas ou grupos econômicos já clientes do BNDES e com baixo risco de crédito.
- **BNDES Empréstimo-Ponte**: financiamento a um projeto, concedido em casos específicos, para agilizar a realização de investimentos por meio da concessão de recursos no período de estruturação da operação de longo prazo.
- **BNDES Project Finance**: engenharia financeira suportada contratualmente pelo fluxo de caixa de um projeto, servindo como garantia os ativos e recebíveis desse mesmo empreendimento.
- **BNDES Fianças e Avais**: prestação de fianças e avais com o objetivo de diminuir o nível de participação nos projetos. Utilizado, preferencialmente, quando a combinação de formas alternativas de *funding* permitir a viabilização de operações de grande porte.
- **Cartão BNDES**: crédito rotativo pré-aprovado, destinado a micro, pequenas e médias empresas e usado para a aquisição de bens e insumos.

As diferenças importantes entre o financiamento direto privado de longo prazo e as emissões públicas de dívida são:

1. Um empréstimo bancário direto de longo prazo evita o custo do registro na CVM (ou SEC, em operações nos Estados Unidos).
2. A colocação direta pode ter cláusulas de proteção aos credores (*covenants*) mais restritivas.
3. É mais fácil renegociar um empréstimo a prazo ou uma colocação privada no caso de inadimplência. É mais difícil renegociar uma emissão pública porque normalmente há centenas de investidores envolvidos.
4. As empresas de seguro de vida e os fundos de pensão dominam o segmento da colocação privada do mercado de títulos de dívida. Os bancos comerciais (nos Estados Unidos) são participantes significativos do mercado de empréstimos a longo prazo.
5. Os custos da distribuição de títulos de dívida são mais baixos no mercado privado.

As taxas de juros dos empréstimos a longo prazo e das colocações privadas são mais altas do que aquelas da emissão pública equivalente. Essa diferença reflete a ponderação entre uma taxa de juros mais alta ou acordos mais flexíveis, no caso de problemas financeiros, além de custos mais baixos associados às colocações privadas.

Uma consideração adicional e muito importante é que os custos de lançamento associados à venda de títulos de dívida são muito menores do que os custos comparáveis associados à venda de ações.

Questões conceituais

15.11a Qual é a diferença entre emissões privadas e públicas de títulos de dívida?

15.11b Uma colocação privada pode ter uma taxa de juros mais alta do que uma emissão pública. Por quê?

15.11c Qual é a importância do BNDES para as empresas brasileiras? Discuta o motivo dessa importância.

15.12 Registro de prateleira

registro de prateleira
Registro que permite a uma empresa registrar, em um programa de distribuição de valores mobiliários, as emissões que espera vender em dois anos, com vendas subsequentes a qualquer momento nesses dois anos.

O registro de prateleira permite que uma empresa registre uma oferta que tenha perspectivas de venda razoáveis nos próximos dois anos e, em seguida, venda a emissão quando quiser durante esse período. O registro de prateleira permite que as empresas usem um método "conta-gotas" para vender novas ações. Nesse método, a empresa registra a emissão e contrata um banco subscritor como agente de vendas. Em seguida, ela começa a vender ações de tempos em tempos diretamente em uma bolsa de valores.

No Brasil, a modalidade do registro de prateleira foi instituída pela Instrução CVM 400 com a figura do **programa de distribuição de valores mobiliários**, que faculta à companhia aberta que já tenha efetuado distribuição pública de valores mobiliários submeter à CVM um "programa de distribuição", com prazo máximo de dois anos, para efetuar futuras ofertas públicas de distribuição dos valores mobiliários nele mencionados. Após o arquivamento do programa de distribuição, o ofertante e a instituição líder poderão requerer registros de distribuição. Isso pode ser feito mediante a apresentação de um suplemento ao prospecto, com informações atualizadas, o último Formulário de Referência e a última ITR, e, no caso de emissão de dívida, a escritura de emissão de debêntures e o relatório de agência classificadora de risco, se houver.

Outro programa de "prateleira" é o **programa de distribuição contínua**, pelo qual bancos múltiplos, bancos comerciais, bancos de investimento, as caixas econômicas e o BNDES podem solicitar o registro de programa de distribuição contínua somente para emissão de letras financeiras não relacionadas a operações ativas vinculadas. O programa permite a utilização de procedimento de registro automático de distribuição, registro de distribuição de múltiplas séries de letras financeiras simultaneamente e registro de múltiplas distribuições de uma mesma série de letras financeiras.

Nos Estados Unidos, para simplificar os procedimentos de emissão de títulos mobiliários, em março de 1982, a SEC adotou temporariamente a Regra 415, a qual foi adotada permanentemente em novembro de 1983. A Regra 415 permite o registro de prateleira (*shelf registration*). Tanto títulos de dívida quanto títulos representativos de capital próprio podem ser registrados dessa forma. Por exemplo, em março de 2017, a operadora de navegação DryShips anunciou um registro de prateleira de 2 bilhões de títulos mobiliários, incluindo ações e *warrants*. Nem todas as empresas podem usar a Regra 415. As principais qualificações são:

1. A empresa deve ter classificação de grau de investimento.
2. A empresa não pode ter tido inadimplência de sua dívida nos últimos três anos.
3. O valor agregado de mercado de suas ações em circulação deve ser maior do que $150 milhões.
4. A empresa não pode ter cometido uma violação da Lei de Valores Mobiliários de 1934 nos últimos três anos.

O registro de prateleira permite que as empresas usem um método tipo *conta-gotas* (*dribble*) para emitir novas ações. Nele, a empresa registra a emissão e contrata uma instituição intermediária para atuar como agente de vendas. A empresa vende as ações "a conta-gotas", de tempos em tempos, diretamente por meio de uma bolsa (p. ex.: a Nyse). Entre as empresas que usaram programas de gotejamento estão a Wells Fargo & Co., a Pacific Gas and Electric e a The Southern Company.

Nos Estados Unidos, a regra tem sido controversa. Os seguintes argumentos têm sido apresentados contra o registro de prateleira:

1. Os custos das novas emissões podem ser maiores, porque os *underwriters* talvez não consigam fornecer tantas informações atualizadas aos investidores em potencial quanto forneceriam de outra forma, de modo que os investidores poderiam pagar menos. As despesas de vender a emissão aos poucos poderiam, portanto, ser maiores do que as de vender de uma só vez.

2. Alguns bancos de investimentos argumentam que o registro de prateleira pode causar um "excesso de oferta" no mercado, o que pode deprimir os preços. Em outras palavras, a possibilidade de que uma empresa possa aumentar a qualquer momento o estoque em circulação de suas ações teria um impacto negativo sobre o preço corrente dessa ação.

Questões conceituais

15.12a O que é um registro de prateleira?

15.12b Quais são os argumentos contra o registro de prateleira?

15.12c Qual é a norma brasileira que trata do registro de prateleira?

15.13 Resumo e conclusões

Este capítulo tratou de como os valores mobiliários de empresas são emitidos nos Estados Unidos e no Brasil, bem como custos relacionados à decisão de abrir o capital de uma empresa. Tratou-se de ofertas públicas iniciais e de ofertas públicas subsequentes. Os principais pontos são:

1. Os custos da emissão de valores mobiliários podem ser muito elevados. Eles são muito mais baixos (percentualmente) para emissões maiores. Os dados apresentados neste capítulo indicam que, no Brasil, os custos diretos de emissão são menores do que nos Estados Unidos.

2. Os custos diretos e indiretos da abertura de capital podem ser substanciais. Entretanto, depois que uma empresa abre seu capital, ela pode levantar capital adicional com muito mais facilidade. Processos simplificados podem ser utilizados por empresas que apresentam certos requisitos.

3. As ofertas subsequentes exclusivas para acionistas são mais baratas do que as ofertas públicas.

4. Uma oferta de direitos de subscrição negociáveis protege o acionista contra diluição. Países europeus adotam a oferta de direitos para emissões subsequentes, uma prática pouco usual no Brasil ou nos Estados Unidos.

5. No Brasil, a lei assegura aos acionistas o direito de preferência para subscrição de ofertas subsequentes dentro de um determinado prazo. Esse direito pode ser excluído em uma emissão e geralmente é substituído pela oferta prioritária ao acionista para exercer a subscrição até uma data de corte constante do prospecto de emissão.

6. Enquanto, no mercado brasileiro, a data ex-direitos em geral é o dia útil seguinte à data de registro ou outra data estabelecida no prospecto de emissão, nos Estados Unidos, a data ex-direitos ocorre dois dias úteis antes da data de registro.

REVISÃO DO CAPÍTULO E TESTE DE CONHECIMENTOS

15.1 Custos de lançamento A Companhia L5 está pensando em emitir ações para financiar uma estação espacial. Para tal, é preciso levantar um total de $15 milhões em capital próprio. Se os custos diretos forem estimados a 7% do montante levantado, qual deve ser o montante total da emissão? Qual é o valor dos custos de lançamento?

15.2 Oferta de direitos de subscrição A Hádron S/A tem, no momento, 3 milhões de ações em circulação. Cada ação é negociada por $40. Na esperança de levantar $20 milhões para um novo acelerador de partículas, a empresa está pensando em uma oferta de direitos a $25 por ação. Qual é o valor de um direito nesse caso? E o preço ex-direitos?

RESPOSTAS DA REVISÃO DO CAPÍTULO E DO TESTE DE CONHECIMENTOS

15.1 A empresa precisa ter $15 milhões líquidos após pagar os custos de lançamento de 7%. Assim, o montante levantado é dado por: montante levantado $15 milhões

Montante levantado × (1 − 0,07) = $15 milhões
Montante levantado = $15 milhões/0,93 = $16,129 milhões

Os custos totais de lançamento são de $1,129 milhão.

15.2 Para levantar $20 milhões a $25 por ação, a empresa precisará vender $20 milhões/$25 = 800.000 ações. Antes da oferta, a empresa vale 3 milhões × $40 = $120 milhões. A emissão levantará $20 milhões, e haverá 3,8 milhões de ações em circulação. Assim, o valor de uma ação ex-direitos será de $140 milhões/3,8 milhões = $36,84. O valor de um direito de subscrição é, portanto, de $40 − $36,84 = $3,16.

REVISÃO DE CONCEITOS E QUESTÕES INSTIGANTES

1. **Tamanho da oferta de dívida *versus* de ações [OA2]**   Normalmente, as ofertas de dívida são muito mais comuns do que as ofertas de ações e, em geral, também são muito maiores. Por quê?

2. **Custos de lançamento de dívida *versus* de ações [OA2]**   Por que os custos de emissão e venda de ações são muito maiores do que os custos de venda de dívida?

3. **Classificação de títulos de dívida e custos de lançamento [OA2]**   Por que os títulos de dívida sem grau de investimento têm custos diretos muito maiores do que as emissões com grau de investimento?

4. **Subprecificação na oferta de dívida [OA2]**   Por que a subprecificação não é muito importante no caso das ofertas de títulos de dívida?

5. **Subprecificação de IPO [OA3]**   A empresa de compartilhamento de automóveis Zipcar abriu seu capital em 2011. Auxiliada pelo banco de investimentos Goldman, Sachs & Co., a Zipcar negociou vendeu 9,68 milhões de ações a $18, levantando um total de $174,24 milhões. Ao final do primeiro dia, as ações haviam saltado para $28, uma queda em relação à máxima de $31,50. Com base nos valores do final do dia, as ações da Zipcar pareciam ter sofrido uma subprecificação de $10, o que significa que a empresa deixou de ganhar $96,8 milhões adicionais.

A IPO da Zipcar teve cerca de 56% de subprecificação. A empresa deve ficar aborrecida com seu banco de investimento por causa do subpreço?

Na pergunta anterior, você mudaria de ideia se soubesse que a empresa foi incorporada há menos de dez anos, teve apenas $186 milhões em receitas em 2010 e nunca teve lucro? Além disso, a viabilidade do modelo de negócio da empresa ainda não era comprovada.

Em relação às duas perguntas anteriores, você mudaria de ideia se soubesse que, além dos 9,68 milhões de ações ofertadas na IPO, a Zipcar tinha outros 30 milhões de ações em mãos de acionistas anteriores à abertura? Desses 30 milhões de ações, 14,1 milhões de ações eram de propriedade de quatro empresas de venture capital e 15,5 milhões eram de propriedade de 12 conselheiros.

QUESTÕES E PROBLEMAS

1. **Oferta subsequente de ações [OA4]**   A Grande Chance S/A anunciou uma oferta subsequente de ações. No momento, existem 435 mil ações em circulação, cotadas a $71 cada. Haverá 50 mil novas ações oferecidas a $64 cada.

a. Qual é o novo valor de mercado da empresa?

b. Quantas ações são necessárias para subscrever o menor número inteiro de novas ações?

c. Qual é o preço ex-direitos?

d. Se a emissão fosse no modelo de emissão de direitos, quanto valeria um direito?

2. **Oferta subsequente de ações [OA4]** A Companhia Aberta anunciou uma oferta pública subsequente de ações para levantar $40 milhões para um novo projeto. No momento, cada uma de suas ações é negociada por $53, e há 4,1 milhões de ações em circulação.

e. Qual é o preço por ação máximo possível da oferta? Qual é o mínimo?

f. Se o preço de subscrição for definido a $48 por ação, quantas ações precisam ser vendidas?

g. A $48 por ação nova emitida, qual é o preço ex-direitos?

3. **Direitos [OA4]** A Tênis S/A concluiu que será necessário financiamento de capital próprio adicional para expandir as operações e que a melhor maneira de obter os fundos necessários é por meio de uma oferta de direitos de subscrição. Ela determinou corretamente que, como resultado da oferta de direitos, o preço da ação cairá de $56 para $54,30 ($56 é o preço com direitos; $54,30 é o preço ex-direitos, também conhecido como o preço quando emitido). A empresa busca $17,5 milhões em fundos adicionais com um preço de subscrição por ação de $41. Quantas ações existem no momento, antes da oferta? (Pressuponha que o incremento no valor de mercado do patrimônio líquido seja igual ao resultado bruto da oferta).

4. **Subprecificação de IPO [OA3]** A Madeira S/A e a Metal S/A anunciaram IPOs a $40 por ação. Uma delas está subavaliada em $12 e a outra está superavaliada em $5, mas você não tem como saber qual é qual. Você pretende comprar 1.000 ações de cada emissão. Se uma emissão estiver subprecificada, ela será racionada e você receberá apenas metade do seu pedido. Se você pudesse obter 1.000 ações da Madeira e 1.000 ações da Metal, qual seria seu ganho? Qual ganho você realmente espera? Qual é o princípio ilustrado?

5. **Registro de oferta pública [OA2]** Acesse o *site* da CVM (http://conteudo.cvm.gov.br/index.html) e, em "Normas e Orientações", acesse o texto consolidado da Instrução CVM número 400 e responda às seguintes questões:

a. Do que trata essa instrução?

b. O que são atos de distribuição pública?

c. Quais os requisitos necessários para ser dispensado um registro de distribuição pública?

d. Em que situações a CVM pode deferir o registro de oferta pública de distribuição secundária de ações mediante análise simplificada?

e. Para que tipo de emissores o registro de oferta pública de distribuição de valores mobiliários será concedido automaticamente?

f. Consulte o Artigo 24 e explique o que é um lote suplementar e em que condições pode fazer parte de uma oferta de emissão.

Para revisão de outros conceitos e novas questões instigantes, consulte a página do livro no portal do Grupo A (loja.grupoa.com.br).

16 Alavancagem Financeira e Política de Estrutura de Capital

EM MAIO DE 2020, a pandemia da Covid-19 levou a Hertz, empresa icônica no ramo de aluguel de automóveis, com uma frota de 568.000 automóveis, à recuperação judicial. A Hertz tinha USD18,8 bilhões em dívidas, com USD14,4 bilhões delas garantidas pelos seus veículos. O fim das viagens causou uma forte queda nas receitas da empresa, forçando-a a vender seus veículos para pagar ao menos parte da dívida. Obviamente, a pandemia levou outras empresas conhecidas a entrar com pedido de recuperação judicial, incluindo JCPenney, Neiman Marcus e J. Crew.

A escolha que a empresa faz de quanto endividamento ter em relação ao seu capital próprio é chamada de *decisão de estrutura de capital*. Essa escolha tem muitas consequências para a empresa, e a questão está longe de ser resolvida, tanto na teoria quanto na prática. Neste capítulo, discutimos as ideias básicas por trás das estruturas de capital e o modo como as empresas as escolhem.

A estrutura de capital da empresa é apenas um reflexo da sua política de endividamento. Deveríamos tomar muito dinheiro emprestado? Ou só um pouco? À primeira vista, provavelmente parece que o endividamento é algo a ser evitado. Afinal, quanto mais dívidas uma empresa tem, maior o risco de recuperação judicial e falência (como bem sabe a Hertz). O que descobrimos é que a dívida é uma faca de dois gumes e, quando usada corretamente, pode ter um efeito incrivelmente positivo para a empresa.

O entendimento correto dos efeitos do financiamento por dívidas é importante pelo simples fato de o papel das dívidas ser muito incompreendido, e por muitas empresas (e indivíduos) serem conservadores demais no uso dessa ferramenta. Dito isso, também podemos afirmar que algumas empresas erram no sentido contrário, se endividando demais; nesses casos, uma recuperação judicial ou a falência podem ser as consequências infelizes dessa decisão. Acertar o equilíbrio é o cerne da questão da estrutura de capital.

Objetivos de aprendizagem

O objetivo deste capítulo é que, ao seu final, você saiba:

- **OA1** Explicar o efeito da alavancagem financeira.
- **OA2** Demonstrar o impacto dos impostos sobre lucros e do risco de falência na escolha da estrutura de capital.
- **OA3** Descrever os fundamentos dos processos de falência, de recuperação judicial e de liquidação de empresas.

> Para ficar por dentro dos últimos acontecimentos na área de finanças, visite www.fundamentalsofcorporatefinance.blogspot.com.

Até agora, pressupomos a estrutura de capital da empresa como algo dado. Obviamente, os índices dívida/capital próprio não aparecem do nada. Por isso, está na hora de perguntar de onde eles vêm. Voltando ao Capítulo 1, lembre-se de que chamamos as decisões sobre o índice dívida/capital próprio de uma empresa de *decisões sobre a estrutura de capital*.[1]

Na maioria das vezes, uma empresa pode escolher qualquer estrutura de capital que desejar. Se a administração assim desejar, uma empresa pode emitir alguns títulos de dívida e usar a receita dessa venda para recomprar algumas ações[2], aumentando assim o índice dívida/capital próprio. Como alternativa, ela pode emitir ações e usar o dinheiro para pagar parte da dívida, reduzindo o índice dívida/capital próprio. Atividades como essas, que alteram a estrutura de capital existente da empresa, são chamadas de *reestruturações* de capital. Em geral, tais reestruturações ocorrem sempre que a empresa substitui uma estrutura de capital por outra, mantendo o ativo da empresa inalterado.

Visto que os ativos de uma empresa não são afetados diretamente por uma reestruturação de capital, podemos examinar a decisão sobre estrutura de capital da empresa separadamente de suas outras atividades. Isso significa que uma empresa pode pensar em tomar decisões sobre reestruturação de capital isoladamente de suas decisões sobre investimento. Neste capítulo, ignoramos as decisões sobre investimento e nos concentramos na questão do financiamento de longo prazo ou estrutura de capital.

O que veremos neste capítulo é que as decisões sobre estrutura de capital podem ter consequências importantes para o valor da empresa e para o seu custo de capital. Também veremos que elementos importantes da decisão sobre estrutura de capital são fáceis de identificar, mas medidas precisas desses elementos geralmente não podem ser obtidas. Como resultado, só podemos dar uma resposta incompleta para a pergunta sobre qual seria a melhor estrutura de capital para determinada empresa em determinado momento.

16.1 A questão da estrutura de capital

Como uma empresa deve escolher seu índice dívida/capital próprio? Aqui, como sempre, pressupomos que o princípio é escolher um modo de maximizar de forma sustentável o valor das ações. Porém, como discutiremos a seguir, no que diz respeito às decisões sobre estrutura de capital, isso é essencialmente o mesmo que maximizar o valor de toda a empresa, e, por questões de conveniência, tendemos a organizar nossa discussão em termos do valor da empresa.

Valor da empresa e valor das ações: um exemplo

O exemplo a seguir ilustra que a estrutura de capital que os administradores financeiros devem escolher é aquela que maximiza o valor da empresa para os acionistas, portanto, não há conflito em relação ao princípio que estabelecemos. Para começar, suponha que o valor de mercado da Companhia JC seja $1.000. No momento, a empresa não tem dívidas, e cada uma das suas 100 ações é negociada a $10. Suponha também que a JC passe por uma reestrutura-

---

[1] É convenção se referir às decisões relativas à dívida e ao capital próprio como *decisões sobre estrutura de capital*. Entretanto, o termo *decisões sobre estrutura financeira* seria mais preciso. Usaremos os dois termos com o mesmo significado.

[2] A recompra de ações pode ter que obedecer certas normas legais, assunto que trataremos no próximo capítulo.

ção financeira e tome um empréstimo de $500. Em seguida, ela paga esse valor aos acionistas como um dividendo extra de $500/100 = $5 por ação.[3]

Essa reestruturação financeira mudará a estrutura de capital da empresa sem efeitos diretos sobre o ativo da empresa. O efeito imediato será o aumento da dívida e a diminuição no valor do capital próprio. No entanto, qual será o impacto final da reestruturação? O Quadro 16.1 ilustra três resultados possíveis, além do caso original sem dívida. Observe que, no Cenário II, o valor da empresa está inalterado em $1.000. No Cenário I, o valor da empresa aumenta para $1.250. Já no Cenário III, ele diminui $250, para $750. Ainda não dissemos o que poderia levar a essas alterações. Por enquanto, vamos simplesmente pressupor que são resultados possíveis para ilustrar um ponto.

Como nosso objetivo é beneficiar os acionistas, examinamos a seguir, no Quadro 16.2, os resultados líquidos para os acionistas nesses cenários. Vemos que, se o valor da empresa permanecer igual, os acionistas terão uma perda de capital que contrabalançará exatamente o dividendo extra. Esse é o Cenário II. No Cenário I, o valor da empresa aumenta para $1.250, e os acionistas têm um lucro de $250. Em outras palavras, a reestruturação tem um VPL de $250 nesse cenário. O VPL do Cenário III é de –$250.

A principal observação a ser feita aqui é que a variação no valor da empresa é igual ao efeito líquido para os acionistas. Portanto, os administradores financeiros podem tentar encontrar a estrutura de capital que maximize o valor da empresa. Em outras palavras, a regra do VPL se aplica às decisões sobre estrutura de capital, e a variação no valor da empresa em geral é o VPL de uma reestruturação financeira. Assim, a JC deve tomar um empréstimo de $500 se esperar o Cenário I. A pergunta crucial para determinar a estrutura de capital de uma empresa é: qual é o cenário que tem probabilidade de ocorrer?

Estrutura de capital e custo de capital

No Capítulo 14, discutimos o conceito do custo médio ponderado de capital (CMPC) da empresa. Talvez você se lembre de que o CMPC nos mostra que o custo de capital total da

QUADRO 16.1 Possíveis valores para a empresa: sem dívida *versus* dívida mais dividendos

	Sem dívida	Dívida mais dividendos		
		I	II	III
Dívida	$ 0	$ 500	$ 500	$500
Capital próprio	1.000	750	500	250
Valor da empresa	$1.000	$1.250	$1.000	$750

QUADRO 16.2 Possíveis resultados para os acionistas: dívida mais dividendos

	Dívida mais dividendos		
	I	II	III
Redução no valor do capital próprio	–$250	–$500	–$750
Dividendos	500	500	500
Efeito líquido	+$250	$ 0	–$250

---

[3] Para estarmos de acordo com as normas brasileiras, precisamos supor que há reservas de lucros, pois, enquanto nos EUA é possível captar dívida e distribuir o resultado da captação para os acionistas, no Brasil isso somente é possível na existência de lucros a distribuir (do período ou acumulados). Entretanto, para o desenvolvimento desta seção, podemos omitir a existência de fricções de caráter legal e regulatório, como é praxe na abordagem da "Proposição M&M 1" tratada em seguida.

empresa é uma média ponderada dos custos de diversos componentes da estrutura de capital. Quando descrevemos o CMPC, usamos uma estrutura de capital da empresa que nos havia sido dada. Assim, uma questão importante que queremos explorar neste capítulo é o que acontece ao custo de capital quando variamos o montante do financiamento por dívidas, ou o índice dívida/capital próprio.

Um dos principais motivos para o estudo do CMPC é que o valor da empresa é maximizado quando o CMPC é minimizado. Lembre-se de que o CMPC é a taxa de desconto apropriada para os fluxos de caixa totais da empresa. Como os valores e as taxas de desconto se movem em direções opostas, a minimização do CMPC maximizará o valor dos fluxos de caixa da empresa.

Assim, queremos selecionar a estrutura de capital da empresa que minimize o CMPC. Por esse motivo, diremos que uma estrutura de capital é melhor do que outra se ela resultar em um CMPC menor. Além disso, dizemos que determinado índice dívida/capital próprio representa a *estrutura ótima de capital* se resultar no menor CMPC possível. Essa estrutura ótima de capital também é chamada de *estrutura-meta* de capital da empresa.

Questões conceituais

16.1a Por que os administradores financeiros deveriam escolher a estrutura de capital que maximiza o valor da empresa?

16.1b Qual é a relação entre o CMPC e o valor da empresa?

16.1c O que é uma estrutura ótima de capital?

16.2 O efeito da alavancagem financeira

A seção anterior descreveu o motivo pelo qual a estrutura de capital que produz o mais alto valor para a empresa (ou o mais baixo custo de capital) é a mais benéfica para os acionistas. Nesta seção, examinaremos o impacto da alavancagem financeira sobre os resultados para os acionistas. Como você deve lembrar, a *alavancagem financeira* se refere a quanto uma empresa se apoia na dívida. Quanto maior o financiamento por meio de dívidas que uma empresa usar em sua estrutura de capital, maior será a alavancagem financeira que ela usa.

Como descrevemos, a alavancagem financeira pode alterar drasticamente os resultados para os acionistas da empresa. Curiosamente, porém, a alavancagem financeira pode não afetar o custo de capital total. Se isso for verdadeiro, a estrutura de capital de uma empresa não será importante, pois as alterações na estrutura de capital não afetarão o valor da empresa. Retornaremos a essa questão mais tarde.

Excel Master!
Cobertura *on-line* do Excel Master

Fundamentos da alavancagem financeira

Começamos ilustrando como a alavancagem financeira funciona. Por enquanto, ignoramos o impacto dos tributos sobre lucros. Da mesma maneira, para facilitar a apresentação, descrevemos o impacto da alavancagem sobre os lucros por ação (LPA) e sobre a rentabilidade sobre o patrimônio líquido (ROE). Obviamente, esses são números contábeis e, como tais, não são nossa principal preocupação. O uso dos fluxos de caixa em vez desses números contábeis levaria exatamente às mesmas conclusões, mas exigiria um pouco mais de trabalho. Discutiremos o impacto sobre os valores de mercado em uma seção posterior.

Alavancagem financeira, LPA e ROE: um exemplo No momento, a Transmadruga S/A não tem dívidas em sua estrutura de capital. A diretora financeira, a Sra. Augusta, está pensando em uma reestruturação que envolva a emissão de dívida. Com o valor recebido,

QUADRO 16.3 Estruturas de capital atual e proposta para a Transmadruga S/A

	Atual	Proposta
Ativos	$8.000.000	$8.000.000
Dívida	$ 0	$4.000.000
Capital próprio	$8.000.000	$4.000.000
Índice dívida/capital próprio	0	1
Preço da ação	$ 20	$ 20
Ações em circulação	400.000	200.000
Taxa de juros	10%	10%

pretende recomprar parte das ações em circulação. O Quadro 16.3 apresenta as estruturas de capital atual e proposta. Como mostrado, os ativos da empresa têm um valor de mercado de **$8 milhões**, e há **400.000** ações em circulação. Como a Transmadruga é uma empresa financiada somente por capital próprio, o preço por ação é de $20.

A emissão proposta de dívida levantaria $4 milhões, e a taxa de juros seria de 10%. Como a ação é negociada por $20, os $4 milhões da nova dívida seriam usados para comprar $4 milhões/20 = 200.000 ações, deixando 200.000 ações no mercado. Após a reestruturação, a Transmadruga teria uma estrutura de capital com 50% da dívida, de modo que o índice dívida/capital próprio seria 1. Por enquanto, pressupomos que o preço da ação permanecerá em $20.

Para investigar o impacto da reestruturação proposta, a Sra. Augusta preparou o Quadro 16.4, que compara a estrutura de capital atual da empresa com a estrutura de capital proposta em três cenários. Os cenários refletem diferentes hipóteses sobre o lucro antes de juros e impostos (Lajir) da empresa. Dentro do cenário esperado, o Lajir é de **$1 milhão**. No cenário de recessão, o Lajir cai para **$500.000**. No cenário de expansão, ele sobe para **$1,5 milhão**.

Para ilustrar alguns dos cálculos dos números do Quadro 16.4, considere o caso de expansão. O Lajir é de $1,5 milhão. Sem dívida (a estrutura de capital atual) e sem impostos sobre lucros,

QUADRO 16.4 Cenários para a estrutura de capital da Transmadruga S/A

Estrutura de capital atual: sem dívida			
	Recessão	Esperado	Expansão
Lajir	$500.000	$1.000.000	$1.500.000
Juros	0	0	0
Lucro líquido	$500.000	$1.000.000	$1.500.000
ROE	6,25%	12,50%	18,75%
LPA	$ 1,25	$ 2,50	$ 3,75
Estrutura de capital proposta: dívida = $4 milhões			
Lajir	$500.000	$1.000.000	$1.500.000
Juros	400.000	400.000	400.000
Lucro líquido	$100.000	$ 600.000	$1.100.000
ROE	2,50%	15,00%	27,50%
LPA	$ 0,50	$ 3,00	$ 5,50

o lucro líquido também é de $1,5 milhão. Neste caso, existem **400.000** ações no valor total de **$8** milhões. Portanto, o LPA é de **$1,5 milhão/400.000 = $3,75**. Do mesmo modo, como o ROE é o lucro líquido dividido pelo patrimônio total, o ROE é **$1,5 milhão/8 milhões = 18,75%**.[4]

Com $4 milhões de dívida (a estrutura de capital proposta), a situação é um pouco diferente. Como a taxa de juros é de 10%, os juros são de $400.000. Com Lajir de $1,5 milhão, juros de $400.000 e sem tributos sobre lucros, o lucro líquido é de $1,1 milhão. Agora, existem apenas 200.000 ações no valor total de $4 milhões. Portanto, o LPA é $1,1 milhão/200.000 = $5,50, em contraste com os $3,75 que calculamos no cenário anterior. Além disso, o ROE é $1,1 milhão/4 milhões = 27,5%. Isso está bem acima dos **18,75%** que calculamos para a estrutura de capital atual.

LPA versus Lajir O impacto da alavancagem é evidente quando examinamos o efeito da reestruturação sobre o LPA e o ROE. Em particular, a variabilidade do LPA e do ROE é muito maior na estrutura de capital proposta. Isso ilustra como a alavancagem financeira atua para ampliar ganhos e perdas para os acionistas.

Na Figura 16.1, vemos mais de perto o efeito da reestruturação proposta. Essa figura mostra o LPA em relação ao Lajir para as estruturas de capital atual e proposta. A primeira linha, intitulada "Sem dívida", representa o caso em que não há alavancagem. Essa linha começa na origem, indicando que o LPA seria zero se o Lajir fosse zero. Desse ponto, cada aumento de $400.000 no Lajir aumenta o LPA em $1 (porque existem 400.000 ações em circulação).

A segunda linha representa a estrutura de capital proposta. Aqui, o LPA é negativo se o Lajir for zero. Isso acontece porque $400.000 de juros devem ser pagos independentemente dos lucros da empresa. Como existem 200.000 ações nesse caso, o LPA é de –$2, como mostrado. Da mesma maneira, se o Lajir fosse de $400.000, o LPA seria exatamente zero.

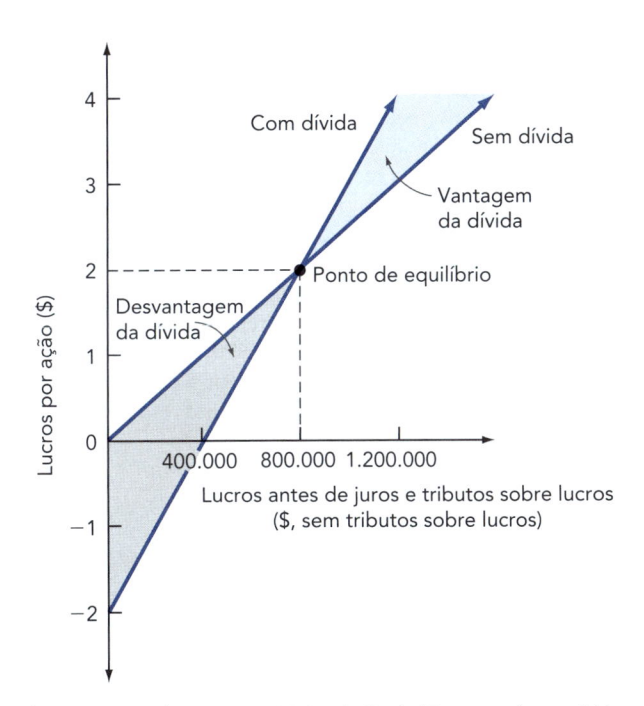

FIGURA 16.1 Alavancagem financeira: LPA e Lajir da Transmadruga S/A.

---

[4] O ROE é discutido de forma mais detalhada no Capítulo 3.

O importante a ser observado na Figura 16.1 é que a inclinação da linha no segundo caso é maior. Na verdade, para cada aumento de $400.000 no Lajir, o LPA sobe $2, de modo que a linha tem o dobro da inclinação. Isso mostra que o LPA tem o dobro de sensibilidade a mudanças do que o Lajir, por causa da alavancagem financeira usada.

Outra observação a ser feita na Figura 16.1 é que as linhas se cruzam. No ponto de cruzamento, o LPA é exatamente igual para as duas estruturas de capital. Para encontrar esse ponto, lembre-se de que o LPA é igual ao Lajir/400.000 no caso sem dívida. No caso com dívida, o LPA é (Lajir − $400.000)/200.000. Se definirmos um igual ao outro, o Lajir será de:

$$\text{Lajir}/400.000 = (\text{Lajir} - \$400.000)/200.000$$
$$\text{Lajir} = 2 \times (\text{Lajir} - \$400.000)$$
$$= \$800.000$$

Quando o Lajir é $800.000, o LPA é $2 em cada uma das duas estruturas de capital. Isso é chamado de ponto de equilíbrio na Figura 16.1. Também poderíamos chamar de ponto de indiferença. Se o Lajir estiver acima desse ponto, a alavancagem será benéfica. Caso contrário, se estiver abaixo desse ponto, não será benéfica.

Existe outra maneira mais intuitiva de saber por que o ponto de equilíbrio é $800.000. Observe que, se a empresa não tiver dívida e seu Lajir for $ 800.000, seu lucro líquido também será $800.000. Nesse caso, o ROE é de 10%. Essa é exatamente a mesma taxa de juros sobre a dívida. Portanto, com esse Lajir, a empresa ganha um rendimento suficiente apenas para pagar os juros.

EXEMPLO 16.1 — Lajir do ponto de equilíbrio

A Companhia MPD optou por uma reestruturação de capital. Atualmente, a empresa não usa dívidas para seu financiamento. Porém, após a reestruturação, a dívida será de $1 milhão. A taxa de juros sobre a dívida será de 9%. No momento, a MPD tem 200.000 ações em circulação, e o preço por ação é $20. Se a expectativa com a reestruturação for de aumento do LPA, qual é o nível mínimo de Lajir esperado pela administração da MPD? Ignore os tributos sobre lucros em sua resposta.

Para responder, calculamos o Lajir do ponto de equilíbrio. Para qualquer Lajir acima dele, o aumento da alavancagem financeira aumentará o LPA, e isso nos dirá o nível mínimo do Lajir. Na estrutura de capital antiga, o LPA é simplesmente Lajir/200.000. Na nova estrutura de capital, as despesas com juros serão de $1 milhão × 0,09 = $90.000. Além disso, com a receita de $1 milhão, a MPD recomprará $1 milhão/20 = 50.000 ações, deixando 150.000 em circulação. O LPA será de (Lajir−$90.000)/150.000.

Agora que sabemos como calcular o LPA em ambos os cenários, nós os definimos iguais entre si e calculamos o Lajir do ponto de equilíbrio:

$$\text{Lajir}/200.000 = (\text{Lajir} - \$90.000)/150.000$$
$$\text{Lajir} = 4/3 \times (\text{Lajir} - \$90.000)$$
$$= \$360.000$$

Comprove que, em ambos os casos, o LPA é $1,80 quando o Lajir é $360.000. Aparentemente, a administração da MPD está convencida de que o LPA excederá os $1,80.

Tomada de empréstimos pela empresa e alavancagem caseira

Com base nos Quadros 16.3 e 16.4 e na Figura 16.1, a Sra. Augusta chega às seguintes conclusões:

1. O efeito da alavancagem financeira depende do Lajir da empresa. Quando o Lajir é relativamente alto, a alavancagem é benéfica.

2. Dentro do cenário esperado, a alavancagem aumenta os retornos aos acionistas, medidos pelo ROE e pelo LPA.
3. Os acionistas são expostos a mais risco na estrutura de capital proposta porque, nesse caso, o LPA e o ROE são muito mais sensíveis às alterações no Lajir.
4. Devido ao impacto que a alavancagem financeira tem no retorno esperado para os acionistas e no grau de risco das ações, a estrutura de capital é uma consideração importante.

As três primeiras conclusões estão claramente corretas. A última conclusão está necessariamente certa? Surpreendentemente, a resposta é não. Como discutiremos a seguir, o motivo é que os acionistas podem ajustar o montante da alavancagem financeira, tomando emprestado ou concedendo empréstimos por conta própria. Esse uso de empréstimos pessoais para alterar o grau de alavancagem financeira é chamado de **alavancagem caseira**.

Mostraremos agora que o fato de a Transmadruga adotar ou não a estrutura de capital proposta não faz diferença, pois qualquer acionista que prefira a estrutura de capital proposta pode simplesmente criá-la usando a alavancagem caseira. Para começar, a primeira parte do Quadro 16.5 mostra o que acontecerá a um investidor que comprar $2.000 em ações da Transmadruga se a estrutura de capital proposta for adotada. Esse investidor compra 100 ações. No Quadro 16.4, vemos que o LPA será $0,50, $3 ou $5,50, de modo que os lucros totais de 100 ações serão $50, $300 ou $550 na estrutura de capital proposta.

Agora, suponhamos que a Transmadruga não adote a estrutura de capital proposta. Nesse caso, o LPA será **$1,25, $2,50 ou $3,75**. A segunda parte do Quadro 16.5 demonstra como um acionista que prefere os resultados da estrutura proposta pode criá-los usando o empréstimo pessoal. Para isso, o acionista toma emprestados **$2.000** a 10% por conta própria. Nosso investidor usa esse montante, juntamente com os $2.000 originais, para comprar 200 ações. Como mostrado, os resultados líquidos são exatamente iguais àqueles da estrutura de capital proposta.

Como sabemos que o acionista teria de tomar emprestados $2.000 para criar os resultados corretos? Estamos tentando replicar a estrutura de capital proposta da Transmadruga no nível pessoal. A estrutura de capital proposta resulta em um índice dívida/capital próprio de 1. Para replicar essa estrutura no nível pessoal, o acionista deve tomar emprestado o suficiente para criar esse mesmo índice dívida/capital próprio. Como o acionista tem $2.000 investidos em capital próprio, o empréstimo de outros $2.000 criará um índice pessoal dívida/capital próprio de 1.

Esse exemplo demonstra que os investidores sempre podem aumentar a alavancagem financeira por conta própria para criar um padrão diferente de resultados. Assim, não fará diferença se a Transmadruga escolher ou não a estrutura de capital proposta.

alavancagem caseira
Uso de empréstimo pessoal para mudar o montante geral da alavancagem financeira à qual o indivíduo está exposto.

QUADRO 16.5 Estrutura de capital proposta *versus* estrutura de capital original com alavancagem caseira

Estrutura de capital proposta			
	Recessão	Esperado	Expansão
LPA	$ 0,50	$ 3,00	$ 5,50
Lucros de 100 ações	50,00	300,00	550,00
Custo líquido = 100 ações × $20 = $2.000			
Estrutura de capital original e alavancagem caseira			
LPA	$ 1,25	$ 2,50	$ 3,75
Lucros de 200 ações	250,00	500,00	750,00
Menos: juros sobre $2.000 a 10%	200,00	200,00	200,00
Lucros líquidos	$50,00	$300,00	$550,00
Custo líquido = 200 ações × $20 − Montante do empréstimo = $4.000 − 2.000 = $2.000			

EXEMPLO 16.2 Desalavancagem de ações

No exemplo da Transmadruga, suponha que a administração adote a estrutura de capital proposta. Suponha também que um investidor que tenha 100 ações preferisse a estrutura de capital original. Mostre como esse investidor poderia "desalavancar" a ação para recriar os resultados originais.

Para criar a alavancagem, os investidores tomam empréstimos por conta própria. Para desfazer a alavancagem, os investidores devem emprestar dinheiro. No caso da Transmadruga, a empresa tomou emprestado um montante igual à metade de seu valor. O investidor pode desalavancar a ação emprestando dinheiro na mesma proporção. Nesse caso, o investidor negocia 50 ações pelo total de $1.000 e, em seguida, empresta os $1.000 (realiza uma aplicação financeira) a 10%. Os resultados são calculados no próximo quadro:

	Recessão	Esperado	Expansão
LPA (estrutura proposta)	$ 0,50	$ 3,00	$ 5,50
Lucros de 50 ações	25,00	150,00	275,00
Mais: juros sobre $1.000	100,00	100,00	100,00
Resultado total	$125,00	$250,00	$375,00

Esses são exatamente os resultados que o investidor teria com a estrutura de capital original.

Questões conceituais

16.2a Qual é o impacto da alavancagem financeira sobre os acionistas?
16.2b O que é a alavancagem caseira?
16.2c Por que a estrutura de capital da Transmadruga é irrelevante?

16.3 Estrutura de capital e o custo do capital próprio

Excel Master!
Cobertura on-line do Excel Master

Vimos que nada haveria de especial na tomada de empréstimos pelas empresas, pois os investidores poderiam tomar emprestado ou emprestar por conta própria. Como resultado, seja qual for a estrutura de capital escolhida pela Transmadruga, o preço das suas ações seria o mesmo. Portanto, a estrutura de capital da empresa não seria relevante, pelo menos não dentro do quadro simples que examinamos.

Nosso exemplo da Transmadruga se baseia no famoso argumento proposto por dois ganhadores do prêmio Nobel, Franco Modigliani e Merton Miller, que daqui em diante serão chamados de M&M. Por meio da Transmadruga S/A, ilustramos um caso especial da **Proposição I de M&M**. Essa proposição afirma que o modo como uma empresa escolhe organizar suas finanças é completamente irrelevante.

Proposição I de M&M
Afirmação de que o valor da empresa é independente da sua estrutura de capital.

Proposição I de M&M: o modelo *pizza*

Uma forma de ilustrar a Proposição I de M&M é imaginar duas empresas que são idênticas no lado esquerdo do balanço patrimonial. Seus ativos e operações são exatamente iguais. Os lados direitos são diferentes porque as duas empresas financiam suas operações de maneira diferente. Nesse caso, podemos ver a questão da estrutura de capital em um modelo de *pizza*. A Figura 16.2 mostra duas maneiras possíveis de cortar a *pizza*, entre a fatia do capital próprio, *E*,

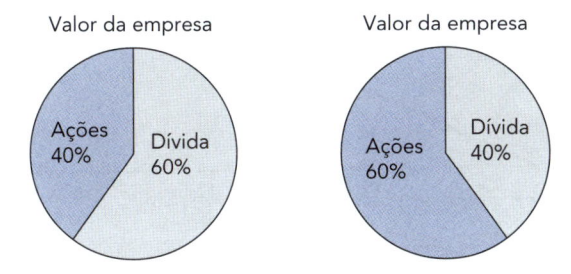

FIGURA 16.2 Dois modelos de *pizza* para a estrutura de capital.

e a fatia da dívida, *D*: 40%-60% e 60%-40%. Entretanto, o tamanho da *pizza* da Figura 16.2 é igual para ambas as empresas, já que o valor dos ativos é o mesmo. Isso é exatamente o que diz a Proposição I de M&M: o tamanho da *pizza* não depende de em quantas fatias ela é cortada.

O custo do capital próprio e a alavancagem financeira: Proposição II de M&M

Embora a mudança na estrutura de capital da empresa não altere o valor *total* dela, isso causa variações importantes na dívida e no capital próprio da empresa. Agora, examinaremos o que acontece a uma empresa financiada com dívida e capital próprio quando o índice dívida/capital próprio é alterado. Para simplificar nossa análise, continuaremos ignorando os tributos sobre lucros.

Com base em nossa discussão do Capítulo 14, se ignorarmos os tributos sobre lucros, o CMPC será:

$$CMPC = (E/V) \times R_E + (D/V) \times R_D$$

onde $V = E + D$. Além disso, vimos que um modo de interpretar o CMPC é entendê-lo como o retorno exigido sobre os ativos totais da empresa. Para lembrarmos disso, usaremos o símbolo R_A para representar o CMPC e escreveremos:

$$R_A = (E/V) \times R_E + (D/V) \times R_D$$

Se reorganizarmos essa expressão para calcular o custo do capital próprio, veremos que:

$$R_E = R_A + (R_A - R_D) \times (D/E) \qquad [16.1]$$

Essa é a famosa **Proposição II de M&M**. Ela nos diz que o custo do capital próprio depende de três fatores: da taxa de retorno exigida dos ativos da empresa, R_A; do custo da dívida da empresa, R_D; e do índice dívida/capital próprio da empresa, D/E.

A Figura 16.3 resume nossa discussão até aqui por meio de gráficos mostrando a evolução do custo do capital próprio, R_E, e do índice dívida/capital próprio. Como mostrado, a Proposição II de M&M indica que o custo do capital próprio (R_E) é dado por uma linha reta com uma inclinação de ($R_A - R_D$). O intercepto *y* corresponde a uma empresa com índice dívida/capital próprio zero; nesse caso, $R_A = R_E$. A Figura 16.3 mostra que, à medida que a empresa aumenta seu índice dívida/capital próprio, o aumento na alavancagem eleva o risco do capital próprio e, portanto, o seu retorno exigido, ou, o custo do capital próprio (R_E).

Note, pela Figura 16.3, que o CMPC não depende da proporção dívida/capital próprio. Ele é o mesmo independentemente de qual for essa proporção. Essa é outra maneira de expressar a Proposição I de M&M: o custo de capital total da empresa não é afetado por sua estrutura de capital. Como mostrado, o fato de o custo da dívida ser inferior ao custo do capital próprio é exatamente contrabalançado pelo aumento no custo do capital próprio decorrente da tomada de empréstimos. Em outras palavras, a variação nos pesos da estrutura de capital (E/V e D/V) é perfeitamente contrabalançada pela variação no custo do capital próprio (R_E), de modo que o CMPC permanece igual.

Proposição II de M&M
Afirmação de que o custo do capital próprio de uma empresa é uma função linear positiva da sua estrutura de capital.

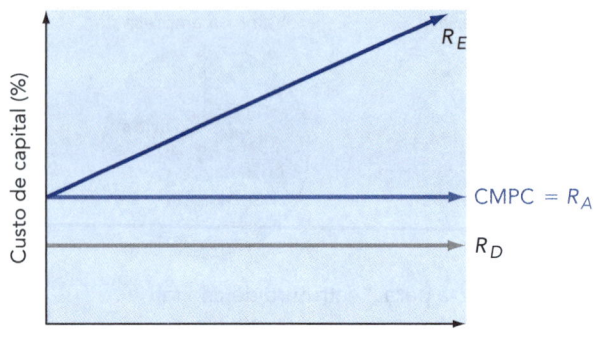

$R_E = R_A + (R_A - R_D) \times (D/E)$ de acordo com a Proposição II de M&M

$R_A = \text{CMPC} = \left(\dfrac{E}{V}\right) \times R_E + \left(\dfrac{D}{V}\right) \times R_D$

onde $V = D + E$

FIGURA 16.3 O custo do capital próprio e o CMPC: proposições I e II de M&M sem tributos sobre lucros.

EXEMPLO 16.3 Custo do capital próprio

A Ricardo S/A tem um CMPC (ignorando os tributos sobre lucros) de 12%. A empresa pode tomar emprestado a 8%. Pressupondo que a Ricardo tenha uma estrutura-meta de capital de 80% de capital próprio e 20% de dívida, qual é o custo do capital próprio? Qual é o custo do capital próprio se a estrutura-meta de capital for 50% de capital próprio? Calcule o CMPC usando suas respostas para confirmar se ele é o mesmo.

De acordo com a Proposição II de M&M, o custo do capital próprio (R_E) é:

$R_E = R_A + (R_A - R_D) \times (D/E)$

No primeiro caso, a proporção dívida/capital próprio é 0,2/0,8 = 0,25. Portanto, o custo do capital próprio é:

$R_E = 0,12 + (0,12 - 0,08) \times 0,25$
  $= 0,13$, ou 13%

No segundo caso, a proporção dívida/capital próprio é 1, de modo que o custo do capital próprio é 16%.

Agora, podemos calcular o CMPC pressupondo que a porcentagem de capital próprio no financiamento é 80%, o custo do capital próprio é 13% e a alíquota tributária é zero:

$\text{CMPC} = (E/V) \times R_E + (D/V) \times R_D$
  $= 0,80 \times 13 + 0,20 \times 8$
  $= 0,12$, ou 12%

No segundo caso, a porcentagem de capital próprio no financiamento é 50%, e o custo do capital próprio é 16%. O CMPC é:

$\text{CMPC} = (E/V) \times R_E + (D/V) \times R_D$
  $= 0,50 \times 16 + 0,50 \times 8$
  $= 0,12$, ou 12%

Como tínhamos calculado, o CMPC é 12% em ambos os casos.

EM SUAS PRÓPRIAS PALAVRAS...

Merton H. Miller sobre a estrutura de capital: M&M 30 anos depois

Percebi com clareza a dificuldade de resumir a contribuição desses artigos após Franco Modigliani receber o Prêmio Nobel de Economia, em parte — obviamente, apenas em parte — por seu trabalho na área de finanças. Imediatamente, as equipes de repórteres das nossas emissoras de Chicago apareceram na minha porta. "Sabemos que você trabalhou com Modigliani há alguns anos no desenvolvimento dos teoremas de M&M", eles diziam. "Queremos saber se você poderia explicá-los de forma breve para nossos telespectadores". "Quão breve?", perguntei. "Ah, uns 10 segundos", foi a resposta.

Dez segundos para explicar o trabalho de uma vida inteira! Dez segundos para descrever dois artigos pensados com tanto cuidado, cada um com mais de 30 páginas impressas e 60 notas de rodapé! Ao ver o olhar de desespero em meu rosto, disseram: "Não é preciso entrar em detalhes. Basta nos dar os pontos em termos simples e práticos."

O ponto principal do artigo sobre custo de capital foi, pelo menos a princípio, fácil de explicar. Ele dizia que, no mundo ideal de um economista, o valor total de mercado de todos os títulos emitidos por uma empresa seria regido pela rentabilidade e pelo risco de seu ativo real básico e não dependeria de como a combinação de títulos emitidos para financiá-lo seria dividida entre instrumentos de dívida e de capital patrimonial. Alguns gestores financeiros podem muito bem achar que conseguiriam ampliar o valor total aumentando a proporção dos instrumentos de dívida, já que os retornos dos instrumentos de dívida, dado seu risco mais baixo, são consideravelmente mais baixos do que aqueles exigidos do capital próprio. Mas, nas condições ideais pressupostas, o risco agregado para os acionistas pela emissão de mais dívida aumentará os retornos exigidos do capital próprio o suficiente para contrabalançar o ganho aparente resultante do uso de dívida de baixo custo.

Tal resumo não apenas teria sido muito longo, como também dependia de termos e conceitos resumidos, ricos em conotações para os economistas, mas que raramente são entendidos pelo público em geral. Em vez disso, pensei em uma analogia que nós mesmos usamos no artigo original. "Pense na empresa", eu disse, "como um pote gigante de leite integral. O fazendeiro pode vender o leite integral como está. Ou ele pode separar a nata e vendê-la por um preço consideravelmente mais alto do que o preço do leite integral. (A venda da nata é como uma empresa que vende títulos de dívida de baixo retorno e alto preço.) Mas, obviamente, o fazendeiro ficaria com o leite desnatado, de baixo teor de gordura, que seria vendido por muito menos do que o leite integral. O leite desnatado corresponde ao capital próprio alavancado. A proposição de M&M diz que, se não houver custos de separação (e, naturalmente, nenhum programa governamental de apoio à produção de laticínios), a soma da nata mais o leite desnatado teria o mesmo preço do leite integral".

O pessoal da televisão conversou em particular por algum tempo. Eles me informaram que continuava longo, complicado e acadêmico demais. "Você tem algo mais simples?", eles perguntaram. Pensei em outra maneira de apresentar a proposição de M&M que enfatizasse o papel dos títulos como dispositivos de "divisão" dos resultados de uma empresa entre o grupo de seus fornecedores de capital. "Pense na empresa", eu disse, "como uma enorme *pizza* dividida em quatro partes iguais. Se você cortar cada pedaço pela metade, terá oitavos. A proposição de M&M diz que você terá mais pedaços, mas não terá mais *pizza*".

> Novamente, eles cochicharam um pouco. Dessa vez, eles desligaram as luzes. Guardaram o equipamento. Agradeceram minha cooperação e disseram que voltariam a me procurar. Mas sabia que, de algum modo, havia perdido a chance de iniciar uma nova carreira como apresentador de sabedoria econômica para telespectadores em um simples bordão de 10 segundos. Alguns têm o talento para isso, e outros simplesmente não o têm.
>
> *O falecido Merton H. Miller ficou famoso por seu trabalho inovador com Franco Modigliani sobre a estrutura de capital das empresas, o custo de capital e a política de dividendos. Ele recebeu o Prêmio Nobel de Economia por suas contribuições pouco depois desse artigo ter sido preparado.*

Risco do negócio e risco financeiro

A Proposição II de M&M mostra que o custo do capital próprio da empresa pode ser dividido em dois componentes. O primeiro componente, R_A, é o retorno exigido sobre os ativos totais da empresa e depende da natureza das suas atividades operacionais. O risco inerente às operações de uma empresa é chamado de **risco do negócio** para o capital próprio na empresa. Voltando ao Capítulo 13, observe que o risco do negócio depende do risco sistemático dos ativos da empresa. Quanto maior for o risco do negócio de uma empresa, maior será o R_A e, com todos os demais fatores iguais, maior será seu custo de capital próprio.

O segundo componente do custo do capital próprio, $(R_A - R_D) \times (D/E)$, é determinado pela estrutura financeira da empresa. Para uma empresa financiada somente por capital próprio, esse componente é zero. À medida que a empresa começa a utilizar dívidas para seu financiamento, o retorno exigido sobre o capital próprio aumenta. Isso acontece porque o financiamento por dívidas aumenta os riscos para os acionistas. Esse risco extra, que surge do uso de dívidas para o financiamento dos ativos, é chamado de **risco financeiro** para capital próprio na empresa.

Portanto, o risco sistemático total para o capital próprio da empresa tem dois elementos: o risco do negócio e o risco financeiro. O primeiro elemento (o risco do negócio) depende dos ativos e das operações da empresa e não é afetado pela estrutura de capital. Dado um nível de risco de negócio de uma empresa (e o correspondente custo de sua dívida), o segundo elemento (o risco financeiro) é determinado completamente pela sua política financeira. Como ilustramos, o custo do capital próprio da empresa aumenta quando a empresa aumenta o uso da alavancagem financeira, pois o risco financeiro para o capital próprio aumenta, enquanto o risco do negócio permanece igual.

risco do negócio
Risco para o capital próprio proveniente da natureza das atividades operacionais da empresa.

risco financeiro
Risco para o capital próprio proveniente da política financeira (ou seja, da estrutura de capital) da empresa.

Questões conceituais

16.3a O que a Proposição I de M&M afirma?

16.3b Quais são os três fatores determinantes do custo do capital próprio de uma empresa?

16.3c O risco sistemático total para o capital próprio de uma empresa tem dois elementos. Quais são eles?

16.4 Proposições I e II de M&M com tributos sobre o lucro da pessoa jurídica

A dívida tem duas características distintivas às quais não demos a devida atenção. Em primeiro lugar, como já mencionamos em várias situações, os juros pagos sobre a dívida são dedutíveis do lucro sobre o qual incidem tributos. Isso é bom para a empresa e pode ser um benefício agregado pelo financiamento por dívidas. Em segundo lugar, o não cumprimento das obrigações pode resultar em recuperação judicial e falência. Isso não é bom para a empresa e pode ser somado como um custo agregado pelo financiamento por dívidas. Como não consideramos explicitamente essas duas características da dívida, nos damos conta de que podemos obter uma resposta diferente para a estrutura de capital se fizermos essas considerações. Assim, consideraremos os tributos sobre os lucros da pessoa jurídica nesta seção e a recuperação judicial e a falência na próxima.

Nossa discussão aqui presumirá que todos os juros incorridos são dedutíveis para efeitos tributários. Nos EUA, a Tax Cuts and Jobs Act (Lei de cortes de impostos sobre a renda de empresas e do trabalho), de 2017, impôs limites à quantia de juros que pode ser deduzida para fins de tributação de lucros. Especificamente, de 2018 a 2021, a dedução de juros líquidos foi limitada a no máximo 30% do EBITDA. Após 2021, ela cairia para 30% do EBIT. O termo "juros líquidos" significa juros pagos menos juros auferidos (se houver). Além disso, os limites lá não são exatamente baseados no EBITDA e no EBIT devido a alguns ajustes, mas as diferenças serão menores na maioria dos casos. É importante ressaltar que, nos EUA, sob essa lei, qualquer juro que não possa ser deduzido em um determinado ano pode ser transportado para os exercícios seguintes e deduzido posteriormente. Assim, a dedutibilidade fiscal não é perdida; ela é diferida. Como acontece com toda legislação tributária, esses limites estão sujeitos a mudanças. Em resposta à pandemia da Covid-19, o limite de juros foi elevado pela Lei CARES para 50% em 2019 e 2020. No Brasil, os juros incorridos no período são despesas de período para fins tributários, e não há diferimento.[5]

Podemos começar considerando o que acontece às Proposições I e II de M&M quando levamos em conta o efeito dos tributos para o lucro da pessoa jurídica. Para tanto, examinaremos duas empresas: a empresa U (não alavancada) e a empresa L (alavancada). Essas duas empresas são idênticas no lado esquerdo do balanço patrimonial, ou seja, seus ativos e suas operações são iguais.

Pressupomos que o Lajir das duas empresas será de $1.000 para sempre. A diferença entre as empresas é que a empresa L emitiu $1.000 em títulos perpétuos, sobre os quais ela paga 8% de juros ao ano. Dessa forma, os juros são de 0,08 × $1.000 = $80 por ano para sempre. Além disso, suponha que a sua alíquota de tributos sobre lucros da pessoa jurídica seja de 30%.

Agora, para as duas empresas, U e L, podemos calcular:

	Empresa U	Empresa L
Lajir	$1.000	$1.000,00
Juros	0	80
Lucro antes dos impostos	$1.000	$ 920
Tributos sobre lucros (30%)	300	276
Lucro líquido	$ 700	$ 644

O benefício fiscal dos juros

Para simplificar, pressuporemos que a depreciação seja zero. Também pressuporemos que os gastos de capital sejam zero e que não haja variações na necessidade de capital de giro.

---

[5] Em alguns casos, os juros de financiamento de alguns investimentos, na fase de construção, podem ser incorporados ao custo do ativo, não sendo então considerados despesas do período.

Nesse caso, o fluxo de caixa dos ativos é simplesmente igual a Lajir – Tributos sobre o lucro. Portanto, para as empresas U e L, temos:

Fluxo de caixa dos ativos	Empresa U	Empresa L
Lajir	$1.000	$1.000,00
– Tributos sobre lucros	300	276
Total	$ 700	$ 724

De imediato, vemos que a estrutura de capital agora tem algum efeito, pois os fluxos de caixa de U e L não são iguais, embora as duas empresas tenham ativos idênticos.

Para saber o que está acontecendo, podemos calcular os fluxos de caixa para os acionistas e para os credores:

Fluxo de caixa	Empresa U	Empresa L
Para os acionistas	$700	$644
Para os credores	0	80
Total	$700	$724

Observamos que o fluxo de caixa total de L é $24 maior. Isso acontece porque os tributos sobre os lucros de L (que são um fluxo de saída de caixa) são $24 menores. O fato de os juros serem dedutíveis para fins tributários gerou uma economia fiscal igual ao pagamento dos juros ($80) multiplicado pela alíquota de tributos sobre o lucro da pessoa jurídica (30%): $80 × 0,30 = $24. Chamamos essa economia de tributos sobre lucros de **benefício fiscal dos juros**.

benefício fiscal dos juros
A economia fiscal obtida por uma empresa por meio das despesas com juros.

Tributos sobre lucros e a Proposição I de M&M

Como a dívida é perpétua, o mesmo benefício fiscal de $24 será gerado indefinidamente. O fluxo de caixa após tributos para L será igual aos $700 que U ganha mais o benefício fiscal de $24. Como o fluxo de caixa de L sempre será $24 maior, a empresa L vale mais do que a empresa U, e a diferença é o valor dessa perpetuidade de $24.

Como o benefício fiscal é gerado pelo pagamento de juros, ele tem o mesmo risco da dívida e, portanto, 8% (o custo da dívida) é a taxa de desconto apropriada. Assim, o valor do benefício fiscal é:

$$\text{VP} = \frac{\$24}{0,08} = \frac{0,30 \times \$1.000 \times 0,08}{0,08} = 0,30 \times \$1.000 = \$300$$

Como ilustra nosso exemplo, o valor presente do benefício fiscal dos juros pode ser escrito como:

$$\text{Valor presente do benefício fiscal dos juros} = (T_C \times D \times R_D)/R_D$$
$$= T_C \times D \quad [16.2]$$

Agora, chegamos a outro resultado famoso, a Proposição I de M&M com tributos sobre o lucro da pessoa jurídica. Vimos que o valor da empresa L (V_L) excede o valor da empresa U (V_U) pelo valor presente do benefício fiscal dos juros ($T_C \times D$). Portanto, a Proposição I de M&M com tributos sobre lucros afirma que:

$$V_L = V_U + T_C \times D \quad [16.3]$$

Nesse caso, o efeito da dívida é ilustrado na Figura 16.4. Indicamos o valor da empresa alavancada (V_L) em relação ao montante da dívida (D). A Proposição I de M&M com tributos sobre lucros da pessoa jurídica indica que a relação é dada por uma linha reta com uma inclinação de T_C e um intercepto y de V_U.

FIGURA 16.4 Proposição I de M&M com tributos sobre lucros.

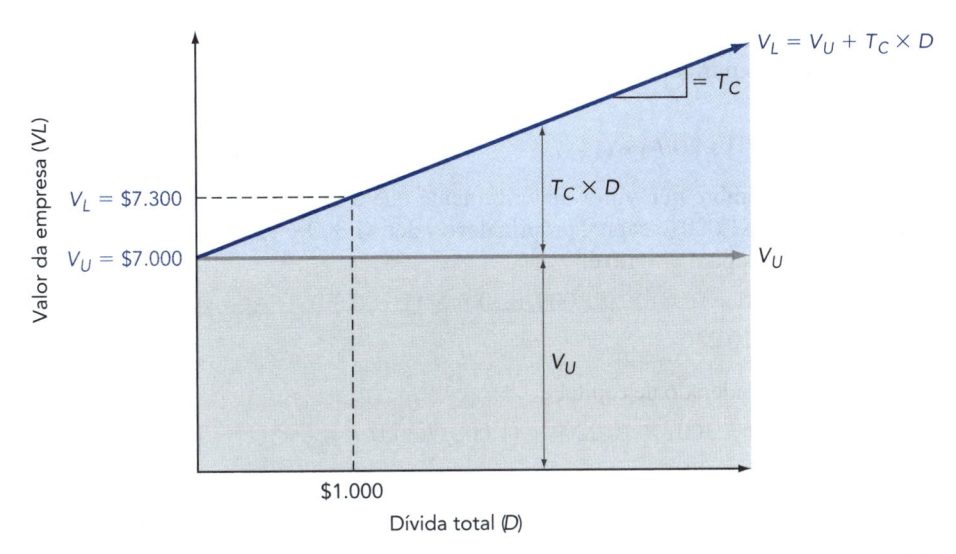

O valor da empresa aumenta à medida que a dívida total aumenta por causa do benefício fiscal dos juros. Esse é o fundamento da Proposição I de M&M com tributos sobre lucros.

Na Figura 16.4, também traçamos uma linha horizontal que representa V_U. Como indicado, a distância entre as duas linhas é $T_C \times D$, o valor presente do benefício fiscal.

Suponha que o custo de capital da empresa U seja de 10%. Chamaremos isso de **custo não alavancado de capital** e usaremos o símbolo R_U para representá-lo. Podemos imaginar o R_U como o custo de capital que uma empresa teria se não tivesse dívida. O fluxo de caixa da empresa U é $700 por ano indefinidamente e, como U não tem dívida, a taxa de desconto apropriada é $R_U = 10\%$. O valor da empresa não alavancada (V_U) é simplesmente:

custo não alavancado de capital
O custo de capital de uma empresa que não tem dívida.

$$V_U = \frac{\text{Lajir} \times (1 - T_C)}{R_U}$$

$$= \frac{\$700}{0,10}$$

$$= \$7.000$$

O valor da empresa alavancada (V_L) é:

$$V_L = V_U + T_C \times D$$
$$= \$7.000 + 0,30 \times 1.000$$
$$= \$7.300$$

Como indica a Figura 16.4, o valor da empresa sobe em $0,30 para cada $1 de dívida. Em outras palavras, o VPL *por real* de dívida é de $0,30. É difícil imaginar por que uma empresa não tomaria emprestado o máximo absoluto nessas circunstâncias.

O resultado da análise desta seção é o reconhecimento de que, após incluirmos os tributos sobre os lucros da pessoa jurídica, a estrutura de capital definitivamente importa. Entretanto, de imediato chegamos à conclusão ilógica de que a estrutura ótima de capital é a com 100% de dívida.

Tributos sobre lucros, o CMPC e a Proposição II

Também podemos concluir que a melhor estrutura de capital é 100% de dívida examinando o custo médio ponderado de capital (CMPC). Do Capítulo 14, sabemos que, após considerarmos o efeito dos tributos sobre lucros, o CMPC é:

$$\text{CMPC} = (E/V) \times R_E + (D/V) \times R_D \times (1 - T_C)$$

Para calcular esse CMPC, precisamos saber qual é o custo do capital próprio. A Proposição II de M&M com tributos sobre lucros da pessoa jurídica afirma que o custo do capital próprio é:

$$R_E = R_U + (R_U - R_D) \times (D/E) \times (1 - T_C) \qquad [16.4]$$

Para ilustrar, relembre que vimos anteriormente que a empresa L vale $7.300 no total. Como a dívida vale $1.000, o capital próprio deve valer $7.300 − 1.000 = $6.300. Para a empresa L, o custo do capital próprio é:

$$R_E = 0{,}10 + (0{,}10 - 0{,}08) \times (\$1.000/6.300) \times (1 - 0{,}30)$$
$$= 0{,}1022, \text{ ou } 10{,}22\%$$

O custo médio ponderado de capital é:

$$\text{CMPC} = (\$6.300/7.300) \times 10{,}22\% + (1.000/7.300) \times 8\% \times (1 - 0{,}30)$$
$$= 0{,}0960, \text{ ou } 9{,}6\%$$

Sem dívida, o CMPC é mais de 10% e, com dívida, é 9,6%. Portanto, a empresa fica melhor com dívida.

Conclusão

A Figura 16.5 resume nossa discussão acerca da relação entre o custo do capital próprio, o custo da dívida após tributos sobre lucros e o CMPC. Para referência, incluímos o R_U, o custo não alavancado de capital. Na Figura 16.5, temos o índice dívida/capital próprio no

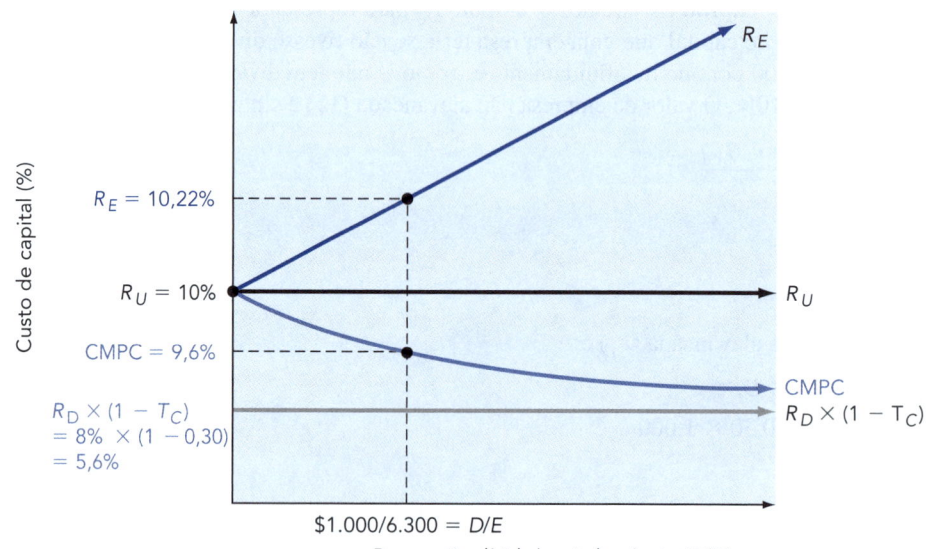

A Proposição I de M&M com tributos sobre lucros implica em o CMPC de uma empresa diminuir à medida que a empresa recorre, de forma mais expressiva, ao financiamento por dívidas:

$$\text{CMPC} = \left(\frac{E}{V}\right) \times R_E + \left(\frac{D}{V}\right) \times R_D \times (1 - T_C)$$

A Proposição II de M&M com tributos sobre lucros implica em o custo do capital próprio (R_E) de uma empresa diminuir à medida que a empresa recorre, de forma mais expressiva, ao financiamento por dívidas:

$$R_E = R_U + (R_U - R_D) \times (D/E) \times (1 - T_C)$$

FIGURA 16.5 O custo do capital próprio e o CMPC: Proposição II de M&M com tributos sobre lucros.

eixo horizontal. Observe como o CMPC diminui à medida que o índice dívida/capital próprio aumenta. Novamente, isso ilustra que, quanto mais dívida a empresa usar, mais baixo será seu CMPC. O Quadro 16.6 resume os principais resultados de nossa análise das proposições de M&M para referência futura.

QUADRO 16.6 Resumo de Modigliani e Miller

I. O caso sem tributos sobre lucros da pessoa jurídica

A. Proposição I de M&M: o valor da empresa alavancada (V_L) é igual ao valor da empresa não alavancada (V_U):

$$V_L = V_U$$

Consequências da Proposição I:

1. A estrutura de capital de uma empresa não é relevante.
2. O custo médio ponderado de capital (CMPC) é o mesmo independentemente da combinação entre dívida e capital próprio usada para financiar a empresa.

B. Proposição II de M&M: o custo do capital próprio (R_E) é:

$$R_E = R_A + (R_A - R_D) \times (D/E)$$

onde R_A é o CMPC, R_D é o custo da dívida e D/E é o índice dívida/capital próprio.

Consequências da Proposição II:

1. O custo do capital próprio aumenta à medida que a empresa aumenta o uso de financiamento por dívidas.
2. O risco para o capital próprio depende diretamente de dois fatores: o nível de risco das operações da empresa (*risco do negócio*) e o grau de alavancagem financeira (*risco financeiro*). O risco do negócio determina o R_A, e o risco financeiro é determinado por D/E.

II. O caso com tributos sobre lucros da pessoa jurídica

A. Proposição I com tributos: o valor da empresa alavancada (V_L) é igual ao valor da empresa não alavancada (V_U) mais o valor presente do benefício fiscal dos juros:

$$V_L = V_U + T_C \times D$$

onde T_C é a alíquota de tributos sobre lucros da pessoa jurídica, e D é o montante da dívida.
1. O financiamento por dívidas é altamente vantajoso e, ao extremo, a estrutura ótima de capital de uma empresa é 100% de dívida.
2. O custo médio ponderado de capital (CMPC) de uma empresa diminui à medida que a empresa recorre, de forma mais expressiva, ao financiamento por dívidas.

B. Proposição II com tributos: o custo do capital próprio (R_E) é:

$$R_E = R_U + (R_U - R_D) \times (D/E) \times (1 - T_C)$$

onde R_U é o *custo não alavancado de capital*, isto é, o custo de capital da empresa caso não haja dívida. Ao contrário do caso com a Proposição I, as consequências gerais da Proposição II são as mesmas, com ou sem tributos sobre lucros.

EXEMPLO 16.4 O custo do capital próprio e o valor da empresa

Este é um exemplo abrangente que ilustra a maior parte dos pontos que discutimos até agora. Você recebe as seguintes informações da Formato S/A:

Lajir = $ 151,52
T_C = 0,34
D = $500
R_U = 0,20

O custo do capital da dívida é de 10%. Qual é o valor do capital próprio da Formato? Qual é o custo do capital próprio da Formato? Qual é o CMPC?

Essa é mais fácil do que parece. Lembre-se de que todos os fluxos de caixa são perpetuidades. O valor da empresa, se ela não tiver dívida, V_U, será:

$$V_U = \frac{\text{Lajir} - \text{Tributos sobre lucros}}{R_U} = \frac{\text{Lajir} \times (1 - T_C)}{R_U}$$

$$= \frac{\$100}{0{,}20}$$

$$= \$500$$

Com base na Proposição I de M&M com tributos, sabemos que o valor da empresa com dívida é:

$$V_L = V_U + T_C \times D$$
$$= \$500 + 0{,}34 \times \$500$$
$$= \$670$$

Como a empresa vale $670 no total e a dívida vale $500, o capital próprio vale $170:

$$E = V_L - D$$
$$= \$670 - 500$$
$$= \$170$$

Com base na Proposição II de M&M com tributos, o custo do capital próprio é:

$$R_E = R_U + (R_U - R_D) \times (D/E) \times (1 - T_C)$$
$$= 0{,}20 + (0{,}20 - 0{,}10) \times (\$500/\$170) \times (1 - 0{,}34)$$
$$= 0{,}394 \text{ ou } 39{,}4\%$$

Por fim, o CMPC é:

$$\text{CMPC} = (\$170/\$670) \times 0{,}394 + (\$500/\$670) \times 0{,}10 \times (1 - 0{,}34)$$
$$= 0{,}1492 \text{ ou } 14{,}92$$

Observe que isso é substancialmente menor do que o custo do capital para a empresa sem dívidas ($R_U = 20\%$), de modo que o financiamento com dívidas é altamente vantajoso.

Questões conceituais

16.4a Qual é a relação entre o valor de uma empresa não alavancada e o valor de uma empresa alavancada depois de considerarmos o efeito dos tributos sobre lucros da pessoa jurídica?

16.4b Se considerarmos apenas o efeito dos tributos sobre lucros, qual é a estrutura ótima de capital?

16.4c Discuta sobre qual das empresas brasileiras a seguir tem o benefício fiscal da dívida: a tributada pelo lucro real, a tributada pelo lucro presumido ou a tributada no regime Simples?

16.5 Custos de recuperação judicial e falência[6]

Um fator limitante que afeta o montante de dívidas que uma empresa poderia usar surge na forma do que, em geral, chamamos de *custos de falência*. À medida que o índice dívida/capital próprio aumenta, a probabilidade de a empresa não conseguir pagar o prometido a seus credores também aumenta. Quando isso acontece, a propriedade dos ativos da empresa pode acabar sendo transferida dos acionistas para os credores ao final do processo.

Em princípio, uma companhia[7] estaria quebrada quando o valor do ativo da empresa for igual ao valor da sua dívida. Quando isso ocorre, o valor do patrimônio líquido é igual a zero, e os acionistas perderiam o controle da empresa para os credores. Nesse caso, os credores têm ativos cujo valor é exatamente igual ao que é devido pelo financiamento por dívida. Em uma situação de mercados perfeitos, não há custos associados a essa transferência de propriedade, e os credores nada perderiam.

Obviamente, essa visão idealizada do processo de falência não é o que acontece no mundo real. Ironicamente, é caro entrar em processo de falência. Como discutimos, os custos associados à recuperação de uma empresa quebrada podem, por fim, eliminar os ganhos decorrentes da economia de tributos obtida com a alavancagem.

Custos diretos de falência

Quando o valor dos ativos de uma empresa é igual ao valor de sua dívida, a companhia está economicamente falida, no sentido de que o patrimônio líquido dos sócios não tem valor. Entretanto, a passagem formal dos ativos para os credores é um processo *legal*, não um processo econômico. A lei de falências prevê três tratamentos para as empresas que não conseguem cumprir com suas obrigações: a recuperação judicial, a recuperação extrajudicial e a falência. Neste capítulo, os procedimentos conduzidos sob a lei de falências serão designados, em geral, como processos de falência. Existem custos legais e administrativos nos processos de falência, e já houve quem dissesse que as falências são para os advogados aquilo que o sangue é para os tubarões.

Por exemplo, em setembro de 2008, o famoso banco de investimentos Lehman Brothers deu entrada a um pedido de recuperação judicial no maior caso desse tipo na história dos EUA até então. Em 2019, o Federal Reserve Bank de Nova York divulgou o custo final da falência da Lehman. Remuneração e benefícios somaram USD1,97 bilhão, honorários profissionais e de consultoria foram USD2,56 bilhões e outras despesas operacionais representaram USD1,37 bilhão, para um custo de falência total de USD5,9 bilhões. Nos EUA, em geral, os custos de falência variam entre 1,4% e 3,4% do valor pré-falência. O valor pré-falência da Lehman era de cerca de USD300 bilhões, então seus custos foram de cerca de 2% do valor. Os outros custos da recuperação podem ter sido ainda maiores. Alguns especialistas estimam que, como entrou com o pedido às pressas, a Lehman perdeu $75 bilhões que poderia ter obtido caso a venda de muitos de seus ativos tivesse sido melhor planejada.

---

[6] Em inglês *bankruptcy*. O termo *bankruptcy* tem sido, em geral, traduzido como "falência". Entretanto, a tradução do termo não é tão direta, pois *bankruptcy* pode referir-se a situações diferentes nos EUA: 1) à liquidação de empresas; 2) à reorganização financeira de empresas; 3) à solução de problemas financeiros de pessoas físicas, de agricultores familiares e de pescadores, de devedores militares, das finanças de municípios e entidades municipais e de devedores estrangeiros sujeitos às leis norte-americanas; e 4) à distribuição de ativos de corretoras falidas. Enquanto no Brasil o termo "falência" se refere a uma decisão judicial específica que determina o encerramento definitivo de uma empresa e a liquidação dos seus ativos, o termo *bankruptcy* nos EUA geralmente se refere à situação em que uma empresa solicita a proteção do *Bankruptcy Code* para reorganizar suas finanças, de forma mais parecida com o que no Brasil denominamos *recuperação judicial*. A maior parte das situações descritas nesta seção diz respeito ao que aqui chamamos de recuperação judicial.

[7] A distinção entre *companhia* e *empresa* é fundamental aqui. Pela lei societária, *companhia* é a sociedade, o conjunto dos sócios ou acionistas, e *empresa* é a organização produtiva ou comercial, o objeto da companhia (ver o art. 2º da Lei nº 6.404, de 15 de dezembro de 1976). Quem quebra é a sociedade (a companhia); a empresa poderá continuar funcionando, sob a gestão agora dos credores ou de quem a adquirir dos credores.

custos diretos de falência
Custos que estão diretamente associados à falência, como as despesas legais e administrativas.

Em razão das despesas associadas com os procedimentos sob a lei de recuperação judicial, os credores não receberão tudo o que lhes é devido. Uma parte dos ativos da empresa "desaparecerá" no processo legal. Essas são as despesas administrativas e legais associadas aos processos sob a lei de falência. Chamamos esses custos de **custos diretos de falência**.

Esses custos diretos de falência são um desestímulo ao financiamento com o uso de dívidas. Se uma empresa entra em processo de recuperação judicial, repentinamente parte dela desaparece. Isso corresponde a um "imposto de falência". Então uma empresa enfrenta um dilema: tomar emprestado economiza dinheiro em tributos para a pessoa jurídica, mas quanto mais a empresa tomar emprestado, mais provável será o risco de falência, e ela terá que pagar os "tributos da falência".

Custos indiretos de falência

Visto que é caro entrar em processo de recuperação (que pode acabar em falência), uma empresa gasta recursos para evitá-lo. Quando uma empresa tem problemas significativos para cumprir suas obrigações, dizemos que ela está passando por dificuldades financeiras. No fim, algumas empresas com dificuldades financeiras acabam falindo, mas isso não acontece com a maioria porque elas conseguem se recuperar ou sobreviver de alguma forma.

custos indiretos de falência
Custos incorridos por uma empresa em dificuldades financeiras para evitar um pedido de recuperação judicial e a falência.

custos de dificuldades financeiras
Custos diretos e indiretos associados aos processos de recuperação judicial e falência ou a dificuldades financeiras.

Os custos incorridos por uma empresa com dificuldades financeiras para evitar um pedido de falência são chamados de **custos indiretos de falência**. Usamos o termo **custos de dificuldades financeiras** para nos referir genericamente aos custos diretos e indiretos associados a um pedido de recuperação judicial e/ou às medidas para evitar a falência.

Os problemas que decorrem das dificuldades financeiras são particularmente sérios e, portanto, os custos das dificuldades financeiras são maiores quando os acionistas e os credores são grupos distintos. Enquanto a empresa não tiver sido declarada legalmente falida, os acionistas a controlam, e, naturalmente, eles adotarão as medidas que estiverem de acordo com seus próprios interesses econômicos. Como os acionistas podem ser retirados do controle em caso de falência, eles têm um incentivo muito forte para evitá-la.

Por outro lado, os credores estarão preocupados principalmente em proteger o valor dos ativos da empresa e tentarão tirar acionistas do controle. Eles têm um forte incentivo para buscar a recuperação judicial para proteção de seus interesses e evitar que os acionistas dissipem ainda mais os ativos da empresa. O efeito líquido de toda essa luta é o início de uma batalha jurídica prolongada e com potencial de ser bastante cara.

Nesse meio tempo, enquanto as rodas da justiça giram pesadamente, os ativos da empresa perdem valor, porque a administração está ocupada tentando evitar a recuperação judicial, em vez de administrar negócios. As operações normais são interrompidas, e vendas são perdidas. Funcionários valiosos se demitem, programas potencialmente lucrativos são abandonados para preservar caixa, e outros investimentos rentáveis não são feitos.

Saiba mais sobre recuperação judicial nos Estados Unidos, consultando o *Chapter 11. Reorganization Under the Bankruptcy Code* em https://www.uscourts.gov/services-forms/bankruptcy/bankruptcy-basics.

Por exemplo, em 2008, a General Motors e a Chrysler passavam por dificuldades financeiras significativas, e muitas pessoas achavam que uma ou as duas empresas acabariam entrando com um pedido de recuperação judicial sob o Capítulo 11 da lei de recuperações judiciais (o que ambas fizeram posteriormente). Como resultado das más notícias que cercavam as empresas, houve uma perda de confiança nos automóveis fabricados por elas. Um estudo mostrou que 75% dos americanos não comprariam um automóvel de uma empresa em processo de recuperação judicial, porque a empresa poderia não honrar a garantia e seria difícil obter peças de reposição. Essa preocupação resultou na perda de vendas potenciais para ambas as empresas, o que só aumentou suas dificuldades financeiras.

Todos esses são custos indiretos da falência, ou custos de dificuldades financeiras. Entrando ou não em recuperação judicial e eventualmente falência, o efeito líquido é a perda de valor, porque a empresa optou por usar dívida na sua estrutura de capital. É essa possibilidade de perda que limita o montante da dívida que uma empresa optará por usar.

Questões conceituais

16.5a Quais são os custos diretos de falência?
16.5b Quais são os custos indiretos de falência?

16.6 Estrutura ótima de capital

As duas seções anteriores estabeleceram a base para a determinação da estrutura ótima de capital. Uma empresa toma emprestado porque o benefício fiscal dos juros é valioso. Com níveis de dívida relativamente baixos, a probabilidade de falência e de dificuldades financeiras é baixa, e o benefício da dívida ultrapassa o custo. Com níveis de dívida muito altos, a possibilidade de dificuldades financeiras é um problema crônico e constante para as empresas, de modo que o benefício do financiamento com dívidas pode ser em muito superado pelos custos de dificuldades financeiras. Com base em nossa discussão, parece que existe uma estrutura ótima de capital em algum ponto entre esses extremos.

A teoria estática da estrutura de capital

A teoria da estrutura de capital que sugerimos acima é chamada de **teoria estática da estrutura de capital**. Ela afirma que uma empresa toma dinheiro emprestado até o ponto em que o benefício fiscal de um real extra de dívida é exatamente igual ao custo resultante da maior probabilidade de dificuldades financeiras. Chamamos isso de teoria estática porque ela pressupõe que a empresa está definida em termos de ativos e operações e considera apenas possíveis variações na proporção dívida/capital próprio.

A teoria estática é ilustrada na Figura 16.6, que mostra o comportamento do valor da empresa (V_L) em relação ao montante da dívida (D). Na Figura 16.6, traçamos linhas que

teoria estática da estrutura de capital
A teoria de que uma empresa toma emprestado até o ponto em que o benefício fiscal de um real extra da dívida é exatamente igual ao custo resultante da maior probabilidade de dificuldades financeiras.

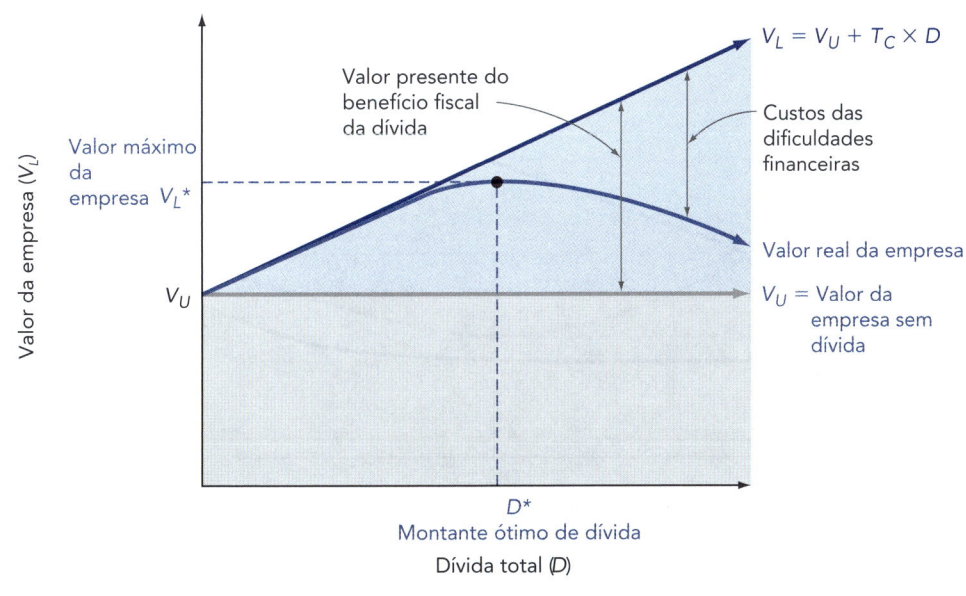

De acordo com a teoria estática, o ganho obtido com o benefício fiscal é contrabalançado pelos custos das dificuldades financeiras. Há uma estrutura ótima de capital que apenas equilibra o ganho adicional da alavancagem em relação ao custo agregado com as dificuldades financeiras.

FIGURA 16.6 A teoria estática da estrutura de capital: a estrutura ótima de capital e o valor da empresa.

correspondem a três histórias diferentes. A primeira representa a Proposição I de M&M sem tributos sobre lucros. Essa é a linha horizontal que parte de V_U e indica que o valor da empresa não é alterado por sua estrutura de capital. A segunda, a Proposição I de M&M com tributos sobre lucros, é representada pela linha reta inclinada para cima. Esses dois casos são exatamente iguais àqueles que ilustramos anteriormente na Figura 16.4.

O terceiro caso na Figura 16.6 ilustra nossa discussão no momento: o valor da empresa aumenta até um valor máximo e, em seguida, diminui além daquele ponto. Essa é a imagem que temos da nossa teoria estática. O valor máximo da empresa (V_L^*) é atingido em D^*, de modo que esse ponto representa o montante ótimo de endividamento. Em outras palavras, a estrutura ótima de capital da empresa é composta de D^*/V_L^* de dívida e $(1 - D^*/V_L^*)$ de capital próprio.

O último item a ser observado na Figura 16.6 é que a diferença entre o valor da empresa em nossa teoria estática e o valor da empresa em M&M com tributos sobre lucros é a perda de valor com a possibilidade de dificuldades financeiras. Além disso, a diferença entre o valor da empresa na teoria estática e o valor M&M sem tributos é o ganho com a alavancagem líquido dos custos com dificuldades financeiras.

Estrutura ótima de capital e o custo de capital

Como discutimos anteriormente, a estrutura de capital que maximiza o valor da empresa também é aquela que minimiza o custo de capital. A Figura 16.7 ilustra a teoria estática da estrutura de capital em termos do CMPC e dos custos da dívida e do capital próprio. Observe que, na Figura 16.7, traçamos os diversos custos de capital em relação ao índice dívida/capital próprio (D/E).

A Figura 16.7 é muito parecida com a Figura 16.5, exceto que adicionamos uma nova linha, para o CMPC. Essa linha, que corresponde à teoria estática, inicialmente se desloca para baixo. Isso ocorre porque o custo da dívida, após a consideração dos tributos sobre lucros, é mais barato do que o do capital próprio, e, assim, pelo menos inicialmente, o custo de capital total diminui.

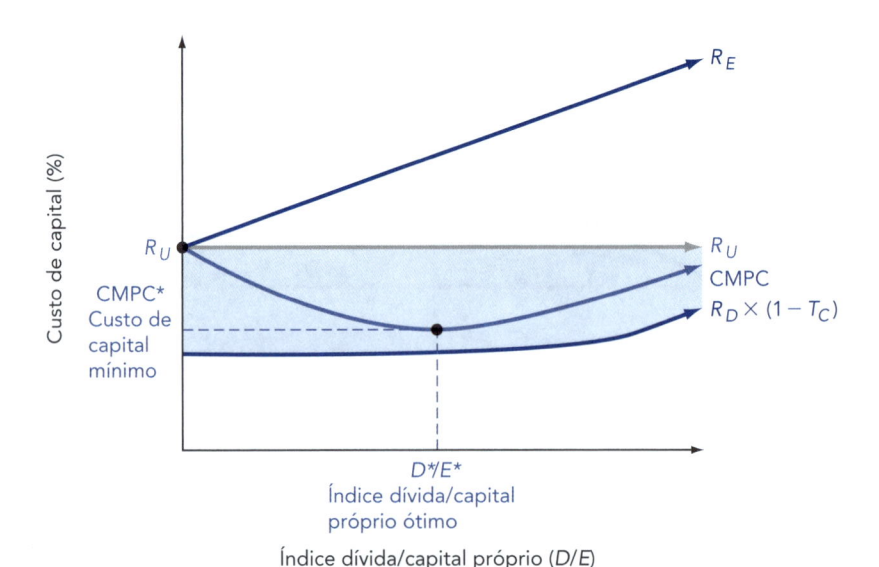

De acordo com a teoria estática, o CMPC inicialmente diminui por causa da vantagem fiscal da dívida. Além do ponto D^*/E^*, ele começa a aumentar por causa dos custos com dificuldades financeiras.

FIGURA 16.7 A teoria estática da estrutura de capital: a estrutura ótima de capital e o custo de capital.

Em algum ponto, o custo do endividamento começa a subir, e o fato de a dívida ser mais barata do que o capital próprio é mais do que contrabalançado pelos custos das dificuldades financeiras. A partir desse ponto, o aumento da dívida, na verdade, aumenta o CMPC. Como foi ilustrado, o **CMPC*** mínimo ocorre no ponto **D*/E***, como descrevemos antes.

Estrutura ótima de capital: uma recapitulação

Com a ajuda da Figura 16.8, podemos recapitular nossa discussão sobre a estrutura de capital e o custo de capital. Como já observamos, existem basicamente três casos. Usaremos o mais simples dos três como ponto de partida e, em seguida, chegaremos até a teoria estática da estrutura de capital. Ao longo do caminho, prestaremos especial atenção à ligação que há entre estrutura de capital, valor da empresa e custo de capital.

A Figura 16.8 apresenta o argumento original de Modigliani e Miller: sem tributos sobre lucros nem falência, como o Caso I. Esse é o caso mais básico. Na parte superior da figura, traçamos o gráfico do valor da empresa (V_L) em relação à dívida total (D). Quando não há tributos sobre lucros, custos de falência ou outras imperfeições do mundo real, sabemos que o valor total da empresa não é afetado por sua política de endividamento, de modo que V_L é simplesmente constante. A parte inferior da Figura 16.8 mostra a mesma história em termos do custo de capital. Aqui, traçamos o gráfico do CMPC em relação à proporção dívida/capital próprio (D/E). Semelhante ao que acontece com o valor total da empresa, o custo de capital total não é afetado pela política de endividamento nesse caso básico, de modo que o CMPC é constante.

A seguir, considere o que acontece ao argumento original de M&M após a introdução dos tributos sobre lucros. Como ilustrado pelo Caso II, vemos que o valor da empresa depende decisivamente da política de endividamento. Quanto mais a empresa toma emprestado, mais ela vale. De nossa discussão anterior, sabemos que isso acontece porque os juros são despesas dedutíveis do lucro no cálculo dos tributos, e o ganho no valor da empresa é exatamente igual ao valor presente do benefício fiscal dos juros.

Na parte inferior da Figura 16.8, observe como o CMPC diminui à medida que a empresa usa cada vez mais endividamento. À medida que a empresa aumenta sua alavancagem financeira, o custo do capital próprio também aumenta, mas esse aumento é mais do que compensado pelo ganho fiscal associado ao uso de dívida. Como resultado, o custo de capital total da empresa diminui.

Para terminar nossa história, incluímos o impacto dos custos de falência, de dificuldades financeiras, para chegar ao Caso III. Como mostra a parte superior da Figura 16.8, o valor da empresa não será tão grande quanto indicamos anteriormente. O motivo é que o valor da empresa é reduzido pelo valor presente dos possíveis custos futuros de falência. Esses custos aumentam à medida que a empresa se endivida cada vez mais e, por fim, superam a vantagem fiscal do financiamento com dívidas. A estrutura ótima de capital ocorre em D^*, o ponto em que a economia fiscal de um real adicional no financiamento com dívidas é precisamente contrabalançada pelo aumento dos custos de falência associados à dívida adicional. Essa é a essência da teoria estática da estrutura de capital.

A parte inferior da Figura 16.8 apresenta a estrutura ótima de capital em termos do custo de capital. O nível de dívida ótimo, a proporção dívida/capital próprio ótima, **D*/E*** é atingida no ponto **D***. Nesse nível de endividamento, ocorre o menor **CMPC*** possível.

Estrutura de capital: algumas recomendações para gestão

O modelo estático que descrevemos não consegue identificar uma estrutura ótima de capital precisa, mas indica dois dos fatores mais relevantes: os tributos sobre lucros e as dificuldades financeiras. Podemos tirar algumas conclusões limitadas a esse respeito.

Tributo sobre lucros Em primeiro lugar, o benefício fiscal da alavancagem só é importante para as empresas que estão em condição de pagar tributos sobre lucros. As empresas

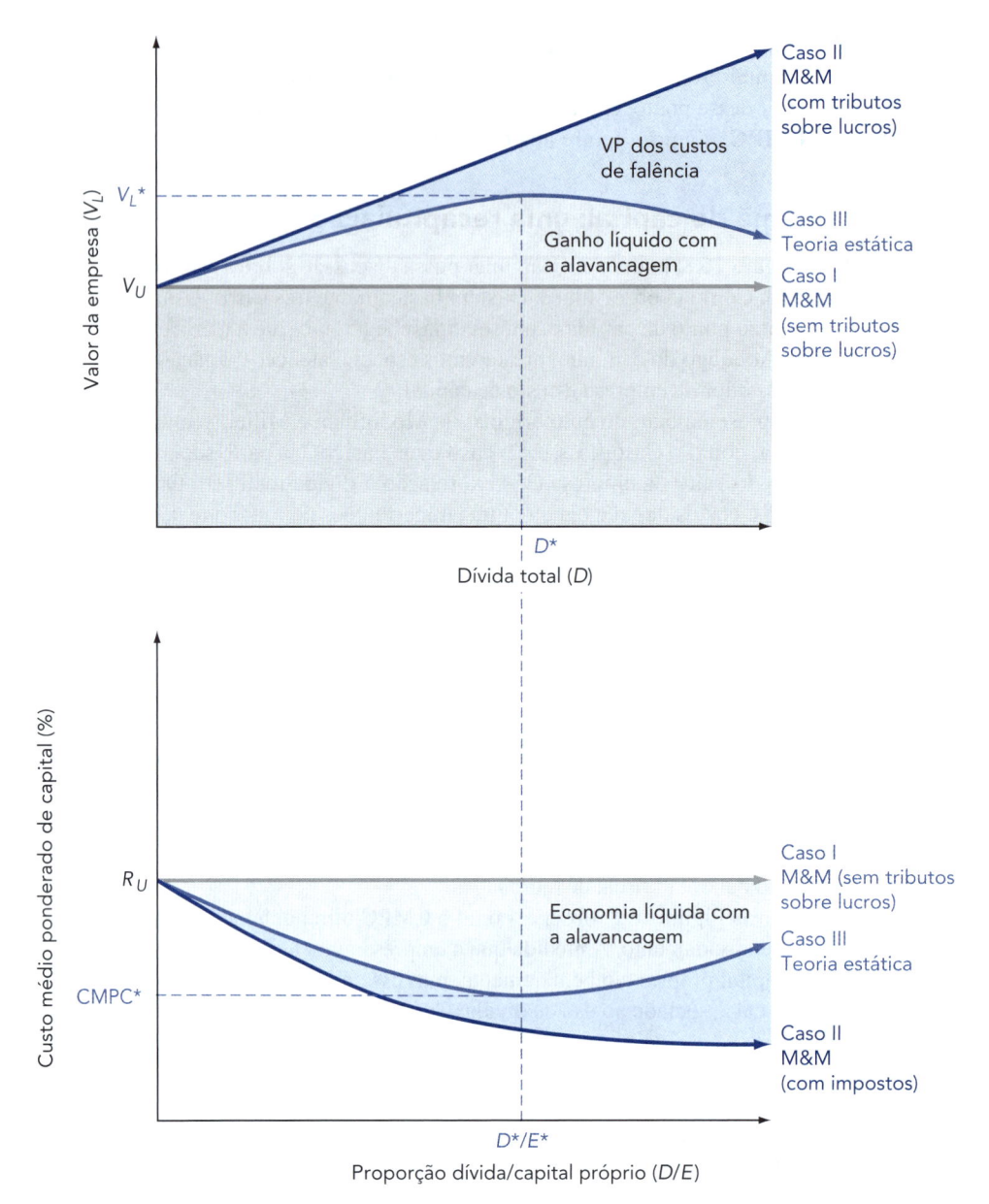

Caso I
Sem tributos sobre lucros nem custos de falência, o valor da empresa e seu custo médio ponderado de capital não são afetados por estruturas de capital.

Caso II
Com tributos sobre lucros, mas sem custos de falência, o valor da empresa aumenta, e seu custo médio ponderado de capital diminui à medida que o montante da dívida sobe.

Caso III
Com tributos sobre lucros e custos de falência, o valor da empresa (V_L) atinge seu máximo em D^*, o ponto que representa o montante ótimo de endividamento. Ao mesmo tempo, o CMPC é minimizado em D^*/E^*.

FIGURA 16.8 A questão da estrutura de capital.

com enormes perdas acumuladas obterão pouco valor do benefício fiscal dos juros. Além disso, as empresas que têm benefícios fiscais substanciais de outras fontes, como a depreciação, serão menos beneficiadas com a alavancagem. No caso brasileiro, o benefício fiscal só existe para empresas tributadas pelo regime do lucro real e que apresentam Lajir suficiente para absorver as despesas de juros.

Do mesmo modo, se as empresas não estão sujeitas à mesma alíquota tributária, quanto mais alta a alíquota, mais alto será o incentivo a tomar emprestado.

Dificuldades financeiras As empresas com maior risco de ter dificuldades financeiras tomarão emprestado menos do que as empresas com menor risco. Por exemplo, com os demais fatores iguais, quanto maior a volatilidade do Lajir, menos uma empresa deveria tomar emprestado.

Além disso, as dificuldades financeiras são mais caras para algumas empresas do que para outras. Os custos das dificuldades financeiras dependem principalmente dos ativos da empresa. Em particular, esses custos serão determinados pela facilidade de venda desses ativos.

Por exemplo, uma empresa com ativos em sua maioria tangíveis, que podem ser vendidos sem muita perda do valor, terá um incentivo maior para tomar mais emprestado. Para as empresas que dependem muito dos intangíveis, como o talento dos funcionários ou oportunidades de crescimento, a dívida será menos atraente porque esses ativos não podem ser vendidos de modo eficaz.

Questões conceituais

16.6a Descreva o dilema que define a teoria estática da estrutura de capital.

16.6b Quais são os fatores importantes na tomada de decisões sobre estrutura de capital?

16.7 A *pizza* outra vez

Embora seja reconfortante saber que a empresa pode ter uma estrutura ótima de capital, ao considerarmos as questões do mundo real, como os tributos e os custos de dificuldades financeiras, é inquietante ver a percepção original e nobre de M&M (ou seja, a versão sem tributos) se desintegrar diante dessas questões.

Os críticos da teoria de M&M quase sempre dizem que ela não se sustenta quando adicionamos aspectos do mundo real e que ela é realmente isso, uma teoria que não tem muito a dizer sobre o mundo real em que vivemos. Eles argumentam que, na verdade, é a teoria de M&M que é irrelevante, não a estrutura de capital. Porém, como discutiremos a seguir, essa visão deixa os críticos cegos quanto ao real valor da teoria de M&M.

O modelo expandido de *pizza*

Para ilustrar o valor da percepção original de M&M, consideraremos, de forma breve, uma versão expandida do modelo *pizza* que apresentamos antes. No modelo expandido de *pizza*, os tributos sobre lucros representam apenas outro direito sobre os fluxos de caixa da empresa. Como os tributos são reduzidos à medida que a alavancagem aumenta, o valor dos direitos do governo (G) sobre os fluxos de caixa da empresa diminui com a alavancagem.

Os custos de falência também são um direito sobre os fluxos de caixa. Eles entram em jogo à medida que a empresa se aproxima do processo de recuperação judicial ou de falência, tendo que alterar seu comportamento para tentar protelar o evento em si. Os custos se tornam grandes quando uma falência realmente ocorre. Assim, o valor desse direito (B) sobre os fluxos de caixa se eleva com o índice dívida/capital próprio.

A teoria expandida de *pizza* simplesmente afirma que todos esses direitos só podem ser pagos por uma fonte, os fluxos de caixa (FC) da empresa. Algebricamente, devemos ter:

FC = Pagamentos aos acionistas
   + Pagamentos aos credores
   + Pagamentos ao governo
   + Pagamentos aos tribunais e aos advogados
   + Pagamentos a qualquer outro demandante com direitos sobre os fluxos de caixa da empresa

O modelo expandido de *pizza* é ilustrado na Figura 16.9. Observe que, com os grupos adicionais, tivemos que aumentar o número de fatias. Note também a variação relativa entre o tamanho das fatias à medida que aumenta o uso de dívida pela empresa.

Mesmo com a lista de direitos mencionados, ainda não esgotamos as possíveis demandas em relação aos fluxos de caixa da empresa. Para dar um exemplo fictício, poderíamos dizer a todos que estiverem lendo este livro que poderiam ter uma demanda econômica sobre os fluxos de caixa da General Motors. Afinal de contas, se você for ferido em um acidente, poderá processar a GM e, ganhando ou perdendo, a GM gastará parte de seu fluxo de caixa para lidar com a ação judicial. Portanto, para a GM, ou qualquer outra empresa, deveria haver uma fatia da *pizza* representando possíveis contingências judiciais. Essa é a essência da percepção e teoria de M&M: o valor da empresa depende do fluxo de caixa total da empresa. A estrutura de capital da empresa só corta o fluxo de caixa em fatias sem alterar o total. O que reconhecemos agora é que os acionistas e os credores podem não ser os únicos a reivindicar uma fatia.

Direitos de mercado *versus* direitos não negociáveis no mercado

Em nosso modelo expandido, existe uma importante distinção entre direitos de acionistas e de credores e direitos do governo e possíveis litigantes em potenciais processos judiciais. O primeiro conjunto é o dos *direitos negociáveis no mercado*, e o segundo conjunto é o dos *direitos não negociáveis no mercado*. Uma diferença importante, como os nomes já dizem, é que os direitos negociáveis no mercado podem ser comprados e vendidos, enquanto direitos não negociáveis no mercado não podem.

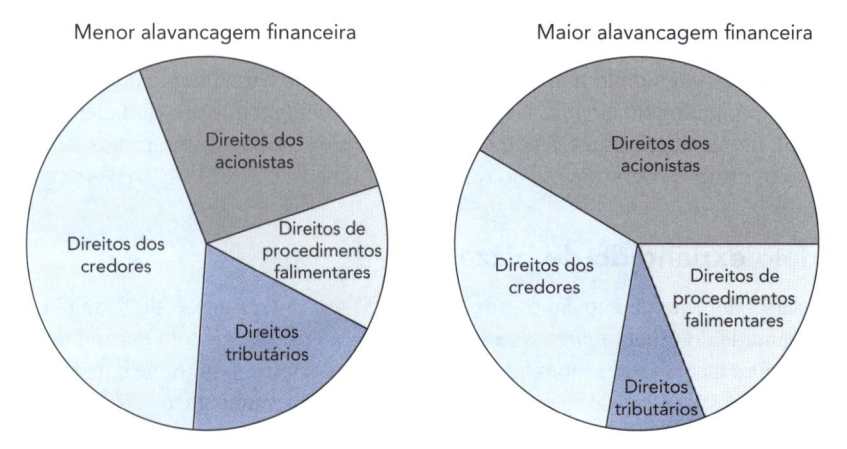

No modelo expandido de *pizza*, o valor de todos os direitos sobre os fluxos de caixa da empresa não é afetado pela estrutura de capital, mas os valores *relativos* dos direitos mudam à medida que o montante do financiamento por dívidas aumenta.

FIGURA 16.9 Modelo estendido de *pizza*.

Quando falamos no valor da empresa, em geral nos referimos apenas ao valor dos direitos de mercado (V_M), e não ao valor dos direitos não negociáveis no mercado (V_N). Se escrevermos V_T para o valor *total* de todos os direitos sobre os fluxos de caixa da empresa, então:

$$V_T = E + D + G + B + \cdots$$
$$= V_M + V_N$$

A essência de nosso modelo expandido de *pizza* é que esse valor total (V_T) de todos os direitos sobre os fluxos de caixa da empresa não é alterado pela estrutura de capital. No entanto, o valor dos direitos de mercado (V_M) pode ser afetado pelas alterações na estrutura de capital.

Com base na teoria da *pizza*, todo aumento no V_M deve significar uma diminuição de idêntico valor no V_N. Portanto, a estrutura ótima de capital é aquela que maximiza o valor dos direitos negociáveis no mercado ou, de maneira equivalente, aquela que minimiza o valor dos direitos não negociáveis no mercado, como os tributos sobre lucros e os custos de falência.

Questões conceituais

16.7a Quais são alguns dos direitos sobre os fluxos de caixa da empresa?

16.7b Qual é a diferença entre um direito negociável no mercado e um direito não negociável no mercado?

16.7c O que mostra o modelo expandido de *pizza* sobre o valor de todos os direitos sobre os fluxos de caixa de uma empresa?

16.8 A teoria da ordem hierárquica de financiamento

A teoria estática que desenvolvemos neste capítulo dominou ao longo do tempo a forma de se pensar a estrutura de capital, mas ela tem algumas desvantagens. Talvez a desvantagem mais evidente seja que muitas empresas grandes, financeiramente sofisticadas e altamente lucrativas, utilizam pouca dívida. Isso é o oposto daquilo que esperaríamos. De acordo com a teoria estática, essas são as empresas que deveriam usar o *máximo* de dívida, pois têm pouco risco de falência, e o valor do benefício fiscal é substancial. Por que elas usam pouco endividamento? A teoria da ordem hierárquica, que estudaremos a seguir, talvez seja parte da resposta.

Financiamento interno e a ordem hierárquica

A teoria da ordem hierárquica[8] é uma alternativa à teoria estática. Um elemento-chave da teoria da ordem hierárquica é que as empresas preferem usar financiamento com recursos internos sempre que possível. Um motivo simples para isso é que tomar dinheiro no mercado para obter caixa pode ser caro. Por isso, faz sentido evitar ir ao mercado, se possível. Se a empresa for muito rentável, talvez nunca precise de aportes financeiros. Assim, acabaria com pouca ou nenhuma dívida. Por exemplo, no ano de 2019, o balanço patrimonial da Alphabet mostrava ativos de USD263 bilhões, dos quais quase USD121 bilhões foram classificados como caixa ou títulos negociáveis. Na verdade, a Alphabet tinha tantos ativos na forma de títulos que corria o risco de ser regulada como um fundo de investimento.

Há um motivo mais sutil para as empresas preferirem financiar-se com recursos gerados internamente. Suponha que você seja o administrador de uma empresa e precise levantar

---
[8] *Pecking-order theory.*

aportes financeiros para financiar um novo empreendimento. Por saber tudo sobre a empresa, você tem muitas informações que não são de conhecimento público. Com base no seu conhecimento, as perspectivas futuras da empresa são consideravelmente melhores do que os investidores imaginam. Como resultado, você acha que as ações de sua empresa estão subvalorizadas no momento. Você deveria endividar a empresa ou emitir ações para financiar o novo empreendimento?

Se você pensar um pouco, definitivamente não desejará emitir ações nesse caso. O motivo é que suas ações estão subvalorizadas, e você não quer emitir novas ações a um preço tão barato. Assim, você opta pela dívida.

Será que em algum momento você emitiria ações? Suponha que você ache que a ação da sua empresa está sobrevalorizada. Faz sentido captar recursos com a emissão de ações a preços inflacionados, mas existe um problema. Se você tentar emitir ações, os investidores perceberão que elas provavelmente estão sobrevalorizadas e que seu preço já atingiu o máximo. Em outras palavras, se tentar captar fundos emitindo ações, você correrá o risco de sinalizar para os investidores que o preço está alto demais. No mundo real, as empresas raramente emitem novas ações, e o mercado reage de modo negativo a tais emissões quando ocorrem.

Assim, temos uma ordem hierárquica no financiamento. As empresas usarão primeiro financiamento com recursos internos; em seguida, elas optarão por financiar-se com dívidas, se preciso for. A emissão de ações será o último recurso.

Consequências da ordem hierárquica

A teoria da ordem hierárquica tem várias consequências significativas, sendo que algumas delas contrariam nossa teoria estática:

1. *Não há uma estrutura-meta de capital:* de acordo com a teoria da ordem hierárquica, não há uma meta para o índice dívida/capital próprio ou para um índice ótimo. Em vez disso, a estrutura de capital de uma empresa é determinada pela necessidade de novos aportes financeiros, a qual determina o montante de endividamento que a empresa terá.

2. *Empresas rentáveis usam menos endividamento:* como as empresas rentáveis têm maior fluxo de caixa gerado internamente, elas precisarão de menos aportes financeiros e, portanto, terão menos dívida. Como já mencionamos, esse é um padrão que observamos, pelo menos em algumas empresas.

3. *Empresas desejam ter folga financeira*: para evitar a emissão de novas ações, as empresas tentam acumular o caixa gerado internamente. Tal reserva de caixa é conhecida como *folga financeira*. Ela dá aos gestores a capacidade de financiar projetos quando eles aparecem e agir rapidamente, se necessário.[9]

Qual teoria está correta: a estática ou a da ordem hierárquica? Os pesquisadores financeiros não chegaram a uma conclusão definitiva sobre essa questão, mas podemos fazer algumas observações. A teoria estática tem mais apelo para objetivos ou estratégias financeiras de longo prazo. As questões dos benefícios fiscais e dos custos de dificuldades financeiras são claramente importantes nesse contexto. A teoria da ordem hierárquica está mais relacionada com a questão tática e de prazo mais curto da obtenção de recursos para financiar investimentos. Assim, ambas as teorias são maneiras úteis de entender o uso de dívida pelas empresas. Por exemplo, é provável que as empresas tenham estruturas-meta de capital de longo prazo, mas talvez também seja verdadeiro que elas se afastarão das metas de longo prazo, caso necessário, para evitar a emissão de novas ações.

---

[9] Devemos lembrar que, de acordo com a Lei das Sociedades por Ações brasileira, a retenção de lucros na empresa precisa estar suportada por um orçamento de capital; o caixa não comprometido com o orçamento ou as reservas legais e estatutárias deve ser distribuído aos acionistas (art. 196 e art. 202, § 6º, III, da Lei nº 6.404/1976). Ver o Capítulo 17.

> **Questões conceituais**
>
> **16.8a** De acordo com a teoria da ordem hierárquica, em que ordem as empresas buscarão financiamento?
>
> **16.8b** Por que as empresas preferem não emitir novas ações?
>
> **16.8c** Quais são algumas diferenças entre as teorias estática e da ordem hierárquica em termos de consequências?

16.9 Estruturas de capital observadas

Não existem duas empresas com estruturas de capital idênticas. No entanto, vemos alguns elementos comuns quando começamos a examinar as estruturas de capital reais. A seguir, discutiremos algumas delas.

O fator mais surpreendente que observamos nas estruturas de capital, em particular nos EUA, é que a maioria das empresas parece ter proporções dívida/capital próprio relativamente baixas. Na verdade, a maioria delas usa muito menos dívidas do que capital próprio para o seu financiamento. Para ilustrar isso, o Quadro 16.7 apresenta uma média dos índices de endividamento e dos índices dívida/capital próprio para os diversos setores dos estados unidos, classificados pelos seus códigos SIC (discutimos esses códigos no Capítulo 3).

No Quadro 16.7, o mais surpreendente é a ampla variação entre os setores, de essencialmente nenhuma dívida para as empresas farmacêuticas e fabricantes de computadores até o uso relativamente alto de dívidas nas companhias aéreas e nas empresas de TV a cabo. Esses

QUADRO 16.7 Estruturas de capital dos setores

Setor	Índice dívida/capital total*	Índice dívida/capital próprio	Número de empresas	Código SIC	Empresas representantes
Concessionárias de energia elétrica	45,9%	85,4%	13	491	American Electric Power, Southern Co.
Equipamentos de informática	13,7	12,0	14	357	Apple, HP
Papel	45,7	84,2	14	26	Avery Dennison, International Paper
Refinamento de petróleo	41,1	69,8	10	291	Chevron, ExxonMobil
Companhias aéreas	55,5	124,9	9	451	Delta, Southwest
Telecomunicações	37,5	59,9	9	484	AT&T, T-Mobile
Equipamentos de automóveis	34,7	53,2	23	371	Allison Transmission, Sorl Auto Parts
Têxtil	42,0	56,5	10	23	Hanes Brands, Under Armour
Varejo geral (armazéns)	23,5	30,7	11	53	Costco, Dollar General
Restaurantes	51,9	107,9	22	5812	McDonald's, Papa John's
Farmacêutico	10,5	11,7	49	283	Merck, Pfizer
Aço	20,6	31,4	6	331	Insteel Industries, Steel Dynamics

FONTE: : *Duff & Phelps Cost of Capital*, costofcapital.duffandphelps.com, 07/07/2020.
*No caso das empresas estadunidenses, dívida é a soma do valor contábil das ações preferenciais e do passivo não circulante, incluindo os montantes devidos em um ano. Capital próprio é o valor de mercado das ações em circulação. O capital total é a soma da dívida e do capital próprio. São mostrados os valores médios.
No caso das empresas brasileiras, o valor das ações preferenciais não é computado como dívida. A diferença no cômputo decorre de as ações preferenciais norte-americanas terem, em geral, direito a um rendimento fixo independente dos lucros (são uma obrigação perpétua da empresa), enquanto as ações preferenciais no mercado brasileiro têm, em geral, direito de preferência sobre lucros — há poucas exceções. Logo, se a emissora não apresentar lucro, não tem obrigação de pagar dividendos. Veja também o Capítulo 8.

EXERCÍCIOS NA INTERNET

Quando se trata de estrutura de capital, as empresas (e os setores) não são criadas de forma igual. Para ilustrar isso, pesquisamos algumas informações sobre a estrutura de capital da Duke Energy (DUK) e da Pfizer (PFE) usando a área Financials do *site* www.reuters.com. A estrutura de capital da Duke Energy é assim (observe que os índices de alavancagem são representados como porcentagens no *site*):

Long Term Debt/Equity (Annual)	116.67
Payout Ratio (Annual)	96.66
Quick Ratio (Annual)	0.44
Total Debt/Total Equity (Annual)	132.23

Para cada dólar de patrimônio líquido, a Duke Energy tem uma dívida de longo prazo de $1,1667 e uma dívida total de $1,3223. Compare esse resultado com a Pfizer:

Long Term Debt/Equity (Annual)	51.90
Payout Ratio (Annual)	77.90
Quick Ratio (Annual)	1.33
Total Debt/Total Equity (Annual)	65.83

Para cada dólar de patrimônio líquido, a Pfizer tem somente $0,5190 de dívida de longo prazo e uma dívida total de $0,6583. Quando consideramos as médias da indústria e do setor, as diferenças novamente são aparentes. Embora a escolha da estrutura de capital seja uma decisão da administração, ela é nitidamente influenciada pelas características do setor.

Questões

1. Os índices mostrados para essas empresas têm como base os números de janeiro de 2020. Acesse www.reuters.com e localize o índice dívida de longo prazo/capital próprio e o índice dívida total/capital próprio da Duke Energy e da Pfizer. Como esses índices variaram ao longo desse período?
2. Acesse www.reuters.com e localize o índice dívida de longo prazo/capital próprio e o índice dívida total/capital próprio do Bank of America (BAC), da Cisco (CSCO) e da Chevron (CVX). Por que essas três empresas usam montantes de dívida tão diferentes?

dois últimos setores são os únicos em que é utilizada mais dívida do que capital próprio, enquanto a maioria dos outros setores depende muito mais do capital próprio do que da dívida. Isso é verdadeiro, apesar de muitas das empresas desses setores pagarem tributos substanciais. O Quadro 16.7 deixa claro que as empresas, em geral, não emitiram dívida ao ponto de esgotar completamente os benefícios fiscais. Portanto, concluímos que deve haver limites para o montante da dívida que pode ser usado pelas empresas. Dê uma olhada na seção *Exercícios na Internet* para obter mais informações sobre as estruturas de capital reais.

Como os diferentes setores têm diferentes características operacionais em termos, por exemplo, de volatilidade do Lajir e de tipos de ativos, parece haver alguma conexão entre essas características e a estrutura de capital. Nossa história envolvendo economia fiscal, custos de dificuldades financeiras e possível ordem hierárquica indubitavelmente fornece parte dos motivos, mas, até agora, não há uma teoria completamente satisfatória que explique as regularidades das estruturas de capital.

> **Questões conceituais**
>
> **16.9a** As empresas dos Estados Unidos dependem muito do financiamento por dívidas? E as empresas brasileiras?
>
> **16.9b** Quais regularidades observamos nas estruturas de capital?

16.10 Um breve exame dos processos de recuperação judicial e falência

Antes de avançarmos na discussão desse tema, é necessário alertar o leitor: este é um tema essencialmente jurídico e, embora a questão econômica de fundo seja a mesma em diferentes jurisdições legais, a forma como as leis nacionais tratam do tema pode ser muito diferente. Abordaremos o tema em duas partes; a primeira abordará a lei de recuperação e falências norte-americana e a intuição econômica para o tema, e a segunda abordará a legislação brasileira sobre o tema.

Primeira parte: considerações gerais sobre recuperação judicial e práticas nos Estados Unidos

O caso norte-americano: liquidação da empresa, reorganização e falência

Dando sequência à nossa discussão, já sabemos que uma das consequências de usar dívidas é a possibilidade de dificuldades financeiras, e essas dificuldades podem ser definidas de várias maneiras:

1. *Quebra da empresa:* geralmente, esse termo é usado para se referir a uma situação na qual uma empresa foi encerrada com prejuízo para os credores, mas até mesmo uma empresa financiada somente por capital próprio pode falir.
2. *Recuperação judicial* (bankruptcy) *sob o procedimento do Capítulo 11 do Código de Falências dos EUA:* as próprias empresas ou seus credores requerem o procedimento de recuperação (**bankruptcy**) em um tribunal federal. O **procedimento de recuperação judicial** (*bankruptcy*) é um procedimento legal para a liquidação ou a reorganização de uma empresa.
3. *Insolvência técnica:* ocorre quando uma empresa não consegue cumprir suas obrigações financeiras.
4. *Insolvência contábil:* as empresas com patrimônio líquido negativo estão insolventes nos registros contábeis. Isso acontece quando o total das obrigações contábeis excede o valor contábil dos ativos totais.

Agora, falaremos de forma abreviada de alguns termos e questões importantes associados aos procedimentos legais de recuperação ou liquidação e às dificuldades financeiras.

bankruptcy
Decisão judicial que encerra as atividades de uma empresa e promove a liquidação dos seus ativos remanescentes para pagamento de suas obrigações na ordem de prioridades dos créditos.

Liquidação e recuperação judicial

Empresas estadunidenses que não podem ou preferem não fazer os pagamentos exigidos por contratos com os credores têm duas opções básicas dentro do processo de recuperação judicial

liquidação
Encerramento da empresa.

recuperação judicial
Reestruturação financeira de uma empresa em dificuldades financeiras para tentar manter as suas operações.

(*bankruptcy*): a liquidação ou a reorganização. A **liquidação** significa o encerramento da empresa como entidade em continuidade e envolve a venda total dos ativos. A receita da venda, líquida dos custos de venda, é distribuída aos credores por ordem de prioridade estabelecida. A **recuperação judicial** é a opção de manter a empresa como uma entidade em continuidade, e com frequência isso pode envolver a emissão de novos títulos para substituir os títulos antigos. Tanto a liquidação como a reorganização são procedimentos legais previstos no Código de Falências dos EUA. Qual delas ocorrerá depende de a empresa valer mais "morta ou viva".

Liquidação[10] O Capítulo 7 da Lei Federal de Falências dos Estados Unidos, com a Reforma de 1978, trata da liquidação "direta". Esta é a sequência típica de eventos:

1. Um pedido de liquidação é apresentado a um tribunal federal. As empresas podem apresentar voluntariamente um pedido para sua liquidação ou vários credores podem apresentar pedidos de liquidação da devedora, contra a vontade desta.

2. Um administrador judicial[11] é eleito pelos credores para assumir os ativos da empresa devedora. O administrador judicial tentará liquidar os ativos.

3. Quando os ativos forem liquidados, após o pagamento dos custos administrativos do processo de liquidação, a receita será distribuída entre os credores.

4. Se restar alguma receita, após as despesas e os pagamentos aos credores, ela será distribuída aos acionistas.

A distribuição da receita da liquidação nos Estados Unidos ocorre de acordo com a seguinte lista de prioridades:

A SEC apresenta uma excelente visão geral do processo de recuperação judicial (*bankruptcy*) nos EUA na seção "Online Publications": **www.sec.gov**. Veja também https://www.investor.gov/introduction-investing/investing-basics/glossary/bankruptcy.

1. Despesas administrativas associadas ao processo de liquidação.

2. Outras despesas que venham a surgir após o protocolo do pedido não voluntário de liquidação, mas antes da indicação de um administrador judicial.

3. Remunerações, salários e comissões.

4. Contribuições para os planos de benefícios dos funcionários.

5. Direitos de consumidores.

6. Direitos tributários do governo.

7. Pagamento aos credores sem garantias.

8. Pagamento aos acionistas preferenciais.

9. Pagamento aos acionistas ordinários.

regra da prioridade absoluta
Regra que estabelece a prioridade das reivindicações em uma liquidação nos EUA.

Essa lista de prioridades da liquidação é um reflexo da **regra da prioridade absoluta**[12] da legislação estadunidense. Quanto mais alto o direito estiver nessa lista, maior a probabilidade de que ele seja pago. Em muitas dessas categorias, existem várias limitações e qualificações que foram omitidas para sermos mais breves.

Existem duas qualificações que devem ser incluídas. A primeira diz respeito aos credores com garantias. Esses credores têm direito à receita da venda de suas garantias e estão fora dessa ordem. Entretanto, se os ativos dados em garantia forem liquidados e o caixa obtido for insuficiente para cobrir o montante devido, os credores com garantias se associarão aos credores sem garantias (chamados no Brasil de credores quirografários) na divisão do valor restante que vier a ser obtido. Por outro lado, se a receita da liquidação da garantia superar o valor do direito garantido, a sobra líquida será usada para pagar os credores sem garantias e outras partes. Na segunda qualificação da regra da prioridade absoluta, na realidade o que acontece é que quem inicia um procedimento de *bankruptcy* está

---

[10] *Bankruptcy Liquidation.*

[11] *Trustee in bankruptcy.*

[12] *Absolute priority rule* (APR)

sujeito a muita negociação, e, como resultado disso, com frequência a regra da prioridade absoluta não é seguida.

Reorganização[13] A recuperação judicial (*bankruptcy*) de empresas ocorre nos termos do Capítulo 11 da Federal Bankruptcy Reform Act of 1978. O objetivo geral de um processo de recuperação sob a proteção do Capítulo 11 é planejar a reestruturação da empresa com alguns dispositivos para pagamento dos credores. Esta é uma sequência de eventos típica:

1. Um pedido pode ser apresentado voluntariamente pela própria empresa, ou seus credores podem dar entrada ao pedido, contra a vontade da devedora.
2. Um juiz federal aprova ou rejeita o pedido. Se o pedido for aprovado, é definido um prazo para a apresentação de provas dos direitos de crédito dos credores.
3. Na maioria dos casos, a companhia (*debtor in possession*, o "devedor no controle") continua administrando a empresa.
4. A companhia (e, em determinados casos, os credores) apresenta um plano de reorganização.
5. Os credores e os acionistas são divididos em classes. Uma classe de credores aceita o plano se a maioria da classe concordar.
6. Após sua aceitação pelos credores, o plano é confirmado pelo tribunal.
7. Pagamentos em dinheiro, propriedades e títulos são feitos a credores e acionistas. O plano pode prever a emissão de novos títulos mobiliários pela empresa em recuperação.
8. Por um certo período fixo, a empresa opera de acordo com os dispositivos do plano de reorganização.

Veja as mais recentes informações sobre recuperações e liquidações (*bankruptcy*) em **www.bankruptcydata.com**.

A empresa pode querer que os acionistas antigos conservem parte da sua participação. Nem é preciso dizer que isso pode envolver alguma gritaria dos detentores de dívida sem garantias.

As chamadas "reorganizações pré-programadas" são um fenômeno relativamente comum nos Estados Unidos. Nesse caso, o que acontece é que primeiro a empresa garante a aprovação de maioria necessária de credores para o plano de recuperação e, em seguida, dá entrada ao pedido de recuperação. Como resultado, a empresa inicia o processo de reorganização e volta a operar quase que imediatamente.

Por exemplo, em 1º de novembro de 2009, uma das maiores reorganizações pré-programadas nos termos do Capítulo 11 da história dos EUA começou quando o CIT Group, a organização de empréstimos para empresas, deu entrada em seu pedido de recuperação. Sob os termos do contrato, os acionistas perderam todo o seu capital, e os direitos dos credores foram reduzidos a $10,5 bilhões. Ao mesmo tempo, o vencimento das dívidas da empresa foi estendido em três anos. Uma redução adicional das dívidas ocorreu quando a dívida de $2,3 bilhões, referente ao dinheiro do programa de resgate financeiro (*bailout*) recebido por meio do programa TARP (Programa de Alívio de Ativos Problemáticos) do governo americano, foi eliminada. Graças ao processo pré-programado, o processo de recuperação da empresa foi rápido, tendo se encerrado em 10 de dezembro de 2009.

Em um exemplo recente, em 1º de maio de 2019, a Sungard Availability Services Capital, com sede na Pensilvânia, entrou com um pedido de recuperação judicial programada. Sob as condições do plano, a dívida da empresa seria reduzida de $1,25 bilhão para $300 milhões e os credores atuais receberiam ações da empresa. A recuperação programada foi considerada a mais rápida da história: A empresa apresentou o plano logo antes das 21 h de 1º de maio de 2019 e o juiz assinou a ordem que confirmava a saída antes das 18 h do dia seguinte!

Em alguns casos, o processo de recuperação judicial é necessário para invocar o "poder de imposição" do Tribunal Federal de Falências. Em determinadas circunstâncias, uma classe de credores pode ser forçada a aceitar um plano de recuperação, mesmo que eles votem por sua não aprovação. Por essa razão, dá-se o nome muito adequado de "imposição".

---

[13] *Bankruptcy reorganization.*

Em 2005, o congresso estadunidense aprovou a reforma mais significativa das leis de recuperação judicial (*bankrupticy*) dos Estados Unidos nos últimos 25 anos: a Lei de Prevenção contra Abusos de Falência e Proteção ao Consumidor (Bankruptcy Abuse Prevention and Consumer Protection Act — BAPCPA) de 2005. A maioria das modificações tinha como destinatárias as pessoas físicas, mas as empresas também foram afetadas. Antes da BAPCPA, uma empresa em situação falimentar tinha o direito exclusivo de enviar seu próprio plano de reorganização ao Tribunal Federal de Falências. Argumenta-se que essa exclusividade é um dos motivos pelo qual algumas empresas permaneceram por tanto tempo em situação de recuperação judicial. Nos termos da nova lei, após 18 meses, os credores podem enviar sua sugestão de plano para consideração do Tribunal. Essa mudança pode agilizar os processos de recuperação, bem como levar a mais reorganizações pré-programadas.

Uma alteração controversa feita pela BAPCPA tem a ver com os chamados planos de retenção de funcionários-chave (os chamados KERPs, do inglês *key employee retention plans*). Por mais estranho que pareça, as empresas em recuperação judicial pagam bônus regularmente aos executivos, embora eles possam ser os responsáveis por levar a empresa a essa situação. Esses bônus têm como objetivo evitar que os funcionários valiosos mudem para empresas mais bem-sucedidas, mas os críticos argumentam que com frequência há um abuso na atribuição de bônus. A nova lei autoriza os planos de retenção de funcionários-chave apenas se o funcionário em questão realmente tiver uma oferta de emprego de outra empresa.

Mais recentemente, a Seção 363 da legislação de recuperação judicial tem aparecido na mídia dos EUA. Em uma recuperação tradicional nos termos do Capítulo 11, o plano de recuperação é descrito para credores e acionistas em uma divulgação semelhante a um prospecto de emissão, e o plano precisa ser aprovado por voto das partes interessadas. Uma recuperação nos termos da Seção 363 é mais parecida com um leilão. Um ofertante inicial, chamado de *stalking horse*[14], faz uma oferta para todos os ativos da empresa em recuperação judicial, ou parte deles. A seguir, os outros licitantes são convidados para o processo e determinam a maior oferta pelos ativos da empresa. A principal vantagem da Seção 363 é a velocidade. Como uma recuperação tradicional exige a aprovação das partes interessadas, não é raro que o processo demore vários anos, enquanto uma recuperação nos termos da Seção 363 é bem mais rápida. Por exemplo, graças a vendas nos termos da Seção 363, tanto a General Motors quanto a Chrysler completaram um processo de recuperação judicial em menos de 45 dias em meados de 2009.

A administração financeira e o processo de recuperação judicial

Pode parecer um pouco estranho, mas, nos Estados Unidos, o direito de entrar em recuperação judicial é muito valioso. Há vários motivos para isso. Em primeiro lugar, do ponto de vista operacional quando uma empresa pede recuperação ao tribunal, dentro da lei de recuperação judicial, existe uma imediata "paralisação" dos credores. Em geral, isso significa que os pagamentos aos credores cessarão, e eles terão de aguardar o resultado do processo para saber se e como eles serão pagos. Essa paralisação dá à empresa tempo para avaliar suas opções e evita aquilo que geralmente é chamado de "corrida às barras da Justiça" pelos credores e por outras partes.

Além disso, alguns pedidos de recuperação judicial, na verdade, são ações estratégicas destinadas a melhorar a posição competitiva de uma empresa, como é o caso de empresas que pediram recuperação, embora não estivessem insolventes na época do pedido. Provavelmente, o exemplo mais famoso disso seja o da Continental Airlines. Em 1983, após a desregulamentação do setor de companhias aéreas, a Continental se encontrou em concorrência com companhias aéreas recém-estabelecidas que tinham custos trabalhistas muito mais baixos. A Continental requereu sua reorganização nos termos do Capítulo 11, embora não estivesse insolvente.

---

[14] N. do T.: Literalmente, um cavalo usado pelo caçador para se esconder da sua caça. Figurativamente, um candidato que serve de isca para testar o interesse do público em uma eleição

Ela argumentava que, com base em dados projetados, se tornaria insolvente no futuro e, portanto, uma reorganização era necessária. Ao solicitar recuperação judicial, a Continental conseguiu encerrar seus contratos de trabalho em vigor, demitir grande número de funcionários e cortar o salário dos funcionários restantes. Em outras palavras, pelo menos aos olhos dos críticos, a Continental essencialmente usou o processo de recuperação judicial como um meio para reduzir os seus custos trabalhistas. Em seguida, o congresso estadunidense modificou as leis de recuperação judicial para dificultar, mas não impossibilitar, que as empresas revoguem um contrato de trabalho por meio do processo de reorganização judicial. Por exemplo, a Delta Air Lines solicitou reorganização judicial em 2005, em parte para renegociar os contratos com seus funcionários com contratos coletivos de trabalho (os sindicalizados).

Existem outros exemplos famosos de recuperações judiciais estratégicas. Por exemplo, a Manville (na época conhecida como Johns-Manville) e a Dow Corning entraram com pedido de recuperação por causa das perdas futuras esperadas, resultantes do litígio associado ao amianto e aos implantes de silicone, respectivamente. De forma semelhante, no então maior pedido de recuperação judicial, em 1987, a Texaco pediu recuperação após a Pennzoil ter uma sentença de $10,3 bilhões outorgada em seu favor. Mais tarde, a Texaco diminuiu esse valor para $3,5 bilhões e saiu do processo de recuperação judicial. Até o início de 2018, os maiores pedidos de recuperação judicial em termos de ativos foram, em 2008, o da Lehman Brothers (com $691 bilhões em ativos) e o colapso da Washington Mutual (com $328 bilhões em ativos). No entanto, é possível que o pedido de recuperação judicial, em 2003, da empresa italiana de laticínios Parmalat tenha superado essas duas empresas em termos de importância relativa. Sozinha, a empresa representava 1,5% do produto nacional bruto da Itália.

Acordos para evitar o processo de recuperação judicial

Quando uma empresa não paga uma obrigação, ela pode evitar um pedido de recuperação judicial. Como o trâmite legal desse processo pode ser demorado e caro, quase sempre o melhor para todos é criar uma "alternativa" que evite o pedido. Em grande parte do tempo, os credores podem trabalhar com a administração de uma empresa que não pagou um empréstimo. Acordos voluntários para reestruturar ou conceder maior prazo para o pagamento da dívida da empresa podem e, com frequência, são feitos. Isso pode envolver a *prorrogação*, que adia a data de pagamento, ou uma *composição* que envolva uma redução na quantia a ser paga.

Segunda parte: considerações gerais sobre recuperação judicial e falência no Brasil

O caso brasileiro: liquidação da empresa, recuperação judicial e falência

A Lei Federal nº. 11.101, de 9 de fevereiro de 2005, trata dos processos de recuperação judicial, de recuperação extrajudicial e de falência. Ela é aplicável a todo o tipo de empresas, exceto às empresas públicas, às empresas de economia mista e às instituições financeiras.

A falência é uma das formas de liquidação de uma empresa. A Lei das S/A (artigos 206 a 209 da lei) prevê três formas de liquidação de sociedades por ações:

1. A liquidação ordinária, que pode ocorrer:

    a) pelo término do prazo de duração da sociedade,

    b) por previsão no estatuto,

    c) por deliberação da assembleia-geral (que pode nomear um liquidante), se não houver previsão no estatuto, pela existência de apenas um acionista (se o mínimo de dois não for constituído em um ano) ou

    d) pela extinção de sua autorização para funcionar quando exigido.

Saiba mais sobe a recuperação judicial e a falência no Brasil consultando a Lei nº. 11.101/2005, em http://www.planalto.gov.br/ccivil_03/_ato2004-2006/2005/lei/l11101.htm.

2. A liquidação judicial (inclusive por falência).
3. A liquidação administrativa (por exemplo, quando o Banco Central decreta a liquidação extrajudicial de uma instituição financeira).

Falência Os pedidos de falência podem ser de iniciativa dos credores, e daí serão conduzidos no juízo no qual estiver se processando a ação que demandar o pagamento de dívida, ou podem ser da própria empresa falida (denominado pedido de autofalência). A falência deve ser decretada. Ela é uma situação jurídica que decorre de uma sentença proferida por um juiz de direito. Para uma empresa ou sociedade comercial ter sua falência decretada, ela deve estar inadimplente e não cumprir com uma obrigação. Com a decretação da falência, os bens da falida são alienados para satisfazer os seus credores, na ordem de prioridade definida pela lei. A falência exige a **reunião de credores** (**concurso de credores**), em que vários processos judiciais de cobrança de dívidas são reunidos em torno do processo, para serem decididos pelo juiz que decretou a falência.

A distribuição da receita da liquidação dos créditos na falência de empresas no Brasil, conforme a lei de falências brasileira, obedece à seguinte ordem:

a) Serão considerados créditos extraconcursais e serão pagos com precedência os relativos a:
I – remunerações devidas ao administrador judicial e seus auxiliares, e créditos derivados da legislação do trabalho ou decorrentes de acidentes de trabalho relativos a serviços prestados após a decretação da falência;
II – quantias fornecidas à massa falida pelos credores;
III – despesas com arrecadação, administração, realização do ativo e distribuição do seu produto, bem como custas do processo de falência;
IV – custas judiciais referentes às ações e execuções em que a massa falida tenha sido vencida;
V – obrigações resultantes de atos jurídicos válidos praticados durante a recuperação judicial, ou após a decretação da falência, e tributos relativos a fatos geradores ocorridos após a decretação da falência.

b) Em seguida, serão pagos na seguinte ordem de prioridade:
I – créditos derivados da legislação do trabalho, até 150 salários-mínimos por credor, e créditos decorrentes de acidentes de trabalho;
II – créditos com garantia real até o limite do valor do bem gravado;
III – créditos tributários, independentemente da sua natureza e tempo de constituição, excetuadas as multas tributárias;
IV – créditos com privilégio especial;
V – créditos com privilégio geral;
VI – créditos quirografários;
VII – multas contratuais e penas pecuniárias por infração das leis penais ou administrativas, inclusive multas tributárias;
VIII – créditos subordinados.

Se a empresa falida tiver sido cindida ou tiver bens e direitos transferidos a outros após solicitada sua falência, e se essa for decretada, os efeitos da falência atingem os terceiros e pessoas físicas sem vínculos societários diretos com a falida, mas vinculados pela cisão ou transferência de bens. Essas operações são classificadas como desvio de patrimônio da falida nos anos anteriores à quebra.

Se a falência decorrer de dolo, simulação ou fraude contra os interesses dos credores por parte dos administradores da falida, uma das consequências pode ser a chamada *desconsideração da personalidade jurídica*, em que os gestores e controladores perdem a limitação de responsabilidade na entidade jurídica e são pessoal e patrimonialmente responsabilizados por seus atos na falida.

A falência é diferente da insolvência. Insolvência é a situação em que o devedor tem obrigações em valores superiores ao valor dos seus ativos totais. Porém, uma empresa insolvente não está obrigatoriamente falida. Para a empresa estar falida, a sua falência deve ser decretada pelo Poder Judiciário, nos termos da Lei. A empresa insolvente pode requerer sua recuperação judicial mediante apresentação de um plano de recuperação; em caso de insucesso do plano de recuperação, pode ser então declarada falida.

Anteriormente à Lei n°. 11.101/2005, tinha-se no Brasil a figura da concordata, que era solicitada pelas empresas em situação de insolvência para sustar as ações dos credores. A concordata dava à empresa dois anos para pagar suas dívidas em condições privilegiadas, mediante pagamento de um percentual no primeiro ano e o restante no segundo ano. Com essa possibilidade, alguns empresários poderiam formar elevados estoques e, em seguida, solicitar concordata. A concordata foi extinta com a Lei n°. 11.101/2005 e substituída pelo instituto da recuperação judicial.

Recuperação judicial As empresas podem solicitar sua recuperação judicial, que funciona como uma proteção contra a decretação da falência. O pedido de recuperação judicial, no Brasil, é similar ao pedido de reorganização previsto no Capítulo 11 do Código de Falências norte-americano. O processamento do pedido de recuperação judicial é deferido por um juiz, que deve nomear um administrador judicial para o processo de recuperação. Algumas empresas, como no caso das concessionárias de energia elétrica, não podem solicitar recuperação judicial.

O processo de recuperação judicial exige um plano de recuperação, a ser apresentado pelo devedor em juízo no prazo de 60 dias da publicação da decisão que deferir o processamento da recuperação judicial. Após apresentação do plano de recuperação judicial no processo, qualquer credor poderá manifestar ao juiz sua objeção a ele, por escrito, no prazo de 30 dias contado da publicação da segunda relação de credores. Havendo uma única objeção ao plano de recuperação judicial, de qualquer credor, o juiz convocará uma assembleia geral de credores para deliberar sobre o plano de recuperação. O plano deve ser aprovado em assembleia de credores de acordo com as regras previstas em lei e, posteriormente, ratificado pelo juiz. Se o plano de recuperação for rejeitado pela assembleia geral de credores, o juiz decretará a falência do devedor. Porém, o juiz pode deferir o plano, ainda que não aprovado pela assembleia de credores, se credores detentores de mais da metade dos créditos o tiverem aprovado, condição essa cumulada com outras exigências da lei. Se o plano de recuperação for aprovado, a sua execução é fiscalizada por um **comitê de credores** e pelo administrador judicial.

Todas as ações e execuções de dívidas são suspensas pelo prazo de 180 dias após a data do deferimento da recuperação judicial. Findo esse prazo, os credores podem dar continuidade às ações e execuções.

A lei de falências brasileira prioriza a recuperação judicial e extrajudicial das empresas que enfrentam dificuldades financeiras para que possam elaborar um projeto de recuperação enquanto mantêm suas atividades. O objetivo da recuperação judicial é social, de preservação da empresa e manutenção dos empregos.

Pode ocorrer que determinados credores desenvolvam manobras para impedir que a empresa cumpra com o plano de recuperação judicial — pois isso lhes permitiria a satisfação de seus direitos — em conflito de interesses com a massa falida e, em virtude disso, a falência seja decretada. Se isso ficar caracterizado, a decretação da sustação do plano de recuperação e a consequente falência podem ser anuladas, pois teria sido violado o princípio da continuidade da empresa.

Por fim, é preciso considerar a renegociação amigável de dívidas, com parcelamento ou redução de dívidas. Esta será sempre a melhor opção antes de qualquer demanda judicial, pois, como vimos, a recuperação judicial ou a falência gera custos e perdas para a empresa e para os seus credores. Entretanto, pode ser difícil ou até impossível para alguns credores renegociarem seus créditos. Isso acontece quando o credor é um órgão do governo, sociedade de economia mista ou o fisco. Os primeiros prestam contas ao Tribunal de Contas da União (TCU), dos estados ou dos municípios, e o gestor da credora pode ser responsabilizado e punido por abrir mão dos direitos desses entes. No segundo caso, a autoridade está impedida por lei de abrir mão de receitas. Já os credores privados, que não têm essas limitações, precisam prestar atenção à capacidade de geração de caixa do devedor. Talvez possam antecipar uma solução para a devedora e garantir uma parte dos seus direitos antes, ajudando a manter a empresa em funcionamento, para não correr o risco de perder o todo depois, caso uma falência venha a ser decretada.

> **Questões conceituais**
>
> **16.10a** O que é a regra da prioridade absoluta?
>
> **16.10b** Qual é a diferença entre liquidação e reorganização?
>
> **16.10c** Qual é a ordem de prioridade de recebimento na liquidação de ativos de uma empresa falida no Brasil?
>
> **16.10d** Compare a ordem de prioridade de recebimento de créditos em uma falência nos Estados Unidos e no Brasil.

16.11 Resumo e conclusões

A combinação ideal entre capital de terceiros e capital próprio para uma empresa, sua estrutura ótima de capital, é aquela que maximiza o valor da empresa e minimiza o seu custo de capital total. Se ignorarmos os tributos sobre lucros, os custos de dificuldades financeiras e quaisquer outras imperfeições, descobriremos que não existe uma combinação ideal. Nessas circunstâncias, a estrutura de capital da empresa simplesmente não é relevante.

Se considerarmos o efeito dos tributos sobre lucros da pessoa jurídica, descobrimos que a estrutura de capital é muito importante. Essa conclusão tem como base o fato de que os juros são dedutíveis da receita sobre a qual incidem tributos e, portanto, geram um benefício fiscal valioso. Infelizmente, também descobrimos que a estrutura ótima de capital é 100% dívida, algo não observado em empresas saudáveis.

Quando introduzimos os custos associados aos riscos de recuperação judicial e falência ou, de modo geral, às dificuldades financeiras, percebemos que esses custos reduzem a atratividade do financiamento com dívidas. Concluímos que existe uma estrutura ótima de capital quando a economia fiscal líquida de um real adicional em juros simplesmente é igual ao aumento nos custos esperados das dificuldades financeiras. Essa é a essência da teoria estática da estrutura de capital.

Neste capítulo, nós também consideramos a teoria da ordem hierárquica da estrutura de capital como uma alternativa para a teoria estática. Essa teoria sugere que as empresas usarão o financiamento interno ao máximo possível, seguido pelo financiamento por meio de dívida, se necessário. Se possível, não serão emitidas ações. Como resultado, a estrutura de capital de uma empresa reflete apenas suas necessidades históricas de aportes financeiros, de modo que não existe uma estrutura ótima de capital.

Encontramos duas regularidades ao examinarmos as estruturas de capital reais. Em primeiro lugar, as empresas nos EUA geralmente não usam grandes montantes de dívida, embora paguem tributos substanciais sobre seus lucros. Isso sugere que há um limite para o endividamento para a geração de benefícios fiscais. Em segundo lugar, empresas de setores semelhantes tendem a ter estruturas de capital semelhantes, indicando que a natureza de seus ativos e de suas operações é um determinante importante da estrutura de capital.

Por fim, apresentamos os processos de recuperação judicial nos EUA e no Brasil.

REVISÃO DO CAPÍTULO E TESTE DE CONHECIMENTOS

16.1 Lajir e LPA Suponha que a BDJ S/A decida fazer uma reestruturação financeira envolvendo o aumento de seus $80 milhões de dívida existente para $125 milhões. A taxa de juros sobre a dívida é de 9% e não deve mudar. No momento, a empresa tem 10 milhões de ações em circulação, e o preço da ação é $45. Para que a reestruturação aumente o ROE, qual é o nível mínimo do Lajir que a administração da BDJ deve esperar? Ignore os impostos em sua resposta.

16.2 Proposição II de M&M (sem tributos sobre lucros) A Habitat S/A tem um CMPC de 16%. O custo da dívida é de 13%. Se o índice dívida/capital próprio da Habitat for 2, qual é seu custo do capital próprio? Ignore os tributos em sua resposta.

16.3 Proposição I de M&M (com tributos sobre lucros) A Companhia GIP espera um Lajir de $10.000 por ano, para sempre. A GIP pode tomar empréstimos a 7%. Suponha que, no momento, a GIP não tenha dívidas e seu custo de capital próprio seja de 17%. Se a alíquota de impostos da pessoa jurídica for de 34%, qual é o valor da empresa? Qual será o valor se a GIP tomar um empréstimo de $15.000 e usar a receita para recomprar ações?

RESPOSTA DA REVISÃO DO CAPÍTULO E DO TESTE DE CONHECIMENTOS

16.1 Para responder, podemos calcular o Lajir do ponto de equilíbrio. Em qualquer Lajir acima desse ponto, a alavancagem financeira elevada aumentará o LPA. Na estrutura de capital antiga, as despesas de juros são de $80 milhões × 0,09 = $7.200.000. Existem 10 milhões de ações. Portanto, ignorando os impostos, o LPA é (Lajir − $7,2 milhões)/10 milhões.

Na nova estrutura de capital, as despesas com juros serão de $125 milhões × 0,09 = $11,25 milhões. Além disso, a dívida aumenta em $45 milhões. Esse montante é suficiente para recomprar $45 milhões/$45 = 1 milhão de ações, deixando 9 milhões em circulação. Então, o LPA é (Lajir − $11,25 milhões)/9 milhões.

Agora que sabemos como calcular o LPA em ambos os cenários, igualamos os dois cálculos e calculamos o Lajir do ponto de equilíbrio:

$$(\text{Lajir} - \$7{,}2 \text{ milhões})/10 \text{ milhões} = (\text{Lajir} - \$11{,}25 \text{ milhões})/9 \text{ milhões}$$
$$\text{Lajir} - \$7{,}2 \text{ milhões} = 1{,}11 \times (\text{Lajir} - \$11{,}25 \text{ milhões})$$
$$\text{Lajir} = \$47.700.000$$

Comprove que, em ambos os casos, o LPA é de $4,05 quando o Lajir é de $47,7 milhões.

16.2 De acordo com a Proposição II de M&M (sem tributos sobre lucros), o custo do capital próprio é:

$$R_E = R_A + (R_A - R_D) \times (D/E)$$
$$= 16\% + (16\% - 13\%) \times 2$$
$$= 0{,}22, \text{ ou } 22\%$$

16.3 Sem dívida, o CMPC da GIP é de 17%. Esse também é o custo não alavancado de capital. O fluxo de caixa após impostos é $10.000 × (1 − 0,34) = $6.600. Portanto, o valor é simplesmente $V_U = 6.600/0{,}17 = \text{R\$}38.823$.

Após a emissão de dívida, a GIP valerá os R$38.823 originais mais o valor presente do benefício fiscal. De acordo com a Proposição I de M&M com tributos sobre lucros, o valor presente do benefício fiscal é $T_C \times D$, ou 0,34 × $15.000 = $5.100, de modo que a empresa vale $38.823 + 5.100 = $43.923.

REVISÃO DE CONCEITOS E QUESTÕES INSTIGANTES

1. **Risco do negócio *versus* risco financeiro [OA1]** Explique o que significa *risco do negócio* e *risco financeiro*. Suponha que a empresa A tenha um risco do negócio maior do que a empresa B. É verdade que a empresa A teria também um custo do capital próprio mais alto? Explique.

2. **Proposições de M&M [OA1]** Como você responderia à seguinte discussão?

    P: É verdade que o nível de risco do capital próprio de uma empresa aumentará se ela aumentar o uso do financiamento da dívida?
    R: Sim, essa é a essência da Proposição II de M&M.
    P: É verdade também que, à medida que a empresa aumenta o uso de dívidas, a probabilidade de inadimplência aumenta, aumentando assim o risco da dívida da empresa?
    R: Sim.
    P: Em outras palavras, aumentar o endividamento aumenta o risco para o capital próprio *e* o risco da dívida?
    R: Correto.
    P: Supondo que a empresa use apenas financiamentos de dívida e de capital próprio e que os riscos de ambos sejam maiores quanto mais alto for o valor do endividamento, não é verdade que o aumento da dívida aumenta o risco geral da empresa e, portanto, diminui seu valor?
    R: ?

3. **Estrutura ótima de capital [OA1]** Existe uma relação entre dívida/capital próprio de fácil identificação que maximizará o valor de uma empresa? Por que sim, ou por que não?

4. **Estruturas de capital observadas [OA1]** Consulte as estruturas de capital observadas apresentadas no Quadro 16.7 do texto. O que você observa sobre os tipos de setor em relação à média dos índices dívida/capital próprio? Determinados tipos de setor têm mais chances de ser altamente alavancados do que outros? Quais são os possíveis motivos para essa segmentação observada? Os resultados operacionais e o histórico tributário das empresas têm influência? E as perspectivas de ganhos futuros? Explique.

5. **Alavancagem financeira [OA1]** Por que o uso de dívidas nas fontes de financiamento é chamado de "alavancagem" financeira?

QUESTÕES E PROBLEMAS

1. **Lajir e alavancagem [OA1]** A Maynard Inc. não tem dívidas e apresenta um valor de mercado total de $250.000. Há uma previsão de lucros antes de juros e impostos, Lajir, de $28.000 se as condições econômicas forem normais. Se houver uma forte expansão da economia, o Lajir será 30% maior. Se houver uma recessão, o Lajir será 50% menor. A Maynard está cogitando emitir títulos de dívida no valor de $90.000 com uma taxa de juros de 7%. A receita será usada para recomprar ações. Atualmente, há 5 mil ações em circulação. Ignore os tributos sobre lucros neste problema.
    a. Calcule os lucros por ação (LPA) em cada um dos três cenários econômicos antes da emissão de títulos de dívida. Calcule também as variações percentuais no LPA quando a economia cresce ou entra em recessão.
    b. Repita a parte (a) supondo que a empresa completa a reestruturação financeira. O que você observa?

2. **Lajir, tributos e alavancagem [OA2]** Repita as partes (a) e (b) do Problema 1 supondo que a Maynard tenha uma alíquota tributária de 35%.

3. **ROE e alavancagem [OA1, OA2]** Suponha que a empresa do Problema 1 tenha um índice valor de mercado/valor contábil de 1,0.
    a. Calcule o retorno sobre o patrimônio líquido (ROE) em cada um dos três cenários econômicos antes da emissão de títulos de dívida. Calcule também as variações percentuais do ROE em caso de expansão e recessão da economia, sem levar em consideração os tributos sobre lucros.
    b. Repita a parte (a) supondo que a empresa completa a reestruturação financeira proposta.
    c. Repita as partes (a) e (b) deste problema supondo que a empresa tenha uma alíquota tributária de 34%.

4. **Lajir no ponto de equilíbrio [OA1]** A Tiago S/A está comparando duas estruturas de capital diferentes: uma somente com capital próprio (plano I) e uma alavancada (plano II). No plano I, a empresa teria 160 mil ações em circulação. No plano II, haveria 80 mil ações em circulação e $2,8 milhões em dívidas. A taxa de juros sobre a dívida é de 8%, e não há tributos sobre lucros.
   a. Se o Lajir for $350.000, qual plano resultará no maior LPA?
   b. Se o Lajir for $500.000, qual plano resultará no maior LPA?
   c. Qual é o Lajir no ponto de equilíbrio?
5. **M&M e valor das ações [OA1]** No Problema 4, use a Proposição I de M&M para encontrar o preço por ação em cada um dos planos propostos. Qual é o valor da empresa?

Para revisão de outros conceitos e novas questões instigantes, consulte a página do livro no portal do Grupo A (loja.grupoa.com.br).

17 Dividendos e a Política de Distribuição

EM 19 DE SETEMBRO DE 2019, a Microsoft anunciou um amplo plano para premiar os acionistas pelo sucesso recente dos negócios da empresa. De acordo com o plano, a empresa (1) aumentaria seu dividendo anual em 11%, de USD0,45 para USD0,51 por ação; e (2) recompraria cerca de USD40 bilhões de ações ordinárias da Microsoft. Os investidores comemoraram, fazendo o preço da ação subir 3% no dia do anúncio, apesar do mercado como um todo ter caído naquele dia. Por que os investidores ficaram tão satisfeitos? Se aMicrosoft fosse uma empresa listada no Brasil, ela poderia recomprar ações de sua própria emissão para remunerar seus acionistas? Isso teria alguma vantagem para os acionistas? Para descobrir isso, este capítulo examina essas medidas e suas consequências para os acionistas.

Objetivos de aprendizagem

O objetivo deste capítulo é que, ao seu final, você saiba:

- **OA1** Descrever os tipos de dividendo e as suas respectivas formas de pagamento aos acionistas.
- **OA2** Identificar questões que envolvem as decisões sobre a política de dividendos.
- **OA3** Diferenciar dividendos, juros sobre o capital próprio, bonificação em ações e desdobramentos de ações.
- **OA4** Reconhecer a recompra de ações como uma alternativa aos dividendos.

Para ficar por dentro dos últimos acontecimentos na área de finanças, visite www.fundamentalsofcorporatefinance.blogspot.com.

A política de dividendos é um assunto importante nas finanças de empresas. Os dividendos representam uma grande saída de dinheiro para muitas empresas. Por exemplo, as empresas do S&P distribuíram cerca de USD485 bilhões em dividendos em 2019. Na verdade, em nível mundial, os dividendos foram de USD1,024 trilhões. A ExxonMobil e a Apple foram as maiores pagadoras. Quanto? Ambas a Microsoft e a Apple distribuíram cerca de USD14 bilhões em dividendos cada durante 2019. Por outro lado, cerca de 16% das empresas do índice S&P 500 não pagaram nenhum dividendo.

Obviamente, a recessão econômica provocada pela Covid-19 em 2020 afetou negativamente os dividendos. Por exemplo, a Shell anunciou que reduziria seus dividendos trimestrais de USD0,47 para USD0,16 a primeira redução dos dividendos da empresa desde a Segunda Guerra Mundial. A decisão liberou USD10 bilhões em caixa para a Shell. Outras empresas, incluindo a Southwest Airlines, a Weyerhaeuser e a Walt Disney, suspenderam totalmente os dividendos. Em nível mundial, esperava-se que os dividendos caíssem de 15 a 35% em 2020.

Como veremos, no Brasil, geralmente as empresas pagam dividendos quando têm lucros, uma vez que seu pagamento deve estar previsto no estatuto da empresa. À primeira vista, parece óbvio que uma empresa sempre queira proporcionar o máximo possível de retorno a seus acionistas por meio do pagamento de dividendos. No entanto, pareceria igualmente óbvio que uma empresa sempre poderia investir o dinheiro por conta dos seus acionistas em vez de distribuí-lo. O cerne da questão da política de dividendos é justamente este: a empresa deve distribuir dinheiro a seus acionistas, ou ela deve pegar esse dinheiro e investi-lo por conta dos seus acionistas?

Neste capítulo, abordaremos vários tópicos relacionados aos dividendos e às políticas de distribuição de lucros das empresas. Primeiro, falaremos sobre os diversos tipos de dividendo e como ele é pago. Veremos se a política de dividendos é importante e avaliaremos os argumentos a favor da distribuição de altos dividendos ou de baixos dividendos. Em seguida, examinaremos a questão da recompra de ações, que se tornaram uma alternativa importante aos dividendos no mercado estadunidense (mas menos importante no brasileiro). Reuniremos várias décadas de pesquisa sobre dividendos e índices de distribuição de lucros para descrever os principais dilemas envolvidos na criação de uma política de distribuição de dividendos. Concluímos o capítulo tratando dos desdobramentos de ações e da bonificação em ações.

17.1 Dividendos e o pagamento de dividendos

Em geral, o termo **dividendo** se refere ao pagamento de lucros em dinheiro. Nos EUA, há a possibilidade de um pagamento ser feito de fontes diferentes dos lucros correntes ou dos lucros retidos acumulados, e nesse caso é usado o termo **distribuição** (*distribution*) em vez do termo *dividendo*. Entretanto, é aceitável referir-se a uma distribuição de lucros como um dividendo e a uma distribuição de capital como um dividendo de liquidação.

No caso brasileiro, as distribuições têm o nome de **resgate** ou de **amortização**. A Lei nº 6.404, de 15 de dezembro de 1976, determina que o estatuto ou a assembleia geral, convocada especialmente para esse fim,[1] pode autorizar a aplicação de lucros ou reservas no resgate ou na amortização de ações, determinando as condições e o modo de proceder a operação. O resgate consiste no pagamento ao acionista do valor de ações que serão retiradas definitivamente de circulação, com redução ou não do capital social. A amortização consiste na distribuição aos acionistas, a título de antecipação, de quantias que lhes poderiam tocar em caso de liquidação da companhia, sem redução do capital social. Outra situação é a de acionistas dissidentes de deliberação da assembleia-geral, que terão o reembolso do seu capital.[2] Entretanto, um reembolso não é uma forma de distribuição.

Os dividendos têm diversas formas. Os tipos básicos de dividendo são:

1. Dividendos regulares, intermediários e intercalares[3].
2. Dividendos extras.
3. Dividendos especiais.
4. Dividendos de liquidação.

Ainda neste capítulo, falaremos sobre a possibilidade de dividendos serem pagos em ações. Avaliaremos a possibilidade de uma alternativa aos dividendos: a recompra de ações. Além disso, avaliaremos a possibilidade de outra alternativa aos dividendos: a recompra de ações.

dividendo
Pagamento de lucros da empresa para seus proprietários na forma de dinheiro.

distribuição
Pagamento feito por uma empresa a seus proprietários de fontes diferentes de lucros correntes ou de lucros acumulados.

resgate
Pagamento em dinheiro feito por uma empresa a seus proprietários na forma de recompra de ações para seu cancelamento. Há redução do capital social.

amortização
Pagamento em dinheiro feito por uma empresa a seus proprietários na forma de adiantamento para futura recompra de parte ou de todas as ações em caso de liquidação. Não há redução de capital social.

---

[1] Art. 44 da Lei das Sociedades por Ações.

[2] Art. 45 da Lei das Sociedades por Ações.

[3] No Brasil, *dividendos intermediários* estão previstos no art. 204 da Lei das Sociedades por Ações. Se a companhia, por força de lei ou de disposição estatutária, levantar balanço semestral, seus órgãos de administração, se autorizados pelo estatuto, poderão declarar dividendo à conta do lucro apurado nesse balanço. *Dividendos intercalares* é o nome atribuído aos dividendos declarados nos balanços trimestrais.

Dividendos em dinheiro

O tipo mais comum de dividendo é o dividendo pago em dinheiro. Normalmente, as empresas de capital aberto pagam **dividendos regulares** até quatro vezes ao ano. São pagamentos feitos em dinheiro diretamente aos acionistas e durante a operação normal dos negócios. Em outras palavras, a administração nada vê de anormal no dividendo e não vê motivo para não continuá-lo.

dividendo regular
Pagamento em dinheiro feito por uma empresa a seus proprietários na operação normal dos negócios. Em geral, é feito quatro vezes ao ano.

Às vezes, as empresas pagam um dividendo regular e um *dividendo extra*. Chamando parte do pagamento de "extra", a administração indica que a parte "extra" pode ou não se repetir no futuro. Um *dividendo especial* é semelhante, mas o nome geralmente indica que esse dividendo é visto como um evento verdadeiramente incomum ou único, que não se repetirá. Por exemplo, em dezembro de 2004, a Microsoft pagou um dividendo especial de USD3 por ação. O pagamento total de USD32 bilhões foi o maior dividendo único pago por uma empresa na história. O fundador Bill Gates recebeu cerca de USD3 *bilhões*, que segundo ele seriam doados para instituições de caridade. Para dar outra ideia do tamanho do dividendo especial, considere que, em dezembro, quando o dividendo foi enviado aos investidores, a renda pessoal nos Estados Unidos subiu 3,7%. Sem o dividendo, a renda pessoal subiria apenas 0,3%. Assim, o pagamento do dividendo representou cerca de 3% de toda a renda pessoal nos Estados Unidos naquele mês! Por fim, o pagamento de um *dividendo de liquidação* geralmente significa que parte ou todos os negócios foram liquidados, ou seja, vendidos.

Independentemente do nome, o pagamento de dividendos reduz o caixa da empresa e os lucros retidos, exceto no caso de um dividendo de liquidação (o qual pode reduzir o capital integralizado).

Método padrão ou norma para pagamento de dividendos

Nos Estados Unidos, a decisão de pagar e quanto pagar em dividendos fica nas mãos do conselho de administração de cada empresa. No Brasil, o pagamento de dividendos é normatizado pela lei. A lei determina que o dividendo deve ser matéria de decisão da assembleia geral ordinária e deve estar definido no estatuto da empresa. O dividendo mínimo a ser pago ao acionista é: [4]

A B3 divulga um índice das empresas que mais pagam dividendos. Visite http://www.b3.com.br/pt_br/market-data-e-indices/indices/indices-de-segmentos-e-setoriais/indice-dividendos-idiv.htm.

Para uma lista das empresas que pagam dividendos atualmente nos EUA, visite www.thestreet.com/dividends/.

a) determinado pelo estatuto da empresa;

b) 50% do lucro após as reduções legais, se o estatuto for omisso;

c) 25% do lucro, se o estatuto for omisso e a assembleia deliberar alterar o estatuto para introduzir norma sobre dividendos;

d) 25% do lucro, se a empresa tiver ações preferenciais.

Após a declaração de um dividendo, ele se torna uma obrigação da empresa e não pode ser rescindido facilmente. Algum tempo após ter sido declarado, o dividendo é distribuído a todos os acionistas em uma data específica.

Normalmente, o montante do dividendo é expresso em reais por ação (*dividendos por ação*). Como já vimos em outros capítulos, ele também é expresso como porcentagem do preço de mercado (*retorno em dividendos*) ou como porcentagem do lucro líquido ou dos lucros por ação (*índice de distribuição*).

Pagamento do dividendo: uma cronologia

No Brasil, o ponto de partida da decisão de dividendos é a proposta da diretoria para o conselho de administração. Na conclusão das demonstrações financeiras do exercício, apurado o lucro, a diretoria avalia as necessidades de caixa e o fluxo de caixa da empresa para examinar quando terá caixa disponível para o pagamento e para determinar se poderá pagar

---
[4] Ver art. 202 da Lei das Sociedades por Ações.

dividendos além do mínimo obrigatório, ou mesmo se poderá pagar o mínimo obrigatório. São examinadas as necessidades de desembolso de caixa para o orçamento de investimentos, o orçamento de manutenção e as necessidades de capital de giro. A obrigação da administração é declarar no mínimo o dividendo obrigatório, mas não há obrigatoriedade de uma data para o pagamento aos acionistas. A data de pagamento é definida então conforme a previsão do fluxo de caixa, aí incluída a previsão de captações e pagamentos de dívidas.

A proposta do percentual de lucros a distribuir (respeitado o mínimo estatutário) e da data de pagamento é então apresentada e discutida com o conselho de administração, que considerará o contexto e as necessidades de caixa para os objetivos estratégicos da empresa. Tendo sido aprovadas as demonstrações financeiras do período pelo conselho de administração, a auditoria independente emite seu parecer de auditoria, se demonstrações anuais, ou a sua revisão de informações intermediárias, se as demonstrações forem de períodos intermediários. Após aprovadas as demonstrações pelo conselho de administração, e tendo sido recebida a opinião assinada da auditoria independente, o conselho fiscal emite sua opinião sobre as demonstrações financeiras e, ato contínuo, essas são divulgadas para os investidores junto com a comunicação quanto à distribuição de dividendos.

A mecânica de um pagamento de dividendos pode ser ilustrada pelo exemplo da Figura 17.1 e pela seguinte sequência de fatos e exemplos de datas para uma empresa hipotética:

1. **Data da declaração:** em 14 de agosto, o conselho de administração aprova uma resolução de pagamento de dividendo de $1 por ação, em 10 de dezembro, a todos os detentores que estiverem registrados em 28 de agosto.

2. **Data do registro ou data-base:** a data em que, para os *detentores* de ações terem direito ao dividendo, os negócios realizados em bolsa até o final dos pregões devem estar registrados nos livros da empresa ou nos registros da instituição financeira depositária das ações. A convenção da data ex-dividendos elimina qualquer ambiguidade sobre quem tem direito ao dividendo. Como o dividendo é valioso, o preço da ação será afetado quando a ação torna-se "ex". Examinaremos esse efeito em seguida.

3. **Data ex-dividendos:** no Brasil, todos os acionistas têm uma "conta corrente" em uma instituição depositária de ações (banco custodiante), e as alterações de titularidade são realizadas por sistemas eletrônicos, de forma que a data ex-dividendos geralmente é o dia útil seguinte ao da data-base.[5] A convenção da data ex-dividendos elimina qualquer ambiguidade sobre quem tem direito ao dividendo. Como o dividendo é valioso, o preço da ação será afetado quando a ação tornar-se "ex". Examinaremos esse efeito em seguida.

data da declaração
Data na qual o conselho de administração declara um pagamento de dividendos.

data ex-dividendos
A data a partir da qual os compradores de ações da empresa não têm direito ao dividendo declarado.

data do registro
Data na qual um acionista deve estar registrado no livro de acionistas para que tenha o direito ao recebimento de um dividendo.

```
                                                            → Dias
   |            |            |            |
Sexta-feira,  Sexta-feira,  Segunda-feira, Quinta-feira,
14 de agosto  28 de agosto  31 de agosto   10 de dezembro

Data da       Data de registro  Data         Data do
declaração    (data-base)       ex-dividendos pagamento
```

1. Data da declaração: o conselho de administração declara o pagamento dos dividendos.
2. Data do registro (data-base): os dividendos declarados podem ser distribuídos a acionistas que possuem ações registradas nessa data específica.
3. Data ex-dividendos: uma ação se torna ex-dividendos na data em que o direito a receber um dividendo declarado não acompanha a ação negociada, o vendedor tem o direito de manter o dividendo (ou em que o comprador não terá direito ao dividendo declarado).
4. Data do pagamento: data em que os acionistas terão seus créditos disponíveis no domicílio bancário informado à instituição depositária das ações.

FIGURA 17.1 Exemplo de procedimento para o pagamento dos dividendos.

---

[5] Nos Estados Unidos, sob as regras da Nyse, as ações são negociadas ex-dividendos a partir do segundo dia útil anterior à data-base. Isso para compensar eventuais atrasos no registro de acionistas e para confirmar que os cheques de dividendos serão enviados às pessoas certas. Lá, se você comprar uma ação até o terceiro dia útil antes da data de registro, você terá direito ao dividendo. Se você comprar depois, o proprietário anterior receberá o dividendo.

data do pagamento
Data do crédito dos dividendos na conta corrente dos acionistas.

4. **Data do pagamento:** com base nos seus registros ou nos registros da instituição depositária que presta o serviço de administração de relações com acionistas, a empresa transfere reservas bancárias com valor em 10 de dezembro para o banco designado pelo acionista.[6]

Mais sobre a data ex-dividendos

A data ex-dividendos é importante e pode ser fonte de confusão para quem tiver ações em sua carteira. Examinaremos o que acontece à ação de uma empresa quando ela se torna "ex", significando que chegou a data ex-dividendos. Para ilustrar isso, suponha que temos uma ação negociada a $10. O conselho de administração declara um dividendo de $1 por ação, em uma sexta-feira, dia 1º de junho. A data do registro é definida como terça-feira, dia 12 de junho, e a data do pagamento é definida como sexta-feira, dia 15 de junho. Com base na discussão anterior, sabemos que a data "ex" será no dia útil seguinte, ou seja, quarta-feira, 13 de junho.

Se comprar a ação na terça-feira, 12 de junho, no momento do fechamento do mercado, você receberá o dividendo de $1, porque a ação é negociada com dividendo. Se você aguardar e comprar no momento de abertura do mercado no dia seguinte, quarta-feira, não terá o dividendo de $1. O que acontece com o valor da ação da noite para o dia?

Se pensar sobre isso, você verá que a ação valerá cerca de $1 a menos na quarta-feira de manhã, de modo que o preço dela cairá esse valor entre o fechamento das negociações na terça-feira e a abertura de quarta. Em geral, esperamos que o valor de uma ação caia aproximadamente o valor do dividendo quando se torna ex-dividendo. A palavra-chave aqui é *aproximadamente*. No Brasil, a queda de preço esperada é de aproximadamente o valor do próprio dividendo, uma vez que, aqui, os dividendos não são tributados. A série de eventos descrita aqui está ilustrada na Figura 17.2.

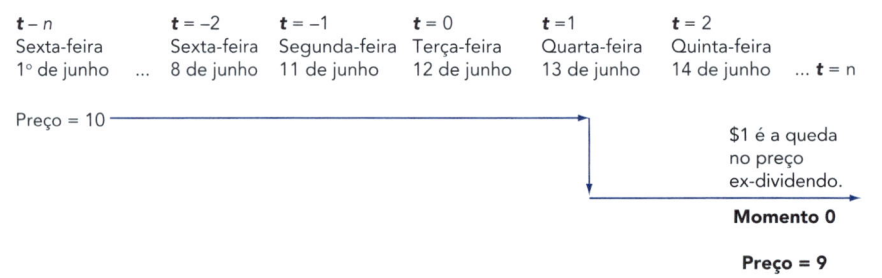

$t - n$		$t = -2$	$t = -1$	$t = 0$	$t = 1$	$t = 2$	
Sexta-feira		Sexta-feira	Segunda-feira	Terça-feira	Quarta-feira	Quinta-feira	
1º de junho	...	8 de junho	11 de junho	12 de junho	13 de junho	14 de junho	... $t = n$

Preço = 10

$1 é a queda no preço ex-dividendo.

Momento 0

Preço = 9

Aqui a data ex ocorre no primeiro dia útil que sucede a data do registro. Neste caso, como a data de registro é uma terça-feira, o primeiro dia útil posterior é a quarta-feira da mesma semana.
Até o fechamento do mercado na terça-feira, a ação é negociada com dividendos, a $10.
O preço da ação cairá, aproximadamente, o montante do dividendo na quarta-feira, a data ex.
Se o dividendo for de $1, o preço no momento 0 será $10 – 1 = $9.
Antes da data ex (momento 0), o dividendo é 0 e o preço é $10.
Na quarta-feira, a data ex, o preço é $9.

FIGURA 17.2 Comportamento do preço perto da data ex-dividendos para um dividendo de $1, no Brasil.

---

[6] Se a Figura 17.1 se referir ao mercado estadunidense, a data ex-dividendos seria a quarta-feira, 26 de agosto. Antes dessa data, a ação seria negociada com dividendos ou *cum dividend* (Estados Unidos). Na quinta e na sexta-feira, dias 27 e 28 de agosto, a ação seria negociada *ex dividendo* (sem dividendos). Lá, o pagamento é realizado pelo envio de cheques. Na cronologia descrita na Figura 17.1, os cheques seriam remetidos em 10 de dezembro (a emissora tira proveito do *float* que veremos no Capítulo 19). Já no Brasil, essa seria a data do crédito dos dividendos na conta corrente do acionista.

EXEMPLO 17.1 "Ex" marca o dia

O conselho de administração da Divided Airlines nos EUA declarou um dividendo de $2,50 por ação, pagável na terça-feira, 30 de maio, aos acionistas que estavam registrados na terça-feira, 9 de maio. Carlos Cruz compra 100 ações da Divided na terça-feira, 2 de maio, por $150 a ação. Qual é a data "ex"? Descreva os eventos que ocorrerão em relação ao dividendo e ao preço da ação.

Como se trata de um evento nos Estados Unidos, a data "ex" ocorre dois dias úteis antes da data de registro, terça-feira, dia 9 de maio. Carlos compra a ação na terça-feira, 2 de maio; nesse caso, uma ação cheia. Em outras palavras, Carlos receberá $2,50 × 100 = $250 em dividendos. O cheque será enviado na terça-feira, 30 de maio. Na noite anterior à data "ex" da ação, na sexta-feira, o valor dela cairá cerca de $2,50 por ação.

Se fosse um evento no Brasil, a data "ex" seria definida pelo conselho de administração, podendo ser o dia seguinte ao anúncio do dividendo. Nesse caso, a data-base seria a data do anúncio, ou seja, recebem o dividendo os acionistas que têm ou compraram ações até o encerramento do pregão da data-base. Seguindo o cronograma do exemplo, a data de registro seria a terça-feira, dia 9 de maio, e a ação torna-se "ex" na quarta-feira, dia 10 de maio. Carlos poderia comprar a ação na terça-feira, 9 de maio, ainda uma ação cheia. Carlos receberá $2,50 × 100 = $250 em dividendos, e o crédito na conta corrente de Carlos ocorreria na terça-feira, 30 de maio. Na abertura do pregão da data "ex" da ação, na terça-feira, o valor de suas ações cairia cerca de $2,50 por ação.

Como exemplo da queda do preço na data ex-dividendos, nos EUA, examinamos o dividendo significativo pago pela empresa aeroespacial TransDigm Group em dezembro de 2019. O dividendo foi de $32,50 por ação em uma época em que a ação era negociada em torno de $600, de modo que o dividendo foi de cerca de 5% do preço total da ação. É um dividendo muito, muito especial. A ação tornou-se ex-dividendo em sexta-feira, 27 de dezembro de 2019. O gráfico do preço das ações a seguir mostra a variação na ação da TransDigm durante dezembro daquele ano.

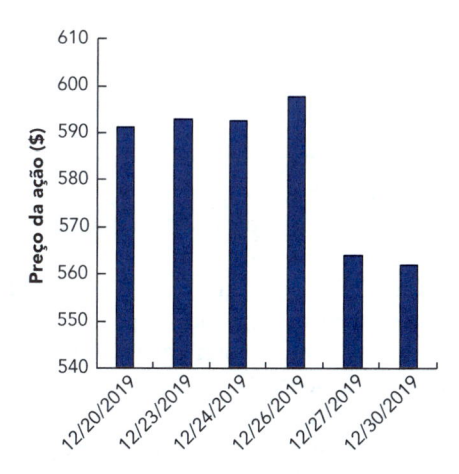

A ação fechou em $597,78 em 26 de dezembro e abriu em $568,00 em 27 de dezembro, uma queda de $29,78. Com a alíquota de 20% sobre os dividendos no mercado estadunidense, esperaríamos uma queda de $26. Assim, a queda real no preço foi menor do que esperávamos (falaremos sobre dividendos e impostos mais detalhadamente em uma seção subsequente).

Juros sobre o capital próprio

As empresas brasileiras tributadas pelo regime do lucro real têm a opção de pagar a seus sócios ou acionistas parte dos lucros na forma de juros sobre o capital próprio (JCPs). Os juros são calculados sobre as contas do patrimônio líquido, são limitados à variação *pro rata* dia da taxa de longo prazo, a TLP, e são considerados uma despesa operacional, dedutível da base de cálculo do imposto de renda (IR) e da contribuição sobre o lucro líquido (CSLL) sobre os lucros da pessoa jurídica. A empresa também poderá deduzir os juros e não pagá-los a seus acionistas e utilizar o seu valor líquido do imposto na fonte (IRRF) para incorporação ao capital na empresa.

O objetivo declarado dos JCPs é remunerar o capital pelo tempo em que este ficou à disposição da empresa, mas, na sua concepção inicial, os juros vieram para substituir a correção monetária do patrimônio líquido. Alguns poderão ponderar que não é muito lógico que o acionista receba juros sobre o capital, pois juros é a remuneração de credores, não de acionistas. Ora, como o pagamento de JCP é limitado à existência de lucros e só pode representar 50% do lucro do exercício, a essência dos juros sobre o capital próprio é ser uma forma de distribuição do lucro, e só acionistas têm direito ao recebimento de lucros. Logo, para discutir esse ponto, é importante enfocá-lo sob a análise de essência *versus* forma.

Tributação de JCP Diferentemente dos dividendos, sobre os quais, no Brasil, não há tributação para quem os recebe, segundo as normas tributárias vigentes quando preparávamos este capítulo, os juros sobre o capital próprio estão sujeitos à incidência do imposto de renda na fonte, à alíquota de 15%, na data do pagamento ou crédito. A única exceção é o caso de pessoa jurídica imune para a qual não há incidência do imposto de renda sobre o valor dos juros. O valor dos JCPs pagos ou creditados poderá ser somado ou poderá constituir o próprio dividendo obrigatório a que têm direito os acionistas (a forma utilizada pela legislação é "imputados ao valor dos dividendos obrigatórios").

Base de cálculo dos juros sobre capital próprio e taxa aplicável Os juros sobre capital próprio estão limitados a:

- 50% do lucro do período de apuração a que corresponder o pagamento ou crédito dos juros; ou
- 50% dos saldos de lucros acumulados e reservas de lucros de períodos anteriores.

A taxa aplicável é a TLP, verificada desde o início do período de apuração até a data da declaração dos juros, e é aplicada sobre o patrimônio líquido do final do período anterior, com as alterações para mais ou para menos ocorridas, período de apuração.

Se a empresa optar pelo regime de lucro real trimestral, o resultado de cada trimestre pode ser computado no patrimônio líquido inicial dos trimestres seguintes do mesmo ano; se o regime for de lucro real anual, o resultado do ano só poderá ser computado no patrimônio líquido inicial do ano seguinte. O lucro do próprio período-base não é computado como integrante do patrimônio líquido do período.

A mesma sistemática é aplicável para amortização dos juros pagos ou creditados aos acionistas durante o período que anteceder o início das operações sociais, ou o período de implantação do empreendimento inicial, e também para os juros pagos pelas cooperativas a seus associados. Nesse caso, os juros aplicáveis serão de até 12% ao ano sobre o capital integralizado pelos cooperados.

Veja mais sobre juros sobre capital próprio na Instrução Normativa 1.700 da Receita Federal do Brasil.

EXEMPLO 17.2 Decisão de dividendos *versus* juros sobre o capital próprio

O conselho de administração da Justo Veríssimo S/A (JVSA) solicitou à diretoria da empresa uma avaliação de como manter mais caixa para reforçar o capital de giro na empresa. É o momento de decidir o pagamento de dividendos, e o estatuto social da JVSA determina um dividendo mínimo de 30% do lucro líquido do exercício, após as retenções legais e estatutárias.

O Lajir do exercício foi de $1.600.000,00, e foram pagos $400.000,00 em juros para os credores. A diretora de finanças, Dna. Cristina, concluiu que a JVSA pode pagar 100% do dividendo sob a forma de juros sobre o capital próprio. Para isso, considerou que o patrimônio líquido do início do exercício era de $10.600.000,00 e, no período, a TLP média foi de 6,12%. Ela apresentou os quadros que seguem, para demonstrar suas conclusões.

O quadro a seguir apresenta o valor máximo de JCP que a Justo Veríssimo poderia pagar, mas, para isso, seu lucro líquido deveria ser de, no mínimo, o dobro do valor de JCP calculado.

Patrimônio líquido (início do exercício)	$10.600.000,00
TLP	6,12%
Valor máximo de JCP	648.720,00

Inicialmente, vamos supor que que JVSA pague somente dividendos. O quadro seguinte apresenta o valor a pagar em dividendos no limite de 30% do lucro líquido, conforme o estatuto da Justo Veríssimo. Neste caso, o dividendo devido é de $213.840,00. A empresa manterá em caixa $578.160,00, que é a soma de lucros retidos, reserva legal e reserva para contingências

Hipótese 1 — Pagamento do dividendo mínimo de 30%	
Lucro antes de juros e imposto de renda (Lajir)	1.600.000,00
– Juros de empréstimos e financiamentos	–400.000,00
Lucro antes do imposto de renda (LAIR)	1.200.000,00
– IR e CSLL @ 34%	–408.000,00
Lucro líquido	792.000,00
Reserva legal (5%)	–39.600,00
Reserva para contingências (5%)	–39.600,00
Base de cálculo do dividendo	712.800,00
Dividendo obrigatório sobre lucros	30%
Dividendos (30%)	213.840,00
Lucros retidos	498.960,00
Caixa retido na empresa	578.160,00

Demonstra-se a seguir o impacto do pagamento de dividendos sob a forma de juros sobre o capital próprio. Observe que:

- Para que os acionistas recebam o valor do dividendo obrigatório, o valor contabilizado pela Justo Veríssimo como JCP deve ser de $251.576,47. Esse valor será pago aos acionistas, com 15% de retenção do imposto de renda na fonte.
- Após retenção de 15%, os acionistas recebem $213.840,00. Nessa hipótese, a empresa retém em caixa $625.959,53, que é a soma de lucros retidos e reservas. Com essa decisão, o caixa retido pela empresa é maior, a diferença é de $47.799,53.

Hipótese 2 — Pagamento do dividendo mínimo de 30% na forma de JCP	
Lucro antes de juros e imposto de renda (Lajir)	1.600.000,00
– Juros de empréstimos e financiamentos	–400.000,00
– Juros sobre capital próprio	–251.576,47
Lucro antes do imposto de renda (LAIR)	948.423,53
– IR e CSLL @ 34%	–322.464,00
Lucro líquido	625.959,53
Reserva legal (5%)	–31.297,98
Reserva para contingências (5%)	–31.297,98
Lucros retidos	563.363,58
Dividendos (30%)	—
Lucros retidos	563.363,58
JCP imputado aos dividendos	213.840,00
Dividendo a pagar	—
Caixa retido na empresa	625.959,53*

*O valor retido no caixa é todo o lucro líquido pois o valor bruto do JCP já está deduzido do Lajir e as reservas não saem do caixa.

O quadro a seguir resume a situação dos credores, dos acionistas, do governo e da empresa nas duas hipóteses. Note que o caixa maior na empresa é exatamente o valor do benefício fiscal dos juros sobre o capital próprio.

Resumo		
	Hipótese 1	Hipótese 2
Fluxo de caixa para os credores	400.000,00	400.000,00
Fluxo de caixa para o governo (IR e CSLL)	408.000,00	360.200,47*
Fluxo de caixa para os acionistas	213.840,00	213.840,00
Fluxo de caixa para a empresa	578.160,00	625.959,53
	1.600.000,00	1.600.000,00
Fluxo de caixa dos ativos	1.600.000,00	1.600.000,00
Diferença para a empresa		47.799,53
Diferença para o governo		–47.799,53

*(IR + CSLL) + IRRF (15%) sobre JCP = (322.464,00) + 37.736,47 = 360.200,47

Conclui-se, neste caso, que a opção ótima para a empresa é pagar o máximo possível de dividendos na forma de juros sobre o capital próprio. Isso beneficia os acionistas, mesmo que não recebam mais dividendos, pois a empresa fica melhor, com mais caixa para suas operações.

Há possibilidade de conflitos nessa decisão: para acionistas pessoas jurídicas (a empresa é controlada ou tem participação de outras empresas no seu quadro social), a tributação dos juros sobre capital próprio recebidos segue a regra de tributação para receitas financeiras. Portanto, se um acionista pessoa jurídica tiver voz na decisão, e especialmente se for o controlador, poderá optar pelo não pagamento de JCP, ainda que a empresa reste com menos caixa na decisão.

> **Questões conceituais**
>
> **17.1a** Quais são os diferentes tipos de dividendo?
> **17.1b** Qual é a mecânica do pagamento de dividendos?
> **17.1c** Como o preço de uma ação deve mudar quando ela se torna ex-dividendo?
> **17.1d** O que são juros sobre o capital próprio?
> **17.1e** Há vantagem para o acionista no pagamento de dividendos sob a forma de juros sobre o capital próprio? Há vantagem para a empresa? Como a vantagem para a empresa se traduz em valor para o acionista?

17.2 A política de dividendos é importante?

Para decidir se a política de dividendos é ou não importante, primeiro precisamos definir o que queremos dizer com *política* de dividendos. Com tudo o mais igual, os dividendos também são importantes. Eles são pagos em dinheiro, e dinheiro é algo de que todos gostam.[7] A questão que discutiremos aqui é se a empresa deve pagar o dinheiro agora aos seus acionistas ou investi-lo e pagá-lo mais tarde a eles. Assim, a política de dividendos é o padrão de tempo da distribuição de dividendos. Em particular, a empresa deve distribuir uma grande porcentagem de seus lucros agora ou uma pequena porcentagem (ou mesmo nada) aos seus acionistas?[8] Essa é a questão da política de dividendos.

Uma ilustração da irrelevância da política de dividendos

É possível usar um argumento poderoso que afirma que a política de dividendos não é importante. Ilustramos isso considerando o caso simples da Wharton Corporation. A Wharton é uma empresa que existe há 10 anos e que é financiada em 100% com capital próprio. Os atuais administradores financeiros planejam dissolver a empresa em dois anos. Os fluxos de caixa totais gerados pela empresa, incluindo a receita da liquidação, serão de $10.000 em cada um dos próximos dois anos.

Política atual: dividendo definido igual ao fluxo de caixa No momento, os dividendos em cada data são iguais ao fluxo de caixa de $10.000. Existem 100 ações em circulação, e o dividendo por ação é $100. No Capítulo 6, mostramos que o valor da ação é igual ao valor presente dos dividendos futuros. Pressupondo um retorno exigido de 10%, o valor de uma ação hoje, P_0, é:

$$P_0 = \frac{D_1}{(1+R)^1} + \frac{D_2}{(1+R)^2}$$

$$= \frac{\$100}{1,10} + \frac{100}{1,10^2} = \$173,55$$

---

[7] Com a pandemia da covid-19, as empresas ao redor do mundo buscaram preservar caixa, e uma das medidas que tomaram para isso foi a redução ou a suspensão do pagamento de dividendos. Isso trouxe uma nova discussão, a da importância dos dividendos para a sustentação dos fundos de aposentadoria complementar e pensões. E isso especialmente em um ambiente econômico de redução global das taxas de juros, afetando as rendas desses fundos, a fonte dos pagamentos de aposentadorias e as pensões para seus beneficiários. O dividendo parece ter papel fundamental na "engrenagem" da economia.

[8] Lembre-se de que, no Brasil, temos a figura do percentual mínimo de dividendos a distribuir, caso o estatuto seja omisso, ou, sendo omisso, se a assembleia for incluir matéria relativa a dividendos. Entretanto, nada impede que o estatuto oferecido no momento da abertura de capital estabeleça que a empresa não pagará dividendos (pelo menos até certa data futura).

Portanto, a empresa como um todo vale 100 × $173,55 = $17.355.

Vários membros do conselho de administração da Wharton expressaram seu descontentamento com a atual política de dividendos e pediram para você analisar uma política alternativa.

Política alternativa: dividendo inicial maior do que o fluxo de caixa Outra política possível é a empresa pagar um dividendo de $110 por ação na primeira data (data 1), o que resulta em um dividendo de $11.000. Como o fluxo de caixa é de apenas $10.000, os $1.000 extras devem ser buscados de algum modo. Se a legislação permitir, uma forma de fazer isso é emitir $1.000 em títulos de dívida ou em ações na data 1. Suponha que sejam emitidas ações. Os novos acionistas desejarão ter fluxo de caixa suficiente na data 2 para que ganhem o retorno exigido de 10% sobre o investimento na data 1.[9] Nos EUA é possível emitir dívidas ou ações e usar o resultado para pagar dividendos. No Brasil, para essa estratégia, será necessário haver lucros suficientes (do período ou acumulados).

Qual é o valor da empresa com essa nova política de dividendos? Os novos acionistas investem $1.000. Eles exigem um retorno de 10%. Assim, exigirão $1.000 × 1,10 = $1.100 do fluxo de caixa na data 2, deixando apenas $8.900 para os acionistas antigos. Os dividendos para os acionistas antigos serão:

	Data 1	Data 2
Dividendos totais para os acionistas antigos	$11.000	$8.900
Dividendos por ação	110	89

Portanto, o valor presente dos dividendos por ação é:

$$P_0 = \frac{\$110}{1,10} + \frac{89}{1,10^2} = \$173,55$$

Esse é o mesmo valor de antes.

O valor da ação não é afetado por essa troca de política de dividendos, embora nesse exemplo tenha sido necessário emitir algumas ações novas só para financiar o novo dividendo. Na verdade, seja qual for o padrão de distribuição de dividendos escolhido pela empresa, o valor da ação sempre será o mesmo neste exemplo. Em outras palavras, para a Wharton Corporation, a política de dividendos não faz diferença. O motivo é simples: qualquer aumento de um dividendo em algum momento será compensado exatamente por uma diminuição em outro momento, de modo que o efeito líquido será zero quando consideramos o valor no tempo.

Dividendos caseiros

Existe uma explicação alternativa e talvez mais intuitiva para o fato de a política de dividendos não ser importante em nosso exemplo. Suponha que o investidor individual "X" prefira dividendos por ação de $100 nas datas 1 e 2. Ele ficaria decepcionado se lhe informassem que a administração da empresa adotou a política de dividendos alternativa (dividendos de $110 e $89 nas duas datas, respectivamente)? Não necessariamente. Ele poderia facilmente reinvestir os $10 de fundos que não necessita receber na data 1, comprando mais ações da Wharton. A 10%, esse investimento aumentaria para $11 na data 2. Assim, "X" receberia seu fluxo de caixa líquido desejado de $110 − 10 = $100 na data 1 e $89 + 11 = $100 na data 2.

Por outro lado, imagine que um investidor "Z", preferindo o fluxo de caixa de $110 na data 1 e de $89 na data 2, descobre que a administração pagará dividendos de $100 nas datas 1 e 2. Esse investidor pode simplesmente vender $10 em ações para aumentar seu caixa total na data 1 para $110. Como esse investimento retorna 10%, o investidor "Z" desiste de $11 na data 2 ($10 × 1,1), ficando com $100 − 11 = $89.

---

[9] Os mesmos resultados ocorreriam após uma emissão de títulos de dívida, embora os argumentos não fossem apresentados com tanta facilidade.

Nossos dois investidores podem transformar a política de dividendos da empresa em uma política diferente comprando ou vendendo por conta própria ações de emissão da empresa. O resultado é que os investidores podem criar uma **política de dividendos caseira**. Isso significa que os acionistas insatisfeitos podem alterar a política de dividendos da empresa de acordo com suas necessidades. Como resultado, nessas condições, não existem vantagens específicas em qualquer política de dividendos escolhida pela empresa.

Na verdade, muitas empresas estadunidenses têm programas que auxiliam seus acionistas na criação de políticas de dividendos caseiras, oferecendo *planos automáticos de reinvestimento de dividendos* (ADRs ou DRIPs).[10] McDonald's, Walmart e Procter & Gamble, por exemplo, estabeleceram planos desse tipo. Como sugere o nome, com esse plano, os acionistas podem optar por reinvestir automaticamente em ações parte ou todo o seu dividendo. Em alguns casos, eles recebem um desconto na compra de novas ações, o que torna o plano muito atraente.

Uma forma alternativa, frequentemente utilizada pelas empresas brasileiras é pagar um dividendo e simultaneamente fazer uma chamada de capital por meio de subscrição de novas ações. Com isso, o acionista pode ele mesmo decidir se fica com o dinheiro no bolso ou se deixa o dinheiro na empresa para financiar o negócio.

política de dividendos caseira
Política de dividendos personalizada criada por investidores individuais que refazem a política de dividendos da empresa, reinvestindo os dividendos ou vendendo ações.

Um teste

Neste ponto, nossa discussão pode ser resumida considerando as seguintes perguntas com resposta verdadeira/falsa:

1. Verdadeiro ou falso: Os dividendos são irrelevantes.
2. Verdadeiro ou falso: A política de dividendos é irrelevante.

Para mais informações sobre DRIPs, visite a Motley Fool em **www.fool.com**.

A primeira declaração certamente é falsa, e basta bom senso para entender o porquê. Sem dúvida, os investidores preferem dividendos mais altos a dividendos mais baixos em qualquer data se o nível for mantido constante nas demais datas. Para ser mais preciso em relação à primeira afirmação, se o dividendo por ação em determinada data aumentar enquanto o dividendo por ação nas outras datas for mantido constante, o preço da ação subirá. O motivo é que o valor presente dos dividendos futuros deve subir se isso ocorrer. Isso pode ocorrer por decisões da administração para melhorar a produtividade, aumentar a economia com tributos, fortalecer o *marketing* do produto ou melhorar o fluxo de caixa de alguma outra maneira.

A segunda declaração é verdadeira, pelo menos no caso simples que estamos examinando. Por si só, a política de dividendos não pode aumentar o dividendo em determinada data e mantê-lo igual em todas as outras. Em vez disso, a política de dividendos simplesmente estabelece a ponderação entre dividendos em uma data e dividendos em outra data. Quando consideramos o valor no tempo, o valor presente do fluxo de dividendos não se altera. Assim, em um mundo simples como esse, a política de dividendos não é importante, porque os administradores que escolhem aumentar ou diminuir o dividendo corrente não afetam o valor corrente de suas empresas. Entretanto, ignoramos vários fatores do mundo real que poderiam levar-nos a mudar de ideia. Veremos alguns desses fatores nas próximas seções.

Questões conceituais

17.2a Como um investidor pode criar um dividendo caseiro?
17.2b Os dividendos são irrelevantes?

---

[10] ADR: *automatic dividend reinvestment plan;* DRIP: *dividend reinvestment plan.*

17.3 Fatores do mundo real que favorecem uma distribuição de baixos dividendos

O exemplo que usamos para ilustrar a irrelevância da política de dividendos ignorou os impostos e os custos de emissão de ações. Nesta seção, veremos que esses fatores podem levar as empresas a preferir uma distribuição de baixos dividendos.

Impostos

Costumamos nos queixar das regras tributárias brasileiras, mas, no que se refere à tributação do rendimento de dividendos, e no momento que elaboramos este capítulo, elas são muito simples. Não há tributação do rendimento em dividendos porque o lucro já foi tributado na empresa. Aqui, ganhamos dos Estados Unidos, onde as regras tributárias sobre dividendos e ganhos de capital são complexas e afetam a política de dividendos de várias maneiras. O principal aspecto tributário lá diz respeito à diferença de tributação entre a renda de dividendos e a renda de ganhos de capital. No passado, os dividendos recebidos eram tributados como renda ordinária. Os ganhos de capital eram tributados a alíquotas ligeiramente menores, e o imposto sobre um ganho de capital é diferido até a ação ser vendida. Esse segundo aspecto da tributação dos ganhos de capital torna a alíquota tributária efetiva muito mais baixa, pois o valor presente do imposto é menor.[11] Aqui no Brasil, a tributação sobre ganhos de capital também só ocorre no momento em que o acionista vender suas ações, com ganho (e vendas de ações de até R$ 20 mil no mês são isentas de tributação para a pessoa física).

As alterações nas regras tributárias americanas ao longo do tempo levaram a um interesse renovado no efeito dos impostos sobre as políticas de dividendos das empresas. A partir de 2003, as alíquotas sobre os dividendos e ganhos de capital diminuíram de uma faixa entre 35% e 39% para 15%, dando às empresas um incentivo fiscal muito maior para o pagamento de dividendos. Em 2020, a alíquota sobre dividendos era de 0%, 15% ou 20%, dependendo da alíquota tributária marginal do indivíduo. Ainda assim, o fato do imposto sobre ganhos de capital poder ser diferido significa que a alíquota tributária efetiva sobre dividendos será maior para muitos investidores

A situação no Brasil, pelo menos neste caso, era muito mais simples no momento que preparávamos este Capítulo. Primeiro, sobre o rendimento de dividendos não incidiam tributos, pois resultavam de lucros já tributados na pessoa jurídica na faixa de 34%. Segundo, os ganhos de capital tinham alíquota diferenciada em relação à alíquota incidente sobre os demais rendimentos. Terceiro, investidor pessoa física tinha isenção de tributos em vendas de ações até o valor mensal de $20.000,00 e, para as demais operações, podia compensar lucros com perdas do período (exceto para as operações intradia). No momento de preparação deste Capítulo, discutia-se no Brasil a reforma tributária, com indicações de possíveis alterações nas alíquotas e faixas tributárias para pessoas físicas e empresas, e essas discussões incluíam a possibilidade de tributação da renda de dividendos. Portanto, a questão tributária deve ser discutida levando-se em conta as possíveis alterações, que podem ser profundas, no que aqui é discutido.

Custos de emissão

Em nosso exemplo que ilustra a não importância da política de dividendos, vimos que a empresa poderia emitir novas ações, se necessário, para pagar um dividendo. Como mencionamos no Capítulo 15, a emissão de novas ações pode ser muito cara. Se incluirmos os custos

---

[11] Nos Estados Unidos, às vezes os impostos sobre os ganhos de capital podem ser totalmente evitados. Embora não recomendemos essa estratégia em particular, o imposto sobre os ganhos de capital pode ser evitado com a morte. Não se considera ganho de capital o que seus herdeiros recebem e, assim, a responsabilidade fiscal morre com você. Nesse caso, você *pode* levar a obrigação consigo.

de emissão em nosso argumento, descobriremos que o valor da ação diminui se emitirmos novas ações. Embora tenhamos alertado que, no Brasil, não é possível a uma empresa captar recursos no mercado e distribui-los, ou distribuir parte deles, aos acionistas como dividendo, se a empresa tiver lucros (acumulados e do exercício), ela pode sim efetuar captações no mercado para pagar os dividendos já declarados. Essa situação pode ocorrer quando a empresa tem lucro, declara dividendos, mas não tem caixa para pagar os dividendos.

De modo mais geral, imagine duas empresas totalmente idênticas, exceto que uma paga uma porcentagem maior de seu fluxo de caixa na forma de dividendos. Como a outra empresa retém mais lucros para investimento, seu patrimônio aumenta mais rapidamente. Para que essas duas empresas permaneçam idênticas, aquela com a maior distribuição terá de emitir periodicamente algumas ações. Como isso é caro, a tendência é que a distribuição de dividendos dessa empresa diminua.

Restrições ao pagamento de dividendos

Em alguns casos, uma empresa pode enfrentar restrições em sua capacidade de pagar dividendos. Por exemplo, como discutimos no Capítulo 7, um item comum em contratos de dívida é uma cláusula protetora para os credores (*covenant*) que proíbe os pagamentos de dividendos acima de certo nível. Nos Estados Unidos, uma empresa pode ser proibida por lei estadual de pagar dividendos se o montante exceder os lucros retidos da empresa. Como já assinalamos, o mesmo acontece no Brasil — aqui não é possível declarar dividendos na ausência de lucros, ou dividendos em valor superior aos lucros retidos.

Questões conceituais

17.3a O pagamento de dividendos traz benefícios fiscais para as empresas brasileiras?

17.3b O rendimento de dividendos é tributado no Brasil? E o de ganhos de capital?

17.4 Fatores do mundo real que favorecem uma distribuição de altos dividendos

Nesta seção, avaliaremos os motivos pelos quais uma empresa pagaria dividendos mais altos a seus acionistas, mesmo que isso significasse a emissão de mais ações para financiar o pagamento de dividendos.[12]

Em um livro clássico, Benjamin Graham, David Dodd e Sidney Cottle defendem que, em geral, as empresas devem ter elevadas distribuições de dividendos porque:

1. "O valor descontado de dividendos próximos é mais alto do que o valor presente de dividendos distantes".

2. Entre "duas empresas com a mesma capacidade de lucro geral e mesma posição geral em um setor, aquela que paga o maior dividendo quase sempre terá um preço mais alto para suas ações".[13]

Dois fatores adicionais que favorecem uma distribuição de altos dividendos também são mencionados com frequência pelos proponentes dessa visão: o desejo por renda corrente e a resposta para a incerteza.

---

[12] Uma forma de fazer isso no contexto brasileiro seria distribuir todo o lucro na forma de dividendos e posteriormente fazer lançamento de ações para financiar novos projetos; restaria ver qual seria a reação dos investidores.

[13] Graham, B.; Dodd, D.; Cottle, S., *Security Analysis*. New York: McGraw-Hill, 1962.

Desejo por renda corrente

Discute-se que muitos indivíduos desejam renda corrente. O exemplo clássico é o grupo de aposentados e outras pessoas que vivem de uma renda, os famosos "viúvas e órfãos". Argumenta-se que esse grupo está disposto a pagar um prêmio para obter um rendimento maior em dividendos. Se isso for verdade, então apoia a segunda afirmação de Graham, Dodd e Cottle.

Porém, é fácil ver que esse argumento não é relevante em nosso caso simples. Um indivíduo que prefere elevados fluxos de caixa correntes, mas que mantém ações com baixos dividendos pode facilmente vender algumas ações para conseguir o caixa necessário. Da mesma maneira, um indivíduo que deseja baixos fluxos de caixa correntes, mas que mantém ações com elevados dividendos pode simplesmente reinvestir os dividendos. Isso nada mais é do que nosso argumento do dividendo caseiro. Assim, em um mundo sem custos de transação, uma política de elevados dividendos correntes não teria valor para os acionistas.

O argumento da renda corrente pode ser relevante no mundo real. Nesse caso, a negociação de ações com baixos dividendos envolveria comissões de corretagem e outros custos de transação. Essas despesas diretas em dinheiro poderiam ser evitadas por um investimento em ações com elevados dividendos. Além disso, os gastos com o tempo do acionista para negociar ações e o medo natural (embora não necessariamente racional) de consumir o principal, negociando ações, poderia levar também muitos investidores a comprar ações com dividendos elevados.

Ainda assim, para colocar o argumento em perspectiva, é preciso lembrar que intermediários financeiros, como os fundos de investimento, podem e realmente realizam essas transações de "reempacotamento" para os indivíduos a um custo muito baixo. Esses intermediários poderiam (e fazem isso) comprar ações com dividendos baixos e, por meio de uma política controlada de realização de ganhos, poderiam pagar uma taxa mais elevada a seus investidores.

Impostos e outros benefícios dos dividendos elevados

Anteriormente, vimos que, se os dividendos forem tributados desfavoravelmente para os investidores individuais, isso é um forte argumento a favor de uma baixa distribuição. Entretanto, se existem outros investidores que não recebem tratamento fiscal desfavorável, eles podem manter ações com rendimento elevado em dividendos (esses comentários se aplicam, como vimos, ao mercado estadunidense, mas o raciocínio é válido para qualquer mercado).

Investidores pessoa jurídica Nos Estados Unidos, uma brecha fiscal significativa sobre os dividendos ocorre quando uma empresa tem ações de outra empresa. Uma empresa que receba dividendos ordinários ou preferenciais por ser acionista de outras pode excluir da base de cálculo do imposto de renda 50% ou mais do valor recebido (essa exclusão era de 70% até o final de 2017; a redução foi uma das modificações trazidas pela Tax Cuts and Jobs Act, Lei de cortes de impostos sobre a renda de empresas e do trabalho). Como a exclusão de 50% não se aplica para ganhos de capital, esse grupo terá tributação desfavorável se tiver ganhos de capital.

Como resultado da exclusão de dividendos da base de cálculo para o IR, as ações com dividendos altos e ganhos de capital baixos podem ser mais adequadas para serem mantidas em carteiras de empresas acionistas nos Estados Unidos. Como já discutimos, esse é o motivo pelo qual as empresas estadunidenses mantêm uma porcentagem substancial das ações preferenciais em circulação. Essa vantagem tributária dos dividendos também leva algumas empresas estadunidenses a manter em circulação ações com alto retorno em vez de títulos de dívida de longo prazo, pois não existe uma isenção tributária semelhante para juros para os detentores de títulos de dívida corporativa.

Investidores isentos de impostos Já destacamos as vantagens e as desvantagens fiscais de uma distribuição de dividendos baixos nos Estados Unidos. Obviamente, essa discussão é irrelevante para aqueles que estão na faixa de isenção de impostos. Esse grupo inclui alguns dos maiores investidores da economia, como os fundos de pensão, os fundos de doações e os fundos fiduciários.

Conclusão

De forma geral, investidores individuais podem (por qualquer motivo) ter preferência por renda corrente, e pode ser que estejam dispostos a pagar impostos sobre dividendos. Além disso, alguns investidores muito grandes, como as empresas e as instituições isentas de impostos, podem ter uma preferência bastante forte por dividendos elevados.

> **Questões conceituais**
>
> **17.4a** Por que alguns investidores individuais preferem uma distribuição de dividendos elevados?
>
> **17.4b** Por que alguns investidores não individuais preferem uma distribuição de dividendos elevados?

17.5 Uma solução para os fatores do mundo real?

Nas seções anteriores, apresentamos alguns fatores que favorecem uma política de dividendos baixos e outros que favorecem uma política de dividendos elevados. Nesta seção, discutimos dois conceitos importantes relacionados aos dividendos e à política de dividendos: o conteúdo informacional dos dividendos e o efeito clientela. O primeiro tópico ilustra a importância dos dividendos em geral e a importância de distinguir entre dividendos e política de dividendos. O segundo tópico sugere que, apesar das muitas considerações do mundo real discutidas, a taxa de distribuição de dividendos pode não ser tão importante quanto pensávamos.

Conteúdo informacional dos dividendos

Para começar, revisaremos de forma breve alguns pontos da nossa discussão inicial. Anteriormente, examinamos alguns pontos de vista diferentes sobre os dividendos:

1. Com base no argumento do dividendo caseiro, a política de dividendos não é relevante.
2. Por causa dos efeitos fiscais para os investidores individuais e dos custos de novas emissões, uma política de dividendos mais baixos é melhor nos Estados Unidos. Já no Brasil, como para os investidores individuais os ganhos de capital são tributados e os dividendos não, uma política de altos dividendos é melhor; isso enquanto se mantiverem as regras tributárias vigentes quando preparávamos este Capítulo.
3. Em razão do desejo por renda corrente e dos fatores relacionados, uma política de dividendos altos é melhor.
4. No Brasil, sob a regras vigentes em 2021, é melhor para a empresa pagar JCP e imputá-los aos dividendos, mas isso pode conflitar com o interesse de acionistas pessoas jurídicas e, nessa situação, para o acionista pessoa jurídica, poderia ser melhor receber dividendos elevados.

Para decidir qual desses pontos de vista é o certo, uma maneira óbvia de começar seria ver o que acontece aos preços das ações quando as empresas anunciam alterações nos dividendos. Você descobrirá que, com certa consistência, os preços das ações sobem quando o dividendo corrente é aumentado inesperadamente e, em geral, eles caem quando o dividendo é diminuído repentinamente. O que isso indica sobre qualquer um dos pontos de vista anteriores?

À primeira vista, o comportamento descrito parece coerente com o terceiro ponto de vista e incoerente com os primeiros dois, no caso estadunidense. Na verdade, muitos autores têm defendido isso. Se os preços das ações sobem em resposta a aumentos de dividendos e caem em resposta a reduções de dividendos, o mercado não estará dizendo que aprova dividendos mais elevados?

Outros autores indicam que essa observação não nos diz realmente muito sobre a política de dividendos. Todos concordam que, com tudo o mais igual, dividendos são importantes. As empresas reduzem os dividendos, mas com grande relutância. Assim, uma redução nos dividendos quase sempre é um sinal de que a empresa está com problemas.

Mais precisamente, uma redução, em geral, não é uma alteração voluntária e planejada na política de dividendos. Em vez disso, normalmente sinaliza que a administração acha que a política de dividendos atual não possa ser mantida. Como resultado, as expectativas de dividendos futuros devem ser revisadas para baixo. O valor presente dos dividendos futuros cai, assim como o preço da ação. Nesse caso, o preço da ação diminui após uma redução nos dividendos porque, em geral, os dividendos futuros devem ser menores, e não porque a empresa mudou a porcentagem do lucro que pagará na forma de dividendos.

Por exemplo, em 19 de dezembro de 2019, a siderúrgica U.S. Steel anunciou que reduziria seus dividendos em 80%, de USD0,20 ao ano para USD0,04 ao ano. A empresa afirmou que a culpa era da queda drástica no preço do aço. Os acionistas levaram um susto. Em um dia típico, cerca de 14 milhões de ações da empresa trocavam de mãos. Após o anúncio, mais de 43 milhões de ações foram negociadas, e a empresa perdeu cerca de 11% do seu valor. E no dia que a Shell anunciou a redução dos dividendos discutida anteriormente neste capítulo, o preço das suas ações caiu cerca de 13%.

Obviamente, o fenômeno da queda no preço das ações após uma redução dos dividendos não se limita aos Estados Unidos. Em maio de 2019, a Nissan anunciou que seu dividendo anual seria de ¥40, muito menos que o dividendo de ¥57 do ano anterior. O resultado foi uma queda de cerca de 7% no valor das ações.

Do mesmo modo, um aumento inesperado nos dividendos sinaliza boas notícias. A administração aumenta os dividendos apenas quando espera um aumento nos lucros futuros, no fluxo de caixa e nas perspectivas gerais, de tal maneira que o dividendo não terá de ser reduzido mais tarde. Um aumento de dividendos é o sinal da administração para o mercado de que a expectativa da empresa é ter um bom desempenho. O preço da ação reage favoravelmente porque as expectativas de dividendos futuros são revisadas para cima, não porque a empresa aumentou o valor da distribuição de lucros.

Em ambos os casos, o preço da ação reage à variação no dividendo. A reação pode ser atribuída a variações no montante esperado de dividendos futuros, não necessariamente a uma variação na política de distribuição de dividendos. Essa reação é chamada de **efeito do conteúdo informacional** do dividendo. O fato de que as variações de dividendos veiculam informações sobre a empresa para o mercado torna difícil interpretar o efeito da política de dividendos da empresa.

efeito do conteúdo informacional
Reação do mercado a uma alteração na distribuição de dividendos de uma empresa.

Considerações para uma política de dividendos

No Brasil, uma boa sinalização para o mercado de capitais é a empresa declarar uma política de dividendos. Tal política deve conter condicionantes claramente definidos, além do mínimo estatutário e da previsão de pagamento de dividendos extraordinários ou especiais, no caso de a geração de fluxos de caixa dos ativos ser superior ao comprometido com a política de distribuição e na ausência de projetos que agreguem valor.

A divulgação de políticas é considerada uma boa prática de governança corporativa no Brasil. Por exemplo, o Regulamento do Novo Mercado, da B3, determina que a empresa listada nesse nível elabore e divulgue políticas de remuneração, de indicação de membros de órgãos colegiados, de transações com partes relacionadas, de gestão de riscos e de negociação de valores mobiliários. As empresas elaboram e divulgam outras políticas além dessas, entre elas uma política de dividendos. Assim, sugerimos alguns pontos a serem considerados nas discussões para compor uma política de dividendos:

- dividendo mínimo estatutário;

- previsão de pagamento de dividendos extraordinários ou especiais;
- faixas de percentuais de distribuição de lucros admissíveis para diferentes níveis de alavancagem;
- coordenação da política de dividendos com a política de investimentos e de capital de giro.

Paralelamente, aconselha-se divulgar uma política de investimentos que inclua:

- uma declaração de apetites e tolerância a riscos, incluídos os níveis de alavancagem admitidos, de forma a sinalizar que a alavancagem não será utilizada para reduzir dividendos nem para aumentá-los;
- a determinação das decisões colegiadas para seleção de investimentos, com retornos ajustados ao apetite ao risco declarado, e das fontes de capital de giro, que sinalizem a não possibilidade de aceitação de investimentos questionáveis.

A intenção de uma política de dividendos coordenada com as políticas de investimento, de financiamento e de capital de giro é transmitir aos mercados a transparência na decisão de dividendos e das prioridades de uso do fluxo de caixa. Isso significa dizer que a decisão de dividendos observará as oportunidades de investimento, as necessidades de capital de giro e os níveis de alavancagem. Também sinaliza que o fluxo de caixa dos ativos não será consumido em projetos de VPL questionável — em outras palavras, que a decisão sobre a distribuição do fluxo de caixa dos ativos levará em conta a criação de valor para o acionista de forma sustentável.

O efeito clientela

Em nossa discussão anterior no contexto dos Estados Unidos, vimos que alguns grupos (indivíduos ricos, por exemplo) têm incentivo para buscar ações com baixa (ou zero) distribuição de dividendos. Outros grupos (as empresas, por exemplo) têm incentivo para buscar ações com distribuição de dividendos elevados. Portanto, empresas com distribuições elevadas atraem um grupo, e empresas com distribuição baixa atraem outro.

No Brasil, essa conjetura provavelmente se mantém no caso de indivíduos nas faixas de renda superiores, mas podemos pensar no exemplo dos fundos de pensão. Quando os assistidos pelo fundo são jovens e pessoas de meia-idade, o fundo deveria investir em empresas com grandes oportunidades de crescimento, que distribuíssem o mínimo possível de caixa e reinvestissem o máximo para aproveitar as oportunidades que se oferecem. Quando o fundo for maduro, em que saídas substanciais de caixa serão necessárias para pagar aposentadorias e pensões, os recursos do fundo deveriam privilegiar empresas maduras, pagadoras de altos dividendos. Obviamente, o argumento dos dividendos caseiros se aplica, e o fundo de pensão poderia manter seus investimentos em empresas de alto crescimento e vender ações para realizar caixa. O problema é que vendas de fundos podem afetar os preços da ação ofertada, dado o volume que podem atingir, e por isso empresas pagadoras de bons dividendos poderiam ser uma alternativa.

Esses diferentes grupos são chamados de *clientelas*, e o que descrevemos são **efeitos clientela**. O argumento do efeito clientela é que diferentes grupos de investidores desejam ter níveis diferentes de dividendos. Quando uma empresa escolhe uma determinada política de dividendos, o único efeito é atrair uma clientela específica. Se uma empresa alterar sua política de dividendos, simplesmente atrairá uma clientela diferente.

efeito clientela
Fato observável de que as ações atraem grupos específicos com base no rendimento em dividendos e nos efeitos tributários resultantes.

Ficamos apenas com um argumento simples de oferta e procura. Suponha que 40% de todos os investidores prefiram dividendos elevados, mas apenas 20% das empresas paguem dividendos elevados. Nessa situação, as empresas com dividendos elevados serão poucas, e os preços de suas ações subirão. Consequentemente, as empresas com baixos dividendos acharão vantajoso trocar suas políticas até que 40% de todas as empresas tenham distribuições elevadas. Nesse ponto, o *mercado de dividendos* está em equilíbrio. Alterações adicionais em políticas de dividendos não terão sentido, porque todas as clientelas estarão satisfeitas. A política de dividendos de qualquer empresa individual não será relevante agora.

Para saber se você entendeu o efeito clientela, pense na seguinte afirmação: apesar do argumento teórico de que a política de dividendos é irrelevante ou de que as empresas não deveriam pagar dividendos, muitos investidores gostam de dividendos elevados. Por isso, uma empresa pode impulsionar seu preço por ação por meio de uma taxa de distribuição de dividendos mais elevada. Isso é verdadeiro ou falso?

A resposta é "falso" se existirem clientelas. Desde que um número suficiente de empresas com dividendos elevados atenda aos investidores que adoram dividendos, uma empresa não poderá impulsionar seu preço por ação passando a pagar dividendos elevados. Uma clientela insatisfeita deve existir para que isso aconteça, e não há evidências de que esse seja o caso.

> **Questões conceituais**
>
> **17.5a** Como o mercado reage às alterações inesperadas nos dividendos? O que isso indica sobre os dividendos? E sobre a política de dividendos?
>
> **17.5b** O que é uma clientela de dividendos? No fim das contas, você esperaria que uma empresa com risco e perspectivas de crescimento significativas, mas altamente incertas, tivesse uma distribuição de dividendos baixos ou elevados?

17.6 Recompra de ações: uma alternativa aos dividendos

recompra de ações
Compra, por parte de uma empresa, de suas próprias ações.

Até aqui, neste capítulo, vimos os dividendos pagos em dinheiro. No entanto, os dividendos e os juros sobre capital próprio não são a única forma de as empresas distribuírem dinheiro aos seus acionistas. Em vez disso, uma empresa poderia **recomprar** suas ações. As recompras têm se tornado uma ferramenta cada vez mais popular nos EUA, e é enorme a quantia gasta em recompras lá. Por exemplo, desde 2010, as empresas do S&P 500 gastaram mais de USD5,3 trilhões em recompras.

Outra maneira de entender a importância das recompras é compará-las aos dividendos em dinheiro. Considere a Figura 17.3, que mostra os valores agregados reais (ajustados para inflação) das distribuições de dividendos e recompras de ações de empresas industriais estadunidenses de capital aberto, no período de 1971 a 2018. Junto está o total combinado. Os dividendos reais agregados cresceram de forma relativamente constante ao longo desse período, mas as recompras explodiram nas duas últimas décadas. Elas atingiram um pico de 2,5 vezes o tamanho dos dividendos em 2007. As recompras "mergulharam" na recessão de 2008-2009, quando as empresas estavam procurando conservar caixa, mas voltaram a dar um salto em 2010.

Normalmente, as recompras de ações são realizadas de três maneiras. Primeiro, as empresas podem simplesmente comprar suas ações, como qualquer pessoa compraria ações de uma empresa (aqui no Brasil, a empresa deverá anunciar antes um programa de compra de ações, aprovado pelo seu conselho de administração). Nessas *compras de mercado*, a empresa não revela sua identidade como comprador. Portanto, o vendedor não sabe se as ações foram revendidas à empresa ou a outro investidor.

Segundo, a empresa pode fazer uma *oferta de compra*. Aqui, a empresa anuncia a todos os seus acionistas que deseja comprar um número fixo de ações a um preço específico. Por exemplo, suponha que a Arts and Crafts (A&C), Inc., tenha 1 milhão de ações em circulação com um preço de $50 por ação. A empresa realiza uma oferta de compra para recomprar 300 mil ações a $60 cada. A A&C opta por um preço acima de $50 para induzir os acionistas a vender, ou seja, para eles oferecerem suas ações à empresa. Na realidade, se o preço da oferta for alto o suficiente, talvez os acionistas queiram oferecer muito mais do que 300 mil ações.

Em um caso extremo, no qual todas as ações em circulação são oferecidas, a A&C recomprará 3 de cada 10 ações que um acionista tem.

Por fim, nos Estados Unidos, as empresas podem recomprar ações de acionistas individuais específicos. Esse procedimento é chamado de *recompra direcionada* (*targeted repurchase*). Por exemplo, suponha que a International Biotecnology Corp. comprou, em abril, aproximadamente 10% das ações em circulação da Prime Robotics Co. (P-R Co.) por cerca de $38 por ação e comunicou à SEC que, no devido tempo, tentaria assumir o controle da P-R Co. Em maio, a P-R Co. recomprou as ações de sua emissão em poder da International Biotecnology a $48 cada, bem acima do preço de mercado no momento. Essa oferta não foi estendida a outros acionistas. No Brasil, essa operação não seria possível, já que recompras direcionadas não são admitidas.

Dividendos *versus* recompra

Imagine uma empresa financiada em 100% por capital próprio, com caixa acima de $300.000. O caixa tem origem em reservas de lucros de exercícios anteriores. A empresa não paga dividendos, e seu lucro líquido do ano recém-encerrado é de $49.000. O balanço patrimonial do valor de mercado ao final do ano é representado aqui:

Balanço patrimonial em valores de mercado (antes de distribuir o excedente de caixa)			
Caixa excedente	$ 300.000	Dívida	$ 0
Outros ativos	700.000	Patrimônio líquido	1.000.000
Total	$1.000.000	Total	$1.000.000

Existem 100.000 ações em circulação. O valor total de mercado do capital próprio é $1 milhão, e cada ação é negociada por $10. Os lucros por ação (LPA) são de $49.000/100.000 = $0,49, e o índice preço/lucro (P/L) é de $10/0,49 = 20,4.

Uma opção avaliada pela empresa é um dividendo extra por ação de $300.000/100.000 = $3. Como alternativa, a empresa está pensando em usar o dinheiro para recomprar $300.000/10 = 30.000 ações.

Se as comissões, os impostos e outras imperfeições forem ignorados em nosso exemplo, os acionistas não se importarão com a opção escolhida. Isso parece surpreendente? Na verdade, não deveria ser. O que acontece é que a empresa está pagando $300.000 em dinheiro. O novo balanço patrimonial é representado aqui:

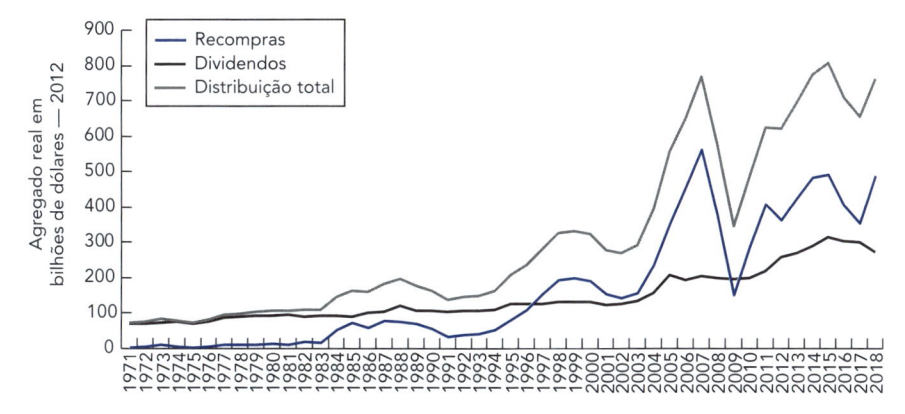

FIGURA 17.3 Agregado real (2012) de dividendos e recompras de ações de empresas industriais de capital aberto (EUA): 1971-2018.
Gráfico refeito pelos autores com dados da Compustat, com base em Farre-Mensa, J., Michaely, R. e Schmaltz, M. "Payout Policy" *Annual Review of Financial Economics* 6, 2014, p. 75-134.

Balanço patrimonial em valores de mercado (após pagar o excedente de caixa)			
Caixa excedente	$ 0	Dívida	$ 0
Outros ativos	700.000	Patrimônio líquido	700.000
Total	$700.000	Total	$700.000

Se o caixa for pago como dividendo, ainda haverá 100.000 ações em circulação, de modo que cada uma delas valerá $7.

O fato de que o valor por ação caiu de $10 para $7 não é motivo de preocupação. Pense em um acionista com 100 ações. A $10 por ação antes dos dividendos, o valor total de suas ações é $1.000.

Após o dividendo de $3, esse mesmo acionista tem 100 ações no valor de $7 cada, somando um total de $700 mais 100 × $3 = $300 em dinheiro, para um total combinado de $1.000. Isso ilustra o que dissemos anteriormente: um dividendo não afetará a riqueza do acionista se não houver imperfeições. Nesse caso, o preço da ação pode simplesmente cair $3 na data ex-dividendos da ação.

Além disso, como os lucros totais e o número de ações em circulação não mudaram, o LPA ainda é $0,49. Porém, o índice preço/lucro cai para $7/0,49 = 14,3. O motivo pelo qual observamos os lucros contábeis e os índices P/L ficará claro em instantes.

Como alternativa, se a empresa recomprar 30.000 ações, haverá 70.000 ações em circulação. O balanço patrimonial é o mesmo:

Balanço patrimonial em valores de mercado (após a recompra de ações)			
Caixa excedente	$ 0	Dívida	$ 0
Outros ativos	700.000	Patrimônio líquido	700.000
Total	$700.000	Total	$700.000

A empresa vale $700.000 novamente, de modo que cada ação restante vale $700.000/70.000 = $10. Evidentemente, nosso acionista com 100 ações não é afetado. Por exemplo, se ele quisesse, poderia negociar 30 ações e ficar com $300 em dinheiro e $700 em ações, como quando o dividendo é pago em dinheiro pela empresa. Esse é outro exemplo de um dividendo caseiro.

Nesse segundo caso, o LPA sobe porque, embora os lucros totais permaneçam iguais, o número de ações diminui. O novo LPA é $49.000/70.000 = $0,70. Entretanto, o mais importante é que o índice P/L é $10/0,70 = 14,3, assim como era para o caso do pagamento de dividendos.

Esse exemplo ilustra o ponto importante de que, se não houver imperfeições, um dividendo e uma recompra de ações são essencialmente a mesma coisa. Essa é apenas outra ilustração da irrelevância da política de dividendos quando não há impostos ou outras imperfeições.

Considerações do mundo real em uma recompra de ações

O exemplo que acabamos de descrever mostra que uma recompra e um dividendo são a mesma coisa em um mundo sem impostos nem custos de transação e sem uma legislação que restrinja as recompras. No mundo real, existem algumas diferenças contábeis entre uma recompra de ações e um dividendo pago em dinheiro, mas a diferença mais importante está no tratamento fiscal.

Não só a diferença no tratamento fiscal é importante, como as diferenças mudam de país para país. De acordo com a regra fiscal estadunidense atual, uma recompra tem uma vantagem fiscal significativa em relação a um dividendo. Um dividendo é tributado, e um acionista não pode escolher se deseja ou não receber o dividendo. Em uma recompra, um acionista paga impostos apenas se (1) realmente aceitar a oferta de compra da empresa e (2) tiver um ganho de capital sobre a venda. Já de acordo com a regra fiscal brasileira no momento de preparação deste capítulo, rendimentos de dividendos não são tributados enquanto o ganho de capital é tributado; mas há uma isenção tributária para vendas mensais de até $20.000,00 para os investidores pessoas físicas, com ou sem ganho de capital.

Por exemplo, suponha que, nos EUA, um dividendo de $1 por ação seja tributado a alíquotas comuns. Suponha investidores na faixa tributária de 28%; com 100 ações, pagam $100 × 0,28 = $28 em impostos. Os acionistas vendedores pagariam menos impostos se $100 em ações fossem recomprados pela empresa emissora. Isso acontece porque os impostos são pagos apenas sobre os lucros de uma venda. Assim, o ganho sobre uma venda seria de apenas $40 se as ações negociadas a $100 tivessem sido compradas originalmente a $60. O imposto sobre ganhos de capital seria de 0,28 × $40 = $11,20. As reduções nas alíquotas tributárias sobre os ganhos de capital e dividendos não mudam o fato de que lá há vantagem fiscal potencialmente grande em uma recompra.

Para listarmos apenas alguns exemplos recentes, anteriormente mencionamos o anúncio de recompra de USD40 bilhões da Microsoft, em 2019; e a empresa já havia recomprado 150 milhões de suas ações durante aquele ano, num total de cerca de USD20 bilhões. A Apple completou USD67 bilhões em recompras em 2019 e então anunciou outra recompra de USD40 bilhões. Na mesma época, a Bank of America anunciou que recompraria USD30,9 bilhões das suas ações durante o próximo ano. Obviamente, as recompras não se limitam aos Estados Unidos. Em janeiro de 2020, a Adidas, gigante alemã do setor esportivo, anunciou uma recompra de €1 bilhão.

A IBM também é conhecida por suas políticas agressivas de recompra. De 2003 ao final de 2019, a empresa gastou cerca de USD147,5 bilhões em recompras. Na verdade, do início de 2003 ao final de 2019, o número de ações da empresa caiu de 1,72 bilhão para 886 milhões de ações. No final de 2019, a empresa anunciou que suspenderia as recompras futuras para pagar pela aquisição de USD34 bilhões da Red Hat.

Um ponto a ser observado é que nem todos os planos de recompra de ações anunciados são concluídos. Com base nas pesquisas sobre o período de 2004 a 2007, o índice médio de finalização era de apenas 81%.[14]

Recompra de ações e LPA

Talvez você leia na imprensa financeira que uma recompra de ações é benéfica porque aumenta os lucros por ação. Como vimos, isso acontecerá. O motivo é simplesmente que uma recompra reduz o número de ações em circulação, mas não tem efeito sobre os lucros totais. Como resultado, o LPA aumenta.

A imprensa financeira pode dar ênfase indevida aos números do LPA em um acordo de recompra. No exemplo anterior, vimos que o valor da ação não foi afetado pela variação do LPA. Na verdade, o índice P/L era exatamente igual quando comparamos um dividendo com uma recompra.

Recompras de ações no Brasil

No Brasil, as empresas podem adquirir ações de sua emissão para cancelamento ou permanência em tesouraria para planos de incentivos (*stock options*). A negociação com ações de própria emissão é proibida pela lei societária (art. 30), que excetua as operações de resgate, reembolso ou amortização previstas em lei e a venda de ações mantidas em tesouraria no caso de necessidade de recompor o patrimônio líquido se, durante o processo, o mesmo se torne inferior ao capital social. A quantidade máxima de ações em tesouraria é de 10% de cada

---

[14] Consulte A. A. Bonaimé, "Mandatory Disclosure and Firm Behavior: Evidence from Share Repurchases". *The Accounting Review*, 90 (2015).

classe de ações em circulação no mercado, assim consideradas as ações representativas do capital social menos as de propriedade do acionista controlador.[15]

A aquisição de ações de própria emissão deve ter um plano de compra aprovado previamente pelo conselho de administração e divulgado de forma ampla ao mercado. O conselho de administração só pode aprovar esse plano se autorizado pela assembleia de acionistas ou houver previsão no estatuto social da companhia.

O plano de compras a ser autorizado pelo conselho de administração é uma autorização para aquisição futura que estabelece o prazo para a compra e o volume de ações que poderá ser comprado. O plano poderá ou não ser cumprido, dependendo do desenrolar dos acontecimentos, mas o volume total de ações adquiridas no decorrer do plano deverá, em qualquer hipótese, respeitar o limite do saldo das contas de lucros e reservas disponíveis na forma da lei para tal.

A aquisição de ações próprias deve utilizar recursos totalmente lastreados em lucros realizados, financeiramente disponíveis e passíveis de ser incorporados de forma não obrigatória ao capital social ou que possam ser distribuídos em dividendos. A decisão deve preservar o capital social e os recursos necessários ao funcionamento da empresa e manter a proteção aos credores. Empresas abertas somente podem adquirir ações em bolsa. As compras não podem criar condições artificiais de demanda, oferta ou preço das ações ou envolver práticas não equitativas.

Dada a não tributação dos dividendos no Brasil, as recompras de ações não assumiam a importância que têm nos EUA. Mais recentemente, porém, isso mudou bastante. Em 2020 e 2021, especialmente, viu-se grande número de anúncios de programas de recompra de ações pelas empresas brasileiras. Tal movimento teria ocorrido em razão da queda nas cotações das ações na B3, em consequência da incerteza sobre os desdobramentos da conjuntura e da percepção do agravamento da situação fiscal do país, com o que o valor de mercado das ações teria se tornado muito barato em relação ao valor que as empresas entendiam dever ser. Grande parte das empresas estava capitalizada, muitas com caixa de captações a baixas taxas ocorridas no período e no período anterior. Segundo o jornal *Valor Econômico*, edição de 18.01.2022, em 2020 foram lançados 75 programas de recompras, número esse que passou para 108 em 2021.

O gráfico a seguir, mostra o número mensal de anúncios de recompra de ações por empresas brasileiras, nos anos de 2020 e 2021.

Recompra em alta
Abertura de programas em 2021 superou 2020 em 44%

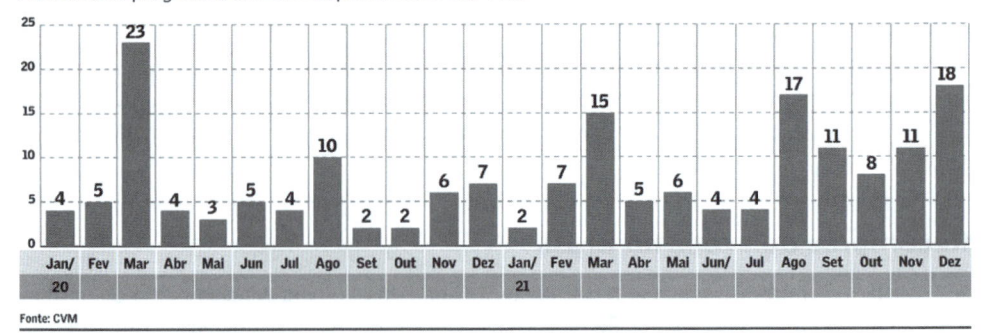

Mês	2020		Mês	2021
Jan	4		Jan	2
Fev	5		Fev	6
Mar	23		Mar	15
Abr	4		Abr	5
Mai	3		Mai	6
Jun	5		Jun	4
Jul	4		Jul	4
Ago	10		Ago	17
Set	2		Set	11
Out	2		Out	8
Nov	6		Nov	11
Dez	7		Dez	18

Fonte: CVM

FONTE: Valor Econômico, edição de 18.01.2022.

---

[15] Ver o art. 30 da Lei 6.404/1976 e a Instrução CVM 10/1980. Para maior entendimento, recomenda-se a leitura dos votos dos diretores da CVM na Reunião do Colegiado da CVM n°. 45 de 25.11.2008: RECURSO CONTRA ENTENDIMENTO DA SEP — AQUISIÇÃO DE AÇÕES DE PRÓPRIA EMISSÃO. PROC. RJ2008/2535. Ver em http://www.cvm.gov.br/decisoes/2008/20081125_R1.html.

Ofertas públicas de aquisição — OPA

No Brasil, pessoas naturais ou jurídicas, ou fundos, podem propor aos acionistas de uma empresa a aquisição de determinada classe ou espécie de uma companhia, na sua totalidade ou em montante de acordo com o objetivo da oferta. É a chamada oferta pública de aquisição de ações (OPA). Essa é uma operação de natureza diferente da até aqui discutida: o que discutimos até aqui dizia respeito a aquisições de ações pela própria empresa, enquanto uma OPA diz respeito a transações entre acionistas.[16]

Questões conceituais

17.6a Em que condições uma recompra de ações pode fazer mais sentido do que um dividendo extra?

17.6b Qual é o efeito de uma recompra de ações no LPA de uma empresa? E no P/L?

17.6c No Brasil, a recompra de ações é uma alternativa importante aos dividendos? E se a empresa não apresentar lucros, mas tiver caixa, pode usar o caixa para recomprar ações de sua própria emissão?

17.7 O que sabemos e o que não sabemos sobre as políticas de dividendos e de distribuição

Dividendos e as empresas que pagam dividendos

Como discutimos anteriormente, há várias razões que favorecem uma política de dividendos com baixa (ou nenhuma) distribuição. Entretanto, nos Estados Unidos, o valor total dos dividendos pagos é muito grande. Por exemplo, em 1978, as indústrias estadunidenses registradas nas principais bolsas de valores pagaram $31,3 bilhões em dividendos totais. Em 2000, esse valor aumentou para $101,6 bilhões (não ajustado para a inflação), um aumento de mais de 200% (após ajustada a inflação, o aumento é menor, 22,7%, mas ainda substancial).

Embora saibamos que, de forma agregada, os dividendos são elevados, também sabemos que o número de empresas que pagam dividendos diminuiu. Durante o mesmo período, entre 1978 e 2000, o número de indústrias estadunidenses que pagam dividendos diminuiu de mais de 2 mil para menos de mil, e a porcentagem dessas empresas que pagam dividendos diminuiu de 65% para apenas 19%.[17]

O fato de que o total pago em dividendos cresceu enquanto o número de empresas que pagam dividendos caiu de modo tão acentuado nos EUA parece um tanto paradoxal, mas a explicação é objetiva: os pagamentos de dividendos estão substancialmente concentrados em um grupo relativamente pequeno de grandes empresas. Em 2000, por exemplo, cerca de 80% do total de dividendos foi pago por apenas 100 empresas. Os 25 principais pagadores, que incluem gigantes conhecidos, como a ExxonMobil e a General Electric, pagaram coletivamente cerca de 55% de todos os dividendos. A razão para os dividendos crescerem embora o número de empresas que os pagam diminua é que a redução no número de empresas que pagam dividendos ocorre quase totalmente dentre as empresas menores, que tendem a pagar dividendos menores em primeiro lugar.

---

[16] Ver Instrução CVM 361 e suas alterações.

[17] Esses números e os do parágrafo seguinte são apresentados em H. DeAngelo, L. DeAngelo, and D.J. Skinner, "Are Dividends Disappearing? Dividend Concentration and the Consolidation of Earnings", *Journal of Financial Economics* 72 (2004).

Uma razão importante para a diminuição na porcentagem de empresas que pagam dividendos é que o grupo de empresas mudou. Houve um enorme aumento no número de novas empresas registradas na bolsa de valores estadunidense ao longo dos últimos 25 anos. Essas empresas tendem a ser mais jovens e menos rentáveis. Elas precisam do caixa gerado internamente para financiar o crescimento e, normalmente, não pagam dividendos.

Outro fator presente é que as empresas estadunidenses parecem estar mais propensas a começar os pagamentos usando as recompras de ações, as quais são flexíveis, em vez de se comprometerem a fazer distribuições em dinheiro. Essa política parece um tanto lógica, dadas nossas discussões anteriores. No entanto, após efetuar o controle para mudança na combinação de empresas e no aumento na atividade de recompra de ações, ainda parece haver uma menor propensão ao pagamento de dividendos entre determinados tipos de empresas antigas e consagradas, embora seja necessária uma pesquisa mais detalhada sobre essa questão.

O fato de que o número de empresas que pagam dividendos diminuiu tão acentuadamente nos EUA é um fenômeno interessante. Para tornar tudo ainda mais interessante, evidências mostram que talvez a tendência tenha começado a se inverter. Observe a Figura 17.4, que mostra a porcentagem de indústrias que pagam dividendos ao longo do período entre 1971 e 2018 junto com a percentagem de (1) empresas que fazem recompras de ações e (2) empresas que têm uma taxa de distribuição positiva de um ou outro tipo, ou ambos. Como mostrado, há uma tendência descendente expressa, mas essa tendência parece chegar a seu menor nível em 2000 e, em seguida, se inverter acentuadamente em 2002. Então, o que está acontecendo?

É provável que parte da recuperação aparente na Figura 17.4 seja uma ilusão. A percentagem das empresas que pagam dividendos subiu porque as que não pagavam dividendos saíram da bolsa em grande número.[18] O número de empresas registradas nos principais mercados de ações estadunidenses caiu consideravelmente, de mais de 5 mil para menos de 4 mil, entre 2000 e 2005. Aproximadamente 2 mil empresas cancelaram seu registro nesse período, das quais 98% não pagavam dividendos. Por volta de 2013, o número de empresas listadas em bolsa caiu abaixo de 3.000, e a percentagem das que pagavam dividendos chegou a 36%.

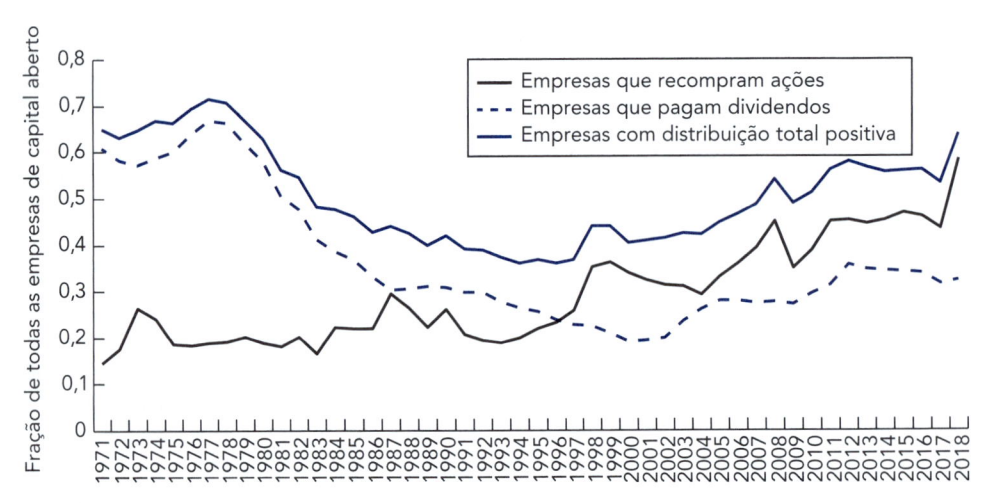

FIGURA 17.4 Proporção de empresas, nos EUA, que pagam dividendos, recompram ações e empresas com distribuições totais positivas entre todas as indústrias americanas de capital aberto: 1971-2018

Fonte: Redesenhado pelos autores utilizando dados da Compustat, de acordo com J. Farre-Mensa, R. Michaely e M. Schmaltz, "Payout Policy," *Annual Review of Financial Economics* 6 (2014), pp. 75–134.

---

[18] Esses números e essa explicação são apresentados em R. Chetty e E. Saez, "The Effects of the 2003 Dividend Tax Cut on Corporate Behavior: Interpreting the Evidence", *American Economic Review* Papers and Proceedings 96 (2006).

Entretanto, após fazermos o controle para a saída do mercado, ainda há um aumento no número de empresas que pagam dividendos, mas isso acontece em 2003. Como mostrado na Figura 17.5, o aumento está concentrado nos meses após maio de 2003. O que há de especial nesse mês? A resposta é que, em maio de 2003, as alíquotas máximas de impostos da pessoa física sobre dividendos nos Estados Unidos foram reduzidas, então, de cerca de 38% para 15%. Assim, de acordo com nossos argumentos anteriores sobre impostos, uma redução nas alíquotas de impostos sobre dividendos para a pessoa física resultou em aumentos nos dividendos.

É importante não interpretar demais a Figura 17.5. Parece claro que a redução nas alíquotas tributárias teve um impacto, mas, no fim das contas, o que vemos são poucas centenas de empresas iniciando a distribuição de dividendos. Embora a redução nas alíquotas fosse grande, ainda há milhares de empresas que não passaram a distribuir dividendos. Portanto, as evidências sugerem que as alíquotas são importantes, mas não são o principal determinante da política de dividendos. Essa interpretação é coerente com os resultados de uma pesquisa realizada em 2005 com executivos financeiros. Mais de dois terços deles disseram que o corte nas alíquotas tributárias provavelmente ou definitivamente não afetaria suas políticas de dividendos.[19]

Um segundo agente que poderia estar presente ao longo do tempo é o amadurecimento de muitas das novas empresas listadas em bolsa que mencionamos anteriormente. À medida que essas empresas se firmaram, a lucratividade aumentou (e, possivelmente, as oportunidades de investimento diminuíram), e elas começaram a pagar dividendos.

Um terceiro fator que poderia contribuir para o aumento no número de empresas que pagam dividendos é um pouco mais sutil. O índice tecnológico Nasdaq despencou no outono de 2000 (devido à quebra das "ponto-com"), ficando claro que as novas empresas listadas em bolsa provavelmente iriam à falência. Um pouco depois, grandes escândalos contábeis em empresas como a Enron e a WorldCom deixaram os investidores inseguros quanto à ho-

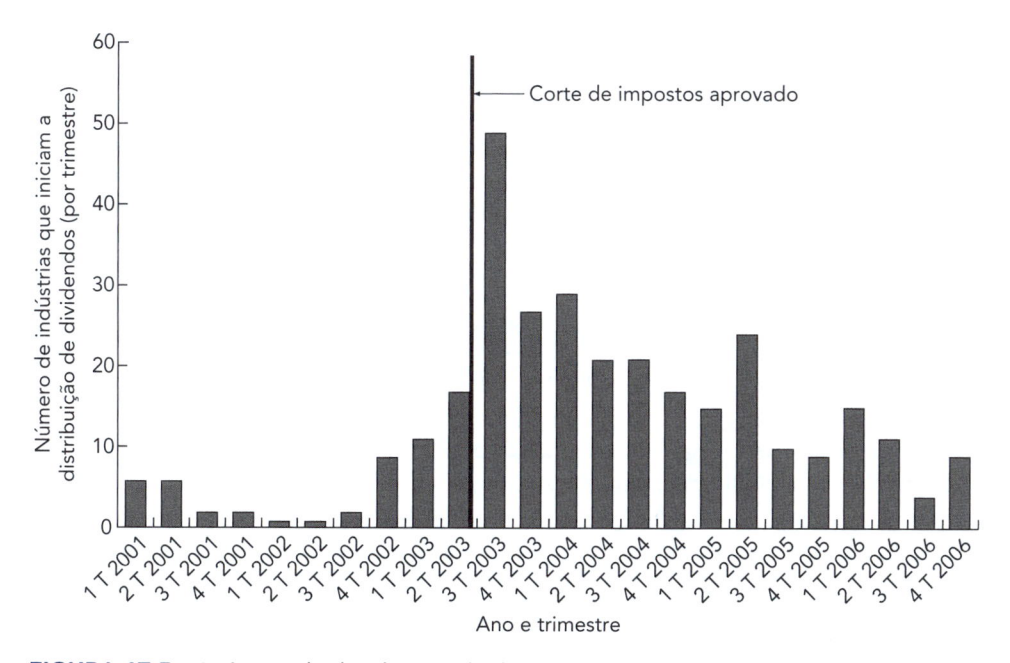

FIGURA 17.5 Anúncios de distribuição de dividendos regulares, nos EUA, 2001–2006.
Fonte: A.P. Brav, J.R. Graham, C.R. Harvey, and R. Michaely, "Managerial Response to the May 2003 Dividend Tax Cut", 2008, *Financial Management* 37, 611–624.

---

[19] Consulte A.P. Brav, J.R. Graham, C.R. Harvey, and R. Michaely, "Managerial Response to the May 2003 Dividend Tax Cut", 2008, *Financial Management* 37, 611–624.

nestidade dos lucros divulgados. Em um ambiente como esse, talvez as empresas optassem por iniciar a distribuição de dividendos como uma tentativa de sinalizar aos investidores que tinham caixa para pagar dividendos agora e no futuro.

A visível inversão na redução do número de empresas que pagam dividendos nos EUA é um fenômeno recente e, por isso, sua importância ainda precisa ser comprovada. Talvez seja comprovado que era apenas um evento temporário no meio de um longo declínio. Teremos que esperar para ver.

Empresas ajustam os dividendos

Como observamos antes, as reduções nos dividendos frequentemente são vistas como uma notícia muito ruim pelos participantes do mercado. Como consequência, as empresas só reduzem os dividendos quando não há outra alternativa. Por esse mesmo motivo, as empresas estadunidenses também resistem em aumentar os dividendos, a menos que tenham certeza de que o novo nível de dividendos possa ser mantido.

Na prática, o que observamos é que as empresas que pagam dividendos tendem a aumentá-los somente depois que tenha ocorrido um crescimento nos ganhos. Elas não aumentam ou reduzem os dividendos em resposta à oscilação temporária dos lucros. Em outras palavras, (1) o crescimento dos dividendos acompanha o crescimento dos lucros com atraso e (2) o crescimento dos dividendos tenderá a seguir uma curva muito mais suave do que a do crescimento dos lucros.

Para ver a importância da estabilidade e do crescimento constante dos dividendos para os gestores financeiros estadunidenses, imagine que, em 2019, 1.808 empresas dos EUA aumentaram seus pagamentos de dividendos, enquanto apenas 309 diminuíram. Duas empresas com longos históricos de aumento de dividendos são a Procter & Gamble e a Colgate-Palmolive. No final de 2019, a Procter & Gamble aumentou seu dividendo por 64 anos consecutivos, e a Colgate-Palmolive por 57 anos consecutivos. No todo, em 2019, 56 empresas do S&P 500 aumentaram seus dividendos por, pelo menos, 25 anos consecutivos.

Dividendos no Brasil

O que acaba de ser apresentado refere-se ao mercado estadunidense. Podemos generalizar as consequências das observações para o caso brasileiro? Devemos lembrar que a Lei das Sociedades por Ações define que o estatuto deve estabelecer o dividendo como porcentagem do lucro ou do capital social, ou fixar outros critérios para determiná-lo, desde que sejam regulados com precisão e minúcia e não sujeitem os acionistas minoritários ao arbítrio dos órgãos de administração ou da maioria.

A lei brasileira estabelece que os acionistas têm direito de receber como dividendo obrigatório, em cada exercício, a parcela dos lucros estabelecida no estatuto, ou:

- 50% do lucro líquido do exercício diminuído ou acrescido da importância destinada à constituição da reserva legal e da importância destinada à formação da reserva para contingências se o estatuto for omisso na questão dos dividendos.
- 25% do lucro líquido ajustado se o estatuto for omisso na questão dos dividendos e a assembleia geral deliberar alterá-lo para introduzir norma sobre o dividendo.
- 25% do lucro líquido ajustado se a empresa tiver ações preferenciais, na ausência das outras preferências ou vantagens admitidas no artigo 17 da Lei das Sociedades por Ações.
- 0% do lucro, se o estatuto assim dispor (acrescentamos esse percentual para ênfase).

Um bom incentivo para as empresas brasileiras estabelecerem um dividendo mínimo de 25% é apresentado pelo art. 152 da lei societária: administradores somente podem ter participação nos lucros se o estatuto fixar o dividendo obrigatório em 25% do lucro líquido, ou mais.

Talvez a referência a 25% do lucro como limite mínimo de dividendos para diferentes situações leve muitos a afirmarem que o dividendo mínimo obrigatório no Brasil é de 25%

do lucro líquido do exercício. Como vimos, o mínimo é o que determina o estatuto e, no silêncio deste, o que determina a lei. Portanto, o mínimo poderia ser "zero" se o estatuto assim determinar, ou 50% do lucro ajustado se não houver previsão no estatuto. Será de no mínimo 25% se o percentual for tratado em reforma de estatuto que não continha cláusula sobre dividendos. Porém, os administradores vão querer ter participação nos lucros, logo, o mínimo passa de fato a ser 25%.

Observe que, nos EUA, diferentemente do que acontece no Brasil, o pagamento de dividendos, assim como a decisão de recompra de ações, está totalmente ao arbítrio do conselho de administração. Não é muito fácil decidir o que seria melhor, regras legais ou arbítrio, pois, se é verdade que o conselho de administração nos EUA tem grande liberdade para decidir o que é melhor para o acionista, a história recente mostra que nem sempre tem sido assim. Por outro lado, no Brasil, temos ainda, na maioria das empresas, a figura proeminente do controlador, que eventualmente poderia influir o conselho de administração em decisões que o beneficiem em detrimento dos não controladores. Então, na ausência de mecanismos de mercado efetivamente disciplinadores, ter algumas regras claras pode ser importante.

No caso brasileiro, suponha que o estatuto da empresa determine que o dividendo mínimo obrigatório seja de 30% do lucro líquido ajustado do exercício. Se, em um exercício, o lucro for de $100 milhões, e no outro o lucro for de $20 milhões, no primeiro ano a empresa deverá distribuir no mínimo $30 milhões e no outro no mínimo $6 milhões em dividendos, e isso não será surpresa para os investidores, pois conhecem o estatuto. A surpresa talvez seja o desempenho dos negócios e o resultado que afeta o dividendo. Reservas de lucros acumulados podem ser utilizadas para manter determinado nível de dividendos, mas a acumulação de reservas tem restrições legais. Segundo a lei societária brasileira, os lucros não destinados às reservas previstas na lei ou que não estejam comprometidos com o orçamento de capital deverão ser distribuídos aos acionistas, como dividendos.[20] Esse orçamento deve ter sido submetido pelos órgãos da administração para prévia aprovação da assembleia geral, com justificação da retenção de lucros, compreendendo todas as fontes de recursos e as aplicações de capital, fixo ou circulante.

Montando o quebra-cabeça

Muito do que abordamos neste capítulo (e muito do que sabemos sobre dividendos com base em décadas de pesquisa) pode ser reunido e resumido nas cinco observações a seguir (para o mercado estadunidense):[21]

1. O total de dividendos e de recompras de ações é volumoso e aumenta de forma constante em termos nominal e real ao longo dos anos.
2. Os dividendos estão concentrados, em grande parte, em um número relativamente pequeno de empresas grandes e que estão há muito tempo no mercado.
3. Os administradores são muito relutantes em reduzir dividendos, fazendo isso somente devido a problemas específicos à empresa.
4. Os administradores suavizam a curva do pagamento de dividendos, aumentando-os de modo lento e incremental à medida que os lucros crescem.
5. Os preços das ações reagem a mudanças inesperadas nos dividendos.

Agora, o desafio é encaixar essas cinco peças em uma imagem razoavelmente coerente. Em relação às distribuições em geral, significando a combinação entre recompras de ações e dividendos pagos em dinheiro, uma simples teoria de ciclo de vida se encaixa nos pontos 1 e 2. As principais ideias são claras. Primeiro, como regra, empresas relativamente novas e

---

[20] Lei 6.404. art. 202, § 6º.

[21] Essa lista foi extraída em parte de uma lista maior em H. DeAngelo and L. DeAngelo, "Payout Policy Pedagogy: What Matters and Why", *European Financial Management* 13 (2007).

pouco rentáveis não devem distribuir caixa. Elas precisam do caixa para financiar os investimentos (e os custos de emissão desestimulam a obtenção de aportes financeiros fora das operações).

Uma vez que a empresa atinja o estágio de negócio maduro, ela começa a gerar fluxo de caixa livre (que, como você se lembrará, é o fluxo de caixa gerado internamente que excede ao necessário para financiar investimentos rentáveis). Um valor elevado de fluxo de caixa livre pode resultar em problemas de agência se esse caixa não for distribuído. Os administradores podem ficar tentados a buscar a construção de um império ou a gastar o caixa excedente de forma não compatível com os interesses dos acionistas. Por isso, as empresas são pressionadas a fazer distribuições em vez de acumular caixa. E, de acordo com o que observamos, espera-se que grandes empresas com um histórico de lucratividade façam distribuições maiores.

Dessa maneira, a teoria do ciclo de vida afirma que as empresas trocam os custos da agência da retenção de caixa excedente pelos possíveis custos futuros do financiamento com dívidas. Uma empresa deveria começar a distribuir quando gera fluxo de caixa interno suficiente para financiar suas necessidades de investimento atuais e no futuro próximo.

Para o caso brasileiro, uma vez que há a obrigatoriedade de pagamento do dividendo estabelecido no estatuto, empresas novas, com grandes oportunidades de crescimento, poderiam estabelecer no seu estatuto que não pagarão dividendos até determinado ano e que, a partir do ano seguinte a esse, pagarão determinado percentual, percentual esse que poderá crescer ao longo dos anos — porém, desde que estabelecido no estatuto em vigor no momento da abertura de capital ao mercado.

Ainda para o mercado estadunidense, a questão mais complexa diz respeito ao tipo de distribuição, dividendos *versus* recompra. O argumento fiscal a favor das recompras nos EUA é claro e convincente. Além disso, as recompras são uma opção muito mais flexível (e os administradores valorizam muito a flexibilidade financeira). Portanto, a pergunta é: por que as empresas optariam pelos dividendos? Esse não era um dilema no Brasil no momento em que preparávamos este capítulo.

Se fossemos respondê-la, teríamos que fazer uma pergunta diferente. O que um dividendo pode realizar que uma recompra de ações não pode? Uma resposta é que, quando uma empresa se compromete em pagar dividendos agora e no futuro, ela envia um sinal em duas partes aos mercados. Como já discutimos, uma parte do sinal é que a empresa antecipa sua lucratividade, com a capacidade de fazer pagamentos de forma contínua. Uma empresa não pode se beneficiar tentando enganar o mercado nesse aspecto, pois a empresa seria punida quando não pudesse pagar os dividendos (ou não pudesse fazê-lo sem depender de financiamentos). Portanto, um dividendo permite que uma empresa se distinga dos concorrentes menos rentáveis.

Uma segunda e mais sutil parte do sinal nos leva de volta ao problema de agência, do fluxo de caixa livre. Ao se comprometer a pagar dividendos agora e no futuro, a empresa sinaliza que não acumulará caixa (ou pelo menos não tanto caixa), com isso reduzindo os custos da agência e aumentando a riqueza dos acionistas. Lembre-se de que, no Brasil, a acumulação de lucros, não consideradas as reservas legais e estatutárias, só é admitida se destinada a financiar orçamento de capital aprovado.

Essa história de sinalização em duas partes está de acordo com os pontos 3 a 5 citados anteriormente, mas uma objeção evidente permanece. Por que as empresas não se comprometem apenas com uma política de reservar qualquer valor que seria usado para o pagamento de dividendos, usando-o para isso em vez de recomprar ações? Afinal, por qualquer uma das duas formas, a empresa estará comprometida a pagar caixa aos acionistas.

Uma estratégia definida de recompra é afetada por dois inconvenientes. O primeiro é a verificabilidade. Uma empresa poderia anunciar uma recompra no mercado e simplesmente não a realizar. Ao disfarçar seus registros de modo conveniente, poderia levar algum tempo até a fraude ser descoberta. Nesse caso, seria necessário que os acionistas criassem algum mecanismo de monitoramento, alguma forma de controle para terem certeza de que a recompra foi realmente realizada. Não haveria dificuldade de criar esse mecanismo (poderia ser uma simples relação fiduciária, como a observada nos mercados de títulos de dívida), mas isso não existe no momento no mercado estadunidense. Já no Brasil, temos a figura do conselho fiscal, que é constituído exatamente para fiscalizar possíveis situações desse tipo. Naturalmente, uma oferta de compra no mercado requer pouca ou nenhuma verificação, mas essas ofertas têm despesas associadas. A beleza de um dividendo é que ele não requer monitoramento. A empresa é obrigada a declarar dividendos quatro vezes ao ano, ou outra periodicidade anual, ano a ano.

Uma segunda objeção a uma estratégia definida de recompra é mais controversa. Suponha que os administradores, por serem pessoas com informações privilegiadas, possam julgar melhor do que os acionistas se o preço da ação é muito alto ou muito baixo. (Essa ideia não entra em conflito com a eficiência do mercado semiforte se informações internas forem o motivo.) Nesse caso, um comprometimento estável de recompra obriga a administração a recomprar ações mesmo em circunstâncias em que a ação está supervalorizada. Em outras palavras, ele obrigaria a administração a fazer investimentos de VPL negativo.

São necessárias mais pesquisas sobre a questão dividendos *versus* recompra de ações, mas a tendência histórica parece favorecer o crescimento contínuo nas recompras em relação aos dividendos (nos Estados Unidos).

Nos Estados Unidos, o total de distribuição de dividendos parece ser relativamente estável ao longo do tempo, cerca de 20% dos lucros de forma agregada (veja a Figura 17.3), mas as recompras estão tornando-se uma parte maior dessa distribuição. A divisão chegou a cerca de 50/50 no fim dos anos 1990, mas parece que o total de recompras ultrapassou o total de dividendos recentemente.

Um aspecto dos dividendos considerados de forma agregada que não tem recebido muita atenção é que pode haver um forte efeito herdado. Antes de 1982, a regulação das recompras de ações nos EUA era um tanto obscura, gerando um desestímulo expressivo. Em 1982, após anos de debate, a SEC criou um conjunto claro de diretrizes para ser seguido pelas empresas, tornando a realização das recompras muito mais interessante.

O efeito herdado surge porque muitas das empresas gigantes que pagam uma grande parte dos dividendos totais já pagavam dividendos antes (e talvez muito antes) de 1982. Como essas empresas não estão dispostas a reduzir seus dividendos, os dividendos totais serão maiores, mas somente por causa de um efeito de "aprisionamento" nas empresas mais antigas. Se as empresas mais antigas que pagam dividendos explicam grande parte dos dividendos totais, o que devemos observar é (1) uma forte redução na tendência de empresas maduras iniciarem a distribuição de dividendos e (2) um crescimento nas recompras em relação aos dividendos ao longo do tempo. Na verdade, vemos evidências de ambas as tendências. Entretanto, os efeitos herdados por si só não são o fator de explicação para todas as empresas que pagam dividendos.

Os prós e os contras do pagamento de dividendos nos Estados Unidos	
Prós	**Contras**
1. Os dividendos podem revelar bons resultados e oferecer suporte ao preço da ação.	1. Os dividendos são tributáveis para os beneficiários (não no Brasil).
2. Os dividendos podem atrair investidores institucionais que preferem algum retorno na forma de dividendos. Uma combinação de investidores institucionais e individuais pode permitir que uma empresa obtenha capital a um custo menor devido à capacidade da empresa de alcançar um mercado mais amplo.	2. Os dividendos podem reduzir as fontes internas de financiamento. Os dividendos podem obrigar a empresa a desistir de projetos de VPL positivo ou a depender de um dispendioso financiamento com dívida.
3. Normalmente, o preço da ação aumenta com o anúncio de um dividendo novo ou maior.	3. Uma vez estabelecido um nível de dividendo, reduções nos dividendos são difíceis de serem feitas sem afetar desfavoravelmente o preço da ação de uma empresa.
4. Os dividendos absorvem o fluxo de caixa excedente e podem reduzir os custos de agência que resultam dos conflitos entre gestores e acionistas (no Brasil, principalmente entre controladores e não controladores).	

EM SUAS PRÓPRIAS PALAVRAS...

Fischer Black sobre por que as empresas pagam dividendos

Acho que os investidores gostam de dividendos. Eles acreditam que os dividendos aumentam o valor da ação (dadas as perspectivas da empresa) e não se sentem bem gastando seu capital. Vemos evidências disso em toda parte: consultores de investimentos e instituições tratam uma ação com alto rendimento como algo atraente e seguro, os analistas financeiros avaliam uma ação prevendo e descontando seus dividendos, economistas financeiros estudam a relação entre os preços da ação e os dividendos correntes e os investidores reclamam das reduções nos dividendos.

E se os investidores fossem neutros em relação aos dividendos? Os consultores de investimentos diriam aos clientes para gastar independentemente de a renda vir de lucros ou do seu capital e, se tributáveis, para evitar os rendimentos de lucros; os analistas financeiros ignorariam os dividendos na avaliação das ações; os economistas de financeiros tratariam o preço da ação e o valor descontado dos dividendos como iguais, mesmo que as ações estivessem com preço errado; e uma empresa se desculparia com seus investidores sujeitos a impostos quando fosse obrigada por um imposto sobre lucros acumulados a pagar dividendos. Não é isso o que observamos.

Além disso, alterar os dividendos parece um modo ruim de informar os mercados financeiros sobre as perspectivas de uma empresa. Anúncios públicos podem detalhar melhor as perspectivas da empresa e têm um impacto maior sobre a reputação do porta-voz e da empresa.

Prevejo que, de acordo com as regras tributárias atuais, os dividendos desaparecerão gradualmente.

O falecido Fischer Black era sócio da Goldman, Sachs & Co., um banco de investimentos. Antes disso, ele foi professor de finanças no MIT. Ele é um dos pais da teoria da precificação de opções e é considerado por muitos como um dos principiais catedráticos de finanças. Ele é conhecido por suas ideias criativas, muitas das quais foram descartadas a princípio, para depois se tornarem parte do saber aceito, quando outras pessoas finalmente vieram a entendê-las. Sua falta é muito sentida por seus colegas.

Algumas evidências da pesquisa sobre os dividendos

Um estudo recente consultou grande número de executivos financeiros sobre a política de dividendos nos Estados Unidos. Uma das perguntas era "Essas afirmações descrevem fatores que afetam as decisões de sua empresa sobre os dividendos?". O Quadro 17.1 mostra alguns dos resultados.

Como mostrado no Quadro 17.1, os executivos financeiros estadunidenses não são nada favoráveis à redução nos dividendos. Além disso, eles são muito conscientes do nível de seus dividendos anteriores e desejam manter um dividendo relativamente constante. Por outro lado, o custo de aportes de capital e o desejo de atrair investidores "prudentes" (aqueles com deveres fiduciários) são menos importantes.

O Quadro 17.2 foi extraído da mesma pesquisa, mas aqui as respostas são para a pergunta "Qual é a importância dos seguintes fatores na decisão de sua empresa sobre os dividendos?". Dadas as respostas do Quadro 17.1 e nossa discussão anterior, não é surpresa que a prioridade maior seja manter uma política de dividendos coerente. Os próximos itens também são coerentes com nossa análise anterior. Os executivos financeiros estadunidenses são muito preocupados com a estabilidade dos lucros e com os níveis de lucros futuros ao tomar decisões sobre dividendos e consideram nessa decisão a disponibilidade das boas oportuni-

QUADRO 17.1 Respostas da pesquisa sobre as decisões quanto aos dividendos

As seguintes afirmações afetam sua política de dividendos?	Porcentagem daqueles que concordam ou concordam fortemente
1. Evitar reduções de dividendos	93,8%
2. Manter um dividendo regular no longo prazo	89,6
3. Tamanho dos dividendos pagos recentemente	88,2
4. Garantir que quaisquer mudanças que fizermos não precisarão ser revertidas no futuro	77,9
5. A velocidade à qual os dividendos estão mudando ou crescendo	66,7
6. O custo de cortar os dividendos é maior do que o custo de obter novos aportes financeiros	42,8
7. Pagar dividendos para atrair investidores sujeitos a restrições de investimento "prudentes"	41,7

*Os entrevistados pela pesquisa responderam à pergunta "Essas afirmações descrevem fatores que afetam as decisões de sua empresa sobre os dividendos?".
Fonte: Adaptado do Quadro 4 de A. Brav, J.R. Graham, C.R. Harvey e R. Michaely, "Payout Policy in the 21st Century", *Journal of Financial Economics*, 2005.

QUADRO 17.2 Respostas da pesquisa sobre as decisões quanto aos dividendos

Qual é a importância dos seguintes itens?	Porcentagem daqueles que acham isso importante ou muito importante
1. Manter coerência com nossa política histórica de dividendos	84,1%
2. Estabilidade dos lucros futuros	71,9
3. Variações sustentáveis nos lucros	67,1
4. Atrair investidores institucionais	52,5
5. Investimentos de boa qualidade	47,6
6. Atrair investidores individuais	44,5
7. Impostos da pessoa física pagos por nossos acionistas sobre os dividendos que pagamos	21,1
8. Custos associados à emissão de novas ações	9,3

*Os entrevistados responderam à pergunta "Qual é a importância dos seguintes fatores para a decisão de sua empresa sobre os dividendos?"
Fonte: Adaptado do Quadro 5 de A. Brav, J.R. Graham, C.R. Harvey e R. Michaely, "Payout Policy in the 21st Century", *Journal of Financial Economics*, 2005.

dades de investimentos. Os entrevistados pela pesquisa também acreditavam que atrair tanto investidores institucionais quanto investidores individuais (investidores de varejo) era algo relativamente importante.

Ao contrário de nossa discussão sobre impostos e custos de emissão de ações na primeira parte deste capítulo, os executivos financeiros consultados nessa pesquisa não achavam que os impostos para a pessoa física pagos pelos contribuintes estadunidenses sobre os dividendos recebidos eram muito importantes. E um número ainda menor deles achava que os custos de lançamento de ações eram relevantes.

17.8 Desdobramentos de ações e bonificação em ações

Outra forma de pagar dividendos é por meio da entrega de ações. Esse tipo de dividendo é chamado de **bonificação em ações**. Uma bonificação em ações não é um dividendo verdadeiro, pois não é pago em dinheiro. O efeito de uma bonificação em ações é aumentar o número de ações que cada proprietário possui. Como existem mais ações em circulação, cada uma simplesmente vale menos depois da bonificação.

bonificação em ações
Pagamento feito por uma empresa a seus proprietários na forma de ações, diluindo o valor de cada ação em circulação.

No Brasil, é fácil distinguir a diferença entre a decisão de bonificação pela incorporação de lucros ou o desdobramento para simples redução do valor da ação e aumento do número de ações em circulação. Aqui, uma bonificação decorre de incorporação de lucros ou reservas ao capital social da empresa emissora, e o desdobramento é uma simples multiplicação do número de ações. Embora uma bonificação não tenha custo para o acionista, a Receita Federal do Brasil considera a bonificação como o valor do lucro ou reserva capitalizado que corresponder ao acionista.

Uma bonificação em ações normalmente é expressa como uma porcentagem. Por exemplo, uma bonificação em ações de 20% significa que um acionista recebe uma nova ação para cada cinco ações que possui no momento (um aumento de 20%). Como cada acionista recebe 20% a mais de ações, o número total de ações em circulação sobe 20%, e o resultado é que cada ação vale cerca de 20% menos depois da bonificação.

Um **desdobramento de ações** é essencialmente o mesmo que uma bonificação em ações, mas sem distribuição de lucros. Um desdobramento é expresso como um índice em vez de uma porcentagem. Quando um desdobramento é declarado, cada ação é dividida para criar ações adicionais. Por exemplo, em um desdobramento de três para uma ação, cada ação antiga é dividida em três novas ações.

desdobramento de ações
Aumento das ações em circulação de uma empresa sem nenhuma alteração no patrimônio de seus proprietários.

Alguns detalhes sobre os desdobramentos de ações e as bonificações em ações nos Estados Unidos

Nos EUA, os *stock splits*, os desdobramentos de ações, e os *stock dividends*, as bonificações em ações, têm, essencialmente, os mesmos impactos sobre a empresa e o acionista: eles aumentam o número de ações em circulação e reduzem o valor por ação. O tratamento contábil de um ou de outro é diferente e depende de dois fatores: (1) se a distribuição é um desdobramento de ações ou uma bonificação em ações e (2) o tamanho da distribuição de dividendos se ela for chamada de dividendo. Nos últimos anos, os desdobramentos de ações têm diminuído significativamente. Durante a década de 1990, em média 64 empresas do índice S&P 500 praticavam desdobramentos. De 2008 a 2012, o número caiu para cerca de 12 ao ano. Em 2018, apenas cinco empresas do S&P 500 praticaram desdobramentos.

Por convenção, nos Estados Unidos, as bonificações em ações de menos de 20 a 25% são chamadas de *bonificações pequenas em ações*. O tratamento contábil desse tipo de dividendo será discutido em seguida. Uma bonificação em ações maior do que essa faixa entre 20 a 25% é chamada de *bonificação grande em ações*. As bonificações grandes em ações não são incomuns. Por exemplo, em abril de 2019, a First Financial Bankshares anunciou uma uma bonificação em ações de 10%, na forma de um desdobramento de duas para uma. Exceto por algumas diferenças contábeis relativamente pequenas, uma bonificação em ações tem o mesmo efeito de um desdobramento de ações.

Informações sobre desdobramentos de ações futuros estão disponíveis nos calendários de desdobramentos dos *sites* www.investmenthouse.com e finance.yahoo.com.

Exemplo de uma bonificação pequena em ações (Estados Unidos)
A Peterson Co., uma empresa de consultoria especializada em problemas contábeis difíceis, tem 10 mil ações em circulação, cada uma negociada a $66. O valor de mercado total do capital próprio é $66 × 10.000 = $660.000. Com uma bonificação em ações de 10%, cada acionista recebe uma ação adicional para cada 10 ações que possui, e o número total de ações em circulação após a bonificação é de 11 mil.

Antes da bonificação em ações, a parte do patrimônio líquido no balanço patrimonial da Peterson Co. era assim:

Ação ordinária ($1 ao par, 10 mil ações em circulação)	$ 10.000
Reservas de capital	200.000
Lucros retidos	290.000
Patrimônio líquido total dos acionistas	$500.000

Um procedimento contábil aparentemente arbitrário nos Estados Unidos é usado para ajustar o balanço patrimonial após uma bonificação pequena em ações. Como 1.000 novas ações são emitidas, a conta das ações ordinárias é aumentada em $1.000 (1.000 ações pelo valor ao par de $1 cada), totalizando $11.000. O preço de mercado de $66 é $65 maior do que o valor ao par. Portanto, o "excedente" de $65 × 1.000 ações = $65.000 é adicionado à conta de reservas de capital, totalizando $265.000.

O patrimônio líquido total não é alterado pela bonificação em ações, pois nenhum dinheiro entrou ou saiu, de modo que os lucros retidos são reduzidos na totalidade dos $66.000, restando $224.000. O efeito líquido desses artifícios é que as contas do patrimônio líquido da Peterson Co. agora estão assim:

Ação ordinária ($1 ao par, 11 mil ações em circulação)	$ 11.000
Reservas de capital	265.000
Lucros retidos	224.000
Patrimônio total dos acionistas	$500.000

Exemplo de um desdobramento de ações (Estados Unidos) Nos Estados Unidos, um desdobramento de ações é similar em conceito a uma bonificação em ações, mas normalmente é expresso como um índice. Por exemplo, em um desdobramento de três para duas, cada acionista recebe uma ação adicional para cada duas mantidas originalmente, de modo que um desdobramento de três para duas é equivalente a uma bonificação em ações de 50%. Nenhum dinheiro é pago, e a porcentagem de toda a empresa que cada acionista possui não é alterada.

O tratamento contábil de um desdobramento de ações é um pouco diferente (e mais simples) daquele de uma bonificação em ações. Suponhamos que a Peterson Co. resolva declarar um desdobramento de duas para cada uma ação. O número de ações em circulação dobrará para 20 mil, e o valor ao par será reduzido à metade, ou seja, $0,50 por ação. O valor do capital próprio após o desdobramento é representado como:

Ação ordinária ($0,50 ao par, 20 mil ações em circulação)	$ 10.000
Reservas de capital	200.000
Lucros retidos	290.000
Patrimônio líquido total dos acionistas	$500.000

Observe que, para todas as três situações, os números da direita não são afetados pelo desdobramento. As únicas alterações estão no valor ao par por ação e no número de ações em circulação. Como o número de ações dobrou, o valor ao par de cada uma é reduzido à metade.

Exemplo de uma bonificação grande em ações (Estados Unidos) Em nosso exemplo, se uma bonificação de 100% fosse declarada, 10 mil novas ações seriam distribuídas, de modo que 20 mil ações estariam em circulação. Por um valor ao par de $1 por ação, a conta das ações ordinárias subiria em $10.000, resultando em um total de $20.000. Os lucros retidos seriam reduzidos em $10.000, restando $280.000. Este seria o resultado:

Ação ordinária ($1 ao par, 20 mil ações em circulação)	$ 20.000
Reservas de capital	200.000
Lucros retidos	280.000
Patrimônio total dos acionistas	$500.000

Para obter uma lista de desdobramentos de ações recentes, acesse **www.stocksplits.net**.

Valor dos desdobramentos de ações e das bonificações em ações

As leis da lógica nos dizem que os desdobramentos de ações e as bonificações em ações podem (1) deixar o valor da empresa inalterado, (2) aumentar seu valor ou (3) diminuí-lo. Infelizmente, as questões são complexas o bastante para que não seja possível determinar com facilidade qual das três relações é verdadeira.

O caso referência Pode-se argumentar com muita convicção que as bonificações em ações e os desdobramentos de ações não alteram a riqueza de qualquer um dos seus acionistas nem a riqueza da empresa como um todo. Em nosso exemplo anterior, o patrimônio tinha um valor de mercado total de $660.000. Com a bonificação pequena em ações, o número de ações aumentou para 11 mil e, assim, parece que cada uma valeria $660.000/11.000 = $60.

Por exemplo, um acionista que tivesse 100 ações no valor de $66 cada antes da bonificação teria 110 ações no valor de $60 depois dela. O valor total das ações é $6.600 em qualquer uma das situações e, portanto, a bonificação em ações não tem realmente qualquer efeito econômico.

Com o desdobramento, passam a existir 20 mil ações em circulação, de modo que cada uma valeria $660.000/20.000 = $33. Em outras palavras, o número de ações dobraria, e os preços seriam reduzidos à metade. Por esses cálculos, parece que as bonificações em ações e os desdobramentos são apenas transações no papel.

Embora esses resultados sejam relativamente óbvios, existem motivos que geralmente são apresentados para sugerir que pode haver alguns benefícios para essas medidas. Um dos benefícios alegados é o da possibilidade de aumento da liquidez.

Intervalo de preços de negociação Os proponentes das bonificações em ações e dos desdobramentos de ações com frequência argumentam que uma ação tem seu próprio **intervalo de preços** adequado. Quando a ação é cotada acima desse intervalo, muitos investidores não teriam os recursos necessários para comprar a unidade de negociação comum de ações, chamada *lote padrão*; na B3, o lote padrão de ações é de 10 e 100 ações. Na Bolsa de Nova York, os lotes são sempre de 100 ações. Embora as ações possam ser compradas em *lotes fracionários* (menos do que o lote padrão), as comissões serão maiores. Assim, as empresas dividem as ações para manter o preço dentro de seu intervalo mais apropriado para os negócios.

> **intervalo de preços**
> Intervalo entre o preço mais alto e o mais baixo com os quais uma ação é negociada.

Por exemplo, a Microsoft teve nove desdobramentos desde que a empresa abriu seu capital em 1986. A ação foi dividida em três para cada duas em dois momentos e em duas para cada uma sete vezes. Portanto, para cada ação da Microsoft que você possuísse em 1986 quando a empresa abriu seu capital, você possuiria 288 ações após o último desdobramento. Da mesma maneira, desde que abriu seu capital em 1970, a Walmart dividiu sua ação em duas para cada uma onze vezes, e a Apple dividiu em sete para cada uma ação uma vez e em duas para cada uma três vezes desde que abriu seu capital em 1987. Para um histórico bem longo de desdobramentos, considere a Procter & Gamble: cinco para uma duas vezes, três para duas uma vez e duas para uma oito vezes desde 1920. Cada ação da P&G comprada antes do primeiro desdobramento de ações da empresa hoje valeria 9.600 ações.

Embora esse seja um argumento conhecido, sua validade é questionável por vários motivos. Os fundos de investimento, os fundos de pensão e outras instituições têm aumentado cada vez mais sua participação nos mercados desde a Segunda Guerra Mundial e, agora, são responsáveis por porcentagem considerável do volume total de negócios (na ordem de 90% do volume de negociações da Nyse, por exemplo). Como essas instituições compram e vendem em enormes quantidades, o preço da ação individual tem pouca importância.

Além disso, às vezes observamos preços de ações que são muito altos e parecem não causar problemas. Para citar um caso bem conhecido, a Berkshire Hathaway, uma empresa altamente respeitada que é chefiada pelo lendário investidor Warren Buffett, teve suas ações cotadas por cerca de USD345 mil no início de 2020.

Por fim, nos Estados Unidos, há evidências de que os desdobramentos de ações podem, na verdade, diminuir a liquidez das ações da empresa. Depois de um desdobramento de duas por uma, o número de ações negociadas mais do que dobraria se a liquidez fosse aumentada pelo desdobramento. Não é isso o que acontece, e o inverso também é observado às vezes.

Grupamentos de ações

Uma manobra financeira menos comum é o **grupamento de ações**. Por exemplo, em dezembro de 2019, a Ascena Retail Group, controladora da Ann Taylor e da Loft, anunciou um agrupamento de ações de uma para cada 20. Também em dezembro de 2019, a Recon Technology realizou um agrupamento de uma para cada cinco ações. Em um grupamento de 5 para 1, cada investidor troca cinco ações antigas por uma nova. O valor ao par é multiplicado por 5 nesse processo. Naquele que provavelmente terá sido um dos maiores grupamentos de ações da história (em termos de capitalização de mercado), a gigante do setor financeiro Citigroup anunciou em março de 2011 que realizaria um grupamento de 10 para uma, reduzindo o número de ações em circulação da empresa de 29 bilhões para 2,9 bilhões. Assim como os desdobramentos de ações e as bonificações em ações, é possível dizer que um grupamento de ações não tem qualquer efeito real em valor.

grupamento de ações
Um "desdobramento reverso" de ações no qual o número de ações em circulação da empresa é reduzido.

Dadas as imperfeições do mundo real, três motivos relacionados são citados para os grupamentos de ações. Primeiro, os custos de transação para os acionistas podem ser menores após o grupamento. Segundo, a liquidez e a facilidade de negociação da ação de uma empresa podem ser melhoradas quando seu preço é elevado até o intervalo adequado de preços de negociação. Terceiro, as ações que são negociadas a preços abaixo de determinado nível não são consideradas dignas de atenção. Isso quer dizer que os investidores subestimam os lucros, o fluxo de caixa, o crescimento e a estabilidade dessas empresas. Alguns analistas financeiros argumentam que um grupamento pode trazer respeitabilidade imediata. Assim como no caso dos desdobramentos de ações, nenhum desses motivos é importante de modo particular, especialmente o terceiro.

Existem dois outros motivos para o grupamento de ações. Primeiro, as bolsas de valores têm requisitos de preço mínimo por ação. Um grupamento pode levar o preço até esse mínimo. Por exemplo, a Nasdaq cancela o registro das empresas cujo preço da ação cai abaixo de $1 durante 30 dias. Após o colapso do *boom* da Internet entre 2001 e 2002, um grande número de empresas relacionadas a negócios na Internet se viu no risco de ter seu registro cancelado e usou os grupamentos de ações para aumentar os preços de suas ações. Em 2019, a Rite Aid e a Blue Apron executaram agrupamentos de ações para permanecerem listadas na Nyse. Segundo, às vezes, as empresas realizam grupamentos e, ao mesmo tempo, compram todas as ações de acionistas que acabam tendo menos de um determinado número de ações.

Por exemplo, em outubro de 2019, a FitLife Brands completou um agrupamento de ações usando a estratégia *reverse/forward split*. Nesse caso, primeiro a empresa realizou um grupamento de 8.000 para 1 e então recomprou todas as ações de acionistas que possuíam menos de uma ação. Isso eliminou os pequenos acionistas e, logo, reduziu o número total de acionistas. O que tornou a proposta particularmente criativa foi que, logo após o grupamento, a empresa realizou um desdobramento de 800 para cada ação. O efeito final para os acionistas restantes foi o mesmo que um agrupamento de uma para cada dez.

Questões conceituais

17.8a Qual é o efeito de um desdobramento de ações sobre a riqueza do acionista?

17.8b Em que um desdobramento de ações difere de uma bonificação em ações no Brasil? E nos Estados Unidos?

17.9 Resumo e conclusões

Neste capítulo, discutimos primeiro os tipos de dividendos e como eles são pagos. Então, definimos a política de dividendos e examinamos se ela é ou não importante. Em seguida, ilustramos como uma empresa pode estabelecer uma política de dividendos e descrevemos uma alternativa aos dividendos utilizada nos Estados Unidos: a recompra de ações. Ao longo do capítulo, procuramos evidenciar as diferenças entre Estados Unidos e Brasil com relação às práticas, à legislação e à tributação de dividendos. Sugerimos pontos a considerar na elaboração de uma política de dividendos.

Ao abordar esses assuntos, vimos que:

1. A política de dividendos não é relevante quando não há impostos ou outras imperfeições, pois os acionistas podem desfazer a estratégia de dividendos da empresa eficazmente. Os acionistas que receberem dividendos acima dos desejados podem reinvestir o excedente. Por outro lado, os acionistas que recebem dividendos menores do que os desejados podem negociar as ações extras.

2. O imposto sobre a renda do acionista individual e os custos de novas emissões são considerações do mundo real que favorecem uma distribuição de dividendos baixos nos Estados Unidos. Com impostos e custos de novas emissões, a empresa deve pagar dividendos somente após todos os projetos com VPL positivo serem totalmente financiados. No Brasil, os rendimentos em dividendos não eram tributados até encerrarmos este capítulo, o percentual de lucro a distribuir deve constar no estatuto e o dividendo previsto no estatuto é obrigatório. A consideração de projetos com VPL positivo se aplica ao remanescente do lucro não distribuído sob a forma de dividendo obrigatório, pois a retenção de lucros exige um orçamento de capital aprovado pela assembleia.

3. Há grupos na economia que podem preferir uma distribuição de dividendos elevada. Isso inclui muitas instituições grandes, como os fundos de pensão. Ao reconhecer que alguns grupos preferem um dividendo elevado e outros um dividendo baixo, o argumento do efeito clientela suporta a ideia de que a política de dividendos responde às necessidades dos acionistas. Por exemplo, se 40% dos acionistas preferirem dividendos baixos e 60% preferirem dividendos elevados, aproximadamente 40% das empresas terão uma distribuição de dividendos baixa e 60% terão uma distribuição elevada. Isso reduz drasticamente o impacto da política de dividendos de uma empresa individual sobre o preço de mercado de suas ações.

4. Uma recompra de ações age como um dividendo e tem vantagem fiscal significativa nos Estados Unidos, onde as recompras de ações são uma parte muito importante da política de dividendos geral. No Brasil, essa possibilidade faz menos sentido, na medida em que os rendimentos em dividendos não são tributados.

5. Discutimos reflexões e pesquisas recentes sobre a política de dividendos. Vimos que, nos Estados Unidos, os dividendos estão, em grande parte, concentrados em um grupo relativamente pequeno de grandes empresas que estão há muito tempo no mercado. Além disso, nos Estados Unidos, o uso das recompras de ações continua crescendo. Descrevemos uma teoria simples do ciclo de vida das distribuições de lucros na qual as empresas trocam os custos da agência relacionados à retenção do caixa excedente pelos custos futuros de financiamentos com novos aportes de capital, especialmente por dívidas. A consequência disso é que empresas mais novas com oportunidades importantes de crescimento não deveriam distribuir caixa, mas empresas mais antigas e rentáveis com significativo fluxo de caixa livre o farão. Essa consequência normativa faz sentido econômico, e, para que as empresas brasileiras a adotassem, seria necessário prever, no estatuto, o não pagamento de dividendos e a regra para distribuição de dividendos quando o negócio estiver maduro. Isso só é possível se, ao abrir o capital, o estatuto já estiver assim escrito. Como o mercado parece esperar dividendos, os estatutos geralmente já preveem aquele percentual mínimo que teriam que estabelecer caso a assembleia fosse deliberar no futuro sobre o quanto do lucro deve ser distribuído em dividendos.

Capítulo 17 Dividendos e a Política de Distribuição **633**

Para encerrar nossa discussão sobre os dividendos, enfatizamos uma última vez a diferença entre os dividendos e a política de dividendos. Os dividendos são importantes porque o valor de uma ação é determinado, em última análise, pelos dividendos que ela pagará. O que não está claro é se o padrão de tempo dos dividendos (mais agora *versus* mais depois) é importante. Essa é a questão da política de dividendos, e não é fácil dar uma resposta definitiva para ela.

REVISÃO DE CONCEITOS E QUESTÕES INSTIGANTES

1. **Irrelevância da política de dividendos [OA2]** Como é possível que os dividendos sejam tão importantes e, ao mesmo tempo, a política de dividendos seja irrelevante?

2. **Recompras de ações [OA4]** Qual é o impacto de uma recompra de ações sobre o índice de endividamento de uma empresa? Isso sugere outro uso para o excedente de caixa?

3. **Cronologia dos dividendos [OA1]** Na terça-feira, 5 de dezembro, o conselho de administração da Companhia Elétrica Cidade S/A declara um dividendo de $0,75 por ação pagáveis na quarta-feira, 17 de janeiro, aos acionistas registrados na quarta-feira, 3 de janeiro. Quando é a data ex-dividendos? Se um acionista comprar ações antes dessa data, quem recebe os dividendos sobre essas ações, o comprador ou o vendedor?

4. **Recompras de ações [OA1]** A Bomleite S/A é uma tradicional empresa mineira com uma grande linha de produtos laticínios com ações negociadas na B3. Alberto, o filho do fundador, concluiu um MBA em finanças em uma renomada universidade norte-americana e acaba de assumir a vice-presidência de finanças da Bomleite. A empresa não distribuiu dividendos e tem prejuízos acumulados, mas vem obtendo bom resultado operacional, com boa recuperação, e conta com um bom caixa. Com base nos conhecimentos em finanças adquiridos em seu MBA, Alberto considera que poderia distribuir caixa para os acionistas sob a forma de recompra de ações de emissão da Bomleite, já que, no momento, não pode distribuir dividendos. Ele solicitou que você examinasse como fazer isso. Qual é sua resposta?

5. **Juros sobre o capital próprio [OA1]** Alberto, vice-presidente de finanças da Bomleite, ouviu que, no Brasil, há uma forma de distribuição de caixa para os acionistas na forma de juros sobre o capital próprio. Como atualmente a Bomleite tem uma boa posição de caixa, mas não apresenta lucros, Alberto solicitou que você examinasse como realizar essa distribuição. Como você responderia a Alberto?

QUESTÕES E PROBLEMAS

1. **Dividendos e impostos [OA2]** A empresa brasileira Tanto S/A declarou um dividendo de $4,00 por ação. Os dividendos não são tributados no Brasil. A ação "cheia" da Tanto é negociada por $80,00. Qual você acha que será o preço ex-dividendos?

2. **Bonificação em ações [OA3]** As contas de patrimônio líquido da Quadrângulo Internacional são mostradas a seguir (as ações da Quandrângulo têm valor declarado de $1,00):

Ação ordinária (valor ao par de $1)	$ 30.000
Reservas de capital	285.000
Lucros retidos	649.180
Patrimônio líquido	$964.180

    a. Se, no momento, a ação da Quadrângulo for negociada por $30 e uma bonificação de 10% por ação for declarada, quantas novas ações serão distribuídas? Mostre como as contas de patrimônio mudarão.

b. Se a Quadrângulo declarar uma bonificação em ações de 25%, como mudarão as contas?

3. **Desdobramentos de ações [OA3]** Para a empresa do Problema 2, mostre como mudarão as contas do patrimônio se:

   a. A Quadrângulo declarar um desdobramento de quatro para uma ação. Quantas ações estão em circulação agora? Qual é o novo valor ao par da ação?

   b. A Quadrângulo declara um agrupamento de uma para cada cinco ações. Quantas ações estão em circulação agora? Qual é o novo valor ao par por ação?

4. **Desdobramento de ações e bonificação em ações [OA3]** No momento, a Pedras Vermelhas S/A tem 350 mil ações em circulação que são negociadas por $90 cada. Pressupondo que não haja imperfeições de mercado ou efeitos fiscais, qual será o preço por ação depois que a Pedras Vermelhas:

   a. Fizer um desdobramento de cinco para três ações?

   b. Tiver uma bonificação em ações de 15%?

   c. Tiver uma bonificação em ações de 42,5%?

   d. Tiver um grupamento de quatro para sete ações?

   Determine o novo número de ações em circulação das partes (a) até (d).

5. **Bonificação em ações [OA3]** A empresa com as contas de patrimônio mostradas a seguir tem 200 mil ações e declarou uma bonificação em ações de 15% no momento em que o valor de mercado de sua ação era de $61. Que efeitos sobre as contas de patrimônio terá a distribuição da bonificação em ações? Qual é o novo valor esperado para o valor da ação na data "ex-direito"?

Ação ordinária (valor ao par de $1)	$2.000.000,00
Reservas de capital	$ 300.000,00
Lucros retidos	$ 800.000,00
Patrimônio líquido total dos acionistas	$3.100.000,00

Para revisão de outros conceitos e novas questões instigantes, consulte a página do livro no portal do Grupo A (loja.grupoa.com.br).

PARTE 7 Planejamento e Administração Financeira de Curto Prazo

Planejamento e Finanças de Curto Prazo

18

A PANDEMIA COVID-19 exigiu medidas diferenciadas no mundo dos negócios. No Brasil, logo no início, as obrigações tributárias das empresas foram postergadas e parceladas, e um auxílio do governo federal permitiu a manutenção dos salários por empresas com produção parada. Com o passar do tempo, problemas de fornecimento de componentes e insumos afetaram praticamente todas as indústrias e os estoques de produtos. Além dos salários e estoques, os tributos são elementos que impactam a gestão financeira de curto prazo nas empresas brasileiras.

Nos EUA, no início dos *lockdowns* da Covid-19 em 2020, as concessionárias de automóveis ofereciam descontos inéditos, como pagar a primeira parcela apenas após 90 dias e financiamentos sem juros em até sete anos. Em maio de 2020, as vendas de automóveis apresentavam queda de 30% em relação ao ano anterior, mas isso ainda era uma melhoria em relação a abril, que teve uma queda de 50%. Os descontos funcionaram, pois uma concessionária da Toyota informou ter 200 veículos no seu estacionamento, quando o nível normal era de 550 veículos. Se analisarmos a indústria automobilística como um todo, os estoques estavam em queda em todo o país. Por exemplo, estima-se que o prazo médio de estocagem de grandes picapes, como o Ford F-150 e o Chevrolet Silverado, era de apenas 44 dias. Em uma época normal isso representaria um incômodo menor, mas devido ao fechamento das fábricas, o prazo médio de estocagem diminuía em um dia a cada dia que passava.

Como veremos neste capítulo, o prazo em que os produtos são mantidos em estoque até serem vendidos é um elemento importante da gestão financeira de curto prazo, e indústrias como a automobilística prestam muita atenção a isso.

Objetivos de aprendizagem

O objetivo deste capítulo é que, ao seu final, você saiba:

- **OA1** Explicar os ciclos operacional e financeiro e sua respectiva importância.
- **OA2** Diferenciar os tipos de políticas financeiras de curto prazo.
- **OA3** Definir os fundamentos do planejamento financeiro de curto prazo.
- **OA4** Identificar as fontes e os usos de caixa no balanço patrimonial.
- **OA5** Diferenciar capital de giro e capital circulante líquido.

> Para ficar por dentro dos últimos acontecimentos na área de finanças, visite www.fundamentalsofcorporatefinance.blogspot.com.

Até aqui, descrevemos muitas das decisões das finanças de longo prazo, como aquelas do orçamento de capital, da política de dividendos e da estrutura de capital. Neste capítulo, começaremos a tratar das finanças de curto prazo, que dizem respeito, sobretudo, à análise das decisões que afetam os ativos e os passivos circulantes.

Com frequência, o termo *capital circulante líquido* está associado à tomada de decisões financeiras de curto prazo. Como descrevemos nos capítulos anteriores, o capital circulante líquido é a diferença entre os ativos e os passivos circulantes. Também é comum a gestão financeira de curto prazo ser chamada de *administração do capital de giro*, ou *administração do circulante*. Esses termos são sinônimos; entretanto, capital circulante líquido e capital de giro são conceitos distintos, como veremos adiante.

Não existe uma definição universal que seja aceita para finanças de curto prazo. A diferença mais importante entre finanças de curto e finanças de longo prazo está na distribuição dos fluxos de caixa no tempo. As decisões financeiras de curto prazo, em geral, envolvem entradas e saídas de caixa que ocorrem no prazo de um ano. Por exemplo, uma empresa toma decisões financeiras de curto prazo quando encomenda matéria-prima, paga à vista e prevê receber em até um ano o caixa da venda dos produtos acabados. Já as decisões financeiras de longo prazo estão envolvidas quando uma empresa compra uma máquina especial que reduzirá os custos operacionais nos próximos cinco anos.

Quais tipos de perguntas se classificam sob o título geral de finanças de curto prazo? Para citar apenas algumas:

1. Quanto deve ser mantido em caixa (em depósitos à vista em um banco) para pagar as contas?
2. Quanto a empresa deve tomar emprestado no curto prazo?
3. Quanto crédito deve ser concedido aos clientes?

Neste capítulo, apresentaremos os elementos básicos das decisões financeiras de curto prazo. Em primeiro lugar, discutiremos as atividades operacionais da empresa. Em seguida, identificaremos algumas políticas financeiras alternativas para financiar essas atividades. Por último, destacaremos os elementos básicos de um plano financeiro para o curto prazo e descreveremos produtos financeiros para o financiamento das atividades que fazem parte desse plano.

18.1 No caminho do caixa e do capital de giro

Interessado em uma carreira na área de finanças de curto prazo? Visite o site **www.treasury-management.com**

Nesta seção, examinaremos os componentes do caixa e do capital circulante à medida que eles mudam de um ano para outro. Já discutimos diversos aspectos desse assunto nos Capítulos 2, 3 e 4. Examinaremos brevemente partes daquela discussão relacionadas a decisões financeiras de curto prazo. O objetivo é descrever as atividades operacionais de curto prazo da empresa e seu impacto sobre o caixa e o capital de giro.

Para começar, lembre-se de que os *ativos circulantes* são compostos pelo caixa e equivalentes e por ativos que se espera converter em caixa durante o ano. Esses ativos são apresentados no balanço patrimonial em ordem de liquidez contábil — a facilidade e o tempo necessário para que possam ser convertidos em caixa. Quatro itens importantes encontrados na seção de ativos circulantes de um balanço patrimonial são: caixa e equivalentes, aplicações em ativos financeiros (títulos e valores mobiliários), contas a receber e estoques.

De maneira similar aos seus investimentos em ativos circulantes, as empresas têm vários tipos de obrigações de curto prazo, chamadas de *passivos circulantes*. No passivo circulante, estão obrigações que exigem pagamento em dinheiro dentro de um ano (ou dentro do ciclo operacional, se ele for maior do que um ano). Os três principais itens encontrados no passivo circulante são: contas a pagar aos fornecedores, despesas a pagar (incluindo as provisões para salários, impostos e contribuições) e as dívidas por empréstimos, financiamentos e por emissão de instrumentos financeiros (debêntures, notas promissórias) com vencimento em até um ano.

Como queremos nos concentrar nas variações de caixa, começaremos definindo o caixa em termos dos outros elementos do balanço patrimonial. Isso nos permite isolar a conta representativa do caixa e explorar o impacto das decisões operacionais e financeiras da empresa sobre o caixa. A identidade básica do balanço patrimonial pode ser escrita assim:

Capital circulante líquido + ativo não circulante = passivo não circulante +
patrimônio líquido   [18.1]

O capital circulante líquido é o caixa mais outros ativos circulantes menos o passivo circulante, ou seja:

Capital circulante líquido = (caixa + outros ativos circulantes) − passivo circulante   [18.2]

Se substituirmos o capital circulante líquido na equação básica do balanço patrimonial pela forma expressa na Equação 18.2 e reorganizarmos um pouco as coisas, vemos que o caixa é:

Caixa = passivo não circulante + patrimônio líquido + passivo circulante −
ativo circulante exceto o caixa − ativo não circulante   [18.3]

Isso nos mostra em termos gerais que algumas atividades aumentam o caixa e outras o diminuem. Podemos listar essas diversas atividades por meio de exemplos:

ATIVIDADES QUE AUMENTAM O CAIXA

Aumento do passivo não circulante (tomar empréstimos a longo prazo)
Aumento do patrimônio líquido (emitir novas ações)
Aumento do passivo circulante (obter um empréstimo com prazo de 90 dias)
Diminuição do ativo circulante além do caixa (vender estoques mediante pagamento à vista)
Diminuição do ativo não circulante (vender uma propriedade ou um investimento)

ATIVIDADES QUE DIMINUEM O CAIXA

Diminuição do passivo não circulante (pagar uma dívida de longo prazo)
Diminuição do patrimônio líquido (recomprar algumas ações)
Diminuição do passivo circulante (pagar um empréstimo com prazo de 90 dias)
Aumento do ativo circulante exceto caixa (comprar estoques)
Aumento do ativo não circulante (comprar uma propriedade)

Observe que as duas listas são opostas. Por exemplo, obter um empréstimo ou emitir um título de dívida de longo prazo (como uma debênture) aumentará o caixa (pelo menos até que o dinheiro seja gasto). Entretanto, o pagamento de um título de dívida de longo prazo diminui o caixa.

Atividades que aumentam o caixa são chamadas de *fontes de caixa*. As atividades que diminuem o caixa são chamadas de *usos do caixa*. Conforme a lista apresentada, vemos que as fontes de caixa sempre envolvem o aumento de uma conta do passivo (ou do patrimônio líquido) ou a diminuição de uma conta do ativo. Isso faz sentido, porque o aumento do passivo significa que se levantou dinheiro por meio de empréstimos ou pela venda de um direito de participação no capital da empresa. Uma diminuição em um ativo significa que um ativo foi vendido ou liquidado de alguma forma. Em ambos os casos, existe um fluxo de entrada de caixa.

Os usos do caixa são exatamente o contrário. Eles envolvem a diminuição de um passivo por meio de seu pagamento ou o aumento dos ativos por meio da compra de alguma coisa. As duas atividades exigem que a empresa gaste caixa.

EXEMPLO 18.1 — Fontes e usos

Façamos uma breve verificação da sua compreensão dos conceitos de fontes e usos: se as contas a pagar aumentarem em $100, isso indica uma fonte ou um uso? E se as contas a receber aumentarem em $100?

As contas a pagar correspondem ao que devemos aos fornecedores, logo, elas são uma dívida de curto prazo. Se esse item aumentar em $100, nós estamos tomando dinheiro emprestado, o que representa uma *fonte* de caixa. As contas a receber são aquilo que nossos clientes nos devem, de modo que um aumento de $100 significa que emprestamos dinheiro aos clientes; portanto, esse é um uso do caixa.

O mesmo princípio de fontes e usos recomenda que se faça a distinção entre capital de giro (CDG) e capital circulante líquido (CCL). Por uma lógica simples de construção das contas do balanço, o valor de um é sempre igual ao valor do outro, e você pode pensar: por que essa distinção? A questão que se apresenta é: do que estamos falando? De fontes de recursos ou de usos de recursos?

Se olharmos para as contas circulantes, a diferença entre ativo circulante e passivo circulante — a diferença entre usos e fontes circulantes — é o CCL. Espera-se que essa diferença seja positiva, se for importante termos mais a receber do que a pagar no curto prazo. Do ponto de vista contábil, haverá mais direitos do que obrigações no curto prazo. Contudo, caso tenhamos mais a receber, caso tenhamos mais dinheiro aplicado em estoques e nas contas a receber de clientes do que dinheiro que devemos para fornecedores, é porque emprestamos mais dinheiro do que tomamos emprestado no curto prazo. De onde veio esse dinheiro? É aí que aparece o capital de giro.

Você já deve ter ouvido falar que as empresas podem ter problemas e até quebrar por falta de capital de giro — ou seja, elas podem ter problemas financeiros por falta de fontes de recursos para as operações. Permanece a pergunta: de onde vêm esses recursos?

Lembremos da Equação 18.1:

Capital circulante líquido + Ativo não circulante = Passivo não circulante + patrimônio líquido

Se substituirmos o CCL pelo CDG (como argumentamos antes, os dois valores são exatamente iguais) e rearranjarmos os termos, podemos escrever a Equação 18.1 assim:

Capital de giro = (passivo não circulante + patrimônio líquido) − Ativo não circulante

[18.4]

A Equação 18.4 nos mostra que os recursos aportados pelos sócios (patrimônio líquido) e os recursos captados por empréstimos e financiamentos de longo prazo (passivo não circulante) — que não estejam comprometidos com o financiamento do ativo não circulante — estão disponíveis para financiar o giro das operações. São esses recursos que constituem o capital de giro. O capital de giro financia os estoques e as contas a receber que não têm financiamento suficiente dos fornecedores e de outras contas operacionais do passivo circulante.

Uma advertência é necessária: o fato de que necessariamente se verifica a igualdade CDG = CCL não significa que todo o uso de recursos nas contas circulantes é atendido pelo CDG. Dificilmente isso ocorre. Por que, então, CCL = CDG?

A necessidade de financiamento dos ativos circulantes operacionais que exceder ao financiamento obtido com passivos circulantes operacionais e que não for atendida pelo CDG geralmente será financiada por empréstimos de curto prazo — logo, deverá ser aportada por empréstimos bancários. O "saldo devedor" dos usos de curto prazo é, então, "fechado" por empréstimos bancários, que, se de curto prazo, serão contabilizados no passivo circulante. Conforme o raciocínio exposto no Capítulo 4, os empréstimos bancários de curto prazo constituem a "variável de fechamento" nesse caso.

Capítulo 18 Planejamento e Finanças de Curto Prazo 639

Veremos em seguida que, antes de tomar decisões operacionais relativas a aumentos de vendas ou de estoques, é necessário avaliar o efeito dessas decisões na estrutura de capital, com foco no capital de giro de que dispõe a empresa e os eventuais custos financeiros para complementá-lo. Pode ser adequada uma política para isso, e para a definição de uma política de financiamento do circulante é importante levar em conta:

1. A variação da necessidade de capital de giro (NCG) para diferentes níveis de operações.
2. A evolução da diferença CDG – NCG e sua ponderação pela evolução do nível de vendas.
3. Planos para a formação de capital de giro (CDG) para sustentar as operações.
4. Uma política de captação de recursos para financiar as operações e uma política de distribuição de dividendos e retenção de lucros que sejam adequadas à rentabilidade das operações, evitando o caminho dos custos com dificuldades financeiras.

Uma visão integrada do capital de giro

A Figura 18.1 evidencia a distinção entre o capital circulante líquido (CCL) — o uso de recursos não financiados pelo passivo circulante — e o capital de giro (CDG) — fonte de recursos para o giro das operações. A figura separa a parte de cima e a parte do baixo do balanço patrimonial para mostrar a diferença dos conceitos referentes a fontes e usos, além de expor por construção e lógica que, em valores: CCL = CDG.

Questões conceituais

18.1a Qual é a diferença entre capital circulante líquido e caixa?
18.1b O capital circulante líquido sempre aumenta quando o caixa aumenta?
18.1c Liste cinco fontes potenciais de caixa.
18.1d Liste cinco potenciais uso do caixa.

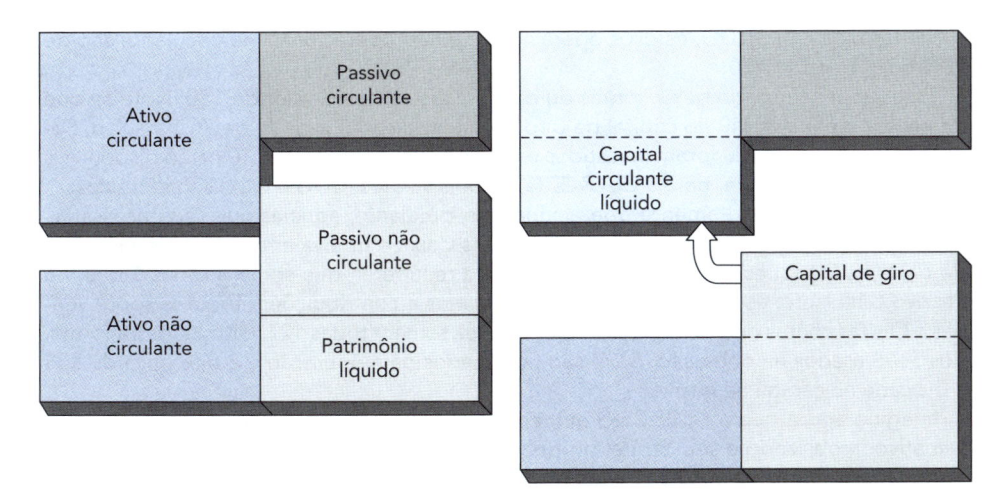

FIGURA 18.1 Circulante: usos e fontes.

EXEMPLO 18.2 — Capital de giro e capital circulante líquido

Considere o balanço patrimonial da CCL&CDG S/A apresentado no Quadro 18.1:

QUADRO 18.1 Balanço patrimonial da CCL&CDG S/A

Ativo circulante	200	Passivo circulante	130
Caixa	10	Fornecedores	60
Títulos e valores mobiliários	20	Salários e contribuições	30
Contas a receber de clientes	90	Impostos sobre vendas	25
Estoques	60	Outras contas operacionais	12
Impostos a recuperar	15	Outras contas não operacionais	3
Outras contas não operacionais	5		
Ativo não circulante	100	Passivo não circulante	90
Ativo imobilizado	100	Financiamentos de longo prazo	90
		Patrimônio líquido	80
Ativo total	300	Passivo e PL	300

No balanço patrimonial da CCL&CDG S/A, temos:
Parte de cima do balanço:
Ativo circulante (AC) = 200
Passivo circulante (PC) = 130
AC – PC = Capital circulante líquido (CCL) = 200 – 130 = 70
Parte de baixo do balanço:
Passivo não circulante (PNC) = 90
Patrimônio líquido (PL) = 80
Ativo não circulante (ANC) = 100
Fontes não circulantes = PNC + PL = 90 + 80 = 170
Usos não circulantes = ANC = 100
Fontes – Usos = 170 – 100 = 70
Capital de giro = CDG = PNC + PL – ANC
CDG = 90 + 80 – 100 = 170 – 100 = 70

Observe que a CCL&CDG S/A conta com $170 na sua base de recursos de longo prazo e utiliza somente $100 para financiar o ativo imobilizado. Assim, há um saldo de $70,00 para financiar o circulante.

O fato de se verificar que, nas contas do balanço da CCL&CDG, há uma igualdade CCL = CDG pode parecer surpreendente, mas, observando as contas caixa e títulos e valores mobiliários, vemos que parte dos recursos não aplicados no ativo imobilizado está no caixa e em aplicações financeiras de liquidez.

De fato, na CCL&CDG, os usos operacionais e não operacionais no circulante são de 90 + 60 + 15 + 5 = 170.

Esse uso é financiado pelas contas do passivo circulante no valor de 130. Nota-se que foi necessário buscar 40 no capital de giro, que tem disponibilidade de 70 para uso. Sobraram 30, dos quais 20 foram investidos em aplicações financeiras e 10 estão disponíveis no caixa. É por isso que, para a CCL&CDG, os dois valores (CDG e CCL) são idênticos.

Aqui, as contas estritamente operacionais do circulante, aquelas que são necessárias para a operar são: no Ativo Circulante as contas Caixa e Equivalentes, Contas a receber de clientes, Estoques e Tributos sobre vendas a recuperar, que somam todas 165 e, no Passivo Circulante, as contas Fornecedores, Salários e contribuições, Tributos sobre vendas e Outras contas operacionais, que por sua vez somam todas 127. Dito de outra forma, dos $165 usados na operação, $127 são financiados pela operação e a diferença de $38 é buscada no capital de giro.

Imagine agora que a CCL&CDG aumente seu nível de atividades, utilizando melhor seu ativo imobilizado e seu capital próprio, não tomando novos financiamentos de longo prazo. Como as fontes PL + PNC e a aplicação no ANC permanecem com os mesmos valores, o capital de giro disponível para as operações continua o mesmo, é de 90 + 80 – 100 = 70. E o capital circulante líquido também tem o mesmo valor, mas agora resulta de 262 – 192 = 70.

Como resultado de melhorias operacionais e concedendo maior prazo para os clientes, a CCL&CDG teve um aumento de 50% em algumas contas do ativo (contas a receber de clientes, estoques e impostos a recuperar), mas só conseguiu obter mais 30% em algumas fontes operacionais (fornecedores, salários e contribuições e impostos sobre a produção).

QUADRO 18.2 Balanço patrimonial da CCL&CDG S/A com aumento das operações

Ativo circulante	262	Passivo circulante	192
Caixa e equivalentes	10	Empréstimos de curto prazo	36
Títulos e valores mobiliários	0	Fornecedores	78
Contas a receber de clientes	135	Salários e contribuições	30
Estoques	90	Tributos sobre vendas	33
Tributos sobre vendas, a recuperar	22	Outras contas operacionais	12
Outras contas não operacionais	5	Outras contas não operacionais	3
Ativo não circulante	100	Passivo não circulante	90
Ativo imobilizado	100	Financiamentos de longo prazo	90
		Patrimônio líquido	80
Ativo total	362	Passivo e PL	362

Continuamos a verificar a igualdade CCL = CDG = 70, mas a composição das contas do circulante mudou: agora a soma de contas operacionais do ativo circulante é de 257 e a soma das contas operacionais do passivo circulante aumentou para 153. A diferença a financiar passou para 104, um aumento de 66 em relação à situação anterior. Observe como o aumento no volume de operações exigiu a busca de recursos. Como a empresa não tinha capital de giro suficiente, foi necessário tomar um empréstimo para complementar o financiamento da necessidade de capital de giro.

O exemplo da CCL&CDG mostra que devemos prestar atenção ao capital de giro, olhar para as contas não circulantes para, então, tomar decisões operacionais, pois são os recursos do patrimônio líquido e das dívidas de longo prazo que excedam aos utilizados no ativo não circulante que estarão disponíveis para o financiamento das operações. Se o CDG for insuficiente, novos aportes de recursos financeiros serão necessários.

O nível das atividades só altera o capital de giro de forma lenta pela realização dos lucros a serem incorporados ao patrimônio líquido ou disponíveis para financiar as operações enquanto não distribuídos aos sócios ou acionistas. As alterações nas contas circulantes são ajustadas por investimento de tesouraria — quando há sobras de caixa — ou por empréstimos de curto prazo — quando há falta de caixa. Nossa recomendação, por enquanto, é: preste atenção ao capital de giro! Voltaremos a esse ponto em seguida, na Seção 18.6.

18.2 Ciclo operacional e ciclo financeiro

As principais preocupações nas finanças de curto prazo são as atividades operacionais e financeiras correntes da empresa. No caso de uma empresa típica de produção, essas atividades correntes podem consistir na seguinte sequência de eventos e decisões:

Evento	Decisão
1. Compra de matéria-prima	1. Quanto de estoque deve ser encomendado?
2. Pagamento em dinheiro	2. Tomar um empréstimo ou usar os saldos de caixa?
3. Fabricação do produto	3. Que tecnologia de produção escolher?
4. Venda dos produtos	4. Conceder ou não crédito a um determinado cliente?
5. Cobrança das vendas	5. Como cobrar?

Essas atividades criam sequências de fluxos de entradas e de saídas de caixa. Esses fluxos de caixa são incertos e não sincronizados. Eles não são sincronizados porque, por exemplo, a saída de caixa para pagamento da compra de matéria-prima não acontece ao mesmo tempo em que ocorre o recebimento do caixa pela venda dos produtos. Eles são incertos porque não é possível prever com exatidão as vendas e os custos futuros (e também porque os clientes podem inadimplir).

Definição dos ciclos operacional e financeiro

Podemos começar com um caso simples. Um dia, que chamaremos de Dia 0, compramos $ 1.000 em estoques a prazo. Pagamos a conta 30 dias depois, e, após outros 30 dias, alguém compra nosso estoque de $1.000 por $1.400. O nosso comprador só pagará dentro de outros 45 dias. Podemos resumir esses eventos de forma cronológica da seguinte maneira:

Dia	Atividade	Efeito sobre o caixa
0	Aquisição de estoque	Nenhum
30	Pagamento do estoque	−$1.000
60	Venda do estoque a prazo	Nenhum
105	Recebimento pela venda	+$1.400

O ciclo operacional Existem vários fatos a serem observados em nosso exemplo. De início, o ciclo completo, do momento em que adquirimos o estoque até o momento em que recebemos no caixa o dinheiro de sua venda, leva 105 dias. Isso é chamado de **ciclo operacional (CO)**.

ciclo operacional
o período entre a aquisição de estoques e o recebimento do caixa das contas a receber.

Como ilustramos, o ciclo operacional é o tempo necessário para adquirir o estoque, processá-lo, vendê-lo e receber o pagamento das vendas. Esse ciclo tem dois componentes distintos. Um deles diz respeito ao tempo necessário para adquirir, processar e vender o estoque. Esse período, que no nosso exemplo é de 60 dias, é chamado de **prazo médio de estocagem (PME)**. O segundo considera o tempo para receber pela venda, o que dá 45 dias no nosso exemplo. Isso é chamado de prazo médio das contas a receber, ou **prazo médio de recebimento (PMR)**.

prazo médio de estocagem
o tempo necessário para adquirir e vender o estoque.

prazo médio de recebimento
o tempo entre a venda do estoque e o recebimento das contas a receber.

Com base em nossas definições, o ciclo operacional é a soma dos prazos de estocagem e de recebimento:

Ciclo operacional = prazo médio de estocagem + prazo médio de recebimento   [18.5]
105 dias = 60 dias + 45 dias

O que o ciclo operacional descreve é a forma como um produto se movimenta entre as contas dos ativos circulantes. O produto começa a vida como estoque, depois é convertido em contas a receber quando vendido e, finalmente, é convertido em caixa quando recebemos o pagamento das vendas. Observe que, a cada etapa, o ativo se move para mais perto do caixa.

O ciclo financeiro Em seguida, deve-se notar que os fluxos de caixa e outros eventos que ocorrem não são sincronizados. Por exemplo, não pagamos realmente o estoque antes de 30 dias após sua aquisição. Esse período de 30 dias é chamado de **prazo médio de pagamento (PMP)** ou prazo médio de contas a pagar. Temos uma saída de caixa no dia 30, mas não recebemos o valor da venda antes do dia 105. De algum modo, temos de conseguir financiamento para os $1.000 durante 105 − 30 = 75 dias. Esse prazo é chamado de **ciclo financeiro (CF)**.[1]

prazo médio de pagamento
o tempo entre o recebimento do estoque e seu pagamento.

ciclo financeiro
o tempo entre o desembolso e o recebimento do caixa.

Assim, o ciclo financeiro é o número de dias decorridos até o recebimento do dinheiro pela venda, medido desde o momento em que se pagou pelos estoques. Observe que, com base em

---
[1] Também chamado de ciclo de caixa.

nossas definições, o ciclo financeiro é a diferença entre o ciclo operacional e o prazo médio de pagamento:

Ciclo financeiro = ciclo operacional − prazo médio de pagamento   [18.6]
75 dias = 105 dias − 30 dias

A Figura 18.2 descreve as atividades operacionais de curto prazo e os fluxos de caixa de uma empresa típica de produção por meio de uma **linha do tempo dos fluxos de caixa**. A linha do tempo dos fluxos de caixa ilustra o ciclo operacional e o ciclo financeiro. Nessa figura, a necessidade de administração financeira de curto prazo é sugerida pela defasagem entre os fluxos de entrada e saída de caixa. Isso está relacionado às durações do ciclo operacional e do prazo médio de pagamento.

A defasagem entre os fluxos de entrada e de saída de caixa de curto prazo pode ser compensada com empréstimos (o desconto de duplicatas é muito utilizado pelas pequenas e médias empresas) ou mantendo-se uma reserva de liquidez na forma de dinheiro disponível ou de instrumentos financeiros (recursos aplicados em títulos ou em fundos de investimento). Além disso, a defasagem também pode ser diminuída por mudanças nos prazos de estocagem, de recebimento e de pagamento. Essas são as opções de gestão que discutiremos nas próximas seções e nos capítulos subsequentes.

O ciclo operacional e o organograma da empresa

Antes de examinarmos em mais detalhes os ciclos operacional e financeiro, é importante verificarmos as funções das pessoas envolvidas na gestão dos ativos e passivos circulantes de uma empresa. Como ilustra o Quadro 18.3, a gestão financeira do curto prazo de uma grande empresa envolve vários gestores financeiros e não financeiros. Examinando o Quadro 18.3, vemos que a venda a prazo envolve pelo menos três gestores de áreas diferentes: o gestor de crédito, o gestor de *marketing* e o gestor de controladoria. Desses três, apenas dois se reportam ao diretor financeiro (a função de *marketing* geralmente está associada ao diretor de *marketing*). Assim, existe a possibilidade de conflitos, sobretudo quando cada um dos diferentes gestores se concentra em apenas uma parte do todo. Por exemplo, se o *marketing* está tentando conseguir uma conta nova, ele pode querer oferecer condições de crédito mais liberais como um incentivo às vendas; todavia, isso pode aumentar o estoque de contas a receber da empresa ou a sua exposição ao risco de inadimplência, o que pode resultar em conflitos entre as diferentes áreas.

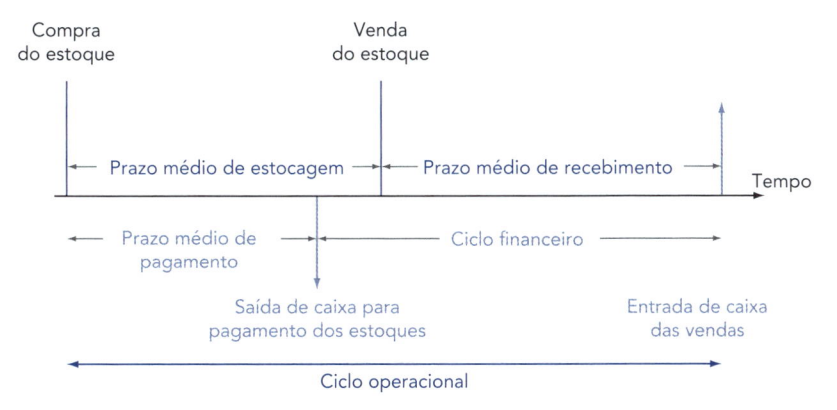

O ciclo operacional é o período entre a compra de estoque e o recebimento de dinheiro das vendas. O ciclo financeiro é o período entre o momento em que pagamos com caixa e o momento em que recebemos em caixa.

FIGURA 18.2 Linha do tempo dos fluxos de caixa e atividades operacionais de curto prazo de uma empresa típica de produção.

644 Parte VIII Tópicos de Finanças Corporativas

QUADRO 18.3 Gestores que lidam com questões financeiras de curto prazo

Título do gestor	Atividades relacionadas à gestão financeira do curto prazo	Ativos/passivos influenciados
Gestor financeiro	Recebimento, centralização do caixa, desembolsos, investimentos de curto prazo, empréstimos a curto prazo, relações bancárias	Caixa, instrumentos financeiros (títulos negociáveis), empréstimos a curto prazo
Gestor de crédito	Monitoramento e controle das contas a receber, decisões sobre a política de crédito	Contas a receber
Gestor de *marketing*	Decisões sobre a política de crédito	Contas a receber
Gestor de compras	Decisões sobre compras, fornecedores, negociação de termos de pagamento	Estoques, contas a pagar
Gestor de produção	Definição das programações de produção e da necessidade de materiais	Estoques, contas a pagar
Gestor de contas a pagar	Decisões sobre as políticas de pagamento e descontos	Contas a pagar
Gestor de controladoria	Informação contábil sobre os fluxos de caixa, conciliação das contas a pagar, conferência entre pagamentos e contas a receber	Contas a receber, contas a pagar

Cálculo dos ciclos operacional e financeiro

Em nosso exemplo, as durações dos diferentes prazos eram óbvias. Contudo, se tivermos apenas as informações das demonstrações contábeis, teremos que trabalhar um pouco mais. Adiante, ilustramos os cálculos.

Para começar, precisamos determinar diversas coisas, como os prazos médios para vender o estoque e para receber o caixa das vendas. Começamos reunindo algumas informações do balanço patrimonial (em milhares), como:

Item	Inicial	Final	Média
Estoque	$2.000	$3.000	$2.500
Contas a receber	1.600	2.000	1.800
Contas a pagar	750	1.000	875

Além disso, a partir da demonstração de resultados do exercício mais recente, podemos obter os seguintes números (em milhares):

Vendas líquidas	$11.500
Custo das mercadorias vendidas	8.200

Agora, é necessário calcular alguns indicadores financeiros. No Capítulo 3, tratamos de alguns detalhes desses indicadores, entretanto, aqui, apenas os definiremos e usaremos quando necessário.

O ciclo operacional Antes de tudo, precisamos do prazo médio de estocagem. Gastamos $8,2 milhões em estoque (nosso custo das mercadorias vendidas). Nosso estoque médio foi de $2,5 milhões. Assim, giramos o estoque $ 8,2/2,5 vezes durante o ano:[2]

---

[2] Observe que, ao calcular o giro do estoque, usamos a média do estoque em vez de usarmos o estoque final, como fizemos no Capítulo 3. Ambas as abordagens são usadas na prática. Para praticarmos o uso de médias, manteremos essa abordagem ao calcularmos os diversos indicadores neste capítulo.

$$\text{Giro do estoque} = \frac{\text{Custo das mercadorias vendidas}}{\text{Estoque médio}}$$

$$= \frac{\$8,2 \text{ milhões}}{2,5 \text{ milhões}} = 3,28 \text{ vezes}$$

De modo geral, isso mostra que compramos e vendemos nosso estoque 3,28 vezes durante o ano. Ainda significa que mantemos nosso estoque durante:

$$\text{Prazo médio de estocagem} = \frac{365 \text{ dias}}{\text{Giro do estoque}}$$

$$= \frac{365}{3,28} = 111 \text{ dias}$$

Assim, o prazo médio de estocagem é de 111 dias. Em outras palavras, o estoque ficou parado 111 dias antes de ser vendido.[3]

Da mesma maneira, as contas a receber atingiram uma média de $1,8 milhão, e as vendas foram de $11,5 milhões. Supondo que todas as vendas foram a prazo, o giro de contas a receber é:[4]

$$\text{Giro de contas a receber} = \frac{\text{Vendas a prazo}}{\text{Média das contas a receber}}$$

$$= \frac{\$11,5 \text{ milhões}}{1,8 \text{ milhão}} = 6,39 \text{ vezes}$$

Se girarmos as contas a receber 6,4 vezes, o prazo médio de recebimento será:

$$\text{Prazo médio de recebimento} = \frac{365 \text{ dias}}{\text{Giro de contas a receber}}$$

$$= \frac{365}{6,39} = 57 \text{ dias}$$

O prazo médio de recebimento é também chamado de *dias em contas a receber* ou *prazo médio de contas a receber*. Seja qual for o nome, ele mostra que nossos clientes levaram perto de 57 dias para pagar.

O ciclo operacional é a soma dos prazos médios de estocagem e de recebimento:

Ciclo operacional = Prazo médio de estocagem + Prazo médio de recebimento
= 111 dias + 57 dias = 168 dias

Isso mostra que decorrem 168 dias entre o momento em que adquirimos os estoques e, depois de vendê-los, o momento em que recebemos o dinheiro das vendas.

O ciclo financeiro Agora, é preciso saber qual é o prazo médio de pagamento. A partir das informações anteriores, sabemos que a média das contas a pagar foi de $875.000, e o custo das mercadorias vendidas foi de $8,2 milhões. Nosso giro de contas a pagar é:

$$\text{Giro de contas a pagar} = \frac{\text{Giro de contas a pagar}}{\text{Média de contas a pagar}}$$

$$= \frac{\$8,2 \text{ milhões}}{\$0,875 \text{ milhão}} = 9,37 \text{ vezes}$$

Nosso prazo médio de pagamento é:

$$\text{Prazo médio de pagamento} = \frac{365 \text{ dias}}{\text{Giro de contas a pagar}}$$

$$= \frac{365}{9,4} = 39 \text{ dias}$$

---

[3] Esse indicador é idêntico ao prazo médio de estocagem discutido no Capítulo 3.

[4] Se menos de 100% de nossas vendas fossem a prazo, precisaríamos apenas de um pouco mais de informação, a saber: as vendas a prazo durante o ano. Consulte o Capítulo 3 para mais informações sobre esse indicador.

Assim, levamos em média 39 dias para pagar nossas contas.

Por fim, o ciclo financeiro é a diferença entre o ciclo operacional e o prazo médio de pagamento:

Ciclo financeiro = Ciclo operacional − Prazo médio de pagamento
= 168 dias − 39 dias = 129 dias

Dessa maneira, existe uma defasagem de 129 dias entre o momento em que pagamos pelas mercadorias e o momento em que recebemos pelas vendas.

EXEMPLO 18.3 — Ciclos operacional e financeiro

Você reuniu as seguintes informações sobre a Companhia Paga-Mas-Demora:

Item	Inicial	Final
Estoque	$5.000	$7.000
Contas a receber	1.600	2.400
Contas a pagar	2.700	4.800

As vendas a prazo do ano que findou foram de $50.000, e o custo das mercadorias vendidas foi de $30.000. Quanto tempo é preciso para que a Paga-Mas-Demora receba suas contas a receber? Quanto tempo a mercadoria permanece na empresa até ser vendida? Quanto tempo a empresa leva para pagar suas contas?

Em primeiro lugar, podemos calcular os três índices de giro:

Giro de estoques = $30.000/6.000 = 5 vezes
Giro de contas a receber = $50.000/2.000 = 25 vezes
Giro de contas a pagar = $30.000/3.750 = 8 vezes

Usamos esses giros para obter os diversos prazos médios:

Prazo médio de estocagem = 365/5 = 73 dias
Prazo médio de recebimento = 365/25 = 14,6 dias
Prazo médio de pagamento = 365/8 = 45,6 dias

Nota-se que a Paga-Mas-Demora recebe uma venda em 14,6 dias, o estoque permanece na empresa por 73 dias, e as contas são pagas 46 dias após as compras. Como o ciclo operacional é a soma dos prazos médios de estocagem e de recebimento, temos: 73 + 14,6 = 87,6 dias. Já o ciclo financeiro é a diferença entre o ciclo operacional e o prazo médio de pagamento: 87,6 − 45,6 = 42 dias.

Interpretando o ciclo financeiro

Os exemplos mostram que o ciclo financeiro depende dos prazos médios de estocagem, de recebimento e de pagamento. Ele aumenta à medida que os prazos de estocagem e de recebimento se tornam mais longos e diminui quando a empresa pode adiar pagamentos e, assim, aumentar o prazo médio de pagamento.

A maioria das empresas tem um ciclo financeiro positivo, e, portanto, elas precisam de capital de giro para financiar os estoques e as contas a receber. Quanto maior o ciclo financeiro, maior o financiamento necessário; se a empresa não tiver capital de giro suficiente, terá que buscar novos aportes financeiros na forma de empréstimos de curto prazo.

As alterações no ciclo financeiro da empresa quase sempre são monitoradas, pois constituem uma forma de aviso antecipado. Um ciclo em crescimento pode indicar que a empresa tem problemas para movimentar o estoque ou para receber por suas vendas. Tais problemas podem ser mascarados, pelo menos parcialmente, por um aumento no ciclo de contas a pagar, de modo que ambos os ciclos devem ser monitorados.

A ligação entre o ciclo financeiro da empresa e a sua lucratividade pode ser compreendida se nos lembrarmos de que um dos fatores básicos da lucratividade e do crescimento de uma empresa é seu giro do ativo total, o qual é definido como vendas/ativo total. No Capítulo 3, vimos que, quanto mais alto for esse índice, maior será o retorno dos ativos (ROA) e o retorno do patrimônio líquido (ROE). Logo, mantidos os demais valores inalterados, quanto menor for o ciclo financeiro, menor será o investimento da empresa em estoques e contas a receber. Como resultado, o ativo total da empresa é menor, e o giro total é maior.

Questões conceituais

18.2a Descreva o ciclo operacional e o ciclo financeiro. Quais são as diferenças?

18.2b O que significa dizer que uma empresa tem um indicador de giro de estoque de 4?

18.2c Explique a conexão entre a lucratividade contábil e o ciclo financeiro de uma empresa.

18.3 Alguns aspectos da política financeira de curto prazo

A política financeira de curto prazo de uma empresa se reflete pelo menos de duas maneiras:

1. O *tamanho do investimento da empresa em ativos circulantes*: é costumeiro medi-lo em relação ao nível das receitas operacionais totais da empresa. Uma política financeira de curto prazo *flexível* ou acomodativa manteria um índice relativamente alto entre ativos circulantes e vendas. Já uma política financeira de curto prazo *restritiva* implicaria um índice baixo.[5]

2. *O financiamento dos ativos circulantes*: medido como a proporção entre as dívidas de curto prazo e as dívidas de longo prazo. Uma política financeira de curto prazo restritiva significa uma alta proporção de dívidas de curto prazo em relação ao financiamento de longo prazo, e uma política flexível significa menos dívidas de curto prazo e mais dívidas de longo prazo.

Se considerarmos essas duas áreas juntas, veremos que uma empresa com uma política flexível teria um investimento relativamente grande em ativos circulantes e financiaria esse investimento com dívida de curto prazo relativamente menor. O efeito líquido de uma política flexível é, portanto, um nível relativamente alto de capital de giro. Em outras palavras, com uma política flexível, a empresa mantém um nível geral de liquidez mais alto.

O tamanho do investimento de uma empresa em ativos circulantes

As políticas financeiras de curto prazo flexíveis incluem ações como:

1. Manutenção de grandes saldos de caixa e equivalentes e títulos e valores mobiliários (instrumentos financeiros).
2. Grandes investimentos em estoque.
3. Concessão de condições liberais de crédito, o que resulta em um alto nível de contas a receber.

---

[5] Alguns usam o termo *conservadora*, em vez de *flexível*, e o termo *agressiva*, em vez de *restritiva*.

Políticas financeiras de curto prazo restritivas incluem:

1. Saldos de caixa baixos e nenhum investimento em títulos e valores mobiliários.
2. Pequenos investimentos em estoque.
3. Nenhuma ou poucas vendas a prazo, com baixos valores de contas a receber.

A determinação do nível ideal de investimento em ativos correntes exige que se identifiquem os diferentes custos das políticas de financiamento de curto prazo alternativas. O objetivo é efetuar um balanço entre os custos de uma política restritiva e os custos de uma política flexível, para chegar ao melhor resultado.

Os investimentos em ativos circulantes são mais altos com uma política financeira de curto prazo flexível e são mais baixos com uma política restritiva. Por conseguinte, as políticas flexíveis são caras, uma vez que exigem maior investimento para financiar caixa e instrumentos financeiros, estoques e contas a receber. Contudo, fluxos de entrada de caixa futuros são maiores com uma política flexível. As vendas são estimuladas pelo uso de uma política de crédito liberal aos clientes. Um montante grande de estoque ("mercadorias na prateleira") permite entrega rápida aos clientes e aumenta as vendas. Além disso, a empresa talvez possa cobrar preços mais elevados pela entrega rápida e pelas condições liberais de crédito que resultam das políticas flexíveis. Da mesma forma, estoques maiores de matérias-primas e componentes também podem resultar em número menor de paralisações da produção, que seriam provocadas por escassez de estoques.

Uma política financeira de curto prazo mais restritiva provavelmente reduz vendas futuras para níveis abaixo daqueles que seriam atingidos sob políticas flexíveis. Também é possível que preços mais altos sejam cobrados dos consumidores sob políticas de capital flexíveis. Os consumidores podem estar dispostos a pagar preços mais altos pelo serviço de entrega rápida e pelos termos de crédito mais liberais implícitos em políticas flexíveis.

A gestão dos ativos circulantes pode ser vista como algo que envolve a ponderação entre os custos que aumentam e os custos que diminuem com o nível de investimento. Os custos que *sobem* ao se aumentar o nível de investimento em ativos circulantes são chamados de **custos de carregamento**. Os custos que *diminuem* ao se aumentar o nível de investimento em ativos circulantes são chamados de **custos de falta**.

custos de carregamento
Custos que sobem ao se aumentar o nível de investimento em ativos circulantes.

custos de falta
Custos que diminuem ao se aumentar o nível de investimento em ativos circulantes.

Em um sentido geral, custos de carregamento são os custos de oportunidade associados aos recursos financeiros mantidos no ativo circulante. Para manter uma política flexível, é preciso ter capital de giro; parte dele será aplicado em fundos de investimento e aplicações financeiras de liquidez, para sustentar eventual elevação no nível das operações. A taxa de retorno sobre aplicações financeiras no circulante é muito baixa quando comparada à de outros ativos. Por exemplo, a taxa de retorno dos títulos públicos é, em média, muito baixa se comparada à taxa de retorno que as empresas gostariam de atingir no geral. Os títulos públicos são um componente importante dos instrumentos financeiros e fundos de investimento utilizados como reserva de caixa.

Os custos de falta são incorridos quando o investimento em ativos circulantes é baixo. Se a empresa ficar sem caixa, ela será forçada a resgatar investimentos financeiros que mantenha como reserva. Nesse cenário, se ela não puder realizar com facilidade ou não dispuser de instrumentos financeiros negociáveis, ela talvez tenha que tomar empréstimos ou deixar de pagar uma obrigação. Essa situação é chamada de *falta de caixa*. Uma empresa pode também perder clientes se ficar sem estoque ou se não puder estender crédito a eles.

Existem dois tipos de custos de falta:

1. *Custos de transação ou de pedido*: são aqueles incorridos quando se procura obter dinheiro (tarifas, comissões, tributos sobre empréstimos ou custos de corretagem, por exemplo) ou repor estoques (custos de configuração de produção, por exemplo).
2. *Custos relacionados à falta de reservas de segurança*: são os custos de vendas perdidas, de perda da confiança do cliente e de interrupção das programações de produção.

A parte superior da Figura 18.3 ilustra a ponderação básica entre os custos de carregamento e os custos de falta. No eixo vertical, temos os custos financeiros e, no eixo horizontal, temos o montante de ativos circulantes. Os custos de carregamento iniciam em zero

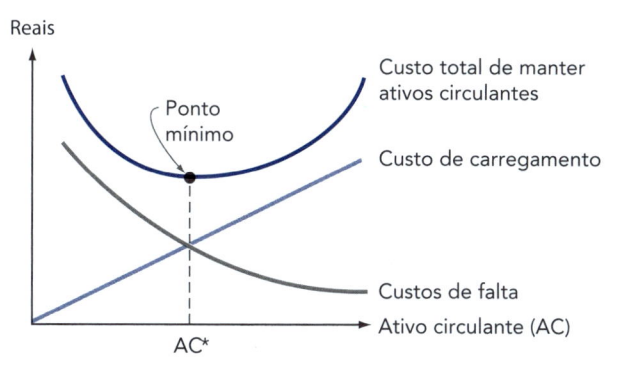

FIGURA 18.3 Custos de carregamento e custos de falta.

Quantidade ótima de ativos circulantes. Este ponto minimiza os custos.

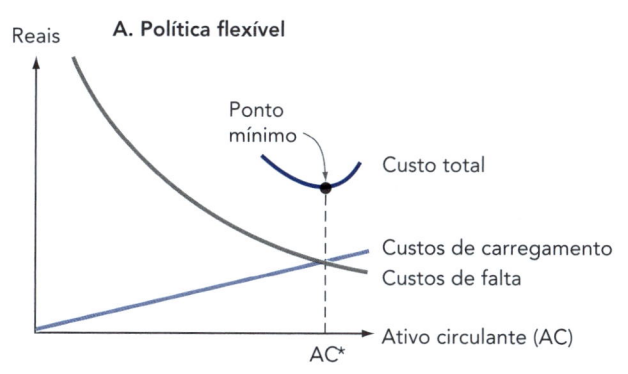

A. Política flexível

Uma política flexível é a mais apropriada quando os custos de carregamento são baixos em relação aos custos de falta.

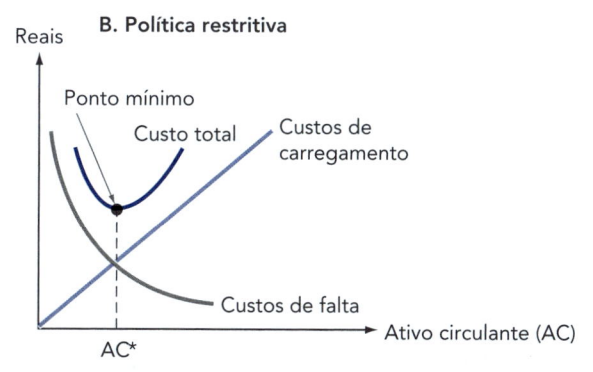

B. Política restritiva

Uma política restritiva é a mais apropriada quando os custos de carregamento são altos em relação aos custos de falta.

Os *custos de carregamento* sobem ao se aumentar o nível de investimento em ativos circulantes. Eles incluem tanto os custos de oportunidade quanto os custos de se manter o valor econômico de um ativo. Os *custos de falta* diminuem ao se aumentar o nível de investimento em ativos circulantes. Eles incluem custos de transação e custos relativos à escassez de ativos correntes (p. ex., escassez de caixa). A política da empresa pode ser caracterizada como flexível ou restritiva.

quando o ativo circulante é zero e, em seguida, sobem de modo constante à medida que o ativo circulante aumenta. Os custos de falta começam muito altos e caem à medida que aumentamos o ativo circulante. O custo total de manter o ativo circulante é a soma dos dois. Observe como os custos combinados atingem um mínimo em AC*. Esse é o nível ótimo de ativos circulantes.

Os investimentos ótimos em ativos circulantes são mais altos com uma política flexível. Essa política é aquela em que os custos de carregamento são baixos em relação aos custos de falta. Esse é o caso A da Figura 18.3. Em comparação, nas políticas de ativos circulantes restritivas, os custos de carregamento são altos em relação aos custos de falta, resultando em investimentos mais baixos em ativos circulantes. Esse é o caso B da Figura 18.3.

Políticas alternativas de financiamento para ativos circulantes

Nas seções anteriores, dirigimos nossa atenção para os determinantes básicos do nível de investimentos em ativo circulante e, portanto, nos concentramos no lado do ativo do balanço patrimonial. Agora nossa atenção é para o lado do financiamento. Nesta seção, estaremos preocupados com os montantes relativos às dívidas de curto e longo prazos, supondo que o investimento em ativos circulantes seja constante.

Um caso ideal Começamos com o caso mais simples possível: uma economia "ideal". Em tal situação, os ativos de curto prazo sempre podem ser financiados com dívidas de curto prazo, e os ativos de longo prazo podem ser financiados com dívidas de longo prazo e capital próprio. Nessa condição, o capital de giro é sempre igual a zero.

Imagine um caso simples de uma companhia armazenadora que opera silos de grãos. Essa companhia compra os grãos após a colheita, armazena-os e vende-os durante o ano. Ela tem estoques altos após a colheita e acaba com estoques baixos antes da próxima colheita.

Suponha que essa empresa utilize financiamentos bancários com prazos menores do que um ano para financiar a compra dos grãos e que esses financiamentos sejam pagos com o resultado da venda dos grãos.

Essa situação é apresentada na Figura 18.4. Presume-se que o ativo de longo prazo aumente ao longo do tempo, enquanto o ativo circulante aumenta ao final da colheita e diminui durante o ano. O ativo de curto prazo acaba em zero pouco antes da nova colheita e é financiado por dívidas de curto prazo. O ativo de longo prazo é financiado por dívidas de longo prazo e capital próprio. O capital circulante líquido (ativo circulante menos passivo circulante) é sempre igual a zero.

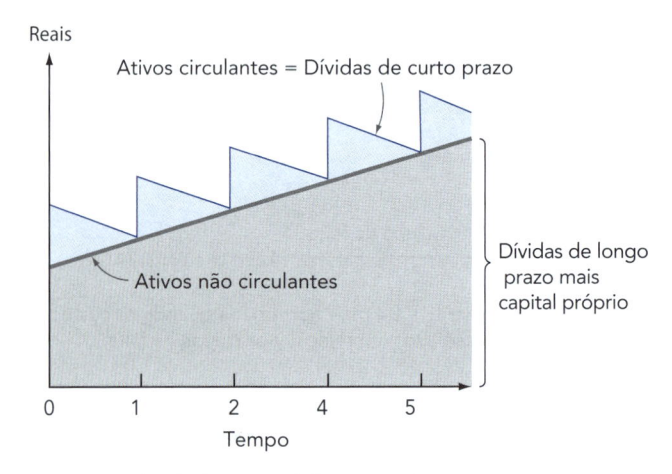

Em um mundo ideal, o capital de giro será sempre zero, porque os ativos de curto prazo são financiados por dívidas de curto prazo.

FIGURA 18.4 Política financeira em uma economia ideal.

A Figura 18.4 exibe um padrão "dente de serra" que veremos novamente quando chegarmos à nossa discussão sobre administração de caixa, no próximo capítulo. Por enquanto, precisamos discutir algumas políticas alternativas para o financiamento do ativo circulante em condições menos idealizadas.

Diferentes estratégias de financiamento de ativos circulantes

No mundo real, não se pode esperar que o ativo circulante chegue a zero, pois um nível de vendas que aumenta ao longo do tempo resulta em algum investimento permanente em ativos circulantes. Uma empresa em crescimento pode ver-se tendo uma necessidade permanente tanto de ativos circulantes quanto de ativos não circulantes. Essa necessidade total de ativos exibirá saldos ao longo do tempo, refletindo: (1) uma tendência geral de crescimento, (2) variação sazonal em torno da tendência e (3) flutuações imprevisíveis dia a dia e mês a mês (Figura 18.5). Não tentamos mostrar as variações imprevisíveis dia a dia e mês a mês nas necessidades de ativos totais.

Os "picos" e os "vales" na Figura 18.5 representam as necessidades de ativos totais da empresa ao longo do tempo. Por exemplo, para uma empresa fornecedora de artigos para jardinagem, os picos podem representar acúmulos de estoque anteriores às vendas da primavera. Os vales aconteceriam por causa dos estoques menores na baixa estação. Existem duas estratégias que tal empresa poderia considerar para atender às suas necessidades cíclicas. Em primeiro lugar, a empresa teria capital de giro que poderia manter um conjunto relativamente grande de aplicações financeiras e investimentos em instrumentos financeiros negociáveis. À medida que a necessidade de estoques ou de outros ativos começasse a aumentar, a empresa resgataria aplicações financeiras e usaria o caixa para comprar o que fosse preciso. Depois que o estoque fosse vendido e que os investimentos em estoque começassem a cair, a empresa reinvestiria o capital de giro em aplicações financeiras. Essa abordagem é a política flexível ilustrada na Figura 18.6 como Política F. Observe que a empresa usa essencialmente um conjunto de aplicações financeiras e títulos negociáveis como reserva de capital de giro para mudanças nas necessidades de ativos circulantes.

No outro extremo, a empresa poderia manter uma quantidade relativamente pequena de aplicações e instrumentos financeiros. À medida que a necessidade de estoques e de outros ativos começasse a aumentar, a empresa simplesmente tomaria emprestado a curto prazo para suprir o caixa necessário. A empresa pagaria os empréstimos à medida que a necessidade de ativos voltasse a diminuir. Essa abordagem é a política restritiva ilustrada na Figura 18.6 como Política R.

Ao comparar as duas estratégias ilustradas na Figura 18.6, observe que a principal diferença é como a variação sazonal das necessidades de ativos é financiada. No caso flexível, a empresa a financia internamente, usando seu próprio caixa, suas aplicações financeiras e seus instrumentos financeiros negociáveis. No caso restritivo, a empresa financia a variação com aportes de capital de fora da operação, tomando emprestados a curto prazo os fundos necessários. Como discutimos anteriormente, se tudo o mais permanecer igual, uma empresa

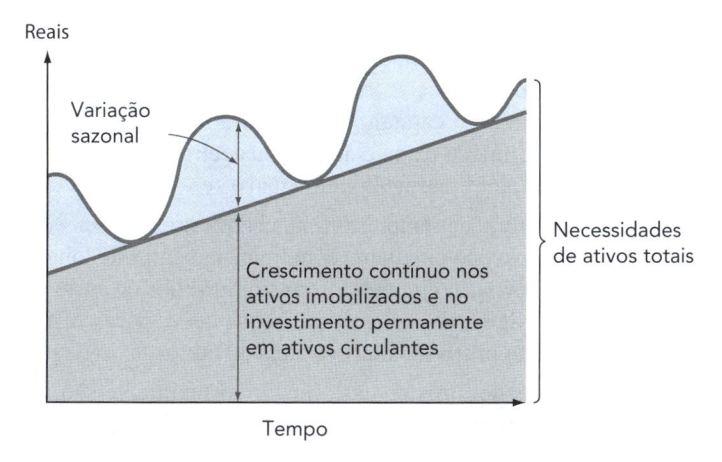

FIGURA 18.5 Necessidades de ativos totais ao longo do tempo.

FIGURA 18.6 Políticas alternativas de financiamento de ativos.

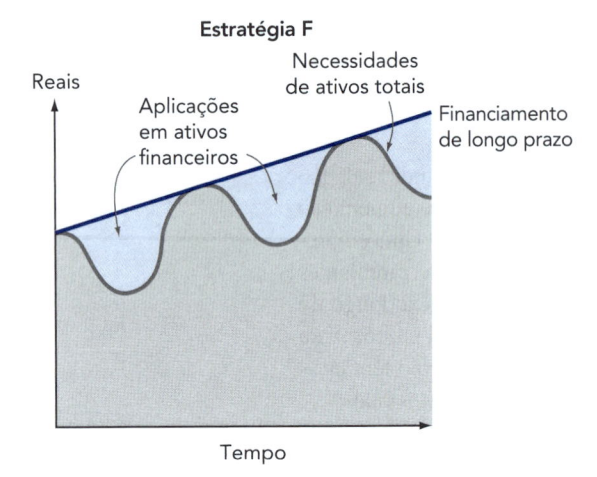

A Estratégia F sempre implica um excedente de caixa no curto prazo e um grande investimento em caixa, equivalentes de caixa e aplicações em ativos financeiros.

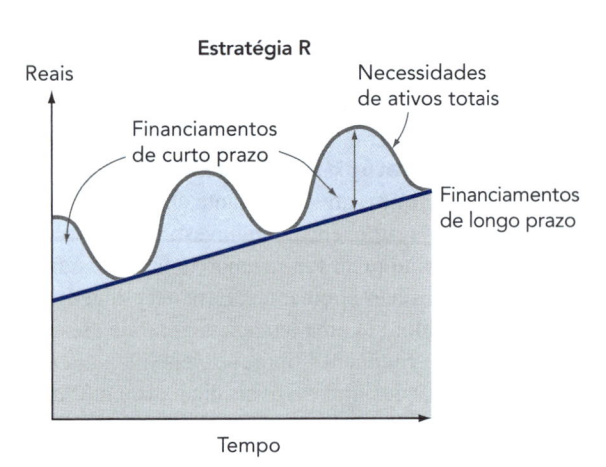

A Estratégia R usa financiamento de longo prazo apenas para as necessidades permanentes de ativos imobilizados e de ativos circulantes e empréstimos de curto prazo para o financiamento das variações sazonais de ativos circulantes.

com uma política flexível contará com maior capital de giro e terá um maior investimento em ativos circulantes.

Agora examinemos como essa necessidade de ativos é financiada. Considere a estratégia na qual o financiamento de longo prazo cobre além das necessidades de ativos totais, mesmo em picos sazonais (estratégia F da Figura 18.6). A empresa terá caixa excedente disponível para investir em ativos financeiros quando as necessidades de ativos totais caírem em relação aos picos. Como essa abordagem implica um grande investimento em ativos circulantes não caixa e excedentes de caixa de curto prazo, ela é considerada uma estratégia flexível.

Quando o financiamento de longo prazo não cobre as necessidades de ativos totais, a empresa deve tomar emprestado no curto prazo para suprir o déficit. Essa estratégia restritiva é indicada com a letra R na Figura 18.6.

Qual política de financiamento é melhor?

Qual é o montante de empréstimos de curto prazo mais apropriado? Não existe uma resposta definitiva. Várias considerações devem ser incluídas em uma análise adequada:

1. *Reservas de caixa*: a estratégia de financiamento flexível implica reservas de caixa e poucos empréstimos de curto prazo. Essa estratégia reduz a probabilidade de que a empresa passe por problemas financeiros. As empresas nessa situação não precisam se preocupar tanto com o cumprimento de obrigações recorrentes de curto prazo, pois têm capital de giro para as operações. Porém, o capital de giro não utilizado em estoques e contas a receber será utilizado na forma de caixa e ativos financeiros; tais investimentos são, no máximo, investimentos de valor presente líquido igual a zero.

2. *Casamento de prazos*: a maioria das empresas financia os estoques com empréstimos bancários de curto prazo e o ativo não circulante com financiamentos de longo prazo. As empresas evitam financiar o ativo não circulante com empréstimos de curto prazo. Esse tipo de desencontro de prazos exigiria financiamentos frequentes e, por isso, é arriscado, visto que as taxas de juros de curto prazo são mais voláteis do que as taxas de prazo maior.

3. *Estrutura a termo*: as taxas de juros de curto prazo normalmente são menores do que as de longo prazo. Logo, seria mais caro depender de financiamento de longo prazo em

comparação ao financiamento de curto prazo. Entretanto, isso pode ser diferente no caso de a empresa ter acesso a alguma forma incentivada de empréstimos de longo prazo, como é o caso das linhas oferecidas pelo BNDES, ou ter acesso direto a recursos tomados no exterior. Nesses casos, isso pode permitir à empresa, eventualmente, até compor fontes de recursos de longo prazo a taxas inferiores às dos empréstimos de curto prazo.

As duas políticas que descrevemos na Figura 18.6 (F e R) são, obviamente, os casos extremos. Com F, a empresa nunca toma empréstimo de curto prazo e, com R, a empresa nunca tem uma reserva de caixa (uma aplicação financeira ou instrumentos financeiros). A Figura 18.7 ilustra essas duas políticas juntamente com uma intermediária: a Política I.

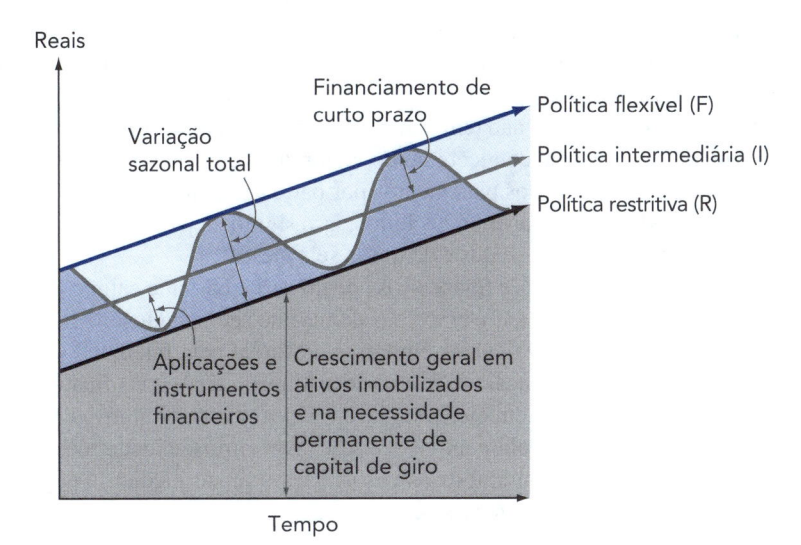

Com uma política intermediária, a empresa mantém uma reserva de liquidez que é usada para financiar parte das variações sazonais das necessidades de ativos circulantes. Quando essa reserva acaba, são utilizados empréstimos de curto prazo.

FIGURA 18.7 Uma política financeira intermediária.

Com essa abordagem intermediária, a empresa toma empréstimos a curto prazo para cobrir a necessidade adicional de capital de giro nos picos de atividade e mantém uma reserva de caixa sob a forma de aplicações financeiras durante os períodos de menor atividade. À medida que aumenta a necessidade de capital de giro para atender ao ativo circulante, a empresa esgota essa reserva antes de tomar um empréstimo de curto prazo. Isso permite lidar com algum aumento de ativos circulantes antes de ser necessário recorrer a empréstimos a curto prazo.

Ativo e passivo circulantes na prática

Os ativos circulantes representam uma parte significativa do ativo total de uma empresa. Para as empresas estadunidenses de manufatura, mineração e comércio, o ativo circulante atingia cerca de 50% do ativo total nos anos 1960. Hoje, esse número está mais próximo de 40%. Grande parte dessa diminuição se deve à gestão mais eficiente do caixa e dos estoques. Ao longo desse mesmo período, o passivo circulante aumentou de cerca de 20% do total do passivo e do patrimônio líquido para quase 30%. O resultado é que a liquidez (medida pela razão entre capital circulante líquido e ativo total) diminuiu, sinalizando um movimento em direção a políticas de curto prazo mais restritivas.

Como na maioria das áreas da análise financeira, os ciclos operacional e financeiro são específicos dos setores e das empresas. Nos EUA, o Hackett Group publica uma pesquisa anual sobre capital de giro para diversos setores. Os resultados da pesquisa destacam as diferenças entre os ciclos financeiros e operacionais dos setores. O Quadro 18.4 mostra quatro setores diferentes e os ciclos operacional e financeiro de cada. Desses, o varejo de alimentos tem o menor ciclo operacional, enquanto o varejo pela Internet tem o menor ciclo financeiro. O setor de varejo pela Internet tem o menor prazo médio de estocagem, enquanto os produtos médicos especializados têm o maior. O menor prazo médio de estocagem do varejo pela Internet se deve, em parte, às expedições das mercadorias realizadas diretamente de vendedores afiliados.

O ciclo operacional dos setores de varejo de alimentos e pela Internet são semelhantes, mas o ciclo financeiro da segunda é muito mais curto, pois o prazo médio de pagamento é maior. Observe que o prazo médio de recebimento é muito curto para os produtos alimentícios, pois os clientes tendem a pagar em dinheiro ou com cartões de crédito. O resultado é que empresas desse setor praticamente não têm contas a receber. O setor de produtos médicos especializados tem um prazo médio de recebimento maior do que os outros setores mostrados, provavelmente devido à lentidão dos pagamentos por parte dos planos de saúde. Em combinação com o prazo médio de estocagem mais longo, isso significa que o ciclo operacional do setor de produtos médicos especializados é de quase seis meses.

Vimos que os ciclos operacionais e financeiros podem variar bastante entre os setores, mas eles também podem ser diferentes entre empresas do mesmo setor. O Quadro 18.5 mostra os ciclos operacional e financeiro de algumas empresas de varejo pela Internet e por catálogo, nos EUA. Como vemos, há diferenças. A Wayfair e a Amazon têm ciclos financeiros negativos. Contudo, as duas empresas têm ciclos financeiros negativos por motivos diferentes. A Wayfair tem prazos médios de recebimento e de estocagem curtos, enquanto os da Amazon são significativamente maiores em ambos os casos. Mas o prazo médio de pagamento da Amazon é de 110 dias, quase quatro meses.

QUADRO 18.4 Ciclo operacional e financeiro para vários setores nos EUA

	Prazo médio de recebimento (dias)	Prazo médio de estocagem (dias)	Ciclo operacional (cias)	Prazo médio de pagamento (dias)	Ciclo financeiro (dias)
Varejo de alimentos	6	36	42	28	14
Material de construção	43	53	96	37	59
Varejo por interneet e por catálogos	14	31	45	50	–5
Especiaidades médicas	63	110	173	52	121

QUADRO 18.5 Ciclo operacional e financeiro de empresas de varejo por Internet e por catálogos nos EUA

	Prazo médio de recebimento (dias)	Prazo médio de estocagem (dias)	Ciclo operacional (cias)	Prazo médio de pagamento (dias)	Ciclo financeiro (dias)
Amazon.com	19	50	69	110	-41
Wayfair	3	3	6	47	-41
Qurate Retail	48	53	20	43	58
Land´s End	9	141	10	54	96

> **Questões conceituais**
>
> **18.3a** O que impede o mundo real de funcionar como mundo ideal e permitir que uma empresa não necessite de capital de giro para sustentar suas operações?
>
> **18.3b** Quais considerações determinam o tamanho ideal do investimento da empresa em ativos circulantes?
>
> **18.3c** Quais considerações determinam o nível intermediário ideal entre as políticas restritiva e flexível para o capital de giro?

18.4 Orçamento de caixa

O **orçamento de caixa** é uma das principais ferramentas do planejamento financeiro para o curto prazo. Ele permite que o gestor financeiro identifique as necessidades (e as oportunidades) financeiras para o curto prazo, informa ao gestor a quantidade necessária de empréstimos para o curto prazo e serve para identificar a defasagem de fluxo de caixa na linha do tempo. A ideia do orçamento de caixa é simples: ele registra as estimativas de recebimentos e desembolsos de caixa.

Excel Master!
Cobertura *on-line* do Excel Master

orçamento de caixa
Previsão dos recebimentos e dos desembolsos de caixa para o próximo período de planejamento.

Vendas e recebimentos de caixa

Começamos com um exemplo que envolve a Companhia Brinquedos Divertidos. Prepararemos um orçamento de caixa trimestral. Poderíamos ter usado um orçamento mensal, semanal ou mesmo diário. Selecionamos a forma trimestral por questões de conveniência e porque um trimestre é um período comum de planejamento do curto prazo. (Em todo este exemplo, os números estão em milhões.)

Todas as entradas de caixa da Brinquedos Divertidos vêm da venda de brinquedos. Portanto, o orçamento de caixa da empresa deve começar com uma previsão de vendas por trimestre para o próximo ano:

	T1	T2	T3	T4
Vendas (em milhões de $)	$200	$300	$250	$400

Observe que essas são as vendas previstas, de modo que há um risco de previsão aqui, e as vendas reais poderiam ser maiores ou menores. A Brinquedos Divertidos iniciou o ano com contas a receber no valor de $120.

A Brinquedos Divertidos tem um prazo médio de recebimento de 45 dias. Isso significa que metade das vendas de um trimestre será recebida no trimestre seguinte. Isso acontece porque as vendas feitas durante os primeiros 45 dias do trimestre serão recebidas no mesmo trimestre, enquanto as vendas feitas nos 45 dias seguintes serão recebidas no próximo trimestre. Observe que estamos supondo que cada trimestre tenha 90 dias e, assim, o prazo médio de recebimento de 45 dias representa meio trimestre.

Com base nas previsões de vendas, agora precisamos estimar os recebimentos de caixa projetados para a Brinquedos Divertidos. Em primeiro lugar, todas as contas a receber que temos no início do trimestre serão recebidas dentro de 45 dias, ou seja, em algum momento durante o trimestre. Em segundo lugar, como já discutimos, todas as vendas feitas durante a primeira metade do trimestre também serão recebidas no trimestre, de modo que os recebimentos de caixa totais são:

Recebimentos de caixa = Contas a receber inicial + ½ × Vendas   [18.6]

Por exemplo, no primeiro trimestre, os recebimentos de caixa seriam o valor inicial das contas a receber ($120) mais metade das vendas projetadas ½ × $200 = $100, resultando em $220.

Como o valor inicial em contas a receber é recebido juntamente com metade das vendas do trimestre, o valor final das contas a receber de determinado trimestre será a outra metade das vendas. As vendas do primeiro trimestre são projetadas em $200, de modo que o valor final em contas a receber será de $100. Essas serão as contas a receber do início do segundo trimestre. Os recebimentos de caixa do segundo trimestre serão os $100 mais metade das vendas projetadas de $300, totalizando $250.

Continuando esse processo, podemos resumir os recebimentos de caixa projetados para a Brinquedos Divertidos como mostra o Quadro 18.6.

> Consulte a seção Finance do *site* **www.toolkit.com** para encontrar diversos modelos úteis, incluindo um orçamento de fluxo de caixa.

QUADRO 18.6 Projeção de recebimentos de caixa da Brinquedos Divertidos (em milhões)

	T1	T2	T3	T4
Contas a receber inicial	$120	$100	$150	$125
Vendas	200	300	250	400
Recebimentos de caixa	− 220	− 250	− 275	− 325
Contas a receber final	$100	$150	$125	$200

Recebimentos = Contas a receber inicial + 1/2 × Vendas
Contas a receber final = Contas a receber inicial + Vendas − Recebimentos
= 1/2 × Vendas

No Quadro 18.6, os recebimentos de vendas são mostrados como a única fonte de caixa. Obviamente, isso pode não ser assim. Outras fontes de caixa podem incluir vendas de ativos, receitas de investimentos e entradas de caixa de financiamentos de longo prazo planejados.

Saídas de caixa

A seguir, consideraremos os desembolsos de caixa. Eles podem ser divididos em quatro categorias básicas.

1. *Pagamentos de contas a pagar*: os pagamentos por mercadorias ou serviços, matéria-prima, por exemplo. Em geral, são feitos após a compra.
2. *Salários, tributos e outras despesas*: esta categoria inclui todos os outros custos e despesas normais da realização de negócios que exigem saídas efetivas de caixa. A depreciação quase sempre é vista como um custo normal dos negócios, mas não exige fluxo de saída de caixa.
3. *Gastos de capital*: são as saídas de caixa para aquisição de ativos imobilizados.
4. *Despesas com financiamentos de longo prazo*: esta categoria abrange os pagamentos de juros sobre dívidas de longo prazo e os pagamentos de dividendos e juros sobre capital próprio aos acionistas.

As compras da Brinquedos Divertidos junto a seus fornecedores (em reais) de um trimestre são projetadas em 60% das vendas previstas para o trimestre seguinte. Os pagamentos aos fornecedores são iguais às compras do trimestre anterior, de modo que o prazo de contas a pagar é de 90 dias. Por exemplo, no trimestre recém-encerrado, a Brinquedos Divertidos encomendou 0,60 × $200 = $120 em suprimentos. Essas encomendas serão efetivamente pagas no primeiro trimestre (T1) do próximo ano.

Os salários, as contribuições, os tributos e outras despesas normalmente representam 20% das vendas da Brinquedos Divertidos; os juros e dividendos atuais são de $20 por trimestre. Além disso, a empresa planeja fazer uma grande expansão da fábrica (um gasto de capital), que custará $100 no segundo trimestre. Se reunirmos todas essas informações, os fluxos de saída de caixa projetados serão aqueles mostrados no Quadro 18.7.

O saldo de caixa

A entrada de caixa líquida prevista é a diferença entre os recebimentos de caixa e os desembolsos de caixa. Mostramos a projeção de entradas líquidas de caixa da Brinquedos Divertidos no Quadro 18.8. O que vemos imediatamente é que as previsões apontam para uma sobra de caixa no primeiro e terceiro trimestres e uma falta de caixa no segundo e quarto trimestres.

QUADRO 18.7 Projeção de desembolsos de caixa da Brinquedos Divertidos (em milhões)

	T1	T2	T3	T4
Pagamento de contas (60% das vendas)	$120	$180	$150	$240
Salários, contribuições, impostos e outras despesas	40	60	50	80
Gastos de capital	0	100	0	0
Despesas de financiamento de longo prazo (juros e dividendos)	20	20	20	20
Desembolsos de caixa totais	$180	$360	$220	$340

QUADRO 18.8 Projeção de entradas líquidas de caixa da Brinquedos Divertidos (em milhões)

	T1	T2	T3	T4
Recebimento de caixa total	$220	$250	$275	$325
Desembolso de caixa total	180	360	220	340
Entrada líquida de caixa	$ 40	–$110	$ 55	–$ 15

QUADRO 18.9 Projeção de saldos de caixa da Brinquedos Divertidos (em milhões)

	T1	T2	T3	T4
Saldo de caixa inicial	$20	$ 60	–$50	$ 5
Entrada líquida de caixa	40	–110	55	–15
Saldo de caixa final	$60	–$ 50	$ 5	–$10
Caixa mínimo	–10	–10	–10	–10
Sobra (falta) acumulada	$50	–$ 60	–$ 5	–$20

Vamos supor que a Brinquedos Divertidos inicie o ano com um saldo de caixa de $20. Além disso, ela mantém um saldo de caixa mínimo de $10 para contingências, imprevistos e erros de previsão. Assim, a empresa inicia o primeiro trimestre com $20 em caixa, esse montante aumenta em $40 durante o trimestre e o saldo final é $60. Destes, $10 são reservados como saldo mínimo, de modo que os subtraímos e calculamos o excedente do primeiro trimestre como $60 – $10 = $50.

As projeções mostram que empresa inicia o segundo trimestre com $60 em caixa (o saldo final do trimestre anterior). Projeta-se uma entrada líquida de caixa de –$110, de modo que o saldo final é $60 – $110 = –$50. Precisamos de outros $10 como reserva, de modo que a falta de caixa total projetada é de –$60. Esses cálculos e aqueles dos dois últimos trimestres estão resumidos no Quadro 18.9.

No fim do segundo trimestre, a Brinquedos Divertidos terá uma insuficiência de caixa de $60. Isso ocorre por causa do padrão sazonal das vendas (mais altas no final do segundo trimestre), do atraso nos recebimentos e dos gastos de capital planejados.

A situação prevista para o caixa da empresa é de melhora, para uma falta de $5 no terceiro trimestre; porém, ao final do ano, ela ainda tem uma falta de caixa de $20. Sem algum tipo de financiamento, essa falta será transportada para o próximo ano. Exploraremos esse assunto na seção seguinte.

Por enquanto, podemos fazer os seguintes comentários gerais sobre as necessidades de caixa da Brinquedos Divertidos:

1. O grande fluxo de saída de caixa no segundo trimestre não é necessariamente um sinal de problemas. Ele resulta de recebimentos defasados das vendas e de um gasto de capital planejado (espera-se que ele valha a pena).
2. Os números de nosso exemplo se baseiam em previsões. As vendas poderiam ser piores (ou melhores) do que os números previstos.

> ### Questões conceituais
>
> **18.4a** Como você faria uma análise de sensibilidade (discutida no Capítulo 11) para o saldo líquido de caixa da Brinquedos Divertidos?
>
> **18.4b** O que você poderia perceber com tal análise?

18.5 Financiamentos de curto prazo

A Brinquedos Divertidos tem um problema de financiamento no curto prazo. Ela não consegue atender aos fluxos de saída de caixa previstos no segundo trimestre usando fontes internas. O modo como ela financiará essa insuficiência depende de sua política financeira. Com uma política muito flexível, a empresa poderia buscar um aporte financeiro de até $60 milhões em dívidas de longo prazo, com o que teria o capital de giro necessário para suprir a necessidade de financiamento de suas operações.

Além disso, observe que grande parte da insuficiência de caixa vem do grande gasto de capital projetado. Sem dúvida, ele é um candidato para um financiamento de longo prazo. No entanto, como já discutimos os financiamentos de longo prazo em um capítulo anterior, nos concentraremos aqui nas necessidades e opções de financiamentos de curto prazo.

Empréstimos bancários para capital de giro

O modo mais fácil de financiar faltas temporárias de caixa é conseguir empréstimos bancários de curto prazo para capital de giro. Os bancos oferecem linhas de empréstimo para empresas, que chamam genericamente de *produtos* para atender a necessidades de capital de giro. Há os chamados *produtos de prateleira* e os *produtos estruturados*. Os produtos de prateleira são modalidades de empréstimo comuns à rede bancária comercial, como: desconto de duplicatas, desconto de cheques, antecipação de recebíveis de cartão de crédito, capital de giro (o produto "capital de giro"), adiantamento sobre contratos de câmbio e outros. Os produtos estruturados são constituídos por operações especialmente montadas para determinada necessidade. Em geral, os produtos são partes de linhas de crédito.

As linhas de crédito geralmente são na modalidade "não garantida", ou seja, cada pedido de empréstimo pode ser objeto de análise para concessão. Nas linhas de crédito garantidas, os bancos assumem o compromisso de conceder um empréstimo de determinado valor e prazo quando a empresa o necessitar.

O primeiro passo para uma empresa ter um empréstimo bancário é abrir uma conta corrente em um banco comercial e obter um limite de crédito calculado pelo banco com base nas informações cadastrais da empresa. Um **limite de crédito** é estabelecido pelos bancos como a *exposição máxima* que o banco está disposto a correr com as operações daquela empresa. Um limite de crédito é, portanto, a soma de todas as linhas que um banco está disposto a

limite de crédito
Soma de todas as linhas de empréstimos e financiamentos que um banco está disposto a assumir como exposição de risco junto a um cliente.

conceder a uma determinada empresa e varia conforme as condições de mercado e a situação econômica e financeira da empresa. Conforme o porte, o faturamento e a linha de negócios da empresa, os bancos podem oferecer várias linhas de crédito. O limite de crédito é composto, em geral, por linhas não garantidas. Ao concedê-los para uma empresa, o banco não se obriga a fornecer o crédito quando a empresa necessitar.

Uma **linha de crédito** é um acordo no qual um banco aceita fornecer empréstimos a uma empresa até um montante determinado dentro do seu limite de crédito. As condições estabelecidas pelos bancos para linhas de crédito de curto prazo variam segundo a classificação de risco da empresa atribuída pelo banco e incluem diferentes tipos de garantias, como hipotecas, aval, fiança e penhor.

Os bancos também oferecem linhas de crédito garantidas, cobrando uma comissão tanto para a concessão da linha quanto para a manutenção da linha enquanto não utilizada. Se a empresa sacar o valor disponibilizado ou parte dele, ela paga os juros contratados sobre o valor utilizado em vez da comissão de manutenção. Esses juros geralmente são estabelecidos como um percentual da taxa DI, que é a taxa dos depósitos interfinanceiros (Ver Capítulo 19).

A razão de uma empresa pagar uma comissão de compromisso para ter uma linha de crédito garantida é ter um seguro para garantir que o banco fornecerá crédito se este se mostrar necessário (exceto no caso de alguma variação na qualidade de crédito do mutuário). Além disso, a empresa precisa ter uma reserva de liquidez diante de uma situação imprevista, e uma linha de crédito garantida tem um custo baixo, enquanto não for utilizada.

Um limite de crédito para uma empresa pode ser composto, por exemplo, pelas seguintes linhas de crédito: a) sublimite para operações de empréstimos de capital de giro sem garantia de recebíveis; b) sublimite para operações de empréstimos de capital de giro com garantia de recebíveis; c) sublimite para operações de câmbio (com sublimites para operações de importação e de exportação); d) sublimite para operações de investimento em ativos fixos, com repasses de recursos do BNDES.

Suponha que uma empresa tenha uma receita operacional líquida de $50 milhões. Um banco talvez estabeleça o limite de crédito dessa empresa em 20% desse valor (os bancos evitam ser os únicos credores de um negócio). O limite de crédito da empresa nesse banco seria de $10 milhões e poderia estar assim distribuído:

linha de crédito
Financiamento bancário de curto prazo em que um banco se compromete a fornecer crédito (linha compromissada) ou aceita operações sujeitas a avaliação caso a caso (linha não compromissada) até o limite da linha.

Linhas de crédito	$ Milhões
Operações de capital de giro, sem garantia de recebíveis	1,00
Operações de capital de giro, com garantia de recebíveis	3,50
Operações de câmbio — exportação (ACC e ACE)*	2,50
Operações de câmbio — importação	2,00
Operações de investimento (repasses do BNDES)	1,00
Limite de crédito	10,00

*ACC: Adiantamento sobre contrato de câmbio. ACE: Adiantamento sobre cambiais entregues; ver Capítulo 21.

Financiamento de contas a receber O financiamento das contas a receber envolve dois tipos de operações: empréstimos com garantia de recebíveis e operações de desconto de recebíveis. Recebíveis são títulos de crédito emitidos pelo vendedor (como duplicatas e letras de câmbio) ou emitidos por adquirentes de bens e serviços em favor do vendedor (como cheques e notas promissórias).

Nas operações com garantia de recebíveis, a carteira de recebíveis ou determinado valor em recebíveis é entregue ao banco como garantia de empréstimos tomados. No desconto de recebíveis, como o de duplicatas, o valor do recebível é antecipado. O desconto pode ser realizado com ou sem direito de regresso por parte do banco financiador. O direito de regresso é o direito do banco de cobrar do financiado a quantia adiantada caso o recebível não seja pago no vencimento. No caso de a operação ser feita sem direito de regresso, o banco corre o risco e não cobrará do tomador o valor antecipado no caso de inadimplência do sacado. São raras as operações sem direito de regresso.

Empréstimos para capital de giro com garantia de recebíveis

Desconto de duplicatas[6]

É a operação mais comum e mais simples de empréstimo para capital de giro. Em uma operação de desconto, o banco antecipa o valor de face de uma duplicata, descontando os juros desse valor. Se a empresa descontar uma duplicata de $10.000,00 com prazo de vencimento de 30 dias a uma taxa de desconto de 1,85% a.m., o banco cobrará juros antecipados de $185,00 (1,85% de $10.000,00) e creditará $9.815,00 para a empresa (desse valor descontado, deduzirá o imposto sobre operações financeiras e pode cobrar uma tarifa pela operação, o que aumenta o custo efetivo total da operação).

Antecipação de recebíveis de cartão de crédito

Nas vendas a prazo para o consumidor com o uso de cartões de crédito, as administradoras de cartões efetuam o crédito para o vendedor em datas fixas mensais ou em um prazo fixo após a venda (30 dias após a venda, por exemplo). Cada venda gera um direito a receber pagamentos da administradora de cartões. A antecipação de recebíveis de cartões de crédito é uma operação de empréstimo dos bancos comerciais ou da própria administradora, em que um percentual dessas vendas é antecipado na forma de desconto ou de crédito rotativo.

Antecipação de cheques (pré-datados)

Trata-se da mesma modalidade de empréstimos de antecipação de recebíveis de cartões de crédito, agora antecipando o valor de cheques *pré-datados*, para pagamento de vendas a prazo. O cheque é uma ordem de pagamento à vista; assim, o cheque pré-datado funciona com base na confiança do emitente de que o vendedor não apresentará o cheque antes do prazo acordado. O cheque pré-datado se tornou uma das formas mais populares de venda a crédito no Brasil, pelas características de praticidade da operação. Com a possibilidade de parcelamento do pagamento de compras por cartão de crédito (parcelamento do vendedor), a modalidade de cheques pré-datados tem se reduzido muito.

Conta empresarial (crédito rotativo)

Esta é uma modalidade de crédito rotativo em que a empresa e o banco formalizam um acordo de crédito. Com isso, a empresa pode sacar empréstimos livremente até um determinado percentual do valor de recebíveis depositados em cobrança ou custódia no banco. O valor da linha de crédito é fixado previamente, e a empresa deposita recebíveis em um valor superior ao do limite da linha — por exemplo, 125% ou 130% do limite em cheques pré-datados, recebíveis de cartão, duplicatas ou títulos para cobrança eletrônica. À medida que os recebíveis são pagos pelos sacados, a linha se reduz, e, para manter o valor da linha, a empresa deve depositar novos recebíveis.

Vendor

Modalidade de crédito para financiamento das vendas de uma empresa. A empresa vendedora toma uma linha de crédito em um banco, e este financia diretamente os compradores da empresa. A garantia da operação é do vendedor, mediante uma carta de fiança. Os compradores pagam o custo da operação de crédito. Os juros para os compradores podem ser iguais, maiores ou menores do que os juros da linha tomada pelo vendedor. Se maiores ou menores, o vendedor recebe ou paga a diferença ao banco, o que é chamado de *equalização de taxas*.

---

[6] Isso se aplica a todas as operações de crédito.

Nessa modalidade, a empresa vendedora tem uma qualidade de crédito melhor que a dos seus compradores, o que lhe permite repassar custos de financiamento menores para seus compradores. Por isso, pode ser instrumento alavancador de vendas, pois o vendedor oferece o produto e o financiamento para compra do produto.

Compror

Modalidade de crédito para financiamento das compras de uma empresa. A empresa compradora toma uma linha de crédito em um banco, e dessa linha o banco financia as vendas que as empresas fornecedoras fazem à empresa compradora que estruturou o *compror*. Nessa modalidade, o comprador tem qualidade de crédito melhor do que a dos seus fornecedores. Os fornecedores pagam o custo da operação de crédito. Com o repasse de linhas de crédito a baixo custo para seus fornecedores, a compradora obtém maiores prazos de pagamento.

A Figura 18.8, apresentada a seguir, mostra como uma empresa pode utilizar o seu limite de crédito para financiar suas próprias operações, para financiar seus fornecedores e para financiar seus clientes. A figura integra os produtos desconto de duplicatas, *compror* e *vendor* ao limite de crédito da empresa. Com o *compror*, a empresa financia suas compras — as vendas que seus fornecedores realizam para ela. Com o *vendor*, a empresa financia seus clientes — as compras dos produtos que vende para eles. Já os produtos capital de giro, desconto de duplicatas, antecipação de recebíveis, conta garantida, *hot money* e outros são produtos que a própria empresa utiliza também sob seu limite de crédito, para atender às suas próprias necessidades de capital de giro.

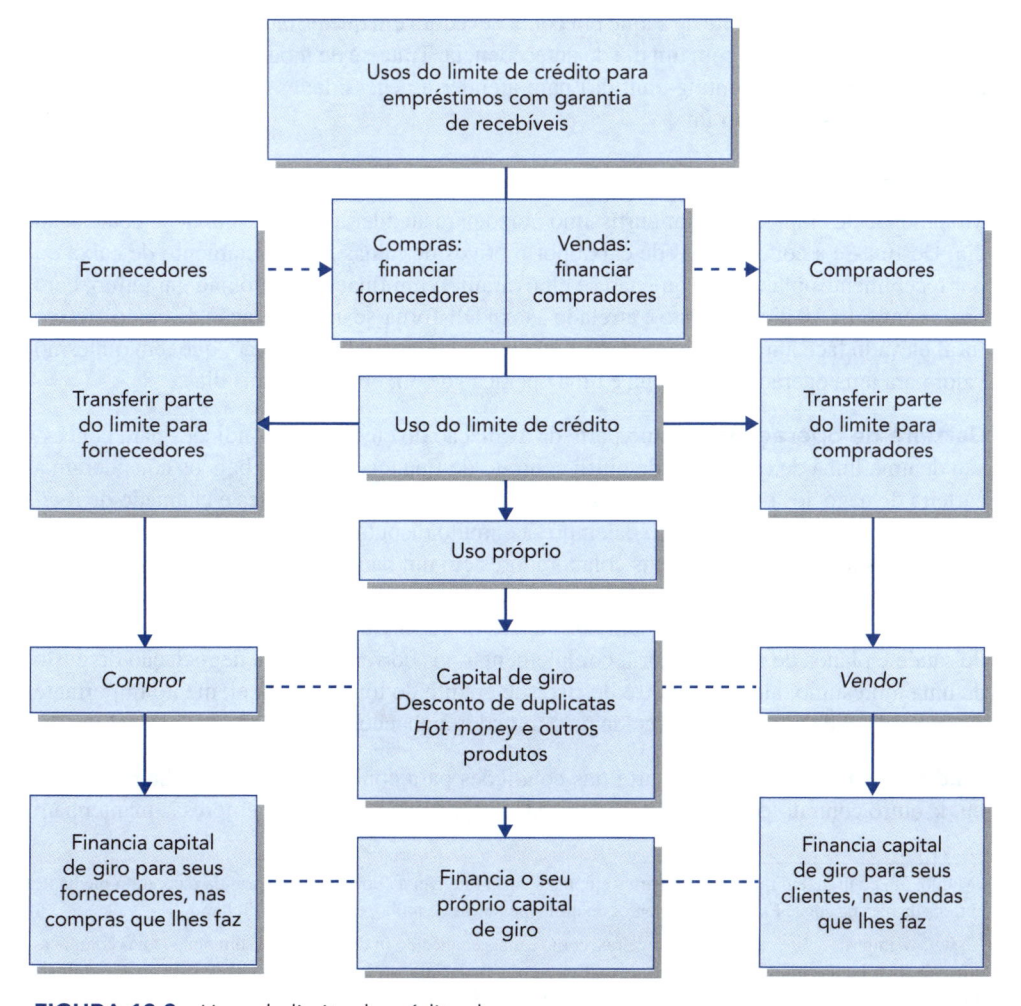

FIGURA 18.8 Usos do limite de crédito de uma empresa.

Empréstimos para capital de giro sem garantia de recebíveis

Antes que ocorram vendas, as empresas têm necessidade de capital de giro para atender a necessidades correntes, como a compra de estoques, o pagamento de salários e contribuições trabalhistas, o pagamento de tributos, ou para necessidades emergenciais de caixa. Sem vendas, não há recebíveis de vendas. Por isso, os bancos também têm produtos de empréstimos de curto e curtíssimo prazo não vinculados a vendas. Nesse caso, são exigidas garantias reais, como hipoteca e penhor, ou pessoais, como aval e fiança, podendo também contar com recebíveis ou estoques em geral como garantia adicional.

Capital de giro

"Capital de giro" é a denominação geral da operação mais comum e mais simples de empréstimo para capital de giro, sem garantia de recebíveis de vendas. Um empréstimo para capital de giro é feito com base em um contrato de empréstimo (um mútuo[7], como é também chamado no meio financeiro). Os bancos têm produtos pré-aprovados, em que o empresário saca um empréstimo para capital de giro nos terminais eletrônicos ou pelo gerenciador financeiro fornecido pelo banco, podendo restituir o empréstimo em prestações mensais fixas. Esse tipo de empréstimo pode ser utilizado para compra de estoques, pagamento de salários, impostos e outras despesas correntes, antes da venda dos produtos.

Cheque especial empresarial

É uma modalidade semelhante ao cheque especial para pessoa física, adaptado para o cliente pessoa jurídica. É um limite de saque em conta devedora em que os bancos exigem que a movimentação seja avisada com um dia de antecedência. Trata-se de modalidade de empréstimo compromissado (uma conta garantida) para atender a necessidades emergenciais de caixa detectadas antes que ocorram.

Hot money

Modalidade de empréstimo por curtíssimo prazo para atender a faltas de caixa detectadas no dia. Destina-se a cobrir saldos de caixa por motivos de falhas no planejamento de caixa ou por recebimentos planejados que não se efetivaram. É um financiamento não garantido, com prazos entre 1 a 10 dias. O custo é atrelado à taxa DI. Torna-se uma operação de **custo efetivo total** elevado face à incidência da parte fixa do IOF[8] e tarifas da operação, que têm o mesmo valor para uma operação de um dia e uma operação de 30, 60, 90 ou mais dias.

custo efetivo total (CET)
Quanto custa efetivamente uma operação de empréstimo quando se incluem as tarifas e comissões bancárias e os tributos sobre o empréstimo.

Carteira de operações   Como parte da avaliação do custo e das condições para concessão de uma linha de crédito ou de outro contrato de financiamento, os bancos consideram a carteira de negócios que o tomador mantém com o banco, o que às vezes é chamado de *reciprocidade*. A folha de pagamento da empresa é muito disputada pelos bancos. Quando a empresa deposita os salários dos seus colaboradores em um banco, as reservas correspondentes ficam mais tempo no banco, pois os correntistas vão sacar seus salários ao longo do mês. A folha de pagamento permite também aos bancos oferecer cartões de crédito, seguros, planos de saúde e planos de aposentadoria complementar aos correntistas. Na negociação do custo de um empréstimo, além da análise do risco de crédito do tomador, um elemento importante é a reciprocidade comercial oferecida pelo tomador ao banco.

Saldo médio   Ainda como parte das condições para concessão de uma linha de crédito ou de outro contrato de financiamento, os bancos podem exigir que as empresas mantenham

---

[7] Mútuo: um contrato em que uma das partes empresta coisa fungível à outra, e a outra liquida o contrato mediante entrega da mesma coisa. Exemplos: sementes de milho por sacas de milho, dinheiro por dinheiro.

[8] O IOF — imposto sobre operações financeiras, como é mais conhecido (o título correto é um pouco mais complicado) — é um tributo cobrado de tomadores de empréstimos e financiamentos, à alíquota única de 0,38%, acrescido de uma alíquota diária de 0,0041% sobre o saldo devedor do empréstimo, com cobrança limitada a 365 dias. A alíquota do IOF pode variar temporariamente, conforme as necessidades de equilíbrio fiscal do governo.

certa quantidade de dinheiro depositada na conta corrente. Isso é chamado de **saldo médio**, o qual é uma parte do dinheiro da empresa que é mantida no banco em contas com juros baixos ou sem juros. No próximo capítulo, trataremos do aumento do custo efetivo de uma operação financeira provocado por exigência de saldo médio.

Outras fontes de capital de giro Empresas com acesso ao mercado de capitais podem obter recursos para capital de giro com a emissão de notas promissórias ou debêntures. Empresas exportadoras têm acesso a produtos do mercado de câmbio, como o adiantamento sobre contratos de câmbio (ACC) e o pré-pagamento de exportações. O primeiro consiste no adiantamento de recursos em reais correspondentes a uma venda de moeda estrangeira pelo exportador ao banco, para entrega a termo em futuras exportações. O segundo consiste em antecipações em moeda estrangeira por importadores, por conta de futuras exportações.

saldo médio
Dinheiro de um tomador mantido sem juros na sua conta corrente ou em conta com juros baixos, como parte das condições de um contrato de empréstimo junto a um banco.

Garantias para linhas de crédito

Os bancos e outras instituições financeiras quase sempre exigem garantias para conceder empréstimos, tanto de curto quanto de longo prazo. Essas garantias assumem a forma de garantias reais e de garantias fidejussórias (garantias com base em fé, confiança). As primeiras, as reais, são constituídas por hipoteca, penhor, alienação fiduciária de bens móveis e imóveis e caução de títulos. Também podem consistir em contas a receber ou estoques. As garantias fidejussórias são o aval e a fiança.

Operações de fomento comercial (*factoring*)

Na sua forma original, o *factoring* envolve a venda das contas a receber. O comprador, denominado *factor*, cobra as contas a receber e assume o risco total pelas contas inadimplidas. As empresas de *factoring* são sociedades mercantis com o objetivo de prestar serviços e dar assistência e suporte ao segmento da pequena e média empresa, bem como comprar direitos creditórios resultantes das vendas mercantis desse segmento. A Resolução nº. 2.144 do Conselho Monetário Nacional e a Lei nº. 9.249, de 26 de dezembro de 1995, caracterizam *factoring* como a "prestação cumulativa e contínua de serviços de assessoria creditícia, mercadológica, gestão de crédito, seleção de riscos, administração de contas a pagar e a receber, compra de direitos creditórios resultantes de vendas mercantis a prazo ou de prestação de serviços". *Factoring*, portanto, é uma atividade empresarial — não é parte do sistema financeiro, do sistema bancário.

Na prática do mercado brasileiro, observa-se que as empresas de *factoring* geralmente não assumem o risco de crédito das contas a receber, como seria de se esperar. O que parece ocorrer é o simples adiantamento de contas a receber. Embora o vendedor não precise reembolsar os cheques ou recebíveis não pagos pelos sacados, geralmente, o acordo de *factoring* prevê a "troca" do recebível não pago por outro que cubra o valor inadimplido. O mercado das empresas de *factoring* geralmente é constituído por empresas com menor acesso ao sistema bancário convencional, especialmente por problemas cadastrais.

factoring de contas a receber
Financiamento de curto prazo garantido por recebíveis de vendas em operações de fomento comercial.

Financiamento de estoques

Como o nome sugere, um financiamento de estoques utiliza o estoque como garantia. Alguns tipos comuns de financiamentos de estoques são:

1. *Penhor de estoques*: modalidade de empréstimo em que a garantia é dada pela penhora de todos os estoques do tomador. A propriedade dos estoques é do tomador, e, em caso de inadimplência, o credor tem o direito de solicitar mercadorias em estoque para saldar a obrigação.
2. *Alienação fiduciária*: modalidade semelhante ao penhor de estoques, com a diferença de que a propriedade dos estoques é do credor e, em caso de inadimplência, o credor tem o direito de buscar a mercadoria especificada no contrato. O financiamento de automóveis é feito por meio de alienação fiduciária.

financiamento de estoques
Financiamento de curto prazo garantido por estoques.

3. *Financiamento com garantia de estoques em armazém depositário*: uma empresa especializada em gestão de estoques (armazenadora) atua como agente de controle do estoque para o financiador. Comum em operações de financiamento rural, em que a safra de grãos pode ser financiada com garantia dos grãos armazenados em uma cooperativa. O armazenador atua como "fiel depositário", com obrigações tipificadas em lei. Ele pode emitir títulos conhecidos como *warrants*, com direitos negociáveis sobre os estoques.

Outras fontes

Há uma variedade de outras fontes de recursos de curto prazo que podem ser usadas pelas empresas. Duas das mais importantes são os empréstimos contra nota promissória e o crédito de fornecedores.

A nota promissória é um título de crédito, geralmente de curto prazo, emitido por um devedor por recursos ou serviços, ou por uma sociedade por ações, aberta ou fechada, para captação de recursos. As notas promissórias: emitidas por pessoa física ou jurídica podem ser descontadas num banco (assim como uma duplicata) e as notas promissórias emitidas por empresas também conhecidas como *commercial paper*. são negociadas no mercado de capitais, no segmento de renda fixa,

No caso de notas promissórias emitidas no mercado de capitais, se a emissora for de capital fechado, a emissão é feita junto a seus acionistas, enquanto na empresa de capital aberto a captação é feita no mercado de capitais para subscrição junto ao público. No Brasil, os prazos de 30 e 180 dias são os prazos mínimo e máximo para esse tipo de título. Nos EUA, o prazo máximo é de 270 dias para operações sem registro, podendo ir além desse limite se a operação for registrada na SEC. Nos EUA, como a empresa coloca esses títulos diretamente junto aos tomadores em operações de mercado e como lá, em geral, a emissão é garantida com uma linha de crédito bancário especial, a taxa de juros que a empresa obtém quase sempre fica significativamente abaixo da taxa que um banco cobraria para um empréstimo direto.

Outra opção é o financiamento de fornecedores. A empresa pode negociar junto a seus fornecedores um prazo para pagar suas contas e eventualmente o alongamento desse prazo. Isso representa tomar dinheiro emprestado dos fornecedores na forma de crédito comercial ou, crédito de fornecedores. Empresas com boa qualidade de crédito podem alongar seus prazos de pagamento com operações do tipo *compror*.

Outras modalidades de crédito

Há outros instrumentos no mercado brasileiro para facilitar a concessão pelos bancos e a obtenção de crédito pelas empresas. Algumas envolvem a emissão de títulos de crédito pelo tomador. Um exemplo é a cédula de crédito bancário — CCB. É um título de crédito cujo beneficiário é a instituição financeira ou entidade equiparada à instituição financeira, de emissão de pessoa física ou jurídica, representando promessa de pagamento em dinheiro, de operação de crédito, de qualquer modalidade. Desde que sujeita exclusivamente à lei e ao foro brasileiro, a cédula de crédito bancário poderá ser emitida em moeda estrangeira em favor de instituição domiciliada no exterior (ver Lei 10.931, de 2 de agosto de 2004). O CCB permite liquidez às instituições financeiras, pois podem conceder crédito para um cliente e antecipar os fundos emprestados vendendo os CCBs no mercado, o que pode melhorar o custo da operação para o tomador. Exemplo de outros instrumentos para operações com segmentos específicos são a LCI — letra de crédito imobiliário e a LCA — letra de crédito do agronegócio.

Financiamento de atividades do agronegócio

O agronegócio é um dos carros-chefe da economia brasileira. Empresas da cadeia do agronegócio podem ter acesso a financiamentos subsidiados pelo Tesouro Nacional, tanto para atividade de custeio como para atividades de investimento. Uma modalidade importante de financiamento do agronegócio é o financiamento mediante emissão de Certificado de Recebíveis do Agronegócio (CRA), que podem ser emitidos com correção de indexadores da economia brasileira, ou corrigidos pela variação cambial e podem ser adquiridos por investidores qualificados, investidores profissionais e investidores estrangeiros, trazendo uma fonte importante de financiamento para a área.

Tributos sobre empréstimos

No Brasil, o custo do crédito é onerado pelo IOF, o imposto sobre operações financeiras (o nome é na verdade "Imposto sobre Operações de Crédito, Câmbio e Seguros"), que incide de duas formas: uma alíquota única de 0,38% sobre o total da operação (exceto para desconto de duplicatas mercantis, na qual a incidência é sobre o valor descontado) e uma alíquota adicional de 1,50% por ano, calculada de forma diária a 0,0041% sobre o saldo devedor da operação até o 365º dia. Assim, para um empréstimo com dois anos de prazo para pagamento, o IOF será de exatamente 1,50%, pois o prazo do empréstimo que exceder a 365 dias não tem IOF. O IOF junto com as tarifas e comissões cobradas pelos bancos faz que o custo efetivo total de um empréstimo possa ser consideravelmente superior à taxa cotada. Por questões arrecadatórias, essas alíquotas podem ser alteradas, por exemplo, em 2021 a alíquota para empresas foi majorada para 2,04% ao ano, ou 0,00559 % diários para vigorar no período de 20 de setembro a 31 de dezembro daquele ano.

Questões conceituais

18.5a Quais são as duas formas básicas de empréstimos de curto prazo?
18.5b Descreva dois tipos de empréstimos com garantia de recebíveis.

18.6 O capital de giro e o crescimento sustentável

No Capítulo 4, ao construirmos um balanço patrimonial projetado, constatamos que o crescimento pode trazer a necessidade de financiamento adicional. Denominamos esse montante adicional necessidade de aporte financeiro (NAF). Voltamos a esse tema, agora com a finalidade de analisar a política financeira praticada por uma empresa. O objetivo é avaliar a tendência do comportamento do endividamento quando a variável de fechamento escolhida é o endividamento de curto prazo.

Para essa análise, é preciso considerar que a forma de apresentação das contas circulantes no balanço patrimonial não distingue entre ativos e passivos circulantes que fazem parte da operação e ativos e passivos circulantes de outra natureza. Vamos então segregar as contas circulantes em contas *operacionais* e contas *não operacionais*. O quadro a seguir apresenta exemplos de contas operacionais do circulante:

Contas operacionais do circulante	
Ativo circulante	**Passivo circulante**
• Caixa mínimo • Contas a receber de clientes • Estoques • Créditos de tributos sobre a produção • Adiantamentos a fornecedores	• Fornecedores • Salários, encargos e provisões para 13°, férias e rescisões • Obrigações tributárias sobre a produção • Adiantamentos de clientes • Provisões para aluguéis, energia, água, comunicações e outras despesas recorrentes

O próximo quadro apresenta exemplos de contas não operacionais do circulante:

Contas não operacionais do circulante	
Ativo circulante	**Passivo circulante**
• Aplicações e instrumentos financeiros • Contas a receber de vendas de ativos não operacionais • Outros créditos não operacionais	• Duplicatas descontadas* • Outros empréstimos de curto prazo • Imposto de Renda e Contribuição Social sobre o Lucro Líquido[9] • Parcelas a vencer no curto prazo de empréstimos e financiamentos de longo prazo • Dividendos declarados, a pagar • Outras obrigações não operacionais

* A conta duplicatas descontadas (também referida como títulos descontados) é parte do passivo circulante, e não do ativo circulante como conta redutora, como era classificada antes da adoção da contabilidade internacional. O desconto de duplicatas é passivo circulante não operacional (também é referido como passivo circulante financeiro). Às vezes, o desconto de duplicatas é confundido com uma venda de recebíveis. Sob as normas IFRS, se não houver a transferência de todos os riscos e benefícios da propriedade de um recebível, a empresa cedente deve mantê-lo no ativo até seu recebimento e, no caso do desconto, tratar o valor recebido na operação de desconto como empréstimo. A essência da transação é que deve ser retratada contabilmente — trata-se de empréstimo com garantia de duplicatas.

Em seguida, definimos:

- **Ativo circulante operacional (ACO)**: soma das contas operacionais do ativo circulante.
- **Passivo circulante operacional (PCO)**: soma das contas operacionais do passivo circulante.[10]
- **Necessidade de capital de giro**: diferença entre os usos operacionais e as fontes operacionais.
- **Necessidade de capital de giro (NCG)** = ACO – PCO   [18.6]

A necessidade de capital de giro é suprida por fontes que não fazem parte do ciclo operacional. A fonte de recursos vem daquela parte da estrutura de capital que chamamos de **capital de giro**. Se o capital de giro for insuficiente para atender ao financiamento do circulante, haverá a necessidade de aportes financeiros (NAF), que abordamos no Capítulo 4. De um modo geral, as empresas suprem essa necessidade com **empréstimos de curto prazo**. Na seção anterior, 18.5, abordamos as principais formas de empréstimos de curto prazo oferecidos pela rede bancária brasileira para suprir faltas de capital de giro.

Suponha o caso da Metalúrgica da Serra. Usaremos seus balanços patrimoniais para desenvolver os conceitos aqui apresentados. O resumo dos balanços patrimoniais para os anos de 2019, 2020 e 2021 da Metalúrgica da Serra S/A é apresentado a seguir:

---

[9] Na realidade brasileira temos as figuras de tributação por lucro presumido, lucro arbitrado e simples. Nesses casos, embora se refiram a "lucro" os tributos são proporcionais ao faturamento.

[10] Alguns autores definem como ativo circulante cíclico (ACC) e passivo circulante cíclico (PCC). Preferimos explicitar o caráter operacional.

METALÚRGICA DA SERRA S/A Balanço patrimonial							
Ativo				**Passivo e patrimônio líquido**			
	2019	2020	2021		2019	2020	2021
Ativo circulante	164	239	506	**Passivo circulante**	145	176	374
Caixa e equivalentes	4	2	3	Fornecedores	51	53	66
Títulos e valores mobiliários	9	4	13	Salários e encargos	15	12	15
Contas a receber	73	148	348	Obrigações sociais e trabalhistas	7	9	11
Tributos a recuperar	11	12	32	Obrigações tributárias	15	17	18
Adiantamentos a fornecedores	16	11	22	Imposto de renda	1	2	1
Estoques	51	62	88	Empréstimos e financiamentos	42	35	96
				Duplicatas descontadas	10	45	162
				Adiantamentos de clientes	4	3	5
Ativo não circulante	144	142	163	**Passivo não circulante**	17	10	32
				Empréstimos e financiamentos	17	10	32
				Patrimônio líquido	146	195	263
Imobilizado	245	247	274	Capital integralizado	165	165	165
Depreciação	−101	−105	−111	Reserva de lucros (prejuízo)	−19	30	98
Ativo total	308	381	669	**Passivo total e patrimônio líquido**	308	381	669

A seguir, extraímos as contas operacionais do circulante e os seus totais em cada exercício.

Ativo circulante operacional				Passivo circulante operacional			
	2019	2020	2021		2019	2020	2021
Caixa e equivalentes	4	2	3	Fornecedores	51	53	66
Contas a receber de clientes	73	148	348	Salários e encargos	15	12	15
Tributos a recuperar	11	12	32	Obrigações sociais e trabalhistas	7	9	11
Adiantamentos a fornecedores	16	11	22	Obrigações tributárias	15	17	18
Estoques	51	62	88	Adiantamentos de clientes	4	3	5
ACO	**155**	**235**	**493**	**PCO**	**92**	**94**	**115**

Vemos que a evolução da necessidade de capital de giro da Metalúrgica da Serra foi a seguinte:

	2019	2020	2021
ACO	155	235	493
PCO	92	94	115
NCG	***63***	***141***	***378***

A NCG da Metalúrgica da Serra está crescendo de maneira rápida, mais do que dobrando a cada exercício. Ela está necessitando cada vez mais de capital de giro. Vamos, então, examinar a evolução do capital de giro da Metalúrgica da Serra nesses exercícios.

Mostramos antes, neste capítulo, que o capital de giro tem origem na "parte de baixo do balanço".[11] O capital de giro tem origem no conjunto das fontes não circulantes, o passivo não circulante e o patrimônio líquido. Vamos chamar esse conjunto de fontes permanentes (FP). Para a Metalúrgica da Serra, temos:

	2019	2020	2021
Passivo não circulante	17	10	32
Patrimônio líquido	146	195	263
FP	**163**	**205**	**295**

Parte dos financiamentos permanentes foi utilizada para financiar o ativo não circulante (ANC). Se do valor do FP subtrairmos o valor utilizado para financiar o ANC, teremos o valor dos financiamentos permanentes disponíveis para o capital de giro (CDG).

	2019	2020	2021
FP	163	205	295
ANC	144	142	163
CDG	**19**	**63**	**132**

De imediato, descobrimos que a Metalúrgica da Serra não tem tido capital de giro suficiente para atender às suas necessidades de financiamento dos ativos circulantes nos três exercícios avaliados, como resume o quadro a seguir:

	2019	2020	2021
CDG	19	63	132
NCG	63	141	378
CDG-NCG	**(44)**	**(78)**	**(246)**

Essa diferença gera uma necessidade de aportes financeiros, a NAF antes referida. A Metalúrgica da Serra está tomando dinheiro emprestado no curto prazo, e isso é evidenciado pelas contas não operacionais do circulante.

Definimos como:

Ativo circulante não operacional (ACN): a soma das demais contas do ativo circulante, não classificadas como operacionais.

Passivo circulante não operacional (PCN): a soma das demais contas do passivo circulante, não classificadas como operacionais.[12]

---

[11] Adotamos a abordagem da "escola francesa", popularizada no Brasil especialmente por Michel Fleuriet, bastante adequada às necessidades de análise da realidade financeira das empresas brasileiras. Ver: Fleuriet, M; Kehdy, R.; Blanc, G. *O modelo Fleuriet*: a dinâmica financeira das empresas brasileiras. Rio de Janeiro: Campus, 2003. Fleuriet, M.; Kienast, P. *Comment assurer la bonne marche financière de son entreprise*. Paris: L'Usine, 1982. Bruslerie, H. *Trésorerie d'entreprise*. Paris: Dalloz, 1997. Levasseur, M. *Gestion de Trésorerie*. Paris: Economica, 1979. M. Fleuriet's Rebuttal to "*Questioning Fleuriet's Model of Working Capital Management on Empirical Grounds*". (Disponível em https://papers.ssrn.com/sol3/papers.cfm?abstract_id=741624). Ver também http://www.modelo-fleuriet.com/.

[12] Outros autores classificam essas contas como ativo circulante financeiro (ACF) e passivo circulante financeiro (PCF). Preferimos classificar como não operacional, por um lado, para evidenciar a natureza das contas em relação às operações e, por outro, porque nem toda conta não operacional é de natureza financeira.

Os balanços patrimoniais da Metalúrgica da Serra nos mostram:

	2019	2020	2021
Títulos e valores mobiliários	9	4	13
ACN	9	4	13

	2019	2020	2021
Imposto de renda	1	2	1
Empréstimos e financiamentos	42	35	96
Duplicatas descontadas	10	45	162
PCN	53	82	259

A diferença entre os usos não operacionais e as fontes não operacionais mostra como a empresa se financia com fontes não operacionais, especialmente empréstimos de curto prazo.

	2019	2020	2021
ACN	9	4	13
PCN	53	82	259
ACN-PCN	(44)	(78)	(246)

A diferença entre a NCG e o CDG também é referida na literatura financeira brasileira como *tesouraria* (T) ou *saldo de tesouraria* (ST). Acompanharemos essa prática e nos referiremos à NAF para o circulante também como **saldo de tesouraria**:

$$\text{NAF (circulante)} = \text{saldo de tesouraria (ST)} = \text{CDG} - \text{NCG} \qquad [18.7]$$

O saldo de tesouraria pode ser calculado por três diferentes caminhos, cada um evidenciando um foco. Apresentamos as três formas de cálculo e, em seguida, faremos uma explanação:

- Foco no capital de giro
- Foco no financiamento de curto prazo
- Foco na estrutura de capital

Saldo de tesouraria com foco no capital de giro O cálculo da diferença entre CDG e NCG evidencia o hiato entre o uso de recursos nas operações e as disponibilidades da empresa para financiar esse nível de operações. Esse hiato exige aportes financeiros. Para a Metalúrgica da Serra, as necessidades de aportes financeiros são crescentes. Temos a seguinte evolução do saldo de tesouraria:

	2019	2020	2021
CDG	19	63	132
NCG	63	141	378
ST	(44)	(78)	(246)

Saldo de tesouraria com foco no financiamento de curto prazo A diferença entre as contas não operacionais do circulante é outra forma de calcular a NAF como saldo de tesouraria. Essa forma de cálculo evidencia as táticas utilizadas pela empresa para suprir os aportes financeiros necessários pela falta de capital de giro. Se nos referirmos ao Capítulo 3, observamos que, na Metalúrgica da Serra S/A, a "variável de fechamento" lá referida é o endividamento de curto prazo, mostrado no PCN.

$$ST = ACN - PCN \qquad [18.8]$$

	2019	2020	2021
ACN	9	4	13
PCN	53	82	259
ST (NAF)	(44)	(78)	(246)

Saldo de tesouraria com foco na estrutura de capital As Figuras 18.4 e 18.5 mostraram que a necessidade de ativos para as operações inclui, além dos ativos imobilizados, ativos "permanentes" no circulante. Não, não há equívoco de redação aqui. Há um nível permanente de contas a receber e estoques a financiar. Uma conta recebida deve ser reposta por outra conta a receber de nova venda, um item do estoque vendido é reposto por outro item para manter o nível do estoque. Logo, a necessidade de capital de giro é permanente (com variações relativas a sazonalidades). Constata-se, assim, que tanto o ativo imobilizado quanto a NCG exigem financiamentos permanentes, o que podemos rotular como necessidade total de financiamentos permanentes (NTFP).

$$\text{NTFP} = \text{NCG} + \text{ANC} \qquad [18.9]$$

Vamos definir mais uma variável, FP, de financiamentos permanentes. Os financiamentos permanentes são constituídos pela soma do patrimônio líquido e do passivo não circulante. Assim:

$$\text{FP} = \text{PL} + \text{PNC} \qquad [18.10]$$

Com a definição de NTFP e FP, temos uma terceira forma de calcular as necessidades de aportes financeiros para o circulante. A terceira forma é dada pela diferença entre os financiamentos permanentes (FP) e a necessidade total de financiamentos permanentes (NTFP).

Para a Metalúrgica da Serra, temos a seguinte evolução da diferença FP – NTFP:

	2019	2020	2021
FP	163	205	295
NTFP	207	283	541
ST	(44)	(78)	(246)

Essa forma de cálculo dirige a atenção para a estrutura de capital escolhida para financiar os ativos totais da operação. Ela evidencia que os eventuais problemas de capital de giro resultam das decisões de financiamento de longo prazo da empresa.

Crescimento sustentável *versus* efeito tesoura

No Capítulo 4, mostramos que a **taxa de crescimento sustentável** pode ser calculada pela relação ROE × b / (1 – ROE × b), em que b é a taxa de retenção de lucros. Essa é a taxa de crescimento que permite manter estável a estrutura de capital. Vamos agora analisar a situação em que o crescimento segue uma tendência **não sustentável**. Apresentamos dois índices com foco no circulante:

- o índice NCG/vendas; e
- o índice CDG/vendas.

O que importa avaliar é a evolução conjunta dos dois índices. Quando o índice NCG/vendas cresce de forma mais rápida do que o índice CDG/vendas, a necessidade de aportes financeiros (NAF) é crescente. Se a variável de fechamento para essa NAF crescente for o endividamento de curto prazo, dificuldades financeiras podem se manifestar, e estas também se tornam crescentes. Nessa situação, a empresa poderá apresentar o chamado "efeito tesoura", pela forma do gráfico da evolução conjunta dos dois índices (ver o Gráfico 18.1 e a Figura 18.9 adiante). Antes de apresentar esse efeito, precisamos apresentar o comportamento das vendas da Metalúrgica da Serra. O quadro a seguir apresenta a demonstração de resultados para os exercícios de 2019, 2020 e 2021.

METALÚRGICA DA SERRA Demonstração de resultados do exercício			
	2019	2020	2021
Receita líquida de vendas	754	925	1.238
(Custo dos produtos vendidos)	(289)	(346)	(531)
Lucro operacional bruto	465	579	707
(Despesas de vendas, gerais e administrativas)	(498)	(449)	(501)
Lucro (prejuízo) operacional	(33)	130	206
(IR e CSLL = 34%)	11	(44)	(70)
Créditos fiscais do exercício anterior		11	
(IR e CSLL)		(33)	(70)
Lucro líquido	(22)	97	136
Distribuição de resultados (50%)		49	68
Lucros retidos		49	68

Com os dados das vendas, construímos o quadro a seguir:

METALÚRGICA DA SERRA			
	2019	2020	2021
Vendas	850	1.029	1.392
CDG	19	63	132
NCG	63	141	378
ST	*(44)*	*(78)*	*(246)*
CDG/vendas	2,24%	6,12%	9,48%
NCG/vendas	7,41%	13,70%	27,16%
ST/vendas	–5,18%	–7,58%	–17,67%

A partir desses dados, podemos construir o Gráfico 18.1.

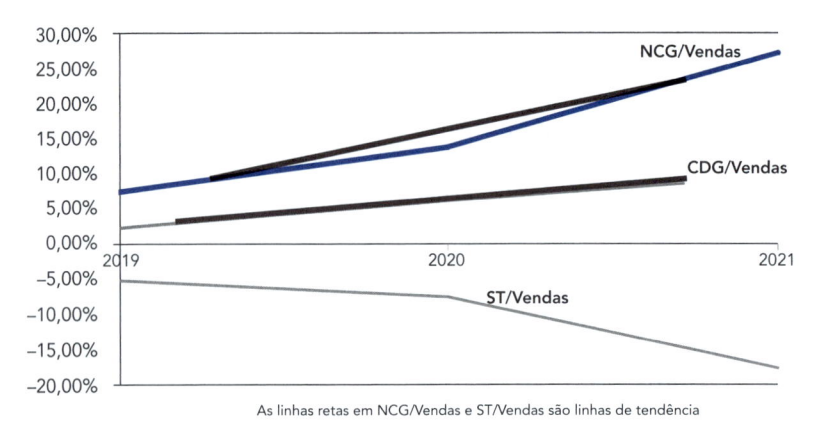

GRÁFICO 18.1 Evolução das relações NCG/vendas, CDG/vendas e ST/vendas para a Metalúrgica da Serra.

Com um pouco de imaginação, observa-se que as linhas de tendência para os gráficos da evolução NCG/vendas e CDG/vendas formam a figura de uma tesoura, como mostra a Figura 18.9. Daí o nome "efeito tesoura", denominando o caso em que essas duas linhas "abrem", dada a diferença nas taxas de crescimento dos dois índices.

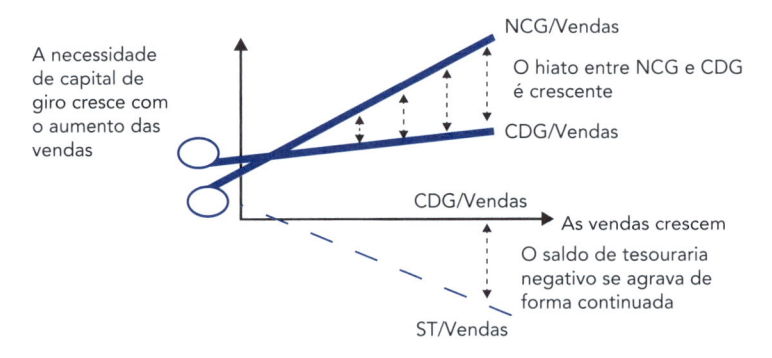

O aumento continuado de vendas em uma empresa com ciclo financeiro positivo é acompanhado pelo aumento nas necessidades de financiamento dessas vendas. Se a formação de capital de giro não acompanhar essa necessidade, a empresa pode enfrentar dificuldades financeiras. O "efeito tesoura" é uma forma didática de mostrar a evolução desse descompasso.

FIGURA 18.9 O efeito tesoura.

O "efeito tesoura" se manifesta quando a NAF é suprida por endividamento de curto prazo que cresce de maneira desproporcional na estrutura de capital. Para manter a estrutura de capital, é necessário que os aportes de capital próprio acompanhem os aportes de dívida. Se os acionistas não querem realizar novos aportes de capital, a taxa de retenção de lucros b será o limitador do crescimento sustentável, como vimos anteriormente.

Como nota final desta seção, deve-se reconhecer que a escolha entre financiamento de curto prazo ou de longo prazo está associada às oportunidades de financiamento a baixo custo. Uma empresa com acesso a eventuais fontes de baixo custo poderia apresentar maior endividamento de curto prazo. Para essa empresa, isso não seria um sintoma de dificuldades financeiras. Entretanto, é preciso prestar atenção à evolução desse endividamento.

18.7 Um plano financeiro de curto prazo

Retomando a discussão do planejamento de caixa para a Brinquedos Divertidos, da Seção 18.4, e para ilustrar um plano financeiro de curto prazo completo, vamos supor que a Brinquedos Divertidos tome emprestados todos os recursos necessários para suas operações a curto prazo. Como o planejamento é trimestral, consideraremos que a taxa de juros é 5% por trimestre. Vamos supor que a Brinquedos Divertidos inicia o ano sem dívida de curto prazo.

No Quadro 18.9, vimos que a empresa tem uma previsão de falta de caixa de $60 milhões no segundo trimestre e então precisará tomar emprestado esse montante. A entrada de caixa líquida no trimestre seguinte é de $55 milhões. A empresa agora terá de pagar $60 milhões × 0,05 = $3 milhões em juros sobre esse valor, restando $52 milhões para amortizar o empréstimo.

A Brinquedos Divertidos ainda fica devendo $60 milhões – $52 milhões = $8 milhões ao final do terceiro trimestre. Os juros do último trimestre, portanto, serão de $8 milhões × 0,05 = $0,4 milhão. Além disso, as entradas líquidas de caixa do último trimestre são de –$15 milhões, de modo que a empresa terá de financiar um total de $15,4 milhões, elevando a dívida total para $15,4 milhões + $8 milhões = $23,4 milhões. O Quadro 18.10 amplia o Quadro 18.9 para incluir esses cálculos. Observe que a dívida de curto prazo final é igual à falta de caixa acumulada de todo o ano ($20 milhões) mais os juros pagos durante o ano ($3 milhões + $0,4 milhão = $3,4 milhões), totalizando $23,4 milhões.

Nosso plano é bem simples. Por exemplo, ignoramos o fato de que os juros pagos sobre a dívida são dedutíveis para fins de cálculo dos tributos sobre a renda da pessoa jurídica. Também ignoramos o fato de que o excedente de caixa do primeiro trimestre receberia algum juro (o qual seria tributável). Poderíamos adicionar vários refinamentos. Mesmo assim, nosso plano destaca o fato de que, em cerca de 90 dias, a Brinquedos Divertidos precisará tomar emprestado mais ou menos $60 milhões no curto prazo. Está na hora de começar a alinhavar as fontes de financiamento.

Nosso plano também ilustra que o financiamento de curto prazo necessário para a empresa custará cerca de $3,4 milhões em juros (antes dos tributos) durante o ano. Esse é o ponto de partida para que a empresa comece a avaliar alternativas para reduzir essa despesa. Por exemplo, os gastos de capital planejados em $100 milhões podem ser adiados ou diluídos? A 5% por trimestre, o crédito de curto prazo é caro.

QUADRO 18.10 Plano financeiro de curto prazo para a Brinquedos Divertidos (em milhões)

	T1	T2	T3	T4
Saldo de caixa inicial	$20	$60	$10	$10,0
Entrada líquida de caixa	40	–110	55	–15,0
Novo empréstimo de curto prazo	—	60	—	15,4
Juros sobre o empréstimo de curto prazo	—	—	–3	–0,4
Amortização do empréstimo de curto prazo	—	—	–52	—
Saldo de caixa final	$60	$10	$10	$10,0
Saldo de caixa mínimo	–10	–10	–10	–10,0
Sobra (falta) acumulada	$50	$0	$0	$0,0
Empréstimo de curto prazo inicial	0	0	60	8,0
Alteração na dívida de curto prazo	0	60	–52	15,4
Dívida de curto prazo final	$0	$60	$8	$23,4

Da mesma maneira, se for esperado que as vendas da Brinquedos Divertidos continuem aumentando, então a falta de $20 milhões provavelmente também continuará aumentando, e a necessidade de aportes financeiros adicionais será permanente, e ela poderá eventualmente ser afetada pelo efeito tesoura. Nesse caso, a empresa deveria pensar em levantar dinheiro a longo prazo para cobrir essa necessidade de capital de giro.

> **Questões conceituais**
>
> **18.7a** No Quadro 18.8, a Brinquedos Divertidos tem uma falta ou uma sobra de caixa projetada?
>
> **18.7b** No Quadro 18.8, o que aconteceria à falta ou à sobra de caixa da Brinquedos Divertidos se o caixa mínimo fosse reduzido para $5?

18.8 Resumo e conclusões

1. Este capítulo apresentou a administração das finanças do curto prazo, que envolve o ativo e o passivo circulantes. Rastreamos e examinamos as fontes e os usos do caixa a curto prazo à medida que eles aparecem nas demonstrações financeiras das empresas. Vimos como o ativo e o passivo circulantes surgem nas atividades operacionais de curto prazo e estudamos o ciclo financeiro da empresa. Na perspectiva contábil, as finanças de curto prazo envolvem o capital circulante líquido. Na perspectiva financeira, envolvem o capital de giro.

2. A administração de fluxos de caixa de curto prazo envolve a minimização de custos. Os dois custos principais são os custos de carregamento (os juros e custos relacionados incorridos ou o retorno que se perde ao se manter investimentos em ativos circulantes, como caixa e equivalentes) e os custos de falta (os custos de ficar sem ativos circulantes). O objetivo de administrar as finanças e o planejamento de curto prazo é encontrar a ponderação ideal entre esses custos.

3. Em uma economia ideal, a empresa poderia prever seus usos e fontes de caixa de curto prazo, e o capital de giro não seria necessário. No mundo real, o capital de giro oferece uma reserva que permite à empresa cumprir suas obrigações em andamento. O administrador financeiro busca o nível ideal de cada um dos ativos circulantes, de forma a não comprometer as finanças da empresa devido à falta de capital de giro.

4. Destacamos, ainda, a importância da distinção entre fontes e usos quando nos referimos ao capital de giro ou ao capital circulante líquido. Mostramos que o capital de giro é constituído pela parte dos fundos de longo prazo (dívida e capital próprio) que não está comprometida com o financiamento do ativo imobilizado. Essa parte deve estar disponível para financiar as operações correntes.

5. Apresentamos a relação entre capital de giro (CDG) e necessidade de capital de giro (NCG) e mostramos que, quando a necessidade de capital de giro é superior ao capital de giro disponível para financiar as operações, são necessários aportes financeiros para financiar o circulante. Associamos essas necessidades de financiamento ao conceito de NAF apresentado no Capítulo 4 e ao conceito de saldo de tesouraria (ST), uma abordagem muito utilizada no Brasil, dados os problemas de capital de giro que podem afetar as empresas.

6. Argumentamos que a administração financeira do curto prazo deve ter atenção para a evolução dos percentuais NCG/vendas e CDG/vendas. Mostramos que, se o percentual NCG/vendas cresce de forma mais rápida do que o percentual CDG/vendas, a empresa pode enfrentar o "efeito tesoura", situação em que o percentual ST/vendas se agrava de forma continuada, podendo a empresa enfrentar dificuldades financeiras e, eventualmente, falir.

7. Os bancos oferecem às empresas várias maneiras de aportar recursos financeiros para atender à escassez de caixa de curto prazo, com várias formas de empréstimos bancários, que podem incluir operações com ou sem recebíveis de vendas. A maioria das modalidades é de linhas sem a garantia de fornecimento de liquidez quando necessário. Apresentamos e discutirmos vários produtos bancários para financiar capital de giro para as empresas brasileiras.

8. O administrador financeiro pode usar o orçamento de caixa para identificar as necessidades financeiras de curto prazo. O orçamento de caixa informa ao administrador o montante necessário ou possível de empréstimos no curto prazo. As empresas têm várias maneiras de obter fundos para cobrir qualquer insuficiência de curto prazo, incluindo linhas de crédito com ou sem garantia.

REVISÃO DO CAPÍTULO E TESTE DE CONHECIMENTOS

18.1 Os ciclos operacional e financeiro   Considere as seguintes informações da demonstração financeira da Companhia BR-101:

Item	Inicial	Final
Estoque	$1.273	$1.401
Contas a receber	3.782	3.368
Contas a pagar	1.795	2.025
Vendas líquidas	$14.750	
Custo das mercadorias vendidas	11.375	

Calcule os ciclos operacional e financeiro.

18.2 Saldo de caixa da Companhia Vargas   A Companhia Vargas tem um prazo médio de recebimento de 60 dias e deseja manter um saldo de caixa mínimo de $160 milhões. Com base nessas informações e nas que são dadas a seguir, complete o orçamento de caixa. Que conclusões você tira disso?

COMPANHIA VARGAS Orçamento de caixa (em milhões)	$	Q2	Q3	Q4
Contas a receber inicial	$ 240			
Vendas	150	$ 165	$ 180	$ 135
Recebimentos de caixa				
Contas a receber final				
Recebimento de caixa total				
Desembolsos de caixa totais	170	160	185	190
Entrada líquida de caixa				
Saldo de caixa inicial	$ 45			
Entrada líquida de caixa				
Saldo de caixa final				
Saldo de caixa mínimo				
Sobra (falta) acumulada				

RESPOSTAS DA REVISÃO DO CAPÍTULO E DO TESTE DE CONHECIMENTOS

18.1 Em primeiro lugar, precisamos calcular os indicadores de giro. Observe que usamos valores médios para todos os itens do balanço patrimonial e que tomamos por base as medidas de giro de estoque e de contas a pagar no custo das mercadorias vendidas:

Giro do estoque = $11.375/[($1.273 + 1.401)/2] = 8,51 vezes
Giro de contas a receber = $14.750/[($3.782 + 3.368)/2] = 4,13 vezes
Giro de contas a pagar = $11.375/[($1.795 + 2.025)/2] = 5,96 vezes

Agora podemos calcular os diversos prazos:

Prazo médio de estocagem = 365 dias/8,51 vezes = 42,90 dias
Prazo médio de recebimento = 365 dias/4,13 vezes = 88,47 dias
Prazo médio de pagamento = 365 dias/5,96 vezes = 61,29 dias

Assim, o tempo necessário para adquirir estoque e vendê-lo é de cerca de 43 dias. O recebimento leva outros 88 dias, e o ciclo operacional é de 43 + 88 = 131 dias. Portanto, o ciclo financeiro é de 131 dias menos o prazo médio de pagamento: 131 − 61 = 70 dias.

18.2 Como a Vargas tem um prazo médio de recebimento de 60 dias, apenas as vendas feitas nos primeiros 30 dias do trimestre serão recebidas no mesmo período. Os recebimentos totais de caixa do primeiro trimestre serão de 30/90 = 1/3 das vendas mais o valor inicial das contas a receber, ou 1/3 × $150 + $240 = $290. O valor final das contas a receber no primeiro trimestre (e o inicial das contas a receber do segundo trimestre) são os outros 2/3 das vendas, ou 2/3 × $150 = $100. Os cálculos restantes são simples, e este é o orçamento completo:

COMPANHIA VARGAS Orçamento de caixa (em milhões)				
	Q1	Q2	Q3	Q4
Contas a receber inicial	$240	$100	$110	$120
Vendas	150	165	180	135
Recebimentos de caixa	290	155	170	165
Contas a receber final	$100	$110	$120	$90
Recebimento de caixa total	$290	$155	$170	$165
Desembolsos de caixa totais	170	160	185	190
Entrada líquida de caixa	$120	−$5	−$15	−$25
Saldo de caixa inicial	$45	$165	$160	$145
Entrada líquida de caixa	120	−5	−15	−25
Saldo de caixa final	$165	$160	$145	$120
Saldo de caixa mínimo	−160	−160	−160	−160
Sobra (falta) acumulada	$5	$0	−$15	−$40

A principal conclusão tirada dessa programação é que, a partir do terceiro trimestre, o excedente de caixa da Vargas se torna uma falta de caixa. Ao final do ano, a empresa precisará providenciar mais $40 milhões em caixa além do disponível.

REVISÃO DE CONCEITOS E QUESTÕES INSTIGANTES

1. **Ciclo operacional [OA1]** Quais são algumas das características de uma empresa com um ciclo operacional longo?
2. **Ciclo financeiro [OA1]** Quais são algumas das características de uma empresa com um ciclo financeiro longo?
3. **Fontes e usos [OA4]** Para o ano recém-encerrado, você coletou as seguintes informações sobre a Poli S/A:
    a. Foram pagos dividendos de $200.
    b. As contas a pagar aumentaram em $500.
    c. As compras de ativos não circulantes custaram $900.
    d. Os estoques aumentaram em $625.
    e. O passivo não circulante diminuiu em $1.200.

    Rotule cada item como fonte ou uso do caixa e descreva seu efeito sobre o saldo de caixa da empresa.
4. **Custo do ativo circulante [OA2]** A Manufatura Nas Alturas S/A recentemente instalou um sistema de estoque *just-in-time* (JIT). Descreva o efeito que isso pode ter sobre os custos de carregamento, os custos de falta e o ciclo operacional da empresa.
5. **Ciclos operacional e financeiro [OA1]** É possível que o ciclo financeiro de uma empresa seja maior do que seu ciclo operacional? Explique o porquê.

QUESTÕES E PROBLEMAS

1. **Variação no caixa [OA4]** Indique o impacto das seguintes ações empresariais sobre o caixa, usando as letras *A* para aumento, *D* para diminuição ou *N* quando não ocorre variação:
    a. Dividendos são pagos com os fundos recebidos de uma emissão de dívida.
    b. Imóveis são comprados e pagos com dívidas de curto prazo.
    c. Estoque é comprado a prazo.
    d. Pagamento de um empréstimo bancário de curto prazo.
    e. Impostos do próximo ano são pagos antecipadamente.
    f. Ações preferenciais são resgatadas.
    g. Vendas são feitas a prazo.
    h. Juros são pagos sobre a dívida de longo prazo.
    i. Pagamentos de vendas anteriores são recebidos.
    j. O saldo das contas a pagar é reduzido.
    k. Dividendos são pagos.
    l. Suprimentos para a produção são comprados e pagos com a colocação de título de dívida de curto prazo.
    m. Contas de energia e água são pagas.
    n. Matéria-prima comprada para estoque é paga com dinheiro.
    o. Títulos mobiliários são emitidos e colocados no mercado.
2. **Equação do caixa [OA3]** A Melô S/A tem um patrimônio líquido de $14.735. O passivo não circulante é de $8.300. O capital circulante líquido, sem considerar o caixa, é de $2.850. O ativo imobilizado é de $18.440. Quanto a empresa tem em caixa? Se o passivo circulante for de $2.325, de quanto é o ativo circulante?

3. **Variações no ciclo operacional [OA1]** Indique o efeito dos seguintes itens sobre o ciclo operacional. Use as letras *A* para indicar aumento, *D* para diminuição e *N* para nenhuma variação:

   a. A média de contas a receber aumenta.
   b. O prazo para pagamento em vendas a crédito oferecido aos clientes é aumentado.
   c. O giro de estoque sobe de 3 para 6 vezes.
   d. O giro de contas a pagar aumenta de 6 para 11 vezes.
   e. O giro de contas a receber aumenta de 7 para 9 vezes.
   f. Os pagamentos aos fornecedores são acelerados.

4. **Variações nos ciclos [OA1]** Indique o impacto dos seguintes itens sobre os ciclos financeiro e operacional, respectivamente. Use as letras *A* para indicar aumento, *D* para diminuição e *N* para nenhuma variação:

   a. As condições dos descontos financeiros oferecidos aos clientes se tornam menos favoráveis.
   b. Os descontos financeiros oferecidos pelos fornecedores diminuem, de modo que os pagamentos são feitos antes.
   c. Um número maior de clientes começa a pagar à vista, em vez de pagar a prazo.
   d. A compra de matéria-prima é menor do que o normal.
   e. Uma porcentagem maior de compras de matéria-prima é paga a prazo.
   f. Mais produtos acabados são produzidos para estoque, e não sob encomenda.

5. **Cálculo dos recebimentos de caixa [OA3]** A Café Safanão Matinal S/A tem projetados os seguintes montantes de vendas trimestrais para o próximo ano:

	T1	T2	T3	T4
Vendas	$750	$810	$890	$980

   a. As contas a receber no início do ano são de $335. A Safanão Matinal tem um prazo médio de recebimento de 45 dias. Calcule os recebimentos de caixa de cada um dos quatro trimestres, completando o seguinte quadro:

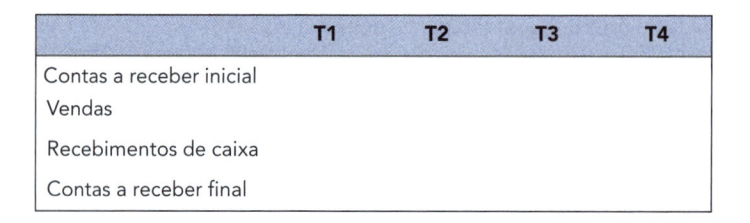

	T1	T2	T3	T4
Contas a receber inicial				
Vendas				
Recebimentos de caixa				
Contas a receber final				

   b. Refaça (a) pressupondo um prazo médio de recebimento de 60 dias.
   c. Refaça (a) pressupondo um prazo médio de recebimento de 30 dias.

Para revisão de outros conceitos e novas questões instigantes, consulte a página do livro no portal do Grupo A (loja.grupoa.com.br).

Gestão do Caixa e da Liquidez

19

EM GERAL, quando a imprensa noticia a posição em dinheiro de uma empresa, é porque seus cofres estão quase vazios. Não foi o que aconteceu no início de 2020. A montadora Ford, por exemplo, tinha um saldo de caixa de USD46,4 bilhões, ou cerca de USD11,86 por ação. O mais chocante nessa quantia é que as ações da empresa eram negociadas por apenas USD5 por ação, então o caixa por ação da Ford era mais do que o dobro do preço das suas ações, o que normalmente não é um bom sinal.

Outras corporações também tinham quantias enormes em caixa. Por exemplo, a Microsoft tinha um saldo de caixa de cerca de USD134 bilhões, enquanto a Alphabet tinha cerca de USD122 bilhões em caixa. Esses valores deixam claro que essas empresas tinham grandes reservas de caixa, disso não há dúvida. Aliás, talvez fosse melhor dizer que tinham reservas enormes.

Por que essas empresas reteriam esses valores tão grandes em caixa? Uma resposta óbvia é a proteção contra choques súbitos ao fluxo de caixa, como a pandemia da Covid-19 em 2020. Mas não haveria outros motivos também? Para descobrir, este capítulo explora as finanças de curto prazo e analisa os investimentos ótimos em ativo circulante, como o caixa.

Objetivos de aprendizagem

O objetivo deste capítulo é que, ao seu final, você saiba:

- **OA1** Definir *float* e como ele afeta os saldos de caixa.
- **OA2** Explicar como as empresas administram o caixa e quais são algumas técnicas de cobrança e desembolso usadas.
- **OA3** Identificar as vantagens e as desvantagens de manter saldos de caixa e algumas formas de investir o caixa ocioso.
- **OA4** Reconhecer o papel das reservas bancárias e datas de liquidação financeira.
- **OA5** Explicar a importância da taxa DI como custo de oportunidade do dinheiro.

Para ficar por dentro dos últimos acontecimentos na área de finanças, visite www.fundamentalsofcorporatefinance.blogspot.com.

Este capítulo trata de como as empresas administram o caixa. O objetivo básico da gestão de caixa é manter o investimento em caixa o mais baixo possível e a empresa operando de modo eficiente. Em geral, esse objetivo se resume ao ditado "receber cedo e pagar tarde". Assim sendo, discutiremos maneiras de acelerar recebimentos e administrar desembolsos.

As empresas devem investir temporariamente o caixa ocioso, com a compra de títulos negociáveis e com aplicações financeiras de curto prazo. Como discutimos em diversos pontos, títulos podem ser comprados e vendidos no mercado financeiro, e os bancos oferecem vários fundos de investimento em títulos de renda fixa. Em geral, espera-se que títulos de renda fixa tenham pouco risco de inadimplência, e, se esses títulos forem títulos públicos federais, eles também são altamente negociáveis. Existem diferentes tipos desses chamados títulos do mercado monetário, e discutiremos alguns dos mais importantes.

No Brasil, algumas aplicações financeiras podem ter garantia do Fundo Garantidor de Créditos (FGC) até certo valor, que era de $250.000,00 quando editamos este livro[1]. O FGC é um seguro que todos os bancos pagam para garantia de pequenos e médios poupadores; investimentos maiores podem ser pulverizados em vários investimentos inferiores a $250.000,00, mas a garantia total é de R$1.000.000,00. O valor máximo de garantia é pelo saldo, portanto, inclui principal e juros. Se o investimento for de R$250.000,00, os juros estarão fora da garantia do FGC. Isso é uma consideração importante para pessoas físicas e pequenas e médias empresas.

19.1 Motivos para manter saldos de caixa

John Maynard Keynes, em seu clássico trabalho *A teoria geral do emprego, do juro e da moeda*, identificou três motivos para a preferência por liquidez: o motivo especulação, o motivo precaução e o motivo transação. Discutiremos esses motivos a seguir.

Os motivos especulação e precaução

motivo especulação
Necessidade de manter reservas de liquidez para aproveitar oportunidades adicionais de investimento, como compras vantajosas.

O **motivo especulação** é a necessidade de manter saldos de caixa para poder aproveitar, por exemplo, as compras vantajosas que apareçam, as taxas de juros atraentes e (no caso das empresas com atuação internacional) as flutuações favoráveis da taxa de câmbio.

Para a maioria das empresas, a capacidade de tomar emprestado e de emitir títulos de dívida (como uma emissão de debêntures) pode ser um meio para atender ao motivo especulação. Assim, pode haver um motivo especulativo para manter a liquidez, mas não necessariamente para reter caixa propriamente dito, na forma de disponibilidades. Pense nisso desta maneira: se você tiver um cartão de crédito com um limite de crédito muito grande, provavelmente aproveitará todas as barganhas incomuns que aparecerem sem ter que carregar dinheiro algum.

motivo precaução
Necessidade de manter uma reserva de liquidez como segurança.

Isso também vale, em menor grau, para o motivo precaução. O **motivo precaução** é a necessidade de manter uma reserva financeira como segurança. Mais uma vez, provavelmente há motivos para manter liquidez por precaução. Entretanto, dados os fatos de que o valor dos investimentos no mercado de renda fixa é relativamente certo e de que instrumentos, como os títulos públicos federais, têm alta liquidez, não há necessidade de reter quantias substanciais de caixa disponível para fins de precaução. Quando a pandemia da Covid-19 estourou em 2020, a importância de ter reservas adequadas tornou-se óbvia e ululante, pois muitas empresas não conseguiram sobreviver à queda da receita causada pela redução na demanda.

O motivo transação

motivo transação
Necessidade de manter reservas de liquidez para atender às atividades normais de desembolso e financiamento dos prazos de cobrança associadas às operações de funcionamento de uma empresa.

O **motivo transação** está associado ao caixa necessário para pagar as contas. As necessidades relacionadas às transações vêm das atividades normais de desembolso e de financiamento dos prazos de cobrança concedidos pela empresa a seus clientes. O desembolso de caixa inclui o pagamento de salários, dívidas comerciais, pagamento de empréstimos e juros, tributos e dividendos.

O caixa é recebido das vendas de produtos, da venda de ativos e da tomada de novas dívidas. Os fluxos de entrada de caixa (recebimentos) e os fluxos de saída de caixa (desembolsos) não são sincronizados, e algum nível de caixa é necessário para servir de reserva.

---

[1] Valor limite por CPF sobre o total de créditos de cada pessoa contra uma instituição, ou contra todas as instituições de um mesmo conglomerado financeiro. A garantia é limitada ao saldo existente e a até R$1 milhão por CPF em quaisquer instituições, a cada quatro anos. Ver: https://www.fgc.org.br/garantia-fgc/sobre-a-garantia-fgc.

Mesmo com transferências eletrônicas de fundos e outros mecanismos de pagamento "sem papel" e de alta velocidade que continuam sendo desenvolvidos, a demanda de caixa para transações não desaparecerá. Mesmo que desapareça, porém, ainda haverá uma demanda por liquidez e a necessidade de administrá-la com eficiência.

Saldos médios

Os saldos médios são outro motivo para reter saldos de caixa. Como discutimos no capítulo anterior, saldos de caixa podem ser mantidos nos bancos comerciais para remunerar parte dos serviços bancários que a empresa recebe. Uma exigência de saldo médio mínimo pelos bancos pode impor um limite mais baixo para o nível de caixa de que uma empresa efetivamente dispõe.

Custos de manter caixa

Quando uma empresa mantém caixa além do mínimo necessário, ela incorre em um custo de oportunidade. O custo de oportunidade do caixa excedente (mantido em moeda ou em depósitos bancários) é a renda de juros que poderia ser ganha em aplicações financeiras, como um investimento em títulos negociáveis ou fundos de investimento em renda fixa.

Dado o custo de oportunidade de reter caixa, por que uma empresa reteria caixa excedente ao saldo médio mínimo negociado com um banco? A resposta é que um saldo de caixa deve ser mantido para fornecer a liquidez necessária para as transações — o pagamento de contas. Se a empresa mantiver um saldo de caixa muito baixo, poderá ficar sem dinheiro. Se isso acontecer, talvez a empresa tenha de levantar caixa a curto prazo. Isso pode envolver, por exemplo, o resgate de aplicações financeiras ou de títulos negociáveis ou a tomada de empréstimos bancários.

A venda de títulos ou o resgate de aplicações financeiras pode ter baixo custo, mas empréstimos envolvem diversos custos. Além disso, como já discutimos, manter saldos de caixa tem um custo de oportunidade. Para determinar o saldo de caixa apropriado, a empresa deve avaliar os benefícios de manter saldos de caixa em relação aos custos disso. Discutiremos esse assunto com maiores detalhes nas seções seguintes.

Gestão de caixa *versus* gestão da liquidez

Antes de continuarmos, devemos observar que é importante distinguir entre a gestão do caixa e um assunto mais geral, a gestão da liquidez. A distinção é fonte de confusão porque a palavra *caixa* é usada na prática de duas maneiras. Antes de mais nada, ela tem seu sentido literal, o caixa real, ou seja, o dinheiro disponível para uso. Entretanto, os gestores financeiros com frequência usam a palavra para se referir à soma da posição de caixa com a posição de investimentos financeiros e títulos negociáveis da empresa. Esses títulos e investimentos são chamados de *equivalentes de caixa*[2] ou *quase caixa*. Em nossa discussão sobre as situações de caixa da Alphabet e da Microsoft no início do capítulo, por exemplo, o que descrevíamos na verdade era a soma do caixa total junto com o total dos equivalentes de caixa.

Indo direto ao ponto, a distinção entre gestão da liquidez e gestão do caixa é: a gestão da liquidez diz respeito à otimização da quantidade de ativos líquidos que uma empresa deve ter, sendo um aspecto particular das políticas da administração de ativos circulantes que discutimos no capítulo anterior. A gestão do caixa está muito mais relacionada à otimização dos mecanismos de cobrança e de desembolso de caixa, e esse é o assunto no qual nos concentramos basicamente neste capítulo.

---

[2] Para fins de apresentação no balanço patrimonial, equivalentes de caixa são aplicações financeiras de curto prazo, de alta liquidez, que são prontamente conversíveis em montante conhecido de caixa e que estão sujeitas a um insignificante risco de mudança de valor. Ver CPC 03, em http://static.cpc.aatb.com.br/Documentos/183_CPC_03_R2_rev%2014.pdf. São classificados como equivalentes de caixa os títulos com vencimento até 90 dias. Os títulos com vencimentos maiores são classificados como títulos e valores mobiliários.

Reservas bancárias

Um conceito fundamental para entendermos a administração do caixa no Brasil é o conceito de **reservas bancárias**. Reservas bancárias são os recursos imediatamente disponíveis mantidos pelos bancos junto ao Banco Central do Brasil. Todas as transações entre bancos e as transações bancárias de organizações não financeiras e pessoas físicas são realizadas mediante a transferência de titularidade de reservas. Todos os pagamentos e recebimentos somente se realizam por meio de reservas bancárias. A característica principal das reservas bancárias é que elas constituem recursos imediatamente disponíveis.

No dia a dia da atividade bancária, os bancos fazem e recebem pagamentos, concedem empréstimos e tomam dinheiro no mercado, e as entradas e saídas de caixa decorrentes dessas atividades podem fazer com que alguns bancos apresentem sobra de reservas, enquanto outros tenham falta de reservas em alguns momentos do dia.

Para buscar ajustar sua posição de reservas no Banco Central, os bancos negociam reservas entre si de forma a suprir necessidades opostas. De um modo geral, o sistema estará sempre com sobras ou faltas de reservas. Nessa situação, o Banco Central atua para que as taxas de juros não oscilem para cima ou para baixo por causa das faltas e sobras de caixa no sistema e, dessa forma, ele tem o poder de influenciar a taxa de juros do mercado de reservas bancárias.[3]

As taxas Selic e DI

A taxa de juros de mercado que o Banco Central tem condições de influenciar diretamente é a **taxa Selic**. O nome Selic decorre de todas as transações com títulos públicos serem realizadas em reservas bancárias imediatamente disponíveis e de o registro dessas transações ser realizado pelo Sistema Especial de Liquidação e de Custódia (Selic), um sistema gerido pelo Banco Central do Brasil, operado em parceria com a Associação Brasileira das Entidades dos Mercados Financeiro e de Capitais (Anbima) e que funciona como depositário central dos títulos públicos. Todos os negócios com títulos públicos são registrados no Selic. A taxa média dos negócios praticados no dia no mercado secundário de títulos públicos divulgada pelo Selic é então chamada de taxa Selic. A taxa Selic é direcionada pelas decisões do comitê de política monetária, o Copom, que, em reuniões a cada 45 dias, divulga a meta para a taxa Selic, ou taxa Selic-meta. A taxa Selic é a taxa básica, ou taxa de referência para o custo do dinheiro no mercado monetário.

A outra taxa de mercado importante para a gestão do caixa e da liquidez é a **taxa DI**. Como discutimos antes, ao longo do dia os bancos apresentam tendência de sobra ou de falta de caixa e precisam comprar ou vender títulos públicos para buscar reservas ou aplicar reservas, respectivamente. Nesse caso, é usual afirmar que as transações com reservas são lastreadas por títulos públicos. Em vez de vender e comprar títulos públicos, o sistema bancário pode trocar reservas mediante a compra e a venda de títulos privados de própria emissão, nesse caso, o Certificado de Depósito Interfinanceiro, CDI. O CDI é semelhante a um CDB, o Certificado de Depósito Bancário. O CDB é um instrumento de captação dos bancos junto ao público, enquanto o CDI é transacionado exclusivamente entre instituições financeiras. De forma semelhante à taxa Selic, as transações com CDI determinam uma taxa média para transações com reservas, mas agora com títulos privados. Essa taxa é a taxa DI. E o mercado para essas transações é o chamado mercado DI.

Costuma-se dizer que o mercado DI é a "última saída" para equilibrar a tesouraria de um banco, ou seja, é a última melhor alternativa para investir reservas ociosas por um dia útil e a última melhor oportunidade de captar reservas, no caso de sua falta ao final do dia. Por essa razão, a taxa DI é considerada o custo de oportunidade do dinheiro no mercado monetário.

---

[3] Sobre reservas bancárias, ver "Processo de definição da taxa de juros", Relatório de Inflação, junho/1999, Anexo, disponível em: https://www.bcb.gov.br/publicacoes/ri/199906.

A taxa DI é a taxa mais importante para a gestão do caixa e da liquidez. Como regra geral do seu negócio, os bancos, ao operar com o público, captarão reservas a taxas inferiores à taxa DI e investirão reservas a taxas superiores à taxa DI (exceções a essa regra podem ocorrer por razões de oportunidade de cada banco e da situação geral de liquidez do sistema financeiro).

Ao realizar aplicações financeiras em um banco, este lhe oferecerá um percentual da taxa DI. Percentuais comuns estão entre 90 e 99% da taxa DI. Assim, por exemplo, se a taxa DI para determinado prazo está, no momento, a 7,80% a.a., e você fizer uma aplicação financeira atrelada à taxa DI, digamos, a 95% da taxa DI, o seu retorno (bruto) seria de 7,41% a.a. no período. A forma de cotar a taxa em percentual ao ano não significa que esta é a taxa anual, ou que a operação é de um ano. Para qualquer prazo, seja para um dia útil ou para três anos, a taxa DI (assim como a taxa Selic) será cotada no formato de taxa efetiva anual (TEFa).

Para cada período haverá uma taxa DI diferente. A curva de taxas DI começa com a taxa para um dia útil, dois dias úteis, três dias úteis e vai até "n" dias úteis, onde "n" é o prazo máximo em dias úteis para o qual taxas DI são negociadas e podem ser representadas na curva.

No Brasil, portanto, para uma boa gestão do caixa e da liquidez, para um bom planejamento financeiro de curto prazo, é necessário acompanhar a tendência da curva de taxas DI. Nós já apresentamos a curva de taxas DI no Capítulo 7. A Figura 19.1 a seguir repete a curva que já mostramos no Capítulo 7, agora com as taxas verificadas no mercado financeiro no dia 31 de agosto de 2020.

A Figura 19.1 indica que, em 31 de agosto de 2020, a precificação de um empréstimo ou aplicação de caixa para setembro de 2023 tomaria como referência a taxa de 4,81% a.a. — empréstimos terão sido contratados a taxas acima da curva, enquanto aplicações financeiras de empresas e pessoas físicas terão sido contratadas a taxas abaixo ou até a curva. Observe na Figura 19.1 que a taxa DI para outubro de 2020 era de aproximadamente 2% a.a., enquanto os contratos com vencimento em março de 2022 tomaram como referência a taxa de 3% a.a. Uma observação importante que extraímos da Figura 19.1 é a tendência da curva de taxas de juros. Vemos claramente que, desde um mês antes, a tendência era de uma leve elevação de taxas ao longo da curva. A curva para o dia 31 de agosto foi superior à curva de uma semana antes, e esta também já havia sido superior à curva de um mês antes.

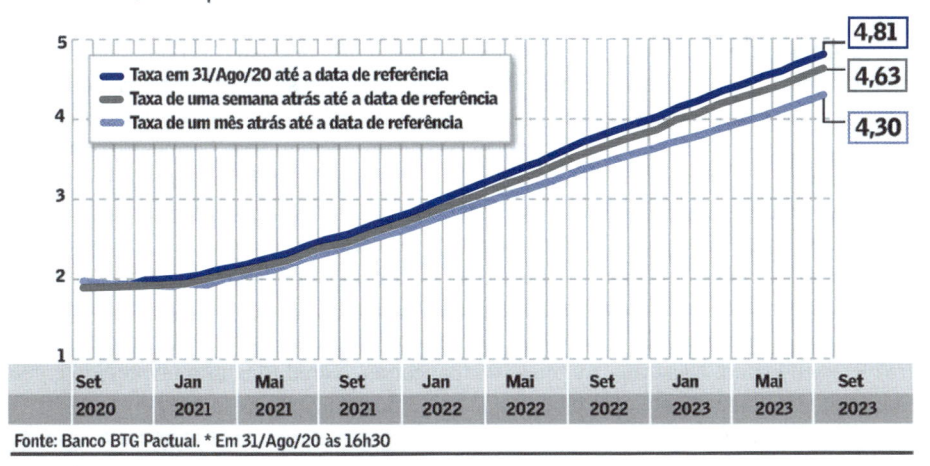

FIGURA 19.1 Estrutura de juro privado no Brasil: a taxa DI.
FONTE: Valor Econômico. Terça-feira, 1 de setembro de 2020. Caderno C, Finanças. Pág. C2. Disponível em https://valor.globo.com/financas/noticia/2020/09/01/ibovespa-perde-os-100-mil-pontos.ghtml.

Data de transação e data de liquidação financeira

No mercado financeiro brasileiro, é usual a data da disponibilização de reservas ser diferente da data da transação. A data de liquidação é identificada como D+n, ou, Dn, onde D é a data da transação e n é o número de dias úteis até a disponibilização das reservas, ou *data de liquidação financeira*. Assim:

D+0 ou D_0: reserva disponível no mesmo dia da transação.
D+1 ou D_1: reserva disponível no dia útil seguinte ao da transação.
D+2 ou D_2: reserva disponível no segundo dia útil ao da transação.
D+n ou D_n: reserva disponível dentro de n dias úteis da data da transação.

O número n é o número de dias úteis de *float* de pagamento e recebimento, conforme você esteja realizando o pagamento de um valor ou recebendo o pagamento de um valor de outra parte. Veremos o que é *float* em seguida.

Exemplos de datas de liquidação financeira em negócios usuais

Os negócios com ações na B3 são liquidados em D+2. Isso significa que, se você comprar ou vender ações na bolsa de valores, sua conta corrente será debitada ou creditada em reservas bancárias no segundo dia útil após a data da compra ou da venda. As operações com títulos públicos realizadas no Tesouro Direto são liquidadas em D+1.

No mercado de câmbio, as taxas anunciadas para compra e para venda de moeda estrangeira, no mercado comercial, também são taxas para liquidação financeira em D+2. Isso significa que, se sua empresa é uma exportadora e você vender hoje a moeda estrangeira relativa a uma exportação que sua empresa realizou ou realizará, a taxa cotada hoje no mercado de câmbio para essa transação é a taxa para liquidação financeira em dois dias úteis. No Capítulo 21, trataremos das operações no mercado de câmbio.

Os negócios com títulos públicos federais são liquidados em D+0, ou seja, um título público federal é "quase caixa".

Instrumentos de pagamento no Brasil

Para bem administrar o caixa e a liquidez, é necessário ter conhecimento dos instrumentos de pagamento utilizados no Brasil. O texto que apresentamos a seguir foi compilado com informações do Banco Central do Brasil.

Transferências de crédito As transferências de crédito interbancárias efetuadas por não bancos compreendem as transferências eletrônicas disponíveis (TEDs) por conta de cliente, os documentos de crédito (DOCs), as transferências especiais de crédito (TECs) e as movimentações interbancárias relacionadas com os bloquetos de cobrança. Também são relevantes as transferências de crédito intrabancárias, isto é, as transferências realizadas entre contas mantidas em um mesmo banco. A transferência de crédito feita por intermédio da TED ou da TEC é disponibilizada para o favorecido no mesmo dia. No caso do DOC, os recursos são disponibilizados para o favorecido, para saque, no dia útil seguinte (D_1). A transferência de crédito relacionada com bloqueto de cobrança, cuja liquidação interbancária também ocorre em D_1, é colocada à disposição do favorecido em prazo menor ou maior, conforme acordo entre ele e seu banco. Nas transferências intrabancárias, o crédito para o favorecido é geralmente feito simultaneamente com o débito na conta do remetente dos fundos.

O pagamento por transferência de crédito pode ser feito nos caixas das agências bancárias ou por intermédio de canais eletrônicos de acesso, como as máquinas de atendimento automático (ATM, do inglês *automated teller machine*), a internet (*internet banking*) e o telefone celular (*mobile banking*). Os bloquetos de cobrança contêm código de barras, que possibilitam a leitura ótica de seus dados (OCR, do inglês *optical character recognition*). Qualquer que seja o modo e o meio utilizado para dar início à transferência de crédito, a movimentação de fundos é sempre feita eletronicamente. Embora a liquidação interbancária ocorra na manhã de D_1, vários bancos, como era a praxe antes da existência da TED, consideram que os recursos foram transferidos para o favorecido na noite do dia anterior (D_0). No caso da TED, a liberação dos fundos para o favorecido geralmente ocorre em poucos minutos após a emissão da correspondente ordem pelo remetente.

Cheques O cheque continua sendo um importante instrumento de pagamento no Brasil, embora tenha havido forte redução em seu uso nos últimos anos, devido, principalmente, à sua substituição por cartões de débito e de crédito e pagamentos por meios eletrônicos. Com formato e características básicas padronizados, as folhas de cheque contêm registros magnéticos que possibilitam a leitura automática de seus dados (MICR, do inglês *magnetic ink charcater recognition*). O cheque, algumas vezes, é entregue ao beneficiário para ser sacado em data futura (cheque pré-datado), situação na qual ele funciona como instrumento de crédito.

Para saber mais sobre cheque, consulte: https://www.bcb.gov.br/acessoinformacao/perguntasfrequentes-respostas/faq_cheques.

No Brasil, as contas de depósito à vista são as únicas movimentáveis por cheques. A liquidação interbancária dos cheques é feita por intermédio da Compe[4]. O valor correspondente a um cheque depositado ficará bloqueado para movimentação pelo depositante, desde a data de seu depósito (D_0), até sua compensação. A disponibilidade das reservas bancárias na conta do beneficiário do cheque ocorre na noite do último dia do prazo de bloqueio, apenas para compensações de débitos existentes na conta do depositante. Para saques no caixa, o valor do cheque estará disponível apenas no dia útil seguinte ao último dia do prazo de bloqueio. O prazo de bloqueio do valor do cheque não pode ser superior a um dia útil, contado a partir do dia seguinte ao do depósito.[5]

Pagamentos instantâneos — Pix

Pagamentos instantâneos constituem uma nova modalidade de transferências de reservas entre contas, disponível a partir do final do ano de 2020. Nessa modalidade, a transmissão da ordem de pagamento e a disponibilidade de fundos para o recebedor é realizada em tempo real, durante 24 horas por dia, sete dias por semana e em todos os dias no ano. As transferências são realizadas diretamente da conta do pagador para a conta do recebedor, sem a necessidade de intermediários. O sistema foi concebido pelo Banco Central do Brasil, segundo o qual o sistema visa a: alavancar a competitividade e a eficiência do mercado; baixar o custo, aumentar a segurança e aprimorar a experiência dos clientes; promover a inclusão financeira e preencher lacunas existentes na cesta de instrumentos de pagamentos disponíveis à população. Ainda segundo o Banco Central, o sistema possibilita a inovação e o surgimento de novos modelos de negócio e a redução do custo social relacionado ao uso de instrumentos baseados em papel.[6]

Cartões de crédito Cartões de crédito são instrumentos de pagamento emitidos com base na análise da capacidade de crédito do portador. A análise do crédito é realizada por um banco ou outra entidade, como uma *fintech*, e convênio com uma "bandeira" emissora (Elo, Visa, Mastercard etc.). A emissora provê um sistema de pagamentos ao qual os comerciantes se credenciam para efetuar vendas com garantia de pagamento pela emissora do cartão, com a garantia do banco ou de outra entidade. No Brasil, o titular do cartão de crédito não paga encargos financeiros quando as compras de mercadorias e serviços são pagas na primeira data de vencimento seguinte. O prazo médio entre a data da compra e a do vencimento é de cerca de 28 dias, segundo informações de empresas do setor.

Cartões de débito Os cartões de débito geralmente são uma funcionalidade adicional dos cartões de crédito; podem ser utilizados principalmente em caixas automáticos, para sa-

---

[4] A centralizadora da compensação de cheques — Compe — liquida cheques mediante compensação por meio da troca da imagem digitalizada e dos outros registros eletrônicos do cheque. O Banco do Brasil S.A. executa os trabalhos da Compe. Circular BACEN Nº 3.532, ver em: https://www.bcb.gov.br/estabilidadefinanceira/exibenormativo?tipo=Circular&numero=3532.

[5] O prazo de bloqueio poderá ser de até 20 dias úteis para praças de difícil acesso, ou de até quatro dias úteis para praças não integradas ao sistema de compensação.

[6] Ver: https://www.bcb.gov.br/estabilidadefinanceira/pagamentosinstantaneos.

que de dinheiro, ou em estabelecimentos comerciais que contam com máquinas apropriadas para a realização de transferências eletrônicas de fundos a partir do ponto de venda (EFTPOS, do inglês *electronic funds transfer from the point of sale*). Os principais produtos são o Elo, o Visa Electron da Visa, o Maestro da Mastercard e o Cheque Eletrônico da TecBan. A exemplo dos cartões de crédito, os cartões de débito com tarja magnética estão sendo paulatinamente substituídos por unidades dotadas de microprocessador (*chip*).

O débito na conta do titular do cartão é normalmente feito no momento do pagamento, enquanto o crédito na conta do estabelecimento comercial é feito em determinado prazo, maior ou menor, conforme o contrato estabelecido com a administradora do cartão.

Cartões de loja (*retailer cards*)   Os cartões de loja, emitidos principalmente por grandes redes varejistas, normalmente só podem ser usados nas lojas da rede emissora. A utilização do cartão de loja geralmente implica na postergação do pagamento (algumas vezes, o emissor do cartão admite o parcelamento da obrigação sem encargos financeiros explícitos). No vencimento, quase sempre tendo de voltar ao estabelecimento comercial, o devedor utiliza dinheiro em espécie ou outro instrumento de pagamento (cheque ou cartão de débito) para liquidar sua obrigação.

Cartões com valor armazenado (*charge cards*)   O cartão com valor armazenado, também conhecido como cartão pré-pago, é utilizado para pagamento de serviços específicos relacionados principalmente com o uso de telefones e meios de transporte públicos ou compras de pequeno valor. No primeiro caso, atualmente o mais comum, os emissores são as próprias concessionárias dos serviços públicos, e a aquisição do cartão é feita principalmente em pequenos estabelecimentos comerciais credenciados. Nessa situação, os serviços são pré-pagos e o cartão, quando esgotado seu limite de utilização, é geralmente descartado.

No segundo caso, o cartão é emitido por instituição bancária que o carrega com certo valor para utilização pelo cliente nos estabelecimentos comerciais credenciados. Esse tipo de cartão pode ser recarregado várias vezes, observando-se, em cada uma delas, o valor-limite de carregamento fixado pelo emissor. Nesse formato, o cartão com valor armazenado ainda se encontra em fase embrionária no Brasil, sendo utilizado no âmbito de projetos pioneiros desenvolvidos pela Visa e pela Mastercard.

Débitos diretos   O débito automático em conta, ou débito direto, é normalmente utilizado para pagamentos recorrentes, isto é, pagamentos que observam certa periodicidade, como os referentes aos serviços de água, luz e telefone. Nesses casos, mediante iniciativa do prestador do serviço, beneficiário do pagamento, o valor da obrigação é debitado direta e automaticamente na conta bancária do devedor, que previamente autoriza, no banco, essa operação. Essa autorização é normalmente concedida por tempo indeterminado, com validade, portanto, enquanto não for revertida.

O Quadro 19.1, disponibilizado pelo Banco Central do Brasil, com dados até 2019, mostra a evolução da participação relativa dos principais instrumentos de pagamento no Brasil. Observe que, em 2019, o número de cheques utilizados era de 1/3 da quantidade utilizada em 2010.

O Quadro 19.2 traz a evolução dos valores de pagamentos por instrumento de pagamento. Note que, enquanto o Quadro 19.1 apresenta os valores em milhões, o Quadro 19.2 está em bilhões.

BR Code   O BR Code é o padrão de QR Code que deve ser utilizado pelos arranjos de pagamento integrantes do Sistema de Pagamentos Brasileiro que ofertem a iniciação de uma transação de pagamento por meio desse mecanismo. A existência de um único QR Code visa a facilitar o processo de pagamento pelos usuários nos estabelecimentos comerciais, com um instrumento comum para iniciar a transação e uso do arranjo de escolha do estabelecimento comercial. O BR Code traz redução dos custos e racionalização da quantidade de QR Codes expostos nos estabelecimentos.

QUADRO 19.1 Quantidade de transações, inclusive operações intrabancárias (milhões)[1]

Ano	Cheque	Cartão de débito	Cartão de crédito	Cartão pré-pago	Débito direto[2]	Transferência de crédito
2010	1.668	2.948	3.314		3.509	7.663
2011	1.581	3.508	3.836		4.028	8.379
2012	1.431	4.132	4.228		4.239	9.009
2013	1.297	4.909	4.724		4.953	9.561
2014	1.165	5.630	5.230		5.557	9.966
2015	1.040	6.210	5.518		5.427	10.049
2016	864	6.837	5.885	4	5.336	9.943
2017	731	7.934	6.396	26	5.365	10.497
2018	633	9.031	7.462	81	6.429	10.874
2019	550	10.880	9.931	1.996	6.013	11.865

[1] Incluídas as transferências de crédito, débito direto e cheques que possuem liquidação intrabancária.
[2] Inclui as operações em que as instituições financeiras são as beneficiárias dos pagamentos.
FONTE: Banco Central do Brasil. Disponível em: https://www.bcb.gov.br/estabilidadefinanceira/estatisticasspb

QUADRO 19.2 Uso dos instrumentos de pagamento no Brasil — valor das transações (R$ bilhões) [1]

Ano	Cheque	Cartão de débito	Cartão de crédito	Cartão pré-pago	Débito direto[2]	Transferência de crédito
2010	2.691	159	332		2.064	17.223
2011	2.786	196	401		2.470	20.150
2012	2.891	237	465		3.802	25.189
2013	2.917	293	534		5.570	30.235
2014	2.801	348	594		5.026	32.139
2015	2.579	390	653		4.313	34.138
2016	2.187	430	678	1	6.516	34.081
2017	1.888	495	732	3	7.214	37.550
2018	1.673	561	844	7,7	6.826	42.259
2019	1.522	668	1.089	29,0	5.180	49.893

[1] Incluídas as transferências de crédito, débito direto e cheques que possuem liquidação intrabancária.
[2] Inclui as operações em que as instituições financeiras são as beneficiárias dos pagamentos.
FONTE: Banco Central do Brasil. Disponível em: https://www.bcb.gov.br/estabilidadefinanceira/estatisticasspb

Canais de atendimento As transações com instrumentos financeiros podem ser realizadas por meio de vários canais de atendimento disponibilizados pela rede bancária. Há vários canais de atendimento bancário disponíveis.

- Acesso remoto por meio da internet por computadores e por celulares
- Terminais de autoatendimento (ATM) dos bancos
- Agências bancárias
- Correspondentes bancários
- Centrais de atendimento por atendimento automatizado (URA)

> **EXEMPLO 19.1** Gestão do caixa em uma empresa brasileira
>
> Este exemplo relata como é feita a gestão do caixa de uma empresa brasileira de grande porte que vende tanto para grandes redes de supermercados quanto para pequenas redes e mercados de bairro. Ela possui várias unidades de produção no Brasil e no exterior.
>
> **Caixa central** Nessa empresa, a tesouraria da controladora tem o papel de caixa central (também chamado de caixa-mãe). Funciona assim: cada subsidiária tem uma conta movimento relativa ao seu CNPJ, por meio da qual realiza todos os seus recebimentos e pagamentos e que funciona como uma conta de saldo zero no grupo de empresas. O caixa excedente ao final do dia é transferido para o caixa central, que também funciona como central de recursos para suprir as faltas de caixa das subsidiárias. A receita de remuneração de recursos excedentes e o custo de recursos tomados são transferidos mediante rateio para as contas de resultado das subsidiárias, conforme geração e uso de caixa. Uma parte, ou *spread*, é retida ou cobrada pela tesouraria para cobertura do seu custo de estrutura. Na tesouraria, o caixa excedente resultante das operações diárias é aplicado em fundos com rendimento atrelado à taxa DI ou fundos de CDBs, com liquidez diária. No caso de faltas de caixa, a tesouraria realiza descontos e antecipação de recebíveis a taxas pré-negociadas junto à rede bancária.
>
> Para desenvolvimento das estratégias de investimento e de estrutura de capital, essa empresa realiza aplicações e captações financeiras de médio e longo prazo por meio de operações estruturadas.
>
> Nas subsidiárias dessa empresa localizadas no exterior, em cada país, o esquema se repete na moeda local. As necessidades e sobras de caixa nos diferentes países são ajustadas por meio de empréstimos entre companhias.
>
> A estrutura de contas utilizada por essa empresa, compreendendo as contas de saldo zero e a conta central, é fornecida pelos bancos. O controle e as transferências de sobras e coberturas de faltas de caixa em cada conta de saldo zero são realizados de forma centralizada pela tesouraria da controladora do grupo, que funciona como o "piloto de reservas" de um banco.
>
> Tanto as operações de aplicação de excedentes de caixa da empresa quanto as operações de antecipação e desconto de recebíveis para suprimento de falta de caixa são pré-negociadas com os bancos. Isso elimina a necessidade de negociação caso a caso, tornando o fluxo de usos e suprimentos de caixa uma atividade quase automática.

> **Questões conceituais**
>
> **19.1a** O que é o motivo transação e como ele leva as empresas a reter caixa?
> **19.1b** Qual é o custo de manter caixa excedente para a empresa?
> **19.1c** O que são reservas bancárias?
> **19.1d** Por que a taxa DI é importante para a gestão do caixa e da liquidez?
> **19.1e** O que significa D_0, D_1, D_2 e D_n?

19.2 Como entender o *float*

Embora cada vez mais em desuso, o cheque ainda é um instrumento utilizado. Como você já deve saber, a quantia que você tem de acordo com seu talão de cheques pode ser muito diferente da quantia que seu banco acha que você tem. O motivo é que alguns dos cheques emitidos ainda não foram apresentados ao banco para pagamento. O mesmo vale para uma empresa. O saldo de caixa que uma empresa mostra em seus registros é chamado de *saldo contábil* ou *saldo de livros* da empresa. Esse saldo representa as transações realizadas. O saldo mostrado em sua conta bancária como disponível para gastar é chamado de *saldo disponível*, *saldo recebido* ou apenas *saldo*. A diferença entre o saldo disponível e o saldo contábil é chamada de *float* e representa o efeito líquido dos cheques em processo de *compensação* (que estão passando pelo sistema bancário) ou de transações que foram realizadas para liquidação em D_N a N-n dias, onde N é a data valor do movimento de reservas e n é o número de dias que decorreram desde a transação.

O *float* também pode ser negociado com um banco para remunerar parte do serviço de cobrança prestado para a empresa. Funciona assim: o sacado paga a duplicata ao banco, e este só credita a conta da empresa emitente da duplicata (ou outro título) um, dois ou mais dias úteis depois. Durante esse período de *float*, o banco usa os recursos, e a renda desse uso é parte da remuneração do serviço de cobrança.

float
Diferença entre o caixa contábil e o caixa bancário, representando o efeito líquido da defasagem entre uma transação e a data de disponibilização da reserva.

Float de desembolso

O cheque é uma forma de pagamento ainda utilizada (principalmente nos Estados Unidos), embora seu uso como instrumento de pagamento venha se reduzindo. Os cheques emitidos por uma empresa geram *float de desembolso*, causando uma diminuição no saldo contábil da empresa, mas nenhuma alteração em seu saldo disponível, até que sejam compensados. Por exemplo, suponhamos que, no momento, a Indústrias Mecânicas General (IMG) tenha $100.000 depositados no banco. Em 8 de junho, ela compra matéria-prima e paga com um cheque de $100.000. Como resultado, o saldo contábil é reduzido imediatamente em $100.000.

Porém, o banco da IMG não saberá sobre esse cheque até que ele seja apresentado ao banco para pagamento em, digamos, 14 de junho. Até o cheque ser apresentado, o saldo disponível da empresa será maior do que seu saldo contábil em $100.000. Em outras palavras, antes de 8 de junho, a IMG tem um *float* zero:

Float = Saldo disponível da empresa − Saldo contábil da empresa
= $100.000 − 100.000
= $0

A situação da IMG de 8 a 14 de junho é:

Float de desembolso = Saldo disponível da empresa − Saldo contábil da empresa
= $100.000 − 0
= $100.000

Enquanto o cheque não é compensado, a IMG tem um saldo no banco de $100.000. Ela pode ter benefícios desse caixa durante esse período. Por exemplo, o saldo disponível poderia estar investido temporariamente em um fundo de renda fixa e, portanto, renderia juros nesse período. Retomaremos esse assunto mais tarde.

Float de cobrança e *float* líquido

Os cheques recebidos pela empresa criam um *float de cobrança*. O *float* de cobrança aumenta os saldos contábeis, mas não muda imediatamente os saldos disponíveis. Por exemplo, suponha que a IMG receba um cheque de um cliente no valor de $100.000 em 8 de outubro. Pressuponha, como antes, que a empresa tenha $100.000 depositados em seu banco e um *float* zero. Ela deposita o cheque e aumenta seu saldo contábil de $100.000 para $200.000. Entretanto, o caixa adicional não está disponível para a IMG até que deposite o cheque e seu banco disponibilize as reservas correspondentes aos $100.000. Digamos que isso ocorra em 14 de outubro. Nesse meio tempo, a situação do caixa refletirá um *float* de cobrança de $100.000. Podemos resumir esses eventos. Antes de 8 de outubro, a situação da IMG é:

Float = Saldo disponível da empresa − Saldo contábil da empresa
= $100.000 − 100.000
= $0

A situação da IMG de 8 a 14 de outubro é:

Float de cobrança = Saldo disponível da empresa − Saldo contábil da empresa
= $100.000 − 200.000
= −$100.000

Em geral, as atividades de pagamento (desembolsos) de uma empresa geram *float* de desembolso, e as atividades de cobrança geram *float* de cobrança. O efeito líquido é o *float* líquido, ou seja, a soma do total de *floats* de cobrança e de desembolso. O *float* líquido, em determinado momento, é simplesmente a diferença geral entre o saldo disponível da empresa e seu saldo contábil. Se o *float* líquido for positivo, o *float* de desembolso da empresa excederá seu *float* de cobrança e o saldo disponível excederá o saldo contábil. Se o saldo disponível for menor do que o saldo contábil, a empresa tem um *float* de cobrança líquido.

Uma empresa deve se preocupar com seu *float* líquido e com o saldo disponível mais do que com seu saldo contábil. Se um administrador financeiro sabe que um cheque emitido pela empresa não será compensado antes de vários dias, ele pode manter um saldo de caixa mais baixo no banco do que seria possível de outra maneira. Isso pode gerar muito dinheiro.

Por exemplo, vejamos o exemplo da Walmart. A média das vendas diárias dessa empresa é de aproximadamente USD1,46 bilhão. Se os recebimentos da Walmart pudessem ser agilizados em um único dia, ela poderia liberar até USD1,46 bilhão para investimento. A uma taxa diária relativamente modesta de 0,01%, os juros ganhos estariam na ordem de USD146.000 *por dia*.

EXEMPLO 19.2 Como ficar sem dívidas

Suponha que você tenha $5.000 em depósitos. Um dia, você faz um cheque de $1.000 para pagamento de livros e deposita um cheque de $2.000 na sua conta corrente. Quais são seus *floats* de desembolso, cobrança e líquido?

Após emitir o cheque de $1.000, você tem um saldo de $4.000 em sua conta, mas o banco mostra $5.000 enquanto o cheque não é apresentado e compensado. A diferença é um *float* de desembolso de $1.000.

Depois de depositar o cheque de $2.000, você tem um saldo de $6.000. Seu saldo disponível não aumenta até que o cheque seja compensado. Isso resulta em um *float* de cobrança de −$2.000. Seu *float* líquido é a soma dos *floats* de cobrança e de desembolso, ou −$1.000.

No todo, você tem $6.000 em sua conta. O banco mostra um saldo de $7.000, mas apenas $5.000 estão disponíveis, pois seu depósito não foi compensado. A discrepância entre seu saldo disponível e seu saldo contábil é o *float* líquido (−$1.000), e isso é ruim para você porque, se você fizer outro cheque de $5.500, talvez não haja fundos suficientes para cobri-lo, e ele pode ser devolvido. Esse é o motivo pelo qual os gestores financeiros precisam se preocupar mais com os saldos disponíveis do que com os saldos contábeis.

Administração do *float*

A administração do *float* envolve o controle da cobrança e do desembolso de caixa. O objetivo na cobrança é agilizar os recebimentos e reduzir a defasagem entre o momento em que os clientes pagam suas contas e o momento em que o caixa se torna disponível como reserva bancária de livre movimentação. O objetivo na gestão do desembolso de caixa é controlar os pagamentos e minimizar os custos da empresa associados à realização dos pagamentos.

Para um exemplo real dos serviços de administração do *float* nos Estados Unidos, visite https://www.fiserv.com.

Os prazos da cobrança ou do desembolso totais podem ser divididos em três partes: prazo de trânsito em comunicações, prazo do processamento e prazo para liquidação financeira. Definimos cada um da seguinte forma:

1. O *prazo de trânsito em comunicações* é a parte do processo de cobrança e desembolso durante a qual documentos de cobrança, assim como eventuais pagamentos em cheques, passam pelo sistema postal ou pelo serviço de remessa de documentos da empresa, desde o seu envio até a sua efetiva recepção pela área responsável.

2. O *prazo do processamento* é o tempo necessário para que um cheque ou um boleto de cobrança seja apresentado no sistema bancário e processado.

3. O *prazo para disponibilidade* se refere ao tempo entre a data em que o sistema bancário recebe um instrumento de pagamento e a data em que disponibiliza a reserva na conta da empresa.

A agilização das cobranças envolve a redução de um ou mais desses componentes. A diminuição dos desembolsos envolve o aumento de um deles. Descreveremos alguns procedimentos para administrar a cobrança e o desembolso mais tarde. Primeiro, precisamos discutir como o *float* é medido. Para isso, vamos tomar como exemplo o pagamento e a cobrança por meio de cheques, um instrumento de pagamento cujo funcionamento é mais fácil de compreender quando se trata de discutir os impactos do *float*.

O papel do *float* no mercado estadunidense

Os livros de finanças de autores norte-americanos dão ênfase ao *float* decorrente do processo de pagamentos em cheque. Nos Estados Unidos, o cheque é um meio de pagamento muito utilizado entre empresas (muito embora a adoção de sistemas eletrônicos de pagamento seja cada vez maior). A discussão apresentada a seguir diz respeito a práticas do mercado norte-americano, porém, o conceito é aplicável para operações no mercado brasileiro, embora aqui o *float* não seja a principal variável para gestão do caixa.

Medição do *float* no mercado estadunidense   O tamanho do *float* depende dos valores e do prazo envolvido. Por exemplo, suponha que você envie um cheque de $500 para outro estado todos os meses. São necessários cinco dias no correio para que o cheque chegue a seu destino (o prazo de trânsito) e um dia para o recebedor ir ao banco (o prazo do processamento). O banco do recebedor segura os cheques de outro estado por três dias (prazo para disponibilidade). O prazo total é de 5 + 1 + 3 = 9 dias.

Nesse caso, qual é a média de seu *float* de desembolso diário? Existem duas formas equivalentes de calcular a resposta. Primeiro, você tem um *float* de $500 por nove dias. Por isso, dizemos que o *float* total é 9 × $500 = $4.500. Pressupondo um mês com 30 dias, a média do *float* diário é $4.500/30 $150.

Também poderíamos dizer que seu *float* de desembolso é $500 por 9 dias do mês e zero nos outros 21 dias (novamente pressupondo um mês de 30 dias). Portanto, a média de seu *float* diário é:

$$\begin{aligned}\text{Média do float diário} &= (9 \times \$500 + 21 \times 0)/30 \\ &= 9/30 \times \$500 + 21/30 \times 0 \\ &= \$4.500/30 \\ &= \$150\end{aligned}$$

Isso significa que, em um dia normal, seu saldo contábil é $150 menor do que seu saldo disponível, representando um *float* médio de desembolso de $150.

As coisas só são um pouco mais complicadas quando há vários desembolsos ou recebimentos. Para ilustrar, suponha que a Concept Co. receba dois itens a cada mês da seguinte maneira:

Quantia	Prazo do processamento e para disponibilidade	*Float* total
Item 1: $ 5.000.000	× 9	= $45.000.000
Item 2: $ 3.000.000	× 5	= $15.000.000
Total $ 8.000.000		$60.000.000

A média do *float* diário é igual a:

Média do *float* diário = $\dfrac{Float\text{ total}}{\text{Total de dias}}$

$= \dfrac{\$60 \text{ milhões}}{30} = \$2 \text{ milhões}$ [19.1]

Assim, em um dia normal, há $2 milhões não recebidos e não disponíveis.

Outra maneira de ver isso é calcular a média de recebimentos diários e multiplicar pelo prazo médio ponderado. A média de recebimentos diários é:

Média de recebimentos diários = $\dfrac{\text{Total de recebimentos}}{\text{Total de dias}} = \dfrac{\$8 \text{ milhões}}{30} = \$266.666,67$

Do total de recebimentos de $8 milhões, $5 milhões, ou 5/8 do total, têm o prazo de nove dias. Os outros 3/8 têm o prazo de cinco dias. Portanto, o prazo médio ponderado é:

Prazo médio ponderado = (5/8) × 9 dias + (3/8) × 5 dias
= 5,625 + 1,875 = 7,50 dias

Consequentemente, a média do *float* diário é:

Média do *float* diário = Média de recebimentos diários × Prazo médio ponderado
= $266.666,67 × 7,50 dias = $2 milhões [19.2]

O *float* no mercado brasileiro Não é uma prática no Brasil enviar cheques por correio. O Sistema de Pagamentos Brasileiro (SPB) oferece facilidades de pagamentos por vários canais com acessos muito simplificados, como os acessos por gerenciadores financeiros disponíveis para computadores pessoais, *tablets* e *smartphones*. E quando um cheque é recebido e depositado, ainda que emitido em outro estado, a compensação integrada por imagem depende de apenas um dia, na maioria das vezes. Assim, o prazo de trânsito é muito mais decorrente da eficiência dos processos internos de quem recebe do que de prazos de correios ou de bloqueio pelos bancos. Entretanto, *floats* podem ser negociados entre bancos e empresas, e o cálculo do custo de oportunidade do *float* é importante. Feita essa consideração, continuaremos a avaliar diferentes aspectos do *float*.

Alguns detalhes Ao medir o *float*, existe uma diferença importante a ser observada entre o *float* de cobrança e o de desembolso. Definimos *float* como a diferença entre o saldo de caixa disponível da empresa e seu saldo contábil. Com um desembolso, o saldo contábil da empresa diminui quando o cheque é enviado, de modo que o *prazo de trânsito* é um componente importante no *float* de desembolso. Entretanto, com uma cobrança, o saldo contábil da empresa não aumenta até que o valor do cheque seja *disponibilizado em reservas*, de modo que o prazo de trânsito em comunicações, nesse caso o prazo de trânsito, não é um componente do *float* de cobrança no mercado estadunidense.

Isso não significa que esse prazo não seja importante. A questão é que, quando o *float* de cobrança é calculado, o prazo de trânsito não deve ser levado em conta. Como discutiremos, quando o *prazo* total de recebimento é considerado, o prazo de trânsito é um componente crucial para o cálculo do *float* no mercado estadunidense.

Do mesmo modo, quando falamos sobre o prazo para disponibilidade, o tempo necessário para compensar um cheque não é realmente fundamental. O que importa é o tempo que devemos esperar até que o banco conceda a disponibilidade, ou seja, o uso dos fundos. Na verdade, nos Estados Unidos, os bancos têm esquemas de disponibilidade que são usados para determinar o prazo que um cheque é mantido, com base na hora do depósito e em outros fatores. Além disso, o prazo para disponibilidade pode ser uma questão de negociação entre o banco e o cliente. De modo semelhante, para os cheques emitidos, o que importa é a data de débito da conta, e não quando o recebedor tem a disponibilidade.

Como já mencionamos anteriormente, no Brasil, quando você deposita um cheque, a disponibilidade das reservas bancárias na sua conta ocorre na noite do último dia do prazo de bloqueio, apenas para compensações de débitos existentes na conta do depositante. Para você sacar no caixa, o valor do cheque estará disponível apenas no dia útil seguinte ao último dia do prazo de bloqueio. E o prazo de bloqueio não pode ser superior a um dia útil, contado a partir do dia seguinte ao do depósito.

Custo do float O custo básico do *float* de cobrança para a empresa é simplesmente o custo de oportunidade de não conseguir usar o caixa. No mínimo, a empresa poderia ganhar juros sobre o caixa se ele estivesse disponível para investimento. O que apresentamos nas Figuras 19.2 e 19.3 se aplica para pagamentos e recebimentos em cheque.

Suponha que a Companhia Bambo tenha uma média de recebimentos diários de $1.000 e uma postergação média ponderada de três dias para recebimento das disponibilidades. Portanto, a média do *float* é 3 × $1.000 = $3.000. Isso significa que, em um dia normal, há $3.000 que não estão rendendo juros. Suponha que a Bambo pudesse eliminar totalmente o *float*. Qual seria a vantagem? Se a eliminação do *float* custar $2.000, qual será o VPL de fazer isso?

A Figura 19.2 ilustra a situação da Bambo. Suponha que ela inicie com um *float* zero. No dia 1, a Bambo recebe e deposita um cheque de $1.000. O caixa estará disponível três dias depois, no dia 4. Ao final do dia 1, o saldo contábil é $1.000 maior do que o saldo disponível, de modo que o *float* é $1.000. No dia 2, a empresa recebe e deposita outro cheque. Ela recebe três dias depois, no dia 5. Agora, ao final do dia 2, há dois cheques não recebidos, e os registros mostram um saldo de $2.000. No entanto, o banco ainda mostra um saldo disponível zero, e o *float* é **$2.000**. A mesma sequência ocorre no dia 3, e o *float* aumenta para um total de $3.000.

No dia 4, a Bambo recebe e deposita novamente um cheque de $1.000. Entretanto, ela já conta com as disponibilidades em reservas de $1.000 do cheque do dia 1. As mudanças no saldo contábil e no saldo disponível são idênticas, +$1.000. Dessa maneira, o *float* permanece **$3.000**. O mesmo acontece todos os dias após o dia 4. Portanto, o *float* permanece **$3.000** para sempre.

A Figura 19.3 ilustra o que acontece se o *float* for eliminado totalmente em um dia *t* no futuro. Após o *float* ser eliminado, os recebimentos diários ainda são de $1.000. A empresa recebe no mesmo dia porque o *float* é eliminado, e os recebimentos diários ainda são de $1.000. Como ilustra a Figura 19.3, a única mudança ocorre no primeiro dia. Nesse dia, como sempre, a Bambo recebe $1.000 com a venda feita três dias antes. Como o *float* acabou, ela

	Dia				
	1	2	3	4	5 ...
Float inicial	$ 0	$1.000	$2.000	$3.000	$3.000 ...
Cheques recebidos	1.000	1.000	1.000	1.000	1.000 ...
Cheques compensados (caixa disponível)	− 0	− 0	− 0	− 1.000	− 1.000 ...
Float final	$1.000	$2.000	$3.000	$3.000	$3.000 ...

FIGURA 19.2 Composição do *float*.

	Dia		
	t	t + 1	t + 2 ...
Float inicial	$3.000	$ 0	$ 0 ...
Cheques recebidos	1.000	1.000	1.000 ...
Cheques compensados (caixa disponível)	− 4.000	− 1.000	− 1.000 ...
Float final	$ 0	$ 0	$ 0 ...

FIGURA 19.3 Efeito da eliminação do *float*.

também recebe as vendas feitas dois dias antes, um dia antes e naquele mesmo dia por $3.000 adicionais. Portanto, o total de recebimentos no dia *t* é **$4.000** em vez de $1.000.

O que vemos é que a Bambo gera $3.000 extras no dia *t* ao eliminar o *float*. A cada dia subsequente, a empresa recebe $1.000 em caixa, assim como fazia antes de o *float* ser eliminado. Logo, a única modificação nos fluxos de caixa com a eliminação do *float* são esses $3.000 adicionais que entram imediatamente. Nenhum outro fluxo de caixa é afetado, de modo que a Bambo está $3.000 mais rica.

Em outras palavras, o VP da eliminação do *float* é igual ao *float* total. A Bambo poderia pagar esse montante como dividendo, investi-lo em ativos que rendam juros ou fazer o que quisesse com ele. Se a eliminação do *float* custar $2.000, o VPL será $3.000 – 2.000 = $1.000. Portanto, a empresa deve eliminá-lo.

EXEMPLO 19.3 Redução do *float*: Parte I

Em vez de eliminar o *float*, suponha que a Bambo possa reduzi-lo a um dia. Qual é o máximo que a empresa deveria estar disposta a pagar por isso?

Se a Bambo puder reduzir o *float* de três para um dia, o montante do *float* cairá de $3.000 para $1.000. Conforme nossa discussão anterior, vemos logo que o VP dessa ação é igual à redução de $2.000 no *float*. A empresa deve estar disposta a pagar até $2.000.

EXEMPLO 19.4 Redução do *float*: Parte II

Este exemplo vale somente para o mercado estadunidense. Volte ao Exemplo 19.3. Um grande banco está disposto a fornecer o serviço de redução de *float* por $175 ao ano, pagável ao fim de cada ano. A taxa de desconto relevante é 8%. Suponha que a Bambo seja uma empresa estadunidense e que os valores do Exemplo 19.3 estejam em dólares. A Bambo deve contratar essa operação com o banco? Qual é o VPL do investimento? Como você interpreta essa taxa de desconto? Qual é o máximo por ano que a Bambo deve estar disposta a pagar?

O VP para a Bambo ainda é de $2.000. Os $175 teriam de ser pagos a cada ano para sempre a fim de manter a redução do float. Assim, o custo é perpétuo, e seu VP é de $175/0,08 = $2.187,50. O VPL é de $2.000 – 2.187,50 = –$187,50.. Portanto, o serviço não é um bom negócio.

Ignorando a possibilidade de cheques devolvidos, a taxa de desconto aqui corresponde muito ao custo do empréstimo de curto prazo no mercado estadunidense. O motivo é que a Bambo poderia tomar emprestados $1.000 do banco sempre que um cheque fosse depositado e pagar três dias depois. O custo seria os juros que a Bambo teria de pagar.

O máximo que a empresa estaria disposta a pagar é uma taxa que resultasse em um VPL zero. Esse VPL zero ocorre quando o benefício de $2.000 é exatamente igual ao VP dos custos, ou seja, quando $2.000 = C/0,08, onde C é o custo anual. Resolvendo C, descobrimos que C = 0,08 × $2.000 = $160 por ano.

EXEMPLO 19.5 Cobrança bancária no Brasil: decidindo entre tarifa e *float*

A empresa brasileira Alpha tem um faturamento diário de $360.000,00, e a média das suas vendas unitárias (o seu *ticket* médio) é de $20.000,00. As vendas são feitas para pagamento único, com prazo médio de 60 dias, e todas as suas duplicatas são recebidas por meio de cobrança bancária, com troca eletrônica de arquivos.

A administração da Alpha está tentando baixar seus custos, e o banco ofereceu as seguintes alternativas para remunerar o custo das cobranças: tarifa de $4,00 por título cobrado ou um dia de *float* para o resultado da cobrança. Ajude o gestor financeiro a decidir se:

a) o caixa da Alpha apresenta sobras e o banco remunera essas sobras a 95% do DI (suponha que a taxa DI seja de 7% a.a. para o prazo médio das aplicações da Alpha, prazo esse que é inferior a 180 dias);

b) a Alpha pode, em metade do ciclo operacional, ser tomadora de empréstimos de curto prazo para capital de giro e, na outra metade do tempo, ser aplicadora líquida de caixa, nas mesmas condições da alternativa "a". O banco oferece, para os prazos em que a Alpha toma recursos, uma linha de crédito para capital de giro com um custo efetivo total (CET) de 20% a.a.

Solução Se a Alpha vende em média $360.000,00 por dia e suas vendas médias têm o valor de $20.000,00, então ela envia 18 duplicatas por dia para o banco cobrar. Isso significa que, se a Alpha pagar ao banco $4,00 por duplicata, ela terá um custo diário de $72,00.

Se a Alpha optar pelo *float* e for aplicadora de recursos, a rentabilidade bruta diária que ela teria seria de 0,0255% a.d., conforme demonstramos a seguir:

$$\text{Custo de oportunidade diário} = [(1+7,00/100)^{1/252}-1] \times 100 \times 0,95 = 0,0269\% \times 0,95 = 0,0255\% \text{ por dia.}$$

Em reais: $0,0255\%/100 \times 360.000,00 = \$91,83$.

Porém, devemos lembrar que sobre juros recebidos de aplicações financeiras há incidência do imposto de renda retido na fonte (IRRF); como o prazo das aplicações da Alpha é inferior a 180 dias, a alíquota é de 22,50%. Logo, o rendimento líquido diário da Alpha será de:

$$\$91,83 - (0,225\$ \times 91,83) = \$71,17$$

O valor de R$71,17 se refere aos juros diários líquidos que a Alpha obteria em um dia de investimento do valor diário de suas cobranças. Esse é o custo de oportunidade que a Alpha terá se optar por um dia de *float*.

Na hipótese "a", em que a empresa tem sobras de caixa, um dia de *float* tem um custo de oportunidade de $71,17 ou $3,95 por título.

Hipótese "a"	Rendimento diário de $360.000,00:	$71,17
	Custo de oportunidade por título:	$71,17/18 = $3,95

Se a Alpha for uma empresa com sobras de caixa, parece que a escolha será indiferente entre o custo do *float* de um dia (crédito em D+1) ou a tarifa, pois as duas opções têm valores praticamente iguais, embora o custo de oportunidade seja $0,05 inferior ao custo de tarifa. Como os valores são muito próximos, melhores simulações deveriam ser feitas, mas, por ora, escolheríamos abrir mão de $3,95 para não pagar $4,00. Lembre ainda que $0,05 é um acréscimo de 1,23% sobre $3,95; em grandes volumes de cobrança, isso pode fazer muita diferença.

Por outro lado, se a Alpha tiver falta de capital de giro e necessitar buscar empréstimos ao custo efetivo total anual de 20% a.a., então, para suprir a falta por um dia de recursos no valor de $360.000,00, a Alpha pagará:

Custo diário de $360.000,00 = $[(1+20,00/100)^{1/252}-1] \times 100 = 0,0724\%$ por dia.

Em reais: $0,0724\%/100 \times 360.000,00 = \$260,55$

Se metade do tempo a Alpha é aplicadora de caixa e metade do tempo precisa de empréstimos de curto prazo, ela deve optar pela tarifa, como mostramos a seguir.

Hipótese "b"	Custo financeiro diário de $ 360.000,00:	$260,55
	Custo financeiro diário, por título:	$260,55/18 = $14,47

A cada dia que a empresa for tomadora de recursos, o atraso em um dia na disponibilização de reservas trará uma despesa de juros de $14,47 por título. Portanto, vale a pena pagar $4,00 para poupar $14,47.

> Observe que neste exemplo consideramos que a Alpha realiza vendas a prazo para pagamento em uma única vez. Se as suas vendas fossem parceladas, o valor disponível para *float* deveria ser dividido pelo número de parcelas, e o custo de cobrança por título deveria ser multiplicado pelo número de parcelas. Se o *float* fizer parte do cálculo do preço do serviço de cobrança, o banco poderá oferecer uma combinação entre *float* e tarifa para remunerar o serviço. Em geral, com a redução das taxas de juros, o *float* vem perdendo importância como instrumento de negociação de tarifas. O exemplo, entretanto, mostra que é necessário montar uma planilha para analisar uma oferta de preços de serviços bancários.

Questões éticas e legais

A prática do uso de cheques, o tempo em trânsito em correios e a demora na compensação de cheques pelo sistema bancário norte-americano pode ter como consequência estratégias para tirar proveito do tempo entre a emissão de um cheque e a sua apresentação para pagamento. Esse é o motivo para os autores norte-americanos trazerem as considerações que seguem.

O administrador de caixa deve trabalhar com saldos de caixa bancários recebidos, e não com o saldo contábil da empresa (que reflete o que foi depositado, mas não o que foi recebido). Se isso não for feito, um administrador poderia recorrer ao caixa não recebido como fonte de fundos para o investimento de curto prazo. A maioria dos bancos cobra uma taxa de penalidade pelo uso dos fundos não recebidos. Entretanto, alguns bancos estadunidenses podem não ter procedimentos de controle e contábeis suficientemente bons para ter total conhecimento do uso dos fundos não recebidos. Isso levanta algumas questões éticas e legais para a empresa.

Por exemplo, em maio de 1985, a E. F. Hutton (um grande banco de investimentos) admitiu culpa em 2 mil processos de fraudes por meios postais e telegráficos em um esquema que a empresa operou de 1980 a 1982. Os funcionários da E. F. Hutton emitiram cheques no total de centenas de milhões de dólares sobre valores depositados em cheques e com caixa ainda não recebido. Na época, a receita foi investida em ativos do mercado monetário de curto prazo. Esse tipo sistemático de emissão de cheques acima do saldo (ou *saque a descoberto*, como também é chamado) não é legal nem ético. Aparentemente, não é uma prática disseminada entre as corporações estadunidenses. Além disso, as ineficiências do sistema bancário estadunidense que a Hutton estava explorando foram em grande parte eliminadas.

De sua parte, a E. F. Hutton pagou uma multa de $2 milhões, reembolsou ao governo (o Departamento de Justiça dos Estados Unidos) $750.000 e destinou outros $8 milhões em restituição aos bancos prejudicados. Devemos observar que a principal questão na ação contra a Hutton não foi a administração de seu *float* propriamente dito, mas sua prática de emitir cheques sem qualquer motivo econômico, além de explorar o *float*.

Apesar das penalidades rígidas para a emissão de cheques acima do saldo, a prática aparentemente continua no mercado estadunidense. Por exemplo, em maio de 2019, um casal no estado do Kansas foi preso por um esquema de cheques sem fundos envolvendo mais $2 bilhões em cheques. A fraude envolveu 409 transferências eletrônicas e 7.584 cheques.

Para o leitor brasileiro, isso parece transmitir a ideia de um sistema ainda com muitas oportunidades de melhoria, pois algumas coisas chamam a atenção do leitor: a) bancos sem controles contábeis confiáveis; b) possibilidade de efetuar aplicações financeiras com base em saldos contábeis, e não com base em reservas; c) bancos com perdas por mau uso do cheque por clientes.

Transferência eletrônica de dados: o fim do *float*?

A *transferência eletrônica de dados* (EDI — *electronic data interchange*) é um termo geral para a crescente prática de troca eletrônica e direta de informações entre todos os tipos de negócios. Um uso importante do EDI, também chamado EDI financeiro ou FEDI (*financial electronic data interchange*), é a transferência eletrônica de informações financeiras e de fundos entre as partes, eliminando assim as faturas e os cheques em papel, as remessas e o manuseio. Por exemplo, há algum tempo, já é possível o débito automático de suas contas a pagar diretamente em sua conta corrente, e as empresas podem registrar suas cobranças diretamente nos gerenciadores financeiros fornecidos pelos bancos. De modo geral, o EDI permite que um vendedor envie uma fatura eletronicamente para um comprador, com isso evitando o correio (e fraudes). Em seguida, o comprador pode autorizar o pagamento, o qual também ocorre por meio eletrônico. Por meio do sistema de compensação eletrônica, o banco transfere os fundos para a conta do vendedor em um banco diferente. O efeito líquido é que o período necessário para iniciar e concluir uma transação de negócios diminui de modo considerável, e grande parte daquilo que normalmente vemos como *float* reduz drasticamente ou é eliminado. À medida que o uso do FEDI aumentar (e certamente aumentará), a administração do *float* evoluirá para as questões que cercam a troca de informações computadorizadas e as transferências de fundos.

Com o crescimento da internet, uma nova forma de EDI surgiu, o comércio pela internet. Por exemplo, a gigante das redes Cisco System registra milhões em pedidos todos os dias em seu site de revendedores de todo o mundo. As empresas também estão se ligando a fornecedores e clientes importantes por meio das "extranets", que são redes comerciais que ampliam a rede interna de uma empresa. Por causa dos problemas de segurança e da falta de padronização, não encare o comércio eletrônico e as extranets como algo que eliminará em breve a necessidade do EDI. Na verdade, esses são sistemas complementares que muito provavelmente serão usados em conjunto em situações futuras.

Em 29 de outubro de 2004, nos EUA, a Lei de Compensação de Cheques do Século 21, também conhecida como Check 21, entrou em vigor. Antes da Check 21, o banco que recebia um cheque deveria enviá-lo ao banco do cliente antes que o pagamento fosse feito. Agora, um banco pode transmitir uma imagem eletrônica do cheque para o banco do cliente e receber o pagamento imediatamente. Antes, um cheque de um banco de fora do estado levaria três dias para ser compensado. Mas, com a Check 21, o tempo de compensação em geral é de um dia. Em muitos casos, um cheque é compensado no mesmo dia em que é assinado. O Check 21 reduziu significativamente o float.

Internet banking No Brasil, o sistema bancário comercial coloca à disposição de seus clientes uma grande variedade de aplicativos e leiautes para serviços eletrônicos de cobrança de títulos, pagamentos e recebimentos. Cada banco oferece leiautes com um conjunto de registros e campos que compõem arquivos de troca de informações, entre os clientes e o seu banco, para cada tipo de produto ou serviço. Com esses mecanismos, a execução de tarefas de natureza bancária prescinde da ida até o banco, sendo essas realizadas no momento que os fatos geradores do ciclo operacional das empresas ocorrem. Entre esses fatos geradores, há o envio de títulos para cobrança, a emissão e o pagamento de guias de impostos e contribuições e a geração de relação de cheques para custódia ou cobrança. A instituição do BR Code veio facilitar ainda mais o processo nos pontos de venda.

DDA O débito direto autorizado (DDA) é um serviço de apresentação eletrônica de boletos que os bancos brasileiros passaram a oferecer aos seus clientes desde outubro de 2009. Não há uso de papel. No DDA, os clientes pessoa física ou jurídica se cadastram como "sacado eletrônico" em um ou mais bancos nos quais têm conta, preenchendo um formulário com informações predefinidas pelo banco. Cada banco define os canais em que disponibiliza os boletos eletrônicos — internet, caixa eletrônico ou telefone. A empresa que recebe o pagamento (o cedente) efetua seu cadastro no sistema DDA de seu banco, para que suas cobranças sejam registradas e emitidas pelos bancos integrados no sistema. Os compradores (sacados) cadastrados no DDA podem visualizar e imprimir ou pagar o boleto eletrônico por meio do sistema DDA, ainda que a cobrança tenha sido registrada por outro banco que não o de seu relacionamento.

> **Questões conceituais**
>
> **19.2a** Uma empresa estaria mais interessada em reduzir o *float* de cobrança ou o *float* de desembolso? Por quê?
>
> **19.2b** Como é calculada a média do *float* diário?
>
> **19.2c** Qual é a vantagem de reduzir ou eliminar o *float*?

19.3 Cobrança e disponibilidade de caixa

Pela discussão anterior, sabemos que os prazos de cobrança trabalham contra a empresa. Com todos os outros fatores iguais, uma empresa adotará procedimentos para agilizar as cobranças e, portanto, diminuir os prazos. Além disso, mesmo após o recebimento do caixa, as empresas precisam ter procedimentos para convergir ou concentrar esse caixa onde ele possa ser mais bem utilizado. A seguir, discutiremos alguns procedimentos comuns de cobrança e concentração de caixa.

Componentes do prazo de recebimento

Descrevemos a seguir as partes básicas do processo de cobrança. Nesse caso, o tempo gasto em trânsito e processamento em cada parte do processo de cobrança até a efetiva disponibilização do caixa depende de onde estão localizados os clientes e os bancos com os quais a empresa trabalha, bem como da eficiência com que a empresa realiza as suas cobranças.

Uma vez que o comprador efetua o pagamento da cobrança, o prazo de disponibilização de reservas de uma cobrança típica no Brasil pode variar entre a disponibilização imediata, em $D+0$, e até três dias após, em $D+3$ na grande maioria dos casos. Se, no dia do vencimento ($D+0$), o cliente pagar por crédito direto ao vendedor, a disponibilidade será imediata, em $D+0$. Se a cobrança é conduzida por meio do sistema bancário, a cobrança será tratada como DOC, e o crédito estará disponível em $D+1$. Se o cliente pagar com cheque, a liberação do pagamento recebido pelo banco ocorrerá em até $D+3$, se a conta do emitente não for situada em praça de difícil acesso ou em praça não integrada ao sistema de compensação. O processo de cobrança no Brasil é muito simples, e a disponibilidade de reservas para livre movimentação pode ser imediata ou de até três dias úteis, como detalha o Quadro 19.3. A disponibilização das reservas resultantes das atividades de cobrança de uma empresa em um determinado banco também pode ser negociada, o que veremos em seguida.

Cobrança

A maneira de uma empresa receber de seus clientes depende em grande parte da natureza dos negócios. O caso mais simples seria o de uma cadeia de restaurantes. A maioria dos clientes

QUADRO 19.3 Prazo de recebimento de cobranças no Brasil

Cliente efetua o pagamento em D_0	Data da disponibilidade de caixa para o vendedor		
	D_0	D_1	D_2
Forma de pagamento			
Crédito em conta	Caixa disponível		
DOC		Caixa disponível	
Cheque:			Caixa disponível *

*Crédito à noite, somente para compensação de débitos da mesma data. Caixa disponível em D_3.
Os cheques emitidos em praças de difícil acesso ou não integradas ao sistema de compensação têm prazos maiores.

paga no balcão em dinheiro, cartão de crédito no ponto de venda ou ainda em cheque (quase em desuso) e, mais recentemente, por pix. Normalmente, o dinheiro recebido é depositado no banco de relacionamento, e a empresa tem algum meio de antecipar os recebíveis de cartão de crédito antes de seu pagamento pelos clientes. Já, no caso do pix, a disponibilidade na conta da empresa é imediata.

Existem outras abordagens para a cobrança. Uma muito popular é a do pagamento pré-autorizado, o chamado *débito em conta*. Essa modalidade é muito utilizada pelas concessionárias de serviços, como as de água, energia e telefonia. Com esse sistema, o débito dos valores consumidos em um período é autorizado em datas definidas com antecedência. Na data aprovada, o montante cobrado é transferido automaticamente da conta bancária do cliente para a conta bancária da empresa, eliminando os prazos de cobrança. A mesma abordagem é usada pelas empresas que têm terminais *on-line*, os POSs (*points of sale*). Isso significa que, mesmo em vendas feitas por telefone, se for utilizado cartão de débito, o dinheiro é transferido imediatamente para a conta da empresa vendedora.

Questões conceituais

19.3a O que significa e como funciona o DDA?

19.3b Se depositar um cheque de um emitente da sua cidade na sua conta corrente, quando você poderá movimentar essa quantia?

19.4 Administração dos desembolsos de caixa

Do ponto de vista da empresa, a dilação no prazo de desembolso é desejável. Portanto, o objetivo da administração do *float* de desembolso é diminuir os desembolsos. Para tanto, a empresa pode desenvolver estratégias para *aumentar* o *float* da remessa, o *float* do processamento e o *float* da disponibilidade sobre cheques que emite. Além disso, as empresas desenvolveram procedimentos para minimizar o caixa retido para fins de pagamento. Nesta seção, discutiremos os procedimentos mais comuns.

Aumento do *float* de desembolso

As táticas de maximização do *float* de desembolso são discutíveis tanto ética quanto economicamente. Em primeiro lugar, como discutiremos com detalhes no próximo capítulo, os prazos de pagamento quase sempre oferecem um desconto substancial para o pagamento antecipado. Em geral, o desconto é muito maior do que qualquer economia possível com o "jogo do *float*".

Além disso, os fornecedores não podem ser enganados por tentativas de diminuir os desembolsos. As consequências negativas do mau relacionamento com os fornecedores podem ser caras. Em termos mais amplos, o atraso intencional dos pagamentos, aproveitando-se dos prazos dos correios ou de fornecedores ingênuos, pode evitar o pagamento de contas no vencimento, mas é um procedimento comercial antiético.

Para obter uma planilha gratuita de orçamento de caixa, acesse **finance.toolkit.com**.

Controle de desembolsos

Vimos que a maximização do *float* de desembolso provavelmente não é uma boa prática comercial. Entretanto, uma empresa ainda desejará comprometer o mínimo de caixa possível com os desembolsos. Por isso, as empresas desenvolveram sistemas para a administração eficiente do processo de desembolso. A ideia geral desses sistemas é não ter mais do que o montante mínimo necessário para pagar as contas em depósitos à vista nos bancos. Discutiremos a seguir algumas abordagens para a realização desse objetivo.

conta de aplicação e resgate automáticos
Aplicação financeira em renda fixa em que o banco aplica automaticamente saldos ociosos do correntista e efetua resgates automáticos para suprir os saques e pagamentos realizados no dia.

conta de saldo zero
Conta corrente na qual a empresa mantém um saldo zero, transferindo os fundos para uma conta de aplicações financeiras e transferindo da conta de aplicações financeiras para a conta corrente apenas quando necessário para cobrir os pagamentos programados.

contas de desembolsos controlados
Conta de desembolso para a qual a empresa transfere um montante suficiente a fim de cobrir os pagamentos.

Contas de aplicação e resgate automáticos No Brasil, os bancos oferecem contas de investimento em renda fixa com aplicação automática de saldos ociosos e resgate automático para suprir os saques efetuados à conta corrente, que com isso será uma conta de saldo zero.

Contas de saldo zero

As **contas de saldo zero** na prática são as contas correntes da empresa. A empresa mantém uma ou mais contas correntes coordenadas com fundos de investimento de curto prazo em renda fixa ou outras aplicações de curtíssimo prazo — por exemplo, operações compromissadas. A forma mais comum é o uso de fundos de renda fixa de curto prazo, com aplicações e resgates automáticos. Isso é mostrado na Figura 19.4a. A Figura 19.4b é a representação de duas contas de investimento: um fundo de renda fixa com aplicações e resgates automáticos e um fundo exclusivo destinado a aplicações de maior prazo. O primeiro atende às necessidades de aplicação de saldos diários e de cobertura das saídas de caixa diárias; o segundo atende a necessidades de formação de caixa para compromissos alguns meses à frente, como: pagamento de empréstimos, dividendos e investimentos em ativos fixos. A Figura 19.4c representa o caso em que são utilizados um ou mais fundos de investimento de curto prazo com resgates e aplicações automáticos, vinculados a uma ou mais contas correntes para usos específicos, ou a diferentes empresas de um grupo empresarial. Um fundo exclusivo pode alimentar o fundo de curto prazo sempre que seu saldo atinge um nível mínimo, definido conforme a exigência de caixa diária. Esse fundo pode ter um limite superior, que determina a transferência de recursos para fundos exclusivos com destinações específicas. Pode haver mais de um fundo exclusivo, cada um com destinações específicas.

Contas de desembolsos controlados Com um sistema de **contas de desembolsos controlados**, quase todos os pagamentos que devem ser feitos em determinado dia são conhecidos logo pela manhã. O banco informa à empresa o total, e esta transfere (em geral eletronicamente) o montante necessário para cobertura de pagamentos.

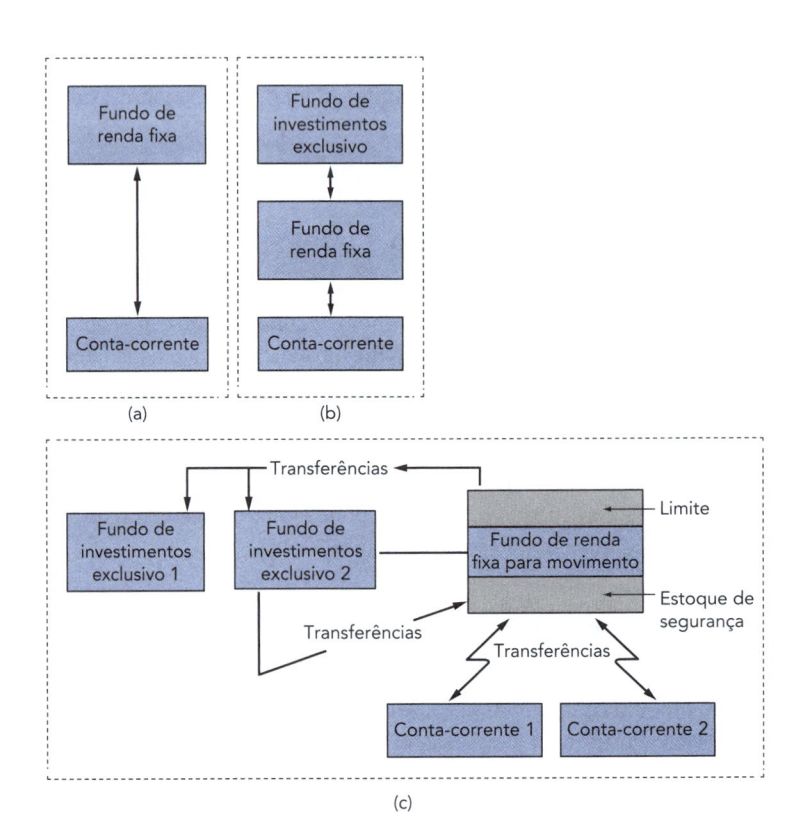

FIGURA 19.4 Gestão de caixa com contas de saldo zero e aplicações financeiras.

> **Questões conceituais**
>
> **19.4a** A maximização do *float* de desembolso é uma prática de negócios correta?
>
> **19.4b** O que é uma conta de saldo zero? Qual é a vantagem dessa conta?

19.5 Investimento do caixa ocioso

Se uma empresa tiver excedentes temporários de caixa, ela poderá investir em fundos de investimento com carteiras de títulos de renda fixa. Como mencionamos algumas vezes, o mercado de ativos financeiros de renda fixa é chamado de *mercado monetário*. No mercado monetário, são negociados ativos financeiros com prazo de vencimento de um ano ou menos.

A maioria das grandes empresas administra o seu caixa realizando transações por meio de bancos e utiliza fundos de renda fixa do mercado monetário administrados pelos bancos. Algumas grandes empresas, e muitas pequenas, usam fundos do mercado monetário. Esses fundos investem em ativos financeiros de curto prazo em troca de uma taxa de administração. Essa taxa é a remuneração pela experiência profissional e pela diversificação fornecida pelo administrador do fundo.

Muitas empresas administram as sobras de caixa por meio de fundos exclusivos. Um fundo exclusivo é montado por um banco comercial ou um banco de investimentos especificamente para um único cotista, no caso, a empresa que está fazendo a sua gestão de caixa. A escolha dos ativos que compõem o fundo pode ser feita pelo cotista ou pelo banco. Dependendo do volume de recursos, muitas empresas montam fundos exclusivos em mais de um banco e incentivam a competição entre os administradores pela melhor rentabilidade.

Excedentes temporários de caixa

As empresas têm excedentes temporários de caixa por vários motivos. Dois dos mais importantes são o financiamento de atividades sazonais ou cíclicas da empresa e o financiamento de gastos planejados ou possíveis.

Atividades sazonais ou cíclicas Algumas empresas têm um padrão previsível de fluxo de caixa. Elas têm fluxos de caixa positivos durante parte do ano e fluxos de caixa negativos no restante do ano. Por exemplo, a MasterCraft, empresa famosa pelas suas lanchas esportivas, tem um padrão sazonal de fluxo de caixa que é influenciado pela temporada de passeios de barco no verão.

Uma empresa como essa pode efetuar aplicações financeiras em fundos ou comprar títulos mobiliários negociáveis quando ocorrerem fluxos de caixa excedentes e resgatar as aplicações ou vender os títulos quando ocorrerem faltas. Obviamente, os empréstimos bancários são outro dispositivo de financiamento de curto prazo. O uso dos empréstimos bancários e das aplicações em fundos de renda fixa ou em títulos negociáveis para atender às necessidades temporárias de financiamento é ilustrado na Figura 19.5. Nesse caso, a empresa obedece a uma política flexível para o capital de giro, como discutimos no capítulo anterior.

Gastos planejados ou possíveis Com frequência, as empresas acumulam investimentos temporários em títulos ou em aplicações em fundos de investimento a fim de fornecer o caixa para um programa de construção de fábricas, pagamento de dividendos ou outro gasto grande. Assim, elas podem emitir títulos de dívida e ações antes que o caixa seja necessário, investir a receita em títulos negociáveis e aplicações de curto prazo e, em seguida, negociar os títulos mobiliários ou resgatar suas aplicações em fundos de renda fixa para atender às necessidades de caixa desses gastos. Além disso, as empresas podem enfrentar a possibilidade de

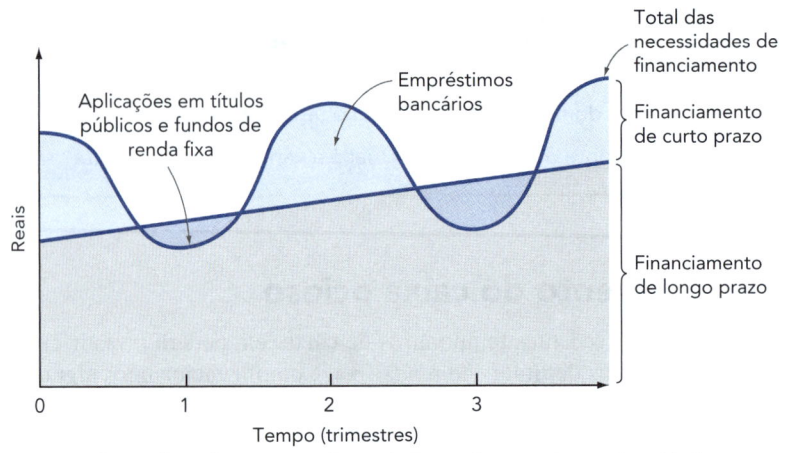

Tempo 1: há um fluxo de caixa excedente. A demanda sazonal por ativos é baixa. O fluxo de caixa excedente é investido em títulos públicos e fundos de renda fixa.

Tempo 2: há um fluxo de caixa deficitário. A demanda sazonal por ativos é alta. O déficit financeiro é financiado pelo resgate de aplicações financeiras e por empréstimos bancários.

FIGURA 19.5 Demandas de caixa sazonais.

ter uma grande saída de caixa. Um exemplo óbvio envolveria a possibilidade de perder uma grande ação judicial. As empresas podem acumular excedentes de caixa em preparação para esse tipo de contingência.

Características dos títulos de curto prazo

Dado o fato de que uma empresa terá algum caixa temporariamente ocioso em algum momento, é importante conhecer a variedade de aplicações financeiras baseadas em títulos de curto prazo disponíveis para investimento. As características mais importantes de títulos de curto prazo são o vencimento, o risco de inadimplência, a negociabilidade e a tributação.

Vencimento Como vimos no Capítulo 7, para uma variação qualquer no nível das taxas de juros, os preços dos títulos com prazos maiores ou a rentabilidade de fundos de investimento com esse perfil de investimento mudarão mais do que aqueles dos títulos com prazos menores. Como consequência, as empresas que investem em títulos de longo prazo aceitam correr riscos maiores do que aquelas que investem em títulos com prazos menores.

Esse tipo de risco é chamado de *risco da taxa de juros*. Muitas vezes, as empresas limitam seus investimentos em títulos negociáveis àqueles com prazos inferiores a 90 dias e a fundos de investimento de curto prazo para evitar o risco de perdas no valor com a mudança nas taxas de juros. Obviamente, o retorno esperado dos títulos com vencimento de curto prazo é menor do que o retorno esperado dos títulos com vencimentos maiores.

Risco de inadimplência O *risco de inadimplência* se refere à probabilidade de os juros e o principal não serem pagos nos montantes prometidos nas datas devidas (ou não serem pagos de modo algum). No Capítulo 7, observamos que diversas agências de classificação de riscos de crédito, como a Moody's Investors Service e a Standard and Poor's, compilam e publicam classificações de vários títulos corporativos e títulos públicos. Essas classificações estão associadas ao risco de inadimplência. Naturalmente, alguns títulos têm risco de inadimplência insignificante, como é o caso dos títulos emitidos pelo Tesouro brasileiro. Dadas as finalidades de investimento do caixa corporativo ocioso, as empresas normalmente devem evitar investir em títulos com risco de inadimplência que as exponha a perdas de caixa. Entenda que aplicações e investimentos financeiros não fazem parte das atividades constantes do estatuto de uma empresa não financeira e, portanto, não estão no mandato dos gestores.

As aplicações financeiras de caixa de que tratamos aqui são aplicações para rentabilizar e preservar o caixa da companhia.

Negociabilidade A *negociabilidade* se refere à facilidade de conversão de um ativo em caixa. Portanto, negociabilidade e liquidez têm quase o mesmo significado. Alguns instrumentos do mercado monetário são muito mais negociáveis do que outros. No alto da lista, estão os títulos públicos, emitidos pelo Tesouro, os quais podem ser comprados e vendidos com baixos custos de transação e de forma rápida.

Tributos No Brasil, os rendimentos decorrentes de juros sobre aplicações financeiras são tributáveis na fonte. Alguns títulos estão isentos de impostos para aplicações de pessoas físicas. Além disso, sobre os rendimentos de aplicações financeiras em qualquer aplicação em prazo inferior a 30 dias, incide o IOF (imposto sobre operações financeiras) até o 29º dia da aplicação em alíquotas decrescentes, de 96% do rendimento para resgate após um dia a 0% para resgates a partir do 30º dia. O imposto de renda retido na fonte (IRRF) incide conforme o Quadro 19.4:

Alguns tipos diferentes de títulos do mercado monetário

Em geral, os títulos do mercado monetário são títulos de curto prazo altamente negociáveis. Na maioria das vezes, eles têm baixo risco de inadimplência. São emitidos pelos governos, como o do Brasil e o dos Estados Unidos, por bancos nacionais e estrangeiros (por exemplo, os CDBs — certificados de depósito bancário) e por empresas (por exemplo, as notas promissórias — *commercial paper* — e as debêntures). Existem muitos tipos, e ilustraremos apenas os mais comuns.

Os títulos públicos federais são passivos do Tesouro Nacional e têm a finalidade de captar recursos para o financiamento da dívida pública e das atividades do governo federal. São ativos de renda fixa que se constituem em opção de investimento para pessoas físicas e jurídicas e apresentam várias opções de prazos e indexadores. De um modo geral, os títulos públicos federais têm elevada liquidez. O investimento nesses títulos constitui oportunidade de remunerar excedentes de caixa, com disponibilidade quase imediata. Há custos de transação e administração de carteira. Os principais tipos de títulos públicos federais emitidos pelo Tesouro brasileiro são:

Saiba mais sobre títulos públicos federais em:

https://www.gov.br/tesouronacional/pt-br

https://www.tesourodireto.com.br/titulos/tipos-de-tesouro.htm

https://www.anbima.com.br/pt_br/

Nota do Tesouro Nacional — NTN Títulos com valor nominal em múltiplos de $1.000,00. Emitidos em várias séries e subséries com finalidades e indexadores diferentes. As NTN-B têm seu valor nominal atualizado pelo IPCA, as NTN-C são corrigidas pelo IGP-M, as NTN-D são corrigidas pela variação cambial. Há várias outras séries.

Letra financeira do Tesouro — LFT Títulos que têm valor de $1.000,00 na data da emissão e que são corrigidos diariamente pela taxa Selic. Seu valor de resgate é o valor nominal mais a correção pela taxa Selic.

Letra do Tesouro Nacional — LTN Títulos emitidos em múltiplos de $1.000,00, e seu resgate no vencimento é feito pelo valor de face, sem juros, motivo pelo qual são negociados

QUADRO 19.4 Alíquotas de imposto de renda retido na fonte em aplicações financeiras

Prazo da aplicação	Alíquota do IRRF
Até 180 dias	22,50%
De 181 a 360 dias	20,00%
De 361 a 720 dias	17,50%
Acima de 720 dias	15,00%

com deságio. Sua remuneração é constituída pela diferença entre o preço de compra e o preço de venda (preço unitário — PU — de mercado na compra e na venda).

Operações compromissadas Operações compromissadas são operações de compra e venda de reservas bancárias, mediante transação de títulos com contratos de recompra e revenda. Nesse tipo de contrato, a parte que adquiriu o título se compromete a revendê-lo à parte vendedora, e a parte vendedora se compromete a recomprar o título que vendeu. O mercado de reservas bancárias é um mercado de operações compromissadas, a maioria com prazo de um dia útil. Na prática, são empréstimos de reservas mediante negócios com títulos públicos federais. Normalmente, os contratos de recompra envolvem um prazo muito curto — da noite para o dia, até alguns dias.

A seguir, apresentamos alguns dos títulos de emissão privada mais comuns no mercado brasileiro:

Certificado de depósito bancário — CDB O CDB é um título de crédito que representa dívida de uma instituição financeira para com pessoas físicas e jurídicas não financeiras. Rende somente juros pré-fixados ou tem rendimento pós-fixado constituído por uma parte em juros pré-fixados e outra pela correção do principal e juros por um indexador, ou somente por um indexador — por exemplo, os CDBs que pagam um percentual da taxa DI. O fundo garantidor de crédito (FGC) garante um total de até $250.000,00 por investidor em cada banco, limitado a R$1.000.000 por investidor, a cada quatro anos.

Títulos vinculados a direitos creditórios originados em negócios imobiliários Letras de crédito imobiliário (LCI), certificado de recebíveis imobiliários (CRI) e letra hipotecária (LH).

Títulos vinculados a direitos creditórios originados em negócios de agentes da cadeia do agronegócio O certificado de depósito agropecuário (CDA), o *warrant* agropecuário (WA), o certificado de direitos creditórios do agronegócio (CDCA), a letra de crédito do agronegócio (LCA), e o certificado de recebíveis do agronegócio (CRA) e a cédula de produto rural (CPR).

Letras financeiras — LF Uma espécie de debênture emitida por bancos; não conta com respaldo do FGC. O seu prazo mínimo de vencimento é de dois anos. É isenta do recolhimento de depósitos compulsórios, o que permite oferecer retorno maior que um CDB.

Cédula de crédito bancário — CCB Título de crédito emitido por qualquer pessoa física ou jurídica não financeira. Tem como credor uma instituição financeira. Pode ter como lastro imóveis, recebíveis de vendas, valores mobiliários, aplicações financeiras e outros ativos financeiros. Corresponde a empréstimos e financiamentos tomados por pessoas físicas e jurídicas e permite aos bancos negociarem suas carteiras de ativos de empréstimos e financiamentos.

Notas promissórias (*commercial papers*) são títulos de curto prazo emitidos por empresas diretamente junto ao público. Destinam-se a captar recursos de curto prazo para financiamento das operações ou para servir de "ponte" para estruturas de dívida de mais longo prazo. Em geral, as notas promissórias não têm garantias. São semelhantes às debêntures, títulos de longo prazo que vimos no Capítulo 7, porém, muito mais simples que aquelas. Os vencimentos variam de algumas semanas a 180 dias (as emitidas no mercado brasileiro) e 270 dias (as emitidas no mercado estadunidense).

Não existem mercados secundários especialmente ativos para as notas promissórias. Por consequência, a negociabilidade pode ser baixa, e as empresas que emitem notas promissórias podem recomprá-las diretamente antes do vencimento. O risco de inadimplência dessas notas depende da força financeira do emitente. A Moody's e a S&P publicam classificações de qualidade para notas promissórias. Essas classificações são semelhantes às classificações de risco de crédito para títulos de dívida que discutimos no Capítulo 7.

Fundos de investimento No mercado brasileiro, para o gestor de caixa, mais importante do que os títulos mobiliários disponíveis para negociação no mercado monetário são os fundos de investimento. Eles são geridos por bancos comerciais e por bancos de investimento, que montam carteiras constituídas por esses títulos e vendem cotas dos fundos para pessoas físicas e empresas. Os fundos de investimento constituem importante instrumento de aplicação de recursos tanto para pessoas físicas quanto para empresas. Os fundos de investimento são carteiras de ativos administradas por gestores especializados. Os fundos de investimento e os fundos de investimento em cotas de fundos de investimento são regulados pela CVM, dada sua importância como instrumentos de captação e alocação da poupança do público.

Conforme a composição de seu patrimônio, os fundos são classificados de forma geral em (há outros fundos, com regulação própria, que não abordaremos aqui):

- Fundos de curto prazo
- Fundos referenciados
- Fundos de renda fixa
- Fundos de ações
- Fundos cambiais
- Fundos de dívida externa
- Fundos multimercado

Os investimentos em fundos devem ser antecedidos de análise cuidadosa do prospecto, da classificação de risco e do regulamento do fundo. O caixa de empresas deve ser aplicado em fundos constituídos por instrumentos de renda fixa, com mínimo risco. É importante que o mandato dos gestores financeiros especifique os níveis de risco e as características dos títulos admissíveis para investimento do caixa da empresa.

Confira as taxas de curto prazo *on-line* em **www.bloomberg.com**.

Questões conceituais

19.5a Quais são alguns dos motivos que levam as empresas a ter caixa ocioso?

19.5b Quais são alguns tipos de títulos do mercado monetário?

19.6 Resumo e conclusões

Neste capítulo, examinamos a gestão do caixa e da liquidez. Vimos que:

1. Uma empresa mantém saldos em caixa para realizar transações e remunerar os bancos por diversos serviços prestados.

2. A diferença entre o saldo disponível de uma empresa e seu saldo contábil é o *float* líquido da empresa. O *float* reflete que alguns pagamentos realizados e alguns valores recebidos não tiveram a respectiva reserva liberada e, portanto, ainda não movimentaram a conta corrente. O administrador financeiro sempre trabalha com os saldos de caixa, e não com o saldo contábil da empresa. Vimos que o *float* no Brasil tende a ser o resultado de negociação com bancos, em substituição às tarifas de prestação de serviços, especialmente na cobrança de títulos, uma vez que todos os pagamentos realizados estão quase imediatamente disponíveis.

3. De forma geral, as empresas buscam administrar a cobrança e o desembolso de caixa de maneira a encurtar os prazos de recebimentos e aumentar os prazos de pagamentos.

4. Por causa das atividades sazonais e cíclicas, para ajudar a financiar os gastos planejados ou os de reserva de contingência, as empresas retêm temporariamente um excedente de caixa. O mercado monetário oferece uma variedade de meios possíveis para investir esse caixa ocioso.

5. Todas as transações no mercado financeiro são liquidadas em reservas. É prática do mercado brasileiro indicar o número de dias úteis desde uma transação até sua liquidação financeira (crédito ou débito de reservas bancárias) no formato D_n, ou $D+n$, onde n é o número de dias úteis entre o dia da transação e o dia da efetiva liquidação financeira.

6. A taxa Selic é a taxa de referência para o mercado monetário brasileiro. Ela é a taxa média dos negócios de empréstimo e de aplicação de reservas bancárias com a transação de títulos públicos federais no mercado secundário de títulos. Vimos também que o nível dessa taxa é controlado pelo Banco Central no seu objetivo de direcionar as taxas de juros, como instrumento de política monetária.

7. A taxa DI constitui o custo de oportunidade do mercado financeiro, e é preciso olhar para a curva de taxas DI para precificar empréstimos e aplicações financeiras.

REVISÃO DO CAPÍTULO E TESTE DE CONHECIMENTOS

19.1 Medição do *float* Em um dia comum, uma empresa emite cheques que somam $3.000. Esses cheques são compensados em sete dias. Simultaneamente, a empresa recebe $1.700. O caixa está disponível em média depois de dois dias. Calcule os *floats* de desembolso, de cobrança e líquido. Como você interpretaria a resposta?

RESPOSTA DA REVISÃO DO CAPÍTULO E DO TESTE DE CONHECIMENTOS

19.1 O *float* de desembolso é de 7 dias × $3,000 = $21,000. O *float* de cobrança é de 2 dias × (−$1,700) = −$3,400. O *float* líquido é de $21,000 + (−3,400) = $17,600. Em outras palavras, em determinado momento, a empresa tem cheques não resgatados pendentes no valor de $21.000. Ao mesmo tempo, ela tem cobranças não realizadas de $3.400. Assim, o saldo contábil da empresa é $17.600 menor do que seu saldo disponível para um *float* líquido positivo de $17.600.

REVISÃO DE CONCEITOS E QUESTÕES INSTIGANTES

1. **Gestão de caixa *versus* gestão da liquidez [OA3]** Qual é a diferença entre a gestão de caixa e a gestão da liquidez?

2. **Investimentos de curto prazo [OA3]** Por que uma empresa não deve investir o caixa excedente por um prazo de poucos dias em uma carteira formada por títulos de longo prazo?

3. ***Float* [OA1]** Suponha que uma empresa tenha um saldo contábil de $2 milhões. Ao consultar o caixa eletrônico, o administrador de caixa descobre que o saldo no banco é de $2,5 milhões. Qual é a situação aqui?

4. **Problemas de agência [OA3]** Às vezes, afirma-se que o caixa excedente retido por uma empresa pode agravar os problemas de agência (discutidos no Capítulo 1) e, de modo geral, reduzir os incentivos para a maximização do valor para o acionista. Como você analisaria essa questão?

5. **Uso do caixa excedente [OA3]** Uma opção que uma empresa geralmente tem com caixa excedente é pagar seus fornecedores mais rapidamente. Quais são as vantagens e as desvantagens desse tipo de uso do caixa excedente?

QUESTÕES E PROBLEMAS

1. **Cálculo do *float* [OA1]** Em um mês normal, a Companhia Matias recebe 80 cheques no total de $85.000. Em média, eles levam quatro dias para ser apresentados aos bancos e compensados. Qual é a média do *float* diário? Pressuponha um mês de 30 dias.

2. **Cálculo do *float* líquido [OA1]** A cada dia útil, em média, uma empresa emite cheques no total de $16.000 para pagar seus fornecedores. O prazo normal para apresentação e compensação dos cheques é de quatro dias. Nesse meio tempo, a empresa recebe pagamentos de seus clientes todos os dias na forma de cheques, totalizando $21.000. Os valores dos pagamentos estão disponíveis para a empresa após dois dias.
   a. Calcule o *float* de desembolso, o *float* de cobrança e o *float* líquido da empresa.
   b. Como você responderia à parte (a) se os valores recebidos estivessem disponíveis em um dia em vez de em dois?

3. **Receber em D_0 ou receber em D_1 [OA4]** Sua empresa tem um número médio diário de 30 cobranças, com valor médio de $20.000,00. Você está negociando com seu banco a remuneração do serviço de cobrança. O banco lhe ofereceu duas possibilidades: tarifa de cobrança de $10,00 por título e disponibilização das reservas em D_0 ou tarifa de $5,00 e disponibilização das reservas em D_1. Você pode aplicar o caixa excedente a 0,0269% ao dia (7% a.a.). Suponha que sua empresa tem excedente de caixa. Qual é o custo do serviço de cobrança com disponibilidade em D_0 se remunerado somente por tarifa? Qual é o custo do serviço de cobrança com disponibilidade em D_1 remunerado por tarifa e *float*? Qual é o rendimento de um dia, a ser obtido com a reserva disponível recebida da cobrança? Qual é o seu custo de cobrança se o banco lhe propuser três dias de *float*, sem tarifa?

4. **Receber em D_0 ou receber em D_1 [OA4]** Usando os dados do Problema 3, suponha agora que, em 50% do prazo de cobrança, sua empresa tenha que recorrer a empréstimos ao custo efetivo total diário de 0,0657% (taxa de 18% a.a.). Nos outros 50% do tempo, você pode aplicar o caixa excedente a 0,0269% ao dia (7% a.a.). Você deveria optar por pagar $10,00 para ter reservas disponíveis em D_0 ou pagar $5,00 para ter reservas disponíveis em D_1?

19A Determinação de uma meta para o saldo de caixa

Com base em nossa discussão geral sobre ativos circulantes do capítulo anterior, a **meta para o saldo de caixa** envolve uma ponderação entre os custos de oportunidade de reter muito caixa (os custos de carregamento) e os custos de reter pouquíssimo caixa (os custos de falta, também chamados de **custos de ajuste**). A natureza desses custos depende da política de capital de giro da empresa.

Se a empresa tiver uma política flexível, provavelmente manterá uma carteira de investimento em fundos e títulos de renda fixa. Nesse caso, os custos de ajuste, ou de falta, serão os custos de negociação associados à compra e venda de títulos; se aplicar em fundos de investimento, não há custos para aplicações e resgates, mas há uma comissão de administração paga ao gestor do fundo sobre o total aplicado. Se a empresa tiver uma política de capital de giro restritiva, provavelmente tomará emprestado no curto prazo para atender à falta de caixa. Nesse caso, os custos serão os juros e as outras despesas associadas à contratação de um empréstimo, como a tarifa de abertura de crédito (TAC), o IOF de 0,38% sobre o total emprestado e mais um percentual diário de 0,0041% por dia calendário sobre o saldo devedor diário. Esse conjunto de custos associados a um empréstimo faz com que o custo de tomar dinheiro emprestado deva ser avaliado não pela taxa cotada para a operação de empréstimo, mas por seu custo efetivo total (CET).

meta para o saldo de caixa
Nível de caixa desejado da empresa, determinado pela ponderação entre os custos de carregamento e os custos de escassez.

custos de falta
Custos associados a pouquíssimo saldo de caixa. Também chamados de *custos de ajuste*.

Em nossa próxima discussão, pressuporemos que a empresa tenha uma política flexível. Sua administração de caixa consiste na movimentação do dinheiro de e para aplicações financeiras de curto prazo. Essa é uma abordagem tradicional para o assunto e uma boa maneira de ilustrar os custos e os benefícios de manter certo nível de caixa. No entanto, lembre-se de que a distinção entre caixa e investimentos no mercado monetário está se tornando cada vez mais tênue.

Por exemplo, nos Estados Unidos, há fundos de mercado monetário com privilégios de emissão de cheques. No Brasil, fundos não podem fazer isso, mas fundos de liquidez imediata acompanham contas correntes, de tal forma que todos os saldos positivos são aplicados no fundo e todos os suprimentos de caixa para saques e pagamentos são "baixados" diariamente do fundo. Essas composições quase caixa são comuns.

A ideia básica

A Figura 19A.1 apresenta o problema da administração de caixa para nossa empresa com política flexível. Se a empresa tentar manter seus investimentos em caixa muito baixos, ela ficará sem caixa com maior frequência do que é desejável e, assim, o resgate de aplicações financeiras (e talvez a reaplicação posterior de caixa) será mais frequente do que se o saldo de caixa fosse mais alto. Dessa maneira, se essas aplicações e resgates apresentam custos, especialmente se as aplicações financeiras se referirem a aplicações em títulos, os custos de transação e de gestão do caixa serão mais altos quando o saldo de caixa for pequeno. Esses custos cairão à medida que o saldo de caixa ficar maior.

Por outro lado, os custos de oportunidade de saldos de caixa são muito baixos quando a empresa mantém pouco caixa disponível. Esses custos aumentam à medida que os investimentos em caixa aumentam, pois a empresa renuncia a mais juros que poderiam ter sido ganhos.

Na Figura 19A.1, a soma dos custos é dada pela curva do custo total. Como mostrado, o custo total mínimo ocorre quando as duas curvas de custo individuais se cruzam no ponto C^*. Nesse ponto, os custos de oportunidade e os custos de transação são iguais. Ele representa a meta para o saldo de caixa e é o ponto que a empresa deve tentar encontrar.

A Figura 19A.1 é essencialmente igual à Figura 18.3 do capítulo anterior. Entretanto, como discutiremos a seguir, agora é possível dizer mais sobre o investimento ideal em caixa disponível e os fatores que o influenciam.

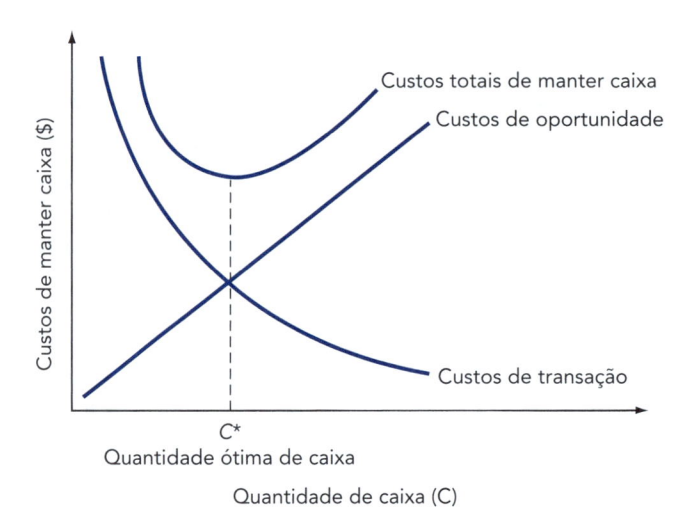

Os custos de transação aumentam se a empresa comprar e vender títulos por conta própria para ajustar seu saldo de caixa disponível. Os custos de oportunidade aumentam quando há saldo de caixa porque não há retorno sobre o caixa, ou o retorno sobre o caixa é muito baixo nas aplicações disponíveis.

FIGURA 19A.1 Custo de manter saldos de caixa.

O modelo BAT

O modelo Baumol-Allais-Tobin (BAT) é um meio clássico de analisar nosso problema de administração de caixa. Mostraremos como esse modelo pode ser usado para realmente estabelecer a meta para o saldo de caixa. Ele é direto e muito útil para ilustrar os fatores da administração de caixa e, de modo geral, a administração do ativo circulante.

Para desenvolver o modelo BAT, utilizaremos um exemplo de uma empresa, que chamaremos de Meias Douradas, que tenha como política de investimentos de caixa a compra e venda de títulos (como a tesouraria de um banco). Suponha que a Meias Douradas S/A inicie a semana 0 com um saldo de caixa de $C = \$1,2$ milhão. A cada semana, os fluxos de saída superam os fluxos de entrada em $600.000. Como resultado, o saldo de caixa cairá para zero ao final da semana 2. O saldo de caixa médio será o saldo inicial ($1,2 milhão) mais o saldo final ($0) dividido por 2, ou ($1,2 milhão + 0)/2 = $600.000, ao longo de um período de duas semanas. Ao final da semana 2, a Meias Douradas renova seu caixa depositando outro $1,2 milhão.

Como descrevemos, a estratégia de administração de caixa da empresa é muito simples e resume-se a depositar $1,2 milhão a cada duas semanas. Essa política é mostrada na Figura 19A.2. Observe como o saldo de caixa diminui $600.000 por semana. Como a empresa deposita $1,2 milhão, o saldo atinge zero a cada duas semanas. Isso resulta no padrão "dente de serra" exibido na Figura 19A.2.

Implicitamente, pressupomos que a saída de caixa líquida é igual todos os dias e que é conhecida com certeza. Essas duas hipóteses facilitam o uso do modelo. Indicaremos na próxima seção o que ocorre quando elas não acontecem.

Se C fosse definido, digamos, em $2,4 milhões, o caixa duraria quatro semanas até que a empresa tivesse de vender títulos negociáveis, mas o saldo de caixa médio da empresa aumentaria de $600.000 para $1,2 milhão. Se C fosse definido em $600.000, o caixa acabaria em uma semana, e a empresa teria de renová-lo com maior frequência, mas o saldo de caixa médio cairia de $600.000 para $300.000.

Como os custos de transação (por exemplo, os custos de corretagem da negociação dos títulos) devem ser incorridos sempre que o caixa for renovado, o estabelecimento de grandes saldos iniciais diminuirá os custos de transação associados à administração de caixa. Entre-

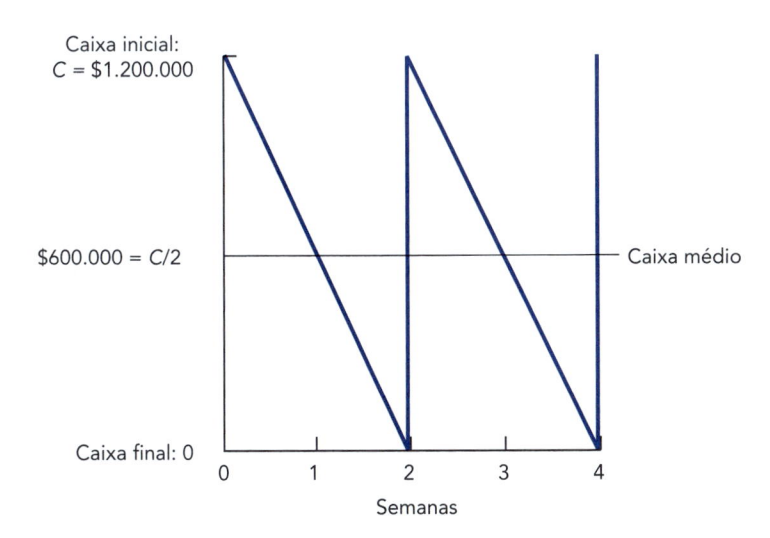

A Meias Douradas S/A inicia a semana 0 com $1.200.000 de caixa. O saldo cai para zero na segunda semana. O saldo de caixa médio é $C/2 = \$1.200.000/2 = \$600.000$ ao longo do período.

FIGURA 19A.2 Saldos de caixa da Meias Douradas S/A.

tanto, quanto maior for o saldo de caixa médio, maior será o custo de oportunidade (o retorno que poderia ter sido ganho com os títulos negociáveis).

Para determinar a estratégia ideal, a Meias Douradas precisa saber os três itens a seguir:

F = O custo fixo de negociar títulos para renovar o caixa.

T = O montante total do novo caixa necessário para fins de transações ao longo do período de planejamento de, por exemplo, um ano.

R = O custo de oportunidade de manter saldos de caixa. Esse custo é a taxa de juros sobre os títulos negociáveis.

Com essas informações, a Meias Douradas pode determinar os custos totais de determinada política de saldo de caixa. Então, ela poderá determinar a política ideal de saldo de caixa.

Os custos de oportunidade Para determinar os custos de oportunidade de manter saldos de caixa, precisamos descobrir quanto de juros foi abandonado. A Meias Douradas tem uma média de $C/2$ em caixa. Esse montante poderia estar rendendo juros à taxa R. Assim, os custos totais de oportunidade são iguais ao saldo de caixa médio multiplicado pela taxa de juros:

Custos de oportunidade = $(C/2) \times R$ [19A.1]

Por exemplo, os custos de oportunidade de várias alternativas são dados aqui, pressupondo que a taxa de juros seja de 10%:

Saldo de caixa inicial ($)	Saldo de caixa médio ($)	Custo de oportunidade (R = 0,10)
C	C/2	(C/2) × R
$4.800.000	$2.400.000	$240.000
2.400.000	1.200.000	120.000
1.200.000	600.000	60.000
600.000	300.000	30.000
300.000	150.000	15.000

Em nosso caso original, no qual o saldo de caixa inicial é de **$1,2 milhão**, o saldo médio é de **$600.000**. Os juros que a empresa teria ganhado com isso (a 10%) são de **$60.000**. Portanto, é isso o que a empresa perde com essa estratégia. Observe que os custos de oportunidade aumentam à medida que o saldo de caixa inicial (e médio) aumenta.

Os custos de transação Para determinar os custos totais de transação do ano, precisamos saber quantas vezes a Meias Douradas terá de negociar títulos durante o ano. Primeiro, o montante total de caixa desembolsado durante o ano é de $600.000 por semana, de modo que T = $600.000 × 52 semanas = **$31,2 milhões**. Se o saldo de caixa inicial for definido em C = $1,2 milhão, a empresa venderá **$1,2 milhão** em títulos: T/C = $31,2 milhões/$1,2 milhão = 26 vezes por ano. Cada vez custa F reais, assim, os custos de transação são dados por:

$$\frac{\$31,2 \text{ milhões}}{\$1,2 \text{ milhão}} \times F = 26 \times F$$

Em geral, os custos totais de transação serão dados por:

Custos de transação = $(T/C) = F$ [19A.2]

Neste exemplo, se F fosse $1.000 (um valor muito exagerado), os custos de transação seriam de **$26.000**.

Podemos calcular os custos de transação associados a algumas estratégias diferentes da seguinte maneira:

Valor total de desembolsos durante o período relevante	Saldo de caixa inicial	Custos de transação (F = $1.000)
T	C	(T/C) × F
$31.200.000	$4.800.000	$ 6.500
31.200.000	2.400.000	13.000
31.200.000	1.200.000	26.000
31.200.000	600.000	52.000
31.200.000	300.000	104.000

O custo total Agora que temos os custos de oportunidade e os custos de transação, podemos calcular o custo total somando os dois:

$$\text{Custo total} = \text{Custos de oportunidade} + \text{Custos de transação}$$
$$= (C/2) \times R + (T/C) \times F \qquad [19A.3]$$

Usando os números gerados anteriormente, temos que:

Saldo de caixa ($)	Custos de oportunidade ($)	+	Custos de transação ($)	=	Custo total ($)
$4.800.000	$240.000		$ 6.500		$246.500
2.400.000	120.000		13.000		133.000
1.200.000	60.000		26.000		86.000
600.000	30.000		52.000		82.000
300.000	15.000		104.000		119.000

Observe como o custo total começa quase em $250.000 e diminui para cerca de **$82.000** antes de começar a subir novamente.

A solução Podemos ver no esquema anterior que um saldo de caixa de $600.000 resulta no menor custo total das possibilidades apresentadas: **$82.000**. Mas, e no caso de $700.000 ou $500.000, ou de outras possibilidades? Parece que o saldo de caixa ótimo está entre $300.000 e $1,2 milhão. Tendo isso em mente, poderíamos facilmente usar a técnica de tentativa e erro para encontrar o saldo ideal. No entanto, não é difícil encontrá-lo diretamente. Assim, faremos isso em seguida.

Dê uma olhada novamente na Figura 19A.1. Como está mostrado, o saldo de caixa ótimo C^* ocorre onde as duas linhas se cruzam. Nesse ponto, os custos de oportunidade e os custos de transação são exatamente iguais. Portanto, em C^*, devemos ter:

$$\text{Custos de oportunidade} = \text{Custos de transação}$$
$$(C^*/2) \times R = (T/C^*) \times F$$

Usando um pouco de álgebra, podemos escrever:

$$C^{*2} = (2T \times F)/R$$

Para calcular C^*, tiramos a raiz quadrada de ambos os lados e obtemos:

$$C^* = \sqrt{(2T \times F)/R} \qquad [19A.4]$$

Esse é o saldo de caixa inicial ideal.

No caso da Meias Douradas, temos que $T = \$31,2$ milhões, $F = \$1.000$ e $R = 10\%$. Agora, podemos encontrar o saldo ótimo de caixa:

$$C^* = \sqrt{(2 \times \$31.200.000 \times 1.000)/0,10}$$
$$= \sqrt{\$624 \text{ bilhões}}$$
$$= \$789.937$$

Podemos confirmar essa resposta calculando os diversos custos desse saldo, bem como de um saldo um pouco acima e de um saldo um pouco abaixo:

Saldo de caixa ($)	Custos de oportunidade ($)	+	Custos de transação ($)	=	Custo total ($)
$850.000	$42.500		$36.706		$79.206
800.000	40.000		39.000		79.000
789.937	39.497		39.497		78.994
750.000	37.500		41.600		79.100
700.000	35.000		44.571		79.571

O custo total no nível de caixa ideal é **$78.994**, e parece que ele aumenta à medida que nos movemos em qualquer direção.

EXEMPLO 19A.1 — O modelo BAT

A Vulcano Ltda. tem fluxos de saída de caixa de $100 por dia, sete dias por semana. A taxa de juros é de 5%, e o custo fixo da renovação dos saldos de caixa é de $10 por transação. Qual é o saldo de caixa ótimo inicial? Qual é o custo total?

O caixa total necessário para o ano é 365 dias × $100 = $36.500. De acordo com o modelo BAT, o saldo inicial ótimo será:

$$C^* = \sqrt{(2T \times F)/R}$$
$$= \sqrt{(2 \times \$36.500 \times 10)/0,05}$$
$$= \sqrt{\$14,6 \text{ milhões}}$$
$$= \$3.821$$

O saldo de caixa médio é $3.821/2 = $1.911, e o custo de oportunidade é $1.911 × 0,05 = $96. Como a Vulcano precisa de $100 por dia, o saldo de $3.821 durará $3.821/$100 = 38,21 dias. A empresa precisa reabastecer a conta 365/38,21 = 9,6 vezes por ano, de modo que o custo de transação (pedido) será de $96. O custo total será de $192.

Conclusão O modelo BAT talvez seja o mais simples para a determinação da situação de caixa ideal. Seu principal ponto fraco é que ele pressupõe fluxos de saída de caixa exatos e constantes. A seguir, discutiremos um modelo mais complicado criado para lidar com essa limitação.

O modelo de Miller-ORR: uma abordagem mais geral

Agora, descreveremos um sistema de administração de caixa criado para lidar com os fluxos de entrada e de saída de caixa que flutuam aleatoriamente de um dia para outro. Com esse modelo, nos concentraremos novamente no saldo de caixa. Mas, ao contrário do que ocorre com o modelo BAT, pressupomos que esse saldo flutue para mais e para menos aleatoriamente e que a variação média seja zero.

A ideia básica A Figura 19A.3 mostra como funciona o sistema. Ele opera com um limite superior (U^*) e um limite inferior (L) para o montante do caixa e uma meta para o saldo de caixa (C^*). A empresa permite que seu saldo de caixa varie entre os limites superior e inferior. Desde que o saldo de caixa esteja em algum ponto entre U^* e L, nada acontece.

Quando o saldo de caixa atinge o limite superior (U^*), como acontece no ponto X, a empresa retira $U^* - C^*$ reais da conta e transforma em aplicações financeiras. Essa ação traz o saldo de volta para o nível C^*. Do mesmo modo, se o caixa cair até o limite inferior (L), como acontece no ponto Y, a empresa resgatará $C^* - L$ em aplicações financeiras e depositará o dinheiro na conta. Essa ação eleva o saldo de caixa até C^*.

Uso do modelo Para começar, a administração define o limite inferior (L), que define essencialmente um nível de caixa de segurança. Assim, o ponto onde ele é definido depende de quanto risco de uma falta de caixa a empresa está disposta a tolerar. Como alternativa, o mínimo pode ser igual ao saldo médio necessário.

Assim como acontece com o modelo BAT, o saldo ideal de caixa depende dos custos de transação e de oportunidade. Novamente, pressupõe-se que a empresa compre e venda títulos e que o custo F, por transação de compra e venda de títulos, seja fixo. Além disso, o custo de oportunidade de manter saldos de caixa é R, a taxa de juros por período sobre os títulos.

A única informação adicional necessária é σ^2, a variância dos fluxos de caixa líquidos por período. Para nossos objetivos, o período pode ser qualquer data, como um dia ou uma semana, por exemplo, desde que a taxa de juros e a variância se baseiem no mesmo período.

Dado L, que é definido pela empresa, Miller e Orr mostram que a meta para o saldo de caixa C^* e o limite superior U^* que minimizam os custos totais de manter saldos de caixa são:[7]

$$C^* = L + (3/4 \times F \times \sigma^2/R)^{(1/3)} \qquad [19A.5]$$

$$U^* = 3 \times C^* - 2 \times L \qquad [19A.6]$$

E o saldo de caixa médio do modelo de Miller-Orr é:

$$\text{Saldo de caixa médio} = (4 \times C^* - L)/3 \qquad [19A.7]$$

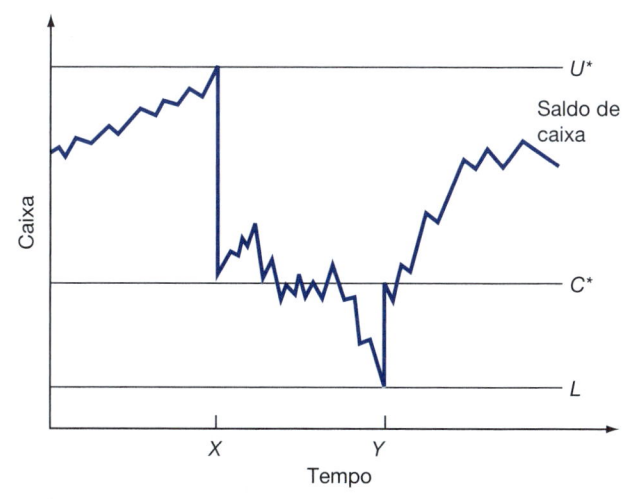

U^* é o limite superior de controle. L é o limite inferior de controle. O saldo de caixa médio é C^*. Desde que o caixa esteja entre L e U^*, nenhuma transação é realizada.

FIGURA 19A.3 O modelo de Miller-Orr.

---

[7] M.H. Miller and D. Orr, "A Model of the Demand for Money by Firms", *Quarterly Journal of Economics*, August 1966.

A derivação dessas expressões é relativamente complexa. Por isso, não a apresentaremos aqui. Felizmente, como ilustraremos a seguir, os resultados não são difíceis de usar.

Suponha, por exemplo, que $F = \$10$, a taxa de juros seja de 1% ao mês e o desvio padrão dos fluxos de caixa líquidos mensais seja de $200. A variância dos fluxos de caixa líquidos mensais é:

$$\sigma^2 = \$200^2 = \$40.000$$

Pressupomos um saldo de caixa mínimo de $L = \$100$. Podemos calcular a meta para o saldo de caixa $C*$ da seguinte maneira:

$$C* = L + (3/4 \times F \times \sigma^2/R)^{(1/3)}$$
$$= \$100 + (3/4 \times 10 \times 40.000/0,01)^{(1/3)}$$
$$= \$100 + 30.000.000^{(1/3)}$$
$$= \$100 + 311 = \$411$$

Assim, o limite superior $U*$ é:

$$U* = 3 \times C* - 2 \times L$$
$$= 3 \times \$411 - 2 \times 100$$
$$= \$1.033$$

Por fim, o saldo de caixa médio será:

$$\text{Saldo de caixa médio} = (4 \times C* - L)/3$$
$$= (4 \times \$411 - 100)/3$$
$$= \$515$$

Consequências dos modelos BAT e de Miller-Orr

Nossos dois modelos de administração de caixa diferem em complexidade, mas têm algumas consequências semelhantes. Em ambos, com todos os outros fatores iguais, vemos que:

1. Quanto maior for a taxa de juros, menor será a meta para o saldo de caixa.
2. Quanto maior for o custo de transação, maior será o saldo meta.

Essas consequências são relativamente óbvias. A vantagem do modelo de Miller-Orr é que ele melhora nossa compreensão do problema da administração de caixa, considerando o efeito da incerteza medido pela variância das entradas de caixa líquidas.

O modelo de Miller-Orr mostra que quanto maior a incerteza (quanto maior for σ^2), maior será a diferença entre o saldo meta e o saldo mínimo. De forma semelhante, quanto maior a incerteza, maior será o limite superior e maior será o saldo médio de caixa. Essas afirmações fazem sentido intuitivo. Por exemplo, quanto maior a variabilidade, maior será a chance de que o saldo caia abaixo do mínimo. Assim, mantemos um saldo mais alto para evitar que isso aconteça.

Outros fatores que influenciam a meta para o saldo de caixa

Antes de continuar, discutiremos brevemente duas considerações adicionais que afetam a meta para o saldo de caixa.

Em primeiro lugar, em nossa discussão da gestão do caixa, pressupomos que o caixa é investido em títulos negociáveis, como os títulos públicos federais, de emissão do Tesouro. A empresa obtém caixa vendendo esses títulos. Outra alternativa consiste em financiar o caixa. O empréstimo introduz considerações adicionais à gestão do caixa:

1. Tomar empréstimos é mais caro do que negociar títulos, pois a taxa de juros tende a ser maior.

2. A necessidade de empréstimos dependerá do desejo de a administração manter saldos de caixa baixos. Uma empresa está mais propensa a tomar emprestado para cobrir um fluxo de saída de caixa inesperado quanto maior for a variabilidade de seu fluxo de caixa e menor for seu investimento em títulos.

Em segundo lugar, para o caso de empresas grandes, os custos de transação da compra e da venda de títulos são pequenos quando comparados aos custos de oportunidade de reter caixa. Por exemplo, suponha que uma empresa tenha $5 milhões em caixa que não será necessário durante 24 horas. Ela deve investir o dinheiro por um dia ou deixá-lo parado?

Vamos supor que a empresa possa investir diariamente o dinheiro em títulos públicos federais em operações compromissadas, a uma taxa anual de 2,036% a.a. Nesse caso, a taxa diária é de aproximadamente 0,8 pontos-base (0,008% ou 0,00008).[8] O retorno diário ganho sobre $5 milhões será então de 0,00008 × $5 milhões = $400. Se o custo de transação for menor do que isso, a empresa poderia comprar e vender títulos com frequência em vez de deixar quantias substanciais de caixa ocioso.

Questões conceituais

19A.1a O que é uma meta para o saldo de caixa?
19A.1b Qual é a ponderação básica do modelo BAT?
19A.1c Descreva como funciona o modelo de Miller-Orr.

REVISÃO DO APÊNDICE E TESTE DE CONHECIMENTOS

19A.1 O modelo BAT Dadas as seguintes informações, calcule uma meta para o saldo de caixa usando o modelo BAT:

Taxa de juros anual	12%
Custo fixo por transação ($)	$100
Total de caixa necessário ($)	$240.000

Qual é o custo de oportunidade de manter saldos de caixa, o custo de transação e o custo total? Quais seriam eles se fossem retidos $15.000? E se fossem retidos $25.000?

RESPOSTA PARA A REVISÃO DO APÊNDICE E TESTE DE CONHECIMENTOS

19A.1 Do modelo BAT, sabemos que a meta para o saldo de caixa é:

$$C^* = \sqrt{(2T \times F)/R}$$
$$= \sqrt{(2 \times \$240.000 \times 100)/0,12}$$
$$= \sqrt{\$400.000.000}$$
$$= \$20.000$$

O saldo de caixa médio será de $C^*/2 = \$20.000/2 = \$10.000$. O custo de oportunidade de reter $10.000 quando a taxa atual é de 12% é $10.000 × 0,12 = $1.200. Haverá $240.000/$20.000 = 12 transações durante o ano. Portanto, o custo de transação também é 12 × $100 = $1.200. Então, o custo total é de $2.400.

---

[8] Um ponto-base é 1% de 1%, ou 0,0001. Efetuamos o cálculo para o mercado brasileiro, no padrão de ano com 252 dias úteis: $(1 + 2,036/100)^{1/252} = 1,00008$ (0,008% a.d.)

Se forem mantidos $15.000 em caixa, o saldo médio será de $7.500. Confirme se os custos de oportunidade, de transação e total são de $900, $1.600 e $2.500, respectivamente. Se forem mantidos $25.000 em caixa, esses valores são $1.500, $960 e $2.460, respectivamente.

QUESTÕES E PROBLEMAS

1. **Alterações na meta para o saldo de caixa** Indique o impacto provável de cada um dos seguintes itens sobre a meta para o saldo de caixa de uma empresa. Use a letra *A* para indicar um aumento e *D* para indicar uma diminuição. Explique de maneira resumida seu raciocínio em cada caso:

    a. Diminuem as comissões cobradas por corretoras.

    b. Aumentam as taxas de juros pagas sobre os títulos no mercado monetário.

    c. Eleva-se a exigência de saldo médio em um banco.

    d. Melhora a classificação de risco de crédito da empresa.

    e. Aumenta o custo de empréstimos.

    f. Passam a existir tarifas por transação para os serviços bancários.

2. **Uso do modelo BAT** Dadas as seguintes informações, calcule a meta para o saldo de caixa usando o modelo BAT:

Taxa de juros anual	6%
Custo fixo por transação ($)	$25
Total de caixa necessário ($)	$8.500

    Como você interpreta sua resposta?

3. **Custo de oportunidade *versus* custo de transação** A Baleia Branca S/A tem uma média de saldo de caixa diário de $1.700. O total de caixa necessário para o ano é de $64.000. A taxa de juros é de 5%, e a renovação de caixa custa $8 por vez. Qual é o custo de oportunidade de manter saldos de caixa, o custo de transação e o custo total? O que você acha da estratégia da empresa?

4. **Custos e o modelo BAT** A Contadores D/C precisa de um total de $21.000 em caixa durante o ano para transações e outras finalidades. Sempre que o caixa fica baixo, ela negocia $1.500 em títulos e transfere para o caixa. A taxa de juros é de 4% ao ano, e cada venda de títulos custa $25.

    a. Qual é o custo de oportunidade de acordo com a política atual? E o custo de transação? Sem nenhum cálculo adicional, você diria que a Contadores retém muito ou pouco caixa? Explique.

    b. Qual é a meta para o saldo de caixa calculada com o uso do modelo BAT?

5. **Uso de Miller–Orr** A Bate-Pronto S/A tem um custo fixo associado à compra e venda de títulos negociáveis de $40. Atualmente, a taxa de juros é de 0,013% ao dia, e a empresa estimou que o desvio padrão de seus fluxos de caixa líquidos diários é de $80. A administração definiu um limite inferior de $1.500 sobre os investimentos em caixa. Calcule a meta para o saldo de caixa e o limite superior usando o modelo de Miller-Orr. Descreva como o sistema funcionará.

Para revisão de outros conceitos e novas questões instigantes, consulte a página do livro no portal do Grupo A (loja.grupoa.com.br).

Gestão de Crédito e de Estoques

20

EM 2019, A POPEYES LOUISIANA KITCHEN lançou um novo sanduíche de frango para competir com a sua rival Chick-fil-A. Infelizmente (ou talvez felizmente), o sanduíche foi tão popular que se esgotou em duas semanas. A empresa demorou dois meses até conseguir trazer o sanduíche de volta para os seus restaurantes. Também em 2019, a Adidas anunciou que, embora as vendas da empresa estivessem em crescimento, a empresa estimava ter perdido entre USD224 e USD448 milhões em vendas devido a estoques esgotados. Para reduzir o problema no futuro, a Adidas escolheu aumentar o seu uso de transporte aéreo, o que aumentou os custos de expedição. A Popeyes e a Adidas não estão sozinhas: Uma associação profissional estima que os varejistas perdem até $500 bilhões por ano devido a itens esgotados.

Obviamente, o estoque em excesso também pode causar problemas. Em 2020, os *lockdowns* da Covid-19 forçaram os bares a fecharem mais cedo antes do Dia de São Patrício e do torneio de basquete universitário da NCAA, duas das épocas mais movimentadas do ano no setor, nos EUA. O resultado é que mais de 35 milhões de litros de cerveja foram destruídos. Espera-se que o custo final da cerveja choca supere USD1 bilhão. E o fechamento dos restaurantes levou a problemas em outros setores, pois os produtores tiveram que descartar o excesso de carnes, legumes, verduras e leite, entre outros produtos.

Objetivos de aprendizagem

O objetivo deste capítulo é que, ao seu final, você saiba:

- **OA1** Explicar como as empresas administram suas contas a receber e quais são os componentes básicos das políticas de crédito de uma empresa.
- **OA2** Analisar a decisão de concessão de crédito de uma empresa.
- **OA3** Identificar os tipos de estoque e os sistemas de gestão de estoques usados pelas empresas.
- **OA4** Determinar os custos de carregamento de estoques e o nível ótimo de estoques.

Para ficar por dentro dos últimos acontecimentos na área de finanças, visite www.fundamentalsofcorporatefinance.blogspot.com.

20.1 Crédito e contas a receber

Quando uma empresa vende bens e serviços, ela pode exigir o pagamento na data da venda ou antes dela, ou pode conceder crédito aos clientes, permitindo algum prazo para pagamento. As próximas seções dão uma ideia do que está envolvido na decisão da empresa de conceder crédito a seus clientes. Conceder crédito é fazer um investimento em um cliente, um investimento que está ligado à venda de um produto ou serviço.

Por que as empresas concedem crédito? Nem todas fazem isso, mas a prática é extremamente comum. O motivo óbvio é que oferecer crédito é uma maneira de estimular as vendas. Além disso, pode ser que o crédito deva ser concedido para acompanhar as condições oferecidas pela concorrência. Os custos associados à concessão de crédito não são insignificantes. Em primeiro lugar, existe a probabilidade de que o cliente não pague. Em segundo, a empresa tem de assumir os custos de carregamento das contas a receber. Por isso, a decisão sobre a política de crédito envolve uma ponderação entre os benefícios de um aumento de vendas e os custos de conceder crédito para isso.

Na perspectiva contábil, quando o crédito é concedido, uma conta a receber é criada. As contas a receber incluem o crédito para outras empresas, chamado de *crédito comercial*, e o crédito concedido aos clientes, chamado de *crédito ao consumidor*. Cerca de um sexto de todo o ativo das indústrias dos Estados Unidos está na forma de contas a receber, de modo que elas obviamente representam um grande investimento de recursos financeiros por parte das empresas estadunidenses.

Componentes da política de crédito

Se uma empresa decidir conceder crédito a seus clientes, ela deverá estabelecer procedimentos para a concessão de crédito e para o recebimento das vendas. Especificamente, a empresa terá de lidar com os seguintes componentes da política de crédito:

condições de venda
Condições nas quais uma empresa vende seus bens e serviços, à vista ou a crédito.

1. **Condições de venda:** as condições de venda determinam como a empresa se propõe a vender seus produtos e serviços. Uma decisão básica é se ela exigirá pagamento à vista ou concederá crédito aos seus compradores. Se ela conceder crédito aos clientes, as condições de venda especificarão (talvez implicitamente) o prazo de crédito, um eventual desconto e o prazo para desconto, bem como o tipo de instrumento de crédito.

análise de crédito
Processo de determinação da probabilidade de que os clientes não paguem.

2. **Análise de crédito:** ao conceder crédito, uma empresa determina quanto esforço despenderá tentando distinguir entre clientes que pagarão e clientes que não pagarão. As empresas usam várias técnicas e procedimentos para determinar a probabilidade de que os clientes não pagarão, e o conjunto desses dispositivos é chamado de análise de crédito.

política de cobrança
Procedimentos adotados por uma empresa para cobrar as contas a receber.

3. **Política de cobrança:** após a concessão do crédito, a empresa tem um problema em potencial — o problema de receber o dinheiro das vendas — e, para isso, deve criar uma política de cobrança.

Nas próximas seções, discutiremos esses componentes da política de crédito que coletivamente formam a decisão de conceder crédito.

Os fluxos de caixa da concessão de crédito

Em capítulo anterior, descrevemos o prazo médio de recebimento como o tempo necessário para receber uma venda. Existem vários eventos que ocorrem durante esse período. Esses eventos podem ser ilustrados com a sequência mostrada na Figura 20.1. Observe que a disponibilização do caixa das vendas é o último evento (se o comprador pagar).

Como indica nossa linha do tempo, a sequência típica de eventos quando uma empresa concede crédito é a seguinte: (1) um pedido de compra a crédito é recebido, a análise de crédito do comprador é realizada e, se o crédito for aprovado, a venda a prazo é realizada; (2) após o processamento interno do pedido, é emitida a nota fiscal eletrônica ou física, e as

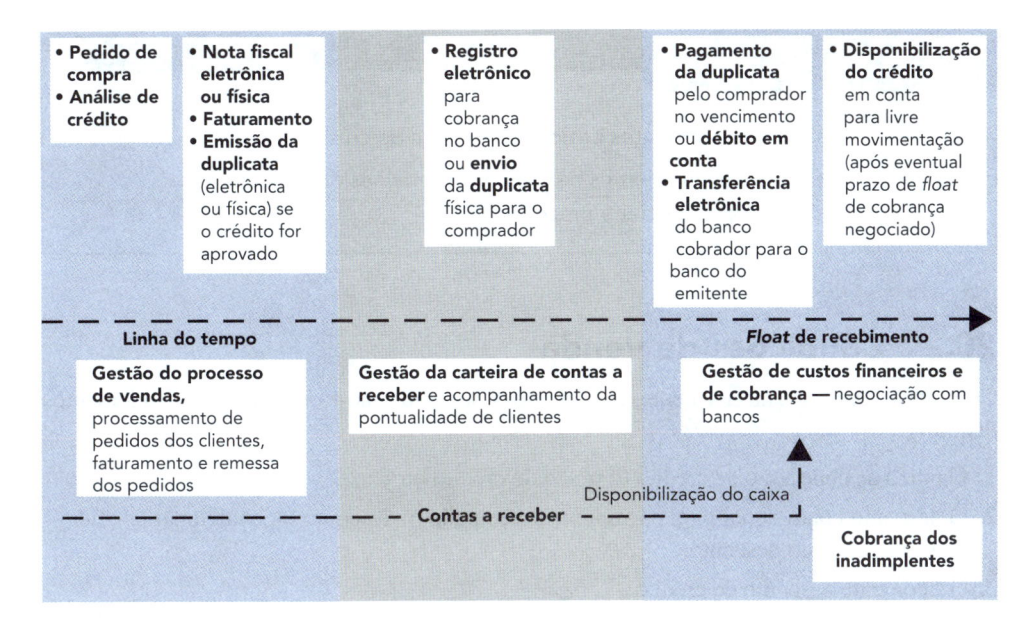

FIGURA 20.1 Eventos e fluxo de caixa da concessão de crédito.

Linha do tempo:
- Pedido de compra
- Análise de crédito
- Nota fiscal eletrônica ou física
- Faturamento
- Emissão da duplicata (eletrônica ou física) se o crédito for aprovado
- Registro eletrônico para cobrança no banco ou envio da duplicata física para o comprador
- Pagamento da duplicata pelo comprador no vencimento ou **débito em conta**
- Transferência eletrônica do banco cobrador para o banco do emitente
- Disponibilização do crédito em conta para livre movimentação (após eventual prazo de *float* de cobrança negociado)

Float de recebimento

- Gestão do processo de vendas, processamento de pedidos dos clientes, faturamento e remessa dos pedidos
- Gestão da carteira de contas a receber e acompanhamento da pontualidade de clientes
- Gestão de custos financeiros e de cobrança — negociação com bancos
- Disponibilização do caixa
- Contas a receber
- Cobrança dos inadimplentes

---

duplicatas são enviadas para cobrança por via eletrônica ou física; (3) a empresa compradora paga no vencimento, ou é realizado o débito na sua conta, se previamente autorizado, e (4) o valor da cobrança é creditado na conta da empresa vendedora (após eventual período de *float* de cobrança negociado com o banco). Se alguns compradores não pagarem no vencimento, um novo processo se inicia: o de cobrança dos inadimplentes.

A forma de reduzir o prazo de recebimento é agilizar o processo interno de gestão das vendas, agilizar a remessa postal ou o registro eletrônico da cobrança e fazer o acompanhamento da adimplência dos clientes. Outras providências, como processar com agilidade eventuais cheques recebidos e negociar com bancos, evitando a concessão de prazos de *float* de cobrança, contribuem para encurtar o prazo de disponibilização do caixa das vendas. Na discussão a seguir, nos concentraremos naquilo que provavelmente é o principal fator determinante do prazo de recebimento: a política de crédito.

O investimento em contas a receber

O investimento em contas a receber de qualquer empresa depende do montante das vendas a prazo e do prazo médio de recebimento. Por exemplo, se o prazo médio de recebimento (PMR) de uma empresa for 30 dias, haverá 30 dias em vendas pendentes em determinado momento. Se as vendas a prazo forem de $1.000 por dia, as contas a receber da empresa serão iguais a 30 dias × $1.000 por dia = $30.000, em média. Como discutimos no Capítulo 18, é necessário financiar esse volume de contas a receber com o crédito obtido dos fornecedores e o capital de giro e, na falta ou insuficiência de capital de giro, com empréstimos.

Como ilustra nosso exemplo, as contas a receber de uma empresa geralmente serão iguais à média de suas vendas diárias multiplicada por seu prazo médio de recebimento:

Contas a receber = Média das vendas diárias × PMR [20.1]

Assim, o investimento de uma empresa em contas a receber depende dos fatores que influenciam as vendas a prazo e as cobranças.

Falamos sobre o prazo médio de recebimento em diversos partes deste livro, incluindo os Capítulos 3 e 18. Usamos os termos *prazo médio de contas a receber*, *prazo de recebimento* e *prazo médio de recebimento* para nos referirmos ao período que a empresa leva até receber o pagamento por uma venda.

Para saber mais sobre a administração de contas a receber, visite www.insidearm.com.

> **Questões conceituais**
>
> **20.1a** Quais são os componentes básicos da política de crédito?
>
> **20.1b** Quais serão os componentes básicos das condições de venda se uma empresa optar por vender a prazo?

20.2 Condições de venda

Como descrevemos anteriormente, as condições de venda são formadas por três elementos distintos:

1. O prazo de concessão de crédito (o prazo do crédito ou prazo para pagamento).
2. O desconto condicional para pagamento antecipado, o desconto incondicional por fidelidade e o prazo do desconto.
3. O tipo de instrumento de crédito.

Em determinado setor, as condições de venda normalmente são mais ou menos uniformes, mas essas condições variam de um setor para outro. Em muitos casos, as condições de venda são muito antigas e, literalmente, datam de séculos. Os sistemas organizados de crédito comercial que refletem práticas atuais podem ser facilmente comparados às grandes feiras da Europa medieval e, certamente, já existiam muito antes. Entretanto, o avanço de sistemas de aferição de qualidade de crédito, a criação de novos instrumentos de crédito e a carga tributária podem ter influência nessas práticas.

Formas básicas de vendas a prazo

No mercado brasileiro, a prática da venda a prazo "pelo preço à vista" é comum. Por exemplo, um fornecedor pode lhe oferecer a condição de pagar em duas parcelas, em 30 e 60 dias, pelo preço à vista. Se você quiser pagar à vista, geralmente não será oferecido desconto algum. Algumas empresas em posição de barganha vendem somente "à vista" para pagamento em 7 ou 14 dias. De um modo geral, a venda a prazo inclui juros pela dilação do recebimento das vendas, mas esses juros não são explicitamente mostrados como juros e, sim, como uma mudança na margem de lucro nas vendas. É comum o preço à vista já ter a margem para venda em condições a prazo, ou seja, o custo de vender a prazo é atribuído de forma uniforme ao preço de tabela.

O modo mais fácil de entender as condições de venda é usar exemplos.

EXEMPLO 20.1

O departamento de vendas de uma empresa, ao calcular os preços de venda, trabalha com uma taxa de juros de 2% ao mês. Para a condição de pagamento em duas vezes, em 30 e 60 dias da data de compra, a tabela de vendas poderia ser escrita assim:

Preço à vista: $1.031,00.

Condições de venda: em duas vezes de $515,50 ("sem juros").

O que ocorre de fato: Com uma calculadora financeira, vemos que um valor presente de $1.000,00 para pagamento em duas parcelas mensais sem entrada, à taxa de juros de 2% ao mês, é equivalente a duas prestações de R$515,50 (com pequeno arredondamento).

O departamento de vendas calculou o valor da mensalidade de $1.000,00 a 2% a.m., em dois períodos, e multiplicou as duas parcelas para atribuir o valor com juros ao preço de venda.

No mercado estadunidense, uma forma comum de cotar uma venda é: "2/10, 60 *net*" (mantivemos a forma original que expressa a condição). Isso significa que os clientes têm 60 dias a partir da data da fatura para pagar o montante total. Entretanto, se o pagamento for feito em 10 dias, um desconto financeiro de 2% é dado.

EXEMPLO 20.2

Considere um comprador que faça, nos Estados Unidos, um pedido de $1.000. Vamos pressupor que os termos de venda sejam de 2/10, 60 *net*. O comprador tem a opção de pagar $1.000 × (1 − 0,02) = $980 em 10 dias, ou pagar o valor total de $1.000 em 60 dias. Se as condições forem declaradas apenas como 30 *net*, o comprador terá 30 dias a partir da data da fatura para pagar o total de $1.000, e nenhum desconto será oferecido para o pagamento antecipado. Note que aqui o termo *net* se refere ao valor total da obrigação.

Em geral, as condições de crédito no mercado estadunidense são interpretadas da seguinte maneira:

<use esse desconto no preço da fatura> / <se você pagar em tantos dias>,
<caso contrário, pague o montante total da fatura em tantos dias>

Assim, 5/10, 45 *net* significa assumir um desconto de 5% no preço total se você pagar em 10 dias ou então pagar o montante total em 45 dias.

No Brasil, em geral, não temos essa prática pelas razões que exporemos a seguir.

O prazo do crédito (prazo para pagamento)

O **prazo do crédito**, ou prazo para pagamento, é a duração básica da concessão de crédito. Ele varia muito de um setor para outro; no mercado brasileiro, ele pode estar entre 30 e 120 dias, mas podem existir outros prazos, e se observa também a prática de prazos de 7, 14 e 28 dias. Condições diferentes podem existir para setores específicos. Por exemplo, no agronegócio, os prazos de pagamento podem ser ajustados para coincidir com as safras. Em geral, observa-se que há maior tendência de extensão de prazos do que de concessão de descontos, e as razões para isso veremos na seção em que tratamos de descontos. Essa não é uma decisão simples, pois, como vimos no Capítulo 18, os gestores financeiros em geral procuram alongar o prazo de pagamento das compras enquanto seus fornecedores procuram encurtar o prazo dos recebimentos das suas vendas.

Se for oferecido um desconto para pagamento antecipado, o prazo do crédito terá dois componentes: o prazo do crédito e o período de desconto. O prazo do crédito é o prazo que o cliente tem para pagar. O prazo do desconto é o prazo durante o qual o desconto está disponível.

O prazo de crédito concedido pelo fornecedor pode ser diferente do prazo para pagamento pelo comprador. No Brasil, encontramos casos de grandes empresas que negociam a extensão do prazo de pagamento de suas compras (por exemplo, de 30 para 60 dias) oferecendo operações tipo *compror* aos seus fornecedores, com taxas muito próximas da taxa DI. Conforme discutimos no Capítulo 18, nesse tipo de operação, empresas com alta classificação de risco de crédito obtêm uma linha de crédito bancário de baixo custo e repassam os recursos aos seus fornecedores, que pagam o custo da linha pela extensão de prazo concedido à compradora. Nesse tipo de operação, o comprador explora ao máximo a sua capacidade de tomar crédito a menores custos de mercado para encurtar seu ciclo financeiro, alongando seu prazo de pagamento. O ciclo financeiro dos fornecedores aumenta, mas esse aumento é financiado em condições privilegiadas.

prazo do crédito
Período durante o qual o crédito é concedido.

No lado do vendedor, o prazo de crédito aos compradores também pode ser concedido com operações do tipo *vendor*, em que o vendedor tira proveito de sua qualidade de crédito superior para obter linhas de crédito bancárias que repassa para seus, como visto também no Capítulo 18. O custo para os compradores é menor do que obteriam na rede bancária. Nesse tipo de operação, o vendedor vende um "pacote" constituído pelo objeto da venda mais uma linha de financiamento para a compra.

A data da fatura

A data da fatura é o início do prazo do crédito. A **fatura** é uma comprovação, por escrito, da mercadoria enviada ao comprador. Por convenção, para itens individuais, a data da fatura normalmente é a data de remessa ou a data de faturamento, e *não* a data em que o comprador recebe as mercadorias ou a fatura. A fatura deve acompanhar a mercadoria, quando de seu transporte do depósito do vendedor até o comprador.

fatura
Documento que relaciona mercadorias ou serviços e seus preços. É fornecida pelo vendedor ao comprador, e a fatura original acompanha a mercadoria.

Existem muitos outros acordos de pagamento de compra e venda. Por exemplo, o prazo do crédito pode ter início no *recebimento das mercadorias*. Nesse caso, o prazo do crédito começa quando o cliente receber o pedido. Isso pode ser usado quando o cliente está em uma localização remota.

Com a data para o final do mês, todas as vendas feitas durante determinado mês são faturadas como tendo sido feitas no final desse mês. Isso é útil para um comprador que faz compras habituais ao longo do mês, mas o vendedor só fatura uma vez por mês.

Por exemplo, o vendedor poderia faturar todas as compras do mês no último dia útil do mês e ainda conceder ao comprador um desconto de 2% se o pagamento for feito no 10° dia do mês seguinte. Caso contrário, o montante total é devido. Para confundir um pouco, às vezes considera-se o 25° dia como o final do mês. O faturamento quinzenal é outra variação.

A cobrança só na alta estação também é usada para incentivar as vendas de produtos sazonais fora da estação. Um produto vendido principalmente no verão (p.ex.: bronzeador) pode ser enviado em julho com as condições de pagamento em janeiro. A fatura poderia ser datada de 1° de julho com prazo de crédito de 180 dias, para pagamento em 2 de janeiro; um desconto pode ser oferecido para pagamento antecipado. Essa prática incentiva os compradores a encomendarem com antecedência.

Duração do prazo de crédito Vários fatores influenciam a duração do prazo de crédito. Dois importantes são o prazo médio de estocagem e o ciclo operacional do *comprador*. Com todos os outros fatores mantidos constantes, quanto menores eles forem, menor será o prazo de crédito.

No Capítulo 18, o ciclo operacional apresentou dois componentes: o prazo médio de estocagem e o prazo médio de recebimento. O prazo médio de estocagem é o tempo necessário para que o comprador adquira estoque (de nós) e depois o processe e venda. O prazo médio de recebimento do comprador é o tempo necessário até que o comprador receba pelas suas vendas. Observe que o prazo do crédito que oferecemos ao comprador é efetivamente o prazo de contas a pagar do comprador.

Ao conceder crédito, financiamos uma parte do ciclo operacional de nosso comprador e, portanto, diminuímos seu ciclo financeiro (consulte a Figura 18.2). Se nosso prazo de crédito exceder o prazo médio de estocagem do comprador, não apenas financiaremos as compras de estoque do comprador, mas também parte de suas contas a receber.

Além disso, se nosso prazo de crédito exceder o ciclo operacional de nosso comprador, estaremos efetivamente financiando outros itens dos negócios de nosso cliente, além da compra e da venda imediata de nossa mercadoria. O motivo é que, na prática, o comprador tem um empréstimo vindo de nós após a mercadoria ser revendida e pode usar esse crédito para outras finalidades. Por isso, a duração do ciclo operacional do comprador quase sempre é citada como um limite máximo apropriado ao prazo de crédito a ser concedido a esse comprador.

Existem vários outros fatores que influenciam o prazo do crédito. Muitos deles também influenciam os ciclos operacionais de nosso cliente. Portanto, eles são assuntos relacionados. Entre os mais importantes estão:

1. *Perecibilidade e valor como garantia:* itens perecíveis têm um giro relativamente rápido e um valor como garantia relativamente baixo. Como consequência, os prazos de crédito são mais curtos para essas mercadorias. Por exemplo, um atacadista de alimentos que vende frutas e verduras poderia faturar para pagamento em sete dias. Por outro lado, joias poderiam ser vendidas para pagamento em quatro meses.
2. *Demanda do consumidor:* produtos bem estabelecidos no mercado geralmente têm um giro mais rápido. Os produtos mais recentes ou de pouca saída sempre têm prazos de crédito mais longos para incentivar os compradores. Além disso, como vimos, os vendedores podem preferir conceder prazos de crédito mais longos para as vendas fora da estação (quando a demanda dos clientes é baixa).
3. *Custo, lucratividade e padronização:* mercadorias relativamente mais baratas tendem a ter prazos de crédito mais curtos. O mesmo vale para mercadorias e matérias-primas mais ou menos padronizadas. Esse tipo de mercadoria tende a ter margens menores e giro maior, ambos levando a prazos de crédito mais curtos. No entanto, existem exceções. Por exemplo, as concessionárias de automóveis geralmente pagam pelos carros quando eles são recebidos da montadora.
4. *Risco de crédito:* quanto maior for o risco de crédito do comprador, mais curto será o prazo de crédito (supondo que o crédito seja concedido).
5. *Tamanho da conta:* se uma conta for pequena, o prazo de crédito poderá ser mais curto, pois administrar as contas pequenas é mais caro, e os clientes são menos importantes.
6. *Concorrência:* quando o vendedor está em um mercado altamente competitivo, prazos de crédito mais longos podem ser oferecidos como forma de atrair os clientes.
7. *Tipo de cliente:* um único vendedor pode oferecer diversas condições de crédito a diferentes compradores. Por exemplo, um atacadista de alimentos pode fornecer artigos para armazéns, padarias e restaurantes. Cada grupo provavelmente teria condições de crédito diferentes. De forma mais geral, os vendedores quase sempre têm clientes no atacado e no varejo, cotando diferentes condições para os dois tipos.

Descontos

No Brasil, as empresas praticam dois tipos de desconto. O primeiro é o desconto sobre o valor da fatura ou da parcela, condicionado ao pagamento até determinada data. É um desconto contingente, que depende de pagamento pontual ou antecipado; esse tipo de desconto é chamado de desconto financeiro. O segundo tipo de desconto ocorre antes do faturamento — é uma redução no preço da venda, não um desconto sobre o preço faturado. Esse desconto é chamado de desconto comercial.

O **desconto financeiro**, ou desconto condicional, é contingente à ocorrência do pagamento até uma data definida, que pode ser a data de vencimento, ou data anterior para antecipação do pagamento. O objetivo é estimular a adimplência pela quitação do débito no vencimento ou pela quitação antecipada. A prática contribui para reduzir o ciclo financeiro do vendedor e poupar custos de cobrança de contas inadimplidas. Contabilmente, o desconto condicional é classificado em contas de resultado como despesa financeira na vendedora e receita financeira na compradora.

O **desconto comercial**, ou desconto incondicional, é uma redução do preço de venda que ocorre antes da emissão da nota fiscal de venda — pode resultar de promoções de vendas, de negociação com o comprador ou de crédito relativo a uma compra anterior (nesse caso, também chamado de bônus), como recompensa de fidelidade. Para controle desses descontos, as empresas contabilizam o valor bruto da venda e lançam os descontos comerciais em conta de descontos comerciais concedidos. Parece que nem todas adotam esse procedimento, mas a Receita Federal só considera descontos incondicionais as parcelas redutoras do preço de venda quando constarem da nota fiscal de venda e não dependerem de evento posterior à emissão da nota fiscal.

desconto financeiro
Desconto sobre o valor da cobrança para induzir o pagamento rápido. Também conhecido como *desconto condicional*.

desconto comercial
Desconto dado antes da emissão da nota fiscal para induzir vendas. Também conhecido como desconto incondicional.

Um exemplo real Este é um caso real de uma indústria brasileira de artigos de consumo de massa. Essa indústria trabalha com preços para pagamento em 90 dias como referência de tabela. Se o comprador quiser mais prazo para pagar — 120 dias, por exemplo —, ele deverá pagar um custo financeiro pela dilação de prazo; por outro lado, se o comprador quiser pagar em prazo mais curto — 30 dias por exemplo —, a indústria concede um desconto. Essas condições são negociadas no momento do pedido. Depois de fixada uma condição de pagamento, a indústria oferece adicionalmente um desconto condicional de até 7% para pagamento pontual. Segundo a indústria, isso tem funcionado muito bem, mantendo o nível de inadimplência entre 2 e 3%, e é uma prática no seu setor.

Observe que, quando um desconto financeiro é oferecido, o comprador obtém um crédito essencialmente gratuito durante o período de desconto. O comprador só paga pelo crédito obtido após o desconto expirar. Com prazo de 30 dias e desconto de 2% para pagamento em até 10 dias, um comprador sensato paga em 10 dias, para utilizar o máximo possível o crédito gratuito, ou paga em 30 dias, para usar o dinheiro no prazo mais longo possível, abrindo mão do desconto. Quando abre mão do desconto, o comprador obtém efetivamente crédito por $30 - 10 = 20$ dias.

Outro motivo para os descontos financeiros é que eles são uma forma de cobrar preços maiores do cliente a quem foi concedido crédito. Nesse sentido, os descontos financeiros são uma maneira conveniente de cobrar pelo crédito concedido aos clientes, pois, ao não aproveitar o desconto, o comprador estará pagando mais do que pagaria se aproveitasse o desconto.

Por outro lado, se estabelecer o preço a prazo igual ao preço de vendas à vista, o vendedor estará incluindo o custo financeiro de seu maior prazo de crédito no preço à vista, levando o comprador a optar pelo crédito na compra. Considere a venda de eletrodomésticos: em vez de vender um eletrodoméstico a $850,00, um varejista pode vender a $1.000,00 para pagamento à vista ou em 10 vezes de $100,00 "sem juros". Com o uso de uma calculadora financeira, vemos que a taxa de juros mensal é de 3,07% a.m., e a taxa equivalente anual é de 43,74%. Obviamente, é preciso ter acesso à planilha de custos do vendedor para efetuar esse cálculo. O vendedor alegará que trabalha com margem alta para poder praticar um só preço e acompanhar a concorrência.

Tributos A condição comum de oferecer desconto para pagamento antecipado praticada nos Estados Unidos, como a condição que apresentamos no Exemplo 20.2, de "2/10, 30 *net*", não é uma prática comum no mercado brasileiro. Em geral, parece que as empresas não fazem isso por causa dos diversos impostos e contribuições que incidem sobre o valor faturado, das diferentes situações para a tributação dos lucros da empresa, e da alocação dos tributos sobre o desconto entre vendedor, que preferirá o desconto comercial, e comprador, que preferirá o desconto financeiro para ter os créditos correspondentes.

Incentivos fiscais e créditos fiscais podem diminuir momentaneamente a carga de tributos para a vendedora e, assim, também pode ocorrer que algumas empresas tenham uma política de descontos e outras não.

Custo de crédito O exemplo da condição de pagamento em 30 dias, com a opção de desconto de 2% para pagamento até o 10º dia, parece sugerir um desconto bem pequeno, pois o pagamento antecipado dá ao cliente apenas 2% de desconto. Isso oferece um incentivo significativo para o pagamento antecipado? A resposta é sim, pois a taxa de juros implícita é extremamente alta.

Para saber por que o desconto é importante, calcularemos o custo para o comprador pelo não pagamento antecipado. Para isso, descobriremos a taxa de juros que o comprador está de fato pagando pelo crédito comercial. Suponha que o pedido seja de $1.000. O comprador pode pagar $980 em 10 dias ou aguardar outros 20 dias e pagar $1.000. Está claro que ele está tomando emprestado $980 por 20 dias e que paga $20 de juros sobre o "empréstimo". Qual é a taxa de juros?

Esses juros podem ser vistos como juros de uma operação de empréstimo comum. Com $20 de juros sobre os $980 emprestados, a taxa é de $20/980 = 2,0408%$. Isso é relativamente baixo, mas lembre-se de que essa é a taxa pelo período de 20 dias. Um ano tem 365/20 =

Um site interessante sobre crédito nos Estados Unidos é o da National Association of Credit Management. Visite o site em **www.nacm.org**.

18,25 desses períodos e, portanto, não aceitando o desconto, o comprador está pagando uma taxa efetiva anual (TEFa) de:

TEFa = $(1,020408^{18,25} - 1) \times 100 = 44\%$[1]

Do ponto de vista do comprador, essa é uma fonte cara de financiamento.

Como a taxa de juros é muito alta aqui, é pouco provável que o vendedor se beneficie com o pagamento antecipado pelo comprador. Ignorando a possibilidade de inadimplência, a decisão de um cliente de dispensar o desconto que lhe é oferecido quase sempre está a favor do vendedor.

Descontos rotineiros Em algumas circunstâncias, o desconto não é realmente um incentivo para o pagamento antecipado, mas um desconto dado rotineiramente para alguns tipos de compradores. Por exemplo, no caso das condições de faturamento mensal, com desconto de 2%, se a fatura não for paga até o 10º dia, após isso, ela estará vencida. Assim, o prazo do crédito e o período de desconto são, de fato, iguais, e não há recompensa pelo pagamento antes da data de vencimento.

O desconto financeiro e o PMR Na medida em que um desconto financeiro incentiva o pagamento antecipado, ele diminui o prazo de recebimento e, com todos os outros fatores iguais, reduz o investimento em contas a receber da empresa vendedora.

Por exemplo, suponha que, no momento, uma empresa realize suas vendas na condição de pagamento a 30 dias e tenha um prazo médio de recebimento (PMR) de 30 dias. Se ela oferecer um desconto de 2% para pagamento em 10 dias, talvez 50% dos clientes (em termos de volume de compras) pagarão em 10 dias. Os clientes restantes ainda levarão uma média de 30 dias para pagar. Qual será o novo PMR? Se as vendas anuais da empresa forem de $15 milhões (antes dos descontos), o que acontecerá ao investimento em contas a receber?

Se metade dos clientes levar 10 dias para pagar e metade levar 30 dias, o novo prazo médio de recebimento será de:

Novo PMR = 0,50 × 10 dias + 0,50 × 30 dias = 20 dias

Portanto, o PMR cai de 30 para 20 dias. A média das vendas diárias é de $15 milhões/365 = $41.096 por dia. Assim, o valor investido em contas a receber cairá $41.096 × 10 = $410.960.

Instrumentos de crédito

O **instrumento de crédito** é a evidência básica da obrigação do comprador. A maior parte do crédito comercial é oferecida em *conta aberta* (crédito rotativo). Isso significa que os únicos instrumentos formais da venda a crédito são o pedido e a fatura, que é enviada com as mercadorias e é assinada pelo cliente como evidência do recebimento delas. A vendedora e seus clientes registram a venda e as compras em seus respectivos livros contábeis. Junto com a fatura, ou em data posterior, a empresa vendedora pode emitir duplicatas para cobrança direta ou por meio de um banco.

A **duplicata**, como o nome já sugere, é uma cópia da fatura, um documento com os elementos necessários para caracterizá-la como título de crédito negociável. A fatura não deve ser confundida com a nota fiscal, que é extraída na venda. A fatura é uma relação do que o vendedor fez ou entregou ao comprador e dos valores correspondentes e pode incluir várias notas fiscais, também podendo existir a figura da nota fiscal-fatura. A duplicata e seu uso no crédito comercial como título de crédito é uma criação da prática brasileira.

Mais recentemente foi adotada no Brasil a nota fiscal eletrônica (NF-e), cuja emissão é integrada com os sistemas de gestão empresarial (ERPs, na sigla em inglês) das empresas, de tal forma que todo o processo de emissão de nota fiscal, fatura e duplicatas para cobrança é

instrumento de crédito
Evidência de uma obrigação de crédito.

duplicata
Título de crédito que tem origem exclusivamente em uma fatura de venda de bens ou serviços e que é utilizado como instrumento de cobrança de vendas.

---

[1] Esse é um valor aproximado da taxa efetiva anual. Para o cálculo correto, deveríamos considerar os dias úteis do período e 252 dias úteis no ano.

em grande parte realizado de forma eletrônica integrada; nas grandes empresas, esse processo é totalmente integrado. Esse sistema geralmente está integrado ao sistema gerenciador da conta corrente da empresa em um banco, que recebe e registra a cobrança de forma eletrônica e, da mesma forma, apresenta a cobrança ao comprador. Se o comprador optar pelo sistema DDA, débito direto autorizado, isso completa o ciclo da cobrança eletrônica integrada sem a emissão de documentos físicos.

A NF-e é um documento eletrônico gerado pela empresa vendedora, por meio de um arquivo eletrônico assinado digitalmente, que contém as informações fiscais da operação comercial. Esse arquivo eletrônico é transmitido pela internet para a Secretaria da Fazenda (SF) de jurisdição do contribuinte. A SF faz uma pré-validação do arquivo e devolve um protocolo de recebimento (Autorização de Uso), sem o qual não poderá haver o trânsito da mercadoria.

A NF-e é parte de um projeto maior, o SPED — Sistema Público de Escrituração Digital —, organizado pela Receita Federal do Brasil e que inclui: escrituração contábil digital, escrituração fiscal digital e a NF-e. Inclui também outros projetos: EFD-Contribuições, e-Lalur, EFD-Social e Central de Balanços.

A duplicata pode ser mercantil, quando tem origem em uma transação de mercadorias, ou de prestação de serviços, quando a sua causa for uma prestação de serviços. Para uma mesma venda, não pode ser emitido mais de um título de crédito. Se o comprador entregou um cheque, ou assinou uma nota promissória, o vendedor não poderá emitir e fazer circular uma duplicata.

Na esteira da NF-e, agora temos a duplicata eletrônica, ou duplicata escritural. Essa modalidade de instrumento de crédito foi instituída pela Lei nº. 13.775, de 20 de dezembro de 2018. Em 2020, foram criadas normas para a atividade de escrituração da duplicata escritural, a instituição do sistema eletrônico de escrituração, gerido por entidade autônoma, o depósito centralizado e a negociação de duplicatas eletrônicas. Também foram instituídos prazos, conforme o porte da empresa emissora, para que a emissão de duplicatas seja realizada exclusivamente na forma eletrônica. Somente microempresas estão dispensadas da emissão de duplicatas eletrônicas.[2]

As duplicatas, assim como os títulos de crédito em geral, podem ter vencimento determinado, com data certa fixa ou vencimento a termo de uma data de referência — por exemplo, a 180 dias da data de embarque. O vencimento também pode ser à vista (ou "na apresentação") ou a dias de vista (por exemplo, pagamento a 30 dias da data de apresentação dos documentos ao comprador). As normas legais que dispõem sobre a duplicata são a Lei nº. 5.474, de 18 de julho de 1968, que a regulamenta, e a Lei nº. 13.775/2018, que trata do registro eletrônico da duplicata (duplicata escritural).

Nos Estados Unidos, a empresa vendedora pode emitir uma letra de câmbio ou exigir que o comprador assine uma *nota promissória*. A nota promissória é um instrumento simples de reconhecimento de dívida e, lá, pode ser usada quando o pedido é grande, quando não há desconto financeiro ou quando a empresa prevê um problema de recebimento. As notas promissórias não são comuns nos Estados Unidos, mas podem eliminar possíveis disputas futuras sobre a existência da dívida.

Um problema das notas promissórias é que elas são assinadas após a entrega das mercadorias. Uma forma de obter um compromisso de crédito de um cliente estadunidense, antes da entrega das mercadorias, é providenciar uma *letra de câmbio comercial*. Em geral, a empresa emite uma letra de câmbio exigindo que o cliente pague um montante específico em uma data determinada. A letra é enviada ao banco do cliente com as faturas da remessa da mercadoria.

Se for necessário o pagamento imediato da letra, ela é chamada de *letra de câmbio à vista*. Se o pagamento imediato não for exigido, é uma *letra de câmbio a prazo*. Quando a letra é apresentada e o comprador a "aceita", significa que o comprador promete pagá-la no futuro. Chamamos isso de *aceite comercial*, que é enviado de volta para a empresa vendedora. O vendedor pode manter o aceite ou vendê-lo para outra pessoa. Se um banco aceitar a letra, significa que ele está garantindo o pagamento. Assim, a letra se torna um *aceite bancário*. Essas práticas são comuns no mercado estadunidense e no comércio internacional, e os acei-

---

[2] Ver Circular Bacen 4.016 e Resolução Bacen 4.815, ambas de 04.05.2020.

tes bancários são comercializados ativamente no mercado financeiro internacional. Empresas brasileiras exportadoras geralmente emitem letras de câmbio para aceite ou pagamento do importador. A letra de câmbio, juntamente com os documentos de embarque, é enviada para um banco para apresentação ao comprador estrangeiro. Após o pagamento ou aceite da letra de câmbio, o banco entrega os documentos para o comprador retirar a mercadoria na alfândega.

As empresas também podem usar uma venda com alienação fiduciária como instrumento de garantia de crédito. Com essa venda, a empresa mantém a propriedade legal das mercadorias até que o cliente tenha concluído o pagamento. Geralmente, as vendas com alienação fiduciária são pagas em parcelas e têm custo de juros incorporado ao preço.

> **Questões conceituais**
>
> **20.2a** Quais são as considerações na determinação das condições de venda?
>
> **20.2b** Na condição de venda a 90 dias, com 3% de desconto para pagamento até 45 dias, qual é aproximadamente a taxa de juros efetiva?

20.3 Análise da política de crédito

Nesta seção, veremos mais detalhadamente os fatores que influenciam a decisão de conceder crédito. A concessão de crédito só faz sentido se o seu VPL for positivo. Assim, precisamos dirigir nossa atenção para o VPL da decisão de conceder crédito.

Efeitos da política de crédito

Ao avaliar a política de crédito, existem cinco fatores básicos a serem considerados:

1. *Efeitos sobre a receita:* se a empresa conceder crédito, os recebimentos da receita sofrerão um adiamento, pois alguns clientes aproveitam o crédito oferecido e pagam mais tarde. Entretanto, a empresa pode cobrar um preço mais alto se conceder crédito e pode aumentar a quantidade vendida. Assim, a receita total poderá aumentar.

2. *Efeitos do custo:* se a empresa conceder crédito, suas receitas poderão ser adiadas, mas os seus custos com vendas ainda serão imediatos. Não importa se vende à vista ou a prazo, a empresa terá de adquirir ou produzir a mercadoria (e pagar por isso).

3. *O custo da dívida:* quando a empresa concede crédito, ela precisa ter recursos para financiar as contas a receber resultantes. Como consequência, o custo dos empréstimos de curto prazo para a empresa será um fator a considerar na decisão de conceder crédito.[3]

4. *A probabilidade de não pagamento:* se a empresa conceder crédito, uma porcentagem dos compradores a prazo não pagará. Naturalmente, isso não ocorrerá se a empresa vender somente à vista.

5. *O desconto financeiro:* quando a empresa oferece um desconto financeiro como parte de suas condições de crédito, alguns clientes optarão por pagar antecipadamente e aproveitar o desconto, reduzindo em parte a receita de vendas.

---

[3] O custo de empréstimos de curto prazo não é necessariamente o retorno que deve ser exigido sobre as contas a receber, embora seja comum pressupor que seja. Como sempre, o retorno exigido sobre um investimento depende do risco do investimento, e não da fonte de financiamento. O custo do *comprador* para tomar emprestado a curto prazo é que estaria mais próximo da taxa correta (porque estaria ajustada ao risco do comprador). Manteremos a hipótese implícita de que o vendedor e o comprador têm o mesmo custo para tomar emprestados recursos de curto prazo. Em qualquer um dos casos, os prazos nas decisões de crédito são relativamente curtos, portanto, um erro relativamente pequeno na taxa de desconto dos fluxos de caixa não terá um grande efeito sobre nosso VPL estimado.

Avaliação de uma política de crédito proposta

Para ilustrar como a política de crédito pode ser analisada, começaremos com um caso relativamente simples. A Gafanhoto Software (GaSoft) existe há dois anos e é uma das várias empresas bem-sucedidas que desenvolvem programas para computadores. No momento, a GaSoft vende somente à vista.

Ela está avaliando a solicitação de alguns clientes grandes para alterar sua política atual para uma política de concessão de um mês para pagamento (30 dias). Para analisar essa proposta, definimos os seguintes itens:

P = Preço por unidade
v = Custo variável por unidade
Q = Quantidade atual vendida por mês
Q' = Quantidade vendida de acordo com a nova política
R = Retorno mensal exigido

Por enquanto, ignoramos a opção de descontos e a possibilidade de inadimplência. Além disso, ignoramos os tributos, porque eles não afetam nossas conclusões aqui.

VPL da mudança de políticas Para ilustrar o VPL da mudança de políticas de crédito, suponha que tenhamos os seguintes dados para a GaSoft:

P = $49
v = $20
Q = 100
Q' = 110

Se o retorno exigido (R) for 2% ao mês, a GaSoft deve fazer essa mudança?

No momento, a empresa tem vendas mensais de $P \times Q$ = $4.900. Os custos variáveis de cada mês são $v \times Q$ = $2.000, de modo que o fluxo de caixa mensal dessa atividade é:

$$\text{Fluxo de caixa da política antiga} = (P - v)Q$$
$$= (\$49 - 20) \times 100 \quad \quad [20.2]$$
$$= \$2.900$$

Obviamente, esse não é o fluxo de caixa total da GaSoft, mas é tudo o que precisamos examinar, pois os custos fixos e outros componentes do fluxo de caixa são os mesmos com mudança ou sem ela.

Se a GaSoft mudar sua condição de venda para pagamento em 30 dias, a quantidade vendida aumentará para Q' = 110. As receitas mensais aumentarão para $P \times Q'$, e os custos serão de $v \times Q'$. O fluxo de caixa mensal na nova política será de:

$$\text{Fluxo de caixa da nova política} = (P - v)Q'$$
$$= (\$49 - 20) \times 110 \quad \quad [20.3]$$
$$= \$3.190$$

Voltando ao Capítulo 10, sabemos que o fluxo de caixa incremental relevante é a diferença entre os fluxos de caixa novo e antigo:

$$\text{Entrada de caixa incremental} = (P - v)(Q' - Q)$$
$$= (\$49 - 20) \times (110 - 100)$$
$$= \$290$$

Isso nos mostra que o benefício, por mês, de alterar as políticas é igual ao lucro bruto por unidade vendida, $P - v$ = $29, multiplicado pelo aumento nas vendas, $Q' - Q$ = 10. Portanto, o valor presente dos fluxos de caixa incrementais futuros é:

$$VP = [(P - v)(Q' - Q)]/R \quad \quad [20.4]$$

Para a GaSoft, esse valor presente é:

VP = ($29 × 10)/0,02 = $14.500

Observe que tratamos o fluxo de caixa mensal como uma perpetuidade, porque o mesmo benefício será atingido a cada mês para sempre.

Agora que conhecemos o benefício da mudança, qual é o custo? Existem dois componentes que devem ser considerados. Primeiro, como a quantidade vendida aumentará de Q para Q', a GaSoft terá de produzir $Q' - Q$ mais unidades a um custo de $v(Q' - Q) = \$20 \times (110 - 100) = \$200$. Segundo, as vendas que seriam recebidas neste mês de acordo com a política atual ($P \times Q = \$4.900$) não serão recebidas. Conforme a nova política, as vendas feitas no mês não serão recebidas antes de 30 dias. O custo da mudança é a soma desses dois componentes:

$$\text{Custo da mudança} = PQ + v(Q' - Q) \qquad [20.5]$$

Para a GaSoft, esse custo seria de $4.900 + $ 200 = $5.100.

Juntando tudo isso, vemos que o VPL da mudança é:

$$\text{VPL da mudança} = -[PQ + v(Q' - Q)] + [(P - v)(Q' - Q)]/R \qquad [20.6]$$

Para a GaSoft, o custo da mudança é de $5.100. Como vimos anteriormente, o benefício é de $290 por mês para sempre. A 2% por mês, o VPL é:

VPL = −$5.100 + 290/0,02
= −$5.100 + 14.500
= $9.400

Assim, a mudança é muito lucrativa.

EXEMPLO 20.3 Preferimos lutar a mudar

Suponha que uma empresa esteja pensando em mudar de vendas à vista para vendas para pagamento em 30 dias, mas a quantidade vendida não deve mudar. Qual é o VPL da mudança? Explique.

Neste caso, $Q' - Q$ é zero, de modo que o VPL é apenas $-PQ$. Isso nos mostra que o efeito da mudança é simplesmente o retardamento dos recebimentos em um mês para sempre, sem benefício algum por isso.

Uma aplicação do ponto de equilíbrio Com base em nossa discussão até o momento, a principal variável da GaSoft é $Q' - Q$, o aumento nas vendas unitárias. O aumento projetado de 10 unidades é apenas uma estimativa, de modo que existe certo risco de previsão. Nessas circunstâncias, é natural perguntar quanto de aumento nas vendas unitárias é necessário para atingir o ponto de equilíbrio.

Anteriormente, o VPL da mudança era definido como:

$$\text{VPL} = -[PQ + v(Q' - Q)] + [(P - v)(Q' - Q)]/R$$

Podemos calcular o ponto de equilíbrio explicitamente, definindo um VPL zero e calculando $(Q' - Q)$:

$$\begin{aligned}\text{VPL} = 0 &= -[PQ + v(Q' - Q)] + [(P - v)(Q' - Q)]/R \\ Q' - Q &= PQ/[(P - v)/R - v]\end{aligned} \qquad [20.7]$$

Para a GaSoft, o aumento das vendas no ponto de equilíbrio é:

$Q' - Q$ = $4.900/(29/0,02 − 20)
= 3,43 unidades

Isso nos mostra que a mudança é uma boa ideia, desde que a GaSoft esteja confiante de que pode vender pelo menos 3,43 unidades a mais por mês.

> **Questões conceituais**
>
> **20.3a** Quais são os efeitos importantes que devem ser considerados em uma decisão de oferecer crédito?
>
> **20.3b** Explique como é estimado o VPL de uma mudança na política de crédito.

20.4 Política de crédito ótima

Até agora, discutimos como calcular os valores presentes líquidos de uma mudança na política de crédito. Não discutimos o montante ótimo de crédito nem a política de crédito ideal. Em princípio, o montante ideal de crédito é determinado pelo ponto no qual os fluxos de caixa incrementais do aumento nas vendas são exatamente iguais aos custos incrementais do aumento no investimento em contas a receber.

A curva do custo total do crédito

O custo-benefício de conceder ou não crédito é fácil de identificar, mas é difícil de quantificar com exatidão. Como resultado, só nos é possível descrever uma política de crédito ideal.

Para começar, os custos de carregamento associados à concessão de crédito assumem três formas:

1. O retorno exigido sobre as contas a receber.
2. As perdas decorrentes das dívidas não pagas.
3. Os custos da administração do crédito e da cobrança dos créditos fornecidos.

Já discutimos o primeiro e o segundo custo. O terceiro, o custo da administração do crédito, consiste nas despesas associadas à gestão do departamento de crédito. As empresas que não concedem crédito não têm esse departamento nem essa despesa. Esses três custos aumentarão à medida que a política de crédito for mais liberal.

Se uma empresa tiver uma política de crédito muito restritiva, todos os custos associados serão baixos. Nesse caso, a empresa terá uma "falta" de crédito, de modo que haverá um custo de oportunidade.

O custo de oportunidade é o potencial de lucro extra das vendas que são perdidas pela recusa de crédito. Esse benefício perdido viria de duas fontes: do aumento na quantidade que seria vendida, Q' menos Q, e (possivelmente) de um preço mais alto. Os custos de oportunidade diminuem à medida que a política de crédito é mais liberal.

A soma dos custos de carregamento e de oportunidade de determinada política de crédito é chamada de **curva do custo total do crédito**. Traçamos essa curva na Figura 20.2. Como é ilustrado, existe um ponto no qual o custo total do crédito é minimizado. Esse ponto corresponde ao montante ideal de crédito ou, de modo equivalente, ao investimento ideal em contas a receber.

curva do custo de crédito
Representação gráfica da soma dos custos de carregamento e de oportunidade de uma política de crédito.

Se a empresa conceder mais crédito do que esse mínimo, o fluxo de caixa líquido adicional de novos clientes não cobrirá os custos de carregamento do investimento em contas a receber. Se o nível das contas a receber estiver abaixo desse montante, a empresa renunciará a valiosas oportunidades de lucro.

Em geral, os custos e benefícios da concessão de crédito dependerão das características de cada empresa e setor. Com todos os outros fatores iguais, por exemplo, é provável que empresas com (1) excesso de capacidade, (2) baixos custos operacionais variáveis e (3) clientes antigos concedam crédito de forma mais generosa do que outras empresas. Veja se você consegue explicar por que cada uma dessas características contribui para uma política de crédito mais liberal.

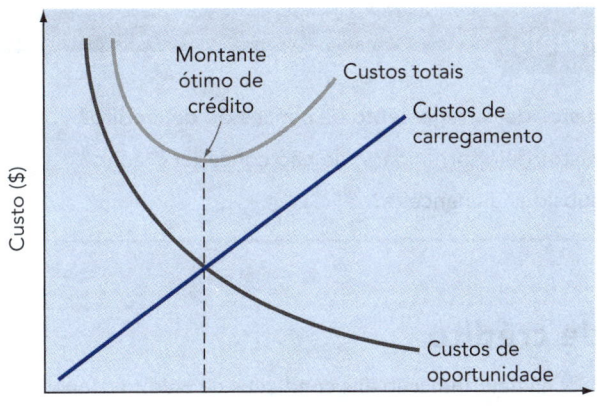

FIGURA 20.2 Os custos da concessão de crédito.

Os custos de carregamento são os fluxos de saídas de caixa que devem ser incorridos quando o crédito é concedido. Eles estão relacionados de forma positiva com o montante de crédito concedido.

Os custos de oportunidade são as vendas perdidas que resultam da recusa de crédito. Esses custos diminuem quando o crédito é concedido.

Organização da função de crédito

As empresas que concedem crédito têm a responsabilidade de administrar um departamento de crédito. Nos Estados Unidos, é comum elas optarem por contratar toda ou parte da função de crédito com uma empresa de *factoring*, uma companhia de seguros ou uma subsidiária financeira. Nos Estados Unidos, ainda, a atividade de *factoring* pode assumir a função crédito, em um formato diferente do que ocorre com a atividade de *factoring* no Brasil. O Capítulo 18 discutiu o *factoring*, um contrato no qual a empresa vende suas contas a receber para a *factor*. Dependendo da especificidade do acordo, a empresa de *factoring* pode ter total responsabilidade pela verificação, autorização e cobrança do crédito; isso não parece ocorrer no Brasil. É possível que, nos Estados Unidos, as empresas menores achem esse acordo mais barato do que administrar um departamento de crédito.

As empresas que administram elas mesmas as suas operações de crédito assumem todo o risco de inadimplência (diz-se que fazem autosseguro). Essas empresas têm como alternativa contratar um seguro de crédito de uma companhia de seguros. A seguradora oferece cobertura para as contas a receber até um limite de valor predefinido. Como é esperado, as contas a receber com melhor classificação de risco de crédito merecem maiores limites de seguro. Esse tipo de seguro é particularmente importante para os exportadores, e há determinados tipos de exportações que têm seguro com alguma forma de apoio governamental.

Com frequência, as grandes empresas concedem crédito por meio de uma **subsidiária financeira**, que nada mais é do que uma sociedade controlada que lida com a função de crédito para a empresa controladora. A Ford Motor Credit (FMC) é um exemplo. A Ford vende para as concessionárias de automóveis, que, por sua vez, vendem para os clientes. A FMC financia o estoque de automóveis da concessionária, bem como os clientes que compram os automóveis. No Brasil, é comum cada montadora ter seu banco para financiar suas vendas.

Por que uma empresa optaria por criar uma empresa separada para cuidar da função de crédito? Existem vários motivos, mas um dos principais é separar a produção e o financiamento dos produtos da empresa para fins de administração, financiamento e demonstrações de resultados. Por exemplo, a subsidiária financeira pode tomar emprestado em seu nome, usando suas contas a receber como garantia. Em geral, ela tem uma classificação de crédito melhor do que a empresa controladora. Isso permite que a empresa tenha um custo de dívida geral mais baixo do que aquele que teria se a produção e o financiamento estivessem juntos.

subsidiária financeira
Sociedade controlada que gerencia a função de crédito da empresa controladora.

> **Questões conceituais**
>
> **20.4a** Quais são os custos de carregamento da concessão de crédito?
> **20.4b** Quais são os custos de oportunidade de não conceder crédito?
> **20.4c** O que é uma subsidiária financeira?

20.5 Análise de crédito

Até aqui, nos concentramos na determinação das condições de crédito. Depois que uma empresa resolve conceder crédito a seus clientes, ela deve definir as diretrizes para determinar quem poderá ou não comprar a crédito. A *análise de crédito* se refere ao processo de decidir se será ou não concedido crédito a um determinado cliente. Normalmente, envolve duas etapas: reunir informações importantes e determinar a qualidade de crédito do comprador.

A análise de crédito é importante simplesmente porque as possíveis perdas em contas a receber podem ser substanciais. As empresas informam o montante de contas a receber que estimam não receber em seus balanços patrimoniais. Ao final de 2017, a IBM informou que USD689 milhões em contas a receber eram incertos, e a Microsoft informou USD285 milhões como provisão para perdas.

Quando o crédito deve ser concedido?

Imagine que uma empresa esteja tentando decidir se concede ou não crédito a um cliente. Essa decisão pode ficar complicada. Por exemplo, a resposta depende do que acontecerá se o crédito for negado. O cliente pagará à vista? Ou ele não fará a compra em hipótese alguma? Para evitar essas e outras dificuldades, usaremos alguns casos especiais para ilustrar os pontos principais.

Uma venda única Começaremos avaliando o caso mais simples. Um cliente novo deseja comprar uma unidade a prazo, a um preço P por unidade. Se o crédito for negado, o cliente não fará a compra.

Além disso, pressupomos que, se o crédito for concedido, em um mês o cliente fará ou não o pagamento. A probabilidade de o segundo evento ocorrer é π. Nesse caso, a probabilidade (π) pode ser interpretada como a porcentagem dos *novos* clientes que não pagarão. Nossa empresa não tem clientes antigos. Portanto, a rigor, essa é uma venda única. Por fim, o retorno exigido sobre as contas a receber é R por mês, e o custo variável é v por unidade.

A análise aqui é objetiva. Se a empresa negar o crédito, o fluxo de caixa incremental será zero. Se ela conceder o crédito, gastará v (o custo variável) neste mês e esperará receber $(1 - \pi)P$ no mês seguinte. O VPL da concessão de crédito será:

$$\text{VPL} = -v + (1 - \pi)P/(1 - R) \tag{20.8}$$

Por exemplo, para a GaSoft, esse VPL é:

$$\text{VPL} = -\$20 + (1 - \pi) \times 49/1{,}02$$

Com uma taxa de 20% de inadimplência, por exemplo, isso resulta em:

$$\text{VPL} = -\$20 + 0{,}80 \times \$49/1{,}02 = \$18{,}43$$

Assim, o crédito deve ser concedido. Observe que dividimos por $(1 + R)$ aqui, em vez de R, porque estamos pressupondo que essa é uma transação única.

Nosso exemplo ilustra um ponto importante. Ao conceder crédito a um novo cliente, uma empresa arrisca seu custo variável (v), mas pode obter o preço total da venda (P). Portanto, para um cliente novo, o crédito pode ser concedido mesmo que a probabilidade de inadimplência seja alta. Por exemplo, nesse caso, a probabilidade no ponto de equilíbrio pode ser determinada definindo o VPL como zero e calculando π:

$$VPL = 0 = -\$20 + (1 - \pi) \times \$49/1{,}02$$
$$1 - \pi = \$20/\$49 \times 1{,}02$$
$$\pi = 0{,}584, \text{ ou } 58{,}4\%$$

A GaSoft deve conceder crédito, desde que haja $(1 - 0{,}584) \times 100 = 41{,}6\%$ ou mais de chance de recebimento. Isso explica por que as empresas com *markups* mais altos tendem a ter condições de crédito mais flexíveis.

Essa porcentagem (58,4%) é a probabilidade máxima de inadimplência aceitável para um cliente *novo* da GaSoft. Se um cliente antigo, que paga em dinheiro, quisesse mudar para a condição de venda a crédito, a análise seria diferente, e a probabilidade máxima de inadimplência aceitável seria muito menor.

A diferença importante é que, se concedermos o crédito a um cliente antigo, arriscaremos o preço total das vendas (*P*), pois é isso que recebemos se não concedermos o crédito. Se concedermos o crédito a um cliente novo, arriscaremos apenas nosso custo variável.

Negócios repetidos Um segundo e importante fator a ser lembrado é a possibilidade de negócios repetidos. Podemos ilustrar isso ampliando nosso exemplo da venda única. Fazemos um pressuposto importante aqui: um cliente novo que paga na primeira vez permanecerá cliente para sempre e nunca deixará de pagar.

Se a empresa conceder crédito, ela gastará *v* neste mês. No mês seguinte, ela nada terá se o cliente não pagar ou terá *P* se o cliente pagar. Se o cliente pagar, ele comprará outra unidade a prazo, e a empresa gastará *v* novamente. Portanto, a entrada de caixa líquida do mês será $P - v$. A cada mês subsequente, esse mesmo $P - v$ ocorrerá à medida que o cliente pagar o pedido do mês anterior e fizer outro pedido.

Concluímos da nossa discussão que, em um mês, a empresa receberá $0 com probabilidade de π. No entanto, com probabilidade $(1 - \pi)$, a empresa terá um cliente novo permanente. O valor do cliente novo é igual ao valor presente de $(P - v)$ a cada mês para sempre:

$$VP = (P - v)/R$$

Então, o VPL da concessão de crédito é:

$$VPL = -v + (1 - \pi)(P - v)/R \qquad [20.9]$$

Para a GaSoft, ele é:

$$VPL = -\$20 + (1 - \pi) \times (49 - 20)/0{,}02$$
$$= -\$20 + (1 - \pi) \times 1.450$$

Mesmo que a probabilidade de inadimplência seja de 90%, o VPL é:

$$VPL = -\$20 + 0{,}10 \times \$1.450 = \$125$$

A GaSoft deve conceder crédito, a menos que a inadimplência seja praticamente certa. O motivo é que custa apenas $20 para descobrir quem é um bom cliente e quem não é. Um bom cliente vale $1.450, de modo que a GaSoft pode se dar ao luxo de ter algumas inadimplências.

É provável que nosso exemplo de negócios repetidos exagere a probabilidade de inadimplência aceitável, mas ilustra que, com frequência, a melhor maneira de fazer a análise de crédito é simplesmente conceder crédito a quase todos os clientes. O exemplo também destaca que a possibilidade de negócios repetidos é uma consideração crucial. Nesses casos, o mais importante é controlar o montante de crédito oferecido inicialmente a qualquer cliente, para que a possível perda seja limitada. O montante pode aumentar com o tempo. Quase sempre, o melhor modo de prever se a pessoa pagará ou não no futuro é saber se ela pagou no passado.

Informações de crédito

Existem várias fontes para uma empresa que deseja informações de crédito sobre os clientes. As fontes de informações normalmente usadas para avaliar a capacidade das empresas de obter crédito incluem:

1. *Demonstrações financeiras:* uma empresa pode pedir a um cliente para fornecer demonstrações financeiras, como balanços patrimoniais e demonstrações de resultado do exercício. Os padrões mínimos e as regras práticas que se baseiam em indicadores financeiros, como aqueles discutidos no Capítulo 3, podem ser usados como base para a concessão ou a recusa de crédito.

2. *Relatórios de crédito sobre o histórico de pagamento do cliente em outras empresas:* algumas organizações vendem informações sobre a qualidade e o histórico de crédito das empresas comerciais. Exemplos de empresas desse tipo são a CIAL-Dun&Bradstreet (https://www.cialdnb.com/pt-br/[4]) e a Serasa-Experian (http://www.serasaexperian.com.br/), que também são fornecedores de informações sobre crédito ao consumidor.

3. *Bancos:* geralmente, os bancos, respeitado o sigilo bancário, podem oferecer alguma assistência a seus clientes empresariais para obter informações sobre a capacidade de crédito de outras empresas.

4. *Histórico de pagamento do cliente na empresa:* a forma mais simples de obter informações relacionadas à probabilidade de que os clientes não paguem é examinar se eles pagaram as obrigações passadas (e em quanto tempo).

5. *Cartórios de protestos*: os cartórios de protesto de títulos podem informar a existência de títulos de responsabilidade do cliente protestados por falta de pagamento. Ver, por exemplo, os serviços do IEPTB — Instituto de Estudos de Protesto de Títulos do Brasil.[5]

Avaliação e classificação de crédito

cinco Cs do crédito
Cinco fatores de crédito básicos na avaliação de crédito: caráter, capacidade, capital, colateral e condições.

Não há fórmulas mágicas para avaliar a probabilidade de um cliente não pagar. Em termos muito gerais, os **cinco Cs do crédito** clássicos são os fatores básicos a serem avaliados:

1. *Caráter:* a disposição do cliente em cumprir com as obrigações de crédito (o seu histórico de inadimplência).
2. *Capacidade:* a capacidade do cliente de cumprir com as obrigações de crédito, com o seu fluxo de caixa operacional.
3. *Capital:* as reservas financeiras do cliente.
4. *Colateral:* ativos dados como garantia para o caso de inadimplência.
5. *Condições:* as condições econômicas gerais na linha de negócios do cliente.

escore de crédito
Processo de quantificação da probabilidade de inadimplência ao conceder crédito ao consumidor.

O **escore de crédito** (*credit scoring*) é um processo para determinar, com base em informações coletadas, uma classificação numérica para o consumidor. O crédito é concedido ou recusado com base no escore. Por exemplo, uma empresa pode classificar um consumidor em uma escala de 1 (muito ruim) a 10 (muito bom) em cada um dos cinco Cs do crédito, usando todas as informações disponíveis sobre o cliente. Uma classificação de crédito poderia ser calculada somando-se essas notas. Com base na experiência, uma empresa poderia optar por conceder crédito apenas aos consumidores com uma classificação acima de 30, por exemplo.

Empresas como as administradoras de cartão de crédito desenvolveram modelos estatísticos para a classificação de crédito. Normalmente, todas as características relevantes e legalmente observáveis de um grande conjunto de clientes são estudadas para encontrar seu histórico de inadimplência. Com base nos resultados, é possível determinar as variáveis que

---

[4] Ver https://www.cialdnb.com/pt-br/ e http://www.serasaexperian.com.br.

[5] Ver https://site.cenprotnacional.org.br/.

melhor estimam se um cliente pagará, para depois calcular uma classificação de crédito com base nessas variáveis.

Como os modelos e os procedimentos de classificação de crédito determinam quem está e quem não está qualificado para receber crédito, não é surpresa que eles sejam tema de regulação. Os tipos de informações demográficas e históricas que podem ser usadas na decisão de crédito, em especial, são limitados pela Lei Geral de Proteção de Dados Pessoais (LGPD).

Questões conceituais

20.5a O que é análise de crédito?

20.5b Quais são os cinco cs do crédito?

20.6 Política de cobrança

A política de cobrança é o último elemento da política de crédito. Ela envolve o monitoramento de contas a receber para detectar problemas e obter o pagamento das contas atrasadas.

Monitoramento de contas a receber

Para controlar os pagamentos dos clientes, a maioria das empresas monitora as contas pendentes. Em primeiro lugar, uma organização normalmente controlará seu prazo médio de recebimento (PMR) todo o tempo. Se ela tiver negócios sazonais, o PMR flutuará durante o ano, mas aumentos inesperados do PMR são motivo de preocupação. Em geral, pode ser que os clientes estejam levando mais tempo para pagar ou que alguma porcentagem das contas a receber esteja seriamente atrasada.

O **relatório por idade das contas a receber** é a segunda ferramenta básica para o monitoramento das contas a receber. Para prepará-lo, o departamento de crédito classifica as contas por idade.[6] Suponha que uma empresa tenha $100.000 em contas a receber. Algumas dessas contas têm apenas alguns dias, mas outras estão pendentes há algum tempo. A seguir, temos um exemplo de um relatório por idade das contas a receber:

relatório por idade das contas a receber
Compilação das contas a receber por idade de cada conta.

Relatório por idade das contas a receber		
Idade da conta	Quantia	Porcentagem do valor total das contas a receber
0 a 10 dias	$ 50.000	50%
11 a 60 dias	25.000	25
61 a 80 dias	20.000	20
Mais de 80 dias	5.000	5
	$100.000	100%

Se o prazo de crédito estabelecido por essa empresa for de 60 dias, 25% de suas contas estarão atrasadas. Se isso é perigoso ou não, vai depender da natureza de suas cobranças e de seus clientes. Muitas vezes, as contas com mais de determinada idade quase nunca serão recebidas. O monitoramento da idade das contas é muito importante nesses casos.

---

[6] Os relatórios por idade são usados em outras áreas da empresa, como no controle de estoques.

Empresas com vendas sazonais apresentam porcentagens que variam durante o ano no relatório por idades. Por exemplo, se as vendas do mês atual são muito altas, o total de contas a receber também aumentará acentuadamente. Isso significa que as contas mais antigas, como porcentagem do total de contas a receber, tornam-se menores e podem parecer menos importantes. Algumas empresas aprimoraram o relatório por idades para ter uma ideia de como ele deve mudar com os picos e vales das vendas.

Esforço de cobrança

Normalmente, uma empresa usa a seguinte sequência de procedimentos para os clientes cujos pagamentos estão vencidos:

1. Ela envia uma mensagem de cobrança ao cliente informando o *status* de conta vencida.
2. Ela telefona para o cliente.
3. Ela usa uma empresa de cobrança.
4. Ela aciona o cliente na justiça.

A empresa pode também enviar a cobrança ao cartório de protestos, o que faz com que, na maioria das vezes, o devedor efetue o pagamento ao receber a notificação do cartório; caso não pague, a dívida será protestada por falta de pagamento, o que criará dificuldades ao devedor para obter futuros créditos. Às vezes, uma empresa pode recusar a concessão de crédito adicional aos clientes até que os atrasos sejam resolvidos. Isso pode irritar um cliente bom, o que indica um possível conflito entre a área de cobranças e a área de vendas.

No pior cenário possível, o cliente pede recuperação judicial ou entra em falência. Quando isso acontece, a empresa que concede crédito é apenas outro credor não garantido. A empresa credora pode aguardar o processo ou tentar vender suas contas a receber. Por exemplo, quando entrou com pedido de recuperação judicial em 2019, a varejista Shopko tinha dívidas de mais de USD1 bilhão. Dois dos maiores fornecedores eram a Payless e a HanesBrands, para quem ela devia USD1,58 milhão e USD1,12 milhão, respectivamente. Ironicamente, a Payless entrou com pedido de recuperação judicial no mesmo ano.

> **Questões conceituais**
>
> **20.6a** Quais ferramentas um administrador pode usar para monitorar as contas a receber?
>
> **20.6b** O que é um relatório por idade das contas a receber?

20.7 Gestão de estoques

Visite a Society for Inventory Management Benchmarking Analysis em **www.simba.org**.

De forma semelhante às contas a receber, os estoques representam um investimento significativo para muitas empresas. Para uma operação industrial usual, os estoques quase sempre excedem 15% do ativo. Para um varejista, os estoques representariam mais de 25% do ativo. Com base em nossa discussão no Capítulo 18, sabemos que o ciclo operacional de uma empresa é formado por seu prazo médio de estocagem e seu prazo médio de recebimento. Esse é o motivo pelo qual consideramos a política de crédito e a política de estoques em um mesmo capítulo. Além disso, as políticas de crédito e de estoques são usadas para incentivar as vendas, e as duas devem estar coordenadas para garantir que o processo de aquisição e venda de estoques, bem como o recebimento das vendas, ocorra tranquilamente. Por exemplo, alterações na política de crédito destinadas a estimular as vendas devem ser acompanhadas por um planejamento dos estoques adequado.

O administrador financeiro e a política de estoques

Apesar do tamanho do investimento em estoques em uma empresa comum, o administrador financeiro não terá o controle principal sobre a gestão dos estoques. Em vez disso, outras áreas funcionais, como compras, produção e *marketing*, compartilham a autoridade para a tomada de decisão no que diz respeito aos estoques. A gestão de estoques tem se tornado cada vez mais uma área especializada com características próprias, e é comum que a administração financeira apenas contribua para a decisão. Por esse motivo, consideraremos apenas alguns fundamentos de estoques e da política de estoques.

Tipos de estoque

Para uma indústria, o estoque normalmente é classificado em três categorias. A primeira categoria é a *matéria-prima*, aquilo que a empresa usa como ponto de partida de seu processo de produção. A matéria-prima pode ser algo tão básico como minério de ferro para um fabricante de aço ou algo tão sofisticado como unidades de disco para um fabricante de computadores.

O segundo tipo é o *estoque em processo*, que é apenas o que o nome sugere, o produto não acabado. O tamanho dessa parte do estoque depende muito da duração do processo de produção. Para um fabricante de estruturas para aviões, por exemplo, o estoque em processo pode ser grande. O terceiro e último tipo de estoque são os *bens acabados*, ou seja, os produtos prontos para embarque ou venda.

Existem três fatores a serem lembrados no que diz respeito aos tipos de estoque. Primeiro, os nomes dos diferentes tipos podem ser um pouco confusos, pois a matéria-prima de uma empresa pode ser o bem acabado de outra. Por exemplo, voltando ao nosso fabricante de aço, o minério de ferro seria uma matéria-prima, e o aço seria o produto final. A operação de estampagem de um painel de automóvel terá o aço como sua matéria-prima e os painéis de automóvel como seus bens acabados, e uma montadora de automóveis terá os painéis como matéria-prima e os automóveis como produtos acabados.

O segundo fator a ser lembrado é que os diversos tipos de estoque podem ser muito diferentes em termos de liquidez. As matérias-primas que são *commodities*, ou seja, relativamente padronizadas, podem ser facilmente convertidas em caixa. O estoque em processo, por outro lado, pode ser bastante ilíquido e ter pouco mais do que o valor de sucata. Como sempre, a liquidez dos bens acabados depende da natureza do produto.

Por fim, uma distinção muito importante entre bens acabados e outros tipos de estoque é que a demanda pelo item de estoque que se torna parte de outro item, em geral, é chamada de *demanda derivada* ou *dependente*, pois a necessidade da empresa por esses tipos de estoque depende de sua necessidade de ter itens acabados. Já a demanda por bens acabados da empresa não é derivada da demanda por outros itens de estoque, de modo que, às vezes, diz-se que ela é *independente*.

Custos do estoque

Como discutimos no Capítulo 18, existem dois tipos básicos de custos associados ao ativo circulante em geral e ao estoque em particular. O primeiro tipo é o *custo de carregamento*. Aqui, ele representa todos os custos diretos e de oportunidade de manter o estoque disponível. Esse custo inclui:

1. Custos de armazenagem e controle.
2. Seguros e tributos.
3. Prejuízos devido à obsolescência, deterioração ou furto.
4. Custo de oportunidade do capital sobre o montante investido.

A soma desses custos pode ser enorme, variando aproximadamente de 20 a 40% do valor do estoque por ano nos Estados Unidos.

Outro tipo de custo associado ao estoque é o *custo de falta*. Esse é o custo associado a ter disponível um estoque inadequado às necessidades. Os seus dois componentes são os custos de renovação de estoque e os custos relacionados às reservas de segurança. Dependendo do ramo da empresa, os custos de renovação de estoque, ou custos de pedido, são os custos dos pedidos feitos aos fornecedores ou os custos da montagem de uma fase de produção. Os custos relacionados às reservas de segurança são as perdas de oportunidade, como as vendas perdidas e a perda de clientes, que podem resultar de estoques inadequados.

Há uma ponderação básica a ser feita na gestão de estoques, já que os custos de carregamento aumentam com os níveis de estoque, enquanto os custos de falta ou renovação de estoques diminuem com os níveis de estoques. Portanto, o objetivo básico da gestão de estoques é minimizar a soma desses dois custos. Consideraremos, na próxima seção, duas formas de atingir esse objetivo.

Para você ter uma ideia da importância de equilibrar os custos de carregamento com os custos de falta, pense no atraso das entregas para grande número de empresas, discutido no início deste capítulo. Todas as empresas enfrentaram faltas de estoques e perderam vendas, ou foram forçadas a optar por meios de embarque mais caros.

Questões conceituais

20.7a Quais são os diferentes tipos de estoque?

20.7b Quais são os três fatores a serem lembrados quando examinamos os tipos de estoque?

20.7c Qual é o objetivo básico da gestão de estoques?

20.8 Técnicas de gestão de estoques

Como já descrevemos, o objetivo da gestão de estoques normalmente está direcionado para a minimização dos custos. A próxima seção discute três técnicas que variam de relativamente simples até muito complexas.

A abordagem ABC

A abordagem ABC é uma abordagem simples para a gestão do estoque na qual a ideia básica é dividir o estoque em três (ou mais) grupos. O raciocínio básico é que uma pequena parte do estoque em termos de quantidade poderia representar uma grande parte em termos de valor. Por exemplo, essa situação existiria para um fabricante que usa alguns componentes relativamente caros e de alta tecnologia e alguns materiais básicos relativamente baratos na produção de seus produtos.

A Figura 20.3 ilustra uma comparação ABC de itens em relação à porcentagem do valor de estoque representada em cada grupo *versus* a porcentagem dos itens de estoque em cada grupo. Como mostra a Figura 20.3, o grupo A representa apenas 10% do estoque por contagem de itens, mas mais da metade do valor do estoque. Portanto, os itens do grupo A são monitorados de perto, e os níveis de estoque são mantidos relativamente baixos. No outro extremo, os itens básicos de estoque também existem, como porcas e parafusos. Porém, como eles são importantes e baratos, grandes quantidades são pedidas e mantidas em estoque. Esses seriam os itens do grupo C. O grupo B é formado pelos itens intermediários.

O modelo do lote econômico

O modelo do lote econômico (MLE) é a abordagem mais conhecida para estabelecer explicitamente um nível ideal de estoques. A ideia básica é ilustrada na Figura 20.4, que assinala os

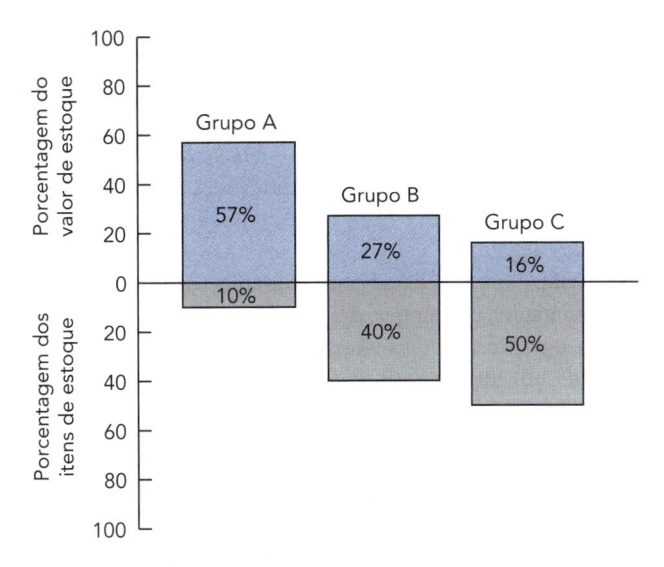

FIGURA 20.3 Análise ABC de estoques.

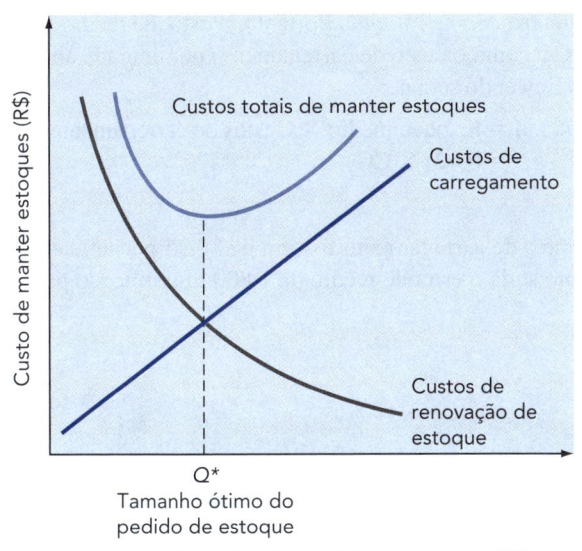

FIGURA 20.4 Custos da manutenção de estoque.

Os custos de renovação de estoques são maiores quando a empresa mantém uma pequena quantidade de estoques.
Os custos de carregamento são maiores quando há uma grande quantidade de estoque disponível.
Os custos totais são a soma dos custos de carregamento e de renovação de estoque.

diversos custos associados à manutenção de estoque (no eixo vertical) em relação aos níveis de estoque (no eixo horizontal). Como mostrado, os custos de carregamento de estoques aumentam e os custos de renovação de estoques diminuem à medida que os níveis de estoques aumentam. Já estamos familiarizados com a forma geral da curva de custo total do estoque, que encontramos em nossa discussão no Capítulo 18 e naquela sobre a curva do custo total do crédito neste capítulo. Com o modelo MLE, tentaremos localizar especificamente o ponto do custo mínimo total Q^*.

Em nossa discussão a seguir, um ponto importante a ser lembrado é que o custo real do estoque em si não está incluído. O motivo é que o volume *total* de estoques que a empresa precisa ter em determinado ano é ditado pelas vendas. Estamos analisando quanto a empresa deve ter disponível em determinado momento. Mais precisamente, estamos tentando determinar qual é o tamanho de pedido que a empresa deve usar quando renovar o estoque.

Esgotamento de estoque Para desenvolver o MLE, pressuporemos que o estoque da empresa é vendido em um ritmo constante até atingir zero. Nesse ponto, a empresa renova o estoque até algum nível ideal. Por exemplo, suponhamos que a Euwendo S/A comece hoje com 3.600 unidades de determinado item em estoque. As vendas anuais desse item são de 46.800 unidades, o que corresponde a aproximadamente 900 unidades por semana. Se a Euwendo vender 900 unidades de estoque todas as semanas, todo o estoque disponível terá sido vendido após quatro semanas, e a Euwendo renovará o estoque pedindo (ou fabricando) outros 3.600 e começará novamente. Esse processo de venda e renovação de estoques gera um padrão "dente de serra" para os investimentos em estoques. Esse padrão é ilustrado na Figura 20.5. Como é mostrado na figura, a Euwendo sempre começa com 3.600 unidades em estoque e acaba em zero. Em média, portanto, o estoque é metade de 3.600, ou seja, 1.800 unidades.

Os custos de carregamento Como ilustra a Figura 20.4, normalmente pressupõe-se que os custos de carregamento são diretamente proporcionais aos níveis de estoque. Suponha que Q seja a quantidade de estoque que a Euwendo pede a cada vez (3.600 unidades). Chamamos isso de *quantidade de renovação de estoque*. Portanto, o estoque médio seria $Q/2$ ou 1.800 unidades. Se tomarmos CC como o custo de carregamento por unidade ao ano, o total dos custos de carregamento da Euwendo será de:

$$\text{Total dos custos de carregamento} = \text{Estoque médio} \times \text{Custos de carregamento por unidade}$$
$$= (Q/2) \times CC$$

[20.10]

No caso da Euwendo, se os custos de carregamento fossem de $0,75 por unidade ao ano, o total dos custos de carregamento seria o estoque médio de 1.800 multiplicado por $0,75, ou seja, $1.350 por ano.

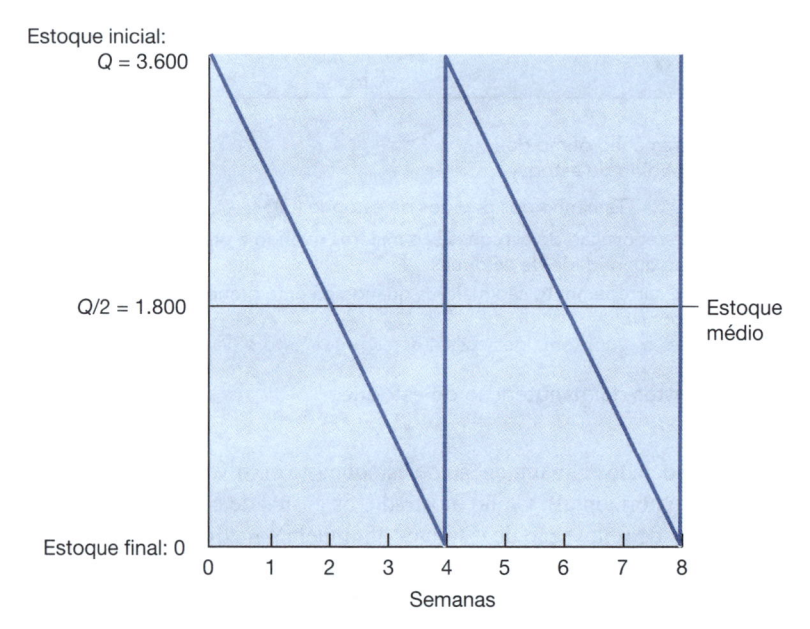

A Euwendo S/A começa com um estoque de 3.600 unidades. A quantidade cai para zero ao final da quarta semana. O estoque médio é $Q/2$ = (3.600+0)/2 = 1.800 ao longo do período.

FIGURA 20.5 Estoque mantido pela Euwendo S/A.

Os custos de falta Por enquanto, nos concentraremos apenas nos custos de renovação de estoque. Em essência, pressuporemos que a empresa nunca está com pouco estoque, de modo que os custos relacionados às reservas de segurança não são importantes. Retornaremos a essa questão mais tarde.

Normalmente, parte-se do princípio de que os custos de renovação de estoques são fixos. Em outras palavras, toda vez que fazemos um pedido, existem custos fixos associados a esse pedido (lembre-se de que o custo de aquisição do estoque não é considerado aqui). Suponhamos que T represente o total de vendas unitárias por ano. Se a empresa pedir Q unidades de cada vez, ela terá de fazer um total de T/Q pedidos. Para a Euwendo, as vendas anuais são de 46.800, e o tamanho do pedido é de 3.600. Assim, a Euwendo faz um total de 46.800/3.600 = 13 pedidos por ano. Se F for o custo fixo por pedido, o custo total de renovação de estoque do ano será:

$$\text{Custo total de renovação de estoque} = \text{Custo fixo por pedido} \times \text{Número de pedidos}$$
$$= F \times (T/Q)$$

[20.11]

Para a Euwendo, os custos de pedido poderiam ser de $50 por pedido, de modo que o custo total de renovação de estoque para 13 pedidos seria de $50 × 13 = $650 por ano.

Os custos totais Os custos totais associados à manutenção do estoque são a soma dos custos de carregamento e de renovação de estoque:

$$\text{Custos totais} = \text{Custos de carregamento} + \text{Custos de renovação de estoque}$$
$$= (Q/2) \times \text{CC} + F \times (T/Q)$$

[20.12]

Nosso objetivo é encontrar o valor de Q, a quantidade de renovação de estoque que minimiza esse custo. Para fazer isso, calculamos os custos totais de alguns valores diferentes de Q. Para a Euwendo, temos custos de carregamento (CC) de $0,75 por unidade ao ano, custos fixos (F) de $50 por pedido e um total de vendas unitárias (T) de 46.800 unidades. Com esses números, alguns custos totais possíveis são (confirme alguns deles para praticar):

Quantidade de renovação de estoque (Q)	Custos de carregamento (Q/2 × CC)	+	Custos de renovação de estoque (F × T/Q)	=	Custos totais
500	$ 187,5		$4.680,0		$4.867,5
1.000	375,0		2.340,0		2.715,0
1.500	562,5		1.560,0		2.122,5
2.000	750,0		1.170,0		1.920,0
2.500	937,5		936,0		1.873,5
3.000	1.125,0		780,0		1.905,0
3.500	1.312,5		668,6		1.981,1

Analisando os números, vemos que os custos totais começam em quase $5.000 e diminuem até um pouco menos de $1.900. A quantidade que minimiza o custo é 2.500.

Para encontrar essa quantidade, podemos observar novamente a Figura 20.4. O que notamos é que o ponto mínimo ocorre bem onde as duas linhas se cruzam. Nesse ponto, os custos de carregamento e de renovação de estoque são iguais. Para os tipos específicos de custos que estamos pressupondo, isso sempre é verdade, de modo que podemos encontrar o ponto mínimo apenas definindo esses custos iguais entre si e calculando Q^*:

$$\text{Custos de carregamento} = \text{Custos de renovação de estoque}$$
$$(Q^*/2) \times \text{CC} = F \times (T/Q^*)$$

[20.13]

Com um pouco de álgebra, chegamos a:

$$Q^{*2} = \frac{2T \times F}{CC}$$

Para calcular Q^*, tiramos a raiz quadrada dos dois lados para encontrar:

$$Q^* = \sqrt{\frac{2T \times F}{CC}} \qquad [20.14]$$

modelo do lote econômico (MLE)
A quantidade de itens na renovação de estoque que minimiza os custos totais de estoque.

A quantidade de itens nos pedidos para renovação de estoques que minimiza o custo total de estoque é chamada de **lote econômico**. Para a Euwendo S/A, o lote econômico é:

$$\begin{aligned}Q^* &= \sqrt{\frac{2T \times F}{CC}} \\ &= \sqrt{\frac{(2 \times 46.800) \times \$50}{0,75}} \\ &= \sqrt{6.240.000} \\ &= 2.498 \text{ unidades}\end{aligned}$$

Assim, para a Euwendo, o lote econômico é composto por 2.498 unidades. Nesse nível, confirme que os custos de renovação de estoque e os custos de carregamento são de $936,75.

EXEMPLO 20.4 Custos de carregamento

A Sapatos Silva começa cada período com 100 pares de tênis de caminhada em estoque. Esse estoque é esgotado a cada período, e um novo pedido é feito. Se o custo de carregamento por par de tênis ao ano for de $3, quais serão os custos totais de carregamento?

Os estoques sempre começam com 100 itens e terminam em zero, de modo que o estoque médio é de 50 itens. A um custo anual de $3 por item, os custos totais de carregamento são de $150.

EXEMPLO 20.5 Custos de renovação de estoque

No Exemplo 20.4, suponha que a Sapatos Silva venda um total de 600 pares de tênis por ano. Quantas vezes por ano ela renova o estoque? Suponha que o custo de renovação de estoque seja de $20 por pedido. Quais são os custos totais de renovação de estoque?

A empresa pede 100 itens de cada vez. As vendas totais são de 600 itens por ano, de modo que ela renova o estoque seis vezes por ano, ou seja, mais ou menos a cada dois meses. Os custos de renovação seriam 6 pedidos × $20 por pedido = $120.

EXEMPLO 20.6 O MLE

Com base em nossos dois exemplos anteriores, quais tamanhos de pedido a Sapatos Silva deve fazer para minimizar os custos? Com que frequência ela renovará o estoque? Quais são os custos totais de carregamento e de renovação de estoque? E os custos totais?

Sabemos que 600 é o número total de pares de tênis para o ano (T). O custo de renovação de estoque (F) é de $20 por pedido, e o custo de carregamento (CC) é de $3. Podemos calcular o MLE para a empresa da seguinte maneira:

$$\begin{aligned}\text{MLE} &= \sqrt{\frac{2T \times F}{CC}} \\ &= \sqrt{\frac{(2 \times 600) \times \$20}{3}} \\ &= \sqrt{8.000} \\ &= 89{,}44 \text{ unidades}\end{aligned}$$

Como a Sapatos Silva vende 600 pares por ano, ela renovará o estoque 600/89,44 = 6,71 vezes. Os custos totais de renovação de estoque serão de $20 × 6,71 = $134,16. O estoque médio será de 89,44/2 = 44,72. Os custos de carregamento serão de $3 × 44,72 = $134,16, iguais aos custos de renovação de estoque. Assim, os custos totais são de $268,33.

Extensões do modelo do lote econômico

Até agora, pressupomos que uma empresa deixará seu estoque chegar a zero e, em seguida, fará novo pedido. Na realidade, ela fará isso antes que o estoque acabe por dois motivos. Primeiro, ao manter sempre pelo menos algum estoque disponível, a empresa minimiza o risco de falta e a consequente perda de vendas e de clientes. Segundo, quando ela faz novo pedido, é preciso algum tempo até que o estoque chegue. Portanto, para encerrar nossa discussão sobre o MLE, consideraremos duas extensões desse modelo: os estoques de segurança e os pontos de renovação de pedidos.

Estoques de segurança O *estoque de segurança* é o nível mínimo de estoque que uma empresa mantém. Os estoques são renovados sempre que o nível cai até o nível de estoque de segurança. A parte superior da Figura 20.6 ilustra como um estoque de segurança pode ser incorporado ao modelo do lote econômico. Observe que a adição desse estoque significa simplesmente que a empresa não esgota seu estoque até zero. Exceto por isso, a situação aqui é idêntica àquela descrita em nossa discussão anterior sobre o MLE.

Pontos de renovação de pedidos Considerando o tempo da entrega, uma empresa fará os pedidos antes que os estoques cheguem a um nível crítico. Os *pontos de renovação* são os momentos nos quais a empresa faz seus pedidos de estoque. Esses pontos são ilustrados na metade da Figura 20.6. Como mostrado, os pontos de renovação de pedidos ocorrem em um número fixo de dias (ou semanas ou meses) antes que os estoques cheguem a zero.

Um dos motivos para que uma empresa mantenha um estoque de segurança é o tempo incerto de entrega. Assim, podemos unir nossas discussões sobre o ponto de renovação de pedido e o estoque de segurança na parte inferior da Figura 20.6. O resultado é um MLE generalizado, no qual a empresa faz o pedido antes das necessidades previstas e também mantém um estoque de segurança. Um exemplo dramático é trazido pela pandemia do Covid-19, que resultou em sérios problemas de logística e de produção de insumos básicos utilizados em processos industriais. Algumas indústrias passaram a montar estoques para manter a produção por seis meses e até mais, dadas as incertezas de fornecimento.

Gestão dos estoques de demanda derivada

O terceiro tipo de técnica de gestão de estoques é usado para administrar os estoques com demanda derivada. Como descrevemos anteriormente, a demanda por alguns tipos de estoque é derivada ou dependente das outras necessidades de estoque. Um bom exemplo é dado pela indústria automobilística, na qual a demanda por produtos acabados depende da demanda do consumidor, dos programas de *marketing* e de outros fatores relacionados às vendas unitárias projetadas. Assim, a demanda por itens de estoque, como pneus, baterias, faróis e outros componentes, é totalmente determinada pelo número de automóveis planejados. O planejamento das necessidades de materiais e a gestão do estoque *just-in-time* são dois métodos para administrar os estoques dependentes da demanda.

Planejamento das necessidades de materiais Os especialistas em produção e estoque desenvolveram sistemas computadorizados para os pedidos e/ou programação da produção de tipos de estoque puxado pela demanda. Esses sistemas são classificados com o título geral de **planejamento das necessidades de materiais** (MRP — *materials requirements*

planejamento das necessidades de materiais (MRP)
Conjunto de procedimentos usado para determinar os níveis dos tipos de estoque dependentes da demanda, como produtos em processo e matérias-primas.

A. Estoques de segurança

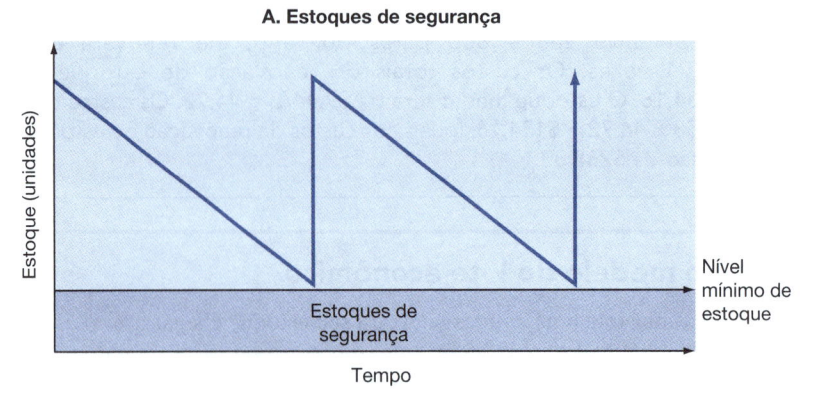

Com um estoque de segurança, a empresa faz novos pedidos quando o estoque chega a um nível mínimo.

B. Pontos de renovação de pedidos

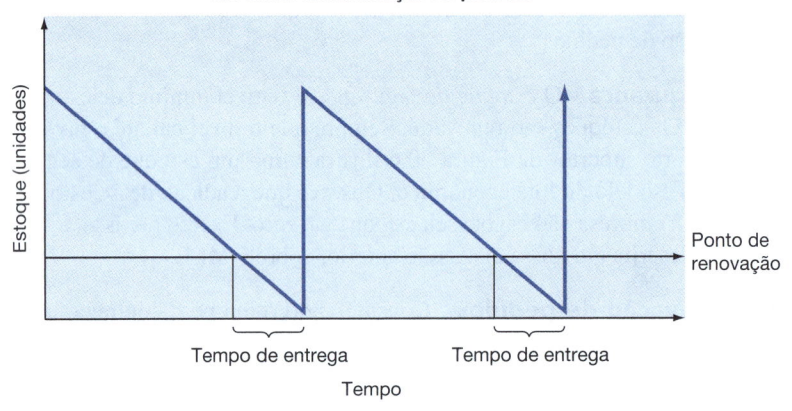

Quando há demora no tempo de entrega ou de produção, a empresa faz novo pedido quando o estoque chega ao ponto de renovação.

C. Pontos de renovação de pedidos e estoques de segurança combinados

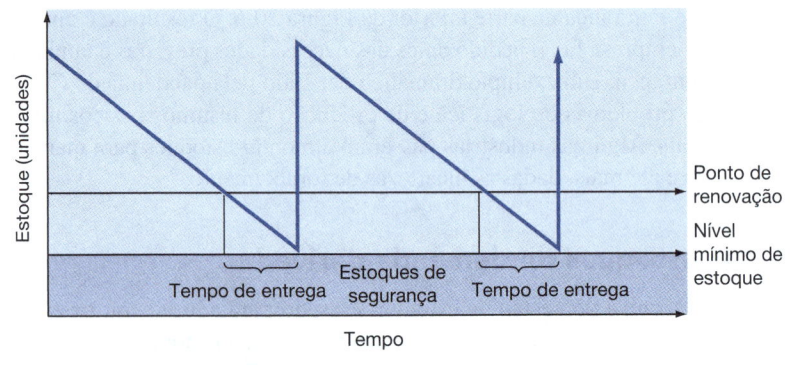

Ao combinar os estoques de segurança com os pontos de renovação de pedidos, a empresa mantém um estoque intermediário contra eventos imprevistos.

FIGURA 20.6 Estoques de segurança e pontos de renovação de pedidos.

planning). A ideia básica do MRP é que, após a definição dos níveis de estoque de bens acabados, é possível determinar quais níveis de estoque em processo devem existir para atender à necessidade de bens acabados. Desse ponto em diante, é possível calcular a quantidade de matéria-prima que deve estar disponível. Essa capacidade de programação inversa, que parte do estoque de bens acabados, vem da natureza dependente dos estoques de produtos em processo e de matéria-prima. O MRP é particularmente importante para produtos complicados, para os quais é necessária uma variedade de componentes para criar o produto acabado.

Estoque *just-in-time* O **estoque *just-in-time* (JIT)** é uma abordagem moderna para administrar estoques dependentes. O objetivo do JIT é minimizar esses estoques, com isso maximizando o giro. A abordagem começou no Japão e é parte fundamental da filosofia de fabricação japonesa. Como o nome sugere, o objetivo básico do JIT é ter disponível apenas o estoque necessário para atender às necessidades de produção imediatas.

O resultado do sistema JIT é que os estoques são pedidos e renovados com frequência. Para que esse sistema funcione e para evitar falta, é preciso alto grau de cooperação entre os fornecedores. Muitas vezes, os fabricantes japoneses têm um grupo relativamente pequeno e bem integrado de fornecedores com quem eles trabalham para atingir a coordenação necessária. Esses fornecedores fazem parte do grupo industrial, ou *keiretsu*, de um grande fabricante (como a Toyota). Cada grande fabricante tende a ter seu próprio *keiretsu*. Além disso, é útil ter os fornecedores perto, uma situação comum no Japão.

O *kanban* é uma parte fundamental do sistema de estoque JIT, e os sistemas JIT às vezes são chamados de *sistemas kanban*. O significado literal de *kanban* é "cartão" ou "aviso", mas, em termos gerais, um *kanban* é um sinal para um fornecedor enviar mais estoque. Por exemplo, o *kanban* pode literalmente ser um cartão anexado a um compartimento de peças. Quando um operário puxa aquele compartimento, o cartão é destacado e encaminhado de volta ao fornecedor, que fornece um lote de reposição.

Um sistema de estoque JIT é uma parte importante de um processo de planejamento de produção maior. Uma discussão completa desse assunto necessariamente mudaria o foco de finanças para administração de produção e operações, de modo que a encerraremos aqui.

estoque *just-in-time* (JIT)
Sistema para administrar os estoques dependentes da demanda e minimizar os investimentos em estoques.

Questões conceituais

20.8a O que o modelo do lote econômico (MLE) determina para a empresa?

20.8b Qual componente de custo do MLE é minimizado pelo estoque JIT?

20.9 Resumo e conclusões

Este capítulo abordou os fundamentos da política de crédito e de estoques. Os principais tópicos discutidos incluem:

1. *Os componentes da política de crédito:* discutimos as condições de venda, a análise de crédito e a política de cobrança. Dentro do assunto geral das condições de venda, foram descritos o prazo do crédito, o desconto comercial e o desconto financeiro, o período de desconto e o instrumento de crédito.

2. *Análise da política de crédito:* desenvolvemos os fluxos de caixa da decisão de conceder crédito e mostramos como essa decisão pode ser analisada com a abordagem do VPL. O VPL da concessão de crédito depende de cinco fatores: os efeitos sobre a receita, os efeitos do custo, o custo da dívida, a probabilidade de não pagamento e o desconto financeiro.

3. *Política de crédito ótima:* o montante ideal de crédito que a empresa deve oferecer depende das condições competitivas sob as quais a empresa opera. Essas condições determinarão os custos de carregamento associados à concessão de crédito e os custos de oportunidade das vendas perdidas que resultam da recusa de oferecer crédito. A política de crédito ótima minimiza a soma desses dois custos.

4. *Análise de crédito:* analisamos a decisão de conceder crédito a determinado cliente. Vimos que duas considerações são muito importantes: o custo relativo ao preço de venda e a possibilidade de negócios repetidos.

5. *Política de cobrança:* a política de cobrança determina o método de monitoramento da idade das contas a receber e a maneira de lidar com as contas vencidas. Descrevemos como

um relatório por idade das contas a receber pode ser preparado e quais os procedimentos que uma empresa usaria para cobrar as contas vencidas.
6. *Tipos de estoque:* descrevemos os diferentes tipos de estoque e como eles diferem em termos de liquidez e demanda.
7. *Custos de estoque:* os dois custos básicos de estoque são o de carregamento e o de renovação de estoque. Discutimos como a gestão de estoques envolve uma ponderação entre esses dois custos.
8. *Técnicas de gestão de estoques:* descrevemos a abordagem ABC e a abordagem do modelo do lote econômico (MLE) para a gestão de estoques. Também abordamos de forma breve o planejamento das necessidades de materiais (MRP) e a gestão do estoque *just-in-time* (JIT).

REVISÃO DO CAPÍTULO E TESTE DE CONHECIMENTOS

20.1 Política de crédito A Fusão a Frio Ltda. (fabricante do gerador doméstico Senhor Fusão) está pensando em uma nova política de crédito. A política atual é pagamento somente à vista. A nova política envolve a concessão de crédito por um período. Com base nas seguintes informações, determine se uma mudança é aconselhável. A taxa de juros é de 2% por período.

	Política atual	Nova política
Preço	$ 175	$ 175
Custo por unidade	$ 130	$ 130
Vendas unitárias por período	1.000	1.100

20.2 Crédito para quem merece Você está tentando decidir se concede ou não crédito a determinado cliente. Seu custo variável é de $15 por unidade, e o preço de venda é de $22. Esse cliente quer comprar 1.000 unidades hoje e pagar em 30 dias. Você acredita que haja 15% de probabilidade de inadimplência. O retorno exigido é de 3% por 30 dias. Você deve conceder o crédito? Suponha que essa é uma venda única e que o cliente não comprará se o crédito não for concedido.

20.3 MLE A Manufatura Mondelo inicia cada período com 10 mil tacos de golfe "Long John" em estoque. Esse estoque é esgotado todos os meses e pedido novamente. Se o custo de carregamento por taco de golfe for de $1 e o custo fixo do pedido for de $5, a empresa estará seguindo uma estratégia aconselhável do ponto de vista econômico?

RESPOSTA DA REVISÃO DO CAPÍTULO E DO TESTE DE CONHECIMENTOS

20.1 Se a mudança for feita, 100 unidades extras por período serão vendidas a um lucro bruto de $175 – 130 = $45 cada. Portanto, o benefício total é de $45 × 100 = $4.500 por período. A 2% por período para sempre, o VP é de $4.500/0,02 = $225.000.

O custo da mudança é igual à receita desse período, de $175 × 1.000 unidades = $175.000, mais o custo de produção das 100 unidades extras: 100 × $130 = $13.000. Assim, o custo total é de $188.000, e o VPL é $225.000 – $188.000 = $37.000. A mudança deve ser feita.

20.2 Se o cliente pagar em 30 dias, você receberá $22 × 1.000 = $22.000. Há apenas 85% de probabilidade de receber isso. Então, você espera receber $22.000 × 0,85 = $18.700 em 30 dias. O valor presente disso é $18.700/1,03 = $18.155,34. Seu custo é de $15 × 1.000 = $15.000. Portanto, o VPL é $18.155,34 – 15.000 = $3.155,34. O crédito deve ser concedido.

20.3 Podemos responder calculando primeiro os custos de carregamento e de renovação de estoques da Mondelo. O estoque médio é de 5 mil tacos e, como os custos de carregamento são de $1 por taco, os custos totais de carregamento são de $5.000. A empresa renova o estoque todos os meses a um custo fixo de pedido de $5, de modo que os custos totais de renovação de estoque são de $60. O que vemos é que os custos de carregamento são grandes em relação aos custos de renovação de pedidos, e a empresa está mantendo muito estoque.

Para determinar a política de estoque ótima, podemos usar o modelo do lote econômico (MLE). Como a empresa pede 10 mil tacos de golfe 12 vezes por ano, as necessidades totais (*T*) são de 120 mil tacos de golfe. O custo fixo do pedido é de $5, e o custo de carregamento por unidade (CC) é de $1. Portanto, o MLE é:

$$\text{MLE} = \sqrt{\frac{2T \times F}{CC}}$$
$$= \sqrt{\frac{(2 \times 120.000) \times \$5}{1}}$$
$$= \sqrt{1.200.000}$$
$$= 1.095,45 \text{ unidades}$$

Podemos verificar isso observando que o estoque médio é de aproximadamente 550 tacos, de modo que o custo de carregamento é de $550. A empresa precisará renovar o pedido 120.000/1.095,45 = 109,54 ≈ 110 vezes. O custo fixo do pedido é de $5. Assim, o custo total de renovação de estoque é de $550.

REVISÃO DE CONCEITOS E QUESTÕES INSTIGANTES

1. **Custos de contas a receber [OA1]** Quais são os custos de carregamento associados às contas a receber? Quais são os custos associados a não concessão de crédito? De que maneira chamamos a soma dos custos para os diferentes níveis de contas a receber?

2. **Cinco *C*s do crédito [OA1]** Quais são os cinco *C*s do crédito? Explique por que cada um é importante.

3. **Duração do prazo do crédito [OA1]** Quais são alguns dos fatores que determinam a duração do prazo do crédito? Por que a duração do ciclo operacional do comprador quase sempre é considerada um limite máximo na duração do prazo do crédito?

4. **Tipos de estoque [OA3]** Quais são os diferentes tipos de estoque? Quais são as diferenças entre eles? Por que se diz que alguns tipos têm demanda dependente enquanto outros têm demanda independente?

5. **Estoque *just-in-time* [OA3]** Se uma empresa muda para um sistema de gestão de estoques JIT, o que ocorrerá ao giro de estoque? O que acontecerá ao giro do ativo total? E ao retorno sobre o patrimônio líquido (ROE)? (*Dica:* lembre-se da equação da análise DuPont no Capítulo 3.)

QUESTÕES E PROBLEMAS

1. **Descontos financeiros [OA1]** Você faz um pedido de 250 unidades para estoque a um preço unitário de $130. O fornecedor oferece prazo de pagamento de 30 dias e desconto de 1% para pagamento em até 10 dias.

    a. Quanto tempo você tem para pagar até que a conta vença? Se você aceitar o período completo, quanto deverá pagar?

    b. Qual é o desconto oferecido? Em quanto tempo você deve pagar para obter o desconto? Se você aceitar o desconto, quanto pagará?

c. Se você não aceitar o desconto, quanto de juros pagará implicitamente? Quantos dias de crédito você está recebendo?

2. **Tamanho das contas a receber [OA1]** A Zepelim Vermelho Ltda. tem vendas anuais de $31 milhões. O prazo médio de recebimento é de 27 dias. Qual é o investimento médio em contas a receber mostrado no balanço patrimonial? Pressuponha um ano de 365 dias.

3. **PMR e contas a receber [OA1]** A Kyoto Boy Ltda. vende previsões de rentabilidade de títulos mobiliários japoneses. Suas condições de crédito são de pagamento em 30 dias com opção de desconto de 2% para pagamento até o 10º dia. Com base na experiência, 75% de todos os clientes aceitarão o desconto.

   a. Qual é o prazo médio de recebimento da empresa?

   b. Se a empresa vender 1.450 previsões todos os meses, a $1.620 cada uma, qual será o valor médio de contas a receber no balanço patrimonial?

4. **Tamanho das contas a receber [OA1]** A Voadora Ltda. tem vendas semanais a prazo de $23.500 e um prazo médio de recebimento de 34 dias. Qual é o valor médio das contas a receber?

5. **Condições de venda [OA1]** Uma empresa oferece condições de pagamento em 30 dias, e desconto de 1% para pagamento até o 10º dia. Qual é a taxa de juros anual efetiva que a empresa ganha quando um cliente não aproveita o desconto? Sem fazer qualquer cálculo, explique o que acontecerá a essa taxa efetiva se:

   a. O desconto mudar para 2%.

   b. O prazo do crédito aumentar para 45 dias.

   c. O período de desconto aumentar para 15 dias.

20A   Mais sobre a análise da política de crédito

Este apêndice aprofunda um pouco mais a análise da política de crédito, investigando algumas abordagens alternativas e examinando o efeito dos descontos financeiros e a possibilidade de não pagamento.

Duas abordagens alternativas

Pela discussão neste capítulo, sabemos como analisar o VPL de uma proposta de mudança de política de crédito. Agora, discutiremos duas abordagens alternativas: a abordagem única e a abordagem de contas a receber. Esses são meios de análise comuns; nosso objetivo é mostrar que essas duas abordagens e nossa abordagem do VPL são todas iguais. Em seguida, usaremos aquela que for mais conveniente.

A abordagem única   Voltando ao nosso exemplo da Gafanhoto Software (na Seção 20.3), vemos que, se a mudança não for feita, a GaSoft terá um fluxo de caixa líquido no mês de $(P - v)Q = \$29 \times 100 = \$2.900$. Se a mudança for feita, a GaSoft investirá $vQ' = \$20 \times 110 = \$2.200$ neste mês e receberá $PQ' = \$49 \times 110 = \$5.390$ no mês seguinte. Suponha que ignoremos todos os outros meses e fluxos de caixa e encaremos isso como um investimento único. A GaSoft está melhor com $2.900 em caixa neste mês ou ela deve investir os $2.200 para obter $5.390 no próximo mês?

O valor presente de $5.390 a ser recebido no próximo mês é de $5.390/1,02 = $5.284,31. O custo é de $2.200, de modo que o benefício líquido é de $5.284,31 − $2.200 = $3.084,31. Se compararmos isso ao fluxo de caixa líquido de $2.900 da política atual, veremos que a GaSoft deve mudar a política. O VPL é $3.084,31 − $2.900 = $184,31.

Na verdade, a GaSoft pode repetir esse investimento a cada mês e, assim, gerar um VPL de $184,31 todos os meses (incluindo o VPL atual). O VP dessa série de VPLs é:

Valor presente = $184,31 + 184,31/0,02 = $9.400

Esse VP é igual à nossa resposta da Seção 20.3.

A abordagem de contas a receber Nossa segunda abordagem é aquela mais comumente discutida e, também, muito útil. Ao conceder crédito, a empresa aumenta seu fluxo de caixa como resultado do lucro bruto maior. Entretanto, ela precisa aumentar seu investimento em contas a receber e assumir os custos de carregamento desse investimento. A abordagem de contas a receber se concentra na comparação do gasto incremental no investimento em contas a receber com o lucro bruto maior obtido com a concessão de crédito.

Como vimos, o benefício mensal de conceder crédito é dado pelo lucro bruto por unidade $(P - v)$ multiplicado pelo aumento na quantidade vendida $(Q' - Q)$. No caso da GaSoft, esse benefício é de $(\$49 - \$20) \times (110 - 100) = \$290$ por mês.

Se a GaSoft fizer a mudança, as contas a receber aumentarão de zero (porque, no momento, não há vendas a prazo) até PQ', e, portanto, a GaSoft deve investir em contas a receber. O investimento necessário tem dois componentes. O primeiro é o que a GaSoft teria recebido na política antiga (PQ). A GaSoft deve manter esse valor em contas a receber todo mês, pois os recebimentos têm um adiamento de 30 dias.

O segundo está relacionado ao aumento de contas a receber que resulta do crescimento das vendas. Como as vendas unitárias aumentam de Q para Q', a GaSoft deverá produzir hoje essa última quantidade, embora não a receba por 30 dias. O custo real de produzir a quantidade extra para a GaSoft é igual a v por unidade, de modo que o investimento necessário para fornecer a quantidade extra vendida é $v(Q' - Q)$.

Em resumo, se a GaSoft mudar, seu investimento em contas a receber será igual a $P \times Q$ em receitas, mais um $v(Q' - Q)$ adicional em custos de produção:

Investimento incremental em contas a receber = $PQ + v(Q' - Q)$

O retorno exigido sobre esse investimento (o custo de carregamento das contas a receber) é R por mês. Assim, no caso da GaSoft, o custo de carregamento das contas a receber é:

Custo de carregamento = $[PQ + v(Q' - Q)] \times R$
= $(\$4.900 + 200) \times 0,02$
= $\$102$ por mês

Como o benefício mensal é de $290 e o custo por mês é de apenas $102, o benefício líquido é de $290 - $102 = $188 por mês. A GaSoft ganha esses $188 todos os meses. Portanto, o VP da mudança é:

Valor presente = $188/0,02
= $9.400

Mais uma vez, esse é o mesmo número que calculamos anteriormente.

Uma das vantagens de examinarmos a abordagem de contas a receber é que ela nos ajuda a interpretar o cálculo anterior do VPL. Como vimos, o investimento em contas a receber necessário para fazer a mudança é $PQ + v(Q' - Q)$. Se você observar novamente nosso cálculo original do VPL, verá que isso é exatamente o que tínhamos como o custo da GaSoft para fazer a mudança. Portanto, nosso cálculo anterior do VPL se resume a uma comparação entre o investimento incremental em contas a receber e o VP dos maiores fluxos de caixa futuros.

Observe um último ponto. O aumento em contas a receber é PQ', e esse montante corresponde ao montante de contas a receber mostrado no balanço patrimonial. No entanto, o investimento incremental em contas a receber é $PQ + v(Q' - Q)$. É simples confirmar que esse segundo valor é $(P - v)(Q' - Q)$ vezes menor. Essa diferença é o lucro bruto sobre as novas vendas, o qual a GaSoft não precisa realmente considerar para mudar as políticas de crédito.

Em outras palavras, sempre que concedemos crédito a um cliente novo que não compraria de outra maneira, tudo o que arriscamos é nosso custo, e não o preço de venda total. Essa é a mesma questão que discutimos na Seção 20.5.

> **EXEMPLO 20A.1** Crédito extra
>
> Voltando à GaSoft, determine o VPL da mudança se a quantidade vendida for projetada para um aumento de apenas 5 unidades em vez de 10. Qual será o investimento em contas a receber? Qual será o custo de carregamento? Qual será o benefício líquido mensal da mudança?
>
> Se a mudança for feita, a GaSoft abrirá mão de $P \times Q = \$4.900$ hoje. Cinco unidades extras precisam ser produzidas a um custo de \$20 cada, de modo que a mudança é de $\$4.900 + 5 \times 20 = \$5.000$. O benefício mensal de vender as cinco unidades adicionais é de $5 \times (\$49 - \$20) = \$145$. O VPL da mudança é $-\$5.000 + 145/0,02 = \$2.250$, de modo que a mudança ainda é lucrativa.
>
> O custo de \$5.000 da mudança pode ser interpretado como o investimento em contas a receber. A 2% por mês, o custo de carregamento é de $0,02 \times \$5.000 = \$100$. Como o benefício mensal é de \$145, o benefício líquido da mudança é \$45 por mês (= \$145 − \$100). O VP de \$45 por mês para sempre a 2% é de \$45/0,02 = \$2.250, como calculamos.

Descontos e risco de inadimplência

Agora, veremos os descontos financeiros, o risco de inadimplência e a relação entre os dois. Para começar, definimos o seguinte:

π = Porcentagem de vendas a prazo que não são recebidas
d = Porcentagem de desconto permitida para os clientes que compram à vista
P' = Preço a prazo (o preço sem desconto)

Observe que o preço à vista P é igual ao preço a prazo P' multiplicado por $(1-d)$: $P = P'(1-d)$ ou, de modo equivalente, $P' = P(1-d)$.

Agora, a situação da GaSoft é um pouco mais complicada. Se for feita uma mudança na política atual de não conceder crédito, o benefício da mudança virá do preço mais alto (P') e, possivelmente, da maior quantidade vendida (Q').

Além do mais, no caso anterior, era razoável pressupor que todos os clientes comprassem a prazo, pois o crédito era gratuito. Agora, nem todos aceitarão o crédito porque um desconto é oferecido. Além disso, dos clientes que aceitam o crédito oferecido, determinada porcentagem (π) não pagará.

Para simplificar a discussão a seguir, vamos supor que a quantidade vendida (Q) não é afetada pela mudança. Essa suposição não é relevante, mas diminui o trabalho (consulte o Problema 5 no final do apêndice). Também suporemos que todos os clientes aceitem as condições de crédito. Essa suposição também não é relevante. Na verdade, não importa a porcentagem de clientes que aceitam a oferta de crédito.[7]

O VPL da decisão de crédito No momento, a GaSoft vende Q unidades a um preço de $P = \$49$. A empresa está considerando uma nova política que envolva um crédito de 30 dias e um aumento no preço para P' \$50 nas vendas a prazo. O preço à vista permanecerá \$49, de modo que a GaSoft está de fato dando um desconto de $(\$50 - \$49)/50 = 2\%$ para o pagamento à vista.

---

[7] O motivo é que as mesmas condições são oferecidas a todos os clientes. Se o VPL da oferta de crédito for R\$100, supondo que todos os clientes aceitem, ele será de R\$50 se apenas 50% de nossos clientes aceitarem. A suposição oculta é a de que a taxa de inadimplência é uma porcentagem constante das vendas a prazo.

Qual é o VPL da empresa ao conceder crédito? Para responder, observe que a GaSoft já está recebendo $(P - v)Q$ todos os meses. Com o preço novo e mais alto, isso aumentará para $(P' - v)Q$, pressupondo que todos paguem. No entanto, como p% das vendas não será recebido, ela só receberá $(1 - \pi) \times P'Q$. Assim, os recebimentos líquidos serão de $[(1 - \pi)P' - v] \times Q$.

O efeito líquido da mudança para a GaSoft é a diferença entre os fluxos de caixa da nova política e os da política antiga:

Fluxo de caixa incremental líquido $= [(1 - \pi)P' - v] \times Q - (P - v) \times Q$

Como $P = P'(1 - d)$, isso pode ser simplificado para:[8]

Fluxo de caixa incremental líquido $= P'Q \times (d - \pi)$ [20A.1]

Se a GaSoft fizer a mudança, o custo em termos de investimento em contas a receber será de apenas $P \times Q$, já que $Q = Q'$. Portanto, o VPL da mudança é:

$\text{VPL} = -PQ + P'Q \times (d - \pi)/R$ [20A.2]

Por exemplo, suponhamos que, com base na experiência do setor, a porcentagem de "caloteiros" (π) seja de 1%. Qual é o VPL da mudança nas condições de crédito da GaSoft? Podemos colocar os números certos da seguinte maneira:

$$\begin{aligned}\text{VPL} &= -PQ + P'Q \times (d - \pi)/R \\ &= -\$49 \times 100 + 50 \times 100 \times (0{,}02 - 0{,}01)/0{,}02 \\ &= -\$2.400\end{aligned}$$

Como o VPL da mudança é negativo, a GaSoft não deve fazê-la.

Em nossa expressão do VPL, os principais elementos são a porcentagem de desconto financeiro (d) e a taxa de inadimplência (π). Algo que vemos imediatamente é que, se a porcentagem de vendas não recebida exceder a porcentagem de desconto, $d - \pi$ será negativo. Evidentemente, o VPL da mudança também será negativo. De forma mais geral, nosso resultado nos diz que a decisão de conceder crédito envolve uma ponderação entre a obtenção de um preço maior, com aumento nas receitas de vendas, e o não recebimento de uma fração dessas vendas.

Tendo isso em mente, observe que $P'Q \times (d - \pi)$ é o aumento nas vendas menos a parte desse aumento que não será recebida. Essa é a entrada de caixa incremental da mudança na política de crédito. Por exemplo, se d for 5% e π for 2%, as receitas aumentarão 5% por causa do preço mais alto, mas os recebimentos aumentarão somente 3% porque a taxa de inadimplência é de 2%. A menos que $d > \pi$, teremos, na realidade, uma diminuição nas entradas de caixa com a mudança.

Uma aplicação do ponto de equilíbrio Como a porcentagem de desconto (d) é controlada pela empresa, a principal incógnita nesse caso é a taxa de inadimplência (π). Qual é a taxa de inadimplência da GaSoft no ponto de equilíbrio?

Podemos responder encontrando a taxa de inadimplência que torna o VPL igual a zero:

$\text{VPL} = 0 = -PQ + P'Q \times (d - \pi)/R$

Reorganizando um pouco as coisas, temos:

---

[8] Para ver isso, observe que o fluxo de caixa incremental líquido é:

$$\begin{aligned}\text{Fluxo de caixa incremental líquido} &= [(1 - \pi)P' - v] \times Q - (P - v) \times Q \\ &= [(1 - \pi)P' - P] \times Q\end{aligned}$$

Como $P = P' \times (1 - d)$, isso pode ser escrito assim:

$$\begin{aligned}\text{Fluxo de caixa incremental líquido} &= [(1 - \pi)P' - (1 - d)P'] \times Q \\ &= P'Q \times (d - \pi)\end{aligned}$$

$$PR = P'(d - \pi)$$
$$\pi = d - R \times (1 - d)$$

Para a GaSoft, a taxa de inadimplência no ponto de equilíbrio é:

$$\pi = 0{,}02 - 0{,}02 \times (0{,}98)$$
$$= 0{,}0004$$
$$= 0{,}04\%$$

Isso é muito baixo porque a taxa de juros implícita que a GaSoft cobrará de seus clientes que pagam a prazo (2% de taxa de desconto por mês, ou aproximadamente 0,02/0,98= 2,0408%) é um pouco mais alta do que o retorno exigido de 2% por mês. Como resultado, não haverá muito espaço para inadimplência, se a mudança fizer sentido.

Questões conceituais

20A.1a Qual é o investimento incremental que uma empresa deve fazer em contas a receber se conceder crédito?

20A.1b Descreva a ponderação entre a taxa de inadimplência e o desconto financeiro.

REVISÃO DO APÊNDICE E TESTE DE CONHECIMENTOS

20A.1 Política de crédito   Refaça o Problema 20.1 da seção Revisão do Capítulo e Teste de Conhecimentos usando as abordagens única e de contas a receber. Como antes, o retorno exigido é de 2% por período, e não haverá inadimplência. As informações básicas são:

	Política atual	Nova política
Preço por unidade	$ 175	$ 175
Custo por unidade	$ 130	$ 130
Vendas unitárias por mês	1.000	1.100

20A.2 Descontos e risco de inadimplência   A Companhia De Long está pensando em mudar a sua política de crédito. A política atual é de pagamento apenas à vista, e as vendas por período são de 2 mil unidades a um preço de $110. Se for oferecido crédito aos compradores, o novo preço será de $120 por unidade, e o crédito será concedido por um período. As vendas unitárias não devem mudar, e todos os clientes devem aceitar a proposta de venda a crédito. A empresa prevê que 4% de seus clientes não pagarão. Se o retorno exigido for de 2% por período, a mudança será uma boa ideia? E se apenas metade dos clientes aceitar a oferta de crédito?

RESPOSTA PARA A REVISÃO DO APÊNDICE E TESTE DE CONHECIMENTOS

20A.1   Como vimos anteriormente, se a mudança for feita, 100 unidades extras por período serão vendidas a um lucro bruto de $175 – $130 = $45 cada. Portanto, o benefício total é de $45 × 100 = $4.500 por período. A 2% por período para sempre, o VP é de $4.500/0,02 = $225.000.

O custo da mudança é igual à receita desse período, de $175 × 1.000 unidades = $175.000, mais o custo de produção das 100 unidades extras: 100 × $130 = $13.000. Assim, o custo total é de $188.000, e o VPL é $225.000 − $188.000 = $37.000. A mudança deve ser feita.

Para a abordagem de contas a receber, interpretamos o custo de $188.000 como o investimento em contas a receber. A 2% por período, o custo de carregamento é de $188.000 × 0,02 = $3.760 por período. Calculamos o benefício por período como sendo $4.500, de modo que o ganho líquido por período é $4.500 − $3.760 = $740. A 2% por período, o VP dessa abordagem é $740/0,02 = $37.000.

Por fim, para a abordagem única, se o crédito não for concedido, a empresa gerará ($175 − $130) × 1.000 = $45.000 nesse período. Se o crédito for ampliado, a empresa investirá 130 × $1.100 = $143.000 hoje e receberá $175 × 1.100 = $192.500 em um período. O VPL dessa segunda opção é $192.500/1,02 − $143.000 = $45.725,49. A empresa está $45.725,49 − $45.000 = $725,49 melhor hoje e em cada período futuro por causa da concessão de crédito. O VP desse fluxo é $725,49 + $725,49/0,02 = $37.000 (com um erro de arredondamento).

20A.2 Os custos por período são iguais com ou sem a oferta de crédito, de modo que podemos ignorar os custos de produção. No momento, a empresa vende e recebe $110 × 2.000 = $220.000 por período. Se o crédito for oferecido, as vendas aumentarão para $120 × 2.000 = $240.000.

A inadimplência será 4% das vendas, de modo que a entrada de caixa na nova política será de 0,96 × $240.000 = $230.400. Isso representa um adicional de $10.400 a cada período. A 2% por período, o VP é de $10.400/0,02 = $520.000. Se a mudança for feita, a De Long abrirá mão de uma receita de $220.000 neste mês. Portanto, o VPL da mudança será de $300.000. Se apenas metade dos clientes aceitarem o crédito, o VPL será metade do valor: $150.000. Independentemente da porcentagem de clientes que aceitar a oferta de crédito, o VPL é positivo. Portanto, a mudança é uma boa ideia.

QUESTÕES E PROBLEMAS

1. **Avaliação da política de crédito [OA2]** A Bismark Ltda. está pensando em mudar suas condições de venda. A política atual é de vendas para pagamento somente à vista, e a nova política envolverá o crédito por um período. As vendas são de 25 mil unidades por período, a um preço de $350 por unidade. Se for oferecido crédito, o novo preço será de $368. As vendas unitárias não devem mudar, e todos os clientes devem aceitar o crédito. A Bismark estima que 3% das vendas a prazo não serão recebidas. Se o retorno exigido for de 2,5% por período, a mudança será uma boa ideia?

2. **Avaliação da política de crédito [OA2]** A Organização Jonatan vende 2.400 pares de tênis para corrida por mês, à vista, por $99 o par. A empresa está pensando em uma nova política de crédito para pagamento em 30 dias e em um aumento no preço para $100 o par nas vendas a prazo. O preço à vista permanecerá em $99, e a nova política não deve afetar a quantidade vendida. O período de desconto será de 20 dias. O retorno exigido é de 0,75% ao mês.

    a. Considerando o preço das novas condições de crédito, qual é a taxa de desconto que deve ser aplicada para ter o preço à vista?
    b. Qual é o investimento em contas a receber necessário de acordo com a nova política?
    c. Explique por que o custo variável da fabricação dos tênis não é importante aqui.
    d. Se a previsão da taxa de inadimplência for de 8%, a mudança deverá ser feita? Qual é o preço a prazo no ponto de equilíbrio? E o desconto financeiro no ponto de equilíbrio?

3. **Análise de crédito [OA2]** A Wafers de Silício S/A (WSSA) está discutindo se concede ou não crédito a determinado cliente. Os produtos da WSSA, usados principalmente

na fabricação de semicondutores, são vendidos atualmente a $975 por unidade. O custo variável é de $540 por unidade. O pedido em estudo é de 15 unidades hoje, com pagamento prometido para 30 dias.

   a. Se houver uma probabilidade de 20% de inadimplência, a WSSA deve atender ao pedido? O retorno exigido é de 2% por mês. Esta é uma venda única, e o cliente não comprará se não for concedido crédito.
   b. Qual é a probabilidade de ponto de equilíbrio na parte (a)?
   c. Esta parte é um pouco mais difícil. Em termos gerais, como você acha que sua resposta para a parte (a) será afetada se o cliente comprar a mercadoria à vista caso o crédito seja negado? O preço à vista é $910 por unidade.

4. **Análise de crédito [OA2]** Considere as seguintes informações sobre duas estratégias de crédito alternativas:

	Crédito negado	Crédito concedido
Preço	$ 64	$ 69
Custo por unidade	$ 32	$ 33
Quantidade vendida por trimestre	5.800	6.400
Probabilidade de pagamento	1,0	0,90

O custo maior por unidade reflete as despesas associadas aos pedidos a prazo, e o preço mais alto por unidade reflete a existência de um desconto financeiro. O prazo do crédito será de 90 dias, e o custo da dívida é de 0,75% por mês.

   a. Com base nessas informações, o crédito deve ser concedido?
   b. Na parte (a), qual deve ser o preço a prazo por unidade para chegar ao ponto de equilíbrio?
   c. Na parte (a), suponha que seja possível obter um relatório de crédito a $1,5 por cliente.

Pressupondo que cada cliente compra uma unidade e que o relatório de crédito identifica corretamente todos os clientes que não pagarão, o crédito deve ser ampliado?

5. **VPL da mudança na política de crédito [OA2]** Suponha que, atualmente, uma empresa venda Q unidades por mês, a um preço somente à vista de P. De acordo com uma nova política de crédito que permite crédito de um mês, a quantidade vendida será Q' e o preço por unidade será P'. A inadimplência será $\pi\%$ das vendas a prazo. O custo variável é de v por unidade e não deve mudar. A porcentagem dos clientes que aceitarão o crédito é α, e o retorno exigido é R por mês. Qual é o VPL da decisão de mudar? Interprete as diversas partes de sua resposta.

Para revisão de outros conceitos e novas questões instigantes, consulte a página do livro no portal do Grupo A (loja.grupoa.com.br).

PARTE 8 Tópicos de Finanças Corporativas

Finanças Corporativas Internacionais

21

EM 24 DE ABRIL DE 2020, a taxa de câmbio R$/USD no Brasil havia atingido a maior desvalorização nos últimos 42 dias de negócios (dois meses) daquele ano, desvalorização essa que atingiu 28,80% no período. Naquele dia, a taxa de câmbio R$/USD foi de 5,6510, e a taxa de comparação foi de 4,3873, em 20 de fevereiro de 2020. Essa foi a maior desvalorização do real frente ao dólar em um período de 42 dias úteis nos últimos cinco anos até então. O recorde de desvalorização anterior havia ocorrido no dia 30 de março de 2015, quando a desvalorização em 42 dias de negócios atingiu 26,32%. As taxas foram, então, de 3,2601 e 2,5809, em 30 de março de 2015 e 27 de janeiro de 2015, respectivamente. Em 2020, você poderia ter pago R$4.387,30 para USD1.000,00 para uma importação em 20 de fevereiro; mas teria que pagar R$5.651,00 pelo mesmo valor em dólares, em 24 de abril.

Os exportadores, por sua vez, deviam estar eufóricos, com o ganho cambial. Isso mostra que as flutuações da taxa de câmbio são um fator de risco importante a considerar nas decisões de investimento e nos negócios internacionais.

Neste capítulo, nós discutimos esse tema, o papel muito importante das moedas estrangeiras, das taxas de câmbio e outros aspectos do ambiente das finanças internacionais.

Objetivos de aprendizagem

O objetivo deste capítulo é que, ao seu final, você saiba:

OA1 Definir como as taxas de câmbio são cotadas, o que significam e a diferença entre taxa de câmbio à vista e a termo.

OA2 Explicar a paridade do poder de compra, a paridade da taxa de juros, as taxas a termo não viesadas, a paridade de juros descoberta, o efeito Fisher internacional e as suas consequências nas mudanças das taxas de câmbio.

OA3 Ilustrar os diferentes tipos de risco da taxa de câmbio e como as empresas administram esses riscos.

OA4 Mostrar o impacto do risco político no investimento em negócios no exterior.

Para ficar por dentro dos últimos acontecimentos na área de finanças, visite www.fundamentalsofcorporatefinance.blogspot.com.

As empresas com operações significativas no exterior frequentemente são chamadas de *empresas internacionais* ou *multinacionais*. Essas empresas devem levar em conta fatores financeiros que não afetam de forma direta as empresas com atuação estritamente nacional. Esses fatores incluem as taxas de câmbio, as diferenças nas taxas de juros de um país para outro, os métodos contábeis complexos para operações no exterior, as alíquotas tributárias estrangeiras e a intervenção de governos estrangeiros.

Os princípios básicos das finanças corporativas também se aplicam às empresas com atuação internacional. Assim como as empresas que operam no ambiente nacional, essas empresas buscam investir em projetos que geram mais valor para os acionistas do que seu custo e buscam financiamentos ao menor custo possível. Em outras palavras, o princípio do valor presente líquido se mantém para as operações no exterior e no país, embora geralmente seja mais complicado aplicar a regra do VPL aos investimentos no exterior.

Uma das complicações mais significativas das finanças internacionais é o câmbio. Os mercados de câmbio oferecem informações e oportunidades importantes para uma empresa com atuação internacional quando ela toma decisões de orçamento de capital e de financiamento. Verificaremos que as taxas de câmbio, as taxas de juros e as taxas de inflação estão intimamente ligadas. Grande parte deste capítulo explorará a ligação entre essas variáveis financeiras.

Não temos muito a dizer aqui sobre o papel das diferenças culturais e sociais nos negócios internacionais. Tampouco discutiremos as consequências dos diferentes sistemas políticos e econômicos. Esses fatores são de grande importância para os negócios internacionais, mas seria preciso escrever outro livro para fazer-lhes justiça. Dessa maneira, nos concentraremos apenas em algumas considerações estritamente financeiras das finanças internacionais e em alguns aspectos essenciais dos mercados de câmbio.

Acesse www.adr.com para obter mais informações.

21.1 Terminologia

Um jargão comum para o aluno de finanças é *globalização*. A primeira etapa da aprendizagem sobre a globalização dos mercados financeiros é a conquista do novo vocabulário. Assim como qualquer área especializada, as finanças internacionais têm um jargão rico. Assim, iniciamos o assunto com um exercício de vocabulário altamente eclético.

Os termos a seguir não têm todos a mesma importância, e os apresentamos de forma alfabética. Optamos por esses em particular porque aparecem com frequência na imprensa financeira ou porque ilustram a natureza variada da linguagem das finanças internacionais.

1. **ACC** é como é conhecido o adiantamento sobre contrato de câmbio, uma fonte de capital de giro que empresas brasileiras exportadoras obtêm pela venda a termo de moeda estrangeira relativa a uma futura exportação da empresa.

2. Um *American Depositary Receipt* (**ADR**) é um título mobiliário emitido nos Estados Unidos que representa uma ação emitida por companhia de outro país, permitindo que a ação seja negociada nos Estados Unidos. As empresas sediadas fora dos EUA usam os ADRs, que são emitidos em dólares estadunidenses, para expandir o grupo de seus possíveis investidores, incluindo os residentes nos Estados Unidos. Os ADRs estão disponíveis em duas formas para um número grande e cada vez maior de empresas não estadunidenses: os patrocinados, que são emitidos por instituição depositária contratada pela empresa emissora e são listados em uma bolsa de valores, e aqueles não patrocinados, que também são emitidos por uma instituição depositária, mas sem envolvimento da companhia estrangeira emissora. Estes, em geral, são mantidos pelo banco de investimentos *market maker* no mercado de ADRs. Ambas as formas estão disponíveis para investidores individuais, mas apenas as emissões de empresas são cotadas diariamente nos jornais.

American Depositary Receipt (ADR)
Título mobiliário emitido nos Estados Unidos que representa ações de uma bolsa estrangeira, permitindo que a ação seja negociada nos Estados Unidos.

Brazilian Depositary Receipt (BDR)
Título mobiliário emitido no Brasil que representa ações de uma bolsa estrangeira, permitindo que a ação seja negociada no Brasil.

3. O *Brazilian Depositary Receipt* (**BDR**) é um título mobiliário emitido e negociado no Brasil, na B3, na forma de certificados de depósito de valores mobiliários de emissão de companhias estrangeiras.

4. O **eurobônus** é um título de dívida emitido em vários países, mas denominado em uma única moeda, geralmente a moeda do emitente (ou o dólar dos Estados Unidos, no caso de emissões de empresas brasileiras). Esses títulos se tornaram um modo importante de levantar capital para muitas empresas com atuação internacional e governos. Os eurobônus são emitidos sem as restrições que se aplicam às ofertas nacionais, sendo consorciados e negociados principalmente em Londres. A negociação ocorre em qualquer lugar onde haja um comprador e um vendedor.

eurobônus
Título emitido em vários países, mas denominado em uma única moeda (em geral, a moeda do emitente ou o dólar dos Estados Unidos).

5. A **euromoeda** é o dinheiro depositado em um centro financeiro fora do país cuja moeda está envolvida. Por exemplo, os eurodólares — a euromoeda mais usada — são os dólares estadunidenses depositados em bancos fora do sistema bancário dos Estados Unidos.

euromoeda
Dinheiro depositado em um centro financeiro fora do país cuja moeda está envolvida.

6. Os *gilts* são tecnicamente títulos dos governos britânico e irlandês, embora o termo também inclua emissões de autoridades britânicas locais e algumas ofertas para o público estrangeiro.

gilts
Títulos dos governos britânico e irlandês.

7. A **London Interbank Offered Rate (Libor)** é a taxa que a maioria dos bancos internacionais cobra, uns dos outros, para empréstimos de eurodólares no *overnight* no mercado londrino. A taxa Libor é uma referência na precificação das emissões do mercado financeiro e de outras emissões de dívida de curto prazo, tanto por governos quanto por tomadores corporativos. Com frequência, as taxas de juros são cotadas com um *spread* acima da taxa Libor e, portanto, flutuam com a taxa Libor. Devido aos escândalos no mercado, a taxa Libor está sendo substituída por outra taxa de juros de referência. De acordo com a Autoridade de Conduta Financeira do Reino Unido, ela seria eliminada a partir do final de 2021.[1] Nos Estados Unidos, a sucessora é a SOFR (Secured Overnight Financing Rate taxa de financiamento *overnight* garantida). Em outubro de 2020, a taxa de referência referente a cerca de $80 trilhões em swaps foi convertida da LIBOR para a SOFR sobre operações com títulos do Tesouro com compromisso de recompra publicada diariamente pela New York Federal Reserve. Enquanto a referência SOFR (Secured Overnight Financing Rate) foi adotada pelos Estados Unidos, o Reino Unido adotou a Sonia (Sterling Overnight Index Average), o Banco Central Europeu adotou a Eonia (Euro Overnight Index Average) e o Japão a Tonar (Tokyo Overnight Average Rate). Essas novas taxas de referência vão conviver algum tempo com a Libor.

London Interbank Offered Rate (Libor)
Taxa que a maioria dos bancos com atuação internacional cobra dos outros bancos para os empréstimos em eurodólar no *overnight*.

8. Os *swaps* são contratos de troca de indexadores de fluxos de caixa. Existem dois tipos básicos: *swap* de taxas de juros e *swap* de moedas. Um *swap* de taxa de juros ocorre quando duas partes trocam fluxos de caixa de pagamentos com taxa flutuante por fluxos de caixa de pagamentos com taxa fixa ou vice-versa. Os *swaps* de moeda são contratos para entregar uma moeda em troca de outra. Com frequência, os dois tipos de *swap* são usados na mesma transação quando dívidas em diferentes moedas são trocadas.

swaps
Contratos para troca de fluxos de caixa de dois títulos mobiliários ou de duas moedas.

9. A **taxa cruzada** é a taxa de câmbio implícita entre duas moedas quando ambas são cotadas em uma terceira moeda, que, normalmente, é o dólar estadunidense.

taxa cruzada
Taxa de câmbio implícita entre duas moedas cotadas em uma terceira moeda (normalmente, o dólar estadunidense).

10. Os **títulos estrangeiros** são emitidos por empresas estrangeiras em um único país e, em geral, são denominados na moeda desse país, ao contrário dos eurobônus. Com frequência, o país no qual esses títulos são emitidos cria distinções entre eles e os títulos domésticos, incluindo diferenças fiscais, restrições ao montante emitido e regras mais rígidas de divulgação.

títulos estrangeiros
Títulos de emissores estrangeiros, emitidos em um único país, normalmente denominados na moeda desse país.

---

[1] Para maiores informações, consulte **https://www.theice.com/iba/libor**.

> **Questões conceituais**
>
> **21.1a** Quais são as diferenças entre um eurobônus e um título estrangeiro?
>
> **21.1b** O que são eurodólares?

21.2 Mercados de câmbio e taxas de câmbio

Excel Master!
Cobertura *on-line* do Excel Master

Sem dúvida, o **mercado de câmbio** (também referido como Forex ou Fx Market) é o maior mercado financeiro do mundo. É o mercado onde a moeda de um país é trocada pela de outro. A maioria dos negócios ocorre com apenas algumas moedas: o dólar estadunidense (USD), a libra esterlina britânica (£), o iene japonês (¥) e o euro (€). O real também tem sido muito negociado em operações de arbitragem, especialmente quando a variação das taxas de câmbio do real frente a outras moedas é elevada. O Quadro 21.1 relaciona algumas das moedas mais comuns e seus símbolos.

mercado de câmbio
Mercado no qual a moeda de um país é negociada pela de outros países.

O mercado de câmbio é um mercado de balcão, de modo que não existe um local único onde os participantes se reúnem. Na verdade, esses participantes estão localizados nos principais bancos comerciais e de investimento do mundo. Eles se comunicam por computadores, telefones e outros dispositivos de telecomunicação. Por exemplo, uma rede de comunicação de transações estrangeiras é mantida pela Society for Worldwide Interbank Financial Telecommunications (SWIFT), uma cooperativa belga sem fins lucrativos. Usando linhas de transmissão de dados, um banco em São Paulo pode enviar mensagens para um banco em Londres por meio dos centros regionais de processamento SWIFT.

Os diversos tipos de participantes do mercado de câmbio incluem:

Para obter taxas Libor atuais, acesse **www.bloomberg.com**. Para mais informações sobre a taxa Libor, acesse **https://www.theice.com/iba/libor**.

1. Importadores que pagam por bens usando moedas estrangeiras.
2. Exportadores que recebem moeda estrangeira e querem convertê-la para moeda doméstica.
3. Administradores de carteira que compram ou vendem ações e títulos estrangeiros ou compram e vendem ações e títulos brasileiros para investidores estrangeiros (investimento estrangeiro em bolsa).
4. Corretores de câmbio que fecham ordens de compra e de venda de moedas.
5. Negociadores que agem como *market makers* de moedas estrangeiras.
6. Especuladores que tentam lucrar com as variações nas taxas de câmbio.
7. Investidores estrangeiros trazendo investimentos para o Brasil ou comprando empresas brasileiras (investimento externo direto) e remetendo lucros depois.
8. Empresas brasileiras captando empréstimos no exterior e depois fazendo o pagamento de juros e principal.

Visite SWIFT em **www.swift.com**.

Taxas de câmbio

taxa de câmbio
Preço da moeda de um país expresso na moeda de outro país.

Uma **taxa de câmbio** nada mais é do que o preço da moeda de um país expresso na moeda de outro país. Na prática, quase todos os negócios de moedas ocorrem em dólares estadunidenses. Por exemplo, tanto o franco suíço quanto o iene japonês são negociados com seus preços cotados em dólares estadunidenses. As taxas de câmbio estão em constante mudança. Nosso quadro *Exercícios na Internet* mostra como você consegue as taxas mais atualizadas.

QUADRO 21.1 Símbolos das moedas estrangeiras

País	Moeda	Símbolo	Código alfabético
Austrália	Dólar australiano	A$	AUD
Brasil	Real	BRL	BRL
Canadá	Dólar canadense	Can$	CAD
China	Yuan (Renminbi)	元	CNH
Dinamarca	Coroa dinamarquesa	DKr	DKK
EMU (zona do euro)	Euro	€	EUR
Índia	Rúpia	Rs	INR
Irã	Rial	RI	IRR
Japão	Iene	¥	JPY
Kuwait	Dinar	KD	KWD
México	Peso mexicano	Ps	MXN
Noruega	Coroa norueguesa	NKr	NOK
Arábia Saudita	Riyal	SR	SAR
Singapura	Dólar de Singapura	S$	SGD
África do Sul	Rand	R	ZAR
Suécia	Coroa sueca	SKr	SEK
Suíça	Franco suíço	SF	CHF
Reino Unido	Libra	£	GPB
Estados Unidos	Dólar	$	USD

Ver Banco Central do Brasil. https://www.bcb.gov.br/estabilidadefinanceira/todasmoedas
Ver também Norma ISO 4217 em https://www.iso.org/iso-4217-currency-codes.html

EXERCÍCIOS NA INTERNET

Um amigo seu contou que, em outubro de 2020, realizou uma viagem dos sonhos à Jamaica e ainda sobraram 10.000 dólares jamaicanos. Se convertesse isso em reais, quanto seu amigo teria trazido? Você pode procurar a taxa de câmbio atual e fazer a conversão sozinho, ou simplesmente usar a Internet. Acessamos www.xe.com e usamos o conversor de moedas do site para descobrir isso. Em 08 de novembro de 2020, encontramos:

Quero converter: 10.000
De: JMD Dólar jamaicano
Para: USD Dólar dos EUA

10.000 JMD = **68,7998** USD

1 USD = 145,349 JMD
1 JMD = 0,00687998 USD

Conversão de Dólar jamaicano para Dólar dos EUA
Última atualização: 2020-11-08 13:51 UTC

Fonte: https://www.xe.com/pt/currencyconverter/convert/?Amount=10000&From=JMD&To=USD.

Parece que seu amigo deixou a Jamaica quase sem nenhum dinheiro, pois voltou com USD68,79, algo que valia então menos de R$ 400, na cotação de reais por dólar dos EUA.

Para referência, você pode consultar a página do Banco Central do Brasil; para consultar, o símbolo do dólar jamaicano é JMD, e o código é 230 na lista de moedas do Banco Central. Consulte a página a seguir e, para os cálculos, observe as instruções ao final da página: https://www.bcb.gov.br/estabilidadefinanceira/cotacoestodas.

Consultando a página, vemos que, no dia 08 de novembro de 2020, a taxa de câmbio para compra do dólar comercial pelos bancos encerrou com média de 5,5307. Entretanto, uma compra de moeda estrangeira na forma de cédulas é realizada pelo câmbio turismo, e, nessa data, encontramos a taxa de compra média de 5,373 para o dólar turismo. Supondo que seu amigo vendesse USD68,79 a 5,30, ele receberia R$364,59. Há vários *sites* que cotam o dólar turismo; nós consultamos este: https://economia.uol.com.br/cotacoes/cambio/dolar-turismo-estados-unidos/.

Questões

1. Usando esse conversor de moedas, qual é a taxa de câmbio atual do dólar estadunidense para o dólar jamaicano?
2. O *site* www.xe.com também lista taxas cruzadas. Qual é a taxa cruzada atual de ¥ para €?

País/moeda	em US$	por US$
Américas		
Argentina peso	.0167	60.0116
Brasil real	.2391	4.1816
Canadá dolar	.7608	1.3145
Chile peso	.001287	777.3
Colômbia peso	.000297	3365.07
Equador dólar estadunidense	1	1
México peso	.0532	18.7872
Uruguai peso	.02678	37.34
Ásia-Pacífico		
Austrália dólar	.6825	1.4652
1 mês	.6822	1.4659
3 meses	.6813	1.4678
6 meses	.6799	1.4708
China iuan	.1442	6.9367
Hong Kong dólar	.1287	7.7725
Índia rúpia	.01402	71.316
Indonésia rúpia	.0000737	13573
Japão iene	.00915	109.28
1 mês	.00915	109.29
3 meses	.00915	109.30
6 meses	.00915	109.31
Cazaquistão tenge	.00264	378.6
Macau pataca	.1248923	8.007
Malásia ringgit	0.246	4.0655
Nova Zelândia dólar	.6607	1.5135
Paquistão rúpia	.00647	154.63
Filipinas peso	.0197	50.801
Singapura dólar	.7400	1.3514
Coreia do Sul won	.0008546	1170.2
Sri Lanka rúpia	.0055063	181.61
Taiwan dólar	.03328	30.05
Tailândia baht	.03272	30.56
Vietnã dong	.00004315	23173

País/moeda	em US$	por US$
Europa		
Bulgária lev	.56382	1.774
Croácia kuna	.1481	6.75
Rep. Tcheca coroa	.04381	22.827
Dinamarca coroa	.1475	6.778
Zona do Euro euro	1.1026	.9070
Hungria florim	.00327912	304.96
Islândia coroa	.008025	124.61
Noruega coroa	.1105	9.0484
Polônia zloty	.2590	3.8614
Romênia leu	.2306	4.336
Rússia rublo	.01611	62.073
Suécia coroa	.1045	9.5669
Suíça franco	1.0297	.9712
1 mês	1.0317	.9693
3 meses	1.0358	.9654
6 meses	1.0418	.9599
Turquia lira	.1684	5.9391
Ucrânia grívnia	.0407	24.5652
Reino Unido libra	1.3074	.7649
1 mês	1.3062	.7656
3 meses	1.3049	.7663
6 meses	1.3038	.7670
Oriente Médio/África		
Bahrain dinar	2.6529	.3769
Egito libra	.0633	15.8006
Israel shekel	.2894	3.455
Kuwait dinar	3.2912	.3038
Omã rial	2.5974	.39
Catar rial	.2747	3.6408
Arábia Saudita rial	.2665	3.7517
África do Sul rand	.0695	14.3928

FIGURA 21.1 Cotações da taxa de câmbio.
Fonte: www.wsj.com and www.barchart.com, January 27, 2020.

Cotações da taxa de câmbio A Figura 21.1 reproduz as cotações da taxa de câmbio do www.wsj.com e do www.barchart.com em 2020. A segunda coluna (intitulada "in US$") dá o número de dólares necessários para comprar uma unidade de moeda estrangeira nos Estados Unidos. Como essas cotações são divulgadas nos Estados Unidos, e o preço das moedas está expresso em dólares, ele lá é chamado de *cotação direta*. Por exemplo, o dólar australiano é cotado a 0,9274, o que significa que era possível comprar um dólar australiano com US$ 0,9274.

A terceira coluna mostra a taxa de câmbio *indireta* ou europeia (embora a moeda possa não ser europeia) do ponto de vista de quem opera em dólares. Esse é o valor de moeda por dólar estadunidense. Nessa coluna, o dólar australiano é cotado a 1,0783, e se podia comprar 1,0783 dólar australiano com um dólar estadunidense na data das cotações apresentadas. Naturalmente, essa segunda taxa de câmbio é apenas a recíproca da primeira (possivelmente com um pequeno erro de arredondamento): 1/0,9274 = 1,0783.

A forma direta é aquela em que a taxa expressa o número de unidades em moeda nacional que compram uma unidade de moeda estrangeira. A forma indireta é aquela que expressa quantas unidades de moeda estrangeira compram a moeda nacional. Uma é a recíproca da outra. Por exemplo, quando afirmamos que a taxa de câmbio do real frente ao Dólar é de R$5,00/ USD1,00, usamos a forma direta de cotar a taxa no Brasil. Se escrevermos USD$0,20 / R$1,00, usamos a forma indireta de cotar o dólar dos Estados Unidos no Brasil. Quando consultamos um quadro de taxas elaborado em outro país, vemos como indiretas as taxas que naquele país estão cotadas na forma direta.

Obtenha taxas de câmbio atualizadas por minuto em **www.xe.com** e **www.exchangerate.com**.

Para obter taxas cruzadas em determinada data, consulte a página do Banco Central do Brasil em: **https://www.bcb.gov.br/estabilidadefinanceira/cotacoestodas**.

Taxas cruzadas e arbitragem triangular O uso do dólar estadunidense como denominador comum na cotação das taxas de câmbio reduz muito o número possível de cotações cruzadas. Por exemplo, com as cinco principais moedas, haveria potencialmente 10 taxas de câmbio em vez de apenas quatro.[2] Além disso, o fato de o dólar ser usado tão amplamente diminui as inconsistências nas cotações da taxa de câmbio.

EXEMPLO 21.1 Um iene por euros e um Porsche por reais

Suponha que você tivesse USD1.000. Com base nas taxas da Figura 21.1, quantos ienes japoneses você poderia comprar? Ou então, se você estivesse pensando em comprar um Porsche que custa €100.000 (€ é o símbolo do euro), quanto em reais teria que ter em abril de 2014 para comprar €100.000 e pagar pelo Porsche (sem considerar os impostos de importação)?

A taxa de câmbio em iene por dólar (primeira coluna) é 109,28. Portanto, seus USD1.000 resultarão em:

$1.000 × 109,28 ienes por USD1 = 109.280 ienes

Como a taxa de câmbio em dólares por euro é 1,1026, para comprar o Porsche, você precisará de:

€100.000 × USD1,1026 por € = USD110.260

Da Figura 21.1 sabemos que o dólar cotado em reais valia, então, R$4,1816/USD1,00. Logo, sem considerar os tributos de importação, seriam necessários USD110.260 × R$4,1816/USD1,00 = R$461.063,22.

O que utilizamos no exemplo do Porsche foi a taxa cruzada entre o real e o euro, usando o dólar como denominador comum.

---

[2] Existem quatro taxas de câmbio em vez de cinco, porque uma taxa de câmbio envolveria a troca de uma moeda por ela mesma. De modo geral, poderia parecer que seriam necessárias 25 taxas de câmbio com cinco moedas. Existem 25 combinações diferentes, mas, dessas, cinco envolvem o câmbio de uma moeda por ela mesma. Das 20 restantes, metade é redundante, pois elas são apenas recíprocas de outra taxa de câmbio. Das 10 restantes, seis podem ser eliminadas usando um denominador comum.

Anteriormente, definimos a taxa cruzada como a taxa de câmbio para uma moeda que não seja o dólar estadunidense expressa em outra moeda que não seja o dólar estadunidense. Por exemplo, suponha que observemos o seguinte para o euro (€) e o franco suíço (SF):

€ por USD1 = 1,00
SF por USD1 = 2,00

Suponha que a taxa cruzada seja cotada como:

€ por SF = 0,40

O que você acha?

A taxa cruzada aqui não é consistente com as taxas de câmbio. Para entender isso, suponha que você tenha US$100. Se converter isso em francos suíços, você receberá:

USD100 × SF2 por USD1 = SF200

Se converter esse valor em euros à taxa cruzada, você terá:

SF 200 × €0,4 por SF1 = €80

Entretanto, se simplesmente converter seus dólares em euros sem passar pelos francos suíços, você terá:

USD100 × €1 por $1 = €100

O que percebemos é que, nessa situação, o euro tem dois preços, €1 por USD1 e €0,80 por USD1, dependendo de como obtemos os euros.

Para ganhar dinheiro, queremos comprar na taxa mais baixa e vender na taxa mais alta. O que é importante observar é que, nesse exemplo, os euros são mais baratos se você comprá-los com dólares, já que você tem 1 euro em vez de 0,8. Você deveria proceder da seguinte maneira:

1. Comprar 100 euros por USD100.
2. Usar os 100 euros para comprar francos suíços à taxa cruzada. Como são necessários 0,4 euro para comprar um franco suíço, você receberia €100/0,40 = SF250.
3. Usar os 250 francos suíços para comprar dólares. Como a taxa de câmbio é de SF2 por dólar, você receberia SF 250/2 = USD125, com um lucro total de USD25.
4. Repetir as etapas 1 a 3.

Essa atividade em particular (talvez não com números tão exagerados) é chamada de *arbitragem triangular,* porque a arbitragem envolve a passagem por três taxas de câmbio diferentes:

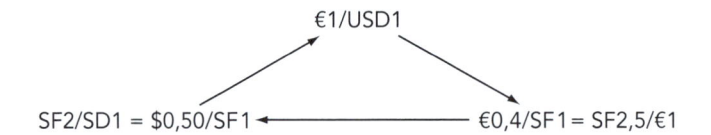

$$€1/USD1$$
$$SF2/SD1 = \$0,50/SF1 \longleftarrow €0,4/SF1 = SF2,5/€1$$

Para evitar essas oportunidades, não é difícil ver que, como um dólar comprará 1 euro ou 2 francos suíços, a taxa cruzada deve ser:

(€1/USD1)/(SF 2/USD1) = €1/SF2

Ou seja, a taxa cruzada deve ser um euro para dois francos suíços. Se fosse outro valor, haveria uma oportunidade de arbitragem triangular.

EXEMPLO 21.2 — Fazendo crescer algumas libras

Suponha que as taxas de câmbio para a libra esterlina e o franco suíço sejam:

Libras por USD1 = 0,60
SF por $1 = 2,00

A taxa cruzada é de três francos por libra. Isso é consistente? Explique como ganhar algum dinheiro.

A taxa cruzada deve ser de SF2,00/£0,60 = SF3,33 por libra. Se a taxa cruzada fosse de SF 3,00 /£1,00, poderíamos comprar uma libra por SF 3 em um mercado e vender uma libra por SF 3,33 em outro. Assim, queremos primeiro ganhar alguns francos suíços e, em seguida, usá-los para comprar algumas libras e depois vendê-las. Pressupondo que tenha USD100, você poderia:

1. Trocar dólares por francos suíços: USD100 × 2 = SF200.
2. Trocar francos suíços por libras: SF200/3 = £66,67
3. Trocar libras por dólares: £66,67/0,60 = USD111,11.

Isso resultaria em um lucro total de USD11,12 em uma ida e volta.

Para saber de notícias e eventos financeiros internacionais, visite **www.ft.com**.

Tipos de operações com câmbio Existem dois tipos básicos de operações no mercado de câmbio: negócios à vista e negócios a termo. Uma **operação de câmbio à vista** na prática significa que a transação será concluída ou liquidada em dois dias úteis (liquidação financeira em D+2). A **taxa de câmbio à vista** é também chamada no mercado brasileiro de taxa de câmbio para entrega "pronta" e, às vezes, de taxa *spot*. Implicitamente, todas as taxas de câmbio e transações que discutimos até agora se referiam ao mercado à vista.

Uma **taxa a termo** (*forward*) é uma operação de câmbio para entrega em algum momento no futuro. A taxa de câmbio que será usada no momento da liquidação é acertada hoje. Ela é chamada de **taxa de câmbio a termo**. Uma operação a termo normalmente é liquidada em algum momento nos próximos 12 meses.

Dois esclarecimentos são importantes aqui. O primeiro é que no dia a dia do mercado, às vezes vemos operações a termo sendo referidas como câmbio futuro. Entretanto, o chamado "dólar futuro" se refere ao dólar negociado no mercado de contratos de futuros de moeda na B3. O segundo é que, os contratos para entrega de câmbio de exportação, que permitem operações de ACC, são operações para entrega de moeda a termo. Entretanto, esses contratos não se realizam por taxas a termo, mas por taxas à vista, com o adiantamento do valor em reais para o exportador. O exportador é que entrega a termo a moeda estrangeira contratada com o banco operador de câmbio.

Agora, voltando à Figura 21.1, se você observar novamente a figura, verá as taxas de câmbio a termo cotadas para algumas das principais moedas. Por exemplo, a taxa de câmbio à vista do franco suíço é SF1 = USD1,0297. A taxa de câmbio a termo para 180 dias (6 meses) é de SF1 = USD1,0418. Isso significa que você podia comprar um franco suíço hoje por USD1,0297 ou podia receber um franco suíço em 180 dias e pagar USD1,0418 naquela data.

Observe que o franco suíço é mais caro no mercado a termo (USD1,0418 *versus* USD1,0297). Como o franco suíço é mais caro no futuro do que hoje, diz-se que ele é vendido com um *prêmio* ou um ágio em relação ao dólar. Pelo mesmo motivo, diz-se que o dólar é vendido com um *desconto* ou *deságio* em relação ao franco suíço.

Por que existe o mercado a termo? Uma resposta é que ele permite que empresas e pessoas físicas fixem hoje uma taxa de câmbio para uma data futura, eliminando assim qualquer risco de mudanças desfavoráveis na taxa de câmbio.

operação de câmbio à vista
Operação com moedas com base na taxa de câmbio de hoje para liquidação financeira em dois dias úteis (D+2).

taxa de câmbio à vista
Taxa de câmbio de uma operação à vista.

operação de câmbio a termo
Operação de câmbio para entrega de moedas em algum momento futuro.

taxa de câmbio a termo
Taxa de câmbio acertada hoje para a liquidação de uma operação para entrega de moeda a termo.

> **EXEMPLO 21.3** Olhando o futuro
>
> Suponha que você espere receber um milhão de libras esterlinas em seis meses e contrate uma operação a termo para trocar suas libras por dólares. Com base na Figura 21.1, quantos dólares você receberá em seis meses? A libra é vendida com um desconto ou com um prêmio em relação ao dólar?
>
> Na Figura 21.1, a taxa de câmbio à vista e a taxa a termo para 180 dias em dólares por libra são de USD1.3074 = £1 e USD1.3038 = £1, respectivamente. Se espera ter £1 milhão em 180 dias, você terá £1 milhão × $1,3038 por libra = USD1,3038 milhão. Como é mais barato comprar uma libra no mercado a termo do que no mercado à vista (USD1,3038 versus USD1,3074), diz-se que a libra é vendida com um desconto em relação ao dólar.

Como já mencionamos, é prática padrão no mundo inteiro (com poucas exceções) cotar as taxas de câmbio em dólares estadunidenses. Isso significa que as taxas são cotadas como o valor da moeda cotada por dólar estadunidense. Para o restante deste capítulo, ficaremos com essa maneira. No Brasil, essa é a forma de divulgação das taxas de câmbio (quantos reais são necessários para comprar um dólar estadunidense ou quantos reais se recebe pela venda de um dólar estadunidense). O assunto pode ficar extremamente confuso se você se esquecer disso.

Assim, quando dizemos "a taxa de câmbio deve subir", estamos falando sobre a taxa de câmbio cotada como unidades de real por dólar; nesse caso, pagaremos ou receberemos mais reais por dólar. Os termos "apreciar" e "depreciar" também são muito usados no mercado. Assim, se dissermos que "a taxa de câmbio deve subir", estamos estimando que o real será depreciado em relação ao dólar. Para o real apreciar frente ao dólar, é necessário que a taxa de câmbio R$/USDse reduza — ou seja, é possível comprar mais dólares com menos reais, ou, em outras palavras, o real estará mais forte. Os importadores adoram quando isso acontece, pois pagam menos reais pelo que importam, mas os exportadores ficam extremamente contrariados com isso, pois suas exportações rendem menos reais por dólar.

Resta mencionar que há, na verdade, duas taxas de câmbio: a taxa de compra e a taxa de venda. A taxa de compra é o preço pelo qual os bancos compram moeda estrangeira; e a taxa de venda é o preço que os bancos cobram na venda de moeda estrangeira. Por exemplo: em 06 de novembro de 2020, o mercado de câmbio brasileiro encerrou com as seguintes taxas para o dólar norte-americano no segmento comercial:

| Real/USDCompra | 5,5307 |
| Real/USDVenda | 5,5313 |

Essas são taxas médias de fechamento do dia, divulgadas pelo Banco Central do Brasil.[3] Essas taxas significam que, se no dia 6 de novembro de 2020, uma empresa necessitasse vender USD100.000,00 por ter recebido o pagamento de uma exportação, ela teria negociado com um banco autorizado a operar em câmbio tendo como referência o valor de R$553.070,00 para crédito em dois dias úteis.[4] Se ela precisasse comprar USD100.000,00 para pagar uma importação, o valor de referência seria de R$553.130,00, e a empresa deveria provisionar recursos na sua conta para o respectivo débito que ocorreria em dois dias úteis. A diferença entre essas cotações, aqui de R$60,00, é a remuneração do banco na atividade de intermediação de operações de câmbio. Essa diferença entre a taxa de compra e a taxa de venda é chamada também de *spread*.

---

[3] Disponível em https://www.bcb.gov.br/estabilidadefinanceira/historicocotacoes.

[4] Crédito das reservas em $D+2$. Se a empresa desejar receber o valor em $D+1$ ou $D+0$, o valor será trazido a valor presente para o dia do crédito, descontado pela taxa DI.

> **Questões conceituais**
>
> **21.2a** O que é arbitragem triangular?
> **21.2b** O que queremos dizer com taxa de câmbio a termo para 90 dias?
> **21.2c** Se dissermos que a taxa de câmbio é SF 1,90 por USD, o que estaremos querendo dizer?

21.3 Paridade do poder de compra

Agora que discutimos o significado das cotações da taxa de câmbio, podemos fazer uma pergunta óbvia: o que determina o nível da taxa de câmbio à vista? Além disso, como sabemos que as taxas de câmbio mudam com o tempo, podemos fazer uma pergunta relacionada: o que determina a variação das taxas de câmbio? Pelo menos parte da resposta nos dois casos se chama **paridade do poder de compra** (**PPC** — ou, em inglês, PPP, de *purchasing power parity*). Trata-se da ideia de que a taxa de câmbio se ajusta para manter constante o poder de compra entre as moedas. Como discutiremos a seguir, existem duas formas de PPC: a *absoluta* e a *relativa*.

paridade do poder de compra (PPC)
A ideia de que a taxa de câmbio se ajusta para manter constante o poder de compra entre as moedas.

Paridade do poder de compra absoluta

A ideia básica da *paridade do poder de compra absoluta* é que uma mercadoria amplamente comercializada (uma *commodity*) custa o mesmo independentemente da moeda usada para comprá-la ou de onde ela é negociada. Esse é um conceito bastante direto. Em 06 de novembro de 2020, o mercado operou com as seguintes cotações para libra esterlina em dólares estadunidenses, dólares em reais e libras em reais:

Dólar/libra esterlina: 1,314
Real/dólar: 5,5313
Real/libra: 7,2681

Se naquela data uma cerveja custasse £2 em Londres, a cerveja custaria £2 × 1,314 = US$ 2,63 em Nova York e £2 × 7,2681 = R$14,54 no Brasil; o preço de Nova York em reais seria de US$2,63 × 5,5313 = R$14,55 no Brasil (com pequeno arredondamento nos dois resultados em reais). Em outras palavras, a PPC absoluta afirma que $1 lhe permite comprar, por exemplo, o mesmo número de hambúrgueres em qualquer lugar no mundo.

De modo mais formal, digamos que S_0 seja a taxa de câmbio à vista entre a libra esterlina e o real hoje (Tempo 0). Lembre-se de que cotamos as taxas de câmbio como o valor de moeda estrangeira em reais (reais por dólar, por exemplo). Digamos que P_{BR} e P_{UK} sejam os preços atuais no Brasil e na Grã-Bretanha, respectivamente, de determinada *commodity* (por exemplo, maçãs). A PPC absoluta simplesmente afirma que:

$$P_{BR} = S_0 \times P_{UK}$$

Isso nos diz que o preço brasileiro para um item é igual ao preço britânico para isso, multiplicado pela taxa de câmbio.

O raciocínio da PPC é semelhante àquele da arbitragem triangular. Se a PPC não fosse verdadeira, a arbitragem seria possível (em princípio) se as maçãs fossem transferidas de um país para outro. Por exemplo, suponha que maçãs sejam vendidas em São Paulo por R$17,44 cada cesto, e em Londres o preço seja de £2,40 por cesto. A PPC absoluta implica:

$P_{BR} = S_0 \times P_{UK}$
$17,44 = S_0 \times 2,40$
$S_0 = 17,44/2,40 = 7,27$

Ou seja, a taxa de câmbio à vista implícita é de R$7,27 por libra. Uma libra compra 7,27 reais e um real compra 0,138 libra.

Suponha que, em vez disso, a taxa de câmbio seja de R$7,57/£1. Começando com R$17,44, um negociante compraria um cesto de maçãs em São Paulo, o mandaria para Londres e o venderia por £2,40. Nosso negociante teria de converter £2,40 em reais à taxa de câmbio vigente de R$7,57, obtendo um total de £2,40 R$ × 7,57 = R$18,17. O ganho seria de 73 centavos por cesto.

Por causa dessa possibilidade de lucros, forças se moveriam para mudar a taxa de câmbio e/ou o preço das maçãs. Em nosso exemplo, as maçãs começariam indo de São Paulo para Londres. O fornecimento reduzido de maçãs em São Paulo aumentaria o preço das maçãs aqui, e o fornecimento elevado na Grã-Bretanha reduziria o preço das maçãs em Londres.

Além de movimentar as maçãs de um lado para outro, os negociantes de maçãs estariam ocupados convertendo libras em reais para comprar mais maçãs. Essa atividade aumentaria a oferta de libras e, simultaneamente, aumentaria a demanda por reais. É de se esperar que o valor de uma libra caia em relação ao real. Isso significa que o real estaria ficando mais valorizado, e, assim, seriam necessários menos reais para comprar uma libra. Podemos esperar que a taxa de câmbio de R$7,57 seja reduzida até R$7,27, que é a taxa de paridade.

Para que a PPC absoluta seja realmente absoluta, vários fatores precisam ser verdadeiros:

1. Os custos de transação no negócio de maçãs — transporte, seguro, perdas e assim por diante — devem ser zero.
2. Não deve haver barreiras para negociar maçãs — nenhuma tarifa, tributo, nem outras barreiras políticas.
3. Por fim, uma maçã em São Paulo deve ser idêntica a uma maçã em Londres. Não adianta você mandar maçãs vermelhas para Londres se os ingleses comerem apenas maçãs verdes.

Dado que os custos de transação não são zero e que as outras condições raramente são atendidas, não é surpresa o fato de que a PPC absoluta realmente se aplique apenas a bens comercializáveis (*commodities*) e, mesmo assim, somente àqueles que são muito uniformes.

Por esse motivo, a PPC absoluta não sugere que um Mercedes custe o mesmo que um Ford ou que uma usina de energia nuclear na França custe o mesmo que uma em Nova York. No caso dos automóveis, eles não são idênticos. No caso das usinas, mesmo que fossem idênticas, elas são caras, e sua remessa seria muito difícil. Por outro lado, ficaríamos surpresos em ver uma violação significativa da PPC absoluta para o ouro.

Por exemplo, a revista *The Economist* publica o Índice Big Mac, que mostra se uma moeda está sobrevalorizada ou subvalorizada em relação ao dólar com base no preço de um Big Mac do McDonald's. No índice de janeiro de 2020, apenas duas das 55 moedas do índice estavam supervalorizadas, enquanto 49 moedas estavam subvalorizadas em mais de 10%.

Paridade do poder de compra relativa

Em termos práticos, uma versão relativa da paridade do poder de compra foi desenvolvida, a *paridade do poder de compra relativa*. Ela não nos diz o que determina o nível absoluto da taxa de câmbio — em vez disso, ela diz o que determina a *variação* na taxa de câmbio ao longo do tempo.

A ideia básica Suponha que, no momento, a taxa de câmbio entre a libra esterlina e o dólar estadunidense seja de $S_0 = £0,50$. Isso significa que um dólar só compra 50 centavos de libra, ou, reciprocamente, que uma libra compra dois dólares. Suponha também que a taxa de inflação na Grã-Bretanha esteja prevista para 10% no próximo ano e que (por enquanto) a taxa de inflação nos Estados Unidos esteja prevista para zero. Na sua opinião, qual será a taxa de câmbio entre o dólar e a libra esterlina em um ano?

Se você pensar nisso, verá que, no momento, um dólar custa 0,50 libras na Grã-Bretanha. Com inflação de 10%, esperamos que os preços na Grã-Bretanha aumentem em 10%. Assim, esperamos que o preço de um dólar em libras aumente em 10% e que a taxa de câmbio aumente para £0,50 × 1,10 = 0,55.

Se a taxa de inflação nos Estados Unidos não for zero, será preciso levar em conta as taxas de inflação *relativas* dos dois países. Por exemplo, suponha que a taxa de inflação nos Estados Unidos esteja prevista para 4%. Em relação aos preços nos Estados Unidos, os preços na Grã-Bretanha estão aumentando a uma taxa de 10% − 4% = 6% por ano. Assim, esperamos que o preço do dólar aumente em 6% e que a taxa de câmbio prevista seja de £0,50 × 1,06 = £0,53.

O resultado Em geral, a PPC relativa afirma que a variação da taxa de câmbio é determinada pela diferença entre as taxas de inflação dos dois países.

Para sermos mais específicos, usaremos a seguinte notação, tomando como referência o real:

S_0 = Taxa de câmbio à vista atual (tempo 0, moeda estrangeira por dólar)
$E(S_t)$ = Taxa de câmbio esperada em t períodos
h_{ML} = Taxa de inflação na moeda local
h_{MC} = Taxa de inflação na moeda cotada

Com base em nossa discussão anterior, a PPC relativa diz que a variação percentual esperada na taxa de câmbio ao longo do próximo ano, $[E(S_1) - S_0]/S_0$, é:

$$[E(S_1) - S_0]/S_0 = h_{MC} - h_{ML} \qquad [21.1]$$

Em outras palavras, a PPC relativa apenas afirma que a variação percentual esperada na taxa de câmbio é igual à diferença nas taxas de inflação. Se reorganizarmos um pouco isso, teremos:

$$[E(S_1)] = S_0 \times [1 + (h_{MC} \times h_{ML})] \qquad [21.2]$$

Esse resultado faz um certo sentido, mas é preciso ter cuidado ao cotar a taxa de câmbio.

Em nosso exemplo envolvendo a Grã-Bretanha e os EUA, a PPC relativa nos dizia que a taxa de câmbio aumentará em $h_{MC} - h_{ML}$ = 10% − 4% = 6% por ano, aproximadamente. Pressupondo que a diferença nas taxas de inflação não mude, a taxa de câmbio esperada em dois anos, $E(S_2)$, seria de:

$$[E(S_2)] = S_1 \times (1 + 0{,}6)]$$
$$= 0{,}53 \times 1{,}06$$
$$= 0{,}562$$

Observe que poderíamos ter escrito isso como:

$$[E(S_2)] = 0{,}53 \times (1 + 0{,}6)]$$
$$= 0{,}50 \times (1{,}06)^2$$
$$= 0{,}50 \times 1{,}06^2$$

Em geral, a PPC relativa diz que, no caso do real, a taxa de câmbio esperada em algum momento no futuro, $E(S_t)$, seria:

$$[E(S_t)] = S_0 \times [1 + (h_{MC} - h_{ML})]^t \qquad (21.3)$$

Como veremos, essa é uma relação muito útil quando se trata de avaliar o poder de compra em dólar dos EUA de uma outra moeda qualquer. Assim, quando usamos essa relação para verificar o poder de compra do real em dólares, a resposta que essa equação nos dá é a taxa de câmbio do dólar frente ao real.

Como realmente não esperamos a PPC absoluta para a maior parte das mercadorias, nos concentraremos na PPC relativa na discussão a seguir. Assim, quando falamos de PPC sem outra qualificação, nos referimos à PPC relativa.

> **EXEMPLO 21.4 É tudo relativo**
>
> Suponha que, no momento, a taxa de câmbio da moeda japonesa para a moeda estadunidense seja de 105 ienes por dólar. Suponha ainda que a estimativa para a taxa de inflação no Japão, ao longo dos três próximos anos, seja de 2% ao ano, e que a taxa de inflação nos Estados Unidos é de 6%. Com base na PPC relativa, quantos ienes um dólar comprará dentro de três anos?
>
> Como a taxa de inflação dos Estados Unidos é mais alta, esperamos que um dólar perca valor frente ao iene nesse período (o iene, por sua vez, se valorizará frente ao dólar). A variação da taxa de câmbio em ienes será de 2% − 6% = −4% por ano. Ao longo de três anos, a taxa de câmbio cairá para:
>
> $[E(S_3)] = S_0 \times [1 + (h_{MC} - h_{ML})]^3$
> $= 105 \times [1+(-0,04)]^3$
> $= 92,90$

Valorização e desvalorização de moeda Com frequência, ouvimos coisas como "o real está mais forte (ou mais fraco) nos mercados financeiros atuais" ou "o real deve se valorizar (ou se desvalorizar) em relação ao dólar". Quando dizemos que o real é fortalecido ou valorizado, queremos dizer que o valor de um real aumenta e, portanto, é preciso mais moeda estrangeira para comprá-lo. Se é o dólar que se valoriza frente ao real, o real se desvaloriza frente ao dólar; a taxa de câmbio real/dólar aumenta, o que significa que será necessário ter mais reais para comprar a mesma quantia em dólares.

O que acontece às taxas de câmbio quando o valor das moedas flutua depende de como as taxas de câmbio são cotadas. Como estamos cotando as taxas como unidades de outras moedas por dólar, a taxa de câmbio para qualquer moeda se movimenta na mesma direção da valorização ou desvalorização do dólar: ela aumenta à medida que o dólar se fortalece e cai à medida que o dólar enfraquece.

Para o caso do real, a PPC relativa nos diz que a taxa de câmbio do real frente ao dólar aumentará se a taxa de inflação dos Estados Unidos for menor do que a do Brasil e vice-versa. Isso acontece porque o valor do real (assim como de qualquer outra moeda estrangeira com inflação maior do que a dos Estados Unidos) é depreciado pela inflação interna e, portanto, enfraquece em relação ao dólar.

> **Questões conceituais**
>
> **21.3a** O que diz a PPC absoluta? Por que ela não vale para a maioria dos tipos de mercadoria?
>
> **21.3b** De acordo com a PPC relativa, o que determina a variação nas taxas de câmbio?

21.4 Paridade de taxa de juros, taxas a termo não viesadas e o efeito Fisher internacional

A próxima questão que precisamos abordar é a relação entre as taxas de câmbio à vista, as taxas de câmbio a termo e as taxas de juros. Para começar, precisamos de algumas notações adicionais:

F_t = Taxa de câmbio a termo para a liquidação no tempo t
R_{US} = Taxa de juros nominal sem risco dos Estados Unidos
R_{PE} = Taxa de juros nominal sem risco de outro país

Como antes, usaremos S_0 para significar a taxa de câmbio à vista. Como taxa nominal sem risco dos Estados Unidos, R_{US}, podemos usar a taxa das notas do Tesouro dos EUA.

Arbitragem de juros coberta

Suponha que observemos as seguintes informações sobre as moedas dos Estados Unidos e da Suíça no mercado:

S_0 = SF 2,00
F_1 = SF 1,90
R_{US} = 10%
R_S = 5%

onde R_{US} é a taxa nominal sem risco nos EUA e R_S é a taxa nominal sem risco na Suíça. O período é de um ano, de modo que F_1 é a taxa a termo de 360 dias para o franco suíço em relação ao dólar dos EUA.

Você vê uma oportunidade de arbitragem aqui? Há uma. Suponha que você tenha USD1 para investir e deseje um investimento sem risco. Uma opção que você tem é investir o USD1 em um investimento sem risco nos Estados Unidos, como uma nota do Tesouro estadunidense de 360 dias. Se você fizer isso, em um período, seu USD1 valerá:

Valor de USD em um período = USD1,00 × (1 + R_{US})
= USD1,10

Como alternativa, você pode fazer um investimento sem risco na Suíça. Para fazer isso, você precisa converter seu USD1 em francos suíços e, simultaneamente, realizar uma operação a termo para converter os francos suíços em dólares novamente em um ano. As etapas necessárias seriam:

1. Converter seu USD1 em USD1 × S_0 = SF2,00.
2. Ao mesmo tempo, realizar um contrato a termo para converter francos suíços em dólares novamente em um ano. Como a taxa a termo é SF 1,90, você terá USD1 para cada SF1,90 que tiver em um ano.
3. Invista seus SF2,00 na Suíça a R_S. Em um ano, você terá:

Valor de SF em um ano = SF2,00 × (1 + R_S)
= SF2,00 × 1,05
= SF2,10

4. Converta seus SF 2,10 em dólares à taxa combinada de SF 1,90 = USD1. Você terá:

Valor de USD em um ano = SF2,10/1,90
= USD1,1053

Observe que o valor em um ano resultante dessa estratégia pode ser escrito como:

Valor de USD em um ano = USD1,00 × S_0 × (1 + R_S)/F_1
= USD1,00 × 2 × 1,05/1,90
= USD1,1053

O retorno sobre esse investimento aparentemente é de 10,53%. Isso é maior do que os 10% que obtemos investindo nos Estados Unidos. Como os dois investimentos não têm risco, essa é uma oportunidade de arbitragem.

Para explorar a diferença nas taxas de juros, você precisa fazer um empréstimo, digamos, de USD5 milhões, e investir esse montante na Suíça. Qual é o lucro total disso? Para descobrir, podemos realizar as etapas descritas anteriormente:

1. Converta os USD5 milhões a SF2 = USD1 para obter SF10 milhões.

2. Contrate a troca dos francos suíços por dólares para entrega a termo em um ano, a SF1,90 para o dólar.
3. Invista os SF10 milhões por um ano a R_S = 5%. Você termina com SF10,5 milhões.
4. Em um ano, converta os SF10,5 milhões em dólares novamente para cumprir com o contrato a termo. Você recebe SF10,5 milhões/1,90 = USD5.526.316.
5. Pague o empréstimo e os juros. Você deve USD5 milhões mais 10% de juros, totalizando USD5,5 milhões. Você tem USD5.526.316, de modo que seu lucro total é de USD26.316, sem risco.

A atividade que ilustramos aqui recebe o nome de *arbitragem de juros coberta*. O termo *coberta* se refere ao fato de que temos um seguro contra uma variação na taxa de câmbio, pois fixamos hoje a taxa de câmbio a termo.

Paridade da taxa de juros

Se pressupormos que oportunidades significativas de arbitragens de juros cobertas não existem, deverá haver alguma relação entre as taxas de câmbio à vista, as taxas de câmbio a termo e as taxas de juros relativas. Para saber o que é essa relação, observe que, de acordo com a Estratégia 1 da discussão anterior, um investimento sem risco nos Estados Unidos nos dá $1 + R_{US}$ para cada dólar que investirmos. A Estratégia 2, um investimento na Suíça sem risco, nos dá $S_0 \times (1 + R_{PE})/F_1$ para cada dólar que investirmos. Como eles têm de ser iguais para evitar a arbitragem, eles devem ser:

$$1 + R_{US} = S_0 \times (1 + R_{PE})/F_1$$

paridade da taxa de juros (PTJ)
Condição que estabelece que a diferença entre as taxas de juros de dois países é igual à diferença percentual entre a taxa de câmbio a termo e a taxa de câmbio à vista.

Reorganizando isso um pouco, temos a famosa condição da **paridade da taxa de juros (PTJ)** — ou IRP, do inglês *interest rate parity*):

$$F_1/S_0 = (1 + R_{MC})/(1 + R_{ML}) \qquad (21.4)$$

Existe uma aproximação muito útil para a PTJ que ilustra claramente o que acontece e que não é difícil de lembrar. Se definirmos o prêmio ou o desconto percentual na taxa a termo como $(F_1 - S_0)/S_0$, a PTJ dirá que esse prêmio ou desconto percentual é *aproximadamente* igual à diferença nas taxas de juros:

$$(F_1 - S_0)/S_0 = R_{MC} - R_{ML} \qquad (21.5)$$

De modo geral, a PTJ diz que qualquer diferença nas taxas de juros entre dois países por algum período é compensada pela variação no valor relativo das moedas, eliminando, assim, todas as possibilidades de arbitragem. Observe que também podemos escrever:

$$F_1 = S_0 \times [1 + (R_{MC} - R_{ML})] \qquad (21.6)$$

Em geral, se tivermos t períodos em vez de apenas um, a aproximação da PTJ será escrita como:

$$F_t = S_0 \times [1 + (R_{MC} - R_{ML})]^t$$

EXEMPLO 21.5 Verificação da paridade

Suponha que, no momento, a taxa de câmbio do iene japonês, S_0, seja de ¥120 = USD1. Se a taxa de juros nos Estados Unidos for R_{US} = 10%, e a taxa de juros no Japão for R_J = 5%, qual deverá ser a taxa a termo para evitar a arbitragem de juros coberta?

De acordo com a PTJ, temos que:

$F_1 = S_0 \times [1 + (R_J - R_{US})]$
$= ¥120 \times [1 + (0,05 - 0,10)]$
$= ¥120 \times 0,95$
$= ¥114$

O iene será negociado com um prêmio em relação ao dólar (por quê?).

Taxas a termo e taxas à vista no futuro

Além da PPC e da PTJ, existe outra relação básica que precisamos discutir. Qual é a ligação entre a taxa a termo e a taxa à vista esperada para uma data futura? A condição das **taxas a termo não viesadas** (**TTNv** — ou UFR, do inglês *unbiased forward rates*) afirma que a taxa a termo, F_1, é igual à taxa à vista *esperada* para uma data futura, $E(S_1)$:

$$F_1 = E(S_1)$$

Com t períodos, a TTNv seria escrita como:

$$F_t = E(S_t)$$

De uma forma não rigorosa, a condição TTNv diz que, em média, a taxa de câmbio a termo é igual à taxa de câmbio à vista em uma data futura.

Se ignorarmos o risco, a condição TTNv será verdadeira. Suponha que a taxa a termo do iene japonês seja mais baixa do que a taxa à vista para uma data futura em, por exemplo, 10 ienes. Isso significa que todos que desejam converter dólares em ienes para essa data futura obteriam mais ienes não operando com câmbio a termo. A taxa a termo teria de aumentar, para ter alguém interessado em realizar uma operação de câmbio a termo.

Da mesma maneira, na outra ponta da operação, se a taxa a termo fosse sistematicamente mais alta do que a taxa à vista para a data futura, alguém que quisesse converter ienes em dólares teria mais dólares por iene não operando a termo. A taxa de câmbio a termo teria de cair para atrair esses operadores.

Por esses motivos, as reais taxas à vista em datas futuras e as taxas a termo para essas datas devem ser, na média, iguais entre si. Naturalmente, a real taxa à vista em uma data futura qualquer é incerta. A condição TTNv pode não servir se os operadores estiverem dispostos a pagar um prêmio para evitar essa incerteza. Se a condição for verdadeira, a taxa a termo de 180 dias que vemos hoje deve ser um indicador não viesado da taxa de câmbio real em 180 dias.

taxa a termo não viesada (TTNv)
Condição que estabelece que a taxa a termo atual é um indicador não viesado da taxa de câmbio à vista em uma data futura.

Como anda o mercado internacional? Descubra em **www.marketwatch.com**.

Montando o quebra-cabeça

Desenvolvemos três relações: PPC, PTJ e TTNv, as quais descrevem a interação entre as principais variáveis financeiras, como taxas de juros, taxas de câmbio e taxas de inflação. Agora, exploraremos as consequências dessas relações como um todo.

Paridade de juros descoberta Para começar, é bom reunir todas as nossas relações do mercado financeiro internacional em um conjunto:

$$\text{PPC: } E(S_1) = S_0 \times [1 + (h_{MC} - h_{ML})]$$
$$\text{PTJ: } F_1 = S_0 \times [1 + (R_{MC} - R_{ML})]$$
$$\text{TTNv: } F_1 = E(S_1)$$

Começamos combinando a TTNv e a PTJ. Como sabemos que $F_1 = E(S_1)$ da condição TTNv, podemos substituir $E(S_1)$ por F_1 na PTJ. O resultado é:

$$\text{PJD: } E(S_1) = S_0 \times [1 + (R_{MC} - R_{ML})]$$

Essa importante relação é chamada de **paridade de juros descoberta** (**PJD** — ou UIP, do inglês *uncovered interest parity*), e ela terá um papel importante em nossa discussão sobre o orçamento internacional de capital a seguir. Com t períodos, a PJD se torna:

$$E(S_t) = S_0 \times [1 + (R_{MC} - R_{ML})]^t$$

paridade de juros descoberta (PJD)
Condição que estabelece que a variação percentual esperada na taxa de câmbio é igual à diferença nas taxas de juros.

O efeito Fisher internacional A seguir, comparamos a PPC e a PJD. Ambas têm $E(S_1)$ no lado esquerdo, de modo que seus lados direitos devem ser iguais. Assim, temos que:

$$S_0 \times [1 + (h_{MC} - h_{ML})] = S_0 \times [1 + (R_{MC} - R_{ML})]$$
$$h_{MC} - h_{ML} = R_{MC} - R_{ML}$$

efeito Fisher internacional (EFI)
Teoria de que as taxas de juros reais são iguais para todos os países.

Isso nos diz que a diferença nos retornos entre dois países é simplesmente igual à diferença nas suas taxas de inflação. Reorganizando isso um pouco, temos o **efeito Fisher internacional (EFI)**:

$$R_{ML} - h_{ML} = R_{MC} - h_{MC} \tag{21.7}$$

O EFI afirma que as taxas *reais* são iguais para todos os países.[5]

A conclusão de que os retornos reais são iguais nos diferentes países é teoria econômica básica. Se os retornos reais fossem mais altos no Brasil do que nos Estados Unidos, por exemplo, o dinheiro sairia dos mercados financeiros estadunidenses para os mercados brasileiros. Os preços dos ativos no Brasil aumentariam, e seus retornos diminuiriam. Ao mesmo tempo, os preços dos ativos nos Estados Unidos cairiam, e seus retornos aumentariam. Esse processo funciona equilibrando os retornos reais.

Dito isso, precisamos observar alguns outros pontos. Antes de mais nada, é preciso lembrar que não abordamos explicitamente o risco em nossa discussão. Podemos chegar a uma conclusão sobre os retornos reais diferente daquela a que chegamos antes, especialmente se as pessoas dos diferentes países tiverem critérios e atitudes diferentes em relação ao risco. Em segundo lugar, existem muitas barreiras para a movimentação de dinheiro e de capitais pelo mundo. Os retornos reais podem ser diferentes em dois países por longos períodos se o dinheiro não se movimentar livremente entre eles.

Apesar desses problemas, esperamos que os mercados de capitais se tornem cada vez mais internacionalizados. À medida que isso ocorrer, é provável que todas as diferenças existentes nas taxas reais diminuirão. As leis da economia têm pouco a ver com as fronteiras nacionais.

Questões conceituais

21.4a O que é a arbitragem de juros coberta?
21.4b O que é o efeito Fisher internacional?

21.5 Orçamento internacional de capital

Este exemplo aborda a possível decisão de uma empresa brasileira que é proprietária de uma empresa com sede nos Estados Unidos (há muitas empresas brasileiras nessa situação). Alguns dos investimentos da empresa brasileira podem ser realizados por suas subsidiárias no exterior. Vamos supor um exemplo de uma empresa de nome Kihlstrom Equipment, uma empresa com sede nos Estados Unidos de propriedade de uma empresa brasileira com atuação internacional, que está avaliando um investimento na Europa. As exportações de brocas da Kihlstrom aumentaram tanto que a controladora brasileira está pensando em construir um centro de distribuição na França. O projeto custará €2 milhões para ser lançado. Os fluxos de caixa devem ser de € 0,9 milhão por ano nos próximos três anos.

A atual taxa de câmbio à vista para o euro é de €0,5. Aqui são euros por dólar, de modo que um euro vale USD1/0,5 = USD2. A taxa sem risco nos Estados Unidos é de 5%, e a taxa sem risco na zona do euro é de 7%. Essas são a taxa de câmbio e as duas taxas de juros observadas nos mercados financeiros, não sendo taxas estimadas.[6] O retorno em dólares exigido pela Kihlstrom sobre investimentos desse tipo é de 10%.

---

[5] Aqui, nosso resultado aparece em relação à taxa real aproximada, $R - h$ (consulte o Capítulo 7), pois usamos aproximações para PPC e PTJ. Para ter o resultado exato, veja o Problema 18 deste capítulo na página do livro, no *site* loja.grupoa.com.br.

[6] Por exemplo, as taxas de juros podem ser as taxas de depósitos de curto prazo do eurodólar e do euro oferecidas por grandes bancos de centros financeiros.

A Kihlstrom deve realizar esse investimento? Como sempre, a resposta depende do VPL. Mas, como calculamos o valor presente líquido desse projeto em dólares estadunidenses? Existem duas maneiras básicas de se fazer isso:

1. *Abordagem da moeda doméstica do país da investidora:* no presente caso, converta todos os fluxos de caixa em euros para dólares e, em seguida, desconte a 10% para encontrar o VPL em dólares. Para essa abordagem, temos que ter disponíveis taxas de câmbio futuras para converter em dólares os fluxos de caixa projetados em euro.

2. *Abordagem da moeda estrangeira, do país onde será o investimento:* no presente caso, determine o retorno exigido sobre o investimento em euros e, em seguida, desconte os fluxos de caixa em euros para encontrar o VPL em euros. Então, converta esse VPL em euros para o VPL em dólares. Essa abordagem exige que convertamos, de algum modo, o retorno de 10% exigido em dólares no retorno equivalente a ser exigido em euros.

A diferença entre essas duas abordagens é basicamente uma questão de quando convertemos euros em dólares. No primeiro caso, convertemos antes de estimar o VPL. No segundo caso, convertemos após estimar o VPL.

Pode parecer que a segunda abordagem é superior porque, com ela, só precisamos encontrar um número, a taxa de desconto em euros. Além disso, como a primeira abordagem exige a estimativa das taxas de câmbio para datas futuras, parece haver mais chances de erro na primeira abordagem. No entanto, como ilustraremos a seguir, tomando por base nossos resultados anteriores, as duas abordagens são realmente iguais.

Método 1: abordagem da moeda doméstica do investidor

Para converter os fluxos de caixa futuros do projeto em dólares, invocaremos a relação da paridade de juros descoberta, ou PJD, para chegar às taxas de câmbio projetadas. Com base em nossa discussão anterior, a taxa de câmbio esperada no momento t, $E(S_t)$, no caso do exemplo, é:

$$E(S_t) = S_0 \times [1 + (R_\epsilon - R_{US})]^t$$

onde R_ϵ representa a taxa nominal sem risco na zona do euro. Como R_ϵ é 7%, R_{US} é 5%, e a taxa de câmbio atual (S_0) é €0,5:

$$E(S_t) = 0,5 \times [1 + (0,07 - 0,05)]^t$$
$$= 0,5 \times 1,02^t$$

Portanto, as taxas de câmbio projetadas para o projeto do centro de distribuição de brocas são:

Ano	Taxa de câmbio esperada
1	€0,5 × 1,02^1 = €0,5100
2	€0,5 × 1,02^2 = €0,5202
3	€0,5 × 1,02^3 = €0,5306

Usando essas taxas de câmbio, juntamente com a taxa de câmbio atual, podemos converter em dólares todos os fluxos de caixa em euro (observe que todos os fluxos de caixa deste exemplo estão em milhões):

Ano	(1) Fluxo de caixa em mil €	(2) Taxa de câmbio esperada	(3) Fluxo de caixa em milhões de USD
0	–€2,0	€0,5000	– $4,00
1	0,9	0,5100	1,76
2	0,9	0,5202	1,73
3	0,9	0,5306	1,70

Para encerrar, calculamos o VPL como sempre:

$$VPL = -\$4 + \$1{,}76/1{,}10 + \$1{,}73/1{,}10^2 + \$1{,}70/1{,}10^3$$
$$= USD0{,}3 \text{ milhão}$$

Portanto, o projeto parece ser lucrativo.

Método 2: abordagem da moeda estrangeira

A Kihlstrom exige um retorno nominal de 10% sobre os fluxos de caixa expressos em dólares. Precisamos converter isso em uma taxa adequada aos fluxos de caixa expressos em euros. Com base no efeito Fisher internacional, sabemos que a diferença nas taxas nominais para esse caso é:

$$R_\epsilon - R_{US} = h_\epsilon - h_{US}$$
$$= 7\% - 5\% = 2\%$$

A taxa de desconto apropriada para estimar os fluxos de caixa em euros do projeto da broca é aproximadamente igual a 10% mais 2% extras para compensar a taxa de inflação maior do euro.

Se calcularmos o VPL dos fluxos de caixa em euro a essa taxa, obtemos:

$$VPL_\epsilon = -\text{€}2 + \text{€}0{,}9/1{,}12 + \text{€}0{,}9/1{,}12^2 + \text{€}0{,}9/1{,}12^3$$
$$= \text{€}0{,}16 \text{ milhão}$$

O VPL desse projeto é de €0,16 milhão. Esse projeto nos torna €0,16 milhão mais ricos em euros hoje. Quanto é isso em dólares? Como a taxa de câmbio hoje é de €0,5, o VPL do dólar para esse projeto é:

$$VPL_\$ = VPL_\epsilon/S_0 = \text{€}0{,}16/0{,}5 = USD0{,}3 \text{ milhão}$$

Esse é o mesmo VPL em dólar que calculamos anteriormente.

O fator importante a ser percebido em nosso exemplo é que os dois procedimentos de orçamento de capital são, de fato, iguais e sempre terão a mesma resposta.[7] Na segunda abordagem, o fato de que estamos fazendo previsões de forma implícita para as taxas de câmbio está oculto. Mesmo assim, a abordagem da moeda estrangeira é um pouco mais fácil em termos de cálculos.

Fluxos de caixa bloqueados

O exemplo anterior pressupunha que todos os fluxos de caixa, após tributos sobre o lucro do investimento no exterior, poderiam ser transferidos à empresa controladora. Na verdade, podem existir diferenças substanciais entre os fluxos de caixa gerados por um projeto no exterior e o montante que pode ser transferido ou "repatriado" para a empresa controladora.

Uma subsidiária no exterior pode enviar fundos para uma controladora de muitas maneiras, incluindo:

1. Dividendos.
2. Taxas de administração para serviços centralizados.
3. *Royalties* sobre o uso de nomes comerciais e patentes.

Não importa como os fluxos de caixa são repatriados, as empresas com atuação internacional prestam atenção às remessas dos resultados de suas operações no exterior porque elas podem sofrer controles atuais e futuros. Muitos governos são sensíveis à acusação de serem explorados

---

[7] Na verdade, existe uma ligeira diferença, porque estamos usando relações aproximadas. Se calcularmos o retorno exigido como $1{,}10 \times (1 + 0{,}02) - 1 = 12{,}2\%$, teremos exatamente o mesmo VPL. Veja o Problema 18 para mais detalhes.

por empresas estrangeiras instaladas em seus territórios. Nesses casos, os governos sentem-se tentados a limitar a capacidade de remessa de fluxos de caixa das empresas estrangeiras. Os fundos que não podem ser enviados são muitas vezes chamados de *fundos bloqueados*.

> **Questões conceituais**
>
> **21.5a** Quais são as complicações financeiras que surgem no orçamento internacional de capital? Descreva dois procedimentos para estimar o VPL no caso de um projeto no exterior.
>
> **21.5b** O que são fundos bloqueados?

21.6 Risco da taxa de câmbio

O **risco da taxa de câmbio** é a consequência natural das operações internacionais em um mundo no qual os valores de moeda sobem e descem. A administração do risco da taxa de câmbio é uma parte importante das finanças internacionais. Como discutiremos a seguir, existem três tipos diferentes de risco da taxa de câmbio ou de exposição: exposição a curto prazo, exposição a longo prazo e exposição à conversão. O Capítulo 23 traz uma discussão mais detalhada sobre as questões levantadas nesta seção.

risco da taxa de câmbio
Risco relacionado a fazer operações internacionais em um mundo no qual os valores relativos das moedas variam.

Exposição no curto prazo

As flutuações diárias nas taxas de câmbio criam riscos de curto prazo para as empresas com atuação internacional. A maioria dessas empresas tem contratos para compra e venda de mercadorias no futuro próximo a preços definidos. Quando diferentes moedas estão envolvidas, essas transações têm um elemento extra de risco.

Por exemplo, imagine que você importe macarrão da Itália para revender no Brasil sob a marca Impasta. Seu maior cliente pediu 10.000 caixas de Impasta. Você fez o pedido para seu fornecedor hoje, mas não pagará até que os produtos cheguem, em 60 dias. Seu preço de venda é de R$48,00 por caixa. Seu custo total é de 8,4 euros por caixa. A taxa de câmbio é de R$4,52/€ no momento; assim, são precisos R$4,52 reais para comprar 1 euro no momento da contratação.

À taxa de câmbio atual, o custo em reais do pedido é €8,4 × R$4,52/€ = R$37,97 por caixa, e o lucro antes de tributos desse pedido, à essa taxa de câmbio, é de 10.000 × (R$48,00 − 37,97) = R$100.300,00. Entretanto, a taxa de câmbio em 60 dias provavelmente será diferente, e o lucro dependerá de qual ela será no momento da liquidação da importação. Ela pode se depreciar ou pode se apreciar. Se a taxa no vencimento se apreciar e cair para R$4,50/€1, o lucro será de R$102.000,00 um aumento de 1,7% em relação ao lucro calculado à taxa de câmbio do dia da formalização do contrato de venda das massas.

Entretanto, no vencimento, a taxa se depreciou, para R$5,00/€, e o custo é então de €8,4 × R$5,00= R$42,00 cada caixa. O lucro bruto é de R$60.000,00 uma queda de 40% em relação ao lucro calculado à taxa de câmbio do dia da formalização do contrato de venda das massas.

Será que essas taxas para câmbio de reais para euros estão exageradas? Pois então, são taxas verificadas no mercado brasileiro, nos anos de 2019 e 2020. Você pode pesquisar essas taxas no *site* do Banco Central do Brasil em https://www.bcb.gov.br/estabilidadefinanceira/cotacoestodas.

Porém, na qualidade de importador sua preocupação talvez seja menor se você se der conta que terá prejuízo somente se a taxa ultrapassar a taxa do ponto de equilíbrio; a essa taxa o lucro seria zero, o que ocorreria se a cotação fosse de R$5,71/€. Nesse caso, o custo seria de €8,4 × R$5,71/€ = R$48,00 o mesmo preço da venda. Isso seria uma depreciação de 26% em

60 dias, o que ninguém imagina. Entretanto, como mostramos na abertura do capítulo, em 24 de abril de 2020, o dólar dos EUA sofreu uma depreciação de 28,80% nos 60 dias anteriores; e o euro teve depreciação muito próxima disso, 28,76% no mesmo período.

Um pouco de história recente ajuda a entender melhor o risco associado às taxas de câmbio. No auge da crise de 2008, no segundo semestre daquele ano, a taxa de câmbio do real frente ao euro variou 42%. Em 27 de agosto, a taxa era de R$2,38635/€ e atingiu R$3,38481/€ no dia 29 de dezembro daquele ano, uma alta de 42% entre essas duas datas. Quatro anos depois, em 28 de dezembro de 2012 a taxa do real frente ao euro era de R$2,7033/€1, uma queda, –20,13% em relação à cotação de 29 de dezembro de 2008, e uma elevação de 13,28% em relação à taxa verificada no dia 27 de agosto de 2008.

A exposição de curto prazo de nosso exemplo pode ser reduzida ou eliminada de várias maneiras. A forma mais óbvia é fazer um contrato de câmbio a termo (chamado de termo de moedas) para fixar uma taxa de câmbio. Por exemplo, suponha que a taxa a termo de 60 dias para o euro, na data da contratação da exportação seja de R$4,75 /€ (a taxa à vista real/euro na ocasião era de R$4,52/€). Você estima que à essa taxa sua operação está adequadamente remunerada. Qual seria seu lucro se você fizesse um *hedge*? Que lucro você deverá esperar se não fizer um *hedge*?

Se fizer o *hedge*, você comprará €84.000,00 para entrega em 60 dias e fixará a taxa de câmbio a R$4,75/€. Nessa operação, o banco garante a entrega de euros por R$4,75; se no vencimento a taxa à vista for de, por exemplo, R$4,60, você paga R$0,15 a mais ao banco para obter os euros; por outro lado, se a taxa subir além de R$4,75 você garantiu o preço a R$4,75 (nós simplificamos bastante as características dessa operação de *hedge*, mas a ideia é essa).

Com o *hedge*, seu custo em reais será fixado em €8,4 × R$4,75/€1 = R$39,90 por caixa, de modo que seu lucro sem risco cambial será de 10.000 × (R$48,00 – R$39,90) = R$81.000,00. Isso é menos do que seria o seu lucro se a operação fosse paga à vista, R$100.300,00; mas muito mais do que o lucro que teria se não fizesse o *hedge*, R$60.000,00. É o lucro da operação para liquidação em 60 dias, sem risco cambial. Se não fizer o *hedge*, tudo o que você pode fazer é ter a esperança de que a taxa de câmbio não ultrapasse R$4,75/€1 em 60 dias, pressupondo que a taxa a termo seja um indicador imparcial (em outras palavras, pressupondo que a condição TTNv seja verdadeira). Nessa situação, você só poderá ter a *esperança* de ganhar R$100.300,00.

Há outras alternativas de proteção ao risco cambial oferecidas pelos bancos, como *swaps* por exemplo, mas esse não é nosso foco neste capítulo.

Exposição no longo prazo

No longo prazo, o valor de uma operação com moeda estrangeira pode flutuar por causa de alterações imprevistas nas condições econômicas relativas. Por exemplo, imagine que temos uma montadora de produtos que exige muita mão de obra e esteja localizada em outro país para aproveitar os salários mais baixos. Ao longo do tempo, as variações inesperadas nas condições econômicas podem aumentar os níveis de salários no exterior até o ponto em que a vantagem de custo seja eliminada, ou mesmo se torne negativa.

O impacto das variações nos níveis da taxa de câmbio pode ser substancial. Por exemplo, durante o início de 2020, o dólar estadunidense continuou a se valorizar em relação às outras moedas. Isso pode resultar em grandes oscilações nos lucros. Durante 2019, a IBM estimou ter perdido cerca de USD140 milhões em virtude das flutuações de moedas, o que é muito, mas bem menos que a perda de USD730 milhões que teve em 2018. Já para os exportadores brasileiros, o efeito foi o inverso, pois o real se desvalorizou em relação ao dólar e às outras moedas, e seus preços em reais se tornaram mais competitivos em dólar, pois cada dólar de vendas lhes trouxe mais reais. O efeito drástico das movimentações da taxa de câmbio sobre a lucratividade é mostrado pelas análises feitas pela Iluka Resources Ltd., uma mineradora australiana, que afirma que um movimento de um centavo na taxa de câmbio do dólar australiano/dólar estadunidense alteraria seu lucro líquido em USD5 milhões.

O *hedging* (a proteção) da exposição de longo prazo é mais difícil do que o *hedging* dos riscos de curto prazo. O motivo é que não existem mercados a termo organizados para essas necessidades de longo prazo. Em vez disso, a principal opção que as empresas têm é tentar coordenar os fluxos de entrada e de saída de caixa em moeda estrangeira. O mesmo acontece com os ativos e passivos expressos em moeda estrangeira. Por exemplo, uma empresa que vende para um país estrangeiro poderia tentar concentrar suas compras de matéria-prima e despesas trabalhistas nesse país. Desse modo, os valores em dólares das receitas e dos custos oscilarão juntos. Provavelmente, os melhores exemplos desse tipo de *hedging* sejam os chamados fabricantes de automóveis transplantados, como BMW, Honda, Mercedes e Toyota, que agora fabricam uma parte substancial dos automóveis nos seus países consumidores, como Estados Unidos e Brasil, obtendo, assim, certo grau de imunização contra as movimentações das taxas de câmbio.

Por exemplo, a BMW produzia 400.000 automóveis no estado da Carolina do Sul, nos Estados Unidos, e exportava cerca de 280.000 deles. Os custos de fabricação dos automóveis eram pagos em dólares. Quando a BMW exporta os automóveis para a Europa, ela recebe em euros. Quando o dólar se desvaloriza, esses veículos se tornam mais lucrativos para a BMW. Ao mesmo tempo, a BMW alemã exportava cerca de 200.000 automóveis para os Estados Unidos. Os custos de fabricação desses automóveis importados são predominantemente em euros, de modo que eles se tornam menos lucrativos quando o dólar se desvaloriza. Juntos, esses lucros e prejuízos tendiam a compensar uns aos outros e forneciam à BMW um *hedge* natural. De fato, de acordo com a Associação Alemã da Indústria Automotiva, cerca de 60% da produção das fábricas alemãs nos EUA era exportada.

Do mesmo modo, uma empresa pode reduzir seu risco da taxa de câmbio de longo prazo tomando emprestado no país estrangeiro em que atua. As flutuações no valor dos ativos da subsidiária estrangeira serão compensadas, pelo menos parcialmente, pelas alterações no valor dos passivos. Outra forma é captar recursos na moeda das exportações. Grandes empresas brasileiras com significativo volume de negócios no exterior fazem isso: como têm receitas em moeda estrangeira (geralmente em dólar), com frequência captam recursos no exterior, geralmente mediante a emissão de títulos de dívida, na mesma moeda de suas exportações, obtendo prazos e volumes maiores a taxas de juros menores. As receitas na mesma moeda das dívidas mitigam o risco cambial da dívida, e a dívida mitiga reduções de receitas quando o real se valoriza.

Exposição à conversão

Quando uma empresa brasileira calcula seu lucro líquido contábil e o LPA de algum período, ela deve "transformar" tudo em reais. Isso pode criar alguns problemas para os contadores quando houver operações significativas no exterior. Em particular, surgem duas questões:

1. Qual é a taxa de câmbio apropriada a ser usada para converter o registro de cada transação no balanço patrimonial?
2. Como a contabilidade dos lucros e prejuízos da conversão da moeda estrangeira deve ser tratada no balanço patrimonial?

Para ilustrar o problema contábil, suponha que tenhamos fundado uma pequena subsidiária estrangeira em Lilliput há um ano. A moeda local é o gulliver, cuja abreviação é GL. No início do ano, a taxa de câmbio era de GL 2 = R$1, e o balanço patrimonial em gullivers era este:

Ativos	GL 1.000	Passivos	GL 500
		Patrimônio líquido	500

A dois gullivers por real, o balanço inicial em reais era este:

Ativos	$500	Passivos	$250
		Patrimônio líquido	250

Lilliput é um lugar calmo, e nada aconteceu durante o ano. Como resultado, o lucro líquido foi zero (antes de considerar as variações nas taxas de câmbio). No entanto, a taxa de câmbio mudou para 4 gullivers = R$1 simplesmente porque a taxa de inflação liliputiana é muito mais alta do que a taxa de inflação no Brasil.

Como nada aconteceu, o balanço patrimonial final em gullivers é igual ao inicial. Entretanto, se o convertermos em reais à nova taxa de câmbio, obtemos:

Ativos	$250	Passivos	$125
		Patrimônio líquido	125

Observe que o valor do patrimônio líquido diminuiu R$125, embora o lucro líquido tenha sido exatamente zero. Apesar do fato de que nada realmente aconteceu, há um prejuízo contábil de R$125. Como lidar com esse prejuízo de R$125 tem sido uma questão contábil controversa.

Uma forma simples e consistente de lidar com esse prejuízo seria informá-lo na demonstração de resultados da controladora. Durante períodos de taxas de câmbio voláteis, esse tipo de tratamento pode ter um impacto significativo sobre o LPA de uma empresa com filiais ou controladas no exterior. Esse é um fenômeno estritamente contábil, mas, mesmo assim, alguns executivos financeiros não gostam dessas flutuações.

No Brasil, a conversão segue as normas das normas IFRS. O Pronunciamento Técnico CPC 02, do Comitê de Pronunciamentos Contábeis, é a norma orientadora. Esse Pronunciamento trata dos principais pontos que envolvem quais taxas de câmbio devem ser usadas e como reportar os efeitos das mudanças nas taxas de câmbio nas demonstrações contábeis publicadas no Brasil, de acordo com as normas contábeis internacionais (IFRS).

A norma IFRS distingue entre variações cambiais de resultados e variações cambiais de investimentos no exterior. O balanço consolidado no Brasil deve divulgar o montante das variações cambiais decorrentes das operações na demonstração do resultado e as variações cambiais líquidas decorrentes de variações cambiais no valor de investimentos em conta específica do patrimônio líquido e na demonstração dos outros resultados abrangentes.

Dois conceitos são importantes, o de moeda funcional e o de moeda de apresentação.

A **moeda funcional** é a moeda principal, ou a moeda do ambiente operacional da empresa que apresenta as demonstrações contábeis. Ela é a moeda do ambiente econômico principal no qual a entidade opera, aquele em que ela principalmente gera e despende caixa.

Os seguintes fatores são considerados na determinação da moeda funcional: é a moeda que mais influencia os preços de venda de bens e serviços da empresa (geralmente é a moeda na qual os preços de venda para seus bens e serviços estão expressos e são liquidados); é a moeda do país cujas forças competitivas e regulações mais influenciam na determinação dos preços de venda para seus bens e serviços; é a moeda que mais afeta fatores como mão de obra, matéria-prima e outros custos para o fornecimento de bens ou serviços. A moeda funcional da entidade reflete as transações, os eventos e as condições subjacentes que são relevantes para ela. Uma vez determinada a moeda funcional, ela só é alterada pela ocorrência de mudança nas transações, nos eventos e nas condições subjacentes.

As normas IFRS estabelecem que uma filial ou controlada no exterior (entidade estrangeira) apresente todas as suas transações na sua moeda funcional, e em seguida essas demonstrações sejam convertidas para a moeda de apresentação ao investidor — no caso do investidor brasileiro, para reais.[8] O conceito de moeda funcional é a chave para compreender a conversão de demonstrações contábeis em moeda estrangeira. Para você ter uma ideia, a moeda funcional da Embraer, uma empresa brasileira e a maior fabricante de aviões médios no mundo, é o dólar norte-americano, pois é nessa moeda que a Embraer realiza a maioria dos seus negócios, tanto na compra de partes e componentes para os aviões quanto na venda dos aviões que produz.

---

[8] Se você se interessou por esse assunto, uma boa referência é o livro de Mackenzie intitulado *IFRS 2012: interpretação e aplicação* (Porto Alegre: Bookman, 2012. p. 625 e seguintes).

A **moeda de apresentação** é a moeda na qual as demonstrações contábeis são apresentadas. Os resultados e a posição financeira de cada entidade individual no exterior que fizer parte da entidade que reporta a informação devem ser convertidos para a moeda em que a controladora apresenta suas demonstrações contábeis consolidadas, que pode ser qualquer moeda (ou moedas). Se a moeda funcional de qualquer unidade no exterior diferir da moeda de apresentação, o Pronunciamento CPC 02 estabelece critérios para a conversão.

Consulte a norma CPC 02 para conversão de balanços no Brasil em **http://www.cpc.org.br/CPC/Documentos-Emitidos/Pronunciamentos/Pronunciamento?Id=9**.

A abordagem utilizada para lidar com os lucros e prejuízos da conversão nos Estados Unidos, que ainda não adotou as normas internacionais, está baseada nas regras estabelecidas no Pronunciamento de Normas de Contabilidade n° 52 (FASB 52) do Financial Accounting Standards Board (FASB), emitido em dezembro de 1981. Em sua maior parte, o FASB 52 exige que todos os ativos e passivos sejam convertidos da moeda da subsidiária para a moeda da controladora, usando a taxa de câmbio vigente no momento.

Todos os lucros e prejuízos da conversão são acumulados em um registro especial dentro da seção de patrimônio líquido no balanço patrimonial. Esse registro pode ser rotulado como "ganhos (perdas) de câmbio não realizados". Os valores nos processos de conversão de balanços podem ser substanciais, pelo menos do ponto de vista contábil. Por exemplo, o balanço patrimonial de final de ano da Apple mostrou uma redução no patrimônio líquido de US$ 1,5 bilhão devido a ajustes de conversão relacionados aos ativos e passivos de subsidiárias fora dos Estados Unidos. Esses lucros e prejuízos não são informados na demonstração de resultados do exercício. Consequentemente, o impacto dos lucros e prejuízos da conversão podem não ser reconhecidos explicitamente na receita líquida até que os ativos e passivos subjacentes sejam vendidos ou liquidados.

Administração do risco da taxa de câmbio

Para uma grande empresa multinacional, a administração do risco da taxa de câmbio é complicada, porque pode haver muitas moedas diferentes envolvidas em muitas subsidiárias diferentes. É provável que uma variação em alguma taxa de câmbio beneficie algumas subsidiárias e prejudique outras. O efeito líquido consolidado para a empresa depende de sua exposição líquida consolidada.

Por exemplo, suponha que uma empresa tenha duas divisões. A Divisão A compra componentes nos Estados Unidos em dólares e vende produtos acabados no Brasil, em reais. A Divisão B compra componentes no Brasil, em reais, e vende produtos acabados nos Estados Unidos, em dólares. Se essas duas divisões tiverem mais ou menos o mesmo volume em relação aos fluxos de entrada e de saída, a empresa como um todo terá pouco risco da taxa de câmbio.

Em nosso exemplo, as posições líquidas da empresa em reais e em dólares (os montantes recebidos menos os montantes de saída) são pequenas e, assim, o risco da taxa de câmbio do grupo como um todo é pequeno. Entretanto, se uma divisão, agindo por conta própria, começasse a fazer *hedging* de seu risco de taxa de câmbio, o risco da taxa de câmbio de todo o grupo aumentaria. Moral da história: as empresas com atuação multinacional precisam conhecer sua posição global em relação a uma moeda estrangeira. Por esse motivo, é provável que a administração do risco da taxa de câmbio tenha mais sucesso se conduzida de maneira centralizada.

Questões conceituais

21.6a Quais são os diferentes tipos de risco da taxa de câmbio?

21.6b Como uma empresa pode fazer hedge do risco da taxa de câmbio de curto prazo? E do risco da taxa de câmbio de longo prazo?

21.7 Risco político

risco político
Risco relacionado às variações no valor que ocorrem por causa de ações políticas.

Um último elemento de risco no investimento no exterior é o **risco político**. Ele se refere às variações no valor que surgem como consequências de atos políticos no país da investida. Por exemplo, em junho de 2016, os eleitores britânicos chocaram o resto da Europa ao votarem a favor do "Brexit", a saída do Reino Unido da União Europeia. Embora o tratado que unia o Reino Unido ao resto da Europa exigisse um prazo de dois anos para o processo de saída, os mercados financeiros não esperaram isso para reagir. No dia do anúncio do resultado da consulta, a libra se desvalorizou 11% em relação ao dólar dos EUA, e os índices FTSE e Stoxx Europe 600 caíram cerca de 8% em Londres. As ações de importantes bancos britânicos, como o Barclays e o Lloyds Banking Group, tiveram queda de mais de 30% na cotação de suas ações nesse dia. Infelizmente (ou felizmente, dependendo de seu ponto de vista), a queda na cotação da libra não terminou. Ela continuou caindo em relação ao dólar, atingindo o seu mais baixo nível desde 1985.

A reforma tributária de 2017 nos EUA[9]

Em 2019, os saldos de caixa mantidos no exterior por empresas sediadas nos EUA foram notícia. A Apple, que sempre tivera o maior saldo de caixa, caiu para segundo lugar, com meros USD102 bilhões. A nova líder foi a Alphabet, com USD117 bilhões em caixa. Até 2018, empresas como a Apple tinham um forte incentivo fiscal para manter enormes reservas de caixa fora dos EUA. Tudo mudou com a Tax Cuts and Jobs Act (Lei de cortes de impostos sobre a renda de empresas e do trabalho) de 2017, que abriu o caminho para grandes mudanças no modo como as operações estrangeiras de empresas americanas são tributadas. Durante 2019, estima-se que empresas americanas repatriaram mais de USD1 trilhão em caixa. O porquê de a Apple e outras grandes empresas estadunidenses manterem enormes saldos de caixa no exterior tinha a ver com a legislação tributária dos EUA. A legislação tributária é um tipo de risco político corrido pelas empresas com atuação multinacional.

Especificamente, antes da edição do Tax Cuts and Jobs Act de 2017, as alíquotas tributárias que incidiam sobre os lucros das empresas estadunidenses estavam entre as mais elevadas do mundo desenvolvido (como são as alíquotas praticadas no Brasil). Ao mesmo tempo, a legislação dos EUA tinha uma peculiaridade: os lucros das empresas, em qualquer lugar do mundo que ocorressem, eram tributados nos EUA, mas somente quando esses lucros fossem repatriados. Mas o que isso significa, exatamente?

Para responder a essa pergunta, vamos voltar a Lilliput, que tem uma alíquota tributária de 20% para o lucro, comparada aos 35% que era a alíquota estadunidense até então. Se uma empresa estadunidense tivesse lucro em uma subsidiária liliputiana, essa subsidiária pagaria 20% de tributos para Lilliput. Se mantivesse os lucros em Lilliput, nada mais seria devido em termos de tributos, mas se remetesse os lucros para os EUA, pagaria mais 15% de tributos. Esses 15% eram a diferença entre as duas alíquotas tributárias nacionais. Evitar essa tributação extra dava às empresas dos EUA um forte incentivo para *não* repatriar lucros.

E aqui vem a confusão. Na mídia, empresas como a Apple são tratadas como tendo enormes somas de caixa depositadas fora dos EUA, mas não é exatamente isso o que ocorre. Na verdade, o caixa da Apple estava investido em dólares, na sua maior parte investido em ativos denominados em dólares dos EUA. Então, de fato, o dinheiro não estava "fora" dos EUA.

Por outro lado, como a Apple escolhia não pagar a tributação extra sobre seus lucros obtidos no exterior, ela era proibida de usar esse caixa nos EUA para coisas como pagar dividendos ou construir novas instalações. Entretanto, a Apple poderia contornar isso tomando emprestado com a garantia de sua carteira de caixa e títulos, se quisesse.

A reforma tributária de 2017 nos EUA mudou isso de várias maneiras. Em primeiro lugar, a alíquota única de 21% que incide sobre o lucro das empresas lá (de uma alíquota média anterior de 35%) reduziu o incentivo para deixar dinheiro no exterior. Em segundo lugar, a nova legis-

---
[9] Tax Cuts and Jobs Act of 2017.

lação trouxe novas alíquotas para aquisições com dólares não tributados trazidos do exterior: uma alíquota única de 15,5% para uso de caixa e para aquisições de títulos e recebíveis e uma alíquota única de 8% para aquisição de outros ativos menos líquidos (instalações, propriedades e equipamentos). E, por fim, de forma geral, lucros repatriados não estão mais sujeitos à tributação adicional nos EUA, acabando de vez com o problema associado à repatriação de lucros por lá.

Gerindo o risco político

Alguns países têm maior risco político do que outros. Quando as empresas têm operações em países com maior risco político, o risco extra pode levar as empresas a exigir maiores retornos sobre os investimentos nesses países, para compensar a possibilidade de bloqueio dos fundos, de interrupção das operações básicas e de anulação dos contratos. No caso mais extremo, a possibilidade de confisco total pode ser uma preocupação em países com ambientes políticos relativamente instáveis.

O risco político depende da natureza dos negócios. Algumas empresas estão menos sujeitas a confiscos porque não são particularmente valiosas nas mãos de um proprietário diferente. Uma operação de montagem que fornece subcomponentes que apenas a empresa controladora usa não seria um alvo interessante para uma nacionalização, por exemplo. Da mesma maneira, uma operação de manufatura que exige o uso de componentes especializados da empresa controladora tem pouco valor sem a cooperação desta.

Os desenvolvimentos de recursos naturais, como mineração de cobre ou perfuração de petróleo, são exatamente o oposto. Depois que a operação está em funcionamento, grande parte do valor está na *commodity*. O risco político desses investimentos é muito maior por esse motivo. Além disso, a questão "exploração de países menos desenvolvidos" é mais manifesta com esses investimentos, aumentando, novamente, o risco político.

O risco político pode ter *hedge* de várias maneiras, especialmente quando o confisco ou a nacionalização são uma preocupação. O uso de financiamento local, talvez do governo do país estrangeiro em questão, reduz o possível prejuízo, porque a empresa pode recusar-se a pagar a dívida no caso de atividades políticas desfavoráveis. Com base em nossa discussão nesta seção, a estruturação da operação de forma a exigir envolvimento significativo da empresa controladora para o seu funcionamento é outra maneira de reduzir o risco político.

Um *site* interessante para avaliação da percepção de risco político de um país é https://www.cia.gov.

Questões conceituais

21.7a O que é risco político?
21.7b Quais são algumas maneiras de fazer o *hedging* do risco político?

21.8 Resumo e conclusões

A empresa com atuação internacional tem uma vida mais complicada do que uma empresa que atua apenas no seu ambiente nacional. A administração deve entender a relação que existe entre as taxas de juros, as taxas de câmbio das moedas estrangeiras e a inflação, devendo ter consciência do grande número de diferentes regulamentações dos mercados financeiros e dos aspectos fiscais em cada país. Este capítulo teve como objetivo ser uma introdução resumida a algumas das questões financeiras que surgem no investimento no exterior.

Nossa cobertura foi necessariamente breve. Os principais tópicos que discutimos incluem:

1. *Algum vocabulário básico:* definimos, de forma abreviada, alguns termos como Libor e euromoeda.
2. *A mecânica básica das cotações da taxa de câmbio:* discutimos os mercados à vista e a termo e como as taxas de câmbio são interpretadas.

3. *As relações fundamentais entre as variáveis financeiras internacionais*:
   a. Paridade do poder de compra (PPC) absoluta e relativa.
   b. Paridade da taxa de juros (PTJ).
   c. Taxas a termo não viesadas (TTNv).

   A paridade do poder de compra absoluta afirma que R$1 ajustado para a paridade deve ter o mesmo poder de compra em cada país. Isso significa que uma laranja custa o mesmo em São Paulo, em Nova York ou em Tóquio.

   A paridade do poder de compra relativa significa que a variação percentual esperada nas taxas de câmbio entre as moedas de dois países é igual à diferença em suas taxas de inflação.

   A paridade da taxa de juros sugere que a diferença percentual entre a taxa de câmbio a termo e a taxa de câmbio à vista é igual ao diferencial da taxa de juros. Mostramos como a arbitragem de juros coberta força a manutenção dessa relação.

   A condição das taxas a termo não viesadas indica que a taxa a termo atual é um bom indicador da taxa de câmbio à vista futura.

4. *Orçamento internacional de capital:* mostramos que as relações básicas do câmbio de moedas implicam duas outras condições:
   a. Paridade de juros descoberta.
   b. Efeito Fisher internacional.

   Invocando essas duas condições, aprendemos como estimar os VPLs em moedas estrangeiras e como converter as moedas estrangeiras em reais para estimar o VPL da forma usual.

5. *Taxa de câmbio e risco político:* descrevemos os diversos tipos de risco da taxa de câmbio e discutimos algumas abordagens mais comuns para administrar o efeito das taxas flutuantes de câmbio sobre os fluxos de caixa e o valor da empresa com atuação internacional. Também discutimos o risco político e algumas maneiras de administrar a exposição a ele.

REVISÃO DO CAPÍTULO E TESTE DE CONHECIMENTOS

21.1 Paridade do poder de compra relativa A taxa de inflação nos Estados Unidos está projetada em 3% ao ano nos próximos anos. A taxa de inflação na Nova Zelândia foi projetada em 5% durante esse período. No momento, a taxa de câmbio é NZ$1,66. Com base na PPC relativa, qual é a taxa de câmbio esperada do dólar neozelandês para o dólar dos EUA em dois anos?

21.2 Arbitragem de juros coberta As taxas à vista e a termo para 360 dias do franco suíço são SF2,1 e SF1,9, respectivamente. A taxa de juros sem risco nos Estados Unidos é de 6%, e a taxa sem risco na Suíça é de 4%. Existe uma oportunidade de arbitragem aqui? Como você a exploraria?

RESPOSTAS DA REVISÃO DO CAPÍTULO E DO TESTE DE CONHECIMENTOS

21.1 Com base na PPC relativa, a taxa de câmbio esperada em dois anos, $E(S_2)$, é:

$$E(S_2) = S_0 \times [1 + (h_{NZ} - h_{US})]^2$$

onde h_{NZ} é a taxa de inflação da Nova Zelândia e h_{US} é a taxa de inflação dos EUA. A taxa de câmbio atual é NZ$1,66, e, portanto, a taxa de câmbio esperada é:

$$\begin{aligned} E(S_2) &= NZ\$1,66 \times [1 + (0,05 - 0,03)]^2 \\ &= NZ\$1,66 \times 1,02^2 \\ &= NZ\$1,73 \end{aligned}$$

21.2 Com base na paridade da taxa de juros, a taxa a termo deve ser (aproximadamente):

$$F_1 = S_0 \times [1 + (R_{SF} - R_{US})]$$
$$= SF2,1 \times [1 + (0,04 - 0,06)]$$
$$= SF2,06$$

Como a taxa a termo é, na verdade, SF1,9, existe uma oportunidade de arbitragem.

Para explorar a oportunidade de arbitragem, primeiro você observa que os dólares são negociados por SF1,9 cada no mercado a termo. Com base na PTJ, isso é muito barato, porque eles deveriam ser negociados a SF2,06. Assim, você vai querer comprar dólares no mercado a termo, com francos suíços. Para fazer isso, você pode:

1. *Hoje:* tomar emprestado, digamos, USD1 milhão por 360 dias. Convertê-los em SF 2,1 milhões no mercado à vista e comprar um contrato a termo a SF1,9 para convertê-lo novamente em dólares em 360 dias. Investir os SF2,1 milhões a 4%.
2. *Em um ano:* seu investimento aumentou para SF2,1 milhões × 1,04 = SF2,184 milhões. Converta esse valor em dólares à taxa de SF1,9 = USD1. Você terá SF2,184 milhões/1,9 = USD1.149.474. Pague seu empréstimo com juros de 6% a um custo de USD1 milhão × 1,06 = USD1.060.000 e embolse a diferença de USD89.474.

REVISÃO DE CONCEITOS E QUESTÕES INSTIGANTES

1. **Taxas à vista e a termo [OA1]** Suponha que a taxa de câmbio em dólares para o franco suíço seja cotada a SF1,50 por dólar no mercado à vista e a SF1,53 por dólar no mercado a termo de 90 dias.
    a. O dólar é vendido com prêmio ou desconto em relação ao franco?
    b. O mercado financeiro espera que o franco se fortaleça em relação ao dólar? Explique.
    c. O que você acha que é verdadeiro sobre as condições econômicas relativas nos Estados Unidos e na Suíça?
2. **Paridade do poder de compra [OA2]** Suponha que a taxa de inflação no México será cerca de 3% mais alta do que a taxa de inflação do Brasil nos próximos anos. Com todos os outros fatores iguais, o que acontecerá à taxa de câmbio do peso mexicano em relação ao real? Em qual relação você se fundamenta para dar sua resposta?
3. **Taxas de câmbio [OA1]** No momento, a taxa de câmbio do dólar australiano para o dólar estadunidense é de AUD1,40. Essa taxa de câmbio deve aumentar 10% no próximo ano.
    a. O dólar australiano deve ficar mais forte ou mais fraco?
    b. O que você acha das taxas de inflação relativas dos Estados Unidos e da Austrália?
    c. O que você acha das taxas de juros nominais relativas dos Estados Unidos e da Austrália? E das taxas reais relativas?
4. **Taxas de câmbio [OA1]** As taxas de câmbio são necessariamente boas ou ruins para determinada empresa?
5. **Corporações multinacionais [OA3]** Dado que muitas multinacionais com sede em diferentes países têm vendas bem maiores fora de seus mercados domésticos do que dentro deles, qual é a relevância de suas moedas domésticas para essas multinacionais?

QUESTÕES E PROBLEMAS

1. **Uso das taxas de câmbio [OA1]** Consulte a Figura 21.1 para responder às seguintes questões:
    a. Se você tiver R$100, quantos euros você poderá obter?
    b. Quanto vale um euro em reais?

c. Se tiver 5 milhões de euros, quantos reais você terá?

d. O que vale mais: um dólar da Nova Zelândia ou um dólar de Cingapura?

e. O que vale mais: um peso mexicano ou um peso chileno?

f. Quantos pesos mexicanos você pode obter por um euro? Como é chamada essa taxa?

g. Por unidade, qual é a moeda mais valiosa daquelas listadas? E a menos valiosa?

2. **Uso da taxa cruzada [OA1]** Use as informações da Figura 21.1 para responder às seguintes questões:

   a. Qual você preferiria ter: USD100 ou £100? Por quê?

   b. Qual você preferiria ter: 100 francos suíços (SF) ou £100? Por quê?

   c. Qual é a taxa cruzada para os francos suíços em relação à libra esterlina? E para libras esterlinas em relação ao franco suíço?

3. **Taxas de câmbio a termo [OA1]** Use as informações da Figura 21.1 para responder às seguintes questões:

   a. Qual é a taxa a termo de seis meses para o iene japonês em iene por dólar estadunidense? O iene é negociado com prêmio ou desconto? Explique.

   b. Qual é a taxa a termo de três meses para dólares australianos em dólar estadunidense por dólar australiano? O dólar estadunidense é negociado com prêmio ou desconto? Explique.

   c. O que você acha que acontecerá ao valor do dólar em relação ao iene e ao dólar australiano com base nas informações da figura? Explique.

4. **Uso das taxas de câmbio à vista e a termo [OA1]** Suponha que a taxa de câmbio à vista do dólar canadense em relação ao dólar estadunidense seja Can$1,34, e a taxa a termo de seis meses seja Can$1,41.

   a. O que vale mais, um dólar estadunidense ou um dólar canadense?

   b. Pressupondo que a PPC absoluta seja verdadeira, qual é o custo de uma cerveja Elkhead nos Estados Unidos se o preço no Canadá for Can$3,50? Por que, na prática, a cerveja seria vendida por um preço diferente nos Estados Unidos?

   c. O dólar estadunidense é vendido com prêmio ou desconto em relação ao dólar canadense?

   d. Em qual moeda se espera uma valorização?

   e. Qual país você acha que tem maior taxa de juros, Estados Unidos ou Canadá? Explique.

5. **Taxas cruzadas e arbitragem [OA1]** Suponha que a taxa de câmbio do iene japonês seja de ¥116 = US$1 e que a taxa de câmbio da libra esterlina seja de £1 = USD1,27.

   a. Qual é a taxa cruzada em relação ao iene por libra?

   b. Suponha que a taxa cruzada seja de ¥156 = £1. Existe uma oportunidade de arbitragem aqui? Se existir, explique como aproveitar a precificação incorreta e o possível lucro da arbitragem. Qual é o seu lucro de arbitragem por dólar utilizado?

Para revisão de outros conceitos e novas questões instigantes, consulte a página do livro no portal do Grupo A (loja.grupoa.com.br).

Finanças Comportamentais: Consequências para a Administração Financeira

22

A NASDAQ NOS EUA ESTAVA A TODO VAPOR no final dos anos 1990, com ganhos de 23% em 1996, 14% em 1997, 35% em 1998 e 87% em 1999. Essa sequência espetacular sofreu uma freada histórica: a Nasdaq perdeu cerca de 40% em 2000, depois outros 30% em 2001. O ISDEX, um índice de ações relacionadas com a Internet, saltou de 100 em janeiro de 1996 para 1.100 em fevereiro de 2000, um ganho de 1.000%. Depois disso, ele simplesmente despencou, atingindo 600 em maio de 2000. As bolhas também podem se concentrar em um único ativo, é claro. Por exemplo, muitos investidores enxergaram um eco da bolha da Internet na área de tecnologia, como a Tesla Motors, a fabricante norte-americana de carros elétricos, cujo valor aumentou mais de 590% entre 22 de março de 2013 e 26 de fevereiro de 2014. Na verdade, uma análise da avaliação da empresa indicava que suas ações poderiam estar supervalorizadas em cerca de 150%. Claramente, as ações da Tesla ficaram sem bateria, pois só cresceram cerca de 12% nos três anos seguintes. A partir daí, a Tesla deu outra acelerada. A ação saltou 423% entre 4 de outubro de 2019 e 2 de julho de 2020.

O desempenho da Nasdaq durante esse período, especialmente a ascensão e a queda das ações da Internet, foi descrito por muita gente como uma das maiores "bolhas" de mercado da história. O argumento é que os preços foram inflacionados até níveis economicamente ridículos antes que os investidores recobrassem o juízo, o que fez com que a bolha estourasse e os preços despencassem. O debate sobre se o mercado de ações era mesmo uma bolha no final dos anos 1990 gerou muitas controvérsias. Neste capítulo, apresentamos o tema das finanças comportamentais, que trata de questões como: "por que as bolhas ocorrem?". Alguns dos pontos discutidos neste capítulo são bastante controversos e não têm ainda uma resposta final. Vamos descrever ideias concorrentes, apresentar evidências de ambos os lados e analisar as consequências para a administração financeira.

Objetivos de aprendizagem

O objetivo deste capítulo é que, ao seu final, você saiba:

OA1 Descrever como comportamentos como o excesso de confiança, o excesso de otimismo e o viés de confirmação podem afetar a tomada de decisões.

OA2 Demonstrar como os efeitos de enquadramento podem resultar em decisões inconsistentes e/ou incorretas.

OA3 Mostrar como o uso de heurísticas pode levar a decisões financeiras não ótimas.

OA4 Definir as desvantagens e limitações da eficiência do mercado do ponto de vista das finanças comportamentais.

Para ficar por dentro dos últimos acontecimentos na área de finanças, visite www.fundamentalsofcorporatefinance.blogspot.com.

Responda honestamente: você se considera um motorista acima da média? Se sim, não está sozinho. Cerca de 80% das pessoas que respondem essa pergunta dizem que sim. Evidentemente, tendemos a superestimar nossa habilidade ao volante. Será que o mesmo ocorre nas decisões financeiras?

Provavelmente não será uma surpresa se afirmarmos que os seres humanos cometem equívocos de vez em quando. Como esses equívocos, e outros aspectos do comportamento humano, afetam os gestores financeiros é algo que se classifica sob o título geral de "finanças comportamentais". Neste capítulo, nosso objetivo é apresentar a você alguns dos tipos de engano mais comuns e suas consequências financeiras. Como veremos, os pesquisadores identificaram uma ampla variedade de comportamentos possivelmente danosos. Quando aprender a reconhecer as situações nas quais esses enganos são comuns, você se tornará um melhor tomador de decisões, tanto no contexto da administração financeira quanto no resto da sua vida.

22.1 Introdução às finanças comportamentais

Mais cedo ou mais tarde, você vai tomar uma decisão financeira que vai lhe sair caro (ou talvez sairá caro para o seu empregador e/ou os acionistas). Por que isso vai acontecer? Você já sabe a resposta. Às vezes, você toma decisões corretas, mas tem azar, no sentido de que acontece alguma coisa que ninguém esperaria que você imaginasse. Outras vezes (por mais doloroso que seja admitir), você simplesmente toma uma decisão ruim, algo que poderia (e deveria) ter evitado. O primeiro passo da sabedoria nos negócios é reconhecer as circunstâncias que o levam a tomar más decisões e, a partir disso, limitar os danos causados pelos seus tropeços financeiros.

finanças comportamentais
Área das finanças que lida com as consequências dos erros de raciocínio para as decisões financeiras.

Como observamos anteriormente, o campo de pesquisa conhecido como **finanças comportamentais** tenta entender e explicar como erros de raciocínio influenciam as decisões financeiras. Boa parte da pesquisa realizada na área das finanças comportamentais decorre de trabalhos no campo da psicologia cognitiva, que é o estudo de como as pessoas, incluindo os gestores financeiros, pensam, raciocinam e tomam decisões. Os erros de raciocínio também são chamados de *erros cognitivos*. Nas próximas subseções, vamos revisar as três principais categorias desses erros: (1) vieses, (2) efeitos de enquadramento e (3) heurísticas.

22.2 Vieses

Se as suas decisões demonstram vieses sistemáticos, você vai cometer erros sistemáticos de discernimento. O tipo de erro depende do tipo de viés. Nesta seção, discutiremos três vieses particularmente relevantes: (1) excesso de confiança, (2) excesso de otimismo e (3) viés de confirmação.

Excesso de confiança

Erros de discernimento graves no mundo dos negócios ocorrem devido ao **excesso de confiança** (*overconfidence*)[1]. Todos confiamos demais nas nossas próprias habilidades, pelo menos em algumas áreas (lembre-se da pergunta anterior sobre a sua qualidade como motorista). Outro exemplo que encontramos muito é: tente imaginar qual nota vai obter nesta disciplina (apesar da natureza talvez arbitrária e volúvel do seu professor). Na nossa experiência, quase todo mundo diz "A" ou, na pior das hipóteses, "B". Infelizmente, quando isso acontece, sempre acreditamos (mas não demais) que pelo menos alguns dos nossos alunos vão acabar decepcionados.

Em geral, você tem excesso de confiança quando superestima a sua capacidade de fazer a escolha correta ou tomar a decisão correta. Por exemplo, a maioria das decisões de negócios exige formar juízos sobre o futuro desconhecido. A sua crença de que você consegue prever o futuro precisamente é uma forma comum de excesso de confiança.

Outro bom exemplo de excesso de confiança vem dos estudos com investidores na bolsa. Os pesquisadores analisaram grandes quantidades de contas reais de corretoras para ver como os investidores se saem quando escolhem as ações. Os estudos buscavam saber se o excesso de confiança dos investidores faria com que superestimassem sua capacidade de escolher as melhores ações, levando a um número excessivo de operações. As evidências apoiam essa ideia. Primeiro, os investidores prejudicam a si mesmos com negócios em grande quantidade. As contas com o maior número de transações mostraram desempenho significativamente inferior às contas com o menor número, principalmente devido aos custos de transação.

Um segundo achado é igualmente interessante. As contas registradas em nome de homens mostraram desempenho inferior às registradas em nome de mulheres. O motivo para isso é que, em média, os homens operam mais do que as mulheres. Isso é consistente com as evidências do campo da psicologia de que os homens têm um nível maior de excesso de confiança do que as mulheres.

excesso de confiança
Crença de que as suas habilidades são melhores do que de fato são.

Excesso de otimismo

O **excesso de otimismo** (*overoptimism*) nos leva a superestimar a probabilidade de um bom resultado e subestimar a probabilidade de um mau resultado. O excesso de otimismo e o excesso de confiança estão relacionados, mas não são a mesma coisa, pois, por exemplo, um indivíduo superconfiante poderia prever (com mais confiança do que deveria) um mau resultado.

O otimismo costuma ser considerado algo positivo. As pessoas otimistas são "alegres" e "positivas". Contudo, o otimismo em excesso pode levar a más decisões. No contexto do orçamento de capital, os analistas que são otimistas demais também vão, de forma consistente, superestimar fluxos de caixa e subestimar probabilidades de fracasso. Esse fenômeno leva a estimativas positivamente enviesadas dos VPLs de projetos, um fato comum no mundo dos negócios.

excesso de otimismo
Adotar uma visão excessivamente otimista de possíveis resultados.

---

[1] Os conceitos utilizados pela área de finanças comportamentais às vezes apresentam diferentes traduções para o português. Para melhor situar o leitor, excepcionalmente neste capítulo, apresentaremos os termos em inglês correspondentes para todos os conceitos da área. Para uniformidade, adotamos o critério para todos os conceitos, ainda que sua tradução possa parecer óbvia.

Viés de confirmação

Quando avalia uma decisão, você reúne informações e opiniões. Um viés comum nesse sentido é a tendência de enfocar mais as informações que estão de acordo com a sua opinião e minimizar ou ignorar informações que discordem ou não apoiem a sua posição. Esse fenômeno é chamado de **viés de confirmação** (*confirmation bias*), e as pessoas que sofrem dele tendem a gastar seu tempo tentando provar que estão certas, em vez de procurar informações que poderiam desmenti-las.

viés de confirmação
Buscar (e dar mais peso a) informações e opiniões que confirmem o que você acredita, e não informações e opiniões contrárias.

Vejamos um exemplo clássico da psicologia. A seguir mostramos quatro cartas. Observe que as cartas estão marcadas com *a, b*, 2 e 3. Pede-se que você avalie a seguinte afirmação: "Qualquer carta com uma vogal em uma face tem um número par na outra". Pergunta-se qual das quatro cartas precisaria ser virada para decidir se a afirmação é falsa ou verdadeira. Virar uma carta custa $100, então é preciso ser o mais econômico possível. O que você faz?

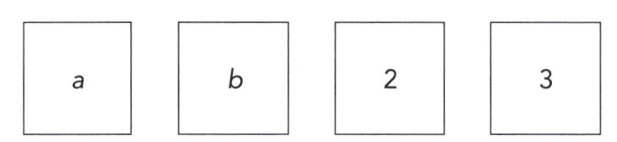

| a | b | 2 | 3 |

Você provavelmente começaria virando a carta com um *a*, o que é correto. Se encontramos um número ímpar, não precisamos fazer mais nada, pois a afirmação está incorreta.

Agora imagine que encontramos um número par. O que fazer? A maioria das pessoas viraria a carta com um 2. Essa é a escolha certa? Se encontrarmos uma vogal, confirmamos a afirmação, mas se encontrarmos uma consoante, não descobrimos nada. Em outras palavras, essa carta não tem como provar que a afirmação está equivocada; ela pode apenas confirmá-la, de modo que selecionar essa carta é um exemplo de viés de confirmação.

Continuando: não adiantaria nada virar a carta marcada "*b*", pois a afirmação não nos diz nada sobre consoantes, o que nos deixa apenas com a última carta. Precisamos virá-la? A resposta é sim, pois ela pode ter uma vogal no outro lado, o que desmentiria a afirmação; mas a maioria das pessoas escolhe a carta 2, e não a 3.

Questões conceituais

22.2a O que é o excesso de confiança? De que modo ele pode sair caro?

22.2b O que é o excesso de otimismo? De que modo ele pode sair caro?

22.2c O que é o viés de confirmação? De que modo ele pode sair caro?

22.3 Efeitos de enquadramento

Você é vulnerável aos **efeitos de enquadramento** (*framming effects*), ou simplesmente **enquadramento**[2], se as suas decisões dependem de como o problema ou a pergunta é enquadrada. Considere o exemplo a seguir: um desastre ocorreu, 600 pessoas estão em perigo, e você é o responsável. Você precisa escolher entre as duas operações de resgate a seguir:

Cenário 1
Opção A: Exatamente 200 pessoas serão salvas.
Opção B: Há uma chance de um terço de todas as 600 pessoas serem salvas e uma chance de dois terços de ninguém ser salvo.

---

[2] Em nossa experiência, os alunos às vezes parecem mais bem compreender o efeito quando o descrevemos como "efeito do quadro de referência".

Qual você escolheria? Não há nenhuma resposta necessariamente correta, mas a maioria das pessoas escolhe a opção A. Agora, imagine que as suas escolhas são as seguintes:

Cenário 2

Opção C: Exatamente 400 pessoas vão morrer.

Opção D: Há uma chance de um terço de ninguém morrer e uma chance de dois terços de todos os 600 morrerem.

E agora, qual você escolheria? Mais uma vez, não há resposta certa, mas a maioria das pessoas escolhe a opção D.

A maioria das pessoas escolheria as opções A e D em nossos cenários hipotéticos, mas você provavelmente terá notado que essas escolhas não são consistentes entre si, pois as opções A e C são idênticas, assim como as opções B e D. Por que as pessoas fazem escolhas inconsistentes? É porque as opções são enquadradas de forma diferente, o quadro de referência para quem toma a decisão é diferente. O primeiro cenário é positivo, pois enfatiza quantas pessoas serão salvas. O segundo é negativo, porque enfoca as perdas, e as pessoas reagem de maneira diferente a enquadramentos positivos em relação aos negativos, o que é chamado de **dependência da forma** (*frame dependence*).

dependência da forma
Tendência dos indivíduos de tomarem decisões diferentes (e possivelmente inconsistentes) dependendo de como um problema ou uma questão lhes é apresentada.

Aversão à perda

Agora vejamos outro exemplo que ilustra um determinado tipo de dependência da forma:

Cenário 1: Imagine que damos a você $1.000 e oferecemos as duas escolhas a seguir:
Opção A: Você recebe outros $500 com certeza.
Opção B: Você joga cara ou coroa com uma moeda honesta. Se der cara, você ganha mais $1.000. Se der coroa, você não ganha mais nada.

Cenário 2: Imagine que damos a você $2.000 e oferecemos as duas escolhas a seguir:
Opção C: Você perde $500 com certeza.
Opção D: Você joga cara ou coroa com uma moeda honesta. Se der cara, você perde $1.000. Se der coroa, você não perde nada.

Quais foram as suas respostas? Você escolheu a opção A no primeiro cenário e a opção D no segundo? Se foi isso que fez, você se condenou por se concentrar apenas nos ganhos e nas perdas, em vez de prestar atenção ao que realmente importa, a saber, o impacto no seu resultado. Mas você não está sozinho. Cerca de 85% das pessoas que encontram o primeiro cenário escolhem a opção A, e cerca de 70% dos que encontram o segundo escolhem a opção D.

Se analisar de perto os dois cenários, você verá que eles são idênticos. Você acaba com $1.500 no bolso com certeza se escolher a opção A ou a C, ou então tem 50% de chance de ter $1.000 e 50% de chance de ter $2.000 se escolher a opção B ou a D. Assim, você deveria escolher a opção que lhe dá o mesmo resultado em ambos os cenários. Qual opção você prefere é problema seu, mas o importante é que nunca deveria escolher a opção A no primeiro cenário e então a D no segundo.

Esse exemplo ilustra um aspecto importante da tomada de decisões financeiras. Concentrar-se em ganhos e perdas, e não no resultado geral, é um exemplo de **enquadramento estreito** (*narrow framing*) e leva ao fenômeno conhecido pelo nome de **aversão à perda** (*loss aversion*). Na verdade, o motivo para a maioria das pessoas evitarem a opção C no cenário 2 é que ele é expresso como uma perda garantida de $500. Em geral, os pesquisadores descobriram que os indivíduos relutam em sofrer perdas e tendem a, por exemplo, fazer apostas desfavoráveis para "evitar uma perda".

A aversão à perda também é chamada de **efeito de busca de empate** (*get-evenitus or the break-even effect*), pois frequentemente se manifesta quando indivíduos e empresas se prendem a maus investimentos e projetos na esperança de que algo vai acontecer, para o valor de seu investimento "empatar" com o que nele investiram e eles se safarem sem perder nada. Por exemplo, em um capítulo anterior, nós analisamos a irrelevância dos custos irrecuperáveis no contexto do orçamento de capital, quando a ideia do custo irrecuperável pareceu clara. Ainda assim, estamos sempre encontrando empresas (e indivíduos) que gastam mais e mais recursos com projetos ruins, em vez de simplesmente reconhecer a perda e aceitar que os custos são mesmo irrecuperáveis.

O quão destrutivo é esse efeito? Um dos casos mais famosos ocorreu em 1995, quando Nicholas Leeson, um funcionário de 28 anos, causou o colapso do seu empregador, o Barings Bank, uma instituição de 233 anos. No final de 1992, Leeson havia perdido cerca de £2 milhões, perdas que ele escondeu em uma conta secreta. No final de 1993, suas perdas eram de cerca de £23 milhões, e o valor explodiu e chegou a £208 milhões no final de 1994 (na época, equivalente a cerca de R$275 milhões, ou mais de R$1,5 bilhão ao final de 2021).

Em vez de admitir essas perdas, Leeson usou mais e mais dinheiro do banco em apostas do tipo "o dobro ou nada". Em 23 de fevereiro de 1995, as perdas de Leeson eram de cerca de £827 milhões (cerca de R$1,15 bilhão na época, ou R$6,2 bilhões ao final de 2021), e suas operações irregulares foram descobertas. Apesar de tentar fugir da justiça, Leeson foi capturado, preso, julgado, condenado e mandado para a prisão. E sua mulher ainda pediu o divórcio.

Será que você sofre do **efeito de busca de empate**? Talvez. Considere o seguinte cenário: por algum motivo, você perdeu $78. Você pode aceitar a perda ou fazer uma aposta. Se fizer a aposta, você tem 80% de chance de a perda atingir $100 (a partir de $78) e 20% de chance de a perda ser zerada. Você aceita a perda ou faz a aposta? Nós apostamos que você apostará. Nesse caso, você está sofrendo do efeito de busca de empate, pois é uma má aposta. Em vez da perda garantida de $78, sua perda esperada com essa aposta é de $80,00 = 0,80 × 100 + 0,20 × 0,00.

Nas finanças corporativas, a aversão a perdas pode ser muito danosa. Mencionamos anteriormente a busca de recuperação de custos irrecuperáveis. Também encontramos gestores que evitam projetos com VPL positivo porque *podem* trazer a possibilidade de grandes prejuízos (embora com baixa probabilidade). Outro fenômeno que encontramos é a aversão ao endividamento. Como vimos na discussão sobre a estrutura de capital, o financiamento por dívida gera benefícios fiscais valiosos para empresas lucrativas. Ainda assim, as grandes bolsas têm centenas de empresas lucrativas que evitam completamente (ou quase) o financiamento por dívidas. Como o financiamento por dívidas aumenta a probabilidade de perdas e até de falência, haverá gestores que o evitam, e esse comportamento potencialmente custoso para a empresa pode ocorrer devido à aversão a perdas.

Dinheiro da banca

Os cassinos de Las Vegas conhecem muito bem o conceito de *apostar o* "**dinheiro da banca**" (*house money*). Os cassinos sabem que os apostadores tendem a correr riscos maiores com o dinheiro que ganharam do cassino (ou seja, da banca). Além disso, os cassinos descobriram que os apostadores não se incomodam tanto em perder dinheiro da banca em comparação com perder o dinheiro que trouxeram consigo.

Pode parecer natural achar que um certo dinheiro é mais precioso porque foi conquistado com trabalho árduo, suor e sacrifício, enquanto outro dinheiro é menos precioso porque caiu do céu. Mas esses sentimentos são claramente irracionais, pois qualquer real no seu bolso compra a mesma quantidade de bens e serviços, independentemente do modo como foi obtido.

Vamos refletir sobre outra situação comum para ilustrar diversas das ideias exploradas até aqui. Considere os dois investimentos a seguir:

Investimento 1: Você comprou 100 ações das Empresas Maia por $35 por ação. O preço das ações caiu imediatamente para $20.
Investimento 2: Ao mesmo tempo, você comprou 100 ações do Grupo Moreira por $5 por ação. O preço das ações saltou imediatamente para $20.

O que você deveria achar desses investimentos?

Você provavelmente ficaria feliz com o investimento na Moreira e infeliz com o investimento na Maia. Agora vejamos algumas das coisas que poderiam acontecer:

1. Você poderia até dizer para si mesmo que o investimento na Moreira foi uma excelente ideia, que é um gênio na hora de escolher ações. A queda de valor das ações da Maia não foi culpa sua, foi mero azar. Isso é uma forma de viés de confirmação e também exemplifica o **viés da autoatribuição** (*self-attribution bias*), ou seja, levar o crédito pelos bons resultados que ocorrem por motivos que estão além do seu controle e atribuir os maus resultados ao azar.

2. Você poderia não gostar que sua aposta vencedora foi basicamente anulada pela perdedora, mas observe que, no nosso exemplo, sua fortuna pessoal não mudou. Imagine, em vez disso, que os preços das ações de ambas as empresas não mudassem nada, de modo que sua fortuna total permaneceria inalterada. Você se sentiria do mesmo jeito?

3. Você poderia ficar tentado a vender suas ações da Moreira para "realizar" o ganho, mas manter as da Maia na esperança de evitar o prejuízo (um exemplo de aversão à perda, é claro). A tendência de vender as vencedoras e manter as perdedoras é conhecida pelo nome de **efeito disposição** (*disposition effect*). Obviamente, a atitude racional seria decidir se as ações são investimentos atraentes aos seus novos preços e reagir de acordo com o novo cálculo.

Suponha que você decide ficar com ambas as ações um pouco mais, e então os preços de ambas caem $15. Você poderia ter reações muito diferentes a isso, dependendo de qual ação analisasse. Com a Maia, a queda torna uma situação ruim ainda pior. Você já perdeu $20 por ação no seu investimento. Por outro lado, com a Moreira você só "devolveu" um pedaço do "lucro no papel". Ainda está bem à frente. Esse tipo de raciocínio é o efeito do dinheiro da banca. Na realidade, não faz a menor diferença se você perdeu parte do investimento original ou parte dos ganhos do investimento.

Nosso exemplo da Moreira e da Maia mostra o que pode acontecer quando você se envolve emocionalmente com decisões como a compra de ações. Quando adiciona uma nova ação à sua carteira, é da natureza humana que associe a ação ao seu preço de compra. Como o preço da ação muda com o tempo, você sempre tem perdas ou ganhos não realizados quando compara a cotação atual ao preço de compra. Com o tempo, você contabilizará mentalmente esses ganhos ou perdas, e suas emoções em relação ao investimento dependerão de estar no preto ou no vermelho. Esse comportamento é chamado de **contabilidade mental** (*mental accounting*).

Quando pratica a contabilidade mental, mesmo sem saber, você tem um relacionamento pessoal com cada uma das ações. Logo, fica mais difícil vender uma delas. É como se você tivesse que "dar o fora" nessa ação ou "demiti-la" da sua carteira. Assim como nos relacionamentos pessoais, esses relacionamentos com ações podem ser complexos e, acredite se quiser, às vezes fazem com que a venda de uma ação seja difícil. Como lutar contra a contabilidade mental, então? O famoso investidor Warren Buffet oferece o seguinte conselho: "A ação não sabe que você é o dono dela. Você tem sentimentos em relação a ela, ela não sente nada por você. A ação não sabe o que você pagou. Ninguém deveria se envolver emocionalmente com as suas ações".

A aversão à perda, a contabilidade mental e o efeito do dinheiro da banca são exemplos importantes de como o enquadramento estreito leva a más decisões. Também já foram documentados outros equívocos de juízo relacionados, como vemos a seguir:

Aversão míope a perdas (*myopic loss aversion*). Esse comportamento é a tendência de se concentrar em evitar as perdas de curto prazo mesmo ao custo dos ganhos de longo prazo. Por exemplo, você poderia deixar de investir em ações com perspectivas de longo prazo para a sua aposentadoria, por medo de sofrer um prejuízo no curto prazo.

Aversão ao arrependimento (*regret aversion*). Essa aversão é a tendência de evitar a tomada de uma decisão por medo de, no futuro, a decisão tomada se mostrar menos do que ideal. A aversão ao arrependimento está relacionada com a aversão míope a perdas.

Efeito dotação (*endowment effect*). Esse efeito é a tendência a considerar algo que você possui como mais valioso do que seria se não o possuísse. Por causa do efeito dotação, as pessoas às vezes exigem mais dinheiro para abrir mão de alguma coisa do que estariam dispostas a pagar para adquiri-la.

Ilusão monetária (*money illusion*). Se sofre da ilusão monetária, você confunde o poder de compra real com o poder de compra nominal (ou seja, você não leva em conta os efeitos da inflação).

Questões conceituais

22.3a O que é a dependência da forma? De que modos ela pode sair caro?

22.3b O que é a aversão à perda? De que modos ela pode sair caro?

22.3c O que é o efeito do dinheiro da banca? Por que ele é irracional?

22.4 Heurísticas

heurísticas
Atalhos mentais (regras de bolso) usados para tomar decisões.

Os gestores financeiros (e os gestores em geral) muitas vezes usam regras práticas ("regras de bolso"), ou **heurísticas**, para tomar decisões. Por exemplo, o gestor pode decidir que qualquer projeto com um período de *payback* de menos de dois anos é aceitável e, logo, não se dar ao trabalho de maior análise. Na prática, esse atalho mental pode ser bom na maioria das circunstâncias, mas, mais cedo ou mais tarde, leva o gestor a aceitar um projeto com VPL negativo.

A heurística do afeto

heurística do afeto
Depender do instinto, em vez de análises, na tomada de decisões.

Estamos sempre ouvindo políticos e empresários falarem sobre "seguir seus instintos". Basicamente, essas pessoas estão tomando decisões com base na ideia de o resultado ou caminho escolhido parecer emocionalmente certo. Os psicólogos usam o termo *afeto* para se referir às emoções, e depender do instinto é chamado de **heurística do afeto** (*affect heuristic*).

Depender do instinto está relacionado com depender da intuição e/ou da experiência. Ambas são importantes — intuição e experiência — e, quando usadas corretamente, ajudam os tomadores de decisão a identificar possíveis riscos e recompensas. Contudo, o instinto, a intuição e a experiência devem ser vistos como complementos à análise formal, e não substitutos. Depender demais das emoções na tomada de decisões quase certamente levará (pelo menos de vez em quando) a resultados caros, que teriam sido evitados pela aplicação de um raciocínio cuidadoso e estruturado. Um exemplo óbvio seria tomar decisões sobre o orçamento de capital com base nos instintos, em vez de pesquisas de mercado ou análise por fluxos de caixa descontados.

A heurística da representatividade

heurística da representatividade
Dependência de estereótipos, analogias ou amostras limitadas para formar opiniões sobre toda uma classe.

É normal pressupor que um determinado indivíduo, objeto ou resultado é, em linhas gerais, representativo de uma classe maior. Por exemplo, imagine que um empregador contrate um ex-aluno da sua instituição de ensino de alta qualidade e fique bastante satisfeito com o novo funcionário. Esse empregador poderia ficar disposto a procurar mais funcionários com diplomas da sua faculdade no futuro, pois os alunos são tão bons. Obviamente, esse empregador está pressupondo que o recém-contratado representa todos os alunos, um exemplo de **heurística da representatividade** (*representativeness heuristic*). Em termos um pouco mais gerais, a heurística da representatividade é a dependência de estereótipos, analogias ou amostras limitadas para formar opiniões sobre toda uma classe.

Representatividade e aleatoriedade[3]

Outra consequência da heurística da representatividade está relacionada à percepção de padrões ou causas onde elas não existem. Por exemplo, os fãs de basquete geralmente acham que o sucesso leva ao sucesso. Imagine que analisamos o desempenho de dois jogadores de basquete, LeBron e Shaquille. Ambos os jogadores acertam metade dos seus arremessos. Entretanto, LeBron acaba de acertar dois arremessos na sequência, enquanto Shaquille errou dois na sequência. Os pesquisadores descobriram que se você perguntar a 100 fãs de basquete qual deles tem a maior probabilidade de acertar o próximo arremesso, 91 dirão LeBron, pois ele está com a "mão quente". Além disso, 84 desses fãs acreditam que é importante que os colegas de equipe passem a bola para LeBron depois que ele acertou dois ou três arremessos seguidos.

Porém — os fãs do esporte entre os leitores vão ter dificuldade para acreditar nisso —, os pesquisadores descobriram que a "mão quente" é uma ilusão. Na verdade, os jogadores não desviam muito das suas médias de longo prazo, apesar de fãs, jogadores, locutores e técnicos acharem que isso acontece. Os psicólogos cognitivistas até estudaram as porcentagens de acertos de arremesso de um time de basquete profissional por toda uma temporada.[4] O que eles descobriram foi o seguinte:

Porcentagens de arremesso e o histórico das tentativas anteriores	
Porcentagem de arremesso na próxima tentativa	Histórico das tentativas anteriores
46%	Acertou 3 seguidos
50	Acertou 2 seguidos
51	Acertou 1 seguido
52	Primeiro arremesso do jogo
54	Errou 1 seguido
53	Errou 2 seguidos
56	Errou 3 seguidos

Análises detalhadas dos dados de arremessos revelam que os jogadores não acertam ou erram arremessos com maior ou menor frequência do que seria de se esperar pela sorte. Em outras palavras, estatisticamente, todas as porcentagens de arremesso listadas aqui são iguais.

Pelas porcentagens de arremesso, pode parecer que as equipes se esforçam mais para defender um arremessador que acertou seus últimos dois ou três arremessos. Para levar isso em conta, os pesquisadores também estudaram as porcentagens de lances livres. Os pesquisadores disseram aos fãs que um determinado jogador acertava 70% dos seus lances livres e que iria arremessar duas vezes. Eles pediram aos fãs que previssem o que aconteceria no segundo arremesso se o jogador:

1. acertasse o primeiro lance livre.
2. errasse o primeiro lance livre.

Os fãs achavam que esse arremessador que acerta 70% dos seus lances livres acertaria 74% dos segundos lances livres após acertar o primeiro, mas acertaria apenas 66% dos segundos após errar o primeiro. Os pesquisadores estudaram os dados de lances livres de um time de basquete profissional durante duas temporadas e descobriram que o resultado do primeiro

---

[3] *Representativeness and randomness.*

[4] Gilovich, T., Vallone, R., and Tervesky, A., "*The Hot Hand in Basketball: On the Misperception of Random Sequences,*" *Cognitive Psychology* 17, 1985, 294–314.

lance livre não importa para acertar ou errar o segundo. Em média, a porcentagem do segundo lance livre era 75% quando o jogador acertava o primeiro. Em média, a porcentagem do segundo lance livre também era 75% quando o jogador errava o primeiro.

É verdade que os jogadores de basquete acertam arremessos em sequência, mas essas sequências de acertos estão dentro dos limites das porcentagens de longo prazo de acertos de arremessos. Assim, quem acha que os jogadores estão com "mão quente" ou "mão fria" está iludido. Se acredita na mão quente, no entanto, você tende a rejeitar esses fatos, pois assistir seu time favorito há tantos anos faz com que saiba mais do que os números. Se acha mesmo isso, você está se deixando enganar pela aleatoriedade.[5]

A **ilusão de agrupamento** (*clustering illusion*) é a nossa crença que eventos aleatórios que ocorrem em grupos não são aleatórios de verdade. Por exemplo, quase todo mundo acha muito estranho quando uma moeda dá cara quatro vezes seguidas em uma série de cara ou coroa. Contudo, se uma moeda honesta for jogada 20 vezes, há cerca de 50% de chance de tirar quatro caras seguidas. Pense bem: se tirar quatro caras seguidas, você vai achar que está com a "mão quente" no cara ou coroa?

A falácia do jogador

Cometemos a **falácia do jogador**[6] (*gambler's fallacy*) quando pressupomos que um desvio em relação à média, ou do que ocorre no longo prazo, será corrigido no curto prazo. O interessante é que algumas pessoas sofrem ao mesmo tempo da ilusão da mão quente (que prevê a continuação no curto prazo) e da falácia do jogador (que prevê a reversão no curto prazo). A ideia é que, como um evento não aconteceu recentemente, ele está atrasado e tem maior tendência a ocorrer. Algumas pessoas citam (erroneamente) a lei da média nesse caso.

A roleta é um jogo aleatório de azar no qual os apostadores podem fazer diversas apostas a cada rodada. Uma mesa de roleta americana tem 38 números, sendo dois verdes, 18 vermelhos e 18 pretos. Uma possibilidade é apostar se a rodada produzirá um número vermelho ou um preto. Imagine que saiu um número vermelho cinco vezes seguidas. Os apostadores muitas vezes confiam (excessivamente) que o próximo resultado será preto, apesar de a aleatoriedade pura continuar a ser de cerca de 50% (ou, para ser mais exato, de 18 chances em 38).

O equívoco ocorre devido à intuição humana de que a probabilidade geral na roleta deve se refletir em um pequeno número de rodadas. Em outras palavras, os apostadores se convencem que "é a vez" de sair um número preto, pois houve uma sequência de vermelhos. Os apostadores sabem que a probabilidade de sair um número preto é sempre a mesma, 18 em 38. Mas é inevitável, os apostadores acabam "sentindo" que, após tantos vermelhos seguidos, um preto vai ter que aparecer para "restaurar o equilíbrio" entre números pretos e vermelhos no longo prazo. Há, é claro, vários outros erros e vieses relacionados às heurísticas. Confira uma lista parcial a seguir:

Lei dos pequenos números (*law of small numbers*). Se acredita na lei dos pequenos números, você acha que uma pequena amostra de resultados sempre se assemelha à distribuição de longo prazo dos resultados. Se o seu guru dos investimentos acertou cinco das últimas sete vezes, você pode achar que a sua média de acertos no longo prazo é de cinco sobre sete. A lei dos pequenos números está relacionada ao viés do recente (ver próximo item) e à falácia do apostador.

---

[5] No início deste capítulo, escrevemos que alguns dos pontos discutidos aqui são bastante controversos e não têm uma resposta final. No que diz respeito ao viés da "mão quente" em basquete, o artigo de Green e Zwiebel, da Stanford University, *The Hot-Hand Fallacy: Cognitive Mistakes or Equilibrium Adjustments? Evidence from Major League Baseball*, de outubro de 2014 (Disponível em https://www.gsb.stanford.edu/gsb-cmis/gsb-cmis-download-auth/364256) pode trazer algum conforto aos fãs. Os autores argumentam que o fenômeno "mão quente" pode sim ser real, pois, segundo eles, os estudos anteriores aos seus não teriam levado em conta as estratégias possíveis no campo de jogo que obstaculizariam a "mão quente" (devemos a lembrança do artigo a um declarado fã de basquete, o Francisco Araújo da Costa).

[6] Também referida como "*falácia do apostador*".

Viés do recente[7] (*recency bias*). Os seres humanos tendem a dar mais importância aos eventos recentes do que aos menos recentes. Por exemplo, durante a forte expansão do mercado de capitais nos EUA entre 1995 e 1999, muitos investidores acharam que o mercado continuaria a crescer com toda força por muito tempo, esquecendo que as quedas também ocorrem (o que aconteceu de 2008 ao início de 2009). O viés do recente está relacionado à lei dos pequenos números.

Ancoragem e ajuste (*anchoring and adjustment*). O viés de ancoragem ocorre quando a pessoa não consegue absorver novas informações corretamente. Dessa forma, ela fica "ancorada" a um preço anterior ou outro valor. Se sofre do viés de ancoragem, você tende a ser excessivamente conservador quando recebe uma nova informação.

Aversão à ambiguidade (*aversion to ambiguity*). Esse viés ocorre quando as pessoas evitam o desconhecido. Por exemplo, considere a seguinte escolha: você pode receber $1.000 com certeza ou pode tirar uma bola de uma lata que contém 100 bolas. Se a bola for azul, você ganha $2.000. Se for vermelha, você não ganha nada. Quando é informado que há 50 bolas azuis e 50 bolas vermelhas na lata, cerca de 40% das pessoas escolhe tirar uma bola. Quando elas não são informadas sobre quantas bolas na lata são azuis, a maioria escolhe ficar com os $1.000, ignorando a possibilidade de a chance estar a seu favor, pois poderia haver mais de 50 bolas azuis dentro da lata.

Falso consenso (*false consensus*). É a tendência a achar que as outras pessoas estão pensando o mesmo que você (sem evidências de isso ser verdade). O falso consenso está relacionado ao excesso de confiança e ao viés de confirmação.

Viés de disponibilidade (*availability bias*). Você sofre do viés de disponibilidade quando dá importância muito maior às informações mais fáceis de obter e importância muito menor àquelas mais difíceis de obter. Suas decisões financeiras vão sair perdendo se considerar apenas as informações mais disponíveis.

Para saber mais sobre diversos outros termos e conceitos no campo das finanças comportamentais, em português, visite **http://pensologoinvisto.cvm.gov.br**, uma iniciativa da Comissão de Valores Mobiliários brasileira para disseminar o conhecimento nessa área. Visite também **www.behaviouralfinance.net** (em inglês).

Questões conceituais

22.4a O que é a heurística do afeto? De que modos ela pode sair caro?

22.4b O que é a heurística da representatividade? De que modos ela pode sair caro?

22.4c O que é a falácia do jogador?

22.5 Finanças comportamentais e a eficiência do mercado

Por ora, nossa discussão se concentrou em como os erros cognitivos de indivíduos podem levar a más decisões de negócios. Parece que está claro e não há controvérsia que esses erros são reais e financeiramente importantes. Agora adentramos uma área bem mais obscura: as consequências das finanças comportamentais para os preços de ações.

No Capítulo 12, apresentamos o conceito de eficiência do mercado. A ideia central era que, em um mercado eficiente, os preços refletem de forma bastante completa as informações disponíveis. Em outras palavras, os preços estão corretos, no sentido de que uma compra ou venda de ação é um investimento com VPL zero. Em um mercado líquido e bem organizado, como a Nyse, o argumento é que a competição entre negociadores economicamente racionais e motivados pela busca do lucro garante que os preços nunca se afastem muito do seu nível de VPL zero.

---

[7] Também referido como "viés do presente".

Neste capítulo, vimos alguns exemplos de como erros cognitivos, como o excesso de confiança, podem levar a decisões danosas no contexto do investimento em ações. Se muitos investidores se comportam de maneiras economicamente irracionais, ainda podemos achar que os mercados são eficientes?

Antes de mais nada, é importante entender que a hipótese dos mercados eficientes não exige que todos os investidores sejam racionais. Em vez disso, para que um mercado seja eficiente, basta que haja pelo menos alguns investidores inteligentes e com recursos financeiros ao seu dispor. Esses investidores estão preparados para comprar e vender de modo a tirar vantagem de qualquer precificação incorreta no mercado. Essa atividade é o que faz com que os mercados sejam eficientes. Há quem diga que a eficiência do mercado não exige que *todos* sejam racionais, apenas que *alguém* seja.

Os limites à arbitragem

Os investidores que compram e vendem para explorar preços incorretos estão praticando uma forma de *arbitragem* e são chamados de *arbitradores* (ou, nos EUA, pelo apelido de *arbs*). Às vezes, no entanto, ocorre um problema nesse contexto. O termo **limites à arbitragem** se refere à ideia que, sob determinadas circunstâncias, agentes racionais e bem capitalizados podem não ter como corrigir um preço incorreto, ou pelo menos não de maneira rápida. O motivo é que estratégias projetadas para eliminar erros de precificação muitas vezes são arriscadas, caras ou sujeitas a restrições. Três problemas importantes são:

limites à arbitragem
Ideia de que o preço de um ativo pode não ser igual ao seu valor correto devido a barreiras à arbitragem.

1. **Risco específico da empresa.** Esse é o risco mais evidente enfrentado por quem pretende atuar como arbitrador. Imagine que você acha que o preço observado das ações da General Motors está baixo demais, então compra muitas e muitas ações, mas então uma notícia negativa inesperada faz com que o preço das ações da GM despenque ainda mais. Obviamente, você poderia tentar se proteger de parte do risco específico da empresa, mas qualquer *hedge* utilizado tenderá a ser imperfeito e/ou caro.

negociador de ruído
Negociador cujas negociações não se baseiam em informações ou em análises financeiras significativas.

2. **Risco do negociador de ruído.** Um **negociador de ruído** (*noise trader* ou *sentiment-based*) é alguém cujos negócios com ações não se baseiam em informações ou análises financeiramente significativas das respectivas empresas. Em princípio, negociadores de ruído, ao atuarem juntos, poderiam piorar uma precificação incorreta no curto prazo. O risco do negociador de ruído é importante, porque a piora de uma precificação incorreta pode forçar o arbitrador a liquidar sua posição mais cedo e sofrer um prejuízo enorme. Como diz a frase famosa de Keynes, "O mercado pode ficar irracional por mais tempo do que você pode ficar solvente".[8]

risco de sentimento
Fonte de risco para os investidores além do risco específico da empresa e do risco de mercado geral.

O risco do negociador de ruído também é chamado de **risco de sentimento**, o que significa que o preço do ativo está sendo influenciado por um sentimento (ou crença irracional), e não por uma análise financeira baseada em fatos. Se o risco de sentimento existe, ele é outra fonte de risco além dos riscos sistemáticos e não sistemáticos discutidos em um capítulo anterior.

3. **Custos de implementação.** Todas as transações custam dinheiro. Em alguns casos, o custo de corrigir uma precificação incorreta pode ser maior do que os ganhos em potencial. Por exemplo, suponha que você acredita que as ações pouco negociadas de uma empresa estão significativamente subvalorizadas. Você quer comprá-las em grande quantidade. O problema é que, assim que fizer um pedido gigante, o preço da ação vai dar um salto, pois ela não é muito negociada.

Quando esses ou outros riscos e custos estão presentes, uma precificação incorreta pode persistir, pois a arbitragem se torna arriscada demais ou cara demais. Coletivamente, esses

---
[8] Essa frase costuma ser atribuída a Keynes, mas não se sabe se ele é mesmo o autor.

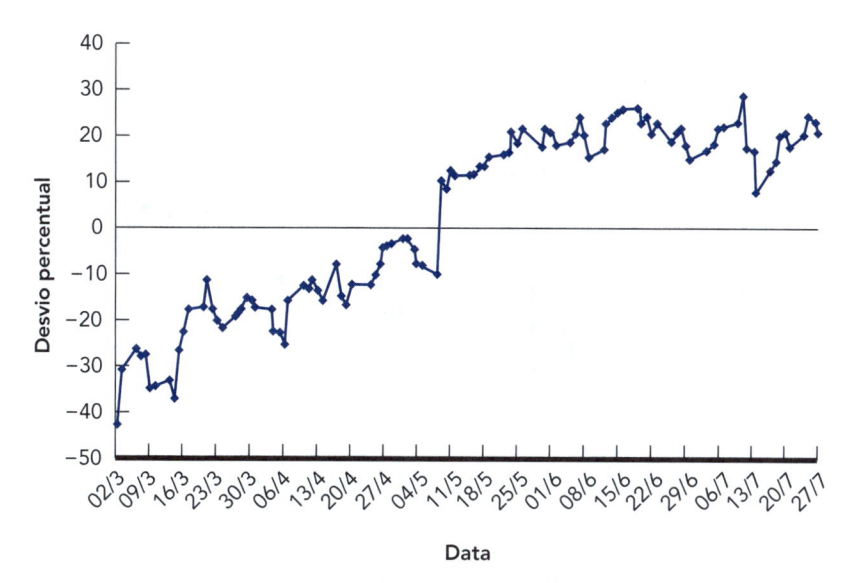

FIGURA 22.1 Desvio percentual entre 1 ação da 3Com e 1,5 ações da Palm, de 2 de março de 2000 a 27 de julho de 2000.

riscos e custos criam barreiras ou limites à arbitragem. A importância desses limites é difícil de definir, mas sabemos que os erros de precificação ocorrem, ainda que apenas de vez em quando. Para ilustrar esse fato, vamos considerar dois exemplos conhecidos.

A precificação incorreta da 3Com/Palm Em 2 de março de 2000, a 3Com, uma empresa lucrativa do setor de produtos e serviços de redes de computador, vendeu 5% da sua subsidiária Palm para o público usando uma oferta pública inicial (IPO). A 3Com planejava distribuir o restante das ações da Palm para os acionistas da 3Com posteriormente.[9] De acordo com esse plano, se tivesse 1 ação da 3Com, você receberia 1,5 ações da Palm. Assim, depois que a 3Com vendeu parte da Palm pelo IPO, os investidores poderiam comprar ações da Palm diretamente, ou então poderiam comprá-las indiretamente ao comprarem ações da 3Com.

O que deixa esse caso interessante é o que aconteceu após o IPO da Palm. Se tinha uma ação da 3Com, você teria direito, um dia, a 1,5 ações da Palm. Logo, cada ação da 3Com deveria valer *no mínimo* 1,5 vezes o valor de cada ação da Palm. Dizemos *no mínimo* porque as outras partes da 3Com eram lucrativas. Assim, cada ação da 3Com deveria valer muito mais do que 1,5 vezes o valor de uma ação da Palm. Mas, como você deve adivinhar, não foi isso que aconteceu.

Um dia antes do IPO da Palm, as ações da 3Com eram negociadas por $104,13. Após o primeiro dia de negociação, a Palm fechou a $95,06 por ação. Quando multiplicamos $95,06 por 1,5 o resultado é $142,59, que é o valor mínimo esperado para comprar uma ação da 3Com. No dia em que a Palm fechou a $95,06, as ações da 3Com fecharam a $81,81, uma diferença de mais de $60 em relação ao preço calculado usando o da Palm. E a história fica ainda mais esquisita.

O preço de $81,81 da 3Com enquanto a Palm era negociada por $95,06 significa que o mercado avaliava o resto do negócio da 3Com (por ação) a $81,81 − 142,59 = −60,78. Dado o número de ações da 3Com em circulação na época, isso significa que o mercado avaliava o resto dos negócios da 3Com *negativamente* em cerca de −$22 bilhões. Obviamente, o preço de uma ação não pode ser negativo. Isso significa que o preço da Palm em relação ao da

---

[9] Em outras palavras, como discutimos em nosso capítulo sobre fusões e aquisições, a 3Com praticou uma captação de recursos com emissão de ações de controlada (*carve-out*) e planejava uma cisão das ações remanescentes.

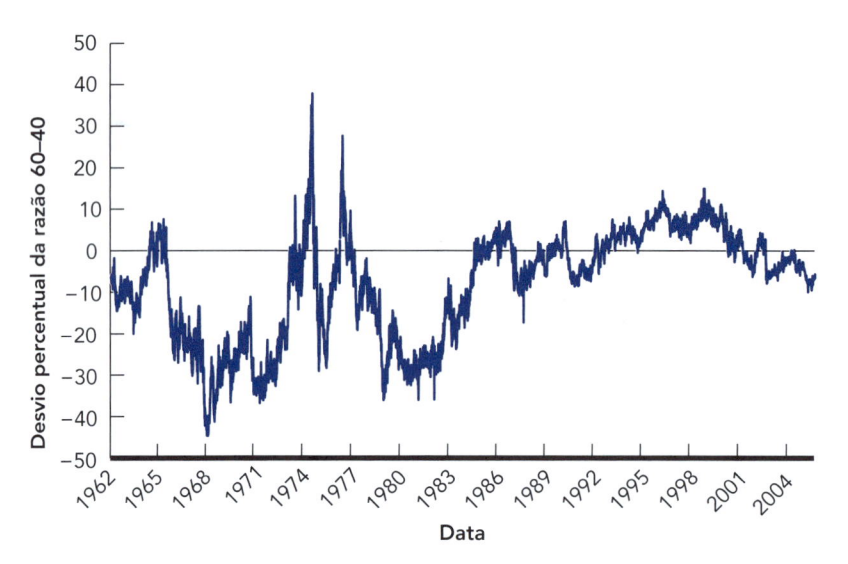

FIGURA 22.2 Desvios da razão 60–40 dos preços da Royal Dutch e da Shell, de 1962 a 2005.

3Com estava alto demais e que os investidores deviam ter comprado e vendido até eliminar imediatamente o valor negativo.

O que aconteceu? Como vemos na Figura 22.1, o mercado avaliou as ações da 3Com e da Palm de tal forma que o resto da 3Com, excluindo-se a Palm, teve valor negativo por cerca de dois meses, de 2 de março de 2000 até 8 de maio de 2000. Mesmo assim, foi preciso que a Receita Federal dos EUA concedesse sua aprovação para que a 3Com executasse o plano de distribuição de ações da Palm antes das ações da 3Com recuperarem seu valor positivo.

A razão dos preços Royal Dutch/Shell Outro exemplo conhecido do que parece ter sido uma precificação incorreta envolve duas grandes petrolíferas. Em 1907, a Royal Dutch da Holanda e a Shell do Reino Unido concordaram em fundir seus empreendimentos e dividir os lucros da operação, com 60% para uma e 40% para a outra. Assim, sempre que os preços das ações da Royal Dutch e da Shell não tinham uma razão de 60–40, surgia uma possível oportunidade de lucrar com a arbitragem.

A Figura 22.2 contém o gráfico dos desvios diários da razão 60–40 entre o preço da Royal Dutch e da Shell. Se os preços da Royal Dutch e da Shell têm uma razão de 60-40 entre si, o desvio percentual é zero. Se o preço da Royal Dutch fica alto demais em comparação com o preço da Shell, o desvio é positivo. Se o preço da Royal Dutch baixa demais em comparação com o preço da Shell, o desvio é negativo. Como vemos na Figura 22.2, ocorreram desvios fortes e persistentes em relação à razão 60–40. Na verdade, a razão raramente foi de 60–40 na maior parte do tempo entre 1962 e meados de 2005 (quando as duas empresas se fundiram).

Bolhas e *crashes*

bolha
Situação em que os preços observados aumentam muito além daqueles que os fundamentos e a análise racional indicariam.

crash
Situação em que os preços de mercado sofrem um colapso repentino e significativo.

Parafraseando uma canção famosa, a história demonstrou, várias e várias vezes, os muitos desatinos da humanidade. Nunca essa frase pareceu mais apropriada no mundo das finanças do que quando discutimos bolhas e *crashes*.

Uma **bolha** ocorre quando os preços de mercado sobem muito além do que uma análise normal e racional sugeriria. As bolhas de investimentos acabam estourando porque não se baseiam em valores fundamentais. Quando uma bolha estoura, os investidores acabam segurando ativos cujos valores estão em queda-livre.

Um **crash** é uma queda súbita e significativa nos valores em todo o mercado. Em geral, os *crashes* estão associados a bolhas. Normalmente, a bolha dura muito mais do que o *crash*. Uma bolha pode se formar durante semanas, meses, até anos. Os *crashes*, por outro lado, são

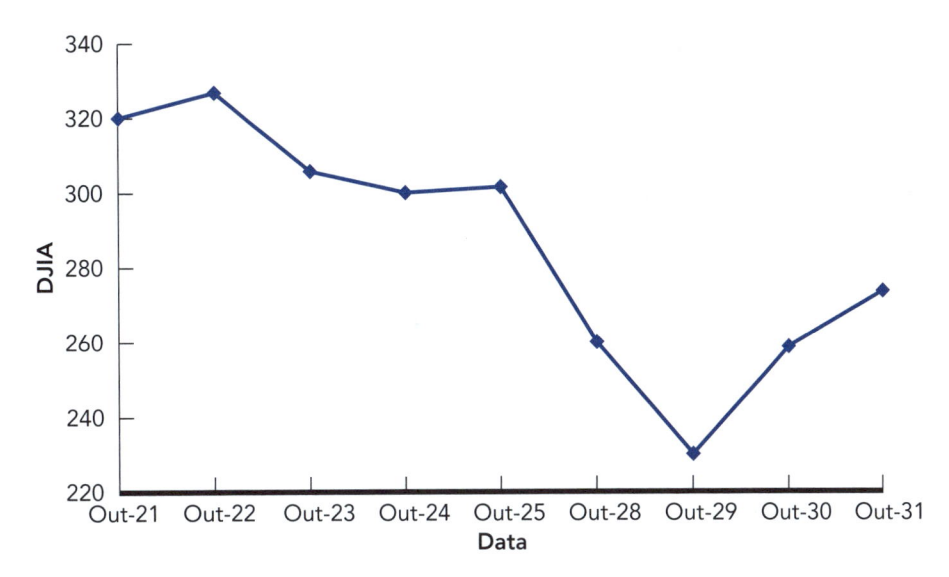

FIGURA 22.3 Índice Dow Jones (DJIA), de 21 de outubro de 1929 a 31 de outubro de 1929.

repentinos e costumam durar menos de uma semana, mas as consequências financeiras de um *crash* são desastrosas e podem durar anos.

O *crash* de 1929 Durante os Anos Loucos da década de 1920, a bolsa de valores nos EUA era onde todo mundo podia ficar rico. A crença geral era que o mercado era algo sem riscos. Muita gente investiu todas as suas economias sem saber nada sobre as possíveis armadilhas que podem aguardar os investidores. Na época, os investidores podiam comprar ações dando 10% do preço de compra e tomando o restante emprestado do corretor. Esse nível de alavancagem foi um dos fatores que intensificou a queda súbita do mercado em outubro de 1929.

Como vemos na Figura 22.3, em 25 de outubro, uma sexta-feira, o Índice Dow Jones (DJIA) fechou cerca de um ponto positivo, a 301,22. Na segunda-feira, 28 de outubro, ele fechou a 260,64, uma baixa de 13,5%. Na terça-feira, 29 de outubro, o Dow fechou a 230,07, com um mínimo no dia de 212,33, cerca de 30% menor do que o nível de fechamento da sexta-feira anterior. Nesse dia, a Terça-Feira Negra, o volume de 16,4 milhões de ações da Nyse foi mais do que o quádruplo dos níveis normais.

O *crash* de 1929 foi uma queda forte, mas não foi nada em comparação com o mercado baixista dos anos seguintes. Como vemos na Figura 22.4, o DJIA se recuperou cerca de 20% após o *crash* de outubro de 1929, mas então começou a sofrer uma baixa prolongada e atingiu 40,56 em 8 de julho de 1932. O nível representa uma queda de cerca de 90% em relação ao recorde de 386,10 em 3 de setembro de 1929. A propósito, o DJIA não superou seu recorde anterior até 24 de novembro de 1954, mais de 25 anos depois.

O *crash* de outubro de 1987 Antigamente, quando se falava do *crash*, a referência era a 29 de outubro de 1929. Isso durou até outubro de 1987. O *crash* de 1987 começou em 16 de outubro, uma sexta-feira. Com um volume enorme (para a época) de transações, cerca de 338 milhões de ações, o DJIA caiu 108 pontos e fechou a 2.246,73. Foi a primeira vez na história que o DJIA sofreu uma baixa de mais de 100 pontos no mesmo dia.

Hoje, o 19 de outubro de 1987 é chamado de Segunda-Feira Negra, e o dia foi mesmo sombrio e tempestuoso em Wall Street; o mercado perdeu cerca de 22,6% do seu valor, e o volume bateu um novo recorde, com cerca de 600 milhões de ações negociadas. O DJIA despencou 508,32 pontos e fechou a 1.738,74.

Durante o dia seguinte, a terça-feira, dia 20 de outubro, o valor do DJIA continuou a despencar, atingindo uma mínima no dia de 1.616,21, mas o mercado se recuperou e fechou a

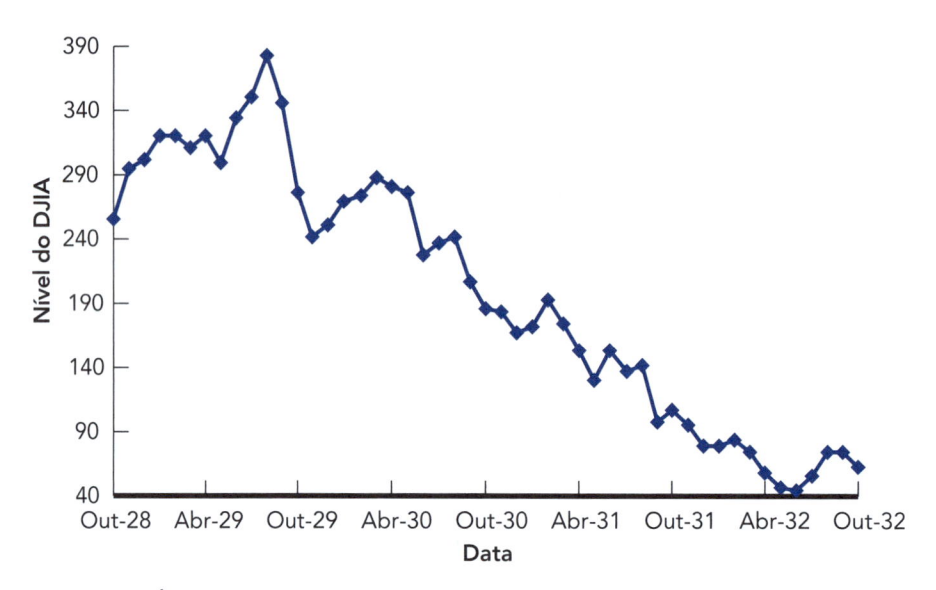

FIGURA 22.4 Índice Dow Jones, de outubro de 1928 a outubro de 1932.

1.841,01, uma alta de 102 pontos. Da alta recorde anterior, de 2.746,65 em 25 de agosto de 1987, até a baixa diária em 20 de outubro de 1987, o mercado cairia mais de 40%.

Após o *crash* de 1987, no entanto, não ocorreu uma depressão prolongada. Na verdade, como vemos na Figura 22.5, o DJIA precisou de apenas dois anos para superar seu recorde anterior de agosto de 1987.

O que aconteceu? Não é exatamente história antiga, mas a controvérsia ainda é forte. Uma facção diz que investidores irracionais elevaram os preços das ações a níveis ridículos até a Segunda-Feira Negra, quando a bolha estourou, causando um pânico de vendas, com os investidores tentando se livrar das suas ações. A outra facção diz que antes da Segunda-Feira Negra, os mercados estavam voláteis, o volume era alto, e estavam surgindo nuvens negras sobre a economia. Do fechamento em 13 de outubro até o fechamento em 16 de outubro, por exemplo, o mercado caiu mais de 10%, a maior baixa de três dias desde maio de 1940 (quando o exército alemão rompeu as defesas francesas no início da Segunda Guerra Mundial). Para completar, os valores de mercado haviam tido uma alta forte devido ao aumento dramático em aquisições de empresas, e o Congresso estava considerando ativamente restringir essas atividades.

Outro fator é que, alguns anos antes do *crash* de 1987, grandes investidores haviam desenvolvido técnicas chamadas de *program trading* (ordens programadas), que permitem a venda super-rápida de enormes quantidades de ações após uma baixa do mercado. Essas técnicas ainda não haviam sido testadas, pois o mercado estava em alta havia anos. Contudo, após as vendas enormes em 16 de outubro de 1987, as ordens de venda explodiram na segunda-feira, com uma velocidade inédita. Na verdade, essas operações programadas foram (e ainda são) culpadas por boa parte do que aconteceu naquela ocasião.[10]

Uma das poucas coisas das quais temos certeza sobre o *crash* de 1987 é que os sistemas das bolsas de valores americanas sofreram um colapso. A Nyse simplesmente não conseguia lidar com o volume de negócios. A divulgação dos preços sofreu horas de atraso, então os investidores não faziam ideia do valor das suas posições. Os especialistas não conseguiam

---

[10] O sistema de ordens programadas é praticado no Brasil. Alguns o chamam de programa "*start-stop*". O *start* e *stop* programa ordens de compra e venda de ações para serem enviadas para a bolsa de valores quando a ação que o investidor pretende comprar (ou vender, caso a ação objeto esteja em sua carteira) atingir o "preço de disparo". É acionado o *start* se o preço de mercado for igual ou superior e o *stop* se for inferior. Algumas corretoras permitem o sistema somente para determinadas ações mais líquidas.

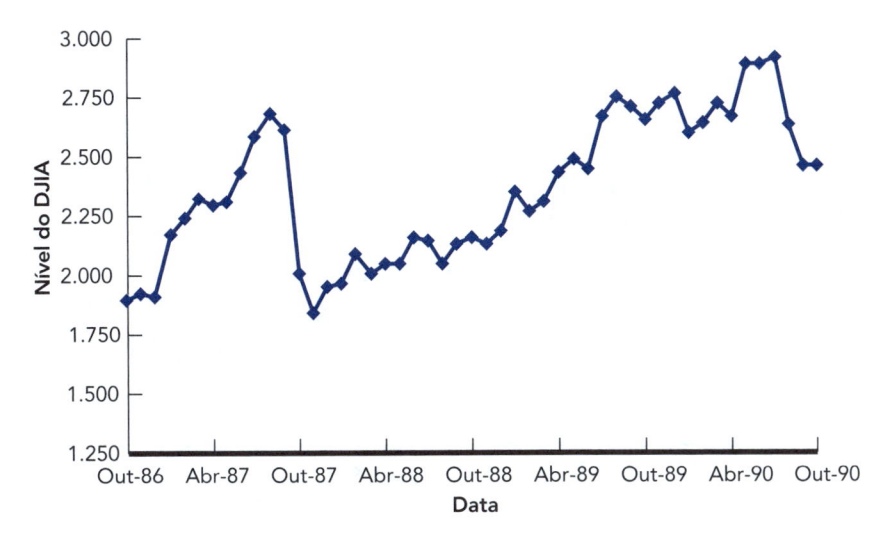

FIGURA 22.5 Índice Dow Jones, de outubro de 1986 a outubro de 1990.

lidar com a enxurrada de ordens, e alguns passaram a vender. A Nasdaq ficou *off-line* quando ficou impossível entrar em contato com os *market makers*.

Nos dois dias após o *crash*, os preços *subiram* cerca de 14%, uma das maiores altas de curto prazo da história. Os preços permaneceram voláteis por algum tempo, mas as conversas sobre leis antiaquisições no Congresso esmoreceram, e o mercado se recuperou.

O *crash* da Nikkei O *crash* do Índice Nikkei, que começou em 1990, se transformou em um mercado baixista particularmente prolongado. Nesse aspecto, ele se assemelha ao *crash* de 1929.

O *crash* asiático começou com o mercado altista dos anos 1980. O Japão e as economias emergentes asiáticas pareciam estar formando uma nova potência econômica. A "economia asiática" passou a atrair os investidores que tinham receios com o mercado americano após o *crash* de 1987.

Para você ter uma ideia da bolha que estava se formando no Japão entre 1955 e 1989, o preço dos imóveis no país aumentou 70 vezes, enquanto as ações aumentaram 100 vezes. Em 1989, os índices preço/lucro das ações japonesas atingiram recordes inéditos, e o Índice Nikkei ultrapassou os 39.000 pontos. Em retrospecto, havia inúmeros sinais negativos sobre o mercado japonês. Na época, entretanto, o otimismo sobre o crescimento futuro continuado do mercado japonês ainda era forte. Não parece que vão ocorrer *crashes* quando se olha mal para o futuro, então, assim como em tantos outros *crashes* do passado, muita gente não avistou o *crash* da Nikkei no horizonte.

Como vemos na Figura 22.6, nos três anos de dezembro de 1986 a dezembro de 1989, o Índice Nikkei 225 aumentou 115%. Durante os três anos seguintes, o índice perdeu 57% do seu valor. No início de 2020, o nível do Índice Nikkei era 50% menor em relação ao seu ápice em dezembro de 1989.

A bolha e o *crash* das "ponto-com" Quantos *sites* você acha que existiam no final de 1994? Vai acreditar se dissermos que eram apenas cerca de 10.000? No final de 1999, o número de *sites* ativos estava em cerca de 9.500.000, e no início de 2018 havia cerca de 1,3 bilhão de *sites* ativos.

Em meados da década de 1990, o aumento do uso da Internet e o seu potencial de crescimento internacional alimentaram um forte interesse e otimismo pela "nova economia". Os investidores pareciam não ligar para planos de negócios sólidos, apenas para grandes ideias. A euforia dos investidores levou a uma explosão das IPOs de Internet, chamadas de "ponto--coms", pois muitos dos nomes terminavam em ".com". Obviamente, a falta de um modelo de negócio sólido fez com que muitas das empresas recém-formadas estivessem fadadas ao

O crescimento da World Wide Web está documentado em **www.zakon.org/robert/internet/timeline**.

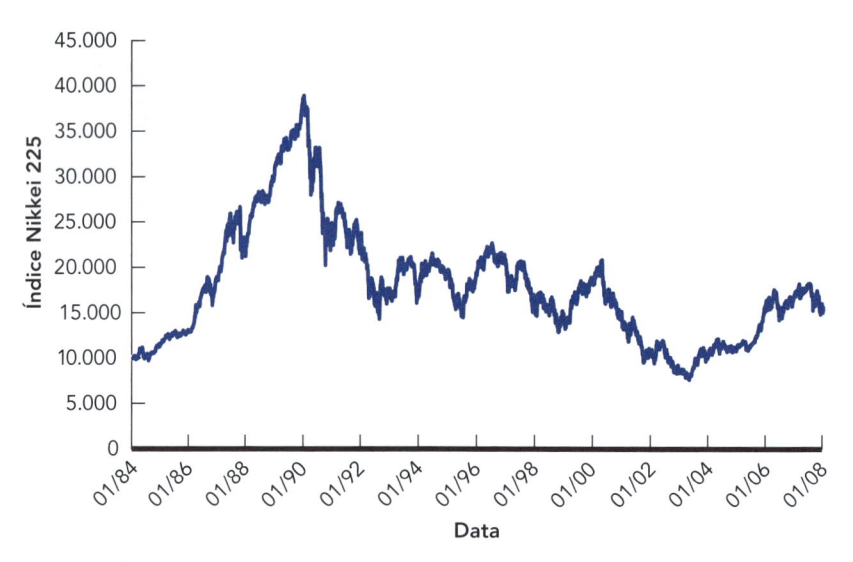

FIGURA 22.6 Índice Nikkei 225, de janeiro de 1984 a dezembro de 2007.

QUADRO 22.1 Valores do índice Amex Internet e do índice S&P 500

Data	Valor do índice Amex Internet	Ganho até o auge em 1° de outubro de 1998 (%)	Perda do auge até o mínimo (%)	Valor do índice S&P 500	Ganho até o auge em 1° de outubro de 1998 (%)	Perda do auge até o mínimo (%)
1° de outubro de 1998	114,68			986,39		
Final de março de 2000 (auge do índice da Internet)	688,52	500%		1.293,72	31%	
Início de outubro de 2002 (mínimo do índice da Internet)	58,59		−91%	776,76		−40%

Fonte: Cálculos do autor.

fracasso.[11] Muitas sofreram prejuízos gigantescos, e algumas fecharam as portas relativamente pouco tempo após suas IPOs.

A extensão da bolha das ponto-com e o *crash* subsequente aparecem no Quadro 22.1 e na Figura 22.7, que comparam o índice Amex Internet e o índice S&P 500. Como vemos no Quadro 22.1, o índice Amex Internet saltou de 114,68 em 1° de outubro de 1998 até um máximo de 688,52 no final de março de 2000, um aumento de 500%. A seguir, o índice Amex Internet caiu para 58,59 no início de outubro de 2002, uma queda de 91%; em comparação, o S&P 500 ganhou cerca de 31% no mesmo período de 1998 a 2000 e perdeu 40% entre 2000 e 2002.

A essa altura, você provavelmente está se perguntando por que alguém com todos os parafusos no lugar acharia que os mercados financeiros são minimamente eficientes. Antes de se

---

[11] Certo investidor brasileiro relatou que, com uma significativa posição em ações de uma empresa "ponto-com" latino-americana na ocasião, fora a uma apresentação para investidores dessa empresa, em New York. Durante a apresentação, alguém teria perguntado como a empresa "faria dinheiro". O fundador e presidente da empresa teria respondido: "Ainda não sabemos bem, mas as oportunidades são enormes". Esse investidor relatou que saiu discretamente da conferência e deu ordem de venda de toda a sua posição acionária na empresa. Para ele, seria "uma insanidade" ter ações de uma empresa cujo fundador e presidente não sabia como a empresa "faria dinheiro".

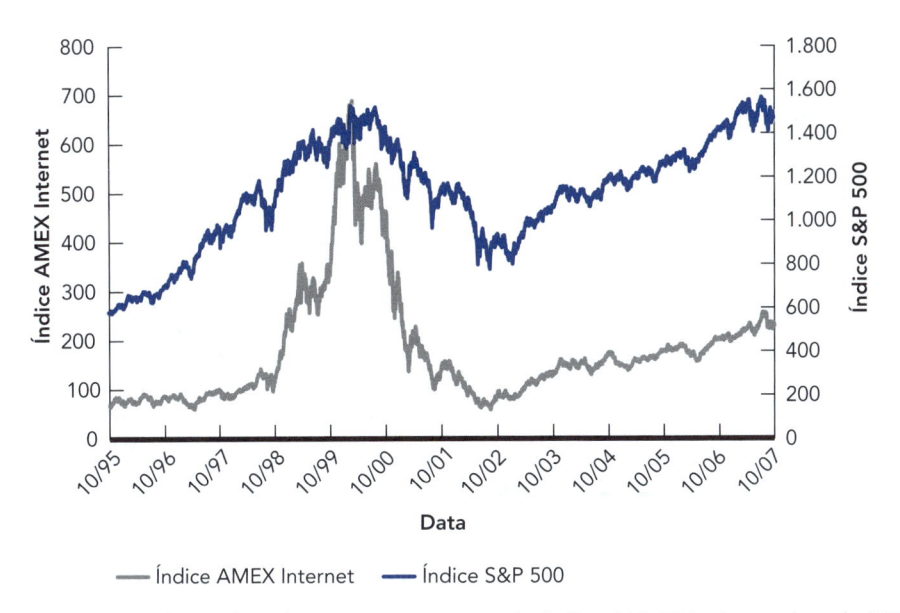

FIGURA 22.7 Valores do índice AMEX Internet e do índice S&P 500, de outubro de 1995 a outubro de 2007.

decidir, no entanto, leia a seção a seguir com muita atenção. Como veremos, o argumento em prol da eficiência do mercado é bastante forte.

Questões conceituais

22.5a O que significa o termo *limites à arbitragem*?

22.5b O que é o risco de negociador de ruído?

22.6 A eficiência do mercado e o desempenho dos gestores financeiros profissionais

Você provavelmente sabe o que é um fundo de investimentos. Os investidores juntam seu dinheiro e pagam um profissional para administrar a carteira. Existem muitos tipos de fundos. Vamos nos concentrar nos fundos que compram apenas ações, que chamaremos de *fundos de ações* (GEFs, *general equity funds* nos EUA). Existem milhares de GEFs nos Estados Unidos, e o desempenho desses fundos administrados profissionalmente foi objeto de extensos estudos.

A maioria dos fundos de ações é administrada ativamente, o que significa que o administrador do fundo compra e vende ativamente ações na tentativa de melhorar seu desempenho. Contudo, um tipo de fundo de investimento, chamado de *fundo indexado*, é administrado passivamente. Esses fundos tentam apenas replicar o desempenho dos índices da bolsa de valores, de modo que não há transações que alterem a composição de ações (a menos que o índice mude, como acontece de tempos em tempos). Os tipos mais comuns de fundo indexado imitam o índice S&P 500, que estudamos no Capítulo 12. O fundo indexado Vanguard 500 é um exemplo famoso. No início de 2020, ele era um dos maiores fundos de investimento dos Estados Unidos, com cerca de USD500 bilhões em ativos.

Se os mercados não são eficientes porque os investidores se comportam irracionalmente, então os preços das ações vão se desviar dos seus níveis de VPL zero, e deve ser possível elaborar estratégias lucrativas para tirar vantagem dessas precificações incorretas. Por conse-

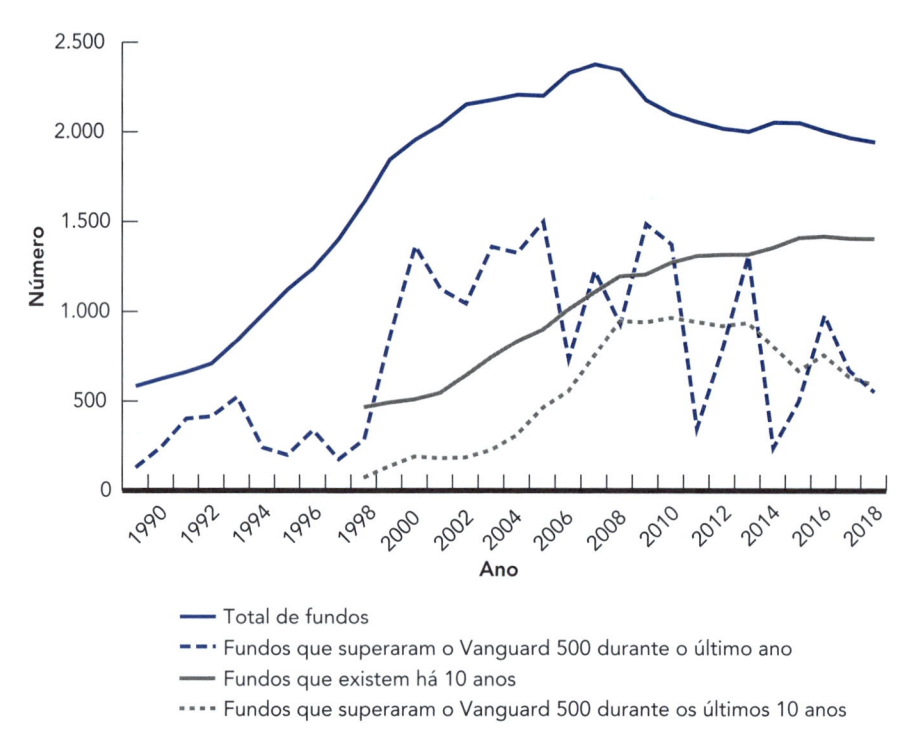

FIGURA 22.8 O crescimento dos fundos de patrimônio líquido administrados ativamente, de 1989 a 2018.

Fonte: Cálculos dos autores.

Legenda:
— Total de fundos
--- Fundos que superaram o Vanguard 500 durante o último ano
— Fundos que existem há 10 anos
···· Fundos que superaram o Vanguard 500 durante os últimos 10 anos

quência, os gestores financeiros profissionais de fundos de ações administrados ativamente deveriam ser capazes de obter desempenhos sistematicamente superiores aos dos fundos indexados. Aliás, é para isso que esses gestores ganham rios de dinheiro.

O número de fundos de ações nos EUA cresceu significativamente nos últimos 20 anos. A Figura 22.8 mostra o crescimento de seu número de 1989 a 2018. A linha azul contínua mostra o número total de fundos que existiam há pelo menos um ano, enquanto a linha cinza contínua mostra o número de fundos que existiam há pelo menos 10 anos. A Figura 22.8 mostra que os gestores financeiros profissionais têm dificuldade para manter seus fundos em existência por dez anos (se fosse fácil, não haveria muita diferença entre a linha contínua azul e a linha contínua cinza).

A Figura 22.8 também mostra o número desses fundos que supera o desempenho do fundo indexado Vanguard 500. Como vemos, há muito mais variação na linha tracejada azul do que na tracejada cinza. Isso significa que, em um ano qualquer, é difícil prever quantos gestores financeiros profissionais superarão o fundo indexado Vanguard 500. Mas o baixo nível e a baixa variação da linha tracejada cinza significam que a porcentagem de gestores financeiros profissionais que conseguem superar o fundo indexado Vanguard 500 durante um período de investimento de dez anos é baixa e estável.

As Figuras 22.9 e 22.10 são gráficos de colunas que mostram a porcentagem de fundos de ações administrados que superaram o fundo indexado Vanguard 500. A Figura 22.9 usa os dados de retornos apenas para o último ano, enquanto a Figura 22.10 usa os dados de retorno para os últimos 10 anos. Como vemos na Figura 22.9, em apenas nove dos 29 anos entre 1989 e 2018, mais de metade dos gestores financeiros profissionais superaram o fundo indexado Vanguard 500. O desempenho é pior quando analisamos períodos de investimento de 10 anos (1989-1998 e 2009-2018). Como mostra a Figura 22.10, em apenas 11 desses 21 períodos de investimento, mais de metade dos gestores financeiros profissionais superou o fundo indexado Vanguard 500.

EM SUAS PRÓPRIAS PALAVRAS...

Hersh Shefrin sobre finanças comportamentais

A maioria dos diretores financeiros (CFOs) que conheço admite que há uma diferença entre o que aprenderam sobre finanças corporativas na faculdade de administração e o que praticam como executivos. Um dos motivos mais importantes para essa diferença é o material que você está estudando neste capítulo.

É mesmo verdade que os administradores financeiros não praticam apenas o que pregam os livros didáticos da área. Na década de 1990, fiquei convencido que isso era verdade quando me tornei membro da Financial Executives International (FEI). Essa organização me deu a oportunidade de encontrar regularmente diversos CFOs e conversar com eles sobre como praticam a administração financeira. No processo, aprendi o suficiente para concluir que as finanças comportamentais são altamente aplicáveis à vida corporativa.

As finanças comportamentais são importantes por pelo menos três motivos. Primeiro, por serem humanos, os gestores financeiros são suscetíveis aos fenômenos comportamentais sobre os quais você leu neste capítulo. As finanças corporativas tradicionais oferecem muitos conceitos, ferramentas e técnicas bastante valiosos. Meu argumento não é que os materiais dos livros-texto tradicionais da área não valem nada, mas sim que muitas vezes há obstáculos psicológicos que impedem o material de ser implementado corretamente. Os custos de decisões influenciadas por fatores comportamentais podem ser altíssimos. Por exemplo, eu diria que as arapucas psicológicas foram fundamentais para as decisões que levaram à eclosão da crise global em 2008. Eu também diria que as armadilhas psicológicas foram fundamentais para as decisões que levaram ao pior desastre ambiental da história dos EUA, associado à explosão do Deepwater Horizon, o poço da BP no Golfo do México, em 2010.

Segundo, as pessoas com as quais os gestores financeiros interagem também estão sujeitas a cometer equívocos. Esperar que os outros sejam imunes ao equívoco é um equívoco em si e pode levar os gestores a tomar más decisões.

Terceiro, os equívocos dos investidores podem fazer com que os preços sejam ineficientes. Nesse aspecto, os gestores podem cometer um de dois erros diferentes. Eles podem acreditar que os preços são eficientes quando, na verdade, são ineficientes. Ou então podem acreditar que os preços são ineficientes quando, na verdade, são eficientes. Os gestores precisam saber como refletir sobre a vulnerabilidade a ambos os tipos de erro e como lidar com cada um deles.

O material deste capítulo é um excelente primeiro passo para aprender sobre finanças comportamentais. Contudo, para que esse material faça mesmo diferença, é preciso que você o integre ao que está aprendendo sobre temas tradicionais, como orçamento de capital, estrutura de capital, avaliação, política de distribuição, eficiência do mercado, governança corporativa e fusões e aquisições. É preciso estudar casos comportamentais sobre pessoas reais que tomam decisões reais e observar como a psicologia impacta essas decisões. É preciso aprender com os equívocos dessas pessoas reais na tentativa de melhorar suas próprias decisões. É assim que as finanças corporativas comportamentais vão agregar valor para você.

Hersh Shefrin é detentor da Cátedra Mario L. Belotti na Leavey School of Business da Santa Clara University e é autor de Behavioral Corporate Finance: Decisions that Create Value.

O Quadro 22.2 apresenta mais evidências sobre o desempenho dos gestores financeiros profissionais. Usando dados de 1989 a 2018, dividimos esse período em períodos de investimento de 1 ano e períodos de investimento móveis de 3, 5 e 10 anos. A seguir, após calcularmos o número de períodos de investimento, fizemos duas perguntas: (1) em qual porcentagem do tempo metade dos fundos administrados profissionalmente superaram o fundo indexado Vanguard 500?; e (2) em qual porcentagem do tempo três quartos dos fundos administrados profissionalmente superaram o fundo indexado Vanguard 500?

Como vemos no Quadro 22.2, o desempenho dos gestores profissionais geralmente é bem ruim em comparação com o fundo indexado Vanguard 500. Além disso, o desempenho dos gestores profissionais diminui à medida que o período de investimento aumenta.

As figuras e o quadro nesta seção levantam algumas perguntas difíceis e desconfortáveis para os analistas e outros profissionais de investimento. Se os mercados são ineficientes, e ferramentas como a análise dos fundamentos são valiosas, por que os gestores de fundos de investimento não têm resultados melhores? Por que eles não conseguem superar nem um índice geral de mercado?

O desempenho dos gestores financeiros profissionais é especialmente problemático quando consideramos os recursos enormes ao seu dispor e o viés de sobrevivência significativo que ocorre. O viés de sobrevivência se mostra porque os gestores e os fundos com desempenho especialmente ruim desaparecem. Se superar o mercado fosse possível, esse processo darwinista de eliminação deveria levar a uma situação na qual os sobreviventes, enquanto grupo, são capazes de superar o mercado. O fato de parecer faltar capacidade aos gestores profissionais para superar o desempenho de um índice geral de mercado é consistente com a ideia de que o mercado de ações normalmente é eficiente.

Mas então onde essa discussão sobre finanças comportamentais e eficiência do mercado nos deixa? Os grandes mercados financeiros são eficientes ou não? Com base nos últimos 40 anos de pesquisa, podemos fazer uma observação ou duas. Primeiro, observamos que a pergunta relevante não é *se* os mercados são eficientes, mas sim *quão* eficientes eles são? Parece evidente que os mercados não são perfeitamente eficientes e que existem barreiras à arbitragem. Por outro lado, a incapacidade dos gestores financeiros profissionais de superar de maneira consistente os índices simples de mercado sugere fortemente que os grandes mercados operam com um nível relativamente alto de eficiência.

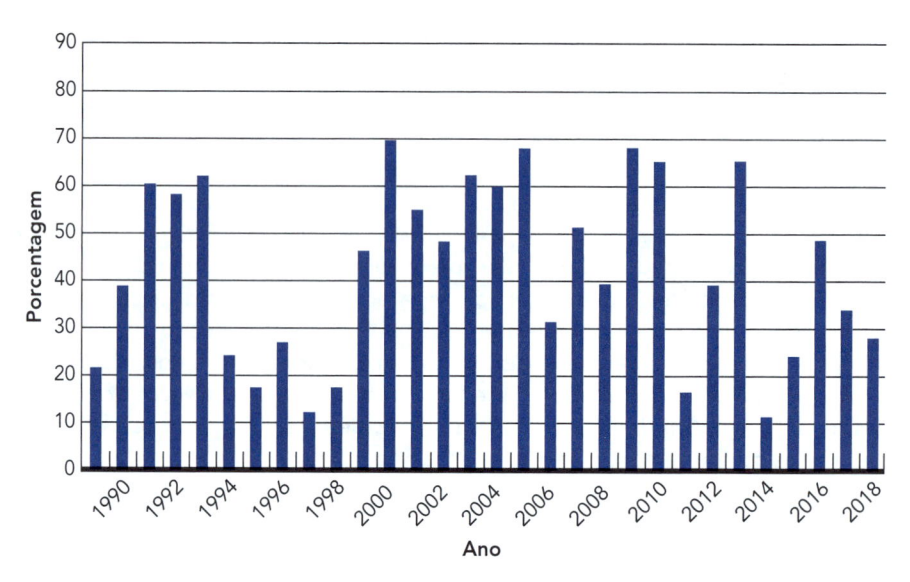

Fonte: Cálculos dos autores.

FIGURA 22.9 Porcentagem de fundos de patrimônio líquido administrados que superou o fundo indexado Vanguard 500 — retornos de um ano.

Capítulo 22 Finanças Comportamentais: Consequências para a Administração Financeira

Fonte: Cálculos dos autores.

FIGURA 22.10 Porcentagem de fundos de patrimônio líquido administrados que superou o fundo indexado Vanguard 500 — retornos de 10 anos.

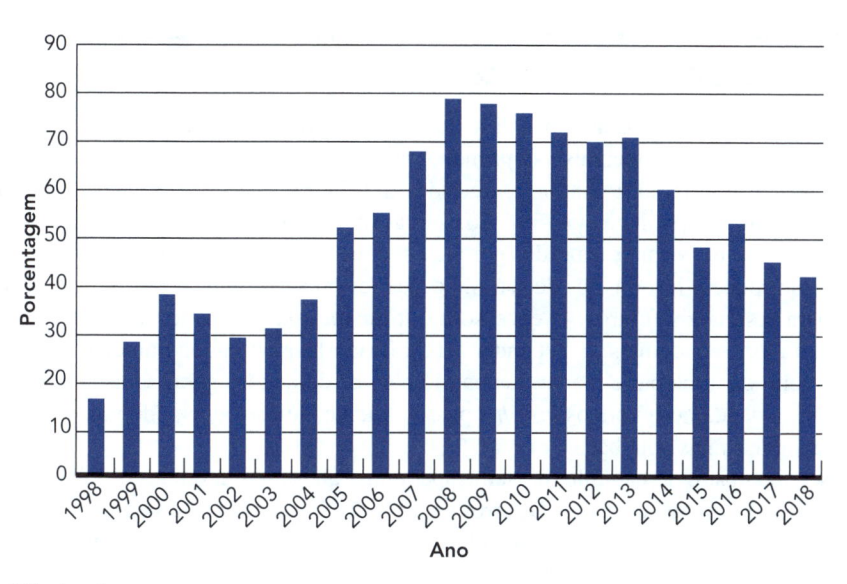

QUADRO 22.2 O desempenho dos gestores financeiros profissionais em comparação com o fundo indexado Vanguard 500

Duração de cada período de investimentos (anos)	Período	Número de períodos de investimento	Número de períodos de investimento em que metade dos fundos superam a Vanguard	Porcentagem	Número de períodos de investimento em que três quartos dos fundos superam a Vanguard	Porcentagem
1	1989-2018	30	12	40,0%	0	0,0%
3	1991-2018	28	13	46,4	1	3,6
5	1993-2018	26	13	50,0	1	3,8
10	1998-2018	21	11	52,4	3	14,3

Fonte: Cálculos dos autores.

Questões conceituais

22.6a Qual é a diferença entre um fundo indexado e um fundo de investimento administrado ativamente?

22.6b O que aprendemos estudando o desempenho histórico dos fundos de ações administrados ativamente?

22.7 Resumo e conclusões

Neste capítulo, analisamos algumas das consequências das pesquisas em psicologia cognitiva e finanças comportamentais. Na primeira parte do capítulo, vimos que um dos segredos para se tornar um melhor tomador de decisões financeiras é estar ciente de certos tipos de comportamento e aprender a evitá-los. Ao estudar finanças comportamentais, você aprende a enxergar os possíveis danos causados por vieses, dependência da forma e heurísticas.

Os vieses podem levar a más decisões, porque levam a estimativas desnecessárias e malfeitas para resultados futuros. O excesso de otimismo, por exemplo, leva a estimativas e opiniões favoráveis demais. A dependência da forma leva ao enquadramento estreito, que significa enfocar uma parte menor do cenário em vez do quadro geral. O uso de heurísticas como forma de atalho ignora os *insights* possivelmente valiosos que poderiam ser revelados por uma análise mais detalhada.

Na segunda parte do capítulo, passamos para uma questão muito mais difícil e na qual as evidências são bem menos claras. Os erros de juízo dos investidores influenciam os preços do mercado e levam ao surgimento de ineficiências? Essa questão é tema de polêmicas e controvérsias entre os pesquisadores e praticantes, e não pretendemos escolher um lado ou outro. Em vez disso, nosso objetivo é apresentar você às ideias e questões que surgem nessa área.

Como vimos, os arbitradores podem ter dificuldade para explorar as ineficiências do mercado devido ao risco específico da empresa, o risco de negociadores de ruído (ou de sentimento) e os custos de implementação. Chamamos essas dificuldades de *limites à arbitragem*, e a consequência é que algumas ineficiências podem acabar desaparecendo apenas gradualmente e que as ineficiências menores podem persistir, se não for possível explorá-las lucrativamente.

Em nossa análise da história dos mercados, vimos alguns exemplos de precificação incorreta óbvia, como na IPO da Palm. Também vimos que os mercados parecem ser suscetíveis a bolhas e *crashes*, o que sugere ineficiências significativas. Contudo, encerramos o capítulo examinando o desempenho dos gestores financeiros profissionais, e as evidências aqui são claras e marcantes: os profissionais não conseguem superar índices gerais do mercado de forma consistente, o que representa uma evidência bastante forte da eficiência do mercado.

REVISÃO DE CONCEITOS E QUESTÕES INSTIGANTES

1. **Limites à arbitragem [OA4]** Este capítulo discutiu as precificações incorretas da 3Com/Palm e da Royal Dutch/Shell. Qual dos limites à arbitragem seriam o motivo menos provável dessas precificações incorretas? Explique.
2. **Excesso de confiança [OA1]** Como o excesso de confiança afeta o gestor financeiro da empresa e os acionistas?
3. **Dependência da forma [OA2]** Como a dependência da forma leva a decisões de investimento irracionais?
4. **Risco de negociador de ruído [OA4]** O que é o risco de negociador de ruído? Como o risco de negociador de ruído leva a ineficiências do mercado?
5. **Probabilidades [OA3]** Suponha que você está participando de uma competição de cara ou coroa com uma moeda honesta e tirou oito caras seguidas. Qual é a probabilidade de tirar cara no próximo arremesso da moeda? Suponha que tirou cara no nono arremesso? Qual é a probabilidade de tirar cara no décimo?

Para revisão de outros conceitos e novas questões instigantes, consulte a página do livro no portal do Grupo A (loja.grupoa.com.br).

Gestão de Riscos Corporativos

23

A SOUTHWEST AIRLINES chegou a ser famosa pelos seus *hedges* com combustíveis. A empresa garantia preços de combustível e, assim, conseguia lucrar quando muitas outras companhias aéreas não conseguiam. Com o passar do tempo, a concorrência seguiu o seu exemplo e começou a praticar um *hedging* mais agressivo com preços de combustíveis. Durante a crise da Covid-19 em 2020, no entanto, o tráfego aéreo despencou radicalmente e as companhias aéreas descobriram que os seus *hedges* também perdiam dinheiro. Um grande problema foi que os *hedges* eram grandes demais para a queda na demanda. Em maio de 2020, o International Airlines Group, controladora da British Airways, anunciou um prejuízo de €1,325 bilhão (USD1,42 bilhão) devido a *hedging*. No mesmo mês, a Air France anunciou um prejuízo de USD488 milhões e a Singapore Airlines um de USD638 milhões também devido a *hedging*. Como veremos neste capítulo, inúmeras ferramentas financeiras sofisticadas podem ser utilizadas para lidar com riscos e fazer hedge, incluindo contratos futuros, opções e *swaps*. Também veremos que essas ferramentas podem ser uma espada de dois gumes.

Objetivos de aprendizagem

O objetivo deste capítulo é que, ao seu final, você saiba:

- **OA1** Delinear as exposições ao risco no negócio de uma empresa e como a empresa pode escolher fazer *hedging* desses riscos.
- **OA2** Descrever as semelhanças e diferenças entre contratos de futuros e contratos a termo e como esses contratos são usados para fazer *hedging* desses riscos.
- **OA3** Definir os fundamentos dos contratos de *swap* e como eles são usados para fazer *hedging* das taxas de juros.
- **OA4** Explicar os resultados de contratos de opções e como são usados para fazer *hedging* de riscos.

Para ficar por dentro dos últimos acontecimentos na área de finanças, visite www.fundamentalsofcorporatefinance.blogspot.com.

Todos os negócios enfrentam muitos tipos de riscos. Alguns, como aumentos de custo inesperados, podem ser óbvios, enquanto outros, como os desastres causados por erro humano, não são. A **gestão de riscos corporativos (ERM**, do inglês *enterprise risk management*) é o processo de identificar e avaliar riscos e, quando financeiramente apropriado, buscar atenuar os possíveis danos que eles causariam. As empresas sempre agirão de modo a gerir seus ris-

gestão de riscos corporativos (ERM)
Processo de identificar e avaliar riscos e buscar a atenuação de possíveis danos.

Para mais informações sobre instrumentos e mercados de derivativos, visite **www.moneymakers.co**.

cos. O que mudou nos últimos anos é a ideia da gestão de riscos como um exercício holístico e integrado, e não algo a ser feito de pedacinho em pedacinho. Os gestores estão muito mais conscientizados sobre a variedade, a complexidade e as integrações dos riscos no nível da empresa como um todo. Na verdade, à medida que os benefícios da ERM se tornaram mais claros, muitas empresas criaram um cargo executivo, o diretor de riscos (nos EUA, CRO, do inglês *chief risk officer*).

Em termos gerais, o risco se divide em quatro tipos. Primeiro, os *riscos de danos*, que envolvem causas externas à empresa, como desastres, furtos, roubos e processos judiciais. Segundo, os *riscos financeiros*, que decorrem de fatos como taxas de câmbio adversas, flutuações do preço de *commodities* e movimentações nas taxas de juros. Terceiro, os *riscos operacionais*, que abrangem a deterioração ou interrupção das operações por uma ampla variedade de fontes relacionadas aos negócios, incluindo recursos humanos, comercialização, distribuição e desenvolvimento de produtos e gerenciamento da cadeia de suprimentos. Por fim, os *riscos estratégicos*, que incluem questões de larga escala, como concorrência, mudanças nas necessidades dos clientes, mudanças sociais e demográficas, tendências políticas e regulatórias e inovações tecnológicas. Outro risco estratégico importante vem da possibilidade de danos à reputação da empresa em caso de problemas com produtos, fraudes, danos ao meio ambiente ou outras notícias desfavoráveis.

Outro aspecto importante da ERM é considerar os riscos no contexto da empresa como um todo. Um risco que prejudica uma divisão da empresa pode beneficiar outra, de modo que os efeitos mais ou menos se compensam. Nesse caso, atenuar o risco em uma divisão deixa a empresa como um todo em pior estado. Por exemplo, considere uma petrolífera integrada verticalmente, na qual uma divisão constrói poços de petróleo e outra refina o produto. O aumento do preço do petróleo beneficia a primeira e prejudica a segunda, mas, quando os efeitos são somados, o impacto total nos fluxos de caixa da empresa pode ser quase nulo. Da mesma forma, para uma multinacional com operações em diversos países, as flutuações das taxas de câmbio têm pouco impacto no nível da organização como um todo. Outro fato a ser reconhecido é que não vale a pena eliminar *todos* os riscos. É importante priorizar e identificar os riscos que representam o maior potencial de causar danos sociais e econômicos.

Em qualquer empresa, a gestão de riscos começa com a prevenção. A promoção de elementos como a segurança do produto e a prevenção de acidentes é obviamente importante, mas essas questões tendem a ser muito específicas de cada empresa e, logo, difíceis de discutir em termos mais gerais. A prevenção também é uma atividade mais operacional do que financeira. Contudo, determinados tipos de instrumentos financeiros são usados por empresas de todos os tipos para gerenciar e atenuar riscos, especialmente riscos financeiros e de danos, e tais instrumentos serão o foco principal deste capítulo.

23.1 Seguros

O seguro é a ferramenta de gestão de riscos mais usada de todas. Em geral, ele é usado para proteção contra riscos de danos. O seguro pode ser usado para proteção contra danos às propriedades da empresa e perdas de lucros relacionadas. Ele também protege contra passivos que poderiam decorrer de interações com terceiros. Por exemplo, assim como os indivíduos, as empresas geralmente adquirem apólices de seguro para se protegerem contra danos de grande escala, como os causados por incêndios e tempestades. Outros tipos de seguro comuns incluem:

- *Seguro de responsabilidade civil empresarial:* Protege contra custos que podem ocorrer devido a danos a terceiros causados por produtos, operações ou funcionários da empresa.
- *Seguro de lucros cessantes (também conhecido como seguro de interrupção de negócios):* Protege contra a perda de lucros caso as operações de negócios sejam interrompidas por um evento como incêndios ou desastres (no caso brasileiro, desastres naturais geralmente são riscos excluídos da cobertura desse tipo de seguro).

- *Seguro de pessoal-chave*[1]: protege contra prejuízos causados pela perda de funcionários importantes.
- *Indenização por acidente de trabalho*[2] *e seguro de responsabilidade civil patronal:* protege contra os custos que a empresa precisa pagar com relação a lesões sofridas pelos funcionários no desempenho das suas funções.[3]
- *Seguro de responsabilidade civil para administradores* (D&O). Além da cobertura de riscos da empresa, é preciso que os administradores pensem nos seus riscos pessoais, no exercício da função. O seguro de responsabilidade civil para administradores é um seguro que cobre despesas de defesa por eventual responsabilização por atos sem dolo ou má fé, e sem ofensa à lei ou ao estatuto da empresa, que ocorram no exercício de funções de diretoria, conselhos de administração, conselho fiscal, comitês do conselho de administração e outros cargos empresariais estatutários. A necessidade de cobertura de seguro de responsabilidade civil decorre da possibilidade de ações de terceiros, como reclamações de consumidores, questões trabalhistas, tributárias, concorrenciais, regulatórias, ambientais, cíveis, societárias, entre outras. Como tais ações podem ser iniciadas depois do término do exercício da função, esse seguro precisa ter cobertura além do prazo de exercício do cargo. Um prazo complementar é concedido obrigatoriamente pela seguradora, sem cobrança de qualquer prêmio adicional, e um prazo suplementar é oferecido obrigatoriamente pela seguradora, mediante cobrança facultativa de prêmio adicional, com início na data do término do prazo complementar.[4] Este seguro é conhecido no meio empresarial brasileiro como "seguro D&O", do inglês *Directors and Officers Insurance*.

É importante que as empresas e seus gestores de riscos entendam muito bem os limites e as condições das apólices e os riscos cobertos pelas apólices de seguro adquiridas. Por exemplo, perdas devido a terremotos, enchentes e terrorismo normalmente são excluídas das apólices padrões para propriedades comerciais.[5] As empresas que desejam obter cobertura para esses riscos precisam contratar aditivos especiais com as suas seguradoras. As empresas também precisam cuidar para cumprir as condições das apólices; por exemplo, os contratos muitas vezes exigem que a seguradora seja notificada de fatos ou circunstâncias danosas, ou potencialmente danosas, que poderão levar a um pedido de cobertura no futuro.[6] Nenhum gestor de riscos gostaria de conhecer as cláusulas de exclusão da sua apólice de seguro só quando um prejuízo ocorrer.

Adquirir ou não seguro é, pelo menos em princípio, uma questão de simples VPL. O prêmio de seguro é o custo, e o benefício é o valor presente da indenização esperada da seguradora para a empresa. Por exemplo, imagine que a empresa possui uma fábrica extremamente importante. Há uma pequena probabilidade, digamos, uma em 10.000 (ou 0,01%), de as instalações serem destruídas por um incêndio ou desastre natural no próximo ano. O custo para a empresa

---

[1] Nos EUA, *key personnel insurance*. Não praticado no mercado brasileiro até o momento em que escrevemos este capítulo. Eventualmente poderá ser montado por uma seguradora, a pedido de uma empresa, e contratado como "seguro personalizado".

[2] Nos EUA, *workers's compensation and employer's liability insurance*. No Brasil, a cobertura de salários por afastamento é feita pelo INSS, e o seguro para isso é obrigatório e recolhido ao INSS como seguro contra acidentes de trabalho (SAT). A empresa pode também contratar um seguro de acidentes pessoais adicional e/ou um seguro de responsabilidade civil empresarial.

[3] Agradecemos a Pedro Bramont pelos esclarecimentos sobre a correspondência dos seguros praticados no mercado brasileiro aos seguros apresentados na edição original.

[4] O prazo complementar geralmente é de dois anos; é recomendável que o prazo suplementar seja de mais três anos num total de cinco anos de cobertura adicional.

[5] No Brasil, as seguradoras incluíram nas suas apólices cláusula excludente de cobertura para quaisquer operações classificadas como "Lava Jato".

[6] Há no Brasil também a cláusula que obriga os segurados a comunicar à seguradora quaisquer eventos que, no julgamento do segurado, possam constituir eventual futura demanda de cobertura.

de reconstruir a fábrica, mais os lucros perdidos, somariam $200 milhões. Assim, a empresa pode perder $0 ou $200 milhões. O prejuízo esperado é:

Prejuízo esperado = (0,9999 × $0) + (0,0001 × $200 milhões) = $20,000

Obviamente, se a empresa puder ela mesma eliminar a possibilidade de perda a um custo cujo valor presente é de $20.000 (ou menos), é o que faria. Mas, supondo que o custo de eliminar completamente o risco (se é que isso é tecnologicamente possível) seja maior do que o valor presente de $20.000, a empresa talvez deva adquirir a cobertura de um seguro.

A decisão de a empresa adquirir seguro, ou de quais tipos de seguro a empresa deve adquirir, depende da natureza dos seus negócios, do seu tamanho, da sua aversão ao risco e também de requisitos legais ou de terceiros que exijam que a empresa apresente prova de ter seguro. Grandes empresas muitas vezes não adquirem seguro contra eventos menos dispendiosos e optam por fazer um autosseguro. Quando se analisa todos os riscos menores enfrentados por uma grande empresa, pode ser mais barato um certo nível de prejuízo do que pagar o prêmio de seguro. As empresas também podem optar por adquirir seguros com franquias altas, o que significa que será a empresa que cobrirá perdas até algum nível antes de o seguro ser acionado. Essa abordagem, enquanto protege a empresa de sofrer prejuízos verdadeiramente catastróficos, poupa ela de custos de cobertura de prejuízos menores que ela mesma possa suportar.

É preciso observar que muitos tipos de seguros, tanto empresariais quanto pessoais, têm cláusulas que, na prática, limitam a responsabilidade das seguradoras de realizar pagamentos. Uma dessas cláusulas é a disposição de *força maior*, que é um evento que basicamente liberta ambas as partes de um passivo ou obrigação. Por exemplo a National Basketball Association (NBA), a liga de basquete profissional americana, tinha uma cláusula de força maior que permitia que cancelasse a convenção coletiva de trabalho e reduzisse as obrigações de pagar os jogador no caso de um evento cataclísmico que atendesse determinados critérios. A National Football League (NFL), a liga de futebol americano, não possuía tal cláusula.

Durante a crise da Covid-19 em 2020, muitas empresas descobriram que o seu seguro contra interrupção das atividades tinha uma cláusula de força maior, o que significa que suas apólices não cobriam os prejuízos causados por uma pandemia. O raciocínio por trás desse tipo de cláusula é simples. Para a seguradora, um incêndio afeta algumas empresas de cada vez e os prejuízos são geograficamente dispersos e relativamente previsíveis para um grande número de empresas seguradas. Em uma pandemia, as interrupções das atividades são concentradas e muito mais numerosas, como vimos recentemente. Nessa situação, pagar o grande número de indenizações levaria muitas seguradoras à falência.

Em 2020, o Congresso dos EUA considerou eliminar as pandemias como motivo para negar pagamentos de seguros contra interrupção das atividades. Diversas grandes seguradoras propuseram então que o governo federal criasse um plano para permitir que as empresas adquirissem apólices de seguro contra interrupção das atividades que cobrissem *lockdowns* relacionados a pandemias. O programa proposto seguiria o modelo da Lei de Seguro contra Risco de Terrorismo, sancionada após o ataque terrorista de 11 de setembro. Um programa federal semelhante para indivíduos, que cobre danos causados por inundações, está disponível para proprietários de imóveis. Em relação a suas finanças pessoais, deveríamos confirmar que você sabe que a sua apólice de seguro imobiliário não cobre danos por inundações. Nos EUA, uma segunda apólice, oferecida pelo Programa Nacional de Seguro contra Inundações, precisa ser adquirida para proteção contra esse tipo de dano.

> **Questões conceituais**
>
> **23.1a** Quais são alguns dos tipos básicos de seguro adquiridos por empresas?
> **23.1b** O que significa dizer que a empresa faz autosseguro?

23.2 Administração do risco financeiro

Adquirir um seguro é *uma* das maneiras de as empresas gerenciarem o risco, especialmente os riscos de danos. A gestão dos riscos financeiros costuma ser trabalhada pelas empresas sem o auxílio das seguradoras. No restante deste capítulo, analisaremos como as empresas reduzem sua exposição a flutuações de preços e taxas, um processo conhecido pelo nome de **hedging**. O termo imunização também é utilizado. Como veremos, existem muitos tipos diferentes de *hedging* e muitas técnicas diferentes. Com frequência, quando uma empresa deseja fazer *hedging* de um determinado risco, não há nenhuma forma direta de fazê-lo. A função do gestor financeiro, nesses casos, é criar uma maneira de criar instrumentos financeiros usando os instrumentos financeiros disponíveis, um processo que ganhou o nome de *engenharia financeira*.

A gestão de riscos financeiros muitas vezes envolve a compra e a venda de **derivativos**. Um derivativo é um ativo financeiro que representa um direito a outro ativo financeiro. Por exemplo, uma opção sobre ações dá a seu proprietário o direito de comprar ou vender ações, que são um ativo financeiro; assim, opções sobre ações são derivativos. A engenharia financeira frequentemente envolve a criação de novos derivativos ou a combinação de derivativos existentes para atingir metas de *hedging* específicas.

Para gerir os riscos com eficácia, os gestores financeiros precisam identificar os tipos de flutuações de preço com maior impacto sobre o valor da empresa. Às vezes, elas são óbvias, mas nem sempre. Pense, por exemplo, em uma empresa de produtos florestais. Se as taxas de juros aumentam, seus custos de empréstimo claramente aumentam. No entanto, a demanda por residências também costuma diminuir com o aumento das taxas de juros. E quando a demanda por residências cai, a demanda por madeira cai também. Assim, o aumento das taxas de juros leva a maiores custos de financiamento e, também, a uma redução das receitas.

hedging
Reduzir a exposição da empresa a flutuações de preço ou taxa. Também chamado de *imunização*.

derivativo
Ativo financeiro que representa um direito a outro ativo financeiro.

O perfil de riscos

A ferramenta básica para identificar e medir a exposição de uma empresa a riscos financeiros é o **perfil de riscos**. O perfil de riscos é um gráfico que mostra a relação entre as mudanças de preço para algum bem, serviço ou taxa e a mudança no valor da empresa. Conceitualmente, construir um perfil de riscos é muito parecido com realizar uma análise de sensibilidade (descrita no Capítulo 11).

Por exemplo, pense em uma empresa de produtos agrícolas que possui uma operação de triticultura em larga escala. Como o preço do trigo pode ser bastante volátil, poderia ser interessante investigar a exposição da empresa a flutuações no preço do trigo, ou seja, seu perfil de riscos com relação ao preço do trigo. Para tanto, marcamos as mudanças de valor da empresa (ΔV) em um eixo e as mudanças do preço do trigo (ΔP_{trigo}) no outro. O resultado se encontra na Figura 23.1.

O perfil de riscos da Figura 23.1 nos diz duas coisas. Primeiro, como a linha tem inclinação positiva, aumentos no preço do trigo aumentam o valor da empresa. Como o trigo é um produto vendido pela empresa, isso não é surpresa. Segundo, como a inclinação da linha é relativamente forte, essa empresa tem uma exposição significativa a flutuações no preço do trigo, e pode ser desejável reduzir essa exposição de alguma forma.

perfil de riscos
Gráfico que mostra como o valor da empresa é afetado pelas alterações em preços ou taxas.

Reduzindo a exposição ao risco

As flutuações de preço de um determinado bem ou serviço podem ter efeitos muito diferentes em empresas de tipos diferentes. Voltando ao preço do trigo, agora vamos considerar o caso de uma processadora de alimentos. A processadora compra grandes quantidades de trigo e tem um perfil de riscos semelhante àquele ilustrado na Figura 23.2. Assim como a empresa de produtos agrícolas, o valor dessa empresa é sensível ao preço do trigo; mas, como o trigo é um insumo para ela, já que ela compra trigo, o aumento do preço leva a uma redução do valor da empresa.

Tanto a empresa de produtos agrícolas quanto a processadora de alimentos estão expostas a flutuações no preço do trigo, mas essa flutuação tem efeitos opostos para as duas empresas. Se

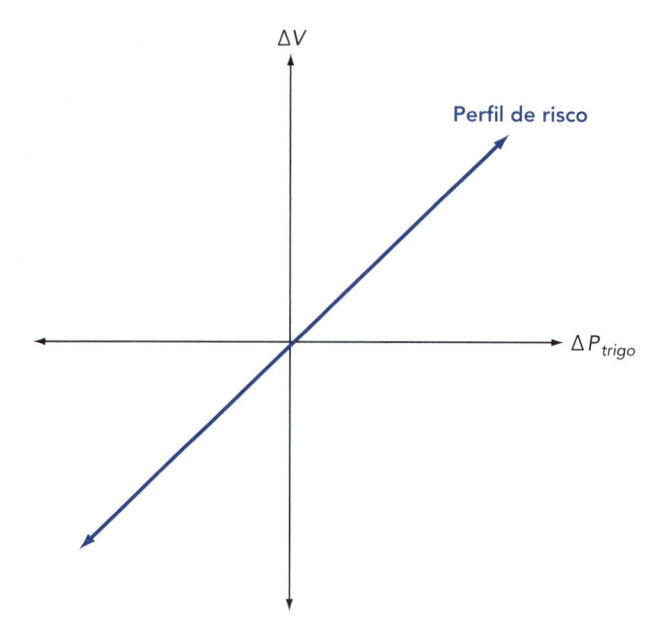

FIGURA 23.1 Perfil de riscos de um triticultor.

Para um triticultor, os aumentos inesperados no preço do trigo aumentam o valor da empresa.

elas se juntassem, boa parte do risco poderia ser eliminado. O triticultor e a processadora poderiam simplesmente concordar que, em certas datas futuras, o triticultor iria entregar uma determinada quantidade de trigo, e o processador iria pagar um preço combinado. Após assinarem o contrato, ambas as empresas fixariam o preço do trigo por todo o período de vigência do contrato, e os perfis de risco de ambas com relação ao preço do trigo se tornaria uma linha totalmente reta.

É preciso observar que, no mundo real, a empresa que faz *hedge* dos riscos financeiros quase nunca consegue criar um perfil de riscos completamente plano. Por exemplo, nosso triticultor não sabe de antemão o tamanho que a safra terá. Se a safra for maior do que o

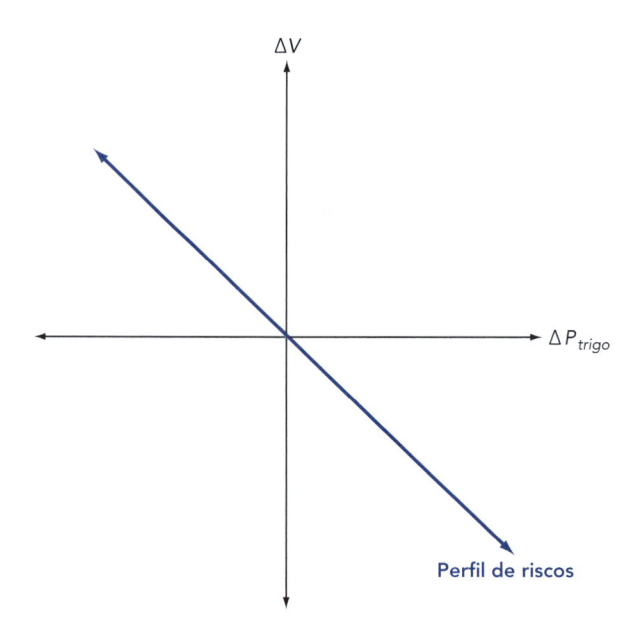

FIGURA 23.2 Perfil de riscos de um comprador de trigo.

Para um comprador, os aumentos inesperados no preço do trigo reduzem o valor da empresa.

esperado, alguma porção dela não estará protegida por *hedging*. Se a safra for pequena, o triticultor precisará comprar mais trigo para cumprir o contrato e, logo, estará exposto ao risco de mudanças no preço. Seja como for, a empresa continua exposta a flutuações no preço do trigo; contudo, o *hedging* reduz drasticamente essa exposição.

Existem vários outros motivos para o *hedging* perfeito quase nunca ser possível, mas isso não é um problema de verdade. Como a maior parte da gestão de riscos, o objetivo é *reduzir* o risco até níveis mais suportáveis e *atenuar* nosso perfil de riscos, e não necessariamente eliminá-lo por completo.

Quando refletimos sobre riscos financeiros, é importante manter em mente uma distinção importante. As flutuações de preço têm dois componentes. As mudanças de curto prazo, basicamente temporárias, são o primeiro componente. O segundo componente tem relação com mudanças de mais longo prazo e basicamente permanentes. Como veremos a seguir, esses dois tipos de mudança têm consequências muito diferentes para as empresas.

Hedging da exposição de curto prazo

Mudanças de preço temporárias e de curto prazo podem ser o resultado de choques ou eventos imprevistos. Pense, por exemplo, em aumentos súbitos no preço do suco de laranja por causa de uma geada tardia na Flórida, aumentos no preço do petróleo devido a problemas políticos e aumentos no preço da madeira porque o estoque quase esgota após um furacão. Flutuações de preço desse tipo costumam ser chamadas de mudanças *transitórias*.

As mudanças de preço de curto prazo podem levar um negócio a sofrer problemas financeiros, apesar de, no longo prazo, a empresa ser fundamentalmente sã. Isso acontece quando a empresa enfrenta aumentos súbitos de custo que não tem como repassar para seus clientes imediatamente. Cria-se uma posição de fluxo de caixa negativo, e a empresa pode não ter como cumprir suas obrigações financeiras.

Por exemplo, as safras de soja podem ser muito maiores do que o esperado em um determinado ano devido a condições de cultivo anômalas. Na época da colheita, o preço da soja fica inesperadamente baixo. A essa altura, o sojicultor já incorreu em quase todos os custos de produção. Se os preços caem demais, a receita da safra não será suficiente para cobrir os custos, e o produtor fica em apuros financeiros.

Os riscos financeiros de curto prazo também são chamados de **exposição a transações**. O nome vem do fato de a exposição financeira de curto prazo normalmente ocorrer porque a empresa precisa realizar transações no futuro próximo, a taxas ou preços incertos. Para nosso sojicultor, por exemplo, a safra precisa ser vendida ao final da colheita, mas o preço da soja é incerto. Em outro exemplo, uma empresa pode ter uma emissão de dívida com vencimento no próximo ano que será preciso substituir, mas a taxa de juros que terá de pagar não é conhecida.

Como veremos, o risco financeiro de curto prazo pode ser gerenciado de diversas maneiras. As oportunidades de *hedging* de curto prazo cresceram enormemente nos últimos anos, e as empresas cada vez mais se valem do *hedging* para eliminar as mudanças de preço transitórias.

exposição a transações
Risco financeiro de curto prazo decorrente da necessidade de comprar ou vender a taxas ou preços incertos no futuro próximo.

Uma advertência sobre o *hedging* do fluxo de caixa

Algo a observar é que, em nossa análise até aqui, falamos conceitualmente sobre fazer *hedging* do valor da empresa. Em nosso exemplo sobre o preço do trigo, no entanto, o *hedging* que estamos fazendo de fato é o do fluxo de caixa de curto prazo da empresa. Na verdade, correndo o risco de ignorar algumas sutilezas, diremos que fazer *hedging* da exposição financeira de curto prazo, fazer *hedging* da exposição a transações e fazer *hedging* dos fluxos de caixa de curto prazo são todos praticamente a mesma coisa.

Em geral, fazer *hedging* do valor da empresa diretamente é inviável; em vez disso, a empresa tenta *reduzir a incerteza* de seus fluxos de caixa de curto prazo. Assim, se a empresa puder evitar problemas de alto custo, o *hedging* do fluxo de caixa atua de forma a fazer *hedging* do valor da empresa, apesar de a ligação ser indireta. Nesses casos, é preciso tomar cuidado para garantir que o *hedging* do fluxo de caixa terá o efeito desejado.

Por exemplo, imagine uma empresa verticalmente integrada, com uma divisão produtora de petróleo e uma de varejo de gasolina. Ambas são afetadas por flutuações no preço do petróleo, mas pode ser que a empresa como um todo tenha pouquíssima exposição a transações, pois qualquer mudança transitória no preço do petróleo simplesmente beneficia uma divisão ao custo da outra. O perfil de riscos da empresa como um todo em relação ao preço do petróleo é basicamente plano. Em outras palavras, a exposição líquida da empresa é pequena. Se uma divisão, atuando por conta própria, começasse a fazer *hedging* de seus fluxos de caixa, a empresa como um todo ficaria subitamente exposta a riscos financeiros. O importante é que o *hedging* do fluxo de caixa não deve ser realizado de forma isolada. Em vez disso, a empresa deve se preocupar com sua exposição líquida. Por consequência, todas as atividades de *hedging* provavelmente devem ser centralizadas, ou pelo menos executadas de forma coordenada.

Hedging da exposição de longo prazo

As flutuações de preço também podem ser mudanças de longo prazo, mais permanentes. Estas decorrem de alterações fundamentais nas características econômicas que embasam o negócio. Se a tecnologia agrícola avança, por exemplo, então o preço da soja diminui permanentemente (na ausência de subsídios agrícolas). Se a empresa não consegue se adaptar à nova tecnologia, ela deixa de ser economicamente viável no longo prazo.

A exposição de uma empresa a riscos financeiros de longo prazo também é chamada de **exposição econômica**. Como a exposição de longo prazo está enraizada em forças econômicas fundamentais, é muito mais difícil, se não impossível, fazer *hedging* permanentemente contra ela. Por exemplo, seria possível que um triticultor e uma processadora de alimentos eliminassem permanentemente sua exposição às flutuações do preço do trigo se concordassem em um preço fixo eterno?

A resposta é não. Na verdade, o efeito desse acordo poderia ser o contrário do desejado. O motivo é que, se no longo prazo, o preço do trigo sofresse mudanças permanentes, uma das partes desse acordo mais cedo ou mais tarde não teria como honrá-lo. O comprador estaria pagando demais ou o vendedor estaria recebendo de menos. Em ambos os casos, o perdedor perderia sua competitividade e quebraria. Algo assim aconteceu na década de 1970, quando as concessionárias de serviços públicos e outros consumidores de energia nos EUA firmaram contratos de longo prazo com produtores de gás natural. O preço do gás natural despencou nos anos seguintes, e o resultado foi um caos terrível.

exposição econômica
Risco financeiro de longo prazo decorrente de mudanças permanentes em preços ou outros fundamentos econômicos.

Conclusão

No longo prazo, o negócio precisa ser economicamente viável, ou então quebra. Nem todo o *hedging* do mundo consegue mudar esse fato simples. Entretanto, ao fazer *hedging* no curto prazo, a empresa ganha tempo para ajustar suas operações e se adaptar às novas condições, sem enfrentar turbulências que podem ter alto custo. Assim, juntando as partes de nossa análise nesta seção, podemos dizer que, ao gerir os riscos financeiros, a empresa pode atingir dois objetivos importantes. O primeiro é que a empresa se isola de flutuações de preço transitórias que seriam problemáticas. O segundo é que a empresa ganha tempo para respirar fundo e se adaptar às alterações fundamentais nas condições do mercado.

> **Questões conceituais**
>
> **23.2a** O que é um perfil de riscos? Descreva os perfis de risco relativos aos preços de petróleo para uma produtora de petróleo e uma varejista de gasolina.
>
> **23.2b** Quais metas uma empresa pode atingir fazendo *hedging* de seus riscos financeiros?

23.3 *Hedging* com contratos a termo

Os contratos a termo são uma das ferramentas mais básicas e mais antigas para a gestão de riscos financeiros. Nosso objetivo nesta seção é descrever os contratos a termo e discutir como eles são usados para fazer *hedging* de riscos financeiros.

Contratos a termo: fundamentos

Um **contrato a termo** é um contrato legalmente vinculante entre duas partes, referente à venda de um ativo ou produto em um momento futuro a um preço concordado no presente. Os termos do contrato envolvem uma parte entregar os bens para a outra em uma determinada data no futuro, chamada de *data de liquidação*. A outra parte paga o *preço a termo* concordado anteriormente e aceita os bens. Em retrospecto, observe que o contrato entre o triticultor e a processadora de alimentos discutido anteriormente era, na verdade, um contrato a termo.

Os contratos a termo podem ser de compra e de venda. O *comprador* de um contrato a termo tem a obrigação de aceitar a entrega e pagar pelos bens; o *vendedor* tem a obrigação de realizar a entrega e aceitar o pagamento. O comprador de um contrato a termo se beneficia se os preços aumentam, pois o comprador garantiu um preço menor. Da mesma forma, o vendedor sai ganhando se os preços caem, pois garantiu um preço de venda maior. Observe que uma parte do contrato a termo só tem como ganhar às custas da outra, de modo que os contratos a termo representam um jogo de soma zero.

contrato a termo
Contrato legalmente vinculante entre duas partes, referente à venda de um ativo ou produto no futuro a um preço concordado no presente.

O perfil de resultados

O **perfil de resultados** é o segredo para entender como os contratos a termo (e outros contratos que analisaremos posteriormente) são usados para fazer *hedging* de riscos financeiros. Em geral, um perfil de resultados é um gráfico que mostra os ganhos e prejuízos de um contrato decorrentes de mudanças inesperadas nos preços. Por exemplo, suponha que estamos examinando um contrato a termo de petróleo. Com base em nossa discussão, o comprador do contrato a termo é obrigado a aceitar a entrega de uma determinada quantidade de petróleo em uma data futura e pagar um preço estabelecido. A Parte A da Figura 23.3 mostra o perfil de resultados do contrato a termo da perspectiva do comprador.

O que a Figura 23.3 mostra é que, à medida que o preço do petróleo aumenta, o comprador do contrato a termo se beneficia por ter garantido um preço abaixo do preço de mercado. Se o preço do petróleo diminui, o comprador perde, pois acaba pagando um preço acima do preço de mercado. Para o vendedor do contrato a termo, a situação é simplesmente o contrário. A Parte B da Figura 23.3 ilustra o perfil de resultados do vendedor.

perfil de resultados
Gráfico que mostra os ganhos e prejuízos de um contrato decorrentes de mudanças inesperadas nos preços.

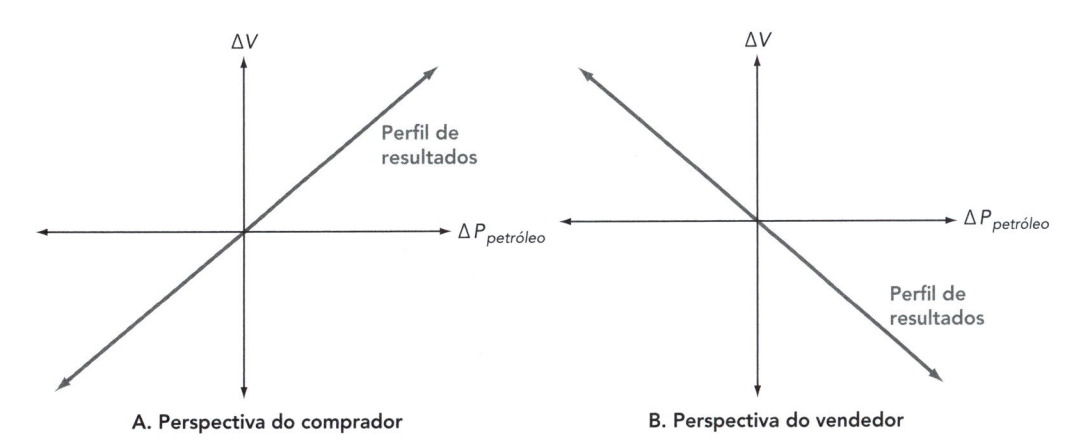

FIGURA 23.3 Perfis de resultados de um contrato a termo.

A. Perspectiva do comprador

B. Perspectiva do vendedor

Hedging com contratos a termo

Para ilustrar como os contratos a termo podem ser usados para fazer *hedging*, consideremos o caso de uma concessionária de serviços públicos que usa petróleo para gerar energia. Os preços que nossa empresa pode cobrar estão sujeitos a regulamentação e não podem ser alterados rapidamente. Por isso, os aumentos súbitos no preço do petróleo são uma fonte de risco financeiro. A Figura 23.4 ilustra o perfil de riscos da concessionária.

Se compararmos o perfil de riscos da Figura 23.4 com o do comprador de um contrato a termo, mostrado na Figura 23.3, vemos o que a concessionária de serviços públicos precisa fazer. O perfil de resultados do comprador de um contrato a termo de petróleo é exatamente o contrário do perfil de riscos da concessionária com relação ao petróleo. Se ela adquirir um contrato a termo, sua exposição a alterações inesperadas no preço do petróleo é eliminada. A Figura 23.5 mostra esse resultado.

Nosso exemplo da concessionária de serviços públicos ilustra a abordagem fundamental à gestão de riscos financeiros. Primeiro identificamos a exposição da empresa a riscos financeiros usando um perfil de riscos, depois tentamos encontrar um contrato financeiro, como um contrato a termo, que possua um perfil de resultados que compense o seu perfil de riscos.

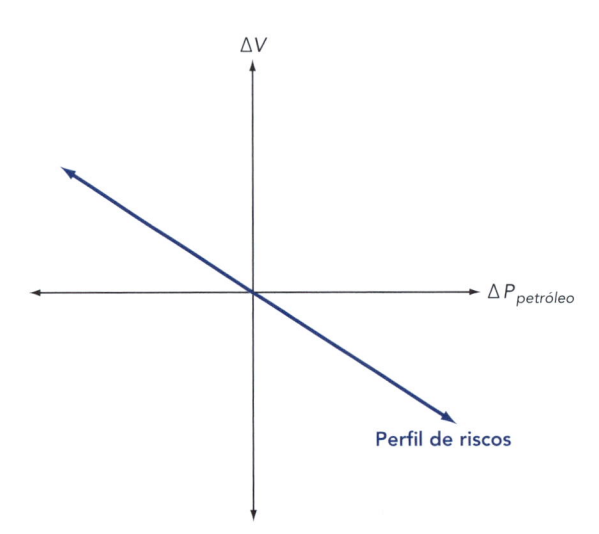

FIGURA 23.4 Perfil de riscos de um comprador de petróleo.

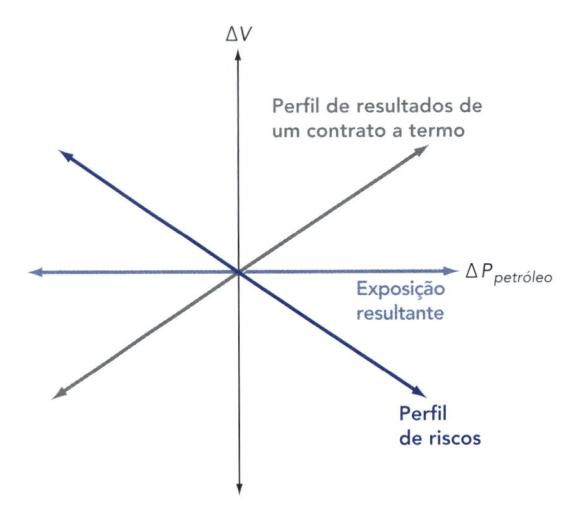

FIGURA 23.5 *Hedging* com contratos a termo.

Uma advertência A Figura 23.5 mostra que a exposição líquida da concessionária a flutuações no preço do petróleo é zero. Se os preços aumentarem, os ganhos sobre o contrato a termo compensam os danos do aumento de custos. Contudo, se os preços caírem, o benefício dos custos menores é eliminado pelos prejuízos no contrato a termo.

No *hedging* com contratos a termo, é importante lembrar que as flutuações de preço podem ser boas ou ruins, dependendo da sua direção. Quando fazemos *hedging* usando contratos a termo, eliminamos o risco associado a mudanças de preço adversas, mas também eliminamos o potencial de sair ganhando com uma mudança favorável. Você pode estar imaginando se não haveria um jeito de se proteger apenas das mudanças desfavoráveis. Há sim, como descreveremos na próxima seção.

Risco de crédito Outra coisa importante a ser lembrada é que, com um contrato a termo, o dinheiro não troca de mãos quando o contrato é assinado. O contrato é simplesmente um acordo de realizar uma transação no futuro, então ele não tem custos iniciais. Contudo, como o contrato a termo é uma obrigação financeira, há um risco de crédito. Quando a data de liquidação chega, a parte que saiu perdendo com o contrato tem um incentivo significativo para descumprir suas obrigações. Como veremos na próxima seção, existe uma variante dos contratos a termo que reduz e muito esse risco.

Os contratos a termo na prática Em que situações os contratos a termo são um instrumento comum para fazer *hedging*? Como as flutuações de taxas de câmbio podem ter consequências desastrosas para empresas com operações significativas de importação ou exportação, os contratos a termo são uma forma rotineira para essas empresas fazerem *hedging* do risco de taxa de câmbio. Por exemplo, a montadora britânica Jaguar, ex-subsidiária da Ford Motor Co., historicamente fazia *hedging* para se proteger contra flutuações na taxa de câmbio entre o dólar americano e a libra esterlina por seis meses no futuro. O tema do *hedging* de taxas de câmbio com contratos a termo foi discutido com mais detalhes no Capítulo 21.

No Brasil, um dos instrumentos mais praticados em operações de *hedge* de operações que envolvem moedas estrangeiras é o **NDF** (*non deliverable forward*), também conhecido como contrato a termo de moeda sem entrega física. Trata-se de um contrato a termo, sem possibilidade de entrega no vencimento; a liquidação no vencimento se dá exclusivamente por fluxos de caixa. A liquidação se dá pela diferença em reais entre a taxa a termo e a taxa de mercado da moeda contratada, multiplicada pelo valor do contrato em moeda estrangeira.

O contrato a termo de moeda também é negociado na B3. Para mais detalhes, acesse: http://www.b3.com.br/pt_br/produtos-e-servicos/registro/derivativos-de-balcao/contrato-a-termo-de-moeda.htm.

Questões conceituais

23.3a O que é um contrato a termo? Descreva os perfis de resultados para o comprador e o vendedor de um contrato a termo.

23.3b Explique como a empresa pode usar contratos a termo para alterar seu perfil de risco.

23.4 *Hedging* com contratos de futuros

Um **contrato de futuros** é conceitualmente o mesmo que um contrato a termo, com uma exceção. Com um contrato a termo, o comprador e o vendedor realizam os ganhos ou perdas apenas na data de liquidação. Com um contrato de futuros, ganhos e perdas são realizados diariamente. Se compramos um contrato de futuro sobre petróleo, e então o preço do petróleo aumenta no mesmo dia, temos um lucro, e o vendedor do contrato tem um prejuízo. O vendedor paga, e começamos de novo amanhã com nenhuma das partes devendo nada à outra.

A cláusula de liquidação diária dos contratos de futuros é chamada de *marcação a mercado*. Como mencionado anteriormente, os contratos a termo envolvem um risco significativo

contrato de futuros
Contrato a termo com uma cláusula de que os ganhos e perdas são realizados todos os dias, e não apenas na data de liquidação.

de inadimplência. Com a marcação a mercado diária, esse risco é muito menor. É provavelmente por isso que a negociação organizada é muito mais comum com contratos de futuros do que com contratos a termo (com exceção do comércio internacional).

Negociação de futuros

Nos Estados Unidos, e no resto do mundo, contratos de futuros sobre uma infinidade de itens são negociados todos os dias. Os tipos de contrato disponíveis tradicionalmente se dividem em dois grupos: futuros de *commodities* e futuros financeiros. Com um futuro financeiro, os bens fundamentais são ativos financeiros, como ações, títulos ou moedas. Com um futuro de *commodity*, os bens fundamentais podem ser praticamente qualquer coisa, exceto um ativo financeiro.

Existem contratos de futuros de *commodities* para uma ampla variedade de produtos agrícolas, como milho, suco de laranja e, sim, nos EUA, barrigas de porco. Há até um contrato para fertilizante. Existem contratos de *commodities* para metais preciosos, como ouro e prata, e contratos para bens elementares, como cobre e madeira. Há contratos para diversos produtos petrolíferos, como petróleo bruto, óleo para aquecimento e gasolina. Sempre que há volatilidade de preços, pode haver demanda por um contrato de futuros, e novos tipos de contrato de futuros são desenvolvidos regularmente.

Bolsas de futuros

> Visite os *sites* **www.cmegroup.com** e **www.derivatives.euronext.com** para encontrar muitas informações sobre os serviços e produtos financeiros disponíveis nessas respectivas bolsas.
>
> Visite estes *sites* da **B3** para encontrar informações sobre contratos derivativos para *commodities*, juros e moedas negociados na bolsa brasileira:
>
> http://www.b3.com.br/pt_br/produtos-e-servicos/negociacao/commodities/
>
> http://www.b3.com.br/pt_br/produtos-e-servicos/negociacao/juros/
>
> http://www.b3.com.br/pt_br/produtos-e-servicos/negociacao/moedas/
>
> Para obter um pouco de experiência real a baixíssimo custo, visite a bolsa de futuros fascinante da Universidade de Iowa, buscando por "*futures exchange*" em **iemweb.biz.uiowa.edu**

Existem diversas bolsas de futuros nos Estados Unidos e no resto do mundo, e o número continua a crescer. A Chicago Board of Trade (CBT) é uma das maiores. Outras bolsas famosas incluem a Chicago Mercantile Exchange (CME), a London International Financial Futures and Options Exchange (LIFFE), a New York Mercantile Exchange (NYMEX) e a nossa B3.

O Quadro 23.1 apresenta uma listagem parcial do *Wall Street Journal* de contratos de futuros. Analise os contratos de milho na parte esquerda do quadro e observe que eles são negociados na CBT, que um contrato é referente à entrega de 5.000 *bushels*[7] de milho e que os preços são cotados em centavos de dólar por *bushel*. Os meses nos quais os contratos vencem são informados na primeira coluna.

Para o contrato de milho com vencimento em julho, o primeiro número na linha é o preço de abertura (320,00 centavos por *bushel*), o próximo é o preço máximo do dia (322,00), e o seguinte é o preço mínimo do dia (318,00). O *preço de ajuste* é o quarto número (320,75) e é basicamente o preço de fechamento do dia. Para fins de marcação a mercado, esse é o valor utilizado. A mudança listada a seguir é o movimento do preço de ajuste desde a última sessão de negociação. As *posições em aberto* (*open interest*), o número de contratos em circulação ao final do dia (603,507), aparecem na última coluna.

Para entender as dimensões da negociação de futuros, podemos examinar os contratos de notas do Tesouro dos EUA de 5 anos (sob o título futuros de taxas de juros). Um contrato é referente a notas do Tesouro com valor de face, ou valor ao par, de USD100.000. O total das posições em aberto para esses dois meses é de 3,66 milhões de contratos. O valor de face total em circulação é, portanto, de $366 bilhões apenas para esse tipo de contrato!

Hedging com contratos de futuros

Conceitualmente, o *hedging* com contratos de futuros é idêntico ao *hedging* com contratos a termo, e o perfil de resultados de um contrato de futuros é igual ao de um contrato a termo. A única diferença do *hedging* com contratos de futuros é que, como parte do processo de marcação a mercado, a empresa precisa manter uma conta com uma corretora, para que os ganhos e as perdas sejam creditados ou debitados todos os dias.

---

[7] O *bushel* é uma medida para grãos e frutas, cuja equivalência em toneladas métricas é: 1 tonelada métrica = 39,3683 *bushels*. Os quilos equivalentes variam conforme a mercadoria.

Capítulo 23 Gestão de Riscos Corporativos

QUADRO 23.1 Amostra de cotações de preços de contratos futuros no *Wall Street Journal*

	Metal & Petroleum Futures					
	Open	High	Contract hi Lo	Low	Settle	Chg	Open Interest

	Open	High	hi Lo	Low	Settle	Chg	Open Interest
Copper-High (CMX)—25,000 lb; $ per lb							
May	2.3655	2.4260		2.3400	**2.4050**	0.0715	1,672
July	2.3375	2.4285		2.3340	**2.4040**	0.0735	99,558
Gold (CMX)—100 troy oz; $ per troy oz							
May	1755.70	1770.50	▲	1734.10	**1731.80**	−21.60	1,335
June	1757.50	1775.80		1729.30	**1734.40**	−21.90	257,707
Aug	1769.40	1787.50		1741.90	**1746.70**	−21.30	165,420
Oct	1780.00	1792.90	▲	1750.50	**1753.60**	−19.60	18,096
Dec	1780.00	1800.00	▲	1756.20	**1760.60**	−18.10	63,563
Feb' 21	1765.00	1775.00		1762.00	**1763.60**	−17.40	10,863
Palladium (NYM)—50 troy oz; $ per troy oz							
May	...	...		...	**2021.80**	169.20	...
June	1873.10	20770.00		1863.70	**2027.10**	169.20	3,381
Sept	1880.00	2050.00		1880.00	**2016.20**	161.30	3,318
Dec	2000.00	2000.00		2000.00	**2009.20**	161.50	393
Platinum (NYM)—50 troy oz; $ per troy oz.							
May	807.60	807.60		805.10	**864.70**	52.20	8
July	823.10	877.00		822.70	**869.30**	52.20	42,602
Silver (CMX)—5,000 troy oz.; $ per troy oz							
May	17.220	17.585		17.220	**17.464**	0.418	353
July	17.225	17.985		17.125	**17.468**	0.398	111,605
Crude Oil, Light Sweet (NYM)—1,000 bbl; $ per bbl							
June	29.53	33.32		29.53	**31.82**	2.39	54,931
July	29.81	33.10		29.55	**31.65**	2.13	308,131
Aug	30.30	33.52		30.15	**32.27**	2.15	248,058
Sept	30.92	33.90		30.69	**32.87**	2.18	304,304
Dec	32.25	34.77		32.13	**34.07**	2.06	339,481
Dec'21	35.55	37.81		35.55	**37.30**	1.76	129,484
NY Harbor ULSD (NYM)—42,000 gal; $ per gal							
June	.9205	1.0286		.9195	**1.0064**	.0860	52,223
July	.9585	1.0586		.9556	**1.0379**	.0831	70,002
Gasoline-NY RBOB (NYM)—42,000 gal; $ per gal							
June	.9700	1.0588		.9682	**1.0258**	.0556	45,072
July	.9882	1.0699		.9830	**1.0426**	.0588	92,197
Natural Gas (NYM)—10,000 MMBtu; $ per MMBtu							
June	1.725	1.851		1.702	**1.783**	.137	101,895
July	1.903	2.020		1.878	**1.959**	.126	311,801
Sept	2.062	2.163		2.047	**2.110**	.110	133,670
Oct	2.145	2.244		2.138	**2.198**	.100	102,926
Jan'21	2.965	3.033		2.964	**2.993**	.038	94,105
April	2.527	2.566		2.523	**2.541**	.022	69,921
Agriculture Futures							
Corn (CBT)—5,000 bu; cents per bu							
July	320.00	322.00		318.00	**320.75**	1.50	603,507
Dec	332.25	334.00		330.75	**332.75**	.75	346,236
Oats (CBT)—5,000 bu; cents per bu							
March	313.00	323.00	▲	309.50	**318.75**	6.75	2,732
May	270.00	273.75		267.50	**269.50**	−.75	1,132

	Open	High	hi Lo	Low	Settle	Chg	Open Interest
Soybeans (CBT)—5,000 bu; cents per bu							
July	840.50	847.75		838.75	**845.00**	6.50	319,483
Nov	848.00	855.00		845.75	**852.75**	7.25	173,440
Soybean Meal (CBT)—100 tons; $ per ton							
July	287.80	288.00	▼	284.50	**285.10**	−2.40	174,198
Dec	293.50	293.80	▼	291.80	**292.30**	−.70	74,397
Soybean Oil (CBT)—60,000 lb; cents per lb							
July	26.61	27.40		26.61	**27.32**	.74	177,486
Dec	27.43	28.17		27.38	**28.13**	.76	87,635
Rough Rice (CBT)—2,000 cwt; $ per cwt							
July	16.06	16.38		15.99	**16.07**	.05	6,877
May	11.91	11.95		11.86	**11.95**	.04	4,385
Wheat (CBT)—5,000 bu; cents per bu							
July	501.50	502.75	▼	493.75	**497.00**	−3.25	198,564
Sept	504.50	505.25	▼	497.00	**500.00**	−3.00	76,746
Wheat (KC)—5,000 bu; cents per bu							
July	454.25	455.50		444.50	**446.25**	−6.00	121,388
Sept	461.75	461.75		451.00	**452.00**	−6.00	39,334
Cattle-Feeder (CME)—50,000 lb; cents per lb							
May	126.175	127.000		125.500	**126.600**	1.875	2,013
Aug	132.100	133.700		131.575	**132.550**	1.475	15,413
Cattle-Live (CME)—40,000 lb; cents per lb							
June	98.000	100.000		97.175	**98.725**	1.725	46,632
Aug	98.625	99.825		97.500	**98.850**	1.025	103,245
Hogs-Lean (CME)—40,000 lb; cents per lb							
June	58.500	58.800		57.100	**57.650**	−.225	32,852
July	58.375	58.450		57.050	**57.650**	−.100	58,077
Lumber (CME)—110.000 bd ft, $ per 1,000 bd ft							
July	349.80	351.00		343.30	**346.20**	1.20	1,579
Sept	351.10	352.90		346.70	**349.40**	2.50	715
Milk (CME)—200,000 lb; cents per lb							
May	12.25	12.29		12.20	**12.24**	...	4,600
June	16.75	16.90		16.32	**16.66**	−.19	4,992
Cocoa (ICE-US)—10 metric tons; $ per ton							
July	2,393	2,416		2,376	**2,404**	5	73,008
Sept	2,367	2,390		2,354	**2,379**	4	57,839
Coffee (ICE-US)—37,500 lb; cents per lb							
May	105.70	105.70		105.70	**105.70**	.90	9
July	106.75	108.10		105.00	**107.75**	.90	80,326
Sugar-World (ICE-US)—112,000 lb; cents per lb							
July	10.52	10.83		10.47	**10.80**	.42	334,001
Oct	10.63	10.93		10.59	**10.90**	.40	239,325
Sugar-Domestic (ICE-US)—112,000 lb; cents per lb							
July	25.80	25.80		25.80	**25.80**	...	1,378
Sept	25.91	25.91		25.91	**25.91**	.01	2,611
Cotton (ICE-US)—50,000 lb; cents per lb							
July	58.40	58.96		57.40	**57.80**	−.45	86,781
Dec	57.98	58.78		57.35	**57.93**	−.24	60,174

(continua)

QUADRO 23.1 Amostra de cotações de preços de contratos futuros no Wall Street Journal (continuação)

Metal & Petroleum Futures						
Open	High	Contract hi Lo	Low	Settle	Chg	Open Interest
Orange Juice (ICE-US)—15.000 lb; cents per lb						
July	123.00	126.95 ▲	122.45	**126.80**	3.25	7.233
Sept	122.90	125.20 ▲	122.10	**125.05**	2.25	1.942
Interest Rate Futures						
Ultra Treasury Bonds (CBT)—$100.000; pts 32nds of 100%						
June	224–000	224–020	217–300	**218–030**	–5–18.0	1.040.215
Sept	222–080	222–110	216–130	**216–170**	–5–18.0	75.948
Treasury Bonds (CBT)—$100.000; pts 32nds of 100%						
June	181–010	181–040	178–020	**178–050**	–2–25.0	1.004.681
Sept	179–160	179–170	176–180	**176–200**	–2–25.0	17.806
Treasury Notes (CBT)—$100.000; pts 32nds of 100%						
June	139–115	139–125	125–117	**125–122**	–11.0	3.265.401
Sept	139–035	139–050	125–062	**125–067**	–12.0	160.418
5 Yr. Treasury Notes (CBT)—$100.000; pts 32nds of 100%						
June	125–255	125–255	125–117	**125–122**	–11.5	3.301.676
Sept	125–200	125–207	125–062	**125–067**	–12.0	357.677
2 Yr. Treasury Notes (CBT)—$200.000; pts 32nds of 100%						
June	110–094	110–099	110–066	**110–068**	–2.1	2.306.556
Sept	110–141	110–144	110–109	**110–110**	–2.5	131.607
30 Day Federal Funds (CBT)—$5.000.000; 100-daily avg						
May	99.9475	99.9500	99.9450	**99.9475**	–.0025	228.664
July	99.9450	99.9500	99.9350	**99.9350**	–.0150	215.465
10 Yr. Del. Int. Rate Swaps (CBT)—$100.000; pts 32nds of 100%						
June	105–315	106–080	105–060	**105–070**	–1–01.0	73.230
Eurodollar (CME)—$1.000.000; pts of 100%						
May	99.6375	99.6375	99.6350	**99.6234**	–.0141	388.142
June	99.6850	99.7000	99.6650	**99.6700**	–.0050	1.723.403
Sept	99.7200	99.7300	99.6950	**99.6950**	–.0200	1.628.149
Dec	99.7100	99.7200	99.6750	**99.6800**	–.0250	1.121.949
Currency Futures						
Japanese Yen (CME)—¥12.500.000; $ per 100¥						
May	.9335	.9339	.9303	**.9305**	–.0016	703
June	.9337	.9343	.9305	**.9315**	–.0010	154.057
Canadian Dollar (CME)—CAD 100.000; $ per CAD						
May	.7134	.7173	.7088	**.7162**	.0073	820
June	.7087	.7175	.7086	**.7162**	.0073	118.950
British Pound (CME)—£62.500; $ per £						
May	1.2236	1.2208	1.2080	**1.2181**	.0064	1.718
June	1.2085	1.2229	1.2079	**1.2193**	.0075	173.099

Metal & Petroleum Futures						
Open	High	Contract hi Lo	Low	Settle	Chg	Open Interest
Swiss Franc (CME)—CHF 125.000; $ per CHF						
March	1.0302	1.0342	1.0253	**1.0287**	–.0008	42.543
June	1.0328	1.0370	1.0284	**1.0316**	–.0008	135
Australian Dollar (CME)—AUD 100.000; $ per AUD						
May	.6459	.6504	.6415	**.6483**	.0065	329
June	.6414	.6528	.6413	**.6515**	.0096	131.261
Mexican Peso (CME)—MXN 500.000; $ per MXN						
May	.04199	.04258	.04166	**.04235**	.00071	1.002
June	.04145	.04245	.04139	**.04196**	.00048	98.421
Euro (CME)—€125.000; $ per €						
May	1.0825	1.0866	1.0801	**1.0856**	.0042	1.861
June	1.0820	1.0933	1.0805	**1.0920**	.0100	539.884
Index Futures						
Mini DJ Industrial Average (CBT)—$5 × index						
June	23600	24640	23538	**24507**	990	71.344
Sept	23559	24526	23468	**24405**	971	843
S&P 500 Index (CME)—$250 × index						
June	2854.90	2947.30	2851.10	**2947.90**	101.50	103.060
Sept	...	...	...	**2939.20**	101.30	11
Mini S&P 500 (CME)—$50 × index						
June	2859.75	2954.75	2850.00	**2948.00**	101.50	3.152.167
Dec	2844.25	2950.00	2838.00	**2934.00**	101.25	37.353
Mini S&P Midcap 400 (CME)—$100 × index						
June	1573.00	1680.90	1571.50	**1672.60**	96.40	71.759
June	1628.00	1672.50	1573.00	**1668.40**	94.00	4
Mini Nasdaq 100 (CME)—$20 × index						
June	9135.00	9361.50	9110.25	**9325.50**	229.00	197.701
Sept	9097.00	9344.00	9097.00	**9310.50**	229.50	2.118
Mini Russell 2000 (ICE-US)—$100 × index						
June	1254.10	1338.20	1247.50	**1333.20**	86.80	547.583
Sept	1269.70	1334.70	1246.60	**1330.80**	86.60	4.901
Mini Russell 1000 (ICE-US)—$100 × index						
June	1615.10	1632.40	1575.20	**1625.00**	50.70	8.189
U.S. Dollar Index (ICE-US)—$1.000 × index						
June	100.44	100.52	99.60	**99.68**	–.75	31.406
Sept	100.38	100.50	99.63	**99.69**	–.74	867

cross-hedging
Fazer cobertura cruzada ou *hedging* de um ativo com contratos referentes a ativos fortemente relacionados, mas não idênticos.

Apesar de existirem muitos tipos de contratos de futuros, é improvável que uma empresa específica consiga encontrar o instrumento de *hedging* exato de que precisa. Por exemplo, você poderia produzir uma determinada qualidade de petróleo, mas descobrir que não existem contratos exatamente para essa qualidade. Contudo, todos os preços de petróleo tendem a se mover juntos, então é possível fazer *hedging* da nossa produção usando contratos de futuros de outras qualidades de petróleo. Por exemplo, as companhias aéreas fazem *hedging* dos seus custos com combustível para aviação usando contratos de óleo para aquecimento. O uso de um contrato referente a um ativo relacionado, mas não idêntico, como forma de *hedging* é chamado de ***cross-hedging***, ou cobertura cruzada.

Quando uma empresa pratica *cross-hedging*, ela não quer comprar ou vender de verdade o ativo subjacente. Isso não é problema porque a empresa pode reverter sua posição futura a qualquer momento antes de o contrato vencer. Se a empresa vender um contrato de futuros para fazer *hedging* de alguma coisa, para eliminar essa sua posição em futuros, ela compra o mesmo contrato em uma data posterior. Na verdade, quase ninguém mantém um contrato de futuros até o vencimento (apesar das histórias de terror de indivíduos que acordaram com montanhas de soja empilhadas nos seus quintais). Por consequência, a entrega física real praticamente nunca se materializa.

Uma questão relacionada diz respeito ao vencimento dos contratos. A empresa pode querer fazer *hedging* durante um período relativamente longo, mas os contratos disponíveis podem ter vencimentos mais curtos. A empresa poderia decidir rolar contratos de curto prazo, mas isso envolve alguns riscos. Por exemplo, a alemã Metallgesellschaft AG quase foi à falência em 1993 após perder mais de $1 bilhão no mercado de petróleo, principalmente com o uso de derivativos. O problema começou em 1992, quando a MG Corp., uma subsidiária americana, começou a comercializar gasolina, óleo para aquecimento e *diesel*. A subsidiária firmou contratos para fornecer produtos a preços fixos por até 10 anos. Assim, se o preço do petróleo aumentasse, a empresa perderia dinheiro. A MG se protegeu, entre outras ações, comprando futuros de petróleo de curto prazo que flutuavam com os preços de energia de curto prazo. Sob esses contratos, se o preço do petróleo aumentasse, os derivativos se valorizariam. Infelizmente para a MG, o preço do petróleo caiu, e a empresa sofreu prejuízos enormes nas suas posições de derivativos de curto prazo, sem que seus contratos de longo prazo produzissem um benefício imediato para compensar as perdas. Assim, seu problema principal foi que estava fazendo *hedging* de um contrato de longo prazo usando contratos de curto prazo, uma abordagem que está longe do ideal.

> Para informações sobre a regulamentação de contratos de futuros nos EUA, visite o *site* da Comissão de Negociação de Futuros de *Commodities* em www.cftc.gov.

Questões conceituais

23.4a O que são contratos de futuros? Qual é a diferença entre eles e os contratos a termo?

23.4b O que é *cross-hedging*? Por que ele é importante?

23.5 *Hedging* com contratos de *swap*

Como o nome sugere, um **contrato de *swap*** é um acordo entre duas partes de troca (*swap*) de fluxos de caixa específicos durante determinados intervalos de tempo no futuro. Os *swaps* são uma inovação relativamente recente, tendo sido introduzidos ao público em 1981, quando a IBM e o Banco Mundial firmaram um acordo de *swap*. Desde então, o mercado de *swaps* teve crescimento explosivo.

Na verdade, um contrato de *swap* é apenas uma carteira, ou uma série, de contratos a termo. Lembre-se de que, com um contrato a termo, uma parte promete trocar um ativo (p. ex.: sacas de trigo) por outro (caixa) em uma data futura específica. Com um *swap*, a única diferença é que há múltiplas trocas em vez de uma só. Em princípio, um contrato de *swap* poderia ser adaptado a praticamente tudo. Na prática, a maioria se encaixa em uma de três categorias básicas: *swaps* de moeda, *swaps* de taxas de juros e *swaps* de *commodities*. Certamente surgirão outros tipos no futuro, mas por ora vamos nos concentrar apenas nesses três.

contrato de *swap*
Acordo entre duas partes para trocar (*swap*) fluxos de caixa específicos durante determinados intervalos de tempo no futuro.

Swaps de moeda

Com um *swap de moeda*, as duas partes concordam em trocar uma quantia específica em uma moeda por uma quantia específica em outra moeda em determinadas datas no futuro. Por exemplo, suponha que uma empresa americana possua uma subsidiária alemã e queira obter financiamento por dívida para expandir as operações da subsidiária. Como a maioria dos fluxos de caixa da subsidiária está em euros, a empresa preferiria que a subsidiária tomasse empréstimos e os pagasse em euros, o que faria *hedging* contra variações na taxa de câmbio entre o euro e o dólar. Infelizmente, a empresa tem fácil acesso ao mercado de dívida americano, mas nem tanto ao mercado de dívida alemão.

Ao mesmo tempo, uma empresa alemã gostaria de obter financiamento em dólares americanos. Ela pode fazer empréstimos baratos em euros, mas não em dólares. Ambas as empresas enfrentam problemas parecidos. Elas podem fazer empréstimos a taxas favoráveis, mas não na moeda desejada. A solução é usar um *swap* de moeda. As duas simplesmente concordam em trocar dólares por euros a uma taxa fixa em datas futuras específicas (as datas de pagamento dos empréstimos). Assim, cada empresa obtém a melhor taxa possível, e então as duas se reúnem para fazer câmbio entre si e eliminar a exposição a variações na taxa de câmbio. É uma solução elegante. Pode ser utilizada por uma empresa brasileira com operações nos EUA e na Alemanha, por exemplo.

> Uma ótima fonte de informações sobre *swaps* é o *site* da Associação Internacional de Swaps e Derivativos. Acesse **www.isda.org**.

Swaps de taxas de juros

Imagine uma empresa que deseja obter um empréstimo a uma taxa fixa, mas só consegue obter um bom negócio se tomar um empréstimo com taxa flutuante, ou seja, um empréstimo para o qual os pagamentos são ajustados periodicamente de modo a refletir variações nas taxas de juros. Outra empresa pode obter um empréstimo com taxa fixa, mas quer obter a menor taxa de juros possível e, logo, está disposta a aceitar um empréstimo com taxa flutuante. (As taxas de juros de empréstimos com taxa flutuante[8] costumam ser menores do que as taxas dos empréstimos com taxa fixa; por quê?) Ambas podem atingir seus objetivos se concordarem em trocar os pagamentos dos empréstimos; em outras palavras, as duas empresas pagariam o empréstimo uma da outra. É um exemplo de *swap de taxas de juros*; o que elas trocam de verdade é uma taxa de juros flutuante por uma fixa, ou, dito de outra forma, uma taxa pós-fixada por uma taxa pré-fixada.

Os *swaps* de taxas de juros e de moedas costumam ser combinados. Uma empresa obtém financiamento com taxa flutuante em uma determinada moeda e troca por financiamento com taxa fixa em outra. Além disso, observe que os pagamentos de empréstimos com taxa flutuante sempre se baseiam em algum índice, como a taxa DI ou a taxa de um título do Tesouro. Um *swap* de taxas de juros pode envolver trocar um empréstimo com taxa flutuante por outro como forma de trocar o índice subjacente.

Swaps de commodities

Como o nome sugere, um *swap de commodities* é um acordo para trocar uma quantidade fixa de um *commodity* em datas fixas no futuro. Os *swaps* de *commodities* são o tipo mais novo de *swap*, e o mercado para eles é pequeno em relação ao mercado para os outros tipos. O potencial de crescimento, entretanto, é gigantesco.

A engenharia financeira desenvolveu contratos de *swap* de petróleo. Por exemplo, digamos que um usuário de petróleo precise de 20.000 barris a cada trimestre. Ele poderia firmar um contrato de *swap* com um produtor de petróleo para obter esse suprimento. Com qual preço os dois concordariam? Como mencionado anteriormente, eles não podem fixar o preço para sempre. Em vez disso, poderiam concordar que o preço seria igual à *média* do preço diário do petróleo nos últimos 90 dias. Por usarem um preço médio, o impacto de flutuações de preço diárias relativamente grandes no mercado de petróleo seria reduzido, e ambas as empresas se beneficiariam com a redução em sua exposição a transações.

O dealer de swaps

Ao contrário dos contratos futuros, os contratos de *swap* não são negociados em bolsas organizadas. O principal motivo para isso é que eles não são suficientemente padronizados. Em

---
[8] O que também chamamos de taxas pós-fixadas.

vez disso, o *dealer de swaps* tem um papel crucial no mercado de *swaps*. Sem um *dealer* de *swaps*, a empresa que desejasse firmar um contrato de *swap* precisaria correr atrás de outra organização que desejasse estar na outra ponta da transação, uma busca que provavelmente seria cara e demorada.

Em vez disso, a empresa que deseja firmar um contrato de *swap* contata um *dealer*, que por sua vez assume o outro lado do contrato. Depois, o *dealer* de *swaps* tenta encontrar uma transação oposta com alguma outra parte (possivelmente outra empresa ou outro *dealer*). Se isso não for possível, o *dealer* usa contratos de futuros para praticar *hedging* e se proteger da exposição que assumiu.

Os bancos comerciais são os *dealers* de *swaps* dominantes no mercado. Na posição de grandes *dealers*, os bancos estão envolvidos em uma ampla variedade de contratos, trocando empréstimos de taxa fixa por empréstimos de taxa flutuante com algumas partes e o contrário com outros participantes. O conjunto total de contratos nos quais o *dealer* está envolvido é chamado de *swap book*. O *dealer* tenta manter uma carteira equilibrada para minimizar sua exposição líquida. Diz-se que um *swap book* equilibrado é *zerado*, ou seja, seus componentes correspondem uns aos outros.

Swaps de taxas de juros: um exemplo

Para entender melhor os contratos de *swap* e a função do *dealer*, vamos considerar um *swap* de taxas de juros flutuantes por uma taxa fixa. Suponha que a Empresa A possa tomar um empréstimo a uma taxa flutuante igual à taxa básica mais 1% ou a uma taxa fixa de 10%, e que a Empresa B possa tomar um empréstimo a uma taxa flutuante igual à taxa básica mais 2% ou a uma taxa fixa de 9,5%. A Empresa A quer um empréstimo com taxa fixa, enquanto a Empresa B quer um empréstimo com taxa flutuante. Claramente, está na hora de fazer um *swap*.

A Empresa A contata um *dealer* de *swaps* e fecha o negócio. A Empresa A toma dinheiro emprestado a uma taxa igual à taxa básica mais 1%. O *dealer* de *swaps* concorda em cobrir os pagamentos do empréstimo; em troca, a empresa concorda em fazer pagamentos a uma taxa fixa para o *dealer* a uma taxa de, por exemplo, 9,75%. Observe que o *dealer* de *swaps* está fazendo pagamentos com taxa flutuante e recebendo pagamentos com taxa fixa. A empresa está realizando pagamentos com taxa fixa, de modo que trocou um pagamento flutuante por um fixo.

A Empresa B também contata um *dealer* de *swaps*. O negócio entre eles envolve a Empresa B tomando dinheiro emprestado a uma taxa fixa de 9,5%. O *dealer* de *swaps* concorda em cobrir os pagamentos com taxa fixa, e a empresa concorda em fazer pagamentos com taxa flutuante ao *dealer* a uma taxa igual à taxa básica mais, por exemplo, 1,5%. Nesse segundo acordo, o *dealer* de *swaps* está fazendo pagamentos com taxa fixa e recebendo pagamentos com taxa flutuante.

Qual é o efeito líquido de todo esse troca-troca? Primeiro, a Empresa A obtém um empréstimo a uma taxa fixa de 9,75%, mais barato do que os 10% que poderia obter por conta própria. Segundo, a Empresa B obtém um empréstimo a uma taxa flutuante igual à taxa básica mais 1,5%, em vez da taxa básica mais 2%. O *swap* beneficia ambas as empresas.

O *dealer* de *swaps* também sai ganhando. Depois que todos os acordos estão fechados, o *dealer* recebe (da Empresa A) pagamentos a uma taxa fixa de 9,75% e faz pagamentos a uma taxa fixa de 9,5% (para a Empresa B). Ao mesmo tempo, ele faz pagamentos a uma taxa flutuante igual à taxa básica mais 1% (para a Empresa A) e recebe pagamentos a uma taxa flutuante igual à taxa básica mais 1,5% (da Empresa B). Observe que a carteira do *dealer* está perfeitamente equilibrada em termos de risco e tem exposição zero à volatilidade das taxas de juros.

A Figura 23.6 ilustra as transações do nosso *swap* de taxas de juros. Observe que a essência das transações de *swap* é aquela na qual uma empresa troca um pagamento flutuante por um fixo, enquanto a outra troca um pagamento fixo por um flutuante. O *dealer* de *swaps* atua como intermediário e lucra com a margem entre as taxas que cobra e as taxas que recebe.

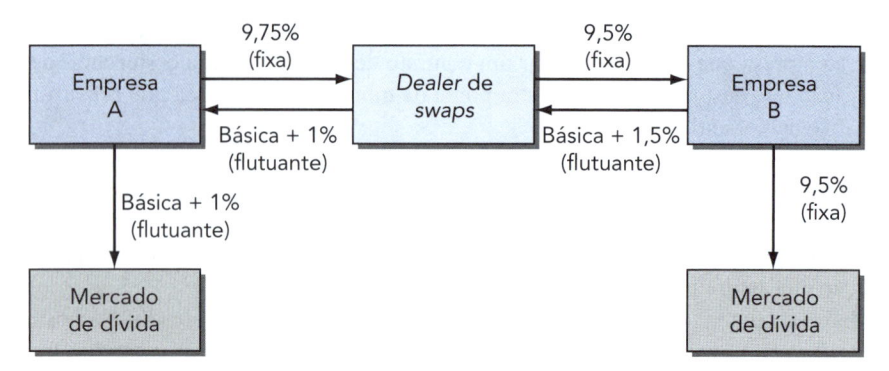

A Empresa A toma emprestado à taxa básica mais 1% e troca por uma taxa fixa de 9,75%.

A Empresa B toma emprestado à taxa fixa de 9,5% e troca por uma taxa flutuante igual à taxa básica mais 1,5%.

FIGURA 23.6 Ilustração de um *swap* de taxas de juros.

> ### Questões conceituais
>
> **23.5a** O que é um contrato de *swap*? Descreva três tipos.
>
> **23.5b** Descreva a função do *dealer* de *swaps*.
>
> **23.5c** Explique os fluxos de caixa na Figura 23.6.

23.6 *Hedging* com contratos de opções

Os contratos discutidos até aqui (contratos a termo, de futuros e *swaps*) são conceitualmente semelhantes. Em todos os casos, duas partes concordam em realizar uma transação em uma data futura ou várias. O importante é que ambas as partes são obrigadas a completar a transação.

contrato de opção
Acordo que dá ao seu titular o direito, mas não a obrigação, de comprar ou vender um determinado ativo a um preço específico por um determinado período.

Um **contrato de opção**, por outro lado, é um acordo que dá ao seu titular o direito, mas não a obrigação, de comprar ou vender (dependendo do tipo de opção) algum ativo a um preço específico por um determinado período. Aqui, vamos examinar alguns dos elementos básicos das opções e nos concentrar no uso das opções para fazer *hedging* da volatilidade dos preços de *commodities*, taxas de juros e taxas de câmbio. Nessa discussão, vamos deixar de lado grande quantidade de detalhes da terminologia das opções, das estratégias de negociação de opções e da avaliação de opções.

Terminologia das opções

opção de compra
Opção que dá ao seu titular o direito, mas não a obrigação, de comprar um ativo.

opção de venda
Opção que dá ao seu titular o direito, mas não a obrigação, de vender um ativo.

As opções vêm em dois tipos: de venda e de compra. O titular de uma **opção de compra** (ou *call*) tem o direito, mas não a obrigação, de comprar um ativo subjacente a um preço fixo, chamado de *preço de exercício*, por um determinado período. O titular de uma **opção de venda** (ou *put*) tem o direito, mas não a obrigação, de vender um ativo subjacente a um preço fixo por um determinado período.

O ato de comprar ou vender o ativo subjacente usando o contrato de opção é chamado de *exercício* da opção. Algumas opções (as "americanas") podem ser exercidas a qualquer momento até a *data de vencimento* (o último dia); outras opções (as "europeias") somente podem ser exercidas na data de vencimento. A maioria das opções é do tipo americana.

Como o titular de uma opção de compra tem o direito de adquirir o ativo subjacente pelo preço de exercício, o vendedor da opção de compra é obrigado a entregar o ativo e aceitar o preço de exercício caso a opção seja exercida. Da mesma forma, o titular da opção de venda tem o direito de vender o ativo subjacente e receber o preço de exercício. Nesse caso, o vendedor da opção de venda deve aceitar o ativo e pagar o preço de exercício.

Opções *versus* contratos a termo

Há duas diferenças fundamentais entre um contrato de opção e um contrato a termo. A primeira é óbvia. Com um contrato a termo, ambas as partes são obrigadas a realizar a transação; uma parte entrega o ativo, e a outra paga por ele. Com uma opção, a transação ocorre somente se o titular da opção escolher exercê-la.

A segunda diferença entre uma opção e um contrato a termo é que o dinheiro não troca de mãos quando o contrato a termo é criado, mas o titular de um contrato de opção obtém um direito valioso e deve pagar ao vendedor por ele, no ato da sua aquisição. O preço da opção é chamado de *prêmio da opção*.

A Chicago Board Options Exchange (CBOE) é a maior bolsa de opções do mundo. Faça uma visita virtual à bolsa no *site* **www.cboe.com**.

Perfis de resultados das opções

A Figura 23.7 mostra o perfil de resultados geral de uma opção de compra do ponto de vista do seu titular. O eixo horizontal mostra a diferença entre o valor do ativo e o preço de exercício da opção (ΔP). Como vemos, se o preço do ativo subjacente fica acima do preço de exercício, o titular da opção a exercita e obtém o lucro (ΔV). Se o valor do ativo cai abaixo do preço de exercício, o titular da opção não a exerce. Observe que esse perfil de resultados não considera o prêmio que o titular pagou pela opção.

O perfil de resultados decorrente da compra de uma opção de compra é repetido na Parte A da Figura 23.8. A Parte B mostra o perfil de resultados de uma opção de compra do lado do vendedor. A opção de compra é um jogo de soma zero, então o perfil de resultados do vendedor é exatamente o contrário do perfil de resultados do comprador.

A Parte C da Figura 23.8 mostra o perfil de resultados do titular de uma opção de venda. Nesse caso, se o valor do ativo cai abaixo do preço de exercício, o seu titular lucra, pois o vendedor da opção de venda precisa pagar o preço de exercício. A Parte D mostra que o vendedor da opção de venda perde quando o preço cai abaixo do preço de exercício.

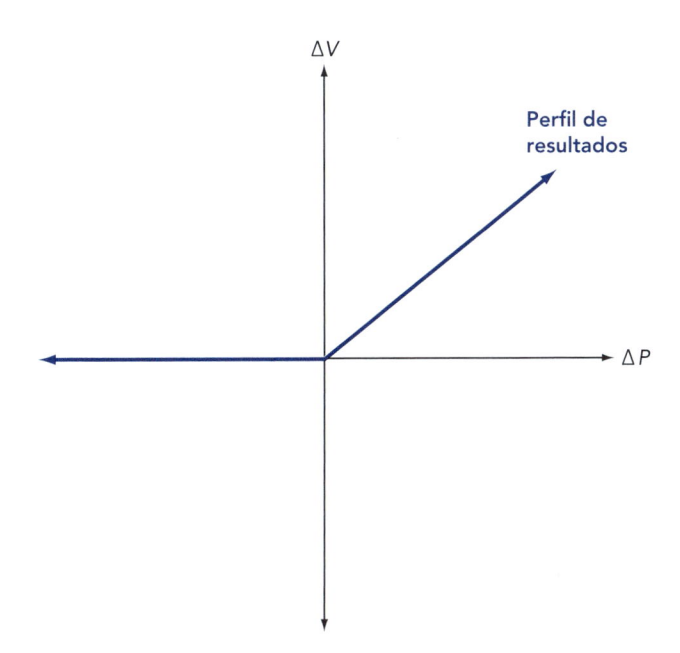

FIGURA 23.7 Perfil de resultados de uma opção de compra para o titular da opção.

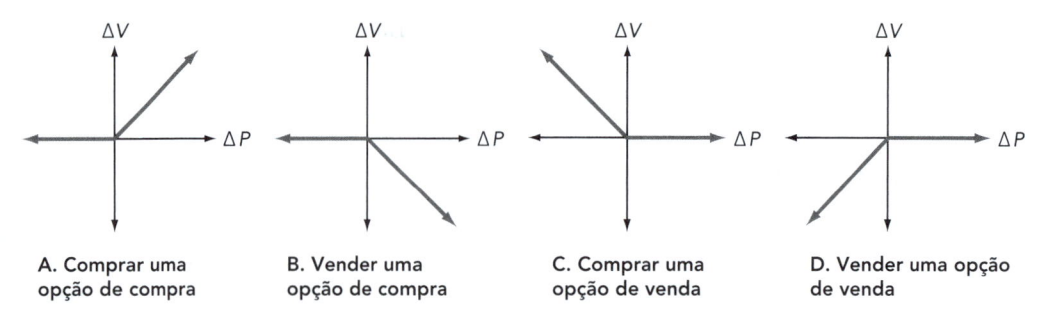

A. Comprar uma opção de compra   **B. Vender uma opção de compra**   **C. Comprar uma opção de venda**   **D. Vender uma opção de venda**

FIGURA 23.8 Perfis de resultados de opções.

Hedging com opções

Uma boa introdução aos mercados de opções se encontra em **www.optionseducation.org**.

Suponha que uma empresa tenha um perfil de riscos semelhante àquele na Parte A da Figura 23.9. O que uma empresa faria se desejasse usar opções para fazer *hedging* contra movimentos adversos nos preços? Examinando os diferentes perfis de resultados da Figura 23.8, vemos que aquele com o formato desejável é C, comprar uma opção de venda. Se a empresa compra uma opção de venda, sua exposição líquida é aquela ilustrada pela Parte B da Figura 23.9.

Nesse caso, ao comprar uma opção de venda, a empresa eliminou o lado negativo da distribuição de preços, ou seja, o risco de um movimento adverso nos preços. Contudo, a empresa preservou o potencial positivo. Em outras palavras, a opção de venda atua como uma espécie de apólice de seguro. Lembre-se de que esse seguro desejável não é gratuito: a empresa paga por ele quando compra a opção de venda.

Hedging de riscos de preços de commodities com opções

Vimos anteriormente que os contratos de futuros estão disponíveis para uma ampla variedade de *commodities* básicas, e hoje em dia há um número cada vez maior de opções para essas mesmas *commodities*. Na verdade, as opções que costumam ser negociadas sobre *commodities* são opções sobre contratos de futuros e, por esse motivo, são chamadas de *opções sobre futuros*.

Elas funcionam assim: quando uma opção sobre futuros de, por exemplo, trigo é exercida, o titular da opção recebe duas coisas. Uma é um contrato de futuros sobre trigo ao preço futuro corrente. Esse contrato pode ser fechado imediatamente, sem custo. A outra é a diferença entre o preço de exercício da opção e o preço futuro corrente. Essa diferença é simplesmente liquidada em caixa.

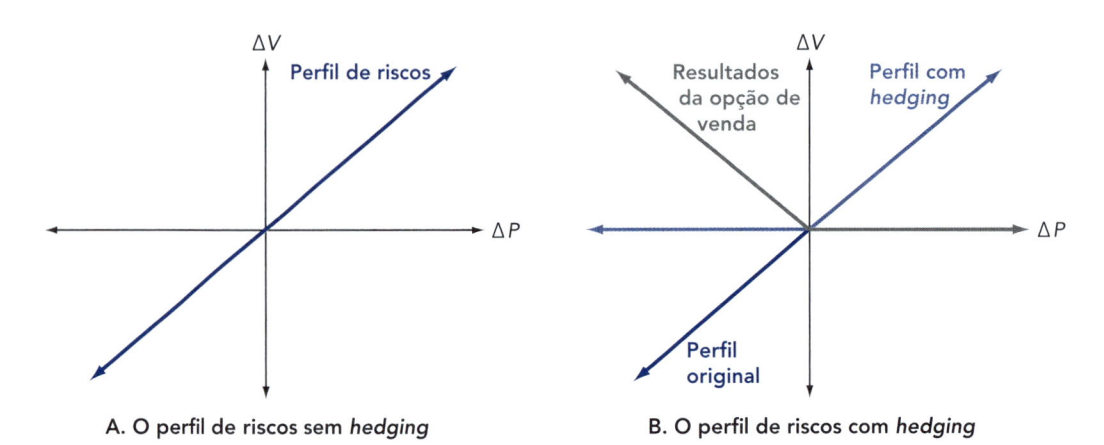

A. O perfil de riscos sem *hedging*   **B. O perfil de riscos com *hedging***

O perfil com hedging é criado pela compra de uma opção de venda, o que elimina o risco negativo.

FIGURA 23.9 *Hedging* com opções.

O Quadro 23.2 traz as cotações de opções sobre futuros de milho do *site* do CME Group com vencimento em julho de 2020. Observe que os números da coluna central nos dizem que há preços de exercício diferentes disponíveis.[9] As colunas *High* e *Low* (alto e baixo) são o preço máximo e o preço mínimo do dia, a coluna *Prior Settle* (liquidação anterior) é basicamente o preço de fechamento do dia anterior, e a coluna *Last* (último) é o preço da negociação mais recente. Observe que há uma apóstrofe na cotação. Esses contratos são negociados em oitavos. A última negociação na opção de venda de Julho 320 foi de 9'2, o que significa 9 e 2/8 centavos de dólar, ou USD0,0925.

Suponha que você compra opções de compra sobre futuros de milho de Julho 330 pelo preço de fechamento do dia. Você paga USD0,625 por saca pela opção (na verdade, elas são negociadas em múltiplos de 5.000, mas vamos ignorar esse detalhe). Se exercer a opção, você recebe um contrato futuro sobre milho e a diferença entre o preço futuro corrente e o preço de exercício, ou USD3,30 em caixa.

Hedging do risco de taxa de câmbio com opções

Além de *commodities*, há opções sobre futuros de moedas estrangeiras. Elas funcionam exatamente da mesma maneira que as opções sobre futuros de *commodities*. Também são negociadas outras opções para as quais o ativo subjacente é apenas uma moeda, e não um contrato futuro sobre uma moeda. As empresas com exposição significativa a risco de taxa de câmbio frequentemente compram opções para se proteger de variações adversas na taxa de câmbio.

Hedging do risco de taxa de juros com opções

O uso de opções para fazer *hedging* contra o risco de taxa de juros é uma prática bastante comum, e existem diversas opções que atendem a esse propósito. Algumas são opções sobre

QUADRO 23.2 Amostra de cotações de opções sobre futuros do CME Group

Fonte: CME Group (www.cmegroup.com), terça-feira, 19 de maio de 2020.

---

[9] Observe que os preços de exercício são todos cotados em centavos de dólar; por exemplo, o primeiro item é 300.0, o que significa USD3,00 por *bushel*.

futuros, como aquelas que acabamos de discutir e são negociadas em bolsas organizadas. Por exemplo, em nossa discussão sobre futuros, mencionamos o contrato sobre notas do Tesouro. Existem opções sobre esse contrato, além de vários outros contratos de futuros financeiros. Além disso, há um forte mercado de balcão em opções sobre taxas de juros. Nesta seção, descrevemos algumas dessas opções.

Uma observação preliminar Algumas opções sobre taxas de juros na verdade são opções sobre ativos que rendem juros, como títulos de dívida (ou sobre contratos de futuros de títulos de dívida). A maioria das opções negociadas em bolsas se encaixa nessa categoria. Como discutiremos a seguir, há algumas que são, de fato, opções sobre taxas de juros. A distinção é importante se estivermos pensando em usar um tipo ou o outro para fazer *hedging*. Suponha, por exemplo, que desejamos nos proteger de um aumento nas taxas de juros usando opções. O que deveríamos fazer?

A Associação dos Tesoureiros Corporativos (**www.treasurers.org**) tem muitas informações sobre diversos assuntos, incluindo a gestão de riscos.

Precisamos comprar uma opção que aumente de valor caso as taxas de juros subam. Uma alternativa seria comprar uma *opção de venda* sobre um título de dívida. Por que de venda? Lembre-se de que, quando as taxas de juros sobem, os valores dos títulos caem; assim, uma maneira de fazer *hedging* contra aumentos das taxas de juros é comprar opções de venda sobre títulos. A outra maneira de fazer *hedging* seria comprar uma *opção de compra* sobre taxas de juros. Analisaremos essa alternativa em mais detalhes na próxima seção.

Nós já mencionamos as opções sobre taxas de juros no Capítulo 7, quando analisamos a opção de resgate antecipado de títulos de dívida. Lembre-se de que a opção de resgate antecipado dá ao emissor o direito de readquirir o título de dívida a um determinado preço, chamado de preço de *resgate antecipado*. O que acontece é que, se as taxas de juros caem, o preço do título de dívida aumenta. Se ele aumenta acima do preço de resgate antecipado, o emissor exercita a opção e adquire o título de dívida por uma quantia atraente. Assim, a opção de resgate antecipado pode ser considerada uma opção de compra sobre um título de dívida ou uma opção de venda sobre taxas de juros.

Caps de taxas de juros Um *cap de taxa de juros* é uma opção de compra sobre uma taxa de juros. Suponha que a empresa tenha um empréstimo com taxa flutuante. Ela está preocupada que uma forte alta das taxas de juros possa colocar a empresa em maus lençóis financeiros por causa do aumento de suas obrigações. Para se proteger disso, a empresa pode comprar um *cap* de taxa de juros de um banco (alguns bancos se especializam em vender produtos como esse). O que acontece se a prestação do empréstimo sobe além do limite contratado (*ceiling* ou teto)? O banco paga para a empresa, em caixa, a diferença entre o *ceiling* e a obrigação real.

Um *floor* (piso) é uma opção de venda sobre uma taxa de juros. Se a empresa comprar um *cap* e vender um *floor*, o resultado é um *collar*. Ao comprar a opção de compra e vender a opção de venda a empresa fica na seguinte situação: com o *cap* ela se protege de aumentos nas taxas de juros acima do teto contratado; com a opção de venda, se as taxas de juros caem abaixo do *floor*, a opção de venda é exercida pela outra parte, contra a empresa. O resultado é que a taxa que a empresa paga não cai abaixo da taxa do *floor*. Em outras palavras, a taxa que a empresa paga fica travada numa faixa limitada entre o piso e o teto da taxa contratados. Esse mecanismo limita as perdas de ambas as partes.

Outras opções sobre taxas de juros Vamos fechar nosso capítulo mencionando brevemente dois tipos relativamente novos de opções sobre taxas de juros. Suponha que a empresa tenha um empréstimo com taxa flutuante. A empresa está satisfeita com esse empréstimo, mas gostaria de ter o direito de convertê-lo em um empréstimo com taxa fixa, em algum momento no futuro.

O que a empresa poderia fazer? O que ela quer é o direito, não a obrigação, de trocar seu empréstimo com taxa flutuante por um com taxa fixa. Em outras palavras, a empresa precisa comprar uma opção sobre um *swap*. As opções sobre *swaps* existem e são apelidadas com o nome charmoso de *swaptions*.

Existem opções sobre contratos de futuros e opções sobre contratos de *swap*, mas, e quanto a opções sobre opções? Sim, são as chamadas opções *compostas*. Como acabamos de ver, um *cap* é uma opção de compra sobre taxas de juros. Suponha que a empresa ache que, dependendo das taxas de juros, ela possa querer comprar um *cap* no futuro. Como você provavelmente já adivinhou, nesse caso, o que a empresa poderia querer adquirir hoje é uma opção sobre um *cap*. O nome inevitável que as opções sobre *caps* ganharam é *caption*, e o mercado para esses instrumentos não é pequeno.

Uso efetivo dos derivativos

Como os derivativos normalmente não aparecem nas demonstrações contábeis, é muito mais difícil observar o seu uso pelas empresas do que é o caso, por exemplo, dos empréstimos bancários.

No Brasil, as empresas devem divulgar nos seus relatórios financeiros as suas exposições líquidas a derivativos e instrumentos financeiros, apresentando um quadro de sensibilidade aos cenários avaliados.[10] O quadro a seguir apresenta a análise de sensibilidade dos efeitos em reais de diferentes cenários para o instrumento financeiro classificado como NDF (*non-deliverable forward*, ou contrato a termo de moeda sem entrega física) da WEG S/A, uma multinacional brasileira com sede em Santa Catarina. O quadro está apresentado na página 49 das Informações Trimestrais da empresa, em 30 de setembro de 2021.

WEG S/A – Análise de sensibilidade da posição em NDF em 30.09.2021

Operação	Risco	Moeda / Cotação	Valor Nocional (Em milhares)	Valor de mercado em 30/09/2021		Cenário Possível 25%		Cenário Remoto 50%	
				Cotação média	Em R$ Mil	Cotação média	Em R$ Mil	Cotação média	Em R$ Mil
Non Deliverable Forwards – NDF	Alta do Dólar	USD/BRL	173.500	5,4655	(33.531)	6,8319	(270.598)	8,1983	(507.665)
	Queda do Dólar	USD/EUR	65.500	1,1746	(4.148)	0,8706	(122.613)	0,5804	(359.542)
	Queda do Dólar	USD/ZAR	6.403	14,3589	1.898	10,7687	(8.667)	7,1791	(16.978)
	Total Dólar		245.403		**(35.781)**				
	Alta do Euro	EUR/BRL	26.000	6,3246	(2.259)	7,9058	(43.369)	9,4870	(84.479)
	Queda do Euro	EUR/COP	7.615	4.451,3500	(674)	3.338,5100	(12.793)	2.225,6700	(24.912)
	Total Euro		33.615		**(2.933)**				
	Alta do Renminbi	CNY/BRL	2.000	7,2934	185	9,1167	(2.892)	10,9400	(5.969)
	Alta do Peso Mexicano	MXN/USD	12.000	22,2268	(1.765)	27,7835	(24.313)	33,3402	(41.956)
	TOTAL				**(40.294)**				

Fonte: WEG S.A. Disponível em https://ri.weg.net/informacoes-financeiras/central-de-resultados/.

Boa parte do nosso conhecimento sobre o uso de derivativos nas empresas vem das pesquisas acadêmicas. Em geral, as pesquisas informam que o uso de derivativos parece variar bastante entre as grandes empresas de capital aberto. As grandes empresas tendem a usar os derivativos muito mais do que as pequenas. O Quadro 23.3 mostra que, para as empresas que usam derivativos, os derivativos de câmbio e de taxas de juros são os mais frequentes.

A visão dominante é que os derivativos podem ser muito úteis para reduzir a variabilidade dos fluxos de caixa da empresa, o que, por sua vez, reduz os diversos custos associados a problemas financeiros. Assim, é um tanto confuso que as grandes empresas usem os derivativos mais do que as pequenas, já que o fluxo de caixa das grandes costuma variar menos do que o das pequenas. Além disso, algumas pesquisas mostram que as empresas ocasionalmente usam derivativos para especular com preços futuros, e não apenas para fazer *hedging* de riscos.[11]

---

[10] Conforme o item 40 do CPC 40 (R1) Instrumentos Financeiros: Evidenciação.

[11] N. de R. T. No Brasil, a atividade de especulação pode trazer problemas aos gestores de empresas não financeiras, pois essa atividade não faz parte do objeto social dessas empresas. Os administradores devem se limitar ao que estipula o objeto social. E os resultados podem ser catastróficos, veja-se os famosos casos de Sadia e Aracruz em 2008.

QUADRO 23.3 Uso de derivativos: resultados de pesquisa

Porcentagem das empresas que usam derivativos	
2010	71%
2009	79

Para quais classes de ativos você usa derivativos?		
	2010	2009
Taxas de juros	65%	68%
Moedas	62	58
Crédito	13	13
Energia	19	13
Commodities	23	22
Ações	13	9

Você espera que seu uso de derivativos se altere?				
	2010		2009	
	Aumentará	Diminuirá	Aumentará	Diminuirá
Taxas de juros	19%	15%	13%	20%
Moedas	20	8	31	6
Crédito	4	4	2	13
Energia	11	7	5	9
Commodities	16	6	12	10
Ações	6	7	7	6

Você usa uma estratégia integrada de gestão de riscos ou faz *hedging* de transações ou exposições a moedas específicas?		
	2010	2009
Faz *hedging* do risco total	31,8%	21,1%
Faz *hedging* de transações	34,1	47,4
Faz *hedging* de exposições a moedas específicas	34,1	31,6

Fonte: Adaptado de *Treasury & Risk Management* (março de 2010 e março de 2012).

Contudo, a maior parte das evidências é consistente com a teoria de que os derivativos são mais usados pelas empresas cujos custos de problemas financeiros são altos e cujo acesso aos mercados de capital é limitado.

Questões conceituais

23.6a Suponha que a inclinação do perfil de risco sem *hedging* da Figura 23.9 fosse invertida. Qual estratégia de *hedging* com opções seria apropriada nesse caso?

23.6b O que é uma opção sobre futuros?

23.6c O que é um *caption*? Quem se interessaria por comprá-lo?

23.7 Resumo e conclusões

Este capítulo apresentou alguns dos princípios básicos da gestão de riscos financeiros e da engenharia financeira. A motivação para a gestão de riscos e para a engenharia financeira nasce do fato de as empresas frequentemente sofrerem uma exposição indesejada a algum tipo de risco. Isso é especialmente válido hoje em dia devido à maior volatilidade de variáveis financeiras cruciais, como taxas de juros, taxas de câmbio e preços de *commodities*.

Descrevemos a exposição de uma empresa a um determinado risco com o *perfil de riscos*. O objetivo da gestão de riscos financeiros é alterar o perfil de riscos da empresa por meio da compra e venda de derivativos, como contratos futuros, *swaps* e opções. Ao encontrar instrumentos que tenham os perfis de resultado adequados, a empresa pode reduzir ou até mesmo eliminar sua exposição a muitos tipos de risco.

O *hedging* não tem como alterar a realidade econômica fundamental do negócio. O que ele pode fazer é permitir que a empresa evite situações caras e problemáticas que poderiam decorrer de flutuações de preço temporárias no curto prazo. O *hedging* também dá à empresa tempo para reagir e se adaptar às condições do mercado. Devido à volatilidade de preço e à velocidade das mudanças econômicas, duas características do mundo dos negócios moderno, saber lidar inteligentemente com a volatilidade é cada vez mais uma missão importante para os gestores financeiros.

Além dos tipos de opções discutidos no capítulo, existem muitos outros disponíveis no mercado, e mais são criados todos os dias. Um aspecto muito importante da gestão de riscos financeiros que não foi analisado é que opções, contratos a termo, contratos futuros e *swaps* podem ser combinados de várias formas, de modo a criar novos instrumentos. Esses tipos de contrato básicos são apenas as peças fundamentais que os engenheiros financeiros usam para desenvolver produtos novos e inovadores e aprimorar a gestão de riscos empresariais.

REVISÃO DO CAPÍTULO E TESTE DE CONHECIMENTOS

23.1 Contratos de futuros Suponha que a Fazenda Grão Dourado (FGD) espera colher 50.000 sacas de trigo em setembro. A FGD está preocupada com a possibilidade de flutuações de preço entre hoje e setembro. O preço futuro do trigo de setembro no mercado internacional é USD2 por saca, e o contrato relevante é referente a 5.000 sacas. O que a FGD deveria fazer para garantir o preço de USD2? Suponha que o preço do trigo acaba sendo de USD3. Avalie os ganhos e perdas da FGD. Faça o mesmo para um preço de USD1. Ignore a marcação a mercado.

23.2 Contratos de opção Na questão anterior, suponha que as opções de venda de futuros de setembro com preço de exercício de USD2 por saca custam USD0,15 por saca. Pressupondo que a FGD está fazendo *hedging* com opções de venda, avalie seus ganhos e perdas quando o preço do trigo é de USD1,00, 2,00 e 3,00.

RESPOSTAS DA REVISÃO DO CAPÍTULO E DO TESTE DE CONHECIMENTOS

23.1 A FGD quer entregar trigo e receber um preço fixo, então precisa *vender* contratos futuros. Cada contrato envolve a entrega de 5.000 sacas, então a FGD precisa vender 10 contratos. Não há troca de dinheiro hoje.

Se o preço do trigo for USD3, a FGD recebe o equivalente a USD150.000 pela sua safra, mas perde o equivalente a USD50.000 em sua posição futura quando a fecha, pois os contratos exigem que ela venda 50.000 sacas de trigo a USD2, quando o preço na verdade é de USD3. Logo, seu saldo líquido é equivalente a USD100.000.

Se o preço do trigo acaba em USD1 por saca, a safra acaba valendo apenas USD50.000. Contudo, a FGD lucra o equivalente a USD50.000 na sua posição futura, de modo que mais uma vez seu saldo líquido é equivalente a USD100.000.

23.2 Se a FGD quer seguro apenas contra uma queda do preço, ela pode comprar 10 contratos de opção de venda. Cada contrato é referente a 5.000 sacas, de modo que o custo por contrato é de 5.000 × USD0,15 = USD750.. Para 10 contratos, o custo é de USD7.500.

Se o preço do trigo acaba em USD3 por saca, a FGD não exerce as opções de venda (por que não?). Sua safra vale o equivalente a USD150.000, mas ela teve uma despesa de USD7.500 do custo das opções, de modo que seu saldo líquido é equivalente a USD142.500.

Se o preço do trigo cai para USD1, a safra vale o equivalente a USD50.000. A FGD exerce suas opções de venda (por quê?) e, logo, força o vendedor das opções de venda a pagar USD2 por saca. No total, a FGD recebe o equivalente a USD100.000. Se subtrairmos o custo das opções de venda, vemos que o seu saldo líquido é de USD92.500. Aliás, confirme que esse é o saldo líquido sempre que o preço for igual ou menor a USD2.

REVISÃO DE CONCEITOS E QUESTÕES INSTIGANTES

1. **Estratégias de** *hedging* **[OA1]** Se uma empresa está vendendo contratos futuros de madeira como estratégia de *hedging*, o que precisa ser verdade sobre a exposição da empresa ao preço da madeira?
2. **Estratégias de** *hedging* **[OA1]** Se uma empresa está comprando opções de compra sobre futuros de soja como estratégia de *hedging*, o que precisa ser verdade sobre a exposição da empresa ao preço da soja?
3. **Contratos a termo e futuros** [OA2] Qual é a diferença entre um contrato a termo e um contrato de futuros? Por que você acha que os contratos de futuros são tão mais comuns? Existe alguma circunstância na qual você iria preferir usar contratos a termo em vez de futuros? Explique.
4. *Hedging* **de** *commodities* **[OA1]** A Ouro Negro Ltda., uma grande petrolífera, deseja fazer *hedging* e se proteger de movimentos adversos no preço do petróleo, pois essa é a principal fonte de receitas da empresa. O que ela deve fazer? Dê pelo menos dois motivos para provavelmente não ser possível obter um perfil de risco completamente plano com relação ao preço do petróleo.
5. **Fontes de risco [OA1]** Uma empresa fabrica um produto com alto uso de energia e utiliza o gás natural como fonte de energia. A concorrência usa principalmente o petróleo. Explique por que essa empresa está exposta a flutuações nos preços tanto do petróleo quanto do gás natural.

QUESTÕES E PROBLEMAS

1. **Cotações de futuros [OA2]** Volte ao Quadro 23.1 no texto e responda esta pergunta. Suponha que você compre um contrato futuro de cacau de setembro de 2020 no dia de hoje, ao último preço do dia. Qual será o seu lucro ou prejuízo se o preço do cacau for de USD2.308 por tonelada métrica na data de vencimento?
2. **Cotações de futuros [OA2]** Volte ao Quadro 23.1 no texto e responda esta pergunta. Suponha que você venda cinco contratos futuros de prata de julho de 2020 no dia de hoje ao último preço do dia. Qual será o seu ganho ou prejuízo se o preço da prata for de USD17,68 por onça na data de vencimento? E se o preço da prata for de $17,29 por onça na data de vencimento?
3. **Cotações de opções sobre futuros [OA4]** Consulte o Quadro 23.2 no texto e responda esta pergunta. Suponha que você adquire uma opção de compra de julho de 2020 sobre futuros de milho com preço de exercício de USD3,25. Suponha que você comprou

o futuro ao último preço. Quanto a sua opção custa por saca de milho? Qual é o custo total? Suponha que o preço do futuro de milho seja de $3,14 por *bushel* na data de vencimento do contrato de opção. Qual é o lucro ou prejuízo líquido dessa posição? E se o preço do futuro de milho for USD3,43 por *bushel* na data de vencimento?

4. **Resultados de opções de compra e de venda [OA4]**   Suponha que uma gestora financeira adquira opções de compra sobre 50.000 barris de petróleo com preço de exercício de USD107 por barril. Ao mesmo tempo, ela vende uma opção de venda sobre 50.000 barris de petróleo com o mesmo preço de exercício de USD107 por barril. Considere seus ganhos e perdas se o preço do petróleo for USD102, 105, 107, 109 e 112. O que você observou no perfil de resultados?

5. **Seguro [OA4]**   Suponha que sua empresa possua um edifício que valha $125 milhões. Como ele está localizado em uma área com alto risco de desastres, a probabilidade de uma perda total em cada ano é de aproximadamente 1,05%. Qual é a perda anual esperada da sua empresa para esse edifício?

Para revisão de outros conceitos e novas questões instigantes, consulte a página do livro no portal do Grupo A (loja.grupoa.com.br).

24 Opções e Finanças Corporativas

VOCÊ INVESTE USD5.000 EM AÇÕES ORDINÁRIAS DA ALPHABET: meses depois, vende as ações por USD7.500, realizando um retorno de 50%. Nada mal! Ao mesmo tempo, seu vizinho investe USD5.000 em opções sobre ações dessa empresa, que valem USD25.000 no vencimento, um retorno de 400%. Uau! Se, no entanto, as suas ações caem USD2.500 você realiza um prejuízo de 50%. Que pena! Ao mesmo tempo, as opções do seu vizinho não valem nada. Claramente, há uma diferença enorme entre ações e opções sobre ações.

Neste capítulo, exploramos os elementos fundamentais das opções e da avaliação de opções. Como veremos, as opções aparecem em muitas partes diferentes das finanças corporativas. Na verdade, quando sabemos o que procurar, é possível encontrá-las em qualquer lugar, então entender o seu funcionamento é essencial.

Objetivos do aprendizagem

O objetivo deste capítulo é que, ao seu final, você saiba:

OA1 Descrever os fundamentos das opções de compra e de venda e explicar como calcular os seus resultados e lucros.

OA2 Listar os fatores que afetam os valores das opções e mostrar como precificar opções de compra e de venda utilizando condições sem arbitragem.

OA3 Explicar os elementos básicos das opções de compra de ações para funcionários e seus benefícios e desvantagens.

OA4 Avaliar o capital próprio da empresa como uma opção sobre os seus ativos.

OA5 Avaliar opções em projetos de orçamento de capital, incluindo o tempo das opções, a opção de expandir, a opção de abandonar e a opção de diminuir a exposição.

OA6 Definir os fundamentos dos títulos de dívida conversíveis e bônus de subscrição e como avaliá-los.

Para ficar por dentro dos últimos acontecimentos na área de finanças, visite www.fundamentalsofcorporatefinance.blogspot.com.

opção
Um contrato que dá ao titular o direito de comprar ou vender algum ativo a um preço fixo em uma determinada data ou até ela.

As opções são parte do cotidiano. "Deixe suas opções em aberto" é um bom conselho para administradores, enquanto "estamos sem opções" é um sinal de problemas no horizonte. No mundo das finanças, uma **opção** é um contrato que dá ao titular o direito de comprar ou vender um ativo por um preço fixo em qualquer momento ou antes de uma determinada data.

As opções mais conhecidas são as opções sobre ações, referentes à compra e venda de ações ordinárias, que serão discutidas em detalhes nas próximas seções.

Obviamente, as opções sobre ações não são as únicas opções. Na verdade, em última análise, muitos tipos diferentes de decisões financeiras se resumem a uma avaliação de opções. Mostraremos aqui como um entendimento sobre opções agrega diversos detalhes importantes à análise do VPL discutida em capítulos anteriores.

Além disso, praticamente todos os títulos de empresas têm características de opções implícitas ou explícitas, e o seu uso está se popularizando. Por consequência, entender títulos que possuem características de opções exige um conhecimento mais geral sobre os fatores que determinam o valor de uma opção.

Este capítulo começa com uma descrição dos diferentes tipos de opções. Identificamos e analisamos os fatores gerais que determinam os valores das opções e mostramos como as dívidas e o capital próprio comuns têm características semelhantes às das opções. A seguir, examinamos as opções sobre ações para funcionários e executivos e o papel importante das opções no orçamento de capital. Por fim, ilustramos como as características de opções são incorporadas aos títulos de empresas com uma discussão sobre bônus de subscrição, títulos conversíveis e outros valores mobiliários com características de opções.

24.1 Opções: noções básicas

Uma opção é um contrato que concede a seu titular o direito de comprar ou de vender um ativo por um preço fixo em uma determinada data ou antes dela. Uma opção de um determinado imóvel pode conceder ao comprador o direito de comprar o imóvel por $1 milhão até o sábado anterior à terceira quarta-feira de janeiro de 2025, por exemplo.

As opções são um tipo de contrato financeiro com características únicas, pois fornecem ao comprador o direito, mas não a obrigação, de fazer algo. O comprador exerce a opção apenas se o exercício lhe for lucrativo; caso contrário, a opção será descartada.

Há um vocabulário especial associado a opções. Seguem algumas definições importantes:

1. **Exercer a opção**: o ato de comprar ou vender o ativo subjacente por meio do contrato de opção é chamado de *exercício da opção*.
2. **Preço de exercício (*strike*)**: o preço fixo do contrato de opção pelo qual o titular pode comprar ou vender o ativo subjacente é chamado de *preço de exercício*, (*strike price* ou *strike*).
3. **Data de vencimento**: em geral, as opções têm duração limitada. Dizemos que a opção vence ou expira ao final da sua vida. O último dia no qual uma opção pode ser exercida é chamado de *data de vencimento*.
4. **Opção americana e opção europeia**: uma opção do tipo americana pode ser exercida a qualquer momento até a data de vencimento. Uma do tipo opção europeia pode ser exercida apenas na data de vencimento.

Opções de compra e de venda (*puts* e *calls*)

As opções vêm em dois tipos: de venda (*puts*) e de compra (*calls*). A **opção de compra** dá ao titular o direito de *comprar* um ativo a um preço fixo por um determinado período. Para ajudar a lembrar da diferença, pense que a opção de compra lhe dá o direito de "chamar" (*call*) o ativo para você.

Uma **opção de venda** é, basicamente, o oposto de uma opção de compra. Em vez de dar o direito de comprar um ativo, ela concede ao titular o direito de *vender* o ativo por um preço de exercício fixo. Se comprar uma opção de venda, pode forçar o vendedor da opção a comprar o ativo de você por um preço fixo e "colocar" (*put*) o prejuízo na carteira do outro.

E quanto ao investidor que *vende* uma opção de compra? O vendedor recebe dinheiro na sua entrada na operação e tem a *obrigação* de vender o ativo pelo preço de exercício caso

---

exercer a opção
O ato de comprar ou vender o ativo subjacente por meio do contrato de opção.

preço de exercício
O preço fixado no contrato de opção pelo qual o titular pode comprar ou vender o ativo subjacente.

data de vencimento
O último dia no qual uma opção pode ser exercida.

opção americana
Uma opção que pode ser exercida em qualquer momento até a sua data de vencimento.

opção europeia
Uma opção que pode ser exercida apenas na sua data de vencimento.

opção de compra (*call*)
O direito de comprar um ativo a um preço fixo durante um determinado período.

opção de venda (*put*)
O direito de vender um ativo a um preço fixo durante um determinado período. O contrário de uma opção de compra.

o titular da opção assim o queira. Da mesma forma, um investidor que *vende* uma opção de venda recebe dinheiro na sua entrada na operação e é obrigado a comprar o ativo pelo preço de exercício caso o titular da opção assim o queira.[1]

O ativo envolvido em uma opção pode ser qualquer coisa. As opções mais compradas e vendidas são as opções sobre ações, referentes à compra e venda de ações de emissão de empresas. Como são os tipos mais conhecidos de opção, vamos estudá-las primeiro. Durante essa nossa discussão, mantenha em mente que os princípios gerais se aplicam a opções que envolvem qualquer ativo, não apenas ações.

Cotações de opções sobre ações

Em 26 de abril de 1973, a Chicago Board Options Exchange (CBOE) foi inaugurada e começou a negociação organizada de opções sobre ações. Opções de compra e venda sobre algumas das empresas mais famosas dos EUA são negociadas nela. A CBOE ainda é a maior bolsa de opções organizada, mas as opções também são negociadas em diversos outros mercados, incluindo a Nyse e a Nasdaq. Quase todas essas opções são do tipo americana (em contraponto às opções do tipo europeias).

Uma cotação simplificada de uma opção da CBOE seria mais ou menos assim:

Preços no encerramento, 15 de junho de 2021							
RWJ (RWJ)					Preço da ação subjacente: $100,00		
		Opção de compra			Opção de venda		
Vencimento	Exercício	Último	Volume	Posições em aberto	Último	Volume	Posições em aberto
Jun	95	6	120	400	2	80	1.000
Jul	95	6,50	40	200	2,80	100	4.600
Ago	95	8	70	600	4	20	800

O primeiro item que chama a atenção é o código identificador da empresa, RWJ. Este nos informa que as opções envolvem o direito de comprar ou vender ações da RWJ Corporation. À direita do código, temos o preço de fechamento da ação. No fechamento do dia anterior à cotação, as ações da RWJ eram negociadas por $100 por ação.

A primeira coluna do quadro mostra os meses de vencimento (junho, julho e agosto). Todas as opções da CBOE vencem após a terceira sexta-feira do mês de vencimento. A próxima coluna mostra o preço de exercício. As opções da RWJ listadas aqui têm preço de exercício de $95.

As três colunas seguintes nos fornecem informações sobre opções de compra. A primeira informação é o preço mais recente (Último). A seguir, temos o volume, que nos informa o número de *contratos* de opção negociados naquele dia. Um contrato de opção envolve o direito de comprar (para um *call*) ou vender (para um *put*) 100 ações, sendo que todos os negócios reais ocorrem por meio de contratos. Os preços das opções são cotados em valores por ação.

A última informação dada para as opções de compra é o número de posições em aberto, que representa o número de contratos de cada tipo em circulação no momento. As três colunas de informações das opções de compra (preço, volume e posições em aberto) se repetem para as opções de venda.

A primeira opção listada seria descrita como "RWJ junho 95 *call*". O preço dessa opção é $6. Se pagar $6, você terá o direito, em qualquer momento entre hoje a terceira sexta-feira de junho, de comprar uma ação da RWJ por $95. Como os negócios são realizados em lotes padrão (múltiplos de 100 ações), o custo de um contrato de opção seria $6 × 100 = $600.

Na B3, visite http://www.b3.com.br/pt_br/produtos-e-servicos/negociacao/renda-variavel/opcoes-sobre-acoes.htm

Visite as seguintes bolsas de opções: **www.cboe.com**, **www.euronext.com**

---

[1] Diz-se que um investidor que vendeu uma opção "lançou" a opção.

QUADRO 24.1 Amostra de cotação de opções sobre ações da da Uber (UBER)

	CALLS							PUTS				
LAST	CHANGE	BID	ASK	VOLUME	OPEN INT.	STRIKE	LAST	CHANGE	BID	ASK	VOLUME	OPEN INT.
2.70	+0.74	2.94	3.05	122	562	30	0.16	-0.24	0.14	0.16	122	589
2.38	+0.68	2.52	2.57	62	289	30.5	0.24	-0.28	0.20	0.23	46	196
2.00	+0.69	2.11	2.15	995	1813	31	0.32	-0.38	0.30	0.33	56	130
1.75	+0.70	1.74	1.78	70	299	31.5	0.46	-0.49	0.43	0.46	16	15
1.35	+0.57	1.41	1.45	622	839	32	0.63	-0.54	0.59	0.63	32	26
1.08	+0.38	1.13	1.16	166	149	32.5	0.97	-0.39	0.80	0.83	21	18
0.81	+0.34	0.88	0.91	120	255	33	1.10	-1.67	1.05	1.09	5	4
0.68	+0.33	0.68	0.70	195	55	33.5	1.47	-1.01	1.35	1.38	4	28
0.51	+0.20	0.52	0.54	53	282	34	1.75	-0.68	1.69	1.72	13	1
0.28	+0.02	0.39	0.41	64	699	34.5	3.10	0.00	2.05	2.09	0	1
0.30	+0.13	0.29	0.31	122	237	35	2.78	-0.59	2.45	2.50	13	345
0.09	0.00	0.21	0.24	0	5	35.5			2.80	2.99	0	0
0.15		0.15	0.18	5	0	36			3.20	3.45	0	0

EXPIRES: 01/24/2020 — LAST TRADE: $32.81 (AS OF JAN 7, 2020)

Fonte: www.nasdaq.com, January 24, 2020.

As outras cotações são semelhantes. A RWJ julho 95 *put* custa $2,80. Se pagar $2,80 × 100 = $280, você terá o direito de vender 100 ações da RWJ em qualquer momento entre hoje e a terceira sexta-feira de julho ao preço de $95 por ação.

O Quadro 24.1 contém uma cotação mais detalhada da CBOE, reproduzida de www.nasdaq.com. A empresa é o aplicativo de caronas pagas Uber (UBER). Analisando as últimas linhas do quadro, vemos que as ações da Uber são negociadas a $32,81 por ação. Observe que há múltiplos preços de exercício envolvidos. Como mostrado, estão disponíveis opções de compra e de venda com preços de exercício de 30 a 36.

Para confirmar o seu entendimento sobre cotações de opções, imagine que deseja o direito de vender 100 ações da Uber por $33 em qualquer momento até 24 de janeiro. O que você deveria fazer? E quanto custaria?

Como deseja o direito de vender a ação por $30, você precisa comprar uma opção de *venda* com preço de exercício de $30. Assim, você entra no sistema e pede um contrato contrato UBER janeiro 33 *put*. Como esse contrato está cotado em $1,09, você precisará pagar $1,09 por ação, ou $109 no total (mais a comissão).

Obviamente, você pode consultar preços de opções em muitos *sites* diferentes. O quadro *Exercícios na Internet* dá um exemplo. Observe como os *tickers* são mais complexos para opções do que para ações.

Resultados de opções

Analisando o Quadro 24.1, suponha que você compre 50 contratos janeiro 30 *call*. A opção é cotada em $3,05, então cada contrato custa $305. No total, você gasta 50 × $305 = $5.250. Você espera até a data de vencimento chegar.

E agora? Você tem o direito de comprar ações da Uber por $30 por ação. Se a Uber é negociada por menos de $30 por ação, a opção não vale mais nada e você a joga fora. Nesse caso, dizemos que a opção terminou "fora do dinheiro", pois o preço da ação é menor que o preço de exercício. Infelizmente, seu investimento de $15.250 resultou em um prejuízo de 100%.

Se a Uber é negociada por mais de $30 por ação, você precisa exercer a opção. Nesse caso, a opção está "dentro do dinheiro", pois o preço da ação é maior do que o preço de exercício.

EXERCÍCIOS NA INTERNET

Como fazemos para descobrir os preços pelos quais as opções estão sendo negociadas hoje? Para ilustrar o procedimento, visitamos o finance.yahoo.com, obtivemos uma cotação para as ações da Southwest Airlines (LUV) e clicamos no link *Options* (Opções). Como vemos abaixo, havia 18 contratos de opção de compra sobre ações da Southwest com data de vencimento de 31 de janeiro de 2020 sendo negociados.

Calls for January 31, 2020

Contract Name	Last Trade Date	Strike	Last Price	Bid	Ask	Change	% Change	Volume	Open Interest	Implied Volatility
LUV200131C00052500	2020-01-07 10:30AM EST	52.50	2.55	2.55	2.70	+0.25	+10.87%	3	3	30.27%
LUV200131C00053000	2020-01-06 9:30AM EST	53.00	1.93	2.20	2.35	0.00	-	3	8	29.59%
LUV200131C00053500	2020-01-03 10:03AM EST	53.50	1.56	1.90	2.05	0.00	-	1	16	29.47%
LUV200131C00054000	2020-01-02 9:45AM EST	54.00	1.95	1.60	1.75	0.00	-	1	23	28.91%
LUV200131C00054500	2020-01-07 12:51PM EST	54.50	1.25	1.35	1.50	-0.20	-13.79%	4	25	28.81%
LUV200131C00055000	2020-01-07 3:00PM EST	55.00	1.23	1.15	1.25	+0.13	+11.82%	17	78	28.27%
LUV200131C00055500	2020-01-07 11:04AM EST	55.50	0.95	0.95	1.05	-0.05	-5.00%	2	21	28.17%
LUV200131C00056000	2020-01-06 9:35AM EST	56.00	0.75	0.75	0.85	0.00	-	3	50	27.64%
LUV200131C00056500	2020-01-07 2:27PM EST	56.50	0.60	0.60	0.70	-0.01	-1.64%	6	65	27.59%
LUV200131C00057000	2020-01-07 2:56PM EST	57.00	0.50	0.45	0.55	+0.04	+8.70%	2	148	27.05%
LUV200131C00057500	2020-01-07 3:31PM EST	57.50	0.40	0.35	0.45	0.00	-	2	33	27.20%
LUV200131C00058000	2019-12-23 9:30AM EST	58.00	0.55	0.25	0.35	0.00	-	1	5	26.95%
LUV200131C00058500	2019-12-23 11:36AM EST	58.50	0.63	0.20	0.30	0.00	-	5	23	27.64%
LUV200131C00059000	2020-01-03 9:32AM EST	59.00	0.21	0.15	0.25	0.00	-	30	42	28.08%
LUV200131C00060000	2019-12-23 10:30AM EST	60.00	0.30	0.05	0.15	0.00	-	1	500	27.88%
LUV200131C00060500	2019-12-23 11:06AM EST	60.50	0.30	0.00	0.15	0.00	-	35	36	29.59%
LUV200131C00061000	2019-12-23 1:57PM EST	61.00	0.25	0.00	0.15	0.00	-	-	1	31.25%
LUV200131C00061500	2019-12-20 3:00PM EST	61.50	0.10	0.00	0.35	0.00	-	3	3	41.02%

A *Chicago Board Options Exchange* define os preços de exercício para opções negociadas. Os preços de exercício ficam centrados em torno do preço corrente da ação, e o número de preços de exercício depende, em parte, do volume de negócios com a ação. Um elemento que deve chamar a sua atenção após a leitura da nossa seção sobre os limites dos preços de opções é que algumas das opções parecem estar avaliadas incorretamente. Por exemplo, o último negócio da opção de compra a $53,50 foi por $1,56, enquanto o último negócio com a opção de compra a $54 foi por $1,95. Uma opção de compra é sempre mais valiosa quando o preço de exercício diminui, então seria de esperar que a opção de compra a $53,50 fosse mais cara que a opção de compra a $54. O motivo para os preços das opções de compra a $53,50 e $54,00 parecerem incorretos é que não ocorreram ao mesmo tempo. As opções podem ter baixíssima liquidez, então o que está acontecendo é que o último preço da opção de compra a $54 está "vencido", ou seja, não ocorreu recentemente. Você pode até mesmo encontrar preços de oferta de compra e de venda que não fazem sentido, pois as opções são tão ilíquidas que nenhum *market maker* sequer se deu ao trabalho de atualizar os seus preços.

Questões

1. Consulte as opções disponíveis para a Southwest. Qual é a data de vencimento das opções de mais longo prazo disponíveis? Compare os preços dessas opções de longo prazo com opções de curto prazo com o mesmo preço de exercício. O que você vê?

2. Encontre as opções da IBM com o menor vencimento. Quantos preços de exercício para opções da IBM estão disponíveis? Há mais preços de exercício disponíveis para a IBM do que para a Southwest? Por quê?

Suponha que a Uber aumentou para, por exemplo, $35 por ação. Como tem o direito de comprar Uber a $30, você obtém um lucro de $5 por ação no exercício. Cada contrato envolve 100 ações, então você ganha $5 por ação × 100 ações por contrato = $500 por contrato. Por fim, você possui 50 contratos, então o valor das suas opções é de belos $25.000. Observe que, como investiu $15.250, seu lucro é de $9.750.

Como nosso exemplo indica, os ganhos e as perdas com a aquisição de opções de compra podem ser enormes. Para ilustrar melhor a questão, suponha que você compre as ações com os $15.250 em vez de comprar *calls*. Nesse caso, você terá cerca de $15.250/32,81 = 464,80 ações. Agora podemos comparar o que tem quando a opção vencer, para diferentes preços da ação:

Preço final da ação	Valor da opção (50 contratos)	Prejuízo ou lucro líquido (50 contratos)	Valor da ação (572,58 ações)	Prejuízo ou lucro líquido (572,58 ações)
$20	$ 0	–$15.250	$ 9.296	–$5.954
25	0	–15.250	11.620	–3.630
28	0	–15.250	13.014	–2.236
32	10.000	–5.250	14.874	–376
35	25.000	9.750	16.268	1.018
40	50.000	34.750	18.592	3.342

A posição da opção clara e significativamente amplia os ganhos ou as perdas com a ação. O motivo é que o resultado sobre os seus 50 contratos de opções se baseia em 50 × 100 = 5.000 ações, não 464,80.

No nosso exemplo, observe que, se o preço da ação termina abaixo do preço de exercício, você perde toda a quantia de $15.250 com a opção. Com a ação, você mantém parte do investimento, desde que o preço da ação não caia para zero. Observe também que a opção nunca pode valer menos do que zero, pois você sempre pode jogá-la fora. Por consequência, você nunca pode perder mais do que o investimento original (os $15.250, no nosso exemplo).

É importante reconhecer que as opções sobre ações são um jogo de soma zero. Em outras palavras, tudo que o comprador da opção sobre a ação ganha, o vendedor perde, e vice-versa. Por exemplo, suponha que, no nosso exemplo anterior, você *vendesse* 50 contratos de opção. Você receberia $15.250 na sua entrada na operação e seria obrigado a vender a ação por 30 se o titular da opção decidisse exercê-la. Nessa situação, se o preço da ação termina abaixo de $30, você ganha $15.250. Se o preço da ação termina acima de $30, você precisa vender algo por menos do que vale, de modo que perde a diferença. Se o preço da ação é $35, você precisa vender 50 × 100 = 5.000 ações a $30 por ação, então perde $35 – 30 = $5 por ação, ou $25.000 no total. Como recebeu $15.250 na entrada, seu prejuízo líquido é de $9.750. A seguir, resumimos outras possibilidades:

Preço final da ação	Lucro líquido do vendedor da opção
$20	$15.250
25	15.250
28	15.250
32	5.250
35	–9.750
40	–34.750

Observe que o lucro líquido para o comprador da opção (calculado anteriormente) é apenas o oposto dessas quantias.

EXEMPLO 24.1 Resultados de opções de venda

Analisando o Quadro 24.1, suponha que você compre 10 contratos Uber janeiro 25 *put*. Quanto isso custa (ignore as comissões)? Logo antes da opção vencer, a Uber é negociada a $28,50 por ação. É uma boa ou má notícia? Qual é o seu lucro líquido?

A opção é cotada a $0,76, então um contrato custa 100 × $0,63 = $63. Seus 10 contratos custam um total de $639. Agora você tem o direito de vender 1.000 ações da Uber a $32 por ação. Se a ação é negociada atualmente a $28,50 por ação, então é uma excelente notícia. Você pode comprar 1.000 ações a $28,50 e vendê-las por $32. Seus *puts* valem $32 − 28,50 = $3,50 por ação, ou $3,50 × 1.000 = $3.500 no total. Como pagou $630, seu lucro é $3.500 − 630 = $2.870.

Questões conceituais

24.1a O que é uma opção de compra (*call*)? E uma opção de venda (*put*)?

24.1b Se achasse que o preço de uma ação estava prestes a despencar, como você usaria opções sobre ações para lucrar com a queda?

24.2 Fundamentos da avaliação de opções

Agora que entendemos o básico sobre as opções de compra e as opções de venda, podemos analisar o que determina os seus valores. A discussão a seguir se concentra nas opções de compra, mas o mesmo tipo de análise pode ser aplicado às opções de venda.

Valor de uma opção de compra no vencimento

Anteriormente, descrevemos os resultados das opções de compra para diferentes preços de ações. A notação seguir será útil para continuarmos a análise:

S_1 = Preço da ação no vencimento (em um período)
S_0 = Preço da ação hoje
C_1 = Valor da opção de compra na data de vencimento (em um período)
C_0 = Valor da opção de compra hoje
E = Preço de exercício da opção

De acordo com a seção anterior, lembre-se que se o preço da ação ($S1$) termina abaixo do preço de exercício (E) na data de vencimento, a opção de compra ($C1$) vale zero. Em outras palavras:

$C1 = 0$ se $S1 \leq E$

Ou, de forma equivalente:

$C1 = 0$ se $S1 - E \leq 0$ [24.1]

Nesse caso, a opção está fora do dinheiro quando vence.

Se a opção termina dentro do dinheiro, $S1 > E$, e o valor da opção no vencimento é igual à diferença:

$C1 = S1 - E$ se $S1 > E$

Ou, de forma equivalente:

$C1 = S1 - E$ se $S1 - E > 0$ [24.2]

Valor da opção de compra no vencimento (C_1)

$S_1 \leq E$ | $S_1 > E$
45°
Preço de exercício (E)
Preço da ação no vencimento (S_1)

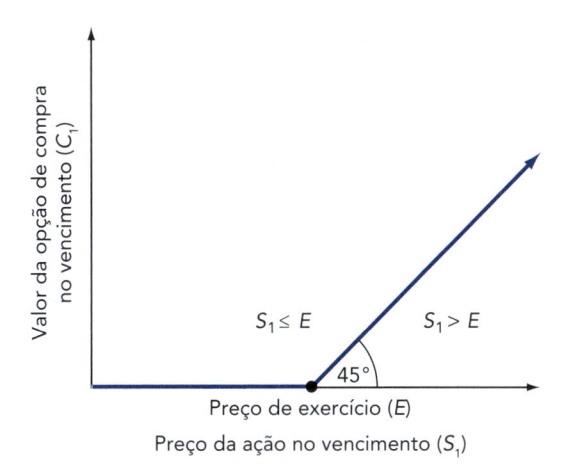

Como vemos, o valor de uma opção de compra no vencimento é igual a zero se o preço da ação for menor ou igual ao preço de exercício. O valor da opção de compra é igual ao preço da ação menos o preço de exercício ($S_1 - E$) se o preço da ação for maior do que o preço de exercício. O formato de "taco de hóquei" resultante está em destaque.

FIGURA 24.1 Valor de uma opção de compra no vencimento para diferentes preços de ações.

Suponha que temos uma opção de compra com preço de exercício de $10. A opção está prestes a vencer. Se a ação é negociada por $8, temos o direito de pagar $10 por algo que vale só $8. Nossa opção vale exatamente zero, pois o preço da ação é menor do que o preço de exercício da opção ($S_1 \leq E$). Se a ação é negociada por $12, a opção tem valor positivo. Como podemos comprar a ação por $10, a opção vale $S_1 - E = \$12 - 10 = \$2$.

A Figura 24.1 mostra o valor de uma opção de compra no vencimento em comparação com o preço da ação. O resultado lembra um taco de hóquei. Observe que para todos os preços da ação abaixo de E, o valor da opção é zero. Para todos os preços da ação maiores do que E, o valor da opção de compra é $S_1 - E$. Além disso, após o preço da ação superar o preço de exercício, o valor da opção aumenta na proporção de 1 para 1 junto com o preço da ação.

Os limites superior e inferior do valor de uma opção de compra

Agora que sabemos como determinar C_1, o valor da opção de compra no vencimento, passamos para uma pergunta mais difícil: Como determinamos C_0, o valor em algum momento *antes* do vencimento? Este será o tema das próximas seções. Por ora, vamos estabelecer os limites superior e inferior para o valor de uma opção de compra.

O limite superior   Qual é o valor máximo pelo qual uma opção de compra poderia ser negociada? A resposta é óbvia, basta pensarmos por um segundo. Uma opção de compra lhe dá o direito de comprar uma ação, então ela nunca pode valer mais do que a ação em si. Isso nos informa o limite superior do valor de uma opção de compra: ela sempre será negociada por um preço menor ou igual ao valor do ativo subjacente. Assim, usando a nossa notação, o limite superior é:

$$C_0 \leq S_0 \qquad [24.3]$$

O limite inferior   Qual é o preço mínimo pelo qual uma opção de compra será negociada? A resposta é um pouco menos óbvia. Primeiro, a opção de compra não pode ser negociada por menos de zero, então $C_0 \geq 0$. Além disso, se o preço da ação for maior do que o preço de exercício, a opção de compra vale, no mínimo, $S_0 - E$.

Para entender o porquê, suponha que tenhamos uma opção de compra negociada por $4. O preço da ação é $10 e o preço de exercício é $5. Temos uma oportunidade de lucro aqui? A resposta é afirmativa, pois seria possível comprar a opção de compra por $4 e exercê-la imediatamente com um gasto de $5 adicionais. Seu custo total para a aquisição da ação seria $4 + 5 = $9. Se então você vendesse a ação imediatamente por $10, ficaria com um lucro certo de $1.

As oportunidades para lucro sem risco como essa são chamadas de *arbitragens* ou *oportunidades de arbitragem*. Quem pratica a arbitragem é chamado de *arbitrador*. A origem do termo *arbitragem* é a mesma da palavra árbitro, sendo que o arbitrador basicamente arbitra os preços. Em um mercado bem organizado é claro, as arbitragens significativas são raras.

No caso de uma opção de compra, para prevenir a arbitragem, o valor da opção de compra hoje deve ser igual ao preço da ação menos o preço de exercício:

$$C_0 \geq S_0 - E$$

Combinando as duas condições, obtemos:

$$\begin{aligned} C0 &\geq 0 & \text{se } S0 - E < 0 \\ C0 &\geq S0 - E & \text{se } S0 - E \geq 0 \end{aligned}$$ [24.4]

Essas condições afirmam que o limite inferior do valor da opção de compra é o maior entre zero e $S_0 - E$.

valor intrínseco
O limite inferior do valor de uma opção, ou o que a opção valeria se estivesse prestes a vencer.

Nosso limite inferior é chamado de **valor intrínseco** da opção, representando o que a opção valeria se estivesse prestes a vencer. Com essa definição, nossa análise até aqui pode ser reformulada da seguinte forma: No vencimento, uma opção vale o seu valor intrínseco, e geralmente vale mais do que isso em qualquer momento anterior ao vencimento.

A Figura 24.2 mostra os limites superior e inferior do valor de uma opção de compra. O gráfico também mostra uma curva que representa valores típicos de opções de compra para diferentes preços de ações antes do vencimento. O formato exato e o local dessa curva dependem de diversos fatores. Na próxima seção, começamos a nossa discussão sobre tais fatores.

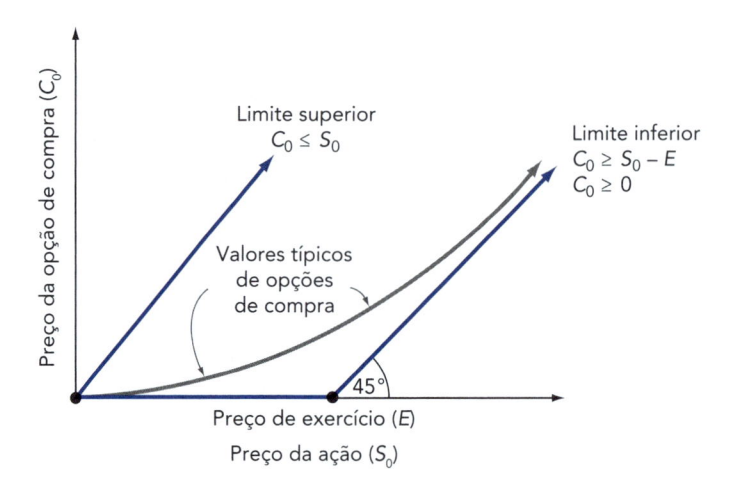

Como mostrado, o limite superior do valor de uma opção de compra é dado pelo valor da ação ($C_0 \leq S_0$). O limite inferior é o maior entre $S_0 - E$ e zero. A curva em destaque ilustra o valor de uma opção de compra antes do vencimento para diversos preços da ação.

FIGURA 24.2 Valor de uma opção de compra antes do vencimento para diferentes preços de ações.

Um modelo simples: parte I

A precificação de opções pode ser um tema complexo, então deixaremos uma discussão detalhada para o próximo capítulo. Felizmente, como costuma ser o caso, muitas das ideias mais importantes ficam evidentes em um exemplo simples. Suponha que estivéssemos analisando uma opção de compra com vencimento em um ano e preço de exercício de $105. No momento, a ação é negociada por $100 e a taxa sem risco, Rf, é de 20%.

O valor da ação em um ano é incerto, obviamente. Para simplificar o exemplo, suponha que sabemos que o preço da ação será $110 ou $130. É importante observar que *não* conhecemos as probabilidades associadas a cada um dos dois preços. Em outras palavras, sabemos os valores possíveis da ação, mas não as probabilidades associadas a tais valores.

Como o preço de exercício da opção é de $105, sabemos que a opção valerá $110 – 105 = $5 ou $130 – 105 = $25; mas, novamente, não sabemos qual dos dois valores está correto. Contudo, sabemos que a opção certamente terminará dentro do dinheiro.

A abordagem básica Aqui temos a observação crucial: É possível duplicar exatamente os resultados relativos à ação usando uma combinação da opção com o ativo sem risco. Como? Assim: Adquira uma opção de compra e invista $87,50 em um ativo sem risco (como uma letra do Tesouro); vamos supor que a taxa sem risco seja de 20%.

Quanto você terá em um ano? Seu ativo sem risco terá retorno de 20%, então valerá $87,50 × 1,20 = $105. Sua opção valerá $5 ou $25, então o valor total será $110 ou $130, o mesmo que o valor da ação:

Valor da ação	Versus	Valor do ativo sem risco	+	Valor da opção de compra	=	Valor total
$110		$105		$ 5		$110
130		105		25		130

Como ilustrado, essas duas estratégias (comprar uma ação ou comprar uma opção de compra e investir num ativo sem risco) têm exatamente os mesmos resultados no futuro.

Como as duas estratégias têm os mesmos resultados futuros, elas devem ter o mesmo valor hoje; do contrário, haveria uma oportunidade de arbitragem. A ação é negociada por $100 hoje, então o valor da opção de compra hoje, C_0, é:

$100 = $87,50 + C_0
C_0 = $12,50

De onde saiu o valor de $87,50? Este é o valor presente do preço de exercício da opção, calculado de pela taxa sem risco:

$E/(1 + R_f) = $105,00/1,20 = $87,50$

Assim, nosso exemplo mostra que o valor de uma opção de compra neste caso simples é dado por:

$$S_0 = C_0 + E/(1 + R_f)$$
$$C_0 = S_0 - E/(1 + R_f)$$ [24.5]

Em outras palavras, o valor da opção de compra é igual ao preço da ação menos o valor presente do preço de exercício.

Um caso mais complexo Obviamente, nosso pressuposto de que o preço da ação em um ano será $110 ou $130 é uma simplificação grosseira. Contudo, é possível desenvolver um modelo mais realista se supormos que o preço da ação em um ano pode ser *qualquer valor* maior ou igual ao preço de exercício. Mais uma vez, não sabemos a probabilidade de cada possibilidade, mas temos certeza de que a opção terminará dentro do dinheiro.

Novamente, S_1 representa o preço da ação em um ano. Agora considere a nossa estratégia de investir $87,50 em um ativo sem risco e adquirir uma opção de compra. O ativo sem risco valerá de novo $105 em um ano, enquanto a opção valerá $S_1 - \$105$, valor este que dependerá do preço da ação.

Quando investigamos o valor combinado da opção e do ativo sem risco, observamos algo muito interessante:

Valor combinado = Valor do ativo sem risco + Valor da opção
$$= \$105,00 + (S_1 - \$105)$$
$$= S_1$$

Assim como antes, comprar uma ação tem exatamente o mesmo resultado que adquirir uma opção de compra e investir o valor presente do preço de exercício no ativo sem risco.

Mais uma vez, para prevenir a arbitragem, essas duas estratégias devem ter o mesmo custo, então o valor da opção de compra é igual ao preço da ação menos o valor presente do preço de exercício:[2]

$$C_0 = S_0 - E/(1 + R_f)$$

Nossa conclusão com essa análise é que determinar o valor de uma opção de compra não é difícil, desde que tenhamos certeza de que a opção terminará dentro do dinheiro.

Quatro fatores que determinam valores de opções

Se continuarmos a supor que a nossa opção com certeza terminará dentro do dinheiro, é fácil identificar quatro fatores que determinam o valor de uma opção. Contudo, um quinto fator entra em cena quando a opção pode terminar fora do dinheiro; discutiremos esse último fator na próxima seção.

Por ora, se supormos que a opção vence em t períodos, o valor presente do preço de exercício é $E/(1 + R_f)^t$, e o valor da opção de compra é:

Valor da opção de compra = Valor da ação – Valor presente do preço de exercício
$$C_0 = S_0 - E/(1 + R_f)^t$$

[24.6]

Analisando essa expressão, vemos que o valor da opção de compra obviamente depende de quatro fatores:

1. *O preço da ação*: Quanto maior o preço da ação ($S0$), mais vale a opção de compra. Não é surpresa, pois a opção nos dá o direito de comprar a ação a um preço fixo.

2. *O preço de exercício*: Quanto maior o preço de exercício (E), menos vale a opção de compra. Também não é surpresa, pois o preço de exercício é o que precisamos pagar para obter a ação.

3. *O tempo até o vencimento*: Quanto maior o tempo até o vencimento (t), mais vale a opção. Novamente, é óbvio. Como a opção nos dá um direito de comprar por um período fixo, seu valor aumenta à medida que o tempo se torna mais longo.

4. *A taxa sem risco*: Quanto maior a taxa sem risco (Rf), mais vale a opção de compra. Esse resultado é um pouco menos óbvio. Normalmente, os valores dos ativos diminuem à medida que as taxas aumentam. Nesse caso, o preço de exercício é uma *saída* de caixa, um passivo. O valor corrente do passivo diminui à medida que a taxa de desconto aumenta.

---

[2] Você deve estar se perguntando o que aconteceria se o preço da ação fosse menor do que o valor presente do preço de exercício, o que resultaria em um valor negativo para a opção de compra. Mas isso não pode acontecer, pois temos certeza de que o preço da ação em um ano será de, no mínimo, E, pois sabemos que a opção terminará dentro do dinheiro. Se o preço corrente da ação for menor do que $E/(1 + R_f)$, o retorno sobre a ação com certeza será maior do que a taxa sem risco, o que cria uma oportunidade de arbitragem. Por exemplo, se a ação é negociada por $80 no momento, o retorno mínimo será de ($105 – 80)/$80 = 0,3125, ou 31,25%. Como podemos tomar um empréstimo a 20%, seria possível obter um retorno mínimo garantido de 11,25% por cada real que tomássemos emprestado. Obviamente, isso seria uma oportunidade de arbitragem.

> **Questões conceituais**
>
> **24.2a** Qual é o valor de uma opção de compra no vencimento?
>
> **24.2b** Quais são os limites superior e inferior do valor de uma opção de compra em qualquer momento antes do vencimento?
>
> **24.2c** Pressupondo que o preço da ação certamente será maior do que o preço de exercício de uma opção de compra, qual é o valor da opção de compra? Por quê?

24.3 Avaliação de opções de compra

Agora vamos investigar o valor de uma opção de compra quando há a possibilidade de a opção terminar fora do dinheiro. Mais uma vez, examinamos o caso simples de dois preços futuros possíveis para a ação. O caso nos permitirá identificar o último fator que determina o valor da opção.

Um modelo simples: parte II

Em nosso exemplo anterior, temos uma ação negociada atualmente por $100. Ela valerá $110 ou $130 em um ano, mas não sabemos qual desses dois valores. A taxa sem risco é de 20%. Agora vamos analisar uma opção de compra diferente, no entanto, com preço de exercício de $120, não de $105. Qual é o valor dessa opção de compra?

Este caso é um pouco mais difícil. Se a ação terminar em $110, a opção fica fora do dinheiro e não vale nada. Se a ação termina em $130, a opção vale $130 − 120 = $10.

Nossa abordagem básica para determinar o valor da opção de compra será o mesmo. Mostraremos mais uma vez que é possível combinar a opção de compra com um investimento sem risco de modo a duplicar exatamente o resultado de manter a ação na sua carteira. O único problema é que é um pouco mais difícil determinar como isso pode ser feito.

Suponha que comprássemos uma opção de compra e investíssemos o valor presente do preço de exercício em um ativo sem risco, assim como antes. Em um ano, teríamos os $120 do investimento sem risco mais uma opção que vale zero ou $10. O valor total seria $120 ou $130. Não é o mesmo que o valor da ação ($110 ou $130), então as duas estratégias não são comparáveis.

Em vez disso, considere investir o valor presente de $110 (o preço da ação menor) em um ativo sem risco, o que nos garante um resultado de $110. Se o preço da ação é $110, nossas opções de compra não valeriam nada, resultando exatamente em $110, como desejado.

Quando a ação vale $130, a opção de compra vale $10. Nosso investimento sem risco vale $110, então nos falta $130 − 110 = $20. Como cada opção de compra vale $10, precisamos comprar duas delas para replicar o valor da ação.

Nesse caso, investir o valor presente do preço menor da ação em um ativo sem risco e comprar duas opções de compra duplica exatamente o efeito de se manter a ação na sua carteira. Quando a ação vale $110, temos os $110 do nosso investimento sem risco. Quando vale $130, temos os $110 do investimento sem risco mais duas opções de compra que valem $10 cada.

Como as duas estratégias têm exatamente o mesmo valor no futuro, elas devem ter o mesmo valor hoje, ou então haveria uma oportunidade de arbitragem:

$$S_0 = \$100 = 2 \times C_0 + \$110/(1 + R_f)$$
$$2 \times C_0 = \$100 - \$110/1{,}20$$
$$C_0 = \$4{,}17$$

Cada opção de compra vale $4,17.

> **EXEMPLO 24.2** Deixa que a opção é nossa
>
> Estamos analisando duas opções de compra sobre a mesma ação, uma com preço de exercício de $20 e uma com preço de exercício de $30. A ação é negociada por $35 no momento. O seu preço futuro será $25 ou $50. Se a taxa sem risco é de 10%, quais os valores dessas opções de compra? O primeiro caso (com o preço de exercício de $20) não é difícil, pois a opção certamente terminará dentro do dinheiro. Sabemos que o valor é igual ao preço da ação menos o valor presente do preço de exercício:
>
> $C_0 = S_0 - E/(1 + R_f)$
> $= \$35 - 20/1,1$
> $= 16,82$
>
> No segundo caso, o preço de exercício é $30, então a opção pode terminar fora do dinheiro e, no vencimento, vale $0 se a ação vale $25. E a opção vale $50 − 30 = $20 se terminar dentro do dinheiro.
>
> Assim como antes, começamos pelo investimento do valor presente do menor preço da ação no ativo sem risco, o que custa $25/1,1 = $22,73. No vencimento, obtemos $25 com esse investimento.
>
> Se o preço da ação é $50, precisamos de $25 adicionais para duplicar o resultado da ação. Como cada opção vale $20 nesse caso, precisamos de $25/$20 = 1,25 opções. Assim, para prevenir a arbitragem, investir o valor presente de $25 em um ativo sem risco e comprar 1,25 opções de compra devem ter o mesmo valor que a ação:
>
> $S_0 = 1,25 \times C_0 + \$25/(1+ R_f)$
> $\$35 = 1,25 \times C_0 + \$25/(1+0,10)$
> $C_0 = \$9,82$
>
> Observe que essa segunda opção precisava valer menos, pois tem o preço de exercício maior.

O quinto fator

Agora ilustraremos o quinto (e último) fator a determinar o valor de uma opção. Suponha que todos os elementos do nosso exemplo continuem iguais exceto que o preço da ação pode ser $105 ou $135 em vez de $110 ou $130. Observe que o efeito dessa mudança é tornar o preço futuro da ação mais volátil do que era.

Investigamos a mesma estratégia usada anteriormente: investir o valor presente do menor preço da ação (no caso, $105) no ativo sem risco e adquirir duas opções de compra. Se o preço da ação é $105, então, assim como antes, as opções de compra não têm valor e temos, no total, $105.

Se o preço da ação for $135, então cada opção vale $S1 - E = \$135 - 120 = \$15$. Temos duas opções de compra, então nossa carteira vale $105 + 2 × $15 = $135. Mais uma vez, o valor da ação foi replicado exatamente.

O que aconteceu com o valor da opção? Indo direto ao ponto, a variância do retorno sobre a ação aumentou. O valor da opção aumenta ou diminui? Para descobrir, precisamos calcular o valor da opção de compra, assim como fizemos antes:

$S_0 = \$100 = 2 \times C_0 + \$105/(1 + R_f)$
$2 \times C_0 = \$100 - 105/1,20$
$C_0 = \$6,25$

O valor da opção de compra subiu de $4,17 para $6,25.

Com base no nosso exemplo, o quinto e último fator que determina o valor de uma opção é a variância dos retornos sobre o ativo subjacente. Além disso, quanto *maior* a variância, *mais* vale a opção. O resultado parece um pouco estranho no início e você pode se surpreender ao descobrir que aumentar o risco (medido pela variância dos retornos) do ativo subjacente aumenta o valor da opção.

O motivo para que o aumento da variância do ativo subjacente aumente o valor da opção não é difícil de enxergar no nosso exemplo. Mudar o preço da ação menor de $105 para $110 não nos afeta em nada, pois a opção vale zero em ambos os casos. Contudo, aumentar o maior preço possível de $130 para $135 faz com que a opção valha mais quando está dentro do dinheiro.

Em termos mais gerais, aumentar a variância dos preços futuros possíveis do ativo subjacente não afeta o valor da opção quando ela termina fora do dinheiro. Nesse caso, o valor é sempre zero. Por outro lado, aumentar a variância aumenta os resultados possíveis quando a opção está dentro do dinheiro, então o efeito líquido é aumentar o valor da opção. Em outras palavras, como o risco de resultados negativos é sempre limitado, o único efeito é aumentar o potencial de resultados positivos.

Em uma análise posterior, usaremos o símbolo tradicional, σ^2, para denotar a variância do retorno sobre o ativo subjacente.

Um exame mais detalhado

Antes de seguirmos em frente, pode ser útil considerar um último exemplo. Suponha que o preço da ação é $100 e que ele subirá ou descerá 20%. A taxa sem risco é de 5%. Qual é o valor de uma opção de compra com um preço de exercício de $90?

O preço da ação será $80 ou $120. A opção vale zero quando a ação vale $80, mas $120 – 90 = $30 quando a ação vale $120. Investiremos o valor presente de $80 no ativo sem risco e adquiriremos opções de compra.

Quando a ação termina em $120, nosso ativo sem risco paga $80, o que significa que faltam $40. Nesse caso, cada opção vale $30, então precisamos de $40/$30 = 4/3 opções para compensar o resultado da ação. O valor da opção deve ser dado por:

$S_0 = \$100 = 4/3 \times C_0 + \$80/1{,}05$
$C_0 = (3/4) \times (\$100 - 76{,}19)$
$ = 17{,}86$

Para generalizar um pouco mais o nosso resultado, observe que o número de ações que você precisa comprar para replicar o valor da ação é sempre igual a $\Delta S/\Delta C$, onde ΔS é a diferença nos preços possíveis da ação e ΔC é a diferença nos possíveis valores da opção. No nosso caso atual, ΔS seria $120 – 80 = $40 e ΔC seria $30 – 0 = $30, então $\Delta S/\Delta C$ seria $40/$30 = 4/3, como calculado.

Observe também que quando a opção certamente terminará dentro do dinheiro, $\Delta S/\Delta C$ é sempre exatamente igual a 1, então uma opção de compra é sempre necessária. Se não, $\Delta S/\Delta C$ é maior do que 1, então mais de uma opção de compra é necessária.

Isso conclui nossa análise sobre a avaliação de opções. A ideia mais importante é que o valor de uma opção depende de cinco fatores. O Quadro 24.2 resume esses fatores e o sentido da sua influência para as opções de compra e de venda. No Quadro 24.2, o sinal entre

QUADRO 24.2 Cinco fatores que determinam valores de opções

Fator	Direção da influência	
	Opções de compra	Opções de venda
Valor corrente do ativo subjacente	(+)	(–)
Preço de exercício da opção	(–)	(+)
Tempo até o vencimento da opção	(+)	(+)
Taxa de juros livre de risco	(+)	(–)
Variância do retorno sobre o ativo subjacente	(+)	(+)

parênteses indica o sentido da influência.[3] Em outras palavras, o sinal nos informa se o valor da opção aumenta ou diminui quando o valor de um fator aumenta. Observe que aumentar o preço de exercício reduz o valor de uma opção de compra. Aumentar qualquer um dos outros quatro fatores amenta o valor da opção de compra. Observe também que o tempo até o vencimento e a variância do retorno atuam da mesma forma para os dois tipos de opção, enquanto os outros três fatores têm sinais opostos em cada caso.

Não consideramos como avaliar uma opção de compra quando a opção pode terminar fora do dinheiro e o preço da ação pode assumir mais de dois valores. Nesse caso, precisamos de um resultado muito famoso, o modelo de precificação de opções Black-Scholes, que será trabalhado em detalhes no Capítulo 25.

Questões conceituais

24.3a Quais são os cinco fatores que determinam o valor de uma opção?

24.3b Qual é o efeito sobre o valor de uma opção de compra de um aumento em cada um dos cinco fatores? Explique a sua resposta de maneira intuitiva.

24.3c Qual é o efeito sobre o valor de uma opção de venda de um aumento em cada um dos cinco fatores? Explique a sua resposta de maneira intuitiva.

24.4 Opções de compra de ações para executivos e funcionários

opção sobre ações para executivos e funcionários
Uma opção concedida pela empresa a um executivo que ou a um funcionário ou dá a ele o direito de comprar ações da empresa a um preço fixo por determinado período de tempo.

As opções são importantes nas finanças corporativas de diversas formas diferentes. Nesta seção, começamos a examinar algumas delas com uma análise das **opções de compra de ações para executivos e funcionários** (ESOs - *employee stock options*). Uma ESO é, em suma, uma opção de compra que a empresa concede a seus executivos e funcionários e lhes dá o direito de comprar ações da empresa. A prática de conceder opções para executivos e funcionários se popularizou nos últimos anos e é quase universal para os altos executivos; contudo, nos EUA, empresas como The Gap e Starbucks concedem opções para praticamente todos os funcionários. Assim, é importante desenvolver um entendimento sobre as ESOs. Por quê? Porque você pode virar titular de uma em breve!

Características das ESOs

Como as ESOs são basicamente opções de compra, já trabalhamos a maioria dos aspectos mais importantes. Contudo, as ESOs têm algumas características que as diferenciam das opções sobre ações normais. Os detalhes variam entre as empresas, mas uma ESO típica pode ter vida útil de 10 anos, muito maior do que as opções comuns. Ao contrário das opções negociadas em bolsa e balcão, uma ESO não pode ser vendida. Elas também possuem o chamado "período de aquisição do direito" (*vesting period*). Em geral, por cerca de três anos, a ESO não pode ser exercida; além disso, o funcionário deve abrir mão de suas opções caso deixe a empresa. Passado o período de aquisição do direito, o titular das opões pode exercê-las. Às vezes, funcionários que pedem demissão com opções adquiridas têm um prazo limitado para exercê-las.

Por que as empresas concedem ESOs? Por dois motivos principais. Primeiro, voltando ao Capítulo 1, os proprietários da empresa (os acionistas) enfrentam o problema básico de alinhar

---

[3] Os sinais no Quadro 24.2 se referem a opções do tipo americanas. Para uma opção de venda do tipo europeia, o efeito de aumentar o tempo até o vencimento é ambíguo, sendo que o sentido da influência pode ser positivo ou negativo.

os interesses dos gestores e dos acionistas e, também, o de dar aos funcionários incentivos para se focar nas metas corporativas. As ESOs são uma fonte poderosa de motivação, pois, como vimos, as opções podem gerar resultados enormes. Os executivos de alto nível podem se tornar milionários se forem bem-sucedidos na missão de agregar valor para os acionistas.

O segundo motivo para algumas empresas dependerem tanto das ESOs é que estas não têm um custo de caixa imediato para a empresa. Em organizações menores, possivelmente sem muito em caixa, as ESOs poderiam substituir (em parte) os salários normais. Os funcionários estão dispostos a aceitá-las no lugar do dinheiro porque esperam obter um resultado maior no futuro. Na verdade, as ESOs são uma grande ferramenta de recrutamento, permitindo que as empresas atraiam talentos pelos quais jamais poderiam pagar.

O site www.esopassociation.org, nos EUA, é dedicado ao tema das opções sobre ações para funcionários.

Reprecificação de ESOs

As ESOs estão quase sempre "no dinheiro" quando são emitidas, ou seja, com preço da ação igual ao preço de exercício. Observe que, neste caso, o valor intrínseco é zero, então o seu exercício imediato não teria valor algum. Obviamente, apesar do seu valor intrínseco ser zero, uma ESO ainda é bastante valiosa, pois, entre outros fatores, sua vida útil é bastante longa.

Se ação cai significativamente após a ESO ser concedida, diz-se que a opção está muito fora do dinheiro (em inglês, *underwater*). Nesse caso, a empresa pode decidir reduzir o preço de exercício dessas opções. Diz-se então que essas opções foram reprecificadas.

A prática de reprecificação de ESOs é controversa. As empresas que a adotam argumentam que, quando uma ESO fica muito fora do dinheiro, ela perde o seu valor de incentivo, pois os funcionários reconhecem que a chance de a opção terminar dentro do dinheiro é mínima. E, de fato, os funcionários podem deixar a empresa e ir trabalhar em outras, nas quais receberão opções novas.

Os críticos da reprecificação afirmam que um preço de exercício reduzido representa uma recompensa pelo fracasso. Eles também lembram que, se os funcionários sabem que as opções serão reprecificadas, boa parte do efeito de incentivo se perde. Devido a essa controvérsia, muitas empresas não reprecificam as suas opções ou votaram contra a prática. Por exemplo, a gigante farmacêutica *Bristol-Myers Squibb* tem uma política explícita de proibir a reprecificação na qual afirma que "é política do conselho de administração que a empresa não aditará, sem a aprovação dos acionistas, qualquer opção sobre ações para funcionários ou conselheiros de modo a reduzir o preço de exercício (exceto para ajustes apropriados em caso de desdobramentos de ações ou mudanças semelhantes no seu capital próprio)". Contudo, outras empresas igualmente famosas não possuem políticas do tipo, sendo que algumas são chamadas de "reprecificadoras em série". A acusação é que as empresas reduzem o preço de exercício regularmente após quedas no preço das suas ações.

Para mais informações sobre opções sobre ações para funcionários nos EUA, visite o site do National Center for Employee Ownership no endereço www.nceo.org.

Uma troca de opções é uma variante da reprecificação. O que costuma acontecer é que as ESOs muito fora do dinheiro são trocadas por um número menor de novas ESOs, com um preço de exercício menor, mas esse nem sempre é o caso. Por exemplo, em 2016, a *Top Image Systems*, uma empresa de soluções de processamento de conteúdo, trocou 377.275 opções mantidas por seus funcionários por novas opções, que tinham um preço de exercício reduzido de $2,11. O interessante é que a empresa afirmou que as opções referentes a 79.166 ações detidas pelo seu diretor-presidente e dois membros do conselho de administração não seriam reprecificadas a menos que os acionistas aprovassem a reprecificação. Com frequência, as trocas de opções são estruturadas de modo que o valor das novas opções seja aproximadamente igual ao das antigas. Na prática, um número elevado de opções muito fora do dinheiro é trocado por um número menor de opções no dinheiro.

Hoje, muitas empresas concedem opções regularmente, a cada ano ou até a cada trimestre. Dessa maneira, o executivo ou o funcionário sempre têm algumas opções quase no dinheiro, mesmo que o restante esteja muito fora do dinheiro. Além disso, concessões regulares garantem que executivos e funcionários sempre terão opções ainda em período de aquisição de direito, o que lhes dá um incentivo adicional para permanecerem com o seu empregador atual e não abrir mão de opções valiosas.

EM SUAS PRÓPRIAS PALAVRAS...

Erik Lie sobre a Retrodatação de opções

As opções sobre ações podem ser concedidas para os executivos e outros funcionários como forma de incentivo. Elas fortalecem a relação entre a remuneração e o desempenho das ações da empresa, o que aumenta os esforços da equipe e melhora a tomada de decisão dentro da organização. Além disso, na medida em que os decisores têm aversão a riscos (como a maioria de nós), as opções induzem a maior tomada de riscos, o que pode beneficiar os acionistas. Contudo, as opções também têm um lado negro. Elas podem ser utilizadas para (i) ocultar as verdadeiras despesas de remuneração nas demonstrações contábeis, (ii) permitir a evasão fiscal e (iii) direcionar o dinheiro das empresas para os executivos. Um exemplo que ilustra todos esses três aspectos é a retrodatação de opções.

Para entender a virtude da retrodatação de opções, primeiro é importante entender que, por motivos contábeis, fiscais e de incentivos, a maioria das opções é concedida no dinheiro, o que significa que o seu preço de exercício é igual ao preço da ação na data da emissão. A retrodatação de opções é a prática de selecionar uma data pregressa (ex.: do último mês) em que o preço da ação estava particularmente baixo em relação ao preço na data da concessão. Isso aumenta o valor das opções, pois, elas são concedidas efetivamente dentro do dinheiro. A menos que isso seja divulgado e contabilizado de forma correta (o que quase nunca acontece), a prática da retrodatação pode causar uma série de problemas. Primeiro, conceder opções que na prática estão dentro do dinheiro viola as diversos divulgações de planos de opções corporativas e outros registros referentes a títulos mobiliários, nos quais afirma-se que o preço de exercício é igual ao valor justo de mercado no dia da emissão. Segundo, camuflar opções dentro do dinheiro como estando no dinheiro divulga despesas de remuneração abaixo do seu valor real nas demonstrações contábeis. Na verdade, sob a antiga regra contábil APB 25 (nos EUA), não mais em vigor desde 2005, as empresas poderiam deduzir as despesas com concessões de opções pelo seu valor intrínseco, de modo que as concessões de opções simplesmente não seriam contabilizadas como no dinheiro. Terceiro, a concessão de opções no dinheiro se qualifica para determinadas isenções fiscais às quais as opções dentro do dinheiro não se qualificam, de modo que a retrodatação pode resultar no recolhimento a menor de tributos.

As evidências empíricas mostram que a prática da retrodatação foi prevalente do início da década de 1990 a 2005, especialmente nas empresas de tecnologia. Quando a questão chamou a atenção da mídia e dos reguladores em 2006, o resultado foi um escândalo. Mais de 100 empresas foram investigadas devido à manipulação de datas de emissão de opções. Diversos executivos foram demitidos, demonstrações contábeis antigas tiveram que ser republicadas, impostos adicionais passaram a ser devidos e inúmeros processos judiciais foram abertos contra empresas e seus administradores. Com as novas regras de divulgação, a aplicação mais rígida do requisito que entrou em vigor com a *Lei Sarbanes-Oxley* de 2002 (definindo que as emissões precisavam ser informadas em até dois dias úteis) e a maior fiscalização por parte dos reguladores e da comunidade de investimentos, a prática da retrodatação de opções provavelmente ficou no passado.

Erik Lie ocupa a cátedra de professor-pesquisador Henry B. Tippie da University of Iowa. Suas pesquisas enfocam políticas financeiras corporativas, fusões e aquisições e remuneração de executivos.

Retrodatação de ESOs

Em 2006, houve um escândalo envolvendo a retrodatação (*backdating*) de ESOs. Lembre-se que as ESOs estão quase sempre no dinheiro na data de emissão, o que significa que o preço de exercício é definido como sendo igual ao preço da ação nessa data. Pesquisadores de Finanças descobriram que muitas empresas tinham a prática de analisar os preços das ações retrospectivamente para escolher a data de emissão. Por que elas faziam isso? A resposta é que escolhiam uma data na qual o preço da ação fosse baixo, em retrospecto, de modo que as opções eram concedidas com preços de exercício baixos em relação ao preço corrente da ação.

A retrodatação de ESOs não é necessariamente ilegal ou antiética, desde que todas as informações relevantes sejam divulgadas e as diversas questões fiscais e contábeis sejam resolvidas corretamente. Nos EUA, antes da Lei Sarbanes-Oxley de 2002 (discutida no Capítulo 1), as empresas tinham até 45 dias antes do término do ano fiscal para informar opções concedidas, então havia uma brecha para retrodatação. Com a passagem da Lei Sarbanes-Oxley, as empresas lá são obrigadas a informar opções concedidas até dois dias úteis após a concessão, o que limita os possíveis ganhos com a prática.[4]

Questões conceituais

24.4a Quais as principais diferenças entre uma opção negociada em bolsa e uma ESO?

24.4b O que é a reprecificação de ESOs? Por que ela é controversa?

24.5 O capital próprio como opção de compra sobre os ativos da empresa

Agora que entendemos os fatores determinantes básicos do valor de uma opção, examinaremos alguns dos muitos modos como as opções aparecem nas finanças corporativas. Uma das lições mais importantes que aprendemos com o estudo das opções é que a ação de uma empresa alavancada (que emitiu dívidas) é, na prática, uma opção de compra sobre os ativos da empresa. É uma observação incrível, então vamos explorá-la a seguir.

A maneira mais fácil de começar é com um exemplo. Suponha que a empresa tenha uma única emissão de dívida em circulação. O valor de face é $1.000 e a dívida vence em um ano. Não há pagamentos de cupons entre hoje e o vencimento, então a dívida é, na prática, do tipo desconto puro. Além disso, o valor de mercado atual dos ativos da empresa é de $980 e a taxa sem risco é de 12,5%.

Em um ano, os acionistas terão uma escolha. Eles podem pagar a dívida por $1.000 e, logo, simplesmente adquirir os ativos da empresa, ou podem inadimplir. No segundo caso, os credores se tornam os proprietários da empresa.

Nessa situação, os acionistas basicamente têm uma opção de compra sobre os ativos da empresa, com um preço de exercício de $1.000. Eles podem exercer a opção com o pagamento de $1.000 ou escolher não exerce-la e inadimplir. A escolha de exercer a opção ou não obviamente depende do valor dos ativos da empresa quando a dívida vence.

Se o valor dos ativos da empresa for maior do que $1.000, a opção está dentro do dinheiro e os acionistas a exercem com o pagamento da dívida. Se o valor dos ativos é menor do que $1.000, a opção está fora do dinheiro e a escolha ótima para os acionistas é a inadimplência. O que ilustramos a seguir é que podemos determinar os valores da dívida e do capital próprio usando nossos resultados de precificação de opções.

---

4 Para mais discussões sobre opções para executivos e funcionários e os desafios de incentivos de longo prazo no Brasil, veja o Capítulo 23 de Ross, Westerfield, Jaffe & Lamb, **Administração Financeira**, AMGH Editora, Porto Alegre, 2015.

EM SUAS PRÓPRIAS PALAVRAS...

Robert C. Merton sobre Aplicações da análise de opções

As bolsas organizadas para a negociação de opções sobre ações, títulos de renda fixa, moedas estrangeiras, futuros financeiros e diversas *commodities* estão entre as inovações financeiras mais bem-sucedidas da última geração. Contudo, o sucesso comercial não é o motivo para a análise da precificação de opções ter se tornado uma das pedras basilares da teoria financeira. Na verdade, o seu papel central na teoria vem do fato de estruturas semelhantes a opções permearem praticamente todo o campo.

Desde a primeira observação, 40 anos atrás, que o capital próprio alavancado tem a mesma estrutura de resultados que uma opção de compra, a teoria da precificação de opções gerou uma abordagem integrada à precificação de passivos corporativos, incluindo todas as formas de dívidas, ações preferenciais, bônus de subscrição e direitos. A mesma metodologia foi aplicada à precificação de seguros para fundos de pensão, seguro para depósitos e outras formas de garantias para empréstimos governamentais. Ela também foi usada para avaliar diversas cláusulas de contratos trabalhistas, tais como pisos salariais e empregos estáveis, como a estabilidade para professores universitários (*tenure*).

Um avanço recente e significativo da análise de opções é a avaliação de opções operacionais ou opções reais nas decisões sobre orçamento de capital. Por exemplo, instalações que podem utilizar diversos tipos de insumos para gerar produtos diferentes dão à empresa opções operacionais que não estariam disponíveis em instalações especializadas, que utilizam um conjunto fixo de insumos para gerar um único tipo de produto. Da mesma forma, escolher entre tecnologias com diferentes proporções de custos fixos e variáveis pode ser interpretado como avaliar opções alternativas para alterar os níveis de produção, incluindo o abandono do projeto. Os projetos de pesquisa e desenvolvimento são basicamente opções para estabelecer novos mercados, expandir a participação de mercado ou reduzir os custos de produção. Como sugerem esses exemplos, a análise de opções é especialmente adequada para a tarefa de avaliar os componentes flexíveis dos projetos, que são exatamente os componentes cujo valor é mais difícil de estimar usando as técnicas tradicionais de orçamento de capital.

Robert C. Merton ocupa a cátedra de School of Management Distinguished Professor of Finance na MIT Sloan School of Management e é professor emérito da Universidade de Harvard. Merton recebeu o Prêmio Nobel da Economia em 1997 pela sua obra sobre precificação de opções e outros direitos contingentes e pelo seu trabalho sobre risco e incerteza.

Caso I: a dívida não tem risco

Suponha que, em um ano, os ativos da empresa valerão $1.100 ou $1.200. Qual é o valor do capital próprio da empresa hoje? Qual é o valor da dívida? Qual é a taxa de juros da dívida?

Para responder essas perguntas, primeiro reconhecemos que a opção (o capital próprio da empresa) com certeza terminará no dinheiro, pois o valor dos ativos da empresa ($1.100 ou $1.200) sempre será maior do que o valor de face da dívida. Nesse caso, de acordo com a nossa análise nas seções anteriores, sabemos que o valor da opção é a diferença entre o valor do ativo subjacente e o valor presente do preço de exercício (calculado à taxa sem risco). O valor presente de $1.000 em um ano a 12,5% é de $888,89. O valor corrente da empresa é $980, então a opção (o capital próprio da empresa) vale $980 − 888,89 = $91,11.

Como vemos, as ações são, na prática, uma opção de compra sobre os ativos da empresa, e devem valer $91,11. A dívida deve, na verdade, valer $888,89. Não precisávamos saber nada sobre opções para trabalhar com esse exemplo, pois a dívida não tem risco. O motivo é que os credores certamente receberão $1.000. Como a dívida não tem risco, a taxa de desconto apropriada (e a taxa de juros sobre a dívida) é a taxa sem risco, e sabemos imediatamente que o valor corrente da dívida é $1.000/1,125 = $888,89. O capital próprio vale $980 − 888,89 = $91,11, como calculado.

Caso II: a dívida tem risco

Suponha agora que o valor dos ativos da empresa em um ano será de $800 ou $1.200. O caso fica um pouco mais difícil, pois a dívida passa a ter risco. Se o valor dos ativos for $800, os acionistas não exercerão a sua opção e, logo, irão inadimplir. Nesse caso, as ações não valem nada. Se os ativos valem $1.200, os acionistas exercem a sua opção, pagam a dívida e ficam com um lucro de $1.200 − 1.000 = $200.

O que vemos é que a opção (o capital próprio da empresa) valerá zero ou $200. Os ativos valerão $1.200 ou $800. Com base na nossa análise nas seções anteriores, uma carteira com o valor presente de $800 investida em um ativo sem risco e ($1.200 − 800)/($200 − 0) = 2 opções de compra replicará exatamente o valor dos ativos da empresa.

O valor presente de $800 à taxa sem risco de 12,5% é $800/1,125 = $711,11. Essa quantia, somada ao valor das duas opções de compra, é igual a $980, o valor corrente da empresa:

$$\$980 = 2 \times C_0 + \$711,11$$
$$C_0 = 134,44$$

Como a opção de compra nesse caso é o capital próprio da empresa, o valor deste é de $134,44. O valor da dívida é $980 − 134,44 = $845,56.

Por fim, como a dívida tem valor de face de $1.000 e valor corrente de $845,56, a taxa de juros é ($1.000/$845,56) − 1 = 0,1827, ou 18,27%. Esta é maior que a taxa sem risco, obviamente, pois agora a dívida tem risco.

EXEMPLO 24.3 Capital próprio como opção de compra

A Swenson Software tem uma emissão de dívida tipo desconto puro com valor de face de $100. A emissão vence em um ano. Nessa data, os ativos da empresa valerão $55 ou $160, dependendo do sucesso do novo produto da Swenson no mercado. Atualmente, os ativos da empresa valem $110. Se a taxa sem risco é de 10%, qual é o valor do capital próprio da Swenson? O valor da dívida? A taxa de juros sobre a dívida?

Para replicar o valor dos ativos da empresa, antes precisamos investir o valor presente de $55 no ativo sem risco, o que custa $55/1,10 = $50. Se os ativos valerem $160, a opção vale $160 − 100 = $60. Nosso ativo sem risco valerá $55, então precisamos de ($160 − 55)/$60 = 1,75 opções de compra. Como a empresa atualmente vale $110, temos:

$$\$110 = 1,75 \times C_0 + \$50$$
$$C_0 = \$34,29$$

O capital próprio vale $34,29; a dívida vale $110 − 34,29 = $75,71. A taxa de juros sobre a dívida é de cerca de ($100/$75,71) − 1 = 0,321, ou 32,1%.

Questões conceituais

24.5a Por que dizemos que o capital próprio de uma empresa alavancada é, na prática, uma opção de compra sobre os ativos da empresa?

24.5b Com tudo o mais permanecendo igual, os acionistas de uma empresa prefeririam aumentar ou reduzir a volatilidade do retorno sobre os ativos da empresa? Por quê? E quanto aos credores? Apresente uma explicação intuitiva.

24.6 Opções e orçamento de capital

opção real
Opção que envolve ativos reais, em contraponto a ativos financeiros, como ações.

A maioria das opções analisadas até aqui foram opções financeiras, pois envolvem o direito de comprar ou vender ativos financeiros, tais como ações. As **opções reais**, por outro lado, envolvem ativos reais. Como veremos nesta seção, nosso entendimento sobre o orçamento de capital pode se tornar significativamente melhor se reconhecermos que muitas decisões de investimento corporativo se resumem, na verdade, à avaliação de opções reais.

Para dar um exemplo de uma opção real, imagine que está pensando em comprar um carro usado. Você encontra um que gosta por $4.000, mas não tem certeza absoluta. Assim, você dá ao proprietário do automóvel $150 para ficar com ele por uma semana, o que significa que tem uma semana para comprá-lo ou abre mão dos seus $150. Como deve ter reconhecido, o que você fez foi adquirir uma opção de compra que lhe dá o direito de comprar o carro a um preço fixo por um determinado período. É uma opção real, pois o ativo subjacente (o automóvel) é um ativo real.

O uso de opções, como o do nosso exemplo automobilístico, é comum no mundo dos negócios. Por exemplo, empreendedores imobiliários frequentemente precisam comprar vários terrenos menores, de diversos proprietários, para montar um terreno maior. O empreendimento não tem como avançar a menos que todas as propriedades menores sejam obtidas. Nesse caso, o desenvolvedor muitas vezes compra opções sobre as propriedades individuais, mas as exerce apenas se todas as peças necessárias puderem ser obtidas.

Esses exemplos envolvem opções explícitas. Na verdade, quase todas as decisões de orçamento de capital contêm diversas opções *implícitas*. Os tipos mais importantes destas serão discutidos a seguir.

A decisão sobre quando investir

Considere uma empresa que está examinando um novo projeto qualquer. Normalmente, isso significa que os gestores precisam decidir se fazem ou não um investimento para adquirir os novos ativos necessários para o projeto. Uma interpretação seria que os gestores têm o direito, mas não a obrigação, de pagar uma quantia fixa (o investimento inicial) para adquirir um ativo real (o projeto). Em outras palavras, basicamente, todos os projetos que são propostos são opções reais.

Com base na nossa discussão nos capítulos anteriores, você já sabe como analisar possíveis investimentos de negócios. Você identificaria e analisaria os fluxos de caixa e ativos relevantes e avaliaria o valor presente líquido (VPL) da proposta. Se o VPL é positivo, você recomenda assumir o projeto, onde essa ação equivale a exercer a opção.

Essa discussão toda tem um porém muito importante, que envolve investimentos mutuamente excludentes. Lembre-se que dois (ou mais) investimentos são considerados mutuamente excludentes se não for possível fazer mais de um deles. Um exemplo padrão é a situação em que temos um terreno no qual desejamos construir alguma coisa, por exemplo, um posto de gasolina ou um edifício residencial. Concluímos que ambos os projetos têm VPLs positivos, mas, obviamente, apenas um pode ser implementado. Qual escolhemos? A resposta óbvia é aquele com o VPL maior.

Eis aqui a ideia fundamental: Ter VPL positivo não significa que o investimento deve ser realizado hoje. Isso parece estar em total contradição com o que afirmamos até aqui, mas não é verdade. O motivo é que se assumirmos um projeto hoje, não podemos assumi-lo no futuro. Em outras palavras, quase todos os projetos competem temporalmente consigo mesmos. Podemos assumir um projeto agora, em um mês, em um ano, etc. Logo, é preciso comparar o VPL de assumir o projeto hoje com o VPL de assumi-lo no futuro. Decidir quando implementar um projeto é a **decisão sobre quando investir**.

decisão sobre quando investir
A avaliação do momento ótimo para iniciar um projeto.

Um exemplo simples pode ser útil para ilustrar essa decisão. Um projeto custa $100 e tem um único fluxo de caixa futuro. Se o projeto for assumido hoje, o fluxo de caixa será de $120 em um ano. Se esperarmos um ano, o projeto ainda custará $100, mas o fluxo de caixa no ano seguinte (dois anos no futuro) será de $130, pois o mercado em potencial é maior. Se essas são as únicas duas opções, e a taxa de desconto relevante é de 10%, o que devemos fazer?

Para responder essa pergunta, precisamos calcular os dois VPLs. Se aceitarmos hoje, o VPL é:

VPL = –$100 + $120/1,10 = $9,09

Se esperarmos um ano, o VPL naquela data será:

VPL = –$100 + 130/1,10 = $18,18

Esses $18,18 são o VPL daqui a um ano. Precisamos do valor hoje, então descontamos um período:

VPL = $18,18/1,10 = $16,53

Assim, a opção é evidente. Se esperarmos, o VPL é $16,53 hoje em comparação com $9,09 se começarmos imediatamente, então o momento ideal para começar o projeto é daqui a um ano.

O fato de não termos que implementar um projeto imediatamente costuma ser chamado de "opção de esperar". No nosso exemplo simples, o valor da opção de esperar é a diferença entre os VPLs: $16,53 – 9,09 = $7,44. Esses $7,44 representam o valor adicional criado pelo adiamento do início do projeto.

Como ilustra nosso exemplo simples, a opção de esperar pode ser valiosa, mas o valor depende do tipo de projeto. Se estiver falando de um bem de consumo que pretende aproveitar uma moda ou tendência, a opção de esperar provavelmente não vale mundo, pois a janela de oportunidade não será muito grande. Por outro lado, imagine que o projeto em questão é a proposta de substituir instalações produtivas por uma versão mais eficiente. Esse tipo de investimento pode ser feito hoje ou no futuro. Nesse caso, a opção de esperar pode ser valiosa.

EXEMPLO 24.4 A decisão sobre quando investir

Um projeto custa $200 e tem um fluxo de caixa futuro de $42 ao ano, para sempre. Se esperarmos um ano, o projeto custará $240 devido à inflação, mas os fluxos de caixa serão de $48 ao ano, para sempre. Se essas são as únicas duas opções, e a taxa de desconto relevante é de 12%, o que devemos fazer? Qual é o valor da opção de esperar?

Nesse caso, o projeto é uma perpetuidade simples. Se o aceitarmos hoje, o VPL é:

VPL = –$200 + $42/0,12 = $150

Se esperarmos um ano, o VPL naquela data será:

VPL = -$240 + $48/0,12 = $160

Assim, $160 é o VPL daqui a um ano, mas precisamos saber qual é o seu valor hoje. Descontando um período, obtemos:

VPL = $160/1,20 = $142,86

Se esperarmos, o VPL é $142,86, hoje, em comparação com $150 se começarmos imediatamente, então o momento ideal para começar o projeto é agora.

Qual é o valor da opção de esperar? Ficamos tentados a dizer que a resposta é $142,86 – 150 = –$7,14, mas isso não está certo. Por quê? Porque, como vimos anteriormente, uma opção nunca pode ter valor negativo. Nesse caso, a opção de esperar tem valor zero.

A opção de esperar tem outro aspecto importante. Só porque o projeto tem VPL negativo hoje não significa que devemos rejeitá-lo permanentemente. Suponha que um investimento custe $120 e tenha um fluxo de caixa perpétuo de $10 ao ano. Se a taxa de desconto é de 10%, o VPL é $10/0,10 – $120 = –$20, então não devemos assumir o projeto hoje,

Só não deveríamos esquecer do projeto para sempre. Suponha que, no ano que vem, por algum motivo, a taxa de desconto relevante caia para 5%. O VPL passa a ser de $10/0,05 – $120 = $80, então devemos assumir o projeto (pressupondo que uma espera maior não seja ainda mais valiosa). Em termos mais gerais, enquanto houver algum cenário futuro possível no qual o projeto tem VPL positivo, a opção de esperar será valiosa. Assim, devemos simplesmente guardar a proposta na gaveta, por ora.

Opções gerenciais

Após decidirmos o momento ideal para lançar um projeto, outras opções reais entram em jogo. Até este ponto na nossa análise sobre orçamento de capital, praticamente ignoramos o impacto das ações gerenciais que poderiam ocorrer *após* um projeto ter início. Na prática, pressupomos que, após um projeto ser lançado, suas características básicas não podem ser alteradas.

Na realidade, dependendo do que acontece de fato no futuro, sempre há oportunidades para modificar um projeto. Essas oportunidades, um tipo importante de opção real, também são chamadas de **opções gerenciais**. As opções desse tipo são inúmeras: os modos como o produto é precificado, fabricado, anunciado e produzido podem ser mudados, e essas são apenas algumas de muitas possibilidades.

> **opções gerenciais**
> Oportunidades que os gestores podem explorar caso determinados fatos ocorram no futuro.

Por exemplo, em 2008, enfrentando custos de combustível radicalmente maiores, a *US Airways* anunciou mudanças drásticas às suas operações. Primeiro, a empresa decidiu reduzir a capacidade doméstica em 6-8% no quarto trimestre de 2008 e em 7-9% adicionais em 2009. Ela também planejou devolver 10 aviões aos arrendadores até 2009 e cancelou os arrendamentos de duas aeronaves de fuselagem larga agendados para integrar a sua frota em 2009. Reduções adicionais à frota foram programadas para 2010.

A *US Airways* também planejava eliminar 1.700 empregos por meio de aposentadorias, licenças voluntárias e licenças não remuneradas. Os maiores cortes aconteceriam em Las Vegas, onde 600 empregos seriam eliminados. A intenção da empresa seria reduzir o número de destinos atendidos a partir de Las Vegas de 55 para 31 e reduzir o número de voos diários para a cidade de 141 para 81.

Por fim, a *US Airways* anunciou um aumento nas tarifas. Ela começaria a cobrar $15 pela primeira bagagem despachada do passageiro, valor aumentado posteriormente para $25 para a primeira bagagem e $35 para a segunda. Haveria uma tarifa de $2 para bebidas não alcoólicas em voos domésticos, enquanto o custo das bebidas alcoólicas aumentaria de $5 para $7. A empresa também planejava cobrar $25 por bilhetes adquiridos com milhas e aumentar tarifas para bilhetes por meio da linha de reservas.

Planejamento contingencial. Os diversos procedimentos de análises de alternativas, especialmente as medidas de ponto de equilíbrio discutidas em um capítulo anterior, são úteis além da avaliação de estimativas de VPL e fluxos de caixa. Também podemos ver esses procedimentos e medidas como maneiras rudimentares de explorar a dinâmica de um projeto e investigar as opções gerenciais. No presente caso vamos refletir sobre alguns dos futuros possíveis que poderiam ocorrer e quais ações adotaríamos nesse caso.

Poderia ser o caso que o projeto não consiga atingir o ponto de equilíbrio quando as vendas caem abaixo de 10.000 unidades. É um fato interessante para se conhecer, mas o mais importante é nos questionarmos como agiríamos caso isso ocorresse de fato. Esse é o chamado **planejamento contingencial**, que representa uma análise de algumas das opções gerenciais implícitas em um projeto.

> **planejamento contingencial**
> Leva em conta as opções gerenciais implícitas em um projeto.

Não há limite para o número de contingências ou futuros possíveis que poderíamos investigar, mas podemos falar de classes gerais. É o que consideraremos a seguir.

A opção de expandir Uma opção particularmente importante que não trabalhamos de forma explícita é a opção de expandir. Se encontramos um projeto com VPL positivo de verdade, temos uma consideração óbvia pela frente. Seria possível expandir o projeto ou repeti-lo, obtendo um VPL ainda maior? Nossa análise estática pressupõe implicitamente que a escala do projeto é fixa.

Se a procura por um determinado produto superasse em muito as expectativas, poderíamos investigar um aumento da produção. Se isso for inviável por algum motivo, sempre poderíamos aumentar o fluxo de caixa com uma elevação do preço. Em ambos os casos, o fluxo de caixa potencial é maior do que o indicado quando pressupomos implicitamente que não seria possível expandir a produção ou aumentar o preço. Em geral, como nossa análise ignora a opção de expandir, a tendência é *subestimar* o VPL (se todos os outros fatores permanecerem iguais).

A opção de abandonar No outro extremo, a opção de reduzir a escala ou até abandonar um projeto também é bastante valiosa. Se o projeto não atinge o ponto de equilíbrio em termos de fluxo de caixa, ele não consegue sequer cobrir as suas próprias despesas. Nossa situação seria melhor se simplesmente o abandonássemos. Nossa análise por fluxos de caixa descontados (FCD) pressupõe implicitamente que continuaríamos a operar até mesmo nesse caso.

Às vezes, a melhor alternativa é bater em retirada. Por exemplo, em 2016, a *A*didas e a Nike admitiram derrota e anunciaram que estavam saindo do ramo de equipamento de golfe. Também em 2016, a Golfsmith, uma rede de varejo de golfe, anunciou que pretendia vender a Golf Town, a sua operação canadense. No mesmo ano, a Golfsmith vendeu seus ativos americanos restantes para a Dick's Sporting Goods e um grupo de liquidantes.

Em termos mais gerais, se a procura fica significativamente abaixo das expectativas, poderíamos vender parte da capacidade ou aplicá-la de forma alternativa. O produto ou serviço poderia ser reelaborado ou melhorado de alguma forma. Sejam quais forem os detalhes específicos, mais uma vez estamos *subestimando* o VPL se pressupomos que o projeto deve durar um determinado número de anos, independente do que ocorrer no futuro.

A opção de suspender ou reduzir a exposição nas operações Uma opção muito próxima à de abandonar é a de suspender as operações. Com frequência, vemos as empresas escolhendo suspender atividades temporariamente. Por exemplo, as montadoras muitas vezes deparam com um excesso de veículos de um determinado modelo. Nesse caso, a produção é interrompida até o estoque excedente ser vendido. Em algum momento no futuro, a produção é retomada.

A opção de suspender as operações é particularmente valiosa na extração de recursos naturais. Suponha que você possui uma mina de ouro. Se os preços do ouro caem radicalmente, sua análise pode revelar que custa mais caro extrair um grama de ouro do que poderia vendê-la, então você para de minerar. O ouro fica no solo, e você sempre pode retomar as operações se o preço aumentar o suficiente. Na verdade, as operações poderiam ser suspensas e retomadas muitas vezes durante a vida útil da mina.

Às vezes, as empresas escolhem reduzir permanentemente uma atividade. Se um novo produto não vende tão bem quanto o planejado, a produção pode ser reduzida e a capacidade excedente, redirecionada. Esse caso é o contrário da opção de expandir, então podemos chamá-lo de opção de reduzir a exposição.

Por exemplo, em 2013, a Ford enfrentou uma pressão enorme dos líderes políticos e sindicais na Bélgica quando decidiu fechar a sua fábrica em Genk. A Ford planejava transferir a produção para outras unidades na Europa. Estimativas indicam que as fábricas da Europa podem produzir de sete a oito milhões de automóveis e caminhonetes a mais do que o mercado consegue absorver.

Opções no orçamento de capital: um exemplo Suponha que estamos analisando um novo projeto. Para manter a situação relativamente simples, digamos que a expectativa é vender 100 unidades ao ano, com fluxo de caixa líquido perpétuo de $1 por unidade. Assim, o fluxo de caixa esperado será de $100 ao ano.

Em um ano, saberemos mais sobre o projeto. Mais especificamente, teremos então uma ideia melhor sobre se ele terá ou não sucesso. Se o sucesso de longo prazo for provável, as vendas esperadas serão revisadas positivamente para 150 unidades ao ano. Se não for, as vendas esperadas serão revisadas negativamente para 50 unidades ao ano. O sucesso e o fracasso são igualmente prováveis. Observe que, como a probabilidade de vender 50 unidades é igual à de vender 150, as vendas esperadas ainda são de 100 unidades, como projetado originalmente. O custo é de $550 e a taxa de desconto é de 20%. O projeto pode ser desativado e vendido em um ano por $400 se decidirmos abandoná-lo. Devemos ou não assumir o projeto?

Uma análise por FCD não é difícil. O fluxo de caixa esperado é de $100 ao ano, para sempre, e a taxa de desconto é de 20%. O VP dos fluxos de caixa é de $100/0,20 = $500, então o VPL é $500 − 550 = −$50. Não deveríamos assumir o projeto.

Essa análise ignora opções valiosas. Em um ano, podemos vender o projeto por $400. Como contabilizar essa opção? Precisamos decidir o que faremos em um ano. Nesse caso simples, precisamos avaliar apenas duas contingências, uma revisão para mais e uma revisão para menos, então o trabalho adicional é pequeno.

Em um ano, se os fluxos de caixa esperados forem revisados para $50, então o VP dos fluxos de caixa será revisado para menos, para $50/0,20 = $250. Obteremos $400 se abandonarmos o projeto, então é isso que faremos (em um ano, o VPL de manter o projeto é $250 − 400 = −$150). Se a procura for revisada para mais, o VP dos fluxos de caixa futuros no Ano 1 é $150/0,20 = $750. Essa quantia é maior que os $400 do valor de abandono, então manteremos o projeto.

Temos um projeto que custa $550 hoje. Em um ano, esperamos um fluxo de caixa de $100 vindo do projeto. Além disso, o projeto valerá $400 (se o abandonarmos por um fracasso) ou $750 (se o mantivermos devido ao sucesso). Os resultados são igualmente prováveis, então esperamos que o projeto valha ($400 + 750)/2, ou $575.

Em suma, em um ano, esperamos ter $100 em caixa, mais um projeto que vale $575, totalizando $675. Com uma taxa de desconto de 20%, esses $675 valem $562,50 hoje, de modo que o VPL é $562,50 − 550 = $12,50. Devemos assumir o projeto.

O VPL do nosso projeto aumentou em $62,50. De onde saiu essa quantia? Nossa análise original pressupunha implicitamente que manteríamos o projeto mesmo em caso de fracasso. No Ano 1, entretanto, vimos que ganharíamos $150 ($400 versus $250) se o abandonássemos. Havia 50% de chance de isso acontecer, então o ganho esperado com o abandono é de $75. O VP dessa quantia é o valor da opção de abandonar: $75/1,20 = $62,50.

Opções estratégicas Às vezes, as empresas implementam novos projetos apenas para explorar possibilidades e avaliar futuras estratégias de negócios em potencial. É como colocar um dedinho na água da piscina antes de mergulhar. Esses projetos são difíceis de analisar usando os métodos convencionais de FCD, pois a maioria dos benefícios assume a forma de **opções estratégicas**, ou seja, opções para futuros movimentos relacionados a esses negócios. Projetos que criam opções dessa natureza podem ser valiosíssimos, mas é um valor difícil de medir. A pesquisa e desenvolvimento é um exemplo de opção estratégica que representa uma atividade importante e valiosa para muitas empresas, exatamente por criar opções para novos produtos e procedimentos.

Para dar outro exemplo, uma grande indústria poderia decidir abrir uma loja de varejo em um estudo piloto. O objetivo principal seria obter *insights* sobre o mercado. Devido aos altos custos iniciais, a operação em si não atinge o ponto de equilíbrio. Contudo, usando a experiência de vendas obtida com o piloto, a empresa pode avaliar se abre ou não mais lojas, se reformula sua linha de produtos, se entra em novos mercados, etc. As informações obtidas e as opções resultantes para ações futuras são todas valiosas, mas provavelmente seria inviável calcular um valor monetário no qual possamos confiar.

Conclusão Vimos que incorporar as opções à análise do orçamento de capital não é fácil. O que poderíamos fazer na prática? A resposta é que precisamos mantê-las em mente enquanto trabalhamos com os fluxos de caixa projetados. Tendemos a subestimar o VPL quando ignoramos as opções. Os prejuízos podem ser pequenos para uma proposta bastante específica e altamente estruturada, mas podem ser enormes para uma de natureza exploratória.

---

opções estratégicas
Opções para produtos ou estratégias de negócios futuros.

> **Questões conceituais**
>
> **24.6a** Por que dizemos que quase todas as propostas de orçamento de capital envolvem alternativas mutuamente excludentes?
> **24.6b** O que são as opções de expandir, abandonar e suspender as operações?
> **24.6c** O que são opções estratégicas?

24.7 Opções e títulos mobiliários corporativos

Nesta seção, voltamos aos ativos financeiros e consideramos algumas das formas mais comuns em que as opções aparecem em títulos mobiliários corporativos e outros ativos financeiros. Começamos com uma análise dos bônus de subscrição e dos títulos conversíveis.

Bônus de subscrição

Os **bônus de subscrição**, também conhecidos como *warrants* e *opções não padronizadas*, são títulos que concedem aos titulares o direito, mas não a obrigação, de comprar ações de uma empresa diretamente dela, por um preço fixo durante um determinado período de tempo. Cada bônus de subscrição especifica o número de ações que o titular pode comprar, o preço de exercício e a data de vencimento.

As diferenças quanto às características contratuais entre os bônus de subscrição e as opções de compra negociadas em bolsas são relativamente pequenas. Os bônus quase sempre têm prazos muito mais longos para vencimento. Alguns bônus são perpétuos e não têm prazo de vencimento fixo.

Os bônus de subscrição também são referidos como "atrativos" ("*sweeteners*") ou "incentivos de capital próprio ("*equity kickers*"), pois costumam ser emitidos em combinação com títulos de dívida ou empréstimos de colocação privada. Adicionar bônus de subscrição é uma maneira de tornar a operação de empréstimo um pouco mais atraente para o credor, e é uma prática comum nos EUA; lá, eles são listados e negociados na Nyse desde 13 de abril de 1970. No início de 2017, havia apenas 20 bônus de subscrição listados na Nyse. Na Europa, os bônus de subscrição ainda são populares. Também no início de 2017, a Euronext listava cerca de 57.000 deles.

Em muitos casos, os bônus de subscrição são anexados aos títulos de dívida quando de sua emissão. O contrato de emissão estabelecerá se os bônus podem ser destacados dos títulos de dívida. De maneira geral, é permitido que o bônus seja destacado imediatamente e negociado como título independente pelo titular.

bônus de subscrição (warrant)
Um título que dá ao titular o direito de adquirir ações a um preço fixo por um determinado período de tempo.

A diferença entre bônus de subscrição e opções de compra Como explicado, do ponto de vista do titular, os bônus de subscrição são semelhantes a opções de compra de ações. Assim como uma opção de compra, um bônus concede a seu titular o direito de comprar ações a um determinado preço. Do ponto de vista da empresa, um bônus é diferente de uma opção de compra de ações da empresa.

A diferença mais importante entre opções de compra e bônus de subscrição é que as opções de compra são emitidas por indivíduos, enquanto os bônus são emitidos por empresas. Quando uma opção de compra é exercida, um investidor compra ações de outro investidor. A empresa não está envolvida. Quando um bônus é exercido, uma empresa deve emitir novas ações. Portanto, todas as vezes que um bônus é exercido, a empresa recebe caixa e o número de ações em circulação aumenta. Observe que as opções sobre ações para funcionários discutidas anteriormente são emitidas pelas empresas, então, tecnicamente, são bônus de subscrição, não opções.

Para exemplificar, suponha que a Bomcaminho S/A emita um bônus de subscrição concedendo aos titulares o direito de comprar uma ação por $25. Além disso, suponha que o bônus seja exercido. A Bomcaminho deve emitir uma nova ação. Em troca dessa ação, ela recebe $25 do titular.

Por outro lado, quando uma opção de compra de ações é exercida, não há alteração no número de ações em circulação. Suponha que a Sra. Elisângela seja a titular de uma opção de compra de ação da Bomcaminho, comprada do Sr. Celso. A opção de compra concede à Sra. Elisângela o direito de comprar (do Sr. Celso) uma ação da Bomcaminho por $25.

Se a Sra. Elisângela exercer a opção de compra, o Sr. Celso será obrigado a fornecer a ela uma ação da Bomcaminho em troca de $25. Se o Sr. Celso não tiver a ação ele deve ir ao mercado de ações e comprar uma.

A opção de compra é uma aposta no valor da ação da Bomcaminho no mercado secundário entre a Sra. Elisângela e o Sr. Celso. Quando uma opção de compra é exercida, um investidor ganha, e outro perde. O número total de ações em circulação da Bomcaminho permanece constante, e não há ingresso de novos recursos financeiros na empresa.[5]

Diluição do lucro Os bônus de subscrição (e títulos conversíveis, como veremos) frequentemente fazem com que o número de ações aumente. Isso acontece (1) quando os bônus são exercidos e (2) quando os títulos são convertidos, fazendo com que o lucro líquido da empresa seja dividido por um número maior de ações. Logo, o lucro por ação (LPA) diminui.

Empresas com quantidades significativas de bônus de subscrição e títulos conversíveis em circulação normalmente calculam e informam o *lucro diluído* por ação. Isso significa que o cálculo se baseia no número de ações que estariam em circulação se todos os bônus de subscrição fossem exercidos e todos os títulos conversíveis fossem mesmo convertidos. Como isso aumenta o número de ações, o LPA diluído é menor que o LPA "básico", calculado com base apenas nas ações em circulação de fato.

Títulos de dívida conversíveis

título conversível
Um título de dívida que pode ser trocado por um determinado número de ações por durante um período específico.

Um **título de dívida conversível** é similar a um título de dívida com bônus de subscrição. A diferença mais importante é que um título de dívida com bônus pode ser separado em títulos diferentes (um título e alguns bônus de subscrição), enquanto um título de dívida conversível não apresenta essa possibilidade. Um título de dívida conversível concede ao titular o direito de trocá-lo por um determinado número de ações a qualquer momento até a data de vencimento, inclusive, do título de dívida.

Nos Estados Unidos, ações preferenciais frequentemente podem ser convertidas em ações ordinárias. Lá, uma ação preferencial conversível é o mesmo que um título de dívida conversível, exceto pelo fato de ela ter uma data de vencimento com prazo infinito.[6]

Características de títulos de dívida conversíveis Podemos ilustrar as características básicas de um título conversível com a análise de um título específico. Em março de 2014, a fabricante de automóveis elétricos Tesla emitiu $1,2 bilhões em títulos conversíveis. Os títulos tinham taxa de cupom de 1,25%, venciam em 2021 e podiam ser convertidos em ações ordinárias da Tesla a um **preço de conversão** de $359,87. Como cada título tinha valor de face de $1.000, o titular poderia receber $1.000/$359,87 = 2,7788 ações da Tesla. O número de ações por título, 2,7788, é chamado de **taxa de conversão**.

preço de conversão
O valor monetário do valor ao par de um título que pode ser trocado por uma ação.

taxa de conversão
O número de ações por título recebido pela conversão para ações.

Quando a Tesla emitiu seus títulos de dívida conversíveis, sua ação estava sendo negociada a $252,54 cada. O preço de conversão era ($359,87 − 252,54)/$252,54 = 0,425, ou 42,5%,

---
[5] Para uma discussão mais aprofundada sobre bônus de subscrição, inclusive no Brasil, veja o Capítulo 24 de Administração Financeira, referido aqui na Nota 4.

[6] Obviamente, a empresa não pode deduzir da sua base tributável os dividendos distribuídos. Já os juros sobre um título conversível são dedutíveis.

mais alto que o preço então corrente da ação. Esse valor de 42,5% é referido como **prêmio de conversão**. Ele é reflexo do fato de a opção de conversão dos títulos de dívida da Tesla estar fora do dinheiro na época, o que é bastante típico. Em dezembro de 2020, as ações da Tesla já eram negociadas por valores em torno de $700 e em janeiro e fevereiro de 2021 foram negociadas a valores acima de $800 (caindo para em torno de $650 em março e abril). A qualquer uma dessas cotações, os credores teriam um grande ganho com a conversão e a Tesla não teria que honrar o pagamento da dívida respectiva.

prêmio de conversão
A diferença entre o preço de conversão e o preço corrente da ação, dividida pelo preço corrente da ação.

Valor de um título de dívida conversível Apesar de a cláusula de conversibilidade do título conversível não poder ser destacada, como acontece com os bônus de subscrição, o valor do título ainda pode ser decomposto, entre o valor do título em si e o valor da cláusula de conversibilidade. A seguir, analisamos como isso é feito.

A maneira mais fácil de ilustrar a avaliação de um título conversível é com um exemplo. Suponha que uma empresa chamada Micron Origami (MO) tenha um título conversível em circulação. A taxa de cupom é de 7% e a taxa de conversão é 15. Há 12 cupons restantes e a ação é negociada por $68.

Valor do título de dívida pura O **valor do título de dívida pura** é o preço pelo qual os títulos seriam negociados se não pudessem ser convertidos em ações. O valor dependerá do nível geral de taxas de juros e do risco de inadimplência.

Suponhamos que as debêntures puras emitidas pela MO tenham sido classificadas como B e que títulos de dívida semelhantes classificados como B estejam precificados para proporcionar um retorno de 8%. O valor do título de dívida pura dos títulos conversíveis da MO pode ser determinado por meio do desconto a 8% do cupom semestral de $35 e do valor no vencimento, como fizemos no Capítulo 7:

valor do título de dívida pura
O valor que um título conversível teria se não pudesse ser convertido em ações.

$$\text{Valor do título de dívida pura} = \$35 \times (1 - 1/1{,}04^{12})0{,}04 + \$1.000/1{,}04^{12}$$
$$= \$328{,}48 + 624{,}40$$
$$= \$953{,}07$$

O valor do título de dívida pura de um título de dívida conversível é um valor mínimo, no sentido de o título sempre valer, no mínimo, esse valor. Como veremos a seguir, ele normalmente vale mais.

Valor de conversão O **valor de conversão** é o quanto os títulos valeriam se fossem imediatamente convertidos em ações. Comparamos esse valor pela multiplicação do número de ações que será recebido quando o título de dívida for convertido pelo preço corrente da ação.

Cada título conversível da MO pode ser convertido em 15 ações ordinárias da empresa. As ações da MO eram negociadas a $68. O valor de conversão era, portanto, $15 \times \$68 = \$1.020$.

Um conversível não pode ser negociado a preço inferior ao seu valor de conversão, pois isso criaria uma oportunidade de arbitragem. Se o conversível da MO estivesse sendo negociado por menos que $1.020, investidores comprariam os títulos de dívida, converteriam esses títulos em ações e venderiam as ações. O lucro de arbitragem seria a diferença entre o valor das ações e o valor de conversão do título de dívida.

valor de conversão
O valor que um título conversível teria se fosse convertido imediatamente em ações ordinárias.

Valor mínimo (*floor value*) Como vimos, os títulos de dívida conversíveis têm dois *valores mínimos* ou *pisos*: o valor do título de dívida pura e o valor de conversão. O valor mínimo de um título de dívida conversível é dado pelo maior entre os dois. Para o título da MO, o valor de conversão é $1.020 e o valor do título de dívida pura é $953.07. Logo, o título vale, no mínimo, $1.020.

A Figura 24.3 mostra o valor mínimo de um título conversível em relação ao valor da ação. O valor de conversão é determinado pelo valor da ação subjacente da empresa. Conforme o valor da ação aumenta ou diminui, o valor de conversão também aumenta ou diminui, acompanhando a variação. Se o valor da ação da MO aumenta em $1, o valor de conversão de seus títulos conversíveis aumenta em $15.

Na Figura 24.3, presumimos implicitamente que o título de dívida conversível não corre risco de inadimplência. Nesse caso, o valor do título de dívida pura não depende do preço da

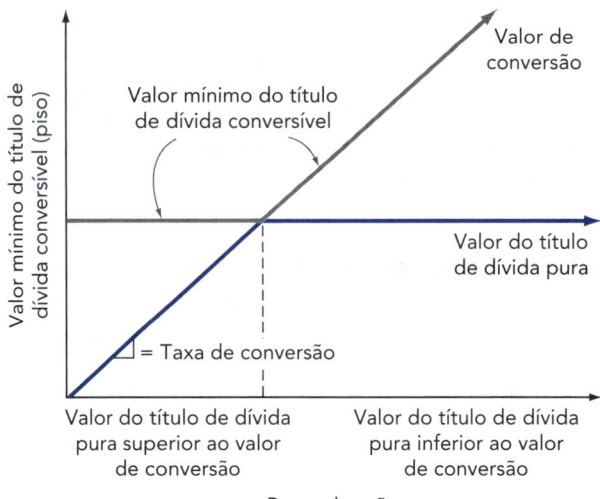

Conforme mostrado, o valor mínimo (piso) de um título de dívida conversível é o maior entre o valor do título de dívida pura e o valor de conversão.

FIGURA 24.3 Valor mínimo de um título conversível *versus* valor da ação para uma determinada taxa de juros.

ação, sendo, então, representado por uma linha reta. Dado o valor do título de dívida pura, o valor mínimo do título conversível depende do valor da ação. Quando o valor da ação é baixo, o valor mínimo dos títulos conversíveis é mais significativamente influenciado pelo seu valor subjacente enquanto dívida pura. Quando o valor da empresa é muito alto, o valor dos títulos conversíveis é determinado principalmente pelo seu valor de conversão subjacente. Isso também é ilustrado na Figura 24.3.

Valor de opção O valor de um título de dívida conversível sempre excederá o valor do título de dívida pura e o valor de conversão, a menos que a empresa esteja inadimplente ou os credores sejam forçados a converter. Isso ocorre porque os titulares de conversíveis não precisam fazer a conversão imediatamente. Em vez disso, se os titulares esperarem, eles poderão aproveitar o que for maior no futuro: o valor do título de dívida pura ou o valor de conversão.

A opção de espera é valiosa e aumenta o valor do título conversível em relação ao seu valor mínimo. O valor total do título conversível é igual à soma do valor mínimo e do valor de opção, como ilustra a Figura 24.4. Observe a semelhança entre essa imagem e a representação do valor de uma opção de compra na Figura 24.2, mencionada na nossa discussão anterior.

Outras opções

Anteriormente, analisamos dois dos valores mobiliários semelhantes a opções mais comuns: os bônus de subscrição (ou *warrants*) e os títulos conversíveis. As opções aparecem em diversas outras situações. Descreveremos algumas delas brevemente nesta seção.

A opção de resgate antecipado de um título de dívida Como vimos no Capítulo 7, no EUA a maioria dos títulos de dívida corporativa é resgatável antecipadamente.[7] Uma opção de resgate antecipado permite que a empresa recompre os títulos a um preço fixo por um

---

[7] O resgate antecipado é uma característica pouco frequente em títulos de dívida emitidos no mercado brasileiro. Dois podem ser os motivos para isso, especialmente para debêntures: prazos relativamente curtos e baixa liquidez o que dificulta a precificação. No que se refere a prazos, as debêntures incentivadas podem ter prazos muito longos, mas o resgate antecipado poderia torná-las menos atrativas para a clientela constituída por fundos de pensão e aposentadoria complementar e seguradoras.

FIGURA 24.4 Valor de um título de dívida conversível *versus* valor da ação para uma determinada taxa de juros

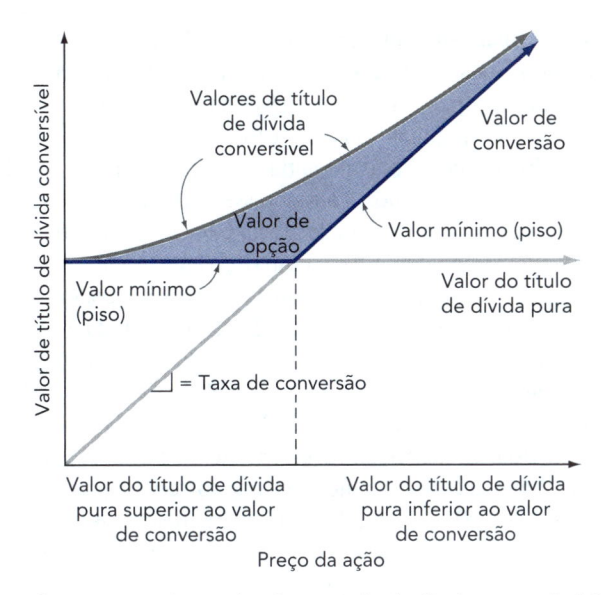

Conforme mostrado, o valor de um título de dívida conversível é a soma do valor mínimo e do valor de opção (área destacada).

determinado período de tempo. Em outras palavras, a empresa possui uma opção de compra sobre os títulos. O custo dessa cláusula para a empresa é o custo da opção.

Os títulos de dívida conversíveis quase sempre são resgatáveis. Isso significa que um título de dívida conversível na verdade combina três valores mobiliários diferentes: um título de dívida pura, uma opção de compra do titular (a cláusula de conversibilidade) e uma opção de compra da empresa (a opção de resgate antecipado).

Títulos de dívida com opção de venda Como vimos no Capítulo 7, os títulos de dívida com opção de venda são uma inovação relativamente recente. Lembre-se que esses títulos dão ao credor proprietário do título o direito de forçar o emissor a comprar o título de volta a um preço fixo por um determinado período. Hoje, reconhecemos que essa forma de título combina um título de dívida pura com uma opção de venda, o que explica o seu nome.

Cada título pode ter uma série de opções embutidas. Um tipo popular de título é o *LYON*, que significa *liquid yield option note* ("nota de opção de rendimento líquido"). Um *LYON* é um título de dívida tipo desconto puro resgatável, com opção de venda e conversível. É um pacote de um título tipo desconto puro, duas opções de compra e uma opção de venda.

Seguro e garantias para empréstimos Os seguros de diferentes tipos são um aspecto financeiro comum da vida cotidiana. Na maioria das vezes, estar segurado é como ter uma opção de venda. Suponha que você tem uma apólice de seguro de $1 milhão para um edifício comercial. Uma noite, o edifício pega fogo, o que reduz o seu valor a zero. Nesse caso, na prática, você exerce sua opção de venda e força a seguradora a pagar $1 milhão por algo que não vale praticamente nada.

As garantias para empréstimos são uma forma de seguro. Quando empresta dinheiro e não recebe o valor de volta, se o empréstimo tiver garantia você pode cobrar uma terceira parte, muitas vezes o governo. Quando você empresta dinheiro para um banco comercial no Brasil (ao fazer um depósito ou uma aplicação financeira no banco), o seu empréstimo ao banco estará garantido pelo Fundo Garantidor de Crédito, o FGC, que cobre até R$ 250 mil por CPF por instituição financeira em instrumentos de captação bancária, com teto de R$ 1 milhão a cada quatro anos.

Nos EUA, são particularmente famosos dois casos de garantias para empréstimo, a Lockheed (atual Lockheed Martin Corporation (em 1971) e a Chrysler Corporation (em 1980) foram salvas do desastre financeiro pelo governo dos EUA, que fez seu resgate concordando em garantir novos empréstimos. Com as garantias, se a Lockheed e a Chrysler tivessem deixado de pagar novos empréstimos, os credores poderiam ter obtido do governo dos EUA o valor total de seus direitos. Do ponto de vista dos credores, os empréstimos se tornam tão sem risco quanto os títulos do Tesouro. Essas garantias permitiram que a Lockheed e a Chrysler tomassem empréstimos de grandes valores e superassem a fase difícil.

As garantias para empréstimos não saem de graça. Com uma garantia, o governo dos EUA dá uma opção de venda para quem tem títulos com risco em sua carteira. O valor da opção de venda é o custo da garantia. Isso ficou evidente quando as associações de poupança e empréstimos dos EUA sofreram um colapso no início da década de 1980. O custo final para o contribuinte americano que garantiu os depósitos nessas instituições foi de incríveis $150 bilhões.

Mais recentemente, após os ataques terroristas de 11 de setembro de 2001, o Congresso dos EUA estabeleceu o Comitê de Estabilização dos Transportes Aéreos (ATSB, Air Transportation Stabilization Board), autorizado a emitir até $10 bilhões em garantias para empréstimos para companhias aéreas estadunidenses que sofressem prejuízos em consequência dos ataques. Até meados de 2004, $1,56 bilhões em garantias haviam sido emitidas para seis devedores. O interessante é que as empresas que recebiam as garantias seriam obrigadas a compensar o governo pelo risco assumido pelos contribuintes, na forma de taxas pagas na forma de caixa e bônus de subscrição para a compra de ações. Esses bônus de subscrição representavam cerca de 10% a 33% do capital próprio de cada empresa. Devido às recuperações (e subsequentes aumentos dos preços das ações) de alguns dos devedores, a carteira de bônus de subscrição da ATSB se tornou bastante valiosa. De acordo com o Departamento do Tesouro dos EUA, o governo obteve um ganho próximo de $350 milhões com as taxas e as vendas de ações.

Questões conceituais

24.7a Quais as diferenças entre bônus de subscrição (*warrants*) e opções de compra?

24.7b Qual é o valor mínimo de um título de dívida conversível?

24.7c Explique por que o seguro de automóvel funciona como uma opção de venda.

24.7d Explique por que as garantias para empréstimos do governo não são gratuitas.

24.8 Resumo e conclusões

Este capítulo descreveu os elementos básicos da avaliação de opções e analisou títulos corporativos semelhantes a opções.

1. As opções são contratos que dão o direito, mas não a obrigação, de comprar e vender ativos subjacentes por um preço fixo durante um período específico. As opções mais conhecidas são as opções de compra (*calls*) e as opções de venda (*puts*) sobre ações. Essas opções dão ao titular o direito, mas não a obrigação, de comprar ou vender ações ordinárias por um determinado preço.

    Como vimos, o valor de uma opção depende de apenas cinco fatores:

    a. O preço do ativo subjacente.

    b. O preço de exercício.

    c. A data de vencimento.

    d. A taxa de juros dos títulos de dívida sem risco.

    e. A volatilidade do valor do ativo subjacente.

2. As empresas começaram a usar opções sobre ações para funcionários (ESOs, *employee stock options*) em números cada vez maiores. Semelhantes às opções de compra, essas opções servem para motivar os funcionários a contribuir para elevar os preços das ações. As ESOs também são uma forma de remuneração importante para muitos trabalhadores, especialmente entre os níveis superiores da gestão.

3. Quase todas as propostas de orçamento de capital podem ser interpretadas como opções reais. Além disso, os projetos e operações contêm opções implícitas, tais como a opção de expandir, a opção de abandonar e a opção de reduzir a exposição nas operações.

4. Um bônus de subscrição (*warrant*) concede ao titular o direito de comprar ações diretamente da empresa a um preço de exercício por um determinado período. Normalmente, os bônus são emitidos na forma de um pacote com títulos de dívida. Depois disso, nos EUA, eles podem ser destacados e passar a ser negociados de forma separada.

5. Um título de dívida conversível é uma combinação de um título de dívida pura e uma opção de compra. O titular pode renunciar ao título de dívida em troca de um número fixo de ações. O valor mínimo de um título conversível é dado pelo maior entre o valor de título de dívida pura e o valor de conversão.

6. Muitos outros títulos corporativos têm características opções. Títulos com opções de resgate antecipado, com opção de venda e garantidos são apenas alguns exemplos.

REVISÃO DO CAPÍTULO E TESTE DE CONHECIMENTOS

24.1 Valor de uma opção de compra. As ações da Ilha do Mel S/A estão sendo negociadas a $25 por ação. Em um ano, o preço da ação será $20 ou $30. As letras do Tesouro com prazo de um ano até o vencimento, estão rendendo 10%. Qual é o valor de uma opção de compra com preço de exercício de $20? E com preço de exercício de $26?

24.2 Títulos conversíveis A Editora Maio Azul (EMA), editora da revista *Ferro Velho*, tem uma emissão de títulos de dívida conversível com valor ao par de $1.000 negociada atualmente no mercado por $950. Cada contrato dá ao titular o direito de trocá-lo por 100 ações ordinárias.

O título tem um cupom de 7%, pagável anualmente, e vencerá em 10 anos. A dívida da EMA tem classificação de crédito BBB. As dívidas com essa classificação são precificadas para proporcionar um retorno de 12%. As ações da OCC são negociadas a $7 por ação.

Qual é a taxa de conversão desse título? O preço de conversão? E o prêmio de conversão? Qual é o valor mínimo do título? Qual é o seu valor de opção?

RESPOSTA DA REVISÃO DO CAPÍTULO E DO TESTE DE CONHECIMENTOS

24.1 Com preço de exercício de $20, a opção não pode terminar fora do dinheiro (ela pode terminar "no dinheiro" se o preço da ação for $20). Podemos replicar o valor da ação investindo o valor presente de $20 em letras do Tesouro e adquirindo uma opção de compra. Comprar a letra do Tesouro custa $20/1,1 = $18,18.

Se a ação termina em $20, a opção de compra vale zero e a letra do Tesouro paga $20. Se a ação termina em $30, a letra do Tesouro ainda paga $20, mas a opção vale $30 − 20 = $10, então a combinação vale $30. Como a combinação letra do Tesouro + Opção de compra duplica exatamente o resultado da ação, ela vale $25, ou então haveria uma oportunidade de arbitragem. Usando a notação deste capítulo, é possível calcular o valor da opção de compra da seguinte forma:

$S_0 = C_0 + E/(1 + R_f)$
$\$25 = C_0 + \$18,18$
$C_0 = \$6,82$

Com o preço de exercício de $26, começamos investindo o valor presente do preço menor da ação em letras do Tesouro, o que nos garante $20 quando o preço da ação é $20. Se o preço da ação é $30, a opção vale $30 − 26 = $4. Temos $20 da nossa letra do Tesouro, então precisamos de $10 das opções para ter o valor equivalente ao da ação. Como cada opção vale $4 nesse caso, precisamos adquirir $10/$4 = 2,5 opções de compra. Observe que a diferença nos preços possíveis da ação (ΔS) é $10, enquanto a diferença em preços possíveis da opção (ΔC) é $4, então $\Delta S/\Delta C = 2,5$.

Para completar o cálculo, observamos que o valor presente de $20 mais 2,5 opções de compra precisa ser $25 para impedir a arbitragem, então:

$$\$25 = 2,5 \times C_0 + \$20 / 1,1$$
$$C_0 = \$6,82 / 2,5$$
$$= \$2,73$$

24.2 Como cada título pode ser trocado por 100 ações, a taxa de conversão é 100. O preço de conversão é o valor de face do título ($1.000) dividido pela taxa de conversão, ou $1.000/100 = $10. O prêmio de conversão é a diferença percentual entre o preço corrente e o preço de conversão, ou ($10 − 7)/$7 = 0,43, ou 43%.

O valor mínimo do título é o maior entre o valor do título de dívida pura e o seu valor de conversão. O valor de conversão é quanto o título vale se convertido imediatamente: 100 × $7 = $700. O valor do título de dívida pura é quanto o título valeria se não fosse conversível. O cupom anual é de $70 e o título vence em 10 anos. Com um retorno exigido de 12%, o valor do título de dívida pura é:

$$\text{Valor do título de dívida pura} = \$70 \times (1 - 1/1,12^{10})/0,12 + \$1.000/1,12^{10}$$
$$= \$395,52 + 321,97$$
$$= \$717,49$$

Este é maior do que o valor de conversão, então o valor mínimo do título é $717,49. Por fim, o valor de opção é a diferença entre o valor do título conversível e o valor mínimo. Como o título é negociado por $950, o valor de opção é:

$$\text{Valor de opção} = \$950 - 717,49$$
$$= \$232,51$$

REVISÃO DE CONCEITOS E QUESTÕES INSTIGANTES

1. **Opções [OA1]** O que é uma opção de compra? E uma opção de venda? Sob quais circunstâncias é vantajoso comprar cada uma delas? Qual delas tem maior lucro *potencial*? Por quê?

2. **Opções [OA1]** Complete a frase a seguir para cada um destes investidores:
   a. Um comprador de opções de compra.
   b. Um comprador de opções de venda.
   c. Um vendedor (lançador) de opções de compra.
   d. Um vendedor (lançador) de opções de venda.

   "O (comprador/vendedor) de uma opção de (venda/compra) (paga/recebe) uma quantia de dinheiro pelo(a) (direito/obrigação) de (comprar/vender) um ativo específico a um preço fixo por um determinado período de tempo."

3. **Valor intrínseco [OA2]** O que é valor intrínseco de uma opção de compra? Como interpretamos esses valores?

4. **Opções de venda [OA2]** Qual é o valor de uma opção de venda no vencimento? Com base na sua resposta, qual é o valor intrínseco de uma opção de venda?

5. **Precificação de opções [OA2]** Você observa que as ações da Pastel S/A são negociadas a para $50 por ação. As opções de compra com um preço de exercício de $35 estão sendo negociadas a $10. O que está errado? Descreva como você pode aproveitar essa precificação incorreta se as opções vencerem hoje.

QUESTÕES E PROBLEMAS

1. **Cálculo de valores de opções [OA2]** As letras do Tesouro trazem retorno de 3,4%. As ações das Indústrias Tubiacanga são negociadas a $67 por ação. Não há possibilidade de a ação valer menos de $60 em um ano.

    a. Qual é o valor de uma opção de compra com um preço de exercício de $55? Qual é o valor intrínseco?

    b. Qual é o valor de uma opção de compra com um preço de exercício de $45? Qual é o valor intrínseco?

    c. Qual é o valor de uma opção de venda com um preço de exercício de $55? Qual é o valor intrínseco?

2. **Entendendo cotações de opções [OA1]** Use as informações de cotações das opções apresentadas para responder às perguntas a seguir. No momento, cada ação é negociada por $85.

Opção	Vencimento	Preço de Exercício	Opções de Compra		Opções de Venda	
			Vol.	Último	Vol.	Último
RWJ	Mar	80	230	2,80	160	0,80
	Abr	80	170	6,00	127	1,40
	Jul	80	139	8,50	43	3,90
	Out	80	60	10,20	11	3,65

   a. As opções de compra estão dentro do dinheiro? Qual é o valor intrínseco de uma opção de compra da RWJ S/A?

   b. As opções de venda estão dentro do dinheiro? Qual é o valor intrínseco de uma opção de venda da RWJ S/A?

   c. Duas das opções estão claramente avaliadas incorretamente. Quais são elas? No mínimo, a que valor as opções com preços incorretos deveriam ser negociadas? Explique como você poderia obter lucro a partir da precificação incorreta em cada caso.

3. **Cálculo dos resultados [OA1]** Use as informações de cotações das opções apresentadas para responder às perguntas a seguir. No momento, cada ação é negociada por $40.

Opção	Vencimento	Preço de Exercício	Opções de Compra		Opções de Venda	
			Vol.	Último	Vol.	Último
Macrosoft	Fev	38	85	2,35	37	0,24
	Mar	38	61	3,15	22	0,93
	Mai	38	22	4,87	11	2,44
	Ago	38	3	6,15	3	3,56

   a. Suponha que você compre 10 contratos da opção de compra Fevereiro 38. Quanto você pagará, sem considerar comissões?

b. Na parte (a), suponha que a ação da Macrosoftware esteja sendo negociada a $43 por ação na data de vencimento. Quanto valerá o seu investimento em opções? E se o preço da ação final for de $39? Explique.

c. Suponha que você compre 10 contratos da opção de venda Agosto 38. Qual será seu ganho máximo? Na data de vencimento, a ação da Macrosoftware está sendo negociada a $32. Quanto valerá o seu investimento em opções? Qual será seu ganho líquido?

d. Na parte (c), suponha que você *venda* 10 contratos das opções de venda Agosto 38. Qual será seu ganho ou perda líquidos se a ação da Macrosoftware estiver sendo negociada a $34 no vencimento? E a $41? Qual é o preço de equilíbrio – ou seja, o preço da ação final que resulta em lucro zero?

4. **Cálculo dos valores de opções [OA2]**   O preço da ação da Chaves S/A será de $57 ou $84 no final do ano. As opções de compra estão disponíveis com 1 ano até a data de vencimento. Os títulos do Tesouro atualmente proporcionam retorno de 4%.

   a. Suponha que o preço atual da ação da empresa seja de $65. Qual é o valor da opção de compra se o preço de exercício for de $50 por ação?

   b. Suponha que o preço de exercício seja de $80 na parte (a). Qual é o valor da opção de compra nesse caso?

5. **Cálculo dos valores de opções [OA2]**   O preço da ação da Coentro S/A será de $60 ou $80 no final do ano. As opções de compra estão disponíveis com 1 ano até a data de vencimento. Os títulos do Tesouro atualmente proporcionam retorno de 6%.

   a. Suponha que o preço atual da ação da empresa seja de $70. Qual é o valor da opção de compra se o preço de exercício for de $50 por ação?

   b. Suponha que o preço de exercício seja de $65 na parte (a). Qual é o valor da opção de compra nesse caso?

> Para revisão de outros conceitos e novas questões instigantes, consulte a página do livro no portal do Grupo A (loja.grupoa.com.br).

Avaliação de Opções

25

EM 14 DE JANEIRO DE 2020, nos EUA, os preços de fechamento das ações da Community Bank Systems, rede de farmácias CVS Corporation e serviço de hospedagem de *sites* GoDaddy eram de USD71,36, USD73,83 e USD72,60, respectivamente. Cada uma dessas empresas tinha opções de compra negociadas na Bolsa de Opções de Chicago (Chicago Board Options Exchange) com preço de exercício de USD75 e data de vencimento de 15 de maio – 122 dias adiante. Provavelmente você imagina que os preços dessas opções de compra eram similares, mas não. As opções da Community Bank eram negociadas por USD1,40, as da CVS por USD3,20 e as da GoDaddy por USD4,18. Por que as opções dessas três ações com preços semelhantes apresentaram valores tão diferentes considerando que os preços de exercício e a data de vencimento eram exatamente iguais? Voltando ao nosso capítulo anterior sobre opções, vimos que a volatilidade da ação subjacente é um fator determinante do valor de uma opção, e, de fato, essas três ações tinham volatilidades muito diferentes. Neste capítulo, exploramos essas e muitas outras questões de maneira aprofundada usando o modelo de precificação de opções Black-Scholes, ganhador do Prêmio Nobel.

Objetivos do aprendizagem

O objetivo deste capítulo é que, ao seu final, você saiba:

- **OA1** Descrever a relação entre preços de ações, preços de opções de compra e preços de opções de venda usando a paridade entre opções de compra e de venda.
- **OA2** Descrever o famoso modelo de precificação de opções Black-Scholes e suas utilidades.
- **OA3** Explicar como os cinco fatores na fórmula de Black-Scholes afetam o valor de uma opção.
- **OA4** Demonstrar como o modelo de Black-Scholes pode ser utilizado para avaliar a dívida e o patrimônio líquido de uma empresa.
- **OA5** Mostrar como a avaliação de opções pode trazer conclusões surpreendentes em decisões sobre orçamento de capital e sobre fusões.

Para ficar por dentro dos últimos acontecimentos na área de finanças, visite www.fundamentalsofcorporatefinance.blogspot.com.

No capítulo anterior, exploramos os elementos básicos das opções, mas não vimos em detalhes como avaliá-las. Nosso objetivo neste capítulo é dar esse próximo passo e examinar como estimar de fato quanto vale uma opção. Para tanto, vamos explorar dois resultados famosíssimos: a condição de paridade entre opções de compra e opções de venda (*put-call parity*) e o modelo de precificação de opções Black-Scholes.

Um entendimento sobre a avaliação de opções nos permite ilustrar e explorar algumas ideias muito importantes no campo das finanças corporativas. Mostraremos por que alguns tipos de fusão são más ideias. Também examinaremos alguns conflitos entre os interesses dos credores e dos acionistas. Forneceremos até mesmo exemplos sob os quais as empresas têm um incentivo para assumir projetos com VPL negativo. Em cada um desses casos, efeitos relacionados a opções estão por trás da situação.

Excel Master!
Cobertura online do Excel Master

25.1 Paridade entre opções de compra e opções de venda (*put–call parity*)

Retomando nossa análise anterior, lembre-se que quem compra uma opção de compra paga pelo direito, mas não tem a obrigação, de adquirir um ativo por um período fixo e a um preço fixo. Quem adquire uma opção de venda paga pelo direito de vender um ativo por um período fixo e a um preço fixo. O preço fixo é chamado de *preço de exercício*.

Estratégia de compra protegida

Nos EUA, o Conselho Empresarial de Opções (Options Industry Council) tem um site com diversos materiais educacionais. Visite **www.optionseducation.org**.

Considere a seguinte estratégia de investimento. Hoje, você compra uma ação da Microsoft por $110. Ao mesmo tempo, você compra uma opção de venda com um preço de exercício de $105. A opção de venda vence em um ano e o prêmio é de $5. Seu investimento total é de $115 e seu plano é manter esse investimento na sua carteira por um ano e então liquidá-lo.[1]

O que você conseguiu com isso? Para responder, criamos o Quadro 25.1, que mostra seus ganhos e perdas em um ano para diversos preços da ação. No quadro, observe que o pior que pode acontecer é que o valor do seu investimento caia para $105. O motivo é que, se o preço da ação da Microsoft cair para menos de $105 em um ano, você exerce a opção de venda e vende a ação pelo preço de exercício de $105; assim, este é o valor mínimo que pode receber.

Ao comprar a opção de venda, você limitou o lado negativo de sua distribuição de riscos a uma perda potencial máxima de $10 (= $115 − 105). Essa estratégia específica de comprar uma ação e uma opção de venda sobre ela é chamada de estratégia de **compra protegida** (*protective put*)[2], pois o protege contra perdas além de um determinado ponto. Observe que a opção de venda funciona como uma espécie de apólice de seguro, que lhe compensa caso um ativo da sua propriedade (neste caso a ação) perca valor.

estratégia de compra protegida (*protective put*)
A compra de ações e de opções de venda sobre essas ações para limitar o lado negativo da distribuição de retornos associada à ação.

No nosso exemplo, escolhemos um preço de exercício de $105. Você poderia ter escolhido um preço de exercício maior e limitado ainda mais o risco do lado negativo da distribuição de retornos. Obviamente, um preço de exercício maior significaria que você precisaria pagar mais pela opção de venda, então há uma troca entre o nível de proteção e o custo dessa proteção.

Uma estratégia alternativa

Agora considere uma estratégia diferente. Use seus $115 para comprar uma opção de *compra* de um ano sobre a Microsoft com preço de exercício de $105. O prêmio é de $15. Com isso

---

[1] Obviamente, no mundo real, seria impossível comprar uma opção sobre *uma* ação, então você precisaria comprar 100 ações da Microsoft e um contrato de venda (no mínimo) para implementar essa estratégia de fato. Aqui estamos explicando os cálculos com base no preço por ação.

[2] Literalmente, "opção de venda protetora". Entretanto, no Brasil, a ideia é que se protege a posição comprada no ativo.

QUADRO 25.1 Ganhos e perdas em um ano. Investimento original: Compra de uma ação a $110 mais uma opção de venda de um ano com preço de exercício de $105 por $5. O custo total é $115.

Preço da ação em um ano	Valor de uma opção de venda (preço de exercício = $105)	Valor combinado	Ganho ou perda total (valor combinado menos $115)
$125	$ 0	$125	$ 10
120	0	120	5
115	0	115	0
110	0	110	−5
105	0	105	−10
100	5	105	−10
95	10	105	−10
90	15	105	−10

sobra $100, que você decide investir em um ativo sem risco, como uma letra do Tesouro. A taxa sem risco é de 5%.

Qual é o resultado dessa estratégia? Mais uma vez, criamos um quadro para ilustrar os seus ganhos e perdas. Observe que, no Quadro 25.2, seus $100 aumentam para $105 com base na taxa de juros de 5$. Comparando o Quadro 25.2 com o Quadro 25.1, fazemos uma descoberta interessante. Seja qual for o preço da ação em um ano, as duas estratégias *sempre* têm o mesmo valor em um ano!

O fato de as duas estratégias sempre terem exatamente o mesmo valor em um ano explica por que custam o mesmo hoje. Se uma das estratégias fosse mais barata do que a outra hoje, haveria uma oportunidade de arbitragem envolvida. Você poderia comprar a mais barata e simultaneamente vender a mais cara.

O resultado

Nosso exemplo ilustra uma relação de precificação muito importante. O que mostra é que uma estratégia com compra protegida pode ser duplicada exatamente por uma combinação de uma opção de compra (com o mesmo preço de exercício que a opção de venda) e um investimento sem risco. No nosso exemplo, observe que o investimento no ativo sem risco, $100,

QUADRO 25.2 Ganhos e perdas em um ano. Investimento original: Compra de uma opção de compra de um ano com preço de exercício de $105 por $5. Investir em um ativo sem risco com 5% de retorno. O custo total é $115.

Preço da ação em um ano	Valor de uma opção de venda (preço de exercício = $105)	Valor do ativo sem risco	Valor combinado	Ganho ou perda total (valor combinado menos $115)
$125	$ 20	$105	$125	$ 10
120	15	105	120	5
115	10	105	115	0
110	5	105	110	−5
105	0	105	105	−10
100	0	105	105	−10
95	0	105	105	−10
90	0	105	105	−10

é exatamente igual ao valor presente do preço de exercício da opção, calculado à taxa sem risco: $105/1,05 = $100.

Juntando tudo, descobrimos a condição de **paridade entre opções de compra e de venda** (**PCP,** *put-call parity*), segundo a qual:

$$\text{Preço da ação subjacente} + \text{Preço da opção de venda} = \text{Preço da opção de compra} + \text{Valor presente do preço de exercício} \quad [25.1]$$

Em símbolos, podemos escrever:

$$S + P = C + \text{VP}(E) \quad [25.2]$$

onde S e P são os preços da ação e da opção de venda, respectivamente, e C e $\text{VP}(E)$ são o preço da opção de compra e o valor presente do preço de exercício e, respectivamente.

Como o valor presente do preço de exercício é calculado usando a taxa de juros sem risco, você pode considerá-la o preço de um instrumento tipo desconto puro e sem risco (como um título do Tesouro), com valor de face igual ao preço de exercício. Na nossa experiência, o jeito mais fácil de lembrar da condição de paridade entre opções de compra e de venda, é decorar que "ação mais opção de venda é igual a opção de compra mais título".

A condição de paridade entre opções de compra e de venda é uma expressão algébrica, o que significa que os termos podem ser reorganizados.

Suponha que sabe que a taxa sem risco é de 0,5% ao mês. Uma opção de compra com preço de exercício de $40 é negociada por $4, enquanto uma opção de venda com o mesmo preço de exercício é negociada por $3. Ambas vencem em três meses. Qual é o preço da ação?

Para responder, usamos a condição de paridade para calcular o preço da ação:

$$\begin{aligned} S &= \text{VP}(E) + C - P \\ &= \$40 / 1,005^3 + \$4 - \$3 \\ &= \$40{,}41 \end{aligned} \quad [25.3]$$

Como a condição de paridade entre opções de compra e opções de venda afirma que entre um ativo sem risco (como um título do Tesouro), uma opção de compra, uma opção de venda e uma ação, sempre podemos descobrir o preço de qualquer uma das quatro se soubermos os preços das outras três.

paridade entre opção de compra e opção de venda
A relação entre os preços da ação subjacente, uma opção de compra, uma opção de venda e um ativo sem risco.

EXEMPLO 25.1 Paridade entre opções de compra e opções de venda

Suponha que uma ação seja negociada por $60. Uma opção de compra de seis meses com preço de exercício de $70 seja negociada por $2. A taxa sem risco é de 0,4% ao mês. Qual é o preço de uma opção de venda de seis meses com preço de exercício de $70?

Usando a condição de paridade entre opções de compra e opções de venda para calcular o preço da opção de venda, obtemos:

$$\begin{aligned} P &= \text{VP}(E) + C - S \\ &= \$70/1,004^4 + \$2 - \$60 \\ &= \$10{,}34 \end{aligned}$$

Neste exemplo, observe que a opção de venda vale muito mais que a de compra. Por quê?

EXEMPLO 25.2 | Mais paridade

Suponha que uma ação seja negociada por $110. Uma opção de compra de um ano, no dinheiro, seja negociada por $15. Uma opção de venda, no dinheiro, com o mesmo vencimento seja negociada por $5. Você conseguiria criar um investimento sem risco combinando esses três instrumentos? Como? Qual é a taxa sem risco?

Aqui, podemos usar a condição de paridade para calcular o valor presente do preço de exercício:

$$VP(E) = S + P - C$$
$$= \$110{,}00 + 5 - 15$$
$$= \$100{,}00$$

O valor presente do preço de exercício é $100. Observe que, como as opções estão no dinheiro, o preço de exercício é igual ao preço da ação, ou seja, $110. Assim, se colocar $100 em um investimento sem risco hoje e receber $110 em um ano, a taxa sem risco implícita é, obviamente, 10%.

Capitalização contínua: uma revisão

No Capítulo 6, vimos que a taxa de juros efetiva anual (TEFa) sobre um investimento depende da frequência de capitalização. Também vimos que, no caso extremo, a capitalização pode ocorrer a cada instante, ou seja, continuamente. Assim, façamos uma revisão breve: Suponha que você investe $100 a uma taxa de 6% ao ano com capitalização contínua. Quanto você terá em um ano? E em dois anos?

No Capítulo 6, vimos que a TEFa com capitalização contínua é:

$$TEFa = e^q - 1$$

onde q é a taxa cotada (6%, ou 0,06, no caso) e e é o número 2,71828 ..., a base dos logaritmos naturais. Inserindo os números relevantes, obtemos:

$$TEFa = e^q - 1$$
$$= 2{,}71828^{0{,}06} - 1$$
$$= 0{,}06184$$

ou cerca de 6,2%. Observe que a maioria das calculadoras possui um botão "e^x", então executar esse cálculo envolve inserir 0,06 e pressionar essa tecla. Com uma TEFa de 6,184%, seu investimento de $100 aumentará para $106,18 em um ano. Em dois anos, ele aumentará para:

$$\text{Valor futuro} = \$100 \times 1{,}06184^2$$
$$= \$100 \times 1{,}1275$$
$$= \$112{,}75$$

Quando entramos na avaliação de opções, a capitalização contínua aparece bastante, e pode ser útil ter alguns atalhos. Nos nossos exemplos, primeiro convertermos a taxa com capitalização contínua para uma TEFa e então realizamos nossos cálculos, mas o fato é que não precisamos converter nada. Em vez disso, podemos calcular os valores presentes e futuros diretamente. Mais especificamente, o valor futuro de $1 para t períodos a uma taxa com capitalização contínua R por período é:

$$\text{Valor futuro} = 1 \times e^{Rt}$$

Analisando o problema que acabamos de resolver, o valor futuro de $100 em dois anos, com capitalização contínua a 6%, é:

$$\text{Valor futuro} = \$100 \times e^{(0{,}06 \times 2)}$$
$$= \$100 \times 2{,}7182812$$
$$= \$100 \times 1{,}1275$$
$$= \$112{,}75$$

que é exatamente aquele que obtivemos antes.

Da mesma forma, podemos calcular o valor presente do $1 a ser recebido em t períodos a uma taxa de com capitalização contínua de R por período da seguinte maneira:

Valor presente = $\$1 \times e^{-Rt}$

Assim, se quisermos que o valor presente de $15.000 seja recebido em cinco anos, com capitalização contínua a 8%, calculamos:

Valor presente = $\$15.000 \times e^{-(0,08 \times 5)}$
$= \$15.000 \times 2,71828^{-0,04}$
$= \$15.000 \times 0,067032$
$= \$10.054,80$

EXEMPLO 25.3 Capitalização Contínua

Qual é o valor presente de $500 a ser recebido em seis meses se a taxa de desconto é de 9% ao ano, com capitalização contínua?

Nesse caso, observe que o número de período é igual a um meio, pois seis meses é metade de um ano. O valor presente é:

Valor presente = $\$500 \times e^{-(0,09 \times 1/2)}$
$= \$500 \times 2,71828^{-0,045}$
$= \$500 \times 0,956$
$= \$478$

Retomando a nossa condição de paridade entre opções de compra e opções de venda escrevemos:

$S + P = C + \text{PV}(E)$

Se pressupormos que R é a taxa de juros anual sem risco com capitalização contínua, podemos escrever essa fórmula da seguinte maneira:

$$S + P = C + E \times e^{-Rt} \qquad [25.4]$$

onde t é o prazo até o vencimento (em anos) das opções.

Por fim, suponha que tenhamos uma TEFa e precisássemos convertê-la para uma taxa com capitalização contínua. Se a taxa sem risco é de 8% ao ano com capitalização anual, qual é a taxa sem risco com capitalização contínua?

Voltando à primeira fórmula, temos:

$\text{TEFa} = e^q - 1$

Agora precisamos calcular q, a taxa com capitalização contínua. Inserindo os números relevantes, obtemos:

$0,08 = e^q - 1$
$e^q = 1,08$

Usando o logaritmo natural (ln) de ambos os lados para calcular q, obtemos:

$\ln e^q = \ln(1,08)$
$q = 0,7696$

ou cerca de 7,7%. Observe que a maioria das calculadoras possui um botão "ln", então executar esse cálculo envolve inserir 1,08 e pressionar essa tecla.

EXEMPLO 25.4 Ainda mais paridade

Suponha que uma ação seja negociada por $30. Uma opção de compra de três meses com preço de exercício de $25 seja negociada por $7. Uma opção de venda de três meses com o mesmo preço de exercício seja negociada por $1. Qual é a taxa sem risco com capitalização contínua?

Precisamos inserir os valores relevantes na condição de paridade:

$$S + P = C + E \times e^{-Rt}$$
$$\$30 + 1 = \$25 \times e^{-R(1/4)} + \$7$$

Observe que usamos um quarto para o número de anos, pois três meses é igual a um quarto de um ano. Agora precisamos calcular R:

$$\$24 = \$25 \times e^{-R(1/4)}$$
$$0{,}96 = e^{-R \times \frac{1}{4}}$$
$$\ln 0{,}96 = \ln e^{-R \times \frac{1}{4}}$$
$$-0{,}0408 = -R(1/4)$$
$$R = 0{,}1633, \text{ ou } 16{,}33\%$$

Isso é cerca de 16,33%, uma taxa sem risco bastante alta!

Questões conceituais

25.1a O que é uma estratégia de compra protegida?

25.1b Qual estratégia duplica exatamente uma compra protegida?

25.2 O modelo de precificação de opções Black-Scholes

Excel Master!
Cobertura online do Excel Master

Agora estamos preparados para discutir um dos resultados mais famosos das finanças modernas, o modelo de precificação de opções (MPO) Black-Scholes. O MPO foi uma descoberta importante e a base para o Prêmio Nobel da Economia em 1997. Os fundamentos de como o MPO Black-Scholes foi desenvolvido são relativamente complexos, então vamos nos concentrar apenas no resultado principal e como utilizá-lo.

A fórmula de precificação de opções de compra

Black e Scholes demonstraram que o valor de uma opção de compra europeia sobre uma ação que não paga dividendos, C, pode ser escrito da seguinte maneira:

$$C = S \times N(d_1) - E \times e^{-Rt} \times N(d_2) \qquad [25.5]$$

onde S, E e e^{-Rt} seguem as respectivas definições anteriores e $N(d_1)$ e $N(d_2)$ são probabilidades que precisam ser calculadas. Mais especificamente, $N(d_1)$ é a probabilidade de uma variável padronizada com distribuição normal (conhecida como variável "z") ser menor ou igual a d_1, enquanto $N(d_2)$ é a probabilidade de um valor menor ou igual a d_2. Determinar essas probabilidades exige uma tabela como o Quadro 25.3.

QUADRO 25.3 Distribuição normal cumulativa

d	N(d)	d	N(d)	d	N(d)	d	N(d)	d	N(d)	d	N(d)
−3,00	0,0013	−1,58	0,0571	−0,76	0,2236	0,06	0,5239	0,86	0,8051	1,66	0,9515
−2,95	0,0016	−1,56	0,0594	−0,74	0,2297	0,08	0,5319	0,88	0,8106	1,68	0,9535
−2,90	0,0019	−1,54	0,0618	−0,72	0,2358	0,10	0,5398	0,90	0,8159	1,70	0,9554
−2,85	0,0022	−1,52	0,0643	−0,70	0,2420	0,12	0,5478	0,92	0,8212	1,72	0,9573
−2,80	0,0026	−1,50	0,0668	−0,68	0,2483	0,14	0,5557	0,94	0,8264	1,74	0,9591
−2,75	0,0030	−1,48	0,0694	−0,66	0,2546	0,16	0,5636	0,96	0,8315	1,76	0,9608
−2,70	0,0035	−1,46	0,0721	−0,64	0,2611	0,18	0,5714	0,98	0,8365	1,78	0,9625
−2,65	0,0040	−1,44	0,0749	−0,62	0,2676	0,20	0,5793	1,00	0,8413	1,80	0,9641
−2,60	0,0047	−1,42	0,0778	−0,60	0,2743	0,22	0,5871	1,02	0,8461	1,82	0,9656
−2,55	0,0054	−1,40	0,0808	−0,58	0,2810	0,24	0,5948	1,04	0,8508	1,84	0,9671
−2,50	0,0062	−1,38	0,0838	−0,56	0,2877	0,26	0,6026	1,06	0,8554	1,86	0,9686
−2,45	0,0071	−1,36	0,0869	−0,54	0,2946	0,28	,6103	1,08	0,8599	1,88	0,9699
−2,40	0,0082	−1,34	0,0901	−0,52	0,3015	0,30	0,6179	1,10	0,8643	1,90	0,9713
−2,35	0,0094	−1,32	0,0934	−0,50	0,3085	0,32	0,6255	1,12	0,8686	1,92	0,9726
−2,30	0,0107	−1,30	0,0968	−0,48	0,3156	0,34	0,6331	1,14	0,8729	1,94	0,9738
−2,25	0,0122	−1,28	0,1003	−0,46	0,3228	0,36	0,6406	1,16	0,8770	1,96	0,9750
−2,20	0,0139	−1,26	0,1038	−0,44	0,3300	0,38	0,6480	1,18	0,8810	1,98	0,9761
−2,15	0,0158	−1,24	0,1075	−0,42	0,3372	0,40	0,6554	1,20	0,8849	2,00	0,9772
−2,10	0,0179	−1,22	0,1112	−0,40	0,3446	0,42	0,6628	1,22	0,8888	2,05	0,9798
−2,05	0,0202	−1,20	0,1151	−0,38	0,3520	0,44	0,6700	1,24	0,8925	2,10	0,9821
−2,00	0,0228	−1,18	0,1190	−0,36	0,3594	0,46	0,6772	1,26	0,8962	2,15	0,9842
−1,98	0,0239	−1,16	0,1230	−0,34	0,3669	0,48	0,6844	1,28	0,8997	2,20	0,9861
−1,96	0,0250	−1,14	0,1271	−0,32	0,3745	0,50	0,6915	1,30	0,9032	2,25	0,9878
−1,94	0,0262	−1,12	0,1314	−0,30	0,3821	0,52	0,6985	1,32	0,9066	2,30	0,9893
−1,92	0,0274	−1,10	0,1357	−0,28	0,3897	0,54	0,7054	1,34	0,9099	2,35	0,9906
−1,90	0,0287	−1,08	0,1401	−0,26	0,3974	0,56	0,7123	1,36	0,9131	2,40	0,9918
−1,88	0,0301	−1,06	0,1446	**−0,24**	**0,4052**	0,58	0,7190	1,38	0,9162	2,45	0,9929
−1,86	0,0314	−1,04	0,1492	−0,22	0,4129	0,60	0,7257	1,40	0,9192	2,50	0,9938
−1,84	0,0329	−1,02	0,1539	−0,20	0,4207	0,62	0,7324	1,42	0,9222	2,55	0,9946
−1,82	0,0344	−1,00	0,1587	−0,18	0,4286	0,64	0,7389	1,44	0,9251	2,60	0,9953
−1,80	0,0359	−0,98	0,1635	−0,16	0,4364	0,66	0,7454	1,46	0,9279	2,65	0,9960
−1,78	0,0375	−0,96	0,1685	−0,14	0,4443	0,68	0,7518	1,48	0,9306	2,70	0,9965
−1,76	0,0392	−0,94	0,1736	−0,12	0,4522	0,70	0,7580	1,50	0,9332	2,75	0,9970
−1,74	0,0409	−0,92	0,1788	−0,10	0,4602	0,72	0,7642	1,52	0,9357	2,80	0,9974
−1,72	0,0427	−0,90	0,1841	−0,08	0,4681	0,74	0,7704	1,54	0,9382	2,85	0,9978
−1,70	0,0446	−0,88	0,1894	−0,06	0,4761	0,76	0,7764	1,56	0,9406	2,90	0,9981
−1,68	0,0465	−0,86	0,1949	−0,04	0,4840	0,78	0,7823	1,58	0,9429	2,95	0,9984
−1,66	0,0485	−0,84	0,2005	−0,02	0,4920	0,80	0,7881	1,60	0,9452	3,00	0,9987
−1,64	0,0505	−0,82	0,2061	0,00	0,5000	0,82	0,7939	1,62	0,9474	3,05	0,9989
−1,62	0,0526	−0,80	0,2119	0,02	0,5080	0,84	0,7995	1,64	0,9495		
−1,60	0,0548	−0,78	0,2177	0,04	0,5160						

O quadro mostra a probabilidade [N(d)] de observar um valor menor ou igual a d. Por exemplo, conforme está destacado, se d for −0,24, então N(d) será 0,4052.

Para ilustrar, suponha que tenhamos as seguintes informações:

$S = \$100$
$E = \$90$
$R = 4\%$ ao ano, capitalização contínua
$d_1 = 0{,}60$
$d_2 = 0{,}30$
$t = 9$ meses

Com base nessas informações, qual é o valor da opção de compra, C?

Para responder, precisamos determinar $N(d_1)$ e $N(d_2)$. No Quadro 25.3, primeiro descobrimos a linha correspondente a um d de 0,60. A probabilidade correspondente $N(d)$ é 0,7257, então esse é o valor de $N(d_1)$. Para d_2, a probabilidade associada $N(d_2)$ é 0,6179. Usando o MPO Black-Scholes, calculamos que o valor da opção de compra é:

$$\begin{aligned}C &= S \times N(d^1) - E \times e^{-Rt} \times N(d^2) \\ &= \$100 \times 0{,}7257 - \$90 \times e^{-0{,}04(3/4)} \times 0{,}6179 \\ &= \$18{,}61\end{aligned}$$

Observe que t, o prazo até o vencimento, é nove meses, que equivale a 9/12 ou 3/4 de um ano.

Como ilustra esse exemplo, se os valores de d_1 e d_2 (e a tabela) são dados, então usar o modelo de Black-Scholes não é difícil. Em geral, não teríamos os valores de $d1$ e $d2$, que precisariam ser calculados. Isso exige um pouco de esforço adicional. Os valores de $d1$ e $d2$ para o MPO Black-Scholes são dados por:

$$\begin{aligned}d_1 &= [\ln(S/E) + (R + \sigma^2/2) \times t]/(\sigma \times \sqrt{t}) \\ d_2 &= d_1 - \sigma \times \sqrt{t}\end{aligned} \quad [25.6]$$

Nessas expressões, σ é o desvio-padrão da taxa de retorno sobre o ativo subjacente, enquanto $\ln(S/E)$ é o logaritmo natural do preço corrente da ação dividido pelo preço de exercício.

A fórmula para d_1 parece um pouco assustadora, mas é praticamente tudo uma questão de inserir os números na calculadora. Suponha que temos as seguintes informações:

$S = \$70$
$E = \$80$
$R = 4\%$ ao ano, capitalização contínua
$\sigma = 60\%$ ao ano
$t = 3$ meses

Com esses valores, d_1 é

$$\begin{aligned}d_1 &= [\ln(S/E) + (R + \sigma^2/2) \times t]/(\sigma \times \sqrt{t}) \\ &= [\ln(\$70/\$80) + (0{,}04 + 0{,}6^2/2) \times \tfrac{1}{4}]/(0{,}60 \times \sqrt{\tfrac{1}{4}}) \\ &= -0{,}26 \\ d_2 &= d_1 - \sigma \times \sqrt{t} \\ &= 0{,}26 - 0{,}6 \times \sqrt{\tfrac{1}{4}} \\ &= -0{,}56\end{aligned}$$

Consultando o Quadro 25.3, os valores de $N(d_1)$ e $N(d_2)$ são 0,3974 e 0,2877, respectivamente. Inserindo todos os números, obtemos:

$$\begin{aligned}C &= S \times N(d_1) - E \times e^{-Rt} \times N(d_2) \\ &= \$70 \times 0{,}3974 - \$80 \times e^{-0{,}04(1/4)} \times 0{,}2877 \\ &= \$5{,}03\end{aligned}$$

Analisando a fórmula de Black-Scholes e os nossos exemplos, vemos que o preço de uma opção de compra depende de cinco, e apenas cinco, fatores. Esses são os mesmos fatores identificados anteriormente, a saber, o preço da ação, o preço de exercício, o prazo até o vencimento, a taxa de juros sem risco e o desvio-padrão dos retornos sobre a ação.

EXEMPLO 25.5 — Precificação de opções de compra

Suponha que você tenha as seguintes informações:

$S = \$40$
$E = \$36$
$R = 4\%$ ao ano, capitalização contínua
$\sigma = 70\%$ ao ano
$t = 3$ meses

Qual é o valor de uma opção de compra sobre a ação?

Precisamos usar o MPO Black-Scholes. Assim, antes precisamos calcular d_1 e d_2:

$d_1 = [\ln(S/E) + (R + \sigma^2/2) \times t]/(\sigma \times \sqrt{t})$
$\quad = [\ln(\$40/\$36) + (0{,}04 + 0{,}7^2/2) \times \tfrac{1}{4}]/(0{,}7 \times \sqrt{\tfrac{1}{4}})$
$\quad = 0{,}50$
$d_2 = d_1 - \sigma \times \sqrt{t}$
$\quad = 0{,}50 \times \sqrt{\tfrac{1}{4}}$
$\quad = 0{,}15$

Consultando o Quadro 25.3, os valores de $N(d_1)$ e $N(d_2)$ são 0,6915 e 0,5597, respectivamente. Para obter o segundo, calculamos a média dos dois números tabelados para $d_1 = 0{,}14$ e $d_1 = 0{,}16$ respectivamente: $(0{,}5557 + 0{,}5636)/2 = 0{,}5597$. Inserindo todos os números, obtemos:

$C = S \times N(d_1) - E \times e^{-Rt} \times N(d_2)$
$\quad = \$40 \times 0{,}6915 - \$36\, e^{-0{,}04(\tfrac{1}{4})} \times 0{,}5596$
$\quad = \$7{,}71$

Uma questão que às vezes surge está relacionada às probabilidades $N(d_1)$ e $N(d_2)$. São probabilidades do que, exatamente? Em outras palavras, como as interpretamos? A resposta é que não correspondem a nada no mundo real. Mencionamos isso porque existe uma ideia equivocada muito comum sobre $N(d_2)$. Frequentemente, acredita-se que ela represente a probabilidade do preço da ação ser maior do que o preço de exercício no dia do vencimento, que também é a probabilidade de uma opção de compra terminar dentro do dinheiro. Infelizmente, isso é incorreto, a menos que o retorno esperado sobre a ação seja igual à taxa sem risco.

Tabelas como a do Quadro 25.3 são a maneira tradicional de se consultar os valores de z, mas foram praticamente substituídas pelos computadores. Essas tabelas são menos precisas, pois há erros de arredondamento, e, também, possuem apenas um conjunto limitado de valores. Nosso quadro *Estratégias de Planilha* a seguir mostra como calcular os preços de opções Black-Scholes usando uma planilha eletrônica. Como esse método é muito mais fácil e preciso, realizaremos todos os cálculos no restante deste capítulo usando computadores e não tabelas.

Avaliação de opções de venda

Até agora, nossos exemplos se focaram apenas nas opções de compra. É preciso um pouco mais de trabalho para avaliar as opções de venda. Primeiro utilizamos uma opção de compra idêntica e usamos a fórmula de Black-Scholes para avaliá-la, então utilizamos a paridade entre opções de compra e opções de venda para calcular o valor da opção de venda. Para entender como isso funciona, suponha que tenhamos as seguintes informações:

$S = \$40$
$E = \$40$
$R = 4\%$ ao ano, capitalização contínua
$\sigma = 80\%$ ao ano
$t = 4$ meses

ESTRATÉGIAS DE PLANILHA

	A	B	C	D	E	F	G	H	I	J	K
1											
2		Usando uma planilha para calcular os preços de opções Black-Scholes									
3											
4	A ação XYZ tem preço de $65 e desvio-padrão do retorno anual de 50%. A taxa de juros sem risco é										
5	de 5%. Calcule os preços das opções de compra e de venda com um preço de exercício de $60 e										
6	3 meses até o vencimento.										
7											
8	Preço da Ação =	65		d_1 =	0,4952		$N(d_1)$ =	0,6898			
9	Preço de Exercício =	60									
10	Sigma =	0,5		d_2 =	0,2452		$N(d_2)$ =	0,5968			
11	Tempo =	0,25									
12	Taxa =	0,05									
13											
14	Opção de compra = Preço da Ação × $N(d_1)$ – Preço de Exercício × EXP(– Taxa × Tempo) × $N(d_2)$ =										$9,47
15											
16	Opção de venda = Preço de Exercício × EXP(– Taxa × Tempo) + Opção de compra – Preço da Ação =										$3,72
17											
18	A fórmula inserida em E8 é =(LN(B8/B9)+(B12+0,5*B10^2)*B11)/(B10*RAIZ(B11))										
19	A fórmula inserida em E10 é =E8–B10*RAIZ(B11)										
20	A fórmula inserida em H8 é =DIST.NORMP.N(E8)										
21	A fórmula inserida em H10 é =DIST.NORMP.N(E10)										
22	A fórmula inserida em K14 é =B8*H8–B9*EXP(–B12*B11)*H10										
23	A fórmula inserida em K16 é =B9*EXP(–B12*B11)+K14–B8										

Qual é o valor de uma opção de *venda* sobre a ação?

Para treinar, calcule o preço de Black-Scholes da opção de compra e confirme que a opção de compra valeria cerca de $7,53. Relembrando a paridade:

$$S + P = C + E \times e^{-Rt}$$

que podemos reorganizar para calcular o preço da opção de venda:

$$P = C + E \times e^{-Rt} - S$$

Inserindo os números relevantes, obtemos:

$$P = \$7,53 + \$40 \times e^{-0,4(1/3)} - \$40$$
$$= \$7,00$$

O valor da opção de venda é $7,00. Assim, depois que sabemos como avaliar as opções de compra, também sabemos como avaliar as de venda.

Um alerta

Para treinar, vamos considerar outro valor de uma opção de venda. Suponha que temos os seguintes dados:

$S = \$70$
$E = \$90$
$R = 8\%$ ao ano, capitalização contínua
$\sigma = 20\%$ ao ano
$t = 12$ meses

Qual é o valor de uma opção de venda sobre essa ação?

Para treinar, calcule o valor da opção de compra e confirme que obtém $1,65. Mais uma vez, usamos a paridade para calcular o preço da opção de venda:

$$P = C + E \times e^{-Rt} - S$$

O valor da opção de venda obtido é:

$$P = \$1{,}65 + \$90 \times e^{-(0{,}08 \times 1)} - \$70$$
$$= \$14{,}73$$

Tem algo de estranho no valor da opção de venda? Sim, tem. Como o preço da ação é $70 e o preço de exercício é $90, você poderia ganhar já $20 se exercesse a opção de venda imediatamente, então parece que o resultado é uma oportunidade de arbitragem. Infelizmente, não é. O exemplo ilustra que é preciso tomar cuidado com os nossos pressupostos. A fórmula de Black-Scholes se aplica a opções do tipo *europeias* (lembre-se, as opções do tipo europeias somente podem ser exercidas no último dia do prazo, enquanto as do tipo americanas podem ser exercidas a qualquer momento). Na verdade, a condição de paridade entre opções de compra e opções de venda somente é válida para opções do tipo europeias.

O que nosso exemplo mostra é que uma opção de venda do tipo americana vale mais do que uma do tipo europeia. O motivo não é difícil de entender. Suponha que você compre uma opção de venda cujo preço de exercício é $80. O melhor que poderia acontecer seria o preço da ação cair a zero. Se o preço da ação cai a zero, seria impossível ter um lucro maior com a opção, então você não espera e exerce-a imediatamente. Se a opção é do tipo americana, isso é possível, mas se é do tipo europeia não. Em termos mais gerais, muitas vezes é melhor exercer uma opção de venda quando ela está muito dentro do dinheiro, pois os ganhos potenciais adicionais são limitados; exercer uma opção de venda do tipo americana é valioso.

E quanto às opções de compra? Aqui, a resposta é um pouco mais positiva. Enquanto nos ativermos a ações que não pagam dividendos, nunca será ótimo exercer uma opção de compra precocemente. Mais uma vez, o motivo não é complexo. A opção de compra vale mais viva do que morta, ou seja, você sempre ganharia mais se vendesse a opção do que se a exercesse. Em outras palavras, para uma opção de compra, o estilo de exercício é irrelevante.

Agora apresentamos um desafio para os leitores mais aptos em matemática. Temos uma fórmula para uma opção de venda do tipo europeia. E quanto a uma opção de venda do tipo americana? Apesar de muitos esforços nesse sentido, o problema nunca foi resolvido, então não se conhece uma fórmula. É preciso esclarecer que existem procedimentos numéricos para avaliar opções de venda, mas não uma fórmula explícita. Se descobrir uma, não esqueça de nos avisar.

Questões conceituais

25.2a Quais são os cinco fatores que determinam o valor de uma opção?

25.2b Qual vale mais, uma opção de venda do tipo americana ou uma do tipo europeia? Por quê?

25.3 Mais sobre Black-Scholes

Nesta seção, analisamos mais detalhadamente os insumos da fórmula de precificação de opções e seus efeitos nos valores das opções. O Quadro 25.4 resume os insumos e seus impactos (positivos ou negativos) nos valores das opções. No quadro, um sinal de mais significa que aumentar o insumo aumenta o valor da opção e vice-versa.

O Quadro 25.4 também indica que quatro dos cinco efeitos têm nomes comuns. Por motivos um tanto óbvios, dados os seus nomes, esses efeitos são conhecidos coletivamente como as *gregas*. Elas serão discutidas nas próximas seções. Em alguns casos, os cálculos podem ser bastante complexos, mas a boa notícia é que a Internet disponibiliza diversas calculadoras de opções; consulte o quadro *Exercícios na Internet* para ver um exemplo.

QUADRO 25.4 Cinco insumos que determinam o valor de uma opção tipo americana sobre uma ação que não paga dividendos

Insumo	Impacto de um aumento de um insumo no preço da opção		Nome comum
	Opções de compra	Opções de venda	
Preço da ação (S)	+	–	Delta
Preço de exercício (E)	–	+	
Tempo até o vencimento (t)	+	+	Theta
Desvio-padrão do retorno sobre a ação (σ)	+	+	Vega
Taxa de juros livre de risco (R)	+	–	Rô

Obs.: O efeito de aumentar o tempo até o vencimento é positivo para uma opção de venda americana, mas o impacto é ambíguo para uma europeia.

Variando o preço da ação

O efeito que o preço da ação tem nos valores das opções de compra e de venda é bastante óbvio. Aumentar o preço da ação aumenta os valores das opções de compra e diminui os valores das opções de venda. Contudo, a força do efeito varia com o grau em que uma opção está no dinheiro, dentro do dinheiro, ou fora do dinheiro (*moneyness*).[3]

Para um determinado conjunto de valores dos insumos, ilustramos a relação entre os preços de opções de compra e de venda e o preço da ação subjacente na Figura 25.1. Na figura, os preços das ações são medidos no eixo horizontal, enquanto os preços das opções são medidos no eixo vertical. Observe que as linhas das opções de venda e de compra são arqueadas. O motivo é que o valor de uma opção muito fora do dinheiro é menos sensível a uma mudança no preço da ação subjacente do que uma opção dentro do dinheiro.

Outra boa calculadora de opções está disponível em **www.fincalcs.net/OptionsCalc.aspx**

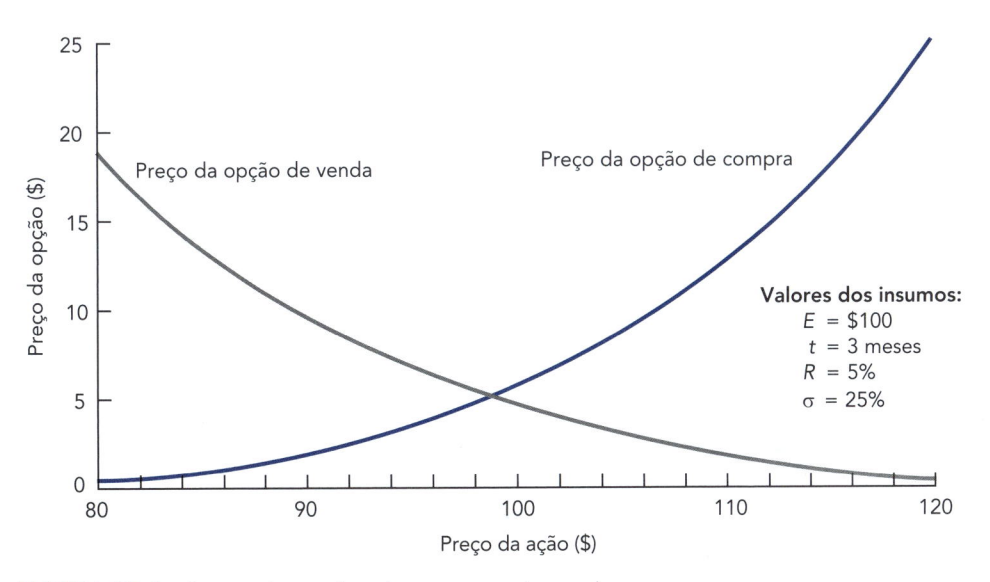

FIGURA 25.1 Preços de opções de compra e de venda.

---

[3] Ver, por exemplo, https://www.cmegroup.com/education/courses/introduction-to-options/calculating-options-moneyness-and-intrinsic-value.html#

EXERCÍCIOS NA INTERNET

O MPO Black-Scholes é uma ferramenta maravilhosa, mas, como vimos, os cálculos podem ficar tediosos. Uma maneira de precificar uma opção sem todo esse esforço é trabalhar com a Internet. Fomos à calculadora de opções www.ivolatility.com e inserimos "MSFT", o código (*ticker*) da Microsoft. Como vemos, o preço corrente da ação é $162.50, o desvio-padrão do retorno da ação é de 21.05% ao ano e a taxa sem risco é de 1.8587%. O resultado foi o seguinte:

The iVolatility.com Options Calculator is an educational tool intended to assist individuals in learning how options work. It is not intended to provide investment advice, and users of the Options Calculator should not make investment decisions based upon values generated by it.

Symbol: MSFT • Stock or Index Symbol ○ Option symbol **Go!**

MSFT: NASDAQ - Microsoft Corp   Closing prices as of: 01/14/2020   Today's date: 01/15/2020   ? Calculators Help ? FAQ

		Call	Put
Style: American	Symbol:	N/A	N/A
Price: 162.13	Option Value:	8.8631	8.9672
Strike: 162.5	Delta:	0.5301	-0.4785
Expiration Date: Jun 19, 2020	Gamma:	0.0182	0.0182
Days to Expiration: 156	Theta:	-0.0327	-0.0243
Volatility %: 21.05	Vega:	0.4202	0.4200
Interest Rate%: 1.8587	Rho:	0.3051	-0.3117
Dividends Date (mm/dd/yy): 02/19/20	**Implied Volatility**		
Dividends Amount: 0.51		Option Price	Vola %
Dividends Frequency: Quarterly	Call ▼	9.00	21.38

[Calculate]

Como você pode ver, uma opção de compra com exercício de $162,50 deve ser negociada por $ 8,8631 e uma opção de venda deve ser negociada por $8,9672. Agora é fácil! Observe que as "gregas" também são calculadas. O que "gama" diz a você? Visite o *site* para saber mais.

Questões

1. Visite www.ivolatility.com e descubra os preços correntes de opções da Microsoft. Compare os preços das opções de compra e de venda com os mesmos preços de exercício para os vencimentos mais próximos e mais distantes. Qual é a relação que você observa quando compara os preços?

2. Visite www.ivolatility.com e descubra os preços correntes de opções da eBay com os preços de exercício próximos ao preço corrente da ação. Compare os deltas das opções de compra e de venda para os vencimentos mais próximos e mais distantes. Qual é a relação que você observa quando compara os deltas?

---

delta
Mede o efeito no preço de uma opção causado por uma pequena mudança no preço da ação subjacente.

A sensibilidade do valor de uma opção a pequenas mudanças no preço da ação subjacente é chamada de **delta**. Para as opções do tipo europeias, podemos medir os deltas diretamente da seguinte forma:

Delta da opção de compra = $N(d_1)$
Delta da opção de venda = $N(d_1) - 1$

O "$N(d_1)$" de que precisamos para calcular esses deltas é o mesmo usado para calcular os valores de opções, então já sabemos como fazê-lo. Lembre-se que $N(d_1)$ é uma probabilidade, então o seu valor varia de 0 a 1.

Para uma pequena mudança no preço da ação, a mudança no preço da opção é aproximadamente igual ao produto do seu delta pela mudança no preço da ação:

Mudança no valor da opção ≈ Delta × Mudança no valor da ação

Para ilustrar, suponha que tenhamos as seguintes informações:

$S = \$120$
$E = \$100$
$R = 8\%$ ao ano, capitalização contínua
$\sigma = 80\%$ ao ano
$t = 6$ meses

Usando a fórmula de Black-Scholes, o valor de uma opção de compra é $37,80. O delta [N($d_1$)] é 0,75; em outras palavras, se o preço da ação variar em $1, o valor da opção mudará no mesmo sentido em $0,75.

Podemos verificar isso diretamente, basta alterar o preço da ação para $121 e recalcular o valor da opção. Com isso, o novo valor da opção de compra é $38,55, um aumento de $0,75; assim, a aproximação é bastante precisa (o erro surge na terceira casa decimal).

Se precificarmos a opção usando esses mesmos insumos o valor é $13,88. O delta é 0,75 − 1, ou −0,25. Se aumentarmos o preço da ação para $121, o novo valor da opção de venda é $13,63, uma variação de −0,25; assim, mais uma vez, a aproximação é relativamente precisa, desde que nos limitemos a pequenas mudanças (no presente caso, difere na terceira casa decimal).

Voltando ao nosso gráfico na Figura 25.1, agora vemos por que as linhas se tornam progressivamente mais inclinadas à medida que o preço da ação aumenta para as opções de compra e diminui para as de venda. O delta de uma opção muito dentro do dinheiro é quase igual a 1, enquanto o delta de uma opção muito fora do dinheiro é quase igual a 0.

EXEMPLO 25.6 Delta

Suponha que você tenha as seguintes informações:

$S = \$40$
$E = \$30$
$R = 6\%$ ao ano, capitalização contínua
$\sigma = 90\%$ ao ano
$t = 3$ meses

Qual é o delta para uma opção de compra? E de venda? Qual é mais sensível a uma mudança no preço da ação? Por quê?

Precisamos calcular N(d_1). Confirme que o resultado é 0,815, o delta da opção de compra. O delta da opção de venda é 0,815 − 1 = −0,185, um valor (absoluto) muito menor. O motivo é que a opção de compra está muito dentro do dinheiro, enquanto a opção de venda está fora do dinheiro.

Variando o prazo até vencimento

O impacto de alterações no prazo até o vencimento de opções do tipo americanas também é relativamente óbvio. Como uma opção do tipo americana pode ser exercida a qualquer momento, aumentar o prazo até o vencimento da opção não tem como ser ruim e (especialmente para opções fora do dinheiro) pode ajudar. Tanto para opções de venda quanto de compra, aumentar o prazo até o vencimento tem um efeito positivo.

Para uma opção de compra do tipo europeia, aumentar o prazo até o vencimento também nunca é ruim, pois, como visto anteriormente, a opção sempre vale mais viva do que morta, e qualquer tempo adicional até o vencimento apenas aumenta o seu valor como "viva". Com uma opção de venda do tipo europeia, aumentar o tempo até o vencimento pode ou não aumentar o valor da opção. Como vimos, para uma opção de venda muito dentro do dinheiro, o exercício imediato muitas vezes é preferível, então aumentar o prazo até o vencimento apenas reduz o valor da opção. Se uma opção de venda está fora do dinheiro, aumentar o prazo até o vencimento provavelmente aumentará o seu valor.

A Figura 25.2 mostra o efeito de um aumento no prazo até o vencimento em uma opção de venda e em uma de compra. As opções estão exatamente no dinheiro. Na figura, observe que uma vez que o prazo até o vencimento atinge cerca de seis meses, aumentos adicionais quase não impactam o valor da opção de venda. O valor da opção de compra, por outro lado, continua a aumentar.

A sensibilidade do valor de uma opção à passagem do tempo é chamada de **theta** da opção. A fórmula usada para calcular o theta é bastante complexa, então não vamos apresentá-la. O importante é que os valores das opções são sensíveis à passagem do tempo (especialmente os valores de opções de compra). Para entender por que isso é importante, imagine que você compra uma opção hoje e a mantém na carteira por um mês. Durante o mês, o preço da ação nunca varia. O que acontece com o valor da sua opção?

> **theta**
> Mede a sensibilidade do valor de uma opção a mudanças no tempo até o vencimento.

O valor da sua opção diminui com porque o tempo até o vencimento diminuiu, apesar de o ativo subjacente não mudar de valor. Às vezes, dizemos que uma opção é um um ativo perecível (*wasting asset*), o que significa que, se tudo mais permanece constante, o seu valor diminui com o tempo. A tendência do valor de uma opção de diminuir com o tempo também é chamada de *decaimento temporal*. O theta de uma opção é uma medida da taxa de desvalorização temporal.

Do nosso capítulo anterior sobre opções, lembre-se que o valor intrínseco de uma opção é:

Valor intrínseco da opção de compra = $\text{Max}[S - E, 0]$
Valor intrínseco da opção de venda = $\text{Max}[E - S, 0]$

onde "$\text{Max}[S - E, 0]$" significa o maior entre $S - E$ e 0. Opções do tipo americanas nunca podem ser negociadas por menos do que o seu valor intrínseco, pois, se isso ocorresse, haveria uma oportunidade de arbitragem.

Suponha que uma ação é negociada por $60. Uma opção de compra de três meses com preço de exercício de $50 é negociada por $8. O que você acha?

Você acha que vai ficar rico, pois pode comprar a ação por $8, exercê-la por $50 e então vender a ação por $60, obtendo um lucro sem risco de $2. Para impedir esse tipo de arbitragem simples, a opção precisa ser negociada por, no mínimo, o seu valor intrínseco de $60 − 50 = $10. Na realidade, a opção poderia ser negociada por $11. O $1 adicional de valor em relação ao valor intrínseco é chamado de *prêmio pelo tempo*. Em outras palavras, o valor de uma opção pode ser escrito na seguinte forma:

Valor da opção = Valor intrínseco + prêmio pelo tempo

É o prêmio pelo tempo que decai com o tempo. O motivo é que no dia em que a opção vence, ela vale exatamente o seu valor intrínseco. Nesse dia, a opção precisa ser exercida ou jogada no lixo. A existência do prêmio pelo tempo também explica a nossa observação anterior que uma

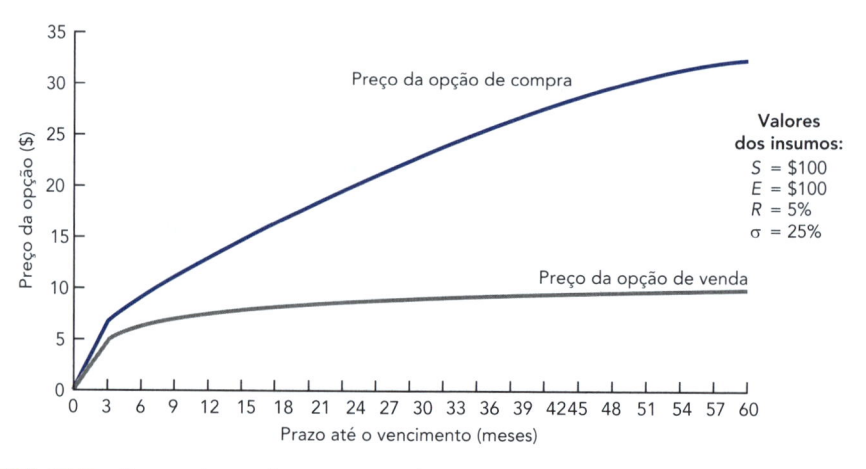

FIGURA 25.2 Preços de opções e prazo até o vencimento.

opção de compra sempre vale mais viva do que morta. Se exercer uma opção, você recebe o valor intrínseco. Se a vende, recebe o valor intrínseco mais o prêmio pelo prazo restante.

EXEMPLO 25.7 — Prêmios pelo tempo

Em janeiro de 2020, as ações da Tesla Motors eram negociadas por cerca de USD529,42. Uma opção de compra com vencimento em setembro de 2020 e preço de exercício de USD540 foi cotada em USD81,20. Uma opção de venda com o mesmo preço de exercício foi cotada em USD81,19. Para ambas as opções, quais são o valor intrínseco e o prêmio pelo tempo?

Começando com a opção de compra, vemos que ela está fora do dinheiro, pois o preço de exercício de USD540 é maior do que os USD529,42 do preço da ação. O valor intrínseco é zero, então toda a quantia de USD81,20 é o prêmio pelo tempo. A opção de venda está dentro do dinheiro e o seu valor intrínseco é USD540 − USD529,42 = USD10,58. O valor da opção de venda é USD83,19, então o prêmio pelo tempo é USD83,19 − 10,58 = USD72,61.

Variando o desvio-padrão

A Figura 25.3 ilustra o impacto nos valores das opções da variação do desvio-padrão dos retornos sobre o ativo subjacente. Como mostrado, o efeito é positivo e significativo para as opções de compra e as opções de venda. Na verdade, aumentar o desvio-padrão tem um efeito quase idêntico para ambos os tipos.

A sensibilidade do valor de uma opção à volatilidade do ativo subjacente é chamada de seu **vega**.[4] Mais uma vez, a fórmula é complexa, então vamos omiti-la. A principal ideia a ser compreendida com a Figura 25.3 é que os valores das opções são bastante sensíveis a desvios-padrão e que mudanças na volatilidade do retorno sobre o ativo subjacente podem ter um forte impacto nos valores das opções.

vega
Mede a sensibilidade do valor de uma opção a mudanças no desvio-padrão dos retornos sobre o ativo subjacente.

Variando a taxa sem risco

A Figura 25.4 ilustra o efeito de uma alteração da taxa sem risco no valor das opções. Como vemos, aumentar a taxa sem risco tem um impacto positivo nos valores das opções de com-

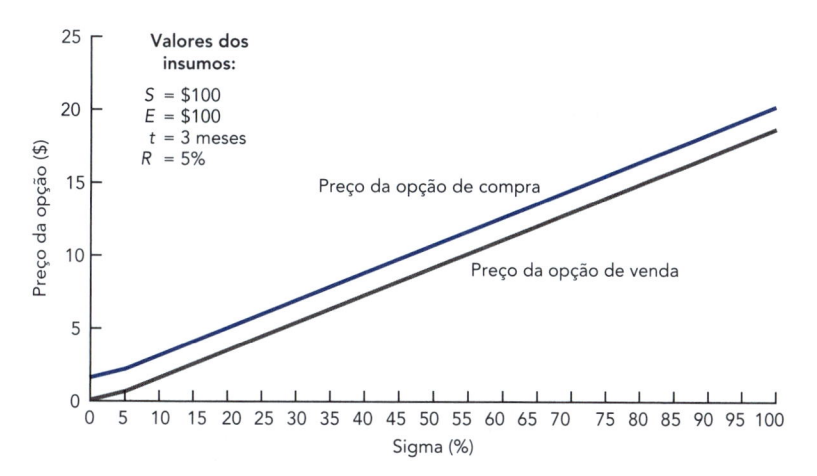

FIGURA 25.3 Preços de opções e sigma.

Valores dos insumos:
S = $100
E = $100
t = 3 meses
R = 5%

---

[4] Os estudiosos do grego reconhecerão que vega não é uma letra do alfabeto daquela língua (é uma estrela da constelação de Lira e um automóvel particularmente medíocre fabricado pela Chevrolet nas décadas de 1960 e 1970.)

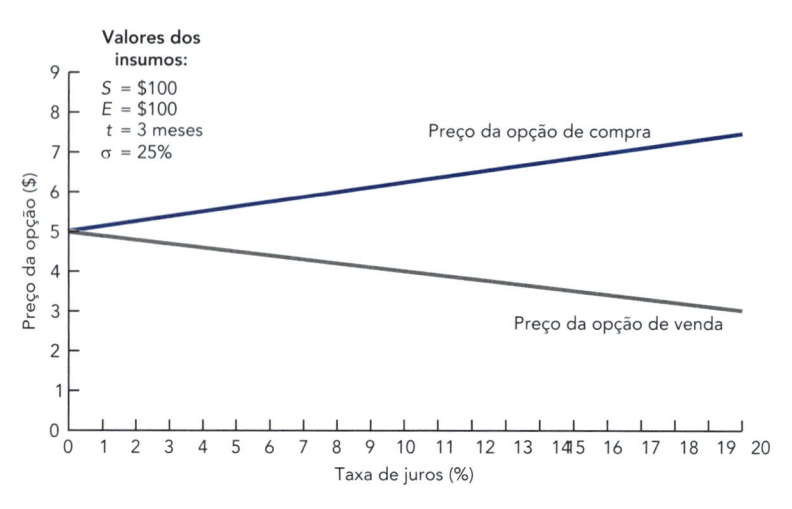

FIGURA 25.4 Preços de opções e taxas de juros.

pra e negativo nos das de venda. Observe que, para mudanças realistas nas taxas de juros, os valores das opções não mudam muito. Em outras palavras, os valores de opções não são tão sensíveis a mudanças nas taxas de juros quanto são a, por exemplo, variações na volatilidade. A sensibilidade de uma opção a mudanças na taxa de juros é chamada de *rô*.

rô
Mede a sensibilidade do valor de uma opção a mudanças na taxa sem risco.

Existem algumas outras gregas além daquelas apresentadas anteriormente, mas encerraremos nossa aula de grego por aqui. O próximo tópico é muito importante para o uso da fórmula de Black-Scholes: o cálculo das volatilidades implícitas.

Desvios-padrão implícitos

Por ora, nos focamos no uso do MPO Black-Scholes para calcular os valores de opções, mas ele tem outra utilidade muito importante. Dos cinco fatores que determinam o valor de uma opção, quatro podem ser observados diretamente: o preço da ação, o preço de exercício, a taxa sem risco e o prazo até o vencimento da opção. Apenas o desvio-padrão precisa ser estimado.

Para um site orientado para opções e focado em volatilidades, visite www.ivolatility.com.

O desvio-padrão que usamos no MPO é uma previsão de qual será o desvio-padrão dos retornos sobre o ativo subjacente durante a vida útil da opção. Muitas vezes, já sabemos o valor da opção, pois observamos os seus preços nos mercados financeiros. Nesses casos, podemos usar o valor da opção, junto com os quatro insumos observáveis, para calcular retroativamente um valor para o desvio-padrão. Quando calculamos o desvio-padrão dessa maneira, o resultado é chamado de **desvio-padrão implícito** (em inglês, a sigla ISD, de *implied standard deviation*, é pronunciada "iz-dí"), também conhecido como *volatilidade implícita*.

desvio-padrão implícito
Uma estimativa do desvio-padrão futuro do retorno sobre um ativo obtida com o MPO Black-Scholes.

Para ilustrar esse cálculo, suponha que tenhamos as seguintes informações:

$S = \$12$
$E = \$8$
$R = 5\%$ ao ano, capitalização contínua
$t = 6$ meses

Também sabemos que a opção de compra é negociada por $4,59. Com base nessas informações, qual é a volatilidade esperada para a ação nos próximos três meses?

Inserindo todas essas informações na fórmula de Black-Scholes, sobra um fator desconhecido: o desvio-padrão (σ). Contudo, não é possível calcular σ diretamente, então é preciso depender da tentativa e erro. Em outras palavras, vamos inserindo valores de σ até encontrarmos aquele que produz o preço de $4,59 para a opção de compra.

Para uma opção sobre ações, 0,50 é um bom ponto de partida. Inserindo esse número, vemos que o valor calculado para a opção de compra é $4,38, baixo demais. Lembre-se que os valores das opções aumentam à medida que aumentamos σ, então poderíamos experimentar

0,60. O valor da opção passa a ser $4,53; estamos mais perto, mas ainda é baixo. A 0,65, o valor calculado é $4,61, um pouco alto. Após mais algumas tentativas, descobrimos que a volatilidade implícita é de 0,64, ou, 64%.

Se quiser descobrir o desvio-padrão implícito para a bolsa de valores como um todo, é fácil. O VIX é a volatilidade implícita das opções da S&P 500 para os próximos 30 dias. Ele é conhecido como o indicador do medo, pois um VIX maior sugere que o mercado espera mais volatilidade nos próximos 30 dias. Historicamente, o VIX ficou entre 15 e 20, mas chegou a mais de 80 durante o caos de 2008. Antes da crise da Covid-19 em 2020, o VIX atingira um mínimo de 11 durante 2019, antes de elevar-se para cerca de 86 em março de 2020. O gráfico mostra a subida radical do VIX entre o final de 2019 e março de 2020, antes da queda até meados do ano. Observe que a volatilidade implícita ainda não havia caído para os níveis pré-Covid-19 no final de junho de 2020. Para permitir que os investidores negociem a volatilidade, futuros e opções sobre o índice VIX são negociados nas bolsas. Uma pergunta: suponha que você calcule o desvio-padrão implícito para uma opção VIX. O que significaria esse número?

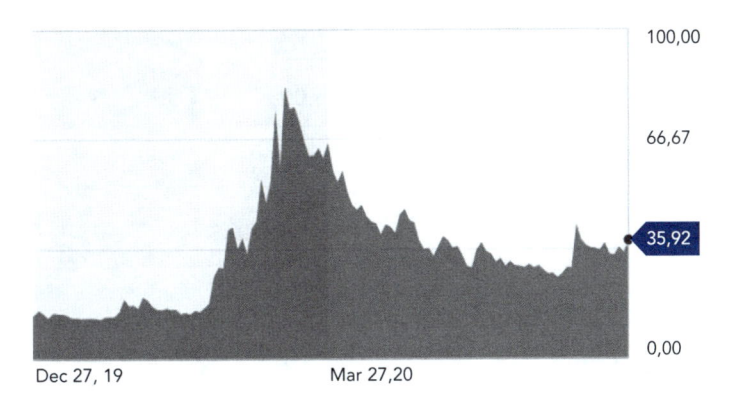

EXEMPLO 25.8 Desvio-padrão implícito

Em 15 de janeiro de 2020, as ações ordinárias da empresa Facebook eram negociadas a USD221,03. Uma opção de compra com vencimento na sexta-feira, 19 de junho de 2020 e preço de exercício de USD225 era negociada por USD14,26. As letras do Tesouro dos EUA com vencimento no mesmo dia rendiam 1,537%. Com base nessas informações, qual é a volatilidade prevista para o retorno sobre as ações da Facebook?

Em suma, os números relevantes que conhecemos são:

S = USD221,03
E = USD225
R = 1,537% ao ano, capitalização anual
σ = ?
t = 156 dias
C = USD14,26

A partir daqui, o trabalho é mecânico. Como você provavelmente já adivinhou, é mais fácil usar uma calculadora de opções para resolver este problema. Foi o que fizemos; o desvio-padrão implícito é de cerca de 27%. Nosso quadro Exercícios na Internet mostra como fazê-lo.

Em princípio, para resolver esse problema, precisamos converter a taxa de juros de 1,537% para uma taxa com capitalização contínua. Com isso, obtemos 1,5489%. Contudo, vimos que os valores das opções não são muito sensíveis a variações pequenas nas taxas de juros; nesse caso, ela praticamente não faz diferença. Por esse motivo, na prática, o problema da capitalização contínua quase sempre é ignorado, especialmente quando as taxas são baixas.

EXERCÍCIOS NA INTERNET

Da nossa análise sobre o desvio-padrão implícito, vemos que calcular essa variável quando sabemos o preço da opção depende de tentativa e erro. Felizmente, a maioria das calculadoras de opções executa esse trabalho por você. Para ilustrar, obtivemos o desvio-padrão implícito da opção de compra da Facebook discutida no Exemplo 25.8. Para refrescar sua memória, as ações da Facebook fecharam em USD221,03. Uma opção de compra com preço de exercício de USD225 e vencimento de 156 dias era negociada por USD14,26. As letras do Tesouro com o mesmo vencimento tinham retorno de 1,537%. Qual é o desvio-padrão implícito das ações da Facebook? Visitamos www.vindeep.com e utilizamos a calculadora de opções no *site*. Após inserir todas as informações, o resultado foi o seguinte:

Option Type	Call Option
Spot Price	221.03
Strike Price	225.00
Risk Free Rate	1.5489 %
Time To Expiry	156 Days
Market Price	14.26
Implied Volatility	26.72 %

Assim, as ações da Facebook têm um desvio-padrão implícito de 26,72% ao ano.

Questões

1. Visite *finance.yahoo.com* e encontre cotações de opções para a IBM. Escolha um vencimento e descubra a opção de compra com o menor preço de exercício, a opção de compra com o preço de exercício mais próximo ao preço corrente da ação e a opção de compra com o maior preço de exercício. Calcule os desvios-padrão implícitos de cada uma usando a calculadora em *www.vindeep.com*. O que você observa?

2. Visite finance.yahoo.com e encontre cotações de opções para a Pfizer. Escolha três opções de compra com um preço de exercício próximo o preço corrente da ação, com meses de vencimento diferentes. Calcule os desvios-padrão implícitos usando a calculadora em *www.vindeep.com*. O que você observa?

Questões conceituais

25.3a O que são o delta, rô, theta e vega de uma opção?

25.3b O que é um desvio-padrão implícito?

25.4 Avaliação do capital próprio e dívida na empresa alavancada

Em nosso capítulo anterior sobre opções, observamos que o capital próprio de uma empresa alavancada (a empresa que tomou dinheiro emprestado) pode ser interpretado como uma opção de compra sobre os ativos do negócio. O motivo é que, quando a dívida vence, os acionistas têm a opção de pagar a dívida e, logo, adquirir os ativos, ou inadimplir. O ato de pagar a dívida equivale a exercer uma opção de compra dentro do dinheiro para adquirir os ativos. Inadimplir significa deixar uma opção de compra fora do dinheiro vencer. Nesta seção, expandimos em diversos sentidos a ideia do capital próprio enquanto opção de compra.

Avaliação do capital próprio de uma empresa alavancada

Considere uma empresa que tem uma emissão de títulos de dívida com cupom zero em circulação com um valor de face de $10 milhões. Os títulos vencem em seis anos. O valor corrente de *mercado* dos ativos da empresa é de $12 milhões. A volatilidade (desvio-padrão) dos retornos sobre os ativos da empresa é de 40% ao ano, enquanto a taxa sem risco é de 6% ao ano, com capitalização contínua. Qual é o valor de mercado corrente do capital próprio da empresa? E da dívida? Qual é o custo da dívida com capitalização contínua?

Esse caso se resume a dizer que os acionistas têm o direito, mas não a obrigação, de pagar $10 milhões em seis anos. Se o fizerem, recebem os ativos da empresa. Se não, inadimplem e não recebem nada. Assim, o capital próprio da empresa é uma opção de compra com um preço de exercício de $10 milhões.

Usar a fórmula de Black-Scholes nesse caso pode ser um pouco confuso, pois agora estamos calculando o preço da ação. O símbolo "C" é o valor das ações, enquanto o símbolo "S" é o valor dos ativos da empresa. Com isso em mente, podemos avaliar o capital próprio da empresa se inserirmos os números relevantes no MPO Black-Scholes com $S = \$12$ milhões e $E = \$10$ milhões. Quando fazemos isso, obtemos um valor do capital próprio de $6,554 milhões, com um delta de 0,852.

Agora que sabemos o valor do capital próprio, podemos calcular o valor da dívida usando a identidade do balanço patrimonial padrão. Os ativos da empresa valem $12 milhões e o capital próprio vale $6,554 milhões, então a dívida vale $12 - 6,554 = \$5,446$ milhões.

Para calcular o custo da dívida com capitalização contínua da empresa, observamos que o valor presente é $5,446 milhões e o valor futuro em seis anos é o valor de face de $10 milhões. Precisamos calcular uma taxa com capitalização contínua, RD, da seguinte forma:

$$\$ 5{,}446 = \$10 \times e^{-R_D(6)}$$
$$0{,}5446 = e^{-R_D(6)}$$
$$R_D = -1/6 \times \ln(0{,}5446)$$
$$= 0{,}10$$

Assim, o custo da dívida da empresa é de 10%, em comparação com uma taxa sem risco de 6%. Os 4% adicionais são o prêmio pelo risco de inadimplência, ou seja, a remuneração extra que os credores exigem pelo risco de a empresa inadimplir e eles receberem ativos que valem menos de $10 milhões.

Também sabemos que o delta dessa opção é 0,852. Como interpretamos isso? No contexto da avaliação do capital próprio como opção de compra, o delta nos informa o que acontece com o valor do capital próprio quando o valor dos ativos da empresa muda. É uma consideração importante. Suponha que a empresa implante um projeto com VPL de $100.000, o que significa que o valor dos ativos da empresa aumentará em $100.000. Agora sabemos que o valor das ações aumentará em (aproximadamente) apenas 0,852 × $100.000 = $85.162.[5] Por quê?

O motivo é que a empresa aumentou o valor dos seus ativos, o que torna a inadimplência menos provável no futuro. Por consequência, os títulos de dívida também se tornam mais valiosos. Qual é o ganho? A resposta é $100.000 − 85.162 = $14.838. Em outras palavras, o valor que os acionistas não obtiverem.

EXEMPLO 25.9 Capital próprio como opção de compra

Considere uma empresa que tem uma emissão de títulos de dívida com cupom zero em circulação com um valor de face de $40 milhões. Os títulos vencem em cinco anos. A taxa sem risco é de 4%. O valor corrente de mercado dos ativos da empresa é de $35 milhões e o capital próprio da empresa vale $15 milhões. Se a empresa implantar um projeto com VPL de $200.000, aproximadamente quanto os acionistas ganharão?

Para responder essa pergunta, precisamos saber o delta, então precisamos calcular $N(d_1)$. Para tanto, precisamos conhecer o desvio-padrão relevante, que não temos. O que temos é o valor da opção ($15 milhões), então podemos calcular o desvio-padrão implícito. Se utilizarmos C = $15 milhões, S = $35 milhões e E = $40 milhões, junto com a taxa sem risco de 4% e o prazo de cinco anos até o vencimento, determinamos que o desvio-padrão implícito é de 48,1%. Com esse valor, o delta é 0,725; assim, se $200.000 de valor forem criados, os acionistas receberão 72,5% dessa quantia, ou cerca de $145.000.

Opções e a avaliação de títulos de dívida com risco

Vamos continuar com o caso que acabamos de examinar, de uma empresa com $12 milhões em ativos e um título de dívida com cupom zero e valor de face de $10 milhões. Dados os outros números, mostramos que os títulos valiam $5.446. Suponha que os titulares desejam eliminar o risco de inadimplência. Em outras palavras, os credores querem transformar seus títulos com risco em títulos sem risco. Como devem proceder?

A resposta é que os credores podem utilizar uma opção de compra protegida, seguindo o modelo descrito anteriormente neste capítulo. Neste caso, os credores desejam garantir que seus títulos nunca valerão menos do que o valor de face de $10 milhões, então precisam adquirir uma opção de venda com seis anos até o vencimento e valor de face de $10 milhões. A opção de venda é uma opção de vender os ativos da empresa por $10 milhões.

Lembre-se que se os ativos da empresa valerem mais de $10 milhões em seis anos, os acionistas pagarão os $10 milhões. Se os ativos valerem menos de $10 milhões, os acionistas inadimplem e os credores recebem os ativos da empresa. Nesse ponto, no entanto, os credores exercerão a sua opção de venda e venderão os ativos por $10 milhões. Em ambos os casos, os credores recebem $10 milhões.

O que descobrimos é que um título de dívida sem risco é o mesmo que uma combinação de um título com risco e uma opção de venda dos ativos da empresa com vencimento e preço de exercício igual ao valor de face do título:

Valor de um título de dívida com risco + opção de venda = valor de um título sem risco [25.7]

No nosso exemplo, o valor de face da dívida é de $10 milhões e a taxa sem risco é de 6%, então o valor dos títulos, se não tivessem risco, seria:

---

[5] O delta é usado para avaliar o efeito de uma pequena mudança no valor do ativo subjacente, então pode parecer que não deveríamos utilizá-lo para avaliar uma variação de $100.000. "Pequeno" é um termo relativo, entretanto, e $100.000 é uma parcela relativamente pequena do valor total de $12 milhões do ativo.

Valor de títulos de dívida sem risco = $10 milhões $\times e^{-0,06(6)}$
= $6,977 milhões

Comparando com o valor dos títulos com risco, $5,446 milhões, vemos que a opção de venda vale $6,977 − 5,446 = $1,531 milhão. Observe que o valor dos títulos de dívida sem risco também é o valor presente do preço de exercício à taxa sem risco.

Podemos confirmar que esse valor da opção de venda está correto. Sabemos que o valor dos ativos subjacentes é $12 milhões, o valor da opção de compra (as ações) é $6,554 milhões e o valor presente do preço de exercício é $6,977 milhões. Usando a paridade entre opções de compra e de venda:

P = $6,977 + 6,554 − 12
= $1,531 milhão

que é exatamente o que calculamos.

Podemos reapresentar nosso resultado da seguinte forma:

Valor de título de dívida com risco = valor de título de dívida sem risco − opção de venda
$$= E \times e^{-Rt} - P \qquad [25.8]$$

Isso mostra que tudo que aumenta o valor da opção de venda *reduz* o valor dos títulos da empresa.

Com isso em mente, podemos usar a paridade entre opções de compra e opções de venda para reunir e unificar boa parte da nossa análise neste capítulo (e neste livro todo!).

Usando a condição de paridade de opções de compra e opções de venda, podemos escrever:

$$S = C + E \times e^{-Rt} - P$$

Lembre-se que, nesse caso, a ação é o ativo subjacente. Se considerarmos a ação como uma opção de compra sobre os ativos da empresa, nossa interpretação seria a seguinte:

Valor dos ativos (S) = valor da ação (C) + ($E \times e^{-Rt} - P$) [25.9]

onde E, o preço de exercício, é o valor de face da dívida da empresa. Observe que, como acabamos de ver, o termo entre parênteses é o valor dos títulos da dívida com risco da empresa, então a expressão é, na verdade, a identidade do balanço patrimonial:

Valor dos ativos (S) = valor da ação (C) +
valor dos títulos de dívida ($E \times e^{-Rt} - P$) [25.10]

A paridade e a identidade do balanço patrimonial afirmam a mesma coisa, mas reconhecer a natureza dos aspectos de opção do capital próprio e da dívida em uma empresa alavancada leva a um entendimento muito mais profundo das finanças corporativas. Na próxima seção, ilustramos alguns exemplos importantes.

Questões conceituais

25.4a Por que dizemos que o capital próprio em uma empresa alavancada é uma opção de compra? O que o delta da opção de compra nos informa nesse contexto?

25.4b Qual é a relação entre a identidade do balanço patrimonial padrão e a condição de paridade entre opções de compra e opções de venda (PCP)?

25.5 Opções e decisões corporativas: algumas aplicações

Nesta seção, exploramos as implicações da análise de opções em duas áreas importantes: orçamento de capital e fusões. Começamos com fusões e apresentamos um resultado muito surpreendente. Após, seguimos em frente para mostrar que a regra do VPL apresenta algumas falhas importantes no caso de empresas alavancadas.

Fusões e diversificação

No próximo capítulo, discutiremos as fusões e aquisições. Lá, mencionamos que a diversificação é frequentemente citada como um motivo para a fusão de duas empresas. A diversificação é um bom motivo para uma fusão? Pode parecer que sim. Afinal, em um capítulo anterior, investimos muito tempo explicando o porquê de a diversificação ser algo vantajoso para investidores em suas próprias carteiras em razão da eliminação do risco não sistemático.

Para investigar essa questão, vamos considerar duas empresas: a Mergulho no Mar (MM), especializada em roupas de banho, e a Vento Polar (VP), especializada em roupas de inverno. Por motivos óbvios, as duas empresas apresentam fluxos de caixa sazonais; e, em suas respectivas baixas temporadas, ambas se preocupam com o fluxo de caixa. Se as duas empresas se fundissem, a empresa resultante teria um fluxo de caixa muito mais estável. Em outras palavras, uma fusão diversificaria parte da variação sazonal e, na verdade, diminuiria a probabilidade de falência.

Observe que as operações das duas empresas são muito diferentes. Portanto, a fusão proposta seria puramente "financeira". Isso significa que não haveria "sinergias" ou outras possibilidades de agregação de valor, exceto possíveis ganhos decorrentes da redução do risco. Seguem algumas informações anteriores à fusão:

	Mergulho no mar	Vento polar
Valor de mercado dos ativos	$30 milhões	$10 milhões
Valor de face de dívidas tipo desconto puro	$12 milhões	$4 milhões
Vencimento da dívida	3 anos	3 anos
Desvio-padrão dos retornos dos ativos	50%	60%

A taxa sem risco, com capitalização contínua, é de 5%. Com essas informações, podemos ver calcular os valores a seguir (calcule você mesmo para praticar):

	Mergulho no mar	Vento polar
Valor de mercado das ações	$20,424 milhões	$7,001 milhões
Valor de mercado da dívida	$9,576 milhões	$2,999 milhões

Se você conferir esses números, talvez encontre respostas levemente diferentes se usar o Quadro 25.3 (nós usamos uma calculadora de opções).

Após a fusão, os ativos da empresa combinada serão a soma dos valores anteriores à fusão ($30 + $10 = $40 milhões), pois nenhum valor foi criado ou destruído. Da mesma maneira, o valor de face da dívida total é agora de $16 milhões. No entanto, vamos supor que o desvio-padrão dos retornos dos ativos da empresa combinada seja de 40%. Esse valor é mais baixo do que os apresentados pelas duas empresas individuais em razão do efeito da diversificação.

Então, qual é o impacto dessa fusão? Para descobrir, calculamos o valor do capital próprio após a fusão. Com base em nossa discussão, as informações relevantes são:

	Empresa combinada
Valor de mercado dos ativos	$40 milhões
Valor de face de dívidas tipo desconto puro	$16 milhões
Vencimento da dívida	3 anos
Desvio-padrão dos retornos dos ativos	40%

Mais uma vez, podemos calcular os valores do capital próprio e da dívida:

	Empresa combinada
Valor de mercado das ações	$26,646 milhões
Valor de mercado da dívida	$13,354 milhões

O que podemos notar é que essa fusão é uma péssima ideia, pelo menos para os acionistas! Antes da fusão, as ações dessas duas empresas separadas valiam um total de $20,424 + 7,001 = $27,425 milhões, comparado com apenas $26,646 milhões após a fusão; então, a fusão fez com que $27,425 − 26,646 = $0,779 milhão, ou quase $1 milhão, do valor do capital próprio virasse fumaça.

Para onde foi o $ 1 milhão do capital próprio? Foi para os credores. Os títulos de dívida das empresas valiam $9,576 + 2,999 = $12,575 milhões antes da fusão e $13,354 milhões após a fusão, um ganho de exatos $0,779 milhão. Portanto, essa fusão não criou nem destruiu valor algum, mas passou valores dos acionistas para credores.

Nosso exemplo mostra que fusões puramente financeiras não são uma boa ideia e também mostra o porquê. A diversificação funciona no sentido da redução da volatilidade dos retornos dos ativos da empresa. A redução do risco beneficia os credores, fazendo com que haja uma probabilidade menor de inadimplência. Às vezes, isso é chamado de *efeito de "cosseguro"*. Essencialmente, por meio da fusão, as empresas asseguram as dívidas uma da outra. Assim, as dívidas se tornam menos arriscadas e podem aumentar de valor. Se o valor dos títulos de dívida apresentar aumento e não houver aumento líquido dos valores de ativos, então o capital próprio deve apresentar redução em seu valor. Portanto, as fusões puramente financeiras são boas para os credores, mas não para os acionistas.

Outra maneira de ver essa questão é que, em razão de o capital próprio ser uma opção de compra, uma redução na variância dos retornos do ativo subjacente tem que reduzir seu valor. A redução do valor no caso de uma fusão puramente financeira tem uma interpretação interessante. A fusão torna a inadimplência (e, portanto, a falência) algo com *menor* probabilidade de acontecer. Isso é obviamente positivo a partir da perspectiva do credor, mas por que isso seria ruim para os acionistas? A resposta é simples: o direito de ir à falência é uma opção valiosa para o acionista. Uma fusão puramente financeira reduz o valor dessa opção.

Opções e orçamento de capital

Em nosso capítulo anterior sobre opções, discutimos as muitas opções embutidas nas decisões sobre orçamento de capital, incluindo a opção de esperar, a opção de abandonar e diversas outras. Para expandir essas questões relacionadas a opções, abordaremos duas questões adicionais. O que mostraremos é que, no caso de uma empresa alavancada, os acionistas podem preferir um projeto de VPL baixo a um de VPL alto. Após, trataremos do fato de que talvez eles prefiram até mesmo um projeto de VPL *negativo* a um projeto de VPL positivo.

Como de costume, ilustraremos esses pontos primeiramente com um exemplo. Seguem as informações básicas da empresa:

Valor de mercado dos ativos	$20 milhões
Valor de face de dívidas tipo desconto puro	$40 milhões
Vencimento da dívida	5 anos
Desvio-padrão dos retornos dos ativos	50%

A taxa sem risco é de 4%. Como já fizemos várias vezes, podemos calcular os valores de mercado do capital próprio e da dívida:

Valor de mercado das ações	$ 5,744
Valor de mercado da dívida	$14,256

Essa empresa tem um grau de alavancagem bastante alto: o índice dívida/capital próprio com base nos valores de mercado é de $14,256/5,744 = 2,48$, ou 248%. Esse valor é alto, mas não sem precedentes. Observe que, nesse caso, a opção está fora do dinheiro; como resultado, o delta é 0,547.

A empresa tem dois investimentos mutuamente excludentes sob análise. Ambos devem ser aceitos agora ou nunca, então o cronograma não está em jogo. Os projetos afetam tanto o valor de mercado dos ativos da empresa quanto o desvio-padrão do retorno dos ativos da empresa, conforme apresentado a seguir:

	Projeto A	Projeto B
VPL (milhões)	$4	$2
Valor de mercado de ativos da empresa ($ 20 + VPL)	$24	$22
Desvio-padrão do retorno dos ativos da empresa	40%	60%

Qual é o melhor projeto? É evidente que o Projeto A tem o VPL mais alto, mas, a essa altura, a cautela se dirige para a mudança do desvio-padrão dos retornos dos ativos da empresa. Um projeto reduz esse valor, enquanto outro o eleva. Para ver qual dos projetos os acionistas preferem, precisamos recorrer aos nossos já conhecidos cálculos:

	Projeto A	Projeto B
Valor de mercado das ações	$ 5,965	$ 8,751
Valor de mercado da dívida	$18,035	$13,249

Há uma diferença drástica entre os dois projetos. O projeto A beneficia tanto os acionistas quanto os credores, mas a maior parte dos ganhos vai para os credores. O projeto B tem um impacto enorme no valor do capital próprio e ainda reduz o valor da dívida. Com certeza, os acionistas preferem o Projeto B.

Quais são as implicações de nossa análise? Descobrimos duas coisas. Primeiro, quando o capital próprio tem um delta consideravelmente menor que 1, qualquer valor gerado irá parcialmente para os credores. Segundo, os acionistas têm um forte incentivo para aumentar a variância do retorno dos ativos da empresa. Mais especificamente, os acionistas terão uma forte preferência por projetos que aumentem a variância, e não por projetos que a diminuam, mesmo se isso gerar um VPL mais baixo.

Consideremos um último exemplo. Segue um conjunto diferente de valores:

Valor de mercado dos ativos	$20 milhões
Valor de face de dívidas tipo desconto puro	$100 milhões
Vencimento da dívida	5 anos
Desvio-padrão dos retornos dos ativos	50%

A taxa sem risco é de 4%, de modo que os valores do capital próprio e da dívida são:

Valor de mercado das ações	$ 2,012 milhões
Valor de mercado da dívida	$17,988 milhões

Observe que a diferença em relação ao nosso exemplo anterior é que o valor de face da dívida é agora de $100 milhões, portanto a opção está muito fora do dinheiro. O delta é de apenas 0,241, de modo que a maior parte de qualquer valor gerado irá para os credores.

A empresa tem um investimento sob análise que deve ser aceito agora ou nunca. O projeto afeta tanto o valor de mercado dos ativos da empresa quanto o desvio-padrão do retorno dos ativos da empresa, conforme apresentado a seguir:

VPL do projeto	−$ 1 milhão
Valor de mercado dos ativos da empresa ($ 20 milhões + VPL)	$19 milhões
Desvio-padrão dos retornos dos ativos da empresa	70%

O projeto possui um VPL negativo, mas aumenta o desvio-padrão do retorno dos ativos da empresa. Se a empresa aceitar o projeto, o resultado será:

Valor de mercado das ações	$ 4,834 milhões
Valor de mercado da dívida	$14,166 milhões

Esse projeto mais que dobra o valor do capital próprio! Mais uma vez, o que estamos vendo é que os acionistas têm um grande incentivo para aumentar a volatilidade, principalmente quando a opção está muito fora do dinheiro. O fato é que os acionistas têm relativamente pouco a perder, pois o provável desfecho é a falência. Como resultado, há uma forte motivação para fazer uma grande aposta, mesmo se ela tiver um VPL negativo. É um pouco como gastar seu último real com um bilhete de loteria. Embora seja um investimento ruim, não há muitas outras opções!

> **Questões conceituais**
>
> **25.5a** O que são fusões puramente financeiras?
>
> **25.5b** Por que os acionistas de uma empresa alavancada poderiam preferir um projeto com VPL baixo em relação a um projeto com VPL alto?

25.6 Resumo e conclusões

Este capítulo introduziu o universo da avaliação de opções e algumas das suas consequências mais importantes para as finanças corporativas:

1. A condição de paridade entre opções de compra e opções de venda (*put-call parity*) nos informa que, entre uma opção de compra, uma opção de venda, um investimento sem risco (como uma letra do tesouro) e um ativo subjacente, como uma ação, podemos replicar qualquer um dos quatro utilizando os outros três.

2. O modelo de precificação de opções (MPO) Black-Scholes nos permite avaliar explicitamente as opções de compra se tivermos os valores de cinco insumos relevantes: o preço do ativo subjacente, o preço de exercício, o prazo até o vencimento, a taxa de juros sem risco e o desvio-padrão dos retornos sobre o ativo subjacente.

3. O efeito de alterar os insumos do MPO Black-Scholes varia. Algumas mudanças têm efeitos positivos; outras, efeitos negativos. A magnitude também varia; mudanças relativamente pequenas na taxa sem risco não têm muito efeito, mas mudanças no desvio-padrão podem ter efeitos enormes. Esses diversos efeitos são conhecidos como *letras gregas*, pois os símbolos usados para identificá-los são letras gregas (ou assemelhados).

4. O capital próprio de uma empresa alavancada pode ser interpretado como uma opção de compra sobre os ativos da empresa. Isso dá aos acionistas um forte incentivo para aumentar a volatilidade do retorno sobre os ativos da empresa, mesmo que isso signifique aceitar projetos com VPL menor.

REVISÃO DE CONCEITOS E QUESTÕES INSTIGANTES

1. **Opções e datas de vencimento [OA3]** Qual é o impacto de alongar o prazo até o vencimento no valor de uma opção? Explique.

2. **Opções e volatilidade do preço de ações [OA3]** Qual o impacto de um aumento na volatilidade dos retornos da ação subjacente no valor de uma opção? Explique.

3. **Opções e taxas de juros [OA3]** Como as taxas de juros afetam os preços de opções? Explique.

4. **Compra protegida (*Protective put*) [OA1]** A estratégia de compra protegida analisada no capítulo também é chamada de *seguro de preço para opções*. Por quê?

5. **Valor intrínseco [OA2]** O que é valor intrínseco de uma opção de compra? E de uma opção de venda? Como interpretamos esses valores?

QUESTÕES E PROBLEMAS

1. **Capitalização contínua [OA2]** Se você tem $1.490 hoje, quanto essa quantia valerá em seis anos a 9% ao ano com capitalização contínua?

2. **Paridade entre opções de compra e venda (*put-call parity*) [OA1]** Uma ação está sendo negociada atualmente por $73. Uma opção de compra com preço de exercício de

$70 é negociada por $5,27 e expira em 3 meses. Se a taxa de juros sem risco for de 2,6% ao ano, com capitalização contínua, qual será o preço de uma opção de venda com o mesmo preço de exercício?

3. **Avaliação de opções e VPL [OA5]**   Você é o diretor-presidente das Indústrias Titã e acabou de receber um grande número de opções no plano de remuneração com opções de compra de ações da empresa. A empresa tem disponíveis dois projetos mutuamente excludentes. O primeiro projeto tem um VPL alto e reduzirá o risco total da empresa. O segundo projeto tem um VPL baixo e aumentará o risco total da empresa. Você tinha decidido aceitar o primeiro projeto e, em seguida, você se lembrou de seu plano de opções de compra de ações. Como essa lembrança pode afetar sua decisão?

4. **Black-Scholes [OA2]**   Quais são os preços de uma opção de compra e uma opção de venda com as características a seguir?

Preço da ação	= $58
Preço de exercício	= $60
Taxa sem risco	= 2,7% ao ano, com capitalização contínua
Vencimento	= 4 meses
Desvio-padrão	= 47% ao ano

5. **Valor de opções no tempo [OA2]**   Você recebeu as informações a seguir sobre as opções de uma determinada ação:

Preço da ação	= $64
Preço de exercício	= $60
Taxa sem risco	= 2% ao ano, com capitalização contínua
Vencimento	= 6 meses
Desvio-padrão	= 57% ao ano

    a. Qual é o valor intrínseco da opção de compra? E da opção de venda?
    b. Qual é o valor descontado da opção de compra? E da opção de venda?
    c. Entre a opção de compra e a opção de venda, qual tem maior componente de valor do tempo? Você esperaria que isso fosse, em geral, verdadeiro?

Para revisão de outros conceitos e novas questões instigantes, consulte a página do livro no portal do Grupo A (loja.grupoa.com.br).

26 Fusões e Aquisições

EM MAIO DE 2019 a Natura anunciou que havia chegado a um acordo para adquirir a Avon, sediada em Londres, num negócio de USD2 bilhões que envolvia troca de ações. Com esse movimento, a Natura comprava sua principal concorrente do mercado de cosméticos de venda porta a porta no Brasil (com um quarto do segmento); ao mesmo tempo, fortalecia sua posição, complementando uma atuação em lojas físicas que começou com a aquisição da Aesop, em 2013, e da The Body Shop, em 2017. A Avon, por sua vez, resolvia as dificuldades por que passava. Os acionistas da Avon aceitaram 0,3 ação da Natura em troca de 1 ação da Avon. Ao final, os acionistas da Natura ficaram com aproximadamente 76% do capital da empresa combinada, e os acionistas da Avon, com aproximadamente 24%, segundo noticiado na ocasião.

Como empresas similares à Natura e Avon decidem se uma fusão vale a pena? Este capítulo explora as razões por trás de fusões e aquisições e por que, em alguns casos, não deveriam ocorrer.

Objetivos de aprendizagem

O objetivo deste capítulo é que, ao seu final, você saiba:

- **OA1** Reconhecer diferentes tipos de fusões e aquisições, por que devem (ou não) ocorrer e a terminologia associada a eles.
- **OA2** Explicar como os contadores constroem o balanço patrimonial combinado da nova empresa.
- **OA3** Identificar os ganhos de uma fusão ou aquisição e como avaliar a transação.

Para ficar por dentro dos últimos acontecimentos na área de finanças, visite www.fundamentalsofcorporatefinance.blogspot.com.

Não há atividade mais dramática ou controversa nas finanças corporativas do que a aquisição de uma empresa por outra ou a fusão de duas empresas. É o tipo de coisa que produz manchetes nos cadernos de economia e, às vezes, produz uma série de escândalos vergonhosos. E não são poucas as fusões. Durante 2019, as atividades globais de fusões e aquisições (F&A) atingiram USD3,9 trilhões, uma redução de 3% em relação a 2018. Foi o sexto ano consecutivo em que as atividades de F&A superaram USD3 trilhões.

A aquisição de uma empresa pela outra é, obviamente, um investimento realizado sob condições de incerteza, e os princípios básicos da avaliação ainda se aplicam. Uma empresa deve adquirir a outra apenas se isso gera um valor presente líquido positivo para os acionistas da adquirente. Contudo, como o VPL de uma possível aquisição pode ser difícil de determinar, as fusões e aquisições (F&A) — ou atividades de M&A (do inglês *mergers and acquisitions*), como também são muito conhecidas — são temas interessantes por si só.

Alguns dos problemas especiais que ocorrem nessa área das finanças incluem os seguintes:

1. Os benefícios das aquisições podem depender de elementos como alinhamentos estratégicos. É difícil definir exatamente o que é um alinhamento estratégico, e não é fácil estimar seu valor usando técnicas de fluxo de caixa descontado.
2. Pode haver efeitos contábeis, tributários e jurídicos complexos que precisam ser levados em conta quando uma empresa é adquirida pela outra.
3. As aquisições são um dispositivo de controle importante para os acionistas. Algumas aquisições são consequência de um conflito fundamental entre os interesses da administração existente e os dos acionistas. Concordar em ser adquirido por outra empresa é uma maneira de os acionistas removerem os gestores atuais.
4. As fusões e aquisições podem envolver transações "pouco amigáveis". Nesses casos, quando uma empresa tenta adquirir a outra, a atividade nem sempre se limita a negociações calmas e educadas. A empresa que se busca adquirir muitas vezes resiste à tentativa de tomada de controle e pode recorrer a táticas defensivas com nomes exóticos, como pílulas de veneno (*poison pills*), *greenmail* e cavaleiros brancos (*white knights*).

Discutiremos essas e outras questões associadas às fusões nas seções a seguir. Começaremos pela introdução dos aspectos jurídicos, contábeis e tributários básicos das aquisições.

26.1 As formas de aquisição

As empresas podem adotar três procedimentos legais básicos para adquirir as outras:

1. Fusão ou consolidação.
2. Aquisição de ações.
3. Aquisição de ativos.

Apesar de diferentes do ponto de vista jurídico, a imprensa normalmente não diferencia entre elas. O termo *fusão* costuma ser usado independentemente da forma real da aquisição.

Na nossa discussão, muitas vezes chamaremos a adquirente de *ofertante*. Essa é a empresa que oferece distribuir caixa ou títulos mobiliários para obter as ações ou os ativos de outra empresa. A empresa buscada (e, talvez, adquirida) é chamada de *empresa-alvo*. O dinheiro ou os títulos mobiliários oferecidos para a empresa-alvo são a *contraprestação* da aquisição.

Fusão ou consolidação

Uma **fusão** é a absorção completa de uma empresa por outra. A empresa adquirente mantém seu nome e sua identidade e adquire todos os ativos e passivos da empresa adquirida. Após uma fusão, a empresa adquirida deixa de existir como uma entidade de negócios separada.

Uma **consolidação** é o mesmo que uma fusão, exceto que uma empresa totalmente nova é criada. Em uma consolidação, a empresa adquirente e a adquirida encerram sua existência legal anterior e se tornam parte de uma nova empresa. Por esse motivo, a distinção entre a adquirente e a adquirida não é tão importante na consolidação quanto é na fusão.

As regras para fusões e aquisições são basicamente as mesmas. A aquisição por fusão ou consolidação leva à combinação dos ativos e passivos da adquirente e da adquirida; a única diferença está na criação ou não de uma nova empresa. Daqui em diante, usaremos *fusão* como termo genérico tanto para fusões quanto para consolidações. Na norma contábil adotada no Brasil, o tema é referido como "combinação de negócios".[1]

Usar uma fusão para adquirir uma empresa tem algumas vantagens e algumas desvantagens:

1. Uma vantagem importante é que a fusão é legalmente simples e não custa tanto quanto outras formas de aquisição. O motivo é que as empresas simplesmente concordam em

fusão
Absorção completa de uma empresa por outra, na qual a adquirente mantém sua identidade, e a empresa adquirida deixa de existir como uma entidade separada.

consolidação
Fusão na qual uma empresa totalmente nova é criada, e ambas a adquirente e a adquirida deixam de existir.

---
[1] Ver CPC 15 (R1).

combinar todas as suas operações. Assim, por exemplo, não é necessário transferir a titularidade de cada ativo individual da empresa adquirida para a empresa adquirente.

2. Uma desvantagem importante é que a fusão deve ser aprovada por votação dos acionistas de cada uma das empresas.[2] Em geral, dois terços (ou até mais) dos votos são necessários para a aprovação. Obter os votos necessários pode ser um processo demorado e difícil. Além do mais, como analisaremos em detalhes posteriormente, em empresas de capital pulverizado, a cooperação dos gestores da empresa-alvo quase sempre é fundamental para a fusão, e pode não ser fácil nem barato fazer com que eles cooperem.

Aquisição de ações

Uma segunda maneira de adquirir outra empresa é simplesmente comprar as ações com direito de voto em troca de caixa, outras ações ou outros títulos mobiliários. Esse processo muitas vezes começa como uma oferta privada dos gestores de uma empresa aos da outra[3].

Seja lá como comece, em algum momento a oferta é levada diretamente aos acionistas da empresa-alvo por meio de uma **oferta pública de aquisição (OPA)**, ou seja, uma oferta pública de compra de ações. Ela é feita por uma empresa diretamente para os acionistas de outra.

oferta de aquisição
Oferta pública pela qual uma empresa compra diretamente as ações de outra.

Os acionistas que desejam aceitar a oferta de aquisição vendem suas ações em troca de caixa e/ou títulos mobiliários, dependendo da oferta. As ofertas de aquisição muitas vezes dependem de a ofertante obter alguma porcentagem do total das ações com direito de voto. Se não for possível obter ações o suficiente com a oferta, esta pode ser retirada ou reformulada.

A oferta é comunicada aos acionistas da empresa-alvo por anúncios públicos, como publicidade em jornais. Nos Estados Unidos, às vezes, uma correspondência geral dirigida diretamente aos acionistas é utilizada em uma oferta de aquisição. Isso lá é mais difícil, pois os nomes e endereços dos acionistas registrados no livro de acionistas normalmente não estão disponíveis. Obter essa lista sem a cooperação da empresa-alvo não é fácil.

Os seguintes fatores estão envolvidos na escolha entre uma aquisição de ações e uma fusão, nos EUA:

Para informações atualizadas sobre o que acontece no mundo das F&A, visite **www.marketwatch.com** e digite "merger" (fusão) na caixa de busca.

1. Em uma aquisição de ações, assembleias de acionistas não precisam acontecer, e não é necessária uma votação. Se os acionistas da empresa-alvo não gostarem da oferta, não precisam aceitá-la nem oferecer suas ações.

2. Em uma aquisição de ações, a empresa ofertante pode negociar diretamente com os acionistas da empresa-alvo via oferta de aquisição, contornando a administração e o conselho de administração da empresa-alvo.

3. Às vezes, as aquisições não são amigáveis. Nesses casos, a aquisição de ações é usada na tentativa de contornar a administração da empresa-alvo, que costuma estar resistindo ativamente à aquisição. A resistência dos gestores da empresa-alvo muitas vezes torna o custo da aquisição de ações maior que o custo de uma fusão.

4. Com frequência, uma minoria significativa de acionistas se recusa a vender em uma oferta de aquisição. A empresa-alvo não pode ser absorvida totalmente quando isso ocorre, o que pode atrasar a realização dos benefícios da fusão ou gerar outros custos significativos. Por exemplo, se a ofertante acaba com menos de 80% das ações da empresa-alvo, é preciso pagar um imposto sobre 20 a 30% dos dividendos pagos pela empresa-alvo à ofertante.

5. A absorção completa de uma empresa por outra requer uma fusão. Muitas aquisições de ações terminam com uma fusão formal posterior.

---

[2] Nos EUA, as fusões entre empresas exigem o cumprimento de leis locais, em cada estado. Em praticamente todos os estados, os acionistas de cada empresa precisam dar a sua aprovação. No Brasil, essa legislação é federal e válida em todo o país. Aqui, no tocante às sociedades anônimas, é de competência da assembleia geral de acionistas a deliberação acerca da "transformação, fusão, incorporação e cisão da companhia" (art. 122, VIII, da Lei das Sociedades por Ações).

[3] No Brasil, pode ser necessário realizar uma oferta pública de aquisição (OPA), conforme normatizado pela CVM.

A edição norte-americana deste livro trabalha o conceito de oferta pública de aquisição de ações dentro de um ambiente de mercado. Essas transações, apesar de existentes, não são tão habituais no mercado brasileiro. Operações de aquisição no Brasil, em sua grande maioria, acontecem de forma privada e são anunciadas ao mercado após sua assinatura. Entretanto, caso a operação de compra privada resulte em troca de controle de companhia aberta, o artigo 254-A da Lei das Sociedades por Ações determina que seja realizada uma OPA com direito a voto dos demais acionistas, pelo valor mínimo de 80% do valor pago por ação integrante do bloco de controle adquirido, o chamado *tag along*. Para as empresas listadas no Novo Mercado, o *tag along* é de 100%. A valorização das ações com direito à voto, compradas pelo ofertante, é reflexo do reconhecimento de que a ação integrante de bloco de controle tem um prêmio, exatamente na garantia de controle da companhia. Em geral, as ofertas públicas têm como objetivo a aquisição de controle de uma empresa aberta, cujo capital votante esteja disseminado no mercado. No Brasil, as ofertas públicas são reguladas pela Lei das Sociedades por Ações nos artigos 257 e seguintes, seguindo procedimentos não muito distintos dos aqui descritos.

Aquisição de ativos

Uma empresa pode adquirir outra, na prática, com a compra de todos ou quase todos os seus ativos, o que é o mesmo que comprar a empresa. Nesse caso, no entanto, a empresa-alvo não deixa necessariamente de existir, ela apenas vendeu seus ativos. A "casca" continua a existir, a menos que seus acionistas escolham dissolvê-la.[4]

Esse tipo de aquisição exige uma votação formal por parte da empresa-alvo nos Estados Unidos; no Brasil, o conselho de administração pode ter poderes para comprar e vender ativos. Uma vantagem aqui é que, embora o adquirente, muitas vezes, fique com uma minoria de acionistas em uma aquisição de ações, isso não acontece em uma aquisição de ativos. No Brasil, na aquisição de ativos, a adquirente não assume o CNPJ[5] da adquirida, pois só compra ativos, e com isso tem, em tese, menor risco de sucessão de obrigações da vendedora (exceto por eventual risco de fraude a credores, se a vendedora passar por grandes dificuldades financeiras). Caso a compra de ativos envolva a transferência de uma linha de negócios que seja possível configurar como fundo de comércio ou estabelecimento, haverá, todavia, sucessão de obrigações trabalhistas, assim como responsabilidade subsidiária com relação a tributos devidos pela empresa vendedora relativos ao negócio transferido. Essa hipótese ocorrerá se a vendedora mantiver suas atividades. Poderá ocorrer sucessão integral se a vendedora vier a encerrar suas atividades em menos de seis meses após a venda.

Classificações das aquisições

Os analistas do mercado financeiro normalmente classificam as aquisições em três tipos:

1. *Aquisição horizontal:* é a aquisição de uma empresa do mesmo setor que a ofertante. Por exemplo, a fusão da Eldorado com a Caesars que mencionamos no início do capítulo representa uma aquisição horizontal. Um risco das fusões horizontais é esbarrar na regulamentação antitruste. Em outro exemplo, em 2019, foi anunciada uma possível fusão entre a McGraw-Hill, editora de belos livros didáticos, como a versão original do livro que você tem em mãos neste instante, e a Cengage, também uma grande editora de livros didáticos. No início de 2020, no entanto, a fusão foi cancelada devido ao potencial de problemas de antitruste.

2. *Aquição vertical:* uma aquisição vertical envolve empresas em níveis diferentes do processo de produção. Por exemplo, em 2019, a NVIDIA adquiriu a Mellanox, uma empresa de redes de data centers, por cerca de USD6,9 bilhões. A NVIDIA era uma grande cliente de diversos produtos críticos fabricados pela Mellanox.

Está em busca de uma fusão? Visite **www.firstlist.com** e **www.mergernetwork.com** para obter algumas ideias.

---

[4] Em uma fusão ou aquisição, há a transferência de titularidade do CNPJ da adquirida; em uma aquisição de ativos, o CNPJ da vendedora não é adquirido

[5] O CNPJ compreende as informações cadastrais das entidades de interesse das administrações tributárias da União, dos estados, do Distrito Federal e dos municípios. A administração do CNPJ compete à Secretaria da Receita Federal do Brasil.

3. *Aquisição conglomerada:* quando a ofertante e a empresa-alvo estão em ramos não relacionados, a fusão é chamada de aquisição conglomerada. As aquisições conglomeradas são populares no mundo da tecnologia. Por exemplo, entre 2003 e 2020, a Alphabet (antiga Google) adquiriu mais de 230 empresas, e propusera adquirir a Fitbit por USD2,1 bilhões em 2019 (o acordo estava sendo analisado pelo Departamento de Justiça dos EUA em meados de 2020). Além disso, você pode conhecer o sistema operacional Android da Google para telefones celulares, mas não que a Google adquiriu a Android em 2005.

Uma observação sobre tomadas de controle (*takeovers*)

Tomada de controle é um termo geral e impreciso que se refere à transferência de controle de uma empresa de um grupo de acionistas para outro. Assim, a tomada de controle ocorre sempre que um grupo tira o controle das mãos de outro.[6] Isso pode ocorrer por qualquer um de três meios: aquisições, disputas por procurações e fechamento de capital. Portanto, as tomadas de controle abrangem um conjunto mais amplo de atividades do que apenas as aquisições. Isso pode ser representado como segue:

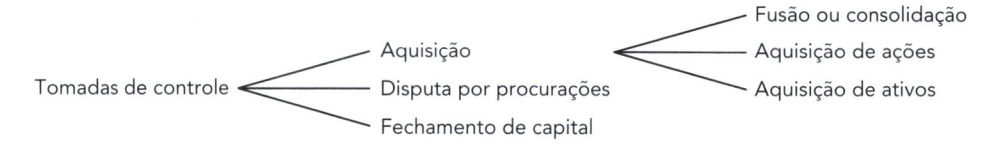

```
                          ┌── Aquisição ──────┬── Fusão ou consolidação
Tomadas de controle ──────┼── Disputa por procurações ├── Aquisição de ações
                          └── Fechamento de capital   └── Aquisição de ativos
```

Como mencionado anteriormente, uma tomada de controle produzida por aquisição ocorre por fusão, oferta de aquisição ou compra de ativos. Nas fusões e ofertas de aquisição, a ofertante compra as ações com direito a voto da empresa-alvo.

Nos EUA, as tomadas de controle também ocorrem com **disputas por procurações**, que ocorrem quando um grupo tenta obter assentos no conselho de administração pela eleição de novos diretores. Uma procuração é o direito de votar em nome de outra pessoa. Em uma disputa por procurações, um grupo de acionistas descontentes busca obter procurações para votar em nome do resto dos acionistas.

Em **transações de fechamento de capital**, todas as ações de uma empresa de capital aberto são adquiridas por um pequeno grupo de investidores. O grupo normalmente inclui membros da administração atual e alguns investidores externos. Essas transações são conhecidas pelo nome genérico de **aquisições alavancadas** (LBOs, do inglês *leveraged buyouts*), porque uma grande porcentagem do dinheiro necessário para adquirir as ações da empresa normalmente é tomada por empréstimos. Elas também são chamadas de *management buyouts* (MBOs) quando a equipe de gestão atual está fortemente envolvida com o processo. As ações da empresa são retiradas da bolsa de valores e não podem mais ser compradas no mercado.

As LBOs têm se tornado cada vez mais comuns e, nos últimos anos, algumas tiveram dimensões consideráveis. Por exemplo, uma das maiores aquisições com uso de caixa da história (e talvez a maior transação privada de todos os tempos e de qualquer tipo) foi a LBO de 2007 da TXU Corp., uma gigante do setor de energia. O preço de aquisição foi de incríveis USD45 bilhões. Naquela LBO, assim como em quase todas as grandes aquisições, boa parte do financiamento veio da venda de títulos especulativos (*junk bonds*; ver Capítulo 7 para uma discussão sobre os títulos especulativos).

Alternativas a fusões

As empresas não precisam se fundir para combinar seus esforços. No nível mais básico, duas (ou mais) empresas podem simplesmente concordar em trabalhar juntas. Elas podem vender os produtos umas das outras, talvez com marcas diferentes, ou desenvolver um novo produto

---

disputa por procurações
Tentativa de obter o controle de uma empresa convencendo um número suficiente de acionistas a substituir os gestores atuais.

transações de fechamento de capital
Transações nas quais as ações negociadas em bolsa de uma empresa são compradas e substituídas por capital próprio de um grupo fechado.

aquisições alavancadas (LBOs)
Transações de fechamento de capital nas quais uma grande porcentagem do dinheiro usado para comprar as ações é tomada de empréstimo. Muitas vezes envolve membros da administração atual.

---

[6] Ter *controle* pode ser definido como ter a maioria dos votos no conselho de administração.

ou tecnologia em conjunto. Com frequência, as empresas estabelecem **alianças estratégicas**, que normalmente são um acordo formal de cooperação em busca de um objetivo comum. Uma maneira ainda mais formal de cooperação é o **empreendimento conjunto** ou *joint venture*, que, em geral, envolve duas empresas destinando fundos ao estabelecimento de uma nova entidade. Por exemplo, a Verizon Wireless nasceu de um empreendimento conjunto da Verizon Communications e da Vodafone.

aliança estratégica
Acordo entre empresas para cooperar na busca de um objetivo comum.

empreendimento conjunto
Em geral, um acordo entre empresas para criar uma entidade separada, de propriedade conjunta, estabelecida para a busca de um objetivo comum.

Questões conceituais

26.1a O que é uma fusão? Qual é a diferença entre uma fusão e outras formas de aquisição?

26.1b O que é uma tomada de controle?

26.2 Tributos e aquisições

A tributação sobre combinação de negócios, no Brasil, segue o disposto no Pronunciamento Técnico CPC 32 — Tributos sobre o Lucro. Esse Pronunciamento exige que os efeitos fiscais das transações e de outros eventos de uma combinação de negócios sejam contabilizados da mesma maneira que a entidade contabiliza as próprias transações e os outros eventos. Para as transações e outros eventos reconhecidos no resultado, quaisquer efeitos fiscais relacionados também são reconhecidos no resultado. Para as transações e outros eventos reconhecidos fora do resultado (tratados como outros resultados abrangentes ou patrimônio líquido), quaisquer efeitos fiscais relacionados também devem ser reconhecidos fora do resultado (em outros resultados abrangentes ou no patrimônio líquido).

Ativos e passivos fiscais diferidos em uma combinação de negócios afetam o valor do ágio derivado da expectativa de rentabilidade futura advindo da combinação de negócios ou o valor do ganho de compra vantajosa reconhecida. O adquirente deve reconhecer e mensurar ativos e passivos fiscais diferidos, advindos dos ativos adquiridos e dos passivos assumidos em uma combinação de negócios, de acordo com o Pronunciamento Técnico CPC 32 — Tributos sobre o Lucro. Devem ser contabilizados os potenciais efeitos fiscais de diferenças temporárias e de prejuízos fiscais (ou bases negativas de contribuição social sobre o lucro líquido) da adquirida existentes na data da aquisição ou originados da aquisição.

Questões conceituais

26.2a Quais são os fatores fiscais que influenciam a decisão sobre uma combinação de negócios?

26.2b O que é ágio derivado da expectativa de rentabilidade futura de uma combinação de negócios?

26.3 Contabilização de combinação de negócios e de negócios em conjunto no Brasil

Pelas normas contábeis adotadas no Brasil, as normas IFRS, fusões e aquisições são tratadas como **combinação de negócios**, com as respectivas normas estabelecidas no CPC 15 (R1) — Combinação de Negócios.

Combinação de negócios Uma transação será classificada como combinação de negócios se os ativos adquiridos e os passivos assumidos *constituem um negócio*. Se os ativos adquiridos não constituem um negócio, a operação deve ser contabilizada como **aquisição de ativos**.

Cada combinação de negócios deve ser contabilizada pelo *método de aquisição*. No caso da contabilização sob as normas IFRS, o método segue quatro etapas. Conforme o CPC 15 (R1), a aplicação do método de aquisição exige:

- a identificação do adquirente;
- a determinação da data de aquisição;
- o reconhecimento e a mensuração dos ativos identificáveis adquiridos, dos passivos assumidos e das participações societárias de não controladores na adquirida; e
- o reconhecimento e a mensuração do ágio por expectativa de rentabilidade futura (*goodwill*) ou do ganho proveniente de compra vantajosa.

Negócios em conjunto Pelas normas brasileiras, um **negócio em conjunto** é uma operação em conjunto ou um empreendimento controlado em conjunto (*joint venture*), no qual duas ou mais partes têm o controle conjunto. Um negócio em conjunto tem duas características:

- as partes integrantes estão vinculadas por acordo contratual;
- o acordo contratual dá a duas ou mais dessas partes integrantes o controle conjunto do negócio

As normas para negócios em conjunto são estabelecidas pelo CPC 19 (R2) — Negócios em Conjunto.

Para os leitores interessados em se aprofundar nas questões contábeis sobre esse tema, recomendamos a leitura das seguintes normas:

- Normas IFRS (International Financial Reporting Standards):
  - Pronunciamento Técnico CPC 15 (R1) — Combinação de Negócios
  - Pronunciamento Técnico CPC 19 (R2) — Negócios em Conjunto
- Normas FASB (Financial Accounting Standards Board):
  - FASB Accounting Standards Codification (ASC) 805 — Business Combinations
  - FAS nº 141 — Business Combinations
  - FAS nº 160 — Noncontrolling Interests in Consolidated Financial Statements
  - FASB Accounting Standards Update (ASU) 2020-01: Investments — Equity Securities (Topic 321), Investments — Equity Method and Joint Ventures (Topic 323), Derivatives and Hedging (Topic 815)

> **Questões conceituais**
>
> **26.3a** O que é o "ágio por expectativa de rentabilidade futura"?
>
> **26.3b** O que acontece com o ágio por expectativa de rentabilidade futura se o valor da aquisição diminui com o tempo?

26.4 Ganhos de aquisições

Para determinar os ganhos gerados por uma aquisição, antes precisamos identificar os fluxos de caixa incrementais relevantes ou, em termos mais gerais, a fonte do valor. No sentido mais amplo da questão, adquirir outra empresa só faz sentido se há algum motivo concreto para acreditar que, nas nossas mãos, a empresa-alvo valerá mais do que vale hoje. Como veremos, existem muitos motivos para que isso aconteça.

Sinergia

Suponha que a Empresa A está considerando se deve ou não adquirir a Empresa B. A aquisição será benéfica se a empresa combinada tiver valor maior do que a soma dos valores das empresas separadas. Se considerarmos que V_{AB} representa o valor da empresa combinada, a fusão só faz sentido se:

$$V_{AB} > V_A + V_B$$

onde V_A e V_B são os valores separados. Logo, uma fusão de sucesso exige que o valor do todo seja maior do que a soma das partes.

A diferença entre o valor da empresa combinada e a soma dos valores das empresas como entidades separadas é o ganho líquido incremental da aquisição, ou ΔV:

$$\Delta V = V_{AB} - (V_A + V_B)$$

Quando ΔV é positivo, diz-se que a aquisição gera **sinergia**. Por exemplo, quando a Raytheon e a United Technologies anunciaram uma fusão em 2019, as empresas estimaram que economizariam USD1 bilhão em despesas operacionais e que as receitas aumentariam em USD500 milhões em quatro anos.

Se a Empresa A compra a Empresa B, ela obtém uma empresa que vale V_B mais o ganho incremental, ΔV. O valor da Empresa B para a Empresa A (V_B^*) é, então:

Valor da Empresa B para a Empresa A = $V_B^* = \Delta V + V_B$

Colocamos um * em V_B^* para enfatizar que estamos nos referindo ao valor da Empresa B para a Empresa A, e não ao valor da Empresa B como entidade separada.

V_B^* pode ser determinado em dois passos: (1) estimando-se V_B e (2) estimando-se ΔV. Se B é uma empresa de capital aberto, seu valor de mercado enquanto empresa independente, sob a equipe de gestão atual, (V_B), pode ser observado diretamente. Se a Empresa B não é de capital aberto, seu valor precisará ser estimado com base em empresas semelhantes. Seja como for, o problema de determinar um valor para V_B^* é a necessidade de determinar um valor para ΔV.

Para determinar o valor incremental de uma aquisição, precisamos conhecer os fluxos de caixa incrementais, ou seja, os fluxos de caixa para a empresa combinada menos o que A e B gerariam separadamente. Em outras palavras, o fluxo de caixa incremental para avaliar uma fusão é a diferença entre o fluxo de caixa da empresa combinada e a soma dos fluxos de caixa das duas empresas quando consideradas separadamente. Chamaremos esse fluxo de caixa incremental de ΔFC.

Para notícias sobre fusões recentes, visite **www.thedeal.com**.

sinergia
Ganho líquido incremental positivo associado à combinação de duas empresas por meio de uma fusão ou aquisição.

EXEMPLO 26.1 | Sinergia

As Empresas A e B são concorrentes com ativos e riscos de negócios muito parecidos. Ambas são empresas financiadas somente por capital próprio, com fluxos de caixa após os impostos de $10 ao ano para sempre, e ambas têm custo total de capital de 10%. A Empresa A está pensando em comprar a Empresa B. O fluxo de caixa após os impostos da empresa combinada seria de $21 ao ano. Essa fusão gera sinergia. Qual é o V_B^*? E o ΔV?

A fusão gera sinergia porque o fluxo de caixa da empresa combinada é $\Delta FC = \$1$ maior do que a soma dos fluxos de caixa individuais ($21 *versus* $20). Supondo que os riscos permaneçam iguais, o valor da empresa combinada é $21/0,10 = $210. As Empresas A e B valem $10/0,10 = $100 cada, totalizando $200. O ganho incremental decorrente da fusão, ΔV, é, então, $210 - 200 = $10. O valor total da Empresa B para a Empresa A, V_B^*, é $100 (o valor de B enquanto empresa separada) mais $10 (o ganho incremental), ou seja, $110.

Pelas nossas discussões em capítulos anteriores, sabemos que o fluxo de caixa incremental, ΔFC, pode ser dividido em quatro partes:

$$\Delta FC = \Delta \text{Lajir} + \Delta \text{Depreciação} + \Delta \text{Tributos} - \Delta \text{Necessidades de capital}$$
$$= \Delta \text{Receita} - \Delta \text{Custos} - \Delta \text{Tributos} - \Delta \text{Necessidades de capital}$$

onde ΔReceita é a diferença entre as receitas, ΔCustos é a diferença entre os custos, ΔTributos é a diferença entre os tributos sobre lucros, e ΔNecessidades de capital é a variação nos novos ativos não circulantes e no capital de giro.

Com base nessa análise, a fusão só faz sentido se um ou mais desses componentes do fluxo de caixa são afetados positivamente pela fusão. Os possíveis benefícios para os fluxos de caixa das fusões e aquisições se dividem, assim, em quatro categorias: aumento de receitas, reduções de custos, tributos mais baixos e reduções das necessidades de capital.

Aumento de receitas

Um motivo importante para uma aquisição é que a empresa combinada pode gerar receitas maiores do que as duas empresas separadas. As receitas aumentadas podem advir de ganhos de *marketing*, benefícios estratégicos e maior poder de mercado.

Ganhos de *marketing* Muito frequentemente, alega-se que, devido ao *marketing* melhorado, as fusões e aquisições podem aumentar as receitas operacionais. As melhorias podem ser feitas, por exemplo, nas seguintes áreas:

1. Programação de mídia e esforços de propaganda anteriormente ineficientes.
2. Uma rede de distribuição fraca.
3. Um *mix* de produtos desequilibrado.

Por exemplo, em 2019, quando foi anunciada a fusão entre Natura e Avon, referida na abertura do capítulo, a Avon esperava economizar entre USD150 e USD250 milhões por ano em sinergias operacionais na América Latina. Além disso, as empresas esperavam poupar USD400 milhões por ano em custos administrativos.

Benefícios estratégicos Algumas aquisições prometem uma vantagem estratégica. É uma oportunidade para tirar vantagem do ambiente competitivo caso certas coisas ocorram ou, em termos mais gerais, fortalecer a flexibilidade de gestão com relação às operações futuras da empresa. Nesse último sentido, um benefício estratégico se assemelha mais a uma opção do que a uma oportunidade de investimento padrão.

Por exemplo, imagine que uma fabricante de computadores possa usar sua tecnologia para entrar em outros ramos. A tecnologia de *software* e eletrônica do negócio original poderia criar oportunidades para começar a fabricação de aparelhos eletrônicos destinados ao consumidor (p. ex.: a Apple).

O termo cabeça-de-ponte[7] é usado por alguns autores para descrever o processo de entrar em um novo setor na tentativa de explorar possíveis oportunidades. A cabeça-de-ponte é usada para gerar novas oportunidades com base em relações intangíveis. Um exemplo foi a aquisição inicial da Charmin Paper Company pela Procter & Gamble, que permitiu que a Procter & Gamble desenvolvesse um conjunto altamente inter-relacionado de produtos de papel: fraldas descartáveis, toalhas de papel, produtos de higiene feminina e papel higiênico.[8]

Poder de mercado Uma empresa pode adquirir outra para aumentar sua participação de mercado e seu poder de mercado. Nesse tipo de fusão, o lucro pode aumentar devido a maiores preços e menor concorrência por clientes. Nos Estados Unidos, as fusões que reduzem significativamente a concorrência no mercado podem ser questionadas pelo Departamento de

---

[7] "Cabeça-de-praia" é outra forma utilizada com o sentido aqui descrito.

[8] Esse exemplo foi extraído de Michael Porter, na obra *Competitive Advantage* (New York: Free Press, 1985).

Justiça ou a Comissão Federal de Comércio (FTC), usando legislação antitruste, e no Brasil podem ser questionadas pelo Cade[9].

Reduções de custos

Um dos motivos mais básicos para uma fusão é que a empresa combinada possa operar com mais eficiência do que as duas empresas separadas. Uma empresa pode obter maior eficiência operacional de diferentes formas quando realiza uma fusão ou aquisição.

Economias de escala As economias de escala estão relacionadas ao custo médio por unidade de produzir bens e serviços. Se o custo de produção por unidade cai à medida que o nível de produção aumenta, então existe uma economia de escala:

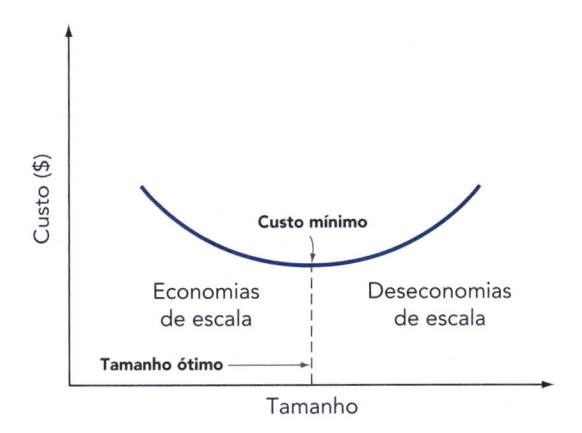

A expressão distribuir despesas administrativas (*spreading overhead*) é utilizada com frequência em conexão com as economias de escala. Isso se refere ao compartilhamento de instalações centrais, como sedes corporativas, alta administração e sistemas de computadores. Por exemplo, em março de 2019, quando a Fidelity National Information Services (FIS) adquiriu a Worldpay, a FIS prometeu que ganharia USD400 milhões em sinergias com o acordo, além de elevar o crescimento de 6% para 9%. Como afirmou Gary Norcross, CEO da FIS, "A escala importa neste nosso setor que não para de mudar".

Economias de integração vertical Economias operacionais podem ser obtidas a partir de combinações verticais, assim como de combinações horizontais. O principal objetivo das aquisições verticais é tornar mais fácil a coordenação de atividades operacionais intimamente relacionadas. Provavelmente é por isso que a maioria das empresas de produtos de corte de madeira em florestas também possui serrarias e carregadeiras. As economias de integração vertical também explicam por que algumas companhias aéreas compraram hotéis e empresas de aluguel de carros.

As transferências de tecnologia são outro motivo para a integração vertical. Muitas e muitas vezes, a empresa decide que a maneira mais rápida e barata de adquirir as habilidades tecnológicas de outra organização é simplesmente comprar toda a empresa. Por motivos óbvios, essa justificativa é especialmente comum nos setores de alta tecnologia.

Recursos complementares Algumas empresas adquirem outras para melhorar a utilização de recursos existentes ou para fornecer o ingrediente que faltava para o sucesso. Pense em uma loja de equipamentos de esqui se fundindo com uma loja de equipamentos de tênis para

---

[9] Como exemplo, em 2004, o Cade determinou o desfazimento da operação em que "Nestlé Brasil subscreveu novas ações emitidas em decorrência de aumento de capital da Garoto, seguida de resgate, pela sociedade, das ações então detidas por acionistas controladores", em virtude de que haveria "eficiências insuficientes para compensar dano à concorrência e garantir a não redução do bem-estar do consumidor" (Ato de Concentração nº 08012.001697/2002-89).

produzir vendas equilibradas tanto no inverno quanto no verão; desse modo, haverá melhor uso da capacidade de ambas as lojas.

Tributos menores

Os ganhos fiscais são um incentivo importante para algumas aquisições. Os possíveis ganhos fiscais de uma aquisição incluem:

1. Uso de prejuízos fiscais.
2. Uso de capacidade de endividamento não utilizada.
3. Uso de fundos excedentes.
4. Reconhecimento do valor da depreciação de ativos.

Prejuízos operacionais líquidos Empresas que perdem dinheiro antes da tributação de lucros não têm impostos a pagar. Essas empresas podem acabar com prejuízos fiscais que não têm como utilizar, chamados de *prejuízos operacionais líquidos* (POL).

Uma empresa com prejuízos operacionais líquidos pode ser um parceiro atraente para outra que tenha um passivo fiscal significativo. Na ausência de outros efeitos, a empresa combinada teria uma carga tributária menor do que as duas empresas consideradas separadamente. É um bom exemplo de como uma empresa pode ser mais valiosa combinada do que independente.

Nossa discussão sobre o POL precisa de duas qualificações:

1. No Brasil, até 30% do lucro oferecido à tributação podem ser abatidos contra prejuízos acumulados em anos fiscais passados, respeitado o limite legal. Os prejuízos fiscais podem ser mantidos indefinidamente, pois a norma tributária brasileira permite a compensação de prejuízos fiscais independentemente de prazo, desde que observado em cada período de apuração o limite de 30% do lucro líquido ajustado.
2. No caso de fusões e aquisições, os lucros devem ser gerados no CNPJ da adquirida, que deve ser mantido para que haja possibilidade de aproveitamento dos créditos fiscais.

Capacidade de endividamento não utilizada Algumas empresas não utilizam dívidas tanto quanto poderiam, o que as torna possíveis candidatas para uma aquisição. Adicionar dívidas pode gerar economias fiscais importantes, e muitas aquisições são financiadas com dívidas. A adquirente pode deduzir de seus lucros os pagamentos de juros referentes à dívida recém-criada e reduzir sua carga tributária.

Caixa excedente A forma de uso de caixa excedente pode envolver peculiaridades tributárias. Considere uma empresa que tenha fluxo de caixa livre — o fluxo de caixa disponível após o pagamento de todos os tributos sobre lucros e após o financiamento de todos os projetos de valor presente líquido positivo. Em tal situação, além de comprar de títulos de renda fixa ou investir em fundos para formar um colchão de liquidez vinculado ao orçamento de capital, a empresa tem algumas outras maneiras de gastar o fluxo de caixa livre, incluindo:

1. Pagamento de dividendos extraordinários.
2. Recompra das próprias ações.
3. Adquirir participação em ou comprar outra empresa.

Discutimos as duas primeiras opções em um capítulo anterior. O pagamento de dividendos pode ter efeitos tributários para alguns investidores, dependendo da legislação tributária de seu país de residência. Uma recompra de ações também pode ter efeitos tributários para os acionistas ou reduzir tributos para alguns acionistas, dependendo da legislação tributária de seu país de residência, quando comparada com o pagamento de dividendos. Por outro lado, em algumas jurisdições, essa não é uma opção legal, se o único objetivo for evitar tributos que de outra forma seriam pagos por esses acionistas. Assim, um dos aspectos a avaliar é a base de acionistas da empresa.

Uma forma de evitar esses problemas pode ser a empresa comprar outra empresa, desde que essa compra esteja dentro de seu plano estratégico. Ao fazer isso, a empresa pode evitar os eventuais problemas fiscais associados ao pagamento de caixa por dividendos ou por recompras de ações.

Reavaliação de ativos Em uma aquisição, os ativos da empresa adquirida são reavaliados pelo seu valor de mercado, podendo gerar ágio na aquisição. A adquirente reconhecerá o valor de compra dos ativos pelo método do custo e terá o benefício fiscal da depreciação desses ativos. O custo de aquisição dependerá dos passivos adquiridos junto: dívidas, passivos tributários ou contingências da adquirida. Assim, embora o valor dos bens adquiridos contribua com deduções tributárias por depreciação e amortização, cada situação deve ser analisada sob o ponto de vista tributário relativo ao todo adquirido.

Reduções das necessidades de capital

Todas as empresas precisam investir em capital circulante e ativos não circulantes para sustentar um nível eficiente de atividade operacional. Uma fusão pode reduzir os investimentos combinados de que ambas as empresas necessitam. Por exemplo, a Empresa A pode precisar expandir sua base de produção, enquanto a Empresa B pode ter um nível significativo de capacidade excedente. Para a Empresa A, pode ser muito mais barato comprar a Empresa B do que construir do zero.

Além disso, as empresas adquirentes podem encontrar maneiras de administrar melhor os ativos existentes. Isso pode ocorrer com uma redução do capital circulante devido à gestão mais eficiente do caixa, das contas a receber e dos estoques. Finalmente, a adquirente também pode vender ativos que não seriam necessários na empresa combinada.

As empresas costumam citar muitos motivos para uma fusão. Em geral, quando as empresas concordam em se combinar, elas geram uma lista dos benefícios econômicos que os acionistas podem esperar do processo.

A fusão dos provedores de rádio via satélite XM e Sirius é um exemplo. Em meados de 2008, a capitalização de mercado da Sirius era de cerca de USD3,2 bilhões, enquanto a da XM Radio era de cerca de USD2,5 bilhões. Os analistas estimavam que a fusão poderia resultar em economias de custo com valor presente de USD3 a USD7 bilhões, possivelmente mais do que a capitalização de mercado combinada das duas empresas. Por que a economia estimada seria tão grande? As empresas ofereceram diversas justificativas:

1. Economias de custos operacionais em toda a organização:
    a. Custos gerais e administrativos.
    b. Custos de vendas e *marketing*.
    c. Custos de aquisição de assinantes.
    d. Custos de pesquisa e desenvolvimento.
    e. Custos de desenvolvimento de produtos, fabricação e estocagem.
    f. Infraestrutura operacional de programação.
2. Valor adicional para o acionista no longo prazo, devido a economias em frota de satélites, infraestrutura terrestre e outras redundâncias de custos de capital.
3. Maior atração para grandes anunciantes nacionais que têm um número significativo de alternativas de mídia.
4. Economia de despesas de vendas de anúncios.
5. Maior alavancagem operacional resultante da geração acelerada de fluxo de caixa livre.

A fusão parece ter funcionado. No início de 2020, a capitalização de mercado da Sirius XM era de cerca de USD32 bilhões.

Evitar equívocos

Avaliar os benefícios de uma possível aquisição é mais difícil do que uma análise de orçamento de capital padrão, pois boa parte do valor pode vir de benefícios intangíveis ou difíceis de quantificar. Por consequência, há muitas oportunidades para se cometer erros. Apresentamos algumas regras gerais que você não pode esquecer:

1. *Não ignore os valores de mercado:* Não adianta nada — nem gera ganhos — estimar o valor de uma empresa de capital aberto quando esse valor pode ser observado diretamente. O valor corrente de mercado representa um consenso da opinião dos investidores sobre o valor da empresa (sob a administração atual). Use esse valor como ponto de partida. Se a empresa for de capital fechado, o passo inicial é analisar empresas de capital aberto semelhantes.

2. *Estime apenas os fluxos de caixa incrementais:* É importante estimar os fluxos de caixa incrementais que serão produzidos pela aquisição. Apenas os fluxos de caixa incrementais de uma aquisição agregam valor à adquirente. Logo, a análise de aquisições deve se concentrar apenas nos fluxos de caixa incrementais novos que decorreriam da aquisição proposta.

3. *Use a taxa de desconto correta:* A taxa de desconto deve ser a taxa de retorno exigido para os fluxos de caixa incrementais associados à aquisição. Ela deve refletir o risco associado ao uso dos fundos, e não à fonte. Em especial, se a Empresa A está adquirindo a Empresa B, o custo de capital de A não é particularmente relevante. O custo de capital da Empresa B é uma taxa de desconto muito mais apropriada, pois reflete o risco dos fluxos de caixa da Empresa B.

4. *Cuidado com os custos de transação:* Uma aquisição pode envolver custos de transação significativos (e, às vezes, gigantescos), incluindo os honorários dos bancos de investimento e de assessoria jurídica, além dos requisitos de divulgação.

Uma observação sobre gestores ineficientes

Existem empresas cujo valor aumentaria com uma mudança na equipe de gestão. São empresas mal administradas ou que, por algum outro motivo, não utilizam eficientemente seus ativos para criar valor para os acionistas. Nesses casos, as fusões são uma maneira de substituir os gestores.

O fato de uma empresa poder se beneficiar com uma mudança na administração não significa necessariamente que seus gestores atuais são desonestos, incompetentes ou negligentes. Assim como alguns atletas são melhores do que os outros, algumas equipes de gestão podem saber melhor como administrar um negócio. Isso pode valer especialmente em momentos de mudança tecnológica ou outros períodos em que estão ocorrendo inovações nas práticas de negócios. Seja como for, na medida em que os especuladores corporativos (*raiders*) conseguem identificar empresas mal administradas ou que, por outros motivos, sairiam ganhando com uma nova administração, estes estão prestando um serviço valioso para os acionistas da empresa-alvo e para a sociedade como um todo.

> **Questões conceituais**
>
> **26.4a** Quais são os fluxos de caixa incrementais relevantes para avaliar o alvo de uma possível fusão?
>
> **26.4b** Quais são algumas das diferentes fontes de ganhos decorrentes de aquisições?

26.5 Alguns efeitos colaterais financeiros das aquisições

Além das diversas possibilidades discutidas até este ponto, as fusões também podem ter alguns efeitos colaterais puramente financeiros — certas coisas que ocorrem mesmo que a fusão não faça sentido economicamente. Dois desses efeitos valem mencionar mais do que qualquer outro: crescimento do LPA e diversificação.

Crescimento do LPA

Uma aquisição pode criar a aparência de um crescimento no lucro por ação (LPA), enganando os investidores e fazendo com que achem que a situação da empresa está melhor do que é de verdade. Com o exemplo que segue, é fácil ver o que acontece.

Suponha que a Global S/A adquire a Regional S/A. O Quadro 26.1 mostra as posições financeiras da Global e da Regional antes da aquisição. Pressupomos que a fusão não cria valor adicional, de modo que a empresa combinada (a Global S/A após adquirir a Regional) tem valor igual à soma dos valores das duas empresas antes da fusão.

Antes da fusão, tanto a Global quanto a Regional têm 100 ações em circulação. Contudo, a Global é negociada a $25 por ação, comparado a um preço de $10 por ação para a Regional. Assim, a Global adquire a Regional trocando 1 de suas ações por cada 2,5 ações da Regional. Como a Regional tem 100 ações, são necessárias 100/2,5 = 40 ações no total. Após a fusão, a Global terá 140 ações em circulação, e várias coisas acontecem (observe a terceira coluna do Quadro 26.1):

1. O valor de mercado da empresa combinada é de **$3.500**, igual à soma dos valores das empresas separadas antes da fusão. Se o mercado for "esperto" vai perceber que a empresa combinada vale o mesmo que a soma dos valores das empresas separadas.

2. O lucro por ação da empresa combinada é de **$1,43**. A aquisição permite que a Global aumente seu lucro por ação de $1 para $1,43, um aumento de 43%.

3. Como o preço da ação da Global após a fusão é igual ao que era antes dela, o índice preço/lucro diminui. Isso é verdade desde que o mercado seja esperto e reconheça que o valor de mercado total não foi alterado pela fusão.

Se for "enganado", o mercado pode confundir o aumento de 43% do lucro por ação com crescimento de verdade. Nesse caso, o índice preço/lucro da Global pode não cair após a fusão. Suponha que o índice preço/lucro da Global permaneça igual a 25. Como a empresa combinada tem lucro de **$200**, o valor total da empresa combinada aumenta para **$5.000 (= 25 × $200)**. O valor por ação da Global aumenta para **$35,71 (= $5.000/140)**.

Essa é a mágica do crescimento do lucro. Como toda boa mágica, é apenas uma ilusão. Para que funcione, os acionistas da Global e da Regional precisam ganhar algo em troca de nada, o que obviamente não é muito provável com um truque tão simples.

QUADRO 26.1 Posições financeiras da Global S/A e da Regional S/A

	Global S/A antes da fusão	Regional S/A antes da fusão	Global S/A após a fusão	
			O mercado é esperto	O mercado é enganado
Lucro por ação	$1	$1	$1,43	$1,43
Preço por ação	$25	$10	$25	$35,71
Índice preço/lucro	25	10	17,5	25
Número de ações	100	100	140	140
Lucro total	$100	$100	$200	$200
Valor total	$2.500	$1.000	$3.500	$5.000

Razão de troca: 1 ação da Global por 2,5 ações da Regional.

Diversificação

A diversificação costuma ser mencionada como um dos benefícios de uma fusão. Por exemplo, a U.S. Steel incluiu a diversificação como benefício ao descrever a aquisição da Marathon Oil. O problema é que a diversificação em si provavelmente não cria valor.

Voltando ao Capítulo 13, lembre-se de que a diversificação reduz o risco não sistemático. Também vimos que o valor de um ativo depende do seu risco sistemático, e que este não é afetado diretamente pela diversificação. Como o risco não sistemático não é particularmente importante, não há nenhum benefício especial em reduzi-lo.

Um jeito fácil de ver que a diversificação não é um benefício importante de uma fusão é considerar alguém que tinha ações da U.S. Steel e da Marathon Oil. Esse acionista já estava diversificado entre esses dois investimentos. A fusão não fez nada pelos acionistas que eles não poderiam ter feito por si próprios.

Em linhas mais gerais, os acionistas podem obter toda a diversificação que desejarem comprando ações de diferentes empresas. Por consequência, eles não pagam um prêmio pela empresa combinada se o único benefício foi a diversificação.

A propósito, não estamos dizendo que a U.S. Steel cometeu o erro. Na época da aquisição, a U.S. Steel era uma empresa rica em caixa, com mais de 20% de seus ativos em caixa e títulos disponíveis para negociação. Não é incomum ver empresas com sobras de caixa articulando uma "necessidade" de diversificação.

> **Questões conceituais**
>
> **26.5a** Por que uma fusão pode criar uma impressão de crescimento do lucro?
>
> **26.5b** Por que a diversificação por si só não é um bom motivo para uma fusão?

26.6 O custo de uma aquisição

Anteriormente, analisamos os benefícios da aquisição. Agora precisamos examinar o custo das fusões.[10] Como vimos, o ganho incremental líquido decorrente de uma fusão é:

$$\Delta V = V_{AB} - (V_A + V_B)$$

Além disso, o valor total da Empresa B para a Empresa A, V_B^*, é:

$$V_B^* = V_B + \Delta V$$

Logo, o VPL da fusão é:

$$\text{VPL} = V_B^* - \text{Custo da aquisição para a Empresa A} \qquad [26.1]$$

Para ilustrar, suponha que tenhamos as seguintes informações pré-fusão sobre a Empresa A e a Empresa B:

	Empresa A	Empresa B
Preço por ação	$ 20	$ 10
Número de ações	25	10
Valor total de mercado	$500	$100

---

[10] Para uma discussão mais completa sobre os custos de uma fusão e a abordagem do PL, consulte "A Framework for Evaluating Mergers", na obra *Modern Developments in Financial Management*, de S. C. Myers (New York: Praeger Publishers, 1976).

Ambas as empresas têm 100% de capital próprio. Você estima que o valor incremental da aquisição, ΔV, é $100.

O conselho de administração da Empresa B indicou que concordará com a venda se o preço for $150, pago em caixa ou em ações. Esse preço pela Empresa B tem duas partes. A Empresa B vale $100 em separado, então esse é o valor mínimo que poderíamos dar a ela. A segunda parte, $50, é o chamado prêmio pela fusão e representa o valor pago acima do valor da empresa independente.

A Empresa A deve adquirir a Empresa B ou não? Deve pagar em caixa ou em ações? Para responder, precisamos determinar o VPL da aquisição sob ambas as alternativas. Podemos começar observando que o valor da Empresa B para a Empresa A é:

$$V_B^* = \Delta V + V_B$$
$$= \$100 + 100 = \$200$$

Logo, o valor total recebido por A em decorrência da compra da Empresa B é de $200. Agora a questão é de quanto a Empresa A precisa abrir mão? A resposta depende de ela usar caixa ou ações como forma de pagamento.

Caso I: aquisição em caixa

O custo de uma aquisição quando se utiliza caixa é apenas o caixa em si. Assim, se a Empresa A paga $150 em caixa para comprar todas as ações da Empresa B, o custo para adquirir a Empresa B é de $150. O VPL de uma aquisição em caixa é:

$$\text{VPL} = V_B^* - \text{Custo}$$
$$= \$200 - 150 = \$50$$

Logo, a aquisição é lucrativa.

Após a fusão, a Empresa AB ainda terá 25 ações em circulação. O valor da Empresa A após a fusão é:

$$V_{AB} = V_A + (V_B^* - \text{Custo})$$
$$= \$500 + 200 - 150$$
$$= \$550$$

Esse é apenas o valor pré-fusão de $500 mais o VPL de $50. O preço por ação após a fusão é $550/25 = $22, o que representa um ganho de $2 por ação.

Caso II: aquisição em ações

O caso é um pouco mais complexo quando ações são utilizadas como forma de pagamento. Em uma fusão paga com caixa, os acionistas de B recebem dinheiro em troca das suas ações; e, assim como no exemplo da U.S. Steel e da Marathon Oil, eles não participam mais da empresa. Assim, como vimos, o custo da aquisição nesse caso é a quantidade de caixa necessária para compensar os acionistas de B.

Em uma fusão com ações, o dinheiro não troca de mãos. Em vez disso, os acionistas da Empresa B passam a ser novos acionistas da empresa combinada. O valor da empresa combinada nesse caso será igual aos valores pré-fusão das Empresas A e B mais o ganho incremental advindo da fusão, ΔV:

$$V_{AB} = V_A + V_B + \Delta V$$
$$= \$500 + 100 + 100$$
$$= \$700$$

Para dar $150 em ações pela Empresa B, a Empresa A terá que abrir mão de $150/20 = 7,5 ações. Após a fusão, haverá 25 + 7,5 = 32,5 ações em circulação, e o valor por ação será $700/32,5 = $21,54.

Observe que o preço por ação após a fusão é menor sob a opção de compra com ações. O motivo tem a ver com o fato de os acionistas de B terem ações da nova empresa.

Parece que a Empresa A pagou $150 pela Empresa B, mas, na verdade, pagou mais do que isso. No final das contas, os acionistas de B têm 7,5 ações da empresa combinada. Após a fusão, cada uma das ações vale $21,54. O valor total da contraprestação recebida pelos acionistas de B é, portanto, 7,5 × $21,54 = $161,54.

Esses $161,54 são o verdadeiro custo da aquisição, pois é isso que os vendedores acabam recebendo de fato. O VPL da fusão para a Empresa A é:

$$VPL = V_B^* - \text{Custo}$$
$$= \$200 - 161,54 = \$38,46$$

Podemos conferir essa conta observando que A começou com 25 ações que valiam $20 cada. O ganho de A de $38,46 representa $38,46/25 = $1,54 por ação. O valor da ação aumentou para $21,54, como calculamos.

Quando comparamos a aquisição em caixa com a aquisição em ações, vemos que a aquisição em caixa é melhor nesse caso, pois a Empresa A fica com todo o VPL se paga em caixa. Se paga em ações, no entanto, os acionistas da Empresa B compartilham o VPL ao se tornarem novos acionistas de A.

Caixa *versus* ações

A distinção entre caixa e ações no financiamento de uma fusão é importante. Se for utilizado caixa, o custo da aquisição não depende dos ganhos advindos dela. Se nada mais mudar e ações forem utilizadas, o custo é maior, pois os acionistas da Empresa A precisam dividir os ganhos decorrentes da aquisição com os acionistas da Empresa B. Contudo, se o VPL da aquisição for negativo, o prejuízo será compartilhado pelas duas empresas.

Se a empresa deve financiar uma aquisição com caixa ou com ações depende de diversos fatores, incluindo:

1. *Dividir os ganhos:* Se a aquisição é financiada com caixa, os acionistas da empresa vendida não participam dos ganhos em potencial da fusão. Obviamente, se a aquisição não for bem-sucedida, os prejuízos não serão divididos, e a situação dos acionistas da adquirente é pior do que se tivessem usado ações.
2. *Tributos:* A aquisição com pagamento em dinheiro normalmente produz uma transação tributável. A aquisição por troca de ações normalmente é isenta de tributos, até que os acionistas vendam suas ações à cotação maior.
3. *Controle:* A aquisição em caixa não afeta o controle da adquirente. A aquisição por ações com voto pode ter consequências para o controle da empresa combinada.

Em um ano típico, em termos do número total de negócios fechados, o financiamento em caixa é muito mais comum do que o financiamento em ações. Em geral, o mesmo se aplica aos valores monetários totais, apesar de a diferença ser menor. O motivo é que o financiamento em ações se torna mais comum quando analisamos negócios de grandíssimo porte.

Questões conceituais

26.6a Por que o custo real de uma aquisição com ações depende do ganho decorrente da fusão?

26.6b Quais são alguns dos fatores importantes para decidir se a aquisição deve ser feita em caixa ou por ações?

26.7 Táticas defensivas

Nos EUA, dadas a dispersão das ações das empresas no mercado e a estrutura de controle e gestão — gestores com papel predominante — um fenômeno ocorre: o das tomadas (ou das tentativas de tomadas) de controle. Isso levou a desenvolvimento de um conjunto de táticas defensivas por parte dos gestores das empresas-alvo, tema que apresentamos nesta seção. Os gestores da empresa-alvo muitas vezes resistem às tentativas de tomada de controle. A resistência normalmente começa com comunicados para a imprensa e cartas para os acionistas, defendendo o ponto de vista da administração, mas pode levar a processos judiciais e à busca por ofertas rivais. A ação dos gestores contra uma tentativa de tomada de controle pode ser benéfica para os acionistas da empresa-alvo se gerar um prêmio pela oferta maior por parte da empresa ofertante ou de uma concorrente.

A resistência dos gestores pode, é claro, simplesmente refletir seu interesse próprio e vir à custa dos acionistas. Esse é um tema controverso: às vezes, a resistência dos gestores aumenta significativamente a quantia recebida de fato pelos acionistas; em outras, a resistência dos gestores parece derrotar todas as tentativas de tomada de controle, em detrimento dos acionistas.

Nesta seção, descrevemos diversas táticas defensivas usadas pelos gestores das empresas-alvo para resistir a tentativas hostis. A legislação em torno dessas defesas não é ponto pacífico, e algumas dessas manobras podem ser consideradas ilegais ou impróprias.

O contrato social

O *contrato social* é composto dos termos de constituição e do estatuto social que estabelecem as regras de governança da empresa. O contrato social de uma empresa estabelece condições que permitem uma tomada de controle. As empresas frequentemente aditam os contratos sociais para tornar as aquisições mais difíceis. Por exemplo, em geral, é preciso que dois terços (67%) dos acionistas registrados aprovem uma fusão. As empresas podem dificultar ainda mais sua aquisição se mudarem essa porcentagem para algo na casa dos 80%. É a chamada *emenda supermajoritária*.

Outro dispositivo é escalonar a eleição dos membros do conselho, o que deixa mais difícil eleger um novo conselho de administradores rapidamente e cria o chamado *conselho escalonado*. As eleições escalonadas foram analisadas no Capítulo 8.

Acordos de *standstill* e recompra

Os gestores das empresas-alvo podem tentar negociar *acordos de standstill* ("ficar parado"), contratos nos quais a ofertante concorda em limitar suas participações na empresa-alvo. Em geral, esses acordos levam ao fim da tentativa de tomada de controle.

Os acordos de *standstill* quase sempre ocorrem ao mesmo tempo em que se organiza uma *recompra direcionada*. Na recompra direcionada, a empresa compra determinadas quantias de suas próprias ações de um investidor individual, normalmente por um prêmio significativo (no Brasil, não são permitidas recompras direcionadas). Esses prêmios podem ser considerados pagamentos a ofertantes em potencial para eliminar tentativas de tomada de controle hostil. Os críticos desses pagamentos os consideram iguais a propinas e usam o termo *greenmail*.[11]

greenmail
Em uma recompra de ações direcionada, pagamentos feitos a possíveis ofertantes para eliminar tentativas de tomada de controle hostil.

Pílulas de veneno e planos de direitos acionários

Uma **pílula de veneno** (*poison pill*) é uma tática criada para repelir pretendentes a fusões. O termo vem do mundo da espionagem: os agentes devem morder uma pílula de cianureto em vez de se deixarem capturar, supostamente para impedir que os inimigos descubram segredos importantes em um interrogatório.

pílula de veneno
Dispositivo financeiro projetado para tornar as tentativas de tomada de controle hostil pouco atraentes ou até impossíveis

---

[11] N. do. T.: *Blackmail* significa chantagem e *green* se refere ao verde do dólar.

planos de direitos para acionistas
Cláusulas que permitem que os acionistas existentes comprem ações por um preço fixo caso uma oferta de tomada de controle externo seja feita, o que desincentiva as tentativas de tomada de controle hostil.

No mundo igualmente fantástico das finanças corporativas, uma pílula de veneno é um dispositivo financeiro projetado para tornar impossível que uma empresa seja adquirida sem o consentimento da administração, a menos que o comprador esteja disposto a cometer "suicídio financeiro".

A maioria das grandes empresas americanas adota alguma cláusula de pílula de veneno, em geral usando o nome **planos de direitos para acionistas** (SRPs, do inglês *shareholder rights plans*) ou algo semelhante. Os detalhes dos SRPs variam muito de uma empresa para a outra; aqui, vamos descrever uma espécie de abordagem genérica. Em geral, quando uma empresa adota um SRP, ela distribui os direitos acionários entre seus acionistas existentes.[12] Esses direitos permitem que os acionistas comprem ações ordinárias, ou ações preferenciais, por um determinado preço fixo.

Os direitos emitidos com um SRP têm diversas características incomuns. Primeiro, o preço de exercício (preço de subscrição) do direito geralmente é definido alto o suficiente para que os direitos fiquem bem fora do dinheiro (*out of the money*), o que significa que o preço de compra é muito maior do que o preço corrente da ação. Os direitos muitas vezes valem por 10 anos, e o preço de compra, ou exercício, costuma ser uma estimativa razoável de quanto a ação valerá ao final desse período.

Além disso, ao contrário dos direitos acionários usuais, esses direitos não podem ser exercidos imediatamente e não podem ser comprados e vendidos separadamente da ação. Eles também podem ser basicamente cancelados pela administração a qualquer momento e muitas vezes podem ser recomprados por um centavo cada, ou por alguma outra quantia trivial.

A coisa fica interessante quando, sob determinadas circunstâncias, os direitos são "acionados". Isso significa que os direitos passam a poder ser exercidos, podem ser comprados e vendidos independentemente da ação e não são fáceis de cancelar ou recomprar. Em geral, os direitos são acionados quando alguém adquire 20% das ações ordinárias ou anuncia uma oferta de aquisição.

Quando são acionados, os direitos podem ser exercidos. Como estão fora do dinheiro, esse fato não é particularmente importante; outras cláusulas entram em jogo, das quais a mais importante é a *cláusula de flip-in*.

A cláusula de *flip-in* é o "veneno" da pílula. Em caso de tentativa de tomada de controle hostil, o detentor de um direito pode pagar o preço de exercício e receber ações ordinárias da empresa-alvo que valem o dobro do preço de exercício. Em outras palavras, os detentores dos direitos podem comprar ações da empresa-alvo pela metade do preço. Ao mesmo tempo, os direitos da atacante (a adquirente) são anulados. O objetivo da cláusula de *flip-in* é diluir consideravelmente a participação societária do especulador.[13] Isso aumenta e muito o custo da fusão para a ofertante, pois os acionistas da empresa-alvo acabam com uma porcentagem muito maior da empresa combinada.

Observe que a cláusula de *flip-in* não impede ninguém de adquirir o controle de uma empresa pela compra de uma participação majoritária — ela só aumenta enormemente o custo de fazê-lo.

A intenção da pílula de veneno é forçar a ofertante a negociar com a administração. Com frequência, as ofertas de fusão são realizadas com a contingência de que os direitos serão cancelados pela empresa-alvo.

Nos últimos anos, foram criados outros sabores de pílulas de veneno. Por exemplo, uma pílula "mastigável", comum no Canadá, mas não nos Estados Unidos, é aquela instalada por voto dos acionistas e que pode ser recomprada também por voto dos acionistas. Tem também a "pílula da mão morta", que dá explicitamente aos conselheiros de administração que instalaram a pílula, ou seus sucessores escolhidos, a autoridade de remover a pílula. Pílulas desse tipo são controversas, pois se torna praticamente impossível que novos conselheiros de administração, eleitos pelos acionistas, removam uma pílula de veneno existente.

---

[12] Os direitos usuais das ações foram examinados no Capítulo 15.

[13] Alguns planos também contêm cláusulas de *flip-over* que permitem que os detentores comprem ações da empresa combinada pela metade do preço.

Mais recentemente, um método de derrotar as pílulas de veneno tem se tornado popular. Fundos de investimento e outros investidores que tenham os mesmos planos, como remover a administração de uma empresa ou mudar o modo como a organização opera, se unem e compram um grande bloco de ações. A seguir, eles votam por remover o conselho de administração e a equipe de gestão da empresa sem acionar a cláusula da pílula de veneno.

Fechamento de capital e aquisições alavancadas

Como vimos anteriormente, o fechamento do capital acontece quando as ações de uma empresa, negociadas em bolsa, são substituídas por capital próprio de um grupo privado, que pode incluir elementos da sua atual administração. Por consequência, as ações da empresa são retiradas do mercado (se eram negociadas em bolsa, sua listagem é cancelada) e deixam de ser negociadas.

Um resultado do fechamento de capital é que as tomadas de controle por oferta de aquisição não têm mais como ocorrer, pois não há mais ações em circulação. Nesse sentido, uma LBO (ou, mais especificamente, uma MBO — *management buyout*) pode ser uma defesa contra tomadas de controle. Contudo, essa defesa serve apenas aos gestores. Do ponto de vista dos acionistas, uma LBO é uma tomada de controle, pois suas participações são compradas no processo.

Outros dispositivos e o jargão das tomadas de controle

Um novo vocabulário, recheado de termos exóticos, surgiu à medida que as tomadas de controle foram se tornando mais comuns. A seguir, listamos alguns desses termos, sem nenhuma ordem específica:

1. *Paraquedas dourados* (*golden parachutes*): Algumas empresas-alvo oferecem remuneração especial aos membros da alta gestão em caso de tomada de controle. Por exemplo, em outubro de 2019, quando a SoftBank assumiu o controle da WeWork, Adam Neumann, o fundador da segunda, teria recebido $1,7 bilhão após ser forçado a deixar o comando da empresa. O contrário do paraquedas dourado é a "algema dourada" (*golden handcuff*), na qual o pacote de incentivos tenta convencer os executivos a permanecer na organização depois que a aquisição é finalizada.

    Dependendo da sua perspectiva e das quantias envolvidas, os paraquedas dourados podem ser considerados um pagamento à administração para que ela se preocupe menos com o próprio bem-estar e seja mais interessada nos acionistas quando considera uma oferta de tomada de controle.

2. *Opção de venda envenenada (poison put):* A opção de venda envenenada, uma variação da pílula de veneno descrita acima, força a empresa a recomprar títulos mobiliários a um determinado preço.

3. *Joias da coroa (crown jewell):* As empresas muitas vezes vendem ou ameaçam vender ativos importantes (as joias da coroa) quando enfrentam uma tomada de controle. Essa estratégia também é chamada de *terra arrasada (scorched earth)* e muitas vezes envolve um bloqueio (discutido a seguir).

4. *Cavaleiro branco (white knight):* Uma empresa que recebe uma oferta de fusão hostil pode buscar ser adquirida por outra empresa, mais amigável. Com isso, a empresa é resgatada por um cavaleiro branco, como em um conto de fadas. A empresa também poderia organizar a aquisição de um grande bloco de ações por uma entidade amigável. Os cavaleiros brancos muitas vezes aumentam o valor pago pela empresa-alvo. Por exemplo, em 2019, a hoteleira japonesa UNIZO Holdings recebeu uma oferta hostil de ¥3.100 por ação da agência de viagens H.I.S. Em resposta, a UNIZO conseguiu que a SoftBank fosse seu cavaleiro branco; a instituição ofereceu ¥4.000 por ação para ajudar a combater a oferta.

Antes que a SoftBank pudesse concluir a sua oferta, a Chitocea Investment fez outra, de ¥5.100 por ação.

Os chamados *escudeiros brancos* (*white squires*) ou *irmãos mais velhos* (*big brothers*) são indivíduos, empresas e até fundos de investimento envolvidos em transações amigáveis desses tipos. Alguns cavaleiros brancos ou outros agentes recebem condições excepcionais ou outras formas de compensação. Como não podia deixar de ser, esse fenômeno também é chamado de *whitemail*.[14]

5. *Bloqueio (lockup):* Um bloqueio é uma opção concedida a um pretendente amigável (possivelmente um cavaleiro branco) que lhe dá o direito de comprar ações ou alguns dos ativos (as joias da coroa, talvez) da empresa-alvo a um preço fixo em caso de tomada de controle hostil.

6. *Repelente de tubarão (shark repellent):* Um repelente de tubarão é qualquer tática (p. ex.: uma pílula de veneno) projetada para desincentivar ofertas de fusão indesejadas.

7. *Abraço de urso (bear hug):* Um abraço de urso é uma oferta de tomada de controle hostil elaborada de forma a ser tão atraente que a administração da empresa-alvo é forçada a aceitá-la. Por exemplo, em dezembro de 2019, a Hasbro fechou a sua oferta de abraço de urso de USD3,8 bilhões pela Entertainment One. A aquisição deu à Hasbro o controle de personagens como Peppa Pig e PJ Masks.

8. *Cláusula de preço justo:* Uma cláusula de preço justo é o requisito de que todos os acionistas que estão liquidando suas ações recebam o mesmo preço da ofertante. A cláusula impede a criação de uma oferta em dois níveis. Em negócios em dois níveis, a ofertante oferece um preço com prêmio apenas por uma porcentagem grande o suficiente das ações para conquistar o controle da empresa e oferece um preço mais baixo pelas ações restantes. Ofertas assim podem provocar um "estouro da boiada" entre os acionistas, que correm para obter o preço mais alto.

9. *Capitalização em duas classes:* Em um capítulo anterior, observamos que algumas empresas, como a Alphabet, têm mais de uma classe de ações ordinárias, e que o poder de voto normalmente se concentra em uma classe que não está em circulação. Essa estrutura de capital significa que uma ofertante hostil não teria como obter o controle da empresa. Isso passou a existir também no Brasil, quando, em 2021, foi introduzida na lei societária a possibilidade de emissão de ações com voto plural. Ver Capítulo 8.

10. *Contraproposta de aquisição:* Na também chamada de "defesa Pac-Man", a empresa-alvo responde a uma proposta hostil com a oferta de comprar a ofertante. A tática raramente é usada, em parte porque as empresas-alvo quase sempre são pequenas demais para terem uma chance realista de comprarem a ofertante. Contudo, uma contraproposta desse tipo ocorreu em 2013. A Jos. A. Bank se ofereceu para adquirir a Men's Wearhouse, que recusou a oferta. Quando a Jos. A. Bank retirou a oferta, a Men's Wearhouse respondeu com um lance de $1,5 bilhões pela Jos. A. Bank. Depois que a oferta foi elevada para $2,3 bilhões, a Jos. A. Bank finalmente a aceitou, em março de 2014.

Questões conceituais

26.7a O que uma empresa pode fazer para tornar uma tomada de controle menos provável?

26.7b O que são planos de direitos acionários? Explique como os direitos funcionam.

---

[14] N. do T.: Como *blackmail* é chantagem, *whitemail* seria o contrário.

26.8 Algumas evidências sobre aquisições: as F&A compensam?

Uma das questões mais controversas sobre o nosso assunto é se as fusões e aquisições beneficiam ou não os acionistas. Uma quantidade enorme de estudos tentou estimar o efeito das fusões e tomadas de controle sobre os preços das ações das ofertantes e das empresas-alvo. Esses estudos examinam os ganhos e as perdas nos valores das ações antes e após as fusões serem anunciadas.

Uma conclusão que emerge claramente é que as F&A compensam para os acionistas das empresas-alvo. Aqui não há mistério. O prêmio que as ofertantes normalmente pagam representa um ganho imediato e relativamente grande, muitas vezes da ordem de 20% ou mais.

A questão se torna menos clara quando analisamos as ofertantes, e estudos diferentes chegaram a conclusões diferentes. Uma coisa está clara, no entanto. Os acionistas das ofertantes parecem não ganhar nem perder muito, pelo menos em média. Esse resultado é um tanto misterioso e produziu diversas explicações possíveis:

1. Os ganhos esperados com a fusão podem não ser totalmente atingidos, de modo que os acionistas sofrem perdas. Isso pode ocorrer se os gestores das ofertantes tendem a superestimar os ganhos gerados por uma aquisição.

2. As ofertantes normalmente são muito maiores do que as empresas-alvo. Assim, mesmo que os ganhos monetários para a ofertante sejam semelhantes aos ganhos monetários obtidos pelos acionistas da empresa-alvo, os ganhos percentuais serão muito menores.

3. Outra explicação possível para os baixos retornos para os acionistas das ofertantes em tomadas de controle é simplesmente que os gestores podem não estar atuando em prol dos interesses dos acionistas quando a organização tenta adquirir outras empresas. Eles podem estar tentando aumentar o tamanho da empresa, mesmo que isso reduza seu valor por ação.

4. O mercado para tomadas de controle pode ser suficientemente competitivo para que o VPL da aquisição seja zero, pois os preços pagos em aquisições refletem completamente o valor das empresas adquiridas. Em outras palavras, quem vende captura todos os ganhos.

5. Finalmente, o anúncio de uma tomada de controle pode não comunicar informações novas o suficiente para o mercado sobre a ofertante. Isso pode ocorrer porque, muitas vezes, as empresas anunciam a intenção de adotar "programas" de fusões muito antes de anunciarem aquisições específicas. Nesse caso, o preço das ações da ofertante pode já refletir os ganhos esperados com as fusões.

Questões conceituais

26.8a O que as evidências dizem sobre os benefícios das fusões e aquisições para os acionistas da empresa-alvo?

26.8b O que as evidências dizem sobre os benefícios das fusões e aquisições para os acionistas da empresa adquirente?

26.9 Desinvestimentos e reestruturações

Em contraponto a uma fusão ou aquisição, um **desinvestimento** ocorre quando uma empresa vende ativos, operações, divisões e/ou segmentos para terceiros. Observe que os desinvestimentos são uma parte importante das atividades de F&A. Afinal de contas, a aquisição de uma empresa quase sempre é o desinvestimento de outra. Além disso, após uma fusão, é muito comum que determinados ativos ou divisões sejam vendidos. Essas vendas podem ser exigidas

desinvestimento
Venda de ativos, operações, divisões e/ou segmentos de um negócio para terceiros.

pela regulamentação antitruste, necessárias para angariar fundos para pagar pela transação anterior ou refletir o simples fato de o adquirente não ter interesse nas unidades alienadas. Por exemplo, em maio de 2020, a General Electric apagou as luzes quando a empresa vendeu sua divisão de lâmpadas, um negócio de 130 anos, para a Savant por USD250 milhões. A venda da divisão marcou a conclusão de um processo desinvestimento de vários anos, no qual a General Electric liquidou todas as suas divisões de vendas diretamente para o consumidor.

Os desinvestimentos também ocorrem quando uma empresa decide vender uma parte de si mesma por motivos não relacionados às fusões e aquisições. Isso pode ocorrer quando uma determinada unidade não é lucrativa ou tem mau alinhamento estratégico. A empresa também pode decidir liquidar uma operação lucrativa e realizar o lucro. Finalmente, uma empresa em apuros financeiros pode precisar vender seus ativos simplesmente para levantar capital (um problema comum em processos de recuperação).

Normalmente, os desinvestimentos ocorrem como qualquer outra venda. A empresa informa terceiros que tem ativos à venda e procura ofertas. Se uma oferta adequada é apresentada, a venda ocorre.

Em alguns casos, especialmente quando o desinvestimento desejado é uma unidade operacional relativamente grande, as empresas optam por uma **captação de recursos com emissão de ações de controlada** (*carve-out*). Para tanto, a empresa controladora primeiro cria uma empresa totalmente separada e da qual ela é a única acionista. A seguir, a controladora organiza uma oferta pública inicial (IPO) na qual uma fração, possivelmente cerca de 20%, das ações da controladora é vendida para o público, o que cria uma nova empresa, de capital aberto.

Em vez de um *carve-out*, a empresa pode optar por uma **cisão** (*spin-off*). Em uma cisão, a empresa simplesmente distribui ações da subsidiária proporcionalmente aos seus acionistas atuais. Os acionistas podem manter as ações em suas carteiras ou vendê-las como desejarem. Quase sempre, a empresa primeiro realiza um *carve-out* para criar um mercado ativo para as ações e depois uma cisão para se desfazer das ações remanescentes. Muitas empresas famosas foram criadas dessa maneira. Por exemplo, a gigante dos seguros Allstate veio de uma cisão da Sears; a Agilent Technologies, de uma cisão da Hewlett-Packard; e a Conoco costumava ser parte da DuPont.

Uma ação menos comum, mas mais drástica, é a empresa escolher (ou ser forçada a) realizar uma **divisão** (*split-up*). Uma divisão é exatamente o que o nome sugere: a empresa se divide em duas ou mais novas empresas. Os acionistas trocam suas ações da empresa original por ações das novas. A divisão mais famosa provavelmente foi esta que ocorreu na década de 1980: devido a um processo antitruste do Departamento de Justiça dos EUA, a AT&T foi forçada a se dividir e criar sete empresas de telefonia regionais (as chamadas Baby Bells). Hoje, as Baby Bells sobrevivem na forma de empresas como a Verizon. Em um caso curioso, em 2005, a SBC Communications adquiriu sua antiga controladora, a AT&T. Em respeito à história da AT&T e à força da marca, a nova empresa manteve o nome AT&T, apesar da SBC ser a adquirente.

As divisões costumam ser defendidas como uma maneira de "destravar" o valor, ou seja, uma situação em que o todo vale menos do que a soma das partes. Por exemplo, em março de 2019, a DowDuPont completou a cisão da sua divisão de ciências de materiais, que tornou-se a Dow, Inc. Os acionistas da DowDuPont receberam uma ação da Dow para cada tês ações da DowDuPont que possuíam. Depois, em junho de 2019, a DowDuPont completou a cisão da sua divisão agrícola, a Corteva, Inc. Os acionistas da DowDuPont também receberam uma ação da Corteva para cada tês ações da DowDuPont que possuíam.[15]

captação de recursos com emissão de ações de controlada (*carve-out*)
Venda de ações de uma sociedade controlada por meio de uma IPO.

cisão
Distribuição de ações de uma subsidiária para os acionistas da empresa controladora existente.

divisão
Divisão de uma empresa em duas ou mais.

---

[15] Digno de nota é o "fato subsequente" à edição estadunidense, fato esse que ocorreu em novembro de 2021, quando a GE — talvez o maior ícone dos conglomerados dos EUA — anunciou que iria realizar um *split-up* dividindo-se em três empresas: uma, a GE Healthcare, com foco em equipamentos para saúde; outra, a formada com a combinação da GE Renewable Energy, da GE Power e da GE Digital; e a terceira, a GE "original" que irá se focar em aviação e o futuro da aeronáutica. Esse *split* causou consternação em alguns, por "confirmar" a tendência de fim de uma era de conglomerados e pela história e tradição da GE; e satisfação em outros, que afirmavam que, na forma de conglomerado de vários negócios, a GE estava perdendo valor, o que de fato ocorria. Alguns críticos disseram que a decisão até demorou.

> **Questões conceituais**
>
> **26.9a** O que é uma captação de recursos com emissão de ações de controlada (*carve-out*)? Por que uma empresa iria querer realizá-la?
>
> **26.9b** O que é uma divisão (*split-up*)? Por que uma empresa iria querer realizá-la?

26.10 Resumo e conclusões

Este capítulo apresentou um pouco sobre a vasta literatura que trata das fusões e aquisições. Mencionamos diversas questões:

1. *Formas de fusão:* Uma empresa pode adquirir outra de diversas formas diferentes. As três formas legais de aquisição são a fusão ou consolidação, a aquisição de ações e a aquisição de ativos.

2. *Questões fiscais:* Em geral, uma compra em caixa pode ser tributável para os acionistas da adquirida, enquanto uma troca de ações pode ser isenta. Em uma fusão, será tributável se houver ganhos de capital. Em uma troca de ações, os acionistas da empresa-alvo se tornam acionistas da empresa combinada.

3. *Questões contábeis:* A contabilização de fusões e aquisições é classificada como combinação de negócios se os ativos adquiridos e os passivos assumidos constituem um negócio, e a operação deve ser contabilizada pelo método de aquisição. Se não constituírem um negócio, serão tratadas como uma aquisição de ativos. Se duas ou mais partes têm o controle conjunto, a operação é classificada como negócio em conjunto.

4. *Avaliação das fusões:* Se a Empresa A está adquirindo a Empresa B, os benefícios (ΔV) da aquisição são definidos como o valor da empresa combinada (V_{AB}) menos o valor das empresas como entidades separadas (V_A e V_B):

   $$\Delta V = V_{AB} - (V_A + V_B)$$

   O ganho para a Empresa A ao adquirir a Empresa B é o aumento de valor da empresa adquirida, ΔV, mais o valor de B como uma empresa separada, V_B. O valor total da Empresa B para a Empresa A, V^*_B, é, então:

   $$V^*_B = \Delta V + V_B$$

   Uma aquisição beneficia os acionistas da adquirente se esse valor for maior do que o custo da aquisição.

   O custo de uma aquisição pode ser definido em termos gerais como o preço pago aos acionistas da empresa adquirida. O custo com frequência inclui um prêmio pela fusão pago aos acionistas da empresa adquirida. Além disso, o custo depende da forma de pagamento — ou seja, da escolha entre pagar em caixa ou pagar com ações.

5. *Benefícios:* Os possíveis benefícios de uma aquisição vêm de diversas fontes, incluindo:

   a. Aumento de receitas.

   b. Redução de custos.

   c. Tributos menores.

   d. Reduções das necessidades de capital.

6. *Táticas defensivas:* Alguns dos termos mais exóticos do mundo das finanças vêm das táticas defensivas usadas nas batalhas de aquisição: pílulas de veneno, paraquedas dourados, joias da coroa e *greenmail* são apenas alguns dos diversos termos que descrevem as táticas usadas para rechaçar tentativas de aquisição.

7. *Efeitos para os acionistas:* As fusões e aquisições foram alvos de inúmeros estudos. As conclusões básicas são que, em média, os acionistas das empresas-alvo se dão bem, enquanto os acionistas das ofertantes parecem não ganhar muito.
8. *Desinvestimentos:* Para diversos motivos, as empresas muitas vezes desejam vender ativos ou unidades operacionais. Para desinvestimentos relativamente grandes, envolvendo unidades operacionais, as empresas às vezes escolhem realizar uma captação de recursos com emissão de ações de controlada (*carve-out*), uma cisão (*spin-off*) ou um divisão (*split-up*).

REVISÃO DO CAPÍTULO E TESTE DE CONHECIMENTOS

26.1 Valor e custo da fusão Considere as seguintes informações sobre duas empresas financiadas somente por capital próprio, A e B:

	Empresa A	Empresa B
Ações em circulação	2.000	6.000
Preço por ação	$ 40	$ 30

A Empresa A estima que o valor do benefício sinergístico da aquisição da Empresa B é de $6.000. A Empresa B indicou que aceitaria uma oferta de compra em caixa de $35 por ação. A Empresa A deveria seguir em frente?

26.2 Fusões de ações e LPA Considere as seguintes informações sobre duas empresas financiadas somente por capital próprio, A e B:

	Empresa A	Empresa B
Lucro total	$3,000	$1.100
Ações em circulação	600	400
Preço por ação	$ 70	$ 15

A Empresa A está adquirindo a Empresa B pela troca de 100 de suas ações por todas as ações de B. Qual é o custo da fusão se a empresa combinada vale $63.000? O que vai acontecer com o LPA da Empresa A? E seu índice P/L?

RESPOSTAS DA REVISÃO DO CAPÍTULO E DO TESTE DE CONHECIMENTOS

26.1 O valor total da Empresa B para a Empresa A é o valor pré-fusão de B mais os $6.000 de ganho da fusão. O valor pré-fusão de B é $30 × 6.000 = $180.000, de modo que o valor total é $186.000. A $35 por ação, A está pagando $35 × 6.000 = $210.000; logo, a fusão tem um VPL negativo $186.000 − 210.000 = −$24.000. A $35 por ação, B não é um parceiro atraente para uma fusão.

26.2 Após a fusão, a empresa terá 700 ações em circulação. Como o valor total é $63.000, o preço por ação é $63.000/700 = $90, um aumento em relação ao preço de $70. Como os acionistas da Empresa B acabam com 100 ações da empresa combinada, o custo da fusão é 100 × $90 = $9.000, e não 100 × $70 = $7.000.

Além disso, a empresa combinada terá lucro de $3.000 + 1.100 = $4.100, de modo que o LPA será $4.100/700 = $5,86, um aumento em relação a $3.000/600 = $5. O índice P/L antigo era de $70/5 = 14,00, o novo é $90/$5,86 = 15,37.

REVISÃO DE CONCEITOS E QUESTÕES INSTIGANTES

1. **Tipos de fusão [OA1]**   Em 2019, a japonesa Mitsubishi Corporation adquiriu a Eneco, uma empresa de energia holandesa, por USD4,52 bilhões. Foi uma aquisição horizontal ou vertical? Na sua opinião, como a nacionalidade da Eneco afetou a decisão da Mitsubishi?

2. **Termos do campo de fusões [OA1]**   Defina cada um dos termos a seguir:
   a. *Greenmail*.
   b. Cavaleiro branco.
   c. Paraquedas dourado.
   d. Joias da coroa.
   e. Repelente de tubarão.
   f. Especulador corporativo (*raider*).
   g. Pílula de veneno.
   h. Oferta de aquisição.
   i. Aquisição alavancada ou LBO.

3. **Justificativa para a fusão [OA1]**   Explique por que a diversificação por si só provavelmente não é um bom motivo para uma fusão.

4. **Cisão corporativa [OA3]**   Em 2019, o investidor ativista Elliot Management estava pressionando a eBay para vender a StubHub para a Viaggogo. Em fevereiro de 2020, a eBay vendeu a StubHub para a Viagogo. Por que os investidores poderiam querer que uma empresa se dividisse em várias? É possível que haja uma sinergia reversa?

5. **Pílulas de veneno [OA1]**   As pílulas de veneno são boas ou más para os acionistas? Como você acha que as empresas adquirentes podem contornar as pílulas de veneno?

QUESTÕES E PROBLEMAS

1. **Cálculo de sinergia [OA3]**   A Chiclete S/A ofereceu $197 mihões milhões em dinheiro por todas as ações ordinárias na Banana & Cia. Com base em informações de mercado recentes, a Banana vale $178 milhões como operação independente. Se a fusão faz sentido econômico para a Chiclete, qual é o valor estimado mínimo dos benefícios sinérgicos advindos da fusão?

2. **Balanços patrimoniais para fusões [OA2]**   Considere as seguintes informações pré-fusão sobre a Empresa X e a Empresa Y:

	Empresa X	Empresa Y
Lucro total	$95.000	$12.000
Ações em circulação	20.000	9.000
Valores por ação:		
Mercado	$ 63	$ 15
Contábil	$ 6	$ 2

Suponha que a Empresa X adquira todas as ações em circulação da Empresa Y, com um prêmio de fusão de $5 por ação emitindo nova dívida de longo prazo. Supondo que nenhuma das empresas tenha dívidas antes da fusão, construa o balanço patrimonial pós-fusão.

3. **Demonstrações financeiras para fusões [OA2]** Suponha que os seguintes balanços patrimoniais representem valores contábeis:

Carne & Cia.			
Ativo circulante	$21.600	Ativo circulante	$ 7.320
Passivo circulante	51.600	Passivo não circulante	16.420
		Patrimônio líquido	49.460
Total	$73.200	Total	$73.720

Assada S/A			
Ativo circulante	$ 4.700	Ativo circulante	$ 1.800
Passivo circulante	8.300	Passivo não circulante	3.120
		Patrimônio líquido	8.080
Total	$13.000	Total	$13.000

O valor justo de mercado dos ativos não circulantes da Assada é de $9.500 em oposição ao valor contábil de $6.700 mostrado. A Carne paga $17.300 pela Assada e levanta os fundos necessários com a emissão de dívidas de longo prazo. Construa o balanço patrimonial pós-fusão pelo método de aquisição.

4. **Pagamento em dinheiro *versus* pagamento em ações [OA3]** A Penas S/A está analisando a possível aquisição da Companhia do Poleiro. Ambas as empresas não possuem dívidas. A Penas acredita que a aquisição aumentará seu fluxo de caixa anual total após a tributação a $1,45 milhão indefinidamente. O valor de mercado atual da Poleiro é $31,5 milhões, e o da Penas é $53 milhões. A taxa de desconto apropriada para os fluxos de caixa incrementais é 10%. A Penas está tentando decidir se deve oferecer 40% de seu capital investido ou $44,5 milhões em dinheiro aos acionistas da Poleiro.

   a. Qual é o custo de cada alternativa?
   b. Qual é o VPL de cada alternativa?
   c. Qual alternativa a Penas deveria escolher?

5. **Cálculo da sinergia [OA3]** A Mac Burgers S/A ofereceu $1,53 milhões por todas as ações ordinárias da Donald's Fritas Ltda. A capitalização de mercado corrente da Donald's enquanto empresa independente é de $12,1 milhões. Pressuponha que o retorno exigido sobre a aquisição é de 9% e a sinergia da aquisição é uma perpetuidade. Qual é a sinergia anual mínima que a Mac Burgers acha que poderá obter com a aquisição?

Para revisão de outros conceitos e novas questões instigantes, consulte a página do livro no portal do Grupo A (loja.grupoa.com.br).

Arrendamento

27

VOCÊ JÁ VOOU PELAS LINHAS AÉREAS DA GENERAL ELECTRIC (GE)? Provavelmente não, mas a GE Capital Aviation Services (Gecas), subsidiária da GE, possui uma das maiores frotas de aviões do mundo, com cerca de 1.900 aeronaves, tinha aproximadamente USD40 bilhões em ativos e gerou cerca de USD6,8 bilhões em 2019. No total, cerca de 40% de todos os jatos comerciais do mundo são arrendados. Por que a Gecas compra aeronaves somente para arrendá-las? E por que as empresas que arrendam da Gecas não compram suas próprias aeronaves? Este capítulo responde a essas e a outras perguntas relacionadas ao arrendamento.

Objetivos de aprendizagem

O objetivo deste capítulo é que, ao seu final, você saiba:

- **OA1** Definir os tipos de arrendamento e como a Secretaria da Receita Federal os qualifica.
- **OA2** Explicar bons e maus motivos para arrendar.
- **OA3** Mostrar como calcular a vantagem líquida do arrendamento e problemas relacionados.

Para ficar por dentro dos últimos acontecimentos na área de finanças, visite www.fundamentalsofcorporatefinance.blogspot.com.

O arrendamento é uma das maneiras pelas quais empresas financiam fábricas, terrenos e equipamentos.[1] O arrendamento, em linhas gerais, é semelhante a um aluguel, com uma diferença: o arrendamento pode incluir a opção de compra do bem ou da propriedade arrendada. Praticamente todo ativo que pode ser comprado pode ser arrendado, e há muitos bons motivos para se arrendar. Por exemplo, quando viajamos de férias ou a trabalho, alugar um carro em nosso destino por alguns dias é muito conveniente. Afinal, comprar um carro e vendê-lo uma semana depois seria um incômodo enorme. Nas próximas seções, discutimos motivos adicionais para se arrendar.

As empresas praticam arrendamentos de curto e longo prazo, mas este capítulo trata principalmente do arrendamento de longo prazo, onde, em geral, *longo prazo* significa mais de um ano; arrendamentos que, na data de seu início, têm prazo de um ano ou menos, são classificados como *arrendamento de curto prazo*[2]. Como veremos em mais detalhes a se-

---

[1] Gostaríamos de agradecer a James Johnson, da Northern Illinois University, pelos comentários e sugestões para este capítulo. Agradecemos também a Adriano Fedalto e Ronaldo Bosco Soares, por suas contribuições na adaptação para a norma brasileira.

[2] Conforme a norma contábil para arrendamentos, o CPC 06.

guir, o arrendamento de um ativo no longo prazo é semelhante a tomar emprestado os fundos necessários para adquirir o ativo. Assim, o arrendamento de longo prazo é uma forma de financiamento, semelhante às dívidas de longo prazo. Quando o arrendamento é melhor do que um empréstimo de longo prazo? Essa é a pergunta que tentaremos responder neste capítulo.

27.1 Arrendamentos e tipos de arrendamento

Um *arrendamento*, muito conhecido também pelo seu equivalente em inglês, *leasing*, é um contrato entre duas partes: o **arrendatário** e o **arrendador**. O arrendatário é o usuário do equipamento, o arrendador é o proprietário. No exemplo que abre este capítulo, a GE Capital Aviation Services é o arrendador.

Em geral, primeiro a empresa decide qual ativo precisa, então negocia um contrato de arrendamento com um arrendador para usar tal ativo. O acordo prevê que o arrendatário tenha o direito de utilizar o ativo e, em troca, ele deve fazer pagamentos de aluguéis periódicos ao arrendador, proprietário do ativo. O arrendador pode ser a fabricante do ativo ou um arrendador independente. Nesse último caso, o arrendador precisará comprar o ativo de um fabricante. O arrendador, então, entrega o ativo ao arrendatário, e o arrendamento entra em vigor.

Nos EUA, existem alguns arrendadores gigantes. Por exemplo, a IBM Global Financing arrenda bilhões de dólares em equipamentos todos os anos. Outros grandes arrendadores incluem a General Electric, a AerCap e a AirFleet Capital.

Arrendar *versus* comprar

Para o arrendatário, o que importa é o direito de usar o ativo, e não necessariamente a quem ele pertence. Uma maneira de obter o uso de um ativo é arrendá-lo. Outra seria comprá-lo com financiamento. A decisão de arrendar ou comprar se resume a uma comparação entre formas alternativas de financiar o uso de ativos.

A Figura 27.1 compara o arrendamento e a compra. O arrendatário, a Sass, pode ser um hospital, um escritório de advocacia ou qualquer outra empresa que utiliza computadores. O arrendador é um arrendador independente que comprou o computador de um fabricante, como a Hewlett-Packard (HP). Arrendamentos desse tipo, nos quais o arrendador compra o ativo do fabricante, são chamados de *arrendamentos diretos*. Obviamente, a HP poderia optar

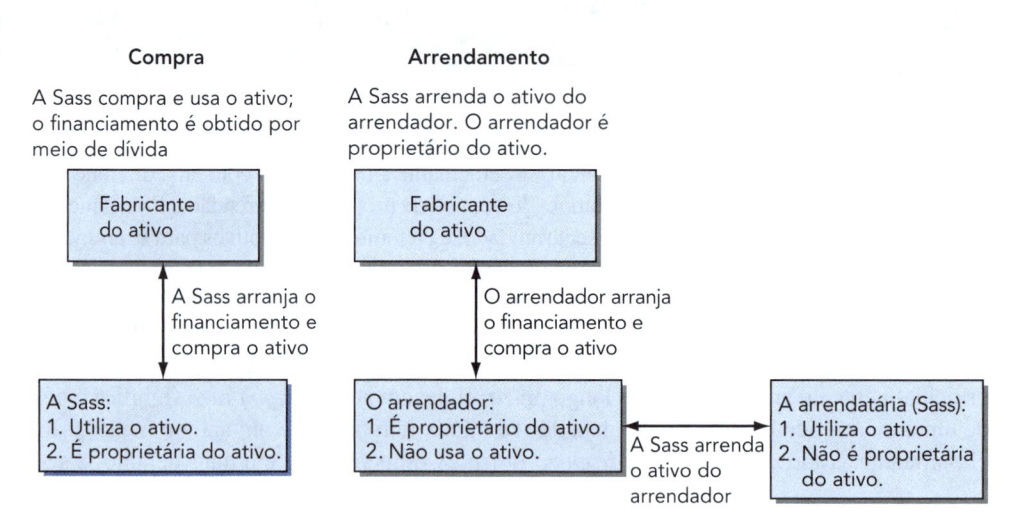

Notícias atualizadas sobre o setor de arrendamentos nos EUA estão disponíveis no *site* www.monitordaily.com.

arrendatário
Usuário de um ativo em um contrato de arrendamento. O arrendatário paga aluguéis ao arrendador.

arrendador
Proprietário de um ativo em um contrato de arrendamento. O arrendador recebe aluguéis do arrendatário.

O seu próximo carro deve ser uma compra ou um *leasing*? Visite MarketWatch em www.marketwatch.com e use a calculadora para ajudá-lo a decidir.

Compra
A Sass compra e usa o ativo; o financiamento é obtido por meio de dívida

Arrendamento
A Sass arrenda o ativo do arrendador. O arrendador é proprietário do ativo.

Fabricante do ativo

Fabricante do ativo

A Sass arranja o financiamento e compra o ativo

O arrendador arranja o financiamento e compra o ativo

A Sass:
1. Utiliza o ativo.
2. É proprietária do ativo.

O arrendador:
1. É proprietário do ativo.
2. Não usa o ativo.

A Sass arrenda o ativo do arrendador

A arrendatária (Sass):
1. Utiliza o ativo.
2. Não é proprietária do ativo.

Se a Sass compra o ativo, então ela é a sua proprietária e usuária. Se arrenda o ativo, o arrendador é o proprietário, mas a Sass, na posição de arrendatário, é a usuária.

FIGURA 27.1 Arrendar *versus* comprar.

por arrendar seus próprios computadores, e muitas empresas montaram as chamadas *subsidiárias financeiras* para arrendar seus próprios produtos.[3]

Como mostra a Figura 27.1, independentemente de arrendar ou comprar, a Sass acaba usando o ativo. A principal diferença é que, em um caso (compra), a Sass organiza o financiamento, compra o ativo e detém a propriedade deste. No outro caso (arrendamento), o arrendador organiza o financiamento, compra o ativo e detém a propriedade deste.

Arrendamento ou não arrendamento

Uma decisão importante é identificar se um contrato é de arrendamento ou não. A questão é técnica e não entraremos em detalhes, mas aproveitaremos o esclarecimento geral apresentado na norma de arrendamentos para identificar quando um contrato é de arrendamento, ou contém um arrendamento, e quando não pode ser enquadrado como arrendamento. O fluxograma da Figura 27.2 é apresentado no Pronunciamento Técnico CPC 06 (R2) — Arrendamentos, que está correlacionado à norma internacional IFRS 16. Idêntico fluxograma é apresentado na norma FASB Audit Standards Uptade Leases (Topic 842).

A definição de arrendamento abrange todos os contratos que dão direito ao uso e controle de um ativo identificável. Essa definição pode não se aplicar para ativos de pequeno valor, para arrendamentos de curto prazo e contratos de arrendamento com remuneração variável. Para esses casos, os pagamentos da prestação de um arrendamento são reconhecidos como despesa pelo arrendatário, ao longo do prazo do arrendamento. Essa base pode ser substituída por outra base sistemática mais representativa do padrão temporal do benefício do usuário.

Arrendamentos operacionais

Anos atrás, um **arrendamento operacional** (ou *arrendamento de serviço*) era aquele no qual o arrendatário recebia o equipamento e, juntamente com ele, o operador do equipamento. Atualmente, na norma IFRS, um arrendamento é classificado como operacional se não transferir substancialmente todos os riscos e benefícios inerentes à propriedade do ativo subjacente. Essa forma de arrendamento tem diversas características importantes.

Primeiro, com um arrendamento operacional, os pagamentos recebidos pelo arrendador geralmente não são suficientes para permitir que este recupere por completo o custo do ativo. Um dos motivos principais é que os arrendamentos operacionais costumam ter período de uso relativamente curto. Por consequência, o arrendamento tem prazo muito menor do que a vida econômica do ativo. Por exemplo, se você faz um arrendamento de um carro por dois anos, este possui um valor residual significativo ao final do contrato, enquanto os aluguéis de arrendamento que você pagou representaram apenas uma parcela do custo original do carro. Em um arrendamento operacional, o arrendador espera arrendar o ativo mais uma vez ou vendê-lo quando o contrato terminar.

Uma segunda característica do arrendamento operacional é que, com frequência, o arrendador é responsável pela manutenção do ativo. O arrendador pode também ser responsável pelos tributos e seguros. Obviamente, esses custos são repassados para o arrendatário, pelo menos em parte, na forma de aluguéis mais elevados.

A terceira característica dos arrendamentos operacionais, e talvez a mais interessante, é a opção de cancelamento. Essa opção dá ao arrendatário o direito de cancelar o contrato de arrendamento antes da data de vencimento. Se essa opção for exercida, o arrendatário devolve o equipamento para o arrendador e para de pagar os aluguéis de arrendamento. O valor de uma cláusula de cancelamento depende da possibilidade de as condições econômicas ou tecnológicas futuras tornarem o valor do ativo para o arrendatário menor do que o valor presente dos pagamentos futuros do arrendamento.

arrendamento operacional
Um arrendamento é classificado como operacional se não transferir substancialmente todos os riscos e benefícios inerentes à propriedade do ativo subjacente.

Um *site* sobre arrendamento de equipamentos nos EUA que pode proporcionar maior conhecimento sobre o assunto é **www.keystoneleasing.com** (porém, lembre-se de que nos EUA a norma contábil é do FASB).

---
[3] Além de arranjar o financiamento para os usuários do ativo, as subsidiárias financeiras podem adquirir os produtos da sua controladora e oferecer financiamento por dívida ou arrendamento para os usuários. A Ford Credit e a Caterpillar Financial Services são exemplos de subsidiárias financeiras.

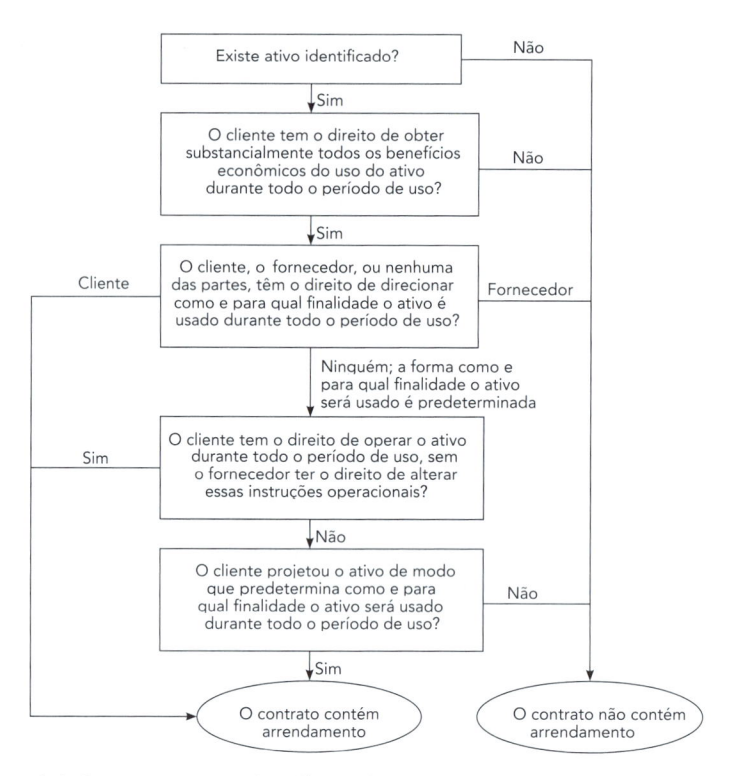

FONTE: Comitê de Pronunciamentos Contábeis – CPC 06 (R2) (omitimos as remissões aos itens da norma apresentadas em cada um dos passos da figura original). Disponível em: http://static.cpc.aatb.com.br/Documentos/533_CPC_06_R2_rev%2016.pdf.

FIGURA 27.2 Como identificar se um contrato é de (ou contém) arrendamento.

Para os operadores de arrendamento, essas três características definem o arrendamento operacional. Contudo, os contadores utilizam o termo de uma maneira um pouco diferente. No âmbito do IFRS, um arrendamento é classificado como operacional se não transferir substancialmente todos os riscos e benefícios inerentes à propriedade do ativo subjacente (ver CPC 06).

Arrendamento financeiro

arrendamento financeiro
Um arrendamento é classificado como financeiro se transferir substancialmente todos os riscos e benefícios inerentes à propriedade do ativo subjacente.

Um **arrendamento financeiro** é outro tipo de arrendamento. Em contraste com a situação do arrendamento operacional, os pagamentos sob um arrendamento financeiro (mais o valor residual esperado) são, em geral, suficientes para recuperar totalmente o custo, para o arrendador, de comprar o ativo e ainda gerar um retorno sobre o investimento. Por esse motivo, diz-se que o arrendamento financeiro é totalmente amortizado, enquanto o arrendamento operacional é parcialmente amortizado.

No âmbito da norma IFRS, um arrendamento é classificado como financeiro se transferir substancialmente todos os riscos e benefícios inerentes à propriedade do ativo subjacente. Com um arrendamento financeiro, o arrendatário (e não o arrendador) normalmente é responsável pelo seguro, pela manutenção e pelos tributos (ou por alguma(s) dessas despesas).[4] Em geral, arrendamentos financeiros não podem ser cancelados — pelo menos não sem uma multa significativa. Em outras palavras, o arrendatário deverá efetuar todos os pagamentos ou enfrentar um possível processo judicial.

---

[4] Nos EUA, existem as *N leases* (*net leases*), as *NN leases* (*double net leases*) e as *NNN leases* (*triple net leases*), conforme as despesas de tributos, seguros e manutenção sejam suportadas pelo arrendatário ou pelo arrendador. Em uma *N lease*, o arrendatário paga os tributos, enquanto os seguros e os custos de manutenção são do arrendador, e assim sucessivamente. Se o arrendador arcar com tributos, seguros e manutenção, temos a figura da *triple net lease*.

Por causa dessas características, em especial a amortização completa, esse tipo de arrendamento é bastante semelhante ao financiamento por dívida — então, o nome é bastante apropriado. Há alguns tipos de arrendamento financeiro; trataremos de um em especial: o de *venda com retroarrendamento*.

Venda com retroarrendamento Uma venda com retroarrendamento (*sale and leaseback*) ocorre quando uma empresa vende um ativo para outra e simultaneamente o arrenda de volta. Nesse tipo de contrato, duas coisas acontecem:

1. O arrendatário vende um ativo seu e recebe caixa pela venda do ativo.
2. O arrendatário continua a usar o ativo, mediante seu arrendamento do comprador.

Muitas vezes, com um contrato de venda e retroarrendamento, o arrendatário pode ter a opção de readquirir o ativo arrendado ao final do período.

Os acordos de venda e retroarrendamento se multiplicaram nos últimos anos. Por exemplo, em janeiro de 2020, nos EUA, a Bed Bath & Beyond obteve USD250 milhões com a venda e retroarrendamento de imóveis de propriedade da empresa. Os 195.000 m² vendidos para a Oak Street Real Estate Capital LLC incluíam a sede da empresa, um centro de distribuição e um número não divulgado das suas cerca de 1.500 lojas. O preço da ação saltou 2% com a notícia. Em 2019, a WarnerMedia vendeu sua propriedade de 140.000 m² na 30 Hudson Yards, em Nova York, por USD2,2 bilhões, e concordou em arrendar os 26 andares superiores do edifício até 2034.

venda com retroarrendamento
Arrendamento financeiro no qual o arrendatário vende um ativo ao arrendador e então o arrenda de volta.

> **Questões conceituais**
>
> **27.1a** Quais são as diferenças entre um arrendamento operacional e um arrendamento financeiro?
>
> **27.1b** O que é um contrato de venda com retroarrendamento?

27.2 Contabilidade e arrendamento

A contabilização de arrendamentos adotada no Brasil segue a norma do International Accounting Standards Board (IASB). Desde 2010, com a adoção pelo Brasil do padrão internacional de contabilidade, passou-se a observar o disposto no Pronunciamento Técnico CPC 06 — Operações de Arrendamento Mercantil, que correspondia à Norma Internacional IAS nº. 17. Essa norma foi revisada ainda em dezembro de 2010 — CPC 06 (R1) — e permaneceu em vigor até 31 de dezembro de 2018. Essa norma foi novamente revisitada pelo IASB, que emitiu o IFRS 16 (International Financial Reporting Standards 16) em substituição. No Brasil, o CPC atualizou o CPC 06 (R1) com base no IFRS 16. A norma revisada passou a vigorar a partir de 01 de janeiro de 2019, com o título "CPC 06 (R2) — Arrendamentos" (note que o termo "mercantil" não faz mais parte do título da norma).[5]

---

[5] O projeto de atualização das normas de arrendamento começou como um projeto conjunto entre FASB e IASB, e muitos dos requisitos dessas normas são os mesmos. As diferenças entre a norma estadunidense, o Topic 842 do FASB e o IFRS 16 são certos aspectos do modelo de contabilização do arrendatário. O modelo de contabilização do arrendatário no FASB trata de forma diferente arrendamentos financeiros e arrendamentos operacionais. Os financeiros são contabilizados nas demonstrações financeiras, os operacionais não — eles ficam fora do balanço. Já o modelo de contabilização do arrendatário na IFRS 16 exige que tanto os arrendamentos operacionais quanto os arrendamentos financeiros sejam contabilizados no balanço patrimonial. Consequentemente, os arrendamentos classificados como arrendamentos operacionais são contabilizados de forma diferente no US GAAP e no IFRS e têm também um efeito diferente na demonstração de resultado abrangente e na demonstração dos fluxos de caixa. Há outros requisitos que são diferentes entre as duas normas. O leitor interessado poderá consultar a seção do Topic 842 que lista as diferenças entre as duas abordagens e da qual extraímos o conteúdo desta nota. Ver https://www.fasb.org/jsp/FASB/Document_C/DocumentPage?cid=1176167901010&acceptedDisclaimer=true.

O IFRS 16 toma por base a extensão em que os riscos e benefícios inerentes à propriedade do ativo arrendado permanecem com o arrendador ou são transferidas para o arrendatário. A classificação depende da essência da transação, e não da forma do contrato. Segundo a norma do CPC, o arrendamento deve ser classificado contabilmente como:

- financeiro — se ele transferir substancialmente todos os riscos e benefícios inerentes à propriedade;
- operacional — se ele não transferir substancialmente todos os riscos e benefícios inerentes à propriedade.

Segundo o CPC 06 (R2), a classificação de um arrendamento como financeiro ou operacional dependerá da essência da transação, e não da forma do contrato.

Os principais efeitos na contabilização dos arrendatários são apresentados no Quadro 27.1 a seguir. A nova norma gerou alterações nos indicadores normalmente utilizados pelo mercado para aferição do desempenho da empresa, como o ROE, o ROA, o Lajida (Ebitda) e os níveis de alavancagem. Isso porque, enquanto o resultado não é afetado pela contabilização dos arrendamentos, o ativo e o passivo total são alterados. Já em relação à contabilidade do arrendador, o CPC 06 (R2) não trouxe alterações significativas.

QUADRO 27.1 Contabilização de arrendamentos para o arrendatário

	Até 31.12.2018		A partir de 01.01.2019
	Registro do arrendamento **operacional** (CPC 06 (R1)/IAS 17)	Registro do arrendamento **financeiro** (CPC 06 (R1)/IAS 17)	Registro de arrendamento **operacional** e **financeiro** (com as exceções previstas no IFRS 16 / CPC 06 (R2))
Registro no balanço patrimonial			
Ativo	Não	Sim	Reconhece direito de uso
Passivo	Não	Sim	Reconhece passivo contratual do arrendamento
Demonstração de resultado	Reconhecia despesa operacional	Reconhecia depreciação e resultado financeiro	Reconhece depreciação e resultado financeiro

Questões conceituais

27.2a O que distingue um arrendamento operacional de um arrendamento financeiro?

27.2b Sob a norma atual do IFRS para fins contábeis, deve ser reconhecido o direito de uso de um ativo sob arrendamento operacional ou sob arrendamento financeiro? Ou o reconhecimento deve ocorrer nas duas formas?

27.3 Arrendamentos e tributos

Para efeitos tributários no Brasil, as tributações para o arrendatário e para o arrendador têm tratamento diferente. Para o arrendatário, o valor da contraprestação de arrendamento paga é dedutível para fins de apuração do lucro real somente se o arrendamento estiver intrinsecamente relacionado com a produção ou comercialização de bens e serviços. Embora as despesas de depreciação, amortização e exaustão decorrentes do reconhecimento contábil do ativo arrendado devam ser reconhecidas nas demonstrações financeiras, a norma tributária brasileira veda a dedução dessas despesas pelo arrendatário para fins de benefício fiscal. Também não será dedutível para fins tributários a parcela das despesas que compuserem os custos de bens e serviços produzidos com o bem arrendado.

Para os arrendadores, a contraprestação é considerada como receita tributável, e a depreciação do bem arrendado é dedutível para fins da apuração do lucro real. Um efeito adicional sobre os fluxos de caixa do arrendamento é trazido pelas contribuições ao PIS e Cofins: algumas situações permitem à arrendatária a tomada de créditos, outras não, e diferentes normas dispõem sobre o tratamento tributário das operações de arrendamento. Trata-se de um tema especializado, que foge do nosso escopo.

No momento da conclusão deste Capítulo, discutia-se no Congresso Nacional a reforma tributária, com proposta de substituir impostos e contribuições e criar outras formas unificadas e simplificadas de tributação.

Questões conceituais

27.3a Sabendo que a contraprestação da arrendatária é dedutível para fins fiscais, por que a depreciação, amortização e exaustão decorrentes do reconhecimento contábil do ativo arrendado não podem ser deduzidas para fins de apuração do lucro real da arrendatária?

27.3b Por que, para os arrendadores, a depreciação do bem arrendado é dedutível para fins da apuração do seu lucro real??

27.4 Os fluxos de caixa do arrendamento

Para começar nossa análise da decisão sobre arrendar, precisamos identificar os fluxos de caixa relevantes. A primeira parte desta seção ilustra como isso é feito. Uma questão crucial, à qual precisamos nos manter atentos, é que os tributos sobre o lucro são um fator de suma importância na análise de um arrendamento. Além disso, as mudanças na contabilidade de arrendamentos em vigor a partir de 2019 impactaram as demonstrações financeiras, mas, em geral, não afetam os fluxos de caixa do arrendamento.

Os fluxos de caixa incrementais

Consideremos a decisão encarada pela Xomox, que fabrica tubulações. A empresa vem expandindo os negócios e, atualmente, tem encomendas abrangendo um período de cinco anos para o oleoduto interestadual.

A Companhia Internacional de Perfuradoras (CIP) fabrica uma máquina perfuradora de tubos que é vendida por $10.000. A Xomox necessita de uma nova máquina, e o modelo fabricado pela CIP representará para a Xomox uma economia anual de $6.000 em despesas com energia elétrica nos próximos cinco anos.

A Xomox está sujeita a uma alíquota tributária de 34%. Para simplificar o exemplo, supomos que a depreciação linear de cinco anos será usada para a máquina perfuradora; após cinco anos, o equipamento não terá nenhum valor contábil. A empresa Arrendamentos Amigáveis S/A ofereceu à Xomox um arrendamento de cinco anos da mesma máquina perfuradora por $2.500 ao ano, a serem pagos ao final de cada um dos próximos cinco anos. Nesse arrendamento, a Xomox ficaria responsável pela manutenção, pelo seguro e pelas despesas operacionais.[6]

Suzana Brilhante recebeu a missão de comparar os fluxos de caixa incrementais diretos de arrendar a máquina da CIP com os fluxos de caixa associados à compra da máquina. Sua primeira conclusão é que, como a Xomox terá a máquina em ambos os casos, a economia de $6.000 será realizada independentemente de a máquina ser comprada ou arrendada. Logo,

---

[6] Consideramos que todos os pagamentos do arrendamento são efetuados ao final de cada período. Na realidade, a maioria dos arrendamentos exige que os pagamentos sejam feitos no início do ano, na forma de pagamentos antecipados.

essa economia de custo pode ser ignorada na análise, assim como todos os outros custos operacionais e as receitas.

Após refletir, a Sra. Brilhante conclui que há apenas três diferenças importantes nos fluxos de caixa entre arrendar e comprar:[7]

1. Se a máquina for arrendada, a Xomox deve realizar pagamentos de arrendamento de $2.500 nos próximos cinco anos. Contudo, esses pagamentos podem ser deduzidos integralmente como despesas para fins de apuração do lucro. Então, o fluxo de caixa do aluguel de arrendamento após tributos seria de $2.500 × (1 − 0,34) = $1.650. Esse é o custo de arrendar.

2. Se a máquina for arrendada, a Xomox não será sua proprietária e não poderá depreciá-la para fins fiscais. A depreciação seria de $10.000/5 = $2.000 ao ano. Uma dedução de depreciação de $2.000 gera um benefício fiscal de $2.000 × 0,34 = $680 ao ano. A Xomox perde esse benefício fiscal valioso se arrenda, então este representa um custo adicional do arrendamento.

3. Se a máquina for arrendada, a Xomox não precisa gastar $10.000 hoje para comprá-la, o que é um benefício do arrendamento.

O Quadro 27.2 resume os fluxos de caixa de arrendar em vez de comprar. Observe que o custo da máquina aparece com um sinal positivo no Ano 0, refletindo o fato de a Xomox *poupar* o custo inicial de $10.000 do equipamento quando arrenda em vez de comprar.

Uma observação sobre tributos

Devemos observar que Suzana Brilhante pressupôs que a Xomox pode escolher entre fazer uso dos benefícios fiscais da depreciação na opção da compra ou fazer uso dos aluguéis de arrendamento para reduzir tributos sobre o lucro, na opção do arrendamento, mas isso pode não ser sempre verdade. Se a Xomox estivesse tendo prejuízos, ela não pagaria tributos sobre lucros, então os benefícios fiscais não impactariam o fluxo de caixa. E o benefício tributário é uma circunstância sob a qual o arrendamento pode fazer muito sentido. No caso de empresa operando sem lucro ou em regime fiscal que não permita o lançamento de despesas que reduzam o lucro tributável, as linhas relevantes no Quadro 27.2 precisariam ser alteradas para refletir uma alíquota tributária zero. Voltaremos a essa questão posteriormente. Outra coisa que devemos lembrar, como já fizemos em outras passagens deste livro, é de que o benefício fiscal das despesas de juros, arrendamentos e depreciação somente é aplicável ao caso das empresas que são optantes ou obrigadas à tributação pelo regime do lucro real. As optantes pelo lucro presumido não têm possibilidade de se valer de qualquer um desses benefícios.

QUADRO 27.2 Fluxos de caixa incrementais para a Xomox S/A para o caso de arrendar em vez de comprar

Fluxo do arrendamento	Ano 0	Ano 1	Ano 2	Ano 3	Ano 4	Ano 5
Aluguéis após tributos		−$1.650	−$1.650	−$1.650	−$1.650	−$1.650
Benefício fiscal da depreciação, perdido		− 680	− 680	− 680	− 680	− 680
Custo da máquina, poupado	+$10.000					
Fluxos de caixa totais	+$10.000	−$2.330	−$2.330	−$2.330	−$2.330	−$2.330

---

[7] O arrendamento tem uma quarta consequência que não vamos analisar. Se a máquina possui um valor residual significativo, com o arrendamento, abrimos mão desse valor residual. Este é mais um custo de arrendar em vez de comprar.

> **Questões conceituais**
>
> **27.4a** Quais são as consequências no fluxo de caixa de arrendar em vez de comprar?
>
> **27.4b** Explique por que os $10.000 do Quadro 27.2 têm um sinal positivo.

27.5 Arrendar ou comprar?

Com base na nossa discussão até este ponto, a análise da sra. Brilhante se resume ao seguinte: se decidir arrendar em vez de comprar, a Xomox economiza **$10.000** hoje, pois evita pagar pela máquina, mas, em troca, abre mão de **$2.330** ao ano pelos próximos cinco anos. Precisamos decidir se obter **$10.000** hoje e então pagar **$2.330** ao ano por cinco anos é uma boa ideia.

Uma análise preliminar

Suponha que tomássemos um empréstimo hipotético de $10.000 hoje e prometêssemos pagamentos após tributos de $2.330 ao ano pelos próximos cinco anos. É basicamente isso que a Xomox faz se arrenda em vez de comprar. Qual é a taxa de juros que a Xomox pagaria sobre esse "empréstimo"? Voltando ao Capítulo 6, observamos que é preciso descobrir a taxa desconhecida para uma anuidade de cinco anos com pagamentos de $2.330 ao ano e valor presente de $10.000. É fácil confirmar que a taxa é de 5,317%.

Os fluxos de caixa do nosso empréstimo hipotético são idênticos aos fluxos de caixa de arrendar em vez de comprar; o que ilustramos é que, quando arrenda a máquina, na prática, a Xomox obtém financiamento a uma taxa após tributos de 5,317%. Se isso é ou não um bom negócio depende da taxa de juros que a Xomox pagaria se tomasse o empréstimo no mercado. Suponha que a Xomox possa obter um empréstimo de cinco anos em um banco, em linha com repasse do BNDES a uma taxa efetiva de 7,57575% a.a.[8] A empresa deveria assinar o contrato de arrendamento ou tomar um empréstimo no banco a 7,57575%?

Como a alíquota tributária da Xomox é de 34%, a taxa de juros após tributos seria 7,57575 × (1 − 0,34) = 5%. Esse custo, após tributos, de tomar emprestado é menor do que a taxa após tributos de 5,317% sobre o arrendamento. Nesse caso, a Xomox ganharia mais se tomasse a quantia emprestada e comprasse a máquina, pois teria um custo menor. Mas atenção: como as taxas têm apenas 0,317 pontos percentuais de diferença, seria importante investigar com cuidado a eventual existência de outros custos e despesas eventualmente associados ao empréstimo, como outras tarifas, comissões, custos de pacotes bancários e eventuais tributos sobre operações financeiras.

Com base nessa análise simplificada, a Xomox deve comprar, e não arrendar. Os passos da nossa análise podem ser resumidos da seguinte maneira:

1. Calcule os fluxos de caixa incrementais após tributos da alternativa de arrendar em vez de comprar.
2. Use esses fluxos de caixa para calcular a taxa de juros após tributos sobre o arrendamento.
3. Compare essa taxa com o custo do empréstimo *após tributos* da empresa e escolha a fonte mais barata de financiamento.

O elemento mais importante da nossa discussão até este momento é que, para avaliar um arrendamento, a taxa relevante para comparação é o custo do empréstimo *após tributos sobre lucros* da empresa. O motivo fundamental é que a alternativa ao arrendamento é um empréstimo de longo prazo, então a taxa de juros após tributos sobre esse tipo de empréstimo é o padrão relevante para a nossa comparação.

---

[8] As taxas de juros das linhas de crédito por repasses do BNDES não são taxas de mercado. Entretanto, aqui, avaliamos a atratividade da operação de arrendamento ou da operação de compra. O enfoque é financeiro, e, para isso, usamos as linhas às quais a Xomox tem acesso.

Três possíveis armadilhas

A taxa de juros calculada para o arrendamento tem três problemas em potencial. Primeiro, podemos interpretar esta como a taxa interna de retorno (TIR) da decisão de arrendar em vez de comprar, mas isso seria confuso. Para entender o porquê, observe que a TIR do arrendamento é de 5,317%, maior do que o custo do empréstimo após tributos da Xomox, de 5%. Normalmente, quanto maior a TIR, melhor, mas aqui concluímos que o arrendamento seria uma má ideia. O motivo é que os fluxos de caixa não são convencionais; o primeiro fluxo de caixa é positivo, o restante é negativo, que é o contrário da situação convencional (para uma discussão sobre o tema, consulte o Capítulo 9). Com esse padrão de fluxos de caixa, a TIR representa a taxa que pagamos, não a que recebemos. Assim, quanto *menor* a TIR, melhor.

Uma segunda armadilha, relacionada à anterior, ocorre porque calculamos a vantagem de arrendar em vez de comprar. Poderíamos ter feito o contrário e calculado a vantagem de comprar em vez de arrendar. Nesse caso, os fluxos de caixa seriam os mesmos, mas os sinais seriam invertidos. A TIR seria a mesma. Os fluxos de caixa seriam convencionais, então poderíamos interpretar a TIR de 5,317% como uma indicação de que tomar um empréstimo e comprar o ativo seria melhor.

O terceiro problema em potencial é que a nossa taxa de juros se baseia nos *fluxos de caixa líquidos* de arrendar em vez de comprar. Outra taxa também poderia ser calculada exclusivamente com base nos *pagamentos do arrendamento*. Se quiséssemos, poderíamos observar que o arrendamento oferece $10.000 em financiamento e exige cinco pagamentos de $2.500 cada. Seria tentador determinar uma taxa com base nesses números, mas o resultado não seria significativo para a tomada de decisões sobre arrendar ou comprar e não deve ser confundido com o retorno sobre arrendar em vez de tomar um empréstimo e comprar.

Possivelmente devido a essas fontes de confusão em potencial, a abordagem de TIR apresentada até este ponto não é tão utilizada quanto a abordagem baseada no VPL, descrita a seguir.

Análise do VPL

Agora que sabemos que a taxa relevante para avaliar uma decisão de arrendar ou comprar é o custo do empréstimo após tributos sobre lucros da empresa, uma análise do VPL passa a ser simples e fácil. Descontamos os fluxos de caixa retroativamente até o presente usando a taxa após tributos da Xomox, de 5%:

$$VPL = \$10.000 - \$2.395 \times (1 - 1/1,05609\ 5)/0,05609$$
$$= -\$196,83$$

O VPL de arrendar em vez de comprar é −$87,68, o que confirma a nossa conclusão anterior de que o arrendamento, nas condições deste exemplo, é uma má ideia. Mais uma vez, observe os sinais dos fluxos de caixa; o primeiro é positivo, os outros são negativos. O VPL que calculamos aqui também é chamado de **vantagem líquida do arrendamento (VLA)**. As pesquisas indicam que a abordagem da VLA é a maneira mais popular de analisar arrendamentos no mundo real. Nosso quadro *Exercícios na Internet* ilustra o uso da análise de arrendar *versus* comprar para automóveis.

Vantagem líquida do arrendamento (VLA)
O VPL calculado para decidir se é melhor arrendar ou comprar um ativo.

É preciso observar que não discutimos todos os fluxos de caixa possíveis relativos a um arrendamento mercantil. Em meados de 2020, a gigante do aluguel de veículos Hertz Co., nos EUA, entrou com pedido de recuperação judicial, mais um presente da pandemia da Covid-19. A empresa na verdade arrenda seus veículos de outra organização, a Hertz Vehicle Financing, que não foi incluída no pedido de recuperação. Um fator importante para decidir quando entrar com o pedido foi um aluguel de arrendamento mensal de USD389,5 milhões, que incluía um pagamento de ajuste adicional de USD135 milhões para compensar a diferença entre o valor depreciado estimado em relação ao valor depreciado contábil. Qualquer fluxo de caixa em potencial como esse deve ser incluído na análise do arrendamento, embora possa ser difícil estimar a avaliação real do fluxo de caixa no momento em que o contrato é firmado.

Capítulo 27 Arrendamento

EXERCÍCIOS NA INTERNET

Uma decisão financeira importante que você provavelmente precisará tomar em algum momento é se deve comprar ou arrendar um automóvel. Visitamos o *site* www.financialmentor.com para usar uma calculadora de arrendar *versus* comprar nos EUA e analisamos a aquisição de um automóvel novo por USD40.500, com um empréstimo de 48 meses e uma entrada de USD4.300. A taxa de juros seria de 3,2%, e o carro terá valor residual de USD27.500 em quatro anos. Arrendar o automóvel por três anos exige uma entrada de USD4.300 e taxa de juros de 3,1%, e o veículo teria valor residual de USD27.500 em três anos. Ambas as opções envolvem USD850 em tarifas quando você recebe o carro e têm uma alíquota tributária de 7%. Com base nessas informações, temos a seguinte análise de arrendar *versus* comprar:

Descrição	(A) Arrendamento	(B) Compra
14. Pagamentos mensais	$346,62	$804,47
15. Total dos pagamentos	$12.478,39	$38.614,39
16. Total das despesas de juros		$2.414,39
17. Despesas líquidas antecipadas	$1.151,00	$3.685,00
18. Despesas de depreciação		$16.000,00
19. Rendimentos com juros, perdidos	$0,00	$0,00
20. Custo total	$13.629,39	$22.099,39
21. Custo médio anual	$4.543,13	$5.524,85

De acordo com www.financialmentor.com, arrendar o carro é a decisão financeira mais inteligente, pois custa $4.543,13 ao ano, em vez de $5.524,85.

Questões

1. Visite www.financialmentor.com[1] e complete a mesma análise, mas altere o prazo do empréstimo para a aquisição do automóvel para 60 meses, e não os 48 mostrados acima. Qual opção é melhor agora? Você consegue enxergar uma falha nessa análise?

2. Visite o *site* da sua montadora favorita e descubra o preço do seu carro novo favorito. Verifique se ela oferece a opção de arrendamento. Faça a análise de arrendar *versus* comprar para esse veículo. Você deveria arrendar ou comprar o seu carro novo?

---

[1] Escolha "Calculators", em seguida "Lease vs. Buy Car Calculator", ou acesse diretamente https://financialmentor.com/calculator/lease-vs-buy-car-calculator.

Uma concepção equivocada

Na nossa análise de arrendar versus comprar, parece que ignoramos o fato de que, se a Tônia tomar $10.000 emprestado para adquirir a máquina, será preciso pagar por esse empréstimo com juros. Na verdade, raciocinamos que se a Tônia arrendasse a máquina, sua situação atual seria $10.000 melhor, pois não precisaria comprá-la. É tentador argumentar que se a tomasse um empréstimo, a Tônia não precisaria obter os $10.000. Em vez disso, a Tônia faria uma série de pagamentos de juros e amortização do principal durante os próximos cinco anos. Essa observação está correta, mas não é particularmente relevante. O motivo é que se a Tônia tomar um empréstimo de $10.000 a um custo após tributos de 5,609%, o valor presente dos pagamentos após tributos é $10.000, seja qual for o cronograma de amortização (supondo amortização completa). Poderíamos incluir e trabalhar com a amortização do empréstimo após tributos, mas seria muito trabalho extra sem nenhum benefício, supondo que o arrendatário esteja pagando impostos (consulte o Problema 10, no final do capítulo, para um exemplo).

EXEMPLO 27.1 Avaliação de um arrendamento

No nosso exemplo da Xomox S/A, suponha que ela consiga negociar um aluguel de arrendamento de $2.000 ao ano. Nesse caso, qual seria o VPL do arrendamento?

Com esse novo aluguel, o valor do pagamento de arrendamento após tributos seria de $2.000 × (1 − 0,34) = $1.320, que é $1.650 − 1.320 = $330 menos do que antes. Voltando ao Quadro 27.2, observe que os fluxos de caixa após tributos seriam de −$2.000, e não −$2.330. A 5%, o VPL seria:

VPL = $10.000 − $2.000 × (1 − 1/1,05609 5)/0,05609
    = $$1.484,90

O arrendamento seria muito atraente.

Questões conceituais

27.5a Qual é a taxa de desconto relevante para avaliar se você deve ou não arrendar um ativo? Por quê?

27.5b Explique como proceder com uma análise de arrendar versus comprar.

27.6 Um paradoxo do arrendamento

Anteriormente, analisamos a decisão de arrendar versus comprar da perspectiva do arrendatário em potencial, a Xomox. Agora invertemos a situação e analisamos o arrendamento da perspectiva do arrendador, a Arrendamentos Amigáveis. Os fluxos de caixa associados com o arrendamento da perspectiva da Amigáveis aparecem no Quadro 27.3. Primeiro, a Amigáveis compra a máquina por $10.000 — então, nesse momento, há uma saída de $10.000. A seguir, a Amigáveis deprecia a máquina a $10.000/5 = $2.000 ao ano — então o benefício fiscal da depreciação é $2.000 × 0,34 = $680 ao ano. Por fim, a Amigáveis recebe um aluguel de arrendamento de $2.500 ao ano, o qual é tributado. O aluguel de arrendamento após tributos é de $1.650, e, com a depreciação, o fluxo de caixa total para a Amigáveis é de **$2.330** ao ano.

O resultado é que os fluxos de caixa para a Amigáveis são exatamente o oposto dos fluxos de caixa para a Xomox. Faz muito sentido, pois a Amigáveis e Xomox são as únicas partes envolvidas na transação, e o arrendamento é um jogo de soma zero. Em outras palavras, se o

QUADRO 27.3 Fluxos de caixa incrementais para a Arrendamentos Amigáveis

Fluxo do arrendamento	Ano 0	Ano 1	Ano 2	Ano 3	Ano 4	Ano 5
Aluguéis de arrendamento, após tributos		+$1.650	+$1.650	+$1.650	+$1.650	+$1.650
Benefício fiscal da depreciação		+ 680	+ 680	+ 680	+ 680	+ 680
Custo da máquina	−$10.000					
Fluxos de caixa totais	−$10.000	+$2.330	+$2.330	+$2.330	+$2.330	+$2.330

arrendamento tiver VPL positivo para uma parte, deve ter VPL negativo para a outra. No nosso caso, a Amigáveis torce para que a Xomox feche o negócio, pois o VPL para a Amigáveis seria +$87,68, a quantia que a Xomox perderia.

Parece que temos um paradoxo. Em um contrato de arrendamento, uma parte inevitavelmente perde (ou ambas atingem exatamente o ponto de equilíbrio). Por que o arrendamento aconteceria, então? Sabemos que o arrendamento é muito importante no mundo real, então a próxima seção descreve alguns dos fatores omitidos da nossa análise até este ponto. Esses fatores tornam o arrendamento atraente para ambas as partes.

EXEMPLO 27.2 Um arrendamento possível

No nosso exemplo da Xomox, um pagamento de $2.500 torna o arrendamento indesejável para a Xomox, enquanto um pagamento de $2.000 o torna bastante atraente. Qual aluguel de arrendamento tornaria a Xomox indiferente entre arrendar e comprar?

A Xomox ficará indiferente quando o VPL do arrendamento for zero. Para tanto, o valor presente dos fluxos de caixa de arrendar em vez de comprar precisa ser −$10.000. Nossa análise anterior nos ensinou que o pagamento deve ficar entre $2.500 e $2.000. Para descobrir o valor exato, observamos que há cinco pagamentos e que a taxa relevante é de 5% ao ano, então podemos calcular o fluxo de caixa de arrendar em vez de tomar um empréstimo, calculando o pagamento de uma anuidade ordinária, que retorna $10.000, a 5%, em cinco períodos, e encontramos o valor de −$2.309,75 ao ano.

Agora que temos o fluxo de caixa do arrendamento, em contraste com o do empréstimo, podemos calcular retroativamente o aluguel de arrendamento que produz esse fluxo de caixa. Suponha que AAr represente o aluguel de arrendamento pago pela Xomox. Consultando o Quadro 27.2, vemos que precisamos de −AAr × (1 − 0,34) − $680 = −$2.309,75. Com um pouco de álgebra, vemos que o aluguel de arrendamento com VPL zero é $2.469,32.

Questões conceituais

27.6a Por que dizemos que o arrendamento é um jogo de soma zero?

27.6b Qual é o paradoxo criado pela questão anterior?

27.7 Motivos para arrendar

Os defensores do arrendamento fazem várias afirmações sobre o porquê de as empresas deverem arrendar em vez de comprar. Alguns dos motivos apresentados para justificar o arrendamento são bons, mas outros não. Aqui, avaliaremos alguns desses motivos.

Bons motivos para arrendar

O arrendamento é uma boa escolha se uma ou mais das seguintes condições provavelmente for verdadeira:

1. O arrendamento pode reduzir tributos.
2. O arrendamento pode reduzir alguns tipos de incertezas que reduziriam o valor da empresa.
3. Os custos de transação podem ser menores para um contrato de arrendamento do que para a compra do ativo.
4. O arrendamento pode exigir menos cláusulas restritivas (*covenants*) do que os empréstimos com garantia (ou até cláusula nenhuma).
5. O arrendamento pode gravar menos ativos do que os empréstimos com garantia.

Vantagens tributárias Como sugerido neste capítulo, a razão mais economicamente justificável para o arrendamento de longo prazo é a redução de tributos. Se não houvesse mais imposto de renda e contribuição sobre lucro de pessoas jurídicas, o arrendamento de longo prazo se tornaria muito menos importante. As vantagens fiscais no arrendamento existem porque as empresas estão em diferentes categorias tributárias. Um benefício fiscal em potencial que não pode ser utilizado com a mesma eficiência por uma empresa pode ser transferido para outra por meio do arrendamento.

Os benefícios fiscais do arrendamento podem ser divididos entre as duas empresas com a definição de aluguéis de arrendamento apropriados, com os acionistas de ambas se beneficiando com esse sistema de transferência tributária. Quem sai perdendo é a Receita Federal. Uma empresa em uma faixa de tributos elevada prefere ser o arrendador. A empresa em uma faixa menor prefere ser o arrendatário, pois não poderá usar a vantagem fiscal da propriedade, como a depreciação e o financiamento por dívida, com a mesma eficiência.

Voltando ao exemplo da Seção 27.6 e à situação da Arrendamentos Amigáveis: o valor do arrendamento que ela propôs para a Xomox era de $87,68. Contudo, o valor do arrendamento para a Xomox era exatamente o contrário (–$87,68). Como os ganhos do arrendador vêm ao custo do arrendatário, não seria possível elaborar um contrato mutuamente benéfico. Se a Xomox não pagasse tributos e os aluguéis de arrendamento fossem reduzidos de $2.500 para $2.471,50, a Amigáveis e a Xomox teriam um contrato de arrendamento com VPL positivo.

Para ver isso, podemos reelaborar o Quadro 27.2 com uma alíquota zero e aluguéis de arrendamento de $2.471,50. Nesse caso, observe que os fluxos de caixa do arrendamento para a Xomox são os próprios aluguéis de arrendamento, de $2.471,50. Não há benefício fiscal da depreciação perdido, pois não há benefício fiscal algum, nem o pagamento de arrendamento pode ser deduzido para apuração do lucro. Os fluxos de caixa do arrendamento são:

Arrendamento versus compra	Ano 0	Ano 1	Ano 2	Ano 3	Ano 4	Ano 5
Aluguéis após tributos		$2.471,50	$2.471,50	$2.471,50	$2.471,50	$2.471,50
Custo da máquina, poupado	+$10.000					
Fluxos de caixa totais	+$10.000	$2.471,50	$2.471,50	$2.471,50	$2.471,50	$2.471,50

Dado esse cenário, o valor do arrendamento para a Xomox é:

$$VPL = \$10.000 - \$2.471,50 \times (1-1/1,0715)/0,071 = \$20,68$$

que é positivo. Observe que a taxa de desconto que utilizamos agora é a de 7,57575%, pois, nesse caso, como a Xomox não paga impostos, ela não tem o benefício tributário; em outras palavras, nesse caso, essa é a taxa antes e após o efeito dos tributos sobre o lucro para a Xomox.

Usando o Quadro 27.3, podemos calcular o valor do arrendamento para a Amigáveis. Com um recebimento de aluguéis de arrendamento de $2.471,50 observe que os fluxos de caixa para a Amigáveis serão de $ 2.311,19 após tributação e com aproveitamento da depreciação. A Arrendamento Amigáveis tem uma qualidade de crédito melhor que a Xomox, capta recursos a 7,50%. Ela está sujeita à tributação de 34% então sua taxa após tributos é de 4,95%. Nessas condições, o valor do arrendamento para a Amigáveis é:

VPL = $10.000 − $2.311,19 × (1 − 1/(1,0495)/0,0495 = $20,09

que também é positivo, praticamente o mesmo VPL que obtém a Xomox.

Esse exemplo mostra que, com alíquotas tributárias líquidas diferentes, o arrendatário (a Xomox) ganha $20,68, e o arrendador (a Amigáveis) ganha $20,09 — ambos ganham. Tanto o arrendador quanto o arrendatário poderão ter ganhos se suas alíquotas tributárias líquidas forem diferentes. O contrato de arrendamento permite ao arrendador usar a depreciação e os benefícios fiscais dos juros, os quais, nesse exemplo, não podem ser utilizados pelo arrendatário. A Receita Federal perde receitas fiscais líquidas, e alguns ganhos de tributos do arrendador são repassados para o arrendatário sob a forma de aluguéis de arrendamento menores.

Uma redução na incerteza Observamos que o arrendatário não é dono do bem quando o arrendamento chega ao seu final. O valor do bem nesse momento é chamado de *valor residual*. Quando o contrato de arrendamento é assinado, pode haver grande incerteza sobre qual será o valor residual do ativo. Um contrato de arrendamento é uma maneira de transferir essa incerteza do arrendatário para o arrendador.

Transferir a incerteza sobre o valor residual de um ativo para o arrendador faz sentido quando este possui maior capacidade de correr esse risco. Se o arrendador é o fabricante, ele pode saber melhor como avaliar e gerenciar os riscos associados com o valor residual. A transferência da incerteza para o arrendador representa uma forma de seguro para o arrendatário. Assim, o arrendamento oferece mais alguma coisa além do financiamento de longo prazo. É claro que o arrendatário paga implicitamente por esse seguro, mas ainda pode considerar a transação relativamente vantajosa.

A redução da incerteza é o motivo mais citado pelas empresas para adotar o arrendamento. Por exemplo, os computadores têm a tendência de se tornarem tecnologicamente obsoletos com bastante rapidez, então é muito comum arrendá-los em vez de comprá-los. Em uma pesquisa nos EUA, 82% das empresas respondentes citaram o risco de obsolescência como um motivo importante para o arrendamento, enquanto apenas 57% citaram o potencial de gastar menos com esse tipo de financiamento.

Custos de transação menores Os custos de mudar muitas vezes a titularidade da propriedade de um ativo durante a sua vida útil são, em geral, maiores do que os custos de fazer um contrato de arrendamento. Consideremos a escolha a ser feita por uma pessoa que mora no Rio de Janeiro, mas que precisa fazer negócios em São Paulo por dois dias. Obviamente, seria mais barato ficar em um hotel por duas noites do que comprar um apartamento por dois dias e depois vendê-lo. Assim, os custos de transação menores podem ser um dos maiores motivos para o uso de arrendamentos de curto prazo (operacionais). Contudo, esse provavelmente não é o principal motivo para o uso de arrendamentos de longo prazo.

Menos restrições e exigências de garantias Como vimos no Capítulo 7, com um empréstimo com garantia, o devedor normalmente concorda com uma série de cláusulas restritivas/protetoras (*covenants*), estabelecidas na escritura de emissão ou no contrato de empréstimo. Essas restrições são menos comuns nos contratos de arrendamento. Além disso, no caso de um empréstimo com garantia, o devedor pode ter que oferecer outros ativos como garantia. Com um arrendamento, apenas o ativo arrendado fica sujeito ao gravame.

Motivos duvidosos para arrendar

Outros motivos dados em prol do arrendamento não são tão bons. Vamos analisar alguns destes, e o motivo para serem duvidosos, a seguir.

Arrendamento e lucro contábil O arrendamento pode ter um efeito significativo na aparência das demonstrações contábeis da empresa. Se ela pudesse manter fora do balanço os seus arrendamentos, seria possível maquiar o balanço patrimonial e, possivelmente, as demonstrações de resultados. Por consequência, medidas de desempenho contábeis, como o retorno sobre os ativos (ROA), poderiam parecer maiores. Como mencionado, as mudanças na contabilidade dos arrendamentos que entraram em vigor em 2019 dificultam significativamente as tentativas de manter os arrendamentos fora das demonstrações.

Antes da reforma que entrou em vigor em 2019, o arrendamento operacional não aparecia no balanço contábil, de acordo com as regras correntes até então. Os ativos totais (e passivos totais) eram menores com um arrendamento operacional do que seriam se a empresa tomasse o dinheiro emprestado e comprasse o ativo. No Capítulo 3, vimos que o ROA é calculado na forma de lucro líquido dividido por ativos totais. Assim, até 2018, com um arrendamento operacional, o lucro líquido costumava ser maior, e os ativos totais eram menores, então o ROA era maior. Além disso, as cláusulas protetoras de empréstimos (*covenants*) muitas vezes não consideravam os arrendamentos operacionais como equivalentes a dívidas, permitindo que a empresa obtivesse financiamentos semelhantes a endividamentos sem violar tais cláusulas. Isso não é mais possível com as normas em vigor desde 2019.

Financiamento integral Alega-se frequentemente que o arrendamento oferece financiamento integral, enquanto empréstimos com garantia de equipamentos exigem uma entrada. Obviamente, a empresa pode tomar emprestado o valor da entrada de outra fonte que lhe ofereça crédito. Além disso, os arrendamentos normalmente envolvem uma entrada, na forma de um pagamento adiantado (ou uma caução). Mesmo quando não envolvem uma entrada, os arrendamentos podem ser garantidos implicitamente pelos ativos da empresa além daqueles sendo arrendados (os arrendamentos podem ter a aparência, mas não a substância, do financiamento integral).

Contudo, é preciso observar que uma empresa (especialmente uma de pequeno porte) pode não ter condições de obter financiamento para uma aquisição de um equipamento necessário. Um arrendamento operacional pode eventualmente ser uma forma de viabilizar a obtenção do equipamento. Nesses casos, não é uma questão de arrendar ou comprar, é arrendar ou morrer.

Baixo custo Arrendadores inescrupulosos poderiam incentivar arrendatários a basear suas decisões com base na "taxa de juros" implícita nos pagamentos de arrendamento, muitas vezes chamada de *taxa implícita* ou *efetiva*. Como discutido anteriormente, na seção sobre possíveis armadilhas, essa taxa não é importante nas decisões sobre arrendamento e não tem nenhum sentido jurídico.

Outros motivos para arrendar

Há, certamente, várias razões especiais pelas quais algumas empresas veem vantagens no arrendamento. Em um caso célebre, a Marinha dos Estados Unidos arrendou uma frota de navios-tanques em vez de solicitar verba ao Congresso. Assim, o arrendamento pode ser utilizado para contornar sistemas de controle de despesas de capital em organizações com controles burocráticos. Supostamente, isso é uma ocorrência relativamente comum em hospitais. Da mesma forma, nos EUA, muitos sistemas escolares arrendam ônibus e salas de aula modulares e pagam por eles com os seus orçamentos operacionais quando não conseguem obter a aprovação para emitir dívida e angariar os recursos de que precisariam para aquisições.

Questões conceituais

27.7a Explique por que a existência de diferenciais de alíquotas tributárias pode ser um bom motivo para arrendar.

27.7b Num arrendamento, para que uma das partes tenha ganhos decorrentes da sua situação fiscal, quem deve estar na faixa de tributos mais alta: o arrendatário ou o arrendador?

27.8 Resumo e conclusões

Uma grande parte de equipamentos é arrendada, e não comprada, especialmente nos EUA. Este capítulo descreveu os diferentes tipos de arrendamento, as consequências contábeis e fiscais do arrendamento e como avaliar arrendamentos.

1. Os arrendamentos podem ser divididos em dois tipos: financeiros e operacionais. Em geral, os arrendamentos financeiros são mais longos, inteiramente amortizados e não passíveis de cancelamento sem uma multa pesada. Os arrendamentos operacionais costumam ser mais curtos, parcialmente amortizáveis e passíveis de cancelamento.

2. Segundo as normas do FASB, nos EUA, somente os arrendamentos financeiros são reportados no balanço patrimonial, os arrendamentos operacionais não. Já sob as normas do IFRS, adotadas no Brasil, tanto os arrendamentos financeiros quanto os arrendamentos operacionais devem ser reportados no balanço patrimonial da empresa. Analisamos os critérios contábeis específicos para a classificação de um arrendamento como operacional ou financeiro segundo as normas do CPC 06 (R2).

3. Os tributos são uma consideração importante no arrendamento, e há normas específicas sobre o que representa um arrendamento válido para fins fiscais.

4. Um arrendamento financeiro de longo prazo é uma fonte de financiamento muito semelhante a um empréstimo de longo prazo. Nós mostramos como realizar uma análise do VPL do arrendamento para decidir se ele será realmente mais barato do que um empréstimo. Um *insight* crucial obtido com essa análise foi que a taxa de desconto apropriado é o custo de empréstimos após tributos sobre os lucros da empresa.

5. Vimos que a existência de diferenciais de alíquotas tributárias sobre lucros pode tornar o arrendamento atraente para ambas as partes envolvidas. Também mencionamos que o arrendamento diminui a incerteza em torno do valor residual do ativo arrendado. Esse é o principal motivo citado pelas empresas para arrendar.

REVISÃO DO CAPÍTULO E TESTE DE CONHECIMENTOS

27.1 Arrendar ou comprar A sua empresa quer comprar um novo servidor para a sua rede WAN. O servidor custa $75.000 e ficará completamente obsoleto em três anos. Suas opções são tomar um empréstimo a 10% ou arrendar a máquina. Se arrendar, os pagamentos serão de $27.000 ao ano, pagos ao final de cada um dos próximos três anos. Se comprar o servidor, poderá deduzi-lo linearmente até zero durante três anos. A alíquota tributária líquida é de 34%. Você deve arrendar ou comprar?

27.2 VPL do arrendamento Na pergunta anterior, qual é o VPL do arrendamento para o arrendador? Em qual valor do aluguel de arrendamento ambos, o arrendatário e o arrendador, ficam no ponto de equilíbrio?

RESPOSTAS DA REVISÃO DO CAPÍTULO E DO TESTE DE CONHECIMENTOS

27.1 Se comprar o servidor, a depreciação será de $25.000 ao ano, o que gera um benefício fiscal de $25.000 × 0,34 = $8.500 ao ano, perdido quando o servidor é arrendado. O aluguel de arrendamento após tributos seria de $27.000 × (1 − 0,34) = $17.820.

Voltando ao Quadro 27.2, podemos descrever os fluxos de caixa do arrendamento da seguinte forma:

Arrendar *versus* comprar	0	1	2	3
Aluguéis de arrendamento após tributos		−$21.330	−$21.330	−$21.330
Benefício fiscal da depreciação, perdido		− 5.250	− 5.250	− 5.250
Custo da máquina	+$75.000			
Fluxo de caixa total	+$75.000	−$26.580	−$26.580	−$26.580

A taxa de desconto apropriada é o custo do empréstimo após tributos de 0,10 × (1 − 0,34) = 0,066 ou 6,6%. O VPL de arrendar em vez de tomar um empréstimo e comprar é:

$$VPL = \$75.000 - \$26.320 \times (1 - 1/1,066^3)/0,066 = \$5.420$$

então o arrendamento é mais barato.

27.2 Supondo que o arrendador esteja na mesma situação fiscal que o arrendatário, o VPL para o arrendador é −$5.420. Em outras palavras, o arrendador perde exatamente tanto quanto o arrendatário ganha.

Para que ambas as partes atinjam o ponto de equilíbrio, o VPL do arrendamento deve ser $0. Com uma taxa de 6,60% por três anos, um fluxo de caixa de −$28.370,26 ao ano tem valor presente de −$75.000. O benefício fiscal da depreciação perdido ainda é de −$8.500, então o aluguel do arrendamento após tributos deve ser de $19.870. O aluguel de arrendamento que produz um VPL nulo é, portanto, $19.870/0,66 = $30.106,06 ao ano.

REVISÃO DE CONCEITOS E QUESTÕES INSTIGANTES

1. **Arrendamento *versus* dívida [OA2]** Quais são as principais diferenças entre o arrendamento e o financiamento com dívidas? São substitutos perfeitos entre si?
2. **Arrendamento e tributos [OA3]** Tributos são uma consideração importante na decisão de arrendamento. Qual destas empresas tem maior probabilidade de arrendar: uma empresa lucrativa em uma faixa de tributos alta ou uma menos lucrativa em uma faixa de tributos baixa? Por quê?
3. **Arrendamento e TIR [OA3]** Cite alguns dos principais problemas de se consultar TIRs ao avaliar uma decisão de arrendamento.
4. **Arrendamento [OA2]** Comente as seguintes afirmações:
   a. O arrendamento reduz o risco e pode reduzir o custo de capital da empresa.
   b. O arrendamento fornece um financiamento integral.
   c. Se as vantagens tributárias do arrendamento fossem eliminadas, ele desapareceria.
5. **Contabilidade de arrendamentos [OA1]** Discuta os critérios contábeis do IFRS para determinar se um dado arrendamento deve ser registrado no balanço patrimonial usando as regras contábeis do CPC 06 (R2). Em cada caso, dê uma justificativa para o critério.

QUESTÕES E PROBLEMAS

Use as seguintes informações para os Problemas de 1 a 5:

Você trabalha para um laboratório de pesquisa nuclear que está considerando o arrendamento de um *scanner* de diagnóstico (o arrendamento é uma prática comum com equipamentos caros de alta tecnologia). O *scanner* custa $4,3 milhões e seria depreciado linearmente até zero ao longo de quatro anos. Na realidade, o equipamento perderá completamente o seu valor em quatro anos devido à contaminação por radiação. Você pode arrendá-lo por $1,275 milhão ao ano por quatro anos.

1. **Arrendamento ou compra [OA3]** Suponha que a alíquota é de 34%. Você pode tomar dinheiro emprestado a 8% antes de tributos. É melhor arrendar ou comprar?
2. **Fluxos de caixa do arrendamento [OA3]** Qual é a VAL do arrendamento, do ponto de vista do arrendador? Considere uma alíquota tributária de 34%.
3. **Determinação do aluguel equilibrado [OA3]** Qual deve ser o aluguel de arrendamento para que ele seja neutro tanto para o arrendador quanto para o arrendatário?
4. **Tributos e fluxos de caixa do arrendamento [OA3]** Considere que a sua empresa não espera pagar tributos nos próximos anos, dado que tem prejuízos acumulados. Nesse caso, quais são os fluxos de caixa do arrendamento?
5. **Determinação do aluguel de arrendamento [OA3]** No Problema 4, qual é o intervalo de valores do aluguel de arrendamento que seria lucrativo para ambas as partes?

Para revisão de outros conceitos e novas questões instigantes, consulte a página do livro no portal do Grupo A (loja.grupoa.com.br).

Índice

3Com/Palm, precificação incorreta da, 796–798
    subprecificação e, 519–526

A

AAA, classificação de risco, 218–219
Abandonar projeto, opção de, 858–860
Abertura de capital no Brasil
    custos de, 529
    tipos de ofertas de distribuição, 530
Abordagem ABC para a gestão de estoques
Abordagem combinada à TIR, 319–320
Abordagem da moeda doméstica, 772–774
Abordagem da moeda estrangeira, 772–775
Abordagem da porcentagem de vendas
    balanço patrimonial, 112–115
    cenários para, 114–119
    demonstração de resultados, 111–113
Abordagem de baixo para cima ao fluxo de caixa operacional, 355–356
Abordagem de cima para baixo ao fluxo de caixa operacional, 355–356
Abordagem de contas a receber à análise da política de crédito, 748–750
Abordagem de negócio único para a estimativa do retorno exigido, 487–489
Abordagem do benefício fiscal ao fluxo de caixa operacional, 355–357
Abordagem do desconto à TIR, 318–319
Abordagem do reinvestimento à TIR, 318–319
Abordagem subjetiva para a estimativa do retorno exigido, 488–490
Abraços de urso, 920–921
Aceite bancário, 725–727
Acionistas
    direitos de, 259–264
    efeito das ofertas de direitos sobre, 540–541
    efeitos de fusões e aquisições sobre, 920–922
    fluxo de caixa para, 52–56
    gerentes e interesses dos, 15–18
Ações com direito de voto, aquisição de, 902–903, 914–917
Ações de crescimento, 249, 420. *Consulte também* Ações de pequenas empresas
Ações de grandes empresas
    desempenho histórico de, 406
    distribuições de frequência dos retornos de, 413–414
    prêmio pelo risco sobre, 412–413
    retorno médio, desvio padrão e distribuições de frequência de, 416–417
    retornos anuais médios sobre, 411, 423–425
    retornos totais ano a ano, 406–408, 410
    visão geral, 404–405
Ações de pequenas empresas
    desempenho histórico de, 406–407
    prêmio pelo risco sobre, 412–413
    retorno médio, desvio padrão e distribuição de frequência de, 416–417
    retornos anuais médios sobre, 411–413, 423–425
    retornos totais ano a ano, 406–408
    visão geral, 404–405
    volatilidade e, 420
Ações ordinárias
    características das, 259–265
    fusões e aquisições, 902–903, 914–917
Ações preferenciais
    características das, 264–269
    como perpetuidade, 172–174
    custo das, 473–475
Ações. *Consulte também* Ações ordinárias; Dividendos; Ações de grandes empresas; Ações preferenciais; Ações de pequenas empresas; Mercados de ações
    aquisição de, 902–903, 914–917
    opções sobre ações para funcionários, 849–854
    crescimento, 249, 420
    estoques de segurança, 743, 744
Acordos de *standstill*, 916–917
Adidas, 763
Administração de caixa
    cobrança e concentração de, 698–699
    custos de manter caixa, 680–689
    desembolsos, 699–701
    float, 688–697
    gestão da liquidez comparada com, 688–689
    investimento do caixa ocioso, 701–705
    meta para o saldo de caixa, determinação do, 707–715
    motivos para liquidez, 680–688
    visão geral, 679–680
Administração do capital circulante, 635–636 *Consulte também* Finanças de curto prazo
Administração e finanças, 1–6
Administração financeira
    decisões de orçamento de capital e, 1–7
    decisões sobre a estrutura de capital e, 1–7
    decisões sobre o capital de giro e, 1–6
    ineficiente, e aquisições, 911–913
    objetivos da, 6–15
    processo de falência e, 588–591
Administradores financeiros, 1–5, 736–738
ADR (American Depositary Receipt), 756–757
Aftermarket, 517–519
Agilização da cobrança, 698–699
Ágio por expectativa de rentabilidade futura, 905–906
Agregação, 106–107
Agrupamentos de ações, 630–632
Ajuste parcial, fenômeno do, 521–526
Alavancada, empresa, avaliação do capital próprio na, 891–892
Alavancados, arrendamentos mercantis, 928–930
Alavancagem caseira, 560–562
    alavancagem financeira e, 557–560
Alavancagem financeira
    custo do capital próprio e, 563–564
    definição, 36–37
    efeito da, 557–562
    impostos e, 577–579
Alavancagem operacional
    decisões sobre a estrutura de capital e, 557–562
    medida do, 391–393
    ponto de equilíbrio e, 393–394
    visão geral, 391–392
Alavancagem. *Consulte também* Alavancagem financeira; Alavancagem operacional
Alianças estratégicas, 904–905
Alibaba, 103
Alienação fiduciária, 658–665
Alinhamentos estratégicos, 901, 907–909
Alíquota tributária marginal, 45–49
Alíquota tributária média, 45–49
Alíquotas tributárias da pessoa jurídica, 44–48
Alocação estratégica de ativos, 295–297
Alphabet, 1–5, 15–18, 87–89, 263–264, 903–904
Amazon, 103
American Depositary Receipt (ADR), 756–757
Amortização parcial, 187
Análise de cenários, 375–378
Análise de crédito, 718, 731–735
Análise de FCD. *Consulte* Análise por fluxos de caixa descontados (FCD)

Análise de hipóteses, 374–380
Análise de indicadores
   indicadores de solvência de curto prazo ou de liquidez, 73–76
   indicadores de solvência de longo prazo, 75–78
   medidas de gestão de ativos ou de giro, 77–80
   medidas de lucratividade, 79–83
   medidas de valor de mercado, 82–85
   visão geral, 72–74, 84–85
Análise de opções, aplicações da, 854–855
Análise de sensibilidade, 377–379
Análise de tendência
   com demonstrações combinadas de tamanho e ano-base comuns, 70–72
   com demonstrações contábeis com ano-base comum, 70–71
Análise de tendência no tempo, 91–92
Análise do ponto de equilíbrio
   custos fixos e variáveis, 349–383
   ponto de equilíbrio contábil, 382–386
Análise e avaliação de projetos
   alavancagem operacional, 391–394
   análise de cenários e análises de hipóteses, 374–380
   análise do ponto de equilíbrio, 349–386
   estimativas de VPL, 372–375
   fluxo de caixa operacional, volume de vendas e ponto de equilíbrio, 385–390
   racionamento de capital, 394–395
   visão geral, 371–373
Análise por fluxos de caixa descontados (FCD). *Consulte também* Fluxo de caixa do projeto
   de opções de equipamentos, 361–364
   de propostas de redução de custos, 356–360
   exemplo de, 348–354
   limites à, 372–374
   para definir o preço em uma licitação, 359–362
   racionamento forte e, 394
Análise por grupo de pares, 91–93
Anjos caídos (*fallen angels*), 218–219
Antecipação de recebíveis, 658–665
Antedatação de opções, 851–854
Anuidade
   crescente, 175
   definição, 164
   valor futuro de, 170–172
   valor presente de, 164–171
Anuidade antecipada, 171–172
Anúncio público de oferta, 509–512
Anúncios e retorno esperado, 443–445
Aplicação do ponto de equilíbrio na mudança de política de crédito, 775–776
Aplicativos de orçamento, 6–8

Apple, 6–8, 679–680
Apropriada, taxa de desconto. *Consulte* Custo de capital; Retorno exigido
Aquisições alavancadas (*leveraged buyouts* – LBOs), 227–228, 903–904, 918–919
Aquisições conglomeradas, 903–904
Aquisições em caixa, 914–917
Aquisições horizontais, 903–904
Aquisições isentas de impostos, 904–906
Aquisições tributáveis, 904–906
Aquisições verticais, 903–904
Aquisições. *Consulte* Fusões e aquisições
Arbitradores, 844
Arbitragem de juros coberta, 768–770
Arbitragem triangular, 763
Arbitragem, limites à, 795–799
Arrendamento mercantil
   comparado com compra, 928–930, 934–938
   contabilização e, 928–933, 941–943
   da perspectiva do arrendador, 938–939
   fluxos de caixa de, 933–935
   impostos e, 932–935, 940–942
   motivos para, 939–943
   visão geral, 927
Arrendamentos mercantis
   definição, 928–930
   financeiros, 928–930
   operacionais, 928–930
Arrendatários, 928–930
Artigos de incorporação, 6–8
Associação de Administração de Risco (Risk Management Association, RMA), 92–97
Ativa, administração, 803–804
Atividades cíclicas, financiamento de, 701
Atividades sazonais, financiamento de, 701–703
Ativo circulante
   políticas alternativas de financiamento para, 648–652
   definição, 32–33, 636–637
   liquidez do, 34–36
   tamanho do investimento da empresa em, 647–651
Ativos financeiros de curto prazo, investimento em, 701–705
Ativos financeiros e aquisições, 910–912
Ativos intangíveis, 32–33
Ativos líquidos, 34–36
Ativos não circulantes, 32–36
Ativos perecíveis, 885–886
Ativos sem liquidez, 34–36
Ativos tangíveis, 32–33
Ativos. *Consulte também* Ativo circulante; Retorno sobre o ativo
   ágio por expectativa de rentabilidade futura, 905–906
   alocação estratégica de, 295–297

   aquisição de, 902–904
   capital próprio como opção de compra sobre, 853–856
   carteira de, 439–443, 446–450
   definição, 32–33
   financeiros de curto prazo, investimento em, 701–705
   fluxos de caixa de, 48–52, 55–56
   giro do ativo imobilizado, 79–80
   giro do ativo total, 79–80, 124–126
   intangíveis, 32–33
   líquidos, 34–36
   não circulantes, 32–33
   perecíveis, 885–886
   sem liquidez, 34–36
   supervalorizados, 459
   tangíveis, 32–33
Atletas, contratos para, 156–157
Autoridade Financeira de Regulamentação da Indústria (Financial Industry Regulatory Authority – FINRA), 231–232, 274–275
Avaliação da empresa, uso do CMPC para, 489–492
Avaliação de ações ordinárias
   casos especiais, 249–256
   componentes do retorno exigido, 255–257
   fluxos de caixa, 248–249
   usando múltiplos, 256–258
   visão geral, 258
Avaliação de desempenho, uso do CMPC para, 485–486
Avaliação de opções. *Consulte também* Modelo de precificação de opções Black-Scholes
   capital próprio e dívida na empresa alavancada, 891–893
   decisões corporativas e, 894–898
   paridade *put-call*, 872–877
Avaliação. *Consulte também* Avaliação de ações ordinárias; Avaliação de opções
   de empresas com CMPC, 489–492
   de opções de compra, 846–850
   de opções, 842–847, 849–850
   fluxo de caixa descontado e, 143–144, 297–298
Aversão
   à ambiguidade, 795–796
   à perda, 788–790
Aversão ao arrependimento, 791–792
Aversão miópica à perda, 791–792

B

Balanços patrimoniais
   abordagem da porcentagem de vendas, 112–115
   ativos, 32–33
   capital circulante líquido, 33–36

definição, 32–33
dívida e capital próprio, 36–37
fontes e usos de caixa e, 62–65
liquidez, 34–36
passivo e patrimônio líquido, 32–35
tamanho comum, 70–71
valor de mercado e valor contábil, 36–38
"Balão", pagamentos, 187–189
Balcão, mercados de (Over The Counter – OTC), 18–29, 271–273
Bancos concentradores de fundos, 698–699
Bancos e taxa de crescimento sustentável, 125–127
Bankrate.com, 186
BASF, 467–468
BAT, modelo, 708–714
 modelo de Miller-Orr, 712–714
 visão geral, 707–709
Baumol-Allais-Tobin (BAT), modelo, 708–714
Benefício fiscal da depreciação, 356–357
Benefício fiscal dos juros, 568
Betas de carteiras, 453–455
Beyond Meat, 122–123
Big Board, 294
Bitcoin, 1–6
Black Diamond Therapeutics, 553
Blockchain, 1–6
Blume, fórmula de, 425–426
BM&FBOVESPA
 governança corporativa, 22
 mercados do segmento Bovespa, 277
 operações da, 278
 outros tipos de ordem, 264
 participantes no Mega Bolsa, 279
 processamento de operações, 278
 segmentos especiais de listagem do mercado de ações, 22
 serviços do Mega Bolsa, 279
 sistemas de negociação, 261
BNDES, empréstimos do, 548
Boeing 737 Max, 399–400
Boeing, 31–32
Bolhas, 798–799, 801–803
Bolsa de Valores de Nova York (NYSE)
 atividades de pregão na, 270–272
 crash de outubro de 1987 e, 800–801
 membros da, 269–271
 operações da, 270–271
 títulos de empresas e, 18–29
 transparência e, 231–232
Bolsas de futuros, 820–822
Bonificação em ações. *Consulte* Dividendos
Bonificação pequena em ações, 627–630
Bonificações grande em ações, 627–630
Bônus de subscrição, 222–224, 861–863
Bônus de subscrição/direitos acionários, 532–535
Brazilian Depositary Receipt (BDR), 757

C

Cabeças-de-ponte, 907–909
Caixa
 capital circulante líquido e, 636–641
 fontes e usos de, 62–65, 637–641
Calculadora para empréstimos imobiliários, 186
Calculadoras de opções, 884, 889–891
Calculatoredge.com, 174
 dicas, 139–141
Câmaras de compensação automatizadas, 698–699
Câmbio, 756–757
Capacidade de endividamento não utilizada, 909–910
Capital circulante líquido
 decisões financeiras de curto prazo e, 635–636
 fluxo de caixa do projeto e, 336–341, 349–354
 no caminho do caixa e, 636–641
 no orçamento de capital, 332–333
 variação, 48–52, 55–56
 visão geral, 33–36
Capital circulante, 1–6. *Consulte também* Capital circulante líquido
Capital de uma empresa no Brasil
 anúncio da oferta, 544
 características da emissão, 545
 como abrir, 544
 investidores estrangeiros, ofertas para, 545
 período de silêncio, 545
 segmento de listagem das ações na BM&FBOVESPA, 544
Capital fechado (*private equity*), 501–504
Capital interno e custos de emissão, 495–496
Capital, arrendamentos de, 928–930
Capital, captação de
 diluição, 541–547
 emissão de ações subsequente, 527–528
 emissão de dívida de longo prazo, 543–550
 emissão de valores mobiliários, 512–514
 instituições intermediárias de subscrição, 515–520
 oferta de direitos, 532–541
 registro de prateleira, 550
 venda de valores mobiliários, 509–512
 venture capital, 501–508
 visão geral, 500–501
Capital. *Consulte* Orçamento de capital; Gastos de capital; Custo de capital; Capital circulante líquido
Capitalização composta
 contínua, 180–181, 874–877
 definição, 134–135
 efeito da, no valor futuro, 138–139
 taxas efetivas anuais e, 176–177
 usos da, 140–141
Capitalização contínua, 180–181, 874–877

Capitalização em duas classes, 920–921
Capitalização total, 76–77
CAPM (modelo de precificação de ativos financeiros), 459–461
Caps de taxa de juros, 830–831
Captação de recursos com emissão de ações de controlada (*carve-out*), 921–922
Cartas (letras)
 comentário, 509–512
 de crédito, 658–665
Carteiras de ativos, 439–443, 446–450
Casamento de prazo, 652
Caso-base, 374–375, 385–387
Cavaleiro branco, 918–919
CBOE Exchange, 296–297
CCL. *Consulte* Capital circulante líquido
Cédula de Crédito Bancário (CCB), 664
Central depositária, 278
Certificados de depósito bancário, 703–705
Certificado de Depósito Bancário (CDB), 682
Charles Schwab, 254–255
Cheques de transferência de fundos entre contas do mesmo titular, 698–699
Chicago Board Options Exchange (CBOE), 838, 840
Ciclo de vida das empresas
 dividendos e a política de distribuição e, 623–624
 financiamento inicial e venture capital, 501–508
 vendas de novas ações e o valor da empresa, 527–528
Ciclo financeiro
 cálculo, 646
 definição, 642–643
 interpretando, 646–647
Ciclo operacional
 cálculo, 645
 definição, 642
 quadro organizacional e, 643–644
Cinco Cs do crédito, 733–735
Cisão (*spin-off*), 922–923
Classe A, ações, 500–501
Classe B, ações, 500–501
Classe C, ações, 500–501
Classes de ações no Brasil, 262
Classes de ações ordinárias, 261–264
Classificação de crédito de títulos, 218–219
Cláusula de opção de venda (*put provision*), 222–224
Cláusula protetora negativa, 215–216
Cláusula protetora positiva, 215–216
Cláusulas de *flip-in*, 917–918
Cláusulas de preço justo, 920–921
Clawbacks, 15–18
CMPC e, 486–488, 492–496
CMPC. *Consulte* Custo médio ponderado de capital

Cobrança bancária no Brasil, 694
   float, 694
   tarifa, 694
CoCo bonds, 224–226
   características e preços dos, 196–198
   classificação de crédito de, 218–219
   conversíveis, 224–226, 862–865
   da morte (*death bonds*), 224–226
   de cupom fixo, 196–198
   de intersecção, 218–219
   definição, 32–33, 212
   determinantes dos retornos de, 237–244
   escritura de emissão, 213–217
   especulativos, 218–219, 227–231
   estrangeiros, 756–757
   eurobônus, 756–757
   indexados à inflação, 222–224
   islâmicos (*sukuk*), 224–226
   municipais, 219–220
   públicos, 218–220
   retorno negativo sobre, 195–196
   risco da taxa de juros sobre, 201–205
   taxa flutuante, 220–224
   tipo desconto, 199–200
   vinculados a receitas, 222–224
Códigos da classificação industrial padrão (SIC), 91–93
Coeficiente beta
   definição, 436–437
   prêmio pelo risco e, 454–459
   risco sistemático e, 449–455
Collar, 222–224
Colocação privada, 18–29, 543–547
Colocação privada, dívida de, 212
Comissões de *standby*, 540–541
Community Bank Systems, 871
Companhias abertas (*public limited companies*), 6–9
Companhias limitadas (*limited liability company* – LLC), 6–9
Comparação entre taxas de juros, 175–181
Compensação, 688–689
Componente de renda do retorno, 400–401
Comportamento dos preços em mercados eficientes, 426–428
Compostas, opções, 830–831
Compra de mercado aberto, 614–616
Compradores de contratos a termo, 816–817
Concentração de caixa, 698–699
Concentradoras de cheques, 698–699
Concentradoras eletrônicas, 698–699
Concorrência no mercado, 373–375
Condições de venda, 719–727
Conselheiro de administração de empresas no Brasil, eleição de, 259
Conselho de Padrões de Contabilidade Financeira dos Estados Unidos (Financial Accounting Standards Board – FASB), 905–906, 928–932

Conselhos classificados, 916–917
Consol, 172–174
Consolidações, 901
Consórcios, 515–516
Contabilidade
   arrendamento mercantil e, 928–933, 941–943
   fusões e aquisições e, 905–906
   mental, 790–792
   Princípios contábeis geralmente aceitos, 36–42
   retorno contábil médio, 306–309, 322–323
Contabilidade mental, 790–792
Contas a receber
   investimento em, 719–720
   monitoramento, 734–737
Contas de desembolsos controlados, 701
Contas de saldo zero, 699–700
Conteúdo informacional dos dividendos, 611–613
Contingência, planejamento de, 858–860
Contrair as operações, opção de, 859–860
Contraprestação, 901
Contrapropostas de aquisição, 920–921
Contrato de crédito rotativo, 658–665
Contratos a termo, 816–820, 826–827
Contratos de emissão da dívida, 213–214
Contratos de opção, 825–833, 838
Contratos de recompra, 703–705, 916–917
Contratos de sociedade, 6–8
Contratos de *swap*, *hedging* com, 823–826
Contratos futuros, *hedging* com, 819–824
Contratos sociais, 916–917
Conversível inverso, título, 224–226
Corporações internacionais, 755–756
Corporações multinacionais, 755–756
Corporações. *Consulte também* Finanças corporativas internacionais
   avaliação de, com CMPC, 489–492
   como formas de organização de negócios, 6–9
   controle das, 9–18
   de benefícios, 18–29
   eleição de diretores de, 259–262
   internacionais ou multinacionais, 755–756
Corretor, 266–270
Cosseguro, efeito de, 895
Cotação direta, 760–761
Cotação interna, 272–273
COVID-19, 15–18, 132, 398, 575, 607, 637, 679, 680
   força maior, 812
   indústria automotiva, 96–97
   títulos, 228–231
   tráfego aéreo, 399–400
   transporte aéreo, 94
Crash das ponto-com, 621–622, 785–786, 801–803

Crash de 1929, 798–800
Crash de outubro de 1987, 799–801
Crashes, 621–622, 785–786, 798–803
Crédito ao consumidor, 718
Crédito de fornecedores, 658–672, 718
Credores, 52–53, 55–56, 210–211
Crescimento
   aportes financeiros e, 119–122
   como objetivo da administração financeira, 106–107
   política financeira e, 120–126
Crescimento de dividendos, 141–142
   crescimento e, 123–127
Crescimento em dois estágios, 254–256
Criptomoedas, 1–6
Cronograma de amortização, 183–184
Cross-hedging, 820–822
Crossover, obrigações, 218–219
Crowdfunding de projetos, 509–512
Crowdfunding, 509–512
Cupons semestrais, 200–201
Cupons, 196–198
Curva de retornos dos títulos do Tesouro, 240–241
Curva do custo de crédito, 730–731
Curva normal, 416–418
Custo anual equivalente, 362–364
Custo da mudança na política de crédito, 796–797
Custo de agência, 15–18
Custo de capital de uma divisão, 487–488
Custo de capital próprio, 562
Custo de capital. *Consulte também* Retorno exigido; Custo médio ponderado de capital
   cálculo, 494
   de um projeto e de uma divisão, 486–490
   definição, 462, 468–469
   estrutura de capital e, 556–557
   estrutura ótima de capital e, 575–577
   não alavancado, 569
   política financeira e, 469–470
   retorno exigido e, 468–470
Custo do capital próprio
   abordagem da LMT, 471–473
   abordagem do modelo de crescimento de dividendos, 469–472
   definição, 469–470
Custo médio ponderado de capital (CMPC)
   avaliação da empresa com, 489–492
   avaliação de desempenho e, 485–486
   cálculo, 477–483
   custos de emissão e, 492–496
   decisões sobre a estrutura de capital e, 556–557
   definição, 467–469
   obtenção de estimativas do, 482
   pesos da estrutura de capital, 474–476
Custo médio ponderado de emissão, 492–496
Custo não alavancado de capital, 569

Custos das dificuldades financeiras, 573–574, 577–579
Custos de carregamento
  definição, 647–649
  estoque e, 737–738, 740–741
Custos de emissão
  definição, 527–528
  distribuição de dividendos e, 608–609
Custos de falência, 572–575
Custos de falta, 647–651, 649, 737–739
Custos de financiamento, 332–334
Custos de implementação, 796–797
Custos de oportunidade, 331–333, 709–710
Custos de renovação de estoque, 740–742
Custos de transação
  do arrendamento, 941–942
  em aquisições, 911–912
Custos de transação, 709–711, 787–788
Custos diretos de falência, 573–574
Custos fixos, 381–382, 392
Custos históricos, 36–37
Custos incrementais, 381–382
Custos indiretos de falência, 573–574
Custos irrecuperáveis, 331–332
Custos marginais, 381–383
Custos por período, 42–45
Custos por produto, 42–44
Custos variáveis, 349–382
Custos. *Consulte também* Custo de capital; Custo do capital próprio
  da dívida, 473–474, 480–481, 494
  de ações preferenciais, 473–475
  de agência, 15–18
  de aquisições, 913–917
  de carregamento, 647–649, 737–738, 740–741
  de descontos financeiros, 722–725
  de emissão de valores mobiliários, 527–528
  de emissão, 492–496, 527–528, 608–609
  de estoque, 737–739
  de falência, 572–575
  de falta, 647–651, 649, 707–708, 737–739
  de implementação, 796–797
  de manter caixa, 680–689, 707–709
  de negociação, 709–711, 787–788
  de ofertas públicas iniciais, 527–528
  de oportunidade, 331–333, 709–710
  de renovação de estoque, 740–742
  de saldos médios, 658–665
  de transação, 911–912, 941–942
  dificuldades financeiras, 573–574, 577–579
  do capital próprio, 562–567
  do *float*, 691–693
  financiamento, 332–334
  fixos e variáveis, 40–42, 349–383, 392
  históricos, 36–37

incrementais, 381–382
irrecuperáveis, 331–332
marginais, 381–383
por período, 42–45
por produto, 42–44
variáveis, 349–382
CVS Corporation, 871

D

Data da declaração, 598–600
Data de liquidação financeira, 684
  exemplos em negócios usuais, 684
Data de transação financeira, 684
Datas
  de liquidação, 816–817
  de pagamento, 598–600
  de registro, 539–540
  do registro, 598–600
  ex-direitos, 538–539
  ex-dividendos, 598–605
  vencimento, 837
Dealers de *swaps*, 824–825
Dealers, 266–270
Debênture, 212, 214–215
Decisão da estrutura de capital, 579–580
Decisão de orçamento de capital
  análise de opções em, 854–855
  avaliação de opções em, 894–898
  visão geral, 1–7, 295–297
Decisões de investimentos mutuamente excludentes, 314–317
Decisões sobre a estrutura de capital
  alavancagem financeira e, 557–562
  custo de capital e, 556–557
  teoria da ordem hierárquica de financiamento e, 580–582
  teoria de M&M e, 577–581
  valor da empresa e valor das ações, 555–557
  visão geral, 1–7, 554–556
Decisões sobre quando investir, 856–858
Delta, 883–886
Demanda derivada/dependente, 737–738
Demanda independente, 737–738
Demonstrações contábeis
  análise combinada de tamanho e ano-base comuns, 70–72
  balanço patrimonial, 32–38
  com ano-base comum, 70–71
  comparáveis, 69–72
  conhecimento prático das, 61–62
  de resultados, 37–45, 111–113
  fluxo de caixa, 48–57, 64–71
  impostos, 44–49
  problemas com a análise das, 96–98
  projetadas, 109–110, 333–336
  referência para comparação de, 91–97

tamanho comum, 69–71
usos das informações de, 62–63, 90–91
Demonstrações de resultados
  abordagem da porcentagem de vendas, 111–113
  definição, 37–40
  tamanho comum, 70–71
Demonstrações de tamanho comum, 69–71
Demonstrações projetadas, 109–110, 333–336
Dependência da forma, 788–789
Depreciação
  de moeda, 768
  itens que não afetam o caixa e, 40–42
  por ACRS modificado, 341–348
  valor contábil e de mercado da, 344–347
Depreciação acelerada, 344
Derivativos, 811–813, 830–833
Descontados, anúncios ou notícias, 444–445
Desconto, 141–142
Desconto, taxa de, 143–144, 146–150, 911–912
Descontos financeiros, 721–725, 750–752
Desdobramentos de ações, 627–632
Desembolsos
  administração de, 699–701
  administração do *float* e, 690–692
Desembolsos de caixa, 656–657
Designated market maker (DMM), 269–270
  posto do DMM, 270–271
Desinvestimentos e reestruturações, 921–923
Desvalorização temporal, 885–886
Desvio padrão
  avaliação de opções e, 886–887
  histórico, 416–417
  implícito, 888–891
  variância da carteira e, 442–443
  visão geral, 413–416
Devedores, 210–211
Diluição
  da propriedade proporcional, 541–542
  do valor, 541–547
Diluído, lucro por ação, 861–863
Dinheiro da casa, apostar o, 789–792
Dinheiro. *Consulte* Valor do dinheiro no tempo
Direitos de mercado, 580–581
Direitos de subscrição, 263–264
Direitos não negociáveis no mercado, 580–581
Diretor de riscos (CRO – Chief Risk Officer), 809–810
Diretores de empresas, eleição de, 259–262
Diretos, arrendamentos, 928–930
Disposição, efeito, 790–791
Disputa por procurações, 15–18, 261–262, 903–904

Distribuição de dividendos
  alta, fatores que favorecem, 609-611
  baixa, fatores que favorecem, 609-611
  definição, 598-600
  impostos e, 608-611, 626-627
Distribuição normal, 416-418
Distribuição, 597-598
Distribuições de frequência, 413-417
Distribuir despesas administrativas, 908-909
Diversificação
  avaliação de opções e, 894-895
  efeito da, 446-448
  fusões e aquisições e, 913-914
  princípio da, 447-449
  risco e, 435-437
  risco não sistemático e, 448-450
  risco sistemático e, 449-450
Dívida
  ação preferencial e, 264-269
  custo da, 473-474, 480-481, 494
  de colocação privada, 212
  de curto prazo, 210-212
  de emissão pública, 212
  de longo prazo, 212, 543-550
  do governo dos EUA, 133-134
  índice de endividamento total, 75-77
  juros pagos sobre, dedutibilidade de, 566-567
  não financiada, 212
  patrimônio líquido e, 36-37, 210-211, 891-893
Dívida não financiada, 212
Dividendo extra, 597-598
Dividendos cumulativos, 264-265
Dividendos de liquidação, 597-598
Dividendos em caixa. *Consulte* Dividendos regulares
Dividendos especiais, 597-598
Dividendos não cumulativos, 264-265
Dividendos no Brasil, 612
Dividendos por ação, 598-600
Dividendos regulares
  como sinal para o mercado, 624-625
  prós e contras dos, 625-626
  recompra de ações, comparação com, 613-617
  visão geral, 597-600
Dividendos. *Consulte também* Distribuição de dividendos; Política de dividendos; Dividendos regulares
  características do, 263-265
  conteúdo informacional dos, 611-613
  crescimento de, 250-251
  cumulativos e não cumulativos, 264-265
  de liquidação, 597-598
  definição, 263-264, 597-598
  empresas que pagam dividendos e, 619-622
Divisão (*split-up*), 922-923

Dupla tributação, 6-8
Duplicata mercantil, 725-727

E

E.F. Hutton, 694-697
Eastman Chemical Co., cálculo do CMPC da, 477-483
Economias
  de escala, 908-909
  de integração vertical, 908-910
EDGAR, *site*, 42-44
  cartas-comentário de, 509-512
  registro de ofertas públicas com, 18-29
EDI financeiro (FEDI), 696-697
Efeito clientela, 613-614
Efeito de reconhecimento, 905-906
Efeito do ponto de equilíbrio, 789-790
Efeito dos ganhos de capital, 905-906
Efeito dotação, 791-792
Efeito Fisher internacional, 771-772
Efeito Fisher, 235-236
  estrutura a termo das, 237-240
  implícitas ou efetivas, 942-943
  inflação e, 234-238
  reais e nominais, 234-236
  relativas, 652
Efeito herdado dos dividendos, 624-626
Efeitos colaterais do projeto, 332-333
Efeitos de enquadramento, 788-792
Efeitos do custo da política de crédito, 725-727
Efeitos sobre a receita
  da política de crédito, 725-727
  de aquisições, 907-909
Eficiência do mercado
  desempenho dos gestores financeiros profissionais e, 803-807
  finanças comportamentais e, 795-803
  mercados de capitais eficientes, 426-431
Eficiente na forma forte, mercado, 429-431
Emendas supermajoritárias, 916-917
Emissão de ações subsequente, 512-514, 527-528
Emissão de cheques sem fundos, 694-697
Emissão suplementar, 517-519, 528-529
Emissão suplementar, cláusula de, 517-519
Empreendedorismo: financiamento inicial e *venture capital*, 501
Empreendimento conjunto
Empresas de *crowdfunding*, 1-6
Empresas de *venture capital*, 501
Empresas individuais, 1-8
Empresas. *Consulte* Corporações; Ciclo de vida das empresas; Valor das empresas
Empresas-alvo
  definição, 901
  táticas defensivas de, 916-921

Emprestadores, 210-211
Empréstimos
  administração de caixa e, 714-715
  alavancados, 228-231
  amortizados, 183-189
  de curto prazo, 652-654, 657-672
  com garantia, 658-665
  com juros constantes, 183-184
  financiamento de estoques, 658-665
  tipo desconto, 182-183
Empréstimos a longo prazo, 543-547
Empréstimos alavancados, 228-231
Empréstimos com juros constantes, 183-184
Empréstimos com pagamento parcelado, 183-189
Empréstimos tipo desconto, 182-183
Enquadramento estreito, 789-790
Enron, 485-486
Entrada líquida de caixa, 656-657
Equação básica do valor presente, 145-146
Equity kickers, 861-862
Equivalentes de caixa, 688-689
ERM. *Consulte* Gestão de riscos corporativos
Erosão, 332-333
Erros cognitivos
  efeitos de enquadramento, 788-792
  heurísticas, 791-796
  vieses, 786-788
Escore de crédito, 733-735
Escritura de emissão
  cláusulas protetoras, 215-216
  definição, 213-214
  garantia, 214-215
  opção de resgate antecipado, 215-216
  pagamento, 214-216
  preferência, 214-215
  termos de um título de dívida, 213-214
Escrituras de hipoteca, 214-215
Escudeiros brancos, 920-921
ESOs (opção sobre ações para funcionários), 849-854
Espécies de ações no Brasil, 260
Esperado, prêmio pelo risco, 437-438
Estado da economia e retorno esperado, 436-437
Estatutos, 6-8
Estoque em processo, 737-738
Estoque *just-in-time*, 745
Estoques de demanda derivada, 743, 745
Estoques de segurança, 743, 744
Estratégia definida de recompra, 624-625
Estratégicas, opções, 860-861
Estrutura a termo das taxas de juros, 237-240
Estrutura de capital
  custo do capital próprio e, 562-567
  observações sobre, 583-586
  ótima, 556-557, 574-579
  visão geral, 1-7

Índice

Estrutura ótima de capital, 556–557, 574–579
Éticas, questões, na administração do *float*, 694–697
Eurobônus, 756–757
Euromoeda, 756–757
Europeias, opções, 837, 881–882. *Consulte também* Modelo de precificação de opções Black-Scholes
EVA (valor econômico agregado), 485–486
Excedentes de caixa, investimento de, 701–705
Excesso de confiança, 786–788
Excesso de otimismo, 787–788
Exercício da opção, 837
Exigibilidade a longo prazo, 32–33
Expandir projeto, opção de, 858–860
Explícitas, opções, 855–856
Exposição à conversão ao risco da taxa de câmbio, 776–780
Exposição a transações, 815–816
Exposição de curto prazo, *hedging* da, 815–816
Exposição de longo prazo, *hedging* da, 815–816
Exposição econômica, 815–816
Extracontábil, financiamento, 928–932

F

Facebook, 1–5
Facilidade de comercialização, 702–703
Factoring a termo, 658–665
Factoring convencional, 658–665
Factoring de contas a receber, 658–665, 730–731
Factoring de contas a receber, 658–665, 730–731
Falácia do apostador, 793–795
Falência, 566–567, 585–591
Falência (caso brasileiro), 589
Falso consenso, 795–796
Falta de caixa, 647–648
Falta de estoque, 647–648
Fator de desconto, 143–144
Fator de juros de valor futuro, 135–138, 145–146
Fator de juros de valor presente, 143–146
Fator de valor presente para anuidades, 165–166
Faturas, 720–721
FCO. *Consulte* Fluxo de caixa operacional
Fênix negra, 397
Fidelity Magellan Fund, volatilidade do, 417
Finanças
    finanças corporativas, 1–5
    instituições financeiras, 1–7
    fintech, 1–7
    finanças internacionais, 1–7

investimentos, 1–5
administração e, 1–6
marketing e 1–7
tecnologia e, 1–6
contabilidade e, 1–7
Finanças comportamentais
    bolhas e *crashes*, 798–803
    efeitos de enquadramento, 788–792
    eficiência do mercado e, 795–803
    gestores financeiros profissionais e, 803–807
    heurísticas, 791–796
    limites à arbitragem, 796–799
    vieses, 786–788
    visão geral, 785–787, 804–805
Finanças corporativas internacionais
    arbitragem de juros coberta, 768–770
    efeito Fisher internacional, 771–772
    mercados de câmbio, taxas de câmbio e, 757–765
    orçamento de capital, 772–775
    paridade da taxa de juros, 769–771
    paridade de juros descoberta, 771–772
    paridade do poder de compra, 763–768
    risco da taxa de câmbio, 774–780
    risco político, 779–781
    taxas a termo e taxas à vista no futuro, 771
    terminologia, 756–759
    visão geral, 755–757
Finanças corporativas, 1–6, 9–14
Finanças de curto prazo. *Consulte também* Administração de caixa
    ciclos operacionais e financeiros, 637–647
    empréstimos, 652–654, 657–672
    gestores que lidam com, 643–644
    orçamento de caixa, 655–658
    plano para, 665–674
    visão geral, 635–637
Financeiros, arrendamentos mercantis, 928–930
Financiamento com garantia de estoques em armazém depositário, 658–665
Financiamento de capital próprio, 509–512
Financiamento de ordens de compra, 658–665
Financiamento internacional, 1–7
Financiamento interno e a ordem hierárquica, 580–582
Financiamento por dívida, 500–501, 557–558
Financiamento, tipo, de fluxo de caixa, 316–318
Financiamentos de estoques, 658–665
Finra-markets.morningstar.com, 230
Fintech
    bancária, 1–6
    visão geral, 1–7
Fiscais, arrendamentos, 928–930

Fixo, preço, 872–873
Float
    administração do, 690–697
    custo do, 691–693
    definição, 688–689
    float de cobrança, 689–690
    float de desembolso, 688–690, 699–700
    float líquido, 689–690
    medição do, 690–692
    transferência eletrônica de dados e, 696–697
Flutuações de preço, componentes das, 813–815
Fluxo de caixa após impostos, 333–334
Fluxo de caixa descontados (FCD), retorno do, 310–311
Fluxo de caixa do projeto
    depreciação, 341–348
    exemplo de, 348–354
    capital circulante líquido, 337–340
Fluxo de caixa incremental
    aquisições e, 911–912
    de arrendamentos, 933–935
    visão geral, 330–334
Fluxo de caixa livre, 51–52
Fluxo de caixa operacional (FCO)
    abordagens ao, 354–357
    cálculo, 50
    como componente do fluxo de caixa dos ativos, 48–49, 54–55
    ponto de equilíbrio contábil e, 385–387
    pontos de equilíbrio e, 387–390
    volume de vendas e, 387–388
Fluxo de caixa operacional do projeto, 335–337, 348–354
Fluxo de caixa operacional, 361–362, 398, 407–408
Fluxo de caixa projetado, 372–373
Fluxo de caixa. *Consulte também* Fluxo de caixa incremental; Fluxo de caixa operacional; Fluxo de caixa do projeto
    após impostos, 333–334
    avaliação de ações ordinárias e, 248–249
    bloqueados, 774–775
    cenário e análises "e se", 398–400
    com a nova política, 796–797
    da concessão de crédito, 718–720
    definição, 48–49
    demonstração de fluxos de caixa, 48–57, 64–71
    dos ativos, 48–52, 55–56
    exemplo de, 54–57
    hedging, 815–816
    na empresa, 18–29
    não convencionais, 312–314
    para credores e acionistas, 52–54
    relevantes, 330–331
    tempo do, 163–164

tipos financiamento e investimento de, 316–318
total projetado, 336–338
valor futuro com múltiplos, 157–159
valor futuro dos fluxos de caixa de anuidades, 170–172
valor presente dos fluxos de caixa de anuidades, 164–171
valores presentes para vários, 160–163
Fluxo de ordens, 270–271
Fluxos de caixa descontados (FCD), avaliação por, 143–144, 297–298
Fontes de caixa, 62–65, 637–641
Ford Motor Company, 261–262
Forma ao portador, 213–214
Forma de anuidade ordinária do fluxo de caixa, 164
Forma fraca, mercados eficientes na, 430–431
Forma nominativa, 213–214
Forma semiforte, mercados eficientes na, 430–431
Formas de organização de negócios, 6–9
Fundo de amortização, 214–216
Fundos de investimento, 705
Fundos de patrimônio líquido (GEFs), 803–807
Fundos excedentes e aquisições, 909–911
Fundos indexados, 803–804
Fusões e aquisições
 avaliação de opções em, 894–895
 contabilização de, 905–906
 custos das, 913–917
 efeitos colaterais financeiros das, 912–914
 evidências sobre, 920–922
 formas legais de, 901–905
 ganhos das, 906–913
 impostos e, 904–906
 táticas defensivas de empresas-alvo, 916–921
 visão geral, 900–901

G

Ganhos de *marketing* advindos de aquisições, 907–908
Garantias flutuantes, 214–215
Garantias para empréstimos, 658–665
Gastos de capital
 como componente do fluxo de caixa dos ativos, 48–52, 54–55
 fluxo de caixa do projeto e, 349–354
 para projetos, 336–337
Gastos planejados ou possíveis, 701
GE Capital Aviation Services, 927
General Motors (GM), 87–88, 263–264
Gerenciais, opções, 857–861
Gerenciamento de resultados contábeis, 60
Gestão da liquidez, administração de caixa comparada com, 688–689

Gestão, 738–740
Gestão de estoques
 abordagem ABC, 738–740
 administrador financeiro e, 736–738
 custos de estoque, 737–739
 estoques de demanda derivada, 743, 745
 modelo do lote econômico (MLE) modelo do, 738–743
 tipos de estoque, 737–738
Gestão de riscos corporativos (ERM)
 hedging com contratos a termo, 816–820
 hedging com contratos de opção, 825–833
 hedging com contratos de *swap*, 823–826
 hedging com contratos futuros, 819–824
 risco financeiro, 811–817
 seguro e, 810–813
 visão geral, 809–815
Gestão/utilização de ativos, medidas de, 77–80
Gilts, 756–757
Giro de contas a pagar, 78–80, 646
Giro de contas a receber, 78–79, 645
Giro do ativo imobilizado, 79–80
Giro do ativo total, 79–80, 124–126
Giro do CCL, 79–80
Giro do estoque, 77–79, 645
Globalização, 756–757
GoDaddy, 871
Gotejamento, método de nova emissão de ações de, 550
Governança corporativa
 BM&FBOVESPA, 22
 e o direito dos acionistas, 22
Grau de alavancagem operacional (GAO), 391–392
Greenmail, 916–917
Grupo-meta, 92–93
Grupos, 509–512

H

Hedging
 com contratos a termo, 816–820
 com contratos de opção, 825–833
 com contratos de *swap*, 823–826
 com contratos futuros, 819–824
 definição, 811–813
 exposição de curto prazo, 815–816
 exposição de longo prazo, 815–816
 fluxo de caixa, 815–816
 risco financeiro, 813–815
 vencimento, 652
Hedging de riscos de preços de *commodities*
 com opções, 828–830
Hertz Corporation, 936
Hertz, 554
Heurística da representatividade, 792–795
Heurísticas, 791–796
Híbrido, mercado, 269–270

Hipótese dos mercados eficientes (HME), 427–430
Histórico do mercado de capitais
 eficiência e, 426–431
 lições do, 412–413, 418, 420, 435–436, 446–448
 retorno sobre investimentos, 404–410
 retornos médios, 411–413, 422–426
 variabilidade dos retornos, 413–421
 visão geral, 255–401
Horizonte de planejamento, 106–107
Horizonte de tempo, 40–42

I

Identidade DuPont, 86–90
IL (índice de lucratividade), 319–323
Ilusão de agrupamento, 793–795
Ilusão monetária, 791–792
Implícita, taxa de juros, 942–943
Importância da liquidez, 52–53
 cinema, 357–358
 taxa de juros, 246
Imposto de renda da pessoa jurídica no Brasil, 45
Impostos
 alavancagem financeira e, 577–579
 alíquotas da pessoa jurídica, 44–48
 alíquotas médias e marginais, 45–48
 aquisições e, 904–906, 909–911
 arrendamento mercantil e, 932–935, 940–942
 custo médio ponderado de capital e, 476–478
 de pessoa jurídica, com proposições I & II de M&M, 566–573
 distribuição de dividendos e, 608–611, 626–627
 recompras de ações e, 616–617
 saldos de caixa no exterior e, 779–781
 títulos de curto prazo e, 702–705
Impostos sobre ganhos de capital, 608–609
Imunização, 246, 811–813
Indenização por acidente de trabalho, 810–811
Indicadores de solvência de curto prazo, 73–76
Indicadores de solvência de longo prazo, 75–78
Indicadores financeiros, 72. *Consulte também* Análise de indicadores
Índice capital circulante líquido/ativo total, 75–76
Índice de alavancagem financeira, 76–77
Índice de caixa, 75–76
Índice de cobertura de caixa, 77–78
Índice de cobertura de juros, 76–78
Índice de custo-benefício (índice de lucratividade), 319–323

Índice de endividamento a longo prazo, 76–77
Índice de endividamento total, 75–77
Índice de liquidez corrente, 73–75
Índice de liquidez imediata, 74–76
Índice de lucratividade (IL), 319–323
Índice de preços ao consumidor (IPC), 404–405, 410
Índice dívida/capital próprio, 76–77, 556–557. *Consulte também* Decisões sobre a estrutura de capital
Índice Lajida, 84–85
Índice P/L (preço/lucro), 61–62, 82–83
Índice P/L de referência, 269–270
Índice preço/lucro (P/L), 61–62, 82–83
Índice preço/vendas, 82–84
Índice Q de Tobin, 83–84
Índice valor de mercado/valor contábil, 83–84
Inflação
  ano a ano, 408–409
  cálculo do valor presente e, 236–238
  desvio-padrão e distribuição de frequência de, 416–417
  média anual, 411, 423–425
  taxa de juros e, 234–238
Informação e formas da eficiência do mercado, 429–431
Informações de crédito, fontes de, 733–734
Inovação, 444–445
Insolvência contábil, 585–586
Insolvência técnica, 585–586
Instituições financeiras, 1–7
Instituições intermediárias de subscrição, 515–520
Instrumentos de crédito, 725–727
Instrumentos de pagamento no Brasil, 684-688
  BR code, 686
  canais de atendimento, 687
  cartões com valor armazenado, 686
  cartões de crédito, 685
  cartões de débito, 685
  cartões de loja, 686
  cheques, 685
  débitos diretos, 686
  gestão do caixa, 688
  pagamentos instantâneos (pix), 685
  transferência de crédito, 684
Insurtech, 6–8
Integral, financiamento, 942–943
Intensidade de capital, 113–114
Intensivo em capital, projeto, 391–392
International Air Transport Association (IATA), 45–48
Intervalo de preços, 630–631
Investidor único, arrendamentos de, 928–930
Investimento, tipo, de fluxo de caixa, 316–318

Investimentos, 1–5
Investir
  durante um período, 134–135
  excedentes de caixa, 701–705
  por mais de um período, 134–139
IPC (índice de preços ao consumidor), 404–405, 410
IPO. *Consulte* Oferta pública inicial
ISDEX, 785–786
Isenção para pequenas emissões, 509–512
Isentos de impostos, títulos de dívida de curto prazo, 703–705
Itens colecionáveis, retorno sobre, 147–149
Itens que não afetam o caixa, 40–42

J

Japão e o *crash* da Nikkei, 801–802
JOBS (Jumpstart Our Business Startups Act of 2012), Lei, 509–512
Joias da coroa, 918–919
Jurídicas, questões, na administração do *float*, 694–697
Juros acrescidos, 194
Juros compostos, 134–135, 138–139
Juros por desconto, 194–194
Juros privados no Brasil, estrutura de, 41
Juros simples, 134–135
Juros sobre juros, 134–136

L

Lajir (lucro antes de juros e impostos), 76–78, 558–560
Lajir do ponto de equilíbrio, 559–560
Lajir e Lajida, 77–78
Lajir e, 558–560
  alavancagem financeira e, 557–560
  recompras de ações e, 616–620
Lei da Reforma Tributária dos Estados Unidos de 1986, 341, 905–906
Lei das sociedades por ações ver Lei nº 6.404/1976
Lei de Compensação de Cheques do Século 21 (Check 21) de 2004, 696–697
Lei de Prevenção contra Abusos de Falência e Proteção ao Consumidor (Bankruptcy Abuse Prevention and Consumer Protection Act – BAPCPA), 587–588
Lei de Valores Mobiliários (Securities Act) de 1933, 509–512
Lei de Valores Mobiliários (Securities Exchange Act) de 1934, 509–512
Lei dos pequenos números, 793–795
Lei Federal de Falências dos Estados Unidos de 1978, 585–587
Lei nº 6.404/1976, 266
Lei Sarbanes-Oxley de 2002, 9–15, 851–854

Leilões, 284
  cotações, 285
  fixing, 286
  negociabilidade, 284
  operações de financiamento, 286
  para casos especiais, 286
  prioridades, 287
  prorrogação, 288
  quantidade negociada, 266
  quantidades menores, 286
Leilões de preço uniforme (holandês), 516–519
Letra de câmbio comercial, 725–727
Letra do Tesouro Nacional (LTN), 703
Letra Financeira do Tesouro (LFT), 703
Letra imobiliária, 214–215
Letras de câmbio a prazo, 725–727
Letras de câmbio à vista, 725–727
Letras do Tesouro
  como títulos do mercado monetário, 703–705
  desempenho histórico de, 406–407
  prêmio pelo risco sobre, 412–413
  retorno médio, desvio padrão e distribuição de frequência de, 416–417
  retornos anuais médios sobre, 411–413, 423–425
  retornos totais ano a ano, 407–408, 410
  visão geral, 182–183
Letras do Tesouro Nacional (LTN), 703
Libor (London Interbank Offered Rate), 757–759
Limite inferior do valor da opção de compra, 843
Limite superior do valor da opção de compra, 843
Limites à arbitragem, 795–799
Linha de crédito compromissada, 658–665
Linha do mercado de títulos (LMT)
  custo de capital e, 462
  custo do capital próprio e, 471–473
  visão geral, 436–437, 459–461
Linha do tempo dos fluxos de caixa, 643
Linha do tempo, 157–158
Linhas de crédito, 658–665
Liquidação, 585–587
Liquidação
  da empresa (caso brasileiro), 589
  formas de, 589
Liquidez seca, 74–76
Liquidez, 34–36, 680–688
Listagem, 18–29
LMT e, 486–488
  impostos, proposição II de M&M, e, 569–570
  problema dos armazéns, resolvendo com, 467–469, 483–484
LMT. *Consulte* Linha do mercado de títulos

London Interbank Offered Rate (Libor), 757–759
Longo prazo, arrendamento de, 927
Lotes fracionários, 630–631
Lotes padrões, 630–631
LPA. *Consulte* Lucro por ação
Lucro líquido, 38–40
Lucro por ação (LPA)
  aquisições e crescimento do, 912–914
  definição, 38–40
  diluição do, 541–547
  diluído, 861–863
Lucro, motivo, 428–429
Lucro, repatriação do, 779–781
Lucros antes de juros e impostos (Lajir), 76–78, 558–560

M

MACRS (*modified accelerated cost recovery system*), 341–348
Make whole, cláusula de opção, 215–216
Maldição do vencedor, 359–360, 526
Management *buyouts*, 903–904
Marcação a mercado, 819–820
Margem (*spread*) entre compra e venda, 232
Margem de contribuição unitária, 383–384
Margem de lucro
  como fator do crescimento, 123–124
  crescimento sustentável e, 127–128
  definição, 80–82
Marketing e finanças, 1–7
Matéria-prima, 737–738
Mecanismo de Registro e Conformidade de Transações (Transactions Report and Compliance Engine – Trace), 231–232
Medida de intervalo, 75–76
Medidas de giro, 77–80
Medidas de liquidez, 73–76
Medidas de lucratividade, 79–83
Medidas de valor de mercado, 82–85
Melhor caso, cenário do, 376–377
Membros da NYSE, 269–270
Mercado
  de balcão versus mercado de bolsa, 27
  primário, 26
  secundário, 26
Mercado de ações com altos dividendos, 613–614
Mercado de balcão, 18–29
Mercado de câmbio (forex, FX), 757–759
Mercado de capitais eficiente, 426–431
Mercado de Treasuries dos Estados Unidos, 231–233
Mercado monetário, 701
Mercado primário, 18–29, 266–269
Mercado secundário, 18–29, 266–269

Mercados de ações. *Consulte também* Bolsa de Valores de Nova York
  bolhas e *crashes*, 621–622, 785–786, 798–803
  dealers e corretores, 266–270
Mercados de balcão (Over The Counter – OTC), 18–29, 271–273
Mercados de bolsa, 18–29
Mercados de títulos de dívida
  cotações de preço, 234–235
  relatórios de preços, 231–233
  visão geral, 228–232
Mercados financeiros, dados sobre, 408–409
Mercados financeiros. *Consulte também* Histórico do mercado de capitais
  câmbio, 757–759
  fluxos de caixa na empresa, 18–29
  primários e secundários, 18–29
  transparência dos, 231–232
Mercados globais, 408–409, 419, 421
Metallgesellschaft AG, 822–824
  modelo de Miller-Orr, 712–714
Método de contabilização de aquisição, 905–906
Modelo de crescimento de dividendos, 250–251, 469–472
Modelo de pizza, 562–563, 577–581
Modelo de precificação de ativos financeiros (CAPM), 459–461
Modelo de precificação de opções (MPO) Black-Scholes
  avaliação de opções de venda, 880–883
  desvios padrões implícitos, 888–891
  distribuição normal cumulativa, 878
  fórmula de precificação de opções de compra, 877–881
  variação da taxa sem risco, 887–889
  variação do desvio-padrão, 886–887
  variação do prazo até vencimento, 885–887
  variação do preço da ação, 882–886
  visão geral, 877–879
Modelo de precificação de opções, 845–846
Modelo do lote econômico (MLE), 738–743
Modelo expandido de pizza, 579–581
Modified accelerated cost recovery system (MACRS), 341–348
Moody's, 217
Motivo especulação para liquidez, 680–688
Motivo precaução para liquidez, 680–688
Motivo transação para liquidez, 680–688
MPO. *Consulte* Modelo de precificação de opções Black-Scholes
MRP (planejamento das necessidades de materiais), 743, 745
Mudanças transitórias, 815–816
Multiplicador do patrimônio líquido, 76–77
Múltiplos, avaliação de ações com, 256–258
Municipais, notas e títulos, 219–220

Municipais, títulos, 703–705
Mutuário, 210–211

N

NAF. *Consulte* Necessidade de aporte financeiro
NAICS (Sistema Norte-Americano de Classificação Industrial), 92–93
Não convencional, fluxo de caixa, e TIR, 312–314
"Não existe almoço grátis", princípio, 429–430
Nasdaq, 18–29, 271–274, 785–786
  relatórios do, 273–274, 291
National Association of Securities Dealers (NASD), 42–44
Necessidade de aporte financeiro (NAF)
  crescimento e, 119–122
  definição, 114–115
  uso de capacidade e, 119
Negociação de títulos de empresas, 28
Nikkei, *crash* da, 801–802
NoNo bonds, 224–226
  classificação de, 217–219
  com opção de venda, 224–226, 864–866
  com risco, opções e avaliação de, 891–893
  cupom zero, 219–222
  prêmio, 199–200
  retorno até o vencimento, 202–207
  tipos de, 222–226
  valor ao par, 196–198
  valores e retornos dos, 196–201, 207–208
Norwegian Cruise Lines, 15–18, 464–465
Nota do Tesouro Nacional (NTN), 703
Notas estruturadas, 224–226
Notas promissórias, 658–665, 703–705
Notas, 212, 214–215
Notícias e retorno esperado, 443–445
Número de períodos e valor do dinheiro no tempo, 149–152
NYSE. *Consulte* Bolsa de Valores de Nova York

O

Objetivos
  da administração financeira, 6–15
  da administração, 9–18
Obrigações de empréstimos com garantia (*collateralized loan obligations*), 228–231
Oferta de direitos, 512–514, 532–541
Oferta inicial, 512–514
Oferta pública inicial (IPO)
  custos da, 527–528
  definição, 512–514
  período de silêncio, 517–520
  prazo de bloqueio, 517–519

Oferta pública, 18–29
Ofertantes, 901
Ofertas de aquisição, 614–616, 902–903
Opção de resgate antecipado, 215–216, 864–865
Opção de resgate diferida, 215–216
Opção sobre ações para funcionários (ESOs — employee stock options), 849–854
Opções americanas, 837, 838
Opções de compra
  avaliação de, 846–850
  bônus de subscrição, comparação com, 861–862
  exercício, 882–883
  hedging com, 829–830
  limites superiores e inferiores para valores de, 843–844
  patrimônio líquido como, 853–856, 891–892
  valor das, no vencimento, 842–843
  visão geral, 826–827, 837–838
Opções de equipamentos, avaliação de, 361–364
Opções de venda
  envenenadas (poison puts), 918–919
  exercício, 881–883
  visão geral, 826–827, 837–838
Opções de venda envenenadas (poison puts), 918–919
Opções sobre futuros, 828–830
Opções. Consulte também Opções de compra
  cotações para, 838–839
  de venda, 826–827, 837–838
  negociação de, 838
  opções de, para funcionários, 849–854
  orçamento de capital e, 855–861
  resultados, 839, 841–842
  visão geral, 836–837
Operações da Nasdaq, 294
Operações de câmbio a termo, 763
Operações de câmbio à vista, 763
Operadores de pregão, 269–271
Oportunidades de arbitragem, 844
Orçamento de caixa, 655–658
Orçamento de capital. Consulte também Valor presente líquido
Organogramas, 1–7, 643–644
OTCBB (Over-the-Counter Bulletin Board – Quadro de Avisos de Balcão), 274–275
OTCQX, OTCQB e OTC Pink, mercados, 273–275

P

Pagamento de uma anuidade, 166–168
Pagamento do dividendo, 597–600
"Paralisia da análise", 377–378
Paraquedas dourados, 918–919
Paridade absoluta do poder de compra, 763–767

Paridade da taxa de juros, 769–771
Paridade de juros descoberta, 771–772
Paridade do poder de compra (PPC), 763–768
Paridade do poder de compra relativa, 766–768
Paridade put-call, 872–877
Passiva, administração, 803–804
Passivo
  circulante, 32–33, 636–637
  de longo prazo, 32–33
  responsabilidade ilimitada, 6–8
  seguro de responsabilidade civil patronal, 810–811
Passivo circulante, 32–33, 636–637
Patrimônio líquido, 32–33. Consulte também Retorno sobre o patrimônio líquido
  como opção de compra sobre ativos da empresa, 853–856
  dívida e, 36–37, 210–211, 891–893
  em empresas alavancadas, avaliação de, 891–892
Pedido de registro, 509–512
Penhores de estoque, 658–665
Perfil de resultado, 817–818
Perfil de risco, 813–815
Perfil do valor presente líquido, 310–311
Período de payback descontado, 304–307, 322–323
Período de payback, 300–301, 322–323, 386–387
Período de recuperação, 658–665
Período de silêncio, 519–520
Perpetuidade crescente, 249–250
Perpetuidade, 172–175
Peso da carteira, 440–441
Pesos da estrutura de capital, 474–476, 494
Pílulas da mão morta, 918–919
Pílulas de veneno, 917–919
Pílulas mastigáveis, 918–919
Pior caso, cenário do, 376–377
Planejamento das necessidades de materiais (MRP), 743, 745
Planejamento financeiro. Consulte também Orçamento de capital; Política de dividendos
  abordagem da porcentagem de vendas, 111–119
  alertas sobre modelos de, 127–128
  de curto prazo, 665–674
  de longo prazo, 105–107
  dimensões do, 106–108
  modelo simples do, 110–112
  pressupostos de modelos de, 108–111
  propósito e resultados do, 107–109
  visão geral, 106–107
Planos automáticos de reinvestimento de dividendos, 607
Planos de direitos acionários, 917–918
Planos de retenção de funcionários-chave, 587–588

Política de cobrança, 718, 734–737
Política de crédito
  análise de, 725–730, 748–752
  condições de venda, 719–727
  ótima, 729–732
  visão geral, 718–720
Política de dividendos
  caseiros, 606–607
  como fator do crescimento, 124–126
  conteúdo informacional dos dividendos, 611–613
  efeito clientela, 613–614
  irrelevância da, 605–606
  pesquisa sobre, 625–627
  visão geral, 596–597, 623–626
Política de dividendos caseira, 606–607
Política financeira e custo de capital, 469–470
Políticas financeiras de curto prazo flexíveis, 646–649
Políticas financeiras de curto prazo restritivas, 646–649
Políticas financeiras de curto prazo, 646–654
Ponto de equilíbrio contábil
  alavancagem operacional e, 393–394
  fluxo de caixa operacional e, 385–387
  usos do, 384–386
  visão geral, 382–385, 388–389
Ponto de equilíbrio de caixa, 388–389
Ponto de equilíbrio financeiro, 388–390
Pontos de renovação de pedidos, 743, 744
Pontos, em empréstimos, 194
Popeyes, 717
Posições em aberto, 820–822
PPC (paridade do poder de compra), 763–768
Prazo de bloqueio, 517–519, 920–921
Prazo do crédito, 720–722
Prazo do processamento, 690–691
Prazo dos correios, 690–691
Prazo médio
  de estocagem, 77–79
  em contas a receber, 78–79, 645, 719–720
Prazo médio de contas a receber, 645, 719–720, 722–725
Prazo médio de estocagem, 642, 645
Prazo médio de pagamento, 646
Prazo médio de recebimento, 642
Prazo para disponibilidade, 690–691
Precificações incorretas e limites à arbitragem, 795–799
Preço a termo, 816–817
Preço atual da ação, 255–256
Preço cheio, 234–235
Preço da ação e avaliação de opções, 846, 882–886
Preço da opção de resgate, 829–830
Preço de ajuste, 820–822
Preço de conversão, 862–863
Preço de exercício e avaliação de opções, 846–847, 872–873

Preço de exercício, 837, 840, 872–873
Preço de oferta de compra
   dealers e, 266–269
   definição, 232, 359–362
Preço de oferta de venda, 232
Preço vazio, 234–235
Preços ex-direitos, 538–540, 552
Preferência (dívida), 214–215
Pregão *after-market*, funcionamento do, 283
Prejuízos operacionais líquidos, 909–910
Prêmio da opção de resgate antecipado, 215–216
Prêmio da opção, 826–827
Prêmio de conversão, 862–863
Prêmio pela inflação, 238
Prêmio pela liquidez, 241–244
Prêmio pela tributação, 241–244
Prêmio pelo risco
   beta e, 454–459
   de inadimplência, 240–241
   de mercado, 459
   esperado e projetado, 437–438
   sobre títulos de dívida, 412–413
   taxa de juros, 238–240
   visão geral, 420–422, 435–436
Prêmio pelo risco da taxa de juros, 238–240
Prêmios pelo tempo, 886–887
Previsão de vendas, 109–110
Princípio da competência, 40–42
Princípio da diversificação, 447–449
Princípio da independência, 330–331
Princípio do risco sistemático, 450–451
Princípios contábeis geralmente aceitos (US GAAP), 36–42
Privada, emissão, de títulos, 512–514
Privilégio de subscrição de sobras, 540–541
Problema de agência, 9–15
Procrusto, abordagem de, 127–128
Procter & Gamble, 258
   ajuste e estabilidade de, 621–624
   avaliação de ações e, 247
   bonificação em ações, 627–632
   especiais, 597–598
Procuração, 261–262
Produto interno bruto (PIB), 122–123
Produtos acabados, 737–738
Profundamente fora do dinheiro (*underwater*), opções, 850–851
Program trading (negociação programada), 800–801
Projetado, prêmio pelo risco, 437–438
Proposição I de M&M, 562–563, 565–566, 568–569
Proposição II de M&M, 563–564, 566–567, 569–570
Propostas de redução de custos, avaliação de, 356–360
Prospecto de emissão, 509–512
Prospecto preliminar, 509–512

Protective puts, 872–873
Provedor de liquidez suplementar (PLS), 269–271
Pública, emissão, de dívida, 212, 212
Pública, emissão, de títulos, 512–514
Públicos de relacionamento (*stakeholders*), 15–18

Q

Quadro organizacional simplificado
   empresa brasileira, 4f
   empresa estadunidense, 8f
Quando emitido, preço, 552
Quase caixa, 688–689
Quebra da empresa, 585–586

R

Racionamento de capital, 394–395
Racionamento forte, 394–395
Racionamento fraco, 394
Razão dos preços Royal Dutch/Shell, 797–799
Razão entre recompensa e risco, 455–459
RCM (retorno contábil médio), 306–309, 322–323
Reais, opções, 854–858
Recebimento das mercadorias, 720–721
Recebimentos
   aceleração, 698–699
   administração do *float* e, 690–692
   componentes do prazo de recebimento, 698–699
   concentradoras de cheques, 698–699
Receita Federal dos Estados Unidos (Internal Revenue Service – IRS), 932–933
Receita incremental, 382–383
Receita marginal, 382–383
Recompra direcionada, 614–616, 916–917
Recompras, 613–620, 624–625
Recompras de ações, 613–620, 624–625
Recompras de ações no Brasil, 617
Reconhecimento/realização, princípio do, 38–40
Recuperação judicial, 585–588
Recuperação judicial (caso brasileiro), 591
Recuperação programada, 587–588
Rede eletrônica de comunicações, 273–274
Reduções de custos por aquisições, 908–910
Reestruturação corporativa, movimento de, 227–228
Reestruturação financeira, 555–556
Referência, escolha de, para comparar demonstrações contábeis, 91–97
Registro de prateleira, 550
Regra 415, 550
Regra da prioridade absoluta (RPA), 586–587
Regra da taxa interna de retorno, 309–310
Regra do *payback* descontado, 304–305

Regra do *payback*, 300–304
Regra do período de *payback*, 300–301
Regra do retorno contábil médio, 307–308
Regra do valor presente líquido, 298–300
Regulamentação A, 509–512
Regulamentação CF, 509–512
Relacionamento de agência, 9–15
Relatório por idade das contas a receber, 734–737
Relevante, fluxo de caixa, 330–331
Remuneração diferida, 15–18
Remuneração dos administradores, 15–18
Renda, desejo por, e distribuição de dividendos, 609–610
Reorganização ou liquidação sob o procedimento do Código de Falências dos EUA, 585–591
Repatriação, 779–781
Repelente de tubarão, 920–921
Reprecificadas, opções, 850–851
Reservas bancárias, 682
Reservas de caixa, 652
Residual, valor, 941–942
Responsabilidade ilimitada, 6–8
Responsabilidade, 15–18
Restricted stock units (RSUs), 31–32
Retorno anormal, 527–529
Retorno até o vencimento (YTM), 196–198, 202–207
Retorno contábil médio (RCM), 306–309, 322–323
Retorno do período de investimento, 246
Retorno em dividendos, 255–256, 598–600
Retorno em ganhos de capital, 255–256
Retorno esperado
   anúncios, surpresas e, 443–445
   da carteira, 440–442
   risco e, 445–447
   visão geral, 436–439
Retorno excedente, 412–413
Retorno exigido. *Consulte também* Custo de capital
   componentes do, 255–257
   custo de capital e, 468–470
   determinantes do, 399–400
Retorno médio aritmético, 422, 425–426
Retorno médio geométrico, 422–426
Retorno sem risco, 412–413
Retorno sobre o ativo (ROA), 80–83, 848–849
Retorno sobre o investimento (ROI). *Consulte também* Retorno esperado
   retornos médios, 411–413, 422–426
   retornos monetários, 400–403
   retornos percentuais, 402–405
   total, 443–444, 446–447
   variabilidade do, 413–421
Retorno sobre o patrimônio líquido (ROE)
Retorno total, 443–444, 446–447

Retornos e curva de retornos, 240–241
Retornos médios
  cálculo, 411
  médias aritméticas e geométricas, 422–426
  prêmios pelo risco, 412–413
  registro histórico, 411–413
Reversão à média dos retornos de ações, 423–424
Risco da taxa de câmbio, 774–780, 828–830
Risco da taxa de juros, 201–205, 702–703, 828–830
Risco de estimativa, 372–374
Risco de inadimplência, 702–703, 750–752
Risco de mercado, 445–446
Risco de negociador de ruído, 796–797
Risco de previsão, 372–374
Risco financeiro, 565–567, 809–811. *Consulte também* Hedging
Risco não diversificável, 449–450. *Consulte também* Risco sistemático
Risco não sistemático, 435–436, 445–450
Risco operacional, 810–811
Risco político, 779–781
Risco(s). *Consulte também* Gestão de riscos corporativos
  carteira, 446–450
  crédito, 819–820
  custo de capital e, 469–470
  de perigo, 809–810
  de preços de commodities, 828–830
  de sentimento, 796–797
  diversificação e, 435–437
  do negócio, 565–566
  específico da empresa, 796–797
  específicos de um ativo, 445–446
  estimativa, 372–374
  estratégico, 810–811
  inadimplência, 702–703, 750–752
  mercado, 445–446
  não diversificável, 449–450
  não sistemático, 435–436, 445–450
  negociador de ruído, 796–797
  operacional, 810–811
  político, 779–781
  previsão, 372–374
  sistemático, 435–436, 445–447, 449–455
  taxa de câmbio, 774–780, 828–830
  taxa de juros, 201–205, 702–703, 828–830
  total, 449–451
  únicos, 445–446
  variabilidade dos retornos e, 418
  visão geral, 461
Rô, 888–889
ROA (retorno sobre o ativo), 80–83, 848–849
Robôs consultores, 6–8
ROE. *Consulte* Retorno sobre o patrimônio líquido
ROI. *Consulte* Retorno sobre o investimento

S

Saldo a pagar, 264–265
Saldo contábil, 688–689
Saldo de caixa
  de empresas americanas, 679–680
  mantido no exterior por empresas sediadas nos EUA, 755–756, 779–781
  meta para, 707–714
  visão geral, 656–658
Saldo disponível, 688–689
Saldo médio, 658–665, 680–688
Saldo recebido, 688–689
SEC. *Consulte* Securities and Exchange Commission
Seção 363 da legislação de falência, 587–588
Secured Overnight Financing Rate (SOFR), 811
Securities and Exchange Commission (SEC)
Seguro contra interrupção das atividades, 810–811
Seguro de pessoal-chave, 810–811
Seguro de responsabilidade civil patronal, 810–811
Seguro de responsabilidade comercial, 810–811
Seguro para ações, 898
Seguro, 810–813, 865–866
Seis Ps do planejamento, 105–106
Seleção
  capitalistas especializados em empreendimentos de risco, 504–508
  instituições intermediárias de subscrição, 515–516
Series EE, 133–134, 150–152
Serviço, arrendamentos mercantis de, 928–930
Simulação, 378–380
Sinergia por aquisições, 906–908
Sistema de equivalência, 928–930
Sistema de recuperação acelerada do custo (ACRS), 341
Sistema Norte-Americano de Classificação Industrial (NAICS), 92–93
Situação de caixa ótimo. *Consulte* Meta para o saldo de caixa
Sociedade
  anônima, 11
  companhia, 11
  em comandita por ações, 11
  em comandita simples, 11
  em nome coletivo, 11
  limitada, 11
  por ações, 11
Sociedade de benefício, 18–29
Sociedades, 6–8
Sociedades anônimas de capital aberto (*joint stock companies*), 6–9
Sociedades limitadas, 6–8

Society for Worldwide Interbank Financial Telecommunication (SWIFT), 758–759
Soma zero, jogo de, opções sobre ações como, 841
Southwest Airlines, 836
  mercado de capitais, 416–417
Spread bruto, 515–516, 528–529
Spreads, 266–269
Stafford, empréstimos da, 187
Standard & Poor's, 217
Subprecificação
  ajuste parcial, fenômeno do, 521–526
  custo da emissão de valores mobiliários e, 528–529
  durante a bolha da Internet, 519–522
  evidências sobre, 521–522
  explicações para, 526–526
  global, 523
Subscrição para ofertas de direitos, 540–541
Subscrição por garantia firme, 515–517
Subscrição por leilão holandês, 516–519
Subscrição por melhores esforços, 516–517
Subscrição privilegiada, 532–541
Subscrição *standby*, 540–541
Subsidiária financeira, 731–732, 928–930
Sukuk (títulos islâmicos), 224–226
Supersubscrição de emissões, 526
Supervalorizados, ativos, 459
Surpresa, 444–445
Suspender operações, opção de, 859–860
Swaps de *commodities*, 824–825
Swaps de moeda, 757–759, 823–824
Swaps de taxas de juros, 757–759, 823–826
Swaps, 757–759
Sweeteners, 861–862
SWIFT (Society for Worldwide Interbank Financial Telecommunication), 758–759
Symantec, 247

T

Tabelas de anuidades, 165–167
Tax Cuts and Jobs Act of 2017, 45–48
Taxa
  de depreciação de ativos, 341
  DI, 682
  Selic, 682
Taxa cruzada, 756–757, 760–763
Taxa de câmbio a termo, 763
Taxa de câmbio à vista, 763
Taxa de câmbio indireta, 760–761
Taxa de conversão, 862–863
Taxa de crescimento constante, 249–253
Taxa de crescimento interna, 120–126
Taxa de crescimento sustentável, 122–128
Taxa de crescimento zero, 249–250
Taxa de cupom, 196–198
Taxa de distribuição de dividendos, 112–113
Taxa de intersecção, cálculo da, 315–317

Taxa de juros
  de anuidades, cálculo de, 168–171
  preços de títulos de dívida e, 200–201
Taxa de juros cotada, 176–179
Taxa de juros efetiva, 942–943
Taxa de juros nominal, 176–179
Taxa de retenção, 131–132
Taxa de retorno, 146–150
Taxa efetiva anual (TEFa), 176–179, 874–877
Taxa interna de retorno (TIR)
  custo de capital e, 462
  modificada, 318–320
  problemas com, 312–318
  qualidades que salvam a, 316–319
  visão geral, 308–313, 322–323
Taxa interna de retorno modificada (TIRM), 318–320, 322–323
Taxa nominal anual (TNa), 178–181
Taxa nominal, 234–236
Taxa real, 234–236
Taxa sem risco e avaliação de opções, 846–847, 887–889
Taxas a termo não viesadas, 771
Taxas a termo, 771
Taxas à vista no futuro, 771
Taxas de câmbio, 758–765
Taxas de crescimento
  estimativa de, 470–472
  exemplos de, 104
  pesquisa sobre, 118
Taxas de juros relativas, 652
Taxas de retorno múltiplas, 313–314
Taxas mínimas de atratividade, 494
Tecnologia de seguros, 6–8
Tecnologia e finanças, 1–6
TEFa (taxa efetiva anual), 176–179, 874–877
Tempo até o vencimento e avaliação de opções, 846–847, 885–887
Teoria da ordem hierárquica de financiamento, 580–582
Teoria de M&M
  críticos da, 577–580
  direitos de mercado versus direitos não negociáveis no mercado, 580–581
  modelo expandido de pizza, 579–581
Teoria estática da estrutura de capital, 574–582
Terra arrasada, estratégia de, 918–919
The Garage, 294
The Hershey Company, 339–340, 494
Theta, 885–886
TIR. *Consulte* Taxa interna de retorno
TIRM (taxa interna de retorno modificada), 318–320
Título com opção de venda, 224–226, 864–866
Título da morte (*death bond*), 224–226

Títulos
  como equivalentes de caixa, 688–689
  corporativos, e opções, 860–866
  custo da emissão de, 527–528
  de curto prazo, 702–705
  derivativos, 811–813, 830–833
  de dívida, 210–212
  emissão de, 512–514
  emissão privada, 512–514
  emissão pública, 512–514
  mercado monetário, 703–705
  negociação de, 18–29
  patrimônio líquido, 210–211
  venda ao público, 509–512, 527–528
Títulos com ágio, 199–200
Títulos com deságio, 199–200
Títulos com taxa flutuante, 220–224
Títulos de ações, 210–211
Títulos de catástrofe, 222–224, 809–810
Títulos de cupom fixo, 196–198
Títulos de cupom zero, 219–222
Títulos de dívida conversíveis, 224–226, 862–865
Títulos de dívida corporativos
  desempenho histórico de, 406
  prêmio pelo risco sobre, 412–413
  retorno médio, desvio padrão e distribuição de frequência de, 416–417
  retornos anuais médios sobre, 411, 423–425
Títulos de dívida indexados à inflação, 222–224
Títulos de impacto nos rinocerontes, 235–236
Títulos de valor ao par, 196–198
Títulos do mercado monetário, tipos de, 703–705
Títulos do Tesouro dos Estados Unidos
  visão geral, 218–220
Títulos especulativos, 218–219, 227–231
Títulos estrangeiros, 756–757
Títulos islâmicos (*sukuk*), 224–226
Títulos protegidos contra opção de resgate antecipado, 215–216
  internacional, 772–775
  na The Hershey Company, 339–340
  opções e, 855–861
  prática do, 320–323, 329–330
  uso do CMPC para resolver problemas de, 467–469, 483–484
  visão geral, 1–7
Títulos públicos. *Consulte também* Títulos do Tesouro dos Estados Unidos
  desempenho histórico de, 406
  prêmio pelo risco sobre, 412–413
  retorno médio, desvio padrão e distribuição de frequência de, 416–417
  retornos anuais médios sobre, 411, 423–425
  retornos totais ano a ano, 407–408, 410
  visão geral, 218–220

Títulos vinculados a receitas, 222–224
Títulos vinculados a direitos creditórios
  negócios de agentes da cadeia do agronegócio, 704
  negócios imobiliários, 704
Títulos. *Consulte também* Títulos de dívida corporativos; Títulos públicos
  de catástrofe, 222–224, 809–810
  negociação, 231–232
  protegidos contra opção de resgate antecipado, 215–216
Títulos-guia (*bellwether*), 232
TNa (taxa nominal anual), 178–181
Tomada de decisões. *Consulte também* Decisão de orçamento de capital; Decisões sobre a estrutura de capital
  decisões de investimentos mutuamente excludentes, 314–317
  decisões financeiras de curto prazo e capital circulante líquido, 635–636
  decisões sobre quando investir, 856–858
Tomadas de controle, 903–905
Toyota, 301–302
Transações de fechamento de capital, 903–904, 918–919
Transferência eletrônica de dados, 696–697
Transferências eletrônicas, 698–699
Transparência dos mercados financeiros, 231–232
Transparência, 15–18
Trocas de opções, 850–853
True leases, 928–930

U

Uso externo de informações das demonstrações contábeis, 90–91
Usos de caixa, 62–65, 637–641

V

Valor agregado, 296–297, 485–486
Valor contábil
  depreciação e, 344–347
  diluição do, 541–547
  valor de mercado, comparado com, 36–38
Valor das empresas
  custo do capital próprio e, 571–573
  decisões sobre a estrutura de capital e, 555–557
Valor de conversão, 863–864
Valor do dinheiro no tempo
  cálculos de, 151–152
  definição, 133–135
  número de períodos, 149–152
  taxa de desconto, 146–150
  valor futuro, 134–139, 145–146
  valor presente, 141–146

Valor do título de dívida não conversível, 862–864
Valor econômico agregado (EVA), 485–486
Valor futuro (VF)
  com múltiplos fluxos de caixa, 157–159
  para fluxos de caixa de anuidades, 170–172
  valor presente comparado com, 145–146
  visão geral, 134–139
Valor intrínseco, 844
Valor mínimo (piso) de títulos de dívida conversíveis, 863–865
Valor presente (VP)
  anuidades e perpetuidades crescentes, 175
  com múltiplos fluxos de caixa, 160–163
  durante um período, 141–143
  inflação e cálculo do, 236–238
  para fluxos de caixa de anuidades, 164–171
  para perpetuidades, 172–174
  para vários períodos, 142–145
  valor futuro comparado com, 145–146
Valor presente de anuidades, 177–178
Valor presente líquido (VPL)
  abordagem da moeda doméstica a, 772–774
  abordagem da moeda estrangeira a, 773–775
  avaliação das estimativas de, 372–375
  cálculo em dólares, 772–773
  custos de emissão e, 493–496
  da mudança de políticas de crédito, 727–729
  decisão sobre quando investir e, 856–858
  estimativa de, 297–301
  na concessão de crédito, 780–781
  visão geral, 296–298, 322–323
Valor. *Consulte também* Valor contábil; Valor futuro; Valor de mercado; Valor presente líquido; Valor presente; Valor do dinheiro no tempo
  de ações preferenciais, 264–265
  de face, 196–198

de títulos de dívida conversíveis, 862–864
de títulos de dívida, 196–201
do negócio, 60, 83–85
dos desdobramentos de ações e das bonificações em ações, 629–631
dos direitos, 537–539
fontes de, 373–375
residual, 941–942
Valores de mercado
  aquisições e, 911–912
  depreciação e, 344–347
  diluição do, 541–547
  valor contábil, comparado com, 36–38
Valorização e desvalorização de moeda, 768
Vanguard 500, fundo indexado, 803–807
Vantagem líquida do arrendamento, 935–936
Variabilidade dos retornos
  distribuição normal, 416–418
  distribuições de frequência e, 413–415
  em 2008, 418–420
  registro histórico e, 415–417
  risco, recompensa e, 418
Variações do capital circulante líquido, 48–52, 55–56
Variância
  cálculo, 438–440
  da carteira, 441–443
  do retorno sobre ativos subjacentes, 848–849
  visão geral, 413–416
Variância histórica, 413–415
Variável de fechamento, 109–110
Variável, taxa de crescimento, 252–255
Vega, 887
Vencimento, 196–198
Venda com alienação fiduciária, arrendamentos de, 928–930
Venda com retroarrendamento, contratos de, 928–930
Venda de contas a receber, 658–665

Venda de opções de compra e de venda, 837–838
Vendas e recebimentos de caixa, 655–656
Vendedores de contratos a termo, 816–818
Venture capital, 501–508
Venture capital no Brasil, 503
Viés da autoatribuição, 790–791
Viés de ancoragem, 795–796
Viés de confirmação, 787–788
Viés de disponibilidade, 795–796
Viés de recência, 793–795
Viés de sobrevivência, 423–424, 806–807
Vieses, 786–788
Vingadores, 397
  visão geral, 80–83
VIX, 889
Volume de negociação, 230
Volume de vendas e fluxo de caixa operacional, 387–388
Votação cumulativa, 259–261
Votação por candidato, 259–262
VP. *Consulte* Valor presente
VPL. *Consulte* Valor presente líquido

W

Walmart, 104
WeWork, 1–5
Whitemail, 920–921
World Wrestling Federation, IPO da, 521–522

Y

Yahoo! Finance, 118, 273–274